JURISPRUDENCE GÉNÉRALE

SUPPLÉMENT AU RÉPERTOIRE

MÉTHODIQUE ET ALPHABÉTIQUE

DE LÉGISLATION,

DE DOCTRINE ET DE JURISPRUDENCE

EN MATIÈRE DE DROIT CIVIL, COMMERCIAL, CRIMINEL, ADMINISTRATIF, DE DROIT DES GENS ET DE DROIT PUBLIC.

TOME DEUXIÈME

JURISPRUDENCE GÉNÉRALE

SUPPLÉMENT AU RÉPERTOIRE

MÉTHODIQUE ET ALPHABÉTIQUE

DE LÉGISLATION

DE DOCTRINE ET DE JURISPRUDENCE

EN MATIÈRE DE DROIT CIVIL, COMMERCIAL, CRIMINEL, ADMINISTRATIF,
DE DROIT DES GENS ET DE DROIT PUBLIC.

De MM. DALLOZ,

Publié sous la direction de MM.

Gaston GRIOLET
Docteur en droit

Charles VERGÉ
Maître des Requêtes au Conseil d'État

Avec le concours de **M. C KŒHLER**, Docteur en droit

Et la collaboration de plusieurs magistrats et jurisconsultes.

TOME DEUXIÈME

A PARIS
AU BUREAU DE LA JURISPRUDENCE GÉNÉRALE
RUE DE LILLE, N° 19

1888

JURISPRUDENCE GÉNÉRALE

SUPPLÉMENT

AU

RÉPERTOIRE MÉTHODIQUE ET ALPHABÉTIQUE

DE LÉGISLATION, DE DOCTRINE

ET DE JURISPRUDENCE

BORNAGE. — BORNE.

Division.

§ 1er. — Historique et législation. — Droit comparé (*Rép.* nos 2 à 8).

1. Nous n'avons que peu de documents à ajouter à l'aperçu qui a été donné au *Rép.* n° 8, des législations étrangères en matière de bornage. La plupart de ces législations ne font que reproduire à peu près textuellement l'art. 646 c. civ.

En Belgique, dans le grand duché de Luxembourg et dans le canton de Genève, le code civil français est toujours en vigueur. Dans son avant-projet de réforme du code civil pour la Belgique, M. Laurent conserve les dispositions de l'art. 646, mais en les plaçant avec raison dans le chapitre consacré aux droits du propriétaire et non plus parmi les servitudes dérivant de la situation des lieux. — Les art. 678 du code civil néerlandais, 441 du code civil du royaume d'Italie (reproduction de l'ancien art. 561 du code sarde), 596 du code civil du canton de Zurich, 487 du code civil du canton du Valais reproduisent textuellement la disposition de l'art. 646. — Il en est de même des art. 435 du code civil et 7 du code rural du canton de Vaud; les art. 8 et suiv. de ce dernier code réglementent, en outre, la procédure à suivre pour arriver au bornage des propriétés; enfin l'art. 5 de la loi du 18 nov. 1863 rend le bornage obligatoire, lorsque la levée du plan d'une commune a été ordonnée. — Les art. 238 du code du canton du Tessin et 471 du code du canton d'Argovie ne diffèrent que dans la forme de l'art. 646. — On peut citer, en outre, comme présentant quelque intérêt les dispositions suivantes: l'art. 512 du code du canton de Fribourg, qui reproduit la première phrase de l'art. 646; — l'art. 513, du même code, qui après avoir posé certaines règles sur la manière dont doit procéder le juge du bornage, ajoute: « les frais du bornage sont supportés dans la proportion de l'intérêt que chacun y a », et tranche ainsi une controverse qu'a fait naître la rédaction de l'art. 646 c. civ. (V. *Rép.* n° 68, et *infrà*, n° 29); — l'art. 1er de la loi sur les délimitations, bornages, servitudes, etc., du canton de Saint-Gall est ainsi conçu: « Tout propriétaire d'un immeuble, que ce soit un fonds de terre ou un bâtiment, a le droit de demander sa délimitation exacte d'avec tout immeuble attenant, et le renouvellement des bornes et autres marques de limite devenues méconnaissables; en cas de refus du voisin, il peut l'y faire contraindre par l'autorité. » Les art. 2 à 4 de la même loi règlent la procédure à suivre.

2. La matière du bornage a été traitée, depuis la publication du *Répertoire* d'une part, dans les traités généraux qui ont été publiés sur l'ensemble du droit civil (V. notamment: Demolombe, *Cours de code civil*, t. 11, ou *Traité des servitudes*, t. 1, nos 239 à 282; Demante, *Cours analytique de code civil*, t. 2, nos 500 à 502; Aubry et Rau, *Cours de droit civil français*, 4e éd., t. 2, § 199; Laurent, *Principes de droit civil*, t. 7, nos 417 à 440; d'autre part, dans des monographies, telles que celles de M. Morin, *Principes du bornage*, 1860; Deschodt, *Du bornage en droit romain et en droit français*, 1874; Bugniet, *Traité du bornage, de la revendication et du droit de rétention*, 1877, etc.

§ 2. — De la nature et des conditions de l'action en bornage (*Rép.* nos 9 à 21).

3. — 1. Nature de l'action. — Nous avons rappelé (*Rép.* n° 10, et v° *Action possessoire*, nos 719 et suiv.), que l'action en bornage, dont parle l'art. 6 de la loi du 25 mai 1838, est toujours une action *pétitoire*, même lorsqu'elle est de la compétence du juge de paix. Il ne faut pas la confondre avec l'action pour déplacement de bornes, que vise l'art. 3 c. pr. civ. (*Rép.* n° 1). Cette dernière action, purement possessoire, implique toujours l'idée d'un bornage préexistant. Quelques auteurs, il est vrai, semblent confondre les deux actions (V. notamment: Bélime, *Traité du droit de possession et des actions possessoires*, p. 229). Mais la distinction doit être maintenue, et elle n'est pas sans intérêt pratique. En effet, l'action pour déplacement de bornes ne peut, comme toute action possessoire, être intentée devant le juge de paix que dans le délai d'un an établi par l'art. 3 c. pr. civ., tandis que l'exercice de l'action en bornage n'est assujetti à aucun délai (V. Civ. rej. 15 déc. 1885, aff. Peigné, D. P. 86. 1. 367).

4. L'enlèvement ou le déplacement volontaire de bornes peut donner lieu, non seulement à une action possessoire, mais encore, suivant les cas, à une poursuite correctionnelle (art. 389 et 456 c. pén.) (V. *Dommage-destruction-dégradation;* — *Rép.* cod. v°, nos 297, 301 et suiv.).

5. On a indiqué au *Rép.* n° 12, les différences qui existent entre l'action en bornage et l'action en revendication, et déterminé les caractères généraux de l'une et de l'autre. Cette distinction est fort importante. Dans l'action en bornage, en effet, le demandeur est seulement tenu de prouver que la contenance respective des terrains contigus est, comparée aux titres réciproquement produits, en déficit chez lui et en excédent chez le voisin. Cette preuve une fois faite, il n'a plus rien à prouver, et l'excédent de contenance possédé par le défendeur doit lui être restitué. Vainement le défendeur répondrait-il que sa possession crée en sa faveur une présomption de propriété, qui ne peut être combattue que par une preuve susceptible de la détruire, c'est-à-dire par des titres ou des faits émanés de lui ou de ses auteurs. Ce moyen de défense n'est point admissible dans les actions en bornage. — Il doit, au contraire, triompher dans l'action en revendication. L'action en revendication, en effet, a pour objet, non pas un déficit de contenance sans assiette déterminée, mais un corps certain, une portion d'héritage rigoureusement circonscrite. Il ne suffit plus que le demandeur procède par comparaison des titres du défendeur et des siens, puis par rapprochement de ces titres avec les terrains limitrophes. Il faut que sa propriété soit prouvée d'une manière spéciale et directe, et, dès lors, que la preuve en soit puisée dans des documents opposables au défendeur et de nature à lier ce dernier. C'est alors, mais alors seulement, que les titres du demandeur, s'ils ne sont pas émanés du défendeur ou de ses auteurs, sont dénués de toute force probante, et que la possession assure à ce défendeur le bénéfice d'une présomption de propriété qu'aucune preuve contraire ne lui a fait perdre.

Ainsi les différences entre les deux actions sont les suivantes: 1° dans l'action en bornage, la fixation des limites peut être faite contrairement à la possession actuelle des parties, même à l'aide de documents ou signes matériels qui seraient insuffisants pour faire réussir contre le possesseur une revendication de propriété; 2° il n'est pas nécessaire, en matière de bornage, pour que les titres produits par l'une des parties fassent preuve en sa faveur, qu'ils émanent de celui à qui on les oppose ou de ses auteurs; il en est autrement, en matière de revendication, sauf cependant dans le cas où il s'agit de titres antérieurs au commencement de la possession invoquée par le défendeur (Req. 22 mai 1865, aff. Commune de Lalley, D. P. 65. 1. 473).

6. Cette distinction entre les actions en bornage et en revendication a été nettement exposée par MM. Aubry et Rau, t. 2, p. 221. Ces auteurs, après avoir rappelé que dans l'action en bornage, *judicium duplex*, chacune des parties doit faire la preuve de son droit, ajoutent: «Il n'en serait plus de même si, sous forme d'action en bornage, le demandeur réclamait comme lui appartenant d'après son titre, une parcelle de terrain certaine et déterminée, possédée par le défendeur; dans ce cas, la demande eût-elle en même temps pour objet la plantation de pierres-bornes, constituerait en réalité une revendication dans laquelle le demandeur serait seul tenu de faire preuve de son droit ». — Plusieurs arrêts ont formellement sanctionné cette théorie. C'est ainsi qu'il a été décidé: 1° que l'action en délaissement d'une parcelle de terrain certaine et déterminée par sa situation, sa forme et sa contenance, constitue, même quand elle est formée par un propriétaire contre son voisin, à l'effet d'arriver au bornage de leurs propriétés contiguës, une action en *revendication*, et non une simple action en *bornage* (Civ. cass. 27 nov. 1865, aff. Rougemont, D. P. 66. 1. 97; Req. 27 nov. 1865, aff. Lévêque, D. P. 66. 1. 102);... — 2° Que, de même, l'action en bornage accompagnée d'une demande d'arpentage tendant au déplacement de bornes anciennes amiablement posées entre deux héritages, et dont quelques-unes subsistent encore, a le caractère d'une action en revendication, de la compétence des tribunaux civils; qu'en conséquence, le juge de paix, saisi de cette action, doit fixer l'emplacement des bornes qui ont disparu, d'après la position actuelle de celles encore existantes, sans ordonner cet arpentage préalable, qui ne peut être demandé que par voie d'action en revendication; qu'enfin la demande en revendication ne soulèverait pas une simple question préjudicielle de nature à faire seulement surseoir à l'abornement, mais constituerait une demande principale qui devrait être directement portée devant les tribunaux compétents (Req. 11 août 1851, aff. Haudecœur, D. P. 51. 1. 206);... — 3° Que, au contraire, l'action tendant à ce qu'il soit procédé par experts et à l'aide de titres, de signes matériels et de tous autres documents, à la recherche et à la fixation des limites respectives de propriétés contiguës, appartenant, par exemple, à deux sections de communes, constitue une action en plantation de bornes, et non une action en revendication; que, par suite, chacune des parties est, dans cette action, réputée tout à la fois demanderesse et défenderesse, et tenue, dès lors, de faire preuve de son droit de propriété sur les terrains litigieux, sans pouvoir se soustraire à cette obligation en excipant de sa possession (Req. 29 juill. 1856, aff. Section de Marzenay, D. P. 56. 1. 411);... — 4° Qu'une action en bornage ne se transforme pas en action en revendication par cette circonstance que les parties ne sont point tombées d'accord sur la ligne divisoire à établir, ni par cette autre que le juge a dû, sur la provocation des parties, rechercher qui avait la possession actuelle d'une haie et d'une bande de terrain, alors que le débat s'est uniquement établi sur la possession annale, sans qu'aucune des parties ait invoqué un titre spécial d'acquisition ni la prescription (Civ. cass. 14 juin 1876, aff. Marguerite, D. P. 76. 1. 324); ... — 5° Que la restitution d'une portion de terrain peut, lorsqu'elle est poursuivie par voie d'action en bornage, et non par voie de revendication, être ordonnée d'après l'examen des titres des parties, même non communs entre elles, rapprochés de l'état ou de la configuration des héritages limitrophes: spécialement, si la comparaison des titres des parties avec la contenance des héritages respectifs, constate un déficit dans le terrain du demandeur, et un excédant dans celui du défendeur, sans que ce dernier puisse objecter que le titre produit par le demandeur pour justifier le déficit allégué ne lui est pas opposable comme n'émanant ni de lui, ni de ses auteurs (Req. 2 avr. 1850, aff. Bellot, D. P. 50. 1. 155. V. aussi sous ce dernier arrêt, le rapport de M. le conseiller Mesnard, qui détermine avec beaucoup de précision la distinction que nous avons établie. — Conf. Metz, 8 déc. 1857, aff. Lefebvre, D. P. 60. 2. 42; Req. 4 mars 1872, aff. Peyret, D. P. 74. 1. 23; Dissertation de M. Brésillion sous les arrêts précités du 27 nov. 1865).

7. — II. Conditions de l'action en bornage. — Comme on l'a établi au *Rép.* n° 14, la première condition de l'exercice de l'action en bornage, c'est qu'il s'agisse de fonds ruraux. Nous avons toutefois ajouté que les jardins et les fonds de terre dépendant des bâtiments peuvent donner lieu à l'action en bornage, bien qu'ils soient dans l'intérieur des villes, lorsque la limite est incertaine. MM. Aubry et Rau, t. 2, p. 222, vont plus loin: ils déclarent l'action en bornage recevable « non seulement lorsque les héritages contigus consistent tous deux en fonds de terre, mais encore lorsque l'un d'eux est surbâti » (V. en ce sens: Civ. cass. 4 mars 1879, aff. Beccue, D. P. 79. 1. 183). « L'action en bornage, dit cet arrêt, ne cesse de pouvoir s'exercer que lorsqu'il s'agit de bâtiments qui se touchent. »

8. La seconde condition pour que l'action en bornage puisse être intentée, c'est qu'il y ait contiguïté entre les héritages. Aussi ne saurait-il y avoir lieu à bornage entre héritages séparés par un cours d'eau naturel, même non navigable ni flottable, le lit de ce cours d'eau devant être considéré comme *res nullius* (*Rép.* nos 15 et suiv.). Un arrêt (Req. 6 nov. 1866) (1) a formellement consacré ce principe.

(1) (Immer C. Hartmann.) — Jugement du tribunal civil de Colmar: — « Attendu que la rivière la Fecht ne faisant que traverser son pré, Widemann n'avait droit qu'à l'usage de ses eaux, conformément à l'art. 644 c. civ. et non à la propriété du lit de la rivière, qui ne lui a pas été et ne pouvait lui être concédée, puisque, d'après une jurisprudence aujourd'hui bien établie, elle est *res nullius* et n'appartient à personne; — Attendu que par la vente notariée du 26 mars 1862, le demandeur a acquis de Widemann, l'auteur commun, 22 ares 50 centiares « de pré et eau », mais sans garantie; qu'en lui vendant l'eau seulement, on ne lui a pas vendu le lit de la rivière, puisque le vendeur n'en était pas devenu propriétaire en 1849 et n'aurait pu ainsi transmettre plus

cipe (V. conf. Pardessus, *Servitudes*, t. 1, n° 118; Bourguignat, *Droit rural appliqué*, n° 141; Demolombe, t. 11, n° 266; Aubry et Rau, t. 2, p. 222).

9. Cependant, comme on l'a déjà fait observer (*Rép.* n°s 17 et 44, et v° *Servitudes*, n° 364), le défaut de contiguïté n'est pas un obstacle absolu à ce que des propriétaires puissent être mis en cause dans un bornage provoqué entre voisins contigus. Ainsi, lorsque, sur l'action en bornage, il ressort de l'examen des titres que les parties n'ont pas leur contenance respective, la mise en cause d'un autre voisin non contigu peut être demandée, de sorte que, par suite de recours successifs, la délimitation peut s'étendre à tous les tènements dont dépendent les propriétés à borner (Trib. Dijon, 25 juill. 1832 et Douai, 11 nov. 1842, *Rép.* v° *Servitudes*, n° 364) ... Et cette mise en cause peut avoir lieu sans qu'elle ait été provisoirement ordonnée par le tribunal (Req. 20 juin 1855, aff. Petit, D. P. 56. 1. 312). En conséquence, les propriétaires ainsi mis en cause ne peuvent pas se refuser à figurer dans l'instance, sous prétexte qu'il n'y aurait pas contiguïté entre leurs terrains et celui du demandeur en bornage, surtout quand le voisin immédiat du propriétaire qui résiste à l'appel en cause consent au bornage de sa propriété (Req. 9 nov. 1857, aff. Marquis, D. P. 58. 1. 31-32).

La doctrine s'est prononcée, sur ce point, dans le même sens que la jurisprudence. « Nous ne voyons pas, dit M. Demolombe, t. 11, n° 267, que le texte de l'art. 646 fasse obstacle à ce que les arrière-voisins soient assignés en même temps, lorsque le demandeur soutient que le bornage qu'il provoque ne peut être fait que contradictoirement avec eux; ce mode d'agir a l'avantage d'éviter beaucoup de retards et de frais, et ne présente pas, d'ailleurs, d'inconvénient, puisque le demandeur devrait bien entendu payer les frais de la procédure, si elle était reconnue frustratoire » (Conf. Toullier, *Droit civil français*, t. 3, n° 178; Curasson, *Traité des actions possessoires et du bornage*, n° 50; Millet, *Traité du bornage*, 2e éd., p. 150; Vaudoré, *Droit rural*, t. 1, p. 264). MM. Aubry et Rau, t. 2, p. 222, vont plus loin; ils décident que la mise en cause des arrière-voisins peut même être prononcée d'office par le juge (V. en ce sens : J. Deschodt, p. 142).

10. Les propriétés contiguës doivent, en outre, appartenir à des propriétaires différents (*Rép.* n° 17). Cette troisième condition ne donne lieu à aucune observation nouvelle.

11. Il faut ajouter que les deux fonds doivent dépendre, soit du domaine des particuliers, soit du domaine public ou privé de l'Etat, des départements ou des communes. Aussi a-t-il été jugé que l'action en bornage d'un cours d'eau non navigable ni flottable, intentée par un particulier à l'effet de déterminer la portion de ce cours d'eau qui serait devenue la propriété privée du demandeur et celle qui serait restée *res nullius*, ne peut être intentée contre le préfet, l'Etat n'ayant sur ce genre de cours d'eau que des droits de police et de surveillance non susceptibles de bornage (Metz, 11 août 1868, aff. Billotte, D. P. 69. 2. 53, et sur pourvoi, Req. 26 mai 1869, D. P. 69. 1. 320).

12. On a vu au *Rép.* n° 18, que l'action en bornage peut être intentée alors même qu'il n'existe aucune contestation sur les limites des propriétés contiguës, et dans le seul but de faire établir des bornes. La doctrine que nous avons exposée sur ce point a été confirmée par un arrêt de la cour de cassation, aux termes duquel le juge de paix ne peut se déclarer incompétent sous le prétexte que les propriétaires seraient d'accord sur la délimitation de leurs propriétés respectives (Civ. cass. 4 mars 1879, aff. Beccue, D. P. 79. 1. 183). « Il ne faut pas, en effet, ajoute cet arrêt, confondre la délimitation, qui ne sert qu'à indiquer la ligne sur laquelle doivent être placées les bornes, avec le bornage, qui a pour objet de constater d'une manière immuable cette délimitation. »

Mais, ainsi qu'on l'a établi (*Rép. ibid.*), l'existence de bornes sur la limite des deux fonds rend non recevable l'action en bornage. — Il a été jugé, d'ailleurs, conformément à la jurisprudence rapportée au *Rép.* n° 19, que l'existence de haies, barrières ou constructions formant clôture, ne met pas obstacle à l'action en bornage, du moment que les clôtures dont il s'agit n'ont pas été établies contradictoirement entre les intéressés, et ne présentent pas les caractères de bornes usitées (Arrêt précité du 4 mars 1879. V. aussi dans le même sens : Bruxelles, 13 août 1855, aff. Leroy C. Veuve Dugniolle, *Pasicrisie belge*, 1856. 2. 29).

§ 3. — Par qui et contre qui peut être intentée l'action en bornage (*Rép.* n°s 22 à 25).

13. L'action en bornage peut être intentée, avons-nous dit (*Rép.* n° 22), par tous ceux qui ont un droit réel sur la chose, notamment par le propriétaire. Ajoutons qu'il a été jugé que l'action en bornage est recevable, quoique le demandeur ne justifie pas actuellement de sa propriété. Cette action peut être formée dans la vue d'obtenir ultérieurement le délaissement du terrain usurpé : il n'est pas nécessaire de la faire précéder de l'action en délaissement (Montpellier, 4 janv. 1842, *Rép.* v° *Servitudes*, n° 374).

14. Au nombre des personnes qui peuvent intenter l'action en bornage, nous avons cité *l'usufruitier* (*Rép.* n° 23). Celui-ci, d'après l'opinion que nous avons adoptée, n'a pas seulement, comme l'ont soutenu quelques auteurs, le droit de contraindre le propriétaire à fixer les limites du fonds sujet à usufruit; il a la faculté d'exercer lui-même directement l'action en bornage, sauf au voisin assigné à mettre en cause, s'il le juge à propos, le nu-propriétaire, auquel ne serait pas opposable le bornage opéré sans son concours (V. en ce sens, outre les auteurs cités au *Rép.* n° 23-2° : Demolombe, t. 11, n° 256; Aubry et Rau, t. 2, p. 223; Deschodt, p. 151. V. aussi *Rép.* v° *Usufruit*, n° 781).

En ce qui concerne :... le nu-propriétaire, V. *Rép. ibid.*, et v*is* *Forêts*, n° 240; *Usufruit*, n° 781 ;... l'usager, l'emphytéote, le copropriétaire par indivis, V. *Rép. ibid.*, et v° *Servitudes*, n° 362.

15. Quant au mari, la question de savoir s'il a qualité pour

---

de droits qu'il n'en avait lui-même; qu'ainsi son action en revendication de la propriété du lit de la rivière est inadmissible; — Attendu qu'aux termes de l'art. 646 c. nap. le propriétaire ne peut obliger son voisin au bornage que pour leurs propriétés qui sont contiguës; que par contrat notarié du 3 nov. 1851, antérieur à celui du 26 mars 1862 précité, le défendeur a acquis de Widemann, l'auteur commun, un pré de 8 ares 30 centiares, ayant pour confront la rivière qui, n'appartenant à personne privativement, le sépare de l'héritage du demandeur; que les propriétés des parties n'étant pas contiguës, ce dernier est sans qualité et par suite non recevable en son action en délimitation et en bornage. » — Appel par le sieur Immer, qui, subsidiairement, demande à prouver que le lit de la Fecht était imposé et porté à la cote foncière des riverains, et qui, à l'appui de son allégation, produit des extraits de la matrice cadastrale; mais le 18 janv. 1865, arrêt de la cour de Colmar qui « adoptant les motifs des premiers juges, et sans s'arrêter aux conclusions subsidiaires, lesquelles sont rejetées comme irrelevantes et sans objet, confirme, etc. » — Pourvoi en cassation de la part du sieur Immer, pour fausse application des art. 644 et 714 c. nap. et violation des art. 546 et 646 même code, en ce que l'arrêt attaqué lui a dénié la propriété des cours d'eau bordant son héritage, sous prétexte qu'un cours d'eau de cette sorte est *res nullius*, alors qu'il n'y avait là qu'une présomption légale qui devait céder devant la preuve contraire résultant de son titre d'acquisition; et en ce qu'il a été déclaré non recevable dans son action en bornage, sous cet autre prétexte que son fonds, étant séparé de l'héritage du voisin par un cours d'eau du domaine commun, n'était pas contigu avec cet héritage. — Arrêt.

LA COUR; — Attendu que selon l'art. 646 c. nap., l'action en bornage n'est recevable que quand il s'agit de borner des propriétés contiguës; — Attendu que l'arrêt attaqué déclare qu'en fait les propriétés du demandeur et du défendeur originaires ne sont pas contiguës, parce qu'elles sont séparées par une rivière non navigable ni flottable; — Attendu qu'il est certain en droit, et admis par une jurisprudence non contestée par le pourvoi, que ces sortes de rivières n'appartiennent à personne; — Que si ces rivières, qui par leur nature et par l'effet d'une présomption légale, sont considérées comme *res nullius*, peuvent devenir, en vertu de titres spéciaux, la propriété d'un riverain, il est décidé, dans l'espèce, après analyse des titres respectivement produits, que ces titres ne confèrent aucune propriété au demandeur en cassation; que cette appréciation souveraine de l'arrêt attaqué n'est contraire à aucune loi; — Rejette, etc.

Du 6 nov. 1866.-Ch. req.-MM. Boujean, pr.-Woirhaye, rap.-Savary, av. gén.-Dareste, av.

intenter l'action en bornage, au nom de la femme, a, comme on l'a vu au *Rép.* n° 362, été diversement résolue, et elle continue à diviser les auteurs. La doctrine qui refuse, d'une façon générale, au mari le droit d'introduire seul l'action en bornage a été adoptée par MM. Millet, *Traité du bornage*, p. 134; Vaudoré, *Droit rural*, t. 1, p. 37; Deschodt, p. 161 et suiv. M. Demolombe, t. 11, nos 260 et suiv., reconnaît au mari le pouvoir d'intenter l'action en bornage toutes les fois qu'il ne s'élève aucune contestation sur la propriété ou sur les titres qui l'établissent : en d'autres termes, lorsque d'après la loi du 25 mai 1838, art. 6, n° 2, le juge de paix est compétent pour connaître de l'action, le mari peut l'intenter au nom de sa femme; dans le cas contraire, il est sans qualité pour agir seul (Conf. *Rép.* v° *Servitudes*, n° 363). — MM. Aubry et Rau, t. 2, p. 224, adoptent un système intermédiaire. Ils rejettent la distinction fondée sur la compétence du juge de paix, et proposent la suivante : les limites entre les deux immeubles sont-elles parfaitement certaines et reconnues, et l'action ne tend-elle, par conséquent, qu'à la plantation de pierres-bornes? En ce cas l'exercice de l'action en bornage est un simple acte d'administration et de conservation; cette action peut donc être intentée par le mari comme administrateur des biens de sa femme. Les limites des héritages sont-elles, au contraire, incertaines et contestées, et l'action a-t-elle, par suite, pour objet principal de les faire fixer? La demande tendant à obtenir un règlement définitif de l'étendue et de l'assiette des droits de propriété des parties, son exercice, alors même que ni les titres ni la propriété ne sont contestés, ne peut être considérée comme un simple acte d'administration et ne saurait, par conséquent, compéter au mari agissant au nom de la femme, à moins qu'il ne s'agisse de biens dotaux. — Les mêmes auteurs (*ibid.*, note 15) font, d'ailleurs, observer que si le mari est, dans certains cas, sans qualité pour intenter l'action en bornage au nom de sa femme, il peut toujours l'intenter, en son nom personnel, pour les biens de sa femme dont il a l'usufruit.

16. Les différents systèmes qui ont été proposés quant à l'exercice, par le mari, de l'action en bornage, ont été reproduits par les mêmes auteurs à l'égard du *mineur émancipé* et du *tuteur* du mineur non émancipé ou de l'interdit. Dans le cas où, selon ces auteurs, le mari peut agir au nom de sa femme, le tuteur peut intenter l'action sans autorisation du conseil de famille, et le mineur émancipé sans l'assistance de son curateur. Dans les autres cas, le tuteur doit obtenir l'autorisation du conseil de famille et le mineur émancipé se faire assister de son curateur. — Un arrêt a, il est vrai, posé en principe, d'une façon générale, que l'opération ayant pour objet de reconnaître et fixer définitivement les limites entre la propriété d'un mineur et celle d'un tiers, constitue un acte de pure administration pour lequel l'autorisation du conseil de famille n'est pas nécessaire (Rouen, 2 juill. 1881, aff. Wallet, D. P. 84. 1. 61). Mais cette solution nous paraît trop absolue. C'est aller trop loin, croyons-nous, que prétendre que le tuteur peut toujours intenter au nom de son pupille l'action en bornage, même lorsqu'une question de propriété est soulevée. — Nous devons noter aussi que M. Demolombe, t. 11, n° 261, qui à l'égard du tuteur maintient la distinction qu'il a établie relativement au mari, ne persévère pas dans sa doctrine en ce qui concerne le mineur émancipé, et refuse à celui-ci le pouvoir d'intenter l'action en bornage, alors même que ni les titres ni la propriété ne sont contestés.

17. Comme on l'a dit au *Rép.* n° 23, les *préfets* ont qualité pour intenter l'action en bornage en ce qui concerne les biens dépendant du domaine de l'État; ils n'ont jamais besoin d'aucune autorisation à cet effet. Ils représentent de même le département, lorsqu'il s'agit d'intenter cette action; mais ils ne peuvent agir qu'en vertu d'une décision du conseil général ou, en cas d'urgence, de la commission départementale. Ils peuvent défendre à cette action sur le simple avis conforme de la commission départementale (art. 46, n° 15, et 54, L. 10 août 1871).

18. Le *maire* ne peut ester en justice, au nom de la commune, dans une action en bornage, qu'après avoir été habilité à cet effet par une délibération du conseil municipal et une autorisation du conseil de préfecture (art. 90, n° 8, et 121, L. 5 avr. 1884).

Les maires, comme présidents des commissions administratives des *hôpitaux*, *hospices* et *bureaux de bienfaisance*, peuvent intenter l'action en bornage, au nom de ces établissements, en vertu des délibérations desdites commissions et de l'autorisation du conseil de préfecture, donnée après avis du comité consultatif de l'arrondissement (Arrêté 7 mess. an 11; L. 21 mai 1873, et 5 août 1879; Circ. min. int. 22 mai 1828).

Enfin l'action en bornage ne peut être intentée au nom des *fabriques* que par leurs *trésoriers*, munis d'une délibération du conseil de fabrique et d'une autorisation du conseil de préfecture (art. 77 et 79, Décr. 30 déc. 1809).

§ 4. — Devant quelle juridiction doit être portée l'action en bornage (*Rép.* nos 26 à 29).

19. Comme on l'a vu au *Rép.* n° 26, c'est au juge de paix qu'il appartient de connaître de l'action en bornage. Mais ce magistrat cesse d'être compétent lorsqu'il y a contestation sur la propriété : l'application de cette règle soulève des difficultés qui seront examinées *infrà*, v° *Compétence civile des juges de paix*.

20. On a rappelé (*Rép.* n° 28), le principe d'après lequel c'est à l'Administration qu'il appartient de statuer sur les délimitations de territoire entre communes voisines. Mais il faut observer que ce droit de l'Administration ne concerne que la délimitation *administrative* des communes ou sections de communes, c'est-à-dire la fixation des limites de ces circonscriptions, qu'il importe de déterminer dans l'intérêt de l'administration communale. Il en est autrement des questions de *propriété* qui peuvent s'agiter entre communes ou sections de communes limitrophes, sur les limites respectives de leurs biens. Ces difficultés sont de la compétence exclusive des tribunaux civils. La délimitation administrative ne peut, par conséquent, jamais être un préalable nécessaire à la solution des questions de propriété ainsi portées devant l'autorité judiciaire (Req. 29 juill. 1856, aff. Section de Marzenay, D. P. 56. 1. 411).

21. Quant à la délimitation des fonds dépendant du domaine public, elle appartient toujours à l'autorité administrative (Cons. d'Ét. 31 mars 1847, aff. Balias de Soubran, D. P. 48. 3. 4; Lyon, 26 mai 1847, aff. Combalot, D. P. 47. 4. 90; Lyon, 10 janv. 1849, aff. Combalot, D. P. 49. 2. 148; Req. 23 mai 1849, aff. Préfet du Rhône, D. P. 50. 1. 313; Orléans, 28 févr. 1850, aff. Poulain, D. P. 50. 2. 65; Trib. confl. 3 avr. 1850, aff. Deherrypon, D. P. 50. 3. 49; Cons. d'Ét. 18 juin 1860, aff. Commune de Mers, D. P. 61. 3. 49; 19 juill. 1860, aff. Reyneau, *ibid.*; Cons. d'Ét. 2 août 1860, aff. Mazeline, D. P. 61. 3. 58; Cons. d'Ét. 1er juin 1861, aff. Ratier, D. P. 61. 3. 59; Cons. d'Ét. 12 juill. 1866, aff. Follin, D. P. 67. 3. 33; Trib. confl. 11 janv. 1873, aff. de Paris-Labrosse, et 1er mars 1873, aff. Guillié, D. P. 73. 3. 65 et suiv.; Pardessus, t. 1, n° 118; Demolombe, *Servitudes*, t. 1, n° 263; Aubry et Rau, *Droit civil français*, t. 2, § 199, p. 224. V. *Compétence administrative*; — *Rép.* eod. v°, nos 143 et suiv.). — Il en serait, toutefois, autrement si l'État n'était pas en cause; entre parties privées, en effet, les tribunaux ordinaires sont toujours compétents pour apprécier si tel ou tel terrain fait ou non partie du domaine public (Cons. d'Ét. 26 juin 1852, aff. David, D. P. 52. 3. 45; 2 déc. 1853, aff. Département de la Charente, D. P. 54. 3. 42; Civ. rej. 4 août 1858, aff. Ville de Caen, D. P. 59. 1. 30; 25 janv. 1859, aff. Fabrique de Bolbec, D. P. 59. 1. 86; Req. 11 avr. 1860, aff. Mosselmann, D. P. 60. 1. 273; arrêts précités des 18 juin et 19 juill. 1860) (V. *Compétence administrative*).

22. Sur la délimitation des terrains militaires et la fixation des zones du rayon de défense, V. L. 7 avr. 1851 (D. P. 51. 4. 129), Décr. 16 août 1853 (D. P. 53. 4. 227), et v° *Organisation militaire*. — Sur le bornage des chemins vicinaux, V. L. 21 mai 1836, art. 15; L. 10 août 1871, art. 44 et 86 (D. P. 71. 4. 224 et 131), et v° *Voirie*. — Sur la délimitation des chemins ruraux, V. L. 20 août 1881 (D. P. 82. 4. 1), et v° *Voirie*. — Sur la délimitation des rivages de la mer, V. Décr. 21 févr. 1852 (D. P. 52. 4. 67), et vis *Domaine public*; *Eaux*; *Organisation maritime*. — Sur la délimitation des cours d'eau navigables et flottables, V. *Eaux*; *Voirie par eau*. — Sur le bornage des bois et forêts soumis au régime forestier, V. *Forêts*.

§ 5. — Du mode de jugement de l'action en bornage et de son exécution. — Preuves diverses. — Délimitations et plantations de bornes (*Rép.* nos 30 à 69).

23. — I. Mode de jugement de l'action en bornage (*Rép.* nos 30 à 39). — Pour compléter les développements contenus sur ce point dans le *Répertoire*, nous n'avons que quelques explications à ajouter en ce qui concerne la première des trois hypothèses examinées, celle où il n'existe entre les parties aucune contestation sur la délimitation de leurs héritages respectifs. — Cette hypothèse se réalise, notamment, lorsqu'au cours d'une instance devant le juge de paix, par exemple dans une action possessoire, les parties tombent d'accord pour mettre fin au procès et font entre elles, à titre de transaction, une convention de bornage par laquelle elles s'entendent sur la délimitation de leurs héritages respectifs. Le juge de paix, après avoir constaté dans son procès-verbal cet accord des parties, n'a plus qu'à procéder, par lui-même ou par experts, à la plantation des bornes. L'action possessoire se trouve alors transformée en action en bornage; par conséquent, la sentence qui fixe ainsi les limites respectives des héritages, à l'aide des éléments rentrant dans les attributions du juge du bornage, ne peut être critiquée pour cumul du possessoire et du pétitoire (Req. 19 juill. 1852, aff. Baudot, D. P. 54. 1. 432; Req. 10 avr. 1866, aff. Rivière, D. P. 66. 1. 380). — La convention constatée dans ces conditions par le juge de paix est irrévocable et obligatoire même pour la partie qui a refusé ensuite de signer ce procès-verbal, sous prétexte, par exemple, qu'elle aurait été chargée à tort d'une portion des frais du procès que la transaction avait arrêté (Req. 5 mars 1855, aff. Robiquet, D. P. 55. 1. 99);... ou qu'elle conteste le résultat des opérations des experts commis (Arrêt précité du 10 avr. 1866). — Le juge de paix, compétent pour recevoir ce contrat judiciaire, est, par voie de conséquence, compétent pour constater la transaction faite par les parties, accessoirement à ce contrat, afin d'arriver à la fixation du point où devra s'exercer une servitude de lavage, puisage et abreuvage (Req. 2 août 1875) (1).

24. — II. Preuves en matière de bornage (*Rép.* nos 40 à 58). — Dans l'action en bornage, comme on l'a rappelé (*suprà*, no 6), toutes les parties sont respectivement demanderesses; chacune d'elles est donc obligée de faire preuve de ses prétentions (*Rép.* vo *Servitudes*, no 365; Req. 2 avr. 1850, aff. Bellot, D. P. 50. 1. 155; Req. 29 juill. 1856, aff. Section de Marzenay, D. P. 56. 1. 411; Metz, 8 déc. 1857, aff. Lefebvre, D. P. 60. 2. 42).

25. — *Preuve littérale.* — Un arrêt a confirmé la doctrine émise au *Rép.* no 42, en décidant que la restitution d'une portion de terrain peut, lorsqu'elle est poursuivie par voie d'action en bornage, et non par voie de revendication, être ordonnée d'après l'examen des titres des parties, *même non communs entre elles*, rapprochés de l'état ou de la configuration des héritages limitrophes (Req. 2 avr. 1850, aff. Bellot, D. P. 50. 1. 155). Spécialement, cette restitution peut être prononcée si la comparaison des titres des parties avec la contenance des héritages respectifs constate un déficit dans le terrain du demandeur et un excédant dans celui du défendeur, sans que ce dernier puisse objecter que le titre produit par le demandeur pour justifier le déficit allégué ne lui est pas opposable comme n'émanant ni de lui, ni de son auteur (V. aussi en ce sens : Metz, 8 déc. 1857, aff. Lefebvre, D. P. 60. 2. 42; Conf. Civ. cass. 22 juin 1864, aff. Lepère, D. P. 64. 1. 413; Rouen, 1er févr. 1865, aff. Lepère, D. P. 66. 2. 170-171; Nancy, 20 juin 1867, aff. Rapin, D. P. 68. 2. 166; Pau, 8 mai 1872, aff. Camentron, D. P. 73. 2. 231. V. aussi les observations conformes de M. le conseiller Mesnard rapporté avec l'arrêt précité du 2 avr. 1850). — Sur les différences, quant à la preuve, entre l'action en bornage et l'action en revendication, V. *suprà*, no 5.

26. Cette théorie a été contestée (V. notamment: Morin, *Principes du bornage*, p. 16 et suiv.). Les titres produits qui n'émanent pas d'auteurs communs ne peuvent, a-t-on dit, avoir aucune autorité lorsqu'ils ne sont pas conformes à la possession : décider autrement, ce serait violer l'art. 1165 c. civ., qui déclare que les conventions n'ont d'effet qu'entre les parties contractantes. Le défendeur, à défaut de titre contraire, contradictoirement établi entre lui et le demandeur, doit donc rester en possession de ce qu'il détient. — Mais cette dernière opinion est généralement repoussée : outre qu'elle aurait trop souvent pour conséquence de consacrer, dans la pratique, la spoliation, opérée d'une façon occulte, par un voisin de mauvaise foi, elle repose sur une confusion. En effet, il ne s'agit pas ici de trancher, entre les parties, une question de propriété : ce n'est pas un propriétaire qui revendique un fonds possédé par son voisin. Il s'agit uniquement de réglementer, de limiter la propriété : ce sont deux propriétaires qui, reconnaissant leurs droits respectifs, demandent au juge du bornage de fixer les limites dans lesquelles chacun pourra librement exercer le sien. L'art. 1165 c. civ. ne saurait, d'ailleurs, être invoqué en cette matière : la disposition qu'il contient est uniquement relative aux obligations; elle est complètement étrangère à la réglementation des droits réels (Demolombe, *Obligations*, t. 2, p. 45; Millet, *Traité du bornage*, p. 141 ; Deschodt, p. 204. V. les arrêts cités *suprà*, no 24).

27. Ce serait aller trop loin, toutefois, que décider, *a priori*, d'une manière générale, que la possession actuelle devra fléchir devant les titres lorsqu'elle ne concordera pas avec eux. Il y a des cas où les titres, même explicites, sont peu probants, et où la possession mérite de l'emporter sur eux. En réalité, la préférence à accorder à l'un ou à l'autre de ces éléments de preuve dépend des circonstances, dont l'appréciation appartient aux tribunaux (Metz, 8 déc. 1857 cité *suprà*, nos 24 et 25 ; Req. 23 avr. 1873, V. *Compétence civile des juges de paix*).

28. On a exposé au *Rép.* no 47, que, lorsqu'il est établi par des titres incontestés que les bornes existant entre deux héritages sont mal placées, l'erreur commise à cet égard peut toujours être réparée, tant qu'elle n'a pas été couverte par la prescription. Un arrêt s'est prononcé dans le même sens, en décidant que la convention par laquelle deux propriétaires s'engagent à délimiter leurs héritages d'après une ligne de démarcation par eux indiquée peut être annulée pour cause d'erreur de fait si, pendant la pose des bornes nouvelles, il en est découvert d'anciennes, dont l'existence était inconnue aux parties lors de la stipulation (Douai, 21 févr. 1848, aff. Lebrun, D.P. 49. 2. 48).

29. — III. Frais et dépens (*Rép.* nos 67 et 68). — La plupart des auteurs se sont prononcés dans le sens de l'opinion que nous avons formulée (*Rép.* no 68), à savoir que, si les frais d'achat et de plantation des pierres-bornes doivent se partager par moitié entre les deux propriétaires riverains, il en est autrement des frais d'arpentage : ces frais doivent être répartis entre les propriétaires des fonds sur lesquels l'opération a été faite, proportionnellement à la contenance de ces fonds (Pardessus, *Servitudes*, t. 1, no 129; Curasson, *Compétence des juges de paix*, § 3, no 23 ; Demolombe, t. 11, no 277; et Aubry Rau, t. 2, § 199, p. 226; Deschodt, p. 232. — V. cependant en sens contraire: Ducaurroy, Bonnier et Roustain, *Commentaire du code civil*, t. 2, p. 277; Marcadé, *Explication du code civil* sur l'art. 646, no 3). — MM. Taulier, *Théorie raisonnée du code civil*, t. 2, p. 374, et Millet, *Traité du bornage*, p. 356 et suiv., proposent même, mais à tort, suivant nous, de répartir proportionnellement entre les propriétaires riverains, tous les frais indistinctement.

30. Quant aux frais des contestations qui sont soulevées, ils doivent, avons-nous dit (*Rép.* no 67), être supportés par la

(1) (Perfus C. Leblanc.) — La cour ; — Sur le premier moyen, tiré de la violation de l'art. 1134 c. civ., et des règles de la compétence : — Attendu qu'il est déclaré souverainement, en fait, par le jugement attaqué, que le bornage opéré par l'expert Trouette, et la fixation du point où devra s'exercer la servitude de lavage, puisage et abreuvage des consorts Leblanc, sont le résultat d'un accord intervenu entre les parties qui se sont fait, par la médiation du juge de paix, des concessions mutuelles; — Attendu que le passage pratiqué pour arriver à la fosse dont Perfus est propriétaire, n'est que l'accessoire de la servitude établie sur cette fosse, et que le juge de paix, compétent pour statuer sur l'action en bornage introduite par Perfus, était par là même compétent pour recevoir et constater un contrat judiciaire concernant les bases de ce bornage et la détermination d'un passage qui en était la condition;

Par ces motifs, rejette, etc.

Du 2 août 1875.-Ch. req.-MM. de Raynal, pr.-Alméras-Latour, rap.-Godelle, av. gén., c. conf.-Duboy, av.

partie qui succombe (art. 130 c. pr. civ.) (V. conf. les auteurs cités *suprà*, n° 29). — MM. Aubry et Rau, t. 2, p. 226, proposent toutefois une restriction à cette règle : « Il n'en est pas nécessairement ainsi, disent-ils, des frais du jugement qui, à défaut de consentement de l'un des intéressés à un bornage amiable, a ordonné qu'il serait procédé à cette opération par un expert désigné à cet effet ». — Les frais de contestation pourraient encore être mis à la charge des deux parties dans le cas où une transaction viendrait mettre fin à cette contestation; car, dans ce cas, nul ne succombe (Req. 5 mars 1855, aff. Robiquet, D. P. 55. 1. 99).

Table sommaire

des matières contenues dans le Supplément et le Répertoire.

(Les chiffres précédés de la lettre *S* renvoient au Supplément; les chiffres précédés de la lettre *R* renvoient au Répertoire.)

Table chronologique des Lois, Arrêts, etc.

BOUCHER. — BOUCHERIE.

Division.

Art. 1er. — *Historique et législation* (*Rép.* nos 3 à 10).

1. Nous avons signalé au *Rép.* n° 7, l'absence de dispositions réglementaires sur l'exercice de la profession de boucher, dispositions qui auraient permis d'éviter toutes difficultés sur l'application des pouvoirs de police appartenant à l'autorité municipale en ce qui concerne la vente et le débit de comestibles et du principe de la liberté industrielle. Ces difficultés se sont atténuées depuis qu'un décret du 24 févr. 1858 a déclaré le commerce de la boucherie libre à Paris (V. *infrà*, n° 48). Bien que cet acte ne concerne que la capitale, les autorités locales dans les départements ont généralement renoncé à toute mesure restrictive (V. Maurice Block, *Dictionnaire de l'administration française*, 2e éd., v° *Boucherie*, n° 4).

2. Les règlements spéciaux sur le commerce de la boucherie, pour telle ou telle ville, dont nous avons parlé au *Rép.* n° 8, n'émanent plus aujourd'hui de l'autorité administrative supérieure. Depuis les décrets de décentralisation des 25 mars 1852 (tabl. B-2°, D. P. 52. 4. 90) et 13 avr. 1861 (tabl. B-2°, D. P. 61. 4. 49), les préfets statuent sur la réglementation de la boucherie; leur approbation n'est pas nécessaire pour la validité des arrêtés municipaux relatifs à ce commerce, mais ils doivent les examiner et peuvent en suspendre ou en annuler l'exécution (L. 5 avr. 1884, art. 95, D. P. 84. 4. 25) (V. *Commune*).

ART. 2. — *De la boucherie en général. — Boucherie, charcuterie, triperie et suif. — Règles concernant l'existence même de ces professions* (*Rép.* nos 11 à 26).

3. L'art. 3, nos 4 et suiv., du tit. 11 de la loi des 16-24 août 1790, reproduit au *Rép.* n° 12, a été abrogé par l'art. 168 de la loi du 5 avr. 1884 sur l'organisation municipale (V. *Commune*); mais ces dispositions ont été inscrites, avec quelques modifications de détail, dans les nos 5, 6, 8 de l'art. 97 de cette dernière loi, et sont encore en vigueur. L'autorité municipale a donc conservé les droits qui lui appartenaient relativement à la surveillance du commerce de la boucherie.

4. Nous avons dit au *Rép.* n° 13, que l'autorité administrative municipale n'avait pas le droit de limiter le nombre des bouchers dans une commune. Cette solution s'applique maintenant même à la Ville de Paris, le décret du 24 févr. 1858 (V. *infrà*, n° 48) ayant abrogé les règlements spéciaux relatifs à cette limitation.

5. La solution admise au *Rép.* n° 4, et d'après laquelle les règlements municipaux peuvent valablement imposer à ceux qui veulent s'établir bouchers l'obligation de faire une déclaration au bureau de police et d'indiquer le lieu de leur établissement, se trouve confirmée par l'art. 2 du décret du 24 févr. 1858 (V. *infrà*, n° 48).

La cour de cassation semble même admettre que l'ouverture d'une boucherie peut être subordonnée à une permission de l'autorité municipale. C'est du moins ce que l'on peut conclure d'un arrêt, aux termes duquel l'ouverture d'un pareil établissement sans autorisation du maire ne constitue pas une contravention de police lorsque le ministère public ne peut représenter l'arrêté municipal qui exige cette autorisation (Crim. rej. 7 mars 1874, aff. Ferracie, D. P. 76. 5. 57).

6. Dans l'état actuel de la jurisprudence, si l'autorité municipale exigeait, de la part de ceux qui veulent ouvrir une boucherie, des formalités gênantes, inutiles pour assurer l'exercice du droit de surveillance qui lui appartient, les intéressés ne jouiraient pas seulement du recours au préfet dont nous avons parlé au *Rép.* n° 17; ils pourraient également former un recours pour excès de pouvoir devant le conseil d'État (Arg. Cons. d'Ét. 30 juin 1859, aff. Tripiers de Lyon, D. P. 60. 3. 21).

7. Les syndicats de bouchers, représentant la corporation organisée dans certaines grandes villes ainsi que nous l'avons vu au *Rép.* n° 22, n'existent plus; mais des syndicats professionnels peuvent être constitués conformément aux prescriptions de la loi du 21 mars 1884 (V. *Industrie et commerce*).

8. La loi sur les patentes du 15 juill. 1880 a modifié le classement des bouchers indiqué au *Rép.* n° 25. Si les marchands bouchers restent compris dans la quatrième classe des patentables, les bouchers à la cheville figurent dans la cinquième, et les bouchers en petit bétail ne vendant que veau, mouton, agneau, chevreau, dans la sixième (V. *Patente*).

ART. 3. — *Des mesures de police auxquelles est astreint le commerce de la boucherie en général dans l'intérêt de la sécurité, de la santé, de la salubrité et de la sûreté publiques* (*Rép.* nos 27 à 82).

§ 1er. — Approvisionnement en bétail et en viande. — Droit de parcours. — Abatage des bestiaux. — Abattoirs; leur police. — Mesures de salubrité (*Rép.* nos 28 à 59).

9. La jurisprudence n'a pas eu à se prononcer sur la question de savoir si l'autorité municipale peut ordonner que, dans un rayon déterminé par rapport à la commune, le bétail pour la boucherie devra être vendu exclusivemdnt dans des lieux et marchés désignés à cet effet. Nous avions, au *Rép.* n° 28, admis l'affirmative en nous fondant sur les dispositions des règlements spéciaux pour la ville de Paris; mais cette solution ne peut être maintenue depuis l'abrogation de ces règlements par le décret du 24 févr. 1858 (V *infrà*, n° 48).

10. Conformément aux précédents cités au *Rép.* n° 29, il a été jugé que l'arrêté municipal prescrivant aux bouchers d'avoir constamment un approvisionnement de viande en qualité et quantité suffisantes pour satisfaire aux besoins journaliers de la consommation, est légal et obligatoire (Crim. cass. 12 juin 1856, aff. Gay, D. P. 56. 1. 381; Crim. cass. 26 déc. 1857, aff. Plaigne, D. P. 58. 1. 143). — L'infraction à un tel arrêté ne saurait être excusée sous le prétexte que le boucher contrevenant aurait, la veille, tué une quantité de bestiaux suffisante pour satisfaire à la vente présumée du lendemain, qui se serait trouvée plus considérable qu'elle ne devait l'être d'après ses prévisions: il n'y a pas là le cas de force majeure qui peut seul servir d'excuse à la contravention (Arrêt précité du 12 juin 1856); —... ni par le motif que le boucher aurait justifié avoir fait son approvisionnement ordinaire (Arrêt précité du 26 déc. 1857). Nous avions fait observer que les arrêts rendus sur cette question, et rapportés *ibid.*, avaient mal à propos basé leur décision sur l'art. 30 du tit. 1er de la loi des 19-22 juill. 1791, permettant à l'autorité municipale de taxer la viande de boucherie. L'arrêt du 12 juin 1856 ne mentionne plus cette disposition, et vise, conformément à nos observations, l'art. 3, n° 4, de la loi des 16-24 août 1790, qui est aujourd'hui remplacé par l'art. 97, n° 5, de la loi du 5 avr. 1884 (V. *suprà*, n° 3). L'arrêt du 26 déc. 1857 écarte expressément l'application des dispositions concernant la taxe à cette infraction; il décide, en effet, que le boucher n'ayant pas dans son magasin l'approvisionnement de viandes prescrit par un arrêté municipal est passible des peines prononcées par l'art. 471, § 15, c. pén., et non de celles de l'art. 479, § 6, lequel n'est relatif qu'à la vente de la viande au-dessus de la taxe.

11. On a établi au *Rép.* n° 31, que l'obligation imposée aux bouchers par l'autorité municipale de se tenir approvisionnés de viandes ne peut entraîner une obligation corrélative et implicite, de la part des habitants de la commune, en vertu de laquelle ces derniers seraient tenus d'acheter leur viande chez les bouchers. Mais un règlement local peut édicter des mesures pour assurer la surveillance de la qualité des viandes introduites par les bouchers forains, et soumettre ces viandes aux inspections et vérifications exigées dans l'intérêt de la santé publique (V. *infrà*, nos 34 et suiv.).

12. L'ordonnance de police du 15 niv. an 11, relative aux mesures de salubrité à prendre par les bouchers de Paris dans l'exercice de leur profession, citée au *Rép.* n° 36, a été remplacée par une nouvelle ordonnance du 16 mars 1858 (V. *infrà*, n° 68).

13. Les dispositions législatives et réglementaires sur les abattoirs, indiquées au *Rép.* nos 39 et suiv., ont été modifiées par un décret du 1er août 1864 (D. P. 64. 4. 108) (V. Circ. min. agr. et com. 8 sept. 1864, D. P. 65. 3. 22). Le décret de décentralisation du 25 mars 1852 (tabl. B-7°) avait donné aux préfets le pouvoir d'autoriser la création des établissements insalubres de première classe, au nombre desquels sont compris les abattoirs depuis l'ordonnance royale du 15 avr. 1838. Il fut admis que l'autorité préfectorale était compétente, non seulement pour statuer sur l'ouverture des abattoirs considérés comme établissements insalubres, mais encore pour approuver les tarifs d'abatage, les acquisitions, échanges de terrain, emprunts, impositions extraordinaires que nécessitait la création de l'abattoir, établissement municipal. Mais le conseil d'Etat, consulté sur l'étendue des attributions des préfets en cette matière, exprima, le 2 avr. 1853, l'avis que le décret de 1852 s'était borné à statuer, en général, sur les établissements insalubres de première classe, et avait, par conséquent, laissé en dehors de ses prévisions les établissements qui n'intéresseraient pas seulement la salubrité, mais qui pourraient se rattacher à d'autres intérêts confiés à une autorité supérieure. Conformément à cet avis, le ministre de l'intérieur, dans une circulaire du 22 juin 1853 (D. P. 53. 3. 43), invita les préfets à s'abstenir de statuer tant sur la création d'abattoirs que sur les tarifs des droits d'abatage.

Le décret du 1er août 1864 a conféré aux préfets le droit d'autoriser la création des abattoirs (art. 1er); mais, pour éviter les abus qui pouvaient résulter de la tendance des municipalités à exagérer les taxes à percevoir dans ces établissements et sauvegarder les intérêts des consommateurs, ce décret a fixé les limites que ne pourraient excéder les tarifs dans les cas ordinaires, et réservé à l'autorité supérieure le soin d'approuver ces tarifs lorsque des circonstances exceptionnelles exigeraient la perception de droits plus élevés (V. *infrà*, nos 19 et suiv.).

14. La demande de création d'un abattoir est faite par délibération du conseil municipal.

L'instruction de cette demande a lieu conformément aux règles prescrites pour les établissements insalubres de première classe (V. *Rép.* v° *Manufactures, fabriques et ateliers dangereux*, nos 19 et suiv.). D'après les circulaires du ministre de l'intérieur des 6 avr. et 15 déc. 1852, du ministre de l'agriculture, du commerce et des travaux publics du 8 sept. 1864, les conseils d'hygiène et de salubrité doivent être appelés à donner leur avis sur la création des abattoirs.

Les formalités portent, non seulement sur l'abattoir proprement dit, mais encore sur les établissements insalubres de première classe qui lui sont généralement annexés, fonderie de suifs, triperie et porcherie.

15. Une circulaire du ministre de l'agriculture, du commerce et des travaux publics du 8 sept. 1870 indique, en ces termes, les pièces qui doivent être produites à l'appui de la demande : 1° délibération du conseil municipal sollicitant l'établissement de l'abattoir; 2° procès-verbal d'enquête *de commodo et incommodo;* 3° plan figuratif des lieux; 4° plan des constructions; 5° devis estimatif des travaux; 6° certificats d'affiches délivrés par les maires des communes dans lesquelles la demande a été publiée; 7° cahier des charges à imposer à l'entrepreneur des travaux; 8° délibération du conseil municipal approuvant ces pièces et fixant le tarif des droits d'abatage; 9° état indiquant le montant annuel des frais à la charge de la commune; 10° tableau indiquant, d'après un relevé de la consommation de la commune pendant les trois dernières années, le nombre moyen des animaux de chaque espèce qui seront abattus dans l'établissement, ainsi que le produit annuel de l'abattoir; 11° copie certifiée du tarif des droits d'octroi établis dans la commune ou certificat constatant qu'il n'existe pas d'octroi; 12° situation de la caisse municipale délivrée par le receveur municipal; 13° avis du conseil d'hygiène et de salubrité.

16. Le préfet autorise l'ouverture de l'abattoir, lorsque les taxes à percevoir ne dépassent pas les limites fixées par les art. 3 et 4 du décret du 1er août 1864, et lorsque la création de cet établissement ne nécessite pas, soit un emprunt, soit des contributions extraordinaires, soit une concession à un entrepreneur, qui devraient être autorisés par l'autorité supérieure conformément aux règles posées par la loi du 5 avr. 1884 (V. *Commune*).

Dans le cas contraire, et lorsqu'il y a lieu à expropriation pour cause d'utilité publique, le dossier est transmis par le préfet au ministre du commerce qui le communique au ministre de l'intérieur. L'affaire est soumise au conseil d'Etat, section de l'intérieur, pour l'examen des voies et moyens (tarif, expropriation, emprunt, contribution extraordinaire, concession, etc.). Le dossier est ensuite renvoyé au ministère du commerce, qui soumet le projet de décret à la section des travaux publics.

17. Les préfets ne peuvent jamais ordonner la suppression des abattoirs. Un décret rendu en conseil d'Etat est nécessaire, aux termes de l'art. 12 du décret du 15 oct. 1810 (V. *Rép.* v° *Manufactures*, nos 40 et suiv.).

18. L'abattoir communal étant un établissement d'intérêt général, les travaux de construction constituent des travaux publics, et les difficultés qui s'élèvent à leur sujet rentrent dans la compétence du conseil de préfecture. Les tribunaux civils n'auraient donc pas qualité pour connaître des dommages causés par la construction d'un abattoir (Cons. d'Et. 13 déc. 1861, aff. Thiboust, D. P. 62. 3. 9). Mais, une fois construit, l'abattoir constitue, pour la commune qui l'a établi, une propriété privée qu'elle exploite dans les mêmes conditions que tout autre propriétaire d'établissement insalubre. Par suite, les tribunaux civils sont compétents pour connaître du dommage causé aux propriétés voisines par l'exploitation de cet abattoir, notamment, par l'établissement d'un aqueduc déversant les eaux sales dans un ruisseau (Civ. cass. 29 janv. 1861, aff. Thiboust, D. P. 61. 1. 122); — par le défaut d'entretien des rigoles d'écoulement des eaux corrompues, ou même par l'insuffisance des conditions dans lesquelles ces rigoles ont été établies (Civ. rej. 16 avr. 1866, aff. Comp. générale *la Transatlantique*, D. P. 66. 1. 180).

Sur la question de savoir s'il appartient à l'autorité judiciaire d'ordonner les travaux nécessaires pour mettre fin aux dommages résultant de l'exploitation de l'abattoir, V. *Manufactures; Travaux publics*.

19. Les taxes d'abatage ne peuvent être une source de revenus pour les communes; elles doivent être calculées de manière à couvrir les frais d'entretien et de gestion y compris l'intérêt des capitaux engagés, et le maximum du taux normal du droit d'abatage est fixé à un centime cinq millièmes par kilogramme de viande nette (Décr. 2 août 1864, art. 2 et 3). Toutefois, lorsqu'une commune est forcée de recourir à l'emprunt ou à une concession temporaire de l'exploitation pour la construction de l'abattoir, les taxes peuvent atteindre deux centimes par kilogramme si ce taux est reconnu nécessaire pour assurer l'amortissement de l'emprunt ou la conclusion du traité de concession; mais, après l'amortissement ou l'expiration de la concession, les taxes doivent être ramenées au taux nécessaire pour couvrir seulement les frais d'entretien et de gestion de l'abattoir (Même décret, art. 4 et 5).

Si des circonstances exceptionnelles nécessitent des taxes supérieures à celles qui viennent d'être indiquées, un décret rendu en conseil d'Etat doit les autoriser (Même décret, art. 6).

La loi municipale du 5 avr. 1884 n'a apporté aucune modification aux règles établies par le décret de 1864 relativement aux taxes d'abatage (Circ. min. int. 15 mai 1884).

20. Les taxes ne peuvent porter que sur la *viande nette*, dit le décret de 1864, c'est-à-dire sur la viande débarrassée des abats. Ainsi, lorsqu'une société concessionnaire des abattoirs d'une ville est autorisée par le traité intervenu entre elle et cette ville à percevoir une taxe par chaque kilogramme de viande nette, elle ne peut exiger cette perception sur les abats (Trib. simp. pol. Longjumeau, 5 nov. 1884) (1).

21. Le maximum déterminé pour les taxes ne peut être indirectement dépassé par des droits établis sur les services accessoires qui sont implicitement compris dans les frais

(1) (Société générale des abattoirs de France C. Poijet, Thévenot, Menault et Prévost fils.) — Le tribunal; — Attendu que, par acte sous signatures privées en date du 29 nov. 1881, passé entre le maire de la ville de Longjumeau et les représentants de la société générale des abattoirs de France, concession a été faite à ladite société de la création et de l'exploitation d'un abattoir dans ladite ville pour la durée de cinquante années; qu'en échange des charges et obligations imposées au concessionnaire, ce dernier a été autorisé par l'art. 11 dudit acte à percevoir deux centimes par kilogramme de viande nette provenant des animaux abattus; — Attendu que ce traité a reçu l'approbation de l'autorité supérieure à la date du 20 sept. 1881; qu'il a été enregistré à Longjumeau le 18 oct. 1881, folio 89, recto, case 2, par le receveur, qui a perçu 556 fr. 75 c.; — Attendu qu'un règlement administratif en date du 29 nov. 1880, approuvé par M. le préfet de Seine-et-Oise, a fixé les conditions du fonctionnement de cet établissement; — Attendu que l'art. 11 de l'arrêté du 29 nov. 1880, susénoncé, dispose : « Le droit d'abatage, d'étable et d'écurie, fixé à deux centimes par kilogramme de viande nette, sera perçu par le préposé à la garde et à la surveillance de l'abattoir,

d'abatage. Ainsi, l'usage de l'abattoir ne pourrait s'exercer s'il n'existait pas des locaux destinés à recevoir les animaux à leur arrivée et les viandes et issues avant leur enlèvement : l'occupation de ces locaux ne peut être l'objet d'une rétribution supplémentaire; mais, si elle devait dépasser un délai déterminé jugé suffisant pour que le tour d'abatage des animaux puisse arriver ou pour l'enlèvement des viandes, une perception pourrait avoir lieu au profit de la commune, puisqu'un service spécial, non compris dans les opérations d'abatage, serait rendu aux intéressés (*Journal des communes*, 1866, t. 39, p. 63 et suiv.).

22. Les frais de balayage et de nettoiement paraissent devoir être compris au nombre de ceux auxquels doivent faire face les taxes d'abatage. Cependant, il a été jugé que ces frais peuvent être mis à la charge des bouchers (Crim. cass. 27 déc. 1878, aff. Bouchers de Fontenay-le-Comte, D. P. 79. 1. 186).

23. La jurisprudence, confirmant la solution donnée au *Rép.* nos 42 et 43, décide que les arrêtés municipaux interdisant aux bouchers et charcutiers d'abattre ailleurs qu'à l'abattoir communal sont légaux et obligatoires (Crim. cass. 2 mai 1846, aff. Faye, D. P. 46. 4. 41; Crim. cass. 12 sept. 1851, aff. Lestrade, D. P. 52. 5. 347; Crim. cass. 24 juin 1865, aff. Passeron, D. P. 66. 1. 46; Crim. cass. 8 déc. 1865, aff. Passeron, D. P. 66. 1. 46-47; Crim. cass. 14 juill. 1877, aff. Griffier, D. P. 77. 1. 407).

L'application de ces arrêtés ne pourrait être restreinte par le juge de police, à raison de considérations tirées de l'intérêt prétendu du commerce ou des difficultés que présenterait leur stricte exécution (Arrêt précité du 14 juill. 1877). — Ainsi, un boucher ne doit pas être excusé d'avoir abattu en ville, sous prétexte que l'emplacement qui lui a été désigné dans l'abattoir public est insuffisant pour lui permettre l'exercice de son industrie (Crim. cass. 12 mars 1847, aff. Lamaison, D. P. 47. 4. 44).

24. L'art. 133-6° de la loi du 5 avr. 1884 a maintenu la disposition de l'art. 31-6° de la loi du 18 juill. 1837, citée au *Rép.* n° 49, qui comprend au nombre des recettes ordinaires des communes le produit des droits de place dans les abattoirs, d'après les tarifs dûment établis (V. *Commune*). Ces droits de place pour l'occupation des locaux dépendant des abattoirs, tels que les étables, bouveries, porcheries pour les animaux amenés dans l'établissement sont déterminés par délibérations du conseil municipal approuvées par le préfet (V. *ibid.*, L. 5 avr. 1884, art. 68-7° et 69), et ne doivent pas être confondus avec les taxes d'abatage (V. *suprà*, n° 19).

25. Ainsi que nous l'avons dit au *Rép.* n° 50, si la violation des obligations imposées aux bouchers, charcutiers, fondeurs de suifs dans l'intérêt de l'ordre et de la sûreté constitue une contravention de police, les infractions aux obligations qui résultent des droits de la commune comme personne civile, propriétaire de l'abattoir, ne peuvent donner lieu qu'à une action devant les tribunaux civils. — Ainsi, il a été jugé que la violation d'un règlement municipal portant fixation des taxes d'abatage ne saurait être considérée comme une contravention soumise à l'art. 471, n° 15, c. pén. (Crim. rej. 20 sept. 1851, aff. Sébastien, D. P. 51. 5. 45; 20 sept. 1851, aff. Bré, D. P. 52. 5. 470). — Le juge de police, qui ne peut connaître d'une telle infraction, n'est pas non plus compétent pour décider à quelle catégorie d'objets soumis aux droits appartiennent les matières qu'un individu est prévenu d'avoir tenté de faire sortir de l'abattoir pour les soustraire à ces droits (Crim. cass. 22 mai 1857, aff. Delalande, D. P. 57. 1. 316).

26. Contrairement à l'opinion émise au *Rép.* n° 51, la cour de cassation a admis que l'autorité municipale pouvait obliger les bouchers forains à faire leurs abatages dans l'abattoir de la commune, en leur interdisant la vente de viandes provenant d'animaux qui n'auraient pas été abattus dans cet établissement (Crim. rej. 12 nov. 1864, aff. Stréby, D. P. 65. 1. 455). — Mais il a été jugé, depuis, que le maire ne peut interdire la mise en vente de viandes autres que celles provenant de l'abattoir communal (Crim. rej. 12 juin 1869, aff. Billard, D. P. 70. 1. 46). — La jurisprudence a d'ailleurs maintenu l'interprétation que nous avons donnée des arrêtés municipaux portant que le bétail doit être abattu à l'abattoir public, et non ailleurs; elle décide que ces arrêtés s'appliquent à tous les bouchers et charcutiers établis sur le territoire de la commune, sans distinction entre ceux résidant en deçà ou au delà des limites de l'octroi (Arrêts des 2 mai 1846 et 12 sept. 1851, cités *suprà*, n° 23). — Spécialement, un fait d'abatage commis par un boucher de la ville hors de l'enceinte de l'octroi, dans un local particulier, le constitue en contravention, alors même qu'il n'aurait introduit dans la ville qu'une très faible partie de la viande abattue (Arrêt précité du 2 mai 1846).

27. Nous avons constaté au *Rép.* n° 53, l'usage en vertu duquel, alors même qu'il existe un abattoir dans la commune, les particuliers peuvent, en se conformant aux règlements de police, abattre chez eux les porcs destinés à leur consommation personnelle. Les arrêtés municipaux sur la police des abattoirs consacrent souvent en termes formels cette exception à la règle d'après laquelle tous les bestiaux doivent être abattus dans l'établissement communal. Il a été jugé que cette exception comprend les porcs élevés par les aubergistes et destinés à la consommation de leur auberge (Crim. rej. 18 août 1860, aff. Messager, D. P. 60. 5. 32).

Toutefois, des mesures restrictives peuvent être prises dans l'intérêt de la salubrité. Spécialement, un maire a le droit d'interdire aux charcutiers, ainsi qu'à toutes autres personnes, de conserver en dépôt dans l'enceinte de la ville, au delà du temps strictement nécessaire pour les laisser reposer après leur arrivée, les porcs destinés à être abattus pour la consommation journalière, et, en tout cas, d'avoir plus d'un seul de ces animaux vivant à la fois (Crim. rej. 22 mars 1851, aff. Nolent, D. P. 51. 5. 41).

28. Les principales mesures à prendre par l'autorité municipale relativement aux abattoirs ont été indiquées au *Rép.* n° 54. — Un arrêté peut défendre aux propriétaires des animaux abattus de les dépecer ou faire dépecer autrement que par quartiers, s'ils ne préfèrent les enlever en leur entier, et imposer l'obligation de transporter les vidanges et résidus dans la fosse établie à cet effet dans l'intérieur de l'abattoir. Cet arrêté doit être interprété en ce sens qu'il interdit l'enlèvement des résidus, sans distinction entre le cas où l'animal est dépecé à l'abattoir et celui où il est enlevé dans son entier (Crim. cass. 20 juill. 1872, aff. Laroche, D. P. 72. 5. 44). L'autorité municipale peut, dans l'intérêt de la salubrité et de la propreté des rues, régler la forme des voitures destinées au transport des viandes dans la ville, et défendre de placer dans ces voitures des objets autres que les viandes, abats et issues préparés aux abattoirs; de telles mesures ne sont pas susceptibles d'être attaquées devant le conseil d'Etat (Cons. d'Et. 30 juin 1859, aff. Bouchers de Lyon, D. P. 60. 3. 20).

Elle a le droit d'interdire que les bestiaux ne soient enlevés de l'abattoir avant d'avoir été vérifiés et marqués ; et le tribunal de police, appelé à statuer sur une poursuite pour un

---

qui en délivrera quittance; » — Qu'à l'égard des viandes ne sortant pas de l'abattoir, mais entrant en ville par animaux entiers, par quartiers ou morceaux détachés, une pareille perception de deux centimes par kilogramme a été autorisée pour droit de vérification; — Attendu que l'on entend par viande, les quatre quartiers, c'est-à-dire la viande débarrassée des abats; qu'il ne saurait y avoir de doute que l'expression de *viande* est limitative, et exclut toute idée d'abats, lesquels comprennent la tête avec la cervelle et la langue, le cœur, le poumon, le foie et la rate, la fressure chez les petits animaux, le pancréas, le ris, l'appareil digestif vide et les pieds; qu'il conviendrait même d'y ajouter la mamelle, chez la vache, vendue sous le nom de tétine; — Attendu que les abats ne sauraient nullement entrer dans le terme de « viande nette »; — Attendu qu'en l'absence d'une disposition précise la société des abattoirs de France n'est pas fondée à soutenir qu'elle a eu en vue d'asseoir le droit de deux centimes sur toutes les parties comestibles de l'animal, et qu'elle a désignées par cette expression « viande nette » c'est-à-dire viande débarrassée de tout ce qui ne pouvait être mangé; — Attendu, au surplus, qu'il s'agit d'une disposition non pas d'ordre public ou de salubrité, mais d'un article du règlement de l'abattoir concernant un intérêt fiscal; — Par ces motifs, reçoit intervenante au procès la société des abattoirs de France; — Renvoie les prévenus des fins de la poursuite, etc.

Du 5 nov. 1884.-Trib. de simple police de Longjumeau.-M. Vielle, pr.

fait d'enlèvement contraire à cette défense qui est avoué par le prévenu, ne peut s'arrêter, en présence du caractère absolu de la prescription du règlement, à cette allégation que le fait serait imputable à l'agent chargé de la vérification (dans l'espèce, le garde champêtre), qui serait venu le matin sans ses marques, et dont le prévenu aurait inutilement attendu le retour (Crim. cass. 27 janv. 1860, aff. Auboussu, D. P. 64. 5. 24).

29. Nous avons dit au *Rép.* n° 55, que les règlements sur la police des abattoirs doivent se concilier avec la liberté du commerce et de l'industrie. Ainsi, l'autorité municipale excéderait ses pouvoirs si elle interdisait aux bouchers et charcutiers qui font leurs abats dans l'établissement municipal de se prêter mutuellement assistance, et si elle leur imposait l'obligation de recourir, moyennant rétribution, à certains préposés, lorsqu'ils n'opèrent pas ces abats par eux-mêmes ou par leurs garçons (Crim. cass. 1er déc. 1849, aff. Lalonde, D. P. 50. 1. 56 ; Crim. rej. 25 juill. 1850, aff. Guillard, D. P. 50. 5. 305 ; Crim. rej. 25 juill. 1850, aff. Lalonde, D. P. 51. 5. 41).

Un règlement municipal peut imposer aux tripiers l'obligation de ne retirer de l'abattoir les issues et abats destinés à être transportés en ville qu'après que ces issues et abats auront subi les préparations de l'échaudage, du lavage et du nettoyage. Mais ce règlement serait entaché d'excès de pouvoir s'il disposait, en outre, que ces issues et abats ne devront sortir de l'abattoir que cuits et prêts à être livrés à la consommation (Cons. d'Et. 30 juin 1859, aff. Tripiers de Lyon, D. P. 60. 3. 21).

30. Il n'y a pas atteinte à la liberté du commerce de la boucherie et établissement indirect d'un monopole au profit de l'adjudicataire des travaux de construction de l'abattoir communal dans la disposition d'un règlement qui, tout en autorisant cet adjudicataire à entreprendre le transport dans la ville des viandes préparées à l'abattoir, reconnaît aux bouchers le droit d'effectuer, avec leur matériel, par eux-mêmes ou par leurs préposés, le transport des viandes destinées à leur étal. Cette disposition ne doit pas être réputée exclure la faculté, pour les bouchers, d'effectuer ce transport dans des voitures dont ils ne seraient pas propriétaires et par toute personne agissant sous leur responsabilité (Cons. d'Et. 30 juin 1859, aff. Bouchers de Lyon, D. P. 60. 3. 21).

31. L'autorité municipale, ayant le droit de prendre les mesures nécessaires pour assurer la propreté et la salubrité de l'abattoir, et notamment de le maintenir inoccupé à certains intervalles, de façon à pourvoir au nettoiement et à l'aération, peut interdire l'abatage les dimanches et jours fériés. C'est là une mesure d'ordre intérieur qui, d'une part, ne porte pas atteinte à la liberté du commerce et de l'industrie, et, d'autre part, est absolument indépendante de la loi du 18 nov. 1814 sur l'observation du dimanche, abrogée par la loi du 12 juill. 1880 (Crim. rej. 29 juill. 1882, aff. Durbec, D. P. 83. 1. 367).

32. Un abattoir où la vente et l'achat à la cheville ont été autorisés et se pratiquent journellement, constituant un véritable marché pour ces sortes de ventes et d'achats, le ministère des peseurs publics y est obligatoire pour toutes les opérations extraordinaires rentrant dans leur mission (Arrêt du 29 juill. 1882 cité *suprà*, n° 31).

33. Le décret du 22 juin 1882, portant règlement d'administration publique pour l'exécution de la loi du 21 juill. 1881 sur la police des animaux (D. P. 83. 4. 11), décide que les abattoirs publics et les tueries particulières doivent être placés sous la surveillance permanente d'un vétérinaire délégué à cet effet (art. 90).

Les locaux qui, dans les abattoirs ou les tueries particulières, ont contenu des animaux atteints de maladies contagieuses, doivent être nettoyés et désinfectés. — Les hommes employés dans les abattoirs doivent se soumettre aux mesures de désinfection jugées nécessaires (Même décret, art. 89).

§ 2. — Salubrité de la viande et des étaux. — Mode de vente. — Cumul de profession. — Viande de porc. — Privilèges des bouchers pour leurs fournitures (*Rép.* nos 60 à 81).

34. Nous avons dit au *Rép.* n° 60, que l'autorité municipale peut prendre les mesures nécessaires pour qu'il ne soit pas débité de viandes susceptibles de nuire à la santé publique, ordonner des inspections ou vérifications, et exiger que les viandes apportées du dehors ne soient vendues que dans des lieux déterminés. — Un arrêté qui interdit aux bouchers forains la vente de la viande de boucherie autrement qu'en boutique et dans les lieux à ce destinés, et interdit le colportage à domicile, met obstacle au transport à domicile, non seulement des viandes proposées à la vente, mais encore de celles déjà vendues et livrées en exécution d'une commande antérieure. Cet arrêté doit être ainsi entendu, alors même qu'un certificat d'un nouveau maire déclarerait que ces dispositions sont inapplicables aux livraisons à domicile de viandes commandées (Ch. réun. cass. 25 juin 1851, aff. Patard, D. P. 51. 1. 169).

35. Les ordonnances de police sur les ventes de viande à la cheville et à la main dans la ville de Paris, mentionnées au *Rép.* nos 69 et 70, ont été abrogées (V. *infrà*, nos 48 et 50).

36. Ainsi que nous l'avons exposé au *Rép.* n° 71, l'autorité municipale ne pourrait, sans excéder ses pouvoirs, interdire d'une manière générale l'introduction de viandes dans la commune par les bouchers forains (Crim. rej. 12 juin 1869, aff. Billard, D. P. 70. 1. 46).

Une exception doit être faite à cette règle en temps d'épizootie. Le maire peut alors défendre aux bouchers forains de venir débiter des viandes dans la commune (Crim. cass. 20 janv. 1872, aff. Champy, D. P. 72. 1. 82).

37. L'autorité municipale, lorsqu'elle admet l'importation des viandes provenant des boucheries foraines sous la condition de ne les introduire en ville que par une porte déterminée et de les soumettre au contrôle de l'abattoir communal, ne peut exclure les bouchers de la ville de la faculté de vendre ces viandes en concurrence avec les bouchers forains et les colporteurs, et d'avoir de ces viandes dans leurs boutiques (Crim. cass. 24 juin et 8 déc. 1865, aff. Passeron, D. P. 66. 1. 46);... alors même que cette exclusion aurait pour but d'empêcher que l'acheteur ne pût être trompé sur la provenance des viandes mises en vente (Arrêt précité du 8 déc. 1865).

38. Les dispositions de la loi des 19-22 juill. 1791 qui ont conféré aux municipalités le droit de taxer la viande de boucherie (*Rép.* n° 73) sont toujours en vigueur. Par suite, les arrêtés fixant le prix au kilogramme de cette viande sont légaux et obligatoires (Crim. cass. 18 mai 1855, aff. Masson, D. P. 55. 1. 224; Crim. cass. 25 mai 1855, aff. Bacarisse, D. P. 55. 1. 224).

39. Serait également obligatoire l'arrêté municipal ordonnant que le prix des viandes débitées sera réglé par des taxes suivant leur nature et leur qualité, que les bouchers sépareront dans leurs boutiques les viandes des animaux mâles de celle des animaux femelles et leur affecteront des compartiments distincts; qu'ils devront placer au-dessus de chaque compartiment une enseigne indicative de la nature des viandes qu'il contient, et planter dans chaque pièce ou quartier exposé dans l'étal un fichet portant la même indication (Crim. rej. 20 août 1875, aff. Lognos, D. P. 76. 5. 58).

40. La taxe de la viande étant d'ordre public, toute vente faite à un prix supérieur constitue, de la part du boucher, une contravention, quand même l'acheteur y aurait *consenti* pour obtenir un morceau de choix ou faire écarter les os (Arrêts des 18 et 25 mai 1855 cités *suprà*, n° 38), et quoique l'arrêté eût, dans la fixation de la taxe, autorisé les bouchers à livrer une certaine quantité d'os en surpoids (Même arrêt du 25 mai 1855).

41. La taxe ne s'applique qu'aux achats faits par les consommateurs chez les bouchers : elle ne concerne pas les fournitures faites en vertu d'un traité passé avec le consommateur, et par exemple, avec une administration publique (Crim. rej. 8 mars 1845, aff. Sales, D. P. 45. 1. 176).

De même, la stipulation de marchés conclus par les consistoires israélites avec certains bouchers, à l'effet de concentrer chez ces derniers la vente de la viande dite *Kascher* préparée conformément aux prescriptions du rite hébraïque, et autorisant ces bouchers à vendre cette viande aux israélites de la localité pour un prix supérieur à celui de la taxe, à la charge de payer aux consistoires une redevance déterminée, ne peut être annulée, ni comme blessant l'ordre public ou les bonnes mœurs, ni comme contraire à la liberté de l'industrie ou à la liberté de conscience, ni comme établissant un supplément illégal de taxe, alors d'ailleurs qu'elle a obtenu l'approbation de l'autorité municipale (Civ. rej. 27 déc. 1864, aff. Pionnier, D. P. 65. 1. 215).

42. Le refus de vendre au prix de la taxe constitue une contravention en ce qu'il équivaut à une vente au-dessus de la taxe (Crim. cass. 2 août 1856, aff. Drevalle, D. P. 56. 1. 379; Crim. rej. 26 avr. 1861, aff. Aroles, D. P. 61. 1. 503).

Mais il n'y a pas refus de vendre au prix de la taxe dans le fait d'un boucher de ne pas déférer à la demande d'un acheteur qui prétend se faire dépecer un nouveau quartier de viande, au lieu d'accepter un morceau déjà dépecé (Arrêt précité du 26 avr. 1861).

43. Conformément à la solution admise au *Rép.* n° 74, la vente de la viande à un prix supérieur à la taxe tombe sous l'application, non de l'art. 471, n° 15, c. pén., mais des dispositions plus sévères de l'art. 479, n° 6 (Crim. cass. 24 juin 1865, aff. Franceschini, D. P. 65. 5. 38).

Et il en est de même du refus de vendre de la viande au prix de la taxe; en conséquence, c'est à tort que le juge de police, saisi d'une pareille infraction, ne fait application au prévenu que de l'art. 471, § 15, c. pén., lequel ne dispose que pour le cas où le fait poursuivi n'est réprimé par aucune disposition spéciale de la loi (Crim. cass. 2 août 1856, aff. Drevalle, D. P. 56. 1. 379).

44. Le boucher convaincu d'avoir vendu de la viande au-dessus de la taxe ne peut être condamné à deux amendes, l'une à raison du fait en lui-même considéré comme tombant sous les prohibitions de l'art. 479, n° 6, c. pén., l'autre à raison de ce que ce fait constituerait une contravention au règlement fixant le prix de la viande et serait ainsi passible des peines portées par l'art. 471, n° 15. — En pareil cas, il n'y a qu'une infraction, passible d'une seule amende, celle de 11 à 15 fr. que prononce l'art. 479, n° 6; et, dès lors, est insuffisante la condamnation du prévenu à une amende de 2 fr., alors que le juge de police ne mentionne pas l'existence de circonstances atténuantes (Crim. cass. 5 mars 1863, aff. Carbonnel, D. P. 63. 5. 49).

Mais chaque fait spécial de vente au-dessus de la taxe, reconnu constant par le juge, doit être réprimé par la condamnation à une amende distincte (Arrêt du 24 juin 1865, cité *suprà*, n° 43).

45. Une circulaire du ministre de l'agriculture et du commerce du 27 déc. 1864 (D. P. 65. 3. 46) a conseillé aux préfets d'inviter les administrations municipales à ne pas user du droit de taxer la viande de boucherie, à cause des difficultés que présente la fixation d'un tarif et de la nécessité d'édicter, pour arriver à l'application de la taxe, des dispositions réglementaires incompatibles avec le libre exercice du commerce de la boucherie. En fait, la taxe de la viande qui, lors de la publication du *Répertoire* (V *Rép.* n° 73), avait cessé dans la plupart des villes, n'existe plus guère actuellement que dans quelques communes des départements de l'Aude, des Côtes-du-Nord, des Landes et de Lot-et-Garonne (Léon Say, *Dictionnaire des finances*, v° *Boucherie*, p. 449). Elle a cependant été rétablie à Compiègne, dans le département de l'Oise, en 1887.

Une proposition d'abrogation de l'art. 30 de la loi des 19-22 juill. 1791 a été déposée à la Chambre des députés par M. Yves Guyot, le 22 juin 1886.

46. Les règles relatives à la vente de la viande de porc ont été exposées au *Rép.* nos 77 et suiv. — Jugé que cette viande fraîche et non manipulée est comprise dans la dénomination générale de *viande de boucherie*, et peut être soumise à la taxe par l'autorité municipale (Crim. cass. 23 févr. 1877, aff. Martrès, D. P. 78. 1. 399). — Mais l'arrêté qui fixe le prix de la viande de porc fraîche salée n'est pas applicable à la vente du lard frais salé (Crim. rej. 12 févr. 1875, aff. Nicolaï, D. P. 76. 5. 57).

§ 3. — Contraventions en matière de boucherie (*Rép.* n° 82).

47. V. ce qui est dit sur ce point au *Répertoire*.

ART. 4. — *Boucherie de Paris. — Historique et législation* (*Rép.* nos 83 à 152).

48. Nous avons indiqué au *Rép.* n° 97, les projets de réorganisation de la boucherie de Paris qui étaient à l'étude en 1847. L'Assemblée législative, en 1850, ordonna une enquête qui fut terminée en 1851 et donna lieu à un rapport de M. Lanjuinais, président de la commission. Ce rapport concluait à l'application du principe de la liberté commerciale, sauf certaines restrictions. La question fut portée au conseil d'Etat, et soumise en 1854 à la commission municipale de la Ville de Paris; mais l'augmentation du prix de la viande de boucherie fit suspendre l'application des mesures projetées, et une ordonnance de police du 1er oct. 1855 décida qu'à partir du 16 octobre la viande serait soumise à la taxe. Cette mesure n'ayant pas produit les résultats attendus, un décret du 24 févr. 1858 (1) supprima la taxe et l'ancienne organisation de la boucherie.

49. Aux termes de ce décret, l'ordonnance du 18 oct. 1829 est abrogée (art. 1er). Le principe de la limitation du nombre des bouchers est abandonné, et toute personne peut exercer, à Paris, la profession de boucher à la condition de faire une déclaration préalable à la préfecture de police (art. 2, V. *infrà*, n° 68).

La caisse de Poissy est supprimée (art. 8, V. *infrà*, n° 58). L'Administration conserve le droit de prendre toutes mesures pour assurer la fidélité du débit et la salubrité des viandes vendues dans les étaux ou sur les marchés; elle fait inspecter la viande à l'abattoir et à l'entrée dans Paris (art. 3, V. *infrà*, n° 71).

Le colportage enquête d'acheteurs des viandes de boucherie est interdit dans Paris (art. 4, V. *infrà*, n° 51). Les bouchers forains sont admis dans les marchés publics, con-

(1) 24 févr.-4 mars 1858. — *Décret impérial sur l'exercice de la profession de boucher dans la ville de Paris* (D. P. 58. 4. 16).

NAPOLÉON, etc. — Sur le rapport de notre ministre secrétaire d'Etat au département de l'agriculture, du commerce et des travaux publics; — Vu les lois des 2-17 mars, 14-17 juin 1791, et 1er brum. an 7; — Vu les lois des 14 déc. 1789 et 16-24 août 1790; — Vu le décret du 6 févr. 1811 et celui du 15 mai 1813; — Vu l'ordonnance du 18 oct. 1829; — Vu les délibérations du conseil municipal de Paris, en date des 19 oct. 1855 et 4 déc. 1857; — Notre conseil d'Etat entendu, avons décrété, etc.

Art. 1er. L'ordonnance du 18 oct. 1829, relative à l'exercice de la profession de boucher dans Paris, est abrogée.

2. Tout individu qui veut exercer à Paris la profession de boucher doit préalablement faire à la préfecture de police une déclaration où il fait connaître la rue ou la place et le numéro de la maison ou des maisons où la boucherie et ses dépendances doivent être établies.

Cette déclaration doit être renouvelée chaque fois que la boucherie change de propriétaire ou de locaux.

3. La viande est inspectée à l'abattoir et à l'entrée dans Paris conformément aux règlements de police; sans préjudice de tous autres droits appartenant à l'Administration pour assurer la fidélité du débit et la salubrité des viandes vendues dans les étaux ou sur les marchés.

4. Le colportage en quête d'acheteurs des viandes de boucherie est interdit dans Paris.

5. Il sera institué, sur les marchés à bestiaux autorisés pour l'approvisionnement de Paris, des facteurs dont la gestion sera garantie par un cautionnement, et dont les fonctions consisteront à recevoir en consignation les animaux sur pied et à les vendre, soit à l'amiable, soit à la criée, et aux conditions indiquées par le propriétaire.

L'emploi de ces facteurs sera facultatif.

6. Tout propriétaire d'animaux jouit, comme les bouchers, du droit de faire abattre son bétail dans les abattoirs généraux, d'y faire vendre à l'amiable la viande provenant de ces animaux, de la faire enlever pour l'extérieur, en franchise du droit d'octroi, ou de l'envoyer sur les marchés intérieurs de la ville affectés à la criée des viandes abattues.

7. Les bouchers forains sont admis, concurremment avec les bouchers établis à Paris, à vendre ou faire vendre en détail, sur les marchés publics, en se conformant aux règlements de police.

8. La caisse de Poissy est supprimée.

Les cautionnements des bouchers, actuellement versés dans la caisse de Poissy, leur seront restitués dans le délai de deux mois, à partir du jour où cette caisse aura cessé de fonctionner.

9. Les dépenses relatives à l'inspection de la boucherie et au service des abattoirs généraux seront supportées par la ville de Paris.

10. Les dispositions des décrets, ordonnances et règlements sur la boucherie de Paris non contraires au présent décret continueront à recevoir leur exécution.

11. Le présent décret sera exécutoire à dater du 31 mars prochain.

curremment avec les bouchers établis à Paris (art. 7, V. *infrà*, n° 51).

50. Les bouchers de Paris titulaires d'étaux ont prétendu avoir droit à une indemnité de l'Etat, à raison du préjudice que leur aurait fait éprouver la suppression du monopole dont ils étaient investis. Le conseil d'Etat a rejeté cette demande, en déclarant que, si les mesures par lesquelles, en 1829, le Gouvernement a restreint à Paris le nombre des étaux de boucherie ont eu pour effet de donner une plus-value aux étaux des bouchers alors en exercice, elles n'en avaient pas moins le caractère de mesures de police prises dans l'intérêt de l'approvisionnement de la capitale; que, par suite, elles ont pu être abrogées pour le rétablissement de la liberté du commerce de la boucherie dans Paris, sans que cette nouvelle mesure, qui présente le même caractère que les mesures précédentes, puisse donner aux bouchers dépossédés de leur ancien monopole le droit de réclamer une indemnité; et que l'Etat ne peut pas même être actionné en remboursement des sommes que le syndicat de la boucherie de Paris a dû débourser lors de l'établissement du système de limitation pour le rachat des étaux excédant le nombre réglementaire, si cette suppression, profitable aux étaux maintenus, a été acceptée sans réclamation par les bouchers, et effectuée à leurs risques et périls (Cons. d'Et. 30 juin 1859, aff. Bouchers de Paris, D. P. 60. 3. 10).

51. Le décret de 1858 a subi diverses modifications. Les attributions du préfet de police en ce qui concerne la petite voirie ayant été transférées au préfet de la Seine (Décr. 10 oct. 1859, art. 1er-1°), c'est à la préfecture de la Seine que sont faites actuellement les déclarations d'ouverture d'étaux de bouchers (Leberquier, *Administration de la commune de Paris*, 4e éd., n° 415).

Un décret du 28 janv. 1860 a abrogé l'art. 7 du décret de 1858 relatif à l'admission des bouchers forains sur les marchés.

Enfin, un décret du 5 sept. 1870 (D. P. 70. 4. 86), abrogeant l'art. 4 du décret de 1858, a permis le colportage des viandes dans Paris.

La taxe de la viande a été rétablie par décret du Gouvernement de la défense nationale du 11 sept. 1870 (D. P. 70. 4. 88); mais cette mesure a cessé d'être appliquée à la fin du siège de Paris.

§ 1er. — Approvisionnement de Paris. — Police des marchés aux bestiaux. — Garantie contre les marchands forains. — Saisie de bestiaux (*Rép.* nos 98 à 103).

52. L'interdiction d'acheter et de vendre des bestiaux propres à la boucherie, dans le rayon de dix myriamètres de Paris, ailleurs que sur les marchés autorisés, interdiction dont nous avons parlé au *Rép.* n° 98, n'existe plus, l'ordonnance du 25 mars 1830 ayant été abrogée par le décret du 24 févr. 1858.

Les marchés de Sceaux, de la Chapelle et des Bernardins, la halle aux veaux de Paris, ont été supprimés par arrêté du préfet de la Seine du 21 sept. 1867, fermés le 21 octobre, et remplacés le même jour par le marché aux bestiaux de la Villette dont la création avait été déclarée d'utilité publique par décret du 6 avr. 1859. Le marché établi à Poissy, où se vendaient les bœufs, taureaux, vaches et veaux pour l'approvisionnement de Paris, appartenait à la commune de Poissy. Il subsiste encore, mais a perdu toute son importance.

Le marché de la Villette appartient à la ville de Paris; mais une société anonyme est concessionnaire de l'exploitation pour une période de cinquante années, qui a commencé à courir le jour de l'ouverture de cet établissement.

53. La préfecture de la Seine ayant été chargée par le décret du 10 oct. 1859 (art. 1er-6°) des tarifs, de l'assiette et de la perception des droits municipaux de toute sorte dans les halles et marchés, le marché aux bestiaux de la Villette est soumis à des règlements émanés des préfets de la Seine et de police.

Un arrêté du préfet de la Seine du 8 mai 1869 fixe les heures d'ouverture et de clôture du marché, établit les règles de perception des droits. Un tirage au sort détermine l'ordre dans lequel chaque marchand choisit la place destinée par lui aux bestiaux déclarés. Ce règlement a été modifié, en ce qui concerne la halle aux veaux et porcs du marché de la Villette, par un arrêté du 23 juin 1873. Des parquets pour les porcs et des places pour les veaux sont attribués pour un trimestre, et par tirage au sort, aux marchands qui en font la demande par écrit et qui justifient avoir amené au moins vingt veaux ou vingt-cinq porcs en moyenne par jour de grands marchés, soit pendant le trimestre précédent, soit pendant le trimestre correspondant de l'année précédente. Nul marchand ne peut être titulaire de plus de dix parquets pour la vente des porcs, ou de places pour plus de cent veaux.

54. Une délibération du conseil municipal du 5 juin 1872 a fixé, de la manière suivante, les droits à percevoir au marché de la Villette:

	Droit de place.	Droit de séjour.
Par tête de taureau, bœuf ou vache...	3 »	» 50
— veau....................	1 »	» 20
— mouton..................	» 30	» 05
— porc....................	1 »	» 10

Les droits de place sont perçus autant de fois que les mêmes bestiaux sont mis en vente à des jours différents. Les droits de séjour sont perçus pour chaque nuit de séjour dans les bouveries, étables et porcheries dépendant du marché.

Une ordonnance de police du 12 oct. 1867 édicte des dispositions réglementaires sur la police du marché. Aux termes de l'art. 1er, toutes réunions quotidiennes, périodiques ou accidentelles de marchands et d'acheteurs pour le commerce des animaux de boucherie ou de charcuterie en dehors du marché de la Villette (soit sur la voie publique, soit dans une propriété particulière), devant être considérées comme des marchés interlopes, donnent lieu à des poursuites contre les individus qui les ont établies. D'après la même ordonnance, une fourrière spéciale, construite dans les dépendances de l'établissement, reçoit les animaux abandonnés sur le marché ou qui s'y trouvent sans propriétaires connus, et ceux qu'il y a lieu de consigner d'office. La mise en fourrière des animaux est réglée par une ordonnance de police du 1er juin 1869.

55. Les dispositions de l'ordonnance de police du 25 mars 1830 relatives aux ventes et achats de bestiaux, à l'insaisissabilité des bestiaux destinés à l'approvisionnement, dispositions mentionnées au *Rép.* nos 99 et 100, ont été abrogées par le décret de 1858.

56. Il en est de même des prescriptions de l'ordonnance de 1830 relatives à l'admission des bouchers sur les marchés de détail et rappelées au *Rép.* n° 101. A la suite du décret du 28 janv. 1860 prononçant l'abrogation de l'art. 7 du décret du 24 févr. 1858, une ordonnance de police du 22 févr. 1860 (art. 2 et 3) a décidé que les bouchers établis à Paris ne seraient plus admis à occuper des places sur les marchés de la capitale pour la vente au détail de la viande, et que les règlements généraux concernant l'occupation des places dans les marchés de Paris seraient désormais applicables aux étaux de boucherie desdits marchés. Ces règlements sont l'ordonnance du 30 déc. 1865 sur la police des marchés publics, et l'arrêté du préfet de la Seine du 2 juill. 1868 sur la distribution des places. Aux termes de l'art. 9 de cet arrêté, les détaillants sur un marché ne peuvent exploiter un établissement hors de ce marché ou être associés à l'exploitation d'un pareil établissement.

Un pavillon des halles centrales est, en partie, réservé à la vente en détail de la viande de boucherie. Dans chacun des marchés de Paris, un certain nombre de places sont également affectées à cette vente (V. *Halles et marchés*).

57. La jurisprudence avait reconnu, ainsi que nous l'avons dit au *Rép.* nos 102 et 103, que la loi du 20 mai 1838 sur les vices rédhibitoires dans les ventes et échanges d'animaux n'avait pas abrogé les dispositions de l'arrêt de règlement rendu par le Parlement de Paris le 16 juill. 1699 et confirmé par ordonnance royale, aux termes desquelles, dans les marchés de Sceaux et de Poissy approvisionnant la ville de Paris, les marchands étaient responsables envers les bouchers de la capitale de la mort des bœufs arrivés dans les neuf jours de la vente faite à ces derniers. L'art. 12 de la loi du 2 août 1884 sur les vices rédhibitoires (D. P. 84. 4. 125) a prononcé l'abrogation expresse de tous les règlements imposant une garantie exceptionnelle aux vendeurs d'animaux destinés à la boucherie. « Le privilège accordé aux acquéreurs de bœufs pour la boucherie de Paris, a dit M. Labiche, dans le rapport de la commission au Sénat, n'a plus aucune raison d'être. Aujourd'hui l'approvisionnement de Paris se fait par chemins de fer. Les bœufs arrivent sur le marché rapidement et sans fatigue » (D. P. 84. 4. 125, note 8).

La garantie nonaire est donc supprimée. Toutefois des difficultés se sont élevées sur l'application de l'art. 12 précité. La loi du 2 août 1884 s'applique-t-elle aux animaux de boucherie? Le commerce de la boucherie est-il soumis à la garantie établie par les art. 1641 et suiv. c. civ.? Nous examinerons cette question v° *Vices rédhibitoires*.

§ 2. — Caisse de Poissy. — Perception de droits (*Rép.* n°s 104 à 109).

58. La caisse de Poissy ayant été supprimée par l'art. 8 du décret du 24 févr. 1858, toutes les dispositions concernant cette institution et analysées au *Rép.* n°s 104 et suiv. sont abrogées.

§ 3. — Exercice de la profession de boucher. — Syndicat. — Inspecteurs, surveillants, etc. — Police de la boucherie. — Abattoirs. — Etaliers et garçons (*Rép.* n°s 110 à 123).

59. Les règles relatives à la profession de boucher à Paris, sur la légalité desquelles nous avions émis des doutes au *Rép.* n° 111, ont cessé d'être en vigueur. Le nombre des bouchers n'est plus soumis à aucune limitation, et l'exercice de la profession se trouve simplement assujetti à l'observation de prescriptions concernant la salubrité.

Afin d'assurer l'exécution de ces mesures, une ordonnance de police du 16 mars 1858 (art. 1er, V. *infrà*, n° 68) a décidé que tout individu voulant exercer à Paris la profession de boucher doit en faire préalablement la déclaration à la préfecture de police et indiquer le lieu où il se propose d'établir son étal. Cette déclaration est faite à la préfecture de la Seine, depuis le décret du 10 oct. 1859, qui a transféré au préfet de la Seine certaines attributions antérieurement exercées par le préfet de police.

L'étal peut être ouvert à défaut d'opposition formée par l'Administration dans le délai de quinze jours. Cette opposition ne peut être basée que sur l'inexécution des conditions déterminées par l'art. 2 de l'arrêté du préfet de la Seine du 20 avr. 1887, qui a remplacé l'art. 2 de l'ordonnance du 16 mars 1858.

60. Le syndicat des bouchers de Paris, qui avait été rétabli par l'arrêté du 8 vend. an 11, et reconstitué par plusieurs actes mentionnés au *Rép.* n° 115, était une institution privée qui ne représentait que les intérêts particuliers de ses membres (Paris, 28 juin 1853, aff. Choumara, D. P. 53. 2. 78). Sa suppression par le décret du 24 févr. 1858 a immédiatement entraîné l'annulation des contrats régulièrement passés entre les syndics et les particuliers, lorsque l'exécution de ces traités devait être considérée comme devenue impossible avec la disparition du monopole et du syndicat. Quant aux traités pouvant continuer à recevoir exécution malgré cette suppression, la cour de cassation a déclaré qu'ils conservaient toute leur force obligatoire (Civ. cass. 27 mai 1861, aff. Fœrster, D. P. 61. 1. 244).

Il existe actuellement, à Paris, une chambre syndicale de la boucherie, constituée suivant les règles établies par la loi du 21 mars 1884 sur les syndicats professionnels, et régie par les statuts qu'elle a adoptés sans aucune intervention de l'Administration.

61. La chambre syndicale ne présente plus au préfet de police de candidats aux emplois d'inspecteurs de la boucherie (V. *Rép.* n° 116). Le service d'inspection a, d'ailleurs, été complètement réorganisé, ainsi que nous le verrons *infrà*, n° 71.

62. Les bouchers forains peuvent colporter la viande dans Paris (Décr. 5 sept. 1870, V. *suprà*, n° 51). Les prescriptions rappelées au *Rép.* n°s 117 et 118 ne sont plus en vigueur.

Le colportage de la viande de cheval est interdit par l'art. 13 de l'ordonnance de police du 9 juin 1866.

63. Nous avons dit au *Rép.* n° 120, que cinq abattoirs avaient été construits de 1810 à 1818, hors de l'enceinte de Paris.

Jusqu'en 1848, les porcs furent abattus et préparés dans des tueries particulières, autorisées à cet effet. Le 1er nov. 1848, deux abattoirs publics, ceux des *Fourneaux*, de *Château Landon*, ont été affectés aux charcutiers, et défense a été faite d'abattre les porcs en dehors de ces établissements.

Lors de l'annexion à Paris du territoire de l'ancienne banlieue compris dans l'enceinte fortifiée (L. 16 juin 1859), trois abattoirs qui existaient dans les communes de Batignolles, de Belleville et de la Villette (rue Curial) furent maintenus à la disposition des bouchers et des charcutiers.

L'abattoir du *Roule* fut supprimé en 1863. Un arrêté du préfet de le Seine du 28 nov. 1866 a fermé l'abattoir de *Montmartre*, et fixé au 1er janv. 1867 l'ouverture de l'abattoir général de la Villette. Depuis, l'abattoir de *Ménilmontant* a été fermé en vertu d'un arrêté du 28 juin 1867, celui de la *Villette* (rue Curial) par arrêté du 17 mars 1868, celui de *Belleville* par arrêté du 27 nov. 1869, celui des *Batignolles* par arrêté du 26 juin 1873. Un abattoir aux porcs a été ouvert dans l'abattoir général de la Villette le 6 août 1874, et, le même jour, l'abattoir de *Château Landon* a été fermé.

Il existe donc actuellement quatre abattoirs: sur la rive droite, l'abattoir général de la Villette pour les animaux de boucherie et les porcs; sur la rive gauche, les abattoirs de Grenelle et de Villejuif pour les animaux de boucherie, l'abattoir des Fourneaux pour les porcs. Une partie de l'abattoir de Grenelle est affectée à l'abatage des chevaux destinés à l'alimentation (Arrêté préf. Seine, 14 août 1872).

La Ville de Paris étudie en ce moment un projet tendant à remplacer les abattoirs de la rive gauche par un abattoir unique.

64. Les heures d'ouverture et de fermeture de l'abattoir de la Villette, la concession des échaudoirs, locaux où se font les abatages, sont réglementées par un arrêté du préfet de la Seine du 29 janv. 1870, modifié sur divers points par des arrêtés des 31 janv. 1876, 8 sept. 1877, 22 janv. 1878, 31 oct. 1883.

Les échaudoirs sont concédés suivant l'ancienneté de classement dans l'abattoir. Tout propriétaire de bestiaux qui demande la concession d'un échaudoir doit en faire la demande par écrit au préfet de la Seine, et peut, en attendant, faire ses abatages dans les échaudoirs banaux. Aucun échaudoir ne peut être concédé sans qu'au préalable la vacance en ait été déclarée et affichée dans l'abattoir pendant un délai de cinq jours. L'échaudoir dont la vacance est affichée peut être accordé au marchand boucher ou au propriétaire de bétail le plus anciennement classé dans l'abattoir, s'il le réclame en échange du sien. Ces demandes de mutation prennent rang avant les demandes d'admission. Quant à l'échaudoir devenu vacant par suite de mutation, il est affiché et concédé après l'accomplissement des formalités précitées. Nul ne peut obtenir la concession de plus d'un échaudoir s'il ne remplit certaines conditions dont il doit justifier auprès de l'Administration.

Un échaudoir ne peut être exploité que par le titulaire. Sont déclassés d'office les titulaires qui, pendant un mois, n'ont fait aucun abatage ou bien ont traité à prix d'argent ou de toute autre manière de la sous-location de leur échaudoir, ceux enfin qui ont enfreint les règlements de l'abattoir. Le titulaire déclassé d'office perd ses droits d'ancienneté, mais peut être autorisé provisoirement à faire des abatages dans un des échaudoirs banaux.

Les heures d'ouverture et de fermeture, les règles de concession des places à l'abattoir aux porcs de la Villette, sont déterminées par un arrêté préfectoral du 23 juill. 1874.

65. Le droit d'abatage est toujours de 2 francs par 100 kil., taux fixé par l'ordonnance du 23 déc. 1846 (*Rép.* n° 122).

66. La police des abattoirs est réglementée par une ordonnance du 20 août 1879, qui a abrogé les dispositions de l'ordonnance du 25 mars 1830 relatives aux différentes classes de garçons bouchers, et mentionnées au *Rép.* n° 123. L'ordonnance de 1879 décide que les animaux de boucherie et de charcuterie introduits à Paris en vue de l'alimentation publique ne pourront être abattus et préparés que dans les abattoirs spécialement créés et autorisés à cet effet, et sous la surveillance des préposés de la préfecture de police (art. 1er). Les bouviers conduisant les bestiaux du marché de la Villette aux abattoirs doivent être permissionnés et médaillés (art. 2). Différentes mesures sont prescrites pour la composition des bandes de bestiaux, leur marque, l'abatage (art. 3 et suiv.). Toutes les viandes provenant des animaux abattus sont visitées par les inspecteurs de la boucherie, et celles qui sont reconnues insalubres, ou impropres à la consommation, doivent être saisies (art. 19).

67. Aux termes de l'ordonnance du 9 juin 1866, les chevaux destinés à la consommation publique ne doivent être abattus que dans les tueries spécialement autorisées à cet effet et situées sur la circonscription de la préfecture de police (art. 1er). — A Paris, les abatages se font à l'abattoir de Villejuif.

Il ne peut être procédé à l'abatage des chevaux qu'en présence d'un inspecteur ou vétérinaire commissionné à cet effet par le préfet de police, et qui devra inspecter ces animaux tant avant l'abatage qu'après le dépeçage des viandes. Les viscères sont livrés au même examen, afin de permettre une appréciation complète de l'état de santé de l'animal abattu (Même ordonnance, art. 4 et 5).

Les viandes ne peuvent être enlevées de l'abattoir qu'après avoir reçu l'estampille d'inspection (art. 6). Elles sont transportées directement de l'abattoir à l'étal, dans des voitures closes, à moins que ces viandes ne soient enveloppées de manière à n'en laisser aucune partie à découvert (art. 11).

§ 4. — Tenue des étaux. — Vente de la viande. — Bouchers forains (*Rép.* nos 124 à 132).

68. Les dispositions de l'art. 33 de l'ordonnance du 25 mars 1830 sur la dimension des étaux et les mesures de salubrité ont été modifiées par l'art. 2 de l'ordonnance du 16 mars 1858 (1) qui a été remplacé par un arrêté du préfet de la Seine du 20 avr. 1887 (2).

69. La fermeture pendant six mois de l'étal qui cesse d'être garni de viandes durant trois jours consécutifs, mesure mentionnée au *Rép.* n° 125, n'est plus prononcée depuis l'abrogation de l'ordonnance de 1830.

70. Des règles spéciales ont été édictées par l'ordonnance de police du 9 juin 1866 relativement aux étaux affectés au débit de la viande de cheval. Ces étaux doivent être indiqués au public par une enseigne en gros caractères annonçant leur spécialité (art. 12).

Les restaurateurs et tous autres marchands de comestibles préparés qui vendront de la viande de cheval cuite ou dénaturée sans en indiquer clairement l'espèce, ou qui la mélangeront frauduleusement avec d'autres viandes, seront poursuivis correctionnellement, par application de l'art. 423 c. pén. ou de la loi du 27 mars 1851, suivant la nature du délit.

71. Les prescriptions de l'ordonnance de 1830 relatives à la saisie des viandes insalubres ont été remplacées par l'art. 5 de l'ordonnance du 13 oct. 1879 sur l'inspection des viandes de boucherie et de charcuterie (3). En principe, toute viande reconnue impropre à la consommation doit être saisie et détruite aux frais du propriétaire; mais celui-ci peut en demander la remise pour la fonte ou pour des usages industriels, sauf l'accomplissement de certaines mesures déterminées par la disposition précitée.

L'ordonnance de 1879 soumet à la visite des inspecteurs de la boucherie toutes les viandes de boucherie et de charcuterie introduites dans Paris, sauf pour les quantités ne pesant pas plus de 3 kilogr. en viande fraîche et 5 kilogr. en viande salée ou fumée (art. 1er). Les introductions ne peuvent avoir lieu qu'à des heures déterminées (art. 3), et par huit

(1) 16 mars 1858. — *Ordonnance concernant l'exercice de la profession de boucher à Paris.*

NOUS, SÉNATEUR, PRÉFET DE POLICE; — Vu le décret impérial en date du 24 février dernier; — ORDONNONS ce qui suit :

Art. 1er. Tout individu qui voudra exercer à Paris la profession de boucher, devra en faire préalablement la déclaration à la préfecture de police, conformément à l'art. 2 du décret ci-dessus visé, et indiquer le lieu où il se propose d'établir son étal. — A défaut d'opposition formée par la préfecture de police dans un délai de quinze jours, l'étal pourra être ouvert. — L'opposition ne pourra être basée que sur l'inexécution des conditions déterminées par l'art. 2 ci-après. — Dans le cas d'opposition, le requérant devra, s'il persiste, faire subir au local les appropriations nécessaires; lorsqu'elles auront été exécutées, il en donnera avis à la préfecture de police, et si, dans un délai de quinze jours, à dater du dépôt de cet avis, la préfecture de police ne notifie pas de nouvelle opposition, le requérant pourra ouvrir son étal.

2. L'ouverture d'un étal sera subordonnée aux conditions suivantes : — Le local aura au moins 2 mètres 50 centimètres d'élévation, 3 mètres 50 centimètres de largeur et 4 mètres de profondeur. Il sera fermé dans toute sa hauteur par une grille en fer. — La ventilation devra y être établie au moyen d'un courant d'air transversal. — Le sol sera entièrement dallé, avec pente en rigole et en surélévation de la voie publique. — Les murs seront revêtus d'enduits ou de matériaux imperméables. — Il ne pourra y avoir dans l'étal ni âtre, ni cheminée, ni fourneaux. — Toute chambre à coucher en devra être éloignée ou séparée par des murs, sans communication directe. — A défaut de puits ou d'une concession d'eau pour le service de l'étal, il y sera suppléé par un réservoir de la contenance d'un demi-mètre cube, qui devra être rempli tous les jours.

3. Notre ordonnance, en date du 1er oct. 1855, concernant la taxe de la viande, est rapportée.

En conséquence, le prix de la marchandise sera désormais librement débattu entre le boucher et le consommateur.

(2) 20 avr. 1887. — *Arrêté portant réglementation de la tenue des étaux de boucherie dans la Ville de Paris.*

LE PRÉFET DE LA SEINE; — Vu le décret du 24 févr. 1858 sur l'exercice de la profession de boucher dans la Ville de Paris; — Vu l'ordonnance de police du 16 mars 1858, réglementant la tenue des étaux de boucherie dans la Ville de Paris; — Vu le décret du 10 oct. 1859; — ARRÊTE :

Art. 1er. Toute personne qui voudra exercer le commerce de la boucherie dans la Ville de Paris devra en faire préalablement la déclaration à la préfecture de la Seine et indiquer les locaux dans lesquels elle se propose d'établir l'étal de boucherie.

Cette déclaration devra donc être renouvelée à chaque changement de titulaire.

2. L'autorisation d'exercer le commerce de la boucherie ne sera accordée qu'après qu'il aura été constaté que les locaux dans lesquels on se propose d'exercer ce commerce remplissent les conditions suivantes :

1° L'étal aura au minimum 3m50 de longueur, 4 mètres de profondeur et 2m80 de hauteur. Toutefois, dans les constructions élevées antérieurement au décret du 23 juill. 1884, l'étal pourra n'avoir qu'une hauteur de 2m 60;

2° L'étal sera fermé dans toute sa hauteur par une grille en fer;

3° L'étal ne pourra contenir de soupente, ni servir de chambre à coucher, et il ne devra renfermer ni âtre, ni cheminée, ni fourneau, ni pierres d'extraction de fosses d'aisances, ni tuyaux aboutissant à ces fosses ;

4° Le sol de l'étal sera établi en surélévation de la voie publique, avec revêtement imperméable et pente en rigole, dirigé vers un orifice muni d'un siphon obturateur, conduisant les eaux par une canalisation souterraine à l'égoût public. Cet orifice sera, en outre, muni d'un grillage pour arrêter la projection des corps solides;

5° Les murs ou cloisons des étaux seront en maçonnerie pleine et revêtus, dans toute leur longueur, de matériaux imperméables et à surface lisse;

6° L'étal sera ventilé, soit au moyen d'une prise d'air sur la cour de la maison, soit au moyen d'un tuyau posé dans la courette; ledit tuyau présentant une section *minima* de 4 décimètres carrés et s'élevant jusqu'à la hauteur du faîtage de la maison ou des maisons contiguës, si elles sont plus élevées;

L'étal ne pourra prendre jour sur la courette qu'au moyen de châssis à verre dormant;

7° Aucune communication ne pourra exister entre les chambres à coucher, les étaux et les locaux dans lesquels sont déposés les déchets de la boucherie;

8° L'alimentation en eau de l'étal devra être assurée au moyen d'un abonnement aux eaux de la Ville d'au moins 500 litres par jour.

Les puits et les réservoirs ne seront tolérés qu'à titre exceptionnel. Dans ce cas, les réservoirs devront avoir une contenance d'un demi-mètre cube au minimum et seront remplis tous les jours.

3. Les dispositions des paragraphes 4, 5 et 6 de l'art. 2 sont applicables aux locaux dans lesquels sont déposés les déchets de la boucherie.

4. Les débris de viande ou autres déchets de la boucherie ne devront pas séjourner dans l'établissement. Ils seront enlevés tous les jours.

5. L'ordonnance de police du 16 mars 1858 est rapportée en ce qu'elle a de contraire au présent arrêté.

(3) 13 oct. 1879. — *Ordonnance concernant l'inspection des viandes de boucherie et de charcuterie.*

NOUS, DÉPUTÉ, PRÉFET DE POLICE; — Vu : 1° la loi des 16-24 août 1790, tit. 11, art. 5, celle du 28 pluv. an 8, et l'arrêté des con-

portes indiquées dans l'ordonnance (art. 2). Les approvisionneurs qui veulent faire entrer des viandes en dehors des heures réglementaires, ou par d'autres portes que celles déterminées par l'article précité, ou encore par les gares de chemin de fer et les canaux, doivent faire conduire les viandes à leurs frais et sous escorte de l'octroi, soit à l'abattoir le plus voisin, soit aux halles centrales, ou un inspecteur procède à la visite.

72. L'inspection de la boucherie est confiée à des agents qui exercent leurs fonctions, non seulement à Paris, mais encore dans les communes du département de la Seine. Le personnel comprend : 1 inspecteur, chef du service, 2 contrôleurs, 10 inspecteurs principaux; 10 inspecteurs de première classe, 34 inspecteurs de deuxième classe (Arrêté préf. pol. 10 janv. 1883). L'emploi d'inspecteur est donné par le préfet de police après un concours auquel les vétérinaires seuls sont admis.

73. La taxe de la viande de boucherie, dont nous avons parlé au *Rép.* n° 128, n'a été appliquée à Paris que de 1855 à 1858, et en 1870-71 (V. *suprà*, n°s 48 et 51).

74. Les dispositions réglementaires sur les bouchers forains, mentionnées au *Rép.* n°s 129 et 130, ne sont plus en vigueur.

Il en est de même des décisions de la préfecture de police indiquées *ibid.* n° 131.

75. La vente en gros de la viande de boucherie a lieu dans partie des pavillons n°s 3 et 5 des halles centrales (V. *Halles et marchés*). Depuis 1866, le pavillon n° 3 était affecté à la vente à la criée des viandes : le décret du 23 janv. 1878 ayant permis aux facteurs de vendre à l'amiable les viandes qui leur sont expédiées (V. *ibid.*), les ventes en gros et à l'amiable par les facteurs se font dans ce pavillon. Quant au pavillon n° 5, il est affecté en partie, depuis 1874, à la vente en gros à l'amiable par les approvisionneurs des viandes de boucherie et de charcuterie (Arrêté préf. Seine, 27 mars 1874).

Un décret du 7 févr. 1871 a autorisé l'établissement d'une vente en gros des viandes à l'abattoir de la Villette. Les ventes à l'amiable et à la criée se font, depuis 1872, dans une rotonde destinée primitivement à la fonte des suifs (Arrêté préf. Seine, 15 mars 1872).

Deux arrêtés du préfet de la Seine, en date du 25 mars 1878, réglementent les marchés à la viande en gros des halles centrales et de l'abattoir de la Villette.

§ 5. — Commerce de la charcuterie, du suif et de la triperie à Paris (*Rép.* n°s 133 à 152).

76. Les ordonnances de police concernant le commerce de la charcuterie à Paris n'ont pas été abrogées par une disposition expresse; mais, la plupart de leurs prescriptions sont tombées en désuétude. Une ordonnance du 19 déc. 1835 réglemente, au point de vue de la salubrité, les établissements de charcuterie (1). Une autre ordonnance du

suls du 12 mess. an 8; — 2° la délibération du conseil municipal du 17 déc. 1878, relative à la réorganisation du service de l'inspection de la viande à Paris; — Considérant qu'il importe, dans l'intérêt de la santé publique, que toutes les viandes destinées à l'approvisionnement de Paris soient soumises à l'inspection; — ORDONNONS ce qui suit :

Art. 1er. A partir de ce jour, aucune viande de boucherie ou de charcuterie fraîche, salée ou fumée ne pourra être introduite dans Paris sans avoir été, au préalable, soumise à la visite des inspecteurs spécialement chargés de ce service. — Toutefois, il est fait exception pour toute introduction de viande ne pesant pas au total plus de 3 kilog. en viande fraîche et 5 kilog. en viande salée ou fumée.

2. L'introduction dans Paris des viandes à soumettre à l'inspection ne pourra se faire, sauf l'exception prévue à l'art. 4 ci-après, que par les huit portes qui vont être indiquées :

Rive droite :	Porte de Saint-Cloud, — des Ternes, — de Clichy, — de La Villette, — de Vincennes, — de Charenton.
Rive gauche :	Porte d'Italie, — d'Orléans.

3. Elle ne pourra avoir lieu que de trois à dix heures du matin pendant l'été (du 1er avril au 30 septembre) et de quatre à onze heures du matin pendant l'hiver (du 1er octobre au 31 mars). Des inspecteurs de la boucherie se tiendront à chacune des portes désignées en l'article qui précède et opéreront l'examen des viandes amenées. — Si ces préposés le jugent nécessaire, les conducteurs devront, sur l'invitation qui leur en sera faite, procéder soit au déplacement et à la manutention, soit même au déchargement des viandes à examiner, faute de quoi l'introduction dans Paris en sera interdite.

4. Les approvisionneurs qui voudront introduire des viandes dans Paris en dehors des heures ci-dessus fixées ou par des portes autres que celles indiquées en l'art. 2, ou encore par les gares de chemins de fer ou les rivières et les canaux auront la faculté de le faire, mais, dans ce cas, les viandes devront être conduites sous escorte de l'octroi et aux frais des intéressés, soit à l'abattoir le plus voisin, soit au pavillon n° 3 des halles centrales pour y être soumises à la visite de l'inspecteur de service.

5. Toute viande reconnue impropre à la consommation sera immédiatement saisie et détruite aux frais du propriétaire, sans préjudice des poursuites qui pourraient être intentées conformément à la loi du 27 mars 1851. — Toutefois, si les propriétaires de viandes saisies en demandent la remise pour la fonte ou pour des usages industriels, elles pourront leur être livrées, mais après avoir été au préalable, en présence de l'inspecteur et aux frais du réclamant, incisées dans tous les sens, puis arrosées d'essence de térébenthine ou d'eau ammoniacale additionnée de poudre de charbon.

6. Dans le cas où le propriétaire de la viande protesterait contre la saisie et demanderait une contre-expertise, la marchandise sera conduite sous escorte et à ses frais au pavillon n° 3 des halles centrales où elle sera soumise à l'examen d'un expert choisi par lui sur la liste des vétérinaires accrédités près la préfecture de police. — Les frais de cette expertise, fixés conformément au décret du 18 juin 1811, seront, en cas de confirmation totale ou partielle de la saisie, à la charge du propriétaire de la viande.

7. Les viandes mises en vente dans les abattoirs, marchés et étaux, seront également visitées par le service spécial d'inspection.

8. La présente ordonnance sera imprimée, publiée et affichée partout où besoin sera. — Il en sera transmis application à M. le préfet de la Seine et à M. le directeur de l'administration de l'octroi de Paris.

9. L'inspecteur général des halles et marchés, le chef de la police municipale, les commissaires de police et les agents sous leurs ordres sont chargés, chacun en ce qui le concerne, d'en assurer l'exécution.

(1) 19 déc. 1835. — *Ordonnance concernant les établissements de charcuterie dans la Ville de Paris.*

NOUS, CONSEILLER D'ÉTAT, PRÉFET DE POLICE; — Considérant que, pour prévenir l'altération des viandes employées et préparées par les charcutiers, il est indispensable que les lieux affectés à l'exercice de cette profession soient suffisamment étendus, ventilés et entretenus dans un état constant de propreté; — Considérant que les feuilles de plomb dont sont revêtus les saloirs, pressoirs et autres ustensiles à l'usage des charcutiers, peuvent imprégner les viandes qui se trouvent en contact avec elles, de sels métalliques dont l'action délétère n'est pas contestée, et que les vases de cuivre employés presque généralement par les charcutiers pour la préparation des viandes, présentent des dangers plus graves encore; — Vu l'avis du conseil de salubrité; — Vu les lois des 16-24 août 1790 et 2-17 mars 1791; ensemble l'arrêté du Gouvernement du 12 mess. an 8 (1er juill. 1800); — ORDONNONS ce qui suit :

Art. 1er. A compter de la publication de la présente ordonnance, aucun établissement de charcutier ne sera autorisé dans la Ville de Paris, qu'après qu'il aura été constaté par les personnes que nous commettrons à cet effet, que les diverses localités où l'on se propose de le former, réunissent toutes les conditions de sûreté publique et de salubrité prescrites dans l'instruction ci-après annexée.

2. Il est défendu de faire usage dans les établissements de charcutiers, de saloirs, pressoirs et autres ustensiles qui seraient revêtus de feuilles de plomb ou de tout autre métal. Les saloirs et pressoirs seront construits en pierre, en bois ou en grès.

3. L'usage des vases et ustensiles de cuivre, même étamé, est expressément défendu dans tous les établissements de charcutiers. Ces vases et ustensiles seront remplacés par des vases en fonte ou en fer battu.

4. Il est défendu aux charcutiers de se servir de vases en poterie vernissée. Ces vases seront remplacés par des vases en grès ou par toute autre poterie dont la couverte ne contient pas de substances métalliques.

5. Il est défendu aux charcutiers d'employer dans leurs salaisons et préparations de viandes, des sels de morue, de varech et de salpêtriers.

20 mars 1865, considérant que les dispositions des ordonnances des 24 vend. et 4 flor. an 12 ne sont plus en harmonie avec le régime de la liberté commerciale, a abrogé ces ordonnances, mais seulement dans les *communes rurales* du ressort de la préfecture de police.

77. L'art. 8 de l'ordonnance du 4 flor. an 12 exigeait, ainsi que nous l'avons dit au *Rép.* n° 135, une permission du préfet de police pour l'ouverture d'un établissement de charcuterie. Cette prescription, bien que non abrogée pour Paris, n'est plus observée dans la pratique. L'ouverture de ces établissements a lieu sur simple déclaration à la préfecture de la Seine.

78. Les dispositions des ordonnances des 4 flor. an 12 et 21 août 1815 sur les mesures de salubrité, mentionnées au *Rép.* n° 136, sont remplacées par l'ordonnance de police du 19 déc. 1835. Une commission, instituée près la préfecture de la Seine en 1885, et chargée d'examiner les questions d'assainissement, propose de ne permettre à l'avenir l'installation des laboratoires de charcuterie que dans les rues pourvues d'eau et d'une canalisation d'eau.

79. Toutes les prescriptions indiquées au *Rép.* n°s 137, 138 et 139, relatives à la vente des porcs vivants, ont été remplacées par les dispositions de l'arrêté du préfet de la Seine et de l'ordonnance de police du 12 oct. 1867 sur le marché aux bestiaux de la Villette (V. *suprà*, n° 54).

80. La vente en gros de la viande de porc avait lieu au marché des Prouvaires, ainsi que nous l'avons exposé au *Rép.* n° 140. Ce marché a été supprimé en 1862, et la vente se fait actuellement dans une partie du pavillon n° 5 des halles centrales, dont une autre partie est affectée à la vente en détail. Ce dernier marché est soumis aux règlements généraux sur les marchés de détail de la Ville de Paris (V. *Halles et marchés*), qui ont abrogé ou modifié les dispositions mentionnées au *Rép.* n°s 141 et 142.

81. Les prescriptions des lettres patentes de 1783, rappelées au *Rép.* n°s 143 à 145, ne sont plus en vigueur. La viande de porc est soumise à la même inspection que la viande de boucherie (V. *suprà*, n° 71).

82. Les charcutiers forains ne sont plus l'objet des dispositions spéciales dont nous avons parlé au *Rép.* n° 147. Ils peuvent être admis dans les marchés de détail à des places spéciales, conformément aux prescriptions des règlements qui régissent ces marchés.

83. L'abatage des porcs a lieu à l'abattoir général de la Villette et à l'abattoir des Fourneaux, qui ont remplacé les échaudoirs énumérés au *Rép.* n° 148 (V. *suprà*, n° 63).

84. La foire aux jambons, dont on a parlé au *Rép.* n° 149, a été transférée par ordonnance de police du 15 mars 1869, du boulevard Bourdon sur le boulevard Richard-Lenoir. Sa tenue est réglementée par une ordonnance de police rendue chaque année. Elle est ouverte, les mardi, mercredi et jeudi de la semaine sainte, de six heures du matin à sept heures du soir. — Les marchands qui veulent approvisionner la foire doivent en faire la déclaration au préposé chargé de la surveillance. Après la clôture des inscriptions, qui a lieu le lundi de la semaine sainte à midi, un tirage au sort détermine l'emplacement à occuper par chaque marchand.

Les autres dispositions de l'ordonnance du 11 mars 1833, mentionnées au *Répertoire*, sont reproduites dans l'ordonnance publiée chaque année, pour la tenue de la foire. Une prescription nouvelle concerne les articles de charcuterie fabriqués avec la viande de cheval, qui doivent être exposés, en outre, sur un emplacement déterminé. Les marchands doivent apposer à la devanture de leur étal un écriteau portant ces mots en gros caractères : *Charcuterie de viande de cheval.*

85. Le commerce de la charcuterie n'est plus représenté par trois mandataires (V. *Rép.* n° 150) ; il existe une chambre syndicale, chargée de défendre les intérêts commerciaux de ses membres (V. *suprà*, n° 60).

86. Le chap. 4 de l'ordonnance du 20 août 1879 (V. *suprà*, n° 66) remplace les dispositions de l'ordonnance du 25 mars 1830, indiquées au *Rép.* n° 151, et réglementant la fonte des suifs dans les abattoirs.

87. La même ordonnance (chap. 5) contient des dispositions relatives aux ateliers de triperie dans les abattoirs, qui remplacent les prescriptions édictées par l'ordonnance de 1830 et mentionnées au *Rép.* n° 152.

Un marché en gros de la triperie, installé autrefois dans le marché des Prouvaires, est établi dans la partie Est du pavillon n° 3 des halles centrales (V. *Halles et marchés*). Depuis le 15 oct. 1875, la Ville de Paris a repris la gestion directe de ce marché, dont l'exploitation était antérieurement affermée. La tenue de ce marché est réglementée par un arrêté du préfet de la Seine du 25 mars 1878. Les mesures

---

6. Les charcutiers ne pourront laisser séjourner les eaux de lavage dans les cuvettes destinées à les recevoir. Ces cuvettes devront être vidées et lavées tous les jours.

7. Il est défendu aux charcutiers de verser, avec les eaux du lavage, qu'ils devront diriger sur l'égout le plus voisin, des débris de viande ou de toute autre nature. Ces débris seront réunis et jetés chaque jour dans les tombereaux du nettoiement, au moment de leur passage.

8. Les dispositions de l'art. 1er ne seront applicables aux établissements dûment autorisés qui existent actuellement, que lorsqu'ils seront transférés dans d'autres lieux ou lorsqu'ils changeront de titulaires. — Les dispositions des art. 2, 3 et 4 ne seront obligatoires pour ces mêmes établissements que six mois après la publication de la présente ordonnance.

9. Les contraventions aux dispositions de la présente ordonnance seront constatées par des procès-verbaux ou rapports qui nous seront adressés pour être transmis au tribunal compétent.

10. La présente ordonnance sera imprimée et affichée. — Le chef de la police municipale, l'architecte-commissaire de la petite voirie, les commissaires de police, l'inspecteur général des halles et marchés, et les préposés de la préfecture de police sont chargés, chacun en ce qui le concerne, d'en surveiller l'exécution.

INSTRUCTION. — *Des boutiques.* — Les boutiques affectées à la vente des marchandises fraîches ou préparées, devront être appropriées convenablement à cette destination. — L'intervalle entre le sol et le plancher sera au moins de trois mètres. — Le sol sera entièrement revêtu de dalles ou de carreaux ; le plancher sera plafonné. — Pour renouveler l'air dans la boutique pendant la nuit, il sera pratiqué immédiatement sous le plafond, du côté de la rue, une ouverture de deux décimètres en carré (environ six pouces en carré) ; une autre ouverture de même dimension sera pratiquée au bas de la porte d'entrée ou du mur de face ; ces deux ouvertures seront grillées.

Des cuisines et laboratoires. — Les cuisines et les laboratoires devront être de dimensions telles que les diverses préparations de charcuterie y puissent être faites avec propreté et salubrité. — Les cuisines et les laboratoires auront au moins trois mètres d'élévation ; ils seront plafonnés. Le sol et les parois, jusqu'à la hauteur d'un mètre cinquante centimètres, seront convenablement revêtus de matériaux imperméables, pour faciliter les lavages et prévenir toute adhérence ou infiltration de matières animales. — Les pentes du sol seront réglées de manière que les eaux de lavage puissent s'écouler rapidement jusqu'à l'égout le plus voisin. — Un courant d'air sera établi dans les cuisines et les laboratoires ; les uns et les autres devront être suffisamment éclairés par la lumière du jour.

Des fourneaux et chaudières. — Les fourneaux et chaudières devront toujours être disposés de telle sorte qu'aucune émanation ne puisse se répandre dans l'établissement ou au dehors. — Les chaudières destinées à la cuisson des grosses pièces de charcuterie et à la fonte des graisses, devront être engagées dans des fourneaux en maçonnerie.

Réservoirs à défaut de puits ou de concession d'eau. — A défaut de puits ou d'une concession d'eau pour le service de l'établissement, il y sera suppléé par un réservoir de la contenance d'un demi-mètre cube, qui devra être rempli tous les jours. Il ne pourra être établi de soupentes dans les boutiques, les cuisines et les laboratoires qui, sous aucun prétexte, ne pourront servir de chambres à coucher.

Des caves et autres lieux destinés aux salaisons. — Les caves destinées aux salaisons devront être d'une dimension proportionnée aux besoins de l'établissement ; elles devront être saines et bien aérées, ne point renfermer de pierres d'extraction pour la vidange des fosses d'aisances, ni être traversées par des tuyaux aboutissant à ces mêmes fosses. Les caves devront avoir au moins deux mètres soixante-sept centimètres d'élévation sous clé ; il y sera pratiqué, s'il n'en existe pas, des ouvertures de capacité suffisante pour y entretenir une ventilation continuelle. — Le sol des caves sera convenablement revêtu, pour faciliter les lavages et prévenir toute adhérence ou infiltration de matières animales. — Les pentes du sol des caves seront disposées de manière à faciliter l'écoulement des eaux de lavage dans les cuvettes destinées à les recevoir. — Si, à défaut de caves, le local destiné aux salaisons est situé au rez-de-chaussée, le sol sera disposé de manière à ce que les eaux de lavages puissent être dirigées sur l'égout le plus voisin.

de police sont déterminées par une ordonnance du 14 juill. 1862.

88. Des ordonnances de police des 28 mai 1812 et 11 janv. 1813 réglaient les rapports commerciaux entre les tripiers, et les bouchers et une ordonnance du 21 janv. 1813 soumettait l'exploitation des débits de triperie à certaines conditions restrictives. Ces règlements n'étant plus en harmonie avec le régime de la liberté de la boucherie, le préfet de police, dans les attributions duquel a été conservée la surveillance du commerce de la triperie, a prononcé leur abrogation par ordonnance du 21 avr. 1865 (art. 1er). — Aux termes de cette ordonnance, tout individu qui veut exploiter à Paris un débit de triperie doit en faire la déclaration à la préfecture de police, et indiquer le lieu où il se propose d'établir son étal. Cet étal peut être ouvert, à défaut d'opposition de la préfecture, dans un délai de vingt jours. L'opposition ne peut être basée que sur l'inexécution des conditions suivantes déterminées par l'art. 3 : — 1° Le local devra être suffisamment aéré et ventilé; — 2° Le sol sera établi en pente et en surélévation de la voie publique; il sera entièrement dallé ou carrelé avec jointoiement en ciment romain; — 3° Les murs seront revêtus de matériaux ou d'enduits imperméables, jusqu'à hauteur des crochets de suspension; — 4° Il ne pourra y avoir dans l'étal, ni âtre, ni cheminée, ni fourneau; — 5° Aucune chambre à coucher ne devra se trouver en communication directe soit avec l'étal, soit avec ses dépendances; — 6° Les tables et les comptoirs seront recouverts de plaques en marbre ou en pierre de Château-Landon; — 7° A défaut de puits ou d'une concession d'eau pour le service de l'étal, il y sera suppléé par un réservoir de la contenance d'un demi-mètre cube, au minimum, qui devra être rempli tous les jours (art. 3). — Il n'est en rien dérogé aux règlements concernant les ateliers de préparation et de cuisson des tripes, classés parmi les établissements insalubres et incommodes (art. 4).

Table sommaire

des matières contenues dans le Supplément et le Répertoire.

(Les chiffres précédés de la lettre *S* renvoient au Supplément; les chiffres précédés de la lettre *R* renvoient au Répertoire.)

Table chronologique des Lois, Arrêts, etc.

BOUES ET IMMONDICES. — V. *Commune; Contravention; Voirie par terre.*

BOUGIE. — V. *Douanes; Impôts indirects.*

BOUILLEURS DE CRU. — V. *Impôts indirects.*

BOULANGER. — BOULANGERIE.

Division.

ART. 1er. — *Historique et législation* (*Rép.* nos 3 à 10).

1. Le régime réglementaire du commerce de la boulangerie, dont nous avons exposé les bases au *Rép.* nos 10 et 11, a été complété, depuis 1847, par un décret du 7 févr. 1857 concernant la ville de Lyon (*Bull. des lois*, n° 5739), et par trois décrets du 16 avr. 1859 relatifs aux villes de Brest, Chartres et du Mans (D. P. 59. 4. 31). Les principales dispositions de ces actes consistaient dans la limitation du nombre des boulangers et dans l'obligation, pour les boulangers, d'entretenir des dépôts d'approvisionnement.

Le Gouvernement avait eu l'intention de généraliser le système de caisses pour le service de la boulangerie, analogues à celle établie à Paris en 1853 (V. *infrà*, n° 73); mais, en fait, la caisse de Limoges, créée par décret du 22 mars 1856, fonctionna seule.

L'abondance des récoltes de 1857 et de 1858, l'abaissement du prix des céréales qui en fut la conséquence ramenèrent l'attention sur la question des réserves de grains. On crut que le développement des réserves commerciales par la boulangerie favoriserait les intérêts de l'agriculture, de la boulangerie et de la consommation. Un décret du 16 nov. 1858 (D. P. 58. 4. 167) appliqua aux 165 villes soumises à la réglementation le régime adopté pour Lyon et pour Paris, en décidant que l'approvisionnement de réserve des boulangers dans toutes ces villes serait fixé à la quantité de grains ou de farines nécessaire pour alimenter la fabrication journalière de chaque établissement de boulangerie pendant trois mois.

2. En 1856, la commission départementale de la Seine et la commission municipale de la Ville de Paris ayant proposé différentes mesures pour la réorganisation de la boulangerie parisienne, le conseil d'Etat fut saisi de la question, et, sur sa demande, on procéda à une enquête sur le commerce des grains, la meunerie du bassin de Paris, et la boulangerie. Un rapport de M. Le Play, conseiller d'Etat, conclut, en 1860, à la suppression du régime réglementaire (V. *infrà*, n° 76). La récolte de 1861 ayant été mauvaise, l'examen de ces conclusions fut ajourné; mais M. Rouher, ministre de l'agriculture, du commerce et des travaux publics, porta de nouveau la question devant le conseil d'Etat; elle fut examinée dans deux séances générales présidées par l'Empereur. Un décret du 22 juin 1863 (1) établit la liberté de la boulangerie dans toutes les villes où ce commerce était réglementé.

Un autre décret, du 2 sept. 1862 (D. P. 62. 4. 115), avait déjà rapporté celui du 16 nov. 1858 concernant les approvisionnements de réserve des boulangers dans les mêmes villes. «Cette réforme faisait disparaître, dit le rapport présenté par M. Rouher à l'appui du projet de décret, les dépôts de garantie ou les cautionnements en argent, les dispositions restrictives ou coercitives concernant la fabrication, le transport et la vente du pain; elle ne laissait subsister que les mesures relatives à la salubrité et à la fidélité du débit du pain mis en vente ».

La faculté de taxer le prix du pain a été conservée, l'art. 30 de la loi des 19-22 juill. 1791 restant en vigueur. De nombreuses propositions relatives à l'abrogation de cette disposition ont été présentées au Parlement, notamment par M. Gatineau, lors de la discussion à la Chambre des députés de l'art. 166 de la loi sur les municipalités (Séance du 6 nov. 1883, *Journal off.* du 7 novembre). Ces propositions n'ont pas été adoptées. La Chambre a renvoyé au ministre de l'intérieur et au ministre du commerce, dans la séance

---

(1) 22 juin-11 juill. 1863. — *Décret impérial qui abroge diverses dispositions de décrets, ordonnances ou règlements généraux concernant la boulangerie* (D. P. 63. 4. 127).

NAPOLÉON, etc.; — Sur le rapport de notre ministre secrétaire d'Etat au département de l'agriculture, du commerce et des travaux publics (*a*); — Vu les lois des 16-24 août 1790, des 2-17 mars, 14-17 juin et 19-22 juill. 1791 et du 1er brum. an 7; — Notre conseil d'Etat entendu; — Avons décrété, etc.:

Art. 1er. Sont abrogées, à dater du 1er sept. 1863, les dispositions de décrets, ordonnances ou règlements généraux ayant pour

(*a*) *Rapport à l'Empereur concernant la liberté de la boulangerie.*

Sire, — A la fin du mois d'octobre de l'année dernière, le conseil d'Etat, réuni dans deux séances générales que Votre Majesté a bien voulu présider, a soumis la question de la boulangerie à une discussion approfondie dont la conclusion a été que l'organisation actuelle de ce commerce à Paris et dans les départements devait faire place au régime de la liberté, et qu'il convenait particulièrement de supprimer les réserves obligatoires, la limitation du nombre des boulangers, la taxe du pain, enfin la caisse de la boulangerie et le système de compensation qui fonctionnent dans le département de la Seine.

Le décret joint au présent rapport n'établit pas immédiatement ce régime de liberté complète, d'abord voté par le conseil d'Etat : il se borne à réaliser le régime d'essai et de transition que Votre Majesté elle-même a signalé dans le discours qu'elle a prononcé le 8 décembre dernier ; il est, au surplus, conforme à un projet voté par le conseil d'Etat vers la fin du même mois, dans le sens des intentions ainsi exprimées par Votre Majesté.

Si je n'ai pas pensé qu'il y eût lieu de soumettre jusqu'ici ce décret à la signature de Votre Majesté, c'est que l'institution de la caisse de service de la boulangerie devant être réorganisée sur de nouvelles bases, il importait que cette caisse fût préalablement libérée des charges qu'elle avait dû s'imposer dans les premières années de sa création, et qu'elle fût rentrée complètement dans les sommes importantes qu'elle s'était vue dans la nécessité d'avancer. Or, cette libération était en voie de s'accomplir; les surtaxes que la caisse percevait chaque mois sur le prix du pain au moyen du service de la compensation lui apportaient successivement de nouvelles ressources, et on pouvait prévoir qu'il suffirait de quelques mois encore pour que le passif de la caisse fût entièrement couvert par son actif ; c'est ce qui est arrivé en effet. A la date du 31 mai dernier, la caisse était rentrée dans tous ses déboursés, et elle avait même commencé déjà à se constituer un excédant d'actif. Dès lors, il ne me paraît plus y avoir de motifs pour différer encore la solution de cette affaire, et je crois devoir, en présentant à Votre Majesté un exposé aussi succinct que possible de l'importante question de la boulangerie, lui demander de vouloir bien donner sa haute sanction à ce projet de réforme.

Le commerce de la boulangerie est soumis à Paris, et dans la plus grande partie des communes de l'Empire ayant quelque importance, à une organisation spéciale.

A Paris, le système de réglementation appliqué depuis le commencement du siècle, et qui avait pour point de départ un arrêté consulaire du 19 vend. an 10 (11 oct. 1801) (*a*), a été confirmé et appliqué en outre à toutes les communes du département de la Seine par un décret du 1er nov. 1854 (*b*). Il est établi sur les bases suivantes :

1° Limitation du nombre des boulangers d'après le nombre des habitants ;

2° Obligation pour celui qui veut s'établir boulanger d'obtenir une permission préfectorale, laquelle ne peut être accordée que dans les limites fixées pour le nombre des boulangers;

3° Classement des établissements de boulangerie d'après leur cuisson journalière;

4° Dépôts d'approvisionnement et de garantie constitués en farine, et dont la quotité, fixée approximativement pour subvenir à trois mois de consommation, varie suivant l'importance et le classement de chaque boulangerie;

5° Versement d'une partie de cet approvisionnement dans les magasins publics;

6° Syndicat dont la composition et le mode de nomination sont réglés par arrêté préfectoral avec l'approbation ministérielle;

7° Défense de quitter la profession sans en avoir fait la déclaration six mois à l'avance;

8° Défense de restreindre le nombre des fournées sans autorisation du préfet;

9° En cas de contravention à la disposition précédente et à l'obligation de l'approvisionnement de réserve, pouvoir pour le préfet de prononcer par voie administrative, contre le contrevenant, une interdiction momentanée ou absolue de sa profession;

10° Confiscation du dépôt de garantie appartenant au boulanger qui aurait quitté sa profession sans autorisation et qui aurait été définitivement interdit ;

11° Privilège des facteurs de la halle aux farines sur le dépôt de garantie des boulangers, dans le cas ou ceux-ci quittent leur commerce par l'effet d'une faillite ou par suite de contravention entraînant interdiction;

12° Obligation de se soumettre aux dispositions des décrets qui ont institué la caisse du service de la boulangerie ;

13° Obligation d'un dépôt en compte courant à cette caisse.

Il faut ajouter à ces prescriptions une multitude d'autres dispositions réglementaires, telles que l'interdiction de toute vente de pain faite dans les boutiques séparées des fournils ; l'interdiction des ventes faites sur les marchés par les boulangers forains; l'interdiction de tout transport de pain entre le département de la Seine et les départements voisins; l'interdiction de tout payement direct de farine aux meuniers sans l'intervention des caisses de la boulangerie; l'interdiction pour chaque boulanger de s'établir à proximité d'un confrère, etc., etc.

La caisse de la boulangerie qui est un des éléments essentiels de cette réglementation a été créée par les décrets des 27 déc. 1853 et 7 janv. 1854. Elle fonctionne sous la garantie de la Ville de Paris et sous l'autorité du préfet de la Seine, et son rôle consiste, d'une part, à payer pour le compte des boulangers et à recouvrer sur eux le montant de leurs achats de blés ou de farines ; d'autre part, et c'est là le but principal de son institution, à faire fonctionner le système de la compensation, c'est-à-dire à faire en temps de cherté les avances nécessaires pour maintenir le prix du pain au-dessous de son taux réel, et, en temps de bas prix, à recouvrer ces avances par une surtaxe sur le prix du pain.

Enfin l'organisation de la boulangerie de Paris et du département de la Seine est complétée par la taxe du pain, mesure que l'art. 30 de la loi des 19-22 juill. 1791 (*c*) laisse aux autorités municipales la facilité d'appliquer, et que le préfet de la Seine est chargé de mettre à exécution, comme toutes les autres dispositions applicables au commerce de la boulangerie.

Dans les départements autres que le département de la Seine, il existe 165 villes où le commerce de la boulangerie est réglementé par des actes du Gouvernement, décrets impériaux ou ordonnances royales rendus de 1812 à 1828, et pour quatre villes, Lyon, Brest, le Mans et Chartres; des décrets récents, puisqu'ils ne remontent qu'aux années 1857 et 1859 (*d*), ont confirmé, comme l'avait fait le décret du 1er déc. 1854, l'organisation existante.

Cette organisation de la boulangerie des villes de province, pour lesquelles les décrets ou ordonnances dont il s'agit ont été rendus, est fondée à peu près sur les mêmes bases que la réglementation de la boulangerie parisienne, c'est-à-dire la limitation, l'obligation d'une permission spéciale, l'approvisionnement de réserve et le dépôt de garantie, les syndicats, le classement des établissements, les conditions à remplir pour quitter la profession, les prescriptions relatives au nombre des fournées, l'interdiction par voie administrative, la confiscation de l'approvisionnement et l'emprisonnement, en certains cas, etc. Néanmoins certaines de ces dispositions, et notamment les dispositions pénales telles que la confiscation de l'approvisionnement et l'emprisonnement n'ont pas été partout appliquées ; la limitation du nombre des boulangers n'a pas toujours été admise, et même, à une certaine époque, elle avait été formellement interdite; mais elle paraît cependant s'être établie de fait directement ou indirectement, dans la plupart des villes réglementées. L'institution de la caisse de réserve, établie pour le département de la Seine, n'a été imitée que dans une seule ville, celle de Limoges ; un décret du 22 mars 1856 y a créé une caisse dont les fonctions se bornent à faire un système de compensation qui n'existe même pas d'une manière permanente. Elle ne joue pas comme celle de Paris le rôle d'une institution de crédit pour le commerce de la boulangerie.

Pour le reste de la France, la liberté du commerce de la boulangerie n'est légalement assujettie à aucune autre restriction que celle qui résulte de la faculté accordée aux autorités municipales de taxer le prix du pain.

Mais dans beaucoup de localités les maires, se fondant sur les dispositions des lois de 1790 et 1791 qui leur confèrent l'inspection sur la fidélité du débit et la salubrité des denrées livrées à la consommation et le soin de prévenir par des précautions convenables les fléaux calamiteux au nombre desquels figurent les disettes, ont soumis le commerce de la boulangerie à des mesures très restrictives. Souvent, à l'imitation de ce que le Gouvernement avait fait pour un certain nombre de villes, ils ont imposé à ceux qui veulent s'établir l'obligation d'obtenir une permission de l'autorité municipale et sont arrivés ainsi à limiter indirectement le nombre des boulangers. D'autres ont expressément établi cette limitation, et quelques-uns ont soumis les boulangers à l'obligation d'un approvisionnement. Enfin, dans les localités où aucune réglementation spéciale n'a été établie par l'autorité supérieure ou appliquée par l'autorité locale, le commerce de la boulangerie ne jouit encore que d'une liberté restreinte, parce que, parmi ces localités, il en est bien peu où l'usage de taxer le prix du pain n'ait prévalu.

C'est cette réglementation établie pour Paris et le département de la Seine et pour 165 centres de population (*e*) par des actes du Gouvernement, imitée sur beaucoup d'autres points, soit complètement, soit partiellement, par l'autorité municipale, qu'il s'agit, suivant les résolutions adoptées par le conseil d'Etat, de remplacer par un régime de liberté. Il importe donc d'exposer ici les considérations qui démontrent les avantages de la réforme que j'ai l'honneur de proposer à Votre Majesté.

En dégageant l'organisation actuelle de la boulangerie de toutes les dispositions secondaires destinées seulement à assurer l'exécution des dispositions principales, on se trouve en présence de quatre grandes questions :

(*a*) Obligation pour les boulangers d'une permission, d'un approvisionnement, exemption des droits de patente.

(*b*) Organisation de la boulangerie du département de la Seine.

(*c*) « La taxe des subsistances ne pourra provisoirement avoir lieu, dans aucune ville du royaume, que sur le pain et la viande de boucherie, sans qu'il soit permis, en aucun cas, de l'étendre sur le vin, le blé, les autres grains, ni d'autres espèces de denrées, et ce sous peine de destitution des officiers municipaux. »

(*d*) 7 févr. 1857, organisation de la boulangerie de Lyon. — 25 avr. 1859, organisation de la boulangerie de Brest.

(*e*) Décr. 16 nov. 1858. Obligation d'un approvisionnement de réserve.

du 3 avr. 1886, sur le rapport de M. Yves Guyot, une pétition d'un grand nombre de boulangers de divers départements demandant l'abrogation de l'article précité.

Art. 2. — *Règles générales sur la boulangerie. — Conditions de l'exercice de la profession de boulanger. — Approvisionnement; Infractions aux règlements y relatifs. — Cessation d'exercice. — Syndicat* (*Rép.* nos 11 à 29).

3. Nous avons dit au *Rép.* n° 11, que les lois de police réglant l'exercice de la profession de boulanger étaient les nos 4 et 5 de l'art. 3, tit. 11, de la loi des 16-24 août 1790. Ces dispositions ont été abrogées par l'art. 168-1° de la loi du 5 avr. 1884 sur l'organisation municipale (D. P. 84. 5. 68); mais, elles ont été remplacées par les prescriptions, conçues en termes à peu près identiques, des nos 5 et 6 de l'art. 97 de la même loi.

Le décret du 22 juin 1863 n'a point modifié les pouvoirs des maires en ce qui concerne le commerce de la boulangerie. « L'intention des auteurs du décret est claire et manifeste: au régime prohibitif sous lequel était placée la boulangerie, on a voulu substituer le régime de la liberté et de la concurrence; mais on n'a pu ni voulu, par un simple acte réglementaire, toucher aux droits et aux pouvoirs que les

objet de limiter le nombre des boulangers, de les placer sous l'autorité des syndicats, de les soumettre aux formalités des autorisations préalables pour la fondation ou la fermeture de leurs établissements, de leur imposer des réserves de farines ou de grains, des dépôts de garantie ou des cautionnements en argent, de réglementer la fabrication, le transport ou la vente du pain,

1° Les approvisionnements de réserve ; 2° la limitation du nombre des boulangers ; 3° à Paris et dans le département de la Seine, ainsi que dans la ville de Limoges, l'institution de la caisse de service de la boulangerie et le système de la compensation ; 4° la taxe du pain. Je demanderai à Votre Majesté la permission de passer successivement en revue, aussi rapidement que possible, ces diverses questions.

1° *Approvisionnements de réserve.* — Cette mesure, à l'époque où elle a été établie, était inspirée par des vues d'ordre et de sûreté publique. Elle avait pour but de prévenir, ou du moins d'atténuer considérablement les disettes ou les chertés excessives ; il fallait mettre en réserve tout ou partie de l'excédant des récoltes que fournissent les années d'abondance pour y avoir recours dans les années de pénurie. A une certaine époque, le Gouvernement et l'administration municipale avaient même cru devoir mettre par eux-mêmes cette idée en pratique en constituant pour la Ville de Paris des réserves de grains ou de farines. Mais cette opération qui n'aboutit qu'à des pertes sérieuses et à des résultats fâcheux, dut être abandonnée.

L'action directe du Gouvernement et de l'administration ainsi écartée, le moyen qui avait semblé le plus facilement pratiquable pour arriver au but que l'on espérait atteindre, était de constituer entre les mains des boulangers un approvisionnement de réserve destiné à subvenir à leur fabrication journalière pendant un temps déterminé.

On pensait qu'un approvisionnement ainsi réparti dans les mains de ceux qui emploient chaque jour les denrées dont il se compose, et renouvelé constamment par les besoins de la consommation, serait dans les meilleures conditions de conservation possibles. Il semblait, en outre, que ces réserves ne pouvaient pas constituer une charge onéreuse pour les boulangers, puisqu'elles seraient acquises en temps de bas prix et utilisées en temps de cherté avec un important bénéfice. On comptait enfin sur l'existence des approvisionnements de la boulangerie pour exercer une certaine influence sur le commerce, en agissant, selon les circonstances, soit dans le sens de la baisse, soit dans le sens de la hausse sur le mouvement des cours.

Mais ces idées ont fait place à des vues économiques toutes différentes. On s'est demandé s'il existait réellement des motifs d'ordre public et d'intérêt général assez puissants pour justifier une dérogation à la liberté commerciale, telle que l'obligation pour une certaine classe de commerçants de tenir constamment en réserve une quantité déterminée des marchandises sur lesquelles s'exerce leur industrie. Cette question s'est résolue par la négative. On a pensé que la libre initiative du commerce pouvait, bien mieux que toute intervention administrative, agir sûrement pour subvenir partout aux exigences de la consommation, et l'application de cette idée dans la question des approvisionnements de réserve découle nécessairement des considérations de même nature qui ont fait substituer au système de l'échelle mobile la législation actuelle établissant la liberté permanente du commerce des céréales avec l'étranger.

Avec le système de l'échelle mobile, dans lequel le Gouvernement prétendait se faire le régulateur des mouvements du commerce, les réserves de la boulangerie pouvaient être considérées comme un expédient utile, surtout lorsque l'influence et le défaut de rapidité des moyens de communication rendaient difficile la circulation de denrées.

Sous le régime de la liberté, les approvisionnements de la boulangerie deviennent absolument inutiles; leur existence serait d'ailleurs en contradiction formelle avec les principes qui ont définitivement prévalu. Enfin leur présence dans les magasins, loin d'exercer une influence utile pour le commerce, a pour résultat de l'inquiéter et d'entraver le développement de ses opérations. D'un autre côté, on doit reconnaître que ces approvisionnements entraînent des dépenses qui viennent retomber, en définitive, sur les consommateurs. La perte d'intérêt sur les capitaux représentés par les réserves, les chances de détérioration, les frais incessants de manipulation et ceux du magasinage, sont autant de charges dont le boulanger doit être équitablement indemnisé, et qui se traduisent généralement par une augmentation du prix du pain ou par quelque autre équivalent onéreux pour le public.

2° *Limitation du nombre des boulangers.* — Un des moyens mis en usage précisément pour indemniser les boulangers des sacrifices que leur imposaient les approvisionnements de réserve et les autres conditions mises à l'exercice de leur profession, a été la limitation de leur nombre.

On considérait cette mesure comme une équitable compensation dont l'effet était d'assurer aux boulangers une clientèle suffisamment nombreuse, une fabrication toujours égale et des bénéfices certains.

On lui attribuait également l'avantage de diminuer les frais généraux qui se renouvellent pour chaque établissement, et qui auraient par suite d'autant plus d'importance que le nombre des établissements serait plus considérable.

La limitation est, parmi les mesures réglementaires appliquées à la boulangerie, celle qui constitue la dérogation la plus flagrante aux principes de liberté commerciale résultant de notre législation. C'est la négation du droit reconnu à tout citoyen par les lois de 1791 et par celle du 1er brumaire an 7 d'exercer librement son commerce ou son industrie, moyennant le payement des impôts légalement établis en pareille matière. C'est la création du monopole et un retour formel au régime des corporations privilégiées. Les avantages qu'on lui attribue sont d'ailleurs évidemment nuls, comme le prouvent les études comparatives faites récemment sur le prix relatif du pain à Paris et dans d'autres capitales. On peut d'ailleurs se rendre compte aisément des causes de la cherté relative produite par le régime parisien. En donnant aux boulangers un privilège, en leur garantissant un débit assuré, le monopole attribue à leurs établissements une valeur vénale souvent considérable, et il faut que les boulangers se récupèrent, aux dépens du public, des sacrifices qu'ils ont dû faire pour s'établir.

D'un autre côté, le régime actuel attribue en grande partie le commerce de la boulangerie à des personnes qui n'y apportent d'autre aptitude que la possession du capital nécessaire à l'acquisition du privilège, et qui ne se soutiennent qu'en vertu du pouvoir qui leur est acquis de retenir, nonobstant leur insuffisance technique ou commerciale, une certaine clientèle. Ce même régime empêche l'essor soit des grands boulangers possédant à un degré éminent les aptitudes de la profession, soit des petits boulangers urbains et forains fabriquant de leurs propres mains, qui, par leur concurrence active, pourvoient partout ailleurs, au moindre prix possible, aux besoins de toutes les classes de consommateurs. Et si, comme le prétendent quelques personnes, les meilleurs moyens de fabriquer le pain doivent être fournis par de grandes manutentions à appareils mécaniques, il est évident que les moyennes boulangeries réglementaires du régime parisien, étant incompatibles avec ces établissements, seraient une cause de cherté et un obstacle à tout progrès.

Il n'est point à espérer que la libre concurrence produise immédiatement à Paris tous les résultats qu'on en doit attendre. Le régime réglementaire, en effet, a détruit chez les ouvriers boulangers de Paris les aptitudes et les propensions qui régnaient autrefois chez eux et qui assurent encore un recrutement fécond aux autres capitales. Sous les mêmes influences, les jeunes boulangers de province ont perdu l'habitude de venir fonder à Paris des établissements. En attendant que ces propensions et ces habitudes se rétablissent peu à peu, on doit, à ce qu'il me semble, tout d'abord compter sur la concurrence des boulangers établis dans les localités qui envoient journellement d'autres denrées aux marchés de la capitale. Ces boulangers forains réorganiseront le système d'approvisionnement à bon marché qui a régné à Paris pendant dix siècles, dès que les règlements restrictifs établis pour la première fois en 1802 (*a*) auront été abolis.

3° *Caisse de service de la boulangerie du département de la Seine et service de la compensation.* — C'est à la suite de la mauvaise récolte de 1853 que l'administration municipale de Paris, voulant réaliser une combinaison qui permettrait de donner le pain à prix réduit aux consommateurs en temps de cherté, sans imposer des sacrifices aux finances municipales, mit en avant le projet de compensation et l'institution de la caisse spéciale qui devait en être l'instrument.

Le but était de faire remplir par l'administration le rôle de prévoyance que chaque individu devrait s'imposer, celui d'économiser et de mettre de côté, dans les temps d'abondance, l'argent nécessaire pour faire face, dans des circonstances moins heureuses, au surcroît de dépense résultant de l'augmentation des prix. Cette théorie est séduisante, et l'on doit même reconnaître que, lors de la crise qui a commencé en 1853 et qui s'est prolongée pendant les années suivantes, la caisse de service du département de la Seine, grâce à la garantie si puissante que lui accordait la Ville de Paris, a pu faire face à de lourdes charges et alléger, pour la population, le fardeau d'une situation difficile.

Mais ce résultat n'aurait-il pas pu être obtenu par des moyens plus simples et moins dispendieux que ceux dont on fait usage ? Le commerce de la boulangerie, privé de toute liberté d'action, placé dans la dépendance la plus étroite de l'administration de la caisse, assujetti à des formalités nombreuses et gênantes, à un régime rigoureux, contre lequel il a souvent élevé des plaintes très vives et des réclamations quelquefois légitimes : une dépense totale de 70 millions de francs, dont 53 millions et demi seulement ont été employés à des réductions dans le prix du pain, l'obligation d'interdire la circulation du pain sur les limites des départements voisins de la Seine et souvent dans les communes dont les habitations se confondent, n'est-ce pas là avoir acheté bien cher les avantages dont la population a pu profiter? et n'y a-t-il pas lieu de recourir à quelque combinaison moins onéreuse et moins compliquée que l'organisation actuelle? Cette organisation, d'ailleurs, ne pourrait pas être maintenue avec le régime de la liberté appliqué au commerce de la boulangerie, et des dispositions spéciales, indiquées à la fin de ce rapport, devront être prises, de concert avec l'administration municipale, pour que le but auquel tendait la création de la caisse de la boulangerie et du service de la compensation, c'est-à-dire la réduction du prix du pain en temps de cherté, puisse être atteint par d'autres moyens.

4° *Taxe du pain.* — La faculté de taxer le pain avait été laissée provisoirement aux administrations municipales par la loi de 1791. Le caractère simplement provisoire de cette disposition légale semblerait indiquer que le législateur de cette époque ne cédait qu'à regret à des préoccupations naissant d'une situation politique et sociale tout exceptionnelle, et qu'à ses yeux une semblable mesure était en contradiction flagrante avec les principes de liberté qu'il proclamait.

Cependant le rétablissement du monopole, en 1801, a naturellement conduit à faire usage de la faculté donnée par la loi de 1791. Le droit de taxer le

(*a*) Ord. pol. 14 pluv. an 10 (3 févr. 1802), réglementation de la vente du pain dans les marchés de Paris.

maires tiennent de la puissance législative. Il n'y a pas de loi abrogeant les dispositions des lois antérieures; c'est uniquement une nouvelle doctrine économique consacrée par décret impérial » (Conclusions de M. le commissaire du Gouvernement de Belbœuf rapportées avec un arrêt du Cons. d'Et. 4 févr. 1869, aff. Mazet, D. P. 70. 3. 45).

Quant aux règlements locaux pris par l'autorité municipale avant le décret de 1863, en vertu de ses pouvoirs de police, ils n'ont pas été abrogés par ce décret, et doivent continuer à recevoir leur exécution tant qu'ils n'ont pas été rapportés. Cette solution se trouve confirmée par les circulaires du ministre de l'agriculture et du commerce, des 3 août 1863 (D. P. 63. 3. 55) et 22 août 1863 (D. P. 63. 3. 144) engageant les maires à s'associer à l'expérience tentée par le Gouvernement pour établir la liberté de la boulangerie, et à modifier dans ce cas les règlements antérieurs pris en vertu de pouvoirs de police qu'une loi seule pouvait modifier.

4. Le conseil d'Etat a déclaré non recevable le recours pour excès de pouvoir formé contre un règlement sur la boulangerie pris par un maire en vertu des droits qui lui sont conférés par les lois des 16-24 août 1790 et 19-22 juill. 1791 (Arrêt du 4 févr. 1869, cité *suprà*, n° 3). Mais cette décision est antérieure à la loi du 24 juill. 1872, et, dans l'état actuel de la jurisprudence, il est probable que la recevabilité du recours serait admise (V. *Conseil d'Etat*).

5. Les règlements d'administration publique concernant la profession de boulanger, et dont nous avons parlé au *Rép.* n° 12, donnaient au préfet le droit de faire des règlements locaux sur la nature, la qualité, la marque et le poids du pain. Ces règlements ont été abrogés par le décret du 22 juin 1863 (V. *suprà*, n° 2), et le préfet ne pourrait intervenir en cette matière que dans les conditions déterminées par l'art. 99 de la loi du 5 avr. 1884 (V. *Commune*), c'est-à-dire s'il s'agissait de mesures intéressant le maintien de la salubrité, de la sûreté et de la tranquillité publiques.

6. La jurisprudence avait consacré, avant le décret du 22 juin 1863, la solution admise au *Rép.* n° 13, sur la question de savoir si l'exercice de la profession de boulanger pouvait être subordonné à la délivrance d'une permission par l'autorité municipale. Il avait été jugé notamment que les arrêtés des maires, soumettant à une autorisation préalable l'exercice de cette profession, ne portaient aucune atteinte à la liberté de l'industrie (Crim. rej. 19 août 1848, aff. Piéquet, D. P. 48. 5. 30; Crim. cass. 19 juill. 1850, aff. Mathieu, D. P. 50. 5. 46; Crim. rej. 15 juin 1855, aff. Gilbert, D. P. 55. 1. 318); que ces arrêtés n'étaient point

---

autres que les dispositions relatives à la salubrité et à la fidélité du débit du pain, mis en vente.

2. Les décrets des 27 déc. 1853 et 7 janv. 1854, relatifs à la caisse de service de la boulangerie du département de la Seine, seront modifiés et mis en harmonie avec les dispositions du présent décret.

pain a pu paraître, en effet, nécessaire sous l'empire d'un système de réglementation de la boulangerie. On a pu croire qu'il corrigerait les effets du privilège et qu'il permettrait de tenir compte aux boulangers des charges qui leur sont imposées comme des avantages qui leur sont acquis.

Mais on a perdu de vue que la fixation du prix du pain par l'autorité a pour résultat d'entraver toute amélioration, tout progrès dans la fabrication, et de placer tous les boulangers sous un niveau uniforme, qu'ils n'ont aucun intérêt à élever. Avec le système de la liberté, au contraire, la taxe du pain n'a plus de raison d'être; la lutte de tous les intérêts produit immédiatement une concurrence dont les utiles effets peuvent se traduire par la diminution du prix, par la variété des produits et par l'amélioration de leur qualité. Le libre accroissement du nombre des boulangeries écartant tout danger d'une entente préjudiciable aux intérêts du public, les populations s'habitueraient bien vite à ne voir dans la variation du prix du pain que la conséquence de faits commerciaux produits par des circonstances et des lois naturelles. Les administrations municipales, de leur côté, échapperaient à la responsabilité qui pèse sur elles, et aux embarras que leur occasionne l'établissement d'un tarif qu'aucune autorité n'a jamais pu régler sans soulever des récriminations incessantes, et qui ne peut se déterminer que par la libre concurrence de tous les intérêts.

Si l'on écarte ainsi les quatre mesures fondamentales sur lesquelles repose l'organisation actuelle du commerce de la boulangerie à Paris et dans les départements, l'édifice de la réglementation s'écroule aussitôt en entier. Quelques considérations générales suffiront à prouver qu'en se plaçant aux points de vue d'ordre public et d'intérêt général, l'intervention de l'autorité pour réglementer la boulangerie ne présente que des inconvénients et qu'il serait infiniment préférable que son action se bornât à ce qui est strictement nécessaire pour l'exercice du droit de surveillance confié par la loi aux administrations municipales, en ce qui concerne la fidélité du débit et la salubrité des comestibles mis en vente.

Avec le système de la réglementation, en effet, les populations sont naturellement portées à croire que le Gouvernement et les administrations locales exercent une action directe sur les approvisionnements et sur le prix du pain. Les grains et les farines viennent-ils à être moins abondants, la cherté commence-t-elle à se faire sentir, en résulte-t-il une hausse dans le prix du pain, hausse que la taxe faite par l'autorité municipale ne peut que constater, les esprits ignorants, persuadés que le Gouvernement et les fonctionnaires locaux, en se chargeant de la direction de ce commerce, ont assumé sur eux le soin de pourvoir à la subsistance publique, accusent leur imprévoyance ou leur impéritie. Ils leur supposent une puissance dont ils leur reprochent vivement de ne pas savoir faire usage, et les passions politiques n'exploitent que trop souvent ces erreurs populaires au profit de leurs doctrines et de leurs intérêts. Loin d'être une garantie d'ordre public, la réglementation de la boulangerie est une source de désordres et d'inquiétudes, car elle fait peser sur le Gouvernement et sur les autorités locales une responsabilité redoutable, que ramènent périodiquement les vicissitudes atmosphériques et qu'aucune prudence humaine ne saurait conjurer.

Le régime de la liberté, au contraire, dégage complétement la responsabilité du Gouvernement et de ses agents ; il permet au commerce de s'exercer en toute sécurité, de développer une activité toujours féconde ; il laisse enfin au libre jeu de la concurrence et au stimulant énergique de l'intérêt privé le soin d'assurer les approvisionnements et de modérer les cours. Sans doute, avec ce système non plus qu'avec aucun autre, on ne peut espérer voir les populations affranchies des épreuves qu'imposent, à certaines époques, l'insuffisance des récoltes et l'élévation des prix. Mais, outre que sous ce régime le public s'habituera à reconnaître que ces faits sont les résultats d'événements naturels de force majeure, je suis convaincu que la liberté plus que tout autre système est en mesure d'en atténuer les fâcheux effets. Les résultats remarquables qui se sont produits après la récolte de 1861 et sous l'influence de la nouvelle législation sur les céréales, établie par la loi du 15 juin 1861 (*a*), m'en sont un sûr garant. Dans une année dont le déficit égalait au moins, s'il ne le surpassait, celui des années les plus calamiteuses que la génération actuelle ait eu à traverser, le commerce a facilement et promptement pourvu à tous les besoins par une importation qui, du 1er juill. 1861 au 31 juill. 1862, a atteint le chiffre de 16422000 hectolitres de froment, et les prix se sont maintenus dans des limites modérées.

Il est donc un fait positivement acquis, c'est que l'approvisionnement du pays est désormais garanti contre les éventualités fâcheuses auxquelles il était subordonné autrefois, et, dans cette situation, on ne verrait pas quels motifs feraient conserver, pour le commerce de la boulangerie, une organisation tout artificielle, à laquelle on n'avait cru devoir recourir à d'autres époques que pour prévenir des événements dont le retour n'est plus à craindre aujourd'hui. La liberté ne peut manquer d'avoir pour le commerce les heureux résultats qu'elle produit partout ailleurs et qui répondent si bien aux préoccupations du Gouvernement de Votre Majesté.

En conséquence, Sire, j'ai l'honneur de proposer à Votre Majesté de proclamer la liberté du commerce de la boulangerie et l'abrogation des décrets, ordonnances et règlements généraux qui ont organisé ce commerce d'une manière exceptionnelle à Paris et dans un certain nombre de centres de population de l'Empire.

Cette réforme ferait disparaître les réserves de grains et de farines, les dépôts de garantie ou les cautionnements en argent, les dispositions restrictives ou coercitives concernant la fabrication, le transport et la vente du pain ; elle ne laisserait subsister que les mesures relatives à la salubrité et à la fidélité du débit du pain mis en vente.

Une modification des décrets constitutifs de la caisse de service de la boulangerie du département de la Seine et celle de Limoges serait préparée pour mettre ces décrets en harmonie avec le régime nouveau. Le conseil municipal de Paris doit prochainement formuler ses propositions sur la combinaison qu'il lui paraîtrait possible d'adopter en vue de remplacer l'organisation actuelle de la caisse par un système nouveau de compensation qui permettrait de réduire en temps de cherté le prix du pain avec les ressources créées en temps d'abondance par une légère taxe d'octroi sur les blés et farines, ou sur toute autre denrée que le conseil croirait devoir désigner.

Quant à la taxe, comme la faculté laissée aux maires pour l'application de cette mesure résulte de la loi des 19-22 juill. 1791, il ne pourrait être apporté de changement à cet état de choses que par un acte émanant aussi du pouvoir législatif. Avant d'arriver à compléter, sous ce rapport, le système de liberté appliqué au commerce de la boulangerie, et de rompre ainsi avec des habitudes anciennes, il convient de suivre le sytème que Votre Majesté a indiqué le 8 décembre dernier, et je proposerais de procéder ainsi qu'il suit à l'application : M. le préfet de la Seine et MM. les maires des principales villes de l'Empire seraient invités à renoncer, au moins momentanément, à la taxe officielle, pour y substituer le régime qui a été adopté à Bruxelles, et que Votre Majesté a caractérisé sous le nom de *taxe officieuse*.

Pendant cette époque de transition, l'autorité prescrirait aux boulangers, dans un intérêt d'ordre public, d'afficher ostensiblement dans leur boutique le prix qu'il leur convient de fixer chaque jour ; elle ferait régulièrement le relevé de ces indications et publierait périodiquement les noms des boulangers vendant au-dessous du cours qui eût été fixé par la continuation du régime de la cote officielle. Ce cours serait lui-même rendu public, mais il n'aurait aucun caractère obligatoire et servirait seulement d'indication pour l'acheteur. Les autorités locales communiqueraient fréquemment au ministre du commerce, par l'intermédiaire des préfets, les résultats de ces observations, et une commission spéciale, composée de conseillers d'Etat et de membres de l'administration, serait chargée de suivre les résultats du régime nouveau et d'en faire un rapport à Votre Majesté. Si ces résultats étaient tels que la suppression définitive de la taxe puisse, comme je le pense, être résolue sans inconvénient, une loi pourrait être soumise au pouvoir législatif pour l'abrogation de l'art. 30 de la loi des 19-22 juill. 1791.

Les résolutions que je viens d'exposer sont d'accord avec le régime adopté par les autres nations de l'Europe; elles sont conformes aux décisions que le conseil d'Etat a adoptées en s'inspirant des intentions exprimées par Votre Majesté; si elles reçoivent définitivement sa haute sanction, je le prierai de vouloir bien approuver le présent rapport et de signer le décret qui y est joint; Votre Majesté réalisera ainsi dans le commerce de la boulangerie une réforme qui ne peut manquer d'être féconde en conséquences heureuses, et qui sera une nouvelle preuve de son incessante sollicitude pour les intérêts essentiels du pays et particulièrement pour l'amélioration du sort des classes laborieuses.

Je suis, etc.

(*a*) Suppression de l'échelle mobile.

contraires à l'art. 13 de la Constitution du 4 nov. 1848 (Trib. de Nantes, 23 janv. 1850, aff. Jallais, D. P. 50. 3. 15; Crim. rej. 11 oct. 1851, aff. Vasseur, D. P. 52. 5. 55).

A propos des difficultés relatives à la détermination des établissements qui devaient être soumis à l'autorisation préalable comme *boulangeries*, la cour de cassation a décidé :... que le fait de fabriquer du pain pour le compte d'autrui, et de le vendre au poids, constitue l'exercice de la profession de boulanger, quelle que soit, d'ailleurs, la limitation du nombre des acheteurs, et quand bien même il serait restreint à la fourniture d'une assemblée spéciale, si cette assemblée (telle qu'un club), est de nature variable et ne consiste pas en une réunion de personnes vivant en commun (Crim. cass. 28 juill. 1848, aff. Lavaud, D. P. 48. 1. 169); —... Qu'il en est de même de la fabrication et de la vente du pain à une association dont les membres, soumis à la seule condition de verser à la caisse spéciale de la société une somme déterminée peuvent augmenter indéfiniment (Crim. rej. 27 juin 1851, aff. Rocher, D. P. 52. 5. 56); — ... Que l'on doit considérer comme *boulanger*:... l'individu qui confectionne des pains qu'il distribue ensuite aux membres d'une association fraternelle (Crim. cass. 13 sept. 1850, aff. Milsent, D. P. 50. 5. 46);... celui qui fabrique des pains et les vend à autrui, alors même que les farines qu'il a manipulées lui ont été fournies par une société (démocratique) dont il est ouvrier, et que les pains qu'il a vendus forment l'excédent de la consommation journalière des membres de cette société qui les lui a abandonnés pour son salaire (Crim. cass. 1er déc. 1848, aff. Lavaud, D. P. 51. 5. 51).

Les solutions données par ces arrêts peuvent encore être appliquées dans les communes où l'exercice de la profession de boulanger est soumis, par un arrêté municipal, à une autorisation préalable.

7. L'art. 1er du décret du 22 juin 1863 a formellement abrogé les dispositions des ordonnances, décrets et règlements généraux qui soumettaient à une autorisation préalable l'exercice de la profession de boulanger; mais la cour de cassation paraît admettre que cette autorisation pourrait être exigée par l'autorité locale. Elle a reconnu, en effet, qu'un arrêté municipal imposant aux bouchers l'obligation de se munir d'une autorisation serait encore légal (V. Sol. impl., Crim. rej. 7 mars 1874, aff. Ferraci, D. P. 76. 5. 57). Cette solution serait applicable aux arrêtés exigeant une permission pour l'ouverture d'une boulangerie.

8. Il avait été décidé, avant le décret de 1863, que le nombre des boulangers, à Paris notamment, pouvait être limité par un arrêté spécial et réglementaire du préfet de police, et que le refus d'autoriser l'ouverture d'une boulangerie était suffisamment justifié par l'unique motif que le nombre des boulangers déjà autorisés atteignait le chiffre fixé par cet arrêté (Cons. d'Et. 14 déc. 1850, aff. Rochais, D. P. 51. 3. 29). Un arrêt de la cour de cassation semblait également reconnaître la légalité de la limitation du nombre des boulangeries dans une commune (Crim. rej. 14 mai 1859, aff. Cury, D. P. 59. 1. 476).

Ainsi que nous l'avons dit au *Rép.* n° 13, cette limitation est contraire au principe de la liberté de l'industrie, et constituerait certainement un excès de pouvoir depuis que le régime de la liberté a remplacé celui de la réglementation en matière de boulangerie.

9. Dans le cas où une autorisation serait exigée, le refus du maire d'accueillir une demande d'ouverture de boulangerie ne pourrait, conformément à la solution adoptée au *Rép.* n° 15, donner lieu qu'à un recours devant le préfet et le ministre de l'intérieur.

Il a été décidé, avant le décret de 1863, que les tribunaux ne peuvent apprécier si l'autorisation donnée par l'autorité municipale à un boulanger d'établir plusieurs dépôts ou débits de pain satisfait aux conditions administratives déterminées par une ordonnance royale réglementant l'exercice du pouvoir des maires à cet égard : une pareille appréciation est de la compétence exclusive de l'autorité administrative supérieure (Crim. rej. 26 nov. 1857, aff. Derace, D. P. 58. 1. 45).

10. Sous le régime de la réglementation, on admettait que les maires, tenant de la loi de 1790 le pouvoir d'autoriser l'exercice de la profession de boulanger, avaient par cela même le droit, soit de permettre au même individu d'exploiter plusieurs fonds de boulangerie, soit d'autoriser un boulanger en exercice à avoir indépendamment d'une ou plusieurs boulangeries avec four et boutique, un ou plusieurs établissements de simples dépôts et débits de pain (Crim. rej. 26 nov. 1857, aff. Baillache, aff. Derace, D. P. 58. 1. 45). La disposition d'une ordonnance royale qui interdisait les ventes de pain au regrat, c'est-à-dire les ventes en détail et de seconde main, ne pouvait, à cet égard, apporter aucune restriction aux pouvoirs de l'autorité municipale (Mêmes arrêts). Depuis l'abrogation des ordonnances et règlements généraux sur la boulangerie, le droit des maires, dans les communes où l'autorisation préalable serait encore exigée, n'est pas contestable.

11. Conformément à l'opinion émise au *Rép.* n° 20, il est admis que l'autorité municipale peut exiger une déclaration préalable de ceux qui veulent exercer la profession de boulanger (V. Arrêté préf. Seine, 1er sept. 1863, *infrà*, n° 78).

12. La cour de cassation paraît avoir implicitement décidé que, sous le régime de la réglementation, le cumul de la profession de boulanger avec une autre profession, notamment celle de marchand de grains, pouvait être interdit par un arrêté préfectoral (Crim. cass. 10 juill. 1852, aff. Boulangers de Nantes, D. P. 52. 1. 207); mais cette solution qui avait été déjà contestée au *Rép.* n° 20, ne pourrait plus être admise depuis le décret du 22 juin 1863.

13. Les dispositions de l'ordonnance du 31 oct. 1827, analysées au *Rép.* nos 21 à 25, ont été abrogées par le décret de 1863, et nous ne ferons que mentionner les arrêts rendus avant la promulgation de ce décret, et conformes à la jurisprudence antérieure d'après laquelle le maire, et non le juge de police, pouvait connaître des contraventions commises par les boulangers aux règlements sur les approvisionnements en farine qui leur étaient imposés (Crim. rej. 28 juin 1845, aff. Lecusson, D. P. 46. 4. 42; Crim. cass. 7 mars 1856, aff. Harel, D. P. 56. 1. 227).

Jugé que des boulangers contre lesquels un procès-verbal a été dressé par le commissaire de police pour insuffisance de l'approvisionnement en farine (prescrit par une ordonnance royale), trouvé dans leur magasin, et qui allèguent n'avoir pu se procurer la quantité de farines qu'exigeait le règlement par suite d'une sécheresse qui aurait mis les minotiers de la contrée dans l'impossibilité de moudre, sont irrégulièrement renvoyés de la poursuite, si la preuve de cette impossibilité ne résulte que de la production de lettres privées attestant que les commandes des prévenus n'ont pu être remplies par les marchands (Crim. cass. 7 déc. 1855, aff. Harel, D. P. 56. 1. 92).

14. Sous le régime de la réglementation, il était admis que, les dispositions de la loi de 1790 conférant à l'autorité municipale le droit de prendre les mesures propres à assurer l'approvisionnement, les arrêtés des maires pouvaient prescrire aux boulangers d'avoir leur boutique garnie de pain (Crim. cass. 27 août 1853, aff. Blondeau, D. P. 53. 5. 49; 17 févr. 1855, aff. Rullat, D. P. 55. 5. 50; 14 nov. 1856, aff. Beynier, D. P. 56. 5. 44), notamment de pain taxé (Crim. cass. 21 janv. 1853, aff. Blaise, D. P. 54. 1. 376; 27 août 1853, aff. Blondeau, D. P. 53. 5. 49; 20 juill. 1854, aff. Dubois, D. P. 54. 1. 376; 27 juill. 1854, aff. Achard, *ibid.*). Le décret du 22 juin 1863 n'a apporté sur ce point aucune restriction aux droits des maires (Sol. impl., Crim. cass. 29 mai 1868, aff. Arlhac, D. P. 70. 5. 38) qui subsistent sous la loi du 5 avr. 1884 (V. *suprà*, n° 3).

15. L'infraction à un arrêté municipal prescrivant aux boulangers d'avoir leur boutique garnie de pain ne peut être excusée sous le prétexte que cet arrêté serait inexécutable, à raison du caractère indéterminé de ses prescriptions et que, d'ailleurs, la fournée de la nuit aurait été enlevée le matin par des gens venus des villages environnants (Arrêt du 27 août 1853 cité *suprà*, n° 14); — ... Que le jour du procès-verbal, le boulanger a dû satisfaire aux besoins de la banlieue, et a livré au public la même quantité de pain que les jours précédents (Arrêt du 17 févr. 1855, cité *suprà*, n° 14); — ... Qu'au moment de la visite du commissaire de police il était occupé soit à pétrir la pâte, soit à enfourner, pour remplir le vide de sa boutique (Arrêt du 14 nov. 1856, cité *suprà*, n° 14).

Mais il n'y a pas contravention à l'arrêté municipal qui

prescrit aux boulangers d'être constamment et suffisamment approvisionnés de pain, de la part du boulanger dans la boutique duquel il n'a plus été trouvé de pain exposé en vente, lors de la vérification qui y a été opérée, s'il est constaté que cette absence de pain provenait de ce que, par suite de l'affluence des consommateurs, le pain était aussitôt enlevé que cuit, que le boulanger en était à sa troisième fournée, et que ces fournées se sont succédé sans interruption de quatre heures du matin à sept heures du soir : le boulanger doit, en pareil cas, être considéré comme ayant été constamment approvisionné de pains autant qu'il était humainement possible de le faire (Crim. rej. 22 août 1856, aff. Gouvenot, D. P. 56. 1. 413). — De même, bien que la boutique d'un boulanger ait été trouvée dégarnie à une heure déterminée de la journée, le juge de police peut, par une appréciation souveraine des faits et après audition de témoins, admettre qu'il avait suffisamment pourvu sa boulangerie, alors surtout qu'il constate qu'il avait été fait une fournée de pains de plus qu'à l'ordinaire et que la prévision d'une augmentation de taxe avait amené ce jour-là des demandes plus nombreuses (Crim. rej. 7 mars 1862, aff. Tisné, D. P. 62. 5. 39). — A plus forte raison, un boulanger ne peut-il être déclaré en contravention au règlement qui l'oblige à avoir toujours en réserve un certain nombre de kilogrammes de pain, par cela seul que, lors de la vérification opérée chez lui, la quantité voulue ne se serait pas trouvée en entier dans sa boutique, si cette quantité se trouvait *complétée* par le pain qui était à cuire dans son four, alors, d'ailleurs, qu'il n'a pu satisfaire, ce jour-là, à toutes les demandes de pain qui lui ont été faites (Crim. rej. 24 févr. 1855, aff. Servois, D. P. 55. 5. 49).

16. Lorsqu'un règlement municipal prescrit aux boulangers « de tenir leurs boutiques convenablement garnies de pains taxés et d'en débiter par morceaux, quelque faible quantité qui leur soit demandée », l'absence de pains des qualités taxées dans la boutique constitue une contravention au règlement (Arrêt du 27 juill. 1854 cité *suprà*, n° 14); — Il en est de même de la déclaration à un acheteur qu'il ne reste plus à vendre du pain de ces qualités (Arrêt du 20 juill. 1854 cité *suprà*, n° 14). Par suite, le juge ne peut admettre comme excuse :... l'heure avancée (huit heures et demie du soir) à laquelle l'acheteur se serait présenté, si, d'ailleurs, la boutique était encore ouverte (Arrêt du 20 juill. 1854 cité *suprà*, n° 14);... la possibilité où aurait été l'acheteur d'obtenir du pain en attendant quelques minutes que la cuisson fût achevée (Arrêt du 21 janv. 1853 cité *suprà*, n° 14).

Mais, si un règlement assujettit les boulangers à faire un certain nombre de fournées par jour, et à confectionner des pains d'un poids déterminé, la circonstance que ce boulanger ne possédait pas, lors de la visite, des pains de l'un des modes exigés par le règlement, ne constitue pas une contravention, alors qu'il ne lui est pas imputé de n'avoir pas fait le nombre de fournées obligatoire (Crim. rej. 19 juin 1846, aff. Ferté, D. P. 46. 4. 43).

17. Un maire pourrait, à raison de la cherté des farines et des variations de leurs prix, enjoindre aux boulangers d'avoir toujours du pain en évidence dans leurs boutiques (Crim. cass. 24 sept. 1847, aff. Faversienne, D. P. 47. 4. 46). Il a même été jugé, en dehors de toutes circonstances exceptionnelles, qu'un arrêté municipal prescrivant aux boulangers de tenir sur des étagères les pains exposés en vente était obligatoire (Crim. cass. 16 sept. 1853, aff. Chabouty, D. P. 53. 5. 49-50). Le boulanger qui, contrairement à cet arrêté, place des pains dans un placard de sa boulangerie, ne peut être excusé sous le prétexte que ce placard n'était pas fermé à clef et que, la porte en étant constamment ouverte, les pains s'y trouvaient exposés à la vue des acheteurs (Même arrêt).

18. La jurisprudence exposée au *Rép.* n° 26, d'après laquelle la disposition de l'art. 6 de l'édit de février 1776 interdisant aux boulangers de cesser l'exercice de leur profession à moins d'en avoir informé l'autorité un an à l'avance, devait être considérée comme étant encore en vigueur, a été consacrée par de nouveaux arrêts (Crim. cass. 18 févr. 1848, aff. Pingard, D. P. 48. 5. 30, et sur renvoi, Paris, 9 juin 1848, D. P. 49. 5. 30 ; Crim. cass. 14 févr. 1856, aff. Mathieu, D. P. 56. 1. 346). Cette solution que nous avions déjà critiquée sous le régime de la réglementation, ne pourrait plus être admise. L'autorité municipale n'aurait pas non plus le droit de contraindre les boulangers qui manifestent l'intention d'abandonner leur profession à en continuer l'exercice pendant un certain laps de temps.

19. Nous avons dit au *Rép.* n° 28, que le droit pour les municipalités de réglementer la profession de boulanger ne pouvait s'exercer que dans la limite des dispositions légales. Ainsi, le règlement municipal qui impose à tout ouvrier boulanger venant travailler dans la localité l'obligation d'obtenir un bulletin de placement d'un buraliste préposé par la mairie, et fait défense aux maîtres boulangers de l'employer sans l'accomplissement de cette condition, ne rentre pas dans les pouvoirs de police appartenant aux maires et leur permettant de prendre des mesures propres à assurer la salubrité du pain et la fidélité du débit de cette denrée. Il y a là une dérogation au principe de la liberté du travail et de l'industrie, qui ne peut trouver sa justification ni dans le décret du 25 mars 1852, organique des bureaux de placement, ni dans la loi du 22 juin 1854 relative au livret exigé des ouvriers de toutes les industries (Crim. cass. 19 févr. 1864, aff. Féré, D. P. 64. 1. 241).

20. — SYNDICATS. — Les syndicats des boulangers ne sont plus organisés, depuis le décret du 22 juin 1863, dans les conditions où ils l'étaient antérieurement. Ils n'ont plus la mission, dont nous avions parlé au *Rép.* n° 29, de veiller à l'exécution des règlements relatifs à la boulangerie; mais les syndicats professionnels de boulangers peuvent être établis conformément aux prescriptions de la loi du 21 mars 1884, et défendre les intérêts de leurs membres. Ils ont notamment qualité, comme ils l'avaient sous la législation antérieure, pour former une action civile en dommages-intérêts contre un tiers qui causerait, dans l'exercice de sa profession, un préjudice aux membres du syndicat (Crim. cass. 10 juill. 1852, aff. Syndics des boulangers de Nantes, D. P. 52. 1. 207).

21. Certains syndicats avaient passé, sous le régime de la réglementation, des marchés tendant à limiter le nombre des boulangers. La cour de cassation a décidé que le décret du 22 juin 1863 a laissé subsister, avec leur force obligatoire, les traités antérieurs par lesquels les syndics des boulangers d'une ville ont acheté les fonds de quelques-uns d'eux, moyennant un prix à payer par les autres boulangers, afin d'arriver à une limitation du nombre des boulangers de cette ville; — qu'en conséquence, les boulangers cessionnaires restent débiteurs, envers les cédants, du prix des fonds ainsi achetés, sans qu'ils puissent objecter ni que les cessions ne leur ont pas été personnellement consenties, les actes passés par leurs syndics, à titre de mandataires, et non de représentants, d'une personne civile ne pouvant reposer que sur la tête de chacun d'eux individuellement; ... ni que le décret de 1863, en diminuant les avantages que devait leur procurer la réduction, par voie de rachat, du nombre des boulangers de la ville, leur a causé une éviction dont leurs vendeurs sont tenus de les garantir, le nouveau régime constituant un fait du prince qui ne saurait donner ouverture à un recours en garantie, alors, d'ailleurs, qu'il n'implique pas l'illégalité du régime précédent sous l'empire duquel les parties ont contracté (Req. 24 juill. 1866, aff. Baligand, D. P. 66. 1. 429).

ART. 3. — *Surveillance municipale. — Poids; Qualité; Marque; Vente du pain. — Contraventions* (*Rép.* n°s 30 à 80).

§ 1er. — Poids. — Forme du pain (*Rép.* n°s 31 à 45).

22. Le décret du 22 juin 1863, en établissant la liberté du commerce de la boulangerie, a réservé expressément les dispositions relatives à la fidélité du débit du pain mis en vente. Par suite, il n'a porté aucune atteinte au droit des maires de régler ce débit par des arrêtés prescrivant que les pains aient un poids déterminé, ou que leur forme soit indicative du poids, ou enfin que le pain soit vendu au poids. Les pouvoirs des maires en cette matière, exposés au *Rép.* n° 31, ont été formellement consacrés par la jurisprudence, antérieurement et postérieurement au décret de 1863. — Jugé, notamment, que les boulangers sont obligés de donner exactement aux pains des diverses formes que les arrêtés municipaux ont déterminées le poids dont ces formes sont l'indication; qu'il en est ainsi depuis comme avant l'établissement de la liberté de la boulangerie (Crim. rej. 12 mars 1864, aff. Beaudet, D. P. 64. 1. 247. V. aussi Crim. cass. 8 juill. 1864 et 16 déc. 1864, *infrà*, n° 30).

Sous le régime de la réglementation, il avait été décidé que l'approbation ministérielle n'était pas nécessaire pour la validité des arrêtés municipaux réglant le poids du pain (Crim. cass. 11 avr. 1850, aff. Berger, D. P. 50. 5. 47; Crim. cass. 1er févr. 1851, aff. Prévost, D. P. 51. 5. 51-52), alors même que ces arrêtés auraient été pris antérieurement à la loi du 18 juill. 1837, dont l'art. 11 exige seulement la transmission des arrêtés municipaux au préfet sans parler de visa ou d'approbation (Arrêt précité du 11 avr. 1850). L'art. 95 de la loi du 5 avr. 1884 reproduisant le principe de l'art. 11 de la loi de 1837, les règlements locaux sur le poids du pain ne sont soumis à aucune approbation (V. *Commune*).

23. Conformément à la solution donnée au *Rép.* n° 33, il a été jugé que l'autorité municipale peut décider que les pains livrés à la vente doivent avoir un poids déterminé sans admettre de déficit pour déchet de cuisson ou dessèchement (Crim. cass. 14 août 1867, aff. Lescu, D. P. 47. 4. 47).

24. La jurisprudence exposée au *Rép.* n° 34 et consacrant le principe que les tribunaux ne peuvent modifier par leurs interprétations les arrêtés municipaux relatifs au poids du pain, a été confirmée par des arrêts plus récents. — Il a été jugé que tout déficit dans le poids du pain constitue une contravention à l'arrêté fixant le poids du pain, laquelle ne peut être excusée sous le prétexte :... soit que ce déficit a pour cause un déchet de cuisson ou de dessèchement (Crim. cass. 14 août 1847, aff. Lescu, D. P. 47. 4. 47);... soit qu'il est impossible d'arriver à un poids fixe et invariable (Crim. cass. 14 juill. 1853, aff. Renaud, D. P. 53. 5. 50; Crim. cass. 28 avr. 1859, aff. Delahaye, D. P. 59. 5. 45);... alors surtout que l'importance du déficit rend inadmissible une telle excuse (Arrêt précité du 14 juill. 1853);... soit que le consommateur a la faculté de faire peser le pain en sa présence, cette faculté étant une garantie insuffisante contre la fraude (Même arrêt);... soit que le pain n'aurait pas été mis en vente, mais aurait été fabriqué pour le compte particulier de celui auquel il avait été vendu, et avec du blé fourni par ce dernier (Crim. cass. 20 mars 1851, aff. Courriou, D. P. 51. 5. 53);... soit que le boulanger était de bonne foi (Arrêt précité du 28 avr. 1859;... ou que le déficit avait peu d'importance (Même arrêt).

Jugé également que des conventions particulières ne peuvent déroger au règlement municipal sur le poids des pains suivant leur dimension; qu'ainsi, un boulanger trouvé en possession de pains dont le poids est inférieur au taux légal ne peut être excusé sous prétexte que cette infériorité de poids était commandée par le consommateur (Crim. cass. 3 juill. 1847, aff. Leix, D. P. 47. 4. 47; Crim. cass. 14 févr. 1863, aff. Marchal, D. P. 64. 1. 247); — Que la prohibition portée par un règlement local de fabriquer des pains d'un poids autre que ceux spécifiés s'applique même aux pains dits *pains de vendange*, qui sont d'un volume et d'un poids ordinairement fixés par le propriétaire qui les commande (Crim. cass. 25 mars 1854, aff. Villemont, D. P. 54. 5. 74).

25. Conformément aux solutions mentionnées au *Rép.* n° 35, il a été décidé que le règlement prescrivant aux boulangers de confectionner des pains d'un poids déterminé leur interdit non seulement d'en confectionner au-dessous de ce poids, mais même d'en avoir d'un poids supérieur (Crim. cass. 19 juin 1846, aff. Ferté, D. P. 46. 4. 43);... Qu'un pareil règlement implique la prohibition de fabriquer et vendre toute sorte de pain de fantaisie; qu'ainsi le boulanger poursuivi pour avoir vendu un pain d'un demi-kilog. présentant un déficit de 100 gr. ne peut être relaxé des poursuites sous prétexte que ce pain est un pain de fantaisie autorisé par l'usage local, et qui ne se vend ni au poids ni à un prix déterminé (Crim. cass. 13 nov. 1847, aff. Poulain, D. P. 47. 1. 382).

26. On a dit au *Rép.* n° 39 que l'art. 423 c. pén. ne pouvait s'appliquer au boulanger qui n'avait pas donné à ses pains le poids qu'ils devaient avoir; mais la loi du 27 mars 1851, tendant à la répression plus efficace de certaines fraudes dans la vente des marchandises, a introduit une innovation sur ce point; l'art. 1er-3° de cette loi donne la qualification de tromperie sur la quantité de la marchandise livrée à de simples indications frauduleuses de son poids par cela seul que ces indications tendent à faire croire à un pesage antérieur et exact (Rapport, D. P. 51. 4. 62, n° 27; *Rép.* v° *Poids et mesures*, n° 92), et ces indications peuvent résulter de la forme donnée à la marchandise.

27. Des difficultés s'étaient élevées, ainsi que nous l'avons exposé au *Rép.* n° 40, sur le point de savoir quelle était la disposition pénale applicable au cas où un pain qui ne pèse pas le poids est vendu le même prix, suivant la taxe, que si ce pain avait le poids. Nous avons dit qu'il y avait contravention à l'arrêté municipal sur le poids du pain, et par suite infraction à l'art. 471 c. pén., dans le cas où le boulanger avait vendu des pains ayant des dimensions et un poids autres que ceux déterminés par l'autorité municipale. Cette solution doit être maintenue.

Nous avons examiné une autre hypothèse, celle où le poids du pain vendu serait inférieur à celui qui est indiqué par leur forme et qui est prescrit par les règlements locaux. Avant la loi du 27 mars 1851, la jurisprudence décidait qu'il y avait là une contravention à la taxe, tombant sous l'application de l'art. 479, § 6, c. pén. Il a même été jugé que le boulanger qui vend, au prix de la taxe, un pain n'ayant pas le poids exigé, enfreint tout à la fois l'arrêté fixant le poids de ce pain et celui qui en détermine la taxe; que, par suite, il encourt les peines applicables à cette double contravention (Crim. cass. 12 mai 1849, aff. Quenardelle, D. P. 49. 5. 31).

Cette infraction est aujourd'hui prévue et punie par l'art. 1er-3° de la loi de 1851. Ainsi, il y a indication frauduleuse tendant à faire croire à un pesage exact et antérieur dans le fait, par un boulanger, d'avoir livré, sans le peser devant l'acheteur et en le donnant comme ayant le poids voulu, un pain d'un poids moindre que celui indiqué par sa forme, alors surtout que ce pain ne portait pas la marque exigée pour les pains soumis à la taxe (Bourges, 18 juill. 1851, aff. Rosette, D. P. 52. 2. 228).

28. Ainsi que nous l'avons dit au *Rép.* n° 40, et v° *Poids et mesures*, n° 102, la jurisprudence décidait que la simple mise en vente de pains ayant un poids inférieur à celui indiqué par leur forme et prescrit par un règlement de police ne constituait que la contravention punie par l'art. 471, n° 15, c. pén., et ne pouvait être confondue avec la vente du pain au-dessus de la taxe (V. en ce sens : Crim. rej. 19 juin 1846, aff. Ferté, D. P. 46. 4. 43; Crim. rej. 6 nov. 1847, aff. Malleville, D. P. 48. 5. 32). Depuis la loi du 27 mars 1851, cette mise en vente tombe sous l'application de l'art. 1er, § 3, de ladite loi, comme tentative du délit de tromperie sur la quantité des choses vendues. Il en est ainsi notamment du fait d'exposer en vente un pareil pain dans la case réservée aux pains de même forme qui ont le poids fixé par le règlement, alors surtout que le déficit constaté est tel qu'on ne peut le considérer comme un simple déchet opéré par la cuisson (Orléans, 11 nov. 1851, aff. Boulangers d'Orléans, D. P. 52. 2. 228). — De même, lorsqu'un règlement municipal d'après lequel la vente du pain est fixée à la forme prescrit aux boulangers d'apposer sur les pains ayant le poids légal une marque indicative de ce poids, d'écroûter ceux qui ne l'ont pas afin d'avertir l'acheteur, le fait de mise en vente de pains non écroûtés et d'un poids inférieur à leur marque constitue la tentative de tromperie punie par l'art. 1er, § 3, de la loi de 1851 (Crim. rej. 4 févr. 1854, aff. Lerefait, D. P. 54. 1. 135); et il n'est pas nécessaire, en pareil cas, de constater que le boulanger a eu l'intention de tromper, cette intention ressortant implicitement et nécessairement de la contravention aux dispositions de l'arrêté (Même arrêt).

En cette matière, l'usage local doit avoir, pour l'application de la loi de 1851, la même importance qu'un règlement municipal. Ainsi, lorsqu'un usage a affecté aux pains d'un certain poids une forme particulière, le fait, par un boulanger, d'exposer dans sa boutique un pain d'un poids inférieur à celui que sa forme fait présumer, constitue la tentative punie par la loi précitée (Bordeaux, 3 août 1853, aff. Berniard, D. P. 53. 2. 218; Crim. rej. 30 juin 1854, aff. Pelletier, D. P. 54. 5. 75; Crim. cass. 12 mars 1864, aff. Beaudet, D. P. 64.

1. 247) ;... Alors même qu'il s'agirait de pains dits de *fantaisie*, si ces pains ont une forme réputée, d'après l'usage local, indicative du poids, et bien qu'ils soient dispensés de toute vérification par un arrêté municipal (Angers, 21 avr. 1856, aff. Gaudry, D. P. 56. 2. 194).

La mise en vente de pains d'un poids inférieur à celui indiqué n'étant punissable qu'autant qu'elle a eu lieu dans une intention frauduleuse, la décision qui fonde sur l'absence de cette intention le renvoi d'un individu poursuivi à raison d'une telle mise en vente, est suffisamment motivée (Crim. rej. 14 juill. 1854, aff. Greland, D. P. 54. 1. 383). Elle renferme, d'ailleurs, une appréciation souveraine de faits qui ne permet pas de la déférer à la cour de cassation (Même arrêt; Crim. rej. 11 févr. 1854, aff. Jacques, aff. Drevelle, D. P. 54. 1. 386 ; Crim. rej. 30 juin 1854, aff. Pelletier, D. P. 54. 5. 73).

29. Nous avons dit au *Rép.* v° *Poids et mesures*, n° 103, que l'excuse tirée des déchets de cuisson, présentée par le boulanger qui expose en vente des pains d'un poids inférieur à celui que les usages locaux ou les règlements attachent à leur forme, est admissible depuis que la loi de 1851 permet d'atteindre ce déficit comme tromperie sur la quantité de la chose vendue ou mis en vente ; mais, le boulanger ne pourrait alléguer un déficit que l'on ne saurait considérer comme un simple déchet de cuisson (Orléans, 11 nov. 1851, aff. Boulangers d'Orléans, D. P. 51. 2. 228).

30. L'autorité municipale, comme nous l'avons vu au *Rép.* nos 41 et 45, peut enjoindre aux boulangers de peser le pain devant l'acheteur : les règlements qui imposaient cette obligation n'ont pas été compris dans l'abrogation prononcée par le décret du 22 juin 1863, et n'auraient pu l'être, le pesage avant la vente constituant une mesure propre à assurer la fidélité du débit du pain (Crim. cass. 8 juill. 1864, aff. Vasseur, D. P. 64. 5. 31 ; 16 déc. 1864, aff. Latapie Esquerré, D. P. 65. 1. 102).

L'infraction à cette prescription constitue la contravention prévue par l'art. 471 c. pén. (Mêmes arrêts).

31. Le défaut de pesage du pain préalable à la livraison doit, si le règlement local prescrivait ce pesage, être réprimé comme contravention, même dans le cas où une vérification postérieure a établi l'exactitude du poids attribué au pain (Crim. cass. 14 mars 1861, aff. Payer, D. P. 61. 5. 45).

32. Lorsque, d'après un règlement local, toute vente de pain doit se faire au poids alors même que l'acheteur ne le requerrait pas, on ne peut considérer comme constitutif d'une contravention le seul fait d'un déficit dans le poids des pains présumé d'après leur forme ; en effet, la nécessité absolue du pesage met l'acheteur à l'abri de toute surprise, et, dès lors, il n'y a point à considérer le poids des pains, quel qu'il soit, avant la vente et le pesage (Crim. rej. 8 mai 1858, aff. Montet, D. P. 58. 5. 40.)

Toutefois, le règlement prescrivant le pesage des pains au moment de la vente n'a rien d'inconciliable avec un règlement antérieur défendant de mettre en vente des pains n'ayant pas le poids fixé: ce sont là deux garanties dont le concours doit assurer plus efficacement la fidélité du débit du pain (Crim. cass. 18 févr. 1858, aff. Bernardin, D. P. 60. 5. 38; 14 juill. 1860, aff. Jourdan, *ibid.*). — Jugé, en ce sens: 1° que l'arrêté municipal qui soumet les boulangers à l'obligation de peser les pains par eux vendus, qu'ils en soient ou non requis par l'acheteur, ne saurait être considéré comme abrogeant implicitement un arrêté antérieur portant interdiction aux boulangers d'exposer en vente des pains d'un poids inférieur au poids réglementaire; en conséquence, il ne fait pas obstacle à ce que le premier arrêté continue à recevoir son application (Crim. cass. 9 mai 1856, aff. Barthès, D. P. 57. 1. 26); — 2° Que les règlements locaux sur le commerce de la boulangerie peuvent, après avoir déterminé le poids à donner aux différents pains suivant les formes en usage, exiger, sans qu'il y ait contradiction, que ce poids soit vérifié par un pesage au moment de la vente; que par suite, la mise en vente de pains n'ayant pas le poids prescrit constitue par elle-même, dans ce cas, une contravention (Crim. cass. 24 juin 1858, aff. Armand, D. P. 58. 5. 40).

33. Si les pains vendus sans pesage devant l'acheteur sont d'un poids inférieur à celui que leur forme faisait présumer et que l'acheteur entendait recevoir, quelle est la disposition pénale applicable?

Avant la loi du 27 mars 1851, nous avons dit au *Rép.* n° 41, qu'il y avait là un fait de vente au-dessus de la taxe, punissable des peines prononcées par l'art. 479 c. pén. Depuis cette loi, d'après un premier système, le fait incriminé devrait être considéré comme une contravention à un arrêté municipal, réprimée par l'art. 471, § 15, c. pén. ; la forme du pain n'étant pas indicative du poids, et aucune déclaration mensongère de pesage antérieur n'ayant été faite par le boulanger, on ne peut dire qu'il y ait délit de tromperie sur le poids de la chose vendue (Paris, 5 juill. 1851, aff. Boulangers de Paris, D. P. 52. 2. 229). Jugé en ce sens, que si, dans une localité où d'après l'usage la forme et la dénomination des pains en déterminaient le poids, il survient un arrêté prescrivant le pesage des pains au moment de la vente pour servir désormais de base unique à la perception du prix, l'exposition en vente de pains d'un poids inférieur à celui que l'ancien usage attachait à leur forme ne peut être frappée des peines édictées par l'art. 1er, § 3, de la loi de 1851 (Angers, 23 sept. 1853, D. P. 54. 2. 42, note 2 ; Angers, 13 févr. 1854, aff. Doire, D. P. 54. 2. 42).

Dans un autre système, qui nous semble plus juridique (V. *Rép.* v° *Poids et mesures*, n° 96) et qui a prévalu dans la jurisprudence, la vente faite frauduleusement par un boulanger de pains d'un poids inférieur à celui indiqué par leur forme constitue le délit de tromperie prévu par la loi de 1851, dans le cas même où un arrêté municipal prescrit le pesage du pain, au moment de la vente, pour servir de base à la perception du prix et sans imposer de formes réglementaires pour la fabrication des pains, s'il est établi qu'en fait et par la continuation d'un usage antérieur à cet arrêté, les consommateurs n'en regardent pas moins la forme comme indicative du poids (Orléans, 17 sept. 1855, aff. Lelièvre, D. P. 56. 2. 255 ; Crim. rej. 12 déc. 1856, aff. Pignard, D. P. 57. 5. 35 ; Crim. rej. 19 févr. 1863, aff. Dussauce, D. P. 66. 5. 355 ; Limoges, 28 mars 1868, aff. Chabrol, D. P. 70. 2. 200). Il en est ainsi à plus forte raison lorsque, malgré l'injonction faite aux boulangers de peser le pain au moment de la livraison, la forme du pain est restée indicative du poids non seulement d'après l'usage local, mais encore en vertu des prescriptions des règlements locaux (Crim. rej. 10 mai 1867, aff. Ferré, D. P. 68. 1. 192).

34. Lorsqu'un règlement municipal dispose que la vente du pain se fera au poids constaté entre le vendeur et l'acheteur, mais n'exige le pesage sans réquisition que pour le pain vendu en boutique, et se borne à l'égard du pain porté à domicile, à prescrire aux boulangers de déférer à toute réquisition de l'acheteur ayant pour objet de *vérifier l'exactitude du poids*, ce règlement est réputé maintenir, relativement au pain porté à domicile, l'usage de la vente à la forme. Dès lors, le fait par un boulanger d'avoir fait livrer à domicile, sous l'empire d'un tel règlement, un pain dont le poids a été trouvé moindre que celui que sa forme faisait présumer, doit, alors qu'il est constaté qu'il a agi avec intention frauduleuse, et notamment que tous les pains trouvés le même jour dans la voiture de sa porteuse présentaient un déficit pareil, être déclaré coupable du délit de tromperie sur la quantité de la marchandise livrée ou vendue (Crim. rej. 30 nov. 1855, aff. Couturier, D. P. 56. 1. 32).

35. Les arrêts cités *suprà*, n° 33, établissent, conformément à l'opinion émise au *Rép.* v° *Poids et mesures*, n° 103, que la simple mise en vente de pains n'ayant pas le poids, dans les circonstances qui ont été indiquées, tombe sous l'application de l'art. 1er-3° de la loi de 1851. Il n'est pas même nécessaire, pour que les pains défectueux soient réputés avoir été l'objet d'une mise en vente, qu'ils aient été exposés au regard du public, dans la boutique même ou à l'étalage du marchand : il suffit que ces pains se trouvent mis à la disposition des consommateurs dans la partie de la maison où ils étaient placés (Arrêt du 10 mai 1867 cité *suprà*, n° 33).

36. Si, la substitution, par un arrêté municipal, de la vente du pain au poids à la vente à la forme ne fait pas disparaître le délit de tromperie résultant de la mise en vente de pains d'un poids inférieur à celui qu'indique leur forme, lorsque l'usage d'après lequel cette forme était indicative du poids s'est néanmoins maintenu (V. *suprà*, n° 33), le juge peut se fonder sur les effets de cet arrêté pour déclarer la bonne foi du prévenu et le renvoyer de la poursuite (Crim. rej. 17 mars 1854, aff. Doire, D. P. 54. 1. 299).

Mais comme, en pareil cas, la mise en vente d'un pain de poids inférieur à celui que sa forme fait présumer a, par elle-même, un caractère délictueux, le prévenu ne peut être protégé que par cette supposition qu'en exécution de l'arrêté il aurait pesé, avant de le livrer, le pain par lui exposé en vente. Ainsi, lorsque, nonobstant un arrêté substituant, dans une ville, la vente du pain au poids à la vente à la forme, l'usage s'est maintenu de donner aux pains une forme indicative du poids, la mise en vente de pains d'un poids inférieur à celui que leur forme fait présumer, constitue le délit de tentative de tromperie sur la quantité à l'aide d'indications frauduleuses, si elle ne peut s'expliquer que par l'intention du boulanger de tromper l'acheteur, et notamment si le boulanger n'a pas dans sa boutique les poids qui lui sont nécessaires pour vérifier et compléter le poids des pains livrés aux acheteurs (Limoges, 28 mars 1868, aff. Chabrol, D. P. 70. 2. 200).

37. A moins de prescription contraire, l'arrêté qui impose l'obligation du pesage s'applique à tous les pains. Ainsi, la disposition d'un règlement municipal aux termes de laquelle tout pain, quelle que soit sa forme, ne peut être vendu que pour son poids réel constaté en présence de l'acheteur, s'applique même aux pains non taxés, et elle oblige les boulangers de la banlieue qui viennent vendre du pain en ville, comme les boulangers de l'intérieur (Crim. cass. 21 août 1862, aff. Lenstôme, D. P. 62. 5. 39). Le règlement ordonnant le pesage, au moment de la livraison, du pain *de toute espèce* indique suffisamment qu'il ne fait pas d'exception pour le pain de luxe (Crim. cass. 8 juill. 1864, aff. Vasseur, D. P. 64. 5. 31).

38. Le pesage prescrit doit être effectué même en l'absence de réquisition de l'acheteur, lorsque ce cas n'a pas été excepté par le règlement (Crim. cass. 16 déc. 1864, aff. Latapie Esquerré, D. P. 65. 1. 102). Toutefois, cette obligation du pesage préalable n'existe qu'au cas de livraison ou après vente, et non au cas de remise à un dépositaire d'une certaine quantité de pains destinés à être vendus dans un autre lieu que la boutique principale (Crim. rej. 8 mai 1858, aff. Montet, D. P. 58. 5. 40).

39. Les règlements locaux ordonnent quelquefois aux boulangers de munir leurs porteurs des instruments de pesage nécessaires (V. Ord. police 14 nov. 1867, art. 2, *infrà*, n° 84). Ces instruments doivent pouvoir servir à la vérification du poids des pains dans leur entier et sans rendre leur fractionnement nécessaire. On se prévaudrait vainement des dispositions qui stipulent que les pains seront vendus au besoin par fractions pour satisfaire à toutes les demandes. Ainsi doit être puni comme contrevenant à l'un des règlements susmentionnés le boulanger qui, faisant porter à domicile des pains de trois kilogr., ne munit son porteur que de poids formant un total de quinze cents grammes (Crim. cass. 25 mai 1855, aff. Guérard, D. P. 55. 5. 50).

Ces règlements ne s'appliquent pas au cas où un boulanger fait porter au domicile d'un acheteur des pains dont celui-ci a pris livraison à la boutique après les avoir vu peser (Crim. rej. 16 févr. 1854, aff. Biville, D. P. 54. 1. 104). Dans cette hypothèse, en effet, il ne s'agit pas de pain à vendre et sur le poids duquel on peut tromper, mais de pain qui est vendu, et, dès lors, n'est plus soumis au pesage.

40. Le droit, réservé au commissaire de police par le règlement local, de procéder à la pesée du pain mis en vente peut être exercé à l'égard des pains se trouvant dans le fournil ou la pièce du four du boulanger, le fournil étant une dépendance de l'établissement commercial et public du boulanger (Crim. cass. 1er févr. 1851, aff. Prévost, D. P. 51. 5. 51-52). — Mais le refus de laisser procéder à la vérification du poids de ces pains n'emporte pas à lui seul la présomption que les pains non vérifiés n'avaient pas le poids (Crim. cass. 6 nov. 1847, aff. Malville, D. P. 48. 5. 32).

41. La règle prohibitive du cumul des peines est inapplicable à la contravention résultant de l'exposition en vente par un boulanger de pains dépourvus du poids prescrit par les règlements; ce boulanger est passible d'autant d'amendes qu'il a exposé de pains au-dessous du poids légal... alors même que ces pains proviendraient tous de la même fournée (Crim. cass. 16 sept. 1853, aff. Girod, D. P. 53. 5. 52). — Pareillement, le fait d'un boulanger d'avoir vendu au même individu à deux reprises et sur deux demandes différentes, deux morceaux de pain n'ayant pas le poids légal, constitue deux contraventions et donne lieu à une double amende (Crim. cass. 23 nov. 1860, aff. Montigny, D. P. 60. 5. 275).

Mais, lorsqu'un arrêté punit d'une amende unique l'exposition en vente par un boulanger d'un ou plusieurs pains d'un poids inférieur au poids réglementaire, la mise en vente simultanée de plusieurs pains défectueux n'est, par application spéciale des termes de cet arrêté, passible que d'une seule amende, quel que soit le nombre de pains de ce genre trouvés chez le prévenu (Crim. rej. 28 avr. 1854, aff. Coulourrot, D. P. 54. 1. 212).

§ 2. — Qualité; Marque du pain (*Rép.* nos 46 à 52).

42. L'autorité municipale a conservé, depuis le décret du 22 juin 1863, le droit de veiller à la salubrité du pain exposé en vente, en vertu de ses pouvoirs de police que nous avons indiqués au *Rép.* n° 46.

Il a été jugé que les règlements statuant sur la salubrité du pain sont obligatoires, et qu'un arrêté municipal peut interdire la mise en vente des pains qui ne seraient pas entièrement cuits (Crim. rej. 1er avr. 1854, aff. Cajos, D. P. 54. 5. 606; 13 oct. 1854, aff. Houdoux, D. P. 54. 5. 73).

43. La contravention à un arrêté municipal prescrivant de donner aux pains le degré de cuisson convenable ne peut être excusée sous le prétexte... que cet arrêté ne détermine pas le signe auquel on doit reconnaître que le degré de cuisson est suffisant, alors d'ailleurs que le pain saisi comme pièce de conviction a été violemment repris au commissaire de police (Crim. cass. 11 sept. 1847, aff. Mélix, D. P. 47. 4. 44);... ou que, si le pain livré par le prévenu a paru ne pas être cuit au degré convenable, c'est qu'il était du jour, et qu'ayant été enveloppé pendant qu'il était encore chaud, la vapeur l'avait ramolli (Crim. cass. 2 oct. 1856, aff. Pivet, D. P. 57. 1. 25).

44. Il y a infraction à la disposition d'un arrêté municipal prescrivant aux boulangers d'avoir du pain constamment *bien cuit, bon, loyal et marchand*, de la part du boulanger chez lequel il n'a été trouvé qu'un seul pain bis d'un kilogramme, invendable à cause de son état de sécheresse (Crim. cass. 28 juin 1856, aff. Mias, D. P. 57. 1. 30).

45. Dans le cas de mise en vente de pains ne remplissant pas les conditions de cuisson suffisante exigées par un règlement, il doit être prononcé autant d'amendes qu'il a été saisi de pains défectueux, la règle prohibitive du cumul des peines ne s'appliquant pas en matière de contraventions de simple police (Crim. cass. 18 févr. 1858, aff. Bernardin, D. P. 58. 5. 39; Crim. cass. 27 janv. 1865, aff. Thouin, D. P. 66. 1. 44).

46. Les difficultés mentionnées au *Rép.* n° 47, et relatives à la question de savoir si l'emploi du vitriol dans la fabrication du pain constituait un délit ou une contravention, ont été tranchées par la loi du 27 mars 1851. Cet emploi constitue, ainsi que nous l'avons montré au *Rép.* v° *Vente de substances falsifiées*, n° 37, une falsification des plus graves, justiciable des tribunaux correctionnels en vertu de l'art. 2 de la loi précitée.

47. Nous avons dit au *Rép.* n° 48, que le commissaire de police est ordinairement chargé de faire des visites chez les boulangers pour vérifier la qualité du pain. — Sur la foi due à la mention du procès-verbal constatant l'insuffisance de cuisson des pains saisis, V. *Procès-verbal*.

48. Lorsque l'insuffisance de la cuisson rend le pain nuisible à la santé, la confiscation pouvait être prononcée, avant 1851, par application des art. 475, n° 14, et 477, n° 4, c. pén., ainsi que nous l'avons dit au *Rép.* n° 49. L'abrogation de l'art. 475, n° 14, et son remplacement par les dispositions de la loi du 27 mars 1851, qui ne prévoient que la mise en vente de substances falsifiées ou corrompues, laissent sans répression la mise en vente de pains qui, sans être gâtés ou corrompus, peuvent être nuisibles. A moins de dispositions formelles dans un règlement local, ce fait reste donc impuni (V. *Rép.* v° *Vente de substances falsifiées*, n°s 96 et suiv.).

La jurisprudence n'a pas été appelée à se prononcer sur cette question; mais elle a décidé, ce qui ne pouvait, d'ailleurs, faire difficulté, que si, devant le tribunal de police, le boulanger établit régulièrement que les pains saisis comme mal cuits avaient un degré suffisant de cuisson, la restitution de ces pains est à bon droit ordonnée (Crim. rej. 1er avr. 1854, aff. Cajos, D. P. 54. 5. 606).

49. La jurisprudence, conformément aux principes exposés au *Rép.* n° 52, reconnaît à l'autorité municipale le droit d'imposer aux boulangers l'obligation de marquer les pains d'un signe quelconque; et les dispositions relatives à la marque des pains, édictées par un arrêté qui réglemente d'une manière générale le commerce de la boulangerie dans la commune, sont applicables, non seulement aux boulangers qui fabriquent les pains, mais encore aux débitants et aux revendeurs (Crim. cass. 9 avr. 1858, aff. Bercy, D. P. 58. 5. 39).

50. Quand un arrêté municipal exige la marque pour les pains qui n'ont pas le poids légal afin de les signaler à l'attention de l'acheteur, il y a infraction à cet arrêté de la part du boulanger dont le nom est trouvé sur des pains mis en vente au-dessous du poids légal, sans indication de la marque, dans un débit tenu par celui auquel il les a vendus: on objecterait vainement que c'est, en pareil cas, au débitant à apposer sur les pains achetés par lui pour être débités, la marque exigée (Crim. cass. 9 juill. 1853, aff. Talva, D. P. 53. 5. 51.)

51. Pour assurer la fidélité du débit du pain, l'autorité municipale impose quelquefois l'obligation d'écroûter les pains n'ayant pas le poids exigé par suite de cuisson ou de toute autre cause accidentelle. L'infraction à un pareil arrêté est passible de l'amende établie par l'art. 471, n° 15, c. pén.; mais la confiscation des pains ne peut être prononcée (Crim. cass. 24 nov. 1853, aff. Pollin, D. P. 53. 1. 336). — En pareil cas, il y a double contravention; le boulanger doit donc être condamné et pour le déficit de poids, et pour omission de l'écroûtement (Crim. cass. 13 oct. 1854, aff. Houdoux, D. P. 54. 5. 73).

52. L'arrêté qui exige l'écroûtement des pains n'ayant pas le poids légal s'applique même aux pains de commande et d'une fabrication particulière (Arrêt précité du 13 oct. 1854).

53. La prohibition du cumul des peines ne s'appliquant pas aux contraventions, l'infraction aux arrêtés prescrivant l'apposition d'une marque sur les pains est passible d'autant d'amendes distinctes qu'il a été saisi sur le boulanger contrevenant de pains dépourvus de cette marque. Une amende unique ne pourrait être prononcée sous le prétexte que l'application de la marque est une opération complexe dont l'omission sur plusieurs pains ne constitue qu'une seule contravention (Crim. cass. 22 juill. 1852, aff. Deschamps, D. P. 52. 1. 223);... Ou sous le prétexte que les contraventions auraient été constatées dans le même lieu, à la même heure, par un même procès-verbal, et qu'elles présentent le même caractère d'illégalité (Crim. cass. 18 janv. 1861, aff. Mandavit, aff. Moissel, aff. Bastien, D. P. 61. 5. 353).

§ 3. — Taxe; Vente du pain (*Rep.* n°s 53 à 74).

54. Le droit qui appartient à l'autorité municipale de taxer le prix du pain, résultant de l'art. 30 du tit. 1er de la loi des 19-22 juill. 1791, dont nous avons parlé au *Rép.* n°s 53 et 54, ne lui a pas été enlevé, ainsi qu'on l'a prétendu à tort, par la loi du 4 niv. an 3 (Crim. cass. 3 janv. 1878, aff. Sergent, D. P. 78. 1. 392). Cette loi, portant abrogation des dispositions qui fixaient un *maximum* pour le prix des denrées et marchandises, n'a eu pour objet que de faire cesser les prohibitions transitoires de la liberté du commerce des grains, et, bien loin de modifier la loi de 1791, l'a remise en vigueur (V. *Rép.* v° *Industrie et commerce*, n°s 231 et suiv.).

55. Aucune atteinte n'a été non plus portée à l'exercice du même droit par le décret du 22 juin 1863, qui, en abrogeant les décrets, ordonnances ou règlements généraux relatifs à la boulangerie, n'a fait que modifier la réglementation de ce commerce (Crim. cass. 21 nov. 1867, aff. Bérard, aff. Syntère, D. P. 68. 1. 89; Crim. cass. 29 nov. 1867, aff. Carrère, D. P. 68. 1. 89; Crim. cass. 3 janv. 1878, aff. Sergent, D. P. 78. 1. 302; Crim. cass. 17 janv. 1878, aff. Sergent, D. P. 78. 5. 66).

Dans une circulaire du 22 août 1863, le ministre du commerce, tout en déclarant que la pensée qui a inspiré le décret du 22 juin 1863 conduisait logiquement, dans un temps plus ou moins éloigné, à l'abolition complète de la taxe du pain, ajoutait que ce décret avait formellement réservé les droits de l'autorité municipale en cette matière, que le Gouvernement voulait procéder à une expérience; il terminait en invitant les préfets à engager les maires des communes soumises au régime de la taxe à entrer dans la voie ci-dessus indiquée (D. P. 63. 4. 124, note 2).

Un maire peut donc toujours rétablir le régime de la taxe officielle dans une commune où, depuis 1863, a été fait l'essai de la liberté de la boulangerie (Arrêts précités des 21 et 29 nov. 1867, 3 et 17 janv. 1878).

56. Les règles sur l'établissement de la taxe, indiquées au *Rép.* n° 55, ont été modifiées. D'après des instructions du ministre de l'agriculture de 1882, on opère de la manière suivante pour établir la taxe du pain d'après le prix du blé.

Après constatation du prix de l'hectolitre de froment suivant la mercuriale du marché local ou du marché le plus voisin (V. *Rép.* v° *Taxe de denrées mercuriales*, n°s 6 et suiv.), on détermine le prix du quintal métrique de blé en combinant le prix de l'hectolitre avec son poids, tel que celui-ci est fixé chaque année par des expériences dans les localités pourvues d'un marché aux grains. — Les frais de mouture d'un quintal de blé et la valeur des sons et issues provenant de cette opération sont ensuite constatés; on ajoute au prix d'achat les frais de mouture, et on en déduit la valeur des sons et issues. — Des expériences spéciales sont faites ensuite pour déterminer le rendement à tant pour cent du grain en farine de toute espèce, et on établit par ce moyen le prix du quintal métrique de la farine destinée à la fabrication du pain qui doit être taxé, en tenant compte dans ce calcul du poids et de la valeur des farines inférieures ou autres qui n'entrent pas dans cette fabrication. — On fixe au moyen d'expériences le rendement, à tant pour cent, de la farine en pain; on estime la moyenne des frais de toute nature que les boulangers ont à supporter pour la panification d'une quantité de farine déterminée, et l'on calcule ainsi le taux de l'allocation pour frais de fabrication et bénéfice par quintal de farine employé. — On additionne le prix du quintal de farine et l'allocation accordée pour les frais et bénéfice précités. La somme ainsi obtenue est divisée par le chiffre représentant le rendement d'un quintal de farine en kilogramme de pain. Le quotient donne le prix du kilogramme.

L'opération est moins compliquée pour l'établissement de la taxe d'après le prix des farines: il suffit alors de déterminer, d'après les mercuriales, le cours des farines. Pour le rendement, on admet en général qu'un quintal de farine donne 130 kilogrammes de pain. On divise ensuite par ce chiffre, comme dans le cas précédent, la somme obtenue en additionnant le prix du quintal de farine et le montant des frais de panification. Ainsi, en supposant que le quintal de farine vaille 55 fr., que les frais de panification soient évaluées à 10 fr., le prix du kilogramme de pain sera de $\frac{55+10}{130} = \frac{65}{130} = 0$ fr. 50.

57. Dans plusieurs villes, notamment à Paris, une taxe dite officieuse a été substituée à la taxe obligatoire. Elle indique aux consommateurs le prix auquel doit se vendre le pain d'après les éléments recueillis par l'administration municipale. Sans caractère obligatoire, elle constitue un simple moyen d'information (V. *infrà*, n° 83).

58. Conformément à la solution adoptée au *Rép.* n° 56, l'autorité supérieure administrative n'a pas à s'immiscer dans le règlement de la taxe du pain. Il a été jugé que, dans le cas où un maire rétablit le régime de la taxe, une déclaration préalable par un arrêté spécial soumis à l'approbation du préfet n'est pas nécessaire (Arrêt du 21 nov. 1867, cité *suprà*, n° 55).

Le préfet a droit, en vertu des pouvoirs que lui confère l'art. 99 de la loi du 5 avr. 1884, de soumettre au régime de la taxe toutes les communes du département ou plusieurs d'entre elles, mais seulement dans le cas où le maintien de la sûreté et de la tranquillité exigerait cette mesure (V. *Commune*).

59. Ainsi que nous l'avons dit au *Rép.* n° 57, une surtaxe permanente sur le pain, ajoutée à la taxe variable, devrait être considérée comme une imposition extraordinaire dont l'établissement est soumis aux règles édictées par l'art. 143 de la loi du 5 avr. 1884 (V. *Commune*).

60. La jurisprudence décide, contrairement à l'opinion émise au *Rép.* n° 58, que le fait par un boulanger de vendre du pain *au-dessous* de la taxe ne constitue pas une infraction au règlement municipal déterminant cette taxe, et, par suite, qu'il n'y a pas lieu d'appliquer l'art. 479, § 6, lequel ne déclare punissable que la vente effectuée au-dessus du prix fixé (Crim. rej. 28 juin 1851, aff. Etienne, D. P. 51. 5. 52; Crim. rej. 28 juin 1851, aff. Michel, D. P. 52. 5. 57; Crim. rej. 11 mars 1852, aff. Mathieu, *ibid.*). — Ce fait ne tombe pas non plus sous l'application de l'art. 471, § 15, c. pén., alors même que l'arrêté municipal aurait pour objet d'interdire la vente du pain au-dessous de la taxe, aucune loi n'autorisant les maires à prononcer une défense de cette nature (Mêmes arrêts).

61. Mais, ainsi que nous l'avons montré au *Rép.* n° 58, le boulanger qui a reçu un prix supérieur à celui de la taxe commet la contravention prévue par l'art. 479, § 6, c. pén. — Il y a vente en surtaxe lorsque, par un moyen quelconque, le boulanger obtient un prix supérieur à celui fixé par l'arrêté municipal, et par exemple, dans le cas où il s'abstient de tenir compte à l'acheteur des centimes formant la différence entre la somme payée et le prix porté à la taxe. On ne pourrait admettre comme excuse la difficulté de se procurer des centimes dans la localité, le boulanger pouvant, soit faire des centimes l'objet d'un compte entre l'acheteur et lui, soit donner un morceau de pain en plus (Crim. cass. 16 août 1855, aff. Grimois, D. P. 55. 1. 444).

62. La taxe du pain arrêtée par règlement administratif n'astreint pas seulement les boulangers à ne pas vendre au-dessus du tarif; elle les oblige, en outre, à vendre au prix déterminé. En conséquence, le boulanger qui refuse de vendre du pain qu'on offre de lui payer comptant, par le motif que la taxe ne lui paraît pas assez élevée, commet une contravention, dont il ne peut être relaxé sous prétexte qu'en l'absence d'une disposition qui oblige les boulangers à vendre, ceux-ci jouissent du libre exercice de leur profession (Crim. cass. 20 juin 1846, aff. Courraud, D. P. 46. 4. 44; Crim. cass. 13 août 1847, aff. Mengus, D. P. 47. 4. 48; Crim. cass. 12 mai 1854, aff. Sauzet, D. P. 54. 1. 208). Le premier de ces arrêts avait décidé que le refus de vendre au prix de la taxe était puni par l'art. 471 c. pén.; mais, ainsi que l'ont jugé les deux autres décisions précitées, il y a lieu d'appliquer l'art. 479, § 6.

63. Conformément à l'opinion émise au *Rép.* n° 62, dans le cas où la contravention est établie, l'inculpé ne peut être renvoyé des poursuites sous aucun prétexte. Ainsi, le boulanger qui a perçu, pour la vente d'un pain, un prix supérieur à la taxe ne peut faire valoir comme excuse qu'il y a eu de sa part erreur involontaire (Crim. cass. 26 mai 1854, aff. Modec, D. P. 54. 5. 74).

On a également rappelé *ibid.*, que le chef d'un établissement de boulangerie est pénalement responsable des contraventions à la taxe commises par ses préposés. — Jugé, en ce sens, qu'un boulanger ne peut être renvoyé des fins de la poursuite dirigée contre lui à raison du refus de vendre du pain opposé par son préposé à un acheteur (Crim. cass. 21 janv. 1853, aff. Blaise, D. P. 54. 1. 376; Crim. cass. 20 juill. 1854, aff. Dubois, *ibid.*).

64. Sous l'empire de la loi du 18 juill. 1837, nous avons dit au *Rép.* n° 64, que la publication de la taxe était régulière, quand elle avait lieu dans la forme consacrée par l'usage local; mais il n'en serait plus de même depuis que l'art. 96 de la loi municipale du 5 avr. 1884 exige formellement que les arrêtés des maires soient portés à la connaissance des intéressés par voie de publications et d'affiches, toutes les fois qu'ils contiennent des dispositions générales (V. *Commune*).

En tout cas, la taxe régulièrement publiée par l'autorité municipale devient immédiatement obligatoire pour les boulangers comme pour les habitants, et, même sous l'ancienne législation, on n'aurait pu admettre comme excuse d'une vente en surtaxe faite depuis cette publication par un boulanger la circonstance qu'il n'aurait pas encore reçu la taxe imprimée qui, d'après l'usage local, est remise aux boulangers pour l'afficher à l'intérieur de leur boutique (Crim. cass. 23 nov. 1854, aff. Monthus, D. P. 55. 1. 267).

65. Sous le régime de la réglementation, l'autorité municipale avait, d'après la jurisprudence mentionnée au *Rép.* n°s 67 et 68, la faculté d'interdire la revente du pain par des revendeurs non boulangers, et l'industrie des *regrattiers*. Depuis le décret de 1863, ces interdictions pourraient encore être prononcées, l'administration municipale ayant conservé le droit de prendre les mesures nécessaires pour assurer le service régulier de la subsistance publique. Cependant, les tribunaux et l'autorité supérieure n'ont pas été appelés à se prononcer sur cette question.

En tout cas, le regrat supposant nécessairement une vente faite de seconde main, l'individu qui fabrique et cuit lui-même des pains ne pourrait être poursuivi comme regrattier (Crim. cass. 19 nov. 1858, aff. Ghys, D. P. 58. 5. 41).

66. Nous avons indiqué *suprà*, n° 14, la jurisprudence consacrant le droit de l'autorité municipale d'astreindre les boulangers à avoir leur boutique constamment garnie de pain, droit qui était déjà consacré par l'édit de 1577 mentionné au *Rép.* n° 72.

67. Avant le décret de 1863, conformément à la solution donnée au *Rép.* n° 73, il était admis que l'autorité municipale pouvait obliger les boulangers forains à ne vendre le pain qu'ils apportent dans la ville que sur le marché et à l'étalage. — Jugé, notamment, qu'elle peut leur interdire de faire aucune livraison de pain à domicile: ce n'est pas là une atteinte à la liberté du commerce et de l'industrie; et la contravention à de telles mesures de police rend le boulanger forain passible de l'amende prononcée par l'art. 471, n° 15, c. pén., mais non de la confiscation des pains dont le colportage aurait été constaté, aucune disposition de loi n'autorisant les maires à édicter pour un pareil cas cette peine accessoire (Crim. rej. 18 juill. 1861, aff. Le Dantec, D. P. 61. 1. 452). — Que l'arrêté municipal qui prescrit aux boulangers forains admis à vendre leurs pains dans la ville d'y porter ces pains au marché, est légal et obligatoire, et toute contravention à cet arrêté doit être déclarée punissable encore qu'une lettre ministérielle aurait dénié la légalité de la mesure ainsi établie par l'autorité municipale (Crim. rej. 18 août 1853, aff. Pruget, D. P. 53. 5. 48). — Il a même été décidé que, dans une ville où les boulangers étaient permissionnés et limités en nombre, un arrêté municipal pouvait interdire l'apport et la distribution du pain fabriqué en dehors du rayon de l'octroi (Crim. rej. 14 mai 1859, aff. Civrey, D. P. 59. 1. 476).

Une circulaire du ministre de l'agriculture et du commerce du 3 août 1863 (D. P. 63. 3. 55) a invité les maires à modifier les règlements concernant les boulangers forains, à les admettre non seulement à vendre sur les marchés publics, mais encore à apporter en ville et à vendre du pain à domicile, et même à former des dépôts en ville ou à y établir des boutiques. Il importe de remarquer que les anciens règlements municipaux sur la boulangerie foraine n'ont pas été abrogés par le décret de 1863, et que, légalement, les maires seraient encore autorisés, en vertu des pouvoirs qui leur appartiennent pour assurer la salubrité du pain et la fidélité de son débit, à obliger les forains à ne vendre que sur le marché public.

A la séance de la Chambre des députés du 3 mars 1885, lors de la discussion des droits d'entrée sur les blés, M. Delattre avait présenté un amendement tendant à déclarer libre la vente du pain sur la voie publique. Cet amendement a été rejeté sur l'observation du ministre de l'intérieur que, pour le pain moins que pour toute autre denrée, il convenait de restreindre les pouvoirs de police des maires (Léon Morgand, *La loi municipale*, t. 2, p. 83).

§ 4. — Règles générales relatives aux contraventions commises par les boulangers (*Rép.* n°s 75 à 80).

68. Nous avons dit au *Rép.* n° 75, que si le boulanger mettait en vente du pain gâté, corrompu ou nuisible, il était puni d'une amende de six à dix francs conformément à l'art. 475, n° 14, c. pén. et que le pain devait être saisi, confisqué et détruit par application de l'art. 477, n° 4, c. pén. L'art. 475, n° 14, a été abrogé par la loi du 27 mars 1851 et, aux termes de cette loi, la vente ou la mise en vente de pains falsifiés ou corrompus par le boulanger qui sait que ces pains sont falsifiés ou corrompus, entraîne l'application des peines édictées par l'art. 423 c. pén., c'est-à-dire un emprisonnement de trois mois au moins et d'un an au plus, et une amende qui ne peut excéder le quart des restitutions et dommages-intérêts, ni être inférieure à 50 fr. Si le pain falsifié ou corrompu contient des substances nuisibles à la santé, l'emprisonnement peut s'élever à deux ans et l'amende à cinq cents francs, à moins que le quart des restitutions et dommages-intérêts n'excède cette dernière somme. — La destruction des pains gâtés ou corrompus a encore lieu depuis la promulgation de la loi de 1851, et il en est de même des pains nuisibles qui sont en même temps falsifiés; mais les pains nuisibles sans être falsifiés ne peuvent plus être détruits qu'autant qu'ils tombent sous le coup d'une prohibition émanée de l'autorité municipale (V. *Vente de substances falsifiées*).

69. Conformément à la décision citée au *Rép.* n° 76, plusieurs arrêts ont appliqué aux contraventions en matière de boulangerie le cumul des peines, l'art. 365 c. pén. ne pouvant s'étendre aux contraventions (V. *suprà*, n°s 41 et 53).

70. L'affiche et l'insertion dans les journaux peuvent être ordonnées pour les jugements de condamnation intervenus à raison d'infractions à la loi du 27 mars 1851. En dehors de ces cas, la publication ne pourrait être prescrite que comme réparation civile et sur la demande des parties lésées, ainsi que nous l'avons vu au *Rép.* n° 77.

71. Les boulangers sont responsables pénalement des contraventions commises par leurs préposés. La jurisprudence exposée au *Rép.* n° 78 est confirmée par les arrêts mentionnés *suprà*, n° 63.

Art. 4. — *Qualité des boulangers. — Privilège pour leurs créances. — Patente* (*Rép.* n°s 81 à 84).

72. La loi du 15 juill. 1880 (D. P. 81. 4. 6 et suiv.) a modifié le classement des boulangers comme patentables. — Ils sont actuellement compris dans la cinquième classe. Le boulanger ne fabricant que du pain bis ou de qualité inférieure est rangé dans la sixième classe (V. *Patente*).

Art. 5. — *Boulangerie de Paris* (*Rép.* n°s 85 à 111).

§ 1er. — Dispositions générales relatives à l'exercice de la profession de boulanger à Paris (*Rép.* n°s 86 à 90).

73. Le régime réglementaire de la boulangerie de Paris, exposé au *Rép.* n°s 86 et suiv., a été complété par l'institution de la caisse de la boulangerie. Après la mauvaise récolte de 1853, la commission municipale, sur l'invitation du préfet, déclara qu'à l'avenir, dans la taxation officielle, le maximum du prix du kilogramme de pain serait de 0 fr. 40, et autorisa des avances pour couvrir la différence qui existerait entre le prix de revient et celui de 0 fr. 40 par kilogramme.

Ce système de compensation fut mis en pratique à l'aide de la caisse établie par décret du 27 déc. 1853 (D. P. 54. 4. 23), sous la garantie de la Ville de Paris et sous l'autorité du préfet de la Seine. La caisse était chargée de payer pour le compte des boulangers et de recouvrer sur eux le montant de leurs achats de blés ou de farines. — A cet effet, il était ouvert par le préfet de la Seine, sur la proposition du préfet de police, un crédit à chaque boulanger sur ses dépôts de garantie et de réserve et sur toutes autres valeurs acceptées par la caisse (art. 2). — Tous les payements de grains et de farines, sans aucune exception, étaient opérés par l'intermédiaire de la caisse. Les boulangers qui ne voulaient pas profiter de leur crédit devaient verser à la caisse, la veille au plus tard des échéances, le montant de leurs engagements (art. 3). — La caisse était, en outre, chargée d'avancer aux boulangers le montant de la différence en moins qui pourrait, en vertu des délibérations du conseil municipal, exister entre le prix de vente du pain réglé par la taxe municipale et le prix résultant de la mercuriale. Pour se couvrir de ses avances, elle recevait en compensation les différences en plus (art. 5). — La caisse pouvait, avec l'autorisation du conseil municipal, faire des emprunts (art. 6).

74. L'organisation de la caisse fut réglée par un décret du 7 janv. 1854 (D. P. 54. 4. 24). Un directeur, nommé sur la proposition du préfet de la Seine, par le ministre de l'agriculture, du commerce et des travaux publics, assurait l'exécution des règlements et instructions, surveillait la gestion du caissier, ordonnait les mouvements de fonds, les payements et, en général, toutes les opérations de la caisse, présentait le budget annuel et un compte moral et financier. Un comité consultatif présidé par le préfet de la Seine, et composé du gouverneur de la Banque, du directeur du mouvement général des fonds au ministère des finances et de trois membres du conseil municipal désignés par le ministre sur la proposition du préfet, donnait son avis sur toutes les questions financières relatives au fonctionnement de la caisse.

75. Un décret du 1er nov. 1854 (D. P. 54. 4. 184) étendit à toutes les communes du département de la Seine les dispositions sur la boulangerie de Paris. Il décida que le nombre des boulangers de la capitale resterait fixé à six cent un, mais qu'après chaque recensement, ce nombre pourrait être augmenté de manière à ce qu'il y eût un boulanger pour dix-huit cents habitants. Les établissements de boulangerie étaient divisés en cinq classes, et la quantité de farines nécessaire pour l'approvisionnement pendant trois mois de chacun de ces établissements était déterminée pour chaque classe. Des prescriptions de même nature étaient édictées pour les boulangeries des communes rurales.

76. Les décisions suivantes ont été rendues au sujet de la caisse de la boulangerie : 1° Le décret du 27 déc. 1853, constitutif de cette caisse, a le caractère d'un règlement de police rentrant dans les mesures que le pouvoir administratif tient des lois des 16-24 août 1790 et 19-22 juill. 1791 pour réglementer la profession de boulanger, et trouvant, dès lors, sa sanction pénale dans les dispositions de l'art. 471, § 15, c. pén. En conséquence, le refus par un boulanger de se conformer aux prescriptions de ce décret, et notamment à l'obligation d'opérer par l'intermédiaire de la caisse de la boulangerie le payement de ses grains et farines, tombe sous l'application de l'article précité, et ne saurait être affranchi des peines qu'il prononce, sous le prétexte que, la disposition qui impose une telle obligation aux boulangers n'ayant d'autre objet que d'assurer à la caisse le remboursement de ses avances, c'est aux tribunaux civils qu'il appartient de connaître de l'exécution de cette obligation (Crim. cass. 26 janv. 1857, aff. Pierron, D. P. 58. 1. 48); — 2° La caisse de la boulangerie de Paris n'a aucun privilège pour le remboursement des avances par elles faites à des boulangers conformément au décret du 7 janv. 1854 (Trib. com. Seine, 26 oct. 1859, aff. Régy, D. P. 60. 3. 40); — 3° Le boulanger de Paris est, pour ce qui concerne la perception de la surtaxe du pain au profit de la caisse de la boulangerie dans les périodes d'abondance, le mandataire légal de cette caisse; par suite, lorsqu'il retient une partie des produits de cette surtaxe, et fournit, pour dissimuler sa fraude, des états de situation inexacts, il commet non pas un simple délit civil pouvant seulement donner lieu à une action en restitution, mais bien un véritable abus de confiance (Crim. cass. 20 juill. 1860, aff. Epinette, D. P. 60. 1. 368, et sur renvoi, Orléans, 28 juill. 1860, D. P. 60. 2. 175).

77. L'application du système fort compliqué de la compensation et de la caisse de la boulangerie ne donna pas les résultats attendus. Les déboursés et les emprunts s'élevèrent à un chiffre considérable, et, en 1856, le préfet de la Seine proposa une série de mesures pour améliorer la situation, notamment la création d'un certain nombre de grandes manutentions dans lesquelles se concentrerait la fabrication du pain nécessaire à la consommation de Paris et des communes du département, et qui réuniraient l'industrie de la mouture à celle de la boulangerie. La question ayant été soumise au conseil d'Etat, M. Le Play, dans un premier rapport du 23 janv. 1858, combattit ces propositions. Une commission d'enquête fut nommée en 1859, et, dans un second rapport du 22 août 1860, M. Le Play déclara qu'il n'y avait pas lieu de compliquer l'organisation présente de la boulangerie parisienne; que cette organisation devait, au contraire, être simplifiée graduellement et ramenée au régime de droit commun fonctionnant dans les autres contrées de l'Europe ; enfin, que la caisse de la boulangerie devait être liquidée immédiatement, sauf à la remplacer momentanément par quelque système équivalent plus simple.

78. La mauvaise récolte de 1861 ne permit pas de donner immédiatement suite à ces projets de réforme ; mais, sur l'initiative de M. Rouher, la question fut reprise en 1862, et, le décret du 22 juin 1863 ayant établi la liberté de la boulangerie, le maintien du système de compensation tel qu'il avait été organisé en 1854 devint impossible. Un décret du 31 août 1863 (D. P. 63. 4. 144) supprima la caisse de la boulangerie en tant qu'institution départementale, et créa, pour remplacer la surtaxe de compensation autorisée par l'art. 5 du décret du 27 déc. 1853, un droit spécial de 1 fr. sur chaque centaine de kilogrammes de pain et de blé introduits dans Paris, de 1 fr. 30 sur chaque centaine de kilogrammes de farine. Ce droit, perçu par l'octroi, était versé directement à la caisse de la boulangerie. Toutes les fois que le prix du kilogramme de pain dépassait 0 fr. 50, la caisse de la boulangerie devait supporter l'excédent. Au-dessous de ce prix, la caisse ne pouvait être appelée à supporter une portion du prix du pain que si ses ressources le permettaient, et dans des circonstances tout à fait exceptionnelles.

Un décret du 17 déc. 1870 a supprimé tous les droits sur le blé, le pain, la farine introduits dans Paris, et la caisse de la boulangerie a cessé de fonctionner. La liquidation des opérations de cette caisse a été terminée le 1er janv. 1873.

79. Le décret du 10 oct. 1859 (D. P. 59. 4. 82) a compris la boulangerie dans les attributions du préfet de la Seine (V. *Ville de Paris*). Un arrêté du 1er sept. 1863 (D. P. 63. 3. 72), pris en vertu du décret du 22 juin 1863, a réglementé l'exercice de la profession de boulanger ou de débitant de pain dans le département de la Seine, et supprimé la taxe officielle (V. *infrà*, nos 79 et 83).

Le préfet de police continue à être chargé d'assurer la fidélité du débit de pain et de prendre les mesures de salubrité relatives à l'exercice de la profession de boulanger (V. *infrà*, n° 87).

§ 2. — Approvisionnement. — Syndicat. — Garçons. — Taxe. — Poids. — Vente du pain. — Mesures de sûreté et de salubrité dans les boulangeries (*Rép.* nos 91 à 110).

80. Les mesures relatives à l'approvisionnement de Paris, mentionnées au *Rép.* nos 91 à 94, ont cessé d'être en vigueur. Un arrêté du préfet de la Seine du 1er sept. 1863 (D. P. 63. 3. 72) a supprimé l'obligation imposée aux boulangers de Paris d'avoir des réserves de farines ou de grains et des dépôts de garantie.

81. Le syndicat de la boulangerie, dont nous avons parlé au *Rép.* n° 95, a cessé de fonctionner le 31 août 1863. Un syndicat qui existait déjà antérieurement a été reconstitué après la promulgation de la loi du 21 mars 1884, et conformément aux prescriptions de cette loi, pour l'étude et la défense des intérêts économiques, industriels et commerciaux de la boulangerie de Paris.

82. Les privilèges des facteurs indiqués au *Rép.* nos 96, 97, ont cessé depuis l'abrogation des dispositions relatives aux dépôts de garantie.

83. Les diverses dispositions concernant les garçons boulangers et le commerce de la boulangerie, mentionnées au *Rép.* nos 98 et 99, sont abrogées.

84. Les dispositions réglementaires sur la taxe et la vente du pain dans Paris, mentionnées au *Rép.* nos 100 et 101, ne sont plus en vigueur depuis l'application du décret du 22 juin 1863. Quant à la taxe, l'arrêté du préfet de la Seine du 1er sept. 1863 (D. P. 63. 3. 72) portait que l'Administration ferait établir le prix du pain, tel qu'il eût été fixé sous le régime de la taxe officielle, et le ferait insérer dans le *Recueil des actes administratifs* (art. 6). Cette taxe officieuse, déterminée d'après les bases anciennes, sauf des modifications en ce qui concernait l'un des éléments, les frais de panification, a été remplacée par la taxe officielle, du 15 sept. 1870 au 1er juin 1871. Depuis, l'Administration a établi, toutes les quinzaines, une taxe officieuse, mais sans lui donner de publicité.

A la fin de l'année 1884, la boulangerie ayant maintenu le pain au même prix malgré une baisse considérable dans le cours des farines, le conseil municipal demanda le rétablissement immédiat de la taxe officielle; mais il n'a pas été donné suite à ce vœu. Une commission fut chargée par le préfet de la Seine de reviser les bases de l'évaluation officieuse du prix du pain. Les trois éléments de cette évaluation (rendement d'un quintal de farine en pain ; prix de la farine, frais de panification) ont été successivement examinés.

En ce qui concerne le premier élément, le rendement de 130 kilogrammes de pain par quintal de farine, établi dès 1811 et 1818, à la suite d'expériences et confirmé, en 1858, par les nouvelles expériences de MM. Dumas et Payen, a été reconnu exact.

Pour le prix des farines, la moyenne était déterminée par celui de trois espèces : 1° les farines *neuf marques*, c'est-à-dire, les farines de première qualité de huit fabricants choisis par les représentants du commerce des grains et farines comme « fabricants types », et les farines de première qualité de tout autre fabricant, livrables après expertise et estampillage par une commission spéciale; 2° les farines dites *de Corbeil;* 3° les farines de tout pays livrées directement aux boulangers sans intervention des représentants de commerce des grains et farines. La commission a reconnu que des éléments plus nombreux devaient servir à la détermination du prix des farines. La moyenne est établie aujourd'hui d'après les éléments suivants : farines de choix, 1/10; farines de Corbeil, 2/10; farines *neuf marques* (aujourd'hui, douze marques) 2/10; farines de bonnes marques, 2/10; farines ordinaires, 3/10.

Les frais de panification, fixés par 100 kilogrammes, ont souvent varié. Le tableau suivant indique les variations :

De mai 1821 au 31 janv. 1863	7 fr.	
Du 31 janv. 1863 au 15 nov. 1867	7	60
Du 15 nov. 1867 au 20 sept. 1870	9	
Du 20 sept. 1870 au 8 févr. 1871 (taxe officielle)	10	19
Du 8 févr. 1871 au 14 nov. 1874	11	46
Du 14 nov. 1874 au 1er janv. 1885	10	19
Depuis le 1er janv. 1885	12	223

Le prix du kilogramme de pain est déterminé, tous les quinze jours, par l'application de la formule suivante $\frac{F. + 12223}{130}$, *F.* représentant le prix moyen du quintal de farine pendant la quinzaine. La taxe officielle est régulièrement publiée, depuis 1885, dans le *Bulletin municipal officiel de la Ville de Paris.*

85. L'art. 5 de l'arrêté du préfet de la Seine du 1er sept. 1863 édictait des dispositions relatives au pesage du pain par les boulangers au moment de la vente. Ces dispositions ont été complétées par une ordonnance du préfet de police du 14 nov. 1867 (1). La jurisprudence citée au *Rép.* nos 102 à

(1) 14 nov. 1867. — *Ordonnance concernant la vente du pain.*

Vu : 1° les lois des 16-24 août 1790 et des 17-22 juill. 1791 ; — 2° Les arrêtés des consuls des 12 mess. an 8 et 3 brum. an 9, et les lois des 7 août 1850 et 10 juin 1853 ; — 3° L'arrêté de M. le sénateur, préfet de la Seine, en date du 8 de ce mois, relatif au fonctionnement de la caisse de la boulangerie ; — Considérant qu'il convient, dans l'intérêt de la fidélité du débit, de prescrire d'une manière générale la vente du pain au poids ; — Ordonnons ce qui suit :

Art. 1er. A dater de ce jour, la vente du pain, dans tout le ressort de la préfecture de police, se fera au poids constaté par le vendeur et l'acheteur, soit qu'elle s'applique à des pains entiers, soit qu'elle porte sur des fractions de pain.

2. Les boulangers sont tenus de peser, en le livrant, le pain qu'ils vendront dans leur boutique, sans qu'il soit besoin d'aucune réquisition de la part des acheteurs.

Quant au pain porté à domicile, l'exactitude du poids pour lequel il sera vendu devra être vérifiée à toute réquisition de l'acheteur.

A cet effet, les boulangers auront toujours sur leurs comptoirs les balances et poids nécessaires, et ils devront en pourvoir leurs porteurs de pain.

3. Les contraventions aux dispositions qui précèdent seront constatées par des procès-verbaux, qui nous seront transmis pour être déférés aux tribunaux compétents.

4. La présente ordonnance sera imprimée, publiée et affichée

104, est encore applicable, l'ordonnance de 1867 n'ayant fait que reproduire ou développer les prescriptions contenues dans les ordonnances antérieures.

86. L'arrêté du préfet de le Seine du 1er sept. 1863 n'oblige plus les boulangers à afficher à l'intérieur le prix du pain, comme le faisait l'ordonnance de 1823 mentionnée au *Rép.* n° 105; mais ils doivent afficher ostensiblement dans leurs boutiques le prix qu'il leur convient de fixer pour la vente du kilogramme.

87. La prohibition de la vente du pain au regrat, dont nous avons parlé au *Rép.* n° 106, n'est plus en vigueur. Il en est de même des règlements du syndicat mentionnés *ibid.* nos 107 et 108.

88. L'instruction de la préfecture de police du 17 oct. 1845 sur les mesures de sûreté et de salubrité à exécuter dans les boulangeries, reproduite au *Rép.* n° 110, est encore appliquée. Une ordonnance du 15 sept. 1875, concernant les mesures contre les incendies, édicte des prescriptions relatives à l'exploitation des fournils et fours de boulangers et de pâtissiers (art. 15) (1). Enfin, une ordonnance du 15 sept. 1877 interdit l'emploi de bois ayant été enduits de peintures ou ayant subi des préparations chimiques quelconques pour le chauffage des fours de boulangerie et de pâtisserie (2).

§ 3. — Vente du pain sur les marchés. — Boulangers forains (*Rép.* n° 111).

89. Les règles spéciales indiquées au *Rép.* n° 111, relatives à la vente du pain sur les marchés, sont tombées en désuétude. Il n'est plus réservé de places spéciales aux marchands de pains, qui sont soumis aux dispositions générales sur l'occupation des places dans les marchés de Paris (V. *Boucher*, n° 56).

Aucune réglementation spéciale n'est édictée à l'égard des boulangers forains.

---

immédiatement par les commissaires de police à chacun des boulangers de leurs circonscriptions respectives.

5. Les commissaires de police de Paris et des communes du ressort de la préfecture de police, le chef de la police municipale et les agents sous leurs ordres sont chargés, chacun en ce qui le concerne, d'en assurer l'exécution.

(1) 15 sept. 1875. — *Ordonnance concernant les incendies* (Extrait).

TIT. III. — FOURS, FORGES, FOYERS D'USINES A FEU, FOURS DE BOULANGERS ET DE PATISSIERS, ETC.

Art. 15. L'exploitation des fournils et fours de boulangers et de pâtissiers est soumise aux prescriptions suivantes :

1° Les fournils devront être indépendants des locations et habitations voisines et en être séparés par des murs en moellons ou en briques d'une épaisseur suffisante.

Les locaux où ils seront installés seront d'un accès facile.

2° Les fours seront isolés de toute construction et leurs tuyaux disposés ou construits comme il est dit en l'art. 7.

3° Le bois de provision devra toujours être disposé en dehors du fournil, dans un lieu où il ne puisse présenter aucun danger d'incendie.

4° Le bois destiné à la consommation du jour ne pourra soit avant, soit après sa dessiccation, être laissé dans les fournils que s'il est placé dans une resserre en matériaux incombustibles fermant hermétiquement par une porte en fer.

Les arcades situées sous les fours ne pourront être affectées à cet usage qu'autant qu'elles seront fermées également par une porte en fer, à demeure, posée en retraite à 10 centimètres de la face du four.

5° Les escaliers desservant les fournils seront en matériaux incombustibles.

6° Les soupentes et resserres et toutes autres constructions établies dans les fournils, ainsi que les supports de panetons, les étouffoirs et coffres à braise, seront aussi en matériaux incombustibles.

7° Les pétrins et les couches à pain seront revêtus extérieurement de tôle, quand ils se trouveront placés à moins de 2 mètres de la bouche du four. Dans le même cas, les glissoires à farine seront construites en métal, avec fourreau en peau.

8° Les tuyaux à gaz, dans les fournils, devront être en fer ou en cuivre et non en plomb.

(2) 15 sept. 1877. — *Ordonnance concernant les bois à employer pour le chauffage des fours de boulangerie et de pâtisserie.*

NOUS, PRÉFET DE POLICE; — Vu la loi des 16-24 août 1790 et celle des 19-22 juill. 1791; — Vu les arrêtés des consuls des 12 mess. an 8 (1er juill. 1800) et 3 brum. an 9 (25 oct. 1800); — Vu la loi du 7 août 1850; — Vu le rapport du conseil d'hygiène publique et de salubrité du département de la Seine, en date du 24 août dernier; — Considérant que les bois provenant de démolitions ou ayant servi à des usages industriels (traverses de chemins de fer, poteaux télégraphiques, etc.) ont été, pour la plupart, enduits de peintures à bases de plomb, de cuivre, de zinc, ou injectés, dans un but de conservation, de solutions salines minérales; — Que ces bois ne sauraient, sans danger pour la santé publique, être utilisés par les boulangers et les pâtissiers pour le chauffage de leurs fours, attendu qu'ils laissent après leur combustion des cendres contenant des substances toxiques qui peuvent s'attacher aux parois du four et adhérer au pain et aux pièces de pâtisserie, pendant et après la cuisson;

ORDONNONS ce qui suit :

Art. 1er. Il est formellement interdit de faire usage, pour le chauffage des fours de boulangerie et de pâtisserie, de bois ayant été enduits de peinture ou ayant subi des préparations chimiques quelconques.

2. Les contraventions à la présente ordonnance seront constatées par des procès-verbaux ou rapports.

3. Les sous-préfets des arrondissements de Sceaux et de Saint-Denis, les maires des communes rurales du ressort de la préfecture de police, le colonel chef de la 1re légion de gendarmerie, le chef de la police municipale, les commissaires de police et les agents sous leurs ordres sont chargés, chacun en ce qui le concerne, d'assurer l'exécution de la présente ordonnance qui sera imprimée, publiée et affichée.

Table sommaire

des matières contenues dans le Supplément et le Répertoire.

(Les chiffres précédés de la lettre *S* renvoient au Supplément; les chiffres précédés de la lettre *R* renvoient au Répertoire.)

Table chronologique des Lois, Arrêts, etc.

BOURSE COMMUNE. — V. *Bourse de commerce*, nos 49 et suiv.; *Commissaire-priseur; Huissier; Notaire;* — *Rép.* vis *Agréé*, nos 27, 64; *Avoué*, no 279; *Bourse de commerce*, nos 212 et suiv., 398, 484; *Commissaire-priseur*, nos 50, 62 et suiv.; *Huissier*, nos 12-9o, 125; *Notaire-notariat*, nos 662 et suiv.

BOURSE DE COLLÈGE. — V. *Organisation de l'instruction publique;* — *Rép.* eod. vo, nos 267 et suiv.

BOURSE DE COMMERCE.

Division.

CHAP. 1er. — Historique et législation. — Droit comparé (*Rép.* nos 4 à 130).

Art. 1er. — *Bourses de commerce* (*Rép.* nos 5 à 68).

1. Les dispositions, rapportées au *Rép.* nos 22 et suiv.; de l'art. 7 de l'arrêt du conseil du 2 oct. 1785, de l'arrêt du 22 sept. 1786 et de la loi du 28 vend. an 4, portant interdiction des marchés à terme, ont été abrogées par la loi du 28 mars 1885 (D. P. 85. 4. 25). Aux termes de cette loi, « tous marchés à terme sur effets publics et autres, tous marchés à livrer sur denrées et marchandises sont reconnus légaux. — Nul ne peut, pour se soustraire aux obligations qui en résultent, se prévaloir de l'art. 1965 c. civ. lors même qu'ils ne résoudraient pas le payement d'une simple différence » (art. 1er). — La loi nouvelle abroge les art. 421 et 422 c. pén., les dispositions des anciens arrêts du conseil des 24 sept. 1724, 7 août, 2 oct. 1785 et 22 sept. 1786, l'art. 15, chap. 1er, l'art. 4, chap. 2 de la loi du 28 vend. an 4, les art. 85, § 3, et 86 c. com. (art. 2 et 3). — Elle modifie ainsi qu'il suit l'art. 13 de l'arrêté du 27 prair. an 10 (*Rép.* n° 38) : « Chaque agent de change est responsable de la livraison et du payement de ce qu'il aura vendu et acheté : son cautionnement sera affecté à cette garantie » (art. 4). — Enfin l'art. 5 porte que les conditions d'exécution des marchés à terme par les agents de change doivent être fixées par le règlement d'administration publique prévu par l'art. 90 c. com. Le rapporteur de la loi au Sénat, M. Naquet, en constatant que l'impossibilité où l'on se trouvait aussi bien de proscrire en fait les marchés à terme que de les autoriser réglementairement avait forcé les gouvernements à laisser l'art. 90 à l'état de lettre morte, a exprimé le vœu que le Gouvernement ne tardât plus désormais à publier le règlement annoncé, et qu'il y trouvât l'occasion de préciser l'étendue et les limites du privilège des agents de change en ce qui concerne les valeurs susceptibles d'être négociées par eux (D. P. 85. 4. 32, note 1).

« Ce règlement, dit M. Crépon, dans l'ouvrage qu'il vient de publier sur *la négociation des effets publics et autres* (p. 400), est en ce moment en pleine élaboration. Nous croyons savoir qu'il prendra principalement pour base le règlement actuel de la compagnie des agents de change. Emis en vertu d'une loi, le règlement d'administration publique participera du caractère législatif; il deviendra ainsi un document de grande importance, qui, d'une part, donnera un caractère officiel aux usages de la Bourse, et, de l'autre, conférera à la chambre syndicale les pouvoirs disciplinaires qu'on a dû jusqu'ici lui refuser. »

2. L'arrêté des consuls du 29 germ. an 9, rapporté au *Rép.* n° 35, porte qu'un arrêté du Gouvernement déterminera, sur le rapport du ministre de l'intérieur : 1° le nombre des agents de change et courtiers pour chaque place; 2° celles où ils pourront cumuler les deux fonctions; 3° le taux du cautionnement pour chacune. Un décret du 2 juill. 1862 (D. P. 62. 4. 80) a rattaché aux attributions du ministre des finances les agents de change institués près des bourses départementales pourvues d'un parquet pour la négociation des effets publics; et un décret du 15 sept. 1862 (D. P. 62. 4. 120) a décidé qu'à l'avenir, les parquets pour la négociation des effets publics ne pourraient être établis que par des décrets rendus sur la proposition des ministres des finances et du commerce.

3. On a vu au *Rép.* n° 45, que la loi du 10 juill. 1820 avait autorisé une imposition additionnelle pour l'achèvement de la Bourse de Paris. Un décret du 15 déc. 1851 a également déclaré d'utilité publique l'exécution des travaux de construction d'une bourse à Marseille, et décidé qu'il serait pourvu aux frais de cette construction au moyen : 1° d'une subvention de 100000 fr. sur les fonds de la ville; 2° des ressources que possédait la chambre de commerce de Marseille évaluées à 2400000 fr. et 3° d'un emprunt que cette chambre était autorisée à contracter jusqu'à concurrence de 2000000 de fr. (D. P. 52. 4. 11). Une loi du 10 juin 1854 (D. P. 54. 4. 102), a autorisé une imposition extraordinaire à percevoir sur les patentés de la ville de Marseille pour l'achèvement de cette bourse.

4. Indépendamment des décrets qui ont fixé chaque année, conformément à ce qui a été exposé au *Rép.* n° 46, les sommes à imposer pour subvenir aux dépenses des chambres et bourses de commerce ainsi que la répartition de ces sommes entre les départements intéressés, des décrets ont ordonné la répartition sur les patentés d'une contribution spéciale destinée à subvenir aux dépenses de la Bourse de Paris (V. notamment : Décr. 22 nov. 1851, D. P. 52. 4. 3 ; Décr. 9 mars 1855, D. P. 55. 4. 26). Mais un décret du 17 déc. 1856 (D. P. 57. 4. 41), a décidé que cette contribution cesserait d'être perçue à partir du 1er janv. 1857, et a autorisé la Ville de Paris à faire percevoir, à partir de la même date, un droit d'entrée fixé à 1 franc par personne pour la bourse des effets publics, et à 0 fr. 50 par personne pour la bourse des marchandises. Ce décret, qui avait provoqué de très vives réclamations, a lui-même été rapporté par un décret du 22 nov. 1861 (D. P. 61. 4. 131).

5. Le nombre des bourses de commerce a été augmenté depuis la publication du tableau B inséré au *Rép.* n° 52. Des bourses ont notamment été créées à Nice par décret du 16 avr. 1864 (D. P. 64. 4. 73), à Versailles par arrêté du 3 juin 1871 (D. P. 71. 4. 98), à Saint-Quentin par décret du 19 janv. 1882 (D. P. 83. 4. 21).

6. — LÉGISLATION ÉTRANGÈRE. — On a résumé au *Rép.* nos 56 et suiv., les dispositions principales de la législation anglaise en matière d'opérations de bourses. L'*act* de 1734, qui proscrivait les marchés à terme et frappait d'une amende de 500 livres sterling les vendeurs et acheteurs d'effets publics qui n'auraient pas, au moment du contrat, les titres ou l'argent a été abrogé en 1860. Mais il était depuis longtemps tombé à l'état de lettre morte par suite d'un statut de la corporation de la bourse de Londres, portant que celui qui voudrait se prévaloir des dispositions de cette loi serait chassé du *stock exchange*. Les différences de bourse entre *brokers* et *jobbers* (V. *Rép.* n° 59) doivent être payées chaque quinzaine : sinon le défaillant est exclu du *stock exchange*, et n'y peut rentrer qu'avec l'agrément du comité (Guillard, *Opérations de bourse*, 2e éd., p. 565 ; Mettetal, *Les jeux de bourse et la législation*).

7. Une loi du canton de Genève, du 29 févr. 1860, a également reconnu la légalité de tous les marchés de bourse. Ces marchés peuvent se résoudre par des différences, d'accord entre les contractants. Pour avoir date certaine, ils doivent être enregistrés par les commissaires (Guillard, p. 564).

8. En Espagne, un décret royal, du 12 mars 1875 consacre la légalité des opérations à terme se soldant par des différences.

9. Une loi du royaume, d'Italie, du 13 sept. 1876 reconnaît, de même, la légalité de tous les marchés à terme, alors même qu'ils ne donnent lieu qu'à un règlement par différences. Les contrats à terme peuvent être fermes, à prime ou avec report, ou revêtir toute autre forme conforme aux usages commerciaux. Ces marchés doivent être passés par l'intermédiaire des agents de change et constatés sur bordereaux timbrés. A la différence des marchés à terme, les marchés au comptant peuvent être conclus sans le ministère d'un intermédiaire public (Guillard, p. 566).

10. L'organisation des bourses est actuellement régie, en Autriche, par une loi du 1er avr. 1875. Antérieurement à cette loi, ces bourses n'étaient qu'au nombre de quatre, et chacune d'elles était soumise à un règlement particulier. La crise de 1873 avait révélé l'insuffisance et les abus de ce régime. Le principe de la nouvelle loi est que les bourses ne sont pas des établissements publics, mais des établissements privés, constitués par des particuliers, et qui ne doivent subir le contrôle de l'Etat que dans la mesure où l'ordre public l'exige. Cette loi ne distingue pas entre les bourses de marchandises et les bourses de valeurs mobilières. Elle déclare actes de commerce les opérations de bourse, et admet la validité des marchés à terme (*Annuaire de législation étrangère*, 1876, p. 496, traduction et notes de M. Lyon-Caen). — La loi sur l'organisation des bourses est complétée par celle du 4 avr. 1875 sur les courtiers de commerce et les agents de change. Les nécessités d'une cote officielle ont paru au législateur ne pas permettre la suppression des courtiers officiels. Toutefois leur ministère n'est pas obligatoire, et les parties sont libres de conclure directement leurs marchés sans intermédiaire. La loi soumet seulement le choix des courtiers à des conditions d'aptitude et de moralité, et les soumet à une surveillance sévère (*Annuaire de législation étrangère*, 1876, p. 502).

11. En Allemagne, l'exception de jeu ne peut être invoquée à raison d'obligations résultant de marchés à terme que s'il y a un engagement entre les parties de ne pas livrer les titres. Ce n'est que dans ce cas, suivant un arrêt de la cour suprême de l'Empire du 4 juin 1872, qu'il y a convention de jeu.

12. La loi belge du 30 déc. 1867 consacre les principes suivants : liberté pour tous d'établir des bourses de commerce ; liberté de faire coter les valeurs négociables, belges ou étrangères, sans autorisation du gouvernement ; liberté pour tous d'exercer la profession d'agent de change, moyennant le payement d'une patente. La liberté de faire des marchés à termes résulte de la suppression des art. 404, 419, 421 et 422 du code pénal de 1810, qui ont été remplacés par un article ainsi conçu : « les personnes qui, par des moyens frauduleux quelconques, auront opéré la hausse ou la baisse du prix des denrées ou marchandises ou des papiers et effets publics, seront punies d'un emprisonnement d'un mois à deux ans et d'une amende de 300 fr. à 10000 fr. » (Bastiné, *Code de la Bourse*, p. 9). Les chambres belges ont, d'ailleurs, manifesté non moins clairement leur intention d'abroger les anciennes dispositions prohibitives des marchés à terme, en rejetant un article qui se trouvait dans le projet de loi de 1867, et qui était ainsi conçu : « Les marchés qui sous forme de vente ou de tout autre contrat ne contiennent que des obligations éventuelles de payer les différences des cours au terme convenu, sont régis par les dispositions du code civil sur le jeu et les paris ». En proposant le rejet de cet article, la commission de la chambre des représentants a formellement déclaré que la seule circonstance qu'un marché à terme peut se résoudre par le payement de la différence des cours ne permet pas d'y appliquer les art. 1965 et 1967 c. civ.

Sous l'empire de la nouvelle législation belge, les bourses de commerce ne sont plus des réunions placées sous l'autorité du gouvernement : elles sont devenues des marchés libres qui, à raison de leur caractère public, restent soumis aux lois de police. Mais l'intervention de l'autorité communale n'y est admise que pour le maintien de l'ordre. Il est permis à toute personne, belge ou étrangère, d'ouvrir une bourse, d'en régler les conditions d'admission et d'en fixer les heures d'ouverture et de fermeture. L'art. 62 de la loi du 30 déc. 1867 dispose que les résultats des négociations et des transactions qui s'opèrent dans les bourses de commerce servent à déterminer le cours du change des effets publics et autres. D'après l'art. 63, ce cours doit être constaté par une commission composée de six à quinze membres, que désigne pour trois ans l'administration communale, sur la présentation d'une liste double dressée par le tribunal de commerce. Il appartient aux propriétaires des bourses d'admettre les valeurs à la cote ou de les interdire. — Aux termes du règlement du 4 mai 1874, qui régit la bourse de Bruxelles dont la ville est propriétaire, l'admission à la cote est accordée par la commission chargée de constater les cours ; mais le refus d'admission ou l'exclusion ne peut être prononcée que d'accord avec l'administration communale.

L'agent de change n'est plus aujourd'hui, en Belgique, qu'un commerçant ordinaire n'ayant aucun caractère public ; son intervention n'est plus exigée pour certifier les déclarations de transfert d'inscriptions de rentes nominatives de la dette publique.

ART. 2. — *Des agents de change et des courtiers* (*Rép.* nos 69 à 130).

13. Nous avons dit au *Rép.* nos 108 et 352, que l'art. 27 de l'arrêté du 27 prair. an 10 avait abrogé l'art. 13 de la loi du 21 avr. 1791, qui interdisait aux agents de change de se servir de commis ou entremetteurs. Un décret du 13 oct. 1859 (D. P. 59. 4. 84) autorise expressément les agents de change près la Bourse de Paris à s'adjoindre un ou deux commis principaux. Ces commis ne peuvent faire aucune opération pour leur compte; ils agissent au nom des agents de change et sous leur responsabilité; ils sont soumis à un règlement délibéré par la chambre syndicale. Il est interdit aux agents de change et aux commis principaux de vendre ou céder les fonctions de commis principal, moyennant un prix ou redevance quelconque.

14. On a vu (*Rép.* n°s 107 et 294) que l'art. 6 de la loi du 21 avr. 1791 avait interdit aux agents de change et aux courtiers de contracter aucune société, et que, bien que cette interdiction n'eût pas été reproduite par les lois postérieures, elle avait été considérée comme encore en vigueur. Malgré cette prohibition, les charges d'agents de change avaient continué à être acquises et exploitées au moyen de capitaux associés; l'accroissement de la valeur de ces charges, conséquence naturelle du développement de la richesse mobilière et des transactions auxquelles elle donne lieu, avait imposé aux titulaires de ces charges, pour se procurer les capitaux nécessaires à leur exploitation, l'obligation de s'adjoindre des bailleurs de fonds qui participeraient à leurs bénéfices et à leurs pertes.

Le législateur dut se préoccuper de cet état de choses, et une loi du 2 juill. 1862 (D. P. 62. 4. 71), portant modification des art. 74, 75 et 90 c. com., eut pour objet de mettre d'accord le fait et le droit en reconnaissant, sous certaines conditions, la légalité des associations formées pour acquérir et exploiter les charges d'agents de change.

Cette loi reconnaît, pour les actes de commerce, des agents intermédiaires, savoir : les agents de change et les courtiers, qui sont nommés par le chef de l'Etat dans toutes les villes où il existe une bourse de commerce. Elle autorise les agents de change près des bourses pourvues d'un parquet à s'adjoindre des bailleurs de fonds intéressés, qui participent aux bénéfices et aux pertes résultant de l'exploitation de l'office et de la liquidation de sa valeur, et qui ne sont passibles des pertes que jusqu'à concurrence des capitaux qu'ils ont engagés. Le titulaire de l'office doit toujours être propriétaire en son nom personnel du quart au moins de la somme représentant le prix de l'office et le montant du cautionnement. L'extrait de l'acte constitutif ou modificatif de la société dont il s'agit doit être publié, à peine de nullité à l'égard des intéressés, sans que ceux-ci puissent opposer aux tiers le défaut de publication.

15. L'art. 11 de la loi du 28 vent. an 9 avait chargé le Gouvernement de faire, pour la police des bourses et en général pour l'exécution de cette loi, les règlements qui seraient nécessaires : l'art. 90 c. com. y avait ajouté qu'il serait pourvu par des règlements d'administration publique à tout ce qui est relatif à la négociation et transmission de propriété des effets publics. La loi du 2 juill. 1862, dans la rédaction nouvelle qu'elle donne à l'art. 90, combine ces dispositions, et complète la délégation qu'elles confèrent au Gouvernement notamment en ce qui concerne une revision du taux des cautionnements.

En exécution de cette disposition est intervenu un décret du 1er oct. 1862 (D. P. 62. 4. 122), concernant les agents de change. Ce décret modifie la législation antérieure, en ce qui concerne la présentation des candidats aux fonctions d'agents de change (art. 1er et 3); il détermine les conditions que doivent remplir ces candidats (art. 2), et le cautionnement exigé d'eux (art. 4).

Le décret du 1er oct. 1862 impose aux agents l'obligation, lorsqu'ils en sont requis par les parties, de délivrer récépissé des sommes qui leur sont versées et des valeurs qui leur sont déposées, et leur interdit d'avoir soit en France, sur une place autre que celle pour laquelle ils sont nommés, soit à l'étranger, des délégués chargés de les représenter ou de leur transmettre directement des ordres (art. 6 et 7).

Enfin il exige la publication par extrait, conformément aux dispositions des art. 42 et suiv. c. com., des actes par lesquels les agents de change se sont adjoint des bailleurs de fonds intéressés (art. 8).

16. La loi du 28 vent. an 9 réglementait, ainsi que nous l'avons dit (*Rép.* n°s 34 et 113), la profession de courtier de commerce comme celle des agents de change, et leur conférait un monopole. Le régime légal de courtage, tel qu'il avait été établi par cette loi et complété par celle du 28 avr. 1816 (*Rép.* n° 117), avait donné lieu à de vives réclamations : dans une enquête ouverte en 1864, la majorité des chambres de commerce (14 sur 23) réclama la liberté du courtage en matière de vente et d'achat des marchandises, la déclara sans péril pour le commerce, et favorable au développement de l'activité commerciale dans notre pays. La presque unanimité des chambres se prononça contre le privilège des courtiers de marchandises étendu aux opérations de place en place, reconnaissant implicitement par là que la liberté du courtage, bonne et sans péril pour ces opérations, devait l'être à plus forte raison pour celles de la place. Ce fut à la suite de cette enquête, dont les résultats furent développés dans un très remarquable rapport de M. Léon Cornudet, que fut présentée et votée la loi du 18 juill. 1866 (D. P. 66. 4. 118), aux termes de laquelle toute personne est libre d'exercer la profession de courtier de marchandises. La commission du Corps législatif avait proposé, par l'organe de son rapporteur M. Pouyer-Quertier, d'étendre cette liberté à la profession des courtiers d'assurances et des courtiers interprètes et conducteurs de navire, dans les fonctions desquels elle ne pouvait reconnaître les éléments constitutifs de l'office public; mais cette proposition, combattue par le Gouvernement, ne fut pas adoptée par la Chambre.

17. Tout en proclamant la liberté du courtage de marchandises, la loi charge le tribunal de commerce de dresser chaque année un tableau sur lequel pourrait être inscrit, sur sa demande, tout individu faisant habituellement le courtage et justifiant de sa capacité professionnelle et de sa probité. Les courtiers inscrits ont seuls le droit de procéder aux ventes publiques de marchandises aux enchères et en gros qui, dans les divers cas prévus par la loi, doivent être faites par un courtier. Les courtiers inscrits peuvent également être requis pour procéder à l'estimation des marchandises déposées dans les magasins généraux, et ils concourent à la constatation des cours des marchandises dans les villes où il existe une bourse de commerce.

18. La suppression du privilège des courtiers de marchandises entraînait l'obligation d'indemniser les titulaires de ces offices. La loi a institué, pour liquider cette indemnité, une commission établie à Paris et composée de neuf membres, dont trois permanents désignés par le ministre des finances, et trois non permanents choisis dans chaque département et seulement pour les affaires du département par les courtiers faisant partie des chambres syndicales réunis sous la présidence du préfet. Les trois derniers membres devaient être choisis par les six premiers. La commission ainsi constituée devait procéder sur les bases suivantes au règlement de l'indemnité. Cette indemnité devait être égale au prix moyen de cession des offices pendant les sept années antérieures au 1er juill. 1864. Toutefois, dans les villes où la clientèle est comprise ordinairement dans le prix de la vente, la commission pouvait établir une retenue, laquelle ne devait pas excéder 20 pour 100, sur le prix de chaque cession, pour être répartie entre les divers courtiers de la place, au prorata des produits de leurs offices pendant la période septennale. Les indemnités ainsi arbitrées devaient être payées : un quart comptant le 1er janv. 1867, et les trois autres quarts, valeur au 1er janv. 1867, en dix annuités négociables, composées chacune de l'intérêt à 4 1/2 pour 100 et du fonds d'amortissement nécessaire pour opérer en dix ans au même taux la libération de l'Etat.

Le payement du quart des indemnités effectué par le Trésor devait lui être remboursé en capital et intérêts à 4 pour 100 à partir de l'année 1867, et le service des annuités devait être assuré au moyen des ressources suivantes : 1° le montant des droits d'inscriptions qui seraient payés par les courtiers inscrits; 2° l'excédent du produit en principal et centimes additionnels établis au profit de l'Etat des taxes des patentables énumérés dans l'art. 20 de la loi, sur le produit des taxes des mêmes patentables réalisées en 1866. En cas d'insuffisance de ces ressources, il devait être pourvu aux voies et moyens par une loi spéciale. Les patentables mentionnés à l'art. 20, et soumis à des droits variables suivant l'importance des localités, étaient ceux qui figuraient dans la législation des patentes sous la dénomination de « commissionnaires en marchandises, courtiers de marchandises, facteurs de denrées et marchandises et représentants de commerce », ainsi que tous les individus qui prêtent leur entremise pour l'achat et la vente des marchandises, ou qui achètent et vendent des marchandises pour le compte de tiers, et dont la profession n'est pas spécialement dénommée dans les tableaux annexés aux lois de patente.

Un décret du 13 déc. 1866 (D. P. 67. 4. 15) institua la commission chargée de fixer l'indemnité à payer aux courtiers de marchandises du département de la Seine. Des commissions semblables furent créées, pour les autres départements, par des décrets successivement publiés au *Bulletin des lois*.

19. Un règlement d'administration publique du 22 déc. 1867 (D. P. 67. 4. 17), détermina le droit d'inscription à payer par les courtiers inscrits pour les différentes places de commerce dans lesquelles il existait des offices de courtiers de marchandises supprimés par la loi.

Ce droit fut établi conformément à un tableau annexé au décret précité. Il a été fixé à 1500 fr. pour la place de Versailles par un décret du 26 avr. 1871 (D. P. 71. 4. 95), à 2000 fr. pour la place de Roubaix, à 1500 fr., pour la place de Dijon, et à 1000 fr. pour la place de Nancy, par un décret du 18 nov. 1874 (D. P. 75. 4. 73).

20. Un décret du 22 déc. 1866 (D. P. 67. 4. 16), rendu en exécution de l'art. 9 de la loi du 18 juill. 1866, a réservé aux courtiers inscrits le droit de constater le cours des marchandises; toutefois, dans le cas où ces courtiers ne représentent pas suffisamment tous les genres de commerce ou d'opérations qui se pratiquent sur la place, la chambre de commerce, après avis de la chambre syndicale, peut leur adjoindre un certain nombre de courtiers non inscrits et de négociants de la place. Dans les villes où il n'existe pas de courtiers inscrits, le cours des marchandises est constaté par des courtiers et des négociants de la place désignés chaque année par la chambre de commerce.

21. Les courtiers d'assurances, les courtiers interprètes et conducteurs de navires et les agents de change autres que ceux institués près des bourses départementales pourvues d'un parquet ont été réunis, dans chaque place, sous la juridiction d'une seule chambre syndicale par un décret du 5 janv. 1867 (D. P. 67. 4. 28).

22. Il y a lieu de mentionner enfin, pour compléter l'exposé historique de la législation en cette matière : 1° la loi du 15 juin 1872 relative aux titres au porteur (D. P. 72. 4. 102), qui renferme d'importantes dispositions ayant trait à la négociation de ces titres et à la responsabilité des agents de change (V. *infrà*, n°s 175 et suiv.) ; 2° le décret du 6 févr. 1880 (D. P. 81. 4. 32) concernant la négociation, en France, des valeurs étrangères, qui a abrogé deux décrets antérieurs, des 22 mai 1858 (D. P. 58. 4. 36) et 16 août 1859 (D. P. 59. 4. 77), relatifs au même objet (V. *infrà*, n° 229).

CHAP. 2. — Des bourses de commerce
(*Rép.* n°s 131 à 181).

ART. 1er. — *Etablissement et opérations des bourses de commerce* (*Rép.* n°s 131 à 149).

23. — I. ETABLISSEMENT. — On a dit au *Rép.* n° 131 qu'aux termes de l'art. 1er de la loi du 28 vent. an 9, le Gouvernement peut établir des bourses de commerce dans tous les lieux où il le juge convenable. Cette règle, suivant M. Bédarride, *Des bourses de commerce, agents de change et courtiers*, n° 15, est la conséquence forcée de considérations d'ordre public, soit quant à l'exercice du droit de se réunir, soit quant à la nécessité d'une surveillance active sur les opérations qui doivent se traiter dans ces réunions. M. Bravard, *Traité de droit commercial*, éd. Demangeat, t. 2, p. 43, invoque les mêmes considérations et ajoute que, comme les sociétés anonymes, les bourses de commerce ne peuvent se passer de l'autorisation du Gouvernement, et que celui-ci doit rester seul juge des motifs qui peuvent le déterminer à accorder ou à refuser cette autorisation. Ces considérations, dont la valeur peut sembler amoindrie depuis que nos lois ont consacré la liberté de réunion et supprimé la nécessité de l'autorisation pour les sociétés anonymes, n'ont pas paru décisives au législateur belge : ainsi qu'on l'a vu précédemment, en effet, l'établissement des bourses de commerce est absolument libre sous l'empire de la loi du 30 déc. 1867, et le Gouvernement n'a le droit ni de les supprimer, ni de leur imposer des conditions que ceux qui forment ou qui fréquentent les bourses pourraient juger inutiles ou préjudiciables (Bastiné, *Code de la bourse*, n°s 6 et 25).

Nous avons reconnu d'ailleurs (*Rép.* n° 133), que le droit de supprimer les bourses est la conséquence du droit d'en autoriser la création. M. Bravard, p. 44, ajoute que le Gouvernement peut attacher ou ne pas attacher des agents aux bourses de commerce. En fait, certaines villes ont des agents de change et des courtiers sans avoir de bourses de commerce, et le fait contraire existe également, quoique, d'après la loi du 2 juill. 1862, il doive y avoir des agents et courtiers dans toutes les villes qui ont une bourse de commerce.

24. — II. OPÉRATIONS. — Comme on l'a exposé au *Rép.* n° 136, les bourses de commerce ont été instituées pour favoriser le développement du commerce continental et maritime. M. Mollot, *Bourses de commerce*, 3° éd., n° 5, résume ainsi qu'il suit, d'après les art. 72 et 76 c. com., les opérations que les bourses ont pour objet de faciliter : la vente des matières métalliques, la vente de toute espèce de marchandises, les assurances contre certains risques, l'affrètement des navires, les transports par terre et par eau, la négociation des effets publics et celle de toutes les valeurs dont le cours est susceptible d'être coté. Ces dernières négociations sont plus spécialement désignées, dans la pratique, sous le nom d'opérations de bourse.

25. On a vu au *Rép.* n° 138, que, par exception à la règle générale, d'après laquelle toutes opérations commerciales peuvent se traiter sans intermédiaire entre les parties intéressées, la négociation des rentes sur l'Etat et des effets publics ne peut avoir lieu que par l'entremise d'un agent de change et ne peut se conclure qu'à la bourse. Toutefois, d'après la doctrine qui semble avoir prévalu, l'art. 76 ne devrait pas être interprété en ce sens que le ministère des agents de change serait obligatoire; cet article prohiberait seulement l'emploi d'intermédiaires autres que les agents de change; il ne s'opposerait pas à ce que les valeurs de bourse fussent négociées directement par les parties elles-mêmes agissant pour leur propre compte (V. Bozérian, *La Bourse*, n° 386 ; Boistel, *Précis de droit commercial*, 3° éd., n° 662 ; Lyon-Caen et Renault, *Précis de droit commercial*, n° 1482; Motif, Paris, 24 mai 1860, aff. Nunès, D. P. 60. 5. 12; Crim. rej. 28 août 1857, aff. Goubie, D. P. 57. 1. 415).

Malgré la prohibition édictée par la loi, il a de tout temps existé une classe nombreuse de personnes qui se livrent, soit à la bourse même, soit en dehors des heures et du local de la bourse, à des négociations sur les effets publics, et qui se chargent plus spécialement de la négociation des valeurs non cotées, ou d'opérations purement fictives n'aboutissant presque jamais à un transfert et devant se régler par le payement des différences. Ces intermédiaires sont connus sous le nom de *coulissiers*: ce nom leur vient de ce que, dans les anciens locaux destinés à la Bourse de Paris, les personnes qui opéraient sans le ministère d'agents de change sur les effets publics se réunissaient dans un couloir séparé par une cloison à hauteur d'appui du lieu où étaient assemblés les commerçants. On appela ce couloir la *coulisse* (Frémery, *Des opérations de bourse*, p. 494). Le lieu où, en dehors de la bourse, se font les négociations irrégulières des effets publics, et où opèrent principalement les coulissiers est désigné sous le nom de *petite bourse*. Les réunions de la petite bourse ont été alternativement tolérées ou interdites par l'autorité. En 1842, le préfet de police, sollicité d'agir par la chambre syndicale des agents de change, répondait qu'il ne croyait pas pouvoir le faire parce qu'on ne lui signalait ni les contrevenants, ni les infractions. Des ordonnances de police ont depuis, à plusieurs époques, interdit les rassemblements illicites des coulissiers (V. Mollot, *Bourses de commerce*, n° 12 ; Bravard, t. 2, p. 52), mais elles n'ont eu généralement pour effet que de les obliger à changer de local : ils se sont ainsi successivement transportés du passage des Panoramas au café Tortoni, puis au passage de l'Opéra, au casino de la rue de la Chaussée d'Antin, au Crédit lyonnais, etc. Les relations entre le parquet des agents de change et la coulisse avaient eu longtemps le caractère d'une sorte d'alliance tacite, lorsqu'en 1859 une plainte portée par la chambre syndicale vint modifier cette situation. Condamnés par le tribunal correctionnel de la Seine et par la cour de Paris, les coulissiers se pourvurent en cassation, et leur pourvoi fut rejeté par un arrêt de la chambre criminelle du 19 janv. 1860 (aff. Jarry, D. P. 60. 1. 40) sur lequel nous reviendrons plus loin, et qui consacre l'existence du privilège des agents de change non seulement pour les opérations faites au comptant sur les effets publics, mais aussi pour les opérations faites à terme et à découvert.

26. L'arrêté du 27 prair. an 10, rapporté au *Rép.* n° 139, n'avait établi un parquet qu'à la Bourse de Paris. Les transferts devant être inscrits sur le grand-livre qui n'existait alors qu'à Paris, la négociation des effets publics aurait rencontré des obstacles partout ailleurs. Mais cette difficulté cessa d'exister lorsque la loi du 14 avr. 1819 (*Rép.* n° 126, et v° *Trésor public*, p. 1136) eut créé dans chaque département un livre auxiliaire de la dette publique. Des demandes en institution de parquets furent faites alors dans certaines bourses ; mais le Gouvernement s'y montra peu favorable, dans la crainte que la différence qui pourrait survenir dans les cours comparés de Paris et des autres villes où serait permise la négociation des effets publics n'entraînât un préjudice pour le crédit public. Il était facile de répondre, ainsi que le fait observer M. Mollot, n° 49, que la différence des cours ne serait jamais que l'expression d'un fait vrai et le résultat inévitable soit de la plus ou moins grande abondance des capitaux, soit de la plus ou moins grande faveur dont jouirait la rente sur telle ou telle place, et que, dans tous les cas, elle ne pouvait présenter aucun danger. On le comprit sans doute ainsi ; car la demande des agents de change de Lyon, longtemps écartée, fut accueillie en 1845 : depuis cette époque, des parquets ont été établis dans les villes de Lyon, Marseille, Bordeaux, Toulouse, Lille et Nantes; ce dernier parquet a été établi par un décret du 10 août 1868 (D. P. 69. 4. 1) (Buchère, *Traité théorique et pratique des opérations de la bourse*, n° 28). Comme on l'a vu *suprà*, n° 2, un décret du 15 sept. 1862 ordonne qu'à l'avenir, les parquets pour la négociation des effets publics ne pourront être établis que par des décrets rendus sur la proposition des ministres des finances et du commerce.

27. On a vu (*Rép.* n° 142) que, dans l'usage, le crieur chargé, aux termes de l'art. 24 de l'arrêté du 27 prair. an 10, d'annoncer le cours des effets publics, n'annonce que le cours des rentes sur l'Etat. Il ne crie même que le taux des négociations au comptant, dont le nombre est très inférieur à celui des négociations à terme. Encore n'indique-t-il que les variations qui surviennent dans le cours des négociations au comptant. Tant que le cours reste au chiffre qui a été proclamé, le crieur ne l'annonce pas de nouveau ; et il est admis que le cours annoncé reste le même tant que le crieur n'a pas fait connaître un cours nouveau (Bravard, éd. Demangeat, p. 29).

28. L'arrêté du 15 pluv. an 4 charge, comme nous l'avons dit (*Rép.* n° 144), un syndic et quatre adjoints nommés par les agents de change de constater le cours du change et des négociations. D'après l'ordonnance du préfet de police du 1er therm. an 9, exclusivement applicable à la Bourse de Paris, les cours des marchandises et matières métalliques et celui des effets ne peuvent être établis que d'après les achats, ventes et négociations faites ou rappelées par le parquet (art. 15). L'art. 17 de cette ordonnance porte qu'à la fin de chaque séance de la Bourse, les agents de change se réuniront dans le parquet de la Bourse: 1° pour vérifier les cotes des effets publics; 2° pour en faire arrêter le cours par un syndic et un adjoint, ou par deux adjoints en cas d'absence du syndic ; 3° pour faire constater dans la même forme le cours du change. Ces dispositions sont encore exactement suivies. Après la clôture de la bourse, les agents se retirent dans une pièce attenante au parquet et qu'on nomme le cabinet des agents de change: ils y procèdent, sous la présidence du syndic, à la rédaction du bulletin officiel des cours de chaque valeur tant à terme qu'au comptant.

29. L'art. 76 c. com. charge également les agents de change de constater le cours du change et celui des matières métalliques. Pour se procurer une lettre de change payable dans un autre lieu, on peut, suivant les circonstances, avoir à payer soit exactement la somme indiquée dans la lettre, soit une somme supérieure, soit une somme inférieure. En d'autres termes, le change peut être au pair, au-dessus du pair ou au-dessous du pair. Ce cours du change, qui n'est autre chose que la valeur relative de l'argent et du papier, est indiqué dans le bulletin de la manière suivante : deux colonnes y contiennent, l'une la valeur du papier, l'autre celle de l'argent; quand le cours est au pair on inscrit le même chiffre dans les deux colonnes ; quand au contraire, le cours est au-dessus ou au-dessous du pair, on y inscrit des chiffres différents (Bravard, éd. Demangeat, p. 157).

Quant aux matières métalliques, la loi n'entend par cette expression que l'or et l'argent soit monnayé, soit en barre. Les bijoux composés de ces matières, comme les autres métaux, rentrent dans la catégorie des marchandises ordinaires, dont il appartient aux courtiers de commerce de fixer les cours (Bédarride, n° 119).

Les agents de change ne s'occupent à Paris ni de la négociation des effets privés, ni de celle des matières métalliques, et ils ne constatent le cours de ces matières, ainsi que celui du change, que d'après les renseignements qui leur sont fournis par des courtiers de change ou par des changeurs qui s'occupent de ces négociations sans caractère public.

30. Aux termes de l'art. 9 de la loi de 18 juill. 1866, « dans chaque ville où il existe une bourse de commerce, le cours des marchandises sera constaté par les courtiers inscrits réunis, s'il y a lieu, à un certain nombre de courtiers non inscrits et de négociants de la place, dans la forme qui sera prescrite par un règlement d'administration publique ». A Paris, cette constatation est faite tous les jours à la Bourse dans les bureaux de la chambre syndicale des courtiers assermentés. Dans les villes où il n'existe pas de courtiers assermentés, cette opération est confiée à des courtiers non inscrits, ou à des négociants désignés par la chambre de commerce. Cette chambre fixe, aux termes de l'art. 2 du règlement du 22 déc. 1866, le nombre des courtiers non inscrits et des négociants de la place qui doivent faire partie de la réunion chargée de constater les cours, et elle les désigne (J. Fabre, *Des courtiers*, t. 2, nos 421 et suiv.).

Les réclamations auxquelles donne lieu la rédaction des cours sont jugées par la chambre syndicale, et, s'il n'y a pas de réclamation, le cours est affiché à la Bourse. A Paris, on en transmet chaque semaine un exemplaire au ministre du commerce, au préfet de la Seine, et aux présidents du tribunal et de la chambre de commerce.

ART. 2. — *Police intérieure et extérieure des bourses de commerce* (*Rép.* nos 150 à 171).

31. On a rapporté au *Rép.* n° 151, les ordonnances successives du préfet de police qui ont réglementé les heures d'ouverture et de fermeture de la Bourse de Paris. L'ordonnance actuellement en vigueur est celle du 28 avr. 1845, qui a abrogé celle du 12 janv. 1831. Aux termes de cette ordonnance, la Bourse doit être ouverte tous les jours, depuis une heure jusqu'à trois heures de relevée, pour la négociation des effets publics: les opérations commerciales continuent d'avoir lieu depuis deux heures jusqu'à cinq heures.

32. Les règlements des autres bourses de commerce sont généralement calqués sur celui de Paris, sauf pour ce qui tient aux convenances locales (Mollot, *Bourses de commerce*, n° 41). Il est des villes où la tenue de la bourse n'a lieu qu'à certains jours de la semaine. A Marseille, elle a lieu deux fois par jour, le matin de onze heures à midi, le soir de deux à trois heures. La bourse du matin est consacrée à la négociation des effets publics (Bédarride, *Des bourses de commerce, agents de change et courtiers*, n° 24).

Suivant M. Bédarride, n° 59, les négociations des effets publics ne pouvant avoir lieu qu'à la Bourse, les opérations faites avant ou après l'heure réglementaire doivent être déclarées nulles comme faite dans une bourse clandestine. Cette nullité est, d'ailleurs, formellement édictée par l'art. 12 de l'arrêt du conseil de 1781, qui ainsi qu'on l'a vu (*Rép.* n° 97), n'a été abrogé sur ce point par aucune disposition des lois postérieures.

33. Nous avons dit *suprà*, n° 4, qu'un décret du 17 déc. 1856 avait assujetti l'entrée de la Bourse de Paris au payement d'un droit perçu au profit de la Ville, et fixé à 1 franc pour la bourse des effets publics et à 50 centimes pour la bourse des marchandises. Ce décret, qui avait été provoqué par le conseil municipal de Paris et rendu sur un mémoire du préfet de la Seine, avait pour but de remédier à l'encombrement toujours croissant de la Bourse. Mais il semblait peu conforme à la destination publique des bourses ; et il eut pour résultat d'écarter de la Bourse une foule de petits capitalistes, dont le concours n'était pas sans influencer le cours des effets publics (Bédarride, n° 23). Aussi la compagnie des agents de change insista-t-elle pour obtenir le retrait de cette mesure, et proposa-t-elle une somme importante pour le rachat et la suppression du droit d'entrée. Le décret de 1856 fut, ainsi que nous l'avons dit, à la suite de ces réclamations, rapporté par un décret du 22 nov. 1861.

34. On a vu (*Rép.* n° 153) que d'après l'ordonnance de police du 1er therm. an 9, la Bourse de Paris n'est ouverte qu'aux citoyens *jouissant de leurs droits politiques*. Cette restriction a-t-elle été maintenue par l'art. 1er de l'arrêté du 27 prair. an 10, qui ouvre la Bourse « à tous les citoyens et même aux étrangers »? M. Mollot, n° 31, et M. Bédarride, n° 33, pensent qu'on ne saurait l'admettre sans méconnaître l'esprit de l'arrêté de l'an 10, qui n'a pas entendu, alors qu'il admet les étrangers sans aucune condition, faire aux nationaux une condition moins favorable. D'ailleurs, suivant M. Bédarride, l'expression de *citoyen* ne pouvait avoir en l'an 10 une autre valeur qu'en l'an 9 ; dans la législation de cette époque, elle désigne indistinctement tous les Français, et, en omettant l'obligation, imposée aux citoyens par l'ordonnance du 1er therm. an 9, de justifier qu'ils jouissaient des droits politiques, l'arrêté de l'an 10 leur a rendu la Bourse également accessible à tous. Le même auteur fait observer que le code de commerce a fait cesser sur ce point toute équivoque, l'art. 71 ayant attaché l'admission à la Bourse, non à la qualité civile ou politique, mais à la profession.

35. Les faillis non réhabilités ne peuvent, ainsi qu'on l'a dit au *Rép.* n° 153, se présenter à la Bourse. On s'est demandé si cette exclusion devrait être étendue aux non-commerçants qui ont fait cession de biens à la suite d'une déconfiture. L'arrêt du conseil du 21 août 1766 prohibait l'entrée de la Bourse à tous marchands ... « *bourgeois et autres personnes de quelque qualité ou condition qu'ils soient*, qui auraient obtenu des lettres de répit, fait faillite ou contrat d'atermoiement » ... or la cession de biens est la faillite des non-négociants, et le cessionnaire d biens était compris, comme le failli, dans la disposition précitée de l'arrêt du conseil de 1766, qui est encore en vigueur aujourd'hui. M. Mollot, n° 33, propose toutefois une distinction entre la cession de biens judiciaire, qu'il assimile à la faillite et qui, d'après lui, entraîne l'exclusion de la Bourse, et la cession volontaire, qui est acceptée par tous les créanciers et n'a d'effet que dans les termes des stipulations conclues entre eux et le débiteur (c. civ. art. 1267). M. Bédarride, nos 35 et 390, estime, au contraire, que les caractères de la cession volontaire, se rencontrent également dans l'arrangement amiable que le commerçant peut obtenir avant toute déclaration de faillite, et que ce dernier n'en est pas moins considéré comme failli, par le seul fait de la cessation matérielle de ses payements. Dans l'un comme dans l'autre cas, l'exclusion de la Bourse lui paraît devoir être maintenue contre le débiteur qui a commis un manquement grave à ses engagements, et que le législateur doit, par une sorte de châtiment, provoquer à se réhabiliter en payant la totalité de sa dette.

36. L'art. 5 de l'arrêté du 27 prair. an 10 permet d'interdire l'entrée de la Bourse à tous ceux qui seront convaincus de s'être immiscés dans les fonctions des agents de change ou des courtiers. Nous avons dit, *Rép.* n° 155, que cette interdiction ne peut avoir lieu qu'après une condamnation judiciaire constatant les faits entraînant l'exclusion. C'est ce qu'enseignent également MM. Bravard, *Traité de droit commercial*, t. 2, p. 50, et Mollot, n° 19. Au contraire, d'après M. Bédarride, n° 39, l'exclusion prononcée par l'arrêté ne serait pas subordonnée à la constatation judiciaire du délit; mais elle serait laissée à l'arbitrage souverain du préfet de police à Paris, et du maire dans les départements. Cette dernière opinion ne nous paraît pas conforme au texte de l'art. 5, qui suppose une *contravention* aux dispositions de l'article précédent, d'après lequel l'immixtion dans les fonctions d'agent de change ou de courtier est interdite sous certaines peines. Il s'agit ici d'un délit dont l'existence ne peut être constatée que par l'autorité judiciaire.

37. Nous avons examiné au *Rép.* nos 159 et suiv., quelles peines peuvent être infligées à ceux qui contreviennent aux dispositions de l'arrêt du conseil du 24 sept. 1724, portant défense de s'assembler hors de la Bourse pour des opérations de nature à y être traitées. D'après l'opinion que nous avons adoptée (*ibid.*, n° 164), l'amende édictée par l'art. 8 de la loi du 28 vent. an 9, et qui varie entre le sixième et le douzième du cautionnement des agents de change et courtiers, doit continuer à avoir pour base le chiffre des cautionnements tel qu'il était fixé en l'an 9, et non le chiffre auquel ces cautionnements ont été portés depuis cette époque. — Cette interprétation, suivie par MM. Bédarride, n° 50; Bozérian, *De la bourse*, n° 403, et Buchère, *Traité des opérations de la bourse*, n° 116, a été repoussée par deux arrêts de la cour de cassation du 28 août 1857 (aff. Goubie, D. P. 57. 1. 415), et 19 janv. 1860 (aff. Jarry, D. P. 60. 1. 40). Suivant ces arrêts il ne résulte pas de la loi du 28 vent. an 9 que le législateur se soit invariablement attaché, pour la fixation de l'amende, au taux du cautionnement de cette époque; si, depuis lors, le cautionnement a dû être augmenté, c'est que les fonctions d'agents de change ont pris plus d'importance et imposent à l'officier public une responsabilité plus grande; et l'usurpation de la fonction devenant un délit plus grave, soit par le dommage causé aux agents de change, soit par le gain illicite qu'en retirent les délinquants, il est juste que l'amende suive la même proportion et puisse être proportionnée au délit lui-même.

Il a été jugé, d'ailleurs, conformément à l'opinion exprimée au *Rép.* n° 165, que l'amende dont il s'agit étant édictée par une loi antérieure au code pénal, elle ne peut être abaissée par l'admission des circonstances atténuantes au-dessous du *minimum* fixé par cette loi (Trib. corr. Seine, 24 juin 1859, aff. Jarry, D. P. 60. 1. 43).

On verra *infrà*, nos 60 et suiv., qu'indépendamment de la sanction pénale qui leur est attachée, les prescriptions de la loi du 28 vent. an 9 ont une sanction civile, qui résulte de la nullité des opérations de bourse faites en contravention à ces prescriptions.

ART. 3. — *Édifices consacrés aux bourses de commerce. — Administration. — Entretien* (*Rép.* nos 172 à 181).

38. Nous avons dit (*Rép.* n° 173) que le palais de la Bourse à Paris, commencé aux frais de l'Etat, a été achevé au moyen de contributions établies sur les commerçants de la capitale et d'une souscription de la compagnie des agents de change. C'est également, ainsi qu'on l'a vu *suprà*, n° 3, au moyen des ressources de la chambre de commerce, d'un emprunt dont le service a été assuré par une contribution spéciale sur les patentés, et d'une subvention de la ville qu'a été construite la Bourse de Marseille (Décr. 19 sept. 1859, D. P. 59. 4. 82). Le décret du 15 déc. 1851 (D. P. 52. 4. 11) précédemment cité, qui a déclaré l'utilité publique de cette construction, a autorisé la chambre de commerce à acquérir par voie d'expropriation les terrains nécessaires, et le produit de l'imposition additionnelle destinée à concourir au service de l'emprunt a été mis à la disposition de cette chambre, à la charge de rendre compte au ministre de l'emploi desdites sommes.

CHAP. 3. — Des agents de change (*Rép.* nos 182 à 448).

ART. 1er. — *Conditions et mode de leur nomination* (*Rép.* nos 182 à 216).

39. On a vu au *Rép.* n° 182, qu'aux termes de l'art. 7 de l'arrêté du 29 germ. an 9, le candidat aux fonctions d'agent de change doit « *jouir des droits de citoyen français* ». Le décret du 1er oct. 1862 (V. *suprà*, n° 15) porte simplement que nul ne peut être agent de change « *s'il n'est Français* ». Cette rédaction n'exclut que les étrangers non naturalisés. Mais un étranger ne peut être nommé agent de change, alors même qu'il aurait été admis à fixer son domicile en France aux termes de l'art. 13 c. civ. (Mollot, *Bourses de commerce*, n° 81 ; Bravard, *Traité de droit commercial*, t. 2, p. 66).

40. Le candidat doit avoir 25 ans accomplis. Cette condition, qui nous avait paru requise aux termes de l'art. 21 de l'arrêt des tribunaux de commerce (D. P. 72. 4. 3) qui, sur la proposition de M. Moreau, député de la Seine et syndic des agents de change de Paris, a décidé que les agents de change pourraient être appelés à faire partie de l'assemblée d'électeurs chargés de nommer les membres des tribunaux de commerce. La loi du 8 déc. 1883, relative aux membres des tribunaux de commerce (D. P. 84. 4. 9), fait également figurer les agents de change parmi les citoyens électeurs et éligibles. Aucune controverse ne peut donc s'élever désormais sur cette question, qui est tranchée conformément à l'opinion adoptée au *Répertoire* (V. conf. Bozérian, *La Bourse*, t. 1, p. 235; Lyon-Caen et Renault, *Précis de droit commercial*, t. 1, n° 148; Bravard et Demangeat, *Traité de droit commercial*, t. 2, p. 58; Bédarride, *Des bourses de commerce*, n° 395; Buchère, *Traité des opérations de la Bourse*, n°s 59 et 93; Paris, 22 janv. 1875, aff. Chenard, D. P. 95. 2. 123).

Il a été jugé, par application de ce principe : 1° que, si l'ordre d'achat et de vente donné à un agent de change constitue un mandat civil qui ne donne point, en général, à celui-ci une action commerciale contre son client, il en est autrement lorsque c'est l'agent de change qui est actionné en justice pour l'exécution de ce mandat considéré comme fait de courtage et de commission aux termes de l'art. 632 c. com., et qu'il y a acte de commerce de la part des deux parties lorsque les opérations suivies entre elles se rattachent à leur négoce respectif: au négoce de l'agent d'affaires ayant pour profession habituelle la négociation pour autrui des valeurs de bourse, et au négoce de l'agent de change intermédiaire de ces sortes de négociations ; qu'en conséquence, un litige de cette nature est de la compétence des tribunaux de commerce (Civ. rej. 25 juill. 1864, aff. Filliol, D. P. 64. 1. 489) ; — 2° Que l'agent de change étant commerçant et les opérations de bourse étant pour lui des actes essentiellement commerciaux, il est soumis à la preuve testimoniale relativement au mandat qu'il reçoit pour l'exécution des ordres de bourse (Lyon, 3 mars 1885, aff. Doërr, D. P. 86. 2. 112). — Décidé en sens contraire que les agents de change sont des officiers publics, et qu'on ne saurait leur attribuer la qualité de commerçant ; qu'en conséquence, on ne saurait opposer à la femme de l'agent de change les restrictions imposées par l'art. 563 c. com. à l'hypothèque légale de la femme dont le mari était commerçant lors de son mariage, ou est devenu commerçant dans l'année, quand il n'avait pas, d'ailleurs, à cette époque une profession déterminée (Bordeaux, 10 janv. 1865) (1).

56. On a vu au *Rép.* n° 227 que la compagnie des agents de change de Paris est placée dans les attributions du ministre des finances. Il en est de même, depuis la loi du 2 juill. 1862 (D. P. 62. 4. 71), des agents institués près des bourses départementales pourvues d'un parquet pour la négociation des effets publics.

ART. 3. — *Attributions des agents de change* (*Rép.* n°s 229 à 258).

§ 1er. — Négociation des effets publics et autres susceptibles d'être cotés, de tous les papiers commerçables et des matières métalliques (*Rép.* n°s 230 à 246).

57. On a vu au *Rép.* n°s 230 et suiv., que les valeurs dont la négociation est confiée aux agents de change sont de quatre espèces : 1° les effets publics ; 2° les effets susceptibles d'être cotés ; 3° les effets commerçables ; 4° les matières métalliques.

58. — I. EFFETS PUBLICS. — Les *effets publics* nous ont paru (*Rép.* n° 231) pouvoir être divisés en deux catégories: 1° les titres qu'on nommait autrefois *effets royaux*, c'est-à-dire, suivant Denizart, v° *Effets publics* « ceux qui devaient être acquittés immédiatement par le roi soit au trésor royal, soit dans d'autres caisses qui lui appartenaient ». Ce sont en d'autres termes tous ceux qui représentent une dette de l'Etat. On doit y comprendre, indépendamment des rentes inscrites sur le grand-livre de la dette publique, des bons du Trésor (précédemment appelés bons royaux ou effets de la caisse de service) et des actions de certains canaux dont l'énumération figure au *Rép.* n° 231, toutes les actions et obligations des chemins de fer et autres compagnies qui sont garanties par l'Etat, soit quant au capital, soit quant à un minimum de revenu (V. *Rép.* v° *Trésor public*, n°s 1096, 1098 et 1109) ; — 2° les effets que M. Bravard désigne sous le nom d'effets *semi-publics* (p. 105), et qui sont émis non par l'Etat, mais avec son autorisation, par des villes, des départements, des établissements publics et des compagnies anonymes autorisées. Telles sont les obligations de la Ville de Paris, les actions de la Banque de France, les actions et obligations du Crédit foncier, celles des chemins de fer qui n'ont pas la garantie de l'Etat, etc. Il faut comprendre dans cette seconde catégorie les effets des gouvernements étrangers (V. *Rép.* v° *Trésor public*, n°s 1098 et 1246). Toutes les autres valeurs rentrent dans la classe des *effets non publics* susceptibles d'être cotés.

59. — II. EFFETS SUSCEPTIBLES D'ÊTRE COTÉS. — Les *effets susceptibles d'être cotés* forment, comme nous l'avons dit (*Rép.* n° 239), la deuxième espèce de valeurs dont la négociation appartient aux agents de change. Plusieurs systèmes ont été proposés sur la question de savoir quelles valeurs doivent être comprises sous cette définition.

Un premier système, soutenu par MM. Bédarride, *Bourses de commerce*, n°s 204 et 205; Mollot, *Bourses de commerce*, n°s 126 et 392; Bozérian, *La Bourse*, t. 1, n°s 45, 229 et 386; Vainberg, *Journal des valeurs mobilières*, 1re année, p. 97 et suiv., fait rentrer dans cette catégorie tous les effets qui, par leur nature intrinsèque, sont, à un instant

(1) (Syndic Bacque C. Bacque.) — LA COUR ; — Attendu qu'aux termes des art. 74 et suiv. c. com. les agents de change sont, pour les actes de commerce, des agents intermédiaires; qu'ils ont un caractère public et sont nommés par l'Empereur; que leurs fonctions sont de faire, exclusivement à tous autres, pour compte d'autrui, les négociations d'effets publics et de tous papiers commerciables; mais que la loi leur interdit sévèrement de faire pour leur compte, sous aucun prétexte, des opérations de commrce, ou de s'intéresser en aucune façon dans une entreprise commerciale, et même de se rendre garants de l'exécution des marchés dans lesquels ils s'entremettent; qu'enfin la violation de ces règles est punie d'amende et de destitution, et qu'en cas de faillite, ils sont poursuivis comme banqueroutiers ; — Attendu que l'ensemble de ces dispositions ne permet pas de considérer les agents de change comme des commerçants; que, loin de là, elles excluent en leur personne cette qualité; que, s'ils prennent part à des actes de commerce, c'est uniquement comme intermédiaires et pour compte des tiers qui recourent à leur ministère, obligé dans beaucoup de cas, mais que personnellement ils demeurent étrangers à ces actes ; — Attendu que les agents de change qui se conforment aux prescriptions de la loi, ne contractent point d'engagements et n'ont pas de payements à faire par suite des actes de leur profession ; qu'ils ne peuvent donc point tomber en faillite; — Que s'ils arrivent à cette extrémité, c'est parce que, s'écartant de leurs devoirs, ils ont tenté des spéculations commerciales; qu'alors il y a faute de leur part, et faute tellement grave qu'elle constitue aux yeux de la loi un crime puni des peines de al banqueroute frauduleuse; que, dans tous les cas donc et nécessairement, la faillite d'un agent de change est la conséquence, non pas de l'exercice légitime de sa profession, mais d'opérations dont elle lui faisait, au contraire, un devoir spécial de s'abstenir; — Attendu que des considérations qui précèdent, il ressort que les agents de change sont des officiers publics à qui leur titre ne saurait faire attribuer la qualité de commerçants; — Qu'il importe peu, dès lors, qu'en certains cas la connaissance des contestations se rattachant à leurs actes soit déférée à la juridiction commerciale; que les dispositions qui l'ont ainsi réglé s'expliquent par des convenances particulières, mais que dans tous les cas, elles ne peuvent pas modifier les caractères essentiels de leur institution ; — Attendu qu'en contractant mariage le 13 oct. 1856, Bacque était agent de change, et s'est présenté en cette seule qualité; que, s'il se livrait, dès lors, à des opérations de commerce, la dame Bacque n'en avait pas connaissance; que la faillite a été déclarée par jugement du 5 nov. 1861, et que très probablement les créances qui existaient alors avaient pris naissance depuis son mariage célébré plus de cinq ans auparavant; que les tiers avec lesquels il traitait n'ignoraient pas sa qualité qui lui interdisait des actes de commerce ; qu'en fait donc, aussi bien qu'en droit, la dame Bacque est fondée à soutenir que son hypothèque légale est à l'abri des restrictions imposées par l'art. 563 c. com. à la femme dont le mari était commerçant lors de son mariage, ou l'est devenu dans l'année, quand, d'ailleurs, il n'avait pas alors une autre profession déterminée; — Attendu que, dans ces circonstances, la vérification des livres de Bacque offerte par les appelants devient inutile; — Par ces motifs, etc.

Du 10 janv. 1865.-C. de Bordeaux, 2e ch.-MM. Dégrange-Touzin, pr.-Dulamon, av. gén.-Goubeau et Bayle, av.

quelconque, aptes à être portés sur la cote de la bourse, quoiqu'ils n'y aient point encore été portés. Ce système a été admis par plusieurs arrêts (Paris, 30 mai, 11 juill. et 2 août 1851, aff. Billaud, D. P. 52. 2. 92 et 93; 13 nov. 1882, aff. Bourgeois, D. P. 83. 2. 87; Toulouse, 6 juin 1883, aff. Savy-Gardeil, D. P. 85. 2. 75).

Un second système, adopté par M. Boistel, *Précis de droit commercial*, 3e éd., n° 663, p. 456, note 2, et par M. Buchère, *Traité des opérations de la Bourse*, nos 60 et 252, s'attache plus particulièrement à la notoriété des valeurs et considère comme susceptibles d'être cotés les effets qui, par leur importance et leur multiplicité, seraient destinés à acquérir un grand mouvement de circulation, en laissant de côté les titres négociables peu connus sur le marché, qui ne prétendent pas à la cote.

D'après un troisième système, enseigné par MM. Lyon-Caen et Renault, *Précis de droit commercial*, t. 1, n° 1481, ne sont pas susceptibles d'être cotées les valeurs qui, soit à raison de leur nature intrinsèque, soit à raison d'une prohibition quelconque des lois ou des règlements, ne peuvent pas être admises à la cote.

La cour de cassation, par deux arrêts du 1er juill. 1885 (aff. Force, D. P. 85. 1. 393), et du 9 mars 1886 (aff. Bergeron, D. P. 86. 1. 266), a consacré un quatrième système qui ne comprend sous cette expression « effets susceptibles d'être cotés » que ceux qui ont été jugés par la chambre syndicale des agents de change, aptes à être portés sur la cote officielle de la Bourse. Ainsi que le fait observer M. Crépon, sur le rapport duquel ont été rendus ces arrêts, « l'art. 76 prend pour type l'effet public qu'on a toujours considéré comme étant de droit inscrit à la cote, et il assimile à l'effet public les autres effets, mais seulement quand ils auront été jugés susceptibles d'être admis à la cote. Le juge, c'est la chambre syndicale des agents de change chargée de la cote, maîtresse de la cote; le jugement c'est l'inscription même à la cote: tant que ce jugement n'est pas rendu, l'effet n'a pas rempli la condition imposée pour son assimilation avec l'effet public, et n'a pas encore paru susceptible d'être coté, et partant il ne rentre pas dans le monopole des négociations des agents de change » (*De la négociation des effets publics et autres*, n° 80).

Cette solution, parfaitement juridique, répond aux nécessités pratiques du marché financier en renfermant dans des limites précises le monopole des agents de change. Elle assigne exclusivement à ces derniers le marché des valeurs cotées, tel que l'a déterminé la chambre syndicale; elle laisse à la liberté des transactions le *marché en banque*, c'est-à-dire le marché de toutes les autres valeurs.

60. — III. Monopole des agents de change. — L'art. 76 c. com., aux termes duquel la négociation des effets publics et autres susceptibles d'être cotés ne peut s'opérer que par l'intermédiaire des agents de change, ne fait, ainsi que nous l'avons dit (*Rép.* n° 232), que reproduire un certain nombre de dispositions antérieures. La violation de ce privilège des agents de change constitue un délit prévu et puni par les art. 8 de la loi du 28 vent. an 9 et 4 de l'arrêté des consuls du 27 prair. an 10, et la chambre syndicale est recevable à poursuivre ce délit par la voie de l'action civile (Crim. rej. 19 janv. 1860, aff. Jarry, D. P. 60. 1. 40; 21 févr. 1868, aff. Picacé, D. P. 81. 1. 97, note 1-2).

Indépendamment de cette sanction pénale, une sanction civile est attachée à l'inobservation des prescriptions de l'art. 76 c. com.; elle résulte de la nullité des négociations faites sans intermédiaire d'agents de change. Cette nullité, qui a été édictée par les dispositions non abrogées de l'art. 13 de l'arrêt du conseil du 26 nov. 1781 et des articles précités de la loi du 28 vent. an 9 et de l'arrêté du 27 prair. an 10, est une nullité générale et absolue (Mollot, n° 608; Bédarride, n° 220; Alauzet, *Droit commercial*, t. 3, n° 894; Crépon, nos 15 et suiv.).

La jurisprudence est aujourd'hui, sur ce point, d'accord avec la doctrine. Plusieurs arrêts avaient déjà décidé que les opérations faites dans la coulisse et entre coulissiers ne pouvaient donner lieu à une action en répétition (Paris, 27 juin et 26 août 1823; Trib. de la Seine, 8 nov. 1854, 19 juin, 2 oct., 20 nov. 1856, *Rép.* v° *Trésor public*, n° 1269), et que la vente d'actions au porteur par un tiers sans qualité, en dehors des prescriptions légales, est nulle et ne peut ouvrir à ce tiers une action en justice (Paris, 24 mai 1860, aff. Nunès, D. P. 60. 5. 12). Mais la jurisprudence n'a été qu'à une époque récente appelée à se prononcer sur la validité des opérations de bourse faite par des intermédiaires non reconnus par la loi, dans leurs rapports avec leurs clients. Cette question a été résolue par un arrêt de la chambre des requêtes du 28 févr. 1881 (aff. Bonnaud, D. P. 81. 1. 97), rendu à la suite d'un savant rapport de M. le conseiller Crépon et conformément aux conclusions de M. le procureur général Bertauld. Cet important arrêt reconnaît la nullité absolue des négociations faites sans l'intermédiaire d'agents de change, et décide qu'aucune action ne peut être accordée pour le règlement de ces négociations, pour le remboursement des avances et pour le payement des différences en exécution du mandat donné à tout autre intermédiaire, quoique ce mandat ait été réellement donné et accepté. Le principe posé dans cet arrêt a été consacré, depuis cette époque, par une jurisprudence invariable (Motifs, Req. 19 déc. 1881 (1); Civ. cass. 29 mai 1883, aff. Rophé, D. P. 83. 1. 418; Req. 21 avr. 1885, aff. Lorrain, D. P. 85. 1. 275; Civ. rej. 22 avr. 1885, aff. Joly, D. P. 85. 1. 273; Civ. cass. 16 juin 1885, aff. Rogès, D. P. 86. 1. 153; Civ. cass. 29 juin 1885, aff. Le Crédit général français, D. P. 85. 1. 273; Civ. rej. 9 mars 1886, aff. Bergeron, D. P. 86. 1. 266; Paris, 2 juin 1881, aff. Allard, D. P. 83. 2. 81; 30 janv. 1882, aff. Wittmann, *ibid.*; 1er févr. 1882, aff. Charlemaigne, *ibid.*; 16 juin 1882, aff. Mouret, *ibid.*; 22 juin 1882, aff. Coste, *ibid.*; 10 juill. 1882, aff. Mayer, *ibid.*; 29 sept. 1882, aff. Lefaut, *ibid.*; 13 nov. 1882, aff. Bourgeois, *ibid.*; 21 nov. 1882, aff. Jolivet, *ibid.*; Amiens, 22 févr. 1882, aff. Poulain, *ibid.*; Toulouse, 2 août 1882, aff. Aurivel, *ibid.*; Besançon, 27 déc. 1882, aff. Pothé, *ibid.*; Orléans, 10 avr. 1883, aff. Pelletier, D. P. 84. 2. 10; Toulouse, 6 juin 1883, aff. Savy-Gardeil, D. P. 85. 2. 75; Lyon, 19 juin 1883, aff. Crédit provincial, D. P. 85. 2. 185; 12 juill. 1883, aff. Sarrazin, *ibid.*; 24 juill. 1883, aff. Rollier, *ibid.*; Poitiers, 17 juill. 1883, aff. Coreillier, D. P. 84. 2. 207; Lyon, 29 nov. 1883, aff. Fréry, D. P. 84. 2. 180).

61. Mais des divergences se sont manifestées, dans la jurisprudence, relativement au caractère de la nullité des négociations faites en dehors du ministère des agents de change et aux conséquences que devait entraîner cette nullité.

Plusieurs des arrêts de cours d'appel qui viennent d'être rapportés avaient décidé que ces négociations étaient nulles soit qu'elles se fussent produites sous forme de ventes directes faites par les porteurs de titres aux coulissiers achetant pour revendre, soit que ceux-ci n'eussent agi qu'en vertu d'un mandat (Arrêt du 2 août 1882 cité *suprà*, n° 60); — ... Et que la nullité de ces négociations, ayant le caractère d'une nullité d'ordre public, pouvait être opposée par le spéculateur aussi bien que par le coulissier qui lui avait servi d'intermédiaire, et ne pouvait être couverte par aucune ratification du mandant (Arrêts des 1er févr., 2 août et 27 déc. 1882 cités *suprà*, n° 60).

Quelques-uns de ces arrêts avaient même décidé que le spéculateur qui avait acheté des valeurs de bourse par l'entremise d'un agent sans qualité avait droit de répéter

(1) (D... C. Deville et comp.) — La cour; — Sur le moyen unique du pourvoi, tiré de la violation des art. 76 c. com., 1er, 7, 8 de la loi du 28 vent. an 9 : — Attendu que le moyen de cassation invoqué par le demandeur, et qui est tiré de la nullité des opérations de bourse faites par un intermédiaire sans qualité, est mélangé de fait et de droit; que, si les achats et ventes de fonds publics, à la Bourse, opérés sans le concours d'un agent de change, sont nuls et d'une nullité d'ordre public, il appartient aux juges du fond de vérifier dans quelles conditions ces opérations ont eu lieu; — Attendu que D..., par aucunes conclusions prises, soit en première instance, soit en appel, n'a mis les juges en demeure de procéder à cette vérification, c'est-à-dire, de rechercher si les achats et ventes de fonds publics opérés pour le compte dudit Duchêne l'avaient été avec le concours d'un agent de change; qu'en ces conditions, le demandeur ne saurait se prévaloir, pour la première fois, devant la cour de cassation, du moyen par lui invoqué;

Par ces motifs, rejette, etc.

Du 19 déc. 1881.-Ch. req.-MM. Bédarrides, pr.-Crépon, rap.-Chévrier, av. gén., c. conf.-Mazeau, av.

ce qu'il avait payé en vertu d'un marché nul (Arrêts des 22 févr. et 2 août 1882 cités *suprà*, n° 60).

D'autres arrêts avaient jugé, au contraire, que la nullité des négociations faites par l'intermédiaire d'un coulissier ne pouvait plus être opposée par le spéculateur lorsque ces négociations avaient été l'objet d'un compte réglé et arrêté entre les parties emportant ratification du mandant (Arrêts des 29 sept. et 10 juill. 1882 cités *suprà*, n° 60).

62. Les mêmes divergences s'étaient produites sur la question de savoir à qui devait incomber la preuve de la régularité ou de l'irrégularité des négociations.

D'après plusieurs arrêts, les coulissiers, n'étant que les mandataires chargés d'opérer à la Bourse les négociations pour le compte de leurs clients, devaient, en rendant compte de leur mandat, fournir la preuve que ces négociations avaient été faites régulièrement par le ministère d'agents de change, et, à défaut de cette preuve, les opérations dont ils réclameraient le payement devaient être tenues pour nulles comme accomplies par des intermédiaires sans qualité (Arrêts des 16 juin, 21 nov. et 27 déc. 1882 cités *suprà*, n° 60).

L'arrêt de la cour de Paris du 22 juin 1882 (*suprà*, n° 60) mettait au contraire la preuve de l'irrégularité des négociations à la charge de celui qui en invoquait la nullité.

63. La cour de cassation a été appelée à résoudre ces différentes questions controversées. Elle a mis hors de toute contestation ce principe que la nullité des négociations faites en dehors du ministère d'agents de change est une nullité d'ordre public, qui a pour effet d'interdire toute action au mandataire pour le remboursement de ses avances (Arrêt du 16 juin 1885 cité *suprà*, n° 60). Par suite, cette déchéance atteint même le banquier qui, pour l'exécution de l'ordre donné par un de ses clients, s'est adressé à un agent de change, lorsque ce dernier, au lieu de faire personnellement en bourse les négociations d'effets publics dont il a été chargé, les a effectuées en coulisse par un intermédiaire sans qualité (Même arrêt).

En effet, le mandat d'acheter des valeurs de bourse donné à ce banquier ne consiste pas seulement à transmettre à un agent de change l'ordre qu'il a reçu : il lui appartient encore de surveiller l'exécution de l'opération, et il doit en garantir la régularité.

64. Du principe que la nullité résultant de l'infraction aux prescriptions de l'art. 76 c. com. est une nullité d'ordre public, il résulte que la ratification par le client ne peut rendre valable la créance que l'intermédiaire sans qualité prétend avoir sur ce dernier du chef de la négociation qu'il a irrégulièrement effectuée (Civ. cass. 29 mai 1883, aff. Rophé, D. P. 83. 1. 418; Lyon, 19 juin 1883, aff. Crédit provincial, D. P. 85. 2. 185; 12 juill. 1883, aff. Sarrazin, *ibid.*; 24 juill. 1883, aff. Rollier, *ibid.*; Req. 21 avr. 1885, aff. Lorrain, D. P. 85. 1. 275); — Que cette nullité peut être opposée pour la première fois en appel (Orléans, 10 avr. 1883, aff. Pelletier, D. P. 84. 2. 10; Lyon, 29 nov. 1883, aff. Fréry, D. P. 84. 1. 180); — ... Et qu'elle peut être soulevée d'office par le ministère public, et prononcée par les tribunaux en l'absence de conclusions prises par les parties (Arrêts précités des 19 juin, 12 et 24 juill. 1883).

65. La cour de cassation a également tranché la question de savoir par qui doit être fournie la preuve de la régularité des opérations. Mettre à la charge du client, actionné en règlement de compte et en remboursement de différences, la preuve que les négociations ont été effectuées sans l'intermédiaire d'un agent de change, ce serait lui imposer la preuve d'une négation, et enlever en fait toute sanction à cette règle, consacrée par la jurisprudence, que la nullité de négociations ainsi effectuées est une nullité d'ordre public. Aussi la cour de cassation a-t-elle condamné la thèse qui met à la charge du donneur d'ordre la preuve de l'irrégularité des opérations. C'est en effet, aux termes de l'art. 1315 c. civ., celui qui réclame l'exécution d'une obligation qui doit faire preuve des conditions essentielles de sa validité. Le coulissier qui présente un compte d'opérations de bourse doit, par application de cette règle, établir que lesdites opérations ont été faites par un agent ayant qualité pour les faire (Arrêt du 29 mai 1883 cité *suprà*, n° 64. et sur renvoi, Orléans, 5 janv. 1884) (1).

66. M. Crépon fait observer (n° 40 *bis*) que la preuve de la régularité de la négociation sera soumise à des conditions bien différentes suivant que la contestation sera civile ou commerciale. En principe, le fait de donner un ordre de bourse ne constitue pas un acte de commerce (Req. 13 juill. 1859, aff. Sévelinge, D. P. 59. 1. 402; Civ. rej. 25 juill. 1864, aff. Filliol, D. P. 64. 1. 489; 26 août 1868, aff. Delbosc, D. P. 68. 1. 439; Req. 21 mai 1873, aff. Lippmann, D. P. 73. 1. 415; Req. 15 juin 1874, aff. Gazave, D. P. 75. 1. 158; 4 juill. 1881, aff. Rubichon, D. P. 82. 1. 104; 23 janv. 1882, aff. Piccaud, D. P. 82. 1. 246). Mais cet acte peut devenir commercial à raison des circonstances, soit parce que ces opérations sont ordonnées par un établissement de banque ou de crédit se livrant spécialement à ces opérations (Arrêts précités des 26 août 1868 et 4 juill. 1881); — soit parce que, par leur multiplicité et leur caractère habituel de spéculation, les opérations ordonnées ont revêtu un caractère commercial (Arrêts précités des 21 mai 1873, 15 juin 1874, 23 janv. 1882).

Lorsque la contestation a un caractère civil, elle nécessite une preuve écrite, et, par suite, il faut que l'intermédiaire chargé de faire des opérations de bourse produise des bordereaux justifiant de l'intervention d'un agent de change dans les négociations où elle est exigée. Au contraire, lorsque la contestation a un caractère commercial, la preuve peut être faite par tous les moyens, et notamment à l'aide de présomptions (Civ. rej. 9 mars 1886, aff. Bergeron, D. P. 86. 1. 266).

67. Le caractère de nullité d'ordre public attaché à des négociations irrégulières va-t-il, comme l'ont décidé les arrêts des cours d'Amiens et de Toulouse en date des 22 février et 2 août 1882 (*suprà*, n° 60), jusqu'à autoriser l'action en répétition des sommes versées par le mandant? Ces arrêts se fondent, pour justifier leur décision, sur ce qu'une convention illicite ne peut produire ni obligation civile, ni obligation naturelle, qu'elle doit disparaître avec tous les effets qu'elle a produits et qu'elle produirait, en effet, si ce qui a été payé en vertu d'un pacte de cette nature ne pouvait être répété.

Mais la cour de cassation a repoussé cette doctrine par deux arrêts des 22 avr. 1885 (aff. Joly, D. P. 85. 1. 273), et 29 juin 1885 (aff. le Crédit général français, *ibid.*). Ces arrêts ne s'écartent pas de la théorie consacrée par les arrêts antérieurs relativement au caractère absolu de la nullité des négociations faites par des intermédiaires sans qualité. Mais ils décident que le fait des négociations illicites ne peut être pris pour fondement d'une action en justice, soit qu'elle tende à la nullité de ces négociations, soit qu'elle tende à leur validité, et que les motifs qui font refuser à l'intermédiaire l'action en remboursement de ses avances doivent également faire

---

(1) (Rophé C. Pérardel et autres.) — LA COUR; — Sur l'exception de jeu : ... (sans intérêt); — Sur l'exception prise de l'art. 76 c. com.: — Considérant que les marchés, à raison desquels la veuve Pérardel actionne Rophé en payement d'un reliquat de compte, ont consisté en achat et revente de titres de la dette extérieure d'Espagne et de la rente turque, valeurs cotées en bourse; que les négociations n'ont pu être légalement faites que par le ministère d'un agent de change; — Considérant que les intimés ne produisent aucun bordereau émanant d'un de ces officiers publics; qu'aux termes de l'art. 1993 c. civ., tout mandataire est tenu de justifier de l'exécution régulière de son mandat et des conditions d'origine de la créance dont il réclame le payement; que, faute par les ayants cause de Henri et comp. d'établir que les marchés faits pour le compte de Rophé ont été traités par l'intermédiaire d'un agent de change, c'est à bon droit que Rophé excipe de la nullité des opérations litigieuses; — Considérant qu'à la vérité, par des conclusions prises devant la cour, les intimés soutiennent qu'ils auraient été vis-à-vis de Rophé, non de simples mandataires, mais des vendeurs directs de titres dont ils étaient propriétaires; mais qu'il résulte des documents du procès que, jusqu'à la dernière heure, les intimés, qui exercent la profession de coulissiers, n'ont pas contesté qu'ils aient reçu un mandat, et qu'ils l'aient exécuté selon l'usage des coulissiers; que, devant l'arbitre rapporteur nommé par le tribunal, ce n'est pas comme vendeurs et acheteurs que les parties se sont présentées et ont fourni leurs explications, mais à titre de mandant et de mandataire, etc. — Par ces motifs, infirme...; — Déclare Rophé bien fondé dans l'exception prise de l'art. 76 c. com., etc.

Du 5 janv. 1884.-C. d'Orléans, aud. sol.-M. Dumas, 1er pr.

refuser l'action en répétition des sommes versées au mandant qui en connaissance de cause a pris livraison des titres et en a payé le prix, ou qui en l'absence de livraison des titres a réglé définitivement les opérations faites (V. conf. Paris, 5 déc. 1881) (1).

68. Cette décision ne paraît pas mettre obstacle à la demande en restitution des sommes déposées à titre de couverture que formerait, contre le coulissier, le client qui n'aurait pas encore accepté le transfert des titres achetés et qui ne voudrait plus donner suite aux opérations. Une telle demande, en effet, n'aurait pas pour base le fait des négociations illicites, le demandeur se bornant à alléguer que les sommes dont il réclame la restitution sont à l'état de dépôt chez le coulissier; et si ce dernier objectait que cette somme doit couvrir des achats effectués, le client serait recevable à lui opposer, par voie d'exception et de défense, le caractère illicite et la nullité de ces opérations.

69. Il a été jugé, d'ailleurs, que la nullité qui atteint les négociations d'effets publics et de valeurs cotées à la Bourse s'applique soit que ces négociations se produisent sous forme de ventes directes par les porteurs aux coulissiers achetant seulement pour revendre, soit que ceux-ci n'agissent qu'en vertu d'un mandat (Toulouse, 2 août 1882, aff. Aurivel, D. P. 83. 2. 84). Mais, d'autre part, il a été décidé, par plusieurs arrêts, que la négociation faite par un banquier pour son compte personnel de titres à lui appartenant, et dans laquelle les parties ont agi respectivement en qualité d'acheteurs et de vendeurs, ne tombe pas sous le coup de la prohibition de l'art. 76 c. com. (Paris, 30 janv. 1882, aff. Wittmann, D. P. 83. 2. 87; 10 juill. 1882, aff. Mayer, D. P. 83. 2. 88; Orléans, 24 mai 1838, aff. Merceron, D. P. 84. 2. 148; Bordeaux, 3 mars 1885 (2). — V. toutefois en sens contraire : Toulouse, 2 août 1882, aff. Aurivel, D. P. 83. 2. 84).

70. Le monopole des agents de change est, d'ailleurs, limité par l'art. 76 c. com. à la *négociation* des valeurs. Or cette négociation, qui se fait d'agent de change à agent de change, ne saurait être confondue avec la vente publique aux enchères, prescrite par les art. 986 et suiv. c. pr. civ., et notamment avec la vente publique d'effets appartenant à un incapable et dépendant, par exemple, d'une succession bénéficiaire. Un arrêt de la chambre civile, du 7 déc. 1853 (aff. Delaire, D. P. 54. 1. 128), décide qu'en pareil cas les textes de loi ne précisant pas la classe d'officiers publics qui doit procéder à ces ventes, il appartient au juge de faire pour chaque cas particulier telle désignation que bon lui semble, en se conformant aux lois générales qui règlent les

---

(1) (Desplaces *C.* Camus.) — LA COUR; — Sur la demande principale de Desplaces et comp. : — Considérant, en droit, que l'art. 76 c. com., en définissant les attributions des agents de change, et en leur conférant le droit de faire seuls les négociations des effets publics et les autres opérations énumérées dans ce texte, confirme de la façon la plus absolue le privilège établi au profit de ces officiers publics par la loi même qui a présidé à leur institution; que la sanction pénale de toute immixtion dans leurs fonctions se trouve dans la législation antérieure sur la matière, et, particulièrement, dans l'art. 7 de l'arrêté du 27 prair. an 10, qui porte : « Conformément à l'art. 7 de la loi du 28 vent. an 9, toutes négociations faites par des intermédiaires sans qualité sont déclarées nulles »; qu'aucune disposition législative ultérieure n'a abrogé l'arrêté du 27 prairial, et que l'art. 76 c. com., en confirmant dans toute son étendue le monopole accordé aux agents de change, dans un intérêt d'ordre public, l'a évidemment laissé sous la protection de la sanction pénale édictée par les lois antérieures; qu'ainsi la nullité prononcée par l'art. 7 précité est radicale et absolue; — Considérant, en fait, que la somme de 3194 fr. 95 c., réclamée par Desplaces et comp., se compose, soit du montant des courtages afférents aux opérations qu'ils ont faites pour le compte de Camus, soit de celle de 1318 fr. 75 c., représentant, au débit de ce dernier, une différence sur des achats et des ventes fictifs de rentes françaises, ainsi qu'il est établi par un bordereau émané de Desplaces et comp., à la date du 31 oct. 1879; que la production de ce bordereau et la convention reconnue et avouée par les deux parties, aux termes de laquelle Desplaces et comp. abandonnaient à Camus la moitié des courtages applicables aux opérations qu'ils faisaient pour lui ou pour ses clients, démontrent jusqu'à l'évidence qu'ils n'ont point été ses mandataires, mais qu'ils ont directement exécuté ses ordres et effectué eux-mêmes ses opérations, alors qu'ils n'avaient aucune qualité à cet effet, et qu'il leur était interdit par la loi d'y procéder; qu'elles sont donc frappées de nullité, et que, par suite, ils n'ont aucune action contre Camus pour avoir payement des sommes qu'ils prétendent leur être dues à leur occasion; — Sur la demande reconventionnelle de Camus : — Considérant qu'au mois d'août 1879, le compte débiteur de celui-ci s'élevait à 6248 fr. 75 c.; qu'il a été définitivement arrêté à ce chiffre, et qu'au mois d'octobre suivant, Camus a volontairement payé aux intimés, par l'intermédiaire d'un tiers, qui aurait, à cet effet, reçu de lui un dépôt et un mandat, la somme de 4997 fr. 35 c. qui fait l'objet de la demande; que ce compte se composait des mêmes éléments que le précédent, à savoir de courtages sur des opérations aléatoires, et de différences qui en représentaient le résultat final; qu'il est, en effet, établi par les documents du procès, qu'elles consistaient uniquement en spéculations sur la hausse et la baisse des fonds publics ou des valeurs industrielles, et qu'elles devaient être réglées, non par la remise effective des titres, mais par le payement de ces différences; qu'elles ont donc incontestablement le caractère illicite que l'appelant lui-même leur attribue, et qu'en remettant ou faisant remettre à Desplaces et comp. la somme de 4997 fr. 35 c., il a volontairement acquitté, en tout ou en partie, une dette de jeu; qu'il n'allègue aucun fait de dol, de supercherie ou d'escroquerie; d'où il suit qu'aux termes de l'art. 1967 c. civ., il n'a pas d'action pour répéter ce qu'il a payé; qu'il y a lieu, mais seulement par ce motif, de confirmer le jugement de ce chef; — Par ces motifs, etc.

Du 5 déc. 1881.-C. de Paris, 5e ch.-MM. Descoustures, pr.-Harel, av. gén.-Poujet et Champetier de Ribes, av.

(2) (Cochareaux *C.* Crédit général français.) — LA COUR; — Attendu que le Crédit général a assigné Cochareaux en payement de la somme principale de 34808 fr. 52 c., pour solde du prix des soixante actions de la société des plâtrières du bassin de Paris, achetées en novembre 1880; mais que Cochareaux, résistant à cette réclamation, a formé une demande reconventionnelle en restitution des sommes ou valeurs par lui remises au Crédit général, et que ce dernier n'aurait obtenues qu'à l'aide de manœuvres frauduleuses; — Attendu qu'un jugement du tribunal civil de Bordeaux, en date du 2 avril dernier, ayant condamné Cochareaux au payement des sommes réclamées, il l'a frappé d'appel; — Attendu qu'avant de reproduire les moyens du fond, l'appelant soulève une fin de non-recevoir, tirée de l'art. 76 c. com.; — Sur la fin de non-recevoir : — Attendu que l'appelant soutient que le Crédit général français n'a été, lors des achats de ses soixante actions des sociétés plâtrières, qu'un intermédiaire entre ces sociétés et lui Cochareaux; que, dès lors, cette négociation, faite sans le ministère d'un agent de change, est absolument nulle, comme contraire aux dispositions de l'art. 76, et ne peut donner d'action en justice, ainsi que cela résulte d'une jurisprudence constante; — Attendu que le principe posé dans l'art. 76 est, en effet, fermement maintenu par les arrêts de justice, mais qu'il importe d'en préciser la portée; qu'il faut sans doute, dans le but d'assurer aux tiers les garanties résultant de l'intervention d'un officier public, comme aussi de conserver aux agents de change le droit qu'ils tiennent de la loi, proclamer la nullité des négociations irrégulières; mais que cette sévérité nécessaire a toujours été restreinte aux négociations des valeurs de bourse opérées par des intermédiaires sans qualité et désignés en général sous le nom de *coulissiers;* — Attendu qu'il n'en est point ainsi dans l'espèce actuelle, et qu'on ne saurait voir dans le Crédit général un coulissier proprement dit, ou même un simple intermédiaire vis-à-vis de Cochareaux; qu'il résulte, en effet, des documents de la cause que, dès le commencement de juin 1880, le Crédit général était devenu, par des achats partie à option et partie ferme, propriétaire d'un nombre considérable des actions des plâtrières, dont il avait fait l'acquisition à des prix variant de 535 à 630 francs, et qu'enfin, au mois d'octobre suivant, il avait acheté, partie à option et partie ferme, un grand nombre d'actions des plâtrières du bassin de Paris pour un prix fixé à 535 francs; — Attendu qu'il paraît également résulter des pièces du procès que le Crédit général avait payé le prix desdites actions, et que, dans tous les cas, il en avait la possession non contestée; — Attendu qu'on en peut conclure que, si le Crédit général a très largement concouru à l'émission des titres de ces deux sociétés plâtrières ou à leur placement, son concours s'est exercé moins comme intermédiaire ou courtier que comme ayant vendu directement des titres lui appartenant; qu'il faut enfin remarquer qu'il n'a perçu dans ces opérations ni commission, ni courtage, et qu'il a uniquement spéculé sur le prix de revente des actions, spéculation abusive et audacieuse sans doute, mais qui formait un des agissements principaux de cet établissement financier; — Attendu qu'en de telles circonstances, la cour ne peut s'autoriser de l'art. 76 c. com., pour accueillir la fin de non-recevoir proposée par Cochareaux; — Sur le fond, etc.

Par ces motifs, etc.

Du 3 mars 1885.-C. de Bordeaux, 2e ch.-MM. Moulineau, pr.-Lefranc, av. gén.-Noyer et Doumerc (du barreau de Paris), av.

attributions des diverses classes de ces officiers (V. conf. Buchère, nº 102; Alauzet, t. 3, nº 963. — En sens contraire: Bédarride, nº 208).

Une première souscription d'actions sur les registres d'une compagnie de chemin de fer et l'acceptation d'un premier transport de titres ne sauraient être davantage assimilées à une *négociation*, et, en conséquence, ne rentrent pas dans le privilège spécial des agents de change (Civ. rej. 16 nov. 1852, aff. Veyrac, D. P. 52. 1. 321).

Il a été jugé, dans le même sens, que la disposition de l'art. 76 c. com., d'après laquelle les valeurs cotées à la bourse ou susceptibles de l'être ne peuvent être négociées que par le ministère des agents de change, ne s'applique pas à une opération qui a pour objet des titres d'une société non encore existante, ces titres ne constituant que des promesses d'actions futures et n'étant, dès lors, pas aptes à figurer à la cote officielle (Civ. cass. 16 juin 1885, aff. Rogès, D. P. 86. 1. 153).

71. — IV. MARCHÉS A TERME. — La négociation des effets publics ou susceptibles d'être cotés, quelle qu'en soit la nature, peut, ainsi que nous l'avons dit (*Rép.* nº 233), avoir lieu au comptant ou à terme. Nous avons indiqué les controverses auxquelles a donné lieu la question de la validité des marchés à terme et les variations de la jurisprudence sur cette question (*Rép.* vº *Trésor public*, nº 1358). Dans le dernier état de cette jurisprudence, il était admis que les marchés à terme pouvaient être valables et sérieux, et que les seuls marchés prohibés par la loi étaient ceux qui servaient à déguiser des opérations de nature à se résoudre nécessairement en différences par la volonté originaire des parties, et qui constituaient dès lors des opérations de jeu (Crim. rej. 19 janv. 1860, aff. Jarry, D. P. 60. 1. 40; Civ. rej. 26 août 1868, aff. Delbosc, D. P. 68. 1. 439; Toulouse, 30 juin 1874, aff. Domenget, D. P. 75. 2. 70). L'appréciation du caractère de l'opération et de la situation de ceux qui l'avaient effectuée était ainsi abandonnée, en réalité, au pouvoir discrétionnaire des tribunaux.

La loi du 28 mars 1885 (*suprà*, nº 1), préparée au lendemain d'une crise financière qui avait gravement compromis la fortune publique, a eu pour but de faire cesser cette situation équivoque, et de mettre les transactions de bourse à l'abri de la mauvaise foi des spéculateurs qui se retranchaient derrière l'exception de jeu pour se dérober à l'exécution de leurs engagements. L'art. 1er de cette loi reconnaît la légalité des marchés à terme sur effets publics et autres et des marchés à livrer sur denrées et marchandises, et il décide que nul ne peut, pour se soustraire aux obligations qui en résultent, se prévaloir de l'art. 1965 c. civ., alors même qu'ils se résoudraient par le payement d'une simple différence.

72. Quelle est exactement la portée de la loi nouvelle en ce qui concerne l'exception de jeu? L'art. 1965 c. civ. n'est-il plus, dans aucun cas, applicable aux opérations de bourse? Et s'il est encore applicable, dans quel cas peut-il être invoqué? L'examen des textes et des travaux préparatoires permet de résoudre ces questions. On doit tout d'abord remarquer que le texte primitif du second paragraphe de l'art. 1er a subi une modification: le Sénat a substitué aux mots « *devraient se résoudre* », qui se trouvaient dans le texte adopté par la Chambre des députés, les mots « *se résoudraient* ». Pour justifier ce changement, M. Naquet a exposé, dans son rapport au Sénat, que, si l'on adoptait la rédaction proposée par la Chambre, on dépasserait le but; car « on validerait non seulement les vrais marchés, mais encore des conventions nouvelles, inconnues jusqu'ici, innommées, que l'on ne saurait assimiler à un marché et par lesquelles, au moment même de la transaction, les parties s'engageraient par écrit à ne pas exiger la livraison, à ne pas l'imposer, et à résoudre l'opération par le simple payement d'une différence » (D. P. 85. 4. 29). Quoique cette modification ait été critiquée (V. dans *La Loi* du 4 mars 1885, un article de M. Lyon-Caen), le rapporteur de la loi à la Chambre des députés déclara l'adopter, par le motif qu'après les explications données par M. Naquet « il était hors de doute que la pensée du Sénat était exactement la même que celle de la Chambre sur les inconvénients auxquels il s'agissait de porter remède » (D. P. 85. 4. 30).

Il ne semble pas, en effet, que le texte prête à l'équivoque; aux termes de la loi nouvelle, nul ne peut invoquer l'art. 1965 pour se soustraire à l'exécution des marchés à terme ou à livrer; dès lors, il importe peu que l'intention de jouer ait été contemporaine des opérations, ou qu'elle ne se soit manifestée que plus tard, lors du règlement. — Mais une difficulté plus grave a été soulevée. La loi nouvelle, a-t-on dit, s'occupe uniquement des *marchés à terme:* pour que l'art. 1965 soit inapplicable, il faut qu'il y ait *marché*, et non simplement *jeu* et *pari*. Si donc le juge est convaincu que l'opération qualifiée de marché n'a été en réalité qu'un jeu, il ne devra pas la sanctionner, et l'on ne saurait lui contester le droit de rechercher l'intention des parties pour caractériser l'acte conformément à la vérité (V. L. Sarrut, article publié dans *La Loi* le 24 avr. 1885, et dissertation sous l'arrêt de la cour de Paris du 6 juin 1885, aff. Pompey, D. P. 85. 2. 122).

Le rapport au Sénat avait répondu par avance à cette interprétation que le projet de loi admettait en réalité une présomption légale, en vertu de laquelle toute opération se produisant sous la forme d'un marché à terme serait réputée une vente sérieuse, et non un jeu ou un pari; que, dès lors, il n'était plus permis de démontrer qu'une opération ayant la forme d'un marché à terme constitue en réalité un jeu ou un pari. — La réponse n'est peut être pas décisive. En effet, comme le dit M. Sarrut, *loc. cit.*, « toute présomption légale est susceptible de la preuve contraire, à moins que, sur le fondement de cette présomption, la loi annule certains actes ou dénie l'action en justice (c. civ. art. 1352). Or la loi nouvelle n'annule aucun acte, elle ne refuse pas l'action en justice; tout au contraire, elle valide expressément les marchés à terme, et protège en principe l'action du créancier contre la fin de non-recevoir qu'autorisait l'art. 1965 c. civ. C'est donc une présomption simple qu'engendre la loi nouvelle ». Quoi qu'il en soit, il a été décidé, conformément à ces déclarations du rapporteur, que la loi du 28 mars 1885 établit une présomption légale de validité en faveur des marchés à terme, et notamment de ceux qui auparavant étaient réputés jeux de bourse; que la preuve contraire à cette présomption légale est interdite, alors même qu'elle résulterait des accords des parties (Montpellier, 7 mai 1885, aff. Lignière, D. P. 85. 2. 121; Paris, 6 juin 1885, aff. Pompey, *ibid.;* 19 juin 1885, aff. Malançon, D. P. 85. 5. 172), et que l'exception de jeu ne pourrait désormais être accueillie par les tribunaux que dans les cas, probablement fort rares, où l'intention commune de jouer serait constatée par un écrit dressé à l'origine des opérations (Arrêt précité du 6 juin 1885).

73. La loi du 28 mars 1885 ne contenant pas de dispositions transitoires, on s'est demandé si cette loi devait avoir un effet rétroactif. Il a été jugé, par les arrêts des 6 et 19 juin 1885, cités *suprà*, nº 72, que cette loi, appartenant à la catégorie des lois d'ordre public, devait régir les opérations antérieures à sa promulgation. Mais cette interprétation ne nous paraît pas devoir être suivie: d'une part, le défaut d'action en justice pour réclamer l'exécution d'un marché à terme destiné dans l'intention des parties à se régler par de simples différences était un effet de cette convention et constituait au profit du perdant un droit acquis, protégé par le principe de l'irrévocabilité des conventions. D'un autre côté, la loi du 28 mars 1885, destinée, ainsi que l'annonçait le Gouvernement en déposant le projet, à modifier la législation relative à la négociation des valeurs mobilières, ne pouvait être assimilée à une loi purement interprétative. Quant au caractère d'ordre public, il doit être réservé aux lois qui disposent sur des droits qui n'appartiennent qu'au souverain, comme les lois constitutionnelles, politiques, de capacité, de juridiction, et il ne peut être étendu à une loi qui se borne à confirmer ce principe de droit privé que les conventions sont obligatoires pour ceux qui les ont librement consenties. C'est dans ce sens que s'est prononcée la jurisprudence par de nombreux arrêts (Dijon, 24 avr. 1885, aff. Baclot, D. P. 85. 2. 121; Paris, 25 avr. 1885, aff. Quenteil, *ibid.;* Montpellier, 7 mai 1885, aff. Lignière, *ibid.;* Lyon, 4 juin 1885, aff. Canavy, D. P. 85. 5. 172; Paris, 2 juill. 1885, aff. Darcy, *ibid.;* Nancy, 25 juill. 1885, aff. Lévy Bing, *ibid.;* Paris, 27 nov. 1885, aff. Grunébaum, *ibid.;* Toulouse, 2 juill. 1885, aff. Bollat, *ibid.*).

La loi nouvelle est, dans tous les cas, inapplicable, lorsque l'art. 1965 a été invoqué antérieurement à sa publication (Arrêts précités des 24 avril, 4 juin, 2 et 25 juill. 1885).

74. On a exposé au *Rép.* v° *Trésor public*, n°s 1329 et suiv., les diverses modalités que peuvent recevoir les marchés à terme et les controverses auxquelles ils ont donné lieu. La plupart de ces questions sont résolues par la législation qui consacre la légalité de ces transactions. Il suffira donc de les indiquer sommairement.

75. Ainsi que nous l'avons dit (*Rép.* v° *Trésor public*, n° 1329), il est toujours possible de réaliser une opération à terme en la transformant en une opération au comptant au moyen de l'*escompte*, ou de la prolonger indéfiniment au moyen du report.

Le droit *d'escompte*, d'abord expressément réservé à l'acheteur par une clause du bulletin qui constate l'opération, et que les agents de change sont tenus de délivrer, est devenu d'un usage constant. La formule de ce bulletin énonce que les effets sont vendus « livrables en liquidation ou plutôt, à volonté, contre le payement de la somme de... ». Mais, en l'absence même d'une semblable stipulation, il est admis que le droit d'escompte doit être considéré comme sous-entendu et comme inhérent aux marchés à terme. Le parère signé par les principaux banquiers de Paris en 1824 et renouvelé en 1842 (V. note sous la loi du 28 mars 1885, D. P. 85. 4. 27, n° 4), constate que, « dans toutes les opérations sans en excepter aucune, le vendeur seul accorde terme à l'acheteur et que celui-ci peut se faire livrer les effets par lui achetés à sa première réquisition ».

L'art. 104 du règlement des agents de change de Paris consacre cette faculté, et le vendeur qui ne voudrait pas à cet égard se soumettre aux usages reçus devrait y déroger par une clause expresse (Paris, 18 mai 1866, aff. Torton, D. P. 68. 2. 1; 6 janv. 1868, aff. Duvivier, *ibid.*). La chambre syndicale des agents de change de Paris refuse même, dans la pratique, d'admettre une pareille clause. Mais cette prétention nous paraît devoir être repoussée comme contraire au principe de la liberté des conventions.

76. Le *report* est, ainsi que nous l'avons dit (*Rép.* v° *Trésor public*, n° 1330) une conséquence nécessaire des marchés à terme. La jurisprudence lui appliquait, avant le loi du 8 avr. 1885, la distinction qu'elle avait consacrée à l'égard de ces marchés; elle considérait que, si dans les opérations de bourse le report se produisait souvent comme un moyen efficace et légitime d'employer utilement un capital ou des valeurs commerciales, il pouvait devenir l'instrument actif de jeux de bourse prohibés, et favoriser le spéculateur hasardeux en lui permettant de reculer sans cesse la réalisation de ses engagements. Elle reconnaissait, en conséquence, la légalité des reports *sérieux*, et refusait aux reports *fictifs* tout effet et, par suite, toute action juridique (Req. 27 janv. 1852, aff. Lecaron, D. P. 52. 1. 291; Crim. rej. 9 mai 1857, aff. Lacaze, D. P. 57. 1. 146). Ces distinctions sont aujourd'hui sans objet, et l'on doit appliquer spécialement aux reports ce qui a été dit (*suprà*, n°s 69 et suiv.), de la légalité des marchés à terme.

77. Nous avons indiqué les différentes opinions qui ont été émises au sujet des caractères juridiques de l'opération désignée sous le nom de *report*. Plusieurs auteurs l'ont assimilée à un prêt sur dépôt de titres (Troplong, *Des contrats aléatoires*, art. 1965, n° 150; Pont, *Petits contrats*, n° 625; Bozérian, n°s 91 et 328). Mais la jurisprudence n'a pas accepté cette théorie. D'après un arrêt de la chambre des requêtes du 3 févr. 1862 (aff. Demollon, D. P. 62. 1. 163), qui consacre l'opinion adoptée au *Rép.* v° *Trésor public*, n° 1391, le report consiste en une vente au comptant de titres de rentes ou de valeurs industrielles et en une revente à terme de ces titres ou valeurs consentie simultanément par l'acquéreur au vendeur primitif lui-même. M. le conseiller Calmètes, dans le rapport qui précède cet arrêt, définit le report une vente à réméré à court terme. Peut-être est-il plus exact de dire que c'est une vente spéciale dans laquelle la faculté de rachat est exercée immédiatement par le vendeur, mais avec un terme pour le payement (Note sous un arrêt de Lyon du 26 juill. 1882, aff. Crédit de France, D. P. 83. 2. 25. V. conf. Buchère, n° 430; Bravard, *Traité de droit commercial*, t. 2, p. 126; Guillard, *Les opérations de bourse*, p. 274). Il a été jugé, toutefois, que dans des circonstances particulières le report avait pu revêtir le caractère d'un prêt sur gage, et que cette appréciation rentrait dans le pouvoir souverain des juges du fond (Civ. rej. 18 juin 1872, aff. Rostand, D. P. 72. 1. 268).

78. De la définition qui précède découlent les effets juridiques des deux contrats dont la réunion constitue le *report*. Dans l'usage, les titres qui font l'objet de ces deux contrats sont envisagés comme des choses fongibles, et le reporteur contracte simplement l'obligation d'en livrer de semblables au reporté lorsque celui-ci réclamera au terme convenu l'exécution du second contrat. Sans doute, rien ne s'opposerait à ce que le reporteur achetât et revendît des titres déterminés *in specie:* mais en fait ce n'est pas dans ces conditions que se pratique l'opération du report.

Le premier contrat est un contrat ferme et translatif de propriété. Le reporteur devient propriétaire des titres dont il a pris livraison, et il exerce tous les droits du propriétaire. Il profite des fruits civils, touche les intérêts et dividendes, bénéficie des lots attachés à la valeur et du droit de souscrire à des actions nouvelles réservées aux anciens actionnaires; il prend part au vote des assemblées d'actionnaires (Paris, 19 avr. 1875, aff. Oudin, D. P. 75. 1. 161. V. conf. de Prat, *Des reports*, p. 75). Le second contrat est une vente conditionnelle et à terme. Les effets en ont été très exactement indiqués dans les conclusions de M. l'avocat général Hémar, sur lesquelles a été rendu l'arrêt précité du 19 avr. 1875.

79. Le reporteur, vendeur à terme, peut contraindre le reporté à exécuter le contrat, et, le terme arrivé, à prendre livraison des titres et à payer le prix. Sur son refus, il peut l'exécuter, c'est-à-dire revendre les titres à ses risques et périls. Le reporté est acheteur à terme et acheteur conditionnel. En sa qualité d'acheteur, il peut forcer le reporteur à lui livrer les titres à l'échéance moyennant le payement du prix. Comme acheteur à terme, il peut renoncer au terme et user de la faculté d'escompte. Comme acheteur conditionnel, il devient propriétaire des titres lorsque par le payement des prix il a réalisé la condition, et, par l'effet, rétroactif de la condition accomplie, il est réputé propriétaire du jour même où le contrat a été formé: il a droit, en conséquence, à tous les fruits perçus depuis cette date.

Dans l'hypothèse d'un report ayant pour objet des choses déterminées, la situation du reporteur se rapproche davantage de celle du vendeur à réméré. Il est propriétaire des titres sous condition résolutoire, et tenu de les rendre à l'échéance stipulée.

80. On vient de dire que la faculté d'escompte appartenait au reporté. Cette solution a été étendue au cas de déport par l'arrêt de la cour de Paris du 6 janv. 1868 cité *suprà*, n° 75 (V. conf. Courcelle-Seneuil, *Opérations de banque*, p. 135; Courtois, *Opérations de bourse*, p. 23; de Prat, p. 92). Mais M. Beudant a critiqué cette extension dans une dissertation insérée sous cet arrêt. Le savant doyen de la faculté de droit de Paris admet que dans une opération de report, où l'acheteur à terme est le reporté, celui-ci ait le droit de renoncer au terme, dès qu'il lui plaît de lever les titres. Mais il fait observer que la situation est bien différente lorsqu'il s'agit d'une opération de déport dans laquelle le capitaliste qui se fait reporter vend au comptant et achète à terme. « Celui qui dans ce cas joue le rôle d'acheteur à terme, dit-il, ce n'est plus celui dans l'intérêt et à la demande de qui l'exécution du marché a été reculée, c'est celui qui s'est fait reporter, c'est-à-dire le capitaliste qui est venu au secours d'un vendeur en détresse; en escomptant ne va-t-il pas enlever à sa contrepartie le bénéfice en vue duquel elle a reporté? » M. Beudant estime, d'ailleurs, contrairement à l'opinion que nous avons adoptée et que la jurisprudence a consacrée, que, sous la forme d'achats et de ventes, les opérations de report et de déport ne sont en réalité que des prêts d'espèces ou de titres, et il en conclut que le prêteur de titres, dans le déport, qui occupe la position d'acheteur à terme, n'a pas le droit d'escompte, attendu qu'en escomptant il retirerait au vendeur qui a reporté, les titres qu'il lui a prêtés avant qu'ils n'aient servi à l'usage pour lequel ils ont été empruntés, ce que défend l'art. 1888 c. civ.

81. Quoique le droit d'escompte, ainsi qu'on vient de le voir, appartienne au reporté, le reporté qui, à l'échéance, ne lève pas et ne paye pas les titres n'est pas fondé à soutenir qu'il n'en doit pas le prix, par le motif que dans cet intervalle, un événement tel que la fermeture de la Bourse l'a privé du droit de revendre ces titres ou de les escompter : l'escompte est, en effet, une pure faculté qui n'est point de l'essence du contrat déjà formé et dont la privation ne modifie pas ce contrat (Lyon, 26 juill. 1882, aff. Crédit de France, D. P. 83. 2. 25).

Le reporté ne pourrait opposer davantage, pour se dispenser de payer le prix, que la fermeture de la Bourse l'a empêché de revendre les valeurs, le motif qui a pu le déterminer à contracter ne pouvant se confondre avec la *cause* de son obligation qui est la livraison des titres dus par le reporteur au terme convenu (Même arrêt);—Ni que les agents de change ont dans l'intervalle cessé leurs payements et n'ont pu faire aucune opération valable, s'ils n'ont pas été dessaisis de leurs biens et s'ils ont continué leurs opérations au comptant (Même arrêt); — Ni que le règlement de ces agents de change prescrit, en cas de déconfiture de l'un d'eux, de liquider les opérations à la bourse du jour qui suit cette déconfiture, ce règlement n'ayant aucune autorité légale à défaut d'approbation du Gouvernement et n'étant pas, d'ailleurs, opposable aux tiers (Même arrêt); — Ni que les agents, n'ayant pas livré les titres à la liquidation précédente, n'auraient pas pu les livrer à l'événement du terme convenu, si cette impossibilité de livraison n'avait pas été régulièrement constatée, et s'il était, d'ailleurs, établi que ces agents auraient pu se procurer sur d'autres marchés les titres achetés (Même arrêt).

82. Quel que soit le caractère juridique du report, cette opération constitue un contrat que l'agent de change ne peut consommer sans l'autorisation ou l'ordre exprès du client dont il est le mandataire. L'agent ne peut donc d'office reporter une opération à terme faite par son client, sous prétexte que celui-ci était absent au moment de la liquidation. Et l'autorisation tacite du client ne saurait être présumée, lorsque celui-ci a protesté contre le report à l'expiration de la quinzaine (Lyon, 16 janv. 1884, aff. Lachapelle, D. P. 85. 2. 207).

83. On a exposé (*Rép.* v° *Trésor public*, n° 1334) que les marchés *fermes* et les marchés *à prime* constituent les deux variétés de marchés à terme et l'on a indiqué les caractères qui les distinguent. Le rapport de M. Naquet sur la loi du 28 mars 1885, que nous avons déjà cité, caractérise dans les termes suivants les marchés à *prime*, et s'attache à démontrer qu'ils ne renferment que l'application des principes les plus élémentaires du droit commun. L'acheteur, dit-il, achète à quinzaine, à fin de mois, ou même à une date plus éloignée; mais il se réserve la faculté de résilier à son gré, moyennant une somme fixe, payée soit d'avance soit au moment de l'expiration du délai, grâce à laquelle il se trouve entièrement dégagé. Le vendeur est lié, l'acheteur ne l'est pas. Les primes sont une variété de ce que dans les transactions ordinaires on appelle des arrhes (art. 1590 c. civ.). Il existe toutefois une différence essentielle entre la vente faite avec des arrhes et le marché à prime; c'est que la vente avec des arrhes est libre des deux côtés, tandis que dans le marché à prime l'exécution n'est facultative que pour l'acheteur (Guillard, p. 53).

84. Bien qu'antérieurement à la loi de 1885, la jurisprudence se soit généralement montrée plus rigoureuse dans l'application des marchés à prime que des marchés fermes, elle a cependant reconnu, contrairement à l'opinion soutenue par M. Bozérian, n° 303, qu'en principe ces marchés ne sont pas par eux-mêmes illicites et qu'ils ne le deviennent que lorsqu'ils constituent des jeux de bourse (Req. 27 févr. 1878, aff. Sablon de la Salle, D. P. 79. 1. 367). Elle a également décidé que la faculté réservée à l'acheteur, dans ces marchés, de renoncer au marché en payant la prime, ne constitue pas la condition potestative dont l'art. 1174 c. civ. fait une cause de nullité des obligations (Req. 21 janv. 1878, aff. Sablon de la Salle, D. P. 78. 1. 161). En effet, ainsi que l'a fait observer le conseiller-rapporteur M. Mantellier, « cette faculté n'a pas le caractère de liberté absolue, d'immunité et d'absence complète de préjudice qui serait nécessaire pour constituer une condition potestative. Subordonnée à l'obligation d'abandonner la prime, c'est-à-dire de la payer, elle est une clause pénale restrictive qui enchaîne l'acheteur, maîtrise sa volonté, et ne peut lui profiter qu'en lui imposant un sacrifice dont le vendeur bénéficie. On ne saurait dire, dès lors, qu'elle livre le sort de l'opération à la discrétion capricieuse ou potestative de l'une des parties, et rompe la réciprocité d'avantages qui forme la base des marchés licites » (V. sur les marchés à prime : Buchère, n° 383; Guillard, p. 49 et suiv.; *Rép.* v° *Trésor public*, n°s 1337 et suiv.). — Sur les liquidations et exécutions, V. *Rép.* v° *Trésor public*, n°s 1347 et suiv., et sur les opérations désignées sous les noms *d'arbitrage* et de *commune*, V. *ibid.*, n°s 1354, 1355.

85. — V. Effets commerçables. — La transmission des effets commerçables, dont il est traité au *Rép.* n°s 241 à 243 appartient aux agents de change, comme celle des valeurs cotées ou susceptibles de l'être. Mais à la différence de la négociation de ces valeurs, qui s'effectue directement entre agents sans que les parties soient nommées ni indiquées, la négociation des effets commerçables ne se fait jamais qu'au nom des parties elles-mêmes, et les agents ne sont que de simples intermédiaires (Bédarride, n°s 210 et suiv.).

A Paris, les agents de change ne s'occupent pas de la négociation des papiers commerçables (Bozérian, t. 1, p. 269).

86. — VI. Matières métalliques. — Ils s'abstiennent aussi de prendre part à la négociation des matières métalliques qui, ainsi qu'on l'a vu (*Rép.* n° 244), rentre également dans leurs attributions. Cette négociation, que l'art. 76 c. com. plaçait dans les attributions privilégiées des agents de change et des courtiers de marchandises, est devenue complètement libre depuis la loi du 18 juill. 1866 sur la liberté du courtage des marchandises, toute personne pouvant, en vertu de cette loi, faire ce genre d'opérations concurremment avec les agents de change. Ces derniers n'ont plus que le droit exclusif de constater le cours des matières métalliques.

§ 2. — Transfert des inscriptions de rentes sur l'Etat et des autres effets sujets à ce mode de transmission (*Rép.* n°s 247 à 256).

87. On a vu au *Rép.* n° 247, que le transfert est un acte constatant la transmission d'un effet public, suivant les formes déterminées par la loi. Les règles qui vont être exposées en ce qui touche les formes de transfert et les justifications à produire en cas de transmission de propriété ne concernent que les titres nominatifs. Quant aux valeurs au porteur, qui ont pris de nos jours un développement considérable, leur cession s'opère par simple tradition, sans déclaration de transfert; et elle n'exige l'intervention d'aucun intermédiaire à moins qu'elle n'ait lieu par voie de négociation à la Bourse (Buchère, n° 124).

88. L'inscription faite au nom d'une personne déterminée soit d'une rente sur le grand-livre de la dette publique, soit d'une action ou d'une obligation sur les registres de la société dont ces titres émanent, constitue la preuve complète de la propriété du titulaire. En conséquence, le juge ne peut pas, en l'absence de toute fraude ou de tout commencement de preuve par écrit, détruire par de simples présomptions l'effet légal de cette inscription (V. *Rép.* v° *Trésor public*, n° 1125; Civ. cass. 13 nov. 1867, aff. Juron, D. P. 67. 1. 445).

Elle ne peut disparaître qu'autant que la vente du titre a été effectuée, et qu'il a été constaté que le vendeur était bien le propriétaire dont le nom figurait sur les registres. Le *transfert* est l'opération qui consiste à changer le nom de la personne inscrite ou même à faire disparaître ce nom pour transformer des titres nominatifs en titres au porteur (Crépon, n° 227).

89. La propriété d'un titre de rente ne peut être transmise que par l'effet du transfert (Civ. cass. 16 févr. 1848, aff. Graux, D. P. 48. 1. 67; Req. 5 juill. 1870, aff. de Puylarroque, D. P. 72. 1. 71); par suite, lorsque le vendeur par acte sous seing privé d'une rente sur l'Etat meurt sans avoir fait opérer le transfert, l'acheteur ne peut pas contraindre le curateur à la succession vacante de son vendeur à faire opérer le transfert en sa faveur (Arrêt précité du 5 juill. 1870).

90. Le transfert est appelé transfert *réel*, lorsque la mutation résulte d'une négociation à titre onéreux, transfert *de forme*, lorsque la mutation est la conséquence d'une transmission gratuite (V. *Rép.* v° *Trésor public*, n°s 1195 et suiv.).

Il existe encore une autre sorte de transfert d'une nature

toute spéciale, que l'on nomme *transfert d'ordre*, et qui a été organisée par une décision de la chambre syndicale des agents de change de Paris du 28 avr. 1828 (*Rép. ibid.*, n° 1210).

91. Le transfert d'ordre a pour but de faciliter la négociation des titres nominatifs en prévenant les difficultés qui peuvent se présenter pour la régularisation du transfert réel, si, par exemple, l'acheteur ne pouvait immédiatement accepter le transfert des valeurs achetées, et de permettre à l'agent vendeur de garder le secret auquel il est tenu sur le nom de son client.

Ce transfert, qui n'a qu'un caractère essentiellement provisoire, ne saisit pas véritablement l'agent au nom duquel il a été fait. C'est ainsi qu'il a été jugé par un arrêt (Req. 23 juill. 1835 cité au *Rép.* v° *Trésor public*, n° 1210), que le particulier qui a remis à un agent de change une somme destinée à l'achat de rentes peut, après la faillite de celui-ci, revendiquer les titres correspondant à la quotité de rentes demandées et retrouvées en la possession de l'intermédiaire, bien que le transfert ait été opéré au nom de cet agent, si les circonstances de la cause démontrent que l'opération était sérieuse, et que les rentes en question ont été achetées pour ce particulier au nom duquel la faillite seule a empêché qu'elles ne fussent transférées, le transfert au nom de l'agent n'étant que de pure forme.

Il a été décidé dans le même sens et par les mêmes motifs que, dans le cas de déconfiture de l'agent, le client est fondé à revendiquer des actions de la Banque de France qui ont été achetées pour son compte, ainsi que cela résulte d'une mention inscrite sur les registres de l'agent et indiquant les numéros desdites actions, quoique ces titres portent, par suite d'un transfert d'ordre, l'immatricule de l'agent (Paris, 6 juill. 1870, aff. Jalleton, D. P. 71. 2. 182).

92. Les solutions qui viennent d'être indiquées s'appliquent au cas où le transfert n'est véritablement qu'un transfert d'ordre, c'est-à-dire au cas où il n'a subsisté que pendant le temps accordé par les règlements et par l'usage pour opérer la substitution du nom du client acheteur à celui de l'agent.

Mais en doit-il être de même lorsque l'agent n'a pas lui-même transféré dans ce délai au nom de l'acheteur les titres achetés pour le compte de ce dernier? La question a été controversée ; toutefois, la jurisprudence s'est prononcée dans le sens de la négative, et il a été jugé que l'agent de change au nom duquel ont été transférés des titres nominatifs qu'il était chargé de vendre pour un client doit en être réputé propriétaire, soit vis-à-vis du fisc, soit vis-à-vis des tiers s'il ne les transfère pas lui-même au nom de l'acheteur dans le délai de dix jours autorisé pour les transferts d'ordre sans perception de droits ; et que, par suite, comme tout souscripteur ou cessionnaire de titres nominatifs, il est tenu, le cas échéant, de faire les versements nécessaires pour la libération de ces titres (Paris, 8 mars 1850, aff. Veyrac, D. P. 50. 2. 164 ; 5 mai 1883, aff. Copin, D. P. 84. 2. 9. V. conf. Crépon, n°s 250 et suiv. —V. en sens contraire : Buchère, n° 129).

On objecte à cette solution que, si un délai a été fixé par l'usage pour les transferts d'ordre sans perception de droits, et s'il a même été établi pour les agents de l'administration de l'enregistrement par une circulaire, il ne peut en résulter que, par l'inobservation de ce délai, l'agent perde le caractère de simple intermédiaire qui lui est rigoureusement attribué par la loi de son institution. On en conclut que dans aucun cas l'agent ne peut être personnellement obligé par un transfert d'ordre et tenu à libérer les actions vendues par son ministère dans le cas d'un appel de fonds.

Mais on répond que le maintien de l'immatriculation de l'agent au delà d'un délai qui n'est qu'une simple tolérance a précisément pour conséquence de transformer le transfert d'ordre en un transfert réel. Si les limites du délai étaient étendues, des agents de change pourraient acheter des titres en hausse, bénéficier de cette hausse en l'accroissant même par leurs propres négociations, puis, si la baisse venait à se manifester, livrer le nom des clients insolvables, sans encourir de responsabilité personnelle.

93. La solution ne peut, d'ailleurs, faire difficulté lorsque, comme dans l'espèce où est intervenu l'arrêt du 5 mai 1883, l'agent a fait acte de propriété sur les titres négociés et est ainsi devenu un véritable cessionnaire de ces valeurs.

A plus forte raison, doit-on décider de même dans le cas d'une première souscription d'actions sur les registres de la compagnie et de l'acceptation d'un premier transfert de titres, une telle opération ne rentrant pas dans le privilège spécial des agents de change ; en conséquence, faute par le client en faveur duquel il a ultérieurement opéré le transfert de ces actions, de verser le complément de la mise sociale de chaque actionnaire, l'agent doit, en pareil cas, être déclaré personnellement tenu de ce versement (Civ. rej. 16 nov. 1852, aff. Veyrac, D. P. 52. 1. 321).

Pour échapper aux inconvénients que peut entraîner le transfert d'ordre lorsqu'il n'est pas suivi dans les délais légaux du transfert des titres au nom de l'acheteur, les agents de change ont, dans la pratique, renoncé à ce mode de procéder, et font précéder généralement le transfert des titres nominatifs de la conversion de ces valeurs en titres au porteur (Buchère, n° 308).

94. Quant au transfert réel, il est soumis à des règles différentes, suivant qu'il constate la transmission de rentes sur l'État, d'actions de la Banque de France, d'actions et obligations du Crédit foncier, et des titres de même nature de compagnies industrielles. Les formalités exigées pour chacun de ces transferts et les questions qui s'y rattachent ont été exposées au *Rép.* v° *Trésor public*, n°s 1195 et suiv.

§ 3. — Certificat du cours des diverses valeurs négociables (*Rép.* n° 257).

95. L'art. 76 c. com. charge les agents de change de constater le cours du change. Le change suppose la remise d'un effet de commerce d'un lieu sur un autre ; il peut arriver que le papier vaille plus ou moins que l'argent. Le cours du change dont la constatation est confiée aux agents et qui figure sur le bulletin officiel n'est autre chose que l'indication de la valeur relative de l'argent et du papier (Bravard, t. 2, p. 156).

§ 4. — Comptes de retour après protêt (*Rép.* n° 258).

96. La formalité du compte de retour a été provisoirement supprimée par le décret du Gouvernement provisoire du 24 mars 1848 (D. P. 48. 4. 57) (V. *Rép.* v° *Effets de commerce*, n°s 783 et suiv.). Mais ce décret est généralement considéré comme n'étant plus en vigueur.

La retraite et le rechange sont peu usités dans la pratique et l'on insère souvent dans la lettre de change la clause « *sans compte de retour* » (Courcelle-Seneuil, *Traité des opérations de banque*, p. 474).

Art. 4. — *Courtage clandestin* (*Rép.* n°s 259 à 270).

97. On a indiqué au *Rép.* n°s 259 et suiv., les dispositions légales qui prohibent et punissent toute immixtion dans les fonctions d'agents de change de la part de ceux qui n'ont pas reçu de l'autorité souveraine le pouvoir de les remplir (V. également *suprà*, n° 35). La jurisprudence a reconnu que les lois qui, antérieurement au code de commerce, ont proclamé le monopole des agents de change et en ont assuré l'exercice par une sanction pénale sont encore en vigueur, et que ce monopole comprend non seulement les opérations faites au comptant sur les effets publics, mais encore les opérations faites à terme sans qu'il y ait à distinguer entre les opérations qui ont lieu sur remise d'argent ou de titres, mais aussi celles de ces opérations qui s'effectuent à découvert (Crim. rej. 19 janv. 1860, aff. Jarry, D. P. 60. 1. 40 ; 21 févr. 1868, aff. Picacé, D. P. 81. 1. 97, note. V. conf. Crépon, n°s 3 et suiv. ; Mollot, n°s 604 et suiv. ; Guillard, p. 317).

98. On doit considérer comme constituant une immixtion illicite dans les fonctions d'agent de change le fait, par un banquier qui a accepté le mandat d'acheter des actions à la Bourse et de les faire déporter ou reporter dans certaines circonstances de baisse ou de hausse, de s'être livré à des opérations fictives pour présenter à son mandant des comptes mensongers dans lesquels il s'est constitué son débiteur au lieu de faire acheter ces actions par l'entremise d'un agent de change (Req. 9 mai 1870, aff. Huguet, D. P. 71. 1. 158).

Mais l'immixtion illicite dans les fonctions d'agent de change consiste uniquement dans le fait de l'intermédiaire qui se livre à la négociation des effets publics ou tout au moins aux actes qui préparent l'opération de vente et d'achat de ces effets; et l'on ne saurait reconnaître ce caractère dans le fait par un banquier de province de transmettre pour le compte de ses clients des ordres de bourse à des agents de change d'une autre place (Colmar, 13 juill. 1867, aff. Heilmann, D. P. 68. 2. 24, et sur pourvoi, Crim. rej. 3 avr. 1868, D. P. 68. 1. 365; Crim. rej. 3 avr. 1868) (1). En pareil cas, en effet, le banquier se constitue intermédiaire non entre l'acheteur et le vendeur, mais entre celui qui veut vendre ou acheter et l'officier public qui a seul qualité pour faire l'opération; la négociation est l'œuvre exclusive de ce dernier, et le mandat dont se charge le banquier, étranger à la négociation elle-même, ne porte aucune atteinte au privilège des agents de change. Le caractère de ce mandat n'a pu être modifié par le fait que le banquier recevait une rémunération pour la transmission à l'agent des ordres de ses clients, ni par cette circonstance qu'il réunissait ces ordres dans un seul bordereau sans désignation des personnes qu'ils concernaient, et qu'il les faisait exécuter sous son propre nom par l'agent (Mêmes arrêts).

99. Aux termes de l'art. 8 de la loi du 28 vent. an 9, le chiffre de l'amende encourue par les contrevenants doit être calculé sur le taux du cautionnement des agents de change de la place où le délit a été commis. On peut se demander quelle peine sera applicable dans les villes où il n'existe pas d'agents de change : M. Buchère pose cette question sans la résoudre (n° 118) et il se borne à constater que la solution qui consisterait à prendre pour base le cautionnement des agents établis au chef-lieu de département serait arbitraire et souvent préjudiciable au prévenu. Il fait observer, d'ailleurs, que cette solution même soulèverait encore de plus sérieuses objections dans les départements, tels que la Seine-Inférieure, dans lesquels se trouvent deux villes ayant des agents de change pour lesquels le chiffre du cautionnement est différent. En matière pénale où tout est de droit étroit, une difficulté de ce genre mériterait d'appeler l'attention du législateur.

100. Lorsque plusieurs prévenus du délit d'immixtion dans les fonctions d'agents de change sont reconnus avoir commis chacun un délit et participé, en outre, chacun aux délits commis par les autres, ils doivent être condamnés individuellement et avec solidarité à l'amende édictée par la loi (Crim. rej. 28 août 1857, aff. Goubie, D. P. 57. 1. 415).

101. Il n'appartient qu'à l'autorité judiciaire de connaître des infractions au privilège des agents de change. Il a été décidé, en conséquence, que la décision par laquelle le ministre des finances a autorisé un trésorier payeur général à se charger, moyennant une commission, de faire exécuter les ordres d'achat et de vente de valeurs françaises émanés de ses clients, ne met pas obstacle à ce que les agents de change qui verraient là une atteinte à leurs droits poursuivent cette contravention devant l'autorité compétente, et que, par suite, cette décision n'est pas susceptible d'être déférée au conseil d'Etat pour excès de pouvoir (Cons. d'Et. 21 mai 1867, aff. Groisne, D. P. 68. 3. 81).

ART. 5. — *Obligations des agents de change* (*Rép.* n°s 217 à 354).

§ 1er. — Obligation des agents de change de prêter leur ministère toutes les fois qu'ils en sont requis (*Rép.* n°s 272 à 290).

102. On a vu au *Rép.* n° 272, que cette obligation est la conséquence du privilège accordé par la loi aux agents de change. Elle leur est commune avec tous les officiers publics. Mais M. Bravard, *Traité de droit commercial*, t. 2, p. 160, remarque avec raison qu'elle est plus étroite pour eux que pour tous les autres officiers publics, parce qu'en général les opérations pour lesquelles leur intervention est exigée ne comportent pas de retard. Dans le cas où un agent, par son refus ou par le retard apporté à l'exécution de l'ordre donné, cause un préjudice au donneur d'ordre, ce dernier est fondé à lui réclamer des dommages-intérêts. Il en serait ainsi, à plus forte raison, si l'agent avait reçu une commission de justice, notamment pour la vente d'effets appartenant à des incapables (Mollot, *Bourses de commerce*, n° 235).

103. Toutefois, si le ministère de l'agent est dû au client qui le réclame, c'est seulement quand il est requis dans des conditions normales, c'est-à-dire quand l'agent est assuré de pouvoir livrer les titres vendus ou payer les titres achetés par lui. Il en serait autrement, suivant M. Crépon, *De la négociation des effets publics ou autres*, n° 98, si les titres destinés à être vendus n'étaient pas joints à l'ordre, ou si l'opération d'achat n'était pas couverte par l'envoi d'une somme suffisante pour le complet payement des titres qui devraient être achetés. Suivant le même auteur, dans les opérations à terme, où les titres ne sont presque jamais remis parce que d'ordinaire les ventes doivent se traduire par de simples différences, l'agent peut refuser son ministère, dès lors que dans l'opération ordonnée il subsiste pour lui un *aléa* quelconque, et nonobstant l'offre d'une couverture considérée comme suffisante. Mais dans ce cas l'agent doit, sans retard, faire connaître son refus, et le silence gardé vis-à-vis du donneur d'ordre impliquerait acceptation de la part de l'agent.

104. Comme on l'a vu au *Rép.* n° 275, la règle qui oblige les agents de change à prêter leur ministère comporte plusieurs exceptions. — L'interdiction de se charger d'une négociation concernant des effets appartenant à une personne dont la faillite a été déclarée (*Rép.* n° 276) a été reproduite par le règlement particulier des agents de change de Paris, qui assimile sous ce rapport au failli celui qui a manqué à ses engagements de bourse (art. 68).

105. On a examiné au *Rép.* n° 277, la question de savoir si l'art. 11 de la loi du 21 avr. 1791, qui défend aux agents de change de se charger de négociations pour des particuliers non connus et non domiciliés, est encore en vi-

(1) (Letel et autres C. de Lorgeril.) — LA COUR ; — Sur le premier moyen, tiré de la violation prétendue des art. 6, 7 et 8 de la loi du 28 vent. an 9, 4 et 6 de l'arrêté du 27 prair. an 10, 74 et 76 c. com. : — Attendu qu'aux termes de l'art. 76 c. com. les agents de change ont seuls le droit de faire les négociations des effets publics et autres susceptibles d'être cotés; — Attendu que ce privilège est sanctionné à leur profit au moyen des pénalités édictées par l'art. 8 de la loi du 28 vent. an 9 contre tous individus autres que ceux nommés par le Gouvernement qui s'immisceraient dans les fonctions d'agent de change; mais qu'en principe un privilège est de droit étroit et doit être strictement renfermé dans ses limites légales; — Attendu que la négociation des effets publics, exclusivement réservée aux agents de change, consiste dans l'entremise entre l'acheteur et le vendeur; que, si cette négociation peut comprendre aussi bien les actes qui préparent l'opération de vente et d'achat que ceux qui la consomment, c'est toujours à la condition que ces actes aient pour objet de mettre en rapport l'offre et la demande; — Attendu, en conséquence, que l'immixtion illicite dans les fonctions d'agent de change est le fait de celui qui, en qualité d'intermédiaire entre l'acheteur et le vendeur, se livre à quelqu'un des actes ci-dessus spécifiés; mais qu'il est impossible de reconnaître, avec le pourvoi, le caractère d'immixtion illicite dans le fait qui consiste à donner simplement à un agent de change le mandat ou la commission d'acheter ou de vendre; — Attendu, en effet, que, dans ce cas, c'est l'officier public qui est le véritable intermédiaire entre l'acheteur et le vendeur, et que celui qui transmet l'ordre reste étranger à cette entremise; — Attendu que l'arrêt attaqué déclare que le seul fait qui soit demeuré constant au procès, c'est que de Lorgeril reçoit à Rouen, de ses clients, des ordres d'achat ou de vente qui doivent être exécutés à Paris, et qu'il transmet à cet effet à un agent de change près la bourse de cette ville; qu'à la vérité, l'arrêt ajoute que de Lorgeril réunit dans un seul bordereau les ordres reçus par lui chaque jour, et les transmet, sans désignation des personnes qu'ils concernent, à l'agent de change de Paris, qui les exécute ensuite sous le nom de Lorgeril seul; mais que le pourvoi cherche vainement à conclure de cette dernière circonstance qu'il y aurait eu de la part de de Lorgeril une immixtion illicite dans les fonctions d'agent de change; qu'en effet, soit que le banquier qui transmet l'ordre ait agi comme mandataire et au nom de son mandant, soit qu'il ait agi comme commissionnaire et en son propre nom pour le compte d'un commettant, dans les termes de l'art. 91 c. com., il n'en reste pas moins certain qu'il a servi d'intermédiaire, non entre le vendeur et l'acheteur, mais entre le mandant ou le commettant, donneur d'ordre, et l'agent de change, seul chargé de faire la négociation;...

Par ces motifs, rejette, etc.

Du 3 avr. 1868.-Ch. crim.-MM. Legagneur, f. f. pr.-Barbier, rap.-Bédarrides, av. gén.-Bozérian, av.

gueur. Comme M. Mollot, dont nous avons combattu l'opinion, et par les mêmes motifs, M. Buchère, *Traité des opérations de bourse*, n° 62, se prononce pour la négative. Il décide, en conséquence, que les agents peuvent accepter le mandat qui leur est confié même par des personnes qu'ils ne connaissent pas; mais il ajoute qu'ils l'acceptent sous leur responsabilité personnelle. Aussi paraît-il admettre avec M. Bravard, p. 160, qu'ils ne sont tenus de prêter leur ministère qu'à ceux qui justifient de leur individualité et de leur capacité. L'agent qui négocierait des titres sur l'ordre d'un mineur dont l'apparence extérieure révélerait l'âge, ou sur l'ordre d'une femme qui ne produirait ni l'autorisation maritale, ni la justification qu'elle est maîtresse de ses droits, engagerait de la manière la plus sérieuse sa responsabilité.

106. On a exposé au *Rép.* n° 279, que les agents de change ne peuvent négocier les effets publics ou privés appartenant à des mineurs ou à des interdits, sans que les formalités prescrites par la loi aient été préalablement accomplies; et nous avons indiqué l'exception apportée à cette règle pour les mineurs et interdits qui ne possèdent qu'une rente de 50 fr. et au-dessous, en inscriptions de 5 pour 100 consolidés ou qu'une seule action de la Banque de France, ainsi que pour les héritiers bénéficiaires et curateurs de successions vacantes qui se trouvent dans les mêmes conditions (L. 24 mars 1806; Avis Cons. d'Et. 15 sept. 1807 et 11 janv. 1808) (V. *Rép.* v° *Trésor public*, n°s 1183 et suiv.). — M. Demante, *Cours analytique*, t. 2, n° 220 *bis* II, enseigne que les dispositions précitées, qui visent exclusivement les inscriptions de rente 5 pour 100, doivent être étendues aux autres fonds publics émis depuis cette époque, et qu'il faut prendre pour base le chiffre de 1000 fr. en capital que représentait l'inscription de 50 fr. de rente 5 pour 100. Mais cette conclusion ne saurait être admise et ne l'a pas été dans la pratique. La loi de 1806 s'est attachée au chiffre du revenu parce qu'elle a voulu assurer au mineur un revenu permanent et d'une certaine importance, et il ne saurait être permis de substituer à cette disposition une appréciation de l'importance du titre d'après la valeur du capital de la rente, valeur qui est soumise à toutes les fluctuations de la Bourse (Bravard et Demangeat, p. 166; Valette, *Explication sommaire du livre 1er du code napoléon*, p. 276; Demolombe, *Traité de la minorité*, etc., t. 1, n° 592).

107. Nous avons exprimé l'avis (*Rép.* n° 281) que, pour s'assurer que les mineurs ou les interdits ne possèdent en réalité que la valeur fixée par la loi, les agents de change devraient, avant de négocier une inscription de rente de 50 fr. ou au-dessous appartenant à un mineur, exiger du tuteur la production d'un acte de notoriété dressé par un notaire en présence de quatre témoins. M. Buchère, n° 157, repousse cette opinion; il soutient qu'aucune disposition légale ne permet à l'agent d'exiger une semblable justification et que, comme son ministère est obligatoire, il serait tenu de négocier l'inscription, dans le cas même où le tuteur refuserait de produire cet acte de notoriété. Suivant cet auteur, l'agent ne serait responsable que s'il était établi que quelque négligence lui est imputable. Tel serait par exemple le cas d'un agent qui aurait laissé ignorer au tuteur la prohibition de vendre sans autorisation plusieurs inscriptions s'élevant ensemble à plus de 50 fr. ou qui aurait fait en peu de temps des opérations successives dépassant cette somme.

108. Sur les cas dans lesquels l'agent de change doit refuser son ministère à raison de l'inaliénabilité ou de l'insaisissabilité des effets à négocier, V. *Rép.* v° *Trésor public*, n°s 1157 et suiv., 1173 et suiv.

109. Comme on l'a exposé au *Rép.* n° 288, les agents de change doivent refuser leur ministère pour toute opération ayant pour objet de vendre ou de livrer des effets publics que le vendeur ne prouve pas avoir existé à sa disposition au temps de la convention ou avoir dû s'y trouver lors de la livraison, les opérations de cette nature tombant sous le coup des art. 421 et 422 c. pén. Cette prohibition n'existe plus depuis que la loi du 28 mars 1885 a, comme nous l'avons dit (*suprà*, n° 69), abrogé les articles précités du code pénal et consacré la validité des marchés à terme sur effets publics et autres, lors même qu'ils se résoudraient par une simple différence. Sous l'empire de la nouvelle loi, le seul marché auquel il serait interdit à un agent de change de prêter son ministère serait le marché rédigé sous la forme d'un pari.

110. Aux prohibitions énumérées au *Rép.* n°s 276 à 290, il faut ajouter celles qui résultent des art. 14 et 45 de la loi sur les sociétés du 24 juill. 1867 (D. P. 67. 4. 98). Ces articles prohibent la négociation des actions émises par les sociétés en commandite ou anonymes qui se sont constituées sans observer les formalités prescrites par cette loi et de celles pour lesquelles le versement du quart n'a pas été fait. Ils punissent d'une amende de 500 à 10000 fr. toute participation à la négociation de ces actions. Ces dispositions ne font que reproduire, en les étendant, les défenses imposées aux agents de change par la loi du 15 juill. 1845 (D. P. 45. 3. 162) à l'égard des promesses d'actions dans les compagnies de chemin de fer, et par la loi du 17 juill. 1856 (D. P. 56. 4. 106), à l'égard des promesses d'actions dans les sociétés en commandite (V. *Rép.* v° *Trésor public*, n°s 1278 et suiv.).

Le but de ces dispositions est, ainsi que le constatait un des orateurs qui ont pris part à la discussion de la loi de 1867, d'interdire la négociation des actions avant la constitution définitive de la société. Mais lorsque cette négociation a lieu postérieurement à la constitution de la société, elle est licite et valable, quel que soit le sort ultérieur de la société, et quand bien même celle-ci viendrait à être annulée par défaut de versement effectif du quart du capital (Lyon, 22 janv. 1884, aff. Picard, D. P. 84. 2. 153).

111. L'agent de change qui opère la négociation d'actions d'une société anonyme avant l'accomplissement des formalités prescrites par les derniers paragraphes de l'art. 1er de la loi de 1867, prête son ministère à un acte nul, et par suite il ne peut contraindre son mandant à accepter la suite de l'opération et à lui rembourser ses avances (Thaller, *Revue critique de législation*, 1883, p. 321; Beslay et Lauras, *Commentaire du code de commerce*, t. 5, n° 1235; Vavasseur, *Sociétés civiles et commerciales*, t. 1, n° 477; Crépon, n° 167).

§ 2. — Défense aux agents de change de faire des opérations pour leur compte, de recevoir, de payer et de se porter garants pour leurs clients (*Rép.* n°s 291 à 300).

112. Ainsi qu'on l'a vu (*Rép.* n° 291), les art. 85 et 86 c. com. interdisent aux agents de change de faire pour leur propre compte aucune opération de commerce ou de banque, ou de s'intéresser directement ou indirectement dans aucune entreprise commerciale, de recevoir ni payer pour le compte de leurs commettants et de se rendre garants de l'exécution des marchés dans lesquels ils s'entremettent.

Un arrêt de la cour d'Agen du 12 janv. 1860 (D. P. 60. 2. 135) a décidé qu'un agent de change, bien qu'il ne puisse faire des opérations commerciales pour son compte, a le droit de se faire souscrire des effets de commerce pour le compte, ou pour parler plus exactement, dans l'intérêt de ses commettants, et de se faire donner personnellement toutes garanties même hypothécaires qu'il jugera convenables. Tout ce qu'exige cet arrêt, c'est qu'il n'y ait de la part de l'agent ni dol ni fraude.

Cette décision ne nous paraît pas à l'abri de la critique. Dans la pensée de la loi, l'agent de change doit être, dans les opérations où il s'entremet, un intermédiaire absolument désintéressé. Lorsqu'il endosse des lettres de change, qu'il en reçoit et qu'il en transmet, lorsqu'il se fait souscrire des obligations, il cesse d'être intermédiaire pour devenir partie, et il se soumet à toutes les éventualités que l'opération peut entraîner. Il devient ainsi un véritable agent d'affaires, avec cette différence que la qualité d'agent d'affaires provoque l'attention des particuliers qui l'emploient, tandis que l'agent de change est faussement indiqué à la confiance du public, puisqu'il a dénaturé le caractère de ses fonctions d'officier public et engagé sa solvabilité.

113. Mais, d'après un arrêt de la chambre des requêtes qui ne paraît pas donner lieu aux mêmes objections (Req. 14 janv. 1868, aff. Combarel de Leyval, D. P. 68. 1. 171), l'agent de change entre les mains duquel un client a remis, pour se procurer de l'argent, des bons en blanc revêtus de sa signature à titre de garantie des prêts futurs, peut remplir ces bons en son nom, en y inscrivant notamment une lettre de change à son ordre, s'il est déclaré qu'il n'a point agi en qualité d'agent de change et s'il n'est ni établi, ni même allégué qu'il ait reçu une rétribution ou fait un bénéfice quelconque à l'occasion de cette opération.

Ces sortes d'opérations ne se présentent, d'ailleurs, jamais à Paris. Dans les départements, elles ne sont le plus souvent que le résultat des rapports qui existent entre les habitants des petites villes, ce qui en diminue l'importance et la gravité (Buchère, *Traité des opérations de bourse*, n° 82).

114. Comme on l'a exposé au *Rép.* n° 292, la prohibition de s'intéresser dans une entreprise commerciale implique pour l'agent de change interdiction d'être actionnaire d'une compagnie anonyme ayant le commerce pour objet. Cette solution ne doit toutefois, ainsi que nous l'avons indiqué, être admise que moyennant certaines distinctions. D'après M. Mollot, *Bourses de commerce*, n° 410, et M. Bédarride, *Bourses de commerce*, n° 416, la souscription d'actions dans une société quelconque conférant un intérêt dans une opération commerciale est interdite aux agents de change. Mais il n'en est pas de même de l'achat d'actions déjà émises : il ne peut être interdit à un agent de change de placer ses capitaux en actions de sociétés commerciales et autres valeurs de bourse, à la condition toutefois que l'acquisition de ces valeurs ait pour objet un placement sérieux, et non une opération de spéculation personnelle.

115. Nous avons indiqué (*Rép.* n° 293, et v° *Société*, n°s 165 et suiv.) la controverse à laquelle avait donné lieu, avant la loi du 2 juill. 1862 (V. *suprà*, n° 14), la question de la validité des sociétés formées pour l'exploitation des charges d'agent de change. Il était généralement admis que les agents de change ne pouvaient pas s'associer, même avec des tiers simples bailleurs de fonds, pour l'exploitation de leurs offices; mais qu'une association de cette nature, lorsque l'annulation en avait été prononcée, avait, pour le passé, le caractère d'une communauté de fait, donnant lieu à la liquidation du fonds commun, et notamment au partage de la valeur de l'office d'après les droits respectifs des parties, valeur dont la fixation appartenait aux tribunaux, et non au Gouvernement (Civ. rej. 13 mai 1862, aff. Jobart, D. P. 62. 1. 338; Req. 29 juin 1863, aff. Sauvage, D. P. 63. 1. 476).

116. La loi du 2 juill. 1862 a permis aux agents de change de s'adjoindre des bailleurs de fonds intéressés, participant aux bénéfices et aux pertes résultant de l'office et de la liquidation de sa valeur, à la seule condition que le titulaire serait propriétaire du quart au moins de la somme représentant le prix de l'office et le montant du cautionnement. Mais cette loi n'a pas eu le caractère d'une loi interprétative et n'a disposé que pour l'avenir. En conséquence, un arrêt qui, antérieurement à sa promulgation, avait annulé comme contraire à l'ordre public une association de cette nature n'a pu être cassé par application de la loi nouvelle (Arrêt du 29 juin 1863 cité *suprà*, n° 115). Il a été décidé toutefois qu'une société créée antérieurement à la loi du 1862 pour faire valoir une charge d'agent de change, fût-elle nulle *ab initio*, avait pu être validée par l'exécution que, depuis cette loi, tous les intéressés ont donnée au pacte social (Paris, 12 juill. 1880, aff. Beigbeder, D. P. 82. 1. 10).

117. La loi du 2 juill. 1862 ne déroge pas, d'ailleurs, au principe de droit qui déclare illicite la formation d'une société pour l'exploitation d'un office. Suivant l'exposé des motifs (D. P. 62. 4. 72), « elle exclut soigneusement l'office lui-même de la mise en société. Il en résulte que l'agent de change, en tant qu'officier public, reste complètement indépendant vis-à-vis de ses associés : que ceux-ci ne peuvent exercer aucune action sur les actes officiels du titulaire, qu'ils ne sauraient le contraindre par aucune voie, soit à conserver son titre, soit à s'en démettre, ni élever aucune réclamation à raison des mesures disciplinaires qui pourraient intervenir. Les bénéfices, le prix de la charge lorsqu'il y aura lieu à présentation d'un successeur, tel est l'objet unique et la limite de leur droit... la disposition qui borne la responsabilité des associés aux capitaux par eux engagés est la conséquence nécessaire de l'indépendance de l'agent de change vis-à-vis d'eux; on ne comprendrait pas qu'ils fussent indéfiniment responsables d'actes auxquels ils ne peuvent pas participer ».

118. La société autorisée par la loi du 2 juill. 1862 entre l'agent de change et ses bailleurs de fonds ne constitue pas, ainsi que l'a déclaré dans la discussion M. Vuitry, commissaire du Gouvernement, une véritable société en commandite, quoique la loi ait emprunté au régime de la société en commandite la règle que le bailleur de fonds ne sera responsable que jusqu'à concurrence du capital qu'il a engagé. « Elle ne rentre pas, dit le rapporteur de la loi au Corps législatif, M. Larrabure, dans le cadre des trois ou quatre sociétés définies et réglées par le code de commerce... Ce sera une société *sui generis*, spéciale pour un objet spécial ». Elle diffère de la société en commandite en ce que le fonds social ne peut, comme dans la commandite, être divisé en actions, et en ce que le nombre des associés est déterminé, que leurs noms sont connus et que leur solvabilité est discutée par la chambre syndicale.

119. On n'en doit pas moins lui reconnaître le caractère d'une société commerciale ayant, comme toute autre, son individualité distincte de la personnalité du titulaire, son actif et son passif, ses créanciers ou ses débiteurs (Req. 14 nov. 1871, aff. Sarrazin, D. P. 72. 1. 354; Rennes, 24 déc. 1875, aff. Trubert de la Chapelle, D. P. 78. 5. 25).

Il en résulte : 1° que l'agent de change peut avoir des créanciers personnels qui ne doivent pas être admis au passif de la liquidation de la société, quand leurs créances ne figurent pas sur les livres de celle-ci (Arrêt précité du 14 nov. 1871); — 2° Que les agissements personnels de l'agent de change, en dehors ou même contrairement à l'exercice de ses fonctions, n'engagent pas la responsabilité de ses associés (Arrêt précité du 24 déc. 1875).

120. Un arrêt de la cour de Lyon du 4 mai 1881 (aff. Rolland, D. P. 82. 2. 217) a toutefois refusé de reconnaître aux bailleurs de fonds la qualité de tiers vis-à-vis l'agent de change, en ce qui concerne les payements opérés par celui-ci ou les imputations par lui faites, dans une espèce où il s'agissait non d'opérations dépendant des fonctions publiques de l'agent, mais d'actes relatifs à l'exploitation commerciale de sa charge. Dans ce cas, en effet, il est évident que les bailleurs de fonds sont, comme des commanditaires, représentés et engagés par le gérant de l'association et qu'ils ne peuvent être considérés comme des tiers à son égard. La convention faite par celui-ci avec son créancier pour régler l'imputation d'un payement leur était donc opposable, puisqu'il stipulait non en son nom personnel, mais au nom de l'association. Il en aurait été autrement s'il s'était agi de faits relatifs aux fonctions spéciales de l'agent de change. Dans cette hypothèse, les bailleurs de fonds n'auraient pas été engagés par celui-ci, parce que les fonctions de l'office ne tombent pas dans le domaine de la société.

121. D'après un arrêt de la cour de Paris du 22 janv. 1875 (D. P. 75. 2. 123), les bailleurs de fonds intéressés dans la charge seraient pour l'agent de change des associés commanditaires, et comme tels ils seraient sans qualité pour provoquer la faillite de l'agent de change, cette faillite devant, suivant cet arrêt, s'étendre à la société dont ils font partie. M. Bédarride, n° 427-4°, combat cette doctrine. Il fait observer qu'à la différence des commanditaires, les bailleurs de fonds intéressés dans une charge d'agent de change ne peuvent demander la dissolution de la société qui entraînerait la vente de la charge, puisque cette vente est impossible tant que le titulaire refuse d'y consentir; mais, précisément parce que ce moyen de sauvegarder leurs intérêts compromis leur fait défaut, il leur reconnaît au cas de cessation de payements le droit de faire déclarer judiciairement la faillite.

Quoique l'arrêt précité de la cour de Paris ait été l'objet d'un pourvoi, la cour de cassation n'a pas eu à se prononcer sur cette question : elle s'est fondée, pour reconnaître au bailleur de fonds, le droit de faire déclarer la faillite, sur ce que, dans l'espèce, ce bailleur de fonds agissait comme créancier personnel de l'agent à raison d'une cession qu'il lui avait faite de sa part d'intérêt. Mais elle a refusé de consacrer la thèse de l'arrêt attaqué d'après laquelle la faillite de l'agent entraînerait celle de la société (Civ. cass. 5 mars 1879, aff. Chenard, D. P. 79. 1. 250). Il n'est pas exact, en effet, même dans le cas d'une société en commandite ordinaire, de soutenir que la faillite personnelle du gérant entraîne celle de la société (Renouard, *Traité des faillites*, t. 2, p. 132; *Rép.* v° *Faillite*, n°s 82 et 83). Les créanciers personnels du gérant ne sont pas ceux de la société; ils n'ont aucune action sur le patrimoine social, qui est le gage exclusif des créanciers de la société, et la société peut être *in bonis* lorsque son gérant est en état de cessation de payements.

122. La société est représentée par son gérant, c'est-à-dire par le titulaire de la charge. Ce dernier a donc seul qualité pour répondre dans l'instance qui tendrait à liquider la part revenant à l'un de ses associés dans l'exploitation de cette charge (Paris, 12 juill. 1880, aff. Beiglader, D. P. 82. 1. 10).

123. Il arrive fréquemment que, dans le cours de l'association formée pour l'achat et l'exploitation d'une charge d'agent de change, un des bailleurs de fonds cède à un tiers tout ou partie de sa part sociale contre le remboursement d'une portion équivalente des capitaux par lui versés dans la société. L'acte d'association peut prévoir et régler à l'avance le cas d'une semblable cession. Les rapports des intéressés sont alors régis par cet acte, qui est la loi des parties; dans le silence de l'acte, il y a lieu d'appliquer les règles du droit commun. Si l'acte permet aux intéressés de céder leurs droits à un tiers avec le seul consentement du titulaire, cette clause doit recevoir son effet, sauf toutefois, à Paris, le consentement de la chambre syndicale à laquelle le règlement général des agents de change donne un droit de surveillance sur le personnel des bailleurs de fonds (Buchère, n°s 54 à 56).

Mais cette clause n'autoriserait pas la cession qu'un bailleur de fonds ferait de sa part à l'agent, moyennant un prix à payer sur l'actif social; une telle cession, constituant une véritable dissolution de la société à l'égard du cédant, ne pourrait avoir lieu qu'avec le consentement de tous les associés (Req. 22 févr. 1869, aff. Chenard, D. P. 69. 1. 420). En conséquence, le cédant serait tenu de restituer ce prix à la société, tandis qu'il pourrait le retenir, s'il avait traité avec l'agent de change ne s'obligeant que sur ses deniers personnels, alors même que ce dernier se serait, à sa connaissance, acquitté au moyen de deniers puisés dans la caisse sociale (Même arrêt).

124. La loi du 2 juill. 1862 interdisant de mettre en société le quart de la somme représentant le prix de l'office et le cautionnement, il en résulte que la cession par un agent de change d'une portion de la valeur de sa charge, à prendre dans cette part incessible, est illicite et nulle (Req. 31 mars 1869, aff. Lajoye, D. P. 69. 1. 452). Mais, ainsi que le décidait la jurisprudence, antérieurement à 1862, à l'égard des associations formées pour l'exploitation d'un office d'agent de change et considérées alors comme nulles, l'annulation de cette cession laisse subsister, pour le passé, la société de fait qui a pu exister entre les parties, et, par suite, le cessionnaire n'est admis à réclamer que la part lui revenant dans l'actif après payement intégral des dettes, et non le remboursement du prix de la cession (Même arrêt).

125. On ne saurait assimiler à la situation d'un bailleur de fonds participant aux bénéfices et aux pertes la situation d'un prêteur qui s'est engagé à verser dans la caisse d'un agent de change un capital en compte courant forcé, remboursable dans un délai déterminé, sous la condition d'obtenir un emploi dans les bureaux de l'agent avec des appointements fixes et un intérêt dans les bénéfices. Les règles qui viennent d'être énoncées seraient inapplicables à un engagement de ce genre, qui constitue un prêt ordinaire (Lyon, 18 juin 1868) (1).

126. On a indiqué au *Rép.* n° 295, quelle est la portée de la défense faite aux agents de change par l'art. 85 de recevoir ou de payer pour le compte de leurs commettants. M. Bravard, *Traité de droit commercial*, t. 2, p. 176, fait observer que le sens de ces expressions est fixé par la législation précédente à laquelle on les a empruntées, et spécialement par l'ordonnance du commerce de 1673, tit. 2, art. 1er, qui défendait « aux agents de banque et de change de faire le change ou tenir banque pour leur compte particulier, sous leur nom ou sous des noms interposés, directement ou indirectement... ». Elles signifient que les agents de change ne peuvent se faire les banquiers de leurs clients, leur faire des avances, leur ouvrir des crédits.

127. Ainsi que nous l'avons dit, d'ailleurs (*Rép.* n° 297), la prohibition édictée par l'art. 85 c. com. ne peut autoriser le client qui a profité des avances faites par l'agent à en refuser le remboursement. La doctrine et la jurisprudence sont constantes sur ce point (V. Buchère, n° 82; Boistel, *Précis de droit commercial*, 3e éd., n° 640). — Décidé, en conséquence, que l'agent qui a acheté des valeurs et, par exemple, des actions de chemin de fer pour le compte d'un client qui ne lui en a pas livré le prix, a contre ce dernier, après revente

(1) (Charlet C. Charpine.) — LA COUR; — Attendu que la question du procès consiste à déterminer si Charlet a été, à l'égard de l'agent de change Charpine, un associé bailleur de fonds, passible des pertes jusqu'à concurrence du capital engagé, ou bien un simple commis, prêteur d'une somme de 50000 francs; — Attendu que les accords verbaux intervenus entre les parties le 30 sept. 1862, sont d'une nature telle que, soit en s'arrêtant au sens littéral des termes, soit en recherchant la commune intention des parties contractantes, on est amené, par la force des choses, à une interprétation conforme aux prétentions de Charlet; — Qu'en effet, suivant le texte convenu de ces accords, Charlet s'obligeait à verser dans la caisse de Charpine une somme de 50000 francs en compte courant forcé, laquelle porterait intérêt à 5 0/0 et serait remboursable dans cinq années à compter de la date du versement fixé au 20 nov. 1862; — Qu'en outre, Charlet devait avoir un emploi dans les bureaux de Charpine, et qu'il lui était alloué un appointement de 2400 francs par an, plus un intérêt de 12 0/0 dans les bénéfices de la charge de ce dernier; — Qu'en troisième lieu, il était stipulé que si Charlet décédait avant l'expiration du délai de cinq ans, Charpine rembourserait aux héritiers Charlet les sommes leur revenant, dans l'année à partir du décès de leur auteur; — Attendu que de telles stipulations sont loin d'impliquer l'idée d'une société, et que les expressions *compte courant, emploi dans mes bureaux, appointement*, tendent plutôt à démontrer l'existence d'un contrat de prêt avec cette condition que le prêteur serait employé en qualité de commis dans l'agence de Charpine; — Que, s'il pouvait naître quelque doute de cette circonstance qu'indépendamment des 2400 francs, Charlet avait droit annuellement à 12 0/0 sur les bénéfices, il faudrait remarquer que très fréquemment il est accordé à un employé, en sus d'un appointement fixe, une part proportionnelle dans les bénéfices, sans qu'une stipulation pareille change la nature de la convention; — Que, dans l'espèce, on doit tellement admettre l'attribution annuelle de 12 0/0 comme une simple augmentation, qu'en 1865, elle a été convertie en un supplément de 600 francs sur l'appointement de Charlet, qui, de la sorte, a été rémunéré sur le pied fixe de 3000 francs par année; — Attendu, en outre, que l'exécution donnée à la convention a toujours eu lieu dans ce sens que Charlet n'était qu'un simple employé; — Qu'en ce qui le concerne, il n'a jamais été question de mise de fonds ni de levées, mais seulement de compte courant d'intérêt d'un capital et d'appointement; qu'aucun inventaire ni état de situation ne lui a été communiqué; qu'aucune perte n'a jamais été inscrite à son compte; — Attendu que vainement on se prévaut de ce que Charlet, dans sa correspondance, avait employé cette expression *mon apport*, pour indiquer son versement de 50000 francs; — Que l'impropriété d'une telle locution est certaine, quand on voit qu'elle est employée comme synonyme de fonds à verser en compte courant obligé, pour cinq ans, et quand on la compare à l'ensemble des clauses de la convention; — Que le fait du versement en compte courant est certain, et qu'il ne saurait être confondu avec l'apport d'un associé dans une société; — Attendu que vainement encore on allègue que, depuis la loi du 2 juill. 1862, les bailleurs de fonds des agents de change participent aux pertes résultant de l'exploitation de l'office jusqu'à concurrence des capitaux engagés (nouvel art. 75 c. com.); — Que cela est vrai lorsqu'il s'agit d'un bailleur de fonds qui a entendu s'associer aux bénéfices et aux pertes dans le sens de ce texte; mais que l'art. 75 n'ayant certainement pas voulu empêcher l'agent de change de se procurer des fonds par un emprunt, il ne saurait y avoir participation aux pertes lorsqu'il s'agit d'un simple commis, rétribué d'abord par un appointement et une part éventuelle dans les bénéfices, et plus tard par un simple appointement fixe, quoique ce commis soit en même temps prêteur d'une somme d'argent; — Attendu, d'ailleurs, que si l'on voulait réclamer, dans l'espèce, l'application du nouvel art. 75 c. com., il faudrait aller jusqu'à dire que Charlet aurait dû participer, non seulement aux bénéfices et aux pertes résultant de l'exploitation de l'office, mais encore aux bénéfices et aux pertes résultant de la liquidation de sa *valeur*, ce qui serait absolument contraire aux accords des parties, qui résistent de la manière la plus manifeste et par la lettre et par l'esprit à une telle conséquence; — Attendu, dès lors, que l'interprétation de la convention verbale des parties et la recherche de leur commune intention conduisant à ce résultat que Charlet a été prêteur d'une somme de 50000 francs, sa demande doit être accueillie, et qu'il doit être reconnu créancier pour le montant de ladite somme; — Réformant, etc.

Du 18 juin 1868.-C. de Lyon, 2e ch.-MM. Barafort, pr.-Gay, av. gén.-Rappet, Lablatinière et Le Royer, av.

des mêmes valeurs moyennant une somme inférieure au prix d'achat, une action en remboursement de la différence (Req. 13 juill. 1859, aff. Sévelinge, D. P. 59. 1. 402). La prohibition faite aux agents de change de payer pour leurs commettants a pour unique sanction les peines prononcées par la loi contre les contrevenants; on ne saurait, dans le silence des textes, refuser aux agents de change une action contre leurs commettants pour se faire rembourser les sommes ainsi payées; cette action dérive du mandat donné à l'agent de change par son client, et la recevabilité en est uniquement subordonnée à la preuve, incombant au client, de la révocation du mandat (Civ. cass. 10 nov. 1886, aff. Marchand, D. P. 87. 1. 272).

128. On a vu au *Rép.* n° 300, que toute contravention aux art. 85 et 86 c. com. entraîne contre les agents de change la peine de la destitution et une amende qui ne peut excéder 3000 fr. L'agent de change destitué pour ce fait ne peut, aux termes de l'art. 88, être réintégré dans ses fonctions.

L'art. 87 ne fixe pas le *minimum* de l'amende; on doit en conclure qu'elle peut descendre jusqu'à 16 fr.; mais elle ne peut être abaissée au-dessous de ce chiffre: en effet, cette amende doit être prononcée par le tribunal correctionnel, et l'art. 463 c. pén. n'étant pas applicable, puisqu'il s'agit d'un délit prévu par une loi spéciale, le tribunal ne pourrait prononcer une peine de simple police (Buchère, n° 83; Bozérian, *De la bourse*, t. 1, n° 391).

129. Quoique, en règle générale, la destitution des officiers publics soit prononcée par l'autorité qui les a nommés, nous avons dit (*Rép.* n° 429) que c'est exclusivement au tribunal correctionnel qu'il appartient de la prononcer dans les cas prévus par les art. 85 et 86 c. com. La destitution a, en effet, en pareil cas, le caractère d'une peine; et elle est la suite immédiate et nécessaire de la contravention que le tribunal a seul le droit de constater (Crim. cass. 27 juin 1851, aff. Engaurran, D. P. 52. 5. 181; Ch. réun. cass. 26 janv. 1853, aff. Engaurran, D. P. 53. 1. 6. V. conf. Mollot, n° 644; Buchère, n° 84).

130. Comme on l'a exposé au *Rép.* n° 300, les opérations faites par un agent de change pour son compte ne sont pas frappées de nullité. En conséquence, les tiers qui ont fait avec un agent de change des opérations de cette nature ne peuvent pas refuser de remplir les engagements qu'ils ont contractés envers lui par suite de ces opérations; ils peuvent seulement lui réclamer des dommages-intérêts pour réparation du préjudice qu'ils auraient éprouvé (Req. 14 janv. et 5 févr. 1868, aff. Combarel de Leyval, D. P. 68. 1. 171 et 387; 1er févr. 1876, aff. Charnay, D. P. 78. 1. 229; Alauzet, *Commentaire du code de commerce*, 2e éd., t. 2, n° 667; Boistel, n° 656; Lyon-Caen et Renault, *Précis de droit commercial*, t. 1, n° 1497; Rivière, *Répétitions écrites sur le code de commerce*, 8e éd., p. 242).

§ 3. — Obligation de l'agent de change de se faire remettre les effets qu'il est chargé de vendre ou les sommes nécessaires pour payer ceux qu'il est chargé d'acheter (*Rép.* nos 301 à 314).

131. Cette obligation qui était, comme on l'a vu (*Rép.* n° 301), imposée aux agents de change par l'art. 13 de l'arrêté du 27 prair. an 10, a cessé de l'être par suite de la modification apportée à cette disposition par l'art. 3 de la loi du 28 mars 1885. Le texte nouveau est ainsi rédigé: « chaque agent de change est responsable de la livraison et du payement de ce qu'il aura vendu et acheté : son cautionnement sera affecté à cette garantie ». Les mots « *devant avoir reçu de ses clients les effets qu'il vendra, les sommes nécessaires pour payer ceux qu'il achète* » ont été supprimés.

Mais si cette obligation n'existe plus, la responsabilité imposée aux agents de change exige, de leur part, des précautions qui les mettent à l'abri, en cas de perte, de l'insolvabilité ou de la mauvaise foi de leurs clients. Ce sont ces sûretés qu'exigent les agents en se faisant remettre par avance une *couverture*, c'est-à-dire soit une somme en argent, soit des valeurs au porteur destinées à les couvrir des avances qu'auront nécessitées les opérations.

132. Le caractère et les conséquences légales du contrat qui intervient dans ces circonstances entre l'agent de change et son client doivent être étudiés successivement au point de vue de la législation antérieure à la loi du 28 mars 1885, et au point de vue de cette dernière loi. — Sous le régime antérieur à 1885, on a dû rechercher ce que devenait la couverture dans le cas d'une action en répétition exercée par le client par le motif qu'elle n'avait pu servir de garantie à des opérations pour lesquelles la loi refusait toute action. Dans un premier système, la couverture devait être considérée comme la réalisation anticipée du marché (Mollot, *Bourses de commerce*, n° 155), d'où cette conséquence, sous l'empire de l'ancienne législation, que si l'opération constituait un jeu de bourse, les sommes ou valeurs remises à titre de couverture ne pouvaient être répétées.

Dans un second système, la couverture, alors même qu'elle consistait dans une somme d'argent, constituait un nantissement, ainsi que la qualifiait le règlement des agents de change de Paris du 19 nov. 1832; et, dès lors, elle pouvait donner lieu à répétition (Bozérian, *De la bourse*, t. 1, n° 307). Enfin, d'après un troisième système qui nous a paru devoir être préféré (*Rép.* v° *Trésor public*, n° 1417), à côté du contrat principal intervenu entre le vendeur et l'acheteur et dans lequel l'agent de change ne joue que le rôle d'un simple mandataire, il se forme entre l'agent et le client une convention accessoire; la couverture doit être considérée comme l'exécution anticipée de cette convention, et elle est destinée à assurer le payement de la dette éventuelle dont le client peut se trouver redevable envers l'agent par l'effet de la fluctuation des cours (V. conf. Bédarride, *Bourse de commerce*, nos 293 et suiv.).

La jurisprudence, sans consacrer d'une manière absolue aucun de ces systèmes, a décidé qu'il appartenait aux tribunaux de rechercher quelle avait été l'intention des parties relativement à la couverture remise à l'agent de change, et de déterminer si cette remise constituait une exécution par anticipation et un payement effectif et volontaire exclusif de toute répétition (Trib. Seine, 9 juill. 1847, aff. Vieyra-Molina, D. P. 47. 4. 49; Civ rej. 24 juill. 1866, aff. Leméc, D. P. 66. 1. 387; 26 août 1868, aff. Delbosc, D. P. 68. 1. 439; Req. 4 août 1880, aff. X..., D. P. 81. 1. 113; 27 nov. 1882, aff. Adam, D. P. 83. 1. 199. V. Crépon, *De la négociation des effets publics et autres*, nos 196 et suiv.).

133. L'exception de jeu ne peut plus être opposée sous l'empire de la loi du 28 mars 1885; mais il n'importe pas moins de déterminer le caractère du contrat intervenu entre l'agent de change et son client, afin de bien préciser les droits de l'agent sur les sommes et valeurs qu'il a reçues à titre de couverture. Aujourd'hui, comme sous la législation antérieure, le juge doit avant tout consulter l'intention des parties dans la convention. Toutefois, sans prétendre limiter ce pouvoir d'appréciation, M. Crépon, n° 202, cherche à déterminer les caractères généraux de cette convention d'après la nature des choses, les usages du milieu dans lequel la convention s'est formée, les nécessités de l'opération à laquelle a été attachée la couverture, et les exigences du marché financier. A tous ces points de vue, suivant ses judicieuses observations, il faut que la couverture soit à la libre disposition de l'agent au moment où doit être réglée l'opération, et qu'il ne se trouve pas obligé de sortir de sa propre caisse les sommes nécessaires à une liquidation dont il est responsable. Si telles sont les conditions dans lesquelles la convention s'est formée, elles excluent l'idée d'un gage et d'un nantissement, et elles amènent à conclure que la couverture doit être, à moins de stipulations contraires, la remise de sommes ou de valeurs avec consentement donné à l'agent d'en disposer en cas de perte et au moment où devra être effectué le règlement de ces pertes (Crépon, n° 203).

134. Aucune difficulté ne semble possible lorsque la couverture consiste en une somme d'argent. Au moment de régler les opérations, si elles ont abouti à des pertes, l'agent prendra pour y faire face les sommes qui lui ont été remises; si elles ne sont pas suffisantes pour payer les pertes, il avancera le surplus et sera créancier du client pour le montant de ses avances; si elles sont plus que suffisantes, il restera débiteur de l'excédent, et aucune mise en demeure ne sera nécessaire puisque l'agent aura par avance été nanti des fonds par le client.

M. Crépon, n° 207, estime que la solution ne doit pas être différente lorsque la couverture au lieu de consister en des espèces, est représentée par des valeurs. Conformément à ce qui a été dit au *Rép.* n° 309, et v° *Trésor public*, n° 1424, une mise en demeure ne lui paraît nécessaire, même dans cette hypothèse, que si la convention la comporte et l'a prévue ; et dans aucun cas, suivant lui, l'agent ne doit être astreint à la nécessité d'une intervention d'huissier, d'une signification d'actes extrajudiciaires, formalités incompatibles avec les exigences du milieu où se sont effectuées les opérations ; il suffira pour toute mise en demeure d'une simple lettre, de l'envoi du bordereau des opérations, du compte de liquidation accusant des pertes qui, d'après les usages de la Bourse, doivent être payées dans un délai déterminé. La même solution devrait être adoptée, alors même que les titres remis seraient des titres nominatifs si, comme cela arrive fréquemment, l'agent de change avait pris la précaution, au moment de la remise de couverture, de faire signer en blanc un ordre de vente par le client.

135. Quoique la remise des valeurs en couverture ait pour but de donner à l'agent les moyens de liquider l'opération en cours sans payer de ses deniers les différences qui restent à la charge de son client, il peut arriver qu'il ne réalise pas ces valeurs avant la liquidation et qu'il règle, avec ses ressources personnelles, les pertes supportées par son client. Aura-t-il dans ce cas le droit de s'approprier, après ce règlement effectué, les titres qui lui ont été remis en couverture, et d'en opérer la réalisation pour se payer de la créance qu'il a acquise contre son mandant? Nous pensons, comme M. Crépon, n° 209, que ce droit ne saurait lui être accordé. La convention intervenue entre le client et l'agent de change autorisait ce dernier à disposer des valeurs qui lui étaient remises pour le règlement de l'opération dont il était chargé ; mais, une fois cette opération liquidée sans que l'agent ait usé de la faculté qui lui avait été accordée, l'effet du contrat est épuisé. L'agent conserve sans doute le droit de retenir les titres jusqu'au remboursement de ses avances ; mais ces titres ne sont plus entre ses mains qu'un gage qui ne pourra être réalisé que dans les conditions prescrites par la loi, c'est-à-dire avec le consentement du propriétaire des titres, et, à défaut de ce consentement, par l'ordre de justice s'il s'agit d'un gage civil, ou par la vente après mise en demeure, à l'expiration des délais impartis, s'il s'agit d'un gage commercial.

136. L'agent de change qui n'a pas reçu de couverture et qui a payé de ses deniers les effets qu'il a achetés pour le compte de son client, a le droit de retenir ces titres et de ne s'en dessaisir que moyennant le payement du prix. Il en est ainsi, même dans l'hypothèse où le client serait tombé en faillite ; les titres sont, en effet, entre les mains de l'agent de change le gage de sa créance, et il peut invoquer les dispositions spéciales de l'art. 547 c. com. qui ne permet au syndic de retirer le gage qu'en remboursant la dette à laquelle il s'applique (Metz, 23 juin 1857, aff. Gœry, D. P. 58. 2. 36).

Mais, ainsi que nous l'avons dit au *Rép.* n° 309, l'agent ne peut disposer de ces titres sans le consentement du client, et il ne peut procéder à ce qu'on nomme dans le langage de la Bourse *l'exécution* de celui-ci, sans l'accomplissement des formalités prescrites par la loi pour la vente du gage. S'il revend en dehors de ces conditions et qu'il revende en baisse, il est responsable envers son client de la perte réalisée, aucune disposition de la loi ne l'autorisant à aliéner lui-même des effets qu'il ne détenait qu'à titre de dépôt et dont la propriété était irrévocablement acquise à son client (Req. 8 nov. 1854) (1). La doctrine de cet arrêt est implicitement confirmée par un arrêt de la chambre des requêtes du 13 juin 1883 (aff. d'Hauterive, D. P. 84. 1. 232), qui constate l'irrégularité d'une exécution faite sans consentement ni mise en demeure d'un client, et qui décide qu'elle a eu besoin d'être couverte par une ratification de ce dernier.

137. A plus forte raison faut-il décider avec M. Crépon, n° 213, que rien n'autorise les agents de change à procéder, comme ils le font dans la pratique, avant l'échéance des termes, à l'exécution de clients dont la solvabilité paraît douteuse, lorsque, par suite de variations imprévues sur les cours, la couverture est devenue insuffisante. Par le fait de la remise de la couverture, il s'est formé entre l'agent de change et son mandant une convention aux termes de laquelle l'agent a été autorisé à disposer des titres dans des conditions déterminées. Il ne peut en disposer en dehors de ces conditions et des stipulations intervenues sans engager sa responsabilité.

Il l'engagerait également par un report d'office de l'opération (Lyon, 16 janv. 1884, aff. Lachapelle, D. P. 85. 2. 207).

138. Nous avons dit que dans le cas où l'acheteur ne prend pas livraison des valeurs et n'en paye pas le prix, l'agent de change peut moyennant l'accomplissement de certaines formalités procéder à son *exécution*. A cet effet, il s'adresse avant la bourse au syndic ou à un de ses adjoints qui ordonne que les valeurs seront vendues officiellement aux frais, risques et périls du spéculateur en défaut. Mais cette *exécution* doit nécessairement être précédée d'une mise en demeure régulière (Paris, 10 mai 1856, aff. Dabrin, D. P. 57. 2. 2 ; 24 févr. 1857, aff. Mercier, D. P. 57. 2. 134 ; 22 juin 1882, aff. d'Hauterive, D. P. 83. 2. 134. V. conf. Bédarride, n° 299 ; Boistel, *Précis de droit commercial*, t. 2, p. 115 ; *Rép.* v° *Trésor public*, n°s 1395 et suiv.).

Il en est ainsi même dans le cas où l'acheteur est en état de cessation de payements lors de la revente, la faillite du débiteur ne dissolvant pas de plein droit les contrats dans lesquels il est intéressé (Arrêt précité du 10 mai 1856).

Cette mise en demeure se fait régulièrement par ministère d'huissier. Cependant on admet généralement qu'une simple lettre de l'agent de change au client est suffisante (Arrêt précité du 24 févr. 1857. V. conf. Guillard, *Les opérations de bourse*, p. 308).

On a vu, d'ailleurs, que le client est non recevable à opposer la nullité d'une exécution qui n'a pas été précédée d'une mise en demeure, si par une ratification postérieure il en a couvert l'irrégularité (Arrêt du 13 juin 1883 cité *suprà*, n° 136).

139. Dans le cas où un commerçant charge un agent de change de la vente de certaines valeurs, on s'est demandé si l'agent peut être assimilé à un commissionnaire, et s'il a sur les valeurs déposées entre ses mains le privilège créé par l'art. 95 c. com. Il semble rationnel de lui reconnaître ce privilège sur les valeurs qui lui ont été livrées pour l'opération qu'il a reçu mandat d'accomplir. Ce privilège portera donc sur le prix des titres qu'il a achetés pour le compte de son client, sur les sommes qu'il a reçues de ce dernier pour opérer cet achat ; les valeurs garantissent,

(1) (Magnin C. Désir.) — La cour ; — Statuant sur le moyen unique pris de la violation de l'art. 13 de la loi du 27 prair. an 10 : — Attendu qu'il résulte des constatations de l'arrêt attaqué que, sur les ordres à lui donnés, Magnin, agent de change, acheta à la bourse de Lyon, le 18 juin 1853, pour le compte de Désir, 50 actions du chemin de fer du Nord au prix de 885 francs chacune et 25 actions des usines de la Loire au prix de 683 francs chacune, ces diverses actions livrables à la fin du mois ; — Attendu que les actions ains achetées étaient devenues la propriété du sieur Désir ; que l'agent de change ne pouvait en disposer sans le consentement de son client ; qu'aux termes de l'art. 13 du décret du 27 prair. an 10, l'agent de change, qui n'est qu'un officier public chargé seulement de constater les opérations de bourse, ne doit opérer que « lorsqu'il est nanti des effets qu'il vend ou des sommes nécessaires pour payer ceux qu'il achète » ; — Que lorsque, comme dans l'espèce, l'agent de change s'est contenté d'une couverture insuffisante et a renoncé aux garanties que la loi même lui assurait, pour suivre la foi de son client, il n'a plus contre lui que l'action personnelle du mandat ; — Que Magnin pouvait sans doute retenir les actions non payées et se faire autoriser par justice à les revendre dans le cas où leur valeur ne lui serait pas remboursée par son client ; mais qu'aucune disposition de la loi n'autorisait l'agent de change à aliéner lui-même des effets qu'il ne détenait qu'à titre de dépôt et dont la propriété était irrévocablement acquise à son client ; — Attendu qu'en décidant dans l'état des faits que Désir, acheteur des actions, avait pu donner à Magnin l'ordre de les revendre le 27 juin 1853, que ce dernier s'étant mis dans l'impossibilité d'exécuter cet ordre à raison de la revente qu'il avait déjà faite sans droit desdites actions, devait supporter, à titre de dommages-intérêts, la somme de 765 francs qui représente le bénéfice auquel la revente de ces actions régulièrement faite le 27 juin 1853 aurait, d'après le cours de la bourse, donné lieu, loin d'avoir violé ni faussement appliqué les articles précités, en a fait une juste application ; — Rejette, etc.

Du 8 nov. 1854.-Ch. req.-MM. Mesnard, pr.-d'Oms, rap.-Sévin, av. gén.-Cüenot, av.

en effet, entre ses mains le principal de la dette résultant de l'opération, les intérêts, les droits de courtage et les frais. Mais si, postérieurement à la liquidation des opérations, le client de l'agent de change lui remet des titres au porteur pour le couvrir de la différence dont cette liquidation le constitue débiteur, cette remise constitue, ainsi que nous l'avons dit, une véritable dation en payement et non un nantissement. L'agent ne peut, dès lors, invoquer à son profit l'art. 95 c. com. et se prétendre investi d'un privilège sur ces valeurs en qualité de commissionnaire (Paris, 14 janv. 1882, aff. Legrand, D. P. 82. 2. 132).

140. L'agent de change a, ainsi que nous l'avons dit (*Rép.* n° 314), le caractère d'un mandataire à l'égard de son client, et il en est ainsi alors surtout qu'il n'a reçu de lui ni titres, ni argent. Comme tel, il ne peut réclamer de son mandant que le remboursement des avances et frais qu'il justifie avoir payés pour l'exécution de ce mandat: mais il en est autrement lorsque des circonstances imprévues ont changé et aggravé les engagements personnels qu'il a contractés pour le compte du mandant; spécialement lorsque, sans exiger de couverture, il a acheté pour son client des valeurs à l'émission, il peut affecter le solde de son compte courant avec ce client à la garantie des pertes résultant pour lui de l'exécution de son mandat, si, par suite de la faillite de la société qui devait émettre les valeurs, le payement du prix d'achat dont il est responsable, n'est plus garanti par la remise entre ses mains de titres ayant une valeur sérieuse (Paris, 12 août 1882, aff. Tavernier, D. P. 84. 2. 11).

141. Ainsi qu'on l'a exposé au *Rép.* n° 314, rien ne s'oppose à ce qu'un agent de change opère compensation entre le prix des ventes opérées par lui et les sommes qui lui sont dues par le vendeur son client. Mais cette compensation ne peut avoir lieu entre le produit de la vente qu'il a été chargé de faire pour un intermédiaire et les sommes qui lui sont dues par cet intermédiaire, lorsque celui-ci lui a déclaré le nom du propriétaire des titres vendus (Lyon, 8 juill. 1858, et sur pourvoi, Req. 20 avr. 1859, aff. Magnin, D. P. 59. 1. 263; Trib. com. Nantes, 29 juin 1859, aff. de Faymoreau, D. P. 59. 3. 71; Paris, 14 déc. 1866, aff. Mahou, D. P. 70. 1. 20). Et il en est ainsi, alors même que cette déclaration n'est intervenue qu'après la transmission de l'ordre de vente et au moment de la livraison des titres (Paris, 14 juill. 1869, aff. Febvret, D. P. 70. 2. 40).

Mais il en serait autrement si l'agent avait ignoré que l'opération était faite pour le compte d'un tiers (Lyon, 7 déc. 1859, aff. Paillon, D. P. 60. 2. 8).

§ 4. — Obligation des agents de change de fournir des reconnaissances des effets ou des sommes qui leur sont confiées (*Rép.* n°s 315 à 317).

142. On a vu au *Rép.* n° 315 que l'arrêté de l'an 10 oblige les agents de change à fournir des reconnaissances pour les effets qui leur sont remis et que la même obligation leur est imposée par l'arrêt du conseil du 24 sept. 1724 pour les sommes qu'ils reçoivent. Cette prescription a été renouvelée d'une manière expresse par l'art. 6 du décret du 1er oct. 1862 (V. *suprà*, n° 15), aux termes duquel les agents de change sont tenus, lorsqu'ils en sont requis par les parties, de délivrer récépissé des sommes qui leur sont versées et des valeurs qui leur sont déposées. Les agents de change, à Paris, du moins, s'en tiennent strictement aux termes de ces dispositions, et persistent dans l'usage établi de ne point délivrer de *récépissé* à moins que leurs clients n'en réclament. Cet usage est généralement blâmé par les auteurs (Crépon, n° 116; Buchère, n° 67).

§ 5. — Devoir de l'agent de change de remettre aux parties un bordereau ou arrêté signé de lui et des contractants et constatant l'opération dont il a été chargé (*Rép.* n°s 318 à 328).

143. On a dit au *Rép.* n° 318, qu'après l'opération faite l'agent de change est tenu d'en aviser le donneur d'ordre au moyen d'un bordereau contenant l'indication des valeurs achetées et vendues et du prix auquel a eu lieu l'achat ou la vente. L'art. 13 de la loi du 15 juin 1872 exige que les bordereaux d'achat de titres au porteur mentionnent les numéros livrés afin de faciliter l'accomplissement des formalités nécessaires pour recouvrer ces titres en cas de perte, de vol ou de destruction. Le bordereau doit être signé de l'agent. Il peut être signé par les parties; et il l'est d'ordinaire, lorsqu'il s'agit de la liquidation d'une opération importante ou du règlement d'un compte comprenant des achats et ventes de diverses valeurs.

144. Nous avons examiné (*Rép.* n° 321) la question de savoir quelle est la forme probante de ces bordereaux. L'art. 109 c. com. porte que « les achats et ventes se constatent par le bordereau ou arrêté de compte d'un agent de change ou courtier dûment signé par les parties ». Nous n'avons pas pensé cependant qu'il fût possible d'assimiler les bordereaux à des actes authentiques, et la discussion du conseil d'Etat ne nous a paru laisser aucun doute à cet égard. C'est ce qu'enseignent MM. Bédarride, n° 233; Mollot, n° 219; Buchère, n° 69. Suivant M. Bravard, au contraire, (p. 178), ces bordereaux rentrent dans la définition que l'art. 1317 c. civ. donne de l'acte authentique; car ils sont « rédigés par des officiers publics compétents et avec les formalités requises ». Il ajoute que l'édit de 1670 considérait ces bordereaux comme emportant hypothèque, parce qu'à cette époque l'hypothèque résultait de plein droit des actes authentiques à peu près comme elle résulte aujourd'hui des jugements.

M. Crépon, n° 118, ne recherche pas si le bordereau signé de l'agent de change et des parties a les caractères d'un acte authentique. Mais il estime que, même revêtu, comme il l'est le plus souvent, de la seule signature de l'agent de change, ce bordereau pourra dans toutes les hypothèses fournir une preuve suffisante, et qu'il est en réalité le véritable mode de preuve de l'opération et des conditions de l'opération. En matière commerciale, en effet, le juge, qui peut baser sa décision sur de simples présomptions, peut trouver dans la production du bordereau une présomption de nature à établir l'existence de l'achat ou de la vente et des conditions dans lesquelles ces opérations se sont réalisées. Même en matière civile, le même auteur pense encore que le bordereau simplement signé de l'agent de change pourra encore fournir une preuve suffisante; contre l'agent, le bordereau fournira une preuve écrite complète: contre le donneur d'ordre, il rendra vraisemblable le fait allégué dont le commencement de preuve par écrit se trouve dans l'ordre lui-même, c'est-à-dire dans le bulletin signé du mandant quand l'ordre a été donné directement à l'agent, dans la correspondance, quand l'ordre a été donné par la poste ou par télégramme (n° 120).

Il a été jugé qu'on ne doit pas considérer, entre un agent de change et son client, comme un règlement définitif dans le sens de l'art. 541 c. pr. civ. la remise et la réception des bordereaux en usage à la Bourse; d'où il suit que l'agent ne peut s'opposer à ce que l'exactitude des énonciations contenues dans ces bordereaux soit vérifiée ultérieurement sur ses livres et carnets (Lyon, 2 avr. 1850, aff. Ribaud, D. P. 52. 2. 126).

145. L'art. 14 de la loi du 5 juin 1850 assujettit les bordereaux des agents de change au droit de timbre, et fait défense d'en rédiger aucun sur papier non timbré, sous peine de 500 fr. d'amende. L'art. 19 de la loi fiscale du 2 juill. 1862 fixe ce droit proportionnellement au chiffre total des sommes employées aux opérations qui y sont mentionnées (Buchère, n° 70).

§ 6. — Obligation des agents de change d'inscrire leurs opérations sur un carnet et un journal (*Rép.* n°s 329 à 341).

146. Nous avons indiqué au *Rép.* n°s 329 et suiv., les caractères du carnet et du journal sur lesquels les agents de change sont tenus d'inscrire leurs opérations. L'art. 12 de l'arrêté du 27 prair. an 10 prescrivait aux agents de change de montrer à leurs confrères l'inscription de l'opération sur leur carnet, dès qu'elle était conclue. « En fait, dit M. Buchère, n° 72, les agents ont assez de confiance les uns dans les autres pour ne point vérifier les mentions faites par chacun d'eux sur le carnet au moment du marché et qui suffisent pour régulariser toutes les opérations après la clôture de la Bourse ».

L'art. 84 c. com., qui prescrit aux agents de change de

consigner sur leur livre-journal toutes leurs opérations et les conditions de ces opérations, ne leur impose pas l'obligation d'y mentionner les séries et numéros des actions et obligations transférées par leur ministère; et l'usage ne les assujettit à cette précaution qu'à l'égard des valeurs françaises (Paris, 13 févr. 1860, aff. Matalène, D. P. 60. 5. 13). Toutefois, cette mention est exigée par l'art. 13 de la loi du 15 juin 1872 pour la vente ou l'achat de tous les titres au porteur.

147. On a exposé au *Rép.* n° 335, que le livre-journal et le carnet n'ont pas un caractère authentique, mais que les tribunaux peuvent y recourir en cas de contestation. Lorsqu'il s'agit de faire preuve contre le client, il est certain que l'agent de change ne saurait être admis à faire résulter cette preuve de ses livres, nul ne pouvant se créer un titre à lui-même (Lyon, 17 juill. 1883, aff. Treynet, D. P. 84. 2. 180. V. conf. Bédarride, n° 401; Crépon, n° 96). Toutefois, lorsque l'opération de bourse a un caractère commercial, conformément à ce qui a été dit au *Rép.* n° 337, il est permis à l'agent de compléter par les énonciations de ses livres la preuve du mandat qu'il allègue, et que rend vraisemblable la réunion préalable entre ses mains des titres ou valeurs destinés à être les éléments d'une négociation (Motifs, Paris, 14 mars 1853, aff. Mihura, D. P. 55. 2. 336). Ces énonciations constitueraient également, en matière civile, des présomptions qui pourraient être invoquées par l'agent si elles s'appuyaient sur un commencement de preuve par écrit (Arrêt précité du 17 juill. 1883).

Mais lorsqu'il s'agit de faire preuve contre l'agent, les mentions contenues dans ses livres peuvent être invoquées par le client, suivant les cas, à titre de preuve écrite ou de commencement de preuve par écrit. L'agent ne serait pas fondé à opposer la règle du secret professionnel à la demande du client qui réclamerait la production du carnet ou du journal, parce que, d'une part, c'est la partie intéressée elle-même qui demande cette production, et parce que, d'autre part, il appartient à la justice de prendre les précautions nécessaires pour que cette production ne soit faite que *parte in quâ* et n'entraîne pas la divulgation des opérations faites pour le compte de personnes étrangères (Crépon, n° 94). Aussi a-t-il été jugé que celui qui a donné en bourse un ordre dénié par l'agent est fondé à demander la production du carnet, et à faire considérer comme une preuve de l'ordre le refus de produire ce carnet (Paris, 2 févr. 1883, aff. Saslo, D. P. 85. 2. 36).

148. Quoique les registres des agents de change ne soient pas des écritures authentiques, on a vu (*Rép.* n° 338) que, d'après la jurisprudence de la cour de cassation, l'altération de ces registres par un agent de change constitue le crime de faux (Crim. rej. 19 juill. 1860, aff. Colomiès, D. P. 61. 1. 407). En effet, les art. 146 et 147 c. pén. ne sont pas seulement applicables à l'altération des actes authentiques, mais à toute constatation fausse faite par un officier public dans les actes de son ministère; et les registres d'un agent de change, tenus par un officier public, participent du caractère public de l'agent dont ils constatent les opérations (V. conf. Chauveau et Faustin-Hélie, *Théorie du code pénal*, 3e éd., t. 2, p. 401; Buchère, n° 75. — *Contrà:* Alauzet, *Commentaire du code de commerce*, t. 1, n° 350).

149. Nous avons adopté l'opinion d'après laquelle lorsque le carnet de l'agent de change et son journal contiennent sur une même opération des énonciations contraires, il y a lieu de s'en rapporter de préférence au journal (*Rép.* n° 336). Cette opinion est également professée par M. Buchère, n° 74, qui estime qu'en principe, il est difficile d'admettre qu'un simple carnet tenu sans aucune forme légale ait plus de force en justice qu'un livre-journal. Il admet, toutefois, ainsi que M. Bédarride, n° 399, que, si l'indication du carnet était conforme à celle du carnet de l'agent avec lequel l'opération a été conclue, elle pourrait prévaloir sur l'énonciation contenue au journal.

150. Ainsi que nous l'avons dit (*Rép.* n° 340), les agents de change ne peuvent être astreints à communiquer leurs livres et registres à des tiers; mais ils peuvent, en vertu des dispositions de l'art. 11, de l'arrêté du 27 prair. an 10, et des art. 14 et 15 c. com., être condamnés à les représenter aux juges et arbitres à l'effet d'en extraire ce qui a trait au différend (Bordeaux, 6 janv. 1875, aff. Lalesque, D. P. 76. 5. 15; Alauzet, 2e éd., t. 2, n° 664; Massé, *Droit commercial*, 3e éd., t. 4, nos 250 et suiv.; Buchère, n° 73). Ce dernier auteur fait observer que les tribunaux doivent, en pareille matière, apporter la plus grande prudence et prendre toutes les précautions utiles pour éviter les indiscrétions regrettables.

151. On s'est demandé si les agents de change sont tenus, comme les autres commerçants, d'avoir un livre des inventaires et un copie de lettres. M. Bravard, p. 181, et M. Buchère, n° 76, pensent que ces livres ne peuvent être exigés, et qu'il n'y a pas lieu d'étendre les obligations imposées aux agents de change par l'art. 84 c. com. en leur appliquant l'art. 8 qui leur est complètement étranger.

§ 7. — Délais dans lesquels doivent être livrés et payés les divers effets qui se négocient par le ministère des agents de change (*Rép.* nos 342 à 344).

152. Les dispositions d'une délibération de la chambre syndicale des agents de change de Paris du 10 fruct. an 10 relative aux délais de livraison des effets au porteur que nous avons rapportées au *Rép.* n° 342 ont cessé d'être en vigueur.

Aux termes de l'art. 91 du règlement actuel des agents de change de Paris, les effets au porteur et autres, transmissibles par voie d'endossement, négociés au comptant, peuvent être livrés par le vendeur à l'acheteur dans l'intervalle d'une bourse à l'autre. Ils doivent l'être avant la quatrième bourse qui suit celle de la négociation. Passé ce délai, si la livraison n'a pas été opérée, il s'ensuit ce qu'on appelle une *exécution en bourse* entre agents, c'est-à-dire qu'un rachat de titres semblables et en égale quantité est opéré au compte de l'agent vendeur. Ces exécutions se passent entre agents, et restent ignorées du client acheteur qui, recevant ses titres conformément à l'avis d'achat qui lui a été transmis, n'a point à se préoccuper de la double opération qui a dû être opérée pour les lui procurer (Crépon, n° 130) (V. *Rép.* v° *Trésor public*, nos 1203 et 1303).

§ 8. — Obligation de l'agent de change acheteur d'inscriptions sur le grand-livre d'indiquer l'agent de change vendeur et de l'obligation de celui-ci de remettre au premier le certificat de dépôt de l'inscription (*Rép.* n° 345).

153. Les dispositions, rapportées au *Rép.* n° 345, de la délibération de la chambre syndicale des agents de change de Paris ont été reproduites dans l'art. 95 du règlement actuel (V. *Rép.* v° *Trésor public*, nos 1203 et 1305).

§ 9. — Obligation du secret imposée aux agents de change (*Rép.* nos 346 à 351).

154. On a vu au *Rép.* n° 346, que les agents de change sont tenus de garder le secret de leurs opérations. Ce secret inviolable est, suivant l'observation de M. Crépon, n° 254, *de l'essence* des négociations faites en bourse par l'intermédiaire des agents de change. Il en résulte entre autres conséquences indiquées au *Rép.* n° 347, que dans les opérations de bourse, les agents de change agissent comme des commissionnaires, qu'ils traitent en leur nom personnel, bien que pour le compte de leurs clients; le vendeur et l'acheteur des valeurs négociées, ne se connaissant pas en fait, et dans tous les cas étant réputés en droit ne pas se connaître, à moins de convention contraire, ne contractent entre eux aucun lien direct, et n'ont aucune action personnelle les uns contre les autres. Cette doctrine enseignée par tous les auteurs (V. notamment : Pardessus, *Cours de droit commercial*, t. 1, n° 129; Mollot, *Bourses de commerce*, nos 225, 521 et 522; Buchère, *Traité des opérations de bourse*, nos 78 et 668; Lyon-Caen et Renault, *Précis de droit commercial*, n° 1492), et déjà consacrée par un arrêt de la chambre civile du 19 août 1823 cité au *Rép. ibid.* (V. aussi Paris, 14 janv. 1848, aff. Fauche, D. P. 48. 2. 14), a été affirmée de nouveau par un récent arrêt de la cour de cassation (Req. 3 mai 1887, aff. Crédit lyonnais, D. P. 87. 1. 196). Cet arrêt déclare que l'art. 19 de l'arrêté du 27 prair. an 10, qui consacre la règle précitée, y apporte, comme nous l'avons dit (*Rép.* nos 346 et 351) deux dérogations : 1° quand les parties ont consenti à être nommées; 2° lorsque la nature des opérations l'exige. Les termes dans lesquels est formulée cette seconde exception n'en indiquent pas très nettement la portée, et la jurisprudence a eu à l'interpréter dans ces dernières années. D'après un certain nombre d'arrêts, l'agent de change cesserait d'être tenu au secret lorsqu'il résulte du marché conclu par l'intermédiaire de l'agent de change le principe d'une action au profit de l'un des contractants contre l'autre (Req. 8 août 1882, aff. Audousset, D. P. 83. 1. 241; Lyon, 22 janv. 1884, aff. Picard, D. P. 84. 2. 153; Douai, 26 nov. 1884, aff. Caplain, D. P. 85. 2. 157). Une vive controverse s'est engagée à l'occasion des recours que prétendaient exercer les souscripteurs ou cessionnaires d'actions non entièrement libérées auxquels on réclamait les versements complémentaires. On a soutenu que, pour l'exercice de ces recours, les agents devaient être tenus de faire connaître les clients au nom desquels ils avaient vendu, et que refuser aux souscripteurs ou cessionnaires le droit de contraindre l'agent à indiquer le nom du client pour lequel il avait opéré, c'était placer les souscripteurs et cessionnaires dans l'impossibilité d'agir contre le tiers détenteur du titre au porteur.

Cette prétention a été combattue comme contraire aux prohibitions par lesquelles la loi a imposé aux agents de change le secret inviolable des négociations dont ils sont chargés. Le caractère essentiel du titre au porteur, a-t-on dit, c'est de ne créer de droits et d'obligations qu'au regard de celui qui le détient et pendant le temps seulement de cette détention, sans qu'il puisse jamais y avoir lieu, suivant les expressions d'un arrêt de la cour de cassation (Civ. rej. 15 avr. 1861, aff. Mesnager, D. P. 61. 1. 230) « à des recherches ou à des garanties incompatibles avec les avantages de la libre circulation, qui est de l'essence des valeurs au porteur ». Non seulement la nature de l'opération n'exige pas que pour faciliter la découverte du détenteur actuel du titre, l'agent de change fasse connaître le nom de l'acheteur, mais elle le défend. C'est un agent de change qui a vendu; c'est un agent de change qui a acheté : entre leurs clients il ne s'est jamais formé de lien juridique. Rien n'autorise donc à exiger d'un agent une révélation que lui interdisent les règles de sa profession, sous ce simple prétexte qu'il ne serait pas impossible que l'acheteur dont on demande le nom fût le détenteur du titre (Crépon, nos 258 et suiv.).

155. Ces principes ont été consacrés par la jurisprudence la plus récente. Par un arrêt rendu contrairement aux conclusions de M. le procureur général Baudouin (Civ. rej. 29 juin 1885, aff. l'Omnium marseillais, D. P. 85. 1. 384), la cour de cassation a décidé; 1° que lorsqu'il s'agit d'actions au porteur négociées après qu'une délibération de l'assemblée générale des actionnaires a autorisé la négociation des actions sous cette forme, du moment où le cessionnaire de ces actions, par une cession nouvelle, a lui-même transporté à autrui la qualité d'associé, il ne saurait pas plus être recherché par le cédant que par la société elle-même, à raison d'obligations qui ont pris fin avec la détention du titre; 2° que le cédant, dans le cas où il est obligé de libérer les actions par lui cédées, n'a en pareil cas de recours que contre le détenteur actuel des titres sur qui porte en droit la charge définitive du payement; 3° que ce recours ne tire point son origine du contrat de cession, mais uniquement de ce fait, qu'ayant payé à la société la dette du détenteur, le cédant se trouve subrogé par cela même aux droits et actions de la société, d'où la conséquence que n'ayant pas plus de droit que la société elle-même, et *n'en puisant aucun dans la nature de l'opération faite par l'intermédiaire de l'agent de change*, le cédant est sans action contre cet agent pour le contraindre à révéler le nom du cessionnaire des actions, objet du procès.

L'exception introduite par l'art. 19 de l'arrêté du 27 prair. an 10 est, en effet, inapplicable en pareil cas: pour qu'elle fût applicable, il faudrait admettre que la rupture du secret peut être exigée toutes les fois que l'indication des personnes pour lesquelles a été conclu un marché à la Bourse est nécessaire pour permettre une action quelconque relativement aux titres qui ont fait l'objet de ce marché.

156. Il a été décidé, dans le même sens, que l'acquéreur d'actions d'une société déclarée nulle pour défaut de versement effectif du quart du capital ne peut exiger que l'agent de change lui fasse connaître le nom du vendeur de ces titres alors qu'il n'a aucun recours à exercer à raison de la vente qui lui a été consentie (Civ. rej. 29 juin 1885, aff. Roux, D. P. 86. 1. 25).

L'important arrêt de la chambre civile que nous venons d'analyser, ne nous paraît pas en contradiction avec l'arrêt précédemment cité de la chambre des requêtes du 8 août 1882 (*suprà*, n° 151), mais il repousse les conséquences excessives qu'on aurait pu chercher à tirer de ce dernier arrêt, faute de tenir compte des circonstances spéciales dans lesquelles il a été rendu. En effet, dans l'espèce sur laquelle est intervenu l'arrêt de 1882, la délibération qui avait autorisé la conversion ayant été annulée par une décision de justice, il s'agissait uniquement de titres nominatifs et non de titres au porteur, les titres irrégulièrement convertis étant revenus à leur condition primitive. La situation était donc la même que si l'on avait vendu des actions nominatives par le ministère d'un agent de change, et celui-ci n'était plus tenu au secret.

Mais il serait plus difficile de concilier avec la doctrine de l'arrêt du 29 juin 1885, celui de la cour de Douai du 26 nov. 1884 cité *suprà*, n° 154, aux termes duquel le vendeur d'une action d'une société civile est en droit de réclamer de l'agent de change qui a été son mandataire l'indication de l'acheteur au nom et pour le compte duquel l'acquisition a été contractée, par le motif que les actions des sociétés civiles soumettant ceux qui en sont devenus propriétaires à l'obligation de contribuer au payement des dettes sociales, la vente d'un titre de cette nature a pour effet d'ouvrir au profit du vendeur contre son acheteur un recours éventuel en garantie.

157. Le secret professionnel n'a été introduit que dans l'intérêt des parties, et celles-ci peuvent toujours y renoncer. Aussi lorsque les parties ont traité directement entre elles, et que l'agent de change n'est intervenu que pour régulariser l'opération et comme mandataire d'un tiers, qui s'était au préalable mis en rapport pour cette opération avec le vendeur, ce tiers ne saurait prétendre que l'agent est tenu par le secret professionnel de ne point révéler son nom. En conséquence, l'agent de change poursuivi en règlement de ladite opération peut appeler ce tiers en garantie devant le tribunal saisi de la demande principale (Lyon, 31 juill. 1883, aff. de Nesmond, D. P. 84. 2. 181).

§ 10. — Défense aux agents de change de se faire suppléer ou représenter dans l'intérieur du parquet de la Bourse (*Rép.* nos 352 à 354).

158. Aux dispositions rappelées au *Rép.* n° 352, il faut ajouter celles de l'art. 7 du décret du 1er oct. 1862 (D. P. 62. 4. 122) qui interdit aux agents de change d'avoir, soit en France, sur une place autre que celle pour laquelle ils auront été nommés, soit à l'étranger, des délégués chargés de les représenter ou de leur transmettre directement des ordres.

159. Le décret du 13 oct. 1859 (D. P. 59. 4. 84) renouvelant une disposition de l'art. 27 de l'arrêté du 27 prair. an 10, autorise les agents de change près la Bourse de Paris, ainsi que nous l'avons dit (*suprà*, n° 13), à s'adjoindre un ou deux commis principaux, qui ne peuvent faire aucune opération pour leur compte, mais agissent au nom et sous la responsabilité des agents de change, et dont les fonctions ne sont pas susceptibles de cession (V. *Rép.* v° *Trésor public*, n° 1271).

Art. 6. — *Responsabilité des agents de change* (*Rép.* nos 355 à 402).

§ 1er. — Règles générales de cette responsabilité (*Rép.* nos 355 à 369).

160. La responsabilité de l'agent de change doit, comme on l'a vu (*Rép.* n° 355), être considérée sous deux rapports : 1° relativement à ses clients ; 2° à l'égard des tiers.

161. Nous avons dit que la responsabilité de l'agent de change à l'égard de ses clients est celle d'un mandataire salarié. En principe, il est tenu d'exécuter sans délai et au jour indiqué par son client les ordres qui lui ont été transmis, et il est responsable du retard qu'il a apporté à leur exécution dans le cas où ce retard a causé un préjudice à son client. Toutefois, la responsabilité de l'agent se trouverait dégagée, s'il établissait qu'au jour fixé la valeur qu'il était chargé de vendre ou d'acheter n'a pas trouvé d'acheteur ou de vendeur. Suivant M. Crépon, *De la négociation des effets publics et autres*, n° 106, dans le cas où l'ordre de bourse porterait sur une très grande quantité de titres, la preuve de la possibilité de l'exécution de cet ordre dans une seule bourse pourrait être mise à la charge du donneur d'ordre : en dehors de ce cas, il y a présomption que l'ordre pouvait être exécuté, et la preuve contraire incombe à l'agent. Lorsque l'ordre a été donné d'acheter ou de vendre à un prix déterminé, la preuve de la possibilité ou de l'impossibilité d'exécution résulte de la cote officielle, sauf, ainsi que nous venons de le dire, les difficultés qui peuvent résulter du nombre des titres sur lesquels porte l'opération. Le temps pendant lequel l'agent de change est tenu d'exécuter l'ordre donné et responsable de sa non-exécution est fixé par les usages de la Bourse. En règle générale, l'ordre donné sans indication spéciale ne vaut que pour la bourse du jour, ou pour celle du lendemain si cet ordre est donné après fermeture. Il vaut jusqu'au samedi de la semaine en cours s'il est donné par correspondance. Enfin s'il est donné et accepté avec la formule « valable jusqu'à révocation », l'agent est tenu de l'exécuter dès que les cours en rendent l'exécution possible et tant qu'il n'a pas été révoqué (Crépon, n° 108).

162. On a indiqué (*Rép.* n° 355) l'application rigoureuse qu'a faite la jurisprudence du principe de la responsabilité de l'agent de change à raison de l'exécution de l'ordre reçu, dans une espèce où l'abstention de l'agent avait été uniquement motivée par la préoccupation des intérêts de son client. M. Crépon, n° 115, estime que cette interprétation rigoureuse, admissible dans le cas d'un ordre donné prix ferme, le serait beaucoup moins dans le cas d'un ordre d'achat ou de vente au cours moyen. Il peut arriver, en effet, qu'un événement politique entraîne d'énormes fluctuations dans les cours, et il semble que dans cette hypothèse l'agent serait fondé à se demander si son client a entendu encourir les risques. Les communications sont, d'ailleurs, plus faciles aujourd'hui qu'elles ne l'étaient à l'époque où est intervenu l'arrêt du 19 févr. 1835 rapporté au *Répertoire;* et il est probable que, dans le cas de doute sur les intentions du mandant, l'agent pourrait demander et obtenir en temps utile, par voie télégraphique la confirmation de l'ordre reçu.

163. De même que le retard dans l'exécution de l'ordre, le retard dans le règlement de l'opération engage la responsabilité de l'agent. Il a été jugé, en conséquence, que l'agent chargé d'acheter des obligations à lots, qui a averti son client que l'achat était effectué, mais qui ne lui a remis tout ou partie des titres et ne lui a fait connaître les numéros qu'après le tirage, l'a privé par là des chances qu'il pouvait avoir à ce tirage, et qu'il lui doit réparation du préjudice qu'il lui a causé (Trib. Seine, 11 août 1871 (1); 12 nov. 1873, aff. Leleu, D. P. 74. 5. 19).

164. L'agent de change est également, comme on l'a vu (*Rép.* n° 356), responsable envers son client du prix de la négociation, lorsqu'il a livré des titres d'actions sans en recevoir le prix, si, par suite de la disparition de l'acheteur, ce prix n'est pas payé par ce dernier; il offrirait en vain de rendre un nombre d'actions égal à celui des actions qu'il a livrées (Req. 6 mars 1848, aff. Vandemarq, D. P. 48. 1. 158). Cette responsabilité incombe de même à l'agent, lorsque, chargé par un de ses confrères d'une autre place de vendre un titre de rente pour le compte d'un client, il en verse le prix à son confrère, même conformément à son mandat, mais en sachant que la solvabilité de cet intermédiaire était devenue douteuse (Trib. com. Nantes, 29 juin 1859, aff. de Faymoreau, D. P. 59. 3. 71); ou lorsqu'après avoir vendu des titres nominatifs, en vertu d'une procuration en blanc remplie par lui en son nom, et par suite de laquelle il était devenu le mandataire direct du client vendeur, il a remis le produit de la vente à l'agent de change intermédiaire qui lui avait transmis ces titres et cette procuration, mais qui n'avait pas mandat d'en recevoir le prix (Paris, 3 févr. 1866, aff. Mahou, D. P. 70. 1. 20; Orléans, 9 juin 1870, aff. Mahou, D. P. 70. 2. 225).

Mais le client qui a chargé un agent de change de Paris de convertir une inscription de rente nominative en un titre au porteur et d'envoyer le nouveau titre à un agent de change de province, ne peut, après l'exécution de ce mandat et le détournement du titre par l'agent de change de province, rendre l'agent de change de Paris responsable de ce détournement (Req. 13 mai 1878) (2).

165. De même que l'agent de change vendeur est responsable envers son client du payement du prix des titres vendus, l'agent de change acheteur est responsable envers son client de la livraison des titres achetés, en ce sens qu'il doit faire toutes les diligences nécessaires pour que cette livraison ait lieu dans les délais réglementaires (V. *suprà*, n° 149). Dès qu'il justifie avoir fait ces diligences, sa responsabilité est dégagée. Mais il serait responsable s'il avait laissé passer ces délais sans exiger la livraison, ou si, même avant l'expiration des délais, il avait payé le prix sans avoir reçu les titres en échange (Crépon, n° 127).

166. Ainsi qu'on l'a dit au *Rép.* n° 357, de ce que l'agent de change n'est que mandataire, il résulte qu'il ne doit rien faire pour le compte de son commettant sans y avoir été autorisé. C'est ainsi qu'il a été décidé par un arrêt de la cour de Lyon du 16 janv. 1884, cité *suprà*, n° 82, qu'un agent ne peut reporter d'office une opération à terme faite pour son client, sous prétexte que ce dernier était absent au moment de la liquidation; et que l'opération ne produit effet à l'égard de celui-ci que s'il a donné une autorisation expresse ou tacite dont la preuve est à la charge de l'agent.

167. Les dispositions des règlements des compagnies d'agents de change, qui ne contiennent que des dispositions d'ordre intérieur, exclusivement applicables aux rapports des agents de change entre eux, ne peuvent être invoquées par le client d'un agent de change contre ce dernier, pour aggraver la responsabilité qui lui est imposée par la loi du contrat et par les principes du droit commun (Req. 4 janv. 1886, aff. Brédin, D. P. 86. 1. 12).

Tel est le caractère de la disposition réglementaire qui porte qu'au cas de déconfiture d'un agent de change, tous les autres doivent envoyer immédiatement à la chambre syndicale le relevé de la position de cet agent vis-à-vis de leurs charges, et que les opérations engagées avec lui seront aussitôt liquidées. En conséquence, l'acheteur de titres qui s'est fait reporter par l'entremise de son agent de change du 15 au 30, ne peut arguer de la déconfiture de celui-ci arrivée quelques jours après le 15 et du règlement de la compagnie pour prétendre que l'opération du report doit être liquidée, vis-à-vis

(1) (Unzel C. Bejot.) — LE TRIBUNAL; — Attendu que, le 7 août 1867, Bejot a accepté de Unzel l'ordre d'achat de huit obligations de la ville de Lille; — Attendu que cette acquisition était faite en vue du tirage avec lots desdites obligations qui devait avoir lieu à la date du 1er septembre; — Attendu qu'il est constant, et d'ailleurs reconnu par Béjot, qu'il n'a livré, dans le courant du mois d'août, que six obligations et le numéro de la septième; — Que le numéro de la huitième est resté incertain et indéterminé jusqu'au mois de décembre suivant; — Que Béjot lui-même n'a pu le connaître qu'à cette époque; — Qu'ainsi Unzel a été, par le fait, privé d'une de ses chances au tirage avec lots du 1er sept. 1867; — Que Béjot lui doit la réparation de ce préjudice; — Que le tribunal a les éléments suffisants pour l'apprécier et le fixer à la somme de 100 francs; — Par ces motifs, condamne Bejot à payer à Unzel la somme de 100 francs à titre de dommages-intérêts, etc.

Du 11 août 1871.-Trib. civ. de la Seine, 1re ch.-MM. Chevillotte, pr.-Bérard des Glajeux, subst.-Gosselin et Nicolet, av.

(2) Bourgoint-Lagrange C. Darlu.) — LA COUR; — Sur les deux moyens, pris des art. 1991, 1992, 1993, 1245 et 1315 c. civ.: — Attendu que, par sa procuration du 21 mai 1874, Bourgoint-Lagrange avait chargé Darlu, agent de change à Paris, de convertir une inscription nominative de 1000 francs de rente 5 0/0 en une pareille somme de rente au porteur et d'envoyer le nouveau titre à Curcier, agent de change à Bordeaux; que ce mandat a reçu son exécution, et que si Curcier a détourné le titre destiné à Bourgoint-Lagrange, Darlu n'en saurait être responsable; qu'il est vrai sans doute que Darlu, après la conversion, au lieu d'adresser à Curcier le titre nouvellement créé lui en a transmis un autre de même nature et de même importance qu'il avait en portefeuille, mais qu'il résulte des déclarations souveraines de l'arrêt que cette substitution insignifiante n'était point interdite par le mandat et n'a été pour rien dans la cause du préjudice éprouvé par Bourgoint-Lagrange; — D'où il suit, qu'en déboutant le demandeur de son action en dommages-intérêts contre Darlu, la cour de Paris n'a contrevenu à aucune loi; — Rejette, etc.

Du 13 mai 1878.-Ch. req.-MM. Bédarrides, pr.-Guillemard, rap.-Lacointa, av. gén., c. conf.-Chambareaud, av.

de lui reporté, au jour de ladite déconfiture, au lieu de l'être à l'expiration du mois, ainsi qu'il a été convenu avec le reporteur. Par suite, on ne saurait imputer à faute à l'agent de change, de n'avoir pas liquidé l'opération du report, au regard du reporté, avant l'expiration du mois, et si, faute par le reporté, au terme stipulé, de prendre livraison des titres et de les payer, le reporteur, après les avoir fait revendre au cours du 30, en baisse sur celui du 15, réclame la différence du prix audit reporté, celui-ci ne peut faire condamner de ce chef son agent de change à des dommages-intérêts (Même arrêt).

168. L'agent de change qui, chargé de retirer des actions industrielles des mains d'un tiers, et de se procurer au moyen d'un report la somme nécessaire au retrait, dispose des titres à son profit, au terme fixé pour le rachat, sans l'autorisation de son client et sans le mettre en demeure d'opérer le remboursement, peut être déclaré responsable de l'excédent de la valeur alors atteinte par les actions sur la somme à rembourser, et condamné envers le reporté au payement de cet excédent à titre de dommages-intérêts. Il ne serait pas fondé à prétendre que, le report effectué par lui au nom de son client constituant une vente à réméré ou au moins un contrat de gage au profit du reporteur, ce n'est que pour le compte de celui-ci qu'il était détenteur des actions, faute par le reporté de les avoir réclamées et d'en avoir remboursé le prix au terme convenu (Req. 14 juill. 1857, aff. Gœrg, D. P. 57. 1. 436).

169. On a exposé au *Rép.* n° 358, que l'agent de change qui fait une négociation pour un incapable est réputé avoir agi sans mandat. Les tribunaux ont été rarement appelés à consacrer la responsabilité de l'agent dans le cas de négociations faites pour un mineur ou un interdit; mais le principe de cette responsabilité ne peut être mis en doute. La question s'est présentée plus fréquemment à l'égard de femmes mariées spéculant à la Bourse, soit avec l'autorisation de leur mari, soit à leur insu, soit encore avec leur tolérance muette (Guillard, *Les opérations de bourse*, 2e éd., p. 377). On doit distinguer à cet égard la condition des femmes séparées de biens de celles qui se trouvent placées sous un autre régime. La femme séparée de biens a une liberté complète pour l'administration de ses biens, la gestion et même la transformation de sa fortune mobilière; dans ces limites, ses actes sont parfaitement valables et l'agent de change qui exécute ses ordres est à l'abri de toute responsabilité. Mais il en est autrement lorsqu'elle se livre à des opérations qui, telles que des jeux de bourse, ne constituent que des actes de désordre et de dissipation, et les sommes payées par une femme séparée de biens pour pertes de jeux de bourse à l'agent qui lui a servi d'intermédiaire sont sujettes à répétition si elles ont été payées sans l'autorisation du mari (Civ. rej. 30 déc. 1862, aff. Selleron, D. P. 63. 1. 40).

Quant à la femme mariée sous tout autre régime, elle ne peut faire à la Bourse aucune opération sans autorisation de son mari. Les négociations faites pour son compte sont donc nulles, lors même qu'elles ont le caractère de marchés sérieux; et la nullité de l'opération entraîne nécessairement la responsabilité de l'agent de change (Guillard, p. 379).

170. Ainsi que nous l'avons dit (*Rép.* n° 359), l'agent de change ne répond pas, en principe, vis-à-vis de son client de la solvabilité de ses confrères, lorsqu'il a fait connaître à son commettant l'agent avec lequel il a traité (V. conf. Buchère, *Traité des opérations de bourse*, n° 703; Bozérian, *La Bourse*, t. 1, n° 69; Goujet et Merger, *Dictionnaire de droit commercial*, 1re éd., v° *Responsabilité des agents de change*, nos 242 et suiv.); mais, dans le cas d'insolvabilité de cet agent, il est responsable et reste seul obligé envers le client auquel il ne l'a pas fait connaître, et qu'il n'a pas mis ainsi en mesure d'accepter ou de refuser la contre-partie (Req. 25 févr. 1884, aff. Legat, D. P. 85. 1. 141). La désignation de ce confrère ne peut avoir utilement lieu après l'expiration du délai dans lequel la contre-partie devait satisfaire à son engagement. Par suite, dans le cas d'un report, lorsque le marché à terme qui constitue la seconde phase de l'opération n'a pas été exécuté, l'agent qui était chargé de l'accomplir ne peut s'exonérer de la responsabilité à laquelle il est soumis de ce chef, en offrant tardivement à son client de lui livrer les titres et de lui faire connaître le nom de l'agent auquel ils avaient été vendus (Même arrêt).

171. Nous avons indiqué les conditions de la responsabilité qui résulte pour l'agent de change, à l'égard de son client, de l'exercice régulier de sa profession. Mais il arrive quelquefois, notamment en province, que l'agent, en dehors de ses attributions professionnelles, accepte de ses clients un mandat pour le placement, la surveillance et l'administration des fonds et valeurs que ce client lui confie; il est assujetti dans ce cas alors surtout que cette administration est pour lui la source de bénéfices, à toutes les obligations d'un mandataire salarié, et il est, comme tel, responsable des pertes occasionnées à son mandant par sa mauvaise gestion (Poitiers, 10 août 1853, aff. Moller, D. P. 54. 2. 133).

La ratification des opérations de l'agent de change par son client suffit pour mettre sa responsabilité à couvert, alors même qu'il aurait transgressé les règlements de sa profession, notamment en se faisant l'intermédiaire de la négociation des actions d'une société non encore constituée (Req. 20 janv. 1847, aff. Lecaron, D. P. 47. 1. 109).

172. On a vu au *Rép.* n° 361, qu'à l'égard des tiers la position de l'agent de change était fixée par l'art. 13 de l'arrêté du 27 prair. an 10. Le texte de cet article a été modifié ainsi qu'il suit par la loi du 28 mars 1885: « Chaque agent de change est responsable de la livraison et du payement de ce qu'il aura vendu et acheté. Son cautionnement sera affecté à cette garantie. »

Chaque agent de change, en effet, est étranger au donneur d'ordre représenté par l'agent qui fait la contre-partie de l'opération et ne connaît que cet agent, de telle sorte que, pour la livraison des titres, c'est à l'agent de change vendeur que doit s'adresser l'agent de change acheteur, de même que pour le payement du prix c'est à l'agent de change acheteur que doit s'adresser l'agent de change vendeur, sans que ni l'un ni l'autre ait le droit de réclamer soit les titres, soit l'argent à un tiers qu'il ne connaît pas et qu'il n'a pas le droit de connaître (Crépon, nos 126 et 215).

173. Au cas de refus de payement ou de retard dans le règlement de l'opération, l'agent vendeur a une action contre l'agent qui a acheté; et ce dernier, ainsi que nous l'avons dit (*Rép.* n° 363), n'aurait pas la faculté de s'exonérer en faisant connaître son commettant. Il est fort rare, d'ailleurs, qu'une action de ce genre soit exercée, la chambre syndicale s'étant réservé de connaître de toutes les difficultés auxquelles pourraient donner lieu les règlements entre agents de change (Crépon, nos 216 à 218).

174. L'art. 14 de l'arrêté du 27 prair. an 10 n'impose, comme nous l'avons dit (*Rép.* n° 365) aux agents de change que la responsabilité de la dernière signature des lettres de change et autres effets qu'ils négocient. Mais cette disposition n'est pas applicable à un agent de change qui, au lieu de se borner à négocier des valeurs pour le compte d'autrui, se charge de placer, surveiller et administrer les capitaux de son client, et cumule ainsi les qualités d'intermédiaire et d'acheteur. En ce cas, l'agent est responsable de la solvabilité des débiteurs des effets souscrits à ce dernier par suite des placements qu'il a opérés pour son compte, alors surtout qu'il est constaté que cet agent a parfois pris également la qualité de vendeur en transférant à son client de mauvaises valeurs dont il était propriétaire, et qu'il s'est acquitté avec mauvaise foi de son mandat (Poitiers, 10 août 1853, aff. Moller, D. P. 54. 2. 133, et sur pourvoi, Req. 16 mai 1855, D. P. 55. 1. 411).

Le même article est également inapplicable au cas d'un agent de change qui, dans l'intérêt de son client, a exercé des poursuites contre le débiteur d'un effet de commerce, et qui, sans l'autorisation de ce client, a passé ledit effet à son ordre. L'agent qui, dans ces circonstances, n'a ni agi ni pu agir en cette qualité, est devenu propriétaire de l'effet passé à son ordre, et doit être déclaré responsable de la fausse signature du tireur (Montpellier, 6 févr. 1849, aff. Dalbusquié, D. P. 49. 2. 122).

175. La responsabilité de l'agent de change qui a négocié des titres au porteur perdus ou volés a été examinée au *Rép.* n° 368, et v° *Trésor public*, nos 1262 et suiv. Les questions qui s'y rattachent et qui avaient donné lieu à de nombreuses décisions judiciaires sont aujourd'hui résolues par les dispositions de la loi du 15 juin 1872 relative aux titres au porteur (D. P. 72. 4. 112). Cette loi a eu pour objet de venir en aide aux propriétaires de titres au porteur qui en ont été dépossédés par un événement quelconque et se trouvent ainsi dans l'impossibilité de les représenter. D'une part, elle règle les conditions auxquelles ces propriétaires pourront exercer les droits attachés à la propriété de leurs titres : les règles qu'elle édicte sur ce point (art. 1er à 10, et 15), sont étrangères à la matière qui fait l'objet du présent traité ; on en trouvera le commentaire v° *Société*. D'autre part, la loi de 1872 a organisé au profit du propriétaire dépossédé un système d'opposition et de publicité destiné à empêcher autant que possible la négociation des titres perdus ou volés ; en même temps elle a précisé les obligations et la responsabilité qui incombent aux agents de change à cet égard. C'est à cette partie de la loi (art. 11 à 14), que se réfèrent les explications qui vont suivre (V. *infrà*, nos 176 et suiv.).

176. Aux termes de l'art. 11 de la loi précitée, le propriétaire qui veut prévenir la négociation ou la transmission des titres dont il a été dépossédé, doit notifier, par exploit d'huissier, à la chambre syndicale des agents de change une opposition indiquant le nombre, la nature, la valeur nominale, les numéros et s'il y lieu la série des titres, et contenant réquisition de faire publier les numéros de ces titres. Cette publication doit être faite après un jour franc au plus tard, par les soins et sous la responsabilité du syndicat, dans un bulletin quotidien imprimé, établi et publié dans les formes et sous les conditions déterminées par un règlement d'administration publique. Conformément aux dispositions d'un décret du 11 avr. 1873 (art. 2 et 4), ce bulletin paraît à Paris sous le titre de *Bulletin officiel des oppositions sur les titres au porteur :* il contient tous les numéros des valeurs frappées d'opposition, à la suite les uns des autres et par ordre augmentatif.

L'opposition ainsi faite a pour effet, d'une part, de rendre nulle vis-à-vis de l'opposant toute négociation postérieure au jour où le bulletin est parvenu ou aurait pu parvenir dans le lieu où elle a été opérée, et d'autre part d'engager la responsabilité de l'agent de change vendeur (art. 12). Ce dernier article spécifie que, « sauf le cas où la mauvaise foi serait démontrée, les agents de change ne seront responsables des négociations qu'autant que les oppositions leur auront été signifiées personnellement ou qu'elles auront été publiées dans le Bulletin par les soins du syndicat ».

177. Antérieurement à la loi de 1872, le propriétaire dépossédé qui avait fait signifier des oppositions au syndicat pouvait exercer deux actions, l'une en revendication des valeurs qui lui avaient appartenu, sous les conditions indiquées dans les art. 2279 et 2280 c. civ., l'autre en responsabilité contre l'agent de change vendeur. Aujourd'hui, la vente opérée postérieurement à l'opposition étant nulle à son égard, le propriétaire peut revendiquer pendant trente ans, sans remboursement, contre tout détenteur de titre irrégulièrement négocié. Quant au détenteur, la loi lui accorde un double recours, contre le vendeur du titre et contre l'agent qui a été l'intermédiaire de la négociation (Buchère, n° 746). — L'agent contre lequel est ouvert ce recours est l'agent vendeur; lui seul, en effet, a pu vérifier, à l'aide des titres, s'ils étaient ou non portés sur le bulletin des oppositions (Crépon, n° 144).

En donnant une action au tiers porteur contre le vendeur des titres, la loi de 1872 autorise, ou plutôt oblige implicitement l'agent de change, par dérogation au principe du secret professionnel, à faire connaître le nom de ce vendeur. L'agent de change cesse, d'ailleurs, d'être responsable envers le tiers porteur dépossédé lorsqu'en remplacement des titres frappés d'opposition qu'il avait vendus, il en remet de semblables à l'acheteur dépossédé (Paris, 27 déc. 1881, aff. Moreau, D. P. 82. 2. 99). Et il ne doit être considéré, à raison de la détention des titres litigieux restés entre ses mains, que comme un porteur ordinaire ayant qualité pour contester l'opposition faite par le propriétaire dépossédé (Même arrêt).

178. Dans le cas où le tiers porteur a exercé son recours contre l'agent de change, ce dernier a-t-il une action récursoire contre le client qui lui a remis le titre frappé d'opposition et pour le compte duquel il a négocié ce titre?

M. Crépon, n° 148, reconnaît que l'équité répugne à ce que le client qui a remis à l'agent un titre non négociable se trouve exonéré de toute responsabilité par le seul fait de cette remise; mais il ne croit pas que le droit pour l'agent de change, de recourir contre le vendeur puisse être considéré comme absolu, et que ce recours doive être accueilli dans tous les cas. L'agent de change est, en effet, un mandataire, et ses rapports avec son client doivent être réglés d'après les principes généraux du mandat. Or l'art. 2000 c. civ., qui déclare le mandant responsable de toutes les pertes survenues au mandataire et dont l'exécution du mandat a été l'occasion directe, ne s'applique qu'au cas où aucune faute n'est imputable au mandataire. Lors donc que les tribunaux constatent que l'agent de change a commis une faute et que le préjudice qu'il a éprouvé est le résultat de cette faute, ils sont fondés à repousser l'action récursoire formée par cet agent contre son commettant (Civ. rej. 5 mai 1874, aff. Hart, D. P. 74. 1. 291).

179. Ces principes ont été appliqués par un arrêt de la cour d'appel de Nancy du 3 juin 1882 (aff. Margfry, D. P. 83. 2. 104) aux termes duquel l'agent tenu de vérifier, préalablement à toute négociation, si aucune opposition n'a frappé les titres qu'il négocie (L. 15 juin 1872, art. 12), ne peut exercer aucun recours contre l'intermédiaire (dans l'espèce un trésorier général) qui l'a chargé de bonne foi de la négociation de valeurs frappées d'opposition. On doit remarquer, toutefois, que cette solution est principalement fondée sur ce que, dans l'espèce, le recours était dirigé non contre le vendeur lui-même, mais contre un intermédiaire auquel ne s'appliquait pas la présomption de faute résultant de l'article précité de la loi de 1872 et sur ce que, dans ces conditions, un intermédiaire ne pourrait être déclaré responsable de la négociation de valeurs perdues ou volées qu'autant qu'il aurait commis une faute de droit commun.

Un arrêt de la cour de Paris du 28 févr. 1885 (aff. Volff, D. P. 86. 2. 118) a, au contraire, admis l'action récursoire de l'agent de change contre son commettant dans une espèce où ce dernier était un ancien changeur initié aux précautions qu'exige le commerce des valeurs et qui devait, en outre, d'après les circonstances de la cause, se défier du tiers qui les lui avait remises. L'arrêt décide que, dans ces circonstances, l'agent avait dû penser que son commettant s'était assuré lui-même que les titres étaient libres d'oppositions, et qu'il ne peut être argué d'aucune faute pour avoir opéré la vente en conformité des instructions qui lui avaient été données à cet effet.

180. Dans tous les cas, une distinction doit être observée. Si l'opposition est postérieure à l'ordre de vente et antérieure à l'exécution de cet ordre, l'agent ne devra s'en prendre qu'à lui-même de n'avoir pas vérifié le bulletin, et il ne pourra exercer aucun recours contre son client. Si, au contraire, l'opposition existait au moment où l'ordre a été donné, le commettant qui n'a pas vérifié si les titres qu'il remet à l'agent étaient négociables doit se reprocher une faute dont il pourra supporter seul les conséquences, si sa profession, la nature de ses relations avec l'agent de change, en un mot les circonstances de la cause ont pu autoriser l'agent à ne pas douter de la négociabilité des valeurs.

Cette interprétation est conforme à celle qu'adopte M. Crépon, n° 149 : cet auteur critique comme trop absolus les termes d'un arrêt de la chambre des requêtes du 5 août 1879 (*Gazette des tribunaux* du 9 août 1879), duquel il semble résulter que la vente par un agent de change, sur l'ordre d'un client, de titres frappés d'opposition implique nécessairement une faute *surtout de la part du donneur d'ordre*, et qu'en conséquence, l'agent en devrait toujours et dans tous les cas être indemnisé par ce dernier.

Si l'envoi des titres à l'agent n'avait pas accompagné l'ordre de vente et n'avait eu lieu que postérieurement à l'exécution de cet ordre, le recours de l'agent contre son client devrait certainement être accueilli, puisque ce serait par le fait de ce dernier que la vérification des titres lui aurait été rendue impossible.

181. A l'égard des transmissions opérées antérieurement à la publication de l'opposition, la loi de 1872 n'a pas dérogé aux dispositions de l'art. 2279 c. civ. Le propriétaire dépossédé ne peut donc exercer de revendication que dans les termes de cet article; et le possesseur de bonne foi est fondé à lui opposer la maxime : « En fait de meubles, possession vaut titre », alors même que sa dépossession résulte d'un abus de confiance (Angers, 3 déc. 1873, aff. Négrier, D. P. 74. 5.

185, et sur pourvoi, Req. 14 juill. 1874, D. P. 75. 1. 223). Quant à l'agent de change qui a servi d'intermédiaire à la négociation, il échappe à toute responsabilité (Buchère, n° 747).

Cette responsabilité n'existerait que dans le cas où le propriétaire dépossédé prouverait qu'il y a eu connivence entre le vendeur et l'agent. Dans cette hypothèse, disait le rapporteur de la loi, M. Grivart (D. P. 72. 4. 114, n° 11, *in fine*), « l'agent de change ne pourra pas invoquer à sa décharge le défaut de publication. Le concours prêté volontairement à la négociation de titres dont il connaissait les vices d'une manière certaine donnera lieu contre lui au profit du propriétaire dépossédé à l'action en responsabilité que la loi fait justement découler de tous les actes à la fois dommageables et illicites ».

182. Nous avons examiné exclusivement jusqu'ici la responsabilité de l'agent de change vendeur, que la loi du 15 juin 1872 a eu pour objet de déterminer dans le cas où les titres vendus ont été, antérieurement à la vente, frappés d'opposition. Quant à l'agent de change acheteur, dont cette loi ne s'est point occupée, il demeure dans les termes du droit commun, et il reste notamment soumis à toutes les obligations du mandataire. En vertu des principes du mandat, l'agent qui a fait l'achat doit vérifier les titres avant d'en prendre livraison afin de ne remettre à son client que des titres non frappés d'opposition. S'il néglige de se conformer à cette obligation, son mandant aura contre lui en vertu de l'art. 1992 c. civ. une action en responsabilité à raison d'une faute commise dans sa gestion. Mais, ainsi que le fait observer M. Crépon, cette action sera rarement exercée, les réclamations de cette nature aboutissant d'ordinaire à des règlements entre agents sans que les tribunaux aient à en connaître (n° 152).

183. La loi du 15 juin 1872 est applicable aux valeurs étrangères négociées en France comme aux valeurs françaises. En effet, ainsi que le dit M. le conseiller Lepelletier dans le rapport qui a précédé l'arrêt de la chambre des requêtes du 13 févr. 1884 (aff. Cahen d'Anvers, D. P. 84. 1. 265), le législateur, préoccupé de rendre plus entière la sécurité des propriétaires de titres au porteur, n'a pu avoir la pensée d'exclure des mesures de protection qu'il ordonnait les titres étrangers, au moment même où ils devenaient de plus en plus nombreux sur le marché français, où la Bourse leur était de plus en plus ouverte, où les Français eux-mêmes les acquéraient davantage. Un certain nombre des dispositions de cette loi sont, il est vrai, sans application. Ce sont celles qui concernent les rapports du propriétaire des titres avec l'établissement débiteur. En effet, la loi française ne peut imposer à un établissement placé en dehors de son action le payement au propriétaire dépossédé des intérêts ou dividendes, le remboursement du capital exigible et la délivrance d'un autre titre par duplicata (V. conf. Crépon, n° 154; Buchère, *Traité des valeurs mobilières*, n° 947; Le Gost, *Etude historique et pratique sur les titres au porteur*, n° 277; Lyon-Caen et Renault, *Précis de droit commercial*, t. 1, n° 394. V. aussi *Société*). Il est également impossible que la loi française mette obstacle aux transmissions ou négociations de titres faites en dehors de notre territoire. Mais l'opposition signifiée par le propriétaire et publiée au *Bulletin officiel* peut et doit produire son effet en ce qu'elle arrête en France la circulation des titres frappés d'opposition, et en ce que les agents de change qui serviraient d'intermédiaires à la négociation de ces valeurs, nonobstant l'inscription des oppositions au *Bulletin* engageraient leur responsabilité personnelle et pourraient être contraints à indemniser les opposants du préjudice qui serait résulté pour eux de cette négociation. Les dispositions de la loi de 1872 qui concernent la négociation et la revendication en France des titres frappés d'opposition ont en effet, le caractère de mesures de police et de sûreté qui protègent aussi bien les propriétaires de titres étrangers que ceux de titres français, et ni les termes, ni l'esprit de la loi ne permettent de distinguer entre eux (Req. 13 févr. 1884, aff. Cahen d'Anvers, D. P. 84. 1. 265; Paris, 14 déc. 1883, aff. Benedetti, D. P. 84. 2. 131. V. conf. Crépon, *op.* et *loc. cit.*; Buchère, *op.* et *loc. cit.*; de Folleville, *Traité de la possession des meubles*, n° 493; *Journal de droit international*, 1880, p. 260, et 1881, p. 35. — *Contrà :* Lyon-Caen et Renault, *op.* et *loc. cit.*).

184. Lorsque des valeurs françaises ou étrangères frappées d'opposition et inscrites au *Bulletin* ont été négociées à l'étranger régulièrement et avec une entière bonne foi, l'acheteur qui présente ces titres en France soit pour en toucher les coupons soit pour le négocier, est-il fondé à soutenir que les dispositions de la loi française sont inapplicables aux négociations faites dans une bourse étrangère et qu'il a la libre disposition de valeurs qu'il a régulièrement acquises? M. Crépon, n° 57, estime avec raison qu'une semblable prétention serait inadmissible. En effet, lorsqu'un titre qui n'est sorti de France que par l'effet d'un vol vient à y rentrer, il y retrouve les obstacles qu'opposent à sa circulation les dispositions légales destinées à empêcher et à réparer les effets du vol, et qui ont, par suite, comme on l'a déjà dit, le caractère de lois de police et de sûreté. La compagnie en refusant le payement des coupons, l'agent de change en refusant son ministère à la négociation du titre, ne font que se conformer strictement à des prescriptions applicables à tous ceux qui veulent négocier des titres en France ou réclament les dividendes afférents à ces valeurs, quelle que soit leur nationalité, et quel que soit le pays où ces titres sont parvenus en leur possession (Paris, 14 déc. 1883, aff. Benedetti, D. P. 84. 2. 131).

185. Dans le cas où des titres ont été adressés à un agent de change pour être vendus, et où celui-ci a opéré la vente malgré une opposition inscrite au *bulletin*, il peut arriver que le donneur d'ordre averti de l'opposition demande à l'agent la restitution de ces titres en offrant de les remplacer par des titres semblables. Il peut également arriver qu'avant la vente et lorsque l'agent a constaté que les titres sont frappés d'opposition, le donneur d'ordre avisé de la situation en demande purement et simplement la restitution. Quelles sont en pareil cas les obligations de l'agent de change? Doit-il se dessaisir du titre suspect et le remettre dans la circulation au mépris de l'opposition qui a eu pour but de l'arrêter entre ses mains, et avant qu'il ait été statué sur le mérite de cette opposition? Cette prétention a été très énergiquement condamnée par l'arrêt de la chambre des requêtes du 13 févr. 1884 (aff. Cahen d'Anvers, D. P. 84. 1. 265). Cet arrêt décide d'une façon absolue que, lorsque l'agent est constitué détenteur des titres, il ne saurait s'en dessaisir en dehors de l'opposant sans engager se responsabilité envers ce dernier; que l'inscription de l'opposition au *Bulletin officiel* équivaut pour l'agent qui détient le titre à une signification; que cette opposition saisit la valeur qui en est frappée et l'immobilise entre les mains du tiers détenteur; et que celui-ci, ne pouvant se faire juge de l'opposition, ne se dessaisirait qu'à ses risques et périls.

186. La loi du 15 juin 1872, qui a pour objet exclusif de permettre au propriétaire dépossédé de titres au porteur de se faire restituer contre cette perte, dans les conditions qu'elle détermine, ne met pas à l'abri d'une revendication directe les intermédiaires ou les vendeurs qui ont négocié ces valeurs avant que l'opposition ait été publiée. En conséquence, l'acquéreur d'un titre au porteur frappé d'opposition, qui ignorait, au moment de l'achat, le caractère suspect de ce titre, peut demander à son vendeur de le garantir du vice caché de la chose vendue, alors même que celui-ci n'aurait pas connu ce vice; et il importe peu que l'opposition dont le titre a été frappé soit postérieure à la vente, cette opposition n'étant que la manifestation du vice caché (Paris, 29 nov. 1883, aff. Moreau, D. P. 85. 2. 22).

187. L'art. 16 de la loi du 15 juin 1872 déclare les dispositions de cette loi inapplicables aux billets de la Banque de France, aux billets de même nature émis par les établissements autorisés, aux rentes et aux titres au porteur émis par l'Etat. Les motifs de ces exceptions ont été exposés ainsi qu'il suit par le rapporteur de la loi (D. P. 72. 4. 112, n° 16). « Les billets de banque, dit-il, remplissent l'office de monnaie, et pour qu'ils soient propres à une telle fonction, il faut qu'ils puissent se transmettre de main en main sans formalités, sans perte de temps, sans autre vérification que leur forme matérielle... » Quant aux rentes sur l'Etat « elles sont depuis longtemps soumises à une législation spéciale d'après laquelle elles ne sont passibles d'aucune opposition. A la faveur de cette législation, l'Etat a pu décentraliser ses payements et autoriser les porteurs à se présenter à celle des caisses publiques où il leur est le plus commode de se faire payer. Le nombre des agents payeurs est ainsi devenu très considérable, et si l'on imposait aux valeurs émises par le Trésor des dispositions de la loi nouvelle, l'Etat aurait à se préoccuper de la responsabilité qui pourrait résulter pour lui de leur inaction ou de leur négligence ».

188. Les motifs qui ont déterminé cette exception ne peuvent s'appliquer aux rentes des Etats étrangers; aussi ces rentes restent-elles comme toutes les valeurs étrangères, lorsqu'elles sont négociées en France, sous l'application de la loi de 1872 (Arrêt du 13 févr. 1884 cité *suprà*, n° 183).

189. L'exclusion des rentes sur l'Etat, prononcée par l'article précité, ne laisse aux propriétaires dépossédés de titres de rentes françaises au porteur d'autre ressource que le droit, consacré par l'art. 2279 c. civ., de revendiquer pendant trois ans le titre perdu ou volé contre celui dans les mains duquel il se trouve et de donner telle publicité qu'ils jugeront convenable à la perte ou à la soustraction dont ils ont été victimes. Quant aux agents de change ou autres intermédiaires de négociations, ils ne pourront encourir d'autre responsabilité que celle qui résulte de l'art. 1382 c. civ. M. Crépon, n° 162, cite un jugement du tribunal de commerce de la Seine du 2 août 1883, qui décide qu'on ne peut imputer à faute aux intermédiaires de la négociation d'un titre de rente volé, de ne s'être pas reportés aux listes de valeurs volées publiées par une agence, aucune obligation ne résultant ni pour les banquiers, ni pour les agents de change, de cette publicité tout officieuse.

190. Les agents de change ne sont pas seulement responsables de leurs faits personnels. Ils le sont encore du fait de leurs commis. Cette responsabilité n'a rien de spécial à leur profession, et dérive des principes généraux du droit. Et pour que cette responsabilité soit engagée, il n'est pas nécessaire que le commis ait agi en vertu d'un ordre spécial de son commettant; il suffit que l'acte dommageable ait été accompli par ce préposé dans l'exercice des fonctions auxquelles il était employé (Bruxelles, 23 mars 1881, aff. Outheusden *C.* héritiers Scheppers, *Pasicrisie belge*, 1882. 2. 94). Ainsi, un agent de change est civilement responsable du détournement, commis par un de ses employés, de titres qui avaient été déposés dans ses bureaux pour être vendus à la Bourse, alors que cet employé, bien que non inscrit à la chambre syndicale, représentait dans les bureaux et vis-à-vis du public le titulaire de l'office, à moins qu'il ne soit établi par l'agent de change que le déposant avait entendu confier ses titres à l'employé personnellement (Paris, 4 juill. 1863, aff. Allain, D. P. 63. 2. 142).

Il est également responsable des valeurs remises dans ses bureaux par un client à un de ses commis pour une certaine opération, alors même que l'intervention des agents de change n'est pas indispensable pour une opération de cette nature, s'il est notoire qu'ils s'en chargent habituellement moyennant une commission. et si, d'ailleurs, cette opération n'était que la suite et le complément d'une opération antérieure de leur ministère exclusif (Bordeaux, 23 févr. 1859, aff. Hervouet, D. P. 60. 2. 154).

191. En règle générale, pour que la responsabilité de l'agent de change soit engagée par le fait de ses commis, il faut, ainsi qu'on vient de le voir, qu'on se soit adressé au commis comme au représentant de l'agent et non à raison de rapports personnels. Dans le cas où le client a pris pour mandataire le commis auquel il avait directement et personnellement donné sa confiance, l'agent n'encourt aucune responsabilité (Req. 21 nov. 1876, aff. Soyez, D. P. 78. 1. 19; Arrêt du 23 mars 1881 cité *suprà*, n° 190). Lorsqu'au contraire, la correspondance entre les parties établit que le mandat, loin d'avoir été donné au commis personnellement, l'a été par un client entendant traiter directement avec l'agent de change lui-même et charger exclusivement celui-ci de ses affaires de bourse, l'agent ne peut décliner la responsabilité des actes de son commis (Civ. cass. 7 avr. 1884, aff. Moyse, D. P. 84. 1. 337).

§ 2. — Règles particulières sur la garantie des transferts (*Rép.* nos 370 à 384).

192. On a exposé au *Rép.* nos 370 et 371, que la garantie dont les agents de change sont tenus en matière de transferts résulte des art. 15 et 16 de l'arrêté du 27 prair. an 10, et que ces dispositions, qui n'étaient originairement applicables qu'aux agents de change de Paris, ont été étendues aux agents de change des autres villes par l'ordonnance du 14 avr. 1819. La légalité de cette dernière ordonnance a, comme on l'a vu (*Rép.* n° 372), été contestée, et l'on a soutenu qu'il n'appartenait qu'au pouvoir législatif de fixer la responsabilité d'un officier public et le temps pendant lequel cette responsabilité devait rester engagée.

Nous croyons, comme M. Crépon, *De la négociation des effets publics et autres*, n° 229, que cette critique n'est pas fondée. La loi du 14 avr. 1819, qui a autorisé l'ouverture dans chaque département d'un livre auxiliaire du grand-livre de la dette publique, se termine par un art. 9 ainsi conçu : « Des ordonnances du Roi régleront les mesures d'exécution propres à assurer dans tous leurs développements les effets de la présente loi ». Le même jour est intervenue une ordonnance *relative à l'exécution de la loi du 14 avr.* 1819, c'est-à-dire rendue par délégation de la loi et pour son exécution. Or il est reconnu par une jurisprudence constante que les actes émanant du pouvoir exécutif mais rendus en exécution et par délégation d'une loi font corps avec elle et participent ainsi du caractère législatif. Nous pensons donc que la responsabilité des agents de change chargés des transferts existe aussi bien pour les mutations à opérer dans les inscriptions départementales et pour les émargements à faire sur les livres auxiliaires que pour les transferts à effectuer à Paris sur le grand-livre de la dette publique.

193. Ainsi que nous l'avons dit (*Rép.* n° 373) l'agent n'est pas responsable de l'incapacité du vendeur. Il ne l'est pas davantage du défaut de remploi d'actions industrielles constituées en dot et aliénées par le mari sans remploi, contrairement aux stipulations du contrat de mariage (Paris, 2 janv. 1858, aff. Banque de France, D. P. 58. 2. 4).

194. Des divergences d'opinion se sont produites relativement au caractère et à l'étendue de la responsabilité des agents de change en matière de transferts. — D'après un premier système, à l'appui duquel on invoque l'arrêt de la cour de Paris du 23 janv. 1834 rapporté au *Rép.* n° 374, les art. 15 et 16 de l'arrêt de prairial an 10 ne feraient pas peser sur l'agent de change une responsabilité absolue, mais n'établiraient qu'une présomption de faute que l'agent serait en droit de combattre, et qu'il pourrait détruire par des présomptions contraires tirées des circonstances au milieu desquelles il avait procédé. Il en résulterait, ainsi que l'a décidé l'arrêt ci-dessus rappelé, que l'agent serait couvert par la forme authentique donnée aux actes qui lui ont été présentés; qu'il ne serait pas tenu, en ce cas, d'aller vérifier l'expédition sur la minute, et qu'il n'encourrait aucune responsabilité dans le cas où les pièces, bien qu'authentiquées par le notaire, seraient fausses (V. conf. Buchère, *Traité des opérations de bourse*, n° 713).

Les partisans de l'opinion contraire soutiennent que la responsabilité consacrée par l'arrêté de prairial a un caractère inflexible et absolu. Ils font observer que le législateur, en exonérant le trésor public de la responsabilité qui lui avait été précédemment imposée, a entendu lui substituer, dans l'intérêt du crédit public et des tiers, une garantie efficace et sérieuse, que dans ce but, il a imposé à l'agent de change le devoir de certifier, c'est-à-dire de vérifier, et qu'il l'a rendu responsable non seulement de toute faute, mais aussi de toute erreur commise dans la vérification. Ce système a été consacré par un arrêt de la chambre des requêtes du 11 juill. 1876 (aff. Moreau, D. P. 77. 1. 25). Cet arrêt décide que la responsabilité de l'agent de change en matière de transferts, édictée dans l'intérêt des propriétaires de rentes qui se lie à l'intérêt du crédit public, n'est que la conséquence légitime de l'obligation de vérifier imposée à l'agent de change; que la disposition qui l'établit, absolue dans ses termes, l'est également dans son esprit et que le seul fait de la non-identité du propriétaire ou de la fausseté de sa signature ou des pièces produites, atteste suffisamment de la part de l'agent de change le manquement qui sert de base à la responsabilité. D'après le même arrêt, aucune dérogation à cette règle absolue ne résulte ni de l'ordonnance du 14 avr. 1819, qui charge les receveurs généraux d'opérer à la volonté des particuliers, pour leur compte et sans frais, sauf ceux de courtage, toutes ventes et achats de rentes, ni du décret du 6 févr. 1862 qui autorise, pour les négociations de rentes opérées par l'entremise des trésoriers généraux, l'emploi de procurations sous seing privé légalisées par les maires. En conséquence, l'agent de change qui, sur l'envoi à lui fait par un trésorier payeur général, a inexactement certifié l'identité du propriétaire de la rente qui avait été volée et la vérité de la signature qui était fausse, est responsable du dommage éprouvé par ledit propriétaire, par suite de la négociation du titre de la rente.

195. Cette rigoureuse interprétation nous paraît fondée sur des textes et des principes certains. Mais il est impossible de méconnaître que les dispositions précitées de l'ordonnance de 1819 et du décret de 1862 ont singulièrement aggravé la responsabilité des agents de change, ainsi que le constatait d'ailleurs M. l'avocat général Reverchon dans les conclusions sur lesquelles a été rendu l'arrêt que nous venons d'analyser. Il est, en effet, très rigoureux d'imposer à un agent de change l'obligation de vérifier la signature d'un propriétaire de rentes habitant une ville éloignée lorsque la vérité d'une signature lui est attestée par le maire de la ville et par le trésorier général du département; et déclarer dans ce cas l'agent responsable, c'est, suivant l'observation de M. Reverchon, d'abord l'autoriser à retarder l'opération au grand préjudice du vendeur; et, de plus, l'autoriser à refuser désormais les procurations sous seing privé. C'est à ce dernier parti que s'est arrêtée la chambre syndicale, par une délibération du 11 oct. 1875, que le syndic a portée à la connaissance du ministre des finances (V. la correspondance échangée à ce sujet entre le syndic et le directeur du mouvement général des fonds, dans la note sous l'arrêt du 11 juill. 1876 cité *suprà*, n° 194).

196. Les rigoureuses dispositions de l'arrêté de prairial an 10 ne sont applicables, ainsi que nous l'avons dit (*Rép.* n° 383) qu'au transfert des rentes sur l'Etat; elles ne doivent être étendues ni au transfert des actions de la Banque de France, ni au transfert des autres valeurs (Req. 10 déc. 1878, aff. Guyon, D. P. 79. 1. 288. — *Contrà:* Bédarride, n° 271). En pareil cas, c'est d'après les règles du droit commun que la responsabilité de l'agent doit être déterminée. Il ne suffit donc pas d'établir, comme lorsqu'il s'agit du transfert d'inscriptions de rentes, d'une part, la certification de l'agent, de l'autre, la fausseté des signatures certifiées; il faut, en outre, prouver que le préjudice résulte d'une faute professionnelle commise par l'agent (Crépon, n° 236; Buchère, nos 721 et suiv.). En conséquence, l'agent de change qui certifie sans vérification préalable les signatures fausses apposées sur les pièces destinées à opérer la conversion de titres nominatifs en titres au porteur, conversion qui constitue un véritable transfert, ne peut être déclaré responsable de ce chef en vertu des dispositions de l'arrêté de prairial; mais il est à bon droit condamné, aux termes du droit commun, à fournir des titres nominatifs en quantité égale aux titres convertis, alors même qu'un grand nombre de titres mis au porteur pourraient être retrouvés, soit entre les mains du faussaire, soit entre les mains de tiers à qui celui-ci les avait donnés en gage (Req. 10 déc. 1878, aff. Guyon, D. P. 79. 1. 288).

A plus forte raison en est-il ainsi de l'agent qui a certifié, sur la foi d'un tiers, une signature qu'il n'était pas à même de vérifier, et qui a commis ainsi une imprudence grave et une faute lourde (Paris, 10 août 1874, aff. X..., D. P. 78. 2. 10). Cet arrêt vise à tort l'art. 15 de l'arrêté de prairial; mais il constate qu'à défaut même de cette disposition l'agent était dans l'espèce tenu à une réparation suivant l'art. 1382 c. civ. et il décide, par application de cet article, que cette responsabilité a pour effet de rendre l'agent débiteur principal envers la partie dont la signature avait été faussement imitée, et non pas seulement caution du faussaire; que, dès lors, il ne peut invoquer pour se dégager ni une novation qui serait intervenue entre le faussaire et la victime du détournement, ni l'impossibilité où serait celle-ci de le subroger contre le coupable; mais que les payements faits par le faussaire viennent à la décharge de l'agent de change.

197. La distinction que l'on vient d'établir entre la responsabilité incombant aux agents de change en vertu des dispositions de l'arrêté de prairial et celle qui résulte de l'application des règles du droit commun, a, comme nous l'avons dit au *Rép.* n° 383, des conséquences importantes au point de vue de la prescription de l'action en responsabilité. Si la réparation est poursuivie en vertu du droit commun, l'action pourra être exercée pendant trente ans. La garantie édictée par l'arrêté de prairial ne peut, au contraire, avoir lieu, aux termes de l'art. 16 de cet arrêté, que pendant cinq années à partir de la déclaration du transfert. Ainsi l'action en responsabilité sera non recevable au delà de ce délai, si elle est uniquement fondée sur les prescriptions de l'arrêté. Mais alors même qu'il s'agit du transfert d'une inscription de rentes sur l'Etat, une fausse certification par l'agent peut ne pas constituer seulement une infraction à ces prescriptions; elle peut, en outre, constituer une faute d'après le droit commun. Si donc le demandeur, au lieu d'invoquer l'arrêté de prairial, se plaçait sur le terrain du droit commun, s'il articulait et offrait de prouver la faute professionnelle de l'agent, il ne pourrait plus être écarté par l'exception tirée de la prescription quinquennale (V. conf. Crépon, n° 241).

198. La prescription quinquennale édictée par l'arrêté de prairial est, comme nous l'avons dit (*Rép.* n° 382), une prescription *brevis temporis* qui, en vertu de l'art. 2278 c. civ., court contre les mineurs et les interdits, sauf leur recours contre leurs tuteurs. Telle est également l'opinion émise par M. Crépon, n° 242. Mais cet auteur (n° 243), enseigne, contrairement à l'opinion adoptée au *Rép.* n° 381, et conformément à la doctrine d'un arrêt du 25 janv. 1833 (*Rép.* n° 377), que le point de départ de cette prescription ne peut être autre que celui de la déclaration du transfert, et qu'elle n'est pas soumise aux causes de suspension prévues par l'art. 2257 c. civ. Suivant lui, la responsabilité établie par l'arrêté de prairial est une responsabilité exceptionnelle; tout y est de droit étroit et il n'est pas permis de changer le point de départ de la prescription, de le reporter à un moment autre que celui indiqué, de manière à faire peser sur la tête de l'agent, pendant un temps plus long que celui prévu par la loi, des rigueurs dont il doit avoir hâte de s'affranchir.

Mais M. Crépon admet (n° 246), conformément à ce qui a été dit au *Rép.* n° 382, que cette prescription est soumise aux causes qui interrompent la prescription, qu'ainsi elle est interrompue : 1° par une citation en conciliation devant le bureau de paix, si elle est suivie d'une assignation donnée dans les délais de droit; 2° par une citation en justice, même devant un juge incompétent; 3° par une citation en justice, un commandement ou une saisie.

§ 3. — Suites de la responsabilité des agents de change (*Rép.* nos 385 à 402).

199. Le cautionnement des agents de change est, comme on l'a vu (*Rép* n° 385), affecté par privilège à toutes les créances qui naissent contre eux de faits relatifs à leurs fonctions. Ce privilège s'applique tout d'abord, d'après l'arrêté de prairial an 10, à tout ce qui concerne la livraison et le payement des titres. Dans les obligations qui s'imposent à l'agent relativement au payement du prix, M. Crépon comprend ce qui concerne la *couverture*. On doit voir, en effet, dans la couverture remise à l'agent en vue des risques que l'opération doit lui faire courir autre chose qu'un simple dépôt; c'est en réalité une convention *sui generis* participant de la nature de l'opération dont il s'agit d'assurer les suites et intimément liée à cette opération. Or cette opération consistant dans un achat de valeurs mobilières pour lequel le ministère de l'agent de change est obligatoire, on doit en conclure que le bon et régulier emploi de la couverture ainsi rattachée à l'opération elle-même, rentre dans les obligations de l'agent de change, et que, s'il manque à cette obligation, la faute ayant été commise dans l'exercice de la fonction, constitue un fait de charge qui donne au créancier privilège sur le cautionnement de l'agent. M. Buchère, qui professe une opinion contraire (n° 756), invoque l'autorité d'un arrêt de la chambre des requêtes du 14 août 1828 rapporté au *Rép.* n° 387-3°. Nous croyons que cet arrêt qui s'appuie sur les constatations souveraines des juges du fond, desquelles il résultait que dans l'espèce les fonds avaient été remis à l'agent à titre de dépôt, ne consacre en réalité aucune solution doctrinale. Mais comme le dit avec raison M. Buchère, n° 757, si des valeurs étaient remises à un agent des départements avec ordre de les transmettre à Paris, pour les y faire négocier, ce dépôt ne se rattachant pas aux fonctions de l'agent, le détournement de ces sommes ne constituerait pas un fait de charge.

200. Nous pensons que le privilège garantit également les condamnations prononcées contre les agents de change reconnus responsables de la négociation des titres perdus ou volés. La distinction que propose M. Buchère, nos 759 et suiv., suivant qu'il s'agit de ventes antérieures à la loi de 1872 ou de ventes postérieures à cette loi, ne nous paraît pas devoir être admise. Ni dans l'un ni dans l'autre cas, en effet, l'agent ne saurait être dépouillé de son caractère public et considéré comme un simple mandataire. La négociation doit nécessairement être faite par un agent de change; c'est dans l'exercice de ses fonctions qu'il commet une faute qui engage sa responsabilité sous l'empire de l'ancienne législation comme sous l'empire de la loi de 1872. Cette faute est un fait de charge dont le cautionnement doit répondre au besoin (Crépon, nos 273 et suiv.).

201. Il nous semble, au contraire, qu'une distinction doit être établie, en ce qui concerne la responsabilité qui résulte pour l'agent de change du détournement de valeurs à lui confiées ou remises dans ses bureaux pour être négociées. Si le détournement a été commis par l'agent lui-même, il est hors de doute qu'il a le caractère d'un fait de charge. Mais il en doit être autrement si l'agent est déclaré responsable d'un détournement commis par un de ses employés. En pareil cas, en effet, la responsabilité de l'agent n'est que l'application d'un principe du droit commun, et le défaut de surveillance sur ses employés ne saurait être considéré comme une faute commise par un officier public dans l'exercice de ses fonctions (Crépon, n° 275).

202. De ce principe énoncé au *Rép.* n° 385, que le privilège ne saurait appartenir aux créanciers lésés par des actes de l'agent de change qui ne rentrent pas dans ses attributions légales, il résulte que le privilège ne garantit pas les condamnations prononcées contre un agent de change à l'occasion de la négociation de valeurs non cotées, puisqu'il n'est investi d'aucun monopole pour ces négociations et qu'il n'a que le caractère d'un mandataire ordinaire. Mais il n'y a aucune distinction à faire, au point de vue du privilège, entre les valeurs françaises et les valeurs étrangères. Pour les unes comme pour les autres, dès qu'elles sont admises à la cote, le ministère de l'agent de change est obligatoire; et les fautes qu'il commet dans l'accomplissement de ce mandat constituent des faits de charge.

203. Nous avons dit (*Rép.* n° 391) qu'en l'absence d'une disposition spéciale de la loi, le privilège que la loi accorde aux créanciers pour faits de charge sur le cautionnement de l'agent, ne nous paraissait pas pouvoir être étendu aux sommes provenant du prix de l'office. Cette interprétation est également adoptée par M. Buchère, n° 762, et par M. Crépon, n° 277. En effet, ainsi que le fait observer ce dernier auteur, les privilèges sont de droit étroit et ne peuvent être étendus par analogie, ni à d'autres personnes, ni à d'autres faits, ni à d'autres objets que ceux indiqués par la loi.

204. Le privilège sur le cautionnement des agents de change appartient aux agents vis-à-vis les uns des autres comme aux simples commettants (Crépon, n° 280).

205. Ainsi qu'on l'a vu (*Rép.* n° 398) aucune disposition de loi ne subordonne la conservation de ce privilège à la nécessité d'une réclamation dans un délai préfixe et déterminé, et les créanciers privilégiés ne sont pas frappés de déchéance ou de forclusion pour n'avoir pas exercé leur action dans les délais que l'art. 13 de l'arrêté de prairial et les délibérations des chambres syndicales ont imposés aux agents de change pour terminer leurs opérations (Lyon, 29 avr. 1875 (1). V. conf. Alauzet, *Commentaire du code de commerce*, 2e éd., t. 2, n° 698).

ART. 7. — *Émoluments des agents de change* (*Rép.* nos 403 à 411).

206. La chambre syndicale des agents de change de Paris a adopté, dans sa séance du 23 déc. 1872, le tarif minimum suivant:

Droit à 1/4 pour 100: tous les effets publics ou particuliers dont la négociation est faite en vertu de pièces conten-

---

(1) (Perret-Lagrive *C.* Syndic Page et Fienzal.) — LA COUR; — Considérant que ni l'existence ni le chiffre de la créance de Perret-Lagrive ne sont contestés; — Qu'il n'est pas davantage contesté que cette créance ait pris sa source dans un fait de charge; — Que l'existence initiale d'un privilège en faveur de Perret-Lagrive a été implicitement admise par le jugement dont est appel; qu'elle a été formellement reconnue par l'intimé; — Qu'elle résulte, dans tous les cas, de ce fait non contesté et surabondamment établi que Perret-Lagrive, après avoir chargé, au mois de mars 1873, Page, syndic des agents de change, d'acheter pour lui, en bourse, à Lyon, 2500 francs de rente 5 0/0 du nouvel emprunt, après avoir demandé et obtenu, à deux reprises, le report des valeurs, a, le 5 juin 1873, versé à la caisse de l'agent de change la somme de 27775 francs nécessaire pour lever les titres; mais, au lieu de recevoir ces titres, n'a reçu du caissier, sous le prétexte qu'ils n'étaient pas prêts, qu'un bon échangeable; — Considérant qu'il est constant que ces fonds, dont le versement entre les mains de l'agent de change était forcé, qui ne lui ont été remis que pour un emploi déterminé, rentrant exclusivement dans son ministère, ont été détournés par lui; — Que la seule question du procès est de savoir si Perret-Lagrive a, par son fait, perdu le privilège attaché à sa créance née *ex necessitate officii*, soit qu'il y ait renoncé, soit qu'une novation se soit opérée dans la nature de cette créance; — Considérant qu'il n'a point été articulé que Perret-Lagrive ait explicitement renoncé à son privilège; — Mais que Fienzal, créancier privilégié intervenant, et les premiers juges, après lui, ont induit cette prétendue renonciation du laps de temps de cinq mois qu'il a laissé s'écouler sans réclamations, entre la date du versement qu'il a fait et ses démarches pour obtenir ses titres postérieurement à la fuite de Page; — Considérant qu'aucune disposition de loi n'a subordonné la conservation du privilège pour faits de charge, à la nécessité d'une réclamation dans un délai préfixe et déterminé; — Qu'aucune déchéance ou aucune forclusion n'ont été prononcées; — Qu'il n'est pas contesté, et qu'il est d'ailleurs de jurisprudence constante que, si l'art. 13 de l'arrêté du 27 prair. an 10, et diverses délibérations des chambres syndicales ont imposé aux agents de change l'obligation de consommer leurs opérations en remettant des titres dans un très court délai, ces dispositions réglementant l'exercice de la profession ne sont pas obligatoires pour les clients des agents de change, dont le privilège subsiste tant que l'agent reste leur débiteur au même titre; — Considérant qu'à défaut d'une déchéance qui n'est pas écrite dans la loi, ou d'une renonciation qui devait être expresse, le créancier pour fait de charge peut sans doute perdre son privilège par l'effet d'une novation s'il consent à dénaturer son droit en substituant, à sa créance originaire, née du mandat forcé donné à l'agent de change, une créance nouvelle naissant d'une convention, telle qu'un prêt, un dépôt volontaire ou un compte courant; — Mais considérant que la novation de se présume pas, qu'il faut que la volonté de l'opérer résulte clairement de l'acte (art. 1273 c. civ.); — Considérant que Perret-Lagrive n'a manifesté par aucun acte la volonté de nover; — Que son inaction et son silence prolongés pendant cinq mois, durant lesquels sa santé et ses affaires l'ont retenu loin de Lyon, ne sont pas des actes dans le sens juridique attaché à ce mot, synonyme, non d'écrit, mais d'un fait positif et formel, ne laissant ni doute, ni équivoque sur l'intention du créancier; — Considérant qu'il ne peut exister de novation sans la volonté de nover, la novation étant un contrat, et ce contrat entraînant renonciation à un droit; — Que l'intention doit être claire et évidente; — Qu'en admettant qu'on puisse la faire résulter d'un ensemble de faits ou de présomptions, il faudrait, du moins, que ces présomptions fussent graves, précises et concordantes; — Considérant qu'il n'existe, dans l'espèce, qu'un fait purement négatif: le silence ou l'inaction du créancier pendant cinq mois; — Que ce fait est le seul qu'on puisse relever contre Perret-Lagrive; — Que, de ce fait, ne résulte pas nécessairement l'abandon par ce créancier d'un droit qu'il tenait de la loi et de la nature de sa créance; — Qu'il serait tout au moins équivoque et susceptible de diverses interprétations; — Mais qu'on ne peut, du doute qui en naîtrait, faire résulter la volonté formelle exigée par la loi; — Que la supposition uniquement tirée d'un certain laps de temps écoulé est une interprétation purement arbitraire; — Qu'un raisonnement conjectural et hypothétique ne peut faire perdre contre sa volonté, à un créancier pour fait de charge, le privilège que l'art. 2102, § 7, c. civ. et l'art. 1er de la loi du 25 niv. an 13, ont voulu lui assurer; — Par ces motifs; — Statuant sur l'appel par Perret-Lagrive du jugement contradictoirement rendu entre lui, Rolland, syndic de la faillite de Page, et Fienzal, créancier intervenant, par le tribunal civil de Lyon, le 28 nov. dernier; — Dit que la créance de Perret-Lagrive contre la faillite de Page, liquidée à la somme de 27775 francs, valeur au 11 nov. 1873, était et est restée privilégiée sur le cautionnement de Page, comme résultant d'un fait de charge, et qu'elle viendra concurremment sur ledit cautionnement avec les autres créanciers jouissant du même privilège, etc.

Du 29 avr. 1875.-C. de Lyon, 2e ch.-MM. Valentin, pr.-Geneste, av. gén.-Mathevon et Gayet, av.

tieuses, d'un jugement, d'une délibération d'un conseil de famille ou d'un acte authentique prescrivant un remploi. Toute pièce autre qu'une simple procuration est réputée pièce contentieuse et nécessite rigoureusement la perception du droit de 1/4 pour 100.

Droit à 1/8 pour 100: rentes françaises au comptant; bons du trésor; fonds publics étrangers au comptant; emprunts des départements, villes ou établissements publics; actions et obligations des compagnies de chemins de fer français (au comptant et à terme) et étrangers (au comptant) et généralement toutes les actions ou obligations dont la négociation à la Bourse est autorisée. — Le droit à 1/8 pour 100 est dû, en outre, pour toutes certifications de signatures données par les agents de change, lorsqu'elles ne se rapportent directement ni à un achat ni à une vente.

Droit à 1/10 pour 100: pour les opérations à terme sur toutes les valeurs qui sont soumises à la double liquidation.

Minimum du courtage à terme: pour les opérations à terme sur les rentes françaises: 20 fr. par 1500 fr. de rentes 3 pour 0/0 et 2250 fr. de rentes 4 1/2 pour 0/0 25 fr. par 2300 fr. de rentes 5 pour 0/0 successivement dans la même proportion. — Pour les opérations à terme sur la rente italienne 5 pour 0/0 et autres rentes étrangères 5 et 6 pour 0/0; 25 fr. par 2500 fr. ou 3000 fr. de rentes, successivement dans la même proportion.

Pour toute valeur négociée à terme, qu'elle se liquide une ou deux fois par mois, le minimum du courtage est de 50 cent. par action ou obligation.

Minimum du courtage au comptant: 25 cent. par titre.

Minimum de chaque négociation. Pour toute négociation sur laquelle le courtage est inférieur à 1 franc, le minimum du courtage est de 1 fr. (Guillard, p. 570).

207. Les droits de courtage des agents de change varient, comme on l'a vu (*Rép.* v° *Trésor public*, n° 1296), dans les différentes places, où les tarifs sont arrêtés par les chambres syndicales. La plupart de ces tarifs n'accordent pas le droit de 1/4 pour 100. Aucun ne le dépasse (Bédarride, n° 286).

208. Conformément à ce qui a été dit au *Rép.* n° 408, l'agent de change qui a sciemment prêté son ministère pour des opérations illicites n'a droit à aucun émolument (Paris, 16 juill. 1851, aff. Taylor, D. P. 52. 2. 95; 31 juill. 1852, aff. Larade, D. P. 55. 5. 174; Aix, 6 mai 1861, aff. Chastan, D. P. 63. 2. 72; Paris, 13 juin 1868, aff. Moulin, D. P. 68. 2. 170). Mais si le courtage a été payé, il n'est pas sujet à répétition (Req. 2 août 1859, aff. Duboy, D. P. 59. 1. 292).

Art. 8. — *Actions à intenter par les agents de change et contre eux par suite de leurs fonctions* (*Rép.* n°s 412 à 432).

209. Ainsi qu'on l'a exposé au *Rép.* n° 412, les agents de change, en leur qualité de mandataires légaux de leurs clients, ont une action contre ceux-ci, pour obtenir le remboursement de leurs frais et avances et le payement des émoluments qui leur sont dus.

Un arrêt du 17 févr. 1842, rapporté au *Rép.* n° 414, décide que, la législation en vigueur sur la négociation des effets publics exigeant que l'agent de change chargé d'opérer la vente à terme d'une rente sur l'Etat ou de toute autre valeur soit nanti du titre ou puisse justifier du dépôt régulier de pièces établissant la propriété du vendeur, la négociation faite par l'agent de change sans ce dépôt préalable ne doit être considérée que comme une vente fictive ne donnant lieu à aucune action de sa part contre le prétendu vendeur.

Cette solution, qui se rattache à l'ancienne jurisprudence sur les marchés à terme, ne doit pas être considérée comme une règle absolue opposant une fin de non-recevoir à l'action en remise des titres vendus exercée par l'agent de change contre un client qui n'a pas préalablement déposé ces titres. M. Buchère, *Traité des opérations de bourse*, n° 770, enseigne avec raison que les agents de change qui, sans être nantis des titres, exécutent un ordre de vente transmis dans des circonstances telles qu'on ne peut leur reprocher ni une imprudence, ni une négligence, ont le droit d'actionner leurs clients en livraison de ces titres; et qu'ils peuvent les faire condamner à leur remettre des titres de même nature et valeur que ceux qu'ils ont vendus, s'ils n'ont pu obtenir ceux qu'ils ont négociés, dans les délais nécessaires pour en opérer la livraison. Il en est de même, lorsqu'au lieu de réclamer de son client la remise des titres qui ont fait l'objet d'une vente, l'agent lui réclame le remboursement des sommes avancées pour un achat de valeurs, bien qu'il ait contrevenu à l'interdiction de l'arrêté de prairial an 10 en consentant de semblables avances (Req. 13 juill. 1859, aff. Sévelinge, D. P. 59. 1. 402). En conséquence, l'agent de change qui a acheté des valeurs pour le compte d'un client qui ne lui en a pas livré le prix, a contre ce dernier, après revente des mêmes valeurs, moyennant une somme inférieure au prix d'achat, une action en remboursement de la différence (Même arrêt).

210. Lorsque l'agent de change a consenti à faire un achat de valeurs, sans exiger soit la remise des fonds nécessaires à l'opération, soit une couverture, ses rapports avec son client doivent être régis par les règles ordinaires du mandat. Il ne peut donc réclamer, en principe, que le remboursement des avances et frais qu'il justifie avoir faits pour l'exécution de ce mandat. Mais il en est autrement lorsque des circonstances imprévues ont changé et aggravé les engagements personnels contractés par le mandataire pour le compte du mandant (Paris, 12 août 1882, aff. Tavernier, D. P. 84. 2. 11). Il a été décidé, spécialement, qu'un agent de change qui, sans exiger de couverture, a acheté des valeurs à l'émission, peut affecter le solde de son compte courant avec ce client à la garantie des pertes résultant pour lui de l'exécution de son mandat, si, par suite de la faillite de la société qui devait émettre les valeurs, le payement du prix d'achat dont il est responsable n'est plus garanti par la remise entre ses mains de titres ayant une valeur sérieuse (Même arrêt).

211. Nous avons dit (*Rép.* n° 420) que l'action de l'agent de change contre son client doit être portée devant les tribunaux civils lorsque la négociation qui y a donné lieu n'a pas le caractère d'un acte de commerce, et que dans le cas contraire elle doit être soumise à la juridiction commerciale. — Quant à la question de savoir dans quels cas l'opération est commerciale, dans quels cas elle ne revêt, au contraire, qu'un caractère purement civil, V. *Acte de commerce*, n°s 48 à 56.

212. Comme on l'a vu *suprà*, n° 154, la négociation de valeurs de bourse n'établit de lien qu'entre les agents de change qui en sont chargés, les parties intéressées devant rester inconnues. Il suit de là que l'agent n'a aucune action contre les clients du confrère avec lequel il a traité pour les contraindre à l'exécution du marché (Paris, 14 janv. 1848, aff. Fauche, D. P. 48. 2. 14). Cet arrêt admet toutefois que, dans le cas où l'agent de change acheteur a disparu sans avoir payé le prix du marché et où le nom de son client a été révélé par la réalisation du transfert, l'agent de change vendeur peut revendre les titres achetés en supportant personnellement les différences, si l'acheteur se refuse à prendre livraison de ces titres, et que l'acheteur qui met obstacle à cette revente est responsable de la différence entre le cours de l'effet négocié au jour où sommation lui a été faite de consentir à la vente et le cours de cet effet au jour de l'arrêt de condamnation. Mais cette solution est critiquée par M. Buchère, n° 787, par le motif que lorsque la vente a été réalisée par le transfert, le client acheteur est devenu propriétaire des titres, que sa situation est parfaitement régulière et qu'il ne peut être tenu de supporter à aucun titre la perte résultant du détournement imputable à son agent de change qui a disparu.

213. Les agents de change ont, au cas d'inexécution du marché, une action contre le confrère avec lequel ils ont traité; mais ils doivent, comme on l'a vu (*Rép.* n° 421), soumettre préalablement leur demande à la chambre syndicale qui, à Paris, aux termes de l'art. 20 de son règlement, juge souverainement et en dernier ressort toutes les contestations qui peuvent s'élever entre ces officiers ministériels dans l'exercice de leurs fonctions. D'ailleurs, à la Bourse de Paris, l'exécution des marchés est assurée au moyen des rachats et reventes officiels qui ont lieu sous la surveillance du syndic (Règlement des agents de change de Paris, tit. 2, chap. 4, art. 128 et suiv.).

214. M. Buchère, n° 789, fait observer, conformément à ce qui a été dit au *Rép.* n° 421, qu'en principe, lorsqu'il s'agit de contestations entre agents de change et que ces contestations n'ont pas le caractère de conflits purement professionnels, la chambre syndicale ne peut qu'émettre son avis et s'efforcer de concilier les parties. Si les intéressés refusent de se conformer à cet avis, la demande doit être portée devant le tribunal de commerce, puisque les deux parties ont la qualité de commerçants, et qu'il s'agit de l'exécution d'un acte de commerce.

215. Les agents de change peuvent être actionnés par leurs clients, soit en payement des sommes reçues par eux et provenant d'une opération de vente, soit en remise des titres achetés pour leur compte. Mais il arrive fréquemment qu'un agent de change de Paris reçoit un ordre de vente par l'intermédiaire d'un correspondant de province, agent de change, banquier ou autre. Dans le cas où, après l'exécution du marché, le correspondant vient à disparaître sans avoir tenu compte au client de sommes provenant de la vente des titres qui lui avaient été confiés, on ne saurait contester à ce dernier le droit de s'adresser directement à l'agent de change de Paris qui a opéré la vente pour lui en réclamer le produit. L'agent de change s'est, en effet, substitué au mandataire du vendeur, et aux termes de l'art. 1994, § 2, c. civ., le mandant peut agir directement contre la personne que le mandataire s'est substituée (V. Pont, *Traité des petits contrats*, art. 1994, n°s 1024 et suiv.; Buchère, *Traité des valeurs mobilières*, n°s 997 et suiv.).

216. L'agent de change qui, en pareil cas, a reçu de son correspondant des titres nominatifs et qui a su qu'il devait en opérer la vente, non pour le compte de cet intermédiaire, mais pour le compte d'un tiers propriétaire des titres, ne peut opposer à ce dernier les moyens de compensation qu'il aurait opposés à l'intermédiaire (Req. 20 avr. 1859, aff. Magnin, D. P. 59. 1. 263; Civ. rej. 22 mars 1875, aff. Lefèvre, D. P. 75. 1. 204; Paris, 14 déc. 1866, aff. Mahou, D. P. 70. 1. 21; Orléans, 9 juin 1870, aff. Mahou, D. P. 70. 2. 225).

Lorsqu'il s'agit au contraire de valeurs au porteur, le propriétaire n'est fondé à revendiquer ni ces valeurs, ni leur prix passé en compte courant au crédit de l'expéditeur, contre l'agent de change qui a vendu ces valeurs et qui, n'en connaissant pas le véritable propriétaire, ne pouvait évidemment lui en devoir compte (Civ. rej. 23 févr. 1874, aff. Verdat du Tremblay, D. P. 74. 1. 389; Lyon, 7 déc. 1859, aff. Paillon, D. P. 60. 2. 8).

Il en serait autrement toutefois si l'agent de change vendeur avait été informé par son correspondant du nom du propriétaire des titres au porteur vendus, alors même que cette information ne lui aurait été donnée qu'après la transmission de l'ordre et à l'époque de la livraison ultérieure des titres (Paris, 14 juill. 1869, aff. Febvret, D. P. 70. 2. 40).

Les mêmes distinctions sont applicables à l'action en remise des titres dirigée par le client contre l'agent de change chargé de l'achat de ces titres par un intermédiaire.

217. L'action du client contre l'agent de change peut être portée soit devant le tribunal civil, soit devant le tribunal de commerce, au choix du demandeur, à moins que l'opération ne constitue de la part de ce dernier un acte de commerce : en ce cas la juridiction commerciale est seule compétente (V. *Acte de commerce*, n° 288. V. aussi *Compétence commerciale*).

218. On a examiné au *Rép.* n° 429, la question de savoir si, dans les cas prévus par l'art. 87 c. com., la destitution doit être, comme l'amende, prononcée par le tribunal correctionnel. Ainsi que nous l'avons dit *suprà*, n° 126, cette question a été résolue affirmativement, conformément à l'opinion que nous avons adoptée, d'abord par un arrêt de la chambre criminelle du 27 juin 1851 (aff. Engaurran, D. P. 52. 5. 180), puis par un arrêt des chambres réunies de la cour de cassation du 26 janv. 1853 (aff. Engaurran, D. P. 53. 1. 6) rendu sur de remarquables conclusions de M. Nicias Gaillard. Cet arrêt décide que la destitution est une *peine* comme l'amende, que ces deux conséquences attachées aux faits constitutifs de la contravention sont de même nature, et qu'elles doivent procéder l'une et l'autre de l'autorité chargée de rendre la justice. Le pouvoir exécutif qui nomme les agents de change conserve, d'ailleurs, le droit de les révoquer pour toutes les autres contraventions, conformément aux dispositions des art. 17 et 18 de l'arrêté du 29 germ. an 9 (V. conf. Bozérian, *De la bourse*, n° 393; Buchère, n° 84; Morin, *Répertoire de droit criminel*, v° *Agent de change*, n° 3).

219. Les art. 421 et 422 c. pén. qui, ainsi que nous l'avons dit (*Rép.* n° 432), pouvaient être appliqués à l'agent de change qui se rendait complice du délit prévu par ces articles en prêtant son ministère à des jeux de bourse, ont été abrogés par la loi du 28 mars 1885. Mais cette loi a laissé subsister l'art. 419 du même code qui punit d'un emprisonnement d'un mois au moins, d'un an au plus et d'une amende de 500 fr. à 10000 fr., l'emploi de moyens frauduleux pour opérer la hausse ou la baisse du prix des denrées ou marchandises, ou des papiers ou effets publics, au-dessus ou au-dessous du prix qu'aurait déterminé la concurrence naturelle et libre du commerce.

Pour mieux déterminer la portée de cette disposition, la Chambre des députés, sur la proposition du Gouvernement et de la commission, avait adopté un art. 6 ainsi conçu: « Les dispositions de l'art. 419 c. pén. sont applicables aux effets autres que les effets publics ». Cet article fut supprimé sur la demande du rapporteur au Sénat, M. Naquet, qui fit observer que « la disposition votée par la Chambre n'avait plus de raison d'être depuis l'arrêt de la cour de Paris du 19 mars 1883 (aff. Bontoux, D. P. 83. 1. 425) qui donnait l'interprétation même que la Chambre se disposait à donner par voie législative ». Mais postérieurement à cette discussion, la cour de cassation a décidé, contrairement à l'arrêt précité de la cour de Paris, que les dispositions de l'art. 419 sont exclusivement applicables aux manœuvres employées pour déterminer la hausse ou la baisse des effets publics, et qu'elles ne peuvent être étendues aux manœuvres du même genre qui porteraient sur les cours des actions émises par des sociétés anonymes non autorisées (Crim. cass. 30 juill. 1885, aff. Saunier, D. P. 86. 1. 389. V. conf. Bozérian, n° 412; Buchère, n° 480).

220. Nous avons rapporté au *Rép.* n° 432, le texte de l'art. 13 de la loi du 15 juill. 1845, relative au chemin de fer de Paris à la frontière de Belgique, qui punissait d'une amende de 500 fr. à 3000 fr. toute publication de la valeur des actions avant l'homologation, et qui prononçait la même peine contre tout agent de change qui, avant la constitution de la société anonyme, se serait prêté à la négociation de récépissés ou promesses d'actions. Ces dispositions, reproduites dans les lois de concession de diverses lignes de chemins de fer, furent généralisées par la loi du 10 juin 1853 (D. P. 53. 4. 121), qui déclara les pénalités de l'art. 13 de la loi du 15 juill. 1845 applicables à tout agent de change qui prêterait son ministère à une négociation d'actions interdite par le décret de concession d'un chemin de fer.

221. La même prohibition a été étendue par la loi du 17 juill. 1856 (D. P. 56. 4. 106) sur les sociétés en commandite aux actions ou coupons d'actions de ces sociétés, et l'amende prononcée contre les agents de change qui négocieraient ces actions avant le versement des 2/5 de leur prix a été élevée au chiffre de 500 fr. à 10000 fr. Nous avons dit précédemment (*suprà*, n° 110), que les art. 14 et 15 de la loi du 24 juill. 1867 (D. P. 67. 4. 98) qui a abrogé la loi de 1856, frappent de la même pénalité la négociation des actions émises par les sociétés en commandite ou anonymes qui se seraient constituées sans se conformer aux formalités prescrites par cette loi et de celles pour lesquelles le versement du quart n'a pas été effectué.

222. Les lois qui ont soumis les valeurs mobilières à l'impôt du timbre ont édicté de nouvelles dispositions pénales pour assurer le recouvrement de cet impôt. Aux termes de la loi du 5 juin 1850, art. 19 et 32 (D. P. 50. 4. 114), tout agent de change qui aura concouru à la cession ou au transfert d'un titre d'actions ou d'obligations non timbré sera passible d'une amende de 10 pour 100 du montant de la valeur de ce titre.

L'art. 7 de la loi du 13 mai 1863 (D. P. 63. 4. 54), qui étend l'impôt du timbre aux titres de rentes, emprunts et autres effets publics des gouvernements étrangers, interdit toute transmission de ces titres avant qu'ils aient acquitté le droit du timbre, et punit d'une amende de 10 pour 100 de la valeur nominale de ce titre le propriétaire du titre et l'agent de change ou autre officier public qui auront concouru à cette transmission (Buchère, n° 90).

ART. 9. — *Chambre syndicale. — Attributions* (*Rép.* nos 433 à 448).

223. Les chambres syndicales des agents de change ont, comme on l'a vu (*Rép.* no 436), deux ordres d'attributions : les unes touchent plus particulièrement à la discipline intérieure, les autres intéressent plus directement le public et le marché financier (Crépon, *De la négociation des effets publics et autres*, no 291).

224. Au point de vue des attributions disciplinaires, une distinction doit être faite entre la chambre syndicale des agents de change de Paris et celles des départements. L'art. 22 de l'arrêté du 27 prair. an 10 autorisait les agents de change et courtiers de commerce de chaque place à faire des règlements intérieurs qui devaient être soumis à l'approbation du Gouvernement. Mais quoique dans la plupart des villes ces règlements aient été faits, aucun d'eux n'a obtenu l'approbation légale. Il en résulte qu'aucune peine disciplinaire ne peut être prononcée par application desdits règlements. C'est ce qu'a décidé la cour de cassation en cassant une décision de la chambre syndicale des agents de change de Toulouse qui avait prononcé contre un membre de la corporation les peines du blâme et de l'amende (Civ. cass. 21 juill. 1874, aff. F..., D. P. 77. 5. 13). Cette jurisprudence a été confirmée par un arrêt décidant qu'une chambre syndicale excède ses pouvoirs en prononçant contre un agent la peine du blâme en vertu d'un règlement non revêtu de la sanction du Gouvernement, et qu'en convoquant tous les membres de la compagnie pour faire ratifier par eux sa décision cette chambre fait irrégulièrement participer la compagnie tout entière à un acte de juridiction disciplinaire que n'autorise aucune loi (Civ. cass. 11 janv. 1886, aff. Mariéton, D. P. 86. 1. 124. V. conf. Bozérian, *De la bourse*, t. 1, nos 212 et suiv. ; Mollot, *Bourses de commerce*, p. 21 et 557 ; Buchère, *Traité des opérations de bourse*, no 98 ; Crépon, no 293).

Quant à la chambre syndicale des agents de change de Paris, le pouvoir disciplinaire lui a été reconnu, comme on l'a vu (*Rép.* no 441) par l'art. 3 de l'ordonnance du 29 mai 1816, qui l'autorise, suivant la gravité des cas, à censurer, à suspendre les contrevenants et à provoquer leur destitution. La légalité de cette ordonnance a été, il est vrai, contestée. Mais elle a été consacrée par un arrêt de la chambre des requêtes du 1er déc. 1856 (aff. Cadet, D. P. 56. 1. 430).

Il résulte également de cet arrêt que la chambre syndicale ne commet pas un excès de pouvoir, soit lorsqu'elle n'inflige au contrevenant qu'une suspension partielle et limitée telle que l'interdiction des affaires à terme, soit, lorsqu'au lieu de provoquer, comme elle y est autorisée, la destitution de cet agent à raison de faits dont elle apprécie souverainement la gravité, elle se borne à lui enjoindre de présenter un successeur, ce qui lui assure l'avantage de pouvoir disposer de sa charge et d'en toucher le prix.

225. On s'est demandé si la chambre syndicale des agents de change a le caractère d'une personne juridique capable d'ester en justice par l'intermédiaire de son représentant légal. Il serait assez difficile de comprendre pourquoi cette qualité qui, ainsi que nous l'avons dit (*Rép.* no 447), est généralement reconnue aux compagnies d'officiers ministériels (Aubry et Rau, *Cours de droit civil français*, t. 1, § 54, note 14 ; Rousseau et Laisney, *Dictionnaire de procédure*, vo *Avoué*, no 506 ; Rouen, 23 juin 1845, aff. B..., D. P. 45. 2. 156), serait contestée aux compagnies d'agents de change (Thaller, *De la faillite des agents de change*, no 81 ; Crépon, no 300). La jurisprudence est d'ailleurs aujourd'hui fixée sur ce point. Un arrêt de la chambre civile du 16 févr. 1885 (aff. Thomas, D. P. 86. 1. 161) décide que les agents de change auxquels l'arrêté de germinal an 9 prescrit d'élire parmi eux une chambre syndicale sont au nombre des corporations instituées par la loi dans un but d'ordre et d'intérêt publics et qu'elle a, en conséquence, pourvues d'un représentant légal, chargé d'intenter en son nom propre les actions qui les intéressent ou d'y défendre ; que, si une chambre syndicale d'agents de change croit devoir, par mesure de discipline intérieure, créer une caisse commune qui facilite l'acquittement des engagements de confrère à confrère, les intérêts de cette caisse se confondent avec ceux de la compagnie tout entière ; qu'ainsi les droits et actions qui se rattachent à son fonctionnement résident nécessairement d'abord dans les mains de la chambre syndicale, qui seule administre ladite caisse, puis en définitive dans celles du syndic qui lui-même représente légalement la chambre et toute la corporation.

La chambre syndicale a donc qualité pour ester en justice représentée par son syndic ; et elle peut également être assignée en la personne de ce syndic (Civ. rej. 4 déc. 1877, aff. Sourigues, D. P. 78. 1. 251 ; Req. 27 mars 1882, aff. Echalié, D. P. 82. 1. 293. V. aussi Civ. cass. 5 mai 1886, aff. *Crédit foncier suisse*, D. P. 87, 1re partie).

226. Nous avons indiqué au *Rép.* nos 437 et suiv., les attributions intérieures de la chambre syndicale. L'une des plus importantes consiste à veiller au recrutement du personnel et à surveiller les conditions dans lesquelles se font les mutations d'offices. Le décret du 1er oct. 1862 confirme les pouvoirs conférés à cet égard à la chambre par les dispositions de l'art. 4 de l'ordonnance du 29 mai 1816 que nous avons rappelées (*Rép.* no 445). Aux termes de l'art. 1er de ce décret, les agents de change ne peuvent user de la faculté de présenter leurs successeurs qu'en faveur des candidats qui ont obtenu préalablement l'agrément de la chambre syndicale de la compagnie, et avec lesquels ils ont traité de leur démission par un acte soumis au ministre des finances et approuvé par lui.

M. Crépon, no 304, estime que si la chambre syndicale avait présenté à l'agrément du ministère un candidat qui, par son passé, présenterait une absence d'aptitude et de moralité notoire, sa responsabilité serait engagée envers ceux qui seraient ultérieurement victimes de la négligence apportée par elle dans les vérifications auxquelles elle doit procéder.

Il en serait de même, suivant cet auteur (no 305), si la chambre syndicale avait négligé de vérifier non seulement le traité passé avec le titulaire qui se démet, mais encore l'acte de société que la loi du 2 juill. 1862 autorise les agents à faire avec des bailleurs de fonds intéressés. Sa responsabilité serait sévèrement engagée si, par le seul examen de l'acte de société, il était facile de reconnaître que les énonciations de cet acte étaient fictives et que les versements de fonds mentionnés n'avaient pas été réalisés. Mais elle doit être exemptée de toute responsabilité lorsque le contrat constate que l'agent a entièrement versé la somme représentant la part qu'il s'est réservée dans la valeur de la charge, lorsque toutes les formalités requises ont été remplies, lorsque le traité est régulier dans ses énonciations, et lorsque les appuis financiers dont l'agent a pu s'autoriser et les explications fournies par lui ont été de nature à convaincre la chambre syndicale qu'il était propriétaire du quart au moins du prix de l'office et du montant du cautionnement. On ne saurait en pareil cas imputer à cette chambre de n'avoir pas soupçonné une fraude qu'aucun indice ne signalait à son attention (Req. 27 mars 1882, aff. Echalié, D. P. 82. 1. 293).

227. La chambre syndicale doit également, comme nous l'avons dit (*Rép.* no 437), contrôler les opérations faites par les agents. « La chambre syndicale, dit l'art. 19 du règlement de 1870, devant veiller à la sûreté de la compagnie et à celle de chacun de ses membres, mande aussi devant elle tout agent de change dont les opérations donneraient des inquiétudes à la compagnie, pour s'assurer s'il a pris toutes les précautions nécessaires pour l'exécution de ses engagements. Elle exige de lui à cet égard toutes les garanties qu'elle juge indispensables, même le dépôt de valeurs dans la caisse de la chambre syndicale ».

228. L'art. 25 du règlement lui impose également l'obligation de surveiller avec la plus grande attention la manière dont chaque agent de change traite les affaires, et l'investit sur ce point « d'un pouvoir discrétionnaire qu'elle doit employer à défendre l'intérêt général contre les atteintes d'un intérêt particulier mal entendu ».

Si la chambre syndicale négligeait de remplir ce mandat, ou si, dès que des irrégularités se manifestent et que l'exécution des engagements contractés par un agent n'est plus assurée elle ne prenait pas sans retard toutes les mesures que la situation exige, cette négligence engagerait incontestablement sa responsabilité. Mais si elle a pu raisonnablement supposer que la situation de l'agent pourrait être sauvée par des avances de fonds, on ne saurait lui imputer comme une faute passible de dommages-intérêts, le fait de lui avoir consenti ces avances au lieu d'avoir porté à la connaissance de l'autorité la situation critique de cet agent et de l'avoir ainsi forcé à se démettre (Arrêt du 27 mars 1882 cité *suprà*, n° 226).

On doit toutefois remarquer, ainsi que le fait observer M. Crépon, n° 314, que la loi du 28 mars 1885 qui ne laisse plus les agents de change sous la menace de l'exception de jeu et les déclare responsables de la livraison et du payement de ce qu'ils ont vendu et acheté (art. 4), rend plus rigoureuse encore pour la chambre syndicale l'obligation d'exercer un contrôle incessant sur les opérations faites par les agents.

229. Parmi les attributions extérieures de la chambre syndicale que nous avons indiquées au *Rép.* n° 446, la plus importante est celle qui consiste à accorder ou à refuser l'admission des valeurs à la cote, et à établir les cours officiels d'après lesquels devront se régler les opérations faites sur les valeurs inscrites à la cote.

La mission de constater les cours et d'établir la cote a été donnée à l'ancien syndicat des agents de change par l'ordonnance de police du 1er therm. an 9, confirmée par l'arrêté du 27 prair. an 10, et transmise à la chambre syndicale. Ce pouvoir qui ne s'appliquait alors qu'aux effets publics français, a été étendu aux effets publics des emprunts des gouvernements étrangers par l'ordonnance du 15 nov. 1823. Dans une lettre du 12 nov. 1825, adressée au syndic des agents de change pour autoriser la chambre à faire porter sur la cote officielle les *valés consolidés d'Espagne*, M. de Villèle, alors ministre des finances, trace les règles générales auxquelles, en pareille matière, devra se conformer la chambre syndicale : « Je vous autorise, dit-il, à coter ces effets toutes les fois qu'ils donneront lieu à des opérations faites avec concurrence et publicité en assez grand nombre pour produire un cours véritable et tel que le public ne puisse être induit en erreur sur leur valeur réelle, précaution que vous devrez également prendre pour tous les autres effets avant de les coter officiellement. » Le ministère reconnaissait ainsi à la chambre syndicale le pouvoir d'accorder ou de refuser la cote officielle sous sa responsabilité. Pour échapper à cette responsabilité et éviter les contestations que pourraient élever « les parties qui auraient à se plaindre des déterminations qu'elle aurait prises », la chambre syndicale s'adressa en 1837 au ministre des finances, M. Lacave-Laplagne, et demanda que le Gouvernement statuât lui-même sur l'admission des valeurs à la cote. Le ministre refusa d'accéder à cette proposition. « Je ne puis, écrivit-il, le 17 oct. 1837, que me reposer sur la prudence de votre compagnie pour concilier l'exécution des règlements avec ce qu'elle doit au public et à elle-même. »

Depuis cette époque, le nombre des valeurs dont l'admission a été demandée sur le marché financier français s'est considérablement accru, et des valeurs étrangères de toute nature sont notamment venues s'ajouter aux emprunts que l'ordonnance du 15 nov. 1823 autorisait à porter sur le cours authentique de la Bourse de Paris. Des décrets du 22 mai 1858 (D. P. 58. 4. 36) et du 16 août 1859 (D. P. 59. 4. 77) et un décret du 6 févr. 1880 (D. P. 81. 4. 32), qui abroge les deux précédents ont eu successivement pour but de réglementer la négociation de ces valeurs et les conditions de leur admission à la cote officielle.

Aux termes de ce dernier décret, les chambres syndicales des agents de change, à Paris ou dans les départements, accordent, refusent, suspendent ou interdisent la négociation, à leurs bourses respectives, des actions, obligations, titres d'emprunts, quelle que soit d'ailleurs leur dénomination, compagnies, entreprises, corporations, villes, provinces étrangères et tous autres établissements étrangers. La chambre syndicale peut demander les actes en vertu desquels la valeur a été créée dans son lieu d'origine, la certification par l'autorité consulaire établie en France que ces actes sont conformes aux lois de leur pays d'origine et que la valeur y est officiellement cotée, la justification de l'agrément par le ministre des finances d'un représentant responsable des droits du Trésor, et, en outre, toutes pièces justificatives ou renseignements qu'elle juge nécessaires. Les actions admises à la cote ne peuvent être de moins de 100 fr. lorsque le capital des entreprises n'excède pas 200000 fr. ni de moins de 500 fr. si le capital est supérieur à 200000 fr. Elles doivent être libérées jusqu'à concurrence d'un quart. Le ministre des finances peut toujours interdire la négociation en France d'une valeur étrangère.

Les termes de ce décret sont presque identiques à ceux du règlement de la compagnie des agents de change de Paris du 24 juill. 1870 dont les art. 155 et 156 sont ainsi conçus : « Art. 155. La chambre syndicale, sous l'autorité du ministre des finances, a tout pouvoir pour accorder, refuser, suspendre ou interdire la négociation d'une valeur autre que les fonds d'Etat français à la Bourse de Paris, soit au comptant soit à terme. Elle se fait remettre à cet effet toutes les pièces, justifications et renseignements qu'elle juge nécessaires. — Art. 156. Lorsqu'il est reconnu par la chambre syndicale que la cote d'une valeur est commandée par l'intérêt général, elle peut d'office prononcer son admission au comptant et à terme ».

La chambre syndicale peut refuser la radiation d'une valeur déjà inscrite à la cote.

230. Il résulte de l'ensemble de ces dispositions que la chambre syndicale, suivant la formule consacrée, est « maîtresse de la cote ». Bien qu'elle agisse, suivant le règlement de 1870, sous l'autorité du ministre des finances, c'est bien à elle qu'il appartient de statuer sur l'admission des valeurs. En 1872, le ministre des finances, M. de Goulard, ne s'exprimait pas autrement, sur ce point, que l'un de ses prédécesseurs, M. Lacave-Laplagne en 1837. « Il est bien entendu, écrivait-il le 16 oct. 1872, dans une lettre citée par M. l'avocat général Desjardins (Civ. rej. 4 déc. 1877, aff. Lebourgeois, D. P. 78. 1. 249), que c'est toujours à la chambre syndicale qu'il appartient d'admettre les valeurs étrangères aux négociations de la Bourse ; elle seule peut le faire en connaissance de cause, et d'ailleurs elle seule a qualité pour le faire. Mais, après avoir prononcé l'admission en principe, elle ne doit procéder à l'inscription au bulletin officiel qu'après avoir pris l'avis de mon département. » Le savant magistrat aux conclusions duquel nous empruntons cette citation a déterminé en ces termes le rôle respectif de la chambre syndicale et du ministre : « Le ministre et la chambre, dit-il, se meuvent dans des régions distinctes. La chambre examine si la valeur est susceptible d'être cotée, par exemple, s'il ne s'agit pas de quelque société en liquidation ou frappée d'avance, à la suite de quelque infraction aux lois, par une nullité d'ordre public, et elle décide l'admission. Mais cette société payera-t-elle l'impôt ? N'y a-t-il pas quelque inconvénient à laisser négocier officiellement en France les fonds d'un Etat étranger ? Peut-être la guerre est-elle imminente ; peut-être est-on sur le point d'émettre un emprunt français ; le Gouvernement tranche ces questions qui sont des questions de Gouvernement. Mais cette intervention laisse subsister à la fois le rôle et la responsabilité de la chambre syndicale. »

231. Cette responsabilité peut, dans certaines circonstances, être gravement engagée. Lorsqu'une valeur a été admise à la cote, le public est autorisé à supposer qu'elle a été émise par une société ayant une existence sérieuse et un fonctionnement régulier. S'il en était autrement et si la chambre syndicale avait, par incurie ou par faiblesse, admis des actions émises par des sociétés créées uniquement pour le jeu et l'agiotage, ou par des sociétés dont elle n'aurait pas vérifié la constitution légale, elle pourrait être tenue de réparer le préjudice causé aux tiers par une coupable négligence dans l'exercice des pouvoirs qui lui ont été confiés. Il est incontestable que la chambre syndicale par cela seul qu'elle admet à la cote des titres d'une entreprise, ne garantit ni l'avenir de cette entreprise, ni même son succès immédiat ; mais il n'est pas moins certain qu'elle ne peut être exonérée des conséquences d'une faute par laquelle elle a induit le public en erreur. A plus forte raison en doit-il être ainsi dans le cas où la chambre syndicale ne s'est pas conformée aux conditions auxquelles les lois et règlements subordonnent l'admission des valeurs étrangères (Crépon, nos 320 et suiv. ; Buchère, n° 26. V. aussi la note sous Civ. cass. 5 mai 1886, aff. faillite de la société du *Crédit foncier suisse*, D. P. 87, 1re partie).

232. Ces principes ont été consacrés par deux importants arrêts de la cour de cassation, rendus le même jour. D'après l'un de ces arrêts (Civ. rej. 4 déc. 1877, aff. Sourigues, D. P. 78. 1. 251), il appartient à la chambre syndicale de déterminer les conditions auxquelles elle croit devoir subordonner l'admission ou le maintien de certaines valeurs à la cote officielle; et elle n'est pas responsable de la dépréciation que ces valeurs ont pu subir à la suite d'une délibération qu'elle a prise pour assurer la loyauté de leur négociation. Mais il a été décidé, par l'autre arrêt, que la chambre syndicale était responsable du préjudice causé aux tiers par l'admission à la cote officielle de titres d'obligations émis par une société de chemin de fer étrangère, alors que, d'une part, le capital social ou la portion de ce capital représentée par des actions n'avait pas été versée et que, d'autre part, l'admission à la cote desdites obligations n'avait pas été autorisée par les ministres des finances et des travaux publics conformément aux dispositions du décret du 22 mai 1858, alors en vigueur (Civ. rej. 4 déc. 1877, aff. Lebourgeois, D. P. 78. 1. 249).

Quant au refus d'admettre certaines valeurs à la cote, il ne semble pas qu'il soit, en général, de nature à engager la responsabilité de la chambre syndicale. — En Belgique, il a été décidé que la commission officieuse de la Bourse, nommée par les agents de change de Bruxelles, avec mission de statuer sur l'inscription des valeurs à la cote, n'était pas tenue d'admettre toutes les valeurs qui lui étaient présentées; que son refus d'inscrire à la cote les actions d'une société ne constituait pas une faute autorisant contre elle une action en justice (Bruxelles, 8 août 1882, aff. Société Cité Sainctelette *C.* Commission de la Bourse et de la ville de Bruxelles, *Pasicrisie Belge*, 1883. 2. 23).

CHAP. 4. — Des courtiers (*Rép.* nos 449 à 547).

233. Nous avons dit (*suprà*, n° 16), que la loi du 18 juill. 1866 qui a supprimé le monopole des courtiers de commerce, a par exception et contrairement aux propositions de la commission du Corps législatif, maintenu les offices des courtiers d'assurances maritimes et des courtiers interprètes conducteurs de navires. Les courtiers de ces deux catégories sont donc aujourd'hui les seuls qui aient conservé le caractère d'officiers publics et qui soient restés soumis aux règles dérivant du caractère privilégié de leurs fonctions.

Les courtiers de marchandises ne sont plus aujourd'hui que de simples commerçants; ils n'exercent aucune charge publique, sauf ce qui sera dit plus loin de la catégorie des courtiers inscrits et spécialement chargés des ventes publiques.

234. L'art. 82 c. com. consacrait l'existence d'une classe spéciale de courtiers, dits courtiers de transport par terre et par eau. Mais cette classe de courtiers a depuis assez longtemps déjà cessé d'exister et la loi de 1866 n'a point eu à s'en occuper. Nous en dirons autant des courtiers gourmets piqueurs de vins, institués pour le service de l'entrepôt des vins à Paris par le décret du 15 déc. 1813, et qui, suivant l'observation de M. Bédarride, *Bourses de commerce*, n° 383, formaient moins une cinquième classe de courtiers qu'une compagnie nouvelle indépendante. Bien que ces courtiers eussent un caractère privilégié et fussent autorisés à vendre leur clientèle, ils ne jouissaient pas du droit de présenter leur successeur. Le ministère du commerce n'a pas nommé de titulaires aux places qui sont devenues vacantes, et la corporation s'est ainsi éteinte d'elle-même. Il s'est depuis formé à Paris, sous le nom de société des courtiers-gourmets en vins et eaux-de-vie, une compagnie particulière, qui a réglé ses attributions et son administration intérieure; mais cette association toute privée ne revendique et ne saurait revendiquer aucune prérogative (J. Fabre, *Des courtiers*, n° 9).

235. Nous examinerons successivement les questions relatives aux courtiers officiers publics et celles qui se rapportent aux courtiers libres.

SECT. 1re. — DES COURTIERS OFFICIERS PUBLICS (*Rép.* nos 449 à 547).

ART. 1er. — *Conditions et mode de nomination. — Installation* (*Rép.* nos 449 à 454).

236. On a vu (*Rép.* n° 449) que les courtiers officiers publics sont soumis aux mêmes règles que les agents de change, sous les divers rapports indiqués par ce titre, sauf quelques exceptions.

Aux exceptions qui ont été indiquées au *Répertoire*, il y a lieu, d'après certains auteurs (Beaussant, *Code maritime*, n° 72 ; J. Fabre, *Des courtiers*, n° 12) d'en ajouter une en ce qui concerne l'âge exigé pour la nomination aux fonctions de courtier. Suivant ces auteurs, cet âge devrait être celui de vingt et un ans; ils font observer, pour justifier leur opinion, que l'art. 21 de l'arrêt du conseil du 24 sept. 1724, qui exige pour les agents de change l'âge de vingt-cinq ans, ne mentionne pas les courtiers, et que l'art. 7 de l'arrêté du 29 germ. an 9, spécial aux courtiers, n'exige des candidat que la jouissance des droits de citoyen français, ce qui implicitement ne les astreint pas à l'obligation d'avoir atteint l'âge de vingt-cinq ans.

237. C'est aux chambres syndicales qu'il appartient de déterminer les aptitudes dont les candidats aux fonctions de courtier doivent faire preuve, et les modes de justification auxquels il y a lieu de recourir. Le décret du 22 janv. 1813, spécial aux courtiers d'assurances maritimes exerçant à Marseille, et dont les dispositions ont été rapportées au *Rép.* n° 450, est aujourd'hui abrogé (J. Fabre, n° 13). A Paris, on exige simplement des aspirants aux fonctions de courtier d'assurances la preuve d'un stage commercial constaté par des certificats (Régl. 30 oct. 1867, art. 31).

238. Ainsi qu'on l'a exposé au *Rép.* n° 453, l'art. 91 de la loi du 28 avr. 1816, qui a établi le droit de transmission des offices ministériels, a accordé ce droit sans distinction à tous les courtiers. Ce droit n'existe pas cependant, par une particularité assez bizarre, au profit des courtiers d'assurances de la ville de Marseille, dont le titre est purement viager (Cons. d'Et. 13 avr. 1870, aff. Moullard, D. P. 72. 3. 23). Le décret du 22 janv. 1813 a, en effet, organisé dans des conditions spéciales le courtage des assurances de la place de Marseille. Le titre de courtier d'assurances était accessoire au titre principal de courtier en marchandises, parce qu'il ne pouvait être conféré à des personnes qui n'auraient pas eu ce titre: mais il était accordé après examen, et en vue des garanties personnelles de l'impétrant. En fait, la loi du 28 avr. 1816 n'a pas modifié cet état de choses; jusqu'à la loi du 18 juill. 1866, les titulaires ont exercé en vertu d'une simple autorisation administrative sans avoir jamais payé finance pour joindre ce titre au titre principal de courtier de marchandises: la charge de courtier de marchandises seule était cédée, et le cessionnaire avait seulement la faculté de se faire recevoir, s'il remplissait les conditions voulues, courtier d'assurances. Ce titre était donc resté viager et non transmissible, et la loi du 18 juill. 1866 l'a maintenu dans les conditions où il existait.

239. La loi du 2 juill. 1862 qui a autorisé les agents de change à s'adjoindre des bailleurs de fonds intéressés, ne contenant aucune disposition applicable aux courtiers, il y a lieu de décider qu'en ce qui concerne ces derniers, l'ancienne prohibition subsiste dans toute sa rigueur. On doit donc considérer comme nulle une société formée entre un courtier et un bailleur de fonds pour l'exploitation d'une charge (Bordeaux, 8 juin 1853, aff. Constantin, D. P. 53. 2. 209. — *Contrà :* Bruxelles, 18 juill. 1829, *Rép.* v° *Société*, n° 1618). Un arrêt de la cour d'Alger du 21 juill. 1860 (aff. de Ligonnier, D. P. 60. 2. 180) a décidé qu'aucune disposition de loi n'interdit sous une sanction pénale à des courtiers de s'associer entre eux; mais la nullité d'un semblable contrat n'est pas douteuse et elle est d'ordre public (Mollot, *Bourses de commerce*, n° 416; J. Fabre, n° 79).

Rien ne s'oppose, toutefois, à ce que le vendeur d'un office de courtier stipule qu'il sera payé de son prix au moyen d'un partage, avec le cessionnaire, des bénéfices de la charge pendant un certain nombre d'années (Rouen, 19 juill. 1837, *Rép.* v° *Office*, n° 358; Civ. rej. 23 juin 1868, aff. Robert, D. P. 68. 1. 452).

240. Par application du principe que les fonctions exclusives et privilégiées attribuées à des officiers publics ne peuvent être l'objet d'un trafic, et qu'il est interdit aux officiers qui en sont investis d'en modifier l'exercice et les conditions suivant leurs convenances personnelles et par l'unique considération de leur propre intérêt, un arrêt de la cour de cassation du 15 déc. 1845 (aff. Ferrière, D. P. 46. 1. 23), a décidé que la convention par laquelle un courtier interprète conducteur de navire s'était interdit au profit de ses collègues de faire certains actes de son ministère était nulle comme contraire à l'ordre public, et que cette nullité pouvait être invoquée pour la première fois devant la cour de cassation.

241. Nous avons dit (*Rép.* n° 454) que les courtiers étaient soumis à la patente comme les agents de change, mais dans des proportions différentes. Les courtiers d'assurances maritimes et les courtiers interprètes conducteurs de navires, qui sont les seuls officiers publics, payent aux termes de la loi du 15 juill. 1880 (D. P. 81. 4. 1) un droit fixe et un droit proportionnel. Le droit proportionnel est du dixième de la valeur locative (tableau D) et le droit fixe se compose d'abord d'une taxe déterminée, puis d'une taxe supplémentaire par chaque personne employée en sus du nombre cinq. A Paris cette taxe est de 300 fr., plus 15 fr. par chaque employé au delà de cinq; dans les villes de 100001 âmes et au-dessus, elle est de 250 fr. et 12 fr., dans les villes de 50001 à 100000 âmes, 200 fr. et 10 fr.; dans les villes de 30001 à 50000 âmes, et dans celles de 15001 à 30000 âmes qui ont un entrepôt réel, 150 fr. et 8 fr.; dans les villes de 15001 à 30000 âmes, et dans celles de 15000 âmes et au-dessous qui ont un entrepôt réel, 100 fr. et 5 fr.; dans toutes les autres communes 50 fr. et 3 fr. (tableau B).

ART. 2. — *Caractère des fonctions des courtiers. — Résidence. — Nombre* (*Rép.* n° 455).

242. Les courtiers d'assurances maritimes et les courtiers interprètes conducteurs de navires sont à la fois, comme les agents de change, des officiers publics et des commerçants (Bordeaux, 8 juin 1853, aff. Constantin, D. P. 53. 2. 209; Civ. cass. 14 avr. 1880) (1). A ce dernier titre ils sont justiciables des tribunaux de commerce, pour toutes les contestations qui peuvent s'élever soit entre eux et des commerçants, soit même entre eux et des non-commerçants s'il s'agit d'actes de commerce.

243. De ce que toute opération de courtage est déclarée acte de commerce, il nous a paru logique de conclure que l'achat d'une charge de courtier constitue, comme l'achat d'un fonds de commerce, un acte de commerce (*Rép.* v° *Acte de commerce*, n° 251). Toutefois, cette conséquence n'a pas été acceptée par un arrêt de la cour d'Aix du 6 juin 1855 (aff. Leroy, D. P. 57. 2. 128), qui décide que l'on ne saurait assimiler cet achat à une première opération de courtage comme on assimile l'achat d'un fonds de commerce au premier acte de commerce de l'acquéreur, la cession de la charge n'ayant pour objet qu'un office public qui n'est réellement transmis que le jour où le Gouvernement nomme le nouveau titulaire, de telle sorte que le cessionnaire, au moment du contrat, ne peut pas encore se dire courtier et en exercer les fonctions.

244. Nous avons examiné *suprà*, n°s 54 et 55, la question de savoir si les agents de change peuvent prendre part à l'élection des juges consulaires et sont eux-mêmes éligibles à ces fonctions. La même question s'est présentée pour les courtiers. La loi du 21 déc. 1871, qui l'avait résolue en faveur des agents de change, n'avait pas fait mention des courtiers. Mais la loi du 8 déc. 1883 (D. P. 84. 4. 9), relative à l'élection des membres des tribunaux de commerce, déclare électeurs et éligibles « les courtiers d'assurances maritimes, courtiers de marchandises, courtiers interprètes et conducteurs de navires institués en vertu des art. 77, 79 et 80 c. com. ». Cette solution avait, d'ailleurs, antérieurement au vote de la loi, été consacrée par la jurisprudence comme résultant de la qualité commerciale des courtiers et du caractère de leurs opérations (Civ. cass. 14 avr. 1880, *suprà*, n° 242).

245. L'ordonnance de 1681, liv. 1er, tit. 7, art. 12, obligeait les courtiers à faire résidence dans les lieux de leur établissement sous peine de privation de leur commission. Cette règle est encore en vigueur et le courtier qui l'enfreindrait pourrait être frappé disciplinairement de destitution (J. Fabre, *Des courtiers*, n° 304). Mais, ainsi que nous l'avons dit (*Rép.* n° 513), cette règle est plus rigoureusement applicable aux courtiers interprètes et conducteurs de navires à raison de la nature de leurs fonctions.

ART. 3. — *Attributions des courtiers* (*Rép.* n°s 456 à 489).

§ 1er. — Attributions des courtiers de marchandises (*Rép.* n°s 456 à 464).

246. Les courtiers de marchandises n'ayant plus, depuis la loi du 18 juill. 1866, le caractère d'officiers publics, les questions relatives à leurs attributions seront traitées *infrà*, n°s 305 et suiv.

§ 2. — Attributions des courtiers d'assurances (*Rép.* n°s 465 à 470).

247. Ainsi que nous l'avons dit (*Rép.* n° 465), les notaires ont, avec les courtiers d'assurances, un droit de concurrence général et illimité qui les autorise à rédiger les contrats d'assurance, et ils peuvent même donner à ces contrats la forme d'actes sous seing privé. Il a été décidé, en conséquence, que le privilège attaché par l'art. 191, n° 10, c. com. aux primes dues pour le dernier voyage du navire assuré, lorsque, comme l'exige l'art. 192, n° 8, ces primes sont constatées par la police, n'est pas subordonné au concours d'un courtier d'assurances dans la rédaction de ladite police, et que cette police, même rédigée sans l'intermédiaire du courtier, peut valablement être rédigée par acte sous seing privé (Req. 4 mai 1853, aff. Bouctot, D. P. 53. 1. 125).

248. Le courtier est le mandataire des assurés à l'effet de rechercher des assureurs et de recevoir leurs engagements; il en résulte que le contrat devient parfait du moment où l'assureur a donné son consentement, et que la date de ce contrat ne peut être modifiée par la clôture de la police, opération propre au courtier, qui peut avoir lieu en dehors des parties intéressées et ne pas suivre immédiatement les souscriptions consenties par les assureurs (Civ. rej. 24 déc. 1873, aff. Comp. d'assurances de Marseille, D. P. 74. 1. 358).

249. Il n'est pas nécessaire que l'assuré signe lui-même la police; les livres du courtier font titre contre lui au profit de l'assureur (J. Fabre, n° 213). La signature du courtier lui-même, indispensable pour donner au contrat toute sa force probante, n'est pas nécessaire, ainsi qu'on vient de le dire, pour que la police soit parfaite, et, quand une assurance ne peut être couverte par un seul assureur, chacun des assureurs successifs se trouve lié dès le moment de sa signature, sans qu'on ait à se préoccuper de la date plus ou moins éloignée à laquelle le courtier, ayant réuni le chiffre de souscriptions qu'il cherchait, aura clôturé la police par sa signature (Weil, *Des assurances maritimes*, n° 12).

250. Suivant la doctrine émise au *Rép.* n° 466, les polices dressées par les courtiers d'assurance n'ont pas la même force probante que les actes authentiques. Mais l'opinion contraire a été soutenue, notamment par M. J. Fabre, n° 217. Cet auteur estime que l'acte revêtu de la signature d'un officier public ne doit pas être assimilé à un acte sous seing privé, et que si les polices dressées par les courtiers n'emportent pas comme les actes authentiques exécution forcée et ne peuvent contenir constitution d'hypothèque, elles

(1) (Thomas C. Giraud.) — LA COUR; ... — Vu l'art. 620 c. com.; — Attendu que suivant cet article, tout commerçant porté sur la liste des électeurs, ou étant dans les conditions voulues pour y être inscrit, peut être nommé juge ou suppléant dans un tribunal de commerce, s'il est âgé de 30 ans, inscrit à la patente depuis 5 ans, et domicilié dans le ressort du tribunal; — Attendu que Thomas, courtier conducteur de navires à Tonnay-Charente, dans le ressort du tribunal de commerce de Rochefort, était commerçant, et, par conséquent, éligible à ce tribunal; qu'en effet, d'une part, aux termes de l'art. 1er c. com. ceux-là sont commerçants, qui exercent des actes de commerce et en font leur profession habituelle; que, d'autre part, l'art. 632 du même code répute expressément actes de commerce les opérations de courtage; que l'exercice habituel et professionnel du courtage fait donc du courtier un commerçant; qu'à la vérité, si le courtier, comme dans l'espèce, est officier public, l'art. 85 dudit code lui interdit de faire des opérations de commerce ou de banque pour son compte, mais que cela doit s'entendre uniquement des opérations commerciales autres que celles qui résultent de ses fonctions; — Attendu qu'en jugeant le contraire, et en annulant, par suite, l'élection du demandeur comme juge au tribunal de commerce de Rochefort, l'arrêt attaqué (Poitiers, 27 janv. 1880, D. P. 80. 2. 49) a violé l'article de loi ci-dessus visé;

Par ces motifs, casse, etc.

Du 14 avr. 1880.-Ch. civ.-MM. Mercier, 1er pr.-Merville, rap.-Desjardins, av. gén., c. conf.-Mayer et Michaux-Bellaire, av.

doivent néanmoins faire foi jusqu'à inscription de faux (V. aussi Delamarre et Lepoitvin, *Traité de droit commercial*, t. 1, n° 227).

251. Le droit de constater le cours des primes appartient, comme on l'a vu (*Rép.* n° 468), exclusivement aux courtiers, qui n'ont point à cet égard à subir la concurrence des notaires. Le cours légal des primes d'assurance est généralement constaté et publié tous les six mois. Il pourrait l'être plus souvent, si le besoin s'en faisait sentir (J. Fabre, n° 223).

§ 3. — Attributions des courtiers interprètes conducteurs de navires (*Rép.* nos 471 à 484).

252. On a énuméré au *Rép.* n° 472, les attributions des courtiers interprètes conducteurs de navires, plus habituellement désignés sous le nom de courtiers maritimes.

La première de ces attributions consiste dans le courtage des affrétements, c'est-à-dire de la location totale ou partielle des navires. On a, comme nous l'avons dit (*Rép.* n° 472) contesté à cet égard le privilège des courtiers maritimes. Mais l'opinion que nous avons adoptée, et d'après laquelle les courtiers maritimes ont, en cette matière, un droit privatif à l'exclusion de tous autres intermédiaires et même de toutes les autres classes de courtiers, a prévalu dans la doctrine et dans la jurisprudence (Mollot, *Bourses de commerce*, n° 789; J. Fabre, *Des courtiers*, n° 248; Godet, *Des courtiers interprètes conducteurs de navires*, p. 45; Aix, 25 févr. 1847, aff. Courtiers de Marseille, D. P. 47. 2. 85).

253. Le mandat du courtier en matière d'affrétement peut être plus ou moins étendu suivant les usages locaux. C'est ainsi qu'il a été décidé que le service du courtier désigné au tarif des courtiers de Bordeaux sous le nom d'affrétement ne consiste pas seulement dans son entremise pour former le contrat entre le chargeur et l'affréteur, mais qu'il comprend aussi les soins et la surveillance d'ensemble de toutes les opérations du chargement et de l'expédition du navire (Bordeaux, 10 déc. 1874, aff. Maury, D. P. 76. 5. 145).

254. Le courtage des affrétements ne doit pas être confondu avec le commerce des affrétements. Ce commerce est libre, et toute personne peut, sans empiéter sur le monopole des courtiers, faire dans son intérêt propre toutes opérations d'affrétement et de sous-affrétement (Crim. rej. 23 janv. 1875, aff. Godet, D. P. 77. 1. 510). Le même arrêt décide que la disposition de l'art. 27, liv. 3, tit. 3, de l'ordonnance d'août 1681 portant « défense à tous courtiers et autres de sous-fréter les navires à plus haut prix que celui porté par le premier contrat, à peine de 100 livres d'amende et plus grande punition s'il y échet », a cessé d'être en vigueur et qu'elle est contraire au principe de la liberté du commerce et aux règles du droit commun sur le contrat de louage.

255. La seconde attribution des courtiers maritimes consiste, comme on l'a vu (*Rép.* n° 474), à traduire en cas de contestations devant les tribunaux, les déclarations, chartes-parties, connaissements, etc. Lorsqu'un tribunal de commerce veut faire traduire une des pièces énumérées dans l'art. 80 c. com., il ne peut s'adresser qu'à un courtier interprète. Toutefois si, parmi les courtiers interprètes, il ne s'en trouvait aucun qui connût l'idiôme qu'il s'agit d'interpréter, il y aurait lieu de prendre un interprète désigné d'un commun accord par les parties ou nommé d'office par le tribunal (J. Fabre, n° 257).

256. La constatation du cours du fret, qui est la troisième attribution des courtiers maritimes (*Rép.* n° 478), a un caractère officiel. C'est donc à cette constatation que doivent se rapporter les tribunaux quand ils sont appelés à se procurer des renseignements pour la solution des difficultés qui leur sont soumises (J. Fabre, n° 261).

257. La quatrième attribution, que nous avons indiquée au *Rép.* n° 479, est la plus importante de toutes. Aux termes de l'art. 80 c. com., les courtiers maritimes, « dans les affaires contentieuses de commerce et pour le service des douanes, servent seuls de truchement à tous étrangers, maîtres de navires, marchands, équipages de vaisseau et autres personnes de mer ». C'est ce texte qui confère à ces officiers publics le droit de procéder à la conduite des navires.

M. Fabre, n° 263, définit la *conduite d'un navire* l'ensemble des opérations qui ont pour but de rendre au capitaine les services qu'il peut réclamer, et de remplir pour lui toutes les formalités exigées, à l'entrée ou à la sortie du port, par toutes les administrations publiques ».

L'expression de *truchement* employée par le code désigne, en effet, à la fois, suivant l'observation de l'auteur que nous venons de citer, la personne qui exprime les intentions d'une autre et celle qui traduit une langue étrangère pour le compte d'un tiers ne parlant pas Français. « Tout maître ou capitaine de navire étranger, disait Valin, t. 1, p. 187, qui ignore la langue du pays où il vient commercer a besoin d'un interprète pour se faire entendre, pour faire dans les bureaux les déclarations auxquelles il est tenu, pour vendre ses marchandises et en acheter d'autres pour son retour; en un mot pour faire son commerce. D'un autre côté, qu'il sache la langue du pays, mais qu'il ignore, faute d'habitude dans le lieu, les usages des bureaux, les formalités qu'il y a à observer, et les moyens de se procurer une prompte et sûre expédition; qu'il ne puisse pas enfin ou qu'il ne veuille pas se charger de tout ce détail, il a besoin d'un courtier conducteur pour l'introduire, le guider dans toutes ses opérations ». De là, à l'origine, deux catégories de courtiers: les premiers interprètes, les seconds conducteurs de navires, que les nécessités du commerce maritime ne tardèrent pas à faire réunir en une seule classe.

Tel est le sens et telle est la portée du privilège consacré par l'art. 80 c. com.

258. Nous avons dit (*Rép.* n° 479) que, malgré l'expression restreinte employée dans cet article, ce n'est pas seulement auprès de l'administration des douanes, mais aussi auprès des autres administrations publiques que le courtier maritime peut exercer son ministère, et qu'il y a lieu, à cet égard, de combiner les dispositions de l'art. 80 avec celles du tit. 7 de l'ordonnance de 1681, des lettres patentes du 16 juill. 1776, et du décret du 21 août 1791. La jurisprudence est, comme on l'a vu, fixée en ce sens (Crim. rej. 31 janv. 1852, aff. Salvy, D. P. 52. 1. 62; 27 déc. 1873, aff. Taylor, D. P. 75. 1. 89. V. conf. Mollot, n° 792; Beaussant, *Code maritime*, n° 383; J. Fabre, n° 268).

259. Le privilège attribué aux courtiers maritimes ne s'oppose point, d'ailleurs, à ce que les maîtres et marchands procèdent eux-mêmes aux déclarations et aux formalités relatives à la conduite du navire. C'est ce qui résulte expressément de l'art. 14, tit. 7, liv. 1er, de l'ordonnance de 1681, qui est encore en vigueur (Motifs, Crim. rej. 27 déc. 1873, aff. Taylor, D. P. 75. 1. 80). Et un maître ou marchand est réputé agir par lui-même quand la déclaration émane d'un commis appartenant exclusivement à sa maison et chargé de la représenter (Crim. cass. 31 janv. 1852, aff. Saloy, D. P. 52. 1. 62). Mais la disposition précitée de l'ordonnance de 1681 n'autorise pas les maîtres et marchands à employer l'intervention :... d'un mandataire général représentant plusieurs compagnies de transport (Arrêt précité du 27 déc. 1873); ... Ou d'un commissionnaire (Même arrêt); ... Ou d'un consignataire qui ne serait consignataire que de la coque du navire et non de la cargaison (Même arrêt).

Au contraire, le consignataire de la cargaison totale a qualité, s'il sait la langue française, pour faire lui-même sans recourir à l'entremise d'un courtier, toutes les déclarations ou démarches qu'exige l'entrée des marchandises (Crim. rej. 22 janv. 1875, aff. Courtiers de Bordeaux, D. P. 76. 1. 336; Civ. rej. 14 août 1877, aff. Laffitte, D. P. 78. 1. 9; 24 févr. 1880, aff. Franque, D. P. 81. 1. 65; Alauzet, *Commentaire du code de commerce*, 3e éd., t. 3, n° 970; Beaussant, *op. cit.*, t. 1, p. 437; Godet, *op. cit.*, n° 73; Boistel, *Précis du cours de droit commercial*, 2e éd., n° 596).

260. Les capitaines de navire étrangers ne peuvent se dispenser de recourir au ministère des courtiers lorsqu'ils ne savent pas le français. Ils doivent alors dresser eux-mêmes dans leur langue maternelle le manifeste d'entrée qu'ils sont tenus de déposer à la douane, et le faire traduire ensuite par un courtier : ils ne pourraient le faire dresser en français par un tiers (J. Fabre, n° 282). Mais le capitaine étranger qui parle la langue française n'est pas obligé d'écrire lui-même son manifeste, ou de recourir à cet effet au ministère d'un courtier; il peut faire écrire sa déclaration par un tiers quelconque, pourvu qu'il la signe, la dépose et l'affirme lui-même à la douane (Bastia, 22 mars 1861, aff. Guaitella, D. P. 61. 2. 194; Amiens, 27 janv. 1867) (1).

Aucune disposition n'oblige le capitaine d'un navire qui comprend le français à écrire lui-même ou à faire écrire par un courtier le manifeste d'entrée qu'il est tenu de déposer à la douane. Il a donc le droit de faire rédiger ce manifeste par qui bon lui semble, pourvu qu'il le signe, le dépose et l'affirme lui-même à la douane (Bastia, 22 mars 1861, aff. Guaitella, D. P. 61. 2. 194).

Mais si le capitaine ne prouve pas qu'il comprend le français, il doit dresser lui-même ce manifeste dans sa langue maternelle et le faire traduire ensuite par un courtier, et il n'aurait pas le droit de le faire dresser en français par un tiers (J. Fabre, n° 282).

261. On s'est demandé si la partie intéressée pourrait, tout en se réservant le droit qu'elle tient de la loi d'opérer personnellement la conduite du navire en douane, imposer à un courtier maritime la traduction des documents à déposer. La jurisprudence a condamné l'opinion qui tend à créer entre ces deux ordres d'attributions, parfaitement distincts, un lien d'indivisibilité qui ne résulte d'aucun texte. Bien que les fonctions, autrefois distinctes, d'interprète et de conducteur de navire soient aujourd'hui exercées par une seule et même personne, rien ne s'oppose à ce qu'un courtier soit chargé de la traduction à faire en vue du dépôt des documents en douane, alors même qu'on ne recourt pas à son ministère pour la conduite du navire. En pareil cas, il lui sera attribué, pour cette traduction, les mêmes honoraires que s'il y avait procédé en vue d'une production devant les tribunaux (Bordeaux, 10 mars 1874, aff. Lacampagne, D. P. 76. 2. 67; Crim. rej. 22 janv. 1875, Civ. rej. 14 août 1877 et 24 févr. 1880 cités *suprà*, n° 259; Desjardins, *Droit maritime*, t. 2, n° 576. — *Contrà:* J. Fabre, n° 284).

262. La cinquième attribution des courtiers maritimes indiquée au *Rép.* n° 482, consiste à servir de facteurs aux marchands étrangers dans les affaires de leur commerce. La loi du 18 juill. 1866 permettant aujourd'hui le courtage des marchandises aux courtiers privilégiés comme aux simples particuliers, rien ne paraît s'opposer à ce que les courtiers maritimes procurent aux maîtres de navires la vente de leurs cargaisons ou l'achat de leurs marchandises.

263. Leur sixième attribution consiste dans le droit de procéder à la vente des navires. Cette attribution, qui n'est énoncée ni dans l'ordonnance de 1681, ni dans l'art. 80 c. com., résulte de l'art. 2 de l'ordonnance du 14 nov. 1835, portant fixation des droits à percevoir par les courtiers maritimes (*Rép.* n° 129), qui fait figurer la vente des bâtiments dans « les différents services dont les courtiers pourront être requis », et de la loi du 28 mai 1858 (D. P. 58. 4. 75), qui charge les courtiers de la vente publique et en gros des marchandises inscrites à un tableau annexé à la loi. Au nombre des marchandises qui figurent dans ce tableau, tel qu'il a été modifié par les décrets du 8 mai 1861 (D. P. 61. 4. 61) et du 30 mai 1863 (D. P. 63. 4. 122), figurent « les navires et autres bâtiments ». — La jurisprudence admet également, ainsi que nous l'avons dit (*Rép.* n° 483), que l'art. 486 c. com. confère aux courtiers le droit de vendre publiquement les navires compris dans l'actif d'un failli (Civ. cass. 17 nov. 1862, aff. Godefroy, D. P. 62. 1. 530).

264. S'il s'agit d'une vente privée, le courtier peut servir d'intermédiaire, mais sans pouvoir prétendre à un privilège. Lorsque la vente est publique, au contraire, son ministère est obligatoire. Nous croyons qu'à ce point de vue aucune distinction ne doit être faite entre les ventes volontaires et les ventes forcées. Dans le cas de vente volontaire, les termes formels de la loi du 28 mai 1858 et des décrets du 8 mai 1861 et du 30 mai 1863 précités ne permettent aucun doute. Dans le cas d'une vente autorisée ou ordonnée par justice, le ministère des courtiers est encore nécessaire et privilégié, à moins qu'il ne s'agisse d'une vente sur saisie, qui doit avoir lieu, conformément aux art. 197 et suiv. c. com., devant le tribunal civil et par le ministère des avoués (V. *Rép.* v° *Vente publique de navires*, n° 2). En dehors de ce cas, la loi du 3 juill. 1861 (D. P. 61. 4. 106) tranche en faveur des courtiers la question qui avait été antérieurement controversée (V. Trib. du Havre, 5 juill. 1860, aff. Avoués du Havre, D. P. 60. 3. 64; Trib. de Boulogne, 21 déc. 1860, aff. Wiart, D. P. 61. 3. 47). En effet, après avoir dit (art. 1er) que les tribunaux de commerce peuvent, après décès ou cessation de commerce, et dans tous les autres cas de nécessité dont l'appréciation leur est soumise, autoriser la vente aux enchères en gros des marchandises de toute espèce et de toute provenance, cette loi ajoute (art. 2) que les ventes autorisées en vertu de l'article précédent, ainsi que toutes celles qui sont autorisées ou ordonnées par la justice consulaire dans les divers cas prévus par le code de commerce, sont faites par le ministère des courtiers. Il est incontestable que, sous l'empire de ces dispositions combinées avec celles de la loi du 28 mai 1858 et du décret du 8 mai 1861, les courtiers ont le droit de procéder à toutes les ventes judiciaires de navires, et spécialement, à la vente par licitation d'un navire indivis entre plusieurs négociants associés en participation (Rouen, 4 déc. 1861, aff. Giret, D. P. 62. 2. 85; Douai, 3 mai 1876, aff. Klein, D. P. 76. 2. 148. V. conf. Caumont, *Dictionnaire de droit maritime*, 2e éd., v° *Armateur*, n° 138; Cresp et Laurin, *Cours de droit maritime*, t. 1, p. 373).

Le second paragraphe de l'art. 2 de la loi du 3 juill. 1861 permet, il est vrai, au tribunal et au juge de désigner une autre classe d'officiers publics. Mais il résulte des travaux préparatoires de la loi que cette exception n'a été introduite que parce que, d'une part, il n'existait pas de courtiers partout, et qu'ensuite il peut se trouver telle localité ou telle circonstance dans laquelle il est plus utile pour la vente d'employer le ministère d'un officier public autre que le courtier (J. Fabre, n° 287).

Aux arguments qui résultent des documents cités plus haut et qui établissent le privilège des courtiers pour la vente des navires, il faut ajouter ceux qui peuvent être tirés

---

(1) (Defer C. Allard.) — LA COUR; — Attendu qu'il est admis comme règle que, lorsqu'il existe dans un port de commerce des courtiers spécialement commissionnés pour l'interprétation d'une langue étrangère, le capitaine d'un navire étranger doit, pour les opérations qui exigent le ministère d'un courtier interprète, se faire assister par un courtier commissionné pour la langue de la nation à laquelle il appartient; — Mais que cette disposition restrictive du droit commun, prescrite dans un intérêt de douane et de police, et pour l'utilité des capitaines auxquels la langue française est inconnue ou peu familière, n'a plus sa raison d'être et doit cesser, par conséquent, d'être applicable lorsque le capitaine étranger, parlant et écrivant le français, peut agir par lui-même comme un capitaine français; — Attendu qu'il suit de là que le capitaine d'un navire étranger, qui parle et qui écrit la langue française, est assimilé au capitaine français, et peut, pour le dépôt des pièces de bord et ses rapports avec la douane, soit agir lui-même, soit choisir un courtier, sans être obligé d'employer celui qui est commissionné pour la langue de la nation à laquelle il appartient; — Attendu, en fait, qu'il est affirmé par Defer, et non contesté par Allard que Rasmussen, capitaine de la *Minerve*, navire norvégien, parle et écrit le français; qu'il est établi, notamment, que le 31 juill. 1866, étant alors en pleine mer, il a rédigé et écrit lui-même le manifeste de son navire en langue française et qu'il l'a signé; qu'il pouvait agir par lui-même, et qu'il a usé d'un droit incontestable en chargeant Defer de le représenter comme courtier auprès de la douane de Saint-Valéry; — Attendu qu'il est évident que, dans l'assistance qu'il a prêtée au capitaine Rasmussen, Defer ne lui a pas servi de truchement, puisque Rasmussen parle français; — Qu'il ne s'est immiscé non plus dans la traduction d'aucune pièce; que le rapport de mer du 3 août, en supposant que ce rapport soit au nombre des pièces dont la production est obligatoire, a été fait par Rasmussen, et que Defer s'est borné à certifier que l'extrait déposé à la douane était conforme au journal de bord suivant le rapport du capitaine, c'est-à-dire suivant les explications données par ce dernier, qui parle français; — Qu'on doit considérer cette mention comme une attestation formulée sur la foi de la parole de Rasmussen, mais non comme une interprétation et encore moins comme une traduction; — Attendu que la douane a accepté comme valables et régulières les pièces produites par Rasmussen ou en son nom, sans qu'elle ait jugé nécessaire d'en faire traduire aucune, comme elle en avait le droit; — Attendu qu'il résulte de tout ce qui précède que le capitaine Rasmussen a pu se faire assister par Defer et que Defer a pu prêter son ministère à Rasmussen, sans porter aucune atteinte au droit exclusif d'Allard, comme commissionné pour la langue norvégienne; — Par ces motifs, infirme, etc.

Du 27 janv. 1867.-C. d'Amiens, 2e ch.-M. Bénard, pr.

soit de l'art. 4 de la loi des 18-24 juill. 1866, soit plus spécialement de l'exposé des motifs (n° 7; D. P. 66. 4. 120) et des indications contenues dans le rapport de M. Pouyer-Quertier au Corps législatif (n° 9, D. P. 66. 4. 124).

265. On s'est demandé si, antérieurement à la loi de 1866, les courtiers de marchandises pouvaient s'entremettre dans la vente des navires ou si les courtiers maritimes avaient seuls qualité pour y procéder (V. *Rép.* v° *Vente publique de navires*, n° 4). En pratique, il a toujours été d'usage, dans tous ou dans presque tous les ports de mer, de recourir à l'intervention des courtiers maritimes, et l'ordonnance du 14 nov. 1835 (*Rép.* n° 129, note 3) reconnaît implicitement la légalité de cette intervention puisqu'elle suppose, dans son art. 3, que les ventes aux enchères des navires s'opèrent par le ministère de ces courtiers. Le législateur a, d'ailleurs, dans la départition des diverses opérations de courtage entre les diverses catégories de courtiers, eu principalement égard à la spécialité de leurs aptitudes et à la nature de leurs relations. Or, les courtiers maritimes ont, à raison de leurs attributions ordinaires, une aptitude spéciale pour tout ce qui se rapporte aux négociations relatives aux navires, et ils se trouvent en rapport avec ceux qui auraient à tirer parti de ce genre de propriété, tandis que les courtiers de marchandises, dont la spécialité est toute différente, sont loin d'offrir les mêmes avantages aux intéressés. Le droit exclusif pour les courtiers maritimes d'intervenir dans toutes les négociations relatives aux navires implique d'autant plus celui de les vendre aux enchères que la vente entraîne l'accomplissement de certaines formalités de douane pour lesquelles ces courtiers, aux termes de l'art. 80 c. com., sont seuls compétents.

266. La controverse ne semble d'ailleurs plus possible depuis que la loi de 1866 a enlevé aux courtiers de marchandises le caractère d'officiers publics.

Les courtiers *assermentés* ou *inscrits* sont, il est vrai, chargés, par l'art. 4 de cette loi, des ventes publiques de marchandises aux enchères et en gros qui doivent être confiées à un courtier; mais nous croyons que la loi n'a pas entendu leur conférer le privilège de procéder à la vente des navires. En effet, le projet primitif qui, ainsi que nous l'avons dit *suprà*, n° 233, supprimait toutes les classes de courtiers, disposait expressément que les courtiers inscrits qu'elle instituait seraient chargés des ventes publiques de marchandises *ainsi que de la vente des navires*. Or, la suppression des courtiers maritimes ayant été repoussée par le conseil d'Etat et par la commission du Corps législatif, on retrancha de l'art. 4 la disposition relative aux navires. Il nous paraît certain que cette suppression implique le maintien aux courtiers maritimes du privilège de procéder à la vente des navires, à l'exclusion des courtiers inscrits. C'est en ce sens que se sont prononcées la doctrine et la jurisprudence (Douai, 20 déc. 1872, aff. Beyhammer, D. P. 73. 5. 150; 3 mai 1876, aff. Klein, D. P. 76. 2. 148; Nîmes, 3 mai 1879, aff. Théaulon, D. P. 80. 2. 121; Alauzet, t. 3, n° 974; Bédarride, n° 367; Cresp et Laurin, t. 1, p. 243, note 43, *in fine;* Desjardins, n° 71; J. Fabre, n° 290).

267. Mais les courtiers maritimes jouissent-ils du même monopole lorsqu'il s'agit de procéder à la vente des débris d'un navire déclaré innavigable? L'arrêt précité de la cour de Douai du 3 mai 1876 leur reconnaissait le droit exclusif de procéder à la vente d'un navire innavigable, pourvu que ce navire eût conservé au moment de la vente son caractère de bâtiment de mer. Mais la question est évidemment plus délicate lorsque la vente porte, non plus sur le navire lui-même, mais sur des débris qui ont fait corps avec lui mais qu'on a été forcé d'en détacher.

Une distinction nous paraît devoir être faite suivant qu'il s'agit d'agrès, d'apparaux, d'objets et matériel de marine qui ont conservé leur caractère distinctif et peuvent encore être utilisés comme tels, ou que ce sont au contraire simplement des matériaux plus ou moins déformés et endommagés et non susceptibles de faire désormais partie d'un matériel maritime. Dans le premier cas, les courtiers maritimes conservent le droit exclusif de procéder à la vente; en effet, les décrets du 8 mai 1861 et du 30 mai 1863 rangent expressément les agrès et apparaux au nombre des objets dont la vente aux enchères est réservée à ces officiers publics; lors même qu'ils sont détachés du navire, ces objets ont une conformation particulière qui les rend spécialement propres à un usage déterminé; et, tant qu'ils peuvent être utilisés, ils font partie du matériel de la marine, alors même qu'à raison de l'innavigabilité du navire avec lequel ils faisaient corps antérieurement, ils se trouvent momentanément impropres à leur usage habituel (Nîmes, 3 mai 1879, aff. Théaulon, D. P. 80. 2. 121; Req. 31 janv. 1883, aff. Boulard, D. P. 83. 1. 313). Il en est autrement lorsque la vente porte sur des objets mobiliers vieux dont la nature a été modifiée par le temps, et qui ont perdu leur conformation spécifique, et, par suite, leur caractère d'ustensiles de marine. Il n'existe, dans ce cas, aucun motif de réserver aux courtiers maritimes le privilège de procéder à cette vente à l'exclusion soit des courtiers de marchandises, soit de tous autres officiers ministériels (Arrêt précité du 3 mai 1879. V. conf. J. Fabre, n° 300).

268. Dans le cas où les agrès et apparaux ont gardé leur forme distinctive, rien ne s'oppose à ce que ces objets soient vendus par lots, les courtiers étant autorisés par les décrets précités de 1861 et 1863 à opérer par lots la vente des objets indiqués sur les tableaux annexés à ces décrets. Il appartient, d'ailleurs, au tribunal de commerce de déterminer la composition et la valeur des lots sans que l'abaissement du chiffre de la mise à prix conformément à l'art. 25 du décret du 30 mai 1863, puisse enlever à la vente son caractère de vente en gros, et, dès lors, sans que les courtiers cessent d'avoir qualité pour y procéder (Arrêt du 31 janv. 1883 cité *suprà*, n° 267).

269. Les courtiers maritimes sont astreints, pour la vente publique des navires, aux mêmes formalités que les autres officiers publics pour les ventes mobilières auxquelles ils procèdent (J. Fabre, n° 295). La vente publique doit être constatée par un procès-verbal qui a le caractère authentique, et ne peut être infirmé que par la voie de l'inscription de faux (Req. 15 janv. 1873, aff. Nicolazo, D. P. 74. 1. 120).

§ 4. — Attributions des courtiers de transport par terre et par eau (*Rép.* nos 485 à 486).

270. V. *infrà*, n° 271.

§ 5. — Attributions des courtiers gourmets, piqueurs de vins (*Rép.* nos 487 à 489).

271. Ainsi que nous l'avons dit *suprà*, n° 234, cette catégorie de courtiers, de même que celle des courtiers de transports, avaient disparu et la loi de 1866 n'a pas eu à s'en occuper.

Art. 4. — *Courtage clandestin* (*Rép.* nos 490 à 508).

272. Le fait d'exercer les attributions ou quelques-unes des attributions réservées aux courtiers constitue, comme on l'a vu (*Rép.* n° 490), le délit de courtage clandestin prévu et puni par les art. 7 et 8 de la loi du 28 vent. an 9, et par l'art. 4 de l'arrêté du 27 prair. an 10.

Il y a courtage clandestin, c'est-à-dire immixtion dans les fonctions de ceux des courtiers auxquels la loi de 1866 a conservé le caractère d'officiers publics, lorsqu'un acte de courtage est fait sans droit par une personne à laquelle la loi ne confère aucune des fonctions qu'elle réserve aux courtiers privilégiés, ou même par un courtier en dehors de ses attributions (Rouen, 23 déc. 1852, aff. Souty, D. P. 53. 2. 41, et sur pourvoi, Crim. rej. 30 avr. 1853, D. P. 53. 5. 140. V. conf. J. Fabre, n° 99).

Par suite, l'individu qui n'ayant pas un mandat spécial de l'une ou de l'autre des parties, s'entremet entre elles sans contracter lui-même aucune obligation personnelle et agit au contraire en vue de la rétribution qui lui est promise en cas de conclusion de l'affaire, commet le délit de courtage clandestin (Mêmes arrêts). — Il en est de même : 1° de celui qui n'intervient que comme intermédiaire transmettant d'une partie à l'autre les offres et les réponses et lui en référant en cas de difficultés (Crim. rej. 23 avr. 1863, aff. Rondel, D. P. 63. 1. 267) ; — 2° De celui qui se charge moyennant un droit de commission de rapprocher les parties, bien qu'il ne débatte pas lui-même le prix du contrat (Bordeaux, 8 janv. 1847, aff. Caperon, D. P. 47. 4. 50) ; — 3° De celui qui n'ayant pas d'ordre de contracter à un prix déterminé, reçoit cependant une proposition et la transmet à son commettant en s'employant à la lui faire accueillir alors même qu'il n'aurait d'autre but que de conserver un client à la maison qu'il représente, aucune excuse n'étant admissible en cette matière (Crim. rej. 13 janv. 1855, aff. Courtiers d'Amiens, D. P. 55. 1. 86); — 4° De l'individu qui ayant mandat de contracter à un prix déterminé transmet à son mandant la proposition d'un prix moindre sous certaines compensations (Crim. cass. 25 janv. 1862, aff. Courtiers de Nîmes, D. P. 62. 1. 193).

273. Conformément à ce qui a été dit au *Rép.* n° 492, il y a courtage illicite de la part de l'individu qui s'est immiscé dans les fonctions de courtier, alors même que pour déguiser son entremise, il a fait en son nom les actes desquels résulte cette immixtion (Paris, 14 déc. 1862, aff. Courtiers de Lyon, D. P. 63. 2. 10).

Le courtage clandestin est punissable alors même que le coupable n'aurait reçu aucun salaire. — Il a été jugé notamment que le directeur d'une compagnie d'assurances qui se charge même gratuitement de faire accepter et qui a fait accepter par d'autres compagnies les parties du risque que sa compagnie ne voudrait pas couvrir, commet le délit de courtage clandestin (Rouen, 15 janv. 1847, aff. Courtiers du Havre, D. P. 48. 2. 110).

Ce délit existe alors même qu'il s'agirait d'un genre d'opérations que les courtiers auraient abandonné à raison de son peu d'importance, ces derniers ne pouvant par l'abandon de leur droit et de leur devoir investir un individu d'une qualité que le Gouvernement seul peut conférer (Bordeaux, 8 janv. 1847, aff. Caperon, D. P. 47. 4. 50).

Le prévenu de courtage clandestin ne pourrait pas non plus opposer à la poursuite une exception tirée de l'insuffisance du nombre des courtiers pour les besoins de la place, cette circonstance ne pouvant avoir pour effet de modifier l'interdiction faite à des tiers de remplir des fonctions qui ne leur appartiennent pas (Douai, 14 juin 1858, aff. Vasseur, D. P. 58. 2. 149).

274. Les courtiers peuvent eux-mêmes, ainsi que nous l'avons dit *suprà*, n° 272, se rendre coupables de courtage clandestin lorsqu'ils font des actes de courtage hors du ressort dans lequel ils peuvent légalement exercer et sur une place où d'autres courtiers sont institués. La loi de leur institution détermine, en effet, les limites de leur privilège, et les circonscrit aux villes dans lesquelles ils sont établis : en dehors de ces limites ils ne doivent être considérés que comme de simples particuliers (Crim. rej. 31 juill. 1847, aff. Palud-Marmon, D. P. 47. 4. 51 ; 12 févr. 1848, aff. Libéral, D. P. 48. 5. 34; Civ. cass. 24 juill. 1852, aff. Rivière, D. P. 52. 1. 254). C'est ainsi qu'il a été décidé que des courtiers d'assurances maritimes ne peuvent offrir leur intermédiaire qu'aux négociants de la place près de laquelle ils ont été institués et qu'il leur est interdit de solliciter des ordres auprès des négociants d'une autre place dans laquelle il existe des courtiers d'assurances (Rouen, 23 déc. 1852, aff. Souty, D. P. 53. 2. 41, et sur pourvoi, Crim. rej. 30 avr. 1853, D. P. 53. 5. 140).

Il résulte des mêmes arrêts que, si l'une des deux parties qui ont besoin de recourir à un courtier réside sur une place où il n'a pas été institué de courtiers et que l'autre habite une ville où il en existe, le recours au ministère des courtiers est obligatoire et que l'intermédiaire qui est employé à leur lieu et place se rend coupable de courtage clandestin (V. conf. Douai, 14 juin 1858, aff. Vasseur, D. P. 58. 2. 149). Mais la seule réception d'un ordre sur une place de commerce pourvue de courtiers par un courtier étranger à cette place ne constitue pas un courtage clandestin quand la chose qui fait l'objet du contrat à former se trouve dans un lieu libre, et que c'est dans ce lieu que doit se conclure le marché (Crim. cass. 2 avr. 1852, aff. Boucherie, D. P. 52. 1. 253 ; Bordeaux, 7 juill. 1852, aff. Courtiers de Bordeaux, D. P. 53. 2. 62. — V. en sens contraire : Bordeaux, 14 août 1851, aff. Courtiers de Bordeaux, D. P. 52. 2. 65).

275. Nous avons dit (*Rép.* n° 505) qu'un consul étranger ne peut, en général, remplir les fonctions de courtier interprète pour les capitaines de sa nation, mais qu'il a été dérogé à cette règle par un certain nombre de conventions diplomatiques. A celles qui ont été énumérées au *Répertoire*, il convient d'ajouter les traités conclus avec la Nouvelle-Grenade (28 oct. 1844), avec les îles Sandwich (29 oct. 1857), avec le Salvador (2 janv. 1858), avec l'Espagne (7 janv. 1862), avec l'Italie (13 juin 1862) (J. Fabre, n° 278).

En cas d'immixtion illégale de consuls étrangers dans les fonctions de courtiers, les tribunaux français sont compétents pour statuer, les consuls ne participant pas aux prérogatives d'immunité qui couvrent les agents diplomatiques (Aix, 14 août 1829, *Rép.* v° *Consul*, n° 35). A plus forte raison en est-il ainsi lorsque ce sont les employés d'un consul qui se rendent coupables de courtage clandestin (Même arrêt). Sur les questions qui se rapportent spécialement à l'immixtion dans les fonctions de courtier maritime, V. *suprà*, n°s 252 et suiv.

276. L'habitude n'est pas un élément essentiel du délit de courtage clandestin et ce délit peut résulter d'un acte isolé de courtage (J. Fabre, n° 100).

277. L'intermédiaire qui accomplit des actes de courtage clandestin n'est pas seul passible des peines portées par la loi. Les mêmes peines sont applicables à celui qui charge de ses intérêts une personne autre qu'un courtier privilégié et qui lui paye des droits de courtage. Une circulaire du ministre de l'intérieur du 21 juill. 1809, mentionnée au *Rép.* n° 43, rappelle aux commerçants qu'en se servant de personnes non commissionnées, ils encourraient la peine de l'amende infligée aux contrevenants et applicable à ceux qui les emploient (J. Fabre, n° 108).

278. Le fait de courtage clandestin ne constitue pas seulement une contravention punie de peines correctionnelles: elle a le caractère d'un véritable délit. C'est en réalité, ainsi que l'indiquait dans de remarquables conclusions M. l'avocat général Bédarrides (aff. Taylor, D. P. 75. 1. 93) « une usurpation de fonctions, portant atteinte à une institution d'ordre public, atteinte moins grave que l'usurpation de fonctions prévue par l'art. 258 c. pén., mais c'est toujours un délit moral » et non une infraction purement matérielle (V. conf. Mollot, n°s 609, 610, 856 à 858). Il a été jugé, en conséquence, que la solidarité des amendes, qui est inapplicable aux coauteurs d'une contravention punie de peines correctionnelles, doit être prononcée contre les coauteurs d'un acte de courtage illicite (Crim. rej. 27 déc. 1873, aff. Taylor, D. P. 75. 1. 89).

279. Les poursuites contre les prévenus de courtage clandestin peuvent être intentées soit d'office par le ministère public, soit par la chambre syndicale des courtiers, soit dans certains cas par un courtier pris individuellement. Lorsqu'un courtier a coopéré à un délit de courtage clandestin en se faisant prête-nom des auteurs de ce délit, la chambre syndicale doit dénoncer le fait au ministère public, bien qu'en ce qui touche le courtier le fait soit, d'après les règlements intérieurs de la compagnie, passible de peines disciplinaires, et les syndics ont qualité pour se porter parties civiles dans l'instance correctionnelle engagée (Crim. rej. 11 sept. 1847, aff. Petit, D. P. 47. 1. 304).

280. Les tribunaux ne peuvent, en prononçant une condamnation pour courtage clandestin, faire défense à la partie condamnée de s'immiscer désormais dans les fonctions de courtier sous peine d'une somme déterminée pour chaque infraction. Il n'appartient pas, en effet, aux tribunaux de prononcer pour l'avenir des inhibitions et défenses avec sanction pénale fixe et déterminée (Aix, 25 févr. 1847, aff. Courtiers de Marseille, D. P. 47. 2. 85).

Art. 5. — *Obligations des courtiers* (*Rép.* n°s 509 à 520).

281. Certaines obligations sont communes à tous les courtiers qui ont le caractère d'officiers publics, et plusieurs de ces obligations, ainsi que nous l'avons dit (*Rép.* n° 509) leur sont communes avec les agents de change. Ils doivent notamment prêter leur ministère toutes les fois qu'ils en sont requis, et ils ne pourraient convenir entre eux qu'à certains jours de l'année, tels que les dimanches et fêtes, ils s'abstiendront absolument d'exercer leurs fonctions (Rouen, 23 févr. 1842, aff. Cardine, D. P. 45. 4. 338, et *Rép.* n° 354).

Ils ne peuvent s'intéresser directement ou indirectement dans aucune entreprise commerciale. Par suite, il leur est interdit d'accepter, même à titre de rémunération des services rendus, un intérêt dans une fourniture en cours d'exécution (Crim. cass. 14 févr. 1856, aff. Souville, D. P. 56. 1. 287).

Et une telle acceptation impliquant par elle-même la volonté de prendre l'intérêt dont il s'agit, les juges du fait ne peuvent, alors que cette volonté n'est pas expressément déniée par eux, refuser d'appliquer au prévenu la peine prononcée par l'art. 87 c. com., sous le prétexte que celui-ci n'a pas eu l'intention coupable nécessaire pour constituer le délit prévu par l'art. 85 du même code (Même arrêt).

Des obligations spéciales sont, en outre, imposées à chacune des deux catégories de courtiers privilégiés.

282. — I. COURTIERS D'ASSURANCES. — Le courtier qui rédige une police d'assurance doit avoir soin de n'y pas laisser de blancs; cette obligation, que lui imposait l'ordonnance de 1681, subsiste encore aujourd'hui. Mais M. J. Fabre, n° 226, pense avec raison que l'on ne saurait attacher à cette prescription la sanction de l'amende que l'art. 13 de la loi du 25 vent. an 11 prononce contre les notaires qui laissent des blancs dans leurs actes. On ne peut, en effet, raisonner par analogie en matière pénale (V. toutefois en sens contraire : Boulay-Paty, *Droit commercial*, t. 3, p. 266).

283. On s'est demandé si la règle qui interdit aux courtiers d'assurances maritimes de s'intéresser dans une entreprise commerciale s'oppose à ce qu'ils fassent des actes de courtage d'assurances terrestres. Nous croyons que les actes isolés de courtage d'assurances terrestres, ne constituant pas des actes de commerce, ne doivent pas être interdits aux courtiers d'assurances maritimes, mais que ces officiers publics ne pourraient, sans contrevenir à la règle écrite dans l'art. 85 c. com., établir dans leurs bureaux une agence d'assurances terrestres qui aurait le caractère d'une véritable entreprise commerciale (Grenoble, 25 juin 1852, aff. Lantelme, D. P. 54. 5. 51. V. conf. J. Fabre, n° 228).

284. Les courtiers d'assurances maritimes ne doivent sous aucun prétexte s'immiscer dans les fonctions des autres officiers publics, et notamment des courtiers interprètes conducteurs de navires. Il leur est, en conséquence, interdit de s'occuper de l'affrétement ou de la conduite d'un navire (Aix, 25 févr. 1847, aff. Courtiers de Marseille, D. P. 47. 2. 85).

285. — II. COURTIERS INTERPRÈTES CONDUCTEURS DE NAVIRES. — A raison de leur qualité d'officiers publics, les courtiers maritimes sont tenus de remplir toutes les fonctions de leur ministère, et il ne leur est pas permis de s'interdire l'exercice de certaines de leurs attributions au profit d'un ou plusieurs de leurs collègues. Une stipulation de cette nature serait nulle comme contraire à des dispositions légales qui intéressent l'ordre public (Civ. cass. 15 déc. 1845, aff. Ferrière, D. P. 46. 1. 23, et *Rép.* n° 354).

286. On a vu au *Rép.* n° 516, qu'il est fait défense aux courtiers maritimes par l'ordonnance de 1681 d'aller audevant des vaisseaux soit aux rades, soit dans les canaux et rivières navigables, pour s'attirer les maîtres, capitaines ou marchands. Cette règle doit s'entendre, comme on l'a dit (*Rép.* n° 517), en ce sens que le courtier doit attendre que le navire soit dans le port et amarré. Il n'aurait, en conséquence, pas le droit de se rendre à bord d'un navire en marche dans le bassin du port (Douai, 23 juin 1857, aff. Wœterœre, D. P. 71. 5. 106).

Il en serait ainsi, suivant cet arrêt, dans le cas même où le courtier n'aurait fait que répondre à l'appel du capitaine. Mais nous croyons, comme M. J. Fabre, n° 309, que cette solution ne doit pas être adoptée, et que le courtier ne se rend coupable du fait de *postulation*, qui lui est interdit par l'ordonnance de 1681, que lorsqu'il provoque, par son initiative personnelle, le choix du capitaine du navire.

287. Des arrêtés municipaux peuvent, par une interprétation de la disposition précitée de l'ordonnance de 1681, en étendre l'application aux commis et employés des courtiers (Crim. cass. 5 déc. 1856, aff. Wacteraere, D. P. 57. 1. 48). Et dans ce cas, c'est aux tribunaux correctionnels qu'il appartient de connaître de cette infraction, comme de celle commise par les courtiers eux-mêmes, le chiffre de l'amende de 30 livres édictée par l'ordonnance déterminant, aux termes de l'art. 179 c. instr. crim., la compétence de ces tribunaux (Même arrêt).

ART. 6. — *Responsabilité des courtiers* (*Rép.* n°s 521 à 522).

288. Nous avons dit (*Rép.* n° 521) dans quelle mesure et sous quelles réserves les règles générales relatives à la responsabilité des agents de change peuvent être appliquées aux courtiers privilégiés. Il y a lieu d'indiquer quelques-unes des applications spéciales qui en ont été faites aux courtiers d'assurances et aux courtiers maritimes.

289. Comme mandataire salarié, le courtier d'assurances répond non seulement de son dol, mais des fautes qu'il commet dans l'exercice de ses fonctions. Il est, en outre, soumis à la responsabilité générale dont le principe est écrit dans l'art. 1382 c. civ. (Mollot, n° 831; Alauzet, t. 1, n° 331). Il serait notamment passible de dommages-intérêts si, par suite de sa négligence, le contrat d'assurance qu'il est chargé de rédiger n'était pas passé valablement et en temps voulu (J. Fabre, n° 232).

Mais il peut être affranchi de cette responsabilité si le mandant est lui-même en faute pour ne lui avoir pas donné ses instructions en termes suffisamment explicites (Rennes, 4 août 1863, et sur pourvoi, Req. 6 févr. 1865, aff. Talibard, D. P. 65. 1. 309). Ainsi, dans le cas d'annulation de l'assurance, par le motif que le courtier maritime qui l'a stipulée n'a pas déclaré à l'assureur une circonstance de nature à influer sur l'opinion du risque, et par exemple l'époque à laquelle le navire contenant le chargement assuré a pris la mer, le courtier peut être exonéré de la responsabilité de cette nullité envers son mandant quoique ce dernier l'ait informé du fait non déclaré, si le mandant a commis la faute beaucoup plus grave de ne lui avoir pas prescrit de mentionner dans la police le point essentiel qu'il se bornait à porter à sa connaissance (Mêmes arrêts).

290. Les règlements intérieurs des compagnies de courtiers attachent aux infractions commises par ces officiers publics la sanction de peines disciplinaires. Le règlement des courtiers d'assurances près la Bourse de Paris dont M. J. Fabre a reproduit ou analysé les principales dispositions (n° 233), édicte quatre peines disciplinaires : la censure, l'amende, la suspension de trois à quinze jours, et la dénonciation à l'autorité, qui se fait par un rapport adressé au préfet de police et énumère les diverses infractions pouvant donner lieu à l'application de chacune de ces peines.

291. Les mêmes principes règlent la responsabilité des courtiers maritimes. Le courtier maritime, qui a accepté la mission de suppléer à l'inexpérience de l'armateur et du capitaine, est tenu à la réparation du préjudice qui peut résulter de sa faute, de son ignorance ou de son incapacité.

Lorsqu'il est chargé de la conduite d'un navire à l'entrée ou à la sortie du port, il répond de toutes les omissions ou irrégularités commises dans les formalités qui doivent être remplies auprès des diverses administrations publiques. Il a été décidé, notamment, qu'un courtier maritime qui a retenu le manifeste sous prétexte d'en signaler les irrégularités à l'administration des douanes est responsable du non-dépôt du manifeste en douane dans le délai légal, de l'interruption du déchargement et des surestaries que le consignataire a été obligé de payer au capitaine (Bordeaux, 2 déc. 1875, aff. Laffitte, D. P. 76. 2. 173).

Il a été jugé, par un autre arrêt de la même cour, que le courtier maritime chargé de l'expédition d'un navire est responsable du dommage causé par la saisie de ce navire, si les manifestes qu'il a rédigés n'étaient pas réguliers, et notamment s'ils n'étaient pas revêtus des visas consulaires, exigés par les lois du pays où le navire devait aborder (Bordeaux, 28 nov. 1876, aff. Martin, D. P. 78. 2. 124).

Cette dernière décision qui rend le courtier responsable de l'inaccomplissement d'une formalité prescrite par une loi étrangère paraît bien rigoureuse. Le courtier est tenu de connaître les lois françaises et de s'y conformer; mais la même obligation ne saurait lui être imposée pour les dispositions de lois étrangères souvent ignorées en France (J. Fabre, n° 315).

Les erreurs et omissions commises dans les traductions confiées à un courtier maritime et les retards apportés à ces traductions peuvent également engager la responsabilité du courtier lorsqu'il en est résulté un préjudice.

Enfin toutes les fautes que commet un courtier maritime dans la vente d'un navire peuvent entraîner contre lui une action en dommages-intérêts (J. Fabre, n° 318).

Art. 7. — *Emoluments des courtiers* (*Rép.* nos 521 et 522).

292. — I. Courtiers d'assurances. — Nous avons dit (*Rép.* n° 528) qu'en exécution de l'art. 2 de l'ordonnance du 18 déc. 1816, le tribunal de commerce de la Seine avait dressé un tarif qui règle le droit des courtiers à 1/8 pour 100 sur la somme garantie par l'assurance et met ce droit à la charge des assurés. Une ordonnance du 29 avr. 1847, encore en vigueur, a réglé le droit de commission à percevoir par les courtiers de Paris à 7 1/2 pour 100 de la prime de la somme assurée et déduction faite des risques. Le payement de ce droit a été mis à la charge exclusive des assureurs.

Des décrets des 31 déc. 1852, 24 juill. 1857, 7 nov. 1858 et 8 mai 1877 ont fixé pour les places de Nantes, Dieppe, Morlaix et Rouen le montant des droits de courtage à percevoir par les courtiers d'assurances (J. Fabre, n° 240).

293. — II. Courtiers maritimes. — On a reproduit au *Rép.* n° 129, un rapport au Roi du 15 nov. 1835 et une ordonnance du 14 novembre suivant, relatifs à la fixation des émoluments des courtiers maritimes. — Un arrêt récent (Req. 2 mai 1887, aff. John Smith, D. P. 87. 1. 300) a précisé la portée des dispositions de cette ordonnance en ce qui concerne les émoluments afférents à la conduite du navire : « Attendu, porte cet arrêt, que l'ensemble des opérations qui constituent la conduite est considéré par la loi, et notamment par l'ordonnance du 14 nov. 1835, art. 2, n° 1, comme indivisible; que ces opérations ne peuvent être accomplies utilement que si elles le sont en totalité; que la loi ne considère pas chaque acte de la conduite isolément pour le rétribuer; que, d'une part, à la différence de la traduction des documents écrits, qui est une attribution distincte tarifée à part, le truchement est compris dans le service de la conduite, sans être l'objet d'une taxe spéciale, et que, d'autre part, la conduite donne au courtier droit à une rémunération unique pour l'ensemble des actes qui la constituent ». En conséquence, le même arrêt décide que le courtier maritime doit toucher le droit de conduite dans son intégralité, alors même qu'il n'a été employé que pour interpréter oralement une déclaration faite sous serment, par un capitaine et deux matelots étrangers, sur la demande de la douane, relativement à la provenance directe d'une partie du chargement.

294. Les droits des courtiers maritimes dans les différents ports de France ont été fixés sur ces bases par un grand nombre d'ordonnances ou de décrets. A ceux qui ont été indiqués au *Rép.* n° 529, on doit ajouter : l'ordonnance des 19-29 janv. 1847 pour les port de Nantes et de Paimbœuf, celle des 9 juin-17 juill. 1847 pour le port de Cette ; celle des 1er-29 sept. 1847 pour le port de Brest, le décret des 9 mai-1er juin 1857 pour le port de Toulon, celui des 26 août-12 sept. 1857 pour le port de Cherbourg, celui des 22-29 mai 1872 pour le port de Bordeaux, celui des 8 mai-27 juill. 1877 pour le port de Rouen, etc. (J. Fabre, n 332).

Plusieurs de ces décrets, notamment celui du 22 mai 1872 pour le port de Bordeaux, imposent au chargeur un droit d'un franc par tonneau de marchandises embarquées au profit de la chambre syndicale des courtiers de Bordeaux. Ce droit constitue non un impôt, mais la rémunération du service rendu par le courtier au chargeur qui a eu recours à son intermédiaire pour conclure le contrat d'affrétement. En conséquence, les affréteurs qui ont traité directement avec l'armateur, ne sont pas assujettis au payement de ce droit, alors même que l'armateur ou le consignataire du navire aurait de son côté, chargé un courtier de l'affrétement du navire (Civ. cass. 14 août 1877, aff. Maury, D. P. 78. 1. 179).

295. Le conseil d'Etat et la cour de cassation ont reconnu la compétence des tribunaux civils pour interpréter les règlements d'administration publique qui établissent les tarifs des droits à percevoir par les courtiers pour l'accomplissement des actes de leur ministère (Cons. d'Et. 26 juin 1874, aff. Lacampagne, D. P. 75. 3. 50; Civ. rej. 14 août 1877, aff. Laffitte, D. P. 78. 1. 9). Mais les motifs invoqués par les deux juridictions, à l'appui de leurs décisions, ne sont pas les mêmes. Le conseil d'Etat se fonde sur ce qu'il appartient à l'autorité judiciaire de statuer, d'une part, par application de la loi des 7-11 sept. 1790, sur les contestations relatives à la perception des taxes établies par l'autorité publique et rentrant dans la catégorie des taxes indirectes; d'autre part, par application des art. 631 et 632 c. com., sur les contestations relatives aux rétributions dues aux courtiers pour leurs opérations de courtage, et sur ce que dès lors, soit que l'on considère les droits dont il s'agit comme une taxe indirecte, soit qu'on les regarde comme des droits de courtage, l'autorité judiciaire est également compétente pour apprécier la légalité des actes qui les ont établis. La cour de cassation, de son côté, s'appuie sur ce que les décrets qui règlent les droits de courtage ne sont pas des actes administratifs mais des règlements ayant un caractère législatif et émanés du Gouvernement en vertu de la délégation que le législateur lui a faite de ses pouvoirs par l'art. 11 de la loi du 28 vent. an 9. On a vu, d'ailleurs, que la cour de cassation considère les droits dont il s'agit non comme une taxe mais comme la rémunération d'un service (Arrêt du 14 août 1877 cité *suprà*, n° 294). — Et elle décide en conséquence, que ces droits ont pu être légalement établis par voie de décret en vertu de la disposition précitée de la loi du 28 vent. an 9 (Req. 23 juill. 1874, aff. Beaumartin, D. P. 75. 1. 62).

296. Le tribunal compétent pour connaître des actions d'un courtier maritime en payement de ses droits et honoraires est le tribunal de commerce du lieu où il réside, où il exerce son ministère et où, d'après les usages du commerce, il doit recevoir le payement de ce qui lui est dû par ses commettants (Bordeaux, 11 mai 1864, aff. Constantin, D. P. 65. 2. 111; Rennes, 15 mars 1864, aff. Maillard, D. P. 64. 5. 196).

La créance du courtier est, en pareil cas, une créance ordinaire qui ne peut se prescrire que par trente ans. Mais ce n'est pas une créance privilégiée (Mollot, n° 846 ; J. Fabre, n° 358).

Art. 8. — *Actions à intenter par les courtiers et contre eux par suite de leurs fonctions* (*Rép.* n° 542).

297. Les principes qui ont été exposés au sujet des actions à intenter par les agents de change et contre eux doivent, ainsi que nous l'avons dit (*Rép.* n° 543), recevoir leur application à l'égard des courtiers privilégiés (V. *suprà*, nos 209 et suiv.).

Art. 9. — *Chambre syndicale. — Attributions* (*Rép.* nos 543 à 547).

298. Un décret du 5 janv. 1867 (D. P. 67. 4. 28) a réuni sous la juridiction d'une seule chambre syndicale les courtiers d'assurances, les courtiers interprètes et conducteurs de navires et les agents de change autres que ceux institués près des bourses départementales pourvues d'un parquet.

D'après l'art. 2 du décret, le nombre des membres composant la chambre syndicale est fixé comme il suit: sept membres, y compris le syndic, lorsque le nombre des titulaires appelés à nommer la chambre syndicale est de quatorze et au-dessus; cinq membres, y compris le syndic, lorsque le nombre des titulaires est de dix à treize; trois membres y compris le syndic, lorsque le nombre des titulaires est de six à neuf. Lorsque le nombre des titulaires est inférieur à six, le tribunal de commerce remplit les fonctions de chambre syndicale.

299. Les attributions des chambres syndicales sont spécifiées dans les règlements que les compagnies de courtiers sont, ainsi que nous l'avons vu (*Rép.* n° 545), autorisées à faire et à soumettre à l'approbation du Gouvernement. Nous nous bornerons à indiquer les principales de ces attributions.

300. La chambre syndicale représente la compagnie dans les actions qu'elle intente ou auxquelles elle défend (J. Fabre, n° 199). Elle peut, comme nous l'avons dit précédemment, dénoncer les délits de courtage clandestin qui viennent à sa connaissance, et se porter partie civile lorsque le ministère public poursuit sur sa dénonciation (Arrêt du 11 sept. 1847 cité *suprà*, n° 279).

301. Les attributions disciplinaires de la chambre syndicale sont de plusieurs sortes.

Elle donne son avis sur les candidats présentés pour remplir les fonctions de courtiers en remplacement d'un titulaire démissionnaire ou décédé.

Elle statue sur les contestations qui s'élèvent entre deux membres de la compagnie relativement à l'exercice de leurs fonctions. Le cours légal des primes d'assurances est constaté officiellement par les courtiers réunis, sous le contrôle des chambres syndicales qui jugent aussi les réclamations que peut soulever cette rédaction (J. Fabre, n° 221).

302. Les chambres syndicales des courtiers maritimes constatent, conformément aux prescriptions de l'art. 26 de l'arrêté du 27 prair. an 10, les cours du fret ou nolis.

303. Les chambres syndicales ont le devoir de veiller à ce que chaque membre de la compagnie remplisse exactement les fonctions que la loi lui confère, et d'exercer sur tous les membres une juridiction disciplinaire. L'exercice de cette juridiction est fixé par les règlements intérieurs de chaque compagnie. Nous avons indiqué plus haut, à titre d'exemple, les principales dispositions du règlement des courtiers d'assurances de Paris.

304. La chambre syndicale prononçant disciplinairement, juge sans appel. Mais le droit de défense doit être respecté (Morin, *Discipline des cours et tribunaux*, n° 453; J. Fabre, n° 200). Il a été jugé, par application de ce principe, que la décision d'un tribunal de commerce statuant disciplinairement comme chambre syndicale des courtiers n'est pas susceptible d'appel même pour incompétence ou excès de pouvoir, et que, dans ce cas, elle ne pourrait être attaquée que par la voie du recours en cassation (Douai, 28 juin 1877, aff. Sellier, D. P. 77. 2. 240).

SECT. 2. — DES COURTIERS DE MARCHANDISES ASSERMENTÉS AU TRIBUNAL DE COMMERCE.

305. La loi du 18 juill. 1866 a déclaré libre la profession de courtier de marchandises. Ces courtiers ont donc aujourd'hui le caractère de simples commerçants. Toutefois, la loi précitée a maintenu, pour exercer quelques-unes des attributions autrefois confiées aux courtiers de marchandises privilégiées, une classe spéciale de courtiers désignés sous le nom de *courtiers inscrits ou assermentés*, dont il est nécessaire de déterminer exactement le caractère et les fonctions.

ART. 1er. — *Conditions et mode de nomination.—Installation.*

306. La liste des courtiers assermentés est dressée par le tribunal de commerce (L. 18 juill. 1866, art. 2). Dans les villes où il n'existe pas de tribunal de commerce, elle doit être dressée par le tribunal civil (Circ. min. com. 20 nov. 1866).

Le législateur, ainsi que le constate l'exposé de motifs de la loi (D. P. 66. 4. 120, n° 7), a pensé « qu'une délégation donnée par le tribunal pour chaque vente publique à laquelle il serait nécessaire de procéder entraînerait des lenteurs, des pertes de temps et des frais », et il a voulu les éviter au commerce en chargeant le tribunal de dresser chaque année un tableau où il placera les plus dignes, ceux qui, par leur expérience et leur moralité notoires, lui inspireront le plus de confiance et parmi lesquels les parties pourront toujours choisir. La désignation accidentelle d'un courtier pour procéder à une vente publique n'est confiée au président du tribunal de commerce que dans le cas où une liste n'a pas été formée (art. 4).

307. Le nombre des courtiers assermentés n'est pas limité. Mais, pour être portés sur la liste, les courtiers doivent, aux termes de l'art. 2, justifier de leur moralité au moyen d'un certificat délivré par le maire, de leur capacité professionnelle, au moyen de l'attestation de cinq commerçants électeurs consulaires, ou, s'il n'y a pas de tribunal de commerce dans la localité, de cinq des principaux négociants de la place; et enfin du payement, une fois effectué, d'un droit d'inscription qui varie suivant l'importance commerciale de la place. Ce droit a été fixé, ainsi que nous l'avons vu (*suprà*, n° 20) par un décret du 22 déc. 1866 pour les différentes places de commerce où il existait des offices de courtiers de marchandises supprimés par la loi du 18 juill. 1866. Il varie de 3000 fr. à 1000 fr. Aux termes de ce décret, le droit d'inscription doit être déterminé pour les autres places, sur la demande du tribunal de commerce après avis de la chambre de commerce et du préfet. On a indiqué (*suprà*, n° 19), les décrets qui ont successivement fixé ce droit pour les places de Versailles, Roubaix, Dijon et Nancy.

308. L'obligation de payer le droit d'inscription doit cesser lorsque sera amortie l'avance que le Trésor a dû faire pour indemniser les titulaires d'offices dépossédés (art. 2, 17, 18 et 19).

Il ne suffit pas pour être inscrit sur la liste de remplir les conditions qui viennent d'être indiquées. Le tribunal est seul juge de l'admission, et sa décision n'est susceptible d'aucun recours.

Dans la huitaine qui suit son inscription, le courtier inscrit prête, devant le tribunal, serment de remplir avec honneur et probité les devoirs de sa profession.

309. Les courtiers de marchandises ne pouvaient, antérieurement à la loi du 18 juill. 1866, s'associer entre eux pour l'exploitation de leurs charges; la nullité d'une semblable association était absolue, et il a été jugé, qu'elle subsistait même, après la loi de 1866, à ce point que cette association ne pouvait produire aucun effet (Trib. com. Seine, 23 juill. 1868, aff. Quatravaux, D. P. 71. 3. 69). Il n'en serait plus de même aujourd'hui, et une association pourrait être valablement formée entre deux courtiers. Toutefois, M. J. Fabre pense avec raison qu'un courtier assermenté ne pourrait contracter d'association qu'avec un autre courtier assermenté.

Aucun individu en état de faillite, ayant fait abandon de biens ou atermoiement sans s'être depuis réhabilité, ou ne jouissant pas des droits de citoyen français, ne peut être inscrit sur la liste des courtiers assermentés (art. 2).

ART. 2. — *Caractères des fonctions des courtiers assermentés.*

310. Les courtiers assermentés sont des commerçants et sont soumis, comme tels, à toutes les obligations imposées aux commerçants. Dans l'exercice de leurs fonctions habituelles, ils n'ont pas le caractère d'officiers publics. Toutefois, lorsqu'ils interviennent pour la constatation du cours officiel des marchandises et pour les ventes publiques, ainsi que les y autorise la loi de 1866, ils sont pour ce cas spécial, suivant les expressions de l'exposé des motifs, investis d'un caractère public par la délégation qu'ils reçoivent du tribunal de commerce. Ce caractère leur a été reconnu par un arrêt de la cour de Paris du 11 janv. 1881 (V. *infrà*, n° 320).

311. La disposition de l'art. 89 c. com., d'après laquelle le courtier qui a fait faillite doit être poursuivi comme banqueroutier, est exclusivement applicable aux courtiers qui ont d'une manière permanente le caractère d'officiers publics, et ne doit pas être étendue aux courtiers assermentés qui n'exercent qu'accidentellement des fonctions publiques (J. Fabre, n° 367).

ART. 3. — *Attributions des courtiers assermentés.*

312. Les attributions réservées aux courtiers assermentés sont énumérées dans les art. 4, 5 et 9 de la loi du 18 juill. 1866. Elles comprennent les ventes publiques, dans les divers cas où la loi les a confiées aux courtiers, l'estimation des marchandises déposées dans les magasins généraux, la fixation du cours légal des marchandises.

313. — I. VENTES PUBLIQUES MOBILIÈRES. — L'art. 4 de la loi de 1866 dispose que les ventes publiques de marchandises aux enchères et en gros qui, dans les divers cas prévus par la loi, doivent être faites par un courtier, ne peuvent être confiées qu'à un courtier inscrit.

314. Ainsi qu'on l'a vu au *Rép.* vis *Vente publique de marchandises neuves*, nos 80 et 84; *Vente publique de meubles*, n° 47, les courtiers de commerce ont seuls le droit de procéder aux ventes volontaires aux enchères et en gros des marchandises qui sont énumérées dans le tableau annexé à la loi du 28 mai 1858, et modifié depuis par les décrets du 8 mai 1861 et du 30 mai 1863 (D. P. 61. 4. 61 et 63. 4. 122). Ce dernier décret leur réserve également d'une manière exclusive la vente aux enchères et en gros de toutes les marchandises exotiques quelconques destinées à la réexportation. Enfin les ventes sur protêt de warrant doivent leur être exclusivement confiées, en vertu de l'art. 7 de la loi du 28 mai 1858 sur les magasins généraux (D. P. 58. 4. 69).

315. Les courtiers ne peuvent jamais procéder aux ventes publiques par autorité de justice après saisie-exécution, qui rentrent dans les attributions des commissaires priseurs et des huissiers (Req. 18 juin 1850, aff. Courtiers de commerce de Bordeaux, D. P. 50. 1. 187). La même interdiction s'applique à la vente aux enchères ordonnée par le tribunal à la suite de la résolution d'un marché, à la requête d'un créancier en vertu de son droit de rétention, et comme moyen d'arriver à l'exécution d'un jugement, cette vente ayant le caractère d'une vente forcée (Rouen, 10 juill. 1882, aff. Moussard, D. P. 83. 2. 179). Il est également interdit aux courtiers de procéder à la vente au détail de marchandises et aux ventes de meubles ou d'effets mobiliers (*Rép.* v° *Vente publique de marchandises neuves*, n° 80).

316. Aux termes de l'art. 1er de la loi du 3 juill. 1861 (D. P. 61. 4. 106), les courtiers assermentés peuvent être désignés pour procéder aux ventes aux enchères et en gros des marchandises de toute espèce et de toute provenance ordonnées ou autorisées par justice après décès ou cessation de commerce, et dans tous les autres cas de nécessité laissés à l'appréciation des tribunaux. Mais il appartient toujours au tribunal de désigner pour procéder à la vente une autre classe d'officiers publics.

317. Les courtiers peuvent également procéder, en concurrence avec les commissaires-priseurs, huissiers, greffiers et notaires, aux ventes après acceptation de succession d'un commerçant sous bénéfice d'inventaire (*Rép.* v° *Vente publique de marchandies neuves*, n° 88), aux ventes de marchandises ou objets mobiliers après protêt de nantissement aux termes de l'art. 93 c. com. tel qu'il a été modifié par la loi du 23 mai 1863 (D. P. 63. 4. 73), enfin aux ventes de marchandises après faillite soit en gros soit en détail (*Rép.* v° *cit.*, n° 84). Dans ce dernier cas, le courtier assermenté peut être désigné pour procéder à la vente des marchandises du failli non seulement dans la ville où il exerce sa profession, mais dans toutes les localités du ressort du tribunal de commerce près duquel il est assermenté pourvu qu'il n'existe pas dans cette localité de courtiers inscrits.

318. Des conflits d'attributions se sont plusieurs fois élevés entre les courtiers et les facteurs aux halles préposés à la vente à la criée des comestibles et denrées alimentaires fraîches. La profession des facteurs, ainsi que l'a reconnu la jurisprudence (Req. 27 janv. 1852, aff. Teinturier, D. P. 52. 1. 219 ; Paris, 5 mars 1881, aff. Terrade, D. P. 82. 2. 39) ne constitue « ni une fonction publique, ni un office ministériel, mais une simple agence de commission » (V. *Rép.* v° *Halles et marchés*, n°s 80 et suiv.). La loi du 25 juin 1841, qui interdit les ventes en détail et à cri public des marchandises neuves, excepta de cette interdiction dans son art. 2 les ventes de comestibles et d'objets de peu de valeur. Cette exception avait été introduite, ainsi que le constatait l'exposé des motifs, en faveur des facteurs chargés dans les marchés de certaines villes, en vertu de règlements particuliers, de vendre à la criée des comestibles. Il semblait résulter de l'art. 6 de cette loi, qui réservait formellement aux courtiers les ventes en gros, que les facteurs ne pouvaient vendre les comestibles qu'en détail ou au demi-gros (J. Fabre, n° 445). Cependant le décret du 22 janv. 1878 (D. P. 78. 4. 24) qui a consacré la liberté du factorat a autorisé les facteurs à procéder aux ventes publiques et en gros de denrées alimentaires. Cette disposition ne souffre aucune difficulté lorsqu'il s'agit de la vente des denrées fraîches qui ne figurent pas au tableau annexé au décret de 1863, et sur lesquelles les courtiers ne peuvent, par conséquent, prétendre aucun privilège. Mais il n'en est pas de même pour les denrées inscrites à ce tableau. Un jugement du tribunal civil de la Seine du 17 mai 1882 (*Gazette des tribunaux* du 18 mai 1882) a déterminé sur ce point les attributions respectives des facteurs et des courtiers assermentés. Il autorise les premiers à vendre, même en gros, toutes les denrées alimentaires sans distinction, qu'elles soient ou non inscrites au tableau, sous la double condition que la vente ait lieu sur le carreau des halles, et que les marchandises soient présentes. Il leur interdit absolument les ventes sur échantillon des denrées non déposées dans l'intérieur des halles, ainsi que les ventes ordonnées par justice, que la loi du 3 juill. 1861 réserve aux courtiers et aux autres officiers publics que le tribunal juge convenable de désigner, et auxquelles les facteurs qui n'ont aucun caractère public ne peuvent en aucun cas procéder.

319. Les décrets du 12 mars 1859 (D. P. 59. 4. 20) et du 30 mai 1863 énumèrent les formalités antérieures à la vente, que doivent remplir les courtiers chargés d'y procéder. Ils sont tenus : 1° de faire, avant la vente, une déclaration sur timbre au bureau de l'enregistrement du lieu dans lequel il doit y être procédé; 2° d'annoncer la vente publique par voie d'affiches et d'insertions dans les journaux; 3° de faire exposer les marchandises deux jours au moins avant la vente, à peine de nullité qui peut être prononcée même d'office (Paris, 10 août 1861, aff. Durand, D.P. 62. 2. 68); 4° de diviser par lots les marchandises à vendre: la valeur des lots pour chacune des marchandises comprises dans le tableau annexé au décret du 30 mai 1863 a été déterminée par un arrêté ministériel du même jour (J. Fabre, n° 411); 5° enfin de dresser le catalogue des marchandises mises en vente. Après la vente, un procès-verbal doit être dressé par le courtier, qui est tenu d'en transcrire les principales mentions sur un registre ou répertoire timbré, coté et paraphé par le président du tribunal civil.

320. On a examiné au *Rép.* v° *Vente publique de marchandises neuves*, n° 89, la question de savoir si les tribunaux de commerce sont compétents pour statuer sur les contestations qui peuvent s'élever entre les courtiers et les divers officiers ministériels ou toutes autres personnes au sujet de leurs attributions respectives en matière de ventes. Un arrêt de la cour d'appel de Paris du 11 janv. 1881 (1) a décidé que ces contestations rentrent dans la compétence des tribunaux civils.

321. — II. Estimation des marchandises déposées dans les magasins généraux. — Aux termes de l'art. 5 de la loi du 18 juill. 1866, les courtiers peuvent être requis, à défaut d'experts désignés par les parties, pour l'estimation des marchandises déposées dans les magasins généraux. Cette attribution n'est pas exclusivement réservée aux courtiers assermentés; mais, d'après l'exposé des motifs de la loi, ils ne peuvent refuser d'obtempérer à cette réquisition lorsqu'elle leur est adressée (D. P. 66. 4. 120, n° 8) (V. conf. J. Fabre, n° 420). Les termes formels de l'exposé des motifs nous paraissent condamner l'opinion suivant laquelle le courtier requis pourrait se soustraire à cette obligation en établissant que les marchandises à estimer ne sont pas de celles dont il s'occupe habituellement (V. Bivort et Turlin, *Courtage de marchandises*, p. 109).

322. — III. Constatation du cours légal des marchandises. — L'art. 78 c. com. charge les courtiers ainsi qu'on l'a vu au *Rép.* n° 456, de constater le cours des marchandises. La liberté du courtage, qui semblait devoir dé-

(1) (Bellone.) — La cour; ... — Considérant qu'après avoir, dans son art. 1er, posé le principe de la liberté du courtage, la loi du 18 juill. 1866 a organisé, par ses art. 2 et 3, une corporation spéciale de courtiers; que, selon les termes employés par le rapporteur de la loi, ces courtiers sont, par suite de la délégation du tribunal de commerce, investis du caractère public qu'exige la loi de l'an 7, et ce, pour les opérations qui lui sont attribuées; que Bellone agit, dans l'instance, comme président de la corporation des courtiers, habilités selon les prescriptions de la loi susvisée; — Considérant qu'en cette qualité il a donné aux appelants facteurs aux halles, assignation devant le tribunal de la Seine, pour, premièrement, se voir faire défense de procéder à la vente publique en gros de marchandises neuves ou denrées alimentaires non présentes sur le carreau des halles; deuxièmement s'entendre condamner : 1° pour l'avenir à payer 1000 fr. à titre de dommages-intérêts à raison de chaque contravention constatée; 2° à payer 10000 fr. à titre de dommages-intérêts pour le préjudice causé antérieurement; — Considérant que cette demande a pour cause la revendication d'une attribution de cette nature de vente publique que l'intimé ès-noms prétend avoir été faite par la loi du 18 juill. 1866 aux courtiers, habilités, à l'exclusion de tous autres délégataires de l'autorité publique, notamment des facteurs aux halles; qu'il allègue que le privilège de ces derniers doit se restreindre à la vente publique des comestibles frais présents sur le carreau des halles sans insertion ni affiches préalables; — Que l'intimé ès-noms demande donc la réparation du dommage qu'il allègue lui avoir été causé par les appelants à raison de leur immixtion, selon lui illicite, dans des actes attribués au ministère de service public dont sa corporation serait investie par les lois du 22 pluv. an 7 et 18 juill. 1866; — Considérant qu'en l'état des prétentions des parties elles n'agissent ni comme commerçants, ni à raison d'un acte de commerce, mais comme délégataires de l'autorité publique pour des actes qui seraient attribués à cette qualité et pour fixer leurs attributions légales; que, dans ces circonstances, le tribunal civil était seul compétent pour connaître du délit ou quasi-délit civil imputé aux appelants; ...

Par ces motifs, etc.

Du 11 janv. 1881.-C. de Paris.

truire les garanties résultant à la fois du caractère public et de l'expérience des courtiers, a obligé le législateur à pourvoir à cette constatation. Aux termes de l'art. 9 de la loi du 18 juill. 1866, elle doit être faite par les courtiers inscrits, réunis, s'il y a lieu, à un certain nombre de courtiers non inscrits et de négociants de la place, dans la forme prescrite par un règlement d'administration publique. Ce règlement, publié le 22 déc. 1866 (V. *suprà*, n° 20), n'autorise l'adjonction de courtiers non inscrits et de négociants que dans le cas où les courtiers inscrits ne représenteraient pas suffisamment tous les genres de commerce ou d'opérations qui se pratiquent sur la place. Cette adjonction, d'après le décret précité, est décidée, après avis de la chambre syndicale, par la chambre de commerce qui fixe le nombre des courtiers non inscrits et des négociants qui devront faire partie de la réunion, et les désigne. Les courtiers non inscrits et les négociants désignés ne restent en fonctions que pendant un an, et ne peuvent être réélus qu'après un an d'intervalle. La chambre de commerce détermine les marchandises dont le cours doit être constaté, ainsi que les jours et les heures où la constatation doit avoir lieu. Cette constatation est faite, pour chaque spécialité de marchandises, par les membres de la réunion qui la représentent réunis en section. Les réclamations auxquelles donne lieu la réduction du cours sont jugées par la chambre syndicale, et, s'il n'y a pas de réclamations, le cours est affiché à la Bourse.

ART. 4. — *Obligations des courtiers assermentés.*

323. Indépendamment des obligations imposées aux courtiers assermentés par leur double qualité de commerçants et de mandataires des parties, ils sont assujettis, pour les opérations qui leur sont réservées, à des obligations spéciales.

Ils doivent tenir, outre les livres imposés à tout commerçant, un registre spécial sur lequel doivent être mentionnées, jour par jour et par ordre de dates, sans ratures, interlignes, ni transpositions, et sans abréviation ni chiffres, les indications relatives aux ventes publiques faites par leur intermédiaire. Ils doivent également tenir, aux termes de l'art. 11 de la loi du 16 juin 1824, ainsi qu'on l'a vu au *Rép.* n° 129, un répertoire des procès-verbaux des ventes publiques auxquelles ils procèdent et des actes faits en conséquence de ces ventes; ce répertoire doit être soumis, tous les trimestres, au visa des receveurs de l'enregistrement, d'après une décision ministérielle du 9 août 1867 et une instruction administrative du 15 janv. 1868. Nous avons indiqué précédemment les formalités auxquelles ils sont astreints lorsqu'ils procèdent à des ventes publiques.

ART. 5. — *Responsabilité des courtiers assermentés.*

324. Le courtier assermenté est tenu de remplir avec la plus grande exactitude les fonctions qui lui sont confiées, et des sanctions disciplinaires pénales et civiles sont attachées à l'accomplissement de ses devoirs. Le règlement des courtiers assermentés près le tribunal de commerce de la Seine prononce la peine de l'avertissement contre le courtier qui ne se sera pas présenté à son tour d'inscription pour la constatation du cours des marchandises, et la peine de la radiation temporaire contre le courtier qui manque à l'observation des lois et règlements qui régissent sa profession (J. Fabre, n° 433).

La même peine est prononcée contre le courtier qui ne tient pas régulièrement le registre spécial des opérations dont il est chargé.

325. L'art. 7 de la loi du 18 pluv. an 7 frappe d'amendes de 15 à 100 fr. les contraventions que peuvent commettre les officiers publics chargés des ventes publiques de meubles. Ces dispositions sont toujours applicables aux courtiers, aux termes de l'art. 2 de la loi du 28 mai 1858.

326. Une amende de 10 fr. est prononcée par l'art. 10 de la loi du 16 juin 1824 contre le courtier qui n'a pas fait enregistrer le procès-verbal dans les dix jours de la vente. Le courtier coupable d'avoir, sans autorisation de la justice consulaire, vendu aux enchères publiques des marchandises non portées au tableau officiel, d'avoir, dans des ventes aux enchères non autorisées ou ordonnées par la justice vendu des marchandises désignées au tableau par lots inférieurs au minimum fixé soit par la loi, soit par le juge, ou d'avoir, en procédant à une vente aux enchères pour cessation de commerce autorisée par le tribunal de commerce, formé des lots inférieurs au minimum maintenu par le jugement d'autorisation, se rend passible d'une amende de 50 à 3000 fr. édictée par l'art. 7 de la loi du 25 juin 1841 (Crim. rej. 15 juill. 1876, aff. Bustaret, D. P. 77. 1. 94).

Mais, dans les cas mêmes où l'inobservation des formalités exigées par la loi n'entraîne pas de conséquences pénales, elle peut, si elle a causé un préjudice imputable aux courtiers, donner lieu à des réparations civiles. Tel serait le cas où le courtier aurait omis de faire afficher ou annoncer une vente publique, et aurait, par suite, éloigné les acheteurs (J. Fabre, n° 437).

327. Aux termes de l'art. 6 de la loi du 15 juill. 1866, il est interdit au courtier chargé de procéder à une vente publique ou à l'estimation de marchandises déposées dans un magasin général, de se rendre acquéreur pour son compte des marchandises dont la vente ou l'estimation lui a été confiée. Mais, contrairement au texte du projet primitif, il lui est permis de se rendre acquéreur pour le compte d'un tiers. Le courtier qui contrevient à cette disposition encourt la radiation de la liste des courtiers avec interdiction d'y être inscrit de nouveau, sans préjudice de l'action des parties en dommages-intérêts. La radiation est prononcée par le tribunal de commerce statuant disciplinairement et sans appel, soit sur la plainte d'une partie intéressée, soit d'office.

ART. 6. — *Droits et émoluments des courtiers assermentés.*

328. Le privilège de procéder aux ventes publiques constitue pour les courtiers assermentés un droit privatif qu'il leur appartient de faire respecter ; et ils sont fondés à demander aux tribunaux des réparations civiles contre ceux qui procèdent sans droit aux ventes publiques que la loi leur réserve.

Quant à la pénalité applicable à ceux qui procèdent indûment à ces ventes, il n'est pas sans difficulté de la déterminer. A l'égard des courtiers de marchandises, ils ne peut être question, depuis la loi de 1866, de courtage clandestin; d'ailleurs, l'art. 8 de la loi du 28 vent. an 9, qui frappe ce délit d'une amende basée sur le chiffre du cautionnement, serait inapplicable, puisque les courtiers assermentés ne déposent pas de cautionnement. M. J. Fabre, n° 446, propose d'appliquer à l'individu qui procéderait sans qualité à une vente publique réservée au ministère des courtiers les dispositions de l'art. 258 c. pén., qui punissent d'un emprisonnement de deux à cinq ans quiconque se sera immiscé sans titre dans des fonctions publiques civiles et militaires, ou aura fait les actes d'une de ces fonctions. Il invoque à l'appui de cette interprétation deux arrêts, l'un de la cour de Rouen du 11 déc. 1840, l'autre de la cour de Bourges du 19 janv. 1848 rapportés au *Rép.* v° *Fonctionnaire public*, n° 119, et qui ont déclaré l'article précité applicable, le premier à l'individu qui, sans être officier public, vend des récoltes publiquement et aux enchères, le second au clerc de notaire, qui en l'absence du notaire, procède en son lieu et place à une vente de mobilier.

329. Lorsque les courtiers assermentés procèdent à des ventes publiques ou à l'estimation de marchandises placées dans un magasin général, ils peuvent, aux termes de l'art. 8 de la loi de 1866, réclamer les droits fixés pour chaque localité par le ministre du commerce après avis de la chambre et du tribunal de commerce.

330. Les droits alloués pour les ventes publiques aux courtiers de chaque localité varient de 1/2 à 1 1/2 pour 100 du prix de la vente (J. Fabre, n° 448). L'art. 14 du décret du 12 mars 1859 disposait que le courtier requis pour procéder à une estimation de marchandises n'aurait jamais droit qu'à une vacation fixée à 25 fr. L'art. 5 de la loi de 1866 décide que le courtier pourra, s'il y a lieu, réclamer plusieurs vacations, et confie, en cas de contestation, au président du tribunal de commerce, statuant sans recours et sans frais, le soin d'allouer au courtier, lorsqu'il le jugera équitable, une ou plusieurs vacations supplémentaires.

Aucun émolument n'est attaché à la fixation du cours des

marchandises, qui n'est rémunérée qu'au moyen de jetons de présence dont le taux est déterminé par les règlements intérieurs de la chambre syndicale.

Quant aux simples opérations de courtage que font les courtiers assermentés, leurs émoluments ne sont pas fixés par la loi. La liberté du courtage entraîne, en effet, pour les parties la faculté de débattre librement le taux du courtage.

ART. 7. — *Chambres syndicales des courtiers assermentés.*

331. Les courtiers assermentés forment dans chaque place où ils sont inscrits une compagnie représentée par une chambre syndicale; ils sont tenus de se soumettre à la juridiction de cette chambre, en tout ce qui se rapporte à la discipline de leur profession (L. 18 juill. 1866, art. 2). En cas d'insuffisance du nombre des courtiers assermentés, les fonctions de la chambre syndicale sont remplies par le tribunal de commerce et, à son défaut, par le tribunal civil.

L'organisation et les pouvoirs de la chambre syndicale sont déterminés par des règlements particuliers dressés par le tribunal de commerce et soumis à l'approbation du ministre du commerce. La chambre syndicale des courtiers assermentés de Paris a été constituée par un règlement du tribunal de commerce de la Seine du 15 déc. 1866 (V. le texte de ce règlement, J. Fabre, t. 2, p. 370).

332. Les chambres syndicales peuvent prendre les mesures nécessaires pour faciliter les transactions commerciales et protéger les droits et privilèges des courtiers assermentés. Par suite, il a été décidé qu'une chambre syndicale agit dans la limite de ses attributions lorsqu'en l'absence de tout édifice affecté à la tenue de la Bourse, elle ordonne l'affichage du tableau des courtiers assermentés dans les cafés où les négociants se réunissent habituellement pour leurs opérations; et qu'un courtier n'a pas le droit de se soustraire personnellement à l'accomplissement de cet acte réglementaire (Req. 17 mai 1881, aff. Berthot, D. P. 82. 1. 102).

333. Les peines disciplinaires qui peuvent être prononcées par les chambres syndicales, sont, aux termes de l'art. 3 de la loi de 1866, l'avertissement, la radiation temporaire et la radiation définitive. D'après le même article, les décisions des chambres syndicales peuvent être déférées au tribunal de commerce par voie de simple requête adressée aux présidents et membres de ce tribunal. L'action disciplinaire pourrait s'exercer notamment contre un courtier qui refuserait de payer les cotisations dues à la bourse commune. Mais la chambre syndicale n'aurait pas qualité pour prononcer contre lui, de ce chef, une condamnation pécuniaire; la juridiction ordinaire serait seule compétente à cet effet (Bordeaux, 10 mai 1876) (1).

SECT. 3. — DES COURTIERS DE MARCHANDISES LIBRES.

ART. 1er. — *Opérations des courtiers de marchandises libres.*

334. L'art. 1er de la loi du 18 juill. 1866 dispose qu'à partir du 1er juin 1867 toute personne est libre d'exercer la profession de courtier de marchandises. Les courtiers de marchandises ne sont donc aujourd'hui que de simples commerçants, et ils ne sont tenus de remplir, pour être admis à exercer leur profession, d'autres conditions que celles que la loi exige de tout commerçant.

335. Le *Manuel des courtiers de commerce*, n° 142, définit le courtage des marchandises la transmission d'un commerçant à un autre par un tiers de la demande ou de l'offre d'une valeur d'échange quelconque, puis le rapprochement opéré entre le vendeur et l'acheteur, enfin la conclusion du marché.

Le contrat formé entre le courtier et la partie pour laquelle il agit est un contrat commercial. Il peut, en conséquence, être constaté par tous les modes de preuve qui sont énumérés dans l'art. 109 c. com. Le contrat intervenu entre les parties se prouve de la même façon et, notamment, par le bordereau du courtier dûment signé par les parties. Mais la seule signature du courtier serait insuffisante pour constater le lien de droit, quels que puissent être les usages commerciaux; et les bordereaux des courtiers doivent nécessairement, et pour faire preuve de l'engagement, être signés par les parties elles-mêmes (Alger, 2 nov. 1874, aff. Kanouï, D. P. 76. 2. 202).

336. La liberté du courtage donne aux courtiers de marchandises le droit d'ajouter aux opérations de courtage toutes les opérations qui leur conviennent. Ils peuvent être négociants, banquiers, commissionnaires, représentants de maisons de commerce, dépositaires de marchandises (J. Fabre, nos 483 et suiv.).

Ils peuvent également, sous la restriction qui résulte de l'art. 7 de la loi du 15 juill. 1866, faire des affaires pour leur propre compte.

ART. 2. — *Obligations des courtiers de marchandises libres.*

337. Les courtiers de marchandises libres ne sont soumis qu'aux obligations imposées aux commerçants sauf la restriction résultant de l'art. 7 de la loi de 1866 qui, ainsi qu'on le verra, leur interdit d'avoir un intérêt personnel dans les affaires dont ils sont chargés.

338. Ils sont soumis à la patente qui, comme celle des courtiers officiers publics, se compose d'après la loi du 15 juill. 1880: 1° d'un droit fixe réglé en raison de la population et qui varie de 50 à 200 fr. de taxe déterminée et de 5 à 10 fr. de taxe par chaque employé, selon la population de la ville; 2° d'un droit proportionnel qui est du dixième de la valeur locative.

339. Comme mandataires ils sont soumis aux obligations résultant du mandat. Vis-à-vis de ses clients, dit M. Mollot, n° 831, le courtier ne répond de l'accomplissement du mandat que dans la mesure fixée par les art. 1991 et suiv. c. civ., et l'application de cette responsabilité du droit commun est subordonnée aux circonstances et remise à l'appréciation des tribunaux.

340. L'art. 86 c. com. défend aux courtiers de se rendre garants des marchés dans lesquels ils s'entremettent. La liberté du courtage n'a pas modifié cette règle; et il est toujours vrai, d'après les usages du commerce antérieurement établis, que les courtiers se bornent à faire contracter les parties sans s'engager eux-mêmes, et que les parties ne comptent pas sur l'engagement personnel des courtiers.

Il a été décidé, en conséquence, sous l'empire de la loi de 1866, que le droit de courtage est acquis à un courtier aussitôt après la conclusion du marché pour lequel il s'est entremis, son mandat devant alors être considéré comme rempli, alors même que l'exécution du marché n'aurait pas lieu par le fait du vendeur ou de l'acheteur, ou même d'un commun accord (Paris, 2 mai 1874, aff. Raffinerie parisienne, D. P. 77. 2. 45). Il paraît, toutefois, qu'à Marseille, d'après les usages du commerce local, les droits de courtage

(1) (Bustaret C. Chambre syndicale des courtiers.) — LA COUR; — Attendu que le sieur Bustaret est actionné par la chambre syndicale des courtiers de marchandises pour s'entendre condamner à lui payer une somme de 250 fr. qu'il lui devrait conformément aux délibérations prises par l'assemblée générale des courtiers, et qui serait composée, savoir: d'un droit d'entrée de 100 fr. et de trois annuités de 50 fr. destinés à la bourse commune; que, d'après la chambre syndicale, Bustaret ayant été inscrit comme courtier en 1872, se trouve par ce seul fait débiteur de la somme qui lui est réclamée; — Attendu que cette demande est une action civile soumise à la juridiction ordinaire; qu'on ne peut, en effet, voir dans le refus ou le retard de Bustaret à payer le droit d'entrée et les annuités à sa charge, une contestation entre courtiers relativement à l'exercice de leur profession, le payement d'une cotisation n'ayant à aucun point de vue le caractère d'un acte professionnel dans le sens de la loi du 29 vent. an 9; — Attendu, d'autre part, que, si le refus peut donner lieu à une action disciplinaire, cette action n'est pas engagée actuellement; que la juridiction disciplinaire ne peut, d'ailleurs, statuer sur des réparations civiles; — Attendu, dès lors, que la loi du 29 vent. an 9 et la loi du 18 juill. 1866 sont inapplicables dans la cause; que c'est à bon droit que les premiers juges ont vu, dans la demande qui leur était soumise, une contestation purement civile, et qu'ils se sont déclarés compétents pour en connaître;

Par ces motifs, confirme.

Du 10 mai 1876.-C. de Bordeaux, 1re ch.-MM. Izoard, pr.-Fortier-Maire, av. gén.-Laroze et Trarieux, av.

ne sont acquis que dans la proportion et au fur à mesure des livraisons de marchandises (J. Fabre, n° 497).

341. L'arrêt du 2 mai 1874, cité *suprà*, n° 340, a jugé que les courtiers sont, même depuis la liberté du courtage, irresponsables quant à la suite ou à l'exécution donnée aux marchés traités par leur entremise, sauf dans le cas où ils auraient commis une faute lourde ou un dol en mettant en présence des parties qu'ils savaient n'être pas sérieuses ou solvables.

Mais un courtier commet une faute lourde qui engage sa responsabilité lorsqu'il traite, au nom de son client, avec une personne notoirement incapable d'exécuter le marché proposé et qui cache sa vraie qualité, alors qu'il lui eût été facile d'obtenir des renseignements qui l'eussent éclairé sur la valeur de cette personne. Il en doit être ainsi surtout dans le cas où, les parties étant séparées par de grandes distances et l'opération requérant célérité, le client est obligé d'accorder au courtier une confiance presque absolue (Poitiers, 19 mars 1863, aff. Dimpre, D. P. 63. 2. 214).

Il a été décidé dans le même sens que, si, en principe, le courtier n'est pas garant de l'insolvabilité du commerçant qu'il met en rapport avec un autre commerçant, il n'est pas moins responsable dans les termes du droit commun du préjudice qu'il a pu causer en gardant à dessein le silence sur des faits qui, portés à la connaissance de son commettant, auraient été de nature à modifier ses intentions, et spécialement lorsqu'étant créancier du commerçant dont il n'a pas révélé à son commettant la situation suspecte et les mauvais antécédents, on peut supposer qu'il a obéi à un mobile intéressé et qu'il a cherché à procurer des affaires à ce commerçant afin d'en obtenir payement (Orléans, 21 janv. 1873) (1).

342. Ainsi que nous l'avons dit au *Rép.* n° 251, le courtier n'est pas responsable de la qualité ou de la quantité des marchandises qui font l'objet du marché pour lequel il s'est entremis. Sa responsabilité se trouverait toutefois engagée si une faute était relevée contre lui. Il y aurait faute notamment de la part du courtier qui, chargé de vérifier, au moment de la réception de la marchandise, si elle était conforme à l'échantillon, aurait négligé de se livrer à une vérification sérieuse qui aurait inévitablement amené la découverte de la fausse désignation qu'il avait lui-même donnée jusque-là à la marchandise (Trib. du Havre, 30 juin 1869, et sur pourvoi, Civ. rej. 8 déc. 1869, aff. Theulé, D. P. 70. 1. 294).

ART. 3. — *Responsabilité des courtiers de marchandises libres.*

343. La sanction civile de la responsabilité des courtiers résulte de l'application des art. 1992 et 1382 c. civ. Ils doivent, en vertu de ces articles, la réparation du préjudice causé non-seulement par leur dol, mais par leurs fautes, et leur qualité de mandataires salariés doit entraîner une certaine rigueur dans l'appréciation de leurs fautes.

344. Les courtiers libres n'encourent, depuis la loi de 1866, aucune peine disciplinaire, et, dans le cas même où ils se formeraient en compagnie, les peines disciplinaires qui viendraient à être prononcées contre eux en vertu d'un règlement qui n'aurait aucun caractère officiel seraient dépourvues de force obligatoire (J. Fabre, *Des courtiers*, n° 477).

La seule sanction pénale qui puisse les frapper résulte de l'art. 7 de la loi du 15 juill. 1866, qui punit d'une amende de 500 fr. à 3000 fr., sans préjudice de l'action des parties en dommages-intérêts, tout courtier qui s'est chargé d'une opération de courtage pour une affaire où il avait un intérêt personnel sans en prévenir les parties auxquelles il a servi d'intermédiaire. Cette disposition, qui ne se trouvait pas dans le projet présenté par le Gouvernement, a été introduite dans la loi sur la demande de la commission du Corps législatif. « C'est, dit le rapport (D. P. 66. 4. 124, n° 12), pour assurer la loyale exécution du mandat du courtier que nous avons ajouté cet article qui ne fait du reste que rappeler les obligations imposées par le code de commerce aux commissionnaires ».

345. On a soutenu que l'infraction à l'art. 7 de la loi de 1866 peut être poursuivie et réprimée malgré la bonne foi du courtier (Bivort et Turlin, *Etude sur le courtage des marchandises*, p. 67). Cette opinion ne nous paraît pas devoir être suivie. Rien n'indique, en effet, ni dans le texte de la loi, ni dans les travaux préparatoires, que cette infraction ait le caractère d'une contravention, et non d'un délit (V. conf. J. Fabre, n° 475).

L'art. 463 c. pén. n'est pas applicable à cette infraction, la loi de 1866 n'ayant pas fait mention des circonstances atténuantes (V. *Rép.* v° *Peine* n° 562).

346. Pour que l'art. 7 de la loi de 1866 soit applicable, il faut: 1° qu'il soit constaté que le courtier avait un intérêt personnel dans l'affaire au moment où elle a été engagée ; 2° que le courtier ait eu cet intérêt personnel dans l'affaire à l'insu des parties ou de l'une d'elles; 3° qu'il soit établi que le courtier a fait de véritables actes de courtage, c'est-à-dire qu'il a agi comme un intermédiaire entre les parties contractantes. La disposition de l'art. 7 de la loi de 1866 cesse, en effet, d'être applicable lorsqu'un courtier a acquis des marchandises directement des vendeurs et que ceux-ci l'ont accepté et traité comme acheteur en son nom personnel, alors même qu'un droit de courtage a été la condition de ces achats. En pareil cas, l'appréciation des faits et de

(1) (Caussin-Hézard C. Bourjaillat.) — LA COUR ; — Attendu que si, en principe, le simple courtier de commerce ne saurait être considéré comme garant de la solvabilité du commerçant qu'il met en rapport avec un autre commerçant, il n'en reste pas moins responsable, dans les termes du droit commun, du préjudice qu'il a pu causer par son fait, en gardant à dessein le silence sur des faits qui, portés à la connaissance de son commettant, eussent été de nature à modifier ses intentions; — En fait : — Attendu qu'il résulte des documents du procès, que le 9 juin 1870, Bourjaillat vendit 49 pièces de vin à une maison Simon et comp. de Paris, par l'entremise de Caussin-Hézard; que le prix de cette vente se monta à 1818 fr., fut réglé en une traite de Bourjaillat sur Simon, au 25 juin suivant, et que le 24 juin, Simon, accompagné d'un sieur Tricard, prenant la qualité de son associé, se présenta chez Bourjaillat, se plaignit d'un prétendu coulage des vins transportés; que Caussin-Hézard assistait à cette entrevue; — Attendu que, sur le prétexte vrai ou supposé du coulage allégué par Simon et Tricard, un arrangement intervint entre les parties; que Bourjaillat ajouta plusieurs pièces de vin à celles qu'il avait expédiées; qu'il consentit à faire les fonds de la traite qu'il avait lancée et à recevoir, en échange, des effets endossés par Simon et Tricard, à concurrence de 2042 fr.; — Attendu que les effets dont s'agit ont été protestés à leur échéance, et qu'il est établi qu'au moment de la convention leurs souscripteurs et endosseurs étaient insolvables et le sont restés depuis; —Attendu que Tricard, endosseur de ces effets, n'avait pas la qualité d'associé de Simon qu'il s'attribuait au moment de la transaction; que cet individu, ancien commerçant failli, était depuis longtemps connu de Caussin, dont il était le débiteur; — Attendu que non seulement Caussin-Hézard assistait le 24 juin à la transaction, mais qu'il n'a pas même contesté qu'il n'ait été à ce moment, auprès de Bourjaillat, l'introducteur de Tricard, dont il savait la situation suspecte et les mauvais antécédents; qu'il allègue vainement avoir ignoré que Tricard s'attribuait la qualité d'associé de Simon, puisque Tricard lui-même a, en sa présence, signé les billets en cette qualité, en y apposant la griffe de la maison, portant la mention *Simon Tricard et comp.*; — Attendu que, dans ces circonstances, l'attitude de Caussin-Hézard n'a plus été celle d'un simple courtier de commerce, mais plutôt celle d'un répondant; que les devoirs de la plus stricte délicatesse commerciale lui prescrivaient, soit de rester étranger à cette combinaison, soit de révéler à Bourjaillat une situation en présence de laquelle il y a lieu de croire que celui-ci n'eût point accepté la transaction; que la faute qu'il a commise est d'autant plus grave, qu'étant créancier de Tricard, on peut attribuer son silence à un mobile intéressé et lui supposer l'intention d'avoir voulu lui procurer des affaires pour en obtenir payement; que cette supposition semble même trouver appui dans la correspondance produite au cours du procès; — Sur les conclusions subsidiaires de Caussin-Hézard, tendant à subordonner sa condamnation en des dommages-intérêts à la remise des effets restés impayés, et des pièces nécessaires pour l'exercice d'un recours contre les endosseurs : — Attendu qu'il résulte des documents du procès que les effets dont s'agit n'ont jamais été que fictifs et sans valeur; que ni souscripteurs, ni endosseurs ne présentaient de garantie; que Simon, Tricard et Caussin lui-même ont prié Bourjaillat de ne point exercer des poursuites ne pouvant aboutir qu'à des frais frustratoires; — Attendu, d'ailleurs, que la responsabilité de Caussin-Hézard est basée, non sur la qualité de caution de Simon et Tricard, mais sur le préjudice causé par sa faute, et dont réparation est due dans les termes du droit commun; qu'il n'y a donc lieu de faire droit à cette partie des conclusions de l'appelant;

Par ces motifs, confirme, etc.

Du 21 janv. 1873.-C. d'Orléans, 2e ch.-MM. Boullé, pr.-Camoin de Vence, av. gén.-Desplanches et Dubec, av.

l'intention des parties appartient aux juges du fond et échappe au contrôle de la cour de cassation (Req. 28 juill. 1879, aff. Arrachart, D. P. 81. 1. 264. V. conf. J. Fabre, n° 475; Bivort et Turlin, p. 61 et 62).

347. L'art. 7 de la loi de 1866 est également applicable aux courtiers libres et aux courtiers assermentés. L'infraction à cet article entraîne contre ces derniers, indépendamment de la peine de l'amende, la radiation de la liste des courtiers inscrits avec interdiction d'y figurer de nouveau.

ART. 4. — *Emoluments des courtiers de marchandises libres.*

348. La fixation des émoluments des courtiers est, ainsi que nous l'avons dit précédemment (*suprà*, n° 330), abandonnée à la libre volonté des parties. Dans le cas de contestation sur le chiffre de ces émoluments, les tribunaux ont une entière liberté d'appréciation, soit pour admettre la preuve des conventions intervenues entre le courtier et son commettant, soit pour réduire, s'ils la jugent exagérée, la rémunération stipulée.

Table sommaire

des matières contenues dans le Supplément et le Répertoire.

(Les chiffres précédés de la lettre *S* renvoient au Supplément; les chiffres précédés de la lettre *R* renvoient au Répertoire.)

Table chronologique des Lois, Arrêts, etc.

1724. 24 sept. Arr. cons. 1 c., 37 c., 40 c., 236 c.
1766. 21 août. Arr. cons. 35 c.
1776. 16 juill. Lett. pat. 258 c.
1781. 26 nov. Arr. cons. 60 c.
1784. 5 sept. Arrêté. 50 c.
1785. 7 août. Arr. cons. 1 c.
—2 oct. Arr. cons. 1 c.
1786. 22 sept. Arr. cons. 1 c.
1790. 7 sept. Loi. 295 c.
1791. 21 avr. Loi. 13 c., 14 c., 105 c.
—21 août. Décr. 258 c.
An 4. 28 vend. Loi. 1 c.
—15 pluv. Arrêté. 28 c.
An 7. 18 pluv. Loi. 325 c.
An 9. 28 vent. Loi. 15 c., 16 c., 23 c., 37 c., 60 c., 99 c., 272 c., 295 c., 328 c.
—29 germ. Arrêté. cons. 2 c., 39 c., 41 c., 44 c., 236 c.
—1er therm. Ord. 28 c., 34 c., 229 c.
An 10. 27 prair. Arrêté. 1 c., 18 c., 26 c., 27 c., 34 c., 36 c., 50 c., 60 c., 131 c., 146 c., 150 c., 154 c., 155 c., 159 c., 172 c., 174 c., 192 c., 194 c., 200 c., 224 c., 229 c., 272 c., 302 c.
—10 fruct. Délib. 152 c.
An 11. 25 vent. Loi. 282 c.
1806. 24 mars. Loi. 100 c.
1807. 15 sept. Av. Cons. d'Ét. 106 c.
1809. 21 juill. Circ. 277 c.
1813. 22 janv. Décr. 237 c., 238 c.
—15 déc. Décr. 234 c.
1816. 28 avr. Loi. 16 c., 44 c., 54 c., 238 c.
—29 mai. Ord. 44 c., 224 c., 226 c.
—18 déc. Ord. 292 c.
1819. 14 avr. Loi. 26 c., 192 c.
—14 avr. Ord. 192 c., 194 c.
1820. 10 juill. Loi. 3 c.
1823. 27 juin. Paris. 60 c.
—19 août. Civ. 154 c.
—26 août. Paris. 60 c.
—15 nov. Ord. 229 c.
1824. 16 juin. Loi. 323 c., 326 c.
1828. 14 août. Req. 199 c.
1829. 18 juill. Bruxelles. 239 c.
—14 août. Aix. 275.
1831. 12 janv. Ord. 31 c.
1832. 12 janv. Av. Cons. d'Ét. 54 c.
—19 nov. Règl. 132 c.
1833. 23 juill. Req. 91 c.
1834. 23 janv. Paris. 104 c.
1835. 14 nov. Ord. 263 c., 265 c.
—15 nov. Rapp. 293 c.
1837. 19 juill. Rouen. 239 c.
1839. 26 août. Ord. 46 c.
1840. 11 déc. Rouen. 328 c.
1841. 25 juin. Loi. 47 c., 318 c., 326 c.
1842. 17 févr. Paris. 209 c.
—23 févr. Rouen. 281 c.
1844. 8 mars. Bourges. 48 c.
—27 mars. Av. Cons. d'Ét. 54 c.
1845. 28 avr. Ord. 31 c.
—23 juin. Rouen. 225 c.
—15 juill. Loi. 110 c., 220 c.
—15 déc. Civ. 240 c., 265 c.
1846. 10 mars. Ord. 46 c.
1847. 8 janv. Bordeaux. 272 c., 273 c.
—15 janv. Rouen. 278 c.
—19 janv. Ord. 294 c.
—20 janv. Req. 171 c.
—25 févr. Aix. 252 c., 280 c., 284 c.
—29 avr. Ord. 292 c.
—9 juin. Ord. 294 c.
—9 juill. Trib. Seine. 132 c.
—31 juill. Crim. 274 c.
—11 sept. Crim. 279 c., 300 c.
1848. 14 janv. Paris. 154 c., 212 c.
—19 janv. Bourges. 328 c.
—12 févr. Crim. 274 c.
—16 févr. Civ. 89 c.
—6 mars. Req. 164 c.
—24 mars. Décr. 96 c.
1849. 6 févr. Montpellier. 174 c.
1850. 8 mars. Paris. 92 c.
—2 avr. Lyon. 144 c.
—5 juin. Loi. 145 c., 222 c.
—18 juin. Req. 315 c.
1851. 30 mai. Paris. 59 c.
—27 juin. Crim. 129 c., 218 c.
—11 juill. Paris. 59 c.
—16 juill. Paris. 208 c.
—2 août. Paris. 59 c.
—14 août. Bordeaux. 274 c.
—22 nov. Décr. 4 c.
—15 déc. Décr. 3 c., 38 c.
1852. 27 janv. Req. 76 c., 318 c.
—31 janv. Crim. 258 c., 259 c.
—2 avr. Crim. 274 c.
—25 juin. Grenoble. 283 c.
—7 juill. Bordeaux. 274 c.
—24 juill. Civ. 274 c.
—31 juill. Paris. 208 c.
—16 nov. Civ. 70 c., 93 c.
—9 déc. Paris. 48 c.
—23 déc. Rouen. 272 c., 274 c.
—31 déc. Décr. 292 c.
1853. 26 janv. Ch. réun. 43 c., 129 c., 218 c.
—14 mars. Paris. 147 c.
—30 avr. Crim. 272 c., 274 c.
—4 mai. Req. 247 c.
—8 juin. Bordeaux. 239 c., 242 c.
—10 juin. Loi. 220 c.
—15 juin. Circ. 54 c.
—10 août. Poitiers. 171 c., 174 c.
—24 août. Req. 47 c.
—7 déc. Civ. 70 c.
1854. 10 juin. Loi. 3 c.
—8 nov. Req. 136.
—8 nov. Trib. Seine. 60 c.
1855. 13 janv. Crim. 272 c.
—9 mars. Décr. 4 c.
—16 avr. Civ. 48 c.
—16 mai. Req. 174 c.
—6 juin. Aix. 243 c.
—24 juill. Civ. 47 c.
1856. 14 févr. Crim. 281 c.
—10 mai. Paris. 136 c.
—19 juin. Trib. Seine. 60 c.
—17 juill. Loi. 110 c., 221 c.
—2 oct. Trib. Seine. 60 c.
—20 nov. Trib. Seine. 60 c.
—1er déc. Req. 224 c.
—5 déc. Crim. 287 c.
—10 déc. Limoges. 47 c.
—17 déc. Décr. 4 c., 33 c.
1857. 24 févr. Paris. 138 c.
—9 mai. Décr. 294 c.
—9 mai. Crim. 76 c.
—23 juin. Douai. 286 c.
—23 juin. Metz. 136 c.
—14 juill. Req. 168 c.
—24 juill. Décr. 292 c.
—26 août. Décr. 294 c.
—28 août. Crim. 25 c., 37 c., 100 c.
—1er sept. Ord. 294 c.
1858. 2 janv. Paris. 193 c.
—22 mai. Décr. 22 c., 229 c., 232 c.
—28 mai. Loi. 263 c., 264 c., 314 c., 325 c.
—14 juin. Douai. 273 c., 274 c.
—8 juill. Lyon. 141 c.
—7 nov. Décr. 294 c.
1859. 23 févr. Bordeaux. 190 c.
—12 mars. Décr. 319 c., 330 c.
—20 avr. Req. 141 c., 210 c.
—24 juin. Trib. corr. Seine. 37 c.
—29 juin. Trib. com. Nantes. 141 c., 164 c.
—13 juill. Req. 66 c., 127 c., 200 c.
—2 août. Req. 208 c.
—16 août. Décr. 22 c., 229 c.
—19 sept. Décr. 38 c.
—13 oct. Décr. 13 c., 159 c.
—7 déc. Lyon. 141 c., 216 c.
1860. 12 janv. Agen. 112 c.
—19 janv. Crim. 25 c., 37 c., 60 c., 71 c., 97 c.
—13 févr. Paris. 146 c.
—24 mai. Paris. 25 c., 60 c.
—5 juill. Trib. du Havre. 264 c.
—19 juill. Crim. 148 c.
—21 juill. Algor. 239 c.
—21 déc. Trib. Boulogne. 264 c.
1861. 22 mars. Bastia. 260 c.
—15 avr. Civ. 154 c.
—6 mai. Aix. 208 c.
—8 mai. Décr. 263 c., 264 c., 267 c., 314 c.
—3 juill. Loi. 264 c., 310 c.
—10 août. Paris. 319 c.
—22 nov. Décr. 4 c., 33 c.
—4 déc. Rouen. 264 c.
1862. 25 janv. Crim. 272 c.
—3 févr. Req. 77 c.
—6 févr. Décr. 194 c.
—13 mai. Civ. 115 c.
—2 juill. Décr. 2 c., 14 c., 15 c., 23 c., 56 c., 115 c., 116 c., 118 c., 145 c., 220 c.
—15 sept. Décr. 2 c., 26 c.
—1er oct. Décr. 15 c., 39 c., 43 c., 44 c., 48 c., 142 c., 158 c., 226 c.
—17 nov. Civ. 203 c.
—14 déc. Paris. 273 c.
—30 déc. Civ. 169 c.
1863. 19 mars. Poitiers. 341 c.
—23 avr. Crim. 272 c.
—13 mai. Loi. 222 c.
—23 mai. Loi. 317 c.
—30 mai. Décr. 263 c., 264 c., 267 c., 268 c., 314 c., 319 c.
—29 juin. Req. 115 c., 116 c.
—4 juill. Paris. 190 c.
—4 août. Rennes. 289 c.
1864. 15 mars. Rennes. 296 c.
—16 avr. Décr. 5 c.
—11 mai. Bordeaux. 296 c.
—25 juill. Civ. 55 c., 66 c.
1865. 10 janv. Bordeaux. 55.
—6 févr. Req. 289 c.
1866. 3 févr. Paris. 164 c.
—18 mai. Paris. 75 c.
—15 juill. Loi. 327 c., 336 c., 344 c.
—18 juill. Loi. 10 c., 20 c., 30 c., 86 c., 233 c., 238 c., 246 c., 262 c., 264 c., 305 c., 307 c., 309 c., 313 c., 322 c., 331 c., 334 c.
—24 juill. Civ. 132 c.
—20 nov. Circ. 306 c.
—13 déc. Décr. 18 c.
—14 déc. Paris. 141 c., 216 c.
—15 déc. Règl. 331 c.
—22 déc. Décr. 20 c., 30 c., 322 c.
1867. 5 janv. Décr. 21 c., 208 c.
—27 janv. Amiens. 260.
—21 mai. Cons. d'Ét. 101 c.
—13 juill. Colmar. 98 c.
—24 juill. Loi. 110 c., 221 c.
—9 août. Décis. 323 c.
—30 oct. Règl. 237 c.
—13 nov. Civ. 88 c.
—22 déc. Règl. 19 c.
1868. 6 janv. Paris. 75 c., 80 c.
—14 janv. Req. 113 c., 130 c.
—15 janv. Instr. 323 c.
—5 févr. Req. 130 c.
—21 févr. Crim. 60 c., 97 c.
—3 avr. Crim. 98, 98 c.
—18 juin. Req. 208 c.
—18 juin. Lyon. 125.
—23 juin. Civ. 239 c.
—23 juill. Trib. com. Seine. 309 c.
—10 août. Décr. 26 c.
—26 août. Civ. 66 c., 71 c., 132 c.
1869. 30 janv. Décr. 48 c.
—22 févr. Req. 123 c.
—31 mars. Req. 124 c.
—30 juin. Trib. du Havre. 342 c.
—14 juill. Paris. 141 c., 216 c.
—8 déc. Civ. 342 c.
1870. 13 avr. Cons. d'Ét. 238 c.
—9 mai. Req. 98 c.
—9 juin. Orléans. 164 c., 216 c.
—5 juill. Req. 89 c.
—6 juill. Paris. 91 c.
—24 juill. Règl. 220 c., 230 c.
1871. 26 avr. Décr. 19 c.
—8 juin. Arrêté. 5 c.
—11 août. Trib. Seine. 163.
—14 nov. Req. 119 c.
—21 déc. Loi. 55 c., 244 c.
1872. 4 avr. Trib. com. Bordeaux. 51 c.
—22 mai. Décr. 294 c.
—15 juin. Loi. 22 c., 143 c., 146 c., 175 c., 179 c., 182 c., 183 c., 186 c.
—18 juin. Civ. 77 c.
—20 déc. Douai. 266 c.
1873. 15 janv. Req. 269 c.
—21 janv. Orléans. 341.
—11 avr. Décr. 176 c.
—21 mai. Req. 66 c.
—12 nov. Trib. Seine. 163 c.
—3 déc. Angers. 181 c.
—24 déc. Civ. 248 c.
—27 déc. Crim. 256 c., 259 c., 278 c.
1874. 23 févr. Civ. 216 c.
—10 mars. Bordeaux. 261 c.
—2 mai. Paris. 340 c., 341 c.
—5 mai. Civ. 178 c.
—15 juin. Req. 66 c.
—26 juin. Cons. d'Ét. 295 c.
—30 juin. Toulouse. 71 c.
—14 juill. Req. 181 c.
—21 juill. Civ. 224 c.
—23 juill. Req. 295 c.
—10 août. Paris. 196 c.
—2 nov. Alger. 335 c.
—18 nov. Décr. 19 c.
—10 déc. Bordeaux. 258 c.
1875. 6 janv. Bordeaux. 150 c.
—22 janv. Crim. 260 c., 261 c.
—22 janv. Paris. 55 c., 121 c.
—23 janv. Crim. 254 c.
—22 mars. Civ. 216 c.
—19 avr. Paris. 78 c.
—29 avr. Lyon. 205.
—11 oct. Délib. 195 c.
—2 déc. Bordeaux. 291 c.
—24 déc. Rennes. 119 c.
1876. 1er févr. Req. 130 c.
—3 mai. Douai. 264 c., 266 c., 267 c.
—10 mai. Bordeaux. 333.
—11 juill. Req. 194 c.
—15 juill. Crim. 326 c.
—21 nov. Req. 191 c.
—28 nov. Bordeaux. 291 c.
1877. 8 mai. Décr. 292 c., 294 c.
—28 juin. Douai. 304 c.
—14 août. Civ. 260 c., 261 c., 294 c., 295 c.
—4 déc. Civ. 225 c., 230 c., 232 c.
1878. 21 janv. Req. 84 c.
—22 janv. Décr. 318 c.
—27 févr. Req. 84 c.
—13 mai. Req. 164.
—10 déc. Req. 196 c.
1879. 5 mars. Civ. 121 c.
—3 mai. Nîmes. 266 c., 267 c.
—28 juill. Req. 346 c.
—5 août. Req. 180 c.
1880. 6 févr. Décr. 22 c., 229 c.
—24 févr. Civ. 259 c., 261 c.
—14 avr. Civ. 242, 244 c.
—12 juill. Paris. 116 c., 122 c.
—15 juill. Loi. 52 c., 241 c., 338 c.
—4 août. Req. 132 c.
1881. 11 janv. Paris. 310 c., 320.
—28 févr. Req. 60 c.
—5 mars. Paris. 318 c.
—23 mars. Bruxelles. 190 c., 191 c.
—4 mai. Lyon. 120 c.
—17 mai. Req. 332 c.
—2 juin. Paris. 60 c.
—4 juill. Req. 66 c.
—5 déc. Paris. 67.
—19 déc. Req. 60.
—27 déc. Paris 177 c.
1882. 14 janv. Paris. 139 c.
—19 janv. Décr. 5 c.
—23 janv. Req. 66 c.
—30 janv. Paris. 60 c., 69 c.
—1er févr. Paris. 60 c., 61 c.
—22 févr. Amiens. 60 c., 61 c., 67 c.
—27 mars. Req. 225 c., 226 c.
—17 mai. Trib. Seine. 318 c.
—3 juin. Nancy. 179 c.
—16 juin. Paris. 60 c.
—22 juin. Paris. 60 c., 62 c., 138 c.
—10 juill. Paris. 60 c., 61 c., 69 c.
—10 juill. Rouen. 315 c.
—26 juill. Lyon. 77 c., 81 c.
—2 août. Toulouse. 60 c., 61 c., 67 c., 69 c.
—8 août. Req. 154 c., 150 c.
—8 août. Bruxelles. 232 c.
—12 août. Paris. 140 c., 210 c.
—29 sept. Paris. 60 c., 61 c.
—13 nov. Paris. 59 c., 60 c.
—21 nov. Paris. 60 c., 62 c.
—27 nov. Req. 132 c.
—27 déc. Besançon. 60 c., 61 c., 62 c.
1883. 31 janv. Req. 267 c., 268 c.
—2 févr. Paris. 147 c.
—19 mars. Paris. 219 c.
—10 avr. Orléans. 60 c., 64 c.
—5 mai. Paris 92 c.
—24 mai. Orléans. 69 c.
—29 mai. Civ. 60 c., 64 c., 65 c.
—6 juin. Toulouse. 59 c., 60 c.
—13 juin. Req. 130 c., 138 c.
—19 juin. Lyon. 60 c., 64 c.
—12 juill. Lyon. 60 c., 64 c.
—17 juill. Lyon. 147 c.
—17 juill. Poitiers. 60 c.
—24 juill. Lyon. 60 c., 64 c.
—31 juill. Lyon. 157 c.
—2 août. Trib. Seine. 189 c.
—29 nov. Lyon. 60 c., 64 c.
—29 nov. Paris. 186 c.
—8 déc. Loi. 55 c., 244 c.
—14 déc. Paris. 183 c., 184 c.
1884. 5 janv. Orléans. 65.
—16 janv. Lyon. 82 c., 137 c., 165.
—22 janv. Lyon. 110 c., 154 c.
—13 févr. Req. 183 c., 185 c., 188 c.
—25 févr. Req. 170 c.
—7 avr. Civ. 191 c.
—26 nov. Douai. 154 c., 156 c.
1885. 16 févr. Civ. 51 c., 225 c.
—28 févr. Paris, 179 c.
—3 mars. Bordeaux. 69.
—3 mars. Lyon. 55 c.
—28 mars. Loi. 1 c., 71 c., 72 c., 73 c., 75 c., 82 c., 109 c., 131 c., 132 c., 133 c., 219 c.
—8 avr. Loi. 70 c.
—21 avr. Req. 60 c., 64 c.
—22 avr. Civ. 60 c., 67 c.
—24 avr. Dijon. 73 c.
—25 avr. Paris. 73 c.
—7 mai. Montpellier. 72 c., 73 c.
—4 juin. Lyon. 73 c.
—6 juin. Paris. 72 c., 73 c.
—16 juin. Civ. 60 c., 62 c., 63 c., 70 c.
—19 juin. Paris. 72 c., 73 c.
—20 juin. Civ. 60 c., 67 c., 155 c., 156 c.
—1er juill. Civ. 59 c.
—2 juill. Paris. 73 c.
—2 juill. Toulouse. 73 c.
—25 juill. Nancy. 73 c.
—30 juill. Crim. 219 c.
—27 nov. Paris. 73 c.
1886. 4 janv. Req. 107 c.
—11 janv. Civ. 224 c.
—9 mars. Civ. 59 c., 60 c., 66 c.
—5 mai. Civ. 225 c.
—10 nov. Civ. 127 c.
1887. 2 mai. Req. 293 c.
—3 mai. Req. 154 c.

BRACONNIER. — V. *Chasse ;* — *Rép.* eod. v°, n°s 5, 12, 179.

BRASSERIE. — BRASSEUR. — V. *Impôts indirects ;* — *Rép.* eod. v°, n°s 338 et suiv.

BREF DÉLAI. — V. *Délai.*

BRETAGNE. — V. *Commune ; Droit rural ; Propriété.*

BREVET DE CAPACITÉ. — V. *Organisation de l'instruction publique ;* — *Rép.* eod. v°, n°s 196 et suiv.

BREVET D'INVENTION.

Division.

SECT. 1re. — HISTORIQUE ; LÉGISLATION ; DROIT COMPARÉ (*Rép.* n°s 2 à 35).

1. — I. HISTORIQUE ET LÉGISLATION. — La matière des brevets d'invention a conservé une importance pratique que le nombre croissant des inventions brevetées et le développement de la production industrielle tendent constamment à augmenter ; elle a ses auteurs spéciaux et ses recueils d'arrêts (Pataille, *Annales de la propriété industrielle, Recueil périodique ; La propriété industrielle*, 1857-1866 ; Pataille et Huguet, *Code international de la propriété industrielle ;* Renouard, *Traité des brevets d'invention ;* Blanc, *Traité de la contrefaçon ;* Nouguier, *Des brevets d'invention et de la contrefaçon ;* Rendu et Delorme, *Traité pratique de droit industriel ;* Calmels, *De la propriété et de la contrefaçon des œuvres de l'intelligence ;* Pouillet, *Traité théorique et pratique brevets d'invention*, 2e éd. ; Huard, *Répertoire de législation et de jurisprudence en matière de brevets d'invention ;* Bédarride, *Commentaire des lois sur les brevets d'invention ;* Allart, *Traité des brevets d'invention ;* Malapert et Forni, *Nouveau commentaire des lois sur les brevets d'invention ;* Pelletier et Defert, *Procédure en matière de contrefaçon ;* Le Senne, *Code des brevets d'invention ;* Ch. Lyon-Caen, *Etude sur la loi du 25 mai 1877 relative aux brevets d'invention dans l'empire d'Allemagne ;* Tillière (Belgique), *Traité théorique et pratique des brevets d'invention ;* Picard et Olin (Belgique), *Traité des brevets d'invention et de la contrefaçon ;* Ed. et Ém. Picard (Belgique), *Code général des brevets d'invention*) ; et la jurisprudence a eu fréquemment à se prononcer sur les controverses qu'elle a soulevées ; la plupart de ces controverses ont cessé du moins sur les points principaux ; les auteurs les plus récents sont à peu près d'accord, et la jurisprudence, après quelques hésitations, paraît être fixée ; mais les questions de fait, fort délicates à apprécier en cette matière, telles que la comparaison du brevet avec les antériorités, le plus ou moins de clarté des mémoires descriptifs qui définissent l'invention, la nouveauté que peut prendre un moyen connu par l'emploi nouveau qui en est fait, continuent à rendre difficile l'application des principes même les plus certains.

2. Au point de vue législatif, il y a peu d'innovations à signaler ; le régime des brevets d'invention est encore réglé, aujourd'hui, par la loi du 5 juill. 1844, antérieure de très peu à la publication du *Répertoire.* Le règlement d'administration publique qui, aux termes de l'art. 50, devait fixer les détails d'exécution de la loi, n'a pas été fait. Le texte primitif a été seulement modifié par l'effet de la loi du 31 mai 1856 (1), qui a substitué à la rédaction de l'art. 32 une rédaction nouvelle. Aux termes du nouvel art. 32, l'importation en France, par le breveté, d'objets semblables à celui du brevet et fabriqués à l'étranger demeure prohibée à peine de déchéance ; mais le ministre du commerce, de l'agriculture et des travaux publics peut autoriser cette introduction : 1° pour les modèles de machines ; 2° pour les objets destinés à des expositions publiques ou à des essais faits avec l'assentiment du Gouvernement.

Un décret a été rendu, le 31 mai 1856 (D. P. 56. 4. 60), relativement à la publication de cette loi.

Il y a lieu de signaler, en outre, un arrêté du 21 oct.-15 nov. 1848, qui a réglé l'application de la loi de 1844 aux colonies (D. P. 48. 4. 189) (V. aussi *Rép.* v° *Organisation des colonies*, n° 121).

3. En 1858, le gouvernement impérial a présenté au Corps législatif un projet de loi qui devait remplacer en entier la loi de 1844, en y apportant des changements considérables, dont le plus important consistait dans la faculté accordée au breveté de demander, deux ans après la mise en exploitation de sa découverte, la confirmation de son brevet ; le brevet une fois confirmé demeurait passible de déchéance, mais ne pouvait plus être attaqué pour cause de nullité ; les formalités de la confirmation ont visiblement servi de modèle à la loi allemande actuellement en vigueur pour la délivrance des brevets (V. *infrà*, n° 9).

Ce projet a été abandonné et n'a, par conséquent, qu'un intérêt historique : on peut en trouver le texte commenté dans le traité des *brevets d'invention* de M. Nouguier.

4. D'autres dérogations ont été apportées, à raison de circonstances spéciales, à l'art. 32 relatif aux déchéances ; mais ces dérogations tendant, soit à relever les brevetés des déchéances pour non-payement de la taxe ou pour défaut d'exploitation dans des moments de crise industrielle et commerciale résultant des événements politiques (V. notamment : Arrêté 25 févr. 1849, D. P. 49. 4. 48 ; Décrets 10 sept.

---

(1) 31-31 mai 1856. — *Loi qui modifie l'art. 32 de la loi du 5 juill. 1844, sur les brevets d'invention* (D. P. 56. 4. 59).

Article unique. L'art. 32 de la loi du 5 juill. 1844, sur les brevets d'invention, est modifié comme il suit :

Sera déchu de tous ses droits :

1° Le breveté qui n'aura pas acquitté son annuité avant le commencement de chacune des années de la durée de son brevet ;

2° Le breveté qui n'aura pas mis en exploitation sa découverte ou invention en France dans le délai de deux ans, à dater du jour de la signature du brevet, ou qui aura cessé de l'exploiter pendant deux années consécutives, à moins que dans l'un ou l'autre cas il ne justifie des causes de son inaction ;

3° Le breveté qui aura introduit en France des objets fabriqués en pays étranger et semblables à ceux qui sont garantis par son brevet.

Néanmoins, le ministre de l'agriculture, du commerce et des travaux publics, pourra autoriser l'introduction :

1° Des modèles de machines ;

2° Des objets fabriqués à l'étranger, destinés à des expositions publiques ou à des essais faits avec l'assentiment du Gouvernement.

1870, D. P. 70. 4. 88; 14 oct. 1870, D. P. 70. 4. 97; 25 janv. 1871, D. P. 71. 4. 20; Arrêté 5 juill. 1871, D. P. 71. 4. 140); soit à favoriser les brevetés qui prenaient part aux expositions internationales (V. L. 2 mai 1855, D. P. 55. 4. 52; 3 avr. 1867, D. P. 67. 4. 40; 8 avr. 1878, D. P. 78. 4. 50; 5 juill. 1881, D. P. 82. 4. 54), n'ont eu qu'un caractère temporaire.

5. Enfin deux lois spéciales sont intervenues pour prolonger la durée de deux brevets, conformément à l'art. 15 de la loi de 1844 (L. 18 juin 1856, D. P. 56. 4. 67 ; 1er août 1860, D. P. 60. 4. 124) ; ce sont les seuls exemples de prolongation de brevet.

6. La loi de 1844 a été complétée utilement par la loi du 23 mai 1868 (1) sur la garantie provisoire des inventions brevetables admises aux expositions publiques autorisées par l'Administration. Il n'est pas toujours possible à un inventeur de faire simultanément les frais d'une demande de brevet et d'une exposition ; la loi de 1844 le laisse en ce cas dans l'alternative ou de renoncer à exposer pour conserver la nouveauté de son invention jusqu'à la demande de brevet, ou d'en détruire la nouveauté en exposant, ce qui entacherait de nullité le brevet qu'il prendrait plus tard.

Pour éviter cet inconvénient, la loi de 1868 institue un certificat descriptif, sorte de brevet provisoire, délivré sans frais par le préfet ou sous-préfet de l'arrondissement où a lieu l'exposition ; la demande de certificat doit être faite un mois avant l'ouverture de l'exposition, et accompagnée d'une description comme une demande de brevet. Le certificat protège l'invention, comme le ferait un brevet, pendant la durée de l'exposition et les trois mois qui suivent la clôture.

7. Aux divers actes législatifs qui ont modifié ou complété la loi du 5 juill. 1844 vient s'ajouter un acte international auquel la France a participé, et d'où résultent, en matière de brevets, deux dérogations importantes à la législation française. Aux termes de cet acte, conclu à Paris le 20 mars 1883, et rendu exécutoire en France par décret du 8 juill. 1884 (D. P. 84. 4. 116), la France, la Belgique, le Brésil, l'Espagne, le Guatémala, l'Italie, la Hollande, le Portugal, la République du Salvador, la Serbie et la Suisse se sont constitués à l'état d'Union pour la protection de la propriété industrielle (l'Union reste ouverte pour les Etats qui voudront y adhérer ultérieurement).

Le but de l'Union est d'attribuer, dans tout Etat contractant, à tout sujet de l'Union ou assimilé (V. pour les assimilés l'art. 3 de la Convention) la même protection qu'aux nationaux, et d'établir, pour remédier autant que faire se peut aux inconvénients résultant de la diversité des législations, un certain nombre de règles communes applicables sur tous les territoires et à tous les sujets des Etats contractants.

Ces règles communes, en ce qui concerne les brevets, portent sur les deux points suivants :

En premier lieu, l'art. 4 de la convention dispose que le dépôt d'une demande de brevet, dans l'un des Etats contractants, donnera au déposant, sous réserve des droits des tiers, un droit de priorité en vertu duquel il pourra, dans un délai de six mois, outre un mois pour les pays d'outre-mer, déposer une demande semblable dans chacun des autres Etats, sans qu'aucun des dépôts qui suivront la première demande puisse être invalidé par des faits accomplis dans l'intervalle, tels qu'un autre dépôt, la publication ou l'exploitation de l'invention par un tiers. Le protocole de clôture précise, d'ailleurs, que par brevet d'invention on doit entendre les diverses espèces de brevets admises par les législations des Etats contractants, par exemple les brevets d'importation ou de perfectionnement.

Cette disposition constitue une dérogation importante à la condition de nouveauté prescrite par l'art. 31 de la loi française, en tenant pour non avenue, comme antériorité, la publicité qui résulterait d'une première demande de brevet faite à l'étranger et de faits consécutifs (V. *infrà*, nos 54 et 56).

En second lieu, l'art. 5 déroge à la règle de l'art. 32-3° de la loi de 1844, en ce qu'il autorise l'introduction, dans chaque Etat où le brevet aura été délivré, d'objets fabriqués dans n'importe quel état de l'Union, sans que cette introduction entraîne la déchéance du brevet. Cette disposition a été introduite pour déroger spécialement à la loi française, la seule qui contienne la prohibition d'importer (V. *infrà*, n° 257).

Sauf ces deux règles, la convention n'emporte aucun changement aux législations des Etats contractants, ni en particulier à la loi française.

L'art. 11 étend, au contraire, aux législations étrangères le principe de la loi française du 23 mai 1868 ; les contractants s'engagent, en effet, à instituer une protection temporaire pour les inventions admises aux expositions internationales officielles ou officiellement reconnues, sans rien spécifier, d'ailleurs, sur l'étendue et les effets de cette protection, ni impartir aucun délai pour la réalisation de cet engagement.

La convention est, aux termes de son art. 14, soumise à des revisions périodiques, et des conférences doivent être tenues par les délégués des divers Etats contractants. Une première conférence, dont la réunion devait avoir lieu en 1885, a été tenue à Rome au mois de mai 1886, et a adopté certaines modifications à la rédaction primitive ; ces modifications sont en ce moment soumises, en France, à l'approbation des Chambres.

8. — II. DROIT COMPARÉ. — Le *Répertoire* contient un exposé des principales législations étrangères en vigueur à l'époque de sa publication ; toutes ces législations ont été depuis remaniées. Une seule a disparu ; la Hollande a, en effet, supprimé les brevets d'invention. La Suisse a continué à n'en pas avoir ; mais la plupart des pays européens, ou de civilisation européenne, ont aujourd'hui une législation industrielle complète, comprenant la protection des inventions.

Ces diverses législations présentent une grande analogie de principes avec la législation française ; les conditions de brevetabilité des inventions, les obligations que doit remplir l'inventeur pour conserver son brevet, sont partout à peu près les mêmes ; partout aussi les étrangers sont admis à prendre des brevets comme les nationaux, sauf, en certains pays, une diminution de la durée du privilège quand ce privilège est accordé à un étranger.

Aucune législation n'a reproduit la définition de la loi française concernant la nouveauté de l'invention. La nouveauté est cependant regardée partout comme une condition de brevetabilité ; mais certaines législations ne la définissent pas du tout ; les autres se bornent à énumérer les faits qui sont de nature à la faire disparaître.

La délivrance des brevets sans examen préalable, telle qu'elle a lieu en France, n'est pas non plus le système généralement suivi ; celui qui paraît tendre à prendre place dans les législations étrangères est le système de l'examen préalable public

---

(1) 23-25 mai 1868. — *Loi relative à la garantie des inventions susceptibles d'être brevetées et des dessins de fabrique qui seront admis aux expositions publiques, autorisées par l'Administration, dans toute l'étendue de l'empire* (D. P. 68. 4. 67).

Art. 1er. Tout Français ou étranger, auteur soit d'une découverte ou invention susceptible d'être brevetée aux termes de la loi du 5 juill. 1844, soit d'un dessin de fabrique qui doive être déposé conformément à la loi du 18 mars 1806, ou ses ayants droit, peuvent, s'ils sont admis dans une exposition publique autorisée par l'Administration, se faire délivrer par le préfet ou le sous-préfet, dans le département ou l'arrondissement duquel cette exposition est ouverte, un certificat descriptif de l'objet déposé.

2. Ce certificat assure à celui qui l'obtient les mêmes droits que lui conférerait un brevet d'invention ou un dépôt légal de dessin de fabrique, à dater du jour de l'admission jusqu'à la fin du troisième mois qui suivra la clôture de l'exposition, sans préjudice du brevet que l'exposant peut prendre ou du dépôt qu'il peut opérer avant l'expiration de ce terme.

3. La demande de ce certificat doit être faite dans le premier mois, au plus tard, de l'ouverture de l'exposition.

Elle est adressée à la préfecture ou à la sous-préfecture et accompagnée d'une description exacte de l'objet à garantir, et s'il y a lieu d'un plan ou d'un dessin dudit objet.

Les demandes ainsi que les décisions prises par le préfet ou par le sous-préfet sont inscrites sur un registre spécial qui est ultérieurement transmis au ministère de l'agriculture, du commerce et des travaux publics, et communiqué sans frais à toute réquisition.

La délivrance du certificat est gratuite.

avec procédure provoquant les observations et les oppositions des intéressés, dont la législation allemande de 1873 offre le premier exemple, et qui, depuis cette époque, a déjà servi de type à l'examen préalable de la loi anglaise et de la loi suédoise.

Nous ne pouvions donner un tableau complet de toutes les législations étrangères : ce tableau existe dans le *Code général des brevets d'invention* de MM. Edmond et Emile Picard; nous avons dû nous borner à en extraire, pour les législations européennes, auxquelles nous avons joint celles des Etats-Unis et du Brésil, les indications qui peuvent être utiles pour l'application de la loi française. Un brevet étranger peut influer sur la validité et la durée du brevet pris postérieurement en France pour la même invention ; l'influence qu'il exerce à ce double point de vue dépend, d'une part, de la publicité qui peut résulter du mode d'examen de la demande et de la communication au public des brevets obtenus ; d'autre part, de la durée normale du brevet étranger et des causes de nullité ou de déchéance qui peuvent abréger cette durée; ce sont les indications concernant ces quatre points que nous avons cru devoir résumer, de préférence à d'autres, fort intéressantes à connaître, mais sans application en France.

9. — 1° *Empire d'Allemagne.* — Les brevets d'invention sont aujourd'hui soumis, dans toute l'étendue de l'empire allemand, à une législation uniforme, adoptée par le Reichstag le 22 mai 1877, et mise en vigueur le 1er juillet de la même année. Cette loi a remplacé les législations, très nombreuses et très différentes dans leurs principes, des divers Etats de l'empire, et la convention du 21 sept. 1842, qui posait seulement quelques règles communes aux Etats faisant partie du Zollverein.

Aux termes de la loi du 22 mai 1877, l'invention, pour être brevetable, doit être susceptible d'exploitation industrielle, et nouvelle. Sont déclarés non brevetables les produits pharmaceutiques, alimentaires, objets de consommation, et les produits obtenus par des procédés chimiques. Quant à la nouveauté, la loi indique seulement par voie d'énumération dans quel cas l'invention ne sera pas réputée nouvelle; il en est ainsi: 1° quand la demande de brevet a été précédée de la description de l'invention dans un ouvrage imprimé, publié en Allemagne ou à l'étranger; 2° quand l'invention a déjà été l'objet d'une exploitation publique en Allemagne. Les commentateurs allemands ne sont, d'ailleurs, pas d'accord sur le point de savoir si l'énumération est limitative ou simplement énonciative.

La loi allemande a rejeté le principe, admis par la loi française, de la délivrance des brevets sans examen; le brevet allemand n'est délivré qu'après examen préalable, non seulement de la régularité de la demande, mais de la brevetabilité de l'invention. Les inconvénients de ce système sont atténués en partie par une innovation importante qui consiste, au lieu de délivrer le brevet sur le seul avis d'une commission administrative, à provoquer les observations du public intéressé au moyen d'une procédure évidemment calquée sur celle du projet français de 1858 pour la confirmation des brevets, mais dont la loi allemande a fait la première application pratique; il faut toutefois reconnaître que cette procédure, très propre à protéger le public contre la délivrance abusive des brevets, ne protège nullement l'inventeur contre un refus mal fondé. Tout ce qui concerne la délivrance des brevets et l'exécution des mesures de publicité prescrites par la loi est confié à une administration spéciale, l'office impérial des brevets (*Reichs-Patentamt*), qui a, en outre, dans ses attributions le jugement des demandes en nullité et en retrait des brevets. La composition de cet office est déterminée de façon à y réunir des aptitudes administratives, judiciaires et techniques; il comprend sept sections; les six premières se partagent l'examen des demandes suivant la catégorie d'invention à laquelle elles se rattachent; il y a trois catégories, deux sections pour chacune ; la septième, qui doit comprendre un membre de chacune des six autres, est chargée de statuer sur les demandes en nullité.

La demande de brevet, avec la description, les dessins et les modèles s'il y a lieu, et, en outre, si le demandeur est étranger, portant constitution d'un mandataire résidant en Allemagne pour le représenter dans tous les actes ultérieurs, est adressée au *Patentamt ;* un premier examen fait reconnaître si la demande est régulière en la forme, faute de quoi il peut être imparti au demandeur un délai pour la régulariser.

Si la demande est régulière, la section compétente pour le genre d'industrie auquel elle se rapporte procède à l'examen de l'invention.

Sur cet examen, l'office peut *de plano* rejeter la demande.

Si au contraire la demande n'est pas rejetée *de plano*, l'office en ordonne la publication. Le journal officiel de l'empire insère le nom du demandeur et le titre de l'invention. En même temps la demande, avec ses accessoires, est exposée dans le bureau de l'office, à la disposition du public qui, averti par l'insertion au journal officiel, peut en prendre connaissance pendant huit semaines; durant ce délai, toute personne intéressée peut former opposition à la délivrance du brevet, soit pour défaut de nouveauté, soit pour défaut de brevetabilité, soit parce que le demandeur aurait volé l'invention à l'opposant. Pendant cette période de communication au public, l'invention est provisoirement protégée comme par un brevet.

Cette publicité n'a pas lieu lorsqu'il s'agit d'un brevet réclamé par le Gouvernement pour les besoins de l'armée ou de la marine.

A l'expiration des huit semaines, l'office doit statuer. La décision prise par la section peut, d'ailleurs, être attaquée soit par l'inventeur, soit par les opposants, devant une autre section de l'office.

La durée du brevet est de quinze ans, pendant lesquels l'inventeur peut y joindre des certificats d'addition qui prennent fin avec le brevet.

Pendant ces quinze ans, l'inventeur doit payer une taxe annuelle progressive, de trente marks pour la première année, 50 marks (62 fr. 50) pour la seconde, avec augmentation de 50 marks pour chacune des années suivantes. Le non-payement de la taxe dans les trois mois de l'échéance met fin à la durée du brevet; toutefois, le breveté peut, s'il justifie de son indigence, obtenir un délai pour les deux premières taxes.

Le brevet confère au breveté le droit exclusif de fabriquer et de vendre les objets brevetés, ainsi que l'emploi exclusif des moyens et procédés brevetés. Toutefois, si à l'époque de la demande une autre personne exploitait ou même se préparait à exploiter l'invention sans qu'il en soit résulté une publicité opposable à la délivrance du brevet, cette possession antérieure demeure acquise et doit être respectée par le breveté.

Le breveté est tenu d'exploiter son invention d'une manière suffisante, à peine de déchéance; la déchéance ne peut cependant être demandée que si le brevet a au moins trois ans de date.

La loi apporte, en outre, une restriction au droit exclusif d'exploitation; on a considéré comme contraire à l'intérêt public que le breveté, même quand il accomplit suffisamment son obligation d'exploiter, pût interdire l'exploitation à ceux qui lui demandent des licences moyennant une rétribution satisfaisante.

Lorsque des offres suffisantes, avec garantie de bonne exploitation, ont été faites au breveté, que son refus paraît contraire à l'intérêt public, et que le brevet a au moins trois ans de date, l'office des brevets peut, sur la demande des intéressés, prononcer le retrait du brevet, après lui avoir toutefois imparti un délai pour accorder la licence demandée.

Le brevet peut être l'objet d'une expropriation pour cause d'utilité publique, notamment lorsqu'il s'agit d'inventions pouvant servir aux besoins de l'armée; c'est à la chancellerie de l'Empire qu'il appartient de faire la déclaration d'utilité publique, et aux tribunaux ordinaires qu'il appartient de fixer l'indemnité due au breveté.

La nullité d'un brevet peut être demandée, pour les mêmes causes qui peuvent motiver une opposition à sa délivrance, alors même que le demandeur en nullité aurait déjà fait valoir ses motifs en s'opposant à ce que le brevet fût accordé.

La déchéance peut aussi être poursuivie pour insuffisance d'exploitation ou refus de concession de licence dans le cas où cette concession est obligatoire; quant au défaut de payement de la taxe, il opère de plein droit sans qu'il soit nécessaire de former une demande de déchéance.

Les demandes en nullité ou en déchéance sont jugées par la septième section du *Patentamt*; l'appel de ses décisions doit être porté devant le tribunal de l'Empire.

L'atteinte portée aux droits du breveté peut donner lieu, à son choix, soit à une action en dommages-intérêts devant les tribunaux civils, soit à une action pénale qui ne peut être exercée que sur sa plainte. Mais les conditions dans lesquelles s'exercent ces deux actions diffèrent sur un point important: la mauvaise foi est un élément indispensable du délit de contrefaçon, la loi le dit formellement; au contraire, les commentateurs allemands inclinent à penser que le fait matériel de la contrefaçon, indépendamment de l'intention coupable du contrefacteur, est une base suffisante pour l'action civile.

En exigeant la mauvaise foi comme élément constitutif du délit de contrefaçon, la loi allemande s'est montrée moins sévère que la loi française; mais elle est plus sévère dans la répression: la peine peut s'élever à une amende de 5000 marks (6250 fr.) ou même à un emprisonnement d'un an, tandis que la loi française fixe à 2000 fr. le maximum de l'amende, et ne prononce l'emprisonnement que pour le cas de récidive ou de contrefaçon, commise par l'ouvrier du breveté ou avec son concours.

L'action, soit civile, soit pénale, est portée devant les tribunaux de droit commun; mais ces tribunaux ne peuvent statuer sur les moyens de défense qui y sont opposés qu'autant que ces moyens ne tendent pas à la nullité ou à la déchéance du brevet; en ce dernier cas, le défendeur doit faire valoir ses moyens par une demande formée devant la septième section du *Patentamt*, et le tribunal saisi de la poursuite en contrefaçon doit surseoir à statuer, jusqu'à ce que cette demande ait été jugée.

Les actions civiles en contrefaçon se prescrivent par trois ans; l'action pénale, par cinq ans.

Les étrangers peuvent, comme les nationaux, obtenir des brevets; seulement ceux qui n'habitent pas en Allemagne doivent y être représentés par un mandataire.

10. — 2° *Angleterre*. — La législation anglaise, déjà modifiée, depuis la publication du *Répertoire*, par une loi de 1852, a subi de nouveaux changements, appliqués depuis le 1er janv. 1884.

La durée des patentes provisoires a été portée de 6 à 9 mois; le seul effet de la patente provisoire est de permettre à l'inventeur de publier et d'exploiter son invention sans que cette publication nuise à la patente définitive; mais elle ne donne pas le droit de poursuivre les contrefacteurs; son effet de protection ne se produit qu'autant que l'inventeur s'est fait délivrer la patente définitive avant la fin du douzième mois à compter du dépôt de la spécification provisoire.

L'examen préalable est maintenu, mais sous une forme manifestement imitée de la législation allemande. Après que les examinateurs ont vérifié si l'invention est exactement décrite, si la demande est limitée à un seul objet, si le titre fait suffisamment connaître cet objet, si l'invention décrite dans la spécification définitive est bien celle à laquelle s'applique la spécification provisoire, et après examen des *claims* ou revendications par lesquels l'inventeur est tenu de préciser sur quels points il entend faire porter son privilège, l'admission de la demande est portée à la connaissance du public, qui peut prendre communication de la spécification pendant deux mois. Opposition peut être faite à la délivrance de la patente. Toute cette partie de la nouvelle législation est visiblement inspirée par la loi allemande de 1873.

L'inventeur peut, soit avant, soit après la délivrance de sa patente, rectifier, modifier, ou expliquer sa spécification; la demande en rectification est soumise aux mêmes formalités que la demande principale, sauf le délai pour y faire opposition, qui est d'un mois. La durée des patentes est de quatorze ans, elle peut être prolongée par décision du conseil privé; la demande en prolongation doit être faite au moins six mois avant l'expiration des quatorze ans.

Le système des licences obligatoires a été emprunté, comme le mode d'examen préalable, à la législation allemande.

Il est perçu une taxe de 25 fr. pour la demande de patente provisoire, de 75 fr. pour la demande de patente définitive; le surplus est payable à partir de la quatrième année, à raison de 250 fr. pour chacune des quatrième, cinquième, sixième et septième année; 375 fr. pour chacune des deux suivantes, et 500 pour chacune des quatre dernières. Le payement doit être fait avant la fin de chaque année; mais le contrôleur général peut accorder un délai de trois mois, en imposant au patenté une taxe supplémentaire de 250 fr. au maximum.

La patente peut être annulée; mais la demande en nullité doit être autorisée par le ministère public.

Ce qui concerne la publication des patentes est réglé avec soin par la loi; cette publication est beaucoup plus prompte et plus complète que celle qui est faite en France. Un journal périodique, avec dessins, décrit les inventions patentées sans préjudice de la publication, déjà en usage, des spécifications *in extenso*, avec leurs dessins, par brochures séparées, qui sont vendues par le *Patent-office* à toute personne qui en veut acheter. Toute cette partie de la législation anglaise a un caractère extrêmement pratique.

11. — 3° *Autriche-Hongrie* (L. 15 août 1852). — Tout inventeur, national ou étranger, et tout étranger qui importe son invention déjà brevetée à l'extérieur, peut obtenir un brevet.

Sont brevetables: les nouveaux produits ou moyens industriels, les perfectionnements, les importations d'inventions brevetées à l'étranger. Ne sont pas brevetables: les conceptions théoriques, les préparations médicales ou alimentaires, les inventions contraires à la santé, à la morale, à la sécurité publique, ou aux lois de l'Etat.

La demande, accompagnée d'une description claire et précise et de dessins, en double expédition, est soumise à l'examen préalable.

Le brevet est délivré sans garantie, pour la durée fixée par la demande, qui ne peut excéder quinze ans; pour les brevets d'importation, la durée ne peut excéder celle du brevet étranger.

La durée des brevets peut être prolongée.

La durée du brevet compte de la délivrance du titre.

Les brevets sont publiés après qu'ils ont été délivrés, à moins que le secret n'ait été demandé par l'inventeur. Les cessions doivent être enregistrées et publiées.

L'exploitation doit commencer dans la première année, et ne pas être interrompue pendant deux années consécutives.

La nullité peut être prononcée: pour description incomplète, non-brevetabilité, défaut d'exploitation.

Toute imitation de l'objet breveté, vente, importation d'objets imités est une contrefaçon; toutefois, si l'invention a été tenue secrète, la contrefaçon n'existe que si le contrefacteur a été préalablement averti par le breveté.

12. — 4° *Belgique* (L. 25 mai 1854; 27 mars 1857, portant modification aux art. 7 et 22 de la loi de 1854; Arrêté royal, 24 mai 1854, réglant l'exécution de la même loi). — La législation belge, telle qu'elle résulte de l'ensemble de ces dispositions, présente une très grande analogie avec la loi française; les principales différences consistent en ce que la nouveauté de l'invention n'y est pas définie avec la même rigueur. On trouve seulement dans l'art. 24, énumérant les cas de nullité des brevets, deux hypothèses qui rentreraient dans la définition générale de l'art. 31 de la loi française; ce sont: 1° l'emploi, la mise en œuvre ou exploitation par un tiers, en Belgique, avant la date légale de l'invention; et 2° la publication dans un ouvrage ou recueil imprimé, avant le dépôt de la demande, de la description complète de l'invention, et des dessins. Il faut ajouter le cas, prévu par l'art. 25, où l'invention aurait déjà été brevetée en Belgique ou à l'étranger. Cette énumération laisse intacte la nouveauté légale de l'invention dans bien des cas où elle serait atteinte par des faits compris dans la formule de notre art. 31. En outre, la loi belge, admettant les brevets d'importation, fait exception, en faveur de l'inventeur breveté à l'étranger qui prend un brevet en Belgique, aux dispositions des art. 24 et 25; la publication qui serait la conséquence légale de la prise de son brevet étranger ne nuit pas à la validité du brevet d'importation belge.

La loi belge ne contient pas de disposition semblable à celle de l'art. 18 de la loi française, relative au droit de préférence du premier inventeur pour les perfectionnements apportés à son invention. Toutefois, l'inventeur, pour les perfectionnements à son invention, a le privilège de pouvoir prendre, comme en France, un brevet de perfectionnement dispensé de taxe, qui est un véritable certificat d'addition, tandis que le brevet de perfectionnement pris par un autre inventeur serait sujet à la taxe, et ne pourrait être exploité sans le consentement de l'inventeur principal.

Il n'existe pas, dans la loi belge, de déchéance pour importation d'objets brevetés fabriqués à l'étranger.

Le non-payement de la taxe à l'échéance ne fait déchoir le brevet que si la taxe n'est pas payée dans un délai de six mois après avertissement préalable; il y a seulement, pour le payement fait après l'échéance, mais au cours des six mois qui suivent, une amende de 10 fr.

La taxe est progressive et augmente de 10 fr. par année; le première annuité est de 10 fr. et la deuxième de 200 fr.; chaque annuité est payable avant la fin de l'année de jouissance à laquelle elle correspond.

Le principe de la loi belge est, comme en France, la délivrance du brevet sans examen préalable; ce qui concerne la demande, les pièces à l'appui, descriptions, dessins, est imité de la loi française, outre quelques prescriptions de détail pour les dessins, qui doivent être exécutés sur toile, et où les parties qui caractérisent l'invention doivent être teintées autrement que le reste.

La durée du brevet est de vingt ans, courant du jour de la demande; toutefois, lorsque l'inventeur est déjà breveté à l'étranger, le brevet belge, à l'imitation du brevet français, prend fin avec le brevet étranger.

Les descriptions des brevets sont publiées dans un recueil spécial, textuellement ou en substance, trois mois après la concession du brevet.

Le breveté doit exploiter l'invention en Belgique; le délai de mise en exploitation est plus court qu'en France, une année seulement. De même l'exploitation ne peut être interrompue plus d'un an; mais, comme en France, le breveté peut justifier des causes de son inaction.

L'insuffisance de description entraîne nullité du brevet, mais seulement quand elle est intentionnelle.

13. — 5° *Brésil* (L. 28 août 1830). — Cette loi rappelle la loi française; le brevet est décerné, sans examen préalable, pour une durée fixée par l'administration et courant de cinq à vingt ans. Les descriptions sont tenues secrètes. Le brevet peut être annulé: s'il a été obtenu frauduleusement; si la description est incomplète; si le breveté n'est pas l'inventeur (le véritable inventeur peut seul demander cette nullité); si l'inventeur prend un brevet à l'étranger; s'il n'exploite pas dans le délai de deux ans, ou s'il a exploité avant d'avoir obtenu son titre; si l'invention est contraire aux lois.

14. — 6° *Danemark*. — Il n'y a pas de législation spéciale. Dans l'usage, on accorde aux inventeurs des privilèges d'exploitation, après examen préalable pour trois, quatre ou cinq ans, dix ans si l'invention est importante, quelquefois quinze ans; il n'est pas d'usage d'accorder aux étrangers un privilège de plus de cinq ans.

Le privilège est annulé si, antérieurement à la demande, un objet semblable était en usage en Danemark, et si l'exploitation n'est pas commencée dans l'année qui suit la concession du privilège et continuée jusqu'à la fin.

15. — 7° *Espagne* (L. 30 juill. 1878). — Tout inventeur, national ou étranger, peut être breveté.

Sont brevetables: les inventions qui n'ont pas encore été établies ni exploitées en Espagne, telles qu'instruments, machines, procédés mécaniques ou chimiques, produits ou résultats obtenus par des moyens nouveaux.

Ne sont pas brevetables: les résultats ou produits de machines, appareils, etc., qui ne sont pas nouveaux et personnels, et dont l'exploitation ne tendrait pas à introduire en Espagne une branche d'industrie; l'usage des produits naturels; les principes ou découvertes scientifiques qui ne peuvent s'appliquer à des procédés pratiques et industriels; les préparations pharmaceutiques; les plans de finance. La loi admet, outre les brevets d'invention, des brevets d'importation pour les inventions brevetées à l'étranger depuis moins de deux ans, et des certificats d'addition.

La durée des brevets d'invention est de vingt ans, si l'invention est nouvelle et si le brevet est pris par le véritable inventeur; elle est de cinq ans, si l'une de ces conditions n'est pas remplie; de dix ans pour les brevets d'importation. Quant aux certificats d'addition, ils s'incorporent au brevet, comme en France, et prennent fin avec lui.

La durée du brevet commence au jour de la délivrance du titre.

Aucun brevet ne peut être prolongé.

Les brevets sont délivrés, comme en France, sans examen préalable.

Les descriptions, dessins, etc. des brevets délivrés sont communiqués au public.

Le breveté doit commencer l'exploitation dans le délai de deux ans et en aviser le directeur du conservatoire des arts.

Il doit payer une taxe annuelle, avant le commencement de chaque année de durée de son brevet.

Le brevet est nul:

Si l'objet n'est pas nouveau; s'il est contraire à l'ordre public, aux lois, etc.;

Si l'objet exploité n'est pas conforme au brevet;

Si la description est incomplète.

Le brevet est frappé de déchéance:

Pour défaut de payement de la taxe à l'échéance;

Lorsque l'exploitation n'a pas commencé dans les délais, ou a été interrompue pendant un an et un jour, sauf la force majeure.

16. — 8° *Etats-Unis* (L. 22 juin 1874; Règl. 1er déc. 1879; Décr. 1er mars 1880). — Sont brevetables: les industries, machines, fabrication ou composition de matières, nouvelles et utiles, ou les modifications nouvelles et utiles, pourvu que l'objet n'ait pas été employé ou mis en vente pendant plus de deux ans avant la prise du brevet.

Ne sont pas brevetables: les inventions sans utilité, inefficaces, frivoles ou contraires aux bonnes mœurs.

Il peut être délivré des brevets d'invention, de perfectionnement, et d'importation.

Il existe aussi des *caveats* ou patentes provisoires.

La durée des brevets est de dix-sept ans; le point de départ n'en peut être fixé à plus de six mois de la délivrance du titre. Pour les brevets d'importation, la durée est réduite à celle du brevet étranger le plus court.

Les brevets sont délivrés après examen préalable.

Les descriptions et dessins sont publiés: en extrait, dans le journal officiel; in extenso, dans des volumes spéciaux publiés chaque mois et contenant tous les brevets du mois précédent.

Aucun délai pour exploiter n'est imparti à l'inventeur.

Tout brevet est nul si les droits n'ont pas été payés dans les six mois de la date du brevet; mais, en ce cas, l'inventeur peut, dans les deux ans, faire une nouvelle demande. La nullité est également encourue, si la description est insuffisante, ou si l'inventeur a revendiqué plus qu'il n'en avait le droit; mais il peut alors rectifier sa demande et obtenir une autre délivrance.

17. — 9° *Italie* (L. 31 janv. 1864; Décr. 16 sept. 1869; 13 nov. 1870). — Il n'y a pas de distinction entre les nationaux et les étrangers.

Sont brevetables: les produits ou résultats industriels; les instruments, machines, combinaisons mécaniques, les procédés de production industrielle; les moteurs ou applications industrielles de forces déjà connues; l'application à un résultat industriel d'un principe scientifique.

Ne sont pas brevetables: les inventions illicites; les médicaments; les conceptions théoriques, ou ne tendant pas à la production de choses matérielles.

Il est délivré des brevets d'invention, de perfectionnement, d'importation, et des certificats d'addition.

Aucun brevet de perfectionnement ne peut être pris par un autre que l'inventeur principal dans les six mois qui suivent la prise du premier brevet; c'est là une disposition analogue à l'art. 18 de la loi française.

La durée des brevets est de quinze ans au plus; pour les brevets d'importation, elle ne peut excéder le brevet étranger le plus long.

Le privilège du breveté remonte au jour de la demande.

Les brevets sont communiqués au public, et les descriptions et dessins sont publiés trois mois après la délivrance.

Le brevet donne lieu à une taxe payable annuellement

avant l'expiration de chaque année, comme en France; toutefois, le défaut de payement n'entraîne déchéance que si le retard dépasse trois mois.

Le délai pour mettre l'invention en exploitation est de deux ans pour les brevets de plus de cinq ans, et d'un an pour les autres; l'exploitation ne peut être interrompue pendant un temps excédant le délai de mise en exploitation.

Le brevet est nul, si l'invention est non brevetable, si elle n'est pas nouvelle, si elle n'est pas industrielle, si le titre est inexact, si la description est insuffisante, si le brevet est pris pour un perfectionnement contrairement au droit de préférence du premier inventeur.

Il encourt la déchéance si la taxe n'a pas été payée, ou si l'invention n'a pas été exploitée conformément à ce qui a été dit ci-dessus.

18. — 10° *Luxembourg* (L. 30 juin 1880). — Sont brevetables: les inventions nouvelles susceptibles d'exploitation industrielle, à moins que l'objet n'en soit contraire aux lois et aux bonnes mœurs. Pour les médicaments, aliments et produits chimiques, les procédés de fabrication seuls sont brevetables.

Il existe, outre les brevets d'invention, des brevets de perfectionnement et des certificats d'addition.

Les brevets d'invention sont délivrés pour quinze ans; les brevets de perfectionnement et les certificats d'addition prennent fin avec le brevet principal.

La durée du brevet commence le lendemain de la demande.

Les brevets sont délivrés sans examen préalable.

Les descriptions sont, à partir de la délivrance du brevet, communiquées au public.

Le breveté doit acquitter une taxe annuelle, payable avant le commencement de chaque année de la durée de son brevet.

Il doit, au cours des trois premières années, mettre l'invention en exploitation, ou du moins faire ce qui est nécessaire pour aboutir à une exploitation.

Il doit, en outre, dans les trois mois à partir de la délivrance de son brevet, demander des brevets dans les Etats auxquels le Luxembourg est attaché par une union douanière.

Ces obligations sont imposées à peine de déchéance: toutefois, la déchéance pour non-payement de la taxe n'est encourue que si le payement n'a pas été fait dans les trois mois qui suivent l'échéance.

Le brevet est nul pour défaut de brevetabilité, inexactitude du titre, insuffisance de description, ou si les éléments essentiels de l'invention ont été pris à un tiers sans son consentement.

19. — 11° *Portugal* (L. 31 déc. 1852). — Les inventeurs étrangers, comme les nationaux, sont admis à prendre des brevets.

Peuvent être brevetés: les produits et moyens nouveaux et les changements aux inventions connues.

Les médicaments, substances alimentaires, théories scientifiques, ornements, changements de forme, ne peuvent être brevetés.

Il existe des brevets d'importation; quant aux perfectionnements, le breveté principal jouit, comme en France, d'un délai de préférence d'une année.

La durée des brevets est de quinze ans; elle est de cinq seulement pour les brevets d'importation; quant aux brevets de perfectionnement, ils prennent fin avec le brevet principal.

La durée des brevets part du dépôt de la description.

Le brevet est délivré après examen préalable; l'examen n'est pas public, mais les descriptions sont mises à la disposition du public lorsque le brevet est délivré.

L'exploitation doit commencer dans la première moitié de la durée du brevet, et, pour les brevets d'importation, dans la première année.

L'importation, par le breveté, d'objets fabriqués à l'étranger est interdite.

Le brevet peut être annulé pour objet contraire à l'ordre public, inexactitude du titre, insuffisance de description, défaut de nouveauté, défaut de mise en exploitation dans le délai prescrit.

20. — 12° *Russie* (Actes législatifs de 1833 à 1870). — Tout inventeur, russe ou étranger, peut obtenir un brevet.

Sont brevetables: les inventions industrielles, les perfectionnements, à l'exception des inventions insignifiantes ou offrant un danger public.

Il peut être pris des brevets d'invention, de perfectionnement, ou d'importation; le consentement de l'inventeur principal est nécessaire pour obtenir un brevet de perfectionnement.

La durée des brevets de perfectionnement est de trois, cinq ou dix ans, à dater de la signature du brevet; pour les brevets d'importation, la durée ne peut excéder celle du brevet étranger, ni dépasser six ans.

Tout brevet délivré est publié *in extenso* au journal officiel.

L'invention doit être mise en exploitation dans le premier quart de la durée du brevet, et la mise en exploitation doit être constatée.

Le brevet est nul, pour défaut de nouveauté, publication ou exploitation antérieure à la demande, insuffisance de description, ou si la mise en exploitation n'a pas été constatée dans les délais; il peut aussi être annulé sur la demande du véritable inventeur, lorsqu'il a été délivré à un autre.

21. — 13° *Suède* (L. 16 mai 1884). — Sont brevetables en Suède: les inventions consistant en produits ou moyens industriels.

Ne sont pas brevetables: les aliments, remèdes, inventions illicites, les principes abstraits.

Les inventions doivent être nouvelles; la loi suédoise entend par là que l'invention ne doit pas avoir été publiée dans un ouvrage imprimé qu'il soit facile de se procurer, et n'avoir pas été publiquement exploitée en Suède ou à l'étranger. Quant à la divulgation par des publications officielles, telles que celles qui suivent la prise des brevets en certains pays, ou par la participation à une exposition internationale, elle ne détruit la nouveauté que si elle est antérieure de plus de six mois à la demande de brevet en Suède.

La durée des brevets est de quinze ans, qui courent du jour de la demande, lorsque l'invention n'est pas déjà brevetée à l'étranger. S'il y a un brevet étranger remontant à moins de six mois, le brevet peut être encore obtenu en Suède, mais les quinze ans courent à dater du commencement de la durée du brevet étranger.

Les brevets sont délivrés après un examen préalable public, analogue à celui qui se pratique en Allemagne; la demande de brevet est, pendant deux mois, publiée dans un journal spécial, pour provoquer les intéressés à examiner l'invention et à former opposition, s'il y a lieu, à la délivrance du brevet. Les parties essentielles de l'invention sont publiées après la délivrance du brevet.

Le breveté est tenu, à peine de déchéance, de payer une taxe annuelle, de commencer l'exploitation dans un délai de trois ans, et de fournir annuellement au bureau des brevets la preuve de la continuation de l'exploitation. La taxe est payable avant le commencement de chaque année de la durée du brevet; toutefois, la déchéance n'est encourue que si le payement n'a pas été fait dans les 90 jours qui suivent; jusque-là, le retard du payement ne donne lieu qu'à une amende égale au cinquième de la taxe.

La déchéance peut aussi être prononcée si le brevet a été délivré pour une invention déjà exploitée, si la description qui accompagne la demande est fausse, si le breveté s'est faussement présenté comme le véritable inventeur, ou si l'invention était non brevetable.

SECT. 2. — DISPOSITIONS GÉNÉRALES (*Rép.* nos 36 à 114).

ART. 1er. — *Nature du droit de l'inventeur* (*Rép.* nos 36 à 38).

22. La controverse, signalée au *Répertoire*, sur la nature du droit de l'inventeur, n'est pas encore absolument close; la définition de l'art. 1er de la loi de 1844, conçue plutôt au point de vue des conséquences que le législateur faisait résulter de ce droit, que de l'origine qu'il entendait lui attribuer, laissait en présence, sans contredire expressément aucun d'eux, le système qui accorde à l'inventeur un droit de propriété sur l'invention, celui qui n'y voit qu'une concession de la loi en récompense d'un service rendu, enfin celui qui, déniant à l'inventeur tout droit de propriété sur son invention, en conclut que la loi ne devrait ni reconnaître, ni réglementer, ni protéger, contrairement à la liberté de l'industrie, un privilège qui n'a point sa source dans un droit naturel. Ainsi M. Michel Chevalier s'est déclaré en 1863, l'adversaire du régime des brevets (V. Pouillet, *Introduction*, p. 9). MM. Picard et Olin, p. 25, partant de cette idée que l'inventeur ne saurait s'empêcher de divulguer son invention, en concluent qu'on ne devrait rien lui accorder en échange, parce que, disent-ils « la société ne doit pas faire des concessions pour obtenir des avantages qui lui sont acquis sans cela ; elle n'a pas le droit de limiter la liberté d'action d'aucun de ses membres, lorsqu'une nécessité impérieuse ne l'y oblige pas ».

Au contraire, le congrès de la propriété industrielle de 1878 a inscrit en tête de ses résolutions le principe du droit de propriété de l'inventeur sur son invention. Mais aucun des partisans de cette doctrine ne va jusqu'à réclamer, ce qui en serait pourtant la conséquence logique, la perpétuité de cette propriété. L'opinion qui prévaut considère la concession du brevet, moins comme la consécration d'un droit de propriété que comme une récompense du service que rend l'inventeur en faisant connaître son invention, et une transaction entre des intérêts opposés. « N'est-il pas juste, dit M. Pouillet, *Introduction*, p. 11, que la récompense de l'inventeur soit dans la chose même qu'il a découverte? Sa récompense ne sera-t-elle pas de cette façon proportionnée exactement au service qu'il aura rendu à la société? » Il résulte des explications contenues au *Rép.* n° 36, que cette idée de récompense d'un service rendu, de transaction entre l'intérêt de l'inventeur qui est de tenir l'invention secrète pour en avoir seul le profit, et l'intérêt du public industriel, qui est d'en obtenir la divulgation, est bien celle dont procède la législation de 1844.

23. Quelle que soit, au surplus, la nature du droit de l'inventeur, il est constant que celui-ci ne peut, en pratique, exercer d'autres droits que ceux qui dérivent de la concession d'un brevet ; tout autre moyen employé par lui pour faire constater qu'il est l'auteur de la découverte ne saurait avoir pour effet de lui en réserver l'exploitation. Ainsi, il a été jugé que la propriété de toute nouvelle découverte ou invention, dans tous les genres d'industrie, ne peut, à la différence de la propriété d'un dessin ou d'un modèle de fabrique, être conférée à son auteur que par un brevet d'invention.

La nécessité d'un brevet d'invention n'est pas restreinte aux appareils qui constitueraient une *machine*, et l'on doit considérer comme présentant ce caractère de découverte nouvelle ou d'invention industrielle, une *lanterne-phare* destinée à donner à la lumière une plus grande force de projection et à la mettre à l'abri de la violence du vent (Civ. cass. 10 mars 1858, aff. Chrétien, D. P. 58. 1. 100). — Par suite, le dépôt de cette lanterne au conseil des prud'hommes est insuffisant pour en conserver la propriété à son auteur; même en envisageant l'invention sous le seul rapport de sa forme extérieure et abstraction faite de la combinaison industrielle qui a pu y être réalisée (Sol. impl., Même arrêt). — Décidé, également, que la publication, faite par un inventeur, d'un mode de comptabilité nouveau ne crée pas à son profit un droit exclusif à l'application de cette méthode; que le dépôt légal de la brochure contenant l'exposé de son système assure à l'auteur la propriété littéraire de l'ouvrage, mais ne lui confère pas le droit d'interdire l'usage de sa méthode au public (Paris, 2 août 1870, aff. Balnus, D. P. 71. 2. 16).

ART. 2. — *Caractères de l'invention brevetable* (*Rép.* n°s 39 à 94).

24. — I. INVENTION OU DÉCOUVERTE. — Comme on l'a vu au *Rép.* n° 42, les inventions ou découvertes susceptibles d'être brevetées peuvent consister : soit dans de nouveaux produits, soit dans de nouveaux moyens industriels ; soit dans des applications nouvelles de moyens connus à l'obtention de produits ou de résultats industriels.

25. Une règle commune à ces diverses sortes d'inventions, c'est que l'importance de la découverte n'est pas une des conditions de la brevetabilité; on s'accorde à reconnaître qu'elle ne saurait influer sur la validité d'un brevet ; elle est seulement à considérer dans l'évaluation du préjudice qui pourrait être causé à l'inventeur par l'atteinte portée à ses droits (*Rép.* n° 51). — Jugé, en ce sens: 1° que le peu d'importance d'une invention nouvelle n'autorise pas les tribunaux à déclarer cette invention non brevetable; sauf au juge, en cas pareil, à abaisser, ou même à supprimer entièrement les dommages-intérêts encourus par le contrefacteur (Crim. cass. 1er mai 1851, aff. Thomas, D. P. 53. 1. 67; 17 janv. 1852, aff. Crespel de Lisse, *ibid.*); — 2° Que l'obtention de nouveaux sons dans la fabrication des instruments de musique peut faire l'objet d'un brevet d'invention, quelque faible que soit le degré de difficulté ou d'importance du procédé à l'aide duquel ces sons nouveaux ont été obtenus (Civ. cass. 9 févr. 1853, aff. Sax, D. P. 53. 1. 94); — 3° Qu'il suffit qu'une invention ou qu'un perfectionnement présente de l'utilité pour que le brevet soit maintenu, bien que l'invention en elle-même soit de faible importance; et, spécialement, que le fait d'avoir substitué, d'abord le rotin à la corde dans le cercle des seaux à incendie en toile, puis d'avoir substitué à l'enroulement des rotins, dans une gorge métallique, l'enroulement de la toile sur les cercles à l'aide d'une couture, constitue des inventions et perfectionnements susceptibles de brevet (Paris, 8 juill. 1846, aff. Guérin, D. P. 47. 4. 53); — 4° Qu'un brevet peut être valablement pris pour l'invention de moyens nouveaux ou l'application nouvelle de moyens connus tendant à obtenir un résultat ou produit industriel, bien que ce résultat ou ce produit ne soit pas nouveau, et sans que l'on ait à tenir compte du peu d'importance de la découverte (Civ. cass. 24 mai 1881, aff. Chauvière, D. P. 81. 1. 455); — 5° Qu'on doit considérer comme brevetable non seulement l'invention de nouveaux produits industriels, mais encore l'invention de moyens nouveaux pour l'obtention d'un résultat ou d'un produit industriel; ainsi les perfectionnements apportés à un appareil ou à un outil tombé dans le domaine public peuvent être brevetés à la seule condition d'être nouveaux, quelle que soit l'importance plus ou moins grande de la découverte, et sans qu'il soit besoin que ces perfectionnements aboutissent à un résultat industriel nouveau (Crim. cass. 25 nov. 1881, aff. Pérille, D. P. 85. 1. 181); — 6° Que la cession d'un brevet d'invention portant sur une simplification dans le mécanisme employé pour faire parler les poupées ne peut être déclarée nulle par cela seul que la modification peu importante apportée à ce mécanisme d'horlogerie ne constitue pas un perfectionnement suffisant pour produire un résultat industriel nouveau (Civ. cass. 24 mai 1881, aff. Chauvière, D. P. 81. 1. 455).

26. — 1° *Produits nouveaux.* — On a indiqué au *Rép.* n° 43, ce qu'il faut entendre par le mot *produit*, et la distinction qui doit être faite entre un produit et un résultat. La distinction est importante, car le produit seul est brevetable; le résultat, en lui-même, ne l'est pas. C'est un point sur lequel il importe d'insister, parce qu'on trouve chez quelques auteurs l'expression d'une doctrine opposée, d'après laquelle le brevet pris pour un moyen nouveau ou une application nouvelle de moyens connus protégerait, en outre, le résultat nouveau qui serait dû à l'emploi des moyens brevetés, en sorte qu'il ne serait même pas permis, sans porter atteinte au brevet, d'obtenir le même résultat par des moyens différents (V. Renouard, n°s 61 et 64; Duvergier, *Collection des lois*, t. 44, p. 572, note 3). Mais cette opinion n'a pas été adoptée par la majorité des auteurs. « Celui, dit M. Pouillet, n° 26, qui au moyen d'un agent chimique, désinfecterait l'huile de pétrole sans lui enlever ses qualités d'inflammabilité, pourrait-il empêcher qu'un autre la fît brûler sans odeur au moyen d'un appareil mécanique de son invention? Par exemple encore, celui qui par une disposition particulière du calibre, donnerait aux armes à feu une portée plus grande que celle qu'elles ont jamais eue, pourrait-il empêcher qu'un autre utilisant la force d'expansion d'une combinaison gazeuse qu'il aurait découverte, obtînt avec les armes ordinaires le même résultat? La question, éclairée par ces exemples, se résout d'elle-même. On ne peut admettre que le premier auteur d'un résultat puisse en interdire aux autres la recherche; le résultat n'est donc pas brevetable en lui-même, indépendamment du moyen qui le produit, ce qu'il faut bien se garder d'entendre en ce sens que le fait de découvrir du même coup un résultat et un moyen de l'obtenir, emporte un droit exclusif non seulement sur le moyen, mais encore, en ce cas, sur le résultat. Le résultat, c'est le problème dont chacun a le droit de chercher la solution; la solution seule appartient à celui qui l'a trouvée. Autant de solutions différentes, autant d'inventions, autant de brevets. » M. Bédarride, n° 60, dit dans le même sens : « Il est évident que l'industrie eût été absolument paralysée dans son essor, si l'obtention d'un résultat nouveau par un moyen peut-être fort défectueux eût empêché de le réaliser par d'autres moyens infiniment supérieurs » (V. aussi Blanc, *L'inventeur breveté*, p. 443; Picard et Olin, *Traité des brevets d'invention*, n° 80; Tillière, n° 12; Nouguier, n° 397; Rendu et Delorme, n° 323; Loiseau et Vergé, *Loi sur les brevets d'invention*, p. 47). C'est en ce sens que la jurisprudence s'est prononcée; elle n'a jamais hésité, toutes les fois qu'elle a reconnu qu'il s'agissait d'un simple résultat, à le déclarer non brevetable. Le caractère d'invention ou de découverte brevetable, dit un arrêt de la cour de cassation, ne s'applique aux *résultats industriels* d'une découverte qu'à raison de la nouveauté des moyens pratiqués pour obtenir ces résultats; par suite, les juges appelés à connaître d'une action en contrefaçon de résultats industriels nouvellement découverts, doivent rechercher non pas si ces résultats sont nouveaux, mais si les moyens employés pour les obtenir sont nouveaux (Crim. rej. 18 mai 1848, aff. Parisot, D. P. 48. 5. 35). — Décidé, dans le même sens, qu'un résultat industriel nouveau ne peut, à la différence d'un produit nouveau, être breveté, indépendamment des moyens employés pour l'obtenir, et qu'en conséquence, l'obtention du même résultat par un tiers à l'aide de moyens différents ne constitue point une contrefaçon (Civ. rej. 4 févr. 1848, aff. Roche, D. P. 48. 5. 35). — Il a été jugé, d'autre part, qu'un produit industriel, tel qu'un instrument de musique, dont la supériorité est due à une plus grande habileté d'exécution, mais dont l'ensemble et les parties étaient connues antérieurement, est avec raison considéré comme un produit non brevetable (Crim. rej. 29 janv. 1864, aff. Busson, D. P. 65. 5. 41). — Enfin il est certain que l'habileté dans la mise en œuvre, ou tour de main, n'est pas brevetable (Pouillet, n° 41); ainsi celui qui, dans l'application de perles factices sur les tissus, n'obtient une régularité plus grande, en les limitant aux mailles du tissu, que par l'habileté de l'ouvrier, sans l'emploi d'aucun moyen nouveau, ne peut être valablement breveté (Lyon, 17 févr. 1883, aff. Mugnier C. Baboin et autres, D. P. 87. 1. 437).

27. La distinction n'est pas toujours facile à faire dans la pratique; on admet, en effet, qu'il n'est pas nécessaire, pour qu'un produit soit nouveau, que ce produit n'ait jamais eu de similaires : « il suffit, dit M. Pouillet, n° 20, qu'il se distingue par des caractères nouveaux, certains, essentiels, des produits similaires qui existaient auparavant ». Le principe est fort juste; mais quand y aura-t-il véritablement une transformation du produit déjà connu? Quand au contraire y aura-t-il une simple amélioration, ne constituant qu'un résultat industriel? Le même auteur, pour préciser sa théorie par un exemple, ajoute quelques lignes plus loin : « Bien que les cartes à jouer soient connues depuis un temps presque immémorial, la création des cartes à coins arrondis et dorés a été justement considérée, à raison des avantages spéciaux qu'elles offraient, comme l'invention d'un nouveau produit industriel (V. Arrêt du 27 déc. 1867, *infrà*, n° 28-1°) ». Il nous semble, au contraire, que la solidité plus grande et le maniement plus facile de ces sortes de cartes étaient simplement une amélioration de la qualité des cartes ordinaires, c'est-à-dire un résultat industriel; il y avait un moyen nouveau, ou une application nouvelle d'un moyen consistant à arrondir et dorer les coins en vue de ce résultat, mais non création de nouvelles cartes à jouer. Au contraire, pour citer un autre exemple fourni par la jurisprudence (V. Arrêt du 31 juill. 1856, *infrà*, n° 29-3°), nous croyons qu'il y a une véritable transformation d'un produit, par suite création d'un produit nouveau, et non simple résultat, dans le fait d'avoir, au moyen d'un apprêt particulier, donné au drap le toucher et l'aspect du velours. En un mot, s'il n'est pas nécessaire qu'un produit, pour être nouveau, n'ait absolument pas de similaires parmi les produits déjà connus, il faut cependant qu'il s'en distingue autrement que par une amélioration, même considérable, des qualités que ces similaires possédaient déjà, ne fût-ce que d'une manière imparfaite; il faut qu'il possède des qualités qui lui soient propres, et qui ne se trouvent à aucun degré dans les produits similaires.

28. Cette distinction du produit nouveau et du simple résultat ne paraît pas avoir été toujours bien appliquée par la jurisprudence; ainsi, les arrêts qui suivent ont admis la nouveauté du produit alors qu'il y avait plus exactement emploi de moyens nouveaux, ou application nouvelle de moyens connus à l'obtention de résultats nouveaux. Il a été jugé : 1° qu'un produit est avec raison déclaré nouveau et partant brevetable, lorsqu'il présente réunis des avantages qui, dans les produits de la même sorte, ne se sont rencontrés jusque-là que séparés; qu'il en est ainsi alors surtout que, suivant une constatation surabondante du juge du fait, ce produit a de plus le mérite d'une véritable supériorité industrielle; spécialement, qu'il y a lieu de considérer comme produits brevetables des cartes nouvelles à coins arrondis, qui ont l'avantage d'offrir « plus de solidité et plus de facilité dans le maniement, en même temps que plus de garanties contre la fraude » (Crim. rej. 27 déc. 1867, aff. Chapelier, D. P. 68. 1. 416); — 2° Que la décoloration des plumes de couleur, même obtenue à l'aide de chlorures ou d'autres agents tombés dans le domaine public, constitue une application nouvelle de moyens connus ayant eu pour résultat de doter l'industrie d'un produit nouveau, et, dès lors, susceptible d'être brevetée (Crim. rej. 27 janv. 1872, aff. Cauchois, D. P. 74. 1. 133); — 3° Que des broderies exécutées mécaniquement, qui sont d'une solidité plus grande, d'un aspect plus agréable et d'un emploi plus facile que toutes celles en usage, constituent un produit industriel nouveau, qui peut être l'objet d'un brevet d'invention (Paris, 31 mai 1879, aff. Meunier, D. P. 80. 2. 112); — 4° Qu'il y a invention de produit nouveau dans le fait d'envelopper une lame d'acier dans un fourreau d'étoffe présentant une lisière sur chaque bord, ce qui permet de coudre le ressort ainsi enveloppé sur le corset à baleines (Paris, 6 mai 1885, aff. Meloche, *Annales de la propriété industrielle, etc.*, 85. 338).

29. Au contraire, on peut citer un certain nombre d'arrêts qui ont appliqué avec exactitude la distinction entre le produit et le résultat. — Décidé qu'il y a lieu de considérer comme un produit nouveau : 1° un jouet d'enfant, qui se distingue par des dispositions différentes des jouets analogues qui existaient antérieurement (Paris, 21 févr. 1856, aff. Journet C. Rabiet et autres, *Annales de la propriété industrielle, etc.*, 56.140); — 2° Un tissu destiné à la confection des devants de chemises et qui réunit des caractères déterminés tels que plis doubles, piqués en arrière, etc. (Paris, 6 déc. 1859, aff. Duranton C. Venet et Falize, *Annales de la propriété industrielle, etc.*, 61. 404); — 3° Un drap qui, par un apprêt particulier, présente l'aspect et le toucher du velours (Paris, 31 juill. 1856, aff. Demar, D. P. 57. 2. 9). — Jugé encore qu'une chenille à poils couchés, présentant l'aspect de la peluche, et susceptible d'entrer dans la fabrication des tissus et dans la confection des franges, soutaches, garnitures et ornements, se distingue suffisamment par ces propriétés de la chenille ordinaire pour être considérée comme un produit nouveau (Paris, 10 août 1882, aff. Germain frères C. Chamoux-Goutard, *Annales de la propriété industrielle, etc.*, 82. 336).

30. — 2° *Moyens nouveaux.* — Par moyens nouveaux, on entend tout agent, organe ou procédé nouveau : « les agents, dit M. Pouillet, n° 28, sont plus spécialement les moyens chimiques; les organes sont plus spécialement les moyens mécaniques; les procédés sont des façons diverses de mettre en œuvre et de combiner les moyens soit chimiques, soit mécaniques » (V. également : Blanc, p. 447; Calmels, n° 74; Renouard, n° 64; Nouguier, n° 404; Tillière, n° 14).

Nous n'avons rien à ajouter, au sujet des moyens nouveaux, à ce qui a été dit au *Rép.* n°s 44 et 45. Depuis, il a été jugé : 1° que l'emploi d'un procédé nouveau pour produire, avec plus de précision et de rapidité, des résultats déjà acquis à l'industrie peut faire l'objet d'un brevet (Douai, 30 mars 1846, aff. Descat, D. P. 47. 2. 205); — 2° Que bien que l'emploi d'une matière (du sulfate de chaux) pour arriver à un certain résultat industriel (l'épuration du gaz) soit tombé dans le domaine public, les procédés nouveaux d'emploi de cette matière constituent une invention susceptible de brevet; et que si, en cas pareil, la contestation n'a porté que sur le caractère brevetable des procédés nouveaux employés, il n'y a pas lieu de scinder le brevet et de l'annuler quant à l'emploi de la matière, pour ne le maintenir que quant aux procédés nouveaux de cet emploi (Req. 25

nov. 1856, aff. Laming, D. P. 56. 1. 447); — 3° Que les procédés nouveaux découverts pour obtenir un résultat industriel déjà connu (la déviation verticale des gaz des hauts-fourneaux) peuvent être l'objet d'un brevet d'invention (Crim. cass. 1er mai 1851, aff. Thomas, D. P. 53. 1. 67); — 4° Qu'un procédé nouveau pour obtenir un produit connu peut être valablement breveté; spécialement, peut faire l'objet d'un brevet valable l'emploi de la *toluidine* au lieu de l'*aniline* pour produire la matière colorante rouge (Lyon, 17 nov. 1868, aff. Franc, D. P. 69. 2. 24); — 5° Que le procédé qui a pour objet la fabrication d'un produit avec une matière non encore employée à cet usage est brevetable, bien qu'elle contienne, mais dans des proportions différentes, le même élement que la matière qui y est déjà employée, pourvu que ces deux matières soient distinctes, alors surtout que la présence du même élément n'a été reconnue que postérieurement à la prise du brevet (Civ. rej. 4 juill. 1870, aff. Coupier, D. P. 71. 1. 25); — 6° Que l'invention d'un appareil nouveau pour l'obtention, même par un moyen connu, d'un produit ou d'un résultat industriel, est brevetable; qu'ainsi l'invention, pour la fabrication des acides citrique et tartrique au moyen du procédé déjà connu de l'évaporation dans le vide, d'un appareil nouveau résistant plus que les anciens appareils à l'action des acides par sa matière, et à la pression atmosphérique par l'épaisseur de sa matière combinée avec sa forme, est susceptible de brevet (Req. 22 nov. 1869, aff. Bouvier, D. P. 70. 1. 164. V. aussi Civ. cass. 24 mai 1881 et Crim. cass. 25 nov. 1881 cités *suprà*, n° 25-4° et 5°).

31. — 3° *Applications nouvelles de moyens connus.* — La nouveauté peut résider, non dans le moyen lui-même, mais dans l'application nouvelle qui en est faite (V. *Rép.* nos 46 et suiv.). « Appliquer d'une manière nouvelle, c'est purement et simplement employer des moyens connus, tels qu'ils sont connus, sans même y rien changer, pour en tirer un résultat différent de celui qu'ils avaient produit jusque-là. Ainsi, pour que l'application nouvelle soit brevetable, il n'est pas nécessaire que le résultat qu'on leur demande soit nouveau; il suffit que ces mêmes moyens n'aient jamais servi à obtenir le résultat que cette fois ils donnent... Pour juger si une application est nouvelle, il faut se demander uniquement si les moyens employés l'ont été auparavant dans le même but, en vue du même résultat, pour la même fonction ; et s'ils n'ont jamais eu la destination qu'on leur donne, on peut dire hardiment qu'il y a application nouvelle. Il faut pourtant se garder de croire qu'une différence absolue, radicale dans le résultat, est indispensable pour constituer l'application nouvelle. Les tribunaux ont au contraire à cet égard un très large pouvoir d'appréciation » (Pouillet, n° 31. — V. dans le même sens : Blanc, p. 449 ; Renouard, n° 65 ; Calmels, n° 74). M. Nouguier, n° 414, sous une forme différente, exprime la même opinion, en s'attachant surtout à énumérer les diverses hypothèses dans lesquelles pourra se rencontrer l'application nouvelle de moyens connus : « Faire une application nouvelle, de moyens connus, c'est prendre ces moyens, les appliquer à d'autres choses qu'aux choses auxquelles ils servaient ; ou les appliquer autrement ; ou en changer les combinaisons ; ou les simplifier par des suppressions ; ou les compléter par des additions d'autres moyens également connus ; ou les réunir lorsqu'ils sont épars ; ou les séparer lorsqu'ils sont réunis et arriver ainsi à l'obtention d'un produit industriel ». — Il a été jugé à cet égard : 1° que l'application pratique d'une théorie déjà connue constitue une invention susceptible d'être brevetée, lorsqu'elle produit des résultats industriels nouveaux ; et spécialement, que les modifications apportées dans la fabrication des instruments de musique, au moyen de l'application de la théorie connue de la suppression des angles, est susceptible de brevet, lorsqu'il est constaté que l'application qui en a été faite a produit, en amoindrissant les obstacles à la progression de l'air, des résultats nouveaux succédant à des tentatives jusque-là demeurées sans effet (Civ. cass. 9 févr. 1853, aff. Sax, D. P. 53. 1. 94, et sur renvoi, Rouen, 28 juin 1854, D. P. 55. 5. 54); — 2° Que l'arrêt qui constate que l'emploi du manomètre joint à l'autoclave dans un procédé de conservation des substances alimentaires a pour objet, d'après le brevet, non pas seulement d'indiquer le degré de pression intérieure, application déjà connue du manomètre, mais principalement de déterminer le degré de chaleur intime des substances expérimentées, établit suffisamment la nouveauté de l'invention et son caractère brevetable (Crim. rej. 11 févr. 1858, aff. Pellier, D. P. 58. 5. 44) ; — 3° Que le brevet pris, pour l'application à de nouvelles matières, d'un procédé déjà breveté au profit d'un autre industriel pour son application à une matière spécialement déterminée est valable (Paris, 18 juill. 1859, aff. Thomas, D. P. 59. 2. 196); — 4° Que l'application industrielle d'un principe scientifiquement connu constitue une invention brevetable, lorsque la nouveauté de cette application est reconnue ; ainsi l'application à la fabrication de la glace du refroidissement produit par l'évaporation rapide et renouvelée d'un liquide donnant un gaz, peut être déclarée brevetable, s'il est constaté que le système breveté ne rentre dans aucun des systèmes antérieurement connus et pratiqués (Req. 30 nov. 1864, aff. Haussmann, D. P. 65. 1. 163); — 5° Que la substitution de capsules explosibles en papier aux capsules métalliques, dans les jouets d'enfant ayant la forme de pistolets et de canons, et disposés spécialement pour les recevoir, constitue une invention brevetable, quoique ces capsules en papier et ces jouets, si on les considère isolément, soient dans le domaine public, l'invention résultant alors de l'application aux jouets dont il s'agit de capsules exemptes des périls que présentent les capsules métalliques (Req. 11 mars 1867, aff. Lemaire-Daimé, D. P. 67. 1. 429); — 6° Que l'application nouvelle d'une loi de la nature au moyen de combinaisons nouvelles pouvant produire des résultats industriellement utiles est susceptible d'être brevetée (Civ. cass. 25 mars 1868, aff. Petit, D. P. 68. 1. 245); — 7° Qu'un appareil et un procédé déjà connus et appliqués dans de certaines conditions et pour obtenir certains résultats industriels peuvent être considérés comme nouveaux, et, par suite, sont brevetables, lorsqu'ils sont employés dans des conditions différentes et en vue d'obtenir des résultats industriels différents (Arrêt précité du 25 mars 1868 ; Bordeaux, 27 avr. 1869, aff. Petit, D. P. 72. 5. 48); — 8° Que le défaut de nouveauté d'un procédé breveté ne résulte pas suffisamment de ce que ce procédé aurait été indiqué dans des publications antérieures, si le titulaire du brevet a obtenu du procédé dont la nouveauté est contestée un résultat jusqu'alors inconnu, et a ainsi doté l'industrie d'un produit nouveau ; spécialement, que les procédés de blanchiment de plumes d'oiseaux indiqués dans les manuels pour enlever les taches accidentelles, ne tenant point au principe organique de la coloration de la plume même, ne mettent point obstacle à ce qu'un brevet puisse être valablement pris pour l'application des mêmes agents chimiques, non plus au nettoyage, mais à la décoloration des plumes grises et noires (Paris, 23 avr. 1868, aff. Viol, D. P. 68. 2. 197); — 9° Que l'application de moyens connus pour l'obtention d'un résultat ou d'un produit industriel constitue, lorsque la nouveauté a été constatée par les juges du fait, une invention susceptible d'être brevetée ; qu'ainsi, l'application à des bourrelets d'enfants de la forme elliptique et cintrée, déjà adoptée pour les coiffures d'adultes, peut être considérée comme brevetable, lorsque la nouveauté de cette application est constatée par les juges du fait (Req. 14 mars 1865, aff. Marfaing, D. P. 65. 1. 227) ; — 10° Que l'application nouvelle à une machine de moyens connus a les caractères d'une invention brevetable lorsqu'elle procure un résultat industriel utile, par exemple, une économie de temps, de matière et de force (Civ. rej. 15 juill. 1867) (1); — 11° Que des produits industriels obtenus à l'aide de moyens tombés dans le domaine public sont brevetables,

(1) (Lefort C. Verset.) — LA COUR ;... — Attendu que le rapport des experts homologué par le jugement de première instance confirmé par l'arrêt attaqué, constate : 1° que la disposition principale de la pompe brevetée consiste à avoir adapté le volant, non sur l'arbre auquel s'articule la tige de la pompe, mais sur un arbre superposé au précédent et sollicité par un engrenage qui, en communiquant à ce second arbre une plus grande vitesse, augmente, dans le rapport du carré des vitesses angulaires de ces deux arbres, l'action régulatrice du volant; 2° que cette disposition, bien que mise en pratique pour d'autres genres de machines, n'avait pas encore été appliquée aux pompes à main, et que, restreinte à ces pompes, elle constitue une nouvelle invention; 3° que les pompes

alors que ces moyens ne procuraient pas le même résultat industriel; qu'un brevet est valable bien qu'il se rapproche dans son principe d'un brevet obtenu antérieurement, s'il en diffère dans son application et dans les résultats obtenus (Paris, 1er juill. 1870) (1); — 12° Qu'un système d'ouverture des portières de voitures, par des moyens connus, mais non encore appliqués à cet usage spécial, peut être considéré comme une application nouvelle de moyens connus pour l'obtention d'un résultat industriel, et, en conséquence, être déclaré brevetable (Civ. rej. 7 avr. 1869, aff. Gault, D. P. 69. 1. 406); — 13° Qu'il y a emploi de moyens connus, mais avec une destination différente, et par conséquent, invention brevetable, dans l'application aux tissus en pièces et aux draps en voie de fabrication, sans qu'ils soient altérés comme tissus et draps, du procédé de l'épaillage chimique, employé jusque-là seulement pour la purification des laines brutes et pour l'effilochage des chiffons demi-laine, afin d'en extraire la laine et de la restituer à l'industrie comme matière première (Civ. rej. 24 mars 1875, aff. Bérenger, D. P. 75. 1. 294); — 14° Que l'utilisation, en vue d'un nouveau résultat industriel, d'un instrument connu, dévié de son mode d'action primitif, doit être considérée comme une application nouvelle de moyens connus, susceptible de brevet; spécialement, que l'idée d'éloigner systématiquement l'aiguille d'une machine à coudre de son point régulateur, de manière à produire une série de points sautés, et d'imprimer à la

saisies chez Lefort sont une contrefaçon des pompes pour lesquelles Verset a obtenu un brevet d'invention; — Attendu qu'après avoir considéré, en point de droit, que l'invention est suffisamment caractérisée, aux yeux de la loi, quand, par une application nouvelle de moyens connus, on est parvenu à obtenir un résultat industriel utile, tel qu'une économie de matière, de temps et de force, l'arrêt attaqué considère, en point de fait, qu'en ce qui concerne la pompe à main dont il s'agit, les constatations faites par les experts et admises par les premiers juges, dont les motifs sont adoptés, n'ont pas été détruites par les documents nouveaux apportés devant la cour, et qu'il n'a pas été justifié ni que l'appareil breveté existait dans le commerce avant la date de l'obtention du brevet, ni que les appareils analogues indiqués par Lefort présentassent les mêmes avantages; — Attendu que ces appréciations sont souveraines; qu'elles répondent à tous les points du litige, et qu'en jugeant comme elle l'a fait, la cour impériale de Rennes n'a violé aucune des lois invoquées dans ce moyen;... — Rejette, etc.

Du 15 juill. 1867.-Ch. civ.-MM. Troplong, 1er pr.-Mercier, rap.-de Raynal, 1er av. gén., c. conf.-Mauldc et Bosviel, av.

(1) (Agnellet C. Murray et autres.) — La cour; — En ce qui touche le brevet du 30 nov. 1866 : — Considérant qu'il résulte du mémoire descriptif joint par Meyer à sa demande de brevet, qu'il s'est proposé d'utiliser, pour la fabrication et l'application des perles factices, la propriété qu'ont certains corps visqueux, tels que la gomme, la résine ou la gélatine, de passer promptement de l'état liquide à l'état solide; que son invention consiste à faire tomber ces corps en liquéfaction sur le tissu auquel ils adhèrent ensuite sous forme de perles, en se solidifiant par l'évaporation; — Qu'après avoir indiqué dans sa spécification que l'on obtient le résultat désiré à l'aide de deux appareils différents, dits perloirs, dont il donne la description, il ajoute : « J'ai indiqué ici les appareils dont je me sers le plus avantageusement; il est évident que ce genre d'appareils peut recevoir diverses modifications. Ce que j'entends breveter, c'est l'emploi de toute substance ayant la propriété de passer promptement de l'état liquide ou visqueux à l'état solide, pour en former des perles sphériques en la laissant former goutte à l'extrémité des tiges effilées, puis les déposant sur tissu, sur papier ou toutes autres surfaces auxquelles elles viennent adhérer en se solidifiant »; — Que, par cette déclaration, il a clairement manifesté son intention de se réserver un droit exclusif non seulement aux appareils de fabrication par lui décrits, mais encore au produit industriel obtenu à l'aide de ces appareils; — Que, dès lors, il importe peu qu'il n'ait pas expressément mentionné, dans l'intitulé de son brevet, que ce brevet s'appliquait à un produit en même temps qu'à un procédé de fabrication; qu'en effet, pour déterminer l'objet précis et l'étendue d'un brevet d'invention, c'est moins à son titre qu'à sa description qu'il faut s'attacher, et qu'il est valablement suppléé à l'insuffisance du premier par les détails de la seconde; — Considérant que la nouveauté du procédé de fabrication et des produits revendiqués par Meyer ne saurait être sérieusement contestée; — Que, d'une part, relativement aux procédés, on oppose vainement que l'on fabriquait avant 1866 des planches à épingles avec têtes en bas; que ce n'est pas la planche à aiguilles ou la planche à épingles avec têtes en bas qui constitue l'invention brevetée, mais bien l'usage spécial d'une tige effilée pour la formation des perles, et que jamais avant Meyer on ne s'était servi d'une planche, soit à épingles, soit à aiguilles, pour fabriquer des tissus perlés en laissant un liquide visqueux former goutte à l'extrémité des aiguilles ou épingles; — Que, d'autre part, s'il est établi qu'on a employé depuis longtemps des substances gélatineuses pour apprêter les tissus ou pour fixer sur les étoffes des paillettes ou des poudres brillantes, il est certain qu'aucun de ces emplois ne tendait au même but et ne procurait le même résultat industriel que ceux indiqués par Meyer; que l'application faite en 1819 par la dame Prévot d'une goutte de rosée sur une fleur artificielle en coulant sur cette fleur une goutte de colle de poisson liquide ou de gélatine, ne répond pas à la définition du produit revendiqué par Meyer; et que la dame Prévot n'avait pas même soupçonné que l'on pût remplacer sur les tissus les perles de verre par des perles de gomme; qu'elle proposait, en effet, de substituer à la goutte de gélatine ou de colle de poisson une perle de verre collée; — Qu'il n'est justifié d'aucune autre antériorité pouvant faire annuler le brevet litigieux, et que ce brevet doit être déclaré valable, tant pour les procédés de fabrication que pour les produits auxquels il s'applique;

En ce qui touche le brevet du 21 mars 1867 : — Considérant qu'on prétend que le brevet est nul pour insuffisance de titre, pour défaut de précision dans la désignation et pour défaut de nouveauté; — Sur le premier moyen : — Considérant que, d'après son titre, le brevet s'applique à un article nouveau imitant sur toutes espèces de tissus les effets de transparence et d'éclat du cristal, du diamant et des pierreries; — Que le mot « article » a un sens facile à saisir; qu'il peut être considéré comme synonyme du mot « produit », et qu'il ne laisse dans l'esprit aucun doute sur l'objet que l'inventeur se proposait de breveter; — Que, d'ailleurs, si l'art. 6 de la loi du 5 juill. 1844 exige que la demande de brevet indique un titre renfermant la désignation sommaire et précise de l'invention, cette disposition n'est pas prescrite à peine de nullité; — Que l'infraction qui y est commise peut entraîner le rejet de la demande, mais que le brevet délivré ne saurait être annulé que dans le cas où le titre indiquerait frauduleusement un objet autre que celui de l'invention; — Qu'aucune fraude de cette nature n'existe et n'est même alléguée dans la cause;

Sur le deuxième moyen : — Considérant que la désignation de l'invention, donnée dans le mémoire joint au brevet, contient tous les renseignements désirables; — Que Meyer commence par indiquer qu'il met à profit les propriétés de transparence et de réfringence appartenant aux substances gommeuses ou visqueuses préparées par ses procédés; qu'il rappelle qu'il a déjà breveté l'application de ces propriétés aux perles factices, dont la fabrication fait l'objet de son brevet du 30 nov. 1866 et d'un certificat d'addition du 13 janv. 1867; qu'il ajoute qu'il vient généraliser et étendre cette application aux divers modes d'ornementation des tissus, l'effet produit sur les étoffes par cette transparence et cet éclat de pierreries présentant un produit entièrement nouveau dans le commerce; qu'enfin il décrit avec la plus grande clarté les moyens d'application à l'aide desquels il parvient à son but et il obtient soit des dessins réguliers en perles blanches ou colorées sur des pièces d'étoffe, soit une véritable pluie de cristal; puis, qu'il termine en disant : « J'ai décrit les moyens ci-dessus comme simples et parce qu'ils me réussissent bien, mais ce que j'entends breveter, c'est le nouveau produit industriel qui consiste en une ornementation des tissus présentant un éclat et un pouvoir réfringent qui puissent rivaliser comme effet avec ceux du cristal, du diamant et des pierres précieuses les plus transparentes, et cela par l'emploi des substances gommeuses que j'ai désignées ci-dessus, l'application pouvant être faite par toutes sortes de moyens »; — Que vainement on oppose que des effets de transparence et d'ornementation ne sont que des propriétés accessoires qui ne constituent pas un produit et que le produit revendiqué par Meyer n'est pas bien caractérisé; — Qu'en admettant que l'exactitude de quelques-unes des expressions dont il s'est servi puisse être critiquée, il est constant que nulle incertitude ne peut subsister sur la nature et l'étendue du droit qu'il a voulu se réserver;

Sur le troisième moyen : — Considérant qu'on soutient à tort que la transparence, la réfringence et la sphéricité des perles formant la pluie de diamant, aussi bien que le tissu orné de ces perles, se confondent avec les propriétés des perles factices et le tissu perlé décrit dans le brevet de 1866, d'où il suit que le produit breveté en 1867 n'était pas nouveau; — Qu'il ressort, en effet, de ce qui précède que le brevet de 1866 garantit à Meyer le droit exclusif au produit qu'il indique; — Qu'au surplus, si le brevet de 1867 se rapproche de celui de 1866 dans son principe, il en diffère cependant dans son application, et que la loi autorise l'inventeur à prendre un nouveau brevet pour tous les changements, perfectionnements ou additions apportés à l'invention primitive;

Par ces motifs, etc.

Du 1er juill. 1870.-C. de Paris, 1re ch.-MM. Goujet, pr.-Pouillet, Et. Blanc, Champetier de Ribes, Vautrin et Durieux, av.

manivelle de l'entraîneur universel un mouvement de rotation de façon à enchevêtrer les points les uns dans les autres, combinaison qui permet d'obtenir, au lieu du point de chaînette et de la broderie ordinaire, une broderie nouvelle d'un aspect velouté et d'une solidité à toute épreuve, constitue une invention brevetable (Paris, 31 mai 1879, aff. Meunier, D. P. 80. 2. 112); — 15° Que l'emploi, pour rendre imperméable l'extrémité des feuilles de papier à cigarettes, d'une matière hydrofuge connue, mais non encore appliquée à cet usage, est brevetable comme application nouvelle de moyens connus (Trib. corr. Seine, 25 nov. 1882, aff. Dargy, *Annales de la propriété industrielle, etc.*, 85. 68); — 16° Qu'il y a application nouvelle de moyens connus dans l'emploi comme agent de pression d'un appareil qui n'avait été antérieurement employé que comme appareil élévatoire, alors surtout que de cette manière nouvelle de l'utiliser il résulte un avantage industriel sérieux (Paris, 17 févr. 1883, aff. Lecointe et Vilette C. Périer et comp., *Annales de la propriété industrielle, etc.*, 84. 109); — 17° Qu'un arrêt constate suffisamment l'obtention d'un résultat industriel nécessaire pour qu'une application nouvelle de moyens connus soit brevetable, en déclarant que l'instrument breveté (un moule à fabriquer les bouteilles) était, au moment de la demande du brevet, l'outil le plus perfectionné pour ce genre de fabrication, et que, par l'emploi de ce moule, on pouvait produire, avec économie de temps et de travail, une plus grande quantité de bouteilles (Civ. rej. 9 juill. 1884, aff. Chartier, D. P. 85. 1. 10-11); — 18° Que l'application à des instruments de musique de pistons à amorces tombantes déjà connus constitue une invention brevetable, si cette application présente un caractère de nouveauté (Crim. rej. 26 janv. 1867) (1).

32. Au contraire, il n'y a pas application nouvelle lorsque le moyen, appliqué à un autre objet ou à une matière différente, ne donne, par cet emploi, que les résultats qu'on en obtenait antérieurement; il y a alors, suivant l'expression adoptée par les auteurs, *emploi nouveau* (V. Pouillet, n° 37). L'expression prête à la critique, en ce qu'elle qualifie de nouveau un mode d'emploi qui n'est pas brevetable précisément parce qu'il ne se distingue pas assez des emplois que le même moyen avait reçus antérieurement; elle signifie que le mode d'emploi qui fait l'objet du brevet n'est pas brevetable parce que la différence entre cet emploi et les emplois déjà connus n'est pas là où elle devrait exister; il peut y avoir nouveauté de l'emploi par rapport à la matière employée, mais il n'y a pas nouveauté du moyen par rapport au résultat obtenu, qui est le signe caractéristique de l'application nouvelle. — Ainsi l'emploi nouveau dans une industrie d'un procédé déjà connu, et, par exemple, l'application du découpoir au bois des éventails, alors qu'il était déjà appliqué à d'autres détails de cette fabrication, a pu être considéré comme non susceptible de constituer une invention brevetable, lorsque la nouveauté de l'application était de peu d'importance comparativement à l'emploi qui avait été fait jusque-là du même procédé (Crim. rej. 11 juill. 1846, aff. Duvelleroy, D. P. 46. 1. 287). — Jugé, de même : 1° que l'emploi d'un procédé de fabrication déjà connu, avec la même destination, ne constitue pas une application nouvelle de moyens connus, pour l'obtention d'un produit ou d'un résultat industriel, et n'est pas, dès lors, susceptible d'être protégé par un brevet, encore qu'on dût y voir un usage plus intelligent de ce procédé (la trituration des graines oléagineuses à l'aide de laminoirs superposés), amenant un rendement plus considérable (Req. 20 mars 1854, aff. Auzet, D. P. 54. 1. 380); — 2° Que l'application de moyens connus à des objets différents n'est brevetable qu'autant que le résultat est lui-même différent ; ainsi, est nul le brevet, pris pour une invention qui se borne à substituer la pression mécanique à la pression par le poids dans le calandrage et le moirage des tissus de soie, alors que déjà cette substitution avait été faite pour les étoffes de coton (Lyon, 23 juin 1860, aff. Vignet, D. P. 61. 2. 63); — 3° Que l'usage fait avec plus ou moins d'intelligence et d'à-propos, et sur une échelle plus ou moins grande, d'une découverte déjà connue, sans nouveauté ni dans le principe, ni dans les procédés, n'est pas susceptible de brevet d'invention; spécialement, que la fabrication de l'alcool de garance, à l'aide de certaines eaux extraites de la garance, et jusque-là négligées ou employées à d'autres usages, n'a le caractère d'une invention brevetable, ni quant au principe, antérieurement connu, de l'utilisation des eaux rouges de la garance pour la fabrication de l'alcool, ni quant aux moyens ou procédés, si le brevet n'en spécifie pas de particuliers et nouveaux; et qu'il n'y a pas lieu de considérer comme un procédé nouveau l'emploi, énoncé au brevet, de grandes cuves et de grands bassins, rendus nécessaires par le besoin d'agir sur des masses d'eau plus considérables, un tel emploi contenant un moyen de fabrication plus important, mais non un moyen nouveau (Req. 3 août 1858, aff. Buisson, D. P. 58. 1. 369); — 4° Que la découverte d'un moyen propre à tirer le profit le plus utile d'un produit déjà connu, sans nouveauté ni dans l'application, ni dans le mode d'application, ne constitue pas une invention brevetable; spécialement, que l'indication de la pulvérisation, comme moyen de rendre certains phosphates de chaux fossiles hydratés plus fécondants pour des terrains d'une constitution chimique déterminée, n'est pas susceptible de faire l'objet d'un brevet d'invention, alors qu'il est constaté que le phosphate fossile pulvérisé était antérieurement appliqué à l'agriculture comme engrais, et que cette indication a simplement pour résultat d'en faciliter et d'en vulgariser l'emploi (Req. 2 févr. 1863,

(1) (Drouelle C. Sax.) — LA COUR; — En ce qui concerne le pourvoi de Drouelle : — Sur le moyen pris d'une violation prétendue de la loi du brevet et des art. 2, 5, 30, n° 6, et 40 de la loi du 5 juill. 1844, et fondé sur ce que l'instrument pris dans son ensemble était seul breveté, et que chacun de ses organes, considéré à part, ne l'était pas; que, notamment, les pistons à amorces tombantes, le seul des organes de l'instrument de musique breveté au profit de Sax qu'ait confectionné Drouelle, n'étaient pas nouveaux et n'étaient pas, conséquemment, brevetables par eux-mêmes, et qu'enfin ils n'avaient pas été brevetés, puisque le brevet n'en parlait pas : — Attendu qu'il est reconnu par l'arrêt dénoncé que les pistons à amorces tombantes, dans les conditions où ils ont été adaptés par l'inventeur à son instrument breveté, en sont l'organe essentiel et caractéristique; qu'ils constituent par eux-mêmes un objet brevetable, et qu'en fait il résulte des dessins joints au brevet et à la description qui l'accompagne que cet organe y est suffisamment indiqué pour que des facteurs étrangers y trouvent les indications nécessaires et s'en fassent une idée exacte, et pour qu'ils puissent le reproduire; — Qu'enfin il est aussi déclaré par l'arrêt que les pistons saisis chez Drouelle ne pouvaient servir qu'aux instruments brevetés, et que c'était effectivement pour être employés à des instruments de la forme brevetée qu'ils avaient été fabriqués par Drouelle; — Attendu qu'en tirant de ces constatations la conséquence que les pistons dont il s'agit étaient brevetables, qu'ils étaient compris spécialement dans le brevet et qu'ils étaient protégés par son autorité, l'arrêt attaqué n'a commis aucune violation des articles invoqués;

En ce qui concerne le pourvoi de Sax : — Sur le moyen tiré d'une violation prétendue des art. 1er, 20, 40 et 41 de la loi du 5 juill. 1844, en ce que l'arrêt attaqué a déclaré licites la fabrication et l'achat pour un usage commercial, ainsi que la revente d'objets contrefaisants, sous prétexte que ces objets étaient destinés à des porteurs de licence de l'inventeur, alors que la licence était exclusivement personnelle : — Attendu que le breveté qui cède à un tiers la faculté d'exploiter son brevet doit, s'il veut limiter les conséquences de cette cession, préciser dans l'acte les restrictions qu'il entend apporter à l'exercice des droits cédés aux licenciés; — Que, dans l'espèce, Sax, en accordant une licence à Labbaye, ne lui a interdit que le droit de céder à d'autres sa licence, mais qu'il ne lui a pas défendu de faire fabriquer par des tiers, pour son compte personnel, les organes d'instruments dont il aurait besoin pour son propre commerce; — Qu'en cet état, en décidant que Drouelle, qui avait fabriqué de l'ordre et pour le compte de Labbaye des pistons brevetés, ne s'était pas rendu coupable du délit de contrefaçon, l'arrêt attaqué n'a violé aucun des articles ci-dessus visés; — Qu'il en est de même de l'achat de pavillons destinés à l'instrument breveté; que, sans qu'il y ait à rechercher si ces pavillons étaient par eux-mêmes, comme les pistons, un organe brevetable et breveté spécialement, il suffit qu'ils aient été achetés par Drouelle de l'ordre et pour le compte de Roth, autre licencié de Sax, à qui cet achat n'était point interdit par sa licence, pour que l'arrêt ait pu, sans violer aucune loi, déclarer comme il l'a fait, que cette acquisition ne constituait pas le délit de contrefaçon;

Par ces motifs, rejette les pourvois formés contre l'arrêt de la cour de Rouen du 7 juin 1866, etc.

Du 26 janv. 1867.-Ch. crim.-MM. Vaïsse, pr.-Legagneur, rap.-Bédarrides, av. gén., c. conf.-Clément et Mimerel, av.

aff. de Molon, D. P. 63. 1. 251); —5° Que la simple amélioration, dans la mise en œuvre d'un procédé connu pour l'obtention d'un résultat industriel également connu, comme, par exemple l'adoption, pour la teinture de la bourre de soie, d'un dosage et d'une marche plus convenables, ne constitue pas une invention brevetable (Paris, 21 janv. 1860) (1); — 6° Que le seul fait d'avoir utilisé pour la première fois une des applications, jusque-là négligée, dont se trouvait susceptible une invention tombée dans le domaine public, ne constitue pas une découverte brevetable ; spécialement, un fabricant de pistolets-jouets n'a pu se réserver, par un brevet, l'application à ces armes enfantines des amorces inoffensives déjà employées pour les armes sérieuses; et cela, alors même qu'il aurait dû faire subir à ces amorces quelques modifications pour les approprier à leur destination nouvelle (Paris, 29 juill. 1869, aff. Canouil, D. P. 70. 2. 209); — 7° Que l'emploi, comme attache des gants, d'un genre de fermoirs déjà employé pour attacher les jarretières, ne constitue pas l'application nouvelle de moyens connus (Grenoble, 3 août 1872, aff. Train et comp. C. Billard et autres, *Annales de la propriété industrielle, etc.*, 73. 297); — 8° Qu'il n'y a pas invention brevetable dans l'extension, sans résultat nouveau, à la totalité d'un appareil, d'un procédé d'assemblage déjà appliqué à la partie principale (Bruxelles, 6 juill. 1874, aff. Libosse C. Charbonnages, *Pasicrisie belge*, 75. 2. 135).

33. L'application nouvelle peut se produire dans les hypothèses les plus variées: transport de moyens d'une industrie dans une autre, changements de forme, de proportions, de matière. C'est toujours par la comparaison entre les résultats obtenus par l'invention et les résultats qu'on obtenait antérieurement à l'aide des mêmes moyens que se décide, dans chaque espèce, la question de savoir s'il y a ou non application nouvelle. La jurisprudence fournit sur ce point de nombreux précédents. Ainsi il a été jugé: 1° que la substitution d'une matière à une autre dans la confection d'objets déjà tombés dans le domaine public ne constitue pas une invention brevetable; et spécialement, qu'on ne peut considérer comme telle la substitution du fer au bois, dans la construction des serres basses ou châssis de couches (Paris, 20 mars 1847, aff. Peyen, D. P. 47. 2. 109); — 2° Que la substitution d'une matière à une autre pour obtenir un résultat industriel peut n'être pas brevetable, si cette substitution est facile et de peu d'importance; il en est autrement lorsqu'elle n'a été reconnue possible que par de patientes recherches et des expériences scientifiques et lorsque, d'ailleurs, elle a procuré à l'inventeur des avantages reconnus généralement (Metz, 14 août 1850, aff. Alcan, D. P. 51. 2. 163); — 3° Que la substitution d'une matière à une autre, dans la fabrication d'un produit industriel déjà connu, constitue une invention brevetable, lorsqu'elle fait obtenir un résultat nouveau...; surtout si elle n'a été reconnue possible qu'après des recherches et des expériences supposant des difficultés à surmonter; et spécialement, bien que les velours simulés épinglés fussent déjà connus, on a dû voir une invention brevetable dans la fabrication d'un nouveau genre de velours simulé épinglé, obtenu par la substitution de la bourre de soie et de la laine aux matières employées jusque-là dans la composition de ces tissus (Paris, 18 nov. 1857, aff. Millet, D. P. 58. 2. 17); — 4° Que des changements de proportions apportés à une invention peuvent avoir le caractère de nouveauté brevetable, à la condition d'être accompagnés de changements de formes et de fonctions; mais que l'application, à des objets de dimension considérable, de moyens déjà appliqués à des objets de petite dimension, ou réciproquement, n'est pas brevetable, alors que le système ou le mécanisme est le même dans les deux cas; ... surtout si les termes du brevet confondent absolument les objets de petite et de grande dimension

(1) (Royer et Roux C. Buer.) — Jugement du tribunal civil de la Seine ainsi conçu : — « Attendu que l'invention brevetée du 18 mars 1857 consisterait surtout dans l'importance du bain de nitro-sulfate de fer donné à la bourre de soie, ou fantaisie, avant de la passer dans un second bain alcalin, procédé de teinture qui aurait pour effet de dépouiller la bourre du duvet qui lui est adhérent et de lui donner plus de lustre et de tombant; — Attendu que tel est le résumé du rapport des experts commis sur la poursuite correctionnelle en contrefaçon; — Attendu que ledit rapport reconnaît que chacun des moyens énoncés au brevet pris isolément était déjà connu; mais qu'il trouve une idée nouvelle légalement brevetable dans l'ordre dans lequel les moyens sont appliqués, de manière à obtenir sûrement un produit industriel non répandu jusque-là dans le commerce; — Attendu qu'en tenant pour constante cette supériorité du produit, quoiqu'elle soit fortement combattue par les demandeurs, qui soutiennent que les qualités relevées par les experts n'existent qu'aux dépens de la solidité, et affirment que le rendement exagéré du poids est de nature à tromper le consommateur, qui achète du fer au lieu de bourre de soie, toujours est-il que la supériorité du produit ne peut être une preuve de l'invention ; — Qu'il n'y a découverte susceptible d'être brevetée, aux termes et selon l'esprit de la loi du 5 juill. 1844, que dans une idée nouvelle reposant sur des principes positifs et clairement définis; — Attendu, en fait, que tel n'est pas le caractère des procédés décrits au brevet et au certificat d'addition de Royer et Roux ; — Que le titre même du brevet pris pour des produits de bourre de soie imitant entièrement la belle soie, démontre que le résultat qu'ils revendiquent tient moins à la nouveauté du procédé qu'au perfectionnement de la manutention ; — Que la même pensée se trahit dans le détail des épreuves auxquelles ils soumettent la matière expérimentée et des appréciations pratiques auxquelles est dû le succès; — Qu'il n'est pas douteux, d'ailleurs, que l'emploi du bain alcalin qui constitue la base de l'opération décrite n'ait été antérieurement connu; — Qu'en admettant, ce qui n'est pas certain, qu'il n'ait été autrefois en usage que pour la soie, l'amélioration considérable qui, depuis quelques années, s'est produite dans la filature de la bourre de soie, élevée ainsi jusqu'à la hauteur de la soie elle-même, a été une indication suffisante pour les teinturiers, qui tous se sont empressés d'appliquer à la fantaisie les procédés jusqu'alors réservés à la soie, et ce antérieurement au brevet de 1857; — Attendu, relativement à l'ordre dans lequel est indiqué par les brevetés le bain de nitro-sulfate de fer, qu'il dépend trop de la main-d'œuvre qui doit varier suivant la qualité de la matière première et les exigences de la commande, pour qu'il puisse donner ouverture à un droit privatif; — Attendu qu'ainsi le brevet de Royer et Roux doit être considéré comme non avenu; — Déclare nul et de nul effet le brevet pris par Royer et Roux, le 28 mars 1857, pour des produits de bourre de soie imitant entièrement la belle soie, ensemble le certificat d'addition du 8 avr. 1858, etc. ». — Appel des sieurs Royer et Roux. — Arrêt.

LA COUR; ... — Considérant qu'il est difficile de reconnaître, en lisant les brevets des appelants, quel est exactement l'objet qu'ils entendent faire breveter; mais qu'en admettant que cette insuffisance de déclaration ne constitue pas une cause de nullité, il reste à examiner si les opérations indiquées contiennent une invention brevetable; — Considérant, à cet égard, que les appelants reconnaissent que leurs brevets ne peuvent s'appliquer à un produit; — Considérant que ces brevets ne constituent pas non plus un procédé nouveau de teinture; qu'en effet, les lavages successifs de la soie et de la bourre de soie dans les bains de potasse et de dissolution de fer sont depuis longtemps employés; qu'il était évident qu'en donnant plusieurs bains successifs on obtiendrait un effet plus considérable qu'en en donnant deux seulement; que, d'ailleurs, la succession des diverses opérations est indiquée dans le brevet obtenu, le 28 janv. 1846, par Conte, exactement dans le même ordre que celui présenté dans les brevets des appelants; — Considérant que tout au plus on pourrait reconnaître que les brevetés ont indiqué un dosage et une marche de l'opération spécialement convenables pour la bourre de soie employée dans la passementerie; mais que cela ne constitue pas plus une invention que tout autre dosage et marche du même procédé qui produit une bourre de soie ou une soie particulièrement convenable pour telle ou telle fabrication; — Que de semblables modifications qui suivent les besoins du commerce et varient chaque jour, suivant les conditions de la matière soumise à la teinture, et suivant l'emploi qu'on veut en faire, ne constituent qu'une habileté de main-d'œuvre ou de mise en pratique, laquelle peut produire une meilleure fabrication pour un usage spécial, mais non une invention sur laquelle puisse s'établir un privilège ; — Considérant qu'on ferait à toute industrie, et spécialement à celle de la teinture, une situation trop difficile si chaque modification dans la marche d'un procédé, et, par exemple, dans le dosage, la durée, la température, la répétition d'un lavage, pouvait devenir l'objet d'un brevet, et, par suite, servir de base à des poursuites en contrefaçon; — Que la constatation même de telles contrefaçons présenterait d'insurmontables difficultés, étant presque impossible de reconnaître sur une matière teinte à quelle succession d'opérations elle a été soumise, quand les matières employées ne sont pas changées; — Considérant qu'ainsi, en résumé, les brevets obtenus par les appelants, insuffisants dans leur énonciation, ne contiennent aucune description d'invention brevetable; que, dès lors, ils ne peuvent être maintenus;... — Adoptant, au surplus, les motifs des premiers juges; — Confirme, etc.

Du 21 janv. 1860.-C. de Paris, 1re ch.-MM. Devienne, 1er pr.- de Gaujal, 1er av. gén., c. conf.-Champetier de Ribes, Blanc et Delorme, av.

comme une création unique du breveté (Req. 31 juill. 1871, aff. Mairet, D. P. 71. 1. 351); — 5° Qu'on doit voir une invention brevetable dans la modification de la forme d'un produit, quand elle fait obtenir un résultat jusqu'alors inconnu; et, par exemple, la modification des sons de certains instruments de musique, obtenue au moyen de changements dans la forme de ces instruments, constitue la production d'un résultat industriel nouveau, et peut faire l'objet d'un brevet d'invention (Rouen, 28 juin 1854, aff. Sax, D. P. 55. 5. 54); — 6° Que la trituration et le mélange, suivant certaines proportions, par des procédés déterminés de soufre et de charbon de terre pour la fabrication d'une poudre contre l'oïdium, est une application nouvelle de moyens connus, et par suite une invention susceptible d'être brevetée (Bordeaux, 20 juin 1867) (1).

34. La combinaison nouvelle d'éléments ou de moyens connus est une des variétés qui se rencontrent le plus souvent dans l'application nouvelle de moyens déjà en usage: nombre de machines nouvelles ne sont composées que d'organes déjà employés dans des appareils connus; nombre de procédés nouveaux se composent d'une série d'opérations qui toutes avaient été antérieurement pratiquées; la combinaison est brevetable, suivant la règle que nous avons définie *suprà*, n° 31, toutes les fois que, par la réunion des éléments dont elle se compose, on obtient un résultat différent de celui qu'aurait procuré l'emploi séparé des mêmes éléments, et seulement lorsqu'il y a différence de résultat. Ainsi il a été décidé: 1° que la composition, au moyen d'éléments tombés dans le domaine public, d'une nouvelle machine destinée à donner des produits plus parfaits, est susceptible de brevet (Douai, 30 mars 1846, aff. Descat, D. P. 47. 2. 205); — 2° Que des moyens déjà connus peuvent, à raison de la nouveauté de leur combinaison et de la plus grande perfection des résultats, donner naissance à un procédé brevetable (Douai, 31 mars 1846, aff. Depouilly, D. P. 47. 2. 222); — 3° Qu'une nouvelle combinaison d'agents chimiques déjà connus, qui produit un résultat industriel, peut être brevetée, alors même qu'elle ne se manifeste par aucun organe extérieur; et spécialement, qu'il y a invention susceptible d'être brevetée de la part de celui qui, dans la fabrication des sucres, fait entrer une quantité de chaux et un degré de calorique autres que ceux employés jusque-là, et obtient, au moyen de cette combinaison nouvelle de chaux et de calorique, un sucre meilleur, plus blanc et fabriqué en moins de temps et à moins de frais (Crim. cass. 19 févr. 1853, aff. Rousseau, D. P. 53. 5. 53); — 4° Que l'application nouvelle de moyens connus, susceptible d'être brevetée, aux termes de l'art. 2 de la loi du 5 juill. 1844, se rencontre dans la combinaison de procédés de dessiccation et de compression de légumes, même isolément usités jusque-là, si cette combinaison a pour résultat non encore obtenu d'amener tout à la fois la conservation des légumes à l'état frais et leur réduction en tablettes d'une très faible dimension (Req. 6 nov. 1854, aff. Loiseau, D. P. 55. 1. 347); — 5° Qu'une combinaison nouvelle de procédés connus pour la fabrication d'un produit également connu, est brevetable, si elle a pour effet de rendre l'obtention de ce produit tout à la fois plus rapide, plus simple et moins coûteuse (Crim. cass. 25 févr. 1854, aff. Villard, D. P. 55. 5. 53-54); — 6° Que la combinaison nouvelle de moyens connus, produisant un résultat qu'on ne pouvait obtenir auparavant d'aucune façon, constitue l'application nouvelle de moyens connus, exigée par l'art. 2 de la loi du 5 juill. 1844 pour qu'une invention soit brevetable (Req. 18 nov. 1872, aff. Société des fonderies de Saint-Etienne, D. P. 73. 1. 109); — 7° Qu'on doit également considérer comme brevetables l'application nouvelle de moyens connus, consistant dans la réunion des deux opérations mécaniques du décatissage et du ramage, dans le but d'accomplir le ramage au moment où l'étoffe se trouve sous l'action de la vapeur du décatissage (Req. 11 juin 1873, aff. Delamarre, D. P. 74. 1. 39); — 8° Que la combinaison d'un certain nombre d'éléments déjà connus appliqués pour la première fois à un instrument et produisant un perfectionnement notable peut être l'objet d'un brevet (Crim. cass. 10 févr. 1883, aff. Malligand, D. P. 83. 1. 432); — 9° Qu'il en est de même de l'application nouvelle consistant à combiner et à employer ensemble plusieurs moyens connus pour en tirer un résultat industriel (Colmar, 17 déc. 1863, aff. Lesage, D. P. 65. 2. 30; Req. 29 juin 1875, aff. Jacquet de Mey, D. P. 76. 1. 12). Ainsi, un brevet peut être accordé au constructeur d'un injecteur composé d'un tube compressible et d'une canule déjà connus, lorsqu'il est parvenu le premier, au moyen de cet instrument, à introduire dans le corps humain les médicaments à l'état pâteux (Arrêt précité du 29 juin 1875); — 10° Qu'un perfectionnement résultant de la combinaison nouvelle d'organes connus et tombés dans le domaine public est susceptible de brevet; qu'ainsi, bien que, dans un système de fusil, la solidarité du tire-cartouche et de la culasse mobile dans le mouvement longitudinal et leur indépendance réciproque dans le mouvement rotatif aient été assurées par un précédent inventeur, le fait d'avoir donnépour base au double mouvement une tige fixe au lieu d'une tige mobile, constitue une invention brevetable (Paris, 28 janv. 1879, Brown Roden, D. P. 80. 2. 105); — 11° Qu'un système de montures de parapluies dans lequel le breveté a, le premier, utilisé les fourchettes horizontales en vue de l'ouverture automatique du parapluie sans le secours d'aucun ressort sur le manche constitue une invention brevetable (Paris, 24 janv. 1879, aff. Charageat, *Annales de la propriété industrielle, etc.*, 80. 132); — 12° Qu'il en est de même de l'emploi, pour épurer les eaux destinées à un usage industriel, de résidus de savonnerie jusqu'alors sans utilité (Amiens, 3 juin 1883, aff. Overend, *Annales de la propriété industrielle, etc.*, 85. 259); — 13° Qu'il y a application nouvelle et brevetable dans la combinaison d'éléments connus en vue d'obtenir, par une seule opération mécanique, un produit qui s'obtenait auparavant en deux opérations (Bruxelles, 23 mai 1876, aff. Clerbois C. Etat belge, *Pasicrisie belge*, 76. 2. 359).

Mais, d'autre part, il a été décidé: 1° que le procédé industriel dont les divers éléments ne sont que la répétition de moyens connus pour arriver à des résultats également connus n'est pas brevetable; qu'il en est ainsi spécia-

(1) (Dufour et comp. C. Coulet et Chausse.) — LA COUR; — Attendu que la demande de Dufour et comp. en déchéance du brevet d'invention délivré à Coulet et Chausse, le 10 juill. 1862, pour une poudre contre l'oïdium de la vigne, est fondée sur deux moyens: le défaut de nouveauté et la vulgarisation de la prétendue invention avant le brevet;

Sur le premier moyen: — Attendu que les propriétés du soufre qui forme la base de la matière Coulet et Chausse, comme moyen préventif et curatif de l'oïdium, étaient certainement connues depuis plusieurs années, mais qu'en le mélangeant dans une certaine proportion avec du charbon de terre, et en opérant le mélange par des procédés propres à lier les molécules de ces deux matières, de manière à fixer le soufre sur la plante et à rendre ainsi son action plus sûre et plus efficace, Coulet et Chausse ont fait une application entièrement nouvelle d'un moyen connu, par laquelle ils sont parvenus à obtenir un résultat industriel, et qui constitue par cela même une invention ou découverte parfaitement brevetable, aux termes des art. 1er et 2 de la loi du 5 juill. 1844;

Sur le deuxième moyen: — Attendu qu'il est certain qu'avant le 10 juill. 1862, Coulet et Chausse, ainsi qu'ils le disent eux-mêmes dans leur mémoire descriptif, ont fait des expériences très nombreuses et sur une vaste échelle pour reconnaître le mérite de leur invention, et que ce n'est qu'après s'être ainsi assurés de la proportion des deux matières et du mode de trituration et d'amalgame qui donnait le meilleur résultat, qu'ils ont arrêté les bases de leur composition et le mode de fabrication de leur matière, pour lesquels ils ont pris un brevet d'invention; — Attendu que la publicité de leurs expériences préalables, qui était nécessitée par la nature même des choses, n'a pas eu le caractère exigé par l'art. 31 de la loi du 5 juill. 1844, pour rendre le brevet nul et sans valeur; — Qu'en admettant, d'ailleurs, que l'analyse chimique ait pu faire connaître les matières mélangées dont se composait leur poudre, et même leurs proportions respectives dans le mélange, il n'était pas possible de se rendre compte du mode de trituration et de blutage par eux employé, au moyen duquel ils obtenaient la cohésion des molécules des deux matières mélangées et la fixation du soufre sur la plante, ce qui constitue la partie la plus importante peut-être de leur invention, spécialement comprise dans le brevet; — Que cette invention n'a donc pas reçu, avant le mémoire descriptif déposé le 10 juill. 1862, une publicité suffisante pour pouvoir être exécutée; — Confirme, etc.

Du 20 juin 1867.-C. de Bordeaux, 2e ch.-MM. Gellibert, pr.-Trarieux et Faye, av.

lement du procédé consistant à enfermer des pelotes de fil dans des boîtes ou capsules percées d'un trou pour faciliter le dévidage sans enchevêtrement, et assurer la conservation du fil en le préservant de tout contact extérieur et de l'influence de l'air; et que les juges du fait, en déclarant que les avantages de l'objet breveté étaient déjà obtenus par la boîte à dévider tombée dans le domaine public, s'expliquent suffisamment sur la réunion des deux éléments dont ce procédé se compose (Req. 24 mars 1868) (1) ; — 2° Qu'il n'y a pas invention brevetable dans la réunion de deux organes déjà connus, lorsque cette réunion n'est pas de nature à amener un résultat sérieux (Paris, 24 juill. 1884, aff. Gerard-Mang, *Annales de la propriété industrielle, etc.*, 85. 81).

35. De ce que la brevetabilité de la combinaison tient à la nouveauté du résultat obtenu par la réunion des éléments qui la constituent, par rapport aux résultats que procure leur emploi séparé, il ressort que la combinaison doit être appréciée dans son ensemble, et qu'il ne suffit pas, pour établir qu'il n'y a pas combinaison nouvelle, de constater que chacun de ses éléments était dans le domaine public : il faut qu'ils aient été réunis de la même manière et dans le même but. Ainsi, le brevet pris pour une invention qui repose sur la combinaison nouvelle de moyens déjà connus ne doit pas nécessairement être annulé partiellement, et en tant qu'il s'applique aux procédés antérieurement divulgués; et le juge peut, en pareil cas, se borner à constater que, pris isolément, les procédés dont il s'agit sont restés dans le domaine public, leur combinaison constituant seule le droit privatif du brevet (Req. 4 juin 1877, aff. Bruère, D. P. 78. 1. 23). Jugé, de même qu'un appareil industriel ne peut être déclaré non brevetable, sous prétexte que, chacun des organes qui le composent était antérieurement connu et appliqué, la combinaison de ces organes pouvant constituer un procédé nouveau susceptible d'être breveté (Crim. cass. 17 janv. 1852, aff. Crespel de Lisse, D. P. 53. 1. 67); — Que le juge saisi d'une plainte en contrefaçon ne peut, pour décider si l'invention prétendue contrefaite était brevetable, se borner à l'appréciation séparée de chacun des éléments dont se compose cette invention, sans rechercher, en outre, si le système en lui-même et dans son ensemble ne constituait pas un procédé industriel nouveau susceptible d'être breveté (Crim. cass. 22 déc. 1855, aff. Marchal, D. P. 56. 1. 178). — De même, est nul, pour défaut de motifs, l'arrêt qui, dans une poursuite en contrefaçon, rejette les conclusions du demandeur en faisant résulter la vulgarité du procédé de l'examen d'une partie seulement des différents organes rappelés par ces conclusions, et sans avoir examiné l'ensemble de la combinaison revendiquée (Crim. cass. 24 avr. 1857, aff. Delaunay, D. P. 57. 1. 268). — Décidé encore que l'arrêt qui, au lieu d'examiner dans leur ensemble les éléments décrits, les discute séparément, et, les scindant pour en rechercher la nouveauté, substitue à la combinaison qui forme l'objet du brevet une combinaison différente ne comprenant qu'une partie de ces éléments, viole la loi du brevet et l'art. 2 de la loi du 5 juill. 1844 (Crim. cass. 10 févr. 1883, aff. Malligand, D. P. 83. 1. 432).

36. — II, NOUVEAUTÉ DE LA DÉCOUVERTE OU INVENTION. — Aux termes de l'art. 31, est réputée non nouvelle toute invention qui, antérieurement au dépôt de la demande de brevet, a reçu, en France ou à l'étranger, une publicité suffisante pour pouvoir être exécutée.

Ainsi qu'on l'a exposé au *Rép.* n° 58, les faits de publicité qui se seraient accomplis dans l'intervalle entre la demande et la délivrance du brevet laissent intacte la nouveauté de l'invention ; tous les auteurs se prononcent en ce sens (V. Pouillet, n° 374 ; Nouguier, n° 477 ; Rendu et Delorme, n° 434 ; Blanc, p. 450), et la jurisprudence est conforme à cette doctrine. Ainsi, il a été décidé qu'un brevet d'invention ne peut être annulé pour cause de publicité de l'invention brevetée qu'autant que cette publicité est antérieure au dépôt de la demande du brevet : il ne suffirait pas qu'il fût déclaré qu'elle existait lors de la délivrance du brevet (Crim. cass. 22 déc. 1849, aff. Bockorst, D. P. 50. 1. 31 ; Crim. cass. 12 mars 1864, aff. Olive, D. P. 66. 1. 410). Et il importe peu que, devant les juges du fait, le prévenu ait soutenu que la divulgation remontait à une date antérieure au dépôt de la demande, les documents du procès ne pouvant être pris en considération pour faire attribuer à la déclaration précise d'un arrêt un sens autre que celui résultant des termes en lesquels elle est exprimée (Arrêt précité du 12 mars 1864).

37. La question de savoir si la publicité a été ou non suffisante pour que l'invention pût être exécutée est évidemment une question de fait qui ne peut être résolue que suivant les circonstances de chaque espèce ; toutefois, on peut poser en principe que la publicité ne consiste pas nécessairement dans la connaissance effective qu'un plus ou moins grand nombre de personnes auraient eue de l'invention, mais plutôt dans la possibilité qu'avait le public d'acquérir cette connaissance : « Peu importe, dit M. Bédarride, n° 370, que la publicité ait été plus ou moins étendue. ... Si le public dans l'acception la plus large du mot n'a pas connu, il a pu connaître, et il suffit que quelques-uns aient su pour que tous soient appelés à jouir de la position que les premiers ont acquise » (V. dans le même sens : Pouillet, n° 375). Alors même qu'elle n'aurait été faite qu'à une seule personne, la communication de l'invention pourrait, dans certains cas, constituer une divulgation suffisante pour mettre obstacle à la validité du brevet (V. en ce sens : Besançon, 25 mai 1881 cité *infrà*, n° 41-2°).

La cour de cassation a aussi formulé très nettement la même règle dans des arrêts que nous citons plus loin (V. *infrà*, n° 55) au sujet de la publicité résultant de la prise d'un brevet à l'étranger antérieurement au dépôt de la demande en France (V. notamment : Crim. cass. 12 janv. 1865, aff. Bertre, D. P. 66. 1. 457).

38. Il va de soi que, pour qu'il y ait publicité, il faut qu'il y ait identité entre l'objet qui existait dans le domaine public et l'objet breveté ; des différences de détail n'empêchent pas, d'ailleurs, que cette identité existe, du moment qu'elle est constatée sur tous les points essentiels (V. Pouillet, n° 376).

Ainsi, pour déclarer non brevetable un produit dont l'exploitation fait l'objet d'un brevet, il ne suffit pas de constater que le genre d'utilité qu'il procure était déjà connu et obtenu, il faut établir encore, à peine de nullité du jugement, que, comparé aux produits affectés au même emploi, il ne présente aucun caractère de nouveauté ou de perfectionnement ; ainsi le brevet pris pour l'application de feutres aux machines à vapeur ne saurait être déclaré nul par le motif que cette application aurait été faite depuis longtemps, si les feutres employés par le breveté sont d'une nature et

(1) (Crespel et Deschamps *C.* Verstraete.) — LA COUR ; — Sur la première branche du moyen tirée de la violation de l'art. 2 de la loi du 5 juill. 1844 : — Attendu qu'il est déclaré, en fait, par l'arrêt attaqué (rendu par la cour de Douai le 27 juill. 1867), et non contesté par le défendeur lui-même, que la pelote et la boîte à dévider (le fil de lin) qui constituent les deux seuls éléments de la capsule Patureau étaient depuis longtemps dans le domaine public, lorsque Patureau prit, le 16 avr. 1861, le brevet dont il se prévaut (et dont Crespel et Deschamps étaient cessionnaires); — Que la capsule Patureau et la boîte à dévider du commerce ont le même but et présentent les mêmes avantages, à savoir d'éviter l'enchevêtrement du fil et d'assurer sa conservation en le préservant de tout contact extérieur et de l'influence de l'air ; — Attendu qu'en jugeant, dans ces circonstances, que le seul fait de livrer aux consommateurs chaque pelote de fil dans une boîte à dévider où elle doit demeurer jusqu'à son entière consommation, ne constituait pas l'invention d'un nouveau procédé industriel, ni l'application nouvelle de moyens connus pour l'obtention d'un produit industriel, l'arrêt attaqué a fait une juste application de la loi du 5 juill. 1844 aux faits par lui constatés et appréciés souverainement ;

Sur la deuxième branche tirée d'un prétendu défaut de motifs : — Attendu que, par les motifs rappelés ci-dessus, le juge du fond n'a pas considéré isolément chacun des éléments de la combinaison Patureau ; qu'il s'est expliqué aussi sur la réunion de ces deux éléments et sur les avantages qui en peuvent résulter, puisqu'il déclare que tous les avantages de la capsule Patureau étaient déjà obtenus par la boîte à dévider tombée dans le domaine public, et que le fait d'avoir multiplié les boîtes en aussi grand nombre que celui des pelotes ne constitue rien de nouveau, mais seulement la répétition de moyens connus pour arriver à des résultats connus aussi; que l'arrêt est donc suffisamment motivé ;

Par ces motifs, rejette, etc.

Du 24 mars 1868.-Ch. req.-MM. Bonjean, pr.-Dagallier, rap.-P. Fabre, av. gén., c. conf.-de Valroger, av.

d'une qualité spéciale (Crim. cass. 6 août 1858, aff. Gavoty, D. P. 58. 5. 43). — Au contraire, le brevet doit être déclaré nul, encore qu'il existerait entre les procédés brevetés et ceux du domaine public des différences de détail, si ces différences sont insuffisantes pour exclure l'identité des procédés entre eux (Crim. rej. 14 juill. 1848, aff. Jordery, D. P. 48. 5. 36). — Jugé, d'ailleurs, qu'une antériorité ne cesse pas d'être opposable au brevet parce qu'elle s'en distingue par une différence de forme qui n'affecte pas l'idée essentielle de l'invention (Paris, 20 juill. 1867, aff. Ranvier C. Singre, *Annales de la propriété industrielle, etc.*, 67. 387).

39. Mais, conformément à ce qui a été dit plus haut au sujet des applications nouvelles et des combinaisons (V. *suprà*, n°s 34 et suiv.) il ne suffit pas, pour que l'invention soit dépourvue de nouveauté, que chacun de ses éléments se trouve déjà dans le domaine public, s'ils ne s'y trouvent pas réunis de manière à constituer le même ensemble, ou s'ils sont employés en vue d'un résultat autre que ceux qu'on en avait déjà obtenus. Le juge ne peut donc, pour dénier la brevetabilité d'une combinaison décrite dans un brevet, se borner à constater que les éléments dont elle se compose étaient déjà connus; il lui faut, de plus, établir que la combinaison elle-même ne procure aucun avantage nouveau. — Décidé, en ce sens: 1° qu'il y a invention brevetable dans une combinaison donnant simultanément deux avantages que les procédés qu'elle associe n'obtenaient que séparément et à l'exclusion l'un de l'autre (Crim. cass. 6 avr. 1861, aff. Franon, D. P. 61. 1. 236); — 2° Qu'un appareil dont toutes les parties sont, isolément, dans le domaine public n'en est pas moins brevetable, si, par leur réunion et leur agencement, ces parties composent un tout constituant un résultat industriel nouveau (Paris, 10 mai 1856, aff. Chevallier-Appert, D. P. 57. 2. 24); — 3° Que la réunion d'éléments divers tombés dans le domaine public, mais isolément les uns des autres, pour obtenir un résultat ou un produit industriel, constitue une invention nouvelle susceptible d'être brevetée; spécialement, qu'un stéréoscope dans lequel se trouvent réunis, pour l'appliquer à des images photographiques transparentes, des éléments déjà connus et vulgarisés, mais qui n'ont point encore reçu cette application nouvelle résultant de leur réunion et de leur combinaison, présente les caractères d'une invention brevetable, et, dès lors, le brevet dont il a été l'objet ne peut être annulé comme portant sur une découverte déjà tombée dans le domaine public (Req. 15 févr. 1859, aff. Gaudin, D. P. 59. 1. 251). —Jugé, dans le même sens, qu'un brevet d'invention ne peut pas être annulé sur le seul motif que chacun des moyens employés par le breveté, pris séparément, était connu; le juge doit, alors surtout que les conclusions des parties l'y ont convié, faire porter son examen sur l'emploi combiné de ces moyens, pour juger si cet emploi combiné en constituait ou non une application nouvelle (Civ. cass. 31 juill. 1867, aff. Lefebvre, D. P. 67. 1. 325. V. aussi Crim. cass. 1er mai 1851, aff. Thomas, D. P. 53. 1. 67; 17 janv. 1852, aff. Crespel de Lisse, *ibid.*; 5 févr. 1853, aff. Briet, D. P. 53. 5. 54).

40. De même, il ne suffirait pas que l'invention se trouvât en germe dans une découverte antérieure: l'invention consiste souvent à avoir réalisé d'une manière pratique une idée qui avait antérieurement inspiré diverses tentatives sans que ces tentatives eussent abouti à un résultat véritablement industriel. « De tels précédents, dit M. Nouguier, n'ayant rien donné à l'industrie, ne peuvent enlever à la découverte son caractère de nouveauté. D'ailleurs, il y a forcément, entre ces essais et la découverte postérieure, la différence qui sépare la découverte réalisée de la découverte non réalisée » (Nouguier, n° 520. V. dans le même sens: Pouillet, n° 378; Malapert et Forni, n° 599).

41. La loi ne spécifie pas de quelle nature devront être les faits constituant la publicité: la formule de l'art. 31 les comprend tous, du moment qu'ils ont rendu possible l'exécution de l'invention.

Ainsi, la vente, la fabrication, la publication, dans un ouvrage imprimé, des essais qui ont précédé la demande de brevet, un brevet pris antérieurement à l'étranger, sont des faits qui ont pu entraîner la divulgation de l'invention, selon les circonstances dans lesquelles ils se sont produits.

L'objet breveté peut être de telle nature que l'acheteur ait pu en l'examinant se rendre compte de sa composition ou même des procédés par lesquels il a été obtenu; la vente constituera alors une antériorité: «Peu importe, dit M. Pouillet, n° 402, envisageant l'hypothèse d'un produit chimique qui, par l'analyse, livrerait le secret de sa composition ou de sa préparation, qu'aucun chimiste n'ait eu l'idée de faire cette analyse, qu'aucun ne l'ait réellement faite; il suffit qu'on ait pu la faire; il suffit que, sur le seul vu du produit, on ait pu le fabriquer pour que la nouveauté fasse désormais défaut. Supposez, au contraire, que l'objet du brevet soit non le produit lui-même, qui sera un produit connu, mais le procédé propre à le fabriquer, et admettez, ce qui sera fréquent, que ni l'aspect, ni même l'analyse la mieux faite ne puissent révéler les moyens employés par l'inventeur; il faudra décider que l'invention est nouvelle». — Décidé, en ce sens: 1° que le fait par l'inventeur d'un appareil tel qu'une lampe à réflecteur, dont la vue suffit à révéler la combinaison nouvelle, d'avoir, avant la prise d'un brevet, vendu un certain nombre de ces appareils pour un usage public, constitue une divulgation entraînant la nullité du brevet; et que cette nullité peut être invoquée même par des individus qui ont utilisé, pour la fabrication d'appareils semblables, une expérience spéciale acquise au service de l'inventeur (Trib. Lyon, 19 avr. 1871, aff. Peiffer, D. P. 71. 3. 8); — 2° Que la vente et l'expédition, même en pièces désassemblées, d'une machine, effectuées au profit d'une personne experte en cette matière, très peu de jours avant la demande d'un certificat d'addition, constitue, en fait, une publication antérieure par le fait du brevet principal (Besançon, 25 mai 1881, aff. Geiger, D. P. 81. 2. 145). — Mais la vente, par l'inventeur, d'un produit de son invention uniquement pour permettre à l'acheteur d'en essayer l'emploi ne constitue pas une divulgation invalidant le brevet pris ultérieurement (Amiens, 3 juin 1883, aff. Overend, *Annales de la propriété industrielle, etc.*, 85. 259).

42. La fabrication, antérieure à la demande, du produit qui fait l'objet du brevet, ou l'emploi des procédés brevetés, peuvent également détruire la nouveauté de l'invention. Ainsi une invention brevetée est réputée avoir reçu, avant la demande du brevet, une publicité suffisante pour entraîner la nullité du brevet, lorsqu'il est déclaré en fait que, antérieurement à cette demande, le procédé breveté a fonctionné durant plusieurs années, même en pays étranger, dans plusieurs ateliers indépendants les uns des autres, avec le concours de nombreux ouvriers, et que ce procédé était d'une simplicité telle que le fonctionnement prolongé dont il a été l'objet en rendait l'exécution facile et en a nécessairement amené la vulgarisation; en conséquence, celui qui a copié et mis en pratique le procédé ainsi vulgarisé ne peut être actionné en contrefaçon (Req. 27 juill. 1868, aff. Lamarque, D. P. 69. 1. 13). — Décidé, également, qu'une invention n'est pas réputée nouvelle si, avant de prendre un brevet, l'inventeur l'a laissée pendant un certain temps, un mois par exemple, en la possession et à la discrétion d'un étranger qui en a fait usage, et s'il n'a, d'ailleurs, pris aucune précaution pour conserver le secret; dès lors, le brevet pris ultérieurement par cet inventeur est nul (Rouen, 16 févr. 1863, aff. Malteau, D. P. 63. 2. 77).

43. On décide, de même, qu'il n'y a pas invention nouvelle dans le fait d'avoir remis en usage des procédés connus, mais abandonnés; il peut y avoir là une meilleure appréciation de la valeur de ces procédés, et, pour le public, révélation d'un avantage qu'il ignorait tout en le possédant; mais il n'y a pas invention aux termes de la loi (V. Pouillet, n° 400; Nouguier, n° 488; Blanc, p. 463. — V. conf. Paris, 14 mars 1857, aff. Grellou, *Annales de la propriété industrielle, etc.*, 57. 373).

44. L'antériorité peut également résulter de la publication dans un ouvrage, dans un recueil (*Rép.* n° 60), dans un mémoire adressé à une société savante, dans des leçons professées en public, que ce soit, d'ailleurs, en France ou à l'étranger. — Jugé, en ce sens: 1° qu'un brevet d'invention pris, d'une part, pour un produit déjà obtenu auparavant à l'aide de procédés dont la publication dans un ouvrage étranger était de nature à en permettre l'application industrielle, et d'autre part, pour des procédés différents et non encore employés à l'obtention du même produit, n'est valable que quant à ces derniers procédés, seuls investis du caractère de nouveauté prescrit par la loi, et que, par suite, il n'y a pas de contrefaçon de la part de l'industriel qui, de son côté, obtient aussi le même produit, mais en se servant des moyens connus et publiés et non de ceux valablement brevetés (Req. 14 janv. 1867, aff. Meissonnier, D. P. 67. 1. 429); — 2° Qu'une invention qui n'est que la reproduction d'une conception décrite dans un mémoire présenté à l'Institut et analysée dans un ouvrage publié, ne peut être l'objet d'un brevet que pour les appareils ajoutés au procédé ainsi tombé dans le domaine public, et ne peut, dès lors, autoriser de poursuites en contrefaçon contre celui qui profitant de la même conception, y a ajouté des appareils distincts (Crim. rej. 7 janv. 1853, aff. Vidié, D. P. 53. 5. 56).

45. Mais, en pareil cas, il importe de ne pas oublier ce qui a été dit *suprà*, n° 40, et de ne pas considérer comme antériorité une publication où l'invention ne serait qu'en germe; dans le cas, très fréquent où l'antériorité alléguée résulterait de la publication de travaux scientifiques, il peut arriver que la nouveauté industrielle de l'invention ne soit pas atteinte. L'invention peut subsister comme application nouvelle de moyens connus. En sens contraire, il faut également se garder d'admettre en règle absolue, que des travaux scientifiques antérieurs ne puissent pas détruire la nouveauté d'un brevet: « Toute la question, dit M. Pouillet, n° 413, est de savoir si la découverte du savant est susceptible de passer, telle qu'elle est sortie de son cerveau, telle qu'il l'a conçue, dans le domaine de l'industrie ». Décidé, en ce sens, qu'un produit industriel peut être considéré comme nouveau et susceptible de brevet, quoique les travaux antérieurs des savants aient signalé l'existence du même produit, mais seulement comme phénomène scientifique, et sans égard à ses conséquences et ses applications industrielles; et spécialement, que la fabrication, comme matière tinctoriale, du rouge d'*aniline* désigné sous le nom de *fuchsine*, a pu être considérée comme la création d'un produit industriel nouveau, susceptible de faire l'objet d'un brevet valable, encore que des chimistes aient, dans le cours de leurs expériences, constaté que, traitée par certains réactifs, l'aniline se colore en rouge, cette constatation, purement scientifique et indépendante de toute application industrielle, laissant le caractère de produit nouveau au rouge d'aniline, fabriqué tout exprès en vue de ses qualités tinctoriales, par celui qui, le premier, les a découvertes et appliquées (Req. 13 août 1862, aff. Depouilly, D. P. 63. 1. 67).

46. Il faut, d'ailleurs, quel que soit le genre de publication d'où résulte l'antériorité, que l'objet du brevet y ait été suffisamment décrit. De ce qu'avant toute obtention du brevet d'invention, un procédé aurait été l'objet d'un rapport qui a été rendu public, il ne suit pas qu'il y ait eu publicité du procédé mettant obstacle au droit privatif, alors d'ailleurs que le rapport ne contient aucune description de ce procédé (Metz, 14 août 1850, aff. Alcan, D. P. 51. 2. 163).

Dans un ordre d'idée analogue, il a été jugé que des leçons scientifiques professées à huis clos devant un petit nombre d'auditeurs, et n'ayant d'ailleurs laissé de traces dans aucun ouvrage spécial, ne constituent pas la publicité prévue par l'art. 31 (Lyon, 12 juin 1861, aff. Pugens, cité par Pouillet, n° 398. V. également: Paris, 30 mars 1854, aff. Frezon et Meissonnier C. Pommier, *Annales de la propriété industrielle, etc.*, 55. 110; Paris, 13 août 1863, et sur pourvoi, Req. 30 nov. 1864, aff. Haussmann, D. P. 65. 1. 163; Paris, 16 avr. 1866, aff. Ebeling et Schmoll C. Wyns, *Annales de la propriété industrielle, etc.*, 67. 275; Amiens, 24 avr. 1868, aff. Maumené et Rogelet C. Dupont et autres, *ibid.*, 69. 328).

47. L'antériorité peut également résulter des communications faites soit verbalement, soit par correspondance, à une personne à laquelle le secret n'aurait pas été demandé; et, même si la communication n'avait été faite que confidentiellement, l'antériorité pourrait en résulter si celui qui a reçu les confidences de l'inventeur n'a pas gardé le secret qui lui était demandé. En pareil cas, l'indiscrétion commise pourrait engager la responsabilité de son auteur vis-à-vis de l'inventeur à qui cette indiscrétion porterait préjudice: mais le droit du domaine public n'en serait pas moins acquis sur l'invention divulguée; on retrouvera l'application du même principe à propos de la divulgation frauduleuse (V. *infrà*, n° 59).

Il y a publicité dans les indications sur l'emploi de l'appareil objet du brevet, qui résultent d'une lettre commerciale antérieure à la demande (Paris, 17 févr. 1883, aff. Lecointe et Vilette C. Perier et comp., *Annales de la propriété industrielle, etc.*, 84. 109).

48. Ce qui vient d'être dit s'applique également au dépôt sous pli cacheté d'un mémoire décrivant l'invention; il laisse subsister la nouveauté de l'invention, à condition que le pli ne soit pas ouvert avant la demande de brevet; si le pli est ouvert et qu'il soit donné lecture de son contenu, même contre l'intention de l'inventeur, il peut en résulter une publicité suffisante pour rendre l'invention non brevetable.

Il arrive quelquefois que l'inventeur, confondant les effets du dépôt au conseil des prud'hommes avec les effets d'un brevet, commence par faire le dépôt, se proposant de se faire ultérieurement breveter. Le dépôt au conseil des prud'hommes, étant tenu rigoureusement secret, ne serait pas, par lui-même, une antériorité; mais il a presque toujours pour résultat de conduire l'inventeur, qui s'imagine être ainsi protégé, à fabriquer et à vendre l'objet déposé à tort, et l'objet a ainsi perdu sa nouveauté lorsque le déposant, satisfait du succès de cette vente, se détermine à prendre un brevet; il n'a ainsi ni brevet valable, faute de nouveauté, ni dépôt valable, parce que les caractères qui font qu'un objet pourrait être breveté ne sont pas ceux auxquels peut s'appliquer un dépôt. Ainsi, est nul pour défaut de nouveauté, le brevet pris pour un appareil semblable à un autre appareil antérieurement déposé au secrétariat du conseil des prud'hommes, et mis en vente (Req. 20 juin 1870, aff. Dide, D. P. 71. 1. 335).

49. L'exhibition de l'invention dans une exposition, lorsque l'inventeur n'a pas eu soin de prendre au moins, à défaut de brevet, le certificat provisoire institué par la loi du 23 mai 1868 (*suprà*, n° 6), est un des faits qui détruisent le plus sûrement la nouveauté de l'invention: « l'exposition, dit M. Pouillet, a pour effet de mettre le public à même de voir et d'étudier les objets exposés; c'est dans ce but que les expositions sont instituées; elles n'auraient aucune raison d'être si le public ne devait pas profiter des choses nouvelles mises sous ses yeux. Dès lors, comment admettre que le fait d'avoir figuré dans une exposition ne soit pas constitutif de la publicité légale? Il faudrait que les circonstances fussent bien particulières pour qu'il en fût autrement » (Pouillet, n° 396).

Jugé que l'exposition d'une machine dans un concours régional constitue, en l'absence de circonstances particulières de nature à détruire ou à atténuer le caractère et les effets de la publicité qui en résulte, une divulgation mettant obstacle à ce qu'un brevet d'invention soit pris ultérieurement pour la machine exposée; et que la machine tombe alors dans le domaine public, sans qu'il y ait lieu de distinguer entre son état primitif et les perfectionnements qui auraient pu y être apportés lors de l'obtention du brevet, si l'époque de ces changements n'est pas constatée, et si, d'ailleurs, il n'est pas déclaré qu'ils aient fait l'objet unique ou principal du brevet (Civ. cass. 19 juin 1866, aff. Bastiat, D. P. 66. 1. 320). De même, une découverte est réputée avoir reçu la publicité qui, aux termes de l'art. 31 de la loi du 5 juill. 1844, lui enlève son caractère d'invention brevetable, lorsque, avant le brevet, l'inventeur a laissé son appareil exposé, pendant un certain temps, un mois, par exemple, aux regards du public, dans les ateliers d'un industriel auquel il l'a livré, sans recommandation d'en conserver le secret (Req. 18 janv. 1864, aff. Malteau, D. P. 65. 1. 161). De même, encore, la publicité résultant de l'exposition publique, à un concours régional, d'une machine nouvelle est suffisante pour en rendre possible la reproduction, et entraîne, par suite, la nullité du brevet obtenu postérieurement par l'inventeur de cette machine (Bordeaux, 25 juin 1867) (1). — Jugé, cependant, qu'une invention ne tombe pas dans le domaine public par cela seul que son

(1) (Bastiat C. Pascaud.) — LA COUR; — Attendu que Pascaud a pris, le 14 sept. 1861, un brevet d'invention pour une machine à tresser les clôtures en latte et fil de fer; que, prétendant que Bastiat avait contrefait sa machine, Pascaud a dirigé contre lui une action en dommages-intérêts; mais que Bastiat oppose à cette action une exception fondée sur ce que l'invention de

auteur, avant de demander un brevet, aurait exposé la machine objet du privilège à un concours régional; un tel fait n'a pas eu pour conséquence de faire perdre au procédé le titre d'invention nouvelle (Pau, 23 févr. 1863, aff. Bastiat, D. P. 63. 2. 117).

50. Lorsque l'inventeur s'est pourvu du certificat provisoire, conformément à la loi du 23 mai 1868, sa participation à l'exposition pour laquelle le certificat lui a été délivré ne peut plus constituer une antériorité contre le brevet qu'il prendrait au cours de l'exposition ou dans les trois mois qui en suivent la clôture. Mais il faut pour cela qu'il se soit conformé aux prescriptions de la loi, et que la description jointe à la demande soit suffisante. L'Administration, qui n'a pas à examiner les demandes au fond, ne pourrait refuser le certificat pour insuffisance de description, du moment qu'on lui présente une description quelconque; mais il est évident qu'un certificat ainsi obtenu serait sans efficacité et ne protégerait pas la nouveauté de l'invention; la participation de l'inventeur à l'exposition reprendrait alors toute sa valeur comme antériorité à l'encontre du brevet qui serait pris ultérieurement.

51. Les expériences auxquelles l'inventeur a pu se livrer, avant la demande de brevet, peuvent constituer une publicité suffisante; cela dépend du degré de perfection auquel l'invention était déjà parvenue, et de la faculté qu'avaient les assistants de se rendre compte de ce qui était expérimenté sous leurs yeux. En se montrant trop rigoureux dans l'appréciation de la nouveauté de l'invention, on rendrait impossible la prise de tout brevet; l'invention suppose nécessairement des recherches, des essais qui l'amènent de degré en degré à avoir un caractère pratique, et ces essais peuvent exiger le concours de plusieurs personnes; il faut donc reconnaître à l'inventeur la faculté de se livrer, sans avoir à redouter de créer une antériorité contre son brevet, aux recherches indispensables; d'autre part, il est évident qu'une expérience ne saurait constituer une antériorité lorsque l'invention n'est arrivée à son état définitif qu'à la suite de cette expérience, qui en avait révélé les côtés défectueux. « Il y a là, dit M. Pouillet, n° 391, une question de fait; si les essais ont eu lieu sans mesure, publiquement, sans qu'aucune précaution ait été prise pour en assurer le secret, alors ils constituent la publicité légale et entraînent la nullité du brevet. Au contraire, l'essai, même fait publiquement, ne constituerait pas une divulgation, si l'objet de l'invention est d'une nature telle que son aspect, sa vue ne puissent le révéler » (V. aussi Allard, n° 54).

La jurisprudence s'est toujours montrée, sur cette question, très favorable à l'inventeur; mais il est clair que la latitude qui lui est laissée avec raison, pour les expériences de recherche, ne saurait s'étendre à des expériences de démonstration, faites à un moment où l'invention est mûre pour le brevet, et ayant pour but d'en faire ressortir les avantages et de la faire adopter par le public. — Il a été jugé, sur ce point: 1° que la divulgation d'une invention ne résulte pas d'essais qui ont eu lieu, sur la demande de l'autorité militaire, dans l'intérieur de régiments désignés par elle (Civ. rej. 25 mai 1868, aff. Varin, D. P. 68. 1. 442); — 2° Que le fait, par l'inventeur d'une machine, d'avoir avant la demande d'un brevet d'invention, exposé confidentiellement cette machine aux regards et à l'examen de quelques personnes, à titre de contrôle et d'essai, en prenant les précautions nécessaires pour sauvegarder le secret de sa découverte (par exemple, en ayant soin de placer la machine dans une caisse mobile s'ouvrant et se fermant à l'aide de crochets en fer), n'opère pas une publicité de nature à entraîner la déchéance du brevet qui a été ultérieurement accordé à l'inventeur (Poitiers, 17 févr. 1855, aff. Berciaux, D. P. 55. 2. 110); — 3° Que la publicité des expériences faites pour reconnaître le mérite d'une invention, lorsqu'elle est nécessitée par la nature même de cette invention, ne constitue pas une divulgation anticipée, et n'a pas, dès lors, pour effet de rendre nul et sans valeur le brevet ultérieurement obtenu, si d'ailleurs ces expériences n'étaient de nature à faire connaître au public que les matières employées, et non le mode de mélange et de combinaison de ces matières (Bordeaux, 20 juin 1867, aff. Dufour, *suprà*, n° 34); — 4° Que le fait, par l'inventeur d'une machine, d'avoir donné à fabriquer certaines parties de celle-ci, et d'avoir fait des expériences de fonctionnement de la machine en présence de personnes qui ont concouru à sa confection, a pu être considéré comme ne constituant pas une divulgation de l'invention de nature à lui enlever son caractère brevetable (Crim. rej. 19 août 1853, aff. Tussaud, D. P. 54. 5. 82). — Décidé, dans le même sens: 1° que la divulgation de l'invention, antérieure à la demande du brevet, n'entraîne la nullité de ce brevet que lorsqu'elle a été suffisante pour rendre possible l'exécution de l'invention; que, par suite, le brevet n'est pas nul dans le cas où les faits desquels on prétend faire ressortir la publication se sont accomplis pendant la période des essais pratiqués pour donner à l'appareil sa constitution définitive, ou pendant la période de fabrication de l'appareil, alors que cet appareil n'était point muni de l'un des éléments caractéristiques de la découverte (Civ. rej. 9 juill. 1884, aff. Resseguier, D. P. 85. 1. 10-11); — 2° Qu'un essai préliminaire, comme en exige toute invention, suivi par un mécanicien dans l'atelier où il travaille, en présence seulement des ouvriers, témoins nécessaires de l'expérience, n'emporte pas divulgation de l'invention (Paris, 17 févr. 1883 cité *suprà*, n° 47); — 3° Qu'il n'y a pas divulgation suffisante d'un procédé dans un essai isolé tel que la préparation d'un échantillon, alors qu'il n'est point établi que le secret du procédé ait été révélé à l'industriel pour qui l'échantillon a été préparé (Paris, 24 mai 1879, aff. Bouziat, *Annales de la propriété industrielle, etc.*, 80. 148); — 4° Que la divulgation de l'invention, antérieure à la demande de brevet, n'entraîne la nullité de ce brevet qu'autant qu'elle est suffisante pour rendre possible l'exécution de l'invention; que, par suite, le brevet n'est pas nul dans le cas où les faits desquels on prétend faire ressortir la publication se sont accomplis pendant la période des essais pratiqués pour donner à l'appareil sa constitution définitive, ou pendant la période de fabrication de l'appareil, alors que cet appareil n'était point muni de l'un des éléments caractéristiques de la découverte (Civ. rej. 9 juill. 1884, aff. Resseguier, D. P. 85. 1. 10-11. V. en sens opposé, contre la nouveauté de l'invention: Paris, 12 mars 1884) (1).

52. Un brevet antérieurement pris en France pour le

Pascaud n'était pas nouvelle, et qu'elle était tombée dans le domaine public, puisque, dès 1858, sa machine avait figuré au concours régional de Mont-de-Marsan; — Attendu, en droit, que l'exposition d'un produit industriel dans un semblable concours livre ce produit à la plus complète publicité, et en rend possible la reproduction dans le sens de la loi du 5 juill. 1844, dont l'art. 31 déclare que ne sera pas réputée nouvelle: toute découverte ou invention qui aura, avant la demande du brevet, reçu une publicité suffisante pour pouvoir être exécutée; que, dans la discussion de cet article, l'exposition des produits de l'industrie fut notamment indiquée comme opérant la publicité dont la loi entendait parler; qu'aussi, à l'occasion des expositions universelles de 1855 et de 1867, des lois spéciales ont paru nécessaires et ont été rendues, afin de faire exception à la règle qui se trouve par cela même recevoir, pour les autres cas, une autorité nouvelle; — Attendu, en fait, qu'il est reconnu par Pascaud, dans des conclusions signifiées et déposées sur le bureau de la cour, qu'après une première machine appliquée aux travaux de la société existant entre lui et Bastiat, il en fut construit une seconde exposée au concours régional de Mont-de-Marsan; mais qu'il ajoute que ces deux machines, semblables l'une à l'autre, n'ont pas été l'objet du brevet pris en 1861, lequel s'applique à une troisième machine construite sous sa direction, vers la fin de 1860, et notablement différente des deux premières; — Attendu que Pascaud ne rapporte aucune preuve à l'égard de ces différences, etc.; — Par ces motifs, infirme, etc.

Du 25 juin 1867.-C. de Bordeaux, ch. réun.-MM. Dégrange-Touzin, pr.-Dozon (du barreau de Pau) et Duplantier (du barreau de Dax), av.

(1) (Moinet et Tellier C. Société des fournitures militaires.) — La cour; — Considérant qu'il résulte de l'instruction et des débats, que le système des caisses exécutées par les prévenus sur l'ordre du ministre de la guerre et dont les plaignants revendiquent la propriété a été étudié et expérimenté dès le mois de juin 1877 par les agents de l'administration de la guerre; que, dès cette époque, 64 de ces caisses ont été construites par l'industrie privée, par ordre et pour compte du ministre de la guerre et qu'elles ont été employées pour emmagasiner les farines dans les forts de l'Est; d'où il suit, d'une part, qu'au 15 sept. 1879, date du brevet des plaignants, l'avantage de l'antériorité appartenait à l'admi-

même objet a nécessairement pour effet de faire considérer l'invention comme divulguée; le premier brevet est, en effet, réputé connu de tous, et c'est par cette raison que l'imitation, même de bonne foi, de l'objet qu'il protège est une contrefaçon; l'invention, présumée publique, ne peut pas être valablement brevetée une seconde fois comme nouvelle. Mais cette solution suppose, bien entendu, que l'invention à laquelle s'applique le nouveau brevet se confond avec celle qui avait été brevetée antérieurement. Ainsi, par exemple, un brevet qui expose d'une manière générale l'emploi de certains produits alcalins pour la purification des eaux n'est pas opposable comme antériorité à un brevet pris pour un agent épurateur nettement décrit et individualisé (Amiens, 3 juin 1883, aff. Overend, *Annales de la propriété industrielle, etc.*, 85. 259). — Il a été jugé, d'ailleurs, que la publicité produite par la concession d'un brevet peut être opposée à la validité d'un brevet pris postérieurement par tous les intéressés indistinctement: argumenter de cette publicité, ce n'est pas faire valoir contre le deuxième brevet le droit exclusif du premier breveté (C. cass. Belgique, 10 déc. 1874, aff. Gérard *C.* l'Etat, *Pasicrisie belge*, 75. 1. 55).

53. Il importe peu que le premier brevet ne soit pas expiré; cette circonstance ne peut empêcher que le défaut de nouveauté soit opposable à une poursuite en contrefaçon qui se fonderait sur le deuxième brevet, l'atteinte portée aux droits du premier inventeur ne pouvant être réprimée au profit du second. L'opinion des auteurs est unanime sur ce point (V. Nouguier, n° 498; Rendu, n° 442; Blanc, n° 468; Pouillet, n° 406). « Il y a, fait observer M. Pouillet, n° 407, note, peu d'arrêts sur cette question, parce qu'elle n'est pas soulevée le plus souvent; mais en fait, les tribunaux n'hésitent pas à admettre comme antériorités des brevets qui ne sont pas encore expirés (V. également: Huard, *Répertoire de législation et de jurisprudence en matière de brevets*, sur l'art. 31, n° 59). — Jugé que le prévenu de contrefaçon peut invoquer l'existence d'un brevet antérieur à celui en vertu duquel il est poursuivi, à l'effet d'établir que le procédé qui y est décrit est antérieur et identique à celui dont l'imitation lui est reprochée, sans que l'exception qu'il en tire constitue de sa part l'exercice du droit privatif que ce brevet antérieur consacre au profit de son titulaire (Paris, 31 janv. 1862, aff. Salomon, cité par Pouillet, n° 407).

54. Pour que la divulgation mette obstacle à l'obtention d'un brevet valable, il n'est pas nécessaire qu'elle se soit produite en France; l'effet en est le même bien qu'elle ait eu lieu à l'étranger: la seule condition exigée, c'est qu'elle soit suffisante pour rendre possible l'exécution de l'invention. Il en est ainsi notamment dans la cas où il s'agit d'une découverte pour laquelle un brevet avait déjà été obtenu dans un autre pays, pourvu, toutefois, que la délivrance de ce brevet ait été accompagnée d'une publicité de nature à divulguer l'invention. — V. aussi, quant aux conséquences de la prise du brevet étranger, ce qui est dit *infrà*, n° 68, sur le délai de six mois accordé par la convention du 20 mars 1883 aux sujets de l'Union pour la propriété industrielle. — Telles sont les solutions qui ont été consacrées par la jurisprudence. Ainsi, il a été jugé: 1° que l'obtention d'un brevet à l'étranger et l'insertion dans un journal ou recueil officiel de l'acte qui le concède ne constituent pas une publication de nature à entraîner la perte du droit de faire breveter la même invention en France, si l'indication de l'objet du brevet n'y est pas accompagnée d'une divulgation des éléments de l'invention; — Qu'il en est de même de l'insertion, dans un recueil spécial des brevets d'invention, d'un extrait de la description de l'invention, si l'analyse ainsi publiée se trouve insuffisante pour faire apprécier le but et l'objet spécial de l'invention et pour permettre de l'exécuter; — Mais qu'il en est autrement lorsque la législation du pays (la Belgique) où le brevet a été obtenu, reconnaît à toute personne le droit de se faire donner communication, dans les archives et dépôts, des dessins et descriptions annexés au brevet; la présomption que, par ce moyen, l'invention a reçu une publicité suffisante, est d'autant plus forte que l'annonce légale de la concession du brevet est un avertissement public aux intéressés d'user de la faculté dont il s'agit (Crim. cass. 12 janv. 1865, aff. Bertre, D. P. 66. 1. 457); — 2° Que l'invention brevetée à l'étranger n'est plus susceptible d'être utilement brevetée en France, alors même qu'il existerait entre les procédés des brevetés dans les deux pays des différences de détails, si ces différences sont insuffisantes pour exclure l'identité des procédés (Crim. rej. 14 juill. 1848, aff. Jordery, D. P. 48. 5. 36. V. également: Paris, 14 mai 1859, aff. Choureau *C.* Oppeneau et autres, *Annales de la propriété industrielle, etc.*, 59. 174); — 3° Que l'on a pu considérer comme rendant nul le brevet pris en France, la publicité donnée à l'invention plusieurs jours avant, en Angleterre, au moyen du dépôt au *patent office* de Londres, de spécifications et plans que plusieurs personnes ont consultés (Crim. rej. 7 juill. 1860, aff. Lister, D. P. 61. 5. 52); — 4° Qu'il en est de même de la publicité résultant de ce que, antérieurement à l'obtention d'un brevet en France, l'invention avait déjà été brevetée dans un pays étranger, tel que la Belgique, dont la législation prescrit la communication au public des descriptions et dessins annexés au brevet; et qu'elle résulte également de la publication faite de la description jointe au brevet, indiquant le mode de procéder, dans le recueil officiel des brevets du même pays (Rennes, 9 janv. 1865) (1); — 5° Que l'accomplissement des formalités requises pour l'obtention d'un brevet en pays

---

nistration de la guerre tant pour la construction du produit industriel que pour l'application du procédé, et que d'autre part, la divulgation que l'un et l'autre avaient reçue ne permettait pas qu'ils fissent désormais l'objet d'un brevet à supposer qu'ils fussent brevetables; — Par ces motifs, met les appellations au néant, ordonne, etc.

Du 12 mars 1884.-C. de Paris.-MM. Faure-Biguet, pr.-Moyzen et Pouillet, av.

(1) (Jolly *C.* Grison.) — LA COUR; — Considérant, en droit, qu'aux termes des art. 1er et 31 de la loi du 5 juill. 1844, et de la discussion législative dont il a été l'objet, pour qu'une découverte ou invention dans tous les genres d'industrie puisse conférer à son auteur le droit exclusif de l'exploiter à son profit dans des conditions et pour un temps déterminé, et d'obtenir pour elle un brevet d'invention qui le consacre, il faut qu'elle soit nouvelle, c'est-à-dire qu'elle n'ait pas été antérieurement connue, qu'elle apporte un changement ou une modification essentielle, soit aux procédés industriels employés, soit aux résultats obtenus avant la demande, et qu'elle n'ait pas reçu une publicité suffisante pour pouvoir être exécutée; — Considérant que l'art. 31 précité ne distingue pas entre une publicité prescrite par la loi et une publicité volontaire provenant du fait de l'inventeur lui-même, et celle qui serait le fait d'un tiers, ni entre la publicité répandue en France et celle qui le serait seulement à l'étranger; — Considérant, dès lors, qu'on ne peut légalement réputer nouvelle une découverte, invention ou application, qui a reçu une publicité de quelqu'une de ces diverses natures; — Considérant que cette restriction ne nuit en rien à la faculté accordée par l'art. 29 de la même loi, à l'auteur d'une invention ou découverte déjà brevetée à l'étranger, d'obtenir pour la même invention un brevet en France, puisqu'il suffit qu'elle ne soit pas encore devenue publique, et que l'obtention d'un brevet en France, toujours subordonnée à la condition indispensable d'une découverte entièrement nouvelle et entièrement inconnue au public, dépend seulement de précautions à prendre par l'inventeur pour sauvegarder ses droits; — Considérant que cette circonstance de toute absence de publicité est substantielle en cette matière; qu'on ne comprendrait pas, en effet, qu'un droit exclusif d'exploitation, c'est-à-dire un véritable monopole, fût accordé pour l'application d'une découverte qui serait déjà tombée dans le domaine public, car ce droit particulier ne s'explique et ne se justifie que tout autant que le gouvernement qui le confère reçoit en échange une révélation industrielle utile à la société, sans quoi le brevet accordé manquerait de cause et de base légitime;

Considérant, en fait, que le brevet obtenu en Belgique par Jolly, le 24 août 1854, pour teindre mécaniquement et chimiquement les matières végétales unies à la laine, a été inséré en janvier ou février 1855, avec une description analytique conforme dans le recueil spécial des brevets d'invention publié en exécution de l'art. 29 de la loi belge du 24 mai 1854, qui le mettait à la disposition du public trois mois après son obtention, avec pouvoir à chacun d'en prendre connaissance ou copie, à partir du 24 novembre suivant; — Considérant que les deux descriptions complètes indiquant le mode de procéder, et accompagnées de dessins bien faits, ont dû être et ont été déposées en même temps que la demande dans des lieux publics, accessibles à tous, indiqués dans l'art. 17 de la loi précitée, pour être mises à la disposition du public, et qu'en vertu de l'art. 19, l'arrêté du ministre constituant le brevet a dû être et a été inséré par extrait au Moniteur belge;

étranger, constitue une divulgation qui entraîne la nullité du brevet pris antérieurement en France pour la même découverte, à la seule condition d'être suffisante pour que l'invention puisse être exécutée; que, spécialement, cette divulgation résulte de l'ensemble des circonstances suivantes : 1° de l'insertion dans une feuille publique de l'acte du gouvernement étranger qui concède le brevet; 2° de l'insertion par analyse du procédé faite dans un recueil spécial; 3° et surtout de la mise à la disposition de tous dans des dépôts publics, en exécution de la loi étrangère, des descriptions et des dessins annexés au brevet (Req. 9 déc. 1867) (1).

D'autre part, il a été décidé : 1° qu'un brevet pris en Autriche n'est pas une antériorité opposable à un brevet français pris ultérieurement, lorsque, pris sous le sceau du secret conformément à la loi autrichienne, il n'a été publié qu'après la demande faite en France (Trib. Seine, 30 janv. 1879, et Paris, 17 févr. 1883, aff. Lecointe et Villette *C.* Perier et comp., *Annales de la propriété industrielle, etc.*, 84. 109); — 2° Que le fait d'avoir pris un brevet en pays étranger et d'en avoir fait l'annonce dans les recueils destinés à la publication des patentes d'invention, ne constitue pas un fait de publicité de nature à entraîner la déchéance du brevet ultérieurement pris en France pour la même invention (Crim. rej. 7 mai 1851, aff. Poissat, D. P. 52. 5. 62); — 3° Que la prise d'un brevet d'invention en pays étranger, et le dépôt de pièces qui l'a accompagnée, ne constituent pas une divulgation de l'invention faisant obstacle à l'obtention ultérieure du même brevet en France, lorsque le peu de temps écoulé entre les deux brevets n'a pu entraîner une publicité suffisante pour que l'invention ait pu être l'objet d'actes d'exécution pendant ce délai, et s'il n'est pas établi, d'ailleurs, qu'elle ait été communiquée à des tiers (Req. 8 mars 1865, aff. Bertrand, D. P. 66. 1. 262); — 4° Que le fait qu'un brevet d'importation belge aurait été pris postérieurement à la mise dans le domaine public, par déchéance du brevet, de l'invention primitivement brevetée en France, ne nuit pas à la validité de ce brevet d'importation, si, d'ailleurs, il n'est pas établi que le procédé qui en fait l'objet fût à cette époque mis en œuvre en Belgique ou décrit dans un ouvrage imprimé ou publié (Liège, 18 avr. 1863, aff. Fromont *C.* Société Bernard, *Pasicrisie belge*, 64. 2. 239).

Considérant, d'un autre côté, qu'il est appris au procès, par des pièces probantes, que, dès le 7 août 1854 et avant l'obtention de son brevet, Jolly, d'après un acte sous seing privé, devenu public par son enregistrement, en avait cédé la propriété à Drèze qui l'a fait exploiter par Mollet, et que les produits de cette exploitation ont été répandus en Belgique ; — Considérant que, dès lors, Jolly, soit pour obéir aux prescriptions de la loi belge, soit dans son intérêt privé, a livré sa découverte à une publicité suffisante pour pouvoir être exécutée ; — Considérant que c'est dans de telles circonstances qu'il a demandé et obtenu en France, le 4 mai 1855 et le 3 juin 1857, un brevet et un certificat d'addition pour la même découverte, et que les termes descriptifs des mémoires qui accompagnaient sa demande révèlent une identité parfaite de but, de moyens et de résultats, entre le brevet obtenu en Belgique et celui qui lui a été délivré en France, d'où il suit que ce dernier, ayant pour objet une invention déjà publique, doit être considéré comme nul et non avenu ;

Considérant, enfin, que si Jolly a ainsi encouru la déchéance du brevet par lui obtenu en France, il n'a à s'en prendre qu'à lui-même de n'avoir pas demandé ce brevet avant toute publicité de son invention à l'étranger, et de ne s'en être occupé que neuf mois après la délivrance du brevet belge dont il avait soigneusement évité de révéler l'existence ;

Par ces motifs, confirme, etc.

Du 9 janv. 1865.-C. de Rennes, 3e ch.-MM. Massabiau, pr.-Julhiet, 1er av. gén.

(1) (Joly *C.* Levasseur et autres.) — Le 29 août 1865, arrêt de la cour de Rennes ainsi conçu : — « Considérant que si le droit de l'inventeur constitue une propriété, c'est une propriété d'un genre essentiellement exceptionnel; car l'idée industrielle une fois émise serait, par la nature des choses, susceptible d'être utilisée par tous ceux à la connaissance desquels elle parvient; et le législateur, mû par des motifs d'intérêt social et d'équité tout à la fois, n'a conféré temporairement à l'inventeur le droit exclusif d'exploiter sa découverte industrielle que sous certaines conditions et moyennant certaines formalités dont l'inobservation fait rentrer immédiatement cette découverte dans le domaine public; — Considérant que le droit conféré par l'art. 29 de la loi du 5 juill. 1844, à l'inventeur déjà breveté à l'étranger, d'obtenir un brevet en France, est sujet aux limitations résultant des dispositions générales des art. 30 et 31 communes à tous les brevets ; — Considérant qu'aux termes de l'art. 31, sont nuls et de nul effet les brevets délivrés pour une découverte, invention ou application qui, en France ou à l'étranger, aura reçu antérieurement à la date du dépôt de la demande, une publicité suffisante pour pouvoir être exécutée ; — Considérant que ce dernier article ne fait et ne devait faire aucune distinction relativement aux causes de la publicité réalisée; qu'il importe peu que cette publicité soit la conséquence d'un fait volontaire de l'inventeur, ou du fait d'un tiers, ou même qu'elle soit produite à l'étranger par suite de l'accomplissement des formalités prescrites par la loi du pays pour l'obtention ou la conservation des brevets; qu'effectivement, le brevet étranger n'est aux yeux de la loi française qu'un pur fait, impuissant pour conférer en France à l'inventeur le droit exclusif d'exploitation de sa découverte, et qu'il n'y aurait nulle cause pour accorder un brevet en échange d'un prétendu secret industriel qui n'en serait plus un en réalité, pour l'industrie française, initiée par une circonstance quelconque aux moyens d'exécution du procédé, et libre d'en faire usage, sans violer aucune loi; — Considérant que cette interprétation de l'art. 31 précité ne rend pas illusoire, pour l'inventeur breveté en premier lieu à l'étranger, le bénéfice de l'art. 29, puisque, aussi longtemps que son procédé n'aura point reçu à l'étranger une publicité suffisante pour être exécuté, il lui sera loisible de demander un brevet en France; — Que, spécialement, l'exercice de cette faculté lui est ménagé par la loi belge, qui ne réalise la publicité du procédé breveté que trois mois après la concession du brevet; — Considérant que dans l'espèce, en exécution des art. 19 et 20 de la loi belge du 24 mai 1854, l'insertion au *Moniteur belge* d'un extrait de l'arrêté ministériel constituant le brevet du sieur Joly avait d'abord informé le public de l'existence et de l'objet de ce brevet; et que trois mois après, par une analyse de la description consignée dans le recueil authentique spécial destiné à cet effet, le procédé avait été indiqué sommairement, sinon de manière à rendre l'exécution possible, mais que, de plus, aux termes du paragraphe final de l'art. 20 précité, le public avait été admis, trois mois après la délivrance du brevet, à prendre, aux archives du ministère de l'intérieur, connaissance des descriptions et des dessins annexés à ce brevet, et même à en retirer des copies moyennant payement des frais; qu'au moyen de cette faculté, qui ne pouvait être ignorée de personne, puisqu'elle est écrite dans la loi elle-même, le procédé breveté avait reçu la publicité la plus large, la plus effective dans le vrai sens du mot, et suffisante pour pouvoir être exécutée; et que cette publicité ayant eu lieu antérieurement à la date du dépôt de la demande du brevet en France, entraîne la nullité de ce brevet; — Par ces motifs, etc. » — Pourvoi en cassation par le sieur Joly, pour : 1° ... — 2° Violation des art. 29, 30 et 31 de la loi du 5 juill. 1844, en ce que l'arrêt attaqué a décidé que le seul fait de la prise d'un brevet en pays étranger emporte présomption de divulgation de l'invention, bien que cette invention n'ait pas reçu de publicité effective. — Arrêt.

La cour ; — Sur le premier moyen:... — Sur le deuxième moyen, pris d'une violation des art. 29, 30 et 31 de la loi du 5 juill. 1844, en ce que l'arrêt a fait résulter la divulgation de la découverte de l'accomplissement des formalités requises pour l'obtention d'un brevet en Belgique : — Attendu qu'aux termes de l'art. 30 de la loi du 5 juill. 1844, est nul et de nul effet le brevet pris en France, si la découverte ou l'application n'est pas nouvelle, et que, d'après l'art. 31, n'est pas réputée nouvelle toute découverte qui, en France ou à l'étranger, et antérieurement au dépôt de la demande, aura reçu une publicité suffisante pour pouvoir être exécutée ; — Attendu que la loi n'ayant pas défini les caractères légaux de la publicité antérieure à laquelle les articles précités attachent la nullité du brevet, admet par cela même tous les modes de divulgation, sans excepter celle qui résulterait de l'accomplissement des formalités requises pour l'obtention d'un brevet en pays étranger, sous l'unique condition que cette publicité sera suffisante pour que l'invention puisse être exécutée; — Attendu que, dans l'espèce, le juge du fond a fait résulter la publicité du procédé Joly : 1° de l'insertion dans une feuille publique de l'acte du gouvernement belge qui lui concédait un brevet; 2° de l'insertion par analyse du procédé faite, trois mois après, dans un recueil spécial; 3° et surtout de la mise à la disposition de tous, dans des dépôts publics, en exécution de l'art. 20 de la loi belge du 24 mai 1854, des descriptions et dessins annexés au brevet; — Attendu qu'en induisant de ces diverses circonstances la preuve que, antérieurement au dépôt de la demande d'un brevet en France, le procédé Joly avait déjà reçu une publicité suffisante pour pouvoir être exécuté, et que, par suite, le brevet pris en France était nul et sans effet, l'arrêt attaqué n'a fait qu'une juste application des art. 29, 30 et 31; — Rejette, etc.

Du 9 déc. 1867.-Ch. req.-MM. Bonjean, pr.-Tardif, rap.-Savary, av. gén., c. conf.-Clément, av.

55. Les règles que l'on vient d'exposer s'appliquent au cas où le titulaire du brevet français est le même que celui du brevet étranger pris antérieurement, aussi bien que dans l'hypothèse où les deux brevets auraient été pris par deux personnes différentes; toutefois ce point, généralement admis pour la seconde hypothèse, a été contesté pour la première. On tire argument de l'art. 29 qui, bien que placé au chapitre traitant des droits des étrangers, est reconnu applicable aux Français comme aux étrangers, et vise les inventions brevetées à l'étranger; comme cet article reconnaît à l'inventeur breveté à l'étranger le droit de se faire breveter en France, on a vu dans cette disposition une dérogation à l'art. 31 (V. *infrà*, n° 198); mais on reconnaît généralement que le droit consacré par l'art. 29 ne soustrait pas l'inventeur à l'application de l'art. 31, et les arrêts ci-dessus ne distinguent pas entre le cas où le brevet français et le brevet étranger auraient le même titulaire, et celui où il y aurait deux brevetés (V. notamment les arrêts des 9 janv. 1865 et 9 déc. 1867, *suprà*, n° 54. — V. dans le même sens : Paris, 20 mai 1857 (1); 1er août 1861) (2).

56. Si l'antériorité qu'on oppose au brevet français consiste non pas dans un brevet délivré, mais seulement dans le dépôt, à l'étranger, d'une demande de brevet accompagnée, suivant ce qui est prescrit par toutes les législations, d'une description de l'invention, il y a alors une distinction à faire, suivant la manière dont il est procédé d'après la législation du pays à l'examen des demandes de brevet : si l'examen ne porte, comme en France, que sur la régularité de la demande, ou même si, portant sur l'invention elle-même, il est fait secrètement, on ne saurait considérer le seul fait du dépôt de la demande comme entraînant la divulgation de l'invention. — Jugé que la demande de brevet faite à l'étranger, et son examen suivi de rejet par une commission administrative, ne constituent pas une antériorité à l'égard de la demande de brevet postérieurement déposée en France (Trib. Seine, 30 janv. 1879, et Paris, 17 févr. 1883, *Annales de la propriété industrielle, etc.*, 84. 109).

Au contraire, certaines législations, comme la loi allemande, font participer le public à l'examen de la demande; les descriptions et dessins sont communiqués, et un avis publié dans une feuille officielle invite les intéressés à en prendre connaissance pour s'opposer, s'il y a lieu, à la délivrance du brevet; il est à peu près impossible, à moins de circonstances très spéciales, qu'une invention soumise à un semblable examen puisse être ensuite considérée en France comme n'ayant pas reçu une publicité suffisante, aux termes de l'art. 31, et comme étant demeurée nouvelle et brevetable. Deux arrêts font nettement ressortir la règle qui doit être appliquée, et les circonstances qui peuvent motiver une exception à cette règle. Aux termes du premier de ces arrêts, la loi du 5 juill. 1844 n'ayant pas défini les caractères légaux de la publicité antérieure de l'invention, à laquelle les art. 30 et 31 de cette loi attachent la nullité du brevet, admet par cela même tous les modes de divulgation, et notamment celui qui résulterait de l'accomplissement des formalités prescrites pour l'obtention d'un brevet en pays étranger, lorsque, par ces formalités, les tiers ont pu être mis à même d'exécuter l'invention; en conséquence, la demande d'un brevet faite à Berlin, publiée dans le journal officiel allemand, et restée exposée pendant huit semaines dans les bureaux de l'office des brevets, avec son annexe contenant la description complète des procédés nouveaux, suffisante pour permettre l'exécution de l'invention brevetée, peut entraîner la nullité du brevet ultérieurement pris en France (Crim. rej. 9 mars 1883, aff. Seltsam, D. P. 84. 1. 143). D'après le second arrêt, le dépôt de la description définitive d'un procédé industriel au bureau des brevets d'invention (*patent office*) de Londres ne constitue pas la publicité effective mettant obstacle à la validité d'un brevet délivré deux jours après en France pour la même invention, s'il est établi que, ces deux jours ayant été fériés, le bureau anglais n'a pas été ouvert au public (Paris, 28 janv. 1879, aff. Brown-Roden, D. P. 80. 2. 105).

57. Du moment que la publicité antérieure est constatée, il importe peu qu'elle provienne du fait de l'inventeur ou d'une autre personne, et, si elle provient de l'inventeur, qu'elle ait été ou non intentionnelle de sa part: « La publicité, dit M. Pouillet, est un fait. Dès que le fait se produit, la nouveauté disparaît sans qu'il y ait à se préoccuper de la cause qui lui a donné naissance ou de la personne de laquelle elle émane; il importe donc peu que la publicité se soit produite en dehors de la volonté de l'inventeur, contre son intention, ou qu'elle soit le résultat d'une erreur de sa part » (Pouillet, n° 419). — Jugé, en ce sens, que l'intention de l'inventeur qui, en faisant figurer son invention dans une exposition publique, n'a pas cru la divulguer, n'est pas une circonstance de nature à détruire le caractère et les effets de la divulgation, et ne saurait faire écarter l'application de l'art. 31 (Civ. cass. 19 juin 1866, aff. Bastiat, D. P. 66. 1. 320).

58. La règle qui vient d'être posée, et qui écarte toute distinction tenant à l'origine de la publicité antérieure, demeure-t-elle applicable dans le cas où cette publicité provient d'une fraude commise au préjudice de l'inventeur; l'antériorité peut-elle en ce cas lui être opposée, au moins par les tiers qui n'ont point participé à la fraude? Cette question a été traitée au *Rép.* n° 71, à une époque où semblait prévaloir une doctrine favorable à la nouveauté de l'invention. Les auteurs les plus récents appliquent au contraire à la publicité provenant d'une fraude la règle d'après laquelle le dol ne donne d'action ou d'exception que contre son auteur; ils admettent, par analogie, que la fraude dont provient la divulgation n'empêche pas que celle-ci soit valablement opposée au breveté par les tiers.

M. Bédarride, n° 393, dit à ce sujet: « La société, qui trouve sous sa main un avantage matériel, est en droit de s'en saisir tant qu'un contrat intervenu entre elle et l'inventeur n'est pas venu suspendre l'exercice de ce droit. On ne saurait lui reprocher ni de n'être pas remontée à l'origine de la publicité dont elle profite, ni de s'être abstenue d'en rechercher les causes. Elle ne devait, ni ne pouvait le faire ». — « C'est à l'inventeur, dit M. Nouguier, à prendre

---

(1) (Journaux-Leblond.) — LA COUR; — Considérant qu'en comparant les descriptions du brevet pris en France le 16 août 1852 aux descriptions des deux brevets pris aux États-Unis les 11 févr. 1851 et 22 juin 1852, il demeure démontré que le brevet français du 16 août 1852 ne contient absolument rien qui n'ait été identiquement décrit soit dans le brevet du 11 févr. 1851, soit dans celui du 22 juin 1852; — Considérant qu'aux termes de l'art. 31 de la loi du 5 juill. 1844, il suffit pour qu'une invention ait perdu tout caractère de nouveauté et tombe ainsi sous le coup de l'art. 30 de la même loi, que cette invention ait reçu en France ou à l'étranger, avant la date du dépôt de la demande du brevet, une publicité suffisante pour pouvoir être exécutée; — Que la généralité de ces termes embrasse tous les modes de publicité, sans en excepter celle qui peut résulter du brevet pris à l'étranger par l'inventeur qui vient ensuite se faire breveter en France pour le même objet; — Qu'en ce qui concerne cet inventeur, la validité du brevet qu'il prend ultérieurement en France s'apprécie par l'état des faits et par la nouveauté de l'invention, non au moment où elle a été brevetée à l'étranger, mais au moment où est formée la demande de brevet en France; — Que cette doctrine, dont le principe est déposé dans l'art. 30 de la loi du 5 juill. 1844, et qui a été unanimement et formellement admise dans le cours de la discussion de cette loi, ressort manifestement de la combinaison des art. 28, 29 et 30;

Du 20 mai 1857.-C. de Paris.

(2) (Gougy.) — LA COUR; — Considérant que la description annexée au brevet de 1852 reproduit dans ses énonciations générales une partie de la spécification jointe par Gougy à une patente prise à Londres en 1849; ... — Considérant que s'il n'est pas vrai, ainsi que les intimés l'ont prétendu devant les premiers juges, que la spécification de la patente de 1849 ait été livrée à la publicité dans un imprimé portant la même date, tout au moins est-il démontré par les pièces produites, et notamment par l'attestation émanée du clerc des enrôlements de la cour de chancellerie à Londres, que longtemps avant le bill d'octobre 1852, qui a prescrit la publication officielle des patentes et de leurs spécifications, il était loisible à toute personne d'en prendre lecture et même de s'en faire délivrer des copies, sans qu'il restât trace de cette communication sur les registres du bureau; — Considérant qu'une semblable faculté constituait, dans le sens vrai de l'art. 31 de la loi du 5 juill. 1844, un mode de publicité suffisant pour que chacune des découvertes patentées dans ces conditions pût être exécutée.

Du 1er août 1861.-C. de Paris.

ses précautions pour qu'un abus de confiance ou qu'un vol, dont il sera la victime, ne vienne pas, avant l'époque où il aura assuré l'existence de son privilège, répandre dans le public le secret de ses combinaisons. Cette règle est si rigoureuse qu'il faudrait en faire l'application même au cas où la divulgation aurait lieu pendant que l'inventeur faisait des expériences et préparait la rédaction de son mémoire descriptif pour déposer sa demande de brevet » (Nouguier, n° 511). — « La loi, dit également M. Pouillet, ne fait pas de distinction: elle déclare que l'invention n'est plus nouvelle lorsque par un moyen quelconque, le public a été mis à même de la connaître. C'est à l'inventeur à être sur ses gardes, à choisir son entourage, à ne pas accorder légèrement sa confiance. Mais dès qu'en fait l'invention est connue, les tiers n'ont point à se préoccuper des causes de la publicité. Comment, d'ailleurs, pourrait-on raisonnablement les obliger, quand une idée nouvelle leur est présentée, à remonter à l'origine de cette idée, à en rechercher la source, à en apprécier la moralité? C'est le fait, et le fait seul qui fonde leur droit, d'où qu'il provienne. On ne peut les condamner à être plus vigilants que ne l'a été l'inventeur, sauf à celui-ci, bien entendu, à poursuivre l'auteur de la fraude et à demander contre lui la réparation du préjudice dont il a souffert » (Pouillet, n° 420. — V. également : Duvergier, t. 44, p. 607; Rendu et Delorme, n° 402).

Il a été jugé, conformément à cette doctrine, que la divulgation antérieure à la prise du brevet peut être opposée à l'inventeur, bien qu'elle résulte de l'infidélité de son ouvrier (Req. 24 déc. 1833, *Rép.* n° 357). Mais il a été décidé, en sens contraire, qu'il n'y a pas publicité entraînant la nullité du brevet dont elle a été l'objet, lorsque la divulgation qu'elle a reçue a été le résultat d'une révélation faite par les ouvriers de l'inventeur (Paris, 10 mai 1856, aff. Chevalier, D. P. 57. 2. 24).

59. Quant à l'auteur même de la divulgation frauduleuse, on s'accorde généralement à lui refuser le droit de l'opposer comme antériorité (V. Bédarride, n° 396; Pouillet, n° 424). — Jugé, en ce sens, que la divulgation antérieure à la demande de brevet, lorsqu'elle résulte d'un délit commis au préjudice de l'inventeur, ne peut être invoquée contre la validité du brevet par celui qui a été condamné comme auteur ou complice du délit (Paris, 10 mai 1856, aff. Chevalier, D. P. 57. 2. 24).

60. Quelle que soit, d'ailleurs, la nature de l'antériorité, il suffit que l'existence en soit démontrée, sans qu'il y ait à examiner si celui qui l'invoque en a eu connaissance avant, ou seulement après les actes qui lui sont reprochés comme contrefaçon (Douai, 13 mars 1861, aff. Deplasse C. Casse, *Annales de la propriété industrielle, etc.*, 63. 373). Et le prévenu de contrefaçon qui invoque la nullité du brevet pour publication antérieure de la découverte, n'est pas tenu de justifier d'une connaissance personnelle et directe, au moment de la contrefaçon, de la publicité qu'il oppose (Crim. cass. 12 janv. 1865, aff. Bertre, D. P. 66. 1. 457).

61. Que devrait-on décider dans le cas où, antérieurement à la demande, et sans fraude de part ni d'autre, une ou plusieurs personnes auraient été en possession de l'objet du brevet, par exemple si elles exploitaient le procédé que l'inventeur a découvert de son côté, sans que, toutefois, on puisse conclure de ce fait isolé que le public fût à même de connaître l'invention? Plusieurs auteurs (Blanc, n°s 464 et 465; Bédarride, n° 390) soutiennent que, même dans ces conditions, la possession antérieure par un autre que le breveté serait destructive de la nouveauté; mais une telle opinion est en contradiction manifeste avec la définition de l'art. 31. MM. Pouillet, n° 426; Rendu et Delorme, n° 439; Nouguier, n°s 506 et 507, se prononcent beaucoup plus justement dans le sens opposé, et admettent sans hésiter que la possession antérieure non publique laisse intacte la nouveauté de l'invention. « C'est, dit M. Pouillet, le fait que l'invention était à la disposition du public, le fait qu'elle était livrée à tous, qui constitue la publicité. La publicité, en un mot, est fondée sur une présomption de possession publique. Peu importe que personne ne sache, si tout le monde peut savoir; tel est le sens de la loi. Mais, lorsqu'un seul sait, même lorsque plusieurs savent, et que nul autre ne peut savoir, où donc est la possession publique, où est la publicité? » (Pouillet, n° 426). MM. Rendu et Delorme s'expriment dans le même sens : « La connaissance acquise à un individu d'un procédé depuis breveté, sans qu'il soit établi qu'il y ait eu par lui divulgation, ne constitue pas la publicité de l'invention, bien qu'elle fasse naître au profit du possesseur de ce procédé une exception qui le met à l'abri des poursuites en contrefaçon. Ce n'est pas, en ce cas, la société qui était en possession, c'est un individu. Le breveté ne perd, dès lors, son monopole qu'à l'égard de cette personne, mais non vis-à-vis de la société entière » (Rendu et Delorme, n° 439. — V. aussi Malapert et Forni, n° 625).

La cour de cassation a jugé, dans ce dernier sens, qu'une invention peut être brevetée, quoique, antérieurement à la demande du brevet, le procédé breveté (l'utilisation des gaz et des hauts fourneaux) ait été l'objet de découvertes faites secrètement et à l'insu de l'auteur de cette invention; il n'y a pas, en cas pareil, défaut de nouveauté dans l'invention (Crim. rej. 19 août 1853, aff. Riant, D. P. 53. 5. 57). — V. dans le même sens : Crim. cass. 30 mars 1849, aff. Witz-Meunier, D. P. 49. 5. 32; Dijon, 12 nov. 1856, aff. Domingo C. Martin, *Annales de la propriété industrielle, etc.*, 57. 56).

62. La solution qui précède étant admise, et la possession antérieure non publique laissant intacte la nouveauté de l'invention et par suite la validité du brevet, que devra-t-on décider à l'égard du possesseur antérieur? Faudra-t-il dire que le brevet, ainsi reconnu valable, lui sera opposable comme à la masse du public? Ou bien, au contraire, y aura-t-il une exception en sa faveur et pourra-t-il continuer librement son exploitation? Les auteurs ne sont pas bien d'accord sur cette question. Duvergier, t. 44, p. 618, se prononce très nettement en faveur du breveté contre le possesseur antérieur. M. Pouillet, n° 428, sans être très affirmatif et tout en trouvant que la question est délicate, incline visiblement vers l'opinion contraire, et reconnaît qu'il y a en faveur du possesseur antérieur un droit acquis; cette opinion paraît, en effet, plus équitable, et elle se justifie par cette considération que, la nullité du brevet étant chose relative, et le même brevet pouvant, comme cela s'est vu plus d'une fois, être validé à l'égard de l'un et annulé à l'égard de l'autre avec force de chose jugée dans les deux cas, on peut fort bien admettre que les droits du breveté, en principe opposables au public, ne le soient pas, par exception, au possesseur antérieur (V. aussi sur cette question : Renouard, n° 44 ; Rendu et Delorme, n° 439, cités *suprà*, n° 61).

Il a été jugé, en faveur du possesseur antérieur: 1° que le possesseur d'un procédé qui a été plus tard l'objet d'un brevet d'invention, peut opposer sa possession comme moyen de défense à l'action en contrefaçon formée contre lui par le breveté, sans être tenu de justifier qu'il a exercé ce procédé avec publicité. La condition de publicité n'est nécessaire que lorsque le prévenu de contrefaçon se prévaut du procédé breveté dans le but de faire prononcer la déchéance du brevet (Crim. cass. 30 mars 1849, aff. Witz-Meunier, D. P. 49. 5. 32); — 2° Qu'un produit ne peut être breveté au préjudice de celui qui, antérieurement à la demande du brevet, était en possession, même non publique, de fabriquer et livrer au commerce le produit dont il s'agit, et en avait reçu et exécuté des commandes; il y a, en pareil cas, défaut de nouveauté dans l'invention, au moins vis-à-vis de ce dernier (Crim. rej. 23 févr. 1856, aff. Delavelle, D. P. 56. 1. 352); — 3° Que la possession, même non publique, où a été le prévenu antérieurement à la délivrance d'un brevet d'invention, du procédé formant l'objet de ce brevet, suffit pour l'affranchir de toute poursuite en contrefaçon; il n'est pas tenu, en pareil cas, pour échapper à cette poursuite, de prouver que l'invention brevetée avait reçu, avant la demande du brevet, la publicité dont parle l'art. 31 de la loi du 5 juill. 1844 (Nancy, 16 déc. 1856, aff. Baudot, D. P. 57. 2. 200); — 4° Que, dans un litige portant exclusivement sur la preuve d'une fabrication antérieure au brevet du demandeur en contrefaçon, l'arrêt qui déclare souverainement que le défendeur était, avant le brevet, en possession de l'invention tardivement revendiquée, motive par là le maintien du droit du défendeur ainsi reconnu ; et que le juge du fait n'est pas tenu de décrire comparativement les appareils des deux fabricants rivaux, si, d'une part, les parties ont reconnu dans leurs conclusions l'identité des procédés employés par elles, et si, de l'autre, il est constant que le juge a statué en pleine connaissance de l'objet et de la portée de l'invention purement mécanique ; que l'industriel qui a ouvertement fabriqué, vendu et exposé, antérieurement à l'obtention d'un brevet pris par un tiers, un appareil identique à celui pour lequel ce brevet a été pris, doit être maintenu dans le droit de continuer cette fabrication, le titre du breveté étant à son égard entaché d'une nullité relative (Req. 12 nov. 1883, aff. Gay, D. P. 84. 1. 297); — Que le débitant qui établit qu'antérieurement au brevet, en vertu duquel on le poursuit, il avait été chargé, par exemple par son correspondant étranger, de faire fabriquer des objets semblables à ceux dont la vente lui est reprochée, doit être renvoyé des fins de la poursuite; il n'a pas besoin de justifier que l'emploi de ces objets avait reçu une publicité de nature à invalider le brevet (Paris, 5 juill. 1879, aff. Chevallier *C.* Jonès, *Annales de la propriété industrielle, etc.*, 80. 285).

63. La solution serait différente, et le droit du breveté vis-à-vis du possesseur antérieur redeviendrait entier, si la possession était frauduleuse (V. en ce sens: Paris, 13 avr. 1878, aff. Petit *C.* Rovillon, *Annales de la propriété industrielle, etc.*, 78. 102).

64. Ce n'est pas au breveté qu'il incombe de justifier de la nouveauté de l'invention qui fait l'objet de son brevet ; il appartient, au contraire, à la partie adverse de justifier des antériorités dont elle se prévaut (Req. 23 mai 1857, *Le Droit*, 1857, p. 123; Trib. Lyon, 17 févr. 1872, aff. Train et comp. *C.* Bolalrd et autres, *Annales de la propriété industrielle, etc.*, 73. 397). Tous les modes de preuve tendant à l'établir peuvent être admis. Ainsi un fait constituant une antériorité peut être prouvé tant par l'audition de témoins que par la production de documents imprimés (Paris, 31 janv. 1862, *La propriété industrielle*, n° 219).

65. En principe, il appartient aux juges du fait de résoudre souverainement les diverses questions que peuvent soulever les contestations sur la nouveauté ou le défaut de nouveauté de la découverte, notamment celle de savoir si la publication a été suffisante pour que l'invention pût être exécutée, l'examen des antériorités alléguées, l'appréciation de leur importance au point de vue de la divulgation qui a pu en résulter. La jurisprudence est constante à cet égard. Indépendamment de l'arrêt cité en ce sens au *Rép.* n° 78, il a été décidé: 1° que l'arrêt qui se fonde, pour déclarer nul un brevet d'invention, sur ce que, antérieurement à la demande de ce brevet, le procédé qui en fait l'objet avait reçu une publicité suffisante pour être exécuté, échappe, comme reposant sur une appréciation de fait souveraine, à la censure de la cour de cassation (Crim. rej. 8 avr. 1854, aff. Higton, D. P. 54. 5. 81 ; Crim. cass. 22 déc. 1855, aff. Marchal, D. P. 56. 1. 178); — 2° Que les constatations au moyen desquelles le juge établit la nouveauté résultant de l'ensemble et de la combinaison entre eux des divers procédés décrits dans un brevet sont souveraines et échappent à tout contrôle (Req. 6 nov. 1854, aff. Danel, D. P. 55. 1. 347; Crim. rej. 12 févr. 1858, aff. Danel, D. P. 58. 5. 43); — 3° Qu'une invention peut être déclarée non nouvelle lorsqu'il est constaté que celui qui s'en prévaut, n'a rien inventé, « ni le principe, ni les organes, ni les agencements, ni le produit, ni le moyen de l'obtenir », une telle appréciation, qui porte sur l'ensemble de l'invention et sur ses résultats, renfermant une simple déclaration de fait qui ne tombe pas sous le contrôle de la cour de cassation (Req. 30 nov. 1859, aff. Delaunay, D. P. 60. 1. 24); — 4° Que la déclaration par le juge du fait, après comparaison d'un système breveté et prétendu nouveau avec un système tombé dans le domaine public, qu'il y a entre les deux complète similitude et, par suite, que le brevet ne s'applique pas à une invention réelle, est souveraine et ne peut être critiquée devant la cour de cassation (Crim. rej. 16 juin 1860, aff. Dupuis, D. P. 61. 5. 51); — 5° Qu'il appartient aux juges du fait d'apprécier les antériorités que le prévenu oppose à la validité du brevet; que l'arrêt qui déclare un appareil brevetable, et qui n'arrive à cette conclusion qu'après un examen scrupuleux des procédés brevetés, dont il a bien compris la portée, le but et les moyens d'action, ne viole pas la loi du brevet et ne contrevient pas aux art. 1er et 2 de la loi du 5 juill. 1844; qu'il importe peu, d'ailleurs, que pour affirmer la validité du brevet, l'arrêt ait dit qu'il constituait une combinaison nouvelle de moyens connus, l'expression *combinaison* n'étant que la reproduction similaire du mot *application* inscrit dans la loi (Crim. cass. 12 juin 1875, aff. Drugé, D. P. 76. 1. 137; Crim. rej. 21 nov. 1875, aff. Cornellet, *ibid.*); — 6° Que les juges du fond apprécient souverainement les antériorités opposées au brevet à l'occasion duquel a lieu une poursuite en contrefaçon, et que la cour de cassation n'a point à contrôler les éléments qui ont servi à prononcer sur le caractère de nouveauté de l'objet breveté (Crim. rej. 28 févr. 1879, aff. Guattari, D. P. 80. 1. 48); — 7° Qu'il appartient aux juges du fait d'apprécier souverainement si l'appareil breveté existait déjà dans le commerce avant l'obtention du brevet (Civ. rej. 15 juill. 1867, *suprà*, n° 31); — 8° Que la question de savoir s'il y a invention brevetable dans le fait d'avoir substitué dans un produit industriel un métal à un autre, est souverainement décidée par le juge du fait, qui seul peut apprécier l'importance relative de ces deux métaux, alors surtout que non seulement ils sont employés dans la même industrie, mais encore travaillés par le même instrument (Crim. rej. 10 août 1867, aff. Peussot, D. P. 69. 5. 39); — 9° Que le juge du fait décide souverainement que les divers éléments d'une prétendue découverte étaient antérieurement connus, qu'ils n'ont amené aucun résultat industriel ou qu'ils n'ont pas été compris dans le brevet, en sorte que la prétendue découverte ne constitue une invention nouvelle ni dans ses détails, ni dans son ensemble (Civ. rej. 14 déc. 1868, aff. Logette, D. P. 69. 1. 81. V. aussi Req. 26 mars 1873, aff. Leblanc, D. P. 73. 5. 53); — 10° Que les juges du fait sont souverains pour apprécier la nouveauté d'un résultat industriel (Req. 5 nov. 1878) (1); — 11° Que la décision des juges du fond sur le point de savoir si une invention brevetée est nouvelle, et si, par suite, l'inventeur est recevable à poursuivre le tiers qui s'est fait délivrer postérieurement un brevet pour la même invention, ne peut tomber sous la censure de la cour de cassation ;... si ce n'est dans le cas où le juge du fond se serait mépris sur les éléments de l'invention, c'est-à-dire sur l'objet et la portée de l'un et de l'autre brevet; mais que le pouvoir de revision qui appartient à la cour sur ce point ne peut s'étendre à l'appréciation par les juges du fond d'un brevet antérieur à celui du demandeur en contrefaçon, et sur lequel le juge s'est fondé pour déclarer que l'invention de celui-ci n'est pas nouvelle : cette appréciation, juste ou erronée, est souveraine (Req. 22 janv. 1878, aff. Alexis, D. P. 79. 1. 181. V. aussi Crim. rej. 2 déc. 1859, aff. Bard, D. P. 61. 5. 50; Req. 30 nov. 1864, aff. Hausmann,

(1) (Gourdiat *C.* Poquet et Tholly.) — LA COUR ; — Sur les deux moyens pris de la violation des art. 1er, 2, 30, 40 et 49 de la loi du 5 juill. 1844 et de l'art. 7 de la loi du 20 avr. 1810 : — Attendu qu'en présence du fait avéré et non contesté par Gourdiat, que tous les procédés employés par lui étaient connus et avaient été pratiqués déjà, la seule question du procès était de savoir si, aux termes de l'art. 2 susvisé, la fabrication brevetée des étuis de bougies en papier, présentait une application nouvelle de moyens connus et l'obtention d'un résultat industriel nouveau; — Attendu que cette question, nettement posée par l'arrêt qui reproduit à cet égard les affirmations opposées des parties, a été résolue par la déclaration que le résultat nouveau ne se rencontre pas dans l'espèce; — Qu'en présence de cette constatation de fait souveraine et décisive, c'est à tort que le pourvoi essaie de soutenir que les juges ont méconnu la véritable question litigieuse; — Attendu, d'ailleurs, que leur déclaration sur l'ensemble de la prétendue invention a été, à bon droit, accompagnée d'une vérification minutieuse de chacun des éléments indiqués par le brevet ; — Attendu que le rejet des conclusions du demandeur a été amplement motivé; — Attendu qu'on ne rencontre pas dans l'arrêt la contradiction signalée entre une négation du résultat nouveau et l'affirmation des avantages du procédé Gourdiat, au point de vue du résultat; que les juges en s'expliquant en thèse de droit sur les conditions nécessaires pour que la substitution d'une matière à une autre devienne brevetable, n'ont nullement attribué aux étuis de Gourdiat des qualités incompatibles l'une avec l'autre; — Qu'ainsi le moyen manque en fait; — Attendu, enfin, que l'arrêt n'a pas fait dépendre le droit ou propriété et la propriété industrielle de l'importance du produit réalisé ou de la découverte scientifique ; — Attendu, dès lors, en fait, que l'arrêt n'a violé aucun des articles susvisés; — Rejette, etc.

Du 5 nov. 1878.-Ch. req.-MM. Bédarrides, pr.-Babinet, rap.-Lacointa, av. gén.-Sauvel, av.

D. P. 65. 1. 163; 14 mars 1865, aff. Marfaing, D. P. 65. 1. 227; Crim. rej. 26 janv.1884, aff. Pérille, D. P. 84. 1. 375).

Mais on peut se demander si le pouvoir souverain des tribunaux s'étend à l'appréciation des faits d'où l'on prétend faire résulter la divulgation, s'il leur appartient de décider souverainement que ces faits ont ou n'ont pas les caractères d'une publicité véritable. N'est-ce point là une question de droit, sur laquelle doit pouvoir s'exercer le contrôle de la cour suprême? C'est, en effet, ce qui paraît résulter implicitement de certains arrêts (V. Req. 18 janv. 1864 et Civ. cass. 19 juin 1866, cités *suprà*, n° 49; et surtout Civ. rej. 25 mai 1868, aff. Varin, D. P. 68. 1. 442).

66. D'autre part, il importe de remarquer que l'appréciation des questions de nouveauté suppose une comparaison avec l'objet du brevet et, par suite, un examen de ce brevet, qui est la loi des parties : à ce point de vue, la décision des juges du fait ne saurait être souveraine, et il appartient à la cour de cassation d'en vérifier l'exactitude. C'est un point sur lequel la jurisprudence est également fixée. — Ainsi, il a été jugé : 1° que l'erreur commise par le juge du fait sur les données de l'invention brevetée, relève de la cour régulatrice lorsqu'elle porte atteinte à la loi du brevet, et doit faire casser la décision qui déclare ladite invention dépourvue de nouveauté, s'il est démontré qu'elle a nécessairement réagi sur les déductions qui servent de fondement à cette déclaration; spécialement, que lorsque le juge du fait a considéré comme devant se faire successivement, deux opérations que le breveté n'indiquait que comme devant être faites l'une ou l'autre au gré de l'opérateur, c'est-à-dire, l'une à l'exclusion de l'autre, les critiques dirigées par ce juge contre le procédé breveté et la conclusion à laquelle il est arrivé que ledit procédé manque de nouveauté et ne peut être breveté, ne sauraient être considérées comme irréfragables à raison de l'erreur qui vicie l'un des termes de la comparaison sur laquelle le juge a raisonné (Crim. cass. 23 janv. 1858, aff. Dubrunfaut, D. P. 67. 5. 45); — 2° Que « la déclaration des juges du fait sur le défaut de nouveauté d'une invention brevetée n'est souveraine qu'autant que les antériorités invoquées ont un objet identique à la loi du brevet » : ainsi il appartient à la cour suprême de reconnaître que l'emploi des sulfates de soude pour lequel a été pris un brevet d'invention diffère de celui qui avait fait l'objet de l'antériorité alléguée, et, par suite, l'arrêt qui méconnaissant cette différence, annule le brevet pour défaut de nouveauté, encourt la cassation (Crim. cass. 8 janv. 1869) (1).

Lorsque la nullité, pour cause de divulgation antérieure, d'un brevet d'invention pris en France, dépend de sa conformité avec un brevet antérieur pris à l'étranger, le juge du fait est souverain pour déterminer la nature et l'objet de l'invention pour laquelle a été pris le brevet étranger (Crim. rej. 1er juin 1865, aff. Joly, D. P. 66. 1. 465). Jugé, de même, que les appréciations des juges du fait sur la portée d'un brevet étranger échappent au contrôle de la cour de cassation (Civ. cass. 11 mai 1870, aff. Toulouse, D. P. 70. 1. 432). — Mais il appartient à cette cour de vérifier si, en comparant avec l'invention ainsi appréciée, celle à laquelle se rapporte le brevet pris en France, le juge du fait n'en a pas méconnu l'objet et mal compris les moyens, et s'il ne l'a pas ainsi dénaturé (Crim. rej. 1er juin 1865, aff. Bertre, D. P. 66. 1. 457).

67. Pour que la cour de cassation puisse exercer son droit de contrôle en cette matière, il est nécessaire que les juges du fait expriment d'une façon précise et complète les raisons sur lesquelles ils se fondent pour décider que l'invention est ou n'est pas nouvelle; et l'inobservation de cette règle entraîne la nullité de la décision (Crim. cass. 22 déc. 1855, aff. Marchal, D. P. 56. 1. 178). Ainsi est nul, pour défaut de motifs, l'arrêt qui, dans une poursuite en contrefaçon, infirme l'appréciation faite par les premiers juges de la nouveauté du procédé objet de la plainte, sans s'occuper de l'un des éléments de ce procédé qui formait la base de la décision du tribunal correctionnel (Même arrêt). Il en est de même de l'arrêt qui, ayant à statuer sur une plainte en contrefaçon fondée tout à la fois sur le fait de fabrication par un tiers de l'instrument pour lequel le plaignant a été breveté, et sur celui d'application nouvelle de cet instrument en vue d'obtenir un résultat nouveau, rejette la plainte en se bornant à déclarer que l'instrument breveté n'a pas été contrefait, sans s'occuper du second chef de conclusions (Crim. cass. 6 juin 1856, aff. Rouget de l'Isle, D. P. 56. 1. 286). — Décidé, dans le même sens, que le juge saisi d'une poursuite en contrefaçon ne peut, lorsqu'il lui paraît que le procédé industriel dont la propriété est revendiquée devant lui ne constitue pas une invention réelle, se borner à dénier par une déclaration vague et générale la nouveauté de ce procédé, et à affirmer qu'avant le brevet d'autres fabricants avaient appliqué des procédés renfermant les éléments essentiels de celui du poursuivant; il est nécessaire, à peine de nullité, que son jugement fasse connaître l'analyse et les comparaisons auxquelles il s'est livré, et permette ainsi à la cour de cassation de vérifier, en cas de pourvoi, si les procédés décrits dans le brevet ont été bien compris dans leur portée, dans leur but et dans leurs moyens d'action (Crim. cass. 21 juin 1862, aff. Joly, D. P. 62. 1. 391). — Dans d'autres espèces, au contraire, la cour de cassation a jugé que la décision concernant la nouveauté de l'invention était motivée d'une manière suffisante. Décidé notamment : 1° qu'en matière de contrefaçon, l'arrêt qui déclare les poursuites mal fondées, par le motif que le poursuivant, breveté pour des modifications apportées à un instrument tombé dans le domaine public (le stéréoscope), n'est l'inventeur d'aucune de ces modifications, dont le même arrêt établit le défaut de nouveauté à l'aide de documents propres à chacune d'elles, ne peut être attaqué sous le prétexte que les juges ne se seraient pas expliqués formellement sur le défaut de nouveauté des divers organes de l'instrument, considérés dans leur combinaison et dans le résultat de leur action, quoique la nouveauté de ce résultat soit susceptible de brevet : il suffit qu'il résulte des faits examinés et appréciés par l'arrêt, que sa déclaration s'applique nécessairement à l'ensemble de ces organes, et non pas à chacun d'eux séparément (Req. 20 déc. 1859, aff. Duboscq, D. P. 60. 1. 395); — 2° Que l'arrêt qui, ayant à s'expliquer sur une combinaison d'organes connus, déclare que, eu égard à la forme de l'appareil, la disposition particulière des organes et leur agencement, l'opération pour l'exécution de laquelle cet appareil a été créé, a été exécutée dans des conditions de rapidité, de perfection et d'économie qui n'avaient pas été obtenues jusque-là, établit suffisamment que la combinaison est nouvelle et qu'elle constitue une invention brevetable, sans qu'il soit nécessaire que cet arrêt en contienne une description (Crim. rej. 16 juill. 1858, aff. Perrin, D. P. 64. 5. 33); — 3° Que le juge saisi d'une poursuite en contrefaçon d'une machine brevetée peut, après avoir soigneusement démontré que chaque organe de cette machine était déjà connu, ce qu'il lui appartient d'apprécier souverainement, déclarer que l'ensemble était tombé dans le domaine public, sans avoir à motiver autrement cette conclusion (Crim. rej. 17 juin 1864, aff. Lefaucheux, D. P. 69. 5. 36); — 4° Que dans le cas d'un brevet pris à la fois pour un produit industriel et pour l'instrument de fabrication, le rejet du moyen tiré par le contrefacteur de l'absence de nouveauté du pro-

(1) (Périer, Possoz et consorts C. Lapierre de Mélinville.) — LA COUR ;... — Sur le 4e moyen, pris de la violation de l'art. 2 et d'une fausse application de l'art. 30, n° 1, de la loi du 5 juill. 1844, en ce que l'arrêt attaqué a déclaré nul pour défaut de nouveauté, le certificat d'addition invoqué par les exposants à l'appui de leur demande, sans que l'antériorité alléguée fût prouvée et alors même qu'elle était manifestement détruite : — Attendu que les antériorités invoquées ne peuvent être souverainement reconnues par le juge du fait qu'autant que leur objet est identique à la loi du brevet; — Attendu que l'arrêt attaqué a annulé le certificat d'addition du 3 juill. 1861 pour défaut de nouveauté, en se fondant sur ce que les sulfites de soude étaient employés antérieurement à sa date, à la décoloration des jus et à empêcher la fermentation; — Mais attendu que les brevet et certificat précités ont été pris pour la défécation des jus, à l'aide des corps neutres des sulfites et spécialement du sulfite neutre de soude; que cet emploi du sulfite dans un but déterminé et distinct de celui de l'antériorité alléguée, constituait une nouveaute brevetable, injustement méconnue par l'arrêt attaqué; en quoi cet arrêt a formellement violé et faussement interprété la disposition législative précitée;

Par ces motifs, casse, etc.

Du 8 janv. 1869.-Ch. crim.-MM. Legagneur, f.f. pr.-du Bodan, rap.-Bédarrides, av. gén.-Housset, av.

duit breveté, est suffisamment motivé par l'arrêt qui affirme, d'une part, la différence existant entre ces procédé et produit et les procédés et produits brevetés antérieurement, et, d'autre part, l'impossibilité d'obtenir l'un des caractères distinctifs du produit contrefait autrement que par le procédé contrefait (Civ. rej. 26 janv. 1874, aff. Roger, D. P. 74. 1. 220. — V. encore Crim. rej. 2 mars 1866, aff. Leplanquais, D. P. 67. 1. 416; Req. 5 nov. 1878, *suprà*, n° 65; Crim. rej. 14 févr. 1884, aff. de Coster, D. P. 84. 1. 374).

68. L'application de la convention du 23 mars 1883 et la dérogation que cette convention apporte par son art. 5 à l'art. 31 de la loi de 1844 (V. *suprà*, n° 7), soulèvent deux questions sur lesquelles la jurisprudence n'a pas eu encore à se prononcer.

En premier lieu, si l'art. 5, en réservant aux sujets de l'Union un droit de priorité de six mois à dater de la demande de brevet faite dans l'un des Etats de l'Union, dispose que les brevets demandés au cours de ce délai dans les autres Etats pourront être invalidés par des faits accomplis dans l'intervalle, il est toutefois à remarquer que les faits énumérés à titre d'exemple sont tous des faits accomplis par d'autres que le breveté lui-même; d'où il semble résulter que la convention, qui s'en réfère, d'ailleurs, aux législations existantes, ne donne pas à l'inventeur la faculté de divulguer impunément son invention en France avant de s'y faire breveter; elle le préserverait seulement, après une première demande faite dans l'un des Etats de l'Union, des effets de la publicité qui pourrait résulter soit de cette demande ellemême, soit des demandes ultérieures, ou de faits auxquels il serait étranger. Ainsi un inventeur ayant demandé un brevet en Belgique pourrait, étant sujet de l'Union, se faire valablement breveter en France alors même qu'au cours du délai de six mois, le brevet belge aurait été délivré et communiqué au public. Il en serait de même si, au cours de ce délai, une personne ayant eu, par exemple, connaissance du brevet belge, venait exploiter l'invention en France : cette publicité ne constituerait pas une antériorité opposable au brevet pris, dans les six mois, par l'inventeur en France. Mais n'en serait-il pas autrement, et la nouveauté de l'invention ne serait-elle pas détruite, si l'inventeur, après avoir demandé son brevet en Belgique, venait exploiter son invention en France et l'y divulguait ainsi avant de s'y faire breveter?

69. En second lieu, on peut se demander si un Français, sujet de l'Union en cette qualité, pourrait à ce titre et contrairement à l'art. 31, réclamer en France le bénéfice de la convention. Par exemple, résidant en Belgique, il y demanderait un brevet; puis, le brevet belge étant délivré, publié, mais le délai de priorité n'étant pas expiré, il demanderait un brevet en France; la publicité résultant du brevet belge laisserait-elle subsister la nouveauté de l'invention? On peut dire, contre la nouveauté de l'invention, que la dérogation à l'art. 31 résultant d'un acte diplomatique ne peut modifier la loi française à l'égard d'un Français; les Etats étrangers qui ont traité avec la France n'ont pu stipuler que pour leurs nationaux, mais non pour les sujets de l'Etat français; la loi française ne peut être modifiée à leur égard que par un acte de législation intérieure, et, bien que les conventions diplomatiques soient soumises en France à l'approbation des Chambres, cette approbation, nécessaire pour la validité des engagements pris par le gouvernement français, ne change pas le caractère de ces engagements : la convention demeure un acte diplomatique.

Toutefois, et sans insister sur les conséquences d'une solution qui refuserait au Français en France un droit qui y serait accordé à des étrangers, il semble qu'en interprétant ainsi l'art. 5 de la convention de 1883, on méconnaîtrait le caractère de cette convention. En se constituant à l'état d'Union, les Etats contractants n'ont pas voulu seulement prendre des engagements sur le traitement à accorder par chacun d'eux aux sujets des autres; ils ont voulu aussi, en présence de l'impossibilité d'établir dans tous les pays une législation uniforme, s'en rapprocher du moins autant que possible, en formulant les principes sur lesquels l'accord avait pu s'établir. Il y a donc pour tous les contractants un intérêt commun à ce que ces principes soient appliqués par tous sans restriction; en vue de cet intérêt, ils ont dérogé d'un commun accord à la règle de droit public international qui s'oppose à toute ingérence dans les rapports d'un Etat avec ses propres sujets, et ils ont appliqué à une matière de droit international la règle de droit privé de l'art. 1121 de notre code civil; dans l'intérêt commun, on peut dire que chaque Etat a stipulé pour les sujets des autres Etats, parce que cette stipulation pour autrui était la condition de la stipulation qu'il faisait pour lui-même. Un Français peut donc en réclamer France le bénéfice de la convention, et l'art. 31 ne subsiste dans toute sa rigueur que pour les étrangers non sujets de l'Union.

70. — III. CARACTÈRE INDUSTRIEL DE L'INVENTION. — Comme on l'a vu au *Rép.* n° 79, l'invention, pour être brevetable, doit être industrielle; il ne suffit pas pour cela qu'elle ait un rapport plus ou moins éloigné avec l'industrie; ainsi, pour prendre un exemple fourni par M. Pouillet, n° 13, on ne saurait considérer une méthode destinée à empêcher les erreurs ou les fraudes dans la comptabilité comme une invention industrielle, sous prétexte que toute industrie suppose une comptabilité. Il faut, dit le même auteur, un effet utile, palpable, tangible, un effort de fabrication. — Il a été décidé, à cet égard, qu'une invention peut être considérée comme ayant un caractère industriel, qui la rend susceptible d'être brevetée, dès que le produit qu'elle crée a une valeur commerciale, et quoique l'appareil décrit dans le brevet y ait été qualifié d'appareil domestique (Req. 30 nov. 1864, aff. Hausmann, D. P. 65. 1. 163). — Jugé aussi que la fabrication des cartes à coins arrondis et dorés constitue une découverte brevetable, en ce qu'elle a pour objet moins une mode ou fantaisie qu'un moyen de prévenir la détérioration des cartes et les fraudes que rendaient possibles les coins anguleux (Sol. impl., Paris, 13 mai 1865, aff. Chapelier, D. P. 66. 1. 357).

Mais le but qu'un inventeur s'est proposé en créant un produit ou un procédé ne peut faire l'objet d'un brevet d'invention; le brevet ne s'applique qu'aux moyens d'exécution et de réalisation du but recherché. Par suite, cet inventeur n'est pas fondé à poursuivre en contrefaçon l'auteur d'un procédé atteignant le même but à l'aide de moyens différents (Crim. rej. 17 avr. 1868, aff. Charlier, D. P. 69. 1. 436). De même, le perfectionnement d'un mode de surveillance et de police, tel que la confection, avec le secours de la photographie, d'un nouveau genre de cartes d'entrées personnelles dans les lieux publics, qui rendent plus facile le contrôle, ne constitue pas une invention brevetable (Paris, 15 févr. 1870, aff. Donckèle, D. P. 70. 2. 120). De même encore, a été jugé nul le brevet pris uniquement à raison d'une forme de produit qui était dans le domaine public, et non à raison des procédés et éléments de fabrication (Req. 29 janv. 1872, aff. Rigollot, D. P. 72. 1. 196). — Décidé également : 1° que le caractère industriel, condition de la brevetabilité, n'existe pas dans une invention consistant dans un mode de pliage ou de dévidage de la soie sur cartes en carton ou autre matière mince, divisées de manière à pouvoir être détaillées (Paris, 1er mars 1873, aff. Vaquez-Fessard C. Bruneau, *Annales de la propriété industrielle, etc.*, 75. 207); — 2° Qu'il n'y a pas invention brevetable dans l'idée de faire des tableaux indicateurs portant le plan d'une ville ou d'un quartier et la désignation des principaux établissements qui s'y trouvent (Paris, 14 mai 1880, aff. Bachellerie, *Annales de la propriété industrielle, etc.*, 80. 242); — 3° Qu'on ne peut breveter un objet qui ne constitue ni un produit industriel nouveau, ni l'invention de moyens nouveaux, ni l'application nouvelle de moyens connus pour l'obtention d'un résultat ou d'un produit industriel. Ainsi, l'adaptation d'une boîte cylindrique contenant un mètre en ruban à l'extrémité du manche d'un couteau n'est pas susceptible d'un brevet d'invention (Riom, 16 mars 1885, aff. Ménière-Soanen, D. P. 87. 2. 14). — Au contraire, l'adaptation aux machines à imprimer d'un appareil de repérage automatique, ayant pour objet de remplacer l'ouvrier dans la manipulation et l'apposition des feuilles de papier destinées à recevoir successivement plusieurs impressions, constitue une disposition nouvelle, susceptible de produire un résultat industriel important, et, dès lors, essentiellement brevetable (Paris, 23 janv. 1886, aff. Vieillemard, D. P. 87. 2. 86).

71. Les imperfections de l'invention ne sauraient l'empêcher d'être brevetée; mais il faut cependant que l'invention, si imparfaite qu'on la suppose, soit au moins réalisable (V. Pouillet, n° 13). — Jugé, sur cette question, que le mérite ou l'avantage d'une invention n'est pas une condition de brevetabilité, et l'imperfection d'un appareil ne peut suffire à le faire déclarer non brevetable (Bruxelles, 23 mai 1876, aff. Clerbois *C.* Etat belge, *Pasicrisie belge*, 76. 2. 359).

72. La question s'est posée à plusieurs reprises de savoir si un phénomène naturel pouvait être l'objet d'un brevet. Tous les auteurs sont d'accord pour la résoudre négativement, en distinguant, toutefois, entre le phénomène lui-même et les applications industrielles que l'inventeur aurait fait connaître. — Il a été jugé, en ce sens, que l'application à un usage spécial d'un phénomène naturel qui produit un résultat par sa propre nature et sans emploi d'aucun procédé particulier, et, par exemple, la décantation, par l'emploi de sels métalliques et autres agents chimiques, à l'aide de laquelle on effectue dans les fosses d'aisances elles-mêmes la séparation des liquides et des solides, n'est pas susceptible d'être brevetée, quelle qu'en soit, d'ailleurs, l'utilité (Crim. rej. 20 déc. 1851, aff. Quesney, D. P. 52. 5. 63).

73. L'application d'une loi de la nature peut constituer un emploi nouveau de moyens connus susceptible d'être breveté, mais à la condition que cette application résulte de procédés nouveaux ou de combinaisons nouvelles pouvant produire des résultats industriellement utiles.

Ainsi, il n'y a pas invention brevetable dans le fait de décrire le phénomène déjà observé dans la fabrication des fleurs artificielles au moyen du caoutchouc découpé à l'emporte-pièce, consistant dans l'adhérence par leurs bords des feuilles superposées, découpées simultanément, et de signaler l'utilité qui résulte de cette adhérence pour l'imitation de certaines plantes, sans spécifier pour l'utilisation de ce phénomène aucun moyen propre à l'inventeur (Paris, 11 août 1877, aff. Balin *C.* Bréviaire, *Annales de la propriété industrielle, etc.*, 78. 87).

74. La même règle s'applique aux conceptions théoriques (V. *Rép.* n° 81). La conception elle-même, telle qu'une loi mathématique, par exemple, n'est pas brevetable; mais ses applications industrielles pourraient l'être. Seulement, quelle est au juste en ce cas l'étendue du brevet? M. Blanc a soutenu très énergiquement que du moment que la conception théorique, le principe, était accompagné dans le brevet d'une application industrielle, le principe était garanti par le brevet aussi bien que l'application; d'où il suivrait que le breveté, tant que durerait son brevet, pourrait revendiquer toutes les autres applications qui viendraient à être faites du même principe, bien que lui-même ne les eût pas fait connaître. Mais cette opinion n'a pas été suivie; tous les auteurs admettent qu'un brevet qui fait connaître à la fois un principe théorique et une ou plusieurs applications industrielles ne protège que les applications qui y sont indiquées. — Il a été jugé, conformément à cette règle, que toute invention de moyens nouveaux, toute application nouvelle de moyens ou de principes scientifiques connus peuvent être valablement brevetées, à la condition qu'elles produisent un résultat industriel et qu'elles soient suffisamment indiquées, ainsi que ce résultat, dans la demande du brevet (Civ. cass. 18 déc. 1883, aff. Mimault, D. P. 84. 1. 65). — Spécialement est brevetable l'application à la télégraphie électrique imprimante du principe de la progression géométrique dite « binaire », à l'aide duquel un appareil combine en un effet simple les effets multiples de cinq courants électriques, distribués par cinq fils séparés de manière à traduire en un seul signal les diverses combinaisons de plusieurs signaux distincts (Même arrêt); — Par suite, l'inventeur de cette combinaison a un droit privatif et exclusif à l'exécution de l'appareil qui en réalise l'application, et l'action en contrefaçon dirigée par lui contre l'auteur d'un appareil destiné au même but et appliquant le même principe, d'après des données et avec des moyens semblables, ne peut être repoussée sous le prétexte que ce principe, isolé de tout organe mécanique, ne constitue qu'une loi théorique, non brevetable (Même arrêt). — Jugé, dans le même sens, que ni les idées abstraites qui inspirent les recherches d'un inventeur, ni les qualités techniques d'un mécanisme ne peuvent se breveter de manière à devenir l'objet d'un droit privatif indépendamment de l'organisme mécanique qui en présente l'application. En dehors de cet organisme, il appartient à toute personne de poursuivre la réalisation des mêmes idées et de tendre à un mécanisme réunissant les mêmes qualités, sous la seule condition d'y arriver par d'autres procédés (Trib. civ. Seine, 27 mars 1878, Paris, 30 déc. 1880, et Req. 21 mars 1882, aff. Molen *C.* Toselli, *Annales de la propriété industrielle, etc.*, 82. 233). — Jugé également que le fait, par un inventeur, d'avoir, en appliquant des principes scientifiques et en employant des procédés mécaniques connus, obtenu un résultat industriel, et acquis par un brevet le droit exclusif de l'exploiter à son profit, ne s'oppose pas à ce que d'autres inventeurs, usant après lui d'une partie des mêmes principes ou procédés, mais les combinant avec d'autres éléments, obtiennent, sans commettre une contrefaçon, un autre résultat industriel nouveau; qu'il en est ainsi, spécialement, en matière de télégraphie électrique, lorsque le second inventeur, empruntant au domaine public certains éléments négligés par le premier, et complétant, à l'aide d'autres principes ou procédés, les organes que celui-ci avait employés dans son appareil, en crée un nouveau, dont le fonctionnement résout le problème insuffisamment résolu par le possesseur du premier brevet, réalise une combinaison originale, et obtient un résultat industriel nouveau, autre que celui dont le premier brevet donne la description (Req. 4 mai 1885, aff. Mimault, D. P. 86. 1. 196). — Le tribunal civil de Lyon a jugé, dans le même sens, que l'idée d'obtenir, dans une industrie (telle que celle de la confection des meubles), un effet mécanique nouveau par l'application non encore tentée d'un principe connu, n'est pas brevetable en elle-même, indépendamment des moyens propres à procurer sa réalisation. Mais sur l'appel, il a été décidé que l'obtention du même effet mécanique, bien qu'à l'aide d'un appareil différent, constitue, de la part d'un concurrent, un acte de contrefaçon, si cet appareil n'est qu'une application de la même loi physique, et réalise ainsi la pensée fondamentale de l'inventeur (Lyon, 25 mai 1859, aff. Grange, D. P. 59. 2. 161).

75. La question de savoir si l'invention présente un caractère industriel et si, à ce point de vue, elle est susceptible d'être brevetée, rentre, en principe, dans le domaine de l'appréciation souveraine des juges du fait. Cette solution qui résultait de deux arrêts (Req. 21 avr. 1840 et 22 août 1844), rapportés au *Rép.* n° 82, a été confirmée par un arrêt postérieur (Req. 30 nov. 1864, aff. Hausmann, D. P. 65. 1. 163).

76. — IV. Caractère licite de l'invention. — L'invention doit être licite; toute invention contraire à l'ordre ou à la sûreté publique, aux bonnes mœurs ou aux lois, est non brevetable (art. 30). C'est ce que l'on a exposé au *Rép.* n° 84.

Mais il ne faut pas confondre l'objet du brevet avec son exploitation: celle-ci peut être contraire à la loi tandis que l'objet même du brevet est parfaitement licite (V. Pouillet, n° 84). « Ainsi, comme le dit M. Bédarride, n° 406, il y a des industries qui sont monopolisées au profit de l'Etat, par exemple, la manutention, la préparation et la vente du tabac. Qu'un industriel quelconque invente une machine pour triturer le tabac ou pour confectionner les cigares; le brevet qu'il prendra sera d'une légalité incontestable; mais il n'a pas capacité pour l'exploiter, et, s'il le fait, il sera passible des peines prononcées par la loi spéciale. Qu'un autre invente ou perfectionne un instrument de chirurgie; s'il l'applique lui-même, il usurpe illégalement l'exercice de la chirurgie; on lui appliquera donc la loi qui réprime cette usurpation; mais, après comme avant, son brevet continuera de produire son effet, et nul autre que lui ne pourra, pendant sa durée, fabriquer et vendre l'instrument breveté. »

77. A côté des inventions illicites par elles-mêmes, il faut placer les inventions dont l'objet est licite, mais que la loi place en dehors du régime des brevets. Telles sont les compositions pharmaceutiques (V. *Rép.* n°s 85 et suiv.), qu'elles soient destinées à l'homme ou aux animaux. Ainsi, il a été jugé que les compositions pharmaceutiques ne sont pas susceptibles d'être brevetées, même lorsqu'elles sont destinées à l'art vétérinaire (Poitiers, 28 déc. 1882) (1).

(1) (Ménard *C.* Arthus.) — La cour; — Attendu qu'à l'appui de leur appel, les frères Ménard prétendent que l'art. 3, § 1er, de la loi du 5 juill. 1844, sur les brevets d'invention, ne s'applique pas aux remèdes destinés aux animaux, ni, par conséquent, au liquide météorifuge par eux inventé; — Attendu que les termes de l'art. 3, § 1er, sont formels, qu'ils portent *que ne sont pas sus-*

78. Ainsi qu'on l'a vu au *Rép.* n° 88, les compositions alimentaires ne sont pas considérées comme des produits pharmaceutiques non susceptibles d'être brevetés. — Il a été jugé à cet égard, que l'aliment, tel que du chocolat, dans la composition duquel un pharmacien fait entrer de l'huile de foie de morue, n'est pas un produit pharmaceutique, et peut, dès lors, faire l'objet d'un brevet (Cons. d'Ét. 14 avr. 1864, aff. Laville, D. P. 65. 3. 25).

79. Il faut, d'ailleurs, pour que la composition ne puisse pas être brevetée, qu'elle soit exclusivement pharmaceutique; elle serait brevetable, malgré son emploi en médecine, en tant qu'elle s'appliquerait à d'autres usages. Il a été jugé que le fait qu'une liqueur hygiénique (l'eau des carmes) est, dans certaines circonstances, administrée comme médicament, ne peut avoir pour résultat d'en changer le caractère et d'en faire un produit pharmaceutique (Crim. rej. 8 mai 1868, aff. Boyer, D. P. 68. 1. 507). Est nul, au contraire, le brevet pris pour un produit employé journellement en médecine et non susceptible de servir à un autre usage (Req., 29 janv. 1872, aff. Rigollot, D. P. 72. 1. 196). Est nul également le brevet pris pour une préparation (la moutarde en feuille), qui, employée constamment en médecine, est impropre à tout autre usage, encore bien qu'elle ait lieu sans mélange ni dosage, le remède pouvant consister aussi bien dans la préparation d'une substance simple que dans le mélange de plusieurs substances (Lyon, 28 juin 1870) (1). Jugé, au contraire, qu'un ciment chimique, appliqué à la guérison de la carie dentaire, non comme remède, mais comme moyen d'obturer et de réparer la perte de substance de la dent malade, ne tombe pas sous la prohibition de la loi du 5 juill. 1844 relative aux compositions pharmaceutiques, et peut être breveté (Paris, 6 mai 1857, aff. Sorel et Lalmant *C.* Billiard et autres, *Annales de la propriété industrielle, etc.*, 57. 268).

80. Du reste, la prohibition ne vise que les produits; les procédés pour les préparer ou les administrer sont brevetables; il en est de même des instruments de chirurgie (V. Pouillet, n° 77). Jugé qu'un appareil orthopédique destiné à redresser les déviations de la taille est susceptible d'être breveté (Req. 30 mars 1853, aff. Guérin, D. P. 53. 1. 198).

Dans le même ordre d'idées, il a été décidé qu'un appareil (dans l'espèce, un injecteur) destiné à renfermer, abriter, transporter et injecter avec dosage des substances médicamenteuses ne tombe pas sous la prohibition de l'art. 3 de la loi du 5 juill. 1844 et peut faire l'objet d'un brevet (Req. 29 juin 1875, aff. Jacquet de Mey, D. P. 76. 1. 12)

81. On a vu au *Rép.* n° 92 que les plans de finance sont, comme les compositions pharmaceutiques, exclus du régime des brevets.

Par application de cette règle, il a été jugé qu'un compteur destiné à constater instantanément les sommes versées dans les paris sur les courses de chevaux ne constitue, en dehors des moyens mécaniques propres à le faire fonctionner, qu'une conception financière, dénuée de caractère industriel, et à ce double titre, non brevetable (Paris, 3 mars 1870, aff. Labrousse *C.* Chéron, *Annales de la propriété industrielle, etc.*, 72. 312).

ART. 3. — *Différentes espèces de brevets, et personnes qui peuvent les obtenir* (*Rép.* n°s 95 à 101).

82. Au point de vue des effets du brevet, des conditions de sa validité, des formes de la demande et de la délivrance, on peut dire qu'il n'existe, sous la législation de 1844, qu'une seule catégorie de brevets; la loi de 1844 n'emploie qu'un seul terme, celui de *brevet d'invention*. Le terme de *brevet de perfectionnement* s'est pourtant conservé pour désigner plus particulièrement le brevet que prend un inventeur déjà breveté pour garantir les perfectionnements qu'il apporte à l'invention faisant l'objet de son premier brevet; cette différence d'expression correspond à une différence pratique qui consiste en un droit de préférence accordé à la demande de brevet de perfectionnement sur la demande de brevet principal qui serait formée par un autre inventeur sous les conditions déterminées par l'art. 18 (V. *infrà*, n°s 131 et suiv.). Mais à part cette différence, qui n'existe, d'ailleurs, que lorsque le brevet de perfectionnement est demandé dans l'année qui suit le brevet principal déjà accordé à l'inventeur, rien ne distingue un brevet de perfectionnement d'un brevet d'invention.

Au point de vue de la durée, il y a trois catégories de brevets (V. *infrà*, n° 88).

83. Il a été exposé au *Rép.* n°s 96 à 101, que le droit de prendre un brevet appartient à toute personne, y compris les personnes morales, et qu'aucune condition de capacité n'est requise pour l'exercer. Ainsi le mineur, la femme mariée, le failli peuvent demander un brevet, qui ne peut leur être refusé (V. en ce sens : Pouillet, n° 88; Nouguier, n° 28 ; Bédarride, n° 170 ; Picard et Olin, n° 267). Toutefois, M. Nouguier est d'avis que le failli devrait être assisté de ses syndics. — Un arrêt de la cour de cassation, bien qu'étranger à la matière des brevets, pose sur la capacité du failli des principes généraux qui doivent également recevoir leur application en cette matière, et qui paraissent contraires à cette opinion (Civ. cass. 12 janv. 1864, aff. Roche, D. P. 64. 1. 130. V. aussi Pouillet, n° 89). Jugé dans ce sens, que l'invention qui, au moment de la faillite de l'inventeur, n'avait pas encore fait de sa part l'objet d'une demande de brevet, ne peut être considérée comme faisant partie de l'actif; le failli peut prendre postérieurement un brevet, et la cession qu'il en fait à un de ses créanciers n'est pas un avantage particulier consenti aux dépens de la masse (Paris, 27 avr. 1872, aff. Dupont-Poulet, D. P. 73. 2. 225).

84. Le droit de prendre le brevet est un droit évidemment attaché à la personne; pourtant il n'y est pas tellement lié qu'il périsse avec elle; les héritiers, si l'inventeur meurt avant d'avoir fait sa demande, peuvent la faire soit en leur nom, soit au nom de leur auteur. De même le brevet peut être pris par une personne à qui l'inventeur aurait cédé le droit de le prendre.

85. Les créanciers ne peuvent évidemment pas obliger

ceptibles d'être brevetés les compositions pharmaceutiques ou remèdes de toute espèce; que la loi n'établissant aucune distinction, les juges ne peuvent en faire; que bien plus, il résulte de la discussion de la loi à la Chambre des députés (séance du 11 avr. 1844) qu'un amendement de M. Bethmont tendant à supprimer l'interdiction de breveter les compositions pharmaceutiques, et au cours de laquelle il avait été question de différences à établir entre les remèdes destinés aux animaux et ceux préparés pour les hommes, a été rejeté; que, pour combattre l'amendement de M. Bethmont, le docteur Bouillaud, dont la compétence est incontestable, s'est exprimé ainsi : « On nous a aussi parlé de l'art vétérinaire, et on nous a demandé si on a été jusqu'à proscrire les remèdes, les préparations pharmaceutiques pour le traitement des animaux; sous ce rapport les animaux ressemblent beaucoup à l'homme et les hommes et les animaux sont égaux devant la pharmacie. Sous le rapport qui nous occupe, il n'existe point, à proprement parler, deux médecines et deux pharmacies... On ne donnera donc pas plus de *brevets* à ceux qui feraient des inventions pour le traitement des animaux qu'à ceux qui en feraient pour le traitement des hommes » ; qu'il est donc certain que le législateur a dit et entendu dire que les compositions pharmaceutiques ou remèdes de toute espèce, destinés aux animaux comme aux hommes, ne sont pas susceptibles d'être brevetés; — Par ces motifs, dit qu'il a été bien jugé, mal appelé, etc.

Du 28 déc. 1882.-C. de Poitiers.-M. Salmon, pr.

(1) (Rigollot *C.* Lemay et Berthoz.) — LA COUR;... — Considérant que la feuille de moutarde fabriquée suivant la formule de Rigollot constitue bien une composition pharmaceutique; — Considérant, en effet, que dégager, comme le fait Rigollot, l'huile de la farine de moutarde, et appliquer ensuite la poudre sur un linge ou du papier disposé pour la recevoir, c'est bien préparer un remède, puisque cette composition ne peut servir à aucun autre usage et qu'elle est d'un usage de tous les jours en médecine; — Considérant que l'on dirait en vain qu'il n'y a pas là composition pharmaceutique, parce qu'il n'y a pas mélange, dosage; que le remède, en effet, peut aussi bien consister dans la préparation d'une substance simple que dans le mélange de plusieurs substances, et que l'art. 3 de la loi du 5 juill. 1844 n'a permis de breveter aucun remède; — Considérant, dès lors, que l'objet du brevet de Rigollot n'était pas brevetable;... — Déclare nul le brevet obtenu par Rigollot le 15 avr. 1867, etc.

Du 28 juin 1870.-C. de Lyon, 4e ch.-MM. Debri, pr.-Gay, av. gén., c. conf.-Etienne Blanc et Gatineau (du barreau de Paris), av.

l'inventeur à se faire breveter, pas plus qu'ils ne pourraient le contraindre à se livrer à un travail quelconque ; mais si l'inventeur, au lieu de garder son invention secrète, ou de la laisser tomber dans le domaine public, comme c'est son droit, cédait à un tiers le droit de la faire breveter, les créanciers pourraient faire révoquer la cession, et faire rentrer le brevet dans le patrimoine de leur débiteur. Toutefois, la révocation ne pourrait être prononcée que si la cession était frauduleuse ; hors le cas de fraude, le débiteur, même failli, reste libre de disposer de son invention.

86. Le caractère personnel du droit de l'inventeur s'oppose également à ce qu'après le décès de celui-ci, ses créanciers puissent prendre le brevet, sans le consentement des héritiers, qui doivent être présumés connaître à cet égard la volonté de leur auteur. Toutefois, s'il était établi que l'intention du défunt était de se faire breveter, et si les héritiers, par fraude ou mauvais vouloir, refusaient de prendre le brevet, ce refus pourrait engager leur responsabilité. Il en serait de même si ces héritiers prenaient le brevet au nom personnel de l'un d'eux, ou s'ils l'invalidaient d'avance en divulguant l'invention (V. Pouillet, n° 95 *bis*). Les créanciers pourraient même, suivant ce dernier auteur, être autorisés à prendre eux-mêmes le brevet au nom du défunt.

87. Les fonctionnaires et employés de l'Etat peuvent-ils prendre des brevets? Ils le peuvent évidemment, s'il s'agit d'inventions se rapportant à des objets étrangers à leur service; ils sont à cet égard dans le droit commun, et s'ils ont employé leurs loisirs à des travaux qui les ont amenés à inventer, ils ont incontestablement le droit de se réserver la propriété de leur invention. Même s'il s'agit d'objets se rattachant au service dont ils sont chargés par l'Etat, leur capacité au point de vue de la prise du brevet ne semble pas pouvoir être contestée : il est vrai que la prise d'un brevet a pour effet de publier leur invention, et cette publication peut être contraire à leurs devoirs. Tel pourrait être le cas d'un officier qui, chargé d'études sur les améliorations à apporter dans la fabrication de la poudre de guerre, divulguerait, en se faisant breveter, la composition et le mode de préparation d'une poudre de son invention, alors que l'intérêt de l'Etat exigerait que cette préparation fût tenue secrète. Mais si la prise du brevet peut, en certains cas, être une infraction même punissable, on ne saurait, toutefois, en tirer comme conséquence l'inaptitude des fonctionnaires de l'Etat à se faire breveter.

D'un autre côté, si l'on peut contester à un fonctionnaire le droit d'opposer à l'Etat ou à ses ayants cause un brevet pris pour un objet se rapportant à son service, l'objection porte alors non pas sur la capacité du breveté, mais sur la propriété de son brevet et l'étendue des droits qu'elle lui confère ; c'est alors une autre question, qui sera examinée *infrà*, n° 152. Il faut, d'ailleurs, remarquer que l'invention, en dehors du service de l'Etat, peut être susceptible d'être utilisée par l'industrie privée : il n'y a aucune raison pour que l'inventeur en abandonne la propriété, et qu'il laisse par exemple, les armuriers appliquer aux armes de chasse les perfectionnements qu'il aurait apportés aux armes de guerre ; il doit rentrer, à cet égard, dans le droit commun des inventeurs.

ART. 4. — *Durée et taxe des brevets* (*Rép.* n°s 102 à 114).

88. Comme on l'a indiqué au *Rép.* n° 102, la durée du brevet est de cinq, dix ou quinze ans, à la volonté de l'inventeur, qui fait connaître son choix dans la demande. Il y a peu de brevets pris pour une durée inférieure à quinze ans; cela se conçoit : la taxe à laquelle donne lieu le brevet étant annuelle, et l'obligation de la payer n'ayant d'autre sanction que la déchéance, c'est-à-dire l'expiration prématurée du brevet, en cas de non-payement, le breveté reste donc maître de limiter lui-même la durée de son brevet en cessant de payer la taxe quand il ne voit plus d'avantage à le conserver. Le choix entre les diverses périodes n'aurait d'intérêt qu'au point de vue de la cession éventuelle du brevet, la cession devant être accompagnée du payement de toutes les annuités qui restent à courir pour la taxe (V. *Rép.* n° 206).

89. On a vu au *Rép.* n° 104 que la durée du brevet ne peut être prolongée que par une loi; cette disposition a été déclarée par la jurisprudence applicable même aux brevets délivrés sous le régime antérieur à la loi de 1844.

Il a été décidé, en ce sens, que, sous l'empire de la loi du 5 juill. 1844, le Gouvernement n'a pas le droit de prolonger jusqu'à quinze années les brevets d'invention pris, même antérieurement à la promulgation de cette loi, pour une durée moindre (pour dix ans, par exemple). En tous cas, le refus que ferait l'Administration d'user d'une telle faculté, en admettant qu'elle lui appartînt, ne pourrait donner lieu à un recours devant le conseil d'Etat par la voie contentieuse (Cons. d'Et. 28 juin 1855, aff. Duchêne, D. P. 56. 3. 9).

Il est à peine besoin de faire remarquer que la question ne peut plus se poser pratiquement aujourd'hui, tous les brevets qui pouvaient y donner lieu étant expirés depuis longtemps.

90. La loi qui prolonge un brevet doit intervenir avant que ce brevet soit expiré; autrement, en ressuscitant un brevet qui a pris fin, elle porterait atteinte aux droits, désormais acquis, du domaine public. Mais suffit-il que la loi soit votée ou faut-il de plus qu'elle soit promulguée avant l'expiration du brevet? Les auteurs ne pensent pas que, faute d'avoir été promulguée avant le terme légal du brevet, la loi soit sans effet; mais ils admettent que, dans ce cas, les droits du breveté subiraient une interruption, au cours de laquelle des droits pourraient être acquis à des tiers, droits qui subsisteraient ensuite nonobstant la promulgation (V. Bédarride, n° 199; Pouillet, n° 185). Il y aurait là une situation analogue à celle qui a été signalée (V. *suprà*, n° 62) pour le possesseur antérieur vis-à-vis du breveté quand la possession n'est pas de nature à invalider le brevet.

La question ne s'est présentée qu'une seule fois devant les tribunaux; encore ne s'agissait-il pas des droits qui auraient pu être acquis entre la date d'expiration du brevet et la promulgation de la loi, nonobstant la validité du brevet prorogé, mais de la validité ou de la nullité absolue de la prorogation. Jugé, sur ce dernier point, que la loi qui proroge la durée d'un brevet d'invention est obligatoire par cela seul qu'elle a été votée avant l'expiration du brevet ; et le contrefacteur ne peut opposer que la promulgation n'a eu lieu qu'après cette époque, alors que le délit qui lui est reproché a été constaté depuis cette promulgation (Crim. rej. 28 janv. 1858, aff. Peyronnet, D. P. 64. 5. 34).

Sur le point de départ de la durée du brevet, V. *Rép.* n° 104.

91. Sur la taxe annuelle de 100 francs, payable avant le commencement de chaque année de jouissance, V. *Rép.* n°s 109 à 114. Quant à la déchéance en cas de non-payement, V. *infrà*, n°s 220 et suiv.

92. La taxe des brevets d'invention est du nombre des contributions mentionnées à l'art. 16-1°, § 7, de la loi du 13 brum. an 7; par suite, les quittances d'annuités, excédant dix francs, sont soumises au timbre (Paris, 12 août 1865) (1).

(1) (Botta C. Receveur des finances.) — LA COUR ; — Considérant que ce n'est pas l'art. 12 de la loi du 13 brum. an 7 qui régit la cause ; que cet article, imposant la condition du timbre à tout écrit portant décharge, les quittances d'impôts y seraient nécessairement soumises ; mais que l'art. 16 de ladite loi dispose par exception pour les quittances de contributions ; — Considérant qu'il résulte de la discussion qui a précédé la loi sur les brevets d'invention, et aussi de la nature des choses, que le versement annuel, fait par les brevetés, constitue un impôt ; — Qu'il n'est ni le prix d'une propriété de l'Etat, ni celui d'une concession, mais le droit fiscal imposé à une situation spéciale ; que, dès lors, il doit être gouverné par les règles qui s'appliquent à l'impôt ; — Considérant que l'art. 16 de la loi de brumaire dispose : « Sont exceptées du droit et de la formalité du timbre... les quittances que les collecteurs des contributions directes peuvent délivrer aux contribuables, celles des contributions indirectes qui s'expédient sur les actes, et celles de toutes autres contributions qui se livrent sur feuilles particulières et qui n'excèdent pas 10 fr. ; » — Considérant que si les deux premiers paragraphes avaient, en indiquant les contributions directes et indirectes, donné à ces mots un sens théorique et absolu, l'expression « toutes autres contributions » comprise au troisième paragraphe eût été dépourvue de sens ; que l'esprit n'admet pas un impôt qui ne soit direct, ni indirect ; — Considérant que les mots *directs* et *indirects* ont aussi nécessairement dans cet article le sens ordinaire et administratif qui désigne les impôts déterminés sous ce nom dans

SECT. 3. — FORMALITÉS RELATIVES A LA DÉLIVRANCE DES BREVETS (*Rép.* n°s 115 à 174).

ART. 1er. — *Demandes de brevet* (*Rép.* n°s 115 à 137).

93. — I. DEMANDE. — Les formalités à remplir par l'inventeur pour prendre un brevet ont été exposées au *Rép.* n°s 115 et 116. Le dépôt de la demande, si l'inventeur résidait à l'étranger, pourrait être fait par l'intermédiaire des agents diplomatiques (Pouillet, n° 122).

94. La demande doit être limitée à un seul objet principal, avec indication des applications que l'inventeur veut se réserver (*Rép.* n° 117). Mais il n'y aurait pas complexité dans une demande parce que l'invention se composerait de deux éléments qui pourraient être séparés, alors que l'un est l'accessoire presque indispensable de l'autre. M. Pouillet, qui exprime cette opinion (n° 99), cite à l'appui un exemple dans lequel nous verrions, au contraire, la complexité : « une machine à battre, dit-il, est composée de deux éléments distincts et qui pourraient être séparés : la machine proprement dite, et le manège qui la met en mouvement ; il est évident que l'on peut très légitimement ne prendre qu'un brevet tout à la fois pour le manège et pour la machine, l'un étant l'accessoire presque indispensable de l'autre ». Nous croyons qu'il y a dans cet exemple l'application erronée d'un principe exact : le manège n'est pas l'accessoire de la machine à battre, et la machine moins encore l'accessoire du manège parce que, d'une part, une machine-outil, comme la machine à battre, peut être actionnée par toute espèce de machine motrice, manège ou autre ; et, d'autre part, une machine motrice, telle qu'un manège, peut faire fonctionner n'importe quelle espèce de machine-outil ; il y a donc dans cet exemple deux objets distincts. Au contraire nous admettrions, avec le même auteur, qu' « on peut dans un brevet, pris pour un procédé d'épuration du gaz, comprendre l'extraction des produits accessoires tels que la soude et l'alun qui dérivent de l'emploi du procédé » (Pouillet, *loc. cit.*). Ces deux exemples sont de nature à faire comprendre la distinction entre la demande limitée à un seul objet et la demande complexe (V. aussi Allard, n° 82).

Il a été jugé, à cet égard, qu'une invention comprenant des appareils fonctionnant séparément ne peut être considérée comme s'appliquant à un seul objet principal, bien que l'ensemble des opérations à effectuer ait pour but la transformation d'un produit naturel en objet fabriqué (dans l'espèce, la transformation de la farine en pain) (Sol. impl., Cons. d'Et. 12 août 1879, aff. Giroud-Dargoud, D. P. 80. 3. 21). — Il appartient, d'ailleurs, au ministre du commerce d'apprécier si le brevet qui lui est demandé a pour objet une invention s'appliquant à un seul objet principal, et, en cas de refus fondé sur ce que ce brevet s'appliquerait à des objets distincts, sa décision est susceptible d'être déférée au conseil d'Etat pour excès de pouvoir (Même arrêt).

95. Quant aux applications qui ne sont pas indiquées par l'inventeur, on peut dire, en principe, qu'elles ne sont pas comprises dans le droit privatif du breveté ; toutefois, si l'objet de la demande est un produit, le droit de l'inventeur sur le produit est, par la force des choses, tellement absolu, que son brevet garantit, sinon en droit, du moins en fait, toutes les applications, indiquées ou non, que ce produit serait susceptible de recevoir, en ce sens que, pour pouvoir utiliser le produit même d'une façon que l'inventeur n'aurait pas prévue, il faudra d'abord l'acquérir du breveté ou de ses ayants droit, ou obtenir de lui l'autorisation de le fabriquer. Ainsi « une machine nouvelle est un produit ; nul ne peut donc l'employer, soit pour l'usage auquel le breveté la destine, soit pour un usage différent, sans porter atteinte au droit privatif résultant du brevet. Seulement, il peut acheter la machine à celui qui l'a brevetée, et s'en servir ensuite pour le nouvel usage qu'il a découvert ; il peut même revendre cette machine et concéder à un acquéreur le droit d'user de sa propre découverte. Ce trafic ne serait que l'exercice légitime de son droit » (Pouillet, n° 101). — Jugé, en ce sens, que le brevet d'invention obtenu par un industriel pour la composition d'une machine relative à son industrie protège non seulement la machine, mais aussi les produits que cette machine engendre (Douai, 30 mars 1846, aff. Descat, D. P. 47. 2. 205. V. aussi *infrà*, n° 164).

En ce qui touche le procédé, les applications indiquées par la demande sont seules brevetées. Seulement, « si le breveté n'a droit qu'aux applications qu'il a indiquées, on doit du moins comprendre dans cette expression les applications analogues à celles qu'il a prévues, comme aussi les applications naturelles et nécessaires de l'invention » (Pouillet, n° 102. V. également : Nouguier, n°s 10 et 11).

96. La demande doit faire connaître la durée pour laquelle l'inventeur entend se faire breveter (*Rép.* n° 118).

Il s'est présenté à ce sujet une question assez curieuse : la demande étant faite pour cinq ans, le procès-verbal de dépôt des pièces énonça une durée de quinze ans, et le brevet fut délivré pour cette durée ; or, bien que l'arrêté ministériel qui délivre le brevet soit publié, c'est en réalité la demande, généralement reproduite à la fin de la description, qui est connue du public et peut le renseigner sur la durée du brevet. En pareil cas M. Pouillet, n° 177, pense que c'est la demande, qui doit fixer la durée, et que le prévenu de contrefaçon qui se verrait poursuivi, après l'expiration du terme ainsi fixé, en vertu d'un brevet délivré pour une durée supérieure à la demande, pourrait déférer cet arrêté au conseil d'Etat pour excès de pouvoir. « Le brevet, dit cet auteur, est un contrat passé entre l'inventeur et la société, et c'est la demande écrite, seulement la demande, qui en détermine les bases. Le procès-verbal ne peut en aucune façon modifier la demande… l'arrêté du ministre était entaché d'excès de pouvoir, et il n'avait pu, en se conformant au procès-verbal de dépôt, accorder à l'inventeur plus que ne sollicitait la demande » (V. aussi Bozérian, dans la *Propriété industrielle*, n° 388).

Jugé, sur la fin de non-recevoir tirée de ce que le brevet aurait été délivré pour une durée supérieure à celle que fixait la demande, que la délivrance du brevet étant un acte administratif, il n'appartient pas aux tribunaux de statuer sur les irrégularités dont cet acte pourrait être entaché en pareil cas ; ils ne peuvent que surseoir à statuer sur le fond, et renvoyer les intéressés à se pourvoir devant l'autorité compétente (Paris, 13 mars 1862) (1).

---

l'usage et dans les budgets ; — Que cela est si vrai que lorsqu'il a été créé de nouveaux impôts dont la nature directe n'était pas douteuse, la loi a eu soin d'indiquer qu'ils seraient perçus dans la forme prescrite pour les impositions directes ; — Qu'il n'a point été ainsi disposé par la loi sur les brevets d'invention ; — Considérant que, dans le fait, la perception de la taxe des brevets s'est toujours opérée suivant un mode spécial ; qu'elle ne peut être recouvrée en la forme ordinaire, puisqu'elle est en quelque sorte volontaire, l'imposé étant libre, en renonçant à son droit, de ne point acquitter l'impôt ; — Considérant qu'ainsi cette contribution est du nombre de celles qui sont mentionnées dans l'art. 16-1°, § 7, de la loi de brumaire ; — Que, dans la cause, la contribution était d'une somme excédant 10 fr. ; qu'ainsi elle se trouvait en dehors de l'exception introduite au droit de timbre ; — Confirme, etc.

Du 12 août 1865.-C. de Paris, 1re ch.-MM. Devienne, 1er pr.-Oscar de Vallée, 1er av. gén., c. conf.-Calmels et Gressier, av.

(1) (Guérineau-Aubry C. Tailbouis et Peyronnet.) — LA COUR ; — Considérant qu'à l'action en contrefaçon intentée par Guérineau-Aubry, Peyronnet et Celles opposent une fin de non-recevoir résultant de l'expiration du brevet sur lequel l'action est fondée : — Que cette exception se fonde elle-même sur l'acte constitutif de la demande du brevet en question, demande formée à la date du 23 nov. 1854, pour une durée de cinq années seulement… qu'à la vérité cette demande aurait été suivie de la concession d'un brevet daté du 26 déc. 1854, accordant à Guérineau-Aubry une jouissance de quinze années, mais que cette prolongation du terme sollicitée par le breveté serait le résultat d'une erreur commise dans les bureaux de l'Administration, qui, d'après la lettre et l'esprit des lois régissant la matière, avait l'obligation d'expédier le brevet dans les termes de la demande, sans pouvoir y apporter aucune modification, et que, dès lors, Guérineau-Aubry ne saurait se prévaloir de cette erreur pour se prétendre, ainsi qu'il le fait, en possession d'un brevet de quinze années ; — Considérant que, de son côté, Guérineau-Aubry soutient qu'ayant accepté le brevet dans les termes où il a été délivré, ce titre seul fait sa loi, quoique non conforme à la demande ; — Considérant qu'à raison de la contradiction manifeste existant, quant à la durée du brevet, entre les énonciations de ce titre et celles de la demande, la cour ne saurait se prononcer sur les prétentions respectives des parties sans se rendre juge de la régularité du brevet

97. La demande ne doit contenir ni conditions, ni réserves; il a été indiqué au *Rép.* n°119, que si l'Administration délivre le brevet nonobstant cette irrégularité, les réserves ou conditions sont simplement non avenues et ne peuvent conférer aucun droit au breveté. Cette solution est admise par les auteurs (V. Pouillet, n° 98; Nouguier, n° 90). M. Bédarride, n° 120, va même beaucoup plus loin et admet que le brevet ainsi obtenu serait nul; cette conséquence d'une irrégularité de la demande est évidemment excessive.

La jurisprudence a purement et simplement consacré la solution indiquée au *Répertoire*. Ainsi nombre d'inventeurs croient étendre les effets de leur brevet en déclarant qu'ils se réservent toutes les applications qui pourraient être faites de leur invention, et y comprennent même celles qui viendraient à être ultérieurement découvertes. Il a été jugé, à cet égard, que la réserve insérée dans une demande de brevet, relativement à un résultat qu'on pourrait tirer de l'invention, mais pour la réalisation duquel aucun moyen n'est indiqué, est sans valeur et ne confère aucun droit à l'inventeur (Amiens, 29 mai 1884, et sur pourvoi, Req. 4 mai 1885, aff. Mimault, D. P. 86. 1. 196).

98. La demande doit indiquer un titre renfermant la désignation sommaire et précise de l'invention (V. *Rép.* n°s 120 et 121). Le défaut de précision du titre pourrait être un motif de rejet de la demande; mais une fois le brevet délivré, on ne pourrait en tirer une fin de non-recevoir contre les poursuites du breveté, à moins d'alléguer l'inexactitude frauduleuse, ce qui soulèverait alors une nullité.

C'est sur l'examen du titre que l'Administration peut juger si le brevet est demandé pour une composition pharmaceutique, ou pour une invention contraire aux lois.

99. — II. Description et dessins. — La loi exige que la demande soit accompagnée d'une description faite en double. On a exposé au *Rép.* n°s 122 à 126 les conditions que doit remplir cette description. Parmi ces conditions, il en est qui sont, pour ainsi dire, extérieures: ce sont l'emploi de la langue française, l'absence d'altérations et de surcharges, etc.; l'inobservation de ces conditions rendrait la demande irrégulière et pourrait motiver son rejet.

Au contraire, l'exactitude de la description est une condition intrinsèque, que l'Administration n'a pas à apprécier et qui a pour sanction la nullité du brevet dans le cas où elle n'est pas observée. La rédaction de la description a une grande importance, car « c'est elle qui détermine le contrat de l'inventeur avec la société; c'est elle qui en détermine l'étendue, et comme il la rédige de la façon qui lui plaît, comme il se fait son titre à lui-même, il est tout naturel qu'elle s'interprète contre lui.» (Pouillet, n° 111).

100. Que faudrait-il décider dans le cas où la description mentionnerait certains points qui ne seraient pas indiqués dans la demande? Devrait-on considérer ces points comme compris dans l'étendue du droit privatif du breveté?

En principe, c'est la demande, et non la description qui fixe l'étendue de ce droit privatif; elle doit donc mentionner les applications aussi bien que l'objet principal: « Omettre l'un ou l'autre de ces termes, c'est s'exposer à ne pas les voir protéger par le brevet. En vain la description et les dessins en feraient-ils mention » (Picard et Olin, n° 286. V. en ce sens: Crim. rej. 21 août 1846, aff. Degrand, D. P. 46. 4. 46).

101. Cependant, si rigoureusement la demande seule détermine l'objet du brevet, en réalité c'est la description qui le fait connaître au public. M. Pouillet, n° 106, en tire cette conséquence que c'est la description, bien plutôt que la demande, qui détermine l'étendue du droit privatif: « On considère en général, dit-il, la définition comme se confondant avec la demande, ou du moins comme la complétant et la développant; et on admet que le droit privatif porte au même titre sur ce que renferment l'une et l'autre ». Il est certain, en effet, que l'intention de l'inventeur est de réserver ce qu'il décrit, et le public ne peut se plaindre qu'on aille chercher dans la description la définition de l'objet breveté, puisque c'est par cette description qu'il le connaît. A vrai dire, la demande et le mémoire descriptif, bien que formant deux pièces séparées, ne sont pas deux documents indépendants l'un de l'autre; ils se complètent l'un par l'autre, et c'est de leur ensemble que résulte la définition de l'objet breveté.

Jugé, dans ce sens, que le titre ou préambule d'un brevet doit aussi clairement que possible indiquer l'invention, mais il est permis d'expliquer et de compléter ce préambule par les documents tels que le mémoire descriptif, les plans et les dessins qui y sont joints (Crim. rej. 26 janv. 1866, aff. Avril, D. P. 66. 1. 357). Jugé, de même, que lorsqu'il résulte clairement de l'ensemble du mémoire descriptif et des dessins y annexés que l'inventeur a entendu se réserver aussi bien le produit nouveau résultant de l'emploi du procédé qu'il décrit que le procédé lui-même, le fait que le préambule et certaines parties du mémoire descriptif semblent ne faire porter la demande que sur le procédé ne nuit pas à sa revendication pour le produit (Paris, 13 mai 1865, aff. Avril, D. P. 66. 1. 357).

102. En matière de brevet, il est de principe que le privilège des inventeurs s'étend non seulement aux détails décrits, mais encore à ceux qui ressortent des dessins annexés à la demande, et même aux résultats non prévus par le breveté, qui seraient un effet nécessaire du procédé breveté (Paris, 24 juin 1858, aff. Nutelle C. Lasson, *Annales de la propriété industrielle, etc.*, 59. 257). — Jugé à cet égard: 1° que lorsqu'une invention consiste à la fois dans une machine et dans le produit nouveau qu'elle donne, il importe peu que, dans le titre ou préambule du brevet, l'inventeur ait confondu dans une même formule la machine et le produit, si les détails par lui donnés dans le mémoire descriptif ne laissent aucun doute sur son intention de réclamer un droit privatif sur le produit aussi bien que sur la machine (Crim. rej. 26 janv. 1866, aff. Avril, D. P. 66. 1. 357); — 2° Que, pour apprécier l'objet et l'étendue d'un brevet, les juges peuvent considérer, non seulement le titre sous lequel il a été pris, mais encore la description jointe à la demande; qu'il en est ainsi spécialement lorsqu'il s'agit de rechercher si le brevet ne porte que sur un procédé nouveau, ou s'il s'applique à la fois au procédé et au produit qui en est le résultat (Civ. rej. 17 déc. 1873, aff. Œhler, D. P. 74. 1. 199). — Mais il a été décidé que ce qui n'est pas indiqué dans le mémoire descriptif ou les dessins, ne peut être réputé compris dans le brevet (Liège, 13 févr. 1873, aff. l'État belge C. Gérard, *Pasicrisie belge*, 74. 2. 201).

Au reste la question de savoir si un brevet d'invention doit, d'après les termes de son préambule, être interprété en ce sens que l'invention se trouve limitée à une série d'appareils, et s'étend à tous les appareils revendiqués par le breveté, est soumise à l'appréciation souveraine des juges du fait (Req. 30 nov. 1864, aff. Hausmann, D. P. 65. 1. 163).

103. Les conditions que doivent remplir les dessins, dont l'adjonction à la description est, d'ailleurs, facultative, ont été exposées au *Rép.* n°s 128 à 131.

Les dessins obtenus par les procédés photographiques peuvent être refusés par l'Administration; pourtant certains procédés dérivés de l'emploi de la photographie aboutissent à une véritable impression à l'encre, et satisfont ainsi aux conditions requises par la loi.

En principe, le dessin ne peut servir qu'à rendre la description plus claire; mais il ne peut la remplacer, alors même qu'il serait suffisant à lui seul pour faire comprendre l'invention; la description peut sans doute en ce cas être abrégée, se réduire même à une simple légende explicative du dessin, mais il faut qu'elle existe, pour la régularité de la demande.

104. En ce qui touche le fond, c'est-à-dire la clarté de la description, le dessin ne peut pas, en principe, remplacer même partiellement la description; ce qui figure au dessin

c'est-à-dire d'un acte émané de l'Administration; qu'aux termes des lois du 24 août 1790, 16 fruct. an 5 et autres relatives à la séparation des pouvoirs administratif et judiciaire, l'autorité administrative est seule compétente pour résoudre les questions d'interprétation qui peuvent s'élever sur les actes émanés d'elle; — Surseoit à statuer, dit que dans le délai d'un mois qui commencera à courir du jour de la prononciation du présent arrêt, les intimés ci-dessus dénommés se pourvoiront devant l'autorité compétente pour faire prononcer sur la régularité du brevet litigieux, faute de quoi et ledit délai passé il sera fait droit.

Du 13 mars 1862.-C. de Paris, 2e ch.

sans être mentionné au mémoire descriptif n'est pas breveté. Cette règle peut souffrir quelques exceptions, pour des détails de l'invention, lorsqu'ils sont faciles à comprendre, mais seulement quand l'intention de l'inventeur de les comprendre dans son droit privatif est évidente. « Si l'on peut aller, dit un arrêt de la cour de cassation, jusqu'à considérer un plan ou un dessin joint à la demande comme suppléant en quelque point au silence de la description, élément principal et nécessaire, c'est à la condition que l'intention par le breveté de comprendre dans son invention ce qui fait l'objet de ce plan ou dessin, soit claire et manifeste » (Crim. rej. 9 août 1867, aff. Avril, D. P. 68. 1. 456). Décidé par le même arrêt qu'un organe figuré dans le dessin joint à la description d'une machine brevetée n'est pas, par cela seul, compris dans le brevet; que, dès lors, si la description des éléments de l'invention se taisait sur cet organe, et si les circonstances de la cause semblaient indiquer que l'inventeur n'avait ni compris, ni voulu comprendre dans son brevet l'organe dont il s'agit, l'imitation qui en serait faite par d'autres fabricants ne constituerait pas le délit de contrefaçon.

Si dans certains cas, un plan ou dessin joint à la demande peut être considéré comme suppléant à l'insuffisance du mémoire descriptif, élément principal et nécessaire, il ne saurait en être ainsi lorsque, par le silence absolu de la description, les tiers peuvent être induits en erreur (Paris, 12 juin 1869, aff. Hayem *C.* Voisin et Louvet, *Annales de la propriété industrielle, etc.*, 70. 110.) Jugé aussi que l'objet breveté doit être indiqué dans le mémoire descriptif : une indication vague résultant d'un plan est insuffisante, surtout alors que le mémoire fait mention d'une autre invention; c'est en ce cas le mémoire qui détermine l'objet du brevet, et non le dessin, qui ne peut valoir que comme accessoire de la description (Bruxelles, 10 juin 1864, aff. Masson *C.* Linck, *Pasicrisie belge*, 64. 2. 170). — Mais un brevet de perfectionnement est valable, bien que la modification brevetée n'y soit pas formellement décrite, si les dessins annexés au brevet la font suffisamment connaître (Crim. rej. 10 mars 1854, aff. Jamin, D. P. 55. 5. 53).

105. Il peut arriver exceptionnellement que la portée de la description soit restreinte par les indications du dessin. C'est ce qui a eu lieu dans une espèce où la description indiquait une alternative entre deux moyens, dont un seul était figuré au dessin. Jugé, en effet, qu'il n'y a pas spécification de l'objet soumis au droit privatif du breveté, dans l'indication d'une alternative, telle que l'emploi de trous pratiqués dans la semelle ou sur le corps de la chaussure, pour laisser écouler l'eau dans les chaussures de bain de mer. En pareil cas, c'est au dessin qu'il faut recourir pour éclaircir la description; et le brevet ne s'applique pas aux détails, présentés comme facultatifs par le mémoire et ne figurant pas sur le dessin (Trib. Seine, 16 févr. 1872, aff. Jeaudron-Ferry *C.* Vautier et autres, *Annales de la propriété industrielle, etc.*, 73. 40). Mais il a été décidé qu'un dessin incomplet n'entraîne pas par lui-même nullité du brevet; la nullité n'en résulterait qu'indirectement, s'il y avait par ce fait équivoque sur l'objet du brevet (Bruxelles, 6 juill. 1874, aff. Libotte *C.* Charbonnages, *Pasicrisie belge*, 75. 2. 155).

106. Lorsque la demande est faite aux colonies, les formalités à remplir sont réglées par l'arrêté du 21 oct. 1848, art. 2 (V. *suprà*, n° 2); la procédure est la même qu'en France, avec cette différence, que les pièces, au lieu d'être déposées en double, le sont en triple exemplaire au bureau du directeur de l'intérieur; le troisième exemplaire est conservé à la direction, précaution prise pour le cas de perte des deux autres, qui sont transmis de la colonie au ministère de la marine, et de ce ministère au ministère du commerce; la même transmission s'opère au retour pour le brevet délivré.

107. Ces formalités, c'est-à-dire en somme le dépôt d'une expédition supplémentaire des pièces à la direction de l'intérieur, ne sont applicables qu'aux demandes faites aux colonies; elles ne sont nullement exigées pour l'exercice, dans une colonie, des droits résultant d'un brevet délivré sur une demande faite en France. — Jugé que les brevets d'invention obtenus en France sont valables aux colonies, sans qu'il soit nécessaire d'y accomplir les formalités particulières prescrites par l'arrêté du 21 oct. 1848 pour les brevets qui sont pris aux colonies;... Ni même que les brevets y aient été publiés dans les formes prescrites pour les lois et décrets rendus dans la métropole (Req. 25 févr. 1861, aff. Bérard, D. P. 61. 1. 272).

108. La demande, tant qu'elle n'a pas abouti à la délivrance du brevet, peut être retirée par celui qui l'a déposée, soit des bureaux du ministère, soit du secrétariat de la préfecture, si elle n'a pas encore été transmise. L'inventeur est libre, en effet, de renoncer au contrat qu'il voulait passer, par exemple, pour se réserver l'exploitation secrète de l'invention, tant que ce contrat n'a pas été rendu définitif par l'acceptation qui se manifeste par la délivrance du brevet (V. en ce sens: Pouillet, n° 128; Nouguier, n° 71).

109. La demande du certificat provisoire pour les inventions admises aux expositions publiques se fait dans la même forme que celle d'un brevet, et doit être accompagnée d'une description; les pièces à produire sont donc les mêmes sauf le récépissé de taxe, le certificat étant gratuit. D'après les explications données au Corps législatif (*Moniteur officiel*, 18 mai 1868), l'inventeur n'a pas besoin de se présenter, en personne ou par fondé de pouvoir, aux bureaux de la préfecture; il peut former sa demande par simple lettre.

110. La délivrance du certificat se fait comme celle du brevet, aux risques et périls de celui qui le demande. L'Administration n'a d'autre examen à faire qu'un examen de forme portant sur la régularité de la demande ; le certificat ne peut être refusé que dans le cas où la demande serait irrégulière ; le refus, s'il n'était pas justifié, donnerait lieu à un recours par les voies ordinaires de la procédure administrative. La demande rejetée comme irrégulière peut être renouvelée et régularisée, pourvu que le délai d'un mois, compté de l'ouverture de l'exposition, ne soit pas expiré (V. Pouillet, n° 548).

ART. 2. — *Délivrance des brevets* (*Rép.* n°s 138 à 159).

111. Comme il a été exposé au *Rép.* n°s 138 et suiv., les pièces déposées au secrétariat de la préfecture sont, dans les cinq jours qui suivent, transmises au ministère du commerce, où elles sont enregistrées.

Le brevet est alors délivré sans examen préalable; il faut entendre par là sans examen préalable du fond, c'est-à-dire des causes, telles que défaut de nouveauté, de caractère industriel, etc., qui peuvent entraîner la nullité du brevet délivré aux risques et périls de l'impétrant. Mais il y a au contraire un examen préalable de forme, portant sur la régularité des pièces produites.

112. Le droit d'examiner la demande, et de la rejeter comme irrégulière, n'est pas douteux quand l'examen porte sur des irrégularités matérielles, telles que ratures, surcharges, absence de mémoire descriptif, dessins non tracés à l'encre. Mais l'examen administratif porte aussi, dans la pratique, sur d'autres points à l'égard desquels le droit du ministre est controversé.

Ainsi le ministre peut-il rejeter la demande pour défaut de précision du titre? M. Pouillet, n° 134, ne le croit pas: « Pour décider cette question, dit-il, il faudrait un examen, et c'est précisément ce que la loi n'a entendu ni voulu autoriser ». Le savant auteur indique, comme conforme à la sienne, l'opinion exprimée au *Rép.* n° 121 ; ce n'est pas du rejet de la demande pour défaut de précision du titre qu'il est question au *Répertoire*, mais seulement du droit qu'on avait proposé d'attribuer au ministre, de rectifier le titre inexact après explications demandées à l'inventeur.

Nous serions d'avis, au contraire, que le défaut de précision du titre peut entraîner le rejet de la demande, et en voici la raison. En dehors des conditions de brevetabilité et de certaines prescriptions dont l'inobservation est une cause de nullité du brevet, soumise à l'appréciation des tribunaux, c'est à l'Administration qu'il appartient de veiller à ce que les prescriptions de la loi pour l'obtention d'un brevet soient remplies par l'inventeur; M. Pouillet lui-même le constate expressément : « On comprend donc bien, dit-il, l'économie de la loi : d'une part, elle prescrit certaines formalités pour la demande d'un brevet et elle commande au ministre de veiller à ce qu'elles soient bien remplies; d'une autre part, elle précise les caractères de l'invention brevetable, et elle confère aux tribunaux, mais aux tribunaux seuls, le droit d'apprécier ces caractères, et conséquemment d'annuler ou de valider les brevets » (Pouillet, n° 127). L'Administration ne doit donc pas passer outre à la délivrance du brevet, quand la demande n'est pas conforme à ces prescriptions; or la loi exige la précision du titre; le défaut de précision du titre n'est pas une cause de nullité; la nullité ne peut venir que de l'inexactitude frauduleuse; le rejet de la demande ne fait donc pas double emploi avec la nullité, et la compétence administrative n'entre pas en conflit avec la compétence judiciaire. D'autre part, l'examen préalable que la loi a entendu proscrire est celui qui porte sur l'objet même de l'invention, sur sa brevetabilité, tel qu'il existe dans certaines législations; en un mot, tout ce qui peut être une cause de nullité est en dehors de l'examen; mais l'examen peut légitimement porter sur tous les autres points, et qui dit examen dit aussi droit de rejeter la demande.

113. Le principe en vertu duquel nous croyons devoir résoudre la question qui précède recevra son application dans toutes les questions du même ordre qui pourraient être soulevées; ainsi le ministre est en droit de rejeter la demande pour cause de complexité (V. Cons. d'Et. 12 août 1879, cité *suprà*, n° 94).

Certains auteurs estiment que, si le vice de complexité avait échappé à l'examen du ministre, il entraînerait la nullité du brevet qui aurait été délivré. Suivant M. Blanc, tout brevet étant assujetti au payement d'une taxe, et le brevet complexe formant en réalité plusieurs brevets, plusieurs taxes étaient dues; or une seule étant payée, il y a déchéance pour défaut de payement (Blanc, p. 551). M. Bédarride pense qu'il y a nullité faute d'objet: « En effet, dit-il, puisque le brevet ne peut avoir qu'un objet principal, auquel s'appliquera-t-il, s'il y a plusieurs objets principaux? Pourquoi à celui-ci plutôt qu'à celui-là? » (Bédarride, n° 147).

Ni l'un ni l'autre de ces deux systèmes ne peut être admis. Si une seule taxe a été payée pour les divers brevets qui composent un brevet complexe, il y en a au moins un qui doit échapper à la déchéance, et M. Blanc n'indique pas comment on distinguera celui-là des autres. Quant au raisonnement de M. Bédarride, il est par trop subtil de soutenir qu'il n'y a pas d'objet parce qu'il y en a plusieurs. Nous répondrons, avec M. Pouillet, n° 137, « que les art. 30 et 32, qui, de l'avis de tous, spécifient restrictivement les causes de nullité et de déchéance, ne mentionnent pas la complexité;... que les tribunaux, au surplus, ne pourraient en faire résulter la nullité du brevet qu'en empiétant sur les attributions exclusives de l'Administration, attributions qui résultent expressément des art. 6 et 12 » (V. aussi Bozérian, dans la *Propriété industrielle*, n° 387; Nouguier, n°s 82 et 83). — La jurisprudence a confirmé cette doctrine. — Il a été jugé que, si le ministre a incontestablement le droit de rejeter une demande qu'il juge complexe, la délivrance du brevet couvre le vice de complexité qui ne peut plus, dès lors, être invoqué par le prévenu de contrefaçon comme une cause de nullité laquelle n'est formulée, d'ailleurs, ni dans l'art. 6, ni dans l'art. 30 de la loi (Paris, 25 févr. 1864, aff. Besson, *Annales de la propriété industrielle, etc.*, 65. 402. V. dans le même sens: Crim. rej. 4 mai 1855 (1); Rouen, 8 mai 1863, aff. Rouget de l'Isle C. Godard-Desmarets, *Annales de la propriété industrielle, etc.*, 65. 172). Jugé également, dans ce sens, que si la complexité autorise le Gouvernement à refuser le brevet, elle n'est point rangée par la loi, une fois le brevet admis, parmi les causes qui entraînent la nullité (Paris, 28 févr. 1867, aff. Logette C. Didier, *Annales de la propriété industrielle, etc.*, 67. 258).

114. Ainsi l'autorité judiciaire est incompétente pour annuler un brevet, sur l'unique motif qu'il aurait été obtenu pour plusieurs objets principaux, contrairement à l'art. 6 de la loi du 5 juill. 1844.

Il appartient, d'ailleurs, aux tribunaux, lorsqu'un brevet renferme deux objets principaux dont l'un est brevetable et dont l'autre ne l'est pas, d'en prononcer la nullité partielle, en ce qui concerne ce dernier objet, tout en le maintenant à l'égard du premier. Ainsi, un brevet comprenant tout à la fois l'obtention directe de l'alcali volatil, par la distillation des eaux ammoniacales provenant de la décomposition de la houille, et un appareil destiné à produire ce résultat, a pu être annulé par les tribunaux, quant au premier objet, comme ne constituant pas une invention nouvelle, et maintenu quant au second, sans violation de l'indivisibilité du brevet (Req. 4 mars 1856, aff. Mallet, D. P. 56. 1. 149). Jugé aussi qu'un brevet pris pour la fabrication du gaz hydrogène ne protège pas la fabrication de l'acier fondu qui y est accessoirement décrite, cet accessoire étant sans rapport avec l'objet principal (Paris, 30 juin 1868, aff. Galy-Cazolat, *Annales de la propriété industrielle, etc.*, 69. 273).

115. Par une dérogation, purement apparente, d'ailleurs, au principe d'après lequel les causes de nullité sont de la compétence exclusive des tribunaux, on reconnaît au ministre le droit de rejeter la demande qui porte sur une invention déclarée non brevetable par l'art. 3 (Compositions pharmaceutiques, etc.). Il s'agit d'une question de brevetabilité qui, en principe, échapperait à la compétence de l'Administration; mais, en ce qui touche spécialement ces sortes d'inventions, le ministre puise dans les termes de l'art. 3 lui-même, ainsi que dans l'art. 12, le droit de rejeter la demande, ce qui implique un examen. Seulement, on s'accorde pour reconnaître que l'examen ne peut aller au delà du titre, et que la demande ne peut être rejetée que si le vice de l'invention ressort du titre lui-même; le ministre n'aurait pas le droit d'aller rechercher jusque dans le mémoire descriptif la contravention à l'art. 3. Ainsi restreint, l'examen administratif n'empiète pas sur la connaissance, réservée aux tribunaux, des nullités de brevet attachées comme sanction à ce même art. 3 par l'art. 30, § 2, de même que les tribunaux, en statuant sur la nullité qui leur est révélée par l'examen du mémoire descriptif, ne se livrent pas à l'appréciation de l'acte administratif qui a délivré le brevet après examen du titre.

Il a été jugé, relativement à ce droit d'examen pour les inventions visées par l'art. 3, que le ministre du commerce, saisi d'une demande de brevet d'invention pour un produit que le demandeur présente comme étant une préparation alimentaire, a le droit d'examiner si ce produit ne constitue pas une composition pharmaceutique, c'est-à-dire un objet que l'art. 3 de la loi du 5 juill. 1844 déclare non susceptible d'être breveté (Cons. d'Et. 14 avr. 1864, aff. Laville, D. P. 65. 3. 25).

116. Le rejet de la demande peut, si l'inventeur le trouve mal fondé, faire l'objet d'un recours devant le conseil d'Etat pour excès de pouvoir, en la forme et dans les délais ordinaires, le délai courant du jour où le rejet de la demande a été notifié à l'inventeur. Cette solution, admise par tous les auteurs, résulte aussi implicitement de l'arrêt du conseil d'Etat rapporté *suprà*, n° 94; la requête sur laquelle statue cet arrêt a, en effet, été rejetée comme mal fondée, en l'espèce, et nullement parce qu'une telle requête aurait été irrecevable.

117. La demande rejetée peut être reproduite (V. *Rép.* n° 151). Mais, étant donné que les effets du brevet remontent au jour de la demande, est-ce, dans ce cas, la première demande ou seulement la demande reproduite dans les dé-

(1) (De Cavaillon C. Laming.) — LA COUR;... — Sur le troisième moyen, tiré de la prétendue violation de l'art. 6 de la même loi, en ce que le susdit arrêt aurait validé un brevet s'appliquant à plusieurs objets principaux: — Attendu que la loi précitée, qui prescrit de limiter la demande d'un brevet à un seul objet principal, avec les objets de détail,... ne commande au ministre de l'agriculture et du commerce de la rejeter (art. 12) que dans le cas où cette formalité n'aurait pas été observée; — Que l'infraction à la première de ces dispositions n'est point comprise parmi les causes de nullité ou de déchéance du brevet, qui se trouvent restrictivement spécifiées dans les art. 30 et 32 de cette loi; — Qu'il ne saurait appartenir à l'autorité judiciaire, quand ces articles ni aucun autre texte de loi ne lui ont attribué ce pouvoir, de constater et de déclarer le vice allégué par le demandeur en cassation; — Que les tribunaux ne pourraient, en effet, se livrer à cet examen et en faire résulter la nullité du brevet qu'en empiétant sur les attributions exclusives de l'administration publique; — Qu'il suit de là que le brevet, par cela seul qu'elle l'a délivré, est réputé l'avoir été légalement, sous ce rapport, parce que la demande était pleinement conforme à la disposition susénoncée dudit art. 6;...

Par ces motifs, rejette, etc.

Du 4 mai 1855.-Ch. crim.-MM. Laplagne-Barris, pr.-Rives, rap.-d'Ubéxi, av. gén.-Rendu et Lanvin, av.

lais légaux, qui fixera le jour où l'invention aura commencé à être protégée? Si c'est seulement la demande reproduite, l'inventeur court risque d'être devancé dans l'intervalle par une autre demande de brevet. — Cette question a été traitée au *Rép.* n° 156; l'opinion qui y a été exprimée est partagée par M. Pouillet : « La loi, dit cet auteur, est muette sur ce point, et les auteurs sont divisés. Il semble pourtant résulter des termes de la loi (et il faut dire que cela est juste), que la seconde demande doit être datée du jour de la première. A vrai dire, il n'y a pas eu deux demandes ; il n'y en a qu'une, qui, d'abord irrégulière, a été ensuite régularisée. S'il en était autrement, quel serait le motif de ce délai de trois mois accordé à l'inventeur pour *reproduire* la demande ? » (Pouillet, n° 141. V. toutefois : Renouard, n° 183 ; Duvergier, p. 190).

Jugé pourtant que l'art. 12 de la loi du 5 juill. 1844 en permettant le renouvellement d'une demande irrégulière, ne la soustrait pas à l'application des principes généraux en matière de brevet : la protection ne court que du jour de la nouvelle demande, et les faits de publicité accomplis entre le dépôt de la première et celui de la seconde sont opposables au brevet (Paris, 17 févr. 1883, aff. Lecointe, *Annales de la propriété industrielle, etc.*, 84. 109).

118. Lorsque le brevet a été délivré, il ne peut plus être attaqué à raison des vices ou irrégularités de la demande, mais seulement à raison des causes de nullité et de déchéance spécifiées par les art. 30 et 32. Cette doctrine, exposée au *Rép.* n° 154, est confirmée par les arrêts rapportés *suprà*, n°s 113-114, en ce sens que ces irrégularités ne pourraient servir de base ni à une action en justice, ni à une défense dans une poursuite en contrefaçon. Elle n'est, d'ailleurs, pas contredite par les auteurs ; plusieurs d'entre eux admettent seulement que, dans le cas où le ministre aurait admis une demande irrégulière, l'arrêté ministériel qui a délivré le brevet pourrait être attaqué devant le conseil d'État pour excès de pouvoir : « Il ne faut pas croire, dit à cet égard M. Pouillet, n° 132, que le ministre ait seulement le droit, la faculté de rejeter une demande irrégulière, c'est pour lui un devoir ». M. Bozérian qui exprime la même opinion, dans la *Propriété industrielle*, n° 387, ajoute : « J'estime pour ma part que toute personne y ayant intérêt pourrait recourir auprès de l'autorité compétente pour obtenir l'annulation de l'arrêté ministériel qui, aux termes de l'art. 11, constitue le brevet, et que l'autorité compétente, en pareil cas, serait le conseil d'État, à qui il appartient d'annuler tous les actes administratifs qu'on lui défère comme entachés d'excès de pouvoir » (V. toutefois : Rendu et Delorme, n° 381 ; Renouard, n° 154).

119. Il y a, d'ailleurs, une différence considérable entre l'annulation de l'arrêté ministériel qui aurait admis une demande irrégulière, et la nullité d'un brevet prononcée par les tribunaux. La nullité provient d'un vice intrinsèque dont rien ne peut relever le brevet, tandis que dans le cas d'annulation de l'arrêté ministériel à raison de l'irrégularité de la demande, le breveté serait en droit de reproduire cette demande s'il était encore dans les délais légaux (V. *suprà*, n° 117) ; ou même, ces délais expirés, de former une demande nouvelle ; seulement, en ce dernier cas, il serait exposé à se voir devancé par une autre demande, ou bien la nouveauté de l'invention pourrait être atteinte par des faits de divulgation qui se seraient accomplis dans l'intervalle.

Art. 3. — *Certificats d'addition* (*Rép.* n°s 160 à 174).

120. Le perfectionnement peut constituer une invention; la plupart même des inventions consistent en des perfectionnements apportés à des objets déjà connus ; tout auteur d'un perfectionnement peut donc s'en réserver la propriété par un brevet. Mais la qualité de breveté donne à celui qui en est revêtu, pour la protection des perfectionnements qu'il apporte à l'invention garantie par son brevet, un double avantage : d'abord il peut seul pendant toute la durée de son brevet, prendre pour les perfectionnements qu'il imagine, de simples certificats d'addition qui s'incorporent à son brevet principal, et épargner ainsi la taxe annuelle d'un ou de plusieurs brevets. En second lieu, soit qu'il demande un certificat, soit qu'il prenne un second brevet, il jouit pendant la première année de son brevet principal, d'un droit de préférence à l'égard de toute personne qui aurait avant lui, au cours de ce délai, demandé un brevet pour le même perfectionnement, demande qui doit alors être faite dans les conditions prévues par l'art. 18, pour éviter que le perfectionnement soit divulgué pendant le délai réservé au premier inventeur.

121. On a exposé au *Rép.* n° 162, ce qu'il faut entendre par perfectionnement brevetable ; ajoutons seulement que le perfectionnement n'a pas besoin d'être d'une grande importance ; mais il doit, sans aucun doute, remplir les conditions de brevetabilité de toute invention, notamment la condition de nouveauté. — Jugé, à cet égard, que la publication d'un perfectionnement pour lequel il a été pris ultérieurement un certificat d'addition est opposable au breveté, alors même qu'elle serait intervenue par son fait dans l'année de sa demande en brevet principal, et elle frappe de nullité le certificat d'addition ou le brevet qu'il se serait fait délivrer pour le perfectionnement découvert et divulgué par lui (Besançon, 25 mai 1881, aff. Geiger, D. P. 81. 2. 145). Mais ces conditions sont atténuées, pour le perfectionnement apporté par un breveté à l'objet de son brevet ; « les règles ordinaires perdent leur rigueur là où un brevet, pris dans les conditions ordinaires, devrait périr, faute d'un caractère d'originalité suffisant, lui (le certificat d'addition ou le brevet de perfectionnement) subsiste... il faudrait toutefois se garder d'exagérer jusqu'à l'absurde, en reconnaissant au breveté le droit de protéger, comme changement, perfectionnement ou addition, d'insignifiantes différences, ou d'imperceptibles modifications » (Pouillet, n° 162). — Jugé que l'inventeur déjà breveté peut prendre un nouveau brevet pour un simple changement à l'invention primitive : par exemple, celui dont le brevet principal porte sur un mode de déclaration des tissus consistant à y déposer des perles en gomme ou gélatine régulièrement disposées peut se faire breveter pour le procédé qui consiste à projeter ces perles sur le tissu en semis irrégulier (Lyon, 24 juill. 1868, aff. Agnellet, *Annales de la propriété industrielle, etc.*, 68. 342).

122. Ce qui concerne l'obtention, la propriété, la durée du certificat, la taxe à laquelle il est soumis, a été exposé au *Rép.* n°s 160 à 170. D'ailleurs, tout ce qui a été dit soit au *Répertoire*, soit *suprà*, n°s 115 et suiv., au sujet des demandes de brevet, est applicable au certificat (V. dans ce sens : Pouillet, n° 157).

123. Le certificat d'addition est une dépendance du brevet, dont il partage le sort, aussi bien pour les changements qui peuvent s'opérer dans sa propriété, qu'en ce qui touche les causes qui peuvent l'atteindre dans son existence.

Ainsi la cession du brevet comprend la cession du certificat; il faut toutefois remarquer que la règle qui lie le sort du certificat à celui du brevet ne met pas obstacle à la liberté des conventions, et que le breveté peut très bien se réserver la propriété de l'un en cédant celle de l'autre; c'est plutôt une règle d'interprétation, qui s'applique lorsque l'intention contraire des contractants ne s'est pas clairement manifestée. — Le cessionnaire partiel profite des certificats pris par le breveté, et réciproquement le breveté profite des certificats pris par le cessionnaire, de la manière dont chacun profite du brevet.

Ces solutions sont admises par tous les auteurs, et elles ont été consacrées par la jurisprudence. En ce qui touche la transmission de la propriété du certificat comme accessoire du brevet, il a été jugé que la nullité de la cession d'un brevet d'invention pour défaut de cause entraîne celle de la cession du certificat d'addition qui se trouve joint au brevet (Req. 15 juin 1858, aff. Mortera, D. P. 58. 1. 453).

124. Relativement à l'expiration du certificat, il a été jugé que les certificats d'addition aux brevets d'invention prennent fin avec le brevet principal, non seulement dans le cas où ce dernier brevet cesse par l'expiration du temps pour lequel il a été pris, mais encore en cas de déchéance du breveté (Crim. rej. 5 févr. 1852, aff. Brossard-Vidal, D. P. 52. 5. 59). — Jugé de même : 1° que le certificat d'addition n'est qu'un accessoire qui ne peut exister indépendamment du brevet principal; en conséquence, lorsqu'un brevet relatif à un produit et à la machine destinée à la fabrication de ce produit est annulé en ce qui concerne la machine, les certificats d'addition relatifs à la machine cessent d'avoir aucune valeur (Civ. rej. 14 déc. 1868, aff. Logette, D. P. 69. 1. 81; Crim. cass. 12 janv. 1865, aff. Bertre, D. P. 66. 1. 457); — 2° Que la nullité d'un brevet provenant du défaut de nouveauté de l'invention a pour conséquence la nullité du certificat d'addition, alors même que le certificat d'addition aurait pour objet un procédé qui, par lui-même, eût été brevetable (Req. 5 nov. 1867) (1); — 3° Que la nullité du brevet entraîne toujours celle du certificat d'addition, bien que celui-ci renferme une invention vraiment nouvelle et qui eût été valablement protégée si elle eût fait l'objet d'un brevet distinct, le certificat n'étant que l'accessoire du brevet et ne pouvant exister séparément de lui (Lyon, 17 févr. 1883, aff. Mugnier, D. P. 87. 1. 437); —4° Que la nullité, pour cause de divulgation antérieure, du brevet pris pour une découverte, entraîne comme conséquence celle du certificat d'addition pris ultérieurement, alors surtout que le procédé décrit au certificat n'est qu'une suite de la découverte principale; le perfectionnement ne peut survivre à la perte du premier brevet que lorsqu'il est protégé par un autre brevet principal ayant une existence indépendante et propre (Crim. cass. 12 janv. 1865, aff. Bertre, D. P. 66. 1. 457). — Jugé dans le même sens que la nullité du brevet principal entraîne nullité du brevet de perfectionnement, quelle que soit l'importance du perfectionnement (Liège, 5 mars 1874, aff. Chaudet C. Sirtaine, *Pasicrisie belge*, 74. 2. 197).

125. Le certificat doit se rattacher au brevet; le défaut de relation entre les deux titres est une cause de nullité du certificat (*Rép.* n° 255); la loi a voulu ainsi prévenir la fraude qui consisterait à ne payer que la taxe d'un certificat pour une invention qui devrait être brevetée séparément, et prévenir les erreurs auxquelles seraient exposés les tiers, qui ne peuvent être tenus d'aller rechercher dans les additions à un brevet un objet que le titre de l'invention principale ne peut faire soupçonner.

126. Mais quand y a-t-il ou n'y a-t-il pas relation entre le brevet et le certificat? Les auteurs ont essayé de le préciser, sans y parvenir et sans pouvoir se mettre d'accord. M. Pouillet, n° 482, semble admettre que l'objet du certificat doit être le développement de *l'idée mère* du brevet. C'est reculer la difficulté: il ne sera pas souvent plus aisé de décider quelle est l'idée mère du brevet et si l'objet du certificat en est bien le développement. M. Blanc, p. 554, admet que le certificat peut valablement porter « sur un objet étranger à l'idée mère de l'invention, pourvu que cet objet se rattache à ce qui est contenu dans le brevet ». C'est une opinion plus favorable au breveté, mais qui n'éclaircit pas plus la difficulté. On trouvera toujours des espèces où la relation sera manifeste; il s'en trouvera d'autres où le défaut de relation sera évident; mais dans la plupart, la relation sera contestable, et ce n'est guère que par la comparaison avec les espèces sur lesquelles la jurisprudence s'est prononcée qu'on pourra se faire une idée de la relation ou du défaut de relation entre un brevet et son certificat.

Il a été jugé qu'un certificat d'addition est valablement obtenu, bien que l'appareil additionnel puisse fonctionner isolément et donner des produits semblables à l'organe principal, si par leur réunion une plus grande perfection peut être donnée aux produits (Douai, 30 mars 1846, aff. Descat, D. P. 47. 2. 205). Décidé dans le même sens: 1° que l'art. 30 de la loi du 5 juill. 1844, en prononçant la déchéance des certificats d'addition qui ne se rattacheraient pas au brevet principal, n'a entendu annuler que les additions n'ayant aucun rapport à l'idée première du brevet; qu'ainsi des certificats d'addition suffisent au breveté lorsque, conservant le but de son invention, il se propose seulement de modifier certains moyens d'exécution propres à atteindre ce même but (Douai, 31 mars 1846,

(1) (Raab et comp. C. Neuvezel et comp.) — Le 6 avr. 1865, jugement du tribunal civil de Lyon, statuant en ces termes: — « Attendu que, le 23 mai 1861, les sieurs Raab et comp. ont pris un brevet d'invention, dont l'idée mère consisterait dans la suppression du fil de verre ou cordon jeté sur le col de la bouteille, pour obtenir la bague, et dans la formation de cette bague, au moyen de fers ou matrice à l'aide desquels on refoule le verre, après avoir fait réchauffer la bouteille dans un *ouvreau* ou petite ouverture pratiquée dans la couronne du four; — Que, le 2 oct. 1862, ils ont pris un certificat d'addition pour un perfectionnement consistant à garnir l'ouvreau d'un *potelet* ou creuset en terre réfractaire, destiné à isoler la bouteille du contact des flammes et gaz du four pendant le réchauffement du col; — Attendu que, le 21 oct. 1864, ils ont actionné en dommages-intérêts les sieurs Neuvezel et comp. pour une prétendue contrefaçon du système susénoncé; — Que, sur cette demande, le tribunal a ordonné une expertise, par jugement du 15 décembre dernier; — Attendu qu'il résulte de cette expertise et qu'il est constant au procès que les défendeurs ne forment pas la bague du col de leurs bouteilles par le refoulement du verre; qu'ils l'obtiennent par l'ancien procédé du fil de verre jeté sur le col de la bouteille; qu'ainsi ils n'emploient pas le système qui forme l'idée mère du brevet principal des demandeurs; — Qu'à la vérité, avant de jeter le cordon, ils réchauffent la bouteille dans des potelets semblables, sauf le détail accessoire de la dimension, à ceux pour lesquels les sieurs Raab et comp. ont pris le certificat d'addition à leur brevet; qu'ainsi la contrefaçon, si elle existe réellement, ne peut consister que dans l'imitation du procédé qui fait l'objet de ce certificat; — Qu'en effet, l'idée seule de réchauffer le verre pour le rendre malléable et le procédé élémentaire consistant à obtenir le réchauffement par la mise en contact du verre avec les flammes, sont des notions et des procédés vulgaires, depuis longtemps connus et pratiqués dans l'industrie verrière, et ne pouvant, dès lors, être valablement brevetés; — Mais que ce qui, dans le certificat d'addition des sieurs Raab et comp., peut être considéré comme une heureuse invention susceptible de produire des résultats industriels, c'est l'emploi des potelets qui garnissent les ouvreaux et permettent aux ouvriers: 1° de réchauffer la bouteille sans l'exposer au contact délétère des flammes et gaz du four; 2° de refouler la bague du col sans s'exposer eux-mêmes à l'ardente réverbération du foyer, et 3° de préparer, sans aucune perte de temps, une nouvelle bouteille, tandis que la précédente, déjà faite, sauf la bague, est laissée dans le potelet pour le réchauffement du col; — Attendu qu'au lieu de demander pour cette innovation un brevet principal d'invention, les sieurs Raab et comp. se sont contentés de prendre un simple certificat d'addition à leur brevet du 23 mai 1861; — Qu'en cet état il y a lieu d'examiner séparément ce qui a fait l'objet de l'un et de l'autre, et de rechercher si, pris isolément et abstraction faite du certificat d'addition, ledit brevet du 23 mai 1861 est nul ou valable, c'est-à-dire, si le procédé décrit dans ce brevet constituait en lui-même une véritable invention; — Attendu, en effet, qu'aux termes de l'art. 16 de la loi du 5 juill. 1844, le simple certificat d'addition prend fin avec le brevet principal, qu'il n'a pas d'existence propre; que, simple accessoire, il est tellement subordonné au sort du brevet, qu'il ne peut lui survivre, et que quelle que soit la cause qui fasse tomber le brevet principal, elle entraîne forcément et de plein droit la perte du certificat d'addition; — Or, attendu que le procédé pour lequel ce brevet a été pris n'avait pas le caractère de nouveauté voulu par la loi pour être valablement breveté;... — Par ces motifs, déclare Raab et comp. non recevables et en tout cas mal fondés en leur demande ». — Ce jugement a été confirmé par un arrêt de la cour de Lyon du 9 déc. 1865. — Pourvoi en cassation par les sieurs Raab pour violation de l'art. 16 de la loi du 5 juill. 1844, et fausse application de l'art. 30 de la même loi, en ce que l'arrêt attaqué a décidé que la nullité du brevet principal, résultant du défaut de nouveauté de l'invention, s'étendait nécessairement et de plein droit au certificat d'addition. — Arrêt.

LA COUR; — Attendu que si, aux termes des art. 16, 17 et 30 de la loi du 5 juill. 1844, des certificats d'addition peuvent être pris pour changements, perfectionnements ou additions apportés à l'invention principale déjà brevetée, il résulte de l'ensemble de ces dispositions que le certificat d'addition n'est qu'un accessoire, qui ne peut exister indépendamment du brevet principal; — Qu'il peut arriver, sans doute, qu'un certificat d'addition ait été pris pour un procédé qui, par lui-même, aurait été susceptible de faire l'objet d'un brevet principal; mais que ce procédé ne peut constituer un droit d'invention distinct et indépendant du brevet primitif, qu'autant que l'inventeur, se conformant aux prescriptions de l'art. 17 de la loi du 5 juill. 1844, aura pris, non un certificat d'addition, mais un brevet d'invention; — Que la nature, les charges et les effets d'un certificat d'addition ne peuvent être confondus avec la nature, les charges et les effets que la loi attache au brevet principal, et qu'il ne peut appartenir à l'inventeur qui a opté pour les avantages attachés à un simple certificat, soumis à une taxe unique de 20 fr. et préférable à tous les brevets réclamés pour le même procédé pendant l'année de la prise du brevet principal, de prétendre aux avantages qui n'appartiennent qu'à un brevet soumis à une taxe annuelle de 100 fr.; — D'où il suit qu'en jugeant que la nullité du brevet principal entraîne la nullité du certificat d'addition qui s'y rattache, l'arrêt attaqué n'a fait qu'une juste application à la cause des dispositions de la loi du 5 juill. 1844; — Rejette, etc.

Du 5 nov. 1867.-Ch. req.-MM. Bonjean, pr.-Nachet, rap.-P. Fabre, av. gén., c. conf.-Bidoire, av.

aff. Depouilly, D. P. 47. 2. 222); — 2° Que le certificat d'addition pris pour un appareil à jeu continu, après un brevet obtenu pour le même appareil à jeu intermittent, a pu être considéré comme se rattachant à ce brevet, à titre d'accessoire, sans qu'une telle décision soit de nature à encourir la censure de la cour de cassation (Req. 30 nov. 1864, aff. Hausmann, D. P. 65. 1. 163); — 3° Que l'extension aux canons-jouets des capsules limitées dans le brevet aux pistolets-jouets, peut être valablement faite au moyen d'un certificat d'addition (Req. 11 mars 1867, aff. Lemaire Daimé, D. P. 67. 1. 429); — 4° Que lorsqu'un brevet a pour objet un système de fermoir, le certificat d'addition pris pour un organe nouveau est valable, si cet organe s'applique au fermoir (Req. 5 janv. 1858, aff. Vandamme *C.* Wanner, *Annales de la propriété industrielle, etc.*, 58. 241; Huard, sur l'art. 30, n° 123); — 5° Que lorsqu'un brevet a pour objet l'obtention d'une matière colorante (dérivée de l'aniline, dans l'espèce), on peut valablement prendre un certificat d'addition pour l'obtention d'une matière colorante différente de celle du brevet, mais ayant la même origine et obtenue par des moyens analogues (Lyon, 10 juill. 1872, aff. Œhler *C.* Girard, *Annales de la propriété industrielle, etc.*, 72. 330; Huard, sur l'art. 30, n° 131); — 6° Qu'il y a relation suffisante entre le certificat pris pour une balayeuse et le brevet pris pour une éboueuse (Paris, 4 févr. 1874, aff. Teste *C.* Taillefer et autres, *Annales de la propriété industrielle, etc.*, 74. 281); — 7° Qu'il y a relation suffisante entre le brevet pris pour un appareil à laver la laine, et l'addition qui a pour objet l'adjonction à l'appareil à laver d'un organe ayant pour fonction d'en extraire la laine à mesure qu'elle est lavée (Douai, 15 mars 1875, aff. Chaudet *C.* Deletombe et Groley, *Annales de la propriété industrielle, etc.*, 76. 357); — 8° Que l'inventeur breveté pour la fabrication des peignes de fabrique en caoutchouc durci, peut valablement, par un certificat d'addition, y ajouter un système de scies pour scier simultanément toutes les dents des peignes, bien que ce système s'applique également aux peignes faits d'autres matières que de caoutchouc (Paris, 18 nov. 1856, aff. Wacrenier *C.* Huchez, *Annales de la propriété industrielle, etc.*, 57. 111); — 9° Que l'inventeur d'un procédé pour la préparation et la trempe des ressorts d'acier peut valablement y joindre par un certificat d'addition une machine destinée à les polir, le polissage étant en général le complément de la trempe (Paris, 28 mars 1865, aff. Lefèbvre, *Annales de la propriété industrielle, etc.*, 67. 323); — 10° Qu'on doit considérer comme indiquant des changements se rattachant au brevet principal, et, par conséquent, comme valable, le certificat d'addition qui, tout en modifiant le mode d'exécution de l'appareil breveté et en remplaçant quelques parties, procède essentiellement du même principe que le brevet principal (Paris, 23 janv. 1886, aff. Vieillemard, D. P. 87. 2. 86).

127. Dans d'autres espèces, au contraire, la jurisprudence a reconnu l'absence de relation suffisante entre le brevet principal et les changements, additions, ou perfectionnements ultérieurs. Ont été déclarés nuls pour ce motif: 1° le certificat d'addition qui a pour objet l'installation d'un foyer spécial pour cornues fixes ou autres permettant d'employer comme combustible les schistes décomposés ou non décomposés, tandis que le brevet a pour objet unique un système de cornues métalliques, rotatives, verticales ou inclinées, et montées sur pivot, destinées à la décomposition des schistes bitumineux (Civ. rej. 26 janv. 1875, aff. Seguin, D. P. 75. 1. 53); — 2° Le certificat d'addition pris pour une machine comprenant un ou plusieurs organes nouveaux, dont le principe ne se trouve point en germe dans le brevet principal et a été emprunté à une machine déjà tombée dans le domaine public (Besançon, 25 mai 1881, aff. Geiger, D. P. 81. 2. 145); — 3° Le certificat pris pour la substitution aux bretelles d'une ceinture élastique contournant sur celle du pantalon, alors que le brevet principal a pour objet un système de bretelles garnies de trois pattes, appelées ceintures parce que chacune s'attache circulairement par deux boutons au lieu d'un seul (Trib. corr. Seine, 11 févr. 1862, aff. Belorgé, Huard, sur l'art. 30, n° 127); — 4° Le certificat pris pour un produit, alors que le brevet n'a été pris que pour un instrument servant à la fabrication de ce produit (Trib. corr. Seine, 7 déc. 1859, aff. Sticter, Huard, sur l'art. 30, n° 122); — 5° Le certificat pris pour un système de boutons à clavette ou à queue articulée destiné aux cravates faisant seulement le tour du col, ou aux manchettes, alors que le brevet principal avait pour objet un système de fermeture de cravates à nœud préparé d'avance (Paris, 26 juill. 1875, aff. Pagès, Huard, sur l'art. 30, n° 136); — 6° Le certificat qui ne porte que sur un organe d'un appareil, alors que le brevet n'a pour objet qu'un autre organe du même appareil. Ainsi l'inventeur breveté pour un fumivore faisant contre-poids ne peut prendre un certificat pour un perfectionnement au globe fixe (Paris, 20 juill. 1867, aff. Ranvier *C.* Singre, *Annales de la propriété industrielle, etc.*, 67. 387); — 7° Le certificat pris pour un instrument, tel qu'un pulvérisateur destiné à faciliter l'emploi du produit; alors que le brevet a pour objet un produit tel qu'un fixatif (Trib. civ. Seine, 19 févr. 1873, aff. Rouget *C.* Berville, *Annales de la propriété industrielle, etc.*, 74. 218); — 8° Le certificat pris pour un moyen de faciliter l'écoulement de la buée qui s'est formée sur les vitres des serres chaudes, alors que le brevet a pour objet d'empêcher la formation de la buée (Trib. corr. Seine, 7 déc. 1875, aff. Lamotte *C.* Ozanne et Grenthe, *Annales de la propriété industrielle, etc.*, 76. 166). — Jugé, d'ailleurs, que lorsqu'un certificat d'addition comprend des dispositions complètement indépendantes les unes des autres, le juge peut, sans contrevenir à la loi, les diviser; en annulant celles qui ne se rattachent pas au brevet principal et en ordonnant une expertise pour faire vérifier la nouveauté réelle des autres (Arrêt précité du 26 janv. 1875).

128. La question de relation du certificat avec le brevet est une question de fait: la décision du juge du fond sur ce point suppose, sans doute, une appréciation du brevet et du certificat, qui sont l'un et l'autre la loi des parties; mais lorsqu'il a fait exactement cette double appréciation, le juge du fait décide souverainement si la relation entre l'un et l'autre est suffisante; il n'y a qu'à appliquer ici ce qui a déjà été dit sur l'appréciation de la nouveauté (V. *suprà*, n° 65). Jugé, à cet égard, que l'arrêt qui déclare qu'un certificat d'addition est nul comme ne se rattachant pas au brevet principal, n'encourt pas la censure de la cour de cassation, s'il n'est pas établi que les juges du fait aient ouvertement faussé et dénaturé le brevet et le certificat d'addition (Civ. rej. 8 avr. 1879, aff. Rimailho, D. P. 79. 1. 205). — Jugé aussi que la question de savoir si une invention ne constitue qu'un *perfectionnement* susceptible d'être conservé par un simple certificat d'addition, ou si elle a le caractère d'une *invention nouvelle* exigeant un nouveau brevet, est une question de fait, dont la solution n'est point soumise au contrôle de la cour de cassation (Req. 25 nov. 1856, aff. Laming, D. P. 56. 1. 447). — Décidé, de même, que l'appréciation à laquelle les juges du fond se sont livrés pour déclarer qu'un certificat d'addition ne se rattache pas au brevet principal ne peut fournir ouverture à cassation, lorsque le demandeur ne prouve point que les juges du fond aient ouvertement faussé et dénaturé le brevet et le certificat; qu'il en est ainsi spécialement lorsque les juges du fond ont déclaré que le certificat d'addition, loin de se rattacher au brevet principal, s'applique à une machine complètement nouvelle et indépendante, dont les perfectionnements sont la négation et la contre-partie des principes essentiels de la machine antérieurement brevetée (Req. 6 nov. 1883, aff. Schaffauser, D. P. 84. 1. 102. — V. aussi Req. 30 nov. 1864, aff. Hausmann, D. P. 65. 1. 163).

129. Le certificat n'est pas, d'ailleurs, le seul moyen qu'ait l'inventeur de protéger les perfectionnements qu'il apporte à l'objet de son brevet; il peut, s'il le préfère, et il y aura avantage surtout si le brevet principal approche de sa fin, prendre un brevet séparé, qui survivra au premier et ne sera pas exposé à la nullité spéciale du certificat pour défaut de relation avec le brevet. — Jugé, à cet égard, que l'expiration d'un brevet délivré pour un produit nouveau (le drap-velours de Montagnac) obtenu par l'application et la combinaison nouvelle de moyens connus, n'entraîne point la déchéance d'un second brevet délivré à l'inventeur de ce produit pour un procédé nouveau (le battage à frais) qui permet de fabriquer le même produit industriel avec plus de précision et de rapidité, lorsqu'il n'a pas été prouvé que le procédé, objet du second brevet, fût compris de fait ou d'intention dans le mémoire descriptif annexé au premier brevet; dans ce cas, les deux brevets ont une vitalité distincte comme leur objet (Metz, 11 févr. 1864, aff. de Montagnac, D. P. 64. 2. 141). Jugé aussi que lorsqu'un inventeur prend, le même jour, pour une découverte nouvelle, un certificat d'addition à un brevet antérieur et un brevet spécial, la nullité du certificat d'addition prononcée en vertu de l'art. 16 de la loi du 5 juill. 1844 n'entraîne pas la nullité du second brevet (Civ. rej. 17 déc. 1873, aff. Œhler, D. P. 74. 1. 199).

130. Mais quel que soit, d'ailleurs, le choix de l'inventeur à cet égard, il ne lui est pas permis de combiner entre eux les divers brevets ou certificats qu'il peut posséder, pour revendiquer un ensemble dont les éléments se retrouveraient soit dans l'un, soit dans l'autre, mais qui ne serait décrit et revendiqué comme ensemble dans aucun de ces brevets ou certificats. « Le juge doit apprécier séparément les divers titres dont se prévaut un inventeur » (Pouillet, n° 159 *bis*). On pourrait, d'ailleurs, opposer à cette prétention l'insuffisance de description. — Toutefois un arrêt, rendu sur une poursuite en contrefaçon fondée sur le fait de fabrication par un tiers d'un instrument à raison duquel le plaignant avait successivement obtenu deux brevets d'invention, dont le second modifiait et complétait le premier, a été déclaré nul pour défaut de motifs, en ce qu'il avait apprécié la plainte en examinant les deux brevets séparément, ou même exclusivement l'un d'eux, au lieu de les combiner, afin d'apprécier dans leur ensemble, eu égard au résultat obtenu, les organes empruntés à l'un ou à l'autre (Crim. cass. 20 mars 1857, aff. Villard, D. P. 57. 1. 183).

131. Le droit de préférence accordé au breveté pour les perfectionnements qu'il aurait, durant la première année de son brevet, imaginés concurremment avec un autre inventeur, résulte des termes de l'art. 18; le but de cet article et les formalités qu'il impose au deuxième inventeur pour que sa demande de brevet ne porte pas atteinte aux droits du breveté principal, sont exposés au *Rép.* n°s 170 et suiv. L'inobservation des formalités prescrites au deuxième inventeur entraîne la nullité du brevet qu'il obtiendrait en fraude des droits du breveté principal (V. *Rép.* n° 254, et *infrà*, n° 218).

132. Il ne suffit pas, pour que les formalités de l'art. 18 soient imposées au deuxième inventeur à peine de nullité de son brevet, que son invention se rapporte d'une manière quelconque à l'objet du premier brevet; ce serait étendre à l'excès le privilège du premier inventeur; il faut qu'il y ait un lien étroit entre les deux objets, le second n'étant que le développement du premier. — Jugé, à cet égard, que la disposition de l'art. 18 de la loi du 5 juill. 1844, qui réserve à l'inventeur un délai d'un an pendant lequel nul ne peut prendre un brevet pour un changement de l'invention brevetée, ne s'applique que lorsqu'il s'agit de la découverte même qui a fait l'objet du brevet primitif et non d'une invention différente, bien qu'ayant le même but; et l'inventeur primitif ne peut, par un certificat d'addition pris dans l'année de son brevet, usurper une autre invention également brevetée et poursuivre en contrefaçon l'auteur de cette invention (Crim. rej. 14 févr. 1879, aff. Fouillet, D. P. 80. 1. 44).

L'art. 18 s'applique aux brevets se rattachant directement et uniquement au brevet principal, et non aux brevets qui, semblables quant au résultat cherché, ont néanmoins pour objet des combinaisons différentes, encore que certaines de leurs dispositions puissent être appliquées comme améliorations à l'invention principale (Paris, 17 févr. 1883, aff. Lecointe, *Annales de la propriété industrielle, etc.*, 84. 109).

133. Quant à l'appréciation du juge sur la relation entre l'objet du brevet principal et l'objet du brevet incriminé comme pris contrairement à l'art. 18, le principe rappelé au sujet du certificat d'addition (V. *suprà*, n° 127) reçoit également son application. — Jugé, sur ce point, que l'application de l'art. 18 de la loi du 5 juill. 1844, qui assure au titulaire d'un brevet d'invention un délai d'un an pendant lequel les tiers ne peuvent s'attribuer de privilège pour un changement ou un perfectionnement de la même invention, ne peut être invoquée, s'il est constant, en fait, que le second brevet, dont l'annulation est poursuivie par le titulaire du premier en vertu de cette disposition, n'a pas le même objet que celui du demandeur (Req. 4 juin 1877, aff. Bruère, D. P. 78. 1. 23).

134. Il est inutile d'insister sur ce point que la relation entre l'objet du second et du premier brevet est soumise à l'appréciation exclusive des tribunaux, et que l'Administration n'a nullement à examiner si une demande de brevet se rapporte, de près ou de loin, à un brevet délivré depuis moins d'un an (V. *suprà*, n° 111).

135. Dans les cas où un brevet a été pris contrairement à l'art. 18, le breveté principal, lésé dans son droit de préférence, ne peut revendiquer pour lui-même le brevet pris au mépris de son droit; il ne peut davantage, s'il est encore dans le délai de préférence, prendre lui-même, pour le même objet, un certificat d'addition ou un brevet de perfectionnement. — Le droit de préférence qui lui est réservé ne s'exerce que sur les perfectionnements qu'il a lui-même inventés. Dans le système de l'art. 18, le perfectionnement imaginé par le second inventeur demeure secret jusqu'à la fin du délai de préférence; rien ne s'oppose donc à ce que le breveté principal invente de son côté, et prenne son certificat d'addition ou son brevet de perfectionnement; s'il le prend, en effet, et si à l'expiration de l'année il se trouve que son perfectionnement et celui du second inventeur sont semblables, c'est à lui que le perfectionnement appartient; sinon, le second inventeur est valablement breveté.

C'est donc bien parce qu'il est aussi inventeur du perfectionnement, et non pas seulement parce que ce perfectionnement se rapporte à son brevet principal, qu'il est préféré.

Le tort que lui fait le deuxième inventeur, en ne se conformant pas à l'art. 18, provient justement de ce que, par la prise anticipée du second brevet et par la divulgation qui en est la suite, il devient impossible de savoir si le premier inventeur aurait perfectionné dans le délai qui lui était accordé; c'est un préjudice difficile à évaluer, et que la loi s'est attachée à prévenir, autant que possible, en empêchant, par la nullité qui est la sanction de l'art. 18, que l'auteur de ce préjudice en puisse profiter; le législateur a pensé que l'infraction à l'art. 18 ne serait pas commise, parce que personne ne peut avoir intérêt à la commettre. Mais, comme on l'a fait justement observer, « précisément parce que le législateur prononce la nullité du brevet pris dans ces conditions, il ne paraît pas possible d'admettre que le breveté principal puisse le revendiquer pour lui. Comment, d'ailleurs, revendiquerait-il ce perfectionnement qui n'est pas son œuvre? Est-ce qu'il est possible de le lui attribuer sous le seul prétexte que *peut-être* il l'aurait découvert? » (Pouillet, n° 171).

D'autre part, le droit de préférence ne dispense pas le breveté, pour les perfectionnements qu'il se réserve par un certificat ou un nouveau brevet, des conditions de brevetabilité que doit remplir toute invention; il ne peut donc pas, par la prise d'un certificat, se réserver un perfectionnement que l'infraction à l'art. 18 a eu pour effet de divulguer. Il n'a donc qu'un recours en dommages-intérêts contre l'auteur de l'infraction, pour l'avoir privé du délai qui lui était réservé. Jugé, en ce sens, que l'inventeur ne peut se prévaloir du certificat d'addition qu'il a pris postérieurement à un brevet pris par un autre inventeur (Paris, 16 avr. 1858, aff. Diguey, *Propriété industrielle*, n° 19. — Comp. Besançon, 25 mai 1881, aff. Geiger, D. P. 81. 2. 145). — Décidé également que l'art. 18 ne déroge pas aux règles concernant la nouveauté des inventions, et que le droit de préférence qu'il reconnaît ne peut s'exercer sur des découvertes tombées dans le domaine public; que, par suite, en cas de divulgation provenant de ce que le deuxième inventeur, au lieu de prendre son brevet sous pli cacheté, conformément à l'art. 18, l'a pris à découvert, contrairement à cet article, le droit de préférence du premier inventeur ne peut s'exercer, comme étant sans objet (Paris, 17 févr. 1883, aff. Lecointe et Vilette C. Périer Rœthyer et comp., *Annales de la propriété industrielle, etc.*, 84. 109). — Jugé, toutefois, que le certificat d'addition pris, conformément à l'art. 18, dans la première année du brevet, est valable nonobstant l'emploi qui en a été fait publiquement par d'autres que le breveté avant que celui-ci eût demandé le certificat, le seul droit de celui qui a imaginé un perfectionnement à l'objet du brevet étant de demander lui-même un brevet, sous pli cacheté (Douai, 10 déc. 1864, aff. Sterm C. Dérival et autres, *Annales de la propriété industrielle, etc.*, 67. 368).

136. On a admis au *Rép.* n° 173, que le point de départ du délai de préférence doit être le dépôt de la demande.

Cette opinion a été adoptée par les auteurs (V. Bédarride, n° 236; Pouillet, n° 174).

137. Le droit de préférence, comme on l'a vu au *Rép.* n° 172, ne s'applique qu'une seule fois à la même invention; en d'autres termes, les brevets pris pour les perfectionnements à cette invention ne font pas courir au profit de l'inventeur un nouveau délai pendant lequel il pourrait exercer son privilège pour les nouveaux perfectionnements qu'il viendrait à imaginer. Les auteurs sont unanimes sur ce point; seul M. Blanc, *L'inventeur breveté*, p. 404, avait émis une opinion contraire, aujourd'hui complètement abandonnée (V. Bédarride, n° 239; Pouillet, n° 175).

SECT. 4. — PROPRIÉTÉ DES BREVETS; DROITS QUI EN RÉSULTENT; TRANSMISSION (*Rép.* n°s 175 à 227).

ART. 1er. — *Propriété des brevets; Droits qui en résultent* (*Rép.* n°s 175 à 199).

138. En principe, la propriété du brevet est réputée appartenir à celui à qui il a été délivré; c'est ce qui a été exposé au *Rép.* n° 175. On n'a pas à lui demander de justifier qu'il est le véritable auteur de l'invention; on n'est même pas recevable à établir qu'il n'est pas le véritable inventeur, ni à repousser la poursuite en contrefaçon par une exception tirée de ce qu'un tiers serait le véritable propriétaire de l'invention. — Jugé en ce sens que le prévenu de contrefaçon ne peut opposer à la plainte dirigée contre lui une cause de nullité fondée sur ce que la découverte brevetée n'appartiendrait pas au titulaire du brevet. Par exemple, il ne peut exciper de ce que cette découverte (relative aux armes à feu), ayant été obtenue par un militaire, dans le service d'une école de tir à laquelle celui-ci était attaché, et qui a été établie par l'administration de la guerre, à l'effet notamment d'étudier les perfectionnements dont les armes à feu seraient susceptibles, ne serait que le fruit commun d'études et d'efforts réunis des divers militaires composant cette école, et appartiendrait non à ce militaire, qui se serait fait, dès lors, mal à propos breveter, mais à l'État (Crim. cass. 25 janv. 1856, aff. Manceaux, D. P. 56. 1. 140). Le droit pour celui auquel revient la propriété d'une découverte, de la revendiquer contre l'individu qui a indûment fait breveter cette découverte à son profit, est, en effet, un droit purement personnel, qui ne peut être, dès lors, exercé par des tiers, en dehors de lui et sans son intervention par les voies légales. Et tant que cette intervention ne se produit pas, le brevet est un titre légal et probant, auquel provision est due au profit du titulaire, et contre tous ceux qui voudraient s'en attribuer l'objet. Il en est ainsi même dans le cas où c'est l'État qui serait le véritable propriétaire de la découverte (Même arrêt).

139. Il ne suffirait même pas au prévenu d'établir qu'il a lui-même inventé ce qui fait l'objet du brevet; sa priorité à cet égard, fût-elle prouvée, ne le protégerait pas, le brevet étant le prix non seulement de l'invention, mais du service que le breveté a rendu en la révélant. Il faut, en outre, pour que la revendication du brevet soit fondée, que le revendiquant justifie que le breveté tient de lui l'invention, soit qu'il se la soit appropriée par des moyens illicites, soit qu'elle lui ait été cédée par un contrat dont il n'avait pas en retour observé les conditions.

140. D'un autre côté, s'il n'est pas toujours suffisant que celui qui réclame la propriété du brevet soit le véritable inventeur, la qualité d'inventeur n'est pas non plus la condition toujours nécessaire de la revendication du brevet; le brevet peut être revendiqué par celui qui, sans avoir inventé, fonde cependant son droit sur un contrat ou quasi-contrat intervenu entre lui et le breveté. En un mot, le droit du revendiquant a sa source non pas dans le fait que celui-ci aurait inventé ce qui est l'objet du brevet, mais dans les rapports qui se sont établis au sujet de la propriété de l'invention, entre lui et le breveté, soit par l'effet d'un délit ou quasi-délit, soit par un contrat ou quasi-contrat.

141. On a indiqué au *Rép.* n°s 176 et 177, diverses solutions qui sont des applications de cette règle, par exemple, celle concernant le cas où le breveté se serait approprié l'invention par des moyens frauduleux. — Jugé, dans le même sens, que le véritable inventeur est en droit de faire porter à son nom le brevet par lequel un autre s'est frauduleusement attribué la propriété de l'invention; en tous cas, les tribunaux peuvent interdire à celui-ci de faire à l'avenir usage du brevet (Trib. civ. Seine, 23 mai 1855, aff. Sautelet, Huard, sur l'art. 34, n° 28).

142. L'inventeur serait recevable à agir en revendication même à l'encontre d'un tiers de bonne foi, auquel le brevet aurait été régulièrement cédé; s'il en était autrement, l'usurpateur pourrait trop facilement se mettre à l'abri de toute poursuite en cédant son brevet immédiatement après la fraude qu'il aurait commise pour se l'approprier (V. en ce sens : Pouillet, n° 622; Paris, 18 juill. 1856, aff. Macé C. Darte, Huard, sur l'art. 28, n° 53).

143. Le breveté contre qui la fraude serait prouvée ne pourrait, d'ailleurs, pas opposer au revendiquant qu'il n'est pas non plus l'auteur de l'invention; en effet, le droit au brevet ne suppose pas nécessairement la qualité d'inventeur, mais seulement la possession de l'invention, du moment qu'elle n'est pas acquise frauduleusement (V. en ce sens : Pouillet, n° 623).

La jurisprudence confirme cette doctrine. — Jugé que la revendication doit être admise, dès qu'il est justifié que le titulaire du brevet a emprunté au revendiquant l'invention qu'il s'est attribuée par la prise du brevet; peu importerait même, en ce cas, que le revendiquant ne fût pas le véritable auteur de l'invention, celui-ci étant seul recevable à faire valoir contre le revendiquant les droits qu'il aurait sur le brevet (Rouen, 28 janv. 1847, aff. Roduwick, D. P. 48. 2. 188).

144. La revendication devrait encore être admise, la fraude du breveté étant prouvée, alors même que, de son côté, il offrirait d'établir que le revendiquant a lui-même dérobé l'invention à un tiers; il n'est pas, en effet, recevable à exciper d'une fraude qui n'a pas été commise à son préjudice. L'attribution du brevet au revendiquant est, d'ailleurs, en ce cas, avantageuse pour le véritable inventeur en ce qu'elle lui permet, à son tour, de revendiquer directement contre celui qui s'est approprié l'invention à son détriment.

L'usurpation frauduleuse de la propriété du brevet a fait naître une autre question sur laquelle les auteurs ne sont pas d'accord. Le brevet peut être nul par le fait même du breveté, soit qu'il ait prématurément divulgué l'invention, soit qu'il en ait donné une description insuffisante, ou qu'il l'ait dissimulée sous un titre frauduleusement inexact; il a pu aussi le laisser déchoir, par exemple pour non-payement de la taxe : l'attribution du brevet n'est alors pour l'inventeur dépouillé par fraude qu'une réparation illusoire; la législation des brevets lui donne-t-elle le moyen d'en obtenir une autre? D'après un système soutenu par M. Blanc, p. 609, il appartient à l'inventeur de faire prononcer la nullité du brevet; mais la nullité ne pourrait être demandée que par lui seul, et les tiers n'auraient pas le droit de se prévaloir de la divulgation : les contrefacteurs pourraient exciper contre eux de leur bonne foi. — Ce système nous paraît reposer sur une double erreur : d'abord en ce que, la nullité d'un brevet pouvant être demandée par tout intéressé, il est impossible que l'inventeur puisse en profiter seul; puis, en ce que la loi de 1844 n'admet pas, du moins pour les faits de fabrication du produit breveté ou d'emploi des moyens brevetés, le contrefacteur à se prévaloir de sa bonne foi.

M. Pouillet, n° 620, qui paraît viser surtout le cas où le brevet serait nul pour insuffisance de description, estime que l'inventeur pourrait prendre un nouveau brevet; quant au premier, il n'en demanderait pas la nullité, toute nullité profitant au domaine public; il ne demanderait pas non plus la subrogation, qui aurait pour conséquence de lui imposer la charge de deux brevets, et de l'obliger à payer deux taxes. Mais le premier brevet se confondrait avec le second et mention y serait faite, en marge, du jugement qui ordonnerait la confusion. — Nous n'apercevons pas bien l'intérêt de cette solution; de deux choses l'une, en effet : ou la prise du premier brevet a laissé intacte la nouveauté de l'invention, ce qui est possible, en cas d'insuffisance de description; dans ce cas, les droits de l'inventeur, en réalité, ne sont pas atteints; il n'a qu'à prendre lui-même un brevet, et à poursuivre, s'il le veut, la nullité du premier. Ou la prise du premier brevet a eu pour conséquence une divulgation de l'invention; alors on se trouve en face de la question de divulgation frauduleuse, traitée au *Rép.* n° 71, et *suprà*, n° 58; suivant la solution qu'on donne à cette question, l'inventeur pourra encore se faire breveter, et alors il n'y a plus de préjudice; ou si, au contraire, comme le fait précisément M. Pouillet, on admet qu'il ne le peut plus, on chercherait vainement dans la législation des brevets une réparation pour l'inventeur, il n'y en a pas; il lui reste, comme à tous ceux qui sont victimes d'un délit ou d'un quasi-délit, l'action en dommages-intérêts contre l'auteur du préjudice (V. dans le même sens: Allart, n° 155).

Il a été jugé, et cette solution nous paraît confirmer les observations qui précèdent, que s'il peut, dans les termes ordinaires du droit, être suffisant pour l'inventeur de demander la subrogation au brevet pris en fraude de ses droits, il a aussi le droit, comme tout intéressé, d'en demander la nullité, par exemple, lorsque les dessins et la description ne fournissent que des indications impraticables, et que, d'ailleurs, la propriété de l'invention lui est conservée par un deuxième brevet pris en son nom (Trib. civ. Seine, 9 déc. 1864, aff. Cordier, *Gazette des tribunaux* du 23 déc. 1864).

145. Dans les diverses hypothèses ci-dessus examinées, il y a de la part du breveté vis-à-vis de l'inventeur un quasi-délit ou au moins un manquement à des engagements pris. La situation est intervertie dans celles qui vont suivre; la revendication y est exercée contre l'inventeur lui-même, comme conséquence d'un contrat ou quasi-contrat. Ainsi on a indiqué au *Rép.* n° 176 le cas où la subrogation aux droits du breveté serait demandée par l'acquéreur du brevet, le contrat de cession n'ayant pas été exécuté par le breveté; en ce cas, d'ailleurs, la propriété du brevet étant transférée entre les parties par l'effet du contrat, l'acquéreur peut se borner à poursuivre l'accomplissement des formalités prescrites par l'art. 20, pour rendre cette translation de propriété opposable aux tiers (V. *Rép.* n° 204, et *infrà*, n° 176).

146. De même, la revendication du brevet pourrait être exercée par l'associé non inventeur contre l'associé inventeur, si celui-ci s'était engagé à apporter à la société les inventions ou découvertes qu'il pourrait faire, ou même, en l'absence de convention, si ces découvertes pouvaient être considérées comme le résultat des travaux dont il était chargé pour la société. En dehors de ces conditions, le droit de l'inventeur sur son invention reste entier, et on ne pourrait considérer, en principe, l'apport d'industrie dans une société comme comprenant les inventions futures de l'apporteur. « Engager toute son industrie, dit à ce sujet M. Blanc, dans la *Propriété industrielle*, n° 211, c'est dire seulement qu'on ne pourra pas s'occuper d'affaires autres que celles qui intéressent l'établissement, qu'on doit tous ses soins à l'objet même de la société, mais à cet objet seul. Engager tout son temps, ce n'est pas aliéner sa vie, ses loisirs, son repos; c'est aliéner seulement les heures qui, d'après les usages, sont consacrées au travail. Le surplus peut être employé à des travaux personnels, cela n'est pas douteux. »

Jugé, en ce sens, que l'associé qui a apporté à la société toute son industrie, n'est toutefois tenu de procurer à la société que les gains qui se rapportent au genre d'industrie pour lequel la société s'est formée; par suite, la société n'a aucun droit sur un brevet qu'il a pris pour un objet autre que l'objet compris dans l'engagement social (Lyon, 18 juin 1856, aff. Verdié, D. P. 57. 2. 71-72).

147. D'ailleurs, si l'inventeur, engagé dans une association, peut conserver en général la propriété de son brevet, on n'en saurait conclure qu'il puisse exercer les droits qui s'y rattachent d'une manière contraire à ses engagements et aux intérêts sociaux, par exemple en créant, à l'aide de son brevet, soit directement, soit par l'intermédiaire de cessionnaires ou de licenciés, une industrie concurrente. Mais alors les questions qui peuvent se présenter sont étrangères à la matière des brevets.

148. La question de la propriété du brevet peut encore être soulevée lorsque le brevet a été pris par un ouvrier ou employé à gages; le patron peut-il, en ce cas, revendiquer le brevet? Il n'est pas contesté que la revendication sera fondée si l'engagement de l'ouvrier attribuait au patron la propriété des inventions qu'il pourrait faire, convention parfaitement licite.

Une convention tacite à cet égard pourrait aussi s'induire des circonstances, par exemple, lorsque l'ouvrier ou employé aura reçu mission de chercher des perfectionnements, ou que, du moins, l'invention se rattachant au travail dont il est chargé, sera le résultat des instructions qu'il aura reçues pour ce travail. M. Pouillet, n°188, compare la situation de l'employé qui invente dans ces conditions « à celle de l'individu qu'un propriétaire emploie à faire des fouilles sur son domaine en vue de découvrir un trésor ».

Il en serait autrement si l'invention, étrangère au service dont l'employé est chargé, est manifestement le produit de son travail personnel; le patron pourra lui demander compte du temps et du travail qu'il aura peut-être détournés de son service, mais sans pouvoir rien prétendre sur l'invention (V. Pouillet, n° 190; Allart, n° 150).

149. Ces solutions ont été consacrées par la jurisprudence. Ainsi il a été jugé que l'ouvrier qui a simplement exécuté les ordres et suivi les indications de la personne qui l'employait, ne peut s'attribuer par la prise d'un brevet la propriété de l'invention qui a été la conséquence du travail qu'il exécutait (Paris, 11 août 1841, *Rép.* n° 76); — celui qui a été employé par un industriel à chercher de nouvelles combinaisons de tissus, ne peut, surtout vis-à-vis de son patron, s'attribuer par un brevet la propriété de ces combinaisons (Trib. corr. Rouen, 22 août 1859, aff. Richard C. Barbier, *Propriété industrielle*, n° 94, cité par Pouillet, n° 189). — On peut remarquer que ces arrêts semblent avoir confondu la propriété et la validité du brevet: mais la confusion n'existe sans doute que dans les termes, et en déclarant que l'employé n'avait pu se faire valablement breveter, ils ont voulu dire que c'était au patron, et non à l'employé, que devait appartenir le brevet.

D'autre part, il a été décidé que celui qui, étranger par ses fonctions aux opérations de la fabrication, comme le secrétaire général d'une compagnie industrielle, demeure seul propriétaire des inventions qu'il a pu faire, et peut revendiquer en cette qualité, contre la compagnie, le brevet qu'elle aurait pris pour l'objet inventé par lui, à la suite de la connaissance qu'elle en aurait eue par ses confidences et ses essais (Paris, 21 juill. 1874, aff. Aubé C. Société de la Vieille-Montagne, *Annales de la propriété industrielle, etc.*, 77. 283).

150. En dehors de ces deux hypothèses extrêmes, dont la solution apparaît clairement, il s'en présente d'autres plus complexes. Ainsi l'invention est, pour une part plus ou moins grande, le fruit du travail personnel de l'employé, mais elle se rattache à l'objet de son service; si les instructions qu'il a reçues ne l'ont pas conduit directement à la découverte, elles ont contribué à le mettre sur la voie; ou du moins il a profité des moyens de recherche et d'étude que son service mettait à sa disposition, par exemple des réactifs et appareils du laboratoire auquel il était attaché. Quel est alors le propriétaire du brevet? M. Bozérian, dans la *Propriété industrielle*, n° 160, paraît résoudre la question d'une manière absolue, en faveur de l'employé; il admet qu'on doit appliquer les règles du louage d'ouvrage; or « celui, dit-il, qui paie le prix du louage ne peut prétendre à la propriété des découvertes faites par le locateur pendant la durée du contrat, lors même que ces découvertes se rattacheraient aux services que celui-ci doit rendre ». MM. Picard et Olin, n° 24, pensent qu'on doit appliquer les règles du mandat; « le mandataire doit compte au mandant de tous les profits qu'il fait, même indirectement par suite des fonctions qu'il a acceptées. Or la découverte ou l'invention peut être à bon droit considérée comme un de ces profits indirects ».

Le principe nous paraît juste, et il ne nous semble pas que ces auteurs s'en soient assez inspirés lorsqu'ils ont ajouté sans faire de distinction entre les variétés que peut présenter leur hypothèse: « il n'en est pas de même quand un employé d'un ordre quelconque ayant accepté d'accomplir une tâche bien déterminée, comme par exemple de tisser une pièce de toile ou de fabriquer des clous, découvre un procédé nouveau relatif ou non, à la tâche qu'on lui a confiée ». A notre avis, on ne saurait poser une règle aussi absolue; suivant que l'invention se rattachera plus ou moins au travail confié à l'employé, suivant que telle ou telle des circonstances que nous avons mentionnées plus haut aura contribué plus ou moins à la découverte, les tribunaux auront à apprécier si l'invention est ou non un profit indirect du mandat, et devront en attribuer la propriété soit au mandant, soit au mandataire. A un autre point de vue, lorsque l'employé aura profité des moyens mis à sa disposition pour son travail, l'invention pourra être considérée comme le fruit d'efforts communs et être déclarée propriété commune. — Jugé, sur la revendication exercée par l'ouvrier contre le patron (mais le motif s'appliquerait également à l'hypothèse inverse), que l'invention, résultant du travail de l'ouvrier et du patron qui ont réuni leurs efforts dans un but commun, est leur propriété commune; et si l'ouvrier a consenti à ce que le brevet fût pris au nom du patron, à titre de garantie des capitaux engagés par celui-ci dans l'exploitation, il ne doit pas par cela seul être réputé avoir abandonné ses droits sur l'invention (Lyon, 26 déc. 1857, aff. Coquerel, D. P. 59. 1. 452-453).

151. On s'est aussi demandé si les employés ou fonctionnaires de l'Etat peuvent être propriétaires de brevets pour des inventions se rattachant à leur service; ils sont, vis-à-vis de l'Etat, dans la situation de l'employé à gage vis-à-vis du patron; c'est donc entre eux et l'Etat, ou ses ayants cause, que la question peut être posée, et elle se résoudrait d'après ce qui vient d'être dit, si l'on admet que l'Etat puisse être propriétaire d'un brevet; mais il est fort contesté que l'Etat puisse être propriétaire d'un brevet. M. Renouard, n° 86, admet l'affirmative (V. aussi Allart, n° 68). M. Pouillet, n° 625, est partisan de l'opinion contraire; une des raisons qui le déterminent consiste dans les difficultés de procédure; on ne voit pas, dit-il, qui pourrait prendre le brevet au nom de l'Etat; on ne voit pas non plus l'Etat contraint d'exploiter, à peine de déchéance. Ces deux objections peuvent ne pas sembler décisives; mais le même auteur se refuse avec plus de raison à voir l'Etat se transformer en industriel et en commerçant. Ajoutons qu'il semble peu conforme au rôle de l'Etat de faire peser sur l'industrie privée le monopole d'un brevet (V. dans le même sens: Malapert et Forni, n° 29).

La jurisprudence n'a jamais eu à statuer directement sur la question. M. Pouillet cite un arrêt (Crim. cass. 25 janv. 1856, V. *suprà*, n° 139) qui, semblerait admettre incidemment que l'Etat peut être propriétaire d'une invention; mais on ne peut faire résulter une solution d'une phrase incidente répondant à une question qui n'était pas posée; l'arrêt statuait sur le pourvoi contre un arrêt de la cour de Paris qui avait dénié à un breveté le droit de poursuivre un contrefacteur, à raison de sa qualité de fonctionnaire de l'Etat, l'objet du brevet se rattachant à son service: en cassant l'arrêt, la cour de cassation a simplement appliqué la règle rapportée *suprà*, n° 139, qui ne permet d'opposer à la poursuite du breveté une contestation sur la propriété du brevet qu'à celui qui revendique la propriété pour lui-même, et indiqué que dans l'espèce, ce droit ne pouvait appartenir à un autre qu'à l'Etat; mais l'Etat n'était pas en cause, et de ce que nul autre que l'Etat ne pouvait contester les droits de l'inventeur, il ne s'ensuit pas que la revendication de l'Etat eût été reconnue fondée, si elle s'était produite.

L'affirmation du droit de l'Etat résulterait plutôt de l'arrêt de la cour d'Amiens rendu dans la même affaire, et cité *infrà*, n° 152; encore faut-il remarquer que, si la propriété de l'Etat se trouve mentionnée dans les motifs de l'arrêt, il s'agissait en réalité pour l'Etat du droit de profiter de l'invention pour son service, et non du droit exclusif, qui caractérise la propriété du brevet, d'exploiter l'invention et d'en tirer même les profits industriels qu'elle pouvait rapporter en dehors de ce service.

152. Si l'Etat ne peut pas être propriétaire de brevet, il faut admettre que le fonctionnaire ou employé de l'Etat breveté est toujours propriétaire de son brevet; on doit seulement faire cette réserve que, si l'objet du brevet se rattache à son service, il serait contraire à l'ordre public qu'il se servît de son brevet pour empêcher l'Etat de réaliser dans ce service les améliorations que peut procurer l'invention; mais il resterait maître des applications que l'invention pourrait recevoir dans l'industrie privée, en dehors du service de l'Etat. Décider autrement, ce serait faire tomber l'invention purement et simplement dans le domaine public, c'est-à-dire admettre une nullité du brevet à raison de la qualité de l'inventeur, nullité qui n'est pas établie par la loi.

Dans le système d'après lequel l'Etat peut être propriétaire du brevet, il n'y a qu'à appliquer au fonctionnaire les mêmes principes qu'à l'employé aux gages d'un patron. Seulement il faut remarquer que l'invention peut être susceptible d'applications dans l'industrie privée; or, les bénéfices industriels ne semblent pas pouvoir être compris dans les termes du contrat ou du quasi-contrat qui s'est formé entre l'Etat et son fonctionnaire. La revendication de l'Etat serait donc limitée aux besoins de son service, et le surplus, concernant l'industrie privée, resterait la propriété de l'inventeur.

Il a été jugé, à cet égard, que le droit qui appartient aux fonctionnaires ou agents de l'autorité, comme à tous les citoyens, de prendre des brevets d'invention pour les découvertes dont ils sont personnellement les auteurs, cesse dans le cas où ces découvertes ont été faites par eux dans leur service et comme membre d'une commission instituée spécialement par l'autorité supérieure; et, par exemple, qu'un militaire qui, attaché avec d'autres à une école de tir établie par l'administration de la guerre à l'effet d'expertiser toutes les inventions relatives aux armes à feu qui leur sont soumises et d'étudier tous les perfectionnements dont cette matière est susceptible, obtient lui-même des perfectionnements ou des découvertes nouvelles à l'aide du travail ainsi fait *en commun*, n'a pas le droit de prendre des brevets dans son intérêt privatif, à raison de ces perfectionnements ou découvertes (Paris, 11 juill. 1855, aff. Manceaux, D. P. 56. 2. 29. Cette décision a, d'ailleurs, été cassée par l'arrêt rapporté *suprà*, n° 147, et D. P. 56. 1. 140, pour avoir admis une nullité de brevet non inscrite dans la loi, en admettant le contrefacteur à contester au breveté la propriété du brevet alors que lui-même n'y pouvait prétendre, l'Etat n'étant, d'ailleurs, point partie au procès). — Jugé aussi, sur renvoi après cassation, mais cette fois sur l'intervention de l'Etat, et l'invention se rapportant à son service, que le droit qui appartient aux employés et agents du Gouvernement, comme à tous citoyens, de prendre des brevets d'invention pour les découvertes dont ils sont personnellement les auteurs, cesse dans le cas où ces découvertes sont le résultat de travaux faits en commun avec d'autres employés, dans leur service même et pour des objets qui s'y rattachent, d'après les ordres, sous la direction et aux frais du Gouvernement. Ainsi, le militaire qui, attaché au conseil de perfectionnement établi dans une école de tir, et ayant pour objet de rechercher, d'étudier et d'appliquer sur le terrain les inventions et les perfectionnements concernant les armes à feu et les projectiles qui lui sont journellement signalés, obtient lui-même une découverte de cette nature dans l'exécution du travail ainsi fait en commun, n'a pas le droit de faire breveter à son profit cette découverte, laquelle est la propriété exclusive de l'Etat; et si ce militaire a néanmoins pris un brevet, il suffit que l'Etat en revendique pour son propre compte le bénéfice pour que ce même militaire soit non recevable à poursuivre des tiers en contrefaçon (Amiens, 25 avr. 1856, aff. Manceaux, D. P. 57. 2. 91). — Jugé aussi que si les employés ou agents, soit du Gouvernement, soit d'une administration particulière, peuvent être privés du droit de faire breveter à leur profit les découvertes dont ils sont les auteurs, ce n'est que lorsque ces découvertes sont le résultat de travaux exécutés par eux dans leur service pour des objets qui s'y rattachent directement d'après les ordres et sous la direction de leurs chefs, et surtout lorsqu'ils ont reçu la mission spéciale de rechercher, d'étudier et d'appliquer certains perfectionnements (Paris, 21 juill. 1874, cité *suprà*, n° 161).

153. Il a été dit au *Rép.* n° 178, que la question de propriété du brevet soulevée par une action en revendication est entièrement distincte de la question de validité, et que le défendeur à cette action ne peut y opposer la non-brevetabilité de l'invention. « C'est en vain, dit dans le même sens M. Pouillet, n° 621, que celui qui s'en est emparé soutiendrait que l'invention n'est pas nouvelle; il n'appartiendrait pas aux tribunaux de repousser la revendication sous ce prétexte; ils doivent avant tout juger la question de savoir s'il y a eu ou non usurpation, sauf ensuite à celui qui s'est emparé de l'invention à en contester la nouveauté dans un second procès ». Ainsi, celui contre qui s'exerce la revendication ne sera sans doute pas non recevable, si le revendiquant obtient gain de cause, à poursuivre ultérieurement contre lui la nullité du brevet; ce droit lui appartiendra comme à tout intéressé; mais le débat soulevé par la revendication reste circonscrit à la question de propriété du brevet; la nullité du brevet, ne pouvant évidemment servir de défense à celui qui prétend en conserver la propriété, ne saurait, par conséquent, être l'objet d'une demande reconventionnelle de sa part.

Jugé, en ce sens, que le tribunal saisi d'une demande de subrogation dans les droits attachés à un brevet que le demandeur prétend être pris en fraude de ses droits, ne peut, à propos de ce débat sur la propriété du brevet, en prononcer la nullité (Paris, 28 mai 1867, aff. Peltier C. Bescher et Allain, *Annales de la propriété industrielle, etc.*, 67. 372).

154. On a vu au *Rép.* nos 179 et 180, que le brevet peut être la propriété de plusieurs personnes. M. Pouillet, nos 298 et 299, fait, à cet égard, une distinction entre la copropriété et la communauté du brevet, la première comprenant, il est vrai, la seconde, mais la communauté pouvant être exclue de la copropriété par convention; la différence est dans les droits qui peuvent être exercés par chacun des copropriétaires. Dans le cas de copropriété sans communauté, chacun des copropriétaires pourrait exercer ou céder ses droits à son gré, sans avoir de compte à rendre aux autres, et sous la seule condition de ne pas porter atteinte à leurs droits; tandis que, lorsque la communauté n'a pas été exclue de la copropriété, chacun des copropriétaires, bien qu'à l'égard des tiers il agisse valablement seul, doit compte aux autres des profits qu'il tire du brevet aussi bien que des dommages qu'il a pu causer, par sa faute, à la propriété commune (V. aussi Picard et Olin, n° 462).

La copropriété existe souvent entre l'inventeur et le bailleur de fonds qui lui a fourni les moyens de mettre l'invention en exploitation. Un brevet d'invention peut être la propriété commune de l'inventeur et d'une autre personne qui, par exemple, a fourni les fonds nécessaires à la réalisation de la découverte, et au nom de laquelle ce brevet a été délivré; par suite, ces divers copropriétaires du brevet ont pu être autorisés à l'exploiter en commun; l'inventeur réclamerait vainement le droit exclusif de faire cette exploitation (Req. 1er déc. 1858, aff. Coquerel, D. P. 59. 1. 452). — Décidé, à cet égard, qu'en cas de dissolution d'une société formée pour l'exploitation d'un brevet d'invention, le brevet accordé aux deux associés collectivement ne devient pas nécessairement la propriété de l'inventeur, mais reste la propriété commune des associés, qui ont, dès lors, le droit de l'exploiter concurremment, alors que les perfectionnements obtenus ont été le résultat de leurs efforts réunis (Dijon, 1er mars 1865) (1).

155. Chacun des copropriétaires pouvant à son gré, demander qu'il soit mis fin à l'indivision, on s'est demandé si la licitation était le seul moyen de la faire cesser; on fait remarquer que la licitation est fort périlleuse pour le breveté, en ce qu'elle offre au bailleur de fonds le moyen de s'approprier, en le rachetant à vil prix, un brevet dont l'exploitation a des chances de devenir fructueuse, mais n'a pas encore pris assez de développement pour donner au brevet tout son prix. MM. Rendu et Delorme, n° 344, estiment que si la demande en licitation apparaît comme un moyen déloyal de mettre la main sur le brevet, elle devra être écartée. La majorité des auteurs pense que les tribunaux ne peuvent refuser de faire cesser l'indivision, mais qu'il n'est pas besoin de recourir pour cela à la licitation; ils considèrent le brevet comme susceptible d'être partagé, les droits qu'il confère pouvant être exercés séparément par plusieurs personnes (V. en ce sens : Tillière, n° 100; Pouillet, n° 301; Renouard, n° 105).

La jurisprudence paraît avoir adopté cette opinion. — Jugé que, lorsque deux associés offrent d'exploiter séparément le brevet qui faisait l'objet de leur association, l'indivision cesse par cette exploitation séparée, et qu'il n'y a pas lieu d'ordonner la licitation pour y mettre fin (Lyon, 3 juill. 1855, aff. Vicat, Huard, sur l'art. 20, n° 40). — Décidé également, que, dans le cas où l'invention brevetée est l'œuvre de deux ou plusieurs personnes, rien ne s'oppose à ce que celles-ci jouissent simultanément du brevet, et partagent le privilège de l'exploiter (Req. 1er déc. 1858, aff. Coquerel, D.P. 59. 1. 453); — Que la cession par l'inventeur de la moitié de ses droits sur un brevet, de telle sorte que chacun des copropriétaires soit libre de l'exploiter séparément, ne peut être assimilée à l'indivision, et que le cessionnaire n'est pas en droit de demander la licitation (Trib. civ. Lyon, 8 juill. 1881, aff. Valton C. faillite Serve, *Annales de la propriété industrielle, etc.*, 81. 304). — Décidé, toutefois, que tout copropriétaire d'un brevet peut en demander la licitation pour sortir de l'indivision (Paris, 5 mars 1858, aff. Brocard C. Beau et Gain, *Annales de la propriété industrielle, etc.*, 58. 181).

156. Le brevet peut être, comme on l'a vu au *Rép.* nos 182 et suiv., la propriété d'une société, soit qu'il lui appartienne comme ayant été pris par un de ses employés (V. *suprà*, nos 158 et suiv.), soit qu'elle l'ait acquis par cession ou par apport. La jurisprudence distingue de la cession

(1) (Calais C. Chairgrasse.) — LA COUR; — En ce qui touche la copropriété du brevet: — Considérant que Calais, mécanicien à Dijon, et Chairgrasse, conducteur des ponts et chaussées dans la même ville, se sont associés le 22 janv. 1864, pour exploiter tant en France qu'à l'étranger, divers types de balances inventées et perfectionnées par Calais, perfectionnements dont le brevet devait être pris incessamment au nom des deux associés; — Qu'après avoir été rejetée par le Gouvernement le 1er avr. 1864 par le motif qu'elle comprenait trois objets principaux indépendants l'un de l'autre, leur demande a été accueillie, et qu'un brevet leur a été délivré le 8 juin suivant; — Qu'il s'agit de savoir, par suite de la dissolution volontairement acceptée de la société du 22 janvier, si le brevet du 8 juin collectivement accordé à Calais et Chairgrasse doit rester leur propriété commune, ou doit être privativement attribué à Calais, l'inventeur, ainsi qu'il le prétend; — Considérant, en fait, que les perfectionnements successivement introduits par les parties avant et depuis le contrat de société par eux consenti consistaient, en effet, dans trois éléments distincts qui forment aujourd'hui un seul et même tout par suite de leur application simultanée à la balance Roberval; — Que si le système d'enrayage destiné à empêcher le choc et assurer la solidité de la balance est l'œuvre de Calais, ainsi que l'application des coussinets mobiles dont l'idée paraît lui avoir été suggérée par un tiers, l'aiguille ou fil à plomb pour la vérification du plan horizontal sur lequel doit reposer l'instrument, et destinée à contrôler sa précision, appartient en propre à Chairgrasse, ainsi que cela est établi par un brevet à lui délivré le 3 août 1863, avec certificat d'addition en date du 18 févr. 1864; — Que c'est surtout à ces deux dernières dispositions que, aux termes d'une lettre ministérielle du 5 septembre, le comité consultatif des arts et manufactures, chargé d'examiner la balance avant son admission à la vérification et au poinçonnage, attribue le caractère d'utiles perfectionnements, parce qu'il a reconnu, d'une part, que les coussinets mobiles divisent la charge des poids, et de l'autre, que l'horizontalité de l'instrument et, par conséquent, sa justesse sont assurées par l'aiguille libre ou le fil à plomb; qu'en présence de ces constatations, si l'on considère que le 22 janv. 1864, lorsque l'invention n'était point entièrement perfectionnée, Chairgrasse a mis son concours et ses capitaux à la disposition de Calais, il est permis d'en conclure que la réalisation des perfectionnements tels qu'ils existent aujourd'hui n'a été que le résultat des efforts et des moyens réunis par les deux parties pour arriver à un but commun; — Que cela est si vrai que la société n'a pas été formée pour l'exploitation d'un brevet appartenant déjà exclusivement à Calais, mais pour l'exploitation d'un brevet à prendre ultérieurement au nom des associés, et qui leur a été collectivement accordé comme en étant tous deux copropriétaires; — Qu'il appartient donc à chacun de reprendre concurremment l'usage de l'invention brevetée, dans la mesure de son droit et de ses facultés;

En ce qui touche le payement des annuités: — Considérant que si, aux termes de l'art. 4 de la loi du 5 juill. 1844, chaque brevet donne lieu au payement d'une taxe annuelle de 100 fr., qui doit être acquittée à chaque terme sous peine de déchéance, on ne peut grever une société qui n'existe plus du payement préalable de 14 annuités qui restent à courir; — Que la loi n'a, d'ailleurs, subordonné à la condition du payement préalable et total de la taxe que les actes de cession d'un brevet à des tiers; — Mais qu'appelé à juger par lui-même de l'opportunité du payement auquel est attachée la jouissance de son titre, le breveté est toujours libre d'y renoncer, et que, par un payement anticipé, il aliénerait sa liberté légale au profit de son concurrent, qui peut du reste renoncer également au bénéfice du brevet; — Qu'il y a lieu, dès lors, de laisser les parties sous l'empire du droit commun, sauf à leur réserver leur recours l'un contre l'autre en cas de jouissance simultanée.

Du 1er mars 1865.-C. de Dijon, 1re ch.-MM. Neveu-Lemaire, 1er pr.-Proust, 1er av. gén.-Jolibois, av.

l'apport dans une société; elle ne considère point l'apport comme soumis aux formalités de la cession, parce qu'alors le breveté demeure, comme associé, copropriétaire du brevet.

M. Bédarride, nos 254 et 278, et M. Pouillet, n° 306, critiquent cette jurisprudence. D'après ces auteurs, sauf le cas où la cession est limitée à la jouissance du brevet, l'effet de l'apport est de dessaisir le breveté de la propriété du brevet apporté pour en investir la société; il y aurait donc cession. M. Nouguier, en admettant que le breveté demeure copropriétaire indivis de son brevet, observe que ses coassociés le deviennent aussi; il y a donc cession partielle (V. Nouguier, n° 269). Ajoutons que le but de cette distinction entre l'apport et la cession paraît avoir été de refuser au breveté qui a fait l'apport, le droit de se prévaloir après la dissolution de la société, de l'omission des formalités de la cession pour s'opposer à la vente du brevet par le liquidateur, mais ce droit, il ne l'avait pas davantage en cas de cession, les formalités de la cession, prescrites seulement en vue de ses effets à l'égard des tiers, n'ayant aucun effet sur la validité du contrat entre les parties. La distinction est donc à cet égard aussi inutile en pratique qu'inexacte en droit. — Jugé que l'apport dans une société de commerce de la propriété d'un brevet d'invention ne peut être assimilé à une cession, tous les objets qui, par suite de l'apport, composent l'actif d'une société, appartenant indivisément à tous les associés. Par suite, l'art. 20 de la loi du 5 juill. 1844, aux termes duquel la cession doit être constatée par acte notarié et enregistrée au secrétariat de la préfecture, n'est pas applicable à l'apport. Spécialement, l'associé qui a fait l'apport ne peut, après la dissolution de la société et pour s'opposer à la vente du brevet opérée par le liquidateur, alléguer le défaut d'accomplissement des formalités de l'art. 20 de la loi du 5 juill. 1844, et soutenir que, par suite de cette omission, il est resté propriétaire de son brevet (Req. 19 juin 1882) (1). Dans le même sens, il a été décidé que toute convention sur un brevet d'invention qui implique aliénation ou cession du brevet, et non pas seulement mise en société, est soumise, pour pouvoir être opposée aux tiers, aux dispositions de l'art. 20 de la loi du 5 juill. 1844, c'est-à-dire à la constatation par acte notarié et à l'enregistrement de cet acte au secrétariat de la préfecture (Crim. rej. 24 nov. 1866, aff. Carbonnier, D. P. 68. 5. 43). — Jugé également que l'apport d'un brevet dans une société n'est pas sujet aux formalités prescrites par l'art. 20 de la loi du 5 juill. 1844, cet apport ne constituant pas une cession (Paris, 20 déc. 1882, aff. Société des brevets réunis *C.* Poupardin, Huard, sur l'art. 20, n° 51).

Jugé, de même, que les formalités prescrites par l'art. 20 de la loi du 5 juill. 1844 pour la cession des brevets ne sont pas exigées pour l'apport du brevet dans une société, cet apport ne pouvant être assimilable à une cession (Crim. rej. 24 mars 1864) (2). — Il a été décidé, toutefois, que, dans le cas de dissolution d'une société et de formation d'une société nouvelle, l'apport à la nouvelle société des brevets qui appartenaient aux membres de l'ancienne, est une véritable cession pour laquelle doivent être remplies les formalités prescrites par l'art. 20 de la loi du 5 juill. 1844 (Crim. cass. 7 mai 1857, aff. Fontaine, D. P. 57. 1. 318).

157. Si la société est nulle, l'associé apporteur du brevet, comme on l'a dit au *Rép.* n° 183, en conserve la propriété; la même opinion est formulée par M. Pouillet: « Si la société, dit-il, est déclarée nulle, il s'ensuit qu'il ne s'est pas formé d'être moral en dehors de la personne de chacun des associés, et que chacun d'eux est demeuré propriétaire de son apport, qu'il peut, dès lors, reprendre en nature » (Pouillet, n° 314).

La jurisprudence ne paraît pas avoir maintenu cette doctrine comme elle l'avait fait dans les arrêts rapportés au *Rép.* nos 183 et 184. Admettant qu'en cas de nullité de la société, il a existé néanmoins une société de fait entre les parties, elle a subordonné la reprise du brevet à l'accomplissement des obligations que la liquidation de cette société de fait peut mettre à la charge de la société, et a décidé même que le brevet, faisant partie de l'actif de la société de fait, suit le sort de la liquidation. — Jugé, en ce sens, qu'en cas de nullité d'une société pour inexécution des formalités prescrites par la loi, la liquidation de la société de fait qui a existé entre les contractants devant s'opérer conformément aux conventions faites entre eux en vue de la société qui s'est trouvée nulle, l'apporteur d'un brevet ne peut en revendiquer la propriété; le brevet demeure compris dans l'actif de la liquidation (Paris, 5 déc. 1872, aff. Nivert et Do *C.* Giraudeau ès-noms, *Annales de la propriété industrielle, etc.*, 73. 120). Jugé aussi que si l'apporteur du brevet

---

(1) (Hock *C.* Petit.) — Une société en nom collectif a été formée entre MM. Emile, Albert Hock frères, inventeurs brevetés, et MM. Anthony et Allègre. — La société a été dissoute le 4 févr. 1879; le liquidateur a émis la prétention de vendre les brevets, comme propriété de la société. Après avoir introduit un référé pour arrêter la vente poursuivie, MM. Hock frères ont intenté devant le tribunal civil de la Seine une demande en revendication de la propriété de leurs brevets. — Le tribunal civil de la Seine, le 2 janv. 1880 a rejeté cette demande par les motifs suivants : — « Attendu que les frères Hock, se prétendant seuls propriétaires des brevets, s'opposent à la mise en vente par Petit; — Attendu que vainement les frères Hock invoquent l'art. 20 de la loi du 5 juill. 1844, qui exige à l'égard des tiers une cession par acte notarié; que cette disposition ne peut s'étendre aux rapports des associés entre eux, etc. ». — Sur l'appel de MM. Hock, la cour de Paris, 5e ch., par un arrêt du 1er mars 1880, a confirmé le jugement par adoption de motifs. — Pourvoi en cassation par MM. Hock pour violation de l'art. 20 de la loi du 5 juill. 1844, des art. 1134, 1832 et suiv. c. civ., 18 et suiv. c. com., et des principes en matière de société. — Arrêt.

La cour; — Sur le moyen unique, tiré de la violation de l'art. 20 de la loi du 5 juill. 1844, des art. 1134, 1832 et suiv., c. com., et des principes en matière de société : — Attendu qu'il résulte en fait des constatations de l'arrêt dénoncé, que la propriété des brevets dont il s'agit avait été apportée par les frères Hock dans la société Hock frères, Anthony et Allègre; que la dissolution de cette société ayant été prononcée, ils se sont opposés à la vente desdits brevets par le liquidateur judiciaire; qu'ils soutiennent que les formalités de l'art. 20 de la loi du 5 juill. 1844 n'ayant pas été remplies, ils sont restés propriétaires de ces brevets; — Attendu que l'art. 20 exige, il est vrai, que les cessions de brevet aient lieu par acte notarié, avec enregistrement à la préfecture du département, et qu'il est constant que ces formalités n'ont pas été remplies dans l'espèce; mais que l'apport en société de la propriété d'un brevet ne peut être assimilé à une cession de brevet; que tous les objets qui, par suite de l'apport, composent l'actif d'une société, appartiennent indivisément à tous les associés, tandis que la cession dessaisit d'une manière absolue le cédant, pour transporter la propriété exclusive de la chose cédée au cessionnaire; que, dans l'espèce du pourvoi, l'art. 20 de la loi du 5 juill. 1844 n'était donc pas applicable, et que l'arrêt dénoncé, loin de violer aucun des articles précités, a fait une juste application des principes de la matière; — Rejette, etc.

Du 19 juin 1882.-Ch. req.-MM. Bédarrides, pr.-Delise, rap.-Chévrier, av. gén., c. conf.-Costa, av.

(2) (Guerrier *C.* Aubry.) — La cour; — Attendu que Guerrier, décédé au cours de l'instruction, est représenté par la dame Guerrier, sa veuve, laquelle a été instituée légataire universelle de son mari par un testament olographe de Me Viefville, notaire à Paris; que Guerrier ne laissait pas d'héritier à réseve; — Admet l'intervention; — En ce qui touche le premier moyen : — (Sans intérêt); — Sur le deuxième moyen, pris d'une fausse application de l'art. 20 de la loi du 5 juill. 1844 : — Attendu que la mise en société de la propriété d'un brevet d'invention ne saurait être assimilée à la cession de ce brevet, ni, par conséquent, être assujettie aux formalités prescrites par l'art. 20 de la loi du 5 juill. 1844; — Qu'en effet, tous les objets qui composent l'actif d'une société appartiennent indivisément à tous les associés; — Qu'à ce point de vue, la mise en société d'un brevet ne peut être considérée comme une cession qui dessaisit d'une manière absolue le cédant, pour transporter la propriété de la chose cédée au cessionnaire; — Attendu qu'étant admis qu'il s'agit au procès, non de la cession pure et simple d'un brevet, mais de sa mise en société, il faut en conclure que Guerrier était sans qualité pour agir en son nom personnel contre les contrefacteurs, soit pendant la durée de la société, soit pendant la période de sa liquidation; — Que c'est à bon droit que la cour impériale de Paris, après avoir décidé souverainement, en fait, que Guerrier avait apporté dans la société en nom collectif Guerrier, Ganot et comp., la propriété de son brevet, a jugé, en droit, que Guerrier était sans qualité pour poursuivre Aubry comme contrefacteur, et l'a déclaré non recevable en sa demande; — Rejette le pourvoi formé contre l'arrêt de la cour de Paris du 30 juill. 1863, etc.

Du 24 mars 1864.-Ch. crim.-MM. Vaïsse, pr.-du Bodan, rap.-Charrins, av. gén.-Bozérian et Gigot, av.

peut demander la nullité de la société pour reprendre son brevet, cette reprise est, en tout cas, subordonnée à l'exécution préalable des obligations qui peuvent être mises à sa charge par suite de la liquidation de la société de fait qui a existé entre les parties (Lyon, 4 mars 1863, aff. Bigard, cité par Pouillet, n° 314 *bis*).

158. Il peut arriver que le brevet apporté dans une société soit nul; il semble donc, si l'objet de la société est l'exploitation du brevet, que la nullité du brevet devrait entraîner la nullité de la société faute d'objet; mais le caractère relatif de la nullité du brevet rend cette question fort discutable. Une question identique se posera à propos de la validité de la cession d'un brevet qui vient ensuite à être déclaré nul; nous renvoyons donc à cette dernière question (V. *infrà*, n° 187).

159. Quel que soit, d'ailleurs, le titre, cession ou apport, qui a rendu la société propriétaire du brevet, rien ne s'oppose, comme on l'a vu au *Rép.* n° 184, à ce que par le contrat le breveté se réserve la reprise de son brevet à l'expiration ou à la dissolution de la société. — Jugé, en ce sens, que dans la liquidation d'une société qui n'a pas de créanciers sociaux, l'inventeur qui, en apportant son brevet à la société, s'en est réservé la reprise pour tous les cas possibles de dissolution, est en droit d'exiger l'exécution de la convention intervenue à cet égard (Paris, 21 déc. 1886, aff. Fougeron, *Revue des sociétés*, 1887, p. 89). Mais en principe, quand il n'y a pas convention contraire, la cession est réputée faite pour toute la durée du brevet, et la société qui en est ainsi devenue propriétaire a le droit d'en disposer lorsqu'elle prend fin. Il en est de même quand la cession s'est faite par apport de la propriété du brevet. Il s'ensuit donc que, suivant ce qui a été dit au *Rép.* n° 185, le brevet peut, par la liquidation, être attribué à un autre associé que le breveté, de même qu'il peut être vendu (V. en ce sens : Nouguier, n° 54; Pouillet, n° 317). Mais, dans le cas d'attribution à un associé, y a-t-il là un acte de partage ayant effet déclaratif, ou nouvelle mutation de propriété soumise aux formalités de la cession? (V. *infrà*, n° 191).

160. Dans le cas d'apport de la jouissance du brevet, l'apport doit être réputé fait pour la durée prévue de la société, sauf convention contraire ; par suite, si le breveté ne s'est pas réservé la reprise de la jouissance en cas de dissolution anticipée, la jouissance du brevet fait partie de l'actif de la société et est comprise dans la liquidation, comme il vient d'être dit plus haut pour le cas d'apport de la propriété (V. Pouillet, n° 315). Jugé, en ce sens, que celui qui, tout en se réservant la propriété de son brevet, en a apporté l'exploitation exclusive à une société ne peut, au cas de dissolution anticipée, reprendre le droit d'exploitation qui forme son apport; ce droit doit être vendu comme faisant partie de l'actif social, à moins que le breveté ne fasse un versement égal à l'apport de son coassocié (Aix, 7 avr. 1865, aff. Chavarel C. Flugel, *Annales de la propriété industrielle, etc.*, 66. 246). De même, le commanditaire qui, pour remplir sa commandite, a apporté le droit d'exploitation de son brevet ne peut, nonobstant la stipulation faite par lui du droit de reprendre son brevet en cas de dissolution volontaire de la société, reprendre en cas de faillite le droit d'exploitation qui constitue son apport; ce droit demeure compris dans le gage des créanciers (Bordeaux, 22 janv. 1862, aff. David C. Syndic de la Société Dalmazy-Lainé et comp., *Annales de la propriété industrielle, etc.*, 62. 392).

161. On a exposé au *Rép.* n° 188 que le brevet, à titre de bien mobilier, tombe dans la communauté conjugale, et l'on a rapporté en même temps l'opinion contraire de M. Renouard. L'opinion émise au *Répertoire* n'est plus aujourd'hui contestée (V. Nouguier, n° 346 ; Calmels, n° 443 ; Pouillet, n° 198 ; Picard et Olin, n° 445 ; Trib. Seine, 1er mars 1883, aff. Baudry, *Gazette des tribunaux* du 2 mars 1883).

162. De même, comme on l'a exposé au *Rép.* n° 189, le brevet est le gage des créanciers du breveté, qui peuvent le faire saisir et le faire vendre. Aucun doute ne s'élève sur le principe; mais l'application n'est pas sans difficulté. Par exemple, quelle procédure doit être suivie pour arriver à la saisie du brevet? MM. Picard et Olin, n° 441, considèrent que « le brevet se présente comme un bien appartenant à un débiteur, l'inventeur, et se trouvant entre les mains du Gouvernement ». Ils en concluent que la procédure doit être celle de la saisie-arrêt. M. Pouillet, n° 202, partage cette opinion ; la saisie devrait donc être faite aux mains du ministre du commerce, représentant l'Etat, tiers-saisi. Mais est-il exact que l'Etat puisse être le tiers-saisi ? L'Etat, une fois que l'arrêté de délivrance du brevet a été rendu, ne détient rien qui appartienne au breveté, et ne lui doit rien; il n'intervient dans les mutations de propriété du brevet que pour les enregistrer, rien de plus. La vérité est que le bien mobilier que représente le brevet consiste dans les droits exercés par le breveté vis-à-vis du public, et particulièrement dans le droit d'empêcher toute exploitation autre que la sienne ; c'est le public, et non l'Etat, qui est tenu vis-à-vis de lui d'une obligation de ne pas faire ; or on ne voit pas comment on pourrait faire jouer au public le rôle de tiers-saisi dans une procédure de saisie-arrêt; et nous sommes persuadés que tant que la loi n'aura pas organisé pour la saisie du brevet une procédure spéciale appropriée à la nature spéciale de l'objet saisi, le brevet sera bien saisissable en principe, mais il sera impossible de procéder à une saisie régulière.

On a cependant appliqué aux brevets la procédure de la saisie-arrêt, et la jurisprudence a admis la régularité de cette procédure. — Jugé que les brevets d'invention sont saisissables ; que les règles d'après lesquelles la saisie doit être pratiquée, ce sont celles des art. 561 et 569 c. pr. civ., relatives aux saisies-arrêts dans les mains des dépositaires publics, et non celles des art. 637 et suiv., relatives au cas de saisie de rente sur un particulier ; par suite, il n'y a pas lieu pour le saisissant d'appeler en cause le ministre du commerce entre les mains duquel la saisie a été formée (Trib. Lyon, 20 juin 1857, aff. Villard, D. P. 67. 5. 46-47. — V. dans le même sens : Trib. civ. Seine, 28 avr. 1859, aff. Pinguet, cité par Pouillet, n° 202).

163. On s'accorde à reconnaître que le brevet par sa nature de meuble incorporel, échappe au privilège du propriétaire (V. *Rép.* v° *Privilèges et hypothèques*, n° 246); cela ne met pas obstacle à ce que le droit du propriétaire s'exerce sur les objets brevetés, mais seulement comme meubles corporels et sans que la saisie, en ce qui touche l'emploi qui pourrait être fait de ces objets, puisse porter atteinte au droit exclusif d'exploitation de l'inventeur (Lyon, 26 déc. 1863, aff. Sonier-Dupré, D. P. 64. 2. 234).

164. Les droits que confère la propriété d'un brevet font au *Répertoire* l'objet des nos 191 à 199. Le breveté peut seul, par lui-même ou par ses ayants cause, cessionnaires ou concessionnaires de licence, exploiter l'objet du brevet, tel qu'il a été défini par la description jointe à la demande. Comme on l'a vu au *Rép.* n° 193, le brevet s'applique à la totalité de l'invention brevetée ; il en protège toutes les parties essentielles. C'est ainsi, par exemple, que le droit de l'inventeur d'une machine brevetée porte non seulement sur l'ensemble, mais encore sur les détails de cette machine, et principalement sur ceux qui sont plus particulièrement l'objet du brevet (Orléans, 24 avr. 1855, aff. Laurence, D. P. 55. 2. 327. V. aussi Crim. rej. 26 janv. 1867, *suprà*, n° 31). — De même, le brevet pris pour un agencement nouveau ayant pour objet de prévenir les inconvénients produits par le jeu d'une machine dans une industrie spéciale, protège toute application qui en est faite pour la même industrie même à des machines autres que celles indiquées dans le brevet (Crim. rej. 24 janv. 1868, aff. Rambert, D. P. 72. 5. 44. — V. dans le même sens : Crim. rej. 30 avr. 1869, aff. Dufour, D. P. 70. 1. 236). Au reste, les questions qui peuvent se poser relativement à l'étendue du brevet touchent à la définition de la contrefaçon; elles seront examinées plus loin (V. *infrà*, nos 272 et suiv.).

165. On a commenté au *Rép.* nos 197 et suiv., l'art. 33 de la loi de 1844, qui punit, d'une part, le fait, par le breveté, de mentionner sa qualité sans la faire suivre des mots « sans garantie du gouvernement »; d'autre part, l'usurpation de la qualité de breveté, soit que le brevet que l'on prétend exercer n'ait jamais eu d'existence légale, soit qu'il s'agisse d'un brevet expiré.

En ce qui concerne la première disposition, on a dit (*Rép.* n° 198) que la mention « sans garantie du gouvernement » satisfait aux prescriptions de la loi pourvu qu'elle soit écrite en caractères lisibles. Mais est-il nécessaire de l'écrire en toutes lettres? Il est d'un usage constant que les brevetés se contentent de l'abréviation s. g. d. g., et cette pratique est habituellement tolérée. Il a pourtant été jugé, et cette décision est approuvée par tous les auteurs, que cette abréviation est insuffisante et ne satisfait pas à la prescription de la loi (Trib. corr. Nancy, aff. Min. publ. *C.* Traverse-Jansin, *Gazette des tribunaux* du 9 oct. 1851. V. dans le même sens : Nouguier, n° 701 ; Calmels, n° 256 ; Pouillet, n° 352).

166. La disposition qui réprime l'usurpation de la qualité de breveté a pour but d'empêcher qu'un industriel ne porte atteinte à la liberté de ses concurrents en les intimidant à l'aide d'un privilège imaginaire que certains respecteraient sans le vérifier.

L'usurpation existe non-seulement quand on s'attribue un brevet qu'on n'a pas ou qui est expiré, mais aussi lorsque, possédant un brevet, on mentionne comme y étant compris des objets auxquels il ne s'applique pas (*Rép.* n° 198 ; Paris, 27 juill. 1867, aff. Serrin *C.* Philippe et Didion, *Annales de la propriété industrielle, etc.*, 67. 376. V. dans le même sens : Pouillet, n° 356). — Jugé que le fabricant qui, sur ses produits ou prospectus, prend la qualité de breveté, commet le délit prévu par l'art. 33 de la loi du 5 juill. 1844, lorsqu'il n'a pas en France de brevet correspondant à ces produits, bien qu'il soit breveté à l'étranger, et même en France pour des produits différents de celui sur lequel il appose la mention « breveté » (Trib. corr. Seine, 25 nov. 1882, aff. d'Argy, *Annales de la propriété industrielle, etc.*, 85. 68).

Mais on ne saurait assimiler au cas où le prétendu breveté n'a pas de brevet celui où le brevet qu'il possède est entaché de nullité, ou frappé de déchéance; il est, en effet, souvent très difficile d'apprécier exactement la validité d'un brevet ; même les causes de déchéance, plus faciles à reconnaître, peuvent être discutables; en tout cas rien n'indique que le délit de l'art. 33 soit punissable, s'il y a bonne foi de son auteur, et sa bonne foi résulte précisément des raisons de douter qui se présentent dans l'appréciation des causes de nullité ou de déchéance. Le breveté peut même ignorer la déchéance provenant du payement tardif de l'annuité, dans le cas très fréquent où c'est un mandataire qui est chargé de la payer. En outre, alors qu'un jugement aurait statué sur la nullité ou la déchéance du brevet, les effets de la chose jugée ne sont que relatifs, et le brevet nul ou déchu à l'égard des parties en cause, conserve son existence vis-à-vis du public en général. On ne peut donc dire que le breveté dont le brevet est nul, ou déchu, prenne faussement la qualité de breveté; il ne la prendrait faussement que dans le cas où, le brevet ayant été frappé de nullité absolue, sur la demande ou l'intervention du ministère public, il aurait continué à se dire breveté après que la décision judiciaire qui annule son brevet serait passée en force de chose jugée (V. Nouguier, n° 704 ; Pouillet, n° 355).

En tout cas, il faut que l'usurpation de la qualité de breveté ait pour but de tromper les tiers.

Ainsi, il a été jugé que celui qui en prenant la qualité de breveté, mentionne en même temps la date de ses brevets, et avertit ainsi le public que ces brevets sont expirés, n'encourt pas les pénalités de l'art. 33 (Paris, 17 juill. 1869, aff. Jouvin, *Annales de la propriété industrielle, etc.*, 70. 52).

167. Dans le cas où le prévenu du délit d'usurpation de la qualité de breveté exciperait de la propriété d'un brevet, M. Pouillet, n° 361, enseigne que le tribunal correctionnel serait compétent pour décider s'il en est, en effet, propriétaire, et pour statuer sur la validité du brevet. En sens contraire, il a été décidé qu'en pareil cas le tribunal ne peut statuer sur la question de propriété ou de validité, parce que la connaissance de ces questions ne lui est attribuée par l'art. 46 de la loi de 1844 que dans les actions en contrefaçon; que, par suite, le tribunal, ne pouvant statuer sur le moyen de défense du prévenu, ne peut pas non plus établir le délit (Trib. corr. Seine, 22 août 1855, aff. Masquillier, *Annales de la propriété industrielle, etc.*, 66. 26). Nous ne pouvons accepter la doctrine de M. Pouillet, qui semble admettre, d'une part, que la propriété du brevet pourrait être contestée au titulaire par le ministère public, tandis qu'elle ne peut l'être que par la partie qui la revendique pour elle-même (V. *suprà*, n° 147) ; et d'autre part, que le délit pourrait résulter de la nullité du brevet, ce qui est en contradiction avec ce que nous venons de dire sous le n° 166 et avec ce qu'il enseigne lui-même relativement aux effets de la nullité du brevet. Mais c'est à tort, croyons-nous, que le jugement précité s'appuie sur l'art. 46 de la loi du 5 juill. 1844. On verra *infrà*, n° 315, que l'art. 46, loin de consacrer une dérogation au droit commun sur la compétence du tribunal correctionnel, n'est que l'application du droit commun aux questions de contrefaçon; on ne peut donc en argumenter par *a contrario* pour sortir du droit commun. Ce qui justifie à nos yeux la solution admise par le tribunal, ce n'est pas le motif d'incompétence tiré par *a contrario* de l'art. 46 ; c'est, comme nous venons de l'indiquer, que la propriété du brevet ne pouvait pas être contestée par le ministère public, et qu'il n'y avait pas lieu de soulever la question de nullité, la possession du brevet, même nul, suffisant pour que la qualité de breveté ne fût pas usurpée.

168. La bonne foi du prévenu, dans les divers cas prévus par l'art. 33, peut-elle le soustraire à l'application de la peine? La question a été diversement résolue. L'affirmative est soutenue par M. Allart, n° 429 (V. aussi : Paris, 4 déc. 1869, aff. Jouvin *C.* Jouvin, *Annales de la propriété industrielle, etc.*, 70. 58. — *Contrà :* Pouillet, n° 360). — Décidé dans le même sens, qu'un fabricant poursuivi pour avoir vendu des produits brevetés non revêtus de la mention « sans garantie du gouvernement » ne peut exciper de sa bonne foi sous le prétexte que, précédemment condamné de ce chef, il a fait parvenir à tous ses clients des circulaires imprimées pour leur réclamer le renvoi des produits portant l'estampille délictueuse, s'il n'en a pas en même temps offert le remboursement (Nancy, 3 juill. 1883, aff. Robert, D. P. 84. 1. 477).

169. Une difficulté s'est élevée, au sujet du point de départ de la prescription triennale, applicable aux infractions réprimées par l'art. 33. On s'est demandé si ces infractions constituent des délits *successifs*, et si, par suite, la prescription commence à courir, non pas dès le moment où le produit portant l'énonciation mensongère ou incomplète a été mis en vente, mais seulement à partir du jour où la mise en vente a cessé. Cette dernière solution a été consacrée par un arrêt de la cour de Nancy du 3 juill. 1883 (aff. Robert, D. P. 84. 1. 477). — Mais, aux termes du même arrêt, la mise en vente n'est délictueuse qu'autant qu'elle est accomplie, soit par le breveté lui-même, soit par son représentant ou préposé; en conséquence, lorsqu'elle a été effectuée par des tiers qui n'étaient ni les mandataires, ni les préposés du fabricant, et que la dernière des ventes à eux consentie par le fabricant remontait à une époque antérieure de trois ans au premier acte de poursuite, la prescription est acquise (Crim. cass. 16 mai 1884, aff. Robert, D. P. 84. 1. 477).

170. Toute personne lésée par l'infraction à l'art. 33 est recevable à poursuivre son auteur devant le tribunal correctionnel. Mais le droit du ministère public de poursuivre l'auteur du délit n'est pas, comme en matière de contrefaçon, subordonné à la plainte préalable de la partie lésée (V. Nouguier, n° 711 ; Pouillet, n° 362 ; Allart, n° 431).

ART. 2. — *Transmission et cession des brevets* (*Rép.* n°s 200 à 227).

171. Comme on l'a vu au *Rép.* n° 200, le breveté peut céder, en tout ou en partie, la propriété de son brevet, ou accorder seulement de simples licences d'exploitation, en retenant pour lui-même la propriété.

Il arrive, d'ailleurs, que les parties contractantes donnent le nom de cession à une simple autorisation de licence, ou inversement que la licence est accompagnée de conditions qui en font une véritable cession, soit partielle, soit même totale ; c'est naturellement à l'objet du contrat, et non à la dénomination, qu'il faut s'attacher pour en déterminer la nature.

L'intérêt de la distinction consiste en ce qu'en principe, la cession, même partielle, est exclusive de toute autre cession portant sur les droits qui font l'objet de la première; le breveté ne peut plus céder à autrui que la part de propriété qu'il s'est réservée; ainsi, s'il a cédé son droit pour une certaine région, il ne peut évidemment plus consentir une nouvelle cession que pour le territoire non compris dans la première. En un mot, le breveté qui a fait une cession s'est interdit par là de faire ou d'autoriser aucune concurrence au cessionnaire, tandis que la concession d'une licence n'exclut pas celle d'autres licences, concurrentes de la première. En outre, le cessionnaire, acquérant une véritable propriété, peut en disposer et céder son droit; tandis qu'un des caractères de la licence est d'être personnelle (en comprenant toutefois dans la personne du licencié celle de ses héritiers) et de ne pouvoir être transmise d'un licencié à un autre sans l'agrément du breveté. Toutefois, dit à cet égard M. Pouillet, « il nous semblerait bien rigoureux que le manufacturier qui a acquis une licence, ne pût en transmettre la jouissance, dans les mêmes conditions, à son successeur, nous ne disons pas à son héritier, ce qui nous paraît évident » (Pouillet, n° 285). En tout cas, si le concessionnaire de la licence n'a point le droit d'en disposer au profit d'autrui, il ne lui est pas défendu de faire fabriquer par des tiers, pour son compte personnel, des objets compris dans le brevet et dont il aurait besoin pour son propre commerce (Crim. rej. 26 janv. 1867, *suprà*, n° 32).

172. Il est clair que, les parties étant libres dans leurs conventions, les restrictions qu'elles apportent aux droits du cessionnaire ou l'extension qu'elles donnent aux droits du licencié peuvent laisser indécise la véritable nature du contrat; mais on peut poser comme règle d'interprétation que tout acte qui concède un droit exclusif est une cession, et que toute concession dépourvue de caractère exclusif est une simple licence. C'est aux tribunaux à apprécier quelle a été à cet égard leur intention. — Il a été jugé que l'acte portant cession du droit de fabriquer et de vendre, comme le breveté lui-même, des machines ou instruments faisant l'objet d'un brevet, a pu être considéré, par interprétation souveraine des termes de cet acte, comme renfermant la concession d'une simple faculté d'exploitation, et non comme une cession partielle de la propriété du brevet (Req. 8 mars 1852, aff. Pecquiriaux, D. P. 52. 1. 80).

173. A l'égard des tiers, la distinction est importante, car le cessionnaire est investi du droit de poursuivre la contrefaçon, en remplissant les formalités prescrites par l'art. 20, tandis que le licencié ne pourrait pas exercer le droit de poursuite (V. Pouillet, n° 274). — Jugé que l'acte qualifié cession par les parties, mais reconnu par une interprétation souveraine de ses termes n'être qu'une concession de licence n'investit pas le cessionnaire du droit de poursuivre les contrefacteurs de l'invention brevetée, ce droit appartenant exclusivement au propriétaire du brevet (Req. 8 mars 1852, aff. Pecquiriaux, D. P. 52. 1. 80). De même, l'action en contrefaçon d'une invention brevetée n'appartient qu'au propriétaire du brevet, et ne peut, dès lors, être exercée par le porteur d'une simple licence, la licence laissant subsister sur la tête du breveté la propriété du brevet; ainsi, celui auquel le breveté s'est borné à accorder, à titre de licence, le droit exclusif d'exploiter l'invention avec interdiction de céder ce droit, et d'en faire usage au profit d'autres industriels de la même industrie, n'a pas qualité pour exercer des poursuites en contrefaçon (Rouen, 10 juin 1868, et Req. 27 avr. 1869, aff. Carbonnier, D. P. 70. 1. 122).

174. Il se peut que le droit de poursuite soit accordé au concessionnaire par l'acte de licence; mais il y a lieu de se demander si cette clause serait valable. « Une pareille convention, dit M. Pouillet, n° 283, n'a rien de contraire à la loi. » Mais il semble envisager plutôt le cas où les parties auraient mal à propos qualifié de licence une véritable cession, que celui où le breveté, retenant la propriété de son brevet, aurait néanmoins autorisé le licencié à poursuivre les contrefacteurs. En ce dernier cas, le droit de poursuite, qui est, non pas une part de la propriété du brevet, mais un attribut de cette propriété, ne peut appartenir à celui qui n'a pas acquis, au moins en partie, cette propriété; la concession de ce droit au licencié ne serait alors en réalité qu'une délégation de l'action en justice (V. Rouen, 2 janv. 1869) (1). — Jugé aussi que le porteur d'une

(1) (Gazier C. Darras.) — LA COUR; — Considérant que Gazier oppose aux poursuites de contrefaçon dont il est l'objet de la part de Darras une double fin de non-recevoir; — Qu'en premier lieu il soutient que Darras est sans qualité pour agir contre lui; — Considérant que le propriétaire du brevet peut en faire la cession totale ou partielle, à titre gratuit ou à titre onéreux, mais que, d'après les principes généraux du droit, confirmés d'ailleurs par les art. 20 et 21 de la loi du 5 juill. 1844, la cession emporte mutation du droit de propriété; — Considérant qu'outre la cession, le propriétaire d'un brevet peut, aux termes de l'art. 22, accorder la faculté d'exploiter l'invention ou la découverte; en d'autres termes, créer des permissionnaires ou des licenciés, mais que dans ce cas la propriété du brevet continue à résider en la personne de breveté; — Que, d'après l'art. 47, le propriétaire du brevet a seul la faculté de défendre cette propriété et de poursuivre les contrefacteurs; — Que si les licenciés peuvent être créés en nombre illimité, il y aurait de graves inconvénients à soumettre les prétendus coupables aux poursuites successives de tous ces licenciés; — Qu'ils n'ont d'action que contre le breveté, par voie de garantie ou de résiliation; — Qu'après tout, si le brevet est déclaré nul, ils n'en éprouvent aucun préjudice, puisqu'alors l'invention ou la découverte appartiennent au domaine public et qu'ils peuvent comme tous autres, librement les exploiter; — Qu'il suit de là que si Darras n'était qu'un simple licencié, il n'aurait pas qualité pour poursuivre Gazier; — Considérant, il est vrai, que Darras invoque une des stipulations de son adjudication d'après laquelle il serait subrogé aux droits des vendeurs pour poursuivre tous contrefacteurs, l'adjudication lui valant à cet effet de mandat irrévocable, sous la condition toutefois d'exercer ces poursuites à ses risques et périls, les vendeurs n'ayant entendu prendre aucun engagement à cet égard vis-à-vis de lui; mais qu'un pareil mandat n'est pas valable; qu'en effet, il a conduit Darras à intenter l'action en son propre nom, abstraction faite de celui de ses vendeurs, à s'assimiler, par rapport à eux, en quelque sorte, à un tuteur, ce que la loi n'autorise pas, et ce qui est une violation de la maxime qu'en France *on ne plaide pas par procureur;* — Mais considérant que Darras, s'il n'était qu'un simple licencié, serait dans une position difficile puisque, d'une part, il n'aurait pas d'action contre les contrefacteurs, et que, de l'autre, ayant pris à ses risques et périls les chances attachées au point de savoir s'il avait qualité pour exercer personnellement des poursuites, il serait privé de recours contre ses vendeurs; — Que, dès lors, il est inadmissible qu'on n'ait voulu lui conférer qu'une simple licence, étant de principe qu'il faut entendre les conventions dans un sens qui leur donne effet plutôt que dans celui qui ne leur en donne aucun; — Considérant que les vendeurs n'ont pas abandonné à Darras temporairement, c'est-à-dire pendant les dix mois de la durée du contrat, la toute propriété du brevet; qu'en effet, ils ont expressément réservé cette propriété; qu'ils se sont, en outre, réservé la faculté de poursuivre les autres contrefacteurs, s'ils le jugeaient à propos, soit seuls, soit conjointement avec Darras, ce qui implique l'existence, pendant ces dix années, de leur droit de propriété; — Qu'enfin prévoyant le cas où Darras cesserait le payement des annuités avant l'expiration de cette période de temps et où ce payement serait continué par eux-mêmes, ils ont expliqué qu'ils pourraient alors exploiter le brevet concurremment avec lui, faculté qui révèle de plus en plus la permanence de leur droit de propriété — Considérant qu'un abandon d'usufruit est la convention qui se combine le mieux avec les stipulations de l'adjudication; qu'en effet, on vend le droit d'exploitation, pendant dix ans, du brevet dont il s'agit, mais en en réservant la propriété; que ce droit d'exploitation est exclusif, puisqu'il est dit dans l'acte que l'adjudicataire pourra l'exercer comme bon lui semblera, et qu'on ne prévoit de concurrence que pour le cas où cet adjudicataire cesserait le payement des annuités; — Que, dès lors, il comprend, pendant sa durée, pour l'adjudicataire mis au lieu et place du titulaire, tous les profits quelconques du brevet; qu'un pareil droit excède évidemment celui du licencié, dont la jouissance n'est que restreinte et subordonnée, et qui n'a jamais l'exploitation exclusive et absolue du brevet; — Qu'il a tous les caractères de l'usufruit, et qu'il est défini par l'art. 578 c. nap., surtout quand on le rapproche de la réserve de la propriété; — Qu'en vendant une machine destinée à la fabrication de la brique, on a eu soin de dire que l'adjudicataire aurait à la fois la propriété et la jouissance, faisant ainsi allusion au brevet dont l'usufruit seulement était adjugé; — Qu'on s'explique alors que l'adjudicataire ait été qualifié de concessionnaire et qu'on lui ait reconnu le droit de poursuivre en son nom le contrefacteur, puisque l'usufruit étant un démembrement de la propriété, cet adjudicataire avait obtenu une cession partielle de brevet; — Qu'enfin, si quelques expressions de l'adjudication restent équivoques, il faut donner à chacune le sens qui résulte de l'acte entier et s'arrêter à la commune intention des parties contractantes; — Considérant, par suite, que si Darras est usufruitier et non simple licencié, il a eu qualité pour exercer les poursuites dont Gazier est l'objet et que, sous ce rapport, la fin de non-recevoir qu'on lui oppose doit être rejetée;

Considérant, en second lieu, que Gazier prétend qu'au moins l'action est, quant à présent, non recevable; — Qu'en effet, aux termes de l'art. 20, la cession totale ou partielle du brevet ne peut être faite qu'après le payement de la totalité de la taxe déterminée par l'art. 4, et que l'adjudication établit que cette condition n'a pas été remplie, puisque Darras est chargé d'acquitter pendant

simple licence peut être déclaré non recevable à exercer une action en contrefaçon, quoique son droit de poursuite ait été reconnu par une décision rendue entre lui et le titulaire et passée en force de chose jugée, une telle décision n'étant pas opposable au défendeur à l'action en contrefaçon qui n'y a pas été partie (c. civ. art. 1351) (Rouen, 10 juin 1868, et Req. 27 avr. 1869, aff. Carbonnier, D. P. 70. 1. 122).

175. En tout cas, si la concession d'une simple licence peut comprendre la concession du droit de poursuite à l'égard des contrefacteurs, qui est à vrai dire une partie de la propriété du brevet, le licencié n'est investi de ce droit vis-à-vis des tiers qu'après l'accomplissement des formalités prescrites par l'art. 20 pour les cessions.

Jugé, en ce sens, que si, faute d'avoir accompli ces formalités, le cessionnaire de la propriété même du brevet reste sans titre et sans action contre les contrefacteurs, il en est de même, à plus forte raison, de celui qui a seulement acquis du breveté la faculté d'exploiter son invention, et qui ne saurait avoir plus de droits que ce cessionnaire (Crim. cass. 25 févr. 1860, aff. Drouin, D. P. 60. 1. 200).

176. Pour les formalités de la cession prescrites par l'art. 20, il suffit de se reporter au *Rép.* n°s 204 à 209. Ces formalités ne sont, d'ailleurs, pas nécessaires pour la validité du contrat entre les parties (Crim. rej. 1er sept. 1855, aff. Dominge, D. P. 55. 1. 413; Gand, 28 mai 1884, aff. Hantson *C.* Grawitz, *Pasicrisie belge*, 84. 2. 275); mais la formalité de l'enregistrement à la préfecture, qui ne peut être remplie qu'après l'accomplissement des autres formalités, est indispensable pour transférer au cessionnaire les droits du cédant à l'égard des tiers, et le rendre recevable à poursuivre les contrefacteurs. — Jugé, sur ce dernier point, que celui qui prétend avoir sur un brevet d'invention pris en France les droits conférés au *trustee* par la législation anglaise ne peut exercer devant les tribunaux français une poursuite en contrefaçon s'il ne produit pas un acte de cession authentique et enregistré au secrétariat de la préfecture (Paris, 28 janv. 1879, aff. Brown-Roden, D. P. 80. 2. 105). — De même, pour une cession non accompagnée du payement de la taxe, et par suite, nécessairement non enregistrée, le cessionnaire d'un brevet d'invention n'est pas recevable à poursuivre les contrefacteurs tant que les annuités de la taxe fixée par l'art. 4 de la loi du 5 juill. 1844 n'ont pas été payées (Rouen, 2 janv. 1869, aff. Gazier, D. P. 74. 5. 46, *suprà*, n° 174). — Le cessionnaire d'un brevet d'invention qui n'a point fait enregistrer son acte de cession au secrétariat de la préfecture, est sans qualité pour exercer contre les tiers des poursuites en contrefaçon; on opposerait vainement que l'enregistrement n'est nécessaire qu'à l'encontre de ceux qui ont des titres ou des droits à faire valoir contre la cession (Crim. cass. 12 mai 1849, aff. Laval, D. P. 50. 1. 32). — Jugé encore que les prévenus de contrefaçon ont qualité pour se prévaloir, contre les cessionnaires d'un brevet d'invention, de la nullité résultant du défaut d'enregistrement de la cession au secrétariat de la préfecture (Crim. rej. 6 avr. 1850, aff. Mothès, D. P. 52. 5. 59). — Jugé, de même, que l'omission des formalités de la cession d'un brevet (enregistrement et notification au département de l'intérieur) n'entraîne pas nullité entre les parties (Gand, 28 mai 1884, aff. Hantson *C.* Grawitz, *Pasicrisie belge*, 84. 2. 275).

177. Aucun délai n'est imparti pour faire procéder à l'enregistrement, cette obligation n'incombe pas à l'une des parties plutôt qu'à l'autre; mais le cessionnaire a intérêt à y procéder sans retard, d'abord pour pouvoir poursuivre les contrefaçons, et ensuite pour éviter les cessions frauduleuses qui pourraient être consenties par le cédant; car de deux cessions, la première enregistrée prime l'autre.

Jugé, à l'égard de l'enregistrement tardif, que l'enregistrement de la cession d'un brevet d'invention, opéré postérieurement aux faits de contrefaçon poursuivis par le cessionnaire, est tardif à l'égard des prévenus, quoique la demande en ait été formée préalablement à l'action en contrefaçon, et qu'il ait été effectué avant le jugement de cette action (Crim. rej. 6 avr. 1850, aff. Mothès, D. P. 52. 5. 59).

178. En ce qui touche l'authenticité de l'acte de cession, on s'est demandé si elle était prescrite à peine de nullité de la cession. M. Pouillet, n° 232, pense que l'omission de cette formalité ne pourrait pas être opposée au cessionnaire par les prévenus de contrefaçon, la nullité à l'égard des tiers n'étant attachée qu'au défaut d'enregistrement d'après les termes mêmes de l'art. 20. A plus forte raison, si la cession a été faite par mandataire, ne devrait-on pas exiger que le pouvoir de ce mandataire fût donné par acte notarié. — Jugé, toutefois, en sens contraire, que la cession d'un brevet d'invention, soumise par l'art. 20 de la loi du 5 juill. 1844 à la forme authentique, ne peut être consentie par mandataire qu'en vertu d'une procuration donnée dans la même forme (Rouen, 15 juin 1867, aff. Carbonnier, D. P. 70. 1. 122).

179. Lorsque le brevet a été l'objet de cessions successives, l'irrégularité de l'une d'entre elles par l'omission des formalités prescrites par l'art. 20 n'empêche pas que les cessionnaires postérieurs fassent valoir leurs droits contre les tiers, s'ils sont eux-mêmes en règle. M. Bédarride, n° 269, estime pourtant que le cessionnaire dont la cession serait nulle ne peut transmettre à d'autres des droits qu'il n'a pas acquis. Il y a là une confusion; la cession irrégulière pour défaut de formalités n'est pas nulle; l'exercice des droits du cessionnaire contre les tiers est seulement suspendu tant que la cession n'a pas été régularisée et rendue opposable aux tiers par la publicité qui résulte de l'enregistrement; mais ces droits existent, le cessionnaire peut les céder, et ils recouvrent leur efficacité en faveur du nouvel acquéreur du moment que celui-ci fait enregistrer son contrat (V. Pouillet, n° 219). La jurisprudence est conforme à cette opinion. Jugé, en effet, que, pour que le cessionnaire d'un brevet d'invention soit recevable à exercer des poursuites contre les contrefacteurs, il suffit qu'il établisse sa propriété par un acte *authentique* et enregistré à la préfecture, sans qu'il soit nécessaire, au cas où le brevet a antérieurement passé par les mains d'acquéreurs successifs, que chaque transmission soit également établie par un acte de même nature; on prétendrait à tort que les cessions sous seings privés sont sans valeur en cette matière, la loi ayant entendu seulement restreindre leur effet entre les contractants (Crim. rej. 1er sept. 1855, aff. Dominge, D. P. 55. 1. 413).

180. Aucun autre acte ne peut remplacer l'enregistrement de l'acte de cession. Jugé, sur ce point, que l'enregistrement au secrétariat de la préfecture de l'acte notarié, exigé pour la constatation de toute cession de brevet d'invention, n'est pas suppléé par l'enregistrement d'une décision judiciaire constatant une convention de cette nature, alors surtout que cette décision n'a pas eu pour objet de conférer l'authenticité à la constatation de ladite convention (Crim. rej. 24 nov. 1866, aff. Carbonnier, D. P. 68. 5. 43). — Jugé aussi que la sommation, faite par huissier au préfet, d'opérer l'enregistrement d'une cession de brevet n'équivaut point à cet enregistrement (Crim. cass. 12 mai 1849, aff. Laval, D. P. 50. 1. 32).

181. La cession pouvant être accompagnée de conditions ou charges, on doit se demander si l'inexécution des conditions du contrat par le cessionnaire transforme l'exploitation qu'il fait du brevet en une contrefaçon; c'est ce qui sera examiné *infrà*, n° 281.

Mais, quoi qu'il en soit, il appartient au cédant seul de se prévaloir de cette inexécution; les tiers ne pourraient en tirer une fin de non-recevoir contre les poursuites du cessionnaire (V. Pouillet, n° 264). Ce serait une contestation sur la propriété du brevet, qui ne peut être soulevée que par celui qui s'en prétend lui-même propriétaire (V. *suprà*, n° 138).

---

sa jouissance, au lieu et place des vendeurs, les diverses annuités à échoir; — Que la loi a la même exigence pour le payement de la taxe que pour l'authenticité de l'acte destiné à contenir la cession; — Qu'on objecte vainement que le payement n'a été prescrit que pour assurer la sécurité des cessionnaires, et que, dans l'espèce, il n'y a rien à craindre à cet égard, puisque Darras lui-même a été chargé de payer les annuités; qu'en effet, il n'y a pas à distinguer lorsque la formule employée par la loi est impérative; — Que, d'ailleurs, il est évident que, pour expliquer le texte, l'intérêt du fisc se place à côté de la sécurité des cessionnaires; — Qu'il est donc vrai qu'à ce point de vue, l'action de Darras est, quant à présent, non recevable; — Infirme.

Du 2 janv. 1869.-C. de Rouen, ch. corr.-MM. Tardieu, pr.-Grenier, Paul Lemarcis et Frère, av.

182. On a exposé au *Rép.* n° 213, que la cession du brevet est soumise aux principes généraux des conventions, et particulièrement aux règles du contrat de vente. Mais l'application de ces règles est sujette à controverse, dans le cas où le cessionnaire, poursuivant un contrefacteur, ou défendant à une action directe en nullité, a vu prononcer la nullité de son brevet. Peut-il, en ce cas, se retourner contre son vendeur, pour demander la nullité de son contrat et la restitution du prix?

La plupart des auteurs sont d'avis que, le brevet étant l'objet de la vente, si ce brevet est nul, la vente est nulle faute d'objet (V. Nouguier, n° 337; Bédarride, n° 353).

D'après M. Pouillet, au contraire (n° 246), cette opinion ne tient pas compte de la nature spéciale du brevet et de son caractère aléatoire; sauf le cas très rare d'intervention du ministère public dans les termes de l'art. 37, la nullité, quand elle est prononcée, n'est que relative; en outre, les questions de nullité dépendent de la comparaison d'éléments le plus souvent difficiles à saisir, comparaison « qui conduira des esprits différents à des jugements opposés; non seulement il est impossible de décider *a priori* si tel brevet est ou non valable, mais encore il n'est pas sans exemple de voir le même brevet validé à l'égard de l'un, annulé à l'égard de l'autre ». D'où cette conclusion que le brevet à l'égard duquel un jugement de nullité a été prononcé, n'est pas pour cela inexistant; la nullité est seulement un vice, auquel il ne faut appliquer que la garantie des vices cachés de la chose vendue. Il faudra distinguer entre les vices que peut faire apparaître l'examen du brevet, c'est-à-dire l'étude du mémoire descriptif, et ceux qui ne peuvent être révélés par cet examen. Ainsi, dit encore M. Pouillet, n° 249, « un vice caché, c'est par exemple l'introduction en France par le breveté, avant la cession, d'objets semblables à ceux de son brevet; c'est son défaut d'exploitation pendant deux années consécutives; c'est sa dissimulation, dans le brevet, de ses moyens véritables. Ce peut être encore l'impossibilité, ou seulement l'extrême difficulté d'une application industrielle. Combien d'inventions, admirables dans la description, sont inexécutables dans l'atelier!... Il y aurait de même un vice caché dans le fait que le breveté ne serait pas le propriétaire de l'invention et qu'il aurait usurpé les moyens du véritable inventeur. Dans tous ces cas, le cessionnaire ignorait le vice dont le brevet était atteint, et rien ne pouvait le lui révéler ».

Au contraire, l'insuffisance de description, le caractère illicite de l'invention, le défaut de relation entre le brevet et son certificat d'addition, sont des vices que l'examen du brevet pouvait révéler; le cessionnaire était aussi bien à même de les reconnaître lors de son contrat, que celui qui les a ultérieurement fait valoir contre lui. Même en ce qui touche le défaut de nouveauté, le cessionnaire ne peut être réputé avoir ignoré une publicité qui est jugée suffisante pour avoir mis l'objet du brevet dans le domaine public. D'ailleurs, si on tient compte, pour les vices apparents, des difficultés d'appréciation et de la diversité des jugements qui peuvent être portés sur la validité d'un brevet, on arrive à conclure que la nullité du brevet, si elle ne s'est pas clairement manifestée aux yeux du cessionnaire, est au moins une éventualité qu'il a dû prévoir et un risque qu'il savait inséparable de la nature de l'objet qu'il achetait, et auquel il s'est soumis. Ce n'est pas que l'intention contraire ne puisse résulter du contrat et des circonstances qui l'ont accompagné; mais tant qu'il n'est pas justifié que la garantie du risque de nullité était dans l'intention des parties, le contrat a un caractère aléatoire et les chances mauvaises qui viennent à se réaliser ne doivent pas donner un recours au concessionnaire contre le cédant.

183. Ce système, ainsi que le reconnaît l'auteur auquel nous l'empruntons, n'a pas été adopté par la jurisprudence.

Il a été décidé, à la vérité, mais dans une espèce où le cédant avait formellement stipulé une clause de non-garantie, que le juge commercial saisi d'une demande en payement des redevances dues par le cessionnaire d'un brevet d'invention peut, par interprétation des conventions intervenues, déclarer que l'action en nullité du brevet, intentée par le cessionnaire devant la juridiction civile, n'est pas de nature à exercer aucune influence sur la validité de la cession et sur l'exécution qui en est poursuivie; qu'il lui appartient, par suite, de repousser les conclusions du défendeur, tendant à ce que la demande soit renvoyée, pour cause de connexité, devant le tribunal saisi de la demande en nullité, et subsidiairement à ce qu'il soit sursis à statuer jusqu'après le jugement de cette demande; une telle décision n'implique pas la solution de la question de nullité du brevet (Req. 14 août 1876, aff. Avril, D. P. 78. 1. 22). — Mais il a été jugé, dans le sens de la nullité de la cession, que la cession d'un brevet d'invention peut être annulée pour défaut de cause, lorsque ce brevet est dépourvu de toute valeur comme ne contenant que des procédés déjà connus, décrits et essayés, sans qu'il soit besoin que les juges prononcent préalablement la nullité du brevet lui-même, et que, dès lors, cette nullité ait été demandée par le cessionnaire (Req. 15 juin 1858, aff. Mortera, D. P. 58. 1. 453). — Jugé, dans le même sens, que les cessionnaires d'un brevet ne sont pas tenus d'exécuter le traité, lorsque le brevet du cédant ne garantit pas les produits objets de la cession (c. civ. art. 1101, 1108, 1110, 1134 et 1583) (Bordeaux, 17 janv. 1882, et sur pourvoi, Req. 19 févr. 1883) (1). — Dans le même sens, il a été décidé que la cession d'un brevet d'invention nul en la forme, à raison, par exemple, de l'insuffisance de la description jointe à ce brevet, doit elle-même être annulée pour défaut d'objet, nonobstant le caractère brevetable de l'invention, la cession portant sur le brevet et non sur cette invention; et que la nullité de cette cession peut être demandée sans qu'il soit besoin que le brevet ait été préalablement déclaré nul (Sol. impl., Req. 22 avr. 1861, aff. Landois, D. P. 61. 1. 422). Il en est de même de la cession d'un brevet accordé pour une découverte non brevetable, si cette cession n'a pas été faite à titre aléatoire (Même arrêt). — Jugé aussi que la cession d'un brevet non susceptible d'application industrielle est nulle, faute d'objet et de cause; le défaut de résultat pratique, lorsque l'acheteur ne pouvait s'en rendre compte, constitue en tout cas un vice dont la garantie est due par le vendeur (Liège, 9 févr. 1884, aff. Henry C. Martial de Bleret, *Pasicrisie belge,* 84. 2. 187); — Que la déchéance d'un brevet après la cession, par la faute du cédant, entraîne résolution du contrat; mais il n'est dû d'indemnité au cessionnaire qu'en cas de dommage prouvé (Liège, 5 févr. 1873, aff. David C. Martin, *Pasicrisie belge,* 73. 2. 139).

184. D'autres arrêts, tout en admettant la garantie due par le cédant, repoussent la nullité de la cession, et font entrer en compensation des restitutions de prix dues par le cédant les bénéfices que l'exploitation du brevet a rapportés au cessionnaire tant que la validité du brevet n'a pas été contestée; et cela même au cas où la garantie réclamée se rapportait à un vice caché du brevet, provenant du fait personnel du cédant. — Jugé, en ce dernier sens: que la résolution d'une cession de brevet d'invention pour cause de déchéance du brevet encourue antérieurement à la cession, à raison, par exemple, de l'introduction en France d'objets fabriqués en pays étranger, semblables à ceux brevetés, ne donne lieu à la restitution des annuités payées comme prix de la cession que sous la déduction des avantages que l'exploitation paisible du procédé breveté a procurés au cessionnaire jusqu'à cette résolution (Req. 25 mai 1869, aff. Godart, D. P. 69. 1. 367); — Que les conventions

(1) (Desvignes frères C. Carenne et autres.) — LA COUR; ... — Sur les second et troisième moyens, pris de la violation de l'art. 7 de la loi du 20 avril 1810 et des art. 1101, 1108, 1110, 1582 et 1583 c. civ. : — Attendu que l'arrêt attaqué constate que les frères Desvignes, en cédant, le 21 oct. 1878, aux sieurs Carenne et Sue, le monopole de la vente des bondes automatiques conservatrices, avaient fait cette cession sur la garantie d'un brevet d'invention existant en leur faveur; mais que le brevet pris par eux le 30 mars 1876 ne s'appliquait pas aux produits, objets de la cession, qui se trouvaient ainsi dépourvus de la garantie promise; — Attendu qu'en se fondant sur ces appréciations souveraines, pour décider que les sieurs Carenne et Sue ne pouvaient être tenus à prendre les livraisons requises par les frères Desvignes, l'arrêt attaqué n'a violé aucune des dispositions de lois visées au pourvoi; — Rejette, etc.

Du 19 févr. 1883.-Ch. req.-MM. Bédarrides, pr.-Becot, rap.-Petiton, av. gén., c. conf.-Rouillier, av.

permises entre un inventeur et celui auquel il aliène le droit d'exploiter son invention ne pouvant avoir d'autre base que le brevet lui-même, toute clause de ces conventions se référant purement et simplement à la durée du brevet doit être, par application de l'art. 1134 c. civ., souverainement interprétée entre les parties en ce sens qu'il s'agit de la durée prétendue par le possesseur de ce brevet, sans distinguer entre la durée nominale et la durée légale du brevet, qui subsiste par sa propre force tant qu'il n'a pas été légalement infirmé (Metz, 11 févr. 1864, aff. de Montagnac, D. P. 64. 2. 141).

Il a, d'ailleurs, été décidé que la clause de non-garantie stipulée dans l'acte de cession d'un brevet d'invention, pour le cas de nullité de ce brevet, ne peut être étendue à l'éviction résultant de la déchéance du brevet encourue pour un fait personnel au cédant (Paris, 24 juill. 1868, aff. Godart, D. P. 69. 1. 367).

185. Il peut arriver que la nullité du brevet ne le frappe que dans une de ses parties; il y aura alors à tenir compte, dans l'appréciation du recours du cessionnaire contre le cédant, du plus ou moins d'importance de la partie annulée; il peut n'y avoir lieu à aucune garantie, si ce qui subsiste était l'objet principal du contrat.

Jugé, en ce sens, que le défaut de nouveauté de certains objets que le breveté a compris dans sa description n'empêche pas le brevet de demeurer valable pour la partie contre laquelle il n'est produit aucune antériorité ; en pareil cas, la nullité partielle du brevet n'est pas une cause de résiliation de la cession, alors qu'il est établi que c'est la partie du brevet qui subsiste qui a été envisagée par les contractants comme le véritable objet du contrat (Douai, 13 août 1866, aff. Deplechin, cité par Pouillet, n° 269) ; — Que lorsqu'une cession porte à la fois sur les brevets antérieurs au contrat et sur ceux que l'inventeur pourra prendre par la suite, ces brevets futurs soutiennent en tout cas la convention, et le cessionnaire ne peut en demander la résiliation (Douai, 16 avr. 1867, aff. Dumont, *ibid.*).

186. Quant à l'apport du brevet dans une société, que la jurisprudence paraît distinguer de la cession (V. *suprà*, n° 156), il présente en tout cas avec celle-ci la plus grande analogie, et la solution qu'on admettrait en ce qui concerne les effets de la nullité du brevet relativement à la validité de la cession s'y applique également. Si on considère le brevet comme inexistant lorsque la nullité en est prononcée, la nullité de la société constituée en vue de ce brevet s'en déduit naturellement; tandis que la société subsiste, si on considère la nullité du brevet comme une éventualité prévue par les contractants, et qui, lorsqu'elle se réalise, diminue seulement la valeur du brevet sans le détruire absolument comme objet d'exploitation commerciale (V. Pouillet, nos 312 et 313).

187. Si la nullité du brevet doit entraîner la nullité de la cession, le cessionnaire qui vient à reconnaître une cause de nullité du brevet qu'il a acquis peut-il s'en prévaloir avant que la nullité du brevet lui ait été opposée à lui-même? Il semble bien que, même si la nullité du brevet doit être regardée comme une éviction dont le cédant doit la garantie au cessionnaire, cette éviction, tant que la nullité n'a pas été prononcée, demeure incertaine ; le cessionnaire n'est pas fondé à recourir contre son cédant, aussi longtemps qu'en fait le droit exclusif qu'il a entendu acquérir s'exerce efficacement contre les tiers, et que ceux-ci ne font point valoir contre le brevet les nullités dont il peut être affecté (V. Pouillet, n° 265 ; Bozérian, dans la *Propriété industrielle*, n° 369.— Comp. Req. 22 avr. 1861 cité *suprà*, n° 183).

188. La même solution s'appliquerait au cas où un associé voudrait poursuivre la nullité du brevet mis en société pour en faire résulter la nullité de la société : MM. Picard et Olin, n° 858, enseignent même « que les associés pourraient être repoussés par *l'exceptio doli*, aucun d'eux ne pouvant accomplir un acte qui ferait tort à la société ». Sans admettre ce raisonnement, qui revient à dire qu'un associé ne pourrait jamais plaider en nullité de la société dont il fait partie, nous déterminons à l'égard de l'associé par les mêmes motifs qu'à l'égard du cessionnaire (V. Rennes, 24 août 1883, aff. Société anonyme de commissions, D. P. 85. 1. 350).

189. On a insisté précédemment sur la distinction entre la cession du brevet et la concession d'une simple licence d'exploitation (V. *suprà*, nos 171 et suiv.). De la différence entre la nature des deux contrats, il résulte que celui à qui la licence a été concédée ne peut, comme le cessionnaire, demander la nullité de son contrat à raison de la nullité du brevet; en général, la licence ne comporte pas pour le licencié un droit exclusif à l'exploitation du brevet. Que si la licence avait été concédée à titre exclusif, elle comporterait le droit d'exiger du breveté des poursuites contre les contrefacteurs ; mais l'insuccès de ces poursuites, non plus qu'un jugement prononçant la nullité du brevet, ne donneraient lieu à un recours en garantie contre le breveté, sauf dans le cas où la nullité, comme la déchéance antérieure au contrat ou survenue au cours du contrat, proviendrait du fait personnel de ce dernier; en effet, il appartenait au concessionnaire de la licence, comme à tout autre, d'apprécier, au moment du contrat, la validité ou la nullité du brevet. En rappelant, d'ailleurs, ce qui a été dit précédemment des éventualités auxquelles est soumis le brevet (V. *suprà*, nos 181 et suiv.), nous dirons que le concessionnaire, ayant, lors de son contrat, le choix entre l'exploitation sans autorisation avec les chances d'un procès, et la conclusion d'un traité avec le breveté, a opté pour ce dernier parti; il est vrai que si un tiers obtient un jugement prononçant la nullité du brevet, celui-là se trouvera avoir obtenu pour rien ce que le concessionnaire s'est obligé à payer; mais le fait qu'un autre a mieux réussi en faisant le choix contraire au sien ne peut ni le dégager de son contrat, ni engager envers lui la responsabilité de son co-contractant (V. Pouillet, n° 286). — Jugé, en ce sens, que la concession d'une licence ne comportant au profit du concessionnaire que le droit d'exploiter sans trouble l'invention qui en fait l'objet, le concessionnaire qui n'allègue aucun trouble apporté dans sa jouissance ne peut s'autoriser, pour ne pas remplir ses engagements, de ce que le breveté aurait succombé dans une poursuite en contrefaçon, à raison de la nullité de son brevet, surtout à une époque antérieure au contrat (Grenoble, 20 juill. 1877, aff. Porion C. Bouchayer et Viallet, *Annales de la propriété industrielle, etc.*, 78. 83). — Décidé, dans le même sens, du moins par analogie, qu l'apport par le breveté dans une société du simple usage de son brevet pouvant être assimilé à une licence concédée à la société, un pareil apport donne à celui qui l'a fait droit à la portion de bénéfices à lui allouée en considération de cet apport, sans que les autres associés soient fondés, lors de la dissolution de la société, à exciper contre lui de la nullité ou de la déchéance dont son brevet se trouvait frappé dès l'époque où l'apport en a été fait, si, pendant toute la durée de la société, l'invention a été l'objet d'une exploitation utile, et n'a jamais été contestée (Civ. rej. 3 mai 1865, aff. Ballard, D. P. 65. 1. 228).

190. La formalité de l'enregistrement à la préfecture peut être appliquée à tous les actes emportant mutation de la propriété du brevet ; mais elle n'est prescrite à peine de nullité à l'égard des tiers que pour les cessions, et dans les cas où elle n'est pas prescrite à peine de nullité, elle peut être accomplie sans le payement préalable des annuités du brevet (Circ . min . 31 oct. 1844) . Il reste alors à préciser ce qu'on doit entendre par cession; c'est ce que n'ont fait d'une façon bien nette ni les auteurs, ni la jurisprudence. Si on s'en référait au but de la loi, qui a voulu organiser une publicité pouvant mettre en garde les tiers contre les erreurs ou les fraudes auxquelles ils seraient exposés par l'existence simultanée d'un propriétaire apparent, mais dessaisi de ses droits, et d'un propriétaire véritable, inconnu du public, il faudrait appliquer ces formalités toutes les fois que la propriété passe, entre vifs, d'une personne dont le nom figure au brevet ou sur le registre des mutations à une autre personne. Mais on n'a pas suivi un principe bien défini et l'on n'a résolu que des hypothèses particulières.

191. Ainsi on admet que les mutations par partage, que ce soit entre associés ou copropriétaires, ne sont pas sujettes aux formalités de la cession (V. Pouillet, n° 289). — Jugé, sur ce point, que le copropriétaire d'un brevet d'invention (un associé), investi de la propriété exclusive de ce brevet par l'effet d'un partage, n'est pas tenu de remplir la formalité d'enregistrement, prescrite pour la validité des cessions de brevet à l'égard des tiers. En conséquence, l'inventeur demeuré propriétaire unique du brevet par l'effet du partage, est recevable à poursuivre les tiers en contrefaçon, nonobstant l'inaccomplissement de cette formalité (Crim. rej. 10 août 1849, aff. Caron, D. P. 49. 1. 211).

192. On a vu plus haut que la jurisprudence ne considère pas l'apport en société comme une cession (V. *suprà*, n° 168). Dans le cas où la société serait cessionnaire du brevet, il a été jugé qu'une cession de brevet d'invention qui lui est consentie, n'est pas assujettie à l'enregistrement au secrétariat de la préfecture, lors de chacune des modifications qui peuvent être ultérieurement apportées au régime de cette société, s'il n'y a pas eu création d'une société nouvelle, et si la société cessionnaire, dont la raison sociale a toujours été maintenue, n'a jamais cessé d'être propriétaire du brevet: il suffit que la cession faite à cette société ait été enregistrée (Req. 6 nov. 1854, aff. Loiseau, D. P. 55. 1. 347). — Jugé aussi que l'art. 20 de la loi du 5 juill. 1844, qui prescrit le payement de la totalité des annuités à courir en cas de cession de brevet, est inapplicable au cas de dissolution d'une société formée pour l'exploitation d'un brevet. La taxe n'est alors exigible qu'annuellement aux risques des divers exploitants, et sauf leur recours l'un contre l'autre (Dijon, 1er mars 1865, *suprà*, n° 154).

193. La même solution s'applique au cas où un jugement subroge l'inventeur aux droits d'un breveté qui a usurpé l'invention; en ce cas, ce n'est pas par l'enregistrement que le retour de la propriété à l'inventeur doit être publié, mais par la substitution de son nom à celui du breveté sur le brevet (V. Sol. impl., Rouen, 28 janv. 1847, aff. Roduwick, D. P. 48. 2. 188).

194. Mais les auteurs ne sont pas d'accord dans le cas de retour de la propriété à l'ancien propriétaire par la résolution d'un contrat de cession. M. Nouguier, n° 342, et M. Pouillet, n° 291, admettent sans donner, d'ailleurs, de motifs à l'appui de leur opinion, que la nullité à l'égard des tiers pour inobservation de l'art. 20 ne s'applique que dans le cas de cession volontaire ; partant de là, ils distinguent entre la résolution du contrat d'accord entre les parties, qu'ils assimilent à une cession, et la résolution par justice, qui serait selon eux opposable aux tiers sans enregistrement. M. Bédarride, n° 297, repousse cette distinction, et estime que, dans tous les cas, la rétrocession, volontaire ou forcée, est soumise aux mêmes conditions par rapport aux tiers que la cession.

195. Dans le cas de vente judiciaire, il y a évidemment cession; pourtant les auteurs qui ne veulent appliquer les prescriptions de l'art. 20 qu'aux cessions volontaires doivent admettre logiquement que la vente judiciaire en est dispensée : c'est ce qu'admet M. Nouguier, n° 350 ; mais M. Pouillet, sans être cependant très affirmatif, paraît abandonner l'idée à laquelle il s'était attaché pour le cas de rétrocession (V. *suprà*, n° 179) et pense que la vente judiciaire du brevet n'est opposable aux tiers qu'après l'accomplissement des formalités de l'art. 20.

Sect. 5. — Publication des descriptions de brevets (*Rép.* nos 228 à 233).

196. Aucune modification n'a été apportée aux règles exposées au *Répertoire* en ce qui concerne la publication et la communication des brevets. Le règlement d'administration publique qui devait compléter la loi de 1844 n'a pas été fait, et il y est imparfaitement suppléé par une pratique administrative qui rend la communication des brevets lente et coûteuse; les critiques que formulent à cet égard les intéressés n'ont pas leur place ici. Nous devons cependant signaler l'habitude prise par le bureau des brevets de percevoir, pour les copies qui doivent être délivrées à la demande du public, une taxe uniforme de 25 fr. quelle que soit l'importance de la copie; c'est une application fort contestable de l'art. 11, qui établit ce droit de 25 fr. non pour les copies des descriptions délivrées au public, mais pour les expéditions du brevet demandées par le breveté ou ses ayants cause ; quant aux copies, la loi porte simplement qu'elles seront délivrées aux frais de l'impétrant ; c'est, d'ailleurs, ce qui a lieu pour les dessins, qui sont copiés non par les soins de l'Administration, mais seulement sous sa surveillance, par les soins et aux frais des personnes qui les demandent.

D'autre part, la publication imprimée des descriptions est si tardive, et se fait sous une forme si incommode que souvent, dans une recherche d'antériorités, lorsque le même brevet a été pris en France et dans un pays étranger où la publication des brevets est bien organisée, comme en Angleterre ou en Allemagne, il est plus prompt et moins coûteux de se procurer la publication imprimée du brevet étranger et de la faire traduire, que d'avoir recours aux copies du ministère du commerce.

Au sujet de la publication qui doit être faite chaque trimestre, au *Bulletin des lois*, des brevets délivrés pendant le trimestre écoulé, il a été jugé que l'omission par l'Administration de cette formalité n'est pas opposable au breveté (Req. 25 févr. 1861, aff. Rohlfs-Seyrig C. Bérard, *Annales de la propriété industrielle, etc.*, 61. 110).

Sect. 6. — Droits des étrangers (*Rép.* nos 234 à 243).

197. Comme on l'a vu au *Rép.* nos 234 et suiv., les droits des étrangers, relativement à la prise des brevets en France sont les mêmes que ceux des Français, et l'acquisition en est soumise aux mêmes conditions.

Parmi les dispositions du titre 3 de la loi de 1844, la seule qui ait donné lieu à discussion est l'art. 29, qui est relatif non pas, à vrai dire, aux droits des étrangers, mais à la brevetabilité des inventions étrangères, c'est-à-dire des inventions déjà brevetées à l'étranger et à la durée des brevets pris en France pour ces inventions. Cet article porte, en effet, que l'auteur d'une invention déjà brevetée à l'étranger pourra obtenir un brevet en France, mais que la durée du brevet français ne pourra excéder celle du brevet étranger. Dans une opinion, que l'on ne trouve pas formulée dans les auteurs, mais qui semble avoir inspiré une partie de la jurisprudence, il y aurait là deux dispositions distinctes, dont la première serait une atténuation à la condition de nouveauté définie par l'art. 31; la prise d'un brevet, à l'étranger aussi bien qu'en France, est, en effet, un acte de nature à divulguer l'invention; et, par suite, le brevet pris d'abord à l'étranger, par application de l'art. 31, a pour conséquence de rendre nul le brevet pris ensuite en France (V. *suprà*, nos 54 et suiv.). D'après le système que nous indiquons, cette conséquence ne s'appliquerait que dans le cas où l'inventeur breveté en France ne serait pas le même que l'inventeur qui aurait pris le premier brevet à l'étranger. Dans ce dernier cas, le brevet étranger ne serait pas par lui-même une antériorité suffisante; il faudrait, en outre, une publicité effective, résultant non pas seulement de ce que le brevet étranger aurait été à la disposition du public, mais de ce qu'en fait on en aurait pris connaissance.

A notre avis, la condition de nouveauté est exactement la même pour l'inventeur déjà breveté à l'étranger que pour tout autre inventeur, et, comme on l'a indiqué au *Rép.* n° 240, cette condition rendra souvent impossible la prise du brevet français. Toute la portée de l'art. 29 réside dans sa seconde partie, qui limite la durée du brevet français pour le cas où la durée des brevets dans le pays où le brevet étranger a été délivré, serait moins longue qu'en France : la première partie ne fait que rappeler, pour l'inventeur déjà breveté à l'étranger, le droit inscrit dans l'art. 28 pour tout étranger de se faire breveter en France sous les conditions qui y sont imposées à tout inventeur ; mais elle ne rappelle ce droit que pour y apporter une restriction, quant à la durée du brevet, et cette restriction renferme à elle seule tout le sens de l'art. 29; il n'y a nullement extension du droit de l'inventeur quant à la brevetabilité de l'invention (V. en ce sens: Pouillet, n° 339; Allard, n° 282).

Jugé que la publicité prévue par l'art. 31 peut consister dans la divulgation qui provient de la prise à l'étranger d'un brevet antérieur semblable au brevet français ; tel est l'effet notamment de la prise d'un brevet en Angleterre, qui a pour conséquence, dans un délai de six mois, la communication au public des plans et dessins annexés à la demande (Douai, 20 juill. 1859, et sur pourvoi, Crim. rej. 7 juill. 1860, aff. Lister, D. P. 61. 5. 52. V. également la jurisprudence citée *suprà*, nos 54 et suiv.).

198. La restriction apportée à la durée du brevet quand il est obtenu par un inventeur déjà breveté à l'étranger s'applique-t-elle même lorsque cet inventeur est Français

Il n'est pas douteux que le Français breveté à l'étranger puisse se faire breveter en France, si l'invention remplit les conditions de la brevetabilité; mais puise-t-il son droit dans l'art. 29, auquel cas il serait sujet à la restriction que comporte cet article, ou dans les principes généraux de la loi? M. Pouillet, n° 336, pense que « la généralité des termes de l'art. 29 paraît s'appliquer au Français comme à l'étranger » (V. aussi Nouguier, n° 377; Allart, n° 289). Nous ne croyons pas pouvoir adopter cette opinion; d'après ce qui a été dit *suprà*, n° 197, ce n'est pas l'art. 29 qui confère à l'inventeur breveté à l'étranger le droit de se faire breveter en France; il ne fait que le rappeler; ce droit dérive de l'aptitude à se faire breveter, qui résulte de l'assimilation établie à cet égard entre l'étranger et le Français par les art. 27 et 28, assimilation qui lui rend applicable l'art. 1er de la loi; ce n'est donc pas non plus dans cet art. 29, où l'étranger lui-même ne puise pas son droit, que le Français doit puiser le sien. Le rapporteur de la loi disait à ce sujet : « Le principe général posé au commencement de la loi veut que tout Français puisse être breveté pour toutes inventions ou découvertes dont il est l'auteur, en quoi qu'elles consistent. Le Français est sous la tutelle de ce principe général, qu'il soit breveté ou non en pays étranger » (V. Discussion de la loi, *Répertoire* et Huard, p. 350). S'il en est ainsi, on en doit conclure que la restriction établie par l'art. 29, disposition exceptionnelle, figurant au titre des droits des étrangers, n'est pas applicable au Français (V. en ce sens : Bozérian dans la *Propriété industrielle*, n° 321).

Toutefois, la jurisprudence applique la disposition restrictive de l'art. 29 aux Français comme aux étrangers. — Jugé en ce sens, que la restriction, énoncée en l'art. 29 de la loi du 5 juill. 1844, suivant laquelle le brevet obtenu en France pour une invention déjà brevetée dans un pays étranger ne peut avoir une durée excédant celle des brevets antérieurement pris dans ce pays, s'applique aussi bien aux inventions des Français qu'à celles des étrangers (Crim. cass. 14 janv. 1864, aff. Rebour, D. P. 64. 1. 146).

199. On a exposé au *Rép.* n° 241, que cette disposition est applicable sans distinction entre les causes qui amènent la fin du brevet étranger; du moment, en effet, que la loi a voulu que l'industrie française fût affranchie du monopole lorsque l'industrie étrangère le serait, peu importe que le brevet étranger ait pris fin par l'expiration de sa durée normale ou par déchéance. M. Pouillet critique le motif qui a inspiré cette disposition, en faisant observer que la logique devrait alors conduire à supprimer les brevets en France, puisqu'il y a des pays où il n'y a pas de brevet, et où l'industrie n'a pas à compter avec le privilège de l'inventeur. La critique est fondée; mais si médiocres que soient les motifs de la loi, ils ne sont pas plus mauvais quand le brevet étranger prend fin prématurément que lorsqu'il arrive à son terme naturel, et les termes de l'art. 29 ne comportent aucune distinction (V. Bédarride, n° 348; Nouguier, n° 380. — *Contrà :* Pouillet, nos 343 et 344; Bozérian, dans la *Propriété industrielle*, n° 321). La jurisprudence a confirmé la solution donnée au *Répertoire*. — Jugé, en effet, que le droit de propriété de l'inventeur qui a fait breveter en France une invention ou découverte déjà brevetée à l'étranger, prend fin par l'effet de la cessation de l'existence du brevet étranger, à quelque cause qu'elle soit due, et, par conséquent, non pas seulement lorsque ledit brevet se trouve légalement expiré, mais encore lorsqu'il a été atteint par l'application d'une déchéance accidentelle, telle que celle encourue pour défaut de payement des annuités (Crim. cass. 14 janv. 1864, aff. Rebour, D. P. 64. 1. 146).

La jurisprudence belge admet la doctrine contraire : jugé que la validité d'un brevet en Belgique ne dépend pas des déchéances qui seraient encourues en France pour payement tardif de la taxe (Liège, 18 avr. 1863, aff. Fromont C. Société Bérard, *Pasicrisie belge*, 64. 2. 239).

200. L'application de l'art. 29 a même été faite dans une hypothèse où le titulaire du brevet français n'était pas le même que celui du brevet étranger, à raison de circonstances qui ont fait considérer les deux brevets comme une propriété commune. — Jugé que la déchéance, pour cause de vulgarité, d'un brevet pris à l'étranger, a pour conséquence celle du brevet pris en France par une autre personne pour la même invention, s'il est reconnu qu'il y a identité entre les deux brevets (Rennes, 9 janv. 1865, *suprà*, n° 54). Décidé, dans le même sens, que le brevet pris en France pour un procédé déjà breveté à l'étranger n'échappe pas à la règle qui assigne pour terme de sa durée l'expiration du brevet étranger, dans le cas où c'est, non pas la même personne, mais deux personnes différentes qui ont pris les deux brevets, si, d'ailleurs, elles ont agi en vertu d'une convention, et alors surtout que, par suite de cession, les deux brevets ont été réunis postérieurement entre les mains de l'une seule des deux (Crim. rej. 17 mai 1872, aff. Robert-Theurer, D. P. 72. 1. 335).

201. Et il n'y a pas à distinguer entre les diverses espèces de brevets, soit définitifs, soit provisoires, qui peuvent être admis par les législations étrangères, du moment qu'il en résulte un droit privatif. Jugé, en ce sens, que le certificat délivré en Angleterre, sur dépôt de spécification provisoire, par le magistrat anglais compétent, à l'auteur d'une invention ou découverte nouvelle, confère à ce dernier un droit privatif qui lui permet de faire, pendant le délai de six mois, tous essais et toutes expérimentations, et autorise, à son profit, après ce délai, la délivrance de lettres patentes portant la date de l'enregistrement provisoire; ce certificat peut, dès lors, être assimilé à un véritable brevet; ...alors surtout que l'inventeur lui-même, dans sa demande en France d'un brevet pour le même objet, a qualifié de brevet ce certificat provisoire (Paris, 30 mai 1879, aff. Sainte-Marie Dupré, D. P. 82. 1. 252); — D'ailleurs, les juges du fond ont pu décider, par une appréciation souveraine de ces faits, que la patente provisoire obtenue en Angleterre par l'inventeur étant l'équivalent d'un brevet français, le brevet pris en France avait pour objet une invention déjà brevetée à l'étranger (Civ. rej. 28 juin 1881, aff. Sainte-Marie Dupré, D. P. 82. 1. 252). Le but du législateur, dans l'art. 29 de la loi du 5 juill. 1844, a été, dit le même arrêt, d'empêcher que les nationaux ne restent sous l'empire du monopole alors que l'industrie est devenue libre à l'étranger; par suite, l'extinction du brevet étranger, pour quelque cause qu'elle survienne, doit entraîner celle du brevet pris en France pour le même objet. Spécialement, un arrêt peut décider que l'inventeur qui n'a pas, dans le délai de six mois depuis le jour du dépôt en Angleterre de sa spécification provisoire, poursuivi dans ce pays la délivrance de lettres patentes définitives, n'a pas le droit de réclamer la protection accordée par la loi française aux brevets d'invention à partir du moment où les droits résultant du dépôt de la spécification provisoire ont pris fin (Même arrêt).

202. La priorité de date du brevet étranger, et par suite l'application de l'art. 29 au brevet français, peut être appréciée diversement suivant que l'on considère comme point de départ la demande ou la délivrance du brevet; c'est évidemment d'après la législation étrangère à laquelle est soumis ce brevet qu'on doit fixer le moment où ce brevet a commencé à exister (V. Pouillet, n° 348). — Jugé, en ce sens, que le juge du fait peut décider que l'invention a été brevetée à l'étranger non pas au jour de la demande, mais au jour où le brevet a été délivré, le point de départ de ce brevet étant fixé non par la loi française, mais par la loi étrangère (Req. 29 nov. 1864, aff. Bossi, *Gazette des tribunaux* du 30 nov. 1864).

SECT. 7. — NULLITÉS ET DÉCHÉANCES; ACTIONS Y RELATIVES (*Rép.* nos 244 à 291).

ART. 1er. — *Nullités et déchéances* (*Rép.* nos 244 à 268).

203. Bien que dans beaucoup d'arrêts les termes de déchéance et de nullité aient été employés l'un pour l'autre, ces deux termes correspondent à deux idées très différentes, puisque la nullité procède d'un vice dont l'invention était affectée lors de la demande, tandis que la déchéance est la conséquence d'une infraction commise par le breveté postérieurement à la demande. La différence n'est pas moins grande dans les effets que dans les causes, puisque, comme on l'a indiqué au *Rép.* n° 244, le brevet annulé est censé n'avoir pas existé, tandis que la déchéance met seulement fin à son existence à dater du jour où s'est produit le fait à raison duquel elle peut être prononcée.

Il a été jugé pourtant que la déchéance (pour défaut de payement d'une annuité) a effet même pour les années pendant lesquelles les annuités ont été payées exactement, de telle sorte que le breveté est non recevable à poursuivre la contrefaçon pratiquée avant le retard du payement et à une époque où le brevet existait encore (Amiens, 28 déc. 1850, aff. Jérosme, D. P. 51. 2. 76). — Mais cette opinion est unanimement rejetée par les auteurs, et l'arrêt ci-dessus est isolé dans la jurisprudence. Jugé que, si le défaut de payement, par le breveté, des annuités, au commencement de chacune des années de la durée de son brevet, emporte déchéance dudit brevet, quoique la taxe ait été payée avant toute demande en déchéance, cette déchéance ne commence que du jour de l'annuité échue et non payée, et ne couvre pas, par conséquent, les faits de contrefaçon antérieurs (Douai, 5 août 1851, aff. Jérosme, D. P. 54. 2. 72). — Décidé, de même, que la déchéance pour défaut de payement de l'annuité ne frappe le breveté qu'à partir de l'époque où est échue l'annuité non payée, et, par suite, ne couvre pas les faits de contrefaçon antérieurs (Crim. cass. 7 juin 1851, aff. Jérosme, D. P. 51. 1. 246).

§ 1er. — Nullités (*Rép.* nos 254 à 255).

204. La nullité peut être relative ou absolue : elle est relative lorsque, ayant été prononcée sur la demande d'un particulier, elle n'est acquise, conformément au principe de la chose jugée, qu'en faveur de la partie qui l'a obtenue, le brevet conservant sa force vis-à-vis de ceux qui n'ont pas été partie au jugement; et ce n'est pas un fait bien rare de voir un brevet, précédemment déclaré nul, validé à l'égard d'une autre personne, ou inversement. La nullité est absolue, c'est-à-dire que le brevet est nul à l'égard de tous, lorsqu'elle a été prononcée sur l'intervention du ministère public, dans les termes de l'art. 47 (V. *Rép.* nos 272 et suiv., et *infrà*, n° 267), intervention, d'ailleurs, très rare.

205. On peut considérer comme une opinion aujourd'hui certaine, que l'invention n'est pas nécessairement indivisible, et que la nullité peut l'affecter seulement dans une ou plusieurs de ses parties. Seul M. Blanc, p. 581, a toujours soutenu qu'on ne pouvait pas demander la nullité partielle d'un brevet; à vrai dire, la controverse qu'il a soutenue à ce sujet portait bien plutôt sur le mot que sur la chose elle-même : « l'invention disait-il, forme un tout dont la nouveauté ne peut être appréciée que dans son ensemble. Cela se conçoit puisque, sans même en excepter l'aérostat, la machine à vapeur et le daguerréotype, ces trois inventions primesautières s'il en fût, on ne saurait citer une seule découverte qui n'ait emprunté quelque chose au domaine public. Il n'y a que le juge, saisi d'une question de contrefaçon partielle, qui ait le droit de distinguer ce qui appartient en propre à l'inventeur de ce qui était antérieurement connu. C'est qu'en effet le juge, dans le cas de contrefaçon partielle, est obligé de statuer sur l'un ou quelques-uns des éléments de l'invention. Et même, quand il décide que tel élément employé par le prévenu appartient au domaine public, il n'annule pas, pour cela, le brevet partiellement; il limite seulement les droits de jouissance exclusive que le breveté a pu revendiquer dans l'action en contrefaçon. Le brevet reste, d'ailleurs, valable dans son ensemble ». On voit par cette citation que M. Blanc reconnaissait tout au moins le droit, dans une instance en contrefaçon, de contester au breveté la propriété de certains éléments de l'invention, et pour le juge, le pouvoir de limiter les effets du brevet, et de faire rentrer dans le domaine public une partie de l'objet breveté. Ce que M. Blanc admettait est tout simplement l'exception de nullité partielle du brevet; la nullité partielle n'est pas autre chose que la limitation de l'objet du brevet en deçà de l'étendue que lui attribuent les revendications du breveté. Or si la nullité partielle est à bon droit considérée comme pouvant fournir une exception dans l'instance en contrefaçon, elle peut faire aussi l'objet d'une demande principale. On ne peut admettre, comme le fait remarquer M. Pouillet, n° 366, que celui à qui le brevet paraît avoir été pris indûment sur certains points, et valablement pour le reste, n'ait le choix qu'entre une demande en nullité totale du brevet, que lui-même ne croit pas fondée, et les risques d'un procès en contrefaçon, s'il imite dans sa fabrication les éléments de l'invention qu'il croit revendiquée sans droit par le breveté.

La jurisprudence n'a jamais varié sur ce point; il a été décidé notamment: 1° qu'un brevet d'invention portant sur des procédés dont les uns ne constituent aucune invention ni application nouvelle, et dont les autres sont, au contraire, brevetables, doit être annulé, quant aux premiers procédés, et maintenu seulement à l'égard des seconds; ainsi, ce brevet ne peut être validé pour le tout (Civ. cass. 6 mai 1857, aff. Gélis, D. P. 57. 1. 249); — 2° Qu'un brevet comprenant tout à la fois l'obtention directe de l'alcali volatil, par la distillation des eaux amoniacales provenant de la houille, et un appareil destiné à produire ce résultat, a pu être annulé par les tribunaux quant au premier objet, comme ne constituant pas une invention nouvelle, et maintenu quant au second, sans qu'il y ait violation de l'indivisibilité du brevet (Req. 4 mars 1856, aff. Mallet, D. P. 56. 1. 149); — 3° Que la description, dans la demande d'un brevet ayant pour objet l'extraction de trois produits distincts, des procédés relatifs à deux seulement des produits brevetés, sans indication de celui de ces procédés à suivre à l'égard du troisième, peut être considérée comme renfermant une omission assez grave pour entraîner la nullité du brevet quant à ce troisième produit, sans qu'une telle décision soit attaquable devant la cour de cassation comme dénaturant les termes et méconnaissant la portée légale du brevet (Req. 29 janv. 1868, aff. Deiss, D. P. 68. 1. 104); — 4° Que lorsqu'il résulte des termes et de l'esprit d'un brevet que l'inventeur entendait se faire breveter tout à la fois à raison de la nouveauté du produit et de la nouveauté du procédé employé pour l'obtenir, le brevet déclaré nul en ce qui touche le produit, peut être déclaré valable en ce qui concerne le procédé, sans qu'on doive nécessairement supposer que l'inventeur ait voulu faire dépendre le sort du procédé de celui du produit. Et l'arrêt qui déclare valable un brevet d'invention en ce qu'il y a application nouvelle d'une substance à la fabrication d'un produit, ne valide ce brevet qu'en ce qui touche le procédé ainsi indiqué, alors que cette solution résulte de ces termes restrictifs rapprochés de l'ensemble des motifs (Civ. rej. 4 juill. 1870, aff. Coupier, D. P. 71. 1. 25). — Jugé également qu'il est permis au breveté lui-même, s'il reconnaît ultérieurement qu'il a exagéré la portée de son invention, de la restreindre à son objet brevetable, pourvu que cet objet se trouve compris dans ceux que le brevet avait d'abord déterminés. Spécialement, celui qui a pris un brevet pour « l'épaillage chimique des laines brutes, fils, tissus et toutes matières textiles animales », peut, dans l'instance engagée contre un contrefacteur, ne revendiquer le monopole que sur « l'épaillage chimique appliqué aux tissus en pièces », alors que cette application est formellement énoncée dans le brevet avec des développements spéciaux sur ses avantages, par comparaison aux anciens procédés d'épincetage (Civ. rej. 24 mars 1875, aff. Bérenger, D. P. 75. 1. 294).

206. Quant à la déchéance, comme elle provient non d'un vice de tout ou partie de l'invention, mais d'un fait ou d'une négligence du breveté, il semble qu'elle ne puisse s'appliquer à une partie seulement du brevet, qu'elle le frappe toujours dans son entier (V. toutefois : Allart, n° 297). — Cet auteur cite l'hypothèse où un brevet aurait été pris pour deux organes distincts destinés au fonctionnement de la même machine : « si l'un de ces organes, dit-il, fabriqué à l'étranger, est introduit en France, ou bien s'il n'est pas exploité pendant deux ans, le brevet est déchu en ce qui le concerne, mais il reste évidemment valable pour l'autre organe, dont l'inventeur conserve la propriété privative ».

207. On a vu au *Rép.* n° 245, que la nullité du brevet ne peut être demandée que pour les causes énumérées limitativement par la loi: c'est un point incontesté (V. conf. Crim. cass. 25 janv. 1856, aff. Manceaux, D. P. 56. 1. 140).

Ces nullités s'appliquent, d'ailleurs, aux certificats d'addition aussi bien qu'aux brevets, outre la nullité spéciale dont le certificat peut être atteint pour défaut de relation avec le brevet.

208. On a donné au *Rép.* n° 245, l'énumération des causes de nullité ; sous les nos 246 à 250, on a traité des nullités pour défaut de nouveauté, défaut de brevetabilité par application de l'art. 3, défaut de caractère industriel, et inventions contraires aux lois, aux bonnes mœurs ou à l'ordre public. V. en outre, en ce qui concerne : la nouveauté, *suprà*, nos 36 et suiv. ; le défaut de caractère industriel, *suprà*, nos 70 et suiv.; les inventions illicites, *suprà*, n° 76; celles qui sont contraires à l'art. 3, *suprà*, nos 77 et suiv.

V. encore, quant aux inventions non brevetables en vertu de l'art. 3 et aux inventions illicites, ce qui a été dit au sujet du droit, pour l'Administration, de refuser le brevet demandé pour ces sortes d'inventions (V. *suprà*, nos 115 et suiv.): l'examen de l'Administration ne s'exerçant que dans certaines limites, il se peut que la non-brevetabilité de l'invention ne soit pas reconnue, et que le brevet soit délivré à tort; il appartient alors aux tribunaux d'en prononcer la nullité.

209. —I. FAUSSETÉ DU TITRE. — Sous le n° 251, on a traité au *Répertoire* de la nullité pour inexactitude frauduleuse du titre; la seule insuffisance du titre, sans intention de tromper soit l'examen de l'Administration, soit les recherches du public, n'est pas une cause de nullité; il n'y a aucune controverse sur ce point. Il est vrai que cette inexactitude de titre jointe à l'obscurité de la description peut rendre celle-ci insuffisante; mais c'est alors la nullité pour insuffisance de description qui peut être demandée et prononcée. — Il a été jugé que l'insuffisance du titre sous lequel un brevet d'invention est demandé n'est pas une cause de nullité, lorsque ce titre est complété par les énonciations du mémoire descriptif, et ne contient aucune indication frauduleuse de nature à tromper les tiers sur l'objet qui fait la matière de l'invention (Req. 8 mars 1865, aff. Bertrand, D. P. 66. 1. 262).

L'inexactitude du titre n'est pas une cause de nullité du brevet, lorsqu'aucune circonstance ne révèle que cette inexactitude soit volontaire et ait un but frauduleux (Paris, 24 mai 1879 et Crim. rej. 22 nov 1879, aff. Bouziat *C.* Bonnot, *Annales de la propriété industrielle, etc.*, 80. 148).

Nous ne connaissons, d'ailleurs, pas d'exemple de brevet annulé pour inexactitude du titre; c'est qu'en effet, si l'inventeur a eu pour but de tromper le public, il a en même temps dissimulé son invention en donnant une description insuffisante, et s'il a eu pour but d'échapper au refus de brevet par l'Administration, le caractère de l'invention est une cause de nullité; or l'insuffisance de description, comme le défaut de brevetabilité, sont plus faciles à constater que l'intention frauduleuse qui a fait dénaturer le titre. — Il a été jugé : 1° qu'un brevet d'invention dont le libellé ne décrit pas le procédé breveté est valable, si, d'une part, ce libellé n'indique pas un objet autre que le véritable objet de l'invention, et est à cet égard exempt du reproche de fraude, et si, d'autre part, la description qui ne s'y rencontre pas, est faite d'une manière suffisante dans le mémoire descriptif joint au brevet (Civ. cass. 9 févr. 1853, aff. Sax, D. P. 53. 1. 94); — 2° Que l'inexactitude du titre sous lequel un brevet a été demandé n'est une cause de nullité qu'autant que ce titre indique frauduleusement un autre objet que celui de l'invention (Paris, 1er juill. 1870, *suprà*, n° 31); — 3° Que la déclaration par laquelle le breveté a formellement exprimé l'intention de se réserver un droit exclusif sur les appareils par lui décrits, de même que sur le produit obtenu par le moyen de ces appareils, suffit pour sauvegarder ses droits sur le produit lui-même; peu importe qu'il ne soit pas expressément énoncé dans le titre du brevet, que celui-ci s'appliquait au produit aussi bien qu'au procédé de fabrication (Même arrêt).

210. — II. INSUFFISANCE DE LA DESCRIPTION. — Il y a nullité du brevet lorsque le mémoire descriptif n'est pas assez complet ou assez clair pour qu'en se conformant aux indications qu'il fournit on puisse exécuter l'invention (V. *Rép.* nos 252 et suiv.).

Peu importe, d'ailleurs, que la description pèche par omission d'indications nécessaires, ou bien par addition de détails inutiles et inexacts, ou par impropreté de termes ; aucun de ces vices du mémoire descriptif ne peut être ni admis, ni écarté, en règle absolue, comme cause d'insuffisance. De même, il faut tenir compte du degré d'intelligence et d'instruction des personnes auxquelles elle s'adresse; telle description, intelligible pour un ingénieur, sera néanmoins insuffisante parce que l'objet de l'invention est de ceux qui doivent être exécutés par un ouvrier; telle autre, obscure pour un ouvrier, sera néanmoins suffisante parce que l'objet de l'invention est de ceux qui s'exécutent d'ordinaire sous la direction d'un ingénieur. C'est ainsi que l'omission d'un détail peut être sans importance, qu'une erreur d'indication peut ne pas vicier la description, parce que l'omission ou l'erreur sera facilement rectifiée par celui qui exécutera, tandis que des imperfections moins graves en elles-mêmes peuvent l'être plus, relativement à celui à qui la description s'adresse, parce qu'elles l'obligent à se faire lui-même inventeur pour parvenir à l'exécution. Tous ces éléments, dont résulte la clarté ou l'obscurité de la description, ne peuvent être appréciés que relativement à chaque espèce.

Bien que le résumé du mémoire descriptif mette particulièrement en lumière certaines parties de l'invention, le breveté n'en est pas moins fondé à revendiquer un autre point, d'ailleurs, suffisamment indiqué dans le mémoire lui-même, et dans le dessin, alors surtout que le résumé renvoie d'une manière générale au mémoire descriptif (Paris, 24 janv. 1879, aff. Charageat, *Annales de la propriété industrielle, etc.*, 80. 132). Il a été décidé, d'une part : 1° qu'il y a description suffisante dans l'indication sommaire d'un appareil en vue d'un certain résultat, lorsque cet appareil, déjà connu, mais recevant une application nouvelle, n'a pas besoin pour cette nouvelle application de modifications et de dispositions particulières (Paris, 17 févr. 1883, aff. Lecointe, *Annales de la propriété industrielle, etc.*, 84. 109). 2° Que lorsque l'invention est une application nouvelle à une industrie de procédés déjà employés dans d'autres industries, et par conséquent connus, une énonciation sommaire est une description suffisante de ces procédés (Lyon, 17 juill. 1884, aff. Descours *C.* Bavaret et autres, *Annales de la propriété industrielle, etc.*, 84. 257). — 3° Que le défaut d'indications relatives au dosage des matières employées ou à la température de l'opération ne doit pas faire considérer la description comme insuffisante, lorsque cette omission n'empêche pas que tout homme du métier avec son expérience journalière et ses connaissances rudimentaires, trouve dans les termes du brevet ce qui est nécessaire pour le conduire au résultat cherché, alors surtout qu'il ne s'agit que d'une application nouvelle d'un procédé connu (Nancy, 27 janv. 1875, aff. Frezon *C.* Leconte frères, *Annales de la propriété industrielle, etc.*, 75. 12); — 4° Que la description incomplète d'un procédé breveté n'emporte pas la déchéance du brevet, lorsque cette description est cependant suffisante pour l'application de ce procédé (Douai, 30 mars 1846, aff. Descat, D. P. 47. 2. 205); — 5° Qu'un brevet d'invention est valable, bien qu'il ne renferme pas lui-même la description des objets brevetés, si celle qui est faite dans le mémoire descriptif joint au brevet, et qui se complète par les dessins annexés à ce mémoire, est suffisante pour qu'un ouvrier d'une intelligence ordinaire puisse fabriquer ces objets (Rouen, 28 juin 1854, aff. Sax, D. P. 55. 5. 54); — 6° Que le chef de décision par lequel le juge du fait rejette un moyen de nullité du brevet résultant d'une prétendue insuffisance de description de l'invention, ne peut être annulé pour erreur de droit touchant les motifs qui rendent obligatoire cette description, s'il constate en même temps que le breveté a fait connaître les caractères constitutifs de son invention et en a indiqué, d'une manière complète et loyale, les véritables moyens (Crim. rej. 18 nov. 1864, aff. Parat, D. P. 66. 1. 453). — 7° Que la description contenue en un brevet est suffisante, bien qu'il existe quelque vague en certaines de ses parties, si elle donne des indications suffisantes pour que, par elles, le résultat indiqué puisse être obtenu (Paris, 23 avr. 1868, aff. Viol, D. P. 68. 2. 197); — 8° Que lorsque l'invention brevetée consiste dans l'application à une industrie de procédés déjà connus, mais qui n'avaient été jusque-là employés qu'en dehors d'elle, l'indication sommaire de ces procédés constitue une description suffisante, et l'on ne peut reprocher au breveté de n'être pas entré dans des détails devenus surabondants (Crim. rej. 26 nov. 1868, aff. Moyne, D. P. 69. 5. 39); — 9° Qu'il suffit qu'un brevet contienne l'indication précise du but que l'inventeur se propose d'atteindre, la combinaison des opérations qui doivent amener le résultat annoncé et la disposition des outils destinés à les produire; peu importe que les opérations à réaliser soient successives ou simultanées (Req. 18 nov. 1872, aff. Société des fonderies de Saint-Etienne, D. P. 73. 1. 109); — 10° Que l'arrêt qui, sur l'action en nullité d'un brevet pour insuffisance de la description, déclare, après un examen détaillé, qu'il résulte du brevet que les descriptions sont claires, exactes et suffisantes, est suffisamment motivé, alors surtout que ces descriptions s'adressent à des hommes à qui leur pratique industrielle et les notions qui leur sont familières en rendent l'application facile; et l'appréciation des juges du fond sur ce point est souveraine (Civ. rej. 24 mars 1875, aff. Bérenger, D. P. 75. 1. 294); — 11° Qu'un brevet est valable nonobstant l'inexactitude des termes employés dans sa description, s'il n'existe, d'ailleurs, aucun doute sur la nature et sur l'étendue des droits auxquels s'applique le brevet (Paris, 1er juill. 1870, V. *suprà*, n° 31); — 12° Que la description annexée au brevet n'est pas insuffisante parce qu'elle n'énumérerait et ne ferait pas ressortir les avantages pouvant résulter de l'invention, si, d'ailleurs, celle-ci est exactement décrite et expliquée par une légende et un dessin régulier (Crim. cass. 6 avr. 1861, aff. Franon, D. P. 61. 1. 236).

D'autre part, il a été jugé : 1° que la description de l'invention dans le brevet doit être suffisante pour en permettre l'exécution et mettre les tiers à même de profiter de la découverte à l'expiration du brevet; qu'en conséquence, est à bon droit considérée comme ne remplissant pas les conditions légales la description qui, faite sous un titre inexact et en termes vagues et obscurs, rend impossible ce résultat (Crim. rej. 23 mars 1859, aff. Cominal, D. P. 61. 5. 49); — 2° Qu'un brevet d'invention peut être annulé pour insuffisance de description de l'invention, lorsqu'il est constaté « que le vague de cette description, alors qu'il s'agit de la combinaison de nombreuses substances, ne répond pas au vœu de la loi »; on objecterait vainement qu'une telle déclaration ne constate pas assez nettement l'insuffisance de la description (Req. 22 avr. 1861, aff. Landois, D. P. 61. 1. 422); — 3° Qu'un brevet ne protège pas une invention consistant à réunir bout à bout deux morceaux de baleine au moyen d'un manchon métallique, entièrement clos, alors qu'on avait déjà employé à cet effet un fourreau métallique, non entièrement fermé il est vrai, mais que la condition de fermeture complète, qui seule distinguerait l'invention, n'est pas indiquée au brevet (Paris, 26 déc. 1883, aff. Dullier, *Annales de la propriété industrielle, etc.*, 84. 184).

Enfin, il a été décidé que l'arrêt qui renvoie un prévenu d'une poursuite en contrefaçon sur le motif que le procédé dont l'usurpation lui est reprochée, n'a point été suffisamment porté à la connaissance du public par les descriptions du brevet et les indications des plans ou dessins annexés, renferme une appréciation de fait souveraine non susceptible d'être déférée à la cour de cassation (Crim. rej. 25 nov. 1852, aff. Gueblard, D. P. 55. 5. 52); — Que le rejet de l'action en nullité d'un brevet pour insuffisance de la description est régulièrement motivé par cette déclaration des juges du fait que la description jointe à un brevet caractérise suffisamment l'invention et fournit à toute personne exerçant la profession à laquelle cette invention se rapporte, les moyens nécessaires pour appliquer le procédé breveté (Req. 8 août 1877, aff. Cormouls, D. P. 78. 1. 318); — Que l'arrêt qui, en relatant les termes de la description d'un brevet, la déclare suffisante, malgré des conclusions formelles en sens contraire, ne peut être attaqué ni pour défaut de motifs;... ni à raison de l'appréciation de fait à laquelle il s'est ainsi livré (Crim. rej. 27 janv. 1872, aff. Cauchois, D. P. 74. 1. 133).

211. On doit également tenir compte, pour apprécier si la description est suffisante, des dessins que l'inventeur a pu annexer au mémoire ; les documents fournis par le breveté se complètent et s'expliquent l'un par l'autre ; l'insuffisance de chacun d'eux, considéré isolément, ne constitue pas une cause de nullité, si les indications claires et complètes qu'aucun d'eux ne fournit résultent néanmoins de leur réunion (V. les arrêts cités *suprà*, nos 104 et suiv.). — Jugé encore qu'il y a description suffisante lorsque, à l'aide du dessin et de sa légende explicative, l'invention est intelligible pour toute personne compétente (Bruxelles, 23 mai 1876, aff. Clerbois *C.* l'Etat belge, *Pasicrisie belge*, 76. 2. 359).

212. On s'accorde, toutefois, à reconnaître que les dessins ou échantillons ne peuvent servir qu'à compléter la description, mais non à la remplacer entièrement (V. Pouillet, nos 112 et 468; Nouguier, n° 130 ; Picard et Olin, n° 305; Allart, nos 90 et 93. — *Contrà:* Malapert et Forni, n° 224). Nous avons exposé *suprà*, n° 103, que le mémoire descriptif est une des pièces nécessaires pour la régularité de la demande, si succinct qu'on le suppose, et que faute de cette pièce, la demande pourrait être rejetée. Mais en supposant que l'Administration ait admis une demande accompagnée seulement de dessins, sans mémoire descriptif, ou, s'il en existe un, qu'une partie de l'invention soit seulement figurée sur le dessin, devrait-on en conclure qu'il y ait nullité, au moins partielle, pour insuffisance de description ? Il faut, à notre avis, se garder d'admettre cette solution d'une manière absolue. La tendance des auteurs à diminuer l'importance des dessins et à ne leur attribuer qu'un rôle secondair est une erreur dans laquelle ils sont induits par la difficulté qu'on éprouve à lire et à comprendre un dessin industriel lorsqu'on n'y a pas été préparé ; il est alors difficile de se rendre compte que dans l'industrie, la représentation des objets par les méthodes graphiques est, en bien des cas, le mode d'exposition le plus simple, le plus précis, et en un mot le plus descriptif, même pour ceux qui n'ont qu'une instruction technique très élémentaire ; un dessin peut être facilement et promptement compris sans le secours d'aucune rédaction, alors que la rédaction resterait inintelligible sans le secours du dessin ; c'est ce qu'il ne faut jamais perdre de vue quand on veut apprécier l'importance relative de ces deux éléments de description.

213. La description doit être réputée insuffisante lorsque les moyens indiqués ne conduisent pas au résultat annoncé ; en ce cas « toute personne pourra employer le moyen, soit pour obtenir le résultat que l'inventeur avait découvert, mais qu'il n'a pas décrit, soit pour obtenir un autre résultat quelconque. « En effet, s'il se plaignait, on pourrait lui répondre que l'on fait du moyen une application nouvelle, puisqu'elle diffère, sinon de celle qu'il avait conçue, tout au moins de celle qu'il a décrite » (Picard et Olin, n° 301. V. aussi Nouguier, nos 116 et 124 ; Pouillet, n° 466; Allart, n° 313). Toutefois, la seule imperfection du résultat n'impliquerait pas que la description fût insuffisante (V. Pouillet, *ibid.*). Entre le défaut de résultat ou l'inexactitude absolue et une simple imperfection du résultat obtenu, il y a nécessairement une très grande part laissée à l'appréciation des tribunaux.

214. Le breveté est admis à fournir à l'appui de sa description des échantillons aussi bien que des dessins ; on doit donc décider que les échantillons ou modèles concourent, au même titre que les dessins, à compléter et à expliquer au besoin le mémoire descriptif.

Seulement, les échantillons ou modèles ont un inconvénient que n'ont pas les dessins : ils ne sont pas toujours matériellement rattachés, comme peuvent toujours l'être les dessins, au mémoire descriptif, et peuvent être égarés; en outre, ils ne sont pas toujours de nature à pouvoir être revêtus du timbre-visa de l'Administration, qui est toujours apposé sur le dessin ; une substitution est donc possible de la part du breveté. Or si, par la faute de l'Administration, l'échantillon ou modèle vient à être perdu, et que, faute de ce complément, la description cesse d'être intelligible, y a-t-il nullité du brevet ? M. Pouillet pense qu'en ce cas « la faute imputable aux agents de l'Administration ne saurait préjudicier aux droits du breveté ». Avec autant de raison, on peut répondre que la faute de l'Administration ne doit pas préjudicier au domaine public. En somme, la description se trouve être insuffisante ; et rien ne prouve qu'elle eût, grâce aux échantillons, satisfait aux conditions exigées ; le doute sur ce point doit s'interpréter contre le breveté, car c'est lui qui stipule lorsqu'il décrit son invention. L'obscurité provenant de la perte des échantillons lui est, d'ailleurs, imputable, car rien ne l'obligeait à choisir un mode de représentation de l'objet breveté exposé à cet inconvénient ; d'une part, il n'est point de produit dont les propriétés ne puissent être suffisamment indiquées dans une description ; et, d'autre part, il n'y a point d'appareil, si compliqué qu'on le suppose, qui ne puisse être représenté d'une manière intelligible et avec une exactitude rigoureuse par les méthodes graphiques. On peut dire que jamais l'inventeur n'est obligé de faire dépendre la clarté de sa description de la conservation incertaine d'un modèle ou d'un échantillon.

215. Peu importe, d'ailleurs, que l'insuffisance de description provienne ou non de la mauvaise foi du breveté; l'intention d'être clair, si l'inventeur l'a eue, ne remplace pas pour le public la clarté qui fait défaut dans sa description. Jugé que l'insuffisance de la description jointe à un brevet d'invention emporte nullité du brevet, alors même qu'il n'y aurait pas, de la part de l'inventeur, réticence ou dissimulation faite de mauvaise foi, dans cette description: la mauvaise foi n'est nécessaire que lorsqu'il s'agit de la nullité tirée du défaut d'indication des véritables moyens de l'inventeur (Civ. cass. 29 nov. 1859, aff. Probst, D. P. 59. 1. 485). —Mais l'omission ou l'inexactitude non intentionnelle, dans le mémoire descriptif, n'entraîne nullité du brevet que si elle est de nature à empêcher qu'un homme du métier puisse exécuter l'invention (Bruxelles, 6 juill. 1874, aff. Libotte C. Charbonnages de Miremont, *Pasicrisie belge*, 75. 2. 135).

216. A côté de l'insuffisance de description, la loi mentionne la dissimulation des vrais moyens de l'inventeur. Il nous paraît impossible de donner un sens raisonnable à cette expression, empruntée à la loi de 1791; dans la loi de 1791 elle n'était qu'un terme impropre désignant une insuffisance de description, l'insuffisance de description n'y étant pas mentionnée. Distinguée de l'insuffisance de description, elle ne représente rien, à moins que l'on ne suppose dans la loi une exigence injustifiable. De deux choses l'une, en effet: ou l'inventeur n'a décrit que des moyens mal définis, incomplets, impraticables; alors il y a insuffisance de description. Ou bien il a décrit d'une manière suffisante et claire des moyens nouveaux, industriels, appropriés au résultat qu'il indique; on annulerait donc son brevet parce qu'en ayant imaginé d'autres, peut être meilleurs, il ne se serait pas fait breveter pour ceux-là. Étant donné que la description délimite ses droits, et que, par conséquent, il n'acquiert la garantie du brevet que pour ce qu'il divulgue, il est bien juste qu'il puisse à son gré, si son invention peut se diviser, la donner toute entière et acquérir la protection de la loi pour le tout, ou n'en donner qu'une partie, ce qui restreint la protection du brevet à ce qu'il a communiqué.

La distinction que paraît faire la loi est, d'ailleurs, sans intérêt pratique; à supposer qu'on acquière la preuve que l'inventeur a à sa disposition des moyens autres que ceux qu'il a décrits, il faudrait encore prouver qu'il les avait déjà découverts lorsqu'il a pris son brevet.

217. On s'accorde à reconnaître que le brevet doit se suffire à lui-même, et que la nullité pour insuffisance de description ne pourrait être couverte par la prise d'un certificat d'addition destiné à réparer les omissions et les erreurs du mémoire descriptif. Le certificat d'addition peut développer et perfectionner l'objet du brevet, il ne peut pas faire vivre un brevet atteint de nullité. — Jugé que l'insuffisance, dans la demande d'un brevet, de la description que doit contenir cette demande, ne peut être suppléée par les explications insérées dans un certificat d'addition (Req. 29 janv. 1868, aff. Deiss, D. P. 68. 1. 104).

218. — III. Brevet pris contrairement a l'art. 18. — Pour la nullité du brevet pris contrairement à l'art. 18, nous n'avons rien à ajouter ici à ce qui a été dit au *Rép.* nos 170 à 174, 254, et à ce que nous avons exposé *suprà*, nos 131 et suiv. Nous rappellerons seulement que la nullité ne profite pas seulement au breveté contre qui a été commise l'infraction à l'art. 18; elle profite à tout intéressé, comme toutes les nullités de brevet; ce n'est pas pour celui dont le privilège n'a pas été respecté un mode de réparation du préjudice qu'il a subi par suite de l'infraction, c'est un moyen de prévenir et de réprimer l'infraction en faisant perdre au contrevenant les avantages qu'il a cherché à obtenir indûment, et qu'il aurait conservés s'il avait pris son brevet conformément à la loi.

219. — IV. Nullité spéciale au certificat d'addition. — Sur la nullité spéciale au certificat d'addition, pour défaut de relation avec le brevet, on se référera au *Rép.* nos 160 à 169, 255, et à ce qui a été dit *suprà*, nos 125 à 128, sur la relation du certificat avec le brevet. La nullité du certificat a un double but: prévenir les fraudes contre le fisc, comme on l'a indiqué au *Rép.* n° 255, et empêcher que les tiers soient trompés et exposés au risque de devenir contrefacteurs, malgré leur bonne foi, pour n'avoir pas recherché dans les dépendances du brevet une invention distincte de la première, que rien ne pouvait les avertir d'y chercher. Il a été jugé, au sujet de cette cause de nullité, que le moyen de cassation pris de ce qu'un certificat d'addition serait nul, comme ne se rattachant pas au brevet principal, n'est recevable devant la cour de cassation que s'il est accompagné de la production de ce brevet et de ce certificat (Req. 11 mars 1867, aff. Lemaire Daimé, D. P. 67. 1. 429).

D'ailleurs, il appartient au juge du fond, usant de son pouvoir souverain d'appréciation, de déclarer qu'un certificat d'addition ne se rattache pas au brevet principal et de prononcer, par suite, la nullité de ce certificat; on ne saurait refuser ce pouvoir au juge du fait, alors même que le breveté soutiendrait avoir uniquement par le certificat simplifié son invention. Et l'arrêt qui motive la partie de son dispositif par laquelle il déclare que le certificat d'addition ne se rattache pas au brevet principal, n'a pas à statuer sur la validité de ce brevet dont l'application est ainsi écartée du litige (Req. 31 mars 1886, aff. Ispa, D. P. 86. 1. 459).

§ 2. — Déchéances (*Rép.* nos 256 à 268).

220. — I. Défaut de payement d'une annuité. — Le breveté doit acquitter la taxe avant le commencement de chacune des années de la durée de son brevet.

On a enseigné, et c'est l'opinion admise au *Rép.* n° 257, que le breveté qui n'avait pas acquitté la taxe en temps voulu se met seulement dans le cas d'être déchu du brevet; que la déchéance est bien acquise si elle est demandée contre lui, mais que tant qu'elle n'est pas demandée, le breveté peut y échapper en payant l'annuité arriérée (V. en ce sens: Blanc, p. 555).

Cette opinion est aujourd'hui abandonnée. Tous les auteurs enseignent, et la jurisprudence décide, en se fondant sur les termes impératifs de l'art. 32, que la déchéance, une fois encourue par le non-payement au terme fixé, ne peut plus être couverte; à dater de ce moment les droits du breveté prennent fin, et les tribunaux, sur la demande en déchéance ou sur l'exception qui en serait tirée contre une poursuite en contrefaçon à raison de faits postérieurs à la date qui devait être celle du payement, et le fait du non-payement étant constaté, n'ont qu'à faire droit à la demande ou à l'exception. La jurisprudence est conforme à cette doctrine. — Jugé en ce sens: 1° que la déchéance d'un brevet d'invention est encourue de plein droit par le seul effet du retard apporté dans le payement de la taxe, quoique le montant de cette taxe ait été versé par le breveté avant toute demande en déchéance (Limoges, 7 déc. 1854, aff. Brocchi, D.P. 55. 2. 145); —2° Que la déchéance résultant pour le breveté du défaut de payement des annuités dans le délai légal opère de plein droit; et le payement des annuités ultérieures ne saurait relever le breveté de cette déchéance (Metz, 5 févr. 1862, aff. Sykes, D. P. 62. 2. 92; Paris, 26 juill. 1865, aff. Poulot, *Annales de la propriété industrielle, etc.*, 65. 439; Ord. prés. trib. Lyon, 1er déc. 1871, aff. Fayolle, D. P. 71. 5. 39). Toutefois, la déchéance n'a pas d'effet rétroactif; et, par suite, si la contrefaçon avait été commise avant la survenance du fait qui a produit la déchéance, elle pourrait être poursuivie par le breveté (Ordonnance précitée du 1er déc. 1871); — 3° Que la déchéance d'un brevet d'invention est encourue par le seul effet du retard apporté dans le payement de la taxe, quoique le montant de cette taxe ait été versé avant toute demande en déchéance, et reçu sans contestation par l'Administration (Crim. cass. 7 juin 1851, aff. Jérosme, D. P. 51. 1. 246); — 4° Que, hors le cas de force majeure dûment établie, chaque annuité doit être payée par le breveté au plus tard le jour anniversaire de la prise du brevet (Arrêt précité du 26 juill. 1865).

La jurisprudence belge n'est point conforme sur ce point à celle des tribunaux français. Elle décide que la déchéance pour non-payement de la taxe ne peut être prononcée que par le Gouvernement; que jusque-là, elle ne saurait être proposée en justice par un particulier (Gand, 1er mai 1873, aff. Société Lambert C. Lefébure, *Pasicrisie belge*, 73. 2. 300).

221. Le seul point qui soit encore discuté est celui de savoir si le cas de force majeure, lorsqu'il est la cause du retard de payement, empêche la déchéance d'être encourue. M. Bédarride, n° 440, ne l'admet pas : « Ce que la loi a voulu, dit-il, c'est assurer le recouvrement de la taxe en en faisant la condition irritante du privilège. Or, admettre une excuse quelconque, c'était faire dégénérer cette cause de déchéance en mesure purement comminatoire, et compromettre ce recouvrement » (V. dans le même sens : Malapert et Forni, n° 643).

M. Tillière, n° 360, au contraire, enseigne conformément à l'opinion adoptée au *Rép.* n° 113, que le breveté peut invoquer l'excuse de la force majeure : la déchéance est la sanction de l'obligation de payer la taxe et « le droit commun dispense de l'exécution d'une obligation lorsque la force majeure y met obstacle. Soutenir qu'il en serait autrement pour l'obligation d'acquitter les annuités de la taxe serait pousser le rigorisme jusqu'à l'absurde. Telle n'a pas pu être la volonté du législateur ».

M. Pouillet se prononce dans le même sens, en rejetant l'argument *a contrario* tiré de ce que l'art. 32, à propos de la déchéance pour défaut d'exploitation, autorise expressément le breveté à justifier des causes de son inaction. « Pour que l'argument eût sa valeur, il faudrait que la loi n'eût relevé le breveté de la déchéance qu'il encourt pour défaut d'exploitation qu'en cas de force majeure; alors son silence, lorsqu'il s'agit du défaut de payement des annuités, aurait pu avoir la signification qu'on lui prête. Mais ce n'est pas seulement en cas de force majeure que l'inaction du breveté est justifiée ; la loi ne spécifie aucun cas ; elle abandonne au pouvoir discrétionnaire des tribunaux l'appréciation des excuses que le breveté fait valoir. Dès lors, comment en conclure que dans l'autre cas, celui du défaut de payement de l'annuité, elle repousse toute excuse, même celle qui serait tirée de la force majeure? Le sens de l'art. 32 est tout simplement celui-ci : lorsqu'il s'agit du défaut de payement des annuités, la déchéance est encourue, sauf le cas de force majeure; lorsqu'il s'agit du défaut d'exploitation, les tribunaux ont une latitude bien plus grande, et peuvent admettre des excuses même en dehors de la force majeure » (Pouillet, n° 497. V. aussi Renouard, n° 210; Rendu, n° 459; Allart, n° 334).

La jurisprudence paraît admettre l'excuse résultant de la force majeure. — Jugé à cet égard : 1° que la déchéance de plein droit dont l'art. 4 de la loi du 5 juill. 1844 frappe le breveté en retard de payer l'une des annuités dues au Gouvernement pour l'obtention du brevet, n'est pas encourue lorsque ce retard provient d'un obstacle de force majeure (Civ. rej. 16 mars 1864, aff. Wild, D. P. 64. 1. 158); — 2° Que la déchéance prononcée par l'art. 32 de la loi du 5 juill. 1844, contre le breveté qui n'a pas payé l'annuité à l'époque prescrite, n'est pas encourue dans le cas où le retard a été causé non par la négligence ou la mauvaise volonté du breveté, mais par des circonstances indépendantes de sa volonté (Trib. Dax, 29 août 1862, aff. Bastiat, D. P. 63. 2. 117, note 3. — V. dans le même sens : Paris, 26 juill. 1865, V. *suprà*, n° 220).

Jugé toutefois en sens contraire, que la déchéance d'un brevet d'invention est de plein droit et irrévocablement encourue par le seul effet du retard dans le payement d'une annuité, alors même que ce retard aurait pour cause un événement de force majeure, tel que la maladie ou la démence (Paris, 6 déc. 1861, aff. Wild, D. P. 62. 2. 100).

222. Quant au point de savoir ce qui constitue la force majeure, il n'y a pas en cette matière de principes spéciaux. On peut noter toutefois un arrêt qui décide que l'état de maladie ou de démence du breveté n'est pas un cas de force majeure de nature à le relever de la déchéance (Civ. rej. 16 mars 1864, aff. Wild, D. P. 64. 1. 158).

Il y a lieu de rappeler ici que, dans des moments de crise politique, des décrets spéciaux sont intervenus pour dispenser temporairement les brevetés du payement de leurs annuités (Décr. 25 févr. 1848 ; 10 sept. et 14 oct. 1870, V. *suprà*, n° 4).

223. La déchéance résultant du retard de payement donne une grande importance à la fixation du terme de payement; l'art. 32 porte que le payement doit être fait avant le commencement de chacune des années de la durée du brevet; c'est donc le commencement de l'année de jouissance qu'il faut déterminer; or, les effets du brevet commencent au jour de la demande. Alors se pose la question de savoir si le jour de la demande compte dans la première année; c'est en ce cas le commencement du jour anniversaire qui marque le terme du délai de payement; si le jour de la demande ne compte pas, on peut encore payer le jour anniversaire; c'est la question du *dies a quo* (V. Pouillet, n° 492). Nous ne pensons pas que la controverse du *dies a quo*, tant agitée en matière de délai, soit ici bien à sa place; la loi n'a pas dit que le breveté aurait tel délai pour payer, mais qu'il payerait avant telle époque, qu'il s'agit de déterminer; or il nous semble que le payement de la première annuité fournit l'indication du moment où les autres annuités doivent être acquittées; c'est au moment du dépôt de la demande que l'inventeur doit justifier du payement de la première annuité; on doit donc le considérer comme tenu de faire ce payement au plus tard à l'instant du dépôt, comme il pourrait le faire en effet si l'organisation des services administratifs s'y prêtait; les payements ultérieurs doivent suivre d'année en année, et pourront être faits dans les mêmes conditions que le premier, c'est-à-dire le jour anniversaire de la demande. Sur ce point nous nous rencontrons avec les auteurs qui se décident d'après la computation du délai, en ne comptant pas le *dies a quo*. Mais le motif qui nous détermine, c'est-à-dire la succession régulière des payements d'année en année à compter du premier, qu'on doit considérer comme concomitant à la demande, nous porte à admettre que le payement ne peut être fait le jour anniversaire que jusqu'à l'heure mentionnée dans le procès-verbal de dépôt de la demande; autrement le breveté qui serait admis à payer après cette heure n'aurait pas, en réalité, acquitté l'annuité avant le commencement de l'année de jouissance.

Si le jour anniversaire du dépôt est un jour férié, le breveté doit payer la veille, et non pas le lendemain ; c'est la conséquence naturelle de l'obligation de payer non pas dans tel délai, mais avant le commencement de l'année de jouissance (V. en ce sens : Nouguier, n° 578 ; Picard et Olin, n° 767 ; Pouillet, n° 495 ; Allart, n° 331 ; Paris, 26 juill. 1865, *suprà*, n° 220). — Il a été jugé que la règle d'après laquelle, dans la supputation des délais qui se comptent par jours, on doit, surtout quand il s'agit de déchéances, exclure du délai le jour qui en est le point de départ, s'applique, en matière de brevet d'invention, au calcul du délai fixé pour le payement de la taxe annuelle qui forme l'une des conditions de la concession du brevet; dès lors, le payement peut être valablement fait, chaque année, le jour correspondant à celui dans lequel la demande a été déposée (Rouen, 12 déc. 1862, aff. Ancelin, D. P. 63. 2. 183; Civ. cass. 20 janv. 1863, aff. Vimont, D. P. 63. 1. 12). A supposer que le *dies a quo* ne dût pas être exclu pour le tout, la déchéance ne serait pas encourue si le payement de l'annuité avait eu lieu avant l'heure à laquelle a été fait le dépôt de la demande (Arrêt précité du 12 déc. 1862). — En sens contraire, il a été décidé que le délai d'une année dans lequel le breveté doit, sous peine de déchéance, payer chacun des termes de la taxe, se compte de jour à jour, et non pas d'heure à heure; et le jour où le dépôt des pièces a été fait est compris dans la première année ; ainsi, la déchéance est encourue si l'une des annuités n'a été payée que le jour correspondant au jour du dépôt, alors même qu'il serait établi que le payement a été fait avant l'heure du dépôt (Metz, 5 févr. 1862, aff. Sykes, D. P. 62. 2. 92).

224. Bien que la déchéance soit encourue par le seul fait du non-payement à l'échéance, et qu'à partir de ce moment le brevet en droit cesse d'exister, il arrive en fait qu'il est encore respecté par les tiers, qui ignorent la déchéance encourue. On admet pour ce motif, que jusqu'au jour où la déchéance a été judiciairement constatée, le brevet a conservé une existence de fait, à raison de laquelle le breveté, en ayant effectivement recueilli les avantages, n'est pas fondé à répéter le montant des annuités qu'il aurait continué à payer, postérieurement à la déchéance encourue, payement que beaucoup de brevetés continuent à faire, soit par ignorance, dans l'espoir de couvrir la déchéance, soit pour que l'irrégularité du payement tardif, suivi de payements réguliers, passe plus facilement inaperçue des tiers. Le concessionnaire d'une licence ne pourrait non plus réclamer le payement des redevances qu'il aurait payées après la déchéance encourue, mais avant qu'elle fût constatée, ces redevances représentant moins le prix des droits qu'il a entendu obtenir du breveté que des avantages matériels qui en résultent, et dont il a eu, dans cet intervalle, la jouissance effective (V. Pouillet, n° 489. — V. conf. Paris, 2 mars 1876, aff. Boigues-Rambourg, *Le Droit*, 21 avr. 1876).

225. La déchéance pour défaut de payement engage vis-à-vis de ceux qui avaient des droits sur le brevet, la responsabilité de celui à qui incombait la charge de payer les annuités, notamment du concessionnaire auquel le breveté, en lui conférant tout ou partie de la jouissance du brevet, aurait transféré l'obligation de payer les annuités.

Ainsi, il a été jugé, que ce n'est pas au propriétaire d'un brevet d'invention, mais à la société mise en possession de sa jouissance, qu'incombe l'obligation de payer les annuités dues à l'Etat, et, par suite, la responsabilité de la déchéance encourue par le défaut de payement de ces annuités (Rouen, 29 déc. 1871, aff. Moraud, D. P. 73. 2. 71).

Jugé également que le titulaire d'un brevet, seul tenu au regard du fisc d'en acquitter les annuités, peut, en cédant à un tiers la jouissance du brevet, mettre à la charge du cessionnaire le payement effectif desdites annuités : une telle convention, qui ne règle que les rapports des parties entre elles, n'a rien de contraire aux droits du Trésor, ni à l'ordre public. Par suite, les juges du fond ont pu, sans violer aucune loi et en restant dans les limites de leurs attributions souveraines, décider qu'une société à qui le titulaire d'un brevet en avait apporté la jouissance, était responsable de la déchéance encourue pour défaut du payement des annuités, et que les conséquences de cette responsabilité devaient être supportées par tous les associés en proportion de leurs droits sociaux (Civ. rej. 29 mai 1877, aff. Souviron, D. P. 78. 1. 310).

226. Au reste, la déchéance ne s'applique qu'au défaut de payement annuel et ne peut s'étendre au cas où le payement des annuités restant à échoir devait être fait en une fois par anticipation. L'art. 4 de la loi du 5 juill. 1844, en exigeant qu'au cas de cession d'un brevet d'invention, les annuités qui pourraient se trouver dues à l'Etat soient préalablement payées, n'a pas entendu frapper de la peine de déchéance du brevet le simple retard apporté à ce payement; ici ne peut être appliquée, par extension, la disposition qui prononce la déchéance pour défaut de payement des annuités *successivement* échues (Crim. rej. 1er sept. 1855, aff. Dominge, D. P. 55. 1. 413).

227. — II. DÉFAUT D'EXPLOITATION PENDANT DEUX ANS. — La deuxième cause de déchéance est le défaut d'exploitation pendant deux années consécutives ; soit que l'exploitation n'ait pas commencé dans les deux années qui ont suivi la délivrance du brevet, soit que l'exploitation une fois commencée, ait été interrompue pendant deux années. Le motif de l'obligation d'exploiter imposée au breveté a été indiqué au *Rép.* n° 259 ; il est bien évident qu'on ne concède pas à un inventeur le droit d'empêcher toute exploitation autre que la sienne pour que lui-même n'exploite pas ; mais il n'était peut-être pas nécessaire de l'y contraindre par la menace de déchéance ; la législation anglaise, fort pratique, et qui ne néglige pas les intérêts de l'industrie, ne renferme pas de disposition semblable; on a pensé, avec quelque raison, que les profits que l'inventeur peut tirer de son invention le porteront toujours à l'exploiter s'il le peut, et que toute disposition impérative à cet égard était superflue. C'est, d'ailleurs, ce que le législateur de 1844 a dû lui-même reconnaître, et c'est ce qui l'a déterminé à ne faire de l'inaction du breveté une cause de déchéance qu'autant que le breveté ne justifierait pas des causes qui l'ont empêché d'exploiter (V. *Rép.* n° 261). Mais ce correctif rend incertain le sort du brevet, et peut-être était-il préférable de tenir l'inaction du breveté pour justifiée par cela seul qu'elle existe, et de ne pas ajouter aux difficultés multiples que rencontre l'inventeur à ses débuts le péril qui menace son brevet s'il ne réussit pas à les surmonter.

228. L'exploitation, pour satisfaire à la loi, doit être sérieuse; quelques actes isolés d'exploitation n'interrompraient pas le délai de deux ans au bout duquel est encourue la déchéance: « On a vu, dit M. Pouillet, n° 509, des brevetés qui croyaient avoir fait merveille quand ils avaient, une fois l'an, fait fonctionner leurs machines en présence d'un huissier qui dressait un procès-verbal. C'est une grave erreur, et nulle pratique n'est plus dangereuse. Ce que veut la loi, c'est une exploitation commerciale; peu importe d'ailleurs que s'agissant, par exemple, d'une machine, le breveté ne la vende point au public et s'en réserve l'exploitation à lui-même; la loi ne lui impose que l'obligation d'exploiter, sans lui imposer telle ou telle forme d'exploitation » (V. aussi Nouguier, n° 600; Rendu et Delorme, n° 471). Il a été jugé, sur ce point, qu'un acte isolé de fabrication ne peut être considéré comme une exploitation industrielle du brevet d'invention susceptible de relever le breveté de la déchéance qu'il a encourue à défaut d'exploitation pendant deux ans (Paris, 23 mars 1870) (1). Mais la déchéance d'un brevet pour défaut d'exploitation du procédé

(1) (Aubineau et autres *C.* Willcox.) — Le 17 mars 1869, jugement du tribunal civil de la Seine ainsi conçu : — « Attendu qu'à la date du 10 juin 1868, Aubineau, Bourriquet et Martougen ont été poursuivis tout à la fois pour contrefaçon du brevet du 12 sept. 1857, et des modèle et marque de fabrique déposés le 22 août 1867; — Attendu que, sans contester la validité du brevet, les défendeurs opposent à la demande deux moyens de nullité et de déchéance fondés sur le défaut d'exploitation du brevet pendant deux années, et sur l'introduction en France de machines brevetées fabriquées à l'étranger; — Sur le premier moyen : — Attendu que le brevet a été délivré à la date du 12 sept. 1857; qu'il est constant que c'est seulement au mois d'août 1859 que Willcox a envoyé à son représentant, à Paris, l'ordre de faire fabriquer soit une machine complète, soit l'un des organes revendiqués par le brevet; — Attendu que cette fabrication isolée ne constitue pas une exploitation industrielle de l'invention et que Willcox ne justifie pas des causes légitimes de son inaction ; — Sur le second moyen; — En droit: — Attendu qu'en accordant à tout breveté le monopole industriel de son invention en France, la législation a voulu que ce monopole, par une légitime compensation, fût profitable au travail national, et qu'à cet effet il a imposé au breveté l'obligation d'établir en France le siège de sa fabrication privilégiée; — Attendu que ce but de la loi trouve sa manifestation et sa sanction dans la déchéance prononcée par le paragraphe 3 de son art. 32; — En fait : — Attendu qu'il est reconnu par Willcox qu'il n'a fait encore fabriquer en France que le crochet à mouvement circulaire qui forme le perfectionnement revendiqué par sa demande ; — Attendu que ce crochet n'est qu'un organe de la machine à coudre à laquelle il doit être réuni pour l'obtention du résultat industriel qui fait l'objet de l'invention; — Qu'il est, relativement à la machine entière, d'une valeur de fabrication insignifiante, et que, conséquemment, la fabrication en France de cet organe isolé de la machine, qui est livrée à la vente, et dont le prix constitue le bénéfice du breveté, ne serait qu'un moyen d'éluder la disposition de la loi précitée; qu'il suit de ce qui précède que les exceptions de nullité et de déchéance dont il s'agit sont justifiées; — En ce qui concerne la contrefaçon des modèle et marque de fabrique : — Attendu qu'en vertu de deux actes de dépôt du 22 août 1867, Willcox revendique la propriété de la forme G de ses machines à coudre et de la lettre G destinée à être apposée sur ces machines; — Attendu que la forme d'un produit, aussi bien qu'une lettre ou tout autre signe distinctif, peut constituer une propriété garantie par le dépôt; — Mais attendu qu'il est articulé par le défendeur, qu'antérieurement au dépôt de Willcox, la forme G des machines à coudre était généralement employée dans l'industrie; — Qu'ils opposent, en outre, à la demande ce fait que dans les dessins annexés à son brevet de 1857, Willcox n'a pas donné à sa machine brevetée la forme qu'il revendique aujourd'hui ; qu'enfin les machines par eux fabriquées et mises en vente ne sont pas la contrefaçon de celle de Willcox; — Attendu que le tribunal n'a pas les éléments d'appréciation nécessaires; — Par ces motifs, avant faire droit, commet Victor Bois, etc. » — Appel par les sieurs Aubineau et autres. — Arrêt.

LA COUR; — En ce qui touche l'appel de Willcox et la contrefaçon du brevet : — Considérant qu'il est constant en fait et reconnu que pendant plus de deux ans à partir du brevet pris par Gibbs, représenté par Willcox son cessionnaire, Gibbs et Willcox ont négligé l'exploitation de l'invention, sans qu'il soit justifié par eux de causes légitimes de cette abstention; — Adoptant au surplus sur ce point et sur les autres moyens les motifs des premiers juges ;

En ce qui touche les contrefaçons de la marque, et les conclusions tant de Willcox que d'Aubineau et Bourriquet sur ce point : — Considérant que la marque de fabrique est le signe appliqué aux produits qu'il a pour but de distinguer ; qu'il est indépendant du produit lui-même, auquel il vient s'ajouter comme ferait la signature du fabricant ou du débitant; — Considérant qu'accepter

breveté, dans le délai légal, ne peut être prononcée, sous prétexte que ce procédé n'aurait été l'objet que d'applications infructueuses, et en nombre extrêmement restreint, si ces applications n'ont pas le caractère de simples essais, et attestent à raison de leurs difficultés, que le titulaire du brevet a fait tout ce qui dépendait de lui pour arriver à une exploitation régulière (Paris, 18 juill. 1859, aff. Thomas, D. P. 59. 2. 196).

229. Les auteurs discutent le point de savoir si l'exploitation partielle d'un brevet le met à l'abri de la déchéance, pour la totalité, ou seulement pour ce qui est l'objet de l'exploitation; la divergence de leurs opinions vient de ce qu'ils raisonnent en termes généraux sur une question qui, comme toutes celles qui tiennent à l'objet du brevet, ne peut être posée et résolue avec précision que suivant la nature de chaque espèce; il en résulte que, pour eux, les mêmes expressions répondent à des hypothèses différentes, comportant des solutions diverses. C'est ainsi que MM. Picard et Olin, n° 785 admettent que l'exploitation partielle du brevet ne le conserve que partiellement.

Suivant M. Pouillet, n° 515, le brevet comprenant plusieurs moyens sera conservé par l'exploitation d'un seul d'entre eux, s'il existe entre ces moyens une intime analogie, mais il en sera autrement si ces moyens diffèrent réellement entre eux. Examinant ensuite le cas où l'exploitation porte sur un certificat d'addition, le même auteur estime à cause de la relation qui existe entre le brevet et le certificat, que cette exploitation implique, en général, celle du brevet lui-même, et que celui-ci se trouve par suite, à l'abri de la déchéance. Il ajoute. au surplus, et c'est, à notre avis, la seule opinion certaine qu'on puisse exprimer sur ce point, qu'il y a là « une question d'appréciation dont les tribunaux sont souverains juges » (V. Pouillet, n° 515). — Il a été jugé, à cet égard : 1° que le breveté n'est pas tenu d'exploiter toutes les branches de son invention pour échapper à la déchéance dont l'art. 32, n° 2, de la loi du 5 juill. 1844 frappe les brevets d'invention qui n'ont pas été exploités dans les deux ans; il suffit d'une exploitation partielle (Crim. rej. 11 déc. 1857, aff. Delisle, D. P. 58. 1. 137); — 2° Que l'exploitation dans les deux ans de l'obtention du brevet qui est exigée pour la conservation des droits de propriété de l'inventeur, ne doit pas nécessairement s'appliquer à toutes les branches que l'invention indiquait et pouvait comprendre (Crim. rej. 12 févr. 1858, aff. Danel, D. P. 58. 5. 42); — 3° Que lorsque le brevet d'un inventeur a été suivi d'un certificat d'addition ou de perfectionnement, l'exception tirée par le prévenu de contrefaçon d'une prétendue cessation d'exploitation pendant deux ans, n'est recevable qu'autant qu'elle s'applique à l'invention telle qu'elle a été modifiée par le certificat; par suite, à défaut d'une indication de cette nature, le juge du fait a pu se borner, pour motiver le rejet de l'exception, à objecter que « le certificat d'addition avait laissé subsister tout l'effet du brevet primitivement obtenu » (Crim. rej. 30 mars 1860, aff. Bulot, D. P. 61. 5. 48); — 4° Que l'abandon, pendant plus de deux ans, d'un organe particulier d'une machine brevetée, n'entraîne pas la déchéance du brevet, si cet organe, loin de constituer l'élément important de l'invention, n'est qu'un accessoire tout à fait secondaire; en pareil cas, les droits de l'inventeur sur l'emploi de cet organe pourraient seuls être atteints par la déchéance (Paris, 13 mai 1865, aff. Avril, D. P. 66. 1. 357); — 5° Que le breveté ne peut être réputé avoir abandonné l'exploitation du brevet, par cela seul qu'en perfectionnant les procédés il produit en une fois ce qu'il ne produisait d'abord que successivement (Req. 18 nov. 1872, aff. Société des fonderies de Saint-Etienne, D. P. 73. 1. 109); — 6° Que le breveté encourt la déchéance pour défaut d'exploitation du brevet pendant deux années, bien que, durant ce laps de temps, il ait exploité un certificat d'addition, lorsque l'invention, objet de ce certificat d'addition, est essentiellement distincte de celle qui a fait l'objet du brevet principal (Civ. rej. 8 avr. 1870. aff. Rimailho, D. P. 79. 1. 205); — 7° Qu'il y a exploitation suffisante, lorsque l'inventeur, ne pouvant faire adopter son système en entier, l'a exploité dans les applications qui pouvaient en être faites aux autres systèmes adoptés par le public (Paris, 17 févr. 1883, aff. Lecointe, *Annales de la propriété industrielle, etc.*, 84. 109).

230. L'objet exploité doit être le même que celui du brevet; ce n'est pas à dire toutefois qu'il ne puisse exister certaines différences; c'est au juge à apprécier si ces différences sont assez faibles pour que les deux objets soient considérés comme semblables, ou si elles sont essentielles. Il en est des différences entre l'objet du brevet et l'objet exploité par le breveté comme de celles qui peuvent exister entre l'objet du brevet et l'objet contrefait. (V. *infrà*, n°s 287 et suiv.).

D'autre part il suffit, pour qu'il y ait exploitation, que le public soit mis à même de profiter de l'objet du brevet; si cet objet est un produit, il est clair que le breveté devra le fabriquer et le vendre, soit lui-même, soit par ses ayants cause, pour que le public soit à même de l'acquérir; mais si l'objet du brevet n'est qu'un moyen, il n'est nullement nécessaire que le public soit mis à même d'utiliser le moyen; il suffit que le breveté mette à sa disposition les produits obtenus par l'emploi du moyen breveté. — Décidé, en ce sens, qu'il suffit, pour qu'un brevet relatif à l'invention d'une machine soit réputé avoir été légalement exploité, et ne puisse être déclaré déchu pour défaut d'exploitation, que les produits des machines brevetées aient été livrés au public; il n'est pas nécessaire qu'on lui ait livré les machines elles-mêmes (Colmar, 7 déc. 1864, aff. Klotz C. Pariseau, *Annales de la propriété industrielle, etc.*, 65. 215).

231. L'exploitation doit avoir lieu en France; mais cela ne veut pas dire que le breveté soit obligé d'exploiter sur le continent français; il sera en règle tout aussi bien en exploitant aux colonies, en un mot partout où s'étend la protection de l'invention par le brevet délivré en France.

232. Il n'est pas indispensable que l'exploitation soit le fait du breveté lui-même; toute exploitation autorisée par lui, par exemple celle du concessionnaire d'une licence, le met à l'abri de la déchéance (V. Pouillet, n° 524; Rendu et Delorme, n° 471; Nouguier, n° 601; Allart, n° 350).

233. Nous pensons même que la faculté, pour le breveté, de se garantir de la déchéance par l'exploitation d'autrui irait jusqu'à lui permettre de profiter, en l'opposant aux tiers, d'une contrefaçon qu'il aurait tolérée; en effet, tant qu'il ne s'est pas déterminé contre le contrefacteur, il doit être libre, s'il y trouve intérêt pour la conservation de son brevet, de légitimer en la ratifiant, l'exploitation qu'il n'avait pas d'abord autorisée, et de traiter la contrefaçon comme une gestion d'affaire. Le contrefacteur ne peut s'en plaindre, et le breveté, en agissant ainsi, n'induit pas en erreur les tiers de bonne foi, car il n'y a vis-à-vis de ceux-ci, aucune différence apparente entre un concessionnaire de licence, qui n'est pas tenu de publier son contrat comme y est obligé le cessionnaire, et dont l'exploitation préserve néanmoins le brevet de la déchéance, et un contrefacteur dont le breveté tolère la fabrication; les tiers doivent présumer

---

comme marque de fabrique le produit lui-même dans sa forme particulière, sans autre signe porté par ce produit venant s'y ajouter ou le distinguer, serait excéder la pensée de la loi spéciale de la matière; qu'une telle doctrine conduirait non pas seulement à reconnaître le privilège de la marque, mais encore le privilège sur la forme même du produit, contrairement aux principes de la loi sur les brevets d'invention; — Qu'en effet, au moyen du dépôt du produit sous prétexte de marque, la forme du produit deviendrait le privilège du fabricant au préjudice de la liberté d'industrie; — Qu'aux termes de la loi de 1857, le privilège sur la marque étant indéfiniment renouvelable, on arriverait ainsi à la perpétuité d'une propriété privilégiée indéfinie du produit lui-même, contrairement aux principes posés par la loi sur les brevets d'invention; — Considérant que si l'usurpation de la forme donnée à un produit peut constituer un fait dommageable, la réparation du préjudice peut en être demandée en vertu de l'art. 1382 c. nap. et non par application des dispositions spéciales de la loi sur les marques de fabrique; — Considérant que la marque revendiquée par Willcox comme signe distinctif de sa machine à coudre est le dessin de la machine elle-même telle qu'elle sort de la fabrique, non un signe ni détail venant s'ajouter d'une façon quelconque à la machine complète, laquelle ne doit porter aucun signe ou emblème; qu'on ne saurait y voir une marque de fabrique dans le sens de la loi; que, dès lors, la demande uniquement fondée sur le fait de la contrefaçon de la marque n'est pas justifiée; — Par ces motifs, etc.

Du 23 mars 1870.-C. de Paris, 4e ch.-MM. Metzinger, pr.-Hémar, av. gén.-Blanc et Lachaud, av.

que toute exploitation dont le breveté ne se plaint pas est autorisée par lui.

Le breveté pourra donc au besoin conserver son brevet grâce à l'exploitation d'un contrefacteur, et s'en servir pour poursuivre les autres, s'il en existe.

Les auteurs ne paraissent pas avoir envisagé cette question : plusieurs, il est vrai, déclarent que le breveté ne peut pas être garanti de la déchéance par l'exploitation d'un contrefacteur; mais ils considèrent le cas où le breveté traite, en effet, cette exploitation comme une contrefaçon et la poursuit comme telle : le breveté ne peut pas, disent MM. Picard et Olin, n° 779, « pousuivre le contrefacteur, faire déclarer son exploitation illicite, obtenir la confiscation des objets contrefaits et des instruments de la contrefaçon, et d'un autre côté, invoquer à son profit tous ses actes illégitimes » (V. dans le même sens : Pouillet, n° 524). Cela nous paraît incontestable ; mais cette solution, applicable lorsque le breveté a fixé son choix en dirigeant des poursuites contre le contrefacteur, ne contredit pas ce que nous venons de dire sur la faculté, pour le breveté, de choisir entre la poursuite et la ratification; et en cela nous n'allons pas aussi loin que M. Tillière, n° 305, qui accorde au breveté le droit de réprimer la contrefaçon, et de l'invoquer néanmoins comme exploitation préservant le brevet de la déchéance.

234. Les deux années que la loi accorde au breveté pour mettre ses inventions en exploitation commencent suivant les termes de l'art. 32, à la délivrance du brevet; cette disposition ne correspond pas tout à fait à celle qui fait remonter les effets du brevet au jour de la demande; l'obligation d'exploiter étant corrélative aux droits que confère le brevet, il semble qu'elle aurait dû commencer au jour où ces droits ont été acquis. Mais bien que cette différence de rédaction puisse être considérée comme le résultat d'une inadvertance, on s'accorde à reconnaître que les termes clairs et nets de l'article ne permettent pas d'assigner au délai un autre point de départ que la délivrance du brevet (V. Bédarride, n° 453; Pouillet, n° 508).

235. L'exploitation une fois commencée ne doit pas être interrompue pendant plus de deux années consécutives. Nous n'avons rien à ajouter, sur ce point, à ce qui est dit au *Rép.* n° 261.

236. Le breveté qui n'est pas en règle au point de vue de l'exploitation est admis à justifier des causes qui l'ont empêché d'exploiter; ces causes peuvent être de toute nature, comme le défaut de ressources, la concurrence des contrefacteurs, le goût du public qui n'a pas adopté l'objet breveté; il n'est pas nécessaire que les obstacles qui ont empêché l'exploitation constituent la force majeure; l'excuse est suffisante, lorsque le breveté établit qu'il a fait des efforts sérieux pour exploiter. — Décidé en ce sens : 1° que la déchéance pour défaut d'exploitation s'applique à l'inaction volontaire du breveté, et non au cas de celui qui, après avoir construit l'appareil breveté, n'a pas cessé de l'offrir au public, mais n'a pu vaincre l'hésitation des industriels à adopter son procédé, d'ailleurs promptement dépassé par des procédés plus perfectionnés (Paris, 17 févr. 1883, aff. Lecointe, *Annales de la propriété industrielle, etc.*, 84. 109); — 2° Que les causes d'inaction du breveté qui, aux termes de l'art. 32 de la loi du 5 juill. 1844, peuvent relever ce breveté de la déchéance encourue par lui pour non-exécution du brevet dans les deux années de sa signature, ou pour cessation de son exploitation durant deux années consécutives, sont souverainement appréciées par les juges du fait; et spécialement, que la décision qui refuse de prononcer la déchéance d'un brevet pour inexécution de l'invention dans le délai légal, en se fondant, soit sur l'insuffisance des ressources pécuniaires du breveté, soit sur la résistance que l'emploi de cette invention a rencontrée dans les industries en nombre fort restreint auxquelles elle s'adressait, renferme une appréciation de fait qui ne tombe pas sous le contrôle de la cour de cassation; et que l'état de gêne causé par des événements politiques survenus à une certaine époque (en 1848) doit être considéré comme s'étant prolongé dans les années postérieures, et comme ayant, dès lors, continué à mettre obstacle à l'exploitation du brevet, par cela seul que les juges constatent cette gêne, sans indication de l'époque où elle aurait cessé (Req. 23 nov. 1859, aff. Chemin de fer du Nord, D. P. 60. 1. 23); — 3° Que la loi du 5 juill. 1844 n'ayant pas spécifié les causes d'inaction propres à relever l'inventeur de la déchéance encourue en cas de cessation de l'exploitation pendant deux ans, il appartient au tribunal correctionnel d'apprécier souverainement les excuses présentées par l'inventeur pour expliquer la cessation d'exploitation à lui opposée par le contrefacteur qu'il poursuit (Crim. rej. 7 juill. 1860, aff. Lister, D. P. 61. 5. 48).

237. Quant à la preuve du défaut d'exploitation, c'est au demandeur en déchéance qu'il incombe de la fournir, suivant le droit commun, autant qu'il est possible de fournir la preuve d'un fait négatif (V. Pouillet, n° 526; Picard et Olin, n° 789 ; Allart, n° 353).

238. Le défaut d'exploitation peut provenir d'un obstacle légal. On a exposé précédemment qu'une invention peut être licite, et l'exploitation en être illicite, par exemple si elle contrevenait à un monopole de l'Etat (V. *suprà*, n° 76). Il est trop évident qu'on ne peut imputer au breveté de n'avoir pas exploité ce dont la loi lui interdisait l'exploitation ; et l'Etat, par exemple, serait sans aucun droit d'invoquer la déchéance, faute d'exploitation, pour employer sans le consentement de l'inventeur une machine destinée à la fabrication des cigares.

L'obstacle légal peut aussi provenir de ce que le brevet, portant sur un perfectionnement à un brevet encore en vigueur, n'aurait pu, aux termes de l'art. 19, être exploité sans le consentement du breveté principal. Toutefois, dans ce cas, les auteurs sont divisés, et la jurisprudence n'est pas unanime : la raison de douter est que si l'obstacle à l'exploitation vient en droit de l'art. 19, il provient en fait de la volonté du breveté principal, et qu'il n'est pas toujours impossible d'obtenir son consentement. Partant de là, M. Pouillet enseigne qu'il faut distinguer suivant les espèces, et que la déchéance du brevet de perfectionnement sera encourue si en fait il est établi que le breveté pouvait aisément s'entendre avec le breveté principal (V. Pouillet, n° 521). Au contraire, M. Huard dans la *Propriété industrielle*, n° 137, pense que la prohibition de l'art. 19 est, en toute hypothèse, une cause légitime de non-exploitation. Parlant de la distinction que nous venons d'indiquer, il s'exprime ainsi : « Un tel système, dit-il, n'est-il pas la négation de l'art. 19? N'est-ce pas vouloir que le breveté exploite quand la loi le lui a défendu? Et cette guerre à outrance faite au breveté, cette discussion impitoyable de tous les expédients auxquels il pouvait avoir recours pour éluder l'interdiction portée en l'art. 19 est-elle conforme à l'esprit de l'art. 32? Il suffit pour se convaincre du contraire, de se reporter à la discussion qui a eu lieu à la Chambre des députés au sujet de cet article. On avait demandé que le breveté dût justifier d'un cas de force majeure pour excuser son défaut d'exploitation; mais sur les observations de M. Delespaul et d'Arago, les expressions beaucoup plus larges de l'art. 32 ont été adoptées, et il a été décidé que le breveté pourrait justifier d'une cause d'excuse quelle qu'elle fût. Peut-on en trouver une plus puissante, plus péremptoire que la prohibition de l'art. 19? N'est-ce pas la plus invincible des forces majeures? » Nous croyons également qu'on doit considérer la prohibition de l'art. 19 comme une excuse absolue, et que la possibilité pour le breveté de s'entendre avec le breveté principal ne doit pas même être discutée; outre que l'appréciation des tribunaux sur ce point est nécessairement très incertaine, le seul tort du breveté en supposant qu'une entente fût possible, même facile, est de s'être conformé à la loi plus qu'il n'était nécessaire ; il est inadmissible qu'un excès d'obéissance aux prescriptions légales puisse être la cause d'une déchéance.

Décidé que le défaut d'exploitation du brevet ne peut être opposé comme moyen de déchéance à l'action en contrefaçon, lorsque cette abstention a pour cause légitime la nécessité où s'est trouvé le breveté d'attendre, pour n'être pas lui-même poursuivi comme contrefacteur, l'expiration d'un brevet antérieur par lequel un tiers s'était approprié l'idée qui sert de fondement à la nouvelle découverte; que par suite, le juge du fait devant lequel il est excipé, en de telles circonstances, de l'existence d'un précédent brevet, ne peut, pour prononcer la déchéance, se borner à constater que les deux inventions diffèrent dans leur objet principal ;... il doit, à peine de nullité, rechercher quelle est la base fondamentale du premier brevet, et décider si elle ne se reproduit pas dans la découverte pour laquelle le second brevet a été pris (Crim. cass. 6 mars 1858, aff. Grassal, 2 arrêts, D. P. 58. 1. 324).

239. — III. IMPORTATION D'OBJETS FABRIQUÉS A L'ÉTRANGER. — L'ancien art. 32 portait, dans sa troisième disposition, que l'introduction en France par le breveté d'objets semblables à celui du brevet et fabriqués à l'étranger ferait tomber le brevet. On a indiqué au *Rép.* n° 264, les raisons qui ont inspiré cette prohibition; l'idée de protection pour le travail national, dont elle procède, a beaucoup perdu de sa force, et la déchéance pour introduction en France est, de toutes les dispositions de la loi de 1844, la plus unanimement critiquée. On fait observer, non sans raison, qu'elle place le breveté en dehors du droit commun; que, même en se plaçant au point de vue du législateur de 1844 et en cherchant dans les dispositions législatives un moyen de protéger l'industrie nationale, il devrait suffire que le breveté fût soumis, ni plus ni moins que tout autre importateur, aux tarifs de douane qui sont le moyen ordinaire de protéger la fabrication; mais qu'il est exorbitant de transformer pour lui en une cause de déchéance un acte qui serait licite de la part de tout commerçant.

L'art. 32, comme nous l'avons indiqué *suprà*, n° 2, a été remplacé, dans la disposition qui nous occupe, par la loi du 31 mai 1856, qui y a apporté le tempérament suivant : bien que la défense d'importer soit maintenue, le breveté peut néanmoins, avec l'autorisation du ministre, introduire soit des modèles de machines, soit des objets destinés à des expositions publiques ou à des essais faits avec l'assentiment du Gouvernement.

Il résulte de là que l'importation à l'égard de laquelle la déchéance est maintenue est l'importation commerciale, faite dans un but de vente.

240. Il se pose alors une double question : 1° La déchéance est-elle encourue lorsque l'importation a été faite soit à titre de modèle, soit en vue d'une exposition, mais sans l'autorisation préalable du ministre? 2° L'autorisation du ministre, lorsqu'elle a été obtenue, couvre-t-elle l'importation, ou ne doit-on pas, au contraire, examiner si cette importation avait en réalité un autre but que le but autorisé par la loi?

On peut dire, en ce qui concerne l'introduction non autorisée, qu'en matière d'importation par le breveté, la déchéance est la règle; que si la loi, à titre exceptionnel, a admis l'introduction sous certaines conditions, le breveté ne saurait être dispensé d'aucune de ces conditions et qu'il faut s'en tenir purement et simplement au texte qui les énumère; par conséquent, l'autorisation ministérielle est indispensable pour légitimer l'introduction. Cette doctrine nous paraît trop rigoureuse; c'est le but de l'introduction, bien plus que les formalités auxquelles elle est soumise, qui lui donne, à notre avis, le caractère d'introduction permise ou prohibée. Étant donné le motif qui a inspiré le législateur de 1844, il n'aurait pas été absurde, même avant la loi de 1856, et en présence des termes strictement prohibitifs de l'ancien art. 32, de soutenir qu'une introduction du caractère de celles que prévoit la loi de 1856 n'entraînait pas la déchéance; or, il ne pouvait alors être question d'autorisation du ministre comme d'une condition nécessaire. D'autre part, il est hors de doute que la loi de 1856 a eu pour objet non de restreindre le droit du breveté, mais de l'étendre et de faire cesser le doute que laissaient les termes de la loi de 1844. Dans ces conditions, on doit simplement considérer l'autorisation ministérielle comme une précaution destinée à empêcher le breveté de frauder la loi, mais non comme une condition prescrite à peine de déchéance, alors qu'en fait l'introduction n'a pas eu le caractère commercial que la loi prohibe. L'autorisation ministérielle, ainsi que le fait remarquer M. Pouillet, n° 532, dont l'opinion en faveur de la doctrine que nous soutenons est d'autant plus significative qu'il a longtemps soutenu la doctrine contraire, l'autorisation du ministre est une présomption en faveur de la régularité de l'importation, quelle que soit la quantité des objets introduits; tandis que l'importation non autorisée est suspecte, et c'est au breveté à démontrer qu'elle n'a pas eu le caractère prohibé. — Il a été décidé que l'art. 32, n° 3, de la loi du 5 juill. 1844, qui prononce la déchéance de tous ses droits contre le breveté qui aura introduit en France des produits étrangers semblables à ceux garantis par son brevet, ne s'applique qu'au cas où l'introduction a eu lieu en vue de livrer au commerce les objets introduits, et non à celui où elle n'a eu d'autre but que de faciliter la fabrication en France de produits pareils... Peu importe, dans ce dernier cas, que le breveté n'ait pas obtenu l'autorisation du ministre de l'agriculture et du commerce exigée par le paragraphe 2 de la disposition précitée pour l'introduction des modèles des machines brevetées, cette autorisation n'étant pas une condition essentielle (Paris, 8 juin 1855, aff. Journaux, D. P. 56. 2. 108).

S'il peut être excessif de faire résulter la déchéance du fait matériel de l'introduction, la déchéance est au moins encourue par l'emploi de l'objet introduit à une exploitation industrielle et prolongée; et peu importe, en ce cas, que l'objet ainsi employé ait été ensuite, avant la demande de déchéance, réexpédié à l'étranger et remplacé par un objet semblable de provenance française (Paris, 17 févr. 1883, V. *suprà*, n° 236).

241. Dans l'hypothèse contraire, c'est-à-dire lorsque le breveté, muni de l'autorisation du ministre, a en réalité introduit les objets dans un but commercial, il nous paraît certain que l'autorisation ne préserve pas le brevet de la déchéance. Il n'y a même pas alors à rechercher si le ministre a ou non autorisé une importation qu'il n'avait pas le droit d'autoriser; il suffit d'apprécier le fait personnel du breveté, qui, muni à tort ou à raison d'une autorisation, a fait de cette autorisation un usage qu'il n'en devait pas faire; on devra donc, si le caractère commercial de l'importation est établi, lui appliquer la déchéance, sans tenir compte de l'autorisation du ministre, qui n'est qu'une des conditions sous lesquelles il lui est permis d'introduire (V. en ce sens : Pouillet, n° 535).

242. L'introduction, faite avec l'autorisation du ministre, et conformément à la loi, peut revêtir ultérieurement le caractère commercial qu'elle n'avait pas au début; c'est ce qui arrive quand le breveté, ayant introduit un modèle ou des objets destinés à une exposition, revend ensuite le modèle dont il n'a plus besoin, ou des objets exposés, sans qu'on puisse voir dans ce fait la suite d'un calcul frauduleux ni suspecter la sincérité des déclarations sur lesquelles il a obtenu l'autorisation, mais simplement pour éviter les frais de réexpédition à l'étranger des objets dont il n'a plus besoin. En ce cas, on doit décider que la déchéance n'est pas encourue : d'abord parce que si la vente a été la suite de l'introduction, elle n'en a pas été le but, et elle ne doit pas modifier *ex post facto* le caractère d'un acte qui était légitime au moment où il a été accompli; ensuite, parce que l'importation, dans un but de commerce, n'est prohibée qu'à raison du préjudice qu'elle est censée causer au travail national. Or, si la loi a admis des exceptions en faveur des modèles ou des objets destinés aux expositions, c'est qu'au lieu d'un préjudice elle y a vu un avantage; lors donc que les objets ont été introduits et réellement employés dans le but autorisé par la loi, on doit admettre que les avantages de cette importation compensent le soi-disant préjudice de la revente ultérieure, et il n'y a pas de raison pour appliquer la déchéance (V. Pouillet, n° 535).

243. La déchéance est encourue alors même que l'introduction ne porterait que sur un seul objet (Paris, 17 févr. 1883, V. *suprà*, n° 236).

244. L'introduction n'est une cause de déchéance que lorsqu'elle a lieu du fait ou du consentement de celui ou de l'un de ceux à qui appartient le brevet. Quant au concessionnaire de licence, il n'a aucun droit sur le brevet, mais seulement une permission d'exploiter; l'importation à laquelle il se livre ne peut donc faire déchoir le brevet; elle est même une infraction à son contrat, et, par conséquent, un fait de contrefaçon, à moins que le breveté, connaissant l'importation ne la tolère ou même n'en profite, comme il arrive lorsque le prix de la licence consiste en une redevance calculée d'après le chiffre des ventes du concessionnaire, ou dans une quote-part de ses bénéfices (V. Pouillet, nos 536 à 539). — Décidé, à ce sujet : 1° que l'introduction en France d'objets fabriqués à l'étranger et semblables à ceux pour lesquels un brevet a été obtenu en France, entraîne déchéance de ce brevet, encore qu'elle ait eu lieu de la part du gérant d'une société étrangère, dont le breveté n'était membre que comme associé commanditaire (Aix, 21 févr. 1866, aff. Deiss, D. P. 68. 1. 104); — 2° Que le breveté, en ce qui concerne l'exécution des obligations qui sont la condition de son privilège, répond du fait du mandataire qu'il se substitue comme du sien propre ; par suite, l'introduction faite contrairement à l'art. 32, par ce mandataire, entraîne déchéance du brevet (Paris, 17 févr. 1883, V. *suprà*, n° 236) ; — 3° Que le breveté n'encourt pas la déchéance de son brevet pour introduction en France d'objets semblables à l'objet du brevet, lorsque cette introduction provient non de son fait, mais du fait du cessionnaire d'un brevet semblable pris par lui à l'étranger, et alors surtout que cette importation a été prohibée par l'acte de cession (Paris, 24 janv. 1879, aff. Charageat, *Annales de la propriété industrielle, etc.*, 80. 132).

245. Pour que la déchéance soit encourue, il faut que l'objet importé soit semblable à celui du brevet, ou pour mieux dire, tel que s'il eût été fabriqué en France, il eût été protégé par le brevet ou réputé contrefait, suivant qu'il aurait ou non été fabriqué par le breveté ou ses ayants droit.

Mais la prohibition ne s'applique pas aux matières premières qui peuvent servir à sa fabrication, non plus qu'aux éléments ou organes dont il peut se composer, si ces éléments ne sont pas isolément compris dans le brevet.

Cependant, ce qui est vrai de l'introduction de quelques pièces détachées ne le serait pas de l'introduction de toutes les pièces, lorsqu'elles ont été introduites en vue de les assembler en France ; le breveté n'échapperait pas à la déchéance parce qu'ayant fait construire sa machine à l'étranger il l'aurait démontée pour l'introduction. — Ainsi il a été décidé que le propriétaire d'un brevet qui introduit en France, après les avoir fait fabriquer à l'étranger, des pièces séparées nécessaires à la confection de l'objet breveté, formant la partie principale de l'invention, encourt la déchéance prononcée par le paragraphe 3 de l'art. 32 de la loi du 5 juill. 1844 (Crim. rej. 17 juin 1865, aff. Communay *C.* Journet.-MM. Legagneur, pr.-Lascous, rap.-Charrins, av. gén.;-Bosviel, av.). — Jugé de même, que la déchéance édictée contre le breveté qui introduit en France des objets fabriqués à l'étranger et semblables à ceux protégés par son brevet conserve son application bien qu'un organe de la machine brevetée aurait été fabriqué en France, alors que cet organe n'a qu'une valeur insignifiante (Paris, 23 mars 1870, *suprà*, n° 228).

246. De même, si l'objet breveté est lui-même susceptible d'entrer dans la composition d'un autre objet, l'introduction en France de cet autre objet ne fera pas déchoir le brevet, si l'objet breveté qui a été employé dans sa fabrication avait été fabriqué en France. — Jugé que la réimportation en France d'un objet breveté qui, après y avoir été fabriqué, a été exporté à l'étranger pour y recevoir un complément de fabrication non compris dans le droit privatif du breveté, n'est pas assimilable à l'importation d'objets fabriqués à l'étranger conformément au brevet et n'entraîne pas déchéance. Ainsi n'est pas déchu de ses droits l'inventeur breveté pour un système de montures de parapluies qui, ayant fabriqué en France les montures, objet de son brevet, les a ensuite expédiées en Angleterre pour y être recouvertes de soie, et a réintroduit en France les parapluies ainsi terminés (Paris, 24 janv. 1879, V. *suprà*, n° 244).

247. Dans tout ce qui précède, nous avons supposé que les objets dont l'importation entraîne la déchéance sont destinés à la consommation française. Il reste à examiner si la déchéance est applicable au cas d'importation en transit, lorsque le breveté, expédiant de l'étranger à l'étranger les objets qu'il lui est interdit d'importer en France, se sert des voies de transport françaises qui lui procurent un parcours plus rapide ou moins coûteux. La même question se pose au sujet de l'importation en entrepôt, la marchandise entrant en France, y séjournant, mais sans payer néanmoins les droits de douane à l'entrée, sous condition qu'elle soit réexpédiée à l'étranger.

Il nous paraît certain que la déchéance n'est pas applicable ; dans le cas de transit, comme dans le cas d'entrepôt, il est clair que la marchandise ne vient pas prendre sur le marché français la place d'une marchandise semblable fabriquée en France par le breveté ; le but de la loi, qui est de n'admettre sur le terrain où s'étend la protection du brevet que des produits nationaux, est donc atteint ; on ne peut supposer que la loi ait voulu aller plus loin, et contraindre le breveté, en gênant son commerce extérieur par la privation d'une voie de transport dont il a besoin, à produire en France pour l'exportation ; il est inadmissible qu'en vue de ce résultat problématique, elle ait étendu les obligations qu'elle impose au breveté plus loin que ne peut s'étendre la protection qu'elle lui accorde, et cela aux dépens du commerce de transit français, car dans la plupart des cas, si la marchandise ne peut entrer en France que sous peine de déchéance du brevet, elle prendra un autre chemin ; le breveté y perdra peut-être, mais les transports français y perdront sûrement (V. en ce sens : Bédarride, n° 568; Pouillet, n° 513 *bis*).

Les mêmes raisons conduisent à la même solution pour la marchandise entreposée, lorsqu'elle est réexpédiée à l'étranger. — Jugé, toutefois, que le breveté qui *a acquis* en France des machines fabriquées en pays étranger, et introduites sur le sol français pour figurer dans une exposition publique doit, comme conséquence de cette acquisition, qui amène ces machines du terrain neutre de l'exposition sur le terrain industriel français, être considéré comme auteur de l'*introduction* en France dans le sens du paragraphe 3 de l'art. 32 de la loi du 5 juill. 1844. Dès lors, si ces machines sont semblables à celles pour lesquelles il avait obtenu son brevet, il encourt la déchéance prononcée par l'article précité. Il ne saurait, au reste, se prévaloir de l'exception introduite par la loi du 5 juill. 1844 (art. 32) à l'égard des *modèles de machines*, s'il n'établit pas que son acquisition ait été autorisée, à ce titre, conformément aux prescriptions de cette loi, par le ministre du commerce (Colmar, 7 déc. 1864, aff. Klotz *C.* Pariseau, *Annales de la propriété industrielle, etc.*, 65. 215).

En sens contraire, il a été décidé: 1° que l'art. 32, § 3, de la loi du 5 juill. 1844 ayant pour but de protéger l'industrie nationale en obligeant, sous peine de déchéance, le breveté à faire fabriquer en France les objets qui doivent être livrés à la consommation dans le pays, ce motif disparaît lorsque les objets ne font que traverser le territoire pour être vendus et employés à l'étranger; ce simple fait de passage n'est pas contraire à la volonté du législateur, et la déchéance n'est pas applicable (Trib. civ. Havre, 26 mars 1880, aff. Larmanjat, *Annales de la propriété industrielle, etc.*, 80. 330); — 2° Que la déchéance pour introduction en France d'objets fabriqués à l'étranger n'est pas encourue lorsque ces objets n'ont été introduits en France que pour y être travaillés et complétés, et pour être ensuite réexpédiés au lieu d'origine (Chambéry, 9 mai 1881, aff. Frankfeld, *Annales de la propriété industrielle, etc.*, 81. 268).

248. Nous devons rappeler, au sujet de la déchéance pour importation, que, d'après la convention du 20 mars 1883, elle n'est pas applicable aux sujets de l'Union pour la protection de la propriété industrielle (V. *suprà*, n° 7). On peut, dès lors, se demander si le bénéfice de la convention sur ce point est acquis aux Français, en qualité de sujets de l'Union, ou si nonobstant cette qualité, ils restent purement et simplement sous le régime de l'art. 32. Une question semblable a déjà été examinée à propos de la dérogation à l'art. 31 que renferme la même convention (V. *suprà*, n° 68). La question relative à la déchéance doit évidemment se résoudre d'après les mêmes considérations.

Art. 2. — *Actions en nullité et en déchéance* (*Rép.* n°s 269 à 291).

249. L'action en nullité ou en déchéance d'un brevet peut être exercée par toute personne y ayant intérêt (*Rép.* n° 269). Pratiquement, il n'existe pour ainsi dire pas de demandes en nullité ; l'exception de nullité ou de déchéance se rencontre à peu près dans tous les procès de contrefaçon, mais il est extrêmement rare que celui qui aurait intérêt à faire tomber le brevet prenne l'initiative d'un procès.

Quant aux personnes ayant intérêt à la nullité, il est impossible de les énumérer; il résulte des explications données au *Rép.* n° 270 que l'intérêt doit être sérieux, mais qu'il peut être dans l'avenir aussi bien que dans le présent; c'est ce qui est admis sans difficulté (V. Pouillet, n° 554; Nouguier, n° 640; Allart, n° 671). Ainsi, on peut avoir intérêt à faire tomber un brevet pour pouvoir exploiter celui qu'on a pris soi-même, s'il contient un perfectionnement à l'objet du brevet qu'on attaque. De même, bien que le consommateur ne puisse guère avoir d'autre intérêt que celui de faire baisser le prix de vente de l'objet breveté par la concurrence, et que cet intérêt soit souvent trop minime et trop indirect pour rendre son action recevable (*Rép.* n° 271), on ne peut poser en principe que cet intérêt ne soit jamais suffisant; il n'y a pas, à cet égard, de règle absolue et l'on s'accorde à reconnaître que l'intérêt doit être apprécié d'après les circonstances de chaque espèce, et non d'après une définition absolue (V. Pouillet, n° 555; Nouguier, n° 642; Renouard, n° 206).

250. L'intérêt du demandeur étant justifié, son action est recevable; on ne saurait lui opposer des fins de non-recevoir tirées, par exemple, d'actes qui paraîtraient impliquer de sa part une reconnaissance de la validité du brevet.

Ainsi, celui qui aurait usurpé l'invention et aurait été contraint, sur la revendication de l'inventeur (V. *suprà*, n° 153) de lui restituer le brevet, n'en aurait pas moins le droit d'agir en nullité (V. en ce sens: Pouillet, n° 556). Il en serait de même d'un ancien associé du breveté dans l'exploitation du brevet.

251. Ce que l'on vient de dire s'applique à ceux à qui le brevet est opposable, et qui tendent, dès lors, par leur action à s'affranchir du monopole réservé au breveté. Quant à ceux qui ont au contraire des droits sur le brevet, et dont l'action tend, par conséquent, à la nullité du contrat par lequel ils se sont rendus acquéreurs de ces droits, nous avons examiné précédemment (V. *suprà*, n° 187) la question de recevabilité de leur action. — Jugé que le traité d'association en participation pour l'exploitation d'un brevet d'invention dans l'intérêt commun, qui stipule que ce brevet sera défendu par l'association contre toute attaque des tiers, et qu'en cas de litige sur sa validité les dépens seront partagés entre les contractants, constitue une convention aléatoire licite, qui rend l'associé de l'inventeur non recevable à former contre celui-ci une demande en nullité du brevet (Req. 31 mars 1885, aff. Société anonyme de commissions, D. P. 85. 1. 349); — Que lorsqu'un procès s'est engagé sur l'exécution de conventions relatives à l'exploitation d'un brevet d'invention, et que la nullité de ce brevet n'a point été demandée devant les premiers juges, elle ne saurait être invoquée pour la première fois devant la cour d'appel (Rennes, 24 août 1883, aff. Société anonyme de commissions, D. P. 85. 1. 349).

252. Quant au ministère public, on a indiqué au *Rép.* n° 272 dans quel cas et comment il peut demander la nullité du brevet.

253. La demande en nullité est formée contre celui à qui appartient le brevet; rappelons à ce sujet que le cessionnaire n'est investi de la propriété du brevet vis-à-vis des tiers que par l'enregistrement de son contrat: la demande en nullité ne sera formée contre lui que si l'acte de cession a été enregistré.

S'il y a plusieurs copropriétaires du brevet, le demandeur agira soit contre l'un d'entre eux, soit contre plusieurs, suivant l'intérêt qu'il a à avoir chose jugée contre un seul ou contre tous; par exemple lorsque le brevet comprend plusieurs applications, partagées entre les divers copropriétaires, le demandeur peut ne trouver intérêt à agir que pour une seule de ces applications, contre celui des copropriétaires à qui elle a été attribuée (V. Pouillet, n° 562).

On doit admettre, d'ailleurs, que tous ceux qui ont des droits sur le brevet, et contre qui la demande en nullité aurait pu être formée, ont le droit d'intervenir au procès. Alors même que le breveté aurait entièrement cédé son brevet, son intervention serait recevable; il a intérêt à défendre ce brevet pour n'être pas exposé au recours de son cessionnaire.

254. Quant à la procédure des demandes en nullité et à la compétence exclusive des tribunaux civils, il suffit de se reporter au *Rép.* n°s 277 à 285.

Nous devons seulement signaler, sans la partager, l'opinion de M. Nouguier, qui enseigne (n° 673), que, dans le cas où la demande de brevet contiendrait une élection de domicile, la demande en nullité pourrait être portée devant le tribunal de ce domicile, si le domicile actuel du breveté était inconnu. M. Pouillet, n° 578, combat cette opinion, comme une dérogation au droit commun qu'aucune disposition légale n'autorise. Nous partageons cette opinion, non pas il est vrai, comme l'enseigne M. Pouillet, par le motif qu'il ne serait pas permis « de distraire un justiciable de ses juges naturels parce qu'on n'aura pas pu découvrir son domicile », mais parce que la loi indique justement le moyen de procéder en pareil cas, et qu'il n'y a pas lieu d'admettre une autre procédure.

255. Sur la compétence exclusive des tribunaux civils pour connaître des actions en nullité, il a été jugé: 1° que si aux termes de l'art. 46 de la loi du 5 juill. 1844, il appartient au tribunal correctionnel saisi d'une plainte en contrefaçon de statuer sur l'exception tirée par le prévenu de la nullité du brevet du plaignant, il ne s'ensuit point que ce tribunal soit également compétent pour connaître de la demande formée par celui-ci en nullité du brevet que possède aussi le prévenu: cette demande est exclusivement de la compétence de la juridiction civile (Metz, 21 juin 1855, aff. Blaise, D. P. 56. 2. 214); — 2° Que la demande en nullité ou déchéance d'un brevet, formée postérieurement à l'action civile en contrefaçon du produit breveté, est de la compétence exclusive du tribunal saisi de cette action: elle ne peut être portée, par voie d'action principale, devant le tribunal du domicile du propriétaire du brevet (Req. 3 déc. 1849, aff. Muller, D. P. 50. 1. 40); — 3° Que les actions en nullité ou déchéance de brevets, même celles qui sont fondées sur la déchéance encourue pour défaut de payement de la taxe en temps utile, doivent être portées devant les tribunaux civils: les dispositions des décrets des 7 janv. et 25 mai 1791, qui conféraient, dans ce dernier cas, à l'Administration, le droit de prononcer la déchéance, sont abrogées (Cons. d'Et. 27 mai 1848, aff. Bélicard, D. P. 48. 3. 103).

256. Les juridictions qui sont incompétentes pour statuer sur une demande en nullité de brevet, le sont-elles également pour statuer sur l'exception de nullité, lorsqu'elle se présente comme défense à une demande de leur compétence?

La question ne se pose pas pour les tribunaux correctionnels qui dans les instances en contrefaçon statuent sur cette exception d'après la compétence qui leur est expressément attribuée à cet égard par la loi (V. *Rép.* n° 334, et *infrà*, n° 315).

Mais l'exception peut se présenter devant les tribunaux de commerce, ou devant la juridiction arbitrale, par exemple dans une contestation sur un contrat de cession du brevet.

On admet généralement que ces juridictions sont incompétentes; la solution se déduit par *a contrario* de l'art. 46 de la loi qui réserve expressément sur cette exception la compétence des tribunaux correctionnels. Toutefois M. Huard, se fondant sur le principe général que le juge d'une action est juge des moyens de défense qu'on y oppose, et tirant de l'art. 46 relatif aux tribunaux correctionnels un argument d'analogie, admet que la juridiction arbitrale, et par identité de motifs, les tribunaux de commerce, pourraient statuer sur l'exception dans un litige de leur compétence (V. Huard, dans la *Propriété industrielle*, n° 334. — *Contrà:* Pouillet, n°s 593 à 595; Allart, n° 382). — Jugé que la demande en nullité ou en déchéance d'un brevet d'invention est de la compétence exclusive des tribunaux civils, alors même qu'elle est opposée comme exception à une action portée devant la juridiction commerciale. La maxime que le juge de l'action est le juge de l'exception ne peut être invoquée en pareille matière; elle n'est applicable qu'au cas où l'exception est proposée devant le tribunal correctionnel comme moyen de défense à une poursuite en contrefaçon (Riom, 27 mai 1862, aff. Barault, D. P. 62. 2. 159); — Que les demandes en nullité ou en déchéance d'un brevet d'invention ne peuvent être portées devant un tribunal de commerce, même à l'occasion d'un débat rentrant dans la compétence de la juridiction consulaire, si elles ne constituent point une défense à l'action principale (Rennes, 24 août 1883, aff. Société anonyme de commissions, D. P. 85. 1. 349).

257. On admet, d'ailleurs, que l'attribution exclusive

aux tribunaux civils de la connaissance des demandes en nullité n'empêche pas que les parties puissent trancher entre elles la question de validité d'un brevet par une transaction (V. en ce sens : Pouillet, n° 596 ; Metz, 11 févr. 1864, aff. Montagnac, D. P. 64. 2. 141 ; Rouen, 23 juin 1864, aff. Rouget de Lisle C. Sauvageot et autres, *Annales de la propriété industrielle, etc.*, 65. 180). Mais elles ne pourraient, en cette matière, faire un compromis (V. conf. Pouillet, n° 593. — V. toutefois Huard, n° 334).

258. Lorsque le ministère public agit par voie d'intervention, il le fait de la manière prescrite par l'art. 339 c. pr. civ.

Il est tenu, en outre, d'appeler ne cause tous ceux qui, ayant acquis des droits sur le brevet, ont fait enregistrer leurs contrats conformément à l'art. 20. M. Pouillet considère que la simple signification qui leur serait faite de l'intervention ne serait pas suffisante, et qu'il faut procéder à leur égard par un exploit introductif d'instance (V. Pouillet, n° 609).

259. L'intervention, de même que la demande directe, du ministère public, ne peut, comme la demande de la partie civile, se produire que devant le tribunal civil, seul compétent sur les demandes en nullité de quelque partie qu'elles émanent. — Décidé, en ce sens, que le ministère public n'a qualité, pour demander la déchéance d'un brevet d'invention, que devant la juridiction civile. La même faculté n'est accordée, devant la juridiction correctionnelle, saisie d'une plainte en contrefaçon, qu'au prévenu, comme moyen de défense à la poursuite (Amiens, 28 déc. 1850, aff. Jérosme, D. P. 51. 2. 76; Douai, 5 août 1851, aff. Jérosme, D. P. 54. 2. 72).

260. L'action du ministère public ne peut être introduite que devant le tribunal de première instance; la faculté d'appel lui appartient, d'ailleurs, comme à la partie civile; et l'appel du breveté doit de même lui être signifié.

261. Le désistement de la partie civile demanderesse n'empêche pas l'instance de continuer entre le ministère public et le défendeur, lorsque l'intervention s'est produite avant le désistement.

262. Il a été jugé que lorsque la nullité absolue d'un brevet d'invention a été, sur les réquisitions du ministère public, prononcée par le tribunal civil saisi de l'action en contrefaçon de ce brevet, l'appel est recevable, et remet, dès lors, en question cette nullité, quoiqu'il ne soit interjeté que contre la partie privée, sans être, en même temps, formé contre le ministère public, cet appel ayant effet même à l'égard du ministère public, dont l'intervention est liée à l'intervention privée (Rouen, 28 mars 1866, aff. Noé, D. P. 68. 1. 424). — En tous cas, et en admettant la nécessité d'un appel contre le ministère public, le délai de cet appel ne court qu'à partir de la signification du jugement faite à la requête de ce magistrat : la signification émanée de la partie privée ne suffirait pas pour faire courir ce délai (Req. 20 avr. 1868, aff. Noé, D. P. 68. 1. 424).

263. Lorsque la nullité du brevet a été prononcée sur la demande du ministère public, avis en est donné au ministère du commerce, qui doit la publier dans les formes prescrites pour la proclamation des brevets.

Cette publication peut être faite nonobstant le pourvoi en cassation, dont l'effet n'est pas suspensif; mais M. Bédarride fait remarquer avec raison qu'il est prudent de ne pas y procéder avant que les délais pour se pourvoir soient expirés ou que le pourvoi ait été rejeté.

264. Lorsque le ministère public succombe dans sa demande ou dans son intervention, qui doit supporter les dépens? Lorsqu'il a agi par demande directe, M. Nouguier, suivant en cela l'opinion déjà exprimée au *Rép.* n° 289, pense que les dépens ne peuvent pas être mis à la charge du breveté, et qu'ils doivent être supportés par le Trésor (V. Nouguier, n° 631; Renouard, n° 202. V. également : Pouillet, n° 616). Au contraire M. Duvergier pense qu'en cette matière, comme dans toutes les autres, « le Trésor public ne peut être condamné aux frais. Les frais qui sont personnels au ministère public restent à la charge de l'enregistrement qui en a fait l'avance. La partie gagnante ne peut obtenir aucune condamnation pour les frais qu'elle a faits » (Duvergier, p. 613).

265. Lorsque le ministère public a été partie intervenante, on se demande, en outre, si les frais faits sur son intervention ne doivent pas être mis à la charge de la partie civile demanderesse, qui a également succombé. M. Nouguier, n° 631, est d'avis que « comme cette intervention a été toute spontanée, comme elle ne peut aggraver la position des demandeurs, qui n'avaient pas le droit de s'y opposer, il faudrait encore en cas d'insuccès, en laisser les frais à la charge du Trésor » (V. dans le même sens: Allart, n° 415).

M. Renouard, n° 202, fait remarquer « que le procès n'a existé avec le ministère public que parce que le particulier demandeur à suscité une contestation qui en définitive a été jugée mauvaise; que former une telle demande, c'est s'exposer à ses conséquences ; que l'équité n'est pas blessée de ce que plus grands ont été les périls auxquels le demandeur a exposé le breveté, plus la peine soit forte contre le téméraire provocateur de ces périls ».

266. Les effets de la chose jugée sont très différents suivant que la nullité a été prononcée sur la demande de la partie privée, ou sur la demande ou l'intervention du ministère public.

Dans le premier cas, ces effets, au point de vue des personnes à qui la chose jugée est opposable, sont les mêmes qu'en toute autre matière. Il y a chose jugée entre les parties; seulement, la nullité est relative: le brevet, nul vis-à-vis du demandeur, garde toute sa force vis-à-vis des tiers ; et d'un autre côté rien n'empêche, si le brevet a été validé, que sa validité soit remise en question par un autre demandeur; c'est ce qui arrive souvent, et nous avons eu l'occasion d'en tirer des conséquences à propos de l'effet de la nullité du brevet sur la validité de la cession (V. *suprà*, n° 182). — Ainsi il a été décidé : 1° que le jugement qui constate la nouveauté d'un procédé breveté ne peut être opposé à celui qui n'y a pas été partie, ni même à la veuve de celui contre qui il a été rendu, s'il n'est pas établi que cette veuve soit héritière de son mari, qu'elle ait été commune avec lui, ou qu'elle le représente à quelque titre que ce soit (Crim. rej. 11 juill. 1846, aff. Duvelleroy, D. P. 46. 1. 287); — 2° Que le jugement civil qui a prononcé la nullité du brevet sur les conclusions du défendeur proposant cette nullité par voie d'exception peut être invoqué par la partie qui l'a obtenu, comme ayant l'autorité de la chose jugée, dans les instances auxquelles donnent lieu postérieurement de nouvelles poursuites en contrefaçon pour d'autres produits ; et que cette exception peut être également invoquée par l'acquéreur de la partie qui a obtenu le jugement; que l'art. 41 de la loi du 5 juill. 1844, qui punit ceux qui exposent en vente un objet contrefait des mêmes peines que le contrefacteur, est sans application envers l'acquéreur du fabricant qui a fait prononcer, par un jugement civil, la nullité du brevet, attendu qu'il n'existe en pareil cas ni objet contrefait, ni contrefacteur (Civ. cass. 11 mai 1870, aff. Levasseur, D. P. 70. 1. 430); — 3° Que la loi du 5 juill. 1844, en réservant, par son art. 34, aux tribunaux civils la connaissance des actions en nullité ou en déchéance des brevets d'invention, établit ainsi, pour le jugement de ces contestations, une juridiction principale et de droit commun, dont les décisions tranchant définitivement entre les parties les questions de validité de brevet, régissent à cet égard les débats à venir, tant au correctionnel qu'au civil. En conséquence, lorsque, des décisions rendues au civil et passées en force de chose jugée, il résulte expressément qu'en dehors de l'un de ses éléments essentiels, une combinaison ne pouvait être valablement brevetée, les autres étant dans le domaine public, la juridiction correctionnelle décide à bon droit qu'il ne saurait y avoir de contrefaçon punissable sans l'imitation de cet élément seul breveté (Crim. rej. 28 janv. 1881, aff. Balin, *Bulletin criminel*, n° 22).

267. Au contraire, lorsqu'il y a eu chose jugée à l'égard du ministère public, la nullité du brevet est absolue, et est acquise au profit de tout le monde; cette conséquence a été présentée au *Rép.* n° 273, comme une exception aux principes de la chose jugée. Nous croyons devoir persister dans cette opinion, bien qu'on ait essayé de concilier les effets de la nullité absolue avec le principe des effets relatifs de la chose jugée, en considérant le ministère public comme le représentant de tous les intéressés (V. Pouillet, n° 598). Le ministère public représente dans l'action qu'il exerce contre le breveté, un intérêt général qui, pour être d'accord avec les intérêts particuliers qui pourraient être engagés, ne doit cependant pas être considéré comme étant purement et simplement la réunion de ces intérêts ; la nullité absolue qui en résulte n'est pas la somme des nullités relatives qui auraient pu être prononcées sur la demande de chacun des intéressés.

De là cette conséquence, que la nullité absolue du brevet profite même aux tiers qui auraient précédemment succombé dans une demande en nullité. M. Pouillet, n° 599, incline vers l'opinion contraire, parce qu'à leur égard il y a déjà chose jugée en faveur de la validité du brevet. Cette opinion est parfaitement logique du moment que l'on attribue les effets de la nullité absolue à la représentation par le ministère public de tous les intéressés; on doit alors admettre que le ministère public n'a pas représenté ceux qui, en raison de la chose jugée vis-à-vis d'eux, ne pouvaient plus être parties au procès. Dans la doctrine que nous admettons, qui consiste à considérer la nullité absolue comme une dérogation au principe de la chose jugée, dont les effets s'appliquent exceptionnellement à ceux qui n'étaient point parties dans l'instance, il n'y a point de distinction à faire, et la nullité absolue doit profiter à tous sans exception.

Il faut remarquer, d'ailleurs, que la nullité absolue, par suite de la publicité qui lui est donnée en exécution de l'art. 39, aboutit à un véritable retrait du brevet par l'Administration; le breveté n'a donc plus entre les mains un titre qui puisse être discuté, et qui, sans effet à l'égard de certains, puisse être valable vis-à-vis d'autres ; son titre a complètement disparu.

268. Dans le cas, au contraire, où le ministère public aurait succombé dans sa demande en nullité, aucune disposition de la loi n'autorise à dire que la validité du brevet soit à l'abri de toute contestation ultérieure; la dérogation au principe de la chose jugée n'est établie, en effet, que pour la nullité du brevet; dans le cas contraire, on doit donc décider que les intéressés, qui n'ont pas été parties au procès, conservent le droit d'attaquer le brevet (V. en ce sens: Pouillet, n° 600; Bédarride, n° 359; Duvergier, p. 610; Rendu et Delorme, n°s 474 et 482; Renouard, n° 199; Allart, n° 414). Toutefois, quelques auteurs estiment que le ministère public est, à tous égards, le représentant des intéressés, et que ce qui est décidé sur sa demande est jugé vis-à-vis de tous, que ce soit contre eux, ou en leur faveur (V. Nouguier, n° 655; Calmels, n° 699).

Il a été jugé que, si le rejet de la demande en nullité absolue formée par le ministère public met obstacle à ce que la même demande soit désormais reproduite, la chose jugée sur cette action ne peut préjudicier à ceux qui n'ont pas été parties au procès; en conséquence, les tiers conservent le droit d'opposer ultérieurement aux poursuites en contrefaçon dirigées contre eux les moyens de nullité dont ils peuvent justifier (Paris, 10 janv. 1857, aff. Florimond, *Annales de la propriété industrielle, etc.*, 57. 14).

269. On a vu au *Rép.* n° 287, que le rejet de la demande en nullité n'empêche pas le demandeur de former une demande en déchéance, et réciproquement, car la seconde demande diffère par son objet et par sa cause, de la demande en nullité. Il est non moins certain qu'une première demande en déchéance, reconnue mal fondée, ne met pas obstacle à ce qu'une seconde demande puisse être formée, si la déchéance est encourue pour des faits postérieurs à la première. La déchéance ne tient pas, en effet, à un vice initial du brevet, mais à des négligences ou des infractions du breveté qui peuvent se produire à tout moment; les deux demandes successives n'ont pas en réalité même objet, puisqu'elles tendent à mettre fin à la durée du brevet à des époques différentes, suivant la date des faits sur lesquels elles s'appuient.

270. Il est, au contraire, hors de doute qu'après une première demande en nullité fondée sur le défaut de nouveauté, on ne peut être admis à en former une seconde à raison d'antériorités qui n'auraient pas été présentées à l'appui de la première ; la seconde demande ne serait autre que la première, fondée seulement sur des moyens nouveaux, mais non pour nouvelle cause.

271. Mais peut-on, après avoir échoué dans une demande en nullité fondée sur l'un des motifs compris dans l'art. 30, la renouveler en s'appuyant sur un autre paragraphe de cet article? En d'autres termes, les cas de nullité de l'art. 30 sont-ils réellement des causes de la demande, ou seulement des moyens à l'appui? On a déjà indiqué au *Rép.* n° 287, que l'opinion qui voit dans les causes de nullité de l'art. 30 des causes différentes de demande est au moins sujette à contestation; nous croyons que la véritable cause de la demande en nullité est la nullité elle-même; l'objet, ce sont les effets de la nullité; la demande tend à ce que le demandeur ne soit pas tenu de respecter le privilège du breveté, parce que le brevet est entaché d'un vice initial; mais que ce vice consiste dans le défaut de nouveauté ou dans l'insuffisance de description, ou dans tout autre cas de nullité visé par l'art. 30, ce ne sont là que des moyens, comme le dol et la violence ne sont que les moyens à l'appui d'une demande en nullité d'un contrat, la cause de la demande étant le vice du consentement qui en est résulté.

Toutefois, l'opinion contraire est plus généralement admise (V. Nouguier, n° 653; Pouillet, n° 566; Renouard, n° 216). — Jugé que l'arrêt qui a rejeté une demande d'un brevet fondée sur ce que les anciens procédés procuraient les mêmes résultats que le procédé breveté, n'emporte pas chose jugée à l'égard d'une demande ultérieure en nullité du même brevet fondée sur ce que l'invention aurait été divulguée en pays étranger antérieurement à la demande de brevet en France (Req. 9 déc. 1867, *suprà*, n° 54). — Décidé, d'autre part, que le prévenu de contrefaçon qui, en première instance et en appel, s'est borné à opposer la nullité du brevet tirée de ce que le procédé breveté serait l'imitation d'un procédé déjà connu et breveté à l'étranger, n'est pas recevable à proposer pour la première fois, devant la cour de cassation, un moyen tiré de ce que ledit brevet devrait être considéré comme un brevet d'importation de cette même invention étrangère (Crim. rej. 28 janv. 1858, aff. Peyronnet, D. P. 64. 5. 34).

SECT. 8. — CONTREFAÇON ; POURSUITES ET PEINES (*Rép.* n°s 292 à 397).

ART. 1er. — *Caractères de la contrefaçon proprement dite et délits qui y sont assimilés* (*Rép.* n°s 292 à 327).

272. L'atteinte portée aux droits du breveté, par la fabrication de produits ou l'emploi de moyens compris dans le brevet, constitue le délit de contrefaçon (V. *Rép.* n° 292). Sont assimilés à la contrefaçon, la vente, mise en vente, introduction en France, ou le recel d'objets contrefaits (V. *ibid.*).

Malgré l'assimilation établie au point de vue des peines entre les deux catégories de délits, il existe entre elles, d'après la doctrine généralement admise par les auteurs, une différence considérable, consistant en ce que les faits de la première catégorie, visés par l'art. 40, constituent par eux seuls le délit, indépendamment de la bonne ou mauvaise foi de leur auteur, tandis que les faits de la seconde catégorie, visés par l'art. 41, n'ont le caractère délictueux que s'ils ont été accomplis sciemment. On a exposé au *Rép.* n° 313 la raison de cette différence; le fabricant est réputé ne pouvoir être de bonne foi, parce que suivant les termes de l'exposé des motifs, « il existe un dépôt général où le fabricant peut et doit rechercher ou faire rechercher les inventions brevetées. Il est donc toujours coupable, au moins de négligence ou d'imprudence grave, lorsqu'il a fabriqué des objets brevetés au profit d'un autre ». Au contraire, comme le dit l'exposé des motifs en ce qui concerne le simple vendeur, « on ne pouvait, sans une gêne excessive, imposer au commerce la même obligation des recherches ».

Mais les débitants chez lesquels ont été saisis des objets contrefaits ne peuvent, lorsqu'il est établi qu'ils connaissaient l'existence du brevet relatif aux objets saisis, exciper de l'ignorance où ils étaient de la date et de l'étendue de ce brevet, et de la persuasion dans laquelle ils auraient été que le procédé breveté était tombé dans le domaine public; ce n'est pas là ignorer l'origine des objets contrefaits dans le sens de l'art. 41 de la loi du 5 juill. 1844 (Crim. rej. 13 août 1852, aff. Delahausse, D. P. 52. 1. 310).

273. Toutefois, il serait très rigoureux d'admettre que les faits visés par l'art. 40 soient, dans tous les cas, punissables nonobstant la bonne foi de leur auteur ; sans doute la bonne foi paraît difficilement admissible dans le cas où le prévenu prétendrait avoir ignoré l'existence du brevet ;

et à supposer qu'elle existât, elle impliquerait une faute assez grave pour être assimilée à l'intention délictueuse; mais cette hypothèse, qui a été seule envisagée dans la discussion de la loi, n'est pas la seule où la bonne foi puisse se rencontrer. Peut-on admettre que, d'une façon absolue et quelles que soient les raisons qui aient pu induire le contrefacteur en erreur, le fait matériel de la contrefaçon conserve le caractère de délit nonobstant la bonne foi? M. Huard, dans la *Propriété industrielle*, n° 153, cite le cas où le fabricant aurait cru qu'il était autorisé par le breveté à se servir de l'invention, et admet qu'il peut utilement argumenter de sa bonne foi. M. Pouillet, n° 691, considère cette hypothèse comme étrange. Elle nous paraît au contraire fort vraisemblable; il n'est pas extraordinaire que les droits conférés par un contrat de licence ou de cession partielle aient été délimités d'une manière assez obscure pour que le porteur de la licence ou le cessionnaire ait de bonne foi dépassé la limite à lui assignée, en croyant rester dans les termes de son contrat; peut-on assimiler à un délit le fait d'avoir mal interprété une convention? Et en l'absence de toute convention suffit-il de connaître le brevet pour distinguer sûrement une fabrication licite d'une fabrication contrefaite? Il faut pour cela apprécier exactement la valeur des antériorités, l'influence qu'elles ont sur l'étendue du brevet, et ne point se tromper sur l'importance des changements qu'on a pu apporter à l'objet breveté, et des ressemblances que ces changements peuvent laisser subsister entre l'objet qu'on fabrique et l'objet breveté; cette appréciation si difficile, si sujette à erreur, où les tribunaux hésitent, où les experts ne s'accordent pas, peut-on exiger du fabricant qu'il la fasse sans se tromper, sous peine de voir son erreur assimilée à un délit? Les explications fournies sur l'art. 40 dans la discussion de la loi établissent avec évidence que le fabricant ne peut être réputé avoir ignoré l'existence du brevet; mais il n'en résulte pas, d'une manière aussi certaine, qu'il ne puisse être réputé s'être trompé de bonne foi sur l'étendue du privilège et les causes qui pouvaient vicier ou au moins restreindre le brevet.

Jugé que, le fait matériel de la contrefaçon étant établi, il y a lieu néanmoins, tout en prononçant la confiscation des objets contrefaits, de prononcer l'acquittement du fabricant, à raison de sa bonne foi, lorsqu'il est justifié que les antériorités, bien qu'insuffisantes pour invalider le brevet, présentaient toutefois avec le brevet des analogies qui ont dû induire le fabricant en erreur sur l'étendue de ses droits (Paris, 11 déc. 1857) (1). Jugé aussi que le fabricant, prévenu de contrefaçon, est fondé à exciper de sa bonne foi, résultant de l'ignorance où il était de l'existence du brevet, lorsque cette ignorance est la conséquence nécessaire d'un cas de force majeure, tel qu'un fait de guerre (dans l'espèce, l'interruption prolongée de communications par suite de l'investissement de Paris) (Rennes, 8 mai 1872) (2); — Que la seule connaissance de l'existence du brevet n'impliquant pas nécessairement que le contrefacteur ait agi sciemment, il est recevable à justifier de sa bonne foi suivant les circonstances (Bruxelles, 9 déc. 1875, aff. Koch et Reis *C.* de Wyndt, *Pasicrisie belge*, 76. 2. 96); — Que le contrefacteur peut être déclaré n'avoir pas agi sciemment, bien qu'ayant connu l'existence du brevet; sa bonne foi peut en ce cas résulter de ce qu'il en aurait, pour des motifs sérieux, méconnu l'étendue et la portée (C. cass. belge, 21 mai 1875, aff. Brown-Roden *C.* Dresse-Ancion, *Pasicrisie belge*, 75. 1. 269). — Décidé, toutefois, que par contrefacteur ayant agi sciemment on doit entendre celui qui avait connaissance de l'existence du brevet (Gand, 20 juin 1877, aff. Jacobs Donkervolk *C.* Van Vreckem, *Pasicrisie belge*, 78. 2. 119).

274. Le délit de contrefaçon n'existe qu'autant que les trois conditions suivantes se trouvent réunies, savoir: 1° qu'il existe un brevet valable; 2° qu'une atteinte ait été portée aux droits du breveté; 3° que cette atteinte résulte, soit de la fabrication des produits, soit de l'emploi des moyens qui font l'objet du brevet.

275. — I. Existence d'un brevet valable. — La validité du brevet étant une condition essentielle du délit de contrefaçon, l'auteur du fait incriminé a le droit de contester cette validité, et d'invoquer, pour sa défense, tous les moyens qu'il aurait pu présenter à l'appui d'une demande de nullité ou de déchéance du brevet. Il importe peu, d'ailleurs, s'il justifie de la nullité ou de la déchéance, qu'il l'ait connue au moment ou il a accompli l'acte pour lequel il est poursuivi, ou qu'il l'ait seulement découverte depuis les poursuites, ce qui est, d'ailleurs, le cas le plus ordinaire; il n'y a pas à lui demander compte de son intention, du moment qu'un des éléments essentiels de la contrefaçon fait défaut (V. en ce sens: Pouillet, n° 634). — Jugé que l'arrêt qui, en prononçant la nullité d'un certificat d'addition comme ne se rattachant pas au brevet principal, relaxe le défendeur de la poursuite en contrefaçon dirigée contre lui, est suffisamment motivé lorsqu'il constate que les machines saisies à la requête du demandeur sont absolument semblables à celles qui étaient l'objet du certificat d'addition annulé (Req. 6 nov. 1883, aff. Schaffhauser, D. P. 84. 1. 102).

Alors même que le brevet ne serait pas entièrement nul, il appartiendrait au prévenu de contrefaçon d'en discuter l'objet, et de le réduire aux seuls points véritablement brevetables qui peuvent être compris dans les revendications du breveté, suivant ce qui a été dit précédemment au sujet de la nullité partielle (V. *suprà*, n° 205).

276. Il y a contrefaçon, du moment que le brevet était encore en vigueur lorsque l'acte incriminé a été accompli. Ainsi celui qui n'aurait fabriqué que peu de temps avant l'expiration du brevet n'en serait pas moins contrefacteur et alléguerait vainement qu'il n'avait pour but que d'être en mesure de vendre lorsque la vente serait devenue licite par l'expiration du brevet: « Il se trouverait trop de gens, qui, fabriquant ostensiblement, sous prétexte qu'ils accumulent pour attendre l'expiration du brevet, vendraient clandestinement pendant sa durée, et dont on ne pourrait qu'avec peine dévoiler les manœuvres » (Picard et Olin, n° 538. V. dans le même sens: Pouillet, n° 656). Il y a, d'ailleurs, dans cette fabrication prématurée, atteinte au droit du breveté; car si, par la force des choses, il résulte de son privilège que, même, après l'expiration du brevet, il aura pendant quelque temps une avance sur la fabrication de ses concurrents, ce bénéfice indirect de son brevet lui appartient légitimement; la fabrication anticipée qui tend à l'en priver est donc une atteinte à ses droits.

277. — II. Atteinte aux droits du breveté. — Le brevet étant reconnu valable, soit en totalité, soit en partie, il faut que l'objet argué de contrefaçon, ou les moyens qui ont servi à le produire, soient semblables à l'objet ou aux moyens définis par le brevet.

Il n'est pas nécessaire que la ressemblance porte sur tous les points garantis par le brevet; la contrefaçon, comme on l'a dit au *Rép.* n° 302, peut n'être que partielle, sans cesser pour cela d'être une contrefaçon; il faut, et il suffit, que l'imitation porte sur tout ou partie de ce qui donne à l'invention le caractère de brevetabilité; sur un ou plusieurs éléments séparés de l'objet breveté, si ces éléments sont en eux-mêmes nouveaux et brevetables; sur leur combinaison, si c'est à la combinaison d'éléments connus que l'invention doit sa brevetabilité. — Ainsi il a été jugé:

(1) (Bonnet *C.* Gariel.) — La cour; ... — Considérant que les analogies qui se rencontrent dans les procédés mis en usage avant le brevet Gouin... sans détruire la nouveauté de ce dernier, ont dû néanmoins faire illusion à Gariel sur l'étendue de ses droits, et que sa bonne foi se trouve ainsi suffisamment établie; — Met l'appellation et ce dont est appel à néant, en ce que Gariel a été déclaré coupable du délit de contrefaçon; — Emendant quant à ce, décharge Gariel des condamnations contre lui prononcées, statuant au principal, le relaxe de ce chef des fins de la plainte; déclare néanmoins contrefaits les sommiers élastiques saisis sur Gariel, maintient en conséquence la confiscation.

Du 11 déc. 1857.-C. de Paris.

(2) (Gentil *C.* Cassegrain et Amieux.) — La cour; — Attendu que les sieurs Cassegrain et Amieux, lorsqu'ils ont confectionné les conserves saisies à la requête de Gentil, ne pouvaient avoir connaissance de la demande déposée par celui-ci à la préfecture du Mans, laquelle, en raison de l'investissement de la capitale par les armées ennemies, n'a été transmise au ministre de l'agriculture et du commerce que longtemps après; — Qu'ils ont donc agi avec une entière bonne foi et dans une ignorance absolue et forcée des prétentions de Gentil; — Attendu que, dans ces circonstances, l'action en contrefaçon intentée contre Cassegrain et Amieux ne saurait être accueillie; — Par ces motifs, etc.

Du 8 mai 1872.-C. de Rennes.

1° que pour qu'il y ait contrefaçon, il n'est pas nécessaire qu'on ait emprunté au brevet la totalité des moyens qui s'y trouvent décrits ; il suffit que la partie essentielle en ait été imitée (Civ. rej. 24 mars 1875, aff. Bérenger, D. P. 75. 1. 294 ; Crim. rej. 15 févr. 1879, aff. Danois, D. P. 79. 1. 390 ; — 2° Que l'imitation d'une disposition isolée d'un appareil breveté constitue une contrefaçon, lorsque cette imitation suffit à reproduire illicitement le procédé qui est l'objet de l'invention protégée par le brevet (Crim. rej. 6 févr. 1864, aff. Godard-Desmarets, D. P. 65. 5. 40) ; spécialement il y a contrefaçon dans le fait d'avoir confectionné, non la machine brevetée dans son entier, mais seulement quelques-uns de ses organes les plus considérables (par exemple, les rondelles et les dents d'un métier à tricot), alors surtout que ces organes sont la création la plus spéciale de l'inventeur, qui les vend même séparément (Orléans, 24 avr. 1855, aff. Laurence, D. P. 55. 2. 327) ; — 3° Que la fabrication séparée de chacun des rouages employés dans la construction d'une machine brevetée constitue le délit de contrefaçon, lorsque cette fabrication a eu pour but et rend, en effet, possible la formation d'une machine semblable à celle qui fait l'objet du brevet (Crim. cass. 26 juill. 1861, aff. Lotz, D. P. 61. 1. 407) ; — 4° Que le prévenu dans les ateliers duquel a été trouvé un appareil contrefait, dont il a fabriqué un des organes, est à bon droit réputé contrefacteur, alors même que cet organe, considéré isolément, serait tombé dans le domaine public (Crim. rej. 12 juin 1875, aff. Drugé, D. P. 76. 1. 138) ; — 5° Que lorsqu'un brevet a été pris pour le changement apporté à la dimension d'un objet, dans le but d'en faire un des éléments constitutifs d'une nouvelle combinaison mécanique, la fabrication de cet objet par un tiers constitue une contrefaçon, si elle a eu lieu en vue d'introduire le même objet dans une combinaison semblable à celle du brevet (Paris, 3 juin 1879, aff. Oicenzini, *Annales de la propriété industrielle, etc.*, 80. 188) ; — 6° Qu'il n'est pas nécessaire, pour qu'il y ait contrefaçon d'un instrument breveté, que le contrefacteur retire de l'emploi de cet appareil tous les avantages qu'il comporte (Crim. cass. 20 mars 1857, aff. Villard, D. P. 57. 1. 183).

Mais lorsqu'un procédé breveté comprend plusieurs combinaisons, dont quelques-unes étaient tombées dans le domaine public antérieurement au brevet, l'emploi de ces dernières combinaisons ne constitue pas le délit de contrefaçon (Crim. rej. 9 nov. 1850, aff. Massoneau, D. P. 51. 5. 57). — Jugé, de même : 1° que lorsque un brevet n'a été pris que pour l'ensemble d'un appareil et qu'il est, d'ailleurs, reconnu que chacun des éléments de cet appareil pris isolément se trouve dans le domaine public, on ne peut considérer comme contrefaçon le fait d'un concurrent d'avoir, dans un appareil créé pour l'obtention des mêmes résultats, fait emploi d'un élément identique, si, d'ailleurs, il est démontré qu'il n'en existe pas moins entre les deux appareils des différences profondes (Crim. rej. 8 mars 1867, aff. Chevalier-Appert, D. P. 67. 5. 44 ; — V. aussi Motifs, Crim. cass. 26 juill. 1861, aff. Lotz, D. P. 61. 1. 407) ; — 2° Qu'il n'y a pas contrefaçon dans le fait de reproduire une portion de l'appareil breveté qui ne constitue pas une partie essentielle de l'invention ;... et spécialement dans la fabrication d'éperons analogues à ceux qui font l'objet d'un brevet, alors qu'ils ne sont pas munis du clou d'attache, seul objet véritable de l'invention (Req. 17 janv. 1872, aff. Imbs, D. P. 73. 5. 47. V. dans le même sens : Req. 30 déc. 1843, *Rép.* n° 357) ; — 3° Qu'il n'y a pas contrefaçon lorsque, dans un appareil créé pour l'obtention des mêmes résultats que ceux produits par un appareil antérieurement breveté, l'inventeur fait emploi, dans un but différent, de l'un des moyens de celui-ci, alors surtout que ce moyen n'a pas été spécialement l'objet du brevet ; ainsi, lorsque le manomètre a pour office, dans un appareil breveté servant à la cuisson des légumes à conserver, de déterminer le degré de chaleur intime nécessaire à cette cuisson, un autre inventeur peut, sans s'exposer au reproche de contrefaçon, en établissant un appareil en vue du même objet industriel, se servir également du manomètre, s'il lui donne la fonction différente d'être un régulateur approximatif de la pression de la vapeur, et surtout si cette fonction n'est pas essentielle comme dans l'autre appareil (Arrêt précité du 8 mars 1867. — V. aussi Bourges, 31 janv. 1884, aff. Brelour, *Annales de la propriété industrielle, etc.*, 85. 26) ; — 4° Que lorsque l'invention consiste dans une combinaison nouvelle de procédés connus, la nouveauté de l'invention résidant dans l'ensemble et non dans les détails, il n'y a pas contrefaçon dans l'emploi d'une partie seulement de la combinaison (Paris, 13 mars et 1er déc. 1880, et sur pourvoi, Crim. rej. 28 janv. 1881, aff. Balin, *Annales de la propriété industrielle, etc.*, 81. 53) ; — 5° Que lorsque la nouveauté d'un brevet réside non dans les procédés qui y sont décrits, mais dans la succession méthodique suivant laquelle ces procédés sont combinés, il ne peut y avoir contrefaçon que dans l'emploi de la même série d'opérations et non dans l'emploi d'une ou de plusieurs d'entre elles (Paris, 17 juill. 1880, aff. Laurance, *Annales de la propriété industrielle, etc.*, 81. 49) ; — 6° Que « le fait par un inventeur d'avoir, en appliquant certains principes scientifiques, et en employant certains procédés mécaniques connus, obtenu un résultat industriel, et acquis par un brevet le droit exclusif de l'exploiter à son profit, ne fait pas obstacle à ce que d'autres inventeurs, usant après lui d'une partie des mêmes principes ou procédés, mais les combinant avec d'autres éléments, obtiennent sans être argués de contrefaçon, un autre résultat industriel nouveau (Req. 4 mai 1885, aff. Minault, D. P. 86. 1. 196) ; — 7° Qu'il n'y a pas contrefaçon dans l'imitation d'un percuteur faisant partie d'un système breveté, si ce percuteur était employé antérieurement dans d'autres systèmes (Liège, 13 févr. 1873, aff. Etat belge *C.* Gérard, *Pasicrisie belge*, 74. 2. 201).

278. Lorsque les ressemblances essentielles sont constatées, les différences qui peuvent exister entre les deux objets n'empêchent pas qu'il y ait contrefaçon ; que ces différences soient insignifiantes ou considérables, qu'elles soient ou non des perfectionnements, peu importe ; elles peuvent rendre la contrefaçon plus ou moins incomplète, elles ne peuvent l'effacer entièrement. C'est ce qui a été exposé au *Rép.* nos 298 et suiv. Depuis, il a été jugé : 1° que l'usurpation de l'idée essentielle d'un procédé breveté constitue le délit de contrefaçon, quelles que soient les différences de détail que le prévenu signale, si, d'ailleurs, ses produits sont semblables à ceux que protège le brevet (Douai, 30 mars 1846, aff. Descat, D. P. 47. 2. 205) ; — 2° Que le délit de contrefaçon ne cesse pas d'exister, bien qu'il y ait quelques différences entre le procédé breveté et celui qui a été mis en œuvre, si ces différences légères ne portent que sur des détails sans conséquence et n'ont précisément pour but que de dissimuler la contrefaçon (Colmar, 17 déc. 1863, aff. Lesage, D. P. 65. 2. 30 ; Req. 11 juin 1873, aff. Delamarre, D. P. 74. 1. 39) ; il suffit, en pareil cas, qu'il y ait eu usurpation du principe de l'invention et imitation des moyens d'exécution afin d'obtenir le même résultat industriel, bien que ce résultat soit inférieur à celui que donne l'appareil breveté ; spécialement, il y a contrefaçon lorsque l'unique différence consiste en ce que la réunion des deux appareils mécaniques à décatir et à ramer a lieu par superposition dans la machine brevetée, tandis qu'elle s'opère par juxtaposition dans la machine imitée, si le résultat commun est d'accomplir le ramage dans la vapeur du décatissage (Même arrêt du 11 juin 1873) ; — 3° Que la circonstance que les procédés de fabrication à l'aide desquels un objet breveté a été reproduit, sont différents de ceux employés par l'inventeur, n'est pas exclusive de la contrefaçon, si l'invention ne réside pas dans les moyens de fabrication du produit breveté, mais dans ce produit lui-même ; par exemple, c'est à tort qu'un jugement correctionnel décide en droit qu'il n'y a pas contrefaçon de la part de l'individu qui, à l'aide de moyens de fabrication particuliers, a fait aux étoffes de piqué l'application du relevage des dessins en bosse, inventée, avec des procédés de fabrication différents, par un autre individu, auquel un brevet a été délivré pour cette application même, et non pour les procédés de fabrication (Crim. cass. 15 mars 1856, aff. Delacourt, D. P. 56. 1. 227) ; — 4° Que dans le cas où un brevet a été pris pour un appareil qui, par une combinaison nouvelle de moyens déjà connus, produit un résultat industriel nouveau, il y a contrefaçon dans le fait de fabriquer un autre appareil qui, malgré certaines dissemblances avec le premier, reproduit la même combinaison dans ce qu'elle a de principal au point de vue du but recherché et atteint par l'inventeur (Paris, 13 mars 1862, aff. Redier, D. P. 62. 5. 41); — 5° Que bien que des différences existent entre la machine saisie chez le prévenu de contrefaçon et celle fabriquée par le breveté, notamment dans la forme et dans les dispositions, il y a lieu d'accueillir la plainte en contrefaçon si, procédant du même principe, fonctionnant de la même manière et produisant les mêmes résultats, la machine du prévenu et celle du breveté sont en réalité fondées sur le même système (Crim. rej. 26 janv. 1866, aff. Avril, D. P. 66. 1. 357); — 6° Que la reproduction d'un objet breveté qui a eu lieu par des procédés différents de ceux indiqués dans le brevet, ne cesse pas pour cela d'avoir le caractère de contrefaçon; ... et cela encore bien que les objets obtenus par le reproducteur (des étoffes, par exemple), n'aient ni l'éclat, ni la perfection de ceux fabriqués par l'inventeur, s'ils présentent néanmoins les mêmes caractères (Paris, 31 juill. 1856, aff. Demar, D. P. 57. 2. 9); — 7° Que pour qu'il y ait contrefaçon d'un instrument de musique breveté, il suffit que, par une imitation des proportions, dispositions ou combinaisons, un fabricant ait produit un instrument donnant exactement la même voix que celui dont la propriété est protégée par le brevet, encore qu'il n'y aurait pas similitude dans la forme (Crim. rej. 16 août 1860, aff. Besson, D. P. 61. 5. 47); — 8° Que la reproduction d'un appareil breveté, lorsqu'elle en comprend tous les organes essentiels, est une contrefaçon, malgré les perfectionnements de détail qui ont pu être apportés à l'objet breveté (Bruxelles, 23 mai 1876, aff. Clerbois *C.* Etat belge, *Pasicrisie belge*, 76. 2. 359). — Mais il a été jugé : 1° que la fabrication d'un produit qui n'a que l'apparence d'un autre produit breveté, sans être composé de la même substance, ne constitue pas le délit de contrefaçon; qu'ainsi la fabrication d'une pâte alimentaire imitant une autre pâte brevetée, mais qui se compose uniquement de farine, à la différence de cette dernière qui renferme du gluten extrait du meilleur froment, n'a pas le caractère d'une contrefaçon (Crim. cass. 15 févr. 1851, aff. Véron, D. P. 51. 1. 25); — 2° Que le fabricant de châles qui obtient, en variant les couleurs du fond, des dispositions différentes au moyen desquelles on peut, par le pliage, donner au châle plusieurs aspects divers, ne contrefait pas l'invention qui consiste à obtenir un résultat semblable par des dispositions dont la différence tient seulement à la diversité des effets du dessin (Crim. rej. 29 juill. 1859, aff. Couder, D. P. 59. 5. 47); — 3° Qu'une action en contrefaçon d'un instrument de musique peut être rejetée par le motif qu'il existe des différences essentielles entre l'instrument du prévenu et celui du plaignant, différences qui, se trouvant dans la forme, amènent aussi des dissemblances dans les résultats et les sons produits (Crim. rej. 22 août 1867, aff. Sax, D. P. 70. 5. 40); — 4° Que bien que l'ensemble d'un instrument de musique nouveau ait été breveté régulièrement, au profit de son inventeur, certaines parties de cet instrument empruntées par l'inventeur à d'autres instruments appartenant au domaine public ont pu être copiées sans qu'il résulte un délit de contrefaçon, si, tout en leur donnant une forme différente, l'inventeur ne prouve pas qu'il ait suivi, à ce sujet, des lois mathématiques, ni qu'il ait obéi à un principe scientifique déterminé (Même arrêt).

279. La question de savoir si les objets argués de contrefaçon sont identiques à ceux que protège le brevet est une question de fait dont la solution échappe au contrôle de la cour de cassation (V. *Rép.* n° 303; Crim. rej. 16 juin 1860, aff. Dupuis, D. P. 61. 5. 47; 26 janv. 1866, aff. Avril, D. P. 66. 1. 357; 22 août 1867, aff. Sax, D. P. 70. 5. 40; Req. 20 avr. 1868, aff. Noé, D. P. 68. 1. 424). Il appartient, spécialement, aux juges du fait de décider souverainement, dans le cas où la contrefaçon porte sur l'un des organes de la combinaison décrite au brevet, si cet organe est un élément essentiel du brevet, et s'il est utilisé pour l'usage même auquel le breveté le destinait (Crim. rej. 15 févr. 1879, aff. Danois, D. P. 79. 1. 390); — ... Qu'il y a imitation des procédés brevetés, sauf quelques modifications ne touchant à rien d'essentiel et ayant pour objet de dissimuler la contrefaçon (Crim. cass. 16 août 1861, aff. Bigot, D. P. 62. 1. 55). — Jugé aussi que lorsque la portée et le sens d'un brevet ne sont pas mis en question, les tribunaux sont souverains pour constater la similitude d'un appareil saisi avec l'appareil breveté, et pour apprécier la contrefaçon (Req. 2 juin 1883, aff. Massignon, D. P. 84. 1. 382); — Que, lorsque la validité du brevet a été reconnue, les juges du fond apprécient souverainement si le procédé breveté a été imité par la personne inculpée de contrefaçon;... et spécialement si les différences signalées entre ses appareils et ceux de l'inventeur laissent subsister l'imitation dans ses parties essentielles (Req. 25 mai 1870, aff. Eschassériaux, D. P. 72. 5. 48).

En ce qui concerne l'application de l'art. 7 de la loi du 20 avr. 1810, il a été décidé, notamment, que l'arrêt des constatations duquel il résulte que le contrefacteur s'est, à l'aide de procédés semblables à ceux du breveté, livré à la fabrication de produits identiques est suffisamment motivé sur la déclaration de contrefaçon (Crim. rej. 27 janv. 1872, aff. Cauchois, D. P. 74. 1. 133); — Que l'arrêt qui déclare l'existence de la contrefaçon, ordonne la confiscation des objets contrefaits, et alloue au breveté des dommages-intérêts, est suffisamment motivé par cette constatation, que le produit fabriqué par le défendeur est, dans son ensemble, la reproduction de celui du demandeur, que les dissemblances apparentes introduites par le défendeur n'ont eu pour but que d'échapper à l'action en contrefaçon, et qu'il s'est approprié l'idée première de l'invention (Civ. cass. 16 févr. 1874, aff. Tronchon, D. P. 74. 1. 150. — V. aussi Crim. cass. 16 août 1861, aff. Bigot, D. P. 62. 1. 55).

280. La contrefaçon n'existe pas si le prévenu n'a agi qu'avec l'autorisation du breveté. Cette autorisation n'est soumise à aucune forme particulière : elle n'a pas besoin d'être expresse, mais il faut, pour que le fait d'exploitation ne soit pas une contrefaçon, qu'il soit la suite d'un accord intervenu sous une forme quelconque entre l'exploitant et le breveté ou ses ayants droit. — Décidé à cet égard, que la cession du droit d'exploiter un brevet comporte, en l'absence de toute réserve à cet égard, le droit pour le cessionnaire, de faire fabriquer par des tiers les organes de l'instrument breveté. Dès lors, la fabrication par un tiers, pour le compte du cessionnaire, de quelques-uns de ces organes ne constitue pas le délit de contrefaçon (Crim. rej. 26 janv. 1867, *suprà*, n° 31).

281. Y a-t-il autorisation du breveté, et par suite absence de contrefaçon, lorsque cette autorisation résulte d'un contrat, cession ou licence, dont les conditions n'ont pas été observées? Une distinction nous paraît devoir être faite entre les conditions qui définissent et limitent la nature et l'étendue de l'exploitation concédée, et celles qui sont des charges du contrat, et représentent, principalement ou accessoirement, le prix de l'autorisation concédée. L'inobservation des premières imprime à l'exploitation le caractère de la contrefaçon; ainsi il est évident que le licencié ou cessionnaire dont le contrat s'applique à une certaine région, ou à une certaine application du brevet, sort des termes de son contrat, et par conséquent porte atteinte au brevet lorsqu'il exploite en dehors du périmètre qui lui est assigné ou pour une application du brevet autre que celle qui lui est concédée. Il y a contrefaçon, parce qu'il s'agit alors de faits auxquels l'accord intervenu entre le breveté ne s'applique pas. Au contraire, lorsque l'inobservation du contrat porte sur les conditions ou charges qui sont le prix de la concession, mais qui ne définissent pas le droit concédé, il n'y a pas contrefaçon ; l'inobservation des conditions du contrat n'empêche pas que ce contrat existe et s'applique aux faits incriminés. Il appartient au breveté, si les conditions de ce contrat ne sont pas remplies, d'en poursuivre l'exécution ou d'en demander la résolution ; mais l'action en contrefaçon est la sanction des droits qui résultent du brevet, et non des contrats civils ou commerciaux dont le brevet peut être l'objet. M. Nouguier, qui admet sans distinction (n° 764) que, « l'inexécution des conventions, à l'accomplissement desquelles l'autorisation était subordonnée, met obstacle à ce que cette autorisation puisse être invoquée comme légitimant l'emploi des procédés, objet du brevet », nous paraît être tombé à cet égard dans la confusion si fréquente, qui consiste à considérer comme dénué de tout effet, de même que s'il était nul, un contrat simplement susceptible de résolution pour défaut d'exécution par l'une des parties. M. Pouillet, au contraire (n° 740), admet l'opinion que nous venons d'indiquer; il réserve, il est vrai, le cas où le cessionnaire, mis en demeure d'acquitter le prix de la cession, s'y refuserait en contestant la validité du brevet, et par suite du contrat dont ce brevet est l'objet. Cette exception ne nous paraît pas justifiée; de deux choses l'une : ou le cessionnaire est fondé à demander la nullité du brevet et la nullité de son contrat, et alors il ne peut être contrefacteur d'un brevet nul : ou bien sa contestation n'est pas fondée, et le contrat subsiste. — Il a été décidé que celui qui, autorisé par l'inventeur d'un procédé breveté à faire usage de ce procédé, sous certaines conditions, et, par exemple, à la charge d'acheter chez l'inventeur les substances dont l'application a été l'objet du brevet (de l'acide oléique appliqué au graissage ou au dégraissage des tissus), peut être poursuivi comme contrefacteur s'il n'observe pas ces conditions, et si, notamment, il se procure ces substances chez d'autres fabricants. Ce n'est pas là une simple infraction à un contrat, donnant seulement lieu à des dommages-intérêts; et il en est ainsi, malgré la bonne foi du contrevenant (Civ. rej. 20 août 1851, aff. Cunin-Gridaine, D. P. 54. 5. 77). Dans une autre espèce, la question s'était posée de savoir si le fabricant qui a traité avec un inventeur pour l'exploitation d'un brevet d'invention pendant un temps déterminé, commet une contrefaçon en continuant, après l'expiration du délai convenu, à employer le procédé breveté. Mais elle n'a pas été résolue, les juges du fond ayant admis, par une appréciation souveraine, que le terme assigné à la licence avait été prorogé tacitement (Civ. rej. 10 janv. 1877, aff. Heilmann-Ducommun, D. P. 77. 1. 454).

282. On vient de dire que l'autorisation du breveté n'est soumise à aucune forme particulière, et qu'il n'y a pas contrefaçon du moment qu'un accord, même tacite, s'est établi entre le breveté et l'exploitant. Mais il ne faut pas confondre avec un accord tacite la simple tolérance du breveté : le seul fait que la contrefaçon a pu être continuée pendant un certain temps sans être poursuivie n'est pas suffisant pour faire admettre qu'elle était couverte par le consentement du breveté, qui est libre de choisir pour poursuivre le moment qui lui convient, tant que la prescription n'est pas acquise (V. Pouillet, n° 648 ; Nouguier, n° 607 ; Calmels, n° 475).

283. A ceux qui agissent avec l'autorisation du breveté, il faut assimiler ceux qui sont en droit de s'en passer, parce qu'étant créanciers du breveté ils exercent ses droits et actions aussi bien à l'occasion du brevet que pour toute autre valeur de son patrimoine : l'exercice régulier des droits d'un créancier ne peut être considéré comme une contrefaçon. Ainsi l'ouvrier qui, sur le refus du titulaire d'un brevet de prendre livraison et de payer la main-d'œuvre d'objets qu'il a confectionnés d'après son ordre, suivant le procédé breveté, les a mis en vente avec l'intention d'exercer simplement son droit de rétention dans ses conséquences extrêmes, est passible, non de poursuite en contrefaçon, mais de l'action ordinaire en dommages-intérêts et en revendication; ... et, par suite, les objets saisis à l'occasion d'une telle mise en vente, ne doivent pas être confisqués (Crim. rej. 10 févr. 1854, aff. Gariel, D. P. 54. 5. 80).

284. Est-il nécessaire, pour qu'il y ait contrefaçon, que l'acte ait été préjudiciable au breveté? A notre avis, la question, sur laquelle les auteurs paraissent divisés, n'existe même pas, et le système de M. Pouillet, qui admet que l'existence d'un préjudice n'est pas nécessaire pour qu'il y ait contrefaçon (n° 636), nous semble aboutir pratiquement au même résultat que celui de M. Nouguier, n° 724, pour qui la contrefaçon n'existe que s'il y a préjudice causé; c'est qu'en effet, toute exploitation concurrente de celle du breveté, si imparfaits qu'en soient les produits, renferme une menace; elle peut devenir sérieuse, si elle ne l'est déjà, et susciter d'autres exploitations, si elle reste impunie. En inquiétant le breveté sur le développement qu'elle peut prendre et en détournant de sa propre exploitation une part même minime de son temps et de ses soins, elle lui cause nécessairement un préjudice : que ce préjudice soit médiocre ou considérable, peu importe, lorsqu'il s'agit de caractériser le délit ; il suffit qu'il existe ; son importance n'est à considérer que pour le plus ou moins de sévérité de la répression et pour l'évaluation des dommages-intérêts. — Jugé qu'il y a contrefaçon dans l'emploi de procédés brevetés, alors même que le contrefacteur n'a pas tiré de ces procédés tous les avantages qu'ils pouvaient procurer (Crim. cass. 20 mars 1857, aff. Villard, D. P. 57. 1. 183).

285. Quant à l'importance plus ou moins grande de l'invention, on a vu, *suprà*, n° 25, qu'elle n'a aucune influence sur la validité du brevet; elle n'en a pas davantage sur l'existence ou la non-existence du délit de contrefaçon; elle n'est à considérer que dans l'appréciation du préjudice causé et des réparations qui doivent s'ensuivre.

286. Si le prévenu de contrefaçon peut se prévaloir de l'autorisation du breveté, à plus forte raison la provocation du breveté justifie-t-elle les faits incriminés par lui. Il arrive assez souvent que le breveté, soupçonnant la contrefaçon, mais n'en ayant pas la preuve, la provoque par une commande pour être plus sûr de la constater; il n'y a point de doute qu'en pareil cas l'origine de la commande enlève tout caractère délictueux à son exécution (V. Pouillet, n° 650). — Jugé que le breveté n'est pas fondé à arguer de contrefaçon une fabrication qu'il a lui-même commandée, ou fait commander par ses agents (Paris, 4 déc. 1862, aff. Vernier, *Annales de la propriété industrielle, etc.*, 62. 449).

Mais on ne saurait assimiler à une commande l'achat que le breveté ferait ou ferait faire par ses agents. Il se peut que, selon les circonstances où il a été fait, cet achat implique, entre le vendeur et le breveté, un accord qui exclut la contrefaçon ; mais le plus habituellement cet acte indique de la part du breveté l'intention de poursuivre la contrefaçon après que son achat lui en aura mis la preuve entre les mains : « C'est, dit M. Pouillet, un moyen simple, commode et peu coûteux de constater la contrefaçon, et que bien des brevetés emploient, de préférence à une saisie, pour éviter soit des frais, soit un éclat fâcheux, quand ils tiennent à ménager la considération commerciale du contrefacteur. Ajoutons que souvent c'est le seul moyen. Il y a telle contrefaçon occulte, clandestine qui échappe à toute constatation régulière et ouverte... Dans un cas pareil, l'achat marque chez le breveté l'intention d'affirmer son droit, bien loin qu'il y renonce » (Pouillet, n° 652).

287. — III. Fabrication d'objets contrefaits. — Il n'y a pas à définir, autrement que par le terme lui-même, ce qu'on doit entendre par fabrication. Nous avons déjà eu l'occasion d'indiquer que toute fabrication, si restreinte qu'elle soit, est par elle-même une contrefaçon.

On admet, toutefois, qu'il peut se présenter des espèces dans lesquelles un acte de fabrication ne serait pas une contrefaçon : c'est qu'en effet, bien qu'il soit par lui-même un acte d'industrie, l'acte peut ne point porter atteinte aux droits du breveté. M. Pouillet, n° 656, indique le cas où l'inventeur d'un perfectionnement à un objet breveté aurait fabriqué l'objet avec son perfectionnement, dans le but de le présenter au breveté principal pour lui en faire apprécier les avantages, et s'entendre avec lui au sujet de l'exploitation. On devrait, croyons-nous, décider de même à l'égard de celui qui, cherchant une distraction dans l'exercice d'un art manuel ou dans des expériences de laboratoire, aurait fabriqué un objet breveté bien plus par curiosité que dans le but de tirer un avantage de l'objet fabriqué; on ne pourrait voir dans ce fait une atteinte aux droits du breveté.

288. Il y a contrefaçon, sans aucun doute, de la part de celui qui commande l'objet contrefait, et le fait exécuter par un tiers. « C'est lui, comme le dit M. Pouillet, n° 657, qui est le véritable fabricant, puisque c'est d'après ses ordres qu'on travaille, puisque c'est à sa volonté qu'on se conforme... » Mais, le même auteur ajoute avec raison que la responsabilité de celui qui a commandé la « fabrication ne fait pas disparaître la responsabilité de celui qui a fabriqué cette commande ». — Jugé, en ce sens, que le médecin qui fait fabriquer un appareil orthopédique pour l'appliquer, notamment dans un établissement orthopédique qu'il dirige, se rend coupable du délit de contrefaçon; et que le même délit existe de la part du bandagiste, dans les ateliers duquel l'appareil a été fabriqué, sinon sur son ordre formel, du moins avec son assentiment tacite, par l'ouvrier chargé de l'exécution de ces sortes de commandes (Req. 30 mars 1853, aff. Guérin, D. P. 53. 1. 198).

289. Comme on l'a indiqué au *Rép.* n° 296, de simples essais, s'ils n'ont eu d'autre but que d'éprouver la valeur de l'objet breveté, et n'ont pas été au delà de ce qui serait nécessaire pour atteindre ce but, ne sont pas une contrefaçon.

Ils n'indiquent même pas l'intention de contrefaire ultérieurement; celui qui s'y est livré pouvait n'avoir d'autre dessein que d'engager des négociations avec l'inventeur pour en obtenir une licence, si les résultats de son expérience l'y engageaient. Seulement, des essais multipliés peuvent avoir l'apparence d'une exploitation à ses débuts, et inversement une fabrication qui commence peut être présentée comme un essai un peu prolongé et fait avec un développement assez important; la transition de l'un à l'autre est insensible, et il y a entre les deux ordres de faits une confusion possible qui risque de tourner à l'avantage d'un véritable contrefacteur ou au détriment de celui qui n'a fait qu'user de son droit. C'est aux tribunaux à faire la distinction, suivant les circonstances de chaque espèce (V. Pouillet, n° 738; Nouguier, n° 748; Rendu et Delorme, n° 490). — Il a été décidé, à cet égard, que l'essai d'un procédé breveté n'est pas une contrefaçon, surtout quand il a été fait à la connaissance et sans protestation du breveté (Paris, 18 juill. 1859, aff. Thomas, D. P. 59. 2. 196).

290. Le fait que l'objet fabriqué serait seulement destiné à figurer comme modèle dans une collection n'empêcherait pas qu'il fût contrefait, s'il était susceptible d'être employé industriellement. Il n'y a pas, au contraire, contrefaçon dans la fabrication d'un modèle à échelle réduite, lorsque par suite de cette réduction, il perd toute application pratique et n'a plus qu'un caractère purement descriptif. Ce n'est alors, dit M. Pouillet, n° 664, qu'un dessin en relief d'un objet breveté, et il n'est pas plus possible de le poursuivre comme contrefaçon que l'on ne pourrait poursuivre à ce titre la reproduction par le dessin linéaire, par la gravure ou par la photographie » (V. aussi Picard et Olin, n° 664).

291. Il arrive souvent que la fabrication n'a pour objet qu'un élément isolé de l'objet breveté. Si cet objet pris en lui-même est protégé par le brevet, il y a contrefaçon partielle (V. *suprà*, n° 277). Si au contraire cet objet séparé appartient au domaine public, il n'y a pas contrefaçon, du moment que la production de cet objet est bien le but final de la fabrication; mais au contraire, s'il est démontré que la fabrication se relie à d'autres, établies pour la production des divers éléments de l'objet breveté en vue de leur réunion, le caractère illicite de l'ensemble de ces fabrications fait que chacune d'elles devient une contrefaçon (V. Pouillet, n° 666). — Ainsi la fabrication séparée de chacun des rouages employés dans la construction d'une machine brevetée ne constitue pas le délit de contrefaçon de cette machine, lorsque le brevet ne s'applique qu'à l'ensemble de la construction, et que ces rouages pris isolément sont dans le domaine public (Motifs, Crim. cass. 26 juill. 1861, aff. Lotz, D. P. 61. 1. 407); mais il en est autrement, et le délit de contrefaçon est consommé, lorsque la fabrication de ces pièces isolées a eu pour but et rend, en effet, possible la formation d'une machine semblable à celle qui est brevetée; dès lors, le fabricant, dans les ateliers duquel ont été saisies des pièces pouvant par leur réunion former une machine brevetée, de l'invention d'un concurrent, ne peut régulièrement être acquitté sur les poursuites de l'inventeur, qu'autant qu'il est établi qu'il ne se proposait pas, dans la fabrication de ces pièces, la contrefaçon de la machine du plaignant (Même arrêt). — Décidé aussi que le prévenu dans les ateliers duquel a été trouvé un appareil contrefait dont il a reconnu avoir fabriqué un des organes est, à bon droit, condamné comme contrefacteur, alors même que cet organe, considéré isolément, serait tombé dans le domaine public (Crim. cass. 12 juin 1875, aff. Drugé, D. P. 76. 1. 137).

292. La fabrication n'est pas d'ordinaire un acte qui s'accomplisse instantanément, en sorte qu'il n'y ait point d'état intermédiaire entre celui dans lequel le délit n'existe absolument pas et celui dans lequel il se trouve manifestement consommé par le complet achèvement de l'objet contrefait; elle se compose la plupart du temps d'une série d'opérations qui progressivement transforment la matière première et la font passer par divers états de plus en plus voisins de l'état d'achèvement. Les auteurs ne s'accordent pas bien sur le point de savoir si le délit de fabrication doit s'entendre de la fabrication commencée aussi bien que de la fabrication terminée, et si l'objet, dans un des états intermédiaires par lesquels il passe avant d'être terminé, doit être réputé contrefait. M. Pouillet, n° 662, commence par poser en principe : « qu'il faut que le délit soit consommé pour être punissable. Qui sait en effet si le délinquant, mieux avisé ou pris de remords, ne s'arrêtera pas en chemin ?... Il est donc naturel de ne considérer comme contrefait que l'objet dont la fabrication est achevée ». Mais il ajoute immédiatement : « On sent toutefois qu'ici le fait domine le droit. Si la fabrication, sans être absolument achevée, est tellement avancée que le temps seul, et non la volonté, a manqué au contrefacteur, si les parties utiles, essentielles, constitutives de l'appareil breveté sont fabriquées ou prêtes à fonctionner, il paraît raisonnable d'admettre la contrefaçon. Il semble juste, au contraire, de la repousser dans le cas où l'objet fabriqué n'est qu'une ébauche imparfaite, à peine dégrossie ou interrompue par la volonté même de son auteur revenu à temps de son erreur ». M. Nouguier, n° 746, tout en réservant le cas d'une fabrication abandonnée par son auteur avant d'être terminée, pense qu'en général la fabrication commencée doit être considérée comme contrefaçon. M. Bédarride, n° 544, est très affirmatif dans le même sens. « L'intention, dit-il, qui fait entreprendre une fabrication illicite ne saurait être douteuse. On ne la commence que pour l'achever... Donc le breveté qui apprend qu'un autre que lui se livre à la fabrication de l'objet breveté, n'est pas obligé d'attendre que cette fabrication soit complète et achevée; il est recevable et fondé à intervenir immédiatement, à faire saisir les parties fabriquées ou en cours d'exécution, et à arrêter dès l'origine l'atteinte portée à son droit ».

Nous croyons, en effet, qu'il n'y a pas à distinguer entre les diverses phases de la fabrication; les opérations successives dont elle peut se composer concourent au même but final et, à ce titre, sont toutes également illicites, comme faisant partie d'un ensemble illicite; il n'est pas plus permis de commencer la fabrication sans autorisation du breveté que de la terminer, et, dès le premier temps de la fabrication, il y a atteinte à ses droits. Par suite, l'objet en cours d'exécution doit être réputé contrefait du moment que dans l'état où il a été trouvé, il ne pouvait devenir, par son complet achèvement, autre chose que l'objet breveté.

293. Comme il a été dit au *Rép.* n° 306, on ne saurait assimiler à une fabrication portant atteinte aux droits du breveté la réparation d'un objet fabriqué et vendu par lui. Ce n'est pas à dire que, si le possesseur de l'objet l'a laissé arriver à un état de dégradation tel que la réparation soit en réalité une véritable réfection de l'objet dans son ensemble ou dans ceux de ses organes qui seraient spécialement protégés par le brevet, il puisse être loisible au possesseur de la faire exécuter par qui bon lui semble; mais, en principe, l'acquisition de l'objet breveté donne à l'acquéreur le droit d'en tirer le meilleur parti en en prolongeant la durée autant qu'il le peut; le breveté, à l'égard de cet objet, a épuisé son droit par la vente, et son droit exclusif ne recommence à s'exercer que lorsque, l'objet ayant péri, ou étant devenu tout à fait impropre à l'usage auquel il était destiné, c'est en réalité un nouvel objet qu'il devient nécessaire de substituer au premier (V. Pouillet, n° 669; Picard et Olin, n° 580). — Décidé, en ce sens, que l'industriel qui a composé une machine nouvelle, en combinant des rouages tombés séparément dans le domaine public, ne peut prétendre au droit exclusif de fournir les pièces de rechange nécessaires pour la réparation des machines fabriquées d'après le modèle breveté; que la fabrication et les fournitures de ces pièces de rechange sont licites de la part de tout autre fabricant, dès qu'elles n'ont pas pour but de fournir directement ou indirectement le moyen de fabriquer ou de refaire les machines de l'espèce brevetée, et alors surtout qu'elles sont limitées à une seule nature de pièces, telles que des pièces en fonte qui ne sont pas susceptibles d'être réparées lorsqu'elles se brisent ou se détériorent (Crim. rej. 5 juill. 1862, aff. Lotz, D. P. 63. 1. 385). — Jugé, de même, que la réparation d'un objet breveté ne peut être considérée comme une contrefaçon qu'autant qu'elle est assez importante pour substituer en réalité un objet nouveau à l'objet détérioré; la preuve que la réparation a eu cette importance ne résulte pas suffisamment de la mention « remis à neuf » inscrite sur les livres du fabricant qui l'a exécutée (Paris, 15 févr. 1867, aff. Sax, *Annales de la propriété industrielle, etc.*, 69. 301. — V. toutefois : Orléans, 24 avr. 1855, cité *suprà*, n° 277).

294. — IV. Emploi des moyens brevetés. — A côté de la fabrication de produits brevetés, l'art. 40 place l'emploi de moyens brevetés. Cette expression a été diversement interprétée. Suivant l'opinion admise au *Rép.* n° 307 et partagée par la plupart des auteurs, elle ne désigne pas seulement la fabrication à l'aide de procédés brevetés, l'emploi industriel de ces procédés; elle comprend tout usage illicite qui serait fait de l'invention, que l'invention eût, d'ailleurs, pour objet un procédé ou un produit; le mot *moyen* signifie l'objet du brevet, quel qu'il soit (V. en ce sens: Pouillet, n° 673; Tillière, n° 131).

Dans un autre système, on soutient que la loi n'a voulu atteindre, dans l'art. 40, que la fabrication à l'aide d'appareils ou de procédés garantis par le brevet. En effet, dit-on, de même que l'invention, qui tend toujours à une production industrielle, peut consister, suivant l'art. 2, soit dans l'objet produit, soit dans les moyens, nouveaux par eux-mêmes ou par leur application, qui servent à le produire, de même le délit de contrefaçon peut se rencontrer dans les procédés ou appareils servant à la fabrication comme il peut se rencontrer dans le produit de la fabrication. On ajoute que cette manière d'entendre les termes, « emploi de moyens brevetés », comme s'appliquant exclusivement à un délit de fabrication, est seule conforme au sens naturel des mots, à la classification des inventions brevetables établie par l'art. 2, et à la distinction entre ce qu'on peut appeler les délits industriels, seuls visés par l'art. 40, et les autres délits, réprimés avec moins de rigueur par l'art. 41, la bonne foi pouvant être admise comme excuse de ceux-ci et n'excusant pas ceux-là (V. en ce sens : Pataille, *Annales de la propriété industrielle, etc.*, 70. 350, *Observations*. — V. aussi *suprà*, n° 272).

295. La jurisprudence offre des précédents dans l'un et l'autre sens; toutefois elle paraît plutôt favorable à l'opinion d'après laquelle l'art. 40 réprime tout usage illicite de l'invention brevetée. — D'une part, il a été jugé que le fait d'avoir employé les produits brevetés ne suffit pas, en lui-même, pour justifier l'application de l'art. 40 de la loi du 5 juill. 1844, qui ne réprime que l'emploi des moyens brevetés (Crim. rej. 1er mai 1863, aff. Renard, D. P. 67. 5. 42); — Que l'art. 40 ne s'applique qu'aux fabricants et industriels, et qu'on ne saurait, sans détourner les mots de leur sens, en étendre l'application aux simples détenteurs et à l'usage fait par eux d'objets brevetés; par suite, le limonadier qui, dans son commerce, fait usage d'un appareil contrefait, tel qu'une pompe à bière, ne tombe pas sous l'application de l'art. 40 et peut, dès lors, être admis à exciper de sa bonne foi (Angers, 29 juin 1870, aff. Gougy, D. P. 70. 2. 210-211).—Mais, d'autre part, il a été décidé, outre les arrêts rapportés au *Rép.* n° 308 : 1° que l'acheteur d'un appareil contrefait qui en use sciemment pour une exploitation commerciale et en retire des avantages identiques à ceux que donne l'appareil de l'inventeur, commet le délit de contrefaçon (Crim. rej. 27 févr. 1858, aff. Vallée, D. P. 58. 1. 337); — 2° Que l'usage d'un objet contrefait (dans l'espèce un bateau), par une société commerciale formée dans le but d'exploiter cet objet, constitue une contrefaçon punissable (Paris, 29 mars 1856, aff. Cache C. Perrier et autres, *Annales de la propriété indusrielle, etc.*, 57. 69). — 3° Que celui qui achète une machine contrefaite pour en faire un usage commercial, doit être assimilé au contrefacteur, sans qu'il y ait à distinguer s'il est de bonne ou de mauvaise foi (Aix, 18 janv. 1873, aff. Gougy, D. P. 74. 2. 54); — 4° Que l'individu qui, même de bonne foi, a acheté et emploie un appareil contrefait, si c'est pour l'utilité de son industrie et non pour un usage exclusivement personnel, doit être considéré comme contrefacteur; qu'il est en faute de n'avoir pas usé des moyens de se renseigner sur l'existence des droits du breveté (Crim. rej. 22 nov. 1872, aff. N..., D. P. 72. 1. 477; Crim. cass. 7 févr. 1873, aff. Gougy, D. P. 73. 5. 45); — 5° Que si l'achat et la détention d'un objet contrefait ne constituent pas la complicité de contrefaçon lorsqu'ils sont imputés à un individu qui a acheté l'objet contrefait pour son usage personnel, ils constituent, au contraire, l'emploi délictueux prévu par l'art. 40 de la loi du 5 juill. 1844, quand l'imputation est dirigée contre un industriel qui fait usage dudit objet dans un but commercial; et que le juge du fond déclare souverainement si le prévenu a fait emploi d'instruments brevetés dans l'intérêt de son exploitation commerciale (Crim. rej. 5 févr. 1876, aff. Belin, D. P. 77. 1. 96); — 6° Que l'acheteur d'un appareil contrefait qui s'en sert pour une exploitation commerciale faite de mauvaise foi, et en retire des avantages identiques à ceux que donne l'appareil de l'inventeur, commet le délit de contrefaçon (Crim. rej. 27 févr. 1858, aff. Vallée, D. P. 58. 1. 337-338).

296. Si, d'après la doctrine la plus accréditée, l'usage qui est fait de l'invention constitue une contravention punissable en vertu de l'art. 40, c'est-à-dire sans qu'il y ait à tenir compte de la bonne foi du prévenu, on s'accorde à restreindre cette solution au cas où cet usage constitue une exploitation industrielle ou commerciale ; on admet que le simple usage personnel d'un objet contrefait ne présente pas les caractères de la contrefaçon; qu'il ne peut y être assimilé que s'il constitue un acte de complicité par recel, auquel cas il tombe sous l'application de l'art. 41. — La jurisprudence est formelle sur ce point; ainsi il a été décidé: 1° que l'individu qui a acheté, pour son usage personnel, une machine qu'il ne savait pas être une machine contrefaite, ne peut être considéré comme complice du contrefacteur; et que le tribunal, dans ce cas, ne doit pas prononcer la confiscation de la machine (Douai, 5 août 1851, aff. Jérosme, D. P. 54. 2. 72); — 2° Que le fait de se procurer des objets contrefaits et d'en conserver la possession, non pour les vendre, mais pour les employer à son usage personnel, ne constitue pas le délit de complicité de contrefaçon; par suite, il n'y a pas lieu, en cas pareil, à la confiscation des objets contrefaits (Crim. rej. 25 mars 1848, aff. Christofle, D. P. 49. 1. 24); — 3° Que le particulier qui achète sciemment des objets contrefaits, non pour les mettre en vente, mais pour son usage personnel ou les besoins d'un commerce étranger à l'industrie du breveté, ne se rend pas complice du délit de contrefaçon; spécialement, que le limonadier qui fait argenter, à l'aide de procédés qu'il sait être contrefaits, des ustensiles employés pour l'exploitation de son café, n'est pas passible des peines encourues par le contrefacteur;... et qu'en admettant que l'art. 60, § 1er, c. pén., soit applicable en matière de contrefaçon, un tel fait ne constituerait pas non plus le mode de complicité par dons ou promesses établi par cet article, quoiqu'un prix ait été convenu avec le contrefacteur (Paris, 30 avr. 1847, aff. Christofle, D.P. 47. 2. 93); — 4° Que l'usage d'un appareil contrefait, lorsqu'il a lieu simplement pour l'intérêt privé et personnel de l'acheteur, ne peut être assimilé au délit de contrefaçon (Sol. impl., Crim. rej. 27 févr. 1858, aff. Vallée, D. P. 58. 1. 337-338); — 5° Que si l'on doit considérer comme contrefacteur, qu'il soit ou non de bonne foi, celui qui achète un objet contrefait, soit pour le revendre, soit pour faire une concurrence préjudiciable au breveté, il n'en est pas de même dans le cas où l'achat de l'objet contrefait a lieu pour l'usage personnel de l'acheteur, sans intention de spéculation commerciale; par exemple, pour vérifier si cet objet n'est pas la contrefaçon d'un système que l'acheteur a fait lui-même breveter antérieurement (Crim. rej. 24 févr. 1882, aff. Gougelet, D. P. 83. 1. 440). Au contraire, comme on l'a dit au *Rép.* n° 296, la fabrication d'objets brevetés constitue une contrefaçon punissable, alors même que les objets ne seraient destinés qu'à l'usage particulier du fabricant (V. conf. Pouillet, n° 656; Nouguier, n° 736).

297. On a émis au *Rép.* n° 310, l'opinion qu'il n'y a pas lieu d'appliquer l'art. 40 au cultivateur qui a acheté des instruments contrefaits et les emploie pour améliorer les produits de sa culture. Cette solution, critiquée par M. Pouillet, n° 684, a été consacrée par la jurisprudence. Ainsi il a été jugé que celui qui n'achète un objet contrefait que pour son usage personnel et sans intention de spéculation commerciale, ne commet pas le délit de contrefaçon. Spécialement, le cultivateur qui a acheté des instruments contrefaits, dont il fait emploi pour améliorer les produits de sa culture, et notamment des machines propres au nettoyage et au triage du blé, ne se rend pas coupable du délit de contrefaçon... Et peu importe que ces produits soient destinés à être vendus, la vente, par un cultivateur, des produits de sa récolte, ne constituant pas une opération commerciale. Et il n'y a pas lieu, en cas pareil, à la confiscation des objets contrefaits, l'art. 49 de la loi du 5 juill. 1844 qui ordonne cette confiscation, même en cas d'acquittement, ne s'appliquant qu'aux contrefacteurs, recéleurs, introducteurs, ou débitants (Crim. rej. 12 juill. 1851, aff. Vachon, D. P. 51. 5. 50).

Toutefois, nous croyons que l'industriel qui, possédant un appareil agricole tel qu'une machine à battre, ferait métier de le louer aux cultivateurs ou d'entreprendre le battage de leurs récoltes, ne profiterait pas de l'immunité admise par la jurisprudence en faveur du cultivateur.

298. — III. Délits assimilés a la contrefaçon. — L'art. 41 assimile aux délits de contrefaçon proprement dits, visés par l'art. 40, les faits de vente, recel ou introduction en France d'objets contrefaits, lorsque ces faits ont été accomplis sciemment. Le caractère de ces faits, qui en général semblent avoir pour résultat de faciliter la contrefaçon commise par le fabricant en lui procurant l'écoulement de ses produits et présentent ainsi une certaine analogie avec la complicité, a fait naître une controverse sur la répression de la complicité en matière de contrefaçon.

Plusieurs auteurs soutiennent qu'en énumérant dans une disposition spéciale des faits qui, en l'absence de toute disposition, auraient pu être considérés comme tombant sous l'application des art. 59 et 60 c. pén., la loi de 1844 a eu pour but de substituer à la définition générale de la complicité une définition par énumération limitative; par suite, il n'y aurait pas lieu d'appliquer aux faits non compris dans l'énumération les art. 59 et 60 c. pén., et par exemple, celui qui aurait fourni sciemment les matières premières servant à une fabrication contrefaite, n'étant pas dans l'un des cas prévus par l'art. 41, ne pourrait être poursuivi comme complice de la contrefaçon qu'il aurait procuré les moyens de commettre (V. en ce sens: Nouguier, n° 789: Rendu et Delorme, n° 506). — Au contraire M. Blanc, p. 613, pense que l'art. 41 n'a pas eu en vue de définir la complicité, et que les faits qui y sont énumérés n'en ont pas nécessairement le caractère: « La complicité, dit-il, définie par l'art. 60 c. pén., suppose toujours qu'il y a eu entente entre le complice et l'auteur principal: l'art. 41 de la loi de 1844, au contraire, élève chacun des faits qu'il prévoit à la hauteur d'un délit particulier et sans exiger qu'il y ait un rapport quelconque entre le contrefacteur et le débitant ».

Suivant M. Pouillet, les faits prévus par l'art. 41 sont bien des faits de complicité; seulement, la loi, parce qu'ils sont les plus fréquents et les plus importants, les a mis en dehors de la théorie de la complicité et les a érigés en délits distincts par une disposition spéciale; mais cela n'empêche pas que les art. 59 et 60 c. pén. demeurent applicables à tous les faits de complicité auxquels elle n'a pas attribué ce caractère de délits distincts. En un mot, la répression devrait atteindre : les délits de l'art. 40; les actes de complicité spécialement érigés en délits distincts par l'art. 41; et par application des principes généraux, les faits de complicité, qu'elle n'a pas spécialement définis (V. Pouillet, n° 688. V. aussi, Bozérian dans la *Propriété industrielle*, n° 435; Calmels, n° 585).

Nous croyons également que l'art. 41 ne renferme pas une théorie spéciale de la complicité en matière de contrefaçon, et, par conséquent, qu'elle n'écarte pas l'application des principes généraux. Des trois ordres de faits qu'il énumère, il y en a deux qui ne sont pas des faits de complicité. Ainsi cet article vise la vente d'objets contrefaits : or, si la relation de complice à auteur principal s'établit entre le marchand qui vend l'objet et le fabricant de qui il l'a acheté, ce n'est pas au moment de la vente opérée par le marchand, mais au moment de son achat; c'est bien à ce moment que le marchand a procuré au fabricant, par le prix payé ou les engagements pris, le moyen de tirer bénéfice de sa contrefaçon ; quant à la vente que fait ultérieurement le marchand, elle n'est plus une conséquence de cette entente d'auteur principal à complice qui s'est établie entre eux lors de l'achat; c'est un acte par lequel le complice cherche à son tour à tirer profit pour lui-même de sa complicité, mais sans que cet acte intéresse en rien l'auteur principal. Or, c'est cet acte distinct, isolé de la contrefaçon principale, que prévoit l'art. 41. De même, l'art. 41 prévoit l'introduction en France d'objets contrefaits fabriqués à l'étranger ; or, la fabrication à l'étranger n'est pas une contrefaçon puisque le brevet français ne confère de droits au breveté qu'en France; l'objet fabriqué à l'étranger n'est pas contrefait par le fait du fabricant ; il devient contrefait seulement à son entrée en France, par le fait de l'introducteur ; l'introduction seule fait le délit, et non la fabrication. C'est donc l'introducteur qui est auteur du délit, et il n'est pas complice du fabricant ; c'est au contraire celui-ci qui serait son complice, si, par suite d'une entente entre eux, il avait accompli l'acte, licite en lui-même, de la fabrication à l'étranger, en vue de l'introduction illicite. Si l'art. 41 était une énumération des cas de complicité, remplaçant en matière de contrefaçon la définition du code pénal, l'énumération devrait être plus complète qu'elle n'est, et surtout ne pas comprendre des faits qui n'ont en aucune manière le caractère de la complicité.

299. Contrairement à l'opinion qui nous paraît préférable, la jurisprudence a toujours admis qu'il n'y a point de complicité punissable en dehors des faits prévus par l'art. 41. Aussi il a été décidé : 1° que la complicité, en matière de délit de contrefaçon, est réglée par les dispositions spéciales des art. 41 et 43 de la loi du 5 juill. 1844, et non par les art. 59 et 60 c. pén.; en conséquence, ne peuvent être punis comme complices du délit de contrefaçon que ceux qui, suivant les dispositions limitatives des art. 41 et 43 de la loi du 5 juill. 1844, ont favorisé la contrefaçon, soit en recélant, vendant ou exposant en vente ses produits, soit en les introduisant sur le territoire français, soit en s'associant avec le contrefacteur ; la peine ne saurait être étendue à celui qui a été sciemment l'intermédiaire du contrefacteur auprès d'un acheteur des objets provenant de la contrefaçon (Crim. cass. 26 juill. 1850, aff. Gibus, D. P. 51. 5. 54) ; — 2° Que le fait d'avoir commandé les objets fabriqués en contrefaçon, tels, par exemple, que des ressorts mécaniques pour la chapellerie, et d'avoir promis d'en prendre livraison, ne constitue pas la complicité du délit de contrefaçon, dans le sens des dispositions restrictives et exceptionnelles de l'art. 41 de la loi du 5 juill. 1844 (Crim. rej. 21 nov. 1851, aff. Duchêne, D. P. 51. 5. 55); — 3° Que l'individu qui ne s'est occupé de l'introduction en France de marchandises contrefaites que comme agent en douane chargé des déclarations et sans avoir connu le fait de la contrefaçon auquel il n'a aucun intérêt, ne peut être poursuivi, ni comme introducteur de ces marchandises en violation des droits du breveté, ni comme complice de la contrefaçon à raison d'un prétendu emploi de ces marchandises, alors surtout qu'il s'est borné à les laisser en gare pour être remises à l'expéditeur qui venait en France les réclamer (Crim. rej. 1er mai 1863, aff. Renard, D. P. 67. 5. 42); — 4° Que le marchand convaincu du fait de vente ou mise en vente d'objets contrefaits ne peut, à moins de circonstances spéciales, être considéré comme complice du fabricant contrefacteur, et n'est, par suite, solidairement responsable avec lui du préjudice causé à l'inventeur que relativement à la partie des produits de la contrefaçon de l'écoulement de laquelle il s'était chargé; que de même, il ne peut, en l'absence de tout concert, être réputé le complice des autres marchands qui ont concouru à répandre dans le commerce les mêmes produits, le délit de ces marchands étant un délit de même nature, mais non le même délit ; que, par suite, est nulle la disposition du jugement de condamnation qui le déclare tenu de la totalité des dommages-intérêts alloués à l'inventeur, en solidarité tant avec le contrefacteur qu'avec les autres vendeurs des produits contrefaits (Crim. cass. 16 août 1861, aff. Bigot, D. P. 62. 1. 55); — 5° Que les art. 41 et 43 de la loi du 5 juill. 1844 contiennent l'énumération limitative des cas de complicité en matière de contrefaçon ; par suite, on ne peut appliquer les règles générales de la complicité aux faits non prévus par ces articles (Paris, 15 févr. 1866, aff. Mac Avoy, et 16 juin 1866, aff. Bardin, *Annales de la propriété industrielle, etc.*, 66. 173 et 380); — 6° Que les principes généraux en matière de complicité ne sont pas applicables à la contrefaçon, la complicité, à l'égard de ce délit, étant définie par l'art. 41 de la loi du 5 juill. 1844 ; spécialement, celui qui a fourni au contrefacteur les produits non contrefaits qu'il savait devoir être utilisés pour la contrefaçon, ne tombant pas sous le coup de l'art. 41, ne peut être poursuivi comme complice (Même arrêt du 16 juin 1866).

300. Conformément à ce qui a été exposé au *Rép.* n° 327, il est reconnu sans contestation par ceux-mêmes qui considèrent les faits prévus par l'art. 41 comme des actes de complicité de la contrefaçon commise par le fabricant, que les poursuites peuvent être exercées contre le complice, séparément, et alors même qu'elles ne pourraient plus l'être contre l'auteur principal. Cela est, d'ailleurs, conforme même aux principes admis en matière de complicité (V. *Rép.* v° *Complice-complicité*, n°s 69 et suiv.). Mais ce qui est particulier à ce que l'on appelle à tort selon nous la complicité en matière de contrefaçon, et montre bien que les faits visés par l'art. 41 sont des délits distincts de la contrefaçon principale commise par le fabricant, c'est que personne n'a jamais soutenu que la prescription de l'action par rapport à la contrefaçon principale couvrît du même coup les faits dits de complicité; ainsi, dans le cas de vente d'un objet contrefait, la prescription court non pas du jour où s'est accompli le délit de fabrication dont le vendeur se serait rendu complice, ni du jour où le vendeur a acquis du fabricant l'objet contrefait, et c'est pourtant bien à ce moment qu'il est devenu le complice du fabricant : elle court du jour de la vente. — Jugé que le délit de contrefaçon par vente est un délit successif, dont la prescription ne court qu'après le dernier acte régulièrement constaté (Trib. corr. Lyon, 18 nov. 1858, aff. Vieillot, Huard sur l'art. 41, n° 34).

301. Même dans le système qui considère les faits prévus par l'art. 41 comme des délits distincts, et non comme des actes de complicité de la contrefaçon prévue par l'art. 40, la relation de complice à auteur principal peut exister entre les auteurs de délits visés par ces deux articles. On a indiqué (V. *suprà*, n° 298) que, si le vendeur ne se rend pas au moment de la vente, complice du fabricant de qui il tient ses produits, il l'a été au moment de l'achat qu'il en a fait; de même, on peut dire qu'à ce moment le fabricant s'est rendu complice, en fournissant la marchandise, du délit de vente en vue duquel son acheteur en faisait l'acquisition. Il peut donc y avoir, de leur part, responsabilité solidaire ; mais il est clair que la solidarité ne peut exister entre les divers vendeurs ou recéleurs qui tiendraient tous d'un même fabricant les objets qu'ils vendent ou recèlent; l'entente que suppose la complicité, et qui existe entre chacun d'eux et leur fournisseur commun, ne peut être considérée comme existant entre eux tous (V. Pouillet, n° 700). — Jugé que la condamnation à l'amende, aux dommages-intérêts et aux frais peut être prononcée solidairement contre le fabricant d'objets contrefaits et le receleur ou vendeur de ces objets (Rouen, 4 août 1859, aff. Milliet, Huard sur l'art. 41, n° 23).

302. — IV. VENTE OU EXPOSITION EN VENTE. — Ce qui concerne spécialement la vente d'objets contrefaits a été exposé au *Rép.* n°s 316 et suiv. Ainsi, il importe peu que la vente soit un fait isolé ou qu'il ait été fait un véritable commerce d'objets contrefaits, que le vendeur soit ou non un commerçant, que la vente soit faite pour la consommation en France ou pour l'exportation (V. Pouillet, n°s 701 à 705; Picard et Olin, n° 613; Bédarride, n° 566).

On admet qu'il n'y a pas délit de vente dans le fait de celui qui, ayant exécuté l'objet sur la commande du breveté et n'étant point payé, le retient et le vend pour se payer de ce qui lui est dû; le vendeur est couvert en ce cas par la commande du breveté (V. Pouillet, n° 706).

De même il n'y a point délit de vente dans le fait du créancier du breveté qui fait vendre les objets brevetés appartenant à celui-ci (Pouillet, n° 707; Nouguier, n° 806; Rendu et Delorme, n° 506).

303. C'est le caractère contrefait de l'objet vendu qui communique à la vente le caractère de contrefaçon; par suite, on ne peut considérer comme contrefaçon la convention commerciale de vente faite en France à propos d'un objet fabriqué à l'étranger lorsque cet objet doit être livré à l'étranger; la fabrication de cet objet étant licite, par rapport au brevet français, dans le lieu où elle s'est produite, et l'objet n'étant pas destiné à entrer dans la consommation française, cet objet n'a pas à l'origine et ne revêt point par la suite le caractère d'objet contrefait; il ne peut donc communiquer à la convention de vente faite en France le caractère d'une contrefaçon; aussi ne pouvons-nous admettre la doctrine d'un jugement qui semble considérer la contrefaçon d'un brevet français comme pouvant exister à l'étranger, et décide que la vente ou mise en vente en France d'objets semblables à l'objet breveté constitue le délit prévu par l'art. 41 de la loi du 5 juill. 1844, alors même que l'objet, fabriqué à l'étranger, devrait être livré à l'étranger sans pénétrer en France (Trib. corr. Seine, 25 nov. 1882, aff. d'Argy, *Annales de la propriété industrielle, etc.*, 85. 68).

304. L'exposition en vente est un délit de contrefaçon comme la vente elle-même ; mais, si clairs que paraissent les termes « exposition en vente », les auteurs ne sont pas d'accord sur le sens qu'il faut leur attribuer. Les uns, comme M. Bédarride, n° 567, et M. Pouillet, pensent qu'il n'y a exposition en vente « que si les objets sont mis publiquement sous les yeux de ceux qui peuvent et doivent les acheter » (V. également : Pouillet, n° 711). D'autres auteurs admettent, conformément à ce qui a été indiqué au *Rép.* n° 322, qu'il y a exposition en vente dès qu'on possède une marchandise contrefaite avec l'intention de la vendre, alors même qu'on la tiendrait cachée (V. Blanc, p. 670 ; Tillière, n° 141). En tout cas, il n'est pas nécessaire, selon nous, pour qu'il y ait exposition en vente, que les objets soient placés dans les vitrines, et réellement offerts aux yeux de l'acheteur, comme semblent l'admettre MM. Bédarride et Pouillet; il y a, à notre avis, exposition en vente, ou, si on l'aime mieux, mise en vente, ce qui est le véritable sens de l'art. 41, toutes les fois qu'à la détention de la marchandise se joint un fait, tel que l'envoi de circulaires, prospectus, etc., de nature à provoquer l'achat, en avertissant le consommateur que l'objet contrefait se trouve en tel lieu, à tel prix, à sa disposition s'il veut l'acheter.

305. On doit de même, à notre avis, considérer comme exposés en vente, les objets qui figurent dans une exposition industrielle ; alors même que le règlement de l'exposition interdirait la vente des objets exposés, le fait de leur exhibition signifie clairement que l'acheteur n'a qu'à se rendre dans les magasins de l'exposant pour s'en procurer de semblables ; le genre, sinon l'espèce, est donc exposé en vente.

306. Il en serait autrement, croyons-nous, des objets qui, dans une exposition internationale ouverte en France, figureraient dans les sections étrangères de l'exposition, si ces objets ne devaient pas être vendus ; ce n'est pas qu'alors il n'y ait exposition en vente, comme nous venons de l'exposer ; mais c'est qu'alors les objets ne sont pas contrefaits ; leur fabrication à l'étranger n'est pas, en effet, contraire aux droits qui résultent du brevet français. D'autre part, nous ne croyons pas que leur entrée en France leur donne le caractère d'objets contrefaits, du moment que, ne devant pas être vendus, ils doivent nécessairement être réexportés par l'exposant ; nous n'attribuons, en effet, le caractère de contrefaçon à l'introduction en France, que quand les objets introduits doivent y demeurer (V. *infrà*, n° 307). Si, contrairement à notre opinion, on considère le seul fait de l'entrée en France, quelle que soit la destination finale de l'objet, comme une contrefaçon, il est clair alors que ce que nous avons dit ci-dessus de l'exposition en vente s'applique, sans distinction, à ces objets comme à tous ceux qui figurent dans une exposition. — Jugé que l'exhibition d'un objet contrefait dans une exposition universelle n'est pas la mise en vente prévue par l'art. 41 de la loi du 5 juill. 1844, alors même que la vente en aurait été autorisée dans une certaine mesure (Trib. corr. Seine, 9 janv. 1867, aff. Desouches, *Annales de la propriété industrielle, etc.*, 68. 55).

307. — V. INTRODUCTION EN FRANCE. — Au sujet de l'introduction en France d'objets contrefaits, ou, pour mieux dire, d'objets semblables à l'objet du brevet, la contrefaçon résultant précisément de leur introduction en France, nous n'avons à compléter ce qui a été dit au *Répertoire* que par l'examen d'une seule question.

Il arrive souvent que des objets fabriqués à l'étranger, vendus et expédiés à destination d'un pays étranger, entrent en France en transit : y a-t-il alors introduction en France au sens de l'art. 41 ? D'après M. Blanc, et aussi d'après M. Bozérian, le délit est commis par le seul fait de l'entrée des marchandises en France, quelle que soit leur destination ultérieure (V. Blanc, p. 351 ; Bozérian, dans la *Propriété industrielle*, n° 172); mais il est visible que dans la pensée de ces deux auteurs, l'objet était déjà contrefait avant l'introduction en France; ils considèrent évidemment la fabrication étrangère comme une contrefaçon : « Que la loi française, dit M. Bozérian, ferme les oreilles quand un de ses nationaux vient se plaindre d'un délit commis à son préjudice lorsque ce délit est commis à l'étranger, cela suffit; mais qu'elle ferme les yeux lorsque le délinquant met le pied sur son territoire, et qu'elle lui facilite les moyens d'aller commettre un délit que plus tard elle se déclarera impuissante à réprimer, en vérité, ce serait trop ». La fabrication à l'étranger, la vente à l'étranger sont, aux yeux de M. Bozérian, des délits contre le brevet, qui échappent à l'action de la loi française. L'objet fabriqué à l'étranger, vendu à destination d'un pays étranger, est déjà, par cela seul, un objet contrefait, et dès lors, il est logique d'en conclure qu'il doit être saisi dès que le délit commis hors de France se manifeste en France par l'entrée de l'objet. Mais, si la déduction est logique, le point de départ nous semble absolument inexact; il n'y a pas, en matière de contrefaçon, de délit possible hors de France contre le brevet français, le droit exclusif du breveté s'arrêtant aux limites du territoire français; donc la fabrication à l'étranger, la vente à l'étranger, sont licites, par rapport à la loi française; l'objet fabriqué et vendu n'est pas contrefait, parce qu'il n'y a pas encore atteinte aux droits du breveté; l'objet ne commence donc à être contrefait qu'au moment où il entre en France. Mais cela ne suffit pas encore; il faut que l'introduction porte atteinte aux droits du breveté, c'est un élément nécessaire de toute contrefaçon. Quand donc y aura-t-il atteinte aux droits du breveté? ce sera lorsque l'objet introduit, demeurant en France, y prendra la place de l'objet semblable que le breveté seul était en droit d'y fournir. Or, dans le cas de transit, cette atteinte aux droits du breveté français n'existe pas; l'objet ne fait que se rendre d'un lieu où sa production est licite dans un autre lieu où le commerce et l'usage en sont également licites; cela étant, le transport en est licite en principe, et ne peut pas revêtir un caractère illicite aux yeux de la loi française par cette seule raison qu'au lieu d'en attribuer exclusivement le bénéfice aux entreprises étrangères de transport, l'expéditeur y aura fait participer les transporteurs français. « Où est l'atteinte, dit à ce sujet M. Bédarride, n° 568, où est la concurrence, dans le cas d'un simple transit? Evidemment, l'étranger qui vend à un étranger, et qui expédie par la voie de France, ne fait que se servir d'une route ouverte à tout le monde, et qu'il n'a été ni dans la pensée, ni dans l'intérêt de l'Etat d'interdire à qui que ce soit ou à tel ou tel produit, sauf les formalités édictées par les lois douanières (V. dans le même sens : Picard et Olin, n° 620; Tillière, n° 142. — V. également : Pouillet, n° 715). — Jugé que l'introduction en France prohibée par l'art. 41, est l'introduction faite en vue d'y vendre les objets introduits; l'art. 41 ne s'applique pas au transit d'objets destinés à être réexpédiés à l'étranger (Trib. corr. Seine, 23 juin 1860, aff. Lépée, *Annales de la propriété industrielle, etc.*, 60. 307). En sens contraire, il a été décidé que l'introduction en France, *même en transit*, d'objets fabriqués à l'étranger et semblables à des objets brevetés en France, rentre dans les faits assimilés à la contrefaçon par l'art. 41 de la loi du 5 juill. 1844. Mais les peines édictées par cette loi ne peuvent être prononcées contre le commissionnaire qui a contribué, mais non sciemment, à l'introduction de ces objets sur le territoire français (Rouen, 12 févr. 1874) (1).

Lorsque l'objet est introduit en entrepôt, l'introduction sera, ou non délictueuse, d'après ce qui vient d'être exposé pour le transit, suivant que l'objet demeurera finalement en France ou qu'il sera, au contraire, réexpédié à l'étranger.

308. — VI. RECEL. — Le délit de recel existe du moment qu'il y a à la fois détention d'un objet contrefait et, de la part du détenteur, connaissance de la contrefaçon.

Lorsque ces deux éléments du recel sont réunis, il n'y a pas à examiner si le recéleur détient l'objet pour son usage particulier, ou s'il le détient dans un but commercial. Mais il faut que ces deux éléments soient réunis. Ainsi, le fabricant qui donne des étoffes à teindre à des teinturiers de profession ne peut, au cas où l'un deux aurait, pour la teinture desdites étoffes, fait usage d'un procédé breveté, être recherché à raison d'une contrefaçon qu'il n'a pas connue. Et, dès lors, le juge du fait peut sans examiner quels sont, au regard de ce fabricant, le sens et la valeur du brevet pris relativement au procédé prétendu contrefait, décider qu'il n'y avait lieu de le déclarer coupable de recel de produits entachés de contrefaçon (Crim. rej. 21 juin 1862, aff. Joly,

(1) (Teschen et Maugne C. Mohr, Nicole et autres.) — LA COUR; — Attendu que ni la validité du brevet obtenu par Maurel et cédé par lui aux demanderesses, ni la parfaite similitude des abat-jour saisis et de ceux fabriqués en vertu du brevet ne sont contestées; — Attendu que Maurel n'a fait breveter son invention ni en Prusse, ni en Espagne; que, par conséquent, ses cessionnaires n'auraient pas plus que lui-même d'action contre des commissionnaires ni négociants, même français, qui achetant de fabricants prussiens des abat-jour similaires à ceux brevetés, les vendraient en Espagne sans les faire passer par la France; — Mais qu'il en est autrement lorsque, pour le transport de ces marchandises, on emprunte une partie quelconque du territoire français; — Qu'au moment de leur entrée, elles sont frappées par le brevet français, tombent sous le coup de l'art. 41 de la loi du 5 juill. 1844, et que ceux qui les ont sciemment introduits deviennent passibles des peines de la contrefaçon;

Attendu, en fait, qu'il est constant qu'une caisse contenant une certaine quantité d'abat-jour mica fabriqués à Breslau par Marx Raphaël, et perfectionnés, semblables à ceux faisant l'objet du brevet Maurel, a été débarquée au Havre, du navire allemand *Vrania*, par les soins de Mohr, Nicole et comp. consignataires de ce navire; — Que cette caisse à l'adresse de Grosos, qui devait la réexpédier en Espagne, sur l'ordre de Gilles et John Chardon, a été déposée à l'entrepôt de la douane aux docks du Havre; — Attendu que Mohr, Nicole et comp. ne peuvent être considérés comme ayant sciemment introduit en France des marchandises contrefaites; — Qu'il est constant, en effet, qu'ils ignoraient la nature des objets contenus dans la caisse et que rien ne pouvait leur révéler que ce fussent des objets contrefaits; — Attendu qu'il en est de même de Gilles et de John Chardon; — Qu'il n'est pas établi qu'ils aient su que Cormilleau devait faire fabriquer en Prusse les abat-jour qu'ils lui avaient commissionnés, ni qu'ils avaient donné aucun ordre à l'effet de les expédier de Breslau au Havre; — Attendu, au contraire, quant à Cormilleau et à Verdun, qu'il résulte du débat et de tous les éléments de la cause qu'ils se sont concertés pour commander des abat-jour à Marx Raphaël; — Qu'ils savaient très bien qu'ils étaient similaires à ceux brevetés en France, et que c'est par leurs ordres et sur leurs instructions que ces objets ont été expédiés de Breslau au Havre; — Que les deux susnommés ont donc sciemment introduit en France des objets contrefaits;

Attendu qu'il n'y a pas lieu de s'arrêter à l'objection tirée de ce que les marchandises dont il s'agit se trouvaient au Havre, en transit; — Qu'en effet, l'art. 41 précité ne distingue pas et qu'il punit, à l'égal de la contrefaçon, tout fait d'introduction en France d'objets contrefaits, pourvu qu'il ait été commis sciemment; — Attendu que la fiction légale en vertu de laquelle les marchandises transportées en transit sont réputées voyager en dehors des frontières de l'Etat, n'a d'effet que par rapport aux droits de douane qui seraient perçus sur ces marchandises si elles étaient destinées à la consommation intérieure, mais que cette fiction ne saurait être opposée aux particuliers qui peuvent avoir des droits et actions à exercer sur les marchandises ainsi entrées en transit;

Attendu, d'ailleurs, qu'il n'est pas exact de prétendre que, du moment où des objets saisis comme contrefaits devaient être réexpédiés en Espagne, les demanderesses ne devaient éprouver aucun préjudice; — Qu'en effet la réexpédition, qui devait être faite au Havre, était de nature à tromper les acheteurs espagnols sur l'origine de la marchandise, et à donner à cette marchandise le caractère d'une fabrication française au détriment du breveté; — Attendu qu'il suit de ce qui précède que Cormilleau et Verdun ont encouru l'application de l'art. 41 de la loi précitée; — Attendu que, dans l'état de la cause et en l'absence d'appel du ministère public, il n'échet de prononcer aucune peine; qu'il y a lieu seulement de statuer sur les réparations civiles;

Attendu que la cour possède les éléments nécessaires pour fixer le chiffre des dommages-intérêts et qu'en accordant aux parties civiles une somme de 500 francs à ce titre, il sera fait bonne justice; — Attendu qu'il y a lieu, en outre, de faire droit aux conclusions des demanderesses, en ce qui concerne la confiscation des marchandises saisies et la publicité à donner au présent arrêt, en réduisant, toutefois, cette publicité dans de justes limites;

Par ces motifs, déclare lesdits Cormilleau et Verdun, convaincus d'avoir sciemment introduit sur le territoire français des objets contrefaits, et ce, en décembre 1872, au préjudice du brevet dont les demanderesses sont propriétaires; — En conséquence, vu les art. 41 et 49 de la loi du 5 juill. 1844, les condamne envers les parties civiles appelantes, en 500 francs de dommages-intérêts; prononce au profit des dites parties civiles, la confiscation des marchandises saisies, etc.

Du 12 févr. 1874.-C. de Rouen, 4e ch.-MM. Lehucher, pr.-Hardoin, av. gén.-Calmels et Fay Lacroix (du barreau de Paris), et Marais, av.

D. P. 62. 1. 394). — Décidé aussi que la détention d'objets contrefaits, au sens de l'art. 5 de la loi du 14 mai 1854, implique une exploitation commerciale du brevet ; on ne peut y assimiler le transport par un commissionnaire expéditeur (Bruxelles, 30 nov. 1874, aff. Cahen Lyon *C.* Vandenbussche, *Pasicrisie belge*, 75. 2. 157).

ART. 2. — *Tribunaux compétents pour connaître des actions en contrefaçon* (*Rép.* n°s 328 à 338).

309. Ainsi qu'on l'a exposé au *Rép.* n°s 328 à 330, le breveté peut, à son choix, poursuivre le contrefacteur soit par la voie correctionnelle, auquel cas le tribunal de première instance est seul compétent, soit par la voie civile. Dans ce dernier cas, l'action en contrefaçon serait, d'après ce qui a été exposé au *Rép.* n° 330, de la compétence du juge de paix ou du tribunal de première instance, suivant l'importance des dommages-intérêts réclamés ; les tribunaux de commerce seraient également compétents dans les termes de l'art. 631 c. com.

Mais cette opinion, soutenue également par M. Renouard, n° 218, et par MM. Rendu et Delorme, n° 514, mais déjà combattue par M. Blanc, p. 664, est aujourd'hui abandonnée. Il n'y a jamais eu d'action en contrefaçon portée devant le juge de paix sous le régime de la loi de 1844, et il n'y en a plus qui soient portées devant les tribunaux de commerce ; les auteurs qui ont écrit le plus récemment sur la matière enseignent unanimement qu'en parlant de la voie civile, la loi de 1844 a désigné exclusivement les tribunaux de première instance (V. en ce sens : Pouillet, n° 827 ; Calmels, n° 710 ; Nouguier, n° 908). Cette doctrine est d'ailleurs confirmée par la jurisprudence. — Décidé : 1° que le demandeur en contrefaçon qui agit par la voie civile au lieu de porter sa plainte devant la juridiction correctionnelle, doit saisir de son action le tribunal civil, seul compétent pour apprécier les questions de validité et de propriété de brevet, même dans le cas ou le litige s'élève entre commerçants (Bordeaux, 10 nov. 1869, aff. Neyrat, D. P. 71. 2. 21) ; — 2° Qu'en matière de brevets d'invention, les tribunaux civils, connaissant tant de l'action en nullité et de l'action en déchéance que de toutes les questions relatives à la propriété du brevet, sont exclusivement compétents pour statuer sur la demande en dommages-intérêts formée à raison de faits de contrefaçon. La juridiction commerciale est incompétente pour connaître de l'action en dommages-intérêts engagée entre commerçants pour contrefaçon de produits brevetés, alors même qu'il y aurait chose jugée entre les parties sur la propriété du brevet (Rouen, 14 févr. 1870, aff. Joly, D. P. 72. 2. 151) ; — 3° Que le demandeur en contrefaçon qui agit par la voie civile au lieu de porter sa plainte devant la juridiction correctionnelle, doit saisir de son action le tribunal civil, seul compétent pour apprécier les questions de validité et de propriété de brevet, même dans le cas où le litige s'élève entre commerçants (Trib. Lyon, 9 juill. 1870, et sur appel, Lyon, 13 déc. 1871, aff. Vallet, D. P. 71. 3. 34, *Annales de la propriété industrielle, etc.*, 73. 297. V. dans le même sens : Rouen, 26 juill. 1864, aff. Levasseur, *Annales de la propriété industrielle, etc.*, 65. 53 ; Lyon, 12 déc. 1872, aff. Train, *ibid.*, 73. 397).

310. Dans le cas où il y aurait plusieurs prévenus, dont l'un serait justiciable d'une juridiction spéciale, la compétence à l'égard des autres se déterminerait en matière de contrefaçon d'après les mêmes règles qu'en toute autre matière (V. *Compétence criminelle*).

311. La compétence exclusive qu'on reconnaît aujourd'hui aux tribunaux de première instance quant aux actions civiles en contrefaçon n'empêche, d'ailleurs, pas que les parties soumettent leur différend à des arbitres : seulement, d'après ce que nous avons dit précédemment (V. *suprà*, n° 256), les arbitres ne pourraient statuer sur les questions de validité ou de propriété de brevet qui seraient soulevées par le défendeur (V. Pouillet, n° 830).

312. Au sujet du choix qui appartient au breveté, et des raisons qui peuvent le déterminer à préférer l'une ou l'autre action, M. Pouillet, n° 821, fait ressortir que l'action correctionnelle offre au breveté une répression souvent plus prompte et qui peut davantage intimider les contrefacteurs ; mais la répression est moins assurée, par suite de la faculté que l'action correctionnelle laisse au contrefacteur d'abuser de la preuve testimoniale pour démontrer que l'invention n'est point nouvelle ; l'enquête civile offre de meilleures garanties, ainsi que l'expertise, quand elle est ordonnée. En outre, le partage des juges au correctionnel profite au prévenu, tandis que les règles de la procédure civile en pareil cas doivent offrir au breveté la garantie d'un examen plus approfondi. Dans la pratique, l'action civile est celle que l'on conseille plutôt au breveté, et, en fait, elle n'est pas beaucoup plus lente que l'action correctionnelle, que les nécessités de l'audience rendent sujette à de longs retards.

313. Les règles de compétence en matière de contrefaçon ne dérogent pas, d'ailleurs, aux règles spéciales qui pourraient être applicables à certains prévenus à raison de leur qualité ; ce qui a été déjà dit au *Rép.* n° 331, pour le cas d'un militaire en activité de service s'appliquerait également à toutes les hypothèses où le prévenu aurait droit à une juridiction spéciale (V. en ce sens : Pouillet, n° 830).

Jugé que lorsque le prévenu de contrefaçon est membre de la cour des comptes, cette cour est seule compétente pour connaître de l'action dirigée contre lui, selon les formes prescrites par l'art. 479 c. instr. crim., le déclinatoire d'incompétence fondé sur ce motif peut être proposé en tout état de cause, et par le ministère public en dehors de toute conclusion du prévenu, nonobstant le désistement de la partie civile à son égard, sa qualité devant amener devant la juridiction qui lui est spéciale tous ses coprévenus (Amiens, 21 févr. 1856, aff. Marchal, *Journal de droit criminel*, 56. 206).

314. Devant les tribunaux civils, comme devant les tribunaux correctionnels, les règles de le compétence *ratione personæ*, ou *ratione loci*, celles de la litispendance, de la connexité, etc., demeurent applicables en matière de contrefaçon. — Jugé : 1° que le titulaire d'un brevet d'invention qui a fait saisir, pour cause de contrefaçon, un colis de marchandises à la gare de destination, est fondé à poursuivre devant le tribunal du lieu de cette gare tant l'expéditeur que le destinataire, encore même que celui-ci n'aurait pas pris livraison, s'il a payé les marchandises et s'il n'est pas contesté qu'il en soit le propriétaire (Trib. Lyon, 9 juill. 1870, aff. Vallet, D. P. 71. 3. 34) ; — 2° Que dans le cas où le titulaire d'un brevet d'invention a fait à la fois deux procès en contrefaçon à un fabricant d'articles similaires, l'un au lieu du domicile de ce fabricant et l'autre au lieu du domicile d'un acheteur auquel ce dernier a vendu et livré les articles argués de contrefaçon, le concours de ces deux procès ne donne pas lieu à l'exception de litispendance, si l'acheteur ne figure que dans le second ;... et alors surtout que, les demandes ayant été formées le même jour, le juge n'a aucun moyen de distinguer celle qui aurait été intentée la première (Même jugement) ; — 3° Que, dans la même hypothèse, le tribunal devant lequel le fabricant et l'acquéreur ont été poursuivis l'un et l'autre ne saurait se dessaisir du procès pour cause de connexité en faveur du tribunal saisi de l'action dirigée contre le fabricant seul, cette action ainsi restreinte étant de moindre importance (Même jugement) ; — 4° Que dans une instance où le défendeur soulève une exception de litispendance ou de connexité à raison d'une autre action portée par le même demandeur devant un autre tribunal, la déclaration dudit demandeur qu'il se désiste de cette dernière action fait tomber l'exception dont elle était le prétexte (Même jugement) ; — 5° Que l'exception de litispendance ne peut être admise lorsque, d'une part, les deux assignations, devant des tribunaux différents, ayant même date, il est impossible de dire qu'un des deux tribunaux ait été saisi le premier, et que d'autre part, une personne impliquée dans l'une des instances ne figure pas dans l'autre (Lyon, 12 déc. 1871, aff. Train, *Annales de la propriété industrielle, etc.*, 73. 397) ; — 6° Que l'exception de litispendance, supposant nécessairement une instance déjà liée entre les mêmes parties pour le même objet, ne peut être admise lorsque la deuxième poursuite, bien que fondée sur le même brevet, se rapporte à des faits nouveaux par rapport aux faits compris dans la première. A plus forte raison en est-il ainsi, lorsque la première instance est engagée par le breveté en personne, et la seconde par une société à laquelle il a fait apport de son brevet (Lyon, 28 août 1865, aff. La Fuchsine C. Langlois, *Annales de la propriété industrielle, etc.*, 66. 305).

315. Le tribunal correctionnel saisi de l'action en contrefaçon est compétent, suivant les règles du droit commun, pour apprécier les moyens de défense du prévenu ; à l'égard des moyens tirés de la nullité ou de la déchéance du brevet, base de la poursuite, ou des questions relatives à la propriété du brevet, sa compétence résulte expressément de l'art. 46 de la loi du 5 juill. 1844 (V. *Rép.* n° 332). — Décidé que le tribunal correctionnel saisi d'un délit de contrefaçon, doit statuer sur l'exception de nullité ou de déchéance du brevet opposée par le prévenu, dans les mêmes formes que sur la question principale (Crim. cass. 22 déc. 1849, aff. Bockorst, D. P. 50. 1. 31). — Ainsi, en cas de partage d'opinions, l'exception de déchéance ou de nullité du brevet doit être admise, par application de la règle qui veut que lorsqu'un tel partage se produit en matière criminelle ou correctionnelle, l'avis le plus favorable au prévenu l'emporte (Même arrêt).

Les tribunaux correctionnels saisis d'une plainte en contrefaçon sont seuls compétents, à l'exclusion de l'Administration, pour prononcer la déchéance du brevet à défaut d'acquit de la taxe. Ils sont également compétents pour déterminer l'époque de l'échéance de cette taxe, en cas d'obtention d'un certificat d'addition ou de perfectionnement (Crim. cass. 7 juin 1851, aff. Jérosme, D. P. 51. 1. 246). — Après avoir déclaré que le brevet d'invention pris par le demandeur en contrefaçon est frappé de déchéance et que le certificat d'addition à lui délivré ultérieurement est nul, le juge peut conclure de cette nullité et de cette déchéance que les poursuites en contrefaçon sont mal fondées sans être obligé de donner des motifs spéciaux sur le rejet de la demande (Civ. rej. 8 avr. 1879, aff. Rimailho, D. P. 79. 1. 205). — Le juge correctionnel saisi d'une poursuite en contrefaçon de brevet d'invention est compétent pour apprécier l'exception tirée par le prévenu de ce qu'il serait cessionnaire de la licence concédée par le breveté à un tiers pour l'emploi du procédé breveté ; et la décision par laquelle il déclare que l'autorisation invoquée, étant personnelle, n'a pu être cédée, échappe au contrôle de la cour de cassation (Crim. rej. 4 avr. 1868, aff. Magnier, D. P. 72. 5. 46).

316. On a vu au *Rép.* n° 336, que le recours en garantie que formerait le contrefacteur contre celui qu'il prétendrait lui avoir fait commettre la contrefaçon n'est pas recevable devant le tribunal correctionnel. On s'accorde également à reconnaître que même quand le breveté a choisi la voie civile, les faits qui motivent la poursuite, bien qu'ils échappent alors à la répression pénale, conservent néanmoins leur caractère délictueux; et que, par suite, le principe qui ne permet pas aux coauteurs ou complices d'un délit de recourir les uns contre les autres en garantie des responsabilités qu'ils encourent, s'applique également dans l'instance civile. Il n'en résulte pas, à vrai dire, que le recours en garantie soit irrecevable dans tous les cas ; mais il l'est pour les faits de contrefaçon compris dans l'art. 40, dans l'opinion qui considère ces faits comme délictueux par cela seul qu'ils existent, quelle que soit la bonne ou mauvaise foi du contrefacteur. Quant aux faits compris dans l'art. 41, ils peuvent, par la bonne foi de leur auteur, perdre le caractère de délits, sans cesser nécessairement pour cela d'être des faits préjudiciables au breveté, et donnant lieu à des réparations civiles. En pareil cas, le recours du contrefacteur contre celui qu'il prétend lui avoir fait commettre la contrefaçon ne tend plus à l'exonérer des suites d'un délit, et devient recevable, sauf à n'être fondé que si le contrefacteur justifie de sa bonne foi (V. en ce sens : Pouillet, n° 909). — Décidé : 1° que le marchand qui a acheté sciemment, pour le revendre, un objet contrefait, ne peut, en cas de poursuites de l'inventeur, appeler en garantie le vendeur qui lui a fourni cet objet (Lyon, 25 mai 1859, aff. Grange, D. P. 59. 2. 161); — 2° Que la clause par laquelle une partie s'engage envers l'autre à la garantir de tous procès en contrefaçon, n'est illicite que lorsqu'elle a pour but ou pour effet d'affranchir le garanti de la responsabilité de son propre délit ; cette garantie peut être valablement promise par le vendeur d'un produit contrefait, à l'acheteur reconnu étranger à la contrefaçon. Les dommages-intérêts dus en vertu de la promesse de garantie faite par le vendeur d'un produit contrefait à son acheteur, peuvent êtres fixés à la somme que ce dernier a payée au breveté par voie de transaction, quoique le garant n'ait pas été partie à cette transaction, s'ils ont été ainsi calculés, non par application de la transaction elle-même, mais parce que la somme qu'elle détermine n'avait rien d'exagéré (Civ. rej. 25 juill. 1866, aff. Aubert, 2 arrêts, D. P. 66. 1. 309); — 3° Que la clause par laquelle le vendeur s'est obligé à garantir l'acheteur de toutes les conséquences résultant des procès en contrefaçon est valable, en tant qu'elle a pour objet d'indemniser le garanti des dommages qui pourraient lui être causés par suite d'un procès en contrefaçon, au sujet de la chose vendue, si, d'ailleurs, il n'est lui-même ni auteur, ni complice du délit de contrefaçon; et lorsque l'acheteur a été condamné comme auteur ou complice du délit de contrefaçon, la clause de garantie est sans effet à l'égard des condamnations en dommages-intérêts comme à l'égard des condamnations pénales (Civ. cass. 21 févr. 1870, aff. Aubert, D. P. 70. 1. 111; Req. 5 mars 1872, aff. Comp. d'Orléans et de Lyon, D. P. 72. 1. 318). Et l'acheteur n'est même pas fondé à invoquer l'art. 1626 c. civ. pour réclamer au vendeur le remboursement de la valeur des objets vendus, confisqués en sa possession (Même arrêt du 5 mars 1872) ; — 4° Que la règle suivant laquelle l'appel en garantie n'est point recevable devant la juridiction correctionnelle s'applique en matière de contrefaçon comme en toute autre matière, et, par suite, le fabricant poursuivi devant le tribunal correctionnel pour usage d'une machine contrefaite n'a pas le droit d'y appeler en garantie son vendeur (Paris, 7 déc. 1865) (1); — 5° Que la clause par laquelle

(1) (Leduc C. Guivet et autres.) — Le 21 juill. 1865, jugement du tribunal correctionnel de Nogent-sur-Seine, conçu en ces termes : — « Attendu que si, en règle générale, il n'est pas permis à une personne citée devant le tribunal correctionnel d'appeler en cause pour établir sa justification, et au besoin obtenir contre l'appelé en garantie des dommages et intérêts, ces principes souffrent, toutefois, exception dans certains cas, et notamment en matière de contrefaçon ; — Que depuis la loi du 5 juill. 1844, le breveté qui se sent lésé a deux voies à suivre : il peut appeler à son gré le contrefacteur soit devant le tribunal civil, soit devant le tribunal correctionnel qui, dans ce dernier cas, applique la peine, s'il y a lieu, et statue sur tous les moyens et conclusions des parties ; — Que l'art. 46 de ladite loi attribue, en effet, expressément aux tribunaux correctionnels la connaissance de toutes les exceptions qui seraient tirées par le prévenu, soit de la nullité ou de la déchéance du brevet, soit des questions relatives à la propriété dudit brevet ; — Qu'il faut conclure de ces dispositions que le législateur a voulu que la partie attaquée puisse se défendre au correctionnel comme au civil, et que ce serait lui rendre cette défense impossible si celui du droit duquel elle se prévaut ne pouvait intervenir spontanément au débat, ou y être admis sur son appel en cause ; — Attendu, d'ailleurs, que le droit d'intervention en matière correctionnelle et, par conséquent, celui d'appeler en cause se trouvent au surplus consacrés par l'art. 67 c. instr. crim. ; et qu'en cas de responsabilité civile, l'art. 74 c. pén. prescrit aux tribunaux correctionnels de se conformer aux dispositions du code Napoléon sur la matière ; — D'où il suit que Guivet, actionné comme contrefacteur devant le tribunal correctionnel, a eu le droit d'appeler en cause, pour le garantir, Argence et Boivin, de qui il tenait les machines ; — Au fond, le tribunal se basant sur ce que l'invention brevetée avait été divulguée par des ventes d'appareils avant le dépôt de la demande en brevet, déclare le brevet nul et renvoie les prévenus des fins de la plainte. » — Appel. — Arrêt.

LA COUR ; — En ce qui touche la plainte en contrefaçon portée par Leduc contre Guivet et comp. : — Adoptant les motifs des premiers juges ; — Considérant, toutefois, que, pour renvoyer le prévenu de la plainte dont il était l'objet, il suffisait aux premiers juges de constater que l'invention revendiquée par Leduc n'était point nouvelle; mais qu'il n'y avait point lieu, pour le tribunal correctionnel, de prononcer la nullité du brevet d'invention et du certificat d'addition produits par Leduc; — Considérant, en outre, que les appareils à deux lames, dits guides de bord, qui ont été mis sous les yeux des témoins, lors du jugement dont est appel, étaient munis pour la plupart d'un point d'arrêt rivé sur leur lame inférieure et d'une coulisse destinée à recevoir la vis cannelée ; — Que, dès lors, en déclarant qu'ils avaient vu, en 1857 et années antérieures, sur des machines à coudre fabriquées par Leduc, des appareils à deux lames semblables à ceux qui leur étaient représentés, lesdits témoins ont clairement indiqué que l'invention dont se prévaut Leduc avait été divulguée par lui-même vers ladite époque, aussi bien pour ses dispositions

le vendeur s'est obligé à garantir l'acheteur de toutes les conséquences résultant des procès en contrefaçon est valable, en tant qu'elle a pour objet d'indemniser le garanti des dommages qui pourraient lui être causés par suite d'un procès en contrefaçon au sujet de la chose vendue, si, d'ailleurs, le garanti n'est lui-même ni auteur, ni complice du délit de contrefaçon. Mais lorsque l'acheteur a été condamné comme auteur ou complice du délit de contrefaçon, la clause de garantie est sans effet à l'égard des condamnations en dommages-intérêts comme à l'égard des condamnations pénales (Arrêt précité du 5 mars 1872); — 6° Que l'individu convaincu d'avoir fait usage d'un appareil breveté et condamné pour délit de contrefaçon à l'amende, à des dommages-intérêts et à la confiscation de l'appareil, n'a aucun recours contre son vendeur à l'effet d'exiger soit le remboursement de la somme payée pour obtenir la restitution de l'appareil confisqué, soit des dommages-intérêts à raison du préjudice résultant de l'éviction de l'objet vendu (Civ. cass. 1er juin 1874, aff. Loir, D. P. 74. 1. 388; Civ. cass. 22 déc. 1880, aff. Turlure, D. P. 81. 1. 63); spécialement, il ne peut réclamer une réduction sur le prix du fonds de commerce, dans la vente duquel la machine confisquée avait été accessoirement comprise (Même arrêt du 22 déc. 1880).

ART. 3. — *Par qui et comment s'exercent les actions en contrefaçon* (*Rép.* nos 339 à 362).

317. L'action en contrefaçon, appartient, comme on l'a exposé au *Rép.* n° 339, au propriétaire du brevet; s'il y a plusieurs propriétaires du brevet, il est possible que la contrefaçon porte atteinte aux droits d'un seul ou de quelques-uns d'entre eux seulement; par exemple s'il y a eu cession du brevet pour un périmètre déterminé, la poursuite appartiendra soit au cessionnaire, soit au breveté, suivant que la contrefaçon affectera la région cédée ou la région que le breveté s'est réservée. — Décidé : 1° que celui qui a apporté en société la propriété d'un brevet d'invention n'a qualité pour poursuivre les contrefacteurs, ni pendant la durée de la société, ni pendant la liquidation en son nom personnel (Crim. rej. 24 mars 1864, V. *suprà*, n° 156); — 2° Que les membres d'une société formée pour l'exploitation d'une invention brevetée, ont qualité pour agir, contre les contrefacteurs, en leur nom personnel aussi bien qu'au nom de la société, lorsqu'ils sont personnellement propriétaires de tout ou partie des brevets dont la jouissance appartient à la société (Req. 29 avr. 1868) (1); — 3° Que la circonstance que l'inventeur a pris, dans la poursuite par lui exercée contre un contrefacteur de sa découverte, la qualité de chef d'une maison en commandite, n'empêche pas, dans le cas de décès de cet inventeur au cours du procès, que ses héritiers puissent le représenter, s'ils prouvent que la commandite était fictive, et que leur auteur n'a eu d'associé à aucun titre (Crim. rej. 18 nov. 1864, aff. Parat, D. P. 66. 1. 453); — 4° Que la licence par laquelle un breveté confère à une personne le droit exclusif d'exploiter son brevet dans une localité, en associant partiellement cette personne au monopole du breveté, l'associe également au droit de poursuivre, par les voies ordinaires, ceux qui, par contrefaçon ou autrement, portent atteinte, dans cette localité, à l'exploitation du brevet. Dans ce cas, c'est au porteur de licence seul qu'incombe le devoir de poursuivre, à ses risques et périls, les faits de concurrence illicite qui lui portent préjudice, si, d'ailleurs, la convention affranchit le breveté de tout recours quelconque pour faits de contrefaçon ou autres qui auraient lieu pendant la durée de la concession (Metz, 6 juill. 1865, aff. Carbonnier, D. P. 65. 2. 143); — 5° Que l'apport fait à une société du droit absolu, exclusif, et sans réserve, d'exploiter un brevet, donne à cette société le droit de poursuivre les contrefacteurs (Crim. rej. 14 mars 1884, aff. Pradon, D. P. 85. 1. 45); — 6° Que la cession d'un brevet, lorsqu'elle n'a pas été faite dans les formes prescrites par l'art. 20 de la loi du 5 juill. 1844, ne dessaisit pas le breveté, vis-à-vis des tiers, de la propriété du brevet; par suite, il demeure investi du droit de poursuite à l'égard des contrefacteurs (Agen, 13 mars 1883, aff. Urbain, *Annales de la propriété industrielle, etc.*, 83. 104).

318. Rappelons que pour exercer l'action en contrefaçon en qualité de propriétaire du brevet, il ne suffit pas d'en avoir acquis la propriété par l'effet d'un contrat passé avec le breveté; il faut avoir rendu ce contrat opposable aux tiers (V. *suprà*, n° 176. V. également : Pouillet, n° 755; Nouguier, n° 832; Renouard, n° 100; Picard et Olin, n° 631). —

accessoires que pour son principal organe; — Considérant au surplus, que dès qu'il est constant que l'invention décrite au brevet primitif de 1858 et consistant dans les deux lames mobiles superposées, n'était point nouvelle à cette époque, les perfectionnements que Leduc y aurait apportés plus tard, à savoir : l'adjonction du point d'arrêt et de la coulisse, se trouvent nécessairement atteints par l'exception qui frappe le brevet principal; En ce qui touche Argence et Boivin appelés en garantie : — Considérant que Guivet et comp., poursuivis par Leduc pour délit de contrefaçon, ont appelé ces deux intimés en garantie, en se fondant sur ce que les appareils argués de contrefaçon faisaient partie de deux machines à coudre qui leur avaient été vendues par Argence et Boivin; — Considérant que les tribunaux de police correctionnelle ne sont investis, par les art. 2 et 3 c. instr. crim., du pouvoir de statuer sur l'action civile qu'autant qu'elle est exercée par la personne qui a directement souffert du délit dénoncé, qui a droit de s'en plaindre et qui demande une réparation; — Qu'en ce qui concerne la partie citée comme prévenue de ce délit, les art. 191 et 212 du même code ne lui ouvrent devant la juridiction correctionnelle qu'une seule action à fins civiles, celle qui a pour objet de faire condamner à des dommages et intérêts le plaignant dont la poursuite est écartée comme mal fondée; — Qu'aucune dérogation à ces règles générales n'existe dans les dispositions de la loi du 5 juill. 1844, relative à la poursuite du délit de contrefaçon devant les tribunaux correctionnels; — Qu'ainsi les premiers juges étaient incompétents pour statuer sur le recours en garantie dont la connaissance leur était soumise à tort; — Infirme : 1° en ce que les premiers juges ont statué sur la demande en garantie formée par Guivet et comp. contre Argence et Boivin; 2° en ce que les premiers juges ont déclaré nul et de nul effet le brevet d'invention dont s'agit; — Confirme pour le surplus, etc.

Du 7 déc. 1865.-C. de Paris, ch. corr.-MM. Haton de la Goupillière, pr.-Dupré-Lasale, av. gén.-Delorme et Nicolet, av.

(1) (Carbonnier C. Beck et Quidet.) — Le 24 janv. 1867, arrêt de la cour de Rouen ainsi conçu : — « Considérant que l'action a été intentée, non par la société, mais par la dame Beck et le sieur Quidet, en leur nom personnel; que les demandeurs avaient incontestablement le droit d'agir; qu'en effet, il était justifié par les pièces produites, que le brevet de 1855 et le certificat de 1856, dépendant de la société d'acquêts ayant existé entre les époux Beck, appartenaient à sa veuve survivante pour une moitié en toute propriété et un quart en usufruit, et pour le surplus aux enfants mineurs lors du décès de leur père, et dont la dame Beck était tutrice légale; que par suite de la société formée entre eux, en 1858, la veuve Beck et Léon Quidet avaient, aux dates des 29 mars 1859 et 19 juill. 1861, conjointement demandé et obtenu un nouveau certificat d'addition au brevet de 1855; qu'il s'ensuivait que chacune des parties demanderesses ayant droit soit à la totalité du brevet de 1855 et du certificat d'addition de 1856, soit du certificat d'addition de 1861, avait par cela même qualité pour agir en contrefaçon. » — Pourvoi en cassation par le sieur Carbonnier, pour violation, par fausse application, de l'art. 40 de la loi du 5 juill. 1844, en ce que l'arrêt attaqué a accueilli l'action intentée par la dame Beck et le sieur Quidet en leur nom personnel, alors que, d'une part, le sieur Quidet n'était propriétaire ni du brevet de 1855, ni du certificat d'addition de 1856, et que, d'autre part, aucune des parties n'était personnellement propriétaire du certificat d'addition de 1861, délivré à la société existant entre elles. — Arrêt.

LA COUR; — Sur le moyen tiré de la fausse application de l'art. 40 de la loi du 5 juill. 1844 : — Attendu qu'il résulte des motifs de la décision des premiers juges et de ceux de l'arrêt confirmatif de la cour impériale de Rouen, que la demande de dommages-intérêts formée par la veuve Beck et le sieur Léon Quidet, agissant conjointement, était fondée tout à la fois sur les brevets et certificats d'addition obtenus en 1855, 1856 et 1861, et sur l'acte de société intervenu entre eux et ayant pour objet l'exploitation des appareils brevetés; — Attendu que les défendeurs éventuels, ayant été reconnus propriétaires tout au moins pour partie de l'invention brevetée, et ayant pendant la durée de leur association la jouissance exclusive, avaient incontestablement le droit de poursuivre les contrefacteurs; — Qu'en décidant ainsi, l'arrêt attaqué n'a fait qu'une juste application de l'art. 40 de la loi du 5 juill. 1844; — Rejette, etc.

Du 29 avr. 1868.-Ch. req.-MM. Nachet, f. f. pr.-Hély d'Oissel rap.-Savary, av. gén., c. conf.-Bozérian, av.

Décidé, à cet égard : 1° que les prévenus de contrefaçon sont recevables à opposer la nullité résultant de ce que la cession du brevet d'invention n'a pas été enregistrée au secrétariat de la préfecture, alors même qu'ils n'auraient aucuns titres ou droits à faire valoir contre la cession elle-même (Crim. rej. 24 nov. 1866, aff. Carbonnier, D. P. 68. 5. 44);— 2° Que le prévenu de contrefaçon d'une invention brevetée est en droit d'opposer au porteur du brevet, qui le poursuit, le défaut d'enregistrement, à la préfecture, de la cession de ce brevet, en vertu de laquelle agit le poursuivant (Crim. cass. 7 mai 1857, aff. Fontaine, D. P. 57. 1. 318); — 3° Que l'industriel qui a acquis, non la propriété même d'un brevet, mais seulement le droit de l'exploiter, n'a aucune action contre les contrefacteurs, alors, d'ailleurs, que son contrat n'a pas reçu la publicité spéciale à laquelle les cessions de brevets sont assujetties pour être opposables aux tiers; que, par suite, cet industriel n'est pas recevable à intervenir, pour y demander des dommages-intérêts, dans l'instance introduite par le breveté contre un contrefacteur (Crim. cass. 25 févr. 1860, aff. Drouin, D. P. 60. 1. 200).

319. La propriété du brevet ne dispense pas, d'ailleurs, le propriétaire du brevet de l'application des règles de droit commun concernant la capacité d'ester en justice sous l'empire desquelles il se trouverait comme mineur ou interdit, failli, femme mariée, etc.

320. Les droits de l'inventeur remontant au jour de la demande du brevet et un certain intervalle s'écoulant entre la demande et la délivrance du titre, il s'ensuit que la contrefaçon peut se produire dans cet intervalle, et précéder ainsi la délivrance du brevet; l'hypothèse est rare, mais non impossible; les auteurs sont divisés sur la question de savoir si en pareil cas l'inventeur peut poursuivre la contrefaçon en vertu du certificat de dépôt de la demande, ou s'il est obligé d'attendre que son brevet lui ait été délivré. M. Bédarride, n° 594, admet la première solution : « Le certificat de dépôt, dit-il, est en réalité le brevet lui-même, et confère immédiatement tous les droits et privilèges attachés à celui-ci. L'arrêté ministériel ne fait que constater l'état des choses existant et acquis. Donc rien ne saurait empêcher que le porteur de ce certificat prenne toutes les mesures qu'exige la conservation de son privilège et poursuive les atteintes dont il serait l'objet... Dès que la demande de brevet a été déposée, le droit privatif à l'invention est acquis et avec lui le privilège et tous les attributs qu'il comporte. Notamment et surtout la faculté de poursuivre la contrefaçon ».

M. Nouguier, n° 818, se prononce en sens contraire, et refuse à l'inventeur le droit de poursuivre la contrefaçon avant d'avoir obtenu son brevet. Cet auteur s'exprime ainsi : « Lorsqu'un titre, dit-il, est nécessaire à l'exercice d'une action, nul ne peut se prévaloir d'un droit possible, probable même, pour se constituer un titre à lui-même; or, sans un brevet, pas de privilège; le brevet, c'est l'arrêté du ministre qui le confère et avec lui le droit privatif; la contrefaçon, ce n'est pas l'atteinte portée à l'invention, c'est l'atteinte portée aux droits que le breveté tient de son brevet. Dès lors, comment admettre qu'une contrefaçon qui n'existe pas encore, puisqu'il n'existe pas encore de brevet, puisse être poursuivie? Et, d'ailleurs, comment la demande de l'inventeur pourrait-elle avoir autant de valeur que le brevet lui-même? Quoique les demandes de cette nature ne soient pas l'objet d'un examen préalable au fond, elles peuvent être rejetées à cause de l'irrégularité de leur forme. Si les formalités légales n'ont pas été remplies, le ministre peut et doit répondre par un refus aux demandes de brevet. Eh bien! en autorisant l'inventeur à agir judiciairement dès que la demande a été déposée, on le constituerait, avant l'Administration, juge provisoire de la régularité de sa demande. On objecterait à tort que la disposition d'après laquelle les droits du breveté remontent au jour où sa demande a été déposée au secrétariat de la préfecture, et qui donne ainsi au brevet un effet rétroactif, sera illusoire si on ne peut faire réprimer les actes de contrefaçon accomplis entre la demande et l'arrêté ministériel. Comme le dit M. Nouguier, *loc. cit.*, « l'inventeur, qui ne peut agir avant d'être breveté, peut faire constater les faits de contrefaçon; par exemple, il peut acheter un des objets contrefaits et s'en faire remettre une facture, ou recueillir des témoignages qui plus tard, déposeront devant l'autorité judiciaire, ou faire faire, par un huissier, des constatations matérielles qui, sans avoir la force d'une preuve positive, seront des documents importants, ou même obtenir du président du tribunal une ordonnance l'autorisant à faire saisir ou décrire l'objet contrefait, laquelle ordonnance peut être rendue avant l'obtention du brevet. En un mot, il en sera de ce cas comme de tous ceux dans lesquels on a à établir la preuve de faits qui ne sont pas contemporains de l'instance; le breveté, quand il sera libre d'agir, prouvera comme il pourra » (V. dans le même sens : Pouillet, n° 750). Nous pensons également que si le brevet, une fois délivré, rétroagit au jour de la demande, il n'en est pas moins le titre sans lequel aucune poursuite n'est possible. Les faits que l'inventeur pourrait incriminer ne peuvent même pas, avant la délivrance du brevet, être qualifiés de contrefaçon; ils ne reçoivent ce caractère que par l'effet rétroactif du brevet. Or, n'y aurait-il pas une rigueur excessive à condamner, sans même admettre l'excuse de la bonne foi, des actes dont le caractère délictueux pouvait être ignoré de leur auteur, et à considérer celui-ci, par l'effet rétroactif du brevet, comme ayant eu connaissance de droits résultant d'un titre non encore délivré? (V. aussi *suprà*, n° 272).

Décidé, en ce sens, que l'inventeur peut, avant la délivrance de son titre et sur le vu du procès-verbal de dépôt de la demande de brevet, obtenir une ordonnance l'autorisant à faire saisir les objets contrefaits, la saisie ayant un caractère conservatoire (Amiens, 3 juin 1883, aff. Overend, *Annales de la propriété industrielle, etc.*, 85. 259).

321. Des poursuites peuvent être exercées en vertu d'un brevet expiré, pourvu que les faits soient antérieurs à l'expiration du brevet et qu'ils ne soient pas couverts par la prescription; c'est, en effet, l'existence du brevet à l'époque où a été commis le fait incriminé qui caractérise la contrefaçon. Toutefois, la saisie, qui n'est d'ailleurs pas nécessairement le préliminaire de l'action en contrefaçon, ne pourrait pas, après l'expiration du brevet, être pratiquée dans les termes de l'art. 47 (V. en ce sens : Pouillet, n° 751. V. d'ailleurs, *infrà*, n° 334). Jugé qu'il importe peu que le brevet existe ou soit arrivé à son terme au moment de la poursuite en contrefaçon; il est nécessaire que le brevet ait existé pour constituer le délit; mais il n'est pas indispensable qu'il ait continué à exister pour autoriser et légitimer l'action, laquelle prend sa source dans le délit; par suite, le demandeur, dans une poursuite en contrefaçon, a qualité pour agir, dès qu'il justifie de l'existence d'un brevet valable au moment où s'est accompli le fait incriminé, et qu'il exerce sa poursuite dans les trois ans à partir du délit (Colmar, 30 juill. 1867, aff. Gougy, *Annales de la propriété industrielle, etc.*, 70. 342).

322. Suivant ce qui a été dit au *Rép.* n° 341, l'action publique dépendrait de la plainte du breveté en ce sens, que non seulement, comme cela résulte expressément de l'art. 45, l'action n'est mise en mouvement que par la plainte, mais aussi] qu'elle serait arrêtée par le désistement du breveté; cette dernière interprétation de l'art. 45, admise également par MM. Renouard, n° 233, Blanc, p. 636, et Lesenne, *Traité des brevets d'invention et des droits d'auteur*, n° 339, est rejetée par un assez grand nombre d'auteurs. On considère que les termes de l'art. 45 ne justifient pas une dérogation aussi grave aux règles générales posées par l'art. 4 c. instr. crim. On fait valoir également les abus auxquels donnerait lieu, de la part du breveté, l'exercice de l'action publique livré à sa discrétion. Après que la plainte lui aurait servi à intimider le contrefacteur ou prétendu tel, il ferait payer son désistement au delà de toute mesure (V. en ce sens : Pouillet, n° 748; Rendu et Delorme, n° 516; Calmels, n° 613 ; Nouguier, n° 814; Bédarride, n° 590; Huard, art. 45, n°s 5 et suiv.; Schmoll, *Traité pratique des brevets d'invention*, n° 112; Faustin-Hélie, *Traité de l'instruction criminelle*, 2e éd., t. 2, n° 823).

La jurisprudence s'est également prononcée en faveur de cette dernière opinion. Un arrêt (Amiens, 9 mai 1842) a déjà été cité en ce sens au *Rép. ibid.* Depuis, il a été jugé que, si le ministère public ne peut poursuivre le délit de contrefaçon que sur la plainte de la partie lésée, il ne s'ensuit pas que le désistement du plaignant doive avoir pour effet, de paralyser l'action publique; celle-ci n'est donc pas arrêtée par ce désistement (Paris, 20 janv. 1852, aff. N..., D. P. 52. 2. 207; Crim. cass. 2 juill. 1853, aff. Morel, D. P. 54. 1. 366; Paris, 3 avr. 1875, aff. de Trassy, D. P. 76. 2. 191);... même quand ce désistement intervient avant la mise en prévention de la partie contre laquelle la plainte avait été déposée (Arrêt précité du 20 janv. 1852). L'action publique suit son cours, soit que le ministère public requière une condamnation, soit qu'il conclue au renvoi du prévenu (Arrêt précité du 3 avr. 1875).

323. Il arrive souvent que la contrefaçon est commise dans les ateliers d'une société commerciale; il est évident qu'en pareil cas la société, qui n'est qu'une personne morale, ne peut être appelée devant le tribunal correctionnel que comme civilement responsable du fait de ses agents; ce sont les agents de la société qui doivent être poursuivis. Mais on s'accorde à reconnaître qu'on ne peut considérer comme contrefacteurs les agents subalternes, qui ne peuvent ni se rendre compte du délit qu'on leur fait commettre, ni refuser le travail qui leur est commandé; en matière de contrefaçon, c'est au chef d'industrie qui commande, et non à l'ouvrier qui exécute, qu'incombe la responsabilité du délit; ce sont les directeurs, administrateurs, soit qu'ils aient dans leurs attributions la direction de la fabrication, soit qu'en tout cas on établisse leur participation personnelle au fait incriminé, qui sont cités comme pénalement responsables de la contrefaçon commise pour le compte de la société.

Une société commerciale, ne pouvant être pénalement responsable, ne peut être assignée pour contrefaçon devant le tribunal correctionnel; la comparution de l'un des associés comme représentant de la société ne couvre pas la nullité de la procédure et cette nullité peut être proposée pour la première fois même devant la cour de cassation (Crim. cass. 10 mars 1877, aff. Meunier, *Annales de la propriété industrielle, etc.*, 77. 205). La nullité de la citation donnée à la société est couverte par une citation aux mêmes fins donnée à chaque associé personnellement comme auteur de la contrefaçon (Crim. rej. 4 août 1876, aff. Berthoud, *Annales de la propriété industrielle, etc.*, 77. 201).

L'associé, tel qu'un simple commanditaire, ne peut, d'ailleurs, être poursuivi comme pénalement responsable d'une contrefaçon qui serait reprochée à la société, s'il n'y a personnellement participé (Paris, 23 juill. 1859, aff. Popelin-Ducarre, *Annales de la propriété industrielle, etc.*, 61. 120). Mais le directeur d'une société commerciale peut être considéré comme auteur pénalement responsable de la contrefaçon accomplie pour le compte de la société, et poursuivi comme tel devant le tribunal correctionnel (Paris, 30 juin 1853, aff. Thomas et Laurens, V. Pouillet, n° 859).

324. Le breveté qui veut poursuivre la contrefaçon, et qui est tenu, par conséquent, d'en fournir la preuve, peut faire valoir tous les moyens qui sont en sa possession; mais la loi met à sa disposition dans l'art. 47, un moyen de preuve qui est le plus communément employé: c'est la description, par un huissier assisté au besoin d'un expert, des objets ou moyens contrefaits, avec ou sans saisie suivant les cas (V. *Rép.* n°s 343 et suiv.).

La saisie est comme moyen de preuve un complément utile de la description, en ce qu'elle permet de mettre sous les yeux du tribunal les objets argués de contrefaçon et de les lui faire mieux connaître et apprécier plus sûrement; mais il est telle circonstance où la preuve ne peut être faite que par la description; s'il s'agit d'un procédé chimique, par exemple, consistant dans la combinaison des opérations, il est possible que ni la nature des matières employées, ni le genre d'appareils servant à les traiter, ni le produit ne révèlent d'une façon certaine la succession des opérations qui constitue la contrefaçon; c'est la description qui la révélera, si l'on a pu surprendre la fabrication en cours d'exécution. La saisie restera néanmoins utile, non plus alors comme complément de la preuve, mais au point de vue de la confiscation des instruments servant à la contrefaçon et des produits qui en proviennent.

325. La saisie, dans les termes de l'art. 47, est le préliminaire non obligatoire, mais habituellement usité, de l'action en contrefaçon, tant civile que correctionnelle; mais dans le cas où le breveté choisirait la voie correctionnelle, la saisie pourrait aussi également, ainsi qu'on l'a indiqué au *Rép.* n° 351, être pratiquée comme un des actes de l'instruction ouverte à la suite de sa plainte, par un officier de police judiciaire. Ce mode de procéder n'est, d'ailleurs, jamais employé, l'action correctionnelle en contrefaçon étant généralement exercée par voie de citation directe (V. Pouillet, n° 767).

326. On ne doit pas perdre de vue que la saisie n'est pas un acte de répression d'une contrefaçon démontrée, mais au contraire un mode de recherche de la preuve d'une contrefaçon supposée; le président ne doit donc jamais exiger du breveté, ce qui s'est quelquefois produit, la preuve de la contrefaçon. D'autre part, il doit veiller à ce que l'exercice des droits du breveté ne porte pas sans nécessité au contrefacteur prétendu un préjudice, tel que l'arrêt de sa fabrication, dont il ne serait pas suffisamment indemnisé par des dommages-intérêts, si la prétention du breveté venait à être reconnue mal fondée. Le cautionnement dont il est parlé au *Rép.* n°s 347 et 348, serait souvent insuffisant comme garantie du préjudice causé par la saisie; ce cautionnement, dans la pratique, est rarement exigé, hors le cas où, le breveté étant étranger, il est obligatoire (V. *infrà*, n° 335); mais l'ordonnance du président limite ordinairement l'exercice du droit de saisie, le nombre des objets qui pourront être compris dans la saisie, de façon que le breveté, en recherchant la preuve de ce qu'il croit être une contrefaçon, n'apporte pas dans l'industrie de son concurrent un trouble hors de proportion avec les nécessités de cette recherche. L'ordonnance décide même qu'il sera procédé à une simple description, lorsque le magistrat ne juge pas la saisie nécessaire. On fait remarquer que, si l'art. 47 accorde au breveté le droit de faire procéder à la saisie, il n'en résulte pas que l'ordonnance dont le même article fait un préliminaire indispensable de l'exercice de ce droit, ne puisse le réglementer: « N'est-il pas, dit M. Pouillet, n° 773, plus rationnel, plus juste, plus conforme aux principes généraux, de laisser au juge le droit d'autoriser, suivant les cas, la saisie ou la description? N'est-ce pas lui, qui dans une matière analogue, celle de la saisie-arrêt, décide souverainement s'il y a lieu ou non de permettre cette mesure? Pourquoi en serait-il autrement ici? N'est-ce pas, d'ailleurs, compromettre jusqu'à un certain point la dignité du magistrat que de lui attribuer ce rôle purement passif, et de le rendre esclave de la volonté du breveté, quelle qu'elle soit, si excessive qu'elle lui paraisse? » (V. dans le même sens: Nouguier, n° 844).

Toutefois, le droit, pour le président, de limiter la saisie, et surtout d'ordonner qu'il sera procédé seulement à la description, est contesté. On a indiqué au *Rép.* n° 344, que les termes de l'art. 47 paraissent attribuer au breveté le droit de déterminer lui-même, selon son intérêt, s'il doit procéder à la saisie, plus ou moins étendue, ou se contenter de la description. Mais l'opinion contraire est aujourd'hui adoptée par la majorité des auteurs, à raison des abus auxquels donnerait lieu le droit de saisie livré à la discrétion du breveté.

327. De même, l'ordonnance autorise habituellement le breveté à faire parapher les livres du saisi par le commissaire de police, requis pour assister l'huissier; mais elle l'autorise rarement, et ne devrait jamais l'autoriser à procéder lui-même à l'examen des livres pour y rechercher les noms des tiers auxquels auraient été livrés des objets contrefaits; c'est donner à un industriel peu scrupuleux le moyen de pénétrer, sous prétexte de brevet, les secrets du commerce d'un concurrent, sans aucune nécessité pour la preuve de la contrefaçon, si la contrefaçon existe. En tout cas, si ces investigations sont nécessaires, le breveté ne doit pas être autorisé à y prendre part. — Jugé, toutefois, que le droit pour le président d'autoriser la saisie comprend celui d'autoriser, en outre, des visites et recherches domiciliaires, l'examen des livres, correspondances et papiers, et la saisie de ceux qui renfermeraient la preuve du délit recherché (Crim. rej. 15 juin 1866) (1). Mais il a été jugé

(1) (Nachury et autres *C.* Société la *Fuchsine*.) — La cour; — Sur la première branche du premier moyen, tirée de la violation de l'art. 47 de la loi du 5 juill. 1844 et du principe de l'inviolabilité du domicile, en ce que la saisie des objets prétendus contrefaits

que le breveté qui poursuit un contrefacteur n'a pas le droit de réclamer la communication de ses livres pour y rechercher les éléments de dommages-intérêts (Liége, 15 juill. 1874, aff. Brown-Roden C. Brener, *Pasicrisie belge*, 75. 2. 9).

328. Nous pensons également qu'il appartient au président de décider, suivant qu'il le juge opportun, si le breveté pourra assister à la saisie; on comprend facilement que la présence de l'inventeur peut contribuer à son efficacité, nul ne pouvant mieux que lui reconnaître et signaler à l'huissier les objets argués de contrefaçon; mais on en voit facilement les inconvénients: sans parler des querelles qui peuvent s'élever entre le breveté et le saisi, il ne convient pas de donner sans nécessité au breveté le moyen de s'introduire en personne chez un concurrent et d'y surprendre, en même temps qu'il recherche des objets contrefaits, les secrets de fabrique que celui-ci peut posséder. La présence, prévue par l'art. 47, d'un expert qui, en fait, est habituellement désigné conformément à la requête du breveté, est généralement suffisante. Au surplus, dans le silence de l'ordonnance, le saisi est absolument dans son droit en fermant sa porte au breveté (V. Pouillet, n° 784; Nouguier, n° 853; Blanc, p. 652).

329. On vient de dire que l'expert désigné par l'ordonnance pour assister l'huissier est habituellement celui qui est indiqué par la requête du breveté; mais le président n'est pas tenu de se conformer à cette indication; il peut en désigner un autre si celui qu'on lui demande ne lui paraît pas offrir des garanties suffisantes d'honnêteté, de savoir, ou d'indépendance vis-à-vis du saisissant.

330. Le président doit, au contraire, s'abstenir de désigner dans l'ordonnance l'huissier qui procédera à la saisie; l'art. 47, qui mentionne la désignation de l'expert par le président, ne porte pas la même mention à l'égard de l'huissier; tout huissier requis par le breveté doit pouvoir exécuter l'ordonnance. Le choix de l'huissier a, d'ailleurs, pour le breveté, une grande importance; il est souvent difficile de prendre pour faire la saisie le moment opportun; suivant que l'huissier sera plus ou moins habile, il pourra surprendre la contrefaçon en pleine exécution ou n'arriver qu'après que le contrefacteur aura fait disparaître les objets qui pourraient le dénoncer. Il est préférable de laisser au breveté le soin de choisir lui-même, selon son intérêt, l'huissier qui lui paraît le plus apte à opérer la saisie avec succès, ce choix étant d'ailleurs indifférent au point de vue des ménagements que commande, sur les points réglés par l'ordonnance, le respect des droits du saisi (V. Pouillet, n° 789).

331. L'ordonnance désigne ordinairement, sur les indications fournies par la requête, les personnes chez qui la saisie doit être opérée; il arrive pourtant que le breveté obtienne une ordonnance autorisant, en termes généraux, la saisie chez tous contrefacteurs, sans désignation de personnes. La jurisprudence paraît incliner à consacrer cette pratique. M. Bozérian dans la *Propriété industrielle*, n° 447, s'est efforcé de la justifier par l'intérêt du breveté, qui ne peut toujours connaître à l'avance les contrefacteurs, et qui subirait des lenteurs préjudiciables s'il ne pouvait obtenir l'autorisation de saisir sans désigner nominativement ceux à l'encontre de qui il veut saisir. Comme motif juridique, il allègue que la saisie devant porter sur des objets, et non frapper des personnes, il suffit que les objets, et non les personnes, soient désignés (V. également: Nouguier, n° 851). Ces motifs ne nous semblent nullement décisifs, et nous pensons, comme M. Pouillet, n° 790, qu'une ordonnance ainsi conçue excède les pouvoirs du président. L'intérêt du breveté n'est pas une raison qui puisse justifier une pratique irrégulière. Quant à l'argument tiré par M. Bozérian de ce que la saisie ne frappe que les choses et non les personnes, M. Pouillet fait observer très justement qu'on en pourrait dire autant de toutes les saisies, et en particulier de la saisie-revendication, et que cependant, à l'égard de celle-ci, tous les auteurs s'accordent à repousser les ordonnances générales. Il signale, en outre, la contradiction qu'il y aurait entre la faculté, et même en certains cas l'obligation, pour le président d'imposer au saisissant un cautionnement garantissant le préjudice qui résulterait de la saisie, et le droit d'autoriser la saisie chez des personnes non désignées, dont le nombre n'est pas connu, ce qui rend impossible l'évaluation du préjudice et par suite la fixation du cautionnement (V. Pouillet, n° 790. V. également: de Belleyme, *Ordonnances*, t. 1, p. 30). A notre avis, une ordonnance ainsi rendue n'est pas l'exercice des pouvoirs du président, mais leur délégation au breveté: c'est en réalité celui-ci qui, lorsqu'il fait procéder

---

aurait été opérée en vertu d'une ordonnance du président qui ne contenait pas la désignation de la personne du saisi: — Attendu qu'il est vrai, en fait, que l'ordonnance du président du tribunal civil de Lyon, du 9 août 1864, rendue sur la requête de la société *la Fuschine*, en vertu de l'art. 47 précité, en autorisant cette société à faire opérer des perquisitions et des saisies dans toute l'étendue de l'arrondissement de Lyon, et partout où besoin sera, n'a spécifié ni les lieux où ces perquisitions et saisies seraient pratiquées, ni les personnes qui pourraient en être l'objet; mais que, quelque généraux que soient les termes de cette ordonnance, ils n'ont pas excédé les limites du pouvoir dont le président est investi par ledit art. 47; — Qu'en ne renfermant pas, en effet, l'exercice de ce pouvoir dans des bornes posées à l'avance, et en n'en précisant point l'application d'une manière restrictive, le législateur a voulu s'en rapporter à la prudence du magistrat auquel il faisait appel et lui laisser une latitude dont l'étendue ne dépendrait que des circonstances et des espèces, dans le double but d'assurer la protection de la propriété des inventeurs et de contenir dans une juste mesure les moyens à employer pour la revendication de leurs droits; — Attendu que l'ordonnance devient, dans ces conditions, un acte de l'appréciation discrétionnaire du juge; — Que ce magistrat, pour en déterminer la portée, prend en considération, d'une part, la valeur et l'importance du brevet, et la position morale et pécuniaire du breveté, auquel il peut, au besoin, imposer un cautionnement, et, d'autre part, les circonstances de la contrefaçon, les manœuvres qu'il s'agit de déjouer, la difficulté plus ou moins grande de les constater, et la nécessité d'une action prompte et dégagée de toutes entraves dont la fraude pourrait profiter; — Attendu que le président du tribunal civil de Lyon, dans l'espèce de la cause, s'est conformé à ces principes; qu'en rendant l'ordonnance critiquée par le pourvoi, il n'a fait qu'un usage légitime du pouvoir discrétionnaire que lui conférait l'art. 47, et qu'il n'a, par conséquent, violé ni cet article, ni le principe de l'inviolabilité du domicile;

Sur la deuxième branche, tirée d'une prétendue violation dudit art. 47 et de l'inviolabilité du secret des lettres, en ce que l'ordonnance du président aurait, sans droit, autorisé la société *la Fuchsine* à faire opérer la saisie des factures, lettres de voiture, livres, correspondances et papiers relatifs à la contrefaçon: — Attendu que, si le but principal de l'art. 47 est de donner aux inventeurs les moyens de constater, par des descriptions et des saisies, les fraudes commises au préjudice de leurs brevets, il est aussi de les mettre à même de recueillir tous les éléments de preuve qui peuvent faciliter cette constatation; que si, par une interprétation nécessaire, on admet que le droit de description et de saisie implique celui de faire des visites et perquisitions domiciliaires, on doit reconnaître que, par une conséquence de même nature, il implique également celui de compulser les livres, correspondances et papiers, et d'opérer la saisie de ceux qui contiendraient la preuve du délit recherché; — Que, dans l'une comme dans l'autre de ces circonstances, en effet, il ne s'agit que d'arriver au but final dont la loi s'est préoccupée, c'est-à-dire à la découverte, à la constatation et à la répression de la contrefaçon; — Attendu, dès lors, qu'en autorisant la recherche et la saisie des livres et correspondances relatifs à la contrefaçon, l'ordonnance du président s'est conformée à l'esprit de l'art. 47; qu'elle n'a violé aucun des principes invoqués par le pourvoi et qu'elle n'a encouru aucune censure;

Sur le deuxième moyen, fondé sur la violation de l'art. 171 c. pr. civ. et de l'art. 34 de la loi du 5 juill. 1844, par fausse application de l'art. 46 de la même loi, en ce que l'arrêt attaqué a refusé de prononcer le sursis qui lui était demandé à raison de l'existence d'une instance civile engagée avant la poursuite correctionnelle entre Raffard et la société de *la Fuchsine*: — Attendu que l'arrêt attaqué déclare, en fait, que l'instance civile dont il s'agit et l'action correctionnelle ne sont point engagées entre les mêmes parties et ne reposent pas sur le même objet; — Attendu, d'ailleurs, que l'art. 171 invoqué n'est pas rigoureusement applicable en matière de répression; — Qu'en cette matière, où l'intérêt public domine tout, la litispendance ne peut, dans tous les cas, établir une incompétence absolue du tribunal dernier saisi, et que le juge reste libre, en ne consultant que l'intérêt de la justice, d'accorder ou de refuser le renvoi ou sursis demandé; — Qu'il en résulte que l'arrêt attaqué a pu, sans violer aucune loi, déclarer que, dans l'espèce, le sursis serait sans motifs, et refuser de le prononcer;... — Rejette le pourvoi formé contre l'arrêt de la cour de Lyon, du 30 nov. 1865, etc.

Du 15 juin 1866.-Ch. crim.-MM. Vaïsse, pr.-de Carnières, rap.-Bédarrides, av. gén.-Bellaigue et Bozérian, av.

à la saisie chez un contrefacteur prétendu, en vertu d'une ordonnance générale, rend l'ordonnance en particulier contre le saisi. Personne n'admettrait qu'un président pût rendre en faveur du breveté une série d'ordonnances particulières, en y laissant en blanc les noms des parties saisies, que le breveté y inscrirait lui-même; il n'y aurait pourtant aucune différence entre cette manière de procéder et celle qui consiste à autoriser la saisie chez tous contrefacteurs (V. en ce sens: Paris, 13 août 1853) (1). En sens contraire, il a été jugé que le pouvoir que l'art. 47 de la loi du 5 juill. 1844 confère au président du tribunal civil, d'ordonner la saisie des objets prétendus contrefaits, s'exerce selon l'appréciation discrétionnaire de ce magistrat; il n'est nullement prescrit que l'ordonnance de saisie spécifie les lieux où les saisies et perquisitions seront faites, non plus que les personnes qui pourront en être l'objet (Crim. rej. 15 juin 1866, *suprà*, n° 327).

332. Pour les mêmes motifs, on ne doit pas admettre non plus qu'après une première saisie, et quel qu'en soit le résultat, une deuxième saisie puisse être opérée chez la même personne en vertu de la même ordonnance: ce serait encore user de l'ordonnance, comme le dit M. Pouillet, « hors du temps, hors du cas surtout pour lequel elle a été rendue » (V. Pouillet, n° 798; Cass. 12 nov. 1854, aff. Pain, *Gazette des tribunaux* du 23 nov. 1854).

333. On s'accorde à reconnaître que l'ordonnance peut autoriser le breveté à faire procéder en tous lieux à la saisie (V. Pouillet, n° 794). Toutefois, il est au moins douteux que l'ordonnance du président suffise pour autoriser l'huissier à pénétrer dans un établissement militaire afin d'y opérer une saisie; le décret du 4 nov. 1811 interdit, en effet, à toutes personnes de pénétrer dans les établissements militaires sans une autorisation du commandant d'armes, sauf le cas de flagrant délit, ce qui n'est point le cas de la contrefaçon. M. Pouillet, n° 795, pense pourtant que la loi de 1844 serait applicable par dérogation au décret de 1811, parce qu'elle n'a point fait d'exception pour ce cas aux dispositions générales qu'elle renferme relativement à la saisie. Nous croyons, au contraire, que la loi de 1844 laisse subsister l'entière application du décret de 1811, parce qu'elle n'y déroge pas en termes exprès (V. en ce sens: Picard et Olin, n° 666). Cette dérogation est d'autant moins admissible que le décret de 1811, qui a pour but d'assurer le maintien du bon ordre dans les établissements militaires et d'empêcher qu'on vienne s'y livrer à l'espionnage, doit être considéré comme une disposition d'ordre public, et qu'il serait contraire au principe de la séparation des pouvoirs que l'autorisation d'un magistrat pût remplacer celle de l'autorité militaire.

334. La présentation du titre à l'appui de la requête est une condition nécessaire pour obtenir l'ordonnance; il ne peut donc pas être rendu d'ordonnance autorisant la saisie lorsque le titre n'existe plus, c'est-à-dire quand le brevet est expiré; il ne s'agit pas, pour le président, d'en examiner la validité, mais de constater, par une simple comparaison entre la date du brevet et la date de la requête, si la période pour laquelle le brevet a été accordé est ou non terminée. Le droit de saisie n'appartient, d'après l'art. 47, qu'aux propriétaires de brevet: on n'est pas propriétaire d'un brevet expiré (Pouillet, n° 799; *Annales de la propriété industrielle, etc.*, 70. 348. — *Contrà:* Nouguier, n° 841).

335. Ce qui concerne le cautionnement préalable auquel le saisissant peut être assujetti a été exposé au *Rép.* n°s 347 et 348. Nous devons ajouter que la disposition qui prescrit au président d'imposer le cautionnement aux étrangers n'est pas considérée comme s'appliquant aux étrangers admis en France à la jouissance des droits civils (V. Pouillet, n° 776; Nouguier, n° 858; Picard et Olin, n° 651).

336. Le défaut de versement du cautionnement, lorsque ce versement est prescrit par l'ordonnance, n'empêche pas complètement que l'ordonnance soit exécutée; il empêche la saisie dont le cautionnement est destiné à garantir les suites; mais il ne fait pas obstacle à ce qu'il soit valablement procédé à la description des objets argués de contrefaçon (V. Pouillet, n° 782; Douai, 20 mai 1856, aff. Villard, cité par Pouillet, *ibid.*).

337. Conformément à ce qui a été dit au *Rép.* n° 350, l'ordonnance du président est généralement considérée comme un acte de juridiction gracieuse, contre lequel il n'y a point de recours; cette opinion, soutenue par la majorité des auteurs (V. Nouguier, n° 845; Renouard, n° 326; Rendu et Delorme, n° 543; Calmels, n° 623; Bioche, *Dictionnaire de procédure*, v° *Brevet d'invention*, n° 20. — *Contrà:* Blanc, p. 647), est consacrée par la jurisprudence. — Décidé que l'ordonnance du président qui, après une première ordonnance autorisant la saisie d'objets argués de contrefaçon, astreint le saisissant au dépôt d'un cautionnement, conserve son caractère d'acte de juridiction volontaire, et n'est pas, dès lors, susceptible d'appel, quoiqu'elle soit intervenue en exécution d'une disposition de la précédente ordonnance par laquelle le président réservait aux parties la faculté de lui en référer, en cas de difficultés, et qu'elle ait été rendue audition faite des avoués des parties (Civ. rej. 13 août 1862, aff. Masse, D. P. 62. 1. 346. V. aussi Req. 16 mai 1860, *infrà*, n° 338). Jugé aussi que la faculté accordée au président du tribunal civil par l'art. 47 de la loi du 5 juill. 1844, d'autoriser la saisie des objets argués de contrefaçon et de subordonner la saisie à un cautionnement préalable, donne lieu à des actes de juridiction gracieuse, qui ne sont sujets à aucun recours (Rouen, 7 mai 1885, aff. Lessive Phénix, 2 arrêts, *Annales de la propriété industrielle, etc.*, 85. 363). — Décidé pourtant, en sens contraire, que l'ordonnance du président qui, à la suite d'une plainte en contrefaçon, autorise la saisie conservatoire des objets prétendus contrefaits, est susceptible d'appel (Paris, 9 juill. 1855, aff. de Cavaillon, D. P. 56. 5. 47). — Jugé aussi que la saisie d'objets argués de contrefaçon, pratiquée suivant les formes et délais prescrits par la loi du 5 juill. 1844 et suivie, notamment, d'une assignation devant le tribunal civil dans la huitaine, devient l'accessoire légal et nécessaire de la poursuite en contrefaçon, avec laquelle elle forme un tout indivisible; c'est donc à bon droit que la cour d'appel infirme pour excès de pouvoir l'ordonnance du président du tribunal qui, en rétractant absolument la permission de faire décrire et saisir, accordée par une première ordonnance, et en annulant, par voie de conséquence, le procès-verbal de saisie, prive le demandeur en contrefaçon du bénéfice des constatations qu'il avait obtenues, et fait nécessairement préjudice au principal. La réserve de statuer à nouveau en cas de difficulté, que le président aurait insérée dans sa première ordonnance, ne saurait l'autoriser à mettre à néant une saisie-contrefaçon dont les effets avaient été régulièrement soumis au tribunal, et qui constituait ainsi un droit acquis au profit du saisissant (Req. 31 mai 1886, aff. Boussod, D. P. 87. 1. 59).

338. Mais il est admis d'une manière constante, dans la pratique, qu'en cas de difficultés soulevées par l'exécution de l'ordonnance il peut en être référé au président (V. Pouillet, n° 802). C'est, d'ailleurs, ce qui est habituellement prévu par les termes de l'ordonnance (V. Ord. réf. Lyon, 1er déc. 1871, aff. Fayolle, D. P. 71. 5. 39). — Décidé que l'ordonnance du président qui autorise le propriétaire d'un brevet à procéder à la saisie des objets prétendus contrefaits,

(1) (Duchesne C. Hérot.) — LA COUR; — Considérant que la faculté accordée par l'art. 47 de la loi du 5 juill. 1844 aux propriétaires de brevets, de faire procéder à la désignation et description des objets prétendus contrefaits en vertu d'une ordonnance rendue par le président du tribunal, sur requête, ne peut s'entendre que d'une ordonnance spéciale à la contrefaçon dénoncée dans la requête; — Qu'autrement la mesure prévue par l'art. 47, et destinée à protéger les intérêts des brevetés, pourrait devenir dans leurs mains un moyen de persécution contre ceux de leurs concurrents qu'il leur conviendrait de gêner dans l'exercice de leur industrie; — Considérant que c'est dans cet esprit que l'art. 47 de la loi du 5 juillet prévoit le cas où le juge peut, selon les circonstances et le degré de moralité ou de responsabilité relative, soit du breveté, soit du prétendu contrefacteur, subordonner à une caution préalable l'autorisation de saisir ou décrire les objets argués de contrefaçon; — Considérant que cette disposition deviendrait superflue si, au moyen d'une autorisation générale que le breveté pourrait obtenir dès la prise de son brevet, il pouvait, pendant toute sa durée, opérer discrétionnairement des saisies chez tous les fabricants similaires;... — Déclare nulles les saisies et descriptions, etc.

Du 13 août 1853.-C. de Paris.

n'est pas attaquable devant la cour de cassation, même pour excès de pouvoir, cette ordonnance, quoique émanée du pouvoir discrétionnaire du magistrat qui l'a rendue, pouvant, en cas d'opposition, donner lieu à un référé (Req. 16 mai 1860, aff. Torillon, D. P. 60. 1. 432).

339. L'ordonnance de référé qui intervient en pareil cas n'est pas, comme l'ordonnance autorisant la saisie, un acte de juridiction gracieuse; elle est, suivant la définition de M. Chauveau, un acte de juridiction contentieuse, parce qu'elle statue « sur les prétentions rivales des deux parties que la loi met en présence »; elle est, comme telle, susceptible d'appel (V. Pouillet, n° 803; Picard et Olin, n° 656; Bertin, *Ordonnance sur requête*, n°s 124 et suiv. — *Contrà :* Nouguier, n° 859). — Jugé, en ce sens, que l'ordonnance du président qui, sur le référé de la partie saisie, ordonne le dépôt d'un cautionnement, est susceptible d'appel (Douai, 9 avr. 1856, aff. Villard, cité par Pouillet, n° 804. V. aussi Req. 16 mai 1860, aff. Torillon, D. P. 60. 1. 432). —Décidé, en sens contraire, que l'ordonnance de référé qui rectifie l'ordonnance sur requête autorisant la saisie-contrefaçon est, comme l'ordonnance sur requête, un acte de juridiction gracieuse, non susceptible d'appel. Mais la juridiction gracieuse est épuisée lorsque la saisie est accomplie. En cas de difficultés nées postérieurement à la saisie, l'intervention du président ne peut s'exercer que dans les conditions de l'art. 809 c. pr. civ. (Rouen, 7 mai 1885, V. *suprà*, n° 337. V. aussi Civ. rej. 13 août 1862, aff. Masse, D. P. 62. 1. 346).

340. Aucun délai n'est imparti au breveté pour faire procéder à la saisie après qu'il a obtenu l'ordonnance. M. Blanc, p. 655, en a conclu que l'ordonnance pouvait être exécutée à toute époque, quel que fût le temps écoulé entre l'ordonnance et la saisie. La plupart des auteurs repoussent cette opinion, par la raison que l'ordonnance ne s'applique qu'à des faits contemporains de la requête au président, sur lesquels cette requête est fondée ; en ajournant l'exécution, le breveté l'appliquerait non pas aux faits en vue desquels l'ordonnance a été rendue, mais à des faits postérieurs, qui n'y sont pas compris. De ce qu'il n'y a point de délai imparti au breveté pour opérer la saisie, il résulte seulement que les tribunaux auront à apprécier en fait si la saisie doit être considérée comme l'exécution régulière de l'ordonnance (V. Nouguier, n° 870 ; Rendu et Delorme, n° 549 ; Pouillet, n° 797). La jurisprudence est conforme à cette dernière opinion (V. en ce sens : Paris, 13 août 1853, cité *suprà*, n° 331 ; Paris, 21 déc. 1871, aff. Garnier, *Annales de la propriété industrielle, etc.*, 71. 173).

341. Sur la manière dont il est procédé par l'huissier à la description, notamment lorsque les objets ne sont pas saisis, nous ferons seulement une observation : il arrive parfois que l'huissier, en guise de description, constate dans son procès-verbal qu'il lui a été présenté un objet « qui est la contrefaçon de l'objet breveté ». Il n'est pas besoin de faire remarquer que cette formule n'est pas une description, mais une appréciation, un jugement, que l'huissier se permet de porter sur la ressemblance entre l'objet qu'il prétend décrire et le brevet, ressemblance qui est précisément l'objet du litige qui va s'engager entre les parties. Cette appréciation, que l'huissier n'a pas mission de formuler, a l'inconvénient grave de se substituer aux éléments de comparaison que le procès-verbal devrait fournir au tribunal, et que cette formule ne fournit pas; l'huissier doit toujours s'en abstenir.

342. La saisie, suivant ce qui a été dit au *Rép.* n° 355, doit être suivie d'assignation dans la huitaine, à peine de nullité; l'art. 48 le dit expressément. On excepte, toutefois, le cas où l'assignation aurait été retardée par force majeure (V. Pouillet, n° 807).

S'il y a plusieurs saisies, par exemple chez le fabricant et chez les commerçants qui vendent ses produits, chaque assignation doit suivre, dans le délai prescrit, la saisie à laquelle elle correspond, et non pas la dernière en date des saisies qui ont été opérées (V. Pouillet, n° 809).

343. Quant aux saisies qui peuvent être pratiquées, au cours d'une instance déjà engagée, pour constater de nouveaux faits de contrefaçon à la charge du défendeur, les auteurs admettent que la disposition de l'art. 48 n'y est pas applicable, cette disposition étant motivée par la nécessité de ne pas laisser le saisi indéfiniment soumis à l'éventualité d'une poursuite, ce qui n'est pas à craindre lorsque l'instance est déjà engagée (V. Pouillet, n° 809 ; Picard et Olin, n° 674). Cette opinion peut être admise lorsqu'il y a une instance civile engagée ; les nouveaux faits constatés au cours de l'instance peuvent y être introduits par de simples conclusions. Mais cette doctrine ne nous paraît pas aussi sûre lorsque l'action est engagée devant le tribunal correctionnel où, d'après une jurisprudence constante, les faits nouveaux sont considérés comme des délits distincts de ceux déjà déférés au tribunal; d'où il résulte qu'ils doivent faire l'objet d'une nouvelle action, distincte de la première; en ce cas, il nous paraît qu'il y a lieu d'appliquer purement et simplement l'art. 48 à la nouvelle saisie. — Jugé que les saisies d'objets contrefaits, pratiquées au cours d'une instance régulièrement engagée, ne constituant qu'un incident de procédure, ne sont pas nulles pour n'avoir pas été suivies de nouvelles demandes dans la huitaine (Req. 4 juin 1877, aff. Bruère, D. P. 78. 1. 23). — Jugé aussi que le tribunal correctionnel ne peut statuer sur le délit de contrefaçon qui, n'ayant pas été compris dans la citation, viendrait, au cours des débats, à être reproché au prévenu, alors que le prévenu n'accepte pas le débat sur ce point (Trib. corr. Seine, 18 juill. 1865, aff. Bernard, V. Pouillet, n° 857).

344. On a fait remarquer au *Rép.* n° 354, que la nullité de la saisie ou de la description a seulement pour effet de priver le saisissant d'un moyen de preuve, mais qu'elle ne l'empêche pas de poursuivre le contrefacteur, sauf à établir la contrefaçon par d'autres moyens. La jurisprudence est conforme à cette doctrine. — Jugé que la nullité des saisies ou descriptions de l'objet contrefait, à défaut, par le breveté, d'avoir intenté son action dans la huitaine, n'entraîne pas déchéance de l'action, et qu'il peut être suppléé à la description ou au procès-verbal par la preuve testimoniale (Trib. corr. Doullens, jugement rapporté avec l'arrêt rendu sur appel, Amiens, 28 déc. 1850, aff. Jérosme, D. P. 51. 2. 76; Douai, 5 août 1851, aff. Jérosme, D. P. 54. 2. 72); — Que la recevabilité de l'action en contrefaçon ne dépend pas de la validité de la saisie qui l'a précédée, la saisie n'étant qu'un moyen de se procurer la preuve de la contrefaçon, et nullement un préliminaire obligatoire de la poursuite (Paris, 15 déc. 1865, aff. Bouquié; Chambéry, 9 mai 1881, aff. Frankfeld, *Annales de la propriété industrielle, etc.*, 68. 7; 81. 268);— Mais lorsque, en cas de nullité de la saisie, le plaignant ne fournit pas d'autres preuves de la contrefaçon, le prévenu doit être renvoyé des fins de la plainte (Paris, 22 janv. 1864, aff. Beckers, *Annales de la propriété industrielle, etc.*, 64. 99).

345. Le breveté dont la première saisie est nulle a le droit d'en faire une seconde, portant sur les mêmes objets ; il peut opérer la seconde saisie au greffe, si les objets compris dans la première y ont été déposés; mais à la condition qu'il n'ait pas été statué, au sujet de ces objets et contrairement à sa demande, sur l'action intentée à la suite de la première saisie (V. Pouillet, n° 812). — Jugé que si en principe la nullité d'une saisie n'empêche pas qu'une nouvelle saisie soit opérée sur le même objet déposé au greffe à la suite de la première, il en est autrement lorsque, par suite de la nullité de la première saisie et du défaut d'autres preuves de la contrefaçon, le renvoi du prévenu des fins de la plainte a été prononcé (Paris, 10 juin 1864, aff. Beckers, *Annales de la propriété industrielle, etc.*, 65. 51).

346. La perte des objets saisis, lorsque le procès-verbal n'en donne pas une description suffisante pour la comparaison avec le brevet, anéantit la preuve de la contrefaçon, et par suite entraîne le rejet de la poursuite, si le breveté n'avait pas d'autre moyen de preuve (Trib. civ. Seine, 5 déc. 1872, aff. Lion, *Annales de la propriété industrielle, etc.*, 73. 246).

347. Lorsque la procédure en contrefaçon a commencé par la saisie, il n'est pas douteux que l'assignation donnée au civil soit dispensée du préliminaire de conciliation. M. Pouillet, n° 848, pense qu'il en doit être de même lorsqu'il n'y a pas eu de saisie, ou quand la saisie est nulle, parce qu'en tout cas l'instance est de celles qui requièrent célérité.

348. L'assignation, ou la citation correctionnelle, vise le titre en vertu duquel la poursuite est exercée ; c'est seulement la contrefaçon du brevet visé dans la demande qui est déférée au tribunal. Si, au cours du procès, le breveté, ayant plusieurs brevets, croit devoir fonder sa prétention sur ceux qui n'ont pas été compris dans l'assignation, c'est alors une demande nouvelle qu'il forme, et par suite une nouvelle assignation ou citation est nécessaire. « Chaque brevet, dit M. Pouillet, n° 850, forme un titre séparé et distinct, et la demande se trouve par cela même définie et limitée à ce brevet. C'est à cette demande, ainsi précisée, que le défendeur doit répondre; il n'a point à se défendre contre autre chose. Connaissant le titre qu'on lui oppose, il en recherche, il en signale les vices. Le demandeur, s'il invoque, au cours des débats, un autre brevet, ne peut prétendre qu'il fortifie sa première demande; car quel appui le second brevet prêterait-il au premier? Est-ce que les brevets ne doivent pas être appréciés en eux-mêmes et indépendamment de toutes circonstances extérieures? Est-ce que la validité de l'un peut servir de près ou de loin à la validité de l'autre? » Quant aux certificats d'addition, ils font, à vrai dire, partie du brevet, et sont implicitement visés par l'assignation qui mentionne le brevet; cela s'entend des certificats qui existaient au début de l'instance; car si le demandeur prenait, au cours de l'instance, un nouveau certificat d'addition, celui-là serait, par rapport à la demande primitive, un titre nouveau, donnant lieu à une demande nouvelle (V. Pouillet, n°s 851 et 852). Les certificats d'addition formant un seul tout avec le brevet, dont ils sont un accessoire, il suffit que l'assignation vise le brevet; et le prévenu de contrefaçon ne peut se prévaloir, pour faire écarter du débat les certificats, de ce qu'ils n'ont pas été spécialement mentionnés (Paris, 26 juin 1863, aff. Gougy, *Annales de la propriété industrielle, etc.*, 63. 271).

Jugé que la cour d'appel, saisie d'une action en contrefaçon, doit borner son examen au titre antérieur à la poursuite, sans s'arrêter à un certificat d'addition pris par le demandeur depuis le jugement; ce titre nouveau ne pourrait être admis aux débats que du consentement des parties, résultant de conclusions formelles (Crim. rej. 1er mars 1862, aff. André, *Annales de la propriété industrielle, etc.*, 62. 215).

349. On a indiqué au *Rép.* n° 359, quelques exemples d'exceptions que le défendeur à l'action en contrefaçon peut opposer à la poursuite; les moyens de défense au fond se rapportent à trois idées principales : ou l'objet argué de contrefaçon n'est pas semblable à celui du brevet; ou le brevet est nul ou déchu, ou du moins ne lui est pas opposable parce que lui-même était en possession de l'invention avant le brevet; ou le défendeur était autorisé par le breveté à faire ce qu'il a fait.

350. Le tribunal correctionnel est compétent pour statuer, suivant ce qui a été dit au *Rép.* n° 360, sur toutes ces exceptions, et non pas seulement sur celles mentionnées en l'art. 46, c'est-à-dire les exceptions de nullité ou déchéance du brevet. M. Bédarride seul a soutenu (n° 615) que les termes de l'art. 46 sont limitatifs, et qu'en déclarant expressément le tribunal correctionnel compétent sur les exceptions de nullité et de déchéance, cet article a exclu les autres exceptions. — Telle n'est point la véritable interprétation de l'art. 46. Cet article n'est, à l'égard des exceptions de nullité, que l'application des règles ordinaires; il ne saurait en résulter une dérogation au droit commun pour les autres exceptions. Si l'on a cru nécessaire d'affirmer, par une disposition spéciale, pour les exceptions de nullité, ce qui résultait déjà des principes généraux, c'est seulement pour lever le doute qu'aurait pu faire naître l'art. 34, attribuant exclusivement aux tribunaux civils la connaissance des actions en nullité, et non pour poser une règle dérogatoire et limitative (V. Pouillet, n° 890).

Spécialement, il appartient au tribunal correctionnel de statuer sur l'exception tirée de ce que le prévenu était cessionnaire d'une licence de fabrication concédée par le breveté ou cessionnaire, et sur la question de savoir si cette licence était transmissible ou purement personnelle (Crim. rej. 4 avr. 1868, aff. Champonnois, *Annales de la propriété industrielle, etc.*, 68. 133).

351. Le tribunal correctionnel peut, d'ailleurs, comme on l'a déjà indiqué au *Rép.* n° 356, surseoir à statuer sur la contrefaçon lorsqu'une instance en nullité du brevet est engagée devant le juge civil; mais le sursis est facultatif, et le tribunal peut passer outre, surtout s'il lui paraît que l'instance en nullité n'a été engagée que pour retarder le jugement sur la poursuite correctionnelle. — Décidé que le juge correctionnel saisi d'une poursuite en contrefaçon de brevet d'invention, n'est pas tenu, dans le cas où le prévenu, postérieurement à la plainte, intente au civil un procès en nullité du brevet, de surseoir jusqu'au jugement de cette nouvelle instance; il peut lui-même statuer, en ce qui concerne l'objet de la poursuite, sur cette prétendue nullité, en vertu du principe que le juge de l'action est juge de l'exception, alors surtout que le sursis ne lui paraît avoir été réclamé que comme moyen dilatoire (Crim. rej. 28 févr. 1862, aff. Genetier, D. P. 62. 5. 43).

352. Chaque fait de contrefaçon étant un délit distinct, le prévenu ne pourrait, devant le tribunal correctionnel, opposer l'exception de litispendance tirée de ce qu'une instance en contrefaçon serait déjà dirigée contre lui devant le tribunal civil, ou se prévaloir de l'adage *una via electa*, etc., qu'autant que l'instance civile s'appliquerait aux mêmes faits que l'action correctionnelle (V. Pouillet, n°s 901 et 903).

Lorsque, dans une instance civile en contrefaçon, le tribunal a rendu un jugement d'avant faire droit, le breveté peut néanmoins obtenir une ordonnance du président pour pratiquer de nouvelles saisies, et, à la suite de ces saisies, introduire une nouvelle poursuite devant le tribunal correctionnel (Lyon, 13 juin 1866, aff. Raffard, *Annales de la propriété industrielle, etc.*, 72. 184).

353. L'intervention, devant le tribunal correctionnel est recevable de la part de ceux qui, étant propriétaires du brevet avec le plaignant, se joignent à lui pour obtenir la répression du délit, à laquelle ils sont également intéressés. Au contraire, le principe de la responsabilité personnelle en matière pénale s'oppose à ce qu'une intervention soit admise du côté du prévenu, si ce n'est celle de la partie civilement responsable (V. Pouillet, n°s 912 à 915). Par suite, le fabricant qui, sur son intervention en première instance, a été condamné comme contrefacteur, est fondé à demander devant la cour sa mise hors de cause, les frais de son intervention restant à sa charge (Bordeaux, 6 juin 1877, aff. Meunier, *Annales de la propriété industrielle, etc.*, 78. 33). — Décidé, de même, que le fabricant qui se croit menacé d'une poursuite en contrefaçon n'a pas pour cela qualité pour intervenir en appel à côté du demandeur en nullité de brevet, le jugement n'ayant autorité qu'entre les parties en cause et ne pouvant préjudicier aux droits des tiers (Paris, 17 févr. 1883, aff. Lecointe, *Annales de la propriété industrielle, etc.*, 84. 109). — Jugé, au contraire, que le fabricant d'objets argués de contrefaçon a le droit d'intervenir dans l'instance correctionnelle engagée contre les détenteurs de ces objets, la condamnation qui serait prononcée contre ceux-ci pouvant engager ultérieurement sa responsabilité civile à raison du dommage auquel il aurait contribué (Paris, 29 mars 1856, aff. Gache, *Annales de la propriété industrielle, etc.*, 57. 69).

354. Lorsque la poursuite, soit au civil, soit au correctionnel, est fondée sur plusieurs brevets, il ne suffit pas que la contrefaçon soit reconnue par le jugement ; il est nécessaire que le jugement spécifie quel est celui des brevets invoqués par le demandeur auquel il a été porté atteinte ; la contrefaçon n'est pas suffisamment caractérisée lorsqu'elle ne se rapporte pas à un brevet déterminé. M. Pouillet, n° 954, enseigne avec raison, selon nous, qu'il y aurait en pareil cas défaut de motifs, si le juge avait omis de rattacher le fait de contrefaçon à l'un ou plusieurs des brevets ; il rappelle à ce sujet qu'il n'est pas permis de combiner entre eux les divers titres dont se prévaut le breveté, et de constituer, avec partie de l'un et partie de l'autre, un ensemble qui n'est décrit dans aucun (V. Pouillet, n° 954). — Jugé, que lorsque des produits ont été saisis comme constituant une contrefaçon tout à la fois d'un brevet pris personnellement par le saisissant et d'un second brevet dont il s'est rendu cessionnaire, le juge ne motive pas suffisamment le rejet de l'action en contrefaçon, s'il n'en apprécie le mérite que relativement à l'un des brevets invoqués (Crim. cass. 27 juill. 1861, aff. Rouget de Lisle, D. P. 64. 5. 32).

355. Les effets de la chose jugée sur la contrefaçon peuvent être plus ou moins étendus, suivant que le jugement est rendu au civil ou au correctionnel; la différence provient de ce qu'un des moyens de défense les plus ordinaires à l'action en contrefaçon est tiré de la nullité ou de la déchéance du brevet.

Le juge civil a pleine compétence pour statuer sur la question de validité du brevet qui peut être soulevée devant lui, par exemple sous forme de demande reconventionnelle, de telle sorte que le jugement prononce expressément, ou implicitement par la relation entre les motifs et le dispositif, la validité ou la nullité du brevet. En ce cas, une fois le jugement passé en force de chose jugée, la question ne peut plus être débattue entre les parties, pas plus devant le juge civil que devant le juge correctionnel auquel seraient déférés de nouveaux faits argués de contrefaçon en vertu du même brevet (V. Civ. cass. 11 mai 1870, cité *suprà*, n° 266). Là s'arrête, d'ailleurs, l'influence de la chose jugée au civil; ce qui est statué, non pas relativement au brevet, mais relativement aux faits qui ont été déférés au tribunal, ne saurait constituer ni au civil, ni au correctionnel, la chose jugée par rapport à de nouveaux faits sur lesquels une nouvelle action s'engagerait, ces faits fussent-ils exactement semblables à ceux sur lesquels il a été statué par le premier jugement; il n'y a, à cet égard, qu'un précédent, sur lequel la liberté d'appréciation du juge de la nouvelle action demeure entière (V. Pouillet, n°s 885 et 897).

Lorsque, sur des poursuites correctionnelles en contrefaçon, le prévenu a obtenu un sursis à l'effet de saisir la juridiction civile d'une demande en déchéance du brevet, la décision intervenue au civil qui rejette cette demande met obstacle à ce que le prévenu invoque devant le tribunal correctionnel une exception en nullité du brevet, fondée sur la même cause;... Et, en cas pareil, le moyen tiré de l'autorité de la chose jugée doit, au besoin, être suppléé d'office par le tribunal correctionnel (Crim. cass. 18 juin 1852, aff. Guillaume, D. P. 52. 5. 61).

La chose jugée au civil sur une action en nullité ou en déchéance de brevet d'invention a autorité dans une poursuite en contrefaçon devant le tribunal correctionnel, encore bien que ce tribunal soit lui-même investi du droit d'apprécier les exceptions du prévenu tirées de la nullité ou de la déchéance du brevet, ce droit ne lui ayant été conféré que pour le cas où la juridiction civile n'aurait pas déjà prononcé. Ainsi, lorsqu'il a été jugé au civil que les procédés industriels consignés dans un brevet, dont un particulier demande la nullité, sont nouveaux et constituent une invention brevetable, ce même particulier poursuivi ultérieurement pour contrefaçon de ces procédés, n'est pas recevable à présenter devant le tribunal correctionnel une exception en nullité du brevet, tirée soit de la vulgarité ou de la divulgation de l'invention, soit de ce que les procédés brevetés n'auraient pas été suffisamment décrits au brevet. Et l'arrêt qui, dans une poursuite en contrefaçon, repousse par l'exception de la chose jugée le moyen tiré par le prévenu de la vulgarité ou de la divulgation de l'invention brevetée, contient des motifs suffisants sur ce moyen (Crim. cass. 8 août 1857, aff. Gautrot, D. P. 57. 1. 408).

Il a été décidé encore que le jugement rendu au civil sur la question de validité du brevet, soulevée même par voie d'exception, a autorité de chose jugée entre les parties, qui ne sont pas recevables ultérieurement à soulever la même question devant le juge correctionnel (Crim. cass. 8 août 1863, aff. Joly, *Annales de la propriété industrielle, etc.*, 64. 28); ... Que le jugement correctionnel qui s'approprie, en les spécifiant, les motifs d'un jugement rendu au civil au sujet du même brevet contre d'autres plaideurs, ne porte pas atteinte à la règle d'après laquelle la chose jugée ne peut être invoquée qu'entre les mêmes parties (Crim. cass. 28 janv. 1881, aff. Balin, *Annales de la propriété industrielle, etc.*, 81. 63).

356. Au contraire, le juge correctionnel n'apprécie le moyen de défense tiré de la nullité du brevet qu'en tant qu'il se rapporte au fait spécial qui lui est déféré à titre de délit: « En matière correctionnelle, dit M. Nouguier, n°s 986 et 987, les moyens principaux, ou les exceptions à l'aide desquels le prévenu fait valoir sa défense, ne sont définitivement et absolument admis que relativement au fait spécial incriminé: en conséquence, le prévenu acquitté ne peut plus être repris à raison du fait qui a été l'élément de la prévention; mais il peut être poursuivi à raison de faits nouveaux; de même, la partie civile est recevable à relever les conséquences privées des mêmes faits; en matière de contrefaçon, la loi, loin de déroger à cette règle élémentaire de la législation, la confirme et la consacre en termes exprès. En déclarant la déchéance ou la nullité du brevet, les juges correctionnels ne font qu'une chose, ils proclament l'innocence du prévenu. Dans ce cas, la déchéance ou la nullité prononcées sont donc purement et simplement relatives au fait déterminé qui a donné naissance à la poursuite » (V. aussi les consultations conformes de MM. Paillet; Blanc; Duvergier; de Vatimesnil; Dupin aîné; Valette, citées par Nouguier, n°s 988 à 993).

Cette opinion, absolument conforme aux principes généraux, et soutenue également par la majorité des auteurs (V. Bédarride, n° 608; Pouillet, n°s 886 et 887; Blanc, p. 578 et 592; Renouard, n° 226), a pourtant trouvé quelques contradicteurs: on a tiré argument, pour soutenir que la chose jugée sur la validité d'un brevet pouvait résulter du jugement correctionnel sur la contrefaçon, de l'art. 46 qui, en attribuant aux tribunaux correctionnels la connaissance des exceptions de nullité de brevets qui seraient soulevées dans les procès de contrefaçon, leur aurait par là donné le pouvoir de statuer sur les questions de nullité avec force de chose jugée. Si tel n'était pas l'effet de l'art. 46, dit-on, il ne reconnaîtrait au juge correctionnel que le pouvoir qui résulte des principes généraux, et il aurait été inutile de l'inscrire dans la loi (V. Consultation de Berryer, citée par Nouguier, n° 995; Malapert, dans le journal l'*Audience*, 1876, n°s 45 et 46; Morin, *Journal de droit criminel*, 1855, p. 193). — Il est impossible de trouver dans les termes de l'art. 46 rien qui justifie cette opinion; l'article dit simplement que le juge correctionnel statuera sur l'exception de nullité; cela ne veut pas dire qu'il décidera, avec force de chose jugée, sur la validité du brevet au delà de la relation qui existe entre le brevet et le fait spécial qui lui est déféré comme atteinte à ce brevet; l'art. 46 ainsi entendu, et réduit à la simple application des règles générales sur la compétence du juge correctionnel, n'est pas pour cela un pléonasme dans la loi; d'abord, comme nous avons déjà eu occasion de le faire remarquer, il prévient les doutes qu'aurait pu faire naître l'art. 34; et de plus, comme le fait observer M. Pouillet, s'appuyant sur la discussion de la loi et les explications du rapporteur, « la loi de 1838 qui réglait la compétence en matière de contrefaçon, impliquait la nécessité, pour les tribunaux correctionnels, de surseoir à statuer sur les exceptions préjudicielles tirées par le prévenu de la nullité, de la déchéance ou de la propriété du brevet, et d'autre part, la jurisprudence, s'écartant de la loi de 1838, avait admis au contraire, en matière de brevets, comme en toute autre, le droit pour les tribunaux correctionnels de statuer sur les exceptions soulevées. Il y avait donc là une divergence, et il était urgent pour le législateur de la faire cesser en prenant lui-même parti soit pour la loi de 1838, soit pour la jurisprudence qui la contredisait: de là l'art. 46. La commission pensa que la simple suppression de l'article du projet (qui renvoyait au juge civil le jugement des exceptions) ne rendrait pas clairement sa pensée, et voilà pourquoi elle introduisit dans la loi une disposition formelle, dont le but était, non d'établir une théorie nouvelle, mais de consacrer la jurisprudence suivie jusqu'alors. Or cette jurisprudence, en attribuant aux juges correctionnels le droit de statuer sur les exceptions proposées par le prévenu de contrefaçon, ne lui reconnaissait rien au delà du droit commun, et ne lui permettait de statuer que dans la mesure ordinaire, dans la mesure restreinte que nous avons indiquée plus haut » (Pouillet, n° 886).

La jurisprudence a confirmé sur ce point le système que nous admettons d'accord avec la majorité des auteurs; elle considère le jugement correctionnel comme n'emportant pas chose jugée sur la validité du brevet, qui n'est appréciée que relativement au délit dont le juge est saisi. — Décidé: 1° que le tribunal correctionnel n'est juge des questions de droit civil opposées par le prévenu à titre d'exception, que dans la mesure et les limites de l'action pénale dont il est saisi; que, par suite, la décision qu'il rend sur ce moyen de défense ne s'étend pas au delà du fait incriminé, et, que dès lors, elle n'a pas l'autorité de la chose jugée à l'égard des poursuites exercées contre le même individu pour des faits postérieurs, encore bien que ces faits postérieurs donneraient lieu à la même exception; en cas pareil, il doit être de nouveau statué sur l'exception (Civ. cass. 29 avr. 1857, aff. Rohlfs, D. P. 57. 1. 137); — 2° Que la décision du tribunal correctionnel qui, sur une action en contrefaçon, a accueilli l'exception tirée par le prévenu de la nullité ou de la déchéance du brevet servant de base aux poursuites, et a renvoyé le prévenu de la plainte, ne met pas obstacle à ce que le même individu soit plus tard poursuivi en vertu du même brevet, à raison de faits postérieurs, et à ce que, dès lors, la question de validité du brevet soit de nouveau agitée entre les mêmes parties, pour l'appréciation de ces derniers faits. Spécialement, cette décision n'a pas l'autorité de la chose jugée contre l'action en dommages-intérêts formée par le breveté devant le tribunal civil, pour de nouveaux faits de contrefaçon imputés au même individu; dès lors, le tribunal civil peut se livrer à son tour à l'examen de la validité du brevet, le déclarer valable, contrairement à la précédente décision du tribunal correctionnel, et allouer des dommages-intérêts au breveté (Même arrêt. V. aussi Crim. rej. 22 janv. 1870, aff. Leplay, D. P. 73. 5. 46); — 3° Qu'en matière de brevet, le rejet, par le jugement correctionnel, de l'exception de déchéance ou de nullité du brevet ne s'oppose pas à ce que le prévenu porte ultérieurement devant les tribunaux civils une demande aux mêmes fins contre la même partie (Paris, 13 nov. 1858, aff. Heudebert, D. P. 59. 2. 110); — 4° Que la décision par laquelle le tribunal correctionnel a repoussé l'exception de nullité du brevet sur lequel est fondée la poursuite en contrefaçon, n'apporte pas l'obstacle de la chose jugée à ce qu'une demande en nullité du même brevet soit engagée entre les mêmes parties, devant la juridiction civile, conformément à l'art. 34 de la loi du 5 juill. 1844; mais, la juridiction civile ne peut, après avoir annulé le brevet, condamner le titulaire à des dommages-intérêts, à raison des saisies pratiquées par lui au préjudice du demandeur en nullité, lorsque, sur les poursuites en contrefaçon dont elles avaient été suivies, ces saisies ont été validées par le tribunal correctionnel qui avait rejeté l'exception de nullité du brevet alors opposée par le prévenu (Civ. cass. 21 févr. 1859, aff. de Villamil, D. P. 59. 1. 197); — 5° Qu'en matière de contrefaçon, la décision correctionnelle qui a renvoyé des fins de la plainte le prévenu de contrefaçon, n'a pas l'autorité de la chose jugée à l'égard des faits de contrefaçon qui pourraient ultérieurement se produire, quoiqu'elle soit intervenue par suite d'une convention entre les parties, et sur une saisie opérée et consentie pour amener l'appréciation de leurs droits respectifs (Civ. rej. 9 juill. 1861, aff. Bourdon, D. P. 61. 1. 478); — 6° Que le tribunal correctionnel, saisi d'une plainte en contrefaçon d'objets brevetés, peut statuer sur l'exception tirée par le prévenu de la nullité ou de la déchéance du brevet; mais que cette décision, applicable exclusivement à l'espèce poursuivie, n'a pas force de chose jugée à l'égard des tiers, ni entre les parties elles-mêmes (Crim. rej. 1er avr. 1870, aff. Hayem, D. P. 73. 5. 45); — 7° Que la décision du tribunal correctionnel qui, sur une action en contrefaçon, a repoussé l'exception tirée de la nullité ou de la déchéance du brevet et a condamné le prévenu, ne met pas obstacle à ce que le même individu, poursuivi devant un autre tribunal à raison de faits postérieurs, fasse accueillir la même exception et obtienne son renvoi de la nouvelle poursuite (Crim. rej. 22 janv. 1870, aff. Leplay, D. P. 73. 5. 46); — 8° Que le tribunal correctionnel qui, sur l'exception présentée par le prévenu de contrefaçon, reconnaît que le brevet du plaignant est nul, doit renvoyer le prévenu des fins de la plainte, mais sans pour cela prononcer la nullité du brevet (Paris, 7 déc. 1865, V. *suprà*, n° 316).

357. L'action en contrefaçon s'exerce aux colonies de la même manière qu'en France.

Bien que l'arrêté colonial du 8 vent. an 12 exige que les actes venant de France ou de l'étranger soient revêtus, avant leur mise à exécution, du visa de l'autorité coloniale, le visa préalable du brevet ne peut être exigé pour l'exercice d'une action en contrefaçon; cette action, qui a pour objet de faire reconnaître en justice le droit de l'inventeur, ne pouvant être considérée comme une mise à exécution, c'est à tort que l'action serait repoussée pour défaut de visa (Crim. cass. 8 déc. 1866, aff. Périer et Possoz, *Annales de la propriété industrielle, etc.*, 67. 86).

Art. 4. — *Peines et réparations civiles; Voies de recours; Prescription* (*Rép.* nos 363 à 397).

358. — I. Peines et réparations civiles. — La peine de la contrefaçon est une amende, et en outre l'emprisonnement en cas de récidive ou de faits assimilés. Nous n'avons rien à ajouter, sur ce point, à ce qui a été dit au *Rép.* nos 363 à 372. On a également indiqué au *Rép.* nos 367 à 369, en quoi consiste la récidive en matière de contrefaçon; il y a récidive, lorsqu'il a été rendu contre le prévenu, dans les cinq années antérieures, une première condamnation pour un des délits prévus par la loi de 1844. L'opinion que nous exposions sous le n° 368 du *Répertoire*, d'après laquelle l'atteinte portée successivement à deux brevets différents constitue la récidive aussi bien que l'atteinte réitérée au même brevet, est admise sans contestation (V. Pouillet, n° 964; Nouguier, n° 1004). Décidé que l'ouvrier qui, après avoir été déjà condamné pour contrefaçon d'un brevet, imite de nouveau la même invention, se rend encore par là coupable du délit de contrefaçon et se trouve, dès lors, en état de récidive, bien qu'il n'ait agi cette seconde fois que d'après les ordres et pour le compte de son maître (Orléans, 24 avr. 1855, aff. Laurence, D. P. 55. 2. 327).

359. La condamnation prononcée par le tribunal civil ne peut servir de base à l'application au contrefacteur des peines de la récidive, sur une poursuite ultérieure pour nouveaux faits devant le tribunal correctionnel (Trib. corr. Seine, 31 janv. 1867, aff. Desouches, *Annales de la propriété industrielle, etc.*, 69. 24).

On décide aussi, conformément à ce qui a été dit au *Rép.* n° 369, que, malgré la généralité des termes de l'art. 43, le prévenu de contrefaçon n'est pas en état de récidive lorsque le premier délit est un de ceux prévus par l'art. 33; cet article vise, en effet, des délits qui sont sans rapport avec la contrefaçon, et prévoit lui-même le cas de récidive pour les faits qu'il vise; les deux dispositions sont absolument indépendantes l'une de l'autre (V. Nouguier, n° 1006; Rendu et Delorme, n° 554. — Comp. Pouillet, n° 964).

360. L'art. 43 assimile à la récidive, au point de vue de la peine, la contrefaçon commise par l'ouvrier ou employé ayant travaillé dans les ateliers ou établissements du breveté, ou avec la participation de l'ouvrier ou employé par qui le contrefacteur aurait eu connaissance des procédés décrits au brevet.

Les termes « ouvriers ou employés ayant travaillé dans les établissements du breveté » auraient, si on les prenait à la lettre, une portée trop étendue; ils ont besoin d'être précisés. Dans le *Rép.* n° 370, on a indiqué que ces expressions désignaient l'ouvrier qui, ayant eu part aux travaux préparatoires de l'invention et investi par nécessité de la confiance de l'inventeur, se serait mis à l'exploiter ou en aurait donné connaissance à un tiers, avant la prise du brevet; cela suppose nécessairement que la divulgation qui a pu résulter de cette exploitation ne porte pas atteinte à la validité du brevet (V. Nouguier, n° 791; Rendu et Delorme, n° 555).

Mais on a exposé *suprà*, n° 58, que, d'après une doctrine plus nouvelle et qui tend à prévaloir aujourd'hui, la divulgation, même frauduleuse, détruit la nouveauté de l'invention. Suivant cette doctrine, l'art. 43, visant une circonstance aggravante de la contrefaçon, ne s'applique pas à l'hypothèse envisagée au *Répertoire* puisque, le brevet n'étant pas valable, il ne peut pas y avoir de contrefaçon; c'est au contraire à des faits postérieurs à la prise du brevet que s'appliquerait l'art. 43; la contrefaçon commise par l'ouvrier du breveté ou avec son concours serait l'objet d'une répression plus sévère, parce qu'elle est plus dangereuse et fait au breveté une concurrence plus redoutable. Bien que l'invention puisse être connue de tous par la description qui accompagne le brevet, l'ancien ouvrier ou employé du breveté a acquis, par son travail chez celui-ci, une expérience et une habileté que la lecture du mémoire descriptif ne peut donner à un contrefacteur ordinaire : la contrefaçon est ainsi exempte des tâtonnements, des pertes de temps et d'argent qui peuvent se produire dans la mise en activité d'une industrie nouvelle; l'aggravation du délit consiste en ce que l'ouvrier, contrefacteur ou complice, tire parti, pour mieux contrefaire au détriment du breveté, de la connaissance pratique de l'invention acquise à son service (V. Pouillet, n° 719 *bis*).

Cela étant, il est clair que l'aggravation ne résulte pas de ce que l'ouvrier aura travaillé à une époque quelconque chez le breveté, et y aura été occupé à un travail quelconque. L'art. 43 sera applicable lorsque l'ouvrier ou employé aura participé à l'exploitation de l'invention par le breveté; la loi dit, en effet « ayant travaillé dans les établissements ou ateliers du breveté », ce qui suppose que l'invention était mise en exploitation. C'est, en effet, à ce moment que, l'invention étant sortie de la période d'essais et étant pratiquement réalisée, l'ouvrier a pu acquérir dans son travail l'habileté, le tour de main qui aggrave la contrefaçon (V. Pouillet, n° 719).

Bien que la connaissance plus parfaite de l'invention et l'expérience acquise sous la direction du breveté soient d'un plus grand secours au début de la contrefaçon, la participation de l'ouvrier du breveté procurera, à toute époque, au contrefacteur, une facilité et une sûreté plus grandes dans l'exécution; c'est pourquoi, dans l'opinion que nous exposons, cette participation sera encore une circonstance aggravante, quand elle viendra s'adjoindre à une contrefaçon déjà commencée, aussi bien que si elle accompagne la contrefaçon à son début (V. Pouillet, n° 719 *bis*).

Enfin il faut remarquer que le mot associé, employé par l'art. 43, ne suppose pas une société formée entre le contrefacteur et l'ouvrier, son complice. Autrement, comme le dit M. Pouillet, n° 719, « il serait trop facile d'éluder la loi, puisqu'il suffirait de ne point faire d'association régulière et légale. En disant *associé*, le législateur a simplement voulu parler d'un accord, d'une entente, d'un concert établi entre l'ouvrier et le contrefacteur, d'une association d'efforts en vue de la contrefaçon ».

361. Le jugement qui reconnaît la contrefaçon doit prononcer, au profit du breveté, la confiscation des objets contrefaits; la confiscation, suivant ce qui a été dit au *Rép.* n° 373, n'est pas une peine, mais une réparation civile, et doit être prononcée aussi bien par le juge civil que par le juge correctionnel. Cette opinion, contestée à l'époque où elle a été émise au *Répertoire*, est aujourd'hui acceptée par les auteurs et la jurisprudence. M. Nouguier, n° 1014, fait remarquer qu'on ne peut assimiler la confiscation au profit de la partie civile à la confiscation édictée par l'art. 11 c. pén. au profit de l'Etat; le caractère pénal de celle-ci ne peut être appliqué à celle-là, qui est une simple indemnité. M. Pouillet, n° 966, comme M. Blanc (déjà cité au *Répertoire*) s'appuie sur l'art. 49, qui ordonne la confiscation même au cas d'acquittement, et sur les observations de M. Senard, commissaire du Gouvernement, dans la discussion de la loi. Ce dernier, répondant à ceux qui étaient d'avis de prescrire la destruction des objets contrefaits, s'est exprimé en ces termes : « Ce serait, dans la plupart des cas, détruire l'élément naturel de l'indemnité due au breveté; car les objets contrefaits constituent presque la seule valeur sur laquelle repose habituellement cette indemnité. D'ailleurs, la destruction complète ne servirait à personne... Les objets contrefaits seront conformes à ceux que fabrique le breveté lui-même; les recevant en nature à titre de dédommagement, il les vendra pour son compte, et il en tirera le meilleur parti possible dans l'intérêt de sa propre fabrication » (V. également : Rendu et Delorme, n° 568; Calmels, n° 717). — Il a été décidé : 1° que la juridiction civile, saisie d'une action en contrefaçon, peut prononcer la confiscation des objets contrefaits, la confiscation, en matière de contrefaçon, étant moins une peine que la réparation du dommage causé (Req. 9 mai 1859, aff. Desse, D. P. 59. 1. 205; Req. 29 juin 1875, aff. Jacquet de Mey, D.P. 76. 1. 12); — 2° Que la confiscation étant, en matière de contrefaçon industrielle, principalement une réparation civile, le juge d'appel peut la prononcer contre le prévenu acquitté en première instance, alors même que la partie civile a seule appelé. Mais il n'en est pas de même de l'amende; et, dès lors, la prononciation de cette peine, en l'absence d'un appel du ministère public, donne lieu à cassation de l'arrêt quant à ce chef et par voie de retranchement (Crim. cass. 22 juin 1860, aff. Juhel, D. P. 60. 1. 292).

362. L'application de l'art. 49, d'après lequel la confiscation porte sur les objets contrefaits, et, le cas échéant, sur les instruments et ustensiles servant spécialement à la contrefaçon, soulève quelques difficultés. D'abord il faut définir ce qu'on doit entendre par objets contrefaits: lorsque le brevet porte sur un produit nouveau, il est clair que les produits semblables sont des objets contrefaits; mais quand le brevet porte sur un procédé nouveau, servant à obtenir un produit connu, il arrive souvent que ce procédé, consistant en une combinaison d'opérations, ou en des dosages chimiques, est immatériel; la contrefaçon ne se matérialise que dans les instruments et dans les produits; ces produits sont-ils contrefaits? Oui, si on considère leur origine; non, si on les considère en eux-mêmes; de là une divergence d'opinion entre les auteurs. M. Blanc, p. 678, s'attachant à l'origine des produits, enseigne qu'ils encourent la confiscation. M. Pouillet, n° 974, et M. Nouguier, n° 1024, considérant ce qu'il peut y avoir d'excessif à frapper de confiscation des objets qui en somme, malgré le vice de leur origine, sont des objets du domaine public, rejettent l'opinion de M. Blanc sans admettre pourtant d'une manière absolue la règle contraire; suivant eux, l'origine contrefaite du produit ne suffit pas pour le rendre sujet à confiscation : il faut de plus, dit M. Pouillet, empruntant les termes d'un arrêt de la cour de cassation (Crim. cass. 13 mai 1853, aff. Labbez, D. P. 54. 1. 43), « que le produit ait par l'emploi du brevet, subi une transformation telle, une modification si importante, qu'il doive lui-même être réputé contrefait ». Cette définition, adoptée aussi par M. Nouguier, aboutit au fond à poser en principe la non-confiscation des objets non brevetés provenant de l'emploi du procédé contrefait, tout en admettant que le juge du fait pourra s'écarter de cette règle pour des motifs dont il sera souverain appréciateur.

Il nous paraîtrait préférable de s'en tenir au principe, qui est fort juste, sans y apporter des exceptions qui ne sont même pas susceptibles d'être définies; ces exceptions sont, d'ailleurs, d'autant moins nécessaires que la confiscation, bien que les objets confisqués atteignent parfois une valeur considérable, n'est qu'une des formes que peut revêtir la réparation due par le contrefacteur, et que le juge du fait peut, dans l'évaluation des dommages-intérêts, tenir compte du dommage que subit le breveté, par la vente des objets non contrefaits, et par suite non confiscables, mais provenant d'une contrefaçon. — Il a été décidé, à ce sujet : 1° que les laines ou tissus auxquels un procédé contrefait de graissage ou de dégraissage a été appliqué, doivent être réputés objets contrefaits ou instruments de contrefaçon, et, comme tels, soumis à la confiscation (Civ. rej. 20 août 1851, aff. Cunin-Gridaine, D. P. 54. 5. 79); — 2° Que les objets confectionnés à l'aide d'instruments brevetés que l'ouvrier s'est procurés par la voie de contrefaçon peuvent être compris avec ces instruments dans la confiscation, s'il ont subi, par suite de l'application usurpée du procédé, des modifications telles qu'ils doivent être aussi considérés comme objets contrefaits (Crim. cass. 13 mai 1853, aff. Labbez, D. P. 54. 5. 79); — 3° Qu'en cas de contrefaçon d'instruments brevetés, le juge peut prononcer la confiscation, non seulement des instruments contrefaits, mais même des produits qu'ils ont fait obtenir, lorsque, par une appréciation souveraine des circonstances, il reconnaît que les matières premières auxquelles ces instruments ont été appliqués, ont, par suite de cette application, subi dans leur nature, dans leur forme, dans leur apparence ou dans leur valeur, des modifications telles qu'ils doivent être considérés eux-mêmes comme objets contrefaits (Crim. rej. 20 mars 1857, aff. Lanet, D. P. 57. 1. 218). — Mais la confiscation ne peut comprendre les matières premières, marchandises ou objets de fabrication auxquels ont été appliqués l'instrument, la machine ou le procédé contrefaits, qu'autant qu'il est déclaré expressément que ces objets ont subi, par suite de cette application, dans leur forme, dans leur apparence ou dans leur valeur, des modifications telles qu'ils doivent être considérés comme objets contrefaits (Crim. cass. 28 mai 1853, aff. Caujolle, D. P. 54. 1. 43; Req. 9 mai 1859, aff. Desse, D. P. 59. 1. 205). — Et réciproquement, les objets de fabrication auxquels le procédé breveté a été appliqué, ne peuvent être à l'abri de la confiscation qu'autant qu'il est déclaré que ces objets n'ont pas subi de telles modifications (Crim. cass.

13 mai 1853, aff. Labbez, D. P. 54. 1. 43). — En conséquence, le juge ne peut prononcer (Arrêt précité du 28 mai 1853) ;... ou refuser (Arrêt précité du 13 mai 1853) la confiscation, en gardant le silence sur ces modifications. — Il a été jugé, d'ailleurs, que les objets fabriqués à l'aide d'un appareil contrefait ne sont pas sujets à confiscation, si l'emploi de l'appareil contrefait tout en procurant au fabricant une économie dans la main-d'œuvre, n'a pourtant apporté aucun changement dans la forme et la valeur intrinsèque des objets, surtout si le même résultat aurait pu être obtenu au moyen des procédés antérieurement en usage (Amiens, 14 août 1877) (1).

Lorsque le propriétaire d'un brevet d'invention a demandé la confiscation des objets contrefaits, il appartient au juge du fait d'apprécier si les marchandises ou objets de fabrication auxquels l'instrument ou le procédé brevetés ont été appliqués ont reçu, dans leur nature, leur forme ou leur valeur, des modifications telles qu'ils doivent être considérés comme contrefaits ; par suite, est nul l'arrêt qui rejette la demande de confiscation des marchandises saisies, sans s'expliquer sur la nature et l'importance des changements apportés par l'emploi de l'instrument contrefait aux marchandises, et qui se borne à énoncer que « l'appareil facilite et simplifie la main-d'œuvre » (Civ. cass. 5 janv. 1876, aff. Godin, D. P. 76. 1. 10).

363. Quant aux instruments qui peuvent être sujets à confiscation, les termes de l'art. 49 sont très précis : la confiscation s'applique aux instruments servant spécialement à la contrefaçon. M. Pouillet, n° 978, pose en principe que les instruments susceptibles d'être employés d'une manière licite échappent à la confiscation, mais en admettant, comme à l'égard des objets contrefaits (V. *suprà*, n° 362), des exceptions qu'il omet de définir : « Il est hors de doute, dit-il, qu'en principe la confiscation de l'instrument, servant ou pouvant servir en même temps à d'autres usages qu'à la fabrication de l'objet contrefait, ne devra pas être prononcée ; mais cela n'empêche pas qu'elle puisse, qu'elle doive l'être dans des cas déterminés ». Quels sont ces cas déterminés? Ce sont, au contraire, des cas pour la détermination desquels on ne peut poser aucune règle ; nous préférons nous en tenir aux termes de l'art. 49, sans y apporter d'exceptions. Quand la contrefaçon consiste, par exemple, en ce que des laines ou tissus ont été préparés ou graissés avec de l'oléine pour l'application de laquelle un brevet d'invention a été obtenu, ces laines doivent être considérées comme instrument de contrefaçon, et par suite, elles doivent être confisquées (Metz, 14 août 1850, aff. Alcan, D. P. 51. 2. 163). — Jugé que les instruments qui ont servi spécialement à la contrefaçon doivent être confisqués même lorsqu'ils n'y sont pas indispensables (Nancy, 27 janv. 1875, aff. Frezon, *Annales de la propriété industrielle, etc.*, 75. 12) ; — ... Que la confiscation des machines doit être prononcée lorsqu'il est établi que le contrefacteur s'en servait sciemment pour la fabrication du produit contrefait (Agen, 13 mars 1883, aff. Urbain, *Annales de la propriété industrielle, etc.*, 83. 104).

La confiscation des matières premières à titre d'instruments du délit est suffisamment justifiée par cette déclaration souveraine du juge du fait que le prévenu ne confectionne, parmi les objets pouvant employer ces matières, que les articles contrefaits qui ont motivé la saisie (Crim. rej. 14 avr. 1859, aff. Stolz, D. P. 59. 5. 47). Mais la confiscation des matières premières et des instruments n'étant, à la différence de celle des objets contrefaits, que facultative et subordonnée aux circonstances de la cause, est nul le jugement qui, dans une poursuite où il y a eu saisie d'objets contrefaits et en même temps de matières premières et d'instruments, prononce, sans énonciation de motifs et d'une manière générale, la confiscation des objets saisis (Crim. cass. 2 déc. 1859, aff. Bard, D. P. 61. 5. 46).

Des termes employés par l'art. 49, il résulte clairement que, dans le cas, très fréquent, où la contrefaçon s'est opérée à l'aide d'instruments appartenant au domaine public, ces instruments ne sont pas sujets à confiscation (V. en ce sens : Amiens, 3 juin 1883, aff. Overend, *Annales de la propriété industrielle, etc.*, 85. 259) ;... alors surtout qu'ils ont été employés dans des conditions différentes de celles du brevet (Même arrêt).

364. La confiscation, prononcée par le jugement, comprend-elle non seulement les objets qui ont été saisis ou simplement décrits, à la requête du breveté, mais encore tous les objets semblables qui seront trouvés en la possession du contrefacteur ? M. Blanc, p. 681, admettait que la confiscation ne s'appliquait qu'aux objets saisis, et il semble, en effet, que la confiscation ne puisse s'appliquer qu'à des objets déterminés *in specie*, et qui se trouvent sous la main de la justice, et non à des objets déterminés seulement *in genere* et dont le contrefacteur a pu disposer. Il est certain que le jugement de confiscation n'autoriserait pas le breveté à faire saisir ceux-ci entre les mains d'un tiers acquéreur ; il faudrait vis-à-vis du tiers acquéreur prendre un jugement constatant la contrefaçon et prononçant la confiscation. MM. Renouard, n° 259, et Calmels, n° 659, admettent que la saisie comprend, en outre, les objets décrits. C'est, à notre avis, trop ou trop peu ; la description n'a pas, comme la saisie, pour résultat de spécifier les objets qu'elle comprend, elle ne fait qu'en déterminer le genre ; et si l'on admet que la confiscation puisse porter sur des objets ainsi déterminés, il est alors plus logique de décider, comme le fait M. Pouillet, s'appuyant sur les termes de l'art. 49 « objets contrefaits », que la confiscation doit porter sur tous les objets contrefaits, saisis ou non saisis, décrits ou non décrits qui peuvent exister en la possession du contrefacteur (V. Pouillet, n° 979).

La jurisprudence paraît avoir finalement adopté ce dernier système, mais non sans hésitation ; il existe des arrêts qui restreignent la confiscation soit aux objets saisis, soit aux objets saisis ou décrits. Il a été jugé que les objets contrefaits trouvés en la possession du prévenu ne sauraient échapper à la confiscation même dans le cas où celui-ci en attribue la propriété à un tiers, et alors surtout que cette allégation est contredite par des conclusions dans lesquelles il demandait la mainlevée de la saisie et la remise desdits objets entre ses mains. Au reste, ce n'est pas au prévenu, en une pareille situation, qu'il pourrait appartenir de critiquer un chef de décision à la suppression duquel il n'a pas intérêt (Crim. rej. 6 févr. 1864, aff. Godard-Desmarets, D. P. 66. 5. 43). — Décidé aussi que la confiscation des objets contrefaits ne peut être prononcée contre le contrefacteur, lorsque ces objets ne sont plus en sa possession. Elle est remplacée, en pareil cas, par des dommages-intérêts fixés, non d'après l'importance du profit que la

---

(1) (Godin C. Boucher.) — LA COUR ;... — Vu néanmoins l'art. 49, § 2, de la loi du 5 juill. 1844,... — Considérant que, dans le cas prévu par cette disposition, la confiscation de l'objet contrefait a essentiellement le caractère d'une réparation civile ; que de droit la remise doit en être faite au bénéficiaire du brevet, aux frais du contrefacteur ; — Considérant, dès lors, qu'à tort les premiers juges, en prononçant la confiscation des tables de redressage saisies dans les usines de E. Boucher et comp., ont ordonné que l'enlèvement de ces tables aurait lieu aux frais de Godin ; que E. Boucher et comp. ont eux-mêmes reconnu qu'il devait s'opérer à leurs frais ;

Sur la saisie des objets désignés par Godin comme ayant été fabriqués à l'aide de la table de redressage : — Considérant que l'emploi de cette table, à supposer que E. Boucher et comp. s'en soient servis pour la fabrication des objets saisis, ne leur a procuré qu'une simple économie dans la main d'œuvre, sans apporter aucune modification dans la nature, la forme et la valeur intrinsèque des objets ainsi fabriqués, et que le même résultat aurait pu être obtenu au moyen des procédés dont on se servait antérieurement ; — Que l'on ne saurait donc regarder ces objets comme contrefaits ; qu'à bon droit, d'une part, les premiers juges ont refusé d'en prononcer la confiscation, et, que, d'autre part, les appréciations ci-dessus rendent inutile l'expertise subsidiairement proposée ; — Par ces motifs, confirme le jugement dont est appel dans toutes les dispositions de la connaissance desquelles la cour est saisie, hormis celle par laquelle il est dit que Godin est autorisé à faire enlever à ses frais les tables de redressage saisies ; — Réformant quant à ce, et faisant ce que les premiers juges auraient dû faire, ordonne que l'enlèvement de ces tables et leur remise à Godin auront lieu aux frais de E. Boucher et comp. ; les condamne au remboursement de ces frais sur le vu de quittances en forme.

Du 14 août 1877.-C. d'Amiens, ch. réun.-MM. Saudbreuil, 1er pr -Detourbet, av. gén.-Cresson et Senard (du barreau de Paris), av.

partie poursuivie aurait retiré de la vente des objets contrefaits, mais seulement d'après l'évaluation du préjudice réellement souffert par le breveté et du gain dont il a été privé (Bourges, 28 déc. 1869, aff. Championnois, D. P. 70. 2. 153, et sur pourvoi, Req. 14 août 1871, D. P. 71. 1. 282). Ne peuvent être confisqués que les objets dont l'existence est justifiée au moment des poursuites; ainsi, sont sujets à confiscation les objets saisis, mais non ceux qui sont mentionnés sur les livres du contrefacteur comme ayant été vendus, et n'ont pas été saisis (Paris, 27 janv. 1865, aff. Sax C. Drouelle, *Annales de la propriété industrielle, etc.*, 69. 289). — Décidé encore que la confiscation peut porter non seulement sur les objets saisis, mais encore sur ceux dont les procès-verbaux de constat ont révélé l'existence, qu'ils soient ou non terminés (Lyon, 9 juin 1874, et sur pourvoi, Req. 29 juin 1875, aff. Jacquet de Mey, D. P. 76. 1. 12).

365. Il arrive souvent que l'objet contrefait est réuni à d'autres objets non contrefaits : la confiscation ne porte que sur l'objet contrefait, et ce qui s'y trouve réuni doit en être séparé; c'est seulement lorsque l'objet non contrefait et l'objet contrefait sont incorporés de façon à en rendre la séparation impossible, que l'objet contrefait entraîne dans la confiscation l'objet non contrefait (*Rép.* n° 375) : tel serait le cas d'une teinture contrefaite appliquée sur un tissu non contrefait. Jugé que la confiscation d'appareils contrefaits s'applique à toutes les parties dont se composent ces appareils et qui ont été décrits au brevet, sans qu'il y ait lieu d'en excepter celles qui, prises isolément, n'auraient pas été brevetables (Crim. rej. 27 déc. 1851, aff. Dubut, D.P. 53. 5. 55); — Que lorsqu'un objet composé de diverses parties non indivisibles, n'est entaché de contrefaçon que dans une de ces parties, la confiscation doit porter sur celle-ci prise isolément et non sur la totalité. Ainsi, dans la confiscation d'un bateau déclaré contrefait, en ce que le constructeur lui a donné une forme appartenant à un modèle d'un inventeur breveté, il y a lieu d'excepter les machines, lorsque, n'ayant été l'objet d'aucun débat, elles sont susceptibles d'être détachées (Crim. rej. 12 nov. 1858, aff. Gache, D.P. 59. 1. 41); — Que les pistolets et canons-jouets destinés à recevoir des capsules en papier, formant avec elles un tout indivisible, la confiscation peut, au cas seul de contrefaçon, en être prononcée, aussi bien que des amorces elles-mêmes, avec défense d'en faire fabriquer et vendre à l'avenir (Req. 11 mars 1867, aff. Lemaire Daimé, D. P. 67. 1. 429). — Décidé aussi que lorsque la contrefaçon d'une machine brevetée ne consiste pas seulement dans la reproduction plus ou moins déguisée de certains organes de cette machine, mais qu'il n'y a pas un des organes de la machine du contrefacteur qui ne concoure à la contrefaçon que leur ensemble accomplit, c'est à bon droit que le juge du fait prononce la confiscation de la machine entière. Et en ordonnant, en pareil cas, la remise des objets confisqués au poursuivant, le juge répond implicitement et suffisamment aux conclusions par lesquelles le prévenu demandait que la destruction desdits objets fût prononcée, pour les débris en provenant lui être restitués (Crim. rej. 5 juin 1863, aff. Mathias, D.P. 69. 5. 38); — Que bien que l'invention pour laquelle a été pris un brevet ne porte que sur un organe d'un appareil, susceptible d'en être détaché sans fracture, il y a lieu, en cas de contrefaçon, de confisquer l'appareil entier, si la combinaison imaginée par l'inventeur n'a d'objet pratique et d'intérêt industriel que dans son application à la confection des appareils de la nature indiquée. Tel est le cas où, pour la confection de bouteilles à liquides gazeux, un industriel a fait breveter un nouveau tube à soupape, susceptible d'être séparé de la bouteille, mais ne pouvant être utilisé isolément (Crim. rej. 30 janv. 1863, aff. Jennesson, D. P. 72. 5. 46); — Que, lorsqu'une machine contrefaite constitue un ensemble indivisible, dont les parties concourent à obtenir le résultat délictueux, la confiscation doit être prononcée pour le tout (Paris, 9 mai 1883, aff. Busc, *Annales de la propriété industrielle, etc.*, 84. 93).

366. Les objets même inachevés doivent être confisqués, lorsqu'il est établi qu'ils n'étaient préparés qu'en vue de servir à la contrefaçon. — Décidé que, dans la confiscation prononcée au profit de l'inventeur breveté, on doit comprendre, en même temps que les objets contrefaits, les parties inachevées qui ont été fabriquées en vue de servir à la confection d'objets identiques (Crim. cass. 11 août 1858, aff. Gautrot, D. P. 58. 1. 427; Req. 29 juin 1875, aff. Jacquet de Mey, D.P. 76. 1. 12); ... alors même qu'elles ne présenteraient pas encore dans leurs éléments des indices de contrefaçon (Arrêt précité du 11 août 1858); — Que lorsque, par l'adoption d'un perfectionnement à un appareil du domaine public, la partie contrefaite forme avec la partie non contrefaite un tout indivisible, la confiscation doit porter sur le tout, en exceptant, toutefois, les appareils qui étaient seulement en voie de transformation (Lyon, 25 févr. 1863, aff. Delharpe, *Annales de la propriété industrielle, etc.*, 64. 308).

367. La bonne foi reconnue du détenteur d'objets contrefaits n'empêche pas que la confiscation doive être prononcée (V. *Rép.* n° 372). — Jugé en ce sens que la confiscation des objets contrefaits doit être prononcée contre tout marchand dans le commerce duquel ces objets ont été saisis, encore que ce marchand, poursuivi comme recéleur ou débitant des objets contrefaits, aurait été acquitté à raison de sa bonne foi (Crim. cass. 9 déc. 1848, aff. Duchesne, D. P. 51. 5. 55); — Que la détention, même de bonne foi, d'objets contrefaits, suffit pour en autoriser la confiscation au profit de l'inventeur (Poitiers, 17 févr. 1855, aff. Berciaux, D. P. 55. 2. 110); — Que l'individu qui de bonne foi a acheté un objet contrefait, ne peut être déclaré complice de la contrefaçon, même quand il est commerçant et que l'objet (dans l'espèce, un appareil servant à faire monter la bière directement de la cave dans l'intérieur du café) sert à l'un des usages de son commerce; mais l'acquittement, dans ce cas, ne dispense pas le juge de prononcer la confiscation de l'objet contrefait (Angers, 29 juin 1870, aff. Gougy, D. P. 70. 2. 210).

368. Contrairement à une décision du tribunal de la Seine rapportée au *Rép.* n° 375, *in fine*, on admet généralement que l'expiration du brevet, qui ne met pas obstacle à l'exercice de l'action en contrefaçon, ne s'oppose pas non plus à ce que la confiscation soit prononcée (V. en ce sens : Pouillet, n° 988; Picard et Olin, n° 715). Cela suppose, toutefois, que la confiscation peut porter sur les objets non saisis (V. *suprà*, n° 364); car nous avons indiqué précédemment (n° 334), que, dans le cas où le brevet est expiré, la saisie préalable à l'action en contrefaçon ne peut être autorisée. — Décidé, en ce sens, que la confiscation des objets contrefaits doit être prononcée bien que, depuis l'introduction de l'instance en contrefaçon, le brevet d'invention ait pris fin, et que l'invention soit tombée dans le domaine public (Civ. rej. 20 août 1851, aff. Cunin-Gridaine, D. P. 54. 5. 78; Metz, 14 août 1850, aff. Alcan, D. P. 51. 2. 163; Gand, 20 juin 1877, aff. Jacobs Donkerwolke C. Van Vreckem, *Pasicrisie belge*, 1878. 2. 119); — Que l'expiration du temps fixé pour la durée d'un brevet d'invention n'enlève pas au breveté le droit de poursuivre les atteintes portées à son brevet antérieurement à cette date, tant que l'action résultant de ces délits de contrefaçon n'est point éteinte par la prescription; que, par suite, elle ne saurait rendre nul l'acte postérieurement fait, à la requête du breveté, pour la désignation et la description d'objets dont la contrefaçon prétendue remonterait à l'époque de l'existence dudit brevet (Crim. rej. 22 nov. 1872, aff. N..., D. P. 72. 1. 477). — Mais s'il est prétendu qu'une partie du produit de la contrefaçon a été employée après l'expiration du brevet, il doit être nommé des experts à l'effet d'éclaircir ce point (Arrêt précité du 14 août 1850).

369. La confiscation doit être prononcée, alors même que la valeur des produits de la contrefaçon dépasserait de beaucoup le préjudice causé au breveté, et encore bien qu'il fût sans aucun rapport avec ce préjudice (Metz, 14 août 1850, aff. Alcan, D. P. 51. 2. 163). — Jugé, de même, que la confiscation est à la fois une mesure d'ordre public et de justice, à laquelle ne saurait mettre obstacle l'importance et la valeur considérable, par rapport au préjudice subi par le breveté, des objets contrefaits (Nancy, 27 janv. 1875, aff. Frezon, *Annales de la propriété industrielle, etc.*, 75. 12).

370. Comme on l'a vu au *Rép.* n° 376, les objets confisqués sont remis au breveté, et non détruits. Les frais de cette remise ne doivent pas être à la charge du breveté, mais bien à la charge du contrefacteur (Civ. cass. 5 janv.

1876, aff. Godin, D. P. 76. 1. 10-11; Amiens, 14 août 1877, *suprà*, n° 362).

371. Les tribunaux peuvent ordonner, suivant l'art. 49, l'affichage de la condamnation pour contrefaçon; habituellement, l'affichage est remplacé par l'insertion dans un certain nombre de journaux, qui est toujours demandée par les parties, et ordonnée aussi bien au profit du défendeur quand la contrefaçon n'est pas établie, qu'au profit du demandeur au cas où elle est reconnue; cette pratique est constante au correctionnel comme au civil, et approuvée par les auteurs comme par la jurisprudence (V. Renouard, n° 262; Calmels, n° 672; *Annales de la propriété industrielle, etc.*, 73. 276; Pouillet, n° 1007). — Jugé que les tribunaux correctionnels peuvent ordonner l'insertion dans les journaux, aux frais du plaignant, du jugement qui rejette l'action en contrefaçon. Mais cette condamnation rentre dans les dommages-intérêts qui sont alloués au prévenu; par suite, si, sur l'appel du plaignant la cour réduit les dommages-intérêts aux dépens, sans s'expliquer sur l'insertion, celle-ci doit être considérée comme supprimée (Crim. rej. 12 déc. 1856, aff. Raspail, *Annales de la propriété industrielle, etc.*, 57. 101).

372. Conformément à l'opinion émise au *Rép.* n° 382, MM. Picard et Olin, n° 736, enseignent que, lorsque le jugement n'a pas ordonné l'affichage ou l'insertion de la condamnation, il n'appartient pas à la partie gagnante d'y faire procéder à ses frais (V. *contrà:* Pouillet, n° 1009; Huard, dans la *Propriété industrielle*, n° 452). D'après certains arrêts, celui qui a obtenu la condamnation n'aurait pas le droit de publier le texte même du jugement; mais il lui serait permis d'annoncer le fait même de la condamnation (V. notamment: Aix, 6 févr. 1857, aff. Vermare, D. P. 57. 2. 133; Paris, 1er mai 1860, aff. Sorlin C. Fattet, *Annales de la propriété industrielle, etc.*, 60. 277). Cette distinction paraît difficile à justifier. En effet les motifs qui ont déterminé la condamnation sont nécessaires pour en préciser la signification et la portée. Souvent même, comme le remarque M. Pouillet, *loc. cit.*, ils sont de nature à atténuer, sinon la condamnation, au moins la culpabilité.

En tous cas, la partie qui a obtenu par jugement l'affichage ou l'insertion peut y procéder nonobstant l'appel, sauf la responsabilité qu'elle encourrait en cas d'infirmation (V. en ce sens : Paris, 6 déc. 1859, aff. Duranton, 61. 404; Lyon, 13 juin 1866, aff. Raffard, *Annales de la propriété industrielle, etc.*, 61. 404; 72. 184). Il ne peut lui être réclamé de dommages-intérêts pour cette publication avant que la cour ait statué sur l'appel du jugement (Arrêt précité du 13 juin 1866).

373. — II. Voies de recours. — Le seul point sur lequel nous ayons à compléter les explications contenues à ce sujet au *Rép.* nos 387 et suiv., concerne la question de savoir dans quels cas la décision qui admet ou rejette l'exception de nullité ou de déchéance, opposée par le prévenu à l'action en contrefaçon, peut être déférée à la cour de cassation. Cette question doit être résolue diversement, suivant que c'est la juridiction correctionnelle ou la juridiction civile qui a statué. On a vu, *suprà*, n° 358, que le juge correctionnel ne peut statuer dans son dispositif sur la validité ou la nullité du brevet; il lui appartient seulement d'en apprécier la valeur dans ses motifs, comme élément de la décision à rendre sur l'action en contrefaçon : sa déclaration à cet égard, qui ne saurait avoir l'autorité de la chose jugée, ne peut, par cela même, être l'objet d'un pourvoi en cassation; un pareil recours serait dénué d'intérêt. Il en serait autrement, toutefois, si le sort de la poursuite en contrefaçon était lié à celui de l'exception. Ainsi, dans le cas où le moyen de nullité a été rejeté et le prévenu de contrefaçon condamné, ce prévenu est toujours recevable à se faire un grief, devant la cour de cassation, de ce que la condamnation prononcée contre lui l'a été par application d'un brevet nul, et à fonder son recours sur le rejet de l'exception. Lorsque, au contraire, le moyen de nullité a été accueilli, la recevabilité du pourvoi du breveté, demandeur en contrefaçon, dépend d'une distinction. Si l'action en contrefaçon a été repoussée à raison de la nullité du brevet, le breveté a évidemment intérêt à faire décider par la cour suprême que le juge correctionnel a considéré à tort son brevet comme nul, et déclaré sa poursuite non recevable : il ne fait en ce cas que s'attaquer à la décision relative à la contrefaçon elle-même. Si, au contraire, le juge correctionnel, tout en se déclarant contre la validité, ajoute qu'au surplus la contrefaçon n'est pas établie, le breveté n'est pas recevable à déférer à la cour de cassation la question de validité du brevet, parce que l'objet unique du pourvoi résiderait alors dans un débat préjudiciel sur lequel le juge de répression n'a statué ni pu statuer dans le dispositif de son jugement, et dont il n'a eu à s'occuper que dans les motifs de cette décision.

Les mêmes distinctions ne sont plus applicables lorsque la déclaration de validité ou de nullité du brevet émane du juge civil. Cette déclaration, comme on l'a vu *suprà*, n° 355, a la force et les effets d'un jugement, indépendamment de la poursuite en contrefaçon à l'occasion de laquelle elle est intervenue; le pourvoi contre la décision du juge civil qui valide ou annule le brevet est donc toujours recevable, soit de la part de celui qui a proposé l'exception, soit de la part du demandeur en contrefaçon, sans que l'on ait, d'ailleurs, à s'occuper de la décision rendue quant à la contrefaçon. Mais, pour que le pourvoi soit recevable, il faut, bien entendu, que la question de validité du brevet ait été réellement jugée dans le dispositif de la décision. Si elle n'a été appréciée que dans ses motifs, et si le dispositif peut se soutenir en dehors de cette appréciation, il y a lieu d'appliquer la règle suivant laquelle les motifs d'une décision, non susceptibles de produire la chose jugée, ne peuvent être attaqués devant la cour de cassation (V. *Cassation*). — Jugé, en conséquence, que l'arrêt qui, sur une action en contrefaçon portée devant le tribunal civil, s'exprime, dans ses motifs, contre la validité du brevet du demandeur, ne peut être déféré de ce chef à la cour suprême, si, examinant subsidiairement la question de contrefaçon elle-même, il se borne à rejeter l'action à raison de l'inexistence de cette contrefaçon sans prononcer la nullité du brevet (Req. 16 nov. 1868, aff. Labat, D. P. 69. 1. 125).

374. — III. Prescription. — Suivant ce qui a été indiqué au *Rép.* n° 397, l'action en contrefaçon se prescrit, suivant le droit commun en matière correctionnelle, par trois ans, et la prescription éteint en même temps l'action civile. On a vu aussi (*Rép. ibid.*) que le délit de contrefaçon n'est pas un délit successif; même une fabrication ininterrompue constitue une succession de délits distincts, dont chacun se prescrit séparément des autres. C'est un point admis par les auteurs (V. notamment : Pouillet, nos 1021 et 1022), et par la jurisprudence. — Jugé, en ce sens, que chaque fabrication d'objets en contrefaçon d'un brevet forme un délit à part, ayant son existence propre et sa prescription particulière; la fabrication d'un certain nombre d'objets brevetés ne saurait donc être considérée comme constituant un délit successif et unique, soumis seulement, dans son ensemble, à la prescription applicable au dernier des actes de fabrication; dès lors, pour la détermination des dommages-intérêts à allouer au propriétaire de l'invention contrefaite, il n'y a lieu de tenir compte que des fabrications qui ne sont pas couvertes par la prescription triennale (Crim. cass. 8 août 1857, aff. Gautrot, D. P. 57. 1. 408; Bourges, 28 déc. 1869, aff. Championnois, D. P. 70. 2. 153, et sur pourvoi, Req. 14 août 1871, D. P. 71. 1. 282). Décidé de même que lorsqu'un délit, tel que celui de contrefaçon, sur la poursuite duquel est intervenu un jugement frappé d'appel, a été continué pendant l'instance ouverte par ce recours, les faits nouveaux ne peuvent être pris en considération par la cour d'appel, ni dans la prononciation de la peine, ni dans la fixation des dommages-intérêts : ces faits constituent des délits distincts dont la répression est soumise à la règle des deux degrés de juridiction; et il y a violation de cette règle par cela seul que la cour les a compris dans l'expertise ordonnée sur les conclusions de la partie civile, encore bien qu'elle n'aurait pas encore statué sur le chiffre des dommages-intérêts (Crim. cass. 11 août 1858, aff. Gautrot, D. P. 58. 1. 427). — Il a, d'ailleurs, été jugé que le rejet du moyen de prescription de l'action est suffisamment motivé par cela même que l'arrêt constate que la détention et l'usage commercial des objets contrefaits se sont prolongés jusqu'à la date des procès-verbaux de saisie, et que, depuis cette époque jusqu'à celle des premières poursuites, trois ans ne se sont pas écoulés (Crim. rej. 5 févr. 1876, aff. Belin, D. P. 77. 1. 96).

Table sommaire

des matières contenues dans le Supplément et le Répertoire.

(Les chiffres précédés de la lettre *S* renvoient au Supplément; les chiffres précédés de la lettre *R* renvoient au Répertoire.)

Table des articles de la loi des 5-8 juillet 1844.

(Les chiffres précédés de la lettre S renvoient au Supplément; les chiffres précédés de la lettre R renvoient au Répertoire.)

Table chronologique des Lois, Arrêts, etc.

1878

22 janv. Req. 65 c.
27 mars. Trib. Seine. 74 c.
8 avr. Loi. 4 c.
13 avr. Paris. 63 c.
5 nov. Req. 65. 67 c.

1879

24 janv. Paris. 34 c., 210 c., 244 c., 246 c.
28 janv. Paris. 34 c., 56 c., 176 c.
30 janv. Trib. Seine. 54 c., 56 c.
14 févr. Crim. 132 c.
15 févr. Crim. 277 c.
28 févr. Crim. 65 c.
8 avr. Civ. 128 c., 229 c., 315 c.
24 mai. Paris. 51 c., 209 c.
30 mai. Paris. 201 c.
31 mai. Paris. 28 c., 31 c.
3 juin. Paris. 277 c.
5 juill. Paris. 62 c.
12 août. Cons. d'Et. 94 c., 113 c., 116 c.
22 nov. Crim. 209 c.
15 déc. Crim. 279 c.

1880

13 mars. Paris. 277 c.
26 mars. Trib. Havre. 247 c.
14 mai. Paris. 70 c.
17 juill. Paris. 277 c.
1er déc. Paris. 277 c.
22 déc. Civ. 316 c.
30 déc. Paris. 74 c.

1881

28 janv. Crim. 266 c., 277 c., 355 c.
9 mai. Chambéry. 247 c., 344 c.
24 mai. Civ. 25 c., 30 c.
25 mai. Besançon. 37 c., 41 c., 121 c., 127 c., 135 c.
28 juin. Civ. 201 c.
5 juill. Loi. 4 c.
8 juill. Trib. Lyon. 155 c.
25 nov. Crim. 25 c., 30 c.

1882

17 janv. Bordeaux. 183.
24 févr. Crim. 296 c.
21 mars. Req. 74 c.
19 juin. Req. 156.
10 août. Paris. 29 c.
29 nov. Trib. corr. Seine. 31 c., 160 c., 303 c.
20 déc. Paris. 156 c.
28 déc. Poitiers. 77.

1883

10 févr. Crim. 34 c., 35 c.
17 févr. Lyon. 26 c., 124 c.
17 févr. Paris. 31 c., 47 c., 51 c., 54 c., 56 c., 117 c., 132 c., 135 c., 210 c., 229 c., 236 c., 240 c., 243 c., 244 c., 353 c.
19 févr. Req. 183.
1er mars. Trib. Seine. 161 c.
9 mars. Crim. 56 c.
13 mars. Agen. 317 c., 363 c.
20 mars. Conv. 7 c., 54 c., 248 c.
9 mai. Paris. 365 c.
2 juin. Req. 279 c.
3 juin. Amiens. 34 c., 41 c., 52 c., 320 c., 363 c.
3 juill. Nancy. 108 c., 169 c.
24 août. Rennes. 188 c., 251 c., 256 c.
6 nov. Req. 128 c., 275 c.
12 nov. Req. 62 c.
18 déc. Civ. 74 c.
26 déc. Paris. 210 c.

1884

26 janv. Crim. 65 c.
31 janv. Bourges, 277 c.
9 févr. Liège. 183 c.
14 févr. Crim. 67 c.
12 mars. Paris. 51.
14 mars. Crim. 317 c.
16 mai. Crim. 169 c.
28 mai. Gand. 176 c.
29 mai. Amiens. 97 c.
8 juill. Décr. 7 c.
9 juill. Civ. 31 c., 51 c.
17 juill. Lyon. 210 c.
24 juill. Paris. 34 c.

1885

16 mars. Riom. 70 c.
31 mars. Req. 251 c.
4 mai. Req. 74 c., 97 c., 277 c.
6 mai. Paris. 28 c.
7 mai. Rouen. 337 c., 339 c.

1886

23 janv. Paris. 70 c., 126 c.
31 mars. Req. 219 c.
31 mai. Req. 337 c.
21 déc. Paris. 159 c.

BREVET D'OFFICIER. — V. *Organisation militaire;* — *Rép.* eod. v°, n°s 161, 826.

BRIQUETERIE. — V. *Forêts;* — *Rép.* eod. v°, n°s 879, 884.

BRIS. — Sur le bris de navire, V. *Droit maritime;* — *Rép.* eod. v°, n° 722.

Sur le bris de prison, V. *Évasion;* — *Rép.* eod. v°, n°s 14 et suiv.

Sur le bris de scellés, V. *Scellés et inventaire;* — *Rép.* eod. v°, n°s 153 et suiv.

BROCANTEUR. — V. *Industrie et commerce;* — *Rép.* eod. v°, n° 178.

BRUITS ET TAPAGES. — V. *Tapages et bruits injurieux ou nocturnes.*

BULLETIN. — Sur le bulletin des communes, V. *Commune; Compétence administrative; Marché de fournitures.*

Sur le bulletin de dépôt délivré par le conservateur des hypothèques, V. *Priviléges et hypothèques;* — *Rép.* eod. v°, n°s 2882 et suiv.

Sur le bulletin des lois, V. *Lois;* — *Rép.* eod. v°, n°s 150 et suiv.

Sur le bulletin de vote, V. *Droit politique; Organisation administrative; Presse-outrage-publication.*

BUREAU. — Sur les bureaux de bienfaisance, V. *Secours publics;* — *Rép.* eod. v°, n°s 348 et suiv.

Sur le bureau de conciliation, V. *Rép.* v° *Conciliation*, n° 25.

Sur le bureau des contributions indirectes, V. *Impôts indirects;* — *Rép.* eod. v°, n° 11.

Sur le bureau des fabriques, V. *Culte;* — *Rép.* eod. v°, n°s 514 et suiv.

Sur les bureaux de conservation des hypothèques, V. *Priviléges et hypothèques;* — *Rép.* eod. v°, n°s 2893 et suiv.

Sur le bureau des longitudes, V. *Organisation de l'instruction publique;* — *Rép.* eod. v°, n°s 447 et suiv.

Sur les bureaux de placement, V. *Industrie et commerce;* — *Rép.* eod. v°, n° 185.

Sur le bureau central de vérification en matière d'octroi, V. *Rép.* v° *Octroi*, n° 219.

BUREAUX ARABES. — V. *Organisation de l'Algérie;* — *Rép.* eod. v°, n°s 20, 230 et suiv.

CABARET. — V. *Commerçant; Commune; Impôts indirects; Règlement administratif;* — *Rép.* v°s *Commerçant*, n°s 21, 198; *Commune*, n°s 1140 et suiv.; *Impôts indirects*, n°s 165 et suiv.; *Règlement administratif*, n° 72.

V. aussi *Jour férié; Prostitution.*

CABLE. — V. *Droit maritime;* — *Rép.* eod. v°, n°s 1081 et suiv.

CABOTAGE. — V. *Droit maritime;* — *Rép.* eod. v°, n°s 74, 305 et suiv., 411.

CADASTRE. — V. *Impôts directs;* — *Rép.* v° *Impôts directs*, n°s 3 et suiv., 82 et suiv., 365.

V. aussi *Commune; Expropriation pour cause d'utilité publique; Prescription civile; Propriété; Travaux publics; Vente publique d'immeubles; Voirie par terre.*

CADUCITÉ. — V. *Dispositions entre vifs et testamentaires* — *Rép.* eod. v°, n°s 4316 et suiv.

V. aussi *Absence*, n° 70; *Adoption*, n° 76; *Compétence administrative; Contrat de mariage; Substitution.*

CAFÉ. — V. *Commune; Impôts indirects;* — *Rép.* v°s *Commune*, n°s 1140 et suiv.; *Impôts indirects*, n° 166-4°.

CAFÉ-CONCERT. — V. *Louage; Propriété littéraire et artistique; Théâtre-spectacle.*

CAHIER DES CHARGES. — V. *Appel civil*, n°s 42 et suiv., 323 et suiv.; *Chose jugée; Compétence administrative; Enregistrement; Forêts; Jugement; Louage d'ouvrage et d'industrie; Marchés de fournitures; Mines et carrières; Notaire; Obligations; Octroi; Pêche fluviale; Prescription civile; Règlement administratif; Servitude; Société; Surenchère; Théâtre-spectacle; Timbre; Travaux publics; Vente; Vente publique d'immeubles; Voirie par chemin de fer.*

CAISSE. — Sur la caisse d'amortissement, V. *Trésor public;* — *Rép.* eod. v°, n°s 325 et suiv.

Sur la caisse de la boulangerie, V. *Boulanger*, n°s 73 et suiv. — V. aussi: *Abus de confiance*, n° 90; *Ville de Paris.*

Sur la caisse des chemins vicinaux, V. *Voirie par terre.*

Sur la caisse départementale, V. *Pension.*

Sur la caisse des dépôts et consignations, V. *Obligations;* — *Rép.* v°s *Obligations*, n°s 2152 et suiv.; *Trésor public*, n°s 107, 313.

Sur la caisse de la dotation de l'armée, V. *Organisation militaire;* — *Rép.* eod. v°, n°s 451 et suiv.

Sur la caisse d'épargne, V. *Etablissements d'épargne et de prévoyance;* — *Rép.* eod. v°, n°s 1 et suiv.

Sur la *caisse d'épargne pénitentiaire*, V. *Peine.*

Sur la caisse d'épargne postale, V. *Établissements d'épargne et de prévoyance.* — V. aussi *Cautionnement de fonctionnaires*, n° 1; *Enregistrement; Timbre; Traité international.*

Sur la caisse de l'extraordinaire, V. *Trésor public;* — *Rép.* eod. v°, n° 54.

Sur la caisse des gens de mer, V. *Droit maritime; Organisation maritime;* — *Rép.* v°s *Droit maritime*, n° 689; *Organisation maritime*, n°s 278, 282 et suiv., 402 et suiv., 711.

Sur la caisse hypothécaire, V. *Loterie; Usure.*

Sur la caisse des invalides de la marine, V. *Organisation maritime; Pension; Trésor public.* — *Rép.* v° *Organisation maritime*, n°s 275 et suiv.

Sur la caisse des lycées, collèges et écoles, V. *Organisation de l'Algérie; Organisation de l'instruction publique.*

Sur la caisse des offrandes nationales, V. *Organisation militaire; Timbre.*

Sur la caisse de Poissy, V. *Boucher*, n° 58; *Octroi;* — *Rép.* v°s *Boucher*, n°s 94 et suiv.; *Octroi*, n° 23.

Sur les caisses de prévoyance, dans les colonies, V. *Organisation des colonies.*

Sur la caisse des retraites pour la vieillesse, V. *Secours publics;* — *Rép.* eod. v°, n°s 281 et suiv. — V. aussi *Enregistrement; Jugement; Obligations; Organisation de l'Algérie; Organisation des colonies.*

Sur les caisses de retraite, supprimées par la loi du 9 juin 1853, V. *Rép.* v° *Pension*, n°s 8 et suiv., 18 et suiv.

Sur la caisse des retraites ecclésiastiques, V. *Culte.*
Sur la caisse de service, V. *Rép.* v° *Trésor public*, n° 90.

CALOMNIE. — V. *Dénonciation calomnieuse; Presse-outrage-publication*; — *Rép.* v^{is} *Dénonciation calomnieuse*, n°s 1 et suiv., 33; *Presse-outrage-publication*, n°s 47, 816 et suiv.

CAMIONNAGE. — V. *Voirie par chemin de fer.*

CANAL. — V. *Eaux*; — *Rép.* eod. v°, n°s 156 et suiv.

V. aussi *Acte de commerce*, n°s 121 et suiv.; *Action possessoire*, n°s 13, 26, 33, 121, 123, 189, 195; *Associations syndicales*, n°s 16, 20; *Bois et charbons*; *Commune*; *Compétence administrative*; *Concession administrative*; *Domaine de l'Etat*; *Domaine public*; *Enregistrement*; *Expropriation pour cause d'utilité public*; *Impôts directs*; *Marais*; *Mines et carrières*; *Organisation de l'Algérie*; *Organisation maritime*; *Patente*; *Pêche fluviale*; *Prescription civile*; *Propriété*; *Question préjudicielle*; *Servitude*; *Société*; *Traité international*; *Travaux publics*; *Voirie par eau.*

CANCELLATION. — V. *Obligations*; — *Rép.* eod. v°, n°s 2595, 4256.

CANTON. — *Organisation administrative*; — *Rép.* eod. v°, n°s 101, 201, 214 et suiv.
V. aussi *Organisation de l'Algérie.*

CANTONNEMENT. — V. *Forêts*; — *Rép.* eod. v°, n° 1914.
V. aussi *Chasse*; *Chose jugée*; *Commune*; *Demande nouvelle*; *Dispositions entre vifs et testamentaires*; *Frais et dépens*; *Propriété*; *Servitude*; *Usage-usage forestier.*

CANTONNIER. — V. *Voirie par terre*; — *Rép.* eod. v°, n°s 1063, 1289.

CAPACITÉ. — Sur la capacité dans l'ordre politique, V. *Droit politique*; — *Rép.* eod. v°, n°s 18 et suiv., 648 et suiv.
Sur la capacité dans l'ordre civil, V. *Contrat de mariage*; *Dispositions entre vifs et testamentaires*; *Interdiction-conseil judiciaire*; *Minorité-tutelle*; *Obligations*; — *Rép.* v^{is} *Contrat de mariage*, n°s 5 et suiv., 104, 982 et suiv.; *Dispositions entre vifs et testamentaires*, n°s 190 et suiv.; *Interdiction-conseil judiciaire*, n°s 285 et suiv.; *Minorité-tutelle*, n°s 9 et suiv., 26 et suiv.; *Obligations*, n°s 330 et suiv.
V. aussi *Assurances terrestres*, n°s 20, 314 et suiv.; *Huissier*; *Lois.*

CAPITAINE DE NAVIRE. — V. *Droit maritime*; — *Rép.* eod. v°, n°s 301 et suiv.
V. aussi *Bourse de commerce*, n°s 257 et suiv.; *Commerçant*; *Commissionnaire*; *Compétence commerciale*; *Douanes*; *Mandat*; *Organisation judiciaire*; *Organisation maritime*; *Patente*; *Société*; *Vente*; *Voirie par eau.*

CAPITALISATION. — V. *Prêt à intérêts*; — *Rép.* eod. v°, n°s 128 et suiv.
V. aussi *Cassation*; *Compte-courant*; *Contrat de mariage*; *Degré de juridiction*; *Jugement*; *Minorité-tutelle*; *Office*; *Priviléges et hypothèques*; *Succession*; *Transcription hypothécaire*; *Usage-usage forestier.*

CAPITULATION. — V. *Organisation militaire*; — *Rép.* eod. v°, n°s 757 et suiv.

CAPTATION. — V. *Dispositions entre vifs et testamentaires*; — *Rép.* eod. v°, n°s 247 et suiv.
V. aussi *Chose jugée*; *Demande nouvelle*; *Jugement.*

CAPTURE. — V. *Droit maritime*; — *Rép.* eod. v°, n°s 1569 et suiv.

CARDINAL. — V. *Culte*; — *Rép.* eod. v°, n°s 350 et suiv.

CARENCE. — Sur le procès-verbal de carence, V. *Jugement par défaut*; — *Rép.* eod. v°, n°s 150 et suiv.

CARGAISON. — V. *Droit maritime*; — *Rép.* eod. v°, n°s 1529, 1610 et suiv.

CARNET. — Sur le carnet d'agent de change, V. *Bourse de commerce*, n°s 146 et suiv.; — *Rép.* eod. v°, n°s 330 et suiv.

CARRIÈRE. — V. *Mines, minières et carrières*; — *Rép.* eod. v°, n°s 750 et suiv.
V. aussi *Acte de commerce*, n°s 337 et suiv.; *Commune*; *Compétence administrative*; *Enregistrement*; *Expropriation pour cause d'utilité publique*; *Faillite et banqueroute*; *Forêts*; *Impôts directs*; *Louage*; *Patente*; *Prescription civile*; *Servitude*; *Travaux publics*; *Voirie par chemin de fer*; *Voirie par terre.*

CARTES A JOUER. — V. *Impôts indirects*; — *Rép.* eod. v°, n°s 611 et suiv.

CARTES POSTALES. — V. *Postes*; *Presse-outrage-publication*; *Timbre.*

CAS FORTUIT. — V. *Force majeure-cas fortuit*; *Obligations*; — *Rép.* v^{is} *Force majeure-cas fortuit*, n°s 1 et suiv.; *Obligations*, n°s 739 et suiv.
V. aussi *Droit maritime*; *Louage*; *Mandat.*

CASIER JUDICIAIRE. — V. *Organisation judiciaire*; — *Rép.* eod. v°, n°s 800 et suiv.
V. aussi *Faux*; *Responsabilité*; *Timbre.*

CASSATION. — COUR DE CASSATION.

Division.

CHAP. 1er. — Prolégomènes. — Historique et législation. — Droit comparé (*Rép.* nos 1 à 13).

1. Lorsqu'on recherche dans les institutions de notre ancien droit les origines historiques de la cassation, on ne doit pas perdre de vue que la marque distinctive de cette voie de recours, c'est qu'elle est fondée sur une contravention à la loi. S'attachant à ce trait caractéristique, on s'est gardé, au *Rép.* n° 4, de confondre le recours en cassation avec les anciennes lettres dites de *proposition d'erreur*, par lesquelles on invoquait une erreur de fait et non de droit. La première apparition de la cassation, a-t-on dit (*ibid.* n° 5), remonte à l'ordonnance de Blois de 1579. C'est, en effet, dans ce texte que l'on trouve pour la première fois la requête civile et la proposition d'erreur nettement séparées d'une troisième voie de recours dite « forme portée par nos ordonnances ». Ce qui prouve à n'en pas douter que cette dernière voie de recours s'adresse aux seules erreurs de droit et, par suite, constitue la cassation, c'est le passage suivant de l'ordonnance de 1579 : « Voulons que les ordonnances faites tant par nous que par les rois nos prédécesseurs soient inviolablement gardées... Déclarons les jugements, sentences et arrêts donnés contre la forme et la teneur d'icelles nuls et de nul effet et valeur ». On remarquera que l'ordonnance de Blois renvoie pour cette troisième voie de recours aux ordonnances antérieures; il est facile d'en conclure que la première manifestation de la cassation a précédé l'ordonnance de 1579. Ce point a été mis en lumière dans plusieurs études assez récentes (de Royer, *Des origines et de l'autorité de la cour de cassation, Discours de rentrée* du 3 nov. 1854, in-8°; Glasson, *Les sources de la procédure civile française, Nouvelle revue historique de droit*, 1881, p. 410 et suiv.; Chenon, *Origines, conditions et effets de la cassation*, Paris, 1882, in-8°). La cassation pour contrariété d'arrêts, qui forme aujourd'hui une des causes d'ouverture à cassation, existait dès la fin du 15e siècle. A cette époque, en effet, ont été organisés les parlements de province, qui possédaient comme celui de Paris la prérogative du dernier ressort. Il en résultait des conflits lorsque des arrêts contradictoires étaient rendus dans la même cause par des parlements différents. Une fraction du Conseil du roi, constituée par ordonnance du 2 août 1497 en cour souveraine sous le nom de Grand-Conseil, fut chargée d'y mettre fin en cassant l'un des arrêts.

A peu près à la même époque apparaissent deux autres causes de cassation : la transgression des lettres d'Etat et le mépris des récusations. Les lettres d'Etat étaient des ordres adressés aux cours de justice d'avoir à suspendre le jugement des affaires intéressant les personnes absentes pour le service du roi. Comme ces lettres ne tardèrent pas à être délivrées pour les motifs les plus futiles, les parlements se refusèrent à en tenir compte et virent leurs arrêts cassés pour cette raison. Quant aux récusations, elles eurent dès l'origine le caractère d'un abus. Sous les moindres prétextes, le Conseil du roi récusait un parlement saisi d'une instance, afin d'évoquer l'affaire. Si le parlement voulait passer outre, le Conseil cassait l'arrêt intervenu et attirait à lui la cause. C'est dans ces deux pratiques que l'on a cru trouver le premier germe de la cassation moderne (Chenon, p. 25). En effet, si on laisse de côté ce qu'il y avait d'abusif et d'arbitraire dans l'usage des lettres d'Etat et des récusations, on doit convenir que les sentences des parlements qui refusaient d'en tenir compte contrevenaient aux ordonnances. Il s'agissait réellement d'une violation de la loi, que la cassation de l'arrêt incriminé pouvait seule châtier.

L'analogie avec la cassation actuelle devint encore plus saisissante lorsqu'un règlement du 18 mai 1529 eut décidé que les lettres d'évocation auraient pour effet de renvoyer les causes et matières en question devant le plus prochain parlement, à moins que les parties ne consentissent à être jugées par le Grand-Conseil (Isambert, *Recueil général des anciennes lois françaises*, t. 13, p. 312 et suiv.). — Enfin, tout en laissant subsister le Grand-Conseil qui conservait le droit de cassation en cas de contrariété d'arrêts, Henri III divisa le Conseil du roi en deux sections, dont l'une, sous le nom de Conseil privé ou des parties, fut chargée de connaître des demandes en cassation d'arrêts souverains présentées par des particuliers (Règlement du 11 août 1578, dans Girard, *Offices de France*, t. 1, p. 623, 624). Une année après, intervenait l'ordonnance de Blois sur laquelle nous n'avons pas à revenir.

2. Quant aux étapes et aux transformations successives de la cassation, depuis l'ordonnance de 1579 jusqu'à la fin de l'ancien droit, puis à travers le droit intermédiaire jusqu'à la législation actuelle, il n'y a rien à ajouter à l'exposé détaillé qui en a été présenté au *Rép.* n°s 6 à 36; nous devons seulement faire connaître les textes législatifs survenus depuis la publication de cet ouvrage.

La loi du 10 juin 1853 (1), qui a modifié les art. 299 et 301 c. instr. cr., énumère dans le premier de ces articles les cas dans lesquels l'accusé renvoyé en cour d'assises et le procureur général peuvent se pourvoir contre l'arrêt de renvoi. La loi du 13 juin 1856 (D. P. 56. 4. 63-64) a modifié l'art. 216 du même code relativement aux personnes qui peuvent se pourvoir contre un arrêt correctionnel.

La loi du 9 juin 1857 (D. P. 57. 4. 115) sur l'armée de terre, celle du 4 juin 1858 (D. P. 58. 4. 90) sur l'armée de mer, réglementent le pourvoi en cassation contre les jugements des tribunaux militaires et maritimes (V. *Organisation militaire; Organisation maritime*).

La loi très importante du 2 juin 1862 (2), a fixé les délais du pourvoi en matière civile et abroge une loi du 11 juin 1859 (D. P. 59. 4. 53), qui, spécialement pour la Corse et l'Algérie, avait trait au même objet.

Au cours des années 1870 et 1871 sont intervenus divers décrets, arrêtés et loi édictant des mesures transitoires. En voici la liste chronologique: 9 sept. 1870, décret qui autorise le ministre de la justice à transférer la chambre criminelle de la cour de cassation dans la ville de Tours (D. P. 70. 4. 87); — 25 oct. 1870, décret qui convoque une section temporaire de la cour de cassation hors Paris et détermine ses attributions (D. P. 70. 4. 123); — 30 nov. 1870, décret qui supprime pendant la durée de la guerre l'effet suspensif du pourvoi en matière de garde nationale (D. P. 71. 4. 10); — 12 déc. 1870, arrêté qui transporte le siège de la section temporaire de la cour de cassation de Poitiers à Pau (D. P. 71. 4. 11); — 21 avr. 1871, loi concernant les pourvois contre les décisions des jurys spéciaux institués pour connaître des contestations entre propriétaires et locataires relativement aux loyers échus pendant la guerre (D. P. 71. 4. 47-48); — 25 avr. 1871, arrêté portant que la chambre criminelle de la cour de cassation siégera provisoirement à Versailles (D. P. 71. 4. 47).

Toutes ces dispositions n'ont plus aujourd'hui qu'un intérêt historique.

La loi du 28 juin 1877 (3) qui a modifié les art. 420 et 421 c. instr. cr. a consacré deux réformes depuis longtemps réclamées: 1° les condamnés à des peines correctionnelles ou de simple police emportant privation de la liberté sont dispensés de consigner l'amende exigée pour se pourvoir en cassation; 2° lorsque la privation de la liberté n'excède pas 6 mois d'emprisonnement, le condamné n'est pas tenu de se mettre en état au moment où le pourvoi est examiné.

---

(1) 10-15 juin 1853. — *Loi sur les pourvois en matière criminelle* (D. P. 53. 4. 13).

Article unique. Les art. 299 et 301 c. inst. crim. sont modifiés ainsi qu'il suit:

Art. 299. La demande en nullité ne peut être formée que contre l'arrêt de renvoi et dans les quatre cas suivants:

1° Pour cause d'incompétence;

2° Si le fait n'est pas qualifié crime par la loi;

3° Si le ministère public n'a pas été entendu;

4° Si l'arrêt n'a pas été rendu par le nombre de juges fixé par la loi.

Art. 301. Nonobstant la demande en nullité, l'instruction est continuée jusqu'aux débats exclusivement.

Mais, si la demande est faite après l'accomplissement des formalités et l'expiration du délai qui sont prescrits par l'art. 296, il est procédé à l'ouverture des débats et au jugement. La demande en nullité et les moyens sur lesquels elle est fondée ne sont soumis à la cour de cassation qu'après l'arrêt définitif de la cour d'assises.

Il en est de même à l'égard de tout pourvoi formé, soit après l'expiration du délai légal, soit pendant le cours du délai après le tirage du jury, pour quelque cause que ce soit.

(2) 2-3 juin 1862. — *Loi concernant les délais des pourvois devant la cour de cassation, en matière civile* (D. P. 62. 4. 47).

Art. 1er. Le délai pour se pourvoir en cassation sera de deux mois, à compter du jour où la signification de la décision, objet du pourvoi, aura été faite à personne ou à domicile.

A l'égard des jugements et arrêts par défaut qui pourront être déférés à la cour de cassation, ce délai ne courra qu'à compter du jour où l'opposition ne sera plus recevable.

2. Le demandeur en cassation est tenu de signifier l'arrêt d'admission à personne ou à domicile, dans les deux mois après sa date; sinon, il est déchu de son pourvoi envers ceux des défendeurs à qui la signification aurait dû être faite.

3. Le délai pour comparaître sera d'un mois à partir de la signification de l'arrêt d'admission faite à la personne ou au domicile des défendeurs.

4. Les délais fixés par les art. 1er et 3, relativement au pourvoi en cassation et à la comparution des défendeurs, seront augmentés de huit mois en faveur des demandeurs ou défendeurs absents du territoire français ou de l'Algérie, pour cause de service public, et en faveur des gens de mer absents de ce même territoire pour cause de navigation.

5. Il est ajouté au délai ordinaire du pourvoi, lorsque le demandeur sera domicilié en Corse, en Algérie, dans les îles Britanniques, en Italie, dans le royaume des Pays-Bas et dans les Etats ou confédérations limitrophes de la France continentale, un mois;

S'il est domicilié dans les autres Etats, soit de l'Europe, soit du littoral de la Méditerranée et de celui de la mer Noire, deux mois;

S'il est domicilié hors d'Europe, en deçà des détroits de Malacca et de la Sonde ou en deçà du cap Horn, cinq mois;

S'il est domicilié au delà des détroits de Malacca et de la Sonde ou au delà du cap Horn, huit mois.

Les délais ci-dessus seront doublés pour les pays d'outre-mer, en cas de guerre maritime.

6. Les mêmes délais sont ajoutés:

1° Au délai ordinaire accordé au demandeur lorsqu'il devra signifier l'arrêt d'admission dans l'un des pays désignés en l'article précédent:

2° Au délai ordinaire réglé par l'art. 3, lorsque les défendeurs domiciliés dans l'un de ces pays devront comparaître sur la signification de l'arrêt d'admission.

7. Lorsque le délai pour la comparution sera expiré sans que le défendeur se soit fait représenter devant la cour, l'audience ne pourra être poursuivie que sur un certificat du greffier constatant la non-comparution du défendeur.

8. Les arrêts de la chambre des requêtes, contenant autorisation d'assigner en matière de règlement de juges ou de renvoi pour suspicion légitime, seront signifiés dans le mois de leur date aux défendeurs, sous peine de déchéance. Les défendeurs devront comparaître dans le délai fixé par l'art. 3. Néanmoins, ces délais pourront être réduits ou augmentés, suivant les circonstances, par l'arrêt portant permission d'assigner.

9. Tous les délais ci-dessus énoncés seront francs; si le dernier jour du délai est un jour férié, le délai sera prorogé au lendemain. Les mois seront comptés suivant le calendrier grégorien.

10. Il n'est pas dérogé aux lois spéciales qui régissent les pourvois en matière électorale et d'expropriation pour cause d'utilité publique.

11. Sont abrogés, dans leurs dispositions contraires à la présente loi, l'ordonnance d'août 1737, le règlement du 28 juin 1738, les lois des 27 nov. 1790, 2 sept. 1793, 1er frim. an 11, 11 juin 1859, et autres lois relatives à la procédure en matière civile devant la cour de cassation.

(3) 28-30 juin 1877. — *Loi qui modifie les art. 420 et 421 du code d'instruction criminelle* (D. P. 77. 4. 51).

Article unique. Les art. 420 et 421 c. instr. crim. sont modifiés ainsi qu'il suit:

Art. 420. Sont dispensés de l'amende: 1° les condamnés en matière criminelle; 2° les agents publics, pour affaires qui concernent directement l'administration et les domaines de l'Etat.

A l'égard de toutes autres personnes, l'amende sera encourue, par celles qui succomberont dans leur recours. Seront néanmoins dispensés de la consigner: 1° les condamnés en matière correctionnelle et de police à une peine emportant privation de la liberté; 2° les personnes qui joindront à leur demande en cassation: premièrement, un extrait du rôle des contributions constatant qu'elles payent moins de 6 fr., ou un certificat du percepteur de leur commune portant qu'elles ne sont point imposées; et deuxièmement, un certificat constatant qu'elles sont, à raison de leur

En 1878 et 1879, plusieurs décrets ont réglementé le recours en cassation dans les colonies françaises:

Le décret du 9 mai 1878 (D. P. 78. 4. 93) est relatif aux établissements de l'Inde. Les jugements des tribunaux de simple police peuvent être l'objet d'un pourvoi en annulation, lequel est porté devant la cour de l'Inde dans les conditions d'un pourvoi en cassation. Le recours en cassation proprement dit est limité aux décisions de la cour et du tribunal de première instance; il est subordonné aux formes et règles prescrites par la législation métropolitaine. Deux décrets, l'un des 27 mars-3 juin 1879 (D. P. 79. 4. 59), l'autre, des 25 juin-3 sept. 1879 (D. P. 80. 4. 24-25), ont reproduit les mêmes dispositions pour la Nouvelle-Calédonie et pour la Cochinchine. — Un décret du 3 août-2 nov. 1878 (D. P. 79. 4. 5) a autorisé le recours en cassation contre les jugements et arrêts rendus par les tribunaux civils de la Nouvelle-Calédonie. — Enfin un autre décret du 20 août-13 oct. 1879 (D. P. 80. 4. 60) a permis le recours en cassation dans les établissements français de la Côte d'Or et du Gabon, mais uniquement dans l'intérêt de la loi, conformément aux art. 441 et 442 c. instr. cr. — V., sur ces diverses dispositions, *Organisation des colonies*.

La loi du 29-30 juill. 1881 (D. P. 81. 4. 87), a édicté des dispositions exceptionnelles en matière de presse ou d'affichage (art. 61 et 62). Le prévenu et la partie, à l'exclusion du ministère public, peuvent se pourvoir en cassation. Ce pourvoi est dispensé de l'amende, et le prévenu n'est pas astreint à la mise en état.

3. — LÉGISLATION ÉTRANGÈRE. — On a signalé au *Rép.* n° 39, la tendance de plusieurs nations de l'Europe à emprunter à la France l'institution d'un tribunal supérieur, exerçant un contrôle sur l'ensemble des juridictions du pays, et l'on a cité notamment à l'appui de cette observation la législation de la Belgique, de la Prusse, du Royaume des Deux-Siciles et des Etats-Sardes. Pour deux de ces pays, tout au moins, c'était un vestige de l'occupation française. L'observation doit être aujourd'hui généralisée, et l'on peut constater à l'heure actuelle l'existence d'un tribunal suprême dans presque tous les Etats de l'Europe. Il est vrai que dans quelques-uns de ces pays cette voie de recours extraordinaire n'est pas réservée uniquement à la réparation des erreurs de droit; elle ne rappelle donc que très imparfaitement la cassation française.

4. — 1° *Allemagne.* — L'art. 511 du nouveau code de procédure dans l'empire d'Allemagne pose en principe que le recours en revision devant le tribunal suprême (*Rechtgericht*) est réservée à la violation d'une loi d'empire ou d'une loi à laquelle l'empereur aura attaché cette sanction. Conformément à cette disposition, une loi du 28 sept. 1879 (*Annuaire de législation étrangère*, t. 10, p. 56) a spécifié les lois dont la contravention pourrait donner lieu au recours en revision. Pour que ce recours soit ouvert, il faut, en règle générale, que la loi violée soit applicable à deux États de la confédération ou à deux provinces prussiennes. On voit par là qu'aux yeux du législateur allemand le but principal du *Rechtgericht* est d'assurer l'unité de jurisprudence plutôt que le respect des lois. La loi de 1879 contient, en outre, l'énumération d'un certain nombre de lois spéciales à tel ou tel Etat, et dont la violation pourra exceptionnellement motiver un recours en revision. La juridiction du *Rechtgericht* peut être remplacée, pour les Etats qui contiennent deux cours d'appel, par la création d'un tribunal spécial. La Bavière a seule usé de cette faculté. — Quant au recours en revision lui-même, deux particularités sont à signaler. La première a trait à la recevabilité du recours. Si le litige porte sur une question d'intérêt pécuniaire, on ne peut en faire l'objet d'une demande en revision qu'autant qu'il s'agit d'une valeur supérieure à 1500 marcks. En second lieu, le renvoi après revision a lieu devant la cour dont la décision a été annulée. Celle-ci a pleine liberté d'appréciation sur le point de fait; mais elle doit se conformer à l'opinion du tribunal suprême sur la question de droit. C'est ce qui a lieu en France après une seconde cassation (V., sur le recours en revision en matière civile d'après la législation allemande, une étude de M. Chavegrin dans le *Bulletin de législation comparée*, 1881-82, p. 238 et suiv.).

5. — 2° *Angleterre.* — La nouvelle organisation judiciaire de 1873 a remplacé les anciennes juridictions supérieures : barre de la Reine, plaids communs, cour de l'échiquier, conseils de chancellerie et de l'amirauté, par une haute cour d'appel (*Annuaire de législation étrangère*, t. 3, p. 31). Cette haute cour de justice connaît des appels des trois royaumes et des colonies. Un bill du 14 mars 1876 détermine la composition de cette cour (*Bulletin de législation étrangère*, 1876, p. 294).

6. — 3° *Autriche.* — Le code d'instruction criminelle promulgué en Autriche le 23 mai 1873 réglemente le pourvoi en cassation en matière pénale. Aux termes de l'art 16 de ce code, la cour suprême statue comme cour de cassation sur tous les pourvois formés pour les causes indiquées audit code, savoir : les contestations sur la compétence entre tribunaux de ressorts différents; la récusation de juges; les nullités de formes; la revision des jugements dans certains cas; enfin les demandes d'atténuation de peines prononcées par des jugements passés en force de chose jugée.

Une loi du 31 déc. 1877 (*Annuaire de législation étrangère*, t. 7, p. 229-230) a quelque peu modifié les dispositions du code d'instruction criminelle. Ainsi le pourvoi n'est plus admis contre les arrêts de mise en accusation; le condamné a seulement le droit de faire valoir contre la sentence définitive les griefs contenus dans les arrêts de renvoi. On sait que l'art. 297 de notre code d'instruction criminelle accorde exceptionnellement la même faveur à l'accusé qui n'a pas été averti par le président qu'il avait un délai de cinq jours pour demander la nullité de l'arrêt de renvoi devant la cour d'assises. — La loi de 1877 a, en outre, augmenté le nombre des cas dans lesquels la cour suprême peut immédiatement rejeter le pourvoi en séance privée et après un premier examen. Dans tous les autres cas, l'affaire subit un double examen et n'est jugée définitivement qu'en séance publique. Enfin, en rejetant le recours, la cour suprême peut prononcer une amende dont le chiffre, laissé à son appréciation, ne doit en aucun cas excéder 100 florins.

7. — 4° *Belgique.* — Le code de *procédure civile* revisé le 25 mars 1876 (*Annuaire de législation étrangère*, t. 6, p. 471-472) reproduit le système antérieur emprunté à la législation française. D'après l'art. 19 de ce code, la cour de cassation connaît: 1° des demandes en cassation contre les arrêts et contre les jugements rendus en dernier ressort; 2° des règlements de juges, des demandes en renvoi d'un tribunal à un autre et des prises à partie. L'art. 20 dispose que « les arrêts et jugements rendus en dernier ressort pourront être déférés à la cour de cassation pour contravention à la loi ou pour violation des formes, soit substantielles, soit prescrites à peine de nullité ». Cet article consacre la solution admise par la jurisprudence française sur une question qui a été controversée (V. *infrà*, n° 276).

8. — 5° *Espagne.* — La législation sur la cassation en matière civile a été réformée par la loi du 22 avr. 1878 (*Annuaire de législation étrangère*, 1879, p. 337). Le recours ne peut être motivé que par la violation de la loi ou l'omission des formes essentielles. Une différence avec la législation française est à noter : les sentences des arbitres ou amiables compositeurs peuvent être attaquées en cassation si elles ont été rendues après l'expiration du délai imparti dans le compromis, ou si elles ont porté sur des points qui n'étaient pas soumis aux arbitres.

9. — 6° *Hongrie.* — Une loi du 1er juin 1881 (*Annuaire*

indigence, dans l'impossibilité de consigner l'amende. Ce certificat leur sera délivré par le maire de la commune de leur domicile ou par son adjoint, approuvé par le sous-préfet de l'arrondissement ou, dans l'arrondissement du chef-lieu du département, par le préfet.

421. Seront déclarés déchus de leur pourvoi en cassation les condamnés à une peine emportant privation de la liberté pour une durée de plus de six mois, qui ne seront pas en état ou qui n'auront pas été mis en liberté provisoire avec ou sans caution.

L'acte de leur écrou ou de leur mise en liberté sera produit devant la cour de cassation, au plus tard au moment où l'affaire y sera appelée.

Il suffira au demandeur, pour que son recours soit reçu, de justifier qu'il s'est actuellement constitué dans la maison de justice du lieu où siège la cour de cassation; le gardien de cette maison pourra l'y recevoir sur la représentation de sa demande adressée au procureur général près cette cour et visée par ce magistrat.

de législation étrangère, t. 9, p. 363) a modifié le code de procédure civile de 1868. Désormais, la curie royale (cour suprême) fait fonction tout à la fois de cour d'appel et de cour de cassation. Le recours en cassation ne peut être fondé que sur une violation de formes, mais on peut y joindre une demande d'appel sur le fond. La curie prononce à la fois sur les deux demandes.

10. — 7° *Italie.* — Depuis la constitution du royaume, quatre cours de cassation fonctionnent en Italie: à Turin, Florence, Naples et Palerme. Les tentatives faites pour leur substituer une cour de cassation unique n'ont abouti jusqu'à présent qu'à la création d'une cinquième cour temporaire à Rome (*Bulletin de législation étrangère*, 1876, p. 53). Un projet a été présenté aux Chambres, tendant à remplacer les cours de cassation par une cour suprême qui, au lieu de renvoyer les parties devant les juges du fait après cassation, trancherait directement le fond du débat. Ce projet n'a pas abouti (*Bulletin de législation étrangère*, 1875, p. 358, 359). Un autre projet a été proposé en 1879. Une cour suprême serait établie à Rome et exercerait sa juridiction sur tout le royaume en matière pénale. Les quatre autres cours de cassation subsisteraient, mais ne connaîtraient plus que des affaires civiles. Ce système aurait l'avantage de ménager les susceptibilités des anciennes capitales, et de préparer l'acheminement vers une cour de cassation unique. Jusqu'à présent la question demeure en suspens.

11. — 8° *Mexique.* — Chacun des Etats de la confédération possède une organisation judiciaire distincte. En fait, cette organisation est, à peu de chose près, la même dans tous les Etats du Mexique. Au sommet de l'échelle des juridictions se place le tribunal supérieur, divisé en trois chambres dont l'une, la première, fait fonction de cour de cassation. En cette qualité, la première chambre reçoit les recours dirigés contre les décisions qu'elle a rendues elle-même comme juge d'appel; seulement, en ce cas, la composition de la chambre doit être différente (V. étude de M. de Montluc sur l'organisation judiciaire au Mexique, *Bulletin de législation étrangère*, 1875-1876, p. 519).

12. — 9° *Norvège et Danemark.* — La cour suprême qui existe dans ces deux pays fontionne comme troisième degré de juridiction (V. M. Beauchet, *De l'organisation judiciaire en Danemark et Norvège*, *Bulletin de législation étrangère*, 1883-1884).

13. — 10° *Portugal.* — Le code de procédure civile promulgué le 3 nov. 1876 (*Annuaire de législation étrangère*, t. 6, p. 435 et suiv.) organise le recours devant le tribunal suprême. Ce tribunal connaît: 1° des prises à partie contre les magistrats qui lui sont attachés et contre ceux des cours d'appel; 2° des conflits de juridiction et de compétence entre les cours d'appel ou les tribunaux de ressorts différents; 3° des recours électoraux; 4° des recours en revision contre les arrêts définitifs rendus en instance d'appel lorsque la valeur du litige excède 400000 reis (2222 fr. 40). Le délai pour se pourvoir est de 10 jours; le pourvoi est suspensif dans les questions d'état et les conflits de juridiction. S'il y a cassation, le renvoi du fond a lieu devant la cour dont l'arrêt a été cassé, mais composée d'autres juges. La cause n'est renvoyée à une autre cour que si les juges ne sont pas en nombre suffisant. En cas de seconde cassation, on se conforme au système actuellement en vigueur en France.

14. — 11° *Roumanie.* — La loi du 12 janv. 1861 a établi une cour de cassation; on y trouve la reproduction du système français. La seule différence importante, c'est que la cour roumaine fait fonction de tribunal des conflits et tranche les conflits d'attributions entre l'autorité administrative et l'autorité judiciaire (*Revue critique*, t. 18, p. 337).

15. — 12° *Russie.* — La réorganisation judiciaire, dans ce pays, date de 1864, mais elle n'a pas été aussitôt appliquée à toutes les provinces de l'empire. Ainsi c'est seulement par un ukase impérial du 28 mai 1880 que l'organisation nouvelle a été introduite dans les provinces de la Baltique (*Annuaire de législation étrangère*, t. 10, p. 581 et suiv.). Cette organisation comprend des tribunaux de 1er et de 2e degré, et au-dessus un sénat dirigeant, dont il est assez difficile de déterminer exactement les attributions. Les départements de cassation du sénat paraissent jouer le rôle de cour régulatrice. Le recours porté devant eux est toujours suspensif, sauf en ce qui concerne l'exécution des amendes encourues pour crimes et délits et les dommages-intérêts; dans ces derniers cas, les sommes dues sont remises au tribunal qui les conserve en dépôt jusqu'à l'issue du recours (*Annuaire de législation étrangère*, t. 7, p. 685). Ces mêmes départements sont chargés de l'interprétation des lois (V. Décis. 10 (22) juin 1877, modifiant certaines dispositions des codes judiciaires de 1864, *Annuaire de législation étrangère*, t. 7, p. 683).

16. — 13° *Suède.* — La loi sur *la forme du gouvernement*, du 6 juin 1809, a organisé, dans son art. 17, un tribunal suprême, principalement chargé d'examiner les demandes afin d'être relevé contre l'expiration des délais pour agir en justice ou pour interjeter appel. Ce tribunal présente sur un seul point quelque analogie avec notre cour de cassation; il est chargé d'interpréter les lois toutes les fois que les tribunaux ou les fonctionnaires demandent sur ce sujet une explication au roi (V. une étude de M. Janvrot, dans le *Bulletin de législation étrangère*, t. 6, p. 324). — Un règlement du 21 avr. 1876 (*Annuaire de législation étrangère*, t. 6, p. 620) prévoit cette attribution du tribunal suprême et spécifie dans quelles formes il doit statuer. « Lorsqu'une des chambres de la cour suprême, dit ce règlement (art. 1er), constate que l'opinion dominante de la chambre diffère d'un principe de droit ou d'une interprétation de loi précédemment admise par la cour suprême, la chambre ordonne que l'affaire soit portée aux chambres réunies de la cour ».

17. — 14° *Suisse.* — La constitution du 19 avr. 1874, art. 113, et la loi sur l'organisation judiciaire fédérale du 27 juin 1874 ont réorganisé le tribunal fédéral qui, entre autres attributions, est chargé de surveiller l'application des lois fédérales de droit civil (art. 29, L. 27 juin 1874). Le recours devant le tribunal fédéral à raison de l'application de ces lois est permis contre les décisions des tribunaux cantonaux, lorsque l'objet du litige est d'une valeur d'au moins 3000 fr. ou n'est pas susceptible d'évaluation. D'autre part, le tribunal fédéral connaît du recours de droit public pour violation des droits garantis aux particuliers soit par la constitution fédérale, soit par la législation fédérale. Toutefois, cette règle générale comporte de nombreuses exceptions (V. sur le recours de droit public, une étude de M. Soldari, Bâle, 1886). Le tribunal fédéral casse, s'il y a lieu, les décisions qui lui sont déférées, mais ne juge pas lui-même le fond du litige. C'est donc bien un tribunal de cassation.

En dehors du tribunal fédéral, fonctionne dans plusieurs cantons une cour de cassation dont les attributions sont empruntées à la législation française. — Dans le canton de Neufchatel (C. proc. civ. 2 juin 1876, *Annuaire de législation étrangère*, t. 7, p. 636), les causes d'ouverture à cassation sont les mêmes qu'en France. Le recours se forme par une requête adressée au président de la cour de cassation dans les sept jours du jugement attaqué. Un double de cette requête est transmis à l'adversaire. Le président ou la cour peuvent évoquer les parties, requérir un rapport du juge ou du tribunal qui a rendu la décision attaquée, ordonner l'apport des pièces et même une enquête pour la vérification des faits. Le président de la cour a le pouvoir de rendre le recours en cassation suspensif moyennant caution. — Dans le *Valais*, une loi du 1er juin 1877 (*Annuaire de législation étrangère*, t. 7, p. 648) organise une cour de cassation qui fait également fonction de cour d'appel; mais les deux juridictions ne sont cependant pas confondues. Comme cour de cassation, elle statue sur tous les jugements définitifs entachés de vices de formes ou d'une violation de la loi.

18. — 15° *Turquie.* — Depuis 1874, une cour suprême a été établie à Constantinople (V. notice de M. Gonse sur le droit musulman, *Bulletin de législation comparée*, 1874, p. 226). Cette cour est divisée en deux sections qui fonctionnent, l'une comme haute cour d'appel, l'autre comme cour de cassation. A la cour de cassation appartient l'interprétation des lois en matière pénale (art. 117 de la constitution du 23 déc. 1876, *Annuaire de législation étrangère*, t. 6, p. 724).

CHAP. 2. — De l'organisation et de la composition de la cour de cassation (*Rép.* nos 40 à 53).

19. On a signalé au *Rép.* n° 43, les critiques qu'a soulevées l'institution de la chambre des requêtes. Nous ne reviendrons sur ce sujet que pour indiquer l'écho que ces critiques ont trouvé auprès du pouvoir législatif. Elles ont été résumées avec une grande autorité par MM. Valette et Hérold, au sein de la commission d'organisation judiciaire de 1870 (*Procès-verbaux*, p. 168 et suiv.). Le principal inconvénient de la chambre des requêtes, a-t-on dit, c'est de faire naître, sur un certain nombre de questions, une jurisprudence opposée à celle de la chambre civile. Il en est ainsi parce que la chambre des requêtes, au lieu de se borner à un examen superficiel, suffisant pour reconnaître si le pourvoi est ou non sérieux, se prononce sur le fond même de la question soulevée. On convient, d'ailleurs, qu'il est difficile de demander un travail simplement préparatoire à des magistrats égaux en dignité et en talent à leurs collègues composant la chambre civile (Garsonnet, *Traité théorique et pratique de procédure*, t. 1, p. 173). Pour remédier à cet état de choses, on a proposé de substituer à la chambre des requêtes un bureau composé de maîtres des requêtes sous la présidence d'un conseiller (Proposition de loi tendant à la réforme de l'organisation judiciaire, déposée par M. Varambon à la Chambre des députés le 27 janv. 1880, *Impressions, 2e législature*, n° 2243). M. Goblet a proposé une solution plus radicale et peut-être préférable (Proposition de loi sur l'organisation judiciaire déposée le 27 janv. 1880, *ibid.*, n° 2242): suppression de tout débat préliminaire et établissement de deux chambres civiles avec pouvoirs égaux, mais entre lesquelles les affaires seraient distribuées suivant leur nature. On maintiendrait par ce moyen l'unité de jurisprudence, tout en activant la solution des affaires, trop nombreuses pour une chambre unique.

20. Le traitement des magistrats à la cour de cassation (V. *Rép.* n° 51) est encore aujourd'hui réglé conformément à l'ordonnance du 7 nov. 1837, remise en vigueur par un décret du 19 mars 1851 (D. P. 52. 4. 93). Toutefois, le traitement du premier président et du procureur général a été porté par ce décret à 35000 fr.

Il y a lieu de signaler un décret du 30 déc. 1853 (D. P. 54. 4. 17) relatif au traitement des commis greffiers de chambre à la cour de cassation, et un décret du 8 oct. 1870 (D. P. 70. 4. 95), qui assimile le traitement des avocats généraux à la cour de cassation à celui des conseillers à la même cour.

CHAP. 3. — Décisions susceptibles ou non de pourvoi. — Fins de non-recevoir. — Acquiescement (*Rép.* nos 54 à 261).

21. En posant en principe (*Rép.* n° 54) que les décisions de tous les tribunaux peuvent en général être déférées à la cour de cassation, on a eu soin de faire observer que la règle n'est vraie que pour les tribunaux de l'ordre judiciaire, les décisions administratives ne relevant pas de cette cour. C'est la conséquence de la séparation des pouvoirs judiciaire et administratif.

Cette règle fondamentale trouve encore son application lorsqu'une contestation sur le sens d'un acte administratif est élevée devant la cour de cassation. Il est de principe que l'autorité administrative est seule compétente pour donner cette interprétation (*Rép.* n° 55). La jurisprudence de la cour de cassation s'est prononcée maintes fois en ce sens (V. notamment: Civ. cass. 7 déc. 1858, aff. Bachelet, D. P. 59. 1. 73; Civ. cass. 22 mars 1882, aff. Roso, D. P. 83. 1. 125). Mais, d'autre part, il est non moins certain que, si l'acte administratif est clair et n'a pas besoin d'interprétation, il appartient au pouvoir judiciaire d'en faire l'application (Civ. rej. 25 avr. 1860, aff. Roux, D. P. 60. 1. 230; Civ. cass. 8 nov. 1876, aff. Lagrandville, D. P. 77. 1. 73). — V. sur ces deux points: *Compétence administrative*.

22. Les décisions administratives ne sont pas les seules qui échappent au contrôle de la cour de cassation, à raison de la juridiction dont elles émanent. Au *Rép.* n° 57, on a cité également les jugements rendus par la juridiction militaire contre des militaires, les sentences des arbitres volontaires. Il faut ajouter à cette énumération les décisions des tribunaux de prud'hommes pêcheurs lorsqu'elles n'ont pas été mises en écrit (V. sur ces divers points *infrà*, n° 44).

§ 1er. — Quels actes, jugements ou arrêts sont susceptibles de pourvoi en matière civile? (*Rép.* nos 59 à 131).

N° 1. — *Caractère des décisions attaquables en cassation* (*Rép.* nos 60 à 94).

23. Pour être susceptible d'un recours en cassation, une décision doit satisfaire à quatre conditions indiquées au *Rép.* n° 60: 1° avoir le caractère d'un jugement; 2° être définitive; 3° être en dernier ressort; 4° ne pas être passée en force de chose jugée.

24. — I. Caractère d'un jugement. — Ainsi qu'on l'a fait observer au *Rép.* n° 60, les jugements sont les seuls actes judiciaires qui, à raison du préjudice irréparable qu'ils peuvent causer, soient susceptibles d'être attaqués par la voie du recours en cassation.

Par application de ce principe, il a été décidé: 1° qu'une observation adressée à un avocat au cours d'une audience par le président du tribunal ou de la cour ne peut, bien que renfermant une censure pour cet avocat et ayant été énoncée au procès-verbal d'audience, être l'objet d'un pourvoi; qu'en effet, on ne trouve rien, dans une pareille décision, de ce qui constitue l'œuvre d'une juridiction, ni explications demandées à l'avocat, ni défense, ni décision, ni peine appliquée (Crim. rej. 3 mars 1860, aff. Alem-Rousseau, D. P. 60. 1. 192); — 2° Que la délibération par laquelle une chambre de notaires refuse de délivrer à un tiers une copie d'une de ses délibérations, n'étant qu'un simple avis, ne peut être l'objet d'un recours devant l'autorité judiciaire (Req. 9 août 1870, aff. Parisot, D. P. 71. 1. 350).

25. Dans les espèces précédentes, il s'agissait d'actes qui n'avaient même pas l'apparence d'une décision judiciaire. Il est des actes qui, bien que revêtus de cette forme, ne peuvent pas cependant donner lieu à un recours en cassation. C'est ce qui a été jugé, à plusieurs reprises, à l'égard des avis donnés par les cours d'appel en matière de demandes en réhabilitation (Crim. rej. 1er sept. 1853, aff. Salmon, D. P. 53. 1. 278), alors même que ces avis viseraient des motifs de droit (Crim. rej. 21 avr. 1855, aff. Rosemond de Beauvallon, D. P. 55. 1. 221), ou ne contiendraient aucun motif, contrairement à l'art. 628 c. instr. cr. (Crim. rej. 18 janv. 1867, aff. Marun, D. P. 67. 1. 363). Ce dernier arrêt en donne la raison: « c'est que les avis rendus par les cours impériales, sur les demandes en réhabilitation, conformément à l'art. 628 c. instr. cr., rectifié par la loi du 3 juill. 1852, n'ont ni le caractère, ni l'autorité des arrêts; qu'ils n'attribuent, s'ils sont favorables, aucun droit définitif à la partie, puisqu'il appartient au chef de l'Etat de statuer souverainement, sur le rapport du ministre de la justice, et que leur autorité, si la demande est rejetée, n'est que temporaire, puisque la requête peut être renouvelée après un délai de deux ans ». Toutefois, il convient d'observer que ces avis peuvent être déférés à la cour suprême sur l'ordre formel du ministre de la justice, mais seulement dans l'intérêt de la loi (art. 441 c. instr. cr.). C'est ce qui résulte expressément de l'arrêt précité du 18 janv. 1867.

26. A l'égard des mesures disciplinaires ordonnées contre des officiers ministériels, le recours en cassation n'est permis, d'une manière générale, que lorsque ces mesures ont été l'objet d'un jugement en forme. Ainsi qu'on l'a dit au *Rép.* n° 66, cela peut se produire dans deux cas: 1° lorsque les décisions des chambres de discipline et du conseil de l'ordre des avocats ont été portées devant les tribunaux par la voie de l'appel; — 2° Lorsque la peine a été prononcée directement par le tribunal, à l'audience. — Exceptionnellement, les mesures disciplinaires peuvent toujours être déférées à la cour suprême, lorsqu'elles sont entachées d'incompétence ou d'excès de pouvoir (*Rép. ibid.* V. conf. Req. 10 mars 1846, aff. D..., D. P. 46. 1. 211; Req. 16 nov. 1846, aff. Gavot, D. P. 46. 1. 346; Req. 7 avr. 1869, aff. F..., D. P. 69. 1. 478. V. aussi *Discipline*).

27. Les motifs d'un jugement, n'ayant de valeur qu'à la condition d'être unis au dispositif, ne peuvent, ainsi qu'on l'a exposé au *Rép.* nos 68 et suiv., être l'objet d'un pourvoi en cassation distinct (Req. 4 févr. 1873, aff. Astier, D. P. 74. 1. 122; Req. 19 mai 1873, aff. Giraud, D. P. 74. 1. 251).

28. — II. Décision définitive. — Au sens strict, il n'y a de définitifs que les jugements qui, rendus sur le fond, mettent fin au débat. Cependant, ainsi qu'on l'a fait observer au *Rép* n° 74, il existe des jugements qui, bien que préparatoires, préjugent le fond en ce sens que la décision définitive est inévitablement liée à l'issue de la mesure ordonnée : ce sont les jugements dits interlocutoires. L'appel étant autorisé contre ces décisions (art. 451 et 452 c. pr. civ.), la loi les assimile ainsi à des décisions définitives. Dès lors, il doit être permis de les attaquer par la voie du pourvoi en cassation comme les jugements définitifs proprement dits. C'est ce qui a été admis par la jurisprudence rapportée au *Rép.* nos 74, et 80 à 82. Plus récemment il a été jugé dans le même sens : 1° que l'arrêt qui statue sur la validité d'une expertise constitue une décision interlocutoire susceptible, à ce titre, d'être déférée à la cour de cassation avant le jugement définitif (Crim. cass. 24 juill. 1857, aff. Descheneux, D. P. 57. 1. 369); — 2° Qu'il en est de même du jugement qui, sur l'action en diminution d'un prix de vente pour défaut de contenance, ordonne la vérification de ce déficit, et préjuge ainsi le rejet de l'exception de déchéance opposée à cette action; — 3° Que l'arrêt qui ordonne une expertise à l'effet de vérifier la valeur des biens ayant fait l'objet d'un partage d'ascendant, attaqué pour cause de lésion, et qui décide après débat contradictoire que l'estimation sera faite d'après la valeur qu'avaient les biens à l'époque du décès du testateur, peut être frappé d'un recours en cassation (Civ. cass. 25 août 1869, aff. Baylac, D. P. 69. 1. 466).

29. On a fait observer au *Rép.* n° 79 que bien que ne statuant pas sur le fond du droit, certains jugements ont un caractère, non pas interlocutoire, mais définitif. Ils peuvent donc être déférés à la cour de cassation. Tels sont les jugements préjudiciels qui, rejetant un premier chef de demande, ordonnent une mesure d'instruction pour préparer le jugement d'un second chef.

Il a été décidé ainsi : 1° que l'arrêt qui, sur une action en nullité de partage, rejette un moyen de ratification opposé au demandeur et ordonne l'évalution des biens partagés, constitue, sur le chef de la ratification, une décision définitive qui peut être l'objet d'une demande en cassation (Req. 10 nov. 1847, aff. Mazoyer, D. P. 48. 1. 195); — 2° Que le jugement qui, sur la demande de la régie et malgré l'opposition de la partie adverse, ordonne une expertise pour vérifier la valeur vénale d'un immeuble, est définitif sur le point qu'il décide, et susceptible, par suite, d'un pourvoi en cassation (Civ. rej. 8 mai 1854, aff. de la Brousse, D. P. 54. 1. 194); — 3° Que l'arrêt qui refuse de reconnaître à une partie une des deux qualités par elle indiquées à l'appui de sa demande, et ordonne une expertise à l'effet de vérifier la seconde qualité, a le caractère d'une décision définitive de nature à rendre recevable un pourvoi en cassation (Civ. cass. 23 août 1882, aff. Pajot, D. P. 83. 1. 237).

En pareil cas, un pourvoi distinct doit être formé contre le jugement interlocutoire : les griefs que soulève ce jugement ne sauraient être invoqués ultérieurement à l'appui d'un pourvoi formé contre le jugement définitif (V. en ce sens : Civ. rej. 1er juin 1870, aff. Gand de Roussillac, D. P. 71. 1. 231 ; Req. 14 déc. 1881, aff. Gaillot, D. P. 82. 1. 184).

30. On doit ranger dans la même catégorie les jugements qui prononcent d'une manière définitive sur la valeur d'une exception péremptoire. Spécialement, est susceptible d'un recours en cassation avant la décision à intervenir sur le fond, le jugement qui infirme en appel une sentence du juge de paix, déclarant mal fondée une action possessoire à raison de la précarité de la possession du demandeur établie par un aveu judiciaire, et qui renvoie les parties devant un autre juge de paix pour qu'il soit procédé à la preuve des faits de possession articulés (Civ. cass. 27 avr. 1864, aff. Communauté du pays de Soule, D. P. 64. 1. 184), ou encore le jugement qui rejette l'exception tirée de la non-recevabilité de la demande (C. cass. Belgique, 1er déc. 1881) (1).

31. Les jugements provisionnels, s'ils ont un caractère définitif, peuvent aussi, comme on l'a vu au *Rép.* n° 79, être l'objet d'un pourvoi avant qu'il ait été statué sur le fond; il a été fait application de cette règle aux décisions rendues en état de référé. Ainsi l'arrêt qui confirme une ordonnance de référé rendue sur une demande provisoire en continuation de poursuites frappées d'opposition pour défaut de qualité du poursuivant, peut être déféré à la cour de cassation, alors que cet arrêt, au lieu de statuer provisoirement suivant les conclusions du demandeur, ordonne d'une manière définitive de passer outre aux poursuites, en se fondant sur ce que la qualité du poursuivant se trouve établie par le jugement même de condamnation (Civ. rej. 23 juill. 1851, aff. Marquet de Montbreton, D. P. 51. 1. 269). — Il a été décidé de même à l'égard d'un jugement rendu en état de référé et ayant pour effet de contraindre à l'exécution d'une ordonnance de référé (Civ. rej. 9 juin 1858, aff. Jomain, D. P. 58. 1. 246). — Mais il a été jugé, au contraire, que l'arrêt qui, sur référé, prescrit une discontinuation de poursuites jusqu'à la solution d'une instance alors pendante entre les parties, ne peut être l'objet d'un recours en cassation, comme étant dépourvu de tout caractère définitif (Req. 6 nov. 1865, aff. Rouget de Lisle, D. P. 66. 1. 266).

32. Quant aux jugements simplement préparatoires, qui ne préjugent aucunement le fond, il n'est pas permis de les déférer à la cour de cassation avant le jugement définitif (*Rép.* n° 75). C'est ce qui a été décidé à l'égard d'un jugement qui s'était borné à ordonner la comparution personnelle des parties, sans subordonner la décision du fond au résultat de ce mode d'instruction (Civ. cass. 26 janv. 1881, aff. Le Pommellec, D. P. 82. 1. 59).

33. — III. DÉCISIONS EN DERNIER RESSORT. — Cette condition essentielle tient à ce que le recours en cassation est un remède extraordinaire, auquel on ne peut recourir qu'à défaut de toute autre voie de réformation. On a rapporté au *Rép.* n° 83 de nombreuses décisions rejetant des pourvois dirigés contre des jugements susceptibles d'appel. Par application du même principe, il a été décidé depuis que la voie du recours en cassation n'est pas directement ouverte : 1° contre les décisions des juges de paix qui règlent l'indemnité due aux propriétaires de terrains compris dans le sol d'un chemin vicinal, ces décisions pouvant être attaquées par la voie de l'appel (Civ. cass. 27 janv. 1847, aff. Sabatié, D. P. 47. 1. 176); — 2° Contre le jugement rendu sur une action hypothécaire en délaissement, parce que cette demande constitue une action réelle immobilière d'une valeur indéterminée, et cela bien que le montant des créances à rembourser pour échapper au délaissement soit inférieur au taux du premier ressort (Civ. rej. 21 déc. 1859, aff. Orillat, D. P. 60. 1. 29); — 3° Contre le chef d'un jugement en dernier ressort qui prononce la contrainte par corps, ce chef étant susceptible d'appel (Req. 30 mars 1864, aff. Keiflin, D. P. 65. 1. 115); — 4° Contre le jugement qui statue sur une demande en subrogation à des poursuites de saisie immobilière pour cause de dol et de fraude (Req. 26 juill. 1858, aff. Binachon, D. P. 58. 1. 454); — 5° Contre le jugement qui prononce sur une demande comprenant à la fois un objet inférieur à 1500 fr. et des dommages-intérêts nés de la cause sur laquelle la demande principale est fondée, et qui dépasse ainsi dans l'ensemble la limite du dernier ressort (Req. 11 janv. 1881, aff.

---

(1) (Ville de Mons C. Sadée.) — LA COUR; — Sur le premier moyen de cassation, dirigé exclusivement contre l'arrêt de la cour d'appel de Bruxelles du 27 févr. 1880, en ce qui concerne la compétence (l'arrêt rejette ce moyen en déclarant la compétence des juges civils) : — Sur le second moyen de cassation, dirigé exclusivement contre le jugement du tribunal de première instance de Mons du 8 août 1878; fausse application et, partant, violation des art. 1382, 1383 et 1384 c. civ., en ce que le jugement attaqué décide que la ville de Mons est responsable des fautes et des négligences commises par ses préposés dans l'exercice de leurs fonctions administratives : — Considérant que, par le jugement attaqué, le tribunal de première instance de Mons, après s'être déclaré compétent, décide que la demande est recevable, en déboutant la défenderesse de toutes conclusions contraires, lui ordonne de conclure au fond; qu'il motive sa décision, en ce qui concerne la recevabilité de l'action, en disant que, si la négligence imputée par le demandeur aux préposés de l'administration était établie, cette négligence constituerait une faute dont cette administration devrait répondre; — Considérant que cette décision, rejetant l'exception de non-recevabilité par laquelle la ville de Mons s'opposait à l'examen du fond, est définitive; que le défendeur au pourvoi soutient donc à tort que celui-ci n'est pas recevable;...

Par ces motifs, etc.

Du 1er déc. 1881.-C. cass. de Belgique, 1re ch.-MM. de Longé, 1er pr.-de Paepe, rap.-Mesdach de ter Kiele, av. gén.

Lazouet, D. P. 81. 1. 247); — 6° Contre un jugement déféré à une cour d'appel et confirmé par elle, qui par mesure de précaution avait été l'objet d'un pourvoi (Req. 21 mars 1881, aff. Gravier, D. P. 81. 1. 305).

34. Les questions de compétence pouvant toujours être soumises aux deux degrés de juridiction, il en résulte qu'en cette matière le recours en cassation n'est recevable que contre les décisions rendues en appel. C'est ce qui a été décidé à l'égard d'un jugement rendu au fond en dernier ressort, mais qui, entaché d'incompétence *ratione materiæ*, n'avait pas été de ce chef frappé d'appel (Civ. rej. 20 juill. 1859, aff. Grivois, D. P. 59. 1. 304. — V. dans le même sens: Civ. cass. 17 nov. 1862, aff. Godefroy, D. P. 62. 1. 530; Req. 26 juin 1867, aff. Chassenoix, D. P. 67. 1. 424; Req. 26 avr. 1876, aff. Pierre, D. P. 76. 1. 492; Civ. rej. 22 juin 1880, aff. Dupy, D. P. 80. 1. 318).

En ce qui concerne l'incompétence *ratione materiæ*, il importe peu, comme le décide l'arrêt précité du 20 juill. 1859, que cette exception n'ait pas été proposée; en effet, l'incompétence, lorsqu'elle est matérielle, doit être déclarée d'office, et le jugement qui a omis de la prononcer, est, dès lors, de ce chef, attaquable par la voie de l'appel (V. dans le même sens: Req. 12 mars 1877) (1).

35. On peut supposer, à l'inverse des espèces précédentes, qu'un jugement rendu en dernier ressort ait été à tort frappé d'appel et confirmé. En ce cas est-ce contre l'arrêt ou contre le jugement confirmé que le pourvoi en cassation doit être dirigé? Il a été jugé que c'est l'arrêt qui doit être attaqué, « la chose jugée résidant dans l'arrêt confirmatif de la cour » (Civ. cass. 11 juill. 1870, aff. Baune, D. P. 71. 1. 90). Peu importe, en effet, d'une part, que le jugement fût définitif et, d'autre part, qu'il ait été confirmé; il n'en est pas moins vrai que la décision des premiers juges est complètement effacée par celle des juges d'appel.

36. Dans le cas de condamnations collectives, les unes en premier, les autres en dernier ressort, il peut être très difficile de déterminer au regard de quelles parties le jugement rendu est en dernier ressort. La cour de cassation, dans une hypothèse de ce genre, où l'état des faits ne lui permettait pas d'établir une distinction, s'est décidée à admettre le pourvoi de toutes les parties condamnées, comme si le jugement était dans son ensemble en dernier ressort (Req. 20 mars 1860, aff. Bouquet, D. P. 60. 1. 273). Mais c'est là une décision exceptionnelle, nécessitée par les circonstances de la cause, et d'où l'on ne saurait déduire une règle générale.

37. Toujours comme conséquence du principe que le recours en cassation n'est admis qu'à défaut de tout autre moyen de réformation, il a été jugé qu'une décision qui peut être redressée par la voie du référé n'est pas susceptible du pourvoi en cassation (Req. 16 mai 1860, aff. Torillon, D. P. 60. 1. 432). Il s'agissait, en la cause, d'une ordonnance du président, autorisant le propriétaire d'un brevet à procéder à la saisie des objets prétendus contrefaits, en exécution de la loi du 5 juill. 1844, art. 47.

38. — IV. Décisions n'étant point passées en force de chose jugée. — Une décision est dite passée en force de chose jugée lorsque le délai pendant lequel elle peut être attaquée devant une juridiction supérieure est expiré. C'est ce qui se produit pour une décision en premier ressort contre laquelle aucun appel n'est interjeté dans le délai imparti. On a vu, par ce qui précède, que la recevabilité du recours en cassation est subordonnée à l'exercice du droit d'appel. Il suit de là que la voie de la cassation est fermée lorsqu'un jugement a acquis l'autorité de la chose jugée. On a cité au *Rép.* n° 92 des exemples de pourvois rejetés pour cette cause. Plus récemment il a été décidé qu'un chef de jugement non compris dans les griefs d'appel ne peut être l'objet d'un pourvoi en cassation (Req. 2 janv. 1866, aff. Aribaud, D. P. 66. 1. 168; Req. 15 juin 1869, aff. Poisson, D. P. 70. 1. 128).

39. Un jugement en dernier ressort acquiert lui-même l'autorité de la chose jugée à l'expiration du délai pendant lequel il peut être attaqué en cassation. A ce point de vue, la règle que le pourvoi en cassation n'est recevable qu'à l'égard des décisions n'ayant pas acquis l'autorité de la chose jugée conduit à déterminer le délai pendant lequel le pourvoi en cassation doit être formé, question qui se représentera *infrà*, n°s 107 à 136. On se bornera à indiquer ici une application intéressante de la règle dont il s'agit. Il a été jugé que le pourvoi formé contre un premier jugement par défaut, confirmé sur opposition par un second jugement par défaut, est non recevable lorsqu'aucun pourvoi n'a été formé contre le second jugement (Civ. rej. 20 août 1850, aff. Wallerand, D. P. 51. 1. 168).

N° 2. — *Cas où les jugements sont distincts ou contiennent des chefs distincts* (*Rép.* n°s 95 à 102).

40. La règle qui domine cette matière est la maxime: *tot capita, tot sententiæ*. Par application de cette règle, il a été dit au *Rép.* n° 95, que, lorsqu'un jugement contient deux dispositions distinctes dont l'une est susceptible d'appel et l'autre en dernier ressort, celle-ci peut faire l'objet d'un pourvoi en cassation spécial. C'est ce qui a été décidé à l'occasion d'un jugement statuant à la fois, en premier ressort sur un moyen d'incompétence, et en dernier ressort sur le fond (Req. 26 juill. 1870, aff. Luc-Barrec, D. P. 71. 1. 338).

De ce que chaque chef distinct d'un jugement peut être attaqué séparément en cassation, il résulte que la cassation d'un arrêt n'entraîne pas la non-recevabilité du pourvoi formé contre les décisions qui, rendues sur une question accessoire à celle résolue par l'arrêt cassé, conservent leur force malgré cette cassation. Ainsi la partie qui a obtenu une condamnation au payement d'une somme d'argent, et qui s'est vu refuser les intérêts de cette somme par une décision ultérieure, peut se pourvoir contre cette décision, bien que l'arrêt statuant sur la condamnation principale ait été cassé (Civ. rej. 26 nov. 1861, aff. Douanes de la Réunion, D. P. 61. 1. 493).

41. Toutefois, il faut se garder d'exagérer la portée de la règle précédente. Ainsi qu'il a été dit au *Rép.* n° 100, il n'est pas nécessaire de se pourvoir contre un second arrêt qui n'est que la conséquence d'un premier arrêt frappé d'un recours. Il faut en dire autant de la disposition accessoire d'un jugement qui ne peut être séparée du chef principal (*ibid.* n° 102). Les deux dispositions doivent être attaquées en même temps (Comp. Chenon, *Origines, conditions et effets de la cassation*, n° 29). Mais aussi, lorsque la disposition principale est devenue définitive, faute d'avoir été frappée d'appel en temps utile, le pourvoi en cassation n'est pas recevable à l'égard des dispositions spéciales qui en sont la conséquence et l'accessoire (Req. 10 nov. 1879) (2).

(1) (Svertschkoff C. Van Roey.) — La cour; — Sur le premier moyen, tiré du traité passé entre la France et la Russie le 1er avr. 1874, et déclaré exécutoire en France par une loi du 17 juin suivant: — Attendu qu'aux termes de l'art 451 c. pr. civ., lorsqu'il s'agit d'incompétence, l'appel est recevable, encore que le jugement ait été rendu en dernier ressort; — Attendu que, dans l'espèce, le premier moyen du pourvoi est fondé sur ce que le tribunal civil de la Seine était incompétent pour statuer sur un litige qui, d'après le traité précité, aurait dû, même d'office, être renvoyé aux tribunaux russes, seuls compétents pour en connaître; — Attendu qu'en admettant cette articulation telle qu'elle est présentée, il en résulte que le jugement intervenu pouvait être attaqué, quant à la compétence, par la voie de l'appel; qu'ainsi le pourvoi n'est pas recevable de ce chef;... — Rejette, etc.

Du 12 mars 1877.-Ch. req.-MM. de Raynal, pr.-Reverchon, rap.-Desjardins, av. gén., c. conf.-Michaux-Bellaire, av.

(2) (Doullay.) — La cour; — Attendu qu'avant de statuer sur les griefs proposés par le demandeur, il y a lieu d'examiner la recevabilité du pourvoi; — Attendu que, par les conclusions respectivement prises au nom des parties en cause, le tribunal civil de Nogent-le-Rotrou a été appelé à juger la question de savoir à laquelle des parties, celle de Me Nogues ou celle de Me Doullay, appartenait, en droit, l'initiative de la poursuite en licitation, et lequel des deux avoués avait procédé régulièrement ou fait des frais frustratoires; — Attendu qu'en tranchant cette question dans un sens opposé aux prétentions de Doullay, les juges du fond ont fait défense aux époux Thireau et à Doullay, leur avoué, de continuer la procédure par eux commencée et déclaré frustratoires les actes de poursuite faits à la requête des époux Thireau; que, par voie de conséquence et en usant du pouvoir que leur attribuaient les dispositions combinées des art. 1031 et 1036 c. pr. civ., ils ont prononcé contre le demandeur en

N° 3. — *Décisions émanées de juridictions particulières* (*Rép.* n°s 103 à 131).

42. — I. Jugements des tribunaux de paix. — V. *Rép.* n°s 104 à 106.

43. — II. Jugements des conseils de prud'hommes. — Suivant une opinion développée au *Rép.* n° 108, on devrait assimiler les décisions rendues en dernier ressort par les conseils de prud'hommes aux jugements des tribunaux de paix, et restreindre la voie du recours en cassation contre ces décisions au seul cas d'excès de pouvoir. Cette opinion n'a pas été admise par la cour de cassation, qui, se fondant sur le principe que les dispositions de lois exceptionnelles ne doivent pas être étendues par analogie, a reconnu que les décisions rendues en dernier ressort par les conseils de prud'hommes peuvent être attaquées en cassation pour toutes les causes d'ouverture de droit commun : « Attendu, porte cet arrêt, que si, par la loi du 27 vent. an 8 et par celle du 25 mai 1838, le législateur a cru devoir faire une exception pour les jugements des juges de paix, qui ne peuvent être déférés à la censure de la cour de cassation que pour excès de pouvoir, et pour les jugements des tribunaux militaires, qui ne peuvent l'être que pour incompétence et excès de pouvoir, il n'en est pas de même pour les jugements rendus en dernier ressort par les conseils des prud'hommes, en faveur desquels aucune loi n'a fait d'exception semblable, et qui, dès lors, restent soumis à l'empire de la règle générale en matière de pourvoi » (Civ. cass. 20 déc. 1852, aff. Hébert, D. P. 53. 1. 95. — V. dans le même sens : Sol. impl., Civ. cass. 14 févr. 1883, aff. Comp. des forges et fonderies de l'Horme, D. P. 84. 1. 68).

44. Exception doit être faite pour les prud'hommes-pêcheurs des côtes de la Méditerranée, qui jouissent du droit de rendre leurs jugements sans les écrire (Sur l'historique de cette juridiction, V. *Rép.* v° *Prud'homme*, n° 2). La cour de cassation a décidé, dans une espèce où la décision rendue était ainsi demeurée non écrite, que le pourvoi en cassation n'était pas recevable (Req. 13 juill. 1847, aff. de Gallifet, D. P. 47. 1. 243. V. Garsonnet, *Traité théorique et pratique de procédure*, t. 1, p. 161). Mais, à raison du motif particulier qui motive cette dérogation, il faut décider que les décisions écrites des prud'hommes-pêcheurs peuvent être l'objet d'un recours en cassation.

45. — III. Sentences arbitrales. — Il n'y a plus lieu de reproduire la distinction présentée au *Rép.* n° 109, entre les sentences rendues en *arbitrage forcé* et celles rendues en *arbitrage volontaire*. Par suite de la loi du 19 juill. 1856 (qui a supprimé les art. 51 à 63 c. com.), les arbitres volontaires existent seuls aujourd'hui (V. *Arbitrage*, n° 1). Leurs décisions, ainsi qu'il a été dit au *Rép. loc. cit.*, n'ayant pas le caractère de jugements proprement dits, ne relèvent pas du contrôle de la cour de cassation. Il en serait autrement si la sentence arbitrale, ayant été frappée d'appel ou de requête civile, avait donné lieu à une décision judiciaire. L'art. 1028 c. proc. civ. qui prévoit cette hypothèse autorise alors le recours en cassation.

Au *Rép.* n° 110, on a assimilé aux jugements rendus sur appel ou requête civile ceux qui interviennent sur opposition à l'ordonnance d'exequatur des sentences arbitrales, et l'on a admis, en conséquence, qu'ils pourraient être déférés à la cour de cassation. Cette opinion est combattue par M. Chenon, p. 96. Cet auteur argumente des termes de l'art. 1028 *in fine* qui, au point de vue du recours en cassation, ne mentionne que les jugements rendus sur requête civile ou sur appel. « Ce silence, dit M. Chenon, est d'autant plus significatif que les alinéas précédents du même art. 1028 sont précisément consacrés à la voie d'opposition. On peut s'expliquer cette restriction en remarquant que dans les cinq cas où l'on peut demander par la voie de l'opposition la nullité de l'acte qualifié jugement arbitral, la cause de nullité est si facile à vérifier qu'il suffira de l'invoquer devant le tribunal pour que celui-ci rétracte l'exequatur. »

46. — IV. Décisions rendues en pays étranger (*Rép.* n°s 115 à 120). — Il est hors de doute que la juridiction de la cour de cassation ne peut s'exercer que dans les limites du territoire national. Cette question de l'étendue de juridiction n'offre un intérêt véritable que lorsque les limites du territoire français viennent à être modifiées par l'annexion ou la perte de provinces. Des hypothèses particulièrement délicates ont été soulevées après les traités de 1814 ; elles ont été examinées au *Rép.* n°s 119 et 120. Des questions analogues se sont présentées à la suite du traité du 10 mai 1871, qui a détaché l'Alsace-Lorraine de la France. L'application rigoureuse des principes a conduit la cour de cassation à se dessaisir des pourvois formés par des personnes devenues étrangères en vertu des traités du 26 févr. et 10 mai 1871, et cela, bien que les juridictions dont les décisions étaient attaquées fussent encore françaises au moment où elles les avaient rendues.

C'est ce qui a été décidé : 1° sur le pourvoi dirigé contre un jugement rendu sur une demande de dommages-intérêts pour faits de chasse (Req. 12 févr. 1872, aff. Gœrner, D. P. 72. 1. 174) ; — 2° Sur le pourvoi formé contre un arrêt rendu sur la réclamation de la qualité de Français par un individu naturalisé étranger (Civ. rej. 20 nov. 1872, aff. Ostermann, D. P. 72. 1. 458) ; — 3° Sur le recours contre une décision d'une chambre de discipline formé par un notaire résidant sur l'un des territoires séparés de la France. La cour de cassation a déclaré que les notaires exerçant leur ministère dans les limites de ces territoires sont devenus officiers publics étrangers, quelle que puisse être la nationalité pour laquelle ils opteraient ultérieurement (Civ. rej. 22 janv. 1872, aff. Fontaine, D. P. 72. 1. 53). — Mais la solution devrait être tout différente dans le cas où le pourvoi émanerait d'une partie à laquelle le traité de Francfort ne serait pas opposable. C'est ce qui a été reconnu par la cour de cassation, qui a déclaré recevable le pourvoi formé par un condamné français, originaire d'Alsace-Lorraine, contre l'arrêt d'une cour d'assises ayant siégé comme juridiction française dans un département depuis cédé à l'Allemagne (Crim. rej. 21 sept. 1871, aff. Loubert, D. P. 71. 1. 185).

47. — V. Arrêts de la cour de cassation (*Rép.* n°s 121 à 131). — Ces arrêts peuvent-ils être eux-mêmes l'objet d'un pourvoi ? On a fait observer au *Rép.* n° 123, qu'à l'égard des arrêts de rejet, l'art. 39 du règlement de 1738 en matière civile, l'art. 438 c. instr. crim. en matière criminelle, proscrivent formellement ce moyen de recours. En ce qui concerne les arrêts de cassation, il n'existe aucun texte. On a cependant étendu la même solution à cette hypothèse (*Rép.* n°s 125, 126), bien que l'usage contraire eût prévalu devant l'ancien conseil des parties. M. Chenon, p. 100, estime que, logiquement, la recevabilité du recours en cassation, de la part du défendeur à l'arrêt de cassation, devrait être admise, mais il reconnaît que cette solution « serait peu en harmonie avec l'ensemble du système actuel de la cassation». En fait la cour suprême n'a jamais admis de pourvoi contre un arrêt de cassation.

48. On a examiné au *Rép.* n° 129 la question de savoir si la cour de cassation pouvait être saisie de l'interprétation de ses arrêts. On s'est prononcé pour l'affirmative. C'est, en effet, la doctrine suivie par la cour. La requête à fin d'interprétation doit être portée directement devant la chambre qui a rendu l'arrêt auquel se réfère la demande. Par suite, s'il s'agit d'un arrêt de la chambre civile, la demande d'interprétation n'a pas besoin d'être soumise à la chambre des requêtes. C'est ce qui a été décidé implicitement (Civ. 17 juin 1850, aff. Duvault-Laty, D. P. 50. 1. 193).

---

cassation les condamnations personnelles signalées par le pourvoi ; — Attendu qu'il est constant, en droit, que le recours en cassation n'est admissible que contre les décisions judiciaires en dernier ressort ; que le jugement attaqué, rendu en audience civile, était, de sa nature, notamment en ce qui touchait Doullay, en premier ressort ; d'où il suit que cet officier ministériel, qui n'a pas recouru en appel pour faire réformer la disposition principale dudit jugement, est aujourd'hui non recevable à se pourvoir en cassation contre les dispositions spéciales qui en sont la conséquence et l'accessoire ; — Par ces motifs, déclare le demandeur en cassation non recevable dans son pourvoi.

Du 10 nov. 1879.-Ch. req.-MM. Bédarrides, pr.-Alméras-Latour, rap.-Robinet de Cléry, av. gén.

§ 2. — Décisions susceptibles ou non de pourvoi en matière criminelle (*Rép.* nos 132 à 262).

49. — I. Caractères des décisions attaquées (*Rép.* nos 133 à 139). — Comme on l'a vu au *Rép.* n° 133, la première condition exigée, en matière criminelle comme en matière civile, pour qu'une décision soit susceptible de pourvoi, c'est qu'elle présente les caractères d'un jugement. Le *Répertoire* contient de nombreux exemples de rejets de pourvois fondés sur l'absence de cette condition. Il faut y ajouter un arrêt (Crim. rej. 8 janv. 1848, aff. Boudard, D. P. 48. 5. 41) repoussant le pourvoi formé par le procureur général, dans l'intérêt de la loi, contre la position des questions faite par le président d'une cour d'assises au jury. La cour de cassation a vu dans la position des questions un simple acte judiciaire, ne pouvant lui être déféré qu'en vertu d'un ordre formel du ministre de la justice, conformément à l'art. 441 c. proc. civ.

50. — II. Décisions définitives et en dernier ressort (*Rép.* nos 140 à 217). — C'est la règle déjà énoncée en matière civile et spécialement reproduite par les art. 407 et 416 c. instr. cr. En conséquence, le recours en cassation n'est pas recevable tant que la voie de l'opposition ou celle de l'appel demeure ouverte (*Rép.* nos 141, 142). C'est ce qui a été jugé (*ibid.* nos 192 à 195): 1° à l'égard d'un jugement rendu par défaut en matière de simple police (Crim. rej. 12 janv. 1867, aff. Colonna, D. P. 67. 5. 56 ; Crim. rej. 12 déc. 1878, aff. Giorgi, D. P. 79. 1. 276) ; — 2° A l'égard d'un arrêt par défaut, bien que le condamné eût renoncé à la voie de l'opposition dans l'acte de pourvoi (Crim. rej. 26 janv. 1882, aff. Pène-Siéfert, D. P. 82. 1. 276) ; — 3° A l'égard d'un arrêt par défaut qui, n'ayant pas été signifié, n'avait pas un caractère définitif (Crim. rej. 24 mai 1884, aff. Giacobbi, D. P. 86. 1. 92. V. également: Crim. rej. 3 juin 1864, aff. Rolland, D. P. 65. 1. 449; 28 juill. 1864, aff. Moquard, *ibid.*; 3 mars 1866, aff. Marseglesi, D. P. 67. 5. 57; 23 févr. 1867, aff. Gouverneur, D. P. 68. 1. 287 ; 26 janv. 1882, aff. Pène-Siéfert, D. P. 82. 1. 276 ; 28 juill. 1882, aff. Bagnoli, D. P. 83. 1. 42). — La même solution doit être appliquée tant que l'appel est recevable. C'est ce qui a été décidé notamment à l'égard des jugements de simple police qui, prononçant des condamnations indéterminées, sont sujets à appel (Crim. rej. 20 févr. 1847, aff. Lardy, D. P. 47. 4. 60-61).

51. La voie du recours en cassation est également fermée à l'égard des jugements contre lesquels l'appel n'aurait pas été interjeté dans les délais. Ainsi qu'on l'a observé *suprà*, n° 38, ces jugements acquièrent tout à la fois le caractère définitif et l'autorité de la chose jugée. A la décision citée au *Rép.* n° 141, comme faisant application de cette règle, il faut ajouter les arrêts suivants: Crim. rej. 23 mars 1850 (aff. Percheron, D. P. 50. 5. 53) ; 23 sept. 1869 (aff. Lefranc, D. P. 71. 1. 356); 20 nov. 1873 (aff. Favier, D. P. 74. 5. 67).

A plus forte raison, ne peut-on demander à la cour de cassation de se prononcer sur un chef de condamnation à l'égard duquel les juges du fond n'ont pas encore statué. C'est ainsi que le demandeur à un pourvoi, dirigé contre une condamnation aux dépens, a été déclaré non recevable à demander le retranchement des frais d'un procès-verbal tant que la liquidation n'a pas été faite par la juridiction compétente (Crim. rej. 4 juin 1875, aff. Delgutte, D. P. 77. 1. 240).

Toujours dans le même ordre d'idées, il a été reconnu que le recours en cassation n'est recevable contre une condamnation prononcée en première instance et déférée à la cour d'appel, qu'autant que celle-ci a rendu sa décision sur le fond; il ne peut être formé alors que la cour a rejeté simplement les exceptions soulevées par le prévenu (Crim. rej. 16 avr. 1858, aff. Camus, D. P. 58. 1. 295).

52. Quant aux décisions préparatoires, qui précèdent et préparent le jugement définitif, la distinction établie au paragraphe précédent trouve également ici son application. Ainsi, le pourvoi sera non recevable contre les jugements ou arrêts ordonnant des mesures d'instruction ou de procédure qui ne préjugent pas le fond. A l'appui de cette proposition, de nombreuses décisions ont été citées au *Rép.* nos 156 à 161.

Il a été décidé, dans le même sens : 1° que le jugement du tribunal de police qui ordonne, avant faire droit, un transport contradictoire sur les lieux, avant tout débat sur la foi due au procès-verbal dénonçant la contravention, ne peut être attaqué par le ministère public qu'après le jugement définitif, « attendu que ce jugement en statuant ainsi n'a préjugé ni explicitement, ni implicitement les questions soumises au tribunal de répression, spécialement, celle relative à la foi due, aux termes de l'art. 154 c. instr. cr., au procès-verbal... » (Crim. rej. 28 avr. 1854, aff. Daux, D. P. 54. 5. 95); — 2° Que l'arrêt qui repousse une exception de prescription invoquée par l'accusé n'est pas susceptible d'un pourvoi avant l'arrêt définitif; car cette décision ne met pas fin au litige et laisse possible l'acquittement de l'accusé (C. cass. Belgique, 8 déc. 1873, aff. Beugnies, D. P. 74. 5. 65); — 3° Que le jugement d'un tribunal de simple police qui admet les parties à faire preuve de faits allégués, étant simplement préparatoire, ne peut être frappé de pourvoi en cassation qu'en même temps que le jugement sur le fond (Crim. cass. 14 oct. 1856, aff. Durand, D. P. 56. 1. 405). — De ce que les arrêts préparatoires ou d'instruction se rattachent intimement au jugement définitif, il résulte que le pourvoi dirigé contre ce dernier embrasse également les décisions préparatoires, sans qu'il soit besoin de les attaquer d'une manière spéciale et distincte (Crim. cass. 9 sept. 1852, aff. Lamarque, D. P. 52. 5. 78).

53. Au contraire, doivent faire l'objet d'un pourvoi en cassation distinct les jugements interlocutoires qui, sans statuer sur le fond, le préjugent, et constituent ainsi des décisions définitives. Ce caractère a été attribué aux arrêts rapportés au *Rép.* nos 162 et 163. Il a été reconnu également: 1° au jugement qui admet l'opposition à un jugement par défaut et renvoie à huitaine pour être statué sur le fond (Crim. rej. 20 sept. 1844, aff. Bianco, D. P. 45. 4. 334) ; — 2° A l'arrêt qui admet une partie à s'inscrire en faux (Civ. cass. 25 juin 1845, aff. Dupuy, D. P. 45. 4. 62); — 3° A la décision par laquelle le juge d'appel correctionnel, saisi d'une affaire à l'occasion d'un incident, renvoie la cause devant les premiers juges pour procéder au fond, au lieu de la retenir par évocation (Crim. rej. 6 janv. 1855, aff. Desouches-Touchard, D. P. 55. 5. 61) ; — 4° Au jugement qui décide que, dans le cas où un travail confortatif, dont l'autorité municipale a prescrit la destruction, remonterait à plus d'une année, la contravention résultant de ce travail serait prescrite, et qui ordonne, en conséquence, la preuve de ce fait (Crim. rej. 25 mai 1850, aff. Lamant, D. P. 50. 5. 54); — 5° Au jugement qui surseoit à statuer sur une poursuite pour contravention de voirie jusqu'à ce qu'il ait été donné un alignement régulier (Crim. rej. 19 févr. 1859, aff. Donin, D. P. 59. 5. 55) ; — 6° A l'arrêt qui ordonne une mesure d'instruction à laquelle, d'après les conclusions du ministère public, la cour n'aurait pas le droit de procéder (Crim. rej. 21 juin 1877, aff. Proc. gén. d'Alger, D. P. 77. 1. 408). — La recevabilité du pourvoi dirigé contre cet arrêt résultait nécessairement de l'interprétation admise par la cour de cassation, qui a considéré que, par cette décision préparatoire, la cour d'appel s'était reconnu la compétence que le ministère public lui contestait. Sans rechercher si réellement c'était la compétence de la cour que le procureur général mettait en question, on peut remarquer que le double fait relevé dans la cause par la cour suprême, à savoir, que la mesure d'instruction avait été ordonnée après un débat soulevé par le ministère public et contrairement à ses conclusions, ne suffisait pas à donner à cette décision le caractère interlocutoire.

54. On a examiné au *Rép.* n° 146, la question de savoir si les décisions rendues au cours de l'instruction criminelle sont susceptibles d'un recours en cassation ; cette voie de recours, comme on l'a vu *ibid.* n° 164, ne peut être employée à l'égard des ordonnances rendues par le juge d'instruction, lesquelles ne sont jamais en dernier ressort.

55. Il en est autrement des *arrêts des chambres des mises en accusation*. Ceux-ci, étant rendus en dernier ressort, peuvent être déférés à la cour de cassation lorsqu'ils sont définitifs. Les décisions qui, émanées des chambres d'accusation, statuent sur le fond, ont été distinguées au *Rép.* n° 165, en deux catégories: 1° arrêts de renvoi, soit devant un tribunal de simple police ou correctionnel, soit devant la cour d'assises ; 2° arrêts de non-lieu. On a fait observer, *ibid.*, qu'il y a, en outre, une autre classe de décisions qui, bien que portant sur le fond, ne peuvent cependant jamais être attaquées en cassation par le prévenu ; il s'agit des arrêts intervenus sur l'opposition formée par le ministère public ou la partie civile à l'ordonnance du juge d'instruction dans le cas de l'art. 135 c. instr. cr. Le prévenu n'ayant, dans ce cas, aucun recours contre l'ordonnance du juge d'instruction, ne peut davantage se pourvoir contre l'arrêt de mise en accusation qui en tient lieu. Aux décisions déjà rapportées au *Rép.* nos 165 et 168-4°, en ce sens, il faut ajouter un arrêt (Crim. rej. 19 mars 1875, aff. Ben-Tata, D. P. 76. 1. 91), qui a repoussé un pourvoi, fondé sur la fausse qualification du fait incriminé et dirigé contre un arrêt de renvoi devant la juridiction correctionnelle, rendu sur l'opposition du ministère public à une ordonnance de non-lieu (V. dans le même sens: Faustin-Hélie, *Traité de l'instruction criminelle*, 2e éd., t. 5, n° 2290).

56. Reste à examiner les arrêts rendus dans les autres cas par les chambres de mises en accusation, et à rechercher dans quelles conditions ils peuvent être attaqués devant la cour suprême.

En ce qui concerne d'abord les *arrêts de renvoi* en cour d'assises, les art. 296 et 298 c. instr. cr. donnent au ministère public et à l'accusé un délai de cinq jours pour en demander la nullité, puis l'art. 299 du même code énumère les cas dans lesquels cette demande peut être formée; autrefois au nombre de trois, ils ont été portés à quatre par la loi du 10 juin 1853. Sur cet art. 299, s'élève la double question de savoir : 1° si cette disposition est exclusive de tout recours contre les arrêts des chambres de mises en accusation, autres que les arrêts de renvoi en cour d'assises; — 2° Si elle a pour effet de limiter aux seuls cas qu'elle indique le droit d'attaquer les arrêts de renvoi.

Cette controverse, que soulève le nouveau comme l'ancien texte de l'art. 299, a été étudiée au *Rép.* n° 167. On s'est refusé à voir dans l'art. 299 une disposition restrictive; c'est l'opinion aujourd'hui admise par les auteurs (V. Chenon, p. 97). — La jurisprudence de la cour de cassation s'est également prononcée en faveur de cette doctrine (V. les arrêts rapportés au *Rép.* n° 168). En conséquence, il a été reconnu que le recours en cassation est ouvert contre l'arrêt de mise en accusation, soit au ministère public, soit à l'accusé, non seulement dans les cas énumérés par l'art. 299 c. instr. cr. mais aussi pour toute cause de nullité conformément à l'art. 408 c. instr. cr. Spécialement, le ministère public a été déclaré recevable à se pourvoir contre un arrêt de mise en accusation : 1° à raison de ce que cet arrêt en renvoyant l'accusé devant la cour d'assises aurait irrégulièrement annulé l'ordonnance de prise de corps décernée par les premiers juges pour en substituer une nouvelle (Crim. rej. 28 déc. 1854, aff. Lallemand, D. P. 55. 1. 183); — 2° A raison de ce que cet arrêt aurait enfreint dans sa rédaction les règles prescrites par la loi (Crim. rej. 11 sept. 1856, aff. Rodenbrunner, D. P. 56. 1. 416. V. également: Crim. rej. 4 févr. 1864, aff. Basset, D. P. 67. 1. 409; 4 févr. 1865, aff. Pélissier-Séguin, *ibid.*). Il est à remarquer seulement qu'en pareil cas le délai pour se pourvoir est le délai ordinaire de trois jours. Il a été jugé que le pourvoi, qui n'a pas été formé dans le délai prescrit par l'art. 373 c. instr. cr., mais dans celui fixé par l'art. 296, ne donne au demandeur que le droit d'invoquer les causes spéciales de nullité énumérées dans l'art. 299 (V. Crim. rej. 4 févr. 1864 et 4 févr. 1865 précités; Crim. rej. 24 févr. 1883, aff. Pivert, D. P. 84. 1. 92). D'autre part, il y a lieu d'observer que le pourvoi fondé sur une des causes prévues par l'art. 299, et à la condition d'être formé dans le délai anormal de cinq jours, est le seul qui produise le résultat exceptionnel d'empêcher les débats de s'ouvrir en cour d'assises. On aurait pu craindre, en effet, si la loi n'avait pas limité les motifs de ce pourvoi, que tous les accusés ne saisissent ce moyen de retarder l'heure de la justice (V. Chenon, p. 98).

57. Conformément à la règle admise en matière civile (*suprà*, n° 28), il a été jugé qu'un condamné n'est pas recevable à se prévaloir d'une irrégularité dans la position d'une question qui le concerne, lorsque, d'ailleurs, cette question a été posée par le président des assises conformément au dispositif de l'arrêt de renvoi contre lequel il ne s'est pas pourvu (Crim. rej. 26 mars 1874) (1).

58. En dehors des conditions et hypothèses visées par l'art. 299, le droit commun en matière de cassation doit être appliqué à toutes les décisions de la chambre d'accusation; il en est ainsi notamment pour les arrêts de renvoi devant le tribunal de police correctionnelle. Et d'abord, le recours en cassation n'est pas ouvert contre un arrêt qui se borne à statuer sur la prévention du délit dont la connaissance est renvoyée à la police correctionnelle (Crim. rej. 14 juin 1851, aff. Duval, D. P. 52. 5. 72; Crim. rej. 5 déc. 1856, aff. Touchebœuf, D. P. 57. 5. 45). Les arrêts de ce genre sont simplement préparatoires, et le recours en cassation ne peut pas plus être dirigé contre eux que contre les ordonnances du juge d'instruction. Pour que l'arrêt de renvoi devant le tribunal correctionnel soit susceptible de pourvoi, il faut qu'il statue sur une exception d'incompétence ou, d'une manière générale, qu'il préjuge par quelque disposition définitive certaines questions du procès (Crim. rej. 3 sept. 1857, aff. Migeon, D. P. 57. 1. 449; Crim. rej. 27 nov. 1873, aff. Sallée, D. P. 74. 1. 177). Tel est, par exemple, l'arrêt de la chambre d'accusation qui se prononce sur une question de chose jugée soulevée par le prévenu (Crim. rej. 11 oct. 1855, aff. Pellault, D. P. 55. 1. 446).

59. A l'égard des arrêts de non-lieu, on a fait remarquer au *Rép.* n° 170, qu'ils peuvent être attaqués en cassation, mais que le droit de former le pourvoi n'appartient, en principe, qu'au ministère public (V. les décisions citées en ce sens au *Rép. ibid.*; Crim. rej. 15 juill. 1870, aff. de Soubeyran, D. P. 71. 1. 356-357. V. également: *Instruction criminelle*). Toutefois, il a été reconnu que la partie civile pourrait exceptionnellement se pourvoir contre une disposition prononçant à son égard une condamnation particulière (Crim. rej. 8 janv. 1870, aff. Mirès, D. P. 71. 1. 356-357; 4 mars 1870, aff. Carvallo, *ibid.*). Ce pourvoi n'aurait évidemment aucune influence sur l'action publique, qui demeurerait éteinte à défaut d'un recours en cassation émané simultanément du ministère public (Crim. rej. 30 déc. 1864, aff. Leplat-Dewawrin, D. P. 67. 1. 360).

En ce qui concerne le recours dirigé par le ministère public contre les arrêts de non-lieu, il échouera le plus souvent par la raison que les chambres d'accusation apprécient souverainement l'existence des faits sur lesquels elles sont appelées à prononcer. Cependant ces arrêts encourraient la censure de la cour suprême s'ils refusaient de faire produire leurs conséquences légales aux faits reconnus constants. C'est ce qui a été décidé à plusieurs reprises, notamment (Crim. cass. 11 oct. 1860, aff. Orcel, D. P. 64. 5. 36; 15 sept. 1864, aff. Antonioli, D. P. 65. 1. 200; 29 mars 1866, aff. Toulon, D. P. 66. 1. 192).

60. On a examiné au *Répertoire* séparément l'hypothèse d'un pourvoi en cassation formé contre les décisions soit du tribunal de police, simple ou correctionnel, soit de la cour d'assises. Nous n'avons rien à ajouter à ce qui a été dit à l'égard des jugements correctionnels ou de simple police (V. *Rép.* nos 180 à 191), et spécialement des jugements rendus par défaut (*Rép.* nos 192 à 195, et *suprà*, n° 50).

61. En ce qui concerne les *arrêts des cours d'assises*, quelques décisions nouvelles sont à citer. Ainsi qu'il a été dit au *Rép.* n° 196, les arrêts des cours d'assises qui peuvent être l'objet d'un recours en cassation sont ceux qui mettent fin à la poursuite. Quant aux arrêts d'instruction ou d'incident, ils sont, en principe, inattaquables avant le jugement définitif. Il peut arriver, cependant, que ces arrêts rendus sur incident aient un caractère définitif; dans ce cas, un pourvoi serait recevable. On a ainsi admis le recours dirigé contre un arrêt par lequel la cour d'assises, après le tirage du jury de jugement, et alors que les débats étaient commencés, avait décidé, sur la réquisition du ministère public, que l'affaire serait renvoyée à une autre session (Crim. rej.

(1) (Grauby.) — La cour;... — Sur le moyen présenté par Rouzaud, portant que la question de complicité aurait dû être posée à son égard, au lieu de celle d'auteur principal, ou de coauteur : — Attendu que la question a été posée par le président de la cour d'assises, conformément au dispositif de l'arrêt de renvoi contre lequel le demandeur ne s'était pas pourvu; — Que ce dernier est, dès lors, sans droit et d'ailleurs sans intérêt à se prévaloir de la prétendue irrégularité qu'il relève; — Rejette, etc.

Du 26 mars 1874.-Ch. crim.-MM. Faustin-Hélie, pr.-Moignon, rap.-Bédarrides, av. gén.

28 déc. 1865, aff. Garel, D. P. 65. 1. 504. V. dans le même sens : Crim. rej. 4 avr. 1874, aff. Pécourt, D. P. 74. 1. 400; 11 févr. 1875, aff. de L..., D. P. 77. 1. 140; 31 mars 1877, aff. Turpault, D. P. 77. 1. 402).

62. Les décisions qui mettent fin à la poursuite en cour d'assises peuvent être de trois sortes : arrêts de condamnation, d'absolution, et ordonnances d'acquittement (*Rép.* n° 197).

En ce qui concerne les *arrêts de condamnation*, V. *Rép.* nos 197 à 203. Il a été dit au *Rép.* n° 205, que l'annulation des *ordonnances d'acquittement* ne peut être poursuivie que par le ministère public dans l'intérêt de la loi, et sans préjudice pour la partie acquittée (art. 409 c. instr. cr.). Cette règle doit être appliquée même dans l'hypothèse où des irrégularités de forme ou de procédure auraient été commises au cours des débats. Il en est ainsi notamment dans le cas où un arrêt incident, qui avait écarté la position d'une question présentée par le président comme résultant des débats, a été suivi d'une ordonnance d'acquittement (Crim. rej. 26 juill. 1849, aff. Tomasini, D. P. 49. 5. 36). Il en serait autrement, et un pourvoi pourrait être formé avec effet utile au regard de l'accusé, si le vice affectait l'ordonnance d'acquittement, elle-même, le président l'ayant rendue par exemple contrairement au verdict du jury. On peut dire alors qu'aucune ordonnance d'acquittement n'est intervenue, car il n'appartient pas au président d'acquitter un accusé déclaré coupable. La cassation devrait donc être prononcée, avec renvoi à une autre cour d'assises pour l'application de la loi. C'est ce qui a été admis au *Rép.* n° 210, où l'on a rapporté en ce sens un arrêt de cassation. La même solution a été consacrée plus récemment (Crim. rej. 7 mai 1851, aff. Rochas, D. P. 52. 5. 80. Comp. Chenon, p. 99).

Quant aux *arrêts d'absolution* (*Rép.* nos 213 à 217), ils peuvent être déférés à la cour de cassation, à la requête du ministère public, dans un cas unique, indiqué par l'art. 410 c. instr. cr., à savoir « si l'absolution a été prononcée sur le fondement de la non-existence d'une loi pénale qui pourtant aurait existé ». (Aux décisions déjà citées au *Répertoire* comme ayant appliqué cette disposition *Adde* : Crim. rej. 26 avr. 1851, aff. Pavie, D. P. 51. 5. 67).

63. Enfin les arrêts rendus au criminel par la cour de cassation ne peuvent être l'objet d'un pourvoi (V. *Rép.* nos 218 à 223, et ce qui a été dit *suprà*, n° 47, en matière civile). Spécialement il a été jugé que l'arrêt de la cour de cassation qui, après cassation d'un arrêt de cour d'assises, renvoie l'accusé devant une autre cour d'assises, n'est pas susceptible du pourvoi en nullité établi par l'art. 296 c. instr. cr. (Crim. rej. 5 août 1852, aff. Valotaire, D. P. 52. 5. 80).

64. — III. Juridictions dont les sentences sont a l'abri du pourvoi (*Rép.* nos 224 à 259). — Il n'existe aujourd'hui qu'une seule juridiction criminelle dont les décisions soient toujours et dans tous les cas à l'abri de la censure de la cour de cassation. C'est celle du Sénat, lorsqu'il est appelé, aux termes de la Constitution de 1875, à faire fonction de haute cour de justice. La même exception existait autrefois pour les sentences de la chambre des Pairs (*Rép.* n° 230) et pour celles de la haute cour de justice, sous l'empire de la Constitution de 1848. Il a été reconnu que le décret de l'Assemblée nationale qui renvoie devant la haute cour de justice des prévenus d'un attentat contre la sûreté de l'Etat ne peut être déféré à la censure de la cour de cassation (Crim. rej. 17 févr. 1849, aff. Raspail, D. P. 49. 1. 51). — Même décision à l'égard des décrets de transportation pris à la même époque par le pouvoir exécutif, en vertu d'une délégation de l'Assemblée nationale (Crim. rej. 17 nov. 1848, aff. Transportés de juin, D. P. 48. 1. 238).

65. — IV. Tribunaux militaires (*Rép.* n° 238). — Leurs sentences, soustraites en général à la censure de la cour de cassation, n'y échappent cependant pas d'une manière absolue. La règle et les exceptions sont aujourd'hui contenues dans les art. 80 et 81 de la loi du 9 juin 1857, pour l'armée de terre et les art. 110 et 111 de la loi du 4 juin 1858 pour l'armée de mer. L'examen détaillé de ces divers textes a été présenté au *Rép.* v° *Organisation militaire*, nos 933 à 943; nous nous bornerons à rappeler les principes généraux.

1° Le pourvoi en cassation ne peut émaner que d'une personne non militaire et non assimilée à un militaire (*Rép.* nos 252 et suiv., et v° *Organisation militaire*, nos 933 et 934). Ainsi ne peuvent se pourvoir en cassation les musiciens militaires, alors même qu'ils n'appartiendraient à l'armée qu'en vertu d'une commission (Crim. rej. 29 juin 1876) (1). De même ne peuvent se pourvoir les indigènes condamnés par des conseils de guerre en Algérie pour crimes ou délits commis en territoire militaire (Crim. rej. 5 avr. 1860, aff. Abdallah, D. P. 60. 1. 247). Au contraire, a été déclaré recevable le pourvoi dirigé contre la décision d'un conseil de guerre et d'un conseil de revision ayant passé outre au jugement d'un prévenu poursuivi pour désertion, et qui contestait sa qualité de militaire en soutenant qu'il avait perdu la qualité de Français par un engagement volontairement contracté sans l'autorisation du Gouvernement français dans une armée étrangère (Crim. cass. 25 juin 1885, aff. Fivel, D. P. 86. 1. 429). C'est à la qualité appartenant au condamné au moment du pourvoi qu'on doit s'attacher. Ainsi un capitaine d'infanterie de marine condamné par la juridiction militaire en vertu des art. 55 et 56 c. de just. milit. pour détournement de titres commis à l'époque où il exerçait les fonctions de commissaire du Gouvernement près d'un conseil de guerre, peut se pourvoir pour incompétence lorsqu'il a cessé d'appartenir à l'armée au moment où la poursuite a eu lieu (Crim. rej. 12 oct. 1876, aff. Grimal, D. P. 77. 1. 143).

2° Le pourvoi ne peut être formé que pour incompétence (art. 81 c. just. mil.). La loi du 27 vent. an 8, antérieurement en vigueur, prévoyait une seconde cause, l'excès de pouvoir (*Rép.* n° 245). Cette cause ne peut plus être invoquée aujourd'hui (Crim. rej. 16 nov. 1871, aff. Peyrouton, D. P. 72. 1. 44; 30 nov. 1871, aff. Gourier, D. P. 71. 1. 358; 16 juin 1876, aff. Viano, D. P. 76. 1. 462). Cependant l'assimilation qui existait autrefois entre l'excès de pouvoir et l'incompétence a été momentanément rétablie, au profit des gardes nationaux soumis pendant le siège de Paris à la juridiction des conseils de guerre. Le décret du 12 oct. 1870 (D. P. 70. 4. 96) leur a accordé le droit d'attaquer devant la cour de cassation les décisions des conseils de revision pour l'une et l'autre cause (Crim. rej. 2 déc. 1870, aff. Prévost, D. P. 71. 1. 257).

3° Le procureur général près la cour de cassation peut se pourvoir devant la cour contre les décisions des tribunaux militaires, lorsqu'il en reçoit l'ordre du garde des sceaux. En outre, il peut agir lui-même d'office dans l'intérêt de la loi (*Rép.* v° *Organisation militaire*, n° 945; Chenon, p. 98 et 233).

66. — V. Colonies (*Rép.* nos 260 et 261). — Actuellement, les établissements français de la Côte d'Or et du Gabon sont la seule colonie française à laquelle la voie du recours en cassation soit fermée. Encore faut-il observer que le décret du 20 août 1879 (D. P. 80. 4. 60) autorise le recours dans

(1) (Malardé.) — La cour; — Attendu qu'aux termes de l'art. 80 c. just. mil., ne peuvent, *en aucun cas*, se pourvoir en cassation contre les jugements des conseils de guerre et des conseils de revision, les militaires, les assimilés aux militaires et tous les autres individus désignés dans les art. 55, 56 et 57 ; — Attendu que l'art. 55 dudit code de justice militaire porte : « Tout individu appartenant à l'armée en vertu, soit de la loi du recrutement, *soit du brevet ou d'une commission*, est justiciable des conseils de guerre permanents dans les divisions territoriales en état de paix, selon les distinctions établies dans les articles suivants » ; — Attendu que l'art. 56 ajoute : « Sont justiciables des conseils de guerre... pour tous crimes et délits... les officiers de tous grades, les sous-officiers, caporaux et brigadiers, les soldats, les *musiciens* et les enfants de troupe »; — Attendu qu'il est constaté, en fait, par les décisions attaquées, et reconnu par le demandeur lui-même, que ledit demandeur Malardé était *musicien commissionné* au 99e régiment de ligne, et ce, depuis le 25 août 1875 ; qu'il avait cette qualité lorsqu'il a manqué à l'appel, pour passer ultérieurement sur le territoire suisse, où il paraît être resté jusqu'au 29 mai 1876 ; — Attendu que cette qualité étant certaine en la personne de Malardé, elle lui interdit absolument la voie du recours en cassation, aux termes de l'art. 80 c. just. milit. précité ; qu'il objecte vainement que l'acte qui le rattache à l'armée n'aurait pas été contracté dans les conditions prescrites par les art. 50 et 52 de la loi du 27 juill. 1872 sur le recrutement; qu'en effet, Malardé appartient à l'armée, non pas en vertu de la loi sur le recrutement, mais en vertu d'une commission, cas expressément prévu par l'art. 55 précité du code de justice militaire;

Par ces motifs, rejette, etc.

Du 29 juin 1876.-Ch. crim.-MM. de Carnières, pr.-Barbier, rap.-Desjardins, av. gén.

l'intérêt de la loi contre les décisions rendues dans cette colonie. (V. *suprà*, n° 2). Mais autrefois les juridictions coloniales étaient généralement soustraites au recours en cassation. Un arrêt (Crim. rej. 26 févr. 1847, aff. Lisboa, D. P. 47. 1. 136) relevait cette lacune pour les tribunaux du Sénégal, et un autre arrêt (Crim. rej. 7 juill. 1849, aff. Fagalde, D. P. 51. 5. 72) constatait qu'à la Guyane, les arrêts rendus par la chambre d'accusation ne pouvant être attaqués que dans l'intérêt de la loi, le ministère public avait seul qualité pour les déférer à la cour de cassation.

CHAP. 4. — Des personnes qui ont qualité pour former le pourvoi et pour y défendre (*Rép.* nos 263 à 457).

§ 1er. — Qui peut se pourvoir ou défendre en matière civile (*Rép.* nos 266 à 352).

67. — I. 1re CONDITION : AVOIR ÉTÉ PARTIE AU PROCÈS. — L'absence de cette condition a fait rejeter le pourvoi formé : 1° en règlement de juges ou de procédure et en cassation pour contrariété avec un jugement souverain, alors que le demandeur au pourvoi n'avait pas été partie au jugement attaqué (Req. 30 juin 1851, aff. Vizien, D. P. 51. 1. 240); — 2° Par des arbitres contre la disposition d'un arrêt auquel ils n'avaient pas figuré, et qui, en confirmant une sentence arbitrale, comprenait dans la liquidation des dépens une somme affectée aux honoraires des arbitres (Civ. cass. 29 août 1859, aff. Compayre, D. P. 60. 1. 385); — 3° Par celui qui, après avoir été partie au jugement de première instance, a cessé d'être partie en appel (Civ. rej. 8 févr. 1886, aff. Fournier, D. P. 87. 1. 22).

68. C'est d'après le dispositif de la décision attaquée que l'on reconnaît si une personne y a été ou non partie. Cependant il va de soi qu'un pourvoi ne serait pas justifié par cela seul que le nom du demandeur en cassation aurait été mentionné au dispositif, s'il était établi que cette mention résultait d'une erreur matérielle (Req. 9 juill. 1884, aff. Benoni Vagnier, D. P. 85. 5. 55-56).

69. Ainsi qu'il a été dit au *Rép.* n° 266, le principe qu'on ne peut se pourvoir contre une décision qu'autant qu'on y a été partie est applicable en matière électorale. C'est ce qui a été jugé à l'égard des électeurs attaquant en leur nom propre des décisions auxquelles ils n'ont pas été parties (Req. 4 mai 1868, aff. Lefoutre, D. P. 69. 1. 298; 5 avr. 1869, aff. Bouisson, aff. maire d'Alzon, D. P. 69. 1. 408; 26 juin 1871, aff. Alquier, D. P. 72. 5. 172; 8 avr. 1873, aff. Séta, D. P. 74. 1. 487 ; Civ. rej. 14 févr. 1876, aff. Emanuelli, D. P. 76. 1. 78). Ces électeurs ne seraient pas davantage recevables à se pourvoir en qualité de représentants des électeurs au regard desquels les décisions attaquées ont été rendues (Req. 15 mai 1872, aff. Elèves du séminaire de Rodez, D. P. 72. 1. 459; Civ. rej. 29 mars 1876, aff. J.-M. Tomasini, D. P. 76. 1. 204). Ne seraient pas non plus recevables à se pourvoir : le maire qui a présidé la commission municipale (Req. 5 avr. 1869, aff. Bouisson, aff. maire d'Alzon, D. P. 69. 1. 408; Req. 5 mars 1873, aff. Commune de Sumène, D. P. 73. 1. 415; 17 mars 1873, aff. Delpux, *ibid.*; Civ. rej. 21 mars 1876, aff. Sappia, D. P. 76. 1. 204); ou les membres de la commission municipale dont la décision a été réformée par celle qui fait l'objet du pourvoi (V. les arrêts qui précèdent, et Civ. rej. 26 juin 1876, aff. Commune de Port-Sainte-Foy, D. P. 76. 1. 422). Il en serait différemment s'il s'agissait de décisions électorales rendues en dehors des formes destinées à mettre les tiers en demeure d'intervenir. Des électeurs étrangers à l'instance pourraient attaquer en cassation les décisions rendues (Req. 10 août 1864, aff. Arrazat, D. P. 64. 5. 115; 19 juill. 1865, aff. Maire de Cirey-sur-Blaise, D. P. 66. 5. 158).

70. Enfin la même règle trouve son application en matière d'expropriation pour utilité publique. Le jugement qui prononce l'expropriation est rendu contre le propriétaire, à lui seul appartient le droit de former le pourvoi; il semble aller de soi que le même droit n'existe point au profit des locataires de la maison expropriée; cependant, la cour de cassation a eu à plusieurs reprises l'occasion de consacrer cette conséquence certaine (Civ. rej. 7 août 1854, aff. Jacomet, D. P. 54. 1. 277; 18 mai 1868, aff. Galvier, et 26 août 1868, aff. Marx, D. P. 68. 1. 405-407).

71. Suivant l'observation qui a été faite au *Rép.* n° 274, la condition d'avoir été partie au jugement attaqué ne signifie pas qu'il faut avoir figuré personnellement et en nom dans l'instance; il suffit d'y avoir été régulièrement représenté. Les héritiers sont représentés par leur auteur, une société commerciale par son directeur, et après sa dissolution par ses liquidateurs (V. *Action*, n° 40). En conséquence, il a été décidé : que les héritiers des associés d'une société commerciale dissoute, et au nom de laquelle des liquidateurs ont figuré à un arrêt et au pourvoi formé contre cet arrêt, peuvent valablement signifier l'arrêt d'admission obtenu par ces liquidateurs et suivre eux-mêmes sur le pourvoi (Civ. rej. 25 août 1879, aff. Mehl, 1re et 2e espèces, D. P. 79. 1. 465); — Que la partie qui a reconnu comme contradicteur légitime en première instance et en appel une société, dont la direction agissait sans désignation d'un représentant, ne peut, au mépris du contrat judiciaire résultant de cette reconnaissance, lui dénier le droit de se pourvoir en cassation dans les mêmes conditions (Civ. cass. 12 nov. 1877, aff. Chemin de fer de l'Est, D. P. 80. 1. 88).

72. Dans la catégorie des ayants cause doivent être compris aussi les créanciers. Ainsi qu'il a été dit au *Rép.* n° 276, ils tiennent de l'art. 1166 c. civ. le droit de former au nom de leur débiteur le pourvoi en cassation que celui-ci néglige de former (Bernard, *Manuel des pourvois*, t. 1, p. 89). La question de savoir s'il est nécessaire que les créanciers aient été autorisés à exercer ce mode de recours par un jugement qui constate leur qualité est controversée (V. *Obligations*). La jurisprudence, contrairement à l'opinion de la plupart des auteurs, décide qu'aucune subrogation n'est nécessaire. Il a été reconnu, spécialement, qu'un créancier a qualité pour attaquer par la voie du recours en cassation le jugement rendu contre son débiteur, qui s'abstient de ce mode de recours, sans qu'il soit besoin d'un jugement préalable constatant sa qualité de créancier; il suffit que cette qualité repose sur des titres non contestés (Civ. cass. 1er juin 1858, aff. Cordonnier, D. P. 58. 1. 236). On remarquera que le créancier n'a le droit d'agir qu'en cas d'inaction du débiteur; par suite, si ce dernier a lui-même formé un pourvoi, celui qu'intenterait le créancier devrait être rejeté avec condamnation aux dépens (Crim. rej. 10 janv. 1855, aff. de Jouye Desroches, D. P. 55. 1. 168-169). Toutefois, le créancier serait recevable à intervenir pour prévenir des déchéances, et notamment signifier l'arrêt d'admission obtenu par son débiteur, et que celui-ci omettrait de signifier (Arrêt précité du 1er juin 1858).

73. Le *garant* est recevable à se pourvoir en cassation en présence du désistement du garanti ou de son acquiescement à la condamnation. Cette solution a été indiquée au *Rép.* n° 282, pour le cas où le garanti s'est désisté d'un pourvoi formé conjointement avec le garant. Même décision a été donnée dans le cas d'un acquiescement du défendeur principal (Req. 20 juin 1853, aff. Chemin de fer du Havre, D. P. 53. 1. 225). Cet arrêt a reconnu que, par l'effet de cet acquiescement, le garant n'avait pas qualité pour demander la cassation, au profit du garanti, de la condamnation subie et acceptée par lui avec recours contre le garant. Cela ne veut pas dire évidemment que le garant ne puisse soutenir, même en présence de cet acquiescement, que la condamnation principale a été irrégulièrement prononcée, et cela afin d'établir que la condamnation récursoire manque de base. En ce sens, il a été décidé que le garant qui, dans le silence du garanti, se pourvoit seul contre le jugement qui les a condamnés l'un et l'autre, peut faire valoir à l'appui de son pourvoi, indépendamment des moyens qui lui sont propres, les droits et moyens du garanti (Civ. rej. 12 juill. 1853, aff. Pernot, D. P. 53. 1. 334). Seulement une cassation intervenant de ce chef au profit du garant ne dispenserait pas le garanti d'exécuter sans recours la condamnation à laquelle il a acquiescé.

En l'absence d'un acquiescement, il est de principe que les droits exercés ou conservés par le garant profitent au garanti, qui peut les exercer à son tour comme le garant luimême. Ainsi l'arrêt qui confirme un jugement prononçant la nullité d'une adjudication, avec recours en garantie de l'adjudication contre le créancier poursuivant, peut, quoiqu'il ait été rendu sur l'appel de ce dernier seulement, être frappé d'un pourvoi en cassation par l'adjudicataire aussi bien que par le garant (Civ. cass. 18 juin 1866, aff. Bachy-Courtin, D. P. 66. 1. 332). De même, il a été décidé qu'un pourvoi formé par le garant profite au garanti, quand il existe entre la demande principale et les demandes récursoires un lien de dépendance et de subordination (Civ. cass. 12 nov. 1877, aff. Chemin de fer d'Alsace-Lorraine, D. P. 80. 1. 88).

74. Ainsi qu'on l'a dit au *Rép.* n° 287, un pourvoi en cassation peut être valablement formé par un mandataire; c'est la règle générale applicable à l'exercice de toute action en justice (V. *Action*, n° 46). On peut seulement se demander si, pour former un pourvoi en cassation, un mandat spécial n'est pas nécessaire. La négative résulte d'un arrêt (Civ. cass. 29 janv. 1850, aff. Buffault, D. P. 50. 1. 123), aux termes duquel le mandat de gérer certains biens et, en cas de difficultés, « d'exercer toutes poursuites, citer à comparaître devant les tribunaux, former toutes demandes, prendre toutes conclusions, signer tous procès-verbaux, emporte faculté de former un pourvoi en cassation contre un jugement relatif à ces biens. Mais il a été jugé qu'à défaut d'un pouvoir spécial, un mari n'a pas qualité pour former un pourvoi en cassation au nom de sa femme (Crim. rej. 4 sept. 1879) (1). — Au contraire, le père, à raison de la puissance que la loi lui accorde sur ses enfants mineurs, est, de droit, leur fondé de pouvoir spécial pour toutes les affaires qui les concernent. En ce sens, il a été décidé que le père peut se pourvoir pour son fils mineur contre un arrêt de renvoi et de mise en accusation (Crim. rej. 10 mars 1881) (2).

75. Lorsqu'une personne ne figure dans un recours que comme mandataire d'une autre partie, cette qualité doit apparaître nettement d'après les énonciations du pourvoi. Cependant la cour de cassation n'exige aucune énonciation, à peine de nullité; il suffit, pour que le pourvoi soit recevable, qu'aucune méprise ne puisse exister à l'égard du demandeur au pourvoi. Ainsi, il a été jugé que lorsqu'un inventeur a mis son brevet dans une société désignée sous son nom et dont il est le gérant avec plein pouvoir, le pourvoi contre une décision intervenue sur une action de la société n'est pas irrégulier pour avoir été signé par l'inventeur en son nom personnel, du moment que son intention de se référer aux qualités de la décision attaquée apparaît par l'adjonction à la signature de l'inventeur de celle de l'avoué qui a prêté son ministère devant les juges du fond (Crim. cass. 12 mars 1864, aff. Olive, D. P. 67. 5. 59). — Pour le même motif il a été décidé qu'un pourvoi en cassation formé à la requête de plusieurs parties, dont une seule est dénommée avec l'addition des mots *et consorts*, est recevable si les termes de la requête en pourvoi rapprochés de ceux de l'arrêt attaqué annexé à cette requête désignent suffisamment toutes les parties qui se sont portées demanderesses en cassation (Civ. rej. 12 déc. 1860, aff. Guérin, D. P. 61. 1. 12).

76. Il est évident, ainsi qu'on l'a indiqué au *Rép.* n° 292, qu'on ne peut former un pourvoi en cassation au nom d'un individu décédé. Un pourvoi de ce genre a été déclaré irrecevable quoique la signification de l'arrêt d'admission et la citation devant la chambre civile eussent été faites au nom de ses héritiers (Civ. rej. 30 nov. 1858, aff. Libeyre, D. P. 59. 1. 74).

77. — II. 2me CONDITION : AVOIR INTÉRÊT AU POURVOI. — Cette seconde condition exigée pour la recevabilité d'un recours en cassation a été exposée au *Rép.* n° 294. On doit convenir qu'il est souvent difficile de reconnaître si cette condition est ou non réalisée, et l'on conçoit qu'il est impossible de fixer un *criterium* à cet égard. Il est un point, toutefois, qu'il importe de noter : pour déterminer l'existence d'un intérêt au pourvoi, il faut se placer au moment où la décision qu'on veut attaquer a été rendue : s'il apparaît, d'après les circonstances de la cause examinées à ce moment, que l'irrégularité relevée par le recours a causé un préjudice au demandeur au pourvoi, l'intérêt existe et rend le recours recevable. Le pourvoi devrait au contraire être écarté, si l'intérêt était postérieur au recours.

A ce principe certain se rattache une règle déjà formulée au *Rép.* n° 301, à savoir que la cour de cassation ne doit pas prendre en considération les événements postérieurs aux arrêts qui lui sont déférés. Par application de cette règle, il a été décidé que le pourvoi fondé sur ce que l'arrêt attaqué aurait refusé à tort au demandeur d'exciper du droit d'un tiers ne doit pas être déclaré non recevable par cela seul qu'un arrêt postérieur aurait jugé que ce tiers n'avait aucun droit (Civ. cass. 22 juill. 1845, aff. Caisse des dépôts, *Rép.* n° 1205, et D. P. 46. 1. 33). — De même, le pourvoi dirigé contre un arrêt qui a ordonné l'exécution d'un contrat de vente consenti par une commune, sans attendre l'expiration du délai de trente jours à compter de la réception du contrat par le sous-préfet, n'en est pas moins recevable bien que, postérieurement à la décision attaquée et avant le dépôt de ce pourvoi, la délibération ait été revêtue de l'approbation préfectorale (Civ. cass. 15 mai 1882, aff. Rolland, D. P. 83. 1. 164-165). De même encore, le pourvoi fondé sur ce que l'arrêt attaqué aurait considéré comme propriété privée un terrain faisant partie du domaine public ne peut être déclaré non recevable pour défaut d'intérêt, sous prétexte qu'un arrêté aurait depuis les débats du procès fait disparaître le caractère domanial de ce terrain (Civ. rej. 20 janv. 1885, aff. Artières, D. P. 85. 1. 361. V. aussi : Civ. cass. 20 déc. 1864, aff. de Naucaze, D. P. 65. 1. 25; Civ. rej. 3 août 1869, aff. Bidalas, D. P. 69. 1. 352; 13 juin 1881, aff. Lugagne, D. P. 82. 1. 471).

78. On a rapporté au *Rép.* nos 296 à 302 un grand nombre de décisions qui ont reconnu l'existence d'un intérêt au pourvoi. Il a été décidé dans le même sens : 1° qu'une femme ayant intérêt à ce qu'il soit jugé que la somme qui provient de l'aliénation d'un de ses immeubles dotaux est restée sa propriété et n'a pas fait l'objet d'une donation au profit de son enfant, est recevable, malgré le désistement de l'enfant, futur donataire, à se pourvoir en cassation contre le jugement qui en a décidé autrement (Civ. cass. 23 déc. 1868, aff. Lépine, D. P. 69. 1. 110); — 2° Que les propriétaires riverains de chemins vicinaux qui revendiquent des arbres existant sur ces chemins en se fondant sur ce qu'ils les ont plantés, et qui subsidiairement soutiennent qu'ils les ont acquis par prescription, ont intérêt et sont fondés à se pourvoir contre l'arrêt qui, après avoir déclaré dans ses motifs que les arbres plantés sur les chemins vicinaux appartiennent aux communes, admet dans son dispositif la preuve des faits constitutifs de la prescription; cet arrêt rejette, en effet, implicitement le moyen principal invoqué par les demandeurs (Civ. cass. 3 févr. 1868, aff. de Rombault, D. P. 68. 1. 121); — 3° Qu'un pourvoi en cassation, tendant à faire annuler un arrêt qui a entraîné le rejet d'une autre action faisant l'objet d'une seconde instance distincte, est recevable, bien que le jugement qui a rejeté cette seconde action soit passé en force de chose jugée au moment où le pourvoi est examiné; l'intérêt du pourvoi subsiste, en effet, l'annulation d'un arrêt entraînant celle des décisions qui n'en ont été que la conséquence (Civ. rej.

(1) (Boutteville.) — LA COUR; — Attendu que l'art. 417 c. instr. cr. exige que la déclaration de recours soit faite au greffier par la partie condamnée et signée d'elle, ou par l'avoué de cette partie, ou par un fondé de pouvoir spécial, et que, dans ce dernier cas, le pouvoir demeure annexé à la déclaration; — Attendu que le pourvoi formé au greffe pour la femme Boutteville l'a été, non pas par elle, mais par le sieur Boutteville, son mari; que ledit Boutteville, n'étant ni revêtu d'un caractère spécial l'autorisant à cet effet, ni porteur d'un mandat spécial, était sans qualité pour former ce pourvoi; — D'où il suit que la cour de cassation n'est pas légalement saisie d'un pourvoi dans l'intérêt de la femme Boutteville; — Déclare nul et non avenu le pourvoi.

Du 4 sept. 1879.-Ch. crim.-MM. de Carnières, pr.-Vente, rap.-Petiton, av. gén.

(2) (Barral.) — LA COUR; — Sur l'étendue du pourvoi : — Attendu que le père peut se pourvoir pour son fils mineur; que si Barral père n'a pas énoncé que le pourvoi était formulé au nom de son fils âgé de onze ans et au sien, il a déclaré qu'il se pourvoyait contre l'arrêt du 31 janv. 1881, qui le renvoyait, ainsi que son fils, devant la cour d'assises de l'Isère, lui pour attentat à la pudeur et homicide volontaire commis avec préméditation et ayant eu pour but d'assurer l'impunité des auteurs de divers vols; lui et son fils, pour vols qualifiés crimes; qu'on doit conclure du soin que Barral a mis à préciser l'accusation dirigée contre son fils, qu'il a eu l'intention de comprendre celui-ci dans son pourvoi, et qu'il y a lieu, dès lors, de considérer le pourvoi comme s'étendant aux deux accusés ;... — Rejette, etc.

Du 10 mars 1881.-Ch. crim.-MM. Barbier, pr.-Camescasse, rap.-Ronjat, av. gén.

25 mars 1861, aff. Herman, D. P. 61. 1. 158); — 4° Que l'intérêt que peut avoir une partie à se faire relever de la condamnation aux dépens, prononcée contre elle par un arrêt, suffit à légitimer un pourvoi en cassation (Civ. rej. 15 nov. 1880, aff. Bouteloup, D. P. 81. 1. 101).

79. Un intérêt si minime qu'il soit rend le pourvoi recevable (Chenon, *Origines, conditions et effets de la cassation*, p. 103); mais encore faut-il qu'il existe. On trouve au *Rép.* n° 304 divers exemples de pourvoi rejetés pour défaut d'intérêt. — Décidé, dans le même sens : 1° que la disposition du jugement qui donne acte à la régie de la réserve par elle faite de réclamer ultérieurement s'il y a lieu un nouveau droit sur les suppléments de prix dont elle obtiendrait la preuve, laissant entiers les droits du redevable, ne peut fournir prétexte à un moyen de cassation (Req. 18 juill. 1870, aff. Compagnie du Gaz, D. P. 71. 1. 157-158); — 2° Que le moyen tiré de ce qu'un arrêt a donné acte au procureur général des réserves faites en son nom dans l'intérêt de l'action publique, à l'occasion d'un mémoire outrageant produit devant la cour, sans constater que les faits réservés étaient étrangers à la cause, n'est pas recevable, faute d'intérêt, le silence de l'arrêt empêchant pour l'avenir toutes poursuites à propos du mémoire en question, et, par suite, cet arrêt ne causant aucun préjudice au demandeur en cassation (Req. 10 déc. 1872, aff. Larbaud, D. P. 73. 1. 351); — 3° Que la décision judiciaire qui donne acte au créancier d'une société en commandite par actions de l'offre à lui faite par les syndics de la faillite du gérant de payer ledit créancier selon un mode convenu entre lui et les syndics, et qui réserve, en outre, à ce créancier le droit de poursuivre la liquidation judiciaire de cette société, s'il n'est pas payé dans un certain délai, ne cause aucun préjudice aux commanditaires; ceux-ci ne peuvent donc l'attaquer devant la cour de cassation (Req. 29 mars 1876, aff. Chatin, D. P. 76. 1. 493); — 4° Que l'enfant dont la dot est déclarée imputable sur les deniers dotaux de sa mère et se trouve ainsi pleinement garantie, est sans intérêt pour soutenir que l'imputation en devait être faite sur les biens paraphernaux, et il n'est pas recevable, dès lors, à se pourvoir de ce chef contre la décision des juges du fond (Civ. rej. 18 févr. 1852, aff. Pommiès, D. P. 52. 1. 88); — 5° Que le notaire contre lequel une peine disciplinaire a été prononcée est non recevable, pour défaut d'intérêt, à attaquer la décision qui a prononcé en même temps une peine contre son clerc (Civ. cass. 23 déc. 1868, aff. P..., D. P. 69. 1. 140); — 6° Que la partie qui a interjeté appel d'une sentence de juge de paix rendue en dernier ressort, est non recevable, pour défaut d'intérêt, à se pourvoir en cassation contre le jugement qui, en statuant au fond, a admis la recevabilité non contestée de cet appel (Civ. rej. 17 mai 1886, aff. Société des marchés, D. P. 86. 5. 50).

80. C'est d'après les conclusions prises devant les juges du fond que l'intérêt doit être apprécié. Or, une partie est évidemment sans intérêt à critiquer devant la cour de cassation, soit sous le rapport du fond, soit sous celui de la forme, la disposition d'un arrêt qui est entièrement conforme à ses conclusions. Ainsi : 1° lorsque c'est conformément aux conclusions de l'acheteur qu'un arrêt, sur la décision des premiers juges divisant en deux catégories les marchandises vendues, a maintenu la vente quant à l'une de ces catégories et l'a annulée quant à l'autre et que l'appel incident formé par le vendeur portait uniquement sur ce chef, l'acheteur n'est pas recevable à se plaindre devant la cour de cassation de ce que l'arrêt n'a pas annulé la vente en totalité (Req. 11 mars 1879, aff. Bourgeois, D. P. 81. 1. 34); — 2° Une partie ne peut former un pourvoi pour défaut de motifs en ce qui touche la partie du jugement ou de l'arrêt qui lui est favorable (Req. 28 nov. 1871, aff. Giraud, D. P. 72. 1. 18); — 3° Une commune autorisée à interjeter appel d'un jugement sur certains chefs seulement ne peut se faire un moyen de cassation de ce que l'arrêt intervenu aurait statué même sur les chefs du jugement non compris dans l'autorisation, si cet arrêt s'est borné à les confirmer avec adoption de motifs (Civ. cass. 21 janv. 1852, aff. Commune d'Eysus, D. P. 52. 1. 276); — 4° Une partie n'est pas recevable, faute d'intérêt, à se pourvoir contre la décision par laquelle un tribunal s'est déclaré incompétent pour prononcer sur une demande en dommages-intérêts, qui n'avait pas été l'objet de conclusions spéciales de sa part (Civ. rej. 16 mai 1877, aff. Delaby, D. P. 77. 1. 431); — 5° La partie qui a obtenu gain de cause au fond par un jugement ou arrêt qui a rejeté les exceptions ou fins de non-recevoir par elle proposées n'est pas recevable, au cas où l'autre partie s'est pourvue en cassation contre le chef de la décision sur le fond, à se pourvoir incidemment contre les chefs de la même décision qui ont statué sur les exceptions (Civ. cass. 5 mai 1879, aff. Goujon, D. P. 79. 1. 225); — 6° Une partie ne peut se faire un moyen de cassation du rejet des conclusions prises par la partie adverse et se plaindre, par exemple, devant la cour de cassation de ce qu'une expertise demandée par cette dernière partie n'a point été ordonnée (Req. 9 avr. 1862, aff. Edwards, D. P. 62. 1. 468); ...ou de ce que le rejet des conclusions dirigées contre elle en appel n'a pas été motivé (Civ. rej. 25 juin 1877 (1); Req. 19 févr. 1883) (2). — 7° Un appelant ne peut se faire un moyen de cassation du rejet d'un des chefs de conclusions de son co-appelant (Req. 1er mai 1876, aff. Salabert, D. P. 76. 1. 481). Il en serait autrement s'il y avait entre les co-appelants un intérêt solidaire ou indivisible; — 8° Le pourvoi en cassation contre un jugement préparatoire rendu dans une instance annulée par le jugement définitif comme irrégulièrement engagée n'est pas recevable, faute d'intérêt (Req. 21 août 1860, aff. Vieux-Vincent, D. P. 60. 1. 492); — 9° On ne peut se faire un moyen de cassation de ce qu'une cour d'appel a refusé de surseoir à l'examen de l'appel d'un jugement par défaut frappé en même temps d'opposition devant le tribunal de commerce, alors qu'en fait, et par suite d'une remise de la cause devant la cour, celle-ci n'a statué sur l'appel qu'après le rejet de l'opposition (Req. 19 mai 1885, aff. *Peruvian Guano Company limited*, 2 arrêts, D. P. 86. 1. 151); — 10° Lorsqu'une cour d'appel a infirmé le jugement d'un tribunal de commerce se déclarant compétent, et qu'elle a évoqué le fond, on ne peut se pourvoir en cassation contre l'arrêt rendu sur le fond en prétendant que c'est à tort que le tribunal de commerce a été déclaré incompétent (Req. 17 août 1870, aff. Humbert, D. P. 71. 1. 284); — 11° La partie perdante, mais qui a été désintéressée, ne peut se pourvoir en cassation, surtout contre celui qu'elle a subrogé à ses

(1) (Leféver C. Bretigny et autres.) — La cour; — Sur le premier moyen : — Attendu que les demandeurs sont sans intérêt et par suite non recevables à se plaindre de ce que la cour d'appel d'Amiens aurait omis de motiver le rejet de conclusions subsidiaires prises par Landais et comp., qu'ils avaient appelés en garantie; que s'il est de principe que les moyens du garant profitent au garanti, c'est à la condition qu'il y ait entre eux un intérêt commun; que tel n'est pas le cas dans l'espèce; qu'en effet, Landais et comp. garants, en signifiant leur appel tant à Morlet qu'à Leféver garanti, loin de prendre fait et cause pour ce dernier, ont constamment contesté la demande en garantie, et que c'est uniquement pour la repousser que, dans des conclusions subsidiaires, ils ont opposé l'art. 1646 c. civ.; que ce moyen était ainsi exclusivement personnel à Landais et comp. garants, et ne concernait que leurs rapports avec Leféver garanti, et que, dès lors, ce dernier, contre lequel les conclusions subsidiaires étaient dirigées, ne saurait être admis à se plaindre de ce que le rejet de ces conclusions n'aurait pas été motivé...

Par ces motifs, rejette, etc.

Du 25 juin 1877.-Ch.civ.-MM. Mercier, 1er pr.-Pont, rap.-Charrins, av. gén., c. conf.-Brugnon et Dareste, av.

(2) (Desvignes frères C. Carenne et autres.) — La cour; — Sur le premier moyen du pourvoi, tiré de la violation des art. 172, 188 et suiv. c. pr. civ., et 7 de la loi du 20 avr. 1810 : — Attendu que devant la cour de Bordeaux, les sieurs Carenne et Sue, appelants, avaient conclu à ce que, préalablement à l'appel de la cause pour être plaidée, les intimés Desvignes fussent condamnés à leur faire des communications de pièces; que les sieurs Desvignes, au lieu de faire ces communications, demandèrent la fixation des plaidoiries au 17 janv. 1882; que les plaidoiries eurent lieu ce jour-là même; — Attendu que les sieurs Desvignes ne peuvent, intervertissant les rôles, se plaindre que l'arrêt attaqué ne contienne pas de dispositions directement applicables à cette communication de pièces et qu'il n'ait pas été statué expressément sur les conclusions prises de ce chef pour Carenne et Sue, qui devaient, d'ailleurs, être réputés y avoir renoncé, en acceptant sans réserves le débat au fond;... — Rejette, etc.

Du 19 févr. 1883.-Ch. req.-MM. Bédarrides, pr.-Bécot, rap.-Petiton, av. gén., c. conf.-Roullier, av.

droits (Civ. cass. 12 mai 1875, aff. de Payan de Champié, D. P. 75. 1. 361).

Un demandeur (spécialement, l'époux demandeur en divorce) ne saurait être admis à se faire un grief de cassation de ce que les juges du fait n'ont pas opposé à sa demande un moyen de déchéance, et, par exemple, ne l'ont pas déclaré déchu par le motif qu'il n'avait pas été présent à tous les actes de la cause et, notamment, à l'audience où les conclusions à fin de conversion en divorce de l'instance en séparation de corps ont été posées (Civ. rej. 30 juin 1886, aff. Larché, D. P. 87. 1. 60).

81. On a fait observer au *Rép.* n° 306, qu'une partie ne peut être considérée comme ayant intérêt à un pourvoi qu'autant que celui-ci est dirigé contre un adversaire auquel a profité la décision dont l'annulation est demandée. Aux décisions déjà rapportées à l'appui de cette observation, il faut ajouter les suivantes : 1° est non recevable le pourvoi formé contre des parties dont l'arrêt attaqué a prononcé la mise hors de cause, en ne statuant que dans ses motifs sur la question soulevée au pourvoi (Req. 16 janv. 1867, aff. Delétoile, D. P. 67. 1. 501); — 2° Est non recevable pour défaut d'intérêt le pourvoi formé contre une partie mise hors de cause, si le demandeur en cassation est sans intérêt à ce qu'elle y soit retenue (Civ. cass. 26 août 1873, aff. Communes de Chancevigney, Sornay et Bay, D. P. 74. 1. 475); — 3° La condamnation à l'amende de fol appel, étant prononcée en faveur du Trésor et non en faveur de l'intimé, ne peut pas donner lieu à un pourvoi en cassation contre ce dernier (Req. 6 juill. 1859, aff. Parouty, D. P. 59. 1. 393); 23 janv. 1865, aff. Puccini, D. P. 65. 1. 235; 15 nov. 1865, aff. duc d'Aumale, D. P. 66. 1. 49; 22 nov. 1875, aff. Evrard, D. P. 76. 5. 69).

82. — III. Fins de non-recevoir. — Ainsi qu'il a été dit au *Rép.* n° 325, la fin de non-recevoir la plus fréquente est tirée de l'acquiescement du demandeur à la décision qui fait l'objet du pourvoi. On a examiné *ibid.* n° 326 quels sont les actes qui, au point de vue du pourvoi en cassation, constituent un acquiescement. La même question a été de nouveau et plus amplement traitée au mot *Acquiescement* (V. notamment *ibid.* n°s 46 et suiv.; 67 et suiv.; 98).

83. L'acquiescement n'est pas la seule fin de non-recevoir qui puisse être élevée contre un pourvoi. Le fait par une partie de n'avoir figuré en appel que comme intimée et de s'être rapportée à justice la rend irrecevable à attaquer la décision intervenue, qui a acquis à son égard l'autorité de la chose jugée (Civ. cass. 27 avr. 1857, aff. Chaminade, D. P. 57. 1. 365). Dans le même sens, il a été décidé, que l'avoué du dernier créancier colloqué qui, après avoir adhéré, comme représentant dans un ordre la masse des créanciers, à une contestation élevée sur le règlement provisoire, n'a pas appelé du jugement rejetant cette contestation et qui, intimé sur appel, s'en est rapporté à justice, est sans qualité pour se pourvoir en cassation contre ledit arrêt (Civ. cass. 27 nov. 1876, aff. Pottier, D. P. 77. 1. 57).

Une fin de non-recevoir pour défaut d'objet a été relevée dans un pourvoi dirigé contre un jugement dont l'annulation avait été prononcée postérieurement au pourvoi par un arrêt. Cet arrêt, n'ayant pas été déféré à la cour de cassation, et ayant par suite acquis l'autorité de la chose jugée, rendait le jugement attaqué inexistant (Civ. rej. 21 mars 1883, aff. Gouville, D. P. 84. 1. 397). On peut seulement se demander si cette décision n'est pas contraire au principe ci-dessus rappelé (V. *suprà*, n° 77), que la cour de cassation ne doit pas tenir compte des événements postérieurs au pourvoi.

84. — IV. Ministère public. — Suivant la distinction rappelée au *Rép.* n° 331, le droit de se pourvoir en cassation n'appartient, en matière civile, au ministère public qu'autant que celui-ci a été partie principale dans l'instance. On sait que le plus souvent le ministère public n'agit que comme partie jointe et par voie de réquisition. Il n'intervient par voie de conclusions et comme partie principale que dans les cas exceptionnels prévus par les art. 8, tit. 2, de la loi du 24 août 1790, et 46 de la loi du 20 avr. 1810. Ce dernier texte soulève une question très controversée et dans laquelle nous n'avons pas à entrer, celle de savoir si, en dehors des cas spécifiés, le ministère public a le droit d'agir comme partie principale pour poursuivre l'exécution des dispositions qui intéressent l'ordre public. La jurisprudence se prononce pour l'affirmative (V. *Actes de l'état civil*, n° 110). M. Chenon, p. 103, en conclut que le ministère public pourrait se pourvoir en cassation contre les décisions où l'ordre public est ainsi engagé, alors même qu'il n'aurait figuré personnellement à l'instance que comme partie jointe. La cour de cassation s'est prononcée en ce sens sur un pourvoi formé contre un arrêt qui avait rejeté une opposition à la célébration d'un mariage : « Attendu, porte cet arrêt, que de la combinaison des art. 147 et 184 c. civ. il résulte que le ministère public a le droit d'agir pour faire prononcer en justice la dissolution du second mariage contracté avant la dissolution du premier; qu'à plus forte raison, ce droit lui appartient pour empêcher la consommation de ce second mariage ; que le droit du ministère public indépendant du droit de la partie et fondé sur la défense de l'ordre public, peut être exercé pour la première fois devant tous les degrés de juridiction; qu'il a pu l'être pour la première fois, dans l'espèce, devant la cour de cassation ; etc. » (Req. 2 déc. 1851, aff. Maire de Paimbœuf, D. P. 52. 1. 81). C'est là une dérogation notable au principe formulé *suprà*, n° 63, qu'il faut avoir été partie au jugement pour l'attaquer par la voie de la cassation; il faut la restreindre rigoureusement aux cas où un intérêt d'ordre public est en jeu. En dehors de ces cas, le ministère public ne doit être admis à se pourvoir qu'autant qu'il a agi dans l'instance, et en qualité de partie principale Aussi un arrêt (Civ. rej. 3 mai 1852, aff. Proc. gén. de la Martinique, D. P. 52. 1. 173) a rejeté un pourvoi formé par le procureur général près la cour de la Martinique, par le motif « que les conclusions données par le ministère public devant les deux degrés de juridiction ne constituent qu'un avis, que la loi exige de sa part dans certains cas déterminés, mais ne forment pas une action qui le rende partie au procès ».

85. En matière disciplinaire, le ministère public peut se pourvoir contre les décisions qui concernent les officiers ministériels (Bernard, *Manuel des pourvois*, p. 96); mais il a été jugé qu'il n'a pas qualité pour attaquer en cassation les arrêts rendus en matière d'inscription au tableau de l'ordre des avocats, par la raison que le ministère public n'a le droit d'intervenir à ces arrêts que comme partie jointe (Civ. rej. 22 janv. 1850, aff. Reydellet, D. P. 50. 1. 17-23). Enfin, toujours pour la même raison, un pourvoi formé par le ministère public agissant au nom du préfet dans l'intérêt de l'Etat a été repoussé, le ministère public n'ayant pas qualité pour représenter les préfets (Civ. rej. 25 août 1847, aff. Préfet de la Vendée, D. P. 47. 1. 280).

86. — V. Défendeur à la cassation. — La règle générale formulée au *Rép.* n° 335, est que le pourvoi doit être dirigé contre la personne qui a obtenu la décision attaquée. Cette personne doit avoir été partie à la décision. Le demandeur en cassation ne pourrait, à plus forte raison, faire assigner devant la chambre civile une personne qui n'a été partie ni en première instance, ni en appel, qui ne représente aucune des parties du procès, et contre laquelle aucun pourvoi n'a été dirigé (Civ. cass. 11 août 1880, aff. Brecq, D. P. 80. 1. 461). Il avait précédemment été reconnu que toutes assignations données devant la chambre civile de la cour de cassation à des personnes qui ne sont ni nommées, ni désignées dans l'arrêt de la chambre des requêtes, portant permission d'assigner devant la chambre civile, sont réputées nulles (Civ. rej. 12 juin 1876, aff. Cauvin, D. P. 76. 1. 477).

Le pourvoi peut être formé soit contre le défendeur, soit contre son représentant; il n'est pas nécessaire évidemment que ce dernier ait figuré en première instance. Ainsi jugé à l'égard d'un pourvoi formé contre le défendeur et son tuteur, lequel n'avait été partie qu'à l'instance d'appel (Civ. cass. 29 août 1865, aff. Véron, D. P. 65. 1. 329). Il a été décidé que le pourvoi contre un arrêt incident qui rejette une fin de non-recevoir tirée d'un défaut de qualité doit être dirigé contre la partie avec laquelle est intervenu cet arrêt, et non contre une autre partie qui a renouvelé l'instance au lieu et place de cette dernière (Civ. cass. 13 avr. 1858, aff. de Meillac, D. P. 58. 1. 152). C'est avec raison, car on ne peut considérer cette seconde personne comme représentant par hypothèse la première, laquelle était sans qualité pour intenter l'instance.

87. Le pourvoi doit être dirigé, non contre toutes les personnes qui figurent au procès, mais contre celles-là seulement qui bénéficient de la disposition attaquée. Ainsi le pourvoi formé par le saisissant contre le débiteur saisi seul est régulier, bien que le jugement ait été déclaré commun au tiers saisi, si cette décision ne contient au fond aucune disposition intéressant ce dernier, la question de la validité de la saisie étant réservée (Civ. cass. 16 juill. 1872, aff. Berthault, D. P. 72. 1. 361). Mais il importe d'observer que toutes les parties ayant intérêt à la décision attaquée doivent être mises en cause par le pourvoi. Ainsi le légataire particulier qui, dans un procès en liquidation et partage, a été partie tant en première instance qu'en appel à raison de l'intérêt lui appartenant dans la liquidation, doit être mis en cause sur le pourvoi en cassation formé par l'une des parties intéressées contre l'arrêt intervenu sur les contestations auxquelles cette liquidation a donné lieu (Civ. cass. 11 août 1880, aff. Brecq, D. P. 80. 1. 461). — Cependant il a été jugé que la disposition d'un jugement qui prononce la distraction des dépens au profit d'un avoué a, quant à cet avoué, le même sort que quant à la partie pour laquelle il a occupé, et que, par suite, il n'est pas nécessaire que le pourvoi en cassation formé contre celle-ci soit dirigé contre lui (Req. 7 janv. 1852, aff. Préfet de l'Isère, D. P. 52. 1. 75). Effectivement, les deux parties n'en font en réalité qu'une seule, l'avoué n'étant que le représentant de son client. Au contraire, si le pourvoi en cassation contre le chef relatif à la distraction des dépens était fondé sur l'irrégularité de l'affirmation de l'avoué, il ne serait recevable qu'autant que l'avoué aurait été lui-même mis en cause (Civ. rej. 15 juill. 1867) (1).

88. La règle ci-dessus rappelée trouve son application en matière de garantie. En conséquence, la partie condamnée comme dernier garant doit mettre en cause, si elle se pourvoit, non seulement celui au profit duquel la condamnation a été prononcée, mais encore le garanti directement condamné et les garants intermédiaires (Civ. cass. 13 janv. 1869, aff. Albrecht, D. P. 69. 1. 135). — Lorsqu'il n'y a pas eu lieu de statuer sur une demande en garantie, la partie qui l'avait éventuellement exercée ayant obtenu gain de cause sur la demande principale, et que cette décision est frappée de pourvoi, la mise en cause du garant par le demandeur en garantie dans l'instance ouverte devant le cour de cassation est justifiée 1° par la nécessité de le mettre en demeure de défendre la décision attaquée, 2° par l'intérêt qu'a le demandeur en garantie de conserver son recours contre le garant en cas de cassation (Civ. cass. 10 déc. 1855, aff. Cazal, D. P. 56. 1. 59). Cette décision peut être rapprochée d'un arrêt cité au *Rép.* n° 340, et qui implicitement reconnaissait le même droit au profit du garanti. — Il a été jugé qu'un défendeur en garantie ne peut faire écarter le pourvoi introduit contre lui par le demandeur au principal, au moyen d'une fin de non-recevoir tirée de ce que l'appel par lui formé n'avait point été dirigé contre ce demandeur au principal et n'avait porté que sur le chef du jugement relatif à la garantie, si le juge d'appel a, malgré cette circonstance, infirmé toute la sentence et condamné le demandeur au principal à tous les dépens, y compris ceux de la demande en garantie (Civ. cass. 11 févr. 1873, aff. Dailly, D. P. 73. 1. 381). Au contraire, il a été décidé, que le garant ne peut être mis en cause devant la cour de cassation lorsque, la demande en garantie ayant été rejetée par des motifs distincts de la demande principale, le moyen unique du pourvoi en cassation s'applique exclusivement à la décision rendue sur cette dernière demande (Civ. cass. 5 févr. 1879, aff. Cuvelier, D. P. 79. 1. 52). En sens inverse, le demandeur au principal doit être mis hors de cause du pourvoi formé par l'appelé en garantie lorsqu'aucunes conclusions n'ont été échangées entre eux, et qu'il n'a pas été prononcé de condamnation au profit de l'un contre l'autre (Civ. cass. 2 et 3 juill. 1877, aff. Comp. Franco-Russe, D. P. 78. 1. 57).

89. Le pourvoi en cassation contre la décision disciplinaire d'une chambre de notaires doit être formé contre le syndic, qui seul a figuré comme poursuivant à la décision. Il a même été décidé que le syndic a qualité pour défendre seul à un pourvoi formé pour excès de pouvoir contre une délibération d'une chambre de notaires, alors même que la disposition attaquée concernerait à la fois un intérêt privé, et un partage d'honoraires entre deux notaires ; le grief pris de l'excès de pouvoirs se confondant avec le grief relatif au partage des honoraires (Civ. cass. 30 juin 1856, aff. Leseur, D. P. 56. 1. 261). Mais le président d'une chambre de notaires serait à tort assigné en cette qualité devant la cour de cassation à raison d'un pourvoi dirigé contre une décision disciplinaire; la cour de cassation prononcerait sa mise hors de cause (Civ. cass. 24 janv. 1881, aff. Baron, 2 arrêts, D. P. 81. 1. 218-219).

90. La cour de cassation doit, en effet, prononcer la mise hors de cause des parties lorsqu'elles n'ont aucun intérêt à combattre le pourvoi auquel elles ont été appelées (*Rép.* n° 350). On a déjà cité des applications de ce principe en matière de garantie; dans le même sens, il a été décidé que les parties qui, après avoir obtenu gain de cause devant une cour d'appel, ont déclaré renoncer au bénéfice de l'arrêt en tous les chefs pouvant leur profiter, doivent être mises hors de cause par la cour de cassation, lorsque ce désistement a été accepté par le demandeur en cassation (Civ. cass. 5 juill. 1881, aff. Viellard-Migeon, D. P. 81. 1. 462). Mais la cour de cassation ne peut mettre hors de cause un des défendeurs au pourvoi qui, ayant été maintenu dans l'instance malgré ses conclusions devant les juges du fond, a obtenu la condamnation de ses adversaires aux dépens, et s'est fait reconnaître à leur encontre certains droits qu'ils ont intérêt à contester (Civ. cass. 12 nov. 1879, aff. Ville et hospices civils de Bordeaux, D. P. 80. 1. 86).

91. Le défendeur en cassation ne peut opposer au demandeur une fin de non-recevoir qui a été rejetée par le jugement attaqué, s'il ne s'est pas pourvu lui-même contre la décision rendue à cet égard par les juges du fond. Ce principe, déjà formulé dans un arrêt du 12 juill. 1836, rapporté au *Rép.* n° 351-2°, a été depuis consacré dans les mêmes termes (Civ. cass. 15 juill. 1872, aff. Commune du Teich, D. P. 72. 1. 442).

§ 2. — Qui peut se pourvoir en matière criminelle (*Rép.* n°s 353 à 457).

92. — I. PRÉVENU, ACCUSÉ CONDAMNÉ, PARTIE CIVILEMENT RESPONSABLE (*Rép.* n°s 354 à 384). — Le droit pour les prévenus et accusés de se pourvoir contre les décisions en dernier ressort qui portent des condamnations contre eux leur est reconnu en toute matière, de simple police, correctionnelle ou criminelle (art. 177, 216, 373 c. instr. cr.). Le même droit appartient aux personnes civilement responsables (art. 216 c. instr. cr.). Il a été reconnu notamment au maître déclaré civilement responsable d'une contravention commise par son domestique (Crim. cass. 19 août 1859, aff. Py, D. P. 59. 1. 477).

Suivant une règle déjà étudiée en matière civile (V. *suprà*, n°s 67 et suiv.), il faut avoir été partie à la décision attaquée. En conséquence, on a rejeté avec raison le pourvoi formé par des enfants, tant en leur nom propre que comme représentants de leur père décédé, alors que ni ce dernier, ni eux-mêmes n'ont été parties au jugement attaqué, bien que celui-ci ait qualifié la conduite de leur père en termes de nature à impliquer sa culpabilité (Crim. rej. 24 juill. 1874, aff. Rouquayrol, D. P. 76. 1. 505).

93. — II. MANDATAIRE. — Ainsi qu'on l'a fait observer au *Rép.* n° 372, le pourvoi en matière criminelle, à la différence de ce qui a lieu au civil, ne peut être formé par un mandataire qu'autant que celui-ci est soit l'avoué de la partie condamnée, soit un fondé de pouvoir spécial (art. 417, § 2, c. instr. cr.). Suivant l'interprétation donnée au *Rép.* n° 373-2°, les mots : « avoué de la partie condamnée » doivent être assimilés à ceux-ci : « avoué quelconque exerçant près le tribunal ou la cour qui a prononcé la condamnation ». C'est, comme on l'a vu *ibid.*, l'interprétation admise par

(1) (Letort.) — LA COUR;... — Sur le troisième moyen : — Attendu que la condamnation aux dépens devant être maintenue comme conséquence de la condamnation principale, Letort n'est pas recevable à attaquer le chef de l'arrêt qui en ordonne la distraction au profit de l'avoué de Verset, faute par lui d'avoir mis en cause cet avoué, qui est directement intéressé à faire maintenir ce chef de l'arrêt; — Rejette le pourvoi formé contre l'arrêt de la cour de Rennes du 19 mai 1864, etc.

Du 15 juill. 1867.-Ch. civ.-MM. Troplong, pr.-Mercier, rap.-de Raynal, av. gén., c. conf.-Maulde et Bosviel, av.

la jurisprudence; c'est aussi celle qu'admettent la plupart des auteurs (Comp. Delangle, dans l'*Encyclopédie de droit* de Sebire, et Carteret, v° *Cassation*, n° 556; Chenon, p. 120).

Bien qu'un éminent jurisconsulte ait cru pouvoir assimiler l'avocat à l'avoué au point de vue du droit de former un pourvoi sans mandat (Faustin-Hélie, *Traité de l'instruction criminelle*, t. 8, p. 395), et que cette opinion ait même été admise par un arrêt (Crim. rej. 1er déc. 1854, aff. Sayodo, *Bull. crim.*, n° 329), nous persistons à croire, dans le silence du texte de l'art. 417, que l'avocat doit être muni d'un pouvoir spécial pour former un pourvoi au nom de son client (*Rép.* n° 376. V. dans le même sens : Delangle, *op. cit.*, n° 557; Chenon, p. 120). Quant à tout autre mandataire du condamné il est hors de doute qu'il doit produire un pouvoir. Ainsi il a été jugé qu'un maître ne peut sans mandat, même en se portant fort, former un pourvoi pour son domestique à l'occasion du pourvoi qu'il forme lui-même en qualité de partie civilement responsable (Crim. cass. 19 août 1859, aff. Py, D. P. 59. 1. 477).

94. — III. Ministère public. — En matière criminelle, le ministère public étant, en règle générale, toujours partie principale, il s'ensuit, ainsi qu'on l'a indiqué au *Rép.* n° 385, que le droit de recours en cassation lui appartient devant toutes les juridictions de répression, sauf cependant les restrictions indiquées au chapitre précédent (nos 62 et 63), en ce qui concerne les arrêts d'absolution et les ordonnances d'acquittement. On a dit au *Rép.* n° 385, que le pourvoi du ministère public étant formé dans un intérêt général et d'ordre public peut aggraver, mais aussi atténuer la condamnation du condamné, suivant le sens dans lequel la loi a été mal appliquée; on a cité (*ibid.* n° 386) des exemples de pourvois formés par le ministère public et profitant à l'accusé qui ne s'est pas pourvu. Dans le même sens, il a été décidé : 1° que le pourvoi du ministère public pour application insuffisante de la peine suffit pour justifier, alors même que le condamné ne s'est pas pourvu personnellement, une cassation d'office dans l'intérêt de ce dernier, au cas où il est reconnu par la cour qu'il n'y avait lieu à l'application d'aucune peine (Crim. cass. 19 juill. 1861, aff. Lucotte, D. P. 61. 1. 403); — 2° Que le pourvoi du ministère public doit profiter à l'accusé non demandeur en cassation, si l'examen du procès révèle une nullité susceptible d'être accueillie par la cour de cassation (Crim. cass. 2 août 1878, aff. Cailleau, D. P. 79. 1. 47); — 3° Et l'accusé, bien que ne s'étant pas personnellement pourvu, est alors recevable à proposer contre l'arrêt un moyen de nullité se rattachant à l'objet spécial de la déclaration de pourvoi du ministère public (Crim. cass. 7 juin 1883, aff. Lugnier, D. P. 84. 1. 426).

95. Toutefois, il importe de remarquer que l'action du ministère public ne peut être motivée que par l'intérêt de la défense de la loi et de la société (*Rép.* n° 387). Il suit de là qu'un pourvoi formé par le ministère public pour la protection d'intérêts privés serait non recevable. C'est ce qui a été décidé à l'égard d'un pourvoi formé : 1° par le procureur impérial au nom du maire de la ville de Lyon contre un jugement d'appel d'une décision de simple police (Crim. rej. 7 janv. 1858, aff. Carteron, D. P. 58. 5. 52); — ... 2° Par le ministère public contre le chef d'un arrêt qui a mis les dépens à la charge du prévenu renvoyé des fins de la poursuite (Crim. rej. 7 août 1852, aff. Gueymard, D. P. 52. 5. 79); — ... 3° Contre le chef qui statue sur le règlement des dépens entre la partie civile et le prévenu (Crim. rej. 9 juill. 1853, aff. Usquin, D. P. 53. 5. 69); — ... 4° Contre un chef ne concernant que des intérêts civils et qui aurait écarté, notamment par fin de non-recevoir, l'intervention des imprimeurs autorisés par un évêque dans les poursuites dirigées contre des imprimeurs contrevenant à cette autorisation (Crim. cass. 5 juin 1847, aff. Belin-Leprieur, D. P. 47. 1. 170); — ... 5° Contre la décision d'un juge de police qui, saisi d'une seconde poursuite pour maintien sur la voie publique d'un dépôt de pierres effectué avant la première condamnation, tout en relaxant l'inculpé, ordonne l'enlèvement des matériaux dans un délai déterminé (Crim. rej. 23 mai 1884, aff. Bailly, D. P. 85. 1. 271).

Cependant, il a été implicitement reconnu que la nullité résultant de ce que le juge du second degré saisi du seul appel du prévenu a pris en considération des circonstances aggravantes négligées par la poursuite, peut être proposée devant la cour de cassation aussi bien par le ministère public que par le prévenu (Crim. cass. 26 août 1868, aff. Boyer, D. P. 69. 1. 168). Il semble en la cause que le ministère public aurait dû être déclaré non recevable à se pourvoir par la raison que, faute par lui d'avoir appelé du jugement, celui-ci avait acquis à son égard l'autorité de la chose jugée, et n'était, par suite, plus susceptible d'un recours en cassation. C'est là un principe certain et dont il a été fait de fréquentes applications (Crim. rej. 25 mars 1854, aff. Villemont, D. P. 55. 5. 22). Ainsi il a été décidé : 1° que le ministère public est non recevable à se pourvoir en cassation contre l'arrêt qui, rendu sur l'appel du prévenu seul, a réformé la décision des premiers juges à l'égard de certains faits dont ils avaient déclaré l'accusé coupable, si la peine prononcée a été néanmoins maintenue, le maintien de la condamnation pénale obtenue en première instance épuisant l'action publique à défaut d'appel *a minimâ* du ministère public (Crim. rej. 14 mai 1857, aff. Edant, D. P. 57. 1. 312); — 2° Que le pourvoi formé par le ministère public contre un arrêt déclarant non délictueux un fait pour lequel le prévenu avait été condamné par les premiers juges, ne peut comprendre un second chef de prévention sur lequel ce prévenu avait été acquitté en première instance si, par suite du défaut d'appel de la partie publique, la cour d'appel n'en a pas été saisie et n'a pas eu à l'apprécier (Crim. cass. 10 nov. 1864, aff. Aimé, D. P. 64. 1. 504); — 3° Que le ministère public ne peut se pourvoir en cassation contre un jugement de condamnation rendu contradictoirement en matière de simple police, alors qu'à défaut de signification dudit jugement le délai de l'appel n'a pu courir contre le prévenu (Crim. rej. 30 nov. 1878, aff. Giraud, D. P. 79. 1. 240); — 4° Que dans le cas où le tribunal correctionnel, statuant sur l'appel du prévenu contre un jugement de simple police, a maintenu tout en la réduisant la peine prononcée par ce jugement, l'action publique se trouve éteinte et le pourvoi formé contre le jugement du tribunal correctionnel par le ministère public n'est pas recevable (Crim. cass. 26 mai 1882, aff. Thomas, D. P. 82. 1. 438); — 5° Que le ministère public est non recevable à se pourvoir en cassation vis-à-vis d'une partie poursuivie comme civilement responsable d'un délit ou d'une contravention, si le jugement attaqué a acquis l'autorité de la chose jugée à l'égard de l'auteur du délit ou de la contravention (Crim. rej. 6 déc. 1851, aff. Maillard, D. P. 52. 5. 78); — 6° Que le ministère public est irrecevable à se pourvoir en cassation contre un jugement du tribunal supérieur de Nouméa, rendu en matière de contravention aux lois sur les contributions indirectes sur le seul appel du directeur de l'intérieur agissant en qualité de directeur général des contributions indirectes, ce jugement à défaut de l'appel du ministère public étant passé en force de chose jugée, quant à l'action publique (Crim. rej. 3 févr. 1883, aff. Escande, D. P. 84. 1. 378).

96. A quels magistrats du ministère public appartient le droit de recourir à la voie de la cassation? La réponse à cette question a été faite au *Rép.* n° 398. Le principe de l'unité de la fonction, a-t-on dit, a pour conséquence de permettre à chacun des membres du ministère public, siégeant près la juridiction qui a rendu la décision, de former le pourvoi. Mais l'indivisibilité de la fonction du ministère public ne doit pas être étendue en dehors des membres occupant le même siège; eux seuls sont compétents pour exercer le recours en cassation contre les décisions qui émanent de la juridiction près laquelle ils sont attachés (V. en ce sens : Faustin-Hélie, t. 8, p. 378; Chenon, p. 106). Comme application de cette seconde règle, on a cité au *Rép.* n° 401 le rejet du pourvoi en cassation d'un jugement de simple police formé par le procureur du roi près le tribunal de première instance. Il a été jugé de même, dans un cas identique, que le droit de se pourvoir appartient uniquement au commissaire de police ou au fonctionnaire désigné par l'art. 167 c. instr. cr. (Crim. rej. 1er mai 1857, aff. Boudard, D. P. 57. 1. 270).

97. — IV. Partie civile (*Rép.* nos 410 à 428). — Si la partie civile a, en principe, le droit de se pourvoir en cassation, l'exercice de ce droit, qui est subordonné à l'intérêt que cette partie a au procès, est évidemment très restreint. Sous le bénéfice de cette observation il a été dit au *Rép.* nº 418, que la partie civile peut se pourvoir, en matière de police simple ou correctionnelle, quant à ses intérêts civils, et cela encore bien que le ministère public ne se soit pas pourvu. On a admis le pourvoi de la partie civile dirigé, dans le silence du ministère public, contre le jugement par lequel le juge de simple police avant de statuer au fond, a prononcé un sursis pour le jugement d'une question préjudicielle soulevée par le prévenu (Crim. cass. 16 févr. 1872, aff. Syndicat de l'Iton, D. P. 72. 1. 384). De même il a été jugé que la partie civile a qualité, même dans le silence du ministère public, pour se pourvoir en cassation : 1º contre l'arrêt qui a admis contre elle la preuve de la vérité des faits diffamatoires en dehors des cas prévus par la loi (Crim. cass. 9 mars 1850, aff. Tessié de Lamotte, D. P. 50. 1. 139); — 2º Contre un jugement correctionnel qui, en écartant l'action publique, a renvoyé cette partie devant les juges compétents pour statuer sur ses intérêts civils (Crim. cass. 23 août 1851, aff. Caisse hypothécaire, D. P. 53. 1. 68). — Décidé encore que la partie civile est recevable à se pourvoir en cassation, quant à ses intérêts civils, contre l'arrêt qui a prononcé le relaxe des prévenus et qui l'a condamné aux dépens (Crim. rej. 12 juin 1886, aff. Wallet, D. P. 87. 1. 45). Et les défendeurs ne peuvent opposer au pourvoi une fin de non-recevoir tirée de ce que l'arrêt attaqué déclare que les faits imputés au prévenu n'ont causé aucun préjudice à la partie civile, cette disposition de l'arrêt étant remise en question par le pourvoi (Même arrêt).

98. La règle n'est plus la même en matière de grand criminel. En cette matière, la partie civile, ainsi qu'il a été dit au *Rép.* nºˢ 423 à 427, n'est pas recevable à se pourvoir dans le silence du ministère public. Spécialement, en ce qui concerne les arrêts des chambres de mises en accusation, le recours de la partie civile est subordonné à l'action du ministère public; cette partie ne peut attaquer seule un arrêt d'une chambre d'accusation qui rejette une opposition à un arrêt déclarant n'y avoir lieu à procéder à une nouvelle information sur charges nouvelles (Crim. rej. 14 juill. 1859, aff. Yonner, D. P. 59. 1. 328; Crim. rej. 21 juill. 1860, aff. Hubert, D. P. 61. 5. 60).

Exception devrait être faite, suivant M. Faustin-Hélie, t. 5, nº 2299, au cas d'arrêts des mises en accusation statuant sur une question de compétence; la partie civile agissant seule serait recevable à se pourvoir dans cette hypothèse. Pour justifier cette dérogation à la règle générale, M. Faustin-Hélie argumente par analogie du texte de l'art. 539 c. instr. cr. qui, dans le cas où un appel a été formé contre une décision rendue par le tribunal de première instance ou le juge d'instruction sur une exception d'incompétence, admet la partie civile à attaquer en cassation l'arrêt qui intervient. Bien que l'analogie soit à coup sûr très grande, on doit cependant hésiter à appliquer aux arrêts de compétence des chambres de mises en accusation une disposition qui n'est écrite que pour les arrêts rendus sur appel de jugements correctionnels. La jurisprudence de la cour de cassation n'a pas eu à se prononcer sur la question. Un cas où le pourvoi serait certainement recevable, bien que formé par la partie civile seule, est celui où l'arrêt des mises en accusation aurait prononcé contre cette partie une condamnation civile; mais il a été reconnu qu'une simple condamnation aux dépens n'a pas ce caractère (Crim. rej. 17 août 1849, aff. Labory, D. P. 49. 1. 224). Contre une ordonnance d'acquittement ou un arrêt d'absolution la partie civile est admise à se pourvoir dans un cas unique, prévu par l'art. 412 c. instr. cr., celui où « l'arrêt a prononcé contre elle des condamnations civiles supérieures aux demandes de la partie acquittée ou absoute ». En indiquant cette exception à la règle générale, M. Chonon, p. 108, fait observer avec raison que la partie civile en profitera bien rarement, les accusés ayant pour habitude de demander toujours plus qu'ils n'espèrent obtenir.

99. Sur les pourvois formés par les administrations publiques, il n'y a rien à ajouter aux explications déjà données au *Rép.* nºˢ 430 à 438, et vⁱˢ *Douanes*, nº 969; *Forêts*, nº 574; *Impôts indirects*, nº 534.

100. — V. Intérêt au pourvoi. — 1º *Cas où l'on a intérêt à se pourvoir.* — Suivant l'observation qui a été faite au *Rép.* nº 441, un prévenu a intérêt à faire réformer une décision qui, sansprononcer aucune condamnation contre lui, le déclare cependant coupable du délit qui lui est imputé. Le désir de faire disparaître la tache morale qui lui est ainsi infligée constitue un intérêt suffisant. En ce sens, il a été spécialement jugé qu'une veuve qui, acquittée par le tribunal correctionnel sur la prévention de soustraction d'objets ayant appartenu à son mari, est déclarée coupable de soustraction frauduleuse par la cour, est fondée à demander la cassation de l'arrêt, bien qu'il ne prononce aucune peine contre elle à raison de l'immunité établie en sa faveur par l'art. 380 c. civ. (Crim. cass. 18 avr. 1857, aff. Orjollet, D. P. 57. 1. 227). Une condamnation à des dommages-intérêts rendrait, à plus forte raison, un pourvoi recevable. Aussi a-t-il été décidé qu'un condamné pour vol est recevable à se pourvoir contre le chef de l'arrêt qui attribue les objets soustraits à la partie civile, s'il revendiquait pour lui-même une partie de ces objets et si, d'ailleurs, la disposition ordonnant la restitution prononçait, en outre, des dommages-intérêts au profit de la partie civile (Crim. rej. 5 févr. 1858, aff. Coulmeau, D. P. 58. 5. 51).

101. — 2º *Cas où l'on n'a pas intérêt à se pourvoir.* — La règle posée, a-t-on dit au *Rép.* nº 454, s'applique au pourvoi du ministère public, dont la recevabilité est subordonnée à l'existence d'un intérêt, au point de vue de l'exercice de l'action de la loi : c'est ainsi qu'il a été décidé 1º que le ministère public qui s'est pourvu seulement contre le prévenu n'est pas recevable à demander la cassation du jugement pour omission de la condamnation de la partie civile aux dépens de l'instruction (Crim. cass. 10 août 1861, aff. Allemand, D. P. 61. 5. 62); — 2º Que le pourvoi formé par le ministère public à raison de l'omission commise par le juge de simple police qui, saisi de deux contraventions relevées contre un même individu, a négligé de statuer sur l'une d'elles, est non recevable comme ne pouvant donner aucun résultat s'il est dirigé exclusivement contre la personne civilement responsable (Crim. rej. 17 août 1878, aff. Cordier, D. P. 79. 1. 233).

La fin de non-recevoir tirée du défaut d'intérêt est également opposable à la partie civile; par exemple, si, dans un pourvoi dirigé seulement contre quelques-uns des prévenus poursuivis simultanément pour faits de contrefaçon, elle invoque une irrégularité qui ne s'est produite que relativement aux prévenus non compris dans le recours en cassation (Crim. rej. 22 août 1867, aff. Sax, D. P. 70. 5. 50); ou si elle se plaint d'une omission commise à son préjudice en première instance, alors que cette omission a été réparée par le juge d'appel (Crim. rej. 25 févr. 1869, aff. Bégis, D. P. 69. 1. 392).

102. Le défaut d'intérêt s'est surtout manifesté à l'occasion des pourvois formés par la partie condamnée. Il est essentiel de rappeler tout d'abord le principe posé au *Rép.* nºˢ 354 et 440, à savoir que le pourvoi formé uniquement par le condamné ne peut jamais avoir pour effet d'aggraver sa position. En d'autres termes, le recours en cassation du condamné n'entraîne pas dévolution de l'affaire tout entière, mais uniquement des chefs qui lui font personnellement grief. Il suit de là qu'on devra rejeter pour défaut d'intérêt tout pourvoi fondé par le prévenu sur une violation de la loi pénale dont il a bénéficié. La cour de cassation a rejeté pour ce motif le recours formé : 1º par un condamné pour faux témoignage, qui se fondait sur ce qu'une question posée dans l'arrêt de renvoi relativement à une circonstance aggravante n'a pas été soumise au jury (Crim. rej. 13 janv. 1854, aff. Raynal, D. P. 54. 5. 94); — 2º Par l'accusé qui, ayant soumis à la cour d'assises des conclusions tendant à la position d'une question d'excuse et ayant obtenu sur ce point une réponse favorable, soutient que la décision est irrégulière comme n'émanant pas du président (Crim. rej. 8 déc. 1865, aff. Paccini, D. P. 66. 1. 143); — 3º Jugé de même dans un cas où le pourvoi devait simplement aboutir à la cassation de l'arrêt de condamnation pour application insuffisante de la peine (Crim. rej. 6 déc. 1867, aff. Laget, D. P. 68. 1. 360). — Décidé également : 1º que l'illégalité d'une réduction de peine accordée à un accusé en considération d'une excuse qui ne lui était pas réellement acquise ne peut donner lieu sur sa seule requête à une cassation (Crim. cass. 25 janv. 1872, aff. El Habib-Ben-Thami, D. P. 72. 1. 48); —

2° Qu'il n'y a lieu de casser sur le seul pourvoi du condamné l'arrêt qui a inexactement appliqué à une falsification d'écrits commerciaux la qualification et la peine du simple faux en écriture privée (Crim. rej. 24 juill. 1873, aff. Grésillon, D. P. 76. 1. 94); — 3° Que le pourvoi du condamné est non recevable si la peine encourue est supérieure à celle qui a été prononcée, soit qu'une erreur ait été commise dans la citation du texte de la loi pénale applicable aux faits de la cause (Crim. rej. 27 juill. 1878, aff. Danzer, D. P. 79. 1. 389); — Soit que la peine ait été réduite au-dessous du minimum, en dehors d'une constatation régulière de circonstances atténuantes (Crim. rej. 29 juin 1882, aff. Anna Ordioni, D. P. 83. 1. 144).

103. Le défaut d'intérêt au pourvoi apparaît principalement lorsqu'aucune condamnation n'a été prononcée contre le prévenu. Celui-ci ne peut donc se pourvoir en cassation 1° contre un arrêt d'absolution et les actes qui l'ont précédé, encore que cet arrêt soit frappé de pourvoi par le ministère public (Crim. cass. 20 janv. 1853, aff. Dubreuil, D. P. 53. 1. 72); — 2° Contre un arrêt de la chambre d'accusation qui le renvoie devant le tribunal correctionnel, s'il ne tranche aucune question de compétence et laisse entiers les droits de la défense (Crim. rej. 21 mai 1858, aff. Bessou, D. P. 58. 5. 50); — 3° Contre l'arrêt qui condamne ses coprévenus, mais prononce l'acquittement en ce qui le concerne (Crim. rej. 20 janv. 1853, aff. Dubreuil, D. P. 53. 1. 72); — 4° Contre une décision incompétemment rendue, si elle prononce un acquittement (Crim. rej. 18 mai 1872, aff. Ulbach, D. P. 72. 1. 158).

104. Est également non recevable le pourvoi dirigé contre un arrêt, ou contre le chef d'un arrêt, dont la cassation serait sans effet sur la condamnation prononcée ; tel est le pourvoi formé contre un arrêt qui a rejeté une exception de litispendance, alors que, par une décision passée en force de chose jugée, il a été souverainement décidé que la litispendance invoquée n'existait pas (Crim. rej. 27 mars 1884, aff. Meisels, D. P. 85. 1. 89). Il en est de même du pourvoi qui ne peut aboutir qu'à un changement de qualification, sans modification dans l'application de la peine. C'est ce qui a lieu : 1° lorsque la peine appliquée à un accusé convaincu de plusieurs crimes est justifiée dans son entier par chacune des déclarations de culpabilité rapportées contre lui ; la nullité de l'une de ces déclarations ne peut avoir aucune influence (Crim. rej. 28 juin 1855, aff. Métas, D. P. 55. 5. 58) ; — 2° Lorqu'un prévenu poursuivi pour deux infractions a été condamné, pour la plus récente, au maximum de la peine qu'il pouvait encourir pour les deux infractions (Crim. rej. 10 nov. 1854, aff. de Juigné, D. P. 54. 5. 94) ; — 3° Lorsque la peine appliquée se trouvant justifiée par une déclaration régulière du jury sur l'un des chefs d'accusation, il est sans intérêt que la cour d'assises ait procédé irrégulièrement sur un autre chef (Crim. rej. 4 sept. 1856, aff. Ponthieux, D. P. 56. 1. 414); — 4° Ou que la réponse du jury sur cet autre chef ait été irrégulière (Crim. rej. 2 mai 1857, aff. Guillia, D. P. 57. 1. 319 ; Crim. rej. 3 févr. 1870, aff. Ardilley, D. P. 71. 1. 269); — 5° Ou que ce chef de prévention ait été irrégulièrement accueilli (Crim. rej. 14 nov. 1862, aff. Villemot, D. P. 65. 5. 46). De même, la condamnation prononcée contre le prévenu pour répression de plusieurs délits ne peut être annulée à raison d'une nullité concernant exclusivement l'admission de l'un d'eux, si la déclaration de culpabilité relative aux autres suffit à donner une base légale à la peine appliquée (Crim. rej. 7 janv. 1865, aff. Réal, D. P. 65. 1. 316). — Il en est ainsi surtout si la déclaration régulière porte sur le chef qui a motivé l'application de la peine prononcée comme étant la plus grave (Crim. rej. 5 janv. 1865, aff. Marre, D. P. 69. 5. 49; 1er févr. 1866, aff. Potier, *ibid.* ; 6 avr. 1866, aff. Rangez, *ibid.*). Et il est sans intérêt pour la cour de cassation d'examiner, en pareille hypothèse, les moyens dirigés contre les autres chefs (Crim. rej. 13 juill. 1866, aff. Dartier, D. P. 67. 1. 46).

De même encore, si les réponses faites par le jury dans des conditions régulières légitiment à elles seules la peine prononcée, le condamné n'est pas recevable à se plaindre : 1° de l'existence de surcharges non approuvées relativement à quelques-unes des réponses (Crim. rej. 2 sept. 1869, aff. Canu, D. P. 72. 5. 64) ; — 2° Ou de ce que l'arrêt de la cour d'assises a relevé à la charge du condamné un chef de prévention non compris dans l'ordonnance du juge d'instruction, ni dans la citation, sans motiver suffisamment cette inculpation nouvelle (Crim. rej. 3 janv. 1873, aff. Loyal, D. P. 74. 5. 66) ; — 3° Ou de ce qu'on a réuni en une seule question le fait constitutif du crime et la circonstance aggravante, si la peine prononcée est justifiée par la déclaration de culpabilité sur le seul fait constitutif du crime (Crim. rej. 2 janv. 1874, aff. Girod, D.P. 75. 5. 49). — Jugé, de même, en matière correctionnelle : 1° que le prévenu condamné pour plusieurs délits ne peut, si la peine appliquée est suffisamment justifiée par l'un de ces faits délictueux non contesté, se faire un moyen de cassation de ce que, relativement à l'un des autres délits, l'arrêt de condamnation ne relèverait pas tous les éléments indiqués par la loi (Crim. rej. 20 juin 1867, aff. Delprat, D. P. 69. 5. 49; Crim. cass. 12 janv. 1877, aff. Delaisement, D. P. 78. 1. 41); — 2° Ou de ce que l'un des faits incriminés ne serait pas délictueux (Crim. rej. 9 sept. 1869, aff. Boubaix, D. P. 70. 1. 144; Crim. rej. 30 déc. 1871, aff. Pilri, D. P. 71. 1. 367) ; — 3° Ou de ce que l'un de ces délits aurait été amnistié (Crim. rej. 23 mai 1878, aff. Juniet, D. P. 79. 1. 43).

105. Enfin on a rejeté comme dépourvu d'intérêt le pourvoi en cassation fondé sur une erreur dans la qualification du délit, et qui ne peut entraîner aucun changement dans l'application de la peine. Ainsi le prévenu, condamné pour outrage envers un juge de paix à l'occasion de l'exercice de ses fonctions, ne peut se faire un moyen de cassation de ce que le tribunal aurait omis d'établir que le juge de paix avait été offensé en sa qualité de magistrat et non en celle de fonctionnaire, si la même peine pouvait être appliquée à raison du même outrage envers un fonctionnaire public (Crim. rej. 23 août 1872, aff. Denize, D. P. 73. 1. 169). — De même, il n'y a pas lieu de casser l'arrêt qui a appliqué les art. 15 et 45 de la loi de 1867 sur les sociétés à un délit d'escroquerie réprimé par l'art. 405 c. pén., la peine à appliquer étant identique (Crim. rej. 28 nov. 1873, aff. Jarry, D. P. 74. 1. 441 ; Crim. rej. 9 mai 1879, aff. Cassin, D. P. 79. 1. 315). — De même, si l'arrêt a qualifié d'abus de confiance un délit qui constituait un vol, cette dernière constatation justifiant la peine appliquée (Crim. rej. 21 juill. 1882, aff. Cabé, D. P. 83. 1. 274).

106. On peut se demander si la même fin de non-recevoir tirée du défaut d'intérêt ne devrait pas faire écarter le recours en cassation dirigé par un accusé contre un arrêt prononçant contre lui une condamnation qui doit se confondre, suivant la règle du non-cumul des peines, avec une condamnation antérieurement prononcée à raison d'un crime différent et plus grave. La question s'est présentée devant la cour de cassation (Crim. rej. 23 nov. 1866, aff. Michel, D. P. 67. 1. 235) ; mais cette cour n'a pas eu à la résoudre ayant rejeté le pourvoi par une autre fin de non-recevoir. Nous croyons qu'en pareil cas l'accusé, bien que n'ayant aucun intérêt à se pourvoir au point de vue de l'application de la peine, aurait néanmoins un intérêt moral à se faire décharger de la culpabilité d'un nouveau crime, qui devrait rendre recevable son recours en cassation. La cour de cassation reconnaît en effet, dans le cas même où la peine à appliquer doit se confondre avec une condamnation antérieure et plus forte, que le ministère public est recevable à agir, et que les juges doivent prononcer une déclaration de culpabilité, à raison de l'effet moral qui en découle (Crim. cass. 3 janv. 1867, aff. Imbert, D. P. 67. 1. 185). L'accusé a évidemment un intérêt identique à faire annuler cette déclaration.

CHAP. 5. — Du délai du pourvoi (*Rép.* nos 458 à 596).

§ 1er. — Du délai du pourvoi en matière civile. — Déchéances. — Exceptions (*Rép.* nos 458 à 523).

107. Le délai pour former le recours en cassation, qui était de trois mois aux termes de la loi du 27 nov. 1790, art. 14, pour tous ceux qui habitent le territoire continental de la France, est aujourd'hui réduit à deux mois depuis la loi du 2 juin 1862 (V. *suprà*, n° 2). Ce délai de deux mois est de rigueur, c'est-à-dire qu'il n'existe aucun moyen de faire tomber la déchéance encourue par l'expiration du délai. D'autre part, ainsi qu'il a été dit au *Rép.* nos 466 et 468, le délai est le même pour tous ; les femmes mariées et les mineurs eux-mêmes y sont assujettis.

Enfin, suivant une observation déjà faite au *Rép.* n° 473, la fin de non-recevoir qui résulte de la tardiveté du pourvoi est d'ordre public. En conséquence, la cour de cassation devrait prononcer d'office cette fin de non-recevoir, si elle n'était pas soulevée par les intéressés. C'est ce qui a été décidé à plusieurs reprises (Req. 20 mai 1863, aff. Maximilien de Bavière, D. P. 63. 1. 312 ; Civ. rej. 17 juill. 1883, aff. Chevrot et Berthelon, D. P. 85. 1. 14).

108. Cependant les principes de la solidarité et de l'indivisibilité tiennent quelquefois en échec l'application de la déchéance à raison de l'expiration du délai pour se pourvoir. Ainsi le pourvoi formé en temps utile par l'un des coïntéressés profite à tous les autres, qui ont le droit de se joindre à la demande, après l'expiration du délai pendant lequel ils auraient pu se pourvoir eux-mêmes (*Rép.* n° 475).

Il a été jugé, dans le même ordre d'idées, que le pourvoi formé par un seul des syndics d'une faillite, à supposer qu'on dût le considérer comme nul, serait en tous cas validé par l'adjonction des autres syndics, même postérieure à l'expiration du délai du pourvoi ; car le droit de ces syndics « à raison de l'indivisibilité de la contestation intéressant la masse de la faillite, est conservé par le recours exercé en temps utile par l'un des représentants de la masse » (Civ. rej. 28 janv. 1878, aff. Boursetti, D. P. 78. 1. 230). Au contraire, le pourvoi en cassation formé en temps utile par l'une des parties ne profite pas à celle dont le pourvoi est tardif, lorsqu'il n'existe pas entre elles indivisibilité d'intérêts ; par exemple, quand l'action dirigée à la fois par le même défendeur contre les deux parties diffère pour chacune d'elles, à raison tant du terrain en litige, que des titres respectivement invoqués (Civ. rej. 22 juill. 1856, aff. Pomarez, 2 arrêts, D. P. 56. 1. 306).

109. Le point de départ du délai pour se pourvoir d'après la loi de 1862 est celui qu'indiquait déjà la loi de 1790 (*Rép.* n° 479). Le délai court de la signification à personne ou à domicile, sous la seule condition que cette signification ait eu lieu. Un arrêt rapporté au *Rép.* n° 479, en a tiré la conséquence qu'aucune déchéance ne peut être encourue, quelque considérable que puisse être le laps de temps écoulé depuis la prononciation d'une sentence non signifiée. Il a été jugé cependant que la prescription trentenaire de l'art. 2262 c. civ. est applicable au recours en cassation, et que, par suite, le pourvoi formé plus de trente ans après la date d'un arrêt qui a été exécuté est non recevable (Civ. rej. 31 mars 1869, aff. Labrousse, D. P. 69. 1. 405).

Lorsque plusieurs parties sont en cause, le délai du pourvoi ne court qu'à l'égard de celles qui ont fait signifier le jugement intervenu (Civ. rej. 13 juin 1853, aff. Simon, D. P. 53. 1. 183; Civ. rej. 13 déc. 1875, aff. Vallet, D. P. 76. 1. 150). Toutefois, la signification d'un arrêt, opérée à la requête de l'une des parties qui ont obtenu gain de cause, ferait courir le délai du pourvoi en cassation en faveur de l'autre s'il s'agissait de coïntéressés solidaires ou indivisibles, tels que ceux, par exemple, contre lesquels une condamnation solidaire à la destruction d'une œuvre exécutée par eux était réclamée avec dommages-intérêts (Civ. cass. 31 déc. 1855, aff. Martin, D. P. 56. 1. 17).

110. La règle que le délai du pourvoi en cassation court de la signification du jugement trouve son application en ce qui concerne les jugements d'avant faire droit, suivant la distinction précédemment indiquée entre les jugements simplement préparatoires et les jugements interlocutoires. Ces derniers ne peuvent être attaqués en cassation que dans les deux mois de leur signification. Ainsi est non recevable, comme tardif, le pourvoi formé plus de deux mois après la signification d'un jugement qui, en rejetant les moyens de nullité invoqués par la régie contre l'opposition formée à une contrainte par un marchand en gros, admet ce dernier à invoquer la force majeure pour obtenir l'exonération des droits réclamés à l'occasion des manquants constatés dans ses magasins, et à prouver par témoins les faits de force majeure (Civ. rej. 10 mai 1875, aff. Grenier, D. P. 75. 1. 326; Civ. cass. 26 juill. 1876, aff. Braillard, D. P. 76. 1. 358). Et le pourvoi formé contre un jugement interlocutoire en même temps que le pourvoi dirigé contre l'arrêt définitif est irrecevable, si plus de deux mois se sont écoulés depuis la signification du jugement interlocutoire (Civ. rej. 25 nov. 1884, aff. Labet, D. P. 85. 1. 318).

111. Pour que la signification fasse courir le délai, il va de soi, ainsi qu'il a été dit au *Rép.* n° 487, qu'elle doit avoir été faite régulièrement et dans les formes légales. Ainsi la signification faite à la personne indiquée dans l'acte d'appel, comme représentant de l'appelant, ne fait courir le délai du pourvoi en cassation qu'autant qu'il résulte des autres éléments de la cause que cette personne a réellement reçu mandat de recevoir cette signification (Civ. cass. 18 mars 1851, aff. de Bragelongue, D. P. 51. 1. 51). De même, le délai pour se pourvoir ne court pas contre le militaire auquel l'arrêt attaqué a été signifié non pas à son domicile d'origine, mais au maire du domicile de son ancien maître (Civ. cass. 9 avr. 1873, aff. Champeil, D. P. 73. 1. 439). Mais la signification d'un jugement n'est pas irrégulière, bien que l'original et la copie de la signification ne mentionnent pas le visa donné par le maire qui a reçu la copie, la nullité résultant de cette omission étant spéciale aux exploits d'ajournement; en conséquence, est irrecevable le pourvoi formé plus de deux mois après la signification dont il s'agit (Civ. rej. 21 août 1882, aff. Cassagnade, D. P. 83. 1. 212).

La signification, pour faire courir le délai du pourvoi, est soumise aux mêmes conditions de régularité que la signification qui sert de point de départ au délai d'appel; cependant, à l'égard des jugements rendus contre les mineurs, une légère différence est à noter : le délai du pourvoi en cassation court du jour de la signification au tuteur, sans qu'il soit besoin de signification au subrogé-tuteur (Civ. rej. 7 janv. 1862, aff. de Fénis, D. P. 62. 1. 65).

On a considéré que les mineurs avaient moins besoin d'être garantis contre la déchéance du pourvoi en cassation que contre la privation du droit d'appel.

112. Ainsi qu'il a été dit au *Rép.* n° 489, le délai du pourvoi en cassation court de la signification à personne ou à domicile, sans qu'il soit besoin d'une signification préalable à avoué. Jugé en ce sens (Req. 8 nov. 1865, aff. Giedroye, D. P. 66. 1. 208). Il existe cependant un cas où la signification à avoué est nécessaire et sert de point de départ au délai du pourvoi en cassation; c'est en matière d'ordre : l'art. 764 c. pr. civ., modifié par la loi du 21 mai 1858, contient une disposition expresse en ce sens.

113. Quant au mode de computation du délai, l'art. 9 de la loi du 2 juin 1862 consacre la pratique suivie antérieurement (*Rép.* n° 499). Le délai est franc, c'est-à-dire qu'on ne tient pas compte du jour de la signification, et que les deux mois se comptent de jour à jour. Si l'on suppose, par exemple, un jugement signifié le 5 mai, le dernier jour pour se pourvoir sera le 6 juillet. De plus, aux termes du même art. 9, si le dernier jour du délai est un jour férié, le délai est prorogé au lendemain. La même prolongation de délai a été admise, sous l'empire de la loi de 1790, dans un cas où par suite de troubles insurrectionnels le palais de justice avait été militairement occupé et le greffe des dépôts fermé avant l'heure de la clôture régulière, le jour où expirait le délai du pourvoi (Civ. cass. 7 mars 1849, aff. Deutsch, D. P. 49. 1. 123).

114. La loi de 1790, en réduisant à trois mois le délai du pourvoi en cassation, s'était servi de ces expressions : « pour ceux qui habitent en France ». On s'est demandé, par suite, quel était le délai applicable aux personnes résidant à l'étranger. On a dit au *Rép.* n° 503, que la cour de cassation appliquait à l'égard de ces personnes le délai de six mois accordé par le règlement de 1738; mais on a critiqué cette jurisprudence, et l'on s'est prononcé pour le délai unique de trois mois. La loi du 2 juin 1862 a tranché la question en accordant diverses prolongations de délai, suivant le lieu où sont domiciliées les personnes intéressées à se pourvoir. Aux termes de l'art. 5, le délai ordinaire est augmenté d'un mois pour les personnes domiciliées en Corse, en Algérie, dans les îles Britanniques, en Italie, dans les Pays-Bas et dans les Etats ou confédérations limitrophes de la France continentale. Ces mots « confédérations limitrophes » ont soulevé une difficulté en 1863 pour l'ancien royaume de Bavière, qui n'était pas en contact immédiat avec les autres provinces de la confédération germanique, et notamment avec le Palatinat, province limitrophe de la France. La cour de cassation a décidé que la disposition de l'art. 5 précité ne comportait aucune distinction et devait, par suite, s'appliquer à la Bavière (Req. 20 mai 1863, aff. Maximilien de Bavière, D. P. 63. 1. 312). Si le demandeur est domicilié dans les autres Etats, soit de l'Europe, soit du littoral de la Méditerranée et de la mer Noire, le délai est augmenté de deux mois. Il est augmenté de cinq mois ou de huit mois, suivant que le demandeur est domicilié en deçà ou au delà des détroits de Malacca, de la Sonde et du cap Horn. Enfin toutes les prolongations de délai ci-dessus indiquées sont doublées pour les pays d'outre mer, en cas de guerre maritime.

115. — EXCEPTIONS A LA RÈGLE DU DÉLAI DE DEUX MOIS. — Sous l'empire de la législation de 1790, le délai ordinaire de trois mois était suspendu en faveur des gens de mer (Décr. 2 sept 1793); des défenseurs de la patrie (L. 6 brum. an 2) (V. *Rép.* nos 508 et 509); enfin on discutait la question de savoir si l'exception admise par l'art. 11 du règlement de 1738, au profit des agents du Gouvernement absents du territoire national pour service public, ne demeurait pas en vigueur (*Rép.* n° 519). La loi de 1862 a prévu ces diverses hypothèses, et, par son art. 4, elle a accordé, en sus du délai ordinaire, une prolongation de huit mois en faveur des demandeurs en cassation absents du territoire français ou de l'Algérie, soit pour cause de service public, soit, en ce qui concerne les gens de mer, pour cause de navigation.

116. La loi du 2 juin 1862 n'a pas prévu l'hypothèse d'une guerre continentale, mais il est vraisemblable qu'en présence d'un événement de cette nature, des délais spéciaux feraient l'objet d'une disposition de loi. C'est ce qui a eu lieu pendant la guerre franco-allemande. Un décret des 9-14 sept. 1870 (D. P. 70. 4. 87) a suspendu tous les délais, soit pour attaquer, soit pour signifier les décisions judiciaires: 1° au profit de ceux qui résident dans un département occupé même partiellement par l'ennemi; 2° au profit de ceux dont l'action doit être exercée contre des personnes appartenant à la catégorie précédente. Le délai ordinaire ne devait commencer à courir qu'à dater de la cessation de l'occupation. — Le décret des 25 oct.-7 nov. 1870 (D. P. 70. 4. 123), en établissant une section temporaire de la cour de cassation à Poitiers, a fait courir les délais du pourvoi en matière civile à compter de l'installation de cette section, à l'égard des demandeurs ne résidant pas dans un département occupé par l'ennemi.

117. On a rappelé *suprà*, n° 112, qu'en matière d'ordre, l'art. 764 c. pr. civ. fait courir le délai du recours en cassation à compter de la signification de l'arrêt à avoué (V. *Rép.* v° *Ordre*, n° 1008). Il importe, d'ailleurs, de noter que la durée du délai n'est aucunement modifiée par l'art. 762 c. pr. civ. Cet article, qui réduit à quinze jours le délai d'appel, ne vise expressément que ce cas spécial, et nullement celui du pourvoi en cassation. C'est en ce sens que la cour de cassation s'est prononcée par un récent arrêt (Civ. rej. 3 août 1886, aff. Regard de Vars, D. P. 87. 1. 173).

118. En matière d'expropriation pour cause d'utilité publique, on a indiqué au *Rép.* n° 521 les délais spéciaux impartis par la loi du 3 mai 1841. Pour attaquer le jugement qui prononce l'expropriation, le délai est de trois jours à compter de la notification du jugement (art. 20, L. 3 mai 1841). Cette notification, pour être régulière, doit contenir, sinon une copie textuelle du jugement, du moins un extrait renfermant les noms des propriétaires, l'intégralité des motifs et le dispositif (Civ. cass. 30 mars 1859, aff. Mauriac, D. P. 59. 1. 165). — Il a été décidé, d'autre part, que la signification du jugement qui, en l'absence d'élection de domicile, par une compagnie de chemin de fer expropriée, dans l'arrondissement de la situation de l'immeuble, est délivrée à un employé de la gare qualifié à tort mandataire de la compagnie, ne fait pas courir le délai du pourvoi (Civ. rej. 26 janv. 1875, aff. Chemin de fer d'Orléans à Châlons, D. P. 75. 1. 230).

Quant à la décision du jury et à l'ordonnance du magistrat-directeur, le délai pour les attaquer est de quinze jours à partir de la décision; il court donc, ainsi qu'on l'a fait observer au *Rép.* n° 522, du jour de la décision, indépendamment de toute signification. Cependant il est admis en jurisprudence que, lorsqu'il n'a été fait à l'exproprié aucune signification relative aux offres et à la convocation du jury, une notification de la décision du jury est nécessaire pour faire courir le délai du pourvoi en cassation (Civ. cass. 5 janv. 1848, aff. Valrivière, D. P. 48. 1. 52; Civ. cass. 2 avr. 1849, aff. Carlot-Parquin, D. P. 49. 1. 79).

§ 2. — Du délai du pourvoi en matière criminelle (*Rép.* nos 524 à 595).

119. — I. ARRÊTS DES COURS D'ASSISES. — Ainsi qu'il a été dit au *Rép.* n° 528, pour se pourvoir contre ces arrêts, le condamné, le ministère public et la partie civile n'ont, aux termes de l'art. 373 c. instr. cr., qu'un délai de trois jours, qui court de la prononciation de l'arrêt. Ce délai de trois jours est franc, ce qui signifie (*Rép.* n° 529) que l'on ne doit comprendre dans les trois jours ni celui où l'arrêt a été prononcé, ni celui où le pourvoi est déposé. Ainsi un arrêt rendu le 28 août pourra être valablement attaqué pendant toute la journée du 1er septembre (Crim. cass. 14 oct. 1856, aff. Durand, D. P. 56. 1. 405).

120. Mais la règle de l'art. 1033 c. pr. civ., qui proroge au lendemain l'expiration d'un délai tombant un jour férié, ne doit pas être étendue aux matières criminelles (Crim. rej. 18 août 1853, aff. Bauche, D. P. 53. 5. 68). Il est vrai que cette sévérité est en partie atténuée par cette circonstance qu'en matière criminelle aucun texte ne défend aux juges d'accorder des suspensions de délai dans le cas d'événements de force majeure. L'arrêt précité du 18 août 1853 laisse bien entrevoir cette faculté, lorsqu'il décide que le pourvoi formé après le délai de trois jours fixé par l'art. 373 c. instr. cr. est non recevable, quoique le dernier jour du délai soit un jour férié, si le demandeur ne justifie d'aucune diligence faite par lui à cette date pour réaliser une déclaration de pourvoi.

121. On a rapporté au *Rép.* nos 536 à 538 plusieurs exemples de prolongation de délai. Dans le même sens il faut citer le cas où le pourvoi, ayant été déclaré par le condamné dans le délai légal, n'a été rédigé et présenté à la signature par le greffier qu'après l'expiration du délai. Il a été jugé qu'en cet état de fait le pourvoi était recevable, le condamné ayant manifesté autant qu'il était en lui, sa volonté de se pourvoir dans le délai de la loi, et n'en ayant été empêché que par une faute grave du commis-greffier (Crim. cass. 30 juin 1855, aff. Babaut, D. P. 55. 5. 60). De même, le pourvoi déclaré au greffe dans le délai par le commissaire de police ne peut, si par suite du refus du commis-greffier de le recevoir en l'absence du greffier il n'a été constaté par acte de celui-ci qu'en dehors du délai, être déclaré frappé de déchéance; en pareil cas, l'inobservation du délai est imputable à un obstacle de force majeure (Crim. cass. 8 juill. 1864, aff. Bonnefous, D. P. 67. 5. 55. V. également: Crim. rej. 3 juill. 1880) (1). De même encore, le pourvoi en

---

(1) (Boucher d'Argis.) — LA COUR; — Sur la recevabilité du pourvoi: — Attendu que le pourvoi formé, le 24 mars, contre un arrêt du 19 du même mois est intervenu hors du délai de trois jours francs imparti par l'art. 373 c. instr. cr.; — Mais attendu qu'il résulte des documents produits que, dès les 22 et 23 mars, Boucher d'Argis, demandeur, avait personnellement requis le greffier de la cour d'appel de Paris de rédiger et de recevoir son pourvoi, en se présentant au greffe; que le greffier a refusé de dresser l'acte, parce que Boucher d'Argis ne consignait pas une somme de 70 francs pour le coût de l'acte de pourvoi et de l'expédition de l'arrêt et du pourvoi; — Attendu que le greffier, personnellement responsable du droit d'enregistrement du pourvoi, aux termes de l'art. 35 de la loi du 22 frim. an 7, pouvait réclamer la consignation de la somme de 46 fr. 88 c., mais qu'aucune loi ne l'autorisait à exiger la consignation des droits d'expédition de l'arrêt et du pourvoi, sauf à lui à ne délivrer ces expéditions qu'au ministère public qui, aux termes de l'art. 423 c. instr. cr., doit transmettre au ministre de la justice les pièces de la procédure, ou à ne remettre à Boucher d'Argis ces expéditions que moyennant payement des droits; — D'où il suit que la réquisition de pourvoi a été faite dans le délai au greffe de la cour d'appel, et que le refus du greffier, tel qu'il a été formulé, a mis obstacle arbitrairement à la réalisation du recours de Boucher d'Argis qui avait manifesté, dans le délai légal, l'intention de se pourvoir; — Déclare recevable le pourvoi de Boucher d'Argis...

Du 3 juill. 1880.-Ch. crim.-MM. de Carnières, pr.-Saint-Luc Courborieu, rap.-Ronjat, av. gén.

cassation formulé dans le délai légal au directeur de de la prison ne peut être considéré comme non recevable parce qu'il n'a été que tardivement inscrit sur les registres du greffe, l'inobservation du délai ne pouvant en ce cas être imputable à l'auteur du pourvoi (Crim. cass. 9 juill. 1885, aff. Lançon, D. P. 86. 1. 348).

122. Le délai de trois jours pour se pourvoir court du jour ou l'arrêt a été prononcé, et indépendamment de toute signification. Cette règle de l'art. 373 est applicable même au cas où l'accusé n'a pas assisté à la prononciation de l'arrêt, du moment qu'il était en son pouvoir de le faire. Ainsi, dans une hypothèse où la cour avait dû remettre le prononcé de l'arrêt statuant sur les réparations à allouer à la partie civile à une audience ultérieure qu'elle indiquait, il a été jugé que le délai pour former le pourvoi courait du jour où ce prononcé avait eu lieu conformément à l'indication donnée, et en dehors de la présence de l'accusé, encore détenu, celui-ci n'ayant pas usé de son droit de se faire conduire à l'audience (Crim. rej. 15 févr. 1866, aff. Léotard, D. P. 66. 1. 240). Si, au contraire, par suite du défaut d'indication préalable du jour où le prononcé de la décision devait avoir lieu, l'accusé n'avait pu assister à cette lecture, le pourvoi en cassation serait valablement formé dans les trois jours de la signification de l'arrêt (Crim. rej. 11 févr. 1858, aff. Pellier, D. P. 58. 5. 51).

123. Nous nous bornons à rappeler que le ministère public et la partie civile, qui jouissent, en principe, pour se pourvoir, du même délai que l'accusé, sont cependant assujettis dans diverses hypothèses, à un délai de vingt-quatre heures (art. 374). Ce délai de vingt-quatre heures ne se compte, d'ailleurs, pas d'heure à heure; il s'entend des vingt-quatre heures qui suivent le jour du prononcé de l'arrêt (C. cass. de Belgique, 27 mars 1882 (1) ; *Rép.* n°s 539 à 549).

124. — II. ARRÊTS DE LA CHAMBRE D'ACCUSATION. — Aux termes des art. 296, 298 c. instr. cr., l'accusé et le procureur général ont, dans certains cas, un délai exceptionnel de cinq jours pour se pourvoir contre l'arrêt de renvoi en cour d'assises. Ces cas, autrefois au nombre de trois (*Rép.* n° 350), ont été portés à quatre par la loi du 10 juin 1853; ce sont les suivants: 1° incompétence; 2° si le fait n'est pas qualifié crime par la loi; 3° si le ministère public n'a pas été entendu; 4° si l'arrêt n'a pas été rendu par le nombre de juges fixé par la loi (art. 299 c. instr. cr.).

En dehors de ces cas exceptionnels limitativement indiqués, c'est le délai ordinaire de trois jours qui est applicable aux pourvois dirigés contre les décisions des chambres d'accusation. La jurisprudence est formelle à cet égard (V. les arrêts cités au *Rép.* n° 551). Ainsi qu'il a été dit *ibid.* n° 552, on ne pourrait, par une assimilation qui serait tout à fait arbitraire, entre les arrêts d'absolution et les arrêts de non lieu émanés des chambres d'accusation, limiter à vingt-quatre heures le délai pendant lequel le ministère public devrait attaquer ces dernières décisions. Deux arrêts de la chambre criminelle sont venus confirmer la doctrine soutenue au *Répertoire*, et ont décidé que le délai du pourvoi contre les arrêts de non-lieu des chambres d'accusation, n'ayant été l'objet d'aucune disposition spéciale, doit être réglé par le principe général de l'art. 373 c. instr. cr.; il est de trois jours et non de vingt-quatre heures (Crim. rej. 13 mars 1850, aff. D..., D. P. 50. 5. 53; Crim. cass. 11 oct. 1860, aff. Orcel, D. P. 64. 5. 39).

125. On a examiné au *Rép.* n° 554, la question de savoir si l'art. 296 c. instr. cr. devait recevoir application dans le cas de renvoi devant la cour d'assises pour délits de presse. L'hypothèse ne peut plus se présenter depuis la loi nouvelle sur la liberté de la presse du 29 juill. 1881 (D. P. 82. 4. 65), qui organise la citation directe devant la cour d'assises, reconnue juridiction d'attribution en matière de délits commis par la presse ou la parole (art. 45).

126. Aux termes de l'art. 61 de la même loi, le droit de se pourvoir en cassation appartient au prévenu et à la partie civile, quant aux dispositions relatives à ses intérêts civils; le même droit n'est pas reconnu au ministère public. Soit que la décision attaquée émane de la cour d'assises, soit qu'elle ait été rendue par le tribunal correctionnel, dans les cas où exceptionnellement cette juridiction est compétente, le pourvoi doit être formé au greffe de la cour ou du tribunal *dans les trois jours* (art. 62). A la différence de l'art. 373 c. instr. cr., l'art. 62 ne dit pas si le délai est franc. D'après MM. Faivre et Benoît-Lévy, *Code manuel de la presse*, p. 258, le jour où la décision attaquée a été rendue ne compterait pas, mais il faudrait compter dans le délai le jour où le pourvoi est formé (Comp. *Rép.* v° *Presse-outrage*, n°s 1576 et suiv.).

127. Quant au point de départ du délai pour se pourvoir contre les arrêts des chambres d'accusation, que ce délai soit celui de l'art. 296 ou celui de l'art. 373 c. instr. cr., il ne commence à courir que du jour où la décision a été portée légalement à la connaissance de l'accusé. La raison de cette différence avec la règle rappelée précédemment pour les arrêts de cour d'assises a été indiquée au *Rép.* n° 558 : c'est que l'accusé, toujours présent en cour d'assises, ne l'est pas devant la chambre d'accusation. Un arrêt de la cour de cassation s'est nettement expliqué sur ce point dans un cas où le pourvoi, régi par l'art. 373 c. instr. cr., avait été formé le 7 août contre un arrêt de renvoi en cour d'assises prononcé le 2 août: « Attendu que le délai prescrit par ledit art. 373 n'est relatif qu'aux jugements et arrêts qui ont été prononcés en audience publique et en présence des parties; — Qu'il suit de là que ce délai ne peut courir, quant aux arrêts des chambres d'accusation, qui statuent à huis clos, qu'à compter du jour où, soit l'individu renvoyé en cour d'assises, soit la partie civile en ont eu légalement connaissance ... » (Crim. rej. 10 déc. 1847, aff. Léotade, D. P. 48. 1. 20). Il a été jugé dans le même sens, et en vue du délai spécial de cinq jours, que, lorsque la notification de l'arrêt de renvoi et de l'acte d'accusation est postérieure à l'interrogatoire de l'accusé, c'est seulement du jour où elle a été faite, et non à partir de l'interrogatoire et de l'avis donné par le président, que commence à courir le délai du pourvoi. En conséquence, les débats ne peuvent être ouverts à peine de nullité moins de cinq jours après cette notification (Crim. cass. 16 avr. 1868, aff. Déprétes, D. P. 69. 5. 245). Il en serait différemment si l'accusé, lors de son interrogatoire, avait consenti à être jugé immédiatement. Cette déclaration constituerait une renonciation tacite au droit de se pourvoir (Crim. rej. 6 juin 1867, aff. Casamatta, D. P. 67. 1. 460 ; 18 mars 1869, aff. Poterie, D. P. 69. 5. 245; Crim. rej. 12 déc. 1874) (2). A plus forte raison la même faculté serait-elle perdue pour l'accusé qui aurait déclaré, dans son interrogatoire devant le président, renoncer expressément au bénéfice du délai de l'art. 299 c. instr. cr. (Crim. rej. 2 janv. 1874, aff. Jamet, D. P. 76. 5. 269-270).

128. — III. DÉCISIONS EN MATIÈRE CORRECTIONNELLE ET DE

(1) (Goffinet.) — LA COUR; — Sur la fin de non-recevoir opposée au pourvoi, et prise de ce qu'il n'est pas prouvé que cet acte ait été fait avant l'expiration de la vingt-quatrième heure après celle du prononcé de l'arrêt dénoncé; — Attendu que le pourvoi en cassation du ministère public ou de la partie civile contre un arrêt d'acquittement en matière correctionnelle, est réglé par l'art. 374 c. instr. cr., qui accorde à ces parties un délai de vingt-quatre heures; — Attendu que ce délai ne se compte pas d'heure à heure; que, si telle avait été la volonté des auteurs de la loi, ils auraient exigé, pour les décisions susceptibles de ce recours, la mention de l'heure à laquelle elles sont rendues; qu'en l'absence de semblable mention, la fixation du délai par le calcul d'heure à heure est impossible; ce qui rendait l'art. 374, ainsi interprété, sans application; — Attendu que cet article ne détermine pas, en réalité, le point de départ du délai dont il traite; — Attendu que, pour établir ce point, il convient de combiner l'article avec celui qui le précède, et qui fait courir le délai qu'il prévoit à dater du jour de la décision; que, dès lors, le délai de l'art. 374 est limité aux vingt-quatre heures qui suivent le jour du prononcé de l'arrêt; — Attendu que le pourvoi du procureur général près la cour d'appel de Liège contre l'arrêt d'acquittement rendu par cette cour le 22 févr. 1882, en matière correctionnelle, ayant été formé le 23 du même mois, a été fait en temps utile; que, partant, la fin de non-recevoir du défendeur n'est pas fondée...

Du 27 mars 1882.-C. cass. de Belgique, 2e ch.-MM. Vandenpeereboom, pr.-Le chevalier Hynderick, rap.-Melot, av. gén.

(2) (Beaucourt.) — LA COUR; — En ce qui touche le pourvoi formé contre l'arrêt de renvoi: — Sur le moyen pris de la violation des art. 294 et 298 c. instr. cr., en ce que la cour d'assises des Alpes-Maritimes aurait méconnu l'effet suspensif du pourvoi formé contre l'arrêt de renvoi rendu par la chambre des mises

police. — En l'absence d'une disposition de loi concernant le pourvoi en cassation en cette matière, la jurisprudence a jugé qu'il y avait lieu d'appliquer aux décisions correctionnelles et de police le délai inscrit dans l'art. 373 c. instr. cr. pour les arrêts criminels. Cette doctrine, déjà établie par les nombreux arrêts cités au *Rép.* n° 566, a été depuis confirmée à plusieurs reprises (V. en ce sens: Crim. cass. 5 déc. 1846, aff. Machard, D. P. 47. 4. 62; Crim. rej. 16 nov. 1848, aff. Leborgne, D. P. 48. 5. 40; 8 mars 1851, aff. Turpin, D. P. 51. 5. 69; 12 août 1852, aff. Thébot, D. P. 53. 1. 117; 11 févr. 1858, aff. Pellier, D. P. 58. 5. 51; 3 févr. 1865, aff. Nivoix, D. P. 65. 1. 322; 1er avr. 1865, aff. Beauvais, D. P. 67. 5. 56; 12 nov. 1875, aff. Commissaire de police du canton d'Auray, D. P. 78. 5. 78; 20 janv. 1883, aff. Roussier, D. P. 84. 1. 426). Les arrêts précités s'appliquent à la fois aux décisions correctionnelles et aux jugements de simple police; ils n'établissent aucune distinction entre l'accusé, la partie civile et le ministère public.

129. Le délai court en principe du jour du jugement, mais à la condition, déjà indiquée au *Rép.* n° 576, que le prévenu ait été présent ou mis en demeure d'assister au prononcé. Sinon le délai du pourvoi ne court que du jour de la notification (Crim. rej. 15 mars 1845, aff. Rieux, D. P. 45. 4. 63). Il en sera ainsi: soit que l'affaire ayant été ajournée à huitaine, la cause n'ait pu être appelée qu'à une audience postérieure à celle fixée et en l'absence du prévenu (Crim. cass. 29 mai 1868, aff. Barit, D. P. 72. 5. 64-65); soit que l'affaire ait été remise pour le prononcé du jugement à une audience ultérieure sans indication de jour et sans que le condamné ait été mis en demeure de s'y trouver (Crim. rej. 11 févr. 1858, aff. Pellier, D. P. 58. 5. 51; 31 janv. 1873, aff. Goursat, D. P. 73. 1. 44). Mais il a été décidé, dans un cas où l'affaire avait été renvoyée, en présence du prévenu et après les conclusions par lui prises, à une audience ultérieure pour entendre le ministère public, que le jugement rendu à cette audience devait être réputé avoir été prononcé en présence du prévenu, bien que celui-ci n'eût pas comparu (Crim. rej. 27 mars 1857, aff. Carbonnel, D. P. 57. 1. 223).

130. Par des raisons identiques, le délai du pourvoi en cassation ne courra jamais, dans le cas d'un jugement par défaut, qu'autant qu'il aura été signifié à personne. Encore est-il bon de noter, suivant une observation déjà faite (*Rép.* n° 584) que le délai de trois jours ne se compte en pareil cas qu'après l'expiration des délais d'opposition, qui sont de cinq jours en matière correctionnelle et trois jours en matière de simple police. Ce principe a été appliqué dans une hypothèse où le prévenu, qui avait récusé le juge de simple police, avait été jugé en son absence, et sans nouvel ajournement à une audience postérieure; il a été reconnu que ce jugement n'était pas contradictoire (Crim. rej. 25 janv. 1873, aff. Georges, D. P. 73. 1. 168). D'ailleurs, si après avoir formé opposition à un jugement par défaut, la partie faisait de nouveau défaut, le délai pour se pourvoir en cassation contre le jugement en débouté d'opposition ne courrait qu'à compter de la signification de ce dernier jugement (Crim rej. 9 nov. 1861, aff. Perdrigeon, D. P. 62. 1. 98).

131. Lorsque le pourvoi émane du ministère public, il y a lieu d'établir quelques distinctions, suivant la nature du jugement par défaut, quant au point de départ du délai. La difficulté de cette matière résulte de l'application du principe que le recours en cassation peut seulement être exercé contre les décisions définitives et en dernier ressort. Or, tandis qu'un jugement rendu par défaut contre le prévenu peut être frappé par lui d'opposition, il est toujours contradictoire à l'égard du ministère public. — S'il s'agit d'un jugement d'acquittement, peu importe qu'il soit rendu contradictoirement ou par défaut, puisque, dans un cas comme dans l'autre, le prévenu ne peut songer à l'attaquer. Il suit de là que dans cette hypothèse le délai du pourvoi courra toujours contre le ministère public du jour du prononcé du jugement. C'est ce que la cour de cassation a formellement décidé (Crim. rej. 4 févr. 1864, aff. Lancelot, D. P. 65. 1. 449; 7 avr. 1865, aff. Sandler, *ibid.*; 14 nov. 1872, aff. Caulard, D. P. 73. 5. 71-72).

En dehors de cette hypothèse spéciale, on sait que le délai pour former opposition contre un jugement par défaut ne commence à courir que du jour de la signification, et que ce n'est qu'à l'expiration de ce délai que s'ouvre pour le condamné l'exercice du recours en cassation. C'est ce même moment que la jurisprudence de la cour de cassation s'est décidée à choisir, après quelques hésitations, comme point de départ du délai accordé au ministère public pour se pourvoir. Si l'on n'eût pris ce parti, la cour de cassation aurait pu être saisie à la requête du ministère public de pourvois dirigés contre des jugements dont il appartenait au condamné de demander la reformation par voie d'opposition. Aussi de nombreux arrêts de la chambre criminelle ont-ils déclaré non recevables des pourvois formés par le ministère public avant l'expiration du délai d'opposition au regard du condamné. Un arrêt a décidé, il est vrai, que le pourvoi ainsi formé hâtivement n'était pas nul, sauf à la cour de cassation à ne statuer qu'après que le jugement aurait acquis le caractère définitif (Crim. rej. 10 avr. 1863, aff. Pinard, D. P. 65. 1. 451). Mais tous les autres arrêts exigent que le pourvoi ait été renouvelé après l'expiration du délai d'opposition (V. Crim. cass. 24 mars 1855, aff. Agren, D. P. 55. 1. 219; Crim. rej. 4 févr. 1864, aff. Lancelot, D. P. 65. 1. 449; 28 juill. 1864, aff. Moquard, *ibid.*; 21 août 1873, aff. Broutin, D. P. 73. 1. 492; Crim. cass. 28 août 1873, aff. Laigné, D. P. 74. 1. 43). — La même décision a été appliquée, à plus forte raison, au cas où le pourvoi aurait été déposé avant la signification du jugement attaqué (Crim. rej. 3 mars 1866, aff. Marseglesi, D. P. 67. 5. 57; 16 juin 1870, aff. B sins, D. P. 71. 1. 187; Crim. cass. 23 janv. 1873, aff. Leduc, D. P. 74. 1. 279; Crim. rej. 17 mai 1873, aff. Fortin, D. P. 73. 1. 315)... ou avant que cette signification ait été régulièrement faite (Crim. rej. 31 mars 1876, aff. Morel, D. P. 77. 1. 410).

132. Les décisions précédentes se réfèrent toutes à l'hypothèse où le jugement par défaut émane d'un tribunal de simple police. S'il avait été rendu par un tribunal correctionnel, devrait-on appliquer les mêmes principes et décider que le pourvoi du ministère public n'est recevable qu'après l'expiration des délais d'opposition? Il résulterait de cette règle, appliquée dans toute sa rigueur, que le droit de se pourvoir en cassation serait suspendu pour le ministère public tant que la condamnation n'aurait pas été portée à la connaissance du prévenu, soit par une signification à personne, soit par des actes d'exécution du jugement, ou encore tant que la peine prononcée ne serait pas prescrite. En effet, jusqu'à ce que l'une ou l'autre de ces conditions ait été remplie, le droit de former opposition subsiste pour le condamné aux termes de l'art. 187 c. instr. cr. modifié par la loi du 27 juin 1866. Pour éviter cet inconvénient, la cour de cassation a décidé que l'extension donnée au droit du prévenu de faire opposition ne devait pas influer sur la situation du ministère public qui continuerait à user du droit de pourvoi dans les trois jours à partir de l'expiration du délai normal de l'opposition (Crim. cass. 29 févr. 1868, aff. Jeantaud, D. P. 68. 1. 354).

133. Conformément à la règle indiquée *suprà*, n° 53, un arrêt interlocutoire rendu en matière correctionnelle peut être l'objet d'un pourvoi en cassation: le délai est de trois jours francs après celui de la prononciation de l'arrêt (Crim. rej. 24 juill. 1886, aff. Moulard, D. P. 86. 1. 476).

134. Les conditions du pourvoi en cassation contre les décisions des conseils de discipline de la *garde nationale* n'ont plus qu'un intérêt historique. Ainsi qu'il a été dit au *Rép.* n° 589, ce qui caractérisait ce pourvoi, c'est que le délai de trois jours francs, qui lui était applicable, ne courait que du jour de la notification de la décision (L. 22 mars

en accusation de la cour d'appel d'Aix du 9 oct. 1874: — Attendu que, dans son interrogatoire du 19 octobre devant le président de la cour d'assises, le demandeur a consenti à être jugé dans le cours de la session et a déclaré qu'il renonçait formellement au droit de se pourvoir contre l'arrêt de renvoi, ainsi qu'au délai de cinq jours qui lui était accordé pour préparer sa défense; — Attendu que cette renonciation, faite après la signification régulière de l'arrêt de renvoi et de l'acte d'accusation, était de sa nature irrévocable; d'où il suit que le pourvoi formé le 20 octobre est non recevable; — Rejette, etc.

Du 12 déc. 1874.-Ch. crim.-MM. de Carnières, pr.-Guyho, rap.-Thiriot, av. gén.-Barrême, av.

1851, art. 122). Mais il va de soi que le pourvoi pouvait être formé avant que cette notification eût été faite (Crim. rej. 16 nov. 1848, aff. Chèze, D. P. 50. 5. 54). D'ailleurs, le délai était franc, c'est-à-dire que ni le jour de la notification, ni celui où était formé le pourvoi, n'étaient compris dans les trois jours. La chambre criminelle a ainsi déclaré valable un pourvoi déposé le 8 mars contre une décision notifiée le 4 du même mois (Crim. rej. 2 juin 1865, aff. Lanne, D. P. 67. 5. 56).

135. Au contraire, il a été décidé que le délai de trois jours pour se pourvoir contre les jugements des conseils de guerre n'est pas un délai franc, et qu'il est dès lors, exclusif d'un quatrième jour. L'art. 147 c. just. mil. dispose, en effet, que « lorsque la voie du pourvoi en cassation est ouverte aux termes de l'art. 81 du même code, le condamné doit former son pourvoi dans les trois jours qui suivent la notification de la décision du conseil de revision, et s'il n'y a pas eu recours devant ce conseil, dans les trois jours qui suivent le délai accordé pour l'exercer » (Crim. rej. 3 août 1877, aff. Badin, D. P. 78. 5. 77-78. V. *Organisation militaire*).

§ 3. — Du délai du pourvoi pour les colonies (*Rép.* n° 596).

136. V. *Rép.* n°s 596 et 597. — V. aussi *Organisation des colonies*; — *Rép.* eod. v°, n°s 348 et suiv.

CHAP. 6. — Des conditions requises pour la validité du pourvoi, tant en matière civile que criminelle (*Rép.* n°s 597 à 745).

§ 1er. — De la consignation d'amende. — Déchéance. — Exceptions à la règle. — Indigents, etc. (*Rép.* n°s 598 à 685).

137. L'obligation de consigner une amende, a-t-on dit au *Rép.* n° 598, s'explique moins par une pensée de fiscalité que par le désir de restreindre l'usage du pourvoi en cassation, en forçant les parties à réfléchir plus sérieusement aux chances qu'elles peuvent avoir de réussir dans leur demande. Aussi M. Chénon, *Origines, conditions et effets de la cassation*, p. 123, a-t-il avec raison appelé l'amende « la sanction du respect dû aux décisions judiciaires ».

Sur le quantum de l'amende, fixé à 300 fr. pour les jugements contradictoires, et à 150 fr. pour les jugements par défaut, sur l'obligation d'en consigner la moitié en formant le pourvoi qui, en principe, est imposée à tout demandeur en cassation, aussi bien en matière criminelle que civile, V. *Rép.* n°s 599 à 611. — V. aussi, en général, sur les droits à acquitter, pour le dépôt d'un pourvoi : Langlois, *Guide de la procédure en matière civile devant la cour de cassation*, p. 24.

138. Lorsque le pourvoi a été dirigé contre plusieurs arrêts ou formé par plusieurs personnes, il doit, en règle générale, y avoir autant de consignations d'amende que d'arrêts attaqués ou de demandeurs intéressés (*Rép.* n° 612).

Pour déterminer la pluralité des demandeurs, il n'y a pas toujours lieu de s'attacher au nombre des personnes qui figurent au pourvoi. C'est ainsi qu'il a été décidé que le pourvoi en cassation d'un concordat par abandon d'actif, formé par le syndic, et en tant que de besoin, par le commissaire nommé à l'exécution de ce concordat, devait être réputé formé par une seule partie, la masse des créanciers, et ne donner lieu, dès lors, qu'à une seule consignation d'amende (Civ. cass. 10 févr. 1864, aff. Galliet, D. P. 64. 1. 236).

Ce n'est pas non plus le nombre des jugements ou arrêts attaqués qui doit servir de guide, car, ainsi qu'on l'a dit au *Rép.* n° 614, divers jugements peuvent être la conséquence les uns des autres, auquel cas une seule consignation serait exigible. Ce qu'il importe de considérer, c'est le nombre de demandeurs ayant des intérêts distincts, ou le nombre de jugements différents dans leur objet comme dans leur effet. Cette règle a été consacrée, dans le cas de demandeurs multiples, par de nombreux arrêts rapportés au *Rép.* n°s 623 à 626. Depuis, il a été décidé qu'il y a lieu à pluralité d'amendes : 1° dans le cas où le pourvoi a été formé par plusieurs parties condamnées à raison de faits de contrefaçon distincts, encore que les moyens de cassation invoqués par elles leur fussent communs en tout ou en partie (Req. 30 mars 1853, aff. Guérin, D. P. 53. 1. 198); — 2° De la part de demandeurs, agissant il est vrai comme créanciers de la même personne, mais en vertu de titres différents, et invoquant, contre des chefs distincts du même arrêt, des moyens de cassation tout à fait différents (Civ. rej. 20 juin 1855, aff. Quillet-Hannotin, D. P. 55. 1. 313); — 3° De la part de demandeurs, victimes d'actes de pillage accomplis dans l'enceinte de la ville de Paris pendant l'insurrection de 1871, ayant formé un pourvoi collectif contre la décision repoussant leur demande d'indemnité. (Civ. rej. 4 mai 1881, aff. Compagnie de l'Est, D. P. 81. 1. 471-472).

139. Il y a lieu de rapprocher des décisions indiquées au *Rép.* n° 627, les arrêts suivants qui ont reconnu l'existence d'un intérêt unique : 1° lorsqu'une seule et même instance ayant été formée entre deux parties, il est intervenu contre elles une condamnation solidaire, tant en premier qu'en dernier ressort (Civ. cass. 24 mars 1852, aff. La Ligérienne-Tourangelle, D. P. 52. 1. 109); — 2° Lorsque plusieurs héritiers plaident de concert pour écarter un tiers du partage de la succession, en demandant l'annulation du testament qui l'a institué légataire, quoique cette annulation ne doive pas produire les mêmes effets au regard de tous (Civ. cass. 14 juill. 1852, aff. Daage, D. P. 52. 1. 204); — 3° Ou lorsque quelques-uns d'entre eux se pourvoient collectivement contre l'arrêt qui statue sur divers chefs ou incidents de la liquidation, encore qu'ils proposent des griefs ou moyens différents (Civ. rej. 3 juin 1867, aff. Chalin, D. P. 67. 1. 205); — 4° Lorsque plusieurs expéditeurs par voie de fer ont actionné en dommages-intérêts une compagnie de chemins de fer, qui a accordé à un de leurs concurrents une réduction de tarif par voie de taxe sur le prix de transport de ses marchandises (Req. 3 févr. 1869, aff. Weiller, D. P. 69. 1. 371); — 5° Dans le cas où la délibération du conseil de famille d'une femme interdite, qui a déclaré le tuteur précédemment nommé déchargé de ses fonctions, est attaquée par deux parties ayant un intérêt commun (le gendre et le fils de l'interdite), encore que des moyens distincts aient été invoqués par chacun des demandeurs en cassation (Civ. cass. et rej. 7 avr. 1875, aff. Massiac, D. P. 77. 1. 371); — 6° Lorsque les demandeurs en cassation se présentent comme agissant l'un en qualité de veuve, les autres en qualité d'héritiers d'une même personne, et demandent contre un adversaire commun l'annulation d'une condamnation prononcée contre la succession (Civ. cass. 23 déc. 1879, aff. Laroche, D. P. 80. 1. 136); — 7° Dans le cas où divers propriétaires riverains d'un bois ont réclamé des dommages-intérêts pour dégâts causés à leurs récoltes par les lapins séjournant dans ce bois (Civ. cass. 17 août 1880, aff. Bourcier, aff. Bonjour, D. P. 81. 1. 176); — 8° Dans le cas où les demandeurs en cassation demandent le maintien d'une vente et d'une saisie immobilière; peu importe que la saisie doive procurer à l'un des demandeurs le payement d'un prix de vente, et aux autres le remboursement d'un prêt d'argent (Civ. cass. 14 juin 1881, aff. Maurras, D. P. 82. 1. 105); — 9° Dans le cas où plusieurs créanciers de la même personne, ayant agi dans un intérêt commun et identique en vertu de l'art. 1166, se pourvoient contre la décision intervenue à cet égard (Civ. cass. 8 févr. 1886, aff. Fournier, D. P. 87. 1. 22); — 10° Lorsque le pourvoi en cassation est formé par les assureurs d'un navire agissant dans le même intérêt, quoique les divers assureurs aient figuré à la police pour des sommes distinctes, et que, dès lors, chacun n'ait été condamné par le jugement attaqué que pour la somme assurée (Civ. rej. 4 mars 1861, aff. Clerc, D. P. 61. 1. 163).

140. Dans le cas où deux pourvois auraient été formés contre deux arrêts ayant statué sur deux appels interjetés contre un même jugement, une seule consignation serait due ; car, ainsi qu'on l'a exposé au *Rép.* n° 629, les deux arrêts ne constituent qu'une seule cause (V. conf. Req. 6 janv. 1873, aff. Balestrini, D. P. 73. 1. 116). Il a été jugé de même : 1° que lorsque, de deux pourvois formés par une seule requête contre des arrêts statuant entre les mêmes parties et sur des incidents d'une même instance, le second n'a été formé que subsidiairement au premier, la cour de cassation doit statuer par un seul arrêt et ne condamner les demandeurs qu'à une seule amende (Req. 1er févr. 1882, aff. Gérard, D. P. 83. 1. 197); — 2° Que la consignation d'une seule amende suffit pour le pourvoi formé par un seul et même acte contre deux arrêts rendus dans la même affaire, l'un sur la compétence, et l'autre sur le fond (Req. 17 juill. 1878) (1).

En matière d'ordre, a-t-on dit au *Rép.* n° 630, les créanciers produisants ont un intérêt commun à faire écarter la collocation d'un autre créancier. Mais que faut-il décider quand il s'agit de plusieurs créanciers dont la collocation est contestée par des moyens différents? Il a été jugé que le pourvoi formé contre un arrêt qui maintient la collocation de diverses créances contestées pour des causes distinctes n'est assujetti qu'à la consignation d'une seule amende (Civ. cass. 1er déc. 1852, aff. Tesnières, D. P. 54. 1. 275).

141. Les principes qui viennent d'être exposés reçoivent également leur application en matière criminelle : des exemples en ont été cités au *Rép.* n° 633. Plus récemment, il a été jugé que la consignation d'une seule amende suffit : 1° dans le cas de plusieurs prévenus condamnés sans complicité par le même arrêt pour immixtion, au préjudice d'une même partie, dans les fonctions de courtiers établis près d'une place de commerce (Crim. rej. 23 avr. 1863, aff. Rondel, D. P. 63. 1. 267); l'identité des moyens invoqués a fait considérer ces condamnés comme ayant même intérêt devant la cour de cassation; — 2° Lorsque plusieurs demandeurs condamnés pour un même délit se pourvoient contre la décision qui leur est commune par les mêmes moyens et dans un intérêt identique (Crim. rej. 31 déc. 1864, aff. Battesti, D. P. 65. 1. 323); — 3° Dans le cas où une condamnation solidaire a été prononcée, par exemple, lorsque deux individus, reconnus coupables d'un même délit d'attentat aux mœurs, ont été condamnés solidairement à une amende et aux frais (Crim. rej. 19 déc. 1868, aff. Bergé, D. P. 72. 5. 62).

142. L'obligation de la consignation d'amende s'applique en toute matière criminelle; elle atteint notamment les pourvois en cassation dirigés contre les jugements des tribunaux militaires prononçant une peine correctionnelle (Crim. rej. 4 janv. 1851, aff. Hippolyte, D. P. 51. 5. 64; 9 nov. 1871, aff. Hugues, aff. Brayer, D. P. 71. 1. 364), ou statuant en matière de discipline de la garde nationale (Crim. rej. 16 mai 1867, aff. Simon, D. P. 68. 5. 47). Il importe seulement d'observer que, depuis la loi du 28 juin 1877 (V. *suprà*, n° 2), l'obligation de consigner une amende en matière correctionnelle et de simple police est devenue aujourd'hui un cas exceptionnel, restreint aux seules condamnations n'emportant pas privation de la liberté (art. 420-1° c. instr. cr.).

143. Dans les cas où la consignation de l'amende est nécessaire, jusqu'à quel moment celle-ci peut-elle être effectuée? On a répondu à cette question par une distinction (*Rép.* n° 648). En matière civile, a-t-on dit, la quittance d'amende doit être produite avant l'expiration du délai ouvert pour se pourvoir. En fait, le dépôt du pourvoi n'est admis qu'autant que la quittance d'amende y est annexée.

On est moins rigoureux en matière criminelle (*Rép.* n° 652); le délai du pourvoi est, en effet, très court. Il résulte des décisions rapportées (*ibid.* nos 653 à 656) que l'on peut consigner l'amende avec effet utile, tant que la déchéance n'a pas été prononcée. M. Faustin-Hélie, *Traité de l'instruction criminelle*, t. 8, n° 3928, se prononce dans le même sens. A supposer même qu'un arrêt de déchéance ait été rendu, le demandeur pourra obtenir que cet arrêt soit rapporté, s'il justifie avoir versé la consignation antérieurement à l'arrêt. C'est ce qui a été jugé à plusieurs reprises (Crim. rej. 29 juin 1850, aff. Laborde, D. P. 50. 5. 50; Crim. 10 févr. 1859, aff. Cominal, D. P. 61. 5. 61; Crim. rej. 1er févr. 1872, aff. Couvreur, D. P. 72. 1. 205). Mais cette jurisprudence est spéciale aux affaires correctionnelles. Il résulte d'un arrêt (Crim. rej. 12 déc. 1872, aff. Altmayer, D. P. 73. 1. 399) qu'elle n'est point suivie en matière de grand criminel, où la cour de cassation est plus particulièrement obligée de statuer, au plus tard, dans le mois de l'arrivée des pièces.

144. Nous avons à examiner maintenant les divers cas d'exemption de consignation. Il convient de distinguer tout d'abord, ainsi qu'on l'a fait au *Rép.* n° 660, entre les cas d'exemption qui visent simplement la consignation de l'amende et ceux portant sur l'amende elle-même. — Sont dispensés de l'amende en matière civile : 1° le ministère public; 2° les préfets, mais uniquement dans le cas de procès intéressant les affaires domaniales. C'était, en effet, le seul cas prévu par le règlement de 1738, art. 16, tit. 4, 1re part., au profit des inspecteurs généraux du domaine, remplacés aujourd'hui par les préfets. Cependant, un arrêt a déchargé de la consignation d'amende le pourvoi formé par un préfet contre un jugement qui l'avait déclaré sans qualité pour défendre au lieu et place de l'autorité communale à une action intentée contre une commune (Req. 27 mai 1850, aff. Leclerc, D. P. 52. 1. 145). En décidant ainsi, la cour de cassation a appliqué en matière civile la règle inscrite dans l'art. 420 c. instr. cr. pour les matières criminelles. En effet, il y a exemption de l'amende, aux termes de cet article, au profit : 1° des condamnés en matière criminelle; 2° des agents publics, pour affaires qui concernent directement l'administration et les domaines de l'Etat. Il faut évidemment ajouter à cette nomenclature le ministère public. Dans la classe des agents publics sont compris certainement les membres de l'administration des eaux et forêts, des douanes, des contributions indirectes, des postes et télégraphes. La jurisprudence de la cour de cassation y a fait rentrer en outre : 1° la caisse des dépôts et consignations, qui constitue une caisse de l'administration de l'Etat (Req. 4 janv. 1865, aff. Receveur général de la Gironde, D. P. 65. 1. 172); 2° la caisse des invalides de la marine et des gens de mer, représentée par l'administration de la marine (Req. 18 nov. 1873, aff. Administration de la marine, D. P. 74. 1. 115).

145. En dehors des personnes ci-dessus énumérées, qui sont complètement exonérées de l'amende, l'art. 420 c. instr. cr. accorde des dispenses de consignation. Cette faveur réservée autrefois aux demandeurs en cassation faisant preuve d'indigence a été étendue, depuis la modification introduite par la loi du 28 juin 1877 (V. *suprà*, n° 2, note 2), aux condamnés en matière correctionnelle et de simple police à des peines emportant privation de la liberté. Cette disposition a été inspirée par le même motif qui, précédemment, avait fait supprimer l'amende au regard des condamnés à des peines criminelles. Toutefois, en raison de la moins grande gravité des peines correctionnelles, on n'a pas cru devoir accorder une dispense aussi étendue, dans la crainte de multiplier à l'excès les pourvois en cassation.

146. Avant l'innovation apportée par la loi de 1877, une controverse intéressante et qui a déjà été examinée au *Rép.* n° 669, s'élevait sur le sens de ces mots : « condamnés en matière criminelle ». La question se posait notamment dans le cas où la poursuite criminelle aboutissait à des peines correctionnelles; le condamné devait-il être dispensé de l'amende? Encore aujourd'hui, la question présente de l'intérêt dans l'hypothèse d'une condamnation à une peine simplement pécuniaire, puisque, dans ce cas, la consignation d'amende demeure obligatoire. Il en serait de même si la condamnation ne portait que sur des dommages-intérêts alloués à la partie civile. Enfin la distinction entre les matières criminelles et correctionnelles offre un intérêt même dans le cas d'une condamnation à une peine emportant privation de la liberté; en effet, cette condamnation, si elle est correctionnelle, dispense seulement de la consignation, mais non de l'amende elle-même.

Ainsi qu'il a été dit au *Rép.* n° 670, pour déterminer au point de vue de l'application de l'art. 420 c. instr. cr. si l'on est en matière criminelle ou correctionnelle, il faut s'attacher à la nature de l'infraction réprimée indépendamment de la juridiction saisie et de la peine prononcée. L'amende doit donc être exigée pour le pourvoi formé contre un arrêt de cour d'assises lorsque, par suite de la réponse négative du jury sur les circonstances aggravantes, le crime servant de base à la poursuite se transforme en simple délit. Aux

(1) (Coste C. Coste.) — LA COUR;... — Sur les conclusions subsidiaires du demandeur, tendant à la restitution de l'une des deux amendes consignées : — Attendu que le pourvoi contre les deux arrêts ayant été fait par un seul et même acte, la consignation d'une seule amende était suffisante, bien que le pourvoi fût dirigé contre deux arrêts, l'un sur la compétence, l'autre sur le fond, mais dans la même affaire;

Par ces motifs, rejette, etc.

Du 17 juill. 1878.-Ch. req.-MM. Bédarrides, pr.-Barafort, rap.-Lacointa, av. gén., c. conf.-Chambareaud, av.

nombreux arrêts cités en ce sens au *Rép.* n° 670, il convient d'ajouter les suivants : Crim. rej. 26 juill. 1849 (aff. Pancrazi, D. P. 51. 5. 64); 22 févr. 1868 (aff. Beaumont, D. P. 68. 1. 368). A plus forte raison doit-on considérer comme un pourvoi en matière correctionnelle le recours en cassation dirigé par un juré contre l'arrêt de la cour d'assises qui l'a condamné pour n'avoir pas obéi à la convocation qui lui était adressée. Il a été jugé que l'amende devait être consignée (Crim. rej. 26 nov. 1868, aff. Suchet, D. P. 69. 1. 215).

Au contraire, l'amende n'est pas exigible lorsque, par suite de l'admission de circonstances atténuantes, la cour d'assises ne prononce qu'une condamnation réduite à une peine correctionnelle. La raison en a été donnée au *Rép.* n° 673 : c'est que dans ce cas, à la différence du précédent, le chef de l'accusation conserve son caractère criminel.

147. Mais c'est surtout à l'égard des pourvois formés par des condamnés mineurs de seize ans que la règle posée ci-dessus a trouvé application (*Rép.* n° 674). Ainsi, on a reconnu comme devant être exempté de l'amende, à raison de leur caractère criminel, le pourvoi formé par un mineur de seize ans : 1° contre une décision de cour d'assises qui, à la suite d'un acquittement prononcé pour avoir agi sans discernement, le condamne à être renfermé dans une maison de correction (Crim. rej. 12 juin 1856, aff. Goby, D. P. 56. 1. 311); — 2° Contre une condamnation à la détention dans une maison de correction prononcée par le tribunal correctionnel, dans un cas où celui-ci a compétence aux termes de l'art. 68 c. pén. (Crim. rej. 13 déc. 1866, aff. Hertier, D. P. 66. 1. 512; 20 déc. 1866, aff. Hassein ben Raïs, D. P. 68. 5. 48; 30 juill. 1868, aff. Blot, D. P. 70. 5. 49). — Si, au contraire, la détention dans une maison de correction avait été prononcée par le tribunal correctionnel comme répression d'un fait qualifié délit, le pourvoi du mineur de seize ans serait soumis à la consignation préalable d'une amende (Crim. rej. 10 mars 1853, aff. Krebs, D. P. 53. 1. 114; 13 avr. 1865, aff. Lécluse, D. P. 65. 5. 45; 7 janv. 1869, aff. Samson, D. P. 70. 5. 48-49); ... sauf le cas d'indigence dûment justifié (Crim. rej. 1er déc. 1860, aff. Garçon, D. P. 60. 1. 520). Il en était ainsi avant la loi du 28 juin 1877 ; mais il a été jugé, depuis, que le mineur de seize ans renvoyé dans une maison de correction à la suite d'un acquittement sur la prévention de vol comme ayant agi sans discernement, devait être assimilé au prévenu ayant encouru la peine de l'emprisonnement, et par suite était affranchi de la consignation (Crim. rej. 19 juin 1879, aff. Justin, D. P. 79. 5. 46-47).

148. Enfin si l'arrêt de la cour d'assises faisant l'objet du pourvoi n'avait prononcé que des dommages-intérêts contre l'accusé acquitté du chef de l'action publique, il ne saurait être douteux, a-t-on dit au *Rép.* n° 676, que la recevabilité du recours serait subordonnée à la consignation préalable de l'amende. La condamnation est réputée intervenue en matière civile. C'est ce qui a été décidé à plusieurs reprises (Crim. rej. 13 sept. 1849, aff. Baillot, D. P. 51. 5. 63; 27 nov. 1857, aff. Parot, D. P. 58. 1. 46; 5 déc. 1861, aff. Latrobe, D. P. 61. 1. 503). Et il en serait ainsi alors même que l'accusé aurait été condamné à une peine sur des chefs contre lesquels il ne s'est pas pourvu, du moment que le chef objet du recours en cassation n'a motivé que des réparations civiles (Crim. rej. 17 déc. 1863, aff. Veytard, D. P. 64. 1. 54). — Toutefois, suivant l'observation déjà présentée au *Rép.* n° 677, si la condamnation à des dommages-intérêts n'était que l'accessoire d'une condamnation à une peine criminelle, peu importerait qu'elle eût été prononcée par arrêt distinct; elle bénéficierait, au point de vue du recours en cassation, de la dispense d'amende (Crim. rej. 25 mai 1849, aff. Congot, D. P. 50. 1. 30).

149. A côté des exceptions inscrites dans l'art. 420 c. instr. cr. il faut placer la disposition de l'art. 61 de la loi du 29 juill. 1881, qui dispense de la consignation préalable de l'amende les prévenus de délits et contraventions de presse. Sous l'empire de la législation antérieure, les pourvois formés contre des condamnations en matière de presse n'étaient affranchis de cette obligation qu'autant que la peine prononcée était criminelle (*Rép.* n° 679). Il avait été jugé, notamment, que le pourvoi formé contre l'arrêt de la chambre des mises en accusation, qui renvoyait un prévenu devant la cour d'assises pour délit de presse, était assujetti à la consignation d'amende (Crim. rej. 9 nov. 1871, aff. Maignant, D. P. 71. 1. 360; 29 août 1872, aff. Bacon, D. P. 73. 1. 96). — Il faut, d'ailleurs, se garder d'étendre le bénéfice de la loi de 1881 au cas de délit d'outrage aux bonnes mœurs commis par la vente d'un écrit obscène. Ce délit, formellement prévu par la loi du 2 août 1882 (D. P. 82. 4. 105), doit être poursuivi aux termes de l'art. 2 de cette loi, conformément au droit commun, et suivant les règles édictées au code d'instruction criminelle. Aussi est-ce avec raison que la cour de cassation a décidé que le pourvoi en cassation n'était pas dispensé, en cette matière, de la consignation d'amende (Crim. rej. 21 juin 1884, aff. Morel, D. P. 86. 1. 182).

150. La dernière exception prévue par l'art. 420 c. instr. cr. est relative aux indigents. L'obtention de cette faveur est expressément subordonnée à la production des deux pièces suivantes : 1° un extrait du rôle des contributions constatant une perception inférieure à 6 fr., ou bien un certificat du percepteur du lieu où l'indigent est domicilié, indiquant l'absence de toute imposition; 2° un certificat d'indigence délivré par le maire de la commune, et approuvé par le sous-préfet de l'arrondissement ou, dans l'arrondissement du chef-lieu, par le préfet. Cette dernière disposition date seulement de la loi du 28 juin 1877. L'ancien art. 420-2° exigeait à la fois le *visa* du sous-préfet et l'*approuvé* du préfet. Les conditions de formes ainsi exigées vont être examinées spécialement dans le paragraphe ci-dessous. Bien qu'inscrites dans un texte de droit pénal, on s'accorde à reconnaître qu'elles sont exigibles également pour les pourvois formés par les indigents en matière civile.

§ 2. — Du certificat d'indigence et de ses formes (*Rép.* nos 686 à 713).

151. Suivant l'observation générale contenue au *Rép.* n° 694, et qui résume toute la jurisprudence en cette matière, la cour de cassation exige, pour la rédaction des certificats d'indigence, que toutes les formalités prévues par la loi soient minutieusement observées.

Il va de soi, tout d'abord, qu'il ne peut être suppléé aux pièces en question par la production de pièces équivalentes. Ainsi ont été déclarées insuffisantes : 1° une délibération du bureau d'assistance judiciaire attestant que les renseignements pris par lui établissent l'état d'indigence du demandeur (Crim. rej. 19 févr. 1857, aff. Girard, D. P. 57. 1. 136); — 2° Un acte rédigé en langue étrangère par des autorités étrangères et, d'ailleurs, non revêtu des légalisations requises par les lois françaises (Crim. rej. 27 janv. 1876, aff. Carmine, D. P. 77. 1. 190).

D'autre part la production d'une seule des deux pièces exigées (V. *suprà*, n° 150) notamment du certificat d'indigence, est dépourvue de valeur à défaut d'un extrait des contributions ou du certificat du percepteur (Req. 8 janv. 1851, aff. Mayoud, D. P. 54. 5. 85). Il a été jugé, il est vrai, en matière civile, que le demandeur, admis à l'assistance judiciaire par le bureau institué près la cour de cassation, n'est pas tenu, pour la recevabilité de son pourvoi, d'y joindre les pièces établissant son indigence (Civ. cass. 6 juill. 1853, aff. Jousselin, D. P. 53. 1. 209). Mais cela tient à ce que la loi du 22 janv. 1851, sur l'assistance judiciaire, dans son art. 14, dispense formellement de la consignation d'amende ceux qui auront obtenu le bénéfice de l'assistance.

152. Le certificat d'indigence doit émaner du maire de la commune du domicile et non de celui de la résidence (Crim. rej. 10 sept. 1847, aff. Toussaint, D. P. 47. 4. 57-58; 27 janv. 1876, aff. Carmine, D. P. 77. 1. 190). Il faut de plus que le maire donne une attestation personnelle de l'indigence (Crim. rej. 19 mai 1853, aff. Leroy, D. P. 53. 5. 64). Serait sans valeur suffisante une simple déclaration recueillie par le maire (Crim. rej. 30 nov. 1855, aff. Vallée, D. P. 56. 1. 31-32); ... D'après les attestations qui lui ont été fournies par des tiers (Crim. rej. 18 juin 1857, aff. Delaunay, D. P. 57. 1. 372; 15 sept. 1859, aff. Lasalle, D. P. 59. 5. 50); ... Et à plus forte raison, si le maire s'est borné à attester la déclaration d'indigence faite par les demandeurs eux-mêmes (Req. 11 juin 1872, aff. Moitier, D. P. 73. 5. 49-50). — N'équivaudrait pas davantage à une attestation d'indigence la constatation faite par le maire que celui auquel le certificat est délivré ne possède rien dans la localité (Crim. rej. 2 déc. 1848, aff. Chaumiel, D. P. 48. 5. 38), ... ou simplement n'est propriétaire d'aucun immeuble dans la commune (Crim. rej. 22 mai 1856, aff. Petrement, D. P. 57. 5. 40), et n'a que ses gages pour tout moyen d'existence (Crim. 25 juin 1859, aff. Picard, D. P. 59. 5. 51. V. les décisions analogues rapportées au *Rép.* nos 701 à 705). — Enfin il a été jugé que le certificat du maire, rédigé dans la forme prescrite par l'art. 10 de la loi du 20 janv. 1851 sur l'assistance judiciaire, est insuffisant pour dispenser de la consignation de l'amende (Crim. rej. 7 avr. 1876, aff. Blanc, D. P. 77. 1. 190).

153. Le visa du sous-préfet et l'approbation du préfet, alors que ces conditions étaient simultanément exigées, étaient cause de nombreuses irrégularités qui rendaient inefficaces les certificats d'indigence. Les arrêts cités au *Rép.* n° 706 en font foi, et, plus récemment, les décisions dans le même sens abondent. Ainsi il a été jugé: 1° que le défaut d'approbation par le préfet emporte nullité absolue du certificat (Crim. rej. 30 août 1849, aff. Morgard, D. P. 51. 5. 63; 8 nov. 1866, aff. Ambrosi, D. P. 67. 5. 51); — 2° Que la légalisation de la signature du maire, donnée par le préfet, ne tient pas lieu de l'approuvé (Req. 20 juin 1853, aff. Gircé, D. P. 53. 1. 268; Crim. 8 mai 1858, aff. Sost, D. P. 58. 5. 47; Crim. rej. 1er mars 1860, aff. Troquenez, D. P. 61. 5. 54; Req. 2 avr. 1872, aff. Vincent, D. P. 72. 1. 365); — 3° Que depuis le décret du 13 avr. 1861, qui a conféré au sous-préfet le droit de légaliser la signature des maires, la légalisation ainsi donnée ne dispense pas de l'approuvé du préfet (Crim. rej. 2 août 1861, aff. Montagne, D.P. 61. 5. 55);... Et qu'il ne suffirait pas que le sous-préfet eût donné un approuvé, et non pas seulement une légalisation de la signature du maire, le décret de 1861 n'ayant pas entendu déroger aux prescriptions de l'art. 420 c. instr. cr. (Crim. rej. 27 juill. 1872, aff. Forcht, D. P. 72. 1. 279); — 4° Que l'approuvé que doit donner le préfet n'est pas suppléé par le visa de ce fonctionnaire (Civ. rej. 24 nov. 1851, aff. Bonnard, D. P. 51. 1. 328). — Depuis la loi de 1877, qui exige un approuvé émanant, soit du sous-préfet, soit du préfet, suivant qu'il a été donné, ou non, dans l'arrondissement du chef-lieu, il a été jugé qu'un visa donné par un sous-préfet dans son arrondissement ne tient pas lieu de l'approuvé, et que l'approbation du préfet ne peut compléter utilement ce simple visa (Crim. rej. 6 avr. 1882, aff. Amoin, D. P. 82. 1. 276).

154. Une remarque importante, déjà faite au *Rép.* nos 653 et 700, c'est que, même en matière civile, le certificat d'indigence peut être produit après les délais du pourvoi, pourvu que, pendant ces délais, le demandeur en cassation ait joint à sa requête l'extrait du rôle des contributions (Civ. rej. 12 mars 1851, aff. Giron, D. P. 54. 5. 86). En matière de police, simple ou correctionnelle, il a été dit (*Rép.* n° 653) que le certificat peut être produit utilement jusqu'au rapport de l'affaire à l'audience.

155. En ce qui concerne le certificat de non-imposition, il doit émaner du percepteur de la commune du domicile, non de celui de la résidence du condamné (*Rép.* n° 695; Crim. rej. 10 sept. 1847, aff. Toussaint, D. P. 47. 4. 57-58).

Ce n'est qu'à défaut de toute imposition que ce certificat doit être délivré ; ainsi est dépourvu de valeur le certificat du percepteur attestant que, bien que le demandeur en cassation soit porté au rôle de la contribution foncière comme propriétaire d'une maison, cette maison (grevée au delà de sa valeur) est administrée par un sequestre judiciaire qui en paye les contributions (Req. 16 juill. 1850, aff. Renard, D. P. 50. 1. 226). Il a été jugé, dans le même sens, que, si le demandeur est inscrit au rôle des contributions pour une somme excédant 6 fr., il ne peut être dispensé de la consignation à raison d'un certificat d'indigence attestant que l'immeuble imposé est grevé d'hypothèques au delà de sa valeur (Crim. rej. 3 janv. 1862, aff. Moitrier, D. P. 65. 5. 44).

§ 3. — De la mise en état. — Liberté provisoire sous caution (*Rép.* nos 714 à 745).

156. Cette dernière condition de recevabilité est spéciale aux pourvois en matière criminelle. La mise en état, ainsi qu'il a été dit au *Rép.* n° 714, consiste dans l'obligation, imposée aux condamnés à des peines emportant privation de la liberté, de se constituer préalablement prisonniers afin de rendre leur pourvoi en cassation recevable. On s'est demandé, au *Rép.* n° 717, quelle était la raison d'être de cette obligation, qui nous vient de l'ancien droit. Au cours des travaux préparatoires du code d'instruction criminelle, plusieurs explications ont été présentées. Suivant les uns, ce serait une mesure de déférence. « Pour implorer la protection de la justice, a dit M. Muraire devant le conseil d'Etat, il faut d'abord lui obéir. » La raison proposée devant le Corps législatif nous paraît meilleure: c'est afin, a-t-on dit, d'éviter les pourvois qui seraient formés dans l'unique but de retarder l'exécution de la peine (V. Chenon, p. 129).

157. Si l'on hésite sur la raison d'être de l'obligation de la mise en état, tout le monde est d'accord pour reconnaître les nombreux inconvénients qu'elle entraîne. Ils ont été signalés au *Rép.* nos 719 à 721. Le plus grave c'est de fermer la voie du recours en cassation aux individus condamnés à un emprisonnement de courte durée, lesquels auront intérêt à subir leur peine plutôt que de se soumettre à un emprisonnement provisoire qui excéderait la durée de leur condamnation. La loi du 28 juin 1877 est heureusement venue remédier à cette situation fâcheuse, en limitant l'obligation de se mettre en état au cas où la peine prononcée emporte privation de liberté pendant plus de six mois (nouvel art. 421 c. instr. cr.). Ce n'est là, d'ailleurs, qu'un des tempéraments introduits dans l'art. 421 par la loi de 1877. Il en est d'autres non moins importants.

158. Déjà, sous l'empire de l'ancien art. 421 c. instr. cr., le condamné pouvait échapper à l'obligation de se constituer prisonnier pour rendre son pourvoi recevable en obtenant *sa mise en liberté sous caution* (*Rép.* n° 724). Mais, en fait, cette faveur était difficilement réalisée à cause de l'exiguïté du délai imparti pour former le recours. La loi exigeait, en effet, que, dans ce cas, l'acte de mise en liberté et la justification du versement de la caution eussent été annexés à la déclaration de pourvoi. Il ne suffisait pas d'avoir sollicité la mise en liberté et d'avoir vu cette demande rejetée si, d'ailleurs, on n'avait pas attaqué cette décision (Crim. rej. 30 nov. 1849, aff. Buisson, D. P. 52. 5. 79; 19 mai 1854, aff. Raux, D. P. 54. 5. 95-96; 1er déc. 1871, aff. Basset, D. P. 71. 1. 262). Et il en était de même si, ayant été repoussé par une déclaration d'incompétence, le prévenu ne s'était pas adressé à la juridiction qui avait pouvoir de statuer (Même arrêt du 1er déc. 1871). — Si, au contraire, la demande à fin de maintien en liberté avait été rejetée, au moyen d'une déclaration d'incompétence, même par la juridiction qui avait qualité pour en connaître, le défaut de mise en état n'était pas opposable au condamné (Crim. rej. 7 août 1873, aff. Guillermet, D. P. 73. 1. 447). La cour de cassation s'était déjà prononcée dans le même sens en 1834 (V. *Rép.* n° 724).

159. Remarquons à ce propos que la demande de mise en liberté doit être formée devant le tribunal qui a prononcé la condamnation, objet du pourvoi en cassation. Ce principe est applicable même au cas où cette condamnation émane d'un conseil de guerre (Crim. rej. 1er déc. 1871, aff. Basset, D. P. 71. 1. 262). — Mais que décider si le prévenu a été laissé en liberté provisoire sous caution par le juge d'instruction? A-t-il besoin, au cas de condamnation, de se faire maintenir en liberté provisoire par une décision spéciale des juges correctionnels? La négative a été admise par un arrêt de la cour d'Alger du 24 mars 1870 (aff. Chevallier, D. P. 71. 2. 135). On peut également invoquer par analogie la doctrine enseignée, pour le cas d'appel, par M. Faustin-Hélie, *Traité de l'instruction criminelle*, 2e éd., t. 8, n° 3942. Cet auteur enseigne que la mise en liberté sous caution, accordée au prévenu en première instance, ne cesse pas d'avoir son effet pour régulariser le pourvoi en cassation, quoique le jugement de première instance portant acquittement du prévenu ait été transformé sur appel en un jugement de condamnation.

L'opinion contraire a prévalu devant la cour de cassation, qui a décidé à plusieurs reprises que le prévenu, laissé en liberté provisoire par le juge d'instruction, ne peut, s'il forme un pourvoi en cassation contre la condamnation prononcée contre lui, invoquer le bénéfice de la décision du juge d'instruction pour se dispenser de se mettre en état (Crim. rej. 25 mars 1870, aff. Ribon, D. P. 72. 1. 152; 8 août 1872, aff. Jeandet, D. P. 73. 1. 41; 9 janv. 1873, aff. Coulon, D. P. 73. 1. 167). — On a considéré avec raison que l'effet de la liberté provisoire accordée par le juge d'instruction devait cesser avec la période de détention préventive, en vue de laquelle seulement elle avait pu être valablement octroyée. Le même motif a fait décider que le prévenu qui a été laissé en liberté provisoire par décision du tribunal correctionnel antérieure à sa comparution ne peut, en cas de condamnation, s'il forme un pourvoi, être dispensé de se mettre en état qu'à la condition de justifier d'une nouvelle autorisation de rester en liberté, postérieure à la condamnation (Crim. rej. 28 juin 1872, aff. Lagrange, D. P. 72. 1. 336). — Il en serait autrement dans le cas où l'accusé formerait un pourvoi contre l'arrêt de la chambre d'accusation le renvoyant en cour d'assises. S'il avait été laissé en liberté provisoire par le juge d'instruction, il n'aurait pas besoin d'obtenir de la chambre d'accusation le renouvellement de cette autorisation (Crim. rej. 13 déc. 1872, aff. Moha, D. P. 72. 1. 478). Mais cela tient à ce que l'obligation de la mise en état n'existe pas pour l'accusé contre lequel aucune condamnation n'a encore été prononcée.

160. On voit, par ce qui précède, combien il était difficile d'obtenir la mise en liberté provisoire en temps utile pour se pourvoir. Ce n'était pas tout. L'ancien art. 421 portait que le condamné ne pouvait échapper à l'obligation de la mise en état qu'à la condition d'avoir été mis en liberté *sous caution*. Or, avant la loi du 14 juill. 1865 qui a modifié l'art. 114 c. instr. cr., la mise en liberté provisoire était nécessairement subordonnée au versement d'une caution. Cette mise en liberté une fois accordée, le demandeur en cassation devait donc justifier, en formant son pourvoi, que la caution avait été admise, ou que le versement du cautionnement avait eu lieu (*Rép.* n° 724; Crim. rej. 3 avr. 1846, aff. Dupuy-Benet, D. P. 47. 4. 63; Sol. impl., Crim. rej. 29 juill. 1852, aff. Mehay, D. P. 52. 5. 79; 23 août 1861, aff. Baze, D. P. 61. 1. 455).

161. Depuis la loi de 1865, la mise en liberté provisoire dans tous les cas où elle est de droit, est dispensée de la caution, et dans les autres cas il appartient au juge de ne pas l'exiger. Il semble que la loi de 1865, en instituant une nouvelle espèce de mise en liberté, devait exercer son contre-coup sur l'art. 421. Cependant la cour de cassation, s'en tenant aux termes stricts de cet article, en avait conclu que la mise en liberté sans caution ne tenait pas lieu de mise en état (Crim. rej. 16 nov. 1866, aff. Henry, D. P. 67. 1. 187). — Mais la cour suprême était revenue peu après sur cette jurisprudence trop rigoureuse et avait décidé que, même dans le cas où la liberté provisoire avait été accordée au prévenu sans caution, celui-ci était dispensé de se mettre en état (Crim. rej. 27 juill. 1867, aff. Carcopino, D. P. 67. 1. 457).

162. Une des modifications introduites par la loi du 28 juin 1877 dans l'art. 421 a été précisément de donner raison à cette jurisprudence en substituant à l'ancienne rédaction les mots *avec ou sans caution*. Le législateur s'est préoccupé, en outre, de la difficulté de produire l'acte de mise en liberté au moment du dépôt du pourvoi. Il y a remédié au moyen de la disposition suivante : « L'acte de leur écrou ou de leur mise en liberté sera produit devant la cour de cassation au plus tard au moment où l'affaire y sera appelée ». Du reste, la cour de cassation n'avait pas attendu cette modification introduite dans l'art. 421, pour décider que la mise en état n'est pas exigée avant la déclaration même du pourvoi, mais seulement avant le jour de l'examen de l'affaire par la chambre criminelle; que, par suite, pour éviter la mise en état, il suffit, avant le jour de l'examen de l'affaire, de joindre à l'acte de pourvoi la décision qui a accueilli la demande de mise en liberté provisoire (Crim. rej. 29 mai 1873, aff. Giral, D. P. 73. 1. 389).

163. La dernière amélioration introduite sur ce point par la loi de 1877 a été de généraliser, au profit de tous les condamnés, la faculté de se constituer prisonnier dans la maison de justice du lieu où siège la cour de cassation. Cette faculté, qui est une réelle faveur puisqu'elle permet au condamné de ne se constituer qu'au dernier moment, et de réduire l'emprisonnement à sa plus courte durée, était réservée par le deuxième alinéa de l'ancien art. 421 au seul cas où le pourvoi en cassation se fondait sur un moyen d'incompétence (*Rép.* n° 727).

164. La loi du 28 juin 1877 a été déclarée applicable aux individus condamnés par les tribunaux d'Algérie, sans qu'il y ait à rechercher si cette loi avait été l'objet d'une promulgation spéciale dans ce pays (Crim. 26 juill. 1877, aff. El-Hadj-ben-Kadour, D. P. 79. 5. 49).

165. Il reste à examiner l'étendue de l'obligation de la mise en état. — En premier lieu, la mise en état, étant subordonnée à l'incarcération du condamné, cesse d'exister si celui-ci s'évade avant que la cour de cassation ait statué (Crim. rej. 7 mars 1867, aff. Rapine, D. P. 67. 1. 192). Le pourvoi devient non recevable pour défaut de mise en état. Des décisions dans le même sens avaient déjà été indiquées au *Rép.* n° 740.

On a rapporté au *Rép.* n° 741 un arrêt du 29 janv. 1842 qui décidait qu'un membre de la Chambre des députés condamné à l'emprisonnement était dispensé, par suite de l'inviolabilité de sa personne au cours de la session législative, de se mettre en état pour rendre son pourvoi recevable. Postérieurement, la cour de cassation s'est prononcée en ce sens que l'autorisation de poursuites, accordée par l'Assemblée nationale contre l'un de ses membres, soumettait le représentant qui en est l'objet aux règles ordinaires de la justice criminelle, et notamment à l'obligation de la mise en état (Crim. rej. 14 déc. 1849, aff. Malardier, D. P. 49. 1. 335). — Enfin le pourvoi en cassation formé par un contumace n'est pas recevable, tant qu'il ne s'est pas mis en état (V. la décision rapportée au *Rép.* n° 742-2°, et en outre : Crim. rej. 11 nov. 1847, aff. Liskenne, D. P. 47. 4. 61-62).

CHAP. 7. — Condamnation à l'amende ou restitution. — Indemnité. — Désistement. — Frais (*Rép.* nos 746 à 797).

§ 1er. — Des cas où il y a lieu à la condamnation à l'amende et à l'indemnité (*Rép.* nos 747 à 768).

166. — I. Matière civile. — V. *Rép.* nos 747 à 757.

167. — II. Matière criminelle (*Rép.* nos 758 à 768). — Ainsi qu'il a été dit au *Rép.* n° 766, la condamnation à l'indemnité n'est pas prononcée contre tout demandeur qui succombe. L'art. 436 c. instr. cr. n'y assujettit que la *partie civile*, les *régies* ou *administrations de l'État* et les *agents publics*. — Il a été jugé que l'indemnité est due par la partie civile, même lorsqu'elle ne succombe que par suite d'une déchéance, par exemple, à raison de l'omission d'une consignation d'amende (Crim. rej. 17 juin 1858, aff. John, D. P. 58. 5. 49; 8 juill. 1858, aff. Ratier, *ibid.;* 8 août 1867, aff. Steimbach, D. P. 68. 1. 288; 19 sept. 1867, aff. Rainot-Descarpenties, *ibid.*). La condamnation à l'indemnité ne serait pas encourue si l'instance prenait fin par le désistement de la partie civile. C'est l'opinion adoptée par M. Faustin-Hélie, *Traité de l'instruction criminelle*, t. 8, n° 3970, et la seule qui soit conforme aux termes de l'art. 436, lequel prévoit seulement le cas où la partie civile succombe dans son recours.

168. On a vu que les administrations et régies de l'État ne sont pas dispensées de l'indemnité, lorsqu'elles succombent dans leur recours (*Rép.* n° 766). Elles y sont assujetties, ainsi qu'aux dépens, même dans le cas où les poursuites intentées par elles ont pour objet, non l'obtention de dommages-intérêts, mais l'exercice même de l'action publique (Crim. rej. 28 août 1868, aff. Drouet, D. P. 68. 1. 510). Par *agents publics*, il faut entendre les représentants des diverses administrations de l'État; c'est par suite d'une erreur typographique qu'on y a fait rentrer au *Rép.* n° 766 le ministère public. Celui-ci ne peut jamais se porter partie civile, ni être condamné aux dépens. Aussi la cour de cassation a-t-elle décidé que la condamnation à l'indemnité ne peut être prononcée contre lui (Crim. rej. 28 sept. 1871, aff. Tinel, D. P. 71. 5. 51).

§ 2. — Des cas où il y a lieu à la restitution de l'amende. — Désistement. — Indemnité (*Rép.* nos 769 à 797).

169. Il est de règle, a-t-on dit au *Rép.* n° 769, que l'on ne perd pas le bénéfice de l'exemption de l'amende si celle-ci a été consignée par erreur. Cette règle équitable vient tempérer la rigueur de la déchéance pour défaut de consignation. En cas de doute, le demandeur en cassation peut sans danger effectuer la consignation d'une ou de plusieurs amendes. Dans cette seconde hypothèse, il arrive fréquemment que des restitutions sont ordonnées.

Ainsi il a été jugé que l'amende de 150 fr. déposée à l'appui de la demande, formée devant la cour de cassation, afin de désaveu d'un exploit dont on voudrait induire un acquiescement à l'arrêt attaqué, doit être restituée, si le rejet du pourvoi au fond rend inutile l'examen de cette demande (Civ. rej. 23 mai 1855, aff. Montdragon, D. P. 55. 1. 198). De même, en matière criminelle, au cas de rejet des pourvois introduits séparément contre le même arrêt par plusieurs condamnés, les pourvois étant fondés sur le même moyen, la cour de cassation a décidé qu'une seule amende était acquise, et que les autres devaient être restituées (Crim. rej. 28 févr. 1868, aff. Pailhas, D. P. 68. 1. 506).

Il y aurait lieu à restitution pour la moitié dans le cas où la totalité de l'amende aurait été consignée sur un pourvoi contre un jugement par défaut. Il faut rapprocher de l'arrêt cité au *Rép.* n° 771 à l'appui de cette solution une décision plus récente (Crim. rej. 5 janv. 1855, aff. Benoit, D. P. 55. 5. 56). — Mais aucune restitution ne serait due si l'arrêt, objet du pourvoi, avait statué par défaut sur une opposition à un précédent arrêt par défaut. La situation est, en effet, la même, en pareil cas, que s'il s'agissait d'un pourvoi formé contre un arrêt contradictoire (Crim. rej. 8 août 1861, aff. Raymond, D. P. 61. 5. 55).

Lorsque le pourvoi devient sans objet par suite de l'amnistie accordée au condamné, on a dit au *Rép.* n° 772 que la cour de cassation doit ordonner la restitution de l'amende. C'est la solution qui a été, en effet, donnée par deux arrêts (Crim. rej. 19 août 1869, aff. Chapuis, D. P. 70. 1. 95; 22 janv. 1870, aff. Gayraud, D. P. 70. 1. 283).

170. — Désistement (*Rép.* n°s 780 à 794). — Relativement à l'indemnité en matière civile, on a indiqué au *Rép.* n° 781 la distinction établie par la cour de cassation, suivant que le désistement est antérieur ou postérieur au moment où le défendeur a été mis en cause. L'indemnité est due dans le second cas, parce que, l'adversaire ayant été mis dans la nécessité d'exposer des frais, il est juste de l'en dédommager. Il suit de là que l'indemnité sera due dès lors que la chambre civile aura été saisie par le dépôt de l'arrêt d'admission. Cette solution s'appuie sur le texte de l'art. 35, tit. 4, du règlement de 1738; mais, en matière criminelle, l'art. 436 c. instr. cr. ne prévoyant formellement la condamnation à l'indemnité que dans le cas où le demandeur en cassation a succombé, la chambre criminelle a admis qu'un désistement régulier affranchit ce demandeur de l'indemnité (*Rép.* n°s 783 à 784). C'est ce qui a été jugé par deux arrêts rendus sur des désistements formés par l'administration forestière (Crim. rej. 13 avr. 1854, aff. Ducloux, D. P. 54. 1. 257; 20 déc. 1855, aff. de Ruty, D. P. 57. 5. 46. V. dans le même sens: Crim. rej. 13 mai 1870, aff. Schneider, D. P. 70. 1. 288).

171. En ce qui touche la restitution de l'amende, on a signalé au *Rép.* n° 787, la divergence qui existe entre la jurisprudence de la chambre criminelle et celle des chambres civiles. Au civil, le désistement ne donne jamais lieu à la restitution de l'amende, alors même que l'acceptation du désistement autoriserait la radiation de l'affaire sans qu'il en fût donné acte par arrêt. Ainsi jugé par la chambre civile, dans une affaire d'expropriation pour cause d'utilité publique (Civ. 27 févr. 1850, aff. Chantraine, D. P. 50. 1. 184). Cette décision consacre la solution déjà admise par les arrêts cités au *Rép.* n° 789.

Au contraire, d'après la doctrine de la chambre criminelle, l'arrêt qui donne acte du désistement entraîne la restitution de l'amende consignée, alors même que cette restitution n'aurait pas été expressément ordonnée (Crim. rej. 29 avr. 1852, aff. Maisonneuve, D. P. 54. 1. 198). — Mais ce résultat n'est acquis qu'autant que le désistement est régulier en la forme, c'est-à-dire, a été fait sur timbre et enregistré. Ne constitue pas un désistement la déclaration faite en ce sens par le condamné au président de la cour d'assises au cours d'une visite à la maison de justice (Crim. rej. 24 déc. 1847, aff. Fortier, D. P. 48. 5. 41);... ou par lettre missive ordinaire adressée au procureur général (Crim. rej. 3 sept. 1868, aff. Bizet, D. P. 69. 1. 264). En pareil cas la cour de cassation ne peut se dispenser d'examiner le pourvoi; et, si la consignation exigée n'a pas été faite, l'arrêt qui prononcera pour ce motif la déchéance du recours emportera condamnation à l'amende (V. en ce sens: Arrêt précité du 3 sept. 1868; Crim. rej. 18 août 1859, aff. Guénin, D. P. 59. 1. 475).

On a amplement développé au *Rép.* n°s 791 et 792, les raisons qui devraient conduire la cour de cassation à admettre en matière civile la même solution qu'en matière criminelle. M. Chenon, *Origines, conditions et effets de la cassation*, p. 178, se prononce également dans le sens d'une solution uniforme. La seule explication qu'on puisse présenter à l'appui du système rigoureux qui prévaut au civil, c'est qu'en cette matière le délai accordé étant fort long, le demandeur commet une faute s'il intente le recours légèrement.

CHAP. 8. — Des formes générales du pourvoi. — Mémoires et déclaration au greffe. — Notification

(*Rép.* n°s 798 à 926).

172. — I. Matière civile. — On a observé au *Rép.* n° 799, que les formes du pourvoi civil étaient déterminées par le règlement de 1738, maintenu *provisoirement* en vigueur par le décret du 1er déc. 1790, art. 28. Actuellement cette situation provisoire subsiste encore. Le pourvoi est donc introduit par une requête rédigée en forme de vu d'arrêt, signée d'un avocat à la cour de cassation, et déposée par lui au greffe de cette cour. Cette règle générale comporte plusieurs exceptions déjà indiquées au *Répertoire*.

173. En ce qui concerne le ministère d'un avocat à la cour, on a dit (*Rép.* n° 800) qu'il n'est pas obligatoire pour les pourvois formés au nom et dans l'intérêt de l'Etat. Il en est de même en matière électorale, lorsqu'on se pourvoit contre les décisions rendues par le juge de paix au sujet des contestations soulevées par l'inscription sur les listes électorales. Le recours est généralement intenté par une déclaration au greffe de la justice de paix (Circ. min. 25 avr. 1849, D. P. 49. 3. 23). Si le greffier se refusait à recevoir cette déclaration, un acte extrajudiciaire à lui signifié par huissier en tiendrait lieu (Req. 4 juill. 1870, aff. Carlin, D. P. 71. 1. 64). Mais la cour de cassation pourrait également être saisie par une requête déposée au greffe de cette cour soit par un avocat à la cour, soit même par le demandeur agissant seul (V. conf. Bernard, *Manuel des pourvois*, p. 165). — C'est également au greffe du tribunal qui a rendu la décision attaquée, et dans les vingt jours de la notification de cette décision, que se forme le pourvoi en cassation contre les jugements des tribunaux civils statuant sur l'appel des décisions rendues par les consistoires protestants en matière d'inscriptions sur les registres paroissiaux (Décr. 12 avr. 1880, art. 6). Aux termes de ce même article, ces pourvois sont soumis aux mêmes conditions que les recours relatifs aux inscriptions sur les listes électorales.

En matière d'expropriation pour cause d'utilité publique, l'intervention d'un avocat est encore simplement facultative (*Rép.* n° 803). Le pourvoi est formé par une déclaration au greffe du tribunal; mais cette règle est spéciale aux recours dirigés soit contre le jugement d'expropriation, soit contre la décision du jury ou l'ordonnance du magistrat directeur. Ainsi a été déclaré non recevable le pourvoi intenté de cette manière contre le jugement, rendu par le tribunal civil sur l'opposition à une ordonnance de taxe émanée du magistrat directeur (Civ. rej. 31 mars 1869, aff. Coste-Foron, D. P. 69. 1. 348. — Conf. *Rép.* v° *Expropriation publique*, n° 655).

174. En dehors des cas exceptionnels précités, la requête de pourvoi en matière civile n'est recevable qu'autant qu'elle est revêtue de la signature d'un avocat à la cour de cassation. Il existe de nombreux exemples de déchéances prononcées pour ce motif (Req. 12 mai 1852, 29 nov. et 20 déc. 1853, cités par Bernard, t. 1, p. 124). — Le pourvoi en cassation contre une décision disciplinaire, par exemple, celle qui a temporairement suspendu un avocat de l'exercice de sa profession, est astreint aux mêmes exigences que les autres pourvois, à l'entremise d'un avocat à la cour et à la consignation d'une amende. C'est ce qui a été dit au *Rép.*

n° 816 (V. en ce sens : Bernard, *Manuel des pourvois*, t. 1, p. 174). — Décidé, en ce sens, que le pourvoi dirigé, par un notaire, contre l'arrêt d'une cour d'appel qui l'a frappé d'une peine disciplinaire doit être formé au greffe de la cour de cassation, suivant les règles prescrites pour les affaires civiles ; il est nul, s'il a été formé par voie de déclaration au greffe de la cour d'appel, et de notification au procureur général près cette cour (Req. 23 mars 1886, aff. Naudin, D. P. 87. 1. 181).

175. — II. Matière criminelle. — Aux termes de l'art. 417 c. instr. cr., la déclaration de pourvoi en matière criminelle doit être faite au greffier du tribunal dont émane la décision attaquée, soit par la partie elle-même, soit par son avoué ou un fondé de pouvoir spécial. La déclaration doit être signée par le requérant et par le greffier. Toutes ces formalités sont exigées à peine de nullité, aussi bien au regard du ministère public qu'à l'égard des parties, et elles n'admettent pas d'équivalents (*Rép.* n°s 819-820. V. conf. Faustin-Hélie, *Traité de l'instruction criminelle*, t. 8, n° 3917 ; Bernard, t. 2, p. 218). Aussi la chambre criminelle a-t-elle rejeté comme irrecevable le pourvoi dont la déclaration n'a pas été signée par le greffier du tribunal, ni transcrite sur les registres du greffe (Crim. rej. 12 nov. 1852, aff. Baudille, D. P. 52. 5. 75) ;... Le recours formé contre une décision disciplinaire par des gardes nationaux, au moyen d'une pièce informe revêtue de signatures non légalisées et d'une croix attribuée à l'un d'eux ne sachant pas signer et déposée au greffe de la cour de cassation (Crim. rej. 29 déc. 1870, aff. de Sauvejunte, D. P. 71. 5. 50) ;... La déclaration de pourvoi adressée par le ministère public sous forme de lettre au greffier, et inscrite par ce dernier sur son registre (Crim. rej. 28 févr. 1879, aff. Viallet, D. P. 80. 5. 51) ;... Ou même signifiée par acte extrajudiciaire (Crim. rej. 20 nov. 1845, *Rép.* n° 821 ; 8 juin 1855, aff. Vadam, D. P. 55. 5. 61) ; ... Le pourvoi interjeté sous forme de lettre écrite par le condamné à la cour ou au tribunal (Crim. rej. 18 août 1859, aff. Guénin, D. P. 59. 1. 475) ;... Ou adressée au procureur général près la cour d'appel (Crim. rej. 25 janv. 1877, aff. Bouché, D. P. 79. 1. 141) ;... La déclaration de pourvoi formulée par une dépêche télégraphique envoyée au greffier de la cour d'appel (Crim. rej. 15 nov. 1877, aff. Martin, D. P. 79. 1. 141). Toutefois, un arrêt a considéré comme valable le recours rédigé par la partie sur feuille séparée, et notifié par elle au greffier qui en avait constaté au bas la réception en double expédition (Crim. 2 mars 1855, aff. Ledormeur, D. P. 55. 5. 62). — Mais cette décision, qui paraît isolée, est en contradiction avec la jurisprudence bien établie de la cour de cassation. — Au reste, l'adjonction de signatures inutiles ne vicie pas la déclaration, si, d'ailleurs, elle réunit les conditions exigées par la loi. En ce sens il a été jugé que la déclaration de pourvoi régulièrement faite au greffier contre un arrêt de la chambre d'accusation n'est pas nulle, à raison de ce que le président du tribunal y a assisté et a apposé sa signature (Crim. rej. 2 avr. 1874, aff. Houdaylier, D. P. 74. 1. 400).

Il a été jugé enfin que le recours du ministère public contre un jugement du tribunal de simple police, inscrit au greffe sous la qualification d'appel, ne saurait tenir lieu d'une déclaration de pourvoi en cassation, bien que cette dernière voie de recours fût la seule ouverte au ministère public (Crim. rej. 6 avr. 1866, aff. Marchetti, D. P. 66. 1. 353).

176. Il n'est fait exception à la rigueur de ces conditions qu'en cas d'événement de force majeure. Le plus fréquent, déjà indiqué au *Rép.* n° 822, est le refus par le greffier de recevoir la déclaration. Dans cette hypothèse, le recours est valablement formé par un acte extrajudiciaire signifié au greffier par huissier (Crim. 13 févr. 1857, aff. Molz, D. P. 57. 5. 46 ; Crim. rej. 24 juill. 1874, aff. Rouquayrol, D. P. 76. 1. 505). Cette signification d'un acte extrajudiciaire pourrait également tenir lieu de la déclaration de pourvoi dans le cas où il n'existerait pas au greffe de registre destiné à recevoir les déclarations de recours en cassation (Crim. cass. 15 janv. 1857, aff. Rocher, D. P. 57. 1. 130 ; Crim. rej. 5 nov. 1875) (1). — Il a été jugé, d'autre part, que lorsque cette absence de registre provient de la négligence répréhensible du greffier, le recours est valablement inscrit sur une feuille volante écrite, datée et signée par la partie, alors que le greffier y a apposé également sa signature (Crim. 15 janv. 1857, aff. Goupil, D. P. 57. 5. 45 ; Crim. cass. 15 janv. 1859, aff. Lefebvre, D. P. 61. 5. 61) ;... Et cette feuille volante doit être transmise en minute avec les pièces du procès (Crim. 17 févr. 1860, aff. Labatut, D. P. 60. 1. 152).

177. On a dit au *Rép.* n° 842, que le ministère des avocats à la cour de cassation n'est pas obligatoire en matière criminelle, si ce n'est au regard de la partie civile. Encore faut-il remarquer qu'il en est ainsi dans le cas seulement où la partie civile veut produire directement devant la cour de cassation sa requête ou les pièces à l'appui (art. 424 c. instr. cr.). La partie civile a, en effet, comme le condamné, la faculté de déposer au greffe du tribunal qui a rendu la décision attaquée toutes les productions qu'elle juge utiles, et à la condition d'être déposées dans les dix jours du pourvoi, elles sont transmises à la cour de cassation avec toutes les pièces du procès par l'intermédiaire du ministère public et du ministre de la justice (Crim. 11 déc. 1847, aff. Felez, D. P. 48. 5. 40 ; Crim. cass. 29 mars 1856, aff. Gentil, D. P. 56. 1. 269 ; Crim. rej. 13 juin 1884, aff. Estignard, D. P. 85. 1. 48). — Au contraire, la partie civile ne peut présenter valablement à la cour de cassation, sans l'assistance d'un avocat à la cour, aucune requête, quelle qu'elle soit, et notamment afin de rétractation de l'arrêt de déchéance prononcé faute de consignation de l'amende (Crim. rej. 28 juin 1861, aff. Barbier, D. P. 61. 1. 296). La cour de cassation ne tiendrait, de même, aucun compte d'un mémoire produit en dehors du concours d'un avocat ; il est bon d'observer, cependant, que cette production n'enlèverait pas son efficacité au pourvoi dont l'acte aurait été régulièrement dressé et transmis au greffe de la cour de cassation (Crim. cass. 22 nov. 1878, aff. Estignard, D. P. 79. 1. 42).

A l'exception de ce qui vient d'être dit pour la partie civile, le principe que le ministère des avocats est simplement facultatif devant la chambre criminelle demeure absolu. Il a été reconnu applicable même aux demandes formées devant la cour de cassation par les accusés ou prévenus à fin de renvoi pour cause de suspicion légitime (Crim. 3 nov. 1848, aff. Dru, D. P. 48. 5. 42 ; Crim. rej. 7 févr. 1867, aff. Even, D. P. 67. 1. 191. — V. *Rép.* v° *Renvoi*, n° 170).

178. En règle générale, avons-nous dit *suprà*, n° 175, le pourvoi doit être formé au greffe par une déclaration émanant du condamné lui-même ; mais on conçoit que ce mode de procéder soit le plus souvent irréalisable lorsque le condamné est détenu. Aussi est-il d'usage que le greffier se transporte dans la prison pour recevoir la déclaration de pourvoi. Suivant M. Faustin-Hélie, t. 8, p. 506, ce serait là une dérogation à la loi, introduite par la jurisprudence à titre de tempérament. Mais la cour de cassation a été encore plus loin dans cette voie, et elle a décidé que, si le greffier ne pouvait être rencontré, ou si celui-ci refusait de se rendre à la prison, le pourvoi pourrait être valablement reçu par un notaire (V. dans ce sens l'arrêt cité au *Rép.* n° 836 ; Chenon, *Origines, conditions et effets de la cassation*, p. 119).

---

(1) (Rétaux.) — La cour ;... — Sur la recevabilité du pourvoi : — Attendu que, si l'art. 417 c. instr. cr., exige que la déclaration du recours en cassation soit faite au greffe par la partie condamnée, qu'elle soit signée d'elle et du greffier, et inscrite sur un registre à ce destiné, il résulte des pièces produites que, dans le délai de la loi, une notification signée des demandeurs afin de former un pourvoi a été faite, par exploit d'huissier, le 14 juin 1875, au greffier du tribunal de police, et que le greffier a constaté, au bas et à la même date, le reçu de copie de cette pièce, et a signé cette mention ; qu'il résulte, en outre, de cet exploit de notification que le registre prescrit par l'art. 417 précité n'existe pas au greffe dudit tribunal ; — Attendu qu'il est, dès lors, établi que le pourvoi a été formé avec le concours du greffier, dans les délais de la loi ; que, s'il n'a pas été inscrit sur le registre à ce destiné, le droit des demandeurs ne peut être paralysé, ni entravé par le défaut d'existence de ce registre, dont l'absence est imputable à la faute du greffier, et à celle du juge de police, chargé, par l'ordonnance du 5 nov. 1823, de vérifier tous les mois la tenue régulière des registres et autres actes judiciaires déposés au greffe ; que, dans ce cas, la déclaration extrajudiciaire des demandeurs notifiée au greffier du tribunal de simple police, en temps utile, suffit pour régulariser leur pourvoi ; ... — Rejette, etc.

Du 5 nov. 1875.-Ch. crim.-MM. de Carnières, pr.-Salneuve, rap.-Thiriot, av. gén.

179. Toujours en vue de faciliter les moyens d'intenter le recours en cassation, l'art. 417 a permis que la déclaration fût faite par l'avoué de la partie condamnée ou son fondé de pouvoir spécial (*Rép.* n° 845). Il ressort évidemment de la distinction ainsi établie entre le mandataire et l'avoué que l'art. 417 a entendu dispenser ce dernier de l'obligation de produire un pouvoir (Crim. rej. 23 août 1851, aff. Caisse hypothécaire, D. P. 53. 1. 68). Mais cette dispense est-elle spéciale à l'avoué qui a représenté la partie dans l'instance, ou existe-t-elle également pour un avoué quelconque occupant près cette juridiction? M. Chenon incline vers l'affirmative (p. 120), et c'est aussi l'opinion que nous avons soutenue au *Rép.* n° 845, en nous appuyant sur deux arrêts de la chambre criminelle. Toutefois, on pourrait, en faveur de la doctrine qui restreint au seul avoué ayant occupé pour le condamné la dispense de pouvoir spécial, argumenter, par *a contrario*, de l'arrêt précité du 23 août 1851, qui a pris soin de constater en fait que l'avoué, qui avait formé le pourvoi au nom des condamnés, les avait préalablement représentés devant le tribunal correctionnel. Il sera donc plus prudent, de la part des avoués n'ayant pas figuré dans l'instance criminelle, de se munir d'un pouvoir spécial pour former le recours.

180. — III. Notification. — Il ne suffit pas, pour qu'un pourvoi en cassation soit régulier, que la déclaration en ait été faite dans les conditions ci-dessus déterminées. Il faut encore que les personnes intéressées à y contredire en soient avisées, afin d'être en mesure de se défendre en temps utile. De là, nécessité de la notification. En matière civile, le débat n'étant pas contradictoire devant la chambre des requêtes, cette notification n'est exigée que dans les cas exceptionnels où le pourvoi doit être porté directement devant la chambre civile, c'est-à-dire en matière d'expropriation pour cause d'utilité publique ou de recours électoraux.

Aux termes des art. 20 et 42 de la loi du 3 mai 1841, le recours en cassation contre le jugement d'expropriation ou la décision du jury doit, à peine de déchéance, être notifié dans les huit jours qui suivent le dépôt du pourvoi au greffe. Cette obligation existe même au cas d'expropriation intéressant les chemins vicinaux (Civ. rej. 5 juin 1850, aff. Commune de Cazilhac, D. P. 50. 1. 162). Mais il n'est pas nécessaire que la notification soit suivie d'une assignation devant la cour de cassation avec indication du nom de l'avocat qui doit occuper pour le demandeur (Civ. rej. 29 mars 1852, aff. de Labédoyère, D. P. 52. 5. 76).

En ce qui concerne les pourvois dirigés contre les décisions des juges de paix à fin d'inscription sur les listes électorales communales, contre les jugements des tribunaux civils au regard des inscriptions sur les listes paroissiales protestantes, le délai de notification est de dix jours dans l'un et l'autre cas (Décr. 12 avr. 1880, art. 6, D. P. 81. 4. 96). Ce délai est de rigueur, et la notification est prescrite à peine de déchéance (Civ. rej. 28 mars 1876, aff. Bisgambiglia, D. P. 76. 1. 229; 2 mai 1876, aff. Nicolaï, *ibid.*; 8 mai 1876, aff. Piétri, *ibid.*).

181. En matière criminelle, la notification dont il vient d'être parlé est exigée par l'art. 418 c. instr. cr. de la part du ministère public ou de la partie civile, demandeurs en cassation. Elle doit être faite dans un délai de trois jours. Mais, ainsi qu'il a été dit au *Rép.* n° 851, le défaut de notification n'entraîne pas la déchéance du pourvoi. Pour le décider ainsi, la jurisprudence se fonde principalement sur ce que l'art. 418 ne prononce aucune nullité (Crim. rej. 18 juill. 1868, aff. Leplant, D. P. 69. 1. 164; Crim. rej. 29 mars 1884, aff. Bonnifay, D. P. 84. 1. 428). Cette raison générale peut être invoquée tant au profit de la partie civile que du ministère public; aussi, bien que les arrêts qui ont statué en ce sens aient visé spécialement le ministère public, la doctrine est unanime pour accorder à la partie civile la même faveur (Faustin-Hélie, t. 8, n° 3921; Chenon, p. 121). L'absence de notification dans le délai prescrit donne seulement au condamné le droit de former opposition à l'arrêt rendu par la cour de cassation. Toutefois il en est ainsi dans le cas seulement où le condamné n'est pas intervenu pour défendre à l'arrêt, car autrement cette intervention prouverait suffisamment que le défaut ou le retard dans la notification n'a pas été préjudiciable (Faustin-Hélie, t. 8, n° 3921. V. aussi l'arrêt du 2 mars 1838 cité au *Rép.* n° 851).

§ 1er. — Pièces qui doivent être jointes à la requête (*Rép.* nos 858 à 897).

182. — I. Matière civile. — Les pièces à joindre à la déclaration de pourvoi ont été indiquées au *Rép.* n° 859. Ce sont: 1° une copie de la décision attaquée; 2° la quittance de la consignation d'amende. La copie du jugement ou de l'arrêt doit être, ou la copie signifiée, ou une expédition en forme. Il a été jugé qu'une copie certifiée par l'avocat à la cour de cassation, qui s'engagerait à produire ultérieurement la copie signifiée ou une expédition de la décision ne satisfait pas aux prescriptions de la loi (Civ. rej. 20 avr. 1846, aff. Malescot, D. P. 46. 1. 144). — Un simple extrait du jugement attaqué contenant les motifs et le dispositif serait également insuffisant (Civ. rej. 8 août 1848, aff. Boutillier, D. P. 49. 1. 24). La cour de cassation a toujours exigé, à peine de déchéance, que la copie ou expédition régulière ait été produite, sinon en même temps que le dépôt du pourvoi, du moins avant l'expiration du délai pour se pourvoir (Req. 18 nov. 1850, aff. Larezzi, D. P. 50. 5. 158; 1er déc. 1874, aff. Mazeyrat, D. P. 75. 1. 72; Civ. rej. 15 mars 1876, aff. Terme, D. P. 76. 1. 205). A plus forte raison, est non recevable le pourvoi formé contre un arrêt, dont l'expédition régulière n'a été produite qu'après l'admission de ce pourvoi par la chambre des requêtes (Civ. rej. 13 avr. 1881, aff. Maury, D. P. 81. 1. 353)... ou n'a pas même été représentée devant la chambre civile (Civ. rej. 5 juill. 1882, aff. Rassendren, aff. Anaudayarassamy, D. P. 82. 1. 429). Enfin, il a été jugé que la cour de cassation n'a pas à statuer sur le pourvoi formé contre un jugement qui, par suite de la destruction de la minute, ne peut lui être représenté, et dont la teneur ne lui est connue que par une copie incomplète et dénuée d'authenticité (Req. 13 mai 1872, aff. Magot, D. P. 73. 1. 85).

183. Outre la copie de l'arrêt et de la quittance d'amende, exigées dans tous les cas, le demandeur doit produire toutes les pièces nécessaires à la justification des moyens invoqués. Ainsi la cour suprême a rejeté comme non justifié le moyen de cassation fondé sur un excès de pouvoir commis par une décision par défaut, alors que, cette décision n'étant pas produite à l'appui du pourvoi contre la décision contradictoire qui l'avait maintenue, la cour ne pouvait vérifier l'exactitude du moyen (Req. 7 nov. 1881, aff. Bertrand, 3e espèce, D. P. 82. 1. 209). De même la cour a écarté: 1° le pourvoi formé contre un arrêt statuant sur des réclamations dirigées contre un procès-verbal de liquidation, faute de production du procès-verbal (Req. 10 juill. 1877, aff. Teissier, D. P. 78. 1. 107); — 2° L'exception tirée de la chose jugée, en l'absence du jugement ou de l'arrêt dans lequel cette exception est puisée (Req. 18 avr. 1854, aff. de Roquelaure, D. P. 54. 1. 387; 6 déc. 1871, aff. Administration des Douanes, D. P. 72. 1. 192); — 3° Le moyen de cassation pris de ce que les statuts d'une société anonyme ne conféraient pas au directeur les pouvoirs que les juges du fond lui ont reconnus, alors que les statuts ne sont pas produits (Req. 16 mai 1859, aff. Madoulé, D. P. 60. 1. 338); — 4° Le moyen de cassation tiré de ce que l'arrêt attaqué aurait à tort déclaré régulière l'expédition du jugement arguée de nullité dans les conclusions d'appel, faute de représenter lesdites conclusions devant la cour de cassation (Req. 15 avr. 1872, aff. Decescaud, D. P. 72. 1. 470). D'ailleurs, si l'expédition du jugement ou arrêt argué d'irrégularité était refusée au demandeur en cassation, il appartiendrait à la cour suprême d'ordonner l'apport à son greffe de la minute de ladite décision. Ainsi jugé à l'égard d'un jugement désignant un jury d'expropriation (Civ. rej. 29 juin 1868, aff. Changenet, D. P. 68. 1. 444). — Jugé, dans le même sens, qu'une partie n'est pas recevable à soutenir devant la cour de cassation qu'un acte qualifié sommation de payer a les caractères d'un commandement interruptif de prescription, alors que cet acte n'est pas produit (Req. 7 août 1860, aff. Lavergneau, D. P. 60. 1. 506). — V. encore Req. 27 oct. 1886, aff. Comp. d'assur. *la Clémentine*, D. P. 87. 1. 165).

184. Ainsi qu'on l'a dit au *Rép.* n° 883, l'erreur commise dans un pourvoi relativement à la date de la décision attaquée n'est point une cause de nullité du recours si elle n'a pu tromper le défendeur sur l'identité de cette décision (Civ. cass. 2 avr. 1873, aff. Granal, D. P. 73. 1. 188). Il a été jugé de même, dans le cas d'une erreur de prénoms

Civ. cass. 9 janv. 1856, aff. Midy, D. P. 56. 1. 12); ... Alors (surtout quel'erreur avait été réparée dans l'exploit de signification de l'arrêt d'admission (Civ. rej. 4 avr. 1882, aff. Aribaud, D. P. 83. 1. 404).

La même solution est admise à l'égard des affaires criminelles. L'individu qui a été condamné sans que ses noms et profession aient pu être constatés, n'est pas tenu de les révéler pour rendre son pourvoi recevable, du moment qu'il n'est pas contesté que le pourvoi émane de lui (Crim. rej. 17 mars 1854, aff. Inconnu, D. P. 54. 5. 96).

185. — II. MATIÈRE CRIMINELLE. — En matière criminelle, le demandeur en cassation a le choix ou d'envoyer directement lui-même les pièces nécessaires au greffe de la cour de cassation, ou de laisser au ministère public le soin de transmettre le dossier par l'entremise du garde des sceaux. On a fait observer au *Rép.* n° 892, que, dans le premier cas, l'absence d'une des pièces exigées entraînait la même déchéance qu'en matière civile. Au contraire, lorsque la transmission a été opérée par le ministère public, l'oubli d'une pièce ne pouvant être attribué à la négligence du demandeur, l'usage est que la cour de cassation ordonne par un avant dire droit la production de la pièce omise (*Rép.* n° 894). Pour prévenir ces omissions, l'art. 423 c. instr. cr. impose au greffier du tribunal qui a rendu la décision attaquée l'obligation de dresser un inventaire des pièces jointes à la requête. L'inaccomplissement de cette formalité est, d'ailleurs, punie d'une amende de 100 fr. que la cour de cassation applique très rigoureusement. Ainsi l'amende a été prononcée dans le cas où l'inventaire portait seulement la signature du commissaire de police (Crim. 12 févr. 1875, aff. Fiora, D. P. 75. 1. 330).

§ 2. — De l'indication dans la requête des moyens de cassation, tant en matière civile que criminelle. — Loi violée (*Rép.* n°s 898 à 926).

186. L'obligation, pour le demandeur, d'indiquer les moyens sur lesquels il se fonde pour solliciter la cassation, est formelle en matière civile où la cour de cassation ne peut en principe suppléer aucun moyen (*Rép.* n° 900). On a vu, d'ailleurs, au *Rép.* n° 914 qu'il n'est pas nécessaire de développer le moyen; du moment qu'il est indiqué, même par la simple mention des articles de la loi qu'on prétend avoir été violés, la condition est remplie. Il en est ainsi, alors même qu'aucun mémoire ampliatif ne serait produit ultérieurement (Civ. cass. 30 déc. 1873, aff. Peltier, D. P. 74. 1. 379).

On a rapporté au *Rép.* n°s 911 à 913, des décisions nombreuses qui ont écarté des pourvois comme irrecevables, soit parce qu'aucune loi violée n'était citée à l'appui, soit parce qu'aucune loi violée n'était énoncée que d'une manière vague. Plus récemment, on a déclaré irrecevable le pourvoi qui n'indique aucun moyen de cassation et ne vise aucun texte de loi que le jugement attaqué aurait violé ou faussement appliqué (Civ. rej. 22 mars 1880) (1). En sens inverse, il a été décidé qu'un pourvoi est recevable du moment que le grief relevé contre le jugement attaqué est nettement déterminé, encore bien que la disposition de loi, dont la violation était invoquée, ait été abrogée et remplacée par une loi nouvelle (Civ. cass. 29 juill. 1879, aff. de Jean, D. P. 79. 1. 453).

187. Suivant un usage constant, déjà signalé au *Rép.* n° 902, les avocats ne développent les moyens invoqués que dans le mémoire ampliatif et, à cette occasion, ils sont admis soit à les modifier, soit même à en suppléer de nouveaux. Mais il importe d'observer que les moyens ainsi proposés postérieurement au dépôt du pourvoi ne peuvent se référer valablement qu'à des chefs de décision déjà attaqués, au moins implicitement, dans la requête introductive. A cette condition, un moyen pourrait être présenté pour la première fois devant la chambre civile (Civ. rej. 26 mai 1851, aff. Brismontier, D. P. 51. 1. 129-133). De même on a pu considérer comme visant les deux chefs d'un arrêt statuant sur une demande principale et sur une demande reconventionnelle le moyen de cassation relatif à l'un des chefs seulement, alors que le pourvoi était conçu en termes généraux, alors surtout que l'indication du moyen était accompagnée de cette mention : « *et par tous autres à ajouter, s'il y a lieu* ». En conséquence, on a admis comme recevables les moyens invoqués contre l'autre chef de l'arrêt même postérieurement à l'expiration des délais du pourvoi (Civ. rej. 15 juin 1864, aff. Daniel, D. P. 65. 1. 40). — Il a été jugé, en sens contraire, que la partie qui a restreint son pourvoi à l'un des chefs de l'arrêt ne peut présenter devant la cour de cassation des moyens relatifs aux autres chefs qu'elle n'a pas attaqués et auxquels elle a laissé acquérir l'autorité de la chose jugée (Crim. rej. 3 janv. 1863, aff. Hémery, D. P. 70. 5. 50).

CHAP. 9. — De l'effet suspensif du pourvoi. — Fins de non-recevoir. — Acquiescement (*Rép.* n°s 927 à 981).

188. Le principe que la cour de cassation n'est pas un degré de juridiction a pour conséquence que la décision objet du pourvoi conserve néanmoins l'autorité de la chose jugée, et peut être mise à exécution tant que la cassation n'en a pas été prononcée. En d'autres termes, le pourvoi en cassation n'est pas suspensif. Telle est la règle, à peu près absolue en matière civile, mais que la force des choses a fait écarter en matière criminelle. Les graves inconvénients qu'elle entraîne ont été signalés au *Rép.* n° 930. On continue à critiquer cette règle, et à reconnaître qu'une réforme sur ce point serait nécessaire (V. notamment : Chenon, *Origines, conditions et effets de la cassation*, p. 187). Mais jusqu'à présent rien n'autorise à la prévoir comme prochaine.

189. — I. MATIÈRE CIVILE. — Ainsi qu'on l'a exposé au *Rép.* n° 929, la loi du 27 nov. 1790, en formulant, dans son art. 16, le principe que le pourvoi n'est pas suspensif, en a augmenté la rigueur, en proscrivant la faculté d'accorder sous un prétexte quelconque un sursis à l'exécution. La chambre des requêtes a eu l'occasion de décider, par application de l'article précité, que l'exécution d'un jugement passé en force de chose jugée ne peut être suspendue par le pourvoi en cassation formé contre ce jugement, ni même par l'admission de ce pourvoi (Req. 25 juin 1872, aff. Sales, D. P. 73. 5. 65).

La législation antérieure, telle qu'elle résultait du règlement de 1738, art. 29, tit. 4, était moins sévère ; elle permettait à l'ancien conseil des parties de suspendre l'exécution de la décision attaquée au moyen d'un arrêt de *surséance*. Un vestige de l'ancien droit se retrouve dans un arrêt (Req. 27 mai 1868, aff. Communes de la vallée de Layrisse, D. P. 69. 1. 399), qui a décidé que la jouissance de droits d'usage litigieux, continuée en vertu d'un arrêt de surséance rendu le 2 juill. 1776, était une jouissance purement précaire, tant que l'effet suspensif du pourvoi avait subsisté, c'est-à-dire, dans l'espèce, tant que l'instance en cassation n'avait pas été prescrite. Ce n'est qu'à partir de ce moment que, l'exécution de la condamnation étant devenue possible, la prescription acquisitive a pu commencer à courir.

190. La partie qui a obtenu le jugement objet d'un recours en cassation, n'étant pas tenue de surseoir à son exécution, il semble que si, par mesure de prudence, elle préfère s'abstenir jusqu'à la solution de l'instance en cassation, elle ne peut, du moins, s'en prendre qu'à elle-même des conséquences défavorables de cette détermination. Et cependant, en pareille hypothèse, la chambre des requêtes a condamné le demandeur dont le pourvoi avait été rejeté à réparer le préjudice subi par l'adversaire à raison du retard dans l'exécution d'un arrêt ordonnant une démolition de travaux (Req. 5 févr. 1868, aff. Frichot, D. P. 68. 1. 343). Mais cette décision nous paraît difficile à justifier.

(1) (De Tussac C. Electeurs de Melun.) — LA COUR; — Attendu que la requête adressée à la cour par Richard de Tussac, et contenant déclaration du pourvoi par lui formé contre le jugement du juge de paix de Melun, du 18 févr. 1880, n'indique aucun moyen de cassation et ne vise aucun texte de loi que ce jugement aurait violé ou faussement appliqué; que cette omission n'est point réparée d'une façon suffisamment claire et précise dans le mémoire joint à la requête; — D'où il suit que le demandeur n'a point satisfait aux prescriptions formelles de l'art. 1er, tit. 4, du règlement du 30 juin 1738;—Déclare non recevable le pourvoi, etc.

Du 22 mars 1880.-Ch. civ.-MM. Mercier, 1er pr.-Greffier, rap.-Desjardins, av. gén.

191. Les cas où le pourvoi est par exception suspensif en matière civile sont peu nombreux. Le premier déjà indiqué au *Rép.* n° 932, résulte de l'art. 263 c. civ.; il concerne le pourvoi dirigé contre un arrêt prononçant le divorce. La loi du 27 avr. 1884, rétablissant le divorce, a remis cet article en vigueur. Tant qu'il n'a pas été statué sur le pourvoi, non seulement il ne peut être passé outre à un nouveau mariage, mais encore l'officier de l'état civil ne peut même pas prononcer le divorce.

192. Ne pouvait-on étendre, par analogie, l'exception de l'art. 263 à des hypothèses similaires? La question a été examinée au *Rép.* n° 932, à propos d'un arrêt donnant mainlevée d'une opposition au mariage. Tout en reconnaissant combien il serait désirable que le mariage ne pût être célébré tant que la cour de cassation serait saisie de l'arrêt de mainlevée, nous avons constaté que l'opinion contraire avait pour elle la jurisprudence et la majorité des interprètes. Aux auteurs déjà cités en ce sens, il faut ajouter M. Demolombe, *Traité du mariage*, t. 1, n°s 169 et 170.

Cependant, dans une espèce plus voisine, il est vrai, que la précédente du cas prévu par l'art. 263, la jurisprudence a reconnu au pourvoi en cassation un effet suspensif : c'est dans le cas où un arrêt avait déclaré le mariage dissous par la mort civile de l'un des époux; le cour d'appel qui avait rendu cet arrêt déféré à la cour de cassation a décidé, par un arrêt ultérieur, qu'il ne pourrait être passé outre au nouveau mariage avant qu'il eût été statué sur le pourvoi (Rennes, 14 août 1851, aff. Garnier, D. P. 54. 2. 12).

La solution donnée par la cour de Rennes ne devrait-elle pas être généralisée à tous les cas d'annulation de mariage? En ce sens on a cité au *Rép.* n° 932, l'opinion de M. Pigeau, tout en faisant remarquer qu'elle avait peu de chance d'être adoptée par la jurisprudence. Depuis, aucune décision judiciaire n'est intervenue ; mais on doit reconnaître que l'arrêt précité est un premier pas fait dans cette voie. Suivant M. Chenon, p. 186, l'art. 263 a été écrit moins en vue du divorce que pour prévenir l'accomplissement d'une bigamie légale. Ce motif de la loi conduit notre auteur à l'appliquer sans hésitation lorsque la nullité d'un mariage a été prononcée : « Si l'on n'admet pas, dit-il, que le pourvoi soit suspensif dans ce cas, nous aboutirons à cette même conséquence que le législateur a repoussée; nous permettrons de prendre dans la loi elle-même un point d'appui pour la violer ! Les raisonnements prétendus juridiques d'un certain nombre d'auteurs qui veulent ici appliquer le principe général sous prétexte qu'on ne trouve pas dans la loi de dérogation expresse, ne nous feront jamais admettre une pareille contradiction. »

193. La seconde exception à la règle d'après laquelle le pourvoi n'est pas suspensif en matière civile est indiquée en ces termes par l'art. 241 c. pr. civ.: « Lorsqu'en statuant sur l'inscription de faux, le tribunal aura ordonné la suppression, la lacération ou la radiation en tout ou en partie, même la réformation ou le rétablissement des pièces déclarées fausses, il sera sursis à l'exécution de ce chef du jugement tant que le condamné sera dans le délai de se pourvoir par appel, requête civile ou cassation, ou qu'il n'aura pas formellement et valablement acquiescé au jugement ». Sans cette exception, il eût été impossible non seulement de réparer les conséquences de la lacération en cas de cassation du jugement, mais encore, pour la cour de cassation, de statuer sur le pourvoi, en l'absence des pièces incriminées.

194. En dehors des deux exceptions précédentes on trouve certaines dérogations édictées par des lois spéciales dans l'intérêt de l'Etat ou de ses administrations, preuve évidente que les inconvénients du principe ont frappé le législateur lui-même. Ainsi, un décret des 16-19 juill. 1793 dispose « qu'il ne sera fait par la *trésorerie nationale* et par les *caisses des diverses administrations* de la République aucun payement en vertu des jugements qui seront attaqués par la voie de la cassation dans les termes prescrits par la loi, qu'au préalable ceux au profit desquels lesdits jugements auraient été rendus n'aient donné bonne et suffisante caution pour sûreté des sommes à eux adjugées ». Ainsi qu'on l'a dit au *Rép.* n° 942, le bénéfice de cette disposition doit être strictement réservé au Trésor et aux caisses détentrices des deniers de l'Etat. En conséquence, il a été jugé que le privilège ne pouvait être invoqué ni par la caisse des dépôts et consignations, établissement distinct du Trésor public (Paris, 30 août 1862, aff. Caisse des consignations, D. P. 62. 5. 50); ni par une compagnie de chemins de fer, substituée à l'Etat en ce qui concerne l'exécution des travaux publics par l'art. 63 de la loi du 3 mai 1841, mais qui ne l'est nullement en ce qui concerne les privilèges généraux dont l'Etat jouit en toute matière (Toulouse, 16 févr. 1864, aff. Compagnie du chemin de fer d'Orléans, D. P. 64. 2. 78).

Une règle analogue a été édictée en matière de douanes par l'art. 15 de la loi du 9 flor. an 7, tit. 6.

195. — II. Matière criminelle. — Ici l'effet suspensif constitue la règle. Aux termes de l'art. 373, § 3, c. instr. cr., il est sursis à l'exécution de l'arrêt, d'abord pendant les trois jours accordés pour se pourvoir, et si un recours a été formé, « *jusqu'à la réception de l'arrêt* de la cour de cassation ». Bien que l'art. 373, par la place qu'il occupe dans le code et par les termes dans lesquels il est conçu, ne paraisse s'appliquer qu'aux arrêts des cours d'assises, la jurisprudence est formelle pour étendre le bénéfice de cette disposition aux pourvois correctionnels ou de simple police (V. les nombreux exemples rapportés au *Rép.* n°s 948 et 949). Si l'effet suspensif du pourvoi se produit en faveur du condamné, il importe d'observer, suivant une remarque déjà faite (*Rép.* n° 952), que cet effet est absolu, c'est-à-dire même opposable au condamné. Ainsi le pourvoi en cassation formé par le ministère public contre un jugement de simple police interrompt au même titre que l'appel du prévenu la prescription de l'action publique; cette prescription est, en outre, suspendue pendant la durée de l'instance en cassation (Crim. rej. 21 juin 1878, aff. Pascal, D. P. 79. 1. 440).

196. Il va de soi que cet effet suspensif n'est attaché qu'au pourvoi en cassation régulièrement et valablement formé. C'est ce qui a déjà été observé au *Rép.* n° 961. Entre autres conséquences, ce principe conduit à refuser un effet suspensif au recours en cassation dirigé contre un arrêt de la chambre d'accusation qui se borne à rejeter l'opposition formée par le prévenu à des mandats décernés contre lui par le juge d'instruction. — Cette décision de la chambr d'accusation constitue, en effet, un arrêt d'instruction contre lequel le recours en cassation n'est ouvert qu'après l'arrêt définitif (Crim. rej. 27 déc. 1856, aff. Durand-Vaugaron, D. P. 57. 5. 46). Au contraire, met obstacle au jugement sur le fond le recours en cassation dirigé contre un jugement d'avant faire droit n'ayant pas un caractère purement préparatoire, par exemple, contre le jugement par lequel un tribunal correctionnel déclare sa composition régulière (Crim. cass. 21 févr. 1851, aff. Joasem, D. P. 51. 5. 70); — ... Contre un arrêt par lequel une cour saisie sur renvoi détermine l'étendue de ce renvoi (Crim. cass. 9 sept. 1852, aff. Lamarque, D. P. 52. 5. 77); ... Ou enfin contre un arrêt de compétence en matière correctionnelle (Crim. cass. 8 mai 1879, aff. Abraham Lévy, D. P. 79. 1. 487-488). Des décisions dans le même sens ont été rapportées au *Rép.* n°s 967 à 968. — De même encore, le recours en cassation formé par le prévenu contre un arrêt de débouté d'opposition rendu entre ce prévenu et le ministère public met obstacle à ce qu'il soit statué sur la même opposition vis-à-vis de la partie civile, l'action civile ne pouvant être jugée différemment de l'action publique (Crim. cass. 13 juin 1851, aff. Flasselière, D. P. 51. 5. 70).

197. En mentionnant dans un chapitre précédent (*suprà*, n° 171) l'obligation de payer l'amende et l'indemnité, nous avons dit que cette obligation était mise à néant en matière criminelle par l'effet d'un désistement émanant du condamné, ce désistement ayant pour résultat de faire considérer le pourvoi comme non avenu. Si le pourvoi est réputé n'avoir jamais existé, il est évident qu'aucun effet suspensif n'a pu se produire. Telle est, en effet, la conséquence admise par la jurisprudence. Il a été jugé que l'exécution de la peine ne doit pas être considérée comme ayant été suspendue dans l'intervalle qui s'est écoulé entre la date du pourvoi et celle de l'arrêt sur le désistement (Crim. cass. 2 juill. 1852, aff. Bloch, D. P. 52. 1. 222; Crim. rej. 26 mai 1853, aff. Verpillat, D. P. 53. 1. 240).

CHAP. 10. — Du pourvoi dans l'intérêt de la loi, et de l'annulation pour excès de pouvoir. — Intervention (*Rép.* nos 982 à 1071).

198. Il importe de distinguer ainsi qu'on l'a fait au *Rép.* n° 982, ces deux voies particulières de recours. L'une et l'autre sont exercées par l'entremise du procureur général près la cour de cassation, ce qui fait qu'on est tenté de les confondre, bien qu'elles diffèrent, tout à la fois, quant aux conditions de leur exercice et quant à leurs effets.

§ 1er. — Pourvoi dans l'intérêt de la loi (*Rép.* nos 985 à 1038).

199. Le pourvoi dans l'intérêt de la loi peut être formé pour une violation quelconque de la loi soit au fond, soit dans les formes de procéder, soit pour excès de pouvoir, mais seulement au regard des *jugement et arrêts*, et après l'expiration du délai accordé aux parties intéressées pour se pourvoir (L. 27 vent. an 8, art. 88). En effet, la cassation dans l'intérêt de la loi n'a de raison d'être qu'autant que la cassation avec effet utile est impossible ; de plus, l'intervention prématurée du procureur général aurait pour résultat de favoriser l'une des parties au détriment de l'autre (*Rép.* n° 996 ; Chenon, p. 111).

Ainsi qu'il a été dit au *Rép.* n° 1006, le procureur général près la cour de cassation a seul qualité pour se pourvoir dans l'intérêt de la loi. Ce pourvoi serait donc non recevable s'il avait été formé par le ministère public siégeant près le tribunal qui a rendu la décision attaquée (V. outre les décisions rapportées ou citées au *Rép.* nos 1007 et 1008 : Crim. 12 juill. 1849, aff. Duchemin, D. P. 49. 5. 37 ; Crim. 8 oct. 1852, aff. Daumas, D. P. 52. 5. 76 ; Crim. 12 mars 1858, aff. Moniot, D. P. 58. 5. 53 ; Crim. rej. 3 févr. 1859, aff. Clairfond, D. P. 63. 1. 158 ; 14 févr. 1863, aff. Quilicus, *ibid.*; Crim. 14 févr. 1880, aff. Monnon, D. P. 81. 5. 47). Dans le même sens il a été décidé, au cas où le tribunal de police, après avoir déclaré nul le procès-verbal servant de base à la poursuite, a admis une preuve supplétive et a appliqué au contrevenant la peine requise contre lui, que le ministère public ne peut se pourvoir en cassation dans le seul but de faire décider que la nullité du procès-verbal a été prononcée à tort ; par cela même que la vindicte publique est satisfaite, la cassation ne peut être réclamée que dans le seul intérêt de la loi, et par le procureur général près la cour de cassation (Crim. rej. 11 nov. 1865, aff. Girault, D. P. 66. 1. 95).

200. Suivant une remarque déjà faite au *Rép.* n° 1011, le recours dans l'intérêt de la loi n'est pas ouvert seulement dans les cas où les parties peuvent elles-mêmes se pourvoir. Il arrive fréquemment que des cassations dans l'intérêt de la loi sont requises à l'audience et sur le rejet du pourvoi formé par les parties. C'est ainsi qu'un pourvoi dans l'intérêt de la loi a pu être formé à l'audience même de la chambre civile par l'avocat général de service, alors que la requête des parties avait été déclarée irrecevable pour vice de forme (Civ. cass. 12 févr. 1883, aff. Despetis, D. P. 84. 1. 280). De même a été cassé, dans l'intérêt de la loi seulement, un arrêt criminel qui avait omis de condamner aux frais l'individu déclaré coupable, alors que le pourvoi fondé par le condamné sur cette omission était non recevable pour défaut d'intérêt (Crim. cass. 17 sept. 1846, aff. Pascal, D. P. 46. 4. 53). — De même encore, tout en rejetant le pourvoi formé par le condamné, la cour suprême peut casser l'arrêt qui lui est déféré dans l'intérêt de la loi, sur les conclusions prises en ce sens à l'audience ; spécialement dans le cas où l'arrêt a omis de prononcer une peine accessoire (Crim. rej. 7 juin 1854, aff. Canard, D. P. 54. 5. 94); ... Ou bien lorsque le verdict du jury constatant que des circonstances atténuantes ont été accordées ne mentionne pas que cette décision a été prise à la majorité (Crim. cass. 19 déc. 1878, aff. Bégasseau, D. P. 79. 1. 192).

201. La règle que le droit de se pourvoir dans l'intérêt de la loi n'appartient qu'au procureur général près la cour de cassation comporte deux exceptions : elles ont déjà été indiquées au *Rép.* n° 1014. La première est relative aux ordonnances d'acquittement qui, aux termes de l'art. 409 c. instr. cr., peuvent être déférées à la cour de cassation seulement dans l'intérêt de la loi, et par les soins du ministère public près la cour d'assises. Mais si ce dernier avait négligé d'indiquer, dans son recours en cassation, qu'il agissait dans l'intérêt de la loi, le pourvoi serait écarté comme irrecevable (Crim. 26 juill. 1849, aff. Tomasini, D. P. 49. 5. 36). Il en serait autrement si l'ordonnance d'acquittement était intervenue sur une déclaration du jury ne purgeant pas l'accusation. Dans ce cas, non seulement, ainsi qu'il a été dit au *Rép.* n° 1016, le ministère public peut poursuivre l'annulation de l'ordonnance à l'encontre de l'accusé, mais encore ce recours lui est ouvert à l'exclusion du pourvoi dans l'intérêt de la loi; l'art. 409 n'est pas applicable à cette espèce (Crim. 7 mai 1851, aff. Rochas, D. P. 52. 5. 80).

202. La seconde exception concerne quelques-unes de nos colonies. A la Martinique et à la Guadeloupe, ainsi qu'il a été dit au *Rép.* n° 1019, le recours en cassation dans l'intérêt de la loi peut être exercé par le procureur général de la colonie (V. aussi *Rép.* v° *Organisation des colonies*, n° 357). Mais cette exception ne doit pas être étendue aux autres colonies. Il a été jugé notamment, à l'égard des possessions françaises de Cochinchine, que le pourvoi dans l'intérêt de la loi ne peut y être formé que par le procureur général près la cour de cassation (Crim. 22 juin 1871, aff. Tran-Van-Khoé, D. P. 71. 1. 183). Le décret du 9 mai 1878 (D. P. 78. 4. 93) a reproduit en ce qui concerne les établissements de l'Inde les art. 441 et 442 c. instr. cr.; et le décret du 27 mars 1879 (D. P. 79. 4. 59) a disposé de même à l'égard de la Nouvelle-Calédonie. Dans ces colonies, c'est donc au procureur général près la cour de cassation qu'appartient exclusivement le droit de se pourvoir dans l'intérêt de la loi.

203. Le recours en cassation dans l'intérêt de la loi est, quant aux décisions auxquelles il est applicable, plus étendu que le recours ordinaire. On a exposé au *Rép.* n° 1027, que le procureur général près la cour de cassation peut notamment attaquer, pour d'autres causes que pour excès de pouvoir ou incompétence, les sentences rendues en matière civile par les juges de paix. Il peut de même se pourvoir dans l'intérêt de la loi contre les jugements des conseils de guerre, dans les cas où ce recours est interdit aux condamnés (*Rép.* n° 1029). Mais il a été jugé qu'au procureur général seul appartenait l'exercice de ce recours. Les commissaires du Gouvernement près les conseils de guerre ne jouissent de la même faculté qu'à l'égard des jugements d'acquittement ; le recours est alors porté devant le conseil de révision qui, dans ce cas unique, peut annuler dans l'intérêt de la loi (Crim. cass. 12 juill. 1860, aff. Bastel, D. P. 60. 1. 289).

204. Quant aux effets de la cassation prononcée dans l'intérêt de la loi, on a montré au *Rép.* n° 1033, combien ils sont restreints. Mais, suivant une observation judicieuse de M. Chenon, p. 190, l'effet purement moral de la cassation constitue plus qu'une satisfaction platonique donnée à la loi ou une leçon infligée au tribunal qui l'a violée. C'est aussi un moyen d'éviter pour l'avenir une nouvelle transgression en mettant en garde les parties intéressées.

§ 2. — Annulation pour excès de pouvoir (*Rép.* nos 1039 à 1071).

205. A la différence du pourvoi dans l'intérêt de la loi, la voie de recours dont on s'occupe dans ce paragraphe ne peut être exercée par le procureur général près la cour de cassation que sur l'ordre du ministre de la justice. D'autre part, l'annulation pour excès de pouvoir atteint non seulement les jugements et arrêts, mais encore les actes judiciaires quelconques. Enfin pour l'intenter, il n'y a pas à se préoccuper si les parties sont ou non encore dans les délais pour se pourvoir en cassation dans leur intérêt. On a indiqué au *Rép.* n° 1039, les deux textes qui organisent cette voie de recours extraordinaire. C'est, en matière civile, l'art. 80 de la loi du 27 vent. an 8, et l'art. 441 c. instr. cr., en matière criminelle.

206. — I. Matière civile. — Nous nous bornons à renvoyer au *Rép.* n° 1043, quant à l'interprétation des mots *excès de pouvoir*. On a rapporté au n° 1044 plusieurs exemples de ce genre d'annulation. Plus récemment, il a été décidé qu'une cour d'appel commet un excès de pouvoir lorsqu'elle s'attribue au cours d'une année judiciaire la faculté de modifier à son gré et suivant les circonstances sa précédente délibération qui, avec l'approbation du garde des sceaux, a autorisé les avoués d'un tribunal de son ressort à plaider pendant toute la durée de cette année judiciaire (Req. 9 juin 1884, aff. Proc. gén. près la cour de cassation, D. P. 84. 1. 409).

207. Suivant l'observation qui a été faite au *Rép.* nos 1046 et 1047, l'annulation pour excès de pouvoir étant poursuivie dans un intérêt politique et gouvernemental ne comporte aucune intervention du chef des parties intéressées. Toutefois, à la différence de la cassation dans l'intérêt de la loi, l'annulation de l'acte ou du jugement entaché d'excès de pouvoir profite en général aux intérêts privés; quant à la réserve du droit des parties exprimée dans l'art. 80 de la loi de ventôse an 8, elle signifie que si l'annulation prononcée ne suffit pas à réparer le préjudice souffert par les parties, celles-ci peuvent en demander le redressement par voie d'action intentée dans un intérêt privé. C'est du moins l'opinion émise au *Rép.* n° 1049, et l'on peut citer dans le même sens un arrêt (Req. 1er juin 1847, aff. Geoffroy, D. P. 47. 1. 177), qui a décidé que nonobstant l'annulation de l'ordonnance par laquelle un juge a illégalement frappé de suspension un officier ministériel, celui-ci conserve le droit de former contre le juge une action de prise à partie ou pour diffamation.

D'après M. Chenon, les mots « sans préjudice du droit des parties intéressées » devraient être interprétés en ce sens, que la loi de ventôse an 8 réserve aux parties le droit de former un pourvoi distinct à côté de celui du ministre, mais les exclut par là même de toute participation à ce dernier. « L'annulation, dit cet auteur (p. 194), ne sera prononcée, dès lors, que dans l'intérêt de la loi; si les parties désirent en profiter, qu'elles agissent, sinon leur silence équivaudra à un acquiescement. Mais si nous supposons que pour un motif ou pour un autre, la loi leur ait fermé le recours pour excès de pouvoir, il devient difficile de refuser un plein effet à l'annulation provoquée par le ministre et cela pour trois raisons : la première, c'est qu'on ne se trouve plus dans les termes de l'art. 80, qui supposent que les parties ont un droit de recours qu'elles peuvent exercer ; la seconde, c'est que leur silence étant forcé ne peut plus être interprété contre elles comme un acquiescement ; la troisième enfin, c'est qu'on assurerait sans cela une sorte d'impunité aux excès de pouvoir que les parties ne peuvent incriminer. » Ce système est assurément ingénieux, mais il introduit une distinction là où la loi n'en fait pas, et se méprend sur le sens de l'art. 80 de la loi de ventôse an 8. Il est, d'ailleurs, en contradiction avec la doctrine qui, ainsi que nous l'avons vu, prévaut en jurisprudence.

208. — II. Matière criminelle. — Les pourvois dans l'intérêt de la loi et les demandes d'annulation pour excès de pouvoir étant en cette matière portés devant la même chambre de la cour de cassation (la chambre criminelle), et d'autre part, le ministre de la justice ayant le droit d'intenter des pourvois dans l'intérêt de la loi par l'intermédiaire du procureur général, il est quelquefois difficile, ainsi qu'on l'a fait observer (*Rép.* n° 1051), de reconnaître, sur le simple vu d'un arrêt, s'il a statué dans l'intérêt de la loi ou par voie d'annulation pour excès de pouvoir. Toutefois, la cour de cassation s'est toujours attachée à maintenir la distinction, et spécialement dans un cas où la ressemblance entre les deux voies de recours était très accusée. Aux termes de l'art. 45 du décret du 24 mars 1852 sur la marine marchande, le ministre de la justice est tenu, dans certaines hypothèses déterminées, de déférer à la cour de cassation les jugements des tribunaux maritimes commerciaux que lui dénonce le ministre de la marine. Ce recours est formé dans l'intérêt de la loi. La cour de cassation a décidé, à plusieurs reprises, qu'en dehors de cette voie de recours, le ministre de la justice conserve le droit de poursuivre devant la chambre criminelle, en vertu de l'art. 441 c. instr. cr., l'annulation des jugements des tribunaux maritimes commerciaux, par exemple, pour violation des règles de compétence et excès de pouvoir (Crim. cass. 10 janv. 1857, aff. Knoblauch, D. P. 57. 1. 80 ; 6 juill. 1877, aff. Proc. gén. près la cour de cassation, D. P. 77. 1. 405).

209. On a rapporté au *Rép.* n° 1053, des exemples d'annulation pour excès de pouvoir. En voici d'autres plus récents. Le ministre de la justice a demandé l'annulation d'une délibération par laquelle les chambres assemblées d'une cour d'appel, tout en déclarant avoir égard à la déclaration du ministre qu'il veillera, comme ayant seul qualité, aux suites de l'affaire qui a amené leur convocation, décident qu'elles s'ajournent à un mois pour statuer le cas échéant sur cette affaire (Crim. rej. 12 juill. 1861, aff. Edmond About, D. P. 61. 1. 289). La cour de cassation s'est refusée à voir dans cette délibération le caractère d'une lutte engagée avec le ministre. — Il a été décidé que le procureur général près la cour de cassation agissant en vertu d'un ordre formel du ministre peut seul requérir l'annulation de l'opération du tirage du jury d'une session, laquelle constitue un simple acte judiciaire (Crim. cass. 27 févr. 1863, aff. Jury de Nantes, D. P. 63. 1. 207). — L'annulation pour excès de pouvoir peut être dirigée contre les motifs d'une décision passée en force de chose jugée et sans que le dispositif ait été attaqué (Crim. cass. 28 avr. 1864, aff. Bergeon, D. P. 64. 1. 401). Mais le recours n'aurait pas de raison d'être si la décision avait été infirmée par le juge d'appel ou de revision, encore bien que ce juge eût omis de réfuter les erreurs de doctrine dont on poursuivait le redressement (Même arrêt). — Si, au contraire, la réformation de la décision, tout en faisant disparaître le dispositif, avait laissé subsister dans les motifs de cette décision les doctrines erronées qu'ils renfermaient, le ministre de la justice serait recevable à en demander la nullité de ce chef, en vertu de l'art. 441 c. instr. cr.; c'est ce qui a été reconnu par un arrêt (Crim. cass. 9 déc. 1880, aff. Juge d'instruction de Bressuire, D. P. 80. 1. 473).

210. Quant aux effets de l'annulation pour excès de pouvoir, on a fait remarquer au *Rép.* n° 1056 que l'art. 441 ne reproduit pas en matière criminelle la réserve du droit des parties prévue par l'art. 80 de la loi de ventôse an 8. D'une manière générale, on a fait observer que l'intervention du ministre de la justice ne devait jamais avoir pour effet de préjudicier au condamné et d'aggraver sa situation (*Rép.* n° 1065 ; Chenon, p. 195). Mais il y a plus ; ici, comme en matière civile, l'annulation pour excès de pouvoir profite au condamné, alors que celui-ci n'a pu ou voulu former un pourvoi. De nombreuses décisions ont été rendues en ce sens (V. *Rép.* n° 1059), et plus récemment il a été jugé : 1° que, lorsque le conseil de révision n'a annulé qu'en partie un jugement du conseil de guerre nul dans son entier, il y a lieu pour la cour de cassation, qui prononce la nullité de la décision du conseil de révision en vertu de l'art. 441, d'annuler aussi le jugement du conseil de guerre, et de renvoyer l'affaire à un autre conseil de guerre pour être procédé à un nouveau débat (Crim. cass. 26 sept. 1867, aff. Gérard, D. P. 68. 1. 91) ; — 2° Que de même, lorsqu'une annulation est prononcée sur le recours formé par ordre du ministre de la justice, la cassation profite au condamné, dont l'affaire doit être renvoyée à de nouveaux juges (Crim. cass. 27 nov. 1869, aff. Richard, D. P. 70. 1. 316-317) ; — 3° Que le rejet du pourvoi formé par un condamné que la cour de cassation reconnaît avoir été compétemment jugé sous l'état de siège par les tribunaux militaires ne met pas obstacle à ce que le ministre de la justice forme un pourvoi contre le même jugement, tant dans l'intérêt de la loi que dans celui du condamné (Crim. rej. 15 mars 1872, aff. Lisbonne, D. P. 72. 5. 65 ; Crim. cass. 28 août 1873, aff. Lepetz ou Lepaisse, D. P. 75. 1. 399) ; — 4° Qu'il en est de même dans le cas de rejet du pourvoi formé par un condamné contre un arrêt de cour d'assises (Crim. cass. 17 janv. 1878, aff. Proc. gén. près la cour de cassation, D. P. 78. 1. 240). Il a même été jugé que le décès d'un condamné avant le pourvoi formé par le procureur général sur l'ordre du ministre de la justice, en vertu de l'art. 441 c. instr. cr., n'élève aucune fin de non-recevoir contre la recevabilité de ce pourvoi dans l'intérêt du condamné décédé, la cassation pouvant profiter à sa mémoire et affranchir sa succession des condamnations pécuniaires prononcées par l'arrêt (Crim. cass. 19 janv. 1877) (1).

(1) (Proc. gén. à la cour de cassation. — Aff. Gautier et Moutonnet.) — La cour ; — Sur le moyen pris tant de la fausse application des art. 8 et 9 de la loi du 9 sept. 1835 que de la violation des art. 357, 363 et 371 c. instr. cr. : ... — Attendu que le décès de l'accusé Moutonnet, survenu dans l'intervalle qui s'est écoulé entre l'arrêt de condamnation devenu définitif et le pourvoi formé

211. Cet effet étendu de l'annulation pour excès de pouvoir doit être considéré comme le trait caractéristique qui distingue ce recours extraordinaire du pourvoi formé dans l'intérêt de la loi. Aussi a-t-il été décidé que, lorsque le pourvoi formé d'ordre du ministre de la justice a été restreint par la lettre du garde des sceaux et par le réquisitoire du procureur général à l'intérêt de la loi, l'annulation ne doit être prononcée que dans ce seul intérêt, et n'a aucune influence à l'égard du condamné (Crim. cass. 4 déc. 1879) (1).

CHAP. 11. — De la procédure à suivre devant chacune des chambres de la cour de cassation (*Rép.* nos 1072 à 1193).

212. Avant de traiter de la procédure spéciale à chacune des chambres de la cour de cassation, il y a lieu, ainsi qu'on l'a fait au *Rép.* nos 1072 et suiv. de passer en revue les divers incidents de procédure communs aux trois chambres.

213. — I. Droit d'intervention. — On a mis en doute la possibilité d'une intervention devant la chambre des requêtes, en se fondant sur ce que l'art. 1er, tit. 8, 2e part., du règlement de 1738 n'a prévu cet incident que pour le cas d'une instance, et l'on sait, d'autre part, que, à proprement parler, l'instance en cassation ne commence en matière civile qu'après la signification de l'arrêt d'admission. Toutefois M. Bernard, *Manuel des pourvois*, t. 1, p. 277, auquel nous empruntons cet argument, se rallie à l'opinion contraire, que nous avons nous-même adoptée au *Rép.* n° 1086, et qui prévaut en jurisprudence. Il va de soi seulement que cette intervention ne peut se produire qu'en faveur du demandeur au pourvoi, puisqu'aucune défense n'est admise devant la chambre des requêtes. On peut citer en ce sens, à titre d'exemple, un arrêt de la chambre civile qui a repoussé une intervention précédemment admise par la chambre des requêtes (Civ. rej. 10 janv. 1855, aff. de Jouye Desroches, D. P. 55. 1. 168-169).

214. Il est certain, comme on l'a observé au *Rép.* n° 1088, que le fait, par un tiers, de venir se joindre au demandeur en cassation ne peut avoir pour but d'attaquer des chefs de jugement non compris dans le pourvoi; il ne doit pas être non plus un moyen détourné employé par cette personne pour former un recours après l'expiration des délais. Mais faut-il restreindre ce droit d'intervention aux seules personnes qui ont été parties à l'instance devant les juges du fond? Nous ne le croyons pas, car le texte de l'ordonnance de 1738, ainsi que le fait observer M. Bernard, p. 282, attribue en termes généraux à la cour de cassation la faculté pleine et entière d'admettre les interventions ou de les repousser.

On pourrait induire d'un arrêt (Civ. cass. 29 avr. 1851, aff. Maccarthy, D. P. 51. 1. 123-124), qu'une personne n'est recevable à intervenir devant la cour de cassation qu'autant « qu'elle a été reçue partie intervenante devant les juges dont la décision est attaquée »; et il a été jugé également que les syndics de la chambre des notaires d'un département n'ont pas qualité pour intervenir devant la cour de cassation sur le pourvoi formé contre un arrêt rendu dans une question d'attributions élevée entre un notaire et les agents de change de ce département, arrêt auquel ils n'ont pas été parties (Civ. cass. 7 déc. 1853, aff. Delaire, D. P. 54. 1. 128). Des arrêts plus récents impliquent, au contraire, que cette condition n'est nullement nécessaire. Ces arrêts ont décidé, en effet, que l'intervention des parties qui n'ont pas figuré dans l'instance devant les juges du fait peut être admise à la condition de se justifier par des circonstances et des intérêts exceptionnels (Arrêt du 10 janv. 1855, cité *suprà*, n° 213; Civ. rej. 25 juin 1884, aff. Compagnie générale des eaux, D. P. 84. 1. 441). Reste à savoir ce qu'il faut entendre par « circonstances graves et exceptionnelles»; la cour de cassation ne s'est pas expliquée sur ce point; mais on peut croire qu'elle avait en vue le cas où les intervenants auront un intérêt, non seulement commun, mais encore indivisible avec celui des parties en cause (*Rép.* n° 1089). Le rôle de l'intervention se bornera alors à fournir dans l'instance des arguments à l'appui soit du pourvoi, soit de la défense, suivant le sens où elle se sera produite (Bernard, p. 279).

215. En matière criminelle, le droit d'intervention est restreint à la partie civile ou civilement responsable. C'est la règle générale appliquée par la cour de cassation à l'intervention devant les tribunaux de répression (Comp. Crim. rej. 20 mars 1857, aff. Lanet, *Bulletin criminel*, n° 115; 16 juin 1860, aff. Dupuis, *Bulletin criminel*, n° 137). Ces personnes ne seront admises à intervenir devant la cour de cassation qu'autant qu'elles auront figuré dans l'instance antérieure, ou y auront été représentées. M. Bernard, t. 2, p. 246, cite en ce sens un arrêt du 6 mars 1857. Enfin la partie civile n'est admise à intervenir qu'autant qu'elle y a intérêt; elle n'en a aucun et, par suite, elle sera déclarée non recevable à intervenir sur le pourvoi du prévenu, si ce dernier en a expressément limité les effets « aux condamnations prononcées sur les réquisitions du ministère public » (Crim. cass. 16 févr. 1867, aff. Bonnamy, *Bulletin criminel*, n° 39).

216. Nous avons dit au *Rép.* n° 1089, que la voie de la tierce opposition ne devait pas être admise contre les arrêts de la cour de cassation. Cette opinion a été vivement combattue en doctrine (Bernard, t. 1, p. 272; Scheyven, *Traité pratique des pourvois en cassation en Belgique*, n° 110), et devant la cour de cassation, par M. le conseiller Glandaz et M. l'avocat général Blanche (V. le rapport et les conclusions de ces magistrats D. P. 70. 1. 169 et suiv.). Le principal argument invoqué par ces auteurs est tiré du règlement de 1738, dont les art. 2, 3, 4, et 5 prévoient expressément la procédure de la tierce opposition. Or, dit-on, ces dispositions du règlement de 1738 n'ont jamais été abrogées ni explicitement, ni même implicitement. Mais la cour de cassation n'a pas admis cette doctrine, et un arrêt de la chambre civile du 17 janv. 1870 (aff. Ravault, D. P. 70. 1. 169), a consacré le système soutenu au *Répertoire*. Cet arrêt, longue-

---

par le garde des sceaux dans l'intérêt de la loi, n'élève aucune fin de non-recevoir contre la recevabilité de ce pourvoi dans l'intérêt du condamné décédé; qu'en effet, cet arrêt, s'il ne peut plus être exécuté dans ses dispositions pénales contre ce dernier, n'en porte pas moins préjudice à sa mémoire, et n'en reste pas moins exécutoire, au point de vue des condamnations pécuniaires, contre sa succession; que, sous ce double rapport, l'extinction de l'action publique résultant du décès du condamné ne peut faire obstacle, en ce qui le concerne, à l'annulation de l'arrêt attaqué;

Par ces motifs, statuant sur le pourvoi dont elle est saisie par le procureur général sur l'ordre du ministre de la justice, et y faisant droit; — Casse et annule, tant dans l'intérêt de la loi que des condamnés, l'ordonnance du président de la cour d'assises des Bouches-du-Rhône, du 18 mai 1876, l'arrêt de condamnation rendu à la même date, par ladite cour, contre les nommés Gautier et Moutonnet, ainsi que la décision du jury et les débats qui l'ont précédée; quant à Gautier, le renvoie en l'état où il se trouve et pour être jugé conformément à la loi, devant la cour d'assises du Var, à ce spécialement déterminée par délibération prise en chambre du conseil; quant à Moutonnet, déclare qu'il n'y a lieu à renvoi, l'action publique se trouvant éteinte à son égard, etc.; — Ordonne qu'à la diligence du procureur général, le présent arrêt, etc.

Du 19 janv. 1877.-Ch. crim.-MM. de Carnières, pr.-Robert de Chenevière, rap.-Lacointa, av. gén.

(1) (Proc. gén. à la cour de cassation. — Intérêt de la loi. — aff. Bergier et Bousquet.) — La cour; — Vu la lettre de M. le garde des sceaux;... — Sur l'étendue de l'annulation: — Attendu qu'il résulte des termes de la lettre de M. le garde des sceaux et du réquisitoire du procureur général que la demande d'annulation a été formée uniquement dans l'intérêt de la loi; — Attendu que cette demande, qui est l'exercice du droit exceptionnel conféré au ministre de la justice par l'art. 441 c. instr. cr., ayant été ainsi restreinte par le garde des sceaux, doit être maintenue dans les limites qu'il a lui-même posées; que la demande du procureur général et le pourvoi qu'il a formé d'ordre du garde des sceaux ont eu en vue exclusivement l'intérêt de la loi, et qu'il est interdit, dans ce cas, à la cour de cassation de porter atteinte au principe de la chose jugée, en ce qui concerne la condamnation prononcée contre Bergier et Bousquet, lesquels n'ont exercé aucun recours, en temps de droit, contre le jugement attaqué; — Casse et annule, seulement dans l'intérêt de la loi, le jugement rendu, le 19 août 1879, par le tribunal correctionnel de Philippeville, contre Bergier et Bousquet, etc.

Du 4 déc. 1879.-Ch. crim.-MM. de Carnières, pr.-Saint-Luc Courborieu, rap.-Benoist, av. gén.

ment motivé, se fonde sur le peu de clarté des dispositions du règlement de 1738, et aussi sur ce que les attributions de l'ancien conseil des parties, beaucoup plus étendues que les attributions actuelles de la cour de cassation, comprenaient certaines fonctions administratives, qui aujourd'hui sont de la compétence du conseil d'Etat; or, le décret du 22 juill. 1806 est venu, spécialement pour les affaires de ce genre, organiser la tierce opposition devant le conseil d'Etat. Enfin la cour invoque sa mission spéciale, qui est de poursuivre l'uniformité de la jurisprudence, mission qui suppose un intérêt général et d'ordre public, beaucoup plus qu'un intérêt purement privé tel que celui qui peut motiver une tierce opposition.

217. — II. GARANTIE. — Le garant mis hors de cause par l'arrêt attaqué, peut avoir intérêt à intervenir devant la cour de cassation pour défendre au pourvoi qui tend à faire disparaître cet arrêt. D'autre part, le garanti, s'il a triomphé devant les juges du fond, a intérêt à mettre en cause son garant, en prévision d'un arrêt de cassation qui remettrait l'affaire en question. Aussi l'appel en garantie est-il admis devant la cour de cassation; on en a cité des exemples au *Rép.* n° 1092. Plus récemment, la chambre civile a constaté la légitimité de l'appel en garantie en le déclarant justifié : 1° par la nécessité de mettre le garant en demeure de défendre la décision attaquée; 2° par l'intérêt qu'a le demandeur en garantie à conserver son recours contre lui en cas de cassation (Civ. cass. 10 déc. 1855, aff. Cazal, D. P. 56. 1. 59-60). — Il a été admis également que le demandeur peut citer directement devant la chambre civile, à fin de déclaration d'arrêt commun, l'huissier déjà appelé en garantie devant les juges du fond à raison de la nullité dont un exploit d'ajournement se trouve frappé par sa faute (Civ. cass. 3 déc. 1856, aff. Nathan, D. P. 56. 1. 436).

218. — III. DÉSAVEU. — Ainsi qu'on l'a exposé au *Rép.* n°s 1093 et 1094, tout le titre 9, 2° part., du règlement de 1738 concerne le désaveu devant la cour de cassation et la procédure à suivre. Un des caractères de cette procédure spéciale est la nécessité de consigner une somme de 150 fr., dont la quittance doit être jointe à la requête en désaveu. Cette exigence a pour but, d'une part, de réprimer les demandes formées en vue d'entraver la marche du procès, et, d'autre part, d'indemniser les autres parties du préjudice souffert par suite de ce retard (Bernard, t. 1, p. 314). La somme consignée est donc perdue si la cour refuse la permission de former le désaveu. Toutefois il a été jugé que, lorsque la requête est rejetée sans que la cour ait eu à examiner de près ou de loin le mérite du désaveu, les 150 fr. doivent être restitués au demandeur (Civ. 23 mai 1855, aff. Montdragon, D. P. 55. 1. 198).

219. — IV. DÉFAUTS ET FORCLUSIONS. — On a distingué au *Rép.* n° 1095, ces deux sortes de défaut: le défaut pur et simple, qui se produit lorsque le défendeur ne se fait pas représenter; le défaut par forclusion, lorsque le demandeur ne comparaissant pas, le défendeur suit l'audience contre lui. Mais la cour de cassation ne rend point, comme les juridictions inférieures, des arrêts de défaut profit-joint, c'est-à-dire portant réassignation des parties défaillantes et jonction de leur affaire à celle des parties comparantes (*Rép.* n° 1100; Bernard, t. 1, p. 257). Si donc un arrêt de cassation est rendu au regard de plusieurs parties ayant un intérêt commun et dont les unes ont comparu et les autres fait défaut, ces dernières conservent le droit de former opposition. C'est, du moins, en ce sens qu'on interprète l'art. 16 du tit. 2 du règlement de 1738 (Bernard, p. 262). Devant la cour de cassation, on entend par *former opposition*, se faire restituer contre un arrêt par défaut. La manière de procéder a été indiquée au *Rép.* n° 1096.

220. Quel est le délai pour former opposition? L'art. 11 du tit. 2 du règlement de 1738 dispose que la partie qui veut se faire restituer doit obtenir l'arrêt de restitution, et le faire signifier à la partie adverse dans un délai double de celui de l'assignation devant la chambre civile; ce délai court à compter de la signification de l'arrêt par défaut qui est faite au domicile du défaillant. Comme depuis la loi du 2 juin 1862 l'assignation devant la chambre civile est toujours à un mois (art. 3), du moins lorsque le défendeur est domicilié en France, il s'ensuit que le délai pour former opposition sera de deux mois à compter de la signification de l'arrêt par défaut. Passé ce délai, l'arrêt devient définitif (Bernard, p. 259; Rodière, *Cours de compétence et de procédure en matière civile*, t. 2, p. 135). La jurisprudence est en ce sens (Civ. 21 févr. 1876, aff. Raimbert, D. P. 76. 1. 165). Une espèce récente fournit un exemple d'arrêt de restitution (Civ. 20 mai 1885, aff. Compagnie *la Paternelle*, D. P. 86. 1. 173).

221. Contre les arrêts de forclusion, au contraire, aucune opposition ou restitution n'est recevable; ils ont la même valeur que s'ils avaient été rendus contradictoirement (Règlement de 1378, titre 5, art. 5). Ces arrêts, en effet, sont prononcés moyennant certaines conditions qui sont autant de garanties pour le demandeur forclos.

Aux termes de l'art. 1er, tit. 5, du règlement de 1738, la forclusion ne pourra être demandée que deux mois après une sommation de produire demeurée sans résultat. La nécessité de cette sommation est rappelée dans un arrêt (Civ. rej. 22 nov. 1852, aff. Debladis, D. P. 52. 1. 325), dans les termes suivants: « Attendu que dans les faits de la cause, le défendeur en cassation a bien demandé la forclusion contre le demandeur, mais qu'à aucune époque il n'a mis celui-ci en demeure, en lui faisant la sommation, d'avoir à faire sa production, qui seule pouvait faire courir le délai fixé par le règlement ». Cette formalité remplie, le défendeur pourra, à l'expiration du délai, faire déclarer le demandeur forclos; mais la forclusion n'a pas pour conséquence la déchéance du pourvoi, c'est-à-dire n'empêche pas l'examen du fond du pourvoi (Civ. rej. 1er mars 1858, aff. de Brezets, D. P. 58. 1. 104). Aussi le défendeur est-il tenu de produire toutes les pièces nécessaires pour que la cour de cassation puisse statuer sur le pourvoi. Ces pièces sont: 1° la grosse ou l'expédition de l'arrêt attaqué; 2° la signification de l'arrêt d'admission contenant la requête en pourvoi; 3° le mémoire en défense et les autres pièces que le demandeur veut y joindre. Dans ces conditions, la cour est en état de statuer comme si le demandeur avait produit. Mais qu'arrivera-t-il si ce dernier dépose sa production, postérieurement à la demande de forclusion, mais avant que la cour de cassation ait rendu son arrêt? La cour a décidé qu'il n'y avait pas à en tenir compte (Civ. 7 juill. 1851, aff. Corneaux, D. P. 51. 1. 200; Civ. 8 août 1854, aff. Brou de la Geneste, D. P. 54. 1. 274). Sur le défaut en matière criminelle, V. *infrà*, n° 250).

222. — V. FAUX INCIDENT. — On a indiqué au *Rép.* n° 1101, le caractère spécial de cette procédure qui fournit un exemple de demande nouvelle admise exceptionnellement devant la cour de cassation. Aussi cette demande ne sera-t-elle recevable que si le requérant a été dans l'impossibilité de faire valoir sa prétention devant les juges du fond, c'est-à-dire si le faux n'a apparu qu'après que ceux-ci étaient dessaisis. Tel est le cas où une décision en dernier ressort mentionnerait la présence d'un magistrat qui n'a pas figuré à l'arrêt, ou, inversement, aurait omis le nom d'un des magistrats qui y ont pris part (Civ. cass. 17 mai 1852, aff. Barbier, D. P. 52. 1. 177), ou bien encore le cas où le condamné veut contester l'exactitude de la date assignée à sa condamnation dans le texte de l'arrêt et le procès-verbal des débats. Il ne peut faire valoir cette prétention qu'au moyen d'une inscription de faux (Crim. rej. 27 juill. 1854, aff. Albrand, D. P. 54. 5. 93). — Remarquons également que l'inscription de faux ne peut être formée devant la cour de cassation qu'autant que la pièce arguée de faux a été produite au cours de l'instance devant les juges du fond; il ne suffirait pas que cette pièce eût été simplement énoncée dans les motifs de l'arrêt (Req. 29 nov. 1852, aff. Bonniot, D. P. 53. 1. 301).

223. Le règlement de 1738, tit. 10, énumère les conditions minutieuses dans lesquelles la demande en inscription de faux sera intentée. La cour de cassation a décidé que les mêmes formalités doivent être observées en matière criminelle (Crim. 20 mars 1835, cité par Bernard, t. 2, p. 248). — La cour de cassation rend un premier arrêt pour autoriser le demandeur à faire sommation au défendeur d'avoir à déclarer s'il entend se servir de la pièce arguée de faux; mais il faut pour cela que les preuves ou présomptions invoquées rendent l'existence du faux vraisemblable et que le faux, à le supposer établi, soit de nature à entraîner l'annulation de la décision attaquée. Aussi la cour de cassation a-t-elle écarté une demande en inscription de faux formée contre la mention d'un jugement constatant la présence, parmi les magistrats qui y avaient concouru, de juges qui y seraient restés étrangers, alors qu'il était constant que les noms de ces juges avaient été indiqués par erreur dans le jugement aux lieu et place des noms des magistrats qui y avaient pris part en nombre suffisant (Civ. rej. 19 mars 1860, aff. Giraud, D. P. 60. 1. 448). — Jugé de même qu'il n'y a lieu d'autoriser un demandeur en cassation à suivre sur une demande en inscription de faux, fondée sur ce qu'une partie des motifs et du dispositif n'aurait pas été lue à l'audience, alors que les éléments invoqués à l'appui de cette prétention émanent du demandeur et ne rendent même pas vraisemblable son allégation (Req. 4 juill. 1876, aff. Courrégelongue, D. P. 77. 1. 59). — Au contraire, si la cour de cassation a autorisé de sommer le défendeur, et si celui-ci déclare vouloir faire usage de la pièce arguée de faux, un deuxième arrêt intervient pour ordonner l'instruction de la demande de faux. Mais cette instruction ne s'effectue pas devant la cour de cassation; celle-ci ne peut, en effet, connaître du fond des affaires; par application de cette règle, l'examen et le jugement du faux sont renvoyés à un tribunal, ordinairement égal en autorité à celui dont la décision est attaquée (Bernard, t. 1, p. 322). La question de faux une fois tranchée, la cour de cassation prononce s'il y a lieu la nullité de l'arrêt entaché de faux (Civ. 17 et 30 août 1881, aff. Pauquet, D. P. 82. 1. 179).

224. — VI. DÉSISTEMENT. — Le règlement de 1738 ne contenant, ainsi qu'on l'a remarqué au *Rép.* n° 1107, aucune disposition relative au désistement, il faut se référer aux art. 402 et 403 c. pr. civ. et à l'usage établi. En matière civile, le désistement ne peut être formé que par un avocat à la cour, lequel doit être muni d'un pouvoir spécial (Bernard, t. 1, p. 343). Ce pouvoir ne peut être valablement donné que par le demandeur lui-même ou par son fondé de procuration expresse et spéciale (art. 352 c. pr. civ.). Un arrêt a écarté un désistement par le motif que « la procuration spéciale donnée dans l'espèce pour le désistement émanait d'un mandataire du demandeur, mais qu'il n'était pas justifié que ce mandataire eût été investi d'une mission spéciale lui donnant pouvoir de se désister » (Civ. rej. 12 nov. 1867, aff. Sarkis-Nercessof, D. P. 67. 1. 446). Le désistement est fait par une déclaration au greffe.

Là se bornent les formalités lorsque le pourvoi est encore pendant devant la chambre des requêtes. Mais devant la chambre civile, si le désistement n'est pas accepté par l'adversaire, il faut que la cour donne acte du désistement; on en trouve un exemple dans un arrêt (Civ. 27 févr. 1850, aff. Chantraine, D. P. 50. 1. 184).

225. En matière criminelle, les formes du désistement sont un peu différentes. Mais remarquons tout d'abord que s'il est vrai, comme on l'a observé au *Rép.* n° 1108, que le désistement formé au grand criminel par le condamné soit quelquefois écarté par la cour, et cela dans une pensée de justice et d'humanité, il ne s'ensuit pas qu'un désistement ne puisse jamais être formé dans ces conditions. Le condamné peut au contraire avoir un grand intérêt à se désister, pour faire commencer l'exécution de la peine au jour du prononcé de la condamnation. Le désistement efface rétroactivement, avons-nous dit (*suprà*, n° 197), l'effet suspensif du pourvoi criminel.

226. L'intervention d'un avocat n'est pas nécessaire pour former le désistement en matière criminelle ; le condamné peut se désister lui-même, mais sa déclaration doit être sur timbre et enregistrée, à peine de nullité. Il a été jugé qu'on ne peut tenir compte d'une déclaration adressée au procureur général par lettre missive ordinaire (Crim. rej. 3 sept. 1868, aff. Bizet, D. P. 69. 1. 264; Crim. rej. 11 nov. 1880) (1); ou par une dépêche télégraphique dont rien ne constate l'authenticité (Crim. rej. 12 oct. 1871, aff. Ferré, D. P. 71. 1. 178). — Le désistement peut aussi être formé au greffe de la cour de cassation par le ministère d'un avocat. C'est même le seul mode que la partie civile puisse employer. Lorsqu'un avocat se désiste ainsi au nom de son client dans une affaire criminelle, on n'exige de lui aucun pouvoir. C'est là une différence avec la règle suivie en matière civile; on ne peut l'expliquer autrement que par l'usage. Dans la pratique, les avocats, par mesure de prudence, exigent toujours de leurs clients une déclaration écrite afin de mettre leur responsabilité à couvert.

227. Le désistement du pourvoi opère du jour même de sa date, et non pas seulement du jour où il a été transmis à la cour de cassation. En conséquence, il a été décidé en matière criminelle qu'il y a lieu de rapporter l'arrêt de rejet prononcé postérieurement au désistement, et dans l'ignorance de cet acte (Crim. 5 avr. 1855, aff. Gordien, D. P. 55. 1. 220; Crim. 9 janv. 1858, aff. Mercier, D. P. 58. 5. 50; Crim. 16 août 1879) (2). Mais le désistement serait tardif et, dès lors, sans effet, s'il n'était intervenu qu'après la lecture du rapport à l'audience de la chambre criminelle (Crim. rej. 10 avr. 1880, aff. David, D. P. 80. 1. 435).

§ 1er. — De la procédure et instruction devant la chambre des requêtes (*Rép.* nos 1124 à 1127).

228. Il n'y a que peu de chose à ajouter sur ce point aux indications déjà formulées au *Répertoire*. Le seul acte de procédure important est la production du mémoire ampliatif dans lequel, ainsi qu'on l'a dit au *Rép.* n° 1125, il est d'usage de développer et de justifier les moyens de cassation invoqués à la requête. De nouveaux moyens peuvent même être proposés, pourvu qu'ils soient relatifs aux chefs de condamnation compris dans le pourvoi (V. *suprà*, n° 187). Toutefois la chambre des requêtes s'est refusée à examiner le moyen de cassation formulé par une requête qui n'avait été déposée au greffe que le jour même de l'arrêt après l'audition du ministère public, et alors que le délibéré était commencé (Req. 6 mai 1857, aff. Mallet, D. P. 57. 1. 298). En même temps que le mémoire ampliatif, les avocats à la cour de cassation ont l'habitude de déposer une copie de la décision attaquée, dite *copie lisible*.

229. Bien qu'en principe le recours, au moment où il est présenté à la chambre des requêtes, doive satisfaire aux mêmes conditions de régularité que pour être soumis à l'examen de la chambre civile, exception doit être faite en ce qui touche la justification d'une autorisation dans le cas où celle-ci est nécessaire pour former un pourvoi en cassation. Le défaut d'autorisation n'est opposable que devant la chambre civile et, par suite, ne met pas obstacle à ce que le pourvoi soit déclaré recevable par la chambre des requêtes (Req. 6 mars 1860, aff. Chaudon, D. P. 60. 1. 174-175).

§ 2. — Signification de l'arrêt d'admission. — Effets. — Formes. — Délai. — Déchéance (*Rép.* nos 1128 à 1165).

230. L'arrêt d'admission prononcé par la chambre des requêtes ne suffit pas, a-t-on dit, pour saisir la chambre civile (*Rép.* n° 1128). Il faut que cet arrêt ait été signifié au défendeur suivant certaines formes, et dans un délai déterminé. Ces conditions sont de rigueur et exigées à peine de déchéance du pourvoi (*Rép.* n° 1130 ; Civ. rej. 1er mars 1886, aff. Deliot, D. P. 86. 1. 422). Toutefois, les principes en matière de solidarité et d'indivisibilité produisent ici leurs effets ordinaires; ainsi, la signification de l'arrêt d'admission

(1) (Ledoux.) — LA COUR; — Vu les art. 1er de la loi du 13 brum. an 7, et 43 de la loi du 22 frim. an 7; — Attendu que Ledoux déclare, dans une lettre missive adressée au greffe de la cour, se désister de son pourvoi, mais que ce désistement, n'étant pas écrit sur papier timbré et revêtu de la formalité de l'enregistrement, ne saurait être accueilli; — Au fond :... — Rejette, etc.
Du 11 nov. 1880.-Ch. crim.-MM. de Carnières, pr.-de Larouverade, rap.-Ronjat, av. gén.

(2) (Vicaire.) — LA COUR; — Attendu que postérieurement à l'arrêt du 7 août présent mois, il a été déposé au greffe de la cour de cassation une lettre adressée au procureur général près la cour d'appel de Douai, 2 août, par le nommé Vicaire, demandeur en cassation, lequel déclarait se désister du pourvoi qu'il avait formé; — Attendu que ce désistement ayant été formé antérieurement à l'arrêt de rejet prononcé par la cour, il y a lieu de lui donner effet, en rapportant l'arrêt de rejet; que, d'ailleurs, ce désistement est régulier dans la forme; — Donne acte du désistement; déclare rapporter son arrêt de rejet du 7 août 1879; déclare que le pourvoi sera réputé non avenu.
Du 16 août 1879.-Ch. crim.-MM. de Carnières, pr.-Falconnet, rap.-Benoist, av. gén.

régulièrement effectuée à l'égard de quelques-uns des défendeurs unis solidairement dans un même intérêt, supplée à la nullité de cette signification au regard de l'une des parties, nullité provenant notamment de l'absence de la mention du *parlant à* (Civ. rej. 17 janv. 1865, aff. Jouven, D. P. 65. 1. 56).

231. — I. DÉLAI. — La loi du 2 juin 1862, art. 2, a réduit à deux mois le délai pour signifier l'arrêt d'admission qui était de trois mois sous l'empire du règlement de 1738; mais le point de départ du délai est demeuré le même: c'est la date de l'arrêt d'admission. En vertu de la disposition générale de l'art. 9 de la loi de 1862, ce délai de deux mois est franc, comme celui pour former le pourvoi, et, si le dernier jour du délai est un jour férié, le délai est prorogé au lendemain. La déchéance qui résulte du défaut de signification dans les deux mois est tellement rigoureuse que la cour de cassation l'a considérée comme d'ordre public et, par suite, devant être prononcée d'office (Civ. rej. 5 mai 1868, aff. Nicot, D. P. 68. 1. 336; 2 mars 1886, aff. Comp. d'assur. marit. de Nantes, D. P. 87. 1. 33).

Un seul motif, a-t-on dit au *Rép.* n° 1134, pourrait amener une dérogation à cette règle, c'est la force majeure résultant de l'interruption absolue des communications entre la capitale et le département où doit se faire la signification de l'arrêt d'admission. Le cas s'est présenté au cours de la guerre de 1870-1871, et a fait l'objet des décrets des 9 sept. et 3 oct. 1870 (D. P. 70. 4. 87 et 95). La loi du 26 mai 1871 (D. P. 71. 1. 144) est venue ensuite décider, d'une part, que tous les délais impartis pour signifier les décisions des tribunaux judiciaires ou administratifs, suspendus pendant la durée de la guerre, recommenceraient à courir le onzième jour après la promulgation de la loi (art. 1er), et, d'autre part, que de nouveaux délais, égaux aux délais ordinaires, seraient accordés pour les différents actes de recours devant les tribunaux (art. 3).

Cette disposition s'appliquait-elle à la signification de l'arrêt d'admission? D'anciens arrêts rapportés au *Rép.* n° 1134-4° avaient décidé qu'après le rétablissement des communications, il devait être accordé non pas un nouveau délai plein, mais simplement le temps qui restait à courir au moment où la force majeure est survenue. Mais, en ce qui touche la loi du 26 mai 1871, il nous semble que la signification de l'arrêt d'admission, qui vaut assignation devant la chambre civile, devait être assimilée aux actes de recours devant les tribunaux, pour lesquels l'art. 3 de la loi accordait un nouveau délai. La cour de cassation saisie de la question n'a pas eu à la résoudre (Civ. rej. 11 déc. 1871, aff. Desvosges-Schwartz, D. P. 72. 1. 91).

232. — II. FORMES DE LA SIGNIFICATION. — Ces formes sont déterminées par le règlement de 1738, 1re part., tit. 4, art. 30. Avant de les examiner, il faut remarquer que la procédure devant la chambre civile, tout en étant la continuation d'un même procès, constitue cependant une instance nouvelle. Cette observation déjà faite au *Rép.* n° 1136, a une influence décisive sur les conditions tant de forme que de fond auxquelles la signification de l'arrêt d'admission doit satisfaire. On peut dire, d'une manière générale, que ces conditions sont celles de l'exploit d'ajournement; toutefois, l'accomplissement en est, à certains égards, moins rigoureusement exigé.

233. — 1° *Personne et domicile du demandeur.* — En ce qui concerne l'indication des noms et domicile du demandeur, la jurisprudence se montre moins exigeante qu'à l'égard des ajournements ordinaires (*Rép.* n° 1137). Mais, dans le cas de décès du demandeur survenu postérieurement au pourvoi, ses héritiers, s'ils veulent donner suite à l'affaire, doivent signifier l'arrêt d'admission en leur nom personnel. La nullité d'une signification faite au nom du défunt a été reconnue à plusieurs reprises par la chambre civile; et cette nullité entraîne la déchéance du pourvoi, si la signification n'a pas été renouvelée régulièrement dans les délais prescrits (Civ. rej. 5 mai 1852, aff. Rigailhon, D. P. 52. 1. 173; 23 juin 1856, aff. Badouin, D. P. 56. 1. 264-265).

234. — 2° *Date de l'acte de signification.* — La jurisprudence de la cour de cassation se montre assez large au point de vue de l'indication de la date: l'omission de l'une des mentions du jour, du mois ou de l'année n'est une cause de nullité que lorsque l'exploit ne renferme aucune énonciation qui permette de suppléer à l'omission. C'est ce qui a été jugé pour le cas où l'indication du mois faisait défaut (Civ. rej. 26 janv. 1874, aff. Roger, D. P. 74. 1. 220). Et la cour a reconnu la validité d'une signification où l'indication du jour avait été omise, alors que la mention du mois et de l'année permettait de constater que la signification avait été faite dans le délai légal (Civ. cass. 19 juill. 1848, aff. de B..., D. P. 48. 1. 129).

235. — 3° *Signature et constitution d'un avocat près la cour.* — Nous n'avons rien à ajouter à ce qui a été déjà dit au *Répertoire* sur la nécessité de cette constitution. La simple signature de l'avocat apposée au bas de la copie de l'arrêt d'admission a pu tenir lieu de constitution (*Rép.* n° 1140-2°). En ce qui concerne cette signature, la cour de cassation a décidé que son absence peut être suppléée par la signature de l'avoué qui a occupé pour le demandeur devant la cour d'appel (Civ. rej. 11 déc. 1867, aff. Laurent, D. P. 67. 1. 456).

236. — 4° *Huissier; Immatricule.* — La signification ne peut être faite que par ministère d'huissier. Dans les départements, l'un quelconque des huissiers instrumentant dans la circonscription territoriale où le défendeur est domicilié a qualité pour délivrer cette signification; mais, si l'exploit doit être signifié à Paris, la notification ne peut être faite, à peine de nullité, que par un des huissiers audienciers de la cour de cassation (art. 11, L. 2 brum. an 4). De nombreuses décisions ont annulé des significations pour n'avoir pas été délivrées par un huissier audiencier; la nullité peut même être prononcée d'office par la cour de cassation (Civ. rej. 7 août 1849, aff. Boyer, D. P. 49. 1. 319; 7 mai 1862, aff. Lépine, D. P. 62. 1. 216; 27 déc. 1871, aff. Lelouet, D. P. 71. 1. 244; 3 janv. 1872, aff. Bayvet, D. P. 72. 1. 40; 17 janv. 1872, aff. Dangle, *ibid.*). Enfin il ne suffit pas qu'une signification ait été revêtue de la signature de l'huissier; elle doit, en outre, contenir l'immatricule de celui-ci, avec l'indication du nom de la demeure et de la qualité. On a annulé des significations pour omission de cette indication sur la copie (Civ. rej. 14 mai 1878, aff. Compagnie des fonderies et forges de Terrenoire, D. P. 78. 1. 264; Civ. 13 mars 1882, aff. Hulin, D. P. 83. 1. 135). — En ce qui concerne l'immatricule, il est exigé pour permettre à la partie assignée de contrôler l'identité et la compétence de l'officier ministériel qui a instrumenté contre elle. La signature de l'huissier devrait donc suffire, semble-t-il, si elle était connue de la partie intéressée. La cour de cassation se montre plus rigoureuse, et elle a annulé une signification de jugement dont la copie avait été signée par un huissier autre que celui dont le nom était indiqué dans l'immatricule, bien que cette signature, parfaitement lisible, fût connue de la partie qui avait reçu d'autres actes du même ministère (Civ. cass. 21 juill. 1885, aff. Bachelier, D. P. 86. 1. 85).

237. — 5° *A qui la signification doit être faite et à quel nombre de copies.* — La règle générale a été posée au *Rép.* n° 1146: la signification ne peut être faite qu'aux personnes qui ont été parties au jugement attaqué, à moins que la chambre des requêtes n'ait autorisé le demandeur en cassation à assigner, en outre, des personnes qui n'y ont pas figuré (V. outre les décisions dans le même sens citées au *Rép.* nos 1147 et 1148: Civ. rej. 12 juin 1876, aff. Cauvin, D. P. 76. 1. 477). D'ailleurs, cette signification est valablement faite à une partie qui est en communauté d'intérêts avec le demandeur, et celui-ci est fondé à la mettre en cause afin de pouvoir lui opposer l'arrêt à intervenir (Civ. cass. 24 déc. 1867, aff. Durozay, D. P. 67. 1. 488).

En second lieu, l'arrêt d'admission doit être signifié dans les délais légaux à toutes les parties ayant un intérêt distinct, à peine de déchéance du pourvoi au regard des parties auxquelles la signification n'a pas été faite (Civ. rej. 10 janv. 1883, aff. Gallo, D. P. 83. 1. 460). Ainsi, notamment, l'intervenant dont les conclusions ont été adoptées par l'arrêt attaqué doit recevoir signification de l'arrêt d'admission (Civ. cass. 11 mai 1870, aff. Schwabacher, D. P. 70. 1. 405-406). C'est également d'après le nombre des parties ayant un intérêt distinct que se détermine le nombre des copies à délivrer.

La question se complique lorsque parmi les défendeurs se trouvent des incapables. La signification doit être faite à leur représentant légal. Doit-on en remettre une copie à la personne incapable? La négative n'est pas douteuse s'il s'agit d'un mineur ou interdit, lesquels n'ont pas à intervenir dans la direction de leurs affaires (*Rép.* n° 1150). Mais que décider en ce qui concerne la femme mariée ? On s'accorde à distinguer selon le régime matrimonial des époux (*Rép.* n° 1151 ; Bernard, t. 1, p. 187). S'ils sont mariés sous le régime de la communauté légale ou tout autre qui ne laisse pas à la femme l'exercice de ses actions mobilières, une seule signification de l'arrêt d'admission adressée au mari est suffisante (Civ. cass. 2 janv. 1850, aff. d'Argence, D. P. 50. 1. 11). — Si au contraire la femme a l'administration de ses biens, soit que ce pouvoir résulte du contrat de mariage ou d'une séparation de biens judiciaire, il est nécessaire de délivrer une signification distincte à chacun des époux. Et la signification destinée au mari est nulle, si la copie en a été laissée au domicile de la femme, alors que celle-ci a déclaré au cours de l'instance, par des conclusions régulières, être séparée de corps et de biens de son mari, qui a fixé son domicile dans une autre ville (Civ. rej. 25 janv. 1870, aff. Fissiaux, D. P. 70. 1. 63).

A côté de la femme mariée, il faut placer le mineur émancipé et l'individu pourvu d'un conseil judiciaire, qui jouissent d'une capacité restreinte. L'individu pourvu d'un conseil judiciaire ne pouvant jamais ester seul en justice, et le mineur émancipé étant dans une situation identique pour l'exercice de ses actions immobilières, il sera nécessaire dans ces diverses hypothèses de délivrer deux copies l'une à l'incapable, et l'autre à son conseil (Garsonnet, *Cours de procédure*, t. 2, p. 150).

238. — 6° *Décès ou changement d'état du défendeur.* — Nous supposons, ainsi qu'on l'a fait au *Rép.* n° 1152, que cet événement est survenu entre le moment où le pourvoi en cassation a été formé et celui où l'arrêt d'admission doit être signifié. Ainsi qu'il a été dit *loc. cit.*, il n'est plus d'usage de solliciter de la cour un arrêt portant permission de mettre en cause soit les héritiers du défunt, soit le défendeur autrement qualifié. On opère comme si la signification de l'arrêt d'admission était l'acte introductif d'une demande nouvelle : on sait que tel est le caractère reconnu à l'instance devant la chambre civile. Par application de ce principe, on devra toujours signifier l'arrêt d'admission aux héritiers du défendeur primitif décédé, sans qu'il y ait lieu de distinguer selon que le décès est survenu avant ou après le prononcé de l'arrêt d'admission, et suivant que le demandeur en a reçu ou non la notification. Telle n'avait pas été d'abord la doctrine de la cour de cassation, qui avait reconnu la validité d'une signification faite à une partie décédée, lorsque le décès survenu postérieurement à l'arrêt d'admission n'avait pas été notifié (V. les arrêts cités au *Rép.* n° 1154-2°). Plus récemment, la chambre civile a même décidé que le pourvoi formé contre une personne décédée est valable, alors que le décès n'a pas été notifié (Civ. rej. 3 mai 1848, aff. Mennety, D. P. 49. 1. 24). Mais peu après, la cour est revenue sur cette doctrine, et elle a décidé que la signification d'un arrêt d'admission avec assignation devant la chambre civile est nulle lorsqu'elle a été faite au défendeur après son décès, quoique ce décès n'ait point été notifié (Civ. rej. 26 nov. 1849, aff. Contributions indirectes, D. P. 49. 1. 288). — Les motifs de cet arrêt méritent d'être rapportés : « Attendu que la notification de l'arrêt d'admission d'un pourvoi et l'assignation devant la chambre civile constituent une instance nouvelle et extraordinaire ; — Attendu que comme tout acte introductif d'une instance, l'exploit de notification de l'arrêt d'admission et d'assignation devant la chambre civile doit, à peine de nullité, être signifié à la partie que le pourvoi intéresse ; que si cette partie est décédée, il y a lieu de faire la notification et de donner l'assignation à ceux qui la représentent ; — Attendu que, dès qu'il y a une instance nouvelle, il n'y a pas lieu d'appliquer la règle d'après laquelle le décès doit être notifié ; qu'en effet, la nécessité de cette notification concerne uniquement les instances commencées » (V. dans le même sens : Civ. cass. 9 avr. 1850, aff. Thomassin, D. P. 50. 1. 124). — L'instance en cassation ne devenant contradictoire que devant la chambre civile, il a même été jugé que le pourvoi en cassation formé contre une personne décédée antérieurement est valable si la signification de l'arrêt d'admission est régulièrement faite aux représentants légaux du défunt (Civ. 30 janv. 1883) (1).

239. Le principe que l'exploit de signification d'un arrêt d'admission est introductif d'instance trouve encore son application dans le cas où il est survenu un changement dans l'état et la capacité du défendeur. La signification ne sera valable qu'autant qu'elle aura été délivrée à la personne qui a qualité pour la recevoir par suite de ce changement. C'est ainsi que l'arrêt d'admission, obtenu contre un tuteur en cette qualité, doit être signifié au pupille, si celui-ci est devenu majeur depuis cet arrêt (*Rép.* n° 1155-5° ; Civ. cass. 11 avr. 1853, aff. de Tersac Montbéraud, D. P. 53. 1. 140), ou s'il a été émancipé (Civ. rej. 9 févr. 1887, aff. De la Jonquière, 2e arrêt, D. P. 87. 1. 269).

De même, si le défendeur est tombé en faillite postérieurement au pourvoi, la signification est nulle si elle a été faite au défendeur au lieu de l'être aux syndics ; et, si elle n'a pas été régularisée en temps utile, la déchéance du pourvoi est encourue (Civ. rej. 8 mai 1850, aff. Nanin, D. P. 54. 5. 417), quand bien même le demandeur aurait ignoré cette déclaration de faillite (Civ. rej. 9 déc. 1857, aff. Solanet, D. P. 58. 1. 88). A l'inverse, si le défendeur, en état de faillite au moment où le pourvoi était formé, a été remis ultérieurement à la tête de ses affaires, c'est à lui que l'arrêt d'admission doit être signifié, et non au syndic qui a cessé ses fonctions (Civ. cass. 25 févr. 1879, aff. Gillet aîné, D. P. 79. 1. 149).

Cependant les syndics d'une faillite conservent qualité pour recevoir la signification d'un arrêt d'admission même postérieurement à un concordat intervenu, si nommés commissaires par le concordat ils ont continué à être les représentants de la masse quant à l'instance. C'est ce qui a été jugé par un arrêt (Civ. cass. 6 mai 1845, aff. Beyneix, cité au *Rép.* n° 1148-5°, et rapporté D. P. 45. 1. 231). — Et il en est de même au cas où le syndic a procédé à la liquidation de la faillite et rendu ses comptes en vertu de la décision au sujet de laquelle l'arrêt d'admission a été rendu (Civ. rej. 21 nov. 1881, aff. Sargent, D. P. 82. 1. 204 ; 5 août 1885, aff. Lagorce, D. P. 86. 1. 167). Le pourvoi en cassation mettant en question les résultats de la liquidation, on ne peut considérer les fonctions du syndic comme définitivement terminées.

240. — 7° *Indication du domicile du défendeur et mention de la remise de la copie.* — Suivant la règle générale applicable à tous les actes et exploits, la signification de l'arrêt d'admission peut être faite à personne, c'est-à-dire au défendeur lui-même quel que soit le lieu où il est rencontré, ou bien à domicile ; mais alors la signification n'est valable qu'autant qu'elle a été remise au domicile réel et véritable du défendeur (*Rép.* n° 1156). Une signification simplement faite au domicile élu serait donc irrégulière. Au contraire serait valable la signification remise au domicile que le défendeur a lui-même indiqué dans tous les actes de procédure comme étant son domicile réel (Civ. cass. 27 déc. 1853, aff. Saurel, D. P. 54. 1. 21). Et le défendeur ne serait pas recevable à soutenir, devant la cour de cassation, que ce domicile n'a jamais été le sien, alors que le demandeur

(1) (Poulains C. Determe.) — LA COUR ; — Sur la fin de non-recevoir : — En ce qui touche la formation du pourvoi : — Attendu que c'est le 4 avr. 1879 qu'a été enregistré le pourvoi en cassation formé contre l'arrêt rendu, le 3 sept. 1878, par la cour d'appel de Pondichéry, au profit du sieur Thalès Determe, lequel était décédé le 18 janv. 1879 ; que c'est également Thalès Determe qui a été seul désigné comme défendeur éventuel dans l'arrêt d'admission rendu par la chambre des requêtes, le 15 mars 1880 ; — Mais attendu que c'est seulement la notification de l'arrêt d'admission avec assignation devant la chambre civile qui engage l'instance entre les parties devant la cour de cassation, et que cette instance est liée avec tous les défendeurs régulièrement mis en cause par l'exploit qui l'introduit ; que la nullité du pourvoi ne peut donc résulter du fait seul que, lors de sa formation, il a été dirigé contre une personne à ce moment déjà décédée, si la notification de l'arrêt d'admission a été faite et l'assignation donnée devant la chambre civile aux représentants légaux du défendeur éventuel décédé ; que c'est à la régularité de ces notification et assignation qu'il faut s'attacher pour décider si l'instance a été dûment introduite devant la cour de cassation ; — Rejette la première branche de la fin de non-recevoir ;...

Du 30 janv. 1883.-Ch. civ.-MM. Mercier, 1er pr.-Monod, rap.-Desjardins, av. gén., c. conf.

était légitimement en droit de le croire tel. De même a été reconnue régulière la signification faite à l'un des défendeurs, associés solidaires, au domicile indiqué par les deux défendeurs comme leur étant commun (Civ. cass. 27 août 1877, aff. Durrieu, D. P. 78. 1. 410).

241. A l'égard des établissements publics ou d'utilité publique, la notification du pourvoi doit être faite au siège de l'établissement, et adressée à l'agent chargé de le représenter. La même règle est applicable aux sociétés commerciales pourvues d'un siège social (art. 69-6° c. pr. civ.). Quant aux autres associations et communautés jouissant du bénéfice de la représentation légale, la signification doit être délivrée à la personne et au domicile de leur représentant. Ainsi jugé pour les associations syndicales autorisées (Civ. cass. 30 août 1859, aff. Bureau, D. P. 59. 1. 365). Plus récemment, la cour de cassation a décidé que l'arrêt d'admission d'un pourvoi contre un jugement rendu au profit de la chambre syndicale des agents de change de Paris est régulièrement signifié à la personne et au domicile du syndic de cette corporation, la chambre syndicale ne pouvant être considérée comme formant un établissement public qui, aux termes de l'art. 69, § 3, c. pr. civ., doit être assigné au lieu où réside le siège de l'administration.

242. On a observé au *Rép.* n° 1163, que les dispositions des paragraphes 5, 8 et 9 de l'art. 69 c. pr. civ. qui prévoient un certain nombre d'hypothèses, dans lesquelles les exploits doivent être délivrés au parquet du procureur de la République, sont applicables aux significations des arrêts d'admission ; on a ajouté, toutefois, qu'il semblait naturel en pareil cas d'effectuer cette signification au parquet du procureur général près la cour de cassation. Cette opinion, déjà admise par un arrêt du 13 mars 1820 (cité *Rép.* n° 1163-2°), a été consacrée récemment par un nouvel arrêt aux termes duquel la signification d'un arrêt d'admission, rendu contre une partie qui est sans résidence ni domicile connus en France, doit être faite, à peine de nullité, par exploit dont une copie sera affichée à la principale porte de l'auditoire de la cour de cassation, et dont l'autre sera remise au procureur général près cette cour (Civ. rej. 16 nov. 1885, aff. Velay, D. P. 86. 1. 76).

243. C'est encore au parquet du procureur général près la cour de cassation que doit être remise la signification, lorsque le défendeur habite hors du territoire de la France continentale. La jurisprudence, selon la remarque faite au *Rép.* n° 1164, applique la règle de l'art. 69-9° c. pr. civ. de préférence à l'art. 30 du règlement de 1738, qui avait fixé, suivant l'éloignement de telle ou telle colonie, un délai plus ou moins long pour opérer la signification. La loi du 2 juin 1862 s'est conformée à cette disposition du règlement de 1738, en proportionnant à l'éloignement plus ou moins grand du lieu où réside le défendeur le supplément de délai accordé au demandeur pour signifier l'arrêt d'admission (art. 6-1° et 2 de la loi de 1862 combinés).

244. — 8° *Actes par lesquels la nullité doit être réputée couverte.* — La cour de cassation applique ici le principe de l'art. 173 c. pr. civ. d'après lequel une nullité est couverte si elle n'est proposée avant toute défense ou exception, autre que les exceptions d'incompétence. Il a été jugé, en ce sens, que la nullité d'une signification, résultant de ce qu'on n'a pas eu recours au ministère d'un huissier audiencier, est tardivement proposée après l'arrêt par lequel la chambre civile, rejetant une fin de non-recevoir, s'est reconnue saisie du pourvoi (Civ. rej. 4 févr. 1852, aff. Boutarel, D. P. 54. 5. 87). — Mais du moment qu'aucunes conclusions n'ont été prises, l'irrégularité de l'exploit de notification ne peut être réputée couverte par suite d'un arrêt rendu par défaut, et par lequel la chambre civile renvoie l'affaire devant les chambres réunies. Le défendeur conserve le droit de faire valoir cette irrégularité pour la première fois devant les chambres réunies. C'est ce qu'a décidé un arrêt (Ch. réun. 12 mars 1846, aff. Balguerie, cité *Rép.* n° 1165, et rapporté D. P. 46. 1. 96).

§ 3. — Procédure et instruction devant la chambre civile (*Rép.* nos 1166 à 1180).

245. Après la signification de l'arrêt d'admission régulièrement opérée, le pourvoi est en état. La chambre civile est obligée d'y faire droit et de statuer sans que les changements survenus ultérieurement dans la qualité des parties en cause puissent la dispenser de cette obligation. C'est ce que la cour a décidé dans le cas où l'héritier du demandeur en cassation, après avoir en cette qualité signifié l'arrêt d'admission, a renoncé ensuite à la succession (Civ. cass. 20 déc. 1864, aff. de Naucaze, D. P. 65. 1. 24). Même solution si le défendeur en cassation déclare seulement, après avoir reçu la signification de l'arrêt d'admission, qu'il renonce au regard du demandeur au bénéfice du jugement attaqué (Civ. cass. 29 nov. 1869, aff. Auffret, D. P. 70. 1. 341). Enfin, et toujours comme conséquence du même principe, lorsque le demandeur en cassation décède après l'expiration des délais impartis au défendeur pour produire sa défense, la cour de cassation peut rendre son arrêt sans que les héritiers du demandeur aient à reprendre l'instance (Civ. cass. 4 févr. 1884, aff. Dupuis, D. P. 84. 1. 247).

246. En ce qui concerne les délais accordés au défendeur pour comparaître, le règlement de 1738 avait distingué trois catégories de délais, suivant le parlement dans le ressort duquel le défendeur était domicilié (*Rép.* n° 1170). La loi du 2 juin 1862, art. 3, y a substitué un délai unique d'un mois, à partir de la signification de l'arrêt d'admission, pour tout défendeur domicilié sur le territoire continental de la France.

Ce délai reçoit diverses augmentations prévues par les art. 4 et 5 de la loi. L'art. 4 ajoute huit mois au délai ordinaire, en faveur des personnes absentes du territoire français de l'Europe ou de l'Algérie, pour cause de service public, ou de navigation en qualité de gens de mer.

Les art. 6 et 5 combinés augmentent le délai ordinaire pour comparaître : d'un mois, si le défendeur est domicilié en Corse, en Algérie, dans les Iles Britanniques, en Italie, dans le royaume des Pays-Bas, enfin dans les Etats ou confédérations limitrophes de la France continentale, c'est-à-dire en Belgique, dans l'empire d'Allemagne, en Suisse et en Espagne, — de deux mois pour les autres Etats, soit de l'Europe, soit du littoral de la mer Méditerranée et de la mer Noire, — de cinq mois pour tous les pays compris en deçà des détroits de Malacca et de la Sonde et du cap Horn, — de huit mois pour tous les pays situés au delà. Enfin la durée du délai supplémentaire est doublée pour les pays d'outre-mer, en cas de guerre maritime.

§ 4. — Procédure et instruction devant la chambre criminelle (*Rép.* nos 1181 à 1190).

247. Le caractère de cette procédure a été signalé au *Rép.* n° 1181 ; elle est beaucoup plus rapide qu'en matière civile. Le plus souvent le condamné ne sera pas représenté au débat oral; cependant, ainsi qu'il a été dit au *Rép.* n° 1184 les parties ont le droit de prendre elles-mêmes la parole pour leur défense aux termes de l'art. 37 de l'ordonnance du 15 janv. 1826, mais elles ont besoin d'obtenir au préalable une permission que la cour refuse quelquefois. Ainsi on a décidé qu'il n'y a pas lieu d'accorder à un condamné en état de détention la faculté de venir soutenir son pourvoi à l'audience, lorsque ses moyens ont été complètement exposés dans un mémoire adressé à la cour, et que sa présence serait sans utilité pour sa défense (Crim. rej. 11 oct. 1872, aff. Natal, D. P. 73. 1. 391). Au contraire, on a vu concéder cette autorisation même à une partie civile, ainsi que le prouve un exemple récent (Crim. cass. 3 déc. 1886, aff. O'Carrol, *Bulletin criminel*, n° 406).

248. Si plusieurs prévenus avaient été poursuivis séparément à raison d'une même contravention, la cour pourrait ordonner la jonction de leurs pourvois pour statuer par un seul arrêt (V. *Rép.* n° 1186). Mais la chambre criminelle a été plus loin dans cette voie; elle a ordonné la jonction des causes, dans le cas même où les prévenus avaient agi sans concert, mais alors que, poursuivis à raison d'infractions identiques commises dans le même temps et dans le même lieu, le juge de répression avait statué à leur égard dans les mêmes termes (Crim. cass. 13 juin 1863, aff. Michel Léon, D. P. 63. 1. 322). Cette solution qui, ainsi que le fait observer M. Mangin, *Action publique*, t. 2, p. 436, ne peut s'appuyer sur les dispositions relatives à la jonction pour cause de connexité, présente de grands avantages au point de vue de l'économie de temps et de frais; elle permet, en outre, la consignation d'une amende unique, dans le cas où les prévenus ont fondé leur recours sur le même moyen (V. Crim. rej. 23 avr. 1863, aff. Rondel, D. P. 63. 1. 267. V. aussi *suprà*, n° 141).

249. On a examiné au *Rép.* n° 1187, la question de savoir si la chambre criminelle peut ordonner des mesures préparatoires propres à éclaircir sa conviction; on a répondu affirmativement en ce qui concerne l'apport au greffe de la cour de cassation des pièces et documents qui ne sont pas au dossier. Et la destruction, par suite d'un incendie, de ces pièces que la cour est en droit d'exiger, a pu motiver la cassation de la décision attaquée, à raison de l'impossibilité pour la chambre criminelle de vérifier la régularité de la procédure devant la cour d'assises (Crim. cass. 22 févr. 1872, aff. Bartelmès, D. P. 73. 5. 73).

250. La voie de l'opposition est recevable contre les arrêts de la chambre criminelle rendus par défaut. On a fait observer au *Rép.* n° 1188, que ce recours n'est ouvert qu'au défendeur, et dans le cas seulement où le pourvoi ne lui a pas été notifié conformément à l'art. 418 c. instr. cr. Cette double restriction a été consacrée par plusieurs arrêts. Ainsi, d'une part, la cour a rejeté comme non recevable l'opposition formée par le demandeur dont le pourvoi a été repoussé (Crim. rej. 27 mars 1873, aff. Fauvreau, D. P. 73. 5. 70; 17 mai 1873, aff. Carion, D. P. 73. 1. 320); et, d'autre part, elle a déclaré que le prévenu qui, ayant reçu la notification du pourvoi du ministère public, n'est pas intervenu dans l'instance, ne peut attaquer par la voie de l'opposition l'arrêt de cassation rendu sur ce pourvoi (Crim. cass. 26 sept. 1867, aff. Faure, D. P. 68. 1. 95).

La forme et le délai pour déclarer cette opposition sont réglés par les art. 535 et 549 c. instr. cr.; ils ont été indiqués au *Rép.* n° 1189.

251. A la différence de ce qui a lieu en matière civile, le décès du condamné durant l'instance devant la chambre criminelle dessaisit la cour de cassation. En ce qui concerne la condamnation à l'amende et aux frais, cela ne peut faire aucun doute, puisque l'action publique est éteinte *ipso facto*. Les héritiers n'ont aucun intérêt à intervenir et la cour n'a pas à statuer (Crim. cass. 17 janv. 1860, aff. Mercier, D. P. 60. 1. 200). En ce qui concerne les dommages-intérêts obtenus par la partie civile, cette condamnation peut être, il est vrai, poursuivie contre les héritiers du défunt; cependant, la chambre criminelle a décidé qu'elle devait se dessaisir de l'affaire par la raison que le décès du condamné avait pour effet de soustraire l'action civile à la compétence de la juridiction criminelle. Cette solution, contraire à celle qui paraissait acceptée par plusieurs arrêts antérieurs (V. *Rép.* n° 361), a été combattue par M. Mangin, t. 2, n° 282. Elle est approuvée par M. Faustin-Hélie qui, mettant sur la même ligne la condamnation aux dommages-intérêts et aux frais, fait remarquer que cette dernière condamnation, accessoire de la peine et reposant comme elle sur une déclaration de culpabilité, doit disparaître avec l'anéantissement de cette culpabilité au décès du prévenu (t. 2, p. 556 et 557; t. 8, p. 446). La jurisprudence s'est nettement prononcée en faveur de cette doctrine et, par trois arrêts (Crim. rej. 18 déc. 1862, aff. Gardon, 15 janv. 1863, aff. Lambert, et 5 févr. 1863, aff. Fabre, D. P. 63. 1. 112), la chambre criminelle a décidé que le décès du condamné durant l'instance en cassation, rendant impossible l'exécution de la décision attaquée même en ce qui concernait les frais et les dommages-intérêts alloués, il n'y a lieu de statuer pas plus sur l'intervention de l'héritier et de la partie civile que sur le pourvoi. La seule ressource du plaignant consiste à reprendre son action contre l'héritier devant la juridiction civile; c'est ce qui a été reconnu pas l'arrêt précité du 5 févr. 1863.

252. Une autre conséquence du décès du condamné au cours de l'instance devant la chambre criminelle, c'est que la cour doit rapporter l'arrêt de déchéance qui aurait été prononcé postérieurement au décès (Crim. 15 sept. 1871, aff. du Bot, D. P. 71. 5. 51). Cette solution a de l'intérêt au point de vue notamment de l'amende, qui dans ces conditions ne serait pas encourue.

253. En dehors du cas de décès du condamné, une amnistie applicable au fait qui a motivé la condamnation mettrait également obstacle à ce qu'il fût statué sur le pourvoi (Crim. 8 avr. 1839, *Bulletin criminel*, n° 117). Toutefois, remarquons avec M. Faustin-Hélie, t. 8, p. 447, que l'amnistie, laissant subsister la condamnation aux frais et à l'indemnité envers la partie civile, la cour de cassation pourra, à ce point de vue, être amenée à prononcer sur la régularité du jugement attaqué.

254. Enfin le pourvoi en cassation prendrait fin autrement que par arrêt de la cour de cassation, dans le cas de désistement (V. *suprà*, n°s 225 et suiv.); ou encore à la suite d'une transaction entre la partie civile et le condamné, à supposer que le ministère public ne fût pas intervenu au pourvoi (Faustin-Hélie, t. 8, p. 447).

§ 5. — Procédure et instruction devant les chambres réunies (*Rép.* n°s 1191 à 1193).

255. V. *Rép.* n°s 1191 à 1193.

CHAP. 12. — Des attributions générales de la cour de cassation et de celles de ses différentes chambres (*Rép.* n°s 1194 à 1296).

256. Ces attributions, qui découlent de la mission spéciale que le législateur a conférée à la cour de cassation, ont été examinées en détail au *Répertoire*. Le caractère de l'institution n'ayant subi aucune modification, il suffira de rappeler ici, succinctement et dans ses traits caractéristiques, le rôle de la cour suprême.

257. On l'a souvent répété, la cour de cassation n'est pas un degré supérieur de juridiction. Instituée pour faire respecter la loi et maintenir l'unité de jurisprudence en France (Const. 3-14 sept. 1791, t. 3, chap. 4, sect. 1, art. 20), elle ne peut jamais entrer dans l'examen du fond des affaires (Décr. 27 nov.-17 déc. 1790, art. 3), c'est-à-dire trancher la contestation qui divise les parties et fait l'objet de leurs conclusions. Ceci nous conduit à rechercher comment l'exercice des attributions conférées à la cour de cassation se concilie avec l'obligation de ne pas entrer dans l'examen du fond des affaires. Sous sa forme générale et théorique la distinction parait simple. Elle consiste à séparer l'examen des faits de celui du droit, et à attribuer la connaissance de ce dernier point à la cour de cassation à l'exclusion des constatations de fait réservées aux juges du fond. Mais lorsqu'il s'agit d'appliquer cette règle, on reconnaît bientôt que la ligne de démarcation entre le fait et le droit est souvent confuse et difficile à saisir. En effet, la cour de cassation, lorsqu'elle recherche si les juges n'ont pas violé la loi, ne peut faire abstraction des faits auxquels cette disposition de loi a été appliquée, et, par suite, elle doit les apprécier dans une certaine mesure. En réalité, on se heurte à l'une des questions les plus délicates de la matière. On regrettait au *Rép.* n° 1206 que l'état peu avancé de la théorie ne permît pas de résoudre la question d'une manière satisfaisante. Sous ce rapport, nous devons constater un progrès très sensible dans les solutions fournies par la jurisprudence; sur plusieurs points, toutefois, la réponse donnée par la cour de cassation manque encore de netteté, ainsi que nous aurons à le constater au cours de ce chapitre.

258. Pour arriver à une solution aussi complète que possible du problème, nous observerons avec M. Bonnier, *Éléments d'organisation judiciaire*, t. 1, p. 214, qu'un procès quelconque peut se décomposer en trois parties bien distinctes, qui doivent appeler successivement l'examen des juges: 1° les faits sur lesquels porte le litige: le juge doit rechercher dans quelles circonstances ils ont pris naissance, comment ils se sont passés, quelle a été l'intention des parties qui y sont intervenues; 2° la qualification légale des faits, qui consiste à déterminer leur nature par rapport aux dispositions de la loi; les éléments d'une vente, d'une donation, d'une substitution prohibée, etc., et, en matière criminelle, d'un vol, d'un abus de confiance, d'un faux en écriture commerciale, etc., se retrouvent-ils dans les faits constatés? Telle est la recherche à laquelle le juge doit se livrer afin de donner aux faits leur qualification légale; 3° l'application des conséquences légales, c'est-à-dire des dispositions de loi qui correspondent à la qualification décernée. Tels sont les trois points sur lesquels le juge est nécessairement obligé de se prononcer pour trancher le litige. Si l'affaire est soumise à la cour de cassation, ces mêmes points se présenteront à son examen; il s'agit de savoir si la cour pourra, sur tous également, contrôler la décision rendue par les tribunaux du fond.

259. La réponse négative n'est pas douteuse en ce qui concerne la première des trois opérations: la constatation des faits. Ainsi qu'on l'a dit au *Rép.* n° 1206, les cours et tribunaux constatent souverainement les circonstances matérielles des actes et contrats, sous la seule condition de ne pas méconnaître les prescriptions légales en matière de preuve. La cour suprême n'a pas à rechercher si les juges se sont trompés en affirmant que tel fait, sur lequel ils sont appelés à prononcer, existe ou non; si telle circonstance qui l'accompagne n'a pas été prise en considération, ou si telle autre, qui ne s'y joignait pas, y a été mal à propos rattachée; si enfin l'interprétation donnée à l'intention des parties et aux clauses d'une convention est exacte ou erronée. Il faut réserver seulement le cas où les clauses du contrat seraient claires et précises, hypothèse que l'on examinera à propos de la violation de la loi du contrat (*infrà*, n° 345). Pour résoudre ces différentes questions, on remarquera que les juges n'ont ni à interpréter, ni à appliquer une disposition législative quelconque; l'injustice, ou l'erreur commise, constitue donc un simple mal jugé, qui ne préjudicie qu'aux droits des parties en cause, et l'on sait que la cour de cassation n'a pas pour mission principale de remédier à la lésion des intérêts privés.

260. Il ne peut exister également aucun doute au sujet de la détermination des *conséquences légales*. La cour de cassation a, sans aucun doute, le droit et le devoir de rechercher si les règles appliquées à un fait préalablement qualifié sont celles que la loi prescrit. Supposons que le fait en question ait été reconnu comme constituant une vente, et admettons par hypothèse que cette qualification soit exacte: déterminer quelles en sont les conséquences légales au point de vue des conditions de validité de la vente ou des obligations du vendeur et de l'acheteur, c'est là une pure question de droit, qui se résout uniquement par l'interprétation et l'application des prescriptions de la loi. La cour de cassation est donc en droit d'exercer son contrôle.

261. A-t-elle le même pouvoir en ce qui concerne la *qualification légale* des faits? La question devient très délicate. Avant d'y répondre, examinons en quoi consiste exactement cette qualification. Ce point a déjà été abordé au *Rép.* n° 1206, il importe d'y revenir. Lorsque les faits sur lesquels porte le procès ont été constatés, il faut les rattacher à la loi, les classer suivant leur nature dans telle ou telle catégorie d'opérations juridiques. Dire que ces faits constituent une vente, un partage, une substitution, une donation sous condition de survie, etc., c'est ce qu'on appelle *qualifier* les faits. Pour qualifier un ensemble de faits, il faut en comparer les éléments avec ceux qu'indique la loi pour la qualification qu'on veut appliquer. Si les éléments qu'implique cette qualification se trouvent réunis dans le fait qualifié, la qualification légale sera exacte; elle sera erronée dans le cas contraire. On conçoit, par exemple, que si les juges avaient attaché la qualification de vente à une convention qui ne réunissait pas les éléments légaux de ce contrat, c'est-à-dire un consentement, une chose et un prix, la loi qui énumère ces éléments serait violée. Dans cette hypothèse très simple, on a toujours admis le pouvoir de contrôle de la cour suprême, et il en est ainsi dans tous les cas où il s'agit d'un acte juridique dont les éléments constitutifs ont été expressément déterminés par le législateur.

262. Mais la question se complique si l'on suppose que les juges du fond ont appliqué une qualification légale dont la loi n'a pas déterminé les éléments. La qualification ainsi donnée est-elle souveraine? La soustraire à l'examen de la cour de cassation équivaudrait à reconnaître aux tribunaux le pouvoir d'interpréter librement la loi, en déterminant sans contrôle les éléments que doit présenter le fait pour recevoir telle ou telle qualification légale, dont la loi n'a pas précisé les éléments constitutifs. Telle est, en effet, la conclusion que formulait en 1822 M. le président Barris, dans une note lue devant la cour, et qui a été rapportée au *Rép.* n° 1224. Il s'agissait, dans l'espèce, d'une affaire de diffamation; mais la doctrine était présentée d'une manière générale, et devait s'appliquer en matière civile comme en matière criminelle. « Les juges, disait M. Barris, sont de véritables jurés dans la décision de tout ce qui n'a pas été réglé par la loi. »

On a critiqué au *Rép.* n° 1224, *in fine*, la portée trop absolue de cette doctrine. Elle s'accorderait avec le premier texte législatif qui a déterminé les pouvoirs de la cour de cassation: « Le tribunal de cassation, disait la loi du 7 nov. 1790, art. 30, annulera tout jugement qui contiendra une violation expresse du *texte de la loi*. » Mais cette disposition trop restrictive a été modifiée par les lois postérieures. La Constitution de 1791, tit. 3, chap. 4, sect. 1re, art. 20, celles de l'an 3, art. 255, et de l'an 8, art. 66, n'exigent plus qu'une contravention expresse *à la loi*. On reconnaît généralement que, par la suppression du mot *texte*, le législateur a voulu indiquer que la cour de cassation aurait à réprimer la violation de la loi, non plus seulement dans son texte, mais encore dans son esprit; c'est ce qui a lieu notamment quand le juge contrevient à une définition implicitement contenue dans une qualification légale. Cette doctrine, adoptée au *Rép.* n° 1229, peut seule permettre à la cour de cassation d'atteindre le but qu'elle est chargée de poursuivre, à savoir le maintien de l'unité de jurisprudence en France. Aussi est-elle admise aujourd'hui sans difficulté par la jurisprudence comme par les auteurs (V. Faustin-Hélie, t. 9, p. 482-483; Chenon, *Origines, conditions et effets de la cassation*, p. 166). Ainsi, un premier point qui n'est pas douteux, c'est qu'il appartient à la cour de cassation de déterminer les éléments légaux contenus d'une manière, soit expresse, soit implicite, dans chaque qualification, et de reconnaître si les mêmes éléments se retrouvent dans le fait qualifié.

263. Ce n'est pas tout. Ainsi qu'on l'a observé au *Rép.* n° 1231, la loi a pris soin parfois de préciser non seulement les éléments auxquels correspond telle qualification légale, mais encore certains caractères que ces éléments doivent présenter. A titre d'exemples, on peut citer la gravité de l'injure, considérée comme un motif de séparation de corps, ou bien le caractère frauduleux que doit présenter une soustraction pour mériter la qualification de vol. Relativement à ces caractères, indiqués par la loi, tantôt expressément, tantôt implicitement, se pose la même question que tout à l'heure: doit-on en abandonner la détermination à l'appréciation souveraine des tribunaux, et par exemple, les juges du fond décideront-ils arbitrairement qu'une soustraction est ou non frauduleuse? Dans cette hypothèse spéciale, on a déjà répondu négativement au *Rép.* n° 123, et la jurisprudence s'est prononcée dans le même sens. Mais cette solution doit-elle être généralisée? Ainsi, appartiendrait-il à la cour de cassation de contrôler si telle injure, reconnue grave par les juges du fond, a bien ce caractère dans le sens que la loi donne à ce mot? Il faut le reconnaître, ce contrôle ne pourrait être exercé par la cour, qu'à la condition d'entrer dans l'examen des circonstances et dans l'appréciation des intentions, ce qui est le domaine exclusif des juges du fait. On est ainsi amené à distinguer suivant que le caractère indiqué par la loi comporte une certaine élasticité qui nécessite une *appréciation morale*, ou qu'il est, au contraire, susceptible de recevoir une définition stricte et précise; dans ce dernier cas, la détermination de cette définition constitue ce qu'on peut appeler, avec M. Chenon, n° 166, *l'appréciation légale*, par opposition à la précédente. Ces deux expressions: appréciation morale, appréciation légale, dont on vient de préciser le sens, serviront à établir la distinction entre les attributions de la cour suprême et celles que les juges du fond exercent sans contrôle. En effet, l'appréciation morale est du domaine exclusif des juges du fait; les décisions auxquelles elle sert de base sont souveraines. Cette règle sera étudiée dans ses applications (*infrà*, n°s 384 et suiv., 416). Au contraire l'appréciation légale, dans les cas où elle est possible, relève de l'autorité de la cour de cassation. Cette cour aura donc à intervenir d'abord, lorsqu'il y aura doute sur l'interprétation à donner aux termes de la loi, pour en fixer le sens et l'esprit; en second lieu, pour rechercher si ces caractères dont la nature et la portée ont été préalablement établies par elle se trouvent réunis dans le fait constaté et qualifié par le juge du fond, et si, par suite, la qualification donnée est exacte.

Partant de ce principe, la cour de cassation a jugé qu'il lui appartient de vérifier notamment si un acte déclaré par les juges du fait confirmatif d'une obligation nulle ou rescindable contient les caractères indiqués dans l'art. 1338 (Req. 16 janv. 1882, aff. Meyer, D. P. 82. 1. 412);... Si les formes légales prescrites à peine de nullité à l'égard d'un testament ou d'une donation ont été effectivement observées (Civ. cass. 22 juin 1881, aff. Floch, D. P. 82. 1. 180);... Ou encore si la volonté de nover, souverainement constatée par les juges du fond, s'est manifestée avec les caractères légaux prévus par l'art. 1271 (Req. 3 juin 1874, aff. Husson, D. P. 75. 1. 468). Les considérants de ce dernier arrêt sont intéressants à noter: « Attendu... qu'il appartient aux juges du fond d'apprécier l'intention des parties et de déclarer en fait que leur volonté a été d'opérer ou de ne point opérer une novation; qu'au contraire la cour de cassation doit se borner à rechercher en droit, si les faits établis par les tribunaux réunissent les caractères de la novation tels qu'ils sont définis par la loi; que, dans l'espèce, les appréciations de l'arrêt attaqué sont exclusives de toute intention de nover, et que les faits constatés ne présentent aucunement les caractères d'une novation quelconque, etc. ».

On voit par cet arrêt que la cour prend soin de réserver aux juges du fond les constatations de fait, les appréciations d'intention et de volonté; elle restreint son droit d'examen à rechercher si les caractères légaux de la novation « tels qu'ils sont définis par la loi » se trouvent réunis dans les faits constatés. Il en serait de même, d'après ce qui a été dit ci-dessus, si ces caractères, au lieu d'être expressément indiqués par la loi, ne l'étaient qu'implicitement.

264. Si la distinction entre l'appréciation morale et l'appréciation légale est exacte, si elle permet de déterminer en principe l'étendue du droit de contrôle qui appartient à la cour de cassation, il ne s'ensuit pas qu'elle fasse disparaître toutes les difficultés inhérentes à la matière. Il existe beaucoup de cas, en effet, dans lesquels cette distinction est d'une application fort délicate. C'est ce qui explique les hésitations de la cour suprême elle-même et les changements qu'a subis sa jurisprudence sur plusieurs questions de nature très complexe. Nous croyons, toutefois, qu'en analysant rigoureusement les éléments et caractères d'un fait juridique quelconque, on arrivera toujours à discerner, parmi ces caractères, ceux qui, à raison de leur nature vague et indéterminée, devront être abandonnés à l'appréciation souveraine des tribunaux du fond, tandis que les autres pourront être contrôlés par la cour suprême.

Comme exemple à l'appui de cette proposition, nous citerons le changement survenu dans la jurisprudence de la cour de cassation sur les pouvoirs des juges du fait en matière de responsabilité civile, changement qui a été amené par une analyse plus exacte des éléments constitutifs de la faute (V. *infrà*, n°s 394 et suiv.).

§ 1er. — De la chambre des requêtes et de ses attributions (*Rép.* n°s 1233 à 1251).

265. Les explications contenues sur ce point au *Répertoire* n'ont, d'une manière générale, besoin d'aucun complément. Il y a lieu de noter, toutefois, que le pouvoir attribué à la chambre des requêtes de statuer sur les demandes en renvoi pour cause de suspicion légitime ou de sûreté publique (*Rép.* n° 1243) a été exercé, au cours de la dernière guerre entre la France et l'Allemagne, par la section temporaire de la cour de cassation, instituée par décret du 25 oct. 1870. Cette section a usé du pouvoir dont il s'agit pour renvoyer devant un autre tribunal une affaire d'expropriation, alors que le tribunal compétent pour en connaître se trouvait, par suite de l'occupation ennemie, dans l'impossibilité de fonctionner (C. cass. siégeant à Pau, 3 févr. 1871, aff. Douceron, D. P. 72. 1. 11).

266. On a fait observer au *Rép.* n° 1245, que la chambre des requêtes, appelée à désigner l'autorité judiciaire devant laquelle doit être renvoyé le magistrat d'une cour d'appel prévenu d'un crime ou d'un délit (c. instr. cr., art. 481, 482), n'est, au contraire, point compétente, lorsqu'il s'agit de poursuites disciplinaires exercées sur l'ordre du ministère public; qu'en pareil cas, c'est à la cour tout entière, réunie en assemblée générale, qu'il appartient de statuer. Cette règle a été confirmée par les art. 13 et 16 de la loi du 30 août 1883, sur la réforme de la magistrature (D. P. 83. 4. 68).

§ 2. — Des attributions de la chambre civile (*Rép.* n°s 1252 à 1258).

267. Ainsi qu'on l'a déjà signalé (V. *suprà*, n°s 199 et suiv.), la chambre civile a en propre l'examen de certaines affaires qui sont portées directement devant elle. Ce sont: 1° les pourvois formés dans l'intérêt de la loi par le procureur général près la cour de cassation (L. 27 vent. an 8, art. 88); 2° les pourvois en matière d'expropriation pour cause d'utilité publique (V. *Expropriation pour cause d'utilité publique*); 3° les recours relatifs à l'inscription sur les listes électorales (L. 30 nov. 1875, art. 1er). En dehors de ces hypothèses, la chambre civile ne peut être saisie, comme on l'a dit au *Rép.* n° 1252, que par le renvoi de la chambre des requêtes, et cette règle entraîne diverses conséquences. En premier lieu, l'étendue du débat est définitivement fixée par l'arrêt d'admission; le demandeur en cassation ne pourrait par exemple, après s'être borné devant la chambre des requêtes à attaquer un des chefs de l'arrêt qui fait l'objet du pourvoi, critiquer devant la chambre civile un autre chef du même arrêt (Civ. rej. 30 juin 1850, aff. Lefranc, D. P. 51. 1. 180). D'autre part, c'est dans l'état où la cause s'est présentée devant la chambre des requêtes que la chambre civile doit apprécier le pourvoi. La cour de cassation doit donc statuer alors même que le demandeur, postérieurement à l'arrêt d'admission, aurait perdu tout intérêt à obtenir une cassation. La décision de la chambre civile conserve de l'utilité au point de vue de la restitution de l'amende et de la condamnation aux dépens (Civ. cass. 5 févr. 1868, aff. Adam, D. P. 68. 1. 58; Civ. rej. 3 août 1869, aff. Bidalas, D. P. 69. 1. 352).

§ 3. — Des attributions de la chambre criminelle (*Rép.* n°s 1259 à 1279).

268. V. *Rép.* n°s 1259 et suiv. Il n'y a sur ce point aucune innovation à signaler.

§ 4. — Des attributions des chambres réunies (*Rép.* n°s 1280 à 1293).

269. On a indiqué au *Rép.* n° 1280, les divers cas où la cour suprême doit statuer toutes chambres réunies. Il faut y joindre les cas où la cour se constitue en conseil supérieur de la magistrature (art. 13, 14, 15 et 16 de la loi du 30 août 1883, D. P. 83. 4. 58). Ces articles ne font, d'ailleurs, que réorganiser les pouvoirs disciplinaires confiés déjà aux chambres réunies par les lois antérieures (Conf. *Rép.* n° 1280-2°).

La plus importante des attributions des chambres réunies est celle qui leur appartient aux termes de l'art. 1er de la loi du 1er avr. 1837, dans le cas où, après la cassation d'une première décision, le second jugement ou arrêt est attaqué par les mêmes moyens que le premier. L'art. 1er dispose que « lorsque, après la cassation d'un premier arrêt ou jugement rendu en dernier ressort, le deuxième arrêt ou jugement rendu dans la même affaire, entre les mêmes parties procédant en la même qualité, sera attaqué par les mêmes moyens que le premier, la cour de cassation prononcera toutes chambres réunies ».

Pour que la cause soit renvoyée devant les chambres réunies, il faut en premier lieu que, dans la seconde instance en cassation, les parties procèdent en la même qualité que dans la première. Il a été décidé, en conséquence, que le pourvoi fondé sur un moyen que la chambre criminelle a déjà eu à apprécier ne doit pas être déféré aux chambres réunies lorsque ce moyen, quoique soulevé dans la même affaire, l'est par une partie autre que celle par qui il avait été primitivement présenté (Crim. rej. 27 sept. 1866, aff. Lenard, D. P. 66. 1. 506; 12 juin 1868, aff. Broussac, D. P. 69. 1. 261). Mais cette règle ne s'oppose pas à ce que le procureur général défère aux chambres réunies un pourvoi dans l'intérêt de la loi. On en a cité un exemple au *Rép.* n° 1280-2°, et le même fait s'est reproduit depuis (Ch. réun. cass. 14 déc. 1846, aff. Michelini, D. P. 47. 1. 22; Crim. rej. 19 août 1852, aff. Joys et Martin, 1er arrêt, D. P. 54. 1. 46).

270. L'identité de doctrine entre la première décision cassée et la seconde est une condition non moins nécessaire que la précédente pour que les chambres réunies puissent être saisies. Il n'y aura pas identité de doctrine si les deux arrêts ne donnent pas la même solution. Il en est ainsi : 1° lorsque par exemple l'arrêt rendu sur renvoi reconnait l'existence d'une servitude empêchant d'acquérir la mitoyenneté d'un mur séparatif de deux héritages, alors que le premier arrêt autorisait cette acquisition en admettant seulement que l'acquéreur avait tenu de laisser subsister les jours ouverts dans ce mur (Civ. rej. 23 déc. 1851, aff. Comp. *du Phénix*, D. P. 54. 1. 401) ; — 2° Lorsque le second arrêt de la cour d'appel est infirmatif du jugement de première instance, tandis que le premier arrêt était confirmatif (Civ. cass. 6 janv. 1885, aff. Chemin de fer nantais, D. P. 85. 1. 55-56). — Il n'y a pas non plus identité de doctrine si la cour de renvoi, tout en jugeant dans le même sens que l'arrêt cassé, se fonde sur des motifs différents. C'est ce qui a lieu notamment : 1° lorsque le second arrêt, tout en refusant comme le premier le caractère de legs à une disposition testamentaire, s'appuie sur des conventions synallagmatiques antérieures au testament et que la première décision n'avait pas visées (Civ. rej. 10 août 1853, aff. Manent, D. P. 53. 1. 341) ; — 2° Quand la cour de renvoi a susbtitué une question de fait à une question de droit (Civ. rej. 16 avr. 1850, aff. Deschamps, D. P. 50. 1. 244) ; — 3° En matière d'enregistrement, quand la seconde décision ordonne la même perception par application d'un texte différent (Civ. cass. 19 févr. 1873, aff. Ville de Paris, D. P. 73. 1. 449. V. également : Crim. rej. 11 juill. 1885, aff. Artufel, D. P. 86. 1. 277). — Il importe peu, d'ailleurs, que le second pourvoi soit formulé de la même façon que le premier ; cette ressemblance de pure forme ne suffit pas pour saisir les chambres réunies, si la question déjà jugée par l'arrêt de cassation et celle qu'a jugée l'arrêt de la cour de renvoi ne sont pas les mêmes (Req. 4 août 1852, aff. Martel, D. P. 52. 1. 197).

271. La même règle a été consacrée en matière criminelle. Le pourvoi ne doit pas être soumis aux chambres réunies, mais bien à la chambre criminelle, lorsque l'arrêt rendu après renvoi repose sur des motifs différents de ceux de l'arrêt cassé et notamment : 1° dans le cas de poursuite pour emploi de filets de pêche prohibés, si la seconde décision se fonde sur ce que le poisson pêché au moyen de cet engin est sans valeur, alors que le premier jugement avait été cassé pour avoir décidé que la simple présence du poisson dans le filet ne suffisait pas, en dehors de l'intention de se l'approprier, à constituer la contravention (Ch. réun. 12 févr. 1856, aff. Jacqueline, D. P. 56. 1. 206) ; — 2° Si la cour de renvoi pour relaxer des fins de la poursuite un prévenu de colportage non autorisé, s'est basée sur ce que l'objet distribué n'a pas le caractère d'un écrit, tandis que le relaxe prononcé par la décision cassée était motivé sur ce que les faits établis ne constituaient pas une distribution dans le sens de la loi (Crim. rej. 28 mars 1856, aff. Delayen, D. P. 56.1. 200) ; — 3° Si l'incompétence déclarée par le second tribunal comme par le premier repose sur un motif différent (Crim. cass. 23 janv. 1857, aff. Mackensie, D. P. 57. 1. 62) ; — 4° Si, pour reconnaître à un fait le caractère délictueux que l'arrêt de cassation lui a donné, le tribunal de renvoi se fonde sur un élément que les premiers juges n'avaient pas constaté (Crim. rej. 10 févr. 1859, aff. Kargès, D. P. 59. 1. 143) ; — 5° Ou, à l'inverse, si ce tribunal dénie un caractère délictueux aux faits poursuivis soit en écartant un élément de fait admis par le premier tribunal (Crim. rej. 11 mars 1859, aff. Chassaing, D. P. 59. 1. 240) ;... Soit en se fondant sur des motifs de droit autres que ceux qui avaient déterminé les juges précédemment saisis (Ch. réun. cass. 15 mai 1862, aff. Grosleron, 2ᵉ arrêt, D. P. 62. 1. 388) ;... Ou encore sur des considérations différentes, qui ne sont pas contraires à l'arrêt de cassation (Crim. rej. 5 juill. 1862, aff. Lotz, D. P. 63. 1. 385).

272. Il peut arriver qu'après une première cassation, un nouveau pourvoi soit fondé à la fois sur un moyen déjà apprécié par la cour et sur un autre moyen non encore présenté. La chambre civile ou criminelle n'est alors compétente que pour statuer sur le nouveau moyen, et elle doit renvoyer l'examen du premier aux chambres réunies. En cas de cassation sur le nouveau moyen, la chambre criminelle devra surseoir à prononcer le renvoi jusqu'à ce que les chambres réunies aient statué ; c'est ce qui a été décidé dans l'hypothèse où le moyen soumis aux chambres reunies était préjudiciel à l'autre (Crim. cass. 18 sept. 1847, aff. Boudier, D. P. 47. 1. 291). — A l'inverse, lorsque les chambres réunies rejettent le pourvoi sur le moyen qui leur est déféré, elles ne peuvent connaître d'un second moyen qui n'avait pas été examiné lors du premier pourvoi en cassation, et doivent renvoyer l'affaire devant la chambre civile, seule compétente pour en connaître (Ch. réun. rej. 2 août 1882, aff. de Béarn, D. P. 83. 1. 5).

273. Ainsi qu'on l'a dit au *Rép.* nᵒˢ 1289 et 1290, il n'appartient pas aux parties de saisir les chambres réunies ; ce droit est réservé en matière civile aux chambres des requêtes et civile qui, suivant les principes ordinaires, examinent successivement l'affaire. Pour les affaires criminelles, c'est la chambre criminelle qui prononce s'il y a lieu de renvoyer l'instance devant les chambres réunies (Crim. rej. 12 juin 1868, aff. Broussac, D. P. 69. 1. 261).

Les chambres réunies jouissent, d'ailleurs, d'une liberté absolue pour adopter telle doctrine qui leur semble préférable. Elles peuvent même, pour justifier la décision attaquée, suppléer des motifs de droit non encore examinés, et, par exemple, appliquer aux faits une qualification nouvelle restée en dehors du conflit que les chambres sont appelées à faire cesser (Ch. réun. rej. 30 mars 1847, aff. Bacon, D. P. 47. 1. 168).

§ 5. — Des attributions de la chambre des vacations (*Rép.* nᵒˢ 1294 à 1296).

274. V. *Rép.* nᵒˢ 1294 et suiv.

CHAP. 13. — Des ouvertures ou moyens de cassation, tant en matière civile que criminelle (*Rép.* nᵒˢ 1297 à 1524).

275. La cour de cassation, comme on l'a dit au *Rép.* n° 1304, n'a pas pour mission de redresser toutes les erreurs commises par les juges, mais seulement de maintenir le respect et l'exacte observation de la loi. Il suit de là, d'une part, que l'injustice flagrante d'une sentence, qui ne contrevient à aucune disposition de loi, constitue un simple mal jugé ne tombant pas sous la censure de la cour de cassation, d'autre part, que la violation de la loi donne seule ouverture à cassation. Ainsi à proprement parler il n'existe qu'une cause unique de cassation ; ou plutôt les différentes causes présentent toutes ce caractère commun de constituer une contravention à la loi. Cependant on distingue généralement, suivant une classification qui remonte à l'ancien droit, quatre causes d'ouverture à cassation qui sont : 1° la violation ou omission des formalités substantielles ; 2° l'incompétence ou excès de pouvoir ; 3° la violation ou fausse interprétation de la loi ; 4° la contrariété de jugements émanés de tribunaux différents (Glasson, *Eléments de droit français*, t. 2, p. 295). Conformément à la méthode suivie au *Rép.* n° 1301, nous examinerons séparément, outre les quatre causes de cassation ci-dessus indiquées ; 5° l'omission de prononcer, qui n'est qu'une violation de formes ; 6° la chose jugée, qui rentre habituellement dans la contrariété de jugements.

§ 1ᵉʳ. — Violation des formes légales (*Rép.* nᵒˢ 1310 à 1349).

276. — I. MATIÈRE CIVILE. — On a exposé au *Rép.* nᵒˢ 1311 et suiv. les difficultés soulevées par les textes en vigueur, d'après lesquels la violation des formes légales donnerait ouverture à la fois au recours en cassation et à la requête civile. Il est inadmissible, en effet, que le législateur ait entendu laisser aux parties le droit d'user cumulativement de ces deux moyens. Un des caractères du pourvoi en cassation est d'être essentiellement subsidiaire à toute autre voie de recours ; il faut en conclure que la violation des formes ne sera susceptible de motiver un pourvoi que lorsque la requête civile ne pourra être employée. Dans quels cas cela se produira-t-il ?

277. Comme on l'a fait remarquer au *Rép.* n° 1314, l'art. 480 c. pr. civ. restreint l'exercice de la requête civile à la violation des formes prescrites à peine de nullité. Au contraire, aux termes du décret des 4-15 germ. an 2, art. 2, la violation ou omission des formes prescrites en matière civile donne ouverture à cassation, alors même que la peine de la nullité n'y aurait pas été expressément attachée. On s'accorde à reconnaître, d'une part, que le texte précité a été abrogé par l'art. 1041 c. pr. civ., d'autre part, qu'il existe des formes véritablement constitutives des actes, que la loi a négligé de prescrire à peine de nullité et dont la violation doit cependant être réprimée, parce qu'elle vicie la substance de l'acte. C'est par la voie du recours en cassation que ces infractions pourront être poursuivies. Il en sera de même pour les formalités auxquelles l'art. 7 de la loi du 7 avr. 1810 subordonne la validité des jugements et dont l'omission constitue, aux termes de cet article, une ouverture à cassation. Sont-ce les seules hypothèses où le recours en cassation puisse être exercé? En ce qui concerne les formes prescrites à peine de nullité, il faut répondre, ainsi qu'on l'a fait au *Rép.* n° 1315, par une distinction admise dans notre ancien droit, où l'inobservation des formes était déjà à la fois une cause d'ouverture à requête civile et à cassation. Si le moyen de nullité n'a pas été invoqué devant les juges du fond, on doit considérer l'erreur comme involontaire de leur part: la requête civile doit leur permettre de la réparer. Si au contraire le moyen a été proposé devant le tribunal et rejeté par lui, on ne peut légitimement espérer le faire triompher devant les mêmes juges par la voie de la requête civile. C'est par la cassation qu'il faut se pourvoir. Ce système est encore aujourd'hui admis par la plupart des auteurs (V. Boitard et Colmet Daâge, *Leçons de procédure civile*, t. 2, p. 138; Rodière, *Compétence et procédure civile*, t. 2, p. 130; Chenon, p. 139). Ce dernier auteur propose même de restreindre plus étroitement l'exercice de la requête civile. Se fondant sur ce que les quatre cas indiqués par l'art. 7 de la loi de 1810, comme ouvertures de cassation, constituent des vices de formes imputables aux juges, M. Chenon estime que le pourvoi en cassation doit être employé toutes les fois que la violation des formes aura cette même origine. Pour qu'il y ait lieu à requête civile, il faudra non seulement que la nullité n'ait pas déjà été invoquée devant les juges, mais encore qu'elle soit imputable au fait des parties. A l'appui de ce système, on invoque l'art. 4 du décret des 4-15 germ. an 2 qui le consacrait expressément en ces termes : « Si c'est par le fait de l'une des parties ou des fonctionnaires publics agissant à sa requête qu'a été omise ou violée une forme prescrite, soit à peine de nullité par les lois antérieures à 1789, soit purement et simplement par les décrets émanés des représentants du peuple, cette violation ou omission ne peut donner ouverture à la cassation que lorsqu'elle a été alléguée par l'autre partie devant le tribunal dont celle-ci prétend faire annuler le jugement pour n'y avoir pas eu égard ». Cette distinction, d'ailleurs, ingénieuse, a contre elle la tradition, et celle-ci tire une grande force de l'abrogation du décret de germinal an 2; nous ne croyons pas que la question ait jamais été soumise à l'examen de la cour de cassation. La cour suprême s'est prononcée au contraire très formellement en faveur de la doctrine indiquée en premier lieu; on la trouve formulée notamment dans un arrêt portant: « qu'en droit, l'inobservation des formes prescrites à peine de nullité ne saurait donner lieu au pourvoi en cassation qu'autant qu'elle a été dénoncée aux juges, et qu'ils ont été mis en demeure d'y statuer; que, dans le cas contraire, le vice de la procédure n'étant que le fait de la partie, la voie de la requête civile est seule admissible suivant l'art. 480-2° c. pr. civ. » (Req. 5 mars 1873, aff. Ben-Olliel, D. P. 73. 1. 285-286).

Par application de ce principe, la cour de cassation a écarté le moyen tiré du défaut de reprise d'instance après le décès d'une des parties, en se fondant sur ce que dans les conclusions on n'avait pas relevé cette prétendue irrégularité comme ouverture de requête civile (Req. 18 févr. 1880, aff. Sassoun-ben-Kemoun, D. P. 80. 1. 352). Elle a rejeté de même le moyen tiré du défaut de conclusions du ministère public (Req. 21 mai 1860, aff. Cauvet, D. P. 60. 1. 360. V. *Rép.* v° *Requête civile*, n° 126).

278. — II. MATIÈRE CRIMINELLE. — La requête civile étant étrangère à cette matière, les difficultés que soulève, dans certains cas, la coexistence de cette voie de recours et du pourvoi en cassation ne se rencontrent plus ici; reste à savoir quelles violations peuvent motiver un recours en cassation. En matière criminelle où les plus graves intérêts sont en jeu, il semble que les formes de procédure qui en sont la sauvegarde doivent être plus rigoureusement observées. Et cependant, à s'en tenir aux termes de l'art. 408 c. instr. cr., la cassation ne sera prononcée que pour violation ou omission des formes prescrites *à peine de nullité*. Les formalités qui appartiennent à cette catégorie ont été énumérées au *Rép.* n° 1336.

279. Il n'est pas douteux que la voie du recours en cassation puisse encore être employée en cas d'inobservation des formalités auxquelles la loi a spécialement attaché cette sanction. Tels sont les cas prévus par l'art. 7 de la loi du 20 avr. 1810 ou encore par l'art. 408, § 2, c. instr. cr. ainsi conçu : « Il en sera de même (il y aura nullité) tant dans les cas d'incompétence que lorsqu'il aura été omis ou refusé de prononcer, soit sur une ou plusieurs demandes de l'accusé, soit sur une ou plusieurs réquisitions du ministère public tendant à user d'une faculté ou d'un droit accordés par la loi : bien que la peine de nullité ne fût pas textuellement attachée à l'absence de la formalité dont l'exécution aura été demandée ou requise ». Par ces derniers mots, il semble que la loi ne permette de prononcer la cassation pour omission de formalités non prescrites à peine de nullité, qu'autant que les parties en auront vainement réclamé l'observation devant les juges du fond. Dans ce système rigoureux, qui a été exposé au *Rép.* n° 1336, on fait seulement exception pour les formalités qui tiennent à l'ordre public et pour celles que la loi prescrit en employant les mots prohibitifs *ne pourront*, considérés, suivant une maxime de Dumoulin, comme équivalents à la peine de nullité. Mais la cour de cassation n'a pas admis cette doctrine; elle a considéré qu'il n'y avait pas lieu de prendre à la lettre la rédaction confuse, et peut-être accidentelle, de l'art. 408, et elle a transporté ici la règle, déjà posée en matière civile, que la violation ou l'omission d'une formalité substantielle quelconque donne lieu à cassation (V. en ce sens: les décisions citées au *Rép.* n°s 1344 et 1345). La solution, ainsi consacrée par la jurisprudence, a également été adoptée par les auteurs les plus récents (Faustin-Hélie, *Traité de l'instruction criminelle*, t. 8, p. 461 et 462; Chénon, *Origines, conditions et effets de la cassation*, p. 143 et 144).

Enfin la jurisprudence exige que l'accomplissement des formalités, ou substantielles, ou sanctionnées à peine de nullité, soit l'objet d'une mention expresse. Ainsi la cassation a été prononcée par le motif que le verdict d'un jury constatant l'admission de circonstances atténuantes n'indiquait pas que cette décision eût été prise à la majorité (Crim. cass. 19 déc. 1878, aff. Bégasseau, D. P. 79. 1. 192).

280. On doit rappeler ici que les irrégularités de formes antérieures à l'arrêt de la chambre d'accusation sont couvertes, au point de vue du recours en cassation, lorsque l'accusé ne les a pas relevées au moyen d'un recours dirigé contre cet arrêt. Telle est la portée que l'on s'accorde à reconnaître à l'art. 401 (*Rép.* n° 1340; Faustin-Hélie, *Traité de l'instruction criminelle*, t. 8, p. 463 ; Chenon, p. 145 ; Crim. rej. 25 août 1876, aff. Brandoly, D. P. 77. 1. 238). — Cette règle a été appliquée notamment au pourvoi : 1° fondé sur ce qu'un expert commis au cours de l'instruction n'aurait pas prêté le serment prescrit par l'art. 44 c. instr. cr. (Crim. rej. 21 janv. 1869, aff. Théophile, *Bulletin criminel*, n° 19) ; — 2° Sur ce que la minute de l'arrêt de la chambre d'accusation contient des renvois qui n'auraient été ni approuvés, ni signés (Crim. rej. 29 avr. 1869, aff. Firon, *Bulletin criminel*, n° 97 ; 25 août 1876, aff. Brandoly, D. P. 77. 1. 238). Par exception, cependant, il a été jugé qu'une nullité, commise dans l'instruction et qui n'a pas été invoquée à cette époque, pourrait entraîner la cassation de l'arrêt de condamnation, si les questions sur lesquelles le jury s'est prononcé s'identifiaient en quelque sorte avec les chefs proposés par l'arrêt d'accusation (Crim. cass. 25 mars 1858, aff. Dorotte, D. P. 58. 5. 48).

Quant aux arrêts rendus par les chambres d'accusation, ils peuvent être l'objet d'un pourvoi, soit dans les conditions et pour les causes spéciales indiquées dans l'art. 299 c. instr. crim., soit pour toute autre cause de nullité conformément à la règle générale édictée par l'art. 373 c. instr. crim. (V. *suprà*, n° 56).

281. En matière correctionnelle, l'application des mêmes principes résulte de la combinaison des art. 408 et 413 c.

instr. cr. ; le silence du prévenu couvre toutes les irrégularités de la procédure antérieure à l'arrêt de condamnation (Faustin-Hélie, t. 8, p. 464). Ainsi le défaut de citation relativement à un des chefs de la prévention (art. 182 c. instr. cr.) ne peut être invoqué devant la cour de cassation, faute d'avoir été relevé devant les juges correctionnels de première instance et d'appel (Crim. rej. 11 nov. 1869, aff. Béchade, *Bulletin criminel*, n° 229).

Il y a lieu de remarquer, en outre, qu'aux termes de la loi du 29 avr. 1806, art. 2, « le prévenu en police correctionnelle n'est pas recevable à présenter comme moyen de cassation les nullités commises en première instance et qu'il n'aurait pas opposées devant la cour d'appel, en exceptant seulement la nullité pour cause d'incompétence ». Conformément à cette disposition, un arrêt a rejeté le pourvoi tiré de l'irrégularité du serment prêté par les témoins entendus en première instance, alors que le prévenu n'avait pas excipé de cette nullité en appel (Crim. rej. 16 nov. 1866, aff. Genty, D. P. 67. 1. 87 ; 28 mai 1864, aff. Delisle, 2° arrêt, D. P. 67. 1. 362).

Par identité de motifs la cour de cassation a étendu cette disposition de la loi du 29 avr. 1806 aux affaires de simple police (Crim. 30 déc. 1859, aff. Ricord, D. P. 65. 5. 49).

§ 2. — Violation de la loi quant au fond. — Coutume. — Jurisprudence. — Droit romain. — Loi étrangère, etc. (*Rép.* n°s 1350 à 1427).

282. Cette cause d'ouverture à cassation est de beaucoup la plus importante. Ainsi qu'on l'a exposé au *Rép.* n° 1353, pour qu'elle puisse exister, trois conditions, déjà indiquées au siècle dernier par Tolozan, *Règlement du conseil*, p. 261, doivent se trouver réunies : 1° existence d'une loi ; 2° disposition d'un jugement en contradiction avec cette loi ; 3° absence de faits particuliers à l'affaire faisant disparaître cette contradiction (*Rép.* n° 1353). Avant d'aborder l'énumération des divers actes qui constituent des *lois*, ou peuvent en tenir lieu, il y a lieu de s'occuper des deux autres conditions.

283. — I. DISPOSITION D'UN JUGEMENT EN CONTRADICTION AVEC UNE LOI. — On a examiné au *Rép.* n°s 1351 et suiv., en quoi doit consister cette contradiction, et l'on a vu que la jurisprudence de la cour de cassation, contraire sur ce point à celle de l'ancien conseil des parties et à l'opinion, d'ailleurs isolée, d'Henrion de Pansey, considère comme cause d'ouverture à cassation toute contravention manifeste non seulement au texte, mais encore à l'esprit de la loi ; qu'en conséquence, la fausse interprétation de la loi suffit, d'après cette jurisprudence, à motiver l'intervention de la cour suprême.

En est-il de même de la fausse application de la loi ? L'affirmative est certaine en matière criminelle ; elle résulte de l'art. 410 c. instr. crim. qui déclare que l'application d'une peine autre que celle édictée par la loi à raison de la nature du crime commis, doit entraîner la nullité de l'arrêt. Ainsi qu'il a été dit au *Rép.* n° 1357, le même système doit être étendu aux matières civiles, où la fausse application équivaut le plus souvent à la violation, soit de la loi faussement étendue à un cas pour lequel elle n'avait pas été édictée, soit d'une autre loi qui aurait dû être appliquée, et dont le juge n'a pas tenu compte. En dehors de ces hypothèses, la fausse application d'une loi ne constitue qu'un mauvais raisonnement ou un hors-d'œuvre inutile ; elle ne saurait entraîner la cassation d'un jugement qui, au fond, ne contrevient à aucune loi (V. *Rép. ibid.*).

Il ne suffit point, d'ailleurs, pour motiver une cassation, que cette contravention à la loi se trouve dans une partie quelconque du jugement. A cet égard, c'est uniquement le dispositif qui est à considérer, car, ainsi qu'il a été dit au *Rép.* n° 1358, lui seul constitue le jugement et en renferme tous les effets. Les motifs n'en sont que la justification, et à la condition de ne point vicier le fond du dispositif, les irrégularités et inexactitudes qui y sont contenues ne peuvent motiver la cassation de l'arrêt (Boitard et Colmet Dâage, *Leçons de procédure civile*, t. 2, p. 136). Comme conséquence de cette règle, on a maintenu un jugement qui rejetait des conclusions subsidiaires, prises pour la première fois en appel, en se fondant à tort sur ce qu'elles constituaient une demande nouvelle, mais alors que le rejet était suffisamment justifié par d'autres motifs (Req. 23 avr. 1872, aff. Visquesney, D. P. 74. 1. 155). Il a été jugé, dans le même sens, qu'un motif erroné ne peut donner lieu à la cassation d'un arrêt dont le dispositif se justifie d'ailleurs par un autre motif juridique (Req. 16 févr. 1887, aff. Lefebvre, D. P. 87. 1. 208 ; Civ. rej. 7 déc. 1886, aff. de Monseignat, D. P. 87. 1. 101) ; — Qu'il n'y a pas lieu à cassation d'un arrêt pour violation de l'autorité de la chose jugée à raison d'une déclaration consignée dans les motifs dudit arrêt, si cette déclaration n'a trouvé aucune place dans le dispositif (Civ. rej. 30 nov. 1886, aff. Regard de Vars, D. P. 87. 1. 109). On retrouvera les diverses applications de ce principe dans le paragraphe suivant (V. *infrà*, n°s 301 à 307).

284. — II. INEXISTENCE DE FAITS PARTICULIERS A L'AFFAIRE, FAISANT DISPARAITRE LA CONTRAVENTION. — Ainsi qu'on l'a vu au *Rép.* n° 1353, cette condition, empruntée à notre ancien droit, ne doit plus être entendue comme elle l'était par Tolozan. Dans la pensée de cet auteur (*Règlement du conseil*, p. 260), elle signifiait que « la disposition du jugement et celle de la loi devaient être diamétralement opposées ». On vient de dire (*suprà*, n° 283) que ce système, trop restrictif, n'était plus admis aujourd'hui. Mais si l'on ne considère plus comme nécessaire une contradiction expresse entre les termes du jugement et ceux de la loi, on doit exiger du moins, pour qu'il y ait lieu à cassation, que le jugement contrevienne réellement à la loi ; ou, ce qui exprime la même idée, que les faits particuliers du procès ne viennent pas faire disparaître la contradiction apparente entre le jugement et la loi. Tel est le sens de la condition que nous examinons en ce moment.

Il faut rechercher maintenant dans quelles circonstances se produira cette hypothèse d'une contravention à la loi, simplement apparente. On s'en rendra aisément compte en se rappelant les explications déjà présentées sur la qualification des faits et sur la détermination des conséquences légales. Si les conséquences légales que les juges du fond ont fait produire ne sont pas celles que la loi a attachées à la qualification appliquée, il y a contravention à la loi. Mais la contravention ne sera qu'apparente si l'on suppose que la qualification relevée par les juges ne s'accorde pas avec les faits constatés, et que la qualification qui leur convient réellement, engendre les conséquences légales indiquées dans le jugement. Une hypothèse de ce genre est fournie par un arrêt (Civ. rej. 15 mai 1816, *Rép.* v° *Servitude*, n° 1084). La cour de Metz avait appliqué l'art. 691 c. civ. concernant les servitudes discontinues à une servitude litigieuse qu'elle qualifiait de continue. En apparence, il y avait une contravention à la loi. Mais en réalité la servitude avait été inexactement qualifiée ; il s'agissait d'un droit de puisage, c'est-à-dire, d'une servitude discontinue, puisque son exercice nécessite le fait actuel de l'homme. La cour de cassation a rejeté le pourvoi, en se fondant sur ce que l'erreur de qualification, qui, dans l'espèce, était contenue dans les considérants, n'avait pas influé sur le dispositif. Mais la cour aurait dû rendre la même décision si l'erreur de qualification s'était produite dans le dispositif lui-même. Cet exemple fait comprendre d'une part, comment les faits particuliers de la cause peuvent faire obstacle à la cassation d'un arrêt en apparence contraire à la loi, et d'autre part, comment la cour suprême arrive sans sortir de ses attributions, à reconnaître que la violation de la loi n'est qu'apparente.

285. — III. EXISTENCE D'UNE LOI. — Avant tout, la cassation suppose *l'existence d'une loi qu'on prétend violée*. C'est la dernière condition qui reste à examiner. Remarquons tout d'abord avec le *Rép.* n° 1373, que le mot *loi* doit être ici entendu dans son sens le plus large. Il ne s'agit donc pas seulement de l'acte émané du pouvoir législatif et qui seul mérite ce nom *proprio sensu*, mais encore de tous les actes ayant force de loi. Ainsi envisagés, les actes dont la violation doit entraîner cassation sont fort nombreux et varient beaucoup, et quant à la nature de l'autorité qui les a édictés et quant à l'époque où ils ont apparu.

286. On peut distinguer d'abord les actes antérieurs et les actes postérieurs à 1789. Les actes antérieurs comprennent les ordonnances, coutumes, lois romaines, arrêts du conseil, arrêts de règlement, enfin l'ancienne jurisprudence (*Rép.* n°s 1376, 1379, 1385 à 1400, et v° *Lois*, n°s 27 à 46).

Dans quelle mesure ces diverses dispositions sont-elles encore applicables, et notamment est-il permis d'y recourir pour combler les lacunes de la nouvelle législation? On sait qu'aux termes de l'art. 7 de la loi du 30 vent. an 12, toutes les lois antérieures ont été abrogées par cela seul qu'elles avaient trait aux matières qui ont fait l'objet du nouveau code civil. En ce qui concerne les lois romaines, la jurisprudence a eu, à diverses reprises, notamment en Belgique, l'occasion de déclarer que ces lois, ayant cessé d'avoir force obligatoire, ne peuvent donner ouverture à cassation (V. outre les décisions citées ou rapportées au *Rép.* n° 1386 : C. cass. de Belgique, 16 mai 1861, aff. Commune de Lustin C. fabrique de l'Église de Lustin, *Pasicrisie belge*, 1861. 1. 389; 26 nov. 1885, aff. Charbonnages de Bellevue, D. P. 86. 2. 274).

Mais les textes législatifs postérieurs au code civil n'ont pas reproduit la formule d'abrogation dans les termes rigoureux employés par la loi de ventôse an 12. Les lois et règlements antérieurs ont été abrogés seulement en ce qu'ils contenaient de contraire aux dispositions nouvelles, et par suite, sur plusieurs points, ils sont restés en vigueur.

Le même principe et la même distinction sont évidemment applicables aux actes législatifs de la période dite intermédiaire (V. *Rép.* n°s 1380 à 1382, et v° *Lois*, n°s 50 à 54), qui a précédé la promulgation de nos codes. Ils sont l'œuvre des diverses assemblées parlementaires qui ont exercé tour à tour le pouvoir législatif.

287. En dehors de ces actes, rendus par l'autorité législative sous les noms divers de lois, décrets, constitutions, on en rencontre d'autres qui, n'ayant pas la même origine, ne méritent pas le nom de lois. Ils en ont cependant l'autorité, soit directement, soit indirectement, et comme tels leur violation donne lieu à cassation. Les actes ayant *directement* force de loi, sont ceux qui ont été pris par le pouvoir exécutif, exerçant plus ou moins régulièrement les fonctions législatives. Appartiennent à cette catégorie : les décrets du premier Empire; les actes du Gouvernement provisoire de 1848; les décrets rendus pendant la période dictatoriale de 1852 en vertu de l'art. 58 de la Constitution de 1852; les décrets du Gouvernement du 4 septembre, non annulés par l'Assemblée nationale (Crim. cass. 8 juin 1871, aff. Delvallée, D. P. 71. 1. 79-80).

On reconnaît aujourd'hui que ces différents actes doivent être respectés comme des lois véritables; mais cela n'a pas été admis sans difficulté, surtout en ce qui concerne les décrets du premier Empire. On a soutenu que ces décrets n'avaient plus force obligatoire; mais l'opinion contraire a été depuis longtemps consacrée par la doctrine et la jurisprudence (V. *Rép.* n° 1383, et v° *Lois*, n°s 54 et 556; *Adde :* Aubry et Rau, *Cours de droit civil français*, t. 1, p. 8; Crim. cass. 24 févr. 1855, aff. Galeppe, D. P. 56. 1. 208).

288. D'autres actes, émanant comme les précédents du pouvoir exécutif, n'ont force de loi qu'*indirectement*. Ces actes, qui portent le nom d'*ordonnances* sous la royauté, de *décrets* sous l'empire et la république, ont force obligatoire, lorsqu'ils ont pour objet de pourvoir à la mise à exécution des lois, ou encore lorsqu'ils réglementent une matière pour laquelle la puissance législative a été expressément conférée par une loi au chef du pouvoir exécutif. A titre d'exemple, nous citerons la loi sur les douanes et les *primes* ou *drawbacks*, du 15 déc. 1848 (D. P. 49. 4. 17), et les nombreux décrets pris en exécution de cette loi (V. notamment : décrets relatifs au drawback alloué à la sortie des savons des 14 févr. 1853 (D. P. 53. 4. 14) et 17 févr. 1855 (D. P. 55. 4. 21). — V. aussi, en matière de chemin de fer : la loi du 15 juill. 1845 sur la police des chemins de fer (D. P. 45. 3. 163), et l'ordonnance portant règlement sur la police, la sûreté et l'exploitation des chemins de fer, du 15 nov. 1846 (D. P. 47. 3. 25).

Ce pouvoir réglementaire, qui appartient ordinairement au chef de l'Etat, peut être exercé, au moyen d'une délégation spéciale restreinte à certaines matières, tantôt par les ministres, tantôt par les préfets (par exemple, en ce qui concerne les journaux où doivent être insérées les annonces judiciaires, V. Civ. cass. 7 déc. 1859, aff. Deschamps, D. P. 60. 1. 30), ou même par les maires (Loi sur l'organisation municipale du 5 avr. 1884, art. 94 et 97, D. P. 84. 4. 52).

289. Les traités internationaux, lorsqu'ils ont été régulièrement conclus, doivent être assimilés aux autres lois de l'Etat; leur mise à exécution est, d'ailleurs, assujettie, au point de vue de la promulgation et de la publication, aux mêmes conditions que les lois proprement dites. Les tribunaux ont donc à interpréter et à appliquer les traités diplomatiques exactement comme les autres lois, toutes les fois que les contestations motivant cette application ont trait à des intérêts privés. C'est ce qui a été décidé notamment : 1° à l'occasion d'un traité international concédant l'entreprise du câble transatlantique (Req. 6 janv. 1873, aff. Balestrini, D. P. 73. 1. 117); — 2° A l'occasion d'une indemnité allouée par convention diplomatique aux représentants d'un Français (Req. 16 août 1870, aff. Delarbre, D. P. 71. 1. 279. V. pour plus de détails *Traité international;* — *Rép.* eod. v°, n° 156).

290. — 1° *Usage.* — Comme on l'a exposé au *Rép.* n° 1401, les usages que la loi reconnaît et consacre en s'y référant expressément ont, sans aucun doute, la même force obligatoire que la loi elle-même; tels sont les usages commerciaux visés par la loi du 13 juin 1866 (D. P. 66. 4. 67).

Il est non moins certain que, si l'usage non consacré par le législateur se trouve en contradiction avec une loi formelle, il ne peut être question d'un recours en cassation pour violation de cet usage, car celui-ci est impuissant pour prévaloir contre la loi. C'est ce que l'on a fait observer au *Rép.* n° 1406.

291. Mais s'il s'agit d'un usage que la loi n'a pas consacré, et qui, d'autre part, n'est pas en contradiction avec elle, est-il obligatoire pour les tribunaux et partant sa violation peut-elle donner ouverture à cassation? Il est hors de doute que les juges du fond sont souverains pour constater l'existence d'un usage et en rechercher le sens (Crim. rej. 5 janv. 1855, aff. Benoit, D. P. 55. 1. 85); c'est un fait à vérifier; mais une fois l'usage reconnu et établi, le jugement qui se refuse à en tenir compte, tombe-t-il sous la censure de la cour suprême? M. Boistel, *Précis de droit commercial*, 1878, n° 22, ne le pense pas. Il fait observer que le législateur, en créant le contrôle suprême de la cour de cassation, n'a eu en vue que le maintien de la loi écrite à laquelle on ne peut assimiler les usages qui n'ont pas été expressément consacrés; faire intervenir la cour régulatrice pour les protéger, ce serait rendre invariables et uniformes des usages qui par leur nature répugnent à cette fixité. Le même auteur fait, d'ailleurs, exception pour le cas où les lois auraient renvoyé expressément à l'usage, car alors, dit-il, ce serait violer la loi elle-même, que de ne pas se conformer à l'usage.

MM. Lyon-Caen et Renault, *Précis de droit commercial*, t. 1, n° 52, exposent un système qui en apparence diffère du précédent. L'usage régulier, disent-ils en substance, a la force de la convention écrite — cela résulte des art. 1135, 1159 et 1160 c. civ., lesquels déclarent qu'il faut suppléer dans les conventions tout ce qui est d'usage; — on doit donc assimiler l'usage à la convention tacite des parties; comme, d'autre part, on reconnaît que la cour de cassation a le droit d'annuler comme contraires aux art. 1134 et 1135 c. civ. les décisions qui ne donnent pas effet aux conventions expresses ou tacites des parties, il faut admettre que la cour a, pour les mêmes motifs, le pouvoir de faire respecter les usages dûment constatés, et auxquels les parties par leur silence sont présumées s'être référées. On remarquera que, dans ce système comme dans le précédent, l'intervention de la cour suprême est motivée par la violation, non d'un usage, mais d'une loi formelle, l'art. 1134; MM. Lyon-Caen s'inspirent en définitive du même principe que M. Boistel; seulement ils assimilent aux renvois, que divers textes font à l'usage en termes exprès, le renvoi général et implicite contenu dans l'art. 1134.

Tout en admettant, avec MM. Lyon-Caen et Renault, que les motifs, pour lesquels les juges du fond n'ont pas tenu compte d'un usage constaté, peuvent appeler la censure de la cour suprême, nous ferons exception pour le cas où les juges constateraient que l'intention des parties a été de se soustraire à l'application de l'usage. Cette réserve, que les auteurs précités ne mentionnent pas, est commandée par le principe qui sert de base à leur raisonnement. En effet, ainsi qu'on le verra à propos de la violation de la loi du contrat, il appartient aux juges du fond de déterminer souverainement, et d'après l'intention des parties contractantes, les conventions qu'elles avaient précisément en vue (V. *infrà*, n° 342). On peut rattacher à ce principe un arrêt qui a vu une constatation souveraine dans la décision par laquelle les juges du fond avaient déclaré qu'il y avait lieu, pour compléter une convention, de consulter les usages commerciaux d'un port de mer (Req. 22 avr. 1874) (1).

292. Les *maximes de droit*, ainsi qu'il a été observé au *Rép.* n° 1425, ne peuvent, en règle générale, servir de base à un moyen de cassation. Il n'en est autrement que si la maxime dont la violation est invoquée, doit être considérée comme l'expression d'un principe de droit formulé implicitement dans une disposition de loi. Tel est le cas de la maxime « *locus regit actum* » manifestement consacrée par les art. 47, 170 et 999 c. civ. (*Rép.* n° 1427). D'autres maximes répondent moins à un texte de loi spécial qu'à l'esprit général d'un ensemble de dispositions. En ce sens, on peut citer la maxime « *nemo auditur propriam turpitudinem allegans* » ou encore « *nul en France ne plaide par procureur si ce n'est le roi* ». Il est assez difficile de justifier le recours en cassation fondé sur la violation d'une de ces maximes. Cependant ce recours est d'une application fréquente (V. notamment en ce qui concerne la maxime « nul ne plaide par procureur », *Action*, n°s 46 et suiv.). Tout ce qu'on peut dire, c'est que la violation d'une de ces maximes constitue une contravention au principe de droit dont elles sont l'expression, et qui, bien que non formulé dans notre législation, y a été cependant sous-entendu d'une manière certaine.

293. — 2° *Lois étrangères.* — La règle générale a été nettement posée au *Rép.* n° 1427. Les lois étrangères n'ayant en principe aucune autorité en France, leur violation ne saurait constituer un moyen de cassation (Conf. Req. 9 nov. 1868) (2). Il en est autrement lorsqu'un traité international a donné force de loi en France à une loi étrangère. Mais cette hypothèse est moins une exception qu'une application de la règle, puisqu'il s'agit à proprement parler d'une contravention à une loi française.

294. Cette exception en appelle une autre, déjà indiquée au *Rép.* n° 1427, et que la jurisprudence formule de la manière suivante : le recours en cassation est ouvert lorsque la violation d'une loi étrangère est la cause d'une contravention à la loi française (Req. 25 mai 1868 (3); Req. 23 févr. 1874 (4); C. cass. Belgique, 9 mars 1882) (5). Comme application de cette règle on cite les cas où la loi française

(1) (Michel C. Pavy.) — LA COUR; — Sur le moyen unique du pourvoi, tiré de la violation de l'art. 1134 c. civ. et d'un excès de pouvoir : — Attendu, en premier lieu, que Pavy ayant vendu à Michel une certaine quantité d'avoine, il s'agissait de savoir à qui des deux incombait la charge de fournir les wagons nécessaires au transport; que la convention verbale, invoquée par le demandeur en cassation, disait seulement que la marchandise serait livrée sur wagons, qu'elle ne tranchait pas la question, et que, dès lors, l'arrêt attaqué a pu à bon droit chercher dans les éléments de la cause les motifs de sa décision ; — Attendu, en second lieu, que l'arrêt pose, en fait; que le lieu d'expédition de la marchandise était à Dunkerque; que, partant de ce fait, il interroge les usages commerciaux de Dunkerque et en induit que l'acheteur devait subir les conséquences du manque de wagons ; que l'appréciation à laquelle il s'est livré est souveraine, et que, en jugeant ainsi, il n'a ni violé l'art. 1134 c. civ., ni commis un excès de pouvoir; — Rejette, etc.

Du 22 avr. 1874.-Ch. req.-MM. de Raynal, pr.-Petit, rap.-Babinet, av. gén., c. conf.-Lesage, av.

(2) (Pluhel C. Campa et autres.) — LA COUR; — Attendu que l'arrêt attaqué s'est borné à prononcer la résolution de la vente dont il s'agit, pour défaut de payement du prix; que, loin de porter atteinte à la concession obtenue du gouvernement espagnol, il réserve les droits qui peuvent en résulter; qu'il est ainsi resté dans les limites de ses attributions et n'a pu commettre aucun excès de pouvoir; que la loi française sur les mines est sans application à la vente d'une propriété minière sise en Espagne, et que le moyen pris de ce que, d'après la législation espagnole, un immeuble de cette nature ne pourrait être l'objet d'une vente est non recevable comme présenté pour la première fois devant la cour de cassation; que, d'ailleurs, la violation d'une loi étrangère ne constituerait qu'un simple mal jugé qui ne tombe pas sous sa censure; — Rejette, etc.

Du 9 nov. 1868.-Ch. req.-MM. Bonjean, pr.- Tardif, rap.-Savary, av. gén., c. conf.-Diard, av.

(3) (de Civry C. de Brunswick.) — LA COUR; — Sur le moyen tiré de la violation de l'art. 3 c. nap. et fausse application de l'art. 334 même code, en ce que l'arrêt attaqué a refusé de donner effet à la reconnaissance volontaire de paternité invoquée par la demanderesse : — Attendu qu'il ressort clairement des termes de l'arrêt attaqué qu'il n'est nullement entré dans la pensée de la cour impériale d'appliquer à la cause les règles spéciales auxquelles l'art. 334 c. nap. a soumis la reconnaissance des enfants naturels; qu'en effet, l'arrêt se fonde, non pas sur ce que les époux de Civry ne justifieraient pas d'une reconnaissance faite en la forme de l'art. 334, mais sur ce que « il n'est produit aucune pièce publique ou privée émanée de l'intimé qui contienne, même implicitement, l'aveu de la paternité; » — Attendu, d'ailleurs, qu'en supposant que l'arrêt attaqué ne se fût pas conformé aux dispositions de la loi de Brunswick, ce qui n'est nullement établi, cette contravention à la loi étrangère ne pourrait donner ouverture à cassation qu'autant qu'elle serait devenue le principe d'une contravention à la loi française, contravention qui n'est même pas alléguée par le pourvoi ; — Rejette, etc.

Du 25 mai 1868.-Ch. req.-MM. Bonjean, pr.-Nachet, rap.-P. Fabre, av. gén.-Bosviel, av.

(4) (Comp. Messageries maritimes C. Comp. universelle du canal maritime de Suez.) — LA COUR; — Sur le moyen unique pris de la violation de l'art. 17 du firman de concession du 5 janv. 1856 ainsi que des lois des 27 vend. an 2, 12 niv. an 2, 5 juill. 1836 et des ordonnances des 18 nov. 1837 et 18 août 1839, et de la fausse application de l'art. 5, tit. 10, de l'ordonnance de 1681 : — Attendu que la cour de cassation instituée pour maintenir l'unité de la loi française par l'uniformité de la jurisprudence, n'a pas la mission de redresser la fausse application des législations étrangères; — Que les arrêts des cours d'appel ne peuvent, par conséquent, être cassés pour violation d'une loi étrangère, à moins que cette violation ne devienne la source d'une contravention expresse à la loi française; — Attendu qu'il résulte de déclarations de l'arrêt attaqué que le firman du vice-roi d'Egypte du 5 janv. 1856 adopte, comme base de la perception du droit de navigation concédé à la Compagnie du canal de Suez, la tonne maritime française, mais qu'il abandonne à cette compagnie le choix du mode de jaugeage, pourvu qu'elle demeure dans les termes stricts de son contrat, et qu'elle ne perçoive jamais qu'un maximum de 10 fr. par tonne de capacité de 1^{m} 44 c. réellement existante dans les parties du navire disponibles au fret et au transport; — Que vainement la demanderesse prétend que l'unité de jauge ne pouvait pas être distinguée de la méthode de jaugeage, et que du moment qu'il était reconnu que le droit concédé devait être établi sur une base française, il en résultait nécessairement que l'on devait se conformer, pour la méthode de jaugeage, à la législation française ; — Qu'il s'agissait précisément de savoir si telle avait été l'intention des parties contractantes; — Que la cour de Paris, en décidant, comme elle l'a fait, cette question, s'est bornée à interpréter l'acte de concession qui lui était soumis, et qu'elle n'a pu violer, même indirectement, les lois françaises visées au pourvoi ; — D'où il suit que sa décision, même en admettant qu'elle n'ait pas fait une saine interprétation du firman et que cet acte ait le caractère d'une loi, échappe à la censure de la cour de cassation; — Rejette, etc.

Du 23 févr. 1874.-Ch. req.-MM. de Raynal, pr.-Goujet, rap.-Reverchon, av. gén.-Sabatier, av.

(5) (Bigwood C. Scheler.) — LA COUR; — Sur le moyen unique, pris de la violation ou tout au moins de la fausse application de l'art. 3 c. civ., en tant que l'arrêt a admis que le statut personnel des époux Bigwood autorisait le juge belge à appliquer, pour l'appréciation des causes de leur divorce, les principes de la loi belge, alors qu'en réalité ce statut personnel ne le permet pas, mais défend au contraire au juge étranger de prononcer le divorce entre Anglais, et pour d'autres causes que celles qui seraient suffisantes en Angleterre, notamment pour une autre cause que l'adultère du mari cumulé avec des injures graves, quand le divorce est poursuivi par l'épouse : — Attendu qu'un pourvoi n'est recevable qu'autant qu'il se fonde sur la violation d'une loi belge; que la seule disposition belge citée comme violée est l'art. 3 c. civ., en tant que celui-ci consacre l'empire, même en pays étranger, des lois *concernant l'état et la capacité des personnes;* — Attendu que la violation de la loi anglaise invoquée par le pourvoi ne peut lui servir de fondement qu'en tant que cette violation soit le principe de la prétendue contravention à la loi belge citée, c'est-à-dire à l'art. 3 c. civ.; — Attendu que, comme le mariage, le divorce et ses causes intéressent l'état des personnes et relèvent par suite du statut personnel; — Attendu que l'arrêt dénoncé et le jugement dont il s'approprie en partie les motifs déclarent que le droit anglais, fondé sur la coutume, admet que l'état de chaque personne est réglé, non par le principe de sa nationalité, mais par la loi de son domicile; — Attendu qu'en invoquant ainsi la loi anglaise et en en fixant le sens, l'arrêt n'a fait que déterminer, dans l'espèce, les dispositions devant régir à l'étranger les causes de dissolution du mariage; que, par conséquent, loin de contrevenir à l'art. 3 c. civ., l'arrêt en a fait l'application en

renvoie à la loi étrangère en ce qui concerne les formes des actes rédigés en pays étrangers suivant la maxime: « *locus regit actum* ». On remarquera qu'ici encore l'intervention de la cour de cassation est motivée par la violation d'une loi française (art. 47, 170 et 999 c. civ.); et non par la contravention aux dispositions d'une loi étrangère. Si c'est là, comme nous le croyons, la véritable raison de l'intervention de la cour suprême, on doit admettre que là où il n'y a pas contravention à la loi nationale, cette cour cesse d'exercer son droit de contrôle.

295. Appliquant ce principe à la loi concernant la forme des actes passés à l'étranger, nous observerons que la loi française à cet égard prescrit uniquement de se référer à la loi étrangère; du moment que les tribunaux se sont reportés à cette législation, on peut dire que le vœu de la loi est pleinement réalisé; aller au delà, et rechercher si les dispositions de la loi étrangère ont été bien ou mal appréciées et appliquées nous semble donc en dehors des attributions de la cour de cassation, puisqu'un pareil examen n'intéresse en aucune façon notre législation nationale. Cette doctrine est aussi celle qui résulte de plusieurs arrêts qui ont décidé: 1° qu'il n'y a pas contravention à la loi française dans le jugement qui donne effet conformément à l'art. 47 c. civ. à un acte de mariage passé en pays étranger, les juges du fond ayant déclaré souverainement que cet acte a été rédigé selon la forme usitée dans ce pays (Req. 15 avr. 1861, aff. Seitz, D. P. 61. 1. 420); — 2° Que l'appréciation faite par les juges du fond d'une loi étrangère ne peut donner ouverture à cassation qu'autant qu'elle est en opposition avec la loi française (Civ. rej. 15 juin 1863, aff. Hibon, D. P. 63. 1. 313); — 3° Qu'à supposer que les juges du fond aient fait erreur sur le caractère suspensif de l'appel dans la législation anglaise, cette erreur, ne conduisant à aucune violation d'un article de loi française, ne constitue qu'un mal jugé (Req. 4 juin 1872, aff. Fitz-Gérald, D. P. 73. 5. 62); — 4° Que l'erreur des tribunaux français sur les dispositions d'une loi étrangère reconnue applicable à la cause ne peut donner ouverture à cassation (Req. 29 avr. 1885, aff. d'Armancourt, D. P. 85. 1. 225).

296. Toutefois, la cour de cassation n'a pas toujours restreint son contrôle dans des limites aussi étroites, et l'on peut citer deux hypothèses dans lesquelles la cour a fait porter son examen non plus seulement sur la question de savoir si la loi française réclamait l'application d'une loi étrangère, mais encore sur le sens et l'interprétation de la loi étrangère elle-même. La première est relative à une concession de territoire accordée par un *amra* ou décret du bey de Tunis, le 26 août 1866, et dont le concessionnaire avait transporté le bénéfice à une société. Une demande en nullité de la société avait été intentée sur le motif que le droit conféré par *l'amra* était personnel et, par suite, ne pouvait faire l'objet d'une société. La cour d'Aix saisie de l'affaire décida, par interprétation de *l'amra*, que la société était valable, la concession n'étant point personnelle. La cour de cassation a réformé cette décision par le motif « que l'arrêt attaqué avait, contrairement au texte du décret de concession et aux déclarations conformes du gouvernement tunisien, admis que la concession entière avait pu faire l'objet licite d'un contrat de société et que de Sancy avait pu l'y apporter pour sa part; qu'il avait par suite déclaré valables les actes de société et de cession litigieux, que par cette solution il avait directement violé les articles du code civil ci-dessus visés, etc. » (Civ. cass. 18 juill. 1876, aff. de Sancy, D. P. 76. 1. 498).

La seconde hypothèse se réfère à l'application de la règle *locus regit actum*. Dans une espèce où, il est vrai, aucune violation de loi étrangère n'était relevée, la chambre des requêtes a déclaré que la décision rendue sur la validité d'un testament fait à l'étranger par un Français peut être déférée à la cour de cassation pour infraction aux dispositions de la loi étrangère concernant la rédaction des actes de cette nature; elle a rejeté par les motifs suivants la fin de non-recevoir tirée de ce qu'il s'agissait de la violation d'une loi étrangère: « Attendu que si en validant le testament litigieux, l'arrêt attaqué avait violé la loi belge, cette infraction à une loi étrangère pourrait donner ouverture à cassation puisqu'elle aurait pour conséquence la violation de l'art. 999 c. civ. franç., aux termes duquel les testaments authentiques faits par des Français en pays étrangers doivent être passés avec les formalités prescrites dans le pays où l'acte a été rédigé » (Req. 12 févr. 1879, aff. Duhamel, D. P. 79. 1. 84).

Ces deux décisions, la dernière surtout, paraissent bien contredire la doctrine des arrêts cités en premier lieu, qui consiste à regarder la loi française comme respectée du moment que les juges du fond ont déclaré appliquer la loi étrangère, bien ou mal interprétée par eux. C'est cette doctrine qui, pour les raisons précédemment développées, nous paraît préférable.

297. Si le système consacré par les deux derniers arrêts devait prévaloir, il impliquerait pour la cour de cassation le droit d'intervenir dans le cas où les tribunaux français, ayant à appliquer à un étranger la loi de son statut personnel, auraient méconnu les dispositions de cette loi. En effet, bien que le code civil ne dise nulle part expressément que l'étranger sera régi par sa loi nationale, quant à son état et à sa capacité, il n'est pas douteux que ce principe résulte par argument de réciprocité des dispositions de notre loi quant à la situation des Français à l'étranger (art. 3 c. civ.). S'il en est ainsi, on peut soutenir que le renvoi à la loi étrangère énoncé expressément à propos de la forme des actes, existe implicitement, mais avec tout autant de force en ce qui concerne l'état et la capacité des étrangers en France. On doit en conclure, d'après le système des deux arrêts précités, que la violation de la loi étrangère aussi bien dans le second cas que dans le premier devient la source d'une contravention à la loi française. La jurisprudence française n'a jamais eu, à notre connaissance, l'occasion de se prononcer sur une hypothèse de ce genre ; mais on peut citer un arrêt de la cour de cassation de Florence du 25 avr. 1881 (1) qui a formellement décidé que la violation ou fausse interprétation de la loi étrangère peut

tenant compte, dans l'affaire, des lois anglaises régissant le statut personnel; — Attendu qu'en supposant que l'arrêt ait fait une application erronée du droit anglais et ait admis à tort que ce droit permet à la loi du domicile de régler les causes du divorce, cette interprétation, dépouillée de toute contravention à une loi belge, n'est plus qu'une appréciation souveraine de fait; — Rejette, etc.

Du 9 mars 1882.-C. cass. de Belgique, 1re ch.-MM. de Longé, 1er pr.-Corbisier de Méaultsart, rap.-Mesdach de ter Kiele, 1er av. gén., c. conf.-Picard et Leclercq, av.

(1) (Gouvernement de Tunis et autres C. Samana et autres.) — LA COUR;... — Sur le troisième moyen : — Attendu, en fait, que les héritiers légitimes et le représentant du Gouvernement tunisien, s'appuyant sur l'art. 72 c. polit. adm., dit : « Canun-Edula », prétendaient que la législation du royaume de Tunis prohibe la renonciation à sa nationalité; — Attendu qu'après examen, la cour conclut que loin de s'opposer d'une manière absolue au changement de patrie, ledit article paraît au contraire reconnaître l'existence de ce droit... ; — Attendu que les défendeurs ont opposé à cette interprétation erronée des demandeurs, une exception préjudicielle, consistant à écarter le moyen proposé, en invoquant l'incompétence de la cour de cassation dans les questions d'interprétation des lois étrangères par les tribunaux du royaume; — Attendu que cette exception, justement soulevée dans la généralité des cas, perd toute sa force en présence d'une disposition expresse de notre législation prescrivant l'application des lois étrangères; car, par cette disposition même, l'autorité des lois étrangères devient égale à celle des lois du royaume et, par suite, leur violation par les juges donne ouverture à tous les recours légaux que notre code de procédure civile accorde pour la réformation des sentences; que, du reste, l'hypothèse présente ne peut donner lieu à aucune difficulté, les termes précis de l'art. 13 du traité international du 8 sept. 1868 disant que : « seraient traités comme citoyens italiens à Tunis et citoyens tunisiens en Italie, les sujets italiens et tunisiens qui auraient gardé leur nationalité suivant les lois de leur pays »; — ... Attendu, qu'il ressort clairement de l'examen de l'art. 92 du Canun-Edula que les juges du fond l'ont faussement interprété en décidant que le Tunisien pouvait sans aucune formalité, et par le seul fait de quitter Tunis, rompre avec son gouvernement et renoncer à sa nationalité, sans perdre pour cela ses droits à la recouvrer en cas de retour dans le royaume de Tunis... ;

Par ces motifs, casse, etc.

Du 25 avr. 1881.-C. cass. Florence.-MM. Vigliani, 1er pr.-Trecci, min. publ.

donner ouverture à cassation, lorsque l'application de la loi étrangère est prescrite par la loi nationale.

298. Il faut remarquer enfin que parfois le législateur français, ne se bornant pas à renvoyer à une législation étrangère, a pris soin de s'en approprier les dispositions sur telle ou telle matière spécialement visée. Il est évident que la loi étrangère, devenant ainsi partiellement loi française, peut, quant à son application, motiver l'intervention de la cour de cassation. C'est ce qui a lieu pour le droit musulman, applicable aux indigènes des colonies françaises de l'Inde et de l'Algérie. La pratique constante de la cour suprême est d'examiner les moyens fondés sur une prétendue violation de la loi musulmane. Ainsi la cour de cassation a reconnu: 1° que, d'après la législation indoue, la substitution est licite (Civ. cass. 6 juin 1866, aff. Namassivayachetty, D. P. 66. 1. 295); — 2° Que sous l'empire de la loi indoue, la communauté entre frères ou descendants de frères, de tous les biens recueillis dans la succession de l'auteur commun peut être déclarée dissoute par l'effet d'un acte écrit ne portant pas la signature de toutes les parties (Req. 8 déc. 1868, aff. Sellaperoumalpoullé, D. P. 69. 1. 417); — 3° Que dans les établissements de l'Inde, les Indiens restés investis du droit d'être jugés suivant les lois et coutumes de leurs castes conservent notamment la capacité de donner et recevoir entre vifs selon ces coutumes (Civ. rej. 5 avr. 1876, aff. Ramassamimodely, D. P. 77. 1. 247); — 4° Que, d'après le droit musulman en vigueur dans les établissements de l'Inde, la donation est nulle si le donataire n'a pas été mis en possession des immeubles donnés (Req. 26 déc. 1881, aff. Mavoulaoumalle, D. P. 82. 1. 149). Mais il a été jugé qu'il n'y a pas lieu à cassation pour violation de la loi musulmane dans le cas où le pourvoi s'appuie uniquement sur des opinions de jurisconsultes (Civ. cass. 25 mars 1873, aff. Hassen, D. P. 73. 1. 251).

299. — IV. TARIFS DES COMPAGNIES DE CHEMINS DE FER. — Les tarifs des compagnies françaises ont force de loi lorsqu'ils ont été dûment homologués par l'autorité compétente. A ce titre, leur application et leur interprétation sont soumises au contrôle de la cour de cassation (Civ. rej. 3 mars 1874, aff. Maréchal, D. P. 75. 1. 171). Il a été décidé, notamment par application de cette règle, que le classement par assimilation dans un tarif de chemin de fer d'un objet qui n'y est point spécialement dénommé tombe sous le contrôle de la cour de cassation (Civ. rej. 12 févr. 1867, aff. Cacheux, D. P. 67. 1. 167; 18 juill. 1870, aff. Genestout, D. P. 70. 1. 406). — Ce n'est pas ici le lieu d'examiner les conditions de l'homologation (V. *Voirie par chemins de fer*). On remarquera seulement, pour mieux préciser le rôle de la cour de cassation en cette matière, qu'une homologation générale visant un recueil de tarifs a pu être réputée suffisante pour rendre obligatoire chacun des tarifs qui y étaient insérés (Civ. cass. 23 déc. 1874, aff. Chemin de fer de l'Ouest, D. P. 77. 1. 83).

300. Lorsqu'il s'agit d'un tarif d'une compagnie de chemins de fer étrangère, la cour de cassation, conformément au système exposé *suprà*, n° 294, décide que la violation de ce tarif peut donner ouverture à cassation si elle est la cause d'une contravention à la loi française (Req. 18 févr. 1874, aff. Chemins de fer d'Alsace-Lorraine, D. P. 74. 1. 255).

§ 3. — Erreur dans les motifs ou les énonciations des jugements. — Erreur de fait. — Erreur de droit (*Rép.* nos 1428 à 1470).

301. Ainsi qu'on l'a observé au *Rép.* n° 1428, les erreurs dont il est question sous ce paragraphe ne peuvent motiver une cassation. Sous ce rapport, cette matière se rattache directement à la troisième condition requise pour obtenir la cassation, à savoir que les faits particuliers de la cause ne fassent pas disparaître la contravention.

Il semble, au premier abord, qu'une erreur de motifs, constituant une contravention à la loi, doive toujours entraîner l'annulation de la décision; car c'est en se reportant aux énonciations des motifs que la cour suprême reconnaît que la loi a été bien ou mal appliquée. Si donc elle reconnaît que la solution admise doit être maintenue, bien que les motifs invoqués à l'appui soient erronés, c'est que les faits particuliers de la cause ont permis de rétablir le véritable aspect du litige au point de vue juridique. Et alors, pour satisfaire à la loi, qui exige que toutes les décisions soient motivées (L. 20 avr. 1810, art. 7), il suffit que, en dehors des motifs erronés, le jugement attaqué en contienne d'autres qui justifient la solution admise.

302. Cette règle, déjà posée au *Rép.* nos 1428 et suiv., a reçu depuis cette époque de nombreuses applications. Ainsi il a été jugé: 1° que la décision, qui rejette par un motif erroné en droit la demande en nullité d'un brevet, fondée sur une prétendue insuffisance de la description de l'invention, ne peut être annulée, si elle constate en même temps que le breveté a fait connaître d'une manière complète les caractères constitutifs de l'invention (Crim. rej. 18 nov. 1864, aff. Parat, D. P. 66. 1. 453); — 2° Que la décision qui, pour reconnaître un droit de propriété, se fonde à tort sur une exception de prescription, doit être maintenue si le droit de propriété se justifie par d'autres constatations (Req. 9 janv. 1866, aff. Rethoré, D. P. 66. 1. 395); — 3° Qu'il n'y a pas lieu à cassation de l'arrêt qui déclare le demandeur en revendication mal fondé dans son action, faute d'avoir prouvé comme il le devait son droit de propriété, alors même qu'il serait dit inexactement dans un des motifs « qu'en assignant le défendeur au pétitoire, le demandeur a concédé le possessoire » (Req. 3 févr. 1869, aff. Bellanger, D. P. 70. 1. 13); — 4° Que l'insertion, dans un jugement, de motifs empruntés à des enquêtes étrangères à la partie contre laquelle ce jugement est rendu, n'est point une cause de cassation, si ces motifs sont surabondants (Req. 1er avr. 1856, aff. Horace Vernet, D. P. 56. 1. 461); — 5° Que l'arrêt qui a admis à tort l'exception de chose jugée ne peut être annulé, s'il a rejeté la demande par des motifs tirés du fond (Req. 13 avr. 1869, aff. Senac, D. P. 70. 1. 124); — 6° Qu'il n'y a pas lieu à cassation à raison de ce qu'un arrêt confirmant un jugement qui rejette une inscription de faux incident, contient un motif, d'ailleurs surabondant, qui aurait préjugé le fond de l'affaire (Req. 13 déc. 1871, aff. Soumain, D. P. 72. 5. 57); — 7° Qu'il n'y a pas lieu à cassation de l'arrêt qui, pour déclarer sans effet une collocation dans une distribution par contribution, s'est fondé à tort sur ce que la créance faisant l'objet de cette collocation avait été éteinte par confusion, alors que le même arrêt constate d'autre part que le créancier, au profit duquel la collocation avait été admise, loin d'avoir à prendre une somme quelconque dans la distribution, est au contraire débiteur de la masse pour un chiffre important (Civ. rej. 16 mars 1874, aff. de Greslan, D. P. 76. 1. 249); — 8° Que le jugement qui rejette des conclusions subsidiaires prises pour la première fois en appel, en se fondant à tort sur ce qu'elles constituaient une demande nouvelle, échappe à la censure de la cour de cassation, si, en dehors de cette déclaration erronée, le rejet des conclusions se justifie par d'autres motifs (Req. 23 avr. 1872, aff. Viquesney, D. P. 74. 1. 155); — 9° Que l'arrêt, qui déclare indivisible l'aveu portant sur deux faits distincts et sans connexité, a une base légale s'il n'est pas fondé exclusivement sur cet aveu, mais aussi sur des titres et sur les constatations d'une enquête (Req. 11 août 1875, aff. Charpentier, D. P. 76. 1. 82); — 10° Qu'une erreur juridique dans des énonciations surabondantes ne peut entraîner l'annulation d'un arrêt qui trouve sa justification dans d'autres motifs (Req. 4 févr. 1873, aff. Astier, D. P. 74. 1. 122; 8 mars 1875, aff. Bareau, D. P. 75. 1. 278); spécialement, qu'il n'y a pas lieu d'annuler un arrêt, qui après s'être fondé pour délimiter l'assiette d'un droit de passage sur le double motif que l'emplacement choisi constitue le trajet le plus court et le moins onéreux pour le fonds servant, ajoute que c'est le passage le plus commode pour le propriétaire enclavé (Req. 20 janv. 1880, aff. Pillet, D. P. 80. 1. 304); — 11° Qu'il importe peu qu'un arrêt ait reconnu en principe le droit de faire la preuve de la fausseté d'allégations diffamatoires, si en fait il n'a pas autorisé le plaignant à faire une preuve prohibée par la loi (Req. 16 août 1882, aff. Bertrand, 1re espèce, D. P. 83. 1. 401. — V. encore Req. 1er août 1883, aff. Julien, D. P. 84. 1. 406; Civ. rej. 28 janv. 1885, aff. Bosc, D. P. 85. 5. 53; 23 févr. 1885, aff. Faucheron, D. P. 85. 1. 284).

303. Dans toutes les hypothèses qui précédent, la décision attaquée a été maintenue parce qu'en dehors des motifs erronés, elle en renfermait d'autres à l'appui de la solution adoptée; dans d'autres cas, la décision a été maintenue comme juridique à l'aide de motifs que la cour de cassation a elle-même suppléés. Le principe a été posé dans plusieurs arrêts (Req. 3 févr. 1864, aff. Vassoudevamodely, D. P. 64. 1. 118; 5 janv. 1875, aff. Alazard, D. P. 75. 1. 468). Il a été appliqué notamment dans une espèce où une décision écartant à tort comme tardive une opposition formée a été maintenue par le motif qu'il résultait des documents de la cause que l'opposition n'était pas fondée (Civ. rej. 1er juill. 1874, aff. Montagnon, D. P. 74. 1. 483). — Mais il convient d'observer que la cour de cassation ne peut ainsi suppléer que des motifs de pur droit; sinon elle enfreindrait la règle qui lui interdit de connaître des moyens nouveaux (V. *infrà*, nos 419 et suiv.). Cette restriction est implicitement contenue dans un arrêt (Req. 3 déc. 1878, aff. de Bonneau-Duval, D. P. 79. 1. 150).

304. Les principes que l'on vient d'établir, en ce qui concerne les motifs erronés, sont applicables en matière criminelle comme en matière civile. L'erreur contenue dans les motifs d'un arrêt ne peut donner ouverture à cassation, lorsque, d'ailleurs, le dispositif, conforme à la loi, se justifie par d'autres motifs (V. Crim. rej. 9 nov. 1878, aff. Mouly, D. P. 79. 1. 388; 29 déc. 1882, aff. Sicard, D. P. 84. 1. 369). Les applications de cette règle sont nombreuses. Il a été jugé: 1° que l'inexactitude résultant de ce qu'une lecture de dépositions écrites, impérativement prescrites par l'art. 477 c. instr. cr., a été présentée dans le procès-verbal comme faite en vertu du pouvoir discrétionnaire du président, ne peut donner ouverture à cassation, l'important étant seulement que la lecture ait eu lieu (Crim. rej. 6 mai 1854, aff. Guilly, D. P. 54. 5. 92); — 2° Qu'une décision, qui prononce le renvoi d'un prévenu par des motifs erronés en droit, se justifie par des motifs portant sur des faits dont l'appréciation souveraine appartient aux juges du fond (Crim. rej. 10 févr. 1854, aff. Delgranche, D. P. 54. 5. 93; 21 mai 1858, aff. Caravello, D. P. 58. 1. 293); — 3° Que l'arrêt, qui sur un procès-verbal relatif à deux chefs de contravention et sur une inscription de faux proposée par le prévenu contre un seul de ces chefs, a déclaré à tort dans les motifs que cette inscription se réfère aux deux infractions relevées, doit échapper à la cassation, si le dispositif porte simplement que *les moyens de faux* sont admis (Crim. rej. 5 avr. 1879, aff. Contributions indirectes, D. P. 79. 1. 318). — De même qu'en matière civile, il appartient à la cour de suppléer, à l'appui du dispositif conforme à la loi, les motifs de droit qui peuvent le justifier (Crim. rej. 23 déc. 1854, aff. Featherstonhaugh, D. P. 59. 1. 185). Ainsi l'acquittement, fondé à tort par le juge de police sur une irrégularité prétendue du procès-verbal qui ne constituait pas une nullité, a pu être maintenu par la cour de cassation, par le motif que le procès-verbal était entaché de nullités que le juge avait omis de relever, et qui pouvaient être opposées en tout état de cause (Crim. cass. 9 mars 1866, aff. Antoniotti, D. P. 66. 1. 285).

305. De tout ce qui précède, il résulte que le pourvoi en cassation ne peut être dirigé uniquement contre les motifs d'un arrêt dont le dispositif, reconnu régulier, se justifie suffisamment par d'autres motifs. C'est ce que plusieurs arrêts ont décidé (V. notamment: Req. 19 mai 1873, aff. Proc. gén. d'Alger, 1er arrêt, D. P. 74. 1. 251; 13 déc. 1875, aff. Urbanowski, D. P. 76. 1. 417; Crim. rej. 28 juin 1884, aff. Boge, D. P. 85. 1. 136), tant au regard du ministère public que de la partie civile et du prévenu (Crim. rej. 12 janv. 1883, aff. Bischoffsheim, D. P. 84. 1. 142).

306. L'erreur de fait, ainsi qu'il a été dit au *Rép.* n° 1435, échappe à la censure de la cour de cassation, qui n'est juge que du droit. Ce point reconnu par de nombreux arrêts (V. Crim. rej. 21 juin 1856, aff. Cavaillon, D. P. 56. 1. 383; Req. 25 nov. 1874, aff. Marbouty, D. P. 75. 1. 358; 9 déc. 1874, aff. de Craon, D. P. 75 1. 225; 2 déc. 1873) (1), sera ultérieurement développé au chap. 16 (*infrà*, n° 354) à propos du pouvoir d'appréciation des tribunaux et cours d'appel.

Il peut arriver cependant que, par suite d'une erreur de fait, le dispositif du jugement soit vicié; c'est ce qui se produit notamment dans le cas où la disposition de loi appliquée ne correspond pas au texte indiqué; si néanmoins il résulte des faits de la cause que la loi appliquée l'a été exactement, la cassation doit-elle être prononcée pour erreur dans la citation du texte de la loi? L'art. 411 c. instr. cr. prévoit formellement le cas en matière criminelle, et dispose que cette erreur ne pourra entraîner l'annulation de l'arrêt. Ainsi qu'il a été dit au *Rép.* n° 1447, la même règle doit être suivie en matière civile, bien qu'aucun texte ne s'explique à cet égard. — Par application de l'art. 411, il a été reconnu: 1° que l'inexactitude dans la qualification du fait condamné, comme l'inexactitude dans la citation de la loi appliquée, ne donne lieu à cassation que lorsque la rectification à laquelle il est procédé par la cour régulatrice est susceptible d'entraîner l'application d'une peine différente (Crim. rej. 14 sept. 1855, aff. Loos, D. P. 55. 1. 445); — 2° Qu'une erreur commise par un tribunal dans la citation de l'article d'un règlement de police qui sert de base à une condamnation à raison d'une contravention à ce règlement ne peut donner lieu à cassation, lorsque la peine réellement encourue est égale à celle prononcée par le jugement attaqué (Crim. rej. 7 nov. 1879, aff. Thuveny, D. P. 80. 1. 437).

307. Mais on ne peut considérer comme une citation erronée de la loi pénale l'application de peine que le juge de répression a cru devoir prononcer par une considération inexacte en droit Ainsi, doit être annulée la condamnation au maximum de la peine que le juge s'est cru obligé de prononcer à raison d'un état de récidive qui a été pris à tort en considération, encore bien que la même peine aurait pu être prononcée en raison de la gravité du fait (Crim. cass. 26 févr. 1880, aff. Dietsch, D. P. 80. 1. 358; 13 août 1880, aff. Vignard, D. P. 81. 1. 143). Il est bien évident qu'au contraire le pourvoi serait écarté si la qualification de récidiviste, relevée à tort, n'avait en fait exercé aucune influence sur l'application de la peine (Crim. cass. 20 avr. 1882, aff. Crohin, D. P. 82. 1. 273).

§ 4. — Incompétence et excès de pouvoir tant en matière civile que criminelle (*Rép.* nos 1471 à 1481).

308. On a fait observer au *Rép.* n° 1471, que les deux expressions inscrites en tête de ce paragraphe correspondent à deux causes distinctes d'ouverture à cassation. La distinction résulte de la loi elle-même, qui a attaché à ces deux termes des règles différentes. Ainsi l'art. 15 de la loi du 25 mai 1838 ne permet plus le pourvoi en cassation contre les sentences des juges de paix que pour cause d'excès de pouvoir, à l'exclusion du cas d'incompétence devenu un moyen d'appel; d'autre part, ainsi qu'on l'a vu (*suprà*, n° 205), la demande en annulation que le garde des sceaux est autorisé à former, en vertu de l'art. 80 de la loi du 27 vent. an 8, contre les actes et jugements ne peut être motivée que par un excès de pouvoir. Mais à quels caractères reconnaîtra-t-on qu'il y a soit incompétence, soit excès de pouvoir? La question n'est pas sans difficulté, parce qu'on ne s'accorde pas sur ce qu'il faut entendre par excès de pouvoir.

309. La définition proposée par Merlin, et rapportée au *Rép.* n° 1471, est évidemment trop large. Suivant Merlin,

---

(1) (Boulet C. Moitessier et comp.) — La cour;... — Sur le moyen subsidiaire pris de la violation de l'art. 1134 c. civ.: — Attendu que le pourvoi reproche à l'arrêt attaqué d'avoir rejeté l'action du demandeur, même en ce qui concerne les vingt-cinq pièces d'alcool livrables en mars 1871, alors cependant qu'il s'était exactement conformé, pour le rachat de la marchandise, aux conditions prescrites par la convention; — Mais attendu que le jugement de 1re instance, dont l'arrêt attaqué a adopté les motifs, déclare d'une manière générale et sans distinction aucune entre la livraison dont il s'agit et les autres, que si le demandeur a effectué le rachat des alcools que les défendeurs éventuels s'étaient engagés à lui livrer, il l'a fait en dehors des conditions stipulées; — Qu'à supposer que les premiers juges aient fait erreur en ce qui concerne la livraison de mars, le demandeur aurait à s'imputer de n'avoir pas signalé cette erreur à l'attention de la cour de Paris, et de n'avoir pas demandé, par des conclusions subsidiaires, l'infirmation sur ce chef du jugement de première instance; — Rejette, etc.

Du 2 déc. 1873.-Ch. req.-MM. de Raynal, pr.-Rau, rap.-Reverchon, av. gén., c. conf.-Mimerel, av.

il y aurait excès de pouvoir, soit que le juge ait empiété sur les fonctions du législateur, soit qu'il ait entrepris sur les attributions de l'autorité administrative, ou encore sur la compétence d'un autre tribunal. Ainsi défini, l'excès de pouvoir absorbe le cas d'incompétence. Le besoin de restreindre l'excès de pouvoir dans des limites plus étroites s'est manifesté tout d'abord à propos de l'application des art. 80 et 88 de la loi du 27 vent. an 8 qui, l'un et l'autre, mentionnent l'excès de pouvoir comme motivant, dans le premier cas, l'action du garde des sceaux, et dans le second, le pourvoi du procureur général près la cour de cassation. M. le conseiller Lasagni dans un rapport du 12 avr. 1835 (*Rép.* n° 1043) a exprimé l'avis que l'excès de pouvoir dont parle l'art. 80 vise le cas où le tribunal a franchi les limites de ses attributions, pour empiéter sur celles du pouvoir législatif ou administratif. Au contraire, lorsqu'un tribunal empiète sur les attributions d'un autre sans sortir des attributions réservées à l'autorité judiciaire, il peut y avoir incompétence, il n'y a pas excès de pouvoir proprement dit.

Ce qui donne à ce système une valeur décisive, c'est que la distinction sur lequel il repose se retrouve formulée dans un discours de M. le garde des sceaux à propos de la loi du 25 mai 1838 sur les juges de paix : « Quant aux excès de pouvoir, a dit M. le garde des sceaux, ils consistent non dans les actes par lesquels le juge de paix aurait empiété sur les attributions d'une autre juridiction (ce serait l'incompétence), mais dans ceux par lesquels il aurait fait ce qui ne serait permis à aucune juridiction établie, comme par exemple s'il avait disposé par voie de disposition réglementaire, fait un statut de police, taxé des denrées, défendu l'exécution d'une loi, d'un jugement, entravé des mesures prises par l'Administration. Dans ces circonstances, toujours rares, mais importantes, l'ordre général est troublé, l'annulation de l'acte illégal ne peut être demandée à une autorité trop élevée » (Exposé des motifs de la loi du 25 mai 1838, *Moniteur universel*, 1837, p. 1157).

310. Cette doctrine, si on la généralise, permet de déterminer les cas où l'excès de pouvoir peut motiver la répression organisée par l'art. 80 de la loi du 27 vent. an 8. — On a cité au *Rép.* n°s 1475 et 1476, diverses décisions rendues par application de cet article. On trouve de nouvelles applications de ce texte dans des arrêts postérieurs. — Ainsi il a été décidé : 1° qu'un jugement qui, tout en se conformant dans son dispositif à la jurisprudence de la cour de cassation, déclare, dans ses motifs, que cette jurisprudence est contraire tout à la fois à la raison, à la lettre comme à l'esprit de la loi, excède les pouvoirs du tribunal en critiquant sans nécessité, et sous forme de censure, les arrêts de la cour suprême; les motifs de ce jugement doivent être annulés (Req. 2 avr. 1851, aff. Trib. de Saint-Amand, D. P. 51. 1. 71); — 2° Qu'un tribunal excède ses pouvoirs en délibérant sur l'exécution d'une circulaire du ministre de la justice, prescrivant aux compagnies judiciaires de ne pas se rendre en corps aux processions de la Fête-Dieu (Req. 21 juin 1880, aff. Tribunal civil du Mans, D. P. 81. 1. 222) (V. également les exemples déjà cités *suprà*, n° 206).

311. L'excès de pouvoir peut également être invoqué par les parties intéressées comme un moyen de cassation; mais le cas se produit rarement; on en trouve des exemples dans les arrêts suivants : Req. 18 janv. 1854 (aff. Salignac, D. P. 54. 1. 252); Civ. rej. 4 mars 1874 (aff. Ville de Bapaume, 2e arrêt, D. P. 74. 1. 366).

312. On a dit (*suprà*, n° 308) qu'aux termes de la loi du 25 mai 1838 l'excès de pouvoir était la seule cause d'ouverture à cassation contre les sentences des tribunaux de paix; on a fait connaître, *ibid.*, d'après un passage de l'exposé des motifs de cette loi, l'acception restreinte dans laquelle le législateur avait employé le mot excès de pouvoir. Cette définition a été maintes fois consacrée par la jurisprudence de la cour de cassation. Un arrêt (Req. 10 févr. 1868, aff. Leroy, D. P. 68. 1. 422) est surtout très formel ; il décide que l'excès de pouvoir, qui peut seul donner ouverture à cassation contre les décisions en dernier ressort des juges de paix, existe seulement dans le cas où ce magistrat, dépassant le cercle de ses attributions judiciaires, empiète sur celles du pouvoir législatif ou du pouvoir exécutif et administratif. En conséquence, la sentence d'un juge de paix ne peut être déférée à la cour de cassation : 1° ni pour défaut de motifs (Arrêt précité du 10 févr. 1868); — 2° Ni pour violation des règles édictées en matière de responsabilité par les art. 1382 et suiv. c. civ. (Même arrêt); — 3° Ni pour *ultrà petita*, accompagné d'une violation de la loi (Même arrêt); — 4° Ni pour violation de la règle « nul ne plaide par procureur » (Req. 30 mai 1854, aff. Courrier, D. P. 54. 1. 323); — 5° Ni pour erreur dans la qualification légale, en ce qu'un simple dépôt de somme d'argent a été considéré comme une transaction (Req. 21 mai 1855, aff. d'Albon, D. P. 55. 1. 410); — 6° Ni par le motif qu'une des parties a été expulsée de l'audience sans qu'un procès-verbal des faits qui ont motivé cette expulsion ait été dressé (Req. 20 juin 1855, aff. de Truchies, D. P. 56. 1. 317); — 7° Ni pour violation des principes en matière de responsabilité (Req. 28 avr. 1862, aff. Pezard, D. P. 62. 1. 334); — 8° Ni pour fausse interprétation d'un règlement municipal, d'un tarif d'octroi par exemple (Req. 14 août 1865, aff. Octroi d'Agen, D. P. 67. 1. 177; Civ. rej. 15 janv. 1867, aff. Octroi de Bergerac, *ibid.*; Req. 12 août 1873, aff. Octroi du Mans, D. P. 74. 1. 494). Il en serait autrement, et le pourvoi en cassation serait recevable, si le règlement municipal appliqué était illégal (Req. 5 mars 1860, aff. Burcklen, D. P. 60. 1. 178); — 9° Ni pour fausse application d'un tarif diocésain reconnu légal et obligatoire (Req. 5 juill. 1875, aff. Gravelet, D. P. 75. 1. 475); — 10° Ni pour avoir accueilli l'opposition formée contre un jugement contradictoire (Req. 29 juill. 1869, aff. Normand, D. P. 70. 1. 125); — 11° Ni pour fausse interprétation de l'art. 77 du décret du 30 déc. 1809, aux termes duquel les fabriques ne peuvent plaider sans autorisation (Req. 31 janv. 1870, aff. Beauvineau, D. P. 75. 5. 46); — 12° Ni pour avoir repoussé, par un motif erroné, l'exception de prescription invoquée contre une action en séparation, alors surtout que le fait dommageable remonte à moins de trois mois (Req. 9 déc. 1885, aff. Salvat, D. P. 86. 1. 259).

313. *En matière criminelle*, l'excès de pouvoir n'est nulle part mentionné dans la loi; on en a donné la raison au *Rép.* n° 28, note 5, en rapportant un passage de l'exposé des motifs du code d'instruction criminelle; les rédacteurs de ce code ont écarté l'expression *excès de pouvoir* comme faisant double emploi avec l'incompétence. Mais si le mot a été proscrit, l'excès de pouvoir existe néanmoins comme moyen de cassation en matière criminelle, et avec cette particularité que la notion en est beaucoup plus large qu'en matière civile. Cela tient à la rigueur des règles de droit pénal, qui doivent être strictement renfermées dans les cas pour lesquels elles ont été édictées, de telle sorte que le juge de répression commet un excès de pouvoir toutes les fois qu'il applique une peine en dehors de l'hypothèse prévue par la loi (Chenon, p. 153).

Cette signification plus étendue de l'excès de pouvoir résulte notamment de l'art. 441 c. instr. cr., qui organise le recours du garde de sceaux dans l'intérêt de la loi et du condamné, sur des bases beaucoup plus larges que celles établies par le texte similaire en matière civile (art. 80, L. 27 vent. an 8). En effet, aux termes de l'art. 441, le ministre de la justice peut dénoncer à la chambre criminelle au moyen d'un ordre adressé au procureur général près la cour de cassation les actes judiciaires, arrêts ou jugements *contraires à la loi*.

314. La chambre criminelle a fréquemment prononcé des cassations pour excès de pouvoir. Elle a jugé notamment: 1° que le motif d'un jugement dans lequel un tribunal de police qualifie d'abus de pouvoir, sujet à répression, le fait par un commissaire de police de s'être introduit dans un logement privé, dans la fausse persuasion que ce logement dépendait d'un immeuble public, doit être cassé comme renfermant une censure qui excède les pouvoirs de ce tribunal (Crim. cass. 4 mai 1861, aff. Héraud, D. P. 61. 5. 317); — 2° Qu'il y a excès de pouvoir de la part du tribunal correctionnel qui, dans les motifs d'un jugement, apprécie et critique l'ordre du jour voté par la Chambre des députés le 13 mars 1879 contre le ministère du 17 mai, et l'affichage de cette décision effectué par les soins du Gouvernement (Crim. 13 juin 1879, aff. Tribunal de Baugé, D. P. 79. 1. 277); — 3° Que la délibération intérieure d'un tribunal appelé à statuer sur une demande d'abstention formulée par le président, dans laquelle sont consignées, parmi les motifs d'abstention présentés par ce magistrat, des imputations blessantes pour une des parties en cause et qui préjugent le fond, est entachée d'excès de pouvoir (Crim. cass. 25 juill. 1879, Trib. de Château-Thierry, 1re espèce, D. P. 79. 1. 433); — 4° Que le tribunal correctionnel auquel un journaliste est déféré pour avoir outragé un membre du parquet de la cour à l'occasion du discours de rentrée prononcé par celui-ci, commet un excès de pouvoir lorsque, après avoir reconnu la culpabilité du prévenu et sous le prétexte de rechercher s'il existe dans la cause des circonstances atténuantes, il se livre à la critique du discours dont s'agit et censure ainsi le magistrat qui en est l'auteur (Crim. 5 déc. 1879, Trib. d'Angers, D. P. 80. 1. 41); — 5° Qu'il y a excès de pouvoir de la part d'un tribunal qui, sous prétexte de rechercher s'il existe des circonstances atténuantes en faveur des prévenus, critique dans les motifs de son jugement l'inaction du ministère public en présence des faits prétendus délictueux et analogues à ceux sur lesquels statue ledit jugement (Crim. 13 janv. 1881, aff. Trib. de Mont-de-Marsan, D. P. 81. 1. 89). Les espèces précitées doivent être rapprochées des exemples mentionnés *suprà*, nos 208, 209, et *Rép.* nos 1477 et 1478.

315. Quant à l'incompétence, les explications qui précèdent en rendent la définition très facile. Il y a incompétence, lorsqu'un tribunal, sans sortir des attributions conférées au pouvoir judiciaire, connaît d'une affaire que la loi réserve à un autre tribunal. A la différence de l'excès de pouvoir, l'incompétence ne donne pas toujours, au moins en matière civile, ouverture à cassation. Il faut distinguer, à cet égard, entre l'incompétence relative (*ratione personæ et loci*) et l'incompétence absolue (*ratione materiæ*). Cette dernière, ainsi qu'il a été dit au *Rép.* n° 1476, touche à des intérêts généraux et à l'organisation des juridictions. Les tribunaux doivent la soulever d'office (art. 170 c. pr. civ.), et elle constitue un moyen d'ordre public qui peut être proposé en tout état de cause, et pour la première fois devant la cour de cassation elle-même. C'est ce que la cour a décidé à plusieurs reprises: « Attendu, dit un récent arrêt, que l'incompétence à raison de la matière est un moyen d'ordre public qui oblige le juge saisi à se dessaisir même d'office et encore que le déclinatoire n'ait pas été proposé; que toute dérogation aux lois d'ordre public est expressément interdite; d'où il suit qu'aucun acquiescement exprès ou tacite à un arrêt rendu sur la compétence à raison de la matière ne peut être opposé. » (Civ. cass. 15 nov. 1881, aff. Commune des Eaux-Bonnes, D. P. 82. 1. 467. V. dans le même sens les arrêts cités *infrà*, n° 429, et *Rép. eod. loc.*).

316. Au contraire, l'incompétence *ratione personæ* ou *loci* ne donne lieu à cassation qu'autant que les parties n'y ont pas renoncé; ce qui rend cette hypothèse très-rare, c'est que la renonciation est présumée et la nullité réputée couverte par cela seul que l'exception d'incompétence n'a pas été proposée *in limine litis.* Pour que cette exception puisse être invoquée devant la cour de cassation, il faut supposer, ou que l'arrêt attaqué a été rendu par défaut, ou que l'incompétence a été vainement opposée devant les juges de première instance et d'appel. Encore faut-il remarquer avec M. Chenon, p. 150, que cette dernière hypothèse constitue plutôt une violation de la loi au fond, en ce que les juges ont refusé de faire droit à l'exception qui leur était présentée.

317. *En matière criminelle*, il n'y a pas lieu de distinguer suivant que l'incompétence résulte soit du défaut de pouvoir du juge, soit de la qualité de la personne, soit du territoire où le fait délictueux a été commis. C'est l'opinion qui a été soutenue au *Rép.* n° 1930, et c'est aussi celle de M. Faustin-Hélie, *Traité de l'instruction criminelle*, 2e éd., t. 5, n° 2386, qui fait observer, d'une part, que nos anciens auteurs (Jousse, *Traité de la justice criminelle*, t. 1, p. 419; Muyart de Vouglans, *Lois criminelles*, p. 487) n'admettaient aucune distinction et, d'autre part, que les art. 408 et 416 c. instr. cr. ne distinguent pas davantage lorsqu'ils ouvrent le recours en cassation *dans les cas d'incompétence.* Enfin le même auteur ajoute que, si l'on comprend une renonciation présumée au regard de l'incompétence relative en matière civile où il s'agit d'intérêts privés, les droits de l'action publique et de la défense, qui mettent en jeu les intérêts de la société, s'opposent à ce que la même présomption de renonciation soit admise au criminel. M. Chenon, p. 151, se prononce dans le même sens. La jurisprudence n'a jamais hésité que pour l'incompétence *ratione loci.* Deux arrêts (Crim. rej. 3 mai 1811; 24 déc. 1840, *Rép.* v° *Compétence criminelle*, nos 247 et 86), ont admis que cette incompétence pouvait se couvrir par le silence du prévenu. Mais, depuis, la cour de cassation a décidé à plusieurs reprises qu'en matière criminelle on pouvait invoquer en tout état de cause, et même pour la première fois devant elle, l'incompétence *ratione loci* aussi bien que l'incompétence *ratione materiæ* (Crim. cass. 17 janv. 1861, aff. Adoné, D. P. 61. 1. 143; Crim. rej. 5 déc. 1862, aff. Petit-Perrot, D. P. 67. 5. 93; 9 déc. 1864, aff. Hanicotte, *ibid.* V. aussi *infrà*, n° 448).

318. Les arrêts de renvoi en cour d'assises, rendus par les chambres des mises en accusation, peuvent également être attaqués pour cause d'incompétence au moyen du pourvoi privilégié pour lequel l'art. 299 accorde un délai de cinq jours. Il est même à remarquer que la nullité tirée de l'incompétence est couverte après le commencement des débats en cour d'assises; cela résulte de l'art. 365 c. instr. cr. qui consacre ainsi la seule exception apportée à la doctrine que l'on vient d'exposer. D'après les termes généraux de cet article, la cour d'assises doit maintenir sa compétence, soit lorsque les faits perdent leur caractère de crime pour revêtir celui d'un délit ou d'une contravention, soit lorsqu'elle reconnaît d'après les débats qu'elle n'est le juge ni du lieu du crime, ni du domicile de l'accusé, ni du lieu de la capture (Faustin Hélie, t. 5, n° 2335; Chenon, p. 152).

Pour expliquer cette dérogation en faveur de la cour d'assises, on dit que, dans le premier cas, le prévenu n'a pas à se plaindre de la préférence donnée à la cour d'assises sur le tribunal correctionnel ou de simple police, puisque sa défense est entourée de garanties plus nombreuses; dans le second cas, qu'il serait contraire à la bonne administration de la justice d'interrompre les débats commencés pour les rouvrir devant une juridiction de même ordre. Ce dernier motif n'est pas concluant, puisqu'il pourrait tout aussi justement faire prohiber le recours pour incompétence *ratione personæ ou loci* à l'égard des tribunaux correctionnels et de simple police devant lesquels l'exception n'a pas été soulevée *in limine litis.* On peut remarquer, toutefois, que les retards et les inconvénients seraient plus considérables à l'égard des cours d'assises, qui ne siègent pas d'une manière permanente, et devant lesquelles la procédure est plus longue et plus compliquée que devant les autres tribunaux de répression. D'autre part, il ne faut pas oublier que l'instance en cour d'assises est toujours précédée de la procédure devant les chambres d'accusation, au cours de laquelle l'accusé a eu tout le temps de se renseigner; qu'enfin l'accusé jouit du pourvoi privilégié de l'art. 299 c. instr. cr. pour faire valoir ses moyens d'incompétence. — La cour de cassation s'est prononcée nettement dans le sens de l'opinion qui vient d'être exposée; elle a décidé que l'accusé, qui n'a pas attaqué dans le délai légal l'arrêt de renvoi à lui régulièrement notifié, n'est pas recevable à proposer contre l'arrêt de condamnation l'incompétence, même *ratione loci*, de la cour d'assises qui a rendu cet arrêt (Crim. rej. 20 juin 1856, aff. Comboulives, D. P. 56. 1. 375).

§ 5. — Omission de prononcer et *ultra petita* (*Rép.* nos 1482 à 1506).

319. En matière civile, les deux causes d'ouverture dont s'agit ne fournissent qu'un moyen de requête civile (*Rép.* n° 1482). Il est vrai qu'un moyen de défense laissé sans réponse par le jugement engendre dans certains cas un défaut de motifs, qui donne ouverture à cassation (L. 20 avr. 1810, art. 7); mais cela ne constitue pas une exception au principe ci-dessus, puisque le défaut de motifs suppose que le juge a statué sur tous les chefs de demande, ce qui au contraire n'a pas lieu, dans le cas qui nous occupe, d'une omission de prononcer. Aussi la jurisprudence décide-t-elle d'une manière constante et absolue que l'omission de statuer est un moyen de requête civile, et non de cassation (V. notamment, outre les arrêts cités au *Rép. ibid.*: Req. 13 avr. 1859, aff. Trône, D. P. 59. 1. 417; Civ. rej. 20 nov. 1867, aff. Viron, D. P. 67. 1. 448). Ainsi jugé dans le cas où l'arrêt attaqué s'est borné à confirmer le jugement par adoption de motifs, bien que l'appelant ait pris des conclusions nouvelles ou reproduit des chefs de demande non appréciés par les premiers juges, si le juge d'appel n'a pas entendu rejeter les conclusions nouvelles, mais a omis de statuer sur ces conclusions (Req. 7 nov. 1871, aff. Regnaud, D. P. 72. 1. 27. V. également: Req. 4 mars 1872, aff. Paul Huet, D. P. 72. 1. 319; Civ. rej. 5 nov. 1873, aff. Maiffredy, D. P. 73. 1. 434; Req. 11 mars 1874, aff. Ville de Toulouse, D. P. 74. 1. 213; 30 mars 1874, aff. Bellot, D. P. 75. 1. 298; 11 nov. 1874, aff. Godin, D. P. 75. 1. 220; Civ. rej. 23 nov. 1874, aff. Fauré, D. P. 75. 1. 63; Req. 17 mai 1876, aff. Maillé, D. P. 76. 1. 471).

320. Quant à l'*ultra petita*, ainsi qu'il a été dit au *Rép.* n° 1486, cette irrégularité cesse d'être un moyen de requête civile, pour devenir une ouverture à cassation, lorsque la condamnation prononcée est en contradiction avec une loi. Mais on remarquera que, là encore, c'est la violation de la loi, et non l'*ultra petita*, qui constitue le moyen de cassation. — Jugé en ce sens que le grief tiré de ce qu'un arrêt aurait à tort considéré le droit prétendu par une partie comme un droit de servitude d'égout de ses toitures et comme une servitude d'évier, tandis qu'elle invoquait le droit dérivant de la pente naturelle des lieux, ne rentre pas dans le cas de requête civile, et peut, en conséquence, donner lieu à cassation (Civ. cass. 22 mars 1876, aff. Bauche, D. P. 76. 1. 206). De même, un pourvoi en cassation a pu être déclaré recevable parce que la condamnation prononcée *ultra petita* violait l'autorité de la chose jugée (Civ. cass. 5 juill. 1882, aff. Roumagnac, D. P. 83. 1. 350). — Le fait qu'il a été statué *ultra petita* pourrait encore devenir un moyen de cassation, ainsi qu'on l'a vu au *Rép.* n° 1489, dans le cas où, ce reproche ayant été présenté à l'appui d'une requête civile au juge du fond, celui-ci a refusé de l'admettre (V. dans le même sens: Civ. rej. 12 avr. 1875, aff. Société de Truffy, D. P. 75. 1. 314; Req. 18 oct. 1886, aff. Auguste Petit, D. P. 87. 1. 390).

Mais, en dehors de ces cas, il a été maintes fois jugé que la décision qui accorde plus qu'il n'a été demandé, et ne viole au fond aucune loi, ne peut être attaquée que par la requête civile (V. Req. 12 déc. 1853, aff. Commune des Adrets, D. P. 54. 1. 178; Civ. rej. 12 déc. 1853, aff. Pierron, D. P. 54. 1. 346; Req. 13 janv. 1862, aff. Moutou, D. P. 62. 1. 467; 3 févr. 1862, aff. Demollon, D. P. 62. 1. 163; Civ. rej. 12 janv. 1863, aff. de Guardia, D. P. 63. 1. 119; Req. 22 nov. 1876, aff. Lamotte, D. P. 77. 1. 484; 13 mars 1877, aff. Sentupery, D. P. 77. 1. 323; Civ. rej. 14 juin 1882, aff. Lorine, D. P. 83. 5. 47).

321. *En matière criminelle*, on a observé au *Rép.* n° 1490, qu'en l'absence de la voie de la requête civile, qui n'existe pas en cette matière, l'omission de prononcer constitue un moyen de cassation. L'art. 408 est formel pour les affaires criminelles, et l'art. 413 étend la même disposition aux affaires correctionnelles et de police (V. Faustin Hélie, *Instruction criminelle*, t. 6, p. 318 et 687).

De nombreux arrêts ont fait l'application de ces principes aux jugements de simple police. Ainsi il a été décidé: 1° que le défaut de décision du jugement sur l'un des chefs de prévention entraîne la nullité du jugement, même dans le cas où le ministère public ne se serait pas expliqué sur le chef omis (Crim. cass. 20 janv. 1860, aff. Lebailly, D. P. 60. 5. 212);... 2° Ou bien si la disposition de loi invoquée dans les réquisitions du ministère public ne s'appliquait pas au fait de la poursuite dont le juge est saisi (Crim. cass. 23 févr. 1865, aff. Gros, D. P. 65. 1. 328; 2 juin 1865, aff. Deschamps, D. P. 65. 1. 328); — 3° Que si, en présence d'un procès-verbal relevant à la charge d'un prévenu deux contraventions, qui ne sont, d'ailleurs, pas niées par ce prévenu, le juge de police ne prononce de condamnation que pour l'une d'elles, sans s'expliquer sur l'autre, il y a omission de statuer entraînant cassation (Crim. cass. 20 févr. 1862, aff. Mouchez-Nana, D. P. 63. 1. 271; 14 févr. 1863, aff. Daguin, D. P. 63. 5. 251); — 4° Que lorsque le ministère public a formellement conclu à ce que le tribunal de simple police dans le cas où il ne serait pas suffisamment convaincu de l'existence de la contravention, l'admette à en faire la preuve dans une audience ultérieure, il y a nullité du jugement qui sans s'expliquer sur ces réquisitions, dont il fait mention dans ses motifs, renvoie de suite le prévenu de la plainte (Crim. cass. 22 juill. 1865, aff. Ameil Juge, D. P. 66. 5. 272. V. également: Crim. cass. 6 janv. 1872, aff. Teissier, D. P. 72. 1. 47); — 5° Qu'enfin doit être annulé le jugement de simple police qui, en matière de voirie notamment, omet de statuer sur le chef de conclusions tendant à ce que le prévenu soit condamné, en sus de la peine encourue, à rétablir les lieux dans leur état primitif (Crim. cass. 4 nov. 1859, aff. Rey, D. P. 61. 5. 321).

322. Les mêmes règles sont applicables aux décisions des tribunaux correctionnels et aux arrêts des chambres de mises en accusation. En ce qui concerne les chambres d'accusation, l'art. 231 (modifié par la loi du 17 juill. 1856), les oblige à statuer sur toutes les réquisitions du procureur général, quelle que soit l'ordonnance du juge d'instruction. En ce sens, il a été décidé que, lorsque le ministère public, en formant opposition à une ordonnance de non-lieu du juge d'instruction, a posé des conclusions tendant à un supplément d'information pour entendre un témoin désigné, la chambre d'accusation ne peut se borner par son arrêt à infirmer purement et simplement l'ordonnance; elle doit, à peine de nullité, s'expliquer sur l'information demandée (Crim. cass. 20 août 1872, aff. Boudet, D. P. 73. 1. 95).

323. La même obligation existe pour les arrêts de cour d'assises (art. 408 c. instr. cr.); mais il a été jugé qu'il n'y a pas refus ou omission de prononcer, dans le sens de l'art. 408, de la part de la cour d'assises qui, au lieu de statuer sur les conclusions de l'accusé tendant à ce qu'il lui soit donné acte de sa présence à la lecture de la déclaration du jury par le chef du jury, déclare passer outre, le fait dont l'accusé demande ainsi la constatation ne pouvant devenir pour lui le principe d'une faculté ou d'un droit (Crim. rej. 20 mars 1856, aff. Galopin, D. P. 56. 1. 230).

Sur l'*ultra petita* qui, en matière criminelle, est toujours un moyen de cassation, V. *Rép.* n° 1506.

§ 6. — Contrariété d'arrêts ou de jugements. — Chose jugée (*Rép.* n°s 1507 à 1524).

324. La contrariété de jugements supposant, comme on l'a vu au *Rép.* n° 1507, une atteinte à l'autorité de la chose jugée, il s'ensuit que l'existence de cette contrariété est subordonnée à la réunion des conditions constitutives de la chose jugée. Il faut donc qu'il y ait entre les deux sentences rendues en dernier ressort, identité de causes, de moyens et de parties. C'est au mot *chose jugée* que les caractères de ces conditions sont examinés. On se bornera à citer ici un exemple de cassation pour contrariété d'arrêts où les conditions précitées sont nettement relevées : « Attendu, dit la cour suprême, qu'il serait impossible d'exécuter à la fois le jugement qui met l'avarie à la charge de Decamps et Ponset, et celui qui met la même avarie à la charge de Fraissinet père et fils; qu'ainsi il y a contrariété entre les jugements en dernier ressort rendus entre les mêmes parties, sur même objet et mêmes moyens, par les deux tribunaux de commerce de Marseille et de Grasse; que, par suite, il y a nécessité d'annuler le jugement rendu par le tribunal de Grasse sur un litige qui avait pris fin (Civ. cass. 14 mai 1861, aff. Fraissinet, D. P. 61. 1. 378. V. dans le même sens: Civ. cass. 28 juill. 1852, aff. Soudée, D. P. 52. 1. 292).

325. Comme on l'a exposé au *Rép.* n° 1511, suivant le principe que le jugement réside uniquement dans le dispositif, la contradiction entre les motifs et le dispositif d'un arrêt ne peut donner ouverture à cassation qu'autant que la régularité du dispositif en serait affectée; ce qui aurait lieu, par exemple, si ce dispositif prononçait à la fois la nullité intégrale et le maintien partiel d'un brevet d'invention (Civ. cass. 5 janv. 1876, aff. Godin, D. P. 76. 1. 10).

CHAP. 14. — Des demandes en revision (*Rép.* n°s 1525 à 1566).

326. On trouvera au *Rép.* n°s 1526 et suiv., un exposé historique faisant connaître en détail les différentes transformations par lesquelles la revision a passé avant de figurer au code d'instruction criminelle sous les art. 443 à 447. Ces articles ont été modifiés depuis par la loi du 29 juin–5 juill.

1867 (1). Nous aurons à examiner ces modifications en étudiant les conditions dans lesquelles la revision peut être employée ; mais il importe auparavant de rappeler les caractères distinctifs de ce recours extraordinaire. Comme on l'a expliqué au *Rép.* n° 1535, la voie de la demande en revision est ouverte à défaut de tout autre moyen de recours, et uniquement en matière criminelle ou correctionnelle, pour obtenir la réparation d'une erreur de fait dans des cas limitativement prévus par la loi (V. Chenon, *op. cit.*, p. 4). Ainsi définie, la revision se distingue de la requête civile en ce qu'elle tend non à la réparation d'un vice de forme, mais au redressement du fond même de la décision ; elle se distingue de la cassation en ce qu'elle se fonde sur une erreur de fait, et non sur une erreur de droit. Enfin, à la différence de la grâce et de l'amnistie, qui effacent les conséquences d'un fait délictueux réellement commis, la revision poursuit l'annulation d'une condamnation prononcée à raison d'un fait qui n'a jamais existé (V. *Rép. ibid.*).

327. La revision a pour effet de remettre en question des sentences protégées par l'autorité de la chose jugée : elle deviendrait pour ce motif un véritable danger social si elle n'était pas organisée avec une extrême prudence. S'inspirant de cette idée, les rédacteurs du code d'instruction criminelle avaient restreint l'emploi de la revision aux matières criminelles, pour lesquelles, à raison de la gravité des peines, l'iniquité qui résulte d'une condamnation imméritée est particulièrement odieuse. La première modification apportée par la loi du 29 juin 1867 a eu pour but d'étendre le bénéfice de la revision aux matières correctionnelles, mais à la condition qu'il s'agisse d'une condamnation à l'emprisonnement ou à une peine emportant interdiction totale ou partielle des droits civils, civiques et de famille. Le législateur de 1867 n'a fait ainsi que consacrer la jurisprudence de la cour de cassation qui, à plusieurs reprises, s'était prononcée en faveur de cette extension. Un premier arrêt (Crim. cass. 20 janv. 1831, *Rép.* n° 1549-2°) avait indiqué cette tendance de la cour suprême. Par une décision plus récente (Crim. cass. 10 mai 1850, aff. Lacroix, D. P. 50. 1. 137), la cour a déclaré de la manière la plus formelle que l'art. 443 c. instr. cr. relatif à la revision des condamnations prononcées pour un même crime contre deux accusés, lorsque ces condamnations ne peuvent se concilier, n'est pas limitatif et s'applique en matière correctionnelle comme en matière criminelle. Mais les auteurs combattaient vivement cette doctrine (V. outre les auteurs cités au *Rép.* n° 1536 : Le Sellyer, *Traité de droit criminel*, n° 1409). Dans ces conditions on doit se féliciter de ce que la loi de 1867 ait tranché la controverse dans le sens le plus favorable aux condamnés.

328. Ainsi qu'on l'a dit au *Rép.* n° 1540, on s'accordait pour appliquer l'ancienne disposition de l'art. 443 aux sentences des *conseils de guerre*. La cour de cassation s'est prononcée plusieurs fois en ce sens sous l'empire de la législation antérieure à 1867 (Crim. cass. 10 mai 1850, aff. Lacroix, D. P. 50. 1. 137 ; 25 avr. 1851, aff. Rabotin, D. P. 51. 1. 275 ; 30 nov. 1860, aff. Mahomed ben Mahmar, D. P. 61. 1. 44). — Il est évident que la même solution devrait être suivie à plus forte raison sous l'empire de la loi nouvelle, moins restrictive que la précédente.

329. La seconde innovation de la loi de 1867 consiste à ouvrir la faculté de la revision au profit des condamnés morts comme au profit des vivants. Le code d'instruction criminelle n'avait admis cette règle que pour un seul des trois cas de revision, celui où le recours en revision est motivé par l'apparition de la personne qu'on croyait victime du meurtre ou de l'assassinat. Le législateur de 1867 a pensé avec raison qu'il n'y avait aucun motif de distinguer entre les divers cas de revision et qu'en toute hypothèse la mémoire du condamné mort méritait, comme le condamné vivant, une réhabilitation qui fît disparaître la tache d'une flétrissure imméritée.

330. Au cours de la discussion de la loi de 1867, a été agitée la question de savoir s'il n'y aurait pas lieu de multiplier les cas de revision ; mais on a considéré cette extension comme périlleuse et contraire à la bonne administration de la justice. « Quand un accusé paraît devant la justice, a-t-on dit (Exposé des motifs du projet de loi), toutes les garanties lui sont données pour que la vérité se fasse jour, et le juge qui condamne doit avoir la *certitude* de la culpabilité. L'arrêt une fois rendu, nous devons à l'arrêt ce que nous devions à l'accusé : il faut pour détruire cette décision définitive, avoir aussi la *certitude* de son erreur. En dehors d'un éclatant démenti donné à la sentence ou par la nature des

---

(1) 29 juin-5 juill. 1867. — *Loi sur la revision des procès criminels et correctionnels* (D. P. 67. 4. 62.)

Art. 1er. Les art. 443, 444, 445, 446 et 447 c. instr. crim. sont abrogés et remplacés par les articles suivants :

Art. 443. La revision pourra être demandée en matière criminelle ou correctionnelle, quelle que soit la juridiction qui ait statué, dans chacun des cas suivants :

1° Lorsque, après une condamnation pour homicide, des pièces seront représentées propres à faire naître de suffisants indices sur l'existence de la prétendue victime de l'homicide ;

2° Lorsque, après une condamnation pour crime ou délit, un nouvel arrêt ou jugement aura condamné, pour le même fait, un autre accusé ou prévenu, et que les deux condamnations ne pouvant se concilier, leur contradiction sera la preuve de l'innocence de l'un ou de l'autre condamné ;

3° Lorsqu'un des témoins entendus aura été, postérieurement à la condamnation, poursuivi et condamné pour témoignage contre l'accusé ou le prévenu.

Le témoin ainsi condamné ne pourra être entendu dans les nouveaux débats.

Art. 444. Le droit de demander la revision appartiendra :

1° Au ministre de la justice ;

2° Au condamné ;

3° Après la mort du condamné, à son conjoint, à ses enfants, à ses parents, à ses légataires universels ou à titre universel, à ceux qui en ont reçu de lui la mission expresse.

En matière correctionnelle, la revision ne pourra avoir lieu que pour une condamnation à l'emprisonnement ou pour une condamnation prononçant ou emportant l'interdicti ou soit totale, soit partielle, de l'exercice des droits civiques, civils et de famille.

La cour de cassation, section criminelle, sera saisie par son procureur général, en vertu de l'ordre exprès que le ministre de la justice aura donné, soit d'office, soit sur la réclamation des parties invoquant un des cas ci-dessus spécifiés.

La demande de celles-ci sera non recevable pour les cas déterminés aux nos 2 et 3 de l'article précédent, si elle n'a pas été inscrite au ministère de la justice dans le délai de deux ans, à partir de la seconde des condamnations inconciliables ou de la condamnation du faux témoin.

Dans tous les cas, l'exécution des arrêts ou jugements dont la revision est demandée sera de plein droit suspendue sur l'ordre du ministre de la justice, jusqu'à ce que la cour de cassation ait prononcé, et ensuite, s'il y a lieu, par l'arrêt de cette cour statuant sur la recevabilité.

Art. 445. En cas de recevabilité, si l'affaire n'est pas en état, la cour procédera directement ou par commissions rogatoires à toutes enquêtes sur le fond, confrontations, reconnaissances d'identité, interrogatoires et moyens propres à mettre la vérité en évidence.

Lorsque l'affaire sera en état, si la cour reconnaît qu'il peut être procédé à de nouveaux débats contradictoires, elle annulera les jugements ou arrêts et tous les actes qui feraient obstacle à la revision ; elle fixera les questions qui devront être posées et renverra les accusés et prévenus, selon les cas, devant une cour ou un tribunal autres que ceux qui auraient primitivement connu de l'affaire.

Dans les affaires qui devront être soumises au jury, le procureur général près la cour de renvoi dressera un nouvel acte d'accusation.

Art. 446. Lorsqu'il ne pourra être procédé de nouveau à des débats oraux entre toutes les parties, notamment en cas de décès, de contumace, ou de défaut d'un ou de plusieurs condamnés, en cas de prescription de l'action ou de celle de la peine, la cour de cassation, après avoir constaté expressément cette impossibilité, statuera au fond, sans cassation préalable ni renvoi, en présence des parties civiles, s'il y en a au procès, et des curateurs nommés par elle à la mémoire de chacun des morts.

Dans ce cas, elle annulera seulement celle des condamnations qui avait été injustement portée et déchargera, s'il y a lieu, la mémoire des morts.

Art. 447. Lorsqu'il s'agira du cas de revision exprimé au n° 1 de l'art. 443, si l'annulation de l'arrêt à l'égard d'un condamné vivant ne laisse rien subsister qui puisse être qualifié crime ou délit, aucun renvoi ne sera prononcé.

DISPOSITION TRANSITOIRE.

2. Dans tous les cas où la condamnation donnant ouverture à revision, dans les termes de l'art. 443, § 2 et 3, serait antérieure à la présente loi, le délai fixé par l'art. 444, pour l'inscription de la demande, courra à partir de la promulgation.

choses ou par une autre sentence, l'autorité de la chose jugée doit prévaloir comme la sanction nécessaire de toute organisation judiciaire. » Ainsi les cas de revision sont demeurés les mêmes que sous l'empire de l'art. 443 ; ils sont au nombre de trois, qu'il convient d'examiner séparément en suivant l'ordre du *Répertoire*.

331. — I. PREMIER CAS. — DEUX CONDAMNATIONS INCONCILIABLES. — Pour qu'il y ait lieu à revision, il faut que les condamnations aient été prononcées pour un même fait délictueux; mais il n'est pas nécessaire que les deux décisions contradictoires lui aient donné la même qualification. Ainsi il y a lieu à revision lorsque, d'une part, un accusé a été condamné pour avoir volontairement donné la mort à un individu et avoir mis le feu à la maison de celui-ci pour dissimuler son crime, et que, d'autre part, un autre accusé est ultérieurement déclaré coupable d'avoir porté au même individu des coups et blessures qui ont occasionné sa mort, sans qu'aucune complicité ait pu exister entre lui et le précédent condamné (Crim. cass. 2 juin 1855, aff. Lesnier, D. P. 55. 1. 302). — De même, il y a lieu à revision du moment qu'il existe entre les deux arrêts une contradiction qui les rend inconciliables, encore que l'un des accusés ait subi la peine prononcée, et que l'autre ait été absous par le motif que le fait reconnu constant ne constituait qu'un délit (Crim. cass. 23 nov. 1876, aff. Charpentier, D. P. 77. 1. 284).

332. Mais la condition essentielle, c'est que les deux condamnations ne puissent se concilier entre elles, sinon la revision sera écartée. C'est ce qui a été jugé dans une affaire célèbre à l'égard d'un crime qu'une première décision avait déclaré commis par cinq individus seulement et à raison duquel une condamnation ultérieure intervint contre un sixième individu reconnu coupable de complicité comme ayant aidé et assisté les coupables (Crim. rej. 17 déc. 1868, aff. Lesurques, D. P. 69. 1. 41). Au contraire, une contradiction de nature à entraîner la revision a été reconnue dans les cas suivants : 1° lorsque, postérieurement à la condamnation d'un accusé déclaré coupable d'un crime auquel n'était attribué qu'un seul auteur, il intervient à la suite d'une instruction nouvelle, provoquée par la découverte de la fausseté des dépositions reçues dans ce premier procès, une seconde condamnation contre un autre individu reconnu auteur du crime (Crim. cass. 9 nov. 1855, aff. Pagès, D. P. 56. 1. 43); — 2° Lorsque deux condamnations prononcées pour un même délit de vol constatent qu'aucun concert n'a pu exister entre les deux condamnés (Crim. cass. 20 févr. 1868, aff. Bal-Sollier, D. P. 68. 1. 93; 23 avr. 1869, aff. Krautz, D. P. 74. 5. 438); — 3° Lorsque deux condamnations ont été prononcées, sur des poursuites distinctes, contre deux prévenus pour le même délit de violences et voies de fait envers un préposé des douanes, et contre deux autres prévenus pour le même délit d'outrage envers plusieurs préposés des douanes, alors qu'il est reconnu qu'une seule personne a commis les violences et qu'une seconde personne a seule proféré les outrages (Crim. cass. 21 août 1874, aff. Lebet, D. P. 75. 1. 45); — 4° Dans le cas de deux condamnations prononcées pour un même délit de violences et bris de clôtures sur deux poursuites distinctes, alors qu'aucun concert n'a existé entre les deux condamnés et que le fait délictueux n'a pu être commis que par une seule personne (Crim. cass. 14 mai 1874, aff. Petit, D. P. 75. 1. 186); — 5° Lorsqu'il est établi qu'un vol qualifié a été commis par trois personnes, que trois individus ont été condamnés par un premier arrêt et que la culpabilité des deux premiers est certaine, mais qu'un arrêt postérieur condamne comme coauteur un quatrième individu; dans cette hypothèse, la revision ne concerne que le troisième et le quatrième accusé, le premier arrêt est définitif à l'égard des deux autres (Crim. 24 déc. 1875, aff. Ghio, D. P. 76. 1. 284); — 6° Lorsque, postérieurement à la condamnation de deux accusés déclarés coupables d'un crime qui, d'après l'affirmation de la victime, n'avait eu que trois auteurs, il intervient, sur une nouvelle instruction, une seconde condamnation contre trois autres individus à raison du même crime, et sans qu'il apparaisse aucun concert entre les inculpés de la première poursuite et ceux de la seconde (Crim. cass. 7 juill. 1882, aff. Brosset, D. P. 83. 1. 141); — 7° Lorsque quatre individus ont été condamnés par des arrêts distincts et irrévocables pour un fait accompli par trois individus seulement, et lorsque le dernier de ces arrêts déclare que l'un des quatre condamnés antérieurement frappés n'a pris aucune part à la consommation du fait incriminé (Crim. cass. 13 août 1885, aff. Blandin, D. P. 86. 1. 388); — 8° Lorsque deux prévenus, entre lesquels n'a existé aucune complicité, ni aucun concert, ont été condamnés à raison du même fait par deux jugements différents, encore que l'un des jugements ait été exécuté et que l'autre soit en cours d'exécution (Crim. cass. 18 avr. 1878, aff. Cholley, D. P. 78. 1. 329; 6 mai 1881, aff. Fillol, D. P. 81. 1. 399; 3 juin 1881, aff. Guillobeau, D. P. 81. 1. 492). Enfin la demande de revision d'une condamnation correctionnelle, pour cause d'inconciliabilité avec une condamnation prononcée contre d'autres prévenus à raison du même délit, a été déclarée recevable, alors que le délit faussement imputé au demandeur avait été réprimé cumulativement avec d'autres, que sa réclamation ne mettait pas en question (Crim. cass. 23 avr. 1869, aff. Krantz, D. P. 70. 1. 238).

333. — II. DEUXIÈME CAS. — PERSONNE HOMICIDÉE. — EXISTENCE POSTÉRIEUREMENT RECONNUE. — RÉHABILITATION DE LA MÉMOIRE. — Il y a lieu de s'en référer aux explications contenues au *Rép.* nos 1552 à 1555, en observant seulement, que depuis la loi de 1867, la réhabilitation de la mémoire du condamné décédé peut avoir lieu dans l'un quelconque des trois cas de revision.

334. — III. TROISIÈME CAS. — CONDAMNATION POUR FAUX TÉMOIGNAGE (*Rép.* n° 1556). — Il y aura lieu à revision, dit l'art. 443-3° « lorsqu'un des témoins entendus aura été postérieurement à la condamnation poursuivi et condamné pour faux témoignage contre l'accusé ou le prévenu. — Le témoin ainsi condamné ne pourra être entendu dans les nouveaux débats ». Par application de cette disposition, la revision a été prononcée dans des espèces où la condamnation prononcée avait pour unique fondement les déclarations de témoins qu'une décision postérieure avait convaincus de faux témoignage envers le condamné (Crim. cass. 27 nov. 1868, aff. Desvaux, D. P. 69. 1. 386; 1er juill. 1882, aff. Bouriquet, D. P. 83. 1. 140); — Décidé, de même, que la demande en révision est recevable de la part de celui qui a subi une condamnation correctionnelle, lorsque, depuis le jugement, un des témoins entendus a été poursuivi et condamné pour faux témoignage porté contre le prévenu. Mais la revision ne doit pas être prononcée si, à côté de la déclaration du témoin convaincu de faux témoignage, il existe d'autres éléments de preuve de la culpabilité, tels qu'un procès-verbal ou des dépositions d'autres témoins (Crim. rej. 28 août 1884, aff. Lepestipont, D. P. 85. 1. 332).

335. — IV. FORMES DE PROCÉDER (*Rép.* nos 1560 à 1566). — L'art. 444 indique les personnes qui ont qualité pour demander la revision; ce sont : 1° le ministre de la justice; 2° le condamné, et, après la mort de celui-ci, diverses personnes auxquelles ce droit est conféré par la loi ou par le condamné lui-même. Dans tous les cas, l'intervention du ministre de la justice est nécessaire; c'est lui qui donne l'ordre au procureur général près la cour de cassation de saisir la cour de la demande (Crim. rej. 28 août 1884, aff. Lepestipont, D. P. 85. 1. 332).

Aux termes du même article (al. 4), la demande en revision doit avoir été inscrite au ministère de la justice dans un délai de deux ans, qui court à compter de la seconde des condamnations inconciliables ou de la condamnation du faux témoin. Aucun délai n'est imparti pour le deuxième cas de revision.

336. L'art. 445 consacre une dérogation toute spéciale à la procédure habituellement suivie devant la cour de cassation. La cour peut, en cas de recevabilité de la demande en revision, et si l'affaire n'est pas en état, procéder directement à toutes les mesures d'instruction qu'elle juge nécessaires, telles que : « commissions rogatoires, enquêtes sur le fond, confrontations, reconnaissances d'identité, interrogatoires et moyens propres à mettre la vérité en évidence ». Mais l'emploi de ces moyens étant facultatif, la cour de cassation peut, lorsque l'innocence de quelques-uns des condamnés lui paraît résulter des pièces de la procédure et notamment des aveux des autres condamnés qui se sont reconnus les vrais coupables, la proclamer immédiatement (Crim. cass. 11 juin 1869, aff. Lelouarn, D. P. 70. 1. 284).

337. Quant à la forme dans laquelle il doit être statué

lorsque l'affaire est en état, il faut distinguer, avec la loi de 1867, deux hypothèses :

1° Si la cour reconnaît qu'il peut être procédé à de nouveaux débats contradictoires, elle doit annuler les jugements ou arrêts et tous actes qui feraient obstacle à la revision, puis fixer les questions qui devront être posées, et renvoyer les accusés ou prévenus, selon les cas, devant une cour ou un tribunal autres que ceux qui auront primitivement connu de l'affaire (art. 445). Ainsi jugé dans le cas où le condamné est vivant, et où l'action publique n'est pas prescrite à son égard (Crim. cass. 1er juill. 1882, aff. Bouriquet, D. P. 83. 1. 140). Le tribunal de renvoi qui déclare la culpabilité du demandeur en revision sur l'un ou quelques-uns des chefs de la prévention doit prononcer une peine nouvelle ; il ne peut décider qu'il n'y a lieu à l'application d'aucune peine, à raison soit de celle déjà subie en exécution de la condamnation relative au chef sur lequel la revision a été suivie d'acquittement, soit de la grâce accordée au condamné avant sa demande en revision (Metz, 25 août 1869, aff. Krantz, D. P. 70. 2. 28). Mais, dans le cas de revision d'une condamnation criminelle par suite de la condamnation pour faux témoignage prononcée ultérieurement contre l'un des témoins à charge, si la déclaration du jury porte sur plusieurs chefs d'accusation distincts, et que le faux témoignage n'ait eu lieu qu'à l'égard d'un seul, la cassation doit être restreinte à ce dernier chef, ainsi que l'effet de renvoi à la nouvelle cour d'assises (Crim. cass. 13 nov. 1857, aff. Metreau, D. P. 58. 1. 42);

2° La cour de cassation doit, au contraire, statuer au fond, sans cassation préalable ni renvoi, si elle constate l'impossibilité de procéder à de nouveaux débats oraux entre toutes les parties, notamment en cas de décès, de contumace ou de défaut d'un ou de plusieurs condamnés, en cas de prescription de l'action ou de celle de la peine (art. 446). C'est ce qui a été jugé dans le cas de prescription de l'action (Crim. cass. 27 nov. 1868, aff. Desvaux, D. P. 69. 1. 386). — La cour de cassation avait d'abord assimilé à cette hypothèse celle où la peine a été exécutée (Crim. cass. 14 mai 1874, aff. Petit, D. P. 75. 1. 186); mais depuis, plusieurs arrêts ont décidé que cette assimilation était inexacte, et qu'il y a lieu à renvoi dans le cas même où un des jugements a été exécuté (Crim. cass. 23 nov. 1876, aff. Charpentier, D. P. 77. 1. 284; 3 juin 1881, aff. Guillabeau, D. P. 81. 1. 497).

338. Notons enfin que comme complément de réparation, le juge qui rend une décision constatant, sur une instance en revision, l'innocence d'un condamné, a le droit d'ordonner l'affichage de cette décision tant dans le lieu où a été prononcée la condamnation reconnue mal fondée, que dans celui du domicile du condamné déclaré innocent (Arrêts des 27 nov. 1868 et 14 mai 1874, cités *suprà*, n° 337).

339. En terminant, il y a lieu de citer comme se rattachant à la matière de la revision, un arrêt aux termes duquel l'intérêt qu'un condamné peut avoir, en vue de la revision de sa condamnation, ne l'autorise pas à intervenir au débat criminel engagé contre un autre individu poursuivi à raison du même crime (Crim. rej. 18 juin 1863, aff. Bert, D. P. 64. 1. 396).

CHAP. 15. — De la violation de la loi du contrat
(*Rép.* nos 1567 à 1578).

340. La violation de la loi du contrat est-elle une cause d'ouverture à cassation? Avant de répondre à cette question, il convient de déterminer exactement ce qu'on doit entendre par ces mots : violation de la loi du contrat. A cet effet, trois hypothèses doivent être distinguées : 1° la convention intervenue présente, d'après les constatations faites par les juges, les éléments et les caractères d'une opération prévue et réglée par la loi ; les juges méconnaissant cette similitude, ont donné à la convention une qualification, ou bien lui ont fait produire des effets qui ne sont pas ceux que la loi prévoyait; — 2° Les éléments de la convention, tels qu'ils ont été établis et constatés par les juges, ne correspondent à aucune des conventions prévues par la loi ; mais les juges, pour une raison quelconque, ont omis d'appliquer à la cause les dispositions de la convention par eux reconnue; — 3° Le tribunal a exactement appliqué les dispositions du contrat, telles qu'il les a constatées, mais cette constatation est erronée, parce que les juges se sont mépris sur la volonté des parties ou l'ont mal interprétée. Dans ces trois cas on dit communément qu'il y a violation de la loi du contrat, et l'appellation est justifiée en ce sens que, dans ces diverses hypothèses et par le fait des juges, le contrat, n'a pas produit les effets que les parties en attendaient. La cour de cassation a-t-elle le droit d'intervenir? Cela équivaut à rechercher dans quelle mesure la violation de la loi du contrat équivaut à la violation d'une loi générale; on sait, en effet, que c'est à cette seule condition que la voie du recours en cassation peut être employée (Conf. *Rép.* n° 1567).

341. Le droit, pour la cour de cassation, d'exercer son contrôle doit être admis sans conteste dans la première hypothèse, celle où les juges se sont refusés à tenir compte des effets légaux d'un contrat prévu par la loi. S'il y a violation de la loi du contrat adopté par les parties en cause, il y a également violation de la loi générale qui déterminait les effets que ce contrat devait produire. Aussi aucun doute sur ce point ; la cour de cassation interviendra pour redresser la qualification ou les conséquences légales que les juges du fond ont appliquées ; en procédant ainsi, elle réprimera en même temps une atteinte à la loi du contrat. On remarquera seulement qu'à proprement parler, ce n'est pas la violation de cette dernière loi qui motive le recours en cassation. Tous les exemples, rapportés au chapitre suivant, de cas où l'appréciation des juges du fond n'est pas souveraine, ne sont que des applications de cette prétendue violation de la loi du contrat donnant lieu à cassation (V. *infrà*, n° 352).

342. Passant maintenant aux deux autres hypothèses, celle où les juges ont omis d'appliquer les règles qu'ils ont reconnu avoir été adoptées par les parties, et celle où ils se sont mépris sur les dispositions que les contractants avaient en vue, il faut examiner, dans ces cas qui constituent les seules véritables violations de la loi du contrat, sur quel fondement juridique la cour de cassation pourrait être admise à censurer la décision des juges du fond. C'est, dit-on, en vertu de l'art. 1134 c. civ. qui dispose que « les conventions légalement formées tiennent lieu de loi à ceux qui les ont faites » et assimile ainsi la loi privée aux lois générales. Partant de là et d'après un premier système développé par M. Henrion de Pansey (*Rép.* n° 1568), la cour de cassation, a pendant quelque temps décidé que la violation de la loi du contrat devait, d'une manière générale, être considérée comme un moyen de cassation (V. les décisions citées en ce sens au *Rép.* n° 1569). Mais la cour n'a pas tardé à s'apercevoir que cette assimilation absolue entre la loi du contrat et une loi générale était erronée, et, par un arrêt du 2 févr. 1808 (*Rép.* n° 1571), rendu sur les conclusions de Merlin, elle déclarait que la cassation ne pourrait être prononcée pour violation de la loi du contrat, qu'autant qu'il s'agirait d'un contrat prévu et réglé par la loi, et au regard duquel les juges auraient méconnu quelqu'une des dispositions légales. C'était restreindre le contrôle de la cour suprême à la première hypothèse ci-dessus examinée, celle où les juges se sont trompés, soit dans la qualification légale du contrat, soit dans la détermination des effets que la loi lui fait produire. Merlin avait été conduit à ce système restrictif par une considération toute spéciale, tirée de l'obligation imposée par la loi du 16 sept. 1807 à la cour de cassation, lorsque celle-ci était saisie dans une même affaire d'un troisième pourvoi fondé sur les mêmes moyens, de s'adresser au Corps législatif pour obtenir un décret déclaratif de la loi. Or, disait Merlin, s'il arrivait que les trois pourvois fussent fondés sur la violation d'un contrat, et que la cour de cassation eût cassé par ce motif, le Corps législatif allait être mis dans la nécessité d'interpréter les conventions des parties, ce qui était inadmissible (V. *Rép.* n° 1571). Cet argument est aujourd'hui sans valeur, le référé législatif étant aboli depuis 1837 ; mais il y a une raison décisive qu'on peut invoquer aujourd'hui, comme au temps de Merlin, pour écarter une assimilation entre la loi résultant d'un contrat et la loi proprement dite; elle tient à la manière différente dont l'une et l'autre loi sont établies et par suite peuvent être reconnues et interprétées. La loi générale, édictée dans l'intérêt de tous, relève incontestablement du contrôle de la cour de cassation, qui a pour mission spéciale, tout d'abord de constater son existence et sa force obligatoire, puis de déterminer le sens et la portée qu'il convient de lui attribuer ; la cassation constitue la sanction naturelle de toute contravention aux dispositions ainsi déterminées. Tout autre est la nature de ce qu'on appelle la loi du contrat; cette loi a pour origine la seule volonté des parties contractantes, et non l'intervention du législateur; l'existence et l'étendue d'une disposition de ce genre ne peuvent donc être déterminées que par appréciation des intentions et des volontés, et non plus par le jeu de principes généraux appliqués *in abstracto*.

Pour reconnaître si la loi du contrat a été ou non violée par les juges du fond, il faut nécessairement déterminer au préalable le sens et la portée de cette loi. La cour de cassation se trouverait donc obligée, pour réprimer une violation de contrat, de rechercher la volonté des parties contractantes et d'en faire l'interprétation. Mais, en procédant ainsi, la cour suprême sortirait du terrain du droit et pénétrerait dans l'examen des faits, ce qui, ainsi qu'il a été expliqué *suprà*, n° 260, constitue le domaine réservé en propre aux juges du fond. Il semble que les principes généraux qui régissent le fonctionnement du recours en cassation conduisent ainsi logiquement et nécessairement à adopter la doctrine de Merlin. En fait, c'est ce qui s'est produit, puisque, même après l'abolition du référé législatif en 1837, la cour suprême a persisté pendant quelque temps dans la jurisprudence inaugurée par l'arrêt de 1808.

343. Cependant il convient de remarquer que ce système est trop restrictif, et cela, même d'après les principes que l'on vient de rappeler ci-dessus. Si, en effet, il est interdit à la cour de cassation de rechercher le sens d'un contrat, parce que cela l'obligerait à apprécier l'intention des parties, aucun principe juridique ne s'oppose à ce que la cour intervienne dans le cas où les juges du fond, après avoir constaté l'existence et le sens d'un contrat, se refuseraient à appliquer les dispositions ainsi déterminées. Cette hypothèse est, on l'a vu, la deuxième parmi celles que nous avons distinguées au début du chapitre. Il sera donc permis, en pareil cas, à la cour de cassation d'exercer sa censure pour faire respecter le principe de l'art. 1134. On peut dire que l'on est ici en présence du seul cas où cet article soit réellement violé. C'est ce que M. Paul Fabre reconnaissait expressément dans de remarquables conclusions développées dans une affaire jugée par la chambre des requêtes le 22 nov. 1865; voici en quels termes le savant magistrat formulait sa doctrine: « Pour qu'il puisse y avoir violation de l'art. 1134 c. civ., il faut que le juge, après avoir déclaré que l'intention des parties a été de faire telle convention, ajoute que néanmoins lui, juge, par des raisons d'équité, croit devoir modifier la convention faite, parce qu'il trouve exagérés, soit la peine stipulée, soit les avantages assurés à l'une des parties par le contrat. — Alors il est vrai de dire que le juge met sa volonté à la place de la volonté qu'il reconnaît avoir été celle des parties au moment du contrat, et qu'il refait la convention ». Et la cour, ne faisant en quelque sorte que s'approprier les expressions de son avocat général, rendait un arrêt où l'on peut relever le passage suivant: « Attendu, d'ailleurs, qu'il ne peut y avoir violation de l'art. 1134 qu'autant que le juge, après avoir constaté l'existence et le sens d'un contrat, croirait pouvoir modifier, sous un prétexte quelconque, ce qu'il reconnaîtrait avoir été convenu entre les parties, et non lorsqu'il se borne à fixer le sens de la convention par interprétation de l'intention des parties; que, si erronée qu'elle puisse l'être, une telle interprétation ne constitue qu'un mal jugé, qui ne tombe pas sous la censure de la cour de cassation » (Req. 22 nov. 1865, aff. de Laplace-Chauvac, D. P. 66. 1. 108).

Cet arrêt est très important, car il précise exactement les conditions dans lesquelles la cour de cassation pourra exercer son contrôle à l'égard des conventions méconnues par les juges du fond, sans empiéter, toutefois, sur le pouvoir souverain qui leur est réservé pour déterminer et apprécier ces conventions. Il conduit à distinguer entre le cas où les juges auront refusé d'appliquer les conventions par eux constatées, et celui où ils se seront mépris sur le sens de ces conventions. Dans le premier cas, la cour suprême sera en droit d'intervenir pour assurer l'exécution de la convention. C'est ainsi que cette cour a décidé, à différentes reprises que la clause du règlement de la caisse des retraites d'une compagnie de chemin de fer, aux termes de laquelle les retenues faites sur les appointements sont acquises à la caisse du jour où elles ont été opérées, est obligatoire pour les employés de cette compagnie; en conséquence, que le juge ne peut ordonner la restitution de ces retenues, en se fondant sur de prétendus motifs d'équité, sans méconnaître la force obligatoire des conventions légalement formées (Civ. cass. 18 déc. 1872, aff. Chemin de fer de l'Est, D. P. 73. 1. 229; 5 août 1873, aff. Chemin de fer de Lyon, 2 arrêts, D. P. 74. 1. 65; 28 avr. 1874, aff. Compagnie de Lyon, D. P. 74. 1. 304; 10 mai 1875, aff. Compagnie de Lyon, D. P. 75. 1. 198);... Ou encore, qu'il y a violation de l'art. 1134 c. civ., lorsque le juge, après avoir constaté l'existence d'un acte, modifie ce qu'il a reconnu constituer la convention, dont les termes sont clairs et précis, par des motifs sans valeur juridique (Civ. cass. 23 mars 1886, aff. Colcombet, D. P. 86. 5. 43).

344. Au contraire, dans l'hypothèse où les juges du fond se sont mépris sur le sens de la convention (c'est celle qui nous reste à examiner), la décision des juges doit demeurer, semble-t-il, complètement à l'abri de la censure de la cour de cassation; c'est, du moins, la conséquence logique de l'arrêt précité du 22 nov. 1865, cité *suprà*, n° 343, qui restreint la violation de l'art. 1134 au seul cas où les juges ont modifié les conventions qu'ils ont préalablement déterminées en toute liberté. En ce sens, la cour de cassation avait décidé, longtemps avant l'arrêt du 22 nov. 1865, que lorsque les termes d'un contrat présentent quelque ambiguïté, le juge appelé à l'interpréter est souverain pour déterminer, d'après l'intention des parties, et sans s'attacher au sens rigoureux des expressions employées par elles, quelle est la convention qui a été conclue (Req. 29 déc. 1856, aff. Renaud, D. P. 57. 1. 261). Depuis, la cour a formulé à diverses reprises la même doctrine. Ainsi elle a jugé: 1° que le juge, qui reconnaît qu'une convention est illicite, ne peut pas la modifier pour la rendre valable, si, d'ailleurs, il n'interprète pas les termes de la convention d'après la volonté des parties (Civ. cass. 25 mai 1868, aff. Drevet, D. P. 69. 1. 277); — 2° Qu'il appartient au juge du fait de décider que la clause d'un cahier des charges, qui assure à tous les adjudicataires également l'usage de certains chemins, doit être interprétée en un sens tel qu'elle ne profite pas à certains d'entre eux (Req. 24 févr. 1868, aff. Gall, D. P. 68. 1. 308); — 3° Qu'il n'y a violation de l'art. 1134 c. civ., que lorsque le juge, après avoir reconnu l'existence et déterminé le sens d'une convention, impose aux parties une obligation différente de celle qu'il a déclaré lui-même dériver de la convention par lui reconnue et interprétée; qu'en conséquence, l'arrêt qui déclare en fait que, par campagne, les parties ont entendu l'année, et par bénéfice, le gain réalisé sur le prix moyen d'une denrée fabriquée, quel qu'ait pu être le renchérissement de la matière première, échappe à la censure de la cour de cassation (Req. 18 juill. 1871, aff. Michaux, D. P. 71. 1. 283); — 4° Qu'il y a violation de l'art. 1134, lorsque le juge, après avoir constaté l'existence et le sens d'un acte, modifie ce qu'il a déclaré constituer la convention, mais non lorsqu'il se borne à fixer le sens de l'acte en interprétant les clauses qu'il contient, et en y recherchant l'intention des parties (Req. 28 mai 1873, aff. Raunet, D. P. 73. 1. 415); — 5° Qu'il n'appartient jamais aux tribunaux, quelque équitable que puisse paraître leur décision, de prendre en considération le temps et les circonstances pour modifier les conventions des parties et substituer des clauses nouvelles à celles qui ont été librement acceptées par les contractants (Civ. cass. 6 mars 1876, aff. de Gallifet, D. P. 76. 1. 193).

345. La théorie qui se dégage de ces divers arrêts est très nette et ne permet, semble-t-il, d'apporter aucune restriction au pouvoir souverain reconnu aux juges du fond de déterminer librement les conventions d'après l'intention des parties. Et cependant, presque à la même date, on trouve des arrêts qui s'expriment ainsi: « Attendu qu'aux termes de l'art. 1134 les conventions légalement formées tiennent lieu de lois à ceux qui les ont faites, qu'il n'est pas permis aux juges, lorsque les termes de ces conventions sont *clairs et précis*, de dénaturer les obligations qui en résultent et de modifier les stipulations qu'elles renferment » (Civ. cass. 15 avr. 1872, aff. Foucauld, D. P. 72. 1. 176). — « Attendu que la règle qui vient d'être rappelée (à savoir que les juges interprètent souverainement le sens des conventions intervenues entre les parties) ne reçoit exception, et que la cour de cassation n'exerce son droit de censure que quand les tribunaux, au lieu d'interpréter des actes obscurs, ont dénaturé ou altéré des actes *exprès ou positifs* » (Req. 22 juill. 1872, aff. Collin, D. P. 73. 1. 111). Ces arrêts apportent sans aucun doute une restriction aux pouvoirs d'appréciation des tribunaux ; on peut la formuler ainsi : les juges du fond ne peuvent, sans encourir la censure de la cour suprême, substituer une interprétation de volonté aux termes clairs et positifs du contrat. Ce système se rapproche de celui proposé par Carré, et qui consistait à distinguer suivant que le contrat ressortait d'un titre clair ou, au contraire, n'était établi qu'en termes obscurs ou au moyen de preuves testimoniales (V. *Rép.* n° 1568).

346. L'objection capitale que soulève ce système, c'est qu'on ne voit pas comment peut être tracée cette limite, dont parle M. Carré, entre la clarté et l'obscurité d'un acte. Il faudrait pour y parvenir, a dit M. Boncenne, *Théorie de la procédure civile*, t. 1, p. 491 et 492, « que la loi eût pris soin de marquer le point où les lueurs obscures disparaissent et se perdent dans les clartés de l'évidence ». D'autre part, s'il est vrai que le droit d'interprétation ne peut se justifier qu'en présence d'un doute, il faut remarquer, suivant une judicieuse observation faite par M. Labbé, dans une dissertation sur l'arrêt du 5 févr. 1873, cité *infrà*, n° 373, « que le doute peut résulter des circonstances et être très sérieux, sans que la lettre du contrat soit grammaticalement obscure ou ambiguë ». L'interprétation donnée par les juges du fond, pour être très large et sembler même en désaccord avec les termes du contrat, pourra néanmoins être conforme à l'intention des parties, qui ont eu le tort d'employer des expressions mal appropriées à leurs volontés. Si la cour de cassation intervient dans de semblables conditions, elle sera nécessairement obligée, ou de s'en tenir à la lettre du contrat, ce qui l'expose à annuler une interprétation qui paraît s'en écarter tout en étant au fond l'expression exacte de la pensée des contractants, ou bien de vérifier par elle-même l'exactitude de cette interprétation en apparence contraire aux termes employés, ce qui la conduira à pénétrer dans l'examen des faits et du fond de l'affaire. L'un et l'autre résultat sont également critiquables, et il serait, dès lors, préférable d'abandonner le système qui prétend distinguer entre les actes clairs et les actes obscurs, pour s'en tenir à la doctrine à la fois si juridique et si précise de l'arrêt de la chambre des requêtes du 22 nov. 1865, cité *suprà*, n° 343.

347. Quoi qu'il en soit, la jurisprudence de la cour de cassation paraît aujourd'hui fermement établie dans le sens de la distinction entre les actes clairs et les actes obscurs. Cela résulte, indépendamment des deux arrêts précédemment rapportés (*suprà*, n° 345), de plusieurs décisions qui ont déclaré : 1° qu'en jugeant par interprétation des termes d'un contrat d'assurance et d'après les circonstances de la cause que l'assuré n'avait pas entendu faire au profit de son enfant mineur la stipulation au profit d'un tiers prévue et admise par l'art. 1121 c. civ., les juges du fond se livrent à une interprétation souveraine, qui ne tomberait sous la censure de la cour de cassation que si elle dénaturait les *termes clairs et positifs* du contrat (Req. 15 juill. 1875, aff. Legrand, D. P. 76. 1. 232); — 2° Que la décision par laquelle les juges du fond déclarent qu'il résulte des termes d'une correspondance et des circonstances de la cause qu'un contrat a été ratifié ne cesse d'être souveraine que si elle dénature le *sens clair et positif* des termes de la convention (Req. 11 juill. 1876, aff. Parazols, D. P. 77. 1. 176); — 3° Que les juges du fait ne font qu'user du pouvoir souverain d'interprétation qui leur appartient, lorsqu'ils se bornent à fixer la véritable portée des actes invoqués par l'une des parties en cause, *sans en dénaturer le sens* (Req. 1er juill. 1886, aff. Jahau, D. P. 87. 1. 217).

348. Toutefois il convient de noter un arrêt récent qui paraît revenir sur la doctrine précédemment admise par la cour pour se rattacher au principe de la liberté d'interprétation reconnue aux juges du fond. Après avoir posé en règle que ceux-ci ne peuvent, sans commettre un excès de pouvoir, dénaturer les conventions intervenues ou refuser d'appliquer une clause librement acceptée et dont le sens n'est pas douteux, l'arrêt en tire cette conséquence que les tribunaux ne peuvent, refuser l'application d'une stipulation claire et précise, constituant à la charge du défendeur une obligation principale et directe ayant pour cause un service à lui rendu par le demandeur, et ce par le motif qu'il ne se serait engagé qu'en qualité de caution, alors que ce motif n'est fondé ni sur une appréciation des termes du contrat, ni sur l'interprétation de la commune intention des parties (Civ. cass. 3 févr. 1886, aff. Rougier, D. P. 86. 1. 469). Nest-ce pas reconnaître implicitement que, si l'arrêt attaqué avait jugé par interprétation de la volonté des contractants, la cour de cassation n'aurait eu qu'à s'incliner devant une appréciation souveraine?

349. Ce qui ne saurait être douteux, c'est que les tribunaux, peuvent, en toute liberté, suppléer aux lacunes et au silence de la convention. La cour de cassation l'a formellement reconnu dans différentes circonstances; elle a décidé notamment qu'il appartient aux juges du fond de constater souverainement, d'après les faits de la cause et l'intention des parties, qu'une convention par laquelle un boulanger a cédé à un tiers son fonds de boulangerie comprend dans la cession la fourniture du pain à faire à la troupe au lieu et place du cédant, bien que l'acte de vente soit muet sur ce point (Req. 14 févr. 1882, aff. Mareux, D. P. 82. 1. 411); ou bien encore, de rechercher si une convention a été conclue pour une seul ou pour plusieurs périodes de cinq ans (Civ. rej. 8 févr. 1886, aff. Fournier, 1re espèce, D. P. 87. 1. 22).

CHAP. 16. — Du pouvoir d'appréciation des tribunaux et des cours en matière civile (*Rép.* nos 1579 à 1744).

350. Dans ce chapitre, on passera en revue les différentes applications des principes qui ont été précédemment développés (*suprà*, nos 256 et suiv.), en cherchant à déterminer l'étendue du droit de contrôle exercé par la cour de cassation. Conformément à la méthode suivie au *Répertoire*, nous grouperons ces décisions sous cinq paragraphes distincts.

§ 1er. — Appréciation des conventions et contrats (*Rép.* nos 1580 à 1642).

351. Ainsi qu'on l'a exposé (*suprà*, nos 258 et suiv., et *Rép.* n° 1580), il est nécessaire de distinguer entre la constatation des conventions et la détermination de la qualification légale qu'il convient de leur appliquer; selon qu'il s'agit de la première ou de la seconde de ces opérations, l'appréciation des juges du fond est souveraine, ou bien peut être revisée par la cour de cassation. C'est cette seconde hypothèse qui a été examinée en premier lieu au *Répertoire*.

N° 1. — *Cas d'appréciation non souveraine de la part des juges du fond* (*Rép.* nos 1583 à 1597).

352. On a établi précédemment en quoi consiste la qualification légale des faits (*suprà*, nos 261 et suiv.). Toutes les fois, a-t-on dit, que les juges appliquent une qualification dont les éléments légaux ne se retrouvent pas dans les faits constatés, la loi se trouve violée, et la cour de cassation doit intervenir pour rectifier l'erreur de qualification commise par les tribunaux du fond. A ce principe se rattachent les divers cas d'annulation qui suivent, et qu'il y a lieu de rapprocher de ceux déjà rapportés au *Rép.* nos 1583 à 1597. — Il a été décidé : 1° qu'il appartient à la cour de cassation de reconnaître qu'une convention a tous les caractères d'un partage d'ascendant, et non d'une donation suivie d'un partage entre les donataires (Civ. cass. 4 juin 1849, aff. Flandrin, D. P. 49. 1. 307); — 2° Que cette cour est également compétente pour vérifier si un acte qualifié contrat de bail, par lequel le propriétaire d'un terrain en confère la jouissance pour trente-six années avec faculté pour le preneur d'y élever des constructions, lesquelles doivent en fin de bail demeurer la propriété du bailleur, entraîne l'obligation pour ce dernier de supporter en totalité le surcroît de contribution foncière, mis par le décret du 16 mars 1848 à la charge du propriétaire seul (Civ. cass. 8 juill. 1851, aff. Javal, D. P. 51. 1. 198); — 3° Que l'appréciation des clauses d'un acte, dont une partie entend faire résulter une dispense de mise en demeure, tombe sous le contrôle de la cour suprême, cette dispense devant, aux termes de l'art. 1139, être formellement exprimée (Req. 18 févr. 1856, aff. Malo, D. P. 56. 1. 260) ; — 4° Qu'il appartient à la cour de cassation de reconnaître que la convention constatée par le juge du fait aurait dû recevoir la qualification légale de cession de créance, et qu'elle doit en avoir les effets (Civ. cass. 23 févr. 1869, aff. Delacour, D. P. 69. 1. 196) ; — 5° Qu'elle est compétente pour rechercher si une obligation considérée par les juges du fond comme ayant été imposée par le testament à la succession du légataire grève celui-ci personnellement, et, dès lors, doit être déclarée licite (Civ. cass. 31 mars 1868, aff. Cappeau, D. P. 68. 1. 247) ; — 6° Que la cour suprême a le droit de vérifier si, à raison des circonstances de fait constatées, une construction établie dans le voisinage d'une forêt constitue légalement une maison sur perches, loge, baraque ou hangar dans le sens de l'art. 152 c. for., ou bien une maison ou ferme dans le sens de l'art. 153 du même code (Crim. rej. 15 nov. 1873, aff. Guillerme, D. P. 74. 1. 93).

353. La cour de cassation a également le droit incontestable de tirer des faits constatés par les juges du fond les conséquences légales qu'ils comportent; elle a pu décider notamment : 1° qu'une servitude litigieuse a été valablement acquise par la destination du père de famille, lorsque les juges, sans s'expliquer en droit sur ce mode d'acquisition, ont constaté en fait l'existence des conditions par lesquelles il se réalise (Req. 24 juill. 1877, aff. Girard, D. P. 78. 1. 342); — 2° Qu'une obligation naturelle, dont une personne s'était reconnue tenue envers un enfant, n'a pu se transformer en obligation civile, par le seul fait que cette personne a prié un tiers de faire don à cet enfant d'une somme d'argent (Civ. cass. 15 janv. 1873, aff. de S..., D. P. 73. 1. 180) ; — 3° Que les faits constatés sont ou non de nature, d'après l'art. 525 c. civ., à établir l'intention du propriétaire d'attacher des effets mobiliers à son fonds à perpétuelle demeure et de les rendre de la sorte immeubles par destination (Req. 8 mai 1850, aff. Louault, D. P. 50. 1. 269). — Enfin la cour de cassation peut toujours contrôler l'application des lois de l'enregistrement aux conventions, car c'est d'après la qualification légale qui convient à ces conventions que ces lois doivent être appliquées (Civ. cass. 19 mai 1868, aff. Lainé, D. P. 68. 1. 305).

N° 2. — *Cas d'appréciation souveraine de la part des juges du fond* (*Rép.* n°s 1598 à 1621).

354. S'il appartient à la cour de cassation d'apprécier les éléments d'un contrat au point de vue de la qualification et des effets légaux à en tirer, la constatation des faits, des circonstances et des intentions constitue, ainsi qu'on l'a rappelé au *Rép.* n° 1598, le domaine souverain des juges du fond. Les exemples qui vont suivre ne sont que des applications de ce principe. On les indiquera conformément à la méthode adoptée au *Répertoire :* ainsi l'on rapportera tout d'abord un certain nombre d'arrêts qui ont reconnu l'appréciation souveraine des juges dans les hypothèses les plus diverses, puis on recherchera l'étendue de ce pouvoir d'appréciation au regard des contrats les plus importants, en groupant, sur chacun d'eux, les diverses solutions qui ont été données par la jurisprudence.

355. Il a été jugé, d'une manière générale, que les juges du fond apprécient souverainement les conventions des parties par leur commune intention, et qu'ils décident notamment : 1° si un acte présente un caractère sérieux et obligatoire (Req. 11 juin 1873, aff. Fayolle-Demans, D. P. 73. 1. 416) ; — 2° Si une obligation est pure et simple ou sous condition potestative (Req. 11 août 1873, aff. Bougenot, D. P. 74. 1. 255); — 3° Ou si un acte a pour but de transmettre la propriété d'une parcelle de terrain, ou simplement de conférer un libre passage sur ce terrain (Req. 17 juill. 1878) (1) ; — 4° Ou bien, quel est, de deux sens dont une convention est susceptible, celui qui paraît le plus conforme à la situation des parties, aux termes de la clause litigieuse et au mode d'exécution qu'elle a déjà reçu (Req. 8 févr. 1875, aff. Labarre, D. P. 75. 1. 275); — 5° Ou encore, si une convention a été conclue pour une seule ou pour plusieurs périodes de cinq ans (Civ. rej. 8 févr. 1886, aff. Fournier, D. P. 87. 1. 22). Jugé aussi qu'un arrêt, interprétant la clause d'une police d'abonnement au gaz qui fait réserve de résiliation en cas de cessation de commerce de l'abonné, a pu décider que cette clause n'est pas applicable tant que le commerce est exercé soit par l'abonné lui-même, soit par son successeur (Req. 29 avr. 1885, aff. Valette, 2 arrêts, D. P. 86. 1. 239).

Est souveraine également l'interprétation par laquelle les juges décident : 1° que l'assurance de la baraterie de patron n'autorise pas l'armateur à se faire rembourser par l'assureur les dommages-intérêts auxquels il a été condamné comme civilement responsable des suites d'un acte de violence commis par le capitaine sur un matelot (Civ. rej. 22 nov. 1876, aff. Mulot, D. P. 77. 1. 88) ; — 2° Que la clause d'une police d'assurances, contre les accidents qui pourraient atteindre les hommes de l'équipage d'un navire, par laquelle la compagnie a pris à sa charge les conséquences de tous les accidents professionnels provenant d'une cause violente et involontaire, sans exclure du contrat aucun de ceux auxquels les marins devaient se trouver exposés par suite de leur profession, est applicable au cas de décès des matelots dans un naufrage (Req. 9 juill. 1884, aff. Comp. *l'Assurance française*, D. P. 85. 1. 305) ; — 3° Qu'une clause d'un contrat d'assurances a pour effet, dans l'intention commune des parties, d'affranchir le capitaine et le fréteur de tout recours à raison du fret avarié (Req. 22 avr. 1872, aff. Worms, D. P. 73. 1. 182) ; — 4° Qu'une clause d'une charte-partie, d'après laquelle l'allégement est mis aux frais et risques du chargement, doit être entendue comme ne s'appliquant qu'aux seuls allégements devenus nécessaires au port de débarquement (Civ. rej. 9 janv. 1884, aff. Krauss, D. P. 84. 1. 208) ; — 5° Que les changements opérés dans les lieux assurés n'augmentent pas les chances d'accident, et que l'introduction d'objets susceptibles d'aggraver les risques rentre dans les prévisions du contrat d'assurance (Civ. rej. 12 mai 1873, aff. Comp. *la France*, D. P. 73. 1. 192) ; — 6° Qu'il y a lieu d'appliquer à un agent d'assurances démissionnaire, non pas la clause de son traité avec la compagnie qui autorise celle-ci à le révoquer sans indemnité, mais la clause des instructions générales distribuées aux agents, qui leur reconnaît la faculté de présenter un successeur (Req. 31 mars 1873, aff. Champion, D. P. 73. 1. 424); — 7° Qu'une femme a concouru à la vente d'immeubles de la communauté faite par son mari, non comme véritable venderesse, mais seulement pour renoncer au bénéfice de son hypothèque légale (Req. 22 nov. 1880, aff. Joannaud, D. P. 81. 1. 58); — 8° Qu'un contrat litigieux ne constitue ni un nantissement, ni un transport de créance, mais une compensation *in futurum* (Civ. rej. 9 juin 1886, aff. Hamérel, D. P. 87. 1. 40); — 9° Que des cohéritiers, en stipulant que la plus-value acquise par un immeuble resté indivis entre eux serait fixée par des experts amiablement nommés, avaient entendu que les experts seraient, ou bien choisis par les intéressés eux-mêmes, ou bien nommés par la justice, à défaut

(1) (Henry C. Dumont et Thézant.) — La cour; — Sur le premier moyen tiré de la violation des art. 1134, 1582 et 1583 c. civ. : — Attendu que le tribunal de première instance de Lyon, dont l'arrêt attaqué (Lyon, 5 janv. 1877) a confirmé le jugement par adoption de motifs, était appelé, par les conclusions respectives des parties, à déterminer le sens de l'acte du 16 mai 1867; qu'il a déclaré par une appréciation qu'il lui appartenait de faire, tant des termes de l'acte que de l'intention des contractants, que ledit acte n'avait pas eu pour but de transmettre au sieur Thézant la propriété de la parcelle de terre qui en faisait l'objet, mais simplement de lui assurer un libre passage sur le terrain, par suite de travaux de nivellement que la veuve Poize venderesse s'obligeait à exécuter; qu'il était dans la commune intention de Thézant et de la veuve Poize de rendre le passage accessible au public, et qu'il avait, en effet, reçu cette destination; — Attendu, dès lors, que le demandeur Henry, qui est aux droits de Thézant, ne peut revendiquer pour lui-même une propriété qui n'avait pas été transmise à son auteur; qu'en le décidant ainsi, l'arrêt attaqué n'a fait que se conformer aux principes du droit, principes qui d'ailleurs ne pouvaient rencontrer aucune contradiction dans les règles spéciales à la voirie urbaine, sans application à l'espèce ;... — D'où il suit qu'aucune loi n'a été violée; — Rejette, etc.

Du 17 juill. 1878.-Ch. req.-MM. Bédarrides, pr.-Bécot, rap.-Lacointa, av. gén., c. conf.-Chambon, av.

d'entente amiable (Req. 27 janv. 1886) (1); — 10° Que lorsqu'il est stipulé dans un contrat, dit pacte de famille, ayant pour objet de cautionner un débiteur en faillite, que celui-ci n'aura pas d'action contre ses cautions pour les obliger à remplir leurs engagements, cette clause doit être entendue en ce sens que le débiteur s'interdisait de s'ingérer dans les arrangements à prendre par les autres contractants avec ses créanciers, mais qu'en abandonnant la totalité de ses biens auxdits contractants, il n'entendait pas s'interdire de leur demander compte de l'emploi des biens abandonnés (Civ. rej. 9 févr. 1887, aff. de la Jonquière, 1er arrêt, D. P. 87. 1. 269); — 11° Qu'une ouverture de crédit a été faite, sans fixation de parts, dans l'intérêt et au profit de plusieurs des parties en cause (Civ. rej. 18 janv. 1887, aff. de Marqué, D. P. 87. 1. 278. — V. aussi C. cass. de Belgique, 8 mai 1886, aff. de Goix, D. P. 87. 2. 221; Civ. rej. 20 avr. 1887, aff. Sauvegrain, D. P. 87. 1. 421).

356. Est également souveraine l'interprétation d'après laquelle : 1° un acte administratif invoqué par une partie pour établir son droit de propriété sur une forêt domaniale est reconnu ne pas s'appliquer aux lieux litigieux (Req. 31 mars 1884, aff. Pozzi, D. P. 85. 1. 210); — 2° Des terrains revendiqués par les habitants d'une commune contre les habitants d'une autre commune sont déclarés constituer des *communaux*, et non des *biens arrentés* dont le cens était payé au seigneur (Civ. rej. 5 déc. 1877, aff. habitants de Fréchamps, D. P. 79. 1. 198); — 3° Un acte ancien est reconnu n'avoir transmis que certains droits féodaux à l'exclusion du droit de propriété (Civ. rej. 30 nov. 1868, aff. Poisson, D. P. 69. 1. 22); — 4° Les actes produits dans une instance en revendication ne constituent, au profit du demandeur, aucun titre translatif de propriété (Req. 21 août 1877, aff. Lefaucheur, D. P. 78. 1. 365).

357. Spécialement à l'égard des faits constitutifs de possession, les juges reconnaissent souverainement : 1° qu'une possession ne s'est exercée qu'à titre de tolérance (Req. 17 juin 1873, aff. Commune de Draveil, D. P. 74. 1. 167); — 2° Qu'il résulte du titre invoqué pour l'établissement d'une possession, que cette possession est précaire (Req. 2 mai 1876, aff. Antoine, D. P. 78. 1. 63). — Il rentre également dans les attributions souveraines du juge du fait de décider : 1° qu'un contrat, passé entre une ville et les frères des écoles chrétiennes pour les mettre en possession d'un terrain en vue d'y construire un établissement scolaire, ayant eu lieu à une époque où les frères n'étaient qu'instituteurs libres, la résolution de la jouissance de l'immeuble qui était stipulé pour le cas où l'enseignement desdits frères prendrait fin dans la ville ne peut être encourue que dans l'hypothèse où ils cesseraient d'y donner même l'enseignement libre (Req. 24 juill. 1882, aff. Ville de Chambéry, D. P. 84. 1. 185); — 2° Quel est le sens du mot *enfants* employé dans une convention (Req. 19 janv. 1869, aff. Enjalran, D. P. 72. 1. 96); — 3° Que la convention par laquelle deux propriétaires s'engagent à construire à frais communs une digue pour protéger leurs biens fonds contre l'inondation, emporte comme conséquence l'obligation d'entretenir et de réparer cette digue à frais communs tant qu'elle existera (Req. 27 juill. 1880, aff. Dumas, D. P. 81. 1. 165); — 4° Que le retard apporté dans la célébration d'un service religieux ne constitue pas une dérogation au titre qui prescrit cette célébration (Req. 24 mai 1876, aff. Roullier, D. P. 77. 1. 437); — 5° Si les travaux qu'un entrepreneur a eu à exécuter diffèrent ou non substantiellement de ceux qu'il avait consenti à faire moyennant un prix déterminé (Req. 20 avr. 1874, aff. Magniet, D. P. 74. 1. 329).

358. Il appartient encore aux juges du fond de constater souverainement quelle est l'étendue ou la nature d'un engagement, et de déclarer notamment : 1° qu'un sous-entrepreneur a entendu, non seulement vis-à-vis de l'Administration, mais encore vis-à-vis de l'entrepreneur lui-même, se substituer à celui-ci dans ses rapports avec l'Administration (Req. 11 mai 1870, aff. Lozès, D. P. 71. 1. 120); — 2° Que l'acte intervenu entre une congrégation et l'un de ses membres constitue au profit de ce dernier, non pas une reconnaissance de dette, mais une simple mesure destinée à sauvegarder ses intérêts en cas de suppression du couvent (Req. 26 févr. 1873, aff. Lalain, D. P. 73. 1. 208); — 3° Que le tireur d'une lettre de change ne devait pas être engagé envers le bénéficiaire, mais seulement envers les tiers porteurs (Sol. impl., Civ. cass. 10 juin 1872, aff. d'Aubas-Gratiollet, D. P. 72. 1. 262); — 4° Qu'un compte courant a été clos, en fait, faute d'aliment (Req. 5 juin 1872, aff. Hourdet, D. P. 73. 1. 77); — 5° Que les comptes ayant existé entre les parties avaient le caractère de comptes courants, et que les intérêts en avaient été exactement payés (Req. 24 mai 1870, aff. Veuve Cusinberche, D. P. 71. 1. 250); — 6° Qu'un acte a eu pour objet de constituer, non pas un simple transport de créance, mais un prêt et un transport de créance (Civ. rej. 28 juill. 1868, aff. Potier, D. P. 68. 1. 403); — 7° Qu'une somme a été versée, non à titre d'acompte et pour couvrir une perte subie dans des opérations commerciales, mais à titre de prêt (Req. 18 mars 1874, aff. Simonnet, D. P. 76. 1. 279); — 8° Que des valeurs ont été remises à un créancier, non pas en nantissement, mais en compte (Civ. rej. 26 août 1868, aff. Delbosc, D. P. 68. 1. 439); — 9° Que l'engagement résultant d'un billet à ordre souscrit par une femme mariée n'a pas été accompagné de l'autorisation du mari, bien que celui-ci ait écrit de sa main le corps du billet (Civ. rej. 17 janv. 1870, aff. Comptoir d'Escompte de Blaye, D. P. 70. 1. 102); — 10° Que le point de départ des années d'exécution d'un marché doit être fixé au jour de la signature du contrat, et non à une époque postérieure (Civ. rej. 15 janv. 1873, aff. Derrien, D. P. 73. 1. 103); — 11° Qu'il résulte de la convention l'obligation pour le créancier d'adresser à son débiteur une mise en demeure préalable (Civ. rej. 15 juill. 1872, aff. Edouard Guillot, D. P. 72. 1. 414); — 12° Qu'aucun accord ultérieur n'est venu décharger une partie des obligations nées de la convention originaire (Civ. rej. 19 mars 1877) (2); — 13° Que la créance actuellement

---

(1) (Brun C. Faulquier.) — LA COUR; — Sur le moyen unique de cassation, tiré de la violation des art. 1582, 1583, 1589, 1591 et 1592 c. civ. : — Attendu que, le 23 oct. 1867, il est intervenu entre le sieur Rodolphe Faulquier et ses sœurs, les dames Granier et Brun, un acte contenant promesse de vente par ces dernières à Rodolphe Faulquier du tiers que chacune d'elles possédait dans l'usine de Villodère, indivise entre ces trois héritiers; que les parties, après avoir énoncé que l'usine deviendra la propriété exclusive de Rodolphe Faulquier par le seul fait de la notification par ce dernier à ses sœurs de la volonté de l'acquérir, ont fixé à 20000 fr., pour chaque part, le prix de vente, en en réglant les conditions de payement; qu'il est dit ensuite dans le même acte que si, au moment de la cession, l'usine se trouve avoir acquis une plus-value par suite des agrandissements ou améliorations qui y auraient été faits pendant la durée de la société, Rodolphe Faulquier sera tenu de payer, en sus du prix fixé ci-dessus, une plus-value à ses deux sœurs, plus-value qui sera fixée par des experts amiablement nommés; — Attendu que les parties litigantes n'étant pas tombées d'accord sur le sens exact de cette dernière clause, les juges du fond l'ont interprétée en ce sens que les experts, auxquels elles devraient éventuellement recourir, seraient, soit choisis amiablement par elles, soit nommés par la justice à défaut d'entente amiable; que l'arrêt fonde cette interprétation sur l'ensemble des termes de la convention litigieuse, sur l'intention commune des parties, et spécialement sur l'exécution que les demandeurs en cassation ont entendu y donner eux-mêmes, suivant les termes de la sommation du 29 nov. 1884, portant « qu'il écherra à la partie la plus diligente de se pourvoir judiciairement pour qu'il soit procédé à ladite désignation »; — Attendu qu'en le jugeant ainsi, la cour d'appel de Montpellier n'a fait qu'user de son droit souverain d'interprétation, et n'a pu violer aucun des textes visés à l'appui du pourvoi; — Rejette, etc.

Du 27 janv. 1886.-Ch. req.-MM. Bédarrides, pr.-Lardenois, rap.-Chévrier, av. gén., c. conf.-Sabatier, av.

(2) (Fuilhan C. Lasserre.) — LA COUR; — Sur les deux branches du premier moyen de cassation : — Attendu que, devant les juges du fond, le débat entre les parties portait sur l'existence et les effets d'une convention invoquée par Lasserre, aux termes de laquelle lesdites parties auraient pris à leur charge commune l'acquisition des immeubles faisant l'objet des actes des 30 oct. 1860, 19 oct. 1861 et 14 nov. 1867, ainsi que les dépenses de réfection, d'agrandissement et d'amélioration opérées sur ces immeubles; — Attendu que c'est en se fondant sur l'ensemble des faits, actes et documents de la cause, qu'il lui appartenait souverainement d'apprécier que l'arrêt attaqué a décidé que Fuilhan avait accepté cette convention, avec les conséquences résultant de l'exécution qu'elle avait reçue, et qu'il ne faisait pas la preuve

invoquée par le créditeur comme faisant le solde de son compte courant n'est pas celle pour laquelle une hypothèque avait été constituée (Civ. rej. 23 mars 1874, aff. Zermati, D. P. 74. 1. 316).

359. Les tribunaux jouissent d'un pouvoir souverain pour reconnaître les faits constitutifs de libération ; ainsi ils peuvent décider : 1° que l'abandon des droits fait par un créancier n'a été que conditionnel, et qu'il y a eu de la part du débiteur engagement formel de se libérer s'il revenait à meilleure fortune (Civ. rej. 22 juill. 1873, aff. Bouyer, D. P. 73. 1. 460) ; — 2° Qu'un créancier n'a pas eu l'intention de faire à son débiteur remise de sa dette (Req. 7 juill. 1870, aff. Riant, D. P. 71. 1. 337) ; — 3° Que la remise du titre sous seings privés par le créancier au débiteur émane de la volonté du créancier et, en conséquence, fait preuve de la libération du débiteur (Civ. rej. 17 mars 1869, aff. Lorimy, D. P. 69. 1. 338) ; — 4° Que deux quittances produites en justice font double emploi entre elles (Req. 4 déc. 1876, aff. Vilanova, D. P. 77. 1. 184) ; — 5° Qu'un créancier ayant hypothèque légale a entendu s'en désister en faveur de l'acquéreur de l'immeuble hypothéqué (Req. 24 déc. 1873, aff. Picard, D. P. 74. 1. 147) ; — 6° Qu'une ratification donnée par un associé, à l'occasion d'achats excessifs faits par son coassocié, doit être restreinte aux seules opérations déjà liquidées au moment de la rupture de la société (Req. 5 avr. 1875) (1) ; — 7° Que certains actes de l'usufruitier ne constituent pas une renonciation à son usufruit (Civ. rej. 19 août 1872, aff. de Casaux, D. P. 72. 1. 397).

360. Il a été reconnu enfin que les juges du fond décident souverainement : 1° quelles sont les circonstances constitutives de la cessation de payement et l'époque de l'ouverture de la faillite (Req. 22 juill. 1872, aff. Deleglise, D. P. 73. 5. 55) ; — 2° Qu'un emprunteur peut, sans qu'il y ait usure, être tenu de restituer le montant intégral de la somme prêtée, lors même qu'il a dû en employer une partie à l'acquittement de certaines charges du prêteur (Req. 7 juill. 1870, aff. Riant, D. P. 71. 1. 337) ; — 3° Que, parmi les dépositions d'une enquête, certains faits complètement étrangers à l'une des parties ne peuvent lui être opposés (Req. 13 déc. 1875, aff. Urbanowski, D. P. 76. 1. 417) ; — 4° Quelles sont entre les conclusions de deux expertises contradictoires celles qui doivent être préférées (Req. 28 nov. 1871, aff. Arnette, D. P. 72. 1. 59) ; — 5° Qu'un marché n'avait rien de déterminé quant au lieu du payement (Req. 9 nov. 1885, aff. Oustalet, 2e arrêt, D. P. 86. 1. 8).

361. — I. DONATION. — En cette matière les juges sont souverains, en premier lieu, pour reconnaître l'intention de libéralité qui a présidé à une convention. Ainsi a été jugée souveraine la décision par laquelle il est déclaré que la pension viagère reconnue à un père par son enfant dans le contrat de mariage de celui-ci ne constitue pas le simple accomplissement d'une obligation légale, mais bien une véritable libéralité (Req. 10 janv. 1877) (2). De même il appartient exclusivement aux juges du fond de rechercher : 1° si un contrat, dont la nature est incertaine, constitue une vente ou une donation déguisée sous la forme d'un contrat à titre onéreux (Req. 9 juill. 1879, aff. Lengrand, D. P. 81. 1. 27) ; — 2° Si un acte par lequel une femme paraît avoir fait une donation en faveur de son mari et de ses enfants ne constitue pas, en réalité, un contrat à titre onéreux par lequel la femme s'est engagée à réparer le dommage résultant d'un délit d'adultère par elle commis et de la naissance d'un enfant adultérin auquel elle a donné le jour (Civ. rej. 20 juill. 1870, aff. Mévil, D. P. 70. 1. 333).

En second lieu, ainsi qu'il a été dit au *Rép.* n° 1606, c'est encore aux juges du fond qu'est abandonnée l'appréciation et la détermination des clauses et conditions insérées dans les donations. Aux décisions déjà citées au *Rép. loc. cit.*, il y a lieu d'en ajouter d'autres, qui ont déclaré souveraine la constatation, faite par les juges du fond : 1° que la prohibition d'aliéner les biens donnés, apposée comme condition à la donation, n'est que temporaire, et doit cesser à une époque déterminée (Req. 22 juill. 1872, aff. Marchand, D. P. 73. 1. 242) ; — 2° Que la donation faite par des parents à leurs enfants, et d'autre part le partage des biens donnés entre ceux-ci par voie de licitation, conformément au désir exprimé par les donateurs, ne constitue pas dans son ensemble un partage d'ascendants, mais que les deux opérations sont indépendantes l'une de l'autre (Req. 2 juill. 1878, aff. Goumy, D. P. 78. 1. 463).

Enfin les juges du fond apprécient souverainement si une personne est ou non saine d'esprit au moment où elle a consenti une donation (Req. 28 juill. 1874, aff. Longuet, D. P. 75. 1. 108).

362. — II. TESTAMENT. — Les juges du fait interprètent et déterminent souverainement l'intention du testateur ; toutefois, la cour de cassation y met la condition qu'ils ne dénatureront aucune des clauses du testament, et ne méconnaîtront pas les effets légaux qu'elles devaient produire. La cour s'est autorisée de cette restriction pour reconnaître, contrairement à la décision attaquée, le caractère de legs à la disposition par laquelle le testateur avait exprimé le désir qu'après son décès, son héritier gardât son homme d'affaires pendant deux ans au moins à son service, en ajoutant que, pour le cas où l'héritier le renverrait avant cette époque, il donnait et léguait à cet homme d'affaires deux années de gages en sus de celles qui lui seraient dues au moment de son renvoi (Civ. cass. 4 août 1851, aff. Manent, D. P. 51. 1. 220). De même, la cour de cassation a pu déclarer, d'après les constatations de fait, qu'une obligation que le juge du fond avait considérée comme mise à la charge de la succession du légataire, grevait le légataire personnellement, et, par conséquent, était licite (Civ. cass. 31 mars 1868, aff. Cappeau, D. P. 68. 1. 247).

Au contraire, le juge du fait constate souverainement : 1° si une condition illicite a été, dans la pensée du testateur, l'accessoire ou la cause déterminante du legs, et dès lors si celui-ci doit être maintenu ou annulé (Civ. rej. 7 juill. 1868, aff. Bourlier, D. P. 68. 1. 446) ; — 2° Si deux dispositions testamentaires successives sont, ou non, inconciliables entre elles (Req. 13 déc. 1869, aff. d'Espous, D. P. 70. 1. 266) ; — 3° Si un don manuel a été fait avec dispense de rapport d'après l'intention manifestée dans un testament (Req. 12 mars 1873, aff. Bonnet, D. P. 73. 1. 194) ; — 4° Si l'usu-

---

de l'existence d'un accord ultérieurement intervenu entre lui et Lasserre, et par lequel il aurait été déchargé de ses obligations nées de la convention originaire ; — Qu'en statuant ainsi, la cour d'appel de Pau n'a point violé ni pu violer les textes invoqués à l'appui du premier moyen ; — Rejette, etc.

Du 19 mars 1877.-Ch. civ.-MM. Mercier, 1er pr.-Sallé, rap.-Charrins, av. gén., c. conf.-Rigot et Monod, av.

(1) (Taubels C. Benecke.) — LA COUR ; — Sur le moyen unique du pourvoi, tiré de la violation des art. 1134 et 1138 c. civ., et des principes en matière de ratification : — Attendu que, si l'arrêt attaqué reconnaît que Benecke a donné une ratification à l'occasion des achats excessifs faits par son associé, il restreint l'effet de cette ratification aux opérations déjà liquidées au moment de la rupture de la société, et déclare que pour les autres la liquidation devra en être faite par Taubels et à ses risques ; — Attendu qu'en statuant ainsi, l'arrêt attaqué n'a fait qu'user du pouvoir souverain d'appréciation qui appartient aux juges du fond et n'a point violé les articles cités ;

Par ces motifs, rejette, etc.

Du 5 avr. 1875.-Ch. req.-MM. de Raynal, pr.-Demangeat, rap.-Babinet, av. gén., c. conf.-Michaux-Bellaire, av.

(2) (Brunet C. Eymard et Garambois.) — LA COUR ; — Sur le moyen tiré de la fausse application des art. 931 et 932 c. civ. et de la violation de l'art. 464 c. proc. civ. : — Attendu que, en se fondant sur les faits et circonstances développés dans ses motifs, l'arrêt attaqué déclare que la donation d'une pension viagère de 1200 fr. faite par la fille Brunet au sieur Brunet, son père, dans son contrat de mariage, ne saurait être considérée comme le simple accomplissement d'une obligation légale ou naturelle, mais constitue une véritable libéralité soumise, à ce titre, aux formalités spéciales des donations entre-vifs ; — Que cette décision est souveraine, et comme telle, échappe au contrôle de la cour de cassation ; — Attendu, d'autre part, que la contestation engagée entre les parties devant le tribunal de première instance de Briançon portait uniquement sur la demande formée par les mariés Garambois en nullité de la donation du 18 août 1870 ; — Que les conclusions subsidiaires prises pour la première fois par Brunet devant la cour de Grenoble avaient pour objet l'obtention d'une pension alimentaire ; — Attendu que c'était là une demande nouvelle non recevable en juridiction d'appel, et que l'arrêt attaqué n'a pu violer l'art. 464 c. proc. civ. ; — Rejette, etc.

Du 10 janv. 1877.-Ch. req.-MM. de Raynal, pr.-Alméras-Latour, rap.-Godelle, av. gén., c. conf.-Carteron, av.

fruit légué doit porter, non sur un immeuble déterminé, mais sur l'ensemble des biens meubles et immeubles de la succession (Req. 9 avr. 1877, aff. Jumereau, D. P. 77. 1. 389); — 5° Si le testateur a entendu dispenser le légataire d'un usufruit de l'obligation de donner caution (Civ. rej. 4 avr. 1881, aff. Lesieur, D. P. 81. 1. 381); — 6° Si le prix resté dû sur un domaine vendu par le testateur est, ou non, compris dans le legs à titre universel du mobilier et des créances (Req. 31 juill. 1872, aff. Bastien, D. P. 73. 1. 104); — 7° Quelle est la personne à laquelle s'adresse un legs contenu dans un testament (Req. 30 déc. 1873, aff. Dutreuil, D. P. 74. 1. 119); — 8° Que la disposition d'un testament fait sous l'empire du code civil sarde a pour but, non pas de donner ouverture au droit de subrogation au profit de la ligne masculine des héritiers, mais seulement d'établir entre les frères et sœurs du testateur le partage par tête et par souche (Req. 25 mars 1873, aff. Rolland, D. P. 73. 5. 59); — 9° Si un codicille se réfère au testament dont les légataires entendent se prévaloir (Req. 5 févr. 1873, aff. Bonhoure, D. P. 73. 1. 435); — 10° Que la vente de certains biens, prescrite par le testateur, ne peut dans aucune hypothèse entamer la réserve (Civ. rej. 15 févr. 1870, aff. Beaucourt, D. P. 70. 1. 182); — 11° Que l'intention du testateur a été de faire un legs de pure libéralité, et non un legs rémunératoire (Req. 31 mars 1885, aff. Mouly, D. P. 85. 1. 406).

Les juges du fond apprécient de même souverainement: 1° les actes dont on prétend induire une renonciation tacite ou expresse à un legs universel (Req. 17 mai 1870, aff. Pothier, D. P. 71. 1. 56); — 2° Si les ratures et interlignes d'un testament olographe ont été faits intentionnellement après coup, ou bien à la même date que le surplus du testament (Req. 13 nov. 1871, aff. Dauder, D. P. 72. 1. 183); — 3° Si un testament ne doit pas être annulé à raison de ce que le testateur n'était pas sain d'esprit (Req. 3 avr. 1872, aff. Campou, D. P. 72. 1. 415); — 4° Si un legs a été fait au profit d'un incapable sous le nom d'une personne interposée (Req. 6 août 1862, aff. de Montreuil, D. P. 62. 1. 436).

363. Mais la question de savoir si un testament est revêtu des formes prescrites par la loi à peine de nullité, est une question de droit dont la solution rentre dans les attributions de la cour de cassation (Civ. cass. 5 févr. 1850, aff. Richard, D. P. 50. 1. 269; 22 juin 1881, aff. Floch, D. P. 82. 1. 180).

364. — III. Vente. — Il va de soi, ainsi qu'il a été dit au *Rép.* n° 1609, que les juges du fond, après avoir constaté en fait tous les éléments du contrat de vente, ne peuvent se refuser à appliquer cette qualification sans encourir la censure de la cour de cassation; c'est ce qui résulte des explications données *suprà*, n° 261 et suiv., au sujet de la qualification légale. Quant à la constatation des éléments et des clauses de la vente, c'est aux juges du fait qu'il appartient exclusivement de l'effectuer. Ainsi ils pourront décider: 1° que l'achat fait par une commune pour un prix payable par annuités constitue un emprunt (Req. 17 janv. 1872, aff. Ville de Draguignan, D. P. 72. 1. 13); — 2° Qu'un contrat qualifié vente par les parties ne constitue en réalité qu'une cession de créance (Req. 17 nov. 1875) (1); — 3° Quel est le sens et la portée d'une promesse de vente, ainsi que de la condition à laquelle son existence était subordonnée (Req. 8 mai 1882, aff. Compagnie des Thermes d'Ax, D. P. 82. 1. 316).

Ils détermineront, de même, au profit de quelle personne a été faite une vente, et notamment ils décideront que l'achat par le gérant d'une société métallurgique d'un terrain renfermant du minerai a été effectué non pour son propre compte, mais pour le compte de la société (Req. 12 mai 1880, aff. Jacomy, D. P. 81. 1. 19). Ils fixeront le prix de revient d'une marchandise d'après les conventions intervenues, et la moyenne des évaluations résultant de deux expertises successives (Req. 16 juin 1874, aff. Jackson, D. P. 75. 1. 165). Ils constateront l'existence de vices cachés, de nature à entraîner la résolution de la vente à raison de ce qu'ils rendent la chose impropre à l'usage auquel on la destinait (Civ. cass. 29 mars 1852, aff. Baccuet, D. P. 52. 1. 65). Ils constateront également les différentes modalités qui peuvent affecter la vente, par exemple: 1° si la clause, par laquelle le vendeur d'un fonds de commerce consent à ne pas se prévaloir du délai accordé à l'acheteur pour vérifier les comptes et inventaires, ne doit pas être restreinte à la somme fixée provisoirement par l'acheteur comme montant de la réduction à opérer sur le prix (Req. 18 juin 1873, aff. Tandou, D. P. 75. 1. 22); — ... 2° Si l'obligation de bâtir imposée à l'acquéreur d'un terrain n'est pas subordonné à la circonstance que le vendeur ait fourni dans un délai déterminé l'alignement du terrain (Req. 15 juill. 1873, aff. Kanouï, D. P. 74. 1. 262); — ... 3° Si la vente de marchandises sous la condition qu'elles seront acceptées par un tiers ne doit pas être considérée comme subordonnée à une condition résolutoire, et non à une condition suspensive (Req. 28 juill. 1873, aff. Frear, D. P. 74. 1. 440); — ... 4° Si une adjudication publique d'un immeuble indivis entre un majeur et un mineur ne doit pas régler seule les droits des vendeurs et acheteurs, à l'exclusion d'une vente antérieure révoquée du consentement de toutes les parties contractantes et dans laquelle un majeur s'était porté fort du mineur (Req. 12 févr. 1873, aff. Mounier, D. P. 73. 1. 413); — ... 5° Si la clause, inscrite dans un traité relatif à la cession de portefeuille de la part d'une compagnie d'assurances à une autre compagnie, clause portant que ledit traité sera non avenu si la nullité de la société cédante est prononcée « par le tribunal de commerce de la Seine », statuant sur une action alors intentée, doit être entendue en ce sens, que le sort du traité est subordonné à cette même nullité alors qu'elle ne serait prononcée qu'en appel par la cour de Paris (Req. 6 juill. 1887, aff. Leguay, D. P. 87. 1. 317).

Mais c'est surtout pour déterminer l'objet et l'étendue de la vente que les juges useront d'une appréciation souveraine. C'est ainsi qu'ils décideront: 1° que la vente d'une tannerie devait, dans l'intention des parties, comprendre celle d'une prise d'eau nécessaire à l'exploitation (Req. 4 juin 1872, aff. Bougnol, D. P. 73. 1. 356); — 2° Que la vente d'un fonds de boulangerie comprend dans la cession la fourniture du pain à la troupe, bien que l'acte soit muet sur ce point (Req. 14 févr. 1882, aff. Mareux, D. P. 82. 1. 411, V. *suprà*, n° 349); — 3° Que les parties qui sont convenues d'imputer sur le principal d'une vente à long terme une somme d'argent, payée au crédit-rentier par le débiteur de cette rente, n'ont pas entendu stipuler la faculté de rachat de la rente (Req. 10 mai 1880, aff. Boyer, D. P. 81. 1. 215); — 4° Que la vente sans réserves d'une maison située sur une commune dépendant de l'ancienne province de Bretagne a eu pour effet de transmettre à l'acquéreur de cet immeuble le droit du vendeur à un lot dans le partage d'un commun indivis entre un certain nombre d'étagers (Req. 4 août 1874, aff. Goué, D. P. 76. 1. 429). — 5° Que l'ancien lit d'un ruisseau n'a pas été compris dans une vente (Req. 21 déc. 1874, aff. Serratrice, D. P. 76. 1. 431); — 6° Que la cession d'une créance à laquelle était affectée une hypothèque a été faite sans garantie de l'efficacité de cette hypothèque (Req. 19 nov. 1873, aff. David, D. P. 74. 1. 75); — 7° Quelle est l'étendue de la cession du droit de reproduction d'une œuvre d'art (Crim. rej. 29 avr. 1876, aff. Susse, D. P. 76. 1. 409); — 8° Si les parties ont entendu vendre la concession d'un chemin de fer, ou seulement une part des actions de la société chargée de son exploitation (Civ. rej. 11 févr. 1884, aff. de Constantin, D. P. 85. 1. 99); — 9° Que la propriété des terrains vendus pour la construction d'un chemin de fer a été acquise par le seul fait de l'incorporation de ces terrains à la voie ferrée (Req. 7 janv. 1885, aff. Malo, D. P. 85. 1. 311); — 10° Si au cas de vente publique d'un meuble corporel et de droits incorporels, le meuble est l'objet principal ou l'accessoire de la vente (Req. 27 mai 1878, aff. Notaires de Besançon, D. P. 79.

(1) (Porra C. Jacquard.) — La cour;... — Sur le troisième moyen, tiré d'un excès de pouvoirs, de la violation des droits de la défense et des art. 1134, 1582 et suiv. c. civ.: — Attendu que, suivant le pourvoi, les parties dans leurs conclusions étaient d'accord pour reconnaître à l'acte du 21 févr. 1873 le caractère d'une vente de choses corporelles et non celui d'une cession de créances; — Mais attendu que cette affirmation est erronée, et que la cour restait libre de donner à cette convention l'interprétation qui lui a paru résulter des circonstances de la cause et de la véritable intention des parties;...

Du 17 nov. 1875.-Ch. req.-MM. de Raynal, pr.-Demangeat, rap.-Godelle, av. gén., c. conf.-Barry, av.

1. 79); — 11° Que, dans l'intention des parties, l'immeuble vendu, bien que sujet à reculement, devait avoir une contenance déterminée et calculée d'après une indication erronée du plan déposé à la mairie, sans laquelle l'acheteur n'aurait pas acheté ou aurait offert un prix moindre (Civ. rej. 4 mai 1870, aff. Labbé, D. P. 71. 1. 25); — 12° Que le terrain, dont une compagnie de chemins de fer propose à un propriétaire de lui faire la délivrance, est bien le même que celui qu'elle s'est engagée à lui fournir en échange d'une cession antérieure (Req. 6 juin 1877) (1); — 13° Que les clauses d'un acte de vente ont eu pour effet d'établir des servitudes sur l'immeuble vendu (Req. 29 avr. 1872, aff. Neubrandt, D. P. 73. 1. 132).

365. — IV. PARTAGE. — Aux indications données au *Rép.* n° 1610, il y a lieu d'ajouter quelques décisions nouvelles, qui ont reconnu aux juges du fond un pouvoir souverain pour apprécier : 1° s'il existe une lésion de plus du quart au préjudice de l'un des copartageants, et si l'action en nullité d'un partage d'ascendant entre vifs doit être étendue à la vente d'une portion des biens faite le jour même du partage, par l'un des copartageants, au conjoint de l'autre (Civ. rej. 8 avr. 1873, aff. Baylac, D. P. 73. 1. 196); — 2° Quels sont, d'après l'usage des lieux et l'intention des copartageants, les biens compris dans chaque lot et ceux laissés dans l'indivision (Civ. rej. 23 nov. 1874, aff. Fauré, D. P. 75. 1. 63); — 3° Si un pacte de famille a eu pour objet d'attribuer à chacune des parties une somme représentant, soit leur part virile dans la succession maternelle, soit la légitime que le père commun leur avait léguée tant sur ses biens propres que sur ceux de la communauté dont il se croyait seul propriétaire, et de faire ainsi cesser toute indivision entre les cohéritiers (Civ. rej. 5 juill. 1875, aff. Paget, D. P. 76. 1. 38).

Mais il appartient à la cour de cassation de rétablir la qualification légale qui convient aux faits constatés. Ainsi la cour a pu décider que la convention par laquelle un communiste abandonne à ses copropriétaires l'ensemble des immeubles donnés en commun, moyennant une somme qui lui sera payée par les autres communistes, constitue non un partage, mais une véritable vente (Civ. cass. 22 nov. 1854, aff. Gérard, D. P. 54. 1. 421).

366. — V. SERVITUDES. — Les juges du fait sont souverains pour interpréter les titres produits à l'appui d'un droit de servitude invoqué, et, d'autre part, pour constater comment s'exerce en fait la servitude réclamée. Ainsi, ils peuvent déclarer: 1° qu'une servitude ne s'est pas aggravée depuis l'acte constitutif (Req. 8 août 1870, aff. Bourgon, D. P. 71. 1. 329); — 2° Que les ouvrages construits sur le fonds servant ont eu pour effet de restreindre l'exercice d'une servitude de vue et doivent être démolis (Req. 6 mai 1872, aff. Massoteau, D. P. 72. 1. 443); — 3° Qu'une partie ne peut être réputée avoir tacitement renoncé aux droits qui lui appartenaient sur un chemin, notamment aux servitudes de vue, d'accès et d'aqueduc (Req. 29 mai 1877) (2); — 4° Que les changements opérés par l'un des contractants dans la cour de sa maison ne gênent nullement la jouissance des jours concédés à l'habitation d'un propriétaire voisin (Req. 8 août 1876) (3); — 5° Qu'un contrat d'échange passé par une commune a eu pour effet de confirmer un habitant de cette commune dans la jouissance d'une servitude qu'il exerçait antérieurement, en échange de la cession d'un terrain par lui consentie (Req. 23 janv. 1877, aff. Commune d'Oradour, D. P. 77. 1. 180).

Enfin les règlements d'eau établis par l'autorité judiciaire, dans les termes de l'art. 645 c. civ., échappent au contrôle de la cour de cassation (Req. 17 juin 1868, aff. Madier de Lamartine, D. P. 69. 1. 12). Cela résulte avec évidence des termes mêmes de l'art. 645, d'après lequel les juges doivent, en réglant l'usage des eaux entre riverains, concilier l'intérêt de l'agriculture avec le respect dû à la propriété.

Mais d'autre part, ainsi qu'il a été dit au *Rép.* n° 1611, l'établissement des servitudes est astreint à certaines conditions légales que les juges du fond ne peuvent impunément méconnaître, et dont il appartient à la cour de cassa-

(1) (Boissel C. Houillères de Bessèges.) — LA COUR; — Sur le moyen unique, tiré de la violation des art. 1350, 1351 c. civ.: — Attendu qu'il est constaté, en fait, par l'arrêt attaqué, que dans le cours d'une précédente instance, la compagnie de Bessèges ayant offert de fournir à Boissel un terrain pour y construire une nouvelle maison à 600 mètres de sa propriété et à proximité de la route qui va à Rochessadoule, cette offre qui était faite sur le lieu même du litige et en présence d'experts nommés par le tribunal d'Alais, a été acceptée par Boissel; qu'il a été donné acte de cet accord par jugement dudit tribunal du 16 févr. 1871, et par arrêt de la cour de Nîmes du 7 avr. 1872; — Attendu qu'il est encore constaté : 1° que le terrain dont la compagnie propose aujourd'hui aux héritiers Boissel de leur faire délivrance, est celui qui, en 1871, a été offert à leur auteur et accepté par lui; 2° que si le plan annexé au rapport des experts de 1871 assigne à ce terrain une autre situation, c'est là une indication dont l'inexactitude est démontrée non seulement par l'attestation des experts présents à la convention, mais encore par la description que donnent du terrain offert et le texte du rapport desdits experts et les termes du contrat judiciaire consacrés par le jugement et l'arrêt des 16 févr. 1871 et 7 avr. 1872; — Attendu qu'en appréciant ainsi l'intention des parties dans la convention constatée par cet arrêt, et en décidant, en conséquence, que la compagnie de Bessèges était bien fondée à faire délivrance aux héritiers Boissel du terrain par elle proposé, le juge du fait a statué dans la plénitude de ses pouvoirs, que sa décision ne tombe point sous le contrôle de la cour de cassation et n'atteint en rien la chose jugée; — Rejette, etc.

Du 6 juin 1877.-Ch. req.-MM. Alméras-Latour, f. f. pr.-Onofrio, rap.-Desjardins, av. gén., c. conf.-Mazeau, av.

(2) (Peters C. Cassart.) — LA COUR; — Sur le moyen unique tiré de la violation des art. 1134 et 1319 c. civ., ainsi que des art. 675 et 678 du même code : — Attendu qu'il est constaté en fait par l'arrêt attaqué que, par acte du 7 août 1853, la compagnie du chemin de fer de Saint-Germain, aux droits de laquelle est aujourd'hui la compagnie des chemins de fer de l'Ouest, s'est engagée à établir au-devant de la propriété de Cassart un chemin de cinq mètres et à clore cette propriété par un mur ou une grille; qu'elle a exécuté cette convention et par là reconnu à Cassart sur le sol du chemin qui lui appartenait précédemment des droits d'ouverture et de vue dont il avait toujours joui; — Attendu qu'en décidant, par suite, que le 4 juill. 1864, la même compagnie n'a pu concéder à Peters un chemin sur partie de ce sol, au préjudice des droits antérieurement reconnus à Cassart, l'arrêt attaqué a proclamé une règle de droit incontestable; — Attendu que l'arrêt attaqué décide encore que Cassart, présent à l'acte de 1864 où il s'engage à contribuer à l'entretien du chemin concédé à Peters, à raison du droit de passage qui lui est à lui-même reconnu sur ce chemin, ne peut être réputé par son seul consentement aux stipulations expresses de cet acte, avoir tacitement renoncé aux autres droits, notamment aux servitudes de vue, d'accès et d'aqueduc qu'il avait auparavant; — Qu'en statuant ainsi, la cour de Paris a fait de l'acte de 1864 et de l'intention des parties une appréciation qui échappe au contrôle de la cour de cassation; qu'on n'y peut trouver, dès lors, aucune violation des art. 1134 et 1319 c. civ., non plus que des art. 675, 678 du même code; — Rejette, etc.

Du 29 mai 1877.-Ch. req.-MM. Alméras-Latour, f. f. pr.-Onofrio, rap.-Godelle, av. gén., c. conf.-Housset, av.

(3) (De Cuzieux C. Albrand.) — LA COUR; — Sur le moyen unique, tiré de la violation des art. 1723, 637 et 701 c. civ.: — Attendu qu'après avoir rappelé la convention du 11 nov. 1814, aux termes de laquelle Debuc, auteur de la dame Duc, s'est obligé à laisser à perpétuité la cour de sa maison dans la superficie qu'elle avait alors, sans pouvoir y faire élever aucune construction nouvelle qui pourrait obstruer ou diminuer les jours concédés à la maison de Fougères, auteur de la dame de Cuzieux, l'arrêt attaqué déclare que les simples plats bancs, ou étalages en bois volants, non adhérents au sol, d'un mètre environ d'élévation avec volets mobiles s'ouvrant sur la rue, qui ont été établis dans la cour de la dame Duc, ne constituent pas une construction, qu'ils ne gênent en rien la jouissance de la maison de la dame de Cuzieux, n'en obstruent aucunement les jours, que le sol de la cour ayant été depuis 1814 abaissé de plus d'un mètre, les bancs ou étalages n'atteignent pas l'ancien niveau de l'aire de la cour, et que même les volets qui remplacent le mur en grosse maçonnerie qui existait précédemment étant ordinairement ouverts pendant le jour, interceptent bien moins l'air et la lumière que le mur plein supprimé dont ils ne dépassent pas la hauteur; que ledit arrêt a pu, dans ces circonstances, par une appréciation également souveraine des faits de la cause, décider que la dame de Cuzieux est sans droit et sans intérêt pour demander la suppression des changements introduits dans la cour de la dame Duc, et qu'en statuant ainsi il n'a violé aucun des articles susvisés;

Par ces motifs, rejette, etc.

Du 8 août 1876.-Ch. req.-MM. de Raynal, pr.-Petit, rap.-Reverchon, av. gén., c. conf.-de Saint-Malo, av.

tion de contrôler l'observation. C'est en vertu de ce principe que la cour, tout en reconnaissant au juge du fait le pouvoir de constater l'existence d'un ancien usage non écrit relatif à la matière des servitudes légales, s'est réservé le droit de contrôler le sens et la portée de cet usage, sur lequel les juges s'étaient fondés pour écarter l'application à la cause des règles du code civil (Req. 18 févr. 1884, aff. Finaz, D. P. 84. 1. 187).

367. — VI. Baux ou louage (*Rép.* n° 1615). — Les juges du fond sont souverains pour interpréter, d'après l'intention des parties, les clauses d'un contrat de bail, et pour décider notamment: 1° que la clause interdisant d'enlever des bois n'implique pas la défense d'en abattre pour les soins de la culture (Req. 27 mai 1872, aff. Valcourt, D. P. 72. 1. 403); — 2° Que, par suite d'une convention portant résiliation d'un bail, les obligations des fermiers, relatives aux foins et pailles qu'ils doivent laisser à leur sortie, ont été modifiées en ce sens que ces foins et pailles ont dû être employés à la culture des terres que ces fermiers se sont engagés à faire pendant une année encore à titre de bail à colonage (Civ. cass. 23 août 1881, aff. Barraud, D. P. 82. 1. 302); — 3° Que lorsqu'un propriétaire et un locataire sont convenus qu'il serait établi à frais communs un calorifère dans les lieux loués, et que cette convention a été résolue d'un commun accord, le propriétaire est tenu d'organiser le chauffage dans les conditions ordinaires et ne peut répéter contre le locataire la moitié des dépenses faites à cette occasion (Req. 28 déc. 1875, aff. Hunnebelle, D. P. 76. 1. 307); — 4° Que la clause d'un bail invoquée par une des parties ne s'applique pas à certains travaux (Req. 3 juill. 1878, aff. Auckaert, D. P. 80. 1. 77); — 5° Qu'une cession de bail constitue un contrat synallagmatique liant dès à présent les deux parties, et non une simple promesse de bail obligatoire pour l'un des contractants et dont l'autre serait libre de ne pas réclamer l'exécution (Req. 29 janv. 1883, aff. Gougoltz, D. P. 83. 1. 314); — 6° Que des marchés de fournitures et des louages d'ouvrage et d'industrie conclus par l'ingénieur d'une usine ont été passés pour le compte des propriétaires de l'usine, lesquels doivent être condamnés à en supporter la dépense (Civ. rej. 30 déc. 1872, aff. Sarlin, D. P. 74. 1. 37); — 7° Que des travaux supplémentaires, exécutés pour le compte d'une personne qui s'est engagée à construire un immeuble devant être pris en location par un cercle, ont été connus et approuvés par cette personne, et que dès lors, ils ne peuvent être laissés à la charge du cercle (Civ. rej. 7 déc. 1880, aff. Raymond, D. P. 81. 1. 148); — 8° Que la clause d'un bail stipulant que les améliorations apportées par le preneur dans l'immeuble demeureront, à l'expiration du bail, la propriété du bailleur sans indemnité, ne devait produire effet qu'au cas où le bail prendrait fin par l'expiration d'un des termes convenus, et non au cas de résiliation forcée par suite d'incendie (Req. 5 juill. 1886, aff. Société civile du moulin du Château Narbonnais, D. P. 87. 1. 118); — 9° Que la série des prix convenus entre une compagnie de chemin de fer et un entrepreneur portant qu'un prix unique serait appliqué à toutes les natures de déblais y compris les différentes variétés de roche, l'entrepreneur ne peut faire considérer comme déblais imprévus les roches qu'il a rencontrées et qui rentrent dans ces catégories de terrains (Req. 15 juin 1880, aff. Boudon, D. P. 81. 1. 270).

368. — VII. Rente. — On a rapporté au *Rép.* n° 1617, des arrêts qui ont reconnu le pouvoir souverain des juges du fond pour déterminer les intentions qui ont présidé à la constitution d'une rente. Il appartient aux mêmes juges d'apprécier si la dette contractée pour habitation et entretien, par le créancier d'une rente viagère envers le débiteur de cette rente, réunit les conditions nécessaires pour être opposée par voie de compensation à la demande en payement d'arrérages de ladite rente (Req. 31 déc. 1878, aff. Doutres, D. P. 79. 1. 432).

369. — VIII. Droits d'usage. — Ainsi qu'on l'a dit au *Rép.* n° 1618, les juges du fond ont, en cette matière, leur pouvoir ordinaire pour interpréter les titres et déterminer le sens et la portée des conventions intervenues. Ainsi il appartient au juge du fait de déclarer par une appréciation souveraine 1° que les titres de concession de droits d'usage n'ont pas conféré aux communes usagères des droits inégaux sur les bois assujettis à ces droits d'usage (Civ. rej. 28 déc. 1869, aff. Commune de Sexfontaines, D. P. 70. 1. 150); — 2° Que le *bois mort* soumis à l'exercice du droit d'usage des habitants est celui qui est mort naturellement de la cime à la racine, en dehors de tout sinistre et de toute circonstance exceptionnelle (Civ. rej. 4 août 1885, aff. de Damas, D. P. 86. 1. 194); — 3° Que des titres invoqués par une commune usagère de bois comme ayant eu pour effet d'intervertir son titre de possession ne l'habilitent pas à prescrire la propriété du sol (Civ. rej. 4 mars 1873, aff. Commune de Francheval, D. P. 73. 1. 345).

370. — IX. Mandat. — L'existence d'un mandat, l'étendue des pouvoirs conférés au mandataire, sont autant de questions qui ne peuvent être résolues que par interprétation de l'acte ou des circonstances de la cause. Cette appréciation appartient en propre aux juges du fond, qui peuvent décider librement: 1° si la convention formée entre les parties avait pour but de constituer un mandat ou une vente (Req. 28 mai 1872, aff. Misrachi, D. P. 73. 1. 37); — 2° S'il résulte des clauses de l'acte, des faits et circonstances de la cause, que la commune intention des parties a été de conférer à l'une d'elles un mandat tacite à l'effet de recevoir un payement (Req. 22 nov. 1876, aff. de Lacoste, D. P. 77. 1. 150); — 3° Qu'un habitant qui, sur réquisitions faites par une armée ennemie, a livré des fournitures d'approvisionnement, n'a agi que comme mandataire ou comme *negotiorum gestor* de la commune (Req. 13 mai 1873, aff. Commune de Vendresse, D. P. 74. 1. 269); — 4° Quelle est l'étendue du mandat, quels sont les obligations du mandataire et les éléments à l'aide desquels il doit établir son compte (Req. 20 mars 1876, aff. Excousseau, D. P. 76. 1. 328); — 5° Quel est l'objet et le caractère juridique d'une procuration donnée par un entrepreneur à ses sous-traitants à l'effet de le représenter devant l'Administration et de signer les devis (Req. 19 mars 1873, aff. Durenne, D. P. 73. 1. 303); — 6° Que dans le cas de remise d'une somme par l'acquéreur d'un immeuble à un notaire avec mandat d'en faire un emploi utile, ce mandat imposait au notaire l'obligation d'insérer dans la quittance une clause de subrogation dans les droits hypothécaires du créancier (Req. 25 janv. 1876, aff. de Lagarrigue, D. P. 76. 1. 381); — 7° Qu'un notaire chargé par un client du règlement d'une succession est responsable de l'inexécution du mandat qui lui avait été donné de ne payer une dette de la succession qu'en requérant la subrogation (Req. 15 févr. 1876, aff. Noailles, D. P. 76. 1. 246); — 8° Que la réception d'une somme payée comptant sur le prix de vente d'un immeuble a eu simplement pour effet de constituer dépositaire de cette somme le notaire qui l'avait reçue; qu'à ce titre, il devait la conserver entre ses mains, pour ne la remettre au vendeur que lorsque celui-ci lui rapporterait mainlevée des inscriptions grevant l'immeuble (Req. 16 juin 1884, aff. Bourceret, D. P. 85. 1. 161); — 9° Qu'une somme a été reçue à titre de mandat ou de gestion d'affaires, et non à titre de dépôt (Civ. rej. 7 mars 1887, aff. Veuve Meillet, D. P. 87. 1. 403); — 10° Qu'un mandataire a fait emploi des fonds qu'il a reçus pour son mandant, et à quelle époque cet emploi a eu lieu (Même arrêt). — 11° Que la ratification par le mandant des actes faits par le mandataire en dehors de ses pouvoirs est valable, si elle a été faite en connaissance de cause (Req. 14 janv. 1873, aff. de Damas, D. P. 73. 1. 185); — 12° Que le particulier, qui a ouvert une souscription pour une œuvre qu'il a entreprise, a agi personnellement, sans que la commune l'ait approuvé ou assisté (Civ. rej. 5 juill. 1870, aff. Commune de Marly-le-Roi, D. P. 71. 1. 42); — 13° Qu'une partie n'a pas stipulé à un contrat en qualité de mandataire, mais en son propre nom (Req. 28 févr. 1872, aff. Savon, D. P. 72. 1. 223); — 14° Qu'un notaire avait reçu mandat tacite, accepté par lui, à l'effet d'opérer la transcription d'un acte de cession, et qu'il doit être condamné à réparer le dommage résultant de l'inaccomplissement de cette formalité (Req. 18 août 1873, aff. Champion, D. P. 74. 1. 224); — 15° Si les faits constatés entraînent révocation tacite d'un mandat (Req. 25 juin 1872, aff. Dutour, D. P. 74. 1. 38); — 16° Qu'un mandat tacite et nécessaire autorise suffisamment la femme, en l'absence de son mari, à louer ses services et son industrie, pour subvenir à ses besoins et à ceux de ses enfants (Req. 6 août 1878, aff. Thibault, D. P. 79. 1. 400).

371. — X. Effets de commerce (*Rép.* n° 1621). — Au point de vue de la détermination de la qualité commerciale, les juges du fond peuvent constater souverainement la réalité et la fréquence des faits allégués; c'est en ce sens qu'il faut entendre la décision qui reconnaît aux juges un pouvoir souverain pour apprécier si, en souscrivant des lettres de change, les fondateurs d'une société sont devenus commerçants (Civ. rej. 18 déc. 1871, aff. Sicard, D. P. 72. 1. 9). Mais il appartient à la cour de cassation, d'après les faits constatés, de restituer aux opérations leur véritable caractère et de décider, notamment, qu'un prêt a le caractère commercial (Civ. cass. 29 avr. 1868, aff. Grellet de Fleureille, D. P. 68. 1. 312).

En ce qui concerne les opérations de bourse, il a été décidé que le juge du fait reconnaissait souverainement si elles constituaient ou non un jeu (Req. 31 mars 1874, aff. Delpy, D. P. 75. 1. 229); si des opérations de report ont été sérieuses et ont constitué un prêt sur gage (Civ. rej. 18 juin 1872, aff. Rostand, D. P. 72. 1. 268).

N° 3. — *Cas dans lesquels la question du droit d'appréciation est controversée* (*Rep.* n°s 1622 à 1642).

372. — I. Contrat de mariage. — En cette matière, la cour de cassation jouit de son pouvoir ordinaire pour attribuer aux conventions matrimoniales leur véritable qualification légale, et pour leur faire produire les effets que cette qualification comporte; c'est ce que l'on a fait observer au *Rép.* n° 1623.

Mais avant de qualifier les conventions matrimoniales, il faut constater leur existence et déterminer la véritable signification des clauses stipulées par les parties. Dans un contrat de mariage, de même que dans tout autre convention, les clauses peuvent être obscures ou ambiguës; il se peut même que l'intention des contractants soit différente de la lettre du contrat, parfaitement claire au point de vue grammatical. De là, nécessité, pour le juge, de se livrer à l'interprétation des intentions pour déterminer les conventions que les parties ont eu en vue. En ce qui concerne cette interprétation, la doctrine qui se dégage d'un grand nombre d'arrêts de la cour de cassation, c'est que les juges du fond jouissent, à l'égard des conventions matrimoniales, de leurs pouvoirs ordinaires d'appréciation. Il a été jugé, en ce sens, que l'interprétation des juges du fond est souveraine lorsqu'elle ne porte pas sur la détermination ou les conséquences légales du régime matrimonial adopté par les époux, mais sur le sens et la portée d'une clause du contrat de mariage (Req. 26 mai 1873, aff. Couston, D. P. 73. 1. 480). Les juges du fond ont pu ainsi décider souverainement : 1° quelles étaient les conditions de validité de l'aliénation des immeubles de la femme dotale (Même arrêt); — 2° Qu'une clause par laquelle les époux déclarent que, sur leurs apports respectifs déterminés par le contrat de mariage, ils laissent en communauté une somme égale et se réservent en propre le surplus ainsi que leurs biens à venir, frappé d'appropriation une somme d'argent donnée à la future en dehors du contrat à titre de supplément de dot (Req. 26 juill. 1852, aff. Lejollif, D. P. 52. 1. 249); — 3° Et d'une manière plus générale, quels sont les objets mobiliers qui d'après l'intention des parties doivent être considérés comme exclus de la communauté (Req. 9 déc. 1856, aff. Letorey, D. P. 57. 1. 117); — 4° Quelle est l'étendue d'un gain de survie (Req. 21 déc. 1859, aff. Duclos, D. P. 60. 1. 177); — 5° Quel est le sens et l'étendue de la donation réciproque et de l'attribution des acquêts de communauté, faites par les époux dans leur contrat de mariage (Civ. rej. 31 janv. 1872, aff. Gilles, D. P. 73. 1. 70); — 6° Que les dépenses faites par un mari administrant les biens de sa femme sont des dépenses de bonne administration (Civ. rej. 15 déc. 1873, aff. Delafolie, D. P. 74. 1. 113); — 7° Quelle est la portée d'une clause limitant l'application du régime dotal (C. cass. Belgique, 19 janv. 1882, aff. de Bauffremont, D. P. 82. 2. 81); — 8° Que la femme a entendu exclure de la communauté non seulement les valeurs mobilières possédées par elle au moment de l'union, mais encore celles qui lui adviendraient par la suite (Civ. rej. 25 juin 1883, aff. Succession Houissie, D. P. 84. 1. 79).

373. Lorsque le contrat de mariage n'est ni produit, ni même analysé par la décision attaquée, il est évident que la cour de cassation ne peut rechercher si les juges du fond ont méconnu les conséquences juridiques des stipulations qui ont été insérées à ce contrat (Req. 22 nov. 1859, aff. d'Aligny, D. P. 60. 1. 10). Mais si le contrat a été produit, la cour de cassation, conformément à sa doctrine générale, développée précédemment à propos de la violation de la loi du contrat, refuse aux tribunaux leur liberté habituelle d'appréciation, lorsque les énonciations du contrat sont claires et précises, et ne prêtent pas au doute. C'est, du moins, ce que plusieurs arrêts donnent clairement à entendre : « Attendu, dit l'un d'eux, que si les pouvoirs de la cour de cassation s'étendent jusqu'au droit incontestable d'examiner le régime sous lequel les époux se sont mariés et de déterminer les caractères de ce régime suivant les énonciations de leur contrat de mariage, ce droit ne va pas jusqu'à interpréter les conventions particulières énoncées audit contrat... que le droit de déterminer la portée d'une stipulation *dont le sens est douteux* appartient *sous cette réserve* souverainement aux cours impériales chargées d'interpréter les contrats suivant l'intention des parties » (Req. 9 déc. 1856, aff. Letorey, D. P. 57. 1. 117). «Attendu, porte un autre arrêt, que s'il appartient à la cour de cassation de déterminer le caractère légal des conventions matrimoniales et d'en qualifier les clauses, ce droit ne fait pas obstacle au pouvoir souverain qu'ont les cours d'appel d'interpréter les conventions particulières contenues dans les contrats de mariage, *quand ces énonciations prêtent au doute* » (Civ. rej. 5 févr. 1873, aff. M..., D. P. 73. 1. 209). Enfin un pourvoi, fondé sur ce que l'interprétation donnée à une clause d'un contrat de mariage par les juges du fait violait les termes formels de l'acte, a été rejeté par ce motif « que les dispositions du contrat *étaient assez vagues* pour nécessiter une interprétation » qui, dans ces conditions, demeurait souveraine (Req. 2 févr. 1881, aff. Louis, D. P. 81. 1. 423). — La restriction que la cour de cassation apporte ainsi au pouvoir d'interprétation des juges du fond est d'une application assez difficile. Nous ne reviendrons pas sur les réserves que nous avons déjà formulées à l'égard de ce système, lorsque nous l'avons rencontré pour la première fois en traitant de la violation de la loi du contrat, chap. 15 (*suprà*, n° 346).

374. Toutefois, en matière de contrat de mariage, la doctrine de la cour de cassation trouve un nouvel argument dans la nature spéciale de ce contrat, qui intéresse non-seulement les époux, mais encore les tiers, c'est-à-dire la société tout entière, et partant l'ordre public. L'invariabilité du contrat de mariage, a-t-on dit, est la garantie des tiers; or, de même que les juges ne peuvent rien ajouter à ce qui est exprimé, ils ne peuvent interpréter les clauses du contrat de mariage lorsqu'elles sont claires et précises, parce qu'interpréter ce qui est clair, c'est suppléer. M. Labbé, qui rapporte ces diverses considérations, dans la dissertation citée *suprà*, n° 346, les réfute au moyen d'une distinction judicieuse entre le cas où les juges ont à interpréter une clause exprimée dans le contrat de mariage et celui où il s'agit de suppléer au silence des parties. Dans le premier cas, les juges du fait jouissent d'un pouvoir d'interprétation aussi large à l'égard des clauses d'un contrat de mariage qu'en toute autre matière, et cela par la raison que la loi n'a pas retiré aux tribunaux, à propos du contrat de mariage, leurs pouvoirs ordinaires d'interprétation.

Il en est autrement dans le second cas, celui où les juges usent du pouvoir d'interprétation *lato sensu*, que leur confère l'art. 1135 c. civ. à l'effet de suppléer les clauses non exprimées, lorsqu'elles sont conformes à l'équité, à l'usage ou à l'intention probable des parties. Les juges peuvent sans doute constater souverainement que l'intention des parties a été de sous-entendre dans leur contrat de mariage telle ou telle clause omise dans la rédaction. La constatation ainsi faite suffirait à rendre obligatoire une clause omise dans une convention pour laquelle la loi n'exige pas la forme notariée. Mais dans les matières où la loi prescrit cette forme, pour le contrat de mariage en particulier, il résulte de l'art. 1394 c. civ. que la volonté des parties d'adopter telle ou telle disposition reconnue par les juges du fond, n'a de force et de valeur qu'autant qu'elle a été exprimée dans un acte notarié; la forme devient, en pareil cas, une des conditions de validité de la clause. Pour cette raison, les tribunaux ne pourront suppléer, dans un contrat de mariage, une clause absente, par exemple, une clause de réalisation absolument omise.

375. En ce qui concerne l'adoption des clauses du régime dotal, la nature exceptionnelle de ce régime et les textes spéciaux qui s'y réfèrent ont conduit la cour de cassation à restreindre plus étroitement les pouvoirs des juges du fond. Ceux-ci ne peuvent pas librement interpréter une disposition du contrat de mariage comme constituant, d'après l'intention des parties, une clause d'inaliénabilité dotale. La cour de cassation qui s'est prononcée en ce sens toutes chambres réunies, en donne la raison : « Attendu que la femme commune qui veut modifier par une clause de dotalité partielle le régime sous lequel elle s'est mariée, doit en faire dans le contrat la déclaration expresse; que si à cet égard aucune formule sacramentelle n'est prescrite, l'*intention doit toujours être assez clairement énoncée pour qu'aucun doute ne puisse tromper les tiers* ». Ainsi il suffit qu'une clause du contrat de mariage par laquelle les époux ont voulu stipuler l'inaliénabilité dotale soit susceptible d'être entendue différemment pour que cette autre interprétation doive être préférée. C'est, en effet, ce que la cour de cassation a décidé dans l'espèce, en déclarant que la clause invoquée « ne présentait ni une déclaration expresse de dotalité, comme le veut la loi, ni une stipulation qui pût en tenir lieu; qu'elle ne faisait qu'assurer à la femme certaines garanties pour le cas d'une vente volontaire, mais qu'il n'en ressortait pas nécessairement que d'une manière absolue, et pour les obligations qu'elle pourrait contracter personnellement, ses biens immeubles se trouveraient frappés de l'inaliénabilité dotale » (Ch. réun. cass. 8 juin 1858, aff. Chemin et Lefrançois, D. P. 58. 1. 233).

On remarquera que la cour de cassation est intervenue dans la cause, non point pour censurer l'interprétation donnée par les juges du fond, laquelle pouvait être conforme à l'intention des époux, mais pour lui refuser la valeur d'une clause de dotalité, par la raison que la volonté des contractants ne s'était pas manifestée, comme le prescrivait la loi, en termes exprès et formels. En décidant ainsi par application de textes de loi dont il lui appartenait de préciser le sens, la cour de cassation n'a pas, croyons-nous, outrepassé ses pouvoirs.

376. — II. Transaction (*Rép.* n° 1628). — A l'égard des transactions, la cour de cassation reproduit sa théorie générale, d'après laquelle elle se reconnaît le droit de reviser les appréciations des juges du fond, lorsque ceux-ci ont méconnu les termes exprès et positifs de la convention, tandis que l'interprétation des tribunaux est souveraine pour déterminer la volonté des parties, lorsque le sens des stipulations est obscur ou douteux. Cette doctrine, qui a toujours été celle de la chambre civile (V. *Rép.* n° 1628), est aussi actuellement celle de la chambre des requêtes. La divergence, qu'on a pu relever autrefois dans la jurisprudence de l'une et l'autre chambre, s'explique par cette circonstance que la chambre civile considérait comme des stipulations claires et précises des dispositions que la chambre des requêtes, dans des hypothèses analogues, proclamait douteuses.

377. On a prétendu, il est vrai, que la chambre civile se reconnaissait le droit de contrôler l'interprétation des juges du fond même au regard des clauses douteuses (Troplong, *Transactions*, n° 116). On a cru trouver la raison de cette prétendue dérogation dans l'art. 2052 c. civ. aux termes duquel : « Les transactions ont entre les parties l'autorité de la chose jugée en dernier ressort ». Cet article a-t-on dit, assimile la transaction à un jugement, et cela notamment au point de vue de l'interprétation. Or, quand il s'agit de l'interprétation d'un jugement, tout le monde admet que la cour de cassation a le droit de la contrôler, afin de faire respecter l'autorité de la chose jugée. Si donc la transaction a, aux termes de l'art. 2052, l'autorité de la chose jugée, il faut pareillement en déférer l'interprétation à l'examen de la cour suprême.

L'assimilation qu'on prétendait ainsi établir est tout à fait analogue à celle qui a été imaginée à propos de l'art. 1134, entre la loi du contrat et la loi générale. Elle doit succomber devant les mêmes objections. On remarquera d'abord que l'art. 2052 découle visiblement de l'art. 1134. De même que cet article donne à la convention force de loi entre les parties, de même, et dans un sens identique, l'art. 2052 attribue à la transaction l'autorité de la chose jugée. Mais c'est par figure de langage que la loi s'exprime ainsi; elle n'entend nullement effacer par là les différences qui tiennent à l'origine respective de la convention et de la transaction d'une part, de la loi et du jugement de l'autre, différences qui font que, dans le premier cas, des intérêts privés peuvent seuls se trouver lésés, tandis que dans le second, c'est l'intérêt général qui est en jeu.

378. Quoi qu'il en soit, si la chambre civile, a considéré parfois comme claires et positives des stipulations dont le sens pouvait paraître douteux, elle a toujours reconnu aux juges du fond le pouvoir souverain d'interpréter les transactions dont le sens est obscur ou incertain. Ainsi, dans un de ses arrêts, on peut relever le passage suivant : « Considérant que la loi attache l'autorité de la chose jugée en dernier ressort aux transactions; que si l'on peut y chercher la volonté des parties par voie d'interprétation, *c'est seulement quand le sens en est obscur ou douteux*, mais qu'on ne peut en changer les dispositions quand elles sont, comme dans l'espèce, claires et positives... » (Civ. cass. 6 juill. 1836, *Rép.* v° *Transaction*, n° 134-1°). Un autre arrêt s'est fondé, de même, sur les stipulations formelles de l'acte pour casser une décision qui avait refusé de considérer comme applicable à toutes les causes de nullité, une transaction par laquelle les parties avaient déclaré, en termes généraux, renoncer à attaquer un testament qui leur était préjudiciable (Civ. cass. 19 nov. 1851, aff. Sepret, D. P. 51. 1. 321). Enfin, plus récemment, la chambre civile a décidé que le juge du fond peut, sans encourir la censure de la cour de cassation, considérer comme un projet de transaction n'ayant pas abouti, une stipulation qui aurait été acceptée à condition d'un arrangement amiable (Civ. rej. 19 avr. 1870, aff. Brunier, D. P. 70. 1. 219).

La chambre des requêtes est encore plus formelle dans le même sens. Elle a décidé qu'il appartient au juge du fait de déclarer, par une appréciation souveraine des actes intervenus entre les parties : 1° qu'un règlement qualifié de transaction n'est en réalité qu'un partage (Req. 8 févr. 1869, aff. Delacquis, D. P. 70. 1. 12); — 2° Qu'un traité passé entre une commune et un particulier n'a pas le caractère d'une transaction (Req. 24 déc. 1872, aff. Commune de Gemenos, D. P. 74. 5. 57); — 3° Que la partie qui, après avoir transigé sur l'inscription de faux dirigé par elle contre un testament invoqué par son adversaire, a formé contre celui-ci une plainte en faux, n'a point renoncé par là même au bénéfice de la transaction antérieurement conclue (Req. 16 août 1876, aff. Lemaître, D. P. 77. 1. 316).

379. Mais il est incontestable que la cour de cassation conserve le droit de rectifier, au moyen des éléments de fait retenus par le juge du fond, la qualification exacte donnée à la transaction (Req. 11 nov. 1884, aff. Commune de Manosque, D. P. 85. 1. 116).

380. — III. Société. — Si l'on a signalé au *Rép.* n° 1637 quelques hésitations dans la doctrine de la cour de cassation touchant les pouvoirs des juges du fond en matière de société, on doit reconnaître qu'elles ont complètement disparu dans la jurisprudence la plus récente. La cour de cassation a décidé, par de nombreux arrêts, que les tribunaux ont un pouvoir discrétionnaire pour constater, par appréciation de la volonté des parties, l'existence, la nature, les conditions de fonctionnement et de dissolution d'une société. Ainsi les juges apprécient souverainement : 1° si l'intention des parties a été de créer une société en nom collectif et d'y comprendre les femmes des associés (Req. 12 mai 1874, aff. Lebel, D. P. 75. 1. 23); — 2° Si l'intention réelle des parties a été de faire un prêt, ou si la convention ne déguise pas une société en commandite (Req. 8 janv. 1872, aff. Beurron, D. P. 72. 1. 194); — 3° Si une société a été constituée d'une manière réelle et non fictive (Req. 10 juin 1885, aff. Autran, D. P. 86. 1. 222); — 4° Si une société a reçu de ses membres le mandat exclusif de faire réprimer l'exécution illicite de leurs œuvres musicales avec ou sans paroles (Crim. rej. 16 févr. 1884, aff. Société des compositeurs et éditeurs de musique, D. P. 85. 1. 95); — 5° Si les mots *capital social*, inscrits dans un acte de société, doivent s'entendre du capital souscrit, et non du capital réalisé (Req. 4 janv. 1870, aff. Goerg, D. P. 72. 1. 21); — 6° Si la part de bénéfice attribuée au gérant d'une société en commandite par actions ne doit être calculée que sur la partie des bénéfices que l'assemblée des actionnaires a décidé de répartir après défalcation des créances jugées mauvaises (Req. 6 janv. 1874, aff. Bousquet, D. P. 74. 1. 439); — 7° Si un associé a pris l'engagement, à l'égard de deux autres sociétaires, de prendre à sa charge la situation d'un quatrième associé dans la liquidation sociale (Req. 13 avr. 1875, aff. Oudard, D. P. 77. 1. 32); — 8° Si un gérant d'une société en commandite simple a droit de prendre part comme associé à la discussion et à l'approbation des comptes de la gérance (Civ. rej. 27 juill. 1881, aff. Cintract, D. P. 83. 1. 25); — 9° Si la convention par laquelle le gérant d'une société en commandite a cédé à un tiers le droit d'acquérir les actions que lui, gérant, posséderait à son décès ou au jour de sa retraite de la société, a conféré à ce tiers le même droit dans le cas où le gérant deviendrait de son vivant propriétaire exclusif de l'établissement social (Civ. rej. 11 août 1875, aff. Christofle, D. P. 75. 1. 470); — 10° Si l'un des associés ne peut, sans le consentement de l'autre, se substituer une personne étrangère au contrat primitif (Req. 24 avr. 1876, aff. Pihan, D. P. 77. 1. 196); — 11° S'il résulte des dispositions de l'acte de société que les parties aient eu l'intention de déroger à l'art. 31 du code de commerce, qui autorise les actionnaires à révoquer les administrateurs (Civ. rej. 28 juill. 1868, aff. Heusschen, D. P. 68. 1. 441); — 12° Si les pactes sociaux autorisent l'assemblée générale à révoquer le gérant *ad nutum* (Req. 25 nov. 1872, aff. Bouquet, D. P. 75. 1. 479); — 13° Si l'obligation de rapporter à une faillite les payements reçus par une société, contrairement aux dispositions des art. 446 et 447 c. com., fait partie du passif mis à la charge du cessionnaire de l'actif de ladite société (Civ. rej. 18 juill. 1870, aff. de Saint-Ours, D. P. 70. 1. 348); — 14° Si l'un des associés a accompli une entreprise dans les termes exacts et loyaux du contrat de participation (Civ. cass. 19 nov. 1873, aff. Allard, D. P. 74. 1. 152); — 15° Si les circonstances de la cause sont de nature à entraîner la dissolution de la société en vertu de l'art. 1871 c. civ. (Req. 19 févr. 1873, aff. Broussais, D. P. 73. 1. 368).

381. — IV. NOVATION (*Rép.* nos 1641 et 1688). — La volonté de nover est souverainement constatée par les juges du fond, cela n'est pas douteux (V. Civ. rej. 17 juin 1885, aff. Belier, D. P. 86. 1. 215); mais la cour de cassation pourra rechercher si cette volonté s'est manifestée avec les caractères légaux indiqués dans l'art. 1271. C'est ce qui ressort nettement d'un arrêt de la chambre des requêtes dont les considérants sont intéressants à noter : « Attendu qu'il appartient aux juges du fond d'apprécier l'intention des parties et de déclarer en fait que leur volonté a été d'opérer ou de ne point opérer une novation; qu'au contraire, la cour de cassation doit se borner à rechercher, en droit, si les faits établis par les tribunaux réunissent les caractères de la novation, tels qu'ils sont définis par la loi; que, dans l'espèce, les appréciations de l'arrêt attaqué sont exclusives de toute intention de nover et que les faits constatés ne présentent aucunement les caractères d'une novation quelconque » (Req. 3 juin 1874, aff. Husson, D. P. 75. 1. 468).

382. — V. SUBSTITUTION (*Rép.* n° 1642). — Un point tout d'abord hors de conteste, c'est que la cour de cassation peut, en matière de substitution prohibée comme à l'égard de toute autre opération juridique prévue par la loi, contrôler la qualification donnée au moyen des éléments de fait constatés par le juge. La question délicate est de savoir si la cour suprême peut faire porter son examen sur les actes de disposition eux-mêmes, au lieu de s'en tenir au sens que leur ont donné les juges du fond par interprétation de la volonté du disposant. A cet égard, on retrouve la théorie générale, admise par la cour de cassation, d'après laquelle l'interprétation du juge du fait cesse d'être souveraine lorsque les termes du contrat sont précis et positifs. Voici comment la cour de cassation, formule sa théorie dans l'hypothèse spéciale d'une substitution : « Attendu... que si en matière de substitution, et lorsqu'il s'agit de faire respecter une loi d'ordre public, dont par une fausse interprétation il serait toujours facile d'éluder les prohibitions, la cour de cassation se réserve exceptionnellement un droit de contrôle, auquel en général échappent les appréciations de fait, ce droit ne va pas jusqu'à s'exercer sur l'intention du testateur affirmée par le juge du fond, *lorsque, d'ailleurs, cette affirmation n'est démentie ni par les clauses de l'acte*, ni par les conséquences juridiques ou légales qui en découlent (Req. 4 déc. 1865, aff. Lagrèze, D. P. 66. 1. 39. — V. de même : Civ. cass. 3 mai 1869, aff. Baillet, D. P. 69. 1. 254).

On voit donc qu'en matière de substitution, la cour de cassation ne prétend pas rechercher elle-même l'intention du disposant ; elle s'en remet à l'appréciation des tribunaux. Se plaçant dans cet ordre d'idées, des arrêts ont décidé : 1° que l'interprétation donnée par les juges du fait aux termes d'un testament et de laquelle il résulte que le disposant n'a pas fait une substitution prohibée, mais a légué la nue-propriété à une personne et l'usufruit à une autre, est souveraine (Req. 11 juill. 1870, aff. Alday, D. P. 71. 1. 333); — 2° Que l'appréciation des juges du fond qui, par interprétation des clauses d'un testament, déclarent qu'elles ne présentent pas le caractère d'une substitution prohibée, échappe à la censure de la cour de cassation (Req. 8 avr. 1872, aff. Aviat, D. P. 73. 1. 69).

Quant au mérite de la doctrine qui réserve à la cour de cassation le droit de contrôler l'interprétation des juges du fond lorsque les termes de l'acte sont formels, V. *suprà*, n° 346.

§ 2. — Appréciation des faits matériels et des circonstances concomitantes des actes et des contrats. — Preuve. — Présomption. — Qualité, intention, volonté, etc. (*Rép.* nos 1643 à 1708).

383. Les pouvoirs que nous avons reconnus aux juges du fond, sous le paragraphe précédent, à l'effet d'interpréter les actes et conventions, supposent nécessairement qu'ils jouissent de la même liberté pour constater l'existence des faits matériels constitutifs ou concomitants de ces conventions. Le pouvoir discrétionnaire du juge ne saurait faire de doute dans ce cas; il en est autrement lorsqu'il s'agit, non plus de constater l'existence ou la non-existence d'un fait matériel, mais d'apprécier le fait dans ses rapports avec la loi, et de décider s'il satisfait aux conditions prescrites pour produire tels effets déterminés par la loi.

384. La difficulté a été signalée au *Rép.* n° 1644; pour la résoudre il est nécessaire de distinguer trois hypothèses : 1° certains faits produisent des effets légaux par cela seul qu'ils existent matériellement. La constatation de leur existence, reconnue souverainement par les juges du fond, entraîne des conséquences légales que la cour de cassation ne peut se refuser à admettre; — 2° D'autres faits n'existent, au point de vue légal, qu'à la condition de réunir certains caractères prévus par la loi; seulement, tantôt ces caractères comportent une certaine latitude d'appréciation, subordonnée aux circonstances dans lesquelles le fait s'est produit, tantôt ils ont une signification précise et déterminée par la loi. Dans le premier cas, la constatation des caractères nécessite une appréciation qu'on peut qualifier de *morale*. Cette appréciation, à raison même des éléments qui lui servent de fondement, ne peut être effectuée que par les juges du fond; c'est la seconde hypothèse; — 3°. La troisième hypothèse se produit dans le cas où l'existence des caractères est reconnue et appréciée au moyen des indications fournies par la loi; c'est ce qui constitue l'appréciation *légale*, par opposition aux appréciations matérielle et morale. A la différence de celles-ci, l'appréciation légale n'est donnée par les juges du fond que sous le contrôle de la cour de cassation, qui seule a qualité pour décider si cette appréciation est ou non conforme à la loi. Ainsi appréciation matérielle, appréciation morale, appréciation légale, tels sont les trois degrés qui peuvent se rencontrer dans l'examen des divers faits, et quelquefois d'un même fait. A l'aide de cette distinction, que déjà précédemment (*suprà*, n° 263) nous avons cherché à établir, on pourra reconnaître si la constatation d'un fait quelconque émanée des juges du fond est, ou non, souveraine; il suffira de déterminer quelle espèce d'appréciation il comporte, soit matérielle, soit morale, soit légale.

385. Avant de grouper les arrêts intervenus suivant la similitude des espèces, il convient de donner quelques exemples de chacune des trois sortes d'appréciation. Voici d'abord des cas d'appréciation matérielle. Les juges apprécient souverainement : 1° si une construction élevée sur le fonds servant ne met pas obstacle à l'exercice d'une servitude de passage (Req. 22 déc. 1873, aff. Rambaud, D. P. 74. 1. 472); — 2° Si un chemin présente, à raison de son origine, sa construction et sa détermination, les caractères d'un chemin public (Req. 23 juill. 1878, aff. Andrieu, D. P. 79. 1. 256); — 3° Si un nouvel œuvre n'est pas seulement une suppression de clôture, mais l'établissement d'une ouverture pouvant constituer le signe apparent d'une servitude de passage (Req. 31 janv. 1876, aff. Richoux, D. P. 76. 1. 112); — 4° Si le tireur a fait la provision de sa lettre de change (Civ. 27 avr. 1870, aff. d'Escrivan, D. P. 70. 1. 258); — 5° Si la marchandise assurée a péri par vice propre ou par fortune de mer (Civ. rej. 27 janv. 1875, aff. Daireaux, D. P. 75. 1. 448); — 6° A quelle époque un commerçant a été en état de cessation de payements (Req. 22 avr. 1872, aff. Brander, D. P. 72. 1. 371); — 7° Si les marchandises dont le voiturier offre livraison sont celles dont le transport lui a été confié (Civ. rej. 13 août 1873, aff. Duplessis, D. P. 74. 5. 57) (V. également en ce sens les espèces citées au *Rép.* n°s 1649, 1650 et 1652).

386. Il y a appréciation morale et souveraine dans la décision du juge : 1° portant qu'il n'y a pas urgence (Civ. rej. 13 juill. 1871, aff. Fabrique de Saint-Ferdinand des Ternes, D. P. 71. 1. 83); — 2° Qui détermine la portion des revenus dotaux échappant à la saisie, comme étant nécessaire aux besoins de la famille (Req. 27 avr. 1880, aff. Louis Thuret, D. P. 80. 1. 431); — 3° Qui constate qu'une injure est grave et de nature à servir de base à une séparation de corps (Req. 14 mai 1872, aff. Besson, D. P. 73. 1. 17); — 4° Qui constate qu'un ouvrier a commis le refus de service qui entraîne, au terme de son contrat d'engagement, son renvoi de l'atelier (Req. 20 nov. 1871, aff. Giquel, D. P. 72. 1. 187); — 5° Qui déclare, par appréciation des différences existant entre deux marques de fabrique, que toute confusion entre celles-ci est impossible (Req. 28 mai 1872, aff. Dugué, D. P. 73. 1. 16) (V., en outre, les exemples indiqués au *Rép.* n° 1653).

387. Enfin il y a une appréciation légale, que la cour de cassation peut effectuer après les juges du fond, dans le fait de savoir si une réponse adressée à un journal réunit le caractère légal qui en rend l'insertion obligatoire (Civ. cass. 1er déc. 1875, aff. Roucole, D. P. 77. 1. 67); si l'acte constaté par le juge du fait constitue, ou non, une acceptation de la succession (Civ. cass. 18 janv. 1869, aff. Parrot, D. P. 69. 1. 110).

388. Sans s'attacher davantage à la distinction entre les diverses sortes d'appréciation que l'on vient de définir, on va indiquer les arrêts qui ont reconnu la souveraineté d'appréciation des juges, en les groupant par espèces analogues, suivant la méthode adoptée au *Répertoire*.

389. — I. QUESTIONS DE PROPRIÉTÉ ET DE POSSESSION (*Rép.* n° 1655). — Les juges du fait constatent souverainement : l'existence, les caractères et la publicité de la possession Req. 6 févr. 1872, aff. Decuers, D. P. 72. 1. 131); — Les faits constitutifs de la possession d'un terrain eu égard à la nature du terrain (Req. 3 janv. 1872, aff. Commune de Condat, D. P. 72. 1. 92). Ils peuvent décider, notamment, que la possession alléguée est invraisemblable (Civ. rej. 6 févr. 1872, aff. Monnet, D. P. 72. 1. 101). — Ils apprécient de même : 1° si l'action possessoire a été formée dans l'année du trouble (Req. 9 nov. 1875, aff. Sonnet-Legros, D. P. 76. 1. 376); — 2° Si la partie qui a formé son action en complainte dans l'année du trouble était depuis un an au moins en possession paisible, publique, non équivoque, et à titre de propriétaire (Req. 7 août 1876, aff. Commune de Carrières-Saint-Denis, D. P. 77. 1. 123); — 3° Le caractère des faits de possession allégués par une commune à l'appui d'une demande en maintenue possessoire (Req. 23 juin 1874, aff. Commune de Cellefrouin, D. P. 75. 1. 124); — 4° Si les faits de possession invoqués ne constituent que des actes de pure tolérance, par suite non susceptibles de conduire à la prescription (Civ. rej. 2 déc. 1873, aff. Hammani, D. P. 74. 1. 295); — 5° Si les faits de possession invoqués à l'appui d'une action possessoire ne sont pas pertinents et remontent à une époque antérieure à l'année du prétendu trouble (Req. 14 févr. 1872, aff. Commune de Saint-Amand, D. P. 72. 1. 265). Enfin il appartient au juge du fond de décider en fait que la partie qui a introduit une action pétitoire a reconnu par ses agissements que son adversaire est en possession de l'immeuble litigieux (Civ. rej. 9 juin 1869, aff. Marché, D. P. 69. 1. 471).

390. — II. FORCE MAJEURE; CAS FORTUIT (*Rép.* n° 1657). — L'appréciation des circonstances constitutives de la force majeure et des cas fortuits est abandonnée au pouvoir souverain des juges du fond. En indiquant cette solution au *Rép.* n° 1657, on a rapporté un passage d'un rapport de M. le conseiller de Broé qui en donne la raison. C'est que « la loi ne précise pas ce qu'on devra considérer ou ne pas considérer comme cas fortuit », et que, d'ailleurs, il eût été impossible à la loi « de prévoir toutes les éventualités qui peuvent constituer le cas fortuit ». En ces quelques mots, il semble que M. le conseiller de Broé ait défini ce que nous avons appelé un cas d'appréciation morale.

A l'appui de cette doctrine il a été jugé qu'il appartient au juge du fait d'apprécier souverainement la nature et l'étendue des circonstances constitutives de la force majeure (Req. 13 févr. 1872, aff. Gaillard, D. P. 72. 1. 186), et notamment de décider : 1° qu'un débiteur a été empêché d'exécuter son obligation à raison d'un cas de force majeure (Req. 14 mai 1872, aff. Way, D. P. 73. 1. 78); — 2° Qu'aucun cas de force majeure n'a empêché le débiteur d'exécuter ses obligations (Req. 8 août 1872, aff. Tréaud, D. P. 74. 1. 36; 13 janv. 1874, aff. Compagnie de la Chazotte, D. P. 74. 1. 76); — 3° Qu'un créancier a été dans l'impossibilité absolue d'agir (Req. 3 janv. 1870, aff. Fabrique de Saint-Georges-les-Bains, D. P. 72. 1. 22); — 4° Si la responsabilité du capitaine et du commissionnaire de transports a été mise à couvert par des obstacles de force majeure : l'appréciation des juges n'est pas liée, à cet égard, par les énonciations contenues dans le rapport de mer dressé par le capitaine et régulièrement vérifié (Req. 1er déc. 1873, aff. Compagnie Fraissinet, D. P. 74. 1. 424). — Enfin il appartient aux juges du fond de décider souverainement si une partie a fait la preuve de la force majeure invoquée par elle pour sa libération (Req. 17 nov. 1873 (1); Civ. rej. 10 avr. 1883, aff. Rochard, D. P. 84. 1. 39).

391. — III. SÉPARATION DE CORPS ET DE BIENS (*Rép.* n° 1660). — Ainsi qu'il a été dit au *Répertoire*, la question de savoir si l'une des causes pour lesquelles la loi autorise de pareilles demandes se trouve réalisée en l'espèce, rentre dans le domaine souverain des juges du fond (V. les exemples cités au *Rép.* n°s 1660 et 1661, et *suprà*, n° 386-3°, sur l'appréciation de la gravité des injures).

392. — IV. FAITS DE DÉMENCE. — Les tribunaux jouissent du même pouvoir souverain en ce qui touche soit l'admissibilité des faits de démence articulés, soit la pertinence des actes invoqués en preuve (Comp. *Rép.* n° 1662, et *infrà*, n° 403, au sujet de la preuve).

393. — V. DOMMAGES-INTÉRÊTS. — S'ils ont été fixés par la convention, les pouvoirs du juge du fond sont les mêmes qu'en matière d'appréciation de conventions. Si au contraire ils n'ont pas été prévus, il appartient au juge d'en déterminer souverainement la quotité par appréciation des circonstances de la cause. Peu importe, d'ailleurs, que l'allocation de dommages-intérêts ait pour fondement l'inexécution d'une convention (dommages-intérêts contractuels) ou bien la réparation d'un délit ou d'un quasi-délit (art. 1382). Ainsi il a été jugé, dans le premier cas, que l'arrêt qui alloue des dommages-intérêts réclamés pour retard dans le payement de marchandises, seulement à compter de la demande en justice, échappe à la censure de la cour de cassation (Req. 13 avr. 1875, aff. Hermann, D. P. 77. 1. 72).

La règle est non moins certaine dans la seconde hypo-

(1) (De Fontenailles C. du Grand Launay.) — LA COUR; — Sur le premier moyen, tiré de la violation des art. 1134, 1146, 1148 et 1382 c. civ. : — Attendu que pour déclarer que le demandeur avait manqué d'accomplir, dans le temps déterminé par le contrat, l'obligation qu'il avait souscrite, et qu'il n'avait pas justifié l'existence du cas de force majeure qu'il avait allégué, l'arrêt s'est renfermé dans une appréciation des faits de la cause et dans une interprétation des conventions intervenues entre les parties, qui ne tombent pas sous le contrôle de la cour de cassation;... — Rejette, etc.

Du 17 nov. 1873.-Ch. req.-MM. de Raynal, pr.-Nachet, rap.-Reverchon, av. gén., c. conf.-Bozerian, av.

thèse : les juges du fond ont un pouvoir discrétionnaire pour apprécier la quotité des dommages dont la réparation est réclamée en vertu des art. 1382 et 1383 (Req. 2 avr. 1878) (1). Ils constatent souverainement l'existence du préjudice souffert et en évaluent l'importance (Req. 7 févr. 1877, aff. Andoque, D. P. 77. 1. 476). Ils décident notamment : 1° si une partie a causé un préjudice en détournant et en lacérant un acte (Civ. cass. 21 déc. 1868, aff. Hocquet, D. P. 69. 1. 169) ; — 2° Si la nullité d'un acte authentique a causé ou non aux parties un préjudice (Civ. rej. 28 févr. 1872, aff. S..., D. P. 73. 1. 485) ; — 3° Et, en cas d'affirmative, l'importance de la réparation due par le notaire (Req. 31 mars 1885, aff. Mouly, D. P. 85. 1. 406-407) ; — 4° De même encore, échappe à la censure de la cour de cassation l'arrêt qui condamne l'employé qui a vendu des secrets de fabrication à la restitution des sommes perçues pour prix de cette vente (Req. 23 juill. 1873, aff. Berthelot, D. P. 74. 1. 310).

Enfin il a été jugé qu'en matière de dommages-intérêts qui n'ont été ni prévus, ni déterminés par la convention, le pouvoir des juges du fond consiste à apprécier équitablement les circonstances de la cause, et que leur décision sur ce point est souveraine (Req. 24 juin 1873, aff. Darblay, D. P. 74. 1. 117).

394. — VI. Responsabilité (*Rép.* n° 1668). — Pendant longtemps, la cour de cassation a reconnu en termes presque absolus la souveraineté du juge du fait en matière de responsabilité. Les arrêts rapportés au *Rép.* n°s 1668 à 1670, sont tous conçus dans cet esprit ; plus récemment la même doctrine semble avoir été formulée dans des arrêts qui ont décidé : 1° que lorsqu'un décret autorisant la constitution d'une société anonyme a prescrit le dépôt d'états de situation trimestriels sans attacher à l'omission de cette formalité, comme sanction nécessaire, la responsabilité des administrateurs, il appartient au juge du fait de rechercher si cette omission peut donner lieu à une condamnation en dommages-intérêts (Civ. rej. 24 janv. 1870, aff. Millaud, D. P. 70. 1. 177) ; — 2° Que les appréciations du juge du fait sur la question de savoir si les administrateurs d'une société anonyme ont commis des fautes dans leur gestion sont souveraines (Req. 11 juill. 1870, aff. Noël, D. P. 71. 1. 137) ; — 3° Que les juges constatent avec le même pouvoir discrétionnaire la responsabilité d'un mandataire pour faute dans l'exécution de sa mission (Req. 10 août 1870, aff. Delaroche, D. P. 71. 1. 332). La chambre des requêtes en donnait la raison dans un arrêt du 28 nov. 1860 (aff. Société des propriétaires vinicoles, D. P. 61. 1. 339) : « Attendu que la *loi ne définit pas et ne pouvait définir* les fautes de nature à engager vis-à-vis des tiers la responsabilité de ceux qui les ont commises, et qu'elle en laisse ainsi l'appréciation à la sagesse et à la conscience du juge, dont les décisions échappent à la censure ». Par cet arrêt, la chambre des requêtes rangeait les caractères de la faute, à raison de leur nature vague et indéterminée, dans la catégorie des faits qui nécessitent une appréciation morale.

395. Déjà au *Rép.* n° 1671, nous avons critiqué cette doctrine trop absolue ; en effet, un examen plus attentif permet de constater que, parmi les éléments constitutifs de la faute, il en est que la loi a rigoureusement déterminés et qui doivent être soumis, dès lors, à une appréciation légale. La faute peut être définie un acte ou une omission réunissant les caractères suivants : 1° entraîner préjudice pour autrui ; 2° résulter de la libre détermination de son auteur ; 3° être illicite (V. *Responsabilité*. — V. aussi Larombière, *Théorie et pratique des obligations*, éd. de 1885, t. 7, p. 537, sur les art. 1382-1383, n° 3). Les juges du fond constateront souverainement l'existence de l'acte ou de l'omission : cela est évident. Ils apprécieront avec la même liberté les deux premiers caractères, à savoir : le préjudice causé à autrui et la libre détermination de l'auteur. Mais, en ce qui concerne le caractère illicite de l'acte ou de l'omission, il est nécessaire de distinguer. Tantôt, en effet, le caractère illicite de l'acte ou de l'omission résultera d'une infraction à une convention particulière intervenue entre les parties : les juges du fond seront souverains pour apprécier cette infraction comme tout ce qui a trait à l'étendue des conventions et aux intentions des parties. Tantôt le caractère illicite consistera dans une infraction à la loi qui prohibait ou qui ordonnait l'acte dont s'agit. Dans cette seconde hypothèse, il y a encore lieu de distinguer suivant que la loi a édicté une prescription générale et vague, comme celle de ne pas être imprudent, ou qu'elle a, par une disposition formelle, défendu ou exigé tel acte dans l'intérêt des tiers. Dans le premier cas, le juge du fait ne pourrait, sans doute, nier que l'auteur du dommage fût obligé d'être prudent, c'est-à-dire de prendre toutes les précautions qu'un homme sensé devait observer afin de ne pas nuire à autrui ; mais il lui appartient de déterminer souverainement, dans chaque espèce, quelles étaient les précautions auxquelles la prudence commandait de recourir. Interprétées en ce sens, les solutions des arrêts précités (*suprà*, n° 394) peuvent se justifier à raison des espèces dans lesquelles elles sont intervenues. Comme se référant au même ordre d'idées, on peut citer les décisions suivantes qui ont reconnu aux juges du fond un pouvoir souverain pour apprécier : 1° si le notaire, qui a reçu un testament annulé à raison de la parenté de l'un des témoins avec un légataire, a commis en acceptant ce témoin une faute qui engage sa responsabilité (Req. 5 févr. 1872, aff. Metgé, D. P. 72. 1. 225) ; — 2° Si en supposant le notaire responsable, une part de responsabilité n'incombe pas aux parties, qui se sont elles-mêmes exposées au préjudice en révélant le vice de l'acte (Civ. rej. 19 juin 1872, aff. Larrive, D. P. 72. 1. 346) ; — 3° Si les circonstances ne sont pas exclusives de toute responsabilité de la part du notaire (Civ. cass. 2 mars 1874, aff. Lacombe, D. P. 75. 1. 18) ; — 4° Si les membres du conseil de surveillance d'une société en commandite par actions, qui ont eu le tort de ne pas vérifier les écritures de la société présentées par le gérant, n'ont cependant pas dépassé la limite des fautes susceptibles d'entraîner une responsabilité pécuniaire contre des mandataires non salariés (Civ. rej. 14 déc. 1869, aff. Caisse d'escompte de Dinan, D. P. 70. 1. 179) ; — 5° Si un individu, chargé par les porteurs d'un billet à ordre de le faire protester, ne doit pas être déclaré responsable de la nullité du protêt résultant de l'irrégularité d'un acte, dont il a imposé le modèle à l'huissier (Req. 14 juill. 1857, aff. Chapron, D. P. 57. 1. 437) ; — 6° Si la cause d'un accident est imputable à la négligence des employés d'une compagnie de chemin de fer, ou plutôt à l'imprudence de la partie lésée (Req. 28 mars 1876, aff. Guillemet, D. P. 76. 1. 487) ; — 7° Quelle est, en cas d'accident, la part d'imprudence imputable aux agents de la compagnie de chemin de fer et aux agents étrangers (Civ. rej. 27 juin 1876, aff. Sautereau, D. P. 76. 1. 375).

A l'inverse, les juges du fond ne peuvent, en dehors de toute convention, considérer comme illicite, et de nature à motiver une indemnité, un acte qui n'est défendu par aucune disposition légale. La cour de cassation aura à intervenir, dans cette hypothèse, pour faire respecter le silence gardé par la loi (Civ. cass. 15 avr. 1873, aff. Chemin de fer d'Orléans, D. P. 73. 1. 262).

396. Dans la seconde hypothèse, celle où la loi a nettement indiqué une prescription ou une défense, la cour de cassation peut contrôler l'appréciation des juges du fond et décider si le fait invoqué comme base d'une action en responsabilité présente les caractères juridiques de la faute prévue

(1) (Eyraud C. Chemin de fer de Lyon.) — La cour ; — Sur le premier moyen pris de la violation des art. 1382 et suiv. et 544 c. civ. : — Attendu que les juges du fond ont un pouvoir discrétionnaire pour apprécier l'existence ou la quotité des dommages dont la réparation est réclamée en vertu des art. 1382 et 1383 c. civ. ; — Attendu qu'Eyraud et Bonnet ont demandé à la compagnie du chemin de fer de Paris à Lyon et à la Méditerranée, le premier comme propriétaire, le second comme locataire de la brasserie connue sous le nom de Tivoli et du jardin y attenant, une somme de 100000 fr. dont 35000 fr. pour celui-ci et 65000 fr. pour celui-là, en se fondant sur le préjudice résultant pour eux, par le fait de la compagnie, de la perte des eaux qui jaillissaient dans ladite propriété ; que si la cour d'appel alloue à Bonnet une indemnité de 25000 fr., elle rejette absolument la réclamation d'Eyraud en déclarant que les dommages sont pour lui insignifiants, et qu'il n'y a pas lieu de lui en tenir compte ; qu'il n'y a là qu'une appréciation souveraine des situations respectives des demandeurs, d'après les faits et circonstances de la cause, et qui ne saurait donner ouverture à cassation ; — D'où il suit que les articles susvisés n'ont pas été violés ; — Rejette, etc.

Du 2 avr. 1878.-Ch. req.-MM. Bédarrides, pr.-Petit, rap.-Godelle, av. gén., c. conf.-de Saint-Malo, av.

par les art. 1382 et 1383. Ainsi la cour suprême a cassé l'arrêt qui considérait comme illicite un fait qui n'était prohibé par aucune loi: notamment l'indication donnée par une compagnie de chemin de fer à l'autorité militaire des marchandises qu'elle a transportées (Civ. cass. 15 avr. 1873, aff. Petit-Pescamps, D. P. 73. 1. 262); le fait par un changeur de n'avoir exigé de celui qui lui a vendu des titres au porteur aucune justification de propriété, alors qu'aucune circonstance n'était de nature à éveiller ses soupçons (Civ. cass. 5 janv. 1872, aff. Merkens, D. P. 72. 1. 161); le fait par un bureau auxiliaire du Mont-de-Piété d'avoir consenti un prêt supérieur à 500 fr. contrairement aux règlements relatifs à l'administration du Mont-de-Piété qui défendent une opération de cette importance, ces règlements ne constituant que des mesures d'ordre intérieur (Civ. cass. 12 janv. 1875, aff. Souvigny, D. P. 75. 1. 145); le fait par l'avoué de l'adjudicataire auquel l'huissier remet par erreur la copie de l'exploit de dénonciation de surenchère, destinée à l'avoué du poursuivant, de n'avoir pas rendu la copie à l'huissier en lui signalant cette erreur dont il s'est aperçu, et qui a pour effet d'entraîner la nullité de la signification (Civ. cass. 28 janv. 1879, aff. Desbareaux-Verger, D. P. 79. 1. 151).

397. — VII. QUESTIONS D'INTENTION ET DE VOLONTÉ (*Rép.* n° 1674). — Les explications que nous avons données dans le paragraphe précédent, à propos de l'interprétation des contrats, nous dispensent de revenir sur ces questions. Il suffira de citer, à titre d'exemples, les décisions suivantes aux termes desquelles il appartient aux juges du fond: 1° de fixer l'étendue d'une clause de non-responsabilité apposée par l'expéditeur au bas de la feuille d'expédition (Req. 24 avr. 1872, aff. Chemin de fer de l'Ouest, D. P. 73. 5. 53); — 2° De déterminer à raison des circonstances, de la longue durée des opérations, et du constant assentiment donné par le client aux comptes trimestriels, le taux de la commission due à un banquier (Civ. rej. 9 juill. 1872, aff. Delaune, D. P. 72. 1. 393); — 3° De déclarer que l'élection de domicile, faite à la suite d'une clause attributive de compétence à un tribunal désigné, ne s'applique qu'aux significations relatives aux contestations qui devront être portées devant ce tribunal (Civ. rej. 22 déc. 1869, aff. Riche, 1er arrêt, D. P. 70. 1. 35); — 4° De décider qu'une clause d'une police d'assurances confère à la compagnie le droit de réduire le montant de l'assurance jusqu'à un chiffre dérisoire, et cela alors même que la valeur des objets assurés n'aurait pas varié (Civ. rej. 21 févr. 1887, aff. Compagnie d'assurances *la Préservatrice*, D. P. 87. 1. 297); — 5° Ou encore qu'une ouverture de crédit a été faite sans fixation de parts, dans l'intérêt et au profit de plusieurs des parties en cause (Civ. rej. 18 janv. 1887, aff. de Marqué, D. P. 87. 1. 278).

398. — VIII. BREVETS D'INVENTION. — Les pouvoirs des juges du fond pour résoudre les difficultés qui peuvent s'élever en cette matière, notamment sur le point de savoir si un brevet est valable ou nul, se déterminent conformément aux distinctions exposées ci-dessus. Ainsi, d'une part, il appartient à la cour de cassation de contrôler l'appréciation des tribunaux en ce qui concerne la première condition exigée pour la validité du brevet, savoir l'existence d'une véritable invention: la loi a, en effet, défini l'invention brevetable (L. 24 juill. 1844, art. 2); il y a donc là une qualification légale, que cette cour se réserve de préciser. C'est ce qui ressort de la jurisprudence analysée v° *Brevet d'invention*, n°s 24 et suiv. D'autre part, les juges du fond décident souverainement si l'invention a, ou non, un caractère industriel (V. *ibid.* n° 75). Ce caractère, en effet, n'est pas susceptible de recevoir une détermination rigoureuse et applicable à toutes les hypothèses. Il en est de même de la nouveauté; les tribunaux sont donc souverains pour résoudre toutes les contestations que soulèvent les questions relatives à la nouveauté de la découverte, sauf peut-être celles qui concernent l'appréciation des faits constitutifs de la publicité (V. *ibid.* n° 65).

399. — IX. PRÉSOMPTIONS. — Ainsi qu'on l'a dit au *Rép.* n° 1690, pour déterminer l'étendue du droit d'appréciation des tribunaux en cette matière, il faut distinguer entre les présomptions légales, dont les juges ne peuvent méconnaître la force probante, qui est établie par la loi, sans contrevenir directement à une prescription légale, et les présomptions simples ou humaines dont l'appréciation a été abandonnée aux termes de l'art. 1353 c. civ. « aux lumières et à la prudence du magistrat ».

S'il s'agit de déterminer les conséquences légales des présomptions admises par les juges du fond, la cour de cassation pourra sans doute intervenir, comme au regard de tous autres faits constatés par les tribunaux (*Rép.* n° 1692); mais, sous cette seule réserve, ceux-ci jouissent d'un pouvoir discrétionnaire pour admettre ou repousser les présomptions invoquées dans toutes les matières où la preuve testimoniale est recevable. Ainsi échappent à la censure de la cour de cassation: 1° les appréciations du juge du fait constatant la gravité, la précision et la concordance des présomptions invoquées (Civ. cass. 30 juin 1879, aff. Rosa Catana, D. P. 79. 1. 413); — 2° L'arrêt qui déclare, sur les seules présomptions résultant des faits de la cause, qu'une personne n'a pas été l'associée d'un commerçant failli, mais seulement son commis intéressé pour une part dans les bénéfices (Req. 2 févr. 1876, aff. Périer, D. P. 77. 1. 422); — 3° L'arrêt qui, dans le cas où des marchandises mises à bord d'un navire ont été indiquées dans le connaissement comme étant d'un poids déterminé, en tire la présomption que ces marchandises ont été l'objet d'un pesage (Civ. rej. 9 nov. 1875, aff. Racine, D. P. 75. 1. 452).

400. — X. PREUVE TESTIMONIALE. — Aux termes de l'art. 1347 c. civ., la preuve testimoniale n'est, en principe, permise au-dessus de 150 francs que lorsqu'il existe un commencement de preuve par écrit. Cet écrit doit de plus satisfaire à deux conditions: 1° émaner de la personne à laquelle on l'oppose ou de son représentant; 2° rendre vraisemblable le fait allégué. La première condition relève du contrôle de la cour de cassation, qui précisera dans certains cas le sens et la portée de cette prescription de la loi. La cour dira notamment: « que l'art. 1347 exige bien, pour qu'un écrit puisse constituer au point de vue légal et sous le rapport de la forme un commencement de preuve par écrit, qu'il émane de la partie à laquelle on l'oppose, mais qu'il ne demande pas que l'écrit soit signé d'elle » (Req. 29 juill. 1872, aff. Barthès, D. P. 74. 1. 430). Quant à la deuxième condition, que l'écrit rende vraisemblable le fait allégué, elle relève de la compétence exclusive des juges du fond, qui décident souverainement: 1° qu'un acte invoqué comme commencement de preuve d'une servitude ne rend pas le fait vraisemblable (Req. 14 févr. 1872, aff. Commune de Saint-Amand, D. P. 72. 1. 265); — 2° Que l'écrit invoqué comme commencement de preuve n'a aucune relation logique avec le fait allégué (Req. 4 févr. 1873, aff. de Kermel, D. P. 73. 1. 112).

401. Dans tous les cas où la preuve testimoniale est permise par la loi, les juges du fond apprécient souverainement s'il y a lieu de l'admettre. C'est ce que l'on a établi au *Rép.* n° 1697. A la jurisprudence rapportée en ce sens *ibid.* n° 1698 sont venues s'ajouter de nombreuses décisions aux termes desquelles échappent à la censure de la cour de cassation: 1° l'arrêt qui rejette une offre de preuve faite à l'appui d'une demande en revendication, comme inconcluante, inutile et frustratoire (Req. 10 juin 1856, aff. Ithurralde, D. P. 56. 1. 464); — 2° L'arrêt qui décide que les faits articulés sont sans vraisemblance (Req. 26 mars 1877, aff. Faure, D. P. 78. 1. 475); ou peuvent s'expliquer dans un sens différent de celui que le demandeur prétend leur attribuer (Req. 28 avr. 1873, aff. Commune de Rotherens, D. P. 74. 1. 174), ou ne sont pas concluants (Civ. rej. 8 juill. 1874, aff. Chatillon, D. P. 74. 1. 335); — 3° L'arrêt qui refuse d'ordonner la preuve de faits allégués à l'appui d'une demande en nullité du testament pour cause d'insanité d'esprit, attendu qu'ils ne sont ni pertinents, ni admissibles (Req. 14 févr. 1876, aff. Jumeau, D. P. 76. 1. 280). D'autres arrêts ont reconnu, de même, aux juges du fond le pouvoir d'apprécier souverainement la pertinence des faits allégués (Req. 2 févr. 1874, aff. Commune de Saint-Blin, D. P. 74. 1. 468; Civ. cass. 16 févr. 1874, aff. Jaylé, D. P. 74. 1. 197; 10 nov. 1874, aff. Pelletier, D. P. 75. 1. 40; Req. 16 avr. 1883, aff. Domont, D. P. 84. 1. 75; 16 mars 1887, aff. de Rochechouart, D. P. 87. 1. 211; 3 mai 1886, aff. Marie Chaboud, D. P. 87. 1. 16).

Il appartient également aux juges du fond d'apprécier souverainement la force probante des éléments de preuve fournis. Ainsi ils pourront décider: 1° qu'une pièce produite au procès n'implique pas reconnaissance du droit litigieux (Req. 21 nov. 1871, aff. Commune de Pont-la-Ville, D. P. 72. 1. 242); — 2° Que les titres invoqués par le demandeur laissent subsister des doutes sérieux (Req. 30 déc. 1872, aff. Ben Olliel, D. P. 73. 5. 56); — 3° Que les héritiers légitimes, demandeurs en nullité d'un testament, n'ont pas fait la preuve qui leur incombait (Req. 10 janv. 1877, aff. Courtois, D. P. 77. 1. 159); — 4° Que les faits invoqués ne sont pas suffisants pour prouver l'identité de l'enfant désigné par un acte de naissance, avec une personne déterminée (Req. 14 févr. 1872, aff. Bourdon, D. P. 72. 1. 250).

402. Enfin il appartient au juge du fond d'apprécier si les éléments d'un aveu extrajudiciaire se rencontrent dans une lettre missive produite par l'une des parties (Civ. rej. 20 nov. 1876, aff. Wachter, D. P. 78. 1. 413); —... Si les déclarations faites par le défendeur éventuel dans les actes de la procédure constituent un aveu judiciaire (Req. 31 janv. 1876, aff. Richoux, D. P. 76. 1. 112). Toutefois, ces décisions doivent être entendues comme se référant à la constatation de l'aveu, et non à la qualification qu'il convient de lui appliquer.

§ 3. — Appréciation des faits constitutifs de la fraude, du dol, de la simulation ou de la violence, de la bonne ou de la mauvaise foi (*Rép.* nos 1709 à 1718).

403. La distinction entre la constatation des faits ou des intentions et la détermination des conséquences légales trouve encore ici sa place. S'il appartient aux juges du fond de rechercher les faits et d'apprécier les volontés, la cour de cassation peut toujours, comme on l'a dit au *Rép.* n° 1709, vérifier si les conséquences tirées de ces constatations sont juridiques. Ainsi elle examinera, notamment, si les conventions déclarées frauduleuses par les juges ne doivent pas être maintenues comme étant intervenues, d'après les déclarations mêmes de l'arrêt attaqué, pour l'exercice et la conservation d'un droit légitime (Civ. cass. 3 mars 1869, aff. Beaurain, D. P. 69. 1. 200). Au contraire, les juges du fait sont souverains : 1° pour apprécier la portée morale et le caractère frauduleux des faits allégués (Civ. rej. 29 déc. 1851, aff. Ailloud, D. P. 52. 1. 27); — 2° Pour distinguer, entre les divers payements mentionnés dans un acte, quels sont ceux qui doivent être considérés comme sincères, quels sont ceux qui sont simulés (Civ. rej. 9 juill. 1851, aff. de Vendomois, D. P. 51. 1. 311); — 3° Pour annuler une obligation comme donation déguisée, obtenue au moyen de la fraude et de l'influence exercée par le donataire sur le donateur (Req. 12 févr. 1872, aff. Pelcerf, D. P. 72. 1. 176); — 4° Pour décider qu'un acte est entaché d'une fraude de nature à en motiver l'annulation en vertu de l'action paulienne (Req. 28 août 1871) (1); — 5° Pour apprécier si un jugement de séparation de biens a été obtenu en fraude des droits des créanciers du mari et, par suite, s'il est susceptible de rétractation (Civ. cass. 19 nov. 1872, aff. Noël Burgues, D. P. 73. 1. 38); — 6° Pour décider que des billets à ordre constituent des valeurs de pure complaisance (Req. 18 févr. 1874, aff. Lesty, D. P. 76. 1. 394); — 7° Pour reconnaître l'existence des faits allégués comme dolosifs, et rechercher si ces faits ont déterminé la convention dont la nullité est poursuivie (Req. 25 mai 1880, aff. faillite Bertaud, D. P. 80. 1. 471) ; — 8° Pour apprécier les circonstances desquelles il peut résulter qu'un contrat est de nature à porter atteinte au principe de la liberté du commerce et de la libre concurrence (Civ. rej. 13 janv. 1879, aff. Ramanatxo, D. P. 79. 1. 77); — 9° Pour décider que des actes translatifs de propriété sont nuls comme entachés de dol et de fraude (Req. 21 déc. 1886, aff. Guffroy, D. P. 87. 1. 230).

§ 4. — Appréciation de l'exécution des actes et des jugements (*Rép.* nos 1719 à 1729).

404. Ainsi qu'on l'a exposé au *Rép.* nos 1719 et 1724, dans tous les cas où la loi n'a pas indiqué les caractères auxquels on doit reconnaître l'exécution volontaire ou forcée des actes et conventions, la décision, par laquelle les juges du fond constateront cette exécution, constitue une appréciation souveraine (V. les exemples rapportés au *Rép.* n° 1724. V. aussi, *Contrat de mariage; Louage; Marché de fournitures; Obligations*, etc.). Il en est autrement lorsque les conditions de l'exécution ont été déterminées par la loi. Ainsi, pour l'exécution des transports par chemins de fer, les délais impartis aux compagnies résultent de dispositions consacrées par les pouvoirs publics; la cour de cassation pourra vérifier si ces délais ont été observés (Civ. cass. 19 janv., 9 mai 1870, aff. Chemin de fer de Lyon, D. P. 70. 1. 362; 31 mai 1870, aff. Chemin de fer du Midi, *ibid.*; 10 août 1870, aff. Chemin de fer de Lyon, *ibid.*; 4 févr. 1874, aff. Calvier, D. P. 74. 1. 419).

405. De même, la loi a pris soin de tracer les éléments constitutifs de la confirmation ou de la ratification des obligations annulables ou rescindables (art. 1338 et 1340 c. civ.). Il en résulte que la cour de cassation a le droit de contrôler et de reviser, au point de vue légal, l'appréciation faite par les juges du fond des actes et faits présentés comme constitutifs de ratification. Un arrêt du 8 janv. 1838 (*Rép.* n° 1719) a posé pour la première fois le principe, qui a été consacré depuis par une jurisprudence actuellement constante. La cour de cassation a décidé, contrairement aux juges du fond : 1° que l'exécution volontaire d'un acte n'en efface la nullité qu'autant qu'elle implique directement et nécessairement, de la part de celui à qui on l'oppose, la preuve qu'il a eu connaissance du vice entraînant cette nullité et l'intention formelle de le réparer (Civ. cass. 28 nov. 1866, aff. Struillon, D. P. 66. 1. 469); — 2° Que la ratification d'une vente, faite sans le consentement du propriétaire de l'objet vendu, ne résulte ni de l'offre faite, par ce propriétaire, de reprendre sa chose pour une somme déterminée, alors que cette offre n'a pas été acceptée;... ni de la réception de comptes et valeurs à raison de ladite vente, lorsque cette réception a été accompagnée de protestations formelles contre la vente et de la réserve expresse d'en demander la nullité (Civ. cass. 18 janv. 1870, aff. Haws, D. P. 70. 1. 127); — 3° Que la ratification de l'obligation contractée par une femme mariée sans autorisation de son mari ni de justice ne peut être induite, ni de la clause d'un testament où elle exprime la volonté que toutes ses dettes soient payées sur la fortune qu'elle laissera, ni de la déclaration insérée par la femme dans son testament que son créancier n'a d'autre garantie que sa parole; une telle déclaration n'impliquant pas nécessairement la connaissance d'une cause quelconque de nullité ou de rescision (Civ. cass. 7 nov. 1877, aff. Borel, D. P. 78. 1. 169).

406. La chambre des requêtes s'est montrée parfois plus large dans la constatation des conditions de la ratification; ainsi elle a considéré comme une appréciation souveraine la décision par laquelle les juges du fond déclarent qu'il résulte des circonstances qu'un copartageant a volontairement et sciemment exécuté le partage, et que cette exécution constitue une ratification tacite (Req. 4 avr. 1876, aff. Ginnacanniammale, D. P. 76. 1. 380). — Mais on se méprendrait, croyons-nous, sur les intentions de la chambre

(1) (Menut C. Fourtie et autres.) — La cour;... — Sur le troisième moyen : — Attendu que s'il est vrai, en principe, que les créanciers dont les titres sont postérieurs aux actes incriminés ne peuvent en obtenir l'annulation comme faits en fraude de leurs droits non existants encore au moment de ces actes, il n'est pas moins certain que cette règle générale souffre exception, lorsqu'il ressort de tous les faits de la cause, ainsi que, dans l'espèce, le constate l'arrêt attaqué, que la fraude a été pratiquée autant en vue de l'avenir que du présent, et a eu pour but de dépouiller par avance les tiers qui contracteraient ultérieurement avec le débiteur, et de leur enlever tous droits sur son actif; qu'en ce cas, peu importe la date de leurs titres, les créanciers peuvent attaquer les actes qui leur portent préjudice et qui sont l'œuvre d'une même pensée de fraude qui, dans sa prévoyance, a embrassé l'avenir aussi bien que le présent ; — Sur le quatrième moyen : — Attendu qu'il résulte de l'arrêt attaqué que ce n'est pas seulement dans la donation du 18 juill. 1859, mais dans les deux autres actes annulés que Menut père et fils ont préparé et ourdi contre tous les créanciers présents et futurs de Menut père les fraudes qui ont présidé à ces divers actes, qu'il signale tous les faits à l'appui de cette décision, que cette constatation est souveraine et suffit pour justifier cette partie de l'arrêt ;...

Du 28 août 1871.-Ch. req.-MM. Nachet, f. f. pr.-Sorbier, rap.-Connelly, av. gén., c. conf.-Guyot, av.

des requêtes si l'on concluait de l'arrêt précité qu'elle a entendu abandonner complètement aux juges du fond l'appréciation des faits allégués à l'appui d'une confirmation expresse ou tacite d'une obligation. En effet, la même chambre a proclamé plus récemment son droit de contrôler l'appréciation des juges du fait, en décidant que la ratification d'une obligation nulle (dans l'espèce, un contrat de révélation de succession) ne peut être induite de documents et lettres renfermant des instructions relatives à l'exécution de l'acte, mais n'indiquant ni la substance de l'obligation, ni le motif de l'action en nullité, ni l'intention de réparer le vice de l'acte (Req. 16 janv. 1882, aff. Meyer, D. P. 82. 1. 412).

§ 5. — Interprétation des contrats judiciaires, des jugements et des arrêts (*Rép.* nos 1730 à 1744).

407. En ce qui concerne la constatation d'un contrat judiciaire, il faut distinguer l'examen des faits et des intentions, souverainement appréciés par les juges du fond, de l'application de la qualification légale, qu'il appartient à la cour suprême de vérifier. Ainsi, est souveraine l'appréciation des juges du fond d'après laquelle un aveu judiciaire, ayant été la suite d'une erreur de fait, doit être révoqué (Req. 20 mars 1877, aff. Mailand, D. P. 77. 1. 328).

Cependant la chambre civile s'est reconnu implicitement le droit de contrôler la décision par laquelle le juge du fait déclare ambiguës et contradictoires les déclarations d'un avocat, lorsque celles-ci ont été constatées par les qualités de l'arrêt (Civ. rej. 22 mars 1870, aff. Coiret, D. P. 71. 1. 41). Peut être faut-il rattacher cette décision au principe qui attribue à la cour de cassation le pouvoir d'apprécier le caractère légal des actes judiciaires qui font partie intégrante des jugements ou arrêts ou dont les termes y sont constatés. En ce sens, il a été jugé: 1° que les faits puisés dans des actes judiciaires et présentés comme constituant un dol personnel susceptible de donner ouverture à requête civile tombent sous le contrôle de la cour de cassation (Civ. cass. 31 mars 1856, aff. Flaant, D. P. 56. 1. 154); — 2° Qu'il appartient à la cour de cassation de contrôler l'interprétation que le juge du fait a donnée à un procès-verbal d'enquête, en décidant qu'il résulte de ce procès-verbal que les noms et prénoms d'un témoin ont été inscrits sur sa déclaration (Req. 15 juin 1868, aff. Pitois, D. P. 68. 1. 433. V. aussi, Sol. impl., Req. 7 août 1860, cité *suprà*, n° 183).

408. Au contraire, les juges du fond sont souverains pour apprécier; 1° si une créance est suffisamment certaine pour motiver une permission de saisir-arrêter (Req. 12 mars 1872, aff. Pradier, D. P. 73. 5. 58); — 2° Si les circonstances sont de nature à justifier une demande à l'effet d'obtenir permission de requérir l'apposition des scellés (Req. 23 juill. 1872, aff. Ricardo, D. P. 73. 1. 355); — 3° La réalité ou le degré d'urgence invoqué devant eux (Req. 3 avr. 1872, aff. Raguideau, D. P. 73. 1. 25); — 4° Les circonstances d'où résulte la renonciation tacite des parties à la formalité du serment des experts (Req. 21 janv. 1874, aff. Fournier, D. P. 74. 1. 494).

Sur les pouvoirs des juges du fond en matière de frais et dépens, V. *Frais et dépens*.

409. La cour de cassation a décidé, d'une manière implicite, il est vrai, qu'il lui appartient, au moyen d'une nouvelle appréciation légale, de reviser l'appréciation d'après laquelle les juges du fait déclarent qu'un acquiescement résulte des faits par eux constatés (Civ. rej. 25 août 1868, aff. Corbin, D. P. 68. 1. 443). Mais, en tous cas, l'appréciation des intentions appartient exclusivement aux juges du fond. Ceux-ci peuvent donc déclarer souverainement: 1° que la correspondance du débiteur contient non pas un acquiescement au jugement de condamnation, mais seulement l'intention de régler une affaire encore litigieuse (Civ. rej. 4 mars 1873, aff. Colin, D. P. 73. 1. 96); — 2° Qu'un acte de procédure émanant de l'une des parties ne contient qu'une acceptation conditionnelle d'un jugement, et n'en est point l'exécution pure et simple (Req. 10 août 1874, aff. Segrettain, D. P. 75. 1. 108); — 3° Que l'acquiescement, donné conditionnellement par le débiteur, à la poursuite de vente sur saisie immobilière de ses propriétés, a eu pour effet de couvrir les nullités, et de mettre fin aux incidents qui se rattachaient aux instances antérieurement liées entre les parties (Req. 16 déc. 1873, aff. Cochin, D. P. 74. 1. 312).

410. Les conditions d'existence et le caractère légal des jugements et arrêts ont été définis par la loi. Dès lors, il appartient à la cour de cassation de contrôler, au regard des jugements comme au regard de tout acte juridique, si les éléments de fait justifient la qualification légale appliquée. Ainsi, la cour de cassation pourra déterminer la véritable nature des actes invoqués comme ayant l'autorité de jugements (Civ. cass. 11 nov. 1873, aff. Ellie, D. P. 73. 1. 455).

411. Les cours et tribunaux, ainsi qu'il a été dit au *Rép.* n° 1738, interprètent souverainement leurs décisions, sous la condition de n'apporter aucune modification au dispositif de la sentence en l'augmentant ou en le restreignant. Ce pouvoir souverain a été reconnu à différentes reprises. Ainsi, échappe à la censure de la cour de cassation: 1° l'interprétation donnée par les juges du fait à un jugement antérieur (Req. 22 janv. 1872, aff. Dard, D. P. 72. 1. 321); — 2° La décision par laquelle un arrêt infirme le chef d'un jugement portant condamnation à des dommages-intérêts, en se fondant sur ce que ces dommages-intérêts sont compris dans une somme allouée par un autre chef du même jugement (Civ. rej. 24 mars 1868, aff. Thiers, D. P. 68. 1. 243). Mais, du moment qu'une décision a été déférée à la cour de cassation, c'est à cette dernière cour qu'appartient le droit d'interprétation; il n'y a pas lieu de renvoyer devant les juges qui ont rendu la décision attaquée, pour qu'ils l'interprètent, alors même qu'il y aurait contradiction entre les motifs et le dispositif (Civ. cass. 3 mars 1851, aff. Béchade, D. P. 51. 1. 24).

412. C'est encore à la cour de cassation uniquement qu'il appartient d'interpréter ses propres arrêts. Par application de ce principe, la cour de cassation a décidé qu'il n'y avait lieu à interprétation d'un de ses arrêts dont les dispositions étaient claires, alors même que son exécution présenterait des difficultés tenant à l'insuffisance de la loi (Civ. rej. 17 mars 1885, aff. Commissaires-priseurs de la Seine, D. P. 85. 1. 250). Il a même été reconnu, d'une manière implicite, que cette interprétation pouvait être requise par voie de citation directe devant la chambre civile, sans qu'il fût nécessaire d'attendre que la cour de renvoi l'eût provoquée (Civ. 17 juin 1850, aff. Duvault-Laty, D. P. 50. 1. 193). Mais, en sens contraire, la cour de cassation a jugé qu'elle ne peut, dans le but de prévenir les difficultés que l'exécution d'un arrêt rendu par elle pourrait soulever éventuellement, être saisie d'une demande en interprétation de cet arrêt, s'il ne présente aucune obscurité ou ambiguïté, ces difficultés rentrant dans la compétence ordinaire des tribunaux (Civ. rej. 10 juill. 1860) (1).

CHAP. 17. — Du pouvoir d'appréciation des juges en matière criminelle. — Faits matériels. — Qualification légale (*Rép.* n° 1745 à 1799).

413. Il est hors de conteste, tout d'abord, que la cour de cassation a le droit de reviser la qualification légale

(1) (Villette C. Lefrançois et autres.) — La cour; — Statuant sur la requête tendant à faire interpréter l'arrêt rendu par la cour le 20 févr. 1855: — Attendu que ladite requête ne signale aucune obscurité ou ambiguïté dans cet arrêt qui a annulé en son entier un arrêt de la cour impériale de Paris du 10 déc. 1852, et qu'elle a pour unique objet de faire déterminer par la cour les effets de cette annulation sur les décisions qui auraient été rendues en conséquence de l'arrêt cassé; — Attendu que la cour a statué à cet égard, ainsi que de droit, dans son arrêt du 20 févr. 1855, en déclarant que la cause et les parties étaient remises au même en semblable état où elles étaient avant l'arrêt annulé; — Qu'il appartiendrait aux juridictions qui seraient appelées, suivant l'ordre de leur compétence, à statuer sur les difficultés d'exécution, de faire respecter les effets légaux de la cassation prononcée et l'autorité de la chose jugée; — Que sous le prétexte de prévenir ces difficultés éventuelles, le demandeur ne saurait être autorisé à réclamer une interprétation d'arrêt, à laquelle il n'y a lieu de procéder que dans le cas où elle est rendue nécessaire par des obscurités qui n'existent point dans l'espèce; — Par ces motifs, rejette, etc.

Du 10 juill. 1860.-Ch. civ.-MM. Renouard, f. f. pr.-Quénault, rap.-de Raynal, av. gén.-Morin et Bosviel, av.

constitutive d'un crime ou d'un délit, que les juges du fond ont appliquée aux faits constatés. Ce droit de contrôle, la cour l'exerce non seulement lorsque la loi a défini et caractérisé les éléments que doit réunir tel crime ou tel délit, mais encore lorsque ces éléments ou caractères sont contenus d'une manière implicite dans les qualifications relevées. A cet égard, nous ne dirons pas avec le président Barris : « Les juges sont de véritables jurés dans la décision de tout ce qui n'a pas été réglé par la loi ». Cette doctrine a déjà été critiquée à différentes reprises au *Répertoire*, et notamment en matière de qualification pénale (*Rép.* n° 1762). On a fait remarquer, *loc. cit.*, que dans les cas, d'ailleurs, très nombreux, où la loi n'a pas déterminé les éléments et circonstances qui constituent les crimes ou délits, c'est à la cour de cassation qu'il appartient de faire cette détermination et de rechercher les définitions légales implicites.

414. La comparaison entre la définition ainsi fixée et les éléments de fait constatés en la cause permettra de déterminer la qualification légale qui leur convient. Ici encore la cour de cassation exercera son droit de contrôle. Ainsi cette cour est compétente : 1° pour décider si les faits souverainement constatés par le juge de repression réunissent les caractères de la force majeure dans le sens des art. 64 et 65 c. pén. (Crim. rej. 2 déc. 1871, aff. Mandat de Grancey, D. P. 71. 1. 366) ; — 2° Pour vérifier en matière de complicité d'adultère si les faits constatés par l'arrêt de condamnation présentent le caractère de flagrant délit (Crim. rej. 27 févr. 1879, aff. Linossier, D. P. 79. 1. 481) ; — 3° Pour attribuer la qualification d'escroquerie aux faits constatés, qui, d'après les déclarations du juge du fond, constituent des manœuvres frauduleuses, et réunissent les conditions du délit d'escroquerie (Crim. cass. 7 mai 1857, aff. Candé, D. P. 57. 1. 317) ; — 4° Pour vérifier l'exactitude d'une qualification substituée par le juge d'appel à celle du jugement infirmé, les faits établis par les premiers juges n'étant d'ailleurs pas contestés (Crim. cass. 28 juin 1862, aff. Mirès, D. P. 62. 1. 305) ; — 5° Pour vérifier les qualifications légales qui ont été données aux faits constatés, et rechercher le caractère vrai des conventions déclarées constantes (Crim. cass. 14 mai 1875, aff. Rouzeau, D. P. 76. 1. 45) ; — 6° Pour reviser l'appréciation suivant laquelle les juges du fait ont refusé, en matière de vente de marchandises falsifiées, de voir l'existence d'une vente ou d'une livraison dans certaines circonstances constatées par eux (Crim. cass. 14 mai 1858, aff. Laguerenne, D. P. 58. 1. 232). Il est vrai que, dans certains cas, les constatations de fait ne seront pas suffisantes pour permettre ce contrôle, et alors l'appréciation du juge du fond sera souveraine ; c'est ce qui a été jugé précisément, en matière de tromperie, à l'égard d'une décision par laquelle le juge correctionnel avait reconnu à un fait de remise d'une marchandise à un acheteur le caractère de livraison dans le sens de l'art. 423 c. pén. (Crim. rej. 1er oct. 1857, aff. Péron, D. P. 58. 1. 189). — Cependant il a été implicitement décidé, dans un cas d'escroquerie, que le jugement qui n'aurait pas suffisamment spécifié les faits constitutifs de l'escroquerie, afin de mettre la cour de cassation en mesure d'exercer son contrôle au point de vue de la qualification légale, encourrait la cassation (Crim. rej. 19 sept. 1878) (1).

415. Des exemples précédents, il résulte que la cour de cassation exerce son contrôle non seulement pour vérifier la qualification légale, mais encore pour attribuer aux faits constatés un certain caractère. Cette dernière opération soulève une question d'appréciation que l'on peut résoudre au moyen de la distinction entre l'appréciation matérielle, l'appréciation morale et l'appréciation légale. On n'a pas à revenir sur le sens de ces expressions, précédemment expliqué en matière civile (*suprà*, n° 384) ; la même distinction doit trouver son application en matière criminelle.

D'après cette distinction, l'appréciation *matérielle* ou, en d'autres termes, la constatation des faits appartient souverainement aux juges du fond qui décideront, par exemple, que les faits, objets de la prévention, résultent de l'instruction, des débats et des aveux du prévenu consignés dans ses interrogatoires (Crim. rej. 6 mars 1856, aff. Couet de Lorry, D. P. 56. 1. 225) ;... Que le prévenu a fait emploi d'instruments brevetés dans l'intérêt de son exploitation commerciale (Crim. rej. 5 févr. 1876, aff. Belin, D. P. 77. 1. 96).

416. La décision des juges du fait, fondée sur une appréciation *morale*, a été jugée souveraine dans les espèces suivantes, où il a été décidé : 1° que l'huile de foie de morue a le caractère de médicament (Crim. rej. 26 juill. 1873, aff. Dieudonné, D. P. 73. 1. 493) ; — 2° Qu'une réunion d'individus qui ont causé des dommages dans une auberge n'avait pas le caractère d'attroupement (Req. 14 févr. 1872, aff. Combes, D. P. 73. 5. 52) ; — 3° Que le fait de plusieurs cavaliers de passer au galop sur une route à côté d'une voiture a le caractère d'une imprudence de nature à les rendre responsables des suites de l'accident dans lequel la voiture a été renversée par les chevaux effrayés (Crim. rej. 7 nov. 1873, aff. Turin, D. P. 74. 1. 95) ; — 4° Que les propos tenus par un inculpé ont le caractère d'injure simple (Crim. rej. 3 juin 1881, aff. Auvigne, D. P. 82. 1. 43) ; — 5° Que le reproche adressé par un avocat à l'organe du ministère public, devant un tribunal correctionnel, à l'occasion de la défense d'un prévenu, a le caractère d'un manque de respect envers la magistrature, constitutif d'une infraction disciplinaire (Crim. rej. 7 avr. 1860, aff. Ollivier, D. P. 60. 1. 146) ; — 6° Qu'il y a eu intention frauduleuse de la part d'un caissier qui inscrivait sur son livre de caisse des sommes inférieures à celles qu'il recevait réellement (Crim. rej. 23 mars 1876, aff. Sesson, D. P. 77. 1. 192) ; — 7° Que les citations de témoin données par le prévenu à un des juges et à l'officier du ministère public sont des moyens frauduleux de récusation (Crim. rej. 19 juill. 1873, aff. Sauvage, D. P. 74. 1. 451) ; — 8° Que, d'après les circonstances, les crimes ou délits imputés au même prévenu ont un caractère de connexité (Crim. rej. 27 févr. 1885, aff. Parriel, D. P. 85. 1. 379) ; — 9° Que des faits poursuivis comme diffamatoires sont faux et ont été publiés de mauvaise foi (Crim. rej. 23 mai 1874, aff. Turck, D. P. 75. 1. 233) ; — 10° Que la publication de mauvaise foi d'une nouvelle fausse de nature à troubler la paix publique a eu lieu par des discours proférés en public (Crim. rej. 9 janv. 1875, aff. Vaugon, D. P. 75. 1. 185).

417. Il n'appartient pas non plus à la cour de cassation d'apprécier la valeur des preuves sur lesquelles le juge du fond a admis l'existence de certains faits. Ainsi, on ne peut alléguer devant la cour de cassation que les dépositions qui ont servi de base à la condamnation étaient inspirées par la haine (Crim. rej. 26 janv. 1854, aff. Chaboy, D. P. 54. 5. 87). De même, la déclaration de culpabilité de faux témoignage prononcée par le jury rend non recevable devant la cour de cassation le moyen tiré de ce que le témoignage n'aurait porté que sur des circonstances indifférentes au procès (Crim. rej. 10 mai 1861, aff. Marniquet, D. P. 61. 1. 239). De même encore, lorsqu'une enquête dont un tribunal a fait état dans son jugement est reconnue entachée de nullité, l'annulation du jugement doit être prononcée, et la cour de cassation ne peut rechercher si le fait tenu pour constant n'était pas suffisamment établi par les autres preuves relevées dans le jugement (Crim. cass. 21 avr. 1860, aff. Bourquency, D. P. 61. 1. 42).

418. Au contraire, la cour de cassation peut et doit con-

(1) (Couturier.) — LA COUR ; — Attendu que le jugement du tribunal correctionnel de Château-Chinon, dont l'arrêt attaqué a purement et simplement adopté les motifs en confirmant la décision des premiers juges, n'a pas suffisamment spécifié les faits constitutifs de manœuvres frauduleuses qui sont un des éléments essentiels du délit d'escroquerie prévu et puni par l'art. 405 c. pén. ; que, en cette partie, l'arrêt a méconnu les dispositions de l'art. 7 de la loi du 20 avr. 1810, et n'a pas mis la cour de cassation en mesure d'exercer son contrôle, au point de vue de la qualification des faits reconnus constants ; — Mais attendu que des autres motifs du jugement, rapprochés des termes de l'ordonnance de renvoi lue à l'audience, résulte l'existence, reconnue par la cour d'appel, du délit de rupture de ban commis par Couturier, lequel était en état de récidive légale ; — D'où il ressort que, la peine de cinq années d'emprisonnement prononcée par le tribunal et par la cour d'appel étant justifiée, il n'y a pas lieu d'annuler l'arrêt attaqué ;

Par ces motifs, rejette, etc.

Du 19 sept. 1878.-Ch. crim.-MM. de Carnières, pr.-Saint-Luc Courborieu, rap.-Petiton, av. gén.

trôler l'appréciation *légale* à laquelle se sont livrés les juges du fond (V. *suprà*, n° 384), c'est-à-dire vérifier si les faits constatés ont les caractères légaux nécessaires pour constituer tel crime ou tel délit. En matière civile, nous avons indiqué quelques exemples de cette sorte d'appréciation, mais elle est d'une application fréquente surtout en matière criminelle, où la loi a déterminé plus exactement les conditions auxquelles une peine est encourue. On ne saurait énumérer ici tous les cas où la cour de cassation se reconnaît un droit d'appréciation légale; il faudrait pour cela passer en revue tous les délits et tous les crimes. Nous ne citerons ici que des exemples; et tout d'abord celui du délit de vol où se rencontre la triple appréciation matérielle, morale et légale. Il y a vol, d'après l'art. 379 c. pén., lorsqu'il y a soustraction frauduleuse de la chose d'autrui. Les juges du fond auront donc à constater successivement: 1° que l'inculpé a appréhendé la chose d'autrui; 2° que cette appréhension est frauduleuse; 3° qu'elle constitue une soustraction. En vertu des principes précédents, le fait matériel de l'appréhension et son caractère frauduleux seront souverainement constatés par les juges correctionnels, tandis que l'attribution du caractère légal de soustraction pourra être revisée par la cour de cassation. Elle dira, par exemple, que les juges du fond ont reconnu à tort une soustraction dans le fait par un individu de refuser de rendre une pièce de monnaie qu'on lui a laissé tenir pour l'examiner (Crim. cass. 7 janv. 1864, aff. Prost, D. P. 64. 1. 327). — De même, pour le délit de diffamation, les juges du fond apprécient souverainement si le compte rendu injurieux d'un procès est infidèle et de mauvaise foi; mais il appartient à la cour de cassation de vérifier si l'écrit incriminé contient l'allégation d'un fait de nature à porter atteinte à l'honneur et à la considération du plaignant (Crim. rej. 19 févr. 1874, aff. de Tounens, D. P. 74. 1. 406). De même encore, en matière de délit de presse, la cour de cassation peut apprécier si un article de journal renferme une excitation à la haine et au mépris du Gouvernement (Crim. cass. 8 nov. 1878, aff. Delcer, D. P. 80. 1. 44). Enfin, dans le cas d'une poursuite pour manquement aux obligations imposées à l'adjudicataire d'un bac par un arrêté préfectoral, il appartient à la cour de cassation de déterminer l'étendue de ces obligations d'après les termes de l'arrêté (Crim. cass. 23 févr 1872, aff. Fichet, D. P. 74. 5. 64). L'interprétation de cet arrêté doit être assimilée, en effet, à l'interprétation d'une loi pénale quelconque.

CHAP. 18. — Des moyens nouveaux. — Système nouveau. — Ordre public. — Pièces nouvelles (*Rép.* nos 1800 à 1956).

§ 1er. — Des moyens nouveaux en matière civile (*Rép.* nos 1801 à 1866).

419. Afin de préciser exactement ce qu'on doit entendre par moyen nouveau, il importe de distinguer les moyens nouveaux, d'un part, des demandes nouvelles, lesquelles élargissent le procès ou en modifient l'objet et, d'autre part, des arguments nouveaux qui ont pour but de justifier avec plus de force les moyens invoqués. Les demandes nouvelles ne sont pas recevables en appel et, à plus forte raison, en cassation. Les arguments nouveaux sont, au contraire, admis en tout état de cause, et même devant la cour suprême, moyennant certaines conditions sur lesquelles on reviendra, *infrà*, nos 423 et suiv. Les moyens nouveaux occupent une place intermédiaire. Celui qui les invoque ne modifie pas ses prétentions, mais il prétend atteindre un résultat identique par une voie différente; il fonde sa réclamation sur un rapport de droit dont il avait négligé de se prévaloir antérieurement.

420. Pour reconnaître si un moyen est nouveau, la cour suprême prend pour base de son examen le dernier état de la cause. Tout moyen qui ne résulte pas du texte même de la décision attaquée, ou tout au moins des qualités, est réputé nouveau. Sont donc nouveaux, non seulement les moyens qui n'ont été soumis aux juges ni en première instance, ni en appel, mais encore ceux qui, ayant été invoqués au premier degré, n'ont pas été reproduits au moins implicitement dans le second, et enfin tous ceux qu'on a omis de faire constater aux qualités des jugements ou arrêts (*Rép.* n° 1804). La cour de cassation a déclaré à plusieurs reprises qu'il y a lieu de rejeter comme nouveaux les moyens qui n'ont pas été proposés devant les juges du second degré, alors même qu'ils auraient été invoqués en première instance (Civ. rej. 21 févr. 1853, aff. Lugardon, D. P. 53. 1. 157; Req. 20 déc. 1882, aff. Lambert, D. P. 83. 1. 119; 16 nov. 1885, aff. Grobel-Simon, D. P. 87. 1. 12). Et il en serait de même du moyen qui, bien que reproduit dans l'exploit d'appel, n'aurait pas été proposé dans les conclusions prises devant les juges d'appel, ceux-ci n'ayant à statuer que sur les conclusions posées à l'audience (Req. 9 juin 1846, aff. Pilard, D. P. 46. 4. 54; 14 mai 1861, aff. Pilastre, D. P. 62. 1. 469; 17 juill. 1861, aff. Ardouin, D. P. 61. 1. 480). Les moyens non reproduits en appel peuvent être assimilés à un chef de jugement qui n'a pas été relevé comme grief d'appel; ayant acquis l'autorité de la chose jugée, il ne peut être l'objet d'un recours en cassation (Req. 23 mars 1881, aff. Grasset, D. P. 82. 1. 420).

421. Mais on ne doit pas regarder comme nouveau devant la cour de cassation un moyen proposé en première instance et non reproduit explicitement dans les conclusions d'appel, s'il se trouve implicitement compris dans les termes généraux de ces conclusions. La question de savoir si un moyen résulte implicitement des conclusions prises est fort délicate; voici des espèces qui pourront servir de termes de comparaison. Il a été jugé : 1° qu'une demande en restitution des fruits perçus par le possesseur de la chose revendiquée, pendant toute la durée de sa possession, comprend implicitement la prétention de faire restituer ces fruits depuis la demande en justice (Civ. cass. 8 mars 1852, aff. Lesport, D. P. 52. 1. 186); — 2° Que la partie qui a conclu devant les juges du fond à ce que des intérêts ne fussent alloués au demandeur qu'à partir de la demande, et à ce qu'il fût déclaré, dès lors, qu'il n'y avait lieu à aucune capitalisation, est recevable à constater pour la première fois devant la cour de cassation l'étendue de la capitalisation prononcée (Civ. cass. 17 mai 1865, aff. Morin, D. P. 65. 1. 273); — 3° Qu'il n'est pas nécessaire qu'un moyen ait été formulé devant les juges du fond dans les mêmes termes que devant la cour de cassation; pourvu qu'il ait été puisé dans les faits soumis à la cour d'appel et dans les conclusions dont elle a été saisie, le moyen sera recevable (Civ. rej. 23 nov. 1875, aff. Bocandé, D. P. 76. 1. 452; 13 mars 1876, aff. Peyrelongue, D. P. 77. 1. 49); — 4° Qu'on ne peut considérer comme nouveau le moyen tiré de l'incompétence du tribunal de commerce, et fondé sur ce que des billets à ordre à raison de certaines mentions devraient être réputés de simples promesses, lorsque tant en première instance qu'en appel le demandeur en cassation a proposé l'exception d'incompétence à raison du caractère civil desdits billets (Civ. rej. 11 août 1873, aff. Corbineau, D. P. 74. 1. 82); — 5° Que l'intimé qui a conclu à la confirmation de la décision des premiers juges a soumis par cela même aux juges d'appel tous les moyens que le dispositif de cette décision avait implicitement accueillis (Civ. rej. 8 janv. 1878, aff. Demalvilain, D. P. 79. 1. 457); — 6° Que la partie qui en appel, a opposé à une demande de rapport à une faillite la compensation résultant à son profit de créances non portées à tort au crédit de son compte courant peut, devant la cour de cassation, en vertu du principe de l'unité et de l'indivisibilité du compte courant, soutenir que ces créances doivent y figurer à la date de leur naissance (Civ. rej. 22 avr. 1884, aff. Chaumonnot, D. P. 85. 1. 230); — 7° Que la partie qui a conclu en appel à la réformation du jugement, qui a repoussé sa demande en nullité d'un testament par une exception de ratification tacite, est recevable à attaquer l'arrêt qui a admis cette exception, en soutenant que le juge d'appel a omis de constater que la ratification avait eu lieu en connaissance des vices de forme invoqués contre le testament exécuté (Civ. rej. 9 janv. 1884, aff. Baudoin, D. P. 84. 1. 231); — 8° Que le demandeur en cassation qui, tant en première instance qu'en appel, a soutenu ne rien devoir à la partie adverse, peut critiquer, devant la cour de cassation, la disposition qui a prononcé contre lui une condamnation solidaire (Civ. cass. 7 avr. 1886, aff. Chabrier du Goll, D. P. 86. 1. 420); — 9° Qu'on ne peut considérer comme moyen nouveau celui qui a été relevé dans le dispositif des conclusions prises par la partie devant les juges d'appel, bien que les motifs destinés à expliquer ce dispositif n'aient pas été reproduits dans les qualités de l'arrêt (Civ. rej. 17 févr. 1886, aff. Grandou, D. P. 86. 1. 443).

422. Si, en principe, le demandeur en cassation est non recevable à proposer devant la cour un moyen qui a été invoqué devant le juge du fait non par lui, mais par une partie différente (Req. 10 mars 1868, aff. Catrix, D. P. 68. 1. 467), il en est autrement lorsque cette dernière partie a représenté à un titre quelconque le demandeur en cassation. Ainsi les moyens qu'un contribuable a proposés dans une instance par lui engagée au refus par la commune d'intenter l'action, doivent être considérés comme devenus propres à cette commune, mise en cause conformément à la loi, et, par suite, la commune, dont le pourvoi en cassation formé conjointement avec celui du contribuable a seul été déclaré recevable, peut les proposer devant la cour de cassation (Civ. cass. 31 déc. 1855, aff. Martin, D. P. 56. 1. 17).

423. Les arguments, appelés aussi moyens de pur droit, peuvent être invoqués pour la première fois devant la cour de cassation (*suprà*, n° 419); cela tient à ce qu'ils sont réputés être toujours contenus d'une manière implicite dans les conclusions des parties. Ainsi qu'on l'a dit au *Rép.* n° 1806, la partie qui articule un moyen à l'appui soit de sa demande, soit de sa défense, met par là même le juge en demeure d'examiner tous les principes ou raisons de droit qui peuvent justifier le moyen invoqué; en conséquence, si le juge omet lui-même de viser un texte qui trouvait son application en la cause, ce ne sera pas produire un moyen nouveau devant la cour de cassation que se fonder sur cet oubli pour demander l'annulation de la sentence. Mais cette règle, que la cour de cassation peut connaître des arguments nouveaux, est étroitement limitée aux seuls arguments de pur droit; s'ils étaient mélangés de fait, la cour de cassation ne pourrait les examiner, quand bien même les éléments de fait seraient fournis par les constatations de la décision attaquée.

424. La règle d'après laquelle les arguments ou moyens de pur droit peuvent être invoqués pour la première fois devant la cour de cassation a été appliquée dans les espèces suivantes, où il a été décidé : 1° que la partie qui, dans le cas d'une vente publique d'immeubles faite en plusieurs lots, a soutenu devant les juges du fond que la remise proportionnelle allouée à l'avoué poursuivant devait être calculée sur la totalité du prix des lots et non point sur le prix de chaque lot séparément, parce qu'en fait les lots n'étaient pas composés d'immeubles distincts, est recevable à soutenir pour la première fois devant la cour de cassation que, s'agissant d'une vente renvoyée devant notaire, le même mode de calcul aurait dû être appliqué quelle que fût la composition des lots (Civ. cass. 20 févr. 1854, aff. Voisin, D. P. 54. 1. 62); — 2° Que le moyen pris de ce qu'un protêt annulé comme tardif était, au contraire, fait en temps utile, par suite d'une prorogation de délai résultant d'une disposition législative non invoquée devant les juges du fait, constitue un simple argument de droit, et non un moyen nouveau (Sol. impl., Civ. cass. 24 juin 1856, aff. Boullé, D. P. 56. 1. 254); — 3° Que l'arrêt qui, sur l'action tendant à ce qu'un testament fait par un pupille en faveur de son tuteur soit annulé par application de l'art. 907 c. civ., et à ce que tout effet révocatoire de testaments antérieurs lui soit refusé parce qu'il serait l'œuvre de la captation, prononce la nullité du testament, doit l'annuler aussi dans son effet révocatoire, comme conséquence de cette nullité, et bien que la captation, seule articulée par la partie, pour lui enlever cet effet, n'ait point été établie ; par suite, le moyen tiré de ce que cet arrêt n'a pas fait produire à la disposition qu'il appliquait toutes ses conséquences légales, n'est pas un moyen nouveau (Civ. cass. 11 mai 1864, aff. Beauquesne, D. P. 64. 1. 187) ; — 4° Que la partie qui, à l'appui des conclusions par elle prises, omet un moyen de droit se référant à l'objet de ces conclusions et se borne, par exemple, à réclamer en qualité de réservataire ce qui lui était dû en vertu de droits successifs attachés à la qualité d'enfant naturel, est recevable à proposer le moyen ainsi omis devant la cour de cassation (Civ. cass. 7 févr. 1865, aff. Daube, D. P. 65. 1. 49); — 5° Que l'on peut proposer pour la première fois devant la cour de cassation le moyen tiré du maintien de l'hypothèque légale de la femme mariée au profit de ses héritiers, alors qu'en première instance et en appel le failli et les syndics ont conclu à ce que cette hypothèque fût déclarée éteinte (Civ. cass. 27 juin 1876, aff. Pelorson, D. P. 77. 1. 121); — 6° Que, de même, lorsque, devant la cour d'appel, des créanciers ont conclu à être autorisés à retenir, sur les sommes par eux dues au failli, le montant du cautionnement par eux consenti à son profit, ils sont recevables à proposer pour la première fois devant la cour de cassation tous les arguments ou moyens de droit de nature à appuyer leurs prétentions (Même arrêt) ; — 7° Que le demandeur en cassation peut invoquer pour la première fois devant la cour de cassation les textes de loi qui n'ont pas été expressément relevés devant les juges du fond (Civ. cass. 15 déc. 1875, aff. Ville de Dunkerque, D. P. 76. 1. 64); — 8° Que le demandeur peut présenter des considérations juridiques tendant à assigner comme point de départ à la prescription décennale en faveur des architectes, invoquée par l'adversaire, le jour où le vice s'est manifesté (Civ. cass. 5 août 1879, aff. de Béarn, D. P. 80. 1. 17); — 9° Que le moyen consistant à soutenir que les eaux d'un ruisseau auxquelles une partie prétend avoir un droit exclusif sont imprescriptibles comme *res nullius* peut être proposé pour la première fois devant la cour de cassation, un tel moyen n'étant qu'un motif de droit et non un moyen nouveau (Civ. rej. 11 janv. 1881, aff. Raynaud, D. P. 81. 1. 134); — 10° Que, de même, est de pur droit le moyen tiré de ce que le chef d'un jugement fixant le point de départ des intérêts légaux n'est point spécialement motivé, alors que les conclusions des parties, et notamment celles qui fixaient le point de départ de ces intérêts dans les termes les plus étendus, ont mis les juges d'appel en demeure de vérifier toutes les dispositions du jugement (Civ. cass. 22 févr. 1882, aff. Bowles, D. P. 82. 1. 396); — 11° Que le moyen de cassation tiré de ce que le jugement attaqué a méconnu la foi due aux registres portatifs des agents des contributions indirectes est recevable devant la cour de cassation, quoiqu'il n'ait pas été proposé devant les juges du fond, les registres dont il s'agit étant le fondement nécessaire des contraintes décernées par les administrateurs des contributions indirectes et la foi due aux constatations qu'ils renferment s'imposant par suite à l'examen des juges (Civ. cass. 22 févr. 1887, aff. Contributions indirectes et octroi de Nîmes, D. P. 87. 1. 231); — 12° Qu'un moyen ne peut être considéré comme nouveau par cela seul que devant les juges du fait le demandeur n'a pas visé en termes exprès les dispositions législatives sur lesquelles il a fondé ses prétentions, s'il est constaté que les parties se sont prévalues de ces dispositions en exposant les faits de la cause (Civ. cass. 14 mars 1881, aff. Landon, D. P. 81. 1. 378); — 13° Que le moyen tiré de l'absence de révélation, par l'assuré à l'assureur, de l'assurance de bonne arrivée et des profits espérés, souscrite postérieurement à celle des avances sur le fret, n'est pas nouveau, lorsque le fait en question a été relevé formellement dans les conclusions de l'assureur devant la cour d'appel, bien qu'alors les art. 379 et 380 c. com. aient été seuls indiqués comme applicables à la cause, et que, devant la cour de cassation, la violation de l'art. 348 ait été, en outre, invoquée comme motif de cassation (Civ. cass. 4 avr. 1887, aff. Comp. d'assurances *la Maritime* de Paris, D. P. 87. 1. 241).

425. Ont été considérés comme mélangés de fait et de droit, et ne pouvant, à ce titre, être invoqués pour la première fois devant la cour de cassation : 1° le moyen tiré de ce qu'une vente est susceptible d'exécution partielle (Req. 10 avr. 1876, aff. Gilly-Blanc, 2e arrêt, D. P. 76. 1. 390) ; — 2° Le moyen tiré de ce que la tutelle de la mère ne serait pas une tutelle légale, mais une tutelle dative, qui aurait été conférée en vertu du statut mosaïque, et ne serait point régie par la loi française (Req. 27 juin 1877, aff. Ben-Chimol, D. P. 78. 1. 412) ; — 3° Le moyen pris de ce que l'hypothèque prise sur les biens du tuteur au profit d'un enfant mineur l'aurait été à une époque où ce dernier était devenu majeur ou émancipé (Même arrêt); — 4° Le moyen de nullité d'une saisie-arrêt, tiré de ce que cette saisie, portant sur des sommes dues par une société à un de ses associés, a été formée entre les mains d'un autre associé, qui n'était personnellement ni débiteur du saisi, ni détenteur de sommes ou valeurs appartenant à ce dernier, au lieu d'être formée entre les mains de la société elle-même (Req. 9 mars 1880, aff. Quix, D. P. 81. 1. 263) ; — 5° Le moyen fondé sur ce qu'un partage de succession dûment homologué serait inefficace et irrégulier, soit à l'égard des créanciers de l'un des copartageants, parce qu'ils n'y ont pas été appelés, soit à l'égard de leur débiteur (Req. 22 févr. 1881, aff. Malgras, D. P. 81. 1. 409); — 6° Le moyen qui se fonde sur ce que les termes exprès et non équivoques d'un testament devraient être rectifiés par l'interprétation des diverses clauses de cet acte qui révéleraient une intention contraire aux expressions dont s'est servi le testateur (Req. 30 mai 1881, aff. Ch. Trésy, D. P. 82. 1. 22); — 7° Le moyen pris de ce que des offres réelles ont été déclarées valables sans qu'il ait été constaté que le créancier ait refusé de recevoir son payement avant que les offres lui aient été faites, et bien que la dette ne fût pas liquide (Req. 13 juill. 1881) (1); — 8° Le moyen tiré de ce qu'une poursuite de saisie immobilière aurait dû être, conformément à un règlement d'eau, précédée d'un recours à l'autorité administrative (Civ. cass. 31 août 1881, aff. Verdellet, D. P. 82. 1. 17); — 9° Le moyen pris de ce que la cour d'appel aurait contrevenu aux principes qui régissent l'organisation de la propriété, en reconnaissant aux Frères de la doctrine chrétienne la faculté d'occuper indéfiniment, et tant qu'ils enseigneraient dans une ville, le terrain dont l'usage leur avait été concédé ainsi que les bâtiments qu'ils y ont fait construire (Req. 24 juill. 1882, aff. Ville de Chambéry, D. P. 84. 1. 185); — 10° Le moyen soulevant la question de savoir si, le dernier testament étant annulé, la clause révocatoire qu'il contient pourrait néanmoins demeurer efficace par interprétation de la volonté du testateur (Req. 10 juill. 1883, aff. Benech, D. P. 84. 1. 159); — 11° Le moyen tiré de ce que le mandat des liquidateurs d'une société était anéanti à une époque déterminée, par l'effet de la mort de l'un d'eux et par celle des associés (Req. 18 déc. 1883, aff. Leclerc, D. P. 84. 1. 402); — 12° Le moyen tiré de ce que l'hypothèque consentie par le mandataire d'une société par actions, muni d'un pouvoir sous-seing privé, aurait été ratifiée valablement par l'assemblée générale des actionnaires (Req. 27 juin 1881, aff. Société civile des forges de Liverdun, D. P. 82. 1. 175); — 13° Le moyen tiré de ce qu'une demande provisoire prise sur l'ensemble d'une réclamation a été déclarée recevable, alors que le juge aurait dû statuer par un seul jugement (Req. 23 juill. 1884, aff. Auloge, D. P. 84. 1. 455); — 14° Le moyen tiré de ce que la saisie et la vente qui l'a suivie auraient été effectuées avec l'assentiment de la partie saisie (Req. 22 juin 1884, aff. Fauveau, D. P. 86. 1. 59); — 15° Le moyen tiré de ce que les opérations de bourse que l'on prétend faire annuler portaient sur les actions d'une société nulle (Req. 18 mai 1885, aff. Fulchiron-Bret, D. P. 86. 1. 52); — 16° La question de savoir si le coulissier a reçu du perdant les sommes dues par celui-ci au gagnant, et s'il est mis par là dans l'obligation de les remettre à ce dernier (Req. 24 juin 1885, aff. Sarret de Grozon, D. P. 86. 1. 35); — 17° Le moyen pris de ce qu'une demande en payement pour opérations de bourse, formée par un agent de change contre son client, n'aurait pas dû être portée devant le tribunal de commerce, parce que ces opérations n'avaient pas le caractère commercial (Req. 4 janv. 1886, aff. Bredin, D. P. 86. 1. 12); — 18° Le moyen pris de ce que la prescription de l'art. 64 c. com. ne saurait être invoquée par les associés non liquidateurs, si la liquidation a été confiée à une personne étrangère à la société (Req. 1er févr. 1886, aff. Lucas, D. P. 86. 1. 70); — 19° Le moyen tiré par les demandeurs, qui se sont vu refuser un droit de propriété, de ce qu'ils exerçaient, depuis un temps immémorial, sur le terrain litigieux, les droits réservés par la loi aux riverains, et qu'ils avaient ainsi acquis une possession opposable au défendeur (Civ. rej. 22 déc. 1886, aff Lasserre, D. P. 87. 1. 111); — 20° La question de savoir si un vendeur de valeurs de bourse devait être autorisé à agir directement contre l'acheteur en vertu de l'art. 575 c. com., en raison de ce que l'agent de change ayant joué le rôle de commissionnaire serait lui-même en état de faillite (Req. 3 mai 1887, aff. Crédit Lyonnais, D. P. 87. 1. 196); — 21° Le moyen pris de ce qu'une cession d'hypothèque légale, annulée comme simulée, vaudrait comme garantie d'avances faites par le cessionnaire (Req. 6 juin 1887, aff. Avy, D. P. 87. 1. 327); — 22° Le moyen pris de la force majeure (Req. 16 mai 1887, aff. Plaisance, D. P. 87. 1. 265); — 23° Le moyen pris de ce que l'usufruitier de l'immeuble incendié ne serait tenu qu'à terme de l'indemnité pécuniaire due par lui au nu-propriétaire, en raison de ce que l'usufruit ne se trouverait pas éteint, la destruction de l'immeuble n'ayant été que partielle (Req. 4 juill. 1887, aff. Pestel, D. P. 87. 1. 321); — 24° Le moyen tiré, en réponse à la demande en payement de sommes dues pour achats et ventes d'effets publics, de ce que ces opérations auraient été réalisées sans le concours d'un agent de change (Req 19 déc. 1881 (2). — V. aussi Req. 8 mars 1886, aff. Hodan, D. P. 87. 1. 375; Req. 23 juin 1887, aff. Auroux, D. P. 87. 1. 450).

426. — MOYENS D'ORDRE PUBLIC (*Rép.* n° 1825). — Par exception à la règle générale posée au début de ce chapitre, les moyens nouveaux sont recevables devant la cour de cassation lorsqu'ils sont d'ordre public. Cette règle, et les motifs qui la justifient, ont été exposés au *Rép.* n° 1825. Elle ne peut s'appliquer, d'ailleurs, qu'autant que le juge a été mis à même de reconnaître l'existence du moyen; il faut donc que celui-ci ressorte soit des éléments du débat, soit des errements de la procédure. Il a été jugé à cet égard: 1° que le moyen tiré de l'expiration d'un délai d'appel, bien qu'étant d'ordre public, ne peut être proposé devant la cour de cassation, lorsque les pièces, établissant l'existence et la régularité de la signification qui sert de point de départ à ce délai, n'ont pas été soumises aux juges d'appel (Req. 10 juin 1857, aff. Diab, D. P. 59. 1. 194; 5 janv. 1875, aff. Perrin, D. P. 76. 1. 15); — 2° Que, de même, le moyen tiré de l'irrecevabilité de l'appel ne peut être invoqué devant la cour de cassation quand son examen soulève une question de divisibilité de la dette, sur laquelle, par la faute de l'intimé, il n'existe pas de renseignements suffisants (Req. 30 mars 1885, aff. Carrence, D. P. 86. 1. 110); — 3° Que, de même encore, le moyen tiré de ce qu'une cour a statué sur l'appel d'un jugement du tribunal de commerce, alors que ce tribunal avait prononcé lui-même comme juge d'appel, ne peut être proposé pour la première fois devant la cour de cassation, lorsque la cour d'appel n'a pas été mise en situation d'apprécier ce moyen (Req. 17 mai 1881, aff. Berthot, D. P. 82. 1. 102); — 4° Qu'un arrêt ne peut être attaqué par le motif que l'appel n'aurait pas été notifié dans les délais légaux au conseil judiciaire de l'intimé, alors qu'il n'est pas établi que l'exploit de signification du jugement dont était appel ait été produit devant la cour (Req. 11 juill. 1883, aff. Châlon, D. P. 84. 1. 61); — 5° Que le moyen tiré de ce qu'un droit de pâturage sur un terrain soumis au régime forestier aurait été exercé sans déclaration préalable de défensabilité et aurait ainsi un caractère délictueux ne peut être invoqué

(1) (Arnould-Drappier *C.* Comp. d'assur. terr. *la Nationale.*) — LA COUR; — Sur le premier moyen... pris de la violation de l'art. 1257 c. civ. et des principes en matière d'offres, en ce que l'arrêt attaqué a déclaré valables des offres réelles, sans qu'il ait été constaté que le créancier ait refusé de recevoir son payement avant que les offres lui aient été faites, et bien que la dette ne fût pas liquide: — Attendu que le moyen, mélangé de fait et de droit, n'a pas été proposé devant les juges du fond; qu'il est donc non recevable comme nouveau;... — Rejette, etc.

Du 13 juill. 1881.-Ch. req.-MM. Bédarrides, pr.-Lepelletier, rap.-Petiton, av. gén., c. conf.-Panhard, av.

(2) (B... *C.* Deville et comp.) — LA COUR; — Sur le moyen unique du pourvoi, tiré de la violation des art. 76 c. com., 1er 7, 8, de la loi du 28 vent. an 9: — Attendu que le moyen de cassation invoqué par le demandeur, et qui est tiré de la nullité des opérations de bourse faites par un intermédiaire sans qualité, est mélangé de fait et de droit; que, si les achats et ventes de fonds publics, à la Bourse, opérés sans le concours d'un agent de change, sont nuls et d'une nullité d'ordre public, il appartient aux juges du fond de vérifier dans quelles conditions ces opérations ont eu lieu; — Attendu que D..., par aucunes conclusions prises, soit en première instance, soit en appel, n'a mis les juges en demeure de procéder à cette vérification, c'est-à-dire, de rechercher si les achats et ventes de fonds publics opérés pour le compte dudit Duchêne l'avaient été avec le concours d'un agent de change; qu'en ces conditions, le demandeur ne saurait se prévaloir, pour la première fois, devant la cour de cassation, du moyen par lui invoqué;

Par ces motifs, rejette, etc.

Du 19 déc. 1881.-Ch. req.-MM. Bédarrides, pr.-Crépon, rap.-Chévrier, av. gén., c. conf.-Mazeau, av.

devant la cour de cassation, faute d'avoir été soumis aux juges du fond, et alors que rien n'a pu leur faire supposer l'existence du délit allégué (Req. 9 mai 1866, aff. Vion, D. P. 67. 1. 293); — 6° Qu'en cas de séparation de corps, le moyen tiré de la nullité du préliminaire de conciliation ne peut être invoqué pour la première fois devant la cour de cassation, bien qu'étant d'ordre public, si cette nullité n'était pas apparente par elle-même, et si les juges n'ont pas été mis en situation de l'apprécier (Req. 12 déc. 1871, aff. Biclet, D. P. 72. 1. 315); — 7° Que la disposition de l'art. 258 c. com., qui prive les matelots de tout loyer en cas de perte du navire, à supposer qu'elle soit d'ordre public, ne peut être invoquée lorsque la preuve du naufrage n'est pas rapportée, bien qu'on n'ait pas reçu de nouvelles du navire depuis plusieurs années (Req. 20 févr. 1872, aff. Caffarena, D. P. 72. 1. 364); — 8° Que le moyen tiré de ce que le conseil municipal n'aurait pas été appelé à délibérer sur une convention faite par le maire, relativement à l'administration des biens communaux, ne peut pas, bien que touchant à l'ordre public, être proposé pour la première fois devant la cour de cassation, alors que l'allégation sur laquelle il repose n'est pas établie et semble même contredite par les documents du procès (Civ. rej. 2 avr. 1873, aff. Commune de Villemagne, D. P. 73. 1. 374); — 9° Que l'arrêt qui a ordonné la démolition d'un mur de clôture construit en conformité d'arrêtés municipaux ne peut être attaqué pour excès de pouvoir, alors que ces arrêtés n'ont pas été soumis aux juges du fait (Req. 26 janv. 1875, aff. Pisson, D. P. 76. 1. 124); — 10° Que le moyen tiré de ce que l'arrêt attaqué aurait ordonné la suppression d'un établissement insalubre, dont la création était autorisée par un arrêté préfectoral, ne peut être invoqué pour la première fois devant la cour de cassation lorsque l'arrêté préfectoral n'a pas été produit devant les juges du fond (Req. 10 juill. 1876, aff. de Patton, D. P. 76. 1. 478); — 11° Que le moyen tiré de ce qu'une donation déguisée sous la forme de billets à ordre souscrits par l'un des époux au profit de l'autre serait contraire au principe de la révocabilité des donations entre époux ne saurait, en admettant qu'il intéresse l'ordre public, être proposé devant la cour de cassation par les héritiers du prétendu donateur qui s'étaient bornés à soutenir devant les juges du fond que ces billets ne pouvaient valoir comme donation parce qu'ils ne contenaient pas l'indication de la cause, soit même parce qu'il n'était pas établi qu'ils eussent été transmis à titre de donation (Civ. rej. 5 déc. 1877, aff. Flottard, D. P. 78. 1. 481); — 12° Qu'une partie n'est pas recevable à soutenir pour la première fois devant la cour de cassation que les juges du fait auraient dû annuler d'office la cession partielle d'un traité concernant l'exécution d'un service public, cession interdite par l'une des clauses de cet acte, lorsque ce document n'a été signalé ni directement, ni indirectement au tribunal ou à la cour (Req. 28 déc. 1880, aff. Crouillère, D. P. 81. 1. 177); — 13° Que le moyen tiré de ce que la délibération de l'assemblée générale des actionnaires qui autorise la conversion des titres nominatifs en titres au porteur aurait été prise avant le versement de moitié du montant de toutes les actions ne peut, à supposer qu'il soit d'ordre public, être proposé pour la première fois devant la cour de cassation, qui n'a pas qualité pour vérifier le montant des versements (Civ. cass. 21 juill. 1879, aff. Poincenet, D. P. 79. 1. 321); — 14° Que les erreurs en matière de perception de droits d'enregistrement ne sont susceptibles d'être invoquées pour la première fois devant la cour de cassation qu'à la condition d'être signalées dans des termes qui permettent à la cour de cassation de les vérifier utilement (Req. 26 nov. 1866, aff. Collongues, D. P. 67. 1. 64). — V. encore sur l'irrecevabilité d'un moyen d'ordre public, lorsqu'il soulève une appréciation de fait : Civ. rej. 18 avr. 1883 (aff. Briavoine, D. P. 84. 1. 25), et sur la règle qu'un moyen même d'ordre public ne peut être proposé pour la première fois devant la cour de cassation qu'autant que les faits sur lesquels il est fondé ont été soumis aux juges du fait : Req. 25 mars 1885 (aff. Regis Clarard, D. P. 85. 5. 54). Dans le même sens, il a encore été jugé que la nullité de l'appel interjeté après l'expiration du délai légal ne peut être proposée pour la première fois devant la cour de cassation lorsqu'il n'appert pas des qualités de l'arrêt attaqué qu'il ait été excipé devant la cour d'appel des significations desquelles résultait cette nullité (Civ. rej. 10 nov. 1886, aff. Commune de Saint-Nazaire, D. P. 87. 1. 209).

427. Enfin, à l'égard des moyens d'incompétence, qui sont d'ordre public lorsqu'ils touchent à l'incompétence *ratione materiæ*, et dont il sera parlé *infrà*, n° 429, ils ne sont recevables pour la première fois devant la cour de cassation qu'autant que les questions de fait qui leur servent de fondement ont été soumises aux juges du fond. Ainsi : 1° la violation du principe de la séparation des pouvoirs administratif et judiciaire ne peut être invoquée pour la première fois devant la cour de cassation, qu'autant que les actes ou les faits sur lesquels repose ce moyen ont été connus des juges auxquels cette violation est imputée (Req. 11 nov. 1867, aff. Canal du Midi, D. P. 68. 1. 426; 19 mai 1868, aff. Compagnie des salines de l'Est, D. P. 68. 1. 486); — 2° Il en est de même du moyen tiré de ce que l'instance engagée devant la juridiction civile avait pour objet la destruction de travaux publics, lorsque ce moyen se complique d'une question de fait qui n'a pas été soumise aux juges du fond (Civ. rej. 2 juin 1875, aff. Ville de Lons-le-Saulnier, D. P. 75. 1. 418); — 3° L'incompétence du tribunal de commerce relativement à l'action en payement du prix d'une vente de bois faite à un non-commerçant ne peut être invoquée pour la première fois devant la cour de cassation, encore que la qualité de non-commerçant du défendeur serait constatée dans le jugement, cette qualité n'étant exclusive de la juridiction commerciale que s'il est établi que les bois n'ont pas été achetés pour être revendus, circonstance que la cour de cassation ne peut pas déclarer dans le silence des juges du fait (Civ. rej. 15 avr. 1850, aff. Minier, D. P. 50. 1. 120. V. aussi dans le même sens : Req. 19 déc. 1882) (1); — 4° De même, l'exception d'incompétence prise de ce qu'un créancier de deux sommes dépassant ensemble 200 fr. aurait scindé sa demande en deux actions dans le but unique d'attribuer compétence au juge de paix, est irrecevable devant la cour de cassation, si la preuve qu'à l'époque où la première assignation a été signifiée pour l'une des sommes l'autre somme était déjà due n'a été ni faite, ni offerte devant le juge du fond (Req. 23 nov. 1885, aff. Barrielle, D. P. 86. 1. 56); — 5° Il en est de même du moyen d'incompétence tiré de ce que la demande soumise au juge de paix était d'une valeur indéterminée (Req. 6 mars 1872, aff. Noncher, D. P. 72. 1. 326); — 6° De même encore, la partie qui a saisi le juge du référé, comme en un cas d'urgence, du point de savoir si un bâtiment servant à l'habitation de maître est compris dans l'antichrèse d'un domaine rural, n'est pas recevable à prétendre que la juridiction de référé, soit en première instance, soit en appel, était incompétente pour connaître de ce litige, alors que les constatations de fait contenues dans l'arrêt attaqué ne permettent pas d'apprécier la question de l'urgence, qui n'a été débattue à aucun moment de la procédure (Req. 5 juill. 1886, aff. Humbert, D. P. 87. 1. 378).

Au contraire, il a été jugé qu'un moyen d'incompétence *ratione materiæ* ne peut être considéré comme mélangé de fait et de droit et écarté comme moyen nouveau, lorsque, d'une part, la convention ayant donné lieu à la question de com-

(1) (Pillon de Thury C. Syndic Société des cotons algériens.) — LA COUR ; — Sur le premier moyen, tiré de la violation des règles de compétence : — Attendu que, si le moyen d'incompétence à raison de la matière peut être proposé pour la première fois devant la cour de cassation, ce n'est qu'autant que l'incompétence apparaît et ressort de la nature même de l'affaire, sans que la cour de cassation soit obligée pour la reconnaître de se livrer à un examen et à une vérification des faits, en dehors de ceux constatés expressément par l'arrêt attaqué ; — Attendu que l'exception d'incompétence n'a été invoquée dans la cause, par le demandeur, ni devant le tribunal de commerce, ni devant la cour d'appel; que l'incompétence de la juridiction commerciale, loin d'apparaître et de ressortir de la nature de l'affaire, ne pourrait être appréciée qu'après un examen attentif des statuts de la société; que rien ne prouve avoir passé sous les yeux des juges du fait, et des diverses opérations de cette société ; que, dans le silence absolu du jugement et de l'arrêt sur ce point, et sur les faits concernant la compétence, le moyen d'incompétence invoqué pour la première fois devant la cour de cassation ne peut être admis et doit être déclaré non recevable; — Rejette, etc.

Du 19 déc. 1882.-Ch. req.-MM. Bédarrides, pr. Rivière, rap.-Chévrier, av. gén., c. conf.-Panhard, av.

pétence a été insérée dans les qualités de l'arrêt attaqué, et lorsque, d'autre part, il résulte desdites qualités que le moyen a fait l'objet de conclusions formelles devant les juges du fond (Civ. cass. 15 nov. 1881, aff. Commune d'Eaux-Bonnes, D. P. 82. 1. 467).

428. Sous le bénéfice de la restriction que l'on vient de formuler, les moyens d'ordre public peuvent être invoqués pour la première fois devant la cour de cassation. Seulement, si le principe est certain, son application est loin d'être facile, ainsi qu'on l'a déjà fait observer au *Rép.* n° 1825; car ni la législation, ni la doctrine ne fournissent un critérium permettant de déterminer d'une manière générale quels sont les moyens d'ordre public. Aussi ne peut-on qu'énumérer les solutions fournies par la jurisprudence.

On reconnaît tout d'abord comme d'ordre public les moyens tirés de la séparation des pouvoirs administratif et judiciaire (*Rép.* n° 1832). Il a été jugé notamment: 1° que lorsqu'une cour d'appel saisie d'une affaire où il s'agit d'apprécier les caractères d'une concession qu'un département prétend avoir obtenue de l'Etat en vertu du décret du 9 avr. 1811, évoque la cause et statue sur le fond, elle commet un excès de pouvoir qui peut être relevé pour la première fois devant la cour de cassation (Civ. cass. 24 juin 1851, aff. Département de la Corse, D. P. 51. 1. 196); — 2° Jugé de même à l'égard d'une décision par laquelle un tribunal civil désigne un expert à l'effet de procéder aux opérations de partage de biens communaux, l'autorité administrative étant seule compétente pour statuer sur ces opérations (Civ. cass. 26 août 1856, aff. Commune de Saint-Maurice de Remens, D. P. 56. 1. 340); — 3° De même est d'ordre public le moyen tiré de ce que l'autorité judiciaire a interprété un décret de concession de mines (Civ. cass. 7 juin 1869, aff. Javal, D. P. 69. 1. 301). — 4° Il en est de même du moyen tiré de ce que l'autorité judiciaire a connu d'une action en indemnité fondée sur les torts et dommages causés par des travaux publics (Sol. impl., Req. 9 août 1880, aff. Département des Pyrénées-Orientales, D. P. 81. 1. 206).

429. Est encore d'ordre public le moyen tiré d'une incompétence *ratione materiæ* (*Rép.* nos 1830 et suiv.). Toutefois, suivant une observation déjà faite au *Rép.* n° 1831, ce moyen d'incompétence ne peut être opposé lorsqu'il s'agit d'un jugement passé en force de chose jugée; c'est l'application de la règle générale qui déclare le recours en cassation inadmissible en cette hypothèse. De nombreux arrêts ont écarté pour ce motif des moyens d'incompétence *ratione materiæ* (V. Req. 12 mai 1851, aff. Postes, D. P. 51. 1. 139; 3 mai 1852, aff. Société l'Equitable, D. P. 52. 1. 122; 18 juill. 1861, aff. Commune de Poussay, D. P. 62. 1. 85; Civ. rej. 9 avr. 1872, aff. Caillol, D. P. 73. 1. 331; 22 févr. 1876) (1). — Mais, sauf le cas de chose jugée, la règle est absolue. Ainsi est recevable pour la première fois devant la cour de cassation: 1° le moyen tiré de l'incompétence d'un juge de paix pour statuer sur le recours en garantie exercé par un propriétaire contre son fermier en vertu d'une clause du bail qui rend celui-ci responsable des dommages causés par les lapins (Civ. cass. 28 juin 1870, aff. d'Andigné de Resteau, D. P. 70. 1. 311); — 2° Le moyen tiré de l'incompétence du juge de paix pour connaître d'une action relative aux dommages faits aux champs, quand l'auteur de ces dommages prétend n'avoir fait qu'user régulièrement d'un droit de servitude à lui appartenant (Civ. cass. 5 juin 1872, aff. Segaud, D. P. 72. 1. 231; 11 juill. 1882, aff. Coutret, D. P. 83. 1. 350).

430. La non-recevabilité de l'appel formé contre un jugement rendu en dernier ressort est encore un moyen d'ordre public, car cette fin de non-recevoir doit être déclarée d'office par le juge d'appel. En conséquence, ce moyen peut être présenté pour la première fois devant la cour de cassation (Civ. cass. 29 mai 1850, aff. Vidal frères, D. P. 50. 1. 237; Civ. rej. 10 janv. 1854, aff. Huot, D. P. 54. 1. 35; Civ. cass. 7 mars 1866, aff. Lefaure, D. P. 66. 1. 119; Sol. impl., Civ. rej. 24 mai 1869, aff. Ville de Rouen, D. P. 69. 1. 275; Civ. cass. 25 mars 1879, aff. Legarrec, D. P. 79. 1. 270; 22 déc. 1880, aff. Menot, D. P. 82. 1. 174).

431. Les moyens tirés du défaut d'autorisation de plaider, dans les cas où cette autorisation est exigée par la loi, sont également d'ordre public. Ainsi la nullité résultant de ce qu'une commune a esté en justice sans autorisation peut être invoquée pour la première fois devant la cour de cassation (Civ. cass. 3 déc. 1855, aff. Commune de Benevent, D. P. 55. 1. 456). Jugé, de même, à l'égard des établissements publics (Sol. impl., Req. 3 avr. 1854, aff. Caisse d'épargne de Caen, D. P. 54. 1. 244); — ... Et de la femme mariée qui a esté en justice sans autorisation de son mari ou de justice (Civ. cass. 18 juin 1866, aff. Ballot, D. P. 67. 1. 176; 6 déc. 1876, aff. Birault, D. P. 77. 1. 307; 30 janv. 1877, aff. Estavard, D. P. 77. 1. 348; 31 juill. 1878, aff. Bignon, D. P. 78. 1. 381). Il en est autrement, d'après une jurisprudence constante, du moyen pris de ce que la femme a contracté un engagement sans y être dûment autorisée (Req. 11 févr. 1852, aff. Chaumont, D. P. 54. 5. 89; 4 avr. 1853, aff. Bray, D. P. 53. 1. 112; 4 août 1856, aff. de Bazelaire, D. P. 56. 1. 319; 17 nov. 1875, aff. de Vanoy, D. P. 78. 1. 483).

432. Avant l'abolition de la contrainte par corps en matière civile et commerciale, le moyen tiré de ce qu'elle avait été prononcée en dehors des cas déterminés par la loi était d'ordre public (Civ. cass. 8 mai 1850, aff. Desanie, D. P. 50. 1. 158; 29 déc. 1851, aff. Morillon, D. P. 52. 1. 16; Req. 19 nov. 1856, aff. Cabanne, D. P. 57. 1. 60; Civ. cass. 27 janv. 1857, aff. Lefoulon, D. P. 57. 1. 82; 6 janv. 1864, aff. de Cauw, D. P. 64. 1. 44).

433. Ont encore été considérés comme touchant à l'ordre public: 1° le moyen tiré de ce qu'un tuteur *ad hoc* chargé de défendre à l'action en désaveu de paternité a été irrégulièrement nommé (Civ. cass. 24 nov. 1880, aff. Riche, D. P. 82. 1. 52); — 2° Le moyen pris de ce que des engagements souscrits par un mineur, non habilité à faire le commerce, n'ont pas le caractère d'engagements commerciaux (Civ. cass. 6 août 1862, aff. Jallat, D. P. 62. 1. 375); — 3° Le moyen tiré de ce qu'une obligation contractée à titre de prêt a pour cause réelle une dette de jeu (Civ. cass. 15 nov. 1864, aff. Destournelles, D. P. 65. 1. 224); — 4° Le moyen tiré du caractère usuraire des stipulations d'une ouverture de crédit (Civ. cass. 28 juin 1876, aff. Gary, D. P. 76. 1. 385); — 5° Le moyen tiré de l'imprescriptibilité d'un immeuble, qui se fonde sur ce que cet immeuble fait partie du domaine public (Req. 9 avr. 1856, aff. l'Etat, D. P. 56. 1. 187); — 6° Le moyen pris de l'inaliénabilité du domaine public municipal (Req. 24 déc. 1872, aff. Commune de Gemenos, D. P. 74. 5. 61); — 7° La question de savoir qui a qualité pour représenter les communes dans les actions relatives aux chemins vicinaux (Civ. rej. 8 déc. 1885, aff. Commune de Lahonce, D. P. 87. 1. 492); — 8° Les moyens proposés en matière d'impôt, soit pour, soit contre la perception d'un droit (Civ. cass. 9 avr. 1856, aff. Nolé, D. P. 56. 1. 157).

434. On a considéré, au contraire, comme n'intéressant pas l'ordre public et ne pouvant être produit pour la pre-

(1) (Ville de Nice C. Baudoin.) — LA COUR; — Sur le moyen tiré de la violation de l'art. 4 de la loi du 28 pluv. an 8: — Attendu que, si l'exception d'incompétence *ratione materiæ* peut être proposée en tout état de cause, et même pour la première fois devant la cour de cassation, ce principe cesse d'être applicable lorsqu'il est intervenu sur cette exception une décision définitive et à l'abri de tout recours; — Attendu, en fait, que la ville de Nice, ayant opposé à l'action en dommages-intérêts dirigée contre elle par la veuve Baudoin, devant le tribunal civil de Nice, une exception d'incompétence, et demandé son renvoi devant la juridiction administrative, par application de l'art. 4 de la loi du 28 pluv. an 8, il est, sous la date du 5 mars 1875, intervenu un jugement dudit tribunal qui a repoussé l'exception d'incompétence proposée par la ville et ordonné de conclure et plaider au fond; — Attendu que non seulement la ville de Nice a pris des conclusions sur le fond et plaidé à l'appui de ces conclusions, mais qu'en outre, ayant été déclarée seule responsable du dommage causé à la veuve Baudoin par jugement du 25 août 1873, elle a interjeté appel de ce dernier jugement seulement et au fond, sans attaquer devant la cour d'appel, du chef de la compétence, ni le jugement du 5 mars 1873, ni celui du 25 août suivant; — Qu'ainsi la disposition du jugement par laquelle le tribunal civil de Nice s'est déclaré compétent a acquis l'autorité de la chose jugée; — D'où il suit que le moyen qui soumet à la cour de cassation l'exception d'incompétence est irrecevable...

Du 22 févr. 1876.-Ch. civ.-MM. Mercier, pr.-Greffier, rap.-Bédarrides, 1er av. gén., c. conf.-Leroux, Godin et Moutard-Martin, av.

mière fois devant la cour de cassation : 1° le moyen d'incompétence fondé sur la violation de la règle des deux degrés de juridiction (Req. 11 mai 1868, aff. Constantine, D. P. 68. 1. 456 ; 15 juin 1875, aff. Canal, D. P. 76. 1. 502 ; 13 juill. 1875, aff. Hericé, D. P. 76. 1. 118 ; 15 janv. 1877, aff. Sarrazin, D. P. 78. 1. 256) ; — 2° Le moyen pris de ce qu'un tribunal, au lieu de se déclarer incompétent, aurait dû ordonner un simple sursis pour permettre à l'autorité administrative d'interpréter une autorisation de faire des travaux confortatifs à des bâtiments sujets à reculement (Req. 1er juill. 1856, aff. Plé, D. P. 56. 1. 422) ; — 3° L'incompétence du tribunal devant lequel aurait été renvoyée à tort, après infirmation, l'exécution d'un jugement émané de lui (Req. 12 nov. 1862, aff. Mac-Nab, D. P. 63. 1. 244) ; — 4° Le moyen tiré de l'incompétence d'un tribunal à raison de ce que la cause devait être, d'après la convention des parties, soumise à des arbitres (Req. 14 mars 1870, aff. Union allemande, D. P. 71. 1. 236) ; — 5° Le moyen pris de ce que le juge commis pour procéder à une distribution par contribution et après avoir été remplacé momentanément a repris la direction de la procédure sans être de nouveau commis par ordonnance (Civ. rej. 13 nov. 1861, aff. Adnot, D. P. 61. 1. 483) ; — 6° Le moyen pris de ce qu'un des juges de l'affaire au second degré de juridiction n'aurait pas eu qualité pour en connaître à raison de sa participation au jugement de première instance (Req. 11 nov. 1885, aff. Huynh-Poe, D. P. 86. 1. 257) ; — 7° L'exception tirée de l'omission du préliminaire de conciliation (Req. 24 nov. 1885, aff. Rajan, D. P. 86. 1. 285 ; Civ. rej. 3 déc. 1878, aff. Grillot, D. P. 79. 1. 23) ; — 8° L'exception d'incompétence *ratione loci*, formulée subsidiairement à la demande en nullité de l'exploit introductif d'instance (Civ. cass. 22 janv. 1877, aff. Michelet, D. P. 77. 1. 310) ; — 9° Le moyen tiré de l'incompétence des tribunaux civils pour connaître d'une affaire commerciale (Req. 15 mai 1876, aff. Comp. des houilles de l'Escarpelle, D. P. 76. 1. 376 ; 17 juin 1884, aff. Olympe Flips, D. P. 85. 1. 392 ; 16 déc. 1885, aff. Marcelin Faure, D. P. 86. 5. 46). Cette incompétence, en effet, n'est pas absolue, et les juges ne peuvent la suppléer d'office ; à plus forte raison n'est-on pas recevable à la proposer pour la première fois devant la cour de cassation. — Il a été jugé de même, en ce qui concerne le moyen tiré de l'incompétence des tribunaux de commerce à l'égard des actions dont la connaissance est réservée aux tribunaux civils (Req. 26 mars 1855, aff. Campbell, D. P. 55. 1. 68 ; 30 avr. 1856, aff. Dubedat, D. P. 56. 1. 461 ; 13 août 1856, aff. de Briges, D. P. 57. 1. 22 ; Civ. rej. 19 mars 1866, aff. de Valleton, D. P. 66. 1. 166 ; Req. 20 juin 1870, aff. Dide, D. P. 71. 1. 335 ; 17 févr. 1873, aff. André, D. P. 73. 1. 208 ; Civ. rej. 29 avr. 1873, aff. Cordier, D. P. 73. 1. 207 ; Req. 19 juin 1876, aff. Lami-Sarrazin, D. P. 77. 5. 49 ; Civ. rej. 15 avr. 1878, aff. Pons, D. P. 79. 1. 169 ; 14 août 1882, aff. Galot, D. P. 83. 1. 255 ; Req. 10 févr. 1885) (1). Ces décisions sont fondées sur ce que la cour d'appel, étant investie de la plénitude de juridiction, aurait pu, malgré l'incompétence *ratione materiæ* du tribunal de commerce, évoquer l'affaire.

435. De nombreuses décisions ont reconnu que le moyen tiré de l'autorité de la chose jugée n'est pas d'ordre public. Pour que ce moyen puisse être invoqué devant la cour suprême, il faut qu'il ait été formulé par des conclusions expresses et formelles devant la cour d'appel (V. en ce sens : Civ. rej. 24 juill. 1850, aff. Tutrie, D. P. 52. 5. 70 ; 31 mars 1851, aff. Denet, D. P. 51. 1. 65 ; 8 juill. 1851, aff. Commune de Brenod, D. P. 51. 1. 310 ; Req. 11 févr. 1857, aff. Commune de Gy-les-Nonains, D. P. 57. 1. 256 ; 2 juill. 1862, aff. Dubiau, D. P. 62. 1. 431 ; 16 nov. 1864, aff. Vassal, D. P. 65. 1. 177 ; 6 nov. 1865, aff. Auvillain, D. P. 66. 1. 252 ; 12 mars 1866, aff. Commune de Quenza, D. P. 66. 1. 472 ; 28 mai 1866, aff. Bisserier, D. P. 67. 1. 68 ; Civ. rej. 27 nov. 1867, aff. Trouille, D. P. 67. 1. 449 ; Req. 2 févr. 1869, aff. Boucaruc, D. P. 69. 1. 370 ; 5 janv. 1870, aff. Marion, D. P. 70. 1. 58 ; 13 juill. 1870, aff. Bouchet, D. P. 71. 1. 320 ; 21 févr. 1872, aff. Ducoroy, D. P. 72. 1. 239 ; Civ. rej. 2 avr. 1873, aff. Crédit foncier international, D. P. 73. 1. 373 ; Req. 11 juin 1873, aff. Fayolle-Demans, D. P. 73. 1. 416 ; Civ. rej. 19 janv. 1874, aff. Bonnardel, D. P. 74. 1. 141 ; Req. 7 juill. 1874, aff. Commune de Bray-Lu, D. P. 76. 1. 430 ; 2 mars 1874, aff. Fontaine, D. P. 75. 5. 47 ; Civ. rej. 15 mars 1875, aff. d'Ambelle de Peindray, D. P. 75. 1. 273 ; Req. 5 avr. 1875, aff. Delpeut, D. P. 75. 1. 295 ; 19 juill. 1875, aff. Bouyer, D. P. 76. 1. 278 ; 27 juill. 1875, aff. Peyrache, D. P. 77. 1. 440 ; Civ. rej. 30 mai 1876, aff. Blanck, D. P. 78. 1. 88 ; Civ. rej. 12 déc. 1876, aff. Ribeau, D. P. 77. 1. 228 ; Req. 4 juill. 1877, aff. Wanoschot, D. P. 79. 1. 477 ; 21 mars 1879, aff. Gravier, D. P. 81. 1. 305 ; 21 juill. 1881, aff. Angeli, D. P. 81. 1. 348 ; 5 mai 1884, aff. Ville de Dôle, D. P. 84. 1. 223).

436. Enfin ne touchent pas à l'ordre public et, par suite, ne peuvent pas être proposés pour la première fois devant la cour de cassation les moyens tirés : 1° de ce que le tribunal de première instance, statuant sur l'appel d'une sentence de juge de paix, a admis une demande nouvelle qui, réunie à la demande principale, dépassait le chiffre de la compétence du juge de paix (Civ. cass. 17 juill. 1877, aff. Blimont-Depoilly, D. P. 78. 1. 483) ; — 2° De la violation de l'art. 464 c. pr. civ., qui interdit de former en appel des demandes nouvelles (Req. 20 mai 1878, aff. Probel, D. P. 78. 1. 469) ; — 3° De ce que le juge, après qu'il a été procédé à une enquête, a fondé sa décision sur des déclarations ou certificats émanés de témoins qui ont été entendus dans cette enquête, et relatifs aux faits sur lesquels ces témoins avaient déposé (Req. 20 nov. 1878, aff. Granier, D. P. 79. 1. 178) ; — 4° De ce qu'un habitant d'une commune a été admis à exercer une action communale en dehors des formalités prescrites par la loi, alors que cet habitant a agi en son propre et privé nom (Civ. rej. 2 juin 1875, aff. Ville de Lons-le-Saunier, D. P. 75. 1. 418) ; — 5° Des difficultés relatives au mode de poursuite d'un impôt (Req. 14 mai 1855, aff. Guillot, D. P. 55. 1. 241) ; — 6° De ce que l'arrêt attaqué a déclaré rendu en dernier ressort un jugement repoussant une demande de moins de 1500 fr., alors que le demandeur avait triomphé sur une demande indéterminée formée contre lui par le défendeur (Req. 5 déc. 1871, aff. Carreau, D. P. 72. 1. 357) ; — 7° De ce qu'une substitution établie sous l'empire de l'ordonnance de 1747 n'a pas été suivie des formalités d'insinuation, de publication, et d'envoi en possession exigées par cette ordonnance à peine de nullité (Req. 9 juill. 1856, aff. Pommier-Lacombe, D. P. 56. 1. 401) ; — 8° De la violation de l'art. 105 c. com., aux termes duquel la réception des objets transportés et le payement du prix éteignent toute action contre le voiturier (Civ. rej. 8 avr. 1874, aff. Chemin de fer de Lyon, D. P. 75. 1. 440) ; — 9° De la violation des formalités prescrites par l'art. 20 de la loi du 5 juill. 1844 pour la cession des brevets d'invention

(1) (Dédeyn C. Fassetto Lorano.) — LA COUR ; — Sur le moyen unique, tiré de la violation des art. 631, 632 et 645 c. com. ; 170 c. pr. civ. ; 5, § 3, de la loi du 25 avr. 1838, et de l'art. 7 de la loi du 20 avr. 1810 pour défaut de motifs : — Attendu, d'une part, que, des qualités de l'arrêt attaqué, il ressort que, ni en première instance, ni en appel, l'exposant n'a prétendu que la contestation soumise au tribunal de commerce dût être portée, à raison de sa nature, devant le tribunal civil ; qu'en première instance, en effet, devant le tribunal de commerce de Rouen, il s'est borné à conclure à ce qu'il plût au tribunal de déclarer la demande de Fassetto Lorano autant non recevable que mal fondée ; que, par ces termes vagues et généraux, il n'a pas mis les juges du fond en demeure d'examiner si, à raison de son caractère purement civil, le litige n'aurait pas dû être porté devant la cour de Rouen, il a seulement opposé deux fins de non-recevoir, fondées, la première, sur ce que les conclusions de l'appelant « constituaient une demande nouvelle », la deuxième, sur ce que « la justice administrative était seule compétente pour statuer sur l'exécution de l'arrêté du 15 déc. 1848 » ; — Attendu, d'ailleurs, que la cour d'appel de Rouen, ayant plénitude de juridiction tant en matière civile qu'en matière commerciale, avait incontestablement le droit de connaître du litige, et ne peut avoir méconnu, en le jugeant, sa propre compétence ; que, dès lors, il n'y a pas lieu d'apprécier au fond le mérite du moyen proposé, lequel ne saurait être invoqué pour la première fois devant la cour de cassation, et doit être déclaré non recevable, — Attendu, d'autre part, que l'arrêt attaqué, n'ayant pas à donner de motifs sur des conclusions qui n'avaient pas été proposées, n'a pu violer l'art. 7 de la loi du 20 avr. 1810, et qu'à cet égard le moyen manque en fait ; — Rejette, etc.

Du 10 févr. 1885.-Ch. req.-MM. Bédarrides, pr.-Voisin, rap.-Chévrier, av. gén., c. conf.-Choppard, av.

(Crim. rej. 14 mars 1884, aff. Pradon, D. P. 85. 1. 45); — 10° De ce qu'une partie défenderesse contre laquelle son acquiescement à un jugement de défaut était invoqué a excipé pour la première fois en appel de la nullité de cet acquiescement (Req. 14 nov. 1881, aff. Arnould-Drappier, D. P. 82. 1. 156).

§ 2. — Exemples divers de moyens nouveaux en matière civile (*Rép.* nos 1867 à 1912).

437. Suivant la méthode employée au *Répertoire*, on rapportera les nouvelles décisions rendues en cette matière, en les groupant, autant que possible, d'après la nature des contrats ou exceptions auxquelles elles se rattachent et en suivant l'ordre des dispositions du code civil.

Il a été jugé : 1° que la qualité de Français ne peut être invoquée pour la première fois devant la cour de cassation (Req. 30 nov. 1868, aff. Bischoffsheim, D. P. 69. 1. 194); — 2° Que le créancier qui, poursuivant un débiteur étranger devant un tribunal français, pour l'exécution d'obligations contractées en pays étranger, s'est borné, devant les juges du fait, à prétendre qu'il était Français, et qu'en cette qualité il avait droit au bénéfice de l'art. 14 c. civ., n'est pas recevable à se prévaloir, devant la cour de cassation, de ce que les tribunaux français sont compétents, dans les termes de l'art. 420 c. pr. civ. pour connaître des contestations commerciales, même entre étrangers (Req. 25 mars 1874, aff. Hamard, D. P. 74. 1. 285); — 3° Que la partie qui a succombé dans la demande en rectification du nom sous lequel elle a été inscrite dans son acte de naissance ne peut se faire un moyen de cassation de ce que les juges auraient dû, en tous cas, ordonner la rectification de son prénom, si cette rectification n'a pas été demandée (Req. 6 août 1860, aff. Barrafort, 2e arrêt, D. P. 61. 1. 75); — 4° Que le moyen tiré, par le débiteur d'une pension alimentaire, de ce que le jugement de condamnation a fait courir les arrérages de cette pension antérieurement à la demande ne peut être proposé devant la cour de cassation, alors que devant les juges du fond le débiteur avait demandé seulement à être libéré de ces arrérages à titre de dommages-intérêts (Civ. rej. 3 avr. 1883, aff. Poterlet, D. P. 83. 1. 335); — 5° Que la partie déclarée mal fondée à acquérir la mitoyenneté d'un mur pour exécuter des travaux d'exhaussement destructifs de servitudes acquises au propriétaire de ce mur, ne peut se faire un moyen de cassation de ce que l'achat de la mitoyenneté aurait dû être autorisé même pour le cas où ces travaux n'eussent pas été permis, si elle n'a pris devant les juges aucunes conclusions à cet égard (Civ. rej. 23 juill. 1850, aff. Varnier, D. P. 50. 1. 264); — 6° Que le propriétaire d'un fonds bordé par une rigole, formant canal de fuite d'un moulin, est non recevable à critiquer le jugement rejetant sa demande en rétablissement du canal d'amenée supprimé par l'usinier, en alléguant pour la première fois devant la cour de cassation qu'il était riverain, non seulement de la rigole alimentée par le canal de dérivation, mais encore du ruisseau où ce canal prenait ses eaux (Req. 5 juin 1872, aff. Durantel, D. P. 74. 1. 86); — 7° Qu'après avoir invoqué devant les premiers juges, en vertu de la possession annale, le droit aux atterrissements formés sur la rive d'un cours d'eau, on ne peut invoquer le même droit devant la cour de cassation, en se fondant sur l'art. 556 c. civ. (Req. 6 févr. 1872, aff. Decuers, D. P. 72. 1. 131); — 8° Que le moyen pris de ce que le juge du fond aurait à tort écarté une présomption de propriété, tirée des art. 546 et 551 c. civ. ne peut être proposé devant la cour de cassation, si cette présomption n'a été invoquée ni en première instance, ni en appel (Req. 3 avr. 1872, aff. Riboulet, D. P. 73. 1. 131); — 9° Qu'il y a lieu d'écarter comme nouveau le moyen opposé pour la première fois devant la cour de cassation par l'administration du domaine à une demande en revendication, et tiré des arrêtés de réunion qui, en Algérie, ont annexé au domaine public les biens appartenant aux corporations, mosquées et autres établissements pieux (Req. 14 juill. 1873, aff. Préfet d'Oran, D. P. 74. 1. 308); — 10° Qu'on ne peut proposer pour la première fois devant la cour de cassation, le moyen tiré de ce que les fruits d'un immeuble ont été attribués au possesseur de bonne foi à partir d'une époque antérieure à la date de son titre (Req. 22 déc. 1873, aff. Jean Grisard, D. P. 74. 1. 241); — 11° Que l'usufruitier actionné par le nu-propriétaire en dommages-intérêts pour abus de jouissance, et qui s'est borné, en première instance et en appel, à prétendre n'avoir fait qu'user de son droit, ne peut se plaindre devant la cour de cassation de ce que les juges, en le condamnant à une indemnité, n'aient point déclaré qu'elle ne serait exigible qu'à la cessation de l'usufruit (Req. 16 déc. 1874, aff. Pateux, D. P. 76. 1. 431); — 12° Que la disposition de l'art. 702 c. civ., qui interdit toute aggravation de servitude de la part des propriétaires du fonds dominant, ne peut être invoqué pour la première fois devant la cour de cassation (Req. 15 mars 1869, aff. Herbemont, D. P. 70. 1. 109. V. aussi Req. 22 févr 1881, aff. Benoist, D. P. 83. 1. 407); — 13° Qu'il en est de même du moyen tiré de ce qu'un canal de dérivation, existant dans un terrain privé, et alimenté par un cours d'eau non navigable, aurait été établi à titre de destination du père de famille (Civ. cass. 23 nov. 1858, aff. Spenlé, D. P. 59. 1. 18).

438. Il a été jugé, en matière de succession, qu'on ne peut invoquer pour la première fois devant la cour de cassation : 1° le défaut d'inventaire, comme cause de déchéance d'une acceptation bénéficiaire (Req. 13 mai 1863, aff. Leroy, D. P. 63. 1. 409); — 2° Le moyen pris de ce que le conjoint survivant, en recueillant à défaut d'héritier la succession du conjoint prédécédé, est, à ce titre, tenu de tout le passif de cette succession s'il ne l'accepte pas sous bénéfice d'inventaire (Civ. rej. 9 mars 1863, aff. d'Espagnac, D. P. 63. 1. 190); — 3° Le moyen pris de ce que le retrait successoral serait inapplicable au cas où la cession consentie par un héritier n'aurait eu pour objet que des biens déterminés (Civ. rej. 8 nov. 1882, aff. Portier, D. P. 83. 1. 268); — 4° Le moyen tiré de ce que les valeurs de la succession dont un successible a été privé pour divertissement ou recel par application de l'art. 792 c. civ. lui auraient été léguées (Req. 24 avr. 1872, aff. Voxeur, D. P. 72. 1. 410).

439. En matière de donations et testaments, ont été rejetés, comme nouveaux, les moyens tirés : 1° du droit personnel qu'aurait un donataire à titre particulier sur un immeuble, objet d'une donation antérieure non transcrite (Req. 1er août 1878, aff. Abadie, D. P. 79. 1. 167); — 2° Du droit de préférence dont un légataire serait investi à l'encontre des autres légataires, à raison de ce que son legs, étant d'un corps certain, devrait être acquitté avant les legs de quantité (Civ. rej. 4 janv. 1869, aff. Gayet, D. P. 69. 1. 10); — 3° De la nullité d'une hypothèque consentie par un légataire, à raison de ce que l'immeuble légué était inaliénable (Req. 9 mars 1868, aff. Tibi, D. P. 68. 1. 309); — 4° De ce qu'un testament annulé pour interposition de personnes, serait valable comme ne devant profiter qu'à des personnes qui, d'après les constatations de l'arrêt attaqué, sont capables de recevoir (Req. 1er août 1861, aff. Guillebon, D. P. 61. 1. 476); — 5° De ce que les intérêts d'un legs particulier auraient été alloués à partir du jour du décès du testateur, contrairement à la disposition de l'art. 1014 c. civ. (Req. 8 déc. 1852, aff. Petit-Colin, D. P. 53. 1. 218); — 6° De ce qu'un testament aurait dû être annulé comme ayant été provoqué par les manœuvres frauduleuses du légataire (Req. 19 févr. 1884, aff. Larseneur, D. P. 84. 1. 388); — 7° De ce que, dans une demande en rescision d'un partage d'ascendant pour cause de lésion, le juge du fait a violé les dispositions de l'art. 1079 c. civ. (Civ. rej. 23 mars 1869, aff. Dulmo, D. P. 69. 1. 333). — Jugé encore qu'un légataire universel, renvoyé d'une demande en partage de sucessions échues au testateur, faute d'avoir prouvé le décès de celui-ci, n'est pas recevable à attaquer cette décision devant la cour suprême en se fondant sur les principes en matière d'absence (Req. 9 juill. 1873) (1).

(1) (Letombe C. héritiers Mazuc.) — LA COUR; — Sur le troisième moyen, tiré du défaut de motifs et de la violation de l'art. 123 c. civ. par fausse interprétation de l'art. 135 du même code : — Attendu que la demanderesse en cassation, agissant en qualité de légataire universelle de Léopold Mazuc, son mari, a assigné les défendeurs éventuels en partage des successions de la dame Bonafous, femme d'Alexandre Mazuc, et d'Alexandre Mazuc; que, pour justifier sa demande, elle devait prouver le décès de Léopold Mazuc, fils des époux Alexandre Mazuc ; — Que l'arrêt attaqué déclare que cette preuve n'est pas rapportée et

440. La cour de cassation a encore écarté comme nouveaux les moyens tirés : 1° de ce que, en violation de la loi du contrat, un arrêt aurait refusé d'ordonner le dépôt chez un banquier des sommes encaissées pour le compte d'une participation (Req. 28 avr. 1873) (1) ; — 2° De la nullité d'une obligation à raison du caractère potestatif de la condition qui la suspend (Req. 26 févr. 1872, aff. Saint-Martin, D. P. 72. 1. 269); — 3° De ce qu'une quittance était entachée de dol (Req. 9 mars 1875, aff. Carence C. Bain et autres, V. *Compte*) ; — 4° De la nullité de la subrogation consentie par le débiteur en vertu de l'art. 1250, § 2, c. civ. pour inaccomplissement des formalités prescrites par cet article (Req. 17 déc. 1862, aff. Hourteillan, D. P. 63. 1. 418); — 5° De ce que, contrairement à l'art. 1252 c. civ., le subrogé a été préféré au créancier subrogeant (Civ. rej. 2 févr. 1869, aff. Dupouy, D. P. 69. 1. 159) ; — 6° De ce que les intérêts d'une somme d'argent ont été indûment réclamés et obtenus à partir d'une époque antérieure à la demande du capital (Req. 15 juin 1868, aff. Badel, D. P. 69. 1. 15); — 7° De ce qu'un arrêt n'a pas imputé des payements suivant le mode d'imputation de droit, dont on a omis de se prévaloir devant les juges du fond (Req. 22 juill. 1872, aff. Puech, D. P. 73. 1. 349) ; — 8° De ce qu'une prétention aurait dû être repoussée en considération des droits résultant d'un mode d'imputation de plein droit dont on a omis de se prévaloir (Req. 1er juill. 1857, aff. Delsaux, D. P. 57. 1. 438) ; — 9° De ce qu'un payement, ayant été fait en l'acquit d'une obligation naturelle, n'était pas sujet à répétition (Req. 8 avr. 1872, aff. Leroy, D. P. 73. 1. 259); — 10° De ce qu'une créance, ayant été portée en compte courant, devait être considérée comme éteinte par novation (Req. 12 août 1873, aff. Spicrenaël, D. P. 75. 1. 262) ; — 11° De ce que la novation ne peut résulter que d'une déclaration expresse et ne saurait être établie au moyen de présomptions (Req. 12 déc. 1866, aff. Couret, D. P. 67. 1. 433) ; — 12° De ce qu'une compensation s'est opérée de plein droit avant la prescription de l'une des deux dettes (Req. 2 juin 1863, aff. Dardenne, D. P. 64. 1. 272); — 13° De ce que le juge, en validant une saisie-arrêt sans tenir compte des conclusions par lesquelles le tiers-saisi prétendait que sa dette était éteinte par compensation, aurait dû tout au moins l'admettre pour sa propre créance, à la contribution ouverte sur la somme saisie (Req. 13 déc. 1854, aff. Chauveau, D. P. 55. 1. 118) ; — 14° Du défaut d'authenticité d'un acte dont il a été fait application au procès (Req. 17 juill. 1876, aff. Ornano, D. P. 77. 1. 263) ; — 15° De ce que le juge a admis la preuve testimoniale d'une convention dont la valeur dépasse 150 fr. (Civ. rej. 26 juin 1882, aff. Fauque, D. P. 83. 1. 78); — 16° De ce qu'une promesse de mariage, reconnue constante par le tribunal, n'aurait pas été prouvée par écrit (Req. 17 mai 1870, aff. Mataran, D. P. 71. 1. 52) ; — 17° De ce que les actes produits à l'appui d'une action en réclamation de filiation légitime n'ont pas le caractère d'un commencement de preuve par écrit (Req. 22 août 1861, aff. Marquais, D. P. 62. 1. 115) ; — 18° De ce qu'une preuve testimoniale appuyée d'un commencement de preuve par écrit n'a pas été ordonnée par la cour, alors que la partie qui avait offert cette preuve en première instance l'a retirée en appel (Req. 17 avr. 1877, aff. Bertin, D. P. 78. 1. 133) ; — 19° De ce que les juges ont admis la preuve testimoniale contre et outre le contenu aux actes (Civ. rej. 2 juill. 1850, aff. Bouillaud, D. P. 50. 1. 268) ; — 20° De la nullité d'un acte renfermant des conventions synallagmatiques, à raison de ce qu'il n'a pas été rédigé en autant d'originaux qu'il y avait de parties (Req. 8 déc. 1868, aff. Sellaperumalpoullé, D. P. 69. 1. 417) ; — 21° De ce que le serment supplétoire a été déféré à une partie qui n'était pas en cause (Req. 24 juill. 1865, aff. Lallement, D. P. 65. 1. 467) ; — 22° De ce que les présomptions invoquées par la partie adverse sont inadmissibles, alors que devant les juges du fond on s'est borné à les combattre comme non concluantes (Req. 2 mars 1859, aff. Prévost, D. P. 59. 1. 458) ; — 23° De ce qu'une lettre missive, produite devant les juges du fait comme contenant la preuve d'une vente convenue entre les parties, renferme tout au moins une promesse unilatérale de l'acheteur, complétée plus tard par l'acceptation du vendeur (Req. 5 avr. 1875, aff. Marnet, D. P. 75. 1. 463) ; — 24° De ce qu'on a opposé à l'une des parties ses déclarations dans une instance où la partie adverse n'avait pas figuré (Req. 15 févr. 1870, aff. Erlanger, D. P. 71. 1. 164); — 25° De ce qu'un témoin entendu dans une instance en séparation de corps a déposé sur un fait non énoncé dans le jugement qui ordonnait l'enquête (Req. 22 juin 1880, aff. Pombourg, D. P. 81. 1. 104) ; — 26° De ce que le juge d'appel aurait méconnu l'autorité d'un aveu fait par l'adversaire devant le juge de première instance (Req. 2 août 1870, aff. Bertourelle, D. P. 71. 1. 172 ; 18 janv. 1876, aff. Giraud frères, D. P. 76. 1. 245 ; Civ. cass. 29 janv. 1877, aff. Carault, D. P. 78. 1. 149) ; — 27° De la violation du contrat judiciaire (Req. 9 févr. 1869, aff. Dieusy, D. P. 70. 1. 14).

Il a été jugé que la partie qui a demandé devant les juges du fait la nullité ou la résiliation d'un contrat pour une cause déterminée ne peut invoquer devant la cour de cassation, pour faire tomber le même contrat, une autre cause de nullité (Req. 10 janv. 1877, aff. Allègre, D. P. 77. 1. 177); — Spécialement doit être rejeté comme nouveau le moyen tiré de ce qu'une convention, qu'on avait attaquée devant les juges du fait comme un contrat pignoratif dissimulé sous les apparences d'une vente à réméré, serait entachée d'erreur ou de dol (Req. 12 janv. 1874, aff. Commune de Bellegarde, D. P. 74. 1. 161). — La cour de cassation a également déclaré non recevables : 1° une demande en dommages-intérêts, alors que le créancier, en première instance et en appel, s'était borné à contester la déclaration affirmative d'un tiers saisi (Req. 9 juin 1873, aff. Reyniès, D. P. 73. 1. 411); — 2° la demande formée par le tiers contre lequel un acte a été annulé comme fait par un débiteur en fraude de ses créanciers, et tendant à faire admettre ce tiers à contribution en qualité de créancier sur les valeurs remises dans l'actif du débiteur (Civ. rej. 5 févr. 1856, aff. Guillaume, D. P. 56. 1. 83). Dans ces deux espèces, il s'agissait non pas seulement de moyens nouveaux, mais de chefs de demandes, qui n'ayant pas été formulées devant les juges du fond, ne pouvaient évidemment pas être soumis à la cour de cassation.

441. Ont été rejetés comme nouveaux par la cour de cassation : 1° le moyen tiré de ce que les juges du fond auraient accordé à une partie une réparation dépassant le préjudice dont elle se plaignait (Req. 15 févr. 1876, aff. Noailles, D. P. 76. 1. 246); — 2° Le moyen tiré de l'existence d'une faute tombant sous l'application de l'art. 1382 c. civ., alors qu'on a formé devant les premiers juges une plainte

par suite dit la demanderesse en cassation irrecevable dans son action; — Que les motifs de l'arrêt s'appliquant aux deux successions dont le partage était poursuivi satisfont aux prescriptions de l'art. 7 de la loi du 20 avr. 1810; — Attendu que ni devant les premiers juges, ni devant la cour d'appel, la demanderesse en cassation n'a invoqué les principes qui régissent les biens des absents, et notamment l'art. 123 c. civ.; — Qu'elle est, dès lors, non recevable à s'en prévaloir pour la première fois, devant la cour de cassation ; — Rejette, etc.

Du 9 juill. 1873.-Ch. req.-MM. de Raynal, pr.-Dumon, rap.-Babinet, av. gén.-Collet, av.

(1) (Favreau C. Allinger et Molleterre.) — La cour; — Sur le moyen unique, pris de la violation des art. 1134 et 1834 c. civ., 18 et 48 c. com. ; — Attendu que le pourvoi reproche à l'arrêt attaqué (rendu par la cour d'Aix, le 2 juill. 1872), d'avoir méconnu la convention des parties, en refusant d'ordonner le dépôt chez un banquier des sommes encaissées pour le compte de la participation, alors que cette obligation était imposée à chacun des participants par l'art. 10 de l'acte de société; — Attendu que les premiers juges avaient répondu à ce chef de conclusions que le tribunal n'avait pas à déterminer le banquier chez qui les fonds devaient être déposés; — Attendu que devant la cour d'appel Favreau n'a pas signalé l'erreur dans laquelle il prétend aujourd'hui que seraient tombés les juges, en considérant sa demande comme ayant pour but la désignation du banquier auquel on confierait les fonds, tandis qu'elle portait sur l'obligation d'effectuer ce dépôt au fur et à mesure des encaissements; — Que c'est pour la première fois devant la cour de cassation qu'il relève cette prétendue violation de l'art. 10 de l'acte de société; que le moyen est donc nouveau, et partant non recevable; — Rejette, etc.

Du 28 avr. 1873.-Ch. req.-MM. de Raynal, pr.-Puissan, rap.-Reverchon, av. gén., c. conf.-Monod, av.

en concurrence déloyale (Req. 9 mars 1870, aff. Fayard, D. P. 71. 1. 211); — 3° Le moyen pris de ce qu'un naufrage n'étant pas par lui-même exclusif de la possibilité d'une faute, l'Administration était tenue de prouver que la perte des lettres chargées à bord du navire naufragé n'était imputable ni à elle, ni à ses agents (Civ. rej. 26 déc. 1866, aff. Clapier, D. P. 67. 1. 28); — 4° Le moyen tiré, par le maire d'une commune condamné personnellement au payement du prix d'un orgue d'église, de ce qu'il avait géré l'affaire de la fabrique (Civ. rej. 11 févr. 1873, aff. Blanc, D. P. 73. 1. 461).

442. Ne peuvent être invoqués pour la première fois devant la cour de cassation: 1° la nullité de la renonciation, par l'époux au profit duquel la séparation de corps a été prononcée, à se prévaloir de la déchéance des avantages matrimoniaux, encourue par l'autre époux par suite du jugement de séparation (Req. 12 févr. 1849, aff. Bobière, D. P. 49. 1. 213); — 2° Le droit, pour la femme commune, d'exercer ses reprises sur les biens de la communauté à titre de propriétaire, et non pas simplement à titre de créancière (Civ. rej. 4 févr. 1856, aff. de Clausel, D. P. 56. 1. 61; 19 juin 1855, aff. Daleau, D. P. 55. 1. 305); — 3° Le moyen tiré par le mari de ce que le remploi des valeurs propres de sa femme en rentes sur l'Etat n'a pas été régulier (Civ. cass. 8 déc. 1874, aff. Raveneau, D. P. 75. 1. 33); — 4° Le moyen pris de ce que le rapport de certaines valeurs à la masse d'une communauté aurait dû être ordonné à titre de récompense, alors que cette restitution n'a été demandée devant les juges du fait que comme excédant les pouvoirs de disposition du mari (Civ. rej. 13 janv. 1862, aff. Cauchie, D. P. 62. 1. 64); — 5° Le moyen tiré de ce que la donation ou constitution de dot faite en faveur de la femme se serait composée en partie de droits mobiliers qui déjà lui appartenaient comme héritière de sa mère, et devaient tomber à ce titre dans la communauté (Civ. rej. 11 juill. 1853, aff. Nésa, D. P. 53. 1. 281); — 6° Le moyen tiré de ce que les immeubles litigieux seraient, pour la totalité, des propres du mari, alors que ce dernier a reconnu devant les juges du fond que la moitié de ces immeubles constituait des acquêts de communauté, et que l'autre moitié devait lui être déclarée propre par représentation des droits de son frère (Civ. rej. 28 avr. 1884, aff. Reine, D. P. 84. 1. 329); — 7° Le moyen pris de ce que le payement en effets de commerce de la dot constituée à la femme d'un commerçant n'a pas le caractère d'un payement effectif, dans le sens de l'art. 563 c. com., pour les effets non encore échus à l'époque où il est statué sur la collocation réclamée par la femme à fin de remboursement de sa dot (Req. 22 févr. 1860, aff. Luder, D. P. 60. 1. 181); — 8° Le moyen pris de la dotalité, et, par suite, de l'inaliénabilité des biens d'une femme mariée (Req. 30 janv. 1861, aff. Théven-Gueleran, D. P. 61. 1. 211); — 9° Le moyen tiré par un créancier hypothécaire d'une femme dotale, successivement donataire par contrat de mariage et entre vifs des biens présents et à venir de son père, de ce qu'un partage judiciaire devait distinguer la portion paraphernale de ces biens d'avec la portion dotale (Civ. rej. 13 juill. 1886, aff. Donnadieu, D. P. 86. 1. 462); — 10° Le moyen tiré, pour contester la validité d'une renonciation à communauté, de ce que l'auteur de la renonciation se serait immiscé dans les biens communs (Req. 19 mars 1878, aff. L..., D. P. 78. 1. 218); — 11° Le moyen tiré par la femme, déchue de sa renonciation à la communauté à raison de ses détournements, de ce que la créance qu'elle a été condamnée à payer excède la part qui lui incombe dans les dettes de la communauté (Req. 6 mai 1873, aff. Bostard, D. P. 74. 1. 81); — 12° Le moyen tiré de la nullité de la clause par laquelle une femme s'est réservé le droit d'hypothèque sur ses biens dotaux sans remploi, alors que le remploi a été exigé dans le cas d'aliénation (Req. 26 juin 1861, aff. Dudouit, D. P. 61. 1. 419); — 13° Le moyen tiré, dans le cas où la vente, faite par le mari, d'un immeuble de la femme a été déclarée nulle comme ayant eu lieu sans mandat de celle-ci, de ce que la garantie à laquelle était tenu le mari devenu héritier de sa femme rendait la vente inattaquable du chef de cette dernière (Req. 10 janv. 1877, aff. Allègre, D. P. 77. 1. 177).

443. Il a été jugé: 1° que la partie qui s'est bornée à demander la nullité d'une vente comme portant sur la chose d'autrui, ne peut se faire un moyen de cassation de ce que la résolution de la vente aurait dû être prononcée pour cause d'inexécution de la part du vendeur (Req. 20 févr. 1855, aff. Jourdan, D. P. 55. 1. 135); — 2° Que la partie qui a résisté à la demande en payement du prix de vente de marchandises dont elle a refusé la livraison par le motif que le vendeur aurait exigé à tort un payement comptant, ne peut invoquer devant la cour de cassation la résolution de la vente à raison de ce que le vendeur aurait disposé de la marchandise à sa convenance (Civ. cass. 15 févr. 1860, aff. Lévy, D. P. 60. 1. 403); — 3° Que l'acheteur qui, devant les juges du fond, a demandé la résiliation du marché en se fondant sur la non-conformité de la marchandise avec les conditions du marché, et non sur les vices rédhibitoires dont elle aurait été affectée, ne peut invoquer pour la première fois l'existence de pareils vices devant la cour de cassation (Req. 4 juill. 1883) (1); — 4° Que le moyen tiré de ce que des experts, pour apprécier la lésion soufferte par le vendeur d'un immeuble, ont estimé cet immeuble d'après sa valeur à l'époque de l'expertise, et non d'après sa valeur à l'époque de la vente, ne peut être invoqué devant la cour de cassation lorsqu'il ne l'a pas été devant les juges du fond (Req. 24 juill. 1855, aff. Estrin, D. P. 55. 1. 418); — 5° Qu'il en est de même du moyen pris par le vendeur, actionné en nullité de la vente d'un appareil industriel, de ce que la chose vendue a été reçue et le prix payé sans protestation (Req. 5 août 1873) (2); — 6° Que le moyen qui n'a pas été invoqué devant le jury spécial créé, en matière de louage, par la loi du 21 avr. 1871, ne peut être proposé devant la cour de cassation (Civ. rej. 12 août 1871, aff. Lesieur, et 13 mars 1872, aff. Rouxel, D. P. 72. 1. 40). — Ont été encore écartés comme nouveaux les moyens pris: 1° de la violation de l'art. 2, n° 4, de la loi du 23 mars 1855, en ce qu'un bail de plus de dix-huit ans

(1) (Raymond C. Charbonnier et Giran.) — LA COUR; — Sur le premier moyen, pris de la violation des art. 1641, 1643, 1644 et 1645 c. civ.: — Attendu que, devant les juges du fond, Charbonnier et Raymond fondaient leur demande en résiliation du marché intervenu entre eux et Giran, non sur les vices rédhibitoires dont le vin livré aurait été affecté, mais sur la non-conformité dudit vin avec les conditions du marché; que le moyen pris de la violation des art. 1641 et suiv. c. civ., présenté pour la première fois devant la cour de cassation, est donc irrecevable; — Attendu, au surplus, qu'il ne serait pas fondé, l'arrêt attaqué constatant que l'acheteur avait lui-même vu, dégusté et agréé ledit vin; — Sur le troisième moyen, tiré de la violation de l'art. 5 de la loi du 20 avr. 1810 et des art. 1er et 2 de l'ordonnance du 24 sept. 1828: — Attendu que la copie signifiée de l'arrêt attaqué porte qu'il a été rendu par la chambre des appels correctionnels, jugeant en matière civile ou commerciale les causes qui lui sont renvoyées par le premier président; que cette mention implique par elle-même la délégation faite à la chambre correctionnelle par le premier président de la cause sur laquelle l'arrêt est intervenu; — Attendu, d'ailleurs, qu'aux termes de l'art. 11 du décret du 6 juill. 1810, la mise au rôle des affaires civiles ou commerciales dont la chambre correctionnelle peut connaître, investit cette chambre du droit de prononcer sur ces affaires, et qu'il n'est pas allégué que l'affaire n'était pas portée sur le rôle de ladite chambre; — Rejette, etc.

Du 4 juill. 1883.-Ch. req.-MM. Bédarrides, pr.-Lepelletier, rap.-Chévrier, av. gén., c. conf.-Robiquet, av.

(2) (Rebel C. Balech et autres.) — LA COUR; — Sur le moyen unique, pris de la violation de l'art. 1585 c. civ., en ce que le jugement attaqué (rendu par le tribunal de commerce de Moissac, le 29 déc. 1871), a prononcé la nullité d'une vente longtemps après que la chose vendue était en la possession de l'acheteur qui l'avait acceptée et promis d'en payer le prix: — Attendu que le demandeur n'a pas opposé aux conclusions des défendeurs éventuels, tendant à faire déclarer nulle ou résilier la vente de l'appareil qu'il leur avait livré, de fin de non-recevoir fondée sur ce qu'ils auraient accepté cet appareil sans protestation et payé un acompte sur le prix; — Qu'il a repoussé ces conclusions en soutenant qu'il résultait du rapport complémentaire de l'expert que depuis le nettoyage qu'il avait fait subir à la machine, elle fonctionnait dans des conditions convenables et qu'il n'était plus possible de vérifier si elle fonctionnait de même au moment de la livraison; — Que c'était là une défense au fond, qui supposait la recevabilité de la demande à laquelle elle était opposée; — Que le moyen est donc nouveau et, par suite, non recevable;

Par ces motifs, rejette, etc.

Du 5 août 1873.-Ch. req.-MM. de Raynal, pr.-Rau, rap.-Babinet, av. gén., c. conf.-de Saint-Malo, av.

n'est pas, faute de transcription, opposable aux tiers (Civ. rej. 22 mai 1878, aff. Leriche, D. P. 78. 1. 484); — 2° De ce qu'un bail donné en nantissement présente les caractères d'un bail emphythéotique non susceptible, à raison de son caractère de droit immobilier, de faire l'objet d'un nantissement (Civ. cass. 13 avr. 1859, aff. de Chaussergue, D. P. 59. 1. 167); — 3° De l'inobservation des règles en matière de nantissement (Req. 3 févr. 1862, aff. Demollon, D. P. 62. 1. 163); — 4° De ce que la chose donnée en gage a été attribuée au créancier gagiste sans estimation préalable (Req. 4 avr. 1866, aff. Banque suisse, D. P. 67. 1. 33); — 5° De ce qu'une société aurait été considérée comme une société en commandite, alors qu'elle n'était qu'une association en participation (Req. 20 nov. 1861, aff. Amoudru, D. P. 62. 1. 131); — 6° De l'obligation personnelle à laquelle serait soumis l'administrateur d'une société anonyme étrangère, non autorisée, et par conséquent sans existence légale, envers les tiers avec lesquels il a traité (Civ. rej. 14 nov. 1864, aff. Jourde, D. P. 64. 1. 466); — 7° Du défaut de publication d'une modification apportée dans le personnel des associés (Civ. rej. 10 janv. 1870, aff. Anduze-Faris, D. P. 70. 1. 60); — 8° De ce que la personne à laquelle des offres réelles ont été signifiées n'avait pas reçu du créancier mandat de recevoir ces offres (Req. 18 mars 1879, aff. Dumas, D. P. 79. 1. 308); — 9° De ce qu'un arrêt aurait mis à la charge du mandataire les intérêts d'un reliquat de compte antérieur à toute mise en demeure (Req. 13 juin 1870, aff. Louis Cecconi, 2e arrêt, D. P. 71. 1. 134); — 10° De ce que la caution ne pouvait être condamnée à payer les intérêts et autres accessoires de la somme principale dont elle avait garanti le payement (Req. 27 nov. 1872, aff. Bordenave, D. P. 73. 1. 231); — 11° De ce que la saisie d'un navire serait nulle comme portant atteinte au droit de gage appartenant au demandeur, alors que celui-ci, devant les juges du fond, s'était prévalu seulement d'un droit de propriété sur le navire saisi (Req. 10 août 1875) (1); — 12° De ce que les intérêts des arrérages d'une rente ont été alloués à partir de la mise en demeure de payer les arrérages, et non pas seulement à dater de la demande de ces intérêts (Civ. rej. 20 mai 1874, aff. Sens-Olive, D. P. 75. 1. 21); — 13° De ce que la résolution d'une constitution de rente pour défaut de payement des arrérages a été demandée, non dans l'exploit introductif d'instance, mais par de simples conclusions prises au cours de l'instance (Civ. rej. 29 août 1860, aff. Hédouin, D. P. 60. 1. 428).

444. Il a été décidé : que les créanciers de l'acquéreur d'un immeuble ne peuvent se prévaloir, devant la cour de cassation, de l'existence de droits hypothécaires non invoqués devant les juges du fait, afin de se faire attribuer la qualité de tiers dans le sens de l'art. 7 de la loi du 24 mars 1855 (Civ. rej. 27 mars 1861, aff. Joyeuse, D. P. 61. 1. 102); — Que le notaire, déclaré responsable de la nullité d'une inscription hypothécaire opérée dans un bureau autre que celui de la circonscription dans laquelle l'immeuble est situé, n'est pas recevable à soutenir pour la première fois devant la cour de cassation la validité de l'inscription basée sur l'illégalité du décret modificatif des circonscriptions établies par la loi du 11 vent. an 7 (Req. 25 nov. 1872, aff. Delaporte, D. P. 73. 1. 134). — Ne peuvent être invoqués pour la première fois devant la cour de cassation les moyens tirés : 1° de ce qu'une partie n'aurait pas eu qualité pour consentir une hypothèque (Civ. rej. 11 janv. 1870, aff. Mauléon, D. P. 70. 1. 60); — ... 2° De la nullité d'une inscription hypothécaire, par le motif que la succession, sur les biens de laquelle elle a été prise, aurait été acceptée sous bénéfice d'inventaire (Civ. rej. 8 juin 1869, aff. Milhé de Saint-Victor, D. P. 69. 1. 480); — ... 3° De ce qu'un créancier hypothécaire n'a pas été admis, pour le surplus des intérêts de sa créance dépassant deux années d'intérêts et l'année courante, à concourir aux répartitions dans la masse chirographaire (Civ. rej. 15 avr. 1846, aff. faillite Moisson, D. P. 52. 1. 119); — ... 4° De ce qu'un ouvrier, ayant été employé directement par un patron dans le mois qui a précédé la déclaration de faillite de celui-ci, aurait droit à un privilège à raison des salaires qui lui sont dus (Req. 25 févr. 1878, aff. Lemoine, D. P. 78. 1. 302); — ... 5° De l'extinction d'un privilège résultant de la transformation de la chose qui en est grevée (Civ. rej. 28 juill. 1851, aff. Hallette, D. P. 51. 1. 233). — La partie qui a excipé du défaut de transcription d'un acte auquel elle donnait la qualification de bail ne peut, devant la cour de cassation, invoquer le défaut de transcription du même acte en lui donnant la qualification d'un acte translatif de propriété (Req. 7 févr. 1870, aff. Dupré, D. P. 70. 1. 303).

445. La cour de cassation a encore rejeté, comme nouveaux, les moyens tirés : 1° de ce que le délai d'un an dans lequel l'action en complainte doit être exercée, n'a commencé à courir que lors du dernier fait de trouble, le demandeur ayant acquis une nouvelle possession annale depuis les faits de trouble qu'il avait eu à subir antérieurement : (Civ. cass. 18 août 1880, aff. de Chastenet, D. P. 81. 1. 451); — ... 2° De la prescription d'une obligation (Civ. rej. 3 août 1863, aff. de Fortis, 2e arrêt, D. P. 63. 1. 363); — ... 3° De la prescription d'une action en reddition du compte à rendre par un héritier bénéficiaire aux créanciers de la succession (Req. 7 août 1860, aff. Lavergneau, D. P. 60. 1. 506); — ... 4° De la prescription des intérêts dus depuis plus de cinq années (Req. 20 juin 1881, aff. Allart Rousseau, D. P. 83. 1. 262); — ... 5° De la prescription de deux ans applicable à l'action en recouvrement des amendes d'enregistrement et du timbre (Civ. rej. 12 août 1856, aff. L'Union riveraine, D. P. 56. 1. 362); — ... 6° De la prorogation des délais de la prescription résultant des décrets des 9 sept. et 4 oct. 1870 et de l'art. 1er de la loi du 26 mai 1871 (Req. 17 janv. 1877, aff. Le Tumelin, D. P. 78. 1. 19); — ... 7° De la violation des règles relatives à la revendication des valeurs détournées ou perdues, alors qu'on s'est borné à réclamer devant le juge du fait la réparation du préjudice qu'un banquier a causé à une partie en achetant des valeurs détournées (Req. 24 mars 1874, aff. d'Audiffret, D. P. 74. 1. 246).

446. — MATIÈRES COMMERCIALES. — Ont été écartés comme nouveaux, à raison de ce qu'ils étaient présentés pour la première fois devant la cour de cassation : 1° le moyen tiré de ce que l'opération qui a donné lieu au litige n'avait pas le caractère d'un acte de commerce (Civ. rej. 7 déc. 1868, aff. Dantony, D. P. 69. 1. 83); — 2° Le moyen de nullité tiré de l'inobservation des formalités prescrites par les art. 42 et suiv. c. com. (Req. 24 janv. 1872, aff. Jarre, D. P. 72. 1. 300); — 3° Le moyen tiré de ce que la transmission d'une lettre de change n'a pas été valablement faite, faute d'endossement et même de tradition régulièrement prouvée (Req. 14 août 1871, aff. Vaysse, D. P. 71. 1. 317); — 4° Le moyen tiré de l'interdiction faite aux associés de créer des billets à ordre autrement que pour achat de marchandises, alors qu'on a demandé, devant les premiers juges, la nullité des billets comme n'ayant pas une cause commerciale (Req. 16 août 1875, aff. Levillayer, D. P. 76. 1. 422); — 5° Le moyen pris de ce que le porteur d'un billet à ordre est sans qualité pour en poursuivre le payement, parce que ce billet serait devenu la propriété d'un tiers qui l'avait payé par intervention (Req. 21 févr. 1853, aff. Lugardon, D. P. 53. 1. 157); — 6° Le moyen tiré de l'irrégularité de l'endossement en blanc d'un billet à ordre (Req. 3 mai 1875) (2). — Il a été jugé aussi : que le souscripteur d'un billet dont le payement est réclamé

(1) (Lacy C. Maujot, Ravagé et Haas.) — LA COUR; — Sur le moyen unique, pris de la violation des art. 2071 et suiv., c. civ. : — Attendu que ce moyen est nouveau et, par conséquent, non recevable devant la cour de cassation; qu'en effet, loin que le demandeur se soit prévalu devant les juges du fond, de la qualité de créancier gagiste sur le *Stannington*, il a soutenu, au contraire, qu'il était propriétaire, au moins en partie, de ce steamer pour avoir fourni une portion considérable du prix; que si, dans des actes extrajudiciaires, on rencontre cette affirmation que Lacy était créancier gagiste du *Stannington*, cette allégation produite par les adversaires de Lacy pour établir la simulation de la vente du navire, ne paraît pas avoir été acceptée par Lacy; que, dès lors, les juges du fond, saisis par les conclusions des demandeurs de la question de propriété du *Stannington*, ne pouvaient d'office substituer à cette question celle de gage sur ce même navire; — Rejette, etc.

Du 10 août 1875.-Ch. req.-MM. de Raynal, pr.-d'Oms, rap.-Reverchon, av. gén., c. conf.-Bozérian, av.

(2) (Guy-Lesport C. Lalanne.) — LA COUR; — Sur le moyen unique, pris de la violation des art. 187, 188, 137 et 138 c. com., et des principes en matière de transmission par fausse application

par un individu qui en est porteur en vertu d'un endos irrégulier et qui par suite doit être réputé simple mandataire du bénéficiaire, ne peut opposer devant la cour de cassation les exceptions et compensations dont il aurait le droit de se prévaloir vis-à-vis de ce dernier, s'il a omis de le faire devant les juges du fond (Req. 21 févr. 1870, aff. Perrochon, D. P. 70. 1. 364); — ... Que le débiteur qui a conclu à la confirmation pure et simple du jugement par lequel la prescription d'un billet à ordre a été admise à son profit, n'est pas recevable à invoquer pour la première fois; devant la cour de cassation, l'illégalité de la formule de l'affirmation, imposée comme condition de cette prescription (Civ. cass. 14 nov. 1871, aff. Jacquet, D. P. 73. 1. 140).

On ne peut prétendre pour la première fois devant la cour de cassation que la condition d'encaissement à laquelle sont subordonnées les remises faites en compte courant ne s'est pas réalisée (Civ. rej. 13 mars 1854, aff. Armingaud, D. P. 54. 1. 130); — ... Ou qu'une somme a été versée à la Banque de France, non à titre de dépôt, mais à titre de compte courant, et tombait, dès lors, sous l'application de l'art. 33 de la loi du 24 germ. an 11, qui défend de frapper d'opposition les sommes déposées à la Banque de France en compte courant (Req. 1er févr. 1859, aff. Thezard, D. P. 59. 1. 266). — Ne peuvent être proposés pour la première fois devant la cour de cassation : 1° le moyen tiré de ce que l'arrêt attaqué aurait conservé à un créancier gagiste les objets dont ce créancier était nanti, bien qu'il eût voté au concordat pour la portion de la créance qui était privilégiée (Civ. rej. 23 nov. 1852, aff. Debladis, D. P. 52. 1. 324); — 2° Le moyen tiré de la nullité du payement d'une dette non échue fait par le failli à un de ses créanciers postérieurement à la cessation de ses payements (Req. 10 juin 1873, aff. Veron, D. P. 74. 1. 83); — 3° La demande formée par l'acheteur en restitution de la partie du prix par lui payée au failli (Req. 20 nov. 1871, aff. Keittinger, D. P. 72. 1. 188); — 4° Le moyen tiré de ce qu'une cession de biens faite à ses créanciers par un débiteur depuis tombé en faillite renfermerait une violation des règles de la cession (Civ. rej. 24 juill. 1867) (1); — 5° Les moyens ou exceptions fondés sur la qualité de failli concordataire et sur les dispositions légales relatives à l'exécution des concordats (Req. 28 mars 1876, aff. Delhoumeau, D. P. 77. 1. 491); — 6° Le moyen tiré du droit pour les obligés, autres que le souscripteur d'un billet à ordre, de conserver, en cas de faillite du souscripteur, le bénéfice du terme en donnant caution (Req. 5 août 1858, aff. Ruinat, D. P. 59. 1. 123).

L'assureur qui, devant les juges du fait, s'est borné à demander qu'une action d'avaries fût déclarée non recevable faute de justification, ne peut, s'il succombe, se faire un moyen de cassation : du mode de règlement de l'avarie (Civ. rej. 11 avr. 1860, aff. Dupré, D. P. 60. 1. 240); — ... Ou de ce qu'ayant assuré concurremment avec une autre compagnie, il ne devait être condamné que pour moitié dans les termes de l'art. 358 c. com. (Civ. rej. 28 nov. 1881, aff. Comp. d'assur. *le Nord*, D. P. 82. 1. 217).

Est non recevable devant la cour de cassation le moyen tiré par le directeur d'une compagnie de transports maritimes de ce que, simple agent de la compagnie, il n'a pu l'obliger (Req. 21 nov. 1882, aff. de Bournonville, D. P. 83. 1. 380); — ... Le moyen tiré de ce que la décision attaquée a omis de tenir compte, dans le calcul d'un délai de transport, du supplément de délai à raison du camionnage au départ (Civ. rej. 24 mai 1869, aff. Laurent, D. P. 69. 1. 275); — ... La fin de non-recevoir résultant, au profit du voiturier, de la réception des objets transportés et du payement du prix de la voiture (Civ. rej. 30 avr. 1872, aff. Perir, D. P. 72. 1. 173); — ... Le moyen tiré de ce que, dans les dépenses de réparations à évaluer pour décider s'il y a lieu à délaissement d'un navire assuré, le profit maritime de l'emprunt à la grosse que nécessiteraient ces dépenses n'a pas été compris (Req. 7 déc. 1869, aff. Hermann, D. P. 70. 1. 295); — ... Le moyen tiré de ce que, d'après l'une des clauses générales d'une police d'assurances, l'assureur était responsable de la faute commise par le capitaine en chargeant les marchandises sur le pont (Civ. rej. 15 avr. 1873, aff. Kruger, D. P. 73. 1. 430); — ... Le moyen tiré de la violation des arrêts du conseil d'État des 7 août, 2 oct. 1785, 22 sept. 1786 et 14 juill. 1787, qui déterminent les conditions de validité des marchés à terme sur les effets publics (Req. 1er avr. 1856, aff. Chuchet, D. P. 56. 1. 148); — ... Le moyen tiré par une partie actionnée, comme n'ayant pas pris livraison d'une rente achetée à terme, en payement de la différence entre le prix d'achat et celui de revente de la même rente, de ce que cette revente n'aurait pu être valablement effectuée qu'avec une autorisation de justice (Civ. rej. 4 août 1862, aff. Engler, D. P. 62. 1. 339); — ... Le moyen tiré de ce qu'un banquier n'aurait pas rempli les formalités légales pour la vente de titres au porteur remis à titre de couverture (Req. 9 juill. 1885, aff. Kühne, D. P. 86. 1. 419); — ... Le moyen pris de ce qu'une convention sur laquelle on fonde le droit d'user d'un procédé breveté, doit être déclarée nulle par défaut de cause, ou inefficace comme subordonnée à une condition défaillie (Req. 17 avr. 1877) (2); — ... Le moyen tiré de la divulgation de l'invention antérieurement à la demande de brevet, ou de l'insuffisance de la description du procédé (Civ. cass. et Civ. rej. 11 mai 1870, aff. Levasseur, aff. Toulouse, D. P. 70. 1. 430-431).

447. — PROCÉDURE. — Ne peuvent être présentés pour la première fois devant la cour de cassation les moyens tirés : 1° du défaut de pouvoir des administrateurs d'une société pour intenter une action en justice (Civ. rej. 24 mai 1870, aff. Gislain, D. P. 70. 1. 407); — ... 2° De ce que le supérieur d'une société civile religieuse, auquel a été signifié l'arrêt

---

de l'art. 136 du même code : — Attendu que le pourvoi reproche à l'arrêt attaqué, rendu par la cour d'appel de l'île de la Réunion le 29 août 1873, de n'avoir point tiré les conséquences juridiques de l'irrégularité de l'endossement par lequel avait été passé à Lalanne le billet litigieux, et d'avoir indûment reconnu à celui-ci le droit de recourir contre le souscripteur pour le remboursement d'un effet qu'il avait payé; — Que Lesport, aujourd'hui demandeur en cassation, ne s'est prévalu devant les juges du fond, ni de ce que l'endossement était en blanc, ni d'aucune déchéance que Lalanne aurait encourue; que, par suite, il n'est pas recevable à présenter, pour la première fois, devant la cour de cassation, ce moyen mélangé de fait et de droit; — Rejette, etc.

Du 3 mai 1875.-Ch. req.-MM. de Raynal, pr.-Connelly, rap.-Babinet, av. gén., c. conf.-Mazeau, av.

(1) (Synd. Lartigue *C.* Lefèvre et Tiphaine.) — LA COUR; — Sur les premier et deuxième moyens : — Attendu qu'ils sont pris de la violation des art. 1856, 1857 et 1988 c. civ., et en outre des art. 1265 et 1267 du même code, en ce que, d'une part, Lartigue, gérant de la société Lartigue, Bérard et comp., aurait aliéné, sans en avoir le droit, le capital social, et d'autre part consenti, par l'acte du 8 août 1860, une cession de biens nulle en tant qu'elle n'aurait pas volontairement été acceptée par tous les créanciers; — Mais attendu que le syndic de la faillite n'a relevé ni l'un ni l'autre de ces griefs dans son exploit de demande, non plus que dans ses conclusions soit devant le tribunal de Saint-Denis, soit devant la cour impériale de la Réunion, et qu'il s'est borné alors à demander la nullité de l'acte précité du 8 août 1860, en se fondant sur les art. 597 et 447 c. com.; — Qu'il suit de là que les deux premiers moyens à l'appui du pourvoi n'ayant pas été proposés devant les juges du fait, il y a lieu de les tenir pour nouveaux devant la cour et de les déclarer par suite non recevables.

Du 24 juill. 1867.-Ch. civ.-MM. Pascalis, pr.-Aylies, rap.-Blanche, av. gén.-Hérold, Brugnon et Guyot, av.

(2) (Bessemer *C.* Schneider.) — LA COUR; — Attendu que le dispositif de l'arrêt attaqué trouve une justification complète dans l'existence d'une convention intervenue entre les parties en mai 1862 et sur laquelle les juges ont fondé le droit du défendeur éventuel à l'usage de tous les procédés brevetés à diverses dates par Bessemer; — Attendu que, devant les deux degrés de juridiction, cette convention n'a pas été attaquée par des conclusions tendant à faire prononcer sa nullité à défaut de cause (art. 1131) ou à faire déclarer qu'elle était subordonnée à une condition qui aurait défailli (art. 1176); — Que, dès lors, à ce double point de vue, le moyen est nouveau et par suite non recevable; — Attendu que les règles générales d'interprétation ou d'application des contrats formulées dans les art. 1134 et 1158 c. civ. n'ont pu être violées par l'arrêt qui, après les avoir lui-même invoquées en principe, a attribué à la convention un sens et une portée conformes à l'interprétation qu'il a fondée sur les termes de l'acte de 1862, sur la commune intention des parties et sur l'exécution donnée par elles au traité; — Que, dans ces conditions, l'interprétation par les juges du fait est souveraine et échappe au contrôle de la cour de cassation; — Rejette, etc.

Du 17 avr. 1877.-Ch. req.-MM. de Raynal, pr.-Babinet, rap.-Desjardins, av. gén., c. conf.-Bosviel, av.

d'admission d'un pourvoi, n'avait pas qualité pour recevoir cette signification, alors qu'il a obtenu le jugement attaqué en agissant tant en son nom personnel qu'au nom de la société (Civ. cass. 2 août 1886, aff. Société Saint-Bertin, D. P. 86. 1. 446); — ... 3° De l'incapacité d'une chambre syndicale d'agents de change pour agir en justice (Req. 12 juill. 1870, aff. Laforge, D. P. 71. 1. 333); — ... 4° De ce que le syndic de la faillite d'une société en commandite est sans qualité pour agir au nom des créanciers *ut singuli* (Req. 23 févr. 1870, aff. Berthon, D. P. 71. 1. 229); — ... 5° De la violation de la maxime « nul en France ne plaide par procureur » (Req. 4 juill. 1849, aff. syndicat des marais du Mesnil, D. P. 51. 5. 66; Civ. rej. 9 mai 1876)(1); — ... 6° De ce qu'une action, en matière de faillite, n'a pas été intentée contre le syndic (Req. 18 août 1863, aff. Corel, D. P. 64. 1. 39); — ... 7° De ce qu'un jugement a été rendu contre un prodigue sans l'assistance de son conseil judiciaire, si en appel cette assistance est venue compléter la capacité du prodigue (Req. 24 juill. 1877) (2); — ... 8° De ce que les immeubles abandonnés par une femme à la faillite de son mari auraient dû être vendus par le syndic sous l'autorisation du juge-commissaire, dans la forme prescrite pour les biens de mineurs (Req. 23 juill. 1878)(3). — Une fin de non-recevoir non appréciée par l'arrêt intervenu ne peut être invoquée devant la cour de cassation à l'appui de cet arrêt (Civ. cass. 19 mai 1851, aff. Milan, D. P. 51. 1. 138).

Le moyen tiré de ce que les dépens occasionnés par la présence du mari à l'instance en séparation de biens intentée par sa femme doivent être mis à la charge personnelle du mari ne peut être soulevé pour la première fois devant la cour de cassation (Req. 23 févr. 1880, aff. Riasse, D. P. 80. 1. 337). De même, on a rejeté comme nouveaux : le moyen pris de ce qu'un jugement a prononcé mal à propos une condamnation solidaire aux dépens (Req. 9 août 1852, aff. Bing, D. P. 54. 5. 95; 13 janv. 1857, aff. de Valmy, D. P. 57. 1. 106); — ... Le moyen tiré de ce qu'une des parties aurait pris des conclusions nouvelles après un arrêt de partage (Req. 10 mai 1859, aff. Hospices de Bordeaux, D. P. 59. 1. 422); — ... Le moyen pris de la non-recevabilité de l'intervention formée en appel au nom d'une partie demeurée étrangère à cet appel, et à l'égard de laquelle le jugement a acquis l'autorité de la chose jugée (Civ. rej. 20 nov. 1860, aff. Maes, D. P. 61. 1. 5); — ... Le moyen tiré de ce qu'un jugement de première instance a été réformé à tort au profit de l'adversaire qui n'avait pas régulièrement appelé, et à l'égard duquel, par suite, le jugement avait acquis l'autorité de la chose jugée (Req. 21 juill. 1879, aff. Angeli, D. P. 81. 1. 348); — ... Le moyen tiré de l'admission en appel d'une demande nouvelle (Req. 18 nov. 1878)(4); — ... Le moyen pris de ce qu'une demande aurait été formulée pour la première fois en appel, alors que la partie, au lieu de soulever l'exception de nouveauté devant les juges d'appel, a accepté le débat sur le fond (Req. 24 juill. 1883) (5); — ... Le moyen tiré de la violation d'un contrat judiciaire, résultant de ce que la cour aurait annulé un jugement interlocutoire ordonnant une enquête et exécuté volontairement par les parties (Req. 30 déc. 1878, aff. Mailley, D. P. 79. 1. 231); — ... Le moyen tiré de ce qu'un jugement rendu en matière d'ordre n'a pas été précédé du rapport du juge-commissaire (Req. 21 mars 1881, aff. Gravier, D. P. 81. 1. 305; 9 févr. 1886, aff. Morel-Chanteau, D. P. 86. 1. 453); — ... Le moyen pris de la violation de la règle que les jugements rendus en matière d'ordre ne sont pas susceptibles d'opposition (Req. 7 août 1860, aff. Lavergneau, D. P. 60. 1. 506); — ... Le moyen pris de ce qu'un jugement a prononcé à tort la solidarité (Req. 20 mai 1879, aff. Comp. *le Phénix*, D. P. 80. 1. 35); — ... Le moyen tiré de l'omission d'un procès-verbal d'enquête dans une cause sommaire susceptible d'appel (Req. 1er juin 1881, aff. Chatterin, D. P. 83. 1. 332); — ... Le moyen tiré de la nullité d'une enquête (Req. 12 mai 1885 (6); Civ. rej. 8 mars 1886, aff. d'Ecquevilley, D. P. 86. 1. 415); — ... Le moyen tiré, dans une demande en péremption d'instance, de ce que la cause était tenue en suspens par le retrait des pièces produites entre les mains du magistrat rapporteur de l'affaire (Civ. rej. 4 janv. 1859, aff. habitants de Montruffet, D. P. 59. 1. 177); — ... Le moyen pris de ce que le délai de la péremption s'étant accompli durant les formalités de la purge, le renouvellement de l'inscription hypothécaire n'était plus nécessaire (Req. 24 janv. 1849, aff. Maxime, D. P. 49. 1. 18); — ... Le moyen tiré de l'indivisibilité d'intérêt en vertu de laquelle une partie aurait dû être admise à profiter de l'appel d'une autre partie (Req. 1er déc. 1863, aff. Dupras, D. P. 64. 1. 133); — ... Le moyen pris de ce que l'effet suspensif de l'appel d'un jugement qui ordonne une enquête s'oppose à ce que l'intimé qui, au moment de cet appel, avait commencé l'enquête dans le délai légal, puisse être déclaré déchu du droit d'y procéder sous prétexte qu'il a laissé expirer ce délai (Req. 20 juill. 1857, aff. Lecorbellier, D. P. 57. 1. 448); — ...

(1) (Comte de Bouillé et ville de Nevers *C.* Jugeat.) — LA COUR; — Sur le premier moyen, tiré de la violation des art. 1832 c. civ., 61 et 69 c. pr. civ. : — Attendu qu'il n'est pas établi par les qualités du jugement attaqué que ce moyen ait été soumis au tribunal de Nevers; — Que si, en effet, il est constaté que de Bouillé a conclu à ce que la demande formée contre lui fût déclarée non recevable, il ressort des motifs du jugement qu'il ne fondait pas la fin de non-recevoir par lui proposée sur ce qu'il n'aurait pas qualité pour représenter la société d'agriculture de la Nièvre, mais bien uniquement sur ce que l'action intentée par Jugeat aurait dû être dirigée contre les exposants; — D'où il suit que le moyen, tel qu'il est formulé par le pourvoi, est nouveau; — Déclare ce moyen non recevable...

Du 9 mai 1876.-Ch.-civ.-MM. Mercier, pr.-Goujet, rap.-Bédarrides, 1er av. gén., c. conf.-Hérisson et Brugnon, av.

(2) (Duroussy C. Gillaizeau.) — LA COUR; — Sur le moyen tiré de la violation des art. 499, 513 c. civ., 153 et 173 c. pr. civ. : — Attendu que la demoiselle Duroussy procédait devant la cour d'Angers régulièrement assistée de son conseil judiciaire; — Qu'elle n'est pas recevable à se plaindre du rejet des conclusions de son adversaire; — Qu'elle n'a pas conclu elle-même à la nullité pour vices de forme du jugement qu'elle avait frappé d'appel au fond; — Que si l'ordre public est intéressé à ce que les tribunaux protègent le prodigue non assisté en relevant d'office la nullité d'une procédure résultant du défaut d'assistance, il en est tout autrement dès que l'assistance du conseil a complété la capacité du prodigue et l'a placé dans une condition égale à celle de son adversaire; — Qu'il suit de là que ce moyen est nouveau; qu'il n'est pas de nature à être proposé pour la première fois devant la cour de cassation, et que, dès lors, il est irrecevable; — Rejette, etc.

Du 24 juill. 1877.-Ch. req.-MM. Bédarrides, pr.-Cuniac, rap.-Godelle, av. gén., c. conf.-Chambareaud, av.

(3) (Perthuy-Martineau *C.* syndic Perthuy-Martineau.) — LA COUR; — Sur la troisième branche du même moyen, prise de la violation de l'art. 541 c. com., modifié par la loi du 17 juill. 1856, des art. 534, 572 c. com., et 957 et suiv. c. pr. civ.: — Attendu que la dame Perthuy-Martineau soutient pour la première fois devant la cour de cassation que ses immeubles auraient dû, en tous cas, être vendus par le syndic, sous l'autorisation du juge commissaire, dans la forme prescrite pour la vente des biens des mineurs; que le moyen est, dès lors, nouveau en cette troisième branche, et partant irrecevable; — Rejette, etc.

Du 23 juill. 1878.-Ch. req.-MM. Bédarrides, pr.-Petit, rap.-Robinet de Cléry, av. gén., c. conf.-Chambareaud, av.

(4) (Badeuil *C.* Liandier.) — LA COUR; — Sur le premier moyen, tiré de la violation de l'art. 464 c. civ.: — Attendu qu'il n'a été posé en appel aucune conclusion tendant à faire rejeter comme nouvelle la demande du payement des intérêts échus du 1er juin au 6 sept. 1860; que ce moyen, qui d'ailleurs manquerait en fait, est nouveau, et ne peut être proposé pour la première fois devant la cour de cassation;

Par ces motifs, rejette, etc.

Du 18 nov. 1878.-Ch. req.-MM. Bédarrides, pr.-Voisin, rap.-Lacointa, av. gén., c. conf.-Sabatier, av.

(5) (Broca *C.* Latapie et Daguerre.) — LA COUR; ... — Attendu que, d'un autre côté, en supposant que l'allocation du montant de ces droits eût été demandée pour la première fois en appel, le moyen tiré de l'admission de cette demande nouvelle par la cour d'appel ne serait pas recevable, parce que cette exception, n'ayant pas été soumise aux juges d'appel, se produirait pour la première fois devant la cour de cassation ; que ce grief doit, en conséquence, être rejeté comme non recevable; — Rejette, etc.

Du 24 juill. 1883.-Ch. req.-MM. Bédarrides, pr.-Féraud-Giraud, rap.-Petiton, av. gén., c. conf.-P. Dareste, av.

(6) (Fourmont *C.* Fourmont.) — LA COUR; ... — Sur le second moyen, tiré de la violation de l'art. 262 c. pr. civ., en ce que l'un des témoins entendus dans l'enquête n'a pas prêté serment : — Attendu que ce moyen, n'ayant pas été proposé au juge d'appel, ne peut l'être pour la première fois à la cour de cassation ; — Rejette, etc.

Du 12 mai 1885.-Ch. req.-MM. Bédarrides, pr.-Bécot, rap.-Chévrier, av. gén., c. conf.-Massenat-Déroche, av.

Le moyen tiré, contre une ordonnance de référé et l'arrêt confirmatif de cette ordonnance, du défaut d'urgence (Req. 29 juin 1859, aff. Darblay, D. P. 59. 1. 391); — ... Le moyen de nullité d'une adjudication sur saisie immobilière pris de ce que les annonces ou affiches ne contiennent pas la désignation de toutes les parcelles (Req. 2 juill. 1851, aff. Girard, D. P. 51. 1. 240); — ... Le moyen pris de ce que l'art. 703 c. pr. civ. ne devrait pas être étendu au cas d'adjudication après conversion de saisie en vente volontaire (Req. 5 juin 1861, aff. Coupé, D. P. 61. 1. 379); — ... Le moyen tiré de ce que le tribunal a jugé à tort comme ordinaire une instance en partage qui aurait dû, aux termes de l'art. 823 c. civ., être jugée comme en matière sommaire (Req. 2 déc. 1872) (1); — ... Le moyen tiré, pour établir devant la cour de cassation qu'un jugement a été rendu en dernier ressort, de ce qu'une portion de la somme réclamée dans l'exploit introductif d'instance n'était pas contestable (Civ. cass. 5 nov. 1856, aff. Grimault, D. P. 56. 1. 389); — ... Le moyen tiré de la violation de l'art. 173 c. pr. civ. (Req. 12 nov. 1873, aff. de Blainville, D. P. 74. 1. 296); — ... Le moyen tiré de l'irrégularité d'un acte d'appel, si la nullité de l'appel n'a pas été demandée en vue de la réparation de cette même irrégularité (Req. 30 déc. 1856, aff. Hébert, D. P. 57. 1. 203); — ... Le moyen tiré de l'omission de certaines pièces de comparaison dans le dépôt au greffe ordonné par une cour d'appel pour la vérification d'écriture d'un testament olographe (Req. 7 mai 1872, aff. Duverger, D. P. 72. 1. 448); — ... Le moyen pris de ce que le tiers arbitre ne se serait pas conformé à l'avis de l'un des autres arbitres, mais aurait rendu sa sentence avec le concours de ces derniers (Req. 26 févr. 1856, aff. Brigaud, D. P. 56. 1. 145); — ... Le moyen tiré de ce que les juges ont nommé d'office les experts sans réserver aux parties le droit, qui leur est conféré par la loi, de les désigner elles-mêmes (Req. 7 juin 1869, aff. Daniel, D. P. 71. 1. 117); — ... Le moyen de nullité tiré du défaut de serment des témoins entendus dans l'enquête contre un notaire poursuivi disciplinairement (Req. 20 juill. 1869, aff. C..., D. P. 71. 1. 328); — ... Le moyen de nullité tiré de ce que le procès-verbal d'une visite de lieux faite par un juge de paix a été dressé, non par son greffier, mais par les experts (Req. 13 mai 1868, aff. Thuret, D. P. 69. 1. 300); — ... Le moyen tiré de ce qu'une exécution provisoire, ayant été ordonnée sans que le bail d'une caution ait été imposé, n'a pu, étant irrégulière, enlever à l'appel son effet suspensif (Req. 23 févr. 1870, aff. Fabry, D. P. 71. 1. 175); — ... Le moyen tiré de ce qu'une saisie réelle a porté, non pas sur l'immeuble vendu et non payé, mais sur les autres biens du débiteur (Civ. rej. 20 mai 1874, aff. Sens-Olive, D. P. 76. 5. 67); — ... Le moyen pris de ce qu'un créancier n'a pu être subrogé à une saisie immobilière à raison de la nullité de cette saisie (Req. 14 janv. 1874, aff. Lannelue, D. P. 74. 1. 57); — ... Le moyen pris de ce qu'un arrêt aurait statué *ultrà petita* et violé la loi en allouant au créancier des intérêts à un taux supérieur et à partir d'une époque antérieure à la demande, si le débiteur n'a pas contesté devant les juges d'appel les chefs du jugement relatifs à ladite allocation (Req. 7 mai 1872, aff. Ponson-Dubois, D. P. 73. 1. 40); — ... Le moyen tiré de ce qu'un testament a été annulé pour fausseté de sa date, sans avoir été combattu par l'inscription de faux (Req. 23 mars 1885, aff. Le Temple, D. P. 86. 1. 108); — ... Le moyen pris de la nullité d'une procédure d'inscription de faux, résultant de ce que la pièce arguée de faux n'a pas fait l'objet du procès-verbal exigé par les art. 224 et 225 c. pr. civ. (Req. 22 mars 1869, aff. Mérigot, D. P. 69. 1. 448).

448. Ont encore été rejetés comme nouveaux, dans diverses matières : le moyen tiré de la violation de la loi étrangère, alors que devant les juges du fond on a réclamé l'application de la loi française (Req. 6 janv. 1869, aff. Aguado, D. P. 69. 1. 224; Civ. cass. 23 janv. 1878, aff. Antonioz, D. P. 78. 1. 369); — ... Le moyen tiré de ce qu'un arrêt intervenu sur une demande en dommages-intérêts, formée à raison de faits qui pouvaient constituer une dénonciation calomnieuse, n'avait point été précédé d'une décision de l'autorité compétente sur la vérité ou la fausseté des faits dénoncés (Req. 7 juill. 1880, aff. Cancalon, D. P. 82. 1. 71); — ... Le moyen tiré de ce qu'un défunt ayant laissé des parents connus, l'Etat ne pourrait réclamer l'envoi en possession de sa succession présumée en deshérence (Req. 9 juill. 1873, aff. Olivier, D. P. 74. 1. 80); — ... Le moyen pris de ce qu'un terrain revendiqué fait partie d'un chemin vicinal (Civ. rej. 16 févr. 1859, aff. Prieur, D. P. 59. 1. 53); — ... Le moyen tiré de la déchéance encourue par l'usager d'une forêt domaniale qui n'a pas intenté de demande en reconnaissance de son droit d'usage dans les deux ans de la publication du code forestier (Req. 8 juill. 1857, aff. Lefebvre, D. P. 57. 1. 387); — ... Le moyen pris de ce que des travaux d'exploration de mines n'ont pas le caractère des travaux que l'art. 11 de la loi du 21 avr. 1810 défend d'opérer dans certains lieux déterminés (Req. 31 mai 1859, aff. Comp. des mines de Manganèse, D. P. 59. 1. 413); — ... Le moyen tiré de la loi du 28 août 1792, sur la réintégration des communes dans les biens dont elles ont été dépouillées par abus de la puissance féodale (Req. 8 août 1853, aff. Commune de Burgalays, D. P. 54. 5. 89); — ... Le moyen tiré de l'irrégularité de la notification de la vente d'une portion d'un immeuble exproprié (Civ. cass. 17 juin 1868, aff. Lacarrière, D. P. 68. 1. 326); — ... Le moyen tiré de ce qu'une concession d'eau aurait été consentie, par le double conseil d'une ville du Comtat venaissin, sans l'adjonction des principaux propriétaires et habitants exigée par la loi du Comtat (Req. 21 août 1877, aff. ville de Carpentras, D. P. 78. 1. 424); — ... Le moyen tiré de l'irrégularité d'une extradition (Crim. rej. 11 mars 1880) (2). — Décidé qu'une partie qui a réclamé, en première instance et en appel, la propriété

(1) (Giroudon C. héritiers Giroudon.) — La cour; — Sur le premier moyen, pris de la violation des art. 823 c. civ., 404 et 966 c. pr. civ. : — Attendu que même en admettant que, s'agissant d'une instance en liquidation et partage, l'affaire aurait à tort été jugée comme ordinaire, et devrait, aux termes de l'art. 823 c. civ., être qualifiée de sommaire, il est certain que, dans l'un et l'autre cas, le tribunal et la cour avaient compétence pour en connaître; qu'il ne serait donc question que d'une erreur sur la procédure de première instance, et que le moyen ne serait recevable qu'autant qu'il aurait été proposé en cour d'appel; qu'il est présenté pour la première fois devant la cour de cassation, et, par conséquent, non recevable; — Sur le second moyen, tiré de la violation de l'art. 141 c. pr. civ. : — Attendu que ce moyen relatif tant à l'irrégularité qu'au défaut de mise en cause de plusieurs des héritiers, n'a pas été relevé en cour d'appel; qu'en admettant que le demandeur eût qualité pour présenter ce moyen, il serait non recevable à le produire pour la première fois devant la cour de cassation ...

Du 2 déc. 1872.-Ch. req.-MM. de Raynal, pr.-Anspach, rap.-Reverchon, av. gén., c. conf.-Hamot, av.

(2) (Pellegrini.) — La cour; — Sur le moyen unique du pourvoi, pris : 1° de ce que les faits sur lesquels est fondée la condamnation prononcée par l'arrêt attaqué se seraient accomplis, non en France, mais en Suisse, à Berne; 2° de ce que le demandeur, Thomas Pellegrini, est sujet italien, et non de nationalité française; d'où cette conséquence que l'extradition de sa personne accordée par le Gouvernement helvétique au Gouvernement français aurait été illégale à un double titre, et que les tribunaux français étaient incompétents pour le juger et le condamner;... — En ce qui touche la seconde branche : — Attendu que, le garde des sceaux ayant été averti par les autorités suisses qu'un individu arrêté à Berne sous le nom de Meugnier, mais se disant aussi Thomas Pellegrini, avait dû commettre plusieurs escroqueries en France, et notamment à Aix, une instruction fut ouverte en suite de laquelle l'extradition de Pellegrini fut demandée et obtenue; — Attendu que, en accordant cette extradition, le Gouvernement helvétique n'a fait que se conformer aux règles ordinaires et généralement acceptées du droit international; que Pellegrini, Italien d'origine, n'avait aucun droit à la protection due aux nationaux de l'Etat de Berne, et que l'autorité de cet Etat, qui d'abord l'avait fait arrêter, a pu légitimement le livrer à la justice française dont il avait violé les lois; — Attendu ainsi que, soit au point de vue des lieux où se sont passés les faits incriminés, soit au point de vue de la nationalité du prévenu, les objections élevées contre l'arrêt attaqué portent à faux; — Attendu, au surplus, que Pellegrini n'a excipé de la prétendue irrégularité de son extradition ni devant les juges du premier degré, ni devant les juges d'appel, et qu'aucune réclamation à ce sujet ne peut se produire pour la première fois devant la cour de cassation; — Attendu enfin que l'extradition est un acte libre de souveraineté et de haute administration qui excède la compétence des tribunaux et échappe à leur contrôle;

Par ces motifs, rejette, etc.

Du 11 mars 1880.-Ch. crim.-MM. de Carnières, pr.-Henry Didier, rap.-Ronjat, av. gén.

d'un surnom comme ayant appartenu à son père, ne peut exciper, pour la première fois devant la cour de cassation, du droit qu'aurait eu sa mère à ce même surnom (Civ. rej. 15 janv. 1861, aff. de Laroche, D. P. 61. 1. 176); — Qu'en cas de demande en payement d'une somme fixée en livres tournois et convertie en francs par le demandeur, sans réduction au taux représenté par le franc dans son rapport avec la livre tournois, la partie qui n'a point demandé cette réduction ne peut se plaindre, devant la cour de cassation, de ce que les juges ne l'ont point opérée (Req. 5 nov. 1860, aff. Legras, D. P. 61. 1. 300).

449. Ainsi qu'on l'a exposé au *Rép.* n° 1861, les moyens fondés sur des pièces ou des titres nouveaux, c'est-à-dire sur des actes dont on ne s'est point prévalu devant les juges du fond, ne sont pas admis devant la cour de cassation. Cette règle se rattache au principe, déjà plusieurs fois rappelé, d'après lequel la cour de cassation doit statuer dans les conditions mêmes où les juges du fond ont été appelés à connaître du débat.

Il a été jugé en ce sens: 1° que la constatation faite par un arrêt qu'un transport n'a été ni signifié, ni accepté, ne peut être contredite, devant la cour de cassation, par la production de documents qui n'ont pas été soumis aux juges du fait (Civ. rej. 28 août 1878, aff. Bussidan, D. P. 79. 1. 62); — 2° Que les déclarations d'un arrêt constatant qu'un entrepreneur de travaux publics a occupé un terrain sans remplir au préalable les formalités prescrites par le décret du 8 févr. 1868 ne peuvent être combattues par des pièces et documents qui n'ont pas été soumis à l'appréciation des juges du fond (Req. 23 juin 1879, aff. Valentin Adam, D. P. 80. 1. 28); — 3° Que la partie qui, actionnée en destruction d'arbres plantés en deçà de la distance légale, a excipé devant les juges du fond d'un usage local, est non recevable à produire devant la cour de cassation, sur l'usage dont s'agit et ses caractères légaux, des justifications non présentées aux juges du fait (Civ. rej. 24 mai 1864, aff. Roussel-Leroy, D. P. 64. 1. 229); — 4° Qu'une partie ne peut prouver par des documents produits pour la première fois devant la cour de cassation l'existence d'une faillite clôturée pour insuffisance d'actif, qu'elle a invoquée devant les juges du fond, sans en justifier (Civ. rej. 19 mars 1860, aff. Bideau, D. P. 60. 1. 135); — 5° Que la décision qui repousse, comme insuffisamment établie, une exception d'extranéité, ne peut être attaquée à l'aide de documents nouveaux produits pour la première fois devant la cour de cassation (Req. 21 juill. 1851, aff. Gurcel, D. P. 51. 1. 266). Mais si une pièce a été produite devant les juges du fond, la circonstance qu'elle n'a été visée qu'imparfaitement aux qualités de l'arrêt attaqué ne met pas obstacle à ce que ce document soit soumis à la cour de cassation. Ainsi, pour prouver qu'un moyen présenté en appel a été articulé et précisé, on peut, devant la cour de cassation, suppléer aux qualités de l'arrêt attaqué où le fait est mentionné, mais sans explications suffisantes, en produisant les conclusions signifiées devant la cour d'appel, si les qualités elles-mêmes constatent que des conclusions ont été signifiées, et si cette mention est jugée se référer aux conclusions qui sont produites (Civ. cass. 15 mars 1853, aff. Gutzeit, D. P. 53. 1. 100).

§ 3. — Des moyens nouveaux en matière criminelle. — Compétence. — Prescription. — Exemples divers (*Rép.* nos 1913 à 1956).

450. Ici, comme en matière civile, les moyens qui n'ont pas été proposés devant les juges du fond sont, en principe, irrecevables devant la cour de cassation (V. *Rép.* n° 1913). Quant aux moyens qui intéressent l'ordre public, non seulement ils peuvent être présentés pour la première fois par les parties, mais encore ils sont susceptibles d'être relevés d'office par la cour de cassation elle-même. C'est ce qui a été décidé formellement par plusieurs arrêts : 1° à l'égard d'un moyen de cassation tiré de ce qu'un arrêt a admis la preuve de faits diffamatoires imputés à un fonctionnaire public, en dehors des cas déterminés par la loi (Crim. cass. 9 mars 1850, aff. Tessié de Lamotte, D. P. 50. 1. 140); — 2° A l'égard des moyens qui intéressent l'ordre des juridictions, et qui ne peuvent, d'ailleurs, avoir pour effet d'aggraver le sort du prévenu (Crim. cass. 29 juin 1882, aff. Bischoffsheim, D. P. 82. 1. 383).

451. Parmi les moyens d'ordre public il faut ranger tout d'abord ceux qui ont trait à la compétence. Il est à remarquer qu'en matière criminelle il n'y a pas lieu de distinguer entre l'incompétence *ratione materiæ* et l'incompétence *ratione loci*. C'est du moins l'interprétation que les arrêts les plus récents ont donnée à l'art. 408 c. instr. cr. (V. *suprà*, n° 317). Toutefois, ce principe emporte plusieurs restrictions qu'il convient de noter.

En premier lieu, comme on l'a vu *suprà*, n° 318, l'accusé renvoyé devant une cour d'assises n'est pas recevable à exciper, contre l'arrêt de condamnation, de l'incompétence même *ratione loci* de la cour d'assises, s'il n'a pas attaqué l'arrêt de renvoi qui lui a été régulièrement notifié dans le délai légal ; il encourt, dans ce cas, la forclusion spéciale édictée par l'art. 296 c. instr. crim.

Une seconde restriction résulte de la règle qui veut que la situation du prévenu ne puisse être aggravée sur son seul recours. Si le prévenu est seul appelant, il peut bien décliner, pour la première fois devant le juge du second degré, la compétence de la juridiction correctionnelle ; mais s'il ne propose pas lui-même l'exception d'incompétence, la cour d'appel ne peut se déclarer d'office incompétente en se fondant sur ce que le fait poursuivi constituerait un crime, parce que ce serait aggraver la situation du prévenu sur son seul appel (Crim. règl. juges, 20 mars 1856, aff. Bertrand, D. P. 56. 5. 95). De cette impuissance du juge du second degré à déclarer d'office son incompétence, lorsqu'il n'est saisi que par le seul appel du prévenu, la chambre criminelle a conclu que le prévenu ne peut se faire un moyen de cassation de ce que la cour d'appel n'a pas déclaré l'incompétence de la juridiction correctionnelle (Crim. rej. 21 juin 1853, aff. Millet, D. P. 53. 5. 20; 13 mai 1853, aff. Benigne Sarron, *ibid.*; 26 mai 1864, aff. Salvaire, D. P. 64. 1. 502 ; 12 déc. 1868, aff. Gorce, D. P. 69. 1. 259). Au contraire, le principe général reste applicable, et le prévenu condamné, par la juridiction correctionnelle, pour un fait comportant une qualification criminelle peut proposer ce moyen d'incompétence pour la première fois devant la cour de cassation, si l'arrêt attaqué a été rendu, non sur son seul appel, mais sur celui du ministère public (Crim. cass. 14 févr. 1868, aff. Mas, D. P. 68. 1. 353).

Enfin, une dernière restriction résulte de ce que la cour de cassation ne peut connaître de faits et circonstances qui n'ont pas été soumis aux juges du fond. Ainsi les faits à l'aide desquels un prévenu prétend, pour contester la compétence du tribunal qui l'a jugé, démontrer que telle ville de l'arrondissement n'était ni le lieu du délit, ni celui de sa résidence, ne peuvent être articulés pour la première fois devant la cour de cassation (Crim. rej. 13 août 1868, aff. Piel-Desruisseaux, D. P. 69. 1. 486). De même, l'exception de prescription soulevée pour la première fois devant la cour de cassation ne peut être accueillie, lorsque le juge du fait n'en a pas déterminé avec précision le point de départ (Crim. rej. 6 juill. 1878) (1). La même restriction existe comme on l'a vu *suprà*, n° 426, en matière civile.

452. Ont encore été reconnues d'ordre public : 1° l'incompétence des tribunaux ordinaires pour connaître d'une demande tendant à la réparation de dommages causés aux propriétés riveraines par l'infiltration des eaux, provenant d'un vice de construction et du défaut d'entretien de tuyaux de canalisation établis par une ville pour des services publics (Crim. cass. 5 mai 1885, aff. Ville d'Orléans, D. P. 85. 1. 339) ; — 2° La nullité d'un procès-verbal de délit de

---

(1) (Manescau C. Beaure Gallet et autres.) — LA COUR ; — Sur l'exception de la prescription présentée par les défendeurs, pour la première fois devant la cour de cassation : — Attendu que ni le jugement, ni l'arrêt attaqué ne précisent les faits qui étaient imputés aux défendeurs devant la juridiction correctionnelle et ne constatent la date de ces faits; que la prescription ne saurait, en cour de cassation, être déclarée acquise qu'autant que le juge du fait en aurait avec précision déterminé le point de départ;

Par ces motifs, rejette l'exception de prescription...

Du 6 juill. 1878.-Ch. crim.-MM. de Carnières, pr.-Dupré-Lasale, rap.-Benoist, av. gén.-Carteron et Chambareaud, av.

chasse, pour défaut d'affirmation dans les vingt-quatre heures (Crim. cass. 27 févr. 1879, aff. Audousset, D. P. 79. 1. 190).

453. En dehors des moyens qui touchent à l'incompétence, il est de règle, en matière de police simple ou correctionnelle, que les nullités relatives à l'instruction de l'affaire, aux formes de procéder, à la preuve du délit et des faits justificatifs, ne sont pas d'ordre public. Il est donc loisible aux prévenus de ne pas se prévaloir de la violation des prescriptions édictées, et cette renonciation est présumée pour les irrégularités commises en première instance, quand le prévenu s'est abstenu de les alléguer en appel, de telle sorte qu'elles ne peuvent être relevées pour la première fois devant la cour de cassation. De nombreuses applications de cette règle ont été rapportées au *Rép.* n° 1923; la jurisprudence postérieure en fournit de nouveaux exemples. — Ne peut être proposé devant la cour de cassation, quand il ne l'a pas été devant la cour d'appel, le moyen tiré: 1° d'une prétendue irrégularité de l'exploit de citation (Crim. rej. 24 mai 1879, aff. Villain Landaiserie, D. P. 79. 1. 273), et notamment de ce que le prévenu n'a pas été désigné par ses prénoms (Crim. rej. 5 janv. 1878, aff. Senac, D. P. 78. 5. 77); ou de ce que l'arrêt de cassation renvoyant devant de nouveaux juges les condamnés ne leur a pas été notifié (Crim. rej. 27 sept. 1866, aff. Lenard, D. P. 66. 1. 506); — 2° De ce que les faits de la prévention n'auraient pas été suffisamment précisés dans la citation (Crim. rej. 2 juin 1883, aff. de Lespinasse, D. P. 84. 1. 427); — 3° Du refus, qu'aurait fait le premier juge, de disjoindre la cause d'un prévenu de celle d'autres prévenus compris dans la même poursuite (Crim. cass. 12 août 1864, aff. Muraine, D. P. 65. 5. 48); — 4° De ce que la preuve testimoniale n'aurait pas dû être admise (Crim. rej. 14 févr. 1873, aff. Chenon, D. P. 73. 1. 495); — 5° De l'irrégularité de la notification de la liste des témoins à l'accusé (Crim. rej. 31 mai 1872, aff. Georges, D. P. 73. 5. 69); — 6° De l'irrégularité commise dans la prestation du serment par un témoin cité devant le tribunal correctionnel (Crim. rej. 8 août 1861, aff. Raymond, D. P. 61. 5. 59; 28 mai 1864, aff. Delisle, 2° arrêt, D. P. 67. 1. 361; 24 juin 1864, aff. Level, D. P. 65. 5. 48; 16 nov. 1866, aff. Genty, D. P. 67. 1. 87; 23 août 1872, aff. Vulliard, D. P. 72. 1. 288; 29 mars 1878, aff. Larivoire, D. P. 79. 1. 92; 9 mai 1878, aff. Lescure, D. P. 79. 1. 43; 13 févr. 1885, aff. Fournier, D. P. 86. 1. 180. — V. aussi, à l'égard des mêmes irrégularités commises devant les tribunaux d'Algérie: Crim. rej. 29 juill. 1852, aff. Mehay, D. P. 52. 5. 71).

De même la cour de cassation a rejeté comme nouveaux : 1° le moyen tiré de ce que, parmi les pièces du procès, se trouve un procès-verbal de constat dressé par le président sans le greffier (Crim. rej. 20 juin 1872, aff. Derozier, D. P. 73. 5. 69); — 2° Le moyen pris de ce qu'une visite des lieux a été effectuée, par le premier juge, sans décision préalable et contradictoire (Crim. cass. 30 déc. 1859, aff. Ricord, D. P. 65. 5. 49); — 3° Le moyen tiré de ce qu'un prévenu a été représenté par un avoué (Crim. rej. 7 nov. 1884, aff. Bérauld, D. P. 86. 1. 142); — 4° Le moyen tiré du défaut de constatation suffisante de la prestation de serment, qui a dû être faite par un expert requis au cours de l'instruction d'assister le procureur impérial dans la constatation d'un crime (Crim. rej. 16 juin 1854, aff. Moron, D. P. 54. 5. 90); — 5° Le moyen pris de l'irrégularité résultant de ce que le procès-verbal qui constate le flagrant délit ne mentionne pas que les personnes entendues pour les renseignements aient prêté serment (Crim. rej. 17 mars 1854, aff. Marquès, D. P. 54. 5. 91); — 6° Le moyen tiré, par un individu condamné comme coauteur, de l'irrégularité de sa mise en jugement (Crim. rej. 29 avr. 1854, aff. Wallet, D. P. 54. 5. 89); — 7° Le moyen pris de ce que le magistrat qui a procédé à une information, en matière correctionnelle, aurait été précédemment entendu comme témoin dans la même affaire (Crim. rej. 27 juin 1856, aff. Bresse, D. P. 56. 1. 383); ... Ou de ce que le juge du premier degré a entendu, malgré l'opposition du prévenu, un témoin reproché pour cause de parenté (Crim. rej. 28 nov. 1863, aff. Clavier, D. P. 72. 5. 63); — ... 8° Le moyen tiré par une partie de ce que, citée originairement comme civilement responsable, elle a été condamnée à l'amende solidairement avec l'auteur principal (Crim. rej. 24 déc. 1864, aff. Collache, D. P. 65. 1. 46); — 9° Le moyen de cassation tiré de ce que l'arrêt n'énonce pas que les animaux détruits dans une battue autorisée par le maire fussent compris dans l'arrêté pris par le préfet en exécution de l'art. 9 de la loi du 3 mai 1844, alors qu'il n'a pas été contesté devant la cour d'appel que ces animaux fussent sur la liste de ceux qui ont été déclarés nuisibles par le préfet (Crim. rej. 12 juin 1886, aff. Wallet, D. P. 87. 1. 45).

Il a été décidé enfin que la règle suivant laquelle le prévenu n'est pas recevable à exciper, pour la première fois devant la cour de cassation, d'une nullité de procédure commise en première instance, s'il ne l'a relevée devant le juge d'appel, s'applique même au cas où, devant ce juge, le prévenu a fait défaut (Crim. rej. 8 août 1861, aff. Raymon, D. P. 61. 5. 59).

454. Ont encore été déclarés irrecevables devant la cour de cassation, comme n'ayant pas été soulevés devant les juges du fond: 1° le moyen tiré, par un engagé volontaire condamné par un conseil de guerre pour désertion, de la nullité de son engagement pour défaut d'autorisation préalable de son conseil de famille (Crim. 14 mars 1873, aff. Selincourt, D. P. 74. 5. 66); — 2° Le moyen tiré, par le prévenu d'un fait de contrefaçon, de ce que la nullité du brevet aurait dû être prononcée pour défaut d'exploitation dans les deux ans (Crim. rej. 12 févr. 1858, aff. Danel, D. P. 58. 5. 49); — 3° Le moyen tiré, par un individu condamné pour usurpation de fonctions publiques, de ce que l'acte dans lequel il s'est immiscé ne rentre pas dans les attributions du fonctionnaire dont il a usurpé les fonctions (Crim. rej. 10 janv. 1856, aff. Ferraigne, D. P. 57. 5. 44); — 4° Le moyen tiré, par un individu condamné comme cabaretier pour avoir conservé des consommateurs après l'heure réglementaire de fermeture, de ce qu'il est aubergiste et que les gens trouvés chez lui étaient des voyageurs (Crim. cass. 1er févr. 1873, aff. Chevrette, D. P. 73. 1. 445).

A plus forte raison devrait-on considérer comme nouveau, devant la cour de cassation, le moyen qui serait en contradiction avec les conclusions prises devant les juges du fond (Crim. rej. 18 déc. 1873, aff. Feuillant, D. P. 74. 1. 499). De même, un chef d'inculpation qui, devant le juge du fait, n'a été formulé qu'à l'audience par le ministère public et a été ensuite abandonné par lui, ne peut donner lieu à aucun débat devant la cour de cassation (Crim. cass. 12 mai 1855, aff. Lamedey, D. P. 55. 1. 362).

CHAP. 19. — Effets, autorité et étendue des arrêts de la cour de cassation. — Règles générales (*Rép.* n°s 1957 à 2111).

§ 1er. — Des arrêts de rejet, de leur autorité et de leurs effets, tant en matière civile que criminelle (*Rép.* n°s 1964 à 1997).

455. Comme l'on a dit au *Rép.* n° 1964, l'arrêt de rejet, quelle que soit la chambre qui l'a rendu, a pour effet principal d'attribuer à la décision attaquée la force de la chose irrévocablement jugée. Cela tient à ce que, suivant une règle précédemment indiquée (*suprà*, n° 47), aucun recours n'est ouvert contre un arrêt rendu contradictoirement par la cour de cassation. Spécialement, en matière civile, il a été jugé que le demandeur en cassation d'une décision du jury d'expropriation est non recevable à demander la rétractation d'un arrêt rendu à la requête du défendeur, et par lequel la cour de cassation l'a déclaré déchu de son pourvoi pour défaut de justification de la consignation d'amende (Civ. rej. 23 févr. 1885, aff. Commune de Ventenac, D. P. 85. 1. 307). En matière criminelle, au contraire, on a fait observer (*suprà*, n° 143) que la consignation d'amende peut être utilement effectuée tant que l'arrêt de déchéance n'a pas été rendu; et, pour ce motif, on peut obtenir la rétractation d'une déchéance prononcée dans l'ignorance de l'accomplissement de cette formalité. Mais, sous le bénéfice de cette réserve, il importe de retenir que les arrêts de rejet ne sont susceptibles d'aucun recours en matière criminelle aussi bien qu'en matière civile.

Les effets de l'arrêt de rejet au point de vue de l'amende et de l'indemnité ont été indiqués au chap. 7 (V. *suprà*, n°. 167).

§ 2. — Des arrêts de cassation et de leurs effets, tant en matière civile que criminelle (*Rép.* n°s 1998 à 2111).

456. — I. PERSONNES AUXQUELLES LA CASSATION PROFITE OU PRÉJUDICIE (*Rép.* n°s 2006 à 2013). — C'est un principe évident que la cassation prononcée n'a d'influence qu'au regard des personnes qui ont été parties à l'arrêt intervenu (*Rép.* n° 2006). Ainsi, notamment, le défendeur ne peut opposer au demandeur devant le tribunal de renvoi, une fin de non-recevoir qui a été rejetée par le jugement cassé, s'il ne s'est pas pourvu lui-même contre la décision rendue à cet égard par les juges du fond (Civ. cass. 15 juill. 1872, aff. Commune du Teich, D. P. 72. 1. 442)

457. Mais la règle précédente reçoit plusieurs exceptions: 1° elle ne s'applique pas lorsqu'il s'agit d'une obligation déniée dans son principe ou attaquée au point de vue de son exécution par des moyens de droit ou de fait communs à toutes les parties. On en trouve des exemples en matière d'ordre. Ainsi il a été jugé que la cassation d'un arrêt, qui a maintenu à tort dans une distribution par contribution une collocation contestée par tous les créanciers colloqués, profite à tous ces créanciers, quoiqu'elle n'ait été prononcée que sur le pourvoi d'un seul d'entre eux (Civ. rej. 26 juill. 1852, aff. Eichenger, D. P. 52. 1. 298). A l'inverse, la cassation d'un arrêt qui avait rejeté la demande en nullité d'une inscription d'hypothèque légale et l'annulation de l'ordre ouvert que cette cassation a entraînée par voie de conséquence a été déclarée opposable même aux créanciers colloqués qui ne sont pas intervenus devant la cour de cassation (Toulouse, 3 juin 1871, D. P. 73. 5. 61); — 2° Une seconde exception existe au cas d'indivisibilité ou de solidarité (V. Besançon, 15 juill. 1874, aff. de Chanay, D. P. 74. 2. 219); — 3° Il en est de même lorsque la demande principale qui forme l'objet du pourvoi se rattache à une demande recursoire par un lien de dépendance et de subordination: la cassation motivée quant au demandeur principal doit être prononcée à l'égard de toutes les parties (V. Civ. cass. 31 mars 1874, aff. Comp. d'Alsace-Lorraine, D. P. 74. 1. 303; 12 juin 1883, aff. Chemin de fer de la Haute-Italie, D. P. 84. 1. 72; 14 mars 1883, aff. Busch, D. P. 83. 1. 377; 9 avr. 1884, aff. Chemin de fer de Lyon, D. P. 84. 1. 237). Mais il a été décidé, avec raison, croyons-nous, que la cassation prononcée sur le pourvoi de l'appelé en garantie, fondé sur ce que l'appel du prétendu garanti avait été déclaré à tort recevable, n'autorise pas le demandeur principal à reproduire, devant la cour saisie du renvoi, des conclusions qu'il avait prises directement contre l'appelé en garantie, et que l'arrêt cassé avait rejetées (Civ. cass. 11 juill. 1870, aff. Malraison, D. P. 71. 1. 26). Le pourvoi introduit par l'appelé en garantie laisse, en effet, subsister tous les chefs de l'arrêt attaqué qui ne lui font point grief, et, en ce qui les concerne, l'arrêt conserve l'autorité de la chose jugée.

458. — II. Effets de la cassation (*Rép.* n°s 2014 à 2052). — La disposition frappée de cassation étant annulée dans toutes ses conséquences, il en résulte d'abord, ainsi qu'on l'a exposé au *Rép.* n° 2015, que tout acte d'exécution est de plein droit annulé. C'est ainsi qu'il a été jugé que la cassation d'un arrêt emporte de plein droit l'annulation de l'arrêt rendu pour son exécution (Civ. cass. 16 juin 1845, aff. Dumoret, D. P. 45. 4. 61; Req. 12 juill. 1848, aff. Mazeline, D. P. 48. 5. 39; Orléans, 30 déc. 1862, aff. Grateloup, D. P. 63. 2. 36); que la cassation de l'arrêt qui a admis l'inscription de faux entraîne, par voie de conséquence, celle des arrêts postérieurs qui ont admis les moyens de faux, puis déclaré fausses les pièces incriminées (Crim. cass. 21 juill. 1847, aff. Dupuy, D. P. 47. 4. 59). Il en serait autrement dans le cas où, depuis la cassation prononcée, un tribunal autre que celui auquel a été renvoyé le jugement du fond, aurait statué sur le litige: la décision de ce tribunal serait entachée d'incompétence, les juges désignés par l'arrêt de cassation ayant seuls qualité pour connaître de l'affaire; mais, comme cette décision serait intervenue dans une instance entièrement distincte de la première, elle ne saurait être comprise dans l'annulation résultant de la cassation, et elle devrait être attaquée par les voies ordinaires de réformation (V. à titre d'exemple: Civ. rej. 2 août 1869, aff. Echalié, D. P. 69. 1. 403).

Au contraire, la cassation d'un arrêt entraîne la nullité de l'inscription hypothécaire prise en vertu de cet arrêt, et cela alors même que la cassation aurait été prononcée sur le pourvoi de la partie qui a pris cette inscription et pour insuffisance des sommes ou valeurs dont elle avait été reconnue créancière par l'arrêt contre lequel elle s'est pourvue (Civ. rej. 28 juin 1852, aff. Jourdan, D. P. 52. 1. 201. V. également: Montpellier, 27 juin 1845, aff. Paloc, D. P. 46. 2. 225).

Ce n'est pas seulement l'inscription d'hypothèque judiciaire, mais tous les actes de procédure quelconques qui deviennent non avenus à la suite de l'annulation de l'arrêt en vertu duquel ils ont été effectués. Ainsi lorsque, à la suite d'un arrêt ayant ordonné la rectification d'un compte et renvoyé devant un juge commissaire pour qu'il y soit procédé, une demande en capitalisation d'intérêts a été formée dans cette nouvelle instance, et que l'arrêt dont elle était la suite vient à être cassé, la demande en capitalisation doit être considérée comme non avenue et ne peut servir de point de départ aux intérêts des intérêts (Civ. rej. 11 nov. 1851, aff. de Roquelaure, D. P. 51. 1. 317). — Jugé encore: 1° qu'il y a lieu d'annuler l'arrêt qui met à la charge de la partie à la requête de laquelle un précédent arrêt a été cassé, les frais de la poursuite exercée par son adversaire en exécution de cet arrêt, sous le prétexte que ces frais sont postérieurs audit arrêt, qu'ils ont été occasionnés par la faute de la partie, et que le pourvoi en cassation n'étant pas suspensif, cette décision était exécutoire (Civ. cass. 2 janv. 1884, aff. Laroche de la Besse, D. P. 84. 1. 298); — 2° Qu'une cour ne peut se refuser à annuler des mesures d'exécution prises en vertu d'un arrêt cassé pour vice de forme, sous le prétexte que la confirmation du jugement sur le fond par la cour de renvoi rendait ces actes d'exécution définitifs et réguliers (Civ. cass. 24 juill. 1882, aff. Nizerolles, D. P. 83. 1. 222).

459. Mais il ne faudrait pas exagérer la portée de la nullité des actes d'exécution effectués en vertu d'un arrêt cassé; cette nullité, toute relative, doit être restreinte aux parties en cause dans l'instance en cassation. Ainsi, il a été décidé que le payement fait par l'acquéreur d'un immeuble au créancier hypothécaire, porteur du bordereau de collocation délivré en vertu d'un arrêt qui postérieurement au payement a été cassé, doit être maintenu comme libératoire au regard de l'acquéreur (Civ. rej. 20 avr. 1852, aff. Constant, D. P. 54. 5. 88). Seulement, la cassation de l'arrêt a remis en question le droit, pour le créancier hypothécaire colloqué, de conserver le bénéfice de la collocation et du payement. — D'autre part, l'annulation qui découle d'une cassation n'atteint que la décision cassée et les actes postérieurs; quant aux actes de la procédure antérieure; ils demeurent acquis au débat, et notamment la nullité de l'exploit introductif d'instance couverte par la comparution de la partie ne renaît pas par l'effet de la cassation du jugement rendu sur cet exploit (Civ. rej. 24 janv. 1849, aff. Truchon, D. P. 49. 1. 144).

460. Enfin il a été jugé: 1° que la cassation d'un jugement correctionnel prononçant une condamnation pour délit d'escroquerie n'atteint pas les condamnations civiles intervenues, même comme conséquence de ce jugement sur l'action dont le plaignant avait saisi les tribunaux civils parallèlement aux poursuites correctionnelles, si ces condamnations se trouvent justifiées par des faits de dol et de fraude, que l'arrêt de cassation n'a pas fait disparaître (Req. 4 avr. 1855, aff. Leger, D. P. 55. 1. 104); — 2° Que la cassation d'un arrêt qui a accueilli à tort une demande exercée par une personne sans qualité, n'entraîne pas, par voie de conséquence, la cassation de l'arrêt qui, depuis la décision cassée, est intervenu sur la demande formée par voie de reprise d'instance par la personne à laquelle appartenait le droit de l'intenter, alors, d'ailleurs, que cette personne est demeurée étrangère à l'arrêt de cassation (Civ. rej. 18 janv. 1859, aff. de Meillac, D. P. 59. 1. 69); — 3° Que la cassation partielle d'un arrêt n'entraîne point, par voie de conséquence, celle d'une décision rendue sur des points étrangers à l'objet du pourvoi, et dont la solution s'appuie seulement sur les dispositions non annulées de l'arrêt cassé (Civ. rej. 18 mai 1886, aff. de Damas, D. P. 86. 1. 461); — 4° Que la partie condamnée, par un arrêt passé en force de chose jugée, à des dommages-intérêts à liquider par état, ne peut se prévaloir de la cassation de cet arrêt prononcée dans l'intérêt de la loi pour écarter ultérieurement, comme non recevable et mal fondée, l'action en payement desdits dommages-intérêts (Req. 12 août 1878, aff. Commune de Ghisoni, D. P. 79. 1. 78).

461. Le second effet nécessaire de l'arrêt de cassation est d'astreindre de plein droit les parties qui avaient obtenu l'arrêt cassé à restituer toutes les sommes qu'elles ont reçues en exécution de cet arrêt (*Rép.* n° 2016), encore bien que la cour de cassation n'aurait pas ordonné cette restitution. Cependant un arrêt de la cour de Colmar, du 26 août 1835 (*Rép.* n° 2016), avait admis que, dans le silence de l'arrêt de cassation, cet arrêt ne pouvait servir à poursuivre par voie de commandement le remboursement des sommes en question. Ce système, condamné par la cour suprême (V. Civ. cass. 28 août 1837, *ibid.*), a été repris depuis par la cour de Lyon qui a décidé que l'on peut, en vertu d'un arrêt de cassation, poursuivre par voie de commandement le payement des frais mis par cet arrêt à la charge de la partie contre laquelle la cassation a été prononcée, mais non la restitution des sommes reçues par celle-ci en exécution de la décision cassée, l'arrêt de cassation ne constituant pas à cet égard un titre paré, et ouvrant seulement le droit à demander ce remboursement (Lyon, 29 mars 1855, aff. Paris, D. P. 56. 2. 107). Mais la doctrine contraire est aujourd'hui consacrée par une jurisprudence constante. Il a été jugé que l'arrêt de cassation constitue par lui-même un titre, en vertu duquel la partie qui l'a obtenu peut poursuivre la restitution des sommes par elle payées en exécution de l'arrêt cassé (Orléans, 30 déc. 1862, aff. Grateloup, D. P. 63. 2. 36). La cour suprême a déclaré, à plusieurs reprises, dans le même sens, que l'arrêt de cassation a pour effet d'obliger la partie qui a obtenu le jugement annulé à restituer les sommes qui lui auraient été payées en exécution dudit arrêt (Civ. cass. 30 août 1870, aff. Louvrier, D. P. 71. 1. 45; 30 août 1882, aff. Armand, D. P. 83. 1. 244).

En cas de contestations relatives à l'exécution d'un arrêt de cassation, notamment en ce qui concerne la restitution des sommes reçues en vertu de l'arrêt cassé, quelle est la juridiction compétente pour en connaître? Il a été décidé que ces contestations doivent être portées devant le juge du lieu où l'exécution est poursuivie, et non pas devant la cour de renvoi (Civ. rej. 2 mars 1869, aff. Bouyer, D. P. 69. 1. 183. V. également: Chambéry, 14 juill. 1871, aff. Dantin, D. P. 73. 2. 87). D'autre part, s'il est vrai que la cassation d'un arrêt entraîne de plein droit la restitution intégrale des sommes payées en vertu de l'arrêt cassé, le défaut de restitution de ces sommes ne saurait être invoqué pour faire refuser audience au défendeur en cassation devant la cour de renvoi (Riom, 2 juill. 1884, aff. Glairon, D. P. 85. 2. 94). C'est la conséquence du principe précédemment formulé.

462. Les sommes payées en exécution d'un arrêt qui ultérieurement a été cassé doivent être restituées, non seulement en capital, mais encore avec intérêts. Mais à partir de quelle époque les intérêts sont-ils dus? Ainsi qu'il a été dit au *Rép.* n°s 2019 et suiv., la jurisprudence de la cour de cassation s'est fixée, après quelques hésitations, dans le sens du système qui fait courir les intérêts à partir de la signification de l'arrêt d'admission, avec assignation devant la chambre civile. La cour considère que cette assignation équivaut à la demande en justice, nécessaire en principe pour faire courir les intérêts (art. 1153). Un arrêt (Civ. cass. 29 avr. 1839, rapporté au *Rép.* n° 2022) s'est prononcé pour la première fois en faveur de ce système, qui a été consacré depuis par plusieurs arrêts (V. Req. 12 juill. 1848, aff. Mageline, D. P. 48. 5. 248; Civ. cass. 16 févr. 1857, aff. Constant, D. P. 57. 1. 70; Pau, 21 janv. 1869 (1); Bourges, 11 juill. 1882) (2).

D'après un autre système, les intérêts courraient du jour où les condamnations ont été exécutées, lorsque cette exécution n'a eu lieu que sous la réserve du pourvoi en cassation. On invoque en ce sens deux arrêts aux termes desquels la mise à exécution d'un jugement avant l'opposition ou l'appel, ou depuis l'appel quand l'arrêt est exécutoire par provision, est une pure faculté exercée aux risques et périls de la partie qui en use et à charge de réparer, en cas d'annulation, le préjudice causé (Req. 3 févr. 1863, aff. Châtillon, D. P. 63. 1. 163; Crim. cass. 27 avr. 1864, aff. Leblanc, D. P. 64. 1. 303). Il est douteux que la doctrine des arrêts précités soit applicable en matière de cassation; quoi qu'il en soit, la cour n'a pas eu à se prononcer sur le système en question, qui a été écarté comme nouveau (Req. 29 mars 1865, aff. Poujols de Clairac, D. P. 65. 1. 285).

463. — III. ÉTENDUE DE LA CASSATION (*Rép.* n°s 2053 à 2098). — La règle générale, qui domine la matière, est que l'étendue d'une annulation, alors même qu'elle est prononcée en termes généraux, est limitée à la portée du moyen qui lui sert de base. Cette règle engendre de nombreuses conséquences. La cassation laissera subsister d'abord tous les chefs de l'arrêt contre lesquels le pourvoi n'a pas été dirigé (Req. 11 janv. 1848, aff. Combes, D. P. 48. 1. 39; 27 nov. 1871, aff. Corne, D. P. 72. 1. 92), et, en outre, tous ceux qui ont été maintenus par le rejet des moyens inutilement proposés (Civ. cass. 23 févr. 1870, aff. Guyon, D. P. 70. 1. 276; Dijon, 18 janv. 1882, aff. Noirot *C.* Sechehaye, V. *Appel civil*, n° 117). Ainsi, lorsqu'après avoir rejeté le pourvoi sur un premier chef de prévention, la cour de cassation, statuant sur un second chef, casse l'arrêt qui lui est déféré, cette cassation ne porte que sur le dernier chef de prévention, et la question relative au premier chef ne peut être reproduite devant la cour de renvoi (Amiens, 1er déc. 1853, aff. Michaud, D. P. 55. 2. 156). — De même, lorsqu'un excès de pouvoir ne s'est manifesté que dans quelques-uns des motifs d'un jugement, la cour de cassation, saisie en vertu de l'art. 441 c. instr. cr., doit se borner à annuler ces motifs en laissant subsister les autres motifs, ainsi que le dispositif (Crim. cass. 5 déc. 1879, aff. Trib. d'Angers, D. P. 80. 1. 41. V. également: Crim. cass. 13 juin 1879, aff. Trib. de Baugé, D. P. 79. 1. 277; 25 juill. 1879, aff. Trib. de Château-Thierry, deux arrêts, D. P. 79. 1. 433). De même, la cassation prononcée sur le recours de la partie civile n'a d'effet que quant au chef de l'arrêt relatif aux intérêts civils (Crim. cass. 16 déc. 1848, aff. Lebreton, D. P. 49. 5. 34; 6 juill. 1876, aff. Rebiffé, D. P. 77. 1. 141). De même encore, le pourvoi formé en termes généraux contre un jugement correctionnel qui, statuant sur une prévention composée de deux chefs distincts et non connexes, a condamné le prévenu sur l'un d'eux, et l'a acquitté sur l'autre, ne s'applique qu'au chef sur lequel il y a eu condamnation (Crim. cass. 7 oct. 1852, aff. Artaud, D. P. 52. 5. 67; 16 août 1855, aff. Lemoine, D. P. 56. 1. 30; Amiens, 6 août 1874, aff. Guffroy, D. P. 75. 2. 112). — Lorsque, dans une affaire où on a prononcé cumulativement deux amendes séparées pour répression de deux infractions distinctes, l'admission de la prévention est reconnue non justifiée à l'égard de l'une des deux infractions, il y a lieu simplement à cassation partielle par voie de retranchement, la condamnation subsistant quant à l'autre chef (Crim. cass. 2 mai 1873, aff. Bizetisky, D. P. 73. 1. 172). — Lorsqu'un accusé a été condamné pour deux infractions à la peine la plus forte, la cassation de la décision sur le chef relatif à celle des infractions dont l'admission motivait cette peine n'en laisse pas moins subsister la déclaration de culpabilité sur le second chef (Crim. rej. 23 janv. 1873, aff. Desoyer, D. P. 73. 1. 175).

La règle qui restreint les effets de la cassation dans les limites ci-dessus indiquées conserve, d'ailleurs, son application, alors même que l'arrêt de cassation déclarerait, en termes généraux, remettre la cause et les parties au même et semblable état où elles étaient avant la décision cassée;

(1) (Bacqué et comp. *C.* Synd. Marrot.) — LA COUR;... — Considérant... que le seul droit qu'aient Bacqué et comp., est d'obtenir, mais toujours en dividendes, comme le capital lui-même, les intérêts de ce capital, à partir du jour où Marrot a cessé d'être de bonne foi, c'est-à-dire du jour de l'acte portant signification de l'arrêt d'admission du pourvoi et assignation devant la chambre civile de la cour de cassation, jusqu'au jour du jugement déclaratif de la faillite, date à laquelle le cours des intérêts a été arrêté par la loi; — Par ces motifs, etc.

Du 21 janv. 1869.-C. de Pau, ch. civ.-MM. Daguillon, 1er pr.-Lespinasse, av. gén., c. conf.-Barthe et Soulé, av.

(2) (Bassot *C.* Synd. Vanden-Brouck.) — LA COUR;... — Sur la demande de Bassot, tendant à ce que le syndic soit condamné à lui restituer non seulement les sommes en capital qu'il a versées, mais encore les intérêts à 6 pour 100 desdites sommes, à compter de leur versement: — Considérant que le syndic a reçu ces fonds en exécution d'une décision de justice; qu'il les a possédés de bonne foi jusqu'au jour où Bassot lui a signifié que le pourvoi formé contre l'arrêt de la cour d'Orléans avait été admis par la chambre des requêtes de la cour de cassation; que c'est seulement à partir de ce moment qu'il a pu connaître les vices de son titre; — Par ces motifs, etc.

Du 11 juill. 1882.-C. de Bourges, ch. réun.-MM. Boivin-Champeaux, 1er pr.-Douarche, av. gén.-Thiot-Varenne et Desboucles, av.

cette formule doit s'interpréter par ce qui la précède, et ne peut signifier autre chose, si ce n'est que les parties sont remises au même et semblable état en ce qui concerne seulement les chefs atteints par la cassation (Arrêt précité du 18 janv. 1882).

464. Mais la règle qui vient d'être rappelée reçoit des tempéraments ; elle fléchit dans tous les cas où il existe un lien de connexité ou d'indivisibilité qui unit soit divers chefs du même arrêt, soit plusieurs parties dont l'une a seule figuré dans l'instance en cassation, soit enfin plusieurs demandes dont l'une seulement a fait l'objet du recours en cassation. Dans ces divers cas, les effets de l'annulation s'étendent au delà de la décision attaquée, des moyens invoqués et des parties directement en cause. Ce point ressortira nettement des décisions que l'on va rapporter. Ainsi, tout d'abord, il est de jurisprudence que la cassation d'un arrêt sur d'autres chefs entraîne, par voie, de conséquence, l'annulation du chef qui a réglé la répartition des dépens (Req. 18 janv. 1853, aff. Fossard de Rozeville, D. P. 54. 5. 88 ; Civ. cass. 21 août 1872, aff. Masson, D. P. 73. 1. 113).

Lorsque les héritiers naturels poursuivent principalement la validité de la cession par laquelle le légataire universel leur a transmis ses droits à l'hérédité et subsidiairement la nullité du testament instituant leur cédant, ces deux chefs de conclusions forment un tout indivisible en ce qu'ils tendent l'un et l'autre à la revendication de la succession ; en conséquence, la cassation de l'arrêt qui a statué sur les conclusions subsidiaires est totale, et la cour de renvoi est saisie de tous les chefs de demande débattus devant la cour dont l'arrêt a été cassé (Civ. rej. 25 juin 1883, aff. Jauzion, D. P. 84. 1. 126).

La cassation de la décision qui avait rejeté la fin de non-recevoir opposée par le défendeur entraîne virtuellement l'annulation de la décision qui a été rendue sur le fond de la demande (Civ. cass. 22 août 1870, aff. Durassier, D. P. 71. 1. 16). L'arrêt, qui accorde à une partie une somme déterminée de dommages-intérêts en se fondant sur deux causes de préjudice, dont l'une ne pouvait pas légalement être prise en considération, doit être cassé pour le tout, s'il n'a point spécifié le chiffre pour lequel chacun des deux éléments d'indemnité est compris dans le montant de la condamnation prononcée (Civ. cass. 5 févr. 1868, aff. Sarlin, D. P. 68. 1. 128).

La cassation du chef d'un arrêt qui statue sur l'action principale entraîne l'annulation des chefs de cet arrêt relatifs aux exceptions ou demandes reconventionnelles soumises aux mêmes juges (Civ. cass. 9 juin 1852, aff. Pantard, D. P. 54. 1. 433). Jugé, de même, que la cassation d'un arrêt, sur le chef qui fixe la date de la dissolution d'une société, entraîne, par voie de conséquence, son annulation sur le chef relatif au point de savoir si des sommes payées par une des parties après cette date doivent être comprises dans les comptes sociaux (Civ. cass. 19 déc. 1877, aff. Lhuis, D. P. 78. 1. 295); — Que la cassation d'un arrêt sur un chef de conclusions admis dans son dispositif remet en question, devant la cour de renvoi, un chef de conclusions écarté seulement par les motifs du même arrêt (Req. 1er mars 1852, aff. Michel, D. P. 52. 1. 100); — Que la cassation est totale, bien que motivée par un seul grief surabondant, si l'admission de ce grief par l'arrêt attaqué a pour effet de modifier le calcul de l'indemnité allouée (Civ. cass. 22 août 1883, et 23 avr. 1884, aff. Marcet, D. P. 84. 1. 233).

Jugé encore que la cassation d'une partie de l'arrêt posant un principe erroné en ce qui concerne le fardeau de la preuve, entraîne la cassation du chef de l'arrêt qui a ordonné une expertise ayant pour objet cette preuve (Civ. cass. 4 janv. 1887, aff. Jürs, D. P. 87. 1. 124); — Que la cassation de la décision qui a statué sur la compétence entraîne virtuellement l'annulation de la décision rendue sur le fond de la demande (Civ. cass. 16 déc. 1885, aff. Banque ottomane, D. P. 86. 5. 44); — Que la cassation d'un arrêt sur le chef relatif à la demande en résolution d'une convention entraîne nécessairement, par voie de conséquence, la cassation sur le chef relatif aux dommages-intérêts réclamés à la même occasion (Civ. cass. 16 mars 1887, aff. Bonnaz, D. P. 87. 1. 372).

465. Le lien de dépendance, ainsi qu'il a été dit, peut exister, non pas entre les chefs de la décision, mais entre les parties en cause. Lorsqu'une subordination de ce genre existe entre les appels interjetés par deux parties, la cassation prononcée sur un moyen spécial à l'une d'elles entraîne l'annulation totale de l'arrêt qui avait statué sur ces deux appels (Civ. cass. 31 déc. 1884, aff. Parrau, D. P. 85. 1. 364). De même, lorsqu'un arrêt qui, sur une demande en garantie, a mis hors de cause quelques-uns des appelés en garantie et condamné les autres, a été frappé d'un pourvoi par ces derniers, et que tous les appelés en garantie ont été assignés devant la cour de cassation aussi bien que le demandeur principal et le demandeur en garantie, la cassation prononcée sur ce pourvoi remet en question le principe même de la demande en garantie (Poitiers, 22 mai 1880, aff. de Castellane, D. P. 80. 2. 239. — V. aussi Civ. cass. 27 avr. 1859, D. P. 59. 1. 171).

Au contraire, s'il n'existait entre la demande principale et la demande en garantie aucun lien de dépendance et de connexité, la cassation de l'arrêt sur la demande principale ne saurait entraîner celle de cet arrêt sur la demande en garantie (Civ. cass. 11 juill. 1882, aff. de Colnet, D. P. 83. 1. 224). De même, lorsqu'un arrêt repousse les conclusions de tous les cessionnaires d'une créance, dont les uns invoquaient comme cause de préférence la date de la signification des transports à eux consentis, les autres la subrogation à un privilège de copartageant, et ordonne que la distribution aura lieu au marc le franc, si les premiers se pourvoient, seuls, la cassation qu'ils obtiennent n'est que partielle et ne fait pas revivre les prétentions des autres cessionnaires (Civ. cass. 26 mai 1886, aff. Couet, D. P. 86. 1. 281).

466. En matière criminelle, la connexité ou l'indivisibilité entre les différents chefs d'une même décision se présente fréquemment, et on en a rapporté de nombreux exemples au *Rép.* nos 2087 et suiv.

En ce qui concerne les décisions du jury, la cassation ne s'applique qu'au chef attaqué, et la déclaration de culpabilité doit être maintenue pour les autres chefs (art. 434-3° c. instr. crim.), à moins d'un lien de connexité formelle (V. en ce sens : Faustin Hélie, *Traité de l'instruction criminelle*, 2e éd., t. 8, no 4014 ; Crim. cass. 9 juill. 1885, aff. Pel, D. P. 87. 1. 96). Mais, en matière correctionnelle, la jurisprudence de la cour suprême se prononce plus volontiers pour la cassation intégrale, à moins qu'il ne s'agisse de délits absolument distincts. Ainsi la cassation est totale, bien que les faits délictueux ne soient pas indivisibles, s'ils constituent une entreprise de contrebande, qui ne permet pas de les diviser et de les soumettre partiellement aux juges du renvoi, sans nuire à la liberté d'appréciation des juges et à la liberté de la défense (Crim. cass. 23 janv. 1874, aff. Sarrazin, D. P. 75. 1. 48. V. également : Crim. cass. 9 janv. 1879, aff. Hyvernat, D. P. 80. 1. 357; 16 avr. 1864, aff. Roy, D. P. 68. 5. 55 ; 2 juill. 1860, aff. Guilhem, D. P. 65. 5. 45).

467. Dans les espèces suivantes, l'annulation totale a été prononcée à raison d'un lien de connexité. — Il a été jugé : 1° que la nullité, résultant de ce que les questions posées au jury n'ont pas été traduites dans l'idiome de l'auteur principal du crime, entraîne la cassation de l'arrêt même au profit de ses coaccusés, condamnés comme complices (Crim. cass. 2 mai 1878, aff. Denis, D. P. 78. 1. 283) ; — 2° Que dans le cas où une seule peine a dû être appliquée à un accusé à titre de répression cumulative de plusieurs crimes ou délits, si l'admission du chef d'accusation qui motivait à raison de sa gravité l'application de cette peine vient à être déclarée nulle, il y a lieu à cassation pour le tout (Crim. cass. 11 juill. 1862, aff. Bordet, D. P. 62. 1. 443 ; 16 juin 1865, aff. Maurel, D. P. 65. 1. 497) ; — 3° Que les coups et blessures à un gardien de prison et l'évasion du coupable à la suite de ces violences constituent un crime et un délit connexes, et, en conséquence, que la cassation relativement au premier fait entraîne la cassation en ce qui touche le second (Crim. cass. 25 mars 1880, aff. Hurel, D. P. 80. 1. 439).

La connexité motivant la cassation intégrale peut résulter de l'irrégularité commise à l'égard de l'un des moyens de conviction retenus par les juges, et dont il est impossible de déterminer exactement la part d'influence. Ainsi l'arrêt qui, pour reconnaître l'existence d'un délit d'outrage commis envers un garde champêtre à l'occasion de la constatation d'un délit de chasse, se fonde tout à la fois sur le procès-verbal, irrégulier à cause de son affirmation tardive, et sur les éléments du débat, doit, à raison de la connexité des deux délits de chasse et d'outrage, être cassé totalement, soit quant à l'action civile relative au délit de chasse, soit quant à l'action publique relative aux deux délits (Crim. cass. 31 juill. 1880, aff. Pluchart, D. P. 81. 1. 139).

De même, l'arrêt qui, pour admettre plusieurs chefs distincts de prévention, s'est fondé d'une manière générale sur une expertise que le prévenu appelant arguait de nullité, doit, s'il omet de statuer sur la nullité proposée, être cassé dans toutes ses parties (Crim. cass. 28 déc. 1861, aff. Mirès, D. P. 62. 1. 45. — V. encore dans le même sens: Crim. cass. 12 juin 1886, aff. Peyrot, D. P. 87. 1.1 40).

468. Si la connexité entre plusieurs chefs d'un même arrêt est parfois, comme on vient de le voir, favorable au condamné, en ce qu'elle étend l'annulation à des chefs de condamnation inattaquables en eux-mêmes, ce même lien de dépendance se retourne quelquefois contre le condamné, en faisant revivre des chefs de prévention qui avaient été l'objet d'un acquittement. La jurisprudence fournit de nombreux exemples à cet égard. Ainsi l'annulation de la réponse affirmative du jury sur l'un des chefs de l'accusation entraîne, par voie de conséquence, l'annulation des réponses même négatives qui se rapportent à des chefs connexes (Crim. cass. 31 janv. 1857, aff. Aubert, D. P. 57. 1. 63; 22 juill. 1858, aff. Naucase, D. P. 58. 1. 425). La cassation d'un arrêt déclarant à tort non punissable le fait de prendre du poisson à la main dans une rivière navigable, fait revivre, à raison de la connexité, malgré l'acquittement prononcé sur ce point, le chef de prévention qui impute au même prévenu l'enivrement préalable du poisson capturé (Crim. cass. 2 août 1860, aff. Dhers, D. P. 60. 1. 513).

L'annulation de la réponse affirmative du jury à une question subsidiaire, prononcée par la cour de cassation à raison de ce que la question ne contenait pas des éléments suffisants de condamnation et ne purgeait pas l'accusation dans son entier, entraîne par voie de conséquence, à raison de la connexité, l'annulation de la réponse, même négative, faite par le jury à la question principale (Crim. cass. 20 janv. 1860, aff. Gérard, D. P. 60. 1. 246; 3 mars 1864, aff. Rolland, D. P. 64. 1. 406; 5 janv. 1871, aff. Jouey, D. P. 71. 1. 190; 4 avr. 1872, aff. Moussa, D. P. 72. 1. 275; 29 mars 1877, aff. Lavillaureix, D. P. 77. 1. 335). En cas de réponse du jury, négative sur la question principale de meurtre et affirmative sur celle subsidiaire de coups mortels portés sans intention de donner la mort, l'annulation ultérieure du verdict ne laisse pas subsister la première réponse, et la cassation doit, à raison de l'indivisibilité qui existe entre les deux chefs d'accusation, être prononcée pour le tout (Crim. cass. 1er juin 1867 (1); 18 févr. 1876, aff. Sabaut, D. P. 77. 1. 413). En sens inverse, la cassation d'un jugement qui, par des motifs erronés en droit, a écarté un des chefs de la prévention, entraîne le renvoi de l'affaire même pour les chefs sur lesquels il y a eu condamnation, si ceux-ci sont connexes au premier (Crim. cass. 7 sept. 1855, aff. Chapelle, D. P. 55. 1. 384).

L'annulation de la réponse du jury à une question concernant un chef d'accusation spécial à un des accusés entraîne la cassation de l'arrêt de condamnation même sur les autres chefs et au profit des autres accusés, si les divers chefs forment, à raison de la connexité, un tout indivisible (Crim. cass. 26 déc. 1861, aff. Franchi, D. P. 65. 5. 46).

469. Il a encore été jugé qu'en cas d'annulation d'un arrêt qui a ajouté à tort à la peine prononcée pour un délit de chasse une confiscation que la loi n'a édictée que pour un autre délit, il y a lieu de renvoyer devant un autre juge pour le jugement de la poursuite tout entière, si la décision sur la confiscation rend nécessaire l'appréciation du caractère du fait poursuivi (Crim. cass. 7 mars 1868, aff. Delbecchi, D. P. 68. 5. 56); — Que, dans le cas où un écrit, condamné comme renfermant une injure simple, est reconnu par la cour de cassation contenir aussi l'imputation d'un vice déterminé, il y a lieu, comme conséquence de la cassation de la condamnation insuffisante, de renvoyer l'affaire à de nouveaux juges pour que l'article poursuivi soit apprécié dans son ensemble (Crim. cass. 11 janv. 1873, aff. Fortier, D. P. 73. 1. 389); — Que la cassation de la déclaration affirmative du jury, intervenue par exemple sur une question de subornation de témoins, fait tomber, par voie accessoire, non seulement la condamnation pénale, mais encore celle relative aux dommages-intérêts, bien que le pourvoi n'ait pas été expressément dirigé contre cette dernière, si, d'ailleurs, les termes du pourvoi n'ont pas été limités à la première condamnation (Crim. cass. 29 nov. 1851, aff. Bourgeois, D. P. 51. 5. 65).

Enfin, lorsque les faits incriminés sont poursuivis sous des qualifications multiples et corrélatives, la cassation de l'arrêt qui admet une qualification et en écarte une autre, remet en question devant la cour de renvoi même cette dernière qualification, encore que la cassation n'aurait été prononcée que sur le seul pourvoi du condamné. C'est ce qui a été décidé dans le cas où le fait poursuivi était qualifié de vol et d'escroquerie (Crim. rej. 21 déc. 1849, aff. Four, D. P. 52. 5. 69), ou était relevé tout à la fois comme délit et comme contravention (Crim. cass. 24 mars 1859, aff. Conté, D. P. 59. 1. 192).

CHAP. 20. — Du renvoi après cassation et de ses effets tant en matière civile qu'en matière criminelle (*Rép.* nos 2112 à 2237).

§ 1er. — De la désignation du tribunal de renvo (*Rép.* nos 2122 à 2154).

470. Ainsi qu'on l'a admis au *Rép.* n° 2123, depuis la loi du 27 vent. an 8, art. 87, c'est à la cour de cassation qu'appartient le droit de désigner le tribunal qui connaîtra du fond de l'affaire après cassation. En matière civile, le renvoi doit être fait au tribunal le plus voisin de celui qui a précédemment connu de l'affaire (*Rép. ibid.*). Mais en matière criminelle, on a cru nécessaire de laisser à la cour de cassation une latitude plus grande, afin de tenir compte des circonstances et de soustraire le tribunal de répression aux passions locales. Les art. 427 et 429 c. instr. cr. ont été inspirés par cette considération (*Rép.* nos 2131 et 2134). Dans tous les cas, le choix de la cour de cassation demeure subordonné à cette double condition, que le renvoi soit fait : 1° à d'autres juges que ceux qui ont statué; 2° à des juges du même degré.

La première condition est absolue, et, dans les cas où l'affaire peut être renvoyée au même tribunal (ce qui est permis à l'égard des juridictions coloniales), c'est à la condition que le tribunal ou la cour soit composé de juges n'ayant pas siégé lors de la précédente instance. Quant à la seconde règle, elle subit diverses exceptions.

(1) (Astier-Perret.) — LA COUR; — Vu l'art. 347 c. instr. cr.; — Attendu que la déclaration du jury qui, dans une accusation de coups et blessures volontaires ayant occasionné la mort, sans que leur auteur eût intention de la donner, répond négativement à une question de provocation posée sur la demande de l'accusé, est une décision *contre cet accusé;* qu'elle le prive, en effet, du bénéfice de la disposition de l'art. 326 c. pén., qui prononce une réduction de peine lorsque le fait d'excuse est prouvé; que, par conséquent, aux termes de l'art. 347 précité, la réponse du jury, dans le cas où elle est négative sur cette question, doit, à peine de nullité, être faite à la majorité; — Que, dans l'espèce, après une question première sur l'accusation principale d'homicide volontaire, qui a été répondue négativement, le président a posé subsidiairement, comme résultant des débats, deux questions sur le chef de coups portés et de blessures faites volontairement, mais sans intention de donner la mort, et qui l'ont pourtant occasionnée, lesquelles ont été répondues affirmativement, puis enfin une question d'excuse ainsi conçue : « Question posée à la demande de la défense : Est-il constant que l'accusé Astier-Perret ait été provoqué par des coups ou violences graves envers sa personne? »; — Que le jury a répondu négativement à cette question, sans exprimer que cette décision ait été prise à la majorité; que, par conséquent, elle renferme une violation formelle de l'art. 347, qui doit entraîner la cassation de l'arrêt de condamnation; — Que, d'après l'arrêt de renvoi, le demandeur était accusé d'homicide volontaire; que si le jury a répondu négativement à la question relative à ce chef, il ne l'a fait qu'en affirmant l'existence du crime de coups volontairement portés, sans intention de donner la mort, et qui l'ont cependant occasionnée; — Qu'il en résulte que l'accusation sur le fait principal n'est pas légalement et définitivement purgée en l'état, et qu'il y a lieu de prononcer une cassation générale, à raison de l'indivisibilité qui existe entre les deux chefs d'accusation;

Par ces motifs, casse, etc.

Du 1er juin 1867.-Ch. crim.-MM. Legagneur, pr.-Salneuve, rap.-Bédarrides, av. gén.

471. En premier lieu, lorsque la cassation a été motivée par une question d'incompétence, le renvoi doit évidemment être prononcé devant la juridiction que la cour de cassation a reconnue compétente, bien qu'elle ne soit pas du même degré que celle qui avait statué d'abord (V. Crim. cass. 14 févr. 1851, aff. Lamarre, D. P. 51. 1. 63). Lorsque la législation, sous l'empire de laquelle une condamnation a été cassée par suite de revision, a changé la compétence à laquelle le condamné était soumis au moment de la prononciation de l'arrêt annulé, il y a lieu de renvoyer non devant un tribunal de même nature que celui qui a rendu cet arrêt, mais devant un tribunal de la juridiction désignée par la loi nouvelle (Crim. cass. 30 nov. 1860, aff. Mahomed-ben-Mahmar, D. P. 61. 1. 44). Il est à remarquer, d'ailleurs, que la désignation du tribunal de renvoi par un arrêt de cassation n'est qu'indicative, et non pas attributive de compétence : les parties renvoyées devant un tribunal pourraient donc exciper de son incompétence (Crim. rej. 2 févr. 1850, aff. Veyrier, aff. Pascal, D. P. 50. 1. 63).

472. Dans le cas de cassation simultanée de deux décisions, l'une de première instance et l'autre d'appel, notamment du jugement d'un conseil de guerre et de la décision confirmative du conseil de révision, il est évident que la cause doit être renvoyée devant le tribunal de premier degré, c'est-à-dire devant le conseil de guerre (Crim. cass. 2 mai 1846, aff. Pitoux, D. P. 46. 1. 221 ; 6 févr. 1858, aff. Guyot, D. P. 58. 1. 187). Au contraire, si la cour de cassation reconnaît que le tribunal de revision a annulé à tort pour incompétence un jugement du tribunal maritime, la cassation laisse subsister la condamnation rendue par le tribunal maritime, et entraîne seulement le renvoi devant un nouveau tribunal de révision (Crim. cass. 10 août 1866, aff. Lenard, D. P. 66. 1. 401). Il a été jugé que lorsque, sur un conflit négatif, la cour de cassation annule une décision d'un général commandant une division militaire qui a déclaré à tort la justice militaire incompétente pour connaître d'une plainte dirigée contre des inculpés militaires, l'affaire doit être renvoyée, non devant le rapporteur près un conseil de guerre, mais devant le commandant d'une autre division militaire (Crim. rej. 8 avr. 1869, aff. Décagny, D. P. 70. 1. 140). Cela tient à ce que les attributions du juge d'instruction, du moins les plus essentielles, appartiennent au général commandant la division militaire, et non au rapporteur près le conseil de guerre. — Mais lorsque la cour de cassation annule le jugement rendu par un conseil de guerre sur un ordre de mise en jugement modifiant illégalement un précédent ordre concernant le même prévenu, il y a lieu, si aucune des questions et réponses ne se rattache d'une manière précise au premier ordre de mise en jugement, de renvoyer devant un nouveau conseil de guerre pour purger l'accusation résultant du premier ordre de mise en jugement régulièrement rendu, et dont l'effet n'a pas été épuisé (Crim. cass. 15 mars 1872, aff. Lisbonne, D. P. 72. 1. 379).

473. Par dérogation à la règle que le tribunal saisi du renvoi doit appartenir au même degré que celui qui a précédemment connu de l'affaire, il a été décidé qu'en cas de condamnation criminelle prononcée séance tenante pour délit d'audience, il y a lieu à renvoi de l'affaire, non devant une juridiction de même nature, mais devant la chambre d'accusation (Crim. cass. 2 juill. 1860, aff. Guilhem, D. P. 65. 5. 53). En effet, la compétence exceptionnelle à raison du caractère du délit commis à l'audience est motivée par des considérations spéciales au tribunal qui a souffert cette offense. Il n'y a pas lieu de maintenir la même dérogation aux règles ordinaires de compétence en faveur d'un autre tribunal du même degré.

474. Une dérogation analogue existe dans le cas d'infractions multiples et de nature différente, tels que crime et délit, ou délit et contravention poursuivis simultanément; si l'annulation ne porte que sur le chef relatif à l'une des infractions, le renvoi doit être prononcé devant la juridiction compétente à raison de la nature particulière de cette infraction. La compétence exceptionnelle fondée sur la nature de l'infraction la plus élevée ne doit pas être maintenue. Ainsi il a été jugé qu'en cas d'annulation d'un jugement correctionnel statuant sur un délit et une contravention, s'il ne reste à purger que la prévention de contravention l'affaire doit être renvoyée à un tribunal de police, et non à un tribunal correctionnel (Crim. cass. 10 nov. 1859, aff. Finêtre, D. P. 59. 5. 56). Cependant il a été décidé, contrairement à la règle précitée, que l'accusé, traduit devant la cour d'assises à la fois pour banqueroute frauduleuse et pour banqueroute simple, et qui n'a été reconnu coupable que sur ce dernier chef, doit, en cas de cassation limitée à ce même chef, être néanmoins renvoyé devant une autre cour d'assises et non devant la juridiction correctionnelle (Crim. cass. 7 oct. 1869, aff. Aubin, D. P. 70. 1. 380). Cette solution, que le laconisme de l'arrêt rend assez difficile à expliquer, doit peut-être prendre place au nombre des cas, indiqués au chapitre précédent (*suprà*, n° 467), dans lesquels la cassation fait revivre un chef qui a été l'objet d'un acquittement à raison de la connexité qui existe entre les divers éléments de l'accusation.

475. La règle d'après laquelle le tribunal de renvoi doit appartenir au même degré que le tribunal dont la décision a été cassée, subit une dernière exception dans le cas où la question qui fait l'objet du renvoi ne porte que sur des réparations civiles accordées par un tribunal de répression. La compétence exceptionnelle de ce dernier tribunal à l'égard de l'action civile est, en effet, rigoureusement subordonnée à la condition que le tribunal soit saisi d'une action pénale. Si donc le renvoi est limité à l'examen de l'action civile, c'est devant un tribunal civil que l'affaire doit être portée (V. en ce sens : Paris, 6 août 1850, aff. Vandermarq, D. P. 50. 2. 183; Crim. cass. 13 mars 1862, aff. Moricard, D. P. 62. 5. 76 ; 10 juill. 1862, aff. Brand, D. P. 64. 1. 47). Et il en est ainsi, encore bien que, dans la décision cassée, la condamnation aux dommages-intérêts ait été prononcée solidairement contre un coaccusé déclaré coupable, qui se trouve, par l'effet de la même cassation, renvoyé devant un nouveau jury (Crim. rej. 8 nov. 1872, aff. Vignolle, D. P. 73. 1. 315).

476. Ainsi qu'il a été dit au *Rép.* n° 2140, la disposition qui, dans un arrêt de cassation, désigne la cour ou le tribunal de renvoi n'est qu'un acte d'administration judiciaire que la cour de cassation peut toujours modifier, notamment sur la demande du ministre de la justice (Crim. 29 juill. 1858, aff. Lamine, D. P. 58. 5. 54) ... ou pour réparer une irrégularité (Crim. 14 sept. 1865, aff. Callou, D. P. 66. 1. 48). Ce dernier arrêt a même reconnu que cette modification peut être ordonnée par la cour, quelle que soit sa composition, et à une époque quelconque, pourvu, d'ailleurs, que les choses soient demeurées en l'état.

477. Ainsi qu'on l'a dit au *Rép.* n° 2152, après l'arrêt de renvoi, le tribunal dont la décision a été cassée est dessaisi de toute connaissance ultérieure de l'affaire ; le tribunal de renvoi en est exclusivement investi. Aussi a-t-il été jugé que le premier tribunal, en rendant une nouvelle sentence entre les mêmes parties, postérieurement à l'arrêt de cassation, méconnaît l'ordre des juridictions et l'effet du renvoi (Civ. cass. 11 mars 1885, aff. Durand, D. P. 85. 1. 240). Peut-être serait-il plus exact de voir dans ce dessaisissement une conséquence immédiate de la cassation elle-même.

§ 2. — Effets du renvoi en matière civile. — Compétence de la cour ou du tribunal de renvoi (*Rép.* n°s 2155 à 2186).

478. Ainsi qu'on l'a observé au *Rép.* n° 2155, les effets du renvoi sont liés par une corrélation nécessaire aux effets de la cassation. Les attributions du juge de renvoi sont donc subordonnées à l'étendue de la cassation, et il convient de rappeler ici la règle fondamentale exposée au chapitre précédent (*suprà*, n° 461), que la cassation n'a pas, en principe, une portée plus grande que le moyen qui lui sert de base. Par application de cette règle, il a été décidé notamment: 1° qu'une cour royale saisie par suite du renvoi après cassation prononcé sur le pourvoi du ministère public, d'une question relative à la fixation du chiffre du cautionnement, pour la mise en liberté provisoire, n'a pas qualité pour statuer sur une demande en nullité du mandat de dépôt, alors que cette demande a déjà été formée devant la cour dont l'arrêt a été cassé, et que celle-ci a omis d'y statuer (Orléans, 24 août 1846, aff. Galaup, D. P. 46. 2. 178) ; — 2° Que lorsqu'un arrêt, qui a mis quelques-uns des défendeurs hors de cause, n'a été l'objet d'aucun pourvoi, cette portion du dispositif acquiert l'autorité de la chose jugée, et que, dans le cas d'une cassation prononcée au regard d'autres défendeurs, la cour de renvoi n'en est point saisie (Civ. cass. 14 avr. 1885, aff. de Castellane, D. P. 85. 1. 401); — 3° Que l'arrêt d'une cour d'appel, saisie par renvoi après cassation, ne peut être critiqué pour avoir omis de s'expliquer sur une partie du litige qui n'avait pas été l'objet de l'annulation prononcée (Req. 8 mai 1882, aff. Marboutin, D. P. 82. 1. 311); — 4° Que la cour de renvoi est incompétente pour connaître des difficultés qui peuvent s'élever quant à la restitution, soit en principal, soit en intérêts, des sommes qui auraient été payées en vertu de cet arrêt (Bordeaux, 25 janv. 1862) (1); — 5° Que la cour désignée après cassation partielle pour statuer sur un incident ne peut être saisie d'un chef de conclusions présentant tous les caractères d'une demande distincte, et qui n'était pas une conséquence nécessaire du litige soumis à la cour de renvoi (Civ. rej. 5 juill. 1871, aff. Garny, D. P. 71. 1. 304), ou ne se rattachant pas par un lien d'indivisibilité au litige dont elle a été saisie par la cour de cassation (Toulouse, 1er févr. 1877, aff. Sarda, D. P. 78. 2. 166).

479. Au contraire, en présence d'un lien d'indivisibilité ou de dépendance nécessaire, de même que la cassation peut atteindre des chefs non compris dans le pourvoi, de même aussi le tribunal de renvoi pourra statuer sur ces chefs, sans qu'on soit fondé à opposer l'exception de chose jugée (Rouen, 24 mai 1865, aff. Daudé, D. P. 65. 2. 146). Spécialement, lorsqu'un arrêt, qui avait fait droit à une demande principale en exécution d'un contrat et condamné accessoirement le défendeur à des dommages-intérêts, est cassé sur des motifs relatifs à ce dernier chef seulement, sans d'ailleurs que la cassation soit restreinte dans ses termes, la cour de renvoi n'en est pas moins saisie de la cause toute entière (Civ. rej. 26 nov. 1879, aff. Sigaud, D. P. 80. 1. 63).

480. Ici vient se placer la question de savoir si l'appelé en garantie, à l'égard duquel un arrêt a déclaré n'y avoir lieu à statuer à raison du rejet de la demande principale, peut, après la cassation de cet arrêt, être valablement appelé devant la cour de renvoi bien qu'il n'ait pas été mis en cause devant la cour de cassation. Dans le sens de l'affirmative, adoptée par un arrêt (Caen, 15 juin 1877, aff. de Lescoët, D. P. 78. 2. 174), on fait observer que, d'une manière générale, la cassation d'une décision remet en question devant le juge de renvoi tout ce qui est la conséquence de la décision annulée, et que, spécialement, l'annulation de la disposition de l'arrêt qui renvoyait le défendeur originaire du fait de la demande fait disparaître la disposition déclarant qu'il n'y a pas lieu de statuer sur la demande en garantie. La proposition est exacte, mais nous croyons qu'elle ne peut servir à résoudre la véritable difficulté. Ce qu'il s'agit de savoir, en effet, ce n'est pas si l'arrêt de cassation a pu produire tels ou tels effets, mais si ces effets sont opposables à une personne qui n'a pas été appelée à l'instance en cassation; cela revient à rechercher si le garant est nécessairement représenté par le garanti dans les décisions qui interviennent entre celui-ci et le demandeur principal. La question a été examinée au *Rép.* v° *Tierce opposition*, n° 123; on a dit que, dans le cas de garantie simple, celui qui se présente le plus fréquemment, la réponse dépend de la nature du contrat duquel résulte la garantie. Ce qu'il importe de retenir, c'est qu'en principe, le garant ne peut, à la suite d'un arrêt de cassation auquel il n'est pas intervenu, être mis en cause devant la cour de renvoi. C'est ce que la cour suprême a implicitement décidé, en motivant le droit reconnu au demandeur en garantie d'appeler le garant en cause devant la cour de cassation par l'intérêt légitime de conserver en cas de cassation le recours en garantie contre le garant (Civ. cass. 10 déc. 1855, aff. Cazal, D. P. 56. 1. 60). Un arrêt, s'inspirant de cette doctrine, a jugé, contrairement à l'arrêt précité du 15 juin 1877, que le garant, qui n'a pas figuré au nombre des parties en cause devant la cour de cassation, ne peut pas être appelé devant la cour de renvoi (Amiens, 11 mai 1877, aff. Caisse paternelle, D. P. 78. 2. 218).

481. Si l'on suppose que le pourvoi porte sur la décision tout entière, la cour de renvoi aura à connaître de toutes les questions jugées par le premier tribunal (Dijon, 17 juill. 1868, aff. Guyon, D. P. 68. 2. 206), même de celles qui ne l'ont été qu'implicitement (Pau, 27 juin 1867, aff. Berdal, D. P. 68. 2. 237). Mais, il y a plus, le tribunal de renvoi pourra, dans certains cas, se prononcer sur des difficultés dont le premier tribunal n'a pas connu. Pour se rendre compte de ce résultat, il faut préciser les conditions dans lesquelles la cause et les parties se présentent devant la cour de renvoi. L'idée dominante à laquelle il importe de s'attacher, c'est qu'à partir du dernier acte de procédure non atteint par l'annulation, l'instance reprend son cours devant le nouveau tribunal, comme si elle n'avait encore été l'objet d'aucun examen. De là une première conséquence, déjà signalée au *Rép.* n° 2156: le tribunal de renvoi se trouve investi non seulement de la question jugée par la décision qui a été annulée, mais encore, en supposant que l'arrêt cassé n'ait porté que sur une fin de non-recevoir ou une question préjudicielle, de la demande principale dans son intégralité et de tous les incidents qui s'y rattachent (V. Chenon, *Origines, conditions et effets de la cassation*, p. 202). En ce sens, il a été jugé que la cour saisie du renvoi après cassation d'un arrêt rendu sur une question de compétence, peut connaître à la fois de cette question de compétence et du fond (Req. 17 janv. 1859, aff. Gautier, D. P. 59. 1. 220. V. en sens contraire : Montpellier, 20 avr. 1863) (2). La cour statue alors elle-même par voie d'évocation; ou, si la cause n'est pas en état de recevoir une solution définitive, elle renvoie l'examen du fond à un tribunal de son ressort, conformément à la règle édictée par l'art. 473 c. pr. civ. — Cette solution ne peut s'appliquer, toutefois, qu'au cas où le jugement de première instance est infirmé. En cas de confirmation de ce jugement, les choses sont laissées dans l'état où les avait mises le jugement confirmé; spécialement, s'il s'agit d'un jugement d'incompétence, la cour de cassation décide que la nouvelle action doit être portée par les parties devant les juges appelés à en connaître suivant les règles générales de compétence, et non devant un tribunal à désigner par l'arrêt confirmatif (Arrêt précité du 17 janv. 1859).

(1) (Coicaud et autres et Admin. Marine C. Maës.) — La cour; — En ce qui concerne les conclusions de l'intimé, relatives : 1° aux intérêts des sommes qui lui ont été restituées par l'administration de la Marine, en suite de l'arrêt de cassation; 2° à la condamnation solidaire aux dépens : — Attendu que s'il est maintenant admis en doctrine que les arrêts de cassation entraînent de plein droit la restitution des sommes reçues en vertu de l'arrêt cassé, et ce, avec intérêts à partir de la signification de l'arrêt d'admission du pourvoi, il ne s'ensuit pas que les difficultés qui s'élèvent sur cette conséquence de l'arrêt de cassation puissent être compétemment portées *de plano* devant la cour de renvoi; qu'en effet, le renvoi ne saisit celle-ci que du procès tel qu'il était avant l'arrêt cassé, les parties arrivant devant la seconde cour au même et semblable état où elles étaient devant la première; qu'il ne peut donc y avoir lieu à intervertir, pour le jugement de ces difficultés, l'ordre ordinaire des juridictions; — Attendu que les dépens sont personnels en matière civile; que si, néanmoins, les parties qui succombent peuvent y être condamnées solidairement, lorsqu'ils sont prononcés à titre de dommages-intérêts résultant d'un délit ou d'un quasi-délit, ces dommages-intérêts, et la solidarité qui en est la suite, ne peuvent atteindre, dans l'espèce, l'administration de la Marine, entièrement étrangère aux faits dommageables; que, d'autre part, en présence de l'art. 1152 c. nap., et de la convention qui a fixé le *quantum* de la réparation due par les marins appelants à l'intimé, les dépens auxquels celui-ci a droit ne peuvent lui être alloués à titre de supplément de dommages-intérêts, puisque ce serait là une aggravation de la clause pénale;

Par ces motifs, etc.

Du 25 janv. 1862.-Bordeaux, ch. réun.-MM. Raoul Duval, 1er pr.-Peyrot, 1er av. gén.-Goubeau et Bras-Lafitte, av.

(2) (Ailhaud et Gauthier C. Pascal et consorts.) — La cour; — Considérant que le tribunal correctionnel de Dijon était compétent pour connaître des deux chefs de la plainte portée devant lui; qu'en effet, les discussions qui ont eu lieu dans le sein d'un conseil municipal sont évidemment soumises aux règles ordinaires de répression dans le cas de diffamation ou d'injures envers des tiers ; que, d'un autre côté, la citation introductive d'instance contient une énonciation suffisante des faits; que, dès lors, le tribunal n'a fait aucun grief aux appelants en validant la dite citation, et en réservant la question de compétence; — Que, dans tous les cas, les appelants renoncent aujourd'hui à opposer, soit l'incompétence du tribunal, soit la nullité de la citation; — Qu'ils se bornent à demander que, tenant l'attribution faite à la cour par l'arrêt de renvoi, il lui plaise ordonner l'apport

Il a été jugé, contrairement à la doctrine précédente, que dans le cas où la question de compétence dont une cour a été investie par renvoi après cassation a été l'objet d'un désistement, la cour de renvoi demeure néanmoins saisie et doit, si la matière n'est pas en état de recevoir une solution définitive, renvoyer la cause devant un tribunal de son ressort (Rennes, 27 mai 1863, aff. Caisse communale de la Sarthe, D. P. 64. 2. 8).

482. Une autre conséquence du principe posé ci-dessus, c'est qu'on peut produire pour la première fois devant la cour de renvoi toutes les demandes et exceptions que l'état de la cause comporte, et qui eussent été recevables devant le tribunal qui a rendu la décision annulée. Ce n'est pas à dire que la cour de renvoi ait le droit de statuer sur les instances nouvelles, qui peuvent surgir de la contestation originaire, sans s'y rattacher par un lien de dépendance; les instances nouvelles doivent évidemment être déférées aux juges naturels des parties (Chenon, *Origines, conditions et effets de la cassation*, p. 203). Mais, sauf cette restriction, la règle est certaine, et elle a reçu de nombreuses applications en jurisprudence. D'abord en ce que concerne les demandes nouvelles, il a été jugé: 1° que la cour de renvoi peut connaître de toutes celles qui auraient pu être formées devant la cour dont l'arrêt a été cassé (Pau, 27 juin 1867, aff. Berdal, 1er arrêt, D. P. 68. 2. 237); — 2° Que l'intimé qui, s'étant réservé d'appeler incidemment, ne l'avait pas fait devant la première cour, est néanmoins recevable à le faire devant la cour de renvoi (Orléans, 1er déc. 1848, aff. Comp. du *Phénix*, D. P. 49. 2. 21; Angers, 15 juin 1861, aff. Hénault-Duchesne, D. P. 61. 2. 130); —3° Que la cour d'appel saisie d'un renvoi après cassation est compétente pour statuer sur les exceptions qui se rattachent à la question du fond, et qui sont proposées pour la première fois devant elle (Req. 14 mai 1851, aff. de Binos-Guran, D. P. 51. 1. 261).

483. Le jugement de ces demandes et exceptions proposées pour la première fois devant la cour de renvoi soulève une difficulté en ce qui touche la manière dont la cour doit être composée. En effet, aux termes du décret du 22 mars 1808, art. 22, les questions qui ont été l'objet d'un arrêt de cassation doivent être examinées par la cour de renvoi en audience solennelle. La même composition est-elle nécessaire pour l'examen des exceptions nouvelles, alors qu'elles sont l'objet d'un arrêt distinct de celui rendu sur la question jugée par la décision cassée, et que cet arrêt vient à être rendu postérieurement? La question a été résolue affirmativement par la cour de cassation (Req. 14 mai 1851, aff. de Binos-Guran, D. P. 51. 1. 261. V. aussi Bruxelles, 10 mars 1862, aff. de Rheina, D. P. 62. 2. 91). Mais il a été décidé que lorsqu'après cassation d'un arrêt pour cause d'incompétence, l'affaire a été renvoyée devant la cour déclarée compétente, cette cour peut statuer au fond en audience ordinaire; elle ne devrait statuer toutes chambres réunies que si la question de compétence avait été reproduite devant elle (Civ. rej. 20 avr. 1852, aff. Constant, D. P. 54. 5. 97).

484. Comme conséquence de la règle d'après laquelle la cour de renvoi connaît de toutes les questions qui se lient au chef annulé par un rapport nécessaire, il a été jugé: 1° que l'arrêt qui casse une décision sur le chef relatif à une capitalisation trimestrielle d'intérêts illégalement admise, saisit la cour de renvoi de la revision du compte débattu dans la cause, pour tout ce qui s'applique à cette capitalisation trimestrielle et à l'appréciation du système d'intérêts qui doit y être substitué (Civ. cass. 24 mai 1854, aff. Rousseau, D. P. 54. 1. 179); — 2° Que lorsqu'un arrêt qui, annulant une vente, avait condamné l'acheteur à restituer les fruits à partir de la demande et le vendeur à tenir compte à l'acheteur des sommes payées par lui en exécution de la vente avec intérêts à partir de la même demande, a été cassé au chef qui n'avait condamné l'acheteur qu'à restituer les fruits à partir de la demande, l'acheteur peut prétendre de nouveau, devant la cour de renvoi, qu'il a droit aux intérêts des sommes qu'il a payées en exécution de la vente annulée, à partir de l'époque où le vendeur prétend faire remonter la restitution des fruits (Civ. rej. 17 nov. 1868, aff. Daudé, D. P. 68. 1. 479); — 3° Que lorsqu'une décision a été cassée par le motif qu'elle avait trop restreint la période sur laquelle devait porter une restitution de fruits, la cour de renvoi doit statuer non seulement sur le point de départ, mais encore sur la quotité de cette restitution (Rouen, 21 juill. 1880 et Req. 4 juill. 1882, aff. Pallix, D. P. 82. 1. 353).

485. On a examiné au *Rép.* n° 2157-2°, la question de savoir si, lorsqu'une décision a accueilli deux moyens de droit à l'appui d'un chef unique, la cour de renvoi peut statuer sur les deux moyens, bien que la cassation n'ait porté que sur un seul. La cour de cassation, a-t-on dit, s'est prononcée en faveur de la compétence générale de la cour de renvoi (Req. 3 mars 1834). Dans le sens de la même solution, il a été décidé, dans le cas où un arrêt, qui prononce sur une demande en admettant l'un des moyens sur lesquels elle était fondée et en repoussant l'autre, vient à être cassé sur le moyen admis, que le moyen repoussé par le premier arrêt peut être reproduit devant la cour de renvoi, sans qu'on puisse opposer une fin de non-recevoir prise de la chose jugée (Agen, 31 janv. 1865, aff. Rateau, D. P. 65. 2. 101).

Enfin, toujours par application de la règle que l'arrêt de cassation a pour effet de replacer les parties devant la seconde cour dans la même situation où elles étaient devant la première, on peut produire devant les seconds juges tous documents omis ou nouveaux (Civ. rej. 12 avr. 1858, aff. Borelly, D. P. 58. 1. 179). La cour de renvoi est même en droit de fonder son arrêt sur des faits accomplis depuis l'arrêt de cassation; elle peut, notamment, prendre pour base l'aveu fait par une des parties, ou un jugement passé en force de chose jugée depuis l'arrêt de renvoi (Nancy, 13 févr. 1867, aff. Echalié, D. P. 67. 2. 36), ou encore un traité conclu postérieurement à cet arrêt (Montpellier, 5 févr. 1883, aff. Rolland, 2 arrêts, D. P. 85. 1. 123).

486. Il importe de remarquer enfin que, si la cour de renvoi est seule compétente, à l'exclusion de la cour dont la décision a été cassée, pour connaître de la question résolue par cette décision (V. *suprà*, n° 478; Civ. cass. 10 déc. 1861, aff. Coutan, D. P. 62. 1. 37; Req. 19 mars 1866, aff. Echalié, D. P. 66. 1. 493), elle ne saurait faire acte de juridiction hors de son ressort. Ainsi la cour devant laquelle a été renvoyée après cassation une demande en mainlevée d'interdiction, ne peut faire procéder légalement, par l'un de ses membres assisté du greffier et en présence du ministère public, à l'interrogatoire de l'interdit retenu par la maladie à son domicile, alors que ce domicile est situé dans le ressort de la cour dont la décision a été cassée (Civ. cass. 10 avr. 1849, aff. Azuni, D. P. 49. 1. 121. V. Civ. rej. 1er juin 1870, aff. Gand de Roussillac, D. P. 71. 1. 231). De même, la cour saisie d'une affaire par suite d'un renvoi après cassation est incompétente pour connaître des difficultés d'exécution soulevées par son arrêt, par voie d'appel d'un jugement rendu sur ces difficultés par un tribunal qui n'est pas situé dans son ressort (Civ. cass. 14 août 1849, aff. Bouterige, D. P. 51. 1. 263; 14 avr. 1851, aff. Constant, D. P. 51. 1. 262). Comme conséquence des solutions précédentes, il a été décidé qu'une cour dont l'arrêt a été cassé peut être de nouveau saisie d'une question déjà tranchée par elle, si la cour de renvoi a elle-même renvoyé cette question devant un tribunal du ressort de la première cour, qui se trouve ainsi investie de l'appel du jugement rendu par ce tribunal (Req. 19 nov. 1872, aff. Delafoy, D. P. 73. 1. 425).

Contrairement à la doctrine que l'on vient d'exposer, il a été décidé que la cour de renvoi peut commettre un de ses membres pour procéder à des vérifications et des en-

à son greffe du procès-verbal d'audition des témoins pour être statué au fond; mais que la cour n'est saisie que de l'appel relève envers le jugement du tribunal de Digne; que si l'arrêt de renvoi dit aussi que la cour statuera sur la plainte, cela ne peut s'entendre que de la question de validité de la plainte qui avait été soumise aux premiers juges, et que l'on ne saurait voir dans ces expressions une extension des pouvoirs conférés à la cour, et l'obligation pour elle de statuer sur le fond; — Par ces motifs, vidant le renvoi à elle fait par la cour de cassation, démet les prévenus de leur appel; ordonne que le jugement attaqué sortira son plein et entier effet, etc.

Du 20 avr. 1863.-C. de Montpellier, ch. corr.-MM. Aragon, pr.-Peytavin, rap.-de Labaume, av. gén.-Bertrand et Joly de Cabanous, av.

quêtes à faire sur les lieux litigieux, alors même qu'ils sont situés dans le ressort d'une autre cour d'appel (Poitiers, 7 juill. 1862, aff. Perrot, D. P. 63. 2. 187).

487. — PÉREMPTION. — Suivant la règle indiquée au *Rép.* n° 2185, l'arrêt de cassation, contradictoire ou par défaut, laisse subsister l'appel et les procédures faites devant la cour qui a rendu l'arrêt cassé. De là une conséquence importante, c'est que si plus de trois ans s'écoulent sans qu'il ait été fait des poursuites en vertu de l'arrêt de renvoi, une demande en péremption peut être formée contre la partie qui a obtenu l'arrêt de cassation, encore bien qu'elle ne l'ait pas signifié à son adversaire qui a fait défaut devant la cour suprême (Req. 28 juin 1875, aff. Terrade, D. P. 76. 1. 30). La péremption prononcée, le jugement qui avait été infirmé par l'arrêt cassé reprend toute sa force et devient inattaquable (Riom, 8 juin 1853, aff. Chasseigneux, D. P. 56. 2. 23; M tz, 11 mai 1854, aff. Commune d'Hangenviller, D. P. 54. 2. 244).

§ 3. — Effets du renvoi en matière criminelle (*Rép.* n°s 2187 à 2227).

488. Les principes exposés dans le paragraphe précédent, au sujet du renvoi après cassation, de la désignation du nouveau tribunal et des attributions qui lui sont conférées, retrouvent ici leur application (*Rép.* n° 2187). Ainsi, en premier lieu, la portée du renvoi est subordonnée à l'étendue de la cassation. Si celle-ci a été prononcée sur le seul pourvoi du condamné, elle n'atteint que les chefs lui faisant grief, et, par suite, la cour de renvoi ne peut ni revenir sur les chefs de poursuite écartés par la décision cassée, ni considérer comme revivant devant elle l'appel *a minima* interjeté par le ministère public, si cet appel a été rejeté (Crim. cass. 13 oct. 1859, aff. Daumon, D. P. 59. 1. 477. — V. aussi Crim. cass. 28 mai 1887, aff. Guillermont, D. P. 87. 1. 353).

Mais, de même qu'en matière civile, les juges saisis du renvoi d'une affaire criminelle peuvent examiner tous les moyens présentés à l'appui d'un même chef de cassation, et même ceux que la cour suprême a écartés comme mal fondés (Crim. cass. 4 mai 1854, aff. Thoisnier-Desplace, D. P. 55. 1. 127). De même, la cour de renvoi n'est pas liée, quant à l'appréciation des faits, par les déclarations des premiers juges, encore que la cour de cassation n'ait pas critiqué ces déclarations (Crim. rej. 6 nov. 1857, aff. Jehly, D. P. 58. 1. 41).

489. Ce droit incontestable, qui appartient à la cour de renvoi, d'apprécier à nouveau, et différemment, les faits délictueux, a rendu le renvoi obligatoire dans une hypothèse où la rectification apportée par la cour de cassation à la qualification correctionnelle appliquée par une cour d'appel avait eu pour conséquence de faire déclarer le fait poursuivi non punissable. Dans cette espèce, le juge du premier degré avait admis, dans le jugement dont était appel, une qualification différente impliquant l'existence d'autres éléments délictueux qui avaient été écartés par l'arrêt cassé; il était donc nécessaire que ces éléments fussent à nouveau appréciés en appel, ce qui motivait le renvoi à une autre cour (Crim. cass. 3 juin 1864, aff. Charanton, D. P. 65. 1. 455).

490. Le tribunal de renvoi doit prendre comme point de départ le dernier acte de procédure qui a échappé à l'annulation. En conséquence, dans le cas d'une poursuite criminelle, si l'arrêt d'accusation n'a pas été annulé par la cour de cassation, c'est à partir de cet acte seulement, dans lequel se résume l'information, que la procédure doit être reprise (Crim. cass. 25 août 1871, aff. Fornairon, D. P. 71. 1. 357). Mais, au contraire, dans le cas où l'arrêt d'accusation a été cassé, il y a lieu de procéder à une information nouvelle (Crim. cass. 22 juill. 1871, aff. Martineau, D. P. 71. 1. 357). Lorsque la cour saisie du renvoi après cassation d'un arrêt de chambre des mises en accusation a réparé l'instruction en ce qui la concerne, elle doit désigner pour juger le crime poursuivi une cour d'assises de son ressort (art. 432 c. instr. cr.). Elle ne pourrait donc, sans excès de pouvoir, renvoyer l'affaire devant une cour d'assises du ressort de la cour d'appel dont l'arrêt a été cassé (Crim. cass. 27 juin 1845, aff. Jeannin, D. P. 45. 1. 286). C'est une application du principe, déjà rencontré en matière civile, qui limite les mesures que peut ordonner la cour de renvoi à l'étendue de son ressort (*suprà*, n° 488).

491. Les effets de la cassation varient suivant une distinction essentielle entre les matières de police simple ou correctionnelle et les matières de grand criminel. Ainsi qu'on l'a exposé au *Rép.* n° 2195, les juges correctionnels statuent à la fois sur le fait matériel et sur la culpabilité du prévenu; par suite, leurs décisions tombent pour le tout, au regard du chef annulé par la cour de cassation. En matière de grand criminel, au contraire, il faut distinguer suivant que la cassation frappe la déclaration du jury, ou simplement l'arrêt de la cour d'assises prononçant l'application de la peine. Dans la première hypothèse, il doit être procédé à de nouveaux débats devant la cour d'assises. Et alors, si l'on suppose que l'annulation a porté sur toutes les questions soumises au jury, la cour de renvoi doit interroger le nouveau jury sur les faits compris dans l'arrêt de mise en accusation tels qu'il y ont été qualifiés, encore que l'accusé ait été déclaré non coupable par le premier jury sur les questions posées conformément à cet arrêt, et condamné seulement sur une question de complicité résultant des débats. Il appartient au nouveau jury d'apprécier ces faits, et de déclarer l'accusé coupable du crime faisant l'objet de l'arrêt de mise en accusation (Crim. rej. 16 avr. 1857, aff. Anquetin, D. P. 57. 1. 266. V. également Crim. rej. 15 mai 1856, aff. Sullivan, D. P. 56. 1. 383). De même, lorsqu'un arrêt déclarant, dans une accusation de vol avec circonstances aggravantes, la culpabilité de l'auteur principal et du complice, a été cassé pour vice de forme, mais seulement sur le pourvoi et au profit de ce dernier, il n'y en a pas moins lieu de soumettre au nouveau jury, tant le fait principal avec ses circonstances, que l'accusation de complicité (Crim. cass. 31 août 1854, aff. Garos, D. P. 67. 5. 52). De même encore, l'arrêt qui annule les débats d'une instance criminelle par le motif que l'intervention d'une partie civile avait été illégalement admise, met par cela même à néant la constitution de cette partie civile; et celle-ci, dès lors, peut être régulièrement entendue dans de nouveaux débats, en qualité de témoin, si la déclaration de se porter partie civile n'a pas été renouvelée devant la cour de renvoi (Crim. rej. 10 oct. 1861, aff. Gianoli, D. P. 61. 1. 451).

492. Lorsque la cassation ne s'applique qu'à l'arrêt de la cour d'assises sans porter sur la décision du jury, la déclaration du jury doit être maintenue, et la cour de renvoi doit statuer uniquement sur l'application de la peine Ainsi, lorsque la cassation a été prononcée à raison de ce que l'arrêt a mal à propos appliqué à l'accusé déclaré coupable la peine accessoire de l'amende, la cour de renvoi ne peut modifier la condamnation principale (Crim. cass. 14 mars 1856, aff. Badoureau, D. P. 56. 1. 222). De même, dans le cas où la déclaration du jury qui a servi de base à l'application de la peine est reconnue ne pas s'expliquer sur l'un des éléments essentiels, si les questions auxquelles elle répond ont été posées dans les termes mêmes de l'arrêt de renvoi, il y a lieu, sur la cassation, de déclarer l'accusation purgée, et de ne renvoyer à de nouveaux juges que pour faire appliquer la peine d'après les seuls éléments admis par cette déclaration (Crim. 7 janv. 1858, aff. Penin, D. P. 58. 5. 54). — Il a encore été jugé qu'en cas de cassation, pour rejet d'une exception péremptoire, de la condamnation prononcée contre un accusé purgeant sa contumace, il y a lieu à renvoi de l'affaire devant une nouvelle cour d'assises, uniquement en ce qui concerne la condamnation de la partie aux frais occasionnés par sa contumace (Crim. cass. 3 mai 1860, aff. Paris, D. P. 60. 1. 519); — Que la cassation de l'arrêt de cour d'assises qui, en prononçant une condamnation aux travaux forcés à temps, a omis de mentionner qu'il a été délibéré sur la question de réduction ou de dispense de la surveillance de la haute police, ne s'applique qu'à ce dernier chef de condamnation, et que ce chef est, dès lors, le seul sur lequel la cour de renvoi ait mission de statuer (Crim. cass. 20 juill. 1882, aff. Mohamed-ben-Ali, D. P. 83. 1. 280).

493. Lorsque la déclaration du jury est ainsi maintenue et que la cour d'assises est saisie par renvoi après cassation pour l'application de la peine seulement, il ne faut pas croire, dans le cas où la cassation est intervenue sur le pourvoi du condamné seul, que la cour ne puisse appliquer qu'une peine égale ou inférieure à celle que prononçait l'arrêt cassé (Crim. rej. 15 mars 1861, aff. Rigollot, D. P. 61. 1. 190). De même, en matière correctionnelle, bien que la cassation ait été prononcée sur le seul pourvoi du prévenu, la cour de renvoi n'est pas tenue de se renfermer, quant à l'application de la peine, dans les limites de la condamnation contenue dans l'arrêt cassé: elle peut, si elle admet également l'existence du délit, prononcer une peine plus sévère (Crim. rej. 27 mai 1870, aff. Marchand, D. P. 71. 1. 180). Mais la peine ne peut être plus élevée que celle appliquée par le jugement de première instance (Av. Cons. d'Ét. 12 nov. 1806) (V. Arrêt précité du 27 mai 1870; Crim. cass. 13 oct. 1859, aff. Daumon, D. P. 59. 1. 477). Dans ce cas, en effet, la cassation, prononcée sur le pourvoi et en faveur du condamné seul, ne saisit la cour de renvoi que de l'appel qu'il avait formé, et non de celui du ministère public; or, l'appel du condamné ne peut avoir pour effet d'aggraver la situation que lui faisait le jugement de première instance. C'est une règle incontestable.

494. Sur la question de savoir quels sont les frais et dépens que le tribunal de renvoi peut mettre à la charge de la partie qui succombe, V. *Frais et dépens.*

§ 4. — Du renvoi après deux cassations (*Rép.* n°s 2228 à 2237).

495. On a exposé au *Rép.* n°s 2106 et 2228, le système consacré par la loi du 1er avr. 1837, qui a pour but de sanctionner l'autorité des arrêts de cassation: après un second pourvoi identique au premier, la cour de cassation statue toutes chambres réunies, et l'arrêt des chambres réunies est obligatoire pour les seconds juges de renvoi. Il a été jugé, à ce sujet, que la cour qui statue sur une affaire qui lui est renvoyée par un arrêt des chambres réunies ne peut, sans commettre un excès de pouvoir, déclarer, dans son arrêt, que le jugement qui lui a été déféré aurait été réformé par elle sans l'arrêt de la cour de cassation qui doit recevoir exécution forcée (Crim. cass. 7 juill. 1847, aff. Cour de Nancy, D. P. 47. 1. 267). Mais les seconds juges de renvoi ne sont tenus de se conformer à la doctrine de la cour suprême que sur le point de droit; ils restent souverains quant à l'appréciation et à la constatation des faits. Par suite, si le point de droit se trouve irrévocablement jugé ainsi que la qualification qui a été donnée au fait (Ch. réun. cass. 17 mars 1851, aff. Dubreuil, D. P. 51. 1. 99), les juges de renvoi ne sont cependant pas tenus de prononcer la peine que l'arrêt solennel a reconnue applicable, si le nouvel examen du fond, auquel ils ont le droit de procéder, ne les conduit pas à reconnaître la réalité des faits qui ont fait l'objet de la prévention (Crim. rej. 13 janv. 1854, aff. Engaurran, D. P. 57. 1. 262).

496. Enfin, la cour de renvoi, saisie en vertu d'un arrêt rendu après une première cassation par les chambres réunies de la cour suprême, n'est liée que sur les points jugés par ledit arrêt, et non sur d'autres points, que le premier arrêt de cassation avait appréciés, mais dont les chambres réunies n'ont point eu à connaître. En conséquence, lorsque des moyens, rejetés par le premier arrêt de cassation, mais sur lesquels le second arrêt rendu en chambres réunies n'a pas prononcé, sont soumis par les conclusions des parties à la cour de renvoi, celle-ci ne peut pas refuser de les examiner sous prétexte qu'ils rentrent dans la décision des chambres réunies à laquelle elle est tenue de se conformer (Crim. cass. 20 nov. 1874, aff. Bouscarle, D. P. 77. 1. 187).

CHAP. 21. — De la cassation sans renvoi et par voie de retranchement (*Rép.* n°s 2238 à 2258).

497. Ainsi qu'on l'a dit au *Rép.* n° 2238, les cas où la cassation est prononcée sans renvoi constituent de très rares exceptions. Au nombre de ces exceptions, il faut ranger tout d'abord les hypothèses où la cassation ne laisse rien à juger, ce qui se produit lorsque l'annulation n'a été prononcée que dans l'intérêt de la loi (V. *suprà*, n° 204).

498. Il en est de même, aux termes du règlement de 1738, 1re partie, tit. 6, dans le cas où la cassation est prononcée pour contrariété d'arrêts (V. *Rép.* n° 2239). Cette solution peut se justifier par le motif que la cassation pour contrariété d'arrêts ne laisse en réalité aucune question à trancher; qu'en effet, la seconde décision, qui a été rendue au mépris de la chose jugée, se trouvant anéantie, la première recouvre *ipso facto* toute sa force. Néanmoins elle a soulevé des objections (V. *Rép. ibid.*) et la cour de cassation s'en est écartée en prononçant le renvoi à deux reprises, dans des hypothèses de ce genre (Civ. cass. 28 juill. 1852, aff. Soudée, D. P. 52. 1. 292; 14 mai 1861, aff. Fraissinet, D. P. 61. 1. 378). Pour statuer ainsi, le premier de ces arrêts s'est fondé sur ce que l'art. 3 du décret du 27 nov. 1790 défend au tribunal de cassation de connaître en aucun cas du fond des affaires, le second, sur ce que la cassation ne peut être prononcée sans renvoi. Ces motifs ne paraissent pas exacts. D'une part, en effet, la cour de cassation ne juge pas elle-même le fond de l'affaire en maintenant le premier arrêt rendu; elle ne fait qu'assurer le respect du principe de l'autorité de la chose jugée, méconnu par le second arrêt; dès lors, l'art. 3 précité du décret du 27 nov. 1790 ne s'oppose point à ce que l'article précité du règlement de 1738 reçoive son exécution. D'autre part, le prétendu principe d'après lequel aucune cassation ne peut être prononcée sans renvoi a été démenti par la cour de cassation elle-même, qui, dans nombre d'hypothèses, a cassé sans renvoi (V. les décisions citées au *Rép.* n° 2241).

La doctrine semble fixée en ce sens que la cassation pour contrariété d'arrêts doit être prononcée sans renvoi (V. Merlin, *Questions de droit*, v° *Contrariété de jugements*, § 2; Boitard et Colmet-Daage, *Leçons de procédure civile*, t. 2, p. 146; Chenon, p. 196. V. aussi Crim. cass. 28 avr. 1854, aff. Voirin, D. P. 55. 5. 63).

Le règlement de 1738, 1re part., tit. 4, art. 19, prévoit un second cas de cassation sans renvoi: c'est celui où la cour annule un arrêt qui a reçu illégalement un appel interjeté contre un jugement en dernier ressort (*Rép.* n° 2239). Il est évident que ce jugement, qui ne pouvait être attaqué, doit reprendre son autorité.

499. Enfin, il n'y a pas lieu à renvoi quand la cassation est prononcée, au profit du demandeur, contre une décision qui lui est personnelle et n'intéresse aucun défendeur. On en a indiqué un exemple au *Rép.* n° 2241 (Civ. cass. 6 avr. 1830).

500. Les hypothèses précédentes, communes aux instances civiles et criminelles, sont les seules où la cassation puisse être prononcée sans renvoi en matière civile. En matière criminelle, ces sortes de cassation, beaucoup plus fréquentes, se rencontrent encore dans d'autres hypothèses. Aux termes de l'art. 429-6° c. instr. cr., lorsqu'un arrêt est annulé parce que le fait qui a motivé la condamnation n'est pas, selon la cour de cassation, un délit qualifié tel par la loi, il n'y a lieu à renvoi *s'il n'y a pas de partie civile* en cause (V. de nombreuses applications de cet article au *Rép.* n°s 2248 et suiv. *Adde:* Crim. cass. 26 févr. 1858, aff. de Suffren, D. P. 58. 5. 311; 26 mars 1886, aff. Claveranne-Dus, D. P. 87. 1. 144).

Au cas où le fait poursuivi ne constitue pas un crime ou délit qualifié, il faut assimiler celui où l'action publique se trouve éteinte par la prescription (Crim. cass. 21 juill. 1855, aff. Saunières, D. P. 55. 1. 335)... ou encore celui où le délit a été couvert par l'amnistie (V. Faustin Hélie, *Instruction criminelle*, t. 9, p. 508). De même, lorsqu'il n'y a pas eu de poursuite valablement introduite, ni de juridiction légalement saisie, la cassation doit être prononcée sans renvoi (Crim. cass. 4 juill. 1884, aff. Mazas, D. P. 85. 1. 129. V. également: Crim. cass. 2 déc. 1869, aff. Oudin, D. P. 70. 1. 374; 10 févr. 1872, *Bulletin criminel*, n° 37), sauf le droit pour le ministère public d'introduire une nouvelle poursuite contre la partie.

501. Toujours par application du principe qu'il n'y a pas lieu à renvoi après cassation devant de nouveaux juges lorsque l'accusation est reconnue purgée, il a été décidé: 1° que lorsqu'un accusé n'a été déclaré coupable et condamné que sur une question posée comme résultant des débats, il n'y a lieu, en cas de cassation, à aucun renvoi devant d'autres juges (Crim. cass. 31 août 1855, aff. Bossé, D. P. 55. 1. 444); — 2° Qu'en cas de cassation sur une question posée par le président de la cour d'assises comme résultant des débats, il n'y a pas lieu à renvoi si le jury a répondu négativement à la question posée en vertu de l'arrêt de renvoi (Crim. cass. 18 nov. 1875, aff. Oudin, D. P. 76. 1. 281); — 3° Que lorsque la question subsidiaire sur laquelle un arrêt de cour d'assises a été cassé ne se rattache pas invinciblement à la question principale, la solution négative donnée à cette dernière question par le jury reste acquise à l'accusé; et, dès lors, la cassation doit être prononcée sans renvoi (Crim. cass. 28 mars 1878) (1).

502. La règle inscrite dans l'art. 429-6° conduit à faire prononcer la cassation par voie de retranchement dans le cas où une même sentence contient des condamnations multiples, les unes régulières et les autres illégales. La cour de cassation supprime ces dernières dispositions tout en laissant sa force au reste du jugement. La cour a ainsi retranché la disposition d'un arrêt : 1° qui mettait à la charge de l'accusé, condamné sur renvoi, les frais des débats et du premier arrêt frappé de cassation (Crim. cass. 27 avr. 1850, aff. Duru, D. P. 50. 5. 51) ; — 2° Qui prononçait la contrainte par corps en dehors des cas prévus par la loi du 19 nov. 1871 (Crim. cass. 30 mars 1876, aff. Leclercq, et 27 avr. 1876, aff. Garrigue, D. P. 77. 1. 92. V. également : Crim. cass. 12 juin 1856, aff. Caffard-Delong, D. P. 56. 1. 382) ; — 3° Qui appliquait une peine à un individu cité comme témoin, et transformé à l'audience en prévenu (Crim. cass. 28 août 1884, aff. Dutour, D. P. 85. 1. 328) ; — 4° Qui prononçait cumulativement deux peines contre un même individu, contrairement au principe que la peine la plus forte purge l'accusation en entier (Crim. cass. 6 mars 1856, aff. Lefranc, D. P. 56. 1. 224). En pareil cas, la peine la moins forte doit seule être retranchée. Ont encore été cassées, par retranchement, les dispositions d'un arrêt correctionnel concernant les dommages-intérêts réclamés par la partie civile, alors que le même arrêt renvoyait les prévenus des fins de la plainte (Crim. cass. 12 juin 1886, aff. Wallet, D. P. 87. 1. 45).

503. Mais l'arrêt devrait être cassé avec renvoi partiel, si, à la place de la seconde peine appliquée par les juges de répression, il était possible de prononcer cumulativement avec la peine la plus forte des peines accessoires, telles que l'amende et l'interdiction des droits mentionnés par l'art. 42 c. civ. (Crim. cass. 10 mai 1855, aff. Paquet, D. P. 56. 1. 128).

Il y a encore lieu à renvoi lorsque le montant des amendes cumulées en violation de l'art. 365 c. instr. cr. s'élève à un chiffre supérieur au maximum édicté par la loi : la cour de cassation ne peut alors casser par voie de retranchement seulement, mais doit prononcer la cassation totale, car il s'agit, en pareil cas, de réduire le chiffre des amendes prononcées, ce qui ne peut être fait que par les juges du fond (Crim. cass. 28 févr. 1857, aff. Pouettre, D. P. 57. 5. 48). De même, lorsque le juge d'appel, en écartant l'un des délits retenus dans la condamnation prononcée par le juge de première instance, a confirmé néanmoins le dispositif du jugement sans remarquer que la peine prononcée ne rentrait plus, pour l'un de ses éléments, dans les dispositions pénales réprimant celui des délits qu'il tenait pour établi, il y a lieu à renvoi devant de nouveaux juges pour être statué à nouveau sur l'appel dans son entier (Crim. cass. 10 févr. 1866, aff. Souffray, D. P. 72. 5. 63).

504. Signalons enfin une hypothèse singulière dans laquelle le renvoi a été prononcé sans cassation, en matière criminelle. Une loi pénale plus douce que la loi en vigueur avait été promulguée postérieurement au jugement de condamnation, mais avant qu'il n'eût été statué sur le pourvoi. Dans ces conditions, le jugement attaqué n'avait en rien violé la loi, et il semble que la cour suprême aurait dû purement et simplement écarter le pourvoi si elle s'était conformée strictement à la règle d'après laquelle la cour doit statuer dans les conditions où les juges du fond étaient eux-mêmes placés. Cependant, dans l'hypothèse en question, la cour suprême, sans prononcer aucune cassation, a renvoyé l'affaire devant la juridiction qui en avait déjà connu, pour que cette juridiction appliquât la nouvelle loi (Crim. 14 janv. 1876, aff. Delbreil, D. P. 76. 1. 185). Cette décision se fonde sur le caractère suspensif du pourvoi formé en matière criminelle.

(1) (Massaï.) — La cour ; — Sur le moyen soulevé d'office et tiré d'une fausse application de l'art. 485 c. pén. : — Attendu que les accusés, en l'espèce, et notamment le nommé Massaï, demandeur au pourvoi, ont été traduits devant la cour d'assises de la Corse, sous l'accusation d'avoir introduit en France des monnaies étrangères, sachant que lesdites monnaies étaient contrefaites ou altérées ; que, sur ce point, la réponse du jury a été négative ; — Mais attendu que la cour d'assises avait posé, comme résultant des débats, une question d'escroquerie ; que, sur cette question, la solution donnée par le jury a été affirmative, et que cette solution a entraîné l'application par la cour des peines prononcées par ledit art. 405 ; — Attendu que, s'il appartenait à la cour de poser, comme résultant des débats, la question que le jury a résolue affirmativement, il lui était commandé par la jurisprudence et la loi d'énoncer et de spécifier dans la question posée les circonstances qui pouvaient être de nature à constituer les manœuvres frauduleuses qui sont caractéristiques du délit d'escroquerie ; — Attendu que la cour, dans la question dont il s'agit, s'est contentée de demander au jury si les accusés avaient usé de manœuvres frauduleuses pour persuader à autrui qu'il existe un crédit imaginaire; que la question ne spécifiait pas les faits constitutifs desdites manœuvres ; qu'il n'est donc pas possible d'apprécier le point de savoir si des faits de cette nature étaient établis dans l'espèce, puisque l'expression *manœuvre* étant complexe, elle ne peut ressortir que des faits énoncés en l'arrêt qui prononce condamnation pour délit d'escroquerie ; qu'il en faut conclure que la question posée était insuffisante pour constater la preuve exigée par la loi, et que l'application de la peine n'est pas légalement justifiée ; — En ce qui touche l'étendue de la cassation à prononcer : — Attendu que la question subsidiaire ne se rattache pas d'une manière invincible à la question principale qui a été résolue négativement par le jury ; que, dès lors, cette solution négative doit rester acquise au demandeur et qu'il n'y a lieu de prononcer la cassation qu'à raison de la réponse du jury sur la question subsidiaire ; que, par suite, la cassation doit être prononcée sans renvoi ;

Par ces motifs, casse et annule, sans renvoi, l'arrêt de la cour d'assises de la Corse, etc.

Du 28 mars 1878.-Ch. crim.-MM. de Carnières, pr.-Berthelin, rap.-Lacointa, av. gén.

Table sommaire

des matières contenues dans le Supplément et le Répertoire.

(Les chiffres précédés de la lettre *S* renvoient au Supplément; les chiffres précédés de la lettre *R* renvoient au Répertoire.)

Table chronologique des Lois, Arrêts, etc.

24 déc. Crim. 453 c.
30 déc. Crim. 59 c.
31 déc. Crim. 141 c.

1865

4 janv. Req. 144 c.
5 janv. Crim. 104 c.
7 janv. Crim. 104 c.
17 janv. Civ. 230 c.
23 janv. Req. 81 c.
31 janv. Agen. 485 c.
3 févr. Crim. 128 c.
4 févr. Crim. 50 c.
7 févr. Civ. 424 c.
23 févr. Crim. 321 c.
29 mars. Req. 462 c.
1er avr. Crim. 128 c.
7 avr. Crim. 131 c.
13 avr. Crim. 147 c.
17 mai. Civ. 421 c.
24 mai. Rouen. 479 c.
2 juin. Crim. 134 c., 321 c.
16 juin. Crim. 467 c.
14 juill. Loi. 160 c., 161 c.
19 juill. Req. 69 c.
22 juill. Crim. 321 c.
24 juill. Req. 440 c.
14 août. Req. 312 c.
29 août. Civ. 86 c.
14 sept. Crim. 476 c.
6 nov. Req. 31 c., 435 c.
8 nov. Req. 112 c.
11 nov. Crim. 199 c.
15 nov. Req. 81 c.
22 nov. Req. 343 c., 344 c., 346 c.
4 déc. Req. 382 c.
8 déc. Crim. 102 c.
28 déc. Crim. 61 c.

1866

2 janv. Req. 38 c.
9 janv. Req. 302 c.
1er févr. Crim. 104 c.
10 févr. Crim. 503 c.
15 févr. Crim. 122 c.
3 mars. Crim. 50 c., 131 c.
7 mars. Civ. 430 c.
9 mars. Crim. 304 c.
12 mars. Req. 435 c.
19 mars. Req. 486 c.
19 mars. Civ. 484 c.
29 mars. Crim. 59 c.
4 avr. Req. 443 c.
6 avr. Crim. 104 c., 175 c.
9 mai. Req. 426 c.
28 mai. Req. 435 c.
6 juin. Civ. 298 c.
13 juin. Loi. 290 c.
18 juin. Civ. 73 c., 431 c.
27 juin. Loi. 132 c.
13 juill. Crim. 104 c.
10 août. Crim. 472 c.
27 sept. Crim. 269 c., 453 c.
8 nov. Crim. 153 c.
16 nov. Crim. 161 c., 281 c., 453 c.
23 nov. Crim. 106 c.
26 nov. Req. 426 c.
26 nov. Civ. 405 c.
12 déc. Req. 440 c.
13 déc. Crim. 147 c.
20 déc. Crim. 147 c.
26 déc. Civ. 441 c.

1867

3 janv. Crim. 106 c.
12 janv. Crim. 50 c.
15 janv. Civ. 312 c.
16 janv. Req. 81 c.
18 janv. Crim. 25 c.
7 févr. Crim. 177 c.
12 févr. Civ. 209 c.
13 févr. Nancy. 485 c.
16 févr. Crim. 215 c.
23 févr. Crim. 50 c.
7 mars. Crim. 165 c.
16 mai. Crim. 142 c.
1er juin. Crim. 468.
3 juin. Civ. 130 c.
6 juin. Crim. 127 c.
20 juin. Crim. 104 c.
26 juin. Req. 34 c.
27 juin. Pau. 481 c., 482 c.
29 juin. Loi. 320, 327 c., 329 c., 330 c., 333 c.
15 juill. Civ. 87.
24 juill. Civ. 446.
27 juill. Crim. 161 c.
8 août. Crim. 167 c.
22 août. Crim. 101 c.
19 sept. Crim. 167 c.
26 sept. Crim. 210 c., 250 c.
11 nov. Req. 427 c.
12 nov. Civ. 224 c.
20 nov. Req. 319 c.
27 nov. Civ. 435 c.
6 déc. Crim. 102 c.
11 déc. Civ. 235 c.
24 déc. Civ. 237 c.

1868

3 févr. Civ. 78 c.
5 févr. Req. 190 c.
5 févr. Civ. 267 c., 464 c.
10 févr. Req. 312 c.
14 févr. Crim. 451 c.
20 févr. Crim. 332 c.
22 févr. Crim. 146 c.
24 févr. Req. 344 c.
28 févr. Crim. 160 c.
20 févr. Crim. 132 c.
7 mars. Crim. 409 c.
9 mars. Req. 430 c.
10 mars. Req. 422 c.
24 mars. Civ. 411 c.
31 mars. Civ. 352 c., 362 c.
16 avr. Crim. 127 c.
29 avr. Civ. 371 c.
4 mai. Req. 69 c.
5 mai. Civ. 231 c.
11 mai. Req. 434 c.
13 mai. Req. 447 c.
18 mai. Civ. 70 c.
19 mai. Req. 427 c.
19 mai. Civ. 353 c.
25 mai. Req. 394.
25 mai. Civ. 344 c.
27 mai. Req. 169 c.
29 mai. Crim. 129 c.
12 juin. Crim. 97 c., 269 c., 273 c.
15 juin. Req. 407 c., 440 c.
17 juin. Req. 366 c.
17 juin. Civ. 448 c.
29 juin. Civ. 183 c.
7 juill. Civ. 362 c.
17 juill. Dijon. 481 c.
18 juill. Crim. 181 c.
28 juill. Civ. 358 c., 360 c.
30 juill. Crim. 147 c.
13 août. Crim. 451 c.
25 août. Civ. 409 c.
26 août. Civ. 70 c., 356 c.
26 août. Crim. 95 c.
28 août. Crim. 168 c.
3 sept. Crim. 171 c., 220 c.
9 nov. Req. 293.
17 nov. Civ. 484 c.
26 nov. Crim. 146 c.
27 nov. Crim. 334 c., 337 c., 338 c.
30 nov. Req. 437 c.
30 nov. Civ. 356 c.
7 déc. Civ. 446 c.
8 déc. Req. 298 c., 440 c.
12 déc. Crim. 451 c.
17 déc. Crim. 332 c.
19 déc. Crim. 141 c.
21 déc. Civ. 393 c.
23 déc. Civ. 78 c., 79 c.

1869

4 janv. Civ. 439 c.
6 janv. Req. 448 c.
7 janv. Crim. 147 c.
13 janv. Civ. 88 c.
18 janv. Civ. 387 c.
19 janv. Req. 357 c.
21 janv. Crim. 280 c.
21 janv. Pau. 462.
2 févr. Req. 435 c.
2 févr. Civ. 440 c.
3 févr. Req. 139 c., 302 c.
8 févr. Req. 378 c.
9 févr. Req. 440 c.
23 févr. Civ. 352 c.
25 févr. Crim. 101 c.
2 mars. Civ. 461 c.
3 mars. Civ. 403 c.
15 mars. Req. 437 c.
17 mars. Civ. 359 c.
16 mars. Crim. 127 c.
22 mars. Req. 447 c.
23 mars. Civ. 439 c.
31 mars. Civ. 109 c., 173 c.
5 avr. Req. 69 c.
7 avr. Req. 26 c.
8 avr. Crim. 472 c.
13 avr. Req. 302 c.
23 avr. Crim. 332 c.
29 avr. Crim. 280 c.
3 mai. Civ. 382 c.
24 mai. Civ. 430 c., 446 c.
7 juin. Req. 447 c.
7 juin. Civ. 428 c.
8 juin. Civ. 444 c.
9 juin. Civ. 389 c.
11 juin. Crim. 336 c.
15 juin. Req. 88 c.
20 juill. Req. 447 c.
29 juill. Req. 312 c.
2 août. Civ. 458 c.
3 août. Civ. 77 c., 267 c.
19 août. Crim. 169 c.
25 août. Civ. 28 c.
25 août. Metz. 337 c.
2 sept. Crim. 104 c.
9 sept. Crim. 104 c.
23 sept. Crim. 51 c.
7 oct. Crim. 474 c.
11 nov. Crim. 281 c.
27 nov. Crim. 210 c.
29 nov. Civ. 245 c.
2 déc. Crim. 500 c.
7 déc. Req. 446 c.
13 déc. Req. 362 c.
14 déc. Civ. 395 c.
22 déc. Civ. 397 c.
28 déc. Civ. 360 c.

1870

3 janv. Req. 390 c.
4 janv. Req. 380 c.
5 janv. Req. 435 c.
8 janv. Crim. 59 c.
10 janv. Civ. 443 c.
11 janv. Civ. 444 c.
17 janv. Civ. 216 c., 358 c.
18 janv. Civ. 405 c.
19 janv. Civ. 404 c.
22 janv. Crim. 160 c.
24 janv. Civ. 394 c.
25 janv. Civ. 237 c.
31 janv. Req. 312 c.
3 févr. Crim. 104 c.
7 févr. Req. 444 c.
15 févr. Req. 440 c.
15 févr. Civ. 362 c.
21 févr. Req. 446 c.
23 févr. Req. 447 c.
23 févr. Civ. 463 c.
4 mars. Crim. 59 c.
9 mars. Req. 441 c.
14 mars. Req. 434 c.
22 mars. Civ. 407 c.
24 mars. Alger. 159 c.
25 mars. Crim. 159 c.
19 avr. Civ. 378 c.
27 avr. Civ. 385 c.
4 mai. Civ. 304 c.
9 mai. Civ. 404 c.
11 mai. Req. 358 c.
11 mai. Civ. 237 c., 446 c.
13 mai. Crim. 170 c.
17 mai. Req. 362 c., 440 c.
24 mai. Req. 358 c.
24 mai. Civ. 447 c.
27 mai. Crim. 493 c.
31 mai. Civ. 404 c.
1er juin. Civ. 29 c., 486 c.
13 juin. Req. 443 c.
16 juin. Crim. 131 c.
20 juin. Req. 424 c.
28 juin. Civ. 429 c.
4 juill. Req. 173 c.
5 juill. Civ. 370 c.
7 juill. Req. 359 c., 360 c.
11 juill. Req. 382 c., 394 c.
11 juill. Civ. 35 c., 457 c.
12 juill. Req. 447 c.
13 juill. Req. 435 c.
15 juill. Crim. 59 c.
18 juill. Req. 79 c.
18 juill. Civ. 299 c., 380 c.
20 juill. Civ. 361 c.
26 juill. Req. 40 c.
2 août. Req. 440 c.
8 août. Req. 366 c.
9 août. Req. 24 c.
10 août. Req. 394 c.
10 août. Civ. 404 c.
16 août. Req. 289 c.
17 août. Req. 80 c.
22 août. Civ. 464 c.
30 août. Civ. 461 c.
9 sept. Décr. 2 c., 116 c., 231 c., 445 c.
3 oct. Décr. 231 c.
4 oct. Décr. 445 c.
8 oct. Décr. 20 c.
21 oct. Décr. 65 c.
25 oct. Décr. 2 c., 116 c., 265 c.
30 nov. Décr. 2 c.
2 déc. Crim. 65 c.
12 déc. Arrêté. 2 c.
29 déc. Crim. 175 c.

1871

5 janv. Crim. 468 c.
3 févr. C. cass. Pau. 265 c.
26 févr. Traité. 46 c.
21 avr. Loi. 2 c., 443 c.
25 avr. Arrêté. 2 c.
10 mai. Traité. 46 c.
26 mai. Loi. 231 c., 445 c.
3 juin. Toulouse. 457 c.
8 juin. Crim. 287 c.
22 juin. Crim. 202 c.
26 juin. Req. 69 c.
5 juill. Civ. 478 c.
13 juill. Civ. 386 c.
14 juill. Chambéry. 461 c.
18 juill. Req. 344 c.
22 juill. Crim. 490 c.
12 août. Civ. 443 c.
14 août. Req. 446 c.
25 août. Crim. 490 c.
28 août. Req. 403.
15 sept. Crim. 252 c.
21 sept. Crim. 46 c.
28 sept. Crim. 168 c.
12 oct. Crim. 226 c.
7 nov. Req. 319 c.
9 nov. Crim. 142 c., 149 c.
13 nov. Req. 362 c.
14 nov. Civ. 446 c.
16 nov. Crim. 65 c.
19 nov. Loi. 502 c.
20 nov. Req. 386 c., 446 c.
21 nov. Req. 401 c.
27 nov. Req. 463 c.
28 nov. Req. 80 c., 360 c.
30 nov. Crim. 65 c.
1er déc. Crim. 158 c., 159 c.
2 déc. Crim. 414 c.
5 déc. Req. 486 c.
6 déc. Req. 183 c.
11 déc. Civ. 231 c.
12 déc. Req. 426 c.
13 déc. Req. 302 c.
18 déc. Civ. 371 c.
27 déc. Civ. 236 c.
30 déc. Crim. 104 c.

1872

3 janv. Req. 389 c.
3 janv. Civ. 236 c.
5 janv. Civ. 396 c.
6 janv. Crim. 321 c.
8 janv. Req. 380 c.
17 janv. Req. 364 c.
17 janv. Civ. 236 c.
22 janv. Req. 411 c.
22 janv. Civ. 46 c.
24 janv. Req. 440 c.
25 janv. Crim. 102 c.
31 janv. Civ. 372 c.
1er févr. Crim. 143 c.
5 févr. Req. 305 c.
6 févr. Req. 389 c., 437 c.
6 févr. Civ. 389 c.
10 févr. Crim. 500 c.
12 févr. Req. 46 c., 403 c.
13 févr. Req. 390 c.
14 févr. Req. 389 c., 400 c., 401 c., 416 c.
16 févr. Crim. 97 c.
20 févr. Req. 420 c.
21 févr. Req. 435 c.
22 févr. Crim. 249 c.
23 févr. Crim. 418 c.
26 févr. Req. 440 c.
28 févr. Req. 370 c.
28 févr. Civ. 393 c.
4 mars. Req. 310 c.
6 mars. Req. 427 c.
12 mars. Req. 408 c.
13 mars. Civ. 443 c.
15 mars. Crim. 210 c., 472 c.
2 avr. Req. 153 c.
3 avr. Req. 362 c., 408 c., 437 c.
4 avr. Crim. 468 c.
8 avr. Req. 382 c., 440 c.
9 avr. Civ. 429 c.
15 avr. Req. 183 c.
15 avr. Civ. 345 c.
22 avr. Req. 355 c., 385 c.
23 avr. Req. 283 c., 302 c.
24 avr. Req. 397 c., 438 c.
29 avr. Req. 364 c.
30 avr. Civ. 446 c.
6 mai. Req. 366 c.
7 mai. Req. 447 c.
13 mai. Req. 182 c.
14 mai. Req. 386 c., 390 c.
15 mai. Req. 69 c.
18 mai. Crim. 103 c.
27 mai. Req. 367 c.
28 mai. Req. 370 c., 386 c.
31 mai. Crim. 453 c.
4 juin. Req. 295 c., 304 c.
5 juin. Req. 358 c., 437 c.
5 juin. Civ. 429 c.
10 juin. Civ. 358 c.
11 juin. Req. 152 c.
18 juin. Civ. 371 c.
19 juin. Civ. 395 c.
20 juin. Crim. 453 c.
25 juin. Req. 189 c., 370 c.
28 juin. Crim. 159 c.
9 juill. Civ. 397 c.
15 juill. Civ. 91 c., 358 c., 456 c.
16 juill. Civ. 87 c.
22 juill. Req. 345 c., 360 c.; 361 c., 440 c.
23 juill. Req. 408 c.
27 juill. Crim. 153 c.
29 juill. Req. 400 c.
31 juill. Req. 362 c.
8 août. Crim. 159 c., 390 c.
19 août. Civ. 359 c.
20 août. Crim. 322 c.
21 août. Req. 464 c.
23 août. Crim. 105 c., 453 c.
29 août. Crim. 149 c.
11 oct. Crim. 247 c.
8 nov. Crim. 475 c.
14 nov. Crim. 131 c.
19 nov. Req. 486 c.
19 nov. Civ. 403 c.
20 nov. Civ. 46 c.
25 nov. Req. 380 c., 444 c.
27 nov. Req. 443 c.
2 déc. Req. 447.
10 déc. Req. 79 c.
12 déc. Crim. 143 c.
13 déc. Crim. 159 c.
18 déc. Civ. 343 c.
24 déc. Req. 378 c., 433 c.
30 déc. Req. 401 c.
30 déc. Civ. 367 c.

1873

3 janv. Crim. 104 c.
6 janv. Req. 140 c., 289 c.
9 janv. Crim. 150 c.
11 janv. Crim. 469 c.
14 janv. Req. 370 c.
15 janv. Civ. 353 c., 358 c.
23 janv. Crim. 131 c., 463 c.
25 janv. Crim. 130 c.
31 janv. Crim. 129 c.
1er févr. Crim. 454 c.
4 févr. Req. 27 c., 302 c., 400 c.
5 févr. Req. 362 c.
5 févr. Civ. 378 c.
11 févr. Civ. 88 c., 441 c.
12 févr. Req. 364 c.
14 févr. Crim. 453 c.
17 févr. Req. 434 c.
19 févr. Req. 380 c.
19 févr. Civ. 270 c.
26 févr. Req. 358 c.
4 mars. Civ. 369 c., 409 c.
5 mars. Req. 69 c., 277 c.
12 mars. Req. 362 c.
14 mars. Crim. 454 c.
17 mars. Req. 69 c.
19 mars. Req. 370 c.
25 mars. Req. 362 c.
25 mars. Civ. 298 c.
27 mars. Crim. 250 c.
31 mars. Req. 355 c.
2 avr. Civ. 184 c., 426 c., 435 c.
2 avr. Req. 69 c.
8 avr. Civ. 365 c.
9 avr. Civ. 111 c.
15 avr. Civ. 395 c., 306 c., 446 c.
28 avr. Req. 401 c., 440.
29 avr. Civ. 434 c.
2 mai. Crim. 463 c.
6 mai. Req. 442 c.
12 mai. Civ. 355 c.
13 mai. Req. 370 c.
17 mai. Crim. 131 c., 250 c.
19 mai. Req. 27 c., 305 c.
26 mai. Req. 372 c.
28 mai. Req. 344 c.
29 mai. Crim. 162 c.
9 juin. Req. 440 c.
10 juin. Req. 446 c.
11 juin. Req. 355 c., 435 c.
17 juin. Req. 357 c.
18 juin. Req. 364 c.
24 juin. Req. 393 c.
9 juill. Req. 439, 448 c.
14 juill. Req. 437 c.
15 juill. Req. 364 c.
19 juill. Crim. 416 c.
22 juill. Civ. 359 c.
23 juill. Req. 393 c.
24 juill. Crim. 102 c.
26 juill. Crim. 416 c.
28 juill. Req. 364 c.
5 août. Req. 443.
5 août. Civ. 343 c.
7 août. Crim. 158 c.
11 août. Req. 355 c.
11 août. Civ. 421 c.
12 août. Req. 312 c., 440 c.
13 août. Civ. 385 c.
18 août. Req. 370 c.
21 août. Crim. 181 c.
26 août. Civ. 81 c.
28 août. Crim. 181 c., 210 c.
5 nov. Civ. 319 c.
7 nov. Crim. 416 c.
11 nov. Civ. 410 c.
12 nov. Req. 447 c.
15 nov. Crim. 352 c.
17 nov. Req. 390.
18 nov. Req. 144 c.
19 nov. Req. 364 c.
19 nov. Civ. 380 c.
20 nov. Crim. 51 c.
27 nov. Crim. 58 c.
28 nov. Crim. 105 c.
1er déc. Req. 390 c.
2 déc. Req. 306.
2 déc. Civ. 389 c.
8 déc. C. cass. Belgique. 52 c.
15 déc. Civ. 372 c.
16 déc. Req. 409 c.
18 déc. Crim. 454 c.
22 déc. Req. 385 c., 437 c.
24 déc. Req. 350 c.
30 déc. Req. 362 c.
30 déc. Civ. 186 c.

1874

2 janv. Crim. 104 c., 127 c.
6 janv. Req. 380 c.
12 janv. Req. 440 c.
13 janv. Req. 390 c.
14 janv. Req. 447 c.
19 janv. Civ. 435 c.
21 janv. Req. 408 c.
23 janv. Crim. 406 c.
26 janv. Civ. 234 c.
2 févr. Req. 401 c.
4 févr. Civ. 404 c.
10 févr. Civ. 401 c.
18 févr. Req. 300 c., 403 c.
19 févr. Crim. 418 c.
23 févr. Req. 294.
2 mars. Req. 435 c.
2 mars. Civ. 305 c.
3 mars. Civ. 299 c.
4 mars. Civ. 311 c.
11 mars. Req. 319 c.
16 mars. Civ. 302 c.
18 mars. Req. 358 c.
23 mars. Civ. 358 c.
24 mars. Req. 445 c.
25 mars. Req. 437 c.
26 mars. Crim. 57.
30 mars. Req. 319 c.
31 mars. Civ. 457 c.
2 avr. Crim. 175 c.
4 avr. Crim. 61 c.
8 avr. Civ. 436 c.
20 avr. Req. 357 c.
22 avr. Req. 291.
28 avr. Civ. 343 c.
12 mai. Req. 380 c.
14 mai. Crim. 332 c., 337 c., 338 c.
20 mai. Civ. 443 c., 447 c.
23 mai. Crim. 416 c.
3 juin. Req. 263 c., 381 c.
16 juin. Req. 364 c.
23 juin. Req. 389 c.
1er juill. Civ. 303 c.
7 juill. Req. 435 c.
8 juill. Civ. 401 c.
15 juill. Besançon. 457 c.
24 juill. Crim. 92 c., 176 c.
28 juill. Req. 361 c.
4 août. Req. 364 c.
6 août. Amiens. 463 c.
10 août. Req. 409 c.
21 août. Crim. 332 c.
10 nov. Civ. 401 c.
11 nov. Req. 319 c.
20 nov. Crim. 496 c.
23 nov. Civ. 319 c., 365 c.
25 nov. Req. 306 c.
1er déc. Req. 182 c.
8 déc. Civ. 442 c.
9 déc. Req. 306 c.
12 déc. Crim. 127.
16 déc. Req. 437 c.
21 déc. Req. 364 c.
23 déc. Civ. 299 c.

1875

5 janv. Req. 303 c., 426 c.

9 janv. Crim. 416 c.
12 janv. Civ. 396 c.
26 janv. Req. 426 c.
26 janv. Civ. 118 c.
27 janv. Civ. 385 c.
8 févr. Req. 355 c.
11 févr. Crim. 61 c.
12 févr. Crim. 185 c.
8 mars. Req. 302 c.
9 mars. Req. 440 c.
15 mars. Civ. 485 c.
19 mars. Crim. 55 c.
5 avr. Req. 359, 435 c., 440 c.
7 avr. Civ. 139 c.
12 avr. Civ. 320 c.
13 avr. Req. 380 c., 393 c.
3 mai. Req. 440.
10 mai. Civ. 110 c., 343 c.
12 mai. Civ. 80 c.
14 mai. Crim. 414 c.
2 juin. Civ. 427 c., 436 c.
4 juin. Crim. 51 c.
15 juin. Req. 434 c.
28 juin. Req. 487 c.
5 juill. Req. 312 c.
5 juill. Civ. 365 c.
13 juill. Req. 434 c.
15 juill. Req. 347 c.
19 juill. Req. 435 c.
27 juill. Req. 435 c.
10 août. Req. 443.
11 août. Req. 302 c.
11 août. Civ. 380 c.
16 août. Req. 446 c.
5 nov. Crim. 176.
9 nov. Req. 389 c.
9 nov. Civ. 399 c.
12 nov. Crim. 128 c.
17 nov. Req. 364, 431 c.
18 nov. Crim. 501 c.
22 nov. Req. 81 c.
23 nov. Civ. 421 c.
30 nov. Loi. 267 c.
1er déc. Civ. 387 c.
13 déc. Req. 305 c., 360 c.
13 déc. Civ. 109 c.
15 déc. Civ. 424 c.
24 déc. Crim. 332 c.
28 déc. Req. 307 c.

1876

5 janv. Civ. 325 c.
14 janv. Crim. 504 c.
18 janv. Req. 440 c.
25 janv. Req. 370 c.
27 janv. Crim. 151 c., 152 c.
31 janv. Req. 385 c., 402 c.
2 févr. Req. 399 c.
5 févr. Crim. 415 c.
14 févr. Req. 401 c.
14 févr. Civ. 69 c.
15 févr. Req. 370 c., 441 c.
18 févr. Crim. 408 c.
21 févr. Civ. 220 c.
22 févr. Civ. 429.
6 mars. Civ. 344 c.
13 mars. Civ. 421 c.
15 mars. Civ. 182 c.
20 mars. Req. 370 c.
21 mars. Civ. 69 c.
22 mars. Civ. 320 c.
23 mars. Crim. 416 c.
28 mars. Req. 395 c., 446 c.
28 mars. Civ. 180 c.
29 mars. Req. 70 c.
29 mars. Civ. 69 c.
30 mars. Crim. 502 c.
31 mars. Crim. 131 c.
4 avr. Req. 406 c.
5 avr. Civ. 298 c.
7 avr. Crim. 152 c.
10 avr. Req. 425 c.
24 avr. Req. 380 c.
26 avr. Req. 34 c.
27 avr. Crim. 502 c.
29 avr. Crim. 364 c.
1er mai. Req. 80 c.
2 mai. Req. 357 c.
2 mai. Civ. 180 c.
8 mai. Civ. 180 c.
9 mai. Civ. 447.
15 mai. Req. 434 c.
17 mai. Req. 319 c.
24 mai. Req. 357 c.
30 mai. Civ. 435 c.
12 juin. Civ. 86 c., 237 c.
16 juin. Crim. 65 c.
19 juin. Req. 434 c.
26 juin. Civ. 69 c.
27 juin. Civ. 395 c., 424 c.
28 juin. Civ. 433 c.
29 juin. Crim. 65.
4 juill. Req. 223 c.
6 juill. Crim. 463 c.
10 juill. Req. 426 c.
11 juill. Req. 347 c.
17 juill. Req. 440 c.
18 juill. Civ. 290 c.
26 juill. Civ. 110 c.
7 août. Req. 389 c.
8 août. Req. 366.
16 août. Req. 378 c.
25 août. Crim. 280 c.
12 oct. Crim. 65 c.
8 nov. Civ. 21 c.
20 nov. Civ. 402 c.
22 nov. Req. 320 c., 370 c.
22 nov. Civ. 355 c.
23 nov. Crim. 331 c., 337 c.
27 nov. Civ. 83 c.
4 déc. Req. 359 c.
6 déc. Civ. 431 c.
12 déc. Civ. 435 c.

1877

10 janv. Req. 361, 401 c., 440 c., 442 c.
12 janv. Crim. 104 c.
15 janv. Req. 434 c.
17 janv. Req. 445 c.
19 janv. Crim. 210.
22 janv. Civ. 434 c.
23 janv. Req. 366 c.
25 janv. Crim. 175 c.
29 janv. Civ. 440 c.
30 janv. Civ. 431 c.
1er févr. Toulouse. 478 c.
7 févr. Req. 393 c.
12 mars. Req. 34.
13 mars. Req. 320 c.
19 mars. Civ. 358.
20 mars. Req. 407 c.
26 mars. Req. 401 c.
29 mars. Crim. 468 c.
31 mars. Crim. 61 c.
9 avr. Req. 362 c.
17 avr. Req. 440 c., 446.
11 mai. Amiens. 480 c.
16 mai. Civ. 80 c.
29 mai. Req. 366.
6 juin. Req. 364.
15 juin. Caen. 480 c.
21 juin. Crim. 53 c.
25 juin. Civ. 80.
27 juin. Req. 425 c.
28 juin. Loi. 2, 142 c., 145 c., 146 c., 147 c., 150 c., 153 c., 157 c., 162 c., 163 c., 164 c.
2 juill. Civ. 88 c.
3 juill. Civ. 88 c.
4 juill. Req. 435 c.
6 juill. Crim. 208 c.
10 juill. Req. 183 c.
17 juill. Civ. 436 c.
24 juill. Req. 353 c., 447.
26 juill. Crim. 164 c.
3 août. Crim. 135 c.
21 août. Req. 356 c., 448 c.
27 août. Civ. 240 c.
7 nov. Civ. 405 c.
12 nov. Civ. 71 c., 73 c.
15 nov. Crim. 175 c.
5 déc. Civ. 356 c., 426 c.
19 déc. Civ. 464 c.

1878

5 janv. Crim. 453 c.
8 janv. Civ. 421 c.
17 janv. Crim. 210 c.
23 janv. Civ. 448 c.
28 janv. Civ. 108 c.
25 févr. Req. 444 c.
19 mars. Req. 442 c.
28 mars. Crim. 501.
29 mars. Crim. 453 c.
2 avr. Req. 393.
15 avr. Civ. 434 c.
18 avr. Crim. 332 c.
2 mai. Crim. 467 c.
9 mai. Décr. 2 c., 202 c.
9 mai. Crim. 453 c.
14 mai. Civ. 236 c.
20 mai. Req. 436 c.
22 mai. Civ. 443 c.
23 mai. Crim. 104 c.
27 mai. Req. 364 c.
21 juin. Crim. 195 c.
2 juill. Req. 361 c.
3 juill. Req. 367 c.
6 juill. Crim. 451.
17 juill. Req. 140, 355 c.
23 juill. Req. 385 c., 447.
27 juill. Crim. 102 c.
31 juill. Civ. 431 c.
1er août. Req. 439 c.
2 août. Crim. 94 c.
3 août. Décr. 2 c.
6 août. Req. 370 c.
12 août. Req. 460 c.
17 août. Crim. 101 c.
28 août. Civ. 449 c.
19 sept. Crim. 414.
8 nov. Crim. 418 c.
9 nov. Crim. 304 c.
18 nov. Req. 447.
20 nov. Req. 436 c.
22 nov. Crim. 177 c.
30 nov. Crim. 95 c.
3 déc. Req. 303 c.
3 déc. Civ. 434 c.
12 déc. Crim. 50 c.
10 déc. Crim. 200 c., 279 c.
30 déc. Req. 447 c.
31 déc. Req. 368 c.

1879

9 janv. Crim. 466 c.
13 janv. Civ. 403 c.
28 janv. Civ. 396 c.
5 févr. Civ. 88.
7 févr. Crim. 452 c.
12 févr. Req. 296.
25 févr. Civ. 239 c.
27 févr. Crim. 414 c.
28 févr. Crim. 175 c.
11 mars. Req. 80 c.
18 mars. Req. 443 c.
21 mars. Req. 435 c.
25 mars. Civ. 430 c.
27 mars. Décr. 2 c., 202 c.
5 avr. Crim. 304 c.
5 mai. Civ. 80 c.
8 mai. Crim. 196 c.
9 mai. Crim. 105 c.
20 mai. Req. 447 c.
24 mai. Crim. 453 c.
18 juin. Crim. 314 c., 463 c.
10 juin. Crim. 147 c.
23 juin. Req. 449 c.
25 juin. Décr. 2 c.
30 juin. Civ. 399 c.
9 juill. Req. 361 c.
21 juill. Req. 447 c.
21 juill. Civ. 426 c.
25 juill. Crim. 314 c., 463 c.
29 juill. Civ. 186 c.
5 août. Civ. 424 c.
16 août. Crim. 227.
20 août. Décr. 2 c., 66 c.
25 août. Civ. 71 c.
4 sept. Crim. 74.
7 nov. Crim. 306 c.
10 nov. Req. 41.
12 nov. Civ. 90 c.
26 nov. Civ. 479 c.
4 déc. Crim. 211.
5 déc. Crim. 314 c., 463 c.
23 déc. Civ. 139 c.

1880

20 janv. Req. 302 c.
14 févr. Crim. 199 c.
18 févr. Req. 277 c.
23 févr. Req. 447 c.
26 févr. Crim. 307 c.
9 mars. Req. 425 c.
11 mars. Crim. 448.
22 mars. Civ. 186.
25 mars. Crim. 467 c.
10 avr. Crim. 227 c.
12 avr. Décr. 173 c., 180 c.
27 avr. Req. 386 c.
10 mai. Req. 364 c.
12 mai. Req. 364 c.
22 mai. Poitiers. 465 c.
25 mai. Req. 403 c.
15 juin. Req. 367 c.
21 juin. Req. 310 c.
22 juin. Req. 440 c.
22 juin. Civ. 34 c.
3 juill. Crim. 121.
7 juill. Req. 448 c.
21 juill. Rouen. 484 c.
27 juill. Req. 357 c.
31 juill. Crim. 467 c.
9 août. Req. 428 c.
11 août. Civ. 86 c., 87 c.
13 août. Crim. 307 c.
17 août. Civ. 139 c.
18 août. Civ. 445 c.
11 nov. Crim. 226.
15 nov. Civ. 78 c.
22 nov. Req. 355 c.
24 nov. Civ. 433 c.
7 déc. Civ. 367 c.
9 déc. Crim. 209 c.
22 déc. Civ. 430 c.
28 déc. Req. 426 c.

1881

11 janv. Req. 38 c.
11 janv. Civ. 424
13 janv. Crim. 314 c.
24 janv. Civ. 89 c.
26 janv. Civ. 32 c.
2 févr. Req. 373 c.
22 févr. Req. 425 c., 437 c.
10 mars. Crim. 74.
14 mars. Civ. 424 c.
21 mars. Req. 33 c., 447 c.
23 mars. Req. 420 c.
4 avr. Civ. 362 c.
13 avr. Civ. 182 c.
4 mai. Civ. 139 c.
6 mai. Crim. 332 c.
17 mai. Req. 426 c.
30 mai. Req. 425 c.
1er juin. Req. 447 c.
3 juin. Crim. 332 c., 337 c., 416 c.
13 juin. Civ. 77 c.
14 juin. Civ. 139 c.
20 juin. Req. 445 c.
22 juin. Civ. 263 c., 363 c.
27 juin. Req. 425 c.
5 juill. Civ. 90 c.
13 juill. Req. 425.
21 juill. Req. 485 c.
27 juill. Civ. 380 c.
29 juill. Loi. 2 c., 125 c., 149 c.
17 août. Civ. 223 c.
23 août. Civ. 367 c.
30 août. Civ. 223 c.
31 août. Civ. 425 c.
7 nov. Req. 183 c.
14 nov. Req. 430 c.
15 nov. Civ. 315 c., 427 c.
21 nov. Civ. 239 c.
28 nov. Civ. 446 c.
1er déc. C. cass. Belgique. 30.
14 déc. Req. 29 c.
19 déc. Req. 425.
26 déc. Req. 298 c.

1882

16 janv. Req. 208 c., 406 c.
18 janv. Dijon. 463 c.
19 janv. C. cass. Belgique. 372 c.
26 janv. Crim. 50 c.
1er févr. Req. 140 c.
14 févr. Req. 349 c., 364 c.
22 févr. Civ. 424 c.
9 mars. C. cass. Belgique. 294.
13 mars. Civ. 236 c.
22 mars. Civ. 21 c.
27 mars. C. cass. Belgique. 123.
4 avr. Civ. 184 c.
6 avr. Crim. 153 c.
20 avr. Crim. 307 c.
8 mai. Req. 364 c., 478 c.
15 mai. Civ. 77 c.
26 mai. Crim. 95 c.
14 juin. Civ. 320 c.
26 juin. Civ. 440 c.
29 juin. Crim. 102 c., 450 c.
1er juill. Crim. 334 c., 337 c.
4 juill. Req. 484 c.
5 juill. Civ. 182 c., 320 c.
7 juill. Crim. 332 c.
11 juill. Civ. 429 c., 465 c.
11 juill. Bourges. 462.
20 juill. Crim. 492 c.
21 juill. Crim. 105 c.
24 juill. Req. 357 c., 425 c.
24 juill. Civ. 458 c.
28 juill. Crim. 50 c.
2 août. Loi. 149 c.
2 août. Crim. 272 c.
14 août. Civ. 434 c.
16 août. Req. 302 c.
21 août. Civ. 111 c.
23 août. Civ. 20 c.
30 août. Civ. 461 c.
8 nov. Civ. 438 c.
21 nov. Req. 446 c.
19 déc. Req. 427.
20 déc. Req. 420 c.
29 déc. Crim. 304 c.

1883

10 janv. Civ. 237 c.
12 janv. Crim. 305 c.
20 janv. Crim. 128 c.
29 janv. Req. 367 c.
30 janv. Civ. 238 c.
3 févr. Crim. 95 c.
5 févr. Montpellier. 485 c.
12 févr. Civ. 200 c.
14 févr. Civ. 43 c.
19 févr. Req. 80.
24 févr. Crim. 56 c.
14 mars. Civ. 457 c.
21 mars. Civ. 83 c.
3 avr. Civ. 437 c.
10 avr. Civ. 390 c.
16 avr. Req. 401 c.
18 avr. Civ. 426 c.
2 juin. Crim. 453 c.
7 juin. Crim. 94 c.
12 juin. Civ. 457 c.
25 juin. Civ. 372 c., 464 c.
4 juill. Req. 443.
10 juill. Req. 425 c.
11 juill. Req. 426 c.
17 juill. Civ. 107 c.
23 juill. Req. 447.
1er août. Req. 302 c.
22 août. Civ. 464 c.
30 août. Loi. 266 c., 269 c.
18 déc. Req. 425 c.

1884

2 janv. Civ. 458 c.
9 janv. Civ. 355 c., 421 c.
4 févr. Civ. 245 c.
11 févr. Civ. 364 c.
16 févr. Crim. 380 c.
18 févr. Req. 366 c.
19 févr. Req. 439 c.
14 mars. Crim. 436 c.
27 mars. Crim. 104 c.
29 mars. Crim. 181 c.
31 mars. Req. 356 c.
5 avr. Loi. 288 c.
9 avr. Civ. 457 c.
22 avr. Civ. 421 c.
23 avr. Civ. 464 c.
27 avr. Loi. 191 c.
28 avr. Civ. 442 c.
5 mai. Req. 435 c.
23 mai. Crim. 95 c.
24 mai. Crim. 50 c.
9 juin. Req. 206 c.
13 juin. Crim. 177 c.
16 juin. Req. 370 c.
17 juin. Req. 434 c.
21 juin. Crim. 149 c.
22 juin. Req. 425 c.
25 juin. Civ. 214 c.
28 juin. Crim. 305 c.
2 juill. Riom. 461 c.
4 juill. Crim. 500 c.
9 juill. Req. 68 c., 355 c.
23 juill. Req. 425 c.
28 août. Crim. 334 c., 335 c., 502 c.
7 nov. Crim. 458 c.
11 nov. Req. 379 c.
25 nov. Civ. 110 c.
31 déc. Civ. 465 c.

1885

6 janv. Civ. 270 c.
7 janv. Req. 364 c.
20 janv. Civ. 77 c.
26 janv. Civ. 302 c.
10 févr. Req. 434.
11 févr. Crim. 270 c.
13 févr. Crim. 453 c.
23 févr. Civ. 302 c., 455 c.
27 févr. Crim. 416 c.
11 mars. Civ. 477 c.
17 mars. Civ. 412 c.
23 mars. Req. 447 c.
25 mars. Req. 426 c.
30 mars. Req. 426 c.
31 mars. Req. 362 c., 393 c.
14 avr. Civ. 478 c.
29 avr. Req. 295 c., 355 c.
5 mai. Crim. 452 c.
12 mai. Req. 447.
18 mai. Req. 425 c.
19 mai. Req. 80 c.
20 mai. Civ. 220 c.
10 juin. Req. 380 c.
17 juin. Civ. 381 c.
24 juin. Req. 425 c.
25 juin. Crim. 65 c.
9 juill. Req. 446 c.
9 juill. Crim. 121 c., 466 c.
21 juill. Civ. 236 c.
4 août. Civ. 369 c.
5 août. Civ. 239 c.
13 août. Crim. 332 c.
9 nov. Req. 360 c.
11 nov. Req. 434 c.
16 nov. Civ. 242 c., 420 c.
23 nov. Req. 427 c.
24 nov. Req. 434 c.
26 nov. C. cass. Belgique. 286 c.
8 déc. Civ. 433 c.
9 déc. Req. 312 c.
16 déc. Req. 434 c.
16 déc. Civ. 464 c.

1886

4 janv. Req. 425 c.
27 janv. Req. 355.
1er févr. Req. 425 c.
3 févr. Civ. 348 c.
8 févr. Civ. 67 c., 139 c., 349 c., 355 c.
9 févr. Req. 447 c.
17 févr. Civ. 421 c.
1er mars. Civ. 230 c.
2 mars. Civ. 231 c.
8 mars. Req. 425 c.
8 mars. Civ. 447 c.
23 mars. Req. 174 c.
23 mars. Civ. 343 c.
26 mars. Crim. 500 c.
7 avr. Civ. 421 c.
3 mai. Req. 401 c.
8 mai. C. cass. Belgique. 355 c.
17 mai. Civ. 79 c.
18 mai. Civ. 460 c.
26 mai. Civ. 465 c.
9 juin. Civ. 355 c.
12 juin. Crim. 463 c., 467 c., 502 c.
30 juin. Civ. 80 c.
1er juill. Req. 347 c.
5 juill. Req. 367 c., 427 c.
13 juill. Civ. 442 c.
24 juill. Crim. 133 c.
2 août. Civ. 447 c.
3 août. Civ. 117 c.
18 oct. Req. 320 c.
27 oct. Req. 183 c.
10 nov. Civ. 426 c.
30 nov. Crim. 284 c.
3 déc. Crim. 247 c.
7 déc. Civ. 283 c.
21 déc. Req. 403 c.
22 déc. Civ. 425 c.

1887

4 janv. Civ. 464 c.
18 janv. Civ. 355 c., 397 c.
9 févr. Civ. 230 c., 355 c.
16 févr. Req. 283 c.
21 févr. Civ. 397 c.
22 févr. Civ. 424 c.
7 mars. Civ. 370 c.
16 mars. Req. 401 c.
16 mars. Civ. 464 c.
4 avr. Civ. 424 c.
20 avr. Civ. 355 c.
3 mai. Req. 425 c.
16 mai. Req. 425 c.
6 juin. Req. 425 c.
23 juin. Req. 425 c.
4 juill. Req. 425 c.
6 juill. Req. 364 c.

CAUSE DES OBLIGATIONS. — V. *Obligations*; — *Rép.* eod. v°, n°s 498 et suiv., 539 et suiv., 550 et suiv.
V. aussi *Contrat de mariage*; *Dispositions entre vifs et testamentaires*; *Effets de commerce*; *Frais et dépens*; *Jeu-pari*; *Mandat*; *Paternité et filiation*; *Société*; *Succession*.

CAUTION JUDICATUM SOLVI. — V. *Exceptions et fins de non-recevoir*; — *Rép.* eod. v°, n°s 25 et suiv.
V. aussi *Commune*; *Traité international*.

CAUTIONNEMENT.

Division.

CHAP. 1er. — Historique et législation. — Droit comparé (*Rép.* n°s 2 à 13).

1. La matière du cautionnement a conservé toute son importance au point de vue pratique, aussi bien qu'au point de vue théorique et doctrinal. Bien que cette matière fût déjà élucidée par les auteurs et par la jurisprudence antérieurement à la publication du *Répertoire*, elle a encore donné lieu, depuis, à des discussions approfondies en doctrine et à un nombre considérable de décisions judiciaires: les unes et les autres ont contribué à fixer le sens de certaines dispositions du code civil sur lesquelles des controverses s'étaient élevées, et ont fait cesser les doutes qui subsistaient encore sur beaucoup de points.

Nous n'avons point à signaler de nouveaux ouvrages de doctrine, spéciaux à la matière du cautionnement : le traité de Ponsot, et le *Commentaire du cautionnement* de Troplong ont conservé toute leur autorité dans la plupart des questions qu'ils discutent. Quant aux nouveaux développements de la doctrine, on doit les chercher dans les traités généraux sur le droit civil qui ont été publiés depuis le *Répertoire*, et parmi lesquels nous citerons : le *Cours de droit civil français* de MM. Aubry et Rau, t. 4, p. 672 et suiv.; le *Cours analytique de code civil* de M. Colmet de Santerre, t. 8, n°s 236 à 276 ; les *Principes de droit civil français* de M. Laurent, t. 28, p. 124 et suiv.; le *Traité des petits contrats* de M. P. Pont, t. 2, p. 1 à 450, et le *Traité des obligations* de M. Larombière, éd. de 1885.

2. La législation française n'a pas subi de modification autre que celle qui résulte de la suppression de la contrainte par corps en matière civile, laquelle a eu pour conséquence l'abrogation du dernier paragraphe de l'art. 2040 c. civ.

En ce qui concerne les législations étrangères, il y a lieu de signaler, dans le code civil italien, en vigueur depuis le 1er janv. 1866, les articles qui traitent du cautionnement (art. 1898 à 1931); ces articles reproduisent avec de légères différences les dispositions de notre code. — En Suisse, la loi fédérale sur la capacité civile et le code fédéral des obligations, promulgué le 22 juin 1881 (*Annuaire de législation étrangère*, 1883, p. 517 et suiv.) contiennent quelques dispositions relatives au cautionnement qu'il importe de signaler (*ibid.*, p. 557). C'est ainsi que le contrat doit être rédigé par écrit sans que la loi semble distinguer suivant que l'engagement porte ou non une somme importante. — Lorsque la caution ne s'est engagée que pour une période déterminée, le créancier ne peut recourir contre elle qu'à la condition de commencer les poursuites dans les quatre semaines qui suivent l'expiration du délai stipulé par la caution, et il doit les continuer sans interruption notable à peine de déchéance. — Enfin la disposition relative au cas où une dette divisible est cautionnée conjointement par plusieurs personnes est particulièrement intéressante ; les cautions en ce cas ne sont point obligées personnellement à la totalité de la dette, comme le dispose l'art. 2025 de notre code civil, mais chacune d'elles est obligée comme caution simple pour sa part, et comme certificateur de caution pour la part des autres cofidéjusseurs.

CHAP. 2. — De la nature et des caractères du cautionnement (*Rép.* n°s 14 à 49).

3. Le caractère accessoire du contrat de cautionnement (*Rép.* n° 15) est un des éléments essentiels de la distinction qu'il y a lieu de faire, ainsi qu'on l'a exposé au *Rép.* n° 18, entre l'engagement de la caution et l'obligation de celui qui se porte fort pour autrui. La dissemblance entre ces deux obligations a encore été signalée par les auteurs les plus récents. « Il y a, dit notamment M. Laurent, t. 28, n° 118, une convention qui a, en apparence, une grande analogie avec le cautionnement et qui en diffère néanmoins sous un rapport essentiel, c'est qu'elle constitue un engagement principal. Aux termes de l'art. 1119, on ne peut s'engager en son propre nom que pour soi-même de sorte que si je promets en mon nom le fait d'un tiers, cette promesse est nulle, et elle est nulle parce que le tiers n'a point consenti et le promettant n'est pas lié par la même raison. — L'art. 1120 ajoute : néanmoins on peut se porter fort pour un tiers en promettant le fait de celui-ci. Dans ce cas la promesse devient valable. En apparence, c'est une garantie qui valide ce qui a été promis au nom du tiers; ce qui ressemble à un cautionnement. En réalité, il n'y a pas de garantie accessoire; en effet, le tiers n'est pas obligé, malgré l'engagement du porte-fort; il n'y a donc pas de débiteur principal en ce sens que le tiers n'est pas débiteur; en réalité, le porte-fort est seul obligé. — C'est ce que dit l'art. 1120: si le tiers refuse de tenir l'engagement, le porte-fort doit une indemnité à celui à qui il a promis le fait du tiers. L'obligation du porte-fort est donc principale, mais elle est conditionnelle... Il en est tout autrement de la caution; elle est obligée, dès le principe, en vertu d'un engagement qui n'est pas subordonné à une condition. Le créancier n'est pas tenu de poursuivre d'abord le débiteur principal, il peut agir directement contre la caution, sauf à celle-ci à lui opposer le bénéfice de discussion. Mais cette obligation de la caution n'est qu'accessoire; si donc elle paye la dette, elle a un recours contre le débiteur principal et elle jouit des autres droits que la loi lui accorde à raison du caractère accessoire de ses engagements. Le porte-fort n'a aucun de ces droits parce qu'il est débiteur principal » (V. aussi : Aubry et Rau, t. 4, § 423, p. 674).

4. Le cautionnement, pour être valable, exige, comme tout autre contrat, le concours des volontés des parties; il ne peut non plus se présumer, et l'engagement de la caution doit être manifestement exprimé. De là la question de savoir si cet engagement doit nécessairement être accepté d'une manière expresse, ou si l'acceptation du créancier peut être tacite sans que la validité de l'engagement en soit affectée. On a signalé au *Rép.* n° 23, un arrêt de la cour de Grenoble qui s'était prononcé pour l'affirmative, en décidant que l'acceptation du créancier résultait suffisamment de l'assignation en payement qu'il avait donnée à la caution. Depuis, la même doctrine a été consacrée par la cour de Rennes (21 févr. 1871) et, sur pourvoi, par la chambre des requêtes; il résulte de ces deux arrêts que l'acceptation d'une offre de cautionnement peut résulter de la délivrance même de l'argent par le créancier à l'emprunteur et de la souscription par ce dernier d'un billet de pareille somme (Req. 28 août 1872, aff. Bouteloup, D. P. 72. 1. 396).

5. On admet toujours, ainsi que nous l'avons exposé au

Rép. n° 26, que le caractère du cautionnement est d'être un contrat unilatéral; pour qu'il en fût autrement, il faudrait que ce contrat contînt, de la part du créancier cautionné quelque obligation envers la caution. Le cautionnement, par exemple, conserve son caractère de contrat unilatéral bien qu'il soit subordonné à la concession d'un délai en faveur du débiteur, si le créancier n'a pris à cet égard aucun engagement (Req. 3 avr. 1850, aff. Bonjour, D. P. 50. 1. 165). Il est à remarquer, en effet, qu'un cautionnement promis dans ces conditions n'implique par lui-même aucun engagement de la part du créancier. La caution subordonne l'obligation qu'elle contracte à une condition, elle s'oblige conditionnellement. Quant au créancier, il reste maître de profiter du bénéfice du cautionnement ou d'y renoncer, en se soumettant à la condition, ou en poursuivant le débiteur avant l'expiration du délai demandé par la caution. Il n'existe donc pas d'engagements réciproques, et, dès lors, il n'y a pas contrat synallagmatique. — Le cautionnement, au contraire, rentrerait dans la classe des conventions synallagmatiques, si le créancier avait pris l'engagement de suspendre ses poursuites pendant un délai déterminé, car il y aurait alors droit acquis non seulement pour la caution, mais encore pour le débiteur (V. Civ. cass. 14 juin 1847, aff. Buguet, D. P. 47. 1. 244-245. V. aussi *Rép.* n°s 156 et suiv.).

6. Il reste également hors de doute, suivant la doctrine exposée au *Rép.* n°s 28 et suiv., que la gratuité n'est pas de l'essence du cautionnement; aucune disposition de la loi ne s'oppose, en effet, à ce que celui qui se rend caution stipule une indemnité pour prix de son obligation, pourvu que l'indemnité soit équitablement calculée en proportion des soins et des périls qui peuvent être la suite de cette obligation, et qu'elle ne prenne pas un caractère usuraire (Limoges, 23 déc. 1847, aff. Coquet, D. P. 48. 2. 85; Req. 13 mars 1854, aff. Farrau, D. P. 54. 1. 248; Aubry et Rau, t. 4, p. 675; Pont, t. 2, n° 16). Le plus ordinairement c'est du débiteur que l'indemnité sera stipulée, quoiqu'il puisse arriver aussi que ce soit le créancier qui s'oblige à payer une indemnité à la caution, en raison du supplément de garantie que lui procure son intervention. « Mais dans ce cas, dit M. Laurent, t. 28, n° 124, le cautionnement change de caractère : si l'indemnité est stipulée par la caution comme compensation des risques qu'elle court, c'est un véritable contrat d'assurance, par conséquent, un contrat aléatoire. » Et comme le remarquent MM. Aubry et Rau, *ibid.*, p. 676, il faut bien se garder de confondre ces deux situations.

7. Comme on l'a exposé au *Rép.* n° 31, le cautionnement renferme, de la part de la caution, un engagement personnel qui ne permet pas de le confondre avec la convention par laquelle, sans s'obliger personnellement à la dette d'un tiers, on consent à donner, en garantie de cette dette, soit un gage, soit une hypothèque. Cette dernière convention est un contrat purement réel. Mais cela n'empêche pas que le transport d'une créance privilégiée ou hypothécaire puisse avoir lieu à titre de simple cautionnement, au profit notamment d'un créancier dont le rang est inférieur à celui du cédant (Civ. rej. 20 mai 1856, aff. Brémontier, D. P. 56. 1. 299), comme dans le cas très fréquent où une femme mariée consent une subrogation dans le bénéfice de son hypothèque légale au profit d'un créancier de son mari. Spécialement, le vendeur qui subroge, dans son privilège sur l'immeuble vendu, le tiers auquel son acheteur a cédé le prix de revente du même immeuble, afin de garantir l'exécution de cette cession, doit être considéré comme ayant consenti un véritable cautionnement, par voie de dessaisissement de sa créance privilégiée au profit du subrogé : ce n'est pas là une simple cession d'antériorité de rang. En conséquence, si postérieurement ce vendeur reçoit de son acheteur la somme qui formait le montant de la créance dont il s'est ainsi dessaisi, il est réputé en avoir été payé en vertu du recours né de son cautionnement, et non pas en exécution de cette créance, et, par suite, un tel payement ne peut être considéré comme ayant emporté extinction de la créance privilégiée elle-même, au préjudice du subrogé ...Alors, d'ailleurs, que le cédant a reçu cette somme sans exciper du privilège ou de l'hypothèque attachés à la créance transportée, et en qualité de créancier purement chirographaire (Arrêt précité du 20 mai 1856).

8. La promesse de cautionner quelqu'un n'équivaut pas au cautionnement même; cette promesse ne donne au créancier à qui elle a été faite que le droit d'en poursuivre la réalisation, et elle n'engage son auteur que si elle a pour objet l'endossement de billets à ordre (*Rép.* n° 36). — Reste à savoir quelle serait la valeur d'une promesse qui, au lieu d'être faite au créancier, le serait au débiteur lui-même sans désigner le créancier, comme au cas, par exemple, où une personne s'engagerait envers une autre à cautionner les dettes qu'elle pourrait contracter jusqu'à concurrence d'une somme déterminée; une telle promesse constitue-t-elle un véritable cautionnement et doit-elle en produire les effets? Nous ne le pensons pas. La désignation du créancier paraît être, en effet, sinon de l'essence, du moins de la nature du cautionnement, de telle sorte qu'il ne puisse pas y avoir de cautionnement si le créancier n'est pas déterminé lors de l'engagement, à moins que l'acte ne s'explique formellement sur ce point. La nécessité d'une désignation du créancier se justifie par le texte même de l'art. 2011, et elle paraît généralement admise par les auteurs. « Cautionner l'obligation d'une personne, dit M. Troplong, n° 1, c'est se soumettre *envers le créancier* à satisfaire à cette obligation si le débiteur n'y satisfait pas lui-même ». M. Pont dit aussi (t. 2, n° 2) : « C'est un des caractères du cautionnement qu'il engendre une obligation personnelle; il faut donc que la caution s'oblige personnellement envers le créancier » (V. également : Massé, *Droit commercial*, 3e éd., t. 4, n° 2698 ; Aubry et Rau, t. 4, § 423, p. 672; Laurent, t. 28, n° 150).

Telle était déjà, du reste, la doctrine de Pothier dans l'ancien droit: « Le cautionnement, disait-il, est un contrat par lequel quelqu'un s'oblige, pour un débiteur, envers le créancier, à lui payer, en tout ou partie, ce que ce débiteur lui doit, en accédant à son obligation ». On doit reconnaître, en outre, que la considération de la personne de ce créancier entre pour une part considérable dans les motifs de l'engagement contracté par la caution; tel qui cautionnera une personne vis-à-vis d'un créancier déterminé, pour une créance qu'il jugera légitimement acquise, ne s'engagera pas à la cautionner vis-à-vis de n'importe quel créancier, dont il pourrait avoir à redouter des rigueurs excessives, ou dont la créance pourra lui être suspecte. La nature du cautionnement semble donc impliquer que la caution connaît le créancier envers lequel elle s'engage, sauf bien entendu au cas d'aval, celui qui donne un aval sachant parfaitement qu'il s'engage d'avance envers le porteur, quel qu'il puisse être.

Est-ce à dire qu'une promesse de cautionnement, ou même de garantie, n'ait aucune valeur? Le contraire a été jugé par un arrêt de la chambre des requêtes du 9 nov. 1875 (aff. Goirand, D. P. 76. 1. 117), aux termes duquel la promesse de garantie, souscrite par un tiers au profit du débiteur, sans aucune mention du créancier, à supposer qu'elle ne contienne pas un cautionnement proprement dit, constitue, du moins, un engagement valable entre les deux parties; et cet engagement, à moins que le contraire n'ait été stipulé, implique pour le débiteur le droit de s'en servir à l'égard de ses créanciers. Dans ce cas, en effet, le promettant a évidemment entendu venir en aide au débiteur en lui fournissant un moyen de crédit; or ce but ne serait pas atteint, si le débiteur ne pouvait disposer de l'engagement.

9. Les auteurs persistent à reconnaître que, si l'art. 2015 ne subordonne la validité du cautionnement à aucune formalité extrinsèque (*Rép.* n° 22), et que s'il n'est pas nécessaire que ce contrat soit constaté par écrit, il ne peut, dans tous les cas, exister qu'en vertu d'une convention expresse. La doctrine que nous avons exposée à cet égard au *Rép.* n° 37, est confirmée par la plupart des auteurs récents (Aubry et Rau, t. 4, p. 676; Pont, t. 2, n° 91; Laurent, n° 153). On continue, en conséquence, à ne point admettre que l'invitation de prêter une somme ou de fournir des marchandises à un tiers puisse constituer par elle-même un cautionnement, à moins que les termes de la recommandation n'impliquent virtuellement, de la part de celui qui l'a faite, l'intention de se constituer caution. Ainsi il a été jugé que l'existence d'un cautionnement ne saurait résulter de ce que le notaire intermédiaire d'un prêt, en envoyant, au notaire qui devait recevoir l'acte, l'estimation des immeubles de l'emprunteur, aurait dit qu'il s'en rendrait toujours acquéreur au prix de cette estimation..., ni de cette circonstance que le prêteur aurait versé les fonds entre les mains du notaire intermédiaire du prêt avant l'inscription de l'hypothèque, alors que la confiance de ce prêteur était justifiée par d'autres motifs (Nancy, 9 avr. 1870, aff. Poirel, D. P. 72. 2. 193). Décidé de même, en Belgique, qu'un commissionnaire qui avait écrit au représentant d'une société en lui recommandant une affaire à traiter « qu'il donnait l'assurance sacrée qu'il ne le mettrait pas dans l'embarras et qu'on n'aurait pas de pertes à sa recommandation », n'avait pas entendu intervenir comme caution (Bruxelles, 18 juill. 1853, aff. Wickx C. Société de Haine-Saint-Pierre, *Pasicrisie belge*, 1854. 2. 356).

Il a été jugé, au contraire, que celui qui, par des assertions présentées comme positives dans des lettres de recommandation, a imprudemment procuré à un commerçant un crédit que ne justifiait pas sa véritable position, répond, à l'égard des tiers qui n'ont contracté avec le commerçant recommandé que sur la foi des renseignements contenus dans ces lettres, de la perte à laquelle leur confiance a pu les entraîner (Rouen, 30 juin 1851, aff. Grillet, D. P. 53. 2. 154). — De même, le patron qui a amené ses ouvriers chez un aubergiste pour y prendre leur pension, en affirmant à celui-ci qu'il ne perdrait rien et qu'il serait bien payé, est réputé, bien qu'il ne l'ait pas formellement déclaré, avoir entendu répondre pour eux (Just. paix Briare, 16 nov. 1860, aff. Bedu, D. P. 71. 5. 52). — Il y a donc, en pareil cas, une question de fait et d'intention qui dicte la solution.

10. La jurisprudence a continué à appliquer la règle, dont nous avons signalé plusieurs applications au *Rép.* nos 39 et suiv., et d'après laquelle il appartient souverainement aux juges du fond de décider, par interprétation des clauses de l'acte et par appréciation de l'intention des contractants, si la partie qui s'oblige a entendu consentir une obligation directe ou un simple cautionnement. — Jugé notamment: 1° que, dans le cas où un cautionnement a été consenti avec cette clause que « celui qui l'a souscrit fait du tout sa propre affaire, comme s'il était seul débiteur et principal obligé », les juges du fond ont pu, sans excéder le pouvoir d'appréciation qui leur appartient, décider que l'acte, malgré ces dernières expressions, n'en conserve pas moins son caractère de cautionnement, et n'implique pas, dès lors, une renonciation aux droits attachés à la qualité de caution (Req. 16 mars 1852, aff. Naudin, D. P. 52. 1. 102-103); — 2° Que l'obligation contractée par une personne, envers un établissement hospitalier, de lui payer une somme déterminée à raison des soins qui y ont été donnés à un parent aliéné, a pu, par une interprétation souveraine de volonté, être considérée comme constituant une obligation principale, et non pas un simple cautionnement; par suite, cette obligation continue de subsister pour le tout, encore que, postérieurement, la créance de l'établissement ait, à l'égard de l'aliéné, subi une réduction (Req. 5 mai 1868, aff. Pagès, D. P. 69. 1. 285); — 3° Que l'obligation par laquelle un débiteur à raison de traites acceptées, s'est engagé, moyennant la restitution de ces traites, à répondre vis-à-vis de son créancier de la moins-value des terrains cédés à celui-ci par un autre débiteur, étant consentie dans son intérêt personnel, constitue une obligation principale, et non un cautionnement; en conséquence, elle continue de subsister malgré la novation résultant d'une transaction intervenue entre le créancier et les syndics de la faillite du premier débiteur (Civ. rej. 23 nov. 1875, aff. Bocandé, D. P. 76. 1. 452); — 4° Que l'engagement, contracté par un tiers de payer et de garantir une dette jusqu'à concurrence de la somme qu'il a lui-même empruntée au débiteur, constitue une obligation principale et non un cautionnement, encore que ce tiers ne se serait engagé à payer la dette qu'à défaut par le débiteur de l'acquitter (Limoges, 6 déc. 1845, aff. Renaud, D. P. 49. 1. 49).

11. En principe, la garantie due à l'acheteur par le vendeur ne constitue pas un cautionnement. « Si le vendeur est garant, dit M. Laurent, t. 28, n° 156, il ne cautionne pas, car qui cautionnerait-il? C'est lui-même qui est le débiteur principal, et il l'est en vertu même de la nature de la vente, et même de son essence, en droit moderne. Cette garantie, à la différence du cautionnement, ne doit pas être stipulée, elle existe de droit. Il n'y a donc rien de commun entre la garantie dont le vendeur est tenu et l'obligation qui incombe à la caution. » Malgré l'évidence de ces principes, l'administration de l'enregistrement avait élevé la prétention de frapper la garantie du vendeur du droit proportionnel de cautionnement, distinct du droit proportionnel de mutation par vente. Mais cette prétention n'a point été admise (Civ. cass. 23 avr. 1856, aff. Ponsard, D. P. 56. 1. 161).

Toutefois, si la garantie du vendeur ne peut être considérée comme un cautionnement, ce n'est bien entendu qu'autant qu'il s'agit de la garantie légale qui incombe au vendeur vis-à-vis de l'acheteur: il en est autrement dans le cas, examiné au *Rép.* n° 44-2°, où un tiers s'est porté garant de la vente; l'engagement de ce tiers constitue un véritable cautionnement puisqu'il cautionne en réalité l'obligation du vendeur. Mais on ne doit point considérer comme un tiers, dont l'engagement serait un cautionnement, le précédent propriétaire de l'immeuble vendu, qui concourt à la vente, à raison d'un danger d'éviction existant de son chef; il doit être considéré comme simplement assujetti à la garantie du vendeur. Ainsi, en cas de vente d'un immeuble dont le vendeur était propriétaire en vertu d'une donation non transcrite, le donateur qui participe à la vente, afin de garantir l'acheteur contre l'éviction pouvant résulter de ce défaut de transcription, doit être réputé covendeur, et non caution; dès lors, son concours à l'acte de vente ne rend pas exigible le droit de cautionnement (Même arrêt).

12. Les auteurs persistent à admettre, conformément à la doctrine enseignée au *Rép.* n° 46, que l'obligation de la caution, bien que contractée sous la réserve que le débiteur ne satisfera pas lui-même à ses engagements, n'est pas une obligation conditionnelle. « La caution, dit M. Laurent, t. 28, n° 118, est obligée dès le principe, en vertu d'un engagement qui n'est pas subordonné à une condition; le créancier n'est pas tenu de poursuivre le débiteur principal, il peut agir directement contre la caution, sauf à celle-ci à lui opposer le bénéfice de discussion. »

13. La délicate question de savoir si le cautionnement prend le caractère commercial quand l'obligation principale offre elle-même ce caractère, ou quand il est contracté par un commerçant, paraît actuellement définitivement résolue dans le sens de la doctrine enseignée au *Rép.* n° 48; on ne conteste plus que le cautionnement reste un contrat purement civil, qui conserve sa nature propre alors même que l'obligation principale, qu'il a pour objet de garantir, est commerciale. V. sur cette question, *Acte de commerce*, nos 462 et suiv.

CHAP. 3. — Des obligations qui peuvent être cautionnées (*Rép.* nos 50 à 72).

14. On a exposé au *Rép.* nos 50 et suiv. les principales conditions de la validité du cautionnement: en premier lieu, il faut que l'obligation du débiteur principal ait une cause légale. — Il a été jugé que cette condition se trouvait remplie dans une espèce où le tireur d'une lettre de change qui n'avait créé cet effet que par complaisance, sans prendre aucun engagement envers le bénéficiaire, avait, postérieurement à l'échéance, cautionné et garanti par une hypothèque l'obligation du tiré accepteur (Civ. cass. 10 juin 1872, aff. d'Aubas-Gratiollet, D. P. 72. 1. 262). Cette décision ne pouvait faire difficulté: la dette du tiré avait sans aucun doute une cause légale, et rien ne s'opposait à ce qu'elle fût valablement cautionnée par le tireur lui-même, comme par un tiers quelconque.

15. La question de savoir si une dette purement naturelle peut être cautionnée a été résolue au *Rép.* n° 53, dans le sens de l'affirmative. Contrairement à cette opinion, plusieurs auteurs estiment qu'une pareille dette ne peut faire l'objet d'un cautionnement valable. M. Laurent en donne cette raison (t. 28, n° 141) que « l'obligation naturelle n'existe aux yeux de la loi, que lorsqu'elle est payée, c'est-à-dire que la loi n'y attache un effet civil qu'au moment où la dette est éteinte; tant qu'elle n'est pas payée la loi l'ignore; on doit donc l'assimiler à une dette inexistante, laquelle ne peut être cautionnée. Le cautionnement, ajoute cet auteur, implique qu'il y a un débiteur principal contre lequel le créancier peut agir; la caution paye pour lui, et, par suite, elle a recours contre lui : ce recours est garanti par la subrogation que la loi établit au profit de la caution. Quand la dette est naturelle, le créancier n'a aucune action contre le débiteur, la subrogation de même que l'action récursoire deviennent impossibles ; légalement parlant, il n'y a ni créancier ni débiteur, donc il ne peut pas y avoir de caution ».

MM. Aubry et Rau soutiennent la même doctrine (t. 4, p. 676) et ils rejettent l'argument tiré du deuxième alinéa de l'art. 2012, qui permet de cautionner les dettes civiles devenues purement naturelles, par suite de l'annulation qui en a été prononcée à raison de l'incapacité de l'obligé. Cette disposition, d'après eux, ne peut être étendue aux dettes naturelles en général. M. Laurent, *loc. cit.*, partage cette opinion; il se fonde d'abord sur ce que le deuxième alinéa de l'art. 2012 constitue une disposition exceptionnelle qui ne peut être étendue, ensuite sur ce que l'engagement contracté par un incapable ne constitue pas, à ses yeux, une obligation naturelle. « La loi, ajoute-t-il, ne parle pas d'obligation naturelle dans les art. 2012 et 2036, elle considère l'exception de nullité résultant de l'incapacité comme une exception *personnelle*, qui ne peut être opposée que par le débiteur et dont la caution ne peut se prévaloir ; or une exception suppose une dette civile, annulable mais donnant une action ; tandis que la dette naturelle est une obligation inexistante et ne donnant pas d'action. Qu'est-ce, d'ailleurs, qu'une obligation naturelle? C'est une obligation qui, en théorie, réunit toutes les conditions requises pour la validité d'une obligation, mais à laquelle le législateur a refusé une action... Est-ce qu'il survit une obligation naturelle à l'annulation d'une dette? Cela est inadmissible ; la loi ne peut plus reconnaître aucun effet à une obligation dont elle a autorisé l'annulation. »

Mais l'opinion que nous avions adoptée au *Répertoire* est encore partagée par MM. Colmet de Santerre, t. 8, n° 240 *bis*, et Larombière, t. 4, art. 1235, n° 10. Suivant ce dernier auteur, les obligations naturelles sont susceptibles d'être cautionnées à la condition que le cautionnement opère novation dans le caractère juridique de la dette, et substitue, par rapport au fidéjusseur, un engagement civil à l'engagement naturel (V. aussi Pont, t. 2, p. 22 et suiv.).

Dans tous les cas il ne semble pas, contrairement à l'opinion de M. Larombière, qu'on doive placer parmi les obligations naturelles pouvant être cautionnées les obligations morales ou de conscience (V. *Rép.* v° *Obligations*, n°s 1054 et 1057).

16. Nous avons exposé au *Rép.* n° 55, que lorsque la restitution obtenue par un mineur a pour effet de lui enlever une qualité, par exemple, celle d'héritier, qu'il avait prise sans l'observation des formalités légales, l'annulation des engagements par lui contractés en cette qualité entraîne l'annulation des cautionnements dont ces engagements ont été l'objet. — M. Laurent, t. 28, n° 145, tout en n'admettant pas qu'il puisse subsister, en ce cas, aucune obligation naturelle à la charge du mineur, estime qu'un cautionnement peut garantir les obligations qu'il aurait contractées en qualité d'héritier. « L'art. 2012, dit-il, serait applicable puisque c'est en raison de son incapacité qu'il se fait restituer. »

17. L'obligation contractée par un interdit nous a semblé, contrairement à l'opinion d'un certain nombre d'auteurs, pouvoir faire l'objet d'un cautionnement valable (*Rép.* n° 58), sous la seule condition que cette obligation ait été contractée dans un intervalle lucide. MM. Aubry et Rau, t. 4, p. 677, qui admettent la même solution, exigent également que l'obligation ait été contractée dans un intervalle lucide; et ils en donnent un motif péremptoire: « Un engagement, disent-ils, contracté en état de démence n'est pas seulement annulable en raison de l'incapacité civile résultant de l'interdiction, il doit être annulé pour défaut de consentement » (V. dans le même sens: Pont, t. 2, n° 42). — M. Laurent, t. 28, n° 148, conteste d'une façon absolue la validité du cautionnement. Suivant cet auteur, l'incapacité civile qui est la conséquence de l'interdiction, rend impossible l'existence d'une obligation naturelle survivant à l'annulation de l'obligation contractée par un interdit, et par suite l'application à ce cas du deuxième paragraphe de l'art. 2012. « Il y a, dit-il, un motif spécial, dans ce cas, pour rejeter toute espèce d'obligation. La loi établit une présomption légale d'incapacité résultant du jugement qui prononce l'interdiction. Donc on n'est jamais admis à prouver que l'interdit se trouvait dans un intervalle lucide. C'est cependant cette preuve qu'il faudrait faire pour qu'il y eût une obligation quelconque survivant à l'annulation de l'acte » (V. dans le sens indiqué ci-dessus: Pont, t. 2, n° 42).

18. Une question qui a été vivement débattue, et dont la solution affirmative semblait déjà prévaloir lors de la publication du *Répertoire* (V. *ibid.* n°s 65 et suiv.), est celle de savoir si la vente d'un fonds dotal peut être valablement cautionnée. Actuellement, elle ne paraît plus être sérieusement discutée, et nous persistons à penser que le doute n'est guère possible. Il est, en effet, généralement reconnu que la nullité de la vente du fonds dotal constitue une exception purement personnelle au mari, à la femme ou à ses héritiers. Or, d'après l'art. 2012, il est permis de cautionner une obligation dont le vice ne peut être invoqué que par l'obligé. Il s'ensuit que le cautionnement de l'aliénation du fonds dotal, fourni soit par un tiers, soit par le mari lui-même, est valable. M. Laurent, t. 28, n° 147, ne voit également aucun motif qui puisse faire déclarer inexistante la vente d'un fonds dotal et empêcher par suite qu'elle soit cautionnée. Mais l'application de l'art. 2012 ne lui paraît possible que si la femme a vendu sans être autorisée; cet article ne saurait s'appliquer, suivant lui, lorsqu'elle a vendu avec l'autorisation de son mari. «Dans le premier cas, dit-il, la vente est nulle pour cause d'incapacité; dans le second l'incapacité de la femme est hors de cause, donc l'art. 2012 n'est pas applicable. »

La jurisprudence a, d'ailleurs, consacré de nouveau la validité du cautionnement de la vente du fonds dotal, et, à plus forte raison, de la renonciation à l'hypothèque de la femme (Montpellier, 7 mars 1850, aff. Jalabert, D. P. 50. 2. 142). — Jugé que la caution peut être soit un tiers, soit le mari (Grenoble, 17 févr. 1847, aff. Buisson, D. P. 48. 2. 52).

On a considéré encore comme valable le cautionnement portant sur une donation entre époux excédant la quotité disponible (Colmar, 19 févr. 1845, aff. Walh, D. P. 46. 2. 197).

19. Comme on l'a dit au *Rép.* n° 67, une dette qui n'est pas, mais qui peut être déterminée par la production des titres du créancier, peut faire l'objet d'un cautionnement valable. — C'est ainsi qu'un cautionnement souscrit par une femme au profit d'un créancier de son mari, même dans des termes qui lui donnent l'apparence d'être illimité, est cependant valable si la limite que la femme a entendu lui donner se trouve précisée dans des lettres adressées au créancier par le mari débiteur, qui ont été connues de la femme, et desquelles il résulte que le cautionnement ne s'applique qu'à un crédit déterminé, ouvert par le créancier (Req. 13 nov. 1867) (1).

De même, on continue à admettre, conformément à la doctrine exposée au *Rép.* n° 68, que le cautionnement d'une obligation future est valable, bien qu'il ne soit pas restreint à une somme fixée (Aubry et Rau, t. 4, p. 674; Laurent, t. 28, n°s 130 et 131). Il a été décidé, en ce sens, que le cautionnement qui s'applique à toutes les obligations que le cautionné a souscrites, ou souscrira, au profit d'un créancier désigné ne peut être considéré comme ayant un objet indéterminé (Civ. rej. 10 janv. 1870, aff. Auduze-Faris, D. P. 70. 1. 60). C'est ce qu'avait déjà jugé un arrêt cité au *Rép. ibid.* à

(1) (Le Millier C. Comptoir d'escompte du Finistère.) — LA COUR; — Attendu que si le cautionnement donné par la dame Le Millier, le 20 janv. 1865, semble illimité, l'arrêt constate, en fait, que ce cautionnement trouvait sa limite dans les deux lettres écrites par Le Millier aux défendeurs éventuels, les 19 et 20 janv. 1866, lesquelles fixaient à 30000 fr. le maximum de crédit cautionné; que ces mêmes lettres limitent parallèlement à 30000 fr. l'étendue de l'autorisation donnée par Le Millier à sa femme à l'effet de contracter ledit cautionnement; — Qu'en présence des faits ainsi appréciés d'après les documents de la cause et l'interrogatoire sur faits et articles de la dame Le Millier, l'arrêt a pu, sans violer les art. 2015 et 223 c. nap. déclarer le cautionnement valable à l'égard de la demanderesse en cassation; — Rejette, etc.

Du 13 nov. 1867.-Ch. req.-MM. Bonjean, pr.-Anspach, rap.-Savary, av. gén., c. conf.-Hérold, av.

l'égard du cautionnement portant sur tous les billets que le débiteur souscrivait au profit d'un banquier désigné. — Jugé également que le cautionnement donné à un banquier, pour toutes les sommes qu'il a prêtées ou prêtera à une personne à qui il a ouvert un compte, est obligatoire pour celui qui l'a consenti, si le compte postérieurement ouvert fournit des éléments suffisants pour fixer la quotité de la dette (Paris, 28 déc. 1853, aff. Clément Mullet, D. P. 54. 2. 156).

20. L'application de la règle qu'une obligation future peut être cautionnée soulève toutefois une question assez délicate. Le cautionnement d'une obligation future est en quelque sorte conditionnel, en ce sens qu'il n'existera que si l'obligation prend naissance. Faut-il admettre, dès lors, avec certains auteurs (V. notamment Pont, t. 2, n° 28), que la caution puisse révoquer son engagement tant que l'obligation principale n'a pas pris naissance, par le motif que l'engagement résultant du cautionnement commence seulement du jour où l'obligation principale est contractée. M. Laurent, t. 28, n° 131, s'élève contre cette opinion, qui nous paraît en effet, incompatible avec la jurisprudence suivant laquelle le cautionnement d'une dette future est valable; elle suppose que le cautionnement dépend de la volonté de la caution, tant que l'obligation n'existe pas: or, ainsi que le remarque cet auteur, une promesse qui dépend de la volonté de celui qui l'a faite n'est pas une promesse. En outre, comme il le fait encore observer, *loc. cit.*, si la caution n'est tenue des engagements qui résultent du cautionnement que lorsque l'obligation principale a pris naissance, c'est tout simplement que le cautionnement d'une dette future est un contrat conditionnel, et que le consentement y est conditionnel. « Or, dit-il, on ne peut pas plus révoquer un consentement conditionnel qu'un consentement pur et simple. »

21. On persiste à reconnaître à la caution le droit d'invoquer une exception péremptoire opposable à l'obligation principale dans le cas où le débiteur principal ne voudrait pas l'opposer, ou même ne le pourrait pas, notamment parce qu'il aurait, depuis le cautionnement, ratifié l'obligation originairement nulle (*Rép.* n° 70). « La caution, disent MM. Aubry et Rau, t. 4, p. 684, peut proposer, en son nom personnel, et non pas seulement du chef du débiteur, les exceptions qu'elle est admise à faire valoir. Il en résulte que la renonciation volontaire faite par le débiteur, soit à la prescription acquise en sa faveur ou à toute autre cause de libération, soit à quelque moyen de nullité ou de rescision, n'empêche pas la caution de faire valoir ces causes et moyens » (V. *infrà*, n°s 73 et suiv.).

CHAP. 4. — De l'étendue du cautionnement
(*Rép.* n°s 73 à 124).

22. Les observations présentées au *Rép.* n°s 73 et suiv., relativement aux règles d'après lesquelles on doit déterminer l'étendue du cautionnement, par application du principe posé par l'art. 2013 c. civ., ont conservé toute leur valeur. On paraît d'accord, notamment, pour entendre la règle posée par cet article comme nous l'avons déjà fait au *Rép.* n°s 82 et 83, c'est-à-dire en ce sens que le rapport entre le cautionnement et l'obligation principale doit être envisagé uniquement d'après ce qui fait l'objet de l'obligation, de telle sorte que, quant à la qualité du lien, le fidéjusseur peut être plus étroitement et plus rigoureusement obligé. On admet, spécialement, que la caution peut consentir une hypothèque sur ses biens, quoique le débiteur n'en ait pas consenti sur les siens propres, ou même ne possède pas d'immeubles (*Rép.* n° 83; Aubry et Rau, t. 4, p. 673, note 4, § 423; Laurent, t. 28, n° 162; Pont, t. 2, p. 43, n° 78). « Ce n'est point là, dit M. Laurent, aggraver sa condition; l'hypothèque ne concerne que les relations du créancier hypothécaire avec les créanciers chirographaires, elle lui donne un rang de préférence, mais elle n'aggrave pas la situation du débiteur; qu'il y ait hypothèque ou non, le créancier peut exproprier la caution. »

23. Dans tous les cas, si le cautionnement doit être interprété dans un sens restrictif, et si les auteurs continuent à enseigner cette règle, déjà consacrée lors de la publication du *Rép.* n°s 90 et suiv. (V. Laurent, t. 28, n°s 167 et suiv.; Aubry et Rau, t. 4, § 426; Pont, *Petits contrats*, t. 2, n°s 97 et suiv.), il ne faut pas oublier cependant qu'elle n'a pas pour effet de restreindre le pouvoir d'interprétation du juge, lorsque les termes de l'engagement sont obscurs ou ambigus. — Sans doute, lorsque l'acte détermine d'une manière précise l'objet du cautionnement, les tribunaux ne peuvent, par voie d'interprétation, en étendre l'application dans une mesure quelconque. Mais, au cas contraire, il faut bien reconnaître aux tribunaux le pouvoir de l'interpréter, et, s'ils ne trouvent pas dans les termes du contrat les éléments nécessaires à cet effet, il est de toute nécessité qu'ils puissent les chercher ailleurs. L'art. 2015, lorsqu'il déclare qu'on ne peut pas étendre le cautionnement au delà des limites dans lesquelles il a été contracté, ne veut point dire qu'il est interdit au juge de rechercher la commune intention des parties, même en dehors du texte de l'acte constatant le cautionnement. C'est en ce sens que la jurisprudence s'est prononcée (Req. 27 nov. 1872, aff. Bordenave, D. P. 73. 1. 231). Il a été décidé spécialement qu'il appartient aux juges du fait de décider, en se fondant, tant sur les termes de l'acte que sur les circonstances qui l'ont précédé et suivi, que l'engagement de la caution s'appliquait même à des créances antérieures à l'époque où il a été contracté (Req. 9 mai 1877, aff. Feyge, D. P. 78. 1. 30. V. aussi C. cass. Belgique, 27 déc. 1849, aff. Banque de l'industrie d'Anvers C. Verhaeghe et Onghena, *Pasicrisie belge*, 1850. 1. 53). — Ce n'est là, du reste, comme le remarque M. Laurent, n° 169, qu'une application de la règle générale édictée par l'art. 1156 c. civ. Il suit de là qu'il faut tenir compte non seulement de l'intention de la caution, mais aussi de celle du créancier. « Bien que la caution seule s'oblige, dit M. Laurent, le créancier intervient en stipulant le cautionnement sans lequel il n'aurait pas contracté; il faut donc tenir compte de son intention aussi bien que de l'intention de la caution. Leurs intérêts sont en conflit; le créancier est intéressé à ce que le cautionnement garantisse tous ses droits, tandis que la caution est intéressée à limiter ses obligations. La convention qui intervient entre les deux parties règle ce conflit. Il faut donc considérer quelle est la commune intention des parties comme le dit l'art. 1156. »

Mais, si les tribunaux peuvent interpréter le cautionnement lorsque les termes en sont obscurs ou ambigus, ils ne doivent évidemment pas l'étendre au delà des limites que les parties ont entendu lui assigner et des termes mêmes de la convention. Ainsi, le cautionnement consenti à un tuteur, pour sûreté d'un crédit illimité, ouvert par ce tuteur sur les fonds du pupille, ne peut être étendu aux prêts faits personnellement par le mineur devenu majeur (Civ. cass. 29 juill. 1849, aff. Aninat, D. P. 49. 1. 195).

24. Il a été jugé, par application de ces principes: 1° que le cautionnement donné en vue d'une ouverture de compte courant s'étend nécessairement à toutes les opérations de ce compte, qui, de sa nature, est indivisible, à moins que l'intention des parties de restreindre la garantie à une partie déterminée du compte courant, ne soit manifestement établie (Amiens, 12 déc. 1876) (1); — 2° Que l'engagement de celui qui se rend caution d'un tiers, jusqu'à concurrence

(1) (Prieur-Neveu C. Prévot.) — LA COUR; — Considérant que, par suite de l'appel de Prieur-Neveu, banquier à Elbeuf, il s'agit, pour la cour, d'apprécier si, comme l'ont décidé les premiers juges, ledit Prieur-Neveu, créancier de la faillite Clément, Prévot et comp., d'une somme fixée par jugement du tribunal de commerce de Vervins et par arrêt de la cour, à 730484 fr. 90 cent., doit subir sur sa créance la déduction d'une somme de 300000 fr., qui ne lui a été versée que postérieurement à la faillite par Optat Prévot, banquier à Guise, caution de la société faillie, et si, par voie de conséquence, ledit Optat Prévot doit être admis au passif de la faillite, pour ladite somme de 300000 fr., montant de son cautionnement; — En droit: — Considérant que l'art. 544 c. com., suivant lequel le créancier, porteur d'engagements solidaires entre le failli et d'autres coobligés, tels qu'une caution, ne peut, s'il a reçu un acompte avant la faillite, être compris dans la masse que sous la déduction de cet acompte, la caution devant, en pareil cas, y être admise pour la somme par elle payée à la décharge du failli, ne saurait être étendu au cas où le payement acompte n'a eu lieu que depuis la faillite; et cela, alors même qu'au moyen de ce payement, la caution, obligée seulement à une partie de la dette, aurait été complètement libérée; — Qu'en conséquence, malgré le payement partiel qui lui a été fait, le créan-

d'une certaine somme, pendant un temps déterminé, doit s'interpréter en ce sens qu'il promet de satisfaire, jusqu'à concurrence de cette somme, aux obligations contractées par ce tiers pendant ce délai; en conséquence, le créancier n'est pas tenu, sous peine de déchéance, de le poursuivre avant l'expiration de ce délai (Paris, 26 mars 1874, aff. Riottot, D. P. 74. 2. 216); — 3° Que le cautionnement aux termes duquel un tiers, intervenant à un bail, déclare s'obliger solidairement avec le preneur envers le bailleur, tant au payement exact des loyers, qu'à l'entière exécution des clauses et conditions stipulées dans cet acte, ne s'étend pas à la responsabilité du preneur en cas d'incendie de la chose louée, alors que cette responsabilité n'a pas été spécifiée dans le bail, où le preneur s'est seulement soumis à rendre la chose dans l'état où il la prenait, sauf à tenir compte de la moins-value (Douai, 12 déc. 1854, aff. Truffot, D. P. 55. 2. 138). De même, le cautionnement fourni par le preneur peut être considéré comme ne s'étendant pas à la responsabilité qui lui incombe en cas d'incendie, lorsque le contrat de bail ne mentionne pas cette responsabilité dans l'énumération qu'il fait des obligations imposées au preneur, et que, d'ailleurs, le propriétaire se trouvait déjà suffisamment garanti, à ce point de vue, par l'effet d'une police d'assurance (Req. 3 juill. 1872, aff. Caisse des assurances agricoles, D. P. 73. 1. 230). — Jugé, de même, que lorsqu'un cautionnement a été consenti pour un temps indéterminé, à l'effet de garantir des avances en compte courant, et que la caution a engagé les héritiers avec clause de solidarité, cette dernière clause doit être interprétée comme ayant pour objet non seulement de permettre au créancier de ne pas diviser son action entre les héritiers de la caution, mais encore de faire survivre les effets du cautionnement au décès de la caution; ces effets se continuent, en conséquence, jusqu'à l'apurement du compte courant. En pareil cas les héritiers demeurent obligés, alors même qu'ils ont ignoré le contrat de cautionnement et n'ont pu, par suite, le dénoncer ni prendre, lors de la liquidation de la succession de leur auteur, les mesures nécessaires pour parer aux conséquences de l'insolvabilité possible de l'un d'eux (Besançon, 6 févr. 1884, aff. Verdant, D. P. 85. 2. 31).

25. On s'accorde toujours à reconnaître, ainsi que nous l'avons déjà constaté au *Rép.* n°s 95 et 96, que le cautionnement limité ne saurait, comme le cautionnement indéfini, s'étendre aux accessoires de la dette. — Il n'est pas douteux, notamment, que le cautionnement qui a été limité par la convention à une certaine somme, ne peut, sous aucun prétexte, être étendu au delà du chiffre stipulé, et que la caution ne saurait être condamnée à payer, outre la somme ainsi fixée, les intérêts de cette somme (Caen, 25 janv. 1868, aff. Lefrançois, D. P. 68. 5. 57).

Cependant il semble qu'une exception doive être faite à ce principe, lorsque le cautionnement est fourni pour un billet à ordre, souscrit par un commerçant et pour cause commerciale. Il a été jugé, en effet, dans le sens de l'arrêt rapporté au *Rép.* n°s 67 et 97, que le cautionnement fourni sur un billet à ordre, pour la somme qui y est énoncée, s'étend aux accessoires de la dette et aux intérêts (Poitiers, 16 déc. 1847, aff. Bossière, D. P. 48. 2. 108). Il en serait ainsi alors même que le cautionnement serait fourni par un non-commerçant; le non-commerçant, en effet, qui cautionne un billet à ordre souscrit par un commerçant pour cause commerciale, devient, aussi bien que le donneur d'aval, débiteur solidaire de cet effet, le mot *aval* n'ayant rien de sacramentel et pouvant être remplacé par le mot « cautionnement » ou par toute autre formule, contenue même dans une simple lettre missive séparée du billet, mais précisant la nature de la garantie (Req. 3 mars 1845, aff. Belluot, D. P. 45. 1. 192; 4 nov. 1845, aff. Benazet, D. P. 45. 1. 426; 22 févr. 1869, aff. Ruphy, D. P. 69. 1. 515-516; Civ. cass. 21 avr. 1869, aff. Artaud, D. P. 69. 1. 407. V. *Effets de commerce*). Il se trouve, par suite, débiteur solidaire et tenu, comme tel, de la dette et des accessoires.

26. En principe, ainsi qu'on l'a exposé au *Rép.* n° 102, la caution est tenue seulement des frais de la première demande, et non pas des frais subséquents, à moins cependant qu'ils n'aient été faits depuis que la demande a été dénoncée à la caution, et que celle-ci ait été mise par là en demeure de payer. — Mais l'hypothèse prévue par l'art. 2016 est celle où le créancier est demandeur. Si, au contraire, c'est le débiteur qui a intenté contre lui une action dans laquelle il a succombé, la caution sera-t-elle tenue des frais auxquels le débiteur a été condamné sans dénonciation préalable? Suivant M. Laurent, t. 28, n° 179, la disposition de l'art. 2016 n'est point applicable au cas où une instance est formée contre le créancier; on doit appliquer ici le principe général d'après lequel la caution est tenue de toutes les obligations du débiteur principal résultant du contrat auquel elle a accédé. Il a été décidé, en ce sens, que la caution qui, dans un contrat de bail, s'est obligée solidairement avec le

---

cier conserve le droit de se présenter à la faillite du débiteur pour la valeur nominale de sa créance entière; — Ce qui exclut nécessairement la caution de la répartition de l'actif, sauf à elle, si la somme dont elle a fait l'avance, jointe au dividende obtenu par le créancier, excède la créance totale, à demander à être admise, jusqu'à concurrence de cet excédant, au bénéfice de ce dividende; — Que ces principes sont aujourd'hui reconnus par une jurisprudence constante, et que, dès lors, toute la question du procès se réduit à rechercher, en fait, si la somme de 300000 fr., payée à Prieur-Neveu, par Optat Prévot, caution de la société Clément, Prévot et comp., et ce, postérieurement à la faillite de cette société, doit être considérée comme n'étant qu'un acompte sur la somme de 730484 fr. 90 cent., dont Prieur-Neveu a été reconnu créancier de ladite société, ou si, au contraire, elle constitue le payement intégral d'une créance déterminée et qui, dans l'intention des parties, ainsi que l'ont décidé les premiers juges, ne devait pas dépasser les 300000 fr., montant du cautionnement; Considérant, à cet égard, que les termes mêmes du cautionnement consenti par Optat Prévot ne peuvent laisser aucun doute sur le sens et la portée de ce cautionnement; — Qu'il y est dit, en effet, qu'Optat Prévot garantit solidairement à Prieur-Neveu toutes les sommes que lui doivent ou pourront lui devoir Clément, Prévot et comp., jusqu'à concurrence de 300000 fr.; — Que donné d'ailleurs à l'occasion d'un compte courant, il s'étendait nécessairement à toutes les opérations de ce compte, lequel est, de sa nature, indivisible, et que si la caution ne pouvait jamais être tenue de payer quoi que ce fût au delà de la limite fixée entre les parties, il n'en résultait nullement que la garantie donnée ne s'appliquait qu'à une partie des opérations du compte courant; — Que, dès lors, le payement d'une somme de 300000 fr., fait par Optat Prévot à Prieur-Neveu, comme caution de la société Clément, Prévot et comp., et postérieurement à la faillite de cette société, dont ledit Prieur-Neveu a été reconnu créancier pour 730484 fr. 90 cent., ne peut être considéré que comme un payement partiel, et dont il n'y a pas lieu d'ordonner la déduction; — Considérant que, pour le décider autrement, on essaie en vain de prétendre: 1° qu'au moment où le cautionnement a été demandé et consenti, les parties n'ont entendu appliquer cette garantie qu'au découvert du compte qui existait alors, et qui, dans leur intention, ne devait pas dépasser 300000 fr.; 2° qu'en ce qui concerne les valeurs Foucamprez, dont l'importance, au jour de la faillite, s'élevait à 360235 fr. 87 cent., elles n'étaient pas comprises dans le compte; qu'il n'en avait jamais été question dans les diverses phases des opérations, et que Prieur-Neveu gardait ces valeurs en portefeuille, en se contentant de la signature Foucamprez; — Mais que cette double prétention est d'une part contredite par les termes mêmes de l'acte de cautionnement; — Que, d'autre part, il n'est pas admissible non plus que Prieur-Neveu, qui avait eu la précaution de n'ouvrir un crédit qu'après s'être fait donner une hypothèque et qui, ensuite, avait exigé, comme condition de la continuation du compte courant, une garantie supplémentaire de 300000 fr., aurait pu avoir la pensée de n'appliquer cette garantie qu'au découvert du compte, acceptant ainsi bénévolement tous les risques du recouvrement des valeurs qui lui étaient remises en couverture et qui n'entraient dans ce compte que sauf encaissement; — Qu'enfin, les valeurs tirées sur Foucamprez, qui les acceptait, étaient négociées par la société à la maison Prieur; — Que, dès lors, toutes celles qui ont été ainsi créées au cours des relations existant entre la société et ledit Foucamprez ont dû nécessairement figurer dans le compte courant, comme toutes les autres valeurs, et qu'en fait elles y ont figuré, ce que n'a pu ignorer Optat Prévot, puisque banquier lui-même, et comme tel, parfaitement au courant des affaires, il a dû nécessairement vérifier les comptes, avant de s'engager; — Par ces motifs, infirme le jugement du tribunal de commerce de Vervins, en date du 8 août 1876; — Emendant, et faisant ce que les premiers juges auraient dû faire, dit qu'Optat Prévot est mal fondé dans sa demande à l'effet d'être admis au passif de la faillite Clément, Prévot et comp., en qualité de créancier hypothécaire, pour la somme de 300000 fr., etc.

Du 12 déc. 1876.-C. d'Amiens.-MM. Saudbreuil, 1er pr.-Gesbert de la Noé-Sèche, 1er av. gén.-Goblet et Dauphin, av.

preneur pour le payement des loyers d'un bail et des dommages-intérêts éventuels, est tenue des frais d'une instance injustement dirigée contre le bailleur par le preneur, pour prétendue inexécution du bail, encore bien que le bailleur n'ait pas dénoncé à la caution la réclamation dirigée contre lui (Bordeaux, 19 juill. 1849, aff. Labet, D. P. 50. 2. 59).

Toutefois, en ce qui concerne les frais, l'obligation de la caution solidaire est plus stricte que celle de la caution simple. C'est ainsi qu'on a jugé qu'une caution solidaire est tenue, au même titre que le débiteur, des frais de l'acte de cautionnement, lorsqu'ils ont été avancés par le créancier, et des frais d'une demande en payement dirigée tant contre elle que contre le débiteur, et qui n'aurait pas été suivie, à raison de la promesse faite par ce dernier de se libérer (Nîmes, 18 mars 1862) (1).

27. Nous avons exposé au *Rép.* n° 107, que la caution dont l'engagement est indéfini, est responsable du dol et de la fraude du débiteur principal, du moins lorsqu'il s'agit des abus dont un administrateur s'est rendu coupable dans sa gestion ; il faut en dire autant du dol et de la fraude des agents ou représentants du débiteur cautionné. Il a été jugé notamment qu'en cas d'ouverture de crédit sous le cautionnement d'un tiers, ce cautionnement s'étend même aux sommes qui ont été obtenues par un commis du crédité, à l'aide de faux, et détournées par lui (Req. 18 févr. 1861, aff. Pénicaud, D. P. 61. 1. 245-246).

28. Bien que le cautionnement indéfini puisse recevoir, aux termes mêmes de l'art. 2016, ainsi que nous l'avons constaté au *Rép.* n° 111, une interprétation plus large que celle dont serait susceptible un cautionnement limité, il n'en reste pas moins soumis au principe que le cautionnement doit être interprété dans un sens restrictif (Laurent, t. 28, n° 174). — On ne saurait, par exemple, étendre aux dommages-intérêts encourus par un éditeur, pour inexécution d'un contrat relatif à la publication d'un ouvrage ou pour toute autre faute personnelle, le cautionnement qui aurait été souscrit pour les *engagements pécuniaires* de l'éditeur en vue de la publication dudit ouvrage (Paris, 25 juin 1867) (2).

Cependant, l'interprétation d'un cautionnement indéfini ne saurait être restreinte au delà des limites que comporte le principe en vertu duquel la caution est réputée avoir garanti toutes les obligations du débiteur principal résultant du contrat auquel elle a accédé. — Il a été jugé, spécialement, en ce sens que celui qui, en se rendant caution solidaire d'un failli pour l'exécution du concordat obtenu par ce dernier, s'est engagé en termes généraux, et a stipulé, spécialement, qu'il serait obligé comme s'il était le débiteur principal, est tenu du payement des dividendes promis, envers la généralité des créanciers du failli, et non point seulement envers ceux qui ont concouru avec lui au concordat (Paris, 30 juin 1853, aff. Massot, D. P. 54. 5. 98).

CHAP. 5. — Des personnes qui peuvent se rendre cautions et des conditions qu'elles doivent réunir (*Rép.* nos 125 à 155).

29. Les règles qui concernent la capacité que doit avoir celui qui se porte caution ont fait au *Rép.* nos 126 et suiv. l'objet d'un exposé complet, et les principes que nous y avons développés ont continué à être admis par les auteurs et consacrés par la jurisprudence. La capacité des femmes a, notamment, donné lieu à quelques décisions nouvelles, conformes à ces principes.

Bien que le code n'ait pas reproduit les prohibitions du sénatus-consulte Velléien, et que le cautionnement offert par une femme majeure puisse être accepté par les tribunaux, ce n'est, en tous cas, si elle est mariée, qu'à la condition d'y être autorisée par son mari. Il faut, en outre, que la femme ait la libre disposition de ses biens ; ainsi, la femme dotale ne pourrait, même avec l'autorisation de son mari, servir de caution, ... à moins qu'elle n'eût des biens paraphernaux suffisants pour répondre de ses engagements. (V. *Rép.* v° *Surenchère*, n° 153). — On décide également que la femme mariée, séparée de biens, ne pouvant disposer de son mobilier et l'aliéner que dans les limites de son droit d'administration, ne peut, sans autorisation de son mari, cautionner la dette d'un tiers, par exemple sous forme d'aval, alors qu'elle n'a aucun profit à tirer des valeurs ou des marchandises à l'occasion desquelles ce tiers a contracté l'obligation cautionnée (Poitiers, 3 févr. 1858, aff. de Salvert, D. P. 59. 2. 72).

Quoique, ainsi qu'on vient de le dire, les dispositions du sénatus-consulte Velléien n'aient point été reproduites par la loi française, il s'est présenté des cas où les tribunaux ont eu à en tenir compte, à propos de cautionnements consentis antérieurement à l'annexion de la Savoie à la France, par des femmes originaires de ce pays, le code civil sarde s'étant au contraire approprié les prohibitions de ce sénatus-consulte. Ainsi, il a été jugé que la prohibition faite aux femmes par le code civil sarde de se porter caution pour autrui ne s'applique pas à l'obligation solidaire de garantie contractée par la femme, copropriétaire d'un immeuble, envers l'acheteur de cet immeuble (Req. 14 déc. 1868, aff. Comtat, D. P. 69. 1. 222).

30. Avant la promulgation de la loi du 22 juill. 1867 (D. P. 67. 4. 75), la caution judiciaire devait, en dehors des conditions générales de capacité, qui sont encore exigées, être contraignable par corps, de sorte que, par exemple, un député ne pouvait servir de caution pour l'exécution provisoire d'un jugement commercial (Trib. com. Seine, 27 avr.

---

(1) (Génin C. Ville.) — Le 11 juill. 1861, jugement du tribunal civil de Tournon ainsi conçu : — « LE TRIBUNAL ; — En ce qui touche les demandes de Génin contre Victoire Ville : — Attendu qu'aux termes d'un acte privé, enregistré à Tournon le 10 juill. 1861, et d'un autre acte reçu Me Dagrève, le 13 nov. 1860, Victoire Ville s'est rendu vis-à-vis Génin caution solidaire de son neveu Ville ; qu'elle est tenue en cette qualité du payement des termes échus et des intérêts de l'entier prix ; mais que la déchéance du terme prononcée contre le débiteur ne doit pas l'atteindre ; — Attendu, en effet, que le cautionnement peut être contracté sous des conditions différentes que celles stipulées avec le débiteur ; qu'il n'est pas articulé que Victoire Ville ait diminué les sûretés existantes lors de son contrat ; qu'elle les a même augmentées en fournissant hypothèque dans l'acte reçu le 13 nov. 1860 ; que la faillite du débiteur souscripteur d'un effet de commerce, qui rend exigible l'effet de commerce, ne le rend pas exigible vis-à-vis les endosseurs ou coobligés solidaires (art. 444 c. com.) ; — Que ce principe de droit doit s'appliquer à la déconfiture ; d'où il suit que Victoire Ville doit jouir, en l'état, du délai stipulé dans ses actes de cautionnement ; — En ce qui touche les deux chefs des demandes de Génin relatifs au coût de l'acte du 13 nov. 1860 et aux frais de l'instance portée devant le tribunal, et n'ayant reçu aucune solution à cause des promesses de se libérer de la part de Ville : — Que Génin est réellement créancier du montant de ces deux chefs ; qu'ils se rattachent à sa créance contre Ville et sa tante ; que celle-ci ayant cautionné sans réserve son neveu, est tenue solidairement avec lui du payement de ces deux chefs ; — Par ces motifs, etc. ». — Appel. — Arrêt.

LA COUR ; — Adoptant les motifs, confirme, etc.

Du 18 mars 1862.-C. de Nîmes, 3e ch.-MM. Liquier, pr.-Connelly, av. gén.-Balmelle et Laget, av.

(2) (de Cambacérès C. Louis Blanc.) — LA COUR ; — Considérant que l'appel ne porte que sur la disposition relative aux 20000 fr. de dommages-intérêts ; — Considérant que, par la convention des 4 et 7 mars 1864 enregistrée, Leprince s'est obligé envers Louis Blanc à lui fournir une caution solidaire pour assurer l'exécution des clauses et charges du traité relatif à la publication de *l'Histoire de la Révolution française* ; — Considérant que le 10 mars Louis de Cambacérès ne s'est pas obligé en des termes aussi étendus ; qu'il s'est porté exclusivement caution solidaire des engagements pécuniaires pris par Leprince ; — Considérant que l'emprunt d'Aubrée, le cautionnement vis-à-vis de Jarry, et le payement de partie des dépenses d'impression sont des faits étrangers à l'obligation prise par Louis de Cambacérès envers Louis Blanc ; — Qu'ainsi l'on ne peut induire ni du texte de l'acte de cautionnement du 10 mars 1864, ni des circonstances qui l'ont suivi, que de Cambacérès ait entendu garantir solidairement les dommages-intérêts que Leprince pourrait encourir par l'inexécution du contrat ou par toute autre faute à lui personnelle ; — Considérant que l'on ne pourrait donner cette portée au cautionnement dont il s'agit sans l'étendre au delà des limites dans lesquelles il a été contracté ; — Considérant que de Cambacérès n'a, en aucune manière, participé aux faits qui ont motivé la demande en dommages-intérêts ; — Par ces motifs, émendant, etc.

Du 25 juin 1867.-C. de Paris, 1re ch.-MM. Devienne, 1er pr.-Rousselle, subst.-Allou et Dupont de Bussac, av.

1847, aff. Gay, D. P. 47. 4. 64; 4 févr. 1848, aff. Pratviel, D. P. 48. 3. 14). Mais, depuis la suppression de la contrainte par corps par la loi du 22 juill. 1867, la caution judiciaire est placée, comme la caution conventionnelle et la caution légale, sous l'empire exclusif des art. 2018 et 2019 c. civ. En conséquence, une *société anonyme* peut servir de caution judiciaire en matière d'exécution provisoire des jugements des tribunaux de commerce, cette société étant apte à réunir les trois conditions de capacité, de solvabilité et de domicile exigées par les art. 2018 et 2019 (Paris, 30 août 1867, aff. Société anonyme des chantiers et ateliers de l'Océan, D. P. 68. 2. 11; 10 mai 1875, aff. Bernstein, D. P. 75. 2. 240). Il en est de même d'une maison de commerce en la personne de son gérant (Bordeaux, 25 août 1879, V. *infrà*, n° 92).

31. — I. SOLVABILITÉ. — Les principes suivant lesquels doit s'apprécier la solvabilité d'une caution, sont restés tels que nous les avons exposés au *Rép.* n° 130, bien que le mode d'appréciation adopté par le code, et reposant exclusivement sur la fortune foncière de la caution, soit peu en rapport avec la constitution moderne des fortunes et prête, pour cette raison, à la critique (Laurent, n° 188). On persiste donc à exiger que la caution puisse justifier de sa solvabilité au moyen d'immeubles dont elle ait la pleine propriété, et qui lui soient propres (*Rép.* n° 131, et v° *Surenchère*, n° 133). Toutefois, bien qu'elle ne puisse, en général, présenter, comme garantie, des immeubles dans lesquels elle n'a qu'une part indivise, on admet que des immeubles présentés par la caution du surenchérisseur ne peuvent être refusés sous prétexte qu'ils sont indivis entre elle et un tiers, alors qu'il n'est pas douteux qu'elle a des biens suffisants pour répondre des causes de l'obligation (Paris, 12 avr. 1850, aff. Mirault, D. P. 50. 2. 205).

D'autre part, la difficulté, en l'état actuel des fortunes, dans lesquelles les valeurs mobilières ont pris une extension de plus en plus grande, de trouver des cautions dont la solvabilité soit appréciable exclusivement en immeubles, a fait admettre, notamment en matière de surenchère, que la personne qui s'offre pour caution peut suppléer au défaut d'immeubles par un nantissement suffisant par analogie avec ce qui a lieu dans le cas de l'art. 2041 (*Rép.* v° *Surenchère*, n° 139). On a décidé, par exemple, que la solvabilité d'une caution présentée par un surenchérisseur avait pu être déclarée résulter suffisamment du dépôt au greffe d'inscriptions de rente qu'elle offrait d'immobiliser, et dont le montant excédait de beaucoup la surenchère (Bourges, 17 mars 1852, aff. Gerbaut, D. P. 53. 2. 110-111; Chambéry, 25 nov. 1863, aff. Charvet, D. P. 64. 2. 165). — A plus forte raison, la caution pourrait-elle donner un nantissement en argent ou en rentes sur l'Etat pour suppléer à l'*insuffisance* de sa solvabilité en immeubles (Req. 15 mai 1877, aff. Vergnes, D. P. 77. 1. 397).

Mais la solvabilité de la caution ne peut être garantie par le dépôt de toutes valeurs mobilières. Ainsi, il a été jugé que la caution ne peut pas justifier sa solvabilité au moyen de valeurs mobilières autres que de l'argent ou des rentes sur l'Etat, et notamment par un dépôt de titres de créances privilégiées ou hypothécaires (Civ. rej. 29 août 1855, aff. Lecomte, D. P. 55. 1. 369); ... Ou par le dépôt d'un bon de banque privée, ou de quelque autre valeur que ce soit (Arrêt précité du 25 nov. 1863; Aubry et Rau, t. 4, p. 679, § 425; Pont, t. 2, n° 445).

32. Ainsi qu'il a été exposé au *Rép.* n°s 132 et 133, les immeubles de la caution doivent au moins offrir, déduction faite de toutes les charges, une valeur suffisante pour répondre de l'objet de l'obligation. Toutefois, il a été jugé, en matière de surenchère, qu'il suffit que les immeubles de la caution soient libres et d'une valeur égale aux biens surenchéris, encore que la femme de cette caution ait sur eux une hypothèque légale à raison de ses apports matrimoniaux; ... alors surtout que la femme investie de cette hypothèque y a renoncé au profit du surenchérisseur, même après le délai fixé par l'art. 2185, pour l'offre de la caution (Bourges, 5 mars 1845, aff. Bargat, D. P. 47. 2. 46; 7 mai 1845, aff. Lagarde, *ibid.* V. aussi *Rép.* v° *Surenchère*, n° 137).

33. L'obligation de donner une caution nouvelle, lorsque la première est devenue insolvable, est imposée au débiteur par l'art. 2020, comme il a été dit au *Rép.* n° 136, à moins que le créancier n'ait choisi lui-même pour caution une personne déterminée. Cette obligation de fournir une seconde caution existe sans qu'il y ait lieu de distinguer entre le cas où le débiteur s'est obligé expressément à rapporter au créancier l'engagement de la caution et celui où cet engagement a été donné sans obligation explicite du débiteur, mais avec la connaissance que ce dernier a eue de l'accession de la caution au contrat principal, et de l'intention du créancier d'en faire une des conditions de ce contrat. L'art. 2020 n'établit aucune distinction à cet égard: aussi, à l'exception du cas que nous avons signalé au *Répertoire* et rappelé ci-dessus, et de celui où la caution s'est engagée à l'insu du débiteur, l'obligation de ce dernier est-elle générale (Angers, 6 févr. 1880) (1).

34. — II. DOMICILE. — La caution, ainsi qu'on l'a exposé

---

(1) (Chrétien C. de la Broise.) — LA COUR; — Considérant qu'aux termes du premier paragraphe de l'art. 2020 c. civ., lorsque la caution reçue par le créancier volontairement ou en justice est devenue ensuite insolvable, il en doit être donné une autre; que, pour l'application de cette règle générale, il n'y a pas lieu de distinguer entre le cas où le débiteur s'est obligé expressément de rapporter au créancier l'engagement de la caution et celui où cet engagement a été donné sans obligation explicite du débiteur, mais avec la connaissance que ce dernier a eue de l'accession de la caution au contrat principal et de l'intention du créancier d'en faire une des conditions de ce contrat; — Considérant qu'il est, en premier lieu, hors de doute que, si Chapillon a cautionné la dette de 150000 fr. souscrite par les époux de la Broise au profit de la veuve Chrétien, c'est que, comme celle-ci l'affirme, une troisième signature a été formellement exigée par elle; que toutes les circonstances de la cause démontrent, en second lieu, que le billet constatant l'obligation principale et celui constatant l'obligation accessoire sont contemporains; que la preuve de cette concomitance des deux actes ressort notamment de ce que l'un et l'autre sont écrits de la même main, avec la même encre, sur la même feuille de papier timbré, l'un au recto, l'autre au verso; de ce que, sur l'un comme sur l'autre on avait d'abord ménagé pour la date du jour un blanc qui a été ensuite rempli de la même main et avec la même encre, et, enfin, de ce que, d'après les déclarations de la veuve Chrétien, non contredites par les époux de la Broise, Chapillon lui a montré le cautionnement déjà signé par lui, alors que le libellé constatant l'obligation des époux de la Broise ne portait pas encore la signature de ceux-ci; — Considérant qu'étant acquis que la veuve Chrétien a exigé une troisième signature et que cette troisième signature n'a pas été donnée depuis la souscription de l'obligation principale, il est complètement inadmissible que Chapillon qui, en sa qualité de mandataire des deux parties, avait négocié l'emprunt, n'ait pas fait savoir en temps utile aux débiteurs principaux, ou plutôt à ceux qui allaient le devenir, que la veuve Chrétien exigeait l'intervention d'une caution; que de la Broise avoue lui-même, dans son interrogatoire, que Chapillon lui avait dit, mais sans y insister, que la future créancière désirait avoir cette garantie supplémentaire; que cet aveu constituerait un commencement de preuve par écrit autorisant l'admission dans la cause des présomptions graves, précises et concordantes; qu'à défaut, d'ailleurs, de toute communication de la part de Chapillon, les époux de la Broise n'auraient pu manquer d'être avertis de l'exigence de la créancière par la seule inspection du double titre constatant tout à la fois l'obligation principale et l'obligation accessoire; qu'il est appris par de la Broise qu'il est allé chercher son billet chez Chapillon et qu'il l'a emporté chez lui pour le signer et le faire signer à sa femme; qu'il a pu, très certainement, l'avoir quelques instants entre les mains sans remarquer le cautionnement qui était formulé au dos; qu'il importe peu que le cautionnement ait été libellé à cette page au lieu d'être inscrit dans le corps ou au pied du billet; que les deux actes n'en forment pas moins un tout indivisible, opposable à toutes les parties; qu'étant constant, d'après les circonstances qui viennent d'être rappelées, qu'avant même de s'engager définitivement envers la veuve Chrétien, les époux de la Broise ont su que celle-ci exigeait, comme l'une des conditions du prêt qu'elle allait leur faire, une troisième signature, et qu'ils ont accepté cette condition, il s'ensuit qu'ils doivent subir toutes les conséquences de la situation qu'ils ont librement acceptée, et notamment l'obligation de remplacer la caution devenue depuis insolvable; qu'ils ne pourraient se soustraire à cette obligation qu'en prouvant, ce qu'ils n'essaient pas même de faire, que la caution n'aurait été donnée dans les termes du dernier paragraphe de l'art. 2020 qu'en vertu d'une convention par laquelle la créancière aurait exigé spécialement Chapillon pour garant, à l'exclusion de tout autre;

Par ces motifs; infirme, etc.

Du 6 févr. 1880.-C. d'Angers, 1re ch.-MM. Jac, 1er pr.-Leury, 1er av. gén., c. contr.-Primault et Fairé, av.

au *Rép.* n° 145, doit avoir son domicile dans le ressort de la cour où elle doit être donnée. Ainsi, en matière de surenchère, la caution doit être domiciliée dans le ressort de la cour où s'exerce la surenchère, et l'inobservation de cette condition de domicile, de la part de la caution offerte, entraîne la nullité de la surenchère (Civ. cass. 22 févr. 1853, aff. Brimet-Prévost, D. P. 53. 1. 52, et sur renvoi, Orléans, 5 août 1853, D. P. 54. 2. 231; *Rép.* v° *Surenchère*, n° 148).—Lorsqu'il s'agit, non plus d'une caution judiciaire, mais d'une caution conventionnelle, on discutait comme on l'a vu au *Rép.* n° 146, la question de savoir si, lorsque la caution a été promise sans indication du lieu où elle devra être domiciliée, c'est au domicile du débiteur, ou au domicile du créancier, qu'elle doit être donnée; et, nous avions adopté l'opinion de M. Ponsot, suivant laquelle c'est au domicile du débiteur. L'opinion contraire, soutenue par M. Troplong, a été, depuis, enseignée par M. Laurent, t. 28, n° 193 : « La loi, dit-il, a oublié de décider quel est le domicile où la caution doit être donnée; est-ce celui du créancier ou du débiteur? Est-ce le lieu où la dette a été contractée? ... Comme c'est surtout dans l'intérêt du créancier que la loi prescrit les conditions de l'art. 2018, il nous semble qu'en cas de doute, il faut se prononcer en sa faveur. Cela peut n'être pas sans inconvénients pour le débiteur, il en est ainsi de toutes les conditions que la loi établit; toutes imposent des restrictions, et toute restriction est gênante. Toujours est-il qu'il faut un principe; or, il est incontestable que si la loi établit des conditions, c'est en faveur du créancier; c'est donc en sa faveur qu'on doit les interpréter ». (V. sur cette question: Colmet de Santerre, t. 8, n° 248 *bis* III-V).

Enfin, si, comme on l'a exposé au *Rép.* n° 152, il n'est pas nécessaire que la caution ait son domicile réel dans le ressort de la cour, et s'il suffit, en général, qu'elle y ait un domicile élu, ce n'est pas là une règle absolue; ainsi l'on a jugé qu'en matière de surenchère, une simple élection de domicile dans ce ressort ne suffit pas (Arrêt précité du 5 août 1853).

CHAP. 6. — Des formes du cautionnement
(*Rép.* n°s 156 à 162).

35. Il résulte des explications contenues au *Rép.* n° 156, que le cautionnement conventionnel n'est, dans notre droit, assujetti à aucune forme particulière, qu'il peut être donné par acte authentique ou sous seing privé, par lettre et même verbalement, quelle que soit l'espèce d'obligation qu'il ait pour objet de garantir. La jurisprudence n'a pas cessé de reconnaître que, la loi n'exigeant, pour la formation du contrat, aucun terme sacramentel, il suffit que les expressions du titre invoqué impliquent virtuellement, de la part de celui dont le titre émane, l'intention de se constituer caution, alors même qu'il n'aurait pas pris positivement cette qualité. Ainsi, le fils qui écrit au créancier de son père « qu'il doit être parfaitement sans inquiétude, que les engagements de son père sont aussi sacrés pour lui que s'il les avait contractés lui-même » peut être réputé avoir voulu s'engager comme caution et non pas prendre un simple engagement d'honneur (Chambéry, 2 déc. 1878) (1).

36. On persiste également à admettre, conformément à l'opinion émise au *Rép.* n° 156, qu'il n'est pas nécessaire que l'acte de cautionnement sous seing privé soit dressé en double original, alors du moins que le créancier n'a pris dans cet acte aucun engagement (Req. 30 avr. 1850, aff. Bonjour, D. P. 50. 1. 165; Alger, 22 mai 1878, aff. Ben-Zagautha, D. P. 79. 2. 224). Il en est ainsi, encore bien que le cautionnement ait été contracté sous la condition, exécutée par le créancier, que celui-ci ne poursuivra ni la caution, ni le débiteur principal avant l'expiration d'un certain délai (Arrêt précité du 30 avr. 1850);... Ou que le créancier ait accordé à la caution un délai personnel (Arrêt précité du 22 mai 1878).

37. Mais le cautionnement n'est-il pas assujetti, du moins, aux prescriptions de l'art. 1326 c. civ., relatives au *bon* ou *approuvé* dans les actes unilatéraux sous seing privé ? Cette question, ainsi que nous l'avons fait remarquer au *Rép.* n° 157, a reçu en jurisprudence des solutions contradictoires, et ces divergences d'opinion se sont perpétuées depuis lors ; néanmoins on peut considérer comme ayant prévalu la doctrine qui admet la nécessité du *bon* ou *approuvé* (Rennes, 14 mai 1845, aff. Giraud, D. P. 46. 2. 64; Paris, 14 mai 1846, aff. Moulin, D. P. 46. 2. 138; Bourges, 11 juin 1851, aff. Meisonnier, D. P. 52. 2. 33; Req. 1er mars 1853, aff. Gauthier, D. P. 54. 1. 342 ; Paris, 20 août 1853, aff. Lapito, D. P. 55. 5. 353; Lyon, 17 juin 1871, aff. Dugrivel, D. P. 71. 2. 192; Poitiers, 5 mai 1879, aff. Saugé, D. P. 79. 2. 165 ; Alger, 22 mai 1878, cité *suprà*, n° 36). Il n'en est ainsi, bien entendu, qu'autant que l'écrit d'où résulte le cautionnement n'est pas entièrement de la main de celui qui le signe (Chambéry, 2 déc. 1878, *suprà*, n° 35). Enfin cette règle s'applique même au cautionnement portant sur des obligations tout à fait indéterminées, quoique la partie qui s'oblige puisse, en pareil cas, se borner à exprimer dans le *bon* ou *approuvé* la nature de l'obligation contractée (Arrêts précités des 1er mars et 20 août 1853, 17 juin 1871, et 5 mai 1879). — Il a été jugé, en sens contraire, que l'acte unilatéral par lequel une personne déclare cautionner tous les emprunts et négociations faits ou à faire par un tiers, chez un banquier, est valable, bien qu'il ait été écrit par une main étrangère, et que le souscripteur n'y ait point apposé de sa main un *bon* ou *approuvé* énonçant en toutes lettres la somme pour laquelle il s'engage, alors, d'ailleurs, qu'il en a approuvé l'écriture après lecture faite, et que tout indique qu'il a parfaitement connu, en signant cet acte, l'étendue de son obligation (Montpellier, 6 déc. 1865, aff. Biscaye, D. P. 67. 2. 39). La même cour a encore jugé que, lorsque le cautionnement est indéterminé, il suffit que la souscription fasse connaître que le souscripteur a compris la portée de son engagement, et qu'il appartient au juge du fait de déclarer si le souscripteur a ou non apprécié l'éten-

(1) (Thomasset C. Vecoux.) — LA COUR ; — Attendu que si, aux termes de l'art. 2015 c. civ., le cautionnement ne se présume pas et doit être exprès, la loi ne prescrit pour sa formation aucun terme sacramentel, et qu'il suffit que les expressions du titre invoqué impliquent virtuellement de la part de celui dont le titre émane, l'intention de se constituer caution, bien qu'il n'ait pas pris positivement cette qualité ; — Attendu, en fait, que ces conditions se rencontrent dans la lettre de Henri Thomasset, datée de Paris, du 20 nov. 1876, adressée par lui à Vecoux; qu'il ressort du texte de cette lettre, aussi bien que des circonstances de la cause, que Henri Thomasset connaissait alors parfaitement la nature, l'origine et l'importance de la dette contractée par le sieur Thomasset son père vis-à-vis de Vecoux; que la lettre dont il s'agit avait été provoquée par une demande de ce dernier, tendant à obtenir d'Henry Thomasset, la promesse de faire face aux engagements de son père dans le cas où celui-ci ne pourrait pas les remplir; que, dans ces conditions, la déclaration écrite de Henri Thomasset, que « Vecoux doit être parfaitement sans inquiétude..., que les engagements de son père sont aussi sacrés pour lui que s'il les avait contractés lui-même » n'autorise aucune équivoque; qu'elle contient la formule expresse de la garantie pour le créancier, et réunit tous les éléments constitutifs du cautionnement; — Attendu qu'on ne saurait, pour soutenir que le signataire de cette lettre entendait contracter seulement un engagement d'honneur et nullement une obligation légale, argumenter des autres passages où Henri Thomasset parle de la « nécessité d'attendre qu'il puisse disposer d'une somme qui ne sera jamais que ses bénéfices résultant des exercices successifs; » ajoutant plus loin « qu'au fur et à mesure que sa situation de fortune le lui permettra, son premier devoir sera de dégager Vecoux si son père ou lui-même avec ce dernier n'ont déjà pu le faire ; » que ces explications caractérisent, il est vrai, la réserve d'obtenir des délais raisonnables pour le payement de la dette cautionnée, mais ils ne peuvent, à aucun point de vue, infirmer les déclarations catégoriques et précises d'où résulte cette garantie; — Attendu, d'autre part, qu'aucune irrégularité de forme n'affecte l'engagement contracté par Henri Thomasset; que le titre qui le constate étant écrit en entier de sa main et aucune incertitude ne pouvant exister dans l'esprit des parties sur le montant de la dette qu'il s'agissait de garantir, le « bon et approuvé » dont parle l'art. 1326 c. civ., n'était nécessaire à aucun point de vue pour la validité de l'engagement; que, dès lors, c'est à bon droit que le tribunal a condamné Henri Thomasset à payer à Vecoux le montant des billets à ordre souscrits par Thomasset père; — Mais qu'en ordonnant que ce payement serait effectué d'année en année par portions égales et par sixièmes les premiers juges n'ont pas tenu compte, dans une assez large mesure, des réserves contenues dans la lettre de Henri Thomasset; qu'il y a lieu de prolonger les délais de payement;

Par ces motifs, confirme, etc.

Du 2 déc. 1878.-C. de Chambéry, 1re ch.-M. Roë, 1er pr.

due de son obligation (Montpellier, 21 mars 1867, aff. Auduze-Faris, D. P. 70. 1. 60. V. encore Douai, 25 nov. 1853, aff. Dauchez, D. P. 55. 2. 333). Ce second système n'est, d'ailleurs, point suivi par les auteurs dont la plupart reconnaissent la nécessité du *bon* ou *approuvé*, pour la validité du cautionnement (Demolombe, *Traité des contrats*, t. 6, nos 459 et 471; Larombière, *Théorie et pratique des obligations*, t. 6, art. 1326, nos 9 et 10; Aubry et Rau, *Cours de droit civil français*, 4e éd., t. 8, § 756, p. 238 et 239, notes 56 et 65).

38. Si le défaut de *bon* ou *approuvé* enlève à l'acte de cautionnement sous seing privé son entière force probante, la jurisprudence est à peu près unanime à déclarer que la signature, apposée au bas de l'acte de cautionnement, peut être admise comme commencement de preuve par écrit, et autoriser le juge à déclarer, d'après les présomptions qu'il recueille, que l'engagement a été contracté en pleine connaissance de cause (Arrêts des 14 mai 1846, 11 juin 1851, et 17 juin 1871, cités *suprà*, n° 37). Il en est ainsi spécialement, au cas où une femme s'engage solidairement avec son mari et où à défaut du *bon* ou *approuvé*, la signature de la femme est précédée d'une mention de lecture écrite de sa main (Poitiers, 5 mai 1879, cité *suprà*, n° 37). En effet, comme le disent MM. Aubry et Rau, t. 6, p. 243, « le défaut d'approbation d'un acte sous seing privé, contenant un engagement unilatéral, n'exerce aucune influence sur la validité de cet engagement. La seule conséquence qui résulte de cette omission, c'est que l'acte ne forme point, par lui-même, preuve complète de l'engagement qu'il énonce. Rien n'empêche donc qu'il puisse être considéré comme un commencement de preuve par écrit de nature à rendre admissibles la preuve testimoniale et même de simples présomptions ou à autoriser la délation d'un serment supplétif ».

39. De ce que l'acte de cautionnement est valable lorsqu'il est sous seing privé sans qu'il soit nécessaire qu'il soit fait en double original, il nous semble résulter que cet acte ne doit pas nécessairement être enregistré, en dehors des cas où la loi rend cette formalité obligatoire, notamment dans le cas où il devrait en être fait usage en justice. Les actes de cautionnement sous seing privé rentrent évidemment dans la catégorie des actes que l'on n'est pas tenu de faire enregistrer dans un délai déterminé (V. *Enregistrement*). Si donc la convention des parties n'oblige pas celle qui a contracté l'engagement relativement au cautionnement, à le fournir par acte authentique; si elle lui permet de s'en tenir à la forme sous seing privé, pourquoi cette partie serait-elle astreinte à remplir la formalité de l'enregistrement, et à acquitter, par suite, le droit proportionnel de cautionnement, dès l'instant que la validité de l'acte ne sera pas atteinte par le défaut d'enregistrement? Sans doute l'accomplissement de cette formalité présenterait, pour le créancier, le double avantage de donner à l'acte de cautionnement une date certaine *erga omnes* (c. civ. art. 1328), et de lui permettre d'en faire usage sans avoir à avancer, de ses deniers, le droit proportionnel d'enregistrement. Mais l'importance de ces avantages ne nous paraît pas de nature à justifier l'obligation, si onéreuse pour le débiteur, de faire enregistrer l'acte de cautionnement, alors que cette formalité n'est pas obligatoire. Si le créancier tenait à avoir un titre de cautionnement qui fût complet, et lui assurât les bénéfices que procure la forme authentique, il lui appartenait d'exiger l'emploi de cette forme. Du moment où il s'est contenté d'un acte sous seing privé, il doit accepter cet acte lorsqu'il lui est offert en bonne forme, c'est-à-dire, par exemple, revêtu du *bon et approuvé* qui est indispensable pour la validité du cautionnement, et rédigé sur papier timbré du timbre prescrit, car l'emploi de ce papier est obligatoire, à peine d'amende, pour les actes privés comme pour les actes publics (L. 13 brum. an 7, art. 12, *Rép.* v° *Enregistrement*, n° 6062). Le contraire a cependant été jugé par un arrêt de la cour de Paris confirmant un jugement du tribunal de Joigny, lequel a déclaré que l'engagement, par un débiteur, de procurer à son créancier le cautionnement d'un tiers, l'oblige à fournir un titre utile, et, en conséquence, au cas où le cautionnement est constaté par acte sous seing privé, à faire enregistrer l'acte, avant de le remettre au créancier... Alors surtout que, celui-ci ayant invoqué l'engagement contracté à son égard, et en ayant fait l'objet d'une demande en justice à raison du non-payement des intérêts de la créance, l'enregistrement de l'acte de cautionnement est devenu obligatoire (Paris, 5 mai 1874, aff. Boulangé, D. P. 75. 2. 80).

40. La preuve du cautionnement se fait suivant le droit commun, et comme celle de toute autre obligation; les explications que nous avons fournies à cet égard au *Rép.* nos 158 et suiv. ont conservé toute leur autorité. On sait que si le cautionnement peut résulter d'une simple lettre missive, il est toutefois nécessaire que l'intention de cautionner soit certaine, et que les termes de la lettre, dont on prétend induire le cautionnement, ne permettent point le doute : s'il n'en est pas ainsi, la lettre ne peut faire preuve par elle-même (V. notamment: Nancy, 9 avr. 1870, aff. Poirel, D. P. 72. 2. 193, cité *suprà*, n° 9). — La preuve testimoniale, d'autre part, n'est admissible que si l'obligation est inférieure à 150 fr., et, dans le cas où elle est supérieure à cette somme, que s'il existe un commencement de preuve par écrit (*Rép.* n° 159). Mais, comme nous l'avons remarqué au *Rép.* n° 160, on est allé plus loin, et l'on a admis que la preuve par témoins, admise à l'effet d'établir l'existence d'une obligation commerciale, est recevable à l'effet de prouver le cautionnement de cette obligation. La même doctrine a été de nouveau consacrée par un arrêt décidant qu'en matière commerciale, l'existence d'un cautionnement peut être établie par tous les genres de preuve autorisés par l'art. 109 c. com.; spécialement, que les juges peuvent admettre la réalité d'un cautionnement commercial en se fondant sur les faits et documents de la cause et sur la correspondance des parties (Req. 17 mars 1868, aff. Lowemberg, D. P. 68. 1. 293). Mais les critiques que nous avons dirigées contre les décisions rapportées au *Répertoire* nous paraissent encore s'appliquer à ce dernier arrêt. Nous y ajouterons que la question de savoir si le cautionnement d'une obligation commerciale a le caractère d'un acte de commerce ou d'une obligation purement civile paraît tranchée dans ce dernier sens, au moins pour tous les cas où le cautionnement n'a pas été donné dans la forme commerciale, comme par exemple l'aval d'une lettre de change, et qu'il n'a pas en lui-même le caractère d'une opération commerciale, d'une spéculation (Civ. cass. 21 nov. 1855, aff. Christofari, D. P. 55. 1. 459; Civ. rej. 16 mai 1866, aff. Gardye, D. P. 66. 1. 209. — V. aussi *suprà*, n° 13, et v° *Acte de commerce*, nos 462 et suiv.). Il nous semble évident, dès lors, que les règles du droit civil en matière de preuve doivent, en principe, s'y appliquer. Aussi préférons-nous à la doctrine de l'arrêt de 1868 celle d'un arrêt de la cour de Caen du 28 janv. 1857 (aff. Fortin, D. P. 57. 2. 107. V. aussi *Acte de commerce*, n° 472-4°), suivant lequel les tribunaux ne peuvent admettre la preuve testimoniale du cautionnement en dehors des cas prévus par le code civil, toutes les fois que le cautionnement lui-même n'a pas, en raison des circonstances dans lesquelles il a été consenti, le caractère commercial.

41. L'admissibilité de la preuve du cautionnement est surtout délicate alors qu'il s'agit d'opposer cette obligation aux tiers, et qu'il est, par conséquent, nécessaire qu'il ait date certaine. On a jugé, par exemple, que la preuve d'un cautionnement ne peut résulter à l'égard des tiers au préjudice desquels un individu se prétend, comme caution qui a payé une dette, subrogé aux droits du créancier, de la mention faite au bas de l'un des doubles de l'obligation prétendue cautionnée : il faudrait que le cautionnement eût date certaine antérieure au payement (Lyon, 13 janv. 1849, aff. Bas, D. P. 49. 2. 218). — En effet, comme nous l'avons rappelé au *Rép.* n° 162, les actes sous seing privé ne sont pas opposables aux tiers, aux termes de l'art. 1328, s'ils n'ont date certaine; il semble, dès lors, qu'à l'égard des tiers, la preuve du cautionnement ne puisse être admise qu'autant qu'elle est fournie par un acte authentique ou par un acte sous seing privé ayant date certaine, ce qui exclut la preuve par témoins ou par présomptions.

CHAP. 7. — Effets du cautionnement
(*Rép.* nos 163 à 296).

§ 1er. — De l'effet du cautionnement entre le créancier et la caution. — Discussion. — Division (*Rép.* nos 164 à 229).

42. Les principes qui ont été exposés au *Rép.* nos 164 et suiv., relativement aux droits du créancier vis-à-vis de la caution, n'ont pas subi de modifications. La caution a, comme on l'a vu *ibid.* n° 167, le droit d'opposer au créancier toutes les exceptions, soit dilatoires, soit péremptoires, qui sont inhérentes à la dette, ou que le débiteur pourrait opposer et que celui-ci refuserait de faire valoir (V. aussi *suprà*, n° 21). Ainsi la caution a qualité aussi bien que le débiteur principal, pour invoquer la nullité de l'acte notarié par lequel a été contractée l'obligation, et qui a été passé contrairement aux dispositions des art. 8 et 68 de la loi du 25 vent. an 11 (Limoges, 11 juill. 1854, aff. Tingaud, D. P. 55. 2. 50). — Mais la caution ne peut se prévaloir du jugement qui a réduit la dette principale, à la poursuite du débiteur seul, si celui-ci a renoncé sans fraude, sur l'appel du créancier, au bénéfice de ce jugement; ce bénéfice n'aurait pu être acquis à la caution que si, après la transaction, elle en avait poursuivi et obtenu la confirmation dans son intérêt propre (Req. 10 juill. 1849, aff. Jamet, D. P. 49. 1. 327). Sans doute il est défendu au débiteur d'aggraver la position de la caution, c'est-à-dire de rendre plus onéreuses pour elles les conditions renfermées dans la convention primitive, ou celles qui sont venues s'y adjoindre ultérieurement, mais il faut pour cela qu'elles aient le caractère d'un droit acquis. Or le jugement qui réduit la dette ne constitue un droit acquis que s'il est devenu inattaquable; jusque-là le débiteur peut y renoncer, surtout s'il est frappé d'appel, et la caution ne saurait en invoquer le bénéfice.

43. Une question fort discutée est celle de savoir si, lorsque le débiteur principal se trouve privé du terme stipulé dans le contrat, la caution peut elle-même être immédiatement poursuivie. Suivant certains auteurs, la déchéance du débiteur principal entraîne la même déchéance pour la caution, à moins que l'obligation de celle-ci n'ait un terme spécial différent de celui du débiteur (V. *Rép.* v° *Obligations*, n° 1306; Aubry et Rau, t. 4, § 303, p. 90; Larombière, t. 3, art. 1188, n° 22). Mais cette opinion est combattue par MM. Demolombe, *Traité des obligations*, t. 2, n° 705; Alauzet, *Commentaire du code de commerce*, sur l'art. 444, n° 1676; Bravard et Demangeat, *Droit commercial*, t. 5, p. 168). Suivant la doctrine de ces auteurs, la caution d'une dette civile continue à jouir du bénéfice du terme, bien que le débiteur en soit déchu par sa faillite ou sa déconfiture (V. en ce sens : Rouen, 29 juin 1871, aff. Lebosse, D. P. 73. 2. 206). Les stipulations de l'obligation principale, dit-on en faveur de cette doctrine, sont devenues, par l'intervention de la caution, communes à cette dernière, qui n'est obligée que dans les limites et sous les conditions dans lesquelles le débiteur principal s'est engagé lui-même; elle a, dès lors, pour se libérer, le délai qui a été accordé au débiteur principal ; et, si la caution était privée de ce délai, la convention serait méconnue à son égard. Une stipulation qu'elle s'est appropriée, et sur la foi de laquelle elle a contracté, se trouverait révoquée par le fait d'autrui. Le mauvais état des affaires du débiteur principal ne peut, pas plus que sa renonciation volontaire au bénéfice du terme, dépouiller la caution d'un droit qui lui est acquis; au point de vue des rapports du créancier et de la caution, les choses restent absolument entières; et, dès l'instant que la caution demeure solvable, le créancier ne peut se plaindre de n'être payé qu'à l'époque fixée par la convention. Sans doute, aux termes de l'art. 2011, la caution se soumet à satisfaire à l'obligation si le débiteur n'y satisfait pas lui-même, et l'on en conclut que si le débiteur, par suite de faillite ou de déconfiture, est tenu de payer immédiatement, la caution doit payer à sa place, puisqu'il ne paye pas lui-même. Mais la déconfiture ou la faillite constituent un état juridique tout personnel à celui qui les subit, elles ne frappent pas le coobligé; d'autre part, le cautionnement est donné précisément en prévision de l'insolvabilité et de la déconfiture du débiteur et, dès lors, le délai, étant stipulé par la caution dans cette prévision, doit être respecté. Aux termes de l'arrêt précité du 29 juin 1871, la déchéance du terme encourue par le débiteur principal ne saurait surtout atteindre la caution, alors qu'elle a restreint son engagement à une partie de la dette, ou ne l'a pris que sous des conditions moins onéreuses, par exemple, si elle a cautionné le capital seul de la dette et exclu les intérêts.

44. Les cas où le bénéfice de discussion ne peut plus être invoqué ont été énumérés au *Rép.* n°s 174 et suiv. et nous avons exprimé l'avis (*Rép.* n° 176), contrairement à une opinion alors généralement admise, que l'exception de discussion peut être opposée même dans les matières commerciales. Cette opinion a été depuis adoptée par M. Laurent, t. 28, n° 209 : « Les règles établies sur le cautionnement par le code civil, dit-il, sont applicables en matière de commerce, à moins que le code de commerce n'y déroge : or aucun texte de ce code ne parle du bénéfice de discussion, il ne peut donc y avoir de dérogation. Cela est décisif. » La cour de Rouen s'est également prononcée dans le même sens en décidant que le cautionnement commercial consenti par un commissionnaire n'entraîne pas contre lui la solidarité (Rouen, 22 juill. 1871, aff. Bosselin, D. P. 73. 2. 180).

45. On a exposé au *Rép.* n° 177 que, lorsque la caution donne un certificateur, la clause portant renonciation au bénéfice de discussion n'est pas censée applicable à ce dernier, et qu'il faut que l'insolvabilité de la caution soit constatée avant qu'on puisse le poursuivre. Cette doctrine a été confirmée, depuis la publication du *Répertoire*, par un arrêt de la cour de cassation, aux termes duquel celui qui, en apposant son aval sur un effet de commerce, n'a entendu s'obliger que comme certificateur de caution, conserve le droit d'exciper contre le créancier du bénéfice de discussion (Req. 4 mars 1851, aff. de Charbrol, D. P. 51. 1. 123). En promettant la solvabilité de la caution, le certificateur s'engage à payer si la caution n'est pas solvable, et stipule ainsi virtuellement et nécessairement que la caution sera poursuivie avant lui (Laurent, t. 28, n° 207).

46. Le bénéfice de discussion ne fait point obstacle à ce que le créancier agisse directement contre la caution; en d'autres termes, ainsi qu'on l'a exposé au *Rép.* n° 179, en thèse générale, et sauf le cas où d'après la nature de son obligation, le débiteur ne serait tenu de payer qu'après avoir été mis en demeure, le seul défaut d'exécution par le débiteur de l'obligation principale échue rend recevable l'action du créancier contre la caution. C'est en ce sens que se prononcent encore la plupart des auteurs, contrairement à l'opinion de Delvincourt et de Duranton que nous avions nous-même combattue au *Rép.* n° 179. — Cette opinion, comme le remarque M. Laurent, t. 28, n° 203, « fait dire à la loi ce qu'elle ne dit point. L'art. 2011 dispose que la caution s'oblige à satisfaire à l'obligation si le débiteur n'y satisfait pas : cela signifie qu'il y a un débiteur principal dont la caution garantit l'obligation, en d'autres termes, que le cautionnement est une obligation accessoire. Régulièrement, le créancier s'adresse au débiteur principal, et il ne recourt contre la caution que si le débiteur ne paye pas. Mais l'art. 2011 ne lui en fait pas une obligation, il ne parle pas de l'action du créancier contre la caution; il est donc impossible qu'il la subordonne à une mise en demeure. Quant à l'art. 2021, il ne dit pas non plus que le créancier doit constituer le débiteur en demeure avant d'agir contre la caution; il définit le bénéfice de discussion et il décide que lorsque le créancier agit contre la caution, celle-ci peut lui opposer ce bénéfice; ce qui implique que le créancier a le droit d'agir avant d'avoir discuté les biens du débiteur, et aussi avant de l'avoir mis en demeure. Tout ce qui résulte de l'art. 2021, c'est que la caution peut forcer le créancier à discuter les biens du débiteur principal. En ce sens, elle n'est obligée envers le créancier qu'à défaut du débiteur » (V. dans le même sens : Paul Pont, t. 2, n°s 154 et 155; Aubry et Rau, t. 4, p. 681, note 6. — *Contrà :* Colmet de Santerre, n° 239 *bis* VI).

Toutefois, il ne faut pas perdre de vue que la convention peut, sous ce rapport, modifier les droits du créancier : les parties peuvent valablement convenir, par exemple, que le créancier n'aura le droit de poursuivre la caution que conjointement avec le débiteur principal. Dans ce cas, évidemment, la poursuite directe et isolée du créancier contre la caution ne serait pas recevable. — Il a été jugé, dans une espèce où la convention contenait une stipulation de ce genre, que, au cas où la faillite du débiteur aurait été déclarée, le créancier serait recevable à agir isolément contre la caution, à la condition d'avoir préalablement produit à la faillite; cette production étant le seul moyen qu'il ait à sa disposition, d'agir contre le débiteur (Dijon, 26 avr. 1866) (1).

47. Nous n'avons rien à ajouter aux explications contenues au *Rép.* nos 180 à 189, en ce qui concerne la faculté qui appartient à la caution d'opposer le bénéfice de discussion, au mode suivant lequel il doit être invoqué, et au moment où il doit être présenté; les règles que nous avons exposées n'ont point été l'objet de discussions nouvelles, soit en doctrine, soit en jurisprudence. En outre, on décide toujours, ainsi qu'on l'a exposé au *Rép.* n° 190, que pour qu'une caution jouisse du bénéfice de discussion, il ne suffit pas qu'elle oppose simplement au créancier cette exception; il faut en outre qu'elle indique les biens du débiteur principal susceptibles d'être discutés, et qu'elle avance les deniers suffisants pour faire la discussion: cette double condition est de rigueur. — Ainsi, il a été jugé que la caution ne peut invoquer le bénéfice de discussion lorsqu'elle ne remplit pas les conditions exigées par l'art. 2023 c. civ., et que le débiteur principal est en faillite (Rouen, 22 juill. 1871, aff. Bosselin, D. P. 73. 2. 180). D'autre part, les auteurs les plus récents confirment entièrement, et par les mêmes motifs, l'opinion que nous avons soutenue au *Rép.* n° 191, et suivant laquelle l'indication des biens du débiteur que doit faire la caution, peut comprendre des *meubles* comme des *immeubles* (Aubry et Rau, t. 4, § 426, p. 682; Laurent, t. 28, n° 213; Colmet de Santerre, n° 254 *bis* III).

48. On admet toujours également que l'indication des biens à discuter doit se faire en une seule fois avec ce tempérament, toutefois, que la caution peut faire une indication nouvelle, quand elle porte sur des biens qui, lors de la première indication ne faisaient pas encore partie du patrimoine du débiteur, ou étaient alors inconnus de la caution (*Rép.* n° 192. Conf. Laurent, t. 28, n° 214). — Ce dernier auteur va même plus loin; il lui « paraît difficile de décider, comme le fait Pothier, que la caution doit faire l'indication de tous les biens qu'elle connaît sous peine de déchéance; la loi ne prononce pas la déchéance, elle ne dit pas même en termes positifs que l'indication doit comprendre tous les biens; donc tout ce qu'on pourrait conclure d'une indication incomplète, c'est que la caution serait, à la vérité, admise à indiquer des biens qui y étaient omis, mais qu'elle serait tenue des dommages-intérêts si cette indication tardive causait un préjudice au créancier. Cela est aussi fondé en raison que dans le système du bénéfice de discussion, on ne comprend pas que le créancier agisse contre le débiteur alors que celui-ci possède des biens suffisants pour satisfaire à l'obligation du créancier; il faut donc que la discussion épuise son patrimoine; seulement, cette discussion doit se concilier avec l'intérêt du créancier. » Telle paraît être aussi l'opinion de MM. Aubry et Rau lorsqu'il disent, t. 4, p. 682, que « la caution doit indiquer au créancier les biens du débiteur principal à la discussion desquels elle entend le renvoyer » (V. aussi Paul Pont, t. 2, p. 95, n° 179).

49. La caution ne peut, ainsi qu'on l'a exposé au *Rép.* n° 194, et que le prescrit l'art. 2023, indiquer des biens d'une discussion trop difficile et, par exemple, des biens litigieux. MM. Aubry et Rau, t. 4, § 426, note 10, font remarquer à ce propos qu'on ne doit pas admettre trop facilement le créancier à refuser de discuter les biens indiqués par la caution, sous le prétexte que la propriété en est litigieuse. « Mais quoique les termes *biens litigieux*, disent-ils, doivent être pris ici dans une acception plus étroite que lorsqu'il s'agit d'apprécier la solvabilité d'une caution, il ne semble cependant pas que le concours des circonstances indiquées par l'art. 1700 soit nécessaire pour qu'on puisse considérer des biens comme litigieux dans le sens de l'art. 2023. » En d'autres termes, suivant l'opinion des savants auteurs, il ne serait pas indispensable, pour que les immeubles fussent considérés comme litigieux, qu'il y eût procès et contestation sur le fond du droit; il suffirait que le créancier se trouvât exposé à soutenir des procès qui pourraient être longs et incertains, alors qu'il a dû compter sur la prompte et libre exécution que lui a promise la caution. Au surplus, comme le remarque M. Laurent, t. 28, n° 215, il y a, en pareil cas, une question d'appréciation dont la loi, en ne définissant pas d'une manière précise ce qu'elle entend par immeubles litigieux, a abandonné la solution aux tribunaux.

50. Le principe suivant lequel plusieurs personnes qui se sont rendues cautions d'un même débiteur pour une même dette, sont obligées chacune à toute la dette, posé par l'art. 2025 (*Rép.* n° 203), n'a pas pour conséquence, suivant M. Laurent, de faire présumer l'existence de la solidarité entre les cautions. « Il faut décider, dit cet auteur (t. 28, n° 220), que les cofidéjusseurs ne sont pas tenus solidairement. En effet, la définition que l'art. 1200 donne de la solidarité ne s'applique pas à l'obligation des cofidéjusseurs. Pour qu'il y ait solidarité, il faut que chaque débiteur puisse être contraint pour la totalité; or, les cofidéjusseurs ne peuvent pas être contraints de payer toute la dette, puisqu'ils ont le droit d'exiger que le créancier divise son action tandis que, en cas de solidarité, le débiteur actionné par le créancier ne peut pas lui opposer le bénéfice de division. » C'est ce qu'enseignent aussi MM. Aubry et Rau, t. 4, § 426, note 20: « Quoique les différentes cautions soient, disent-ils, obligées, chacune à la totalité de la dette, elles ne doivent point, par cela seul, être considérées comme solidairement engagées envers le créancier. Ainsi, à moins d'une stipulation de solidarité, la prescription interrompue à l'égard de l'une des cautions ne le sera pas à l'égard des autres » (V. aussi P. Pont, t. 2, n° 192). — Cette interprétation de l'art. 2025, contraire à la doctrine qui résultait de la jurisprudence, lors de la publication du *Rép.* n° 203, et aussi à l'avis que nous avons exprimé *ibid.* n° 209, a été adoptée par certains arrêts. Ainsi il a été jugé que les cautions d'un même débiteur, qui n'ont point renoncé à invoquer la division, ne sont pas, à moins de stipulation expresse, tenues solidairement à l'égard du créancier (Angers, 1er mai 1868, aff. Maigret-Stopin, D. P. 68. 2. 126).

51. On a exposé au *Rép.* nos 205 et suiv., que le droit, pour la caution, d'invoquer le bénéfice de division, cesse lorsque le jugement qui la condamne à payer est prononcé et passé en force de chose jugée. Mais lorsque le créancier est muni d'un titre exécutoire et agit contre la caution, sans recourir à la justice, nous avons signalé la controverse existant entre les auteurs, sur la question de savoir jusqu'à quel moment elle peut invoquer l'exception de division; et nous avons émis l'avis que lorsque l'une des cautions est poursuivie par voie de saisie immobilière, elle est fondée à invoquer cette exception de division, même après que ses biens ont été ven-

---

(1) (Voivret C. Guillemin.) — Le 8 déc. 1865, jugement du tribunal de Vassy ainsi conçu: — « LE TRIBUNAL; — Considérant que Guillemin prétend avoir verbalement prêté le 26 oct. 1855 une somme de 3000 fr. à Rolet, alors meunier à Saint-Urbain, qui se serait engagé à la lui rembourser cinq ans après, avec intérêts devant se capitaliser à défaut de payement annuel; — Qu'il prétend, en outre, que Voivret s'est verbalement constitué caution solidaire de ce prêt; — Considérant que le débiteur principal étant en faillite, le demandeur réclame aujourd'hui à Voivret, en sa qualité susénoncée le payement de la somme de 3000 fr. et celle de 1760 fr. 15 cent. pour intérêts capitalisés de la somme principale jusqu'au jour de la demande, et des intérêts des deux sommes réunies; — Considérant que Voivret soutient que les conclusions ne sont pas recevables en l'état, par le motif qu'il avait été verbalement convenu entre les parties que les poursuites que Guillemin devait diriger, devaient l'être collectivement contre le débiteur et la caution, et qu'il ne pourrait en diriger contre la caution seule; — Mais considérant que Rolet étant tombé en faillite et l'administration de ses biens étant passée entre les mains d'un syndic, il est devenu impossible à Guillemin d'exercer des poursuites contre Rolet; que le seul moyen à sa disposition était de produire à la faillite; qu'il l'a fait, et que Voivret ne le dénie pas; — Considérant que Guillemin a donc fait tout ce qu'il pouvait faire, et qu'ainsi Voivret ne saurait exciper de l'état de faillite du débiteur principal pour se dispenser de payer; — Mais considérant que Guillemin pourra toucher un dividende quelconque à la faillite dont il s'agit, et que de pareils acomptes reçus devraient venir en déduction des condamnations prononcées contre Voivret; — Que c'est donc le cas de ne prononcer ces condamnations qu'en deniers ou quittances valables; — Par ces motifs, etc. » — Appel. — Arrêt.

LA COUR; — Sur le premier chef, adoptant les motifs des premiers juges; — Sur les conclusions subsidiaires relatives à la prescription des intérêts :...

Par ces motifs, etc.

Du 26 avr. 1866.-C. de Dijon, 1re ch.

dus, et tant que les deniers n'en sont pas partagés. Cette controverse paraît durer encore. M. P. Pont, t. 2, n° 201, enseigne la doctrine que nous avons adoptée au *Répertoire*. — Suivant M. Laurent, l'opinion qui autorise la caution à se prévaloir du bénéfice de division tant qu'elle n'a pas payé toute la dette, et celle qui ne l'autorise à l'exercer que jusqu'à la vente de ses biens, sont l'une et l'autre trop absolues. « Pourquoi, dit-il, admet-on que la caution poursuivie par le créancier peut opposer le bénéfice de division jusqu'à la sentence du juge? C'est parce qu'on suppose que la caution maintient tous ses droits en se défendant contre l'action du créancier. Mais la caution peut renoncer à un droit qui n'est qu'une faveur; elle peut renoncer, en principe, jusqu'à ce qu'elle ait payé ou qu'elle ait été condamnée à payer; toutefois avec une restriction, c'est que sa défense n'implique pas une renonciation. En ce sens, la question de renonciation est plutôt de fait que de droit: le juge décidera d'après les agissements de la caution. Seulement, il y a une limite à laquelle la renonciation devient impossible, c'est celle du payement ou de la condamnation passée en force de chose jugée. » Nous avons du reste indiqué nous-mêmes cette limite au *Rép.* n° 207.

52. La renonciation au bénéfice de division peut, ainsi qu'on l'a vu au *Rép.* n° 210, résulter du fait que les cautions ont déclaré s'obliger *solidairement* et *comme débiteurs principaux*, ou simplement *solidairement*. Mais s'ensuit-il que les principes des obligations solidaires doivent servir d'une manière absolue à déterminer les effets juridiques du cautionnement ainsi contracté solidairement? L'affirmative a été adoptée par un arrêt de la chambre des requêtes du 7 juin 1882 (aff. Roure, D. P. 82. 1. 441). — Cet arrêt se fonde sur les termes de l'art. 2021 *in fine*. Mais bien que cet article exprime qu'au cas où la caution s'est obligée solidairement avec le débiteur, « l'effet de son engagement se règle par les principes qui ont été établis pour les dettes solidaires », la décision de la chambre des requêtes ne nous paraît pas pouvoir être acceptée sans réserves. Le système qu'elle consacre prête à la critique, en ce qu'il isole la disposition finale de l'art. 2021 des autres dispositions du même article qui en limitent la portée, pour lui attribuer une signification que condamnent la doctrine et la jurisprudence. Ainsi, il conduirait à décider, contrairement au sentiment de la plupart des auteurs, que la caution solidaire ne peut pas plus opposer au créancier la compensation opérée du chef du débiteur principal, que l'un des codébiteurs solidaires ne peut se prévaloir de celle qui s'est opérée du chef d'un autre codébiteur. Il en résulterait, d'autre part, contrairement à la jurisprudence constante de la cour suprême, que cette même caution ne serait pas admise à demander sa décharge par application de l'art. 2037 c. civ. (V. Aubry et Rau, *Cours de droit civil français*, 4e éd., t. 4, § 423, p. 675, texte et note 8; § 298 *ter*, p. 35, texte et note 47; § 429, p. 696, texte et note 19). — Il ne faut pas perdre de vue que le cautionnement, même solidaire, ne constitue toujours, malgré cette modalité, qu'un engagement accessoire, tandis que l'obligation solidaire est essentiellement principale de la part de tous ceux qui la contractent; que, d'un autre côté, la caution, même solidaire, ne s'oblige pas dans son propre intérêt, tandis que tout débiteur solidaire est, au regard du créancier, censé s'engager dans son intérêt personnel. Ces différences si profondes ne permettent pas d'admettre que le législateur ait entendu assimiler, d'une manière absolue, la caution solidaire au codébiteur solidaire. Si, après avoir dénié le bénéfice de discussion à la caution qui, en s'obligeant solidairement, est réputée y avoir implicitement renoncé, l'art. 2021 ajoute qu'en ce cas l'effet de son engagement se règle par les principes qui ont été établis pour les dettes solidaires, c'est uniquement en vue de priver également la caution solidaire de l'autre bénéfice admis en matière de cautionnement, à savoir du bénéfice de division, qui, étant incompatible avec tout engagement solidaire, soit principal, soit accessoire, a dû être refusé à la caution solidaire, de même qu'il avait été refusé par l'art. 1203 au codébiteur solidaire. Cette disposition, comme le remarquent MM. Aubry et Rau, *loc. cit.*, doit être entendue *secundum subjectam materiam*, et elle a pour objet évident et unique, de placer, au point de vue du droit de poursuite, appartenant au créancier, la caution solidaire sur la même ligne que le codébiteur solidaire. « C'est ce que prouvent, disent-ils, d'une part, l'assimilation établie par l'art. 2021 lui-même entre l'hypothèse où la caution se borne à renoncer au bénéfice de discussion et celle où elle s'engage solidairement; d'autre part, la corrélation que présente la disposition finale de cet article avec l'art. 1203, auquel elle se réfère visiblement. »

53. Les règles qui sont exposées au *Rép.* nos 211 et suiv., comme particulières au bénéfice de division, n'ont reçu aucun développement nouveau. Il y a lieu de signaler seulement la solution suivante, admise par la chambre des requêtes comme conséquence du principe posé dans son arrêt du 7 juin 1882 (*suprà*, n° 52), pour le cas où le cautionnement a été solidairement consenti. Dans ce cas, suivant le même arrêt, lorsqu'une caution solidaire (par exemple, le donneur d'aval d'un billet à ordre) a été déchargée de la solidarité, et que l'une des autres cautions est devenue insolvable, la question de savoir à qui incombe la perte résultant de cette insolvabilité doit être résolue non d'après l'art. 2027 c. civ., mais conformément à l'art. 1215: or, suivant cet article, lorsqu'un des débiteurs solidaires est devenu insolvable, la portion de la dette dont ce débiteur était tenu doit être supportée par tous les autres codébiteurs, y compris celui auquel il a été fait remise de la solidarité; la part de ce dernier ne peut être mise à la charge du créancier (Même arrêt). Il est à remarquer, d'ailleurs, que cette interprétation de l'art. 1215 est elle-même controversée en doctrine (V. *Obligations*): plusieurs auteurs, parmi les plus accrédités, enseignent que le créancier qui a déchargé de la solidarité l'un des codébiteurs solidaires est obligé de supporter personnellement la portion pour laquelle ce débiteur eût été tenu de contribuer aux parts des insolvables (V. Larombière, t. 3, art. 1215, n° 2; Aubry et Rau, 4e éd., t. 4, § 298 *ter*-5°, p. 33, texte et note 43. — En sens contraire: Demolombe, *Traité des contrats*, t. 3, nos 437 et suiv.; Marcadé, *Explication théorique et pratique du code civil*, sur l'art. 1215, n° 625; Colmet de Santerre, *Cours analytique de code civil*, t. 5, n° 150 *bis*-1; Laurent, t. 17, n° 363).

§ 2. — De l'effet du cautionnement entre le débiteur et la caution (*Rép.* nos 230 à 284).

54. La jurisprudence a persisté à admettre, conformément à l'interprétation donnée au *Rép.* n° 233, que la disposition de l'art. 2028, portant que la caution, qui a payé, a son recours contre le débiteur principal, doit s'entendre de tout acte de la caution, de quelque nature qu'il soit, par lequel le débiteur a été libéré. Ainsi, spécialement, la caution d'un débiteur principal tombé en déconfiture, qui a obtenu la libération de celui-ci, en stipulant des termes en sa faveur, et en convenant avec le créancier que la créance, qui ne rapportait pas d'intérêts, en produirait désormais, a le droit de recourir contre le débiteur principal pour lesdits intérêts (Req. 7 mars 1876, aff. Romain Viviès, D. P. 76. 1. 350. V. également Laurent, t. 28, n° 237). Il importe peu que la dette qu'elle a éteinte par ce payement ne fût pas elle-même productive d'intérêts; et on objecterait vainement, dans ces circonstances, que la caution, en traitant avec le créancier, en dehors et à l'insu du débiteur principal, ne saurait rendre la condition de celui-ci plus mauvaise. C'est là, sans doute, une règle incontestable (V. Laurent, t. 28, n° 238); mais elle est sans application lorsque la dette est devenue exigible, par exemple, par la déconfiture du débiteur principal, et que la caution, en désintéressant le créancier, n'a fait que prévenir ses poursuites.

55. La question de savoir si le recours ouvert à la caution par l'art. 2028 appartient même à celle qui a cautionné la dette contre la volonté du débiteur, divise toujours les auteurs. Nous avons admis l'affirmative au *Rép.* n° 237, d'accord avec M. Troplong, et cette opinion est partagée par MM. Marcadé, *Explication du code civil*, sur l'art. 1375, n° 4, et Pont, t. 2, n° 245. — Au contraire, MM. Aubry et Rau, t. 4, § 427, p. 689-690, et Laurent, t. 28, n° 236, enseignent que le recours de l'art. 2028 n'appartient pas au fidéjusseur qui a cautionné la dette malgré le débiteur. Ces auteurs pensent que l'art. 2028, lorsqu'il accorde une action à la caution, suppose l'existence d'un lien juridique, mandat ou gestion d'affaires, entre le débiteur et la caution, tandis que, au cas dont il s'agit, ce lien n'existe pas, et que la situation respective du débiteur cautionné et de la caution ne fournit même pas matière à une action de *in rem verso*. Ils décident, en conséquence, que l'art. 2028 n'est pas applicable à ce cas spécial (V. aussi Colmet de Santerre, n° 261 *bis* VI).

56. Ainsi qu'on l'a exposé au *Rép.* n° 241, le recours attribué à la caution par l'art. 2028, s'étend, même aux frais qui ont été faits par la caution depuis qu'elle a dénoncé au débiteur principal les poursuites dirigées contre elle. — Toutefois, la jurisprudence postérieure à la publication du *Répertoire* n'étend pas ce recours de la caution aux frais qui ne sont pas la conséquence nécessaire et légitime du cautionnement. Ainsi la caution qui s'est réunie au débiteur principal, pour soutenir contre le créancier une mauvaise contestation, et qui a été condamnée avec lui aux frais du procès, est sans droit pour répéter contre ce dernier la moitié des frais mise à sa charge, laquelle n'est pas une conséquence nécessaire et légitime du cautionnement, mais la peine de sa mauvaise contestation (Riom, 16 mai 1851, aff. Pourret-Desgands, D. P. 54. 2. 46).

57. La règle d'après laquelle la caution doit être complètement indemne a également pour conséquence de faire courir de plein droit en sa faveur les intérêts des sommes qu'elle a déboursées, et de lui faire attribuer, dans certains cas, des dommages-intérêts (*Rép.* n° 243). Les exemples que nous avons cités, à ce dernier point de vue, au *Répertoire*, ne doivent pas être considérés comme limitatifs; l'art. 2028 s'exprime de manière à laisser au juge toute liberté d'appréciation à cet égard: il lui suffit, par exemple, pour motiver l'allocation d'une somme à la caution, de déclarer qu'elle n'est qu'une indemnité représentative du préjudice éprouvé par la caution pour désintéresser les créanciers du débiteur principal (Req. 7 mars 1876, aff. Romain Viviès, D. P. 76. 1. 350). Mais on retrouve ici la même divergence d'opinion que nous avons signalée (*suprà*, n° 55) quant aux droits de la caution qui s'est obligée contre la volonté du débiteur. — Ainsi MM. Aubry et Rau, contrairement à l'opinion de M. P. Pont, t. 2, n° 245, enseignent que celui qui aurait cautionné un débiteur malgré lui, ne saurait réclamer ni les intérêts des sommes déboursées, ni, à plus forte raison, des dommages-intérêts (t. 4, § 427, p. 689-690).

58. Dans l'opinion générale des auteurs, le recours accordé à la caution par l'art. 2028 a pour base l'existence entre la caution et le débiteur d'un lien juridique, qui peut résulter soit d'un mandat, soit d'une gestion d'affaires (*suprà*, n° 55). On en a conclu que, par exemple, la caution qui a pris à sa charge une dette à raison de laquelle un navire avait été saisi et retenu au port, peut exercer son recours, non seulement contre le débiteur, mais encore contre toutes les parties intéressées au départ du navire, notamment contre les affréteurs, et contre le capitaine, comme représentant de l'armateur (Req. 10 août 1875, aff. Lacy, D. P. 77. 1. 133). — Vis-à-vis des affréteurs, le recours qu'on accorde à la caution n'est qu'une application pure et simple des principes concernant le recours qui appartient au gérant d'affaires. C'est une règle constante, que tous ceux qui ont profité de l'engagement contracté par une caution, sont tenus d'indemniser celle-ci du sacrifice qu'elle s'est imposé dans leur intérêt commun, alors même qu'ils ne lui ont donné aucun mandat à cet effet. Quant au capitaine, il est le mandataire, le représentant de l'armateur; d'où cette double conséquence, qu'il a le pouvoir de faire tous les actes nécessaires à la conservation ou à l'exploitation du navire (*Rép.* v° *Droit maritime*, n°s 366 et suiv.), et que les tiers peuvent l'actionner comme ils actionneraient l'armateur lui-même. Toutefois, il faut remarquer que le capitaine n'est pas personnellement tenu des obligations qui incombent à l'armement, et cela, dans le cas même où ces obligations résulteraient de conventions qu'il aurait conclues dans l'exercice de ses fonctions (V. *Rép.* v° *Droit maritime*, n° 201; Rennes, 16 juin 1860, aff. Maugat, D. P. 61. 2. 161). A plus forte raison en doit-il être ainsi lorsqu'il s'agit, comme dans l'espèce, d'un engagement né d'un quasi-contrat, c'est-à-dire sans sa participation.

59. La subrogation légale dans les droits du créancier, accordée par l'art. 2029 à la caution qui a payé la dette, s'opère de plein droit, ainsi qu'on l'a exposé au *Rép.* n° 245, sans qu'il y ait à distinguer si le cautionnement a été donné sur la demande du débiteur, ou à son insu, ou contre son gré. On reconnait généralement qu'il n'y a point lieu de faire, en ce cas, la distinction que quelques auteurs proposent dans le cas où la caution exerce l'action de l'art. 2028 (Aubry et Rau, t. 4, § 427, p. 686; Laurent, t. 28, n° 243) et que nous avons exposée *suprà*, n° 55.

Mais, comme on le remarque au *Rép. ibid.*, il se peut que la subrogation soit moins avantageuse à la caution que l'action personnelle de l'art. 2028. Ainsi, la caution ne peut, sur le seul fondement de la subrogation, réclamer les intérêts des différentes sommes qu'elle a déboursées (Aubry et Rau, *ibid.*), si la dette, par exemple, n'était pas productive d'intérêts (Laurent, *ibid.*). — Par contre, bien que l'art. 2029 ne parle que de la subrogation de la caution aux droits du créancier contre le *débiteur*, il n'est pas douteux que la subrogation légale existe au profit de la caution qui paye, non seulement contre le débiteur principal, mais aussi contre les *cofidéjusseurs*: cela résulte de l'art. 1251-3°, dont l'art. 2029 n'est qu'une application. — Mais, dans ce dernier cas, la subrogation n'existe que jusqu'à concurrence de la somme pour laquelle le fidéjusseur a un recours contre ses cofidéjusseurs (V. *Rép.* v° *Obligations*, n° 1959; Aubry et Rau, *ibid.*).

60. On a exposé au *Rép.* n° 250, que la caution ne peut exercer, en vertu de la subrogation, que les droits du créancier dont elle prend la place, et que, si elle a contre le débiteur une créance plus étendue que celle du créancier, elle ne peut faire valoir cette créance supplémentaire que par l'action de mandat, et non en vertu de la subrogation. C'est ainsi, disions-nous, qu'elle n'est pas fondée à réclamer pour la créance de dommages-intérêts qu'elle peut avoir contre le débiteur, le bénéfice des hypothèques attachées à la créance dans laquelle elle a été subrogée. C'est encore en vertu de la même règle que, si le créancier est investi d'un privilège dont l'existence est subordonnée à l'accomplissement d'une certaine condition, par exemple du privilège de créancier gagiste qui exige la remise matérielle de la chose donnée en gage, la caution ne peut, en vertu de la subrogation, jouir de ce privilège qu'en remplissant elle-même la même condition, c'est-à-dire en se faisant mettre en possession de la chose engagée: il ne suffit pas que cette chose se trouve entre les mains du créancier que la caution vient de désintéresser; celui-ci, en effet, ne peut être considéré comme possédant le gage pour la caution, puisque, aux termes de l'art. 2076, la mise en possession d'un tiers ne peut équivaloir à celle du créancier gagiste lui-même, qu'autant qu'il s'agit d' « un tiers convenu entre les parties » (Comp. Paris, 12 janv. 1846, aff. Dillon, D. P. 51. 2. 23; 15 nov. 1850, aff. Gouin, D. P. 51. 2. 24). Par conséquent, l'objet du nantissement pourrait, malgré le payement de la dette par la caution, et à défaut de tradition au profit de celle-ci, être valablement donné en gage à un autre créancier (Req. 23 déc. 1879, aff. Hardy de Saint-Omer, D. P. 80. 1. 453).

61. La caution n'est subrogée à tous les droits du créancier, en vertu des principes généraux de la subrogation, qu'autant qu'elle a préalablement payé la dette cautionnée. Il n'y a exception à cette règle que dans le cas, signalé au *Rép.* n° 252, où le créancier a donné à la caution quittance de la dette avec l'intention de la gratifier, et non point de faire une libéralité au débiteur (V. également: *Rép.* v° *Obligations*, n° 1962). La caution peut alors se prévaloir de la subrogation, bien qu'elle n'ait rien payé.

De ce que la caution n'est, en principe subrogée aux droits du créancier qu'à la condition d'avoir acquitté la dette, il résulte qu'elle ne saurait en aucune façon invoquer l'art. 2032 pour exercer les droits du créancier. Cet article lui donne seulement, dans le cas qu'il prévoit (*infrà*, n° 62), le droit d'agir contre le débiteur; et elle exerce le recours dont il s'agit en son nom personnel, en vertu d'un droit qui lui est propre, et nullement pour le compte du créancier, ni en vertu d'une action qu'elle emprunterait par anticipation à ce dernier. Il n'existe pas en droit français de subrogation anticipée soit totale, soit partielle, le payement réalisé étant toujours la condition d'une subrogation quelle qu'elle soit. Ainsi, il a été jugé que la caution qui n'a pas payé la dette cautionnée n'est pas fondée à réclamer la subrogation dans les droits et actions du créancier, qu'elle peut seulement agir en son nom personnel contre le débiteur en déconfiture pour se faire par lui indemniser ; spécialement, la caution n'est pas fondée à demander sa collocation au rang hypothécaire de la dette cautionnée, dont elle n'a pas soldé le montant au créancier (Civ. cass. 19 nov. 1872, aff. Noël Burgues, D. P. 73. 1. 38; Pont, t. 2, nos 288 et suiv.). — En outre, la subrogation n'a lieu qu'au profit de la caution qui a payé le créancier de ses propres deniers (Civ. cass. 11 mars 1861, aff. Baudon, D. P. 61. 1. 268).

62. D'après l'art. 1252 c. civ., la subrogation conventionnelle ou légale ne peut nuire au créancier qui n'a été payé qu'en partie; en conséquence, le créancier peut exercer ses droits, pour ce qui lui reste dû, par préférence à celui dont il n'a reçu qu'un payement partiel. Cette disposition est la conséquence de l'ancien principe *nemo contra se ipsum subrogasse videtur;* elle s'explique, d'ailleurs, par cette raison qu'à l'égard du créancier, les privilèges, hypothèques ou autres garanties attachées à la créance sont éteints par l'effet du payement qu'il a reçu, et ne continuent à subsister qu'à l'égard du débiteur et des autres obligés. — La même règle est-elle applicable au cas de payement partiel par un tiers, et notamment par une caution, d'une créance purement chirographaire? La caution qui n'a payé qu'une partie de la dette, en vertu d'un cautionnement partiel, est-elle primée, lorsqu'elle exerce son action récursoire, par le créancier réclamant le surplus de sa créance? — Pour l'affirmative on fait valoir que la caution reste coobligée du débiteur principal jusqu'au payement intégral, et qu'elle ne peut, jusqu'à ce payement, exercer contre le débiteur une action récursoire qui aurait pour résultat de diminuer le gage du créancier cautionné. Ainsi on a jugé que la caution de partie seulement d'une dette, qui a payé cette partie, ne peut, tant que le créancier n'a pas été intégralement désintéressé, exercer contre le débiteur principal une action récursoire de nature à diminuer le gage de ce créancier; spécialement, si le débiteur était en déconfiture au moment du payement partiel par elle effectué, elle ne peut concourir avec le créancier dans la contribution ouverte contre ce débiteur (Douai, 14 juill. 1856, aff. François, D. P. 56. 2. 301).

L'opinion contraire, suivant laquelle le créancier ne prime le subrogé que quant à l'exercice des privilèges et hypothèques, et doit subir son concours comme celui de tout autre créancier chirographaire, s'il n'a lui-même que cette dernière qualité, est enseignée par Mourlon, *Traité de la subrogation*, p. 18; MM. Larombière, t. 4, sur l'art. 1252, n° 26; Laurent, t. 28, n° 247, et a été consacrée par la cour de cassation. Cette cour a notamment jugé qu'en cas de cautionnement partiel d'une créance chirographaire, la caution qui a payé le créancier jusqu'à concurrence de la somme cautionnée, est admise à exercer sur l'actif du débiteur principal, par contribution avec le créancier réclamant sur le même actif le payement du surplus non cautionné de sa créance, l'action en remboursement qui lui appartient directement et sans subrogation, aux termes de l'art. 2028 c. civ.: le créancier n'est préféré à la caution qui l'a partiellement payé que lorsque la créance est garantie par des sûretés spéciales dont la caution invoquerait le bénéfice en vertu de la subrogation établie à son profit par l'art. 2037 c. civ. (Req. 1er août 1860, aff. Millet, D. P. 60. 1. 502). — Le même droit doit être reconnu à la caution qui n'a fait au créancier qu'un payement partiel, alors même que le cautionnement, au lieu d'être également partiel, comme dans l'espèce de l'arrêt précité, s'étendrait à la totalité de la dette; seulement le créancier, non payé intégralement par suite de ce concours de la caution, conservera son action contre elle pour le reliquat de sa créance. L'art. 544 c. com. le décide ainsi en cas de faillite, et il résulte de l'arrêt ci-dessus que cet article, qui met en œuvre le droit de recours personnel et direct appartenant à la caution en vertu de l'art. 2028 c. civ., doit être généralisé. — Faudrait-il aller plus loin encore, et permettre à la caution d'agir avant d'avoir payé, même en concurrence avec le créancier, en vertu de la faculté qui lui est accordée par l'art. 2032 c. civ.? (V. dans le sens de la négative: Paris, 2 juin 1853, aff. Roblot, D. P. 56. 2. 145-146).

63. Une question fort délicate est celle de savoir quelle est, à l'égard de ceux qu'elle a cautionnés, l'étendue des droits de la caution qui n'a pas cautionné tous les débiteurs solidaires d'une dette. On a exprimé au *Rép.* n° 237, l'opinion que la caution, en pareil cas, n'est subrogée légalement aux droits du créancier, que contre ceux des débiteurs auxquels s'applique son engagement, et qu'elle n'aurait contre les autres débiteurs solidaires que le recours qui compéterait à celui des codébiteurs qui aurait payé la dette entière, c'est-à-dire qu'elle ne pourrait recourir contre ceux des codébiteurs qu'elle n'aurait pas cautionnés que jusqu'à concurrence de la part individuelle de chacun d'eux dans la dette. Les auteurs et la jurisprudence sont divisés sur cette question. L'opinion admise au *Répertoire* a été adoptée par MM. Aubry et Rau, t. 4, § 427, p. 687; Pont, t. 2, n° 278; Laurent, t. 28, n° 249; Colmet de Santerre, n° 263 *bis*, tandis que la doctrine contraire a été soutenue par Marcadé, *Explication du code civil*, t. 4, nos 717 et suiv.; Gauthier, *De la subrogation*, n° 433.

La cour de cassation s'était d'abord prononcée en faveur du premier système (Req. 19 avr. 1854, aff. Mounier, D. P. 54. 1. 294). Elle était partie de ce principe que la caution n'a, contre les codébiteurs du débiteur qu'elle a cautionné, que l'action appartenant à ce débiteur. « Il résulte, disait-elle, des dispositions combinées des art. 2029 et 2030 c. civ., que si la caution qui a payé la dette solidaire sans avoir cautionné tous ceux qui étaient obligés à cette dette, se trouve légalement subrogée, aux termes de l'art. 2029, dans tous les droits du créancier contre celui des codébiteurs qu'elle a seul cautionné, elle n'acquiert contre les autres, aux termes de l'art. 2030, que le recours appartenant aux débiteurs cautionnés par elle; il ne serait pas juste, en effet, que la position des autres codébiteurs pût être aggravée à leur insu et sans leur participation, par cette circonstance que le créancier aurait été désintéressé par la caution de l'un d'eux au lieu de l'être par ce débiteur lui-même; d'ailleurs, aucune disposition de la loi n'autorise à accorder, pour ce cas, à la caution dont l'engagement n'est qu'accessoire, plus de droits que n'en aurait eu le débiteur principal. » Celle-ci ne saurait donc avoir aucun recours contre celui des débiteurs solidaires non cautionnés, qui ne s'étant obligé que dans l'intérêt de ses codébiteurs eût été affranchi de toute action récursoire de la part de ces derniers.

Dans un autre arrêt, au contraire, la cour a posé en principe que, si le recours de la caution doit être limité à la part des débiteurs non cautionnés, il n'en procède pas moins d'une subrogation légale aux droits du créancier. « Aux termes de l'art. 1251, dit cet arrêt, la subrogation a lieu de plein droit au profit de celui qui, étant tenu, avec d'autres ou pour d'autres, au payement de la dette, avait intérêt à l'acquitter; ce principe a été admis en matière de cautionnement par l'art. 2029 d'après lequel la caution qui a payé la dette est subrogée à tous les droits du créancier contre le débiteur. Quant à l'art. 2030, il n'a rien d'incompatible avec les principes relatifs à la subrogation légale; il se concilie, au contraire, avec eux, et en règle l'application dans l'hypothèse où une même caution a garanti tous les débiteurs principaux solidaires d'une même dette. L'argument *a contrario* fondé sur ce dernier article n'a donc point la portée que l'on s'efforce de lui donner; tout ce que l'on peut légitimement en induire, c'est que la caution qui n'a cautionné que l'un des codébiteurs solidaires, n'a d'action contre les codébiteurs non cautionnés par elle que pour leur part seulement dans la dette solidaire; mais on n'en saurait conclure que cette action procède d'une prétendue subrogation aux droits des débiteurs cautionnés, et non de la subrogation légale aux droits du créancier qui a reçu son payement. En second lieu, suivant l'art. 2037 c. civ., la caution est déchargée lorsque la subrogation aux droits, privilèges et hypothèques du créancier ne peut plus, par le fait de ce créancier, s'opérer en faveur de la caution; c'est là une disposition qui suffirait, à elle seule, pour démontrer que l'action accordée à la caution qui a payé la dette, trouve son fondement dans les droits qui appartenaient au créancier désintéressé et non dans ceux qu'aurait pu exercer le débiteur cautionné, s'il eût payé lui-même. » — La cour décide, en conséquence, que la caution qui a payé une dette solidaire est subrogée, quoiqu'elle n'ait cautionné qu'un seul des débiteurs, dans les droits du créancier, non seulement contre le débiteur cautionné, mais encore contre tous les autres débiteurs, avec cette seule restriction qu'elle ne peut exiger de ces derniers que la part de chacun d'eux dans la dette; par suite, elle a le droit de poursuivre les codébiteurs solidaires, jusqu'à concurrence de leur part dans la dette, bien que le débiteur cautionné ait renoncé à tout recours contre eux, en prenant à sa charge, à leur égard, la totalité de l'obligation : la caution les actionne alors, non pas comme exerçant les droits du débiteur dont elle s'est portée caution, mais du chef du créancier auquel elle est directement subrogée (Req. 10 juin 1861, aff. Auvigne, D. P. 61. 1. 361). — Décidé, par application du même système, que la caution personnelle de l'un des codébiteurs solidaires est déchargée de ses obligations à l'égard du créancier qui l'a privée de tout recours par la voie de la subrogation contre le codébiteur de la personne cautionnée (Civ. cass. 7 mars 1887, aff. De Vialar, D. P. 87. 1. 271).

64. Nous persistons à considérer comme plus juridique la doctrine enseignée au *Répertoire* et consacrée par l'arrêt du 19 avr. 1854, cité *suprà*, n° 63. En admettant que la caution puisse agir, en vertu d'une subrogation directe dans les droits du créancier, non seulement contre le débiteur qu'elle a cautionné, mais encore contre les autres débiteurs, peut-on, sans se contredire, donner à cette caution l'action solidaire appartenant au créancier, et ne lui accorder cependant qu'un recours divisé, la plaçant en cela sur la même ligne que le débiteur cautionné? En l'absence d'un texte formel, quelle pourrait être la source de cette subrogation de nature mixte, qui emprunte au créancier l'action à exercer, et au débiteur cautionné la quotité du droit qui en est l'objet? La logique veut, ce semble, que la caution, si elle est subrogée au créancier, ne subisse pas plus que celui-ci, de division dans la dette (V. Gauthier, *De la subrogation*, n° 433). — En outre, l'opinion contraire nous paraît seule conforme aux règles qui régissent la subrogation en matière de cautionnement. Lorsqu'un fidéjusseur cautionne un seul débiteur solidaire, il est dans une situation double. Vis-à-vis du débiteur cautionné, il a droit à la subrogation établie par l'art. 2029 c. civ.; puis, devenu créancier du même débiteur, par l'effet de cette subrogation, il est investi de l'action de ce dernier contre les autres codébiteurs, en vertu de l'art. 1166. Sans doute, la caution peut, dans une certaine mesure, exercer à leur égard les droits du créancier, et profiter, par exemple, pour sûreté de son action récursoire, des garanties attachées à la créance et existant sur les biens des débiteurs solidaires non cautionnés; mais si elle exerce, à cet égard, les droits du créancier, ce n'est pas en vertu d'une subrogation qui se serait opérée directement en sa faveur; c'est en vertu de la subrogation acquise au débiteur cautionné, par application de l'art. 1251, n° 3, et à la charge, par conséquent, de subir toutes les exceptions opposables à ce débiteur. Comment admettre, en effet, qu'elle puisse invoquer contre des débiteurs qu'elle n'a pas cautionnés un droit de subrogation puisé dans sa qualité de caution? Est-ce que ce cautionnement n'est pas pour eux *res inter alios acta?* Or le système adopté par l'arrêt du 10 juin 1861 (cité *suprà*, n° 63), s'appuie précisément sur l'art. 1251, n° 3, pour décider que la caution est subrogée *erga omnes* dans les droits du créancier. Il regarde la caution comme étant tenue avec les codébiteurs solidaires non cautionnés, et comme ayant droit, en cette qualité, à la subrogation légale établie par la disposition précitée. Mais est-il vrai de dire que la caution d'un débiteur solidaire soit tenue avec les autres débiteurs, dans le sens de l'art. 1251, n° 3? Tout autre est, à notre avis, la situation de cette caution. La caution est obligée *pour* le débiteur cautionné; aussi, la subrogation dans les droits du créancier lui est-elle acquise quant à ce débiteur, conformément à la règle générale écrite dans l'art. 1251, et reproduite en matière de cautionnement par les art. 2029 et 2030. Mais en ce qui concerne les autres débiteurs, si elle est tenue avec eux, c'est au lieu et place du débiteur cautionné. Dans le cas où celui-ci aurait payé, il eût été subrogé au créancier; elle n'a droit qu'à cette subrogation dont elle n'exercera, dès lors, le bénéfice, que comme l'eût fait le débiteur lui-même, sous les mêmes conditions, et en souffrant les mêmes exceptions.

L'art. 2030, qu'on invoque également, rentre complètement dans cet ordre d'idées. Il accorde à celui qui a cautionné *tous les débiteurs solidaires* un recours pour le total, parce que la caution se trouve subrogée au créancier, vis-à-vis de chacun d'eux, en sa qualité de caution, qui s'applique à tous. Lorsque tous n'ont pas été cautionnés, l'article devient inapplicable. — On doit, dit-on, en conclure seulement, par argument *à contrario*, que la caution d'un seul des débiteurs solidaires n'est subrogée contre les autres que pour leur part et portion. Ne convient-il pas de pousser l'argument plus loin encore, et l'art. 2030 n'est-il pas exclusif de toute subrogation contre les débiteurs non cautionnés, même limitée à leur portion dans la dette? La caution de l'un des débiteurs solidaires n'a de recours contre les autres que pour leurs portions; cela est généralement admis; mais est-ce comme subrogé au créancier, ou comme exerçant les droits du débiteur cautionné? L'article ne le dit pas. D'où il est permis de conclure que cet article n'a entendu s'occuper, en aucune façon, de la caution d'un seul débiteur, et cela par la raison qu'elle ne saurait puiser dans le cautionnement une cause de subrogation légale vis-à-vis de personnes tout à fait étrangères à ce cautionnement.

65. La caution qui n'a cautionné qu'une partie des débiteurs aurait-elle des droits plus étendus, si elle s'était fait expressément subroger dans ses droits par le créancier qu'elle aurait payé? La négative, que nous avions adoptée au *Rép.* n° 257, est encore enseignée par plusieurs auteurs, notamment par M. Pont, t. 2, n° 279, et Rodière, *De la solidarité*, n° 133 et 158. Mais l'opinion contraire a pour elle, en doctrine, l'autorité de MM. Aubry et Rau, t. 4, p. 688, et elle semble avoir été implicitement consacrée en jurisprudence quoique la question n'ait pas été tranchée d'une manière formelle. — Il a été jugé, en effet (Arrêt du 19 avr. 1854, *suprà*, n° 63), que la caution n'acquiert contre les débiteurs qu'elle n'a pas cautionnés, que le recours appartenant aux débiteurs cautionnés dans le cas même où cette caution aurait obtenu du créancier une subrogation conventionnelle, si les juges ont déclaré, en vertu de leur pouvoir souverain d'appréciation de la volonté du contractant, que l'effet de cette subrogation conventionnelle a été limité au seul débiteur solidaire cautionné. N'est-ce pas dire que l'effet de la subrogation conventionnelle aurait pu ne pas être limité à ce seul débiteur et s'étendre à tous les codébiteurs de la dette payée par la caution? L'argumentation invoquée par MM. Aubry et Rau, n'est, d'ailleurs, pas sans force. La subrogation conventionnelle obtenue par la caution « produira, disent ces auteurs (t. 4, p. 688), tous les effets qui y sont attachés de droit commun »; et à l'argument tiré de ce que la subrogation conventionnelle, surabondamment accordée dans des cas où la loi admet la subrogation légale, ne peut produire des effets plus étendus que celle-ci, les savants auteurs répondent (*ibid.*, note 7) « qu'on ne comprendrait pas qu'en l'absence de subrogation légale, la subrogation conventionnelle ne pût pas être consentie, d'une manière aussi efficace, au profit d'une caution qu'au profit d'un étranger ».

66. La caution qui, faute d'avoir été instruite du payement, précédemment effectué par le débiteur, aurait payé de nouveau sur les poursuites du créancier de mauvaise foi, est fondée, ainsi qu'on l'a exposé au *Rép.* n° 258, à recourir contre le débiteur. — Mais quelle est la nature de l'action que la caution peut exercer? Est-ce, comme nous en avons exprimé l'avis au *Rép.* n° 258, l'action *mandati contraria?* Les auteurs sont toujours divisés sur ce point. Tandis que MM. Aubry et Rau, t. 4, § 427, p. 690, semblent admettre que telle est bien la nature de cette action, M. Laurent, t. 28, n° 240, estime que le débiteur, n'étant tenu par aucune obligation légale d'avertir la caution, celle-ci ne saurait agir à son encontre qu'en invoquant l'art. 1382 c. civ. — La cour de Lyon s'est prononcée dans le sens de notre opinion dans les motifs d'un arrêt du 14 mai 1857 (aff. Laizon, D. P. 58. 2. 83), lequel décide que la caution qui, sur les poursuites des créanciers, a payé une dette éteinte par le payement qu'en avait précédemment fait le débiteur principal, a néanmoins un recours contre celui-ci, s'il avait négligé de l'avertir du payement effectué par lui : « Considérant, dit cet arrêt, relativement à la somme de 1140 fr., payée à Montel, que Laizon n'a fait ce payement qu'après des poursuites exercées contre lui, en sa qualité de caution, par le créancier; — Que, dès lors, le deuxième alinéa de l'art. 2031 lui est inapplicable; — Qu'à la vérité la créance primitive était alors éteinte et avait entraîné l'extinction de l'obligation accessoire du cautionnement; qu'ainsi Laizon, en payant une seconde fois, comme fidéjusseur, Montel, créancier de mauvaise foi, n'a pas fait utilement l'affaire de Farge, et, sous ce rapport, ne pourrait avoir contre ce dernier l'action *mandati contraria*, dérivant du cautionnement; — Mais que Farge était en faute de n'avoir pas averti son fidéjusseur du payement de la dette; que son obligation à cet égard était corrélative à celle imposée par le premier alinéa de l'art. 2031 au fidéjusseur, quand celui-ci effectue le payement; que c'est la faute consistant dans un défaut d'avis de Farge qui a occasionné le payement fait par Laizon à Montel, dans l'ignorance de l'extinction de la dette; que Laizon a eu juste motif de payer comme fidéjusseur pour échapper à des poursuites dirigées contre lui par le créancier; que, d'après les règles du mandat, le mandant doit indemniser le mandataire des préjudices que celui-ci a éprouvés à l'occasion de sa gestion, sans imprudence qui lui soit imputable (art. 2000 c. civ.); et que, par conséquent, Laizon est fondé à exercer contre Farge l'action *mandati contraria*, pour se faire indemniser du payement indu, occasionné dans la suite du contrat du fidéjusseur par une faute du débiteur principal. »— Quoi qu'il en soit, la controverse est plus théorique que pratique: on s'accorde, en effet, à reconnaître que la caution qui a payé dans les conditions indiquées ci-dessus a le droit de recourir contre le débiteur qui ne l'a pas avertie du payement qu'il a fait.

67. La caution qui, de son côté, n'avertit pas le débiteur du payement qu'elle effectue entre les mains du créancier perd son recours contre le débiteur. On a signalé, à ce propos, au *Rép.* n° 259, une opinion professée par Duranton et Delvincourt, d'après laquelle le concours des deux circonstances spécifiées par l'art. 2031, 2e al., à savoir que la caution n'ait pas été poursuivie, et qu'elle n'ait pas averti le débiteur principal ne serait pas nécessaire pour qu'elle fût privée de son recours: il suffirait que la caution, bien que poursuivie, eût payé sans avertir le débiteur. Cette opinion, que nous avons rejetée comme contraire au texte de l'art. 2031, est également repoussée par MM. Aubry et Rau, t. 4, § 427, p. 690, note 17 (V. dans le même sens: Colmet de Santerre, n° 264 *bis* I), mais elle est adoptée par M. Pont, t. 2, n° 258.

68. Les cas dans lesquels la caution peut poursuivre le débiteur, sans avoir payé, déterminés par l'art. 2032, ont été exposés au *Rép.* n° 260, et les explications données aux numéros suivants n'ont été contredites ni en doctrine, ni en jurisprudence. — La faculté que l'art. 2032 c. civ. accorde à la caution, en cas de faillite du débiteur, d'agir contre celui-ci pour être indemnisée, même avant d'avoir payé, n'existe qu'autant que l'action de la caution ne viendrait pas en concurrence avec celle du créancier au profit duquel a eu lieu le cautionnement. Ainsi, la caution, et, par exemple, la femme qui s'est obligée solidairement avec son mari, et qui doit, dès lors, être réputée simple caution de ce dernier, ne peut, avant d'avoir payé la dette, se faire admettre au passif de la faillite du débiteur pour l'indemnité à elle due à raison de son cautionnement, alors que le créancier au profit duquel elle l'a contracté se présente lui-même à ce passif. Vainement exciperait-elle de la collocation définitive par elle obtenue pour cette même indemnité, dans l'ordre distributif du prix des immeubles du débiteur, cette collocation n'équivalant pas au payement de la dette... Seulement si la somme pour laquelle la caution demande, en pareil cas, à être admise au passif de la faillite, est supérieure au montant de la production du créancier au profit duquel le cautionnement a eu lieu, la femme peut être admise éventuellement pour la différence, à la charge par elle de justifier du payement de cette somme, ou de faire toucher par les ayants droit le dividende afférant à son admission (Paris, 2 juin 1853, aff. Roblot, D. P. 56. 2. 145. V. conf. Laurent, t. 28, n° 253).

Nous avons, d'ailleurs, exprimé l'avis au *Rép.* n° 265, que la femme qui s'est obligée solidairement avec son mari, n'étant que caution de celui-ci, a le droit d'obtenir une collocation actuelle dans l'ordre ouvert sur ses biens, quoiqu'elle n'ait rien payé, alors que le mari est tombé en déconfiture ou en faillite; sauf à ne toucher le montant de sa collocation qu'après avoir payé les dettes pour lesquelles elle s'est engagée. C'est aussi ce qu'admet l'arrêt précité du 2 juin 1853. La plupart des auteurs se sont prononcés en ce sens (V. *Rép.* v° *Contrat de mariage*, nos 1054 et suiv.). — Mais il a été jugé que le bénéfice de l'art. 2032, § 2, c. civ., qui permet à la caution, dans le cas de faillite ou de déconfiture du débiteur, d'agir contre celui-ci, même avant d'avoir acquitté la dette, ne va pas jusqu'à lui donner le droit de se faire colloquer dans l'ordre ouvert sur l'obligé principal, pour le montant de l'obligation dont il n'aurait pas réalisé le payement effectif, et qu'il en est ainsi notamment à l'égard de la femme qui, obligée solidairement avec son mari pour les affaires de celui-ci, serait réputée vis-à-vis de lui n'être engagée que comme caution (Grenoble, 3 août 1853, aff. Pellegrini, D. P. 55. 2. 70).

69. Il peut se faire qu'une convention intervienne entre le débiteur et sa caution au sujet du recours que celle-ci pourra exercer contre lui; par exemple, pour éviter ce recours, le débiteur peut remettre à la caution des valeurs qui la couvrent de ses déboursés. Cette remise sera évidemment valable si les parties sont maîtresses de leurs droits; mais en serait-il ainsi dans le cas contraire, et, par exemple, s'il s'agissait d'une remise de valeurs qui serait faite par un débiteur en état de cessation de payements? La question a été résolue, dans la jurisprudence, par une distinction. Il a été jugé que le débiteur principal peut remettre à la caution des valeurs destinées à la couvrir de son cautionnement, alors même qu'il se trouverait en état de cessation de payement, si la faillite n'a pas été déclarée en temps utile, et, notamment, dans l'année du décès du débiteur (Req. 22 janv. 1868, aff. Huet, D. P. 68. 1. 168-169). Donc, si la faillite est déclarée après la remise des valeurs et que cette remise soit postérieure à l'époque fixée pour la cessation de payements, elle ne saurait être valable; mais, lorsque, comme dans l'espèce ci-dessus, la faillite ne peut plus être déclarée, on se trouve en présence d'un simple état de déconfiture. Or, l'art. 446 c. com. n'est pas applicable au cas de déconfiture (V. *Faillite*), et il n'est donc pas douteux qu'en pareil cas la caution ait aussi bien le droit d'obtenir de la libre volonté du débiteur, que celui d'exiger en justice, les garanties ou les versements anticipés autorisés par l'art. 2032 c. civ.

70. On persiste à reconnaître que l'art. 2032 peut être invoqué par l'individu qui a cautionné le débiteur à son insu, mais non par celui qui l'a cautionné malgré lui (Laurent, t. 28, n° 262; Aubry et Rau, t. 4, § 427, p. 691). — Cet article peut être encore invoqué, ainsi qu'il a été exposé au *Rép.* n° 283, soit par la caution qui s'est obligée solidairement avec le débiteur, soit par celui qui s'est obligé solidairement avec un tiers à l'exécution d'un engagement ne concernant que ce dernier, soit par la femme qui s'est obligée solidairement avec son mari pour les affaires de la communauté ou du mari (Grenoble, 3 août 1853, aff. Pellegrini, D. P. 55. 2. 70).

Enfin, on remarquera que l'extinction du cautionnement qui s'opère par la confusion, dans le cas où le créancier devient héritier pur et simple de la caution, rend sans objet, et conséquemment non recevable, le recours que l'art. 2032 ouvre au profit de la caution pour se garantir des éventualités du cautionnement; par suite, le créancier de l'obligation ne peut, dans ce cas, en sa qualité d'héritier de la caution, prétendre à une collocation du chef de celle-ci et en exécution d'un semblable recours, sur le prix des biens de l'obligé principal (Même arrêt).

§ 3. — De l'effet du cautionnement entre les cofidéjusseurs (*Rép.* nos 285 à 296).

71. On a exposé au *Rép.* nos 286 et suiv., quel est le fondement du recours de la caution qui a acquitté une dette, contre les autres cautions du même débiteur, et dans quelles conditions elle peut exercer ce recours. On a dit notamment, *ibid.* n° 286, que le recours autorisé par l'art. 2033 a une double source: il peut être considéré comme s'exerçant tantôt par l'action de gestion d'affaires, tantôt par une action provenant de la subrogation de la caution qui a payé aux droits du créancier. On doit en conclure que la caution qui a payé la totalité de la dette peut, indépendamment de l'action qui lui appartient contre les autres cautions, comme subrogée dans les droits du créancier, les actionner de son chef, comme ayant géré leur affaire. Au moins, cette conséquence a-t-elle été déduite d'une manière implicite des principes que nous venons de rappeler (Req. 21 mai 1855, aff. Jacquot, D. P. 56. 1. 258).

72. Suivant certains auteurs, la disposition de l'art. 2033 ne saurait être considérée comme une extension du principe de la subrogation légale (V. notamment : Colmet de Santerre, n° 266 *bis* II ; Laurent, t. 28, n° 264). Ce dernier auteur se fonde, pour en décider ainsi, sur ce que le recours accordé par cet article n'a point pour effet de mettre la caution au lieu et place du créancier, puisqu'elle ne peut agir hors des cas prévus par l'art. 2032. La caution, par conséquent, ne succède pas aux droits du créancier, et le recours que l'art. 2033 lui accorde n'a d'autre base que le fait d'avoir payé dans des cas où les cofidéjusseurs avaient intérêt à ce que le payement fût fait. D'après M. Pont, au contraire (t. 2, p. 158, n° 309), le recours de l'art. 2033 constitue une extension des règles de la subrogation légale. (V. également Aubry et Rau, t. 4, § 428). Mais s'il existe, à ce point de vue, certaines divergences entre les auteurs, la plupart s'accordent pour rejeter comme nous l'avons fait au *Rép.* n° 288, l'opinion de M. Duranton, suivant laquelle c'est seulement quand elle a payé dans les cas prévus aux n°s 1, 2 et 4 de l'art. 2032 que la caution a un recours contre les autres, et non lorsqu'elle a payé dans l'un des cas énoncés aux n°s 3 et 5 du même article. Ils estiment que ce serait ajouter au texte de l'art. 2033 et le mutiler (Laurent, n° 265 ; Pont, t. 2, n° 308 ; Aubry et Rau, *ibid.*, note 1 ; Colmet de Santerre, n° 266 *bis* III).

73. Enfin la caution qui a payé a son recours contre tous les autres cofidéjusseurs, même contre ceux dont les cautionnements ont été donnés par actes séparés et successifs (*Rép.* n° 289). Mais son action ne peut être exercée contre le cofidéjusseur qu'un jugement antérieur, rendu entre lui et le créancier, a déchargé du cautionnement, ce cofidéjusseur n'étant plus exposé aux poursuites du créancier, et n'ayant plus, dès lors, intérêt au payement de la créance (Req. 21 mai 1855, aff. Jacquot, D. P. 56. 1. 258). — On sait aussi que la perte résultant de l'insolvabilité de l'une des cautions est supportée, à la fois, par la caution qui a désintéressé le créancier, et par les autres fidéjusseurs solvables (*Rép.* n° 293), et que la répartition de cette perte entre les cofidéjusseurs se fait d'après l'étendue des engagements qu'ils ont contractés. Il en résulte que l'arrêt qui déclare que des cautions solidaires sont tenues entre elles pour des parts égales détermine par cela même les bases d'après lesquelles la répartition des insolvabilités doit se faire entre elles (Req. 6 août 1873, aff. Farcy, D. P. 73. 1. 402).

74. Le certificateur de caution, qui a payé la dette, a son recours soit contre la caution, soit contre le débiteur (*Rép.* n° 295). — Nous ferons remarquer à ce propos que, dans une obligation souscrite par un débiteur et des cautions solidaires, lorsque les noms de quelques-unes de ces cautions ont été mentionnés en première ligne et ceux des autres en seconde ligne (par l'emploi des numéros 1°, 2°), il n'en résulte point que celles qui ont été ainsi mises au deuxième rang, doivent être considérées comme de simples certificateurs de caution par rapport aux premières, et soient, dès lors, autorisées à réclamer à celles-ci le remboursement des sommes qu'elles ont payées en l'acquit du débiteur. Il en est surtout ainsi lorsque ce mode de mention paraît n'avoir pas eu d'autre objet que de régler les rapports successifs du créancier avec les cautions (Nancy, 19 nov. 1853, aff. Divoux, D. P. 55. 5. 64).

CHAP. 8. — De l'extinction du cautionnement

(*Rép.* n°s 297 à 371).

75. Parmi les causes d'extinction du cautionnement qui ont été exposées au *Rép.* n°s 298 et suiv., nous avons signalé, en premier lieu, la résiliation du contrat cautionné (*Rép.* n°s 301) et l'événement de la condition résolutoire ou le défaut d'accomplissement de la condition suspensive. Ces causes d'extinction ont été de nouveau appliquées par la jurisprudence, et spécialement la dernière, au cas d'un cautionnement accordé, sous condition d'atermoiement, en faveur du débiteur. Il a été jugé implicitement qu'un tel cautionnement est résolu en cas de poursuites dirigées avant le délai contre le débiteur, bien que ces poursuites s'appliquent à des sommes non cautionnées, si elles étaient comprises dans le contrat d'atermoiement (Lyon, 23 déc. 1848, aff. Girard-Teillard, D. P. 50. 2. 20). Toutefois le cautionnement qui n'a été accordé que moyennant une concession de délai faite au débiteur, n'est pas *résolu* par l'effet de simples mesures conservatoires prises par le créancier, ni par les poursuites qu'il exerce pour obtenir le payement de dettes autres que celles portées dans l'acte d'atermoiement (Même arrêt).

76. Le payement fait par le débiteur à son créancier est toujours la cause la plus naturelle de l'extinction du cautionnement (*Rép.* n° 305). Aucune difficulté ne saurait s'élever à ce sujet, pour le cas au moins où le payement est valable. — Mais il a été jugé que la caution est libérée d'une manière définitive par le payement que fait au créancier le débiteur principal, encore bien qu'à raison de l'incapacité dont ce dernier était frappé, par suite de son état de faillite, ce payement soit annulé ultérieurement (Orléans, 30 août 1850, aff. Chenault, D. P. 51. 2. 29). Cette décision, conforme à un arrêt de la chambre des requêtes du 9 avr. 1822 (*Rép.* n° 367), et à la doctrine enseignée par M. Troplong, *Cautionnement*, n° 582, nous paraît trop absolue, et nous croyons que les parties devraient être replacées dans leur état primitif, alors que le payement se trouve annulé par un fait qui est tout à fait étranger au créancier, et à l'égard duquel on ne peut lui reprocher d'avoir compromis les intérêts de la caution, puisqu'au contraire il avait agi dans le sens le plus direct de ses intérêts. — On invoque, par analogie, la disposition de l'art. 2038, qui libère la caution alors même que le créancier qui a accepté la dation en payement viendrait à être évincé de la chose reçue. Dès que la dette principale est acquittée, dit-on, la caution n'a plus à prendre les mesures conservatoires que la loi met à sa disposition, et elle ne peut plus se prémunir contre le dérangement des affaires du débiteur; en réalité, elle a été contrainte à l'inaction par le fait du créancier, et il serait, dès lors, contraire à l'équité de l'exposer à un recours de celui-ci. — Mais ces arguments ne sont pas décisifs. Il ne semble pas qu'on puisse voir dans l'acceptation d'un payement fait par une personne, dont la solvabilité n'était pas entière, une faute imputable au créancier. Il est vrai que nul n'est présumé ignorer la condition de celui avec lequel il traite, et que le créancier doit s'imputer de ne s'être pas mieux enquis de la capacité de celui de qui il recevait son payement. Mais d'une part, il peut y avoir eu erreur commune sur ce point ; et d'autre part, l'incapacité peut, comme dans l'espèce soumise à la cour d'Orléans, ne s'être révélée que plus tard et par la découverte d'un état d'insolvabilité ou de cessation de payements tenu secret. D'ailleurs, le créancier ne s'exposerait-il pas plutôt à des reproches de la part de la caution si, sous prétexte d'une insolvabilité plus ou moins apparente à ses yeux, mais non encore notoire, il avait refusé le payement qui lui était offert, ou s'il avait négligé d'aller le recevoir au terme échu? — Quant à l'art. 2038, l'hypothèse qu'il prévoit diffère essentiellement de celle dont il s'agit ici : en effet, s'il dispose que l'acceptation volontaire que le créancier a faite d'un immeuble ou d'un effet quelconque en payement de la dette, libère la caution, encore que le créancier vienne à en être évincé, c'est qu'il suppose un payement valablement fait par le débiteur.

77. La question de savoir si les acomptes payés par le débiteur doivent être, en cas de cautionnement partiel, imputés plutôt sur la partie non cautionnée que sur la partie cautionnée de la dette (*Rép.* n° 308) a continué à diviser les auteurs et la jurisprudence. — Le système d'après lequel les acomptes versés doivent s'imputer exclusivement sur la portion cautionnée, a été adopté par arrêt de la cour de Caen du 16 juill. 1851 (aff. Dubois, D. P. 54. 5. 98), et par M. Larombière, t. 4, sur l'art. 1256, n° 7. — Mais la doctrine contraire, qui fait porter l'imputation d'abord sur la portion non cautionnée de la dette, consacrée par un autre arrêt (Civ. cass. 12 janv. 1857, aff. Vernet, D. P. 57. 1. 278) est la plus généralement enseignée par les auteurs (Aubry et Rau, t. 4, § 429 ; Pont, t. 2, n° 394 ; Laurent, t. 28, n° 275), et paraît définitivement adoptée par la cour de cassation. Cette cour a jugé que le cautionnement qui ne porte que sur une partie de la dette n'est éteint que lorsque cette dette est intégralement payée, les payements partiels faits par le débiteur principal s'imputant d'abord sur la portion de la dette non cautionnée (Arrêt précité du 12 janv. 1857). En effet, d'après les art. 2011 et 2021 c. civ., il est tenu de satisfaire à l'obligation, si le débiteur n'y satisfait pas lui-même; il en résulte qu'en cas de cautionnement partiel, la caution garantit précisément la partie de la dette qui ne serait pas payée par le débiteur principal.

Toutefois, il faut remarquer qu'il n'en serait pas ainsi au cas de dettes diverses, dont les unes seraient cautionnées et les autres ne le seraient point. En ce cas, l'imputation des premiers payements faits au créancier, au profit duquel ces dettes ont été cautionnées doit, dans le silence des parties, porter sur les dettes cautionnées, comme étant les plus onéreuses pour le débiteur (V. Orléans, 3 avr. 1851, aff. Naudin, D. P. 51. 2. 66; Marcadé, sur l'art. 1256; Aubry et Rau, t. 4, § 429, note 1; Laurent, t. 28, n° 275). Il est évident que cette seconde hypothèse ne saurait être confondue avec celle du cautionnement *partiel*. En effet, si la caution partielle est réputée avoir entendu rester dans les liens de son obligation, tant que la dette ne serait pas entièrement éteinte, il n'y a pas même raison de supposer que la caution de l'une des dettes du débiteur ait voulu demeurer obligée envers le créancier, tant que toutes les dettes existant à son égard ne se trouveraient pas intégralement soldées. L'art. 1256 c. civ. reprend ici son empire.

78. Au reste, quel que soit l'avis qu'on adopte sur la controverse relative au cas où le cautionnement ne s'applique qu'à une portion d'une dette unique, il est certain que les stipulations renfermées dans l'acte de cautionnement font, avant tout, la loi des contractants. A raison des clauses de cet acte et de l'interprétation qui leur serait donnée, il peut arriver que l'imputation des payements partiels ait été légalement opérée sur la portion de la dette garantie par le cautionnement. — C'est ce qui a été jugé par un arrêt aux termes duquel, lorsqu'un cautionnement a été consenti pour partie d'une dette payable par annuités, avec la clause qu'il s'appliquera, jusqu'à concurrence de la somme cautionnée, aux premières annuités dont le payement devra être exigé dans l'ordre de leur échéance, et avec imputation dans le même ordre de tous acomptes versés par anticipation, ce mode d'imputation doit être observé, non seulement pour les payements volontaires, mais encore pour les dividendes payés dans une distribution par contribution ouverte, par exemple, sur le prix de vente des biens de la succession bénéficiaire du débiteur. Par suite, ces dividendes sont, vis-à-vis de la caution, intégralement imputables sur les annuités couvertes par le cautionnement, conformément aux stipulations du contrat, bien que, pour le créancier, ils s'étendent à toute la dette, et, par conséquent, à des annuités non cautionnées (Req. 13 nov. 1861, aff. Pelletier, D. P. 62. 1. 133). — Jugé également que le mode d'imputation arrêté par le créancier et le débiteur contradictoirement avec la caution, dans l'intérêt de sa libération, ne peut pas être modifié par eux sans le consentement de cette caution. Spécialement, la clause en vertu de laquelle les payements faits par le débiteur s'imputeront d'abord sur la partie cautionnée de la dette, doit être observée nonobstant la convention ultérieure par laquelle le créancier et le débiteur prétendent imputer ces payements de préférence sur une portion de la dette éteinte à l'égard de la caution (Caen, 17 avr. 1869, aff. Jouvin, D. P. 71. 2. 184).

79. On a exposé au *Rép.* n° 309 que le cautionnement s'éteint par la compensation de ce que le créancier doit au débiteur principal; mais le débiteur principal ne peut opposer la compensation de ce que le créancier doit à la caution, car il n'y a rien de commun entre l'obligation de ce débiteur et la dette du créancier envers la caution. Il en résulte que si, entre le créancier et le débiteur principal, la compensation s'opère de plein droit et à l'insu même du débiteur, il n'en est pas ainsi, comme le remarque M. Laurent, t. 28, n° 269, « lorsque la caution devient créancière du créancier de l'obligation principale; la compensation ne s'opère, en pareil cas, que du jour où elle est opposée par la caution » (V. aussi Aubry et Rau, t. 4, § 429, p. 693; Colmet de Santerre, n° 267 *bis* III).

80. L'extinction du cautionnement résulte encore de la consommation de l'affaire pour laquelle il a été donné (*Rép.* n° 309-3°). Ainsi l'on décide que le créancier surenchérisseur est dégagé de son obligation et de son cautionnement dès que son offre de surenchère a été couverte par une nouvelle enchère, alors même qu'il est, en définitive, déclaré adjudicataire; en conséquence, il peut, même dans ce cas, exiger de la Caisse des dépôts et consignations la restitution des titres de rente par lui consignés en nantissement, conformément à l'art. 2185 c. civ. (Civ. rej. 2 août 1870, aff. Caisse des dépôts et consignations, D. P. 70. 1. 344).

81. La remise de la dette qui, en principe, éteint également le cautionnement (*Rép.* n°s 309 et 310), produit-elle cet effet si elle est accordée au débiteur principal, avec réserve du droit du créancier contre la caution? Cette question a encore fait l'objet de sérieuses discussions. La jurisprudence n'admet pas, en général, que les droits du créancier contre la caution puissent être efficacement réservés. Suivant la plupart des arrêts, la remise de la dette en faveur du débiteur principal libère la caution, alors même que le créancier aurait réservé ses droits contre la caution, si celle-ci n'a pas adhéré à ces réserves; l'effet libératoire que la remise volontaire produit au profit de la caution ne pouvant être détruit que du consentement de cette caution elle-même, de telles réserves ne pourraient avoir d'effet qu'à l'égard de coobligés ou d'une caution solidaire (Caen, 10 juin 1868, et sur pourvoi, Req. 30 mars 1869, aff. Luchinaci, D. P. 69. 1. 512). — Cette opinion a également des partisans dans la doctrine (V. notamment: MM. Aubry et Rau, t. 4, § 323, p. 205; Larombière, t. 3, art. 1287, n° 1; Laurent, t. 28, n° 287). Mais elle a été contestée, notamment par M. Bertauld, dans une dissertation insérée en note sous l'arrêt précité de la cour de Caen (D. P. 68. 2. 97). « La décharge, dit cet auteur, si elle est faite *animo donandi*, libère la caution en même temps et au même titre que l'obligé principal: elle exclut le recours contre les cautions, parce que le recours contre les cautions entraînerait de la part de celles-ci le recours contre le débiteur cautionné. Gratuite, elle détruit nécessairement le lien accessoire et le lien principal: mais tout en admettant que la présomption légale est que la décharge a lieu à titre gratuit, certains auteurs pensent que cette présomption peut être démentie par une preuve contraire. Il n'est pas impossible que la décharge soit une œuvre très intéressée; qu'elle ne soit, et par la pensée qui la dicte, et par l'événement qui la justifie, qu'un bon calcul. Le débiteur n'offrait que peu de ressources; une poursuite rigoureuse et une discussion judiciaire les eussent diminuées au préjudice du créancier et de la caution. Le débiteur offre en payement tout ce qu'il a, mais sous la condition qu'il soit personnellement libéré: le créancier accepte cette proposition qui est aussi avantageuse à la caution qu'à lui-même. La décharge en pareil cas, n'est pas une libéralité, c'est un acte de sage administration. La caution, dont le créancier a fait l'affaire, ne saurait être admise à opposer la présomption de l'art. 1287, qui prévaut, s'il y a doute, mais qui ne saurait faire violence à la réalité. Le créancier ne sera pas puni pour avoir été prudent et honnête... Sans doute, le créancier ne peut dépouiller la caution, qui se l'est réservée, de l'exception de discussion; mais cette exception n'est pas opposable quand il est établi que l'obligé principal n'a pas de biens, ou que ses biens ont été utilement employés à l'extinction partielle de la dette. L'exception de l'art. 2037 n'a pas non plus d'efficacité lorsqu'il résulte des circonstances que le créancier n'a pas fait de sacrifices onéreux à la caution, et que tout, au contraire, annonce que l'intérêt de la caution commandait ce qu'a fait le créancier... Le rapprochement des art. 1285 et 1287 semble fournir un argument en sens contraire. En effet, le premier de ces articles, dans le cas d'une remise à l'un des débiteurs solidaires, autorise la réserve contre les autres codébiteurs, tandis que le second ne parle plus de la possibilité de réserves contre les cautions. C'est que, contre les cautions, les réserves ne se comprennent guère que dans le cas où l'obligé principal est insolvable. En quoi servirait à l'obligé solvable la décharge du créancier, si la caution forcée de payer, parce qu'elle aurait par exemple renoncé au bénéfice de discussion, exerçait ou pouvait exercer immédiatement un recours contre lui? De deux choses l'une: l'obligé principal est-il solvable, et la caution a-t-elle l'exception de discussion? Le créancier ne conservera de droit contre personne; autrement, sa décharge serait inutile et dénuée de sens. L'obligé principal est-il insolvable? La décharge que lui accorde le créancier n'a aucune conséquence dans le présent contre la caution à laquelle elle n'enlève rien, puisqu'il n'y a rien à discuter; elle n'a pas non plus de conséquence dans l'avenir contre la caution à laquelle elle est étrangère. La caution pourra toujours, si le débiteur cautionné revient à meilleure fortune, exercer son recours pour recouvrer ce qu'elle aura été contrainte de payer en son acquit. » — Dans ce système, le débiteur se trouvera donc, en définitive, privé des avantages d'une libération qu'il n'aura de la sorte obtenue que vis-à-vis du créancier. Mais la remise de dette ne sera pas, pour cela, dépourvue d'intérêt; seulement, on devra présumer que le créancier a voulu faire remise au débiteur des poursuites et non de la dette. C'est en ce sens restreint que la convention dont on s'occupe est entendue par M. Rolland de Villargues, v° *Remise de dettes*, n° 85, et *Rép.* v° *Obligations*, n° 2604. Il n'y a pas en réalité, dans ce cas, l'abandon complet et absolu de la créance que suppose l'art. 1287, ou en d'autres termes une exonération de l'action directe des créanciers et de l'action récursoire de la caution, action récursoire sans laquelle la caution ne saurait être obligée. La réserve formelle du cautionnement et du recours de la caution n'a donc rien d'inconciliable avec l'art. 1287. Pour échapper à l'action que le créancier s'est réservée, la caution devrait aller jusqu'à dire que le créancier n'a pas le droit de renoncer simplement, même par une déclaration formelle, à poursuivre son débiteur, et qu'une telle renonciation équivaut forcément à la remise pure et simple de dette de l'art. 1287, et affranchit ainsi la caution même contre la volonté du créancier. Pour que la simple remise des poursuites eût une pareille portée, il faudrait qu'elle ne pût se concevoir sans l'extinction de la dette, et qu'elle n'eût aucun sens, ni aucune utilité, si la dette et le cautionnement étaient supposés maintenus; car si l'acte, restreint à une simple renonciation au droit de poursuite, est utile, il est protégé par le principe de la liberté des conventions (V. aussi dans le même sens: Pont, t. 2, n° 406).

Cette doctrine, comme on l'a vu, est contraire au système qui a prévalu dans la jurisprudence. Il est à remarquer cependant que parmi les auteurs même qui la soutiennent, il en est qui reconnaissent la validité des réserves qui accompagnent la remise faite volontairement au débiteur par le créancier, et que ces réserves laissent subsister l'obligation de la caution, à la condition que les droits de cette dernière soient sauvegardés (Laurent, t. 28, n° 288). C'est ce qui a été jugé, d'ailleurs, par un arrêt favorable à l'opinion que nous venons d'exposer, en ce qu'il décide que la remise de dette, consentie par un créancier à son débiteur, ne libère les cautions de celui-ci que dans le cas où, par l'effet de la remise, les cautions ne pourraient plus, lorsqu'elles auraient payé, recourir contre le débiteur principal, et d'après lequel la caution ne peut opposer à l'action du créancier une remise de dette consentie par celui-ci au débiteur principal, si, d'une part, dans l'acte de remise le créancier a réservé tous ses droits contre les cautions, et si, d'autre part, il a formellement stipulé que la remise de dette ne pourrait être opposée par le débiteur, au cas où le créancier serait contraint de subroger dans ses droits la caution qui acquitterait tout ou partie de la somme cautionnée (Orléans, 6 juin 1868, aff. Blanchet, D. P. 68. 2. 224).

82. Une autre difficulté, moins grave toutefois, se réfère à la remise de dette résultant de l'arrangement amiable par lequel les créanciers d'un commerçant, non déclaré en faillite, acceptent l'abandon que ce dernier leur fait de son actif. Cette remise a-t-elle pour effet de libérer les cautions, l'art. 545 c. com., qui, en cas de concordat, réserve aux créanciers leurs droits contre les cautions, ne s'appliquant que lorsqu'il y a eu concordat après déclaration de faillite? La jurisprudence s'est prononcée dans le sens de l'affirmative; elle décide d'une manière générale que toute remise de dette accordée au débiteur principal libère la caution, alors même qu'elle serait consentie à un débiteur en état de cessation de payements et dans une convention portant abandon de tout son actif à ses créanciers, si elle n'a pas eu lieu après une déclaration de faillite et par voie de concordat judiciaire : la caution ne reste obligée, conformément à l'art. 545 c. com., malgré la remise obtenue par l'obligé principal, que lorsque cette remise résulte d'un concordat intervenu avec accomplissement des formalités prescrites par les art. 507 et suiv. c. com., et homologué par la justice (Civ. cass. 17 juin 1867, aff. Hauvel, D. P. 67. 1. 219; Req. 30 mars 1869, aff. Luchinaci, D. P. 69. 1. 512; Caen, 10 juin 1868, aff. Hauvel, D. P. 68. 2. 97).

83. On a étudié au *Rép.* n°s 311 et suiv., les questions que soulève, relativement au cautionnement, l'extinction de la dette par l'effet de la prescription. En principe la prescription acquise au débiteur principal profite naturellement à la caution. — Il a été jugé qu'il en était ainsi, notamment, de la prescription quinquennale établie par l'art. 2277 c. civ., alors même que, par l'effet d'une clause ajournant les effets du cautionnement jusqu'au décès du débiteur principal, l'obligation de la caution n'était devenue exigible que longtemps après celle de ce débiteur (Rouen, 4 mai 1883, aff. Horr, D. P. 86. 1. 233).

84. La jurisprudence a confirmé l'opinion que nous avons émise au *Rép.* n°s 317 et suiv. sur les effets de la chose jugée dans les rapports de la caution et du créancier. Ainsi il a été décidé que la caution est fondée à se prévaloir d'un jugement rendu entre le débiteur principal et le créancier (Dijon, 16 juill. 1862, aff. Guérin, D. P. 62. 2. 146). — D'autre part, la caution qui veut se prévaloir de la subrogation dans les droits du créancier, résultant à son profit de l'art. 2037 c. civ., est réputée avoir été représentée par ce créancier, dans les jugements rendus avec lui relativement à l'existence et à l'étendue de ces droits. Ainsi le jugement qui, rendu entre le créancier et l'une des cautions du débiteur, décharge cette caution du cautionnement, a l'autorité de la chose jugée contre les autres cautions, même non appelées dans l'instance où il est intervenu (Req. 21 mai 1855, aff. Jacquot, D. P. 56. 1. 258).

85. MM. Laurent, t. 28, n° 296, et Aubry et Rau, t. 4, § 426, p. 683, note 15, admettent l'interprétation que nous avons donnée (*Rép.* n° 328) au texte de l'art. 2036, d'après laquelle les mots: *exceptions purement personnelles* n'ont pas, dans cet article, absolument le même sens que dans l'art. 1208. Ils estiment notamment, comme on l'a fait au *Rép. ibid.*, que la caution, même solidaire, est autorisée à opposer au créancier les exceptions que le débiteur principal lui-même pourrait tirer des vices de son consentement, tandis que les exceptions fondées sur un vice de consentement de l'un des débiteurs solidaires, sont purement personnelles à ce débiteur et ne peuvent être opposées par les autres. — Ces auteurs adoptent également l'opinion que nous avons soutenue au *Rép.* n° 330, suivant laquelle le bénéfice de l'art. 2036 peut être réclamé par la caution solidaire aussi bien que par la caution qui s'est engagée sans solidarité. « L'art. 2036, disent MM. Aubry et Rau, t. 4, p. 684, note 16, qui a pour objet spécial d'indiquer les exceptions que la caution peut faire valoir relativement à l'obligation principale, ne fait aucune distinction entre la caution simple et la caution solidaire. » En outre, comme l'enseigne M. Laurent, t. 28, n° 297, « la caution, quoique tenue solidairement, reste caution, c'est-à-dire que son engagement accède à celui du débiteur principal; or, c'est sur ce caractère du cautionnement qu'est fondée la disposition de l'art. 2036; donc la caution, quoique solidaire, peut s'en prévaloir... ». La controverse que nous avions signalée sur ce point important peut donc être considérée comme terminée.

86. La cause d'extinction du cautionnement signalée par l'art. 2037 (*Rép.* n°s 332 et 333) et provenant de l'impossibilité où le créancier se serait mis, par son fait, de subroger la caution aux droits, hypothèques et privilèges dont il jouissait, a donné lieu, depuis la publication du *Répertoire* comme auparavant, à d'intéressantes discussions doctrinales et à d'importantes décisions de jurisprudence. Ainsi qu'on l'a exposé au *Rép.* n° 333, le droit conféré à la caution par l'art. 2037 c. civ. n'est que la reproduction de l'exception *cedendarum actionum*, admise en droit romain. Et par suite, comme toute exception suppose une action à laquelle elle sert de défense, il semble naturel d'en conclure que la caution ne peut pas prendre l'initiative et demander sa libération, alors que rien n'indique qu'elle doive jamais être poursuivie en payement de la dette. On persiste donc à décider que la demande de décharge du cautionnement n'est pas recevable tant qu'aucune réclamation n'a été adressée à la caution par le titulaire de la créance cautionnée

(Montpellier, 23 août 1870, aff. Noël Burgues, D. P. 73. 1. 38).

87. Une des questions les plus controversées auxquelles ait donné lieu l'application de l'art. 2037 est celle de savoir si le bénéfice de cet article peut être aussi bien invoqué par la caution solidaire que par la caution simple. Nous n'avons pas hésité au *Rép.* n° 334 à adopter l'affirmative, et cette opinion a prévalu en doctrine (Laurent, t. 28, n° 304; Aubry et Rau, t. 4, p. 696, § 429, texte et note 19; Pont, *Petits contrats*, t. 2, n° 368; Colmet de Santerre, n° 272 *bis* VIII-X; Mourlon, *De la subrogation*, p. 514; Boileux, *Commentaire sur le code civil*, t. 6, p. 688; Rodière, *De la solidarité et de l'indivisibilité*, n° 164. — *Contrà:* Massé et Vergé sur Zachariæ, t. 5, § 763, p. 79 et 80, note 3; Massé, *Droit commercial*, 2ᵉ éd., t. 4, n° 2765), et en jurisprudence (Limoges, 28 mars 1844, aff. Diverneresse, D. P. 45. 2. 56; Amiens, 25 mars 1847, aff. Vaquette, D. P. 47. 4. 65, et sur pourvoi, Req. 9 janv. 1849, D. P. 49. 1. 70; Rennes, 2 janv. 1851, aff. Sorin, D. P. 52. 5. 82; Req. 16 mars 1852, aff. Naudin, D. P. 52. 1. 102; Civ. rej. 23 févr. 1857, aff. Marmillod, D. P. 57. 1. 88; Lyon, 20 août 1859, aff. Malassagny, D. P. 59. 2. 206; Montpellier, 23 août 1870, aff. Noël Burgues, D. P. 73. 1. 38). La même solution a été consacrée par la jurisprudence belge (Gand, 25 juill. 1853, aff. Ministère des finances C. Demeulemester et Derudder, *Pasicrisie belge*, 1853. 2. 301; 22 mars 1862, aff. V. Peteghem C. Carels, *ibid.*, 1863. 2. 234).

88. A côté de cette question s'en élève une autre qui est également très controversée, celle de savoir si le bénéfice de l'art. 2037 peut être étendu aux codébiteurs solidaires. Nous avons indiqué cette controverse au *Rép.* n° 335, en renvoyant pour les détails *ibid.* vⁱˢ *Effets de commerce* et *Obligations*. Les nouveaux développements que cette question comporte seront également traités aux articles correspondants du *Supplément*. On se bornera ici à signaler que, suivant l'opinion des auteurs et les arrêts les plus importants rendus sur cette question depuis la publication du *Répertoire*, l'exception de cession d'actions, établie par l'art. 2037, ne peut appartenir qu'à une caution, et que les codébiteurs, obligés tous au même titre, ne peuvent être considérés comme ayant cette dernière qualité; cette exception ne peut donc être proposée par un codébiteur solidaire, même pour ce qui excède sa part dans la dette (Riom, 2 juin 1846, aff. Carton, D. P. 46. 2. 149; Dijon, 30 avr. 1847, aff. Vernay, D. P. 51. 2. 106-107; Bordeaux, 14 févr. 1849, aff. Dupuy, D. P. 49. 2. 81; Paris, 8 mars 1851, aff. Constant, D. P. 51. 2. 106; Bourges, 10 juin 1851, aff. Clayeux, D. P. 52. 2. 28; Req. 13 janv. 1852, aff. Chaley, D. P. 52. 1. 9; 18 févr. 1861, aff. Gallais, D. P. 61. 1. 388; Civ. rej. 3 avr. 1861, aff. Machard-Grapin, D. P. 61. 1. 153; Aubry et Rau, t. 4, p. 698, § 429; Massé, *Droit commercial*, t. 6, n° 398; Larombière, t. 3, sur l'art. 1208, n° 4; Gauthier, *De la subrogation*, n° 506).

89. Contrairement à l'opinion de M. Troplong, rapportée au *Rép.* n° 336, plusieurs auteurs, notamment MM. Aubry et Rau, t. 4, p. 697 et 698, admettent que le bénéfice de l'art. 2037 peut être invoqué par celui qui, sans s'obliger personnellement, a fourni une hypothèque pour sûreté de la dette d'un tiers, mais refusent cette faculté au tiers détenteur d'immeubles hypothéqués (Aubry et Rau, t. 4, p. 698. *Adde:* Laurent, t. 28, n° 303. — V. également sur ce point: *Rép.* v° *Obligations*, nᵒˢ 1987 et 1988).

90. La question de savoir si la caution est déchargée dans le cas où la subrogation est devenue impossible par une omission du créancier, comme dans le cas où elle l'est devenue par son fait positif (*Rép.* n° 337), reste controversée. Cependant, le système qui paraît prévaloir est celui que nous avions adopté, suivant lequel l'art. 2037 s'applique, non seulement au cas où la subrogation de la caution a été rendue impossible par suite d'un fait direct du créancier, mais encore au cas où cette impossibilité provient d'une simple négligence ou omission. — « Les termes *par le fait du créancier* sont généraux, disent MM. Aubry et Rau, t. 4, § 429, note 12, et comprennent non seulement les faits positifs et de commission, mais encore les faits négatifs ou d'omission et de négligence... Il faut donc admettre que la caution peut invoquer l'art. 2037, dans le cas, par exemple, où le créancier aurait négligé de prendre ou de renouveler en temps utile une inscription hypothécaire (V. aussi Gauthier, *De la subrogation*, n° 531; Laurent, t. 28, n° 310; Colmet de Santerre, n° 270 *bis* II). C'est en ce sens que la jurisprudence paraît fixée. D'après la cour de cassation, la disposition de l'art. 2037 c. civ., en vertu de laquelle la caution est déchargée quand le créancier ne peut plus, par son fait, la subroger dans ses privilèges et hypothèques contre le débiteur principal, étant formulée en termes généraux et fondée sur un principe d'équité, n'admet aucune distinction, soit entre le cas de cautionnement simple et celui de cautionnement solidaire, soit entre le cas d'une simple négligence et celui d'un fait direct de la part du créancier qui aurait laissé périr ou expressément abdiqué ses privilège ou hypothèque (Civ. rej. 23 févr. 1857, aff. Marmillod, D. P. 57. 1. 88). Ainsi la décharge de cautionnement résultant de l'impossibilité où se trouve le créancier, par son fait, de subroger la caution dans ses droits, privilèges ou hypothèques, a lieu dans le cas où cette impossibilité de subrogation provient, par exemple, du défaut d'inscription du privilège de copartageant existant pour sûreté de la créance (Lyon, 20 août 1859, aff. Malassagny, D. P. 59. 2. 206). Ainsi encore le vendeur d'un office qui, lors de la revente de cet office par son acquéreur, laisse le nouveau cessionnaire se libérer de son prix sans se mettre en mesure de faire valoir son privilège, lequel se trouve, dès lors, éteint, est déchu de tout recours contre la caution du premier acquéreur. Vainement on prétendrait que l'impossibilité où se trouve alors le vendeur de subroger la caution dans son privilège est le résultat d'une simple abstention, et non d'un fait positif (Req. 7 juill. 1862, aff. Bouchez, D. P. 62. 1. 485). De même, le créancier qui, après avoir commencé contre son débiteur, commerçant, des poursuites en payement d'un billet à ordre, les a discontinuées pendant plus de cinq ans, et qui, par cette négligence, et à raison de la survenance de la faillite de son débiteur, a perdu toute espérance d'obtenir son payement, est déchu de son recours contre la caution, même solidaire, qu'il s'est mis dans l'impossibilité de subroger dans ses droits primitifs (Limoges, 28 mars 1844, aff. Diverneresse, D. P. 45. 2. 56).

91. Dans tous les cas, on n'a jamais douté que, si la perte des garanties que possédait le créancier dérive d'un fait positif de sa part, la caution à qui ce fait porte préjudice, est fondée à s'en prévaloir pour se faire décharger. Aucune divergence ne pouvait s'élever sur ce principe ni en doctrine, ni en jurisprudence, et nous n'avons à signaler que les nouvelles applications qui en ont été faites. On a jugé, notamment, que la caution est déchargée envers le cessionnaire de la créance cautionnée, lorsque celui-ci ne peut la subroger dans les privilèges et hypothèques attachés à la créance, faute d'y avoir été subrogé lui-même par son cédant, lequel, par exemple, se les est réservés pour sûreté d'une autre portion non cédée de la créance (Orléans, 3 avr. 1851, aff. Naudin, D. P. 51. 2. 66, et sur pourvoi, Req. 16 mars 1852, D. P. 52. 1. 102). De même, la régie des contributions indirectes est déchue du droit de réclamer la garantie que lui assure le cautionnement stipulé sur un acquit-à-caution, lorsque, par le fait de l'un de ses préposés exerçant un acte de ses fonctions (et dont elle est, par suite, responsable), elle ne peut plus subroger cette caution dans les sûretés qui lui appartenaient contre le débiteur. Et, spécialement, lorsqu'un voiturier par eau a obtenu sur acquit-à-caution la permission de naviguer sans payement préalable des droits de navigation, mais sous condition de les acquitter au dernier bureau de navigation du lieu de destination, et que, lors de son arrivée à ce bureau, le receveur, au lieu de retenir le bâtiment jusqu'à l'acquit des droits, a pris sur lui de le laisser partir avec de nouveaux acquits-à-caution, la Régie perd son recours contre la caution (Civ. rej. 18 déc. 1844, aff. Gauthier-Guénot, D. P. 45. 1. 47).

92. Toutefois la caution ne peut se prévaloir de l'art. 2037 que si le fait imputé au créancier a eu pour effet de lui faire perdre un droit certain, définitivement acquis, valablement stipulé, et non une simple espérance qu'il dépend du débiteur de réaliser ou de faire évanouir (Pau, 25 août 1851, aff. Grangé, D. P. 51. 1. 248). La disposition de cet article est également sans application lorsque l'acte du créancier a eu pour résultat de faire perdre des sûretés qui n'auraient point été efficaces. Ainsi, la caution ne peut invoquer la disposition de l'art. 2037 c. civ. pour se prétendre déchargée de ses obligations, par cela seul que le créancier a donné mainlevée d'une hypothèque affectée à la garantie de sa créance, s'il est établi qu'il a donné cette mainlevée alors que l'hypothèque avait produit tout son effet utile, dans le cas, par exemple, où, l'immeuble grevé ayant été vendu à l'amiable à sa juste valeur, le créancier a consenti à recevoir, sans que les formalités de la purge eussent été remplies, toute la portion du prix qui est restée libre après le payement des créanciers hypothécaires dont le rang primait le sien (Civ. rej. 2 févr. 1886, aff. Horr, D. P. 86. 1. 233).

93. Il a été jugé, par exception au principe d'après lequel l'omission imputable au créancier équivaut à un fait positif de ce dernier, que la caution n'est pas fondée à se prévaloir de l'art. 2037 c. civ. à l'encontre du créancier auquel elle reproche seulement son inaction et son silence, et, par exemple, au créancier qui, averti de produire à l'ordre ouvert sur les biens du débiteur principal, n'a pas produit et s'est laissé forclore (Montpellier, 23 août 1870, aff. Noël Burgues, D. P. 73. 1. 38). C'est là une exception du genre de celles que nous avons exposées au *Rép.* n° 348. On persiste, en effet, à décider que l'art. 2037 n'est pas applicable au cas où le créancier chirographaire, en s'abstenant de poursuivre le débiteur à l'échéance, l'a laissé devenir insolvable, le retard qu'il a mis à réclamer son payement ne pouvant être considéré, quelque prolongé qu'il soit, que comme une prorogation de terme qui autorise seulement la caution à poursuivre, de son côté, le débiteur pour le forcer au payement (Civ. cass. 22 janv. 1849, aff. Laplanche, D. P. 49. 1. 33; 8 mai 1861, aff de Saint-Léger, D. P. 61. 1. 269; Nancy, 13 avr. 1867, aff. Dolmaire, D. P. 67. 2. 103).

94. D'autre part, la responsabilité imposée au créancier par l'art. 2037 ne résulte pas de toute espèce de fait préjudiciable. On ne peut, sans aggraver la situation qui lui est faite par cet article, le rendre responsable d'un préjudice qui ne consisterait pas dans la perte des droits, privilèges et hypothèques à la subrogation desquels la caution devait s'attendre. Si la créance consiste dans une dette chirographaire, c'est-à-dire dans une dette uniquement garantie par l'exercice d'une action personnelle contre le débiteur, la caution n'a pas le droit de se plaindre tant que le créancier est en mesure de lui transmettre la créance avec la garantie de cette action personnelle. Il n'en serait autrement que si le créancier avait laissé éteindre la créance par la prescription. — Ainsi il a été jugé que l'insolvabilité du débiteur principal survenue après l'échéance de l'obligation, et avant toutes poursuites du créancier, ne libère pas la caution, si la créance n'est pas éteinte par la prescription (Civ. cass. 22 janv. 1849, aff. Laplanche, D. P. 49. 1. 33). Mais le créancier qui, après avoir commencé contre son débiteur, commerçant, des poursuites en payement d'un billet à ordre, les a discontinuées pendant plus de cinq ans (c. com. art. 189), et qui, par cette négligence et à raison de la survenance de la faillite de son débiteur, a perdu toute espérance d'obtenir son payement, est déchu de son recours contre la caution, même solidaire, qu'il s'est mis dans l'impossibilité de subroger dans ses droits primitifs (Limoges, 28 mars 1844, aff. Divernerosse, D. P. 45. 2. 56). — L'art. 2037 est également inapplicable au cas où le créancier, investi d'une simple créance chirographaire, aurait négligé d'user d'une clause de son contrat qui l'autorisait à se faire payer à l'avance et avant livraison: il n'y a là, au profit du débiteur, qu'une simple prorogation de terme (Req. 17 août 1859, aff. Caugardel, D. P. 59. 1. 359).

En principe, en effet, comme on l'a vu plus haut, et conformément à l'art. 2039, la prorogation de terme, accordée par le créancier au débiteur principal, ne décharge pas la caution, qui peut, en ce cas, qu'elle soit ou non caution solidaire, poursuivre le débiteur pour le forcer au payement (V. Nancy, 13 avr. 1867, cité *infrà*, n° 98). A plus forte raison en est-il ainsi lorsque la prorogation du terme est entrée dans les prévisions du contrat auquel la caution a accédé; le créancier n'encourrait, à l'égard de la caution, la déchéance édictée par l'art. 2037 c. civ., qu'autant qu'en accordant un délai au débiteur, il abdiquerait un droit auquel, dès lors, la caution ne pourrait plus être subrogée. C'est ainsi qu'on a justement appliqué l'art. 2037 au vendeur qui, en accordant un délai pour le payement du prix, payable comptant d'après la convention, a livré immédiatement les marchandises vendues, et s'est ainsi dépouillé de son droit de rétention (Req. 8 août 1872, aff. Bouillard. D. P. 73. 1. 240). Mais il ne saurait être question d'appliquer cette disposition pénale dans l'hypothèse inverse, c'est-à-dire quand le prix n'est payable qu'après la livraison des marchandises. La caution ne peut se plaindre, en effet, d'être privée de sûretés qu'elle savait, au moment où elle s'est obligée, n'être pas attachées à la créance dont elle a pris les risques à sa charge.

Décidé, de même, que la prorogation de terme accordée par le créancier au débiteur principal ne décharge pas la caution solidaire, lorsqu'au moment de l'engagement de la caution, il y avait lieu de supposer qu'une prorogation de terme pourrait être nécessaire et serait consentie par le créancier, que le créancier, négligeant les autres sûretés qu'il pouvait prendre, avait compté sur la seule efficacité du cautionnement, et que la caution connaissait la situation du débiteur principal (Req. 13 nov. 1877, aff. Fouet, D. P. 78. 1. 300).

95. On a exposé au *Rép.* n° 349, que l'art. 2037 n'est pas applicable non plus, lorsque l'impossibilité de subroger la caution aux droits du créancier provient du fait d'un tiers, ou quand elle a elle-même à s'imputer le fait qu'elle reproche au créancier (*Rép.* n° 353). Ainsi, la caution ne peut se prévaloir de l'impossibilité où le créancier se trouve de la subroger dans l'hypothèque stipulée sur les biens à venir d'un débiteur, si l'omission de prendre inscription tient à ce que ce créancier a ignoré l'acquisition faite par son débiteur, et n'en a pas été averti par la caution qui la connaissait (Civ. rej. 23 déc. 1845, aff. Desvignes, D. P. 46. 1. 40). — Jugé, par application de la même règle, que la caution ne saurait se prévaloir, pour se prétendre déchargée, de l'impossibilité où se trouve le créancier de la subroger dans l'hypothèque consentie par le débiteur, lorsqu'après la faillite déclarée de celui-ci, un jugement en a reporté l'ouverture à une date antérieure à la constitution de ladite hypothèque, ainsi annulée au regard de la masse; on ne peut voir là un fait personnel au créancier qui a vainement formé opposition et appel contre le jugement de report; et il importe peu que le créancier ait connu la cessation des payements de son débiteur au moment où celui-ci lui consentait l'hypothèque pour une dette antérieure à la faillite, la nullité de cette stipulation étant indépendante, en ce cas, de la connaissance que le créancier pouvait avoir de la cessation des payements. Il en est ainsi, alors surtout que ledit créancier n'a eu recours à aucune manœuvre dolosive pour obtenir le cautionnement litigieux (Req. 22 déc. 1886, aff. Héloïse Gonon, D. P. 87. 1. 387).

96. Ainsi qu'on l'a exposé au *Rép.* n° 354, la caution n'est admise à invoquer le bénéfice de l'art. 2037 qu'autant que le fait qu'elle impute au créancier lui a réellement porté préjudice (*Rép.* n° 354). — C'est par aplication de cette règle que le recours de la caution n'est point recevable lorsque les sûretés perdues par le fait du créancier ne pouvaient être efficaces (V. *suprà*, n° 92). — Jugé de même que l'abandon ou la diminution par le créancier des sûretés attachées à la créance n'emporte pas décharge de la caution, lorsque ces sûretés ne pouvaient avoir de résultat utile ni pour le créancier, ni pour la caution, en ce que, par exemple, elles consistaient dans une subrogation hypothécaire qui fût demeurée infructueuse, à raison d'une subrogation antérieure et de l'insolvabilité du débiteur (Civ. cass. 8 mai 1850, aff. Desanie, D. P. 50. 1. 158); — Ou bien encore quand le créancier a renoncé à une hypothèque en vertu de laquelle il n'aurait pu obtenir une collocation utile dans l'ordre ultérieurement ouvert sur le prix de l'immeuble hypothéqué (Civ. rej. 19 janv. 1863, aff. Hardy, D. P. 63. 1. 86).

De même, la caution n'est pas déchargée, bien que le créancier hypothécaire ait négligé de produire dans l'ordre ouvert sur le débiteur, lorsqu'elle a touché personnellement les sommes qui auraient été attribuées à ce créancier, s'il avait produit (Pau, 21 janv. 1884, aff. Thévenin, D. P. 85. 2. 77). — Pour le même motif, la caution ne peut se prétendre déchargée en vertu de l'art. 2037 c. civ., bien que sa subrogation aux droits, privilèges et hypothèques des créanciers soit devenue impossible, lorsque la mainlevée de ces privilèges et hypothèques a été stipulée dans l'intérêt commun du débiteur principal et de la caution, et pour épargner à tous deux des poursuites et des frais d'ordre (Civ. rej. 6 août 1873, aff. Farcy, D. P. 73. 1. 402).

97. On s'est demandé, à propos de l'application de l'art. 2037, si le fait par le créancier d'avoir obtenu la déclaration de faillite du débiteur n'a pas pour résultat de décharger la caution. On a voulu voir dans le fait de faire prononcer la faillite du débiteur, une faute imputable au créancier, un acte contraire aux obligations générales imposées à tout créancier cautionné. Mais la jurisprudence s'est refusée à admettre cette prétention, car aucune disposition de la loi, ni aucun principe de droit, ne s'opposent à ce que le créancier, envers lequel une caution s'est obligée, poursuive la déclaration de faillite du débiteur principal pour une dette commerciale échue et non payée : cette mesure n'altère ni les éléments constitutifs de la créance, ni les garanties qui en sont l'accessoire; elle ne peut donc en rien préjudicier à la caution (Rennes, 21 déc. 1868, et sur pourvoi, Req. 7 avr. 1869, aff. Guilbaud, D. P. 71. 1. 53). A plus forte raison en est-il ainsi lorsque la déclaration de faillite, loin de porter préjudice à la caution, a tourné à l'avantage tant du créancier cautionné que de la caution elle-même (Mêmes arrêts. V. également : Aubry et Rau, t. 4, p. 696, § 429).

98. La question de savoir si la caution est fondée à se prévaloir de ce que le créancier aurait laissé perdre des garanties qui n'auraient été acquises que postérieurement au cautionnement a encore été résolue par quelques auteurs dans le sens de l'affirmative, conformément à la doctrine enseignée au *Rép.* n° 356 (V. notamment : Gauthier, *De la subrogation*, nos 535 à 538; Colmet de Santerre, n° 270 *bis* III). « La caution, dit ce dernier auteur, a pu en s'obligeant compter aussi bien sur les garanties futures de la créance que sur ses garanties actuelles et la constitution d'hypothèque postérieure à la fidéjussion a pu lui inspirer une confiance dangereuse qui l'a empêchée de veiller sur la situation pécuniaire du débiteur principal. » Mais l'opinion contraire semble avoir prévalu dans la doctrine et dans la jurisprudence. Suivant MM. Aubry et Rau, t. 4, p. 695, appliquer l'art. 2037 à des sûretés sur lesquelles la caution n'a pu compter au moment où elle s'est engagée, ce serait donner à la disposition de cet article une extension contraire au fondement sur lequel elle repose, à savoir que le tiers qui se porte caution d'une dette à laquelle étaient déjà affectées d'autres sûretés, ne s'est vraisemblablement lié qu'en vue de ces sûretés et dans l'espérance d'y trouver une garantie de son recours. En outre, aucune raison d'équité n'oblige à leurs yeux le créancier à conserver, dans l'intérêt de la caution, des sûretés qu'il ne doit qu'à sa diligence personnelle (V. également : Mourlon, *De la subrogation*, p. 526; Bertauld, *De la subrogation à l'hypothèque légale des femmes*, n° 159; Pont, t. 2, p. 377). Il a été jugé en ce sens que la décharge prononcée par l'art. 2037 c. civ. au profit de la caution, lorsque le créancier se trouve, par son fait, dans l'impossibilité de la subroger à ses droits, privilèges et hypothèques, n'est point applicable au cas où le créancier a laissé périr, par exemple, l'hypothèque judiciaire résultant d'un jugement de condamnation rendu après ce cautionnement contre le débiteur principal et contre la caution (Civ. cass. 27 nov. 1861, aff. Dufaure-Laprade, D. P. 61. 1. 470); ou lorsque le créancier n'a pas fait inscrire une hypothèque consentie postérieurement à l'endossement de la lettre de change cautionnée et dont cette hypothèque était destinée à garantir le payement (Civ. cass. 10 déc. 1866, aff. Fauré, D. P. 66. 1. 425). La caution n'est pas déchargée non plus lorsque le créancier a négligé d'user d'un droit de préférence postérieur au cautionnement, et, par exemple, du droit de demander, lors du décès du débiteur principal, la séparation des patrimoines contre l'héritier de ce dernier (Nancy, 13 avr. 1867, aff. Dolmaire, D. P. 67. 2. 103).

99. On a exposé au *Rép.* n° 357, que si la subrogation n'est devenue que partiellement impossible, la caution n'est affranchie du cautionnement que dans la proportion où l'impossibilité de subrogation existe. Il a été jugé depuis lors, conformément à ces principes, que lorsqu'un créancier donne mainlevée de l'hypothèque qui garantissait une créance cautionnée, postérieurement à un payement partiel opéré par les cautions solidaires en l'acquit du débiteur principal et à la subrogation qui en est la conséquence légale, les cautions privées ainsi du bénéfice d'un des effets de la subrogation, sur laquelle elles étaient en droit de compter, peuvent invoquer leur libération pour ce qui reste dû sur la dette principale, dans la limite du payement qu'elles ont fait (Civ. cass. 23 juill. 1883, aff. Bourdonnay, D. P. 84. 1. 180).

100. On admet toujours que la novation de l'obligation du débiteur est une cause extinctive du cautionnement, et les explications que nous avons fournies à cet égard au *Rép.* nos 360 et suiv. conservent toute leur valeur. Il résulte d'un arrêt que la novation opérée entre le créancier et le débiteur principal libère la caution solidaire aussi bien que la caution simple (Req. 10 mai 1858, aff. Leroy-Devillers, D. P. 58. 1. 283) et cette solution paraît incontestable à M. Laurent, t. 28, n° 280; et, en effet, la circonstance que la caution est tenue solidairement n'enlève pas à son engagement le caractère d'une obligation accessoire laquelle ne saurait survivre en l'absence d'un consentement exprès à l'obligation principale (V. également : Pont, t. 2, n° 401).

La novation, dans tous les cas, n'entraîne l'extinction du cautionnement qu'autant qu'elle porte réellement sur la dette cautionnée ou sur la portion de la dette qui a fait l'objet du cautionnement. Ainsi il a été jugé que l'acceptation d'effets de commerce par le créancier, en payement d'une dette cautionnée jusqu'à concurrence d'une certaine somme, n'entraîne pas l'extinction du cautionnement, s'il est constaté, en fait, que la partie de la dette ainsi payée était distincte de celle qui faisait l'objet du cautionnement (Req. 3 mars 1869, aff. Fauchon, D. P. 70. 1. 110.).

101. L'art. 2038 c. civ. d'après lequel, ainsi qu'il a été exposé au *Rép.* n° 364, l'acceptation volontaire que le créancier a faite d'un immeuble ou d'un effet quelconque, en payement de la dette principale, décharge la caution, encore que le créancier vienne à être évincé, s'applique à la caution solidaire comme à la caution simple (Req. 10 mai 1858, aff. Leroy-Devillers, D. P. 58. 1. 283). En effet, de même que la novation, la dation en payement est un mode d'extinction de l'obligation principale du débiteur cautionné, qui fait tomber, en même temps, l'obligation accessoire de la caution. Il n'y a donc pas à distinguer, à ce premier point de vue, entre la caution solidaire et la caution simple. — Il est vrai que l'art. 2038 c. civ. décide que le cautionnement, ainsi éteint par suite de dation en payement, reste irrévocablement éteint, encore que la dette principale vienne à renaître à raison de l'éviction subie par le créancier qui a accepté la dation en payement. En d'autres termes, l'effet de cette dation en payement est conditionnel seulement pour le débiteur; il est pur et simple pour la caution. A ce second point de vue, la disposition de l'art. 2038 renferme, en faveur de la caution, une dérogation aux principes généraux du droit (V. *Rép.* nos 364 et suiv.). Néanmoins on ne saurait en refuser le bénéfice à la caution solidaire, dont l'engagement demeure, en principe, sous l'empire des règles qui régissent le cautionnement simple.

102. L'art. 2038 c. civ. ne s'applique pas au cas où la dation en payement a été faite en vertu de l'acte même de cautionnement; ainsi, lorsqu'il a été stipulé dans l'acte de cautionnement, que les marchandises qui pourraient être livrées par le débiteur principal au créancier, seraient imputées sur la dette, la décharge produite en faveur de la caution par l'effet de ces livraisons de marchandises est réputée non avenue, si le créancier a été condamné à restituer les valeurs qui lui ont été ainsi données en payement, comme les ayant reçues à une époque postérieure à celle où a été reportée, après déclaration de faillite, la cessation des payements du débiteur (Req. 23 nov. 1857, aff. Maillet, D.P. 58. 1. 84). En effet, si la caution est déchargée par la dation en payement, acceptée par le créancier, même lorsqu'elle est suivie d'éviction, c'est qu'il n'a pas pu dépendre du créancier et du débiteur principal d'aggraver sa position en substituant au payement en argent qui était dans les prévisions de cette caution, un payement en valeurs, exposé à de plus fréquentes causes d'annulation. — Or, cette considération devient inapplicable, lorsque le mode de libération auquel a eu recours le débiteur était réglé par l'acte de cautionnement lui-même. Alors, la situation de la caution n'est autre que celle qu'elle avait acceptée; les éventualités attachées aux payements faits autrement qu'en deniers, sont une conséquence des clauses de son engagement. Il n'y a plus à la protéger contre les résultats d'un genre de payement qui, s'il est moins solide, n'a eu lieu que comme condition de son propre contrat. La décharge de la caution n'est donc, en cas pareil, que conditionnelle. — Faut-il en conclure que la caution restera dans les liens de son obligation, tant que la cause d'éviction pourra se produire? Ne pourra-t-elle pas, conformément à l'art. 2032 c. civ., se faire procurer sa décharge définitive par le débiteur, au bout de dix années? La solution affirmative nous paraît difficilement contestable.

Il a été jugé également que l'art. 2038 c. civ. n'est pas applicable au créancier qui se rend purement et simplement adjudicataire de l'immeuble hypothéqué à sa créance, moyennant un prix qui, payable après l'accomplissement des formalités de purge et par voie d'ordre, a été absorbé par les inscriptions antérieures à la sienne (Civ. rej. 19 janv. 1863, aff. Hardy, D. P. 63. 1. 86). Dans ce cas, en effet, le créancier qui se rend purement et simplement adjudicataire de l'immeuble à lui hypothéqué, ne peut être considéré ni comme ayant éteint sa créance, ni comme ayant accepté cet immeuble en payement, ni comme ayant par là déchargé la caution, alors surtout que l'immeuble étant grevé de nombreuses inscriptions, le prix n'était payable qu'après la purge des hypothèques et l'accomplissement d'un ordre.

103. L'art. 2038 n'est applicable qu'au cas de dation en payement, et non pas au cas d'un payement postérieurement annulé. Ainsi, lorsque le payement a été annulé par suite de la faillite postérieure du débiteur et par application de l'art. 447 c. com., le cautionnement revit avec l'obligation principale (Douai, 7 juill. 1875, aff. Verharne, D. P. 76. 2. 30). Sans doute le payement de la dette par le débiteur principal éteint l'obligation de la caution. Mais, si ce payement est ensuite annulé, la cause de l'extinction du cautionnement disparaît: l'obligation de la caution ne doit-elle pas revivre? Il fallait un payement régulier et inattaquable pour libérer la caution; un payement précaire et résoluble ne saurait produire le même effet; la libération n'a été qu'apparente, elle n'a jamais eu de cause réelle, et la caution ne peut invoquer l'art. 2038 c. civ., qui s'applique uniquement au cas de dation en payement (V. conf. Laurent, t. 28, n° 281). — On ne peut se dissimuler que cette décision est quelque peu rigoureuse pour la caution. Le payement, reçu sans protestation ni réserve, l'a trompée par sa régularité apparente. Elle s'est crue déchargée, elle a librement disposé de ses ressources, et elle se trouve tout à coup obligée à un payement d'autant plus onéreux qu'il est imprévu. Toutefois, la rigueur de ces conséquences sera le plus souvent atténuée par l'application de l'art. 2037. A côté du cautionnement se trouvent fréquemment des garanties d'une autre nature, des hypothèques, par exemple. Or, lorsque la créance revivra à la suite de l'annulation d'un payement trop légèrement accepté, elle ne renaîtra que dépouillée de ces garanties, et, en conséquence, aux termes de l'art. 2037, le créancier qui ne pourra plus les transmettre à la caution n'aura plus de recours contre elle. Ainsi dans l'espèce de l'arrêt précité, où l'annulation du payement provenait de ce qu'il avait été reçu par le créancier en connaissance de la cessation des payements du débiteur principal, la caution aurait pu se prévaloir de cette circonstance pour réclamer sa décharge, si du fait du créancier elle avait éprouvé le moindre préjudice.

104. Une question qui était controversée à l'époque de la publication du *Répertoire* est celle de savoir si la caution est déchargée, alors même que le créancier n'a accepté la dation en payement que sous la réserve de ses droits contre elle. Nous avons admis l'affirmative (*ibid.* n° 365), sauf toutefois pour le cas où la libération du débiteur n'aurait été que conditionnelle, et où, par conséquent, la caution n'aurait été elle-même déchargée que conditionnellement. Il faut ajouter que si le terme de l'engagement que la caution a pris dans l'acte de cautionnement arrive avant l'événement de la condition, elle peut agir contre le débiteur, conformément à l'art. 2032. — M. Laurent, t. 28, n° 283, n'admet pas qu'en pareil cas la caution puisse être déchargée: « Ce serait, dit-il, une dation en payement conditionnelle, et la condition faisant défaut, il n'y aurait pas de payement, partant pas d'extinction du cautionnement. On objecte que la réserve du créancier n'empêche pas que l'action de la caution contre le débiteur ait été paralysée. Cela nous paraît douteux. La caution peut agir contre le débiteur dès que la dette est échue, et le débiteur ne peut la repousser qu'en prouvant que la dette est éteinte; or une dation en payement subordonnée à une condition n'entraîne pas l'extinction de la dette en ce sens qu'elle ne donne pas à la caution la sécurité à laquelle elle a droit ».

105. Les dispositions de l'art. 2039, relatives aux effets de la prorogation du terme accordée par le créancier au débiteur sur les obligations de la caution (*Rép.* n°s 369 et suiv.) n'ont donné lieu à aucune difficulté nouvelle. Il y a lieu de signaler seulement deux décisions qui ont trait aux circonstances dans lesquelles on doit considérer qu'il y a prorogation de terme et que l'art. 2039 est applicable, sans que la caution puisse invoquer l'art. 2037. Il a été jugé, d'une part, que le renouvellement d'effets de commerce peut être considéré comme une simple prorogation d'échéance, laissant subsister le cautionnement (Req. 16 juin 1846, aff. Bouzenot, D. P. 46. 1. 284); d'autre part que, si le créancier a négligé de se prévaloir d'une clause d'un contrat qui l'autorisait à se faire payer à l'avance et avant livraison, il n'y a là, au profit du débiteur, qu'une simple prorogation de terme qui ne décharge pas la caution (Req. 17 août 1859, aff. Caugardel, D. P. 59. 1. 359, et *suprà*, n° 94).

CHAP. 9. — De la caution légale et de la caution judiciaire et de leur réception (*Rép.* n°s 372 à 426).

106. — I. Caution légale et judiciaire. — Les explications contenues au *Rép.* n°s 373 et suiv., sur les différences qui existent entre la caution légale et la caution judiciaire, jointes à celles que nous avons données (*suprà*, n°s 22 et suiv.) relativement à l'étendue des engagements de la caution, n'ont pas besoin d'être complétées. La seule observation que nous ayons à présenter est relative au dernier paragraphe de l'art. 2040, abrogé par suite de la suppression de la contrainte par corps en matière civile et commerciale par la loi du 22 juill. 1867. Il n'est plus nécessaire actuellement que la caution judiciaire soit susceptible de contrainte par corps, il suffit qu'elle réunisse les conditions prescrites par les art. 2018 et 2019. Par suite, une personne morale, et par exemple, une société anonyme, peut servir de caution judiciaire et spécialement en matière d'exécution provisoire des jugements des tribunaux de commerce. — Cette solution a cependant fait difficulté, et on a vivement contesté qu'une telle caution fût recevable. Mais la jurisprudence s'est prononcée à plusieurs reprises en ce sens (Paris, 30 août 1867, aff. Société anonyme des chantiers et ateliers de l'Océan, D. P. 68. 2. 11; Paris, 10 mai 1875, aff. Bernstein, D. P. 75. 2. 240; Bordeaux, 25 août 1879) (1). En effet, une société anonyme peut manifestement

(1) (Compagnie *la Spéciale C.* Cathalot.) — Le 14 juill. 1879, le tribunal de commerce de Bordeaux a rendu le jugement suivant : — « Attendu que Cathalot ayant offert, par un premier acte du 29 mars dernier, à la compagnie *la Spéciale*, une caution en la personne des sieurs Le fils de J.-J. Piganeau et comp. pour répondre des éventualités de l'appel du jugement du présent tribunal du 18 février dernier, la compagnie *la Spéciale* s'opposa à l'admission de cette caution : — Attendu que, s'il est vrai que l'art. 2018 c. civ. invoqué dispose que le débiteur obligé de fournir une caution doit en présenter une qui ait la capacité de contracter, il n'est pas exact de dire qu'une maison de commerce n'ait pas cette capacité; qu'en effet, le gérant ayant la signature sociale engage la société, sauf s'il y a abus de sa part, le recours de ses coassociés; mais que l'abus ne saurait être opposé aux tiers envers lesquels il s'est engagé; que si la maison de commerce se retranchait derrière l'incapacité de son gérant, la responsabilité de celui-ci apparaîtrait, et que, dans l'espèce, la solvabilité de l'un ni de l'autre n'est contestée; que la compagnie *la Spéciale* n'a donc pas intérêt à repousser la caution offerte; — Par ces motifs; — Le tribunal admet la caution offerte par Cathalot à la compagnie *la Spéciale* en la personne des sieurs Le fils de J.-J. Piganeau et comp.; ordonne qu'elle fera sa soumission au greffe. » — Appel. — Arrêt.

La cour; — Adoptant les motifs des premiers juges : — Confirme.

Du 25 août 1879.-C. de Bordeaux, 1re ch.-MM. Izoard, 1er pr.-Lévesque et Chartrou, av.

remplir les conditions exigées dans les art. 2018 et 2019. L'art. 2018 se borne à réclamer de la caution : 1° la capacité de contracter; 2° un bien suffisant pour répondre de l'objet de l'obligation; 3° un domicile dans le ressort de la cour où elle doit être donnée. Quant à l'art. 2019, il veut que la solvabilité de la caution ne s'estime qu'eu égard à ses propriétés foncières, non litigieuses et dont la discussion ne soit pas rendue trop difficile par l'éloignement de leur situation. Or une société anonyme est capable de contracter; et elle peut, tout aussi bien qu'une personne physique, avoir l'actif immobilier et le domicile dont parlent les articles ci-dessus. La seule exigence à laquelle il ne lui eût pas été possible de donner satisfaction, était celle relative à la contrainte par corps, ce moyen d'exécution forcée ne pouvant être appliqué à la société, être moral, ni aux administrateurs de société (V. Req. 15 juin 1857, aff. *La Providence*, D. P. 57. 1. 305). Mais l'art. 2040, étant abrogé sur ce point par la loi du 22 juill. 1867, la caution judiciaire n'est plus désormais assujettie qu'aux trois conditions dont l'accomplissement est possible de la part d'une société anonyme.

107. L'art. 2041 permet à celui qui ne peut trouver une caution de donner à sa place un gage en nantissement : le débiteur serait-il admis à fournir une hypothèque? La controverse existant sur cette question et que nous avons examinée au *Rép.* n° 378, n'a pas cessé. — MM. Laurent, t. 28, n° 202; Aubry et Rau, t. 4, § 425, note 12; Colmet de Santerre, n° 275 *bis* I, se prononcent dans le sens de la négative; tandis que l'affirmative est au contraire enseignée par MM. Pont, t. 2, n° 445; Demolombe, *Usufruit*, t. 2, n° 502. V. aussi *Rép.* v° *Usufruit*, n° 398. — La négative a d'abord été également consacrée par la jurisprudence; ainsi on a décidé que la caution ne pourrait, en matière de surenchère, être remplacée par une *hypothèque* sur un des immeubles du surenchérisseur (Req. 16 juill. 1845, aff. Gassin, D. P. 45. 1. 332. V. également : *Rép.* v° *Surenchère*, n°s 173, 175 et 176). Mais, depuis lors, la solution contraire a prévalu; la jurisprudence décide aujourd'hui que l'art. 2041, en déclarant que celui qui ne peut pas trouver une caution est autorisé à y substituer un gage ou un nantissement suffisant, accorde une faculté générale et absolue; que cet article autorise indistinctement la prestation d'un gage mobilier et celle d'un gage immobilier, sauf les cas où il en a été autrement ordonné par un texte spécial. Spécialement, l'usufruitier peut présenter, à défaut de caution, une garantie hypothécaire (Civ. rej. 7 août 1882, aff. Robert, D. P. 83. 1. 220). — La jurisprudence est donc, en son dernier état, conforme à l'opinion que nous avions émise au *Répertoire* sur cette controverse.

108. — II. Réception des cautions. — 1° *Procédure devant les tribunaux ordinaires* (*Rép.* n°s 388 à 418). — On a exposé au *Rép.* n° 396, que, dans la pratique, l'exploit ou l'acte d'avoué qui contient la présentation de la caution, contient en outre sommation à la partie adverse de comparaître à la prochaine audience pour voir prononcer sur l'admission en cas de contestation. — Toutefois, comme nous l'avons également fait remarquer, aucun texte de loi ne prescrit cette citation; on devrait, ce semble, en conclure que si elle était irrégulière, la réception de la caution ne saurait être attaquée pour ce motif. En tous cas, la citation ne peut être attaquée pour non-augmentation du délai à raison de la distance entre le domicile réel de la partie citée et le lieu où siège le tribunal devant lequel a été faite l'offre de la caution, si la citation a été notifiée à un domicile élu dans ce dernier lieu, où avait été également adressée l'assignation sur laquelle était intervenu le jugement exécutoire par provision (Req. 11 août 1862, aff. Jacquet, D. P. 62. 1. 348). — Il a été également jugé que la réception de la caution offerte préalablement à l'exécution provisoire d'un jugement de condamnation, ne peut être critiquée sous prétexte de l'irrégularité de la citation, donnée à la partie condamnée, pour assister à cette réception, lorsqu'il y a confirmation du même jugement au fond, la solution de l'incident relatif à l'exécution provisoire de la décision ainsi devenue définitive se trouvant alors dépourvue d'intérêt (Lyon, 24 mai 1860, aff. Manin, D. P. 62. 1. 348). Toutefois cette décision ne nous paraît pas exactement motivée. Lorsque l'exécution provisoire d'un jugement est ordonnée, sous la garantie de certaines précautions, destinées à relever la partie condamnée des conséquences préjudiciables que pourrait avoir cette exécution, pour le cas où le jugement qui en a été l'objet serait ultérieurement infirmé, les conditions prescrites doivent être observées, et la question de savoir si l'exécution provisoire a été ou non régulière, constitue un incident dont la solution ne saurait dépendre de celle qui peut intervenir sur l'appel du jugement quant au fond. Sans doute, si le jugement est confirmé, l'exécution qui lui a été donnée doit être maintenue malgré son irrégularité; l'incident n'en devra pas moins être vidé en faveur de l'appelant, si la cour se prononce contre la régularité de l'exécution provisoire, et les frais de l'appel relatif à cet incident devront être mis à la charge de l'intimé qui les a occasionnés. Mais la régularité de la réception de la caution résulterait, à notre avis, de ce que la citation dont il s'agit, fût-elle irrégulière, ne saurait réagir sur cette réception.

109. — 2° *Procédure devant les juges de paix et les tribunaux de commerce.* — V. *Rép.* n°s 419 et suiv.

Table sommaire

des matières contenues dans le Supplément et le Répertoire.

(Les chiffres précédés de la lettre *S* renvoient au Supplément; les chiffres précédés de la lettre *R* renvoient au Répertoire.)

Table chronologique des Lois, Arrêts, etc.

An 7. 13 brum. Loi. 39 c.
1822. 9 avr. Req. 76 c.
1844. 28 mars. Limoges. 87 c., 90 c., 94 c.
—18 déc. Civ. 91 c.
1845. 9 févr. Colmar. 18 c.
—8 mars. Req. 25 c.
—5 mars. Bourges. 32 c.
—7 mai. Bourges. 32 c.
—14 mai. Rennes. 37 c.
—16 juill. Req. 107 c.
—4 nov. Req. 25 c.
—6 déc. Limoges. 10 c.
—23 déc. Civ. 95 c.
1846. 12 janv. Paris. 60 c.
—14 mai. Paris. 87 c., 88 c.
—2 juin. Riom. 88 c.
—16 juin. Req. 105 c.
1847. 17 févr. Grenoble. 18 c.
—25 mars. Amiens. 87 c.
—27 avr. Trib. com. Seine. 30 c.
—30 avr. Dijon. 88 c.
—14 juin. Civ. 5 c.
—16 déc. Poitiers. 25 c.
—23 déc. Limoges. 6 c.
1848. 4 févr. Trib. com. Seine. 30 c.
—23 déc. Lyon. 75 c.
1849. 9 janv. Req. 87 c.
—13 janv. Lyon. 41 c.
—22 janv. Civ. 93 c., 94.
—14 févr. Bordeaux. 88 c.
—10 juill. Req. 42 c.
—19 juill. Bordeaux. 26 c.
—29 juill. Civ. 23 c.
—27 déc. C. cass. Belgique. 23 c.
1850. 7 mars. Montpellier. 18 c.
—3 avr. Req. 5 c.
—12 avr. Paris. 31 c.
—30 avr. Req. 30 c.
—8 mai. Civ. 96 c.
—30 août. Orléans. 76 c.
—15 nov. Paris. 60 c.
1851. 2 janv. Rennes. 87 c.
—4 mars. Req. 45 c.
—8 mars. Paris. 88 c.
—3 avr. Orléans. 77 c., 91 c.
—16 mai. Riom. 56 c.
—10 juin. Bourges. 88 c.
—11 juin. Bourges. 87 c., 88 c.
—30 juin. Rouen. 9 c.
—16 juill. Caen. 77 c.
—25 août. Pau. 92 c.
1852. 13 janv. Req. 88 c.
—16 mars. Req. 10 c., 8" c., 91 c.
—17 mars. Bourges. 31 c.
1853. 22 févr. Civ. 34 c.
—1er mars. Req. 37 c.
—2 juin. Paris. 62 c., 68 c.
—30 juin. Paris. 28 c.
—18 juill. Bruxelles. 9 c.
—25 juill. Gand. 87 c.
—3 août. Grenoble. 68 c., 71 c.
—5 août. Orléans. 34 c.
—20 août. Paris. 37 c.
—19 nov. Nancy. 74 c.
—25 nov. Douai. 37 c.
—28 déc. Paris. 19 c.
1854. 13 mars. Req. 6 c.
—19 avr. Req. 63 c., 64 c., 65 c.
—11 juill. Limoges. 42 c.
—12 déc. Douai. 24 c.
1855. 21 mai. Req. 71 c., 73 c., 84 c.
—29 août. Civ. 31 c.
—21 nov. Crim. 40 c.
1856. 23 avr. Civ. 11 c.
—20 mai. Civ. 7 c.
—14 juill. Douai. 62 c.
1857. 12 janv. Civ. 77 c.
—28 janv. Caen. 40 c.
—23 févr. Civ. 87 c., 90 c.
—14 mai. Lyon. 66 c.
—15 juin. Req. 106 c.
—28 nov. Req. 102 c.
1858. 3 févr. Poitiers. 29 c.
—10 mai. Req. 100 c., 101 c.
1859. 17 août. Req. 94 c., 105 c.
—20 août. Lyon. 87 c., 90 c.
1860. 24 mai. Lyon. 108 c.
—16 juin. Rennes. 58 c.
—1er août. Req. 62 c.
—16 nov. Just. paix Briare. 9 c.
1861. 18 févr. Req. 27 c., 88 c.
—11 mars. Civ. 61 c.
—3 avr. Civ. 88 c.
—8 mai. Civ. 93 c.
—10 juin. Req. 63 c., 64.
—13 nov. Req. 78 c.
—27 nov. Civ. 98 c.
1862. 18 mars. Nîmes. 26.
—22 mars. Gand. 87 c.
—7 juill. Req. 90 c.
—16 juill. Dijon. 84 c.
—11 août. Req. 108 c.
1863. 19 janv. Civ. 96 c., 102 c.
—25 nov. Chambéry. 31 c.
1865. 6 déc. Montpellier. 37 c.
1866. 26 avr. Dijon. 46.
—16 mai. Civ. 40 c.
—10 déc. Civ. 98 c.
1867. 21 mars. Montpellier. 37 c.
—13 avr. Nancy. 93 c., 94 c., 98 c.
—17 juin. Civ. 82 c.
—25 juin. Paris. 28.
—22 juill. Loi. 30 c., 106 c.
—30 août. Paris. 30 c., 106 c.
—13 nov. Req. 10.
1868. 22 janv. Req. 69 c.
—25 janv. Caen. 25 c.
—17 mars. Req. 40 c.
—1er mai. Angers. 50 c.
—5 mai. Req. 10 c.
—6 juin. Orléans. 81 c.
—10 juin. Caen. 81 c., 82 c.
—14 déc. Req. 20 c.
—21 déc. Rennes. 97 c.
1869. 22 févr. Req. 25 c.
—3 mars. Req. 100 c.
—30 mars. Req. 81 c., 82 c.
—7 avr. Req. 97 c.
—17 avr. Caen. 78 c.
—21 avr. Civ. 25 c.
1870. 10 janv. Civ. 19 c.
—9 avr. Nancy. 9 c., 40 c.
—2 août. Civ. 80 c.
—23 août. Montpellier. 88 c., 87 c., 93 c.
1871. 21 févr. Rennes. 4 c.
—17 juin. Lyon. 37 c., 38 c.
—29 juin. Rouen. 43 c.
—22 juill. Rouen. 44 c., 47 c.
1872. 10 juin. Civ. 14 c.
—3 juill. Req. 24 c.
—8 août. Req. 94 c.
—28 août. Req. 4 c.
—19 nov. Civ. 61 c.
—27 nov. Req. 23 c.
1873. 6 août. Req. 73 c., 96 c.
1874. 26 mars. Paris. 24 c.
—5 mai. Paris. 39 c.
1875. 10 mai. Paris. 30 c., 106 c.
—7 juill. Douai. 103 c.
—10 août. Req. 58 c.
—9 nov. Req. 8 c.
—23 nov. Civ. 10 c.
1876. 7 mars. Req. 54 c., 57 c.
—12 déc. Amiens. 24.
1877. 9 mai. Req. 23 c.
—15 mai. Req. 31 c.
—13 nov. Req. 94 c.
1878. 22 mai. Alger. 36 c., 37 c.
—2 déc. Chambéry. 35, 37 c.
1879. 5 mai. Poitiers. 37 c., 38 c.
—25 août. Bordeaux. 30 c., 106.
—23 déc. Req. 60 c.
1880. 6 févr. Angers. 33.
1882. 7 juin. Req. 52 c., 53 c.
—7 août. Civ. 107 c.
1883. 4 mai. Rouen. 83 c.
—23 juill. Civ. 99 c.
1884. 21 janv. Pau. 96 c.
—6 févr. Besançon. 24 c.
1886. 2 févr. Civ 92 c., 96 c.
—22 déc. Req. 95 c.
1887. 7 mars. Civ. 63 c.

CAUTIONNEMENT DE FONCTIONNAIRES, TITULAIRES ET COMPTABLES.

Division.

ART. 1er. — *Historique et législation* (*Rép.* nos 2 à 23).

1. On a exposé au *Rép.* nos 2 à 23 les origines de l'obligation imposée à certains fonctionnaires ou comptables de fournir caution; on y a rappelé également les différents actes législatifs ou réglementaires dont cette matière avait été l'objet. Depuis la publication du *Répertoire*, il est intervenu plusieurs lois et décrets qu'il importe de signaler.

La loi du 8 août 1847 (D. P. 47. 3. 164) modifiait le taux des cautionnements des receveurs généraux, des receveurs d'arrondissement et des percepteurs des contributions directes (art. 13), et portait (art. 14) que les cautionnements des comptables dont la quotité n'était pas déterminée par cette loi seraient fixés par ordonnance royale, rendue sur le rapport du ministre compétent, de concert avec le ministre des finances. — Une loi du 8 mars 1850 (D. P. 50. 4. 29) porte (art. 13) que l'application aux cautionnements des percepteurs des contributions directes, des bases fixées par l'art. 13 de la loi du 8 août 1847, pourra être faite d'office par le ministre des finances, lorsque, pendant trois ans consécutifs, ces cautionnements auront été reconnus d'un cinquième au moins au-dessous des proportions déterminées par cette loi. — La loi de finances du 31 juill. 1867 (art. 28, D. P. 67. 4. 146) a changé les bases établies par la loi de 1847 pour la fixation du cautionnement des receveurs généraux et particuliers. Un décret du 16 sept. 1867 (D. P. 68. 4. 18) a réglé l'application de la loi de 1867 et en a complété les dispositions. — Enfin la loi du 27 févr. 1884 (D. P. 84. 4. 95-96), a fixé les cautionnements des percepteurs, receveurs municipaux et receveurs spéciaux des communes et des établissements de bienfaisance.

Un décret du 14 déc. 1853 (D. P. 54. 4. 16) porte qu'à partir du 1er janv. 1854 l'inscription des déclarations du privilège de second ordre, notifiées au Trésor public, sera faite sur les registres tenus au bureau des oppositions, qui délivrera le certificat mentionné en l'art. 2 du décret du 28 août 1808, après qu'il aura été revêtu du visa du contrôle central, conformément à l'art. 5 de la loi du 24 avr. 1833.

2. Il y a lieu de citer encore diverses ordonnances et décrets relatifs aux cautionnements à fournir :... par les comptables de matières dans les divers services de la marine (Ord. 23 déc. 1847, art. 16, D. P. 48. 4. 28); — ... Par l'agent comptable des écoles d'arts et métiers (Arrêté 19 déc. 1848, art. 20, D. P. 49. 4. 27); — ... Par l'agent comptable de l'imprimerie nationale (Décr. 15 août 1849, D. P. 50. 4. 6); — ... Par le chef de la comptabilité en matières et en deniers de l'imprimerie impériale (Décr. 15 mars 1863, art. 5, D. P. 63. 4. 16); — ... Par les agents comptables ressortissant au ministère de l'agriculture et du commerce (Décr. 15 oct. 1849, D. P. 49. 4. 154); — ... Par les agents comptables des dépôts d'étalons du Pin et de Pompadour (Décr. 3 oct. 1861, D. P. 61. 4. 125); — ... Par les agents comptables ressortissant au département de l'instruction publique (Décr. 31 oct. 1849, D. P. 49. 4. 157); — ... Par les secrétaires d'académie remplissant les fonctions d'agents comptables d'une faculté (Décr. 13 févr. 1851, art. 3, D. P. 51. 4. 50); — ... Par les économes des écoles normales primaires (Décr. 30 sept. 1881, D. P. 82. 4. 102); — ... Par les économes des lycées-externats de jeunes filles (Décr. 31 juill. 1882, D. P. 83. 4. 47); — ... Par les comptables ressortissant au ministère de la guerre (Décr. 17 déc. 1849, D. P. 50. 4. 4; 4 sept. 1874, D. P. 75. 4. 44); — ... Par le trésorier et l'économe du Prytanée militaire (Décr. 23 mai 1853, art. 21, D. P. 53. 4. 137); — ... Par le trésorier et le garde du matériel de l'école polytechnique (Décr. 30 nov. 1863, art. 26, D. P. 64. 4. 1); — ... Par les divers agents comptables et non comptables ressortissant au ministère des finances (Décr. 31 oct. 1850, D. P. 50. 4. 202); — ... Par le garde-magasin des fournitures de bureau de ce ministère (Décr. 31 janv. 1881, D. P. 82. 4. 21; 20 juin 1885, D. P. 86. 4. 37); — Par l'agent comptable des transferts et mutations au même ministère (Décr. 18 oct. 1882, D. P. 83. 4. 56); — ... Par les agents comptables et non comptables de l'administration des douanes (Décr. 28 févr. 1884, D. P. 84. 4. 84); — ... Par les agents de la direction générale des tabacs, nommés à des emplois de création nouvelle (Décr. 10 sept. 1861, D. P. 61. 4. 127); — ... Par les fonctionnaires et agents du service postal et télégraphique (Décr. 9 sept. 1853, D. P. 53. 4. 232; 8 mars 1854, D. P. 54. 4. 40; 26 avr. 1858, D. P. 58. 4. 154; 27 nov. 1858, art. 24 et 25, modifié par celui du 20 janv. 1862, art. 12, D. P. 62. 4. 13; 29 oct. 1859, D. P. 59. 4. 119; 12 mars 1862, D. P. 62. 4. 36; 19 mars 1864, D. P. 64. 4. 34; 27 nov. 1864, art. 4, D. P. 64. 4. 128; 26 déc. 1868, D. P. 69. 4. 18; 13 sept. 1879, D. P. 80. 4. 86; 3 janv. 1881, D. P. 82. 4. 15; 19 avr. 1883, D. P. 83. 4. 96; — ... Par l'agent-comptable de la caisse d'épargne postale (Décr. 31 août 1881, art. 5, D. P. 82. 4. 118; 19 avr. 1883, D. P. 83. 4. 16); — ... Par les agents de change (Décr. 1er oct. 1862, D. P. 62. 4. 122; 30 janv. 1869, D. P. 69. 4. 21); — ... Par le caissier de la caisse des travaux de Paris (Décr. 14 nov. 1858, art. 10-3°, modifié par celui du 27 déc. 1858, D. P. 59. 4. 12); — ... Par les préposés des chemins de fer de l'Etat (Décr. 1er avr. 1879, D. P. 79. 4. 60); — ... Par l'agent comptable de la Légion d'honneur (Décr. 26 déc. 1881, D. P. 83. 4. 20).

La loi de finances du 8 juin 1864 (D. P. 64. 4. 89) règle le cautionnement: 1° des receveurs des communes, hospices, bureaux de bienfaisance, asiles d'aliénés, dépôts de mendicité et autres établissements publics de bienfaisance; 2° des caissiers et des gardes-magasins des monts-de-piété (art. 25); 3° des conservateurs des hypothèques (art. 26, 27, 28, 29 et 30). — Un décret du 11 août 1864 (D. P. 64. 4. 107) porte règlement d'administration publique pour l'exécution de cette loi, en ce qui concerne le cautionnement des conservateurs des hypothèques. — La loi du 16 sept. 1871, art. 29 (D. P. 71. 4. 89) et celle du 22 mars 1873 (D. P. 73. 4. 45) ont modifié celle du 8 juin 1864. — Un décret du 1er août 1864 (D. P. 64. 4. 108) porte que les préfets pourront, sur la demande des directeurs des caisses d'épargne, autoriser la conversion en rentes sur l'Etat du cautionnement des caissiers de ces établissements versé en numéraire à la Caisse des dépôts et consignations. — Un décret du 31 janv. 1872 (D. P. 72. 4. 27), relatif à l'affectation des rentes sur l'Etat au cautionnement des comptables, a modifié l'ordonnance du 19 juin 1825 (*Rép.* n° 22-7°). — Un décret du 27 août 1885 (D. P. 86. 4. 66) règle le remboursement du cautionnement du receveur municipal de la ville de Paris.

Art. 2. — *Fonctions et emplois soumis au cautionnement* (*Rép.* nos 24 et 25).

3. V. *Rép.* nos 24 et suiv.

Art. 3. — *Versement des cautionnements* (*Rép.* nos 26 à 43).

4. Aux termes de l'art. 96 de la loi du 28 avr. 1816, aucun des fonctionnaires astreints à déposer un cautionnement ne peut être installé dans les fonctions auxquelles il a été nommé, s'il ne justifie préalablement de la quittance de ce cautionnement (*Rép.* n° 26). — Une circulaire ministérielle du 17 août 1848 (D. P. 48. 3. 119) a rappelé que ces principes n'avaient été en rien modifiés par l'abolition du serment politique (V. aussi Décr. 1er oct. 1862, art. 4).

5. Nous avons dit au *Rép.* n° 37, que, suivant l'opinion généralement admise, les cautionnements des fonctionnaires, autres que les officiers ministériels, doivent être considérés comme garantissant leurs gestions successives, jusqu'à apurement définitif. Un arrêt a sanctionné cette théorie, en décidant que le créancier d'un comptable, qui s'est fait transporter le montant de la somme versée par son débiteur au Trésor à titre de cautionnement, n'est pas fondé à soutenir que ce cautionnement n'a pu être transféré, sans son consentement, à la garantie d'une autre gestion (Cons. d'Et. 15 juill. 1881, aff. de Caqueray, D. P. 83. 3. 3).

Art. 4. — *Intérêts des cautionnements* (*Rép.* nos 44 à 50).

6. V. *Rép.* nos 44 et suiv.

Art. 5. — *Droits des créanciers sur le cautionnement* (*Rép.* nos 51 à 96).

§ 1er. — Droits des créanciers pour faits de charges (*Rép.* nos 52 à 78).

7. Comme on l'a dit au *Rép.* n° 54, le privilège des créanciers pour faits de charge affecte aussi bien le capital que les intérêts du cautionnement. — Mais nous avons fait observer (*Rép.* v° *Office*, n° 347), en ce qui concerne les offices ministériels, que les créanciers ne sauraient prétendre exercer également leur privilège sur le prix de l'office lui-même (Aux autorités citées *loc. cit. adde:* Aubry et Rau, *Cours de droit civil français*, 4e éd., t. 3, § 261, p. 463; Maurice Gérardin, *De la transmission des offices ministériels*, p. 130).

8. Les éléments constitutifs du fait de charge, qui donne ouverture au privilège de premier ordre sur le cautionnement du fonctionnaire, ont été indiqués au *Rép.* nos 62 et suiv. Pour qu'il y ait fait de charge, il faut, avons-nous dit, que la partie lésée, qui prétend au privilège, se soit adressée à l'officier public, en tant qu'officier public, *ex necessitate officii*, et pour un acte découlant directement de ses fonctions. Si elle n'a eu recours à lui que dans un cas où il était indifférent qu'elle s'adressât à lui ou à tout autre, et pour un acte qui n'entrait pas nécessairement dans les devoirs de sa charge, il n'est tenu envers elle que comme tout mandataire, et par conséquent, il n'y a pas lieu au privilège (V. en ce sens: Valette, *Traité des privilèges et des hypothèques*, n° 76; Pont, *Commentaire-traité des privilèges et des hypothèques*, n° 171; Martou, *Privilèges et hypothèques*, t. 2, p. 516; Rolland de Villargues, *Répertoire du notariat*, vis *Fait de charge*, n° 26, et *Office*, n° 403; Aubry et Rau, t. 3, § 261, p. 164; Rousseau et Laisney, *Dictionnaire de procédure*, v° *Cautionnement*, n° 19).

9. L'application de ce principe n'est pas sans présenter, dans la pratique, de nombreuses difficultés. Nous en avons exposé quelques-unes au *Rép.* nos 63 et suiv. Plusieurs arrêts ont encore eu, depuis cette époque, à en trancher de nouvelles. — On a décidé qu'il y a fait de charge, donnant lieu au privilège de premier ordre sur le cautionnement: lorsqu'un huissier, chargé de faire le protêt d'un billet, et, par suite, d'en toucher le montant, reçoit, même après l'assignation donnée au débiteur, la somme due à son client et la détourne; l'ordre donné à l'huissier d'assigner le débiteur n'est, en effet, qu'une continuation du mandat qui lui a été originairement conféré (Req. 14 mars 1849, aff. Sellier, D. P. 49. 1. 103); — ... Lorsque le directeur d'un établissement public (un mont-de-piété, par exemple) commet des détournements de deniers qu'il n'a reçus qu'en sa qualité de directeur, chargé de la gestion de cet établissement (Req. 25 janv. 1859, aff. Lhost, D. P. 59. 1. 221); — ... Lorsqu'un agent de change néglige d'envoyer immédiatement à son client les fonds provenant d'une vente faite pour lui, quoiqu'il se fût engagé à le faire, alors qu'il ne résulte pas des faits de la cause que la qualité de mandataire et commissionnaire forcé ait disparu chez l'agent de change pour faire place à celle de mandataire ou de dépositaire ordinaire (Lyon, 20 avr. 1872, aff. Crédit mobilier espagnol, D. P. 74. 2. 7); — ... Lorsqu'un agent de change n'a pas exécuté l'ordre que lui a donné un de ses clients de faire un report, cette opération rentrant dans les fonctions légales de l'agent de change (Paris, 12 avr. 1874, aff. Société générale, D. P. 76. 2. 16). — ... Ou lorsqu'il dispose, pour ses affaires personnelles, de titres par lui vendus en report et qui ne lui appartenaient plus (Lyon, 12 mars 1875) (1).

(1) (De Villebresme C. liquidateur Delaroche.) — Le sieur de Rouget, agissant comme mandataire du sieur de Villebresme, a remis au sieur Delaroche, agent de change, une somme de 250000 fr. destinée à être employée en reports sur les obli-

10. C'est surtout à l'occasion de l'exercice des fonctions de notaire que les tribunaux ont eu à se prononcer sur la question de savoir si l'acte qui a donné naissance à la créance est ou non un fait de charge. On a considéré comme fait de charge : le détournement, par un notaire, d'une somme qu'il a reçue, non pas pour en opérer lui-même le placement, mais pour l'employer à un placement hypothécaire déterminé, déjà convenu entre le prêteur et l'emprunteur, et auquel il ne reste plus qu'à donner la forme authentique (Toulouse, 8 mai 1852, aff. Guiot, D. P. 54. 2. 79); — ... Le fait, par un notaire, commis par justice pour procéder à une vente, de s'abstenir, après avoir touché le prix, soit de le délivrer aux ayants droit, soit en cas d'opposition, d'en faire la consignation prescrite par l'art. 957 c. pr. civ., alors même que les parties ne lui auraient fait aucune réquisition à cet égard ou auraient laissé insérer, dans le procès-verbal de liquidation et partage des valeurs de la succession, dont les objets vendus font partie, qu'il leur serait rendu compte du prix, non par acte séparé, mais dans le cours de ce même procès-verbal, ces deux circonstances étant insuffisantes pour faire admettre de leur part l'intention de convertir en dépôt volontaire le dépôt forcé en vertu duquel le notaire détenait les deniers provenant de la vente (Nîmes, 12 juill. 1852, aff. Damoreux, D. P. 53. 2. 3); — ... Le détournement, par un notaire, soit d'une somme qui lui a été remise par anticipation pour le couvrir des déboursés et honoraires d'actes à passer ultérieurement devant lui, et spécialement de quittances du prix d'une vente faite par son ministère (Douai, 17 mai 1850, aff. Vaillant, D. P. 54. 5. 100); — ... Soit d'une somme versée entre ses mains, par son client, pour effectuer le payement de droits d'enregistrement (Trib. Seine, 26 avr. 1850, aff. P..., D. P. 50. 3. 47).

11. Il a été jugé, au contraire, qu'il n'y a pas fait de charge de la part du notaire qui détourne des sommes qu'il a reçues à titre de dépôt volontaire (Trib. Seine, 26 avr. 1850, cité *suprà*, n° 9); — ... Ou qui, chargé d'un placement de fonds sous certaines conditions déterminées, opère ce placement sans se conformer à ces conditions (Douai, 20 déc. 1849, aff. Vaillant, D. P. 50. 2. 75); — ... Ou qui effectue de mauvais placements pour son client (Paris, 11 mars 1852, aff. Grevot, D. P. 52. 5. 83); — ... Ou qui détourne les sommes qu'il était chargé de placer (Nîmes, 13 févr. 1851, aff. Guilhaume, D. P. 51. 2. 111); — ... Surtout si le client dont les fonds ont été détournés a donné au notaire une procuration générale portant pouvoir de toucher les sommes à lui dues, et d'en passer quittance (Paris, 15 nov. 1853, aff. Mauléon, D. P. 55. 2. 12) ... Et il importe peu que la personne à laquelle le prêt devait être consenti ait été connue au moment de la remise des fonds entre les mains du notaire, et indiquée dans la reconnaissance de celui-ci, ainsi que le rang d'hypothèque et le point de départ des intérêts (Civ. cass. 18 janv. 1854, aff. Guiot, D. P. 54. 1. 70). — Il en est de même à l'égard du notaire qui reçoit de l'acquéreur d'un immeuble, pour désintéresser les créanciers inscrits, un prix de vente que sa faillite l'empêche de restituer (Bourges, 6 mai 1851, aff. Bouchard, D. P. 53. 2. 3); — ... Ou qui détourne une somme remise entre ses mains par un acquéreur pour être employée à payer des créanciers inscrits sur des quittances que ce notaire était chargé de recevoir (Civ. cass. 28 juill. 1868, aff. Gilly, D. P. 68. 1. 438; Nîmes, 29 déc. 1868) (1).

12. La jurisprudence a encore considéré comme ne constituant pas un fait de charge : la négligence d'un avoué qui commet une irrégularité entraînant la nullité d'un exploit d'appel qu'il s'est chargé de rédiger, la rédaction d'un tel acte ne rentrant pas dans ses fonctions (Paris, 5 nov. 1846. aff. Dutheil, D. P. 47. 2. 104); — ... La réception par un avoué de fonds qui lui sont confiés à titre de dépôt ou de prêt par son client, alors même que cette remise aurait pour but d'éviter un dépôt à la Caisse des consignations; la violation du contrat ainsi formé, qu'elle ait ou non une cause frauduleuse, ne donne lieu à aucun privilège (Grenoble, 28 déc. 1880, aff. Audier, D. P. 82. 2. 188); — ... Les abus commis par un avoué (par exemple, l'emploi à son profit de

---

gations de la ville de Paris. En vertu de cette opération, 13000 quarts d'obligations de la ville de Paris ont été attribués au sieur Rouget. Une partie de ces titres avait été déposée au Comptoir d'escompte de Paris; le surplus étant resté entre les mains du sieur Delaroche, celui-ci en a disposé à son profit. Peu de temps après, il a été mis en état de liquidation judiciaire. Le sieur de Villebresme a demandé alors à être colloqué par privilège sur le cautionnement du sieur Delaroche, pour la valeur des obligations détournées par cet agent de change. Une contestation s'est élevée à ce sujet; et un jugement du tribunal de commerce de la Seine en date du 16 mars 1874 a débouté le sieur de Villebresme de sa réclamation. — Appel par le sieur de Villebresme. — Arrêt.

La cour; — Considérant que de Villebresme réclame son admission par privilège sur le cautionnement de l'agent de change; — Considérant que ce privilège doit être accordé si les actes reprochés à Delaroche constituent des faits de charge et dans la mesure où cette qualification leur est attribuable; — Considérant qu'en remettant, le 2 décembre, à Delaroche, la somme de 250000 fr., de Rouget s'est contenté d'exiger en échange 13000 quarts d'obligations de la ville de Paris; que ces 13000 quarts, calculés au taux de la Bourse du jour, représentaient une valeur inférieure à la somme versée; — Qu'il suit de là que, pour la différence qui existe entre ces deux sommes, il a suivi la foi de l'agent de change et qu'il ne peut pas être réclamé de privilège quant à cette portion de la créance; — Considérant que, du surplus de cette créance, il faut déduire les 4500 quarts déposés par de Rouget au Comptoir d'escompte de Paris, et dont de Villebresme a postérieurement touché le prix; que, dès lors, la demande en privilège sur le cautionnement doit être restreinte à la valeur des 8500 quarts promis et non livrés, y compris les frais de report; — Considérant, relativement à ces 8500 quarts, que, par l'opération du report, de Rouget avait acheté comptant ces titres de l'emprunt de la ville de Paris; que, ne pouvant pas les lui livrer immédiatement, Delaroche les lui avait promis pour une époque prochaine et lui avait, en attendant, remis leurs numéros d'ordre, afin de constater son droit de propriété; qu'au mépris de cet engagement, il a disposé de ces titres pour ses affaires personnelles; — Considérant que le fait d'avoir détourné des titres par lui vendus et qui ne lui appartenaient plus, constitue évidemment pour un agent de change la violation des obligations imposées par la nature de ses fonctions; — Que, dès lors, le cautionnement doit être affecté par privilège à la garantie des condamnations prononcées pour ce fait, conformément aux termes de l'art. 1er de la loi du 25 niv. an 13; — Par ces motifs, émendant; — Dit que le comte de Villebresme sera colloqué, avec intérêts par privilège, sur le cautionnement pour la valeur de 8500 quarts d'obligations de la ville de Paris, calculés au taux de la Bourse du 2 déc. 1871.

Du 12 mars 1875.-C. de Lyon, 1re ch.-MM. Millevoye, 1er pr.-Sauzet, av. gén.- Dulac, de Bornes et Dubreuil, av.

(1) (Pons C. Roland et autres.) — La cour; — Attendu que les créances Roland, Olaguier et Imbert ont pour cause des détournements de fonds commis par Pons, notaire; — Que les fonds ne lui avaient pas été remis *ex necessitate officii*, mais par suite d'une confiance qu'a pu provoquer son caractère et qui était facultative; — Qu'en effet, 1° en ce qui touche la créance Roland, les fonds détournés par Pons lui avaient été remis par Pinoncelly, acquéreur, pour être payés aux créanciers incrits sur l'immeuble acheté; 2° en ce qui touche les créances de la dame Olaguier, femme Batalier, et de la dame Jommard, poursuites de Pamphile Imbert, curateur à la succession vacante de ladite dame, les fonds détournés avaient été remis à Pons en exécution de deux actes d'emprunt faits au nom desdites dames pour désintéresser des créanciers inscrits sur leurs immeubles; — Qu'elles ont à se reprocher de n'avoir pas veillé à ce que les fonds prêtés fussent versés aux mains de leurs créanciers; — Que dans l'un et l'autre cas, Pons, notaire, en recevant des fonds destinés aux créanciers inscrits, et en se chargeant de les verser dans leurs mains, n'a pas fait un acte de sa fonction, mais accepté de la confiance de ses clients un mandat privé; — Attendu, en droit, que le cautionnement des notaires n'est affecté par privilège à la garantie des condamnations contre eux prononcées qu'autant que ces condamnations sont relatives à des faits rentrant dans l'exercice de leurs fonctions; — Que l'art. 1er de la loi du 25 vent. an 11 a déterminé ces fonctions; — Que, s'ils sont établis pour recevoir les actes et contrats auxquels les parties veulent faire donner le caractère d'authencité, en assurer la date, en conserver le dépôt, en délivrer des grosses et expéditions, aucune loi ne les a constitués dépositaires publics des deniers des particuliers, et que, spécialement, dans le cas dont s'agit au procès, Pons n'a fait, en recevant les fonds qu'il a détournés, aucun acte de sa fonction; — Que c'est dès lors à tort et en violant les dispositions de l'art. 33 de la loi du 25 vent. an 11, que le premier juge a conféré aux créances dont il s'agit un privilège sur le cautionnement de ce notaire;

Par ces motifs, etc.

Du 29 déc. 1868.-C. de Nîmes, 1re ch.-MM. Gouazé, 1er pr.-Bataille, 1er av. gén.-Redarès, Fargeon fils et Michel, av.

sommes touchées) dans l'accomplissement des fonctions de curateur à une succession vacante, bien que ces fonctions soient, en général, confiées à des avoués (Lyon, 30 avr. 1852, aff. Gervais, D. P. 53. 2. 50-51); — ... Le détournement, par un agent de change, d'une somme à lui confiée avec mandat de l'employer, pour achat de certains effets publics, à une bourse autre que celle où il opère, l'intermédiaire d'un agent de change n'étant pas nécessaire pour l'exécution d'un tel mandat (Req. 31 janv. 1859, aff. Ponsard, D. P. 59. 1. 217).

13. Nous avons vu (*Rép.* n° 73) que l'on reconnaît généralement au Trésor un privilège sur les cautionnements des officiers ministériels, pour payement des droits dus à raison des actes de leur ministère. Un arrêt a adopté cette solution et décidé, en outre, que, dans ce cas, le privilège du créancier pour fait de charge proprement dit est préférable à celui de l'administration de l'enregistrement (Toulouse, 8 mai 1852, aff. Guiot, D. P. 54. 1. 70-71).

14. A l'égard des amendes prononcées contre les fonctionnaires publics pour crimes ou délits commis dans l'exercice de leurs fonctions, la controverse exposée au *Rép.* n° 74, existe toujours. — Dans le sens de l'opinion qui refuse, en ce cas, un privilège au Trésor, on peut citer outre les autorités rapportées au *Rép.* n° 74, un arrêt qui décide que le privilège établi sur le cautionnement des notaires a pour unique objet de garantir les réparations civiles des abus que ces fonctionnaires peuvent commettre dans l'exercice de leurs fonctions, et que, en conséquence, ce privilège ne s'étend pas aux amendes auxquelles les notaires peuvent être condamnés pour les crimes ou les délits dont ils se seraient rendus coupables dans l'exercice de leurs fonctions, et notamment à l'amende prononcée contre un notaire pour crime de faux en écriture authentique : le Trésor n'a, pour le recouvrement de cette amende, que l'hypothèque résultant du jugement de condamnation (Civ. rej. 26 juill. 1858, aff. Loche, D. P. 58. 1. 409). Il en serait toutefois autrement des amendes purement civiles encourues par les fonctionnaires, pour contravention aux règles de leur profession (Motifs, Même arrêt. V. en ce sens : Pont, *Privilèges et hypothèques*, t. 1, n° 171; Aubry et Rau, t. 3, § 261, p. 164).

Il a été décidé, en sens contraire, que l'amende infligée pour crime de faux à un officier ministériel constitue, au profit du Trésor, une créance privilégiée sur son cautionnement (Metz, 28 févr. 1856, aff. Metzger, D. P. 57. 2. 49).

§ 2. — Droits des bailleurs de fonds (*Rép.* n°s 79 à 96).

15. Bien que les lois qui ont établi le privilège des bailleurs de fonds ne s'occupent spécialement que des cautionnements des fonctionnaires publics, ce privilège doit être également accordé à ceux qui ont fourni les fonds des cautionnements déposés par des fournisseurs ou entrepreneurs de l'Etat. C'est ce que décide implicitement un arrêt (Civ. rej. 4 déc. 1848, aff. Crassous, D. P. 48. 1. 227. V. aussi Aubry et Rau, t. 3, § 263 bis, p. 194).

16. On a rappelé au *Rép.* n° 80 : 1° qu'aux termes de l'art. 4 de la loi du 25 niv. an 13, l'effet du privilège n'était assuré au bailleur de fonds qu'au moyen d'une déclaration faite en sa faveur au moment même du versement; — 2° Que le décret du 22 août 1808 permit aux prêteurs de fonds pour cautionnement de s'assurer le privilège de second ordre, à quelque époque que ce fût; — 3° Enfin, qu'un décret du 22 déc. 1812 prescrivit, d'une part, que cette déclaration, faite conformément à un modèle, fût passée devant notaire et légalisée par le président du tribunal, et, d'autre part, que, dans le cas où la déclaration serait postérieure de plus de huit jours au versement, elle fût accompagnée d'un certificat de non-opposition délivré par le greffier du tribunal du domicile des parties, et qu'on y mentionnerait ce certificat. — Comme on le voit, la loi n'exige pas la preuve authentique que les fonds employés au cautionnement proviennent du prêt consenti au titulaire de ce cautionnement. La déclaration fait preuve à elle seule de cette origine des deniers versés au Trésor, sauf aux intéressés à fournir la preuve contraire. — C'est ce qu'ont jugé plusieurs arrêts (Civ. rej. 16 avr. 1855, aff. C..., D. P. 56. 1. 164 ; Chambéry, 14 déc. 1872 (1). V. aussi en ce sens : Aubry et Rau, t. 3, § 263 *bis*, p. 194).

17. Lorsque cette déclaration a été omise, peut-elle être suppléée par un autre mode de preuve établissant l'origine des deniers? Contrairement à la pratique indiquée *Rép.* n° 84, plusieurs arrêts se sont prononcés pour la négative et ont déclaré que, pour obtenir le privilège du second ordre, il ne suffit pas de justifier de la qualité de bailleur de fonds, mais qu'il faut encore avoir accompli les formalités prescrites par la loi (V. aussi Aubry et Rau, *loc. cit.*). — C'est ainsi qu'il a été jugé que le bailleur de fonds qui n'a pas rempli ces formalités ne peut, lors de la faillite du débiteur, réclamer un droit de préférence sur les fonds par lui versés (Civ. rej. 4 déc. 1848, aff. Crassous, D. P. 48. 1. 227-228); — ... Que ces fonds forment donc le gage commun de tous les créanciers du débiteur, alors même que le versement des fonds aurait été fait sous le nom du bailleur de fonds, qu'il lui en aurait été délivré personnellement un récépissé, et que les intérêts lui en auraient été régulièrement payés (Rouen, 13 janv. 1855, aff. Lesage, D. P. 55. 2. 99 ; Besançon, 21 avr. 1886, aff. Lallement, D. P. 86. 2. 268); — ... Ou alors même que les titres au porteur par lui déposés à la Caisse des dépôts et consignations seraient désignés par des numéros et constitueraient ainsi des corps certains (Même arrêt du 21 avr. 1886).

18. L'arrêt du 16 avr. 1855, cité *suprà*, n° 16, décide en outre que le certificat de non-opposition qui doit accompagner, après le versement d'un cautionnement, la déclaration authentique que les fonds en ont été fournis par un tiers, est régulier, quoiqu'il ait été délivré postérieurement à cette déclaration et n'y ait point été mentionné : il suffit qu'il soit produit au moment de l'inscription de la déclaration sur les registres du Trésor, et que le privilège de second ordre existe à partir de l'inscription au Trésor de la déclaration faite au profit du bailleur de fonds, et non pas seulement à la date du visa du contrôle central sur le certificat d'inscription, cette dernière formalité ne constituant qu'une mesure d'ordre dans l'intérêt du Trésor.

19. Il a été jugé que, le privilège de second ordre n'existant que lorsque les fonds du cautionnement ont été fournis par un tiers, et au profit seulement de ce bailleur de fonds, le titulaire qui fait lui-même les fonds de son cautionnement ne peut constituer de privilège en faveur de l'un de ses créanciers : la déclaration conforme au décret du 22 déc. 1812, faite pour procurer sur le cautionnement le privilège de second ordre à des créanciers ordinaires, ne peut valoir ni comme subrogation ou transport, ni comme dation en gage du cautionnement (Paris, 9 déc. 1852, aff. Grassière, D. P. 53. 2. 17).

20. Contrairement à la doctrine adoptée par les arrêts des cours de Paris et de Rouen rapportés au *Rép.* n° 85, il a été décidé que la déclaration dite de *propriété*, faite par le

(1) (Banque de Savoie C. créanciers Jacquier.) — La cour; — Attendu que les privilèges, création exclusive de la loi, ne peuvent jamais être établis par la convention des deux parties; que ce principe s'applique au privilège du second ordre, institué par la loi du 25 niv. an 13 et les décrets de 1808 et de 1812, sur les cautionnements des fonctionnaires; — Que l'existence de ce dernier privilège est essentiellement subordonnée à la qualité de bailleur de fonds pour la réalisation du cautionnement; — Que l'accomplissement des formalités prescrites par les lois spéciales précitées a bien pour effet de constituer, au profit du créancier qui a obtenu l'inscription, la preuve d'un droit apparent, mais qu'il est toujours loisible aux parties intéressées de faire tomber ces apparences en prouvant que le créancier qui prétend au privilège n'a pas fourni le cautionnement et, par suite, ne se trouve pas dans les conditions qui peuvent seules rendre sa créance privilégiée; — Que l'antériorité de la créance du contestant est indifférente, puisqu'il ne s'agit pas de l'exercice de l'action paulienne, mais seulement de restituer à une créance son véritable caractère; — Attendu qu'il est constant, en fait, que la créance de la banque de Savoie contre André Jacquier n'a pas eu pour cause la prestation d'un cautionnement, mais bien l'escompte de divers effets de commerce successivement renouvelés, — Qu'au moment de la déconfiture de Jacquier, celui-ci a tenté, par l'acte du 9 déc. 1865, G..., notaire, d'affecter à la garantie de cette créance un privilège de second ordre sur son cautionnement; — Qu'une telle stipulation est et doit rester inefficace ;

Par ces motifs, etc.

Du 14 déc. 1872.-C. de Chambéry.

fonctionnaire public, que le cautionnement affecté à la garantie de sa gestion appartient à un tiers, ne rend pas ce tiers propriétaire du cautionnement : elle n'a d'autre effet que de lui assurer le privilège du second ordre (Civ. cass. 17 juill. 1849, aff. Doré, D. P. 50. 1. 131 ; Rouen, 13 janv. 1855, aff. Lesage, D. P. 55. 2. 99).Le cautionnement reste donc la propriété du fonctionnaire et peut, par conséquent, être saisi-arrêté par ses créanciers, même simplement chirographaires (V. en ce sens : Aubry et Rau, t. 3, § 263 *bis*, p. 194).

21. De ce que le bailleur des fonds fournis pour le cautionnement d'un comptable de deniers publics cesse d'en être propriétaire, et en devient simple créancier, avec privilège de second ordre, il résulte que le payement, sur ce cautionnement, de la créance dans l'intérêt de laquelle il a été fourni, n'opère pas subrogation légale du bailleur de fonds dans les droits et actions du Trésor public, et notamment dans le privilège de gagiste stipulé par ce dernier, indépendamment du cautionnement, une telle subrogation n'existant qu'au profit de la caution qui a payé le créancier de ses propres deniers (Civ.cass. 11 mars 1861, aff. Baudon, D. P. 61. 1. 268). Par suite encore, ce bailleur de fonds n'est pas davantage tenu de subroger dans des garanties dont il n'a jamais été investi, la caution que, de son côté, il a exigé du comptable dont il a fourni le cautionnement ; et sa renonciation à de pareils droits n'autorise pas, dès lors, cette caution, poursuivie par lui en remboursement de la portion non restée libre du cautionnement, à réclamer sa décharge en vertu de l'art. 2037 c. civ. (Même arrêt).

La double conséquence que cet arrêt a tirée du principe nous semble incontestable. Du moment que le bailleur des fonds du cautionnement n'est, vis-à-vis du trésor public, dans les liens d'aucune obligation, ce dernier, qui n'a rien à lui demander, n'a rien non plus à lui transmettre, et reste maître des garanties qu'il a pu stipuler, indépendamment de celle résultant du cautionnement. Le bailleur de fonds ne saurait s'en plaindre, car il n'avait nul droit à ces garanties, et se trouvait nécessairement réduit à son privilège de second ordre sur la portion du cautionnement restée libre, après payement de la créance dans l'intérêt de laquelle il a été fourni. — Lorsque, en outre, il s'est fait donner une caution, cette caution ne peut que se faire mettre en son lieu et place, et, si sur les biens du comptable autres que les deniers formant le cautionnement ce bailleur de fonds n'a qu'une créance ordinaire, il est manifeste que la caution n'est pas recevable à exiger sous peine de déchéance, sa subrogation à un droit de préférence qui n'a jamais existé. Qu'importe, d'ailleurs, que le bailleur de fonds ait consenti des actes de renonciation, dans l'opinion erronée qu'il était investi de droits de cette nature? La déchéance du cautionnement, prononcée par l'art. 2037, est encourue dans les cas où la subrogation est devenue impossible par le fait même de la renonciation du créancier, et non lorsque l'obstacle provient de ce que le créancier n'a jamais eu de droit qui pût faire l'objet d'une subrogation.

22. Contrairement à l'opinion que nous avons formulée au *Rép.* n° 84 *in fine*, une instruction générale de l'administration de l'Enregistrement, en date du 12 juill. 1847 (D. P. 47. 3. 204), a décidé que les oppositions formées sur les cautionnements des titulaires, conformément à l'art. 2 de la loi du 25 niv. an 13 et à la loi du 6 vent. an. 13, ne sont pas sujettes à la prescription quinquennale édictée par l'art. 14 de la loi du 9 juill. 1836.

Art. 6. — *Oppositions ou saisies-arrêts sur les cautionnements* (*Rép.* n°s 97 à 114).

23. Deux arrêts ont confirmé la doctrine émise au *Rép.* n° 104, et ont décidé que le cautionnement des fonctionnaires, étant particulièrement affecté à la garantie des faits de charge, ne peut être attribué à un créancier pour toute autre cause, durant l'exercice du titulaire : pendant ce temps, les intérêts du cautionnement sont seuls saisissables par eux (Bourges, 14 juill. 1851, aff. Maronat, D. P. 52. 2. 72 ; 5 juin 1852, aff. Delaveau-Jolly, D. P. 54. 2. 125). Une saisie pratiquée sur le capital devrait, toutefois, avoir son effet après la cessation des fonctions du débiteur saisi. Jusqu'à ce moment, sans doute, le cautionnement ne constitue qu'une créance éventuelle au regard des créanciers ordinaires ; mais ce caractère d'éventualité n'est pas un obstacle à ce que ces derniers exercent sur elle tous les droits que peut conférer une saisie-arrêt, et ne puissent obtenir la saisine de la créance, sous la condition d'attendre, pour la délivrance des deniers, l'époque où il sera certain qu'aucun privilège ne doit se produire (Conf. Civ. cass. 17 juill. 1849, aff. Doré, D. P. 50. 1. 131-132).

24. La jurisprudence admet toujours, conformément à l'opinion que nous avons adoptée (*Rép.* n° 106), que les sommes formant le cautionnement d'un fonctionnaire peuvent être l'objet d'un transport, sauf l'exercice des privilèges existant sur ces sommes, d'abord au profit de l'État, puis au profit des prêteurs (Paris, 7 juin 1851, aff. Bastien de Fourcy, D. P. 52. 2. 39 ; Paris, 11 mars 1852, aff. Grevot, D. P. 52. 5. 83-84 ; Paris, 9 déc. 1852, aff. Grassière, D. P. 53. 2. 17 ; Lyon, 30 avr. 1852, aff. Gervais, D. P. 53. 2. 50-51 ; Paris, 29 juin 1863, aff. Thillet, D. P. 63. 2. 195 ; Montpellier, 14 févr. 1872) (1).

25. Le greffier qui, nonobstant l'opposition formée entre ses mains par un tiers, à la délivrance du certificat exigé par l'art. 5 de la loi du 25 niv. an 13, préalablement à la restitution du cautionnement d'un officier ministériel, fait à ce dernier la délivrance de ce certificat, dans lequel il atteste qu'il n'existe pas d'opposition, se rend responsable envers le tiers opposant des résultats de cette délivrance (Dijon, 19 juill. 1853, aff. Dubois, D. P. 54. 2. 106) : c'est sans fondement, ce semble, qu'on tirerait argument en sens contraire de la circonstance qu'il n'est alloué au greffier aucun droit de recherche pour la délivrance des certificats de non-opposition (*Rép.* n° 118).

26. L'art. 26 de la loi du 8 juin 1864 mentionnée *suprà*, n° 2, a autorisé la transformation des cautionnements hypothécaires des conservateurs des hypothèques en cautionnements en rentes sur l'Etat. Il a été décidé que cette transformation fait disparaître l'affectation des immeubles hypothéqués, alors même qu'elle aurait lieu à la suite de l'annexion à un territoire étranger d'une partie de la circonscription dans laquelle le conservateur exerçait ses fonctions, le nouveau cautionnement en rentes remplaçant désormais l'ancien, tant pour le passé que pour l'avenir, et ce, à l'égard de tous les intéressés, sans distinction de nationalité ; par suite, le tiers qui s'était porté caution réelle du conservateur ne peut exiger le maintien à son profit des garanties et des avantages que ce dernier lui avait consentis pour la durée du cautionnement, tels qu'un nantissement en effets publics et la prestation annuelle d'une certaine somme. Et il en est ainsi encore bien que l'immeuble sur lequel ce tiers a hypothèque étant situé sur le territoire an-

(1) (Vidal C. Tailhand et Joly.) — La cour ; — Sur le moyen tiré de la loi du 25 niv. an 13 et de celle du 6 vent. même année : — Attendu que ce moyen consiste à soutenir que les cautionnements sont incessibles pendant le délai de trois mois à partir de la déclaration faite par le comptable, au greffe du tribunal de sa résidence, qu'il cesse ses fonctions (art. 5, L. 25 niv. an 13) ; — Attendu qu'en admettant, ce qui est fort contestable, que l'art. 5 précité, qui n'a été reproduit dans aucune des lois sur la matière, s'applique à d'autres personnes qu'à celles qui s'y trouvent expressément dénommées et qui sont les notaires, les avoués, les greffiers et huissiers près les tribunaux, ainsi que les commissaires-priseurs, il ne saurait en résulter que les propriétaires du cautionnement fussent, pendant les trois mois qui suivent la cessation de leurs fonctions, privés du droit d'en disposer par actes gratuits ou onéreux. Cet article a seulement pour objet le règlement des formalités à suivre pour opérer, à la caisse d'amortissement, le remboursement des sommes qui y ont été versées à ce titre ; — Attendu qu'il est de principe que les particuliers ont la libre disposition des biens qui leur appartiennent sous les modifications établies par la loi (art. 537 c. civ.) ; — Attendu que les sommes affectées aux cautionnements n'étant point frappées par la loi d'une indisponibilité, même momentanée, restent, dès lors, dans le droit commun ; — Attendu que si le législateur, après avoir mentionné les deux privilèges qui grèvent les cautionnements, s'occupe des créances particulières, c'est uniquement pour dire que ces créances sont admises sur eux dans l'ordre ordinaire, ce qui est la confirmation du droit commun, et non la dérogation aux principes qu'il consacre ;

Par ces motifs, confirme, etc.

Du 14 févr. 1872.-C. de Montpellier.

nexé, la radiation de l'inscription prise sur ledit immeuble n'aurait pu être opérée, par suite de la résistance des autorités étrangères; cette résistance constitue un simple fait de force majeure qui ne saurait modifier l'effet naturel des actes intervenus entre les parties (Poitiers, 3 déc. 1877, aff. Clautrier, D. P. 78. 2. 42, et sur pourvoi, Req. 22 déc. 1879, D. P. 81. 1. 8-9).

ART. 7. — *Remboursement des cautionnements* (*Rép.* n°s 115 à 130).

27. Ainsi qu'on l'a exposé au *Rép.* n° 119, les formalités prescrites par l'art. 5 de la loi du 25 niv. an 13 (*Rép.* n° 16) sont appliquées par l'Administration à toutes les personnes assujetties à un cautionnement, spécialement aux comptables des administrations publiques, quoique cependant, d'une part, cet article ne fasse mention que des notaires, avoués, greffiers, huissiers et commissaires-priseurs, et que, d'autre part, la loi du 6 vent. an 13 (*Rép.* n° 16) ne déclare applicables aux comptables publics que les art. 1er, 2 et 4 de la loi du 25 niv. an 13. — L'arrêt du 14 févr. 1872 (*suprà*, n° 24) sans trancher formellement la question de savoir si cette pratique est régulière, laisse entendre nettement qu'on doit se prononcer dans le sens de la négative.

ART. 8. — *Compétence en matière de cautionnement* (*Rép.* n°s 131 à 134).

28. Par application du principe énoncé au *Rép.* n° 134, il a été décidé que c'est l'autorité judiciaire qui est compétente pour prononcer la validité d'une saisie-arrêt pratiquée sur le cautionnement d'un fonctionnaire public, encore que le jugement de validité empêcherait l'exécution du mandat en vertu duquel la somme saisie-arrêtée était devenue payable au moment de la saisie-arrêt (Civ. cass. 17 juill. 1849, aff. Doré, D. P. 50. 1. 131-132).

Table sommaire

des matières contenues dans le Supplément et le Répertoire.

(Les chiffres précédés de la lettre *S* renvoient au Supplément; les chiffres précédés de la lettre *R* renvoient au Répertoire.)

Table chronologique des Lois, Arrêts, etc.

CÉDULE. — Sur la cédule du juge de paix, V. *Exploit;* — *Rép.* eod. v°, nos 660 et suiv.

Sur la cédule hypothécaire, V. *Privilèges et hypothèques;* — *Rép.* eod. v°, n° 49.

CENSURE. — Sur la censure, droit d'examen réservé par la loi au Gouvernement sur les représentations dramatiques, V. *Théâtre-spectacle;* — *Rép.* eod. v°, nos 73 et suiv.

Sur la censure, peine disciplinaire que les chambres d'avoués, de notaires, d'huissiers, les cours et tribunaux peuvent prononcer, V. *Avoué*, n° 98; *Huissier; Notaire; Organisation judiciaire.*

CENTIMES ADDITIONNELS. — V. *Impôts directs;* — *Rép.* eod. v°, nos 8, 65, 341 et suiv.

V. aussi *Commune; Loi; Organisation administrative; Patente.*

CERCLES. — V. *Action-action judiciaire*, nos 63 et 69; *Association illicite*, nos 9, 28 et 34; *Compétence commerciale; Jeu-pari; Louage; Louage d'ouvrage et d'industrie; Patente; Règlement administratif; Société; Taxe; Trésor public.*

CERTIFICAT. — V. les explications contenues sous ce mot, dans le *Répertoire.*

V. en outre en ce qui concerne :... 1° les certificats délivrés, sous le nom de diplômes, par les facultés des lettres, sciences, etc., v° *Organisation de l'instruction publique;* — *Rép.* eod. v°, nos 96, 202 et suiv., 208, 305, 309 et suiv., 312, 342 et suiv., 370, 375 et suiv., 392, 412, 414;

... 2° Les certificats ou *livrets* d'ouvriers, v° *Ouvriers;* — *Rép.* eod. v°, nos 20, 62 et suiv., 71 et suiv., 74 et suiv., 77 et suiv., 87 et suiv.;

... 3° Les dispositions fiscales concernant les certificats, vis *Enregistrement; Timbre;* — *Rép.* vis *Enregistrement*, nos 4279, 4901, 4934, 4954, 6245; *Timbre*, nos 17, 46, 58, 77;

... 4° Les certificats exigés en matière de pensions, v° *Pensions;* — *Rép.* eod. v°, nos 51, 173 et suiv.;

... 5° Les dispositions pénales qui garantissent les certificats contre la fraude et la mauvaise foi, v° *Faux;* — *Rép.* eod. v°, nos 174 et suiv., 179, 186, 218, 278 et suiv., 379 et suiv., 388 et suiv., 400, 405.

CERTIFICAT DE CARENCE. — V. le même mot au *Répertoire.*

V. aussi *Jugement par défaut;* — *Rép.* eod. v°, nos 150 et suiv., 381, 406.

CERTIFICAT DE CONSERVATEUR DES HYPOTHÈQUES. — V. *Privilèges et hypothèques;* — *Rép.* eod. v°, nos 1825, 2089 et suiv., 2866, 2900 et suiv., 2911 et suiv., 2927 et suiv.

CERTIFICAT DE DÉCHARGE. — V. *Douanes; Impôts indirects; Octroi;* — *Rép.* vis *Douanes*, nos 234 et suiv., 575, 588, 660; *Impôts indirects*, n° 407; *Octroi*, n° 245.

CERTIFICAT D'INDIGENCE. — V. le même mot au *Répertoire.*

V. aussi en ce qui concerne le certificat d'indigence nécessaire pour être dispensé de la consignation d'amende en cas de pourvoi en cassation v° *Cassation*, nos 151 et suiv.; — *Rép.* eod. v°, nos 686 et suiv.

CERTIFICAT D'INDIVIDUALITÉ. — V. les explications contenues sous ce mot dans le *Répertoire.*

V. en outre *Trésor public;* — *Rép.* eod. v°, n° 1120.

V. aussi *Enregistrement; Notaire-notariat.*

CERTIFICAT D'INSCRIPTION. — V. *Privilèges et hypothèques;* — *Rép.* eod. v°, nos 2900 et suiv.

CERTIFICAT DE MORALITÉ ET DE CAPACITÉ. — V. les explications contenues sous ce mot au *Répertoire* et *ibid.* v° *Avoué*, nos 263 et suiv.

V. aussi *Notaire-notariat; Organisation de l'instruction publique;* — *Rép.* vis *Notaire-notariat*, nos 157, 179, 182 et suiv.; *Organisation de l'instruction publique*, nos 196 et suiv., 204 et suiv., 305.

CERTIFICAT D'ORIGINE. — Sur le certificat d'origine en matière de douane, V. *Douanes;* — *Rép.* eod. v°, nos 201, 616, 821.

CERTIFICAT DE PROPRIÉTÉ. — V. le même mot au *Répertoire.*

En ce qui concerne spécialement les droits d'enregistrement et de timbre auxquels sont assujettis les certificats de propriété, V. *Rép.* n° 31.

V. aussi *Enregistrement; Timbre;* — *Rép.* vis *Enregistrement*, n° 4901; *Timbre*, n° 46.

V. encore *Notaire; Responsabilité.*

CERTIFICAT DE RÉSIDENCE. — V. les explications contenues sous ce mot au *Répertoire*, ainsi que le grand nombre de décrets auxquels cette question a donné lieu sous la législation ancienne.

V. aussi *Mariage;* — *Rép.* eod. v°, nos 363 et suiv.

CERTIFICAT DE VIE. — **1.** Les explications contenues sous ce mot, dans le *Répertoire*, n'exigent, en général, aucun complément; nous n'avons à signaler qu'un petit nombre de dispositions nouvelles relatives à cette matière.

2. Aux termes de l'art. 24 du décret du 18 août 1853 portant règlement sur la caisse de retraites ou de rentes viagères pour la vieillesse (D. P. 53. 4. 206), « les certificats de vie à produire, soit pour l'inscription des rentes viagères de la vieillesse, soit pour le payement des arrérages desdites rentes, peuvent être délivrés soit par les notaires, soit par le maire de la résidence du rentier ». Une circulaire du directeur de la comptabilité générale des finances, du 15 oct. 1853 (D. P. 54. 5. 84) porte que les titulaires de rentes viagères sur les caisses de retraite de la vieillesse, bien qu'ils puissent, pour la délivrance du certificat de vie qui leur est nécessaire, recourir au maire de leur résidence, doivent s'adresser de préférence à un notaire.

3. Le décret du 2 août 1860, relatif aux traitements de la légion d'honneur et de la médaille militaire (D. P. 60. 1. 137. — V. aussi *Rép.* v° *Ordres civils et militaires*, n° 228), dispose que « les certificats de vie nécessaires pour toucher les traitements de la légion d'honneur et de la médaille militaire devront, lorsque le titulaire n'appartiendra plus aux armées de terre ou de mer, être délivrés par les notaires ».

4. On a indiqué au *Rép.* n° 46, qu'aux termes d'une décision ministérielle du 11 nov. 1828 et de l'instruction du 6 juin 1839 (art. 10) rapportée *ibid.* n° 6, note 2, la signature des notaires par qui les certificats de vie sont délivrés, devait, lorsqu'il y avait lieu, être légalisée par le préfet ou par le sous-préfet de l'arrondissement. Cette règle a été modifiée par un décret du 29 déc. 1885 (D. P. 86. 4. 81-82), qui attribue à l'autorité judiciaire, conformément au droit commun, la mission de légaliser la signature du notaire sur les certificats de vie. « Les signatures des notaires apposées sur les certificats de vie, porte l'art. 1er de ce décret, seront à l'avenir légalisées par les présidents des tribunaux de première instance ou par les juges de paix, conformément aux règles posées par l'art. 28 de la loi du 25 vent. an 11 et par la loi du 2 mai 1861. »

5. En ce qui concerne les droits de timbre et d'enregistrement, on a vu au *Rép.* nos 61 et suiv. que les certificats de vie y sont assujettis en principe, mais que de nombreuses dérogations ont été apportées à cette règle. Aux exceptions énumérées *ibid.*, il y a lieu d'ajouter celle édictée en faveur des certificats de vie qui doivent être produits en exécution des dispositions relatives à la caisse de retraites ou rentes viagères pour la vieillesse (V. *Rép.* v° *Secours publics*, n° 291; L. 18 juin 1850, art. 11, D. P. 50. 4. 138; Décr. 18 août 1853, art. 24, D. P. 53. 4. 206).

Table sommaire

des matières contenues dans le Supplément et le Répertoire.

(Les chiffres précédés de la lettre *S* renvoient au Supplément ; les chiffres précédés de la lettre *R* renvoient au Répertoire.)

Table chronologique des Lois, Arrêts, etc.

CESSATION DE PAYEMENTS. — V. *Faillite;* — *Rép.* eod. v°, nos 59-2°, 119, 1379-1°, 1393 et suiv.
V. aussi *Jugement; Priviléges et hypothèques; Succession.*

CESSION. — V. *Vente;* — *Rép.* eod. v°, nos 1676 et suiv.
V. aussi *Brevet d'invention*, nos 25, 123, 171 et suiv., 182 et suiv., 253, 281 et 317; *Dispositions entre vifs et testamentaires; Enregistrement; Faillite et banqueroute; Louage; Obligations; Propriété littéraire et artistique; Responsabilité; Tierce opposition; Transcription hypothécaire; Voirie par chemin de fer.*

CESSION DE BIENS. — V. *Obligations;* — *Rép.* eod. v°, nos 2268 et suiv.
V. aussi *Appel civil*, n° 107; *Cautionnement; Compétence commerciale; Enregistrement.*

CESSION DE DROITS LITIGIEUX. — V. *Vente;* — *Rép.* eod. v°, n° 1980.

CESSION DE DROITS SUCCESSIFS. — V. *Enregistrement; Vente;* — *Rép.* vis *Enregistrement*, n° 307; *Vente*, nos 1914 et suiv.
V. aussi *Chose jugée.*

CESSION DE TERRITOIRE. — V. *Souveraineté.*

CHAMBRE D'ACCUSATION. — V. *Instruction criminelle;* — *Rép.* eod. v°, nos 1036 et suiv.
V. aussi *Cassation*, nos 55 et suiv., 98, 124 et suiv., 280 et 322; *Compétence criminelle; Crimes et délits contre les personnes; Dénonciation calomnieuse; Fonctionnaire public; Jugement; Organisation de l'Algérie; Organisation des colonies; Organisation judiciaire; Peine; Règlement de juges.*

CHAMBRE DE COMMERCE. — V. ce mot au *Répertoire.*
V. aussi *Organisation économique;* — *Rép.* eod. v°, nos 45 et suiv.

CHAMBRES ET COMITÉS CONSULTATIFS. — V. ce mot au *Répertoire.*
V. aussi *Organisation économique;* — *Rép.* eod. v°, nos 10 et suiv.; 37 et suiv.; 62 et suiv.

CHAMBRE DU CONSEIL. — V. *Jugement; Organisation judiciaire;* — *Rép.* vis *Jugement*, nos 184 et suiv.; *Organisation judiciaire*, nos 208 et suiv.
V. aussi *Avocat*, nos 31 et suiv., 41 et suiv., 104 et suiv., 120 et suiv., 130 et suiv., 142, 167 et suiv., 183 et suiv., 197, 222 et suiv., 238 et 249; *Chose jugée; Contumace; Divorce et séparation de corps; Enregistrement; Frais et dépens; Instruction criminelle; Interdiction-conseil judiciaire; Mariage; Minorité-tutelle; Presse-outrage-publication; Succession.*

CHAMBRE CORRECTIONNELLE. — V. *Organisation judiciaire;* — *Rép.* eod. v°, nos 567 et suiv.

CHAMBRE DES DÉPUTÉS. — V. *Droit politique; Excès de pouvoir; Organisation de l'instruction publique; Presse-outrage-publication; Souveraineté.*

CHAMBRE DE DISCIPLINE. — V. *Avoué*, nos 54, 90 et suiv.; *Commissaire-priseur; Discipline judiciaire; Huissier; Notaire;* — *Rép.* vis *Avoué*, nos 18, 245 et suiv.; *Commissaire-priseur*, n° 48; *Huissier*, nos 117 et suiv.; *Notaire*, nos 192 et suiv.
V. aussi *Cassation*, n° 26; *Honoraires; Interdiction-conseil judiciaire; Intervention; Office; Patente.*

CHAMBRE DES REQUÊTES. — V. *Cassation*, nos 19, 228 et suiv., 265 et suiv. — *Rép.* eod. v°, nos 1235 et suiv.

CHAMBRES RÉUNIES. — V. *Cassation*, nos 266, 269 et suiv., 495; *Organisation judiciaire;* — *Rép.* vis *Cassation*, nos 128, 1191 et suiv., 1281 et suiv.; *Organisation judiciaire*, nos 383 et suiv.

CHAMBRE TEMPORAIRE. — V. *Organisation judiciaire* ; — *Rép.* eod. v°, n° 345.

CHAMBRE DES VACATIONS. — V. *Organisation judiciaire* ; — *Rép.* eod. v°, n°s 200 et suiv., 378 et suiv.

V. aussi *Cassation*, n° 274; *Instruction criminelle ; Jugement; Organisation de l'Algérie*.

CHANCELIER. — V. *Consul* ; — *Rép.* eod. v°, n°s 97 et suiv.

V. aussi *Dispositions entre vifs et testamentaires ; Echelles du Levant ; Pension ; Responsabilité de l'État*.

CHANGE. — CHANGEUR. — **1.** — I. Règles générales. — Les diverses opérations comprises dans l'expression *change* ont fait au *Répertoire* l'objet d'un examen spécial aux articles *Banquier*, n° 226 ; *Bourse de commerce*, n° 242; *Effets de commerce*, n°s 27 et suiv., *etc.* — En ce qui concerne la constatation du cours du change, V. *Bourse de commerce*, n°s 28 et suiv.; — *Rép.* eod. v° n°s 144 et suiv.

2. Les changeurs n'ont pas seulement perdu tout caractère d'officiers publics, ainsi qu'on l'avait déjà constaté au *Rép.* n° 2; la profession qu'ils exercent a, elle-même, perdu son caractère primitif et en quelque sorte distinctif. Tout en supprimant les offices de changeurs, le décret du 21 mai 1791, art. 11 (V. *Rép.* v° *Monnaie*, p. 374), n'en avait pas moins décidé qu'il ne pourrait être établi de bureaux de change que dans les villes où ces établissements seraient jugés utiles, et sur la demande des directoires de département : ceux-ci devaient proposer à la commission des monnaies des sujets propres à remplir les fonctions de changeur, fonctions qui ne pourraient être exercées qu'en vertu d'un brevet enregistré à la mairie et aux greffes des tribunaux civils et des tribunaux de commerce. Les changeurs, suivant le chap. 9 du même décret, étaient astreints à certaines obligations particulières : tenue d'un double registre, coté et paraphé par le maire : observation des tarifs publics pour le prix du change; affiche des tarifs dans les bureaux; délivrance aux propriétaires des matières d'or et d'argent d'un bordereau indiquant le décompte de l'opération; inscription sur le double registre de tous les articles de leurs recettes, des noms et domicile des propriétaires des espèces et monnaies, et des bordereaux des envois faits à la commission des monnaies; vérification annuelle des balances et poids et envoi à la commission d'un des doubles registres.

Aujourd'hui les dispositions du décret du 21 mai 1791 ont pour la plupart cessé d'être en vigueur; et si l'on admet que certaines d'entre elles sont encore applicables, ce ne sont que les prescriptions ayant le caractère de mesures de police, en ce qu'elles règlementent l'exercice de la profession de changeur proprement dite, c'est-à-dire l'achat des matières d'or et d'argent et des monnaies étrangères. Ainsi actuellement, l'ouverture des bureaux de change n'est plus subordonnée aux besoins des villes, ni à l'approbation des préfets; il n'y a plus ni présentation officielle de candidats, ni nomination par le Gouvernement, ni brevets, ni, par conséquent, enregistrement à la mairie et dans les greffes. Le change est une profession libre; chacun peut s'établir en qualité de changeur, et faire avec le public toutes les opérations que comportent l'achat et l'échange des matières d'or et d'argent; le changeur est un marchand qui opère sur des marchandises d'un ordre particulier, pour lesquelles il reste assujetti, il est vrai, à certaines obligations de police telles que celles de tenir un registre des achats qu'il fait et de délivrer un bordereau, mais dont la profession n'en est pas moins libre, et n'a point, comme par exemple, celle des agents de change, un caractère officiel.

3. Mais la profession des changeurs est loin de se renfermer dans des limites aussi étroites que celles du change des monnaies. Les opérations commerciales qu'ils font aujourd'hui comprennent encore l'échange des billets de banques françaises et étrangères, l'escompte et la négociation des lettres de change, des valeurs de commerce, de toutes sortes de valeurs et de titres au porteur de toutes espèces, actions, obligations, bons du Trésor, coupons, etc.; il en est même qui font des prêts sur nantissement de valeurs de ce genre. Sont-ils, pour ces opérations comme pour le change des monnaies, soumis à des obligations particulières qu'on puisse qualifier de professionnelles, et qui soient écrites dans des lois, des décrets ou des règlements de police? C'est là une question qui a donné lieu à de graves difficultés.

4. On a prétendu tout d'abord, et cette solution semble même résulter implicitement d'un arrêt de la cour de cassation, que l'obligation imposée aux changeurs par le décret du 21 mai 1791, « de porter sur un double registre tous les articles de leur recette, et les noms des propriétaires des espèces et matières », s'applique au cas de change de valeurs au porteur, aussi bien qu'au cas de change des espèces métalliques (Civ. rej. 17 nov. 1856, aff. Mack-Henri, D. P. 56. 1. 393-394). Mais la jurisprudence n'a pas longtemps persisté dans cette voie; elle n'a pas tardé à reconnaître que les formalités auxquelles le décret du 21 mai 1791 astreint les changeurs se rapportent uniquement aux opérations de change sur les matières d'or et d'argent, et que si, à côté de leur profession principale, il leur convient de se livrer à un négoce sur des marchandises d'une nature particulière, ils n'ont relativement à ce commerce d'autres obligations que celles qui résultent pour les commerçants de la loi générale (Rouen, 12 mars 1873, aff. Piat, D. P. 73. 2. 188; Paris, 19 févr. 1875, aff. Hart, D. P. 75. 2. 158. — V. dans le même sens : de Folleville, *Traité de la possession des meubles et titres au porteur*, n° 585).

C'est à tort que l'on invoquerait, comme ayant implicitement consacré la solution contraire, un arrêt de la chambre des requêtes du 24 mars 1874 (aff. d'Audiffret, D. P. 74. 1. 246) qui a écarté l'application des dispositions contenues dans le chap. 9 du décret du 21 mai 1791, par le motif que la négociation de titres dont il s'agissait dans la cause avait été confiée à une *maison de banque*. Cet arrêt, en effet, se fonde, en outre, sur ce qu'une telle opération ne rentre pas dans « les attributions des changeurs »; d'où l'on peut induire que, dans la pensée de la cour les dispositions invoquées eussent été sans application alors même que l'opération aurait été faite, non par un banquier, mais par un changeur. Ainsi l'arrêt précité, loin de contredire l'opinion qui a prévalu, la confirmerait plutôt.

5. Cette jurisprudence, en reconnaissant aux changeurs le droit de se livrer, à côté de leur profession principale, à la négociation de diverses valeurs en pleine liberté et sous réserve des seules obligations communes à tous les commerçants, semble écarter par là même le système qui consisterait à appliquer aux changeurs l'ordonnance de police du 14 therm. an 13, concernant les marchands et prêteurs sur nantissement. Cette ordonnance défend (art. 1er) *aux négociants et marchands domiciliés dans le ressort de la préfecture de police*, d'acheter des marchandises quelconques à des individus dont ils ne connaissent pas les noms et demeures, sans avoir exigé et obtenu le cautionnement d'une personne connue, à peine de 400 fr. d'amende et en outre d'être civilement responsables de tous dommages-intérêts, etc.;— d'acheter de mineurs, de femmes, d'incapables et de domestiques, sans le consentement des pères, tuteurs, maris et maîtres (art. 2). — Suivant l'art. 3 de la même ordonnance, les prêteurs sur nantissement seront tenus, avant de consommer le prêt, de s'assurer de la légitimité de la propriété apparente. — On a soutenu que les termes très larges dans lesquels était conçue l'ordonnance du 14 therm. an 13, les expressions génériques « négociants et marchands », qui s'y trouvaient employés, permettaient de l'appliquer aux changeurs comme à tous autres commerçants; que cette solution était d'ailleurs conforme au but dans lequel avait été édicté ce règlement de police. Ce but était d'assurer la sécurité et la sincérité du commerce des objets mobiliers et des valeurs transmissibles de la main à la main, de combattre l'établissement des recéleurs à boutiques ouvertes, de fermer aux enfants; aux domestiques, etc., les lieux où ils pourraient tirer parti du produit des soustractions auxquelles ils auraient pu facilement se livrer dans l'intérieur de la famille, de diminuer enfin, pour les malfaiteurs de toute espèce, le nombre des complices par recel, sans l'intervention desquels les délits et les crimes contre la propriété demeureraient souvent sans résultat. Or, pour les valeurs au porteur, quel danger que celui des ventes innommées et faciles! Quel attrait pour le mal que cette opération rapide qui, substituant l'argent à la possession des objets, fait disparaître le danger des recherches et du châtiment!

Ce système, malgré ses apparences séduisantes, et les déductions assez logiques sur lesquelles il repose ne pouvait prévaloir. Comme l'a fort bien exprimé l'arrêt du 19 févr. 1875, cité *suprà*, n° 4, l'ordonnance du 14 therm. an 13 a été édictée sous ce titre : « des rouliers, des marchands et des prêteurs sur nantissement », et concerne uniquement les achats ou prêts de marchandises. On ne saurait considérer comme rentrant dans ses prévisions les escomptes de coupons payables au porteur: c'est ce que décide le même arrêt; et il faut croyons-nous, étendre cette solution d'une façon générale, à toutes les négociations de valeurs au porteur, négociations qui diffèrent essentiellement des opérations que l'ordonnance de l'an 13 a eues en vue. D'ailleurs, il faut remarquer que cette ordonnance n'est pas d'une application générale, puisque, d'après le texte même de l'art. 1er, il ne saurait être question de l'appliquer aux changeurs établis en dehors du ressort de la préfecture de police.

Il faut ajouter qu'à défaut d'un texte spécial la justice n'est pas complètement désarmée, car les changeurs peuvent, dans les cas déterminés par le code pénal, être poursuivis comme recéleurs.

6. Les changeurs, en dehors des opérations sur les matières d'or et d'argent, ne sont donc assujettis à aucune règle professionnelle spéciale, et sont, par conséquent, soumis au droit commun en ce qui concerne les opérations auxquelles ils se livrent spécialement quant à la négociation des titres et valeurs de bourse et des coupons qui en sont détachés (Paris, 19 févr. 1875, aff. Hart, D. P. 75. 2. 158; Douai, 25 déc. 1875, aff. Desfontaines, D. P. 76. 2. 153; Paris, 21 août 1880, aff. Silva, D. P. 82. 2. 180). En d'autres termes, les changeurs n'ont, quant aux négociations dont il s'agit, d'autres obligations que celles qui incombent à tous les commerçants, et leur responsabilité doit être appréciée d'après la règle générale édictée par l'art. 1382 c. civ. Cette responsabilité peut exister notamment : 1° envers les propriétaires de valeurs perdues ou volées; 2° à l'égard de ceux qui leur achètent des valeurs.

7. — II. Responsabilité des changeurs vis-à-vis des propriétaires de valeurs perdues ou volées. — Un arrêt rendu par la cour de Paris, le 24 nov. 1875 (1), semblait poser en principe que la responsabilité du changeur serait engagée par le seul fait qu'il aurait traité avec un inconnu sans vérifier son identité et son domicile. Mais si l'art. 1382 permettait une solution aussi absolue et aussi générale, on rétablirait d'une manière indirecte une règle professionnelle qui ne dérive d'aucun texte législatif? Ce serait créer une obligation légale sans base suffisante: aussi cette décision est-elle restée isolée. La jurisprudence, en général, n'impose pas d'une façon absolue, aux changeurs, l'obligation de vérifier l'identité et le domicile des personnes qui traitent avec eux, vérification qui serait souvent incompatible avec les usages ou les exigences de la profession; elle admet que le changeur qui achète des valeurs au porteur n'est pas tenu, en règle générale, de vérifier la déclaration du vendeur sur son identité et son domicile, et sa responsabilité ne serait engagée que si les circonstances dans lesquelles se présentait l'offre de vente avaient été de nature à éveiller ses soupçons (Douai, 25 déc. 1875, aff. Desfontaines, D. P. 76. 2. 153). Ainsi, en achetant des titres au porteur sans exiger de celui qui les lui présente la justification de son droit de propriété, le changeur ne commet pas, en l'absence de toute circonstance de nature à éveiller les soupçons, une faute de nature à engager sa responsabilité envers celui auquel ces titres ont été frauduleusement soustraits (Civ. cass. 5 janv. 1872, aff. Merkens, D. P. 72. 1. 161; Paris, 22 févr. 1875, aff. Ettenghausen, D. P. 77. 2. 143).

8. Il a été jugé, d'après ces principes, que le fait par un changeur d'avoir soldé des coupons au porteur, moyennant un droit de commission, sans s'enquérir de l'identité du possesseur des coupons et de la réalité de son domicile, mais en inscrivant sur son registre les nom et domicile dudit possesseur, suivant sa déclaration, dont rien n'était de nature à faire suspecter l'exactitude, ne constitue pas, de la part de ce changeur, une faute assez grave pour engager sa responsabilité à l'égard du véritable propriétaire des coupons (Paris, 19 févr. 1875, aff. Hart, D. P. 75. 2. 158). — De même, le changeur qui achète des titres au porteur, sans exiger du vendeur la justification de sa propriété, ne commet pas une faute de nature à engager sa responsabilité envers celui auquel ces titres ont été frauduleusement soustraits, lorsqu'il connaissait le vendeur, sa profession et son domicile, que la valeur modique des titres offerts ne pouvait lui rendre suspecte leur possession par le vendeur, et que la modicité du bénéfice réalisé par l'acheteur concourait à démontrer sa bonne foi (Paris, 22 févr. 1875, aff. Ettenghausen, D. P. 77. 2. 143. — V. également: Civ. cass. 5 janv. 1872, cité *suprà*, n° 7). On ne peut non plus considérer comme une faute engageant la responsabilité du changeur, la circonstance que celui-ci n'a pas payé à domicile le prix des titres par lui achetés, si le domicile du vendeur était connu de lui et existait réellement à l'adresse indiquée (Rouen, 12 mars 1873, aff. Piat, D. P. 73. 2. 188; Paris, 21 août 1880, aff. Silva, D. P. 82. 2. 180). — Il en est de même du fait que le changeur n'a pas exigé d'une cliente une justification de sa capacité et de la réalité du commerce qu'elle prétendait exercer, si l'exercice d'un commerce paraissant sérieux était de nature à faire présumer l'autorisation maritale soit tacite, soit expresse, et établissait suffisamment aux yeux du changeur la capacité légale de la venderesse. — Et cette solution est applicable bien que le changeur ne se soit pas enquis de l'origine des titres, et n'ait pas exigé la production d'un bordereau d'acquisition, s'il n'a point d'ailleurs réalisé un profit dont l'exagération puisse faire suspecter sa bonne foi (Même arrêt du 21 août 1880).

9. Au contraire, la responsabilité du changeur est engagée lorsque les circonstances particulières de l'offre ont dû éveiller ses soupçons, et provoquer de sa part un examen attentif et des investigations précises auxquelles il a omis de se livrer. Par exemple, le changeur qui avait acheté des titres au porteur, notamment des obligations de chemin de fer, d'une valeur relativement importante, d'une femme ayant l'apparence d'une domestique et lui indiquant un domicile hors de Paris, et qui n'avait fait aucune diligence, soit pour vérifier l'individualité de cette femme, soit pour contrôler la sincérité de ses déclarations relativement à son domicile, a été réputé avoir commis une faute grave, et condamné à payer, à titre de dommages-intérêts, la valeur de ces titres à leur propriétaire (Paris, 6 juin 1864, aff. Eknout, D. P. 65. 2. 54; 18 déc. 1874, aff. Paraté, D. P. 75. 2. 158). — Jugé, de même, que le changeur auquel on vient offrir, pour un prix notablement inférieur à sa valeur réelle, une valeur au porteur non dépréciée et d'un recouvrement prochain, telle qu'un bon au porteur du Mont-de-Piété de Paris, commet une négligence ou une imprudence, s'il consent au marché sans vérifier préalablement l'exactitude des déclarations du ven-

(1) (Grand C. Bouvier frères.) — Le 30 avr. 1874, jugement du tribunal civil de la Seine ainsi conçu : — « Attendu qu'il est établi que, le 15 juill. 1873, une personne disant se nommer Moïse et demeurant à Paris, rue Fontaine Saint-Georges, 11, a remis à Bouvier frères et Cie, pour en opérer la vente, un titre au porteur de 500 fr. de rente française, emprunt de 1872, sur lequel 10 termes restaient à libérer, et qui avait été soustrait au préjudice de Grand; — Que ce dernier, par des oppositions pratiquées au trésor public, et à la chambre syndicale des agents de change, a pris les seules mesures qui fussent à sa disposition; — Que Bouvier frères et Cie, en recevant cette valeur et en versant à compte sur le prix une somme de 5000 fr., ont commis une faute de nature à engager leur responsabilité; — Qu'il résulte de l'exploit de Gillet, huissier à Paris, du 2 déc. 1873, contenant assignation en garantie à leur requête, que le vendeur n'a jamais demeuré à l'adresse par lui indiquée; — Que si la nature même du titre dispensait les défendeurs d'exiger que le vendeur justifiât en être légitime propriétaire, ils ne devaient pas conclure cette négociation avec un inconnu, sans même vérifier son identité et son domicile; — Que, dans ces circonstances Grand est fondé à réclamer, à titre de dommages-intérêts, un titre de même nature que celui dont s'agit, ou sa valeur; — Qu'il n'y a donc pas lieu de lui allouer de plus amples dommages-intérêts; — Par ces motifs, etc. » — Appel par les sieurs Bouvier frères. — Arrêt.

La cour; — Adoptant les motifs des premiers juges; — Confirme, etc.

Du 24 nov. 1875.-C. de Paris.-MM. Puget, pr.-Benoist, av. gén.-Lenté et Limé, av.

deur quant à son identité et à son domicile; par suite, s'il se trouve que le titre cédé était un titre trouvé par le vendeur et indûment retenu, le changeur est passible d'une action en revendication de la part du véritable propriétaire (Trib. com. Seine, 4 sept. 1872, aff. Gislain, D. P. 73. 3. 87). — Enfin la responsabilité d'un changeur qui avait acheté d'un ouvrier d'anciennes pièces d'or en quantité considérable, sans s'assurer de la légitimité du droit de propriété de ce vendeur, a été considérée comme engagée par cette négligence (Aix, 17 mai 1859, aff. Dalmas, D. P. 59. 2. 114-115).

10. La responsabilité du changeur, quand son imprudence ou sa négligence y a donné lieu, peut disparaître, en tout ou en partie, par la faute que le propriétaire dépouillé aurait lui-même commise. C'est ce qui aurait lieu dans le cas où ce propriétaire aurait négligé les formalités préservatrices auxquelles la législation lui permet de recourir, spécialement, dans le cas où il s'agirait de titres au porteur, s'il laissait s'écouler un long intervalle de temps sans faire l'opposition prévue par la loi du 15 juin 1872 (D. P. 72. 4. 112), et privait ainsi le changeur du secours que lui apporte dans ses affaires quotidiennes le bulletin officiel des oppositions. Il y a, en pareil cas, une cause d'atténuation de la responsabilité du changeur, qu'il appartient aux tribunaux d'apprécier (Paris, 19 févr. 1875, aff. Hart, D. P. 75. 2. 158; Douai, 25 déc. 1875, aff. Desfontaines, D. P. 76. 2. 153. — V. également : Paris, 21 août 1880, cité *suprà*, n° 8).

11. La question de savoir si les titres au porteur perdus ou volés peuvent être revendiqués entre les mains du changeur qui les a achetés sera examinée au mot *Prescription civile*. On se bornera à dire ici que les achats de titres au porteur faits à *n on domino* par les changeurs étaient, avant la loi du 15 juin 1872, soumis aux dispositions des art. 2279 et 2280 c. civ., c'est-à-dire que le changeur qui avait acheté des titres au porteur perdus ou volés était soumis pendant trois ans à l'action en revendication accordée au véritable propriétaire par l'art. 2279, § 2, c. civ. (V. *Rép.* v° *Prescription civile*, n° 291. — V. aussi *ibid.* v° *Effets de commerce*, n° 871 ; Paris, 10 nov. 1858, aff. Monteaux, D. P. 59. 2. 8-9 ; Paris, 6 juin 1864, aff. Ecknout, D. P. 65. 2. 53-54). Depuis la loi du 15 juin 1872, les achats dont il s'agit, comme ceux qui seraient faits par toutes autres personnes, ne sont plus régis par les art. 2279 et 2280 c. civ. que lorsqu'ils sont antérieurs à l'opposition à négociation et à la publication prescrite par l'art. 11 de cette loi; s'ils sont postérieurs, le propriétaire dépossédé a contre tout détenteur une action en revendication qui dure trente ans (V. *Bourse de commerce*, n° 177).

12. Dans tous les cas, la revendication étant une action réelle, et supposant, par suite, que les objets revendiqués sont en la possession de celui contre qui elle est dirigée, ne peut être exercée contre le changeur qui a cessé d'être détenteur des valeurs achetées par lui (Paris, 21 janv. 1874, aff. Stein, D. P. 75. 2. 45 ; Civ. cass. 24 juin 1874, aff. Choisel et Cie, D. P. 74. 1. 429).

13. — III. RESPONSABILITÉ DES CHANGEURS VIS-A-VIS DE CEUX QUI LEUR ACHÈTENT DES VALEURS, ETC. — GARANTIE. — La jurisprudence n'offre que peu de précédents relatifs à ce second cas de responsabilité. — Il a été jugé notamment qu'un changeur est garant de la fausseté des billets de banque remis par lui à un particulier (Req. 26 déc. 1860, aff. Monteaux, D. P. 61. 1. 212-213).

Table sommaire

des matières contenues dans le Supplément et le Répertoire.

(Les chiffres précédés de la lettre *S* renvoient au Supplément; les chiffres précédés de la lettre *R* renvoient au Répertoire.)

Table chronologique des Lois, Arrêts, etc.

CHANGEMENT. — En ce qui concerne :... le changement de domicile, V. *Domicile;* — *Rép.* eod. v°, n°s 23 et suiv. ;

... Le changement d'état, V. *Reprise d'instance et constitution de nouvel avoué ;* — *Rép.* eod. v°, n°s 22 et suiv. ;

... Le changement de nom, V. *Nom ;* — *Rép.* eod. v°, n°s 27 et suiv.

CHANTAGE. — V. *Vol et escroquerie ;* — *Rép.* eod. v°, n°s 82, 617 et suiv., 800 et suiv.

V. aussi *Presse-outrage-publication.*

CHAPELLE. — V. *Culte ;* — *Rép.* eod. v°, n°s 433, 437 et suiv., 568 et suiv., 649.

V. aussi *Action possessoire*, n° 92; *Association illicite*, n° 30; *Compétence administrative ; Impôts directs ; Mines et carrières ; Prescription civile ; Propriété.*

CHAPITRE. — V. *Culte ;* — *Rép.* eod. v°, n°s 326, 366 et suiv., 432.

CHARGE. — V. *Contrat de mariage ; Dispositions entre vifs et testamentaires; Enregistrement ; Succession; Usufruit ;* — *Rép.* v^is *Contrat de mariage*, n° 719 ; *Dispositions entre vifs et testamentaires*, n° 174 ; *Enregistrement*, n°s 4417 et suiv. ; *Succession*, n° 1289 ; *Usufruit*, n°s 551 et suiv.

CHARGEMENT. — CHARGEUR. — V. *Droit maritime ;* — *Rép.* eod. v°, n°s 668, 1230, 1532, 1565.

CHARTE-PARTIE. — V. *Droit maritime ;* — *Rép.* eod. v°, n°s 782 et suiv.

V. aussi *Acte de commerce*, n° 353; *Commissionnaire.*

CHASSE. — LOUVETERIE.

Division.

TIT. 1er. — DE LA CHASSE (*Rép.* nos 1 à 500).

CHAP. 1er. — Historique et législation (*Rép.* nos 1 à 14).

SECT. 1re. — HISTORIQUE ET LÉGISLATION FRANÇAISE (*Rép.* nos 1 à 14).

1. La matière de la *Chasse*, dont l'intérêt pratique est d'ailleurs considérable, a été l'objet de nombreux ouvrages spéciaux; elle a également sollicité l'attention des auteurs qui ont écrit des traités généraux de droit civil. Parmi les premiers il convient de mentionner: Baudrillard, *Dictionnaire des chasses;* Berriat Saint-Prix, *Législation de la chasse et de la louveterie commentée;* Blanche, *Dictionnaire général d'administration;* Boulen, *Le droit de chasse et la propriété du gibier en France;* Bouquet de la Grye, *Le régime forestier appliqué aux bois des communes et des établissements publics;* Camusat-Busserolles, *Code de la police de la chasse*, annoté par Franck-Carré; Championnière, *Manuel du chasseur;* Chardon, *Le droit de chasse français;* Cival, *Loi sur la police de la chasse, annotée et suivie des lois et arrêts sur la louveterie;* Dufour, *Loi sur la chasse, expliquée à l'aide de la jurisprudence;* Duvergier, *Code de la chasse, ou Commentaire de la loi du 3 mai 1844* (Extrait de la Collection des lois); Favard de Langlade, *Répertoire de législation civile, commerciale et administrative*, v° *Chasse;* Fremy, *Droit de destruction des animaux malfaisants ou nuisibles;* Gillon et Villepin, *Nouveau code des chasses*; Giraudeau, Lelièvre et Soudée, *La chasse*, 2e éd.; Houël, *Le nouveau code de la chasse;* Jullemier, *Des procès de chasse* (1) et *Traité des locations de chasse* (2); Lavallée et Bertrand, *Vade mecum du chasseur;* La Valée (Joseph), *La chasse à tir en France;* Loiseau, *Compendium du chasseur;* Loiseau et Vergé, *Loi sur la police de la chasse;* Leblond, *Code de la chasse et de la louveterie;* Menche de Loisne, *Essai sur le droit de chasse;* Morin, *Répertoire criminel*, article *Chasse;* de Neyremand, *Questions sur la chasse;* Perrève, *Traité des délits et des peines de chasse;* Petit, *Traité complet du droit de chasse*, 2e éd.; Puton, *La louveterie et la destruction des animaux nuisibles;* René et Liersel, *Traité de la chasse;* Rogron, *La chasse expliquée;* Sorel, *Dommages aux champs causés par le gibier et responsabilité des propriétaires de bois et forêts* (3); Sorel, *Chasse à tir et à courre, Du droit de suite et de la propriété du gibier tué, blessé ou poursuivi* (4); Viel, *La loi sur la chasse, expliquée aux chasseurs, aux gardes champêtres et aux agriculteurs;* Villequez, *Droit du chasseur sur le gibier dans toutes les phases des chasses à tir et à courre*, 2e éd. (5), et *Droit de destruction des animaux nuisibles et louveterie*, 2e éd., (6).

Il nous faut encore mentionner le *Bulletin des annales forestières* (7) et le *Répertoire de législation et de jurisprudence forestières* (8).

2. Depuis la publication du traité de la *Chasse* au *Répertoire*, certaines dispositions de la loi du 3 mai 1844 ont été modifiées ou complétées par divers lois et décrets, dont nous donnons ci-après l'énumération, sauf à les analyser et les commenter ensuite dans le cours de notre travail.

TABLEAU DE LA LÉGISLATION SUR LA CHASSE.

1er-29 avr. 1852. — Sénatus-consulte portant que l'empereur jouit exclusivement du droit de chasse dans les bois de Versailles, dans les forêts de Fontainebleau, de Compiègne, de Marly et de Saint-Germain (D. P. 52. 4. 135).

7-9 juill. 1852. — Sénatus-consulte interprétatif du sénatus-consulte du 1er avr. 1852 (D. P. 52. 4. 180).

4-18 août 1852. — Décret qui modifie l'art. 3 de l'ordonnance du 5 mai 1845, concernant la gratification accordée aux gendarmes et gardes qui constateront des infractions à la loi du 3 mai 1844, sur la police de la chasse (D. P. 52. 4. 189).

13-29 avr. 1861. — Décret qui modifie celui du 25 mars 1852, sur la décentralisation administrative, et qui donne aux sous-préfets le pouvoir de statuer sur la délivrance des permis de chasse (art. 6-3°) (D. P. 61. 4. 49).

13-15 sept. 1870. — Décret qui suspend momentanément le droit de chasse (D. P. 70. 4. 89).

9-12 août 1871. — Loi qui abroge le décret du 13 sept. 1870, relatif au droit de chasse (D. P. 71. 4. 143).

23-25 août 1871. — Loi qui élève de 15 à 30 fr. le droit sur les permis de chasse perçu au profit du Trésor, ce qui, en y ajoutant les 10 fr. perçus au profit des communes, porte le droit sur les permis de chasse à 40 fr. (art. 2, § 3) (D. P. 71. 4. 54).

20-30 déc. 1872. — Loi qui fixe le prix du permis de chasse à 25 fr. (art. 21) (D. P. 73. 4. 1).

22-25 janv. 1874. — Loi qui modifie les art. 3 et 9 de la loi du 3 mai 1844, sur la police de la chasse (D. P. 74. 4. 49).

Article unique. Les art. 3 et 9 de la loi du 3 mai 1844 sont modifiés ainsi qu'il suit:

Art. 3. Les préfets détermineront, par des arrêtés publiés au moins dix jours à l'avance, les époques des ouvertures et celles des clôtures des chasses, soit à tir, soit à courre, à cor et à cri, dans chaque département.

Art. 9. Dans le temps où la chasse est ouverte, le permis donne à celui qui l'a obtenu le droit de chasser de jour, soit à tir, soit à courre, à cor et à cri, suivant les distinctions établies par les arrêtés préfectoraux, sur ses propres terres et sur les terres d'autrui, avec le consentement de celui à qui le droit de chasse appartient. — Tous les autres moyens de chasse, à l'exception des furets et des bourses destinés à prendre les lapins, sont formellement prohibés. — Néanmoins, les préfets des départements, sur l'avis des conseils généraux, prendront des arrêtés pour déterminer: — 1° L'époque de la chasse des oiseaux de passage autres que la caille, la nomenclature des oiseaux et les modes et procédés de chaque chasse pour les diverses espèces; — 2° Le temps pendant lequel il sera permis de chasser le gibier d'eau dans les marais, sur les étangs, fleuves et rivières; — 3° Les espèces d'animaux malfaisants ou nuisibles que le propriétaire, possesseur ou fermier, pourra en tout temps détruire sur ses terres, et les conditions de l'exercice de ce droit, sans préjudice du droit appartenant au propriétaire ou au fermier de repousser ou de détruire, même

(1 à 6) Pour simplifier, les citations, nous désignerons chacun des deux ouvrages de MM. Jullemier, Sorel et Villequez, par la qualification de tome 1er ou de tome 2, en observant l'ordre dans lequel ces ouvrages sont indiqués ci-dessus.

(7 et 8) Dans le présent traité, comme nous avons fréquemment à renvoyer à ces deux publications, nous les désignons par abréviations, la première par les lettres B. A. F., et la seconde par les lettres R. F.

avec des armes à feu, les bêtes fauves qui porteraient dommage à ses propriétés. — Ils pourront prendre également des arrêtés : — 1° Pour prévenir la destruction des oiseaux ou pour favoriser leur repeuplement; — 2° Pour autoriser l'emploi des chiens lévriers pour la destruction des animaux malfaisants ou nuisibles; — 3° Pour interdire la chasse pendant les temps de neige.

2-5 juin 1875. — Loi relative à l'établissement de décimes additionnels à divers droits de douane, de contributions indirectes et de timbre, et dont l'art. 6, en soumettant aux décimes établis par la législation actuelle les droits de contributions indirectes existant avant 1870 et non augmentés depuis cette époque, a porté à 28 fr., le prix des permis de chasse (D. P. 76. 4. 1).

915 déc. 1881. — Décret qui détermine un nouveau modèle de permis de chasse (D. P. 82. 4. 104).

3-4 août 1882. — Loi relative à la destruction des loups (D. P. 82. 4. 122). — V. *infrà*, tit. 2.

28-29 nov. 1882. — Décret portant règlement d'administration publique pour l'exécution de la loi du 3 août 1882 relative à la destruction des loups (D. P. 83. 4. 78). — V. *infrà*, tit. 2.

5-6 avr. 1884. — Loi sur l'organisation municipale, qui prévoit diverses mesures relatives à la destruction des animaux nuisibles (art. 90-9°) (D. P. 84. 4. 51). — V. *infrà*, tit. 2.

6-11 août 1885. — Loi portant approbation de la convention relative à la répression des délits de chasse, signée à Paris le 31 oct. 1884, et additionnelle à la convention franco-suisse du 23 févr. 1882, sur les rapports de voisinage et la surveillance des forêts limitrophes (D. P. 86. 4. 16).

7-12 août 1885. — Décret qui promulgue la convention relative à la répression des délits de chasse, signée à Paris le 31 oct. 1884, et additionnelle à la convention franco-suisse du 23 févr. 1882, sur les rapports de voisinage et la surveillance des forêts limitrophes (D. P. 86. 4. 16).

21-25 avr. 1886. — Loi qui approuve la convention relative à la répression des délits de chasse, signée à Paris le 6 août 1885, entre la France et la Belgique (D. P. 86. 4. 86).

23-25 avr. 1886. — Décret qui prescrit la promulgation de la convention relative à la répression des délits de chasse, signée à Paris, le 6 août 1885, entre la France et la Belgique (D. P. 86. 4. 86).

3. Les *circulaires* et *instructions ministérielles* mentionnées au *Rép.* n° 14, ont été suivies de circulaires et décisions assez nombreuses sur la police de la chasse. Il suffit de citer les suivantes : 30 juill. 1849, relative à la délivrance des permis de chasse (D. P. 49. 3. 63); — 22 juill. 1851, pour l'exécution des art. 1, 3, 4, 5, 6, 7, 8, 9 et 10 de l'arrêté du 19 pluv. an 5 concernant la destruction des animaux nuisibles, et 11 du règlement du 20 août 1814 portant organisation de la louveterie (R. F. t. 4, n° 608); — 27 janv. 1858, concernant le colportage du gibier en temps prohibé (D. P. 58. 3. 37); — 1er févr. 1860, sur les quittances de permis de chasse (D. P. 60. 3. 86); — 12 juill. 1860, sur la délivrance du permis par les sous-préfets (D. P. 60. 3. 71); — 20 nov. 1860, sur le colportage du gibier exotique (D. P. 62. 3. 64); — 13 déc. 1860, concernant l'étendue de l'autorisation administrative à laquelle sont assujettis les lieutenants de louveterie pour détruire les loups et autres animaux nuisibles (D. P. 61. 3. 62); — 25 avr. 1862, sur le colportage des animaux nuisibles en temps prohibé (D. P. 62. 3. 63 et 87); — 20 déc. 1862 et 4 juill. 1863, sur la clôture de la chasse (D. P. 63. 3. 8 et 55); — 4 janv. 1864, sur le même objet (D. P. 64. 3. 20); — 22 févr. 1868, sur l'importation du gibier exotique (D. P. 68. 5. 62); — 7 mars 1874, sur le colportage des lapins de garenne et des sangliers tués dans les battues autorisées (R. F. t. 6, n° 16, et *Bull. min. int.*, 1874, p. 187); — 11 mars et 5 avr. 1878, sur le même objet (*ibid.*, 1878, p. 72 et 112); — 25 avr. 1879, aussi sur cet objet (*ibid.*, 1879, p. 122); — 30 avr. 1881, également sur cet objet (*ibid.*, 1881, p. 106); — 16 juin 1881, concernant le transport et le colportage des sangliers pendant la fermeture de la chasse (D. P. 82. 3. 8); — 25 mai 1883, sur l'importation du gibier exotique (*Bull. min. int.*, 1883, p. 166); — 12 févr. et 16 mai 1884, sur le transport du gibier vivant (*ibid.*, 1884, p. 29 et 331); — 4 déc. 1884, sur les battues communales (*ibid.*, 1884, p. 504); — 12 déc. 1884, sur la clôture de la chasse (*ibid.*, 1884, p. 519); — 22 janv. 1887, sur le colportage du gibier en temps prohibé (*ibid.*, 1887, p. 11); — 6 avr. 1887, sur les pigeons voyageurs (*ibid.*, 1887, p. 72); — 19 juill. 1887, sur l'ouverture de la chasse (*ibid.*, 1887, p. 182).

4. La loi du 3 mai 1844 a été, à diverses époques, l'objet de critiques souvent peu fondées. Plusieurs fois, depuis quelques années, le Parlement a eu à s'occuper de *propositions de loi* tendant à modifier en tout ou en partie cette législation; mais aucune d'elles n'a pu jusqu'ici aboutir.

5. M. Chavoix présenta, le 25 mai 1878, à la Chambre des députés une proposition de loi ayant pour but de remplacer le permis de chasse par une redevance de un franc pour un fusil simple et de deux francs pour un fusil double; cette proposition légèrement modifiée fut ensuite représentée par son auteur et plusieurs de ses collègues le 20 mai 1879. Une innovation d'un caractère plus radical fut soumise à la Chambre par MM. de Guilloutet, Castaiguède, etc., le 21 mars 1881; elle supprimait purement le permis de chasse et, par voie de conséquence, certains articles ou paragraphes de la loi de 1844 (*Journ. off.* du 30 mars 1881, annexe n° 3455, p. 415). Ces deux propositions ont donné lieu, le 11 juin suivant, à un rapport de M. Labitte (*Journ. off.* de juin 1881, annexe n° 3734, p. 1123). Après le renouvellement de la Chambre, la proposition de M. de Guilloutet, etc., reprise par ses auteurs le 5 nov. 1881 (*Journ. off.* de novembre, annexe n° 12, p. 1612), suivie d'un rapport sommaire de M. Labitte en date du 21 (*Journ. off.* du 1er décembre, annexe n° 112, p. 1797), a été rejetée le 29 novembre. — Le 4 du même mois, M. Labitte reprit, en les modifiant, les conclusions de son rapport du 11 juin, et en fit une proposition de loi (*Journ. off.* de novembre, annexe n° 6, p. 1602); le 21, il déposa à ce sujet un rapport sommaire (*Journ. off.* du 1er décembre, annexe n° 111, p. 1797).

D'autres propositions ont été également déposées sur le bureau de la Chambre, notamment, l'une le 31 mars 1882 par M. Desmons et plusieurs de ses collègues, sur la chasse (*Journ. off.* de 1882, annexe n° 734, p. 1122); une autre par MM. Petitbien, etc. sur la destruction des animaux nuisibles. Les conclusions de la commission saisie de ces diverses propositions ont été consignées dans le rapport de M. Deluns-Montaud (*Journ. off.* d'octobre 1883, annexe n° 1765, p. 1216). — Ces conclusions n'ayant pu être discutées en temps utile, une nouvelle proposition de loi a été présentée le 21 nov. 1885, par M. Brugère et plusieurs de ses collègues, et suivie d'un rapport sommaire de M. Borie (*Journ. off.* de mars 1886, annexe nos 74 et 158, p. 40 et 50).

6. Au Sénat, M. Labitte a déposé, le 25 juill. 1883, une proposition de loi tendant à modifier de fond en comble la loi du 3 mai 1844 (*Journ. off.* d'octobre 1883, annexe n° 425, p. 977). Après un rapport sommaire du même député en date du 27 octobre (*Journ. off.* de décembre 1883, annexe n° 7, p. 1022), et un rapport de M. Tenaille-Saligny, du 10 avr. 1886 (*Journ. off.* de juin 1886, annexe n° 136, p. 169), le Sénat a adopté en première délibération les 1er, 5 et 8 juin, et en deuxième délibération les 16, 18, 20, 22 et 23 novembre, une proposition qui a été transmise le 1er décembre de la même année à la Chambre des députés (*Journ. off.* de mai 1887, annexe n° 1326, p. 1202). Bien que cette proposition n'ait pas encore été convertie en loi, comme elle a été l'objet d'un examen approfondi au Sénat et qu'elle apporte des améliorations incontestables à la législation antérieure, il y a lieu d'en indiquer les traits les plus saillants. — Dans la pensée de M. Labitte, pour conserver en France le gibier qui tend à disparaître, il importait de pourvoir d'une façon énergique et efficace à la répression du braconnage. Les principales mesures à édicter dans ce but devaient, selon lui, être les suivantes : 1° accroître sensiblement les pénalités et enlever notamment à la peine de l'emprisonnement le caractère facultatif qui, dans la plupart des cas, lui a été attribué par la loi de 1844; 2° assimiler au délit de chasse la circulation en plaine et en bois des chiens de toute espèce, à moins qu'ils ne fussent couplés ou tenus en laisse; 3° exiger que tout gibier destiné à la vente portât sur lui-même la preuve authentique de la parfaite légalité de la capture, au moyen d'un plombage. — Tout en reconnaissant la gravité du mal auquel il s'agit de remédier, la commission du Sénat n'a pas cru pouvoir se rallier aux propositions formulées par M. Labitte, qui lui ont paru inapplicables. Estimant que, si la loi de 1844 est sur certains points défectueuse et insuffisante, elle n'en est pas moins dans son ensemble l'expression des principes dont doit s'inspirer une bonne législation sur la chasse, la commission s'est bornée à la compléter par l'adjonction d'un certain nombre de dispositions dont l'expérience et les indications de la jurisprudence ont démontré l'utilité. Dans le cours de notre travail, nous reviendrons sur les points de détail qui distinguent de la loi de 1844 la proposition votée par le Sénat et actuellement encore soumise à la Chambre des députés.

7. Signalons aussi la proposition de loi de MM. Vergoin, Colfavru, etc., sur la défense des terrains en culture contre les dégâts du gibier, présentée le 20 juill. 1887 à la Chambre des députés, mais non encore discutée (*Journ. off.* de novembre 1887, annexe n° 2014, p. 1090). Nous en donnons l'analyse *infrà*, n° 1364.

Sect. 2. — Droit comparé.

8. La matière de la chasse a sollicité l'attention des pouvoirs publics dans la plupart des Etats de l'Europe, depuis quelques années. Il n'est pas sans intérêt de remarquer que la législation de presque toutes les nations est conforme, dans ses lignes principales, à la loi française du 3 mai 1844; partout l'exercice du droit de chasse est subordonné, comme en France, aux conditions de délivrance préalable d'un permis, d'ouverture de la chasse et d'emploi d'engins non prohibés. Mais la législation allemande, tout en regardant le droit de chasse comme un attribut de la propriété, n'en laisse l'exercice qu'aux propriétaires ou possesseurs de domaines d'une certaine étendue. Si l'interdiction de vendre ou mettre en vente le gibier pendant la clôture de la chasse est commune à tous les pays, cette interdiction ne commence généralement à courir que plusieurs jours à partir de la clôture. Les réformes adoptées récemment par les diverses nations de l'Europe, aussi bien que celles actuellement soumises aux Chambres françaises, ont pour but d'assurer avec plus d'efficacité la répression du braconnage, la protection des petits oiseaux, la destruction des animaux malfaisants ou nuisibles. Plusieurs lois ont déterminé avec précision les droits respectifs du propriétaire et de ses ayants droit, en matière de chasse, et ont ainsi mis fin à des controverses qui subsistent encore en France.

9. En *Angleterre*, le droit de chasse peut être exercé par tout propriétaire de terrain, quelle que soit la contenance de ce terrain. Mais il faut être muni d'un permis, à moins que l'on ne se borne à assister un chasseur dûment pourvu lui-même d'un permis. La chasse est défendue pendant la nuit, sous des peines rigoureuses (V. Stephen, *New commentaries on the laws of England*, t. 2, p. 20 et suiv.; et t. 4, p. 285 et 491). — Un acte du 7 sept. 1880 (*Ground game act*) est intervenu pour assurer plus efficacement la protection des possesseurs de terres, contre les dégâts causés à leurs moissons par les lièvres et les lapins. Dans le courant de la même année, a été aussi votée une loi destinée à protéger les oiseaux sauvages, spécialement les petits oiseaux (*Wild birds protection act*) (V. *Annuaire de législation étrangère*, 1881, p. 6 et 32).

La rigueur des lois sur la chasse, en *Ecosse*, a été adoucie par un bill dans l'année 1879 (*Game laws amendement bill*) (V. *ibid.*, 1880, p. 9).

10. Le code pénal allemand du 31 mai 1870, rendu applicable à tout l'*empire d'Allemagne* par la loi du 15 mai 1871, et modifié par la loi du 26 févr. 1876, réprime sévèrement les délits de chasse sans autorisation sur le terrain d'autrui (art. 292), surtout quand il a lieu soit avec des engins prohibés, soit en temps prohibé, soit la nuit, soit en réunion (art. 293); il punit aussi le braconnage de profession (art. 294), le fait de dénicher des œufs et couvées (art. 368-11°). Il prononce la confiscation de l'arme, de l'attirail de chasse et des chiens que le délinquant avait avec lui au moment de la perpétration du délit, ainsi que des lacets, filets et autres engins, qu'ils soient ou non la propriété du condamné (art. 295). Il punit même le simple fait d'être rencontré en appareil de chasse sur le terrain d'autrui en dehors du chemin destiné à l'usage commun, à moins d'une autorisation du propriétaire de la chasse (art. 368-10°) (V. *Annuaire de législation étrangère*, 1872, p. 157; 1877, p. 152).

En *Prusse*, une loi du 1er mars 1873 a aboli le droit de chasse sur la propriété d'autrui dans les anciens Electorat et Grand-Duché de Hesse, de même que dans la province du Schleswig-Hostein, et l'a réglementé dans l'intérêt public (V. *op. cit.*, 1874, p. 133). — Une loi du 26 juill. 1876, sur la compétence des autorités administratives et des tribunaux administratifs, s'occupait de la police de la chasse dans ses art. 87 à 94. Elle a été abrogée et remplacée par la loi du 30 juill. 1883, sur l'administration générale, dont le titre 15 (art. 103 à 108) fixe les règles de compétence spéciale à la police de la chasse (V. *op. cit.*, 1877, p. 246; 1884, p. 282). — Depuis plusieurs années, les Chambres sont saisies d'un projet de refonte générale de la législation sur la chasse pour tout le royaume; il a été voté le 1er mai 1884 par la Chambre des députés en troisième délibération, mais n'a pas encore été définitivement converti en loi (V. *op. cit.*, 1881, p. 96; 1885, p. 179).

Jusqu'en 1883, la loi française du 3 mai 1844 formait la base de la législation sur la chasse, en *Alsace-Lorraine*, spécialement en ce qui concernait l'ouverture et la clôture, l'obligation du permis, les modes de chasse autorisés et les peines. Cependant la loi du 30 août 1871, qui avait déclaré exécutoire dans cette province le code pénal allemand, avait eu pour conséquence de remplacer l'art. 11, § 2, et l'art. 13 de la loi de 1844 par les art. 292 à 295 de ce code, l'art. 17 par les art. 73 à 79 du même code, l'art. 18 par l'art. 5 de la loi du 30 août 1871 (V. *op. cit.*, 1872, p. 80 et suiv., 393). — Une innovation considérable, réclamée à plusieurs reprises par la délégation d'Alsace-Lorraine, a été consacrée par la loi du 7 févr. 1881 sur l'exercice du droit de chasse. Conformément au système germanique, cette loi ne laisse au propriétaire l'exercice du droit de chasse que sur les domaines d'une certaine contenance d'un seul tenant, vingt-cinq hectares pour les fonds de terre, cinq hectares pour les lacs et étangs, à moins qu'il ne s'agisse de terrains clos; les propriétés non closes d'une contenance inférieure sont réunies par commune en un ou plusieurs districts de chasse, dont la chasse est affermée par la commune soit pour le compte des propriétaires, soit pour le compte de la commune elle-même s'il en est ainsi décidé par les deux tiers au moins des intéressés, possesseurs des deux tiers des fonds compris dans le district (V. *op. cit.*, 1882, p. 282). — La loi du 7 mai 1883, sur la police de la chasse, a abrogé les dispositions jusqu'alors en vigueur de la loi du 3 mai 1844 et constitue aujourd'hui le code de la matière. Elle détermine les époques de fermeture de la chasse, selon la nature du gibier; elle admet deux sortes de permis, le permis ordinaire valable pour un an et le permis complémentaire destiné aux invités et d'une durée de huit jours seulement. Elle atténue les pénalités de la loi française, la protection du gibier étant déjà suffisamment assurée par l'application des art. 292 à 295 du code pénal allemand et par la loi du 7 févr. 1881 (V. *op. cit.*, 1884, p. 311). — Une loi du 11 juill. 1884 a interprété l'art. 3 de la loi de 1883 en fixant le commencement de la clôture de la chasse au matin du 2 février et la fin au soir du 22 août (V. *op. cit.*, 1885, p. 260). — Enfin, une loi du 14 mars 1877, concernant l'exercice des professions ambulantes, confère (art. 5) au directeur de cercle ou au directeur de police de la localité où le commerçant est domicilié, le droit de délivrer les certificats d'autorisation pour l'achat et la vente des produits de la chasse que le requérant se procure lui-même (V. *op. cit.*, 1878, p. 192).

Dans le *Würtemberg*, la chasse continue à être régie par la loi du 27 oct. 1855. Toutefois, en 1878, sont intervenues deux ordonnances: l'une, du 12 août, qui fixe l'ouverture et la fermeture pour les différentes espèces de gibier; l'autre, du 16 août, qui est relative à la protection des oiseaux (V. *op. cit.*, 1879, p. 183). — Citons encore, pour le Grand-duché de *Brunswick*, la loi du 1er avr. 1879, ayant pour objet de réprimer les délit de chasse (V. *op. cit.*, 1880, p. 248); pour la ville libre de *Brême*, la loi du 7 mai 1878, modifiant celle du 13 août 1849, et concernant l'interdiction de chasser et de vendre du gibier pendant la clôture de la chasse (V. *op. cit.*, 1879, p. 198).

En *Saxe*, c'est une loi du 1er déc. 1864 qui constitue la base de la législation sur la chasse. Bien que tout propriétaire ait la jouissance du droit de chasse, il n'en a l'exercice que s'il possède un domaine de trois cents acres au moins d'un seul tenant. Les terrains de moindre contenance sont groupés pour former des cantons de chasse; leurs propriétaires, réunis en société, ont la faculté d'interdire la chasse, de la louer ou de la faire exercer par un chasseur spécial sur ces cantons. — Une loi du 22 juill. 1876, modifiant et complétant celle du 1er déc. 1864, établit des mesures destinées à empêcher la destruction des petits oiseaux ; elle détermine pour les diverses espèces de gibier les époques de fermeture de la chasse ; elle défend la vente ou la mise en vente du gibier à partir du quinzième jour qui suit la clôture de la chasse et pendant toute la durée du temps prohibé. La chasse n'est jamais interdite à l'égard des oiseaux de proie et autres espèces carnassières, des sangliers et des oiseaux qui ne nichent pas dans le pays. En temps d'ouverture, les chefs de bailliage peuvent faire détruire les sangliers, cerfs, daims et chevreuils, en laissant d'abord aux détenteurs du droit de chasse le soin d'opérer cette destruction (*Annuaire de législation étrangère*, 1877, p. 281 et suiv.).

11. En *Hongrie*, la loi VI de l'année 1872, après avoir été modifiée en partie par la loi XLIV de l'année 1876, a été remplacée par la loi du 19 mars 1883, sur la chasse. Les propriétaires ne peuvent exercer le droit de chasse que s'ils possèdent deux cents arpents, sauf aux propriétaires de fonds contigus et d'une contenance d'au moins cinquante arpents chacun à se réunir pour exercer ce droit en commun (art. 2). L'ouverture de la chasse varie selon neuf catégories de gibier (art. 9). Il est défendu de poursuivre sur le terrain d'autrui le gibier que l'on a blessé (art. 17). — La loi XXIII, du 8 avr 1883, promulguée le 13, remplace la loi XXI de 1875, en ce qui touche la taxe des armes et la taxe de chasse, V. *Annuaire de législation étrangère*, 1884, p. 382 et 392.

12. La loi du 15 juill. 1877, sur l'obligation de l'instruction élémentaire en *Italie*, offre cette particularité de priver les contrevenants du droit de port d'armes (art. 3 et 37). — V. *op. cit.*, 1878, p. 405 et 416.

13. En *Espagne*, la chasse est actuellement réglementée par une loi du 10 janv. 1879, qui a l'avantage d'être très complète et précise. La sect. 1re renferme la classification des animaux, qu'elle divise en sauvages, apprivoisés et domestiques. Par son art. 7, elle définit la chasse : tout acte ou moyen de poursuivre ou appréhender, à l'effet de se les approprier, les animaux sauvages et les animaux apprivoisés qui ont recouvré leur liberté. — Dans la sect. 2, intitulée : « Du droit de chasse », il convient de noter : l'art. 12, qui reconnaît à chacun des propriétaires indivis la faculté de chasser en personne ou par l'entremise d'un représentant sur le fonds commun, mais qui défend de céder le droit de chasse à une personne étrangère sans l'agrément des copropriétaires du tiers au moins de l'immeuble ; — L'art. 13, suivant lequel le droit de chasse appartient au fermier, à moins de stipulations contraires insérées dans le bail ; — L'art. 16, qui règle les droits respectifs du chasseur et du propriétaire du sol. — La sect. 3, relative aux conditions d'exercice du droit de chasse, contient des dispositions analogues à notre législation. Toutefois, l'art. 24 autorise les propriétaires ou fermiers de terres destinées à l'élevage du gibier à y placer toute espèce d'engins pour la destruction des animaux nuisibles. D'après l'art. 29, le permis peut être délivré gratuitement aux militaires en activité de service ou en retraite, ainsi qu'aux décorés de la croix de Saint-Ferdinand. — La chasse aux pigeons fait l'objet de la sect. 4. — La sect. 5 détermine l'époque pendant laquelle il est interdit de chasser aux lévriers (art. 34) ; un permis spécial est exigé pour cette chasse (art. 35). — La sect. 6 est consacrée à la grande chasse. Tout chasseur qui blesse une pièce de grand gibier conserve un droit sur elle tant qu'il la poursuit seul ou avec ses chiens (art. 37). Quand une pièce de gibier lancée par un chasseur a été tuée par un autre, chacun d'eux a sur elle un droit égal (art. 38). — Il est question de la chasse des animaux nuisibles dans la sect. 7. Chacun peut chasser librement les animaux déclarés nuisibles par un règlement spécial, sauf sur les terrains clos, auquel cas l'autorisation écrite du propriétaire ou du fermier est nécessaire (art. 39). Les art. 40 à 43 concernent les battues ordonnées par l'autorité publique et les primes accordées pour la destruction des animaux féroces ou nuisibles. — Dans la sect. 8 (Des pénalités et de la procédure), la loi espagnole attribue aux infractions de chasse le caractère de contraventions, dont la répression consiste en une amende qui augmente de gravité en cas de première et de seconde récidive. A la troisième récidive, l'infraction devient un délit correctionnel. — La loi se termine par quelques dispositions générales.

14. En *Belgique*, la police de la chasse a été autrefois réglementée, en vertu de la réunion de ce pays à la France le 1er oct. 1795, par les lois françaises des 4-11 août 1789 et des 28-30 avr. 1790, ainsi que par les décrets du 11 juill. 1810 et du 4 mai 1812 relatifs au permis de port d'armes de chasse, ce dernier décret confirmé le 14 août 1814 par le prince souverain des Pays-Bas (V. *Rép.* n° 105). Cette législation a été remplacée par la loi du 26 févr. 1846, qui reproduisait la plupart des dispositions de la loi française du 3 mai 1844, et qui a été modifiée en certains points par la loi du 29 mars 1873. Aujourd'hui la matière est régie par la loi du 28 févr. 1882, dont le but principal a été d'aggraver les pénalités édictées par la loi de 1846, et d'atteindre par des mesures rigoureuses les marchands de comestibles, traiteurs et aubergistes, recéleurs de gibier en temps prohibé.

Aux termes de l'art. 1er, le gouvernement fixe, chaque année, les époques de l'ouverture et celles de la clôture de la chasse dans chaque province ou partie de province ; les arrêtés relatifs à l'ouverture et à la fermeture de la chasse sont publiés huit jours au moins avant la date des époques fixées. — La chasse est interdite, sous peine d'une amende de 100 fr., après le coucher et avant le lever du soleil. Toutefois, le ministre de l'intérieur peut autoriser, dans certaines provinces ou parties de provinces, à des époques et moyennant des conditions déterminées, la chasse au canard pendant la nuit et l'affût à la bécasse (art. 2). — Il est interdit, sous peine d'une amende de 50 fr., de chasser sur les voies ferrées ou leurs dépendances. Il est également interdit, sous la même peine, de chasser sur les chemins publics et les berges des voies ferrées à tout autre qu'au propriétaire riverain ou à son ayant droit. Le riverain ne peut user de cette faculté sur les berges des voies ferrées que pour y chasser le lapin au moyen de bourses et de furets (art. 3). — Il est défendu de chasser, en quelque temps et de quelque manière que ce soit, sur le terrain d'autrui sans le consentement du propriétaire ou de ses ayants droit, sous peine d'une amende de 50 fr., sans préjudice des dommages-intérêts, s'il y a lieu. L'amende est portée à 100 fr. quand le terrain est clos de murs ou de haies (art. 4). — Sont punis d'une amende de 1 à 10 fr. ceux qui ont sciemment laissé chasser ou vagabonder leurs chiens sur les terres où le droit de chasse appartient à autrui. Peut être considéré comme ne tombant pas sous l'application de cet article, ni sous celle de l'article précédent, le fait du passage des chiens sur l'héritage d'autrui, lorsqu'ils sont à la poursuite d'un gibier lancé sur la propriété de leur maître, sauf l'action civile en cas de dommages (art. 5). — Il est défendu, sous peine d'une amende de 50 fr., de chasser, de quelque manière que ce soit, hors des époques fixées par le gouvernement, sans préjudice du droit appartenant au propriétaire ou au fermier de repousser ou de détruire, même avec des armes à feu, les bêtes fauves qui porteraient dommage à leurs propriétés. Il est également défendu, sous la même peine, d'enlever ou de détruire sur le terrain d'autrui, d'exposer en vente, de vendre, d'acheter, de transporter ou de colporter des œufs ou des couvées de faisans, de perdrix, de cailles, de gélinottes, de râles, de coqs de bruyère et d'oiseaux aquatiques. Le propriétaire ou possesseur peut chasser ou faire chasser, en tout temps, sans permis de port d'armes de chasse, dans ses possessions attenantes à une habitation et entourées d'une clôture continue faisant obstacle à toute communication avec les héritages voisins et à tout passage de gibier (art. 6). — L'art. 7 porte au double les indemnités pour dommages causés par les lapins aux fruits et récoltes, et donne au ministre de l'intérieur le pouvoir d'autoriser, après avis de la députation permanente du conseil provincial, la destruction des lapins, quand leur excédent nuit aux produits de la terre. — Il est interdit en tout temps, sous peine d'une amende de 100 à 200 fr., et d'un emprisonnement de huit jours à un mois, d'employer des filets, lacets, bricoles, appâts et tous autres engins propres à prendre, à détruire les lapins et le gibier dont fait mention l'art. 10 ou à faciliter soit la prise, soit la destruction de ce gibier. Le transport et la détention des engins mentionnés ci-dessus sont punis d'une amende de 100 à 200 fr. Ils peuvent être recherchés et saisis conformément aux règles prescrites par le code d'instruction criminelle. L'emploi et le transport de ces mêmes engins sont punis d'une amende de 200 à 400 fr. et d'un emprisonnement de quinze jours à deux mois, si les délinquants étaient armés, déguisés ou masqués ou si les faits ont été commis en bande ou pendant la nuit. Dans tous les cas, ces engins doivent être saisis et confisqués; le juge doit en ordonner la destruction (art. 8). — L'art. 9 excepte de l'application de l'article précédent, et moyennant certaines conditions, les canardières, les bourses propres à prendre le lapin, les lacets destinés à prendre la bécasse, les engins qu'un propriétaire est autorisé à employer pour reprendre dans ses bois les faisans destinés à la reproduction. — Dans chaque province ou partie de province, il est défendu d'exposer en vente, de vendre, d'acheter, de transporter ou de colporter, pendant le temps où la chasse n'y est point permise, et à compter du troisième jour après la clôture de la chasse, des faisans, perdrix, cailles, gélinottes, râles de campagne ou de genêts, coqs de bruyère, vanneaux, bécassines, canards sauvages, jaquets, lièvres, chevreuils, cerfs ou daims. Il est également interdit aux marchands de comestibles, traiteurs et aubergistes, de détenir, même hors de leur domicile, le gibier désigné au paragraphe précédent, comme à toute autre personne de recéler ou détruire lesdites espèces de gibier pour le compte de marchands ou de trafiquants. Le gibier ci-dessus désigné ne peut être exposé en vente, vendu et acheté qu'à partir du jour qui suit celui de l'ouverture de la chasse. Chaque infraction aux dispositions du présent article est punie d'une amende de 50 à 100 fr. (art. 10). — Le gibier ne peut être recherché et saisi, conformément aux règles prescrites par le code d'instruction criminelle, que chez les marchands de comestibles, traiteurs et aubergistes, dans les lieux publics ou les voitures publiques. La recherche et la saisie ne peuvent être pratiquées par les mêmes voies et en d'autres lieux que si le gibier y est déposé pour être livré au commerce. Le gibier saisi est immédiatement mis, par le bourgmestre de la commune, à la disposition de l'hospice le plus rapproché (art. 11). — Le transport du gibier vivant et des œufs mentionnés à l'art. 6 peut être autorisé, pendant la fermeture de la chasse, par le ministre de l'intérieur, moyennant les conditions qu"il prescrit (art. 12). — L'art. 13 ne permet de chasser dans les domaines de l'État qu'en vertu d'une adjudication publique, et détermine les forêts dont la chasse est réservée à la couronne. — Quiconque est trouvé chassant et ne justifiant pas d'un permis de port d'armes est puni d'une amende de 100 fr. Est puni de la même peine celui qui a chassé au lévrier sans être muni d'un permis spécial, dont le prix est le même que celui du port d'armes de chasse. Les permis de port d'armes de chasse et le permis de chasse au lévrier sont personnels; ils ne sont valables que pour une année à partir du 1er juillet. Un arrêté royal règle le mode, la forme et les conditions de leur délivrance (art. 14). — En exécution de la disposition qui précède, un arrêté royal du 1er mars 1882 charge les commissaires d'arrondissement de délivrer les permis, fixe leur prix à 35 fr. indépendamment de la taxe provinciale, exige la production, par l'impétrant, de son extrait de naissance et d'un certificat de l'administration communale du lieu de sa résidence attestant sa moralité, sa bonne conduite, et constatant qu'il ne se trouve dans aucun cas qui peuvent motiver le refus de délivrance d'un permis. Le même arrêté détermine les personnes à qui le permis peut et doit être refusé. L'étranger résidant en Belgique ne peut obtenir un permis qu'avec l'agrément de l'administration de la sûreté publique.

L'art. 15 de la loi du 28 févr. 1882 frappe d'une amende double et d'un emprisonnement de huit jours à un mois les infractions prévues par les art. 3, 4, 6 et 14, dans le cas de circonstance aggravante d'arme prohibée, de déguisement, de réunion en bande ou de nuit. — Les peines sont portées au double à l'égard des employés des douanes, gardes champêtres ou forestiers, gendarmes et gardes particuliers (art. 16). — En cas de concours de plusieurs infractions, les peines sont cumulées, sans qu'elles puissent néanmoins excéder le double du maximum de la peine la plus forte (art. 17). — Chacune des différentes peines est doublée en cas de récidive. Elle est triplée, s'il survient une nouvelle condamnation, et la même progression est suivie pour les condamnations ultérieures. Toutefois, ces peines ne peuvent excéder 1000 fr. d'amende et huit mois d'emprisonnement. Il y a récidive, lorsque le délinquant a subi, dans le courant des deux années qui précèdent, une condamnation pour l'une des infractions prévues par la présente loi (art. 18). — L'art. 19 autorise l'admission des circonstances atténuantes. — D'après l'art. 20, l'arme employée par le délinquant doit, sauf le cas de délit de chasse sans le consentement du propriétaire, être remise à l'agent verbalisant et confisquée, sous peine d'une amende spéciale de 100 fr. — La responsabilité civile des père, mère, maîtres et commettants est réglée par l'art. 21.

La loi du 28 févr. 1882 a encore pour objet: l'interdiction de désarmer les délinquants, sauf dans trois cas, et l'arrestation de ceux qui refusent de faire connaître leur nom ou n'ont pas de domicile connu (art. 22); — L'admission de la preuve testimoniale des infractions de chasse, à défaut de procès-verbaux ou à leur appui (art. 23); — L'énumération des fonctionnaires ou agents qui ont qualité pour constater les infractions de chasse, et la force probante de leurs procès-verbaux (art. 24); — L'affirmation de ces procès-verbaux (art. 25); — La poursuite, qui a lieu d'office, sauf pour les contraventions spécifiées aux art. 4 et 5 (art. 26); — La substitution de l'emprisonnement à l'amende, dans le cas où celle-ci n'est pas acquittée (art. 27); — La prescription de l'action par le laps de trois mois à compter du jour de l'infraction (art. 28); — Les dommages-intérêts à allouer aux propriétaires des fruits (art 29); — La soumission des militaires à la juridiction ordinaire, en matière de chasse (art. 30).

Aux termes de l'art. 31, le gouvernement est autorisé à prévenir, par un règlement d'administration générale, la destruction, la chasse, l'exposition, la vente, l'achat, le transport et le colportage des oiseaux insectivores, de leurs œufs, ou de leurs couvées. Les faits interdits par ce règlement sont punis d'une amende de 5 à 25 fr., outre la confiscation des oiseaux saisis, ainsi que des filets, lacets, appâts et autre engins. En cas de récidive, l'amende est élevée au maximum, avec faculté, pour le tribunal, de prononcer, indépendamment de l'amende, un emprisonnement de trois à sept jours. — L'arrêté royal prévu par l'art. 31 est celui du 1er mars 1882, qui remplace celui du 21 avr. 1873 (*Annuaire de législation étrangère*, 1883, p. 739).

15. Aux termes de l'art. 25 de la constitution fédérale de la *Confédération suisse* du 29 mai 1874, la Confédération a le droit d'édicter des dispositions législatives pour régler l'exercice de la pêche et de la chasse, principalement en vue de la conservation du gros gibier dans les montagnes, ainsi que pour protéger les oiseaux utiles à l'agriculture et à la sylviculture (*Annuaire de législation étrangère*, 1875, p. 455). — Une loi du 17 sept. 1876 est intervenue pour assurer la protection du gibier, et spécialement des oiseaux insectivores (*op. cit.*, 1877, p. 537).

La loi fédérale du 17 sept. 1876 a été mise en vigueur: dans le canton de Lucerne, par une ordonnance du 7 juin 1882 abrogeant la loi cantonale du 7 mai 1870 (*op. cit.*, 1883, p. 794); — Dans celui d'Appenzell (Rhodes extérieures), par une ordonnance des 27 mars 1882, modifiée par une ordonnance des 12-20 mai 1884 (*op. cit.*, 1885, p. 534); — Dans le canton de Saint-Gall, par une ordonnance des 11 juill.-16 août 1884, revisant et remplaçant celle du 25 juill. 1876 (*op. cit.*, 1885, p. 581). — Dans le canton de Zurich, une loi du 26 nov. 1882 a abrogé et remplacé celle du 1er juill. 1863 (*op. cit.*, 1883, p. 816).

16. Dans le *Grand-duché de Finlande*, une loi promulguée le 10 févr. 1878 règle le droit de chasse considéré comme accessoire de la propriété, et établit des mesures de protection en faveur du gibier utile (*op. cit.*, 1880, p. 745).

17. Aux *Etats-Unis*, il appartient à chaque Etat de réglementer l'exercice de la chasse. Il suffit de citer l'acte du 3 mai 1873, pour l'Illinois (*op. cit.*, 1874, p. 506); — La loi du 5 juill. 1882, pour la Louisiane (*op. cit.*, 1883, p. 1012); — La loi du 2 juin 1884, chap. 308, pour le Massachusetts (V. *op. cit.*, 1878, p. 795; 1885, p. 794). — En ce qui regarde le *Canada* (province de Québec), un acte du 10 juin 1884, chap. XXV réglemente à nouveau la fermeture de la chasse, l'emploi de certains engins et le permis de chasse. Il limite le nombre de pièces de certain gibier que les personnes non domiciliées dans les province peuvent tuer ou prendre pendant une saison de chasse (*op. cit.*, 1885, p. 811).

CHAP. 2. — Des éléments constitutifs de la chasse (*Rép.* n°s 15 à 39).

18. Il résulte des explications données au *Rép.* n°s 15 et 30, que la *chasse* consiste dans la recherche, la poursuite et la capture des animaux sauvages, et qu'elle comprend tous les moyens de s'en emparer. Il y a lieu d'examiner successivement : 1° quels actes constituent des faits de chasse (V. *infrà*, n°s 19 et suiv.) ; 2° quels animaux sont susceptibles d'être l'objet de la chasse (V. *infrà*, n°s 87 et suiv.).

Sect. 1re. — Des faits constitutifs de chasse (*Rép.* n°s 7 à 139).

19. En France, comme dans la plupart des autres pays, le législateur n'a pas défini la chasse, ni ce qu'il faut entendre par *acte* ou *fait de chasse*. Ce point, ainsi que nous l'avons dit au *Rép.* n° 17, est abandonné à l'appréciation des tribunaux, qui tiennent compte, à cet égard, des circonstances particulières de chaque affaire qui leur est soumise. — En disposant, par son art. 1er, que nul ne pourra chasser sans l'accomplissement des conditions qu'elle détermine et en prononçant par les articles subséquents les peines applicables aux contrevenants, la loi du 3 mai 1844 ne limite par aucune restriction la généralité de sa prohibition ; elle comprend donc tous les actes ou faits de chasse, de quelque manière et par quelque procédé qu'ils soient exécutés (Crim. cass. 6 juill. 1854, aff. Noblet, D. P. 54. 1. 305). Du reste, la doctrine et la jurisprudence distinguent avec raison, d'une part, les *actes de chasse proprement dits* (V. *infrà*, n°s 21 et suiv.), d'autre part, les *simples actes préparatoires* (V. *infrà*, n°s 82 et suiv.).

En traitant des excuses, nous étudierons la question de savoir si l'on doit assimiler aux actes de chasse proprement dits le fait de tirer sur un animal sauvage ou de s'en emparer, sans avoir l'*intention* de chasser, et les *faits instinctifs* ou *spontanés* de chasse (V. *infrà*, n°s 1081 et suiv.).

20. Par application des principes généraux de droit criminel, en cas de poursuite devant la juridiction répressive, c'est à la partie poursuivante qu'il incombe d'établir les éléments constitutifs de l'acte de chasse incriminé. Les divers modes de preuve des délits de chasse seront examinés *infrà*, n°s 1106 et suiv.

Art. 1er. — *Des actes de chasse proprement dits* (*Rép.* n°s 18 à 39).

21. Les tribunaux ont eu fréquemment l'occasion d'apprécier si les actes qui leur étaient déférés constituaient des *faits de chasse proprement dits*, susceptibles d'entraîner l'application des pénalités édictées par la loi du 3 mai 1844. Nous donnons ci-après, n°s 22 et suiv., les solutions admises par la jurisprudence et la doctrine relativement aux faits de chasse en *général*.

Quant aux faits de chasse *sur le terrain d'autrui*, nous nous en occupons d'une manière plus spéciale, en étudiant l'une des conditions requises pour exercer le droit de chasse, le consentement du propriétaire (V. *infrà*, n°s 411 et suiv.).

§ 1er. — De l'emploi d'armes à feu et d'autres instruments (*Rép.* n° 37).

22. La chasse s'opère le plus souvent à l'aide d'*armes à feu*, dont l'emploi constitue l'un des moyens les plus efficaces pour parvenir à la capture du gibier. Et le simple fait de tirer sur un animal sauvage est à considérer comme un acte de chasse, indépendamment de toute blessure ou capture de cet animal. Ces propositions sont trop évidentes pour avoir donné lieu à contestation judiciaire ; elles ont d'ailleurs été consacrées implicitement par un très grand nombre de décisions.

On peut considérer comme un acte de chasse le fait de tirer un coup de fusil dans un bois qui n'est pas un enclos dépendant d'une habitation, tant que le porteur de l'arme ne démontre pas qu'il en a fait usage, soit pour atteindre un autre but qu'un gibier, soit pour tuer un animal dont la destruction est permise à l'aide de ce moyen par l'autorité compétente, soit pour se protéger contre les attaques d'un fauve, soit pour repousser par la force un animal nuisible accomplissant ou venant d'accomplir un dommage (Poitiers, 29 oct. 1886, aff. Lelouis, D. P. 87. 2. 130).

23. Le législateur n'a pas spécifié la nature des *instruments* susceptibles de servir à l'accomplissement des faits de chasse. Aussi la plupart des auteurs admettent, comme nous (*Rép.* n° 37), qu'il y a acte de chasse de la part de l'individu qui poursuit un gibier avec des pierres ou avec un bâton (V. Giraudeau, n° 78 ; Leblond, n° 193). Cette doctrine a été admise par un jugement mentionné au *Rép.* n° 37.

Mais, en définitive, il s'agit là d'une question de fait, dont la solution est subordonnée aux circonstances particulières de chaque espèce, notamment à l'adresse et aux habitudes de l'inculpé. Celui-ci ne saurait être convaincu d'acte de chasse que si la recherche du gibier était sérieuse, et s'il avait réellement l'intention ou du moins une certaine possibilité de l'atteindre (V. en ce sens : Berriat, p. 118 ; Giraudeau, n° 79 ; Leblond, n° 193 ; de Neyremand, p. 237). — Ainsi, on ne saurait, à moins de circonstances particulières, regarder comme un acte véritable de chasse : le fait spontané et inefficace de lancer une pierre à un oiseau ou de jeter un bâton contre un gibier (Giraudeau, n° 79) ; — Ou le simple fait de chercher à faire lever le gibier en jetant des pierres sur une haie ou de la terre dans une vigne (Chardon, p. 13 ; Giraudeau, n° 79). — V. aussi *infrà*, n° 253.

24. Au surplus, il peut y avoir acte de chasse, indépendamment de l'emploi d'une arme. « Car, dit M. Chardon, p. 13, peu importe de quelle manière l'on recherche ou l'on poursuit le gibier, pourvu que le moyen offre la possibilité de s'en emparer » (Conf. de Neyremand, p. 179). — V. *infrà*, n°s 33, 44, 49, 51, 54, 55, 72.

§ 2. — De l'emploi d'engins de chasse (*Rép.* n°s 34 à 36).

25. La simple détention d'*engins de chasse* est par elle-même un délit, lorsqu'il s'agit d'engins prohibés. Mais elle est insuffisante pour constituer un acte de chasse ; celui-ci ne résulte que de *l'emploi* des engins, autorisés ou non. Cette doctrine, que nous avons formulée au *Rép.* n° 34, est admise par tous les auteurs (V. notamment : Championnière, p. 84 ; Giraudeau, n° 69).

Sur l'emploi et la détention des engins prohibés, V. *infrà*, n°s 638 et suiv., 971 et suiv.

Comme nous l'avons dit au *Rép.* n° 34, on doit voir un acte de chasse dans le fait de tendre des *filets*, ou même de les relever sans avoir rien pris (Conf. Championnière, p. 84 ; Giraudeau, n° 70). — Même solution a été admise relativement au fait de tendre, dans une forêt, des *collets* à prendre des lièvres et des lapins (Crim. rej. 8 mai 1824, *Rép.* n° 498).

26. Depuis la publication du *Répertoire*, il a été jugé également : 1° qu'il y a délit de chasse de la part de l'individu qui a été surpris, en temps prohibé, tenant à la main un lièvre qu'il venait de détacher d'un collet par lui tendu. Vainement le prévenu exciperait du dommage causé par les lièvres à sa propriété, si le préfet n'a pas autorisé la destruction de ces animaux en tant qu'animaux malfaisants et nuisibles (Crim. cass. 20 juill. 1883, aff. Griffoni, D. P. 83. 5. 59) ; — 2° Que le fait par un individu de se diriger vers un collet à cerf, de rester en observation devant cet engin pendant un certain temps, et de s'éloigner aussitôt qu'il a aperçu les gardes cachés dans une excavation voisine, constitue le délit de chasse au moyen d'engins prohibés (Angers, 10 mars 1879, aff. de Levis-Mirepoix, D. P. 81. 2. 28) ; — 3° Que l'on chasse, lorsque l'on est rencontré dans un champ porteur d'un filet et épiant l'occasion de le tendre (Trib. corr. Nogent-le-Rotrou, 17 juin 1874, aff. Huart, *Gazette des tribunaux* des 24 et 25 août 1874. — Conf. Trib. corr. Béthune, 19 oct. 1840, cité au *Rép.* n° 35).

27. Au contraire, le fait de se baisser devant un collet tendu est insuffisant à lui seul pour constituer un fait de chasse (Trib. corr. Mamers, 6 déc. 1871, aff. Delorme, cité par Giraudeau, n° 80).

On ne saurait, à plus forte raison, voir une action de chasse dans le seul fait de se rendre, en portant des engins, au lieu où ils doivent être utilisés. Cette solution, que nous avons formulée au *Rép.* n° 34, est approuvée par M. Giraudeau, n° 69. — Cependant, M. Championnière, p. 86, considère comme faisant acte de chasse le porteur de furets ou de bourses à lapins, surpris dans la garenne ou dans le champ qui la contient, tout en reconnaissant qu'il en est autrement lorsque cet individu est seulement trouvé sur la route, quoique l'intention de chasser soit difficile à nier. Mais nous croyons que, dans l'un et l'autre cas, il n'y a qu'un acte purement préparatoire. « L'intention de chasser, dit M. Giraudeau, n° 73, est un peu plus difficile à nier dans le premier cas que dans le second, mais c'est là tout; il manque toujours un fait véritable de chasse ».

28. On examinera plus loin le caractère des *gluaux* en tant qu'engins prohibés ou autorisés (V. *infrà*, n° 651). Il suffit maintenant de rappeler ce que nous avons admis au *Rép.* n° 36, qu'il y a évidemment acte de chasse de la part de l'individu qui prend des petits oiseaux à la glu (V. en ce sens : Angers, 17 sept. 1845, aff. Gué, D. P. 46. 2. 40. — Conf. Giraudeau, n° 131).

29. Depuis quelques années il arrive assez fréquemment que des propriétaires de parcs ou de bois établissent dans la clôture de ces terrains des *trappes à bascules*, disposées de manière à laisser entrer le gibier tout en l'empêchant de sortir. On s'est demandé, d'une part, si l'installation de ces trappes constitue l'emploi d'engins prohibés, ou du moins un acte de chasse; d'autre part, si elle est susceptible de donner lieu à des dommages-intérêts en faveur des propriétaires voisins. Nous réservons l'examen de la première question pour le commentaire de l'art. 9 (*infrà*, n°s 658 et 659), et l'étude de la seconde pour le commentaire de l'art. 28 (*infrà*, n° 1342).

§ 3. — De l'attitude de chasse (*Rép.* n°s 18 à 24).

30. *L'attitude de chasse* constitue souvent un acte véritable de chasse ; parfois elle n'est qu'un acte purement préparatoire. Aussi M. Giraudeau, n° 80, écrit-il avec raison que ce qui caractérise l'attitude de chasse est laissé à l'appréciation des tribunaux, et que les juges ne doivent condamner qu'autant qu'il y a un acte positif de chasse. Il cite dans le même sens un arrêt de la cour d'Angers, du 2 févr. 1880.

31. L'individu trouvé sur un terrain propre à la chasse, armé et dans l'attitude d'un chasseur, doit être considéré comme faisant acte de chasse. Cette opinion, admise par Chardon, p. 13, est également consacrée par la cour de cassation (Crim. cass. 13 nov. 1818, *Rép.* n° 23). — Jugé pareillement que l'on doit regarder comme étant en action de chasse : 1° l'individu qui suit lentement le chemin de bornage dépendant d'une forêt, en portant un fusil double armé de deux coups, et en regardant de tous côtés autour de soi (Crim. rej. 22 janv. 1829, *Rép.* n° 24 ; Trib. corr. Nogent-le-Rotrou, 17 juin 1874, cité *suprà*, n° 26. — Conf. Giraudeau, n° 83. — *Contrà* : Trib. corr. Charleville, 7 oct. 1874, aff. Borderel, *Droit* des 11 et 12 janv. 1875) ; — 2° L'enfant qui, porteur d'un fusil de chasse, est vu prêt à tirer sur le gibier et, dans cette attitude, parcourt pendant six à huit minutes une pièce de terre longue d'environ 150 mètres, et ce, en chassant précédé d'un chien de chasse. Vainement le père alléguerait que son fils n'a fait que porter momentanément son fusil et que lui seul, usant du permis dont il était porteur, avait chassé, alors surtout que le père n'a repris le fusil des mains de son fils qu'en voyant apparaître les gendarmes (Rouen, 11 nov. 1875, aff. X..., R. F. t. 8, n° 57).

Dans une poursuite dirigée contre un individu trouvé « dans l'attitude d'un chasseur, ayant en main un fusil en mauvais état, et parcourant un jardin attenant à une habitation située dans un grand village où il n'y avait pas indication de gibier », la cour d'Angers, par un arrêt du 28 févr. 1871, aff. Dauphin, a prononcé un acquittement, en se fondant sur ce que l'action et la volonté de chasser n'étaient pas démontrées. M. Giraudeau, qui mentionne cet arrêt, n° 85, estime, au contraire, et avec raison, que le fait incriminé constituait un acte positif de chasse.

32. Lorsqu'un individu a été surpris en attitude de chasse par un garde, qui n'a pu qu'apercevoir le fusil du chasseur sans parvenir à retrouver cette arme, cette dernière circonstance ne met pas obstacle à la condamnation du prévenu (Angers, 2 févr. 1880, aff. Panneau, cité par Giraudeau, n° 88).

33. Conformément à la doctrine du *Rép.* n° 18, un arrêt a jugé qu'il y a fait de chasse de la part de l'individu qui cherche à surprendre le gibier (dans l'espèce, un lièvre) au *gîte* et à s'en emparer, après en avoir suivi la trace sur la neige ; peu importe que celui qui se livre à ce genre de chasse ne soit armé ni de fusil, ni même de bâton (Lyon, 1er mai 1865, aff. Soudan, R. F. t. 3, n° 436).

34. Comme on l'a dit au *Rép.* n° 18, le fait de se placer à l'*affût* sur le passage du gibier constitue un acte de chasse. — Spécialement, l'individu qui, à une époque où la chasse est fermée, est surpris, au petit jour avec un fusil chargé et armé auprès de lui, dans un endroit où passent habituellement les chevreuils, doit être considéré comme chassant à l'affût et, par suite, déclaré coupable d'un délit de chasse en temps prohibé, alors surtout que cet individu ne donne aucune raison plausible de sa présence en ce lieu et prend la fuite sans réclamer son arme (Caen, 18 août 1875, aff. Rousseau, D. P. 78. 5. 90).

De même, on doit regarder comme chassant à l'affût et, dès lors, comme faisant acte de chasse sans le consentement du propriétaire, pendant la nuit, l'individu qui est surpris, à trois heures du matin, couché derrière un buisson, dans le fossé de périmètre d'une forêt, portant caché sous ses vêtements un fusil à double piston, chargé et amorcé, bien que démonté en deux parties (Paris, 19 déc. 1863, et sur pourvoi, Crim. rej. 9 juin 1864, aff. Boscher, D. P. 64. 1. 454 ; R. F. t. 2, n° 358). — En tout cas, une semblable déclaration émanée du juge du fait est souveraine et échappe au contrôle de la cour de cassation (Arrêt précité du 9 juin 1864).

Remarquons toutefois, avec M. Giraudeau, n° 154, que, pour que la *recherche du gibier* constitue un fait de chasse, il faut qu'il s'y joigne soit l'intention par le chasseur de s'emparer du gibier, soit au moins la possibilité par son chien de l'atteindre. En conséquence, on ne saurait réputer en action de chasse celui qui, en se promenant avant l'ouverture de la chasse, se borne à rechercher par soi-même les endroits giboyeux. — Décidé, dans le même sens, que la recherche et la poursuite d'un animal quelconque qualifié gibier ne peuvent légalement constituer un fait de chasse punissable qu'autant qu'elles sont faites dans le but et avec la volonté de capturer ce gibier, ou tout au moins de tirer profit directement ou indirectement de ladite poursuite (Trib. corr. Compiègne, 24 févr. 1885, aff. Gachelin, R. F. t. 11, n° 115).

35. Un jugement a incriminé comme fait de chasse l'acte de suivre en plaine les traces d'un lièvre, sur la terre couverte de neige, en tenant à la main un échalas, bien que les gendarmes n'aient pas vu le prévenu chercher du gibier et qu'ils aient même déclaré qu'il se promenait tranquillement ayant son bâton à la main (Trib. corr. Tours, 6 juin 1845, cité par Petit, p. 10). Cette solution a été combattue avec raison par M. Giraudeau, n° 155, par le motif que, s'il pouvait y avoir là une présomption, le fait de chasse n'était pas établi.

36. Mais il est hors de doute que l'on chasse, lorsque, même sans l'aide de chiens, on poursuit le gibier pour s'en emparer à la *course*. Nous avons déjà formulé ce principe au *Rép.* n° 18 (V. en ce sens : Giraudeau, n° 93). Et cette solution a été consacrée par un arrêt à l'égard d'un chasseur qui avait poursuivi des perdreaux (Aix, 26 août 1819, cité par Perrève, p. 259).

Le geste de s'emparer avec la main d'un gibier blessé constitue aussi un acte de chasse (Angers, 22 févr. 1878, aff. Perrineau, cité par Giraudeau, n° 87). — V. toutefois, *infrà*, n° 1089.

37. On a expliqué au *Rép.* n° 19, que la circonstance qu'un individu a été rencontré dans le costume et avec tout l'attirail d'un chasseur, ne suffit pas pour prouver qu'il a fait acte de chasse ; car, alors même qu'il serait sorti dans l'intention de chasser, il a pu ensuite changer d'avis (V. en ce sens : Chardon, p. 13). — Toutefois, la législation allemande renferme sur cette hypothèse une disposition contraire (V. *suprà*, n° 10).

38. Si le fait de tenir à la main un *fusil armé* constitue une forte présomption de chasse (Gillon et Villepin, n° 238), il ne saurait à lui seul équivaloir à une preuve complète (Chardon, p. 13 ; Giraudeau, n° 82 ; Perrève, p. 259 ; Petit, t. 1, p. 9). — Ainsi, le simple fait de porter un fusil en traversant une forêt ne constitue pas un acte de chasse et ne prouve pas que le prévenu avait l'intention de chasser, surtout si le port de cette arme peut être considéré comme une mesure de précaution contre les bêtes sauvages que l'on rencontre souvent dans les montagnes (Sol. impl., Grenoble, 11 mars 1881, aff. Puissant, *Journal de droit criminel*, 1881, p. 295). Par un arrêt du 5 nov. 1839 rapporté au *Rép.* n° 20, la cour de Douai a acquitté un garde champêtre, qui avait été aperçu tenant un fusil abattu dans la main gauche, le long d'une propriété, en se fondant, d'une part, sur ce que le prévenu, en sa qualité de garde champêtre, était dans l'usage de porter un fusil, et que sa présence au lieu où il a été aperçu s'expliquait, jusqu'à preuve contraire, à raison des devoirs de surveillance qui lui étaient imposés; d'autre part, sur ce que la simple circonstance qu'il portait l'arme abattue dans la main gauche, le long d'un champ, pouvait être interprétée comme un temps de repos, aussi bien que comme établissant qu'il marchait en attitude réelle de chasse. Cette solution, confirmée par arrêt de la cour de cassation, en date du 5 déc. 1839, relaté au *Rép.* n° 20, a été généralement approuvé par les auteurs (V. Giraudeau, n° 81).

39. Quant au point de savoir si l'on doit assimiler à un acte de chasse l'assistance à une chasse en qualité de simple spectateur, V. *infrà*, nos 66 et suiv.

§ 4. — De la quête et de la poursuite du gibier par les chiens; De l'essai et de la divagation des chiens (*Rép.* nos 31 à 39).

40. En thèse générale, on doit regarder comme faisant *acte de chasse* l'individu qui *fait* ou *laisse volontairement chasser* ses *chiens*, soit qu'il s'agisse de *chiens d'arrêt* (V. *infrà*, nos 43, 48 et suiv.), soit qu'il s'agisse de *chiens courants* (V. *infrà*, nos 44 et suiv.). Mais l'application de ce principe n'est pas toujours exempte de difficultés, et les juges doivent tenir compte des circonstances particulières des procès dont ils sont saisis.

41. D'après un arrêt de la cour de cassation, dont la doctrine paraît conforme à l'opinion générale des auteurs, la *chasse aux chiens courants* comprend l'ensemble des opérations qui commencent par la recherche d'un animal sauvage pour aboutir à sa capture; chacune d'elles constitue un fait de chasse (Crim. cass. 4 janv. 1878, aff. Pellé de Champigny, D. P. 78. 1. 334). — Nous verrons ultérieurement qu'elle comprend la chasse à tir et la chasse à courre (V. *infrà*, nos 627 et suiv.).

42. — I. De la quête du gibier par les chiens. — Nous avons dit au *Rép.* n° 31, que celui qui excite ou lance ses chiens à la recherche du gibier, fait acte de chasse, bien que ces chiens ne fassent lever aucune pièce. En d'autres termes, l'action volontaire de faire *quêter* son chien constitue un acte de chasse, à moins de circonstances exceptionnelles (Crim. cass. 17 févr. 1853, aff. Perrot, D. P. 53. 5. 74). — V. *infrà*, nos 43 et suiv., 421.

43. — 1° *Chiens d'arrêts.* — La jurisprudence regarde comme faisant acte de chasse: 1° l'individu qui, ayant quitté le chemin et se trouvant à travers champs, laisse volontairement pendant un long espace de temps ses deux chiens d'arrêts battre la plaine (Trib. corr. Boulogne-sur-Mer, 6 mai 1863, aff. Percy, R. F. t. 2, n° 254); — 2° Celui qui parcourt la plaine, accompagné d'un chien d'arrêt. Et la circonstance que ce chien était tenu en laisse au moment de l'approche des gendarmes est insignifiante et sans valeur, le chien pouvant, selon l'occasion, être lâché au moment opportun pour l'utiliser (Colmar, 4 févr. 1868, aff. Monnier, R. F. t. 4, n° 642); — 3° L'individu qui est surpris dans une forêt communale en excitant par un sifflement particulier son chien à la recherche du gibier, et son fils qui, posté à une certaine distance de lui, armé d'un fusil dont le canon est placé horizontalement sur le bras gauche, se tient dans une attitude indiquant suffisamment qu'il se dispose à tirer sur le gibier que le chien ferait lever (Nancy, 25 févr. 1874, aff. Davesnes, R. F. t. 6, n° 23). — Par suite, si le fait a eu lieu sans le consentement du propriétaire et si le père seul est muni de permis, son fils est coupable de délit de chasse sans permis, et tous deux du délit de chasse sans autorisation. Vainement le père nierait avoir chassé ou avoir eu l'intention de faire chasser son fils dans la forêt communale, et soutiendrait qu'il était sorti de chez lui le jour indiqué, vers cinq heures du soir, pour aller avec son fils mesurer, avec une chaîne d'arpenteur, des fossés et des lignes qu'il devait, deux jours après, mettre en charge, en faisant, comme maire, l'adjudication de la confection des bois de la coupe affouagère. Et il en est ainsi, alors, d'ailleurs, qu'il s'était muni de son fusil pour chasser en plaine en se rendant au bois, et que, si le garde a vu cette arme entre les mains de son fils, c'est au moment où celui-ci la lui apportait après l'avoir prise où il l'avait déposée pendant qu'il faisait les mesurages précités (Même arrêt).

44. — 2° *Chiens courants.* — Sont à considérer comme faisant acte de chasse, les individus qui suivent un chien courant appartenant à l'un d'eux, et président à ses recherches en fouillant les haies et les buissons; peu importe qu'ils n'aient qu'un fusil non chargé et soient dépourvus de cartouches (Nîmes, 29 janv. 1880, aff. Bardon, D. P. 82. 5. 72).

45. Il en est de même du piqueur qui *fait le bois* avec des *chiens en liberté* (Giraudeau, n° 92). A supposer que le piqueur n'ait pas l'intention de chasser, il peut arriver que les chiens poursuivent et capturent le gibier qu'ils font lever. A plus forte raison cette doctrine doit-elle être admise, si l'on applique la jurisprudence de la cour de cassation sur la quête à trait de limier, mentionnée au numéro suivant.

46. La *quête à trait de limier* consiste à faire le bois, ou, en d'autres termes, à rechercher et suivre des pistes d'animaux sauvages au moyen d'un chien limier tenu en laisse, en vue de les chasser ultérieurement. Elle se distingue nettement de la poursuite, laquelle a pour but direct et immédiat la capture du gibier. Aussi y a-t-il controverse sur le point de savoir si elle a le caractère d'un acte de chasse proprement dit.

Plusieurs cours d'appel, se fondant sur ce que la quête à trait de limier n'a pas pour objet et n'est pas susceptible de procurer à elle seule la prise du gibier, déclarent qu'elle ne constitue pas un acte de chasse, alors surtout que le limier était muet et qu'aucune poursuite n'a été la conséquence de cette quête (Dijon, 19 nov. 1862, aff. de Saint-J..., D. P. 63. 2. 173; Bourges, 9 juin 1877, arrêt cassé par décision de la cour suprême du 4 janv. 1878, mentionnée ci-dessous). — Dans cette hypothèse, l'intention de chasse n'est pas même clairement démontrée; les individus qui conduisaient les limiers pouvaient n'avoir pour but que de les dresser, de les essayer, ou même de s'assurer de la présence de quelques pièces de gibier dans la forêt dont il s'agit; mais, même avec l'intention de chasser, ils pouvaient, comme cela arrive fréquemment, y renoncer entre le moment où l'enceinte avait été formée et celui où la meute de chasse devait être amenée sur le terrain; l'incertitude qui existe à cet égard s'accroît encore de cette circonstance caractéristique que les appelants n'ont fait au bois aucune brisée (Arrêt précité du 19 nov. 1862).

Mais la cour de cassation s'est prononcée en sens contraire. D'après elle, la quête du gibier à trait de limier, aussi bien que la quête par les chiens courants, constitue, par elle seule et indépendamment de toute poursuite ultérieure du gibier, un acte de chasse. Elle est, non pas un simple acte préparatoire, mais l'acte initial et le début de la chasse (Crim. cass. 4 janv. 1878, aff. Pellé de Champigny, D. P. 78. 1. 334. — Conf. Orléans, 20 mai 1878, même affaire, D. P. 78. 5. 91). — Et il en est ainsi, bien que le limier soit muet (Sol. impl., Mêmes arrêts). — En effet, les actes dont il s'agit, portent directement atteinte aux intérêts que la loi du 3 mai 1844 a pour but de protéger, lors même qu'ils ne sont pas suivis de la poursuite et de la capture de l'animal recherché; ils peuvent éloigner le gibier de l'héritage où ils s'accomplissent, au détriment du propriétaire de cet héritage. En temps prohibé ou en temps de neige, ils sont un danger pour le gibier inhabile à se défendre par la fuite, et, à l'époque de la reproduction, le privent de la sécurité nécessaire à la conservation et à la propagation de l'espèce. Ils ne nuisent pas moins que la poursuite même du gibier aux récoltes traversées par le chasseur et par son chien (Arrêt précité du 4 janv. 1878. — Conf. Arrêt précité du 20 mai 1878. — V. dans le même sens: les observations formulées R. F. t. 8, n° 127).

47. En tout cas, on doit considérer comme faisant acte de chasse, celui qui, accompagné d'un domestique menant un chien en laisse, suit les traces récentes d'un lièvre, en portant de la main droite un fusil appuyé sur l'avant-bras gauche (Douai, 16 juill. 1841, cité par Petit, t. 1, p. 16. — Conf. Giraudeau, n° 83. — Comp. *suprà*, nos 30 et suiv.).

48. — II. DE LA POURSUITE DU GIBIER PAR LES CHIENS. — La *poursuite* du gibier constitue un acte de chasse de la part du maître qui fait ou laisse volontairement poursuivre le gibier par ses chiens.

49. La jurisprudence regarde comme étant en action de chasse : 1° l'individu qui *fait poursuivre* le gibier par des chiens, bien qu'il ne soit pas armé (Crim. cass. 6 juill. 1854, aff. Noblet, D. P. 54. 1. 305); — 2° Celui qui excite à la poursuite d'un lièvre « des chiens plus ou moins bien dressés » (Colmar, 31 déc. 1858, cité par de Neyremand, p. 188). D'après cet auteur, la proposition formulée par ce second arrêt serait trop vague et trop absolue; « il aurait fallu indiquer l'espèce de chiens, car c'est de la qualité de ces animaux que dépend la possibilité de la capture et conséquemment le délit ».

50. Jugé, pareillement, que l'on doit considérer comme coupable d'un fait de chasse l'individu qui *laisse volontairement* son chien poursuivre des animaux sauvages, notamment : 1° celui qui laisse son chien, dressé à cette fin, poursuivre un jeune lièvre sur la propriété d'autrui, sans la permission du propriétaire et en temps prohibé (Bruxelles, 25 juill. 1861, aff. du Bus de Ghisignies, D. P. 71. 5. 55); — 2° Celui qui laisse poursuivre et saisir sous ses yeux une pièce de gibier par ses chiens, alors surtout que ceux-ci sont notoirement connus pour arrêter et détruire le gibier (Dijon, 21 juill. 1858, aff. Chamarandes, D. P. 59. 2. 83); — 3° Celui qui, au lieu de surveiller son chien, le laisse poursuivre un lièvre et accourt ou s'avance à grands pas, non pour s'opposer à cette poursuite, mais pour s'y associer et profiter de la capture du gibier par son chien (Caen, 27 janv. 1879, aff. Maheu, *Recueil de cette cour*, 1880, p. 49); — 4° L'individu dont les chiens lancent un lièvre dans une pâture où il faisait paître des vaches, et poursuivent ce gibier dans un bois, sans qu'il les ait rappelés, alors surtout qu'il avait été déjà prévenu par le garde de ce bois de ne pas laisser ainsi chasser ses chiens (Trib. corr. Dijon, 30 sept. 1882, aff. Blanot, R. F. t. 10, n° 115).

51. C'est surtout en ce qui concerne les *chiens courants* que la poursuite du gibier constitue un acte de chasse, puisque, de leur nature, ils sont généralement aptes à procurer à leur maître la capture du gibier, indépendamment même de toute participation active et personnelle de ce maître. Du moins, il en est ainsi lorsque ce dernier *fait* ou *laisse volontairement* poursuivre le gibier par ses chiens.

Décidé qu'il y a fait de chasse de la part de l'individu : 1° qui conduit ses chiens dans la plaine en les excitant à la poursuite du gibier et qui, en se plaçant à la rencontre d'un lièvre poursuivi, cherche à en faciliter la capture à un de ses chiens (Rouen, 10 avr. 1845, aff. Brunneval, D. P. 45. 4. 73); — 2° Qui, même sans être armé, conduit et lance ses chiens courants dans une forêt, puis les appuie et les excite à poursuivre le gibier (Colmar, 26 avr. 1864, aff. Pfeiffer, R. F. t. 3, n° 423); — 3° Qui, même sans être armé d'un fusil, fait chasser dans une forêt ses chiens courants, lesquels poursuivent un lièvre à pleine voix (Colmar, 28 mars 1867, aff. N..., R. F. t. 3, n° 555).

52. — III. DE L'ESSAI DES CHIENS. — Depuis la publication du *Répertoire*, la jurisprudence a été appelée à se prononcer sur le point de savoir s'il y a acte de chasse de la part de l'individu qui fait quêter son chien dans le but de *l'exercer*. Cette question délicate divise les auteurs et les cours d'appel.

Elle a été tranchée affirmativement par la cour de cassation (V. *infrà*, n° 54), dont la théorie est approuvée par M. Giraudeau, n°s 104 et 105. — En faveur de la négative, V. de Neyremand, p. 186 et 187.

53. — 1° *Chiens d'arrêts.* — D'après un premier système, admis autrefois par plusieurs cours d'appel, on ne doit pas voir un acte de chasse de la part : 1° de l'individu qui fait quêter un chien d'arrêt, pour l'exercer et éveiller son instinct; cette manœuvre n'est pas un fait de destruction ni de poursuite du gibier (Douai, 28 déc. 1852, aff. Perrot, D. P. 53. 2. 245, cassé par l'arrêt du 17 févr. 1853, mentionné au numéro suivant); — 2° De celui qui, n'ayant ni arme ni engins, a, peu de jours avant l'ouverture de la chasse et à une époque où la quête des chiens n'est plus d'aucune conséquence pour la reproduction du gibier, laissé son chien d'arrêt quêter dans un champ dépouillé de sa récolte, et l'y a même suivi par esprit de curiosité, mais sans l'exciter et sans chercher à s'emparer du gibier découvert par ce chien (Pau, 28 août 1857, aff. Bayaut, D. P. 57. 2. 218); — 3° De celui qui va à la découverte du gibier, la veille de l'ouverture de la chasse, accompagné d'un chien d'arrêt et porteur seulement d'un bâton (Colmar, 30 déc. 1862, cité par de Neyremand, p. 187).

54. L'opinion contraire a prévalu dans la jurisprudence; elle a été consacrée par la cour de cassation et les arrêts les plus récents des cours d'appel. — Jugé qu'il y a lieu de considérer comme faisant acte de chasse et, par suite, comme coupable du délit de chasse en temps prohibé: 1° l'individu qui, même sans arme, fait quêter son chien d'arrêt dans un champ de luzerne, avant l'ouverture de la chasse. Et il en est ainsi, quoique cette manœuvre ait pour but, non de poursuivre et de capturer actuellement le gibier, mais d'y exercer le chien et de le préparer, en éveillant son instinct, à entrer plus fructueusement en chasse les jours suivants (Crim. cass. 17 févr. 1853, aff. Perrot, D. P. 53. 5. 74; — 2° Celui qui, la veille de l'ouverture de la chasse parcourt en tous sens des champs non dépouillés de leurs récoltes, précédé de deux chiens d'arrêt qu'il excite à quêter le gibier. Il ne saurait échapper à la condamnation en soutenant qu'il n'était pas armé, qu'il dressait ses chiens et qu'il voulait savoir où était le gibier pour chasser le lendemain (Lyon, 12 nov. 1866, aff. Guillon, R. F. t. 3, n° 494); — 3° Celui qui, en temps prohibé, fait quêter ses chiens, dans un champ non clos. Peu importe que le prévenu soit sans armes, qu'il tienne ses chiens en laisse et que son but unique soit de dresser ces animaux à poursuivre le gibier (Poitiers, 10 nov. 1882, aff. Pantaléon, D. P. 82. 5. 72); — 4° L'individu qui parcourt la campagne, même sans arme, accompagné d'un chien d'arrêt qu'il excite de la voix et du geste à chasser. Vainement il soutiendrait que son unique but était de dresser cet animal (Nîmes, 24 mai 1883, aff. Furbeyre, D. P. 83. 5. 62).

55. — 2° *Chiens courants.* — Le fait d'essayer des chiens courants peut, comme celui d'essayer des chiens d'arrêt, donner lieu à controverse quant au point de savoir s'il constitue ou non un acte de chasse, alors qu'il consiste seulement dans la quête de ces chiens. Et, sous ce rapport, on peut invoquer dans l'un ou l'autre sens les décisions intervenues à l'occasion de l'essai de chiens d'arrêt (V. *suprà*, n°s 53 et 54).

Au contraire, il est hors de doute que la poursuite du gibier par des chiens courants constitue un acte de chasse, bien qu'elle n'ait d'autre but que l'essai de ces chiens. — Décidé que, quand un individu a fait chasser, en temps prohibé, trois chiens courants qui chassaient en pleine voie un lièvre en le poursuivant, ce fait, quoique ayant eu lieu dans une forêt dans laquelle le prévenu avait le droit de chasser et quoique ni lui, ni le chasseur qui l'accompagnait, n'eussent été vus armés de fusils, n'en est pas moins constitutif d'un fait de chasse; il aurait pu arriver, en effet, que les chiens courants du prévenu forçassent le gibier qu'ils poursuivaient. Dès lors, l'excuse produite par le prévenu que son intention n'était pas de chasser, mais seulement qu'il voulait essayer l'un des trois chiens qu'il venait d'acheter, n'est pas de nature à faire tomber la prévention de chasse en temps prohibé relevée contre lui (Colmar, 28 mars 1867, aff. N..., R. F. t. 3, n° 555).

56. — IV. DE LA DIVAGATION DES CHIENS; FAIT INVOLONTAIRE. — 1° *De la divagation des chiens en présence de leur maître.* — D'après l'opinion la plus accréditée, la divagation de chiens est susceptible de constituer un délit de chasse à la charge de leur maître, pourvu qu'elle soit volontaire de la part de ce dernier.

Ainsi, fait acte de chasse l'individu dont le chien, après avoir suivi la voiture de son maître, quitte la route et se met à battre la plaine, où il rencontre, poursuit et prend un levraut. En pareil cas, toutefois, il y a lieu d'acquitter le maître du chien, s'il résulte de l'instruction et des débats que le propriétaire du chien, en laissant courir cet animal dans la plaine, n'a pas eu l'intention de chasser (Paris, 22 mars 1861, aff. Castelbon, cité par Sorel, t. 2, p. 53. — V. dans le même sens : Nancy, 28 janv. 1846, aff. Lhote, D. P. 46. 2. 69, analysé au *Rép.* n° 33).

Dans une autre opinion, il y aurait délit de chasse de la

part de celui qui, suivant une route en voiture, n'a pas empêché son lévrier de parcourir la plaine (Nancy, 4 déc. 1844, aff. Worms, D. P. 45. 2. 5); — Alors, du moins, que l'on se trouve dans une localité où la chasse est possible (V. *Rép.* n° 33). — Mais cette décision est combattue par MM. Giraudeau, n° 101, et Leblond, n° 187.

57. — 2° *De la divagation des chiens en l'absence ou à l'insu de leur maître.* — On s'est demandé au *Rép.* n° 32, si le chien qui chasse *en l'absence* ou *à l'insu* de son maître peut constituer celui-ci en délit; la question est controversée.

Selon un premier système, toute recherche ou poursuite du gibier effectuée par un chien courant ou autre, même à l'insu de son maître, est à considérer comme un fait de chasse dont ce dernier est pénalement responsable (Douai, 11 févr. 1843, aff. Robault, D. P. 43. 4. 67. — V. en ce sens: Viel, p. 88).

58. Suivant un deuxième système, adopté par Petit, p. 18 et 24, il convient d'établir une distinction. S'il s'agit d'un chien de chasse, le maître est pénalement responsable d'un fait qu'il devait prévenir. Il en serait autrement, s'il s'agissait d'un chien de garde ou de fantaisie qui eût, par hasard, fait lever et poursuivre une pièce de gibier.

59. D'après un troisième système, qui a prévalu en doctrine et en jurisprudence, et auquel nous avons adhéré au *Rép.* n° 32, la loi de 1844 suppose, de la part de celui auquel un délit de chasse est imputé, une participation directe ou indirecte aux faits qu'elle a pour but de réprimer, ou, tout au moins, un acte de sa volonté qui implique nécessairement l'idée de cette participation (V. Crim. rej. 20 nov. 1845, aff. Limousin, D. P. 46. 1. 26; Nancy, 11 févr. 1846, aff. Bélin, D. P. 46. 2. 52; Besançon, 7 janv. 1866, aff. veuve Aubry, *Recueil de cette cour*, 1866-1867, p. 131). — Cette opinion a été admise par MM. Giraudeau, n°s 95 et suiv.; de Neyremand, p. 181; Sorel, t. 2, n° 25.

60. Jugé, dans le sens de ce troisième système, qu'aucune peine ne saurait être infligée à l'individu : 1° dont le chien a chassé sur le terrain d'autrui, lorsque cet individu ne s'est pas associé à l'introduction de son chien sur cette propriété et n'a pas cherché à en profiter (Bourges, 9 juin 1882, aff. Lacour *C.* Pellé de Champigny, *Loi* du 9 juill. 1882; Trib. corr. Compiègne, 26 déc. 1882, aff. de Lupel, D. P. 83. 5. 63; Bourges, 21 févr. 1884, aff. Lacour *C.* Pellé de Champigny, D. P. 84. 2. 64, et sur pourvoi, Crim. rej. 13 juin 1884, D. P. 86. 1. 91-92); — 2° Dont le chien préposé à la garde d'une maison, après avoir été détaché par un tiers, s'élance dans une forêt voisine où il poursuit et étouffe un faon, en dehors de toute participation du maître à la poursuite du gibier, la loi ne punissant que ceux qui, par eux-mêmes ou à l'aide de chien, se livrent à la chasse (Trib. corr. Versailles, 25 avr. 1840, *Gazette des tribunaux* du 28 août 1840); — 3° Dont le lévrier, de race pure ou croisée, guidé par son seul instinct et hors de la présence de son maître, parcourt la campagne et se livre à la poursuite du gibier; ce fait peut soumettre le maître à la responsabilité du dommage qu'il a causé, mais ne le constitue pas en délit de chasse, lorsque, d'ailleurs, aucune circonstance ne tend à établir que ce maître ait volontairement employé son chien à la poursuite du gibier (Crim. rej. 20 nov. 1845, aff. Limousin, D. P. 46. 1. 26; Nancy, 11 févr. 1846, aff. Bélin, D. P. 46. 2. 52); — 4° Dont le chien a été trouvé poursuivant le gibier en temps prohibé. En pareil cas, le maître n'est point, par cela seul, coupable de délit de chasse, s'il n'a pas concouru à cette poursuite, soit en mettant son chien en chasse, soit en le suivant ou faisant suivre pour s'approprier le gibier ainsi poursuivi. Vainement on soutiendrait que les propriétaires de chiens sont tenus de les garder, de les empêcher de parcourir les forêts, surtout en temps prohibé, et que la tolérance de la divagation de ces animaux entraînerait l'impunité de la destruction du gibier (Crim. cass. 21 juill. 1855, aff. Lamacq, D. P. 55. 1. 363).

61. Il a été décidé également : 1° qu'il n'y a pas de délit de la part du maître de chiens courants qui ont chassé un chevreuil dans une forêt, lorsqu'il n'est pas prouvé que ce maître se soit trouvé en forêt avec ses chiens, qu'il ait chassé ou appuyé ces derniers, et que ce soit lui qui ait tiré le coup de fusil dont la détonation a été entendue par les gardes. Dans cette hypothèse, il n'y a lieu qu'à une action en dommages-intérêts (Trib. corr. Saint-Dié, 4 août 1862, aff. Sadonnel, R. F. t. 1, n° 206); — 2° Que le fait de chiens courants qui, guidés par leur instinct, abandonnent leur maître sans qu'ils y aient été excités par ce dernier, ou, s'échappant de leur chenil, parcourent la campagne et les bois d'autrui à la piste du gibier, peut bien, aux termes de l'art. 1385 c. civ., donner lieu contre le propriétaire de ces chiens à la responsabilité du dommage qu'ils auront causé; mais qu'il ne suffit pas pour constituer un délit de chasse imputable à ce propriétaire, lorsque, d'ailleurs, aucune circonstance n'établit qu'il ait volontairement employé ces animaux à la poursuite du gibier (Douai, 10 déc. 1861, aff. de Cossette, R. F. t. 2, n° 268); — 3° Que le maître dont les chiens parcourent le bois d'autrui en poursuivant le gibier, sans qu'il concoure personnellement à ce fait par un acte de sa volonté en suivant lui-même ses chiens ou en les faisant suivre afin de s'approprier le gibier, peut être responsable civilement du dommage causé; mais il n'est pas coupable du délit prévu par l'art. 11 de la loi du 3 mai 1844 (Crim. rej. 13 juin 1884, aff. Pellé de Champigny *C.* Lacour, D. P. 86. 1. 91-92); — 4° Qu'aucune peine n'est applicable au maître dont les chiens sont trouvés en chasse dans la forêt d'autrui, alors que le procès-verbal ne signale ni à leur suite, ni à leur portée, la présence soit de ce maître, soit d'individus de sa maison excitant les chiens à chasser, ou embusqués de manière à arrêter et capturer le gibier qu'ils auraient pu faire lever (Bourges, 9 juin 1882, aff. Lacour *C.* Pellé de Champigny, *Loi* du 9 juill. 1882; Bourges, 21 févr. 1884, mêmes parties, D. P. 84. 2. 64). — Cette solution doit d'autant plus être admise, quand il résulte même du procès-verbal que ce jour-là le prévenu était, pour ses affaires, absent de son domicile, et que son absence devait se prolonger durant plusieurs jours (Mêmes arrêts). — C'est en vain qu'on exciperait de l'abandon dans lequel les chiens auraient été laissés et de la négligence de leur maître à les surveiller pour les empêcher de sortir; à les supposer délictueux, ces faits ne seraient pas personnels au prévenu, et ne sauraient le constituer auteur d'un délit qu'il est établi n'avoir pas pu commettre, sauf l'action en dommages-intérêts à intenter devant la juridiction civile, dans le cas où les chiens ont causé un préjudice au propriétaire du bois où ils ont chassé (Même arrêt du 9 juin 1882). — Peu importe également que le garde préposé à la surveillance du terrain sur lequel s'est accompli l'acte incriminé, ait plusieurs fois auparavant invité le prévenu à retenir ses chiens (Arrêt précité du 21 févr. 1884).

62. Aucun délit n'est imputable : 1° à l'individu chassant le renard en vertu d'une autorisation régulière et pendant la fermeture de la chasse, quand quelques-uns de ses chiens lancent à son insu un chevreuil et le forcent sans qu'il ait pu les en empêcher; un fait complétement involontaire ne saurait constituer un délit de chasse (Trib. corr. Vitry-le-François, 4 mai 1867, aff. de Felcourt, D. P. 67. 5. 62); — 2° Au maître du chien qui, obéissant à son instinct naturel, s'échappe pendant que le maître est occupé aux travaux de la campagne, continue sa course malgré le rappel dont il est l'objet, et fait lever du gibier dans le bois d'autrui. Il en est ainsi, alors surtout que le prévenu n'est point chasseur, qu'il ne se livre jamais au braconnage, que son chien, de l'espèce dite *mâtinée*, est plutôt un chien de garde qu'un chien de chasse, et que rien ne fait supposer que son maître l'ait habitué à poursuivre le gibier (Trib. corr. Compiègne, 26 déc. 1882, aff. de Lupel, D. P. 83. 5. 63).

A plus forte raison ne saurait-on punir le chasseur qui, en traversant le terrain d'autrui, a négligé de museler ou de coupler ses chiens, et s'est ainsi exposé à les laisser tomber en chasse sur une propriété dans laquelle il n'a pas le droit de chasser. C'est, en effet, le fait de chasse, et non sa probabilité ou son danger, que la loi a entendu réprimer (Crim. rej. 26 juill. 1860, aff. Leroux, D. P. 60. 1. 362).

63. Cependant, si les faits de divagation de chiens dans les terrains giboyeux se répétaient, « si le défaut de surveillance était de chaque jour, nous pensons qu'une condamnation interviendrait, et à juste titre, cette négligence persévérante devant évidemment équivaloir à la volonté de laisser ou de faire chasser les chiens » (Jullemier, t. 1, p. 21).

64. Plusieurs décisions judiciaires, analysées dans les numéros précédents, déclarent que la divagation des chiens est susceptible d'entraîner contre leur maître une condamnation a des dommages-intérêts. — Il a encore été jugé, spécialement, que la divagation d'un chien courant et même, dans certains cas, de tout chien de chasse, sur les terrains réservés, peut donner lieu à une action en dommages-intérêts contre son propriétaire, quand elle est répétée plusieurs fois, et qu'une pièce de gibier a été levée et poursuivie en temps prohibé et à l'époque de la reproduction (Trib. paix Arlon, 27 juill. 1878, aff. de Marches C. Nothomb, *Pasicrisie belge*, 1879. 3. 197).

65. — 3° *Des cas où la divagation des chiens est interdite par un arrêté préfectoral ou municipal.* — Lorsque la divagation des chiens est prohibée par un arrêté préfectoral, l'infraction à cet arrêté peut constituer le délit prévu et puni par les art. 9 et 11 de la loi du 3 mai 1844, si cette interdiction a pour but de prévenir la destruction des œufs et couvées d'oiseaux (V. *infrà*, n°s 884 et suiv.).

La divagation des chiens tombe, au contraire, sous l'application, soit de l'art. 471, § 15, c. pén., si elle est prohibée par un arrêté municipal ou préfectoral, pris en vue d'assurer la sûreté publique (V. *Commune; Règlement administratif*); soit de l'art. 475, § 7, du même code, s'il s'agit de chiens qui, à raison de leur mauvais instinct, rentrent dans la catégorie des animaux malfaisants ou féroces (V. *Contravention*).

§ 5. — De la présence, sans participation active, à une chasse faite par des tiers (*Rép.* n° 39).

66. Rappelons, avec le *Rép.* n° 39, que ce n'est pas chasser que d'assister en qualité de *simple spectateur* ou de *curieux* à la chasse faite par des tiers (V. aussi *infrà*, n° 430). L'application de ce principe ne souffre aucune difficulté quand il s'agit de la chasse au chien d'arrêt ou de la chasse à tir aux chiens courants.

67. Mais la question est très délicate en ce qui touche la *chasse à courre*. « Les chasseurs qui se livrent à cet exercice, disent MM. Gillon et Villepin, n° 176, ne sont pas toujours armés; et il sera souvent difficile de distinguer celui qui chasse de celui qui assiste à la chasse comme simple spectateur. C'est une question que le juge peut seul résoudre d'après la part plus ou moins active que le prévenu aura prise aux faits poursuivis par le ministère public » ou la partie civile. Nous admettons, avec M. Jullemier, t. 1, p. 24, que l'on ne doit pas considérer comme faisant acte de chasse, les invités à une chasse à courre qui la suivent, même à cheval, mais comme simples spectateurs ne prenant part à aucun des actes spéciaux de la poursuite. En pareille matière, le prévenu ne saurait être condamné, même pour complicité, qu'autant qu'on aurait établi à sa charge « des faits significatifs, tels que la recherche de l'animal avec des chiens ou des armes, l'appui donné à la meute, etc. » (V. en ce sens : Giraudeau, n° 89; Lavallée et Bertrand, p. 36).

68. Suivant un arrêt, le propriétaire qui permet de chasser dans ses terres en temps prohibé, qui prête ses équipages de chasse, et qui même assiste à la chasse, mais seulement comme curieux, ne commet aucun délit (Dijon, 28 nov. 1845, aff. du Gardier, D. P. 46. 2. 5). — Cette décision nous paraît exacte en ce qu'elle refuse le caractère d'acte de chasse au fait d'assister à une chasse à titre de simple curieux. Mais nous ne saurions admettre, avec la cour de Dijon, que le propriétaire ne commet pas de délit lorsqu'il consent à ce que l'on chasse sur ses terres en temps prohibé, et qu'il fournit à cet effet ses gardes et ses piqueurs; en procurant à des tiers les moyens de commettre un délit, il s'est rendu leur complice. C'est la thèse que nous avons développée au *Rép.* n° 357.

69. D'autres arrêts, approuvés par M. Giraudeau, p. 410, n° 90 *bis*, décident que les personnes invitées à une chasse à courre, qui n'ont ni dirigé ni appuyé les chiens, peuvent être considérées comme n'ayant pas accompli d'acte de chasse, encore qu'elles aient assisté au lancé et même à la poursuite de l'animal chassé (Angers, 2 mai 1881, aff. de Talhouët, R. F. t. 10, p. 80, et sur pourvoi, Crim. rej. 28 juill. 1881, D. P. 82. 1. 185-186); — Et que la déclaration du juge du fait qu'elle assistaient à ces actes en simples spectateurs, lorsqu'elles n'est contredite ni par le procès-verbal, base de la poursuite, ni par l'enquête faite à l'audience, est souveraine et échappe au contrôle de la cour de cassation (Arrêt précité du 28 juill. 1881).

70. Dans une autre opinion, il y a acte de chasse de la part de ceux qui, s'étant rendus à l'appel de l'organisateur d'une chasse à courre, assistent au lancé et s'associent à la poursuite du gibier. Vainement on relève cette circonstance qu'ils n'ont ni conduit ni excité la meute : c'est bien plutôt l'attaque et la poursuite du gibier qui constitue l'acte de chasse, que le fait de diriger et animer les chiens découplés à sa suite (Comp. *infrà*, n°s 76 et suiv.).

§ 6. — Des auxiliaires de chasse (*Rép.* n°s 123 et 357).

71. Les chasseurs ont recours à plusieurs sortes d'*auxiliaires*, qui ne doivent pas tous être également réputés faire acte de chasse. Il convient, à cet égard, d'établir une distinction entre : 1° le piqueur (V. *infrà*, n° 72); — 2° Le valet de chiens (V. *infrà*, n°s 73 et suiv.); — 3° Et le traqueur ou rabatteur (V. *infrà*, n°s 76 et suiv.).

On examinera ultérieurement les questions de *complicité* et de *solidarité* en matière de délit de chasse (V. *infrà*, n°s 1095 et suiv., 1275 et suiv.).

72. — I. PIQUEUR. — La doctrine et la jurisprudence sont d'accord pour admettre que le *piqueur* fait acte de chasse, lorsqu'il dirige ou appuie les chiens, sans qu'il y ait à tenir compte de la circonstance qu'il est sans armes et seulement muni d'un fouet et d'un cor. Et l'on ne saurait l'assimiler à un traqueur ou à un auxiliaire ordinaire (Giraudeau, n° 521; Gillon et Villepin, 2e supplément, n° 294. — V. en ce sens : Orléans, 12 mai 1846, B. A. F. t. 4, p. 51; Crim. cass. 18 juill. 1846, aff. Paulard, *Gazette des tribunaux* du 19 juill. 1846; 13 nov. 1846, aff. Brillant, *Droit* du 14; Trib. corr. Bordeaux, 4 févr. 1848, aff. de L..., *Droit* du 10; décisions citées par Gillon et Villepin, 2e supplément, n° 294, et par Giraudeau, n° 521. — V. aussi Trib. corr. Baugé, 21 mars 1881, aff. de Talhouet, *Gazette des tribunaux* du 29 mars 1881; Sol. impl., Angers, 2 mai 1881, même affaire, R. F. t. 10, p. 80; Orléans, 11 août 1885) (1).

(1) (Rethac, Milliers et autres.) — Le 29 mai 1885, jugement du tribunal correctionnel de Romorantin, ainsi conçu : — « LE TRIBUNAL; — Attendu que Rethac et Milliers, valets de chiens, sont poursuivis pour avoir, le 2 mars 1885, chassé sans permis sur le territoire des communes de Loreux, Millançay et Marcilly-en-Gault, arrondissement de Romorantin, et les sieurs de la Roche, de Louan, de Coursays et de Paraize sont cités devant le tribunal de céans comme civilement responsables, aux termes des art. 1834 c. civ. et 28 de la loi du 3 mai 1844, du délit commis par leurs domestiques susnommés; — Attendu que la prévention se fonde sur deux procès-verbaux dressés le 2 mars 1885 par les gendarmes Remy et Fourneaux, et sur les dépositions que ceux-ci ont faites à l'audience du 22 mai, présent mois ; qu'il résulte desdits procès-verbaux et des dépositions (ce qui n'est d'ailleurs pas dénié par les avoués représentant les prévenus), que Rethac et Milliers ont lancé les chiens qu'ils tenaient, à un ordre donné par les piqueurs; qu'ils ont appuyé la meute et contribué à la prise du sanglier; — Attendu qu'il est à noter que les gendarmes, rédacteurs des procès-verbaux, ont même dit, lorsqu'ils ont déposé, que les valets de chiens Rethac et Milliers jouaient un rôle analogue à celui des piqueurs; — Attendu que, si les procès-verbaux doivent être crus, jusqu'à preuve contraire, pour tout ce que leurs rédacteurs ont vu et entendu, il n'en peut être de même pour les appréciations et comparaisons qu'ils peuvent faire ; — Attendu que, si le tribunal doit tenir pour constant que les valets de chiens ont appuyé les chiens, ont poursuivi l'animal ou aidé à sa capture, et que même, au moment où les gendarmes leur ont dressé procès-verbal, les actes qu'ils commettaient différaient peu de ceux qu'accomplissaient les piqueurs, il n'en est pas moins vrai que l'appréciation des gendarmes sur la similitude des rôles des piqueurs et des valets de chiens est très contestable, et ne peut être acceptée par le tribunal que sous le bénéfice d'un sérieux contrôle ; — Attendu que, dans l'espèce, il ne s'agit pas de savoir si les prévenus ont fait acte de chasse, ce qui est constant, puisque l'acte de chasse consiste dans le fait de poursuivre un animal en vue de l'appréhender, mais bien s'ils étaient tenus d'avoir un permis; — Attendu, en effet, que le traqueur fait un acte de chasse, et qu'il n'est cependant pas obligé d'avoir un permis, si le chasseur en a un ; qu'il est de jurisprudence constante que l'auxiliaire d'un chasseur muni d'un permis, est dispensé de l'obligation du permis, lorsqu'il remplit un rôle accessoire ; — Attendu, en fait, qu'il est constant que l'équipage de chasse à courre, composé d'une meute de quatre-vingts chiens, avait à sa tête des maîtres de chasse et des piqueurs, qui tous avaient des permis de chasse ; — Attendu

Le piqueur est l'âme de la chasse à courre; il y joue un rôle prépondérant; c'est lui qui prépare le pied, visite le bois, dirige la chasse, ordonne de lâcher les chiens, de les faire rompre et de les lancer sur une autre bête (Arrêt précité du 11 août 1885).

Il en résulte qu'il est personnellement tenu d'avoir un permis de chasse (V. *infrà*, n° 260).

73. — II. Valet de chiens, etc. — D'après plusieurs auteurs, le *valet de chiens*, qui se borne soit à soigner les chiens, soit à les coupler ou découpler, sur les ordres qu'il reçoit, ne fait pas acte de chasse (Giraudeau, n° 91; Lavallée et Bertrand, p. 36).

Selon un arrêt récent, le valet de chiens doit avoir en mains la meute ou partie de la meute qui lui est confiée; il ne doit lâcher ses chiens que sur un ordre du maître de chasse ou du piqueur; il est tenu de réunir et de retrouver, de rompre ou de lancer ses chiens, suivant les ordres qu'il reçoit. L'arrêt ajoute que le valet de chiens fait acte de chasse, puisque l'acte de chasse consiste dans la poursuite d'un animal en vue de l'appréhender, mais qu'étant seulement un aide ou auxiliaire d'un ordre tout à fait auxiliaire dans la chasse à courre, il n'est pas personnellement soumis aux obligations qui pèsent sur les chasseurs ou les piqueurs (Orléans, 11 août 1885, V. *suprà*, n° 72).

74. Sur l'obligation du permis de chasse, V. *infrà*, n° 268.

75. Il est sans difficulté qu'il n'y a pas acte de chasse de la part de l'individu qui ne fait que suivre un chasseur dont il porte le carnier (Trib. corr. Pontoise, 8 févr. 1882, aff. Colleau, *Droit* du 18 févr. 1882); — Ou les armes, ainsi que nous l'avons expliqué au *Rép.* n° 123.

Au contraire, constitue un acte de chasse non seulement la poursuite, mais encore la simple recherche du gibier même au profit d'un tiers. Ainsi, fait acte direct et personnel de chasse, celui qui, porteur d'un bâton, accompagne un chasseur armé d'un fusil et prêt à faire feu, et qui recherche pour lui le gibier (Trib. corr. Termonde, 3 mars 1884, aff. P... et Quatacker C. Vancherkhove et consorts, *Pasicrisie belge*, 1884. 3. 259).

76. — III. Traqueurs ou rabatteurs. — La *traque* ou *battue* est un procédé de la chasse à tir, qui consiste, en faisant du bruit, à faire lever le gibier et à le pousser vers l'affût où l'attend le chasseur. M. Puton, p. 127, dit, à cet égard : « La *battue* est une variété de la chasse à tir, dans laquelle les chiens sont remplacés, en quelque sorte, par des hommes qui poussent le gibier devant eux et le forcent à franchir la ligne sur laquelle les chasseurs sont échelonnés ».

La traque constitue, de la part du traqueur, un acte de chasse (Rouen, 10 déc. 1846, aff. Lhernault, D. P. 47. 4. 72; Crim. cass. 15 déc. 1870, aff. Pillon de Saint-Philbert, D. P. 70. 1. 447; Amiens, 30 mars 1871, même affaire, D. P. 72. 1. 145; Ch. réun. cass. 16 janv. 1872, même affaire, *ibid.*; Trib. corr. Neufchâteau, 7 déc. 1872, aff. X..., D. P. 73. 5. 80; Crim. cass. 2 janv. 1880 (1); Rouen, 26 févr. 1880, aff. Decaux, R. F. t. 9, n° 45; Chambéry, 17 nov. 1880, aff. Dubourgeat, D. P. 82. 5. 76; Motifs, Orléans, 11 août 1885, V. *suprà*, n° 72).

Du principe que la traque est un acte dechasse, il suit que le traqueur encourt les pénalités édictées par la loi du 3 mai 1844, lorsque la chasse à laquelle il participe est irrégulière, par exemple, parce qu'elle a lieu soit en temps prohibé (V. *infrà*, n°s 184 et suiv.); — Soit sur le terrain d'autrui, sans autorisation du propriétaire (V. *infrà*, n°s 410 et suiv.); — Soit sans permis de la part du chasseur (V. *infrà*, n°s 244 et suiv.).

77. Ainsi, il a été jugé : 1° que les rabatteurs ne sont à l'abri des pénalités prévues par la loi de 1844, que quand ils sont employés à une chasse effectuée régulièrement; il ne saurait, en effet, y avoir de complicité, là où il n'y a pas de délit (Lyon, 28 mars 1865, aff. Lafay, D. P. 66. 2. 34; Rouen, 26 févr. 1880, aff. Decaux, R. F. t. 9, n° 45); — 2° Que le traqueur, bien que simple auxiliaire agissant sous la direction du chasseur, n'en n'est pas moins pénalement responsable, quand la chasse à laquelle il prête son concours est délictueuse (Crim. cass. 15 déc. 1870, aff. Pillon de Saint-Phibert, D. P. 70. 1. 447; C. cass. de Belgique,

---

qu'il est encore établi que, le 2 mars, date des procès-verbaux, les maîtres de chasse, ainsi que de nombreux piqueurs, dirigeaient la chasse et donnaient des ordres en vue de forcer le sanglier; — Attendu, il est vrai, qu'il est de jurisprudence que le piqueur doit être tenu d'avoir un permis de chasse, bien qu'il ne soit qu'un auxiliaire, contrairement à ce qui est décidé pour le traqueur; mais que cette anomalie, qui n'est qu'apparente dans la jurisprudence, résulte de la nature même des choses; que le maître de chasse, en effet, bien que présent à la chasse, y assiste généralement plutôt comme amateur que comme acteur; qu'il se décharge sur ses piqueurs du soin de diriger la chasse, de faire rompre les chiens et de les lancer plutôt sur une piste que sur une autre; d'où la nécessité pour ces derniers d'être munis d'un permis de chasse; — Attendu que, dans l'espèce, pour décider si les valets de chiens doivent avoir un permis de chasse, il est nécessaire d'établir quel est, dans la chasse à courre, le rôle qui incombe aux piqueurs et celui qui appartient aux valets de chiens; — Attendu que le piqueur est l'âme de la chasse à courre; qu'il y joue un rôle prépondérant; que c'est lui qui prépare le pied, visite les bois, dirige la chasse, ordonne de lâcher les chiens, de les faire rompre et de les lancer sur une autre bête; — Attendu que le valet de chien remplit des fonctions plus subjectives; qu'il doit, d'abord, avoir en mains la meute ou la partie de meute qui lui est confiée; qu'il ne doit lâcher ses chiens que sur un ordre du maître de chasse ou du piqueur; qu'il est tenu de réunir et de retrouver, de rompre ou de lancer ses chiens, suivant les ordres qu'il reçoit; — Attendu, en un mot, que les piqueurs commandent aux valets de chiens, qui sont tenus de leur obéir, et que ces derniers ne sont, pour ainsi dire, que les auxiliaires accessoires des auxiliaires principaux; — Attendu qu'il appert de ce que dessus que les valets de chiens ne sont que des aides ou des auxiliaires d'un ordre tout inférieur dans la chasse à courre, et que, partant, ils ne sont pas soumis à l'obligation d'être munis d'un permis de chasse; — Par ces motifs; — Acquitte et renvoie les prévenus des fins de la plainte, etc. » — Appel par le ministère public. — Arrêt.

La cour; — Adoptant les motifs des premiers juges; — Confirme.

Du 11 août 1885.-C. d'Orléans.-M. Dubec, pr.

(1) (Gau.) — La cour; — Vu les art. 1er et 11 de la loi du 3 mai 1844; — Attendu que trois individus chassaient ensemble et de concert, le 21 septembre dernier, à Augmentel, l'un d'eux traquant le gibier dans les buissons, les deux autres l'attendant, le fusil à la main, lorsque des gendarmes survinrent et se dirigèrent vers eux; qu'aussitôt tous trois prirent la fuite; que le traqueur, qui était le prévenu Gau, fut seul rejoint et reconnu par les gendarmes; qu'il refusa de leur répondre et de leur donner des explications sur ses actes personnels, et des renseignements sur ses compagnons de chasse; que, poursuivi en police correctionnelle pour avoir chassé sans permis, il fit défaut en première instance et en appel; qu'il fut cependant renvoyé des poursuites par le motif que le ministère public n'avait pas prouvé que les deux inconnus qu'il accompagnait fussent dépourvus de permis, et que, dès lors, il n'était pas établi que le fait de chasse auquel il avait participé fût un fait de chasse sans permis; — Attendu que la traque, qui consiste à faire lever le gibier et à le pousser vers le chasseur qui l'attend armé d'un fusil, constitue de la part du traqueur, un acte de chasse, et le soumet aux prescriptions de la loi du 3 mai 1844 et aux pénalités qui en sont la sanction; que cette règle, il est vrai, souffre exception quant à l'obligation du permis de chasse, en ce sens que les traqueurs sont considérés comme ne faisant qu'une seule et même personne avec le chasseur qui les emploie, et, par suite, si celui ci a un permis, n'ont pas besoin d'en avoir; mais que cette exception ne justifie nullement la décision attaquée; qu'en effet, sous l'empire de la loi du 3 mai 1844, comme sous l'empire du décret du 4 mai 1812, celui qui est trouvé en action de chasse est réputé avoir chassé sans permis, tant qu'il ne justifie pas d'un permis qui rende licite le fait constaté à sa charge; que Gau, non seulement n'a jamais prouvé, mais encore n'a jamais allégué que les deux chasseurs pour lesquels il traquait fussent munis de permis, ni même qu'ils les en ait crus munis; que la présomption légale n'étant pas contredite par le prévenu, conservait contre lui toute son autorité; qu'elle établissait que le fait auquel il avait concouru avait été accompli sans permis, et ne permettait pas au juge correctionnel de refuser de lui faire application des dispositions ci-dessus visées de la loi du 3 mai 1844; — Attendu qu'au lieu de les lui appliquer, l'arrêt attaqué pose en thèse de droit qu'un acte de chasse est réputé avoir été accompli en vertu d'un permis, toutes les fois que le ministère public ne démontre pas le contraire, et acquitte le prévenu Gau parce que la partie poursuivante n'a pas fourni la preuve que les chasseurs pour lesquels il traquait fussent dépourvus de permis; qu'en mettant à la charge du ministère public la preuve de la non-existence d'un fait justificatif dont le prévenu n'avait pas même allégué l'existence, et en substituant à la présomption légale une présomption contraire, cet arrêt a violé l'art. 1er et l'art. 11 de la loi du 3 mai 1844;

Par ces motifs, casse, etc.

Du 2 janv. 1880.-Ch. crim.-MM. de Carnières, pr.-Thiriot, rap.-Benoist, av. gén.

31 mai 1886, aff. Van den Broek, *Pasicrisie belge*, 1886. 1. 249. —V. en ce sens les observations formulées au *Rép.* n° 357). — Il en est ainsi, alors même que cet auxiliaire est un enfant; sauf aux juges, s'ils reconnaissent qu'il a agit sans discernement, à restreindre la condamnation du délinquant aux dommages-intérêts et aux frais du procès (Même arrêt du 15 déc. 1870. — V. *infrà*, n°s 1091 et suiv.).

78. A l'inverse, on peut se demander si le chasseur est pénalement responsable des faits délictueux accomplis par les traqueurs ou rabatteurs qu'il emploie. Nous examinerons cette question *infrà*, n°s 428 et suiv.

79. Mais la traque n'est pas un moyen direct et principal de chasse, puisque, par elle-même, elle est insuffisante pour en atteindre le but, c'est-à-dire l'appréhension ou la capture du gibier; elle n'est, en réalité, qu'un *procédé accessoire*, comme celui résultant de l'emploi de chiens d'arrêt ou de chiens courants (Crim. rej. 29 nov. 1845, aff. Demartinécourt, D. P. 46. 1. 21; Chambéry, 17 nov. 1881, aff. Dubourgeat, D. P. 82. 5. 76). Aussi la jurisprudence admet que, dans le cas où le chasseur est muni d'un permis de chasse, cette formalité n'est pas personnellement exigée du traqueur ou rabatteur qui lui prête son concours (V. *infrà*, n°s 265 et suiv.).

Du reste, il appartient au juge du fond d'apprécier souverainement si le fait d'un traqueur constitue une coopération directe et principale (C. cass. belge, 27 juill. 1885, aff. Régimont, *Pasicrisie belge*, 1885. 1. 243).

§ 7. — De la capture du gibier.

80. La *capture* du gibier constitue l'un des faits les plus caractéristiques de chasse, alors du moins qu'il s'agit d'un gibier vivant, et non d'un animal mortellement blessé. Et à cet égard, il n'a y pas à se préoccuper de l'intention du chasseur et du but qu'il poursuit en s'emparant du gibier (V. *infrà*, n°s 1081 et suiv.).—V. toutefois, Paris, 9 déc. 1885, *infrà*, n° 1081.

Quant au point de savoir si la capture peut être regardée comme un acte de chasse, même quand elle est le résultat d'un fait spontané ou instinctif (V. *infrà*, n°s 1087 et suiv.).

81. Mais les *actes postérieurs à la mort ou à la destruction* du gibier poursuivi ne rentrent pas dans la catégorie des faits de chasse (Trib. corr. Loudun, 13 mai 1881, aff. Chanluau, D. P. 82. 5. 73. — V. en ce sens les auteurs et les arrêts cités *infrà*, n°s 432 et suiv., 440).

Nous verrons, *infrà*, n°s 432 et suiv., que, d'après l'opinion qui a triomphé dans la doctrine et la jurisprudence, la *blessure mortelle* du gibier doit être assimilée à sa mort.

ART. 2. — *Des actes préparatoires de chasse.*

82. Les *actes préparatoires* sont ceux qui ont simplement pour objet de faciliter la chasse. Il importe de les distinguer soigneusement des faits de chasse proprements dits. M. Giraudeau (n° 69) dit avec raison qu' « ils ne sont pas, en général, suffisants pour constituer le délit; car, si le défaut d'intention n'est pas une excuse du délit commis, la seule intention par contre ne saurait entraîner la culpabilité et motiver des poursuites ».

Nous avons déjà étudié le point de savoir si l'on doit regarder comme de simples actes préparatoires: le port ou la détention d'engins de chasse (V. *suprà*, n°s 31 et suiv.); la quête de chiens opérée avant l'ouverture de la chasse, en vue de les exercer (V. *infrà*, n°s 52 et suiv.); la quête à trait de limier (V. *infrà*, n°s 46 et suiv.).

83. Conformément à l'opinion de M. Giraudeau, n° 92, et contrairement à celle de MM. Lavallée et Bertrand, p. 39, nous estimons qu'aucun délit de chasse ne saurait être imputé au piqueur qui ramasse et emporte des *fumées* ou des *laissées*.

84. L'emploi de *banderolles* ne constitue pas un acte de chasse, mais un simple acte préparatoire (Paris, 31 mars 1865, aff. Lagnon, D. P. 66. 2. 80; Paris, 31 mars 1865, aff. Bizet, *ibid.*; Paris, 26 janv. 1866, et sur pourvoi, Crim. rej. 16 juin 1866, aff. Lombard, D. P. 66. 1. 365. — V. en ce sens: Giraudeau, n° 74; Leblond, n° 129; de Neyremand, p. 159).

Cependant, l'opinion contraire a été adoptée par plusieurs tribunaux. — Jugé: 1° que le fait de planter dans l'ouverture d'un terrier de petits jalons munis de papier pour empêcher les lapins de sortir et pouvoir fureter avec succès, constitue un commencement de furetage; que, par suite, ce fait donne lieu à l'application de l'art. 11 de la loi du 3 mai 1844, si le chasseur n'est pas muni de permis (Trib. corr. Compiègne, 23 nov. 1880, aff. Guilbert, *Droit* du 3 août 1881);—2° Que la pose de banderolles est un commencement de chasse, et non un simple acte préparatoire (Trib. corr. Rambouillet, 26 janv. 1865, aff. Lagnon, D. P. 66. 2. 80); — 3° Que la plantation de jalons surmontés de banderolles est un acte de chasse (Trib. corr. Fontainebleau, 7 mai 1862, aff. Parent, R. F. t. 2, n° 248, *infrà*, n° 442).

Nous rechercherons ultérieurement (n° 656) si les banderolles rentrent dans la catégorie des engins prohibés.

85. Le fait de planter des *piquets* destinés à supporter les nappes ou filets, dont on se sert pour la chasse aux oiseaux, constitue un acte préparatoire de la chasse et ne saurait être considéré comme un élément légal du délit lui-même (Toulouse, 14 janv. 1864, aff. Gayrard, D. P. 64. 5. 40. — Conf. Giraudeau, n° 72).

86. Au reste, le prévenu condamné pour délit de chasse ne peut fonder son pourvoi en cassation sur ce que les faits relevés dans le procès-verbal qui a servi de base à la condamnation, ne seraient que des actes préparatoires de chasse insuffisants pour constituer un délit, si le juge du fait, après que ce procès-verbal a été contradictoirement débattu à l'audience, a déclaré qu'il résulte des débats et des documents de la cause que le prévenu a été véritablement surpris en action de chasse (Crim. rej. 9 juin 1864, aff. Boscher, D. P. 64. 1. 454).

SECT. 2. — DES ANIMAUX QUI PEUVENT ÊTRE L'OBJET DE LA CHASSE (*Rép.* n°s 15 et 16).

87. — I. DES ANIMAUX SAUVAGES. — Ainsi que nous l'avons dit au *Rép.* n° 15, la chasse n'a pour objet que les *animaux sauvages*, c'est-à-dire ceux que ni la nature, ni l'habitude n'ont façonnés au joug ou à la société de l'homme, ou, en d'autres termes, les animaux qui sont à l'état parfaitement libre (V. de Neyremand, p. 221). Quant au point de savoir quels sont les animaux qui rentrent dans cette catégorie, c'est là une question qui est laissée à l'appréciation des tribunaux et qu'il appartient à la doctrine d'élucider, le législateur n'ayant à cet égard tracé aucune règle.

88. L'expression d'animaux sauvages comprend tous les *quadrupèdes* qui sont naturellement en liberté.

89. D'après un arrêt rapporté au *Rép.* n° 16, les *lapins*, par leur nature, n'appartiennent à personne; ils ne deviennent propriété particulière que quand ils sont enfermés, ou tout au moins établis dans un lieu spécialement destiné à les multiplier ou à les conserver. Hors de ces circonstances, la chasse de ces animaux ne peut constituer ni un vol, ni une tentative de vol, mais seulement un délit de chasse, si elle a eu lieu sur le terrain d'autrui, sans son consentement (Crim. cass. 13 août 1840). — V. *infrà*, n° 102.

Et il en est ainsi du furetage de lapins en garenne ouverte, dans un bois appartenant à autrui, sans l'autorisation du propriétaire (Même arrêt).

90. Les mots animaux sauvages embrassent aussi les *oiseaux*, et, par suite, les *oiseaux de passage*, à l'égard desquels l'art. 9 de la loi du 3 mai 1844 confère aux préfets le soin de fixer l'époque de la chasse (V. *infrà*, n°s 672 et suiv.); — Notamment, les cigognes (Sol. impl., Trib. corr. Colmar, 12 avr. 1870 aff. Klinger, rapporté par de Neyremand, p. 242). — V. *infrà*, n°s 677 et 685.

91. Il en est de même des *oiseaux de proie* (Giraudeau, n° 128; de Neyremand, p. 245). Aussi un arrêt de la cour de cassation, du 13 nov. 1818 (rapporté au *Rép.* n° 21), a considéré comme acte de chasse le fait de tirer un seul coup de fusil sur une corneille. — Quant au point de savoir si la destruction des oiseaux de proie échappe à l'application des règles générales en matière de chasse, par le motif que ces oiseaux rentreraient soit parmi les animaux déclarés malfaisants ou nuisibles par le préfet, soit parmi les bêtes fauves, V. *infrà*, n°s 724, 759 et suiv.

92. Les *pigeons ramiers* sont aussi des animaux sauvages, à la différence des pigeons de colombier (V. *infrà*, n° 102).

93. Depuis longtemps la jurisprudence et la doctrine reconnaissent le caractère d'animal sauvage aux *petits oiseaux* (Angers, 17 sept. 1845, aff. Gué, D. P. 46. 2. 40; Ch.

réun. cass. 25 mars 1846, aff. Peyroux, D. P. 46. 1. 95; Crim. rej. 4 avr. 1846, aff. Biet, D. P. 46. 1. 96; Crim. cass. 2 oct. 1846, aff. Trohel, D. P. 46. 4. 59; Ch. réun. cass. 23 avr. 1847, même affaire, D. P. 47. 1. 160; Crim. cass. 24 sept. 1847, aff. Girma, D. P. 47. 4. 70; Dijon, 9 déc. 1874, aff. Diez, D. P. 78. 5. 87. — V. en ce sens: Giraudeau, n° 129; de Neyremand, p. 238).

D'ailleurs, les préfets prennent habituellement des arrêtés pour prévenir la destruction des petits oiseaux et pour favoriser leur repeuplement (V. *infrà*, nos 688 et suiv.).

94. La chasse peut avoir pour objet tous les animaux sauvages, sans qu'il y ait à établir de distinction entre ceux qui ont le caractère de *gibier* proprement dit, c'est-à-dire qui sont propres à l'alimentation, et ceux qui sont impropres à l'alimentation (V. en ce sens: Gillon et Villepin, n° 3; Giraudeau, n° 61; de Neyremand, p. 220; Petit, t. 1, p. 1 et suiv.). — Il en est autrement en matière de vente, de transport ou de colportage pendant la clôture de la chasse (V. *infrà*, nos 818 et suiv.).

D'après M. Villequez, t. 2, n° 11, quelque large que soit l'interprétation que l'on puisse donner au mot *gibier*, en y faisant même rentrer le loup et le renard, on ne saurait l'employer pour qualifier la fouine, le putois, la belette, l'hermine, la martre; ils ne pourraient pas plus être l'objet d'une chasse que les rats et les souris. Tel n'est pas notre avis. Sans doute on ne peut appliquer aux souris et aux rats la législation relative à la police de la chasse; mais il en est différemment des fouines, hermines, putois, etc., dont la peau offre, d'ailleurs, une certaine valeur. Ainsi, le fait de tirer un putois, en rase campagne, sur le terrain d'autrui, constitue un acte de chasse (V. en ce sens: Giraudeau, n° 667).

95. On doit regarder comme pouvant également être l'objet de la chasse: 1° les animaux sauvages *utiles* ou *inoffensifs*; 2° ceux qui sont *malfaisants* ou *nuisibles*; 3° les *bêtes fauves*.

96. Cependant, à certains égards, il importe de ne pas confondre avec la *chasse proprement* dite: 1° la *destruction des animaux* déclarés *malfaisants ou nuisibles* par les préfets, qui est soumise à des règles particulières et qui peut s'opérer en dehors des conditions prescrites pour l'exercice de la chasse (V. *infrà*, nos 710 et suiv.); — 2° Et la *destruction des bêtes fauves*, en cas de *légitime défense*, qui diffère de la chasse, tant au point de vue de son but, qu'au point de vue des conditions requises pour son accomplissement (V. *infrà*, nos 743 et suiv.).

97. La chasse concerne encore le *gibier d'eau*; la loi du 3 mai 1844 le reconnaît implicitement, puisqu'elle charge les préfets de déterminer le temps pendant lequel il est permis de chasser le gibier d'eau dans les marais, sur les étangs, fleuves et rivières (V. *infrà*, nos 679 et suiv.).

Elle s'applique aux *carnivores aquatiques*, par exemple, à la loutre (Giraudeau, n° 153). — Jugé que la loutre doit être considérée comme un gibier. En conséquence, tout acte tendant à la capture de cet animal constitue un fait de chasse qui tombe sous le coup des dispositions de la loi du 3 mai 1844, s'il est accompli en temps prohibé et sans permis de chasse (Colmar, 5 juin 1860, aff. Meyer, R. F. t. 3, n° 469).

98. La question est plus délicate en ce qui concerne le *gibier de mer*. Une cour d'appel a jugé que la chasse du gibier de mer ne rentre ni dans la lettre, ni dans l'esprit de la loi de 1844, qui a eu exclusivement pour objet la conservation des récoltes et du gibier, la protection de la propriété et la sécurité des campagnes; que les art. 22 et 23 de cette loi ne mentionnent point, parmi les fonctionnaires et agents chargés de constater les délits de chasse, les agents ou employés de la marine, ni ceux de l'administration des douanes; que l'art. 9, § 2, ne confère aux préfets le soin de déterminer le temps pendant lequel il est permis de chasser le gibier d'eau que relativement aux marais, aux étangs, fleuves et rivières; que, dans l'ancien droit, la chasse en mer ou sur ses rivages n'était soumise à aucune réglementation préventive (Rennes, 15 nov. 1859, aff. Lebas, D.P. 60. 1. 296). — Et cette opinion est soutenue par Giraudeau, n° 126; et Viel, p. 38 et 39.

La cour de cassation décide, au contraire, que la prohibition de chasser en temps prohibé, édictée par l'art. 1er de la loi de 1844, est générale et absolue, et s'applique à toute nature de gibier comme à tout mode de chasse, sauf les exceptions prévues par la même loi; qu'en conséquence, la chasse du gibier de mer, et notamment des alouettes de mer, ne peut avoir lieu, dans les départements maritimes, qu'à la condition d'être muni d'un permis de chasse et pendant l'ouverture de la chasse (Crim. cass. 20 janv. 1860, aff. Lebas, D. P. 60. 1. 296, et sur renvoi, Angers, 5 mars 1860. — V. dans le même sens: Leblond, n° 59).

Cette controverse offre, d'ailleurs, peu d'intérêt pratique. Dans un certain nombre de départements, les préfets autorisent formellement la chasse sur le bord de la mer pendant toute l'année. Dans d'autres départements, l'Administration tolère cette chasse, qui est du reste sans inconvénient. —La proposition de loi sur la chasse, adoptée le 23 nov. 1886, par le Sénat en deuxième délibération et actuellement soumise à la Chambre des députés (V. *suprà*, n° 6), porte, dans le dernier paragraphe de son art. 10, que la chasse avec permis est autorisée toute l'année à la mer et sur le rivage, la limite étant celle de la plus haute marée.

99. Selon un arrêt, qui a statué sur une question un peu différente de celle qui est exposée au numéro précédent, mais qui peut être néanmoins invoqué à l'appui de la première opinion, le fait de chasser, au moyen d'embarcations, sur la mer ou sur les *étangs salés* qui en dépendent, ne tombe pas sous l'application de la loi du 3 mai 1844: on doit voir là une espèce de pêche plutôt qu'un mode de chasse dans le sens de cette loi, alors surtout qu'il s'agit d'une capture (celle des canards ou des macreuses, par exemple), s'opérant à l'aide de filets calés dans les eaux (Aix, 12 mars 1856, aff. Dauphin, D. P. 56. 2. 210). — V. *infrà*, n° 106.

100. En tout cas, la recherche ou la capture des *poissons* constitue un fait de *pêche*, et non un fait de chasse, alors même qu'on y procède à l'aide de fusil (Giraudeau, n° 153). — V. *Pêche fluviale*.

Il en est de même des *grenouilles* (V. *ibid.*).

101. — II. Des animaux domestiques. — On a vu au *Rép.* n° 15, que la chasse ne s'applique pas aux *animaux domestiques*, tels que les chiens, les chevaux, le bétail, la volaille de basse-cour, etc. Leur capture constitue un vol (V. *Vol*). — Leur destruction ou les blessures qui leur sont faites peuvent, suivant les cas, donner lieu soit à des peines correctionnelles, soit à des peines de simple police (V. *infrà*, n° 794).

102. — III. Des animaux sédentaires. — Indépendamment des animaux sauvages et des animaux domestiques, il existe une catégorie intermédiaire d'animaux auxquels la doctrine a donné le nom de *sédentaires* ou d'*apprivoisés* (V. à cet égard, la loi espagnole, *suprà*, n° 13), qui, sans être familiers avec l'homme, se fixent dans les lieux préparés pour leur retraite, ou qui ont perdu par ses soins leur férocité naturelle. On ne saurait, ainsi que nous l'avons dit au *Rép.* n° 15, regarder comme un fait de chasse leur capture, tant qu'ils conservent l'habitude de revenir à un gîte fixe, et ceux qui s'en emparent sans droit commettent un vol.

Il en est ainsi en ce qui concerne: 1° les *abeilles*, lorsqu'elles habitent dans un rucher privé; si elles recouvrent leur liberté naturelle, chacun peut les appréhender (Championnière, p. 6; Giraudeau, n° 62; Houël, n° 9. — V. *Vol*); — 2° Les *pigeons de colombier*. L'art. 524 c. civ. les considère comme immeubles par destination et, par suite, comme appartenant au propriétaire du colombier. Mais ceux qui passent dans un autre colombier appartiennent au propriétaire de cet objet, pourvu qu'ils n'y aient point été attirés par fraude (c. civ. art. 564). Cependant les pigeons sont susceptibles d'être l'objet de la chasse à l'époque où les propriétaires sont tenus de les enfermer. Leur destruction est soumise, du reste, à des règles particulières. C'est ce que nous verrons *infrà*, nos 795 et suiv.; — 3° Les *lapins de clapier* ou domestiques, ainsi que les lapins de garenne entretenus dans des *garennes fermées* (Gillon et Villepin, p. 234; Sorel, t. 2, n° 45). Toutefois, MM. Giraudeau, Lelièvre et Soudée, n° 121, sont d'avis que, pour les lapins de garennes même fermées, la question de savoir si leur capture constitue un acte de chasse ou un vol dépend des circonstances; — 4° Et les *faisans de volière* (V. Amiens, 9 mars 1882, aff. Datz, D. P. 82. 2. 152, *infrà*, n° 794).

CHAP. 3. — Des terrains soumis à l'application de la loi du 3 mai 1844.

103. Le législateur n'a pas limité l'application de la loi du 3 mai 1844 à certaines natures de terrains. Dès lors, on doit décider, en principe, que cette loi régit les actes de recherche, de poursuite ou de capture du gibier qui sont accomplis sur un *terrain quelconque*, et notamment dans les *villes* ou villages, aussi bien que dans les *campagnes*.

Ainsi, la jurisprudence regarde comme un acte de chasse le fait : 1° de tirer sur une sarcelle, même dans l'intérieur d'une ville (Crim. cass. 6 mars 1857, aff. Méric, D. P. 57. 1. 179); — 2° De tirer sur des petits oiseaux, dans un lieu public, vers un jardin (Crim. cass. 24 sept. 1847, aff. Girma, D. P. 47. 4. 70); — 3° De tirer des coups de fusil de l'intérieur d'une cabane élevée pour épier ou atteindre le gibier (Crim. cass. 7 mars 1823, *Rép.* n° 88 ; Crim. cass. 20 juin 1823, *ibid.* n° 108). — Il en serait de même, dans l'hypothèse où l'on tirerait de l'intérieur d'une maison habitée, à moins que le gibier n'eût été tiré dans un terrain clos et attenant à une habitation (Giraudeau, n° 123. — *Contrà :* Lavallée et Bertrand, p. 29 et 30). — Néanmoins, dans les lieux habités, l'exercice du droit de chasse peut être restreint dans une certaine mesure par les arrêtés municipaux qui, en vue d'assurer la sécurité publique, prohibent l'emploi des armes à feu (V. *Commune; Contravention*).

104. La loi du 3 mai 1844 régit : les *terrains privés*, quels que soient leurs propriétaires (particuliers, Etat, communes, départements, établissements publics). En ce qui regarde la chasse sur le terrain d'autrui, V. *infrà*, n°s 410 et suiv.; — Et les *terrains publics*, c'est-à-dire servant à un usage public, tels que les *routes*, les *chemins*, V. *infrà*, n°s 602 et suiv.

Le fait de tirer le gibier *au vol* est également assujetti aux dispositions de cette loi (V. *infrà*, n°s 417 et suiv.).

105. Les *terrains non cultivés* sont soumis à l'application de la loi sur la chasse, aussi bien que les *terrains cultivés*. Cependant le législateur protège d'une façon spéciale les *terres non dépouillées de leurs fruits*, d'une part, en réprimant plus sévèrement les délits de chasse sans le consentement du propriétaire qui y sont commis (V. *infrà*, n°s 903 et suiv.); d'autre part, en permettant au ministère public de poursuivre d'office ces délits sans plainte préalable de la partie intéressée (V. *infrà*, n°s 1200 et suiv.).

106. La loi de 1844 régit aussi les faits de chasse pratiqués sur les *cours d'eau* soit navigables ou flottables (V. *infrà*, n° 613), soit non navigables ni flottables (V. *infrà*, n° 612), ainsi que sur les *terrains inondés* (V. *infrà*, n°s 109 et 614), et sur les *étangs*. Il importe, toutefois, de remarquer que le droit de pêche dans un étang comprend la chasse au gibier d'eau (V. *Pêche fluviale*).

Au contraire, la loi de 1844 n'est pas applicable aux faits de chasse accomplis sur la mer et sur les *étangs salés* qui en dépendent (V. *suprà*, n° 99 et *Pêche côtière*). — Quant aux *rivages* et *côtes de la mer*, V. *suprà*, n° 98.

107. Jusqu'en 1850, la loi du 3 mai 1844, sur la police de la chasse, n'a pas été régulièrement promulguée en *Algérie*, et, par conséquent, n'y a pas été obligatoire (Crim. rej. 17 nov. 1849, aff. Aïssa-Ben-Zouim, D. P. 50. 5. 19).—Mais elle a été rendue exécutoire dans ce pays en vertu du décret du 22 nov. 1850, qui lui a fait subir quelques légères modifications (V. *Organisation de l'Algérie*).

CHAP. 4. — De la nature et de la propriété du droit de chasse (*Rép.* n°s 40 à 61).

SECT. 1re. — DE LA NATURE DU DROIT DE CHASSE (*Rép.* n°s 40 et 41).

108. On a réfuté au *Rép.* n° 41, la doctrine d'après laquelle le droit de chasse serait une faculté de pur droit civil, qu'il appartiendrait au législateur d'accorder, de modifier ou de retirer. Il est, au contraire, généralement admis que le droit de chasse est un *attribut de la propriété*, qui dérive du *droit naturel*, et qui, par conséquent, ne saurait être supprimé ni aliéné par la puissance législative au détriment du propriétaire, sauf au droit positif à en régler l'exercice (V. Chardon, p. 35; Giraudeau, n°s 1 et 2; Petit, t. 1, p. 261; Villequez, t. 1, p. 14). — Le Gouvernement peut même suspendre momentanément l'exercice de la chasse, à raison de certaines circonstances particulières (V. *infrà*, n°s 240 et suiv.).

109. Nous verrons que le droit de chasse peut être l'objet de *cessions*, de *locations* et de *permissions* (V. *infrà*, n°s 445 et suiv.). Mais, du principe qu'il est un attribut de la propriété, il suit : 1° d'une part, qu'il réside exclusivement sur la tête du propriétaire du fonds, à moins qu'il ne l'ait concédé soit expressément, soit tacitement (V. *ibid.*) ; — 2° D'autre part, que son exercice ne peut être suspendu au préjudice du propriétaire du sol que dans les cas et pour les causes qui affecteraient dans ses mains la propriété elle-même ; que, dès lors le propriétaire d'un terrain couvert par les eaux débordées d'une rivière navigable conserve le droit exclusif de chasse sur ce terrain et peut s'opposer à ce que ce droit soit exercé par l'Etat ou ses représentants, alors qu'il s'agit d'une inondation momentanée, dont l'effet ne peut jamais être d'amener un déplacement du domaine public (Crim. cass. 1er févr. 1866, aff. de Contades, R. F. t. 3, n° 514). — V. *infrà*, n° 614.

110. Tous les auteurs, notamment M. Giraudeau, n° 36, décident que le droit de chasse n'est pas susceptible de s'acquérir par *prescription* (Conf. Metz, 26 févr. 1850, aff. Commune de Vitry, D. P. 50. 2. 124).

111. Le droit de chasse étant un droit personnel et incorporel, ne peut donner lieu à la nomination d'un *séquestre* (Besançon, 15 mars 1882, aff. Dumont, D. P. 82. 2. 233).

112. Aux termes d'une jurisprudence constante, le droit de chasse concédé à des tiers sur un fonds n'est susceptible de *cantonnement* qu'autant qu'il constitue un *droit d'usage* et que l'usager peut trouver l'équivalent de son droit dans sa transformation en pleine propriété d'une partie du bien qui en était grevé (Bordeaux, 17 mars 1847, aff. Balguerie, D. P. 47. 4. 68; Civ. rej. 17 juin 1856, aff. Tardieu, D. P. 56. 1. 264). — V. *Usage*.

Jugé spécialement : 1° qu'on ne doit pas regarder comme susceptible de cantonnement le droit de chasse concédé aux habitants d'une commune sur un étang, à la charge par chaque habitant qui use de cette faculté de remettre au propriétaire le quart du produit de la chasse (Arrêt précité du 17 juin 1856); — 2° Que le droit concédé à titre onéreux par un particulier aux habitants d'une commune, de chasser sur son fonds une certaine espèce de gibier formant le revenu principal de ce fonds, et, par exemple, des oiseaux de rivière, constitue un démembrement de propriété et non pas seulement un droit d'usage; que, par suite, ce droit de chasse n'est pas susceptible de cantonnement (Arrêt précité du 17 mars 1847); — Qu'en tous cas, le cantonnement serait inapplicable, si, par suite des changements fréquents auxquels sont soumis les terrains sur lesquels s'exerce cette chasse spéciale, la limitation du droit de la commune à une portion déterminée de terrain l'exposait à être tout à coup privée des avantages de ce droit (Même arrêt).

113. Mais rien ne s'oppose à ce que des *particuliers* établissent entre eux un *cantonnement facultatif*, au moyen d'échanges fictifs et de compensation de terrains, à l'effet de former en faveur de chacun des intéressés un canton de terre sur lequel il peut chasser sans passer sur ses voisins (Fournel, t. 1, p. 95; Giraudeau, n° 35; Houël, n° 6; Vaudoré, p. 107).

114. On a vu au *Rép.* n° 10, et v° *Propriété féodale*, n° 401, que la loi des 4 août-3 nov. 1789 et celle du 30 juill. 1793 ont aboli les *droits exclusifs de chasse et de pêche* en tant qu'entachés de *féodalité*. Leur application a donné lieu à diverses décisions judiciaires, qui seront analysées v° *Propriété féodale*.

SECT. 2. — DE LA PROPRIÉTÉ DU DROIT DE CHASSE (*Rép.* n°s 42 à 61).

115. En ce qui concerne la *propriété du droit de chasse*, il y a lieu de rechercher tout d'abord quelles sont les *personnes auxquelles appartient le droit de chasse* (V. *infrà*, n°s 116 et suiv.). Et il importe de ne pas les confondre avec celles qui ont l'exercice du droit de chasse (V. *infrà*, n°s 183 et suiv.).

Le respect du droit de chasse est assuré au moyen d'une action correctionnelle dirigée contre l'individu qui se rend coupable du *délit* de chasse sans autorisation (V. *infrà*, nos 1191 et suiv.), et, d'autre part, au moyen d'une action civile à fin de dommages-intérêts intentée contre celui qui cause un *dommage* au propriétaire de la chasse (V. *infrà*, nos 1341 et suiv.). — Nous examinerons aussi la question de savoir si la personne qui chasse dans un terrain où elle n'a pas le droit de chasse, mais sur lequel elle a des droits de de propriété ou autres, commet un délit réprimé par la loi de 1844 ou est seulement passible de dommages-intérêts (V. *infrà*, nos 120, 134 et suiv., 463 et 464).

116. — I. PROPRIÉTAIRE DU SOL. — Le droit de chasse, réservé autrefois aux nobles ou aux non nobles possesseurs de fiefs, a été constamment, depuis la Révolution, reconnu au *propriétaire* du sol, notamment par la loi du 4 août 1789, par celle des 22-30 avr. 1790 et par l'art. 1er de la loi du 3 mai 1844. C'est ce que nous avons développé au *Rép.* nos 7 et suiv., 40.

117. Nous avons dit au *Rép.* no 42, que, lorsque le fonds est indivis, le droit de chasse appartient à chacun des *copropriétaires*. Cette proposition a été consacrée par plusieurs arrêts qui décident, en outre, que tous les copropriétaires peuvent également chasser (Bourges, 21 janv. 1875, et sur pourvoi, Crim. cass. 19 juin 1875, aff. Chevallier-Piat, D. P. 77. 1. 237). Tous les auteurs sont unanimes à cet égard (V. Gillon et Villepin, no 10; Giraudeau, no 194; de Neyremand, p. 416). — Ajoutons que la solution serait identique, alors même que les copropriétaires auraient des droits inégaux sur le terrain indivis.

Il y a plus de difficulté sur le point de savoir si le droit de chasse peut être valablement conféré par un ou plusieurs copropriétaires sans l'intervention des autres. Cette difficulté est étudiée *infrà*, nos 452, 460, 495 et 496.

118. — II. POSSESSEUR. — Il est sans difficulté que la possession établissant, en faveur du *possesseur*, une présomption légale de l'existence du droit de propriété en sa personne, lui confère l'exercice des attributs de la propriété et, par suite, le droit de chasse (V. Puton, R. F. t. 9, no 59). — Ce droit appartient aussi au possesseur de biens communaux, qui lui sont échus en vertu d'un ancien partage et dont la possession, continuée depuis près d'un demi-siècle, revêt la forme de la propriété, alors surtout que, d'après l'acte de concession, le partage, bien que déclaré révocable, assigne au possesseur, aussi longtemps que dure sa possession, tous les droits qui compètent au propriétaire, sans faire de réserve relativement au droit de chasse (Colmar, 11 févr. 1862, aff. Heymann, cité par de Neyremand, p. 78).

119. — III. USUFRUITIER. — Du principe que l'*usufruitier* a le droit de jouir comme le propriétaire lui-même (art. 678 c. civ.), il résulte qu'il a la faculté de chasser sur les terres soumises à son usufruit, et cela, à l'exclusion du propriétaire, sauf bien entendu le cas de clause contraire. Ce point, déjà formulé au *Rép.* no 58, est reconnu par l'ensemble de la doctrine. Aux auteurs cités *ibid.*, il y a lieu d'ajouter Aubry et Rau, *Cours de droit civil*, t. 2, p. 236 et 481; Chardon, p. 123; Demolombe, *Cours de code civil*, t. 10, nos 333 et 335; Duranton, *Cours de droit français*, t. 4, p. 472, nos 285, 515; Gillon et Villepin, no 14; Giraudeau, no 58; Favard, p. 490; Jullemier, t. 1, p. 56, et t. 2, p. 14; Petit, t. 1, p. 228; Proudhon, *Droits d'usufruit et d'usage*, t. 3, p. 65, no 1209; Puton, R. F. t. 9, no 59; Rogron, p. 21.

120. Les auteurs ne sont pas d'accord sur la nature de la responsabilité encourue par le nu-propriétaire qui chasse contre le gré de l'usufrutier. Selon une opinion, le propriétaire commet un *délit* et, par suite, est passible de poursuites correctionnelles (V. Berriat, p. 129; Giraudeau, no 763; Leblond, no 204). — D'après une autre opinion admise par Championnière, p. 12, et à laquelle nous nous sommes ralliés non sans hésitation au *Rép.* no 58, le propriétaire ne saurait être exposé qu'à une action en *dommages-intérêts*. — Cette question n'a été jusqu'ici l'objet d'aucune décision judiciaire à notre connaissance. Mais elle est analogue à celle qui est susceptible de s'élever sur le fait de chasse accompli par un propriétaire de terrain qui a affermé la chasse sans réserve à son profit, et on peut, en conséquence, lui appliquer en sens divers les arrêts cités *infrà*, nos 463 et 464.

Il est interdit au nu-propriétaire de porter atteinte au droit de chasse de l'usufruitier. Plusieurs décisions judiciaires ont appliqué le même principe à l'égard des ayants cause de l'usufruitier (V. *infrà*, nos 465 et 466).

121. — IV. USAGER. — En matière de chasse comme en toute autre matière, les droits d'*usage* se règlent par le titre qui les a établis, et reçoivent, d'après ses dispositions, plus ou moins d'étendue (c. civ. art. 628) (Conf. Giraudeau, no 57).

122. A défaut de titre, l'usager n'a droit qu'aux fruits du fonds et seulement jusqu'à concurrence de ses besoins (c. civ. art. 629, 630); il en résulte qu'il n'a pas le droit de chasse. D'ailleurs, l'art. 14 de la loi des 22-30 avr. 1790 déniait expressément le droit de chasse au simple usager. Cette solution, que nous avons adoptée au *Rép.* no 61, est reçue par tous les auteurs (Berriat, p. 129; Chardon, p. 125; Gillon et Villepin, no 23; Jullemier, t. 1, p. 57, et t. 2, p. 14; Leblond, no 4; Petit, t. 1, p. 300; Puton, R. F. t. 9, no 59; Rogron, p. 22).

Le droit de jouir d'une forêt et de l'exploiter n'emporte pas le droit de chasse, surtout que la concession remonte à une époque où ce dernier droit ne pouvait, comme féodal, être exercé par l'usager (Metz, 26 févr. 1850, aff. Commune de Vitry, D. P. 50. 2. 124).

123. Cependant, la plupart des auteurs admettent une exception en faveur de l'usager dont le droit porte sur une maison entière et l'enclos qui y est attenant (V. *Rép.* no 61; Chardon, p. 125; Gillon et Villepin, no 24; Giraudeau, no 56; — *Contrà* : Jullemier, t. 1, p. 14). — Il en est de même, à plus forte raison, si l'usage a pour objet une garenne.

124. — V. PRENEUR OU FERMIER DU FONDS. — 1o *Attribution de la propriété du droit de chasse.* — Une des questions qui ont le plus attiré l'attention des auteurs, en matière de chasse, est celle de savoir si le droit de chasse, dans le cas de silence du bail sur ce point, appartient au *bailleur* ou, au contraire, au *preneur* ou *fermier*. Rappelons que, lors de la discussion de la loi du 3 mai 1844, le législateur n'a pas voulu résoudre cette difficulté et qu'il en a laissé la solution subordonnée à l'application des principes du droit et à l'appréciation de la jurisprudence. — La proposition de loi sur la chasse adoptée par le Sénat le 23 nov. 1886 et actuellement déférée à la Chambre des députés (V. *suprà*, no 6), a formellement tranché la controverse; elle porte qu'à moins de convention contraire, le propriétaire bailleur conserve le droit de chasse.

Jusqu'à ce que la nouvelle loi ait été définitivement votée, la question n'en conserve pas moins tout son intérêt. Elle a été traitée avec certains développements au *Rép.* nos 49 et suiv.; mais, comme elle a été, depuis, l'objet de nouvelles discussions doctrinales et d'assez nombreuses applications de jurisprudence, il convient de la reprendre dans une certaine mesure.

Il importe également de remarquer qu'une controverse analogue existe en matière de pêche (V. *Pêche fluviale*).

125. Suivant un premier système, admis par la plupart des auteurs et par de nombreux arrêts, le bailleur conserve le droit de chasse, à l'exclusion du fermier, à moins de convention contraire dans le bail. A l'appui de cette opinion, on soutient que le bail ne confère au preneur que le droit de percevoir les fruits de l'héritage loué, et non les avantages voluptuaires ou de pur agrément qui demeurent réservés au bailleur; et l'on ajoute que le gibier ne constitue pas un fruit du fonds. Ce premier système a été adopté par plusieurs auteurs cités au *Rép.* no 49, et, en outre, par Aubry et Rau, t. 4, p. 470; Championnière, p. 18; Foucard, t. 1, no 301; Jullemier, t. 1, p. 58; Lavallée et Bertrand, p. 42; Leblond, no 5; Massé et Vergé, *Droit civil français*, t. 2, § 294, note 2; Perrève, p. 180; Petit, t. 1, p. 229; Puton, R. F. t. 9, no 59 (V. dans le même sens, indépendamment des arrêts mentionnés au *Rép.* no 50: Motifs, Metz, 26 févr. 1850, aff. Commune de Vitry, D. P. 50. 2. 124; Riom, 21 déc. 1864, aff. Berger, D. P. 65. 2. 24; Trib. corr. Reims, 25 févr. 1865, aff. Couteau, R. F. t. 3, no 526; Caen, 6 déc. 1871, aff. Prodhomme, D. P. 72. 5. 68; Alger, 27 déc. 1876, aff. Dupuis, R. F. t. 9, no 17).

126. En faveur du second système, qui attribue le droit de chasse au preneur seul, à défaut de stipulation contraire, on prétend que le preneur a, en principe, la jouissance pleine et entière du fonds affermé, ce qui comprend l'agrément aussi bien que l'émolument utile; que le gibier, se nourrissant des fruits du fonds aux dépens du fermier, doit profiter à celui-ci; qu'enfin le propriétaire, étant tenu de faire jouir paisiblement le preneur, ne saurait, à plus forte raison, le troubler dans cette jouissance. On a encore ajouté que la loi des 22-30 avr. 1790 supposait que le fermier avait en principe le droit de chasse, puisque son art. 1er attribuait au propriétaire des fruits l'indemnité de 10 livres édictée contre ceux qui avaient chassé sans permission sur le terrain d'autrui. — Cette opinion a pour partisans certains auteurs énumérés au *Rép.* n° 49, et, de plus, Houël, n° 20; Laurent, *Principes de droit civil*, t. 25, n° 172; Pascalis, 1843, n° 6, p. 161.

127. Selon un troisième système proposé par Duranton et exposé au *Rép.* n° 49, le droit de chasse appartient simultanément au propriétaire et au fermier, à défaut de stipulation qui le réserve à l'un ou l'attribue à l'autre.

128. D'après un quatrième système que nous avons formulé et développé au *Rép.* n° 51, la difficulté est avant tout une question d'intention. — D'une part, on doit, en principe, regarder le bailleur comme ayant retenu à son profit le droit de chasse qui constitue un attribut naturel de la propriété, et dont le produit ne saurait être assimilé à un fruit, puisque l'acquisition du gibier est attachée à l'occupation et non à la possession où à la jouissance du terrain sur lequel il est poursuivi ou appréhendé. Pour attribuer le droit de chasse au fermier, c'est à tort qu'on invoque l'art. 15 de la loi de 1790 et l'art. 9 de la loi du 3 mai 1844, qui reconnaissent aux possesseurs et aux fermiers le droit de détruire les bêtes fauves portant atteinte à leurs récoltes. Sinon, on confondrait le droit de chasse et le droit de légitime défense, qui diffèrent sous divers points de vue, notamment en ce qui concerne les personnes qui en sont investies, le terrain sur lequel ils s'exercent et les conditions auxquelles est subordonné leur exercice (V. *infrà*, nos 744 et suiv.). Vainement aussi on se fonderait sur l'art. 26 de la loi de 1844, qui, en mentionnant le droit de poursuite conféré aux parties lésées d'après les règles du droit commun, n'a pas entendu déterminer les personnes auxquelles le droit de chasse appartient. Nous verrons, d'ailleurs, que la jurisprudence attribue au bailleur, à l'exclusion du preneur, le droit de poursuite des délits de chasse commis sur le fond affermé, sauf toutefois convention contraire dans le bail (V. *infrà*, n° 1228). — D'autre part, le fermier peut user et jouir de la chose louée suivant la destination qui lui a été donnée par le bail, et l'étendue de ses droits ou de ses obligations se détermine tant par les circonstances que par les clauses du bail (c. civ. art. 1728). — Il en résulte que les tribunaux doivent, dans chaque affaire qui leur est déférée, rechercher non seulement d'après les dispositions du bail, mais encore d'après les circonstances de fait, quelle a été la *commune intention des parties*. Tel est, au surplus, le principe général qui ressort de l'art. 1156 c. civ.

Ce quatrième système a été admis, dans toute sa généralité, par MM. Giraudeau, n° 50, et Menche de Loisne, n° 151. D'autres auteurs l'adoptent dans une certaine mesure (Marcadé, *Explication du Code civil*, t. 6, p. 447, sur l'art. 1720; Proudhon, *Domaine privé*, t. 1, p. 382; Rogron, p. 17).

La jurisprudence la plus récente se prononce également pour cette opinion. Décidé que le droit de chasse forme un attribut de la propriété, d'un caractère particulier, qui, à raison de sa nature et de son objet, demeure réservé au propriétaire du terrain, dans le silence du bail; que le gibier n'est point en effet un fruit de la terre, et que le droit de le chasser n'est transféré au fermier que quand cette concession résulte des stipulations du bail ou de circonstances spéciales de fait équivalentes (Crim. rej. 5 avr. 1866, aff. Philip, D. P. 66. 1. 411).

129. Ainsi, le droit de chasse doit être réputé concédé au preneur, lorsque ce droit, exercé par le propriétaire ou le tiers qui le tiendrait de lui, serait, en l'état des choses, tellement onéreux ou incommode pour le preneur, qu'on ne puisse facilement admettre que celui-ci ait eu l'intention de s'obliger à le subir (Rouen, 22 mars 1861, aff. Mutel, R. F. t. 1, n° 23, *infrà*, n° 131).

Il en est de même, s'il est notoire que les prédécesseurs du fermier ont de tout temps chassé au vu et su du propriétaire, sans opposition de la part de ce dernier et sans cependant lui avoir demandé aucune autorisation (Giraudeau, n° 50).

130. On a exprimé l'avis, au *Rép.* n° 50, que les tribunaux pourraient, à raison des circonstances de fait, reconnaître la faculté de chasser: 1° au preneur d'une ferme éloignée du domicile du bailleur et dans laquelle il ne viendrait jamais (V. en ce sens: Giraudeau, n° 50; Menche de Loisne, p. 214, n° 151); — 2° Au locataire d'une maison de campagne et d'un jardin, d'un château et d'un parc; en prenant à bail une propriété de cette nature, il a entendu jouir de tous les agréments qu'elle pouvait procurer (Giraudeau, n° 50; Marcadé, t. 6, p. 449, sur l'art. 1720); — 3° Au locataire d'une maison d'habitation et d'un enclos y attenant, pourvu que l'enclos soit une véritable dépendance et un accessoire de la maison (Giraudeau, n° 47; Leblond, n° 6). Rappelons que, dans cette hypothèse, l'interdiction de chasser pourrait dériver, à l'encontre du bailleur, de l'art. 2 de la loi du 3 mai 1844, qui établit un privilège basé sur l'inviolabilité du domicile (V. *infrà*, nos 559 et suiv.).

131. Jugé: 1° que le propriétaire ne peut exercer le droit de chasse jusque dans les dépendances du domicile du fermier; dans un tel lieu, le droit a été cédé implicitement au fermier (Rouen, 24 avr. 1869, aff. Fisset et Alix, *Recueil de cette cour*, 1869, p. 100, et rapporté par Leblond, n° 7. — Comp. Rouen, 13 janv. 1882, *infrà*, n° 516); — 2° Que la réserve du droit exclusif de chasse faite en termes généraux dans un bail à ferme, ne peut, à défaut d'une clause plus spéciale, autoriser le propriétaire à chasser dans l'enclos attenant à l'habitation du fermier (Rouen, 23 févr. 1865, aff. Boullanger, R. F. t. 3, n° 420); — 3° Que le propriétaire, en affermant sa propriété, conserve le droit de disposer de la chasse, sans distinction pour aucune des parties dont se compose sa propriété, avec cette limite, toutefois, qu'il doit faire jouir paisiblement son fermier (Rouen, 28 juin 1867, aff. Legras, R. F. t. 4, n° 648); — 4° Que la faculté de chasser doit être reconnue au preneur de deux héritages en nature de verger et d'herbage, de peu d'étendue, entièrement contigus et clos, communiquant de l'un à l'autre par un passage toujours ouvert, n'ayant ensemble qu'une entrée en face et voisine des bâtiments occupés soit par la famille du fermier, soit par son bétail. Toutes ces circonstances font présumer que le propriétaire n'a pas entendu réserver pour lui-même, et encore moins pour des tiers, le droit d'aller, tous les jours et à toute heure, chasser dans cet enclos, dont toutes les parties sont de véritables attenances de l'habitation du fermier (Rouen, 22 mars 1861, aff. Mutel, R. F. t. 1, n° 23, *suprà*, n° 129).

132. Mais il convient d'enfermer dans de justes bornes cette restriction à l'exercice d'un droit inhérent à la propriété, fondée sur la faveur due à l'inviolabilité du domicile (Arrêts des 24 avr. 1869 et 23 févr. 1865 cités *suprà*, n° 131); — Alors surtout que le bailleur a l'habitude d'affermer son droit de chasse; c'est là une question de fait qu'il appartient aux tribunaux de résoudre eu égard aux circonstances (Même arrêt du 24 avr. 1869).

Décidé spécialement: 1° que le fermier ne doit pas être réputé avoir le droit de chasse sur un herbage d'une assez grande étendue, bien que dépendant de la ferme, quand il n'est pas établi que l'herbage soit situé près des bâtiments d'habitation et soit entouré d'une clôture continue faisant obstacle à toute communication avec les herbages voisins (Rouen, 24 avr. 1869, aff. Fisset, *Recueil de cette cour*, 1869, p. 100, et rapporté par Leblond, n° 7); — 2° Qu'il y a délit de chasse sans autorisation sur le terrain d'autrui, de la part du fermier qui tire un lièvre sur un herbage faisant partie de la ferme, mais qui n'est pas clos et n'est pas à considérer comme une dépendance de son habitation (Rouen, 28 juin 1867, aff. Legras, R. F. t. 4, n° 648); — 3° Que, lorsqu'une cour où se trouvent la maison de ferme et les bâtiments d'exploitation est distincte d'un herbage, dont elle est séparée soit par les murs des bâtiments, soit par des haies ou des barrières, établissant une clôture continue, le propriétaire ne peut chasser dans cette cour; mais qu'il peut le faire dans l'herbage (Rouen, 23 févr. 1865, aff. Boullanger, R. F. t. 3, n° 420).

133. D'ailleurs, les présomptions de fait qui militent en faveur du preneur sont susceptibles d'être écartées par d'autres présomptions invoquées par le bailleur. Par exemple, même dans les hypothèses spécifiées ci-dessus (nos 130 et suiv.), on a vu au *Rép.* n° 51, que le droit de chasse peut résulter, au profit du propriétaire, soit des soins par lui donnés au repeuplement du gibier, soit de l'habitude qu'il avait de louer la chasse séparément du fonds ou de la réserver pour ses enfants et ses amis.

134. — 2° *Faits de chasse du bailleur.* — Nous étudions plus loin la question de savoir si le bailleur est passible de *dommages-intérêts* envers le fermier, quand il chasse sans l'autorisation de celui-ci sur le fonds affermé (V. *infrà*, n° 916).

135. Le bailleur commet-il le *délit* de chasse sur le terrain d'autrui sans autorisation, lorsque le droit de chasse appartient au preneur et qu'il chasse sans le consentement de ce dernier sur l'héritage loué? Nous nous sommes prononcés au *Rép.* n° 246, pour la négative, et cette solution est admise également par Championnière, p. 98, et Rogron, p. 34. M. Giraudeau, après avoir adopté la même opinion dans sa première édition, n° 633, déclare, dans sa seconde édition, n° 763, préférer le système contraire. Du reste, la difficulté est de même nature que celle qui se présente relativement aux faits de chasse accomplis par le propriétaire qui a cédé ou loué directement à un tiers le droit de chasse sur son terrain; il convient donc de s'y reporter (V. *infrà*, nos 463 et 464). — Comp. Paris, 8 janv. 1836, *Rép.* n° 54.

136. — 3° *Faits de chasse du preneur.* — Si le preneur chasse, sans le consentement du bailleur, sur le fonds affermé sans que le droit de chasse lui ait été concédé expressément ou tacitement, il est manifeste qu'il chasse sur le terrain d'autrui et qu'en conséquence il est passible de poursuite correctionnelle par application des art. 1 et 11 de la loi du 3 mai 1844 (Rogron, p. 34. — V. en ce sens : Crim. cass. 13 nov. 1818, cité au *Rép.* n° 50).

137. — 4° *Droit de poursuite des délits de chasse.* — On étudie plus loin, nos 1226 et suiv., le point de savoir si le droit de poursuivre les délits de chasse commis sur les fonds affermés appartient au bailleur ou au preneur.

138. — 5° *Destruction des animaux malfaisants ou nuisibles et des bêtes fauves.* — Sur les droits respectifs du bailleur et du fermier en matière de destruction des animaux malfaisants ou nuisibles et des bêtes fauves, V. *infrà*, nos 716 et 748.

139. — VI. Emphytéote. — Si plusieurs auteurs ne voient dans l'emphytéote qu'un droit personnel et mobilier, la jurisprudence le considère comme un véritable démembrement de la propriété (V. *Louage emphytéotique*). En se plaçant à ce dernier point de vue, on ne saurait refuser à l'*emphytéote* la faculté de chasser sur les terres assujetties à son droit d'emphytéose, puisque ce droit est plus étendu que l'usufruit. Cette solution, formulée au *Rép.* n° 59, est consacrée par l'ensemble de la doctrine (Berriat, p. 129; Duranton, t. 4, n° 285; Gillon et Villepin, n° 14; Giraudeau, n° 54; Houël, n° 22; Jullemier, t. 1, p. 57; Lavallée et Bertrand, p. 41; Perrève, p. 176; Puton, R. F. t. 9, n° 59; Toullier, t. 4, n° 19; Troplong, *Louage*, t. 1, n° 30).

140. — VII. Antichrésiste. — La plupart des auteurs décident, ainsi que nous l'avons fait au *Rép.* n° 60, que l'antichrésiste ne jouit pas du droit de chasse sur le fonds qui lui est remis en antichrèse (Championnière, p. 15; Giraudeau, n° 53; Jullemier, t. 1, p. 57; Puton, R. F. t. 9, n° 59). — En sens contraire, V. Gillon et Villepin, p. 45; Leblond, n° 3, qui nous cite à tort comme accordant à l'antichrésiste la faculté de chasser.

Toutefois, si la chasse avait été affermée lors du contrat d'antichrèse, le prix du fermage appartiendrait à l'antichrésiste (Championnière, p. 163; Puton, *loc. cit.*).

141. — VIII. Superficiaire. — On ne saurait attribuer le droit de chasse à la fois au *tréfoncier* et au *superficiaire*, qui ne sont pas des propriétaires indivis. Il faut donc opter entre ces deux sortes de propriétaires; mais cette option est fort délicate. M. Puton, R. F. t. 9, n° 59, donne la préférence au tréfoncier. Il se base, d'une part, sur la prééminence juridique que le droit romain primitif reconnaissait au tréfoncier; d'autre part, sur l'origine économique du droit de superficie, qui naît toujours d'une situation obérée, le propriétaire aliénant la superficie afin de payer une dette, mais en gardant le sol pour conserver dans la société les avantages et les attributs utiles et honorifiques de la propriété, parmi lesquels le droit de chasse figure en première ligne. Le même auteur invoque aussi la nécessité d'obvier à des difficultés pratiques résultant du caractère habituel du droit de superficie, lequel est rarement complet et se trouve souvent limité à une portion des produits superficiaires du sol, par exemple au taillis, la futaie restant au tréfoncier. — Cependant il nous paraît difficile de ne pas attribuer, du moins en cas de droit de superficie intégral, le droit de chasse au superficiaire; car celui-ci a alors l'exercice de toutes les facultés qui appartiennent au propriétaire comme maître du dessus, et, d'un autre côté, la chasse s'exerce habituellement sur la surface du sol.

CHAP. 5. — De la propriété du gibier; Du droit du chasseur sur le gibier (*Rép.* nos 172 à 175).

Sect. 1re. — De l'acquisition du gibier par voie d'occupation; Généralités (*Rép.* nos 172 à 174).

142. La loi du 3 mai 1844, n'ayant pour objet que la police de la chasse, ne s'est pas occupée de la *propriété du gibier*. Mais la doctrine et la jurisprudence sont d'accord pour décider que les animaux sauvages en état de liberté naturelle constituent des *res nullius* et, par conséquent, appartiennent par voie d'*occupation* à celui qui s'en empare le premier (*Rép.* n° 172). Si, en effet, ce principe n'est formulé expressément dans aucune de nos lois, il est consacré implicitement par l'art. 715 c. civ., qui porte que la faculté de chasser est réglée par des lois particulières, puisqu'il était reconnu par le droit romain (L. 1, § 1, Dig., *De acquirendo rerum dominio*) et qu'il a toujours été suivi en France, sauf certaines modifications résultant, dans notre ancienne jurisprudence, des distinctions de personnes admises alors relativement au droit de chasse (V. Aubry et Rau, *Cours de droit civil*, t. 2, § 201, p. 235; Demolombe, t. 10, n° 176; Giraudeau, n° 1313; Menche de Loisne, nos 125 et suiv.; de Neyremand, p. 106; Pothier, *Domaine de propriété*, nos 27 et suiv.; Sorel, t. 2, nos 41 et suiv.; Villequez, t. 1, n° 21, p. 48. — Conf. Req. 29 avr. 1862, aff. Cooper, D. P. 62. 1. 449). — « L'occupation est si bien une des conditions de propriété du gibier, dit M. Sorel, n° 44, que si, après avoir pris dans un filet une bête sauvage et en être devenu ainsi propriétaire, je la laisse échapper, elle rentre dans les conditions ordinaires de sa nature, et je n'ai point le droit d'en revendiquer la propriété ».

143. La règle de l'acquisition du gibier par occupation entraîne deux conséquences, qu'il importe de signaler dès maintenant, parce qu'elles dominent toute la matière : l'une, que le *chasseur* ne saurait être inculpé de vol, à raison de l'appréhension ou de l'enlèvement du gibier dont il est devenu propriétaire par ce moyen (V. *infrà*, n° 147); — L'autre, qu'il y a *vol* de la part du *tiers* qui s'empare frauduleusement de ce gibier (Rouen, 22 avr. 1847, aff. David, *Gazette des tribunaux* du 24 avr. 1847, cité par Sorel, t. 2, n° 51. — V. aussi *infrà*, nos 148, 153, 160, 176 et 182).

144. C'est une question très controversée que celle de savoir si l'acquisition du gibier par voie d'occupation est subordonnée à l'accomplissement des *conditions* établies par la loi du 3 mai 1844 *pour l'exercice de la chasse*, par mesure de police et en vue de l'ordre public. — Pour l'affirmative, on invoque la maxime : « *Nemo ex delicto locupletari potest* » (V. *infrà*, nos 146, 147 et 178). — En faveur de la négative, qui nous paraît préférable, on soutient que, la loi de 1844 étant étrangère au droit d'occupation du gibier, l'exercice de ce droit est seulement régi par les principes généraux du droit naturel. La circonstance que le fait de chasse a eu lieu en contravention aux prescriptions de la police, n'enlève pas au gibier le caractère de *res nullius* et, par suite, ne s'oppose point à ce que le chasseur devienne propriétaire du gibier (Aubry et Rau, *op. cit.*, § 201, p. 236). Ajoutons aussi que la maxime énoncée par le système contraire est étrangère aux infractions qui, comme celles de chasse, ont le caractère de contraventions matérielles, plutôt que celui de délits proprement dits, sauf au point de vue de la gravité des peines et de la compétence du juge de répression (V. *infrà*, n° 1079).

145. Ainsi, nous pensons qu'il n'est point nécessaire d'être muni d'un *permis de chasse* pour devenir propriétaire des animaux sauvages par l'occupation (V. *infrà*, nos 244 et suiv.).

146. Nous partageons également l'opinion de M. Giraudeau, n° 1326, d'après laquelle le droit d'occupation du chasseur produit son effet normal en *temps prohibé*, aussi bien que pendant l'ouverture de la chasse. M. de Neyremand, p. 139, estime, au contraire, que le gibier capturé pendant la fermeture, étant le résultat d'un délit et devant être confisqué, ne peut appartenir au chasseur. Mais le motif spécial tiré de la confiscation n'est point fondé, car la loi de 1844 ne prononce jamais la confiscation ni même la saisie du gibier à raison des délits commis par le chasseur qui en a pris possession; c'est ce que nous verrons *infrà*, n° 1063.

147. On a exposé au *Rép.* n° 172, l'opinion suivant laquelle le gibier appartient au premier occupant, alors même que la capture ou tout autre acte d'occupation s'est accompli sur le *fonds d'autrui* et *sans le consentement du propriétaire* de ce fonds. Cette théorie a prévalu de plus en plus dans la doctrine. Aux auteurs déjà cités au *Répertoire*, il convient d'ajouter: Aubry et Rau, t. 2, § 201, p. 236; Demante, *Cours analytique de code civil*, t. 3, n° 11 *bis*; Demolombe, t. 13, n° 23; Giraudeau, n°s 1314 et 1320; Leblond, n° 226; de Neyremand, p. 108 et 138; Sorel, t. 2, n°s 42 et suiv.; Villequez, t. 1, n°s 26 et suiv. — En sens contraire, V. Chardon, p. 17 et suiv.; et Req. 22 juin 1843, reproduit au *Rép.* n° 172, et qui est vivement critiqué par la doctrine.

Du principe que le droit d'occupation s'exerce utilement sur le terrain d'autrui, il résulte, d'une part, que le chasseur ne saurait être déclaré coupable de *vol* au préjudice du propriétaire de ce terrain (Giraudeau, n° 1314; de Neyremand, p. 108; Sorel, t. 2, n° 42; Villequez, t. 1, n°s 28 et suiv., p. 68. — Conf. Crim. cass. 13 août 1840, *Rép.* n° 16, *suprà*, n° 89. — *Contrà: Chasse illustrée* des 26 févr. et 12 mars 1870); — D'autre part, que ce propriétaire ne serait pas fondé à intenter contre le chasseur une action en restitution du gibier capturé (Mêmes auteurs. — *Contrà:* Chardon, p. 17 et suiv.).

148. A l'inverse, le propriétaire du terrain qui s'empare du gibier préalablement acquis par le chasseur par voie d'occupation, serait passible de poursuites correctionnelles pour délit de vol, si son intention frauduleuse était nettement établie. Cette solution peut sembler rigoureuse; mais elle paraît commandée par les principes généraux en matière de vol (V. Villequez, t. 1, n° 32). En tout cas, il serait tenu de restituer le gibier au chasseur, ou d'en payer la valeur, si la restitution n'était plus possible (V. *Rép.* n° 173; Duranton, *Cours de droit français*, 4e éd., t. 4, n° 283; Giraudeau, n° 1320; Petit, t. 1, p. 14; Villequez, t. 1, n°s 26 et suiv., 49 et suiv. — *Contrà:* Trib. paix Sedan, canton nord, jugement cité sans date par la *Gazette des tribunaux* du 17 févr. 1861).

149. Du reste, il convient de remarquer, ainsi qu'on l'a fait au *Rép.* n° 172, que l'individu qui appréhende un animal sauvage sur le terrain d'autrui, s'expose à une condamnation correctionnelle pour délit de chasse sans autorisation, si son droit d'occupation ne s'est exercé que sur ce terrain (V. *infrà*, n°s 431 et suiv.).

150. Il est, en outre, passible de dommages-intérêts envers le propriétaire du fonds, soit à raison des dégâts matériels causés par le chasseur ou ses auxiliaires, soit même à raison de l'atteinte portée au droit de chasse et de propriété (Giraudeau, n° 1314; Sorel, t. 2, n° 45; Villequez, t. 1, n°s 26, 30, 41 et 50). — Une sentence du juge de paix du canton sud-est de Rennes, en date du 22 nov. 1864, rapportée par Sorel, *loc. cit.*, a repoussé l'action en indemnité du propriétaire motivée seulement sur le fait de destruction du gibier existant sur ses terres, par le motif que le gibier, tant qu'il jouit de sa liberté naturelle, appartient à quiconque s'en empare le premier. — Mais cette décision a été avec raison critiquée dans le *Recueil spécial des jugements des justices de paix*, 2e année, p. 119: « Sans doute, y est-il dit, le gibier n'appartient pas au propriétaire sur l'héritage duquel il naît ou se réfugie, même alors qu'il s'y établit ou qu'il y trouve un gîte permanent. Mais suit-il de là qu'abstraction faite des pénalités qu'il peut encourir par application de la loi du 3 mai 1844, le chasseur qui, pénétrant sur cet héritage, y chasse sans le consentement du propriétaire, soit dégagé de toute obligation civile envers celui-ci? Est-il exact de prétendre que la destruction du gibier ne peut être considérée comme dommageable? Nous ne le pensons pas. Le fait seul de s'introduire illégalement dans la propriété d'autrui et d'y chasser motiverait une demande en dommages-intérêts; à plus forte raison en est-il ainsi quand, la chasse ayant été productive, celui qui se l'est permise en rapporte un nombre plus ou moins considérable d'animaux. N'amoindrit-il pas d'une manière plus ou moins notable un droit que le législateur a entendu garantir en réprimant par des peines sévères les atteintes qui pourraient y être portées? Si le gibier n'appartient à personne, du moins faut-il reconnaître que celui sur la propriété duquel il se trouve, et pendant qu'il s'y trouve, a seul le droit de s'en emparer. Or, tout fait de chasse illicite qui tend à le priver de ce droit, en tout ou en partie, est par lui-même, fût-ce dans une mesure restreinte, nécessairement dommageable ».

151. Les auteurs sont unanimes à reconnaître, comme nous l'avons fait au *Rép.* n° 174, que le gibier renfermé dans un *lieu clos*, de manière à ne pouvoir s'en échapper, appartient au propriétaire de ce lieu, et non au chasseur qui s'en serait emparé sans le consentement du premier (Fournel, t. 1, p. 29; Giraudeau, n° 1323; de Neyremand, p. 108; Sorel, t. 2, n° 45; Villequez, t. 1, n° 30 *ter*).

Nous examinons plus loin la question de savoir si l'emploi d'engins prohibés met obstacle à l'acquisition du gibier par voie d'occupation (V. *infrà*, n° 178).

SECT. 2. — DES ACTES CONSTITUTIFS D'OCCUPATION DU GIBIER (*Rép.* n°s 173 et 175).

152. Conformément à ce qui a été exposé au *Rép.* n° 175, l'acquisition du gibier par voie d'occupation résulte de tout acte qui met l'animal en la puissance du chasseur de manière à ne pouvoir lui échapper; mais il n'est pas nécessaire que le gibier ait été matériellement appréhendé. Telle est l'opinion généralement admise, notamment par Sorel, t. 2, n° 47. Quant aux cas d'application de ce principe, ils donnent parfois lieu à des divergences en doctrine et en jurisprudence.

153. — I. DU GIBIER TUÉ. — Il est sans difficulté que le fait de *tuer* une pièce de gibier en transfère la propriété au chasseur immédiatement, indépendamment de toute appréhension (Giraudeau, n° 1316; Leblond, n° 226; de Neyremand, p. 106; Sorel, t. 2, n° 49. — Conf. Trib. corr. Compiègne, 10 oct. 1874, aff. X..., rapporté par ce dernier auteur, n° 51). — Il en résulte que l'on doit regarder comme coupable de délit de vol le tiers qui enlève frauduleusement cette pièce de gibier (Giraudeau, n° 1320; Jugement précité du 10 oct. 1874. — V. *suprà*, n° 143).

154. — II. DU GIBIER BLESSÉ. — 1° *Du gibier mortellement blessé.* — On a dit au *Rép.* n° 173, que le gibier mortellement blessé appartient au chasseur qui lui a porté cette blessure. La doctrine et la jurisprudence sont d'accord sur ce principe (Giraudeau, n°s 1316 et 1320; Leblond, n° 227; de Neyremand, p. 106; Sorel, t. 2, n° 85; Villequez, t. 1, p. 98. — Conf. Trib. de paix d'Héricourt, 19 mars 1868, aff. Chippaux, rapporté par Sorel, t. 2, p. 145; Trib. corr. Compiègne, 10 oct. 1874, *suprà*, n° 153). — Peu importe, d'ailleurs, que le gibier soit allé tomber et mourir sur le fonds d'autrui (V. *suprà*, n° 147).

155. Dans les contestations de cette nature, qui reposent sur des points de fait variables et souvent obscurs, on ne saurait poser une règle précise et absolue; pour apprécier le degré de gravité des blessures sur lesquelles le chasseur fonde sa prétention, les tribunaux sont fréquemment réduits à se décider d'après des présomptions et des probabilités (Sorel, t. 2, n° 55). Cependant, on peut dire d'une manière générale, ainsi que nous l'avons fait au *Rép.* n° 173, qu'une blessure est mortelle lorsqu'elle est assez grave pour empêcher le gibier d'échapper au chasseur ou à ses chiens (V. Demolombe, t. 13, n° 25; Giraudeau, n° 1316; de Neyremand, p. 106; Pothier, *De la propriété*, n° 25; Proudhon, *Domaine de propriété*, t. 1, n° 385; Sorel, *loc. cit.*; Villequez, t. 1, p. 96). Une perdrix démontée ne saurait échapper au chien le plus médiocre ni se guérir; aussi doit-on la regarder comme atteinte d'une blessure mortelle. Il en est de même d'un lièvre dont la patte est fracassée; s'il conserve parfois la faculté de courir assez longtemps et avec une certaine vitesse, il n'en est pas moins destiné à être pris aisément ou à succomber à sa blessure (V. dans le sens de ces solutions, Giraudeau, n° 1316; Leblond, n° 226; de Neyremand,

p. 118 et 119). Mais, en pareille matière, il faut aussi tenir compte de la nature et de la vigueur de l'animal blessé ; il n'est pas sans exemple que des chevreuils ou des cerfs aient vécu pendant plusieurs années et aient échappé à la poursuite de chiens courants, tout en ayant perdu une de leurs pattes.

156. Si une pièce de gibier mortellement blessée est réputée appartenir au chasseur qui l'a atteinte, à plus forte raison en est-il ainsi quand ce chasseur la *poursuit*. — Jugé : 1° que l'occupation, qui confère au chasseur la propriété du gibier, ne résulte pas seulement de la mainmise exercée sur ce gibier, mais de tout fait qui le met dans l'impossibilité d'échapper, comme une blessure mortelle, accompagnée de la poursuite non discontinuée du chasseur (Trib. paix Salins, 4 nov. 1872, aff. Berthod, rapporté par Sorel, t. 2, p. 151 ; Trib. civ. Langres, 13 avr. 1882, aff. Leconte, D. P. 82. 3. 95 ; Trib. paix Mouzon, 7 juill. 1883, aff. Gibarra, D. P. 83. 5. 66) ; — 2° Que le fait que, dans sa poursuite, le chasseur aurait un instant cessé d'entendre la voix de ses chiens et de connaître par là la direction prise par le gibier n'est qu'un incident de la chasse, et n'en constitue pas la discontinuation ; mais que c'est au chasseur qui veut être déclaré propriétaire d'une pièce de gibier prise par ses chiens à prouver qu'il n'a pas discontinué la poursuite (Jugement précité du 13 avr. 1882).

157. Si deux chasseurs *tirent simultanément* un même animal, le point de savoir à qui la propriété doit être attribuée est une pure question de fait ; pour la résoudre, il y a lieu de tenir compte des circonstances, telles que la direction du tir, la dimension du plomb, le siège de la blessure. Dans le cas où il est impossible de déterminer l'auteur de la mort du gibier, M. Sorel, t. 2, n° 49, estime avec raison qu'il convient de le partager par moitié entre les deux chasseurs, s'il en vaut la peine, sinon de recourir au sort pour l'adjuger exclusivement à l'un d'eux. Ces solutions sont approuvées par M. Giraudeau, n° 1328 (Comp. *infrà*, n° 167).

158. Dans le cas où un animal a été *tiré successivement* par deux chasseurs, il appartient exclusivement à celui-ci d'entre eux qui l'a blessé mortellement, et, si tous deux lui ont porté des blessures mortelles, au premier qui l'a atteint (Giraudeau, n° 1328 ; Sorel, t. 2, n° 55).

159. Le gibier mortellement blessé par un chasseur qui le poursuit avec l'intention et la certitude de s'en emparer, est en quelque sorte en la possession de celui-ci ; par suite, un autre chasseur ne peut, en *achevant* le même animal, se croire en droit de se l'approprier (Trib. paix Bulgnéville, 28 mars 1860, aff. Antoine, D. P. 60. 3. 80).— Spécialement, un sanglier blessé mortellement par un chasseur, poursuivi et coiffé par la meute de ce dernier qui suivait sa trace au sang, ne saurait appartenir au tiers qui l'achève (Jugement du 7 juill. 1883, cité *suprà*, n° 156). — C'est à juste titre que MM. Giraudeau, n° 1328, et Sorel, t. 2, n° 55, critiquent, comme contraire aux principes établis en matière de chasse, une sentence décidant qu'il y aurait lieu de considérer comme copropriétaires d'un gibier tué, notamment d'un sanglier, d'une part, le chasseur qui l'a blessé grièvement, et, d'autre part, le tiers qui l'achève en lui portant des coups de pioche ; et que, par suite, l'animal devrait être partagé par moitié entre les deux intéressés (Trib. paix Chauny (Aisne), févr. 1858, aff. Brochart, rapporté par Sorel, t. 2, n° 55).

160. Rappelons que l'individu qui s'empare d'une pièce de gibier blessée mortellement par une autre personne commet un vol (Giraudeau, n° 1320 ; de Neyremand, p. 119. — Conf. Trib. corr. Compiègne, 10 oct. 1874, aff. X..., rapporté par Sorel, t. 2, n° 51. — V. aussi *suprà*, n° 143).

161. — 2° *Du gibier légèrement blessé*. — Une simple blessure ou blessure légère faite par un chasseur à une pièce de gibier ne saurait lui attribuer la propriété de celle-ci. La plupart des auteurs admettent cette opinion, exprimée au *Rép.* n° 173 (V. Giraudeau, n° 1316 ; Leblond, n° 228 ; Sorel, t. 2, n° 55 ; et les auteurs mentionnés *suprà*, n° 154).

162. En droit, il est généralement admis que l'animal poursuivi, blessé de manière à pouvoir s'échapper, peut être tué et pris par tout autre chasseur, malgré la poursuite dont il est l'objet, et encore que l'individu qui l'a tué ait su que sa bête était chassée, et qu'il y eût bien identité entre le gibier suivi et celui dont cet individu s'est emparé (V. *infrà*, n°s 164 et suiv.). — Jugé que l'occupation du gibier, qui en fait acquérir la propriété, ne résulte pas de la poursuite de ce gibier par le chasseur ou par ses chiens, ni même d'une blessure, si cette blessure est légère et n'empêche pas l'animal blessé de s'échapper, et, par exemple, de se réfugier sur un terrain où le chasseur n'a pas le droit de chasse ; qu'en conséquence, le gibier, même ainsi poursuivi et blessé, appartient à celui sur le terrain duquel il est entré et qui s'en est emparé après l'avoir tué (Req. 29 avr. 1862, aff. Cooper, D. P. 62. 1. 449).

163. — III. Du gibier poursuivi. — La *simple poursuite* d'un gibier par des chiens a-t-elle pour effet de conférer immédiatement au maître de ces chiens la propriété de l'animal poursuivi ? En d'autres termes, un tiers peut-il tirer ou prendre le gibier devant les chiens d'autrui ? Ces questions, dont l'intérêt pratique est considérable, continuent depuis la publication du *Répertoire* à diviser la doctrine et la jurisprudence des tribunaux de paix. Hâtons-nous toutefois d'ajouter que la cour de cassation s'est prononcée à plusieurs reprises dans le sens qui a été adopté au *Rép.* n° 173. Trois systèmes se sont produits sur la difficulté (V. *infrà*, n°s 164 et suiv.).

164. D'après un premier système, soutenu au *Rép.* n° 173 et par la plupart des auteurs et consacré par la cour suprême, si le simple fait de la poursuite du gibier peut être considéré comme un commencement d'occupation, il ne constitue pas néanmoins une cause suffisante et parfaite d'acquisition par voie d'occupation. En effet, la bête poursuivie peut s'échapper par ruse, par force, par la faute du chasseur ; de ce que l'appréhension est possible, probable même, il ne résulte pas qu'elle doive nécessairement s'effectuer (V. en ce sens : Aubry et Rau, *Cours de droit civil*, t. 2, § 201 ; Demante, *Cours de code civil*, t. 3, n° 11 ; Demolombe, t. 13, n° 25 ; Duranton, *Cours de droit français*, t. 4, n° 278 ; Jullemier, t. 1, p. 72 ; Laurent, *Principes de droit civil*, t. 8, n°s 439 et suiv. ; Leblond, n° 228 ; Meaume, R. F. t. 8, n° 40 ; de Neyremand, p. 111 et suiv. ; Proudhon, *Domaine privé*, t. 1, n° 385 ; Rogron, p. 25 ; Toullier, t. 4, n° 7. — Conf. Trib. civ. Libourne, 10 juill. 1861 et Req. 29 avr. 1862, aff. Cooper, D. P. 62. 1. 449 ; Trib. paix Ruines, 24 déc. 1868, aff. B..., rapporté par Sorel, t. 2, p. 147 ; Trib. paix Salins, 4 nov. 1872, aff. Berthod, *ibid.*, p. 151 ; Civ. cass. 17 déc. 1879, aff. Pellé de Champigny, D. P. 80. 1. 121. — V. aussi *suprà*, n° 162).

A plus forte raison, la poursuite d'un gibier sur le fonds d'autrui ne doit-elle pas être regardée comme attributive de propriété en faveur du chasseur, alors même que l'animal a été lancé sur le terrain de ce dernier. D'autre part, aucun texte de loi n'interdit au propriétaire du terrain sur lequel se rend une pièce de gibier lancée sur une propriété voisine, de la chasser à son tour et de s'en emparer s'il peut l'atteindre. Décider autrement, ce serait reconnaître un droit de priorité ou de préférence, et créer au profit des chasseurs un véritable privilège que repoussent les principes de notre législation civile sur le droit de propriété, ainsi que le texte et l'esprit de la loi du 3 mai 1844 (V. en ce sens : Meaume, *loc. cit.* ; Trib. civ. Châtillon-sur-Seine, 23 févr. 1859, confirmé par Dijon, 2 août 1859, aff. Philippon, R. F. t. 1, n° 153).

165. Dans un second système, que M. Villequez, t. 1, n°s 55 et suiv., 87 et suiv., expose avec de grands développements et qu'il défend très habilement, « le droit du chasseur sur le gibier résulte de la menée de ses chiens qui le prendront infailliblement s'il s'arrête, tant qu'elle dure. Ce fait de possession, qui le prive de sa liberté naturelle, reste, lorsque la bête passe d'un terrain sur un autre, exactement ce qu'il était une minute auparavant ; il ne peut changer de nature en lui-même. Ce qu'il s'agit de savoir, lorsque la bête et les chiens changent de terrain, ce n'est pas si le chasseur continue la possession qui reste évidemment la même, ainsi que son droit sur le gibier qui en découle, mais s'il se rend coupable d'un délit de chasse », question qui était autrefois résolue négativement, à cause du droit de suite, et qui serait aujourd'hui tranchée affirmativement, si le chasseur avait pu empêcher ses chiens d'entrer sur le terrain où il n'a pas le droit de chasse (art. 11). A l'appui de cette opinion, on invoque l'équité et l'usage immémorial (V. Barbeyrac, cité par Pothier, *Domaine de propriété*, n° 26 ;

Giraudeau, n° 1339; Jay et Guilbon, *Bulletin des justices de paix*, 1860, p. 283; *Journal des chasseurs*, t. 31, p. 132 et suiv.,; Lavallée, p. 15). — De nombreuses sentences de juges de paix ont adopté cette solution (Trib. paix Coutras, 22 avr. 1862, aff. Cooper, D. P. 62. 1. 449; Trib. paix Sedan, 9 févr. 1861, B. A. F. t. 8, p. 288-291; Trib. paix Verzy, 19 févr. 1878, aff. Josse, *Gazette des tribunaux* des 22 et 23 avr. 1878).—Jugé: 1° que l'on doit regarder en quelque sorte comme la propriété du chasseur le gibier qu'il a levé dans ses chasses, tant qu'il est couru par lui et que ses chiens n'en ont pas abandonné la poursuite (Trib. paix Schirmeck (Vosges), 10 oct. 1859, aff. A..., D. P. 60. 3. 80; 14 déc. 1869, aff. S..., rapporté par Sorel, t. 2, p. 149; Trib. paix Charly, 7 févr. 1877, aff. Barbier, *ibid.*, p. 155; Trib. civ. Chateau-Chinon, 30 août 1878, aff. Pellé de Champigny, D. P. 80. 1. 121); et ce, sans qu'il soit besoin que le gibier ait été tué ni blessé (Jugement précité du 14 déc. 1869); — 2° Que, si le gibier, étant de sa nature *res nullius*, devient la propriété du premier occupant, cette occupation n'implique pas nécessairement une appréhension manuelle: elle résulte encore de tout procédé qui enlève à l'animal sa liberté naturelle et le place ainsi en la possession de celui qui le chasse; qu'ainsi, un lièvre lancé, mené à grands cris et à fond de train par des chiens courants qui vont le prendre s'il s'arrête un instant, n'est plus dans sa liberté naturelle, mais bien au pouvoir du chasseur, dont la possession dure autant que la suite donnée par ses chiens (Trib. paix Buxy (Saône-et-Loire), 3 mars 1866, aff. Moreau, R. F. t. 3, n° 480; Trib. paix Maël-Carhaix (Côtes-du-Nord), 5 janv. 1867, aff. Revault, rapporté par Sorel, t. 2, p. 121; Trib. paix Lauzerte, 2 janv. 1872, *ibid.*, p. 117); — 3° Qu'en conséquence, celui qui tue ce lièvre et s'en empare avant que la poursuite en ait été abandonnée, viole un véritable droit de propriété, et doit être tenu à la restitution ou à des dommages-intérêts; qu'il en est ainsi, alors surtout que le fait a eu lieu sur un terrain où les parties ont la permission de chasser (Jugement précité du 3 mars 1866); — 4° Que le droit d'appropriation du chasseur sur le gibier commence au moment où ses chiens lancent ce gibier; que ce droit se développe au fur et à mesure que le gibier est plus près de succomber, pour se compléter tout à fait à ce moment là; qu'en pareil cas, le droit du chasseur est un véritable droit de propriété conditionnel jusqu'à ce que le gibier soit pris, mais qui ne doit pas moins être respecté comme s'il était pur et simple, et dont la violation donne lieu à des réparations civiles (Trib. civ. Château-Thierry, 22 mars 1877, aff. Garnier, R. F. t. 8, n° 40).

166. Selon M. Sorel, t. 2, n° 59, il conviendrait de faire une distinction. « Quant à moi, dit cet auteur, je m'incline devant la jurisprudence de la cour de cassation (V. l'arrêt du 29 avr. 1862, cité *suprà*, n° 164), lorsque le gibier est tué sur une terre où le chasseur poursuivant n'avait pas le droit de de pénétrer; mais je ne l'admettrais pas, si le propriétaire voisin avait consenti à ce qu'on chassât chez lui, ou si les chasseurs et tireurs se trouvaient sur ce qu'on peut appeler un territoire neutre, c'est-à-dire sur un terrain où la chasse est banale. Je dis qu'en ce cas on ne peut venir s'emparer du gibier que poursuivent les chiens d'autrui ». — Cette distinction nous paraît reposer sur une confusion entre le droit de suite proprement dit et le droit du chasseur sur le gibier. — Cependant, elle semble avoir été admise par une sentence, aux termes de laquelle si le gibier est *res nullius* et s'acquiert seulement par voie d'occupation, le chasseur qui l'a levé sur sa propriété et n'a cessé de le suivre même sur un terrain neutre, acquiert sur lui un droit de préférence et une propriété ou possession éventuelle qui commence au moment de l'attaque, se continue pendant la poursuite et se réalise alors que l'animal est sur ses fins (Trib. paix Dourdan, 22 févr. 1883, aff. Dauvillier, R. F. t. 10, n° 122). Dès lors, celui qui tue un cerf lancé dans une chasse à courre et poursuivi par la meute, loin de pouvoir demander des dommages-intérêts au propriétaire de la chasse dont le piqueur a repris possession de l'animal, est au contraire passible de dommages-intérêts envers le maître des chiens (Même jugement).

167. Lorsqu'un sanglier a été *poursuivi simultanément* par les chiens de deux chasseurs et a été capturé par l'un d'eux ou par ses gens, la propriété de ce sanglier ne peut être attribuée à titre de propriété commune aux deux chasseurs, mais à celui qui a capturé l'animal (Civ. cass. 17 déc. 1879, aff. Pellé de Champigny, D. P. 80. 1. 121). — La solution serait différente s'il était impossible d'assigner à l'un ou à l'autre des chasseurs une part prépondérante et exclusive dans la capture du gibier, par exemple si celui-ci avait été forcé ou appréhendé par les deux meutes réunies (Giraudeau, n° 1344). — La cour suprême décide également que, lorsqu'un animal a été lancé par un chasseur qui a abandonné la chasse, et qu'un autre chasseur, ayant repris la piste, a tiré et tué cet animal, le premier n'en a pas moins droit à une part, s'il est constaté, en fait, que tel était l'usage suivi dans d'autres circonstances au sujet de la même chasse commune (Civ. rej. 3 janv. 1881, aff. Bertbod, *Droit* du 6 janv. 1881).

168. On admet généralement que la bête qui est *sur ses fins* ou forcée, de manière que sa prise soit imminente et certaine, appartient au chasseur dont les chiens l'ont mise en cet état (Giraudeau, n° 1318; de Neyremand, p. 116; Pothier, *Domaine de propriété*, n° 25; Sorel, t. 2, n° 57; Villequez, t. 2, n°s 15 et 39. — Conf. Trib. civ. Rouen, 10 janv. 1882, aff. Bardin, D. P. 82. 5. 77-78, *infrà*, n° 180. — V. aussi *infrà*, n°s 436 et 437). — Pour qu'un chasseur soit réputé s'être emparé d'un animal, il n'est pas précisément nécessaire qu'il ait mis la main dessus; il suffit, de quelque façon que ce soit, que l'animal soit tombé en sa puissance, de manière à ne pas pouvoir lui échapper, par exemple, en étant forcé. Et la preuve qu'un lièvre était forcé, résulte de la facilité et de la rapidité avec laquelle un chien de berger est parvenu à le saisir. Le tiers qui, par un moyen quelconque, s'empare du gibier ainsi forcé est passible de dommages-intérêts envers le chasseur (Trib. civ. Villefranche, 28 mars 1862, aff. Morel, R. F. t. 1, n° 152).

169. Le chasseur dont la meute a mis une pièce de gibier sur ses fins peut appréhender cette dernière sur le terrain d'autrui aussi bien que sur son propre fonds, sauf indemnité, s'il y a lieu, au profit du propriétaire du terrain (De Neyremand, p. 116; Villequez, t. 1, n° 15, p. 39. — V. *infrà*, n°s 436 et suiv.).

170. — IV. DU GIBIER DÉTOURNÉ, RAPPROCHÉ, LEVÉ OU ARRÊTÉ. — Dans la chasse aux chiens courants, une bête est *détournée*, lorsque, préalablement à la chasse proprement dite, en *faisant le bois* sans bruit et la plupart du temps avec un limier, on a recherché la rentrée de l'animal et déterminé la partie de la forêt dans laquelle elle est remise ou *rembuchée*. On indique cette enceinte par des brisées. Il est hors de doute que le fait de *détourner* une pièce de gibier ne confère aucun droit de propriété. Cette solution est admise même par les auteurs qui attribuent à la simple poursuite l'effet de rendre le chasseur propriétaire du gibier poursuivi, notamment MM. Sorel, t. 2, n° 60, et Villequez, t. 1, n° 105, p. 250. « Tant que les chiens ne sont pas encore dans la voie, dit M. Villequez, la bête reste dans sa liberté naturelle, qu'elle perd dès qu'ils sont à sa suite. Le fait de l'avoir détournée n'est pas un acte suffisant pour en donner la possession. Qu'a fait, en effet, le chasseur? Il a appris qu'une bête était dans telle partie de la forêt, à supposer encore qu'il n'ait pas fait buisson creux; mais voilà tout. La brisée qu'il a faite sur la rentrée ne met pas la bête en son pouvoir, comme la suite que lui donnent ses chiens qui l'abattront si elle s'arrête. Elle peut partir, changer même de forêt, avant que les chiens n'arrivent. Celui qui se trouverait sur son passage et la tuerait, tuerait une bête qui est dans sa liberté naturelle, serait par conséquent le premier occupant. J'en dis autant de celui qui, dans le même cas, mettrait ses chiens après; sait-il même si elle a été détournée? Il peut y avoir et il y a presque toujours plusieurs bêtes de détournées dans la même forêt par où pour le même chasseur; il ne possédera que celle qu'il attaquera. »

171. Aucun droit exclusif n'appartient au chasseur sur la bête qui est *rapprochée* par la meute, c'est-à-dire qui, après avoir été levée, est suivie à distance par les chiens sans être encore lancée; on ne saurait, en effet, dans cette hypothèse, dire que l'animal est au pouvoir du chasseur, ni même que sa capture est imminente et certaine. Toutefois M. Villequez, t. 1, n° 104, p. 247, est d'un avis contraire. — A plus forte raison refusons-nous tout droit de propriété au chasseur sur la bête que ses chiens ont fait *lever* (Conf. Giraudeau, n° 1348).

172. Dans la chasse au chien d'arrêt, le gibier *levé* par le chien ou le maître, sans avoir été tiré ou après avoir été manqué par celui-ci, peut être tiré et capturé par un tiers. « Il n'y a ici, dit M. Villequez, t. 1, n° 110, p. 264, aucune possession sur le gibier, ni commencement de possession résultant d'un acte qui le tienne de quelque façon que ce soit au pouvoir du chasseur qui l'a manqué ou ne l'a pas tiré ». M. Sorel, t. 2, n° 61, se prononce dans le même sens.

173. La question est plus délicate à l'égard du gibier *arrêté* par un chien. D'après un usage constant entre chasseurs, jamais on ne tire une pièce pendant qu'elle est arrêtée par le chien d'un autre chasseur; mais, en droit, le point est controversé et donne lieu à trois opinions distinctes. — Selon M. Villequez, t. 1, n° 108, le chasseur « dont le chien arrête une pièce de gibier, bien qu'il n'en ait pas la possession proprement dite qu'il n'acquerra qu'en l'abattant, a toujours sur ce gibier que son chien tient en arrêt pour lui un droit conditionnel que l'autre n'a pas, celui d'accomplir la possession en tirant dessus, s'il le tue ». Et M. Giraudeau, n° 1346, ajoute que ce droit de préférence s'exerce, de la part du maître du chien, même à l'encontre du propriétaire du terrain sur lequel le gibier est arrêté (V. *suprà*, n°s 147 et suiv.). — M. Sorel, t. 2, n° 61, estime que la question doit se résoudre par une distinction : « Si le chien arrête sous les yeux de son maître et que ce dernier soit en position de tirer, personne n'a le droit de viser en même temps que lui le gibier ». Dans ce cas, l'arrêt du chien et la mise en joue du gibier par son maître « constituent comme un seul et même acte de chasse, qu'on ne saurait troubler sans tenir compte du préjudice causé par ce trouble». Au contraire, « si le chien est loin de son maître quand il tombe en arrêt, ou si le maître ne s'est point aperçu de l'attitude de l'animal, chacun pourra tirer, car souvent le gibier aura fui avant même que le maître n'ait pu arriver ». — Les arguments ci-dessus exposés ne nous paraissent pas suffisamment concluants, et nous préférons, avec M. Leblond, n° 220, une troisième opinion que M. de Neyremand, p. 115, formule en ces termes : « En admettant que le gibier soit frappé d'une sorte de fascination devant l'arrêt du chien, cette influence magnétique ne va pas jusqu'à lui enlever la liberté de ses mouvements,... et il reste parfaitement libre de s'envoler ou de s'enfuir. En cet état, il appartient évidemment au premier occupant, c'est-à-dire à celui qui le tue ou le blesse mortellement ».

174. — V. Du gibier gîté ou posé. — Il va de soi que le simple fait de découvrir un gibier *gîté* ou *posé* et de se disposer à le tuer ou l'appréhender ne constitue pas une cause d'occupation. Par conséquent, rien ne s'oppose à ce qu'un tiers s'empare de l'animal (V. dans ce sens : Giraudeau, n° 1348).

175. — VI. Du gibier pris par les chiens. — Il est de doctrine et de jurisprudence que le gibier qui est *pris par un chien* devient immédiatement la propriété du maître du chien (Sorel, t. 2, n° 50), alors même que ce maître est absent (Giraudeau, n° 1317). — Ainsi, le lièvre saisi par un chien de chasse devient la propriété du maître du chien et, par suite, la soustraction de ce lièvre par un tiers constitue un vol (Trib. corr. Melun, 6 nov. 1834, aff. Clary, rapporté par Sorel, t. 2, n° 51, *Gazette des tribunaux* du 14 déc. 1834).

Il a été jugé que, lorsqu'un animal (un chevreuil, dans l'espèce) a été tué sur le terrain d'autrui par une meute, sans la participation délictueuse du maître, et sans que sa responsabilité pénale soit engagée, celui-ci peut emporter le gibier dont il est devenu propriétaire en raison de l'occupation pratiquée par ses chiens (Trib. corr. Loudun, 13 mai 1881, aff. Chanluau, D. P. 82. 5. 71). La réserve ainsi faite par ce jugement relativement à la participation délictueuse du maître nous paraît devoir être écartée; on a vu, en effet, que l'acquisition du gibier est indépendante de la légitimité de l'acte qui la produit (V. *suprà*, n° 144).

176. — VII. Du gibier pris a l'aide de pièges ou d'engins. — 1° *Emploi de pièges autorisés sur le terrain du chasseur*. — D'après M. Giraudeau, n° 1330, tant que le gibier est au piège, il n'y a pas possession légale acquise au propriétaire du piège, et le premier passant aurait le droit de s'en emparer. — Mais cette opinion est avec raison repoussée par la majorité des auteurs, qui admettent, ainsi qu'on l'a fait au *Rép.* n° 175, que si un individu a tendu un piège dans un lieu où il avait le droit de le tendre, et si un gibier s'y est pris de manière à ne pouvoir s'échapper, ce gibier est devenu à l'instant même la propriété de celui qui a tendu le piège (Perrève, p. 298; Pothier, *Domaine de propriété*, n° 25; Sorel, t. 2, n° 50). « Si, dit ce dernier auteur, l'animal pris à un piège autorisé que j'ai tendu sur mon terrain, est mort, s'il s'agit par exemple d'un lapin étouffé sous un assommoir, il est évident qu'il est aussi bien ma propriété que s'il avait eu les reins brisés dans la gueule de mon chien; et personne ne pourra s'en emparer en détendant le piège; si même il est vivant, il reste encore ma propriété, car c'est par mon fait qu'il est devenu captif et qu'il n'est plus, comme disait le droit romain, *in laxitate naturali;* ce n'est donc qu'autant qu'il recouvrerait par lui-même, et non par l'intervention d'un tiers, cette liberté naturelle, qu'il cesserait de m'appartenir et qu'il pourrait à nouveau devenir la propriété du premier occupant ».

Du principe que le propriétaire d'un piège devient propriétaire des animaux capturés par ce piège, il résulte : 1° qu'il peut revendiquer ces animaux à l'encontre du tiers qui s'en est emparé (Sorel, *loc. cit.*) ; — 2° Que le tiers dont il s'agit commet un vol, s'il est de mauvaise foi. Spécialement, on doit regarder comme coupable d'une tentative de vol l'individu qui est surpris dans la forêt d'autrui, visitant des *assommoirs* et cherchant, lorsqu'il en a été empêché par l'intervention d'un garde, à s'emparer d'un lapin qui y était pris (Trib. corr. Compiègne, 13 mars 1877, aff. Lepot, rapporté par Sorel, t. 2, n° 51).

177. — 2° *Emploi de pièges autorisés, sur le terrain d'autrui*. — Dans cette hypothèse, le gibier pris par les pièges est-il devenu immédiatement la propriété du chasseur ? La question a été longuement examinée au *Rép.* n° 175 ; il est inutile d'y revenir. Ajoutons seulement que M. Sorel, t. 2, n° 50, s'est prononcé pour l'affirmative, et M. Rogron, p. 26, pour la négative.

178. — 3° *Emploi de pièges ou engins prohibés*. — L'individu qui prend des animaux sauvages au moyen de pièges ou d'engins prohibés n'acquiert aucun droit de propriété sur ces animaux ; peu importe que la capture ait lieu sur le terrain du chasseur ou sur le terrain d'autrui. Cette solution, basée sur ce que l'emploi et même la simple détention d'engins prohibés constitue un délit de chasse et conforme au *Rép.* n° 175, est admise par l'ensemble des auteurs (Lavallée et Bertrand, p. 47; Leblond, n° 226 ; de Neyremand, p. 139; Sorel, t. 2, n° 53 ; Villequez, n° 53). Cependant, M. Giraudeau, n°s 1326 et 1327, pense que la circonstance qu'un chasseur s'est servi d'engins prohibés pour tuer ou pour prendre du gibier, n'empêche pas ce chasseur d'en devenir propriétaire. — Comp. Rouen, 5 mai 1883, *infrà*, n° 434.

179. Quant aux filets, d'ailleurs, on a dit (*Rép.* n° 175) que le fait de les avoir tendus sur l'héritage d'autrui, ne constitue pas, de la part de celui qui les a tendus, un acte assez direct et assez personnel d'occupation des animaux capturés, pour le faire considérer comme en étant devenu par cela seul propriétaire.

180. — VIII. Du gibier abandonné, délaissé ou perdu. — Le chasseur qui *abandonne* la *poursuite* d'une pièce de gibier dont il avait acquis la propriété par occupation (V. *suprà*, n°s 154 et suiv.), cesse d'en être propriétaire (Giraudeau, n° 1349 ; de Neyremand, p. 137; Sorel, t. 2, n° 54; Villequez, t. 1, n° 89). — Si le chasseur peut prétendre à la propriété de la bête qu'il n'a cessé de poursuivre, dès qu'elle est réduite à un état de faiblesse tel qu'elle ne peut plus lui échapper, il perd néanmoins tous ses droits sur le gibier, lorsqu'il en a abandonné la poursuite ; ce gibier devient alors la propriété de celui qui s'en est emparé (Trib. civ. Rouen, 10 janv. 1882, aff. Bardin, D. P. 82. 5. 77-78). — Spécialement, un tiers peut s'approprier un cerf qui s'est précipité d'une falaise et est tombé sur son terrain où il s'est tué, alors que, après la tombée de la nuit, le chasseur avait cessé de poursuivre l'animal bien avant qu'il ne fût forcé, et faisait retraite avec son piqueur, ses compagnons de chasse et sa meute; peu importe que deux ou trois chiens plus ardents aient continué à poursuivre le cerf (Même jugement).

Dans le cas où un chien capture un animal sauvage, s'il l'abandonne, son maître en perd la propriété (Giraudeau, n° 1317).

181. Le gibier tué par un chasseur, mais non retrouvé par lui, peut être pris et emporté par le premier occupant, si le chasseur a abandonné sans esprit de retour l'endroit où il présume que l'animal a dû tomber (Giraudeau, n° 1349; de Neyremand, p. 137; Sorel, t. 2, n° 54; Villequez, t. 1, n°s 89 et 109).

Il en serait autrement si, surpris par la nuit ou par un orage, ou vaincu par la fatigue, le chasseur n'avait suspendu ses recherches que momentanément, et avait manifesté son intention de les reprendre, soit par des brisées, soit par des points de repère (Sorel et Villequez, *loc. cit.*); — Ou si le chasseur n'avait quitté le lieu que pour aller chercher un chien et le mettre sur la piste du gibier (Sorel, *loc. cit.*). — Quand le chasseur, après avoir retrouvé la bête qu'il a tuée, la laisse sur place afin de se procurer les moyens de la transporter à son domicile, il en conserve la propriété à l'égard des tiers, pourvu qu'il ait manifesté son droit, par exemple, en la couvrant de feuilles ou en l'attachant à un arbre (Giraudeau, n° 1351; de Neyremand, p. 137; Villequez, t. 1, n° 109).

182. On ne doit pas regarder comme coupable de vol le tiers qui appréhende et enlève une pièce de gibier tuée qu'il trouve dans un bois ou dans un champ sans que rien ne lui indique que le chasseur en avait conservé la propriété; — Et, par exemple, l'individu qui s'empare d'une biche trouvée morte sur une berge, alors même que cette biche aurait été chassée pendant toute la journée, si rien n'indique une appropriation au profit du chasseur (Rouen, 20 avr. 1867, *Journal des chasseurs*, 32e année, 1er sem., p. 95, cité par Sorel, t. 1, n° 54); — Ou celui qui s'empare, sur le terrain d'autrui, d'un cerf tué la veille par un chasseur, bien que ce dernier ait recherché vainement l'animal après son coup de fusil, puis l'ait découvert le lendemain, et ne l'ait abandonné que momentanément afin de prendre les mesures nécessaires pour le faire transporter, si le chasseur, en s'éloignant, n'a laissé aucun signe de nature à indiquer qu'il avait un droit de propriété sur le cerf tué par lui (Trib. corr. Evreux, 15 oct. 1881, aff. Marais, D. P. 82. 5. 78). — Pareillement, quand un individu s'empare, dans la forêt d'autrui, d'un chevreuil tué d'un coup de fusil et dont la mort paraissait remonter à cinq ou six jours, sans qu'aucune réclamation ait été faite au sujet de cet animal, ce dernier ne doit pas être considéré comme appartenant à une personne inconnue et devient la propriété du premier occupant (Trib. corr. Compiègne, 4 janv. 1881, aff. Leroy, D. P. 82. 5. 78).

CHAP. 6. — Des conditions auxquelles est soumis l'exercice du droit de chasse (*Rép.* n°s 62 à 207).

183. Les conditions auxquelles est soumis l'exercice du droit de chasse sont déterminées par les art. 1 et 9 de la loi du 3 mai 1844. Elles consistent : 1° dans l'*ouverture* de la chasse (V. *infrà*, n°s 184 et suiv.); — 2° Dans la délivrance préalable d'un *permis de chasse* (V. *infrà*, n°s 244 et suiv.); — 3° Dans la *qualité de propriétaire* du terrain où s'accomplit la chasse, ou bien le *consentement* soit du propriétaire, soit de ses ayants droit (V. *infrà*, n°s 410 et suiv.); — 4° Dans l'emploi de *modes* ou *moyens de chasse autorisés* (V. *infrà*, n°s 617 et suiv.).

SECT. 1re. — DE L'OUVERTURE DE LA CHASSE (*Rép.* n°s 63 à 103).

ART. 1er. — *De l'interdiction de chasser avant l'ouverture; Caractères généraux* (*Rép.* n°s 63 et 64).

184. L'art. 1er de la loi de 1844 défend de chasser avant l'*ouverture* et après la *clôture de la chasse*. On a vu au *Rép.* n° 63, que cette interdiction a pour but la conservation des récoltes et du gibier. Elle a pour sanction l'art. 12, § 1er, qui punit de peines correctionnelles tout délit de chasse en temps prohibé (V. *infrà*, n°s 965 et 966).

185. La prohibition de chasser pendant la fermeture de la chasse s'applique à toute espèce de terrain, à l'exception toutefois des *terrains clos et attenant à une habitation* (V. *infrà*, n° 560).

En vertu du principe que la bonne foi ne constitue pas une excuse en matière d'infraction de chasse (V. *infrà*, n°s 1079 et suiv.), la cour de cassation a jugé qu'il y a délit de la part de celui qui franchit, sans le savoir, les limites d'un département où la chasse est ouverte, et continue de chasser dans un autre où elle est fermée, quoiqu'il ait eu soin de prendre un guide par lequel il a été induit en erreur sur l'étendue du département où il pouvait chasser (Crim. cass. 12 avr. 1845, aff. Collet, D. P. 45. 1. 252).

186. Parmi les actes ayant pour objet la poursuite et la capture des animaux sauvages, il en est qui ne sont pas soumis aux règles générales en matière de chasse, et notamment à la défense de chasser en temps prohibé. Tels sont les actes accomplis dans un intérêt particulier en vertu du *droit de destruction*, par le propriétaire, possesseur ou fermier, soit des *animaux malfaisants ou nuisibles* déclarés tels par le préfet (V. *infrà*, n°s 726 et suiv.), soit des *bêtes fauves* qui portent dommages à ses propriétés (V. *infrà*, n° 769). Il en est de même des actes opérés, dans un intérêt général, en vertu des règles édictées soit par les règlements sur la louveterie (V. *infrà*, tit. 2), soit par l'art. 90, § 9, de la nouvelle loi municipale du 5 avr. 1884 (V. *ibid.*).

187. En dehors des exceptions ci-dessus spécifiées, l'interdiction de chasser après la clôture de la chasse est générale; elle s'applique, ainsi que nous l'avons fait remarquer au *Rép.* n° 64, à tous les *modes de chasse*, soit au fusil, soit autrement, sauf au préfet à établir une date différente pour la chasse à tir et pour la chasse à courre (V. *infrà*, n°s 212 et suiv.).

188. L'interdiction s'applique aussi à toute *espèce de gibier*, par exemple, dans les départements maritimes, au gibier de mer tel que les alouettes de mer (Crim. cass. 20 janv. 1860, aff. Lebas, D. P. 60. 1. 296. — V. *suprà*, n° 98).

Néanmoins, la chasse des oiseaux de passage et du gibier d'eau peut avoir lieu à des époques fixées par le préfet, en dehors de l'ouverture générale de la chasse (V. *infrà*, n°s 672 et 679).

189. La chasse est défendue non seulement pendant la clôture déterminée par l'autorité préfectorale, mais encore pendant la *nuit* (V. *infrà*, n°s 619 et suiv.). — Quant au droit conféré au préfet d'interdire la chasse en *temps de neige*, V. *infrà*, n°s 700 et suiv.

ART. 2. — *Du pouvoir des préfets en matière de chasse. — Des arrêtés préfectoraux relatifs à l'ouverture et à la clôture de la chasse* (*Rép.* n°s 65 à 77).

190. Les *préfets* sont investis du droit de faire des *règlement* pour la *police de la chasse*, spécialement en ce qui touche : l'ouverture et la clôture de la chasse (V. *infrà*, n°s 191 et suiv.) ; — La protection et le repeuplement des oiseaux (V. *infrà*, n°s 688 et suiv.); — L'emploi des chiens lévriers (V. *infrà*, n°s 696 et suiv.); — L'interdiction de chasser en temps de neige (V. *infrà*, n°s 700 et suiv.); — L'époque de la chasse des oiseaux de passage et du gibier d'eau (V. *infrà*, n°s 672 et suiv.) ; — La destruction, par le propriétaire, possesseur ou fermier, des animaux malfaisants ou nuisibles (V. *infrà*, n°s 722 et suiv., 725 et suiv.).

§ 1er. — Des autorités compétentes pour déterminer l'ouverture et la clôture de la chasse (*Rép.* n°s 65 à 69).

191. Plusieurs législations étrangères fixent elles-mêmes d'une manière invariable les époques d'ouverture et de clôture de la chasse pour les diverses espèces de gibier. En France, l'art. 3 de la loi du 3 mai 1844 attribue aux *préfets* le soin de déterminer, dans chaque département, l'époque d'ouverture et celle de la fermeture de la chasse. Nous avons remarqué (*Rép.* n° 65) que cette disposition est empruntée à la loi des 28-30 avr. 1790, dont l'art. 1er conférait une mission analogue aux administrations de département. — En vertu de ce principe que le droit de clôturer l'exercice de la chasse appartient au préfet seul, un jugement a considéré comme non avenu un arrêté pris par trois citoyens qui, après le 4 sept. 1870, s'étaient constitués, de leur propre autorité, en commission départementale (Trib. corr. Perpignan, 7 juill. 1871, aff. Hoffre, R. F. t. 5, n° 81).

192. Le Sénat, dans la deuxième délibération sur la proposition de loi qui est actuellement soumise à la Chambre des députés (V. *suprà*, n° 6), a adopté sans discussion un art. 3 qui est ainsi conçu : « Les préfets détermineront, par des arrêtés publiés au moins dix jours à l'avance, les jours et heures de l'ouverture et de la fermeture des diverses espèces de chasse. Ces arrêtés seront soumis à l'approbation du ministre de l'intérieur. — Exceptionnellement, les préfets pourront, pour des raisons majeures, modifier, par arrêté publié cinq jours à l'avance, les dates d'ouverture ou de fermeture précédemment fixées » (Séance du 18 nov. 1886, *Journ. off.* du 18, p. 1243).

Il convient de remarquer que la loi de 1844 ne soumet pas les arrêtés préfectoraux à l'approbation ministérielle ; mais le *ministre* n'en intervient pas moins, en pratique, pour la fixation de l'ouverture de la chasse (V. *infrà*, n°s 196 et suiv.).

193. Le *préfet de police* exerce des pouvoirs de police générale dans le département de la Seine et, en outre, en vertu de l'arrêté du 3 brum. an 9, dans les communes de Saint-Cloud, Sèvres et Meudon, du département de Seine-et-Oise (V. *Organisation administrative*). Il en résulte que, dans ces localités, c'est le préfet de police qui a qualité pour déterminer l'époque d'ouverture et de clôture de la chasse. Au *Rép.* n° 68, nous avons dit que, lors de la discussion de la loi de 1844, une proposition qui consacrait formellement cette règle avait été rejetée comme inutile (V. Gillon et Villepin, n° 80).

194. De la discussion relative à l'art. 3 de la loi du 3 mai 1844 et notamment des explications du garde des sceaux rapportées au *Rép.* n° 66, il ressort que le préfet ne saurait déléguer aux sous-préfets ou aux maires le pouvoir de déterminer l'ouverture et la fermeture de la chasse, ni, par conséquent, le pouvoir de suspendre ou retarder l'exécution des arrêtés généraux pris par lui à cet effet (Conf. Gillon et Villepin, n°s 72 et suiv.; Giraudeau, n° 352. — V. aussi *infrà*, n°s 232 et suiv.).

195. Néanmoins, il est recommandé aux préfets de s'entourer des renseignements les plus propres à les éclairer, et spécialement de l'*avis* des *sous-préfets* (Instr. min. int. 20 mai 1844, *Rép.* p. 111, note, n° 35), et principalement des vœux que le conseil général pourrait avoir émis sur cet objet (Circ. min. int. 16 déc. 1885, *Bulletin du ministère de l'intérieur*, 1885, p. 329).

Après la promulgation de la loi du 22 janv. 1874 (V. *infrà*, n°s 212 et suiv.), le ministre de l'intérieur, tout en reconnaissant que la loi n'exige pas le concours du *conseil général* pour la décision à prendre par les préfets, a invité ces fonctionnaires à consulter préalablement le conseil général, lorsqu'ils jugent à propos de prolonger la chasse à courre au delà du terme fixé pour la clôture de la chasse à tir (Circ. min. int. 30 janv. 1874, D. P. 74. 4. 50, note 1 ; R. F. t. 6, n° 67).

§ 2. — Des éléments pris en considération pour déterminer l'ouverture et la clôture de la chasse (*Rép.* n°s 65, 70 à 72).

196. — I. ZONES D'OUVERTURE ET DE CLÔTURE. — 1° *Zones d'ouverture.* — En principe, d'après l'art. 3 de la loi de 1844, les préfets ont toute liberté de déterminer comme ils le jugent convenable l'époque d'ouverture et celle de clôture de la chasse. L'instruction ministérielle du 20 mai 1844, n° 35, leur recommande de consulter surtout l'intérêt de l'agriculture et l'état des récoltes (V. *Rép.* p. 111). — Cependant des écrivains spéciaux insistaient pour l'uniformité de l'ouverture et de la clôture de la chasse, présentant cette solution comme propre à restreindre le braconnage et à protéger le gibier contre une destruction excessive et inintelligente. Aux termes d'une circulaire du ministre de l'intérieur du 4 juill. 1863 (D. P. 63. 3. 55), l'expérience a démontré que les ouvertures successives ont l'inconvénient d'appeler sur un même point les braconniers et un grand nombre de chasseurs étrangers au département, ce qui occasionne un dommage sérieux pour les propriétés cultivées et entraîne la destruction d'une quantité excessive de gibier (V. aussi dans le même sens, Circ. min. int. 8 juill. 1886; *Bulletin du ministère de l'intérieur*, 1886, p. 186). Aussi, depuis 1863, et en vertu de la circulaire de 1863, tous les départements sont divisés en plusieurs groupes ou *zones*, d'après les analogies de culture et de climat, et l'*ouverture* de la chasse est fixée annuellement par le ministre de l'intérieur à une date unique pour tous les départements de la même zone.

Du reste, les époques d'ouverture et la composition des zones sont, chaque année, déterminées suivant l'état de la température et la situation plus ou moins avancée de la récolte (Circ. min. int. 24 juill. 1863, D. P. 63. 3. 56, note 1 ; R. F. t. 1, n° 180). Après avoir recueilli dans leur département des renseignements propres à les éclairer sur la date la plus convenable, les préfets doivent se concerter avec leurs collègues de la région, pour proposer au ministre, autant que possible, les mêmes époques d'ouverture (Circ. précitée du 8 juill. 1886).

197. Relativement au jour de la semaine, qui doit être désigné de préférence comme jour d'ouverture, la même circulaire du 24 juill. 1863 fait connaître que l'Administration a pris pour règle, depuis plusieurs années, de choisir un samedi ou un dimanche, afin que toutes les personnes qui recherchent les distractions de la chasse puissent avoir leur part des plaisirs de l'ouverture.

198. Sans méconnaître les avantages du régime établi en matière d'ouverture de la chasse par les circulaires du 4 et du 24 juill. 1863, on est conduit à élever quelques doutes sur sa parfaite légalité : ce régime substitue au fond, sinon dans la forme, le principe de la réglementation par l'autorité centrale à celui de la réglementation purement départementale que la loi du 3 mai 1844 avait établi, et dans le sens duquel ont été rédigées les instructions dont la publication a suivi la promulgation de la loi. Quoi qu'il en soit, et bien que ces circulaires n'aient pas force de loi, elles n'en sont pas moins exécutées par les préfets qui, chacun dans leurs départements respectifs, se conforment aux prescriptions ministérielles dans la rédaction de l'arrêté d'ouverture qu'ils prennent chaque année.

199. Si le préfet a le droit de fixer le jour de l'ouverture, il ne pourrait interdire la chasse pendant *certains jours*, par exemple le dimanche, ainsi que le fait la législation anglaise (Giraudeau, n° 353), sauf la faculté que le législateur de 1844 lui reconnaît de prohiber la chasse en temps de neige (V. *infrà*, n°s 700 et suiv.).

200. Les tribunaux ont eu à examiner récemment si le préfet a le droit de fixer l'*heure* de l'ouverture de la chasse. L'affirmative a été consacrée par plusieurs décisions judiciaires, qui ont condamné pour délit de chasse en temps prohibé des individus ayant chassé avant l'heure indiquée par l'arrêté préfectoral d'ouverture (Trib. corr. Beauvais, oct. 1874, aff. Lhommé de Guignant et autres, cité par Leblond, n° 53; Amiens, 11 oct. 1875, aff. S..., D. P. 78. 5. 88 ; Trib. corr. Corbeil, 10 nov. 1876, aff. Bélanger, D. P. 78. 5. 89). Cette solution, admise par MM. Giraudeau, n° 360, et Meaume, R. F. t. 8, n° 140, note 1, nous paraît résulter de la généralité des termes de l'art. 3 de la loi de 1844, qui, en conférant aux préfets la mission de déterminer l'époque de l'ouverture de la chasse, ne limitent en aucune façon les pouvoirs de l'autorité administrative et n'excluent pas plus la fixation de l'heure que celle du jour. — Cependant la négative a été adoptée par un jugement du tribunal correctionnel de Château-Thierry, du 6 sept. 1875, réformé par l'arrêt précité du 11 oct. 1875, ainsi que par Leblond, n° 53, qui combat vivement la doctrine contraire.

201. Il est hors de doute que le jour indiqué par le préfet pour l'ouverture de la chasse est compris dans l'autorisation. En d'autres termes, lorsque l'arrêté déclare la chasse ouverte *à compter de tel jour*, on peut chasser pendant toute la durée de ce jour (Giraudeau, n° 380 ; Jullemier, t. 1, p. 55 ; Leblond, n° 55).

202. — 2° *Zones de clôture.* — A diverses époques, on s'est demandé s'il ne conviendrait pas d'adopter une date uniforme dans toute la France pour la clôture de la chasse. Après s'être prononcé pour la négative (Circ. 20 déc. 1862, D. P. 63. 3. 8), le ministre de l'intérieur a admis l'affirmative en 1864, tout en déterminant pour cette année, à titre de transition, deux dates, l'une applicable aux départements du midi, et l'autre, plus tardive, aux départements du nord et du centre (Circ. 4 janv. 1864, D. P. 64. 3. 20). Néanmoins cette règle n'a pas été constamment observée, si ce n'est depuis l'année 1880. — Les préfets adressent chaque année leur projet d'arrêté de clôture au ministre de l'intérieur, qui apprécie d'après l'ensemble des propositions et en tenant principalement compte des vœux des conseils généraux, quelle est l'époque la plus convenable (V. Circ. min. just. 22 janv. 1880, *Bulletin du ministère de la justice*, 1880, p. 68; Circ. min. int. 30 nov. 1880, *Bulletin du ministère de l'intérieur*, 1880, p. 420).

203. Les préfets ne doivent pas fixer, par un *arrêté unique*, l'époque de l'ouverture et celle de la clôture de la chasse. Cette manière de procéder est contraire au texte et à l'esprit de la loi. Il résulte, en effet, de la rédaction de l'art. 3 et de l'exposé des motifs fait par le garde des sceaux à la Chambre des pairs, que chacune de ces époques doit être déterminée par un *arrêté spécial*. On comprend, d'ailleurs, qu'il y ait des inconvénients à fixer plusieurs mois à l'avance le jour de la clôture, quand des circonstances impossibles à prévoir peuvent obliger à l'avancer ou à le retarder. Les préfets ont, il est vrai, le droit de modifier leurs arrêtés; mais l'autorité, dans l'intérêt de sa dignité, doit éviter de revenir fréquemment sur ses actes (Circ. min. int. 22 juill. 1851, § 31, R. F. t. 4, nº 608). Cette doctrine est suivie par la majorité des auteurs (Berriat, p. 24; Giraudeau, nº 367; Leblond, nº 54; Petit, t. 1, p. 353. — *Contrà:* Rogron, p. 51).

204. L'arrêté préfectoral portant prohibition de chasser *à compter de tel jour*, doit être interprété en ce sens que la prohibition commence le jour même indiqué; cela résulte de la signification littérale et usuelle des mots *à compter* de tel jour. Ici ne s'appliquent pas les règles établies en matière de procédure civile ou criminelle pour la supputation de certains délais. Cette solution ressort d'un arrêt rapporté au *Rép.* nº 76 (Crim. cass. 7 sept. 1833), qui interprétait dans ce sens un arrêté suspendant, par application de l'art. 1er, § 2, de la loi des 28-30 avr. 1790, l'exercice de la chasse sur les terres non closes à compter d'un jour déterminé. — La plupart des auteurs ont admis la même opinion (Berriat, p. 24; Championnière, p. 29; Duvergier, p. 107; Gillon et Villepin, nº 81; Leblond, nº 55; Petit, t. 1, p. 411; Rogron, p. 59. — *Contrà:* Jullemier, t. 1, p. 55).

205. — II. ARRONDISSEMENTS; COMMUNES. — En droit, il peut y avoir doute sur le point de savoir si le préfet a le pouvoir de fixer l'ouverture de la chasse à des époques différentes pour les divers *arrondissements* ou les diverses *communes* de son département, à raison des différences de sol et de température. L'affirmative, conforme à l'instruction de l'Assemblée constituante des 12-20 août 1790 (*Rép.* p. 111), a été admise par le garde des sceaux lors de la discussion de la loi de 1844 (V. Chardon, p. 47), et plus tard à plusieurs reprises par le ministre de l'intérieur (Instr. 20 mai 1844, nº 36, *Rép.* p. 111; Décis. 9 oct. 1844, *ibid.*, nº 71; Circ. 22 juill. 1851, § 26 et 34, R. F. t. 4, nº 608). La plupart des auteurs se sont prononcés dans le même sens (Berriat, p. 24; Championnière, p. 29; Chardon, p. 47; Gillon et Villepin, nº 73; Giraudeau, nº 354; Perrève, p. 7; Petit, t. 1, p. 553; Rogron, p. 57. — *Contrà:* Lavallée et Bertrand, p. 61). — Toutefois les circulaires du 20 mai et du 22 juill. 1851 ont invité les préfets à n'user de cette faculté qu'avec réserve et en vue d'une nécessité réelle.

Il convient d'ajouter que la question a aujourd'hui perdu à peu près tout son intérêt pratique, depuis que les jours d'ouverture sont fixés dans chaque zone conformément aux prescriptions ministérielles (V. *suprà*, nos 196 et suiv.). Mais elle pourrait recouvrer son intérêt, dans le cas où l'établissement des zones, créé par simple décision ministérielle, viendrait à être supprimé ou modifié par une décision de même nature. Du reste, une question analogue serait encore actuellement susceptible de se poser en ce qui concerne l'heure de l'ouverture de la chasse, dans l'opinion qui donne au préfet le droit de préciser l'heure à partir de laquelle commence cette ouverture (V. *suprà*, nº 200).

206. Il y a lieu également, en droit, de reconnaître au préfet la faculté de déterminer des jours différents pour la *clôture* de la chasse dans les diverses parties de son département (Giraudeau, nº 369; Petit, t. 1, p. 350. — *Contrà:* Championnière, p. 34).

207. — III. NATURE DES CULTURES. — Nous avons émis au *Rép.* nº 71, l'opinion que le préfet ne saurait, dans son département, fixer l'ouverture de la chasse à des époques différentes à raison de la *nature des cultures* ou *des récoltes*. L'art. 11 de la loi du 3 mai 1844, en subordonnant, comme l'art. 1er de la loi des 28-30 avr. 1790, le caractère licite du fait de chasse sur le terrain d'autrui, au consentement du propriétaire, n'a pas reproduit la disposition contenue dans le second paragraphe de cet article, par laquelle il était interdit au propriétaire lui-même de chasser sur ses terres non dépouillées de leurs fruits, et n'a fait de cette situation accidentelle du terrain qu'une circonstance aggravante du délit résultant du défaut de consentement. La loi ayant ainsi attribué à l'intérêt de la conservation des récoltes le degré de protection qu'elle a seul jugé nécessaire, il n'appartient ni à l'autorité administrative, ni aux tribunaux, de modifier l'effet pénal de sa disposition. — Cette opinion a été adoptée par la généralité des auteurs (Chardon, p. 49; Giraudeau, nº 358; Jullemier, t. 1, p. 48; Lavallée et Bertrand, p. 65; Leblond, nº 52; de Neyremand, p. 69; Petit, t. 1, p. 348; Rogron, p. 55. — *Contrà:* Berriat, p. 25 et 327; Perrève, p. 215).

Elle a été aussi admise par le ministre de l'intérieur, dans une lettre du 9 oct. 1844, mentionnée au *Rép.* nº 71. — Décidé, spécialement, que les arrêtés d'ouverture et de clôture de la chasse ne doivent faire aucune distinction entre les *bois* et la *plaine* (Circ. min. int. 22 juill. 1851, § 26 et 28, R. F. t. 4, nº 608).

208. La même opinion a également prévalu dans la jurisprudence. — Jugé qu'il y a lieu de considérer comme illégal, et par suite non obligatoire pour les tribunaux, l'arrêté préfectoral qui, fixant l'ouverture de la chasse, en prohibe l'exercice dans les vignes encore chargées de leurs fruits (Trib. corr. Coulommiers, 25 oct. 1844, rapporté par Rogron, p. 55, et *Droit* du 29 oct. 1844; Poitiers, 16 nov. 1844, aff. Charrette, D. P. 45. 2. 24; Crim. rej. 18 juill. 1845, aff. Berthault, D. P. 46. 1. 19; Orléans, 10 mars 1846, aff. Campagne, D. P. 46. 2. 71. — Conf. Circ. min. int. 22 juill. 1851, § 30, R. F. t. 4, nº 608). — Dans le même sens, on peut aussi invoquer les arrêts qui déclarent d'une manière absolue que le consentement du propriétaire suffit pour faire évanouir le délit de chasse sur des terrains chargés de récoltes (Douai, 25 nov. 1844, aff. G... et F..., D. P. 45. 4. 81; Paris, 7 déc. 1844, aff. Legoux, D. P. 45. 4. 81. — *Contrà:* Orléans, 22 oct. 1844, aff. Beauvilliers, D. P. 45. 4. 80; Paris, 9 janv. 1846, aff. Delibes, D. P. 46. 2. 30).

209. Du principe formulé ci-dessus, il résulte, d'une part, que l'individu qui chasse dans des vignes non vendangées, après l'ouverture, mais contrairement à la défense édictée par l'arrêté préfectoral, doit être acquitté s'il justifie du consentement du propriétaire (Arrêts des 16 nov. 1844 et 10 mars 1846 cités *suprà*, nº 208); — D'autre part, qu'à défaut de justification de ce consentement, il doit être puni des peines portées par l'art. 11 de la loi du 3 mai 1844, et non de celles édictées par l'art. 12, applicables au fait de chasse en temps prohibé (Arrêt du 18 juill. 1845 cité *suprà*, nº 208. — *Contrà:* Arrêts des 22 oct. 1844 et 9 janv. 1846 cités *ibid.*).

210. — IV. NATURE DU GIBIER. — La loi de 1844, dans son art. 9, donne au préfet le pouvoir de déterminer les époques particulières de la chasse des *oiseaux de passage*, autres que la caille (V. *infrà*, nos 672 et suiv.), et de la chasse *du gibier d'eau* dans les marais, sur les étangs, fleuves et rivières (V. *infrà*, nos 679 et suiv.).

Mais, en dehors de ces cas, le préfet ne saurait fixer des époques différentes pour l'ouverture et la clôture de la chasse à raison de la *nature du gibier*, et, par exemple, établir une distinction entre le *gros gibier* (gibier de bois) et le *gibier ordinaire* (Circ. min. int. 22 juill. 1851, § 26, R. F. t. 4, nº 608). — Cependant une distinction de cette sorte peut aujourd'hui résulter implicitement, dans une certaine mesure, de la faculté nouvelle attribuée aux préfets par la loi du 22 janv. 1874 en matière de chasse à courre (V. *infrà*, nº 214).

211. — V. MODES DE CHASSE. — Aujourd'hui encore, il est constant que les préfets ne peuvent, au point de vue de l'ouverture et de la clôture de la chasse, faire aucune distinction entre la chasse au *chien courant* et celle au *chien d'arrêt* (Circ. min. int. 22 juill. 1851, § 26, R. F. t. 4, nº 608).

212. Avant la loi du 22 janv. 1874, on pouvait agiter la question de savoir si les préfets peuvent fixer des époques différentes pour l'ouverture et la clôture de la *chasse à tir* et pour celles de la *chasse à courre*, sous l'empire du texte primitif de l'art. 3 de la loi de 1844, qui était ainsi conçu : « Les préfets détermineront, par des arrêtés publiés au moins dix jours à l'avance, l'époque de l'ouverture et celle de la clôture de la chasse, dans chaque département ».

En 1854, les préfets furent autorisés par le ministre de l'intérieur, sous la condition qu'un avis favorable aurait été émis à cet égard par le conseil général, à fixer des époques différentes pour l'ouverture et la clôture de la chasse à tir et de la chasse à courre (Circ. min. int. 9 févr. 1854 et 28 mai 1859, D. P. 63. 3. 55, note 4). M. de Royer, dans son rapport sur la loi de 1874, rappelle que les cahiers des charges de l'adjudication du droit de chasse dans les forêts domaniales tenaient compte de cette faculté, dont profitèrent plusieurs préfets pendant de longues années, de prolonger la chasse à courre, à cor et à cri, au-delà du terme fixé pour la fermeture de la chasse à tir (D. P. 74. 3. 49, note 3). Cette pratique administrative subsista pendant plusieurs années sans donner lieu à des contestations judiciaires.

213. Mais la question fut posée devant les tribunaux, après la guerre de 1870-71, dans les départements occupés par les troupes allemandes, certains préfets ayant pris des arrêtés qui, tout en ouvrant la chasse, interdisaient la chasse à tir. Il est à remarquer que l'art. 8 des préliminaires de paix, ratifiés par la loi du 2 mars 1871 (D. P. 71. 4. 23), disposait que, dans ces départements, les autorités françaises seraient « tenues de se conformer aux ordres que les commandants des troupes allemandes croiraient devoir donner dans l'intérêt de la sûreté... des troupes ».

D'une part, il a été décidé que les arrêtés préfectoraux sur la chasse ne pouvaient pas défendre l'emploi d'armes à feu, c'est-à-dire la chasse à tir, tout en autorisant la chasse à courre, à cor et à cri (Crim. cass. 16 mars 1872, aff. David, D.P.72.1.148-149.—Conf. Besançon, 24 nov. 1871, aff. Taverne, *Recueil de cette cour*, 1870-1871, n° 71) ; — Et, spécialement, que la disposition d'un arrêté exclusivement relatif à l'ouverture de la chasse, par laquelle le préfet d'un département occupé par les troupes allemandes défendait de chasser à tir, n'était obligatoire, ni comme réglementation de l'exercice du droit de chasse, en ce qu'elle était contraire à la loi du 3 mai 1844 (Mêmes arrêts) ; — Ni même comme mesure de police ordinaire sanctionnée par l'art. 471-15° c. pén., si rien dans l'arrêté n'indiquait que le préfet avait entendu faire usage des pouvoirs généraux qui lui appartenaient pour le maintien de la sûreté publique (Arrêt précité du 16 mars 1872).

D'autre part, il a été jugé que l'arrêté préfectoral pris dans les circonstances susmentionnées était obligatoire, du moins quand le préfet n'avait nullement fondé son arrêté sur la loi du 3 mai 1844 (Trib. corr. Arbois, 16 oct. 1871, D. P. 72. 1. 148, note 3) ; — Ou parce que, eu égard aux circonstances dans lesquelles il avait été rendu et au danger qu'il avait pour objet de prévenir, cet arrêté rentrait dans les mesures de sûreté générale et de sûreté publique auxquelles il appartient à l'Administration de pourvoir (Trib. corr. Langres, 13 oct. 1871, *ibid ;* Arrêt précité du 24 nov. 1871).

214. L'Administration crut devoir inviter les préfets à se conformer à la jurisprudence de la cour suprême, et cette mesure suscita de vives réclamations. De nombreuses et sérieuses raisons ont été invoquées à l'appui des plaintes formulées. Il est certain que la chasse à courre, à cor et à cri, peut être prolongée sans péril pour le gibier, alors que la chasse à tir est interdite; que la chasse à courre est utile pour l'approvisionnement des chevaux de remonte de la cavalerie légère aussi bien que pour la formation de cavaliers éprouvés. D'un autre côté, le prix du droit de chasse dans les forêts domaniales s'élève en raison directe de la possibilité de chasser à courre et à cri, alors que la chasse à tir est fermée; et il n'est pas douteux qu'une réduction relativement importante se serait produite dans les revenus de l'État si la loi de 1844, restrictivement interprétée par la jurisprudence, n'eût pas été modifiée (Rapport de M. de Royer, D. P. 74. 4. 49, note 3).

Ces raisons ont amené le Gouvernement à présenter à l'Assemblée nationale un projet de modifications aux art. 3 et 9 de la loi du 3 mai 1844. Le nouveau texte de l'art. 3, tel qu'il résulte de la loi du 22 janv. 1874, par sa rédaction claire et précise, consacre le droit des préfets sans laisser prise à une interprétation contraire. Il porte : « Les préfets détermineront, par des arrêtés publiés au moins dix jours à l'avance, les époques des ouvertures et celles des clôtures des chasses, soit à tir, soit à courre, à cor et à cri; dans chaque département ».

§ 3. — De la publication des arrêtés préfectoraux (*Rép.* n°s 73 et 74).

215. — I. DU DÉLAI DE PUBLICATION. — L'art. 3 de la loi du 3 mai 1844, depuis comme avant la modification apportée à son texte par la loi du 22 janv. 1874 (V. *suprà*, n° 214), exige que les arrêtés préfectoraux déterminant l'époque d'ouverture et de clôture de la chasse soient *publiés* au moins *dix jours* à l'avance, c'est-à-dire avant ces événements. Le principe de la publication des arrêtés relatifs à l'ouverture de la chasse avait été déjà reconnu par l'instruction de l'Assemblée constituante, des 12-20 août 1790, rapportée au *Rép.* p. 87, note 3. — Les cultivateurs sont intéressés à connaître l'époque de l'ouverture, afin qu'ils puissent veiller sur leurs récoltes ou les enlever en vue de prévenir les dommages susceptibles de résulter de l'exercice de la chasse. Les chasseurs ont aussi un grand intérêt à connaître quelques jours à l'avance le jour de la fermeture, pour éviter de chasser en temps prohibé (V. Rogron, p. 52).

Toutefois, il a été jugé que, si les arrêtés préfectoraux concernant la chasse doivent en déterminer l'ouverture et la fermeture au moins dix jours à l'avance, et ne sont en principe exécutoires qu'à l'expiration de ce délai, du moins, en cas de force majeure, ces arrêtés peuvent recevoir une exécution immédiate (Besançon, 24 nov. 1871, cité *suprà*, n° 213).

216. Nous avons dit (*Rép.* n° 73) que le délai de dix jours doit être *franc*. Par exemple, pour ouvrir la chasse le 1er septembre, il faut que l'arrêté préfectoral soit publié au plus tard le 21 août. Cette opinion, qui ne fait qu'appliquer les règles générales en matière de délais, a été suivie par la plupart des auteurs (Berriat, p. 24; Giraudeau, n° 379; Jullemier, t. 1, p. 49; Leblond, n° 57).—D'après MM. Petit, t. 1, p. 411, et Rogron, p. 52, au contraire, la loi de 1844 n'exigeant pas que le délai soit franc, il suffirait que la publication ait lieu le 22 août.

217. — II. DU MODE DE PUBLICATION. — La loi du 3 mai 1844 n'ayant pas déterminée la *forme* dans laquelle doit se faire la publication des arrêtés d'ouverture ou de fermeture de la chasse, les auteurs en ont conclu que la publication effective de ces arrêtés, comme celle de tous autres arrêtés préfectoraux d'intérêt général, doit résulter d'une publicité donnée selon les formes usitées dans la localité, c'est-à-dire ordinairement soit à son de trompe ou de tambour, soit par affiches (Giraudeau, n° 373; Leblond, n° 56; de Neyremand, p. 72). — Depuis la promulgation de la nouvelle loi municipale du 5 avr. 1884, dont l'art. 96 subordonne la force obligatoire des arrêtés municipaux à la notification aux intéressés par voie de *publications* et d'*affiches*, on peut soutenir que cette prescription doit être, à plus forte raison, observée pour les arrêtés des préfets (V. *Règlement administratif*).

218. Du reste, les instructions ministérielles ont tracé à cet égard des règles précises qui sont généralement suivies. Selon une pratique constante, indépendamment de leur insertion au *Recueil des actes administratifs* de la préfecture, les arrêtés d'ouverture et de fermeture de la chasse sont transmis en placards à chaque maire. Celui-ci doit en donner *lecture* et les faire *afficher* dans un lieu habituel de réunion de la commune, tel que la porte de la mairie (V. Circ. min. int. 22 juill. 1851, § 32, R. F. t. 4, n° 608).

Mais l'insertion des arrêtés d'ouverture et de clôture au *Bulletin* (ou *Mémorial*) *administratif* est insuffisante, à elle seule, pour donner aux administrés une connaissance légale de ces règlements et constituer un mode régulier de publication (Crim. cass. 5 juill. 1845, aff. Lerain, D. P. 45. 1. 377; Crim. rej. 28 nov. 1845, aff. Gabry, D. P. 46. 4. 62. — Conf. Circ. préc. 22 juill. 1851. — V. dans le même sens : Berriat, p. 24; Chardon, p. 43; Gillon et Villepin, n° 78; Giraudeau, n° 375; Leblond, n° 56; de Neyremand, p. 72.

— *Contrà* : Besançon, 24 juin 1845, B. A. F. t. 2, p. 491; Petit, t. 1, p. 416). — Et il en est ainsi, alors même que ce Mémorial (ou Bulletin) administratif a été adressé à chaque maire du département, puis déposé à la mairie où chacun pouvait en prendre connaissance (Même arrêt du 28 nov. 1845).

219. La *notification individuelle* qui serait faite à des chasseurs pourrait produire à leur égard les mêmes effets qu'une publication. Il en serait autrement de la *connaissance personnelle* que des chasseurs auraient de l'arrêté d'ouverture ou de fermeture en dehors de toute publication (Berriat, p. 26; Giraudeau, n° 374). Il convient d'ailleurs, en ce qui regarde les conditions requises pour la validité de la publication des arrêtés préfectoraux, de se référer au mot *Règlement administratif*.

Au surplus, le ministre de l'intérieur a invité les préfets à prendre les mesures nécessaires pour que leurs arrêtés d'ouverture et de clôture ne soient pas affichés seulement dans leur département, mais encore dans les principaux centres de population des *départements voisins* (Circ. min. int. 22 juill. 1851, § 34, R. F. t. 4, n° 608).

220. — III. DE LA PREUVE DE LA PUBLICATION. — Suivant MM. Gillon et Villepin, n° 79, ce serait au prévenu qui invoque l'omission de publication comme excuse, à en administrer la *preuve*.

Mais cette opinion n'a prévalu ni dans la doctrine, ni dans la jurisprudence. On décide généralement que c'est à la partie qui se prévaut d'un arrêté d'ouverture ou de clôture à établir que cet arrêté a été régulièrement publié, si la partie adverse dénie l'existence ou la régularité de la publication (Giraudeau, n° 378; de Neyremand, p. 73). A l'appui de ce deuxième système, consacré implicitement par l'arrêt du 28 nov. 1845, cité *suprà*, n° 218, et explicitement par les arrêts analysés ci-après, on peut invoquer la jurisprudence qui s'est formée dans le même sens en matière de publication des règlements municipaux (V. *Commune*). — Jugé que, lorsqu'un individu poursuivi pour délit de chasse en temps prohibé excipe de la non-publication de l'arrêté préfectoral fixant l'époque de la clôture de la chasse, c'est au ministère public qu'incombe l'obligation de prouver que la publication de cet arrêté a eu lieu dans le délai légal. En effet, on ne saurait mettre à la charge du prévenu la preuve d'un fait négatif, cette preuve serait impossible; car, en admettant que le prévenu fît entendre comme témoins tous les habitants de la commune qui viendraient affirmer qu'ils n'ont pas eu connaissance de la publicité, il n'en résulterait pas que cette publication n'a pas été faite, puisqu'il est possible d'admettre qu'elle ait eu lieu sans qu'aucun habitant l'ait entendue. D'ailleurs, le délai de dix jours a été édicté dans l'intérêt des chasseurs, et le doute, dans tous les cas, doit s'interpréter en leur faveur (Pau, 19 avr. 1866, aff. Barioge, R. F. t. 3, n° 491).

221. Aucune loi n'ayant tracé des règles précises pour le mode de publication des arrêtés administratifs, les tribunaux doivent considérer le vœu de la loi comme rempli, lorsque le fait même de la publication est établi par l'autorité administrative chargée de porter ces règlements à la connaissance des citoyens (Crim. cass. 18 sept. 1847, aff. Boudier, D. P. 47. 1. 291). — Spécialement, lorsque le maire a constaté, même par certificat délivré après coup, que l'arrêté préfectoral prohibitif de la chasse en temps de neige a été publié dans la commune, l'autorité judiciaire ne peut, sans empiéter sur les attributions de l'autorité administrative, contester la publication en ce qu'il n'en aurait pas été dressé procès-verbal, et que mention n'aurait pas été faite de cette publication sur le registre de la commune (Même arrêt. — V. aussi, dans la même affaire, le rapport de M. le conseiller de Crouseilhes, reproduit *ibid.*, p. 292).

222. — IV. DES CONSÉQUENCES DU DÉFAUT DE PUBLICATION RÉGULIÈRE. — Il est de doctrine et de jurisprudence que les arrêtés préfectoraux en matière de chasse ne sont obligatoires que s'ils ont été l'objet d'une publication régulière, et que, par suite, on ne saurait être condamné pour avoir fait acte de chasse sur le territoire d'une commune en contravention à un arrêté, si cet arrêté n'y avait pas été dûment publié (Gillon et Villepin, n° 78; Giraudeau, n° 373; de Neyremand, p. 72; Rogron, p. 52. — V. en ce sens: Nancy, 27 mars 1843, *Rép.* v° *Règlement administratif*, n° 89; Crim. cass. 5 juill. 1845, aff. Lerain, D. P. 45. 1. 377; Crim. rej. 28 nov. 1845, aff. Gabry, D. P. 46. 4. 62; Crim. cass. 18 sept. 1847, aff. Boudier, D. P. 47. 1. 291; Crim. rej. 4 janv. 1849, aff. Saison, D. P. 49. 5. 41; Bourges, 15 nov. 1860, et sur pourvoi, Crim. cass. 14 déc. 1860, aff. Vallet de Villeneuve, D. P. 61. 1. 402).

Cette proposition n'est que l'application du principe général établi pour tous les arrêtés administratifs dont l'inobservation est sanctionnée par une pénalité correctionnelle ou de simple police (V. *Règlement administratif*).

§ 4. — De la durée d'exécution des arrêtés préfectoraux; Retrait; Modifications (*Rép.* n°s 74, 75 et 77).

223. Les arrêtés réglementaires pris en matière de chasse par les préfets, dans la limite de leurs attributions, doivent recevoir leur exécution tant qu'ils ne sont pas *rapportés*, *réformés* ou *suspendus* (Gillon et Villepin, n° 77; Giraudeau, n° 381). — Ainsi, un arrêt reproduit au *Rép.* n° 75, et intervenu sous l'empire de la loi des 28-30 avr. 1790, a jugé que l'arrêté par lequel un préfet déclare close jusqu'à nouvel ordre toute chasse au filet, à la glu, à la chouette et autres engins, rentrant dans les attributions de l'autorité administrative, doit être exécuté, alors qu'il n'est ni réformé, ni suspendu par l'autorité supérieure; et que les tribunaux ne peuvent différer de prononcer sur les infractions à un tel arrêté, sous le prétexte qu'une pétition a été adressée à l'autorité supérieure pour le faire réformer (Grenoble, 22 févr. 1827).

La solution serait différente, si l'arrêté ne rentrait pas dans la compétence du préfet, ou si ce fonctionnaire l'avait pris sans observer les formes essentielles auxquelles la loi subordonne la validité des arrêtés de cette nature (V. *infrà*, n°s et suiv.).

224. On verra plus loin, au sujet de l'art. 9 de la loi de 1844, que les arrêtés qui interdisent la chasse dans certaines circonstances, ou certains modes de chasse, ou la chasse de certaines espèces de gibier, ont un *caractère permanent*, et, dès lors, sont obligatoires sans renouvellement si leur durée n'a pas été restreinte par une de leurs dispositions (V. *infrà*, n° 668).

225. En matière de chasse comme en toute autre matière, il appartient au *préfet* de *modifier* ou de *rapporter* les arrêtés émanés de lui ou de ses prédécesseurs; et il peut le faire soit expressément, soit tacitement (V. *Règlement administratif*).

Depuis la publication du *Répertoire*, et conformément à l'opinion formulée au n° 74, plusieurs arrêts ont décidé que le préfet peut rapporter un premier arrêté qui fixait l'ouverture de la chasse et renvoyer cette ouverture à une date postérieure (Crim. cass. 4 janv. 1849, aff. Saison, D. P. 49. 5. 41; 14 déc. 1860, aff. Vallet de Villeneuve, D. P. 61. 1. 402. — V. dans le même sens : Berriat, p. 25; Camusat, p. 52; Giraudeau, n° 362; Petit, t. 1, p. 412; Rognon, p. 52).

226. Cependant, le second arrêté n'est légalement pris, et, par suite, obligatoire, qu'autant qu'il intervient avant l'exécution du premier, c'est-à-dire pendant que la chasse est encore fermée. Dans ce cas, en effet, le nouvel arrêté ne porte aucune atteinte à des droits acquis (Arrêt du 14 déc. 1860, cité *suprà*, n° 225; Orléans, 4 févr. 1861, même affaire, R. F. t. 1, n° 6). — Du reste, les préfets n'ont pas reçu de la loi le pouvoir d'ouvrir et de fermer la chasse à plusieurs reprises. En d'autres termes, il ne peut y avoir qu'une seule ouverture et une seule clôture pour la chasse en général, sauf les ouvertures et clôtures spéciales à certains modes ou certaines espèces de chasse, telle que la chasse en temps de neige (V. *suprà*, n°s 212 et suiv.; *infrà*, n°s 700 et suiv.). C'est ce qu'admet M. Giraudeau, n° 363, qui combat en même temps la doctrine de M. Camusat, p. 52, d'après lequel le second arrêté reculant l'ouverture constituerait un véritable arrêté de clôture et serait obligatoire dix jours après sa publication. — Par application du même principe, M. Giraudeau, n° 371, décide, à l'inverse, que le préfet ne saurait, après que la fermeture de la chasse a été consommée, rouvrir la chasse à courre dont la clôture était comprise dans son premier arrêté. Il ajoute que, néanmoins, les chasseurs seraient couverts par le second arrêté. Mais, cette dernière proposition est sujette à critique. Du moment que l'arrêté qui rouvre la chasse à courre est illégal, il ne saurait avoir pour effet de légitimer l'acte de chasse incriminé comme accompli en temps prohibé; et, d'autre part, en matière de chasse, la bonne foi n'est pas une cause d'excuse, ainsi qu'on le verra, *infrà*, nos 1079 et suiv. Nous reconnaissons toutefois qu'en pareil cas, il y aurait, de la part du ministère public, convenance à ne pas exercer de poursuites.

227. Il est hors de doute que, pour être obligatoire dans chaque commune, le second arrêté qui proroge la durée de la fermeture doit être *publié* (Crim. rej. 4 janv. 1849, aff. Saison, D. P. 49. 5. 41; Bourges, 15 nov. 1860, et sur pourvoi, Crim. cass. 14 déc. 1860, aff. Vallet de Villeneuve, D. P. 61. 1. 402). — En conséquence, un fait de chasse accompli le jour fixé pour l'ouverture de la chasse par un arrêté du préfet régulièrement publié est licite, bien qu'un second arrêté, encore dépourvu de publicité, ait reporté à une date postérieure l'époque de cette ouverture (Arrêt précité du 4 janv. 1849).

228. Mais il y a controverse en ce qui concerne la durée du *délai de publication* du second arrêté.

D'après une première opinion, consacrée par la cour de cassation, la condition du délai de dix jours, entre la publication et l'exécution des arrêtés préfectoraux, est exceptionnelle et doit être restreinte aux arrêtés d'ouverture et de clôture de la chasse. En conséquence, le second arrêté modificatif de celui d'ouverture est obligatoire, dès qu'il a été régulièrement porté à la connaissance des administrés, pourvu que cette publication intervienne avant que le premier arrêté ait reçu son exécution (Crim. cass. 14 déc. 1860, aff. Vallet de Villeneuve, D. P. 61. 1. 402, et sur renvoi, Orléans, 4 févr. 1861, R. F. t. 1, n° 6). — La cour suprême se fonde sur ce que les arrêtés qui rapportent de précédents arrêtés d'ouverture restent exclusivement régis par la disposition générale de l'art. 46, tit. 1er, de la loi des 19-22 juill. 1791, qui astreint les citoyens à s'y conformer, dès qu'ils en ont eu connaissance. Elle ajoute qu'il en doit être ainsi dans l'espèce, parce que le second arrêté du 26 août, provoqué par les réclamations et l'intérêt de l'agriculture, n'aurait point atteint son but, si, jusqu'au 8 septembre, il avait laissé aux chasseurs la faculté de se prévaloir de celui du 9 du même mois. — Ce système est admis par Camusat, p. 52; Duvergier, p. 106; Giraudeau, n° 364, qui estime que les seconds arrêtés, intervenant toujours d'urgence et par suite de motifs graves, doivent être assimilés aux arrêtés pris en temps de neige; Rogron, p. 53, selon lequel il y a lieu d'appliquer par analogie les dispositions des ordonnances des 27 nov. 1816 et 18 janv. 1817, qui permettent au Gouvernement de hâter, sans attendre l'expiration des délais fixés par l'art. 1 c. civ., l'exécution des lois et ordonnances; Viel, p. 15.

229. Suivant une autre opinion, pour que le second arrêté reportant à une époque ultérieure l'ouverture de la chasse soit obligatoire, il faut que dix jours se soient écoulés depuis sa publication. La publicité exceptionnelle établie par l'art. 3 de la de loi 1844 pour les arrêtés d'ouverture et de clôture de la chasse est une condition essentielle que le législateur a exigée pour prévenir toute erreur en cette matière spéciale où l'inexécution desdits arrêtés peut entraîner en certains cas des peines sévères (Bourges, 15 nov. 1860, D. P. 61. 1. 402, arrêt cassé par celui du 14 déc. 1860, cité *suprà*, n° 228). — Le système de la cour de cassation peut répondre à certains besoins et présenter des avantages dans quelques circonstances. Mais il est susceptible de prêter à de graves abus, et il restreint peut-être arbitrairement la portée de la prescription tutélaire de l'art. 3 de la loi de 1844, en appliquant, dans une matière spéciale, régie par une législation particulière, des lois générales dont le législateur a précisément voulu écarter l'application. Il importe de remarquer, avec M. Leblond, n° 58, que la non-observation du délai de dix jours serait de nature à jeter « la perturbation dans le monde des chasseurs, et surtout à les exposer facilement à une condamnation dans une matière où l'excuse tirée de la bonne foi n'est pas admise ». — « Il semble bien difficile, dit à ce propos M. Berriat, p. 26, de leur enlever le bénéfice de ce délai; et d'autant plus que, si l'on admettait que l'arrêté de révocation est immédiatement exécutoire, il se présenterait des cas où cet acte ne pourrait physiquement arriver à la connaissance des citoyens. Supposons, en effet, que le préfet ne se croyant pas astreint à l'observation du délai de dix jours, prenne et publie son arrêté de révocation la veille du jour indiqué pour l'ouverture de la chasse, pourra-t-on bien admettre que les chasseurs qui chasseront le jour primitivement fixé et à une extrémité du département, commettront un délit de chasse ? Cela me semble impossible. Et, si l'on recule devant cette conséquence logique, il faudra bien, en l'absence de toute autre règle, revenir à l'observation du délai de dix jours ». — M. Jullemier, t. 1, p. 50, fait encore ressortir vivement la singularité de l'opinion que nous avons déjà repoussée au *Rép.* n° 74, en observant que, si un préfet voulait se soustraire à l'obligation de publier dix jours à l'avance son arrêté de clôture, il n'aurait donc qu'à rapporter la veille son arrêté d'ouverture. On peut ajouter que l'arrêt précité du 14 déc. 1860 paraît être une décision d'espèce, intervenue à l'occasion d'une hypothèse qui affectait, en quelque sorte, le caractère de force majeure. — Remarquons enfin, avec M. Leblond, n° 58, que la discussion qui s'est produite à la Chambre des députés au sujet de cette difficulté n'offre aucun argument décisif, ni dans l'un ni dans l'autre sens.

230. Les *conventions privées* ne sauraient déroger aux dispositions de lois d'ordre public, ni aux règlements de police et de sûreté (c. civ. art. 6), ni, par conséquent, aux arrêtés préfectoraux en matière de chasse, alors même que ces conventions ont été approuvées par le préfet en vertu de la tutelle administrative qu'il exerce dans l'intérêt des communes. Cette proposition, déjà énoncée au *Rép.* n° 77, est admise sans difficulté, notamment par Gillon et Villepin, n° 76; Giraudeau, n° 347; Petit, t. 1, p. 352. — Spécialement, l'approbation donnée par le préfet à l'adjudication du droit de chasse dans des biens communaux n'empêche pas de punir, pour délit de chasse en temps prohibé, l'adjudicataire qui a chassé dans les limites du cahier des charges, mais après l'époque de la fermeture de la chasse en général (Crim. cass. 7 oct. 1842, rapporté au *Rép.* n° 77).

§ 5. — Du recours contre les arrêtés préfectoraux et de leur interprétation.

231. En ce qui concerne le *recours* contre les arrêtés préfectoraux en matière de chasse et *l'interprétation* de ces arrêtés, il suffit de se référer à ce qui est dit *infrà*, n° 669.

ART. 3. — *Du pouvoir des maires en matière de chasse* (*Rép.* n° 67).

232. Les *maires* ne peuvent évidemment ni déterminer l'*ouverture* et la *fermeture* de la chasse, ni modifier les arrêtés pris dans ce but par le préfet (V. *suprà*, n° 194).

233. Toutefois, les maires peuvent *restreindre indirectement l'exercice de la chasse*, tel qu'il est réglé par le préfet, lorsqu'ils prennent des arrêtés soit dans l'intérêt de la sûreté des campagnes, en vertu de l'art. 9, tit. 2, de la loi des 28 sept.-6 oct. 1791, soit dans l'intérêt de la sûreté du passage dans les rues, quais, places et voies publiques, ou en vue de prévenir des accidents, par application de l'art. 97, § 1er et 6, de la nouvelle loi municipale du 5 avr. 1884, qui remplace aujourd'hui l'art. 3, tit. 11, de la loi des 16-24 août 1790, abrogé par l'art. 168 de ladite loi de 1884 (V. Gillon et Villepin, n° 74; Giraudeau, n° 448; Leblond, n° 52).

234. Par exemple, on doit regarder comme légal et obligatoire : 1° l'arrêté municipal qui interdit de *chasser à tir et au fusil* sur les chemins qui traversent les dépendances rurales d'une ville, ainsi que dans les habitations voisines de ces chemins. Et c'est contrevenir à cette défense, que de faire acte de chasse dans les lieux indiqués, alors même qu'on n'aurait pas encore tiré de coups de fusil (Crim. cass. 12 juill. 1855, aff. Duval, D. P. 58. 5. 58); — 2° Celui qui interdit, même aux propriétaires, de chasser dans les vignes, soit jusqu'à l'ouverture du grappillage (Crim. cass. 6 févr. 1858, et sur nouveau pourvoi, Ch. réun. cass. 2 juill. 1858, aff. Perret, D. P. 58. 1. 342), soit jusqu'à la clôture définitive des vendanges et du grappillage (Crim. rej. 14 févr. 1874, aff. Deschamps, D. P. 74. 1. 280); — 3° Celui qui prohibe la chasse, dans une portion déterminée du territoire communal plantée en vignes, soit jusqu'à l'époque de la clôture des vendanges (Crim. cass. 27 nov. 1823, *Rép.* n° 67), soit jusqu'à la clôture définitive des vendanges et du grappillage. Et un tel arrêté doit, par sa nature et son objet, être considéré comme ayant un caractère permanent (Crim. cass. 15 janv. 1857, aff. Gautard, D. P. 57. 1. 130); — 4° Celui qui interdit de chasser, à une certaine distance des vignes, notamment à moins de 100 mètres, soit jusqu'à la clôture du ban de vendanges (Crim. cass. 4 sept. 1847, aff. Saulin, D. P. 47. 4. 32), soit jusqu'à la fin du ban de vendanges et grappillage inclusivement (Crim. cass. 3 mai 1834, *Rép.* n° 67).

235. L'arrêté municipal qui, après avoir prohibé le grappillage jusqu'au 1er novembre, terme assigné à la clôture des vendanges, édicte immédiatement ensuite une prohibition de chasser dans les vignes, sans en fixer la durée, doit être entendu en ce sens que la seconde interdiction est limitée au même temps que la première (Arrêts des 6 févr. et 2 juill. 1858, cités *suprà*, n° 234).

236. Les arrêtés municipaux qui restreignent ainsi indirectement l'exercice de la chasse dans un but de sûreté publique, étant pris en vertu des pouvoirs généraux de police dévolus aux maires, il en résulte que l'infraction à ces arrêtés constitue une simple contravention de police punie par l'art. 471-15° c. pén., et non le délit de chasse en temps prohibé. Cette règle a été appliquée par tous les arrêts cités *suprà*, nos 234 et 235, et elle est admise par tous les auteurs (Gillon et Villepin, nos 74 et 75; Giraudeau, n° 348; Jullemier, t. 1, p. 49; de Neyremand, p. 72).

237. Il appartient aux maires d'interdire *l'usage des armes à feu* dans l'intérieur des villes et villages (V. *Commune*). Cette défense a pour conséquence d'empêcher les propriétaires de chasser à tir même dans les enclos attenant à leurs habitations (Giraudeau, n° 351. — V. *infrà*, n° 561).

238. On a vu au *Rép.* n° 67, que la cour de cassation reconnaît aussi aux maires le droit de prohiber la *divagation des chiens* dans les récoltes, et d'exiger qu'un bâton soit attaché au cou de ces animaux pendant la saison des vendanges. Ces décisions sont approuvées dans la doctrine (Berriat, p. 27; Giraudeau, n° 350).

Art. 4. — *Du pouvoir du Gouvernement en matière de chasse.*

239. — I. De la détermination de l'ouverture et de la fermeture de la chasse. — L'art. 3 de la loi de 1844 ne donnant qu'aux préfets la mission de fixer l'époque d'*ouverture* et de *clôture* de la chasse, il résulte de ce texte, ainsi que des travaux préparatoires, que le Gouvernement n'a pas le droit de déterminer directement cette époque; et, dès lors, les mesures qu'il prendrait à cet effet ne seraient pas obligatoires pour les tribunaux. Néanmoins, nous avons vu *suprà*, nos 196 et suiv., que chaque année le *ministre de l'intérieur* adresse aux préfets des instructions relatives à l'ouverture et la fermeture de la chasse, et que ces fonctionnaires, moralement obligés d'exécuter les prescriptions de leur supérieur hiérarchique, rédigent leurs arrêtés en tenant compte de ces instructions. On pourrait critiquer cette pratique administrative contraire à l'esprit du législateur, qui voulait que chaque préfet eût le pouvoir d'ouvrir et fermer la chasse dans son département, et même dans les divers arrondissements de son département selon les exigences de la culture. Mais elle ne s'est formée que pour satisfaire aux légitimes réclamations du pays et n'a produit que d'heureux résultats.

240. — II. De la suspension de l'exercice du droit de chasse. — L'exercice du droit de chasse a été *suspendu*, pendant la guerre franco-allemande de 1870-1871, par un décret du Gouvernement de la défense nationale, en date du 13 sept. 1870 (D. P. 70. 4. 89) et ainsi conçu : Art. 1er. Dans un délai de dix jours à compter de la publication du présent décret, la chasse sera fermée dans tous les départements où elle est ouverte depuis le 16 août. — Art. 2. Indépendamment des peines édictées par la loi du 3 mai 1844 pour les cas délictueux qu'elle a prévus, une amende extraordinaire de 100 fr. à 500 fr. sera prononcée contre tout individu convaincu d'avoir chassé ou d'avoir colporté, vendu ou mis en vente du gibier pendant le temps de la clôture de la chasse. — Art. 3. Le produit des amendes dont il s'agit devra être versé à la caisse des secours pour les familles des soldats blessés.

241. La légalité de ce décret a été contestée par le motif que la mesure qui en faisait l'objet était étrangère à la mission de défense nationale, qui était la raison d'être du Gouvernement du 4 septembre; mais ces critiques n'ont pas été admises par le Gouvernement ni par l'Assemblée nationale, dont l'un a proposé et l'autre a voté, le 9 août 1871, une loi abrogeant le décret précité du 13 sept. 1870 (D. P. 71. 4. 143). « Le motif principal du décret, dit l'exposé des motifs de cette loi, était la nécessité d'économiser les munitions et la poudre qui pourrait servir à la défense du pays, de concentrer les armes de chasse entre les mains de l'autorité pour armer les gardes nationales, de diriger vers des expéditions plus utiles les instincts des populations habituées au maniement des armes. C'était enfin un décret qui prenait sa place dans une série de mesures tendant à utiliser les fusils et la poudre de chasse au profit de la défense nationale. » D'après le rapport, le décret avait aussi pour but « d'éviter les dangers qui auraient pu résulter de coups de feu tirés dans le voisinage de l'ennemi. L'aggravation de pénalité édictée était une sanction utile; et, dans les circonstances difficiles où on se trouvait, elle a pu contribuer efficacement à la protection du droit de propriété ».

242. La jurisprudence s'est associée à cette opinion. Elle a décidé : 1° que le Gouvernement de la défense nationale, ayant assumé, sans opposition de la nation, la responsabilité de l'exercice de la puissance publique et du pouvoir législatif, et s'étant implicitement engagé à prendre les mesures nécessaires pour organiser la défense du pays et protéger l'ordre intérieur, a pu légalement rendre le décret du 13 sept. 1870 qui suspendait le droit de chasse (Crim. cass. 8 juin 1871, aff. Delvallée, D. P. 71. 1. 79); — 2° Que ce décret, loin d'avoir une durée provisoire, limitée à celle de la guerre, devait recevoir son exécution jusqu'à ce qu'il fût législativement rapporté (Même arrêt. — *Contrà* : Trib. corr. Perpignan, 7 juill. 1871, aff. Hoffre, R. F. t. 5, n° 81). — Elle a admis aussi que la suspension de l'exercice du droit de chasse résultant de l'application du décret du 13 sept. 1870 a entraîné une diminution proportionnelle du prix de location de la chasse (V. *infrà*, n° 490).

243. La disposition du décret du 13 sept. 1870, d'après laquelle tout individu convaincu de délit de chasse en temps prohibé devait, indépendamment des peines encourues en vertu de la loi du 3 mai 1844, être condamné à une *amende extraordinaire* de 100 à 500 fr. au profit de la caisse de secours pour les familles des blessés, prescrivait implicitement au juge de distinguer cette amende extraordinaire de celle prononcée par application de la loi du 3 mai 1844 (Crim. cass. 2 mars 1871, aff. Maison, D. P. 71. 1. 67). — Par suite, dans le cas où le tribunal correctionnel avait prononcé contre un délinquant deux amendes, par application de la loi et du décret, l'une de 50 fr. et l'autre de 100 fr., et l'avait condamné en outre à l'emprisonnement, le juge supérieur, s'il supprimait l'emprisonnement prononcé, méconnaissait le décret de 1870 en réduisant la peine à une amende unique de 150 fr., alors surtout qu'il se bornait à viser la loi de 1844, ce qui impliquait la suppression de la double destination indiquée par les premiers juges (Même arrêt).

Sect. 2. — Du permis de chasse (*Rép.* nos 104 à 161).

244. L'art. 1er de la loi du 3 mai 1844 subordonne l'exercice de la chasse à la délivrance préalable d'un *permis de chasse*, qui remplace le permis de port d'armes de chasse créé par le décret du 11 juill. 1810 et exigé sous une sanction pénale par le décret du 4 mai 1812. Nous n'avons pas à revenir sur les explications données au *Rép.* nos 104 à 110 relativement à l'application de ce dernier décret.

A diverses reprises depuis quelques années, le Parlement a été saisi de propositions tendant à la suppression de permis, mais elles n'ont pas abouti; la nécessité de sa délivrance a été maintenue par l'art. 1er de la proposition de loi sur la chasse votée le 23 nov. 1886 par le Sénat et actuellement déférée à la Chambre des députés (V. *suprà*, n° 6).

Il n'est pas inutile de remarquer qu'en France il n'existe qu'une sorte de permis de chasse, tandis que certaines législations étrangères admettent, indépendamment du permis ordinaire, des permis spéciaux à raison soit de leur durée restreinte, soit du mode de chasse ou de la nature du gibier auxquels ils s'appliquent (V. *suprà*, nos 10, 14).

ART. 1er. — *Des personnes soumises à l'obligation du permis.*

245. En thèse générale, l'obligation du permis existe pour *tout chasseur;* l'art. 1er de la loi du 3 mai 1844 porte, en effet, que nul ne peut chasser, s'il ne lui a pas été délivré un permis de chasse par l'autorité compétente.

En conséquence, le *sexe* ne saurait dispenser les *femmes* de cette obligation (Trib. corr. Nevers, 15 janv. 1830, cité par Perrève, p. 36; Trib. corr. Pontoise, 16 nov. 1842, *ibid.*). Cette proposition, formulée explicitement par M. Giraudeau, n° 171, qui s'étonne que des tribunaux aient eu à se prononcer à ce sujet, est consacrée virtuellement par les auteurs qui examinent la question de savoir si la femme mariée peut obtenir un permis sans l'autorisation de son mari (V. *infrà*, n° 292).

246. Les *mineurs* sont également assujettis à la nécessité d'être munis de permis pour chasser. Toutefois, si l'*âge* est indifférent en ce qui regarde cette obligation, il est pris en grande considération quant au droit d'obtenir un permis (V. *infrà*, nos 358 et suiv.).

247. Les *fonctions publiques*, quelque élevées qu'elles soient, ne confèrent aucune dispense au point de vue de l'obligation du permis. Quelques-unes d'entre elles constituent même des cas d'incompatibilité relativement au droit d'obtenir un permis (V. *infrà*, nos 367 et suiv.). — Si certaines hautes dignités ont créé autrefois un privilège, soit quant au mode de délivrance du permis, soit quant au montant des droits exigés pour l'obtenir, cette situation exceptionnelle a depuis longtemps disparu, ainsi que nous le verrons *infrà*, nos 299 et 321.

248. Le principe de l'obligation du permis de chasse peut souffrir *exception* en faveur de certaines personnes. Ainsi le *propriétaire* ou *possesseur* d'un *enclos attenant à une habitation* a la faculté d'y chasser sans permis, eu égard à l'inviolabilité du domicile (V. *infrà*, n° 560).

249. Sur la dispense de permis reconnue au profit des *simples auxiliaires de chasse*, tels que les *traqueurs* ou rabatteurs, V. *infrà*, nos 265 et suiv.

250. Une autre exception, qui a son fondement dans le droit de légitime défense, est admise par la doctrine et la jurisprudence en faveur du propriétaire, possesseur ou fermier, qui exerce le droit de *destruction*, soit des *animaux malfaisants ou nuisibles* conformément aux arrêtés préfectoraux qui les ont déclarés tels, soit des *bêtes fauves* portant dommage à ses propriétés (V. *infrà*, nos 730 et 770).

251. En matière de louveterie, on décide généralement que le permis n'est pas exigé du *louvetier* pour tous les actes qu'il accomplit dans l'exercice de ses fonctions, ni des personnes qui participent soit aux *battues*, soit aux *chasses collectives* ou *individuelles* autorisées par les préfets pour la destruction des animaux malfaisants ou nuisibles (V. *infrà*, tit. 2).

Il en est de même des personnes qui, à l'instigation et sous la surveillance de l'autorité municipale, prennent part aux *chasses communales* ou mesures de destruction des animaux nuisibles prévues par l'art. 90, § 9, de la nouvelle loi municipale du 5 avr. 1884 (V. *ibid.*).

ART. 2. — *Des chasses pour lesquelles le permis est nécessaire* (*Rép.* nos 110 et 111).

252. Dans le système de la loi de 1844, le permis est exigé pour toute *espèce* et tout *mode de chasse*. C'est là un point qui résulte de la généralité des termes de l'art. 1er, et qui a été établi tant par les travaux préparatoires de cette disposition que par les circulaires ministérielles rédigées pour l'interprétation de la loi de 1844 (V. Exposé des motifs et rapports, *Rép.* nos 3, 42 et 71; Observations de M. Gillon, *Moniteur* du 18 févr. 1844, p. 353, rapportées également dans Gillon et Villepin, p. 41. — V. aussi Instr. min. just. 9 mai 1844, *Rép.* p. 107, note, n° 2; Instr. min. int. 20 mai 1844, *ibid.*, p. 109, note, n° 26; Circ. min. int. 22 juill. 1851, § 1er, R. F. t. 4, n° 608).

253. Ainsi, il faut un permis pour la *chasse à courre* et la *chasse à tir* (Instr. préc. 20 mai 1844; Circ. préc. 22 juill. 1851); — Et spécialement: 1° pour la chasse au lièvre avec chiens, même sans arme (Rouen, 10 avr. 1845, aff. Brunneval, D. P. 45. 4. 73); — 2° Pour la chasse, dans un bois, qui a pour objet la destruction de renards portant préjudice aux propriétés voisines; peu importe que ce fait ait été autorisé par le maire, et que le délinquant ignore les lois de la matière (Crim. cass. 1er juill. 1826, *Rép.* n° 354. — V. toutefois, *infrà*, nos 1627 et suiv.).

Nous ne saurions donc approuver un jugement qui déclare que l'individu qui se livre à la chasse au moyen d'un bâton n'est pas punissable pour le seul fait de n'être pas possesseur d'un permis de port d'armes de chasse (Trib. corr. Dinant, 27 oct. 1884, aff. Fahir, *Pasicrisie belge*, 1885. 3. 174). — V. *suprà*, n° 23.

254. On a vu au *Rép.* n° 111, que la nécessité du permis s'étend à la chasse de toute espèce d'*oiseaux*, quel qu'en soit le mode. Elle s'applique, par exemple: 1° au fait de tirer sur des *petits oiseaux* d'un lieu public vers un jardin (Crim. cass. 24 sept. 1847, aff. Girma, D. P. 47. 4. 70); — 2° A la chasse aux petits oiseaux effectuée sur la lisière des bois avec *raquettes* ou *sauterelles*, ainsi que l'a reconnu un jugement cité au *Rép.* n° 110; — 3° A la capture des petits oiseaux à la *glu* (Angers, 17 sept. 1845, aff. Gué, D. P. 46. 2. 40). Quant au point de savoir si la glu ne constitue pas un engin de chasse prohibé, V. *infrà*, n° 651; — 4° A la capture, par un *oiseleur*, des *oiseaux de chant* ou de *plaisir*, appelés aussi *oiseaux de volière*. Selon M. Giraudeau, n° 134, cette solution est rigoureuse, mais elle est commandée par la loi; et, si M. Berriat l'a contestée, p. 11, il l'a admise ensuite, p. 125.

255. La cour de cassation, par un arrêt dont la solution a été approuvée au *Rép.* n° 111, décide que le permis est indispensable pour se livrer à la chasse des *oiseaux de passage*, autrement qu'avec des armes à feu, c'est-à-dire par les *moyens exceptionnels* autorisés par le préfet. En vain on soutiendrait que la loi ayant admis seulement la chasse à tir et à courre, la chasse des oiseaux de passage par les moyens autorisés spécialement par les préfets n'est qu'une chasse imparfaite et restreinte, pour laquelle le permis n'est pas exigé (Crim. cass. 18 avr. 1845, aff. Mounard, D. P. 45. 1. 266). — A l'appui de cette doctrine, il convient de citer aussi Instr. min. just. 9 mai 1844, *Rép.* p. 107, note, n° 2; Instr. min. int. 20 mai 1844, *ibid.*, p. 109, note, n° 26.

L'obligation du permis existe, notamment, pour la chasse aux alouettes avec des lacets garnis de crins (Arrêt précité du 18 avr. 1845; Bordeaux, 28 févr. 1850, aff. Ratié et aff. Jambart, D. P. 54. 2. 180; 21 mars 1850, aff. Contrastie, *ibid.*). — Et le juge de répression est tenu d'appliquer au délinquant la peine édictée par la loi pour fait de chasse sans permis, alors même qu'à la préfecture on lui aurait dit que le permis était inutile pour la chasse aux alouettes (Arrêts précités des 28 févr. et 21 mars 1850).

256. La règle que le permis est exigé pour toute espèce de chasse admet cependant quelques *exceptions* soit pour certaines chasses, soit pour les modes de destruction des animaux malfaisants ou nuisibles et des bêtes fauves rappelés *suprà*, nos 248 et suiv.

257. Au surplus, il va de soi que les actes qui ne constituent pas des faits de chasse ne sont point assujettis à la formalité du permis (V. *suprà*, nos 19 et suiv.). — Ainsi, le permis de chasse n'est pas exigé de l'individu qui est employé par le propriétaire d'un parc garni de faisans, pour faire du bruit à l'extérieur et le long du mur de clôture, afin d'empêcher ces animaux de sortir dudit parc (Trib. corr. Compiègne, 24 févr. 1885, aff. Gachelin, R. F. t. 11, n° 115) (V. *infrà*, n° 420).

ART. 3. — *De la personnalité du permis* (*Rép.* nos 123 à 125).

258. — I. DU PRINCIPE DE LA PERSONNALITÉ DU PERMIS. — Comme on l'a vu au *Rép.* n° 123, les permis de chasse sont *personnels*. De ce principe, posé par l'art. 5, § 3, de la loi du 3 mai 1844, et maintenu dans l'art. 7, § 3, de la proposition de loi actuellement soumise à la Chambre des députés après adoption par le Sénat le 23 nov. 1886 (V. *suprà*, n° 6), il résulte d'abord que nul ne saurait utiliser le permis délivré à autrui, sous peine de poursuite correctionnelle pour délit de chasse sans permis.

Ainsi, il a été jugé: 1° que le permis de chasse du mari ne peut être utilisé par sa *femme* (Trib. corr. Cambrai,

1859, cité par Giraudeau, n° 510); — 2° Que le permis délivré à un individu ne saurait servir à sa *mère* (Toulouse, 8 janv. 1846, aff. Bégué, D. P. 47. 4. 71).

259. Du reste, l'art. 154 c. pén. frappe d'un emprisonnement de trois mois à un an, quiconque a pris, dans un permis de chasse, un nom supposé, ou a fait usage d'un permis délivré sous un autre nom que le sien (V. *Faux*). — Et l'action de *fabriquer* un faux permis de chasse, ou *falsifier* un permis originairement véritable, ou faire *usage* d'un permis fabriqué ou falsifié, entraîne, en vertu de l'art. 153 du même code, un emprisonnement de six mois au moins et de trois ans au plus (V. *Faux*).

260. Une autre conséquence du principe de la personnalité du permis, c'est que le permis délivré à une personne ne *couvre* pas *les faits de chasse* accomplis par d'autres chasseurs.

La jurisprudence décide que le *piqueur* doit être personnellement pourvu d'un permis, alors même qu'il se borne à diriger ou appuyer les chiens de son maître, sans être porteur d'un fusil (Orléans, 12 mai 1846, aff. de Beaurecueil, *Gazette des tribunaux* du 12 juin 1846, et B. A. F. t. 4, p. 51 ; Crim. cass. 18 juill. 1846, aff. Paulard, *Gazette des tribunaux* du 19 juill. 1846 ; Trib. corr. Bordeaux, 4 févr. 1848, aff. de L..., *Droit* du 10 ; Orléans, 11 août 1885, aff. Rethac, *suprà*, n° 72). Ces décisions sont citées et approuvées par MM. Gillon et Villepin, 2° supplément, n° 294, ainsi que par M. Giraudeau, n° 521, qui fait observer que l'on ne saurait considérer le piqueur comme un traqueur ou un auxiliaire ordinaire. — Jugé pareillement qu'il y a délit de chasse sans permis de la part de l'individu qui, tout en n'étant porteur d'aucune arme, se borne à appuyer les chiens d'un chasseur et à diriger vers ce dernier, qui se tient à l'affût, un lièvre que les chiens avaient lancé (Pau, 6 mai 1858, aff. Baron, R. F. t. 1, n° 187).

261. — II. DES EXCEPTIONS AU PRINCIPE DE LA PERSONNALITÉ DU PERMIS. — 1° *Dispense de permis relative aux auxiliaires de chasse.* — Bien que l'obligation du permis soit générale, elle ne concerne que les individus qui font personnellement acte de chasse ; elle est, en principe, étrangère aux simples *auxiliaires de chasse* qui opèrent dans l'intérêt d'autrui.

262. Nous avons émis au *Rép.* n° 123, l'avis que le permis n'est pas exigé du *domestique* ou serviteur qui accompagne son maître à la chasse pour porter son carnier et, de temps en temps, ses armes. M. Giraudeau, n° 517, partage cette opinion, en ajoutant avec raison qu'il en est de même du domestique qui aurait pour mission de charger les armes de son maître et de les tenir toujours prêtes.

263. Le principe de la personnalité du permis n'empêche pas le chasseur d'employer les auxiliaires, salariés ou non, dont le concours lui est indispensable pour certaines chasses, sans qu'il soit nécessaire que ceux-ci, bien que prenant part à la chasse, mais uniquement dans l'intérêt d'autrui, soient eux-mêmes munis de permis. Dans cette hypothèse, les auxiliaires sont censés ne faire qu'une seule et même personne avec le chasseur. Cette théorie, formulée au *Rép.* n° 124, et admise par les auteurs (V. Giraudeau, n° 511 ; Jullemier, t. 1, p. 38 ; Leblond, n° 91), a été consacrée par une jurisprudence constante (Nancy, 7 nov. 1844, aff. Saint-Michel, D. P. 45. 4. 75 ; 11 déc. 1844, aff. Thouvenin, D. P. 45. 2. 4, et sur pourvoi, Crim. rej. 8 mars 1845, D. P. 45. 1. 172 ; Rouen, 10 déc. 1846, aff. Lhernault, D. P. 47. 4. 72 ; Agen, 3 févr. 1847, aff. Péjac, D. P. 47. 4. 71. — Conf. Circ. min. int. 22 juill. 1851, § 3, R. F. t. 4, n° 608).

Ainsi, n'ont pas besoin de permis : 1° les auxiliaires employés pour la *chasse aux alouettes*, à laquelle on ne peut se livrer sans la coopération d'une ou de plusieurs personnes (Arrêt précité du 3 févr. 1847. — Conf. Giraudeau, n° 513) ; — 2° Les auxiliaires nécessaires pour la *petite chasse*, c'est-à-dire la chasse aux petits oiseaux au moyen de pièges, raquettes et sauterelles (Arrêts précités des 7 nov. et 11 déc. 1844, 8 mars 1845). La confection des raquettes, leur pose et la levée des oiseaux capturés requièrent, en effet, comme on l'a observé au *Rép.* n° 124, un certain nombre d'individus (Dans le même sens, V. Berriat, p. 88 ; Giraudeau, n°s 511 et 512 ; Jullemier, t. 1, p. 38 ; Petit, t. 1, p. 469).

264. Parmi les modes de chasse qui exigent des auxiliaires, il y a lieu de mentionner particulièrement le *furetage*, les terriers ayant généralement plusieurs entrées qu'une seule personne ne saurait surveiller avec efficacité. D'ailleurs, les opérations du furetage sont d'un ordre subalterne et, par conséquent, sont ordinairement abandonnées à des gardes, à des domestiques ou à des gens salariés. L'évidence du droit, pour le chasseur muni lui-même de permis, de se faire aider dans ce genre de chasse, d'auxiliaires non permissionnés, peut seule expliquer l'absence de jurisprudence sur ce point (Leblond, n° 91).

265. La traque n'étant qu'un procédé de chasse à tir, il s'ensuit que les *traqueurs*, qui ne forment que l'accessoire ou le moyen de cette chasse, équivalant à l'aide que les chiens d'arrêt donnent aux chasseurs, ne peuvent être réputés se livrer personnellement à la chasse, et être assujettis à la nécessité de se munir d'un permis. Tous les auteurs, ont adopté cette doctrine (Berriat, supplément, p. 350 ; Giraudeau, n° 514 ; Jullemier, t. 1, p. 39 ; Leblond, n° 92 ; de Neyremand, p. 434). — La plupart des cours d'appel, depuis comme avant la publication du *Rép.* n° 125, n'ont cessé de se prononcer dans le sens indiqué ci-dessus, c'est-à-dire pour la dispense de permis au profit des traqueurs (Nancy, 11 déc. 1844, aff. Thouvenin, D. P. 45. 2. 4 ; Paris, 26 avr. 1845, aff. Patris, D. P. 45. 2. 153 ; Motifs, Pau, 6 mai 1858, aff. Baron, R. F. t. 1, n° 187 ; Dijon, 27 déc. 1876, aff. Bertrand, D. P. 78. 5. 94 ; Angers, 12 févr. 1878, aff. Berthelot, *ibid.* ; Rouen, 26 févr. 1880, aff. Decaux, R. F. t. 9, n° 45 ; Chambéry, 17 nov. 1881, aff. Dubourgeat, D. P. 82. 5. 76 ; Trib. corr. Loudun, 29 janv. 1886, aff. de Rochequayric C. Thomas, *Journal de droit criminel*, 1886, p. 91 ; Limoges, 11 févr. 1886, aff. Dauphin, *Loi* du 19 févr. 1886). — Par un arrêt récent, la cour de cassation a également décidé que, si la traque soumet le traqueur aux prescriptions de la loi de 1844 et aux pénalités qui en sont la sanction, cette règle souffre exception quant à l'obligation du permis de chasse, en ce sens que le traqueur est considéré comme ne faisant qu'une seule et même personne avec le chasseur qui l'emploie et, par suite, n'a pas besoin d'avoir un permis, si le chasseur en est muni (Crim. cass. 2 janv. 1880, *suprà*, n° 76).

266. Jugé spécialement que le permis n'est exigé : 1° ni de l'individu guidant deux chiens d'arrêt et battant les buissons avec un bâton pour faire partir le gibier dans la direction de trois de ses camarades qui sont armés de fusils et munis de permis de chasse (Arrêt du 27 déc. 1876 cité *suprà*, n° 265) ; — 2° Ni du domestique qui, porteur d'un furet et d'un bâton avec lequel il bat les haies, n'a d'autre mission que de faire lever le gibier et de le diriger vers son maître, lequel, muni d'un permis et armé d'un fusil, chasse avec des chiens courants dans un champ voisin appartenant à son père (Arrêt du 12 févr. 1878, cité *suprà*, n° 265).

267. D'après un arrêt, d'ailleurs isolé et déjà ancien, l'individu qui, dans une chasse aux lapins, bat des cépées à l'aide d'un bâton pour en faire sortir le gibier et le faire passer devant un chasseur armé d'un fusil, n'est point dispensé du permis, parce que la chasse aux lapins peut s'opérer sans battue et sans traqueurs (Rouen, 10 déc. 1846, aff. Lhernault, D. P. 47. 4. 72). — Mais cette solution, en opposition avec l'arrêt du 27 déc. 1876 mentionné en numéro précédent, est avec raison combattue par les auteurs. Si, en effet, les battues ne sont pas indispensables pour chasser les lapins, elles servent puissamment à leur destruction et sont aujourd'hui fréquemment employées. D'autre part, la traque de tout autre gibier dans les bois n'est pas non plus d'une absolue nécessité pour le chasser, et néanmoins la jurisprudence dispense du permis les traqueurs qui y participent (Giraudeau, n° 516 ; Jullemier, t. 1, p. 40 ; Leblond, n° 91).

268. Les *valets de chiens*, n'étant que des aides ou des auxiliaires d'un ordre tout à fait inférieur dans la chasse à courre, ne sont pas astreints à être munis d'un permis (Orléans, 11 août 1885, *suprà*, n° 72).

269. — 2° *Conditions auxquelles est subordonnée la dispense du permis pour les auxiliaires.* — La première condition nécessaire pour que les auxiliaires soient dispensés de permis, consiste dans la possession d'un *permis* de la part du *chasseur* qu'ils assistent. Cette proposition, énoncée au *Rép.* n° 234, ne saurait être contestée. Elle ressort soit explicitement, soit du moins implicitement, de tous les arrêts qui ont eu à statuer sur l'exemption de permis en faveur des auxiliaires de chasse (V. *suprà*, nos 263 et suiv.; et spécialement Crim. cass. 2 janv. 1880, *suprà*, n° 76; Chambéry, 17 nov. 1881, aff. Dubourgeat, D. P. 82. 5. 76. — V. aussi Giraudeau, nos 165 et 525).

270. A défaut de permis du chasseur, l'auxiliaire, et notamment le traqueur, doit être condamné soit comme auteur, soit comme complice du délit de chasse sans permis imputable au chasseur (Lyon, 28 mars 1865, aff. Lafay, D. P. 66. 2. 34; Rennes, 11 avr. 1866, aff. Rabin, R. F. t. 4, n° 588. — V. aussi Rouen, 26 févr. 1880, *infrà*, n° 707. — Conf. Giraudeau, n° 525).

C'est ce qui a été décidé : 1° à l'égard d'un individu qui, armé seulement d'un bâton, en frappait les broussailles pour déloger un lièvre que d'autres chasseurs venaient de tirer (Arrêt précité du 11 avr. 1866); — 2° A l'égard d'un individu qui, porteur d'un sac, battait une terre de genêts et cherchait sur la neige la piste d'un lièvre, que chassait son frère armé d'un fusil (Arrêt précité du 28 mars 1865); — 3° A l'égard d'un individu qui traquait le gibier dans les buissons, pendant que deux chasseurs l'attendaient, le fusil à la main (Crim. cass. 2 janv. 1880, *suprà*, n° 76).

271. Du reste, c'est au traqueur à établir que le chasseur était muni de permis; le juge de répression ne saurait mettre à la charge du ministère public la preuve contraire et acquitter le prévenu sous le prétexte que la partie poursuivante n'avait pas fourni la preuve que le chasseur pour lequel il traquait fût dépourvu de permis (Arrêt précité du 2 janv. 1880). — V. *infrà*, n° 399.

272. Les auxiliaires d'un chasseur muni de permis ne sont dispensés de l'obligation du permis, qu'autant qu'ils remplissent un *rôle purement accessoire*, simultanément avec l'action principale du chasseur, sous sa surveillance et sa direction (Chambéry, 3 févr. 1883, aff. Chamberod, D. P. 83. 5. 60-61. — V. dans le même sens: Giraudeau, n° 518).

Si, dans les espèces de chasse qui exigent le concours d'auxiliaires, le permis du chasseur couvre les actes accessoires de ceux qui l'assistent, le titulaire du permis n'est pas en droit de se faire remplacer par des tiers qui se livreraient aux actes pour lesquels il est seul autorisé (Bordeaux, 20 déc. 1865, aff. Cazenave, D. P. 66. 2. 52).

273. En conséquence, sont passibles de l'application de l'art. 11-1° de la loi du 3 mai 1844 : 1° les individus chassant, sans permis à eux personnel, avec fusil et palombes en guises d'appeaux, dans la cabane et en l'absence de leur commettant (Arrêt du 20 déc. 1865, cité *suprà*, n° 272); — 2° L'individu qui, au lieu de se borner à une aide ou à une assistance, dirige lui-même et emploie les moyens de chasse, notamment pour chasser les alouettes (Toulouse, 8 janv. 1846, aff. Bégué, D. P. 47. 4. 71. — V. en ce sens : Leblond, n° 91); — 3° Le domestique qui chasse en l'absence et pour le compte de son maître (Amiens, 5 mars 1875, aff. Gattère, R. F. t. 6, n° 105); — 4° L'individu qui tend des pièges propres à prendre des grives et en prend, en l'absence du concessionnaire du droit de chasse, pour le compte duquel il prétend opérer en qualité de journalier rétribué (Chambéry, 3 févr. 1883, aff. Chamberod, D. P. 85. 5. 60-61); — 5° L'homme à gages qui entretient d'une manière permanente une tendue, laquelle n'est visitée qu'accidentellement par le maître muni d'un permis. Et, dans cette hypothèse, il importe peu que la personne pourvue d'un permis soit seule appelée à recueillir les produits de la chasse (Nancy, 25 nov. 1844, cité au *Rép.* n° 124).

274. Une circulaire du ministre de l'intérieur dispose que les traqueurs doivent n'être pas porteurs d'*armes à feu* (Circ. min. int. 22 juill. 1851, § 3, R. F. t. 4, n° 608). Nous estimons avec M. Giraudeau, n° 522, que si cette décision constitue un conseil qu'il est prudent de suivre, afin d'éviter des difficultés sur l'appréciation du rôle de simple auxiliaire des chasseurs, elle ne doit pas néanmoins être entendue dans le sens d'une prescription formelle; les traqueurs non munis de permis ne sont pas en délit à raison de la seule circonstance qu'ils sont armés de fusil.

275. Selon M. Giraudeau, n° 524, les *préfets* n'ont pas le *pouvoir de régler l'emploi des auxiliaires*, et spécialement des traqueurs, s'il s'agit de gibier ordinaire. Cette faculté n'existe que pour la chasse des petits oiseaux, à l'égard desquels les préfets ont reçu de la loi la mission de prendre les mesures nécessaires pour prévenir la destruction et favoriser le repeuplement (V. *infrà*, nos 688 et suiv.). — Un arrêt du 11 déc. 1844 (cité *suprà*, n° 265), tout en admettant que les auxiliaires sont dispensés du permis, reconnaît au préfet le pouvoir de prescrire aux chasseurs des conditions et des limites dans le nombre de leurs auxiliaires, ou même de prohiber entièrement ce genre de chasse (Conf. Jullemier, t. 1, p. 39). Mais cette décision nous paraît, comme à M. Giraudeau, n° 524, devoir être restreinte à l'espèce particulière que la cour de Nancy avait à juger, c'est-à-dire à une chasse aux petits oiseaux.

Ajoutons, toutefois, qu'il appartient au préfet de réglementer le concours des auxiliaires, en matière de *destruction des animaux malfaisants ou nuisibles*, soit par application de l'art. 9, § 3-3°, de la loi de 1844 (V. *infrà*, nos 731 et suiv.), soit par application des dispositions relatives à la louveterie (V. *infrà*, tit. 2).

Art. 4. — *De la circonscription territoriale pour laquelle le permis est valable* (*Rép.* n° 126).

276. Sous l'empire des décrets du 11 juill. 1810 et 4 mai 1812, la question s'était élevée de savoir si la valeur des permis de port d'armes était limitée au département dans lequel il avait été obtenu, de telle sorte que ces permis ne pussent servir dans d'autres départements qu'au moyen du visa des préfets. Elle avait été tranchée par la jurisprudence dans le sens de la négative par un arrêt de Lyon du 20 janv. 1825 reproduit au *Rép.* n° 126. En décidant formellement que les permis de chasse sont *valables pour toute la France*, l'art. 5, § 3, de la loi du 3 mai 1844 a mis fin à cette difficulté; il est maintenant hors de doute que le visa du préfet n'est pas nécessaire. La proposition de la loi sur la chasse votée le 23 nov. 1886 par le Sénat en deuxième délibération n'apporte aucune modification à cet état de choses; son art. 7, § 3, porte que les permis sont valables pour tout le territoire de la République (V. *suprà*, n° 6).

277. La *Corse*, faisant partie intégrante de la France au point de vue politique et administratif, est pleinement soumise à l'application de la loi du 3 mai 1844. Par suite, le permis pris dans l'un des départements continentaux de la France est valable en Corse, et réciproquement.

278. L'*Algérie* est également régie par la loi de 1844, du moins par la plupart des dispositions de cette loi, et spécialement par celles qui concernent le permis (V. *suprà*, n° 107, et v° *Organisation de l'Algérie*). Il en résulte que le permis délivré en France est valable en Algérie, et que celui obtenu en Algérie produit son effet sur le territoire de la métropole (Conf. Giraudeau, n° 526).

Art. 5. — *De la durée du permis* (*Rép.* n° 127).

279. D'après l'art. 5, § 3, de la loi du 3 mai 1844, de même que d'après le décret du 11 juill. 1810, le permis est valable *pour un an seulement*. L'art. 7, § 3, de la proposition de loi actuellement soumise à la Chambre des députés est plus précis; il dispose que les permis sont valables pour un an du jour de leur délivrance à pareille date inclusivement (V. *suprà*, n° 6).

280. — I. Point de départ du délai. — 1° *Première hypothèse; Délivrance du permis avant le payement des droits.* — A l'époque où, dans la pratique administrative, les droits n'étaient acquittés qu'après la délivrance du permis par le préfet, ainsi que nous le verrons *infrà*, n° 304, il y avait controverse sur le point de savoir quel était le *point de départ* du délai d'un an pendant lequel le permis est valable. Cependant, la cour de cassation et la majorité des cours d'appel décidaient que la durée du permis et le droit de chasse en dérivant couraient à partir de la date de sa délivrance par le préfet, c'est-à-dire de la date du permis (Caen, 8 mai 1845, aff. Demonceaux, D. P. 45. 4. 73; Montpellier, 12 oct. 1846, aff. Sarmet, D. P. 47. 4. 73; Crim. cass. 24 sept. 1847, aff. Aubert, D. P. 47. 4. 72; Crim. rej. 24 sept 1847, aff. Reymond, D. P. 47. 4. 73; Crim. cass. 4 mars 1848, aff. Dartigole, D. P. 48. 5. 46; Angers 8 janv. 1849, aff. Héron, D. P. 49. 2. 47; Crim. cass. 7 juill. 1849, aff. Robert, D. P. 49. 5. 41; Limoges, 8 déc. 1849, aff. Poux, D. P. 54. 2. 179); — Et non pas seulement à compter du jour de l'acquit des droits (Arrêts précités des 24 sept. 1847, 4 mars 1848, 8 janv. et 8 déc. 1849. — *Contrà :* Grenoble, 10 févr. 1848, aff. de Chaléon, D. P. 51. 5. 76); — Ni à compter du jour de la remise du permis à l'impétrant par le percepteur (Arrêts précités des 24 sept. 1847, 8 janv. et 8 déc. 1849. — *Contrà :* Bordeaux, 4 févr. 1846, aff. Bruils, D. P. 46. 4. 60; Besançon, 3 mai 1849, aff. Pionnet, *Recueil de cette cour*, 1849-1852, p. 42).

Jugé, en conséquence : 1° d'une part, que l'individu qui avait été surpris chassant avant d'avoir reçu son permis du percepteur, devait être relaxé des poursuites, s'il justifiait qu'au jour du procès-verbal le permis lui avait été accordé (Arrêts précités des 8 mai 1845 et 12 oct. 1846. — *Contrà :* Circ. min. int. 10 déc. 1844, *Rép.* p. 115, note 1, et D. P. 45. 3. 4); — 2° D'autre part, que le fait de chasse accompli, plus d'un an après la date du permis, quoique moins d'une année après sa réception, constituait un délit (Arrêts précités des 24 sept. 1847, 8 janv., 7 juill. et 8 déc. 1849. — *Contrà :* Arrêt précité du 4 févr. 1846).

281. — 2° *Deuxième hypothèse; Délivrance du permis après le payement des droits.* — Depuis la circulaire du 30 juill. 1849, qui a décidé que les droits de permis seraient acquittés par anticipation (V. *infrà*, nos 304 et suiv.), la jurisprudence continue, à plus forte raison, à assigner, comme point de départ du délai d'un an la date du permis énoncée sur cet acte (Rennes, 14 oct. 1853, *Recueil de cette cour*, 1853, p. 195, arrêt cité par Giraudeau, n° 529; Trib. corr. Issoudun, 13 nov. 1861, aff. Moronier, R. F. t. 1, n° 81. — V. aussi, en ce sens, Giraudeau, n° 528); — Et non la remise du permis à l'impétrant par l'autorité administrative (Arrêt et jugement précités des 14 oct. 1853 et 13 nov. 1861. — Conf. Giraudeau, nos 187 et 528).

Selon M. de Neyremand, p. 392, il ne suffit pas que le permis soit signé, pour qu'il soit susceptible de produire son effet; il faut encore qu'il soit remis à l'impétrant, parce que jusqu'à ce moment l'Administration peut retenir le permis et refuser de l'adresser au destinataire, si des motifs légitimes de refus parviennent à sa connaissance (V. Rogron, p. 15; Trib. corr. Draguignan, 30 janv. 1845, aff. Jordany, *Droit* du 7 févr. 1845). M. Giraudeau, n° 188, partage cette opinion, en ajoutant qu'il appartiendrait aux tribunaux de rechercher le moment précis où le permis a réellement été mis, soit à la disposition effective du chasseur, soit pour lui à un tiers, soit à la poste.

282. La jurisprudence reconnaît avec raison à l'impétrant le droit de chasser le jour même de la délivrance de son permis par le préfet ou sous-préfet (Rouen, 18 déc. 1845, aff. Leclerc, D. P. 46. 4. 60; Trib. corr. Issoudun, 13 nov. 1861, aff. Moronier, R. F. t. 1, n° 81; Nancy, 17 nov. 1868, aff. Beaudoin, D. P. 69. 2. 118. — Conf. Giraudeau, n° 534); — Alors même qu'il n'a pas encore reçu ce permis (V. *suprà*, nos 280 et 281).

283. Toutefois, cette faculté doit être restreinte à la fraction du jour qui suit la délivrance effective du permis. Si, en effet, le permis couvre tous les faits de chasse accomplis le jour de sa délivrance, ce n'est là qu'une simple présomption qui disparaît dans le cas où il est établi que les faits incriminés ont eu lieu avant cette délivrance (Arrêt du 17 nov. 1868, cité *suprà*, n° 282; Caen, 22 nov. 1880, aff. Deprépetit, D. P. 82. 5. 75; Trib. corr. Gray, 23 déc. 1881, aff. Landry, D. P. 82. 5. 74-75; Rennes, 21 févr. 1883, aff. N..., D. P. 83. 5. 64. — V. dans le même sens : Berriat, p. 127; Giraudeau, n° 178; Perrève, p. 30).

284. D'une part, il a été jugé spécialement : 1° que l'individu qui chasse sans avoir préalablement obtenu un permis, ne saurait se prévaloir ultérieurement de ce qu'un permis lui aurait été délivré le jour même où il a fait acte de chasse, s'il est certain que cette délivrance a été postérieure au fait incriminé (Arrêt du 21 févr. 1883 cité *suprà*, n° 283); — 2° Que les juges peuvent, sur la seule considération de l'heure matinale (sept heures) à laquelle le fait de chasse a été commis, tenir pour évident qu'il est antérieur à la délivrance du permis daté du même jour, alors d'ailleurs que le chasseur n'en était pas porteur ce jour-là (Caen, 7 janv. 1868, aff. Verdrel, D. P. 70. 5. 53); — 3° Que l'individu poursuivi pour avoir chassé avant d'avoir obtenu son permis ne peut se prévaloir, à l'audience, de ce que le permis sollicité aurait été signé le jour même par le préfet, si, à raison de l'heure (six heures et demie du matin) à laquelle le fait de chasse a été commis, et des autres circonstances de la cause, il est certain que le permis n'avait pas encore été délivré (Arrêt du 17 nov. 1868, cité *suprà*, n° 282); — 4° Que, lorsqu'il est constant, d'après les aveux mêmes du prévenu, qu'il n'a formé sa demande de permis devant le maire de sa commune, qu'à deux heures et demie de l'après-midi, cette circonstance seule suffit pour démontrer que le permis n'a pu être réellement délivré le même jour à trois heures et demie de l'après-midi par le sous-préfet (Arrêt du 22 nov. 1880 cité *suprà*, n° 283).

285. A l'inverse, quand l'individu traduit en police correctionnelle pour avoir chassé sans permis, produit à l'audience un permis délivré le jour même où a eu lieu le fait de chasse poursuivi, le tribunal ne peut tenir ce fait pour délictueux, eût-il été accompli, comme dans l'espèce, à sept heures du matin, qu'autant que le ministère public établit que la délivrance du permis, si l'heure n'y est pas indiquée, est postérieure à ce même fait (Caen, 17 nov. 1869, aff. Beauchef, D. P. 70. 5. 52).

286. — II. EXPIRATION DU DÉLAI. — Une des questions qui ont le plus divisé la doctrine et la jurisprudence est celle de savoir *quel jour expire le délai* d'un an assigné pour la validité du permis. Il convient, à cet égard, d'établir une distinction entre la législation actuelle et la législation antérieure.

287. — 1° *Législation de* 1810 *et de* 1812. — Sous l'empire du décret du 11 juill. 1810, aux termes duquel les permis n'étaient valables que pour un an à dater du jour de leur délivrance », et du décret du 4 mai 1812, il était de jurisprudence constante que le jour de la délivrance du permis faisait partie de ce délai et que, par conséquent, le permis ne pouvait plus être utilisé le jour anniversaire de sa délivrance (V. les arrêts cités au *Rép.* n° 127). Et cette interprétation de la législation ancienne a été confirmée par les motifs de divers arrêts intervenus postérieurement à la loi du 3 mai 1844 (Crim. rej. 22 mars 1850, aff. Pasquet, D. P. 50. 5. 60; Orléans, 14 oct. 1851, aff. Léger, D. P. 53. 5. 74; Aix, 16 janv. 1856, aff. Faucon, D. P. 57. 5. 50; Montpellier, 24 janv. 1865, aff. Jambert, D. P. 65. 2. 162).

288. — 2° *Législation de* 1844. — Même sous l'empire de la loi du 3 mai 1844, de nombreux auteurs admettent que le permis ne peut servir que jusqu'au jour anniversaire de sa délivrance exclusivement. Ils se fondent, d'une part, sur la jurisprudence antérieure à la loi de 1844, et, d'autre part, sur ce que le permis, étant valable le jour même de sa délivrance (d'après l'opinion la plus accréditée V. *suprà*, nos 281 et suiv.), ne l'est que pour une année (Championnière, p. 45; Gillon et Villepin, n° 131; Houël, n° 102; Lavallée et Bertrand, p. 73; Perrève, p. 29; Petit, t. 1, p. 472; Rogron, p. 89. — Conf. Rouen, 18 déc. 1845, aff. Leclerc, D. P. 46. 4. 60; Trib. corr. Nivelles, 26 oct. 1878, aff. Min. publ. C. N..., *Pasicrisie belge*, 1879. 3. 283; Trib. corr Soissons, 28 sept. 1880, aff. D..., D. P. 82. 5. 74).

Mais les auteurs les plus récents en matière de chasse (Berriat, p. 49; Giraudeau, n° 532; Jullemier, t. 1, p. 41; Leblond, n° 95) professent, ainsi que nous l'avons fait au *Rép.* n° 127, l'opinion que l'on peut chasser tout le jour anniversaire de la délivrance du permis. Par exemple, le permis délivré par le préfet ou le sous-préfet le 4 septembre est encore valable le 4 septembre de l'année suivante. En effet, à la différence de la loi de 1790 qui portait que les permis de port d'armes de chasse sont valables pour un an à dater du jour de leur délivrance, l'art. 5 de la loi du 3 mai 1844 se borne à énoncer que les permis sont valables pour un an seulement; dès lors, en l'absence d'une disposition spéciale, on doit nécessairement se reporter aux règles du droit commun. Or, il est de principe, dans la supputation des délais, que le *dies à quo* n'en fait point partie. D'un autre côté, l'impétrant ne pourrait chasser pendant une année, si l'on comprenait dans l'année le jour de la délivrance du permis, puisque ce jour n'est pas entier au moment de la délivrance, et qu'il peut arriver que cette délivrance ait lieu à la dernière heure de la journée. — La jurisprudence est aujourd'hui fixée dans le sens de ce deuxième système (Orléans, 14 nov. 1844, aff. Hautefeuille, *Rép.* n° 127; Crim. rej. 22 mars 1850, aff. Pasquet, D. P. 50. 5. 60; Orléans, 14 oct.

1851, aff. Léger, D. P. 53. 5. 74; Aix, 16 janv. 1856, aff. Faucon, D. P. 57. 5. 50; Pau, 15 déc. 1859, aff. Urristsague, D. P. 61. 5. 67; Nîmes, 30 janv. 1862, aff. Martinon, R. F. t. 1, n° 87; Toulouse, 21 janv 1864, aff. Fort, D. P. 64. 5. 42; Nîmes, 1er déc. 1864, aff. Saint-Léger, D. P. 65. 2. 162; Montpellier, 24 janv. 1865, aff. Jambert, *ibid.*; Nancy, 17 nov. 1868, aff. Beaudoin, D. P. 69. 2. 118; Trib. corr. Confolens, 30 sept. 1875, aff. Belaire, D. P. 78. 5. 90; Paris, 12 oct. 1876, aff. Plisson, D. P. 78. 5. 90). — La proposition de loi sur la chasse actuellement soumise à la Chambre des députés confirme cette jurisprudence dans son art. 7, § 3, et fait disparaître toute équivoque (V. *suprà*, n° 6).

289. Le chasseur dont le permis est périmé ne saurait échapper à une condamnation à raison de sa *bonne foi*. C'est là une application du principe qu'en matière de délit de chasse la bonne foi ne constitue pas une excuse légale, comme nous le verrons *infrà*, n° 1079. — Avant la circulaire du 30 juill. 1849 (V. *infrà*, n° 304), une cour d'appel a décidé qu'il y avait délit de la part de celui qui chasse avec un permis périmé, qu'il croyait encore valable, conformément aux affirmations du percepteur chargé de le lui remettre (Limoges, 8 déc. 1849, aff. Poux, D. P. 54. 2. 179).

Art. 6. — *De la demande de permis* (*Rép.* nos 121 et 150).

290. — I. Qualité pour former une demande de permis. — Lorsque l'intéressé est *majeur*, c'est lui qui doit faire la demande de permis. Aucune suite n'est donnée à celle qui est présentée par un tiers, au nom de son parent ou de son ami (Circ. min. int. 22 juill. 1851, § 16, R. F. t. 4, n° 608).

291. Si l'intéressé est *mineur* de seize à vingt et un ans, la demande doit être faite, non par lui, mais par les personnes qui ont autorité sur lui, et par conséquent par son père, sa mère ou son tuteur. Cependant, dans le cas où il est *émancipé*, il lui appartient de formuler cette demande avec l'assistance de son curateur (V. *infrà*, n° 360).

292. En ce qui concerne les *femmes*, il convient d'établir certaines distinctions. Il va de soi que la femme *majeure* et *célibataire* a pleine capacité pour demander un permis (Gillon et Villepin, n° 156; Giraudeau, n° 42). — Pour la femme *mariée* et majeure, certains auteurs se basant sur l'obéissance qu'elle doit à son mari et sur le principe d'autorité maritale, exigent qu'elle justifie de l'autorisation de son mari (Lavallée et Bertrand, p. 77; Leblond, n° 109). Néanmoins, l'opinion contraire a prévalu; c'est aussi le système auquel nous nous sommes ralliés au *Rép.* n° 150. La loi ne défend pas d'accorder aux femmes des permis de chasse. Si la femme en puissance de mari est en général assimilée à un mineur, « cette assimilation, dit M. Rogron, p. 97, n'est pas telle qu'on puisse la comprendre véritablement dans les termes de la loi. Ce n'est pas, du reste, à raison de la puissance qu'exercent les pères et mères et tuteurs sur les mineurs et pupilles, que leur intervention est exigée, mais pour s'assurer contre les imprudences de l'âge; or, lorsque la femme mariée a plus de vingt et un ans, elle est supposée avoir autant de prudence que tout autre majeur » (V. dans le même sens: Berriat, p. 70; Championnière, p. 52; Gillon et Villepin, n° 156; Giraudeau, n° 43; Jullemier, t. 1, p. 46).

En tout cas, la femme *mineure* a besoin soit de l'autorisation de ses père, mère ou tuteur, si elle est *célibataire*, soit de l'autorisation de son mari, si elle est *mariée* (Gillon et Villepin, n° 156; Giraudeau, n° 42).

293. — II. Rédaction de la demande de permis; Timbre. — La loi n'a édicté aucune règle spéciale pour la rédaction de la demande de permis. D'ordinaire, on la rédige sous forme de *lettre* adressée au préfet ou au sous-préfet, selon que l'on habite ou non l'arrondissement du chef-lieu de département. Si l'impétrant ne sait ou ne peut pas écrire ni signer, il la fait rédiger par une autre personne et l'on y mentionne cette circonstance. A défaut de formules particulières prescrites par la loi ou les instructions ministérielles, on peut employer celles qui sont indiquées par M. Giraudeau, nos 1513 et 1514 (1).

Suivant une décision du ministre des finances du 31 janv. 1846, citée au *Rép.* n° 114, la demande de permis ou de renouvellement de permis ne serait pas assujettie à la formalité du *timbre*. Mais cette solution paraît contraire au texte et à l'esprit de l'art. 12-1°, § 8, de la loi du 13 brum. an 7 qui soumet au timbre de dimension les pétitions et mémoires même en forme de lettres, présentés à toutes les autorités constituées (V. *Rép.* v° *Enregistrement*, n° 6109). Et il est préférable de s'en rapporter à l'instruction du ministre de l'intérieur du 20 mai 1844, rapportée au *Rép.* p. 110, note, n° 27, qui exige l'emploi de papier timbré. Du reste, dans la pratique, la demande de permis est toujours rédigée sur une feuille de papier timbré à 0 fr. 60 cent. (V. Giraudeau, nos 482 et 484; Leblond, n° 88).

294. — III. Justifications préalables. — La délivrance du permis étant subordonnée au payement préalable des droits fixés par la loi, il s'ensuit que l'individu qui veut obtenir un permis, doit joindre à la demande qu'il remet au maire à cet effet une *quittance* du percepteur constatant ce payement (V. *infrà*, n° 304). Mais cette *justification* est la seule que l'impétrant soit tenu de faire (Giraudeau, n° 485).

295. Comme nous l'avons exposé au *Rép.* n° 118, il ressort des travaux préparatoires de la loi de 1844 que l'autorité administrative n'est pas fondée à exiger, avant de délivrer le permis, que l'impétrant justifie de sa *qualité de propriétaire foncier*, ou qu'il produise une *autorisation de chasser* sur le terrain d'autrui. — Quant aux causes d'*incapacité* ou d'*indignité* qui seraient de nature à motiver un refus de permis, il appartient à l'Administration de s'en enquérir; l'impétrant n'a pas à prouver leur inexistence (Giraudeau, n° 485). Nous verrons toutefois qu'il pourrait être astreint à produire son acte de naissance, si le préfet ou sous-préfet avait lieu de douter qu'il eût l'âge requis pour avoir droit au permis (V. *infrà*, nos 358 et 361).

296. Dans les arrêtés d'ouverture de la chasse, quelques préfets prescrivent aux intéressés de joindre à leur demande leur *signalement* ou, s'ils ont déjà obtenu un permis, cet *ancien permis*. Comme les préfets ne sauraient ajouter aux prescriptions de la loi et créer des causes de déchéance, nous pensons, ainsi que M. Giraudeau, n° 486, que ces mesures ne sont pas obligatoires et que leur inaccomplissement ne constituerait pas un motif suffisant pour faire rejeter la demande de permis. Mais il importe de remarquer que ces formalités ne présentent aucun inconvénient et que leur inobservation serait susceptible d'entraîner un retard dans la délivrance de permis, le préfet ou sous-préfet étant obligé de s'adresser à l'autorité locale pour avoir le signalement qui doit être transcrit sur le permis.

297. — IV. Remise de la demande de permis à l'autorité locale. — 1° *Localités autres que la ville de Paris*. — D'après l'instruction ministérielle du 20 mai 1844, la demande de permis est adressée ou remise au *maire*, qui doit la transmettre avec son avis au préfet ou sous-préfet. Nous estimons, du reste, avec MM. Giraudeau, n° 483, et Petit, t. 1, p. 477, que dans le cas où la demande serait adressée directement au préfet ou au sous-préfet, ceux-ci ne devraient pas la rejeter à raison de cette seule irrégularité de transmission, sauf à provoquer l'avis de l'autorité municipale.

Le maire à qui la demande doit être remise est celui qui a qualité pour donner l'avis exigé par l'art. 5 de la loi de 1844 (V. *infrà*, nos 311 et suiv.).

298. — 2° *Ville de Paris*. — A Paris, les maires d'arrondissement n'exercent aucune attribution de police (V. *Ville*

(1) *Formules de demande de permis de chasse.*

I. Par un majeur : — « A M. le Préfet de... ou à M. le Sous-Préfet de... (suivant que l'on habite le chef-lieu du département ou un arrondissement). — Monsieur le Préfet, — Le soussigné, A... (noms, profession, domicile), a l'honneur de vous exposer qu'il est dans l'intention de se livrer à l'exercice de la chasse et qu'il ne se trouve dans aucun des cas d'exception prévus par la loi. C'est pourquoi il vous prie, Monsieur le Préfet (ou le Sous-préfet), vu la quittance ci-jointe constatant le payement du droit, de lui accorder le permis nécessaire. — Il a l'honneur d'être... (dater et signer) ».

II. Pour un mineur non émancipé : — « A M. le Préfet (ou le Sous Préfet). — Le soussigné, agissant pour... son fils mineur (ou son pupille, s'il s'agissait d'un tuteur), âgé de... demeurant avec lui, — a l'honneur de vous exposer que son fils est, avec son autorisation, dans l'intention... ».

III. Par un mineur émancipé : — « A M. le Préfet (ou le Sous-Préfet). — Le soussigné..., mineur émancipé, assisté de M. A..., son curateur, a l'honneur... ».

de Paris). Il en résulte, ainsi qu'on l'a dit au *Rép.* n° 121, que dans cette ville les demandes de permis doivent être remises aux *commissaires de police*, à l'exclusion des maires (Conf. Gillon et Villepin, n° 132; Giraudeau, n° 498).

Art. 7. — *Des droits de permis* (*Rép.* nos 122 et 128).

299. — I. Caractère général des droits. — Nul ne peut obtenir un permis sans acquitter intégralement les *droits* fixés par la loi, depuis que l'art. 1er de l'ordonnance du 17 juill. 1816 a aboli le privilège concédé aux membres de la Légion d'honneur par les décrets des 21 mars 1811 et 12 mars 1813, et aux chevaliers de Saint-Louis par l'ordonnance du 9 sept. 1814, de payer seulement 1 fr. (V. *Rép.* n° 122 et p. 89, note 4).

300. — II. Quotité des droits. — Dans l'état actuel de la législation, la délivrance du permis de chasse entraîne le payement de deux *droits*, l'un au profit de l'Etat, l'autre au profit de la commune, dont l'ensemble monte à 28 fr.

301. — 1° *Droit au profit de l'Etat.* — Toute obtention de permis donne lieu, en faveur de l'Etat, à l'acquittement d'un droit, dont le montant a été successivement de 30 fr. (Décr. 11 juill. 1810, art. 13, *Rép.* p. 89, note 1); de 15 fr. (L. 28 avr. 1816, art. 70; L. 3 mai 1844, art. 5, § 2); de 30 fr. (L. 23 août 1871, art. 2-3°, D. P. 71. 4. 54-61); de 15 fr. (L. 20 déc. 1872, art. 21, D. P. 73. 4. 2). Aujourd'hui, ce droit s'élève à 18 fr., dont 3 fr. consistent en 2 décimes portant sur le droit précité de 15 fr. (L. 2 juin 1875, art. 6, D. P. 76. 4. 1. — V. Circ. dir. comptab. publ. 26 juill. 1875, R. F. t. 6, n° 122).

302. — 2° *Droit au profit de la commune.* — Actuellement, comme après la promulgation de la loi du 3 mai 1844, le permis de chasse entraîne un droit de 10 fr. en faveur de la commune dont le maire a fourni l'avis préalable dont il sera parlé *infrà*, nos 311 et suiv. Par l'établissement de ce droit spécifié à l'art. 5, § 2, de la loi précitée, le législateur a voulu intéresser les municipalités à l'exécution de la loi, ainsi qu'on l'a vu (*Rép.* n° 122). Il a eu aussi l'intention de créer des ressources nouvelles pour les communes rurales (V. Exposé des motifs et Rapports, *ibid.*, p. 92, 96 et 98, note, nos 10, 46 et 72; Instr. min. int. 20 mai 1844, *ibid.*, p. 110, note, n° 27). — Le droit de 10 fr. constitue une recette ordinaire du budget communal; il forme un article de la section des recettes ordinaires sans affectations spéciales (V. Instr. préc. 20 mai 1844, n° 45; Circ. min. fin. 18 juill. 1844, *Rép.* p. 114, note 1).

303. Il n'est pas douteux, comme le fait remarquer M. Giraudeau, n° 496, que le droit de 10 fr. par permis demeure toujours acquis à la commune dont le maire a été appelé à émettre son avis; peu importe à cet égard que l'avis ait été ou non favorable. Mais la commune pourrait être tenue de rembourser le droit, si l'impétrant n'y avait ni son domicile ni sa résidence (V. *infrà*, nos 313 et suiv.).

304. — III. Payement et justification des droits. — Les droits fixés pour l'obtention du permis sont acquittés entre les mains du percepteur. Jusqu'en 1844, la personne qui désirait un permis était tenue de *payer* les droits par anticipation; et la loi du 3 mai 1844 n'apporta à cette règle aucune modification. — Nous avons vu (*Rép.* n° 128) qu'une pratique différente fut établie par des instructions du ministre des finances et du ministre de l'intérieur en date du 18 juill. 1844, afin d'éviter que les postulants pussent se croire autorisés à chasser à la faveur des quittances délivrées par le percepteur. Après avoir délivré le permis, le préfet l'adressait au receveur général, qui le faisait parvenir à l'impétrant par l'entreprise du percepteur, moyennant le payement des droits dus au Trésor et à la commune. Aussi en avait-on conclu, dans une opinion, que l'année pendant laquelle le permis confère la faculté de chasser ne commençait à courir que du jour de la quittance du percepteur, qu'il était utile dès lors de joindre au permis. Mais, comme on l'a fait observer *suprà*, n° 280, la jurisprudence persistait même à cette époque à assigner comme point de départ de cette année la date de la délivrance du permis. — En vue de mettre un terme aux inconvénients pratiques résultant de l'exécution des instructions du 18 juill. 1844, une circulaire du ministre de l'intérieur du 30 juill. 1849 a décidé que dorénavant, pour obtenir un permis, on doit en *consigner d'avance* les droits à la caisse du percepteur; et qu'aucune demande de permis ne sera admise, si elle n'est accompagnée de la *quittance* (D. P. 49. 3. 63).

305. — IV. Restitution des droits. — D'après la circulaire précitée du 30 juill. 1849, la demande de permis devait être formée dans le mois de la quittance du percepteur constatant le versement des droits. Passé ce délai, la demande ne pouvait plus être admise, et les sommes versées étaient acquises à l'Etat, à moins que la réclamation ne fût appuyée d'un certificat du maire constatant la réalité des motifs qui avaient empêché de donner suite à la demande. Et même, dans ce dernier cas, le droit au remboursement ne pouvait s'étendre au delà de trois mois à compter du versement. — M. Giraudeau, n° 503, critique ces dispositions par le motifs qu'aucune loi ne donne à l'Etat le droit de prescrire ainsi par un délai de trois mois des somnes versées, et que la prescription ordinaire de cinq ans pourrait seule faire obstacle à leur remboursement. Du reste, une autre circulaire du ministre de l'intérieur du 1er févr. 1860 porte que la quittance du percepteur demeure valable pour l'obtention du permis, quelle que soit sa date, et que les déchéances précédemment établies sont supprimées (D. P. 60. 3. 86).

306. Cependant, aux termes de la même circulaire du 1er févr. 1860, les sommes versées ne pourraient être retirées que dans le cas de refus de permis (V. *infrà*, n° 329). M. Giraudeau, n° 503, pense, au contraire, qu'il est toujours loisible à l'impétrant de se désister de sa demande, tant que le permis n'est pas signé, et de réclamer la restitution des droits.

Quant à la restitution des droits dans l'hypothèse de retrait de permis, V. *infrà*, n° 397.

307. En tous cas, les droits sont acquis à l'Etat par le fait de la délivrance du permis, alors même qu'il n'aurait servi qu'un jour (Giraudeau, n° 503).

Art. 8. — *De l'avis du maire* (*Rép.* nos 113, 115 et suiv., 127).

308. — I. Localités autres que la ville de Paris. — On a dit (*Rép.* nos 113 et 116) que la loi du 3 mai 1844, afin de permettre au préfet de se prononcer en parfaite connaissance de cause, exigeait deux *avis* préalables à la délivrance de permis : celui du *maire* et celui du *sous-préfet*. Le premier continue à être requis. Mais celui du sous-préfet n'a plus sa raison d'être, depuis que ce fonctionnaire a été investi du pouvoir de statuer directement sur les demandes de permis, ainsi que nous le verrons *infrà*, n° 322.

Quant aux règles selon lesquelles les maires doivent rédiger leur avis, il suffit de se référer au *Rép.* n° 117.

309. Nous avons admis au *Rép.* n° 127 et le ministre de l'intérieur a déclaré que l'avis préalable du maire est indispensable pour la délivrance de *nouveaux permis* aux personnes qui en auraient déjà obtenu. Il peut, en effet, s'être effectué dans leur situation légale, d'une année à l'autre, des changements qui obligeraient le préfet à leur en refuser. Cela résulte de l'art. 5 de la loi de 1844, qui n'établit à cet égard aucune distinction entre la demande de permis originaire et la demande de renouvellement de permis. Du reste, la nécessité d'un nouvel avis a été formellement reconnue dans la discussion. Le préfet (ou sous-préfet) ne pourrait même dispenser de cette formalité ceux de ses administrés qui lui seraient personnellement connus (V. Circ. min. int. 22 juill. 1851, § 9, R. F. t. 4, n° 608).

310. Si un maire *refusait* de donner l'avis exigé par l'art. 5 de la loi de 1844, le préfet aurait le droit de nommer un délégué spécial pour procéder à cet avis, en vertu de l'art. 8 de la nouvelle loi municipale du 5 avr. 1884, qui reproduit textuellement l'art. 15 de la loi du 18 juill. 1837 (Circ. min. int. 22 juill. 1851, § 10, R. F. t. 4, n° 608. — V. *Commune*).

M. Giraudeau, n° 493, déclare que, dans la même hypothèse, le maire s'exposerait à une condamnation en *dommages-intérêts*. A l'appui de cet opinion, on peut soutenir que le refus, de la part du maire, de transmettre à l'autorité supérieure la demande de permis qui lui est adressée et de donner son avis, constitue une faute personnelle qui le rend passible d'une action en dommages-intérêts devant l'autorité judiciaire. Cependant, la jurisprudence la plus récente du tribunal des conflits, qui a d'ailleurs été l'objet de graves objections en doctrine, considère comme des actes administratifs, ne pouvant donner lieu à action civile devant les tribunaux de l'ordre judiciaire, les actes par lesquels le maire refuse de remplir une des obligations dont l'accomplissement lui est impérativement imposé par la loi (V. *Compétence administrative*).

311. En ce qui regarde le point de savoir à *quel maire* la demande de permis doit être remise, la loi de 1844 ne s'en est pas expliquée formellement. Suivant une décision ministérielle, du reste isolée et contraire à la jurisprudence administrative, le permis pourrait être demandé par l'intermédiaire du maire d'une *commune quelconque du département*, dans lequel l'impétrant à son domicile ou sa résidence (Décis. min. int. 12 août 1875). Mais cette interprétation est trop contraire à l'esprit de la loi, au but qu'elle se propose en exigeant l'avis du maire, et aux travaux préparatoires, pour être suivie.

312. D'après l'opinion générale, émise également au *Rép.* n° 115, on ne peut former sa demande de permis que devant le maire de son *domicile légal* ou devant celui de sa *résidence*, au choix de l'impétrant (Instr. min. int. 20 mai 1844, *ibid.*, p. 110, note, n° 27; Circ. min. int. 22 juill. 1851, § 8, R. F. t. 4, n° 608; Trib. civ. Besançon, 10 juill. 1877, aff. Ville de Besançon, D. P. 80. 3. 55. — V. dans le même sens : les auteurs cités *infrà*, n° 315).

La loi du 3 mai 1844, en effet, ne s'est pas uniquement préoccupée d'assurer la conservation du gibier et la protection des récoltes. C'est dans un intérêt d'ordre public qu'elle a exigé le permis, et subordonné son obtention à des condition de moralité et de probité reconnues dans une instruction administrative sérieuse. Il est donc nécessaire que le permis soit demandé par l'intermédiaire du maire du domicile ou de la résidence de l'impétrant, qui, mieux que tout autre, est en mesure de signaler au préfet ou au sous-préfet les motifs susceptibles d'entraîner un refus de permis (V. Exposé des motifs et Rapports, *Rép.* p. 91 et suiv., note, nos 9, 45 et 72; Circ. min. int. 22 juill. 1851, § 8, R. F. t. 4, n° 608.)

313. En donnant des avis de complaisance, les maires commettent une violation formelle de la loi, engagent leur responsabilité, et exposent la commune qu'ils administrent à des réclamations de la part de la commune du domicile ou de la résidence de l'impétrant (Circulaire précitée du 22 juill. 1851, § 8).

314. L'art. 102 c. civ. définit le *domicile* le lieu où l'on a son principal établissement. Sur la caractère du domicile, V. *Domicile*; *Rép.* eod. v°, n° 6.

315. Mais il y a controverse sur le point de savoir ce qu'il faut entendre par *résidence*, en ce qui concerne la demande de permis de chasse.

Selon un premier système, pour pouvoir demander un permis par le maire d'une commune, toute résidence dans cette commune suffit, quelque temporaire qu'elle soit (Championnière, p. 41).

D'après M. Leblond, n° 87, si un séjour passager et précaire ne suffit pas en général, le permis peut néanmoins être délivré par l'intermédiaire du maire qui connaîtrait bien les antécédents et les habitudes de l'intéressé.

Suivant un troisième système formulé au *Rép.* n° 115, le mot *résidence* ne doit pas être pris dans une acception trop large : il faut entendre par là un établissement assez notable et ayant duré un temps assez long pour que l'autorité administrative puisse connaître suffisamment les antécédents et les habitudes de l'impétrant. C'est cette dernière opinion qui a prévalu dans la doctrine et dans la jurisprudence (Berriat, p. 48; Camusat, p. 69; Gillon et Villepin, n° 118; Giraudeau, nos 487 et suiv.; Jullemier, t. 1, p. 36; Menche de Loisne, n° 167; Rogron, p. 82. — Conf. Circ. min. int. 22 juill. 1851, § 8, R. F. t. 4, n° 608; Trib. civ. Besançon, 10 juill. 1877, aff. Ville de Besançon, D. P. 80. 3. 55).

316. Ainsi la campagne que l'on habite, chaque année, pendant plusieurs mois ou même seulement pendant quelques semaines, constitue évidemment une véritable résidence au point de vue de l'obtention du permis (Giraudeau, n° 487).

317. Il en est autrement de la commune sur le territoire de laquelle l'impétrant allait, plusieurs fois chaque année, seulement passer la journée pour y chasser. En conséquence, cette commune est tenue de restituer à celle du domicile du permissionnaire les droits relatifs à des permis qu'elle a encaissés sans droit (Sol. impl., Cons. d'Ét. 4 août 1876, aff. Ville de Besançon, D. P. 76. 3. 100; Jugement du 10 juill. 1877, même affaire, *suprà*, n° 315). — Ce système n'est pas contraire à une décision du ministre de l'intérieur aux termes de laquelle : « Par la création du droit de 10 fr., la loi s'est proposé d'accroître surtout les ressources des communes rurales où les habitants des villes vont souvent se fixer temporairement pour chasser, et on doit, dès lors, l'interpréter en ce sens que le permis peut être délivré sur l'avis du maire de la localité adoptée dans ce but par l'impétrant » (Bull. min. int. 1864, p. 29; R. F. t. 4, n° 608, p. 95, note 1). En attribuant qualité au maire de la commune où l'impétrant *s'est fixé*, tout au moins temporairement, la décision dont il s'agit suppose une résidence véritable dans cette commune. — Le jugement précité du 10 juill. 1877 condamne avec raison la pratique, d'après laquelle certains individus se font délivrer leur permis par l'entremise du maire d'une commune où ils n'ont ni leur domicile ni leur résidence, afin d'être autorisés à chasser sur le territoire de cette commune (V. dans ce sens : Jullemier, t. 1, p. 37).

318. Dans le procès tranché par ce jugement, tous les porteurs de permis contestés avaient à la fois leur domicile et leur résidence dans la ville de Besançon; et, par conséquent, la demande formée par cette dernière, en *restitution* de la somme indûment perçue par la commune d'Ecole, ne pouvait pas être repoussée par une fin de non-recevoir tirée d'un défaut de qualité. — Mais la même solution devrait-elle être également admise, si quelques-uns des permissionnaires, tout en étant domiciliés dans la commune demanderesse, avaient eu une véritable résidence dans une troisième commune, intervenue ou non au procès pour réclamer sa part des droits de permis de chasse? L'affirmative ne semble pas douteuse. Il résulte, en effet, des travaux préparatoires de la loi de 1844 que, d'après le projet du Gouvernement, le permis ne pouvait être demandé qu'au lieu où l'on était domicilié, et que, si l'on a en définitive été autorisé par le législateur à le demander aussi au lieu de la résidence, cela a été seulement le résultat d'une concession, et en quelque sorte à titre subsidiaire. Par suite, s'il faut opter entre la commune du domicile et celle de la résidence d'un individu qui a pris illégalement son permis dans une troisième commune, c'est la première qui paraît devoir l'emporter.

319. Lorsque le permis a été demandé par l'intermédiaire du maire d'une commune où l'impétrant n'a ni son domicile, ni sa résidence, et que la commune du domicile ou de la résidence réclame à la première le remboursement des droits dont elle a été frustrée, le litige est de la *compétence* des tribunaux de l'ordre judiciaire (V. Sol. impl., Cons. d'Et. 4 août 1876 et Trib. civ. Besançon, 10 juill. 1877, *suprà*, n° 317). — Un décret en conseil d'État a admis cette compétence en autorisant une commune à introduire devant les tribunaux une action en restitution d'un droit qu'elle prétendait avoir été indûment perçu (Décr. en Cons. d'Et. 30 juin 1886, aff. Com. de Faucogney, *Rec. Cons. d'Etat*, p. 939). — Le ministre de l'intérieur a également reconnu l'incompétence de l'autorité administrative en pareille matière, en invitant un préfet à rapporter un arrêté par lequel, faisant droit aux réclamations d'une ville dont les habitants prenaient en grand nombre leurs permis dans une commune voisine, il avait inscrit d'office au budget de cette commune la somme à rembourser à la ville. Le préfet n'ayant pu, en faisant cette inscription, agir en qualité de juge du litige, le Conseil d'État a déclaré que la décision ministérielle lui prescrivant de rapporter son arrêté n'était pas susceptible d'être attaquée devant lui par la voie du recours pour excès de pouvoir (Cons. d'Et. 4 août 1876, aff. Ville de Besançon, D. P. 76. 3. 100).

320. — II. Ville de paris. — Par le motif énoncé ci-dessus, n° 298, les permis de chasse sont délivrés, à Paris, sur l'avis des *commissaires de police*, et non des maires d'arrondissement (Gillon et Villepin, n° 132; Giraudeau, n° 498).

ART. 9. — *De la délivrance de permis* (*Rép.* nos 112, 121, 130 à 161).

§ 1er. — Des fonctionnaires qui ont qualité pour délivrer le permis (*Rép.* nos 112, et 121).

321. — I. DÉPARTEMENTS AUTRES QUE CELUI DE LA SEINE. — Rappelons, que, d'après le texte des art. 1 et 5 combinés de la loi du 3 mai 1844, les *préfets* seuls avaient qualité pour délivrer des permis de chasse. Ce principe, énoncé au *Rép.* n° 112, avait été formellement consacré par la jurisprudence (Crim. cass. 24 sept. 1847, aff. Aubert, D. P. 47. 4. 72; et 4 mars 1848, aff. Dartigole, D. P. 48. 5. 46). Nous en avons conclu que, si parfois les pairs de France, tout en payant les droits ordinaires, recevaient leur permis du grand référendaire, c'était là un abus. Lors de la discussion de l'art. 5 de la loi de 1844, le garde des sceaux avait même déclaré que les préfets ne pouvaient autoriser les *sous-préfets* à délivrer des permis aux administrés de leurs arrondissements respectifs (Circ. min. int. 22 juill. 1851, § 11, R. F. t. 4, n° 608).

322. Une dérogation a été apportée à ce principe, en 1860, par le ministre de l'intérieur. En présence du nombre considérable des demandes adressées à l'époque de l'ouverture de la chasse, plusieurs préfets avaient exprimé le vœu que les sous-préfets fussent autorisés à délivrer ces permis pour leur arrondissement, le renvoi à la décision préfectorale entraînant, d'une part, des complications d'écriture pour l'Administration, et, de l'autre, des retards regrettables pour la transmission des titres aux intéressés. Après s'être concerté avec le ministre de la justice, sur la suite que cette mesure était susceptible de recevoir, le ministre de l'intérieur a décidé que les sous-préfets pourraient à l'avenir délivrer les permis de chasse aux habitants de leur arrondissement qui en auraient fait la demande en forme régulière et qui ne se trouveraient pas dans l'un des cas déterminés par la loi où le permis de chasse peut être refusé. La décision, dans cette circonstance, devait continuer à émaner directement du préfet, conformément à l'art. 6 de la loi du 3 mai 1844. Toutefois, afin de concilier avec le texte de cette loi la mesure de tolérance qui était accordée, les permis de chasse devaient être signés par le sous-préfet « pour le préfet et par autorisation » (Circ. min. int. 12 juill. 1860, D. P. 60. 3. 71). — La nouvelle pratique administrative inaugurée par la circulaire du 12 juill. 1860 a été expressément consacrée par l'art. 6, § 3, du décret de décentralisation du 13 avr. 1861, qui a autorisé d'une manière absolue les sous-préfets à statuer sur les demandes du permis (V. *Organisation administrative*).

323. Des explications ci-dessus formulées il ressort qu'aujourd'hui le permis de chasse est délivré, soit par le préfet, dans l'arrondissement du chef-lieu du département, soit par le sous-préfet, dans chacun des autres arrondissements, aux personnes qui ont leur domicile ou leur résidence dans ces circonscriptions (V. *suprà*, nos 311 et suiv.).

Dans le cas où le domicile et la résidence de l'impétrant sont distincts et se trouvent situés dans des arrondissements différents, il ne lui est pas loisible d'adresser sa demande de permis au sous-préfet de l'arrondissement où il a son domicile et de la remettre au maire de la commune où il a sa résidence (Giraudeau, n° 491).

324. L'incompétence territoriale du fonctionnaire qui a délivré le permis ne constitue pas une cause de nullité du permis. A l'appui de cette proposition, on peut citer une décision de cour d'appel étrangère, d'après laquelle on ne saurait regarder comme coupable de chasse sans permis l'individu qui chasse avec un permis, d'ailleurs non révoqué, qu'il a obtenu par surprise d'un commissaire d'arrondissement autre que celui de son domicile réel, s'il n'est pas légalement incapable d'avoir un port d'armes (Bruxelles, 24 janv. 1879, aff. Mesens C. Min. publ., *Pasicrisie belge*, 1879. 2. 115).

325. — II. DÉPARTEMENT DE LA SEINE. — Dans tout le département de la Seine, les permis de chasse sont délivrés par le *préfet de police*, sur l'avis des commissaires de police à Paris, et, dans les communes rurales, sur l'avis des maires.

Dans les arrondissements de Sceaux et de Saint-Denis, les permis étaient délivrés autrefois par le préfet de police sur l'avis des maires et des sous-préfets (*Rép.* n° 121), puis, à partir de 1860, directement par les sous-préfets sur l'avis des maires. Mais la loi du 2 avr. 1880 (D. P. 80. 4. 83), ayant supprimé les sous-préfectures de Sceaux et de Saint-Denis, a eu pour conséquence de réserver au préfet de police la délivrance des permis dans les arrondissements de ce nom.

§ 2. — Des caractères généraux de la délivrance de permis (*Rép.* n° 130).

326. Aux termes de la circulaire ministérielle du 22 juill. 1851 (R. F. t. 4, n° 608), lorsqu'une demande de permis parvient au préfet, avec les avis exigés par l'art. 5, il doit y donner suite le plus promptement possible. Un retard d'un ou de quelques jours, au moment de l'ouverture de la chasse est de nature à causer à l'impétrant un véritable préjudice (§ 12). Il y a lieu à la délivrance des permis à quelque époque de l'année qu'ils soient demandés (§ 15).

327. On a vu au *Rép.* n° 119, que, lors de la discussion de l'art. 5 à la Chambre des pairs, le garde des sceaux a reconnu que, dans sa *décision*, le préfet n'est pas tenu de se conformer à l'avis du maire. Cette proposition, qui du reste ne pouvait faire difficulté, est évidemment applicable aujourd'hui aux sous-préfets quand ils statuent sur les demandes de permis dans leurs arrondissements respectifs.

Il va de soi également, ainsi qu'on l'a expliqué au *Rép.* n° 130, que la décision d'un préfet ou sous-préfet ne fait pas loi pour ses collègues.

328. C'est l'administration de l'enregistrement et du timbre qui fournit aux préfets et sous-préfets les permis de chasse. Leur *forme* est actuellement déterminée par le décret du 9 déc. 1881 (D. P. 82. 4. 104). — Il est recommandé aux préfets de *dater* la formule du permis du jour où ils la signent, ou mieux encore du jour de son envoi au destinataire (Circ. min. int. 22 juill. 1851, § 13, R. F. t. 4, n° 608). — Cette date doit être inscrite en toutes lettres (Circ. min. int. 20 févr. 1853, *Bulletin du ministère de l'intérieur*, 1853, p. 81).

329. Lorsque le préfet (ou sous-préfet) accorde un permis, il doit l'*adresser* directement au maire de la commune où réside l'impétrant, avec recommandation de le faire *remettre* à ce dernier dans le plus bref délai possible. — Dans le cas où la demande est *rejetée*, le préfet (ou sous-préfet) doit *notifier* sa décision au trésorier payeur général (ou receveur particulier), en même temps qu'au maire de la commune, pour que le percepteur reçoive l'ordre de rembourser immédiatement les droits (Circ. min. int. 30 juill. 1849, D. P. 49. 3. 63).

330. Une circulaire du ministre de l'intérieur du 5 août 1887 (*Bulletin du ministère de l'intérieur*, 1887, p. 203) prescrit aux préfets et aux sous-préfets de communiquer à la gendarmerie, tant au chef-lieu de département que dans les chefs-lieux d'arrondissement des listes des permis par eux délivrés. Cette prescription a pour but de rendre plus aisée la répression du délit de chasse sans permis et de prévenir les méprises auxquelles sont exposés les gendarmes. La communication dont il s'agit permet en outre aux préfets et sous-préfets de s'assurer soit que les permis n'ont pas été délivrés, sur des renseignements incomplets ou inexacts, à des personnes placées dans des conditions d'incapacité absolue ou relative, soit que l'avis prescrit par l'art. 5 de la loi de 1844 et duquel dépend l'attribution du droit de 10 fr. à la commune compétente, a été réellement donné par le maire du domicile ou de la résidence habituelle de l'impétrant.

§ 3. — Du refus de délivrance de permis par le préfet ou sous-préfet (*Rép.* nos 130 à 161).

331. Il importe de ne pas confondre les cas où le permis *peut* être refusé (V. *infrà*, nos 332 et suiv.) et ceux où le permis *doit* être refusé (V. *infrà*, nos 356 et suiv.).

N° 1. — *De la faculté pour le préfet ou sous-préfet de refuser le permis* (*Rép.* nos 130 à 144).

332. — I. DES CAS DANS LESQUELS LE PERMIS PEUT ÊTRE REFUSÉ. — Nous avons expliqué au *Rép.* n° 130, que le projet de loi donnait aux préfets la *faculté* absolue *de délivrer ou de refuser* les permis de chasse, mais que la Chambre des députés avait restreint ce pouvoir aux personnes non inscrites au rôle des contributions et à certains condamnés (art. 6). — V. aussi Gillon et Villepin, n° 133.

333. — 1° *Non-inscription au rôle des contributions.* — L'art. 4, § 1er-1°, permet au préfet ou sous-préfet de refuser le permis à tout individu majeur qui n'est pas personnellement inscrit au rôle des contributions directes, ou dont le père ou la mère n'est pas inscrit à ce rôle. — M. Camusat, p. 74, donne le motif de cette disposition. L'individu dont il s'agit peut sans doute présenter des garanties ; mais sa position, le plus souvent précaire, autorise le doute à cet égard, son insolvabilité pouvant lui donner la possibilité de commettre impunément des délits.

Pour que l'enfant majeur bénéficie de l'inscription de ses *père* ou *mère*, il n'est pas nécessaire qu'il *habite avec eux*. Ainsi qu'on l'a dit au *Rép.* n° 136, cette condition qui figurait dans le projet de l'art. 6 n'a pas été, et avec raison, maintenue dans la rédaction définitive (V. aussi Gillon et Villepin, n° 134; Giraudeau, n° 555; Jullemier, t. 1. p. 43). — L'inscription des *ascendants* ne profite pas à leurs *petits-enfants*. Cette proposition résulte, d'une part, du texte de l'art. 6 qui ne parle que des père et mère, et, d'autre part, comme on l'a vu au *Rép.* n° 137, du rejet par la Chambre des députés d'un amendement de M. Glais-Bizion tendant à ajouter à ces mots « dont le père ou la mère » ceux-ci « ou autres ascendants » (V. dans le même sens: Gillon et Villepin, n° 135; Giraudeau, n° 554 ; Jullemier, *loc. cit.;* Leblond, n° 102). — Ajoutons, avec M. Giraudeau, n° 554, qu'à plus forte raison un *pupille* ne serait pas fondé à invoquer l'inscription de son *tuteur*.

334. Les individus non inscrits personnellement au rôle des contributions, et dont les père et mère ne sont pas non plus inscrits, ne sauraient échapper au pouvoir discrétionnaire du préfet ou sous-préfet, alors même qu'ils seraient officiers de terre ou de mer. Nous avons, en effet, rappelé au *Rép.* n° 132, que le Parlement avait écarté un amendement qui établissait une exception en faveur des officiers (Conf. Gillon et Villepin, nos 134 et 137; Giraudeau, n° 549). — Ces auteurs adoptent à juste titre la même solution à l'égard des fonctionnaires publics, puisque la loi n'a établi aucune dispense spéciale en leur faveur.

335. Le texte et la discussion de l'art. 6, § 1, démontrent que le *payement effectif* des contributions n'est pas exigé pour être à l'abri du pouvoir arbitraire de l'Administration; il suffit d'être inscrit au rôle. Tous les auteurs admettent cette interprétation, que nous avons formulée au *Rép.* n° 133 (Gillon et Villepin, n° 136; Giraudeau, n° 552; Leblond, n° 102). — Ainsi, le contribuable qui n'a pas acquitté ses impositions ou qui est en retard pour les payer ne saurait être privé de permis (Giraudeau, n° 552). — Il en est de même de celui qui, dans les villes où certaines contributions ont été rachetées par voie d'octroi, ne figure au rôle que pour mémoire. La discussion de l'art. 6 ne laisse subsister aucun doute à ce sujet (V. *Rép.* n° 133; Gillon et Villepin, n° 136; Giraudeau, n° 552; Leblond, n° 102). La contribution personnelle atteint à peu près tous les citoyens, sauf le cas d'indigence reconnue. La circonstance prévue par l'art. 6, § 1er-1°, de la loi de 1844 se rencontre donc principalement dans le petit nombre de villes où la contribution personnelle est remplacée par un prélèvement sur le produit de l'octroi (Instr. min. int. 20 mai 1844, *Rép.* p. 110, note, n° 30).

336. En l'absence de toute distinction dans la loi, il convient de reconnaître que toute contribution, de quelque nature qu'elle soit, empêche l'Administration de refuser le permis (*Rép.* n° 134). Telles sont, notamment, la contribution foncière, la contribution personnelle et mobilière, les prestions en nature, les redevances sur les mines, la taxe sur les chiens, etc. (V. Gillon et Villepin, n° 138; Giraudeau, n° 551 ; Leblond, n° 102).

337. En ce qui concerne la *preuve* de l'inscription au rôle des contributions, il suffit de renvoyer au *Rép.* n° 138. Ajoutons toutefois que, d'après M. Giraudeau, n° 550, l'impétrant n'aurait dans aucun cas à justifier de cette inscription.

338. — 2° *Condamnations qui autorisent le refus de permis.* — A. *Enumération des condamnations.* — L'Administration peut refuser le permis aux personnes qui ont été frappées de l'une des condamnations énoncées dans les nos 2, 3, 4 et 5 du paragraphe 1er de l'art. 6 de la loi de 1844.

339. Aux termes de l'art. 6, § 1er-2°, le permis est susceptible d'être refusé aux individus qui, par une condamnation judiciaire, ont été *privés de l'un ou de plusieurs des droits civils, civiques et de famille* spécifiés dans l'art. 42 c. pén., autres que le droit de port d'armes. — Le conseil d'Etat a jugé que le préfet peut refuser un permis de chasse à un individu qui a été condamné à un emprisonnement de plus d'un mois pour outrages envers un maire dans l'exercice de ses fonctions, et ce encore bien que le jugement de condamnation ne prononce pas en même temps la privation totale ou partielle des droits énumérés dans l'art. 42 c. pén.; qu'une condamnation de cette nature emporte, en effet, de plein droit, la privation du droit de vote (Décr. org. 2 févr. 1852, art. 16); et que, dès lors, il n'est pas nécessaire que cette privation soit expressément mentionnée dans le jugement, pour que l'art. 6-2° de la loi de 1844 puisse recevoir son application (Cons. d'Et. 13 mars 1867, aff. Bizet, D. P. 67. 3. 98). — Cependant, cette solution n'est pas sans difficulté. De ce que le décret organique du 2 févr. 1852, relatif aux élections pour le Corps législatif, a interdit d'inscrire sur la liste électorale les individus condamnés à plus d'un mois d'emprisonnement pour rébellion, outrages et violences envers les dépositaires de l'autorité ou de la force publique, sans distinguer entre les condamnations qui seraient ou ne seraient pas accompagnées de la privation totale ou partielle des droits dont il s'agit, est-il possible d'en conclure que cet article a réagi sur les dispositions de la loi qui concerne la police de la chasse et qu'il a modifié, surtout pour l'aggraver, l'art. 6 de cette loi? Telle circonstance peut être suffisante pour faire perdre le droit de vote et ne pas l'être pour faire perdre le droit d'obtenir un permis de chasse, ou réciproquement: ce sont là des appréciations essentiellement distinctes, et il semble douteux que le juge puisse, par voie d'interprétation, les cumuler et les confondre, alors que le législateur lui-même ne les a pas confondues.

340. Le permis peut encore être refusé: 1° en vertu de l'art. 6, § 1er-3°, de la loi de 1844, à tout condamné à un emprisonnement de plus de six mois pour *rébellion* (c. pén. art. 209 et suiv.) ou *violences envers les agents de la force publique* (c. pén. art. 228 et suiv.), ces expressions devant d'ailleurs être prises dans un sens général, d'après MM. Berriat, p. 63, et Giraudeau, n° 558; — 2° En vertu de l'art. 6, § 1er-4°, à tout individu condamné pour délit d'*association illicite* (c. pén. art. 265 et suiv., 291 et suiv.); de *fabrication, débit ou distribution de poudre, armes ou munitions de guerre* (c. pén. art. 314; L. 24 mai 1834; L. 14 août 1885); de *menaces* écrites ou verbales avec ordre ou sous condition (c. pén. art. 305 et suiv.); d'*entraves à la circulation des grains* (L. 21 prair. an 5, art. 2); de *dévastation d'arbres* ou de *récoltes sur pied*, de *plants* venus naturellement ou faits de main d'homme (c. pén. art. 444 et suiv.); — 3° En vertu de l'art. 6, § 1er-5°, aux individus condamnés pour *vagabondage* (c. pén. art. 269 et suiv.), *mendicité* (c. pén. art. 274 et suiv.), *vol* (c. pén. art. 379 et suiv.), *escroquerie* (c. pén. art. 405) ou *abus de confiance*.

Sous la dénomination d' « abus de confiance », la rubrique du paragraphe 2, sect. 2, chap. 2, tit. 2, liv. 3, c. pén., comprend: l'*abus des besoins, des faiblesses ou des passions d'un mineur*, pour lui faire souscrire, à son préjudice, des obligations, quittances ou décharges, pour prêt d'argent ou de choses mobilières, ou d'effets de commerce, ou de tous autres effets obligatoires, sous quelque forme que cette négociation ait été faite ou déguisée (c. pén. art. 406); — L'*abus de blanc-seing* (c. pén. art. 407); — L'*abus de confiance proprement dit*, commis en détournant ou dissipant, au préjudice des propriétaires, possesseurs ou détenteurs, des effets, deniers, marchandises, billets, quittances ou tous autres écrits contenant ou opérant obligation ou décharge, qui n'auraient été remis au prévenu qu'à titre de louage, de dépôt, de mandat, ou pour un travail salarié ou non salarié, à la charge de les rendre ou représenter, ou d'en faire un usage ou un emploi déterminé (c. pén. art. 408); — La *soustraction de pièces ou mémoires produits dans un procès* (c. pén. art. 409). Mais M. Giraudeau, n° 559, estime que ce dernier délit, qui, du reste, entraîne seulement une amende de 25 à 300 fr., ne doit pas être compris parmi les abus de confiance dont parle la loi de 1844.

341. — B. *Caractère définitif des condamnations.* — On a expliqué au *Rép.* n° 139, que les condamnations spécifiées à l'art. 6 ne peuvent motiver un refus de permis que si elles sont devenues définitives, c'est-à-dire si elles ne sont pas susceptibles d'être attaquées par opposition, appel ou pourvoi en cassation (Conf. Gillon et Villepin, n° 142; Giraudeau, n° 545; Petit, t. 1, p. 436).

342. — C. *Gravité des condamnations.* — Il importe de remarquer que, pour entraîner un refus de permis, les condamnations prévues par le n° 3, § 1er, de l'art. 6 doivent consister en un emprisonnement de plus de six mois, tandis que, dans les cas déterminés par les nos 4 et 5, toute condamnation produit cet effet, alors même qu'elle consisterait en une simple amende (V. Giraudeau, n° 558).

343. — D. *Preuve des condamnations.* — En principe, tout citoyen a droit au permis. Il en résulte que celui qui demande un permis ne saurait être astreint à justifier qu'il ne se trouve pas dans les différents cas déterminés par les nos 2, 3, 4 et 5 du paragraphe 1er de l'art. 6. Ainsi qu'on l'a vu au *Rép.* n° 141, c'est à l'Administration à prouver que l'impétrant a encouru l'une des condamnations spécifiées dans ces dispositions (V. en ce sens: Circ. min. int. 20 mai 1844, n° 32, *ibid.*, p. 110; Giraudeau, n° 538; Jullemier, t. 1, p. 44). — Autrefois, quand l'Administration avait lieu de penser que le pétitionnaire avait été condamné, elle n'avait d'autre ressource que de demander des renseignements aux officiers du ministère public près les cours et tribunaux que l'on présumait avoir statué (*Rép.* n° 141). Depuis l'institution du casier judiciaire, elle peut être édifiée d'une manière plus précise et plus complète, soit en demandant un extrait du casier judiciaire tenu au greffe du tribunal de première instance dans le ressort duquel est né l'intéressé, soit en consultant le casier administratif électoral qui est tenu à la préfecture pour les condamnations de nature à faire perdre le droit de vote et d'élection.

344. — E. *Condamnations antérieures à la loi de 1844; Rétroactivité de la loi.* — A cet égard, V. *Rép.* n° 142.

345. — II. DU POUVOIR D'APPRÉCIATION DU PRÉFET OU SOUS-PRÉFET. — Dans les diverses hypothèses prévues par l'art. 6 de la loi de 1844, il appartient aux préfets et sous-préfets d'accorder ou de refuser le permis selon qu'ils le jugent convenable, et sans être tenus de motiver leur décision. Ils doivent prendre en considération les renseignements particuliers recueillis sur la moralité des impétrants et les inconvénients qu'il pourrait y avoir pour l'ordre public à leur attribuer légalement le droit de chasser. Il y a lieu, en outre, dans les cas spécifiés par les numéros 2 à 5 du paragraphe 1er, de tenir compte des circonstances de la condamnation prononcée (Instr. min. int. 20 mai 1844, *Rép.* p. 110, note, nos 30 et 31).

En Belgique, l'Administration jouit également d'un pouvoir discrétionnaire dans la délivrance des ports d'armes, à l'égard de ceux qui ne justifient pas d'une bonne conduite et d'un discernement suffisant (C. cass. de Belgique, 26 févr. 1883, aff. Proc. gén. de Liège C. Dernelle, *Pasicrisie belge*, 1883. 1. 43).

346. — III. DU RECOURS CONTRE LE REFUS DU PERMIS; COMPÉTENCE. — Le refus de permis, quand il émane du préfet, est susceptible d'être déféré au *ministre de l'intérieur*, qui a qualité pour statuer non seulement sur les questions de droit, mais aussi sur les questions de fait, et pour apprécier les circonstances. Cette proposition n'est que l'application des principes de droit commun en matière administrative. Elle ressort d'ailleurs, comme on l'a vu au *Rép.* n° 144, de la suppression d'une disposition du projet qui mentionnait formellement cette voie de recours, et des explications du garde des sceaux qui a déclaré que cette disposition avait été retranchée comme inutile (V. Gillon et Villepin, n° 146; Giraudeau, n° 540; Leblond, n° 101). — Lorsque le permis a été refusé par le sous-préfet, l'impétrant peut s'adresser au *préfet*, en vertu de l'art. 7 du décret du 13 avr. 1861, qui confère aux préfets le pouvoir d'annuler ou réformer les actes des sous-préfets, soit pour violation des lois et règlements, soit sur la réclamation des parties intéressées, sauf recours devant l'autorité compétente (Conf. Giraudeau, n° 540. — V. *Organisation administrative*).

347. M. Petit, t. 1, p. 451, pense que le pourvoi au ministre est le seul recours possible, en cas de refus de permis par le préfet. M. Rogron, p. 91, estime que ce refus n'est pas de nature à être porté devant le *conseil d'Etat*, parce qu'il ne s'agit pas d'une affaire contentieuse. Mais cette opinion est aujourd'hui complètement abandonnée dans la doctrine. La question doit, d'ailleurs, être l'objet d'une distinction. Le refus de permis par le préfet ne rentre pas dans le contentieux administratif proprement dit, et, par conséquent, le conseil d'Etat ne saurait statuer, *en fait*, sur les circonstances qui ont déterminé le préfet à refuser le permis; en d'autres termes, il n'est pas juge de l'opportunité de cette mesure. Au contraire, l'individu à qui le préfet a refusé un permis de chasse est recevable à attaquer ce refus devant le conseil d'Etat au contentieux, par la *voie d'excès de pouvoir*, pour violation de la loi, alors qu'il prétend ne pas se trouver dans la catégorie des personnes auxquelles le préfet peut ou doit ne pas délivrer ce permis. Tel est le système qui a été formulé par M. Aucoc, dans ses remarquables conclusions relatives à l'affaire Bizet (D. P. 67. 3. 98), et qui a été admis par les auteurs les plus récents (Giraudeau, n° 542; Leblond, n° 101). Il a été également consacré implicitement par un arrêt du 13 mars 1867, analysé *suprà*, n° 339, dans lequel le conseil d'Etat, saisi d'un pourvoi formé contre un arrêté préfectoral qui refusait un permis à raison d'une condamnation et contre la décision ministérielle confirmative, a statué au fond, au lieu de déclarer le pourvoi non recevable. Du reste, dans l'espèce, cette recevabilité n'était pas contestée par le ministre de l'intérieur.

348. — IV. DE LA DURÉE DE LA FACULTÉ DE REFUSER LE PERMIS. — 1° *Durée normale de la faculté de refuser le permis.* — A. *Condamnations prévues par les nos 3, 4 et 5 du paragraphe 1er de l'art. 6.* — Aux termes de la disposition finale de l'art. 6, la faculté de refuser le permis aux condamnés mentionnés dans les nos 3, 4 et 5 du paragraphe 1er cesse *cinq ans* après l'*expiration de la peine*. — Cette disposition ne présente aucune difficulté en ce qui concerne l'*emprisonnement;* les individus qui ont été l'objet d'une condamnation de cette nature échappent au pouvoir discrétionnaire de l'Administration, lorsqu'il s'est écoulé cinq ans à partir de leur mise en liberté (Giraudeau, n° 560; Leblond, n° 105).

349. Quant à l'*amende*, il importe tout d'abord de remarquer que l'on ne saurait admettre qu'elle n'est pas susceptible d'entraîner un refus de permis, par le motif que cette peine, n'ayant pas de durée, ne peut être considérée comme expirant au bout d'un certain temps et, par conséquent, ne tombe pas sous l'application de l'art. 6 de la loi de 1844. On a vu (*Rép.* n° 143) que cet article, à part les délits spécifiés au n° 3, n'établit aucune distinction à raison du caractère purement pécuniaire des condamnations, et qu'il comprend même une infraction, celle d'entraves à la circulation des grains, qui n'est passible que d'amende.

350. Mais alors, quel est le point de départ du délai de cinq ans dont l'expiration met fin au pouvoir discrétionnaire de l'Administration? Si la jurisprudence ne paraît pas avoir eu à statuer sur cette question, elle a été examinée par la plupart des auteurs qui ont écrit sur la chasse et elle a donné lieu à trois opinions. — Certains auteurs estiment qu'en cas de condamnation à une simple amende, les cinq ans courent du jour où cette condamnation est devenue définitive (Giraudeau, n° 561; Jullemier, t. 1, p. 45; Petit, t. 1, p. 457; Rogron, p. 94). — D'autres sont d'avis que le délai de cinq ans a pour point de départ le jour du payement de l'amende, à quelque époque ce payement soit effectué. Ils se fondent, d'une part, sur ce que la peine d'amende ne se subit que par le payement, et, d'autre part, sur ce que le condamné ne peut s'en prendre qu'à lui-même si, par suite de sa négligence à acquitter l'amende par lui encourue, il demeure plus longtemps exposé à un refus de permis (V. Leblond, n° 105; Viel, p. 25). — Nous nous sommes prononcés au *Rép.* n° 143, pour une opinion intermédiaire, qui a été également adoptée par MM. Berriat, p. 65, et Petit, t. 3, p. 65, et d'après laquelle le délai quinquennal court soit du jour du payement de l'amende, soit du jour où la condamnation est devenue irrévocable, selon que l'amende a été acquittée à une époque voisine ou non du jugement.

351. On décidait généralement autrefois, comme nous l'avons fait au *Rép.* n° 143, qu'à l'égard des individus condamnés tout à la fois à l'emprisonnement et à la *surveillance de la haute police*, les cinq ans couraient à partir de l'expiration de l'emprisonnement, et non pas seulement à compter de la cessation de la peine purement accessoire de la surveillance (Conf. Berriat, p. 65 ; Giraudeau, n° 563). — Depuis la loi du 27 mai 1885, dont l'art. 19 a supprimé la surveillance de la haute police et l'a remplacée par l'*interdiction de séjour* dans les lieux désignés par le Gouvernement, il convient d'appliquer à cette interdiction de séjour la solution admise ci-dessus relativement à la surveillance de police.

Sur la délivrance de permis pendant la durée de l'interdiction de séjour, V. *infrà*, n° 388.

352. — B. *Condamnations emportant privation de droits civiques, civils et de famille.* — On s'est demandé quand cesse pour l'Administration la faculté de refuser le permis, à l'égard des personnes qui ont été l'objet de condamnations de cette nature. La controverse que nous avons exposée à ce sujet au *Rép.* n° 143, continue encore aujourd'hui à diviser les auteurs. — D'après un premier système, l'incapacité relative aux condamnés désignés dans le numéro 2 du premier paragraphe de l'art. 6 cesse cinq ans après l'expiration de la peine. Si, en effet, la disposition finale de cet article ne les mentionne pas, c'est le résultat d'une simple inadvertance (Camusat, p. 76). — Selon un deuxième système, la disposition dont il s'agit devrait contenir les mots « qui est privé », au lieu de l'expression « qui a été privé » insérée par suite d'une simple erreur de rédaction. Dès lors, les condamnés désignés dans cet alinéa ne sont passibles de refus que pendant la durée de leur condamnation (Berriat, p. 62 ; Championnière, p. 49 ; Duvergier, p. 119 ; Leblond, n° 103). — Enfin, suivant un troisième système, auquel nous avons adhéré (*Rép.* n° 143), les condamnés dont parle l'art. 6, § 1er-2° demeurent indéfiniment soumis à l'arbitraire de l'autorité administrative, puisque la loi n'a pas prévu pour eux, comme elle l'a fait pour les personnes mentionnées dans les autres alinéas, la cessation de leur incapacité relative. Ajoutons que la privation des droits civiques, civils ou de famille n'est généralement encourue que pour des faits très graves (V. dans le sens de cette doctrine : Chardon, p. 64 ; Jullemier, t. 1er, p. 44 ; Viel, p. 25 ; et surtout Gillon et Villepin, nos 144 et 145, qui étudient cette difficulté avec beaucoup de développements).

353. — 2° *Effets de la réhabilitation, de l'amnistie et de la grâce.* — La *réhabilitation* fait cesser pour l'avenir, dans la personne du condamné, toutes les incapacités qui résultaient de sa condamnation (c. instr. cr. art. 634), et, par suite, s'oppose à ce que le préfet ou sous-préfet refuse le permis à raison des condamnations antérieures encourues par le réhabilité (Gillon et Villepin, n° 169 ; Giraudeau, n° 546).

354. Quand elle est pleine et entière, l'*amnistie* efface le délit et la condamnation qui en a été la punition (V. *Rép.* v° *Amnistie*, nos 1, 117 et suiv.). Il en résulte que la condamnation à laquelle s'applique une amnistie ne peut plus servir de base à un refus de permis.

355. M. Giraudeau, n° 547, pense que la *grâce*, de même que la réhabilitation, ne permet plus au préfet ou sous-préfet de refuser le permis au condamné qui a obtenu cette mesure de clémence. Mais nous ne saurions partager cette doctrine. Il est, en effet, de principe que la grâce accordée sans clause spéciale fait remise seulement de la peine corporelle et de l'amende non payée ; en d'autres termes, elle équivaut uniquement à une exécution totale ou partielle de la peine. Dès lors, elle ne met pas fin immédiatement aux incapacités légales attachées à la condamnation (V. *Rép.* v° *Grâce*, n° 47). — Toutefois, il est évident que, dans le cas où il s'agit d'une condamnation à l'*emprisonnement*, la durée de la faculté pour l'Administration de refuser le permis est indirectement abrégée par la décision gracieuse qui a pour objet soit de remettre ou de réduire l'emprisonnement, soit de la commuer en une amende, puisque cette faculté cesse cinq ans après l'expiration de la peine (V. *suprà*, n° 348). La réduction d'*amende*, au contraire, n'apporte aucune modification à la situation du condamné au point de vue de l'obtention du permis. Quant à la remise d'amende, la question de savoir si elle susceptible de restreindre la durée du pouvoir discrétionnaire du préfet ou sous-préfet, dépend de l'opinion que l'on adopte sur le point de départ du délai quinquennal qui met fin à ce pouvoir (V. *suprà*, n° 350).

N° 2. — *De l'obligation pour le préfet ou sous-préfet de refuser le permis* (*Rép.* nos 145 à 161).

356. — I. DES CAS DANS LESQUELS LE PERMIS DOIT ÊTRE REFUSÉ. — Les art. 7 et 8 déterminent les circonstances dans lesquelles le permis de chasse doit être refusé (*Rép.* n° 145). Ce refus de permis a pour fondement soit une incapacité ou une sorte d'incompatibilité (V. *infrà*, nos 357 et suiv.), soit une indignité résultant de certaines condamnations (V. *infrà*, nos 384 et suiv.). D'ailleurs, si cette distinction présente de l'intérêt au point de vue des principes juridiques, elle est dépourvue d'intérêt pratique.

357. — 1° *Incapacité et incompatibilité.* — L'art. 7 de la loi de 1844 interdit aux préfets et sous-préfets d'accorder un permis à certaines personnes soit à raison de l'*incapacité* de l'impétrant (V. *infrà*, nos 358 et suiv.), soit à raison de l'*incompatibilité* qui existe entre ses fonctions et l'exercice de la chasse qu'il a mission de surveiller (V. *infrà*, nos 367 et suiv.). Cependant, il est un cas dans lequel la prohibition peut être levée ; c'est celui où le permis est demandé pour l'incapable par les personnes sous l'autorité desquelles il est placé (V. *infrà*, nos 359 et suiv.).

358. — A. *Minorité de seize ans.* — Nous avons vu au *Rép.* n° 146, que l'art. 7, § 1er, prive les *mineurs de seize ans* du droit d'obtenir un permis, à raison du danger qu'il peut y avoir à armer des personnes qui n'ont point encore un discernement suffisant. MM. Gillon et Villepin, n° 148, citent les paroles prononcées à cet égard par le rapporteur, M. Lenoble. Ils mentionnent aussi le rejet de deux amendements, l'un qui tendait à substituer l'âge de dix-huit ans à celui de seize ans, l'autre qui avait pour but de supprimer toute incapacité résultant de la minorité. — Il est hors de doute que la prohibition spécifiée par l'art. 7, § 1er, est absolue ; aucune dispense ne saurait être accordée.

Rappelons que l'Administration ne doit exiger la production d'un acte de naissance que lorsqu'elle sait ou qu'elle présume que l'impétrant a moins de seize ans (Instr. min. int. 20 mai 1844, *Rép.* n° 147 et p. 150, note, n° 33).

359. — B. *Minorité de seize à vingt et un ans.* — Le paragraphe 2 de l'art. 7, aux termes duquel le permis de chasse doit être refusé aux mineurs de seize à vingt et un ans, à moins qu'il ne soit demandé pour eux par leur père, mère ou tuteur, et s'ils sont émancipés, par leur curateur, n'a été adopté qu'à la suite de plusieurs modifications apportées au projet de loi.

La rédaction primitive portait : « Aux mineurs de seize ans à vingt et un ans, à moins que le permis ne soit demandé *par eux* avec l'assistance et l'autorisation de leur père ou tuteur, porté au rôle des contributions. La Chambre des députés y a substitué la rédaction suivant : « Aux mineurs de seize ans à vingt et un ans, à moins que le permis ne soit demandé *pour eux* par leur père ou tuteur porté aux rôle des contributions », sur l'observation de M. de Panat, qui fit remarquer que le mineur non émancipé n'est capable d'aucun acte, qu'il ne peut agir même avec l'assistance de ses parents, et qu'il faut que ses parents agissent pour lui. Le texte et les travaux préparatoires de l'art. 7 sont donc d'accord avec les règles du droit civil pour admettre que le permis destiné aux *mineurs non émancipés* doit être demandé par les personnes qui ont autorité sur eux (V. Gillon et Villepin, n° 149).

Ces personnes n'ont qualité pour intervenir que *l'une à défaut de l'autre*. Par exemple, la *mère* ne peut agir que quand le père n'est pas en état de le faire. Mais il suffit que celui-ci soit interdit, en état de démence, ou même absent, pourvu d'ailleurs qu'il s'agisse d'une absence sérieuse, et non d'un simple éloignement momentané (Giraudeau, n° 581). — Si le tuteur est autre que le père ou la mère, il ne peut demander le permis qu'à défaut de ces derniers, parce que le droit de former une demande de cette nature constitue un attribut de la puissance paternelle. Ainsi, lorsque que le père est mort, c'est à la mère qu'est réservée cette faculté, alors même qu'elle n'est pas investie de la tutelle (Giraudeau, n° 582; Petit, t. 1, p. 459).

360. La mention des *mineurs émancipés* et de l'intervention de leur curateur n'a été introduite qu'après coup dans le texte de l'art. 7, à la suite d'une discussion à la Chambre des pairs provoquée par M. de Bussières, qui déclara que, sans cette addition, les mineurs non émancipés ne pourraient jamais obtenir un permis de chasse. M. Persil dit aussi que, si ces mineurs peuvent faire les actes d'administration déterminés par le code civil, au-dessus de ces actes, il leur faut l'assistance d'un curateur. Et il ajouta qu'à leur égard il fallait que la demande de permis fût faite par leur curateur (V. Gillon et Villepin, n° 150). — En portant que le permis doit être refusé aux mineurs émancipés, à moins qu'il ne soit demandé par leur curateur, le texte de l'art. 7 est en contradiction avec les principes du droit civil, d'après lesquels le curateur assiste le mineur émancipé, sans agir en son lieu et place. D'autre part, la discussion de cet article offre des contradictions, qui démontrent que les orateurs qui y ont pris part n'avaient pas une idée très exacte de la portée de l'addition proposée, du reste, sans préparation antérieure bien approfondie. Aussi sommes-nous d'avis d'interpréter l'art. 7, non point selon son texte littéral, mais selon les règles du droit civil, d'autant plus que, ainsi qu'on l'a fait observer au numéro précédent, c'était pour donner satisfaction à ces règles que la Chambre des députés avait précédemment modifié le projet de loi relativement aux mineurs non émancipés. Cette interprétation paraît avoir aussi été adoptée par M. Giraudeau, n° 579.

361. L'Administration peut exiger la production d'un *acte de naissance*, si la demande est faite personnellement par un individu que l'on présume âgé de seize à vingt et un ans (Instr. min. int. 20 mai 1844, *Rép.* n° 147 et p. 110). — M. Giraudeau, n° 582, estime avec raison que le préfet ou sous-préfet a le droit, quand il a des doutes sur la *qualité* de l'impétrant qui sollicite un permis pour un mineur, de réclamer la justification préalable de cette qualité.

362. Si l'on s'en tenait au texte de l'art. 7, le mineur de seize à vingt et un ans n'éviterait l'incapacité établie par cette disposition qu'autant que son père, sa mère, son tuteur ou son curateur serait porté au rôle des contributions. Mais il résulte de la discussion, comme on l'a vu au *Rép.* n° 146, que le permis peut également être délivré au mineur personnellement inscrit au rôle, bien que les personnes ayant autorité sur lui n'y figurent pas; dans ce cas, en effet, la garantie pécuniaire exigée par la loi se trouve fournie. La doctrine est unanime à cet égard (Duvergier, p. 120; Gillon et Villepin, n° 151; Giraudeau, n° 538; Leblond, n° 108; Loiseau et Vergé, p. 25; Rogron, p. 96).

363. Nous avons donné *suprà*, p. 356, note 1, la *formule* de demande qui peut être employée pour les mineurs.

364. — C. *Interdiction.* — Nous avons dit au *Rép.* n° 148, que la loi, refusant le permis de chasse aux mineurs de seize ans, devait à plus forte raison le refuser aux individus *interdits légalement*, ainsi qu'elle le fait par l'art. 7, § 3. Cette exclusion est absolue et ne saurait disparaître, alors même que la demande serait faite pour l'incapable par son tuteur. — Tous les auteurs admettent, comme nous au *Rép.* n° 149, que, l'interdiction ayant son effet du jour du jugement (c. civ. art. 502), le permis doit être refusé à partir de ce jugement, sans attendre qu'il soit devenu irrévocable (Berriat, p. 71; Giraudeau, n° 584; Leblond, n° 111; Rogron, p. 96). Les cas d'interdiction sont assez rares, et par cela même ils appellent assez l'attention pour que les maires en aient connaissance. Ces fonctionnaires sont donc à portée d'éclairer à cet égard, dans leurs avis, le préfet ou le sous-préfet (Instr. min. int. 20 mai 1844, *Rép.* p. 110, note, n° 33).

365. Mais il ressort des travaux préparatoires de la loi de 1844 et du texte de l'art. 7, § 3, qui mentionne seulement les interdits, que le refus de permis ne peut être étendu aux individus *qui ne sont pas sains d'esprit*, leur état mental fût-il notoire. Toutefois, si leur *démence* compromet l'ordre public ou la sûreté des personnes, il appartient au préfet de les faire placer dans un établissement d'aliénés, conformément à l'art. 18 de la loi du 30 juin 1838 (*Rép.* n° 148. — V. dans ce sens: Duvergier, p. 420; Gillon et Villepin, n°s 152 et 153; Jullemier, t. 1, p. 46; Leblond, n° 111).

366. A plus forte raison, l'incapacité de l'art. 7, § 3, est inapplicable aux individus *pourvus d'un conseil judiciaire*. L'opinion ainsi formulée au *Rép.* n° 148, est admise par tous les auteurs (Gillon et Villepin, n° 152; Giraudeau, n° 585; Leblond, n° 111; Rogron, p. 96).

367. — D. *Fonctions de garde champêtre, de garde forestier ou de garde-pêche.* — Le paragraphe 4 de l'art. 7, qui défend d'accorder un permis à certains *gardes de l'Etat, des communes ou des établissements publics*, renferme une prohibition absolue, en ce sens que ces agents ne peuvent obtenir un permis et, par conséquent, ne peuvent chasser hors du territoire confié à leur surveillance aussi bien que sur ce territoire (Giraudeau, n° 592; Leblond, n° 112; de Neyremand, p. 317). — Une circulaire ministérielle postérieure à la publication du *Répertoire* rappelle une instruction antérieure, aux termes de laquelle, dans le cas où une demande de permis serait formée par l'un des gardes désignés à l'art. 7-4°, le préfet (ou sous-préfet) serait averti de la qualité du pétitionnaire, soit par l'avis du maire, soit par la *liste nominative* qu'il doit faire dresser et tenir exactement de tous les agents qui se trouvent, par leurs fonctions, dans le cas d'incapacité prévu par l'article précité (Instr. min. int. 20 mai 1844, *Rép.* n° 153 et p. 110, note, n° 33; Circ. min. int. 22 juill. 1851, § 18, R. F. t. 4, n° 608).

368. L'art. 7 étant rédigé dans des termes absolus qui n'admettent aucune distinction, le permis doit être refusé aux gardes champêtres ou forestiers même dans les cas exceptionnels où ils sont aussi gardes particuliers et sollicitent un permis en cette dernière qualité (Circulaire du 22 juill. 1851, § 19, citée *suprà*, n° 367).

369. La privation du droit de chasse édictée à l'égard des gardes dont parle l'art. 7 ne s'oppose pas à ce qu'ils portent des *armes* pour leur défense. Nous avons vu, d'ailleurs, que la faculté d'avoir des armes est tout à fait indépendante du permis de chasse (Camusat, p. 69; Giraudeau, n° 593; Leblond, n° 113. — V. *Forêts*).

370. Nous avons reproduit au *Rép.* n° 152, le discours de M. Gillon à la Chambre des députés, qui indique les motifs sur lesquels est fondée l'exclusion relative aux gardes champêtres. Il ressort du même discours que l'expression *gardes champêtres* doit être entendue dans l'acception la plus large, et qu'elle comprend tous les gardes préposés à la surveillance de la police rurale, ainsi qu'à la conservation des biens et fruits de la campagne, tels que les *gardes messiers*, les *gardes vignes* (Conf. Camusat, p. 69; Gillon et Villepin, n° 154; Giraudeau, n° 591; Leblond, n° 112).

371. L'art. 7, § 4, de la loi de 1844 défend de délivrer un permis aux *gardes forestiers* de l'Etat, des communes ou des établissements publics. Au point de vue légal, il convient, pour interpréter cette disposition, de distinguer entre les diverses classes de préposés forestiers. Toutefois, cette distinction n'a pas grand intérêt pratique, puisque les règlements de l'administration des forêts interdisent l'exercice de la chasse à tous les préposés qui sont placés sous sa dépendance (V. *Forêts*). Il est même recommandé aux conservateurs de frapper d'une répression sévère les préposés forestiers qui chassent pour leur compte dans les forêts dont la chasse est louée (Circ. adm. for. 31 déc. 1883, *Nouvelle série*, n° 321).

372. Les préposés domaniaux, communaux ou d'établissements publics comprennent des *simples gardes* et des *brigadiers* (V. *Rép.* v° *Forêts*, n°s 158 et suiv.). De là, la question de savoir si ceux-ci sont, comme les premiers, soumis à l'application de l'art. 7, § 4. — D'après un système, qui se base sur le sens littéral des mots *gardes forestiers* et sur les explications de M. Gillon à la Chambre des députés relativement à la discussion de l'art. 7, cette disposition ne concerne que les simples gardes, à l'exclusion des brigadiers (V. *Rép.* n° 152). Et cette opinion est acceptée par la plupart des auteurs (Gillon et Villepin, n° 159; Giraudeau, n° 587; Leblond, n° 112; de Neyremand, p. 317; Rogron, p. 98). — Selon un deuxième système, le permis doit être refusé aux brigadiers forestiers aussi bien qu'aux gardes proprement dits (Circ. min. int. 22 juill. 1851, § 20, R. F. t. 4, n° 608). A l'appui de cette opinion, on peut invoquer le motif qui a engagé le législateur à refuser le permis aux divers gardes énumérés dans l'art. 7, § 4, celui de défendre la chasse aux préposés qui, ayant la police de la chasse dans leurs attributions, auraient plus de facilité pour commettre impunément des délits de chasse et seraient exposés à manquer d'impartialité dans la constatation et l'appréciation des faits de chasse accomplis par les autres chasseurs. En outre, si les règlements, les instructions, les circulaires ou les décisions de l'administration des forêts emploient souvent l'expression *gardes forestiers* dans un sens limitatif et par opposition à celle de *brigadiers forestiers*, cette hypothèse ne se présente presque jamais dans les documents législatifs, lesquels se servent ordinairement des mots « préposés forestiers », et surtout « gardes forestiers », pour désigner tout à la fois les brigadiers et les simples gardes (V. par exemple : c. for. art. 6, 7, 21, 87, 94 et suiv., 115, 134, 157, 160 et suiv., 173, 176 et suiv. ; L. 15 avr. 1829, art. 15, 37 et suiv.).

373. L'ordonnance du 25 juill. 1844 a supprimé les *gardes à cheval* et les a remplacés par les gardes généraux adjoints, mais en laissant leurs titres et leurs fonctions à ceux qui ne seraient pas nommés gardes généraux adjoints (V. *Rép.* v° *Forêts*, n° 132-3°). Aussi la question a-t-elle pu se poser, même après cette ordonnance, de savoir si les gardes à cheval se trouvaient dans l'impossibilité légale d'obtenir un permis. L'affirmative a été admise par la circulaire du 22 juill. 1851. L'opinion contraire a été soutenue par les auteurs cités au numéro précédent.

374. La disposition finale de l'art. 7 qui défend à l'Administration de délivrer un permis aux *gardes-pêche*, est due à l'initiative de M. Gillon, qui a, d'ailleurs, fait remarquer à la Chambre des députés que cette défense était restreinte aux gardes-pêche de l'Etat (*Rép.* n° 152). — Conf. Gillon et Villepin, n°s 158 et 159; Giraudeau, n° 580; Petit, t. 1, p. 461. — On peut se demander si cette prohibition doit être étendue aux gardes-pêche de l'Etat qui ont le grade de brigadiers. La question doit se résoudre par les mêmes arguments que ceux que l'on adopte pour la difficulté relative aux brigadiers forestiers (V. *suprà*, n° 372). — Pour la négative, V. Gillon et Villepin, n° 159.

Sur les gardes-pêche, V. *Pêche fluviale*.

375. — E. *Limitation de l'incapacité ou de l'incompatibilité aux cas formellement prévus par l'art.* 7. — Dans la circulaire du 22 juill. 1851, § 22 (R. F. t. 4, n° 608), le ministre de l'intérieur déclare avec raison que les incapacités, étant de droit étroit, ne sauraient être étendues au-delà des termes formels de l'art. 7 de la loi de 1844.

376. — a. *Cas d'incapacité proprement dite.* — La chasse a été autrefois interdite aux *ecclésiastiques* par plusieurs conciles, notamment par ceux d'Agde en 600, d'Epaone en 717, de Tours en 802, de Paris en 1212, de Latran en 1213, de Pont-Audemer en 1276, et surtout par le canon 15 du quatrième concile de Latran. Cependant les canonistes pensaient que cette interdiction devait être limitée à la chasse à courre ou à l'oiseau, et ne s'appliquait pas à la chasse aux petits oiseaux, « qui, dit Durand de Maillane, *Dictionnaire de droit canonique*, v° *Clerc*, p. 536, pouvait se pratiquer sans éclat ni dépense, et qui procurait une récréation utile et souvent nécessaire à la santé ». Diverses ordonnances royales ont aussi défendu l'exercice de la chasse aux ecclésiastiques sous des peines sévères. Ce sont l'ordonnance de mars 1515, art. 18, celle de janv. 1600, art. 21, et celle d'août 1669, tit. 30, art. 35 (Menche de Loisne, n°s 61, 63 et 74). Mais il ne paraît pas que ces décisions aient été toujours fidèlement observées (Gillon et Villepin, p. 23). — En tout cas, la loi de 1844 ne prive pas les ecclésiastiques de l'exercice du droit de chasse, et, en l'absence d'une disposition formelle, le préfet ne saurait refuser le permis à ceux qui en demanderaient. Cette solution, énoncée déjà au *Rép.* n° 151, est admise par tous les auteurs (Gillon et Villepin, n° 155; Giraudeau, n° 40; Jullemier, t. 1, p. 46; Petit, t. 1, p. 297).

377. Le permis ne peut être refusé aux *femmes* à raison de leur sexe. Cette opinion, adoptée au *Rép.* n° 150 et par M. Championnière, p. 52, a été également partagée par le ministre de l'intérieur (Circ. min. int. 22 juill. 1851, § 22, R. F. t. 4, n° 608). — Quant au point de savoir à quelles conditions est subordonnée la délivrance de permis aux femmes mineures ou mariées, V. *suprà*, n° 292.

378. La loi ne contient, en ce qui concerne les *étrangers* résidant en France, aucune disposition qui interdise de leur délivrer des permis (Circ. min. int. 22 juill. 1851, § 23, R. F. t. 4, n° 608. — Conf. Giraudeau, n° 41). — Cependant, aux termes d'instructions ministérielles, il y aurait lieu de faire des distinctions. Les étrangers qui se sont établis en France, bien qu'avec esprit de retour, et qui y ont leur résidence depuis assez longtemps pour que l'on puisse connaître leur moralité, peuvent obtenir le permis lorsqu'ils remplissent les conditions voulues par la loi. — Quant à ceux qui, voisins de la frontière, n'ont aucun lieu de résidence habituelle, et, par conséquent, ne sont point assez connus des autorités françaises pour qu'elle puisse donner avec confiance l'avis exigé par l'art. 5, ils ne sauraient recevoir de permis. Le ministre des affaires étrangères s'est prononcé dans le même sens. — Enfin, le permis ne devrait pas être accordé aux étrangers qui demeurent en France, sans y avoir une résidence fixe, ou à ceux qui, ayant une résidence fixe, sont placés sous la surveillance de la police par suite de circonstances politiques (Circ. min. int. 22 juill. 1851, § 23, précité).

379. — b. *Cas d'incompatibilité.* — Le permis ne doit pas être refusé aux *gardes particuliers*, soit champêtres, soit forestiers. Cette opinion est suivie par tous les auteurs (Camusat, p. 82; Chardon, p. 69; Duvergier, p. 121; Gillon et Villepin, n° 160; Giraudeau, n° 586; Leblond, n° 112; de Neyremand, p. 317. — Conf. Instr. min. int. 20 mai 1844, *Rép.* p. 110, note, n° 33; Circ. min. int. 22 juill. 1851, § 19, R. F. t. 4, n° 608). Et il a été reconnu dans la discussion parlementaire analysée au *Rép.* n° 153, que les gardes particuliers ne peuvent chasser qu'à la condition d'être munis d'un permis. — L'instruction précitée du 20 mai 1844 recommande aux préfets (et sous-préfets) d'inviter les gardes particuliers qui sollicitent un permis à justifier de l'autorisation de chasser émanée des propriétaires dont ils sont les agents. Cette décision est approuvée par MM. Leblond, n° 112, et Viel, p. 20. Mais elle est combattue par M. Giraudeau, n° 586, qui se contente de réserver aux propriétaires la faculté de retirer à leur garde sa commission.

380. Les *gardes-coupes*, appelés aussi facteurs ou gardes-vente, doivent être considérés comme des gardes particuliers et peuvent, à ce titre, obtenir un permis (Circulaire du 22 juill. 1851, § 21, citée *suprà*, n° 379). — En ce qui regarde ces agents, V. *Rép.* v° *Forêts*, n°s 1120 et suiv.

381. La disposition de l'art. 7, qui défend de délivrer un permis aux gardes forestiers, ne doit pas être étendue aux *agents forestiers* proprement dits, tels que les gardes généraux, les inspecteurs, les conservateurs (Circ. min. int. 22 juill. 1851, § 20, R. F. t. 4, n° 608. — Camusat, p. 82; Chardon, p. 69; Gillon et Villepin, n° 159; Giraudeau, n° 587; Leblond n° 112; de Neyremand, p. 317; Rogron, p. 98). — Mais les instructions de l'administration forestière leur interdisent de chasser dans les bois de leur circonscription soumis au régime forestier (V. *Forêts*).

382. On a vu au *Rép.* n° 154, que, lors de la discussion de l'art. 7 de la loi de 1844, la Chambre des députés et celle des pairs ont repoussé des propositions tendant à appliquer l'interdiction de permis aux *préposés, sous-brigadiers* et *brigadiers de douanes*. Il en résulte nettement que ces agents ne sont pas privés légalement du droit d'obtenir un permis (Gillon et Villepin, n°s 161 et 162; Giraudeau, n° 589; Leblond, n° 112; de Neyremand, p. 317; Petit, t. 1, p. 462; Rogron, p. 98). — Toutefois, l'administration supérieure des douanes leur défend de chasser.

383. Les *gendarmes* et les officiers de gendarmerie ne tombent pas sous le coup de l'exclusion légale formulée par l'art. 7 de la loi de 1844. Mais, d'après les règlements de la gendarmerie, ils ne peuvent chasser sans autorisation spéciale (Cival, p. 41; Giraudeau, n° 590; de Neyremand, p. 317; Perrève, p. 343).

384. — 2° *Indignité résultant de condamnations.* — A. *Privation du droit de permis.* — Comme on l'a dit au *Rép.* n° 155, le paragraphe 1er de l'art. 8, en prescrivant de ne pas accorder le permis aux individus privés du droit de port d'armes par suite de condamnations, n'atteint évidemment pas les personnes qui ont été antérieurement frappées d'une privation temporaire de ce droit, et dont la durée est expirée (Conf. Championnière, p. 53; Gillon et Villepin, n° 165; Giraudeau, n° 594). — La privation du droit de port d'armes est prévue par les art. 34 et 42 c. pén. Il va de soi que l'art. 8, § 1er, de la loi de 1844 trouve aussi son application dans le cas où le tribunal correctionnel saisi d'un délit de chasse inflige au prévenu une privation temporaire de permis conformément à l'art. 18 de la même loi. Rappelons que c'est à l'Administration qu'incombe le soin de prouver l'existence de la condamnation, sur laquelle elle se fonde pour refuser le permis (V. Instr. min. int. 20 mai 1844, *Rép.* n° 156, et p. 111, note, n° 33).

385. — B. *Inexécution des condamnations prononcées pour délits de chasse.* — En prescrivant de refuser le permis à ceux qui *n'ont pas exécuté les condamnations* prononcées contre eux pour un délit prévu par la loi du 3 mai 1844, l'art. 8, § 2, de la même loi n'a en vue que les condamnations encourues *à titre de peine*, à l'exclusion des condamnations concernant des réparations civiles au profit de particuliers. Cette solution, exposée au *Rép.* n° 157, est admise généralement dans la doctrine (Gillon et Villepin, n° 167; Giraudeau, n° 595; Leblond, n° 114). — D'autre part, l'obtention du permis est, en principe, subordonnée à l'exécution de toutes les condamnations pénales, amende et emprisonnement (Giraudeau, n° 596).

386. Le défaut de poursuites motivé sur l'*insolvabilité* du condamné n'équivaut pas à l'exécution de la condamnation (Giraudeau, n° 596). — Mais il y a lieu d'assimiler à l'exécution de la condamnation: 1° la *remise de peine* par voie de grâce (Instr. min. int. 20 mai 1844, *Rép.* p. 111, note, n° 33. — V. *suprà*, n° 355); — 2° *L'amnistie* (V. *suprà*, n° 354); — 3° Et la *prescription* de la peine (V. *infrà*, n° 1314), bien que la question ne soit pas exempte de difficulté. On ne saurait, en effet, d'une part, refuser le permis au condamné par le motif qu'il n'a pas subi sa peine, et, d'autre part, l'empêcher de la subir parce qu'elle est prescrite (Giraudeau, n° 597).

387. C'est à l'impétrant qui allègue avoir exécuté la condamnation dont il a été frappé, à fournir la *preuve de cette exécution* (Instr. min. int. 20 mai 1844, *Rép.* n° 157, et p. 111, note, n° 33). Il peut faire cette justification au moyen d'un certificat de libération pour la peine d'emprisonnement, et d'une quittance du percepteur pour la peine d'amende, remis soit au maire lorsqu'on dépose entre ses mains la demande de permis, soit directement à la préfecture ou à la sous-préfecture (Giraudeau, n° 599).

De leur côté, les préfets sont informés des condamnations prononcées pour délit de chasse, par les *extraits du casier judiciaire* que leur adressent les greffiers des tribunaux (Comp. Circ. min. int. 22 juill. 1851, § 18; R. F. t. 4, n° 608); — Et de leur non-exécution, par les *états* que les directeurs de l'enregistrement leur transmettent au mois d'août de chaque année (Circ. adm. enreg. 11 févr. 1849. — Conf. Giraudeau, n° 598).

388. — C. *Surveillance de la haute police; Interdiction de séjour.* — Aux termes de l'art. 8, § 3, de la loi de 1844, le permis ne doit pas être accordé à tout condamné placé sous la *surveillance de la haute police.* Depuis la loi du 27 mai 1885, dont l'art. 19 a supprimé la surveillance de la haute police et l'a remplacée par l'*interdiction de séjour* organisée par le même article, le préfet ou sous-préfet ne peut accorder un permis aux individus frappés de l'interdiction de séjour (V. *Peine*). Cette déchéance de permis est limitée à la durée de l'interdiction de séjour, comme elle l'était autrefois à la durée de la surveillance (V. *suprà*, n° 351). — La disposition de l'art. 8, § 3, de la loi de 1844 était d'une facile exécution pour le préfet à l'égard des condamnés placés sous la surveillance de la haute police, puisqu'il avait la liste nominative de tous ces condamnés (Instr. min. int. 20 mai 1844, *Rép.* n° 158, p. 111, note, n° 33). Il en est autrement aujourd'hui des individus qui ont été l'objet d'une interdiction de séjour; s'ils sont signalés aux préfets des départements dans lesquels il leur est défendu de paraître, ils ne le sont pas aux préfets des autres départements où ils peuvent fixer leur résidence.

389. — II. Du recours contre le refus de permis. — Le *recours* contre le refus de permis à raison des circonstances d'incapacité ou d'indignité prévues par les art. 7 et 8 de la loi de 1844, est soumis aux mêmes règles que le recours contre le refus de permis dans les cas spécifiés à l'art. 6 (V. *suprà*, n°s 346 et suiv.).

390. — III. Du caractère des actes de chasse accomplis par une personne munie de permis, mais incapable ou indigne. — 1° *Permis obtenu après l'incapacité ou l'indignité de l'impétrant.* — Selon un premier système exposé au *Rép.* n° 161, et consacré par la majorité des auteurs ainsi que par la cour de cassation, on ne saurait déclarer coupable du délit de chasse sans permis l'individu qui a obtenu un permis au mépris d'une cause d'incapacité ou d'indignité spécifiée par l'art. 7 ou l'art. 8 de la loi de 1844, et qui a fait acte de chasse (Berriat, p. 75; Giraudeau, n° 574; Jullemier, t. 1, p. 46; Leblond, n° 117; de Neyremand, p. 393; Petit, t. 1, p. 466; Rogron, p. 101; Viel, p. 27). — M. Giraudeau ajoute que le prévenu devrait être acquitté, alors même qu'il n'aurait obtenu le permis qu'à l'aide de mensonge ou de manœuvres frauduleuses, sauf à être poursuivi à raison de ces manœuvres, si elles constituaient un délit de droit commun.

Conformément à cette opinion, il a été jugé: 1° que l'art. 7-4°, n'édictant aucune peine contre les gardes champêtres qui ont obtenu un permis de chasse, ne saurait rendre sans valeur, au point de vue de la répression judiciaire, les permis qui leur ont été accordés par l'autorité administrative. Par suite, le fait, par un garde champêtre, d'avoir chassé avec un permis obtenu en violation de l'art. 7-4°, ne doit pas être assimilé au délit de chasse sans permis et ne peut donner lieu à l'application d'aucune peine. (Crim. rej. 28 janv. 1858, aff. Serre, D. P. 58. 1. 232); — 2° Que l'art. 8-2°, n'édictant aucune peine contre l'individu qui, à l'aide de manœuvres, est parvenu à obtenir de l'autorité administrative un permis sans avoir exécuté les condamnations prononcées antérieurement pour délit de chasse, ne saurait annuler de plein droit, au point de vue de la répression judiciaire, le permis ainsi obtenu (Crim. rej. 30 mai 1873, aff. Guizard, D. P. 73. 1. 318); — Sauf le droit, de la part du préfet, de prononcer le retrait du permis qui, dans ce cas, ne couvrira plus les faits de chasse postérieurement à la notification de cette mesure au porteur (Même arrêt).

391. D'après un second système, l'individu qui, se trouvant dans un cas d'incapacité ou d'indignité, obtient un permis de chasse, doit être puni pour délit de chasse sans permis, par le motif que, nul n'étant censé ignorer la loi, il est réputé avoir connu son incapacité, et que le permis qui lui a été délivré à tort est dénué de toute valeur (V. en ce sens, Camusat, p. 83; Championnière, p. 90; Chardon, p. 80; Gillon et Villepin, n° 170; Morin, n° 12).

Cette deuxième opinion a été admise par plusieurs cours d'appel, qui ont décidé que le permis de chasse indûment délivré à un garde champêtre est nul (Rouen, 30 nov. 1844, aff. Lenoble, D. P. 45. 2. 41; Douai, 7 mars 1853, cité par Petit, t. 1, p. 468; Angers, 19 févr. 1862, aff. Dalifard, D. P. 62. 2. 70); — Alors même qu'aucune manœuvre frauduleuse n'a été employée pour l'obtenir (Arrêt précité du 19 févr. 1862). — Dès lors, ce garde champêtre ne peut se prévaloir du permis de chasse ainsi délivré illégalement, et doit, en cas de chasse de sa part, être considéré comme ayant chassé sans permis (Arrêts précités des 30 nov. 1844, 7 mars 1853 et 19 févr. 1862). — Et il en est ainsi, bien que le prévenu joigne à sa qualité de garde champêtre celle de garde particulier du propriétaire du bois dans lequel a eu lieu le fait de chasse incriminé, alors surtout que ce bois est situé dans la commune dont il est le garde champêtre (Arrêt précité du 30 nov. 1844). — Jugé également, conformément au second système, que l'on doit regarder comme passible des peines édictées contre le délit de chasse sans permis, l'individu qui chasse après avoir obtenu un permis auquel il n'avait pas droit à raison du défaut de payement des condamnations antérieurement prononcées contre lui pour infraction à la loi du 3 mai 1844 (Trib. corr. Guéret, 8 mars 1873, aff. Guizard, R. F. t. 5, n° 156).

392. — 2° *Permis obtenu avant l'incapacité ou l'indignité de l'impétrant.* — On peut se demander si l'incapacité ou l'indignité survenue après l'obtention régulière d'un permis a pour effet de dépouiller immédiatement ce permis de son efficacité. Cette question est susceptible de controverse; mais les auteurs l'ont surtout examinée à un point de vue spécial, celui de la privation de permis formellement prononcée par les tribunaux par application de l'art. 18 de la loi du 3 mai 1844.

Suivant l'opinion la plus accréditée, la privation du droit d'obtenir un permis de chasse, prononcée par une décision judiciaire conformément à l'art. 18 de la loi du 3 mai 1844, entraîne, dès le moment où cette décision est devenue définitive, privation du droit de chasse et interdiction de faire usage du permis antérieurement délivré. Si l'autorité administrative a le droit d'opérer le retrait d'un permis par elle délivré, quand une indignité ou une incapacité de celui qui l'a obtenu lui est signalée (V. *infrà*, n° 395), on ne comprendrait pas qu'un jugement interdisant le droit de chasse eût une portée moins grande qu'un arrêté administratif, et dût être soumis, pour son exécution, à la décision de cette autorité. Vainement on argumenterait des termes de l'art. 18 de la loi du 3 mai 1844, pour prétendre que c'est seulement à partir de l'expiration de l'année pour laquelle le permis avait été délivré, que l'interdiction doit commencer à courir; l'esprit de la loi doit être mise en harmonie avec ses termes, et il est évident qu'en donnant aux tribunaux, dans une sorte d'intérêt public, la faculté d'interdire à un délinquant pendant un temps déterminé le droit de chasse, le législateur a voulu que cette interdiction fût exemplaire, but qui ne serait pas atteint, si la peine accessoire prononcée ne devait pas avoir d'effet immédiat (Rouen, 4, et non 2, ni 10, déc. 1880, aff. Thibout, D. P. 82. 5. 75). — Plusieurs autres cours d'appel se sont prononcées dans le même sens (Paris, 20 nov. 1856, *Journal des chasseurs*, 21e année, 1er sem., p. 66; Amiens, 5 févr. 1857, aff. Dufourmantel, cité par Morin, 1867, p. 59; Nancy, 29 févr. 1864, aff. Drost, D. P. 64. 2. 219; Amiens, 21 mai 1874, aff. Berthe, D. P. 74. 2. 196). — Et la plupart des auteurs ont adopté cette solution (Camusat, p. 83; Chardon, p. 80; Duvergier, sur l'art. 18; Leblond, n° 116; Morin, 1867, art. 8350; de Neyremand, p. 392; Sorel, *Journal des chasseurs*, 1867, p. 351; R. F. t. 3, n° 543, note 1).

En sens contraire, il a été jugé que le délinquant à l'égard duquel le tribunal correctionnel a prononcé, à titre de condamnation accessoire, la privation, pour un temps déterminé, du droit d'obtenir un permis de chasse, n'en conserve pas moins la faculté de chasser jusqu'à la péremption du permis dont il se trouve en possession (Trib. corr. Nogent-sur-Seine, 3 nov. 1866, aff. G..., D. P. 68. 3. 75. — Conf. Championnière. p. 89; Giraudeau, n° 963; Jullemier, t. 1, p. 46); — Sauf le droit du préfet de prononcer le retrait de ce permis (Même jugement. — V. *infrà*, n° 395).

ART. 10. — *Du retrait de permis* (*Rép.* n° 160).

393. Le préfet (et, depuis 1861, le sous-préfet) peut-il *retirer* le permis accordé par lui ou par son prédécesseur? A cet égard, il convient de distinguer plusieurs hypothèses.

394. — I. DU RETRAIT DE PERMIS CONCERNANT LES PERSONNES A QUI LE PERMIS POUVAIT ÊTRE REFUSÉ. — Si le préfet a la faculté de refuser le permis aux personnes qui se trouvent dans un des cas prévus par l'art. 6, il ne saurait, en l'absence d'une disposition de loi qui l'y autorise, prescrire le *retrait* du permis qu'il leur a délivré; peu importe qu'il n'ait pas connu la situation légale de l'impétrant lors de cette délivrance. Nous avons déjà formulé au *Rép.* n° 160, cette proposition qui, depuis, a été admise par le ministre de l'intérieur (Crim. min. int. 22 juill. 1851, § 24, R. F. t. 4, n° 608). — V. aussi, dans le même sens, Berriat, p. 75; Giraudeau, n° 544; Petit, t. 1, p. 467; Rogron, p. 102. — *Contrà:* Gillon et Villepin, n° 170).

395. — II. DU RETRAIT DE PERMIS CONCERNANT LES PERSONNES A QUI LE PERMIS DEVAIT ÊTRE REFUSÉ. — 1° *Retrait du permis obtenu après l'incapacité ou l'indignité de l'impétrant.* — A l'exception de M. Petit, t. 1, p. 467, tous les auteurs sont avec nous (*Rép.* n° 160) d'avis que le préfet a le droit de retirer le permis qu'il a, par erreur, délivré à un individu légalement incapable ou indigne de l'obtenir (Berriat, p. 75; Gillon et Villepin, n° 170; Giraudeau, n° 569; Leblond, n° 117; de Neyremand, p. 393; Rogron, p. 101).

Cette doctrine a été consacrée par la pratique administrative. Il a été décidé: 1° que, si, par l'effet d'une erreur, le préfet a été entraîné à délivrer un permis de chasse à un individu à qui il n'eût pas dû être accordé, ce fonctionnaire doit le retirer, et, dans le cas où cet individu ne se soumettrait pas à cette mesure, appeler sur lui l'attention des agents préposés à la répression des délits de chasse (Instr. min. int. 20 mai 1844, *Rép.* n° 160 et p. 111, note, n° 34); — 2° Que le permis délivré à celui qui, aux termes des art. 7 et 8, ne devait point en recevoir, doit être considéré comme non avenu, et qu'il est du devoir du préfet de prendre, dès la découverte de l'erreur, un arrêté qui en prononce l'annulation. Cet arrêté doit être communiqué aux maires et au commandant de la gendarmerie (Circ. min. int. 22 juill. 1851, § 24, R. F. t. 4, n° 608).

La jurisprudence est établie dans le même sens. Ainsi, il a été jugé que le permis peut être retiré: 1° à l'individu qui n'a pas exécuté les condamnations prononcées contre lui pour faits de chasse (Crim. rej. 30 mai 1873, aff. Guizard, D. P. 73. 1. 318); — 2° A l'individu qui, depuis la délivrance de cet acte, a été privé, par jugement correctionnel définitif, du droit d'obtenir un permis de chasse (Trib. corr. Nogent-sur-Seine, 3 nov. 1866, aff. G..., D. P. 68. 3. 75).

396. Le titulaire d'un permis ne peut plus, après avoir reçu notification de l'arrêté de retrait, faire *acte de chasse* sans s'exposer à une poursuite pour délit de chasse sans permis. C'est ce qui résulte des décisions judiciaires et des auteurs cités au numéro précédent.

397. La question de savoir si, dans le cas de retrait du permis, il y a lieu de *rembourser le prix*, doit être décidée selon les circonstances. Si l'impétrant a agi de bonne foi et dans l'ignorance de l'incapacité spéciale dont il était atteint, et si, en même temps, le retrait du permis a été effectué avant qu'il ait pu s'en servir, le préfet (ou sous-préfet) doit prescrire le remboursement par l'arrêté de retrait qu'il prend. Au contraire, si l'impétrant a sciemment induit en erreur sur sa situation légale les autorités chargées de donner l'avis préalable, et s'il a pu se servir du permis pendant tout ou partie de la saison, le versement qu'il a effectué doit être maintenu. Toutefois, il est recommandé aux préfets d'en référer au ministre de l'intérieur en cas de difficulté (Crim. min int. 22 juill. 1851, § 25, R. F. t. 4, n° 608).

398. — 2° *Retrait du permis obtenu avant l'incapacité ou l'indignité de l'impétrant.* — D'après une opinion, qui se fonde sur le principe, d'ailleurs contesté, que la privation du droit d'obtenir un permis équivaut à la privation du droit de chasse lui-même, le préfet ou sous-préfet peut retirer le permis aux personnes atteintes d'incapacité ou d'indignité depuis la délivrance de cet acte (V. Rouen, 4 déc. 1880, aff. Thibout, D. P. 82. 5. 75). — A l'appui de l'opinion contraire, M. Giraudeau, nos 571 et 572, fait remarquer que, les art. 7 et 8 de la loi de 1844 défendant seulement d'accorder un permis aux individus qu'ils désignent, on ne saurait ajouter à la loi en permettant à l'autorité administrative d'annuler le permis délivré antérieurement à l'incapacité de l'impétrant.

ART. 11. — *De la représentation et de la justification du permis* (*Rép.* nos 231 à 233).

399. L'individu qui chasse est passible de poursuites, s'il ne *justifie* pas d'un permis obtenu avant la perpétration du fait relevé contre lui, bien qu'il n'ait pas été préalablement sommé de faire cette justification. C'est ce qu'ont décidé deux arrêts rapportés au *Rép.* n° 233 (Crim. cass. 26 mars 1825, et 5 mai 1836).

Et le tribunal de répression ne saurait mettre la preuve contraire à la charge du ministère public (Arrêt précité du 5 mai 1836. — V. aussi Crim. cass. 2 janv. 1880, *suprà*, n° 271. — Conf. Giraudeau, n° 177).

400. — I. NON-RECEVABILITÉ D'ÉQUIPOLLENTS EN MATIÈRE DE JUSTIFICATION DU PERMIS. — On a vu au *Rép.* nos 231 et 232, que l'individu prévenu de délit de chasse sans permis n'est admis à invoquer aucun *équipollent* pour tenir lieu de délivrance du permis, et l'on a rapporté *ibid.*, divers arrêts qui, par application de cette règle, ont décidé que le délinquant ne saurait être acquitté par le motif, notamment, qu'il aurait antérieurement au procès-verbal fait les diligences nécessaires pour obtenir le permis, ou même déposé le montant des droits exigés par la loi.

Le ministre de l'intérieur a invité, à plusieurs reprises, les préfets à rappeler à leurs administrés et aux agents chargés de constater les délits de chasse, que le permis ne saurait être suppléé par la quittance du percepteur (Circ. min. int. 18 juill. 1844, *Rép.* p. 114, et D. P. 45. 3. 74; 10 déc. 1844, *Rép.* p. 115, et D. P. 45. 2. 4; 30 juill. 1849, D. P. 49. 3. 63;

22 juill. 1851, § 4, R. F. t. 4, n° 608 ; 1er févr. 1860, D. P. 60. 3. 86).

401. — II. PORT DU PERMIS; REFUS OU RETARD DE REPRÉSENTATION. — La loi de 1844, en déclarant que nul ne peut chasser s'il ne lui a été délivré un permis par l'autorité compétente (art. 1er), et en punissant d'une amende de 16 à 100 fr. ceux qui ont chassé sans permis (art. 11-1°), n'atteint que le fait d'avoir chassé sans délivrance préalable de permis ; elle n'exige pas que le chasseur soit constamment *porteur* de son permis. Comme nous l'avons dit au *Rép.* n° 129, pour que le prévenu soit acquitté, il lui suffit de justifier devant le tribunal que le permis lui avait été délivré antérieurement au fait de chasse qui lui est reproché (Berriat, p. 127 ; Championnière, p. 86 ; Gillon et Villepin, n° 264 ; Giraudeau, n° 176 ; Leblond, n° 97 ; Rogron, p. 144. « Sous ce rapport, dit M. Camusat, p. 35, la loi actuelle diffère essentiellement du décret du 4 mai 1812, aujourd'hui abrogé, dont la première disposition frappait d'amende quiconque était trouvé chassant et ne justifiant point d'un permis de port d'armes. Sans doute il est dans le vœu de la loi nouvelle que le chasseur justifie du permis de chasse à toutes les réquisitions des agents de l'autorité publique, et par conséquent qu'il porte ce permis avec lui ; mais les termes de la loi n'exigent impérativement que la délivrance préalable d'un permis par l'autorité compétente ». — Cette doctrine a été consacrée par la jurisprudence soit avant la loi de 1844 (Crim. rej. 19 juin 1813, *Rép.* n° 233 ; Metz, 28 oct. 1820, *ibid.* ; Bordeaux, 17 janv. 1839, *ibid.*), soit depuis la proclamation de cette loi (Caen, 8 mai 1845, aff. Demonceaux, D. P. 45. 4. 73 ; Montpellier, 12 oct. 1846, aff. Sarmet, D. P. 47. 4. 73 ; Trib. corr. Lyon, 22 oct. 1885, aff. Chaine, R. F. t. 12, n° 25. — V. aussi les arrêts cités *infrà*, n°s 1282 et suiv.).

Les circulaires ministérielles recommandent aux fonctionnaires et agents ayant qualité pour constater les délits de chasse, de verbaliser contre tout chasseur qui, sur leur réquisition, ne présenterait pas un permis de chasse (Circ. min. int. 10 déc. 1844, *Rép.* p. 115 et D. P. 45. 2. 4 ; 22 juill. 1851, § 5, R. F. t. 4, n° 608). Mais on ne saurait en conclure que le seul défaut de représentation du permis constitue le chasseur en état de délit. D'après MM. Gillon et Villepin, n° 264, déjà avant la loi de 1844 on ne poursuivait pas ceux qui, après la rédaction du procès-verbal constatant le délit de chasse, venaient justifier au procureur du roi qu'ils avaient un permis de port d'armes d'une date antérieure à celle du procès-verbal. Il en est de même aujourd'hui.

402. La loi de 1844 ne confie aux préfets aucun pouvoir réglementaire en ce qui regarde le permis de chasse, et ces fonctionnaires ne sauraient ajouter au texte de la loi pour trouver matière à contravention dans un fait qui n'est pas compris dans ses prévisions. Dès lors, ne constitue ni un délit de chasse, ni la contravention prévue par l'art. 471, § 15, c. pén., l'infraction aux dispositions d'un *arrêté préfectoral* qui ordonne aux chasseurs : d'être porteurs de leurs permis (Trib. corr. Issoudun, 13 nov. 1861, aff. Maronier, R. F. t. 1, n° 81 ; Lyon, 21 janv. 1868, aff. Rivière, R. F. t. 4, n° 640) ; — Et de le produire à toute réquisition des gardes ou autres agents chargés de la surveillance de la chasse (Crim. rej. 15 déc. 1855, aff. Bourgeois, D. P. 56. 1. 95 ; Jugement précité du 13 nov. 1861).

On ne devrait même pas condamner pour délit de chasse sans permis le chasseur qui, ayant d'ailleurs obtenu un permis, aurait pris la *fuite* ou aurait *refusé de le représenter* sur la réquisition d'un agent (Giraudeau, n° 186).

403. Sur la question de savoir si le chasseur qui représente tardivement son permis est passible des *frais de justice* résultant des poursuites ainsi occasionnés par sa faute ou sa négligence, V. *infrà*, n°s 1282 et suiv.

ART. 12. — *Des règles spéciales au cas où le permis est perdu, détruit, hors d'usage ou non parvenu au destinataire* (*Rép.* n° 127).

404. — I. PERMIS DÉTRUIT PAR FORCE MAJEURE. — Quand le permis est *détruit* par suite d'un événement de *force majeure*, le préfet ou sous-préfet peut le remplacer, sans exiger le payement de nouveaux droits (Giraudeau, n° 507). Il va de soi, du reste, que cette faveur n'est accordée à l'impétrant qu'autant qu'il justifie de la force majeure.

405. — II. PERMIS HORS D'USAGE. — Conformément à une décision du ministre des finances du 7 déc. 1826, le permis *hors d'usage* est annulé par arrêté du préfet (ou, depuis 1861, du sous-préfet) et remplacé par un autre permis, sans nouvel acquittement de droits (Circ. min. int. 22 juill. 1851, § 7, R. F. t. 4, n° 608. — V. aussi Giraudeau, n° 508).

406. — III. PERMIS PERDU PAR LE DESTINATAIRE. — Selon une circulaire ministérielle, le chasseur qui a perdu son permis ne peut y substituer un certificat émanant du préfet, et constatant la délivrance de cette pièce. Il ne doit se livrer à l'exercice de la chasse qu'après avoir obtenu un second permis. Il est, en effet, admis en thèse générale que les pièces adirées qui peuvent servir à d'autres personnes et dont la perte est de nature à préjudicier, soit au Trésor, soit à un intérêt d'ordre public, ne peuvent être remplacées que par des pièces semblables. Aussi est-il recommandé aux préfets de ne jamais délivrer de duplicata, ni de certificat de permis (Circ. min. int. 22 juill. 1851, § 1er, R. F. t. 4, n° 608). — Ces règles sont généralement admises par la doctrine. Toutefois, M. Giraudeau, n° 506, émet l'opinion que le chasseur dont le permis a été perdu peut chasser sans avoir besoin d'un nouveau permis, la loi exigeant seulement qu'un permis ait été délivré, et non qu'on en soit porteur (V. *suprà*, n°s 401 et suiv.). M. Leblond, n° 99 *bis*, qui se prononce dans le même sens, atténue la portée de la circulaire du 22 juill. 1851, en faisant remarquer, d'une part, qu'elle ne constitue que l'expression d'une opinion personnelle, non susceptible de suppléer à la loi sous prétexte de l'interpréter, et non obligatoire pour les tribunaux ; d'autre part, qu'elle paraît s'appliquer au cas d'une demande de duplicata ou de certificat formulée en l'absence de toute poursuite, plutôt qu'au cas où une semblable demande aurait pour but la justification d'un prévenu.

407. La délivrance d'un nouveau permis destiné à remplacer celui qui a été perdu ou détruit, est, en principe, subordonnée à l'accomplissement de toutes les formalités édictées pour l'obtention des permis en général. — Cependant, il ne paraît pas nécessaire de recourir à un second *avis* du maire. Cette solution, admise au *Rép.* n° 127, a été également adoptée par MM. Gillon et Villepin, n° 123 (V. aussi Giraudeau, n°s 504 et 506 ; Leblond, n° 99 *bis*).

408. En ce qui concerne les *droits de permis*, le ministre de l'intérieur a d'abord déclaré qu'ils devaient être acquittés une seconde fois, dans le cas où le titulaire d'un permis perdu en réclamait un nouveau (Circ. min. int. 22 juill. 1851, § 6, R. F. t. 4, n° 608. — Conf. Gillon et Villepin, n° 123 ; Rogron, p. 524 ; Viel, p. 13). — Au *Rép.* n° 127, nous avons formulé une opinion contraire, qui a été partagée par MM. Giraudeau, n° 506, et Leblond, n° 99 *bis*, et consacrée par une circulaire ministérielle, aux termes de laquelle les percepteurs sont autorisés à délivrer des *duplicata* de quittances des droits de permis de chasse, sur une autorisation du préfet ou du sous-préfet contenant l'indication des circonstances dans lesquelles la quittance a été perdue ; les préfectures et sous-préfectures doivent prendre note de ces autorisations et sont ainsi mises en garde contre les doubles délivrances de permis (Circ. min. fin. 6 déc. 1865, *Bulletin du ministère de l'intérieur*, 1866, p. 49 ; R. F. t. 4, n° 608, p. 94, note 1).

409. — IV. PERMIS NON PARVENU AU DESTINATAIRE. — Quand il est établi que le permis sorti des bureaux de la préfecture (ou de la sous-préfecture) *n'est pas parvenu au destinataire*, le préfet (ou sous-préfet) peut en délivrer un second, sans imposer à l'impétrant la condition d'en consigner de nouveau le prix. Il est alors procédé par analogie avec les règles tracées pour le cas où le permis est hors d'usage. Le préfet (ou sous-préfet) ne doit user de cette faculté qu'avec la plus grande réserve, et seulement après avoir prescrit, dans ses bureaux et à la poste, toutes les recherches nécessaires pour faire retrouver le permis adiré, et s'être assuré que l'impétrant ne l'a réellement pas reçu. Il doit, en outre, exiger qu'à la demande en délivrance d'un *duplicata* soit joint un certificat du maire constatant la non-remise de la première formule. Enfin il doit signaler à tous les maires du département, ainsi qu'au commandant de la gendarmerie, le fait de l'adirement du permis remplacé, pour qu'il ne puisse servir à la personne qui l'aurait trouvé et serait tentée de se l'appliquer (Circulaire du 22 juill. 1851, § 7, citée *suprà*, n° 408).

Sect. 3. — Du consentement du propriétaire du terrain où a lieu la chasse; Des caractères du délit de chasse sans autorisation (*Rép.* n°s 162 à 175).

410. Le délit prévu par l'art. 1er et puni par l'art. 11-2° de la loi de 1844 se compose de deux éléments, qu'il convient d'examiner successivement: 1° un *fait de chasse sur le terrain d'autrui* (V. *infrà*, n°s 411 et suiv.); — 2° Le *défaut de consentement du propriétaire ou de ses ayants droit* (V. *infrà*, n°s 444 et suiv.).

Dans une poursuite pour délit de chasse sans autorisation du propriétaire, la déclaration du juge que l'acte incriminé n'a pas le caractère de fait de chasse, dispense d'examiner si le prévenu était ou non muni d'un consentement régulier (Crim. rej. 30 nov. 1860, aff. de Portes, D. P. 61. 1. 500).

Art. 1er. — *Des faits de chasse sur le terrain d'autrui* (*Rép.* n°s 28, 29, 171, 237, 239, 264).

411. Après avoir étudié les divers actes qui constituent ou non des faits de chasse, d'une manière générale (V. *suprà*, n°s 19 et suiv.), nous devons passer en revue les actes qui sont susceptibles de constituer des *faits de chasse sur la propriété d'autrui* (V. *infrà*, n°s 413 et suiv.).

412. Mais il importe, dès maintenant, de remarquer, ainsi que nous l'avons dit au *Rép.* n° 237, et ainsi que le déclarent tous les auteurs (V. notamment: Giraudeau, n° 227; Rogron, p. 30), que le délit de chasse sur la propriété d'autrui n'est pas subordonné à *l'introduction des chasseurs* dans cette propriété: il suffit qu'il soit constaté que les prévenus ont été surpris se livrant, même du dehors, à la recherche et à la poursuite du gibier qui se trouve sur le terrain d'autrui (Crim. cass. 18 mars 1853, aff. d'Ivry, D. P. 53. 1. 175; Crim. cass. 15 déc. 1870, aff. Pillon de Saint-Philbert, D. P. 70. 1. 447; Ch. réun. cass. 16 janv. 1872, même affaire, D. P. 72. 1. 145. — V. aussi *infrà*, n°s 421, 425 et suiv.). Et la décision qui, en pareil cas, déclare qu'il n'y a pas délit de chasse, ne renferme pas une appréciation souveraine des faits constatés, mais donne à ces faits une qualification légale, qui tombe sous la censure de la cour de cassation (Arrêt précité du 18 mars 1853).

413. — I. Tir du gibier. — Il y a incontestablement délit de chasse sans autorisation de la part de l'individu qui, placé sur le terrain d'autrui, *tire*, sans le consentement du propriétaire ou de ses ayants droits, une pièce de gibier qui s'y trouve également. La question est, au contraire, fort délicate, si le chasseur et le gibier qu'il tire sont placés sur des terrains différents, dont l'un ne lui appartient pas. Pour plus de clarté, nous croyons devoir distinguer plusieurs hypothèses.

414. — 1° *Tir du gibier sur le terrain du chasseur, celui-ci étant sur le terrain d'autrui.* — Le simple fait d'être en attitude de chasse sur la propriété d'autrui sans le consentement du propriétaire, constitue le délit prévu par l'art. 11-2° de la loi du 3 mai 1844, alors même que le chasseur aurait l'intention de tirer, non sur le gibier parcourant cette propriété, mais sur le gibier parcourant son propre terrain (Paris, 26 janv. 1866, aff. de Walckenaër, R. F. t. 3, n° 471; 3 févr. 1866, aff. de Chamoy, R. F. t. 3, n° 472. — Conf. Perrève, p. 262, n° 42); — Et que cette intention serait établie par l'attitude du chasseur (Arrêt précité du 26 janv. 1866). — Il en est ainsi, bien que le chasseur ne se soit éloigné que de trois mètres de son terrain et y soit rentré immédiatement sur l'interpellation du garde qui lui déclarait procès-verbal (Arrêt précité du 3 févr. 1866).

415. Toutefois, l'opinion contraire rencontre des partisans dans la jurisprudence et la doctrine. Un arrêt de la cour de Colmar du 21 nov. 1827 (aff. Klein, cassé le 25 avr. 1828, mais par des motifs étrangers à la question, R. F. t. 3, n° 471, note 1), ne considère pas comme coupable de délit de chasse l'individu qui, de la propriété d'autrui, tire un gibier sur une propriété voisine dans laquelle il a le droit de chasse. MM. de Neyremand, p. 230, et Giraudeau, n° 228, se prononcent dans le même sens. Le second de ces auteurs admet la même solution à l'égard du chasseur qui marche ou se trouve un instant sur le terrain d'autrui, pour tirer de là sur un gibier placé sur un fonds où il a le droit de chasse.

Conformément à ce deuxième système, il a été jugé par des tribunaux correctionnels: 1° que le fait, par un chasseur, d'avoir longé, sur un terrain qui ne lui appartient pas, son propre bois où chassent ses chiens courants, ne constitue pas le délit de chasse sans autorisation; que même le fait d'avoir, dans ces circonstances, mis le fusil à l'épaule pour attendre un gibier qui n'est pas venu, et qu'il pouvait tirer sur son terrain aussi bien qu'en dehors, ne saurait constituer qu'un acte préparatoire de chasse de nature à faire présumer la possibilité d'un délit, mais non à l'établir (Trib. corr. Charleville, 7 déc. 1874, aff. Borderel, R. F. t. 7, n° 56, *infrà*, n° 420); — 2° Que, si le fait de la présence du chasseur, en attitude de chasse sur le terrain d'autrui établit contre lui une présomption légale de culpabilité, cette présomption disparaît lorsqu'il résulte de tous les éléments de la cause que le chasseur n'avait pas l'intention de chasser sur le terrain d'autrui, n'y chassait pas réellement, et ne s'était placé sur la lisière de ce terrain que pour se cacher et attendre plus sûrement le gibier qu'on lui amenait, et qu'il tirait sur les terres où il avait droit de chasse (Trib. corr. Nogent-sur-Seine, 8 déc. 1865, aff. de Walckenaër, R. F. t. 3, n° 471, jugement réformé par l'arrêt du 26 janv. 1866, cité *suprà*, n° 414); — 3° Que, quand un chasseur sort d'un bois qui lui appartient et où ses chiens chassent, passe dans un pré appartenant à autrui et en sort immédiatement sur l'interpellation du garde qui lui déclare procès-verbal, il n'y a pas fait de chasse sur le terrain d'autrui; et l'on ne saurait considérer comme suffisamment établie l'intention du prévenu de se placer et de rester en embuscade sur la propriété d'autrui (Trib. corr. Nogent-le-Rotrou, 20 oct. 1865, aff. de Chamoy, R. F. t. 3, n° 472, jugement réformé par l'arrêt du 3 févr. 1866, cité *suprà*, n° 414).

416. — 2° *Tir du gibier sur le terrain d'autrui par un chasseur qui est sur son propre terrain.* — Nous avons vu (*Rép.* n° 29) que l'individu qui tire une pièce de gibier *posée* ou *courant* sur le terrain d'autrui, fait acte de chasse sur ce terrain, alors même qu'il se trouve sur son propre fonds (V. en ce sens: Giraudeau, n° 227).

417. La question est plus délicate à l'égard du gibier tiré *au vol.*

Selon un premier système, on ne doit pas regarder comme coupable de délit de chasse sur le terrain d'autrui sans le consentement du propriétaire, le chasseur qui fait lever sur son fonds une pièce de gibier (un faisan, dans l'espèce), et qui la tire au moment où, ayant pris son vol, elle se trouve au-dessus de la propriété d'autrui (Trib. corr. Douai, 13 déc. 1879, aff. Catoire, D. P. 80. 3. 103. — Conf. Giraudeau, n° 236; Leblond, n° 241; de Neyremand, p. 216).

M. Giraudeau, n° 237, admet la même solution dans l'hypothèse où l'oiseau se serait levé sur le terrain d'autrui (*Contrà*: de Neyremand, p. 217).

En faveur de ce premier système, les auteurs ci-dessus mentionnés soutiennent que, dès l'instant que le gibier ne repose ni sur le sol, ni sur les arbres ou broussailles du voisin, celui-ci ne saurait dire que ce gibier est sur son terrain. — Décidé, en outre, que l'air est, en quelque sorte, un terrain neutre dont la jouissance appartient à tous et où le gibier, par suite, doit pouvoir être librement recherché et atteint, pourvu toutefois que le chasseur ne l'ait pas préalablement fait lever sur la propriété d'autrui, pour le tirer ensuite dans les airs, ce qui constituerait incontestablement le fait de chasse sur le terrain d'autrui (Jugement précité du 13 déc. 1879).

418. D'après un second système, le chasseur qui tire au vol une pièce de gibier lorsqu'elle se trouve au-dessus de la propriété d'autrui commet le délit prévu par l'art. 11-2° de la loi du 3 mai 1844, alors même qu'il l'a fait lever sur son propre terrain et qu'il y était encore placé au moment du coup de feu (V. en ce sens: les observations de M. Ch. Texier, *Chasse illustrée* du 8 oct. 1881). — Jugé: 1° que l'individu qui, étant placé sur son propre terrain, dirige un coup de feu sur une pièce de gibier au moment où elle vole au-dessus du fonds d'autrui, notamment sur un faisan qui venait de se lever sur ce fonds, commet le délit prévu par les art. 1er et 11-2° de la loi de 1844 (Paris, 15 avr. 1864, aff. Bary, D. P. 80. 3. 103, note 3; R. F. t. 3, n° 554); — 2° Que le fait de tirer au vol n'est licite que si l'oiseau est en deçà de la ligne verticale fictive qui sépare les deux propriétés (Trib. corr. Corbeil, 10 déc. 1880, *Chasse illustrée* du 8 oct. 1881).

Cette seconde opinion, qui nous paraît préférable, se fonde d'abord sur le principe que l'espace aérien situé au-dessus de la surface d'un fonds appartient au propriétaire de ce fonds (Arg. c. civ. art. 552; ancien art. 672, ou nouvel art. 673 modifié par la loi du 20 août 1881. — V. *Propriété*). — La loi du 3 mai 1844 ne prohibe pas la chasse seulement sur le *terrain* d'autrui, ce mot étant pris dans un sens strict comme synonyme de « terre, sol ». L'art. 1er, qui pose le principe dominant toute la matière, défend de chasser sur la *propriété* d'autrui, mot qui, dans sa généralité, comprend évidemment l'espace aérien, si cet espace appartient au propriétaire du sol au-dessus duquel il se trouve. Lorsque l'art. 11-2° punit ensuite la chasse sur le terrain d'autrui, il ne fait que sanctionner le principe énoncé dans l'art. 1er, et donne au mot de « terrain » l'étendue que comporte le mot de « propriété » employé dans cet art. 1er. D'un autre côté, même en prenant le mot de terrain dans un sens restreint, est-il exact de décider qu'il n'y a pas chasse sur le terrain d'autrui dans le fait de tirer un oiseau voltigeant au-dessus de ce terrain? La loi n'exige pas, pour qu'il y ait acte de chasse sur un fonds, que le gibier soit rigoureusement *sur* ce fonds, qu'il touche ce fonds au moment où il est atteint; elle veut seulement que le gibier soit alors *au-dessus* de ce fonds. Autrement, il faudrait reconnaître qu'il n'y a pas délit de la part du chasseur qui, posté sur sa propriété tire un chevreuil dans l'instant où il bondit au-dessus de l'héritage voisin. Entre cette dernière hypothèse et celle du jugement rapporté, il n'y a cependant d'autre différence que celle du plus au moins, et cette différence ne saurait donner lieu à l'application de principes différents. — Ajoutons que le système contraire aboutirait à des conséquences singulières qui léseraient gravement le droit de propriété. Dans ce système, qu'un propriétaire s'établisse dans son jardin et près de sa limite pour y chasser aux alouettes, rien n'empêcherait un voisin de tirer, de son terrain, les alouettes voltigeant au-dessus du miroir, et de s'emparer de celles qui blessées par lui, tomberaient en dehors du jardin. Ce résultat suffit à démontrer l'inexactitude de l'opinion qui considère l'espace aérien comme n'appartenant à personne et s'offrant aux entreprises légitimes de tout le monde.

419. — II. ATTITUDE DE CHASSE. — Ainsi que nous l'avons exposé *suprà*, nos 30 et suiv., l'*attitude de chasse* constitue un acte de chasse. Il en résulte qu'elle prend le caractère de délit de chasse sans autorisation, si elle a lieu sur la propriété d'autrui sans le consentement du propriétaire ou de ses ayants droit.

420. Cependant l'attitude de chasse ne peut constituer à elle seule le délit de chasse sans autorisation sur le terrain d'autrui, que si elle a pour objectif certain et prouvé la recherche où la capture du gibier sur ce terrain (Trib. corr. Charleville, 7 déc. 1874, aff. Borderel, R. F. t. 7, n° 56; *suprà*, n° 415). — Dès lors, l'individu qui pénètre dans un champ appartenant à autrui pour effrayer et faire envoler des perdreaux qui s'y trouvent, ne commet pas un délit de chasse, alors qu'il n'avait ni l'intention, ni la possibilité de s'emparer de ces oiseaux; il est seulement passible de dommages-intérêts, à supposer qu'il ait causé un préjudice au propriétaire du terrain (Trib. corr. Compiègne, 24 févr. 1885, aff. Gachelin, R. F. t. 11, n° 115).

Pareillement, le chasseur qui, après avoir poursuivi un sanglier sur les propriétés où il a le droit de chasse, n'arrive sur le terrain d'autrui, qu'après la mort de l'animal, qui y a été tué par un autre chasseur, c'est-à-dire après la fin de la chasse, ne saurait être déclaré coupable d'un fait personnel de chasse, ni complice de l'acte accompli par son confrère (Bourges, 9 juin 1877, aff. Pellé de Champigny, D. P. 78. 1. 334; R. F. t. 7, n° 105. — V. *suprà*, n° 81; *infrà*, nos 432 et suiv.).

421. — III. QUÊTE ET POURSUITE DU GIBIER PAR LES CHIENS. — Nous avons examiné *suprà*, nos 40 et suiv., la *quête* et la *poursuite* du gibier par les *chiens*, d'une manière générale et en tant que constituant simplement des actes de chasse. La jurisprudence considère comme faisant acte de chasse sur la propriété d'autrui: 1° les individus trouvés en attitude de chasse sur la lisière d'un bois, où ils n'ont pas la permission de chasser, tandis qu'un chien, appuyé par l'un d'eux, y est en quête du gibier; peu importe que le chien n'appartienne pas aux chasseurs (Paris, 16 févr. 1870, aff. de Felcourt, D. P. 70. 2. 57. — V. aussi Crim. cass. 26 sept. 1840, *Rép.* n° 25; Rouen, 12 janv. 1843, *ibid.*, n° 238); — 2° Celui qui, pendant que son chien quête dans le bois d'autrui, stationne en dehors et à la limite de ce bois, en attendant, le fusil à la main, la sortie du gibier (Crim. rej. 17 juill. 1884, aff. Demeulle, D. P. 85. 1. 95); — 3° L'individu qui est surpris dans un chemin, longeant le bois d'autrui, faisant chasser deux chiens dans le fossé séparatif du bois et du chemin, les excitant de la voix, ayant le fusil armé et se tenant prêt à tirer; et il importe peu que les chiens fussent ceux du prévenu ou de tout autre, lorsqu'il est constant qu'il chassait sur leur quête (Paris, 21 juill. 1882, aff. Bamberger, D. P. 82. 5. 71); — 4° L'individu qui parcourt les champs d'autrui avec son fusil armé sous le bras, tandis que son chien va çà et là autour de lui; peu importe qu'il s'agisse de parcelles de peu d'étendue, que le chasseur doit traverser pour se rendre sur des terrains où il a le droit de chasser. Et il en est ainsi, alors surtout qu'il déclare avoir, ce jour-là, chassé sans savoir s'il traversait ou non des terres sur lesquelles la chasse était réservée (Colmar, 30 janv. 1866, aff. Saglio, R. F. t. 4, n° 587).

Du reste, il appartient au juge du fond de décider si les chiens lancés ont pu passer sur l'héritage d'autrui (C. cass. de Belgique, 8 sept. 1882, aff. Storme, *Pasicrisie belge*, 1882. 1. 338).

422. — IV. SIMPLE PASSAGE DU CHASSEUR. — Le chasseur qui ne fait que *passer* sur le terrain d'autrui, sans être en attitude de chasse, ne fait pas acte de chasse. Pour éviter toute difficulté à cet égard, il est prudent, ainsi que nous l'avons dit au *Rép.* n° 28, qu'il désarme son fusil et retienne ses chiens auprès de lui, pendant qu'il traverse le fonds sur lesquels il n'a pas le droit de chasser. — Jugé qu'il n'y a pas délit de la part du chasseur qui se borne: 1° à traverser la propriété d'autrui, après avoir fait coupler ses chiens (Trib. corr. Charleville, 7 déc. 1874, aff. Borderel, R. F. t. 7, n° 56); — 2° Ou à traverser, avec ses gardes et ses chiens, une propriété non close sur laquelle il n'a pas le droit de chasse, si d'ailleurs il a pris soin de désarmer son fusil et de coupler ses chiens (Douai, 11 janv. 1864, aff. Wacrenier, R. F. t. 3, n° 422).

Décidé même que le chasseur qui, en traversant le terrain d'autrui, a négligé de museler ou de coupler ses chiens, et s'est ainsi exposé à les laisser tomber en chasse sur une propriété dans laquelle il n'a pas le droit de chasser, n'est pas, par cela seul, passible des peines prononcées par l'art. 11 de la loi du 3 mai 1844; c'est, en effet, le fait de chasse et non sa probabilité ou son danger, que la loi a entendu réprimer (Crim. rej. 26 juill. 1860, aff. Leroux, D. P. 60. 1. 362. — Conf. Giraudeau, n° 231).

423. En ce qui concerne le passage, sur le terrain d'autrui, soit de chiens courants à la suite du gibier, soit des chasseurs qui les accompagnent, V. *infrà*, nos 928 et suiv.

424. Sur les cas où le passage sur la propriété d'autrui constitue une contravention de simple police prévue par l'art. 471-13° ou l'art. 475-10° c. pén., V. *infrà*, nos 910 et suiv.

425. — V. TRAQUE. — Après avoir étudié les caractères de la *traque*, en général (V. *suprà*, nos 76 et suiv.), il convient: 1° d'examiner la traque en tant qu'elle constitue un délit de chasse sans autorisation sur la propriété d'autrui (V. *infrà*, n° 426); 2° de préciser quelles sont les personnes qui peuvent être pénalement responsables de ce délit (V. *infrà*, nos 427 et suiv.).

Sur la complicité des traqueurs, en matière de délit de chasse, V. *suprà*, nos 76 et 77; *infrà*, n° 427.

426. — 1° *De la traque considérée comme fait de chasse sur le terrain d'autrui.* — La *traque* dont nous avons donné la définition *suprà*, n° 76, étant un acte de chasse, ne saurait s'exercer sur le terrain d'autrui qu'avec le consentement du propriétaire (Crim. cass. 18 mars 1853, aff. d'Ivry, D. P. 53. 1. 175; Crim. cass. 15 déc. 1870, aff. Pillon de Saint-Philbert, D. P. 70. 1. 447; Amiens, 30 mars 1871, même affaire, et sur nouveau pourvoi, Ch. réun. cass. 16 janv.

1872, D. P. 72. 1. 145; Angers, 27 janv. 1873, aff. Lemercier, D. P. 73. 2. 51; C. cass. belge, 31 mai 1886, aff. Sandelé et Vanderbrœcke, *Pasicrisie belge*, 1886. 1. 249, et sur renvoi, Bruxelles, 23 juin 1886, *ibid.*, 1886. 2. 336); — Alors même que les traqueurs s'abstiennent d'entrer dans ce terrain (Arrêts précités des 18 mars 1853 et 15 déc. 1870. — V. *suprà*, n°s 416 et suiv.). — Et il en est ainsi, notamment, lorsque les traqueurs se livrent à des marches et contremarches sur les chemins traversant le fonds d'autrui, avec bruit et battues pour faire lever les lièvres existant dans ce fonds et les pousser vers des affûts (Arrêt précité du 18 mars 1853).

427. — 2° *Responsabilité pénale à raison de la traque.* — Bien que le *traqueur* ou *rabatteur* ne soit qu'un auxiliaire de chasse, il est pénalement responsable des faits délictueux par lui accomplis en qualité de traqueur ou rabatteur; par suite, il encourt personnellement la peine spécifiée à l'art. 11-2° de la loi de 1844, s'il traque sur le fonds d'autrui sans le consentement du propriétaire ou de ses ayants droit (Giraudeau, n° 165; Jullemier, t. 1, p. 23; Leblond, n° 124; de Neyremand, p. 436). — La jurisprudence est actuellement fixée dans le même sens (Rouen, 26 avr. 1849, aff. Bourienne, D. P. 50. 2. 69; Sol. impl., Douai, 11 janv. 1864, aff. Wacrenier, R. F. t. 3, n° 422; Crim. cass. 15 déc. 1870, aff. Pillon de Saint-Philbert, D. P. 70. 1. 447; Ch. réun. cass. 16 janv. 1872, même affaire, D. P. 72. 1. 145. — *Contrà:* Amiens, 30 mars 1871, cassé par l'arrêt précédent, D. P. 72. 1. 146). — C'est également la solution qui a prévalu en Belgique, où la jurisprudence admet que le fait de chasse commis par des chasseurs sur le terrain d'autrui, avec la coopération directe de traqueurs, entraîne la responsabilité pénale de ces derniers aussi bien que des premiers (C. cass. belge, 31 mai 1886, aff. Sandelé et Vanderbrœcke, *Pasicrisie belge*, 1886. 1. 249, et sur renvoi, Bruxelles, 23 juin 1886, *ibid.*, 1886. 2. 336. — *Contrà:* Gand, 5 avr. 1886, même affaire, *ibid.*, 1886. 2. 209, cassé par l'arrêt précité du 31 mai 1886).

Décidé spécialement que le traqueur qui a volontairement participé à la perpétration du délit, est responsable au même titre que les chasseurs, et ne peut être affranchi de la responsabilité sous le prétexte qu'il n'aurait fait que se conformer aux ordres et aux instructions des chasseurs; ces ordres auxquels il a toute faculté de ne pas se soumettre, ne peuvent être considérés comme rentrant dans l'excuse légale que l'art. 64 c. pén. fait résulter de la contrainte par une force à laquelle l'agent n'a pu résister (Arrêts précités des 15 déc. 1870 et 16 janv. 1872. — *Contrà:* Colmar, 29 mai 1866, aff. Bignatelle, R. F. t. 3, n° 473).

428. La traque pratiquée sur le fonds d'autrui sans le consentement du propriétaire constitue en délit les *chasseurs*, alors même qu'ils sont restés en dehors de ce fonds, pour tirer sur le gibier qui viendrait à y être levé et leur serait renvoyé par les traqueurs (Crim. cass. 18 mars 1853, aff. d'Ivry, D. P. 53. 1. 175; Douai, 11 janv. 1864, aff. Wacrenier, R. F. t. 3, n° 422; Paris, 8 mars 1866, aff. Poussié, R. F. t. 3, n° 463; Colmar, 29 mai 1866, aff. Bignatelle, R. F. t. 3, n° 473; Crim. cass. 15 déc. 1870, aff. Pillon de Saint-Philbert, D. P. 70. 1. 447; Amiens, 30 mars 1871, et sur nouveau pourvoi, Ch. réun. cass. 16 janv. 1872, même affaire, D. P. 72. 1. 145; Angers, 27 janv. 1873, aff. Lemercier, D. P. 73. 2. 51; Amiens, 30 avr. 1885) (1). — Par exemple, le chasseur qui, bien que se bornant à suivre un chemin public, envoie son enfant dans un champ voisin pour y faire lever le gibier et le rabattre de son côté, commet un délit s'il n'est pas muni du consentement du propriétaire de ce champ (Arrêt précité du 27 janv. 1873).

429. Toutefois la cour de cassation admet un tempérament à cette règle, en se fondant sur ce que, si un fait de chasse ne peut être excusé par l'intention de celui auquel il est imputé, il ne saurait constituer un délit qu'autant qu'il a été librement et volontairement exécuté (Crim. rej. 30 juin 1870, aff. Comynet, D. P. 71. 1. 191; Crim. rej. 23 janv. 1873, aff. Pillon de Saint-Philbert, D. P. 73. 1.162. — Conf. Giraudeau, n°s 166 et suiv.; Leblond, n° 125; de Neyremand, p. 213). Elle décide: 1° que le chasseur dont les traqueurs ont passé sur le terrain d'autrui sans le consentement du propriétaire de ce terrain, peut être considéré comme n'ayant encouru que la responsabilité civile et non la responsabilité pénale du délit commis en pareil cas par les traqueurs, alors que, de l'endroit où il était placé, il ne pouvait voir ce qui se passait, et qu'il n'est pas établi que le fait ait eu lieu par son ordre (Arrêt précité du 30 juin 1870); — 2° Que le délit de chasse sans consentement sur le terrain d'autrui, imputé à des chasseurs qui se sont livrés à une chasse à la traque dans une plaine où ils avaient le droit de chasser, ne saurait résulter de cela seul que les traqueurs, par leurs cris, ont pu inquiéter le gibier sur des parcelles non soumises à leur droit de chasse et disséminées dans ladite plaine, si cette circonstance a été accidentelle et s'il n'y a pas eu intention de la part des traqueurs; et qu'il en est ainsi, alors surtout que des précautions ont été prises par les chasseurs pour empêcher leurs traqueurs de traverser les parcelles sur lesquelles la chasse appartient à autrui (Arrêt précité du 23 janv. 1873).

430. Si cette doctrine n'était pas admise, la chasse à la traque serait à peu près impossible. Il faudrait, en effet, s'assurer préalablement du consentement de tous les propriétaires des terres voisines sur lesquelles le gibier pourrait être indirectement inquiété par les agissements bruyants des traqueurs. Les obligations de tolérance réciproque qui dérivent des relations du voisinage veulent qu'on supporte les inconvénients de la chasse du voisin quand ils n'ont rien d'excessif, d'autant plus que, s'il arrive aux traqueurs de déplacer, sans l'avoir voulu, le gibier qui se trouve sur les terres rapprochées du lieu de la chasse, en compensation, une partie du gibier qu'ils font lever trouve parfois sur ces mêmes terres, au profit de celui qui a le droit d'y chasser, un refuge qu'il n'y eût pas cherché sans les manœuvres qui l'ont fait fuir. — Aussi, nous estimons avec MM. Giraudeau, n° 168, et de Neyremand, p. 213, qu'on ne saurait approuver la décision de la cour de Paris, aux termes de laquelle, dans le cas où les traqueurs ont traqué sur le terrain d'autrui, sans autorisation du propriétaire et sans avoir de guide pour les diriger, le chasseur est passible de la peine édictée par l'art. 11-2° de la loi de 1844, alors même que le chasseur leur a donné des instructions précises pour éviter de pénétrer sur des terres où il n'avait pas le droit de chasser (Paris, 13 août 1859, aff. Legrez-Vanin, R. F. t. 1, n° 188). — Il importe également de remarquer que la cour de Paris n'a pas cru devoir appliquer sa doctrine aux personnes *invitées* à assister à la battue. Elle a décidé que le fait incriminé ne saurait donner lieu à aucune poursuite contre ces personnes du moment qu'elles n'ont pas personnellement contrevenu à la défense de chasser sur le terrain d'autrui (Même arrêt).

431. — VI. OCCUPATION OU CAPTURE DU GIBIER. — Nous avons examiné l'*occupation* en tant que faisant acquérir la propriété du gibier (V. *suprà*, n°s 142 et suiv.). Il y a lieu, maintenant, de remarquer que les actes accomplis par le chasseur relativement à des animaux sauvages dont il est devenu propriétaire par voie d'occupation, ne constituent pas des *faits de chasse*.

432. — 1° *Occupation du gibier tué ou mortellement blessé.* — La doctrine et la jurisprudence admettent généralement que la chasse prend fin non seulement par la *capture* ou la

(1) (De Raveneau C. Viseur et Gladieux). — LA COUR; — Considérant que si le bail qui sert de base à la poursuite n'a été enregistré que postérieurement à la constatation du délit, Viseur et Gladieux, qui ne prétendent aucun droit sur la chasse louée, sont sans qualité pour en contester les effets, alors qu'il résulte des documents de la cause et notamment des déclarations des prévenus eux-mêmes, que de Raveneau était réellement locataire du droit de chasse sur la pièce de terre où le délit a été constaté; — Par ces motifs, infirme le jugement dont est appel, déclare de Raveneau recevable en la forme; — Et statuant au fond: — Considérant qu'il résulte des débats la preuve que le 6 janv. 1885, à Noyal, sur une pièce de terre dont la chasse a été louée à de Raveneau, le prévenu Gladieux a traqué et rabattu le gibier sur Viseur, qui était placé en attitude de chasse sur une terre voisine appartenant au sieur Lhermitte; que les prévenus ont ainsi chassé sans autorisation préalable sur un terrain dont le droit de chasse appartenait au sieur de Raveneau; qu'ils ont ainsi commis le délit prévu et puni par l'art. 11 de la loi du 3 mai 1844; — Par ces motifs, etc.

Du 30 avr. 1885.-C. d'Amiens, 2e ch.-MM. Daussy, pr.-Durand, subst. proc. gén.-Havart et Crampon, av.

mort du gibier, mais même par sa *blessure mortelle*, et que, par conséquent, il ne saurait y avoir de délit de chasse de la part de l'individu qui, sur le fonds d'autrui, s'empare d'un animal sauvage tué ou blessé assez grièvement pour ne plus pouvoir lui échapper (Conf. Berriat, p. 19 et 134; Duvergier p. 105; Gillon et Villepin, n° 275; Giraudeau, n° 232; Leblond, n° 226, de Neyremand, p. 106 et 137; Petit, t. 1. n° 26; Sorel, n° 35; Villequez, t. 1, n°s 35, 36 et suiv.).

433. Conformément à cette opinion, il a été jugé que l'on ne doit pas regarder comme faisant acte de chasse, ni par conséquent comme commettant un délit de chasse sans autorisation: 1° le chasseur qui se borne à ramasser, sur le terrain d'autrui où elle est tombée morte, une pièce de gibier tirée sur son propre terrain (Crim. cass. 28 août 1868, aff. N..., D. P. 68. 1. 509; Motifs, Bourges, 9 juin 1877, aff. de Pazzis C. de Champigny, R. F. t. 7, n° 105. — Conf. *Rép.* n°s 171 et 264); — 2° Celui qui n'est entré sur la propriété d'un tiers, son fusil déchargé, après avoir tiré ses deux coups, que pour chercher et ramasser le gibier, par exemple un étourneau, qu'il avait tiré chez lui (Limoges, 5 févr. 1848, aff. Beaubourg, R. F. t. 4, n° 668, p. 227, note 1); — 3° Le chasseur qui, pour ramasser un gibier mort ou mourant, passe sur un terrain ensemencé, sans l'autorisation du maître de ce terrain (Sol. impl., Crim. cass. 30 janv. 1879, aff. Lebrument, D. P. 81. 5. 117); — 4° Celui qui, après avoir blessé mortellement une pièce de gibier (un faisan, dans l'espèce) sur son propre terrain, la relève sur celui d'autrui où elle est tombée, ou y laisse pénétrer son chien qui lui rapporte le gibier (Paris, 2 déc. 1854, aff. Pereire, D. P. 55. 2. 140. — V. aussi dans ce sens: Giraudeau, n° 1322; Jullemier, t. 1, p. 71; de Neyremand, p. 134); — 5° L'individu qui, chassant dans un clos avec l'autorisation du propriétaire, y blesse mortellement une pièce de gibier et va la ramasser sur un terrain voisin où elle est allée tomber (Amiens, 17 juill. 1842, *Rép.* n° 239; Trib. corr. Rouen, 19 févr. 1867, aff. Lendormi, R. F. t. 3, n° 533); — Alors surtout qu'il n'a pénétré sur ce terrain qu'après avoir déposé son arme (Arrêt précité du 17 juill. 1842); — 6° Le garde d'un chasseur qui, après avoir suivi au sang un cerf mortellement frappé, en battue, de douze ballettes triangulaires, dont la plupart l'avaient traversé de part en part, pénètre sur le terrain d'autrui, malgré la défense du garde du propriétaire de ce terrain, pour y achever l'animal qui était hors d'état non seulement d'échapper mais même de continuer sa fuite, et qui allait être dévoré vivant par les chiens (Liège, 17 avr. 1880, aff. Warocqué, R. F. t. 9, n° 51; *Pasicrisie belge*, 1880. 2. 291).

434. A plus forte raison, le fait de prendre un animal sauvage trouvé mort n'est pas un acte de chasse, quand sa mort ne peut être considérée, ni directement, ni indirectement, comme la suite d'un acte volontaire du prévenu (Rouen, 12 nov. 1880, aff. Turlure, D. P. 82. 5. 69; Trib. corr. Loudun, 26 août 1882, aff. Charandeau, *ibid.*). — En conséquence ne commet aucun délit: 1° le cultivateur qui, pendant la fermeture de la chasse, dans un champ, reprend à son chien le lièvre que celui-ci avait tué au gîte, sans avoir été mis sur la piste ni excité par son maître (Jugement précité du 26 août 1882); — 2° Le cultivateur qui s'empare d'un lièvre qu'avait tué et que dévorait un chien étranger, sans qu'il eût d'ailleurs participé en rien à la poursuite de ce gibier (Arrêt précité du 12 nov. 1880); — 3° Le propriétaire ou son préposé qui s'empare d'une pièce de gibier trouvée morte sur son terrain; peu importe que l'animal ait été pris à l'aide d'un engin prohibé, si cet engin n'a pas été placé par la personne qui a capturé le gibier. Spécialement, n'est passible d'aucune peine l'individu qui s'empare d'un lapin pris au collet dans une haie servant de clôture au parc du propriétaire dont il est l'ouvrier, et qui porte l'animal à ce propriétaire (Rouen, 5 mai 1883, aff. Venambre, D. P. 83. 5. 62. — Comp. *suprà*, n° 178, et *infrà*, n° 644).

Cependant une cour d'appel, dont la décision est critiquée par M. Giraudeau, n° 117, a déclaré coupables de délit des individus qui, ayant rencontré fortuitement un cerf blessé et hors d'état de fuir, en temps de fermeture de la chasse, l'avaient emporté chez eux pour le soigner, sans être inspirés par aucune pensée de lucre ou de spéculation (Angers, 12 août 1872, aff. Poupelin, D. P. 73. 2. 51).

435. Rappelons, d'ailleurs, qu'en cette hypothèse comme en toute autre, c'est au prévenu qu'incombe le soin d'établir les circonstances susceptibles de motiver son acquittement. — Ainsi, le chasseur qui est en attitude de chasse, sur une route, à l'attente d'une pièce de gibier poursuivie par ses chiens dans le bois d'autrui, est passible de la peine édictée par l'art. 11-2° de la loi de 1844, bien qu'il soit démontré qu'un lièvre avait été antérieurement blessé par lui et poursuivi par ses chiens dans ledit bois, s'il n'établit pas que les chiens continuaient à poursuivre le même lièvre sous bois, et que celui-ci avait été assez grièvement blessé pour ne plus pouvoir lui échapper. Et cette justification n'est pas faite, quand l'animal n'a été pris qu'après une poursuite qui a duré de ving à vingt-cinq minutes (Paris, 18 mars 1882, aff. Merlin, D. P. 84. 5. 54).

436. — 2° *Occupation du gibier sur ses fins.* — D'après M. Villequez, t. 1, p. 39, quand une pièce de gibier à bout de forces et tout à fait sur ses fins entre sur le terrain d'autrui, suivie des chiens courants qui l'y prennent, le chasseur qui fait ou laisse entrer ses chiens pour la prendre, ou même entre avec eux dans ce but, ne commet pas de délit et doit être assimilé à celui qui va chercher la bête mortellement blessée. Il importe peu que la bête ait été mise sur ses fins par une blessure ou par la fatigue d'une longue chasse à courre. Une fois à bout de forces avant de pénétrer sur le fonds d'autrui, elle est aussi bien au pouvoir du chasseur dans un cas que dans l'autre; il n'a plus qu'à la faire prendre par ses chiens ou la prendre lui-même. C'est donc une question de fait, qui sera presque toujours résolue suivant le plus ou moins de facilité de la capture (V. dans le même sens: Giraudeau, n° 235; Gislain, n° 244; Leblond, n° 226; de Neyremand, p. 116. — V. aussi *suprà*, n°s 168 et 169). — Jugé: 1° qu'aucun délit n'est imputable au chasseur dont les chiens ont arrêté et capturé sur le terrain d'autrui un gibier (dans l'espèce, un chevreuil), qui était à ses fins et qu'ils avaient poursuivi longtemps sur la propriété de leur maître, alors que ce dernier n'a point participé à cette capture (Trib. corr. Loudun, 13 mai 1881, aff. Chanluau, D. P. 82. 5. 71 et R. F. t. 9, n° 91); — 2° Que le chasseur peut emporter le gibier dont il est ainsi devenu propriétaire à raison de l'occupation pratiquée par ses chiens (Même jugement. — V. *suprà*, n° 175).

437. M. de Neyremand, p. 119, examine le point de savoir si l'on doit considérer comme étant sur ses fins le sanglier qui, après avoir été longtemps chassé, s'arrête pour *tenir tête aux chiens*. C'est là une question de fait, dont la solution dépend des circonstances. Cependant, en général, on peut admettre que, « s'il s'agit d'une bête dont l'instinct naturel, à raison de l'imperfection de ses moyens de défense, la porte à fuir devant les chiens, lorsqu'elle s'arrête et lutte, cette détermination est le résultat forcé d'une blessure ou d'une fatigue qui la met hors d'état de prolonger sa fuite. S'agit-il, au contraire d'une bête plus âgée, d'un ragot ou solitaire, la résistance agressive est dans sa nature; un animal de cet âge tient souvent le ferme peu d'instants après le débusqué » (Conf. Giraudeau, n° 1319; Leblond, n° 225).

438. — 3° *Occupation du gibier simplement blessé.* — De simples blessures faites au gibier ne mettent pas fin à la chasse. Aussi décide-t-on généralement que la *capture* d'un animal sauvage non mortellement blessé constitue un acte de chasse (Giraudeau, n° 234. — V. *infrà*, n°s 161 et suiv.).

439. Nous sommes également d'avis qu'il y a fait de chasse sur le fonds d'autrui, de la part du chasseur qui *achève* sur ce fonds une pièce de gibier qui n'était pas mortellement blessée. Toutefois la question n'est pas exempte de difficulté.

Par arrêt du 11 mars 1868 (aff. Drouet, D. P. 68. 1. 509), la cour de Dijon a jugé qu'il n'y a pas de délit dans le fait de chasseurs poursuivant un sanglier blessé, de l'avoir suivi, en dehors des terres où ils ont le droit de chasse, dans un bois où ils l'ont trouvé en lutte sanglante avec les chiens, et de l'avoir tué de plusieurs coups de fusil. Elle se fondait sur ce que « la lutte sanglante que le sanglier avait engagée avec les chiens et les blessures qu'il leur avait faites, blessures qui pour l'un d'eux ont été mortelles, pouvaient faire présumer, et en tout cas, avait pu donner aux chasseurs la conviction que le sanglier était véritablement blessé, circonstance qui les autorisait à s'en emparer même sur un terrain où ils n'avaient pas le droit de chasser. » Et cette doctrine a été approuvée par M. Villequez, t. 1, p. 101 et suiv., qui ajoute qu'en pareil cas les chasseurs n'avaient fait qu'exercer un droit de légitime défense. « Qu'on refuse au chasseur le droit d'achever un sanglier aux abois et en lutte avec sa meute, dit M. Jullemier, t. 1, p. 72, c'est ce qu'un vrai chasseur, quelque imbu qu'il puisse être des principes du droit, ne saurait jamais admettre ».

L'arrêt précité du 11 mars 1868 a été cassé par la cour suprême, par le motif que, si le chasseur ne commet pas de délit quand il ramasse sur le terrain d'autrui une pièce de gibier tirée sur son terrain et qui est tombée morte sur le terrain d'un tiers, il en est autrement du cas où le gibier n'est que blessé et où le chasseur tire sur lui pour l'achever sur une propriété qui lui est étrangère (Crim. cass. 28 août 1868, aff. N..., D. P. 68. 1. 509). — M. de Neyremand, p. 125, critique avec raison la décision de la cour de Dijon qui s'appuyait sur une simple présomption et sur la bonne foi des inculpés, pour les relaxer de la poursuite. Mais il repousse aussi le caractère trop absolu de l'arrêt de la cour de cassation qui, en paraissant limiter le droit de capture sur la propriété d'autrui au cas de mort du gibier, s'est mise en opposition avec sa jurisprudence antérieure (V. *suprà*, n° 433. — V. aussi *infrà*, n° 939).

D'autres cours d'appel ont encore jugé : 1° qu'il y a délit de chasse sans autorisation du propriétaire, de la part du chasseur qui tue sur la propriété d'autrui un sanglier poursuivi par ses chiens, alors qu'il serait démontré que la bête était aux abois et dangereuse pour les chiens qui la coiffaient (Bourges, 9 juin 1877, aff. de Pazzis C. de Champigny, R. F. t. 7, n° 105); — 2° Que, lorsqu'un sanglier, poursuivi par une meute, s'est réfugié dans un bois où les chasseurs n'ont pas le droit de chasser, le fait par l'un d'eux d'être entré dans le bois et d'avoir tiré un coup de fusil pour faire partir l'animal, bien que se justifiant à certains égards par l'intérêt qu'il y avait à éviter aux chiens les dangers d'une lutte prolongée, n'en doit pas moins être considéré comme un fait de chasse accompli sans permission dans la propriété d'autrui; surtout si les autres chasseurs étaient postés sur la lisière du bois pour attendre le sanglier et le tirer à la sortie (Limoges, 31 mars 1870, aff. Peignen, D. P. 70. 2. 109).

440. — VII. Curée. — Du principe que la mort de l'animal est le dernier acte de la chasse, il suit qu'on ne saurait voir un délit de chasse dans le fait de dépecer et diviser, sur le terrain d'autrui, un chevreuil aussitôt après sa mort, et d'en distribuer les membres aux personnes présentes et les entrailles aux chiens courants qui ont participé à sa poursuite. Vainement on objecterait qu'en terme de vénerie, la curée est le dernier acte de la chasse, et qu'il s'accomplit avec un certain appareil en présence des chiens, sur le terrain même de la chasse. Au point de vue légal, l'expression de « chasse » a une signification plus restreinte que dans le langage de la vénerie, et il est impossible d'y faire rentrer les actes postérieurs à la destruction du gibier poursuivi (Trib. corr. Loudun, 13 mai 1881, aff. Chauluau, D. P. 82. 5. 73. — V. dans le même sens : Giraudeau, n° 114).

441. — VIII. Actes préparatoires de chasse. — L'*acte préparatoire* de chasse a été analysé *suprà*, n°s 82 et suiv. Comme il ne constitue pas un fait de chasse proprement dit, il s'ensuit que son accomplissement sur le terrain d'autrui, sans l'autorisation du propriétaire, ne tombe pas sous l'application des art. 1er et 11-2° de la loi de 1844.

442. On a vu (*suprà*, n° 84) qu'il y a controverse sur le point de savoir si l'emploi de *banderolles* constitue un fait de chasse. Un jugement, qui se prononce pour l'affirmative, décide : 1° qu'il y a fait de chasse, sur le terrain d'autrui, de la part de l'individu qui plante, pendant la nuit, des jalons surmontés de banderolles sur le chemin d'une forêt de la liste civile et sur des terres bordant cette forêt, dans le but d'empêcher les lièvres, qui ont l'habitude de quitter chaque soir la forêt, d'y rentrer à la pointe du jour; alors surtout que le prévenu, après avoir construit, à 50 mètres environ de la forêt, un abri en paille pour y attendre le gibier, a placé près de lui, sur la terre, son fusil qui était armé; que pendant qu'il était dans cette attitude, des chasseurs se trouvaient dans la plaine ramenant sur lui ce gibier, que les jalons devaient empêcher de pénétrer sur le terrain de la liste civile (Trib. corr. Fontainebleau, 7 mai 1862, aff. Parent, R. F. t. 2, n° 248); — 2° Qu'aucun délit n'est imputable au chasseur qui place sur son terrain les banderolles destinées à empêcher le gibier de rentrer dans la forêt (Même jugement).

443. — IX. Bonne foi; Erreur. — Nous avons admis au *Rép.* n° 235, que le fait de chasse sur le terrain d'autrui sans le consentement du propriétaire constitue un délit, alors même que le chasseur est de *bonne foi*. Cette opinion se fonde, d'une part, sur le rejet par la Chambre des députés de l'amendement de M. Ardant, tendant à restreindre le délit au cas où la chasse sur la propriété d'autrui aurait lieu sciemment; d'autre part, sur le principe aujourd'hui généralement reconnu, que les infractions en matière de chasse ont le caractère de *délits-contraventions* et, par conséquent, existent indépendamment de toute intention coupable de leur auteur (V. *infrà*, n°s 1079 et suiv.). — Ainsi, il a été jugé que les individus qui répondent à une invitation de chasse en assument toutes les conséquences pénales, et ne sont pas recevables, en cas de poursuite, à exciper de leur bonne foi; c'est à eux de s'assurer que le chasseur qui la dirige a le droit de chasser sur les terres où il les conduit, et que toutes les précautions ont été prises pour les mettre à l'abri d'un délit (Crim. cass. 15 déc. 1870, aff. Pillon de Saint-Philbert, D. P. 70. 1. 447-448).

Au contraire, d'après MM. Gillon et Villepin, n° 268, il n'y a délit qu'autant que le chasseur avait conscience qu'il chassait sur le terrain d'autrui; s'il est de bonne foi, il encourt seulement des dommages-intérêts. Mais c'est à lui à justifier de sa bonne foi. Quant au silence de la loi de 1844, il s'explique parce qu'il était inutile de formuler ce principe. — Conformément à cette seconde opinion, il a été décidé que le fait par des traqueurs d'être rencontrés sur le terrain d'autrui ne saurait les faire considérer comme complices de ceux qui les emploient, s'il n'est pas prouvé qu'ils aient connu les limites des héritages sur lesquels ces derniers ont le droit de chasser (Colmar, 29 mai 1866, aff. Bignatelle, R. F. t. 3, n° 473).

Art. 2. — *Du consentement du propriétaire ou de ses ayants droit* (*Rép.* n°s 43 à 48, 58, 163 à 168).

§ 1er. — Des personnes qui ont qualité pour donner le consentement.

444. L'*autorisation de chasser* sur le terrain d'autrui doit émaner du *propriétaire* ou de ses *ayants droit*, ou, en d'autres termes, des personnes à qui le droit de chasse appartient. Il va de soi qu'elle peut aussi être donnée par leurs mandataires ou représentants légaux.

En ce qui concerne le consentement : du copropriétaire, V. *infrà*, n°s 459 et suiv., 494 et suiv. ; — Du preneur ou fermier, V. *infrà*, n° 497 ; — Du locataire ou adjudicataire de chasse, V. *infrà*, n°s 467 et suiv., 498 et suiv. ; — Du permissionnaire de chasse, V. *infrà*, n° 501 ; — Des représentants ou mandataires légaux des personnes à qui appartient le droit de chasse, V. *infrà*, n° 502.

§ 2. — Des modes de consentement; De la cession et de la concession du droit de chasse en général (*Rép.* n°s 43 à 48, 58, 83, 84, 163 à 168).

N° 1. — *De la cession du droit de chasse* (*Rép.* n°s 43 à 45).

445. — I. Des caractères de la cession du droit de chasse. — On a vu *suprà*, n° 108, que le droit de chasse est un attribut de la propriété. Il en résulte que, en principe, le propriétaire du fond a la faculté de l'exercer personnellement ou d'en disposer au profit d'autrui.

446. — 1° *Cession temporaire du droit de chasse.* — Il n'est pas douteux aujourd'hui que le propriétaire d'un terrain peut *céder*, *à titre temporaire*, le droit de chasser sur ce terrain, et que cette cession est susceptible de se produire soit à *titre gratuit*, soit *à titre onéreux* (V. *Rép.* n°s 43 et suiv. — Conf. Giraudeau, n° 5). — Du reste, lorsque la cession est à la fois temporaire et à titre onéreux, elle se confond avec le contrat de bail ou location de chasse, dont nous parlons *infrà*, n°s 455 et suiv.

Selon M. Demolombe, *Servitudes*, n° 686, le droit de chasse peut aussi être établi à titre d'*usage irrégulier*, de manière à grever, au profit d'une personne déterminée et pendant sa vie, le fonds servant d'une charge réelle qui le suivra dans les mains de tout tiers détenteur (V. *Rép.* v° *Servitude*, n° 56).

447. — 2° *Cession perpétuelle du droit de chasse.* — On a examiné au *Rép.* n°s 43 et suiv., la question de savoir si le droit de chasse peut être *aliéné à perpétuité* ; cette question divise encore les auteurs et la jurisprudence. La même difficulté se présente aussi pour le droit de pêche fluviale (V. *Rép.* v° *Pêche fluviale*, n° 13). Il convient d'ailleurs de distinguer entre la cession perpétuelle en faveur d'un fonds (V. *infrà*, n° 448); et celle en faveur d'une personne déterminée (V. *infrà*, n°s 449 et suiv.).

Quant aux concessions perpétuelles de chasse intervenues avant la Révolution de 1789, V. *suprà*, n° 114.

448. — A. *Cession perpétuelle en faveur d'un fonds.* — On a soutenu (*Rép.* n° 45; et v^is *Action possessoire*, n° 485; *Servitude*, n° 56), que la concession d'un droit de chasse est d'une utilité réelle pour le fonds en faveur duquel elle est établie, et dont elle augmente la valeur vénale ou locative; que, par conséquent, elle engendre une véritable *servitude réelle*, transmissible activement et passivement à tous les propriétaires successifs des deux héritages. Cette opinion a été adoptée par un certain nombre d'auteurs, cités au *Rép.* v° *Servitude*, n° 56 (*Adde :* Jullemier, t. 1, p. 62 ; Lavallée et Bertrand, p. 41). — La cour de cassation a consacré cette interprétation, en jugeant que le droit de chasse concédé à tous les habitants d'une commune, sur un fonds situé dans cette commune, et notamment sur une forêt appartenant à un particulier, revêt le caractère d'une véritable servitude réelle ; qu'en effet, d'une part, il affecte réellement le fonds sur lequel il doit s'exercer, sinon par la faculté qu'il donne au concessionnaire de s'emparer du gibier qui s'y trouve, du moins par le droit qu'il emporte pour lui de pénétrer dans le fonds et de le parcourir pour y poursuivre le gibier; que, d'un autre côté, il est tellement attaché à l'habitation, et non à la personne de l'habitant, que celui-ci le perd à l'instant où il quitte la commune et qu'il passe immédiatement et de plein droit à celui qu'il l'y remplace (Req. 4 janv. 1860, aff. Thierry-Delanoue, D. P. 60. 1. 14). — Jugé pareillement que le droit de chasse concédé par le propriétaire à une communauté d'habitants, présents et à venir, avec le droit de pêche et tout un ensemble d'autres usages en bois et en pâturage, sous la condition d'habitation dans la commune, constitue une servitude réelle sur un fonds au profit d'un autre fonds (Trib. civ. Charleroi, 25 juill. 1878, aff. les princes de Chimay C. la Ville de Chimay, *Pasicrisie belge*, 1879. 3. 55).

D'après un autre système qui compte de nombreux partisans, la cession à perpétuité du droit de chasse sur un fonds en faveur d'un fonds voisin constitue en réalité une *servitude personnelle* prohibée par l'art. 686 c. civ. ; car elle a pour objet direct et principal, non pas l'utilité ou l'agrément du fonds considéré en soi et comme fonds, mais l'agrément personnel du propriétaire, et elle est en opposition avec l'esprit des lois abolitives du régime féodal (V. en ce sens, outre les auteurs cités au *Rép. ibid.* : Aubry et Rau, *Cours de droit civil*, t. 3, § 247, p. 61 ; Championnière, p. 16 ; Chardon, p. 121 ; Demolombe, *Distinction des biens*, t. 1, n° 526, et *Servitudes*, t. 2, n° 686 ; Duvergier, p. 101 ; Giraudeau, n° 6; Leblond, n° 11 ; Massé et Vergé sur Zachariæ, t. 2, § 332, note, p. 192; Merlin, v° *Pêche*, § 1er, p. 52; Petit, t. 1, p. 340; Proudhon, *Domaine privé*, t. 1, n° 387; Rogron, p. 33). — A l'appui de ce second système on invoque un avis du conseil d'Etat du 19 oct. 1811, qui a déclaré nulle la concession à perpétuité d'un droit de pêche (*Rép.* v° *Pêche fluviale*, p. 443), et un arrêt de la cour de Caen, du 10 déc. 1851, *Recueil de cette cour*, t. 16, p. 13). — Quant à l'arrêt de la chambre des requêtes du 13 déc. 1869, cité *infrà*, n° 450), si ses motifs sont susceptibles d'être considérés comme favorables à ce deuxième système, il convient de ne pas leur attribuer une portée trop absolue, attendu que, dans cette affaire, la cour suprême avait à statuer directement sur une cession du droit de chasse en faveur de personnes déterminées, et non en faveur d'un fonds.

449. — B. *Cession perpétuelle en faveur d'une ou plusieurs personnes déterminées.* — La doctrine et la jurisprudence sont d'accord avec nous (*Rép.* n°s 43 et 45), pour attribuer à cette sorte de cession le caractère d'une servitude personnelle prohibée par l'art. 686 c. civ. Parmi les auteurs qui admettent cette proposition, il y a lieu de citer, indépendamment de ceux qui sont mentionnés au numéro précédent, Gillon et Villepin, n° 21 ; Jullemier, *loc. cit.*; de Neyremand, p. 268. — Conformément à cette opinion, la cour de cassation a décidé que le droit de chasse, détaché de la propriété et concédé à perpétuité à une ou plusieurs personnes déterminées et à leurs successeurs ou ayants cause, constitue une servitude personnelle prohibée (Req. 4 janv. 1860, aff. Thierry-Delanoue, D. P. 60. 1. 14).

450. Mais la convention par laquelle une commune cède à des particuliers, à titre onéreux, « les droits de pêche et de chasse, pour eux et leurs descendants, sur la superficie générale de ses communaux, tant qu'ils ne seront point aliénés ou partagés », n'est point perpétuelle, puisqu'elle doit cesser, soit par l'aliénation ou le partage des communaux, soit par l'extinction de la descendance des ayants droit. Elle ne constitue pas non plus un droit réel établi sur un héritage, sans avantage pour un autre héritage. Dès lors, elle ne crée pas une servitude personnelle prohibée par l'art. 686 c. civ., ni une concession entachée de féodalité, mais bien un droit de jouissance qui, n'étant prohibé par aucune loi, doit être déclaré licite et obligatoire (Req. 13 déc. 1869, aff. Commune de Miribel, D. P. 71. 1. 49). — Jugé, dans la même affaire, que la cession des droits de chasse et de pêche, ainsi faite sans réserve, a un caractère absolu et s'oppose à ce que les autres habitants de la commune ou de nouveaux concessionnaires participent à la jouissance des droits cédés; qu'elle a pour effet d'enlever à la commune et d'attribuer aux concessionnaires la faculté de transmettre à des tiers, par bail ou cession, l'exercice des droits concédés, tant que ces droits existeront à leur profit (Lyon, 3 mars 1869, D. P. 71. 1. 49); — Qu'elle ne s'applique pas seulement aux descendants des concessionnaires nés ou conçus au moment du contrat; qu'elle profite également à tous les descendants successifs, qui seraient en même temps leurs héritiers, mais non aux héritiers qui ne seraient pas en même temps leurs descendants (Même arrêt); — Que le décès de l'un des concessionnaires primitifs n'apporte aucune réduction dans le droit des survivants, qui continue de s'étendre sur la totalité des biens communaux (Même arrêt).

451. — II. Qualité pour céder le droit de chasse. — En thèse générale, le droit de chasse peut être cédé par toute personne à qui il appartient. En ce qui concerne la location de chasse, V. *infrà*, n°s 458 et suiv.

452. Dans le cas où le fonds sur lequel porte le droit de chasse est indivis, nous pensons avec MM. Meaume, R. F. t. 8, n° 51, et Giraudeau, n° 198, que chacun des copropriétaires peut céder intégralement son droit de chasse à un tiers, en renonçant à l'exercer personnellement (*Contrà:* Grenoble, 25 mai 1878, aff. Goirand, R. F. t. 8, n° 68; Trib. corr. Bourg, 29 mai 1878, aff. Mazeran, R. F. t. 8, n° 51). — Mais un communiste ne saurait transmettre à un étranger que sa part de copropriété, et il ne lui serait pas permis de la diviser entre plusieurs personnes. Le droit de chasse est un attribut de la propriété (*Rép.* n° 40). S'il peut être cédé, c'est à la condition que cette cession ne nuira pas au droit d'autrui. Or, le droit du copropriétaire serait évidemment lésé, si la cession avait pour effet d'augmenter le nombre des chasseurs. Il faudrait donc, en ce cas, qu'elle fût consentie par tous les copropriétaires (Comp. *infrà*, n°s 460, 472, 495 et suiv.).

453. — III. Des effets de la cession a l'égard des tiers. — La cession du droit de chasse produit, à l'*égard des tiers*, des effets qui varient selon le caractère qu'on lui reconnaît.

Si le droit de chasse qui a fait l'objet de la cession est à considérer comme un droit purement personnel, la cession n'est, en principe, opposable qu'au concédant et aux personnes tenues de ses obligations. — Sur les effets des locations de chasse à l'égard des tiers, V. *infrà*, n°s 481 et suiv.

Au contraire, le droit de chasse cédé sur un immeuble suit cet immeuble entre les mains de ses détenteurs et peut être opposé aux tiers qui acquièrent des droits réels sur cet immeuble, si l'on regarde le droit de chasse soit comme un usage irrégulier (V. *suprà*, n° 446), soit comme une servitude réelle (V. *suprà*, n° 448), soit comme un démembrement de propriété (V. *Rép.* n° 44). Pour qu'il en soit ainsi, il faut, bien entendu, que la cession ait été *transcrite* au bureau des hypothèques (V. *Transcription hypothécaire*).

N° 2. — *De la location de chasse* (*Rép.* n°s 46 à 48, 58, 83, 84).

454. — I. Généralités. — On a vu au *Rép.* n° 46, que le droit de chasse peut être *loué* ou *affermé* soit conjointement avec le fond, soit séparément. Les auteurs sont aujourd'hui unanimes sur ce point (V. notamment: Aubry et Rau, t. 3, § 247, p. 62, note 6, et t. 4, § 365, p. 470; Chardon, p. 118; Demolombe, *Servitudes*, n° 686; Duvergier, sur l'art. 1er; Favard, n° 15; Gillon et Villepin, n° 20; Giraudeau, n° 5; Jullemier, t. 1, p. 62, et t. 2, p. 23; Marcadé, *Explication du code civil*, sur l'art. 686 c. civ.; Merlin, *Répertoire*, v° *Bail*, n° 570; Morin, n° 8; de Neyremand, p. 266; Rogron, p. 31; Toullier, *Droit civil français*, t. 4, n° 19; Troplong, *Louage*, n° 94). — Cette solution, après avoir été formellement admise par plusieurs arrêts (V. par exemple: Rouen, 9 nov. 1826, *Rép. loc. cit.*; Metz, 1er mars 1854, aff. Poncelet, D. P. 54. 2. 266), a été consacrée implicitement par une jurisprudence constante.

Le législateur a, du reste, expressément permis d'affermer le droit de chasse dans les forêts de l'Etat (V. *infrà*, n°s 522 et suiv.), et dans celles des communes (V. *infrà*, n°s 535 et suiv.).

455. Il importe de remarquer, ainsi qu'on l'a dit au *Rép.* n° 47, que la cession du droit de chasse par bail peut être *absolue* ou *limitée*, en ce sens que la faculté de chasser peut être transmise au preneur à l'exclusion du bailleur, ou sous réserve de la même faculté pour ce dernier (V. *infrà*, n° 461. — Comp. *suprà*, n°s 124 et suiv.; *infrà*, n° 491).

456. Le bail de chasse est, en principe, soumis aux *règles générales* édictées par les art. 1713 et suiv. c. civ. pour le louage des choses (Leblond, n° 14). D'après M. Giraudeau, n° 26, il doit être assimilé spécialement à la location de biens ruraux et assujettis à l'application des art. 1774 et suiv. c. civ. (V. *infrà*, n°s 487 et suiv.).

457. Sur la distinction entre le bail et la simple permission de chasse, V. *infrà*, n°s 491 et suiv.

458. — II. Qualité pour donner a bail le droit de chasse; De la sous-location. — La faculté de donner à bail le droit de chasse appartient, en thèse générale, à toute personne qui en est propriétaire (V. *suprà*, n°s 115 et suiv.; *infrà*, n°s 459 et suiv.).

Quant à la *capacité légale* du bailleur de chasse, il convient de remarquer que le bail de chasse rentre dans la catégorie des *actes d'administration*. Pour plus de développements à ce sujet, V. les explications concernant la capacité requise pour délivrer des permissions de chasse, *infrà*, n° 502.

459. — 1° *Propriétaire du fonds; Copropriétaire.* — Au nombre des personnes qui ont qualité pour affermer le droit de chasse, se trouve en première ligne le *propriétaire du fonds* (V. *suprà*, n°s 116 et suiv.).

460. Si le fonds est indivis, l'un des *copropriétaires* ne saurait louer la chasse sans l'intervention ou le consentement de ses copropriétaires (Trib. corr. Liège, 23 déc. 1885, aff. Bage, *Pasicrisie belge*, 1886. 3. 214. — V. *Louage*). A l'appui de cette proposition, on peut invoquer les arguments et la jurisprudence mentionnés *infrà*, n° 496, relativement à la faculté pour les communistes d'accorder une permission de chasse. — Jugé, dans le même sens, que le droit de chasse ne peut être valablement amodié par une commune seule sur des terrains indivis entre elle et une autre commune (Grenoble, 25 mai 1878, aff. Goirand, R. F. t. 8, n° 68). — Comp. *suprà*, n° 452.

461. Selon M. Jullemier, t. 1, p. 65, « quand un propriétaire loue sa chasse, en *se réservant* l'autorisation de chasser pour lui-même, il ne peut sous aucun prétexte céder à un tiers ce droit qui lui est essentiellement personnel, ni faire chasser d'autres personnes avec lui; il a aliéné son droit de chasse, et n'est qu'un permissionnaire ordinaire ». — Et il a été jugé que, lorsque, dans un bail de chasse, le bailleur s'est réservé le droit de chasser avec un *ami* sur le terrain loué, cette réserve peut, suivant les circonstances, être considérée comme personnelle au bailleur, et non susceptible de cession (Trib. corr. Verviers, 20 nov. 1886, aff. Aroz, *Pasicrisie belge*, 1887. 3. 23, et sur appel, Liège, 27 janv. 1887, *ibid.*, 1887. 2. 240). — En cas de décès du bailleur, un de ses cohéritiers indivis, en vendant les terres louées par son auteur, ne peut, non plus que celui-ci, abandonner à une tierce personne la faculté d'y chasser réservée dans le bail, ni se prévaloir de ce que son acquéreur et ses cohéritiers, propriétaires indivis, lui auraient, lors de la vente, consenti le droit de chasser sur ces terres (Arrêt précité du 27 janv. 1887).

Du reste, le bailleur de chasse qui se réserve le droit de chasse pour lui et, suivant le langage habituel des chasseurs, pour deux amis ou trois amis, s'il ne chassait lui-même, n'a pas entendu restreindre son droit d'invitation à des personnes avec lesquelles il serait lié d'amitié (Amiens, 15 nov. 1883, aff. de Flaugergues, D. P. 84. 5. 55). — V. *infrà*, n°s 469 et 530.

462. Ainsi qu'on l'a dit au *Rép.* n°s 58 et 84, il n'est pas douteux que le propriétaire du fonds qui a cédé son droit de chasse sans réserve à son profit, se rend passible d'une *action civile* en *dommages-intérêts* de la part du preneur, s'il chasse sans le consentement de ce dernier sur le fonds affermé.

463. Mais faut-il aller plus loin, et considérer le fait de chasse du bailleur comme constitutif de *délit* et, par conséquent, comme susceptible d'entraîner contre lui une *action correctionnelle?* Cette question, déjà très discutée lors de la publication du *Répertoire* (V. *ibid.* n°s 58 et 83), continue à diviser la doctrine et la jurisprudence, d'autant plus que la cour de cassation n'a pas eu jusqu'ici, du moins à notre connaissance, à se prononcer sur cette difficulté.

D'après un premier système, le propriétaire qui chasse sur le terrain dont il a loué la chasse ne commet pas un délit et n'est passible que de dommages-intérêts; on ne saurait le considérer comme faisant acte de chasse sur la propriété d'autrui (Rouen, 7 mai 1881, aff. de Cairon, D. P. 83. 5. 63; Paris, 12 févr. 1884, aff. Rigoulot, D. P. 85. 5. 57). — Et le tribunal correctionnel est incompétent pour statuer sur la demande en dommages-intérêts ainsi formée, abstraction faite de tout délit (Arrêt précité du 12 févr. 1884). —MM. Gillon et Villepin, n° 62, exposent d'une manière très nette les arguments qui militent à l'appui de cette opinion: « Nul ne voudrait prétendre qu'il y a dans ce fait délit de chasse *sur le terrain d'autrui sans le consentement du propriétaire.* Ce serait là un étrange abus des mots. Le propriétaire est sur son *terrain*, seulement il viole le convention passée entre lui et le *possesseur du droit de chasse;* il porte volontairement atteinte au droit qu'il a concédé. Cette atteinte peut servir de base à une action exercée en vertu de l'art. 1184 ou de l'art. 1182 c. civ., et qui doit tendre soit à l'exécution de la convention avec dommages-intérêts, soit à l'allocation d'une indemnité. Mais de peine, il ne saurait en être appliqué, parce que le fait ne présente pas les caractères précis du délit de chasse sur le terrain d'autrui et qu'en matière pénale l'application de la loi ne peut avoir lieu par voie d'interprétation ou d'analogie ». — C'est ce premier système que nous avons cru devoir adopter au *Rép.* n°s 58 et 84, comme étant moins rigoureux (V. dans le même sens: Championnière, p. 13 et 23; Giraudeau, 1re éd., n° 633; Rogron, p. 34).

464. Selon un deuxième système, le propriétaire qui, ayant cédé sans restriction son droit de chasse, se permet néanmoins de chasser, doit être considéré comme coupable d'un délit (Trib. corr. Meaux, 15 juin 1877, aff. R..., *Journal de droit criminel*, 1877, p. 326). — Cette opinion a été également admise implicitement par un arrêt de la cour de Colmar, du 1er oct. 1867 (aff. Schmitt, R. F. t. 4, n° 620), aux termes duquel le propriétaire qui chasse en temps prohibé, sur un terrain dont il a affermé la chasse sans réserve à son profit, est passible de dommages-intérêts envers le locataire de la chasse; et ce dernier peut demander ces dommages-intérêts devant le tribunal correctionnel, en intervenant sur la poursuite exercée par le ministère public à raison du délit de chasse en temps prohibé. Si, en effet, la cour d'appel n'avait pas reconnu au fait incriminé le caractère de délit de chasse sans autorisation, l'intervention de la partie civile n'aurait pas été recevable devant le tribunal correctionnel, le délit de chasse en temps prohibé intéressant uniquement l'ordre public et ne pouvant donner lieu à aucune action en faveur des particuliers (V. *infrà*, n° 1221).

Si l'on objecte que l'art. 11 de la loi du 3 mai 1844 ne frappe que ceux qui ont chassé sur le terrain d'autrui *sans le consentement du propriétaire*, « cette disposition, dit M. de Neyremand, p. 287, doit être entendue d'une manière rationnelle, et rapprochée de l'art. 1er qui subordonne le droit au consentement du propriétaire ou de ses *ayants droit*. Il est évident qu'en se servant de ces expressions « le terrain d'autrui », la loi n'a voulu parler que *secundum subjectam materiam*, c'est-à-dire n'envisager ce terrain que relativement à la chasse qui en est un attribut essentiel. Celui au profit duquel le propriétaire s'est dépouillé le représente à tel point, sous ce rapport, que ce dernier n'est plus qu'un tiers pour lui. Donc, comme tout autre tiers, il commet un délit de chasse sur un terrain qui, au point de vue de la chasse, a cessé de lui appartenir ». — Dans le sens de cette solution, à laquelle M. Giraudeau s'est rallié dans sa seconde édition, n° 763, V. Berriat, p. 129 ; Camusat, p. 42; Leblond, n° 203 ; Observations, R. F. t. 4, n° 658. On peut aussi invoquer à l'appui de ce deuxième système l'esprit des arrêts qui regardent comme délictueux le fait de chasser, même de bonne foi, en vertu d'une cession ou permission émanée d'une personne qui n'avait pas ou n'avait plus la propriété du droit de chasse (V. *infrà*, nos 496 et 501).

465. — 2° *Usufruitier*. — On a vu *suprà*, n° 119, que l'usufruitier à la faculté de chasser sur le terrain assujetti à son usufruit. Il s'ensuit qu'il peut affermer le droit de chasse. — Décidé que l'usufruitier peut consentir des baux de chasse dans les limites déterminées par les art. 595, 1429 et 1430 c. civ. A la cessation de l'usufruit, le nu propriétaire est tenu de respecter les baux ainsi consentis (Rouen, 2 janv. 1865) (1). — La doctrine est unanime à cet égard (Jullemier, t. 2, p. 15 ; Leblond, n° 27 ; Merlin, v° *Chasse*, § 3, n° 7 ; de Neyremand, p. 275 ; Toullier, t. 4, n° 19 ; Troplong, *Louage*, t. 1, n° 28).

466. Lorsque l'usufrutier d'un bois meurt après en avoir affermé la chasse dans les limites déterminées par les art. 595, 1429 et 1430 c. civ., le propriétaire (ou son ayant droit) ne peut faire défricher ce bois avant l'expiration du bail, même en offrant de payer une indemnité au locataire de la chasse (Trib. civ. Amiens, 7 mars 1867, aff. Borel de Brétizel, R. F. t. 4, n° 650).

467. — 3° *Locataire de chasse ; Sous-location*. — Une des questions qui présentent le plus d'intérêt pratique, en matière de chasse, est celle de savoir si la faculté de chasser est personnelle au *locataire de chasse* ou cessible à un tiers.

Selon une première opinion, le fermier de chasse ne peut céder son droit qu'avec le consentement du propriétaire du fonds. C'est ce qu'a décidé un arrêt de la cour de Paris, aux termes duquel, le droit de chasse est exclusivement personnel au preneur et ne peut, sans l'autorisation des colocataires et du propriétaire, faire l'objet d'une cession ou transmission quelconque ; par suite, l'individu surpris chassant sur le terrain d'autrui ne peut, pour échapper à une condamnation, exciper d'une cession qui lui aurait été faite par un tiers d'un droit de chasse appartenant à celui-ci (Paris, 12 déc. 1867, aff. M..., D. P. 67. 2. 211). — Cette solution est motivée sur ce que les raisons déterminantes d'un bail de chasse sont prises dans la personne même qui doit en profiter, par exemple, son habileté comme chasseur, l'usage plus ou moins fréquent que ses occupations lui permettent de faire de ce droit ; que, s'il en était autrement, l'usage pourrait devenir un abus nuisible au cédant et une véritable charge de la propriété (Même arrêt).

D'après une seconde opinion, formulée au *Rép.* n° 48 et qui est admise par la majorité des auteurs et une jurisprudence presque constante, le locataire de chasse peut, en vertu de l'art. 1717 c. civ., céder son droit, à moins que cette faculté ne lui soit refusée soit expressément, par une clause formelle du bail, soit implicitement (V. en ce sens : Gillon et Villepin, n° 30 ; Giraudeau, n° 15 ; Jullemier, t. 1, p. 64 ; Leblond, nos 15 et 16 ; de Neyremand, p. 266). — Cette faculté est soumise à certaines conditions par le cahier des charges de location de la chasse dans les forêts domaniales ou communales (V. *infrà*, n° 529).

468. Lorsque, dans un traité intervenu entre le fermier et les cofermiers d'un droit de chasse, il a été stipulé que chacun d'eux pourrait céder ses droits sous la condition que le cessionnaire serait agréé par les autres sociétaires, cette clause équivaut à l'interdiction de rétrocéder sans le consentement exprès des coïntéressés, et confère à ceux-ci le pouvoir de s'opposer à l'admission d'un cessionnaire, sans même être tenus de formuler les motifs de leur refus (Rouen, 13 janv. 1863, aff. Bellest, R. F. t. 2, n° 350). — Et le cessionnaire non agréé ne serait pas fondé à exercer un recours en garantie contre le cédant, si ce dernier, après lui avoir donné connaissance du traité qui le liait envers ses associés, lui avait fait souscrire l'engagement de s'y conformer ponctuellement, de manière à ce que ledit cédant « ne pût être inquiété ni recherché à ce sujet » (Même arrêt).

469. Il est évident que le locataire de chasse n'a pas la faculté de céder son droit, lorsqu'il lui est interdit d'accorder des permissions de chasse (V. *infrà*, nos 498 et suiv.).

Quant au point de savoir si la clause qui défend aux fermiers de la chasse, dans les bois soumis au régime forestier, de rétrocéder leur droit emporte prohibition d'accorder des permissions de chasse, V. *infrà*, n° 498.

470. — III. Des sociétés de chasse. — Le bail de chasse est souvent consenti en faveur de *sociétés de chasse*. Ces sociétés, qui ont pris une grande extension depuis quelques années, sont le plus habituellement formées pour l'exploitation de la chasse dans les forêts domaniales (V. *infrà*, nos 522 et suiv.) et les bois communaux (V. *infrà*, nos 535 et suiv.).

La clause d'un bail de chasse qui interdit au preneur de céder son droit au bail, si ce n'est à une personne honorable et solvable contre laquelle le bailleur n'aurait aucun motif particulier d'exclusion, ne s'oppose pas à ce que le preneur mette sa chasse en actions, ce dernier ayant la libre faculté d'inviter qui bon lui semble et de faire participer ses amis ou invités aux frais d'entretien de la chasse qu'il a louée (Amiens, 15 nov. 1883, aff. de Flaugergues, D. P. 84. 5. 55). — V. *suprà*, n° 461 ; *infrà*, n° 530.

471. Des particuliers peuvent valablement se constituer en société pour la mise en commun et l'exploitation, entre les copartageants, du droit de chasse leur appartenant, soit comme propriétaires de terres, soit comme fermiers de la chasse, sur des terres à eux louées à cet effet; et cela, sans qu'il y ait nécessité, une telle association ayant le caractère de société civile, qu'ils aient fait préalablement approuver leurs statuts par le Gouvernement, comme cela était exigé pour la constitution des sociétés anonymes avant la loi du 24 juill. 1867, ni qu'ils se soient munis de l'autorisation administrative imposée aux associations et comités permanents qui comprennent plus de vingt personnes (Crim. cass. 18 nov. 1865, aff. Société des chasseurs de Saint-Valery, D. P. 66. 1. 455). — Dès lors, ces particuliers sont régulièrement représentés en justice, pour la défense des droits de chasse exploités en commun, par celui des asso-

(1) (Quinguet C. Leconte.) — La cour ; — Attendu que, par acte sous seing privé en date du 2 mai 1852, enregistré à Conches, le 3 avril suivant, la dame veuve Philippe a donné à bail au sieur Quinguet, pour neuf années consécutives, le droit de chasse sur les propriétés comprises dans la donation en nue propriété par elle faite à Leconte, le 26 mars 1852, moyennant une redevance annuelle de six perdrix et d'un lièvre; — Attendu que les termes précis dans lesquels cette convention est conçue ne laissent aucun doute sur son caractère et que c'est bien une location du droit de chasse, et non une simple permission de chasser, révocable à sa volonté, que la dame Philippe a entendu concéder; — Attendu que rien dans la cause ne permet de supposer que le prix stipulé dans la convention n'est pas sérieux, ni que cette convention ait été le résultat d'une surprise ou d'une manœuvre dolosive ; — Attendu que la veuve Philippe, en donnant à Leconte, par l'acte du 26 mars 1852, la nue propriété de tous les biens qui lui appartenaient et dont elle se réservait l'usufruit, avait imposé à son donataire l'obligation d'exécuter, pendant toute la durée qu'ils auraient encore à courir, sans aucun recours contre qui que ce soit, les baux écrits ou verbaux qu'elle aurait faits de tout ou partie des immeubles donnés ou qui existeraient à son décès; — Attendu d'ailleurs que Leconte, en succédant à la dame Philippe, est tenu de toutes les obligations contractées par elle ; — Attendu que de ce qui précède il résulte que la convention intervenue le 2 mars 1862 entre la veuve Philippe et Quinguet, n'est autre chose qu'un contrat de bail qui oblige aujourd'hui Leconte comme il obligerait Philippe dont il est le représentant, etc.

Par ces motifs, etc.

Du 2 janv. 1865.-C. de Rouen.-MM. Lacroix, pr.-Connelly, av. gén.-Lemarcis et Renaudeau, av.

ciés que les statuts sociaux chargent de pourvoir aux rapports de la société avec les tiers, et les délinquants poursuivis opposeraient à tort la maxime que nul en France ne plaide par procureur (Même arrêt).

472. Du reste, il est manifeste que l'*intuitus personnæ* tient, dans une location de chasse, une place plus grande que dans une location ordinaire. — La convention par laquelle l'adjudicataire du droit de chasse dans une forêt communale s'adjoint une autre personne dans la jouissance de son bail en qualité d'associé solidaire, a le caractère d'une association contractée *intuitu personnæ* (Dijon, 28 juin 1875, et sur pourvoi, Req. 24 avr. 1876, aff. Pihan, D. P. 77. 1. 196). — En conséquence, l'un des associés ne peut, sans le consentement de l'autre, se substituer une personne étrangère au contrat primitif, alors même que cette substitution aurait été autorisée par le préfet conformément au cahier des charges de l'adjudication (Arrêt précité du 28 juin 1875). — Et la cour d'appel qui décide qu'une telle substitution n'est permise par aucune stipulation du contrat, apprécie souverainement l'intention des parties (Arrêt précité du 24 avr. 1876).

Décidé, pareillement, que l'association contractée pour la location d'une chasse est de la nature de celles qui sont consenties en considération de la personne; que, par conséquent, un des associés ne saurait, sans le consentement des autres, se substituer un tiers à la convention, alors même que les associés se sont, pour leurs convenances personnelles, assigné des cantons distincts pour l'exercice de leurs droits (Liège, 23 juill. 1879, aff. de Terwangne *C.* de Pitteurs, *Pasicrisie belge*, 1880. 2. 40); — Que la poursuite correctionnelle intentée dans ce cas par l'un des associés du cédant contre le cessionnaire qui a chassé sur les biens formant l'objet du bail, constitue un trouble dont le cédant doit garantir ce dernier, à peine de résiliation de la cession; que, lorsque ce trouble a été dénoncé au cédant, celui-ci n'est pas fondé à faire un grief au cessionnaire, condamné en première instance sur la poursuite correctionnelle, de ne pas avoir interjeté appel du jugement (Même arrêt).

473. Quand un propriétaire donne à bail la chasse sur son fonds à une société de chasse, le membre de cette société qui donne sa démission de sociétaire, perd tout droit de chasse sur ce fonds et, dès lors, commet le délit prévu par l'art. 1er, § 2 et l'art. 11, § 2, de la loi de 1844, s'il chasse malgré cette démission (Douai, 27 févr. 1882, et sur pourvoi, Crim. rej. 24 juin 1882) (1). — Et il en est ainsi, alors même qu'il a signé le bail en qualité de président (Mêmes arrêts).

474. En cas d'abus de jouissance de la part de l'un des associés, les autres associés peuvent provoquer la *dissolution* de la société (V. *infrà*, n° 530). — La dissolution peut aussi être prononcée par le tribunal civil, si les dissentiments qui existent entre les associés rendent leurs relations impossibles (Orléans, 19 nov. 1887, aff. Lucas, *Droit* du 27 nov. 1887). — Lorsqu'une société de chasse est dissoute avant le terme fixé pour sa durée, il y a lieu, conformément à l'art. 1686 c. civ., de liciter le droit de chasse qui appartenait à cette société; et, en vertu de l'art. 1687 du même code, chacun des sociétaires est maître de demander que les étrangers soient appelés à la licitation (Amiens, 29 mars 1882, aff. Valadon, *Recueil de cette cour*, 1882, p. 108-110).

Lorsque, dans un contrat de société de chasse, il est stipulé qu'en cas de décès d'un des sociétaires, la société continuera entre les sociétaires survivants seulement, à l'exclusion des héritiers du membre défunt, ceux-ci rentrent immédiatement après la mort de leur auteur, et sans qu'il soit besoin d'une liquidation, dans la possession des droits de chasse que ce dernier avait apportés à la société (Liège, 9 déc. 1884, aff. Mathalin, *Pasicrisie belge*, 1885. 2. 45).

475. — IV. DU PRIX DU BAIL. — La location de chasse, comme toute autre location (c. civ. art. 1709), suppose essentiellement un *prix* ou une redevance annuelle à la charge du locataire. Cette redevance consiste ordinairement en une somme d'argent; mais elle peut aussi avoir pour objet des pièces de gibier (Leblond, n° 28). — Dans une espèce où le droit de chasse était loué moyennant une redevance annuelle de six perdrix et d'un lièvre, une cour d'appel a décidé que rien ne permettait de supposer que le prix stipulé dans la convention n'était pas sérieux, ni que cette convention eût été le résultat d'une surprise ou d'une manœuvre dolosive (Rouen, 2 janv. 1865, *suprà*, n° 465). — On peut encore considérer comme valable le bail de chasse consenti sans stipulation d'un fermage en argent, mais à la charge par le preneur de garder le fonds affermé, surtout lorsque le bailleur s'est réservé la faculté d'y chasser lui-même et d'y faire chasser ses amis (Amiens, 19 févr. 1885, aff. T..., *Recueil de cette cour*, 1885, p. 68).

Il appartient aux tribunaux d'attribuer le caractère de simple permission de chasse à la convention qualifiée de bail, si le prix n'est pas sérieux (V. *infrà*, n° 493).

476. — V. DES FORMES EXTRINSÈQUES DU BAIL. — Conformément aux principes du droit commun, le bail de chasse peut être *verbal* ou *écrit* (c. civ. art. 1714). — Jugé que les fermiers d'un droit de chasse sont dans une situation analogue à celle de tout autre locataire, et peuvent rapporter la preuve du bail par tous les moyens qu'admet la loi civile en matière d'engagements verbalement contractés (Metz, 2 févr. 1870, aff. Oury, R. F. t. 5, n° 76).

477. Il est loisible aux parties de constater le bail de chasse par acte authentique ou par acte sous seing privé. Les actes authentiques offrent des avantages au point de vue de la force probante et de la force exécutoire (V. *infrà*, nos 481 et 485-3°). Cependant les baux de chasse, ne présentant habituellement pas de difficultés, sont rarement dressés par *acte notarié*, à moins qu'il n'aient lieu par *adjudication publique* (V. Jullemier, t. 2, p. 26).

478. Lorsque la location est faite par acte sous seing privé, il est nécessaire de rédiger autant d'*originaux* qu'il y a de *parties ayant un intérêt distinct* (art. 1325 c. civ.). Toutefois, un arrêt, cité au *Rép.* v° *Obligations*, n° 4042, et rapporté v° *Chasse*, n° 46, a décidé que le bail consenti par plusieurs propriétaires représentés par un mandataire commun, est valable encore qu'il n'ait pas été rédigé en autant de doubles qu'il y a d'intéressés (Rouen, 9 nov. 1826). — La nullité d'un acte sous seing privé résultant de ce qu'il n'a pas été fait en autant d'originaux qu'il y avait de parties ayant un intérêt distinct, ne peut être proposée par les tiers, mais seulement par les parties contractantes (Rennes, 1er mai 1878, aff. de Pennelé, D. P. 78. 2. 225-226). — En conséquence, l'individu poursuivi par le locataire d'un droit de chasse pour avoir chassé sans permission sur le terrain loué, ne peut exciper de ce que l'acte de location n'aurait pas été fait double (Même arrêt. — Conf. Rouen, 8 févr. 1877, aff. X... *C.* Valanglart, rapporté par Leblond, n° 26).

L'acte de bail revêtu de la signature du bailleur seul, avec la mention qu'il a été fait en autant d'originaux qu'il y a de parties, forme preuves complète, bien qu'il ne porte pas la signature du preneur (Liège, 24 juin 1881, aff. Pierlot,

(1) (Steinick *C.* Roussel.) — LA COUR; — Attendu que des constatations souveraines de l'arrêt attaqué il résulte que, les 4 et 5 septembre 1881, Steinick a chassé sur des terres appartenant à la comtesse Duchâtel, et dont la chasse était louée à une société de chasseurs dont Roussel, plaignant et partie civile, était président; — Que Steinick prétend, il est vrai, qu'en sa qualité d'ancien membre et d'ancien président de ladite société, ayant été personnellement partie au contrat de louage, dont il s'agit, il avait le droit de chasser sur lesdites terres, en vertu du consentement qui lui avait été donné par la comtesse Duchâtel, leur propriétaire; — Mais attendu que des mêmes constatations de l'arrêt il appert que ce n'était pas à telle ou telle personne que le bail allégué par Steinick avait été consenti, mais bien à une réunion de personnes formant une société de chasse, dont les membres seuls pouvaient revendiquer le bénéfice dudit bail; — Que, de plus, Steinick, ayant donné sa démission tout à la fois de président et de membre de cette société, avait été déchargé de toute obligation relative aux loyers et frais à payer; que, par suite, il n'avait conservé personnellement aucun droit à la chasse sur les terres de la comtesse Duchâtel, et qu'étant convaincu d'avoir chassé sur lesdites terres sans le consentement des locataires de la chasse, à ce titre ayants droit de la propriétaire, il a encouru les pénalités édictées par les art. 1er, § 2, et 11, § 2, de la loi du 3 mai 1844; — Que, dès lors, loin de violer lesdits articles, l'arrêt attaqué en a fait, dans la cause, une juste et saine application;

Par ces motifs, rejette.

Du 24 juin 1882.-Ch. crim.-MM. Baudouin, pr.-de Lafaulotte, rap.-Tappin, av. gén.-Sabatier, av.

Pasicrisie belge, 1881. 2. 309). — Le prévenu de délit de chasse qui ne se prévaut d'aucun droit personnel ne saurait exciper du défaut de signature du preneur (Même arrêt).

479. Tout acte constatant un bail de chasse est assujetti au *timbre* de dimension (L. 13 brum. an 7, art. 12-1°, § 10). Mais il suffit d'employer du papier timbré à 0 fr. 60 cent. la demi-feuille (Giraudeau, n° 1511 ; Jullemier, t. 2, p. 127).

480. En matière d'*enregistrement*, le bail de chasse est soumis aux mêmes règles que tous autres baux. Ainsi, il doit, à peine de double droit, être enregistré dans le *délai* de trois mois à partir de sa date (L. 22 frim. an 7, art. 22). S'il n'est pas écrit, il est assujetti à une *déclaration verbale*, dans les trois mois de l'entrée en jouissance, du moins lorsque la location dépasse trois ans ou que le prix annuel excède 100 fr. (L. 23 août 1871, art. 11). Le *droit* d'enregistrement est seulement de 0 fr. 20 cent. par 100 fr. sur le prix cumulé des années du bail (L. 16 juin 1824, art. 1er). (V. Giraudeau, n° 27 ; Jullemier, t. 2, p. 128 ; Leblond, n° 26. — V. aussi *Enregistrement*).

Les avantages que peut procurer au propriétaire l'exercice du droit de chasse ne sont pas susceptibles d'être atteints par le *droit de mutation* après décès, à moins que le propriétaire n'ait fait cession de son droit par bail courant, et n'ait ainsi déterminé lui-même la valeur des avantages que peut procurer l'exercice du droit cédé (Civ. cass. 7 avr. 1868, aff. d'Hugonneau de Chastenet, D. P. 68. 1. 259).

Quant aux effets de l'enregistrement du bail de chasse, on les étudiera plus loin à un double point de vue : celui de la date certaine de ce bail (V. *infrà*, nos 481 et suiv.), et celui de l'exercice du droit de poursuite des délits de chasse de la part du preneur (V. *infrà*, nos 1237 et suiv.).

481. — VI. DU CONCOURS DE BAUX SUCCESSIFS, OU DE BAUX ET DE PERMISSIONS, ETC. — Il peut arriver que le propriétaire du fonds, après avoir affermé, sans réserve, à une personne le droit de chasse sur son terrain, concède à une autre personne une nouvelle location ou une permission de chasse sur le même terrain. Dans cette hypothèse, les principes généraux du droit civil attribuent préférence à celui des deux concessionnaires dont le titre a le premier acquis *date certaine*. Rappelons que les actes authentiques, et spécialement les actes notariés, font pleine foi de leur date (c. civ. art. 1319) et que les actes sous seing privé n'ont de date contre les tiers que dans les cas déterminés par l'art. 1328 du même code, notamment par l'enregistrement (V. Giraudeau, n° 220 ; Leblond, n° 26 ; de Neyremand, p. 271). — Jugé que l'individu investi, sans restriction ni réserve, de la plénitude du droit de chasse sur un terrain, par l'effet de son bail enregistré, ne saurait voir son droit amoindri, contrairement aux stipulations du bail, par une cession ou une permission postérieurement accordée à un tiers par le propriétaire ou ses ayants droit (Crim. cass. 10 mai 1884) (1) ; — Et spécialement par une permission que le propriétaire aurait donnée verbalement à des tiers, dont l'existence n'avait pas de date certaine au jour de la location enregistrée, et que le bailleur avait laissé ignorer au preneur (Crim. cass. 21 juill. 1865, aff. Simonnet, D. P. 65. 1. 497).

L'acte de bail du droit de chasse, enregistré après l'acte de vente du terrain sur lequel ce droit est concédé, ne peut être opposé au tiers acquéreur (Trib. corr. Liège, 23 déc. 1885, aff. Bage, *Pasicrisie belge*, 1886. 3. 214).

482. Les actes sous seing privé prennent date certaine, vis-à-vis des tiers, du *jour* et non du moment de leur enregistrement ; en conséquence, deux baux de chasse sous seing privé, enregistrés le même jour, ont la même date certaine, bien qu'il y ait eu un intervalle de temps entre les deux enregistrements et qu'ils aient été passés à des dates différentes (Douai, 3 août 1870, aff. Lemaître, D. P. 71. 2. 115). — Entre plusieurs locataires d'un droit de chasse en vertu de baux ayant la même date certaine, la priorité doit être accordée à celui qui s'est mis en possession, surtout s'il n'y a pas eu protestation immédiate de la part du contestant (c. civ. art. 1141). Mais le locataire évincé a le droit de réclamer au bailleur, même de bonne foi, les dommages-intérêts qui ont pu être prévus au moment des contrats (Même arrêt).

483. Quand un droit de chasse a été affermé collectivement à plusieurs personnes par un acte écrit, le prévenu d'un délit de chasse sur les terrains loués ne peut offrir la preuve par témoins que, lors de la location, il avait été verbalement convenu qu'il continuerait à jouir du droit de chasse sur les terrains affermés, s'il n'a pas été fait mention de lui dans l'acte de bail (Metz, 10 févr. 1864, aff. Forquignon, D. P. 66. 2. 207. — Conf. Giraudeau, n° 224).

484. Selon un arrêt, rapporté par M. de Neyremand, p. 273, le bail de chasse par acte sous seing privé est dépourvu de toute force obligatoire lorsque les noms des bailleurs ni même leur nombre ne sont indiqués dans le corps de l'acte ; que l'enregistrement ne renferme non plus aucune de ces mentions ; que cette formalité ne se trouve pas au bas des signatures qui, données à des époques diverses, plus ou moins distancées, ainsi que leur aspect l'indique, embrassent plusieurs pages, ni même au bas d'une de ces pages ; que l'enregistrement est relégué en marge de la première ; il est évident, d'après tout cela, que les signatures ou du moins beaucoup d'entre elles n'ont été données qu'après l'enregistrement (Colmar, 8 janv. 1861, aff. Hürstel C. Mettra).

485. En cas de locations ou permissions de chasse successives, les concessionnaires dont le titre n'a pas acquis date certaine avant ceux des autres commettent un *délit* en faisant acte de chasse (Giraudeau, n° 220 ; de Neyremand, p. 254). — Décidé que l'on doit regarder comme coupable du délit de chasse sans autorisation : 1° l'individu qui chasse, même en vertu d'une permission du propriétaire, sur un terrain dont la chasse a été affermée, sans réserve, antérieurement à la délivrance de cette permission. Vainement le prévenu exciperait de l'erreur où il était des droits du fermier de la chasse, surtout s'il avait connaissance du bail ; il doit s'imputer de n'avoir pas vérifié l'existence de prétendues réserves faites par le bailleur et dont la preuve n'est pas établie (Rouen, 12 févr. 1857, aff. Fourdrin, R. F. t. 3, n° 524) ; — 2° Celui qui chasse sur un domaine dont la chasse a été louée à un tiers par bail enregistré, alors même qu'il y aurait été autorisé antérieurement par le propriétaire, s'il s'agit d'une autorisation verbale et sans date certaine ; et si la location du droit de chasse a été faite sans restriction ni réserve. Peu importe que le chasseur se soit trompé sur la valeur de cette autorisation, la bonne foi n'étant pas une cause d'excuse en matière de délit de chasse (Crim. cass. 21 juill. 1865, aff. Simonnet, D. P. 65. 1. 497) ; — 3° L'individu chassant sur un terrain dont la chasse a été louée à un tiers par acte notarié, alors même qu'il y est autorisé par l'héritier du bailleur, si le bail ne contenait qu'en faveur de ce dernier la réserve du droit de chasse (Rouen, 23 mars 1866, aff. Daugicourt-Bienfait, D. P. 67. 2. 120) ; — 4° La personne chassant sur des terres dont la chasse a été louée sans restriction ni réserve à un tiers par un bail enregistré, alors même qu'elle invoquerait les droits dérivant d'un bail émané du propriétaire, mais postérieur

(1) (Lesure C. Riché.) — LA COUR ; — Attendu qu'à la suite d'un procès-verbal dressé contre lui, Riché a été cité en police correctionnelle, à la requête de Lesure, partie civile, pour avoir chassé le 25 déc. 1883 sur un terrain appartenant au sieur Niemaz qui en avait loué la chasse au plaignant, suivant bail en date du 19 août 1881 enregistré le lendemain, avec la condition que la chasse serait interdite à tout autre que le locataire des biens personnellement ; — Attendu que le fait de chasse a été tenu pour constant par l'arrêt attaqué, mais que, néanmoins, le prévenu a été renvoyé de la poursuite par le motif qu'il avait été autorisé à chasser en cet endroit par le nommé Bisson devenu fermier des biens de Niemaz, aux termes d'un bail, qui non seulement aurait autorisé le sieur Bisson à chasser personnellement, mais qui l'aurait encore investi, à partir du mois de mai 1883, du droit d'accorder à des tiers la permission de chasser sur les biens qui lui avaient été loués ; — Mais attendu que, par l'effet du bail du 19 août 1881 dûment enregistré, la plénitude du droit de chasse avait été conférée à Lesure sur le terrain dont il s'agit pour une période de trois années, et que durant cette espace de temps son droit ne pouvait être amoindri, contrairement aux stipulations du bail, par une cession ou une permission postérieurement accordée à un tiers par le propriétaire ou ses ayants droit ; — Attendu, d'ailleurs, qu'en matière de chasse la bonne foi n'excuse pas ; que, dès lors, en acquittant l'inculpé dans ces circonstances l'arrêt attaqué a violé les articles de loi ci-dessus visés : — Casse, etc., mais en ce qui concerne les intérêts civils seulement.

Du 10 mai 1884.-Ch. crim.-MM. Baudouin, pr.-Gast, rap.-Rousselier, av. gén.-Arbelet, av.

comme date et comme enregistrement au bail consenti à la partie civile poursuivante. Peu importe la bonne foi du chasseur (Rouen, 17 juin 1882, aff. Chantin C. Roussel, *Recueil de cette cour*, 1882, p. 200).—V. *infrà*, nos 1079 et suiv.

En présence de la jurisprudence qui vient d'être analysée, nous pensons avec M. Giraudeau, n° 222, que l'on ne saurait attribuer aujourd'hui grande autorité à un ancien arrêt de la cour de Colmar, du 29 déc. 1821, rapporté au *Rép.* n° 167, et qui s'était prononcé en sens contraire avec l'approbation de plusieurs auteurs (Championnière, p. 18; Gillon et Vilpin, n° 27; Lavallée et Bertrand, p. 43).

486. Cependant, il convient d'acquitter le chasseur à qui le fermier de la chasse avait, par artifice, laissé ignorer son bail, qu'il a fait enregistrer seulement la veille de l'acte de chasse incriminé à un bureau d'enregistrement autre que celui de son domicile et de la situation des terres affermées (Trib. corr. Mortagne, 1er juill. 1874, *Recueil de Caen*, 1875, p. 195; cité par Giraudeau, n° 223. — Comp. Paris, 7 déc. 1869, aff. Guyot, D. P. 70. 2. 154; V. *Pêche fluviale*).

487. — VII. De l'expiration du bail. — On admet généralement que le bail de chasse prend fin de la même manière que le bail des biens ruraux (V. Giraudeau, n° 26; de Neyremand, p. 270).

Dans le cas où le bail de chasse a été fait par écrit, avec limitation de durée, il cesse de plein droit à *l'expiration du terme fixé* (c. civ. art. 1737).

MM. Giraudeau, n° 26, et de Neyremand, p. 270, admettent avec raison que la *tacite reconduction* est applicable aux baux de chasse, conformément aux art. 1774 et suiv. c. civ. — Dans le même sens, il a été jugé que, lorsque le bail de chasse est fait sans limitation de durée, il se renouvelle chaque année par tacite reconduction et ne peut prendre fin que par le consentement mutuel des parties ou par un congé donné en observant les délais d'usage pour les locations de biens ruraux (Trib. corr. Pontoise, 8 févr. 1882, aff. Colleau, *Droit* du 18 févr. 1882).

Si l'adjudicataire chasse avec des invités après l'expiration de son bail, tous tombent sous le coup de l'art. 11-2° de la loi du 3 mai 1844; peu importe leur bonne foi (Giraudeau, n° 820). — V. *infrà*, nos 1079 et suiv.

488. Par application des art. 1744 et 1746 c. civ., s'il a été convenu lors du bail de chasse, qu'en cas de vente du fonds, l'acquéreur pourrait expulser le fermier, et qu'il n'ait été fait aucune stipulation sur les dommages-intérêts, le bailleur est tenu d'indemniser le fermier en lui payant le tiers du prix du bail pour tout le temps qui reste à courir. Toutefois, quand un bail de chasse réserve à l'acquéreur de l'immeuble le droit de résilier ce bail en prévenant le preneur avant le 1er avril qui suivrait l'achat de la propriété, le bailleur a entendu stipuler une faculté de résiliation pure et simple, immédiate et sans indemnité. En conséquence, les parties ont admis que le délai qui s'écoulerait entre le 1er avril et l'ouverture de la chasse suivante serait suffisant pour permettre au locataire de trouver un nouveau terrain de chasse, et elles ont voulu se placer en dehors des règles déterminées, pour les baux à ferme et même pour les baux à loyer, par les art. 1744 et suiv. c. civ. (Paris, 14 août 1880, aff. Chabrié, *Droit* du 12 janv. 1881). —Dans le cas où l'on a loué : 1° par un premier bail, le droit de chasse sur toutes les dépendances d'un domaine, avec faculté de résiliation sans indemnité en cas de décès du bailleur ou de vente du domaine par lui ou ses héritiers, la réalisation devant résulter d'un congé signifié avant le 1er septembre de chaque année, et la location devant cesser le 1er mars de l'année suivante; 2° par un second bail, le droit de chasse sur un étang situé dans le même domaine, avec faculté, pour les héritiers du bailleur, de résiliation moyennant indemnité, les deux baux doivent recevoir distinctement leur exécution respective, notamment au point de vue de leur résiliation. Spécialement, il y a lieu de valider le congé donné, le 10 mars 1881, par les héritiers du bailleur : 1° en ce qui regarde le droit de chasse sur les dépendances du domaine pour le 1er mars 1882; 2° en ce qui touche l'étang, à partir dudit jour 10 mars 1881 (Trib. Seine, 22 juin 1881, aff. Le Roy, *Gazette des tribunaux* du 25 août 1881).

489. La plupart des auteurs sont d'avis que l'on doit appliquer en matière de location de chasse l'art. 1722 c. civ., aux termes duquel si, pendant la durée du bail, la chose louée est *détruite* en totalité par cas fortuit, le bail est résilié de plein droit; si elle n'est détruite qu'en partie, le preneur peut, suivant les circonstances, demander ou une diminution du prix, ou la résiliation même du bail, sans que, dans l'un et l'autre cas, il ne soit dû aucune indemnité (V. Giraudeau, n° 22; Leblond, n° 22; de Neyremand, p. 288 et suiv.). — Ainsi, lorsqu'un incendie a détruit en partie le bois taillis dans lequel doit s'exercer le droit de chasse affermé, le preneur peut demander une diminution de loyer (Trib. de paix de Boos (Seine-Inférieure), 17 févr. 1877, aff. Bocquet, jugement rapporté par Leblond, n° 23 *bis*). — Pour refuser au preneur la faculté d'obtenir la résiliation du bail ou une réduction de fermage en cas de perte partielle de la chose louée, il faudrait une clause expresse (Giraudeau, n° 23).

490. D'après une jurisprudence constante, la suspension de l'exercice du droit de chasse, pendant la guerre de 1870-1871, en vertu du décret du 30 sept. 1870 (V. *suprà*, nos 240 et suiv.), a constitué, pour les fermiers de ce droit, une perte de jouissance par cas fortuit ou force majeure, donnant lieu à une diminution proportionnelle du prix de bail, par application de l'art. 1722 c. civ. (Trib. civ. Douai, 20 déc. 1871, aff. Pillon de Saint-Philbert, D. P. 71. 3. 111; Trib. civ. Lyon, 31 janv. 1872, aff. Commune de Néron, D. P. 72. 3. 6; Trib. civ. Remiremont, 19 déc. 1872, aff. Martin, D. P. 73. 3. 64; Paris, 1er mai 1875, aff. Aguado, D. P. 75. 2. 204); — Alors même que le fermier aurait chassé à la faveur d'un arrêté préfectoral qui avait permis la chasse des animaux nuisibles, et alors même que le fermier avait accepté d'avance, par une clause du bail, les restrictions qui pourraient être apportées à l'exercice de la chasse par arrêtés du préfet, une telle clause ne faisant allusion qu'aux arrêtés pris en vertu de la loi du 3 mai 1844 sur la chasse, et non ceux qui seraient motivés pas une force majeure imprévue (Jugement précité du 19 déc. 1872). — Il en a été ainsi même dans les départements où la chasse se trouvait ouverte lorsqu'est intervenu le décret du 13 sept. 1870, prononçant la fermeture. Mais, dans ce dernier cas, le fermier n'a pu réclamer la remise que d'une partie, et non de la totalité de l'annuité correspondant à la saison de chasse dont il a été partiellement privé (Même jugement). — Dans un département où la chasse n'avait pas encore été ouverte au moment où parut le décret du 13 sept. 1870, il a été jugé que le locataire privé de la jouissance du droit de chasse pendant la campagne de 1870-1871 était fondé à réclamer, à titre de diminution proportionnelle du prix du bail, la remise de l'annuité de loyer correspondante (Jugement précité du 20 déc. 1871; Arrêt précité du 1er mai 1875); — Et cela, encore bien qu'il se fût interdit, par une clause des conventions, de demander jamais une réduction de ses fermages, une telle clause ne devant être réputée consentie qu'en vue des cas fortuits qui peuvent priver le locataire des fruits de la chose louée, mais non de ceux qui peuvent aller jusqu'à supprimer le droit lui-même (Même jugement du 20 déc. 1871).

N° 3. — *De la permission de chasse* (*Rép.* nos 48, 163 à 168, 236, 274, 413).

491. — I. Généralités. — Ainsi qu'on l'a dit au *Rép.* n° 48, la *permission de chasse* ne doit pas être confondue avec le bail de chasse. En règle générale, elle s'en distingue au point de vue du droit de chasse réservé au concédant, du caractère personnel du droit transmis au concessionnaire, de sa gratuité et de la révocabilité de ce droit. — Du reste, c'est aux tribunaux qu'il appartient d'interpréter les concessions du droit de chasse, comme les autres contrats de droit civil, et d'apprécier si elles ont réellement le caractère d'une location ou celui d'une simple permission de chasse.

492. L'acte par lequel un propriétaire cède et abandonne exclusivement, pour une durée limitée (six années, dans l'espèce), tous ses droits de chasse sur les terres et prés qu'il possède ou pourra posséder dans une banlieue, moyennant une redevance annuelle de 40 fr. au profit du bureau de bienfaisance de la commune, ne constitue point une simple permission de chasser, mais un véritable bail à prix d'argent du droit de chasse, sans aucune réserve, au profit du bailleur (Colmar, 1er oct. 1867, aff. Schmitt, R. F. t. 4, n° 620).

493. Au contraire, la location du droit de chasse pour neuf années, moyennant un prix dérisoire de 50 centimes, ne peut être considérée que comme une permission de chasser, à laquelle ne sont applicables ni l'art. 1743 c. civ., ni la clause de l'acte de vente par laquelle l'acheteur s'engage à respecter tous droits de bail et d'occupation (Trib. corr. Liége, 23 déc. 1885, aff. Bage, *Pasicrisie belge*, 1886. 3. 214). — Pareillement, un fermier rural peut être regardé comme n'ayant obtenu qu'une simple permission de chasse, et non une véritable cession, bien qu'il produise un billet du propriétaire, daté, mais non signé, et ainsi conçu: « Je donne mon droit de chasse à mon locataire N..., ainsi que le droit de poursuivre les délinquants ». En conséquence, le tiers qui chasse, avec l'autorisation du propriétaire, sur le domaine affermé, ne saurait être poursuivi par le fermier rural pour délit de chasse sans droit (Paris, 27 mars 1882, aff. Petit, *Droit* du 21 avr. 1882). — De même, la convention par laquelle deux propriétaires se confèrent gratuitement et à titre de réciprocité, pour eux et leurs familles, exclusivement à tous autres, la faculté de chasser sur des terrains contigus, ne constitue point une cession du droit de chasse, mais une simple tolérance (Paris, 4 déc. 1867, aff. Flury-Hérard, R. F. t. 4, n° 638). — De même encore, lorsque deux personnes ont mis en commun un droit de chasse et de pêche loué à l'un d'eux, et sont convenus de ne donner aucune permission sans le consentement de l'un et de l'autre, le permissionnaire ne peut céder son droit à un tiers sans le concours de ces deux consentements. Et le caractère tout personnel de ce droit résulte, tant du terme de permission employé pour le définir, que de la nature des relations devant exister, soit entre les permissionnaires, soit entre ceux-ci et les locataires, dans l'exercice en commun du droit de chasse, alors surtout que la permission donne droit, dans l'ordre des adhésions, à l'une des chambres non occupées au siège de la société de chasse et, dans tous les cas, à l'accès de la maison, notamment pour les repas en commun dans la salle à manger. Si les permissionnaires peuvent être considérés comme locataires, en ce sens qu'ils ont droit à la jouissance du droit de chasse pendant un certain temps et moyennant un certain prix, la forme donnée à la transmission de ce droit en exclut la libre et absolue disposition (Trib. civ. Seine, 13 juill. 1881, aff. Trempé et Magnin, *Gazette des tribunaux* des 18 et 19 juill. 1881).

494. — II. Qualité pour accorder une permission de chasse. — 1° *Propriétaire du fonds; Copropriétaire.* — Il est évident que le *propriétaire du fonds* peut accorder à sa volonté des permissions de chasse, à moins qu'il n'ait antérieurement concédé le droit de chasse sur le même terrain (V. *suprà*, nos 461 et 469).

495. Nous avons soutenu au *Rép.* n° 166, que chaque *communiste* peut, sans le consentement de ses copropriétaires, accorder à un tiers la permission de chasser sur le *fonds indivis*. C'est aussi l'avis de plusieurs auteurs (Championnière, p. 19; Giraudeau, nos 196 et 197; Petit, t. 1, p. 300). — Une cour d'appel s'est prononcée dans le même sens, par le motif que chaque communiste peut jouir par lui-même de son droit ou le faire exercer par qui bon lui semble, sauf, en cas d'abus, aux autres communistes à faire régler l'exercice du droit de chasse ainsi consenti ou à provoquer le partage (Bourges, 21 janv. 1875, aff. Chevallier-Piat, D. P. 77. 1. 237). — Comp. *suprà*, nos 452 et 460.

496. Mais cette solution a été vivement combattue en doctrine (Gillon et Villepin, n° 11; Jullemier, t. 1, p. 58; Leblond, n° 337; de Neyremand, p. 416). La proposition de loi votée par le Sénat en deuxième délibération et actuellement déférée à la Chambre des députés (V. *suprà*, n° 6) porte que le droit de chasser sur un terrain indivis ne peut être valablement conféré que par tous les copropriétaires. C'est aussi dans le même sens que la jurisprudence paraît se former. — Jugé: 1° qu'un des copropriétaires ne peut valablement accorder à un tiers la permission de chasser sur le fonds commun; ce tiers doit obtenir le consentement de tous les communistes; que, sinon, en usant de la permission irrégulière, il commet le délit prévu et puni par l'art. 11-2° de la loi de 1844 (Rouen, 21 févr. 1862, aff. Lamy, D. P. 62. 5. 55; Crim. cass. 19 juin 1875, aff. Chevallier-Piat, D. P. 77. 1. 237. — Comp. Metz, 30 déc. 1863, *infrà*, n° 499); alors surtout que le concédant se réserve la faculté de chasser concurremment avec le permissionnaire (Arrêt précité du 19 juin 1875); et qu'il importe peu, à cet égard, que le permissionnaire soit de bonne foi (Arrêt précité du 21 févr. 1862); — 2° Que l'usufruitier d'une part indivise d'un fonds ne peut à lui seul donner une autorisation de chasse (Trib. corr. Termonde, 3 mars 1884, aff. Quatacker C. Vankerckhove, *Pasicrisie belge*, 1884. 3. 259).

A l'appui de ce deuxième système, la cour de cassation déclare, d'une part, que, les copropriétaires ayant un droit égal au droit de chasse sur la propriété commune, le tiers qui fait acte de chasse sur cette propriété chasse nécessairement sur un terrain appartenant à l'un et à l'autre des communistes; d'autre part, que si chaque copropriétaire jouit à un titre égal des droits inhérents à la propriété qui sont compatibles avec la nature de la chose commune, l'un d'eux ne peut seul, au détriment des droits de l'autre, diminuer l'étendue de cette jouissance et de ses avantages en y faisant participer un tiers concurremment avec lui (Arrêt précité du 19 juin 1875).

497. — 2° *Preneur ou fermier du fond.* — Le preneur ou fermier d'un fonds peut, ou non, autoriser des tiers à y chasser, selon qu'on lui reconnaît ou non le droit d'y chasser lui-même (V. *suprà*, nos 124 et suiv.). — Ainsi, il a été jugé: 1° d'une part, que le preneur d'un héritage peut, à raison de certaines circonstances de fait et dans le silence du bail, accorder à des tiers la permission de chasser sur cet héritage (Rouen, 22 mars 1861, aff. Amildani, R. F. t. 1, n° 23); — 2° D'autre part, que celui qui chasse sur le terrain d'autrui en vertu du consentement, non du propriétaire, mais du fermier auquel n'appartient pas le droit de chasse, commet un délit, alors même qu'il est de bonne foi (V. l'arrêt de la chambre criminelle du 12 juin 1828, rapporté au *Rép.* n° 50).

498. — 3° *Locataire ou adjudicataire de chasse.* — On décide communément que le locataire de chasse peut accorder des permissions de chasse, à moins que ce droit ne lui soit refusé explicitement ou implicitement par le bail ou le cahier des charges. Et cette règle a été consacrée par la jurisprudence.

D'une part il a été jugé: 1° que la défense de délivrer de simples permissions de chasse ne résulte pas de la clause qui interdit à l'adjudicataire la rétrocession de son droit (Besançon, 3 août 1848, aff. Grand, *Recueil de cette cour*, 1847-1848, p. 252, et R. A. F. t. 4, p. 385); — 2° Que, dans le cas où le bail de chasse défend au locataire de sous-louer, en réservant au preneur la faculté de chasser à toute époque avec son garde, et cinq ou six fois par an avec quelques amis, le locataire n'en a pas moins le droit de donner des permissions de chasse (Rouen, 27 févr. 1857, aff. Veuve Lane, *Recueil de cette cour*, 1861, p. 59, et R. F. t. 3, n° 525).

D'autre part, il a été décidé: 1° que si l'adjudicataire d'un droit de chasse s'est soumis à ne prendre qu'un nombre d'associés limité, et à ne céder son droit que suivant certaines formes, il ne peut en permettre l'exercice à des tiers qui ne sont nises cessionnaires, ni ses associés (Besançon, 16 nov. 1848, aff. Simon Grand, *Recueil de cette cour*, 1847-1848, p. 286); — 2° Qu'il y a délit de la part de l'individu, même de bonne foi, qui chasse sur le terrain d'autrui sans l'autorisation du propriétaire, bien qu'il ait pris une action dans la chasse affermée à un tiers qui lui a laissé ignorer qu'aux termes du bail, il ne pouvait ni sous-louer sans le consentement exprès et écrit du bailleur, ni permettre à un ami de chasser sans l'accompagner (Trib. corr. Coulommiers, 23 janv. 1864, aff. Carchon, R. F. t. 3, n° 553). — Cependant, la cour suprême a déclaré autrefois que le fait d'avoir chassé (dans l'espèce, antérieurement à la loi du 3 mai 1844) avec la permission de l'adjudicataire de chasse, auquel le propriétaire a contesté le droit de conférer cette permission, ne constitue pas un délit, mais soulève une question d'interprétation de contrat rentrant dans les attributions de la juridiction civile, et peut seulement donner lieu à des dommages-intérêts civils (Crim. cass. 30 mai 1845, et sur renvoi, Paris, 19 juill. 1845, aff. Pingre, D. P. 45. 4. 67).

499. Dans les espèces ci-dessus, le droit du locataire de chasse se trouvait paralysé dans l'intérêt du bailleur. Mais ce droit peut aussi être tenu en échec par le droit égal de ses coassociés. — Ainsi, lorsque plusieurs personnes se sont réunies pour louer en commun la chasse d'un territoire et qu'elles n'ont pas fait de cantonnement entre elles, chacune a bien la faculté de chasser personnellement sur toute l'étendue de ce territoire, parce que c'est là le but direct et nécessaire du contrat; mais aucune n'a la faculté d'introduire dans la jouissance commune un étranger quelconque sans le consentement de tous les ayants droit, qui peuvent s'y opposer en vertu du principe : *In re pari potior est causa prohibentis.* Il suit de là que la permission de chasser donnée abusivement par un seul de ses associés n'affranchit pas le chasseur qui en fait usage de toute responsabilité vis-à-vis des autres intéressés (Metz, 30 déc. 1863, aff. Schmid, R. F. t. 2, n° 261).

500. Sur le point de savoir si les adjudicataires de la chasse des forêts de l'Etat, des communes ou des établissements publics ont le droit d'accorder des permissions de chasse, V. *infrà*, n°s 530 et 544.

501. — 4° *Permissionnaire de chasse.* — On a vu au *Rép.* n° 48, que la permission de chasse est présumée *personnelle* et incessible, lorsqu'elle a été délivrée *à titre gratuit* (V. dans le même sens : Gillon et Villepin, n° 26). Si, au contraire, la permission a été concédée *à titre onéreux*, il peut y avoir doute sur le point de savoir si le permissionnaire a la faculté de céder son droit. Dans tous les cas, la solution de la question dépend des circonstances. — Jugé : 1° que la permission de chasse, accordée par l'adjudicataire à titre gratuit et temporaire, ne confère qu'un droit personnel, incessible et non transmissible par les héritiers du permissionnaire, surtout si l'adjudicataire a rétrocédé son bail sans réserve ; que, par suite, le délit de chasse ne peut être excusé ni par la possession d'une semblable permission transmise par un héritier du permissionnaire, ni par la bonne foi du chasseur (Dijon, 15 janv. 1873, aff. Dauvé, D. P. 74. 2. 92) ; — 2° Que, quand, dans un bail à ferme, le bailleur se réserve expressément le droit exclusif de chasse sur les biens affermés, sans cependant que cette réserve puisse empêcher les preneurs d'y chasser aussi, la permission de chasse ainsi accordée est restreinte à la personne même des preneurs, sans pouvoir s'étendre à tous leurs enfants nés ou à naître (Trib. corr. Rambouillet, 22 févr. 1877, aff. Roussillon, R. F. t. 8, n° 67 ; Angers, 27 janv. 1879, aff. Soyer, cité par Giraudeau, n° 30 ; Angers, 12 mai 1879, aff. Raimbault, cité *ibid.*) ; —3° Que lorsqu'un bail de chasse réserve en faveur d'un tiers et d'un de ses invités la faculté de chasser sur les propriétés affermées, ce tiers ne peut, sans le consentement du locataire et du propriétaire, céder à une autre personne ce droit de chasse qui lui est exclusivement personnel ; qu'à défaut de ce consentement, l'individu qui chasserait en vertu d'une semblable cession commettrait le délit prévu par l'art. 11-2° de la loi de 1844, alors même que le locataire de la chasse aurait pendant quelque temps laissé chasser le cessionnaire du permissionnaire ; une semblable tolérance ne saurait altérer l'étendue du droit du locataire (Paris, 12 déc. 1867, aff. M..., D. P. 67. 2. 211).

502. — 5° *Représentants ou mandataires des personnes investies de la propriété du droit de chasse.* — En vertu des principes généraux du droit civil, si la personne investie de propriété du droit de chasse est *incapable*, l'autorisation de chasser sur son terrain est concédée par son *représentant légal*, c'est-à-dire soit par son *mari*, soit par son *tuteur*, selon qu'il s'agit soit d'une femme mariée non séparée de biens, soit d'un mineur ou d'un interdit. Au contraire, la femme séparée délivre elle-même des permissions de chasse. Ces propositions, formulées au *Rép.* n° 168, sont généralement admises (Giraudeau, n° 193).

L'autorisation de chasser peut aussi émaner du *mandataire* de la personne à laquelle appartient le droit de chasse (art. 1984 et suiv. c. civ.). — Mais un *garde particulier* n'a pas le droit d'accorder à des tiers la permission de chasser sur les propriétés confiées à sa surveillance ; et, par conséquent, les tiers dont il s'agit sont passibles de poursuites correctionnelles pour délit de chasse sans autorisation du propriétaire (Amiens, 4 janv. 1883, aff. G..., D. P. 83. 5. 58). — Il en est ainsi, alors surtout que l'invitation n'émanait que du garde et n'était même pas faite au nom du propriétaire du fonds (Même arrêt).

503. — III. DES FORMES DU CONSENTEMENT. — 1° *Du consentement exprès.* — Il n'est pas douteux que le consentement du propriétaire, quand il est exprès, peut être simplement *verbal* (Crim. rej. 12 juin 1846, aff. Desprez, D. P. 46. 4. 64.—V. aussi *infrà*, n° 504). — V. toutefois *infrà*, n°s 510 et 545.

Lorsque le consentement est *écrit*, il peut être donné soit par *acte notarié* (V. *infrà*, n° 512), soit par *acte sous seing privé* (V. *infrà*, n° 510), soit même sous forme d'une simple *déclaration* émanée de celui qui est investi du droit de chasse (V. *infrà*, n°s 512 et 513). La permission de chasse étant un acte unilatéral, il en résulte que l'acte sous seing privé qui la constate n'a pas besoin d'être rédigé en plusieurs *originaux* (c. civ. art. 1235).

504. — 2° *Du consentement tacite.* — Il ressort de la discussion à laquelle a donné lieu l'art. 1er de la loi de 1844, que l'autorisation de chasser peut être simplement tacite (V. *Rép.* n° 163). D'ailleurs, cette proposition n'est que l'application des principes du droit commun. Elle est admise par tous les auteurs (Berriat, p. 12; Championnière, p. 95 et 160; Gillon et Villepin, n° 8; Jullemier, t. 1, p. 59; Leblond, n° 206), et consacrée par la jurisprudence (V. notamment : Crim. rej. 12 juin 1846, aff. Desprez, D. P. 46. 4. 64; Trib. corr. Yvetot, 17 déc. 1867, aff. de J..., R. F. t. 5, n° 55; Trib. corr. Compiègne, 26 déc. 1882, aff. de T..., D. P. 83. 5. 57). — Décidé que la loi n'ayant pas déterminé la forme dans laquelle doit être constaté le consentement du propriétaire du terrain sur lequel chasse un tiers; il suffit que l'autorisation ait été donnée et que la preuve de cette autorisation soit rapportée, pour que le fait de chasse sur le terrain d'autrui ne puisse être incriminé (Crim. rej. 3 mars 1854, aff. de Beauséjour, D. P. 54. 1. 162; Bordeaux, 10 nov. 1881, aff. Sarda, D. P. 82. 5. 67-68). — Dès lors, si les fermiers du droit de chasse conviennent entre eux, pour faciliter la surveillance des gardes, que les autorisations seront délivrées sur des cartes signées d'eux, il importe peu que l'autorisation de deux des fermiers seulement soit attestée par leur signature sur une carte de permis, et que l'autorisation du troisième, qui, ce jour-là, était absent, ait été purement verbale, lorsqu'il est certain que cette autorisation avait été donnée (Arrêt précité du 10 nov. 1881).

505. — IV. DE LA PREUVE DU CONSENTEMENT. — 1° *Compétence.* — Quel est le tribunal compétent pour statuer sur l'existence du consentement du propriétaire du fonds ou de de ses ayants droit, dans une poursuite exercée pour fait de chasse sur le terrain d'autrui sans autorisation? V. *infrà*, n°s 1252 et suiv.

506. — 2° *Qui doit faire la preuve du consentement.* — On s'est demandé au *Rép.* n°s 164 et 413, si le consentement du propriétaire doit être *présumé*. En d'autres termes, *à qui incombe la preuve*, en cas de poursuite pour délit de chasse sans autorisation du propriétaire ou de ses ayants droit? Ces questions ont été diversement résolues en doctrine, parce qu'elles n'ont pas toujours été posées avec une précision suffisante et qu'elles ont été parfois l'objet d'une certaine confusion. Il importe, à cet égard, d'établir une distinction, d'une part, selon la partie qui exerce ou met en mouvement l'action publique, et, d'autre part, selon la nature du terrain sur lequel a eu lieu l'acte incriminé.

507. — A. *Poursuite de la part du propriétaire.* — Le consentement ne doit pas être présumé vis-à-vis du propriétaire, en ce sens que le prévenu est toujours tenu de justifier, de l'obtention de ce consentement soit exprès, soit tacite. « Nous considérons le consentement tacite comme suffisant, dit M. Giraudeau, n° 217, parce que c'est en réalité un consentement; mais il est impossible de faire dériver ce consentement du silence seul du propriétaire, ou de ce qu'il n'aurait pas fait garder ses terres ou publier la défense qu'on y chassât, ou de cet autre fait que ses terres seraient improductives ou dépouillées de leurs récoltes. En exigeant un consentement antérieur au fait (V. *infrà*, n° 513), la cour de cassation nous paraît avoir condamné le système contraire. »

508. — B. *Poursuite de la part du ministère public.* — Si le terrain sur lequel a chassé l'inculpé est clos et attenant à une habitation, ou bien encore couvert de ses fruits, il y a présomption que le fait a eu lieu sans le consentement du propriétaire, en sorte que le ministère public peut d'office, et sans plainte préalable du propriétaire, traduire le chasseur devant la juridiction répressive (V. *infrà*, n°s 1197 et suiv.). Il va de soi qu'en pareil cas c'est au prévenu à prouver qu'il avait obtenu l'autorisation de chasser (Sol. impl., Paris, 7 déc. 1844, aff. Legoux, D. P. 45. 4. 81; Orléans, 10 mars 1846, aff. Campagne, D. P. 46. 2. 71).

509. S'il s'agit d'un terrain non clos et dépouillé de ses récoltes, le consentement du propriétaire est provisoirement présumé à l'égard du ministère public, en ce sens que celui-ci n'a la faculté d'exercer l'action publique qu'autant que la partie lésée lui a adressé une plainte à cet effet (Giraudeau, n° 218; de Neyremand, p. 253. — V. *infrà*, n°s 1192 et suiv. — *Contrà:* Berriat, p. 12; Championnière, p. 93; Gillon et Villepin, n°s 8 et 9). — Mais la plainte, une fois transmise au parquet, fait tomber cette présomption de consentement, et, par conséquent, le prévenu ne peut éviter une condamnation qu'en fournissant la preuve de l'autorisation expresse ou tacite du propriétaire ou de ses ayants droit. — Jugé que, dans le cas où le prévenu a été surpris en état de chasse dans une forêt d'autrui, c'est à lui à justifier de la permission régulière qu'il prétend avoir reçue, notamment de l'adjudicataire de la chasse (Dijon, 15 janv. 1873, aff. Dauvé, D. P. 74. 2. 92).

510. — 3° *Modes de preuve.* — La loi de 1844 ne déterminant pas de quelle manière le consentement du propriétaire ou de ses ayants droit doit être établi devant le tribunal de répression, il s'ensuit que le prévenu peut en justifier par tous les modes du droit commun (Crim. rej. 12 juin 1846, aff. Desprez, D. P. 46. 4. 64; 3 mars 1854, aff. de Beauséjour, D. P. 54. 1. 162; Crim. cass. 2 janv. 1862, aff. Abadie, D. P. 62. 1. 400; Colmar, 16 nov. 1869, aff. Bendelé et autres, R. F. t. 5, n° 10. — Conf. Giraudeau, n° 203); — Notamment par la *preuve testimoniale* (Douai, 25 nov. 1844, aff. G..., D. P. 45. 4. 81), ou par *écrit*, lequel n'a pas besoin d'être revêtu d'une forme particulière (Même arrêt; Arrêt précité du 3 mars 1854). — Pour être en règle vis-à-vis de l'autorité en chassant sur le terrain d'autrui, il n'est pas nécessaire que le chasseur soit porteur d'une permission écrite du propriétaire (Arrêt précité du 3 mars 1854).

Cependant le consentement doit être prouvé par écrit, quand le propriétaire du fonds subordonne à cette condition la délivrance des permissions de chasse qu'il autorise son ayant droit à concéder (V. la décision ci-après, et *infrà*, n° 545). — Ainsi, lorsqu'un certain nombre de propriétaires ont donné à bail le droit de chasse sur leurs propriétés sous réserve de ce même droit pour eux-mêmes et pour les personnes munies d'une autorisation expresse et par écrit de l'un d'eux, il y a délit de la part de l'individu qui chasse sur une de ces propriétés sans être munie d'une autorisation écrite. Et c'est en vain que le prévenu invoquerait devant le tribunal une prétendue autorisation écrite, cette pièce avec la date suspecte dont elle est revêtue ne méritant aucune confiance (Amiens, 19 févr. 1885, aff. T..., *Recueil de cette cour*, 1885, p. 68. — V. aussi *infrà*, n° 513).

511. Le prévenu a le droit de déférer le *serment* au plaignant sur le point de savoir si le consentement avait été donné par le propriétaire ou son ayant droit (Giraudeau, n° 204; Houël, n° 142; Lavallée et Bertrand, p. 40). — De son côté, le plaignant a la faculté de déférer le serment au prévenu (Giraudeau, *loc. cit.*).

512. — 4° *De la date du consentement et de sa justification.* — Une jurisprudence constante, conforme d'ailleurs à l'opinion émise au *Rép.* n° 413, décide que la justification du consentement antérieur du propriétaire anéantit les poursuites du ministère public, à quelque époque de la procédure qu'elle soit fournie (Poitiers, 16 nov. 1844, aff. Charrette, D. P. 45. 2. 24; Douai, 25 nov. 1844, aff. G..., D. P. 45. 4. 81; Crim. rej. 6 mars 1846, aff. Gonet, D. P. 46. 1. 168; Orléans, 10 mars 1846, aff. Campagne, D. P. 46. 2. 71; Crim. rej. 3 mars 1854, aff. de Beauséjour, D. P. 54. 1. 162; Colmar, 16 nov. 1869, aff. Bendelé et autres, R. F. t. 5, n° 10. — V. en ce sens: Giraudeau, n° 207; de Neyremand, p. 255). — Il en est ainsi, spécialement, quand le prévenu produit une déclaration ou une attestation écrite, émanée du propriétaire et postérieure au fait de chasse poursuivi, mais constatant l'existence d'un consentement donné antérieurement (Arrêts précités des 3 mars 1854 et 16 nov. 1869); — Ou lorsque le chasseur produit devant la cour d'appel un acte notarié, même postérieur à sa condamnation en première instance, constatant qu'il avait reçu verbalement, avant l'ouverture, l'autorisation du propriétaire de chasser sur ses terres dépouillées ou non de leurs fruits (Arrêt précité du 10 mars 1846).

513. En tous cas, pour faire tomber l'action du ministère public, il faut que le *consentement* du propriétaire ou de ses ayants droit soit *antérieur à l'acte de chasse incriminé* (Amiens, 12 nov. 1844, *Rép.* n° 413; Besançon, 21 nov. 1856, aff. Ravier, *Recueil de cette cour*, 1853-1857, p. 307; Crim. cass. 2 janv. 1862, aff. Abadie, D. P. 62. 1. 400; Arrêt précité du 16 nov. 1869. — Conf. Giraudeau, n° 213). — Les tribunaux de répression sont, en effet, tenus de condamner toutes les fois que le fait incriminé réunit, lors de sa perpétration, les caractères constitutifs d'un délit, sans que les circonstances ultérieures puissent rien changer (Arrêt précité du 2 janv. 1862). — Jugé, en conséquence: 1° que le chasseur ne saurait se prévaloir utilement d'un consentement qui, de son aveu, n'a été demandé et obtenu que postérieurement au fait poursuivi (Arrêts précités des 12 nov. 1844 et 2 janv. 1862); — 2° Que les tribunaux peuvent n'avoir aucun égard à une attestation du propriétaire postérieure au fait de chasse, s'il leur paraît, par sa date et par d'autres circonstances, que ce n'est qu'un certificat de complaisance (Arrêt précité du 16 nov. 1869. — Conf. Amiens, 19 févr. 1885, *suprà*, n° 510. — V. dans le même sens: Giraudeau, n° 207; de Neyremand, p. 255).

514. — 5° *Des conséquences, au point de vue des frais de justice, du retard à prouver le consentement.* — On examinera plus loin, *infrà*, n° 1285, si le chasseur, acquitté par suite de la justification même tardive du consentement du propriétaire, doit cependant, à raison de ce retard, supporter les *frais de justice* occasionnés par sa faute ou sa négligence.

515. — V. De l'étendue du consentement. — L'individu qui fait acte de chasse sur le terrain d'autrui, en dehors des *cas* et des *conditions* autorisés par le propriétaire ou son ayant droit, ne saurait prétendre qu'il chasse avec autorisation et, par suite, commet le délit prévu et puni par les art. 1er et 11 de la loi du 3 mai 1844. Aussi, a-t-on vu au *Rép.* n° 236, que l'on doit regarder comme étant en délit celui qui, n'ayant obtenu qu'un consentement limité à certain *mode de chasse*, à certain *lieu*, à certaine espèce de *gibier*, excède ces limites. C'est ce que décide également M. Giraudeau, n° 210: « Il faut, dit-il, que le consentement du propriétaire s'applique d'une manière précise à toutes les pièces de terre sur lesquelles on veut chasser. Il est aussi nécessaire pour les champs dépouillés de leurs récoltes ou incultes que pour les terres ensemencées ». — Rappelons que le locataire de chasse qui excède sciemment les limites déterminées par le contrat à l'exercice de son droit, est passible de poursuites pour délit de chasse sans le consentement du propriétaire (*Rép.* n° 274).

516. C'est une question de fait laissée à l'appréciation de l'autorité judiciaire, que celle de savoir quels sont les *terrains* auxquels s'applique le bail ou la permission de chasse. Par exemple, le locataire de la chasse ne peut exercer aucune poursuite à l'occasion d'un délit commis dans une dépendance directe et essentielle de l'*habitation* d'un fermier rural, notamment dans une cour close, édifiée de plusieurs bâtiments d'exploitation, et dans laquelle se trouvent la grange et l'étable de ce fermier (Rouen, 13 janv. 1882, aff. Vallée C. Osmont, *Recueil de cette cour*, 1882, p. 106). — Bien qu'en principe la bonne foi ne soit pas une excuse légale d'un fait de chasse, il en est autrement quand le chasseur a été induit en erreur par le propriétaire lui-même ou par le garde préposé par celui-ci à la conservation de ses terres et l'indication de leurs limites; en de telles circonstances le propriétaire ne peut être recevable à intenter une action qui pourrait réfléchir, au moins dans ses conséquences civiles, contre son préposé, et il doit être réputé avoir consenti tacitement à ce que le chasseur fasse acte de chasse sur les parcelles désignées par le garde (Trib. corr. Yvetot, 17 déc. 1867, aff. Hertel, R. F. t. 5, n° 56).

Le locataire ou permissionnaire de chasse sur un héritage a-t-il le droit de passer en action de chasse sur les parties de cet héritage qui sont ensemencées ou chargées de récoltes? Dans le cas de la négative, s'il passe en action de chasse sur les terrains de cette nature sans le consentement du propriétaire ou de ses ayants droit, commet-il le délit de chasse sans autorisation ou une contravention de simple police? Est-il, au contraire, seulement passible d'une action civile en dommages-intérêts? Nous réservons ces difficultés pour le chap. 9 (V. *infrà*, nos 910 et 911).

517. — VI. DE LA RÉVOCATION DU CONSENTEMENT. — Lorsqu'un propriétaire a laissé certaines personnes chasser sur son fonds pendant quelque temps et leur a ainsi concédé une permission tacite de chasse, il ne peut faire cesser cet état de choses qu'en manifestant soit par une déclaration, soit de toute autre manière non équivoque, la *révocation de son autorisation*. Cette proposition formulée au *Rép.* n° 165, et fondée, d'ailleurs, sur la discussion parlementaire de l'art. 1er de la loi de 1844 mentionnée *ibid.* n° 163, a été consacrée par la doctrine et la jurisprudence (V. Berriat, p. 12; Gillon et Villepin, nos 8 et 9; Giraudeau, n° 214).

518. Il a été décidé: 1° que le consentement d'un propriétaire, relativement à la faculté de chasser sur son terrain, peut être tacite, et qu'il continue à produire son effet au profit de la personne autorisée, tant que ce propriétaire n'a pas manifesté clairement son intention contraire (Trib. corr. Meaux, 24 sept. 1875, aff. Bouchet, R. F. t. 6, n° 133; Trib. corr. Compiègne, 26 déc. 1882, aff. de T..., D. P. 83. 5. 57); — 2° Que cette manifestation peut ne pas résulter suffisamment de la défense, faite au permissionnaire par le garde particulier d'un locataire du droit de chasse, de chasser sur les terres du propriétaire dont il s'agit, si le permissionnaire, dans l'ignorance où il était de la prétendue cession, a pu croire raisonnablement que la défense ne s'appliquait qu'aux terres appartenant exclusivement à son maître; qu'en tout cas, le bail ne saurait être valablement opposé au permissionnaire, si les faits reprochés à ce dernier ont eu lieu avant que le bail n'ait acquis une date certaine, notamment au moyen de l'enregistrement (Jugement précité du 26 déc. 1882. — V. *suprà*, nos 481 et suiv.); — 3° Que, lorsque plusieurs propriétaires ont, par suite d'un accord tacite, chassé librement sur leurs propriétés respectives, pendant plusieurs années, s'ils veulent mettre fin à cette pratique, ils doivent se faire connaître leur changement de volonté; sinon, celui d'entre eux qui continuerait à chasser sur les terrains de l'autre ne commettrait pas de délit (Jugement précité du 24 sept. 1875); — 4° Que le locataire de la chasse sur des pièces de terre non réservées avant l'existence de son bail, est obligé de prévenir du droit exclusif qu'il entend exercer, ceux qui chasseraient antérieurement et concurremment avec lui, surtout si son silence, pendant un certain temps, a pu faire croire à la tolérance de l'ancien état de choses (Trib. corr. Yvetot, 17 déc. 1867, aff. de J..., R. F. t. 5, n° 55).

519. Il ressort implicitement d'un arrêt de la cour suprême, que l'autorisation donnée par un propriétaire, de chasser sur son terrain, ne s'éteint pas de plein droit à sa mort, et profite au permissionnaire tant qu'elle n'est pas révoquée par les héritiers du propriétaire (Crim. rej. 30 nov. 1860, aff. de Portes, D. P. 61. 1. 500). — Jugé, pareillement, que la cession même gratuite de la chasse doit être respectée par l'héritier du cédant jusqu'à révocation explicite, alors surtout qu'un terme a été fixé (Trib. corr. Verviers, 20 nov. 1886, aff. Aroz, *Pasicrisie belge*, 1887. 3. 23).

N° 4. — *De l'invitation de chasse.*

520. L'*invitation de chasse* est, en principe, soumise aux mêmes règles que la permission de chasse. Comme celle-ci, elle constitue une autorisation de chasse personnelle, précaire. Elle en diffère, toutefois, en ce que l'invité ne fait que participer à la chasse exercée par une autre personne, tandis que le permissionnaire a la faculté de chasser isolément. Parfois l'invité n'est qu'un simple spectateur qui ne fait pas acte de chasse (V. *suprà*, nos 66 et suiv.).

521. Les personnes qui ont le droit d'accorder des permissions de chasse ont également qualité pour faire des invitations; mais la réciproque ne serait pas exacte. En cas de propriété indivise, comme il est d'usage que chaque communiste invite des tiers à chasser sur le terrain indivis, sans recourir à l'intervention de ses copropriétaires, on décide généralement que ceux-ci consentent tacitement à ces invitations, quand elles ne sont pas abusives.

Sur les invitations que les adjudicataires de chasse peuvent faire dans les forêts de l'Etat, des communes ou des établissements publics, V. *infrà*, nos 530 et 544.

§ 3. — De la concession du droit de chasse dans les propriétés de l'Etat, des communes et des établissements publics (*Rép.* nos 11, 14, 169).

N° 1. — *De la chasse dans les propriétés de l'Etat* (*Rép.* nos 11, 14, 169).

522. — I. DE LA CHASSE DANS LES FORÊTS DE L'ÉTAT. — 1° *De la location de chasse dans les forêts de l'Etat.* — Il convient de rappeler brièvement que pendant longtemps la chasse a été interdite, en principe, à tous les particuliers sans distinction dans les forêts de l'Etat (V. Ord. 1669, tit. 30, art. 4, 8, 10 et 13, *Rép.* p. 85; L. 28-30 avr. 1790, art. 16, *ibid.* p. 87; Arr. 28 vend. an 5, art. 1er, *ibid.* p. 88), sauf parfois concession gratuite de permissions par le Gouvernement (V. *infrà*, n° 533). La location de la chasse dans les forêts domaniales a été pour la première fois consacrée législativement par l'art. 1er de la loi de finances du 21 avr. 1832, qui en faisait même une obligation pour l'administration des forêts, et dont l'exécution a été réglée par une ordonnance du 24 juill. 1832. Mais, afin d'éviter les inconvénients qui, dans certains cas, résultent de l'affermage de la chasse, l'art. 5 de la loi de budget du 14 avr. 1833 a rendu cet affermage facultatif. Pour le texte et le commentaire de ces diverses dispositions, il y a lieu de se reporter au *Rép.* n° 11, et v° *Domaine de l'Etat*, n° 89.

523. Les *formalités* et les *conditions* de location de la chasse dans les forêts domaniales sont encore aujourd'hui régies, en thèse générale, par l'ordonnance du 20 juin 1845 (V. *Rép.* p. 115). Les détails d'exécution en sont réglés par un *cahier des charges*, délibéré tous les neuf ans par le conseil d'administration des forêts, adopté par le directeur des forêts et approuvé autrefois par le ministre des finances (Ord. 20 juin 1845, art. 3; Circ. adm. for. 30 oct. 1867, § 2, *Nouvelle série*, n° 72), aujourd'hui par le ministre de l'agriculture, sous les attributions duquel l'administration des forêts est placée depuis le décret du 15 déc. 1877 (V. *Forêts*). Le *cahier des charges* du 21 juill. 1845, rapporté au *Rép.* p. 115, a été successivement remplacé par ceux du 10 mai 1854 (B. A. F. t. 6, p. 454), du 5 juin 1863 (R. F. t. 1, n° 176), du 1er juin 1872 (R. F. t. 5, n° 102), et du 6 oct. 1880. Comme celui-ci, qui est encore applicable actuellement, diffère notablement de celui du 21 juill. 1845, nous croyons devoir en donner ici le texte (1).

Parmi les circulaires que l'administration des forêts a adressées à ses subordonnés, surtout à l'occasion de l'envoi des cahiers des charges pour le renouvellement des baux de chasse, soit pour leur signaler les modifications appor-

(1) 6 oct. 1880. — *Cahier des charges pour l'adjudication du droit de chasse dans les forêts de l'Etat.*

TIT. 1er. — DISPOSITIONS GÉNÉRALES.

Art. 1er. A moins de stipulations contraires dans l'acte d'adjudication, les baux seront consentis pour neuf années, qui commenceront le 1er juill. 1881. — Le point de départ des baux consentis après cette date sera réglé comme il suit: — Tout bail consenti pendant le temps où la chasse est close courra à partir du 1er juillet de l'année dans laquelle l'adjudication aura lieu. — Tout bail consenti pendant le temps où la chasse est ouverte courra rétroactivement à partir du 1er janvier ou du 1er juillet, selon que l'adjudication aura été effectuée dans le courant du 1er ou du 2e trimestre. — Les baux, quelle que soit leur date, expireront le 30 juin 1890.

2. Il ne sera accordé aucune réduction sur le prix des baux pour défaut de mesure dans l'étendue des forêts ou parties de forêts adjugées. — En cas d'aliénation de la forêt amodiée, par voie d'échange ou autrement, en cas d'affectation à un service public, etc., le bail sera résilié de plein droit et sans indemnité. — Il sera accordé, sur le terme payé d'avance, une réduction proportionnelle à la durée de la jouissance dont le fermier aura été privé. — Si la destination de la forêt n'est modifiée qu'en partie, pour l'établissement de chemins publics, de voies ferrées, de canaux, de champs de tir ou de manœuvres militaires

tées aux cahiers des charges antérieurs, soit pour provoquer leurs avis sur les modifications à introduire, on peut citer celles du 20 mai 1854, *Ancienne série*, n° 735 (B. A. F. t. 6, p. 482); 17 juill. 1862 (R. F. t. 1, n° 85); 12 juin 1863, *Ancienne série*, n° 838 (R. F. t. 1, n° 176); 18 juin 1863 (R. F. t. 1, n° 177); 30 oct. 1867, *Nouvelle série*, n° 72; 9 nov. 1880, *Nouvelle série*, n° 273 (R. F. t. 9, n° 72).

524. La *forme* de la location de la chasse dans les forêts de l'État a varié. D'après les anciens cahiers des charges, conformes à cet égard à l'art. 1er de l'ordonnance du 20 juin 1845, l'adjudication avait lieu soit aux enchères et à l'extinction des feux, soit au rabais, soit sur soumissions cachetées (*Rép.* p. 115). Le cahier des charges du 6 oct. 1880 n'admet plus que le premier de ces modes (art. 3 et suiv.).

---

ou pour toute autre cause, l'Etat ne devra aucune indemnité au fermier, le bail sera maintenu et le prix en sera réduit, par décision ministérielle, proportionnellement à l'étendue qui aura été distraite.

TIT. 2. — ADJUDICATIONS.

3. Les adjudications seront faites aux enchères à l'extinction des feux. — Lorsque, faute d'offres suffisantes, les adjudications n'auront pu avoir lieu, elles seront, si l'agent forestier le juge à propos, remises, séance tenante et sans nouvelles affiches, au jour qui sera fixé par le président.

4. Les adjudications aux enchères seront prononcées après l'extinction de trois bougies allumées successivement. Si, pendant la durée de ces trois bougies, il survient des enchères, l'adjudication ne pourra être prononcée qu'après l'extinction d'un dernier feu sans enchère survenue pendant sa durée. — Les enchères ne pourront être moindres de 10 francs pour les mises à prix au-dessous de 200 francs; de 20 francs pour celles de 200 à 1000 francs, et de 50 francs pour celles au-dessus de 1000 francs.

5. Le droit de chasse à tir et le droit de chasse à courre pourront être adjugés séparément et à des personnes différentes dans une même forêt, suivant les indications formulées à cet effet sur les affiches. — Dans le cas où le droit de chasse à courre et le droit de chasse à tir sur un même lot, sont loués séparément, les adjudications sont définitives en ce qui concerne le droit de chasse à tir. — En ce qui concerne le droit de chasse à courre, si la demande en est faite séance tenante, par un des preneurs des lots adjugés, les divers lots adjugés ou non adjugés d'une même forêt pourront être remis en adjudication en bloc, aux enchères. — A. Si l'adjudication en bloc ne doit porter que sur des lots déjà adjugés, la mise à prix sera basée sur le montant total des adjudications partielles augmenté de 25 pour 100. — B. Si l'adjudication en bloc doit comprendre un ou plusieurs lots non adjugés, la mise à prix sera basée sur le montant total des adjudications partielles et des mises à prix des lots non adjugés, augmenté dans la même proportion. — En cas de non-location de la chasse à tir ou de la chasse à courre, le droit non affermé est expressément réservé et l'Administration conserve toujours la faculté de le remettre en adjudication. — Dans le cas où le droit de chasse à tir et de chasse à courre sont réunis et loués sans disjonction, les adjudications prononcées sont définitives.

6. Les personnes insolvables ne pourront prendre part aux adjudications. — Le président de l'adjudication sera juge de la solvabilité des preneurs. — Il lui appartiendra, en cas de doute, d'exiger la présentation immédiate d'une caution et d'un certificateur de caution, et à défaut de garanties suffisantes, de remettre l'article en adjudication.

7. Les minutes des procès-verbaux d'adjudication seront rédigées sur papier visé pour timbre et signées sur-le-champ par tous les fonctionnaires présents et par les adjudicataires ou leurs fondés de pouvoirs: s'ils sont absents, ou ne peuvent signer, il en sera fait mention aux procès-verbaux.

8. Chaque adjudicataire sera tenu de donner, dans les cinq jours qui suivront celui de l'adjudication, une caution et un certificateur de caution reconnus solvables, lesquels s'obligeront solidairement avec lui à toutes les charges et conditions du bail. — Les cautions et certificateurs de caution ne pourront être reçus que du consentement du receveur des domaines, et l'acte en sera passé au secrétariat du lieu de l'adjudication et à la suite du procès-verbal d'adjudication. — Faute par l'adjudicataire de fournir les cautions dans le délai prescrit, il sera déchu de l'adjudication et une adjudication aura lieu à sa folle enchère dans les formes ci-dessus déterminées et suivant les conditions spécifiées par l'art. 24 c. for. — L'adjudicataire déchu payera les frais de la première adjudication, à raison de 1 fr. 60 c. pour 100 sur le prix principal pour une année.—L'adjudicataire, les caution et certificateur de caution sont tenus d'élire domicile dans le lieu où l'adjudication aura été faite. A défaut de quoi, tous les actes postérieurs leur seront valablement signifiés au secrétariat de la sous-préfecture.

TIT. 3. — PRIX DES BAUX ET FRAIS D'ADJUDICATION.

9. Le prix d'une annuité de bail sera payé d'avance, dans la caisse du receveur des domaines du lieu de l'adjudication. — Les autres payements seront effectués par semestre, les 1er janvier et 1er juillet, de manière qu'à chacune de ces époques il y ait toujours une annuité payée d'avance.

10. Les demandes en résiliation de baux et en réduction de fermages ne suspendront pas l'effet des poursuites pour le recouvrement des termes arriérés. — En aucun cas, l'adjudicataire qui aura été privé du droit d'obtenir un permis de chasse, par application des art. 6, 7, 8 et 18 de la loi du 3 mai 1844, ne sera fondé à demander la résiliation de son bail ou une diminution de prix.

11. Indépendamment du prix principal, les adjudicataires payeront comptant à la caisse du receveur des domaines 1 fr. 60 cent. pour 100 du prix principal de leurs baux pour une année, tant pour les droits fixes de timbre et d'enregistrement des procès-verbaux et actes relatifs à l'adjudication que pour tous autres frais. — Ils payeront en outre, les droits proportionnels d'enregistrement sur le montant total de l'adjudication et sur les charges accessoires.

TIT. 4. — CESSIONS DE BAUX, ADJONCTIONS ET SUBSTITUTIONS DE COFERMIERS.

12. Le fermier pourra s'adjoindre, dans la jouissance de son bail, des cofermiers dont le nombre sera déterminé par les affiches et dans le procès-verbal d'adjudication. — Les cofermiers devront être agréés par le conservateur. — Ils ne seront agréés qu'après avoir souscrit l'engagement de se conformer, comme le fermier lui-même, aux clauses et conditions du présent cahier des charges relatives à l'exploitation et à la police de la chasse (*a*).

13. Les adjudicataires ne pourront céder leur bail qu'en vertu d'une autorisation du chef de l'administration des forêts. — Les cessions seront passées au secrétariat de la préfecture ou de la sous-préfecture du lieu de l'adjudication. — Les cessionnaires ne pourront obtenir le permis spécial dont il est question à l'art. 16 ci-après qu'en représentant l'acte de cession. — Nonobstant leur cession, les adjudicataires resteront, jusqu'à la fin du bail et décharge définitive, solidairement obligés avec les cessionnaires.

14. Le conservateur pourra autoriser les substitutions de cofermiers. Les nouveaux cofermiers ne seront définitivement agréés qu'après avoir souscrit l'engagement dont il est fait mention dans l'article 12.

TIT. 5. — EXPLOITATION ET POLICE DE LA CHASSE.

15. Dans le cas où le droit de chasse à tir et le droit de chasse à courre sur un même lot seront loués séparément à des personnes différentes, la chasse à courre, à cors et à cris, comprendra le grand gibier (cerf, daim, sanglier, loup). — Elle pourra être exercée deux fois par semaine et d'après le mode généralement en usage. — Le choix des jours sera concerté un mois au moins avant la date ordinaire de l'ouverture de la chasse, entre l'adjudicataire et l'agent forestier, chef du service local, qui préviendra de ce choix, en temps opportun, les locataires de la chasse à tir. Les dimanches et fêtes ne pourront jamais être désignés. — Le fait par les piqueurs d'aller en reconnaissance avec leurs limiers en dehors des jours indiqués pour l'exercice de la chasse à courre ne sera pas réputé acte de chasse. — Toutefois, ces piqueurs ne pourront pénétrer dans les enceintes. — La chasse à tir comprendra toute espèce de gibier de chasse autre que celles ci-dessus spécifiées. — Sous la réserve des dispositions qui précèdent, les droits respectifs des chasseurs soit à courre, soit à tir, tels qu'ils résultent des lois, règlements et usages, sont et demeurent expressément réservés. — L'Administration n'entend encourir ni garantie, ni responsabilité à cet égard. Elle ne pourra en aucun cas être appelée en cause dans les contestations qui pourraient s'élever entre les adjudicataires.

16. Les fermiers et cofermiers ne pourront se livrer à la chasse qu'après avoir obtenu, indépendamment du permis de chasse de l'autorité compétente, un permis spécial du conservateur ou de l'agent forestier délégué par lui.

17. Les fermiers et cofermiers pourront se faire accompagner chacun par trois personnes, ou les autoriser à chasser, isolément en leur donnant par écrit des permissions spéciales et nominatives

---

(*a*) **MODÈLE D'ENGAGEMENT.**

Je soussigné demeurant à , m'engage, si je suis agréé en qualité de cofermier de M. fermier du droit de chasse dans l forêt domaniale de , à me conformer aux clauses et conditions contenues aux titres 4, 5 et 6 du cahier des charges dont je déclare avoir pris une connaissance suffisante.

Fait à , le 188 .

(NOTA. — Cet engagement, qui devra être souscrit sur papier timbré, sera annexé au procès-verbal d'adjudication.)

L'adjudication est faite par devant le préfet ou le sous-préfet, à la diligence du conservateur des forêts (Giraudeau, n° 262).

525. Dans le cas où un bail de chasse, régulièrement passé par-devant le sous-préfet, assisté de l'inspecteur des forêts et du receveur des domaines, est l'objet d'une demande en *inscription de faux* contre une mention inscrite audit acte, formée devant l'autorité judiciaire, celle-ci ne peut statuer sur cette demande sans violer le principe de la séparation des pouvoirs (Besançon, 15 mars 1882, aff. Dumont, D. P. 82. 2. 233). — Mais la demande en inscription de faux incident civil ne s'oppose pas à ce que le juge du référé ordonne l'exécution partielle du bail. Spécialement, le juge du référé peut autoriser provisoirement à chasser dans une forêt domaniale les personnes auxquelles la qualité de cofermiers est reconnue par une clause du bail, bien que le fermier de la chasse soutienne que cette clause a été intercalée après coup dans le procès-verbal et se soit inscrit en faux (Même arrêt).

526. Aux termes de l'art. 2 de l'ordonnance du 20 juin 1845 et de l'art. 1er du cahier des charges, les baux sont consentis pour une *durée* de neuf années.

527. Le cahier des charges s'occupe du caractère définitif de l'adjudication, et de la location, simultanée ou distincte, de la chasse à tir et de la chasse à courre dans la même forêt (art. 5). Du reste, il n'y a pas obligation de louer séparément la chasse à tir et la chasse à courre ; c'est seulement une faculté dont les conservateurs des forêts peuvent user s'ils le jugent favorable aux intérêts du Trésor (Circ. adm. for. 9 nov. 1880, *Nouvelle série*, n° 273). — Le cahier des charges règle : l'exclusion des personnes insolvables (art. 6) ; la rédaction et la signature du procès-verbal d'adjudication (art. 7) ; la réception de cautions et certificateurs de cautions (art. 6 et 8) ; l'élection de domicile, dans le lieu d'adjudication, par l'adjudicataire, la caution et le certificateur de caution (art. 8). L'élection de domicile est destinée à faciliter les significations qu'il peut y avoir à faire aux fermiers dont le domicile est souvent très éloigné des localités dans lesquelles ils ont affermé le droit de chasse (Circ. adm. for. 9 nov. 1880, *Nouvelle série*, n° 273).

528. Nous avons indiqué au *Rép.* v° *Domaine de l'Etat*, n° 89, que le *prix* d'adjudication du droit de chasse dans les forêts domaniales rentre dans la classe des produits accessoires de ces forêts ; il constitue pour l'Etat un revenu dont l'importance s'est accrue considérablement depuis un certain nombre d'années. Le cahier des charges s'occupe du payement du prix d'adjudication (art. 9), de la *réduction de prix* et de la *résiliation* du bail (art. 2 et 10). Il détermine aussi les *frais* d'adjudication, y compris les droits de timbre et d'enregistrement (art. 11).

529. Le cahier des charges autorise, sous certaines conditions, la *cession de bail* (art. 13), l'adjonction de *cofermiers* (art. 12), leur substitution (art. 14).

Les fermiers de la chasse doivent se soumettre à toutes

---

dont ils fixeront la durée, sauf approbation de l'inspecteur des forêts. — Le fermier qui ne désignera pas de cofermiers, ou qui, dans cette désignation, n'atteindra pas le maximum déterminé par l'acte d'adjudication, pourra s'adjoindre, dans les conditions ci-dessus indiquées, autant de fois quatre personnes qu'il restera de cofermiers non désignés. Le fermier pourra aussi, avec l'agrément du conservateur, transférer cette faculté à l'un des cofermiers.

18. La chasse en traques ou en battues est permise aux fermiers de la chasse à tir. Toutefois, ce mode de chasse ne pourra être pratiqué pendant la dernière année du bail qu'avec l'autorisation du conservateur.

19. Il est défendu d'enlever ou de détruire les faons ou levrauts, ainsi que les nids et couvées d'oiseaux.

20. Dans le cas où le conservateur reconnaîtra que la surabondance du gibier est de nature à porter préjudice aux peuplements forestiers ou aux propriétés riveraines, il devra mettre le fermier en demeure, par sommation extrajudiciaire, de détruire, dans un délai déterminé, les animaux dont le nombre et l'espèce lui seront indiqués. — Faute par le fermier de satisfaire à la mise en demeure, il sera procédé d'office à la destruction par les soins du service forestier. Le gibier abattu appartiendra à celui qui l'aura tué. — Les adjudicataires de la chasse à tir seront tenus de supporter les destructions de grands animaux effectuées au fusil par les adjudicataires de la chasse à courre sur réquisition administrative, sans qu'il soit nécessaire de convoquer lesdits adjudicataires de la chasse à tir.

21. Le service des forêts se réserve la faculté de poursuivre la destruction des lapins quand il le jugera convenable, en tout temps et par tous les moyens, sauf par l'emploi du fusil. L'adjudicataire n'a aucun droit sur les lapins tués ou pris dans ces conditions. — L'introduction du lapin sur le sol forestier est formellement interdite.

22. Les adjudicataires sont directement responsables vis-à-vis des propriétaires, possesseurs ou fermiers des héritages riverains ou non des dommages causés à ces héritages par les lapins, les autres animaux nuisibles et toute espèce de gibier. — Ils devront conséquemment intervenir pour prendre fait et cause pour l'État, dans le cas où celui-ci serait l'objet d'une action en dommages-intérêts. — Ils devront indemniser les agents et préposés forestiers, etc., des dommages causés par le gibier aux jardins et terrains affectés à ces employés. Le montant des dommages à payer sera réglé par le conservateur, qui en fixera la répartition, le cas échéant, entre les adjudicataires de la chasse à tir et ceux de la chasse à courre.

23. En temps prohibé, les adjudicataires pourront, avec l'assentiment et sous la surveillance de l'administration forestière, procéder à la chasse et à la destruction des animaux dangereux, malfaisants ou nuisibles, et ce, par tous les moyens dont l'emploi sera autorisé par le préfet, ou par des chasses et battues pratiquées conformément à l'arrêté du 19 pluv. an 5.

24. Les fermiers souffriront les battues qui pourront être ordonnées pour la destruction des loups et autres animaux nuisibles. — Ils concourront à ces battues (Ord. 20 juin 1845).

25. Ils ne pourront s'opposer à l'exercice du droit accordé aux lieutenants de louveterie de chasser le sanglier à courre deux fois par mois pendant le temps où la chasse est permise (Règl. 20 août 1814 ; Ord. 20 juin 1845).

TIT. 6. — Surveillance et conservation de la chasse.

26. La surveillance et la conservation de la chasse restent spécialement confiées aux agents et gardes forestiers dans les conditions déterminées par les lois et règlements, aux termes desquels les fermiers ne peuvent réclamer d'eux aucun service spécial et extraordinaire à cet effet. — Néanmoins, les fermiers pourront, avec l'autorisation du conservateur, instituer des gardes particuliers de la chasse dans leurs lots respectifs. Le choix de ces gardes sera également soumis à l'approbation du conservateur, à qui il appartiendra, le cas échéant, d'exiger leur renvoi. — Les gardes particuliers sont autorisés à porter des armes à feu. Avec l'autorisation du fermier, ils pourront chasser même isolément et hors de la présence de celui-ci. — Il leur est interdit de porter un uniforme qui puisse être confondu avec celui des préposés forestiers.

27. Les infractions aux lois et règlements de la part des fermiers et cofermiers ou des personnes dont ils sont accompagnés, et les délits de chasse commis par les personnes sans titre dans les forêts affermées, seront poursuivis correctionnellement, sauf à la partie lésée, d'après la connaissance que l'agent forestier ou le ministère public lui aura donnée du procès-verbal, à intervenir pour requérir les dommages-intérêts auxquels elle aura droit.

28. Des affiches détermineront aussi exactement que possible, pour chaque forêt, les limites de chaque lot, avec les conditions particulières de jouissance, et donneront une description détaillée des accessoires de la chasse mis à la disposition des fermiers, tels que bâtiments pour pied à terre, faisanderie etc. — Les bâtiments de toute nature, ainsi que le matériel de la chasse, les clôtures et treillages, seront livrés dans l'état où ils se trouvent, sans que l'administration des forêts puisse être tenue d'y faire, soit des améliorations ou des réparations, soit des changements. — Les fermiers devront les entretenir et les livrer, à l'expiration de leur bail, en bon état d'entretien, sans pouvoir réclamer aucune indemnité pour les améliorations qu'ils y auraient apportées. — Ils répondront de l'incendie dans les conditions prévues par l'art. 1733 c. civ.

Les bâtiments étant mis à la disposition des fermiers pour l'exploitation de la chasse, ne pourront recevoir une autre destination sans l'assentiment du conservateur. — Il est expressément interdit de les louer pour un commerce quelconque et d'y loger des gardes ou gens à gages sans l'autorisation de l'inspecteur.

29. L'Administration se réserve expressément, sans que le fermier de la chasse puisse s'y opposer ou s'en prévaloir, pour se soustraire à l'exécution des clauses et conditions de l'adjudication, la faculté d'exploiter comme bon lui semblera toutes les forêts ou parties de forêts comprises dans l'amodiation, d'y faire tous les travaux d'amélioration, routes, fossés, plantations, semis ou autres de quelque nature que ce soit, de protéger à l'aide de clôtures (treillages, grillages ou autres) les repeuplements naturels ou artificiels, ainsi que les jeunes coupes exposées à la dent du gibier, d'effectuer des délivrances de menus produits (plants, épines, fougère, bruyère, bois mort, etc.).

les prescriptions des *arrêtés préfectoraux* concernant l'exercice et la police de la chasse, ainsi qu'aux dispositions des *cahiers des charges* réglant les *conditions de la jouissance* (Circ. adm. for. 30 oct. 1867, § 9, *Nouvelle série*, n° 72). — Ainsi, l'art. 15 du cahier des charges règle les droits respectifs des concessionnaires de la chasse à courre et de la chasse à tir, dans le cas où ces deux sortes de chasse sont louées séparément à des personnes différentes (V. aussi *infrà*, n°s 627 et suiv.) ; l'art. 16, le permis spécial que les fermiers et cofermiers doivent obtenir du conservateur ou d'un agent forestier à ce délégué.

530. L'art. 17 du cahier des charges détermine les conditions auxquelles les fermiers ou cofermiers sont assujettis lorsqu'ils font des invitations ou accordent des permissions de chasse. — Le sous-fermier du droit de chasse dans une forêt domaniale peut, sans violation du contrat, former une *société* par actions pour l'exploitation de son droit, encore bien que ce droit lui ait été sous-loué pour en jouir avec un nombre déterminé d'*amis;* une semblable clause ayant pour but de limiter le nombre des personnes que le concessionnaire peut s'adjoindre, et non de l'obliger à ne chasser qu'avec des amis dans le sens rigoureux attaché à cette expression (Paris, 26 nov. 1864, aff. Divat, R. F. t. 3, n° 392. — V. *suprà*, n° 461). — A défaut de stipulations formelles dans le contrat de société qui se forme entre le fermier et les cofermiers d'un droit de chasse dans une forêt domaniale, le fermier ne peut valablement retirer à ses associés, au gré de son caprice et sans autre motif que son bon plaisir, les droits qu'il leur a concédés (Trib. civ. Nancy, 14 nov. 1867, aff. Manginot, R. F. t. 4, n° 639). — En cas d'abus de la part de ses associés, le fermier doit saisir la justice d'une demande en dissolution de la société, par application de l'art. 1871 c. civ. Cette demande ne peut être utilement formée contre un cofermier qu'après sa réintégration dans la jouissance des droits dont il aurait été abusivement dépossédé par le fermier (Même jugement. — V. *suprà*, n° 474).

531. L'art. 18 du cahier des charges règle la faculté, pour les fermiers de la chasse à tir, de chasser avec traque ou battue (V. *suprà*, n°s 76 et suiv.; *infrà*, n° 654); l'art. 19, la protection des faons, levrauts, nids et couvées d'oiseaux (Comp. *infrà*, n°s 884 et suiv.); l'art. 20, la destruction du gibier surabondant (V. *infrà*, n°s 710 et suiv., 1346 et suiv.); l'art. 21, la destruction des lapins (V. *ibid.*); l'art. 22, la responsabilité des adjudicataires à raison des dommages causés par le gibier aux propriétés voisines (V. *ibid.*); l'art. 23, le droit, pour les adjudicataires, de procéder en temps prohibé à la destruction des animaux dangereux, malfaisants ou nuisibles (V. Ord. 20 juin 1845, art. 4, *Rép.* p. 115 ; *infrà*, n°s 710 et suiv., et tit. 2) ; l'art. 24, l'obligation de souffrir les battues ordonnées pour la destruction des loups et autres animaux nuisibles, et d'y concourir (V. *infrà*, n°s 1532 et suiv.); l'art. 25, l'obligation de laisser les lieutenants de louveterie chasser le sanglier à courre deux fois par mois pendant le temps où la chasse est permise (V. *infrà*, n°s 1518 et suiv.).

Lorsque, conformément à la réserve qu'elle a insérée dans le cahier des charges, l'administration forestière a requis des chasseurs de se joindre aux gardes et agents forestiers pour détruire les lapins, faute par l'adjudicataire d'avoir déféré, dans le délai fixé, à la mise en demeure qui lui a été adressée, ces chasseurs, fussent-ils armés de fusil, ne peuvent être regardés comme ayant chassé en violation des privilèges de l'adjudicataire (Crim. rej. 13 févr. 1885, aff. Briand, D. P. 86. 1. 45).

532. Par son art. 26, le cahier des charges laisse aux agents et gardes forestiers de l'administration la *surveillance* et la conservation de la chasse (V. *Forêts*). Toutefois, il autorise, moyennant certaines conditions, l'institution de gardes particuliers de la chasse ; ceux-ci peuvent porter des armes à feu, et chasser avec le consentement de l'adjudicataire ; mais il leur est interdit de porter un uniforme susceptible d'être confondu avec celui des préposés forestiers (V. *Garde champêtre*). — L'art. 27 prévoit les *poursuites correctionnelles* et l'*action civile* qui peuvent être intentées soit contre les fermiers et cofermiers ou leurs invités, soit contre les personnes sans titre, à raison des infractions aux lois et règlements commises par les uns ou des délits de chasse relevés contre les autres (V. *infrà*, n°s 895 et suiv., 955 et suiv.). — La détermination des limites de chaque lot de chasse, la conservation et l'entretien des bâtiments et accessoires mis à la disposition des fermiers font l'objet de l'art. 28. — Par l'art. 29, l'administration forestière se réserve la faculté de pratiquer, dans la forêt affermée, tous les travaux d'exploitation et d'amélioration qu'elle jugera convenables (V. *Forêts*).

533. — 2° *Des permissions de chasse ou licences dans les forêts de l'État.* — A l'époque où la chasse n'était pas encore affermée dans les forêts domaniales, des *permissions gratuites* de chasse pouvaient y être accordées par les représentants du Gouvernement (Giraudeau, n° 262 ; Puton, *Législation forestière*, p. 305), c'est-à-dire, d'abord par le grand veneur (V. Ord. 20 août 1814, art. 5 et suiv., *Rép.* p. 89), et plus tard, par l'administration des forêts (V. Ord. 14 sept. 1830, *ibid.*, p. 90). Après la loi du 21 avr. 1832, qui prescrivait la location du droit de chasse dans les forêts domaniales, à défaut d'offres suffisantes lors des adjudications publiques aux enchères, l'administration des forêts a été autorisée à délivrer des *permissions à prix d'argent*, sur soumissions cachetées, avec publicité et concurrence. Ces permissions étaient limitées à une saison de chasse (V. Ord. 24 juill. 1832, art. 2 et 3, *Rép.* p. 90). — Aujourd'hui, en vertu d'une décision du ministre des finances du 28 nov. 1863, quand l'amodiation n'a pu être réalisée dans les conditions ordinaires d'adjudication publique, des *permissions annuelles* dites *licences* peuvent être délivrées, moyennant redevance, par le directeur des forêts, sur la proposition des conservateurs (Circ. adm. for. 30 oct. 1867, art. 2, *Nouvelle série*, n° 72). Le montant de la redevance est payable à la caisse du receveur des domaines de la situation des bois (Puton, *Législation forestière*, p. 306).

Quant aux permissions de chasse émanées des adjudicataires de chasse, V. *suprà*, n° 530.

534. — II. DE LA CHASSE DANS LES PROPRIÉTÉS NON BOISÉES DE L'ÉTAT. — Les propriétés du *domaine privé de l'État* qui ne sont pas boisées et qui ne font point partie intégrante d'une forêt sont, en général, régies par l'*administration des domaines*. Aussi, c'est à cette administration qu'est confié le soin de concéder l'autorisation de chasser sur les terrains de cette nature (*Rép.* n° 169). — M. Ch. Tissier, *Chasse illustrée* du 27 août 1881, et, après lui, M. Giraudeau, n° 240 *bis*, sont d'avis que, sur les *terrains militaires*, l'administration militaire a dans ses attributions l'exercice du droit de chasse.

Nous étudions plus loin la chasse soit sur les *routes* et *chemins* qui font partie du domaine de l'Etat (V. *infrà*, n°s 606 et suiv.), soit sur les *fleuves* et les *rivières navigables ou flottables* (V. *infrà*, n°s 612 et suiv.).

N° 2. — *De la chasse dans les propriétés des communes* (*Rép.* n° 11).

535. — I. DE LA CHASSE DANS LES BOIS DES COMMUNES. — 1° *De la location de chasse dans les bois des communes.* — Les communes ont, comme l'Etat et les particuliers, la faculté de *louer* le droit de chasse dans leurs bois. Cette faculté leur a été formellement reconnue par l'art. 1er du décret du 25 prair. an 13, rapporté au *Rép.* n° 11. — L'administration ne considère plus le prix de location de la chasse comme un produit accessoire des forêts (Décis. min. fin. 31 janv. 1840 ; Circ. adm. for. 1840, *Ancienne série*, n° 470, *Rép.* v° *Forêts*, p. 437, note *d*. — V. dans ce sens : de la Grye, p. 131).

536. Il y a controverse, sur le point de savoir qui a *qualité* pour consentir le bail de chasse dans les bois communaux.

D'après un système, on doit appliquer encore aujourd'hui la disposition de l'art. 1er précité du décret de l'an 13, aux termes de laquelle les maires sont autorisés à affermer le droit de chasse dans les bois communaux, à la charge de faire approuver la mise en ferme par le préfet et le ministre de l'intérieur (Perrève, p. 257 ; Puton, *Législation forestière*, p. 308 ; Rogron, *Appendice*, sect. 8, p. 480 ; Circ. adm. for. 30 oct. 1867, § 3, *Nouvelle série*, n° 72).

Un autre système, auquel nous croyons devoir nous rallier, a été formulé par un arrêt de la cour de cassation, aux termes duquel le décret du 25 prair. an 13 a été virtuellement abrogé et remplacé par les art. 10, 11 et 17 de la loi du 18 juill. 1837, qui, en réglant les attributions respectives des maires et des conseils municipaux, ont, en ce qui concerne les baux à ferme des propriétés communales, introduit un droit nouveau (Crim. cass. 5 févr. 1848, aff. Badaroux, D. P. 48. 1. 79. — Conf. Chambéry, 22 déc. 1881 (1). — V. dans le même sens : Giraudeau, n° 268 ; de la Grye, p. 131 ; Jullemier, t. 2, p. 109). — Il en résulte que, sous l'empire des art. 61 et 68-1° de la nouvelle loi municipale du 5 avr. 1884, de même que sous l'empire de l'art. 17-2° de la loi du 18 juill. 1837 actuellement abrogée, le conseil municipal a qualité pour régler par ses délibérations, indépendamment de toute approbation, les baux de chasse de moins de dix-huit ans sur les bois communaux (V. *Commune*). Cette solution est admise par MM. Giraudeau, n° 269, et de la Grye, p. 131. Mais il importe de remarquer que les délibérations dont il s'agit ne sont exécutoires qu'un mois après leur dépôt à la préfecture ou sous-préfecture, à moins que le préfet n'ait abrégé ce délai (L. 5 avr. 1884, art. 68, paragraphe dernier) ; que le préfet ne saurait en suspendre l'exécution et qu'il ne peut les déclarer nulles ou les annuler que dans les cas limitativement déterminés par les art. 63 et 64 de ladite loi (Comp. L. 18 juill. 1837, art. 18).

537. Après l'expiration du délai pendant lequel le préfet peut annuler la délibération du conseil municipal réglant les conditions de la location, le maire dresse le *cahier des charges* en conformité de cette délibération. MM. de la Grye et Jullemier, *loc. cit.*, soumettent ce cahier des charges à l'approbation préfectorale ; mais nous pensons que cette formalité n'est pas exigée par la loi, puisque le conseil municipal est investi du droit de régler les conditions de la location.

Sur le caractère des infractions aux clauses et conditions du cahier des charges, de la part des fermiers de la chasse, V. *infrà*, n°s 955 et suiv.

538. En thèse générale, la location de la chasse dans les bois communaux a lieu par *adjudication publique*. Conformément à l'art. 89 de la loi du 5 avr. 1884, qui reproduit presque textuellement l'art. 16 de la loi du 18 juill. 1837, c'est le maire qui procède à cette adjudication, assisté de deux membres du conseil municipal désignés d'avance par le conseil, ou à défaut de cette désignation, appelés dans l'ordre du tableau (V. de la Grye, p. 132). Le ministère d'un notaire n'est donc pas nécessaire, ainsi que paraissent le croire M. Giraudeau, n° 269, et M. Jullemier, t. 2, p. 109.

539. Dans le cas où la mise en adjudication du droit de chasse ne semble pas offrir des chances de succès, le préfet peut en autoriser la *location de gré à gré* (*Bulletin du ministère de l'intérieur*, 1856, p. 9). D'après M. de la Grye, p. 132, le bail ainsi passé est souscrit par le maire, aux conditions arrêtées par le conseil municipal et approuvées par le préfet. Mais nous pensons que cette approbation n'est pas nécessaire, quand il s'agit de baux d'une durée inférieure à dix-huit ans, la loi municipale (autrefois, L. 18 juill. 1837, art. 17-2°, et actuellement, L. 5 avr. 1884, art. 61 et 68-1°) conférant au conseil municipal un pouvoir réglementaire en pareille matière (V. *suprà*, n° 536).

540. Comme on le verra *infrà*, n°s 1149 et suiv., en vertu des art. 21 et suiv. de la loi de 1844, les agents et les gardes forestiers sont chargés d'assurer l'exécution des lois et règlements sur la chasse dans les bois confiés à leur surveillance, et notamment dans les bois communaux (Circ. adm. for. 7 déc. 1850, *Ancienne série*, n° 662, B. A. F. t. 5, p. 189 ; De la Grye, p. 132 ; Puton, *Législation forestière*, p. 308). Dès lors, il importe de les mettre au courant des locations de chasse consenties sur les bois de cette nature. A cet effet, l'Administration invite les maires à adresser aux agents forestiers locaux une expédition du procès-verbal d'adjudication du droit de chasse, ainsi qu'un exemplaire du cahier des charges (Circ. min. int. 4 nov. 1850 ; Circ. adm. for. 30 oct. 1867, § 3, *Nouvelle série*, n° 72). Selon M. de la Grye, p. 132, il suffirait de transmettre à l'inspecteur des forêts la liste nominative des fermiers et de leurs associés, avec une copie du cahier des charges.

541. — 2° *Des permissions de chasse dans les bois des communes.* — La jurisprudence est aujourd'hui fixée en ce sens que les *communes* ne peuvent concéder des permissions de chasse qu'en observant les formes administratives ; peu importe que l'on considère l'arrêté du 25 prair. an 13 comme étant toujours en vigueur, ou que l'on admette son abrogation et son remplacement par la loi du 18 juill. 1837 (actuellement par la loi du 5 avr. 1884). Il en résulte qu'il n'appartient pas au maire de disposer du droit de chasse, ni même d'accorder une valable permission de chasse sur les bois ou autres terrains communaux (Crim. cass. 5 févr. 1848, aff. Badaroux, D. P. 48. 1. 79 ; 4 mai 1855, aff. Lanusse, D. P. 56. 1. 80 ; Chambéry, 22 déc. 1881, *suprà*, n° 536). — La permission ne pourrait même être concédée avec l'autorisation du conseil municipal (Crim. cass. 19 janv. 1846, B. A. F. t. 3, p. 169 ; Nîmes, 26 mars 1846, B. A. F. t. 4, p. 270).

542. Un *ancien usage* ou une *tolérance* de la part de la commune ne suppléerait point à une autorisation régulière (Giraudeau, n° 372 ; de Neyremand, p. 80). Ainsi, le fait de chasser sur un marais communal ne peut être légitimé par tolérance immémoriale de l'autorité locale qui laissait tous les habitants, *ut singuli*, chasser sur les terrains appartenant à la commune, alors surtout que le fait de chasse a eu lieu au préjudice d'un fermier de ce marais (Crim. cass. 5 avr. 1866, aff. Philip, D. P. 66. 1. 411). — De même, un individu poursuivi pour délit de chasse sans le consentement du propriétaire sur un bois communal, ne saurait être acquitté à raison de ce que la commune laissait depuis longtemps ses habitants chasser dans ses bois, ce qui encourageait les demandes de permis de chasse et profitait ainsi indirectement à la caisse communale (Arrêt du 4 mai 1855 cité *suprà*, n° 541).

543. Les tribunaux ordinaires sont incompétents pour apprécier la régularité d'une délibération, revêtue de l'approbation du préfet, par laquelle le conseil municipal d'une commune accorde gratuitement à tous les habitants la faculté de chasser dans les bois de la commune en se conformant aux lois ; cette délibération, tant qu'elle subsiste, met obstacle aux poursuites correctionnelles intentées contre des individus trouvés chassant en vertu de l'autorisation qu'elle renferme (Crim. rej. 13 sept. 1850, aff. Barciet de la Busquette, D. P. 51. 5. 75).

544. Quant aux permissions consenties par les *adjudicataires de la chasse*, pour en apprécier la validité, il faut avant tout se référer aux clauses du cahier des charges, qui est regardé comme la loi des parties, et, s'il est muet à ce sujet, appliquer les règles du droit commun (V. *suprà*, n°s 491 et suiv.). — Jugé : 1° que l'amodiataire d'un droit de chasse dans une forêt communale, qui a désigné à l'Administration tous les cofermiers qu'il pouvait s'adjoindre, peut encore céder, moyennant un prix stipulé, une action dite de tolérance, bien que cette action, opposable à l'adjudicataire seul, ne puisse garantir le porteur contre les poursuites des agents forestiers ou du ministère public (Besançon, 21 juill. 1868, aff. Millot, *Recueil de cette cour*, 1868-1869, p. 85) ; — 2° Que l'adjudicataire de la chasse dans une forêt communale, auquel le cahier des charges défend de céder le bénéfice de son bail sans le consentement du maire et l'ap-

(1) (Min. publ. C. d'Amour.) — La cour ; — Attendu que, le 7 sept. 1881, d'Amour a été trouvé chassant sur les terrains communaux de la commune de Sainte-Foy, dont il savait que la chasse était interdite ; — Que, traduit pour ce fait devant le tribunal correctionnel de Moutiers, il a allégué une permission verbale du maire, qui, en présence d'un sieur Chenol, l'aurait, plusieurs jours auparavant, autorisé à chasser à « *l'albine soit perdrix blanche, mais non le faisan*, » ajoutant qu'il s'était borné à chasser l'albine ; — Qu'à l'audience le maire cité comme témoin a affirmé n'avoir donné aucune permission pour quelque gibier que ce fût ; — Qu'en présence de ces dires contradictoires les premiers juges ont renvoyé le prévenu des fins de la poursuite par le motif « qu'il restait un doute invincible sur le point de savoir si la permission avait ou non été donnée » ; — Que le ministère public a interjeté appel à cette décision ;

Attendu en droit qu'il ne dépend pas d'un maire de disposer du droit de chasse dans les bois ou terrains communaux ; — Qu'il résulte d'ailleurs des constatations de la procédure que lorsqu'il a demandé au maire l'autorisation de chasser sur les communaux, ce fonctionnaire l'a invité à s'adresser au conseil municipal et à s'arranger avec celui-ci ; — Que dans ces circonstances, les premiers juges font à tort relaxe des poursuites ; — Par ces motifs, etc.

Du 22 déc. 1881.-C. de Chambéry.

probation du préfet, n'a qu'un *droit personnel* et ne peut même pas accorder à un tiers une simple permission de chasse; que, dès lors, ce tiers commet un délit en chassant en vertu de cette permission ainsi concédée contrairement au cahier des charges (Crim. cass. 14 juill. 1848, aff. Grand, D. P. 48. 1. 169); — 3° Qu'il y a délit de la part de l'individu qui *chasse isolément* dans une forêt communale, en vertu d'une permission de l'adjudicataire de la chasse, lorsque le cahier des charges et le procès-verbal d'adjudication interdisent à cet adjudicataire d'accorder de semblables autorisations et lui confèrent uniquement la faculté de se faire accompagner à la chasse par un ami (Crim. cass. 18 août 1849, aff. Schwind, D. P. 49. 1. 233; Grenoble, 12 mai 1864, aff. Némoz-Morel, R. F. t. 3, n° 567); — 4° Que quand le bail de chasse dans une forêt communale, en autorisant le fermier à se faire accompagner d'un nombre déterminé d'amis ou invités, dispose que les invités ne pourront chasser isolément, ceux-ci peuvent bien suivre individuellement les évolutions diverses de la chasse du fermier, pourvu qu'ils ne cessent pas de chasser en sa compagnie; mais ils commettent un délit soit lorsqu'ils commencent ou continuent, sans le fermier, la chasse à laquelle celui-ci les a conviés (Crim. cass. 18 juill. 1867, aff. Vallet, D. P. 68. 1. 365, et sur renvoi, Metz, 2 sept. 1867, R. F. t. 4, n° 605); soit lorsqu'ils pratiquent une chasse séparée dans une partie différente de la forêt (Même arrêt du 18 juill. 1867), alors même qu'ils cherchent à rejoindre le fermier chassant en même temps dans cette forêt (Crim. cass. 31 juill. 1851, aff. Perle, D. P. 51. 1. 229).

545. Dans le cas où le cahier des charges de la chasse dans une forêt communale porte qu'il sera loisible à l'adjudicataire de mener avec lui une personne ayant une *permission signée* de lui, le permissionnaire est en délit quand il chasse sans être nanti d'une permission *écrite* du fermier ou concessionnaire de la chasse (Arrêt du 12 mai 1864, cité *suprà*, n° 544. — V. aussi *suprà*, n° 510). — Cependant il a été décidé que le fait par des individus se prétendant autorisés par l'adjudicataire d'une chasse de n'avoir pas, à la réquisition du garde forestier, représenté les cartes dont, aux termes du cahier des charges, les permissionnaires doivent être munis, ne saurait constituer un délit, s'il est justifié que ces cartes étaient déposées chez un tiers, à peu de distance de l'endroit où la réquisition a été faite (Besançon, 29 mai 1867, aff. Guillemin, *Recueil de cette cour*, 1866-1867, p. 396).

546. — II. DE LA CHASSE SUR LES TERRAINS COMMUNAUX EN MONTAGNE. — Nous verrons (V. *Forêts*) que la loi du 28 juill. 1860 sur le *reboisement* (D. P. 60. 4. 127) et celle du 8 juin 1864 sur le *gazonnement* (D. P. 64. 4. 87) ont eu pour effet de soumettre au régime forestier certains terrains communaux et d'en enlever la jouissance aux communes. — Une cour d'appel a jugé que la chasse est interdite sur les terrains dont il s'agit, et que cette interdiction commence à partir de la mise en défens de ces terrains, alors même qu'aucun travail n'aurait été exécuté par l'Administration des forêts; à plus forte raison, lorsque les travaux sont commencés, bien que l'acte de chasse ait eu lieu sur un terrain où aucun travail n'avait été entrepris; que, dès lors, les communes propriétaires desdits terrains n'ont pu en louer valablement la chasse, et que le bail dont se prévaut le chasseur ne le met pas à l'abri des poursuites pour fait de chasse sur des terrains dont la commune n'avait pas la jouissance (Grenoble, 25 mai 1878, aff. Goirand, R. F. t. 8, n° 68. — V. les observations de M. Meaume, *ibid.*).

L'art. 16 de la loi du 4 avr. 1882, sur la restauration et la conservation des terrains en montagne (D. P. 84. 4. 94), a abrogé les lois précitées de 1860 et 1864, mais en maintenant provisoirement les périmètres décrétés jusqu'alors. Il ajoutait que ces périmètres seraient revisés dans un délai de trois ans, pendant lequel l'Administration des forêts devrait notifier aux propriétaires la liste des parcelles qu'elle se proposerait d'acquérir pour en former de nouveaux périmètres. Aux termes de l'art. 17, les parcelles ne figurant pas sur cette liste devaient, à l'expiration du délai de trois ans, retourner à leurs propriétaires en pleine jouissance. Il s'ensuit qu'actuellement les lois de 1860 et 1864 sont dépourvues d'application.

Si les terrains à *restaurer* en vertu de la loi du 4 avr. 1882 sont acquis par l'État (art. 4), ils sont assujettis à la gestion et à la surveillance de l'administration forestière et sont assimilés aux forêts domaniales au point de vue de la chasse, aussi bien qu'à tout autre point de vue. S'ils continuent à appartenir aux communes, ils sont soumis aux règles admises pour les bois communaux.

Il en est de même dans le cas de *mise en défens* (art. 7 et suiv.), et de *réglementation des pâturages communaux* (art. 12 et suiv.). — V. *Forêts*.

547. — III. DE LA CHASSE DANS LES PROPRIÉTÉS COMMUNALES NON BOISÉES. — Ce que nous avons dit, *suprà*, n°s 535 et suiv., en matière de *location* et de *permission* de chasse dans les bois communaux, est applicable aux *propriétés communales non boisées*. Contrairement à l'opinion de M. Perrève, p. 254, nous croyons, avec M. Giraudeau, n° 274, et M. de Neyremand, p. 80, que le maire ne saurait accorder des permissions de chasse sur les propriétés de cette nature. D'ailleurs, les motifs des arrêts qui dénient au maire le droit de concéder des permissions pour les bois de la commune (V. *suprà*, n° 541) sont susceptibles d'être étendus aux terrains non boisés; et il n'existe aucune raison juridique d'établir une distinction à cet égard.

Quant aux *routes* et *chemins* qui traversent ou bordent des bois communaux, V. *suprà*, n°s 602 et suiv.

N° 3. — *De la chasse sur l'ensemble des terrains appartenant aux habitants d'une commune en tout ou en partie* (*Rép.* n° 394).

548. — I. DE LA CHASSE SUR LES COMMUNES. — Depuis un certain nombre d'années il est d'usage, dans beaucoup de communes rurales, d'affermer la chasse, au moyen d'une délibération du conseil municipal homologuée par le préfet, sur les *biens communaux* et sur les *terrains des propriétaires* qui ont déclaré renoncer à exercer ce droit par eux-mêmes, moyennant une redevance destinée à la caisse municipale. C'est ce que l'on appelle vulgairement la *chasse sur les communes* (V. Jullemier, t. 2, p. 16). La légalité de ce mode de location ne saurait être contestée; elle ressort, du reste, de la discussion parlementaire de la loi du 3 mai 1844, analysée au *Rép.* n° 394.

Mais la commune n'a pas la faculté de louer la chasse sur les fonds des propriétaires qui n'y consentent pas. « Pour chasser sans crainte, dit M. Jullemier, t. 2, p. 17, vous devez vous assurer que le maire a reçu le mandat exprès de chacun de ses administrés, d'aliéner la chasse au profit de la commune. Faites-vous représenter le registre des adhésions et consultez le plan cadastral... La volonté de la presque unanimité des habitants ne peut rien contre le mauvais vouloir d'un seul, et la majorité n'oblige pas la minorité. Bien plus, celui qui n'adhère pas aux mesures prises par ses compatriotes n'est pas tenu d'indiquer par des poteaux que sa chasse est réservée, et, avec la meilleure foi du mode, vous vous trouverez en contravention. »

549. Quand une commune, avec le consentement d'un certain nombre de propriétaires, a mis en adjudication le droit de chasse sur leurs terrains, en imposant aux adjudicataires l'obligation d'accepter comme actionnaires ceux des habitants de la commune qui désireraient se livrer à la chasse sur son territoire, sauf réglementation de l'exercice du droit de chasse à soumettre au besoin à l'approbation du conseil municipal, les personnes qui ont eu l'intention de devenir actionnaires et qui, à ce titre, ont reçu communication du règlement dirigé par les adjudicataires, sont bien fondées à demander des retranchements ou des modifications à ce règlement; mais elles ne sauraient refuser tout règlement de chasse jusqu'à ce qu'il en soit autrement décidé par la majorité des chasseurs. Et si elles chassent ensuite sur les terrains affermés sans l'autorisation des adjudicataires, elles se rendent passibles de poursuites correctionnelles de la part de ces derniers (Metz, 18 févr. 1864, aff. Courtois, R. F. t. 5, n° 75).

550. Il arrive parfois aussi que le maire n'autorise les étrangers à chasser sur le territoire de la commune qu'autant qu'ils ont pris leur *permis* par son intermédiaire, de manière à faire bénéficier la caisse municipale de la somme de 10 fr. attribuée à la commune dont le maire est appelé à donner son avis. M. Jullemier, *loc. cit.*, estime avec raison qu'un arrêté de cette nature constitue un acte abusif et sans valeur légale. Le maire ne saurait, en effet, donner l'avis prescrit par l'art. 5 de la loi de 1844, pour les demandes de permis émanées de personnes qui n'ont ni leur domicile, ni leur résidence dans la commune, ainsi que nous l'avons expliqué *suprà*, n°s 312 et suiv. D'autre part, le forain muni d'un permis obtenu dans une autre localité, et contre lequel procès-verbal a été dressé pour délit de chasse sans autorisation sur la propriété d'autrui, ne peut être traduit devant le tribunal de répression que sur la poursuite directe du propriétaire du fonds sur lequel il a fait acte de chasse, à moins toutefois qu'il ne s'agisse d'une terre non dépouillée de ses fruits (V. *infrà*, n°s 1191 et suiv.).

551. L'acte qui constate le consentement collectif de propriétaires à ce que le droit de chasse sur leurs propriétés soit affermé pour le compte de la commune, n'est passible que d'un seul droit fixe (Instr. adm. enreg. 30 mars 1844, n° 1709, *Rép.* v° *Enregistrement*, n° 413).

552. — II. De la chasse sur les terrains de propriétaires réunis en syndicat. — Dans quelques localités, des propriétaires forment entre eux un *syndicat*, en vue d'affermer à une ou plusieurs personnes le droit exclusif de chasser sur leurs domaines, ou de concéder des permissions, moyennant un prix déterminé qu'ils se partagent proportionnellement à la contenance de leurs propriétés. Il importe de s'assurer de la qualité de mandataire de celui avec qui l'on traite; sinon il est prudent d'exiger la signature de tous les membres du syndicat (V. Jullemier, t. 2, p. 16 et 18). — Dans le cas où le droit de chasse a été affermé sur une certaine étendue de terres, moyennant un prix de fermage divisible entre les propriétaires proportionnellement à l'étendue de leurs terres, ces propriétaires peuvent séparément ou collectivement réclamer chacun en droit soi l'exécution de la convention. — Mais l'un d'eux seul et sans mandat spécial serait sans qualité pour le faire dans l'intérêt de tous, alors même que, par une clause expresse du bail, il aurait été chargé, comme président d'une société formée par les propriétaires réunis, de toucher le montant intégral du fermage pour le répartir ou l'employer selon la volonté de la majorité des sociétaires (Paris, 19 juin 1863, aff. Quesvers, R. F. t. 2, n° 275). — V. Amiens, 19 févr. 1885, *suprà*, n° 510.

N° 4. — *De la chasse dans les propriétés des établissements publics.*

553. Le droit de chasse sur les propriétés des *établissements publics* peut être loué selon les règles édictées pour les baux à ferme. Il s'ensuit qu'il appartient à la commission administrative d'un hospice de déterminer, sans l'approbation du préfet, les conditions de cette location, quand sa durée n'est pas supérieure à dix-huit ans (V. L. 7 août 1851, art. 8, D. P. 51. 4. 154).

554. Bien que la location doive, en principe, s'effectuer par *adjudication publique*, conformément aux prescriptions de l'art. 1er du décret du 12 août 1807 (*Rép.* v° *Louage administratif*, p. 523), elle peut avoir lieu *de gré à gré* si l'intérêt de l'établissement propriétaire le demande. Et il convient d'appliquer, en pareille matière, la jurisprudence du conseil d'État, d'après laquelle un particulier n'est pas recevable à déférer à cette juridiction, pour excès de pouvoir, l'arrêté par lequel le préfet a approuvé un bail fait à l'amiable par la commission administrative (V. *Louage administratif*). — La location du droit de chasse sur les biens d'un hospice est parfaite, non pas seulement à dater de la signature du bail, mais dès que les propositions du locataire ont été acceptées par la commission administrative de l'hospice, qui a capacité pour régler les conditions des baux, et dont les délibérations sont immédiatement exécutoires, sous la réserve du droit appartenant au préfet d'annuler la délibération dans le délai de trente jours (Rouen, 22 févr. 1878, aff. F..., D. P. 80. 2. 164).

Art. 3. — *Des personnes punissables pour délit de chasse sans autorisation* (*Rép.* n° 162).

555. On a dit au *Rép.* n° 162, que l'interdiction de chasser sans le consentement du propriétaire ou de ses ayants droit est générale. Ainsi, elle atteint toute *personne*. Nous verrons toutefois, en matière de louveterie (*infrà*, tit. 2) que le législateur autorise, moyennant certaines conditions, la destruction des animaux malfaisants ou nuisibles sur la propriété d'autrui.

556. Quant au point de savoir si l'on peut poursuivre pour délit de chasse le propriétaire qui chasse sur son terrain sans l'autorisation de ses ayants droit, ou les ayants droits qui chassent sans le consentement du propriétaire, V. *infrà*, n°s 135 et suiv., 463 et 464.

Art. 4. — *De la nature des propriétés sur lesquelles a lieu la chasse sans autorisation* (*Rép.* n°s 78 à 102, 170, 191).

557. L'interdiction de chasser sur le terrain d'autrui sans l'agrément du propriétaire ou de ses ayants droits s'applique à toute espèce de *terrain* ou de *propriété* (*Rép.* n° 162).

Par un arrêt du 25 avr. 1828 (rapporté au *Rép.* n° 240), la cour de cassation a décidé que le délit de chasse sans autorisation sur le fonds d'autrui ne peut être excusé à raison du *peu d'étendue* de ce fonds. Cette solution a été encore admise par des cours d'appel (Colmar, 30 janv. 1866, aff. Saglio, R. F. t. 4, n° 587; Paris, 1er févr. 1866, aff. Petit, R. F. t. 3, n° 462).

558. Sur l'aggravation de peine résultant de la circonstance que le délit a été commis soit sur des terres non dépouillées de leurs fruits, soit sur un terrain entouré d'une clôture continue faisant obstacle à toute communication avec les héritages voisins, V. *infrà*, n°s 902 et suiv., 1024 et suiv.

§ 1er. — De la chasse dans les enclos attenant à une habitation (*Rép.* n°s 78 à 103).

N° 1. — *Généralités* (*Rép.* n°s 78, 79, 101, 102).

559. On a vu (*Rép.* n° 101) que, sous l'empire de la loi du 28 avr. 1790, tout propriétaire ou possesseur pouvait chasser, en tout temps, dans ses lacs et étangs, dans celles de ses possessions qui étaient séparées par des murs ou des haies vives d'avec les héritages voisins, alors même que l'enclos n'était pas attenant à une habitation (art. 13), et dans ses bois et forêts, pourvu que le fait de chasse eût lieu sans chiens courants (art. 14). Toutefois le permis de port d'armes de chasse était exigé pour la chasse avec armes, à moins que, d'après le tempérament apporté par la jurisprudence, la chasse n'eût lieu dans un terrain clos attenant à une habitation. — Cet état de choses engendra des abus, que l'art. 2 de la loi de 1844 a eu pour but de faire disparaître, en restreignant l'*immunité* du propriétaire ou possesseur autant que le permettaient le respect et l'inviolabilité du domicile. Aussi la cour d'Aix, par un arrêt du 26 févr. 1875 (aff. Sacoman, D. P. 78. 5. 92), a-t-elle décidé que le législateur n'a pas entendu créer un privilège en faveur des propriétés closes, mais seulement protéger le domicile, ou plutôt la continuation du domicile des citoyens. Du reste, à cet égard, il convient de se reporter aux développements contenus au *Rép.* n°s 78 et 79.

560. L'immunité établie en faveur du propriétaire ou possesseur d'un enclos attenant à une habitation comprend, comme nous l'avons dit au *Rép.* n°s 78 et 102 : 1° la faculté de chasser *en tout* temps, c'est-à-dire pendant la *clôture de la chasse* (V. *suprà*, n°s 184 et suiv.), et même la *nuit* (V. *infrà*, n°s 619 et suiv.) ou en temps de *neige* (V. *infrà*, n°s 700 et suiv.); — 2° Celle de chasser *sans permis* (V. *suprà*, n°s 244 et suiv.). — La proposition de loi sur la chasse actuellement soumise au Parlement (V. *suprà*, n° 6) limite l'immunité à la faculté de chasser en tout temps (art. 2); du reste, ce n'est pas sans de vives discussions que le Sénat a supprimé la dispense de permis (V. *Journ. off.* du 18 nov. 1886, p. 1232 et suiv.).

En dehors des conditions auxquelles est subordonnée l'immunité de l'art. 2, les actes de chasse accomplis par le *propriétaire* de l'enclos sont soumis aux *sanctions* du droit commun. Ils entraînent, notamment, contre leur auteur les peines édictées soit par l'art. 12-1° pour délit de chasse en temps prohibé, soit par l'art. 11-1° pour délit de chasse sans permis. — Quant aux *tiers* qui chassent, sans le consentement du propriétaire, sur un terrain attenant à une habitation et entouré d'une clôture continue et faisant obstacle à toute communication avec les héritages voisins, ils sont passibles des aggravations de peine déterminées par l'art. 13.

561. Nous avons expliqué que le propriétaire ou possesseur d'un enclos attenant à son habitation est assujetti à l'observation des mesures de police relatives à l'emploi des *armes à feu* dans l'intérieur des villes et villages (*suprà*, n° 237). La chasse à l'aide d'*engins prohibés* lui est interdite comme à toute autre personne; la controverse qui s'est élevée à cet égard est exposée *infrà*, n°s 662 et suiv.

N° 2. — *Des personnes qui peuvent invoquer l'immunité* (*Rép.* n°s 80 à 84).

562. Pour déterminer les personnes qui peuvent se prévaloir de l'immunité consacrée par l'art. 2, il importe de se rappeler qu'elle a été établie en faveur du domicile, et non du *propriétaire* ou *possesseur* personnellement, et, d'autre part, que le législateur a voulu, non pas créer un droit de chasse d'une nature particulière, mais seulement favoriser, au point de vue de la clôture de la chasse et de l'obligation du permis, l'exercice du droit de chasse existant d'après les règles du droit commun (V. *Rép.* n° 81). Aussi doit-on accorder l'immunité à toutes les personnes qui ont l'exercice du droit de chasse sur l'enclos attenant à une habitation (V. *suprà*, n°s 115 et suiv.). Du reste, comme on l'a vu au *Rép.* n° 80, il ressort des travaux préparatoires qu'il faut prendre le mot *possesseur* dans le sens le plus étendu. Il comprend évidemment l'*usufruitier* et l'*emphytéote* (Conf. Giraudeau, n° 280. — V. *suprà*, n°s 119 et suiv., 139).

563. En ce qui regarde le *locataire* ou *fermier*, la question est plus délicate. M. Bauchart, *Catéchisme des chasseurs*, cité par Petit, t. 1, p. 367, ne lui reconnaît de droit de chasse dans l'enclos qu'il a loué, qu'en cas de concession spéciale du bail. D'après M. Rogron, p. 37, le droit de chasse ne doit être attribué au preneur que s'il s'agit d'un jardin, d'un enclos de peu d'étendue. Mais nous persistons à soutenir que la faculté de chasser en tout temps et sans permis dans un enclos attenant à une habitation, appartient au locataire, à l'exclusion du bailleur, à moins, bien entendu, que le bail ne l'ait réservé exclusivement à celui-ci. Cette troisième opinion, formulée au *Rép.* n° 82, est adoptée par la majorité des auteurs, même par ceux qui, dans les locations ordinaires, refusent le droit de chasse au preneur (V. Championnière, p. 23, n° 50; Chardon, p. 128; Giraudeau, n° 284; Leblond, n° 46. — Conf. Paris, 17 août 1846, *Droit* du 19 août 1846, cité par Giraudeau, *loc. cit.*; et les arrêts mentionnés *suprà*, n° 131). — Nous allons plus loin, et nous concédons le droit de chasse au locataire de l'enclos, alors même que le bail réserve la chasse au profit du bailleur; cette réserve doit être réputée ne s'appliquer qu'aux terrains situés en dehors de l'enclos (Giraudeau, n° 285; de Neyremand, p. 433). — Si le bail défend au fermier de chasser même dans l'enclos, cette clause doit nécessairement s'exécuter; mais elle ne comporte pas une réserve de chasse au profit du bailleur, et, par conséquent, le droit de chasse ne peut être exercé par personne (Duvergier, sur l'art. 2; Giraudeau, n° 285).

564. Reste la question de savoir si l'immunité prévue par l'art. 2 de la loi de 1844 s'étend à celui qui, sans être propriétaire ou possesseur du fonds, a seulement acquis le droit de chasse sur ce fonds. Au *Rép.* n°s 81 et 82, on s'est prononcé pour l'affirmative, en ce qui concerne spécialement le *locataire* ou *adjudicataire de chasse* (Conf. Gillon et Villepin, p. 75; Giraudeau, n°s 281 et 282; Rogron, p. 37. — V. *suprà*, n°s 454 et suiv.); — Et toute personne qui a reçu du propriétaire ou possesseur du fonds la *permission* ou le *mandat* d'y chasser (Conf. Giraudeau, n° 282. — V. *suprà*, n°s 491 et suiv.). — Dans la proposition de loi votée pas le Sénat en seconde délibération le 23 nov. 1886, l'art. 2 ne permet pas de céder l'immunité par un bail qui ne comprendrait pas la maison d'habitation (V. *suprà*, n° 6).

Rappelons que, à moins de réserve à son profit, le propriétaire qui a *cédé* à un tiers le droit de chasse dans l'enclos attenant à son habitation, ne saurait y chasser lui-même sans se rendre passible de dommages-intérêts envers le cessionnaire (*Rép.* n° 84. — V. *suprà*, n° 462). — Il faut en dire autant du bailleur de l'enclos (*Rép.* n° 83. — V. *suprà*, n°s 130 et suiv.).

Dans l'une et l'autre hypothèse, le propriétaire et le bailleur qui fait acte de chasse s'expose-t-il à une poursuite correctionnelle pour chasse sans droit? V. *suprà*, n°s 135, 463 et 464. — Quant aux actes de chasse émanés des tiers, V. *Rép.* n° 84.

N° 3. — *Des conditions auxquelles est subordonnée l'immunité* (*Rép.* n°s 85 à 100).

565. — I. TERRAIN ATTENANT A UNE HABITATION. — La première condition requise pour avoir droit à l'immunité de l'art. 2, c'est qu'il s'agisse d'un enclos *attenant d'une habitation* (V. *Rép.* n° 85). — Sur la substitution de ces mots à ceux de « dépendant d'une habitation », V. *ibid.*, n° 86.

566. — 1° *Habitation à laquelle est attachée l'immunité.* — Conformément à la décision d'un arrêt (Crim. cass. 3 mai 1845, aff. Mercier, D. P. 45. 1. 303) analysé au *Rép.* n° 91, il y a lieu de considérer comme une habitation toute construction *actuellement habitée* ou, du moins, *destinée à l'habitation*. C'est ce qui résulte également de plusieurs arrêts plus récents (Crim. rej. 29 avr. 1858, aff. Lapied, D. P. 58. 5. 59; Trib. corr. Carpentras, 27 déc. 1866, aff. Bègue, D. P. 67. 3. 22; Crim. cass. 20 juill. 1883, aff. Pianelli, D. P. 83. 5. 66; 10 nov. 1883, aff. Subrini, D. P. 84. 1. 96. — Conf. Giraudeau, n° 302; Leblond, n° 33). — Telle est, avons-nous dit (*Rép.* n° 90), une *résidence d'été*, quand même elle ne serait occupée qu'à de longs intervalles (V. dans ce sens: Gillon et Villepin, n° 43; Giraudeau, n° 304). — Tel est également un simple pavillon, s'il est véritablement habité pendant quelque temps (Giraudeau, n° 305).

567. Nous avons expliqué, au contraire (*Rép.* n° 91), qu'une construction *pouvant servir à l'habitation* ne satisfait pas au vœu de la loi, si elle n'est pas habitée ou destinée à l'habitation (V. aussi les décisions des 3 mai 1845, 27 déc. 1866, 20 juill. et 10 nov. 1883, citées *suprà*, n° 566). — On trouve diverses applications de cette règle dans les observations de M. Gillon à la Chambre des députés (*Rép.* n° 87), et dans les arrêts rapportés *ibid.* n°s 88 et 90. — Il est également admis, soit par la doctrine, soit par la jurisprudence, que l'on ne doit pas regarder comme une habitation, au point de vue de la chasse: 1° un simple *pavillon* d'agrément qui n'est pas habité (Berriat, p. 21; Camusat, p. 46; Giraudeau, n° 305; Jullemier, t. 1, p. 27; Leblond, n° 33; de Neyremand, p. 424); — 2° Une construction servant, lors de la récolte des olives, de pressoir et d'*usine* à huile, et qui n'est occupée que pendant la mouture par les ouvriers employés à ce genre de travail (Crim. cass. 20 juill. 1883, aff. Pianelli, D. P. 83. 5. 66); — 3° Une simple cabane ou maisonnette, dépourvue de tout mobilier, et affectée seulement pendant une certaine époque de l'année au séchage des châtaignes. Peu importe qu'à ce moment cette cabane soit fréquentée par plusieurs ouvriers « qui attisent le feu et empêchent les incendies » (Crim. cass. 10 nov. 1883, aff. Subrini, D. P. 84. 1. 96.). — Conformément à l'opinion de MM. Gillon et Villepin, combattue au *Rép.* n° 90, M. Giraudeau, n° 301, estime qu'il en est de même d'une usine étrangère à l'habitation et occupée seulement le jour, comme un *four à chaux* ou *à plâtre*, une *briqueterie*, une *tuilerie*.

568. Il a même été jugé que l'on ne saurait regarder comme attenant à une habitation, un terrain sur lequel se trouve un *pavillon* de deux pièces superposées l'une à l'autre, construit surtout en vue de servir de poste d'observation au chasseur, alors que le propriétaire ne l'habite qu'accidentellement et sans sa famille, et seulement pendant le temps de la chasse (Trib. corr. Carpentras, 27 déc. 1866, aff. Bègue, D. P. 67. 3. 22).

569. — 2° *Dépendance d'une habitation.* — La faculté de chasser en tout temps et sans permis n'existe que pour le terrain qui est l'annexe, la dépendance d'une habitation (Arrêts des 20 juill. et 10 nov. 1883 cités *suprà*, n° 567).

570. — A. *De la propriété et de la possession respectives de l'habitation et de l'enclos.* — L'immunité de l'art. 2 suppose que le propriétaire, possesseur ou fermier de l'habitation est propriétaire, possesseur ou fermier de l'enclos qui y est attenant. En d'autres termes, il faut que l'habitation et le clos se trouvent dans la même main, ainsi que nous l'avons dit au *Rép.* n° 92. Dans le cas où l'habitation et l'enclos appartiendraient à deux propriétaires différents, ou seraient loués à deux locataires distincts, l'immunité de l'art. 2 de la loi de 1844 ne pourrait s'exercer au profit ni de l'un ni de l'autre (Camusat, p. 45 ; Gillon et Villepin, n° 39 ; Giraudeau, n° 298 ; Rogron, p. 48. — V. aussi Besançon, 13 févr. 1854, aff. Tiercelin, *Recueil de cette cour*, 1853-1857, p. 133; Rennes, 17 août 1863, aff. Blaise, D. P. 63. 2. 201).

571. On s'est demandé si l'on doit regarder un enclos comme attenant à une habitation dans le sens de l'art. 2, par cela seul qu'il s'y trouve une maison occupée par un *garde* ou un *serviteur* du propriétaire. — M. Berriat, p. 21, et M. Leblond, n° 34, admettent la négative sans distinction, en se basant sur ce que l'art. 2 a pour but de protéger l'inviolabilité du domicile et sur ce que le domicile de tous les citoyens est digne de la même protection. — Nous sommes d'avis qu'il convient de faire une distinction à raison de la *dépendance respective* de la maison et de l'enclos. L'art. 2 est sans application, si la maison dont il s'agit est destinée à l'exploitation ou à la surveillance du domaine sur lequel elle est élevée (Giraudeau, n° 300). En effet, dans cette hypothèse, bien loin que l'enclos soit une dépendance de la maison, c'est la maison qui est l'accessoire du domaine. Le propriétaire est chez lui dans toute l'étendue de l'enclos ; le garde n'est chez lui que dans la maison affectée à son habitation ; c'est seulement là qu'on ne peut pénétrer contre sa volonté sans commettre une violation de domicile. Au contraire, s'il s'agit d'un enclos attenant à l'habitation d'un serviteur ou d'un garde, et affecté à l'usage exclusif de ce serviteur ou de ce garde, celui-ci a, en principe, la faculté de chasser dans cet enclos, et il peut se prévaloir des dispositions de l'art. 2.

572. Jugé qu'il faut que le domaine soit attaché à l'habitation de manière à ne faire qu'un avec elle, et qu'il constitue de telle sorte le domicile du maître, que, sans le violer, nul n'y puisse pénétrer du dehors (Rennes, 17 août 1863, aff. Blaise, D. P. 63. 2. 201) ; — Qu'en conséquence, il n'est pas permis de chasser en tout temps dans l'*île d'un fleuve*, même avec la permission du fermier de cette île, alors que son propriétaire ou son possesseur n'y ont ni leur habitation ni leur domicile, et qu'il ne s'y trouve d'autre maison que celle du garde préposé à sa surveillance (Même arrêt).

573. On ne saurait, à aucun point de vue, regarder une *ligne de chemin de fer* comme un terrain clos attenant à une habitation, notamment par rapport à la *maison d'un garde-barrière* (Rouen, 7 avr. 1859, aff. Artus, *Recueil de cette cour*, 1859, p. 272, cité par Leblond, n° 45).

574. — B. *De la contiguïté de l'habitation et de l'enclos.* — Le terrain clos qui est *séparé* de l'habitation *par un mur* ou *une haie*, est néanmoins censé y être attenant, s'ils sont en communication entre eux, notamment par des brèches ou des portes toujours ouvertes (V. Bourges, 2 nov. 1844, *Rép.* n° 94; Rouen, 22 mars 1861, aff. Mutel, R. F. t. 1, n° 23). — A l'inverse, on ne doit pas regarder comme attenant à une habitation un herbage, séparé de la cour de la maison par un mur de deux mètres de hauteur, dans lequel se trouvent deux portes ordinairement fermées ; la propriété doit être réputée composée de deux parties bien distinctes, ayant chacune leur caractère propre (Rouen, 19 déc. 1878, aff. Rivière, *Recueil de cette cour*, 1879, p. 124, cité par Giraudeau, n° 290. — V. les arrêts de la même cour des 23 févr. 1865, 28 juin 1867, 24 avr. 1869, mentionnés *suprà*, n° 131). Cependant M. Giraudeau, n° 291, critique l'arrêt du 19 déc. 1878 ; il estime que l'existence des portes de communication suffit, alors même qu'elles sont habituellement fermées, pour maintenir la contiguïté.

575. Lors de la discussion de la loi du 3 mai 1844, dit M. Leblond, n° 42, la commission de la Chambre des députés avait proposé un amendement ainsi conçu : « Les *routes* et *chemins* traversant ces possessions ne seront pas considérés comme faisant cesser la continuité de la clôture ». Cet amendement a été retiré, et M. Lureau a précisé la portée de ce retrait en ces termes : « Il est bien entendu qu'un parc, quoique entouré de murs, ne sera pas considéré comme clos, s'il est traversé par des routes et chemins » (*Moniteur*, 1844, p. 278). — Toutefois, il importe d'établir une distinction selon la nature des chemins. D'une part, on ne doit pas considérer comme attenant à l'habitation le fonds qui en est séparé soit par une *route* ou un *chemin public* (Giraudeau, n° 293 ; Leblond, n° 42), soit par un simple sentier public, c'est-à-dire accessible au passage de tout le monde, alors même que des barrières sont placées aux deux extrémités de ce sentier à la limite de l'héritage (Leblond, *loc. cit.*). — D'autre part, une *voie privée* qui sépare l'habitation de l'enclos qui en dépend ne détruit pas leur contiguïté. Il en est ainsi d'un chemin d'exploitation (Giraudeau, n° 294; Leblond, n° 42), d'un chemin ou sentier ouvert seulement en faveur de certaines personnes déterminées (Leblond, *loc. cit.*), ou d'un chemin grevé d'une servitude de passage au profit des propriétaires voisins (Giraudeau, n° 295). D'après ce dernier auteur, n° 296, la cour de Douai aurait même jugé, par arrêt du 9 nov. 1847 (aff. Thouret, D. P. 47. 4. 75), qu'un chemin d'exploitation servant, *par tolérance*, de passage au public, ne cesse pas d'être un chemin privé et, par suite, ne met pas obstacle à l'immunité de l'art. 2.

576. — II. Clôture continue faisant obstacle a toute communication avec les héritages voisins. — La seconde condition prescrite pour l'application de l'art. 2 consiste dans une *clôture faisant obstacle à toute communication avec les héritages voisins. L'intention* de se clore ne saurait suppléer au défaut de clôture, alors même qu'elle est manifestée par un commencement d'exécution, par exemple, par deux poteaux destinés à supporter une porte ou une barrière (Giraudeau, n° 337).

577. — 1° *Des modes de clôture auxquels est attachée l'immunité.* — A. *Généralités.* — L'art. 2 de la loi de 1844 n'ayant pas défini ce qu'il faut entendre par *clôture*, il appartient aux tribunaux de déterminer le sens de ce mot en s'inspirant de la pensée qui a présidé à la rédaction de cet article et du *but* que le législateur a voulu atteindre (Aix, 26 févr. 1875, aff. Sacoman, D. P. 78. 5. 92). — Pour les travaux préparatoires de l'art. 2, V. *Rép.* n° 93.

Il convient aussi de consulter l'*usage des lieux* (Circ. min. just. 9 mai 1844, *Rép.* p. 108, note, n° 3; Trib. corr. Carpentras, 27 déc. 1866, aff. Bègue, D. P. 67. 3. 22). — Mais on a vu au *Rép.* n° 93, que le juge n'est pas tenu de prendre pour règle de sa décision l'art. 6, sect. 4, tit. 1er, de la loi des 28 sept.-6 oct. 1791, ni l'art. 391 c. pén. (Conf. Jugement précité du 27 déc. 1866).

578. Les auteurs ne sont pas d'accord sur le *but* que doit remplir la clôture pour satisfaire au vœu de la loi. Cependant nous n'hésitons pas à soutenir que le terrain est suffisamment clos, au point de vue de l'application de l'art. 2, lorsque la clôture empêche l'*introduction des hommes;* il n'est pas nécessaire qu'elle fasse obstacle, en outre, au passage des chiens et du gibier. On ne saurait nier, en effet, que l'immunité dont il s'agit est avant tout fondée sur l'inviolabilité du domicile. C'est en vain que les partisans de l'opinion contraire prétendent que le législateur a eu l'intention d'assurer au propriétaire de l'enclos l'entière disposition du gibier à poil qui s'y trouve, à titre de compensation, parce que le gibier de cette nature n'y peut pénétrer et s'y repeupler naturellement. S'il en était ainsi, l'immunité devrait être limitée au gibier à poil. Or, cette immunité s'étend au gibier à plumes, nul ne le conteste, la loi ne faisant aucune distinction entre ces deux sortes de gibier. Il n'y a pas davantage lieu de s'arrêter à la supposition que l'art. 2 serait en partie motivé sur ce que la clôture empêche les chiens du propriétaire de sortir librement pour causer des dégâts dans la campagne et y détruire le gibier. Les travaux préparatoires ne laissent aucune trace de cette supposition de la part du législateur. Du reste, chacun sait que les chiens qui ont l'habitude de vagabonder et de poursuivre le gibier en l'absence de leur maître, trouvent aisément le moyen de s'échapper des terrains les mieux clos, s'ils ne sont pas attachés ou enfermés dans un fenil (V. dans le sens de ce système : Giraudeau, n° 310; Leblond, n° 43; Trib. corr. Rouen, 19 févr. 1867, aff. Lendormi, R. F. t. 3, n° 533, *infrà*, n° 581. — *Contrà :* Camusat, p. 49; de Neyremand, p. 428; Rogron, p. 43). — Il a été décidé que la clôture prescrite par la loi de 1844 doit présenter un obstacle à tout passage et à toute introduction par les *moyens ordinaires* (Circ. min. just. 9 mai 1844, *Rép.* p. 108, note, n° 3; Trib. corr. Orange, 8 sept. 1866, aff. Duplan, R. F. t. 3, n° 531, *infrà*, n° 580; Aix, 26 févr. 1875, aff. Sacoman, D. P. 78. 5. 92, *infrà*, n° 583); — Et qu'elle rentre dans l'esprit de l'art. 2, quand elle nécessite une ascension difficile ou dangereuse (Jugement précité du 8 sept. 1866).

579. Il importe peu, comme le dit M. Giraudeau, n° 312, que le mur, le fossé ou la haie qui sert de clôture *appartienne* au propriétaire de l'enclos ou à son voisin, ou soit mitoyen; du moment que le fonds attenant à une habitation est clos, le vœu de la loi est rempli.

580. — B. *Enumération des diverses espèces de clôture.* — On peut, dans la pratique, discuter sur le point de savoir si tel ou tel *mur* constitue une clôture susceptible de faire obstacle à toute communication avec les héritages voisins; la hauteur, le bon ou le mauvais état du mur sont à ce point de vue les principaux éléments d'appréciation. Mais il n'est pas douteux qu'en principe, les murs sont les sortes de clôture qui répondent le mieux à l'intention du législateur. — Jugé que l'on doit regarder comme remplissant suffisamment le vœu de la loi une muraille dont l'élévation varie entre 1 m. 35 et 2 m. 15, environnant de tous côtés et sans solution de continuité une propriété située en contre-bas des héritages voisins. Peu importe que cette muraille s'arrête au niveau du sol desdits héritages et qu'elle permette de descendre assez facilement dans l'enclos, si la sortie nécessite des efforts dépassant les ressources ordinaires d'une personne livrée à elle-même (Trib. corr. Orange, 8 sept. 1866, aff. Duplan, R. F. t. 3, n° 531). — D'après M. Giraudeau, n° 327, la cour de cassation, en rejetant le pourvoi formé contre un arrêt de la cour de Metz, a même admis implicitement comme clôture suffisante un mur dont la hauteur en certaines parties n'excédait pas 80 centimètres (Crim. rej. 29 avr. 1858, aff. Lapied, D. P. 58. 5. 59). — V. aussi les arrêts cités *infrà*, n°s 594 et suiv.

Le même auteur estime avec raison qu'il n'y a pas à établir de distinction entre les *murs ordinaires* et ceux qui sont *en pierres sèches* (*loc. cit.*).

581. L'immunité de l'art. 2 peut résulter d'une *haie vive*, lorsque sa hauteur et son épaisseur constituent un obstacle sérieux à l'introduction dans l'enclos (Giraudeau, n° 325. — V. en ce sens: Rouen, 22 mars 1880, aff. Douyer, D. P. 82. 5. 79). — Jugé qu'il en est ainsi, par exemple, d'une haie vive de plus d'un mètre de hauteur, alors même qu'il existe au pied de cette haie des trous assez grands pour permettre au gibier, même à des lièvres, de pénétrer dans la propriété (Trib. corr. Rouen, 19 févr. 1867, aff. Lendormi, R. F. t. 3, n° 533. — V. *suprà*, n° 578).

582. Nous reconnaissons avec M. Giraudeau, n° 325, qu'une *haie sèche* suffisamment solide et élevée est de nature à former une clôture au point de vue de l'application de l'art. 2.

583. Il faut en dire autant des *palissades*, des *pieux*, des *piquets*, des *claires-voies* et des *fils de fer*, lorsque le rapprochement, la hauteur et la solidité de ces matériaux s'opposent à ce qu'on ne pénètre aisément dans l'enclos (Giraudeau, n° 328).

Mais cette condition n'est pas remplie en ce qui concerne: 1° le terrain simplement entouré de roseaux, les uns plantés verticalement, les autres placés horizontalement et reliés aux premiers, si cette clôture peut, en certains endroits, être enjambée sans effort, ou être traversée en écartant les roseaux avec la main sans détérioration (Trib. corr. Carpentras, 27 déc. 1866, aff. Bègue, D. P. 67. 3. 22); — 2° Ou le terrain environné de pieux en bois placés de distance en distance et reliés entre eux par de gros fils de fer (Rouen, 24 nov. 1859, aff. Camus, D. P. 60. 2. 219); — 3° Ou le fonds entouré de piquets élevés de 1 mètre 20 centimètres, distants l'un de l'autre de 30 à 40 centimètres, et qui sont reliés entre eux par quatre fils de fer parallèles espacés de 30 centimètres (Aix, 26 févr. 1875, aff. Sacoman, D. P. 78. 5. 92); — 4° Ou, à plus forte raison, un pré fermé par des pieux en bois espacés entre eux de plus de 3 mètres et traversés par trois fils de fer superposés, à 33 centimètres l'un de l'autre, à partir du sol; ces pieux, destinés à empêcher les bestiaux de sortir du pré, laissent libre accès à tout le monde, alors surtout que le champ voisin présente une large brèche servant de passage (Rouen, 22 mars 1880, aff. Douyer, D. P. 82. 5. 79. — V. *infrà*, n°s 592 et suiv).

584. Suivant un arrêt, on peut regarder comme entourée d'une clôture continue, faisant obstacle à toute communication avec les héritages voisins, une cour de ferme close de tous les côtés par des *arbres de haute futaie*, plantés sur un *tertre* ou *levée de terre*, à la manière du pays de Caux (Rouen, 15 févr. 1869, aff. Chemin, *Recueil de cette cour*, 1869, p. 36, rapporté par Leblond, n° 44).

585. Les *fossés* constituent-ils une clôture suffisante? Comme on l'a vu au *Rép.* n°s 95 et 96, la question avait été résolue négativement par la jurisprudence, sous l'empire de la loi du 28 avr. 1790.

Sous la loi du 3 mai 1844, la question est très controversée dans la doctrine. Plusieurs auteurs refusent aux simples fossés, remplis ou non d'eau, le caractère de clôture dans le sens de l'art. 2, parce qu'ils n'empêchent ni les chasseurs, ni les chiens d'atteindre le gibier (V. Camusat, p. 48; Chardon, p. 40; Duvergier, sur l'art. 2; Leblond, n° 39; de Neyremand, p. 431; Perrève, p. 194; Rogron, p. 43 et suiv.). — Nous croyons, au contraire (*Rép.* n° 97), qu'un fossé est susceptible de donner lieu à l'application de l'art. 2, s'il est difficile à franchir à raison de sa largeur, de sa profondeur ou de l'eau qui le remplit (V. Championnière, p. 28; Gillon et Villepin, n°s 53 et 54; Giraudeau, n° 323; Petit, t. 1, p. 362); par exemple, si la largeur et la profondeur sont telles qu'on ne peut arriver dans l'enclos ou le parc qu'avec le secours d'échelles. — Cette deuxième opinion est consacrée par la jurisprudence. Jugé que l'on doit regarder comme une clôture suffisante: 1° un fossé dont la largeur varie de 1 mètre 20 centimètres à 6 mètres (Douai, 9 nov. 1847, aff. Thouret, D. P. 47. 4. 75); — 2° Un fossé de 60 centimètres de largeur, surmonté d'un remblai de 1 mètre 20 centimètres, mode généralement usité dans la localité (Rouen, 22 mars 1880, aff. Douyer, D. P. 82. 5. 79).

586. Du reste, il est généralement admis, conformément à ce qui a été dit au *Rép.* n° 97, que l'on doit voir une clôture suffisante dans un *fossé verticalement soutenu par un mur en maçonnerie*, de telle sorte qu'on ne puisse arriver dans l'enclos qu'avec le secours d'une échelle (Gillon et Villepin, n° 67; Giraudeau, n° 322; Leblond, n° 41; de Neyremand, p. 432), alors même que ce mur ne s'élèverait pas au-dessus du sol.

587. Les auteurs sont partagés sur la question de savoir si les *cours d'eau* peuvent être considérés comme une clôture par rapport à l'immunité prévue par l'art. 2, en admettant d'ailleurs que leur largeur et leur profondeur constituent un obstacle sérieux. Trois systèmes sont en présence.

588. D'après un premier système, qui est admis par la majorité des auteurs et qui nous paraît préférable, la difficulté doit se résoudre au moyen d'une distinction fondée sur la nature du cours d'eau.

Un *fleuve* ou une *rivière navigable ou flottable* ne constitue pas une clôture en vue de l'application de l'art. 2 de la loi du 3 mai 1844, parce que l'art. 1er de la loi du 29 flor. an 10 assimile les cours d'eau de cette nature à une grande route (V. *Rép.* v° *Voirie par terre*, p. 189), et que, dès lors, chacun a le droit de les employer comme voies de communication (Berriat, p. 20; Giraudeau, n° 316; Perrève, p. 274; Petit, t. 1, p. 363; Rogron, p. 44). — En faveur de cette interprétation on invoque un arrêt de la cour de cassation du 12 févr. 1830, aff. Schmidt, rapporté au *Rép.* n° 98, décidant qu'une île environnée d'une rivière navigable ne doit pas être considérée comme une propriété close. Mais il ne faut pas exagérer la portée de cette décision, intervenue sous l'empire de la loi du 28 avr. 1790 qui limitait l'immunité du propriétaire aux clôtures formées de murs ou de haies vives (V. *suprà*, n° 559). — En tout cas, n'est pas close, dans le sens de l'art. 2 de la loi de 1844, une île située dans un fleuve et sur laquelle existe un chemin de halage, par lequel elle est accessible à tous (Rennes, 17 août 1863, aff. Blaise, D. P. 63. 2. 201).

Les *rivières non navigables ni flottables* peuvent constituer des clôtures au sens de l'art. 2, puisque, d'une part, elles sont susceptibles d'apporter un obstacle sérieux à l'accès des héritages qu'elles limitent, et que, d'autre part, aucune disposition de loi ne les assimile aux routes. Cette solution, admise par les auteurs cités ci-dessus, a été implicitement consacrée par un arrêt de la cour de Rouen, du 22 mars 1880 (aff. Douyer, D. P. 82. 5. 79).

« Si l'eau est *propriété privée* (par exemple, en cas de *canal* fait de main d'homme, d'*étang*, etc.), dit M. Giraudeau, n° 315, il est inutile de se préoccuper si elle est navigable et flottable, puisque, le fût-elle, ce ne serait que dans l'intérêt du propriétaire ». Le même auteur, n° 318, critique comme nous (*Rép.* n° 98) l'arrêt de la cour de Metz du 22 mai 1845, qui déclarait close une propriété fermée par une rivière et un canal de dérivation, bien qu'il y eût sur ce canal un pont pour communiquer à d'autres dépendances non closes de la même propriété. Dans son n° 319, il déclare qu'un étang sert de clôture, quand même il serait commun entre plusieurs propriétaires. — Il ajoute que les eaux qui, en temps normal, forment clôture, ne perdent pas ce caractère lorsqu'elles sont couvertes de glace ou qu'elles sont momentanément à sec par suite d'une sécheresse. Mais cette proposition paraît contestable; si un mur n'est plus une clôture suffisante, quand il est percé d'une ou plusieurs brèches de peu d'importance, à plus forte raison un cours d'eau doit-il perdre son caractère de clôture lorsqu'il cesse d'entraver la circulation.

589. Suivant un second système, soutenu par M. Duvergier, dans ses notes sur l'art. 2 (*Collection des lois*, 1844, p. 105), tous les cours d'eau forment clôture : « Les rivières navigables, dit-il, sont des voies publiques, je le reconnais; mais on doit convenir qu'elles ne sont pas praticables comme les routes de terre, et que, dans la réalité, elles forment à la communication avec les héritages voisins un obstacle tout aussi difficile à surmonter qu'un mur ou qu'une haie. Il est vrai qu'avec un bateau on peut aisément passer de l'île sur le continent, et réciproquement; mais avec une échelle on peut aussi franchir un mur. En se plaçant au point de vue du législateur, il faut donc se demander si une rivière fait obstacle à toute communication avec les héritages voisins, et il semble bien que la réponse doit être affirmative. Dira-t-on qu'il y a cette différence entre la clôture formée par un mur et celle qu'établit la rivière, que celui qui franchit la première commet une action illicite, tandis que celui qui passe sur la voie publique use d'un droit? Cette distinction est juste; mais il ne s'agit pas ici d'apprécier le fait à l'aide duquel l'obstacle qui empêche la communication est surmonté, il est seulement question de savoir si l'obstacle existe. Or la rivière empêche aussi bien et même mieux d'entrer dans le champ qu'elle entoure qu'un mur ou qu'une haie » (Conf. Gillon et Villepin, n° 55).

590. Dans un troisième système, MM. Leblond, n° 40, et de Neyremand, p. 427, ne reconnaissent dans aucun cas le caractère de clôture au cours d'eau. Admettant comme principe, conformément à l'arrêt de la cour de cassation du 12 févr. 1830, que les cours d'eau navigables ou flottables sont assimilés aux grandes routes, et, par conséquent, ne sauraient constituer une clôture, ils appliquent la même solution à *fortiori* aux rivières non navigables ni flottables, parce qu'elles sont un obstacle encore moins considérable à l'accès du terrain qu'elles bordent. — A l'appui de cette troisième opinion, on a fait valoir d'autres arguments. Une rivière, même non navigable est un obstacle aux communications, non pas seulement aussi efficace, mais même plus efficace qu'un mur ou qu'une haie ; mais la question n'est pas là. Quand un homme enclôt d'un mur ou d'une haie le terrain qui entoure son habitation, il manifeste la volonté d'en interdire l'accès à toute personne étrangère; en sorte que nul ne peut y pénétrer malgré lui sans commettre une violation de domicile. Il n'en est pas de même du terrain auquel une rivière forme comme une clôture naturelle. Le propriétaire n'a point manifesté la volonté d'en interdire l'accès, et dès lors, quelle que soit la difficulté naturelle des communications, ce terrain se trouve légalement dans la situation des propriétés rurales qu'aucune barrière artificielle n'a soustraites au libre parcours. Ainsi une personne peut, au moyen d'un bateau, pénétrer dans cette île sans violer le domicile du propriétaire alors même que le propriétaire y aurait son habitation. D'un autre côté, on sait qu'en autorisant le propriétaire à chasser en tout temps dans le terrain clos attenant à une habitation, le législateur a voulu maintenir l'inviolabilité du domicile; il a voulu empêcher que, pour constater un délit de chasse, les agents de l'autorité ne pénètrent, contre la volonté du propriétaire, dans l'enceinte de son habitation. Il faut donc, pour savoir si l'art. 2 est applicable, examiner jusqu'où s'étend le domicile du propriétaire ou possesseur. Lorsque la clôture est formée d'un mur ou d'une haie, le domicile s'étend jusque-là; mais dans une île, le domicile ne s'étend pas jusqu'à la rivière, à moins qu'une clôture artificielle, bordant la rive, n'atteste, de la part du propriétaire, la volonté de reculer jusque-là les limites de son habitation.

591. Il n'est pas douteux qu'une route ou un chemin ne sauraient être regardée comme une clôture au point de vue de la chasse. C'est d'ailleurs ce qui ressort des travaux préparatoires de l'art. 2 (*Rép.* n° 99). — V. toutefois, *ibid.*, le cas spécial prévu par le jugement du tribunal de Marseille, du 17 sept. 1844, dont la décision est approuvée par M. Giraudeau, n° 314.

592. — 2° *De la continuité de la clôture.* — En exigeant que la clôture soit *continue*, l'art. 2 a-t-il entendu proscrire les *brèches* et les *ouvertures* pratiquées dans les murs et les haies, alors d'ailleurs qu'elles ont une certaine importance?. — Nous n'hésitons pas à répondre affirmativement. Jugé que l'individu qui chasse, en temps prohibé, dans un enclos à lui appartenant et attenant à une habitation, mais dont les murs ont plusieurs brèches, ne saurait être acquitté par le motif que cette circonstance est insuffisante pour enlever à la clôture le caractère exigé par l'art. 2 de la loi du 3 mai 1844 (Crim. cass. 16 nov. 1883, aff. Leca, D. P. 84. 1. 140-141.—V. aussi les arrêts mentionnés *infrà*, n°s 594 et suiv.). — On a critiqué au *Rép.* n°s 94 et 100 deux arrêts l'un de la cour de Bourges, du 2 nov. 1844, l'autre de la cour de Paris, du 6 nov. 1828, qui s'étaient prononcés en sens contraire.

593. Quant à la nature des brèches et des ouvertures susceptibles de détruire la continuité de la clôture, M. Giraudeau, n°s 332 et 333, distingue entre celles qui sont anciennes et celles qui sont récentes. D'après lui, les brèches et les ouvertures *anciennes*, c'est-à-dire qui sont livrées à la circulation publique par suite de la négligence du propriétaire, doivent être regardées comme détruisant la continuité du mur ou de la haie. Il en est autrement de celles qui sont *récentes*, qui existent sans aucune faute du propriétaire qui ignorait peut-être leur existence. Cet auteur cite à l'appui de son opinion un jugement, aux termes duquel les trouées existant momentanément dans un mur ne font perdre à la propriété son caractère d'enclos qu'autant qu'elles sont anciennes et qu'il y a eu négligence du propriétaire à les réparer (Trib. corr. Bourges, 9 nov, 1844, *Gazette des tribunaux* du 15 nov. 1844).

594. Mais la jurisprudence des cours d'appel ne paraît pas avoir établi de distinction à raison de l'ancienneté ou de la nouveauté des brèches; elle ne prend en considération que leur *importance*. Tel est aussi notre avis. Décidé qu'une propriété n'est pas suffisamment close, quand elle est environnée d'une clôture interrompue : 1° par plusieurs brèches qui offrent au public un accès facile (Caen, 5 janv. 1876, aff. Mathan, D. P. 76. 2. 170. — Conf. Rennes, 11 nov. 1833, rapporté au *Rép.* n° 100) ; — 2° Par plusieurs brèches, dont l'une, à côté de la barrière donnant sur une route, a 60 centimètres de largeur (Caen, 7 mars 1877, aff. Mominot, D. P. 78. 5. 92). — L'immunité de l'art. 2 n'est pas non plus attachée à une cour de ferme bordée d'une haie, dans laquelle existent des brèches dont plusieurs ont une largeur de 3 mètres (Rouen, 25 févr. 1875, aff. Guesnier, D. P. 76. 2. 169).

595. Le tribunal de répression ne saurait, en se fondant exclusivement sur le procès-verbal, admettre comme moyen justificatif du fait poursuivi la circonstance qu'il se serait accompli dans une propriété attenant à une habitation et entourée d'un mur de clôture, lorsqu'il résulte du procès-verbal et même de l'aveu du prévenu que ce mur a une brèche de 10 mètres d'ouverture (Crim. cass. 20 juill. 1883, aff. Griffoni, D. P. 83. 5. 66). — Mais le juge peut, par une appréciation souveraine, et notamment après une enquête contradictoire à l'audience, décider que la clôture du terrain sur lequel a eu lieu le fait de chasse incriminé était continue, bien que le procès-verbal de gendarmerie énonce que cette clôture était incomplète et interrompue en plusieurs endroits; ces énonciations ne font foi que jusqu'à preuve contraire (Crim. rej. 20 juill. 1883, aff. Pianelli, D. P. 83. 5. 66).

596. La plupart des auteurs décident qu'une clôture conserve son caractère de continuité malgré les *portes* ou les *barrières* même ouvrantes pratiquées dans son étendue (Championnière, p. 28; Giraudeau, n° 335; Petit, t. 1, p. 364; Rogron, p. 45). La question ne fait pas de doute pour les portes. Si pour les barrières la solution est plus contestable, elle ne s'impose pas moins, car pour certains enclos, par exemple les pâtures, les barrières remplacent les portes destinées aux communications dans les propriétés fermées de murs. Toutefois la cour de Rennes s'est prononcée en sens contraire, par un arrêt du 11 nov. 1833, reproduit au *Rép.* n° 100.

597. — 3° *Des héritages voisins dont l'enclos doit être séparé.* — Bien que l'expression « *héritages voisins* » employée par l'art. 2 de la loi du 3 mai 1844 paraisse se référer surtout aux terrains voisins appartenant à des *tiers*, elle doit être prise dans un sens étendu et comprend même les terrains voisins appartenant au *propriétaire de l'enclos* (Championnière, p. 28; Giraudeau, n° 338. — V. *suprà*, n° 574).

598. Une propriété entourée de murs et attenant à une habitation n'est pas de celles dans lesquelles le propriétaire soit en droit de chasser en tout temps, s'il existe d'un côté une large brèche qui la met en communication avec l'héritage voisin, encore bien que cet héritage serait également clôturé (Nîmes, 28 mars 1867, aff. Rouvier, D. P. 67. 2. 175).

Si les propriétaires des deux enclos contigus et se communiquant avaient *mis en commun* leurs droits de chasse, ces enclos seraient à considérer comme n'en formant qu'un seul au point de vue de l'application de l'art. 2 (Giraudeau, n° 340; Leblond, n° 38; de Neyremand, p. 430).

Mais il n'en est pas ainsi, s'il était seulement justifié que celui des deux propriétaires qui habite sa propriété, a reçu du voisin l'*autorisation* de chasser sur le terrain de celui-ci (Arrêt précité du 28 mars 1867. — Conf. Leblond, n° 37. — *Contrà*: Giraudeau et de Neyremand, *loc. cit.*). — Par suite, ce propriétaire commet un délit, s'il chasse chez lui en temps de neige (Même arrêt).

N° 4. — *Limitation de l'immunité à l'enclos attenant à une habitation* (*Rép.* n° 94).

599. La faculté de chasser en tout temps et sans permis ne concerne que les faits de chasse accomplis dans l'*étendue de l'enclos* attenant à une habitation. Pour se trouver dans le cas d'exception prévu par l'art. 2, le chasseur doit, non seulement se trouver dans l'enceinte attenant à une habitation, mais encore tirer sur une pièce de gibier placée dans cette enceinte. Ainsi, le propriétaire qui, en temps prohibé, tire de son enclos sur un oiseau posé en dehors du mur de clôture, commet un délit de chasse (Crim. cass. 14 août 1847, aff. Brémond, D. P. 47. 1. 280). — V. aussi Bourges, 8 mai 1845, cité au *Rép.* n° 94. — Comp. *suprà*, n°s 413 et suiv.

600. Le fait seul de suivre le gibier hors de l'enceinte privilégiée suffit pour constituer un délit le propriétaire de cette enceinte, quand il n'a pas de permis de chasse (Rouen, 22 mars 1880, aff. Douyer, D. P. 82. 5. 79). — Pareillement, l'individu qui, chassant dans une propriété close, en sort avec des chiens pour aller à la recherche du gibier sur lequel il a tiré de cette propriété, et s'en empare dans un champ non clos, commet un délit de chasse, si ce fait a eu lieu en temps prohibé (Paris, 11 juill. 1866, aff. Dromery, D. P. 67. 2. 139). — V. *suprà*, n°s 40 et suiv., 421.

601. Mais le chasseur pourrait aller ramasser le gibier en dehors de sa propriété, s'il l'avait tué ou blessé mortellement pendant qu'il était dans cette propriété, le fait de chasse étant alors consommé; alors surtout qu'il aurait déposé son arme, avant de pénétrer sur le terrain voisin où la pièce de gibier est allée tomber (V. *suprà*, n°s 81, 432 et suiv.). — Spécialement, ne commet pas le délit de chasse en temps prohibé l'individu qui, après avoir tiré sur un lièvre deux coups de fusil dont le second était mortel, dans un enclos où il avait permission de chasser, va ramasser dans le champ voisin cet animal qui était allé y mourir à vingt ou trente mètres de la haie séparative des deux héritages (Trib. corr. Rouen, 19 févr. 1867, aff. Lendormi, R. F. t. 3, n° 533).

§ 2. — De la chasse sur les routes et chemins (*Rép.* n° 170).

602. Une question délicate en cette matière, est celle de savoir quels sont les droits du chasseur sur les *routes* et les *chemins*. Il convient à cet égard de faire des distinctions selon la nature des chemins.

N° 1. — *De la chasse sur les chemins privés.*

603. Pour chasser sur les *chemins privés*, chemins d'exploitation, lignes ou tranchées, qui bordent ou traversent une plaine ou un bois et appartiennent au propriétaire de la plaine ou du bois, il faut avoir le consentement de ce propriétaire ou de son ayant droit. Cette solution n'est qu'une application du principe posé par l'art. 1er de la loi du 3 mai 1844, d'après lequel nul ne peut chasser sur la propriété d'autrui sans le consentement du propriétaire (Giraudeau, n° 253; Villequez, t. 1, n°s 95 et 96, p. 231). — D'après ce dernier auteur, n° 99, p. 234, s'il s'agit de chemins ou de lignes qui traversent des bois appartenant à des propriétaires différents et qui sont pris par moitié sur chaque bois, chaque propriétaire ou son ayant droit peut tirer le gibier qui sort du bois, sur toute la largeur du chemin ou de la ligne. Cette opinion s'appuie, d'une part, en fait, sur ce qu'il est presque toujours impossible au chasseur qui tire un animal au moment où il franchit une ligne de se rendre compte de la place exacte où se trouve cet animal; d'autre part, en droit, sur ce que le chemin ou la ligne ont été pratiqués par les deux propriétaires dans leur intérêt commun, en vue de s'en servir pour le tout dans toute sa largeur.

604. Rappelons que les *chemins de bornage* d'une forêt étant considérés comme en faisant partie, la cour de cassation déclare coupable de délit de chasse sans autorisation l'individu qui, porteur d'un fusil armé, suit, en regardant de tous côtés autour de soi, le chemin de bornage dépendant d'une forêt de l'Etat (Crim. cass. 22 janv. 1829, *Rép.* n°s 170 et 24).

605. Les chemins de halage établis le long des fleuves et des rivières sont grevés d'une servitude de passage en vue de la navigation; mais ils n'en sont pas moins la propriété des riverains. D'où la conséquence que le consentement de ceux-ci est indispensable pour la légitimité des actes de chasse accomplis sur les chemins de cette nature.

N° 2. — *De la chasse sur les routes et chemins publics.*

606. La plupart des auteurs admettent qu'en principe on peut chasser sur les *routes* et *chemins publics*, sans avoir besoin d'autorisation, par le motif que l'usage de ces chemins est commun à tout le monde (V. Giraudeau, n° 241; Rogron, p. 30). — Mais la question est plus délicate, s'il s'agit de chemins traversant ou bordant une forêt; il importe, pour la résoudre, d'établir quelques distinctions.

607. On s'est demandé si l'Etat peut louer la chasse sur les routes et chemins publics qui *traversent* ses forêts. D'après M. Rogron, p. 30, les routes et chemins publics n'étant pas susceptibles d'une propriété privée (art. 538 c. civ.), ne peuvent être l'objet de location ou de permission de chasse de la part de l'Etat; mais chacun a le droit d'y chasser pendant l'ouverture de la chasse, si d'ailleurs il est muni de permis. — Selon une seconde opinion, qui est plus accréditée en doctrine, rien ne s'oppose à ce que l'Etat concède à un particulier la faculté de chasser sur les routes et chemins publics dépendant de son domaine, de même que sur des rivières ou des canaux servant à la circulation, sauf à exiger du concessionnaire qu'il n'entrave en rien la circulation. Vainement on opposerait l'usage public auquel ces voies de communication sont affectées: cet usage consiste à passer dessus à pied, à cheval ou en voiture, mais non dans le fait d'y tirer des coups de fusil. Du reste, il est hors de doute que l'Etat a la faculté de céder à des particuliers par vente ou bail les arbres ou les herbes qui croissent le long des routes nationales; pourquoi en serait-il autrement du droit de chasse? (V. dans ce sens: Giraudeau, n° 244; Jullemier, t. 2, p. 120; Villequez, t. 1, p. 225 et suiv.).

608. En admettant que l'Etat soit fondé à affermer la chasse sur les routes et chemins publics qui lui appartiennent, un bail de cette nature doit-il être censé connu des chasseurs? M. Giraudeau, n° 245, se prononce à cet égard affirmativement ou négativement suivant que la route ou le chemin traverse ou, au contraire, borde seulement la forêt. — Nous serions plutôt disposés à adopter la négative dans l'une et l'autre hypothèse, les chemins publics étant naturellement accessibles à tout le monde, sans qu'il y ait à examiner s'ils traversent ou bordent une forêt.

609. Le bail de chasse dans une forêt, qui ne mentionne pas les routes et chemins la traversant et la bordant, s'étend-t-il à ces routes et chemins? La question est très controversée.

M. Giraudeau, dans sa première édition (n° 174), et M. Jullemier, t. 2, p. 120, sont d'avis que le locataire de chasse n'a jamais un droit exclusif de chasse sur les routes et chemins dont il s'agit.

D'après un deuxième système qui a rencontré plusieurs partisans parmi les auteurs les plus considérables en matière de chasse, il convient de distinguer entre les chemins qui traversent et ceux qui bordent la forêt. — M. Villequez, t. 1, p. 227 et suiv., s'exprime ainsi à ce sujet : « Il faut dire que le droit de chasse, concédé dans une forêt ou appartenant à son propriétaire, s'étend forcément sur tous les chemins qui la traversent, non pas seulement parce qu'il ne pourrait être exercé sans cela dans la forêt, mais parce que ces chemins en font réellement partie, quoique, à cause de l'usage public qui nécessite des précautions, un entretien et une garde spéciale, ils relèvent du domaine public. Ne font-ils pas partie intégrante de la forêt, de son sol, puisqu'ils existent dessus? n'ont-ils pas été percés dedans? n'a-t-on pas pour cela abattu des arbres? ... L'exercice du droit de chasse sur les routes, chemins, lignes, charrières, etc., qui traversent une forêt, appartient exclusivement à son propriétaire ou aux fermiers des chasses. C'est justement là qu'ils pourront jouir de leur droit et l'exercer en découvrant et tirant le gibier qu'ils chassent. Si le premier venu pouvait venir, quand ils chassent dans leurs bois, tirer devant leurs chiens, sur les chemins, et s'emparer du gibier, ce ne seraient plus eux qui exerceraient le droit de chasse (V. dans le sens de cette opinion: Leblond, n° 210 ; de Neyremand, p. 206). — Conformément à ce système, il a été jugé : 1° que le fait, par un tiers, de tirer un lièvre sur un chemin vicinal qui traverse une forêt dont la chasse est affermée, constitue un acte de chasse commis dans cette forêt et, par suite, un délit puni par l'art. 11-2°, de la loi de 1844, quand il a eu lieu sans autorisation (Dijon, 29 janv. 1862, aff. Letiévant, R. F. t. 2, n° 317) ; — 2° Qu'il y a pareillement délit de la part du chasseur qui, après avoir lancé dans son bois une bête qui passe ensuite dans une forêt voisine, la tire sur un chemin vicinal traversant cette forêt (Trib. corr. Dijon, 27 avr. 1874, aff. Rouget, jugement cité par Villequez, t. 1, p. 231). — M. Giraudeau, dans sa seconde édition (n° 246), admet la même opinion, en ce qui regarde les forêts de l'Etat. Dans le cas où il s'agit de bois de communes, d'établissements publics ou de particuliers, il fait la distinction suivante : « Si les chemins leur appartiennent, nul ne peut y chasser sans autorisation ; si les chemins sont à l'Etat ou au département, chacun peut y chasser sans avoir besoin d'autorisation, sauf le cas particulier où la commune se serait entendue avec le département ou avec l'Etat pour faire concéder à ses adjudicataires le droit de chasse sur les routes et chemins » (n° 254).

610. En ce qui concerne les routes et chemins qui *bordent* ou *longent* une forêt, M. Leblond, n° 210, est d'avis que tout le monde peut y faire acte de chasse. M. de Neyremand semble adopter aussi cette solution. — En faveur de cette opinion on peut citer un arrêt qui décide que le fait, par un chasseur, de se tenir en attitude de chasse sur un chemin ouvert à la circulation publique, est licite et ne saurait être assimilé à un acte de chasse sur le terrain d'autrui (Colmar 24 avr. 1866, aff. Langlois C. Urban, R. F. t. 3, n° 499). Dans l'espèce, il s'agissait d'un chemin public communal qui longeait une forêt communale dont la chasse était affermée à la partie poursuivante. — M. Giraudeau, n° 252, paraît limiter cette solution au cas où il s'agit de chemins longeant ou bordant une forêt domaniale. Car, à l'égard des chemins qui longent ou bordent les bois des communes, des établissements publics et des particuliers, il applique (n° 254) la doctrine qu'il a émise relativement aux chemins qui traversent des bois de cette nature (V. *suprà*, n° 609). — Quant à M. Villequez, p. 232 et 233, s'il s'agit d'un chemin public séparant deux bois appartenant à des propriétaires différents, il attribue le droit de chasse sur ce chemin à chacun des propriétaires où à leurs ayants droit, à l'exclusion de toute autre personne. Il reconnaît, au contraire, au premier venu la faculté de tirer sur le chemin public qui longe un bois sans en faire partie, lorsque la chasse est abandonnée à tout le monde sur les terrains situés de l'autre coté du chemin. — En ce qui regarde les *chemins de bornage d'une forêt*, V. *suprà*, n° 604.

611. Le préfet peut-il interdire la chasse sur les chemins publics à tous autres qu'aux propriétaires ou locataires de chasse riveraines, afin d'empêcher que le droit de ces riverains ne devienne illusoire? M. Jullemier, t. 2, p. 121, admet l'affirmative, en se fondant sur le droit de police du préfet. Cependant, pour qu'il en soit ainsi, il faut que la mesure prise par ce fonctionnaire intéresse réellement la sûreté publique et ne constitue pas un monopole spécial à certaines personnes déterminées (V. *Règlement administratif*).

§ 3. — De la chasse sur les fleuves et rivières (*Rép.* n° 191).

612. Ainsi que nous l'avons fait observer au *Rép.* n° 191, on ne peut chasser sur les *rivières non navigables ni flottables* qu'avec l'autorisation des riverains auxquels appartiennent le lit et les bords; c'est à eux, en effet, qu'appartient le droit de chasse (Giraudeau, n° 261).

613. C'est une question très controversée, que celle de savoir si l'on peut chasser sur les *fleuves* et les *rivières navigables ou flottables*, sans le consentement de l'Etat ou de ses représentants, c'est-à-dire, de l'administration des ponts et chaussées, depuis que le décret du 29 avr. 1862 a substitué cette administration à celle des forêts, relativement à la surveillance, la police et l'exploitation de la pêche fluviale (V. *Pêche fluviale*).

Nous avons admis au *Rép.* n° 191, que les fleuves et rivières navigables ou flottables sont, ainsi que les îles et attérissements qui s'y forment, la propriété de l'Etat, et que, par suite, on ne saurait y chasser qu'avec l'autorisation de l'Etat ou de ses représentants. Cette opinion est partagée par Gillon et Villepin, n° 195 et 1er Supplément, p. 15 ; Leblond, n° 132 ; de Neyremand, p. 339 ; Petit, t. 1, p. 300. Et elle a prévalu dans la jurisprudence. — Indépendamment des arrêts, cités au *Rép.* n° 191, qui se sont prononcés dans le même sens, il a été jugé : 1° que la recherche, la poursuite et la capture du gibier d'eau sur une rivière, qu'elles soient pratiquées à l'aide d'armes à feu ou de filets ou autres engins, constituent une atteinte au droit du propriétaire du cours d'eau ; qu'en conséquence, il y a délit de chasse sans autorisation sur la propriété d'autrui, de la part de l'individu qui, placé dans une cabane, sur les bords de la rivière d'Aure appartenant à l'Etat, chasse sur cette rivière, sans le consentement de l'administration des forêts ; peu importe que le chasseur ait obtenu le consentement du fermier des droits de pêche et de chasse sur cette rivière, si le cahier des charges n'autorisait ce fermier à consentir une rétrocession ou des permissions que sous certaines conditions déterminées, et notamment à charge de l'agrément des agents forestiers (Crim. cass. 20 mars 1858, aff. Lacour, aff. Fanguais, D. P. 58. 1. 191) ; — 2° Que l'individu qui, sans autorisation, pose des canards ou appelants sur une rivière dont les droits de chasse et de pêche ont été loués par l'Etat, commet également le délit de chasse sur la propriété d'autrui (Caen, 23 févr. 1876, aff. Amand, *Recueil de cette cour*, 1876, p. 253, arrêt cité par Leblond, n° 211 *bis*) ; — 3° Que la clause du cahier des charges d'une adjudication de pêche dans une rivière navigable ou flottable, en vertu de laquelle l'adjudicataire a le droit de chasser les canards et autres oiseaux aquatiques dans l'étendue de son cantonnement, sans pouvoir rétrocéder ce droit, doit être entendue en ce sens que cet adjudicataire ne saurait délivrer des permissions de chasse qui équivaudraient à des rétrocessions partielles ; que, par suite, l'individu qui chasse en vertu d'une permission qui lui a été accordée par l'adjudicataire de la chasse, contrairement aux dispositions précitées du cahier des charges, commet un délit, qui ne saurait être excusé sous le prétexte de bonne foi (Crim. cass. 16 juin 1848, aff. Grand, D. P. 48. 1. 136).

Une deuxième opinion admet que l'on peut chasser sans autorisation sur les fleuves et les rivières navigables ou flottables. Elle se fonde sur ce qu'aucune loi n'attribue à l'Etat le droit exclusif de chasse sur ces cours d'eau, et sur ce qu'ils doivent être assimilés aux routes et chemins publics (V. Championnière, p. 61 ; Giraudeau, n° 256 ; Perrève, p. 274; Rogron, p. 29 et 151).

614. Les art. 1er et 11-2° de la loi de 1844 sont aussi applicables aux *propriétés inondées*. Par exemple, il y a délit de chasse sans le consentement du propriétaire, de la part de l'individu qui chasse sur une île particulière située dans une rivière navigable, alors même que l'*île* serait momentanément submergée par les eaux de cette rivière; cette circonstance n'affecte en rien les droits du propriétaire du sol, qui n'en conserve pas moins le caractère de propriété privée (Rennes, 25 avr. 1866, aff. de Contades, R. F. t. 4, n° 599). Il en est ainsi, malgré la licence que le prévenu aurait obtenue du fermier de la pêche, de chasser sur les eaux de cette rivière; cette licence n'ayant pu lui conférer le droit qui n'appartenait pas au fermier lui-même de chasser sur un terrain situé en dehors des limites de son cantonnement de pêche et appartenant à autrui (Même arrêt). — V. *infrà*, n° 681.

ART. 5. — *Des modes de chasse employés sans autorisation sur le terrain d'autrui (Rép.* n° 162).

615. L'application de l'art. 1er et de l'art. 11-2° de la loi de 1844 est indépendante du *mode de chasse* employé, ainsi qu'on l'a indiqué au *Rép.* n° 162.

Nous examinerons ultérieurement les cas de délits de chasse sur le terrain d'autrui, sans le consentement du propriétaire, commis, soit dans le cours d'une battue ou d'une chasse spéciale effectuée en exécution des règlements sur la *louveterie* (V. *infrà*, tit. 2), soit dans les opérations prévues par l'art. 90, § 9, de la loi municipale du 5 avr. 1884, (V. *ibid.*), soit dans l'exercice, par le propriétaire, possesseur ou fermier, du *droit de destruction* des *animaux nuisibles* ou des *bêtes fauves* (V. *infrà*, nos 731 et suiv., 771 et suiv.).

ART. 6. — *De l'époque à laquelle a lieu la chasse sans autorisation (Rép.* n° 162).

616. Conformément à ce qui a été dit au *Rép.* n° 162, le délit de chasse sans autorisation du propriétaire existe, quelle que soit l'*époque* à laquelle s'est accompli l'acte incriminé.

SECT. 4. — DES MODES DE CHASSE AUTORISÉS (*Rép.* nos 176 à 207).

617. Après avoir examiné les trois conditions prescrites par l'art. 1er de la loi du 3 mai 1844 pour l'exercice du droit de chasse, conditions que le paragraphe 1er de l'art. 9 rappelle : 1° *ouverture* de la chasse (V. *suprà*, nos 184 et suiv.); 2° délivrance d'un *permis* de chasse (V. *suprà*, nos 244 et suiv.); 3° *consentement du propriétaire* du terrain où a lieu la chasse (V. *suprà*, nos 410 et suiv.), il nous reste à parler des deux autres conditions requises par les paragraphes 1er et 2 de cet art. 9 ; 4° celle de chasser *de jour* (V. *infrà*, nos 619 et suiv.); 5° celle d'employer des *modes, engins* et *moyens* de chasse *autorisés* (V. *infrà*, nos 627 et suiv., 638 et suiv.).

618. Le texte primitif de l'art. 9 de la loi du 3 mai 1844 a été modifié par la loi du 22 janv. 1874, dont le texte est reproduit *suprà*, p. 223. Ces modifications concernent : 1° l'ouverture et la clôture distinctes pour la chasse à tir et pour la chasse à courre (V. *infrà*, nos 627 et suiv.); 2° la nomenclature des oiseaux de passage (V. *infrà*, nos 676 et suiv.); le repeuplement des oiseaux (V. *infrà*, nos 688 et suiv.).

ART. 1er. — *De la chasse de nuit (Rép.* nos 176 à 178).

619. En disant que le permis donne le droit de chasser *le jour*, l'art. 9, § 1er, de la loi de 1844 prohibe implicitement toute chasse *de nuit*, ainsi que nous l'avons dit au *Rép.* n° 177, auquel nous renvoyons pour les motifs de cette prohibition et pour la législation antérieure.

La défense de chasser la nuit a pour sanction l'art. 12, § 1er-2°, de la même loi (V. *infrà*, n° 967).

620. — I. DÉFINITION DE LA NUIT. — Depuis la publication du *Répertoire*, une vive controverse s'est élevée au sujet de la signification des mots *jour* et *nuit* en matière de chasse. Quatre systèmes distincts ont été présentés sur ce point.

621. Selon un premier système, dans le langage du droit criminel, la nuit n'est réputée commencer qu'au moment où finit le *crépuscule*, c'est-à-dire l'espace de temps qui, placé entre le jour qui finit et la nuit qui va commencer, n'est ni l'un ni l'autre. Et l'on doit s'attacher, non au crépuscule civil ou conventionnel qui finit au moment où s'arrêtent les travaux en plein air, mais au crépuscule vrai ou astronomique, qui est l'espace de temps pendant lequel le soleil, placé à moins de 18 degrés au-dessous de notre horizon, l'éclaire encore plus ou moins de ses rayons réfractés, crépuscule qui dure jusqu'à la nuit noire (Lyon, 24 janv. 1861, aff. Garel, D. P. 61. 2. 214). — De ces deux acceptions, c'est la dernière qui doit être préférée, d'abord parce que c'est celle qui est la plus favorable au prévenu et ensuite parce que c'est celle qui répond à la réalité, les dernières lumières du jour ne s'éteignant en réalité qu'à la fin du crépuscule vrai. Ainsi, au 2 décembre, le crépuscule vrai a une durée d'une heure trente-cinq minutes ; en ajoutant ce temps à l'heure du coucher du soleil, quatre heures quatre minutes, on trouve que c'est à cinq heures trente-neuf minutes que se place, ce jour-là, la limite extrême de la nuit commençant. Dès lors, celui qui a été trouvé chassant le 2 décembre à cinq heures du soir, ne peut être puni comme ayant chassé la nuit (Même arrêt).

Si ce système ingénieux a le mérite de la précision, il n'en doit pas moins être écarté pour plusieurs motifs graves. Assurément, le législateur de 1844 n'a pas eu l'intention de rendre applicable en matière de chasse une définition qui n'avait jusqu'alors été proposée par aucun auteur, ni consacrée par aucune décision judiciaire. La théorie de la cour de Lyon n'offre pas d'ailleurs un véritable intérêt pratique ; car, le plus souvent, il est plus difficile aux agents verbalisateurs ou aux témoins d'indiquer avec exactitude l'instant précis où un fait de chasse a eu lieu, que d'être en mesure d'affirmer qu'à ce moment il faisait jour ou nuit. Enfin, s'il fallait limiter à la nuit noire l'interdiction de chasser la nuit, on ne tiendrait pas compte des raisons d'ordre public qui ont motivé cette interdiction (V. *Rép.* n° 177).

622. Un second système applique ici les règles tracées, pour les significations et les voies d'exécution en matière civile, par l'art. 1037 c. proc. civ., aux termes duquel la nuit comprend le temps qui s'écoule, depuis le 1er octobre jusqu'au 31 mars, après six heures du soir et avant six heures du matin ; et, depuis le 1er avril jusqu'au 30 septembre, après neuf heures du soir et avant quatre heures du matin (Gournay, p. 7). — Contre cette opinion on objecte, d'une part, qu'il ne saurait être permis d'étendre par analogie, aux matières criminelles, des dispositions qui n'ont été faites que pour les matières civiles; d'autre part, que l'art. 1037 c. proc. civ., en disposant seulement qu'aucune exécution ne pourra être faite dans les grands jours avant quatre heures du matin et après neuf heures du soir, et dans les petits jours, avant six heures du matin et après six heures du soir, ne dit pas par là qu'il faut considérer comme appartenant nécessairement à la nuit tout l'espace de temps laissé en dehors des limites qu'il pose (Arrêt du 24 janv. 1861, cité *suprà*, n° 621). — C'est en vain également que l'on invoquerait l'art. 184 de l'ordonnance réglementaire des 29 oct. et 29 nov. 1820, sur le service de la gendarmerie, portant: « Le temps de nuit est ainsi réglé : du 1er octobre au 31 mars, depuis six heures du soir jusqu'à six heures du matin; du 1er avril au 30 septembre, depuis neuf heures du soir jusqu'à quatre heures du matin », et aujourd'hui remplacé par l'art. 291 du décret réglementaire du 1er mars 1854 (D. P. 54. 4. 53). Rien ne permet de supposer que le législateur de 1844 ait entendu se référer à cette disposition spéciale pour l'étendre à la matière de la chasse.

623. Dans un troisième système, on décide que, dans l'esprit de la loi du 3 mai 1844 comme dans l'esprit du code pénal interprété par plusieurs arrêts de cassation, le jour doit s'entendre seulement du temps qui s'écoule entre le lever et le coucher du soleil, et lorsque l'obscurité n'est pas complète (Dijon, 11 nov. 1846, aff. Calmelet, D. P. 47. 4. 69). — A l'appui de cette opinion, on invoque par analogie l'art. 781 c. proc. civ. portant que le débiteur ne peut être arrêté avant le lever et après le coucher du soleil. On ajoute que, dans la séance du 19 févr. 1844, à la Chambre des députés, M. Gillon a déclaré, sans éprouver aucune contradiction, que le jour devait être entendu comme l'entend la jurisprudence d'accord avec le langage vulgaire, c'est-à-dire de l'intervalle entre le lever et le coucher du soleil (Gillon et Villepin, n° 173). — Ce système, adopté aussi par M. de Neyremand, p. 381, et consacré par un arrêt de la cour de Colmar, du 20 janv. 1857, que cite cet auteur, a été combattu par plusieurs décisions judiciaires (Arrêt du 24 janv. 1861, cité *suprà*, n° 621; Trib. corr. Mortain, 13 mars 1875, *infrà*, n° 624). L'une d'elles remarque que l'art. 781 c. proc. civ., en disant simplement que le débiteur ne pourra être arrêté avant le lever et après le coucher du soleil, ne dit pas par là que tout le temps qui s'écoule du coucher au lever du soleil appartient à la nuit (Arrêt précité du 24 janv. 1861).

624. Enfin un quatrième système admet que l'art. 9 de la loi du 3 mai 1844 a employé le mot *jour* dans sa *signification la plus usuelle*, et a laissé aux tribunaux le soin d'apprécier, suivant les circonstances, si les faits de chasse qui leur sont soumis ont eu lieu la nuit ou le jour. Ce système, auquel nous avons adhéré (*Rép.* n° 177), se base avec raison sur les travaux préparatoires de l'art. 9, et spécialement sur les rapports de M. Lenoble à la Chambre des députés et de M. Franck-Carré à la Chambre des pairs (V. *Rép.* p. 95 et 99, note, nos 41 et 77), ainsi que sur la déclaration de ce dernier en réponse à M. de Boissy, lors de la discussion: « La commission, dit M. Franck-Carré, a cru qu'il fallait, posant le principe de l'interdiction de la chasse pendant la nuit, laisser les appréciations de fait aux tribunaux » (Leblond, n° 119). C'est cette opinion qui a prévalu dans la doctrine et la jurisprudence (Berriat, p. 87; Camusat, p. 129; Championnière, p. 55; Chardon, p. 83; Cival, p. 44; Duvergier, p. 43; Giraudeau, n° 624; Jullemier, t. 1, p. 85; Lavallée et Bertrand, p. 85; Menche de Loisne, n° 188; Perrève, p. 301; Petit, t. 1, p. 34; Rogron, p. 103). — Il a été jugé, par appréciation des circonstances, qu'on ne doit pas considérer comme ayant eu lieu la nuit, le fait de chasse accompli: soit le 6 octobre à six heures et demie du soir (Douai, 9 nov. 1847, aff. Houret, D. P. 47. 4. 70); — Soit le 10 septembre à six heures et demie du soir; par exemple, relativement à la chasse à l'affût (Paris, 13 oct. 1864, aff. Ardillier, R. F. t. 2, n° 362); — Soit le 15 décembre à cinq heures et quelques minutes du soir (Douai, 19 févr. 1866, aff. Pecquériaux, R. F. t. 3, n° 476); — Soit le 4 décembre à cinq heures du soir (Trib. corr. Orange, 19 déc. 1873, *Journal du ministère public*, 1874, p. 12, cité par Giraudeau, n° 627); — Soit le 27 décembre vers sept heures et demie ou sept heures trois quarts du matin, lorsque, à ce moment et malgré le brouillard, les prévenus ont pu être reconnus à une certaine distance, 100 mètres, dans l'espèce (Trib. corr. Mortain, 13 mars 1875, aff. N..., D. P. 78. 5. 88).

On peut aussi rattacher à ce quatrième système un jugement du tribunal de l'empire d'Allemagne, du 5 févr. 1881, dont les motifs seraient susceptibles d'être invoqués pour l'interprétation de la loi du 3 mai 1844 (1).

625. — II. Des modes et espèces de chasse auxquels s'applique la prohibition.— En principe, la défense de chasser la nuit s'applique à toute *espèce de gibier* et à tout *mode de chasse*, ainsi qu'on l'a vu au *Rép.* n° 177, et notamment à la chasse *au feu* (V. *infrà*, n° 637), ou à la chasse *à l'affût* (V. *infrà*, n° 635).

Mais les auteurs sont d'accord avec nous (*Rép.* n° 78), pour excepter de cette prohibition les faits de chasse accomplis par le propriétaire ou le possesseur dans les *terrains clos attenant à une habitation* (Berriat, p. 18; Championnière, p. 24; Giraudeau, n° 833; Jullemier, t. 1, p. 33; Leblond, n° 47; de Neyremand, p. 145). En faveur de cette opinion, on peut invoquer les motifs d'un arrêt, portant que les diverses restrictions ou défenses édictées par la loi du 3 mai 1844, pour réglementer la chasse dans les propriétés ouvertes, et spécialement les prescriptions touchant soit au temps pendant lequel on peut s'y livrer, soit aux moyens à l'aide desquels il est permis de le faire, sont, en conséquence de l'inviolabilité du domicile, inapplicables aux possessions closes attenant à une habitation (Crim. rej. 16 juin 1866, aff. Couturier, D. P. 66. 1, 452). — En sens contraire, V. Dufour, p. 14; Petit, t. 2, p. 121.

626. L'interdiction de chasser de nuit est également étrangère à certains actes qui sont soumis à des prescriptions spéciales, distinctes des règles ordinaires édictées pour la chasse proprement dite, par exemple, la *destruction*, par le propriétaire, possesseur ou fermier, soit des *animaux malfaisants ou nuisibles* déclarés tels par le préfet (V. *infrà*, n° 727); soit des *bêtes fauves*, en vertu du droit de légitime défense (V. *infrà*, n° 769); soit des *pigeons* (V. *infrà*, n° 800); Elle ne concerne pas non plus l'exécution des dispositions particulières à la *louveterie* (V. *infrà*, tit. 2).

Art. 2. — *Des modes de chasse proprement dits* (*Rép.* nos 177 à 179, 183, 184).

627. L'art. 9 de la loi du 3 mai 1844, modifié par la loi du 22 janv. 1874, détermine les *modes de chasse* qui sont seuls autorisés. Il convient, à cet égard, de se reporter aux explications du *Rép.* n° 179.

Quant à la loi du 22 janv. 1874, en disposant que le permis donne à celui qui l'a obtenu le droit de chasser de jour, « *soit à tir, soit à courre, à cor et à cris, suivant les distinctions établies par les arrêtés préfectoraux* », elle a eu pour but de mettre le paragraphe 1er de l'art. 9 en harmonie avec la modification apportée par la même loi au texte de l'art. 3, en vue d'autoriser formellement des ouvertures et des clôtures distinctes pour la chasse à tir et pour la chasse à courre (V. le rapport de M. de Royer, D. P. 74. 4. 49, note 3).

628. — I. De la chasse a tir. — Ainsi qu'on l'a dit au *Rép.* n° 179, la *chasse à tir* se fait habituellement à l'aide du fusil; mais on pourrait employer toute autre *arme* non prohibée par les lois et règlements (Conf. Giraudeau, nos 616 et 843).

En ce qui concerne les *projectiles*, l'opinion que nous avons émise au *Rép. ibid.*, relativement à la faculté de se servir de *grenaille de fer*, est adoptée par la plupart des auteurs (Berriat, p. 89; Giraudeau, n° 618; Lavallée, p. 88. — *Contrà:* Houël, n° 194; Perrève, p. 36). — La loi du 3 mai 1844 ne confère pas aux préfets le pouvoir de réglementer l'emploi des projectiles à utiliser pour la chasse. Aussi M. Giraudeau, n° 357, est-il d'avis que l'infraction à l'art.

(1) (Wiechel.) — Le tribunal; — Attendu que, en matière de vol ou de rapine dans une maison habitée (art. 243, n° 7, et 250, n° 4), de chasse (art. 293) et de pêche aux poissons ou aux écrevisses sans autorisation (art. 296), il y a lieu à l'aggravation de peine, aux termes du code pénal allemand, quand le délit a été commis de nuit; — Attendu que, de même, dans l'embasement, sur les points élevés de la côte, de foyers pouvant induire en erreur les navigateurs, le fait que cet acte a été commis de nuit est constitutif de crime (art. 322); — Attendu que il est inutile de rechercher si dans les différentes hyphothèses visées la même extension a été donnée à l'expression « *de nuit* », et, notamment, si elle est restreinte dans les art. 243, n° 7, et 250, n° 4, sur lesquels s'appuie le pourvoi, au laps de temps consacré par les habitants à leur repos quotidien; — Attendu que, en effet, en matière de chasse, le législateur n'a pas eu en vue la durée du sommeil de la population, mais qu'au contraire des dispositions de la loi, basée sur les risques plus étendus, pendant la nuit, des gardes commis à la répression des délits, et sur la difficulté plus grande de les découvrir, de les empêcher et de se rendre maître des coupables, dans les forêts surtout, il ressort que l'art. 293 entend par temps de nuit tout l'intervalle de temps privé de clarté; — Attendu que, par suite, les limites extrêmes du temps de nuit ne sont pas les instants précis du coucher et du lever du soleil, mais, le soir, le moment où à l'expiration du crépuscule l'obscurité devient complète, et, le matin, le moment où apparaissent les premières lueurs de l'aurore; — Attendu qu'en conséquence il appartient aux tribunaux d'apprécier si l'obscurité était suffisante pour être constitutive du temps de nuit; — Par ces motifs, annule, etc.

Du 5 févr. 1881.-Trib. de l'empire d'Allemagne, 3e ch. cr.

4 de l'arrêté du préfet d'Alger, du 7 juill. 1881, qui, par mesure de sûreté générale, défend jusqu'au 1er décembre l'emploi des *bourres combustibles*, constitue une contravention de simple police, et non un délit de chasse.

Sur l'exercice de la chasse à tir dans les forêts domaniales, V. *suprà*, nos 529 et suiv.; *infrà*, nos 957 et suiv.

629. — II. DE LA CHASSE A COURRE. — On a indiqué au *Rép.* n° 179, ce qu'il faut entendre par *chasse à courre*. Du reste, la loi de 1844, n'ayant défini ni la chasse à tir, ni la chasse à courre, les tribunaux ont sur ce point un droit souverain d'appréciation. Pour savoir si le fait incriminé est une chasse à courre ou une chasse à tir, il convient de prendre en considération le nombre et la nature des chiens courants employés, la façon dont le gibier a été lancé ou se trouvait poursuivi, et l'attitude des chasseurs et du piqueur (Trib. corr. Vesoul, 24 juill. 1877, aff. de Grammont, D. P. 78. 5. 83. — Conf. Sorel, R. F. t. 9, n° 32).

630. Une chasse à courre peut conserver ce caractère, bien que tous les chasseurs ne soient pas à *cheval*. C'est ce qu'a décidé le tribunal de Vesoul dans le jugement cité au numéro suivant. — La chasse à courre comportant l'usage de chevaux, il s'ensuit que l'on ne saurait appliquer aux locataires de la chasse à courre dans les forêts domaniales, pourvu qu'ils se conforment aux prescriptions de leur cahier des charges, les pénalités de l'art. 147 c. for. qui réprime l'introduction d'animaux de monture dans les forêts, hors des routes et chemins ordinaires (V. *Forêts*). En ce qui touche ce cahier des charges, art. 15 et suiv., V. *suprà*, p. 383.

631. Nous avons dit (*Rép.* n° 179) que dans la chasse à courre on est seulement muni d'un *fouet*. Mais c'est là un usage qui admet des exceptions. Jugé que les tribunaux peuvent décider, d'après les circonstances, qu'une chasse au sanglier exécutée dans une forêt de l'Etat par le fermier accompagné de son piqueur, montés l'un et l'autre à cheval, a le caractère d'une chasse à courre, bien que les autres chasseurs fussent à pied et que tous fussent armés de *fusils*. Il en est ainsi, alors surtout que le maître de la meute défend expressément aux chasseurs qui l'accompagnent de se servir de leurs fusils hors les cas où ils seraient obligés de se défendre ou de protéger les chiens (Jugement du 24 juill. 1877, aff. de Grammont, cité *suprà*, n° 629). — Tel est aussi l'avis de M. Sorel (R. F. t. 9, n° 32), d'après lequel, s'il s'agit d'une chasse au chevreuil, voire même de la poursuite d'un cerf, le port d'un fusil peut paraître équivoque; mais, en cas de chasse au sanglier, il ne saurait être proscrit. — M. Meaume, R. F. t. 9, n° 32, va plus loin. D'après cet auteur, celui qui chasse le sanglier à courre, après la fermeture de la chasse à tir, dans un département où l'arrêté préfectoral n'autorise à cette époque que « la chasse à courre, à cor et à cris et sans fusil », pourrait se munir d'une arme de cette nature. Le port d'une arme à feu est de droit naturel et n'implique pas nécessairement une action de chasse; c'est seulement l'usage de cette arme qui peut être délictueux (V. dans le même sens : les observations formulées, R. F. t. 8, n° 22).

En tout cas, il est de doctrine que l'emploi des armes à feu dans une chasse à courre doit être tout à fait exceptionnel, puisque le but de cette chasse est de forcer le gibier. L'usage de ces armes n'est licite que s'il y a péril imminent : soit pour les chasseurs (Observations, R. F. t. 8, n° 22; Sorel, R. F. t. 9, n° 32; Giraudeau, n° 611); — Soit pour les chiens (Mêmes observations; Sorel, *loc. cit.* — *Contrà :* Giraudeau, *loc. cit.*); — Soit même pour les chevaux (Mêmes observations).

632. La chasse à courre n'est point pratiquée pour le *gibier à plumes* (*Rép.* n° 187), et MM. Gillon et Villepin, n° 189, déclarent qu'elle ne saurait être employée notamment pour les cailles. Tel n'est pas le sentiment de MM. Berriat, p. 87, et Giraudeau, n° 609, qui estiment qu'aucune disposition de loi n'empêche d'employer cumulativement tous les moyens légaux de chasse.

633. — III. DE L'EMPLOI DE CHIENS. — La chasse *à courre* ne se conçoit pas sans chiens courants (V. *suprà*, nos 629 et suiv.). — La chasse *à tir* peut avoir lieu, soit sans chiens (V. *suprà*, n° 628; *infrà*, n° 635), soit aux chiens d'arrêt (V. *suprà*, nos 43, 48 et suiv.), soit aux chiens courants (V. *suprà*, nos 44 et suiv., 48 et suiv.). Un arrêt a décidé qu'en matière de chasse, d'après les règles et les principes généralement admis et reconnus, on ne considère comme chasse aux chiens courants que la *chasse en forêt*, ce mode de chasse ne se pratiquant jamais et en aucune saison en plaine (Colmar, 4 févr. 1868, aff. Monnier, R. F. t. 4, n° 642). Mais cette décision nous paraît trop absolue.

On examinera plus loin les règles concernant la chasse aux chiens lévriers, V. *infrà*, nos 696 et suiv.

Quant au point de savoir si les chiens employés dans une chasse délictueuse sont susceptibles de confiscation, V. *infrà*, n° 1046.

634. — IV. DE L'EMPLOI DE FURETS ET DE BOURSES. — Les *furets* et les *bourses* n'étant autorisés, par l'art. 9, § 2, de la loi de 1844, que pour prendre les *lapins*, ne sauraient être employés pour la chasse au renard ou au blaireau (Giraudeau, n° 605; Rogron, p. 107), à moins qu'il ne s'agisse de l'exercice du droit de destruction prévu par l'art. 9, § 3-3° (V. *infrà*, nos 731 et suiv.). — Pour la définition des bourses, il suffit de se référer au *Rép.* n° 179. Les furets et les bourses utilisés dans une chasse délictueuse peuvent-ils être confisqués et détruits? V. *infrà*, n° 1046.

635. — V. DE LA CHASSE A L'AFFUT. — Comme on l'a démontré au *Rép.* n° 178, la *chasse à l'affût* est interdite pendant la *nuit*, par application des art. 9, § 1er, et 12, § 1er-2°. Tous les auteurs sont d'accord sur ce point (Championnière, p. 55; Chardon, p. 87; Duvergier, p. 124; Gillon et Villepin, n° 174; Giraudeau, n° 603). Mais ce dernier auteur remarque avec raison que l'on peut se placer à l'affût avant le jour, par exemple, dans une hutte à canards, à condition de ne commencer la chasse qu'après le jour.

636. — VI. DE LA CHASSE A L'AIDE D'OISEAUX DE PROIE. — Nous avons exposé (*Rép.* n° 183) que la *chasse à l'aide d'oiseaux de proie*, notamment à l'aide de faucon, d'autour ou d'épervier, est aujourd'hui prohibée. MM. Gillon et Villepin, n° 177, et M. Giraudeau, n° 613, se prononcent dans le même sens.

637. — VII. DE LA CHASSE AU FEU. — La doctrine reconnaît avec nous (*Rép.* n° 177), que la loi de 1844 interdit la *chasse au feu*, en tant que chasse de nuit (V. Giraudeau, n° 614; Perrève, p. 321; Petit, t. 1, p. 50).

ART. 3. — *De la chasse à l'aide d'engins ou de moyens prohibés* (*Rép.* nos 103, 179 à 182).

§ 1er. — Généralités (*Rép.* n° 179).

638. On sait (*Rép.* nos 179 et 278) que l'art. 9 prévoit et que l'art. 12 punit l'emploi de tous *engins* ou *moyens de chasse*, sauf l'usage des furets et des bourses à prendre les lapins (V. *suprà*, n° 634), et les procédés que les préfets peuvent autoriser dans les cas déterminés par la loi (V. *infrà*, nos 674 et 675, 680, 693 et suiv., 731 et suiv.).

639. On a dit au *Rép.* n° 279, que la défense de faire usage d'engins ou de moyens de chasse prohibés est générale, en ce sens qu'elle reçoit son application, quel que soit le *but* de la chasse, et alors même que le chasseur n'aurait pris le gibier qu'en vue de le conserver (V. *infrà*, n° 1081. — V. toutefois, Paris, 9 déc. 1885, *ibid.*). — Cette défense est encore générale en ce sens qu'elle concerne toute espèce d'*animaux sauvages*. Elle n'admet d'exception que pour la chasse des oiseaux de passage (V. *infrà*, nos 674 et 675, 680); pour la destruction des animaux malfaisants ou nuisibles dans le cas prévu par l'art. 9, § 3, de la loi de 1844 (V. *infrà*, nos 731 et suiv.), et pour la destruction des bêtes fauves dans le cas de légitime défense (V. *infrà*, nos 771 et suiv.).

640. Sur la *complicité* en matière de délit de chasse avec engins prohibés, V. *infrà*, nos 647, 1101 et suiv.

§ 2. — De la distinction entre les engins de chasse prohibés et les moyens de chasse prohibés (*Rép.* nos 180 à 182).

641. On a parfois confondu les *engins prohibés* et les *moyens prohibés* de chasse. Cependant cette distinction est très importante. D'une part, la simple détention d'engins prohibés constitue un délit, indépendamment de tout emploi (V. *infrà*, nos 971 et suiv.), tandis que les moyens prohibés ne donnent lieu à poursuite correctionnelle que s'il en est fait usage (V. *infrà*, nos 653 et suiv.). — D'autre part, si l'art. 16 frappe de confiscation les engins prohibés, il n'atteint pas les simples moyens de chasse (V. *infrà*, nos 1045 et 1047). — Quant aux visites domiciliaires qui ont pour but de rechercher des engins prohibés, V. *infrà*, nos 984 et suiv.

N° 1. — *Des engins de chasse* (*Rép.* n° 180 à 182, 278).

642. Comme on l'a dit au *Rép.* n° 278, il y a lieu de regarder comme *prohibés*, dans le sens de l'art. 9, § 1er, et de l'art. 12, § 1-2° de la loi de 1844, tous les *engins* et *instruments de chasse*, autres que le fusil, et sauf également ceux qui sont autorisés par le préfet. — En Belgique, il a été jugé que les fusils qui se démontent, dits *afvijzer*, ne sont pas compris parmi les engins prohibés dont la loi sur la police de la chasse interdit la simple détention (Trib. corr. Bruxelles, 2 févr. 1884, aff. Coorenans et consorts, *Pasicrisie belge*, 1884. 3. 108; Trib. corr. Anvers, 23 janv. 1884, aff. Druyts, *ibid.*, 1884. 3. 244, et sur appel, Bruxelles, 8 avr. 1884, *ibid.*, 1887. 2. 52; Trib. corr. Verviers, 25 févr. 1887, aff. Gilles, *ibid.*, 1887. 3. 109).

Rappelons toutefois (*Rép.* n° 182), que par les mots d'engins et d'instruments de chasse on doit entendre seulement ceux qui, matériellement et directement, saisissent ou tuent le gibier, sans qu'il soit nécessaire de recourir au fusil. En d'autres termes, ce sont ceux qui, par eux-mêmes, procurent ou la capture ou la mort du gibier (Giraudeau, n° 835; de Neyremand, p. 143; Petit, t. 1, p. 531. — Indépendamment de l'arrêt de la cour de Grenoble du 2 janv. 1845 et de celui de la cour suprême du 29 nov. 1845, cités au *Rép.* n° 182, V. dans le même sens: Besançon, 12 janv. 1866, aff. Petetin, D. P. 66. 2. 189; Crim. rej. 16 juin 1866, aff. Couturier, D. P. 66. 1. 365; Trib. corr. Reims, 29 sept. 1866, aff. Mabillotte, D. P. 66. 3. 96; Dijon, 17 mars 1875, aff. Desloges, D. P. 75. 2. 203; Trib. corr. Valenciennes, 26 sept. 1884, aff. Picquet-Carlier, D. P. 86. 3. 95; Douai, 22 juin 1886, aff. Henrion C. Barbier de la Serre, D. P. 86. 2. 286, et sur pourvoi, Crim. rej. 18 déc. 1886, D. P. 87. 1. 288).

Du reste, il appartient à la juridiction répressive de rechercher et apprécier, dans chaque cas particulier, si les engins employés réunissent les conditions requises par la loi pour être prohibés (Liège, 15 déc. 1883, aff. Gouttier, *Pasicrisie belge*, 1884. 2. 96; 8 nov. 1884, aff. Courtejoie, *ibid.*, 1885. 2. 38). — V. aussi Crim. rej. 18 déc. 1886, *infrà*, n° 659.

643. Les *lacets* sont des engins prohibés, ainsi qu'on l'a vu au *Rép.* n° 180 (Conf. Instr. min. int. 9 mai 1844, *ibid.* p. 108, note, n° 9; Crim. cass. 20 juill. 1883, aff. Griffoni, D. P. 83. 5. 59. — V. dans le même sens: Giraudeau, n° 836).

644. Il en est de même des *collets*, comme on l'a indiqué au *Rép.* n° 180; c'est un point reconnu en doctrine et en jurisprudence (Giraudeau, n° 836. — Conf. Instr. préc. 9 mai 1844; Orléans, 11 mai 1869, aff. Lacoua, D. P. 69. 2. 119; Rouen, 5 mai 1883, aff. Venambre, D. P. 83. 5. 62, *suprà*, n° 434-3°). — Il y a délit de chasse de la part de l'individu qui a été surpris, en temps prohibé, tenant à la main un lièvre qu'il venait de détacher d'un collet par lui tendu; vainement le prévenu exciperait du dommage causé par les lièvres à sa propriété, si le préfet n'a pas autorisé la destruction de ces animaux en tant qu'animaux malfaisants et nuisibles (Arrêt précité du 20 juill. 1883. — Comp. *suprà*, n° 434).

Il a été jugé avec raison, comme le reconnaît M. Giraudeau, n° 845, que la chasse des oiseaux de passage au moyen de lacets à une époque antérieure à celle où un arrêté préfectoral en a autorisé l'emploi, constitue, non une infraction à l'arrêté passible des peines de l'art. 11 de la loi de 1844, mais une violation de l'art. 9, § 2, qui entraîne l'application des peines portées par l'art. 12 (Crim. cass. 4 mai 1848, aff. N..., D. P. 48. 5. 45; Agen, 13 janv. 1864, aff. Baluteau, R. F. t. 2, n° 308. — Comp. *infrà*, n° 651).

645. Une jurisprudence constante décide que la chasse aux oiseaux de pays ou sédentaires au moyen de *lacs* ou *filets* est interdite par la loi elle-même, sans qu'il soit besoin pour cela qu'elle ait été spécialement prohibée par un arrêté préfectoral (Instr. min. just. 9 mai 1844, *Rép.* p. 108, note, n° 9; Instr. min. int. 20 mai 1844, *ibid.*, p. 111, note, n° 37; Paris, 21 déc. 1844, aff. Biet, D. P. 45. 2. 18; Paris, 26 déc. 1844, aff. Kresz, D. P. 45. 2. 18; Crim. cass. 26 avr. 1845, aff. Baud, D. P. 45. 1. 269; Crim. cass. 30 mai 1845, aff. Peyroux, D. P. 45. 1. 302; Dijon, 28 nov. 1845, aff. du Gardier, D. P. 46. 2. 5; Ch. réun. cass. 25 mars 1846, aff. Peyroux, D. P. 46. 1. 95, et sur renvoi, Lyon, 10 oct. 1846, D. P. 46. 4. 59; Crim. rej. 4 avr. 1846, aff. Biet, D. P. 46. 1. 95; Crim. rej. 4 avr. 1846, aff. Biard, D. P. 46. 1. 96; Limoges, 5 mars 1857, aff. Brock, D. P. 57. 2. 124; Crim. rej. 1er mai 1868, aff. Delbecchi, D. P. 68. 1. 361; Caen, 21 juill. 1874, aff. Lhommas, D. P. 78. 5. 86-87). — C'est aussi l'opinion que nous avons formulée au *Rép.* nos 180 et 181, et celle de M. Giraudeau, n° 836 (V. en sens contraire, le réquisitoire de M. le procureur général Hébert, D. P. 46. 1. 95).

Les *panneaux* sont également des engins prohibés (Instr. préc. 9 et 20 mai 1844; Paris, 25 juill. 1863, aff. Lebatard, R. F. t. 2, n° 304).

Et il importe peu que les filets ou panneaux aient servi à prendre du gibier vivant pour repeupler un parc (Arrêts précités des 28 nov. 1845 et 25 juill. 1863). — V. *infrà*, n° 1081.

646. Il a été jugé qu'un filet constitue un engin de chasse prohibé, bien qu'il ne soit employé que comme moyen de chasse auxiliaire, pour circonscrire une portion de bois, afin de procéder à une destruction de lapins autorisée par un arrêté préfectoral, alors surtout que parfois les lapins se prennent dans ce filet, en s'y portant avec violence pour échapper à la poursuite des chiens (Rouen, 2 mai 1866, aff. Chrétien, R. F. t. 4, n° 647). — Au contraire, ne constitue pas un engin prohibé le filet à mailles serrées où les lapins ne peuvent se prendre, employé seulement pour entourer une clairière afin d'empêcher ces animaux de rentrer dans la forêt et de permettre ainsi de les tuer plus facilement à coups de fusil (Trib. corr. Valenciennes, 26 sept. 1884, aff. Picquet, D. P. 86. 3. 95). Et le propriétaire, qui a été autorisé par le préfet à chasser les lapins sur ses terres en temps prohibé, au fusil seulement, ne contrevient pas à l'arrêté d'autorisation en employant un filet de cette nature de la manière indiquée ci-dessus (Même jugement).

647. Il n'est pas douteux que les *raquettes* ou *sauterelles* sont à classer au nombre des engins prohibés. MM. Gillon et Villepin, n° 181, et M. Giraudeau, n° 836, l'admettent avec nous (*Rép.* n° 181). — Jugé que le fait de tendre des raquettes pour prendre des petits oiseaux, alors qu'un arrêté préfectoral n'autorise la chasse de ces oiseaux qu'au fusil, constitue un délit de chasse avec engins prohibés, quel que soit le mobile qui ait dirigé le délinquant dans son action (Dijon, 9 déc. 1874, aff. Diez, D. P. 78. 5. 87. — Conf. Trib. corr. Vesoul, 2 avr. 1874, aff. X..., R. F. t. 6, n° 75). — En conséquence, celui qui retend des raquettes posées par un tiers est punissable, soit comme auteur, soit comme complice, alors même qu'il prétendrait n'avoir agi que par les ordres et pour le compte de ce tiers (Même arrêt du 9 déc. 1874).

648. On appelle *trébuchets* des pièges agencés pour la capture des petits oiseaux, se composant d'un carreau placé sur champ, et dont l'inclinaison est maintenue par un système de petites bûches de bois, d'une extrême mobilité, qu'il suffit à l'oiseau de toucher pour déterminer la chute du carreau sur lui (Trib. corr. Montbrison, 10 janv. 1876, aff. Ludovic M..., D. P. 76. 5. 75). — Aussi les trébuchets constituent incontestablement des engins prohibés (Même jugement). — M. Giraudeau, n° 132, se prononce dans le même sens. Mais c'est à tort qu'il cite sur ce point l'arrêt de la cour de Dijon du 9 déc. 1874, mentionné *suprà*, n° 647; cet arrêt ne parle pas de trébuchet.

649. Il y a délit de chasse avec engin prohibé, prévu et puni par les art. 9 et 12 de la loi de 1844, dans le fait de tendre un piège dit *traquenard* (Paris, 18 mai 1865, aff. Duvivier, R. F. t. 3, n° 447). — Le prévenu alléguerait vainement n'avoir agi qu'en vue de prendre et de détruire les animaux malfaisants qui s'introduisent dans sa propriété en y occasionnant des dégâts, s'il ne prouve ni l'espèce des animaux ni le dommage dont il se plaint. Il en est ainsi, alors surtout que le champ du prévenu, au moment de la découverte du piège, ne présentait la trace du passage d'aucune bête fauve, et que cet engin avait été placé dans une coulée de lièvres (Même arrêt).

650. Parmi les instruments de chasse prohibés il faut encore ranger les *maisonnettes à lièvres* que construisent les pâtres dans les campagnes, ayant à leur base une ouverture par laquelle le gibier s'introduit, et à l'intérieur une trappe qui se ferme sur lui (Gillon et Villepin, n° 329; Giraudeau, n° 844).

651. Lors de la publication du *Rép.* n° 181, la jurisprudence admettait déjà que l'emploi de la *glu* pour la chasse aux oiseaux est implicitement compris dans la catégorie des moyens ou procédés de chasse prohibés par l'art. 9 de la loi du 3 mai 1844, sauf au préfet à autoriser expressément cet usage pour la chasse des oiseaux de passage. Cette opinion, adoptée depuis par M. Giraudeau, n° 841, a été consacrée par de nouveaux arrêts de la cour suprême (Crim. cass. 2 oct. 1846, aff. Trohel, D. P. 46. 4. 59, et sur nouveau pourvoi, Ch. réun. cass. 23 avr. 1847, D. P. 47. 1. 160; Aix, 4 nov. 1867, aff. Delbecchi, D. P. 67. 2. 206, et sur pourvoi, Crim. rej. 7 mars 1868, D. P. 68. 1. 361). — Et la chasse des oiseaux de passage à la glu à une époque antérieure à celle où un arrêté préfectoral en a autorisé l'emploi, constitue, non une infraction à l'arrêté, passible des peines de l'art. 11 de la loi de 1844, mais une violation de l'art. 9, § 2, qui entraîne l'application des peines portées par l'art. 12 (Crim. cass. 27 févr. 1845, aff. Magagnose, D. P. 45. 1. 169. — Comp. *suprà*, n° 644).

652. En ce qui regarde les *pots à moineaux*, que l'on place ordinairement contre les murs des maisons, la question est susceptible de controverse. « Sans doute, disent MM. Gillon et Villepin, n° 180, il est permis de s'emparer des œufs et couvées de moineaux; l'art. 4 ne s'applique pas à cette espèce de gibier; mais le pot à moineaux peut servir à s'emparer de la mère qui couve ses petits; c'est à raison de cela qu'il doit être considéré comme prohibé ». Nous avons émis une opinion analogue au *Rép.* n° 181, en regardant le pot à moineaux comme un moyen de chasse prohibé. — M. Giraudeau, n° 133, n'est pas de cet avis : « Si, dit-il, l'on se servait du pot à moineaux pour prendre les couveuses, ce serait un mode de chasse prohibé, et non un engin prohibé; mais si on ne le place que pour avoir les couvées, il n'y a point fait de chasse, sauf le cas où les préfets ont défendu la destruction des œufs et couvées d'oiseaux, et l'accusation devrait établir clairement que c'est pour prendre les couveuses que les pots à moineaux ont été posés ».

N° 2. — *Des moyens de chasse* (*Rép.* n° 182).

653. D'après la doctrine formulée au *Rép.* n° 182 et confirmée par les arrêts mentionnés *suprà*, n° 642, en prohibant tous les *moyens de chasse* autres que ceux qui sont expressément autorisés par l'art. 9, le législateur n'a pas entendu interdire ceux qui, insuffisants par eux-mêmes pour prendre le gibier, ne peuvent être considérés que comme un accessoire plus ou moins efficace d'un mode de chasse particulier.

654. Plusieurs arrêts cités au *Rép.* n° 182, ont reconnu la légitimité de la *traque* ou *battue*, attendu qu'elle constitue un procédé particulier de la chasse à tir, et non un moyen direct et principal de chasse. Cette doctrine a été consacrée par de nouveaux arrêts (Motifs, Crim. cass. 20 févr. 1847, aff. Clément, D. P. 47. 1. 86; Motifs, Dijon, 17 mars 1875, aff. Desloges, D. P. 75. 2. 203. — V. aussi *suprà*, n°s 76 et suiv.), et par la doctrine (Giraudeau, n° 619; Observations, R. F. t. 6, n° 13. — Conf. Circ. adm. for. 30 oct. 1867, § 6, *Nouv. série*, n° 72).

Il a été question, *suprà*, n° 531, des battues effectuées dans les forêts soumises au régime forestier ou dans les propriétés dont la chasse est louée au profit des communes ou des établissements publics nous aurons encore à parler de celles qui sont pratiquées soit pour la destruction des animaux malfaisants ou nuisibles, déclarés tels par le préfet (V. *infrà*, n° 733), soit pour la destruction des bêtes fauves en cas de légitime défense (V. *infrà*, n° 774), soit en exécution des règlements particuliers à la louveterie (V. *infrà*, n°s 1531 et suiv.).

655. Il est aujourd'hui de doctrine et de jurisprudence que le *miroir* ne saurait être considéré comme un engin prohibé (Cival, n° 7; Gillon et Villepin, p. 94; Giraudeau, n° 842; Leblond, n° 128; Loiseau et Vergé, p. 28; de Neyremand, p. 170; Rogron, p. 170; Viel, p. 136. — Grenoble, 2 janv. 1845, cité au *Rép.* n° 182; Besançon, 12 janv. 1866, aff. Petetin, D. P. 66. 2. 189; Dijon, 17 mars 1875, aff. Desloges, D. P. 75. 2. 203). — Cet instrument doit être assimilé aux auxiliaires ordinaires de la chasse, tels que chiens d'arrêts, chiens courants, traqueurs, rabatteurs ou autres; et la chasse au miroir n'est qu'une variété de la chasse à tir. Par conséquent, les préfets ne peuvent : ni interdire l'usage du miroir comme accessoire de la chasse à tir (Arrêts précités des 12 janv. 1866 et 17 mars 1875); — Ni limiter la chasse de l'alouette au miroir à une durée moindre que celle de la chasse de tout autre gibier (Même arrêt du 17 mars 1875).

656. On appelle *banderolles*, en terme de chasse, des cordes garnies de morceaux de papier ou d'étoffe, qu'un chasseur tend le matin sur des piquets le long des haies servant de clôture à sa propriété, à l'effet d'empêcher, en l'effrayant, le gibier qui a pénétré dans celle-ci pendant la nuit, d'en ressortir pour rentrer sous bois. Les banderolles ne constituent pas des engins ni des moyens de chasse prohibés. C'est ce qui est admis soit par la doctrine (Giraudeau, n° 840; Leblond, n° 129; de Neyremand, p. 159), soit par la jurisprudence (Trib. corr. Fontainebleau, 7 mai 1862, aff. Parent et Aussavis, R. F. t. 2, n° 248; Paris, 31 mars 1865, aff. Lagnon, D. P. 66. 2. 80; Paris, 26 janv. 1866, aff. Lombard, D. P. 66. 2. 21, et sur pourvoi, Crim. rej. 16 juin 1866, D. P. 66. 1. 365). L'emploi de ce procédé de chasse doit surtout être déclaré licite, quand il est dirigé contre des animaux causant habituellement des dommages à la propriété du chasseur (Arrêt précité du 26 janv. 1866). — Et la pose des banderolles peut avoir lieu la nuit, sans tomber sous l'application de l'art. 12, § 1er-2° (Arrêts précités des 13 mars 1865, 26 janv. 1866 et 16 juin 1866).

657. L'art. 10 de la proposition de loi, sur la chasse, votée en seconde lecture par le Sénat le 23 nov. 1886 (V. *suprà*, n° 6), interdit la chasse au fusil à l'aide de *mannequins* ou *buissons mobiles* servant à masquer le chasseur et à lui permettre d'approcher le gibier. Mais, sous l'empire de la loi du 3 mai 1844 encore en vigueur, l'usage de ces mannequins et buissons mobiles n'est pas prohibé, ces objets ne pouvant être assimilés à des engins et constituant seulement des moyens auxiliaires de chasse. — A plus forte raison en est-il de même des mannequins employés en guise d'épouvantail du gibier, par exemple pour le conserver dans un domaine. — Sur le point de savoir si l'emploi de mannequins par un propriétaire est susceptible de donner lieu à des dommages-intérêts en faveur des personnes qui ont le droit de chasse sur les terres riveraines, V. *infrà*, n° 1342.

658. D'après la jurisprudence, on ne doit pas regarder comme engins prohibés, dans le sens de la loi du 3 mai 1844, les *trappes à bascule* ou *planchettes mobiles* établies dans une clôture de manière à permettre l'entrée du gibier tout en en empêchant la sortie, et notamment: 1° des trappes à bascule établies dans la clôture d'un bois (Req. 22 juill. 1861, aff. de Hauregard, D. P. 61. 1. 475); — 2° Des planchettes mobiles, placées devant des trous qui étaient ménagés dans la clôture d'un terrain à peu près carré, de la contenance d'environ un hectare, ensemencé en partie de mauvais chanvre et de quelques autres plantes en assez mauvais état (Trib. corr. Compiègne, 26 sept. 1874, aff. Chatelain et Robillard, R. F. t. 6, n° 70). — Jugé pareillement que l'on ne saurait assimiler à l'emploi d'engins de chasse ni à la détention d'engins prohibés le fait par un propriétaire d'avoir, dans la haie clôturant une pâture attenant à son habitation et lui appartenant, pratiqué plusieurs ouvertures garnies de châssis à coulisses, dans lesquels se trouvent des panneaux de bois mobiles, disposés de façon à permettre au gibier à poil de s'introduire dans ladite pâture lorsqu'ils sont soulevés, et à s'opposer à sa sortie lorsqu'ils sont abaissés (Douai, 22 juin 1886, aff. Henrion, D. P. 86. 2. 286); — Et que ce fait ne constituant ni délit, ni contravention, le propriétaire voisin qui se plaint du préjudice qu'il en aurait éprouvé est non recevable à en demander la réparation au tribunal correctionnel (Même arrêt. — V. *infrà*, n° 1242). — D'un autre côté, le seul fait de l'usage de ces trappes ou planchettes ne constitue pas un acte de chasse (Décisions précitées des 22 juill. 1861, 26 sept. 1874 et 22 juin 1886). — Ces solutions sont fondées, d'une part, sur ce que les trappes ou planchettes dont il s'agit n'assurent pas au propriétaire du terrain la possession immédiate et matérielle du gibier, puisqu'il faut encore se mettre à sa poursuite pour s'en emparer; et, d'autre part, sur ce que l'engin prohibé ne s'entend que de l'instrument destiné à la capture du gibier (Mêmes décisions. — V. *suprà*, n°s 642 et suiv.).

Le jugement du 26 sept. 1874 est vivement critiqué par plusieurs auteurs (Giraudeau, n°s 136 et 137; Leblond, n° 130; Meaume, R. F. t. 6, n° 70). Quant à l'arrêt du 22 juill. 1861, approuvé par M. Giraudeau, qui suppose que le bois pourvu de trappes avait une grande étendue, il est attaqué par M. Leblond. On objecte que les trappes à bascule ont pour but et pour effet de procurer à celui qui les a établies la propriété du gibier, et que leur emploi tombe sous le coup des art. 9 et 12 de la loi de 1844, qui prévoient et punissent les faits de chasse par d'autres moyens que ceux que la loi autorise. Mais ces arguments ne nous paraissent pas de nature à détruire les motifs qui ont servi de base aux décisions critiquées, et dont la doctrine nous paraît plus conforme aux principes. Tel est aussi l'avis de M. de Neyremand, p. 246. C'est en vain, du reste, que l'on fait valoir les inconvénients susceptibles de résulter de cette jurisprudence pour les propriétaires et les locataires de chasse; ces inconvénients, contre lesquels il leur appartient de se prémunir, ne sauraient prévaloir contre le droit de propriété des riverains et les attributs qui y sont attachés.

659. Au surplus, la jurisprudence analysée ci-dessus a été confirmée par un arrêt récent de la cour suprême, qui décide: 1° que l'on ne saurait assimiler à l'emploi d'engins prohibés l'établissement de trappes mobiles servant uniquement à donner accès au gibier dans une pâture lorsqu'elles sont ouvertes, et à l'empêcher de sortir lorsqu'elles sont fermées (Crim. rej. 18 déc. 1886, aff. Barbier de la Serre *C.* Henrion, D. P. 87. 1. 288); — 2° Que les constatations du juge du fond, desquelles il résulte que les combinaisons imaginées par un propriétaire pour enfermer le gibier dans sa pâture ne pouvaient lui en assurer la possession immédiate et actuelle, sont souveraines et échappent au contrôle de la cour de cassation; qu'en l'état de ces constatations, le juge du fond peut, sans violer aucune loi, déclarer que l'usage des trappes destinées à enfermer le gibier ne constitue pas un fait de chasse (Même arrêt).

660. Selon M. Giraudeau, n° 137, la culpabilité du propriétaire de l'enclos ne serait pas douteuse, s'il avait attiré le gibier chez lui, soit en semant des graines, soit en mettant des drogues ou appâts. M. de Neyremand, p. 246, estime également que le propriétaire de l'enclos n'a pas le droit d'y attirer le gibier par fraude ou par artifice (c. civ. art. 564). — La cour de Douai déclare, au contraire, qu'il importe peu que le propriétaire ait disposé, à proximité des trappes à bascule et à l'intérieur de la clôture, des betteraves ou autres choses pouvant servir à attirer le gibier, si d'ailleurs les appâts de cette nature ne rentrent pas dans la catégorie des appâts prohibés par l'art. 12 la loi du 3 mai 1844 (Arrêt du 22 juin 1886, cité *suprà*, n° 658).

En ce qui touche les *appeaux*, *appelants* ou *chanterelles*, V. *infrà*, n°s 1002 et suiv.

§ 3. — Des terrains où il est interdit de chasser à l'aide d'engins ou de moyens prohibés (*Rép.* n°s 103 et 182).

661. — I. DES TERRAINS OU IL EST INTERDIT DE CHASSER AVEC DES ENGINS PROHIBÉS. — En principe, il est interdit de chasser, avec des *engins prohibés*, *sur toute espèce de terrain*, ainsi qu'on l'a expliqué au *Rép.* n° 103.

662. Toutefois, la question a été controversée à l'égard des *terrains clos et attenant à une habitation*. — Un premier système, fondé sur le respect dû à l'inviolabilité du domicile et sur certaines observations présentées à la Chambre des pairs par M. Franck-Carré, rapporteur, décide que le propriétaire ou possesseur a le droit de chasser, avec des engins prohibés, dans l'enclos attenant à son habitation (Berriat, p. 18; Championnière, p. 124; Jullemier, t. 1, p. 33. — Conf. Besançon, 18 janv. 1845, aff. Baud, D. P. 45. 2. 34; Dijon, 4 avr. 1866, aff. Couturier, D. P. 66. 2. 77; Trib. corr. Orange, 8 sept. 1866, aff. Duplan, R. F. t. 3, n° 531; Sol. impl., Trib. corr. Carpentras, 27 déc. 1866, aff. Bègue, D. P. 67. 3. 22).

Mais l'opinion contraire, qui nous semble préférable (*Rép.* n°s 103 et 182), a prévalu dans la doctrine (Giraudeau, n° 846; Leblond, n°s 47 et 244; de Neyremand, p. 147; Petit, t. 1, p. 526). Elle a été consacrée par la jurisprudence, que l'on peut regarder actuellement comme définitivement établie (Crim. cass. 26 avr. 1845, aff. Baud, D. P. 45. 1. 269; Limoges (et non Pau), 5 mars 1857, aff. Brock, D. P. 57. 2. 124; Trib. corr. Lyon, 16 déc. 1858, aff. Montignon, D. P. 59. 5. 60, et 28 nov. 1859, B. A. F. t. 8, p. 185; Crim. rej. 16 juin 1866, aff. Couturier, D. P. 66. 1. 452; Montpellier, 28 janv. 1867, aff. S..., D. P. 67. 2. 139; Aix, 4 nov. 1867, aff. Delbecchi, D. P. 67. 2. 206, et sur pourvoi, Crim. cass. 7 mars 1868, D. P. 68. 1. 361-362; Nîmes, 5 mars 1868, aff. Duplan, R. F. t. 4, n° 624, et sur pourvoi, Crim. rej. 1er mai 1868, D. P. 68. 1. 362; Trib. corr. Melun, 10 mars 1874, aff. Dailliez, D. P. 76. 5. 75-76; Trib. corr. Vesoul, 2 avr. 1874, aff. X..., R. F. t. 6, n° 75; Trib. corr. Beauvais, 13 août 1875, *Droit* du 15 août 1875, cité par Giraudeau, n° 846; Trib. corr. Montbrison, 10 janv. 1876, aff. Ludovic M..., D. P. 76. 5. 75; Aix, 2 mars 1876, aff. Olive, D. P. 78. 2. 236; Crim. cass. 20 juill. 1883, aff. Griffoni, D. P. 83. 5. 59; Bordeaux, 7 janv. 1885) (1). — A l'appui de ce deuxième système, on fait valoir : d'une part, que le propriétaire n'a d'autre immunité pour l'exercice du droit de chasse dans l'enclos attenant à son habitation, que de pouvoir y chasser en tout temps et sans permis, et qu'il reste soumis à la loi générale en ce qui concerne l'emploi des moyens et procédés de chasse (Arrêts précités des 7 mars et 1er mai 1868, et 20 juill. 1883); — D'autre part, que la simple détention des engins prohibés constitue un délit, qu'ils peuvent être recherchés au domicile du détenteur, et que la confiscation doit toujours en être prononcée (Décisions précitées des 16

(1) (Condes.) — LA COUR; — Attendu que Condes est prévenu d'avoir chassé avec des engins prohibés; qu'il dénie les faits qui lui sont imputés, et soutient qu'en tout cas il n'aurait pas commis de délit, l'acte de chasse qu'on lui reproche ayant été accompli dans un enclos attenant à son habitation; — Attendu que le procès-verbal dressé par la gendarmerie de Branne énonce vaguement que la prairie de Condes n'est pas close, mais que cette indication est en contradiction avec l'attitude des gendarmes, qui n'ont pas cru avoir le droit de pénétrer dans ladite prairie, et les divers documents du procès, desquels il résulte qu'on a été d'accord pour reconnaître, devant le tribunal de Libourne, que le fait de chasse dont s'agit aurait eu lieu dans un terrain clos; — Attendu que les premiers juges ont décidé, en principe, que l'art. 2 de la loi du 3 mai 1844 confère au propriétaire le droit de chasser dans son enclos, même avec des engins prohibés, et que, par suite, aucun délit ne saurait être relevé contre le prévenu; — Attendu que de la combinaison des paragraphes 2 et 3 de l'art. 12 de la loi du 3 mai 1844, il ressort que la chasse avec engins prohibés est interdite aussi bien dans les terrains clos que dans les terrains ouverts; que ces deux textes, qui punissent, l'un la chasse avec engins prohibés, l'autre la simple détention de ces objets, doivent logiquement s'appliquer dans la même situation; que la détention d'engins prohibés au domicile, ou dans l'enclos y attenant, constituant un délit, la chasse avec ces engins ne peut être licite; qu'autrement, on arriverait à ce résultat non moins étrange qu'inexplicable, qu'on aurait le droit de chasser avec des engins dont la simple détention est délictueuse; qu'on ne saurait raisonnablement prêter au législateur une pareille inconséquence; que vainement les premiers juges invoquent le rapport de M. Frank-Carré, sur la loi du 3 mai 1844; que le passage auquel ils se réfèrent serait certainement contraire au texte et à l'esprit de la loi, s'il avait le sens qui lui est attribué; mais qu'en le lisant attentivement, on voit que le rapporteur se préoccupait exclusivement de l'inviolabilité du domicile, et qu'il a voulu seulement proclamer qu'on ne pourrait y pénétrer, pour la constatation des délits de chasse, qu'en se conformant aux lois; qu'ainsi, c'est à tort que le tribunal de Libourne a reconnu au prévenu le droit de chasser dans son enclos avec des engins prohibés, et l'a relaxé par cet unique motif; — Mais attendu, en ce qui touche le fait de chasse en lui-même, que le procès-verbal dressé contre Condes n'a pas toute la précision nécessaire pour mettre la cour en état de statuer quant à présent;

Par ces motifs, etc.

Du 7 janv. 1885.-C. de Bordeaux, ch. corr.-MM. Beylot, pr.-Labroquère, av. gén.

juin 1866, 28 janv. 1867, 5 et 7 mars 1868, 1er mai 1868, 10 mars 1874, 10 janv. 1876, 7 janv. 1885).

663. Lorsqu'un procédé de chasse à l'aide d'un filet ou engin prohibé, tel que les gluaux, ou tel que le filet à petites mailles dit nappe, a été exceptionnellement autorisé par le préfet pour la chasse des oiseaux de passage, le propriétaire de l'enclos ne peut continuer à faire usage de ce procédé en dehors de l'époque fixée pour cette chasse, sans encourir les peines de l'art. 12 (Arrêts des 4 nov. 1867, 5 et 7 mars 1868, et 1er mai 1868 cités *suprà*, n° 662); — Surtout contre d'autres gibiers que ceux nommément désignés par l'arrêté (Même arrêt du 1er mai 1868).

664. — II. DES TERRAINS OU IL EST INTERDIT DE CHASSER PAR DES MOYENS PROHIBÉS. — En thèse générale, l'emploi de *moyens de chasse prohibés* est interdit *sur toute espèce de terrain;* c'est ce que l'on a vu au *Rép.* n° 103.

Quant au point de savoir si cette règle est applicable aux *enclos attenant à une habitation*, V. *infrà*, n° 1005.

ART. 4. — *Des règles spéciales à certaines espèces de chasse* (*Rép.* nos 184 à 192, 201, 207, 268).

§ 1er. — Généralités (*Rép.* nos 184, 185, 187, 201, 207).

665. Comme on l'a vu au *Rép.* nos 184 et 207, l'art. 9 de la loi de 1844, par ses paragraphes 3 et 4, confère aux préfets le pouvoir de régler le *mode* et *l'époque* de *certaines espèces de chasse*, et, en déterminant ainsi avec précision les attributions de ces fonctionnaires, a fait cesser sur ce point des contradictions de la jurisprudence.

666. D'après le système de la loi de 1844 exposé au *Rép.* n° 201, les arrêtés préfectoraux pris en vertu de l'art. 9 sont *exécutoires de plein droit* indépendamment de toute *approbation ministérielle*. Cependant, comme tous les actes de l'administration préfectorale ne s'exercent que sous l'autorité et le contrôle des ministres responsables, ce principe étant d'ailleurs toujours réservé, sans qu'il soit nécessaire de l'exprimer dans chaque loi spéciale, il est recommandé aux préfets de transmettre exactement au ministre de l'intérieur une ampliation de tous les arrêtés pris dans les différents cas que prévoit l'art. 9, afin que le ministre puisse examiner si ces actes sont conformes à l'ensemble de la législation, et adresser, au besoin, aux préfets telles observations qu'il appartiendrait (Circ. min. int. 22 juill. 1851, § 57, R. F. t. 4, n° 608). — La proposition de loi votée par le Sénat en deuxième lecture, le 23 nov. 1886 (V. *suprà*, n° 6), soumet formellement à l'approbation préalable du ministre de l'intérieur les arrêtés préfectoraux en cette matière (art. 11).

667. Nous avons admis (*Rép.* nos 185 et 201) que les arrêtés spécifiés à l'art. 9 ne sont exécutoires contre les particuliers que dix jours après leur *publication*, en invoquant par analogie l'art. 3 qui établit cette règle pour les arrêtés d'ouverture et de clôture de la chasse. Nous devons toutefois reconnaître que, suivant la majorité des auteurs, les arrêtés dont il s'agit seraient exécutoires aussitôt après leur publication, par le motif que, le délai de dix jours n'étant exigé que pour les arrêtés d'ouverture et de fermeture, il y a lieu d'appliquer ici les principes généraux sur la publication des règlements administratifs (Berriat, p. 92; Chardon, p. 109; Giraudeau, n° 633; Lavallée et Bertrand, p. 105; Petit, t. 1, p. 370; Rogron, p. 107). Et M. Giraudeau, n° 635, en conclut que les préfets peuvent, par un seul arrêté, déterminer le commencement et la fin des chasses exceptionnelles spécifiées à l'art. 9.

668. Les arrêtés prévus par l'art. 9 de la loi de 1844 sont *permanents*, c'est-à-dire demeurent obligatoires tant qu'ils ne sont pas rapportés ou modifiés, sans qu'il soit besoin de les *renouveler* chaque année (Circ. min. int. 22 juill. 1851, § 55, R. F. t. 4, n° 608). — M. Giraudeau, n° 641, et M. de Neyremand, p. 18, se prononcent dans le même sens.

669. Aucun *recours contentieux* ne peut être formé contre les arrêtés préfectoraux dont parle l'art. 9, sauf à adresser des réclamations au ministre de l'intérieur. Ces arrêtés ne peuvent être *interprétés* que par le préfet de qui ils émanent. Néanmoins, il appartient aux tribunaux de les appliquer, lorsque leurs dispositions sont claires ou non contestées. Le juge de répression a aussi qualité pour apprécier leur *légalité* et pour refuser toute sanction s'ils sont entachés d'excès de pouvoir. — Ces propositions diverses, formulées aussi par M. Giraudeau, nos 631, 638 et 639, ne sont d'ailleurs que l'application des principes généraux en matière de règlements administratifs (V. *Règlement administratif*).

Le même auteur, n° 640, estime que, bien que les arrêtés irréguliers ou illégaux ne soient pas obligatoires pour les tribunaux, quand ils sont contestés par les prévenus, ils peuvent avoir pour effet, tant qu'ils ne sont pas rapportés ou réformés, de couvrir la responsabilité des chasseurs qui se sont conformés à leurs dispositions. Cette théorie, adoptée d'ailleurs par MM. Berriat, p. 93, et Rogron, p. 108, est évidemment très équitable ; mais est-elle bien légale? N'est-elle pas en contradiction avec le principe que la bonne foi n'est pas susceptible de servir d'excuse en matière de chasse? (V. *infrà*, nos 1079 et suiv.).

670. L'art. 9 n'ayant dérogé, en faveur des chasses exceptionnelles qu'il spécifie, aux règles ordinaires édictées par la loi de 1844, qu'au point de vue de l'époque et des modes de chasse, il en résulte que ces sortes de chasses demeurent, en principe, soumises à toutes les autres *conditions d'exercice*. Ainsi, il n'est pas loisible au préfet de dispenser de la délivrance du *permis* la chasse des oiseaux de passage et celle du gibier d'eau (Circ. min. int. 20 mai 1844, *Rép.* p. 111, note, n° 40). C'est aussi ce qui a été jugé, pour les oiseaux de passage, par un arrêt de la chambre criminelle du 18 avr. 1845, reproduit *ibid.*, n° 111. L'instruction dont il vient d'être parlé recommande aux préfets de rappeler l'obligation de l'obtention d'un permis, dans les arrêtés qu'ils prennent pour autoriser la chasse des oiseaux de passage et du gibier d'eau.

D'autre part, comme on l'a dit au *Rép.* n° 187 et comme l'a décidé l'arrêt précité du 18 avr. 1845, ces deux chasses exceptionnelles ne peuvent s'exercer sur le terrain d'autrui qu'avec le *consentement du propriétaire* ou de ses ayants droit (V. *suprà*, nos 410 et suiv.).

§ 2. — Des arrêtés obligatoires prévus par l'art. 9 (*Rép.* nos 185 à 192).

671. Comme on l'a dit au *Rép.* n° 185, les arrêtés prévus par le paragraphe 3 de l'art. 9 sont *obligatoires* pour les préfets en ce sens que ces fonctionnaires ont le devoir de les prendre. Dans le cas où un préfet refuserait de régler l'exercice des chasses exceptionnelles désignées dans ce paragraphe, ses administrés auraient la ressource d'adresser au ministre une réclamation officieuse à l'effet de triompher du mauvais vouloir du préfet. Mais, tant qu'un arrêté préfectoral ne serait pas intervenu, ils ne pourraient procéder aux chasses de cette catégorie que pendant l'ouverture générale de la chasse et par les moyens ordinaires (V. *Rép.* n° 192; Berriat, p. 94; Giraudeau, n° 637).

On sait que les arrêtés dont il s'agit ne seraient pas obligatoires, s'ils n'avaient pas été précédés d'un *avis du conseil général* (*Rép.* nos 185 et 268). Cette condition figure également dans l'art. 11 de la proposition de loi actuellement déférée au Parlement (V. *suprà*, n° 6).

Bien que les arrêtés spécifiés au paragraphe 3 de l'art. 9 de la loi de 1844 ne visent aucune délibération du conseil général, il y a, jusqu'à preuve contraire, présomption légale qu'ils ont été pris régulièrement à la suite d'une délibération de cette nature (Crim. cass. 13 juill. 1877, *infrà*, n° 718).

N° 1. — *De la chasse des oiseaux de passage* (*Rép.* nos 186 à 188).

672. On sait que l'art. 9, § 3-1°, de la loi de 1844 charge les préfets de déterminer *l'époque* de la chasse des *oiseaux de passage* (*Rép.* n° 186). L'instruction du ministre de l'intérieur du 20 mai 1844 (rapportée *ibid.* p. 111, note, n° 39) en donne les motifs. C'est que les oiseaux dont il s'agit viennent à des époques où quelquefois toutes les autres chasses sont closes, et en nombre tel qu'ils forment, pour les habitants, un moyen précieux d'alimentation et de commerce. Le législateur de 1844 n'a pas voulu, à cet égard, apporter un obstacle absolu à la continuation de certains usages qui n'auraient pu être supprimés sans un préjudice réel pour les localités où ils sont pratiqués et où ils peuvent être considérés presque comme l'exercice d'une industrie. Ajoutons, avec un arrêt, qu'il était nécessaire de permettre la chasse des oiseaux de passage, suivant les lieux et les époques d'émigration de ces oiseaux, afin d'en faire profiter les contrées traversées, en autorisant l'emploi de procédés plus efficaces que le fusil et en prorogeant le temps ordinaire de la chasse (Dijon, 17 mars 1875, aff. Desloges, D. P. 75. 2. 203). — Mais il importe de remarquer que le pouvoir de l'Administration en cette matière ne concerne que le temps pendant lequel la chasse ordinaire est fermée. Pendant l'ouverture de la chasse en général, aucune époque particulière, aucune indication de durée restrictive ne peut être assignée pour la chasse des oiseaux de passage (V. Berriat, p. 93; Camusat, p. 94; Chardon, p. 93; Giraudeau, n° 643; et l'arrêt précité du 17 mars 1875).

Les infractions aux arrêtés préfectoraux concernant la chasse des oiseaux de passage sont réprimées par les *peines* spécifiées à l'art. 11-3° (V. *infrà*, n° 953. — Comp. *suprà*, n°s 644 et 651).

673. Le texte primitif de l'art. 9, § 3-1°, de la loi de 1844 portait : Les préfets prendront des arrêtés pour déterminer « les modes et procédés de cette chasse » des oiseaux de passage. Il a été modifié par la loi du 22 janv. 1874, qui définit avec plus de précision les attributions de ces fonctionnaires, en leur confiant le soin de régler « les *modes* et *procédés de chaque chasse* pour les *diverses espèces* » d'oiseaux de passage. Quant au motif de cette dérogation au droit commun, V. *Rép.* n° 186. — D'après une circulaire ministérielle du 30 janv. 1874 (D. P. 74. 4. 50, note 5 ; R. F. t. 6, n° 67), lorsqu'il s'agit d'autoriser l'emploi d'engins spéciaux pour la chasse des oiseaux de passage, l'action des préfets serait limitée par le vote du *conseil général*. Mais cette décision ne doit être considérée que comme une simple instruction administrative, et, par suite, on ne saurait dénier aux préfets le droit de se prononcer contrairement à l'avis du conseil général.

674. Les préfets, comme on l'a dit au *Rép.* n° 186, ont la faculté d'autoriser la chasse des oiseaux de passage avec les instruments ou engins, les procédés usités dans le pays, même avec ceux dont l'usage est prohibé pour la chasse du gibier ordinaire. Cette proposition, à laquelle M. Giraudeau, n° 645, donne son adhésion, a été consacrée par deux arrêts de la cour de Nîmes que cite cet auteur, l'un du 6 mars 1873 (aff. Lafont, *Gazette des tribunaux* du 27), l'autre du 2 mars 1876 (aff. Delmas, *Gazette des tribunaux* du 14 avr. 1876), ainsi que par la cour de cassation (Crim. cass. 16 juin 1848, aff. Grand, D. P. 48. 1. 136). — L'opinion formulée au *Rép.* n° 187, d'après laquelle il n'est pas loisible aux préfets d'interdire, pour la chasse des oiseaux de passage, les procédés autorisés par la loi, c'est-à-dire le fusil, a été admise par Championnière, p. 61, et par MM. Gillon et Villepin, n° 188. Mais elle est combattue par M. Giraudeau, n° 644, qui accorde aussi aux préfets le pouvoir d'interdire l'usage du miroir pour les chasses de cette nature.

En Belgique, la cour de cassation a déclaré illégal et non obligatoire un arrêté ministériel du 19 sept. 1885, qui interdisait le placement des lacets pour la bécasse dans les bois de 10 à 20 hectares, dans une zone de 50 ou de 100 mètres à partir de la lisière de ces bois (C. cass. belge, 15 mars 1886, aff. Clotz, *Pasicrisie belge*, 1886. 1. 107. — *Contrà* : Liège, 5 févr. 1886, même affaire, *ibid.*, 1886. 2. 112).

675. On décide généralement, comme nous l'avons fait au *Rép.* n° 187, que le chasseur n'est coupable d'aucun délit, lorsque les instruments autorisés pour la chasse des oiseaux de passage lui procurent accidentellement la capture d'*oiseaux de pays*. Dans ce cas, en effet, l'acte incriminé constitue, de sa part, un fait involontaire (Gillon et Villepin, n° 182; Giraudeau, n° 750. — V. *infrà*, n° 1084).

676. Jusqu'en 1874, il y avait controverse sur le point de savoir quelle était l'*autorité compétente* pour dresser la *nomenclature des oiseaux de passage*.

L'administration soutenait que les préfets avaient qualité à cet effet (Circ. min. int. 9 juill. 1861, D. P. 62. 3. 64; 28 août 1861, et 30 janv. 1874, R. F. t. 6, n° 67). Toutefois, elle recommandait à ces fonctionnaires d'adopter la nomenclature dressée par le Muséum (*Bulletin du ministère de l'intérieur*, 1861, p. 283; B. A. F. t. 9, p. 371 ; *Revue des eaux et forêts*, t. 1, p. 179), et qui faisait l'objet des instructions du ministre de l'intérieur en date du 28 août 1861 (Instr. préc. 28 août 1861). — Plusieurs cours d'appel se prononçaient dans le même sens. Jugé : 1° que les préfets, investis du droit de fixer l'époque de la chasse des oiseaux de passage, ont seuls qualité pour déterminer les espèces d'oiseaux auxquelles cette désignation s'applique; qu'il n'appartient pas aux tribunaux d'étendre par induction la classification émanée de l'autorité préfectorale (Riom, 20 mai 1863, aff. Marty, D. P. 65. 2. 71); — Qu'ainsi, celui qui a été trouvé chassant l'alouette au miroir après l'époque de la fermeture de la chasse, mais pendant le temps fixé pour la chasse des oiseaux de passage, ne peut être renvoyé des poursuites sous le prétexte que l'alouette serait un oiseau de passage, alors que l'arrêté préfectoral ne mentionne pas les alouettes dans l'énumération qu'il fait de ces sortes d'oiseaux; que l'on prétendrait vainement que cette énumération n'est pas limitative, et que d'ailleurs le préfet, ayant permis l'emploi du miroir pour la chasse à tir de l'alouette, a par là même reconnu que l'alouette était un oiseau de passage, les oiseaux sédentaires ne pouvant, d'après le droit commun, être chassés que par le procédé de la chasse de jour, à tir et à courre, sans emploi d'engins particuliers (Même arrêt); — 2° Que le préfet peut, en fermant la chasse à une date indiquée, disposer dans son arrêté qu'elle restera ouverte pour une espèce d'oiseaux désignée, telle que la bécasse, pendant un temps qu'il détermine, mais que cette dernière chasse ne pourra être exercée que dans les bois (Limoges, 29 avr. 1870, aff. Garnaud, D. P. 70. 2. 109); — Qu'en tout cas, on soutiendrait à tort qu'un tel arrêté doit être considéré comme ouvrant la chasse aux oiseaux de passage, et que la restriction à la seule espèce qu'il désigne ne saurait obliger les chasseurs; qu'en conséquence doit être considéré comme délit de chasse en temps prohibé, le fait d'un individu d'avoir, pendant le temps accordé pour la chasse de la bécasse dans les bois, pratiqué en plaine la chasse aux alouettes, encore même qu'on devrait admettre que les alouettes sont des oiseaux de passage (Même arrêt).

Une autre opinion, consacrée par la cour suprême, attribuait, au contraire, aux tribunaux le pouvoir d'apprécier quels oiseaux devaient être considérés comme oiseaux de passage. C'était aussi l'avis de M. Giraudeau, dans sa première édition, n° 537. Décidé : 1° que la mission donnée aux préfets de fixer l'époque de la chasse des oiseaux de passage, ainsi que les modes et procédés de cette chasse, ne s'étendait pas à la détermination des diverses espèces d'oiseaux de passage dont la chasse était permise (Crim. cass. 22 févr. 1868, aff. Broussac, D. P. 68. 1. 356, sur renvoi, Nîmes, 7 mai 1868, et sur nouveau pourvoi, Ch. réun. rej. 12 juin 1868, D. P. 69. 1. 261 ; Trib. corr. Guéret, 8 mars 1873, aff. Guizard, R. F. t. 5, n° 156) ; — 2° Que, dès lors, était illégal le jugement qui, sans examiner si l'oiseau chassé par le prévenu était ou non un oiseau de passage, prononçait une condamnation fondée uniquement sur ce que cet oiseau n'était pas compris dans l'énumération que faisait des oiseaux de passage un arrêté préfectoral (Arrêt précité du 22 févr. 1868) ; — 3° Qu'à l'inverse, il suffisait qu'une espèce d'oiseaux chassée par un prévenu, pendant le temps et d'après l'un des procédés indiqués dans l'arrêté du préfet, fût reconnue par le juge appartenir à la classe des oiseaux de passage, alors même qu'elle ne figurait pas au nombre des espèces mentionnées par ledit arrêté, pour que la chasse de cette espèce d'oiseaux dût être déclarée comprise dans l'autorisation donnée par le préfet (Arrêt précité du 12 juin 1868).

La loi du 22 janv. 1874, qui a modifié l'art. 9 de la loi du 3 mai 1844, a mis fin à cette controverse en chargeant expressément les *préfets* de déterminer la nomenclature des oiseaux de passage. Le même pouvoir leur est attribué par l'art. 11 de la proposition de loi votée en seconde lecture par le Sénat, le 23 nov. 1886 (V. *suprà*, n° 6).

677. Selon une instruction du ministre de l'intérieur du 28 août 1861, qui a été confirmée par la circulaire ministérielle du 30 janv. 1874 (R. F. t. 6, n° 67), il y a lieu de classer au nombre des oiseaux de passage l'*alouette*, la *bécasse*, la *bécassine*, le *bec-figue*, la *cigogne*, l'*étourneau*, la *grive*, l'*hirondelle*, la *huppe*, le *mauvis*, le *motteux*, l'*ortolan*, l'*outarde*, le *pigeon biset*, le *pigeon ramier*. Il faut y ajouter les *oiseaux* *voyageurs*, ainsi qu'on l'a dit au *Rép.* n° 188, et que le reconnaît M. Giraudeau, n° 646. — Avant la loi du 22 janv. 1874, la jurisprudence a déclaré : 1° que la *tourde* (ou *grive de vigne* de Buffon) appartient à la catégorie des oiseaux de passage (Arrêts des 7 mai 1868 et 12 juin 1868, cités *suprà*, n° 676. — Conf. Giraudeau, n° 646) ; — 2° Qu'on ne doit considérer comme oiseaux de passage que ceux qui, « à des époques déterminées, se transportent par troupes dans des pays lointains », et que l'on ne peut regarder comme tels ceux qui vont d'un département à l'autre et restent toujours, en plus ou moins grand nombre, sous le ciel de la France, tels que les *linottes*, les *pinsons*, les *verdiers* et les *bergeronnettes* (Nîmes, 5 janv. 1860, aff. Ripert, D. P. 60. 5. 50). — Nous avons donné au *Rép.* n° 188, les motifs pour lesquels le législateur a excepté la *caille* de l'application de la disposition relative aux oiseaux de passage. A cette exception pour la caille, la proposition de loi votée en seconde lecture par le Sénat, le 23 nov. 1886, en ajoute une pour la bécasse (V. *suprà*, n° 6).

678. Aucune disposition de loi ne permet à l'Administration d'accorder l'autorisation de se livrer *en tout temps* à la chasse des *oiseaux de collection*, qui sont, le plus souvent, des oiseaux de passage. Toutefois, si des demandes de cette nature paraissaient conformes à l'intérêt de la science, les préfets pourraient, de l'avis du conseil général, classer, dans les arrêtés pris en vertu de l'art. 9, les oiseaux de collection, en les désignant nominativement, dans la catégorie des oiseaux de passage (car les oiseaux rares ont presque tous ce caractère), et en indiquant le temps pendant lequel ils pourraient être chassés. Dans l'état actuel de la science, on connaît, en effet, avec certitude ceux de ces oiseaux qui visitent habituellement la France, ainsi que l'époque de leur arrivée et de leur départ (Circ. min. int. 22 juill. 1851, § 45, R. F. t. 4, n° 608).

N° 2. — *De la chasse du gibier d'eau* (*Rép.* n°s 189 à 192).

679. En ce qui concerne l'*époque* de la chasse de gibier d'eau, V. *Rép.* n° 189. — Sur le point de savoir si la chasse du gibier d'eau est interdite en temps de *neige*, V. *infrà*, n° 702.

680. On a vu (*Rép.* n° 192), que les préfets ne sont autorisés qu'à régler le *temps*, et non les *modes* et *procédés* de la chasse du gibier d'eau ; ils ne peuvent donc permettre de chasser ce gibier autrement que par les procédés ordinaires, à moins qu'il ne s'agisse d'un gibier d'eau qui, comme la bécassine, soit en même temps oiseau de passage, auquel cas ce gibier doit, sur l'avis du conseil général, être formellement rangé dans cette catégorie par l'arrêté préfectoral (V. Circ. min. int. 22 juill. 1851, § 44, R. F. t. 4, n° 608 ; 9 juill. 1861, D. P. 62. 3. 64). D'après la proposition de loi en ce moment soumise au Parlement (V. *suprà*, n° 6), il appartiendrait aux préfets de déterminer les modes et procédés de chasse des diverses espèces d'oiseaux d'eau (art. 11).

681. La proposition de loi dont il vient d'être parlé ne précise pas les *lieux* où peut s'effectuer la chasse exceptionnelle du gibier d'eau. Il en est autrement de l'art. 9 de la loi du 3 mai 1844, qui limite l'exercice de cette chasse aux *marais*, *étangs*, *fleuves* et *rivières*. — Il y a délit de chasse en temps prohibé de la part de l'individu surpris, pendant le temps où la chasse du gibier d'eau seule est permise, en attitude de chasse sur des terres labourées et ensemencées, et dans un endroit éloigné des sources, flaques, fossés et cours d'eau fréquentés par les oiseaux aquatiques (Colmar, 22 mai 1866, aff. N..., R. F. t. 3, n° 492). — Une parcelle de prairie momentanément et accidentellement inondée par suite du débordement d'un fleuve avec lequel elle n'est pas en communication, ne saurait être considérée comme un étang ou marais, ni comme le lit étendu de ce fleuve, au point de vue de la chasse du gibier d'eau (Rouen, 28 mars 1882, aff. Poulignot, *Droit* du 13 avr. 1882. — *Contrà* : Trib. corr. Rouen, 29 avr. 1881, même affaire, *Gazette des tribunaux* du 2 mai 1881 ; Trib. corr. Bruges, 3 févr. 1887, aff. Schwartz, *Pasicrisie belge*, 1887. 3. 108. — V. *suprà*, n° 614). — Mais aucun délit de chasse en temps prohibé n'est imputable à l'individu (un garde particulier) qui, à l'époque où la chasse du gibier d'eau est autorisée par un arrêté préfectoral sur les rivières, dans les marais et les étangs, tire une bécassine sur un terrain bas et marécageux, contigu à une rivière, fréquemment recouvert par les eaux, entrecoupé de fossés d'assainissement, tel enfin que le prévenu ne pouvait y chasser utilement que la bécassine ou les oiseaux d'eau (Dijon, 18 avr. 1873, aff. Coulon, D. P. 74. 2. 127). — Il a été jugé que les francs-bords des fleuves et rivières sont reculés par l'état d'élévation de leurs eaux (Angers, 4 juill. 1864, aff. Boutelou, cité par M. Giraudeau, n° 654).

682. Les auteurs sont d'accord avec nous (*Rép.* n° 190), pour reconnaître au préfet le pouvoir d'autoriser la chasse dans certains marais ou étangs sans l'autoriser en même temps dans les autres marais ou étangs de son département, si l'intérêt de la conservation du gibier lui prescrit de restreindre ainsi cette autorisation (Gillon et Villepin, n° 194 ; Giraudeau, n° 656). En tout cas, si l'on devait admettre l'opinion contraire, on ne saurait prétendre que l'arrêté qui a été pris pour autoriser la chasse sur certaines parties de quelques cours d'eau, doit être réputé s'étendre à toutes indistinctement (Rouen, 7 avr. 1881, aff. Bonin, *Journal du ministère public*, art. 2505).

683. Il n'est pas douteux, d'ailleurs, que l'exercice de la chasse du gibier d'eau est assujetti à l'application du principe général d'après lequel nul ne peut chasser sur la propriété d'autrui, sans le *consentement du propriétaire* (V. *suprà*, n°s 410 et suiv.). — Signalons aussi l'art. 15 du cahier des charges pour l'adjudication du droit de pêche dans les rivières navigables ou flottables, aux termes duquel l'adjudicataire de la pêche dans les rivières navigables ou flottables peut, en se conformant aux lois et règlements sur la chasse, chasser les canards et autres oiseaux aquatiques dans l'étendue de son cantonnement. Ce droit s'applique exclusivement à la chasse du gibier d'eau, et il ne peut s'exercer sur les chemins de halage et francs-bords qui n'appartiennent pas à l'Etat qu'avec le consentement des propriétaires riverains (V. *Pêche fluviale*).

684. Suivant la cour de cassation, dont la jurisprudence sur ce point nous paraît fondée (V. Conf. Giraudeau, n°s 649 et 650), les préfets ne sont pas appelés, pour la réglementation de la chasse du gibier d'eau, à déterminer les *diverses espèces* sur lesquelles elle peut s'exercer. En conséquence, dans le cas où un arrêté préfectoral désigne les espèces de gibier d'eau qui doivent bénéficier de l'ouverture spéciale à cette nature de gibier, il appartient aux *tribunaux* de ne pas tenir compte de cette *nomenclature* (Crim. cass. 22 févr. 1868, aff. Broussac, D. P. 68. 1. 356). Et la loi du 22 janv. 1874 n'a apporté à cet égard aucune modification à l'art. 9, § 3-2°, de la loi de 1844, tel que l'a interprété la cour suprême. Il en serait différemment, d'après l'art. 11 de la proposition de loi votée par le Sénat en seconde délibération le 23 nov. 1886, si cette disposition était définitivement adoptée par les Chambres (V. *suprà*, n° 6). — M. Giraudeau, *loc. cit.*, pense, néanmoins, que l'individu qui aurait chassé une sorte d'oiseau sur la foi d'un arrêté qui le classait au rang de gibier d'eau, serait couvert par cet arrêté et ne pourrait pas être condamné, alors même que le juge de répression dénierait à l'oiseau ainsi chassé la qualité de gibier d'eau. Mais cette solution, quelque équitable qu'elle soit, ne nous semble pas devoir prévaloir contre les principes généraux en matière de chasse (V. *suprà*, n° 669).

685. Nous avons donné au *Rép.* n° 192, la liste des oiseaux d'eau, d'après MM. Gillon et Villepin, n° 197. Suivant M. Giraudeau, n° 650, on comprend généralement comme gibier d'eau : le *barge*, le *bécasseau* ou *cul-blanc*, la *bécassine*, le *bécasson* ou *courre-vite*, le *courlis*, le *cygne*, l'*échasse*, le *flammant*, la *foulque*, le *grèbe*, la *grue*, le *héron*, le *macareux*, le *butor*, le *canard sauvage*, le *chevalier*, la *cigogne*, le *martin-pêcheur*, l'*oie sauvage*, l'*outarde*, le *plongeon*, le *pluvier*, la *poule d'eau*, le *râle*, la *sarcelle*, le *vanneau* ; mais non pas la *bécasse* qui est un oiseau de passage. Le même auteur est d'avis que la qualification de gibier n'embrasse pas la *loutre*.

N° 3. — *De la destruction des animaux malfaisants ou nuisibles et des bêtes fauves* (Renvoi).

686. Nous réservons cette matière pour en faire l'objet

d'un chapitre spécial, à raison de son importance et des différences notables qui existent entre ce droit de destruction et le droit de chasse ordinaire (V. *infrà*, n°s 708 et suiv.).

§ 3. — Des arrêtés falcultatifs prévus par l'art. 9 (*Rép.* n°s 200 à 206).

687. On a expliqué au *Rép.* n° 200, que, dans les cas prévus par le paragraphe 4 de l'art. 9 de la loi de 1844, les arrêtés préfectoraux sont *facultatifs*, en ce sens que les préfets ne sont pas tenus de les prendre. Et l'on a ajouté que, si ces fonctionnaires sont invités par les instructions ministérielles à consulter préalablement le *conseil général*, ils n'y sont pas néanmoins légalement obligés (V. dans le même sens : Berriat, p. 98 ; Chardon, p. 107 ; Giraudeau, n° 718 ; Leblond, n° 163. — *Contrà :* Camusat, p. 101 ; Championnière, p. 73).

N° 1.— *De la protection et du repeuplement des oiseaux* (*Rép.* n° 202).

688. La loi du 3 mai 1844, par le texte primitif de son art. 9, § 4-1°, se contentait de conférer aux préfets la faculté de prendre des arrêtés pour *prévenir la destruction des oiseaux ;* et nous avons indiqué (*Rép.* n° 202) le but poursuvi à cet égard par le législateur. Cette mesure a été complétée par la loi du 22 janv. 1874, qui a modifié la disposition ci-dessus mentionnée de la loi de 1844, de manière à permettre aux préfets de *favoriser le repeuplement* des campagnes en fait de petits oiseaux. L'art. 11 de la proposition de loi votée en deuxième délibération par le Sénat, le 23 nov. 1886 (V. *suprà*, n° 6) reproduit la disposition de la loi de 1874, en attribuant en outre formellement aux préfets la faculté de prendre des arrêtés pour empêcher dans les campagnes la divagation des chiens. — Quand il s'agit de protéger les oiseaux utiles à l'agriculture ou de favoriser leur repeuplement, les préfets n'ont à prendre conseil que d'eux-mêmes et peuvent recourir aux mesures les plus propres à atteindre le but que la loi s'est proposé (Circ. min. int. 30 janv. 1874, D. P. 74. 4. 50, note 5 ; R. F. t. 6, n° 67).

Il est recommandé aux préfets d'user du droit qui leur appartient en vertu d'une clause de l'art. 9 de la loi du 3 mai 1884, modifiée par la loi du 22 janv. 1874, de prendre des dispositions pour prévenir la destruction des oiseaux particulièrement utiles à l'agriculture (Circ. min. int. 16 déc. 1885, *Bulletin du ministère de l'intérieur*, 1885, p. 329). — C'est principalement à l'occasion de l'ouverture de la chasse qu'il y a lieu de renouveler les prohibitions qui mettent ces espèces à l'abri des chasseurs. Si donc l'arrêté permanent qui régit la police de la chasse dans un département ne contient aucune disposition relative à cet objet, le préfet doit réparer cette lacune en introduisant dans son arrêté d'ouverture une clause spéciale (Circ. min. int. 8 juill. 1886, *ibid.*, p. 187).

689. Il appartient aux préfets de prohiber la destruction des petits oiseaux d'une manière absolue ou restreinte (Circ. min. int. 22 juill. 1851, § 53, R. F. t. 4, n° 608). Ils peuvent interdire, même pendant l'ouverture de la chasse, la destruction de certaines espèces d'oiseaux reconnus essentiellement insectivores (Rapport de M. de Royer, D. P. 74. 4. 50, note 5 ; Circ. 30 janv. 1874, citée *suprà*, n° 688).

Aux termes de la circulaire du 8 juill. 1886, citée *suprà*, n° 688, dans la détermination des espèces sur lesquelles doit porter l'interdiction, il convient de tenir compte des intérêts particuliers du département et du sentiment des populations. Quelles qu'elles soient, les prétets sont invités à en prohiber la *chasse* en tout temps et par tout procédé, et cette disposition ne saurait être remplacée, par la défense d'enlever ou de détruire les nids, œufs et couvées d'oiseaux, insérée par ordre dans tous les arrêtés, à la suite de la circulaire du 13 juill. 1877 (Même circulaire).

690. On a prétendu que les dispositions de la loi du 3 mai 1844, art. 9, et de la loi du 22 janv. 1874, qui permettent aux préfets de prendre certaines mesures pour la protection des oiseaux, ne s'appliquent qu'aux *petits oiseaux*, aux oiseaux vivant d'insectes. Plusieurs passages de l'exposé des motifs et des rapports de la loi de 1844, *Rép.* p. 91 et suiv., note, n°s 12, 52, 81), de la discussion de la loi de 1874 et de la circulaire du 30 janv. 1874, relative à l'exécution de cette loi (D. P. 74. 4. 50, note 5), semblent confirmer cette interprétation en déclarant que la faculté conférée aux préfets en cette matière a eu pour but de protéger les intérêts de l'agriculture ; les mots *petits oiseaux*, *oiseaux insectivores ou utiles à l'agriculture* se retrouvent, en effet, dans ces documents, où il n'est point question des oiseaux considérés comme gibier. — Mais le texte de la loi résiste à toute distinction : il est conçu en termes généraux et parle des arrêtés à prendre pour prévenir la destruction des *oiseaux* et favoriser leur repeuplement. D'ailleurs, au cours de la discussion de la loi de 1844, un membre avait insisté sur la nécessité de protéger les oiseaux qualifiés de gibier, et proposé de rédiger en ces termes le dernier paragraphe de l'art. 4 : « Il est interdit de prendre ou de détruire, sur le terrain d'autrui, des œufs et des couvées de faisans, de perdrix, de cailles, d'*oiseaux autres que des oiseaux de proie* ». Ces derniers mots ont été trouvés inutiles, la Chambre ayant jugé que l'autorisation donnée au préfet de prendre des arrêtés pour prévenir la destruction des oiseaux constituait une mesure de protection suffisante (V. *Rép.* n° 229). — Cette interprétation a été admise par M. Giraudeau, n° 470, et consacrée par plusieurs arrêts qui ont déclaré que les arrêtés que peuvent prendre les préfets pour prévenir la destruction et favoriser le repeuplement des oiseaux s'appliquent non-seulement aux oiseaux vivant d'insectes, mais encore aux oiseaux qualifiés de *gibier* (Angers, 28 juill. 1879, aff. Leduc, D. P. 80. 2. 104 ; Nancy, 23 janv. 1884, aff. Chenal, R. F. t. 11, n° 9). M. Giraudeau, n° 722, estime avec raison que toutefois, l'arrêté qui défend la chasse aux petits oiseaux est étranger aux grives (*Contrà :* Trib. corr. Strasbourg, 23 juin 1870, cité par de Neyremand, p. 244) et aux merles.

691. On verra que l'art. 4, § 4, de la loi de 1844 n'attribue aux préfets le droit d'interdire la capture et la destruction des *œufs* et des *couvées*, sur le terrain d'autrui, qu'en ce qui concerne les faisans, les perdrix et les cailles (V. *infrà*, n°s 885 et suiv.). Mais ce droit leur appartient, quant aux œufs et couvées d'oiseaux, en vertu de l'art. 9, § 4-1°, ainsi que nous l'avons fait remarquer au *Rép.* n°s 202, 229 et 269. Tel est également l'opinion de M. Giraudeau, n° 470. — Jugé que le fait de prendre sur le terrain d'autrui des couvées de pies, quand ce fait a eu lieu en contravention à un arrêté prohibitif du préfet, tombe sous l'application de l'art. 9, § 4-1°, et de l'art. 11-3° (Crim. cass. 10 févr. 1853, B. A. F. t. 6, p. 90).

692. Un préfet agit dans la limite de ses pouvoirs en *interdisant de laisser errer les chiens* dans les bois ou la plaine pour prévenir la destruction des œufs et couvées. Et la juridiction correctionnelle, qui n'a pas à apprécier le plus ou moins d'utilité ou d'efficacité, ni même les inconvénients d'une mesure administrative régulièrement prise, doit, en cas d'infraction à un pareil arrêté, prononcer les peines édictées par la loi (Arrêt du 28 juill. 1879, cité *suprà*, n° 690). — Pareillement, l'arrêté préfectoral qui oblige les propriétaires de chiens à veiller à ce qu'ils n'errent pas, soit dans les bois, soit dans la plaine, c'est-à-dire dans les lieux et dans les récoltes où les oiseaux se réfugient, a pour but d'éviter la destruction des oiseaux et est régulièrement pris conformément à l'art. 9 de la loi de 1844. En conséquence, l'infraction à cet arrêté tombe sous l'application des art. 9 et 11 de cette loi (Rouen, 2 déc. 1881, aff. Dubus, R. F. t. 10, n° 23; Arrêt du 23 janv. 1884, cité *suprà*, n° 690). — Spécialement, commet le délit prévu et puni par les art. 9, § 4-1° et 11-3°, l'individu qui se promène à pied sur un chemin, sans surveiller ni rappeler ses deux chiens qui parcourent des champs de trèfle et d'avoine longeant ce chemin (Même arrêt du 2 déc. 1881).

A une certaine époque, le ministre de l'intérieur a invité les préfets à examiner si l'on ne pourrait pas, à l'aide de *primes*, encourager dans leurs départements respectifs la destruction des animaux nuisibles tels que renards, fouines, etc., et intéresser les agriculteurs eux-mêmes à la protection des couvées (Circ. min. int. 20 déc. 1862, D. P. 63. 3. 8).

693. On a vu précédemment que les préfets ont le pouvoir de réglementer l'emploi des auxiliaires pour la chasse des petits oiseaux (n° 275), et que la capture des petits oiseaux à l'aide de raquettes, alors qu'un arrêté préfectoral n'autorise la chasse de ces oiseaux qu'au fusil, constitue le délit de chasse avec engins prohibés (n° 647).

694. Nous pensons avec M. Giraudeau, n° 721, qu'en principe, les préfets ne sauraient prendre des arrêtés pour *prévenir la multiplication des oiseaux de pays* ou *sédentaires* et *favoriser leur destruction*, par exemple, en autorisant des moyens exceptionnels de chasse (V. Circ. min. int. 22 juill. 1851, § 53, R. F. t. 4, n° 608). A l'appui de cette solution, on peut invoquer plusieurs arrêts, notamment de la cour de cassation, déclarant que l'art. 9 de la loi de 1844, qui donne aux préfets le droit de prendre des arrêtés pour prévenir la destruction des oiseaux, loin de permettre de les chasser autrement qu'à tir et à courre, a eu, au contraire, pour but d'ajouter, dans l'intérêt de l'agriculture, de nouvelles prohibitions propres à assurer leur conservation (Paris, 21 déc. 1844, aff. Biet, et 26 déc. 1844, aff. Kresz, D. P. 45. 2. 18; Crim. cass. 27 févr. 1845, aff. Magagnose, D. P. 45. 1. 169; Crim. cass. 30 mai 1845, aff. Peyroux, D. P. 45. 1. 302, sur nouveau pourvoi, Ch. réun. cass. 25 mars 1846, D. P. 46. 1. 95, et sur renvoi, Lyon, 10 oct. 1846, D. P. 46. 4. 59; Crim. rej. 4 avr. 1846, aff. Biet et aff. Biard, D. P. 46. 1. 95; Crim. cass. 2 oct. 1846, aff. Trohel, D. P. 46. 4. 59, et sur nouveau pourvoi, Ch. réun. cass. 23 avr. 1847, D. P. 47. 1. 160).

Cependant, nous avons décidé (*Rép.* n° 202) que, si certains oiseaux se multipliaient au point de devenir *nuisibles*, il appartiendrait aux préfets, en les déclarant tels, d'en autoriser la destruction en tout temps (V. dans le même sens: Championnière, p. 74; Giraudeau, n° 721; Circ. min. int. 22 juill. 1851, § 54, R. F. t. 4, n° 608).

695. Les infractions aux arrêtés préfectoraux pris pour prévenir la destruction des oiseaux et favoriser leur repeuplement tombent sous le coup de l'art. 11-3° (V. *infrà*, n° 953).

En ce qui concerne la Belgique, V. *suprà*, n° 14.

N° 2. — *De l'emploi des chiens lévriers* (*Rép.* n°s 203 et 204).

696. — I. De la prohibition de la chasse aux chiens lévriers. — A la différence de la loi de 1790 (V. Instr. min. int. 20 mai 1844, *Rép.* p. 112, note, n° 42, et Crim. cass. 30 juin 1842, *ibid.* n° 207), l'art. 9, § 4-2°, de la loi du 3 mai 1844 interdit d'une manière absolue la chasse au *chien lévrier*, à raison de son caractère destructif. Nous avons énoncé au *Rép.* n° 203, plusieurs cas d'application de ce principe, qui est également reconnu par M. Giraudeau, n° 606.

Nous avons établi (*Rép.* n° 204), par l'analyse de la discussion parlementaire, que la prohibition de chasser au lévrier s'applique aussi bien aux *lévriers croisés* ou *dérivés* qu'aux lévriers *pur sang*. Cette proposition est admise par la doctrine (Berriat, p. 326; Gillon et Villepin, n°s 225 et 226; Giraudeau, n° 607) et la jurisprudence (Nancy, 18 déc. 1844, aff. Maire et Bringal, *Gazette des tribunaux* du 30 janv. 1845, cité par Giraudeau, *loc. cit.*; Douai, 19 janv. 1846, aff. Matrenghem, D. P. 46. 2. 60, cité au *Rép. ibid.*). — Mais l'interdiction dont il s'agit ne saurait être étendue aux races *dégénérées* (Chardon, p. 109; Giraudeau, n° 607; Petit, t. 1, p. 39). — D'autre part, il ressort, tant du texte de l'art. 9 que de son esprit et des motifs de la loi de 1844, que l'interdiction de la chasse aux chiens lévriers est générale et absolue; elle empêche l'emploi de lévriers soit comme *chiens d'arrêt*, soit comme *chiens courants* (Berriat, p. 100; Chardon, p. 108; Giraudeau, n° 608; Petit, t. 1, p. 47).

697. Comme on l'a vu au *Rép.* n° 280, l'emploi des chiens lévriers, en dehors des cas exceptionnels où ce genre de chasse est autorisé (V. *infrà*, n° 698), constitue le délit d'usage de moyens de chasse prohibés que réprime l'art. 12-2°, et non l'infraction prévue par l'art. 11-3° (Conf. Giraudeau, n° 606).

698. — II. De l'autorisation exceptionnelle d'emploi de chiens lévriers. — Ce n'est qu'à titre exceptionnel que l'art. 9, § 4-2°, permet aux préfets d'autoriser l'emploi des chiens lévriers, et seulement pour la *destruction des animaux malfaisants ou nuisibles*, ainsi qu'on l'a fait observer au *Rép.* n° 203 (V. aussi Instr. min. int. 20 mai 1844, *ibid.* p. 112, note, n° 42). Ajoutons que ces fonctionnaires ont qualité pour régler les conditions d'exercice de cette destruction.

Quand un arrêté préfectoral autorise l'emploi de lévriers pour la destruction des animaux nuisibles, l'*infraction aux conditions* prescrites pour cet emploi a pour sanction les peines spécifiées à l'art. 11-3° (V. *Rép.* n° 280, et les arrêts cités *ibid.*).

699. Lorsqu'une prohibition d'un arrêté préfectoral sur la police de la chasse, même prise en vue d'assurer l'exécution des prescriptions de la loi du 3 mai 1844, ne rentre pas dans les cas formellement prévus par ladite loi, l'infraction à cette prohibition est à tort considérée comme constitutive d'un délit de chasse (Crim. cass. 4 déc. 1862, aff. Brière, D. P. 63. 1. 108). — Il en est ainsi, notamment, de l'infraction à la disposition qui, après rappel de la défense d'employer les lévriers pour quelque chasse que ce soit, enjoint de ne laisser sortir ces animaux dans la campagne que muselés et tenus en laisse. Par suite, le tribunal de simple police saisi de la connaissance d'une telle infraction, qualifiée de contravention par la poursuite elle-même, ne peut déclarer son incompétence; il doit seulement rechercher si la prohibition dont la violation est reprochée au prévenu, a été légalement édictée, et si l'infraction à cette prohibition trouve sa sanction dans l'art. 471-15° c. pén. (Même arrêt).

N° 3. — *De la chasse en temps de neige* (*Rép.* n°s 205 et 206).

700. On sait que les préfets ont reçu de l'art. 9, § 4-3°, de la loi de 1844, le pouvoir de défendre la *chasse en temps de neige*, qui est très destructive de gibier. Mais, à défaut d'arrêté de cette nature, la chasse dont il s'agit est licite (Giraudeau, n° 725). Différent est le système admis par la proposition de loi en ce moment soumis à la Chambre des députés (V. *suprà*, n° 6); il interdit, en principe, de chasser en temps de neige, tout en permettant cependant aux préfets d'apporter à cette prohibition, par arrêté approuvé par le ministre de l'intérieur, les modifications jugées nécessaires (art. 10).

701. D'après l'art. 10 précité de la proposition de loi destinée à remplacer la loi du 3 mai 1844, le législateur définit lui-même le *temps de neige* au point de vue de l'application de la prohibition de chasse pendant cette époque, et il entend ainsi le temps durant lequel la quantité de neige tombée est suffisante pour qu'il soit possible de suivre une piste. Mais dans l'état actuel de la législation, et en présence du silence de la loi de 1844 à cet égard, nous pensons, avec plusieurs auteurs (Giraudeau, n° 725; Leblond, n° 171) et la jurisprudence, que les *tribunaux* sont seuls compétents pour reconnaître et déclarer, d'après les circonstances, si le temps pendant lequel a eu lieu un fait de chasse, était ou non un temps de neige (Douai, 10 mai 1853, aff. Pouplier, D. P. 53. 2. 226). — Décidé: 1° que le temps de neige, durant lequel il peut être interdit de chasser, doit s'entendre du temps ou la terre est généralement couverte de neige dans la localité où s'exerce la chasse: il n'y a pas lieu d'excepter de la prohibition les emplacements sur lesquels, par exception, la neige fond ou peut fondre immédiatement, comme les rivières, étangs ou marais (Même arrêt); — 2° Qu'il n'y a pas de chasse en temps de neige, bien qu'il existe de place en place quelques empreintes de neige sur la terre, si le sol n'est pas recouvert de manière à permettre de poursuivre utilement le gibier (Rouen, 22 mars 1880, aff. Douyer, D. P. 82. 5. 74). — Toutefois, la cour suprême a jugé que, dans le cas où l'arrêté préfectoral définit ce qu'il faut entendre par temps de neige, en restreignant sa prohibition au temps où la neige permettrait de suivre la trace du gibier, et si l'on peut induire de là que la chasse pourra être à la fois permise en certaines parties du territoire et défendue sur d'autres, il n'en résulte pas qu'à l'égard de ces derniers la chasse ait lieu dans un temps où elle est autorisée, ni, par conséquent, que ceux qui chassent sur ces terrains puissent échapper à la confiscation (Crim. cass. 4 mai 1848, aff. Battelier, D. P. 49. 1. 22).

Du reste, un arrêté préfectoral ne saurait, sans excès de pouvoir, interdire la chasse d'une manière absolue depuis telle époque jusqu'à telle autre, à raison de la neige (Trib. corr. Gap, *Droit* du 8 avr. 1845, jugement cité par Gillon et Villepin, 1er *Supplément*, p. 17, et approuvé par Giraudeau, n° 725).

702. Il est sans difficulté que le préfet peut restreindre à certaines *espèces de gibier* la prohibition de chasser en temps de neige (Berriat, p. 100; Giraudeau, n° 729). — Rien ne s'oppose non plus à ce qu'il distingue entre la *chasse à tir* et la *chasse à courre* et défende seulement la première pendant qu'il y a de la neige (Rouen, 26 févr. 1880, aff. Decaux, R. F. t. 9, n° 45). D'un autre côté, la prohibition de chasser en temps de neige est susceptible de s'appliquer, pendant la clôture ordinaire, aux chasses exceptionnelles des *oiseaux de passage* et du *gibier d'eau* (Giraudeau, n° 730; de Neyremand, p. 378). Conformément à cette doctrine, il a été jugé que l'interdiction de chasser en temps de neige, lorsqu'elle est formulée d'une manière générale et sans restriction, doit être considérée comme s'appliquant à toute espèce de chasse, et spécialement à la chasse du gibier d'eau qu'un arrêté réglementaire pris pour le département permet de chasser pendant une période de l'année pouvant comprendre l'époque des neiges (Douai, 10 mai 1853, aff. Pouplier, D. P. 53. 2. 226). — Cependant cette opinion n'est point partagée par MM. Gillon et Villepin, *loc. cit.*, qui estiment que l'interdiction de la chasse en temps de neige ne s'applique pas à la chasse des oiseaux de passage ou du gibier d'eau. Un tribunal a également déclaré que la chasse du gibier d'eau doit, à moins d'une restriction formelle, concernant spécialement l'exercice de cette chasse, être considérée comme permise même en temps de neige, durant l'époque fixée par le préfet pour cet exercice; que, spécialement, la chasse du gibier d'eau n'est pas interdite en temps de neige par un arrêté préfectoral qui se borne, d'une part, à permettre « de chasser le gibier d'eau dans les étangs, rivières et cours d'eau du département jusqu'au 31 mars inclusivement », et, d'autre part, à interdire la chasse « sur les terrains couverts de neige » (Trib. corr. Vesoul, 29 avr. 1875, aff. Coudrat, R. F. t. 7, n° 57).

Quant au point de savoir si la prohibition de chasse en temps de neige s'étend à la destruction soit des *animaux malfaisants ou nuisibles*, soit des *bêtes fauves*, V. *infrà*, n°s 728, 729 et 769.

703. L'administration supérieure recommande aux préfets, quant à la prohibition temporaire de la chasse pendant le temps de neige, de ne faire aucune distinction entre la *plaine* et les *bois*, la destruction du gibier que la loi a eu l'intention de prévenir étant aussi facile dans les bois que dans les champs, quand le sol est couvert de neige (Circ. min. int. 22 juill. 1851, § 29, R. F. t. 4, n° 608). Mais il s'agit là d'une simple instruction administrative, qui ne saurait dépouiller les préfets du droit d'établir des distinctions selon la nature des terrains sur lesquels la chasse est susceptible de s'exercer. — L'arrêté préfectoral qui interdit la chasse, soit au bois, soit en plaine, en temps de neige, comprend dans la généralité de ces expressions toutes les terres, quelle que soit la nature de leur culture, et notamment les prairies (Rouen, 3 avr. 1845, aff. N..., D. P. 46. 4. 60. — V. aussi deux autres arrêts de la même cour mentionnés au *Rép.* n° 206); — Alors surtout qu'une autre disposition du même arrêté n'autorise la chasse, par exception, que sur le territoire des communes du littoral. Et cette exception ne concerne que les communes situées sur le bord de la mer, et non celles dont une partie du sol n'est qu'accidentellement submergée par suite des marées (Arrêt précité du 3 avr. 1845).

D'après un arrêt, si un arrêté préfectoral, par dérogation à un arrêté précédent qui prohibait la chasse d'une manière absolue en temps de neige, l'autorise avec des *chiens courants*, cette exception ne peut s'appliquer qu'à la *chasse en forêt*. En conséquence, des individus rencontrés chassant en plaine en temps de neige avec des chiens courants, à une assez grande distance d'une forêt où ils prétendent avoir été autorisés à chasser, commettent une infraction auxdits arrêtés et sont passibles des peines édictées par les art. 11 et 16 de la loi du 3 mai 1844 (Colmar, 4 févr. 1868, aff. Monnier et Cayot, R. F. t. 4, n° 642).

704. La jurisprudence de la cour de Nîmes admet avec raison que le propriétaire d'un *terrain clos et attenant à une habitation* peut y chasser même en temps de neige, bien que le préfet du département ait pris un arrêté pour interdire la chasse pendant ce temps Nîmes, 28 mars 1867, aff. Rouvier, D. P. 67. 2. 175; 5 mars 1868, aff. Duplan, R. F. t. 4, n° 624).

705. Un arrêt de la cour de cassation, du 5 juill. 1845, analysé au *Rép.* n° 207, subordonne à une *publication* préalable la force exécutoire des arrêtés qui interdisent la chasse en temps de neige. Mais cette publication n'est pas assujettie au *délai* de dix jours, comme en matière de clôture et d'ouverture annuelles de la chasse (Instr. min. int. 20 mai 1844, *Rép.* p. 112, note, n° 42.—V. *suprà*, n° 667).

706. Suivant une instruction ministérielle, comme il serait impossible aux préfets de prendre, en temps utile, des arrêtés spéciaux pour défendre la chasse chaque fois qu'il sera tombé de la neige, il suffit qu'à l'entrée de l'hiver ils rendent un arrêté portant défense de chasser lorsqu'il y aura de la neige sur la terre (Instr. min. int. 20 mai 1844, *Rép.* n° 205, et p. 112, note, n° 42). — Mais est-il même nécessaire de renouveler cet arrêté chaque année? Un arrêt de la cour de Riom, du 25 févr. 1846 (aff. Musnier, D. P. 46. 2. 80), cité au *Rép.* n° 206, et dont la doctrine est conforme à celle de plusieurs auteurs (Jullemier, t. 1, p. 88; de Neyremand, p. 375; Petit, t. 1, p. 400), décide que l'arrêté prohibant la chasse en temps de neige est temporaire et annuel; qu'en conséquence, s'il n'a pas été renouvelé l'année suivante, on ne peut réputer en délit l'individu qui a chassé cette année-là en temps de neige. — L'opinion contraire, qui compte aussi des partisans dans la doctrine (Giraudeau, n° 734; Leblond, n° 170; Viel, p. 42), est consacrée par une jurisprudence depuis longtemps constante, d'après laquelle l'arrêté qui interdit la chasse en temps de neige est *permanent* et, par suite, obligatoire sans renouvellement, lorsque sa durée n'a pas été limitée par une de ses dispositions (Crim. cass. 26 juin 1846, aff. Musnier, et sur renvoi, Lyon, 10 oct. 1846, D. P. 46. 4. 61; Crim. cass. 24 juill. 1846, aff. Boudier, D. P. 46. 4. 62; Riom, 10 févr. 1847, aff. Jouve, D. P. 47. 4. 74; Ch. réun. cass. 29 nov. 1847, même affaire, D. P. 47. 1. 367; Colmar, 18 avr. 1855, aff. Robé, rapporté par de Neyremand, p. 374).

707. La contravention à un arrêté préfectoral qui interdit de chasser en temps de neige constitue l'infraction prévue et punie par l'art. 9, § 4-4°, et l'art. 11-3°, et non le délit de chasse en temps prohibé que réprime l'art. 12-1° (Crim. rej. 18 avr. 1845, aff. Bernaudon, D. P. 45. 1. 209. — Conf. *Rép.* n° 221; Berriat, p. 147; Championnière, p. 120; Chardon, p. 189; Giraudeau, n° 829. — *Contrà:* Petit, t. 2, p. 124). — En effet, les arrêtés par lesquels les préfets réglementent l'exercice de la chasse après son ouverture, et, par exemple, ceux par lesquels ils interdisent de chasser en temps de neige, dérivent du pouvoir que la loi du 3 mai 1844 leur a conféré dans son art. 9, et non de celui que leur attribue l'art. 3 de la même loi (Arrêt précité du 18 avr. 1845).—En Belgique, il a été jugé, en sens contraire, que le fait de tirer un lapin dans une prairie couverte de neige constitue un délit de chasse en temps prohibé (Liège, 13 mars 1880, aff. Jamoulle, *Pasicrisie belge*, 1880. 2. 153).

L'auxiliaire de chasse, notamment le traqueur, qui donne son concours à un acte de chasse en temps de neige alors qu'un arrêté préfectoral l'a défendue, doit, conformément aux règles du droit commun, être puni comme complice du chasseur (Rouen, 26 févr. 1880, aff. Decaux, R. F. t. 9, n° 45. — V. *suprà*, n°s 76 et 77).

CHAP. 7. — De la destruction des animaux malfaisants ou nuisibles et des bêtes fauves. — Destruction des animaux domestiques (*Rép.* n°s 193 à 201).

708. Dans l'état actuel de la législation, les règles relatives à la *destruction des animaux malfaisants ou nuisibles*, cette expression étant prise dans le sens le plus étendu, sont tracées : 1° par le paragraphe 3-3° de l'art. 9 de la loi du 3 mai, sur la police de la chasse, dont le commentaire est donné ci-après (n°s 710 et suiv.); — 2° Par les dispositions concernant la louveterie (V. *infrà*, n°s 1450 et suiv.); — 3° Et par l'art. 90-9° de la loi municipale du 5 avr. 1884 (V. *infrà*, n°s 1627 et suiv.).

709. Le paragraphe 3-3° de la loi de 1844, dont nous nous occupons tout d'abord, renferme, comme on l'a remarqué au *Rép.* n° 193, deux dispositions bien distinctes qu'il importe de ne point confondre : 1° l'une, d'après laquelle le propriétaire, possesseur ou fermier, peut, en tout temps et indépendamment de tout dommage, détruire sur ses terres les *animaux malfaisants* ou *nuisibles*, déclarés tels par le préfet, en se conformant, quant à l'exercice de ce droit, aux conditions déterminées par ce fonctionnaire (V. *infrà*, nos 710 et suiv.); — 2° L'autre, d'après laquelle le propriétaire ou fermier est autorisé à repousser ou détruire, même avec des armes à feu, les *bêtes fauves* qui porteraient dommage à ses propriétés, alors même qu'elles ne seraient point classées par l'autorité administrative parmi les animaux nuisibles (V. *infrà*, nos 743 et suiv.).

SECT. 1re. — DE LA DESTRUCTION DES ANIMAUX MALFAISANTS OU NUISIBLES (*Rép.* nos 193 à 196).

ART. 1er. — *Généralités* (*Rép.* n° 193).

710. Il ne faut pas perdre de vue, que la loi de 1844, en permettant aux propriétaires ou fermiers de *détruire* en tout temps, sur leurs fonds, les animaux nuisibles, n'entend nullement leur permettre d'y *chasser* à toute époque (*Rép.* n° 193). Ce principe, énoncé dans l'instruction ministérielle du 20 mai 1844 (*ibid.* p. 111, note, n° 41), ressort aussi de la jurisprudence (V. notamment: Caen, 11 avr. 1877, aff. Bidel, D. P. 78. 2. 182, et sur pourvoi, Crim. rej. 9 août 1877, D. P. 78. 1. 140). Rappelons que ce n'est pas chasser, à proprement parler, que de tirer sur un animal dangereux, pour la défense des personnes ou des animaux domestiques (*Rép.* n° 39). — On verra que le droit de destruction des animaux malfaisants ou nuisibles diffère du droit de chasse proprement dit en ce qui concerne: 1° le temps pendant lequel on peut l'exercer (V. *infrà*, nos 726 et suiv.); 2° la dispense du permis de chasse (V. *infrà*, n° 730); 3° les personnes qui peuvent y procéder (V. *infrà*, nos 713 et suiv.). — La vente, le transport et le colportage des animaux malfaisants ou nuisibles tués pendant la clôture de la chasse sont assujettis à des règles particulières (V. *infrà*, nos 836 et suiv.). — D'un autre côté, on ne peut se prévaloir de ce droit de destruction qu'à l'égard des animaux déclarés malfaisants ou nuisibles par arrêté préfectoral (V. *infrà*, nos 722 et suiv.), et pourvu qu'on l'exerce par les moyens et conformément aux conditions déterminés par cet arrêté (V. *infrà*, nos 731 et suiv.). — Il est recommandé aux préfets d'éviter, dans les arrêtés pris en vertu de l'art. 9, § 3-3°, d'employer des expressions ou d'y insérer des dispositions qui induiraient leurs administrés à penser qu'ils peuvent se livrer à la chasse des animaux nuisibles, au lieu de se borner à les détruire uniquement dans l'intérêt de la défense de leur propriété (Circ. min. int. 22 juill. 1851, § 48, R. F. t. 4, n° 608).

711. Le droit de destruction des animaux nuisibles prévu par l'art. 9 de la loi du 3 mai 1844 ne saurait être invoqué pour créer de véritables faits de chasse, alors surtout qu'il est établi que des faits de cette nature sont fréquemment commis sur les lieux où les prévenus ont été trouvés embusqués. Et il y a présomption de délit, quand aucune déclaration préalable n'a été faite au maire de la commune, soit par les prévenus, soit par les propriétaires dont ils prétendent avoir obtenu l'autorisation de protéger les récoltes, alors cependant qu'il est d'usage dans la contrée de faire préalablement une pareille déclaration (Trib. corr. Vassy, 19 juill. 1882, aff. Barbe, D. P. 82. 5. 63-64). — L'individu trouvé armé d'un fusil et en action de chasse sur un fonds, sans être muni de permis, ne peut se prévaloir de l'autorisation de détruire les animaux nuisibles sur ce fonds, quand même le propriétaire l'aurait autorisé à opérer cette destruction, s'il n'est pas démontré qu'il eût l'intention de faire usage de cette autorisation préfectorale et si, au contraire, il avait surtout en vue la recherche du gibier (Amiens, 7 févr. 1882, aff. D..., *Recueil de cette cour*, 1882, p. 8). — Lorsqu'il est constaté, par acte donné au ministère public, que « les prévenus ont tiré des coups de fusil en temps prohibé sur des geais, animaux déclarés nuisibles par arrêté du préfet, ce à quoi ils se prétendaient suffisamment autorisés », les juges ne peuvent prononcer l'acquittement sous prétexte qu'il n'a pas été commis de délit de chasse, sans s'expliquer sur l'existence et le mérite de cette autorisation prétendue (Crim. cass. 3 avr. 1858, aff. Pulleux, D. P. 59. 5. 59).

712. La destruction irrégulière des animaux malfaisants et nuisibles a pour *sanction* l'application de dispositions pénales de la loi du 3 mai 1844, qui varient suivant la nature de l'irrégularité (V. *infrà*, nos 725 et suiv., 740).

ART. 2. — *Des personnes qui peuvent exercer le droit de destruction des animaux malfaisants ou nuisibles* (*Rép.* n° 194).

713. — I. QUALITÉ POUR EXERCER PERSONNELLEMENT LE DROIT DE DESTRUCTION. — Les arrêtés préfectoraux qui autorisent la destruction des animaux nuisibles ne peuvent être invoqués que par les personnes auxquelles l'art. 9 de la loi de 1844 confère cette faculté (Circ. min. int. 22 juill. 1851, § 51, R. F. t. 4, n° 608. — V. les arrêts mentionnés *infrà*, n° 739). — A moins que l'on ne puisse se prévaloir d'une délégation émanée de l'une de ces personnes (V. *infrà*, nos 719 et suiv.).

714. L'art. 9, § 3-3°, de la loi de 1844 attribue formellement au *propriétaire* le droit de détruire sur son fonds les animaux malfaisants ou nuisibles. Cette faculté, pensons-nous avec M. Giraudeau, n° 669, lui appartient alors même qu'il a loué son fonds, car il a toujours intérêt à ne pas laisser son domaine infesté par les bêtes nuisibles qui pourraient s'y perpétuer; d'ailleurs, la disposition de la loi est générale et n'établit de ce chef aucune distinction. Par le même motif, il conserve le droit de destruction dans le cas où il a affermé la chasse. Dans l'une ou l'autre hypothèse, ce droit peut être exercé concurremment par le bailleur et par le preneur ou locataire de chasse.

715. En conférant la faculté de détruire les animaux nuisibles au *possesseur*, la loi désigne évidemment par ce mot l'individu qui détient un domaine pour son propre compte, d'une manière paisible, publique et continue. Mais il faut aller plus loin et entendre cette expression dans son sens le plus large. Il convient, sur ce point, de se reporter aux travaux parlementaires. — Lors de la discussion de l'art. 9, à la Chambre des pairs, le marquis de Boissy demanda le remplacement des mots « propriétaire, fermier ou possesseur » par ceux-ci « le propriétaire et ses ayants droit ». Le rapporteur a répondu: « Nous avons cru convenable de reproduire les termes de l'ancienne loi qui n'ont jamais été critiqués, n'ont jamais donné lieu à difficulté ». M. de Boissy insistant pour avoir une définition du mot « possesseur », le rapporteur a répliqué: « Il désigne l'usufruitier, par exemple ». Au reste, la même difficulté s'est présentée à l'occasion de l'art. 2, qui renferme les mêmes expressions, et elle a été alors l'objet d'explications que nous avons reproduites au *Rép.* n° 80; il n'est pas inutile de s'y référer. — V. aussi *suprà*, nos 562 et suiv.

De l'analyse des discussions parlementaires, il ressort manifestement tout d'abord que le législateur a voulu conférer le droit de destruction des animaux nuisibles à l'*usufruitier*; celui-ci, d'ailleurs, jouit comme le propriétaire lui-même, à la charge de conserver la substance de la chose assujettie à son usufruit (c. civ. art. 578). La doctrine est unanime à ce sujet (Jullemier, t. 1, p. 108 et 111; Leblond, n° 138; de Neyremand, p. 33; Villequez, t. 2, n° 29). — Il faut en dire autant de l'*emphytéote*, soit qu'on l'assimile à un usufruitier, soit qu'on l'assimile à un fermier (Jullemier, Leblond et de Neyremand, *loc. cit.*; Villequez, n° 30). — Il y a plus de difficulté pour l'*usager*. Cependant la majorité des auteurs lui reconnaît le droit de destruction, quand il a la faculté d'absorber tous les fruits du fonds; en pareil cas, il a un intérêt direct à la conservation des récoltes qui lui appartiennent en totalité (Giraudeau, n° 670; Leblond, n° 139; de Neyremand, p. 33; Villequez, n° 31). — Ce dernier auteur, n° 32, émet un avis différent en ce qui regarde l'individu investi d'un *droit d'habitation*, qui, n'ayant rien à voir sur les terres, se trouve en dehors des termes de l'art. 9, sauf à exercer le droit de légitime défense à l'encontre des animaux nuisibles qui attaqueraient ses volailles ou ses chiens. — Quant à l'*antichrésiste* et au *superficiaire*, nous pensons qu'il y a lieu de leur concéder le droit de destruction, parce qu'ils ont un intérêt aussi légitime que le fermier à la conservation des récoltes dont ils ont la jouissance.

716. L'art. 9 attribue d'une manière absolue au *fermier* le droit de détruire les animaux malfaisants ou nuisibles. Nous en concluons qu'il peut exercer cette faculté, même dans l'hypothèse où le droit de chasse ne lui appartient pas sur le fonds affermé (Conf. Giraudeau, n° 671). On a mentionné au *Rép.* n° 194 deux arrêts, l'un de la cour de Paris, du 21 août 1840, l'autre de la Chambre criminelle, du 22 févr. 1822, relatifs à la destruction des animaux nuisibles par le fermier.

Les *bergers* qui sont en même temps *colons partiaires*, en ce sens qu'ils partagent avec le propriétaire le produit du croît des troupeaux, ont le droit, pour la défense de ces troupeaux, de détruire les animaux malfaisants ou nuisibles, et principalement de repousser les bêtes fauves avec des armes à feu. Le législateur, en se servant du mot *fermier*, a employé un mot générique par lequel sont désignées toutes les personnes qui exploitent dans des conditions différentes la propriété d'autrui. Le colon partiaire, qu'il soit cultivateur ou berger, que son association avec le propriétaire s'applique à la culture de la terre ou seulement au croît des troupeaux, est bien réellement un fermier dans l'esprit de la loi. D'ailleurs, alors même qu'on ne considérerait le colon partiaire que comme un agent du propriétaire prélevant son salaire en nature au lieu de le toucher en argent, il n'en aurait pas moins le droit de détruire, avec l'autorisation de celui-ci, les animaux nuisibles qui pourraient attaquer les animaux confiés à sa surveillance. Autrement, le droit réservé au propriétaire serait, dans un grand nombre de cas, tout à fait illusoire (Circ. min. int. 22 juill. 1851, § 52, R. F. t. 4, n° 608).

717. Il y a controverse sur le point de savoir si le *locataire de chasse* est investi du droit de détruire les animaux malfaisants ou nuisibles dans les bois dont la chasse lui est affermée. Trois opinions se sont formées à cet égard.

Un premier système, soutenu par MM. Camusat, p. 97, et Rogron, p. 116, et surtout par M. Villequez, t. 2, n° 34, reconnaît au locataire de chasse ce droit de destruction. On invoque l'utilité générale, l'atteinte directe portée au droit du locataire par les animaux qui détruisent le gibier, et l'efficacité de l'intervention de ce locataire, qui, à raison de son habitude de la chasse, de sa connaissance des bois et des moyens dont il peut disposer, est en mesure de parvenir plus aisément et plus sûrement au but que le législateur a en vue. On invoque aussi un arrêt de la cour de Colmar, du 30 août 1862 (aff. de Luppel, R. F. t. 3, n° 537).

Selon MM. Jullemier, t. 1, p. 113, et de Neyremand, p. 33, le locataire de chasse peut se prévaloir de l'art. 9 de la loi de 1844, mais seulement en ce qui touche les animaux malfaisants qui détruisent le gibier.

Nous estimons, au contraire, avec M. Giraudeau, n° 672, que le droit de destruction des animaux malfaisants ou nuisibles doit être refusé au locataire de chasse, du moins en principe. A l'appui de ce troisième système, il y a lieu de rappeler le passage d'une circulaire ministérielle, dont les motifs, bien que rédigés pour les adjudicataires de la chasse dans les bois assujettis au régime forestier, ont une portée générale. « C'est à tort, y est-il dit, que les adjudicataires de la chasse, dans les bois soumis au régime forestier, ont été quelquefois rangés par les préfets dans la catégorie des personnes auxquelles le législateur réserve le droit de destruction. Ils ne sauraient être considérés comme fermiers dans l'esprit de la loi. Ils n'ont pas de semailles ou de récoltes à défendre contre les animaux qui pourraient les endommager; l'intérêt agricole, qui seul a motivé la disposition législative dont il s'agit, n'existe donc pas en ce qui les concerne » (Circ. min. int. 22 juill. 1851, § 49, R. F. t. 4, n° 608). Admettre une autre opinion, serait ouvrir la porte à de nombreux abus et donner lieu à des contestations difficiles à résoudre. Vainement on invoque l'intérêt particulier du locataire de chasse et l'intérêt général. En effet, rien ne s'oppose à ce que ce locataire provoque, de la part des autorités administratives, l'application des mesures de destruction édictées par les règlements sur la louveterie. — Jugé que le locataire de chasse qui chasse des lapins sans être muni de permis, ne saurait, pour échapper à une condamnation, se prévaloir de l'arrêté préfectoral qui classe les lapins parmi les animaux malfaisants ou nuisibles que le propriétaire, possesseur ou fermier peut détruire en tout temps et sans permis sur ses propres terres et récoltes (Amiens, 15 janv. 1887, aff. Lesueur, *Recueil de cette cour*, 1887, p. 85).

718. Du reste, nous reconnaissons avec M. Giraudeau, n° 674, que la faculté de destruction peut être attribuée indirectement au locataire de la chasse par voie de délégation ou de substitution, et qu'il en est ainsi pour les adjudicataires de chasse dans les forêts domaniales. C'est dans ce sens que doit être interprété l'arrêt de la cour de Colmar, du 30 août 1862, mentionné au numéro précédent. Telle est aussi la portée de l'art. 23 du cahier des charges du 6 oct. 1880 (l'art. 22 du cahier des charges du 1er juin 1872, R. F. t. 5, n° 102), pour l'adjudication du droit de chasse dans les forêts de l'État (V. *suprà*, p. 384, note). — Par application de l'art. 9 de la loi du 3 mai 1844 et des art. 16 et 22 du cahier des charges du 1er juin 1872, la cour de cassation a jugé que l'adjudicataire de la chasse, dans une forêt domaniale, tient du cahier des charges le droit absolu d'y détruire en tout temps les animaux nuisibles; que, pour se livrer à cette destruction, même en temps prohibé, il n'est pas obligé de se munir d'une autorisation spéciale de l'administration forestière; qu'il lui suffit d'obéir aux arrêtés préfectoraux qui déterminent les animaux malfaisants ou nuisibles que le propriétaire peut en tout temps détruire sur ses terres et les conditions de l'exercice de ce droit, conditions qui ne doivent par être confondues avec les formalités qu'impose l'application de l'arrêté du 19 pluv. an 5 (Crim. cass. 13 juill. 1877) (1). — Cette interprétation de l'ancien

(1) (Lestang de Fins.) — La cour; — Sur le moyen tiré d'une fausse application de l'arrêté du 19 pluv. an 5, de l'ordonnance du 14 sept. 1830 et de l'art. 11, § 2, de la loi du 3 mai 1844, ainsi que d'une violation de l'art. 9 de la loi du 3 mai 1844, et des art. 21 et 22 du cahier des charges dressé pour l'adjudication du droit de chasse dans les bois de l'État, en ce que l'arrêt attaqué aurait à tort condamné le sieur de Lestang de Fins, fermier de la chasse dans la forêt domaniale de la Vernusse, et ses six coprévenus, pour avoir chassé le sanglier dans ladite forêt, sans la permission du propriétaire; — Attendu que l'art. 16 du cahier des charges porte : « La chasse de toute espèce de gibier et de tous les oiseaux existant dans les forêts affermées sera exercée dans les conditions déterminées par les arrêtés des préfets, pris en exécution des art. 3 et 9 de la loi du 3 mai 1844, et avec les moyens ou procédés autorisés tant par ce dernier article que par lesdits arrêtés »; et que l'art. 22 ajoute : « En temps prohibés, la chasse des animaux nuisibles pourra être exercée par tous les moyens dont l'emploi sera autorisé par le préfet, ou par des chasses et battues pratiquées conformément à l'arrêté du 19 pluv. an 5 »; — Attendu que ces dispositions combinées doivent être entendues en ce sens qu'elles confèrent à l'adjudicataire tous les droits de chasse qui appartiennent aux propriétaires, et lui délèguent en outre la faculté de détruire les animaux nuisibles, sous la seule condition à laquelle les propriétaires auraient été eux-mêmes tenus de se conformer, suivant les cas, soit aux prescriptions de l'art. 9 de la loi du 3 mai 1844, soit à celles de l'arrêté du 19 pluv. an. 5; — Attendu, dès lors, que de Lestang de Fins, adjudicataire de la chasse dans la forêt domaniale de la Vernusse, tenait du cahier des charges le droit absolu de détruire en tout temps les animaux nuisibles dans cette forêt; que pour s'y livrer à cette destruction, même en temps prohibé, il n'était pas obligé de se munir d'une autorisation spéciale de l'administration forestière, qu'il lui suffisait d'obéir aux arrêtés préfectoraux qui, aux termes de l'art. 9 de la loi du 3 mai 1844, déterminent les animaux malfaisants ou nuisibles que le propriétaire peut en tout temps détruire sur ses terres et les conditions de l'exercice de ce droit, conditions qui ne doivent pas être confondues avec les formalités qu'impose l'application de l'arrêté du 19 pluv. an 5; — Attendu qu'un arrêté réglementaire du préfet de l'Indre, en date du 24 mai 1862, a classé les sangliers parmi les animaux malfaisants ou nuisibles, et a déclaré que les propriétaires qui voudraient les détruire sur leurs terres, à l'aide de fusils ou de tout autre engin, et avec le concours d'amis ou serviteurs, auraient à se pourvoir d'une autorisation spéciale du préfet; qu'un arrêté réglementaire, en date du 14 janv. 1876, a ordonné que les dispositions de l'arrêté du 24 mai 1862 continueront à être exécutées, et qu'enfin de Lestang de Fins ayant demandé au préfet de l'Indre la permission de détruire les animaux nuisibles dans la forêt de la Vernusse, en se faisant accompagner de dix personnes, cette permission lui a été donnée par un arrêté du 16 févr. 1876, d'où il suit que, lorsqu'au jour indiqué par le procès verbal, de Lestang de Fins, assisté de six personnes, détruisait les sangliers dans ladite forêt, il ne faisait qu'user des droits qui lui étaient accordés par le cahier des charges et par les arrêtés préfectoraux; — Attendu qu'on objecte en vain que les arrêtés du 24 mai 1862 et du 14 janv. 1876 ne visent aucune délibération du conseil général; que, jusqu'à preuve contraire, il y a présomption légale que ces arrêtés ont

art. 22 du cahier des charges attribuait aux fermiers des droits que l'Administration n'avait pas entendu leur déléguer; en temps prohibé, elle pouvait paralyser l'exercice de la faculté que l'Administration s'était réservée par les art. 20 et 21. De là les restrictions introduites dans le nouvel art. 23 (Circ. adm. for. 9 nov. 1880, *Nouvelle série*, n° 276, R. F. t. 9, n° 72).

719. — II. De la délégation du droit de destruction. — Le propriétaire, possesseur ou fermier, peut *déléguer* à des *tiers* le droit de détruire, sur ses terres, les animaux déclarés malfaisants on nuisibles par arrêté préfectoral. C'est là un point généralement admis soit en doctrine (Gillon et Villepin, n° 208 ; Giraudeau, n° 676 ; Leblond, n° 142; de Neyremand, p. 35 ; Villequez, t. 2, n° 37), soit en jurisprudence (Orléans, 15 mai 1851, aff. Blanchard, D. P. 52. 2. 292; Angers, 19 mars 1859, aff. Sécher, B. A. F. t. 8, p. 138; Caen, 23 mars 1865, aff. Saussais *Recueil de cette cour*, 1865, p. 203, cité par Giraudeau, n° 676 ; Rouen, 22 juin 1865, aff. Goupy, R. F. t. 3, n° 411 ; Paris, 14 févr. 1866, aff. Feuillu, R. F. t. 3, n° 470; Lyon, 30 juill. 1866, aff. Granjon, R. F. t. 3, n° 500; Angers, 24 févr. 1879, cité par Giraudeau, n° 676 ; Amiens, 29 déc. 1880, aff. Derougement, D. P. 82. 5. 62).

Décidé, en sens contraire, que le propriétaire ne peut déléguer ou céder, à titre gratuit, le droit de détruire les animaux nuisibles portant atteinte à ses récoltes, à une personne quelconque étrangère à sa famille et à sa maison et qui ne serait attachée à aucun titre à son exploitation agricole (Trib. corr. Vassy, 19 juill. 1882, aff. Barbe, D. P. 82. 5. 63-64). — V. *infrà*, n° 720, *in fine*.

720. La délégation est même *présumée* à l'égard de certaines personnes qui se trouvent en relation permanente d'intérêt commun ou de dépendance avec le propriétaire, possesseur ou fermier, telles que le *père*, le *mari*, les *enfants*, les *domestiques* et les *gardes* (Giraudeau, n° 675; Gislain, n° 326; Leblond, n° 142; Villequez, *loc. cit.*). — Pour ces derniers, la question a été tranchée, par la discussion à la Chambre des pairs. Le marquis de Boissy avait proposé de dire: « le propriétaire ou ses ayants droit », en justifiant ainsi sa proposition: « C'est que je ne vois pas ici que les gardes soient compris dans les expressions de la loi, et vous ne pouvez pas, lorsqu'il s'agit de chasse, exclure les gardes ». Le rapporteur a répondu: « Le garde, c'est le propriétaire lui-même, puisqu'il le représente directement. M. de Boissy ayant insisté, le rapporteur a ajouté: « Le garde est le représentant direct du propriétaire, et quand nous mettons le propriétaire, nous mettons le garde, puisque le garde représente directement, essentiellement le propriétaire » (*Moniteur*, 1843, p. 1235). Les mêmes motifs sont susceptibles d'être invoqués en ce qui concerne les domestiques, alors surtout que leur maître est absent ou incapable d'exercer personnellement le droit de destruction. Pour les enfants, ils sont en quelque sorte copropriétaires des biens de leurs parents et directement intéressés à leur conservation (V. en ce sens: Leblond, n° 142, et surtout Villequez, t. 2, n° 37). — Jugé qu'il n'y a pas délit de chasse de la part d'un garde particulier qui, en exécution d'un arrêté préfectoral, se livre à la destruction des animaux nuisibles, en temps prohibé et sans permis de chasse, sur les terrains confiés à sa surveillance; que, toutefois, si ce garde employait des auxiliaires, malgré la défense qui lui en aurait été faite par cet arrêté, il encourrait les peines portées contre ceux qui contreviennent aux règlements concernant la destruction des animaux nuisibles (Rouen, 18 nov. 1861, aff. Grillié, R. F. t. 3, n° 528).

Mais aucune délégation ne saurait être invoquée par des individus qui, sans d'ailleurs prétendre avoir loué leurs services au propriétaire dont ils se disent les préposés, se bornent à invoquer une simple autorisation qui leur aurait été donnée par ce propriétaire, à titre essentiellement et réciproquement gratuit (Jugement du 19 juill. 1882, cité *suprà*, n° 719). — Pareillement, le *locataire de chasse* ne saurait invoquer une délégation tacite par le bailleur, du droit de destruction des lapins, en l'absence de clause formelle dans le bail et d'obligation à lui imposée de payer aux riverains des indemnités à raison des dégâts causés par ces animaux (Amiens, 15 janv. 1887, aff. Lesueur, *Recueil de cette cour*, 1887, p. 85).

721. — III. De l'emploi d'auxiliaires. — Pour l'exercice du droit de destruction, le propriétaire ou fermier a la faculté de recourir à des *auxiliaires*, qui jouissent d'ailleurs des mêmes immunités que lui (Championnière, p. 69; Gillon et Villepin, n° 208; Giraudeau, n° 675; Gislain, n° 326; Leblond, n° 143; Petit, t. 1, p. 381; Villequez, t. 2, p. 95), pourvu toutefois que l'emploi de ces auxiliaires ne soit pas interdit par le préfet (V. *infrà*, n°s 725 et 731).

Art. 3. — *Des animaux malfaisants ou nuisibles auxquels s'applique le droit de destruction* (*Rép.* n°s 195 et 196).

722. Il importe de remarquer que le droit de destruction spécifié dans la première partie de l'art. 9, § 3-3°, de la loi de 1844 ne s'applique qu'aux animaux *déclarés malfaisants ou nuisibles* par le préfet du département. D'un autre côté, l'expression *animaux nuisibles* n'est pas prise ici avec le même sens qu'on lui attribue dans l'art. 2 de l'arrêté du 19 pluv. an 5, concernant les chasses et battues générales ou particulières aux loups, renards, blaireaux et autres animaux nuisibles (V. *infrà*, n°s 1537 et suiv.).

723. Parmi les *quadrupèdes*, les préfets déclarent, d'ordinaire, animaux malfaisants ou nuisibles, la *belette*, le *blaireau*, le *chat sauvage*, la *fouine*, le *furet*, l'*hermine*, le *lapin*, le *loir*, le *loup*, la *loutre*, la *martre*, le *putois*, le *renard* et le *sanglier* (Giraudeau, n° 665). — Il y a cependant controverse sur le point de savoir si la fouine, le putois, la belette, l'hermine et la martre constituent du gibier dans le sens même très étendu de ce mot et sont soumis à l'application de la loi relative à la police de la chasse (V. *suprà*, n° 94).— On a vu (*Rép.* n° 196) que le législateur a entendu comprendre les lapins au nombre des animaux nuisibles. — Le sanglier ne doit pas être regardé nécessairement et dans tous les cas comme un animal malfaisant ou nuisible, au sens de l'art. 9 de la loi de 1844. Si l'on devait appliquer cette dénomination à tous les animaux sauvages susceptibles de causer un dommage quelconque, elle comprendrait à peu près tout le gibier; mais alors cet art. 9 irait directement contre le but des autres dispositions de la loi de 1844, qui est d'assurer la conservation du gibier. Aussi convient-il de se prononcer en comparant la somme des dégâts commis et la valeur comestible de l'animal (Villequez, t. 2, n° 12). Si les sangliers, par suite de leur multiplication, causent un danger ou des dégâts notables, il est hors de doute qu'il y aurait lieu de les classer parmi les animaux malfaisants ou nuisibles (V. *infrà*, n°s 1543 et suiv.).

724. En ce qui regarde les oiseaux, les arrêtés préfectoraux rangent souvent au nombre des animaux malfaisants ou nuisibles, l'*aigle*, l'*autour*, le *balbuzard*, le *bec-croisé*, la *bondrée*, le *busard*, la *buse*, le *chat-huant*, le *choucas*, la *chouette*, la *circaète*, le *corbeau*, la *corneille*, le *duc*, l'*épervier*, le *faucon*, le *geai*, le *gypaète*, le *hibou*, le *jean-le-blanc*, le *milan*, la *phène*, la *pie*, la *pie-grièche*, le *pigeon*, le *pygargue*, le *saint-martin*, la *sous-buse*, le *vautour* (Giraudeau, n° 665). — Le tableau des animaux nuisibles dressé par les professeur du Muséum et inséré dans la circulaire ministérielle du

---

été pris régulièrement à la suite d'une délibération du conseil général; qu'au surplus, l'arrêté individuel du 16 févr. 1876 mentionne une délibération du 27 oct. 1871, laquelle précède l'arrêté réglementaire du 14 janv. 1876; — Attendu que, si l'arrêté individuel du 16 févr. 1876 ne précise pas les moyens que de Lestang de Fins était autorisé à employer pour la destruction des sangliers, cet arrêté, qui se réfère au règlement de 1862, comprend nécessairement tous les moyens pour lesquels ce règlement exige la demande d'une autorisation particulière; — Attendu que de tout ce qui précède, il résulte que l'arrêt attaqué, en condamnant de Lestang de Fins et les six autres demandeurs pour avoir chassé les animaux nuisibles dans la Forêt de la Vernusse, sans permission du propriétaire, a fait une fausse application de l'arrêté du 19 pluv. an 5, de l'ordonnance du 14 sept. 1830 et de l'art. 11, § 2, de la loi du 3 mai 1844, et formellement violé l'art. 9 de la loi du 3 mai 1844 et l'art. 22 du cahier des charges;

Par ces motifs, casse, etc.

Du 13 juill. 1877.-Ch. crim.-MM. de Carnières, pr.-Dupré-Lasale, rap.-Robinet de Cléry, av. gén.-Lehmann et Gosset, av.

28 août 1861, comprend, en outre, la *colombe* (*ramier*, *biset* et *colombin*), le *cormoran*, le *fou*, le *goéland*, le *grèbe*, le *harle*, le *pétrel* et le *plongeon*. — M. Villequez, nos 20 à 23, considère aussi comme animaux nuisibles l'*étourneau* ou *sansonnet*, et même le *moineau*, la *fauvette*, le *merle*, la *grive*, le *loriot*.

On reparlera ultérieurement des pigeons, *infrà*, nos 795 et suiv. — Quant aux pies et aux corbeaux, nous renvoyons au *Rép.* n° 195. — V. aussi sur la destruction des oiseaux de pays, et spécialement des moineaux, *infrà*, n° 762.

Art. 4. — *Des conditions auxquelles est subordonné l'exercice du droit de destruction des animaux malfaisants ou nuisibles* (*Rép.* nos 193 et 205).

725. L'art. 9, § 3-3°, confère au préfet le pouvoir de déterminer les *conditions d'exercice* du droit de destruction des animaux déclarés par lui malfaisants ou nuisibles; mais cette disposition ne doit pas être entendue dans un sens trop absolu. En effet, même parmi les conditions auxquelles est soumis l'exercice du droit de chasse ordinaire, il en est que le préfet ne saurait prescrire pour la destruction des animaux malfaisants ou nuisibles, qui, en principe, se distingue de la chasse proprement dite. C'est ce que l'on verra dans les numéros suivants.

L'individu qui contrevient aux prescriptions de l'arrêté préfectoral relativement aux conditions d'exercice du droit de destruction est passible des peines édictées par l'art. 11-3° de la loi de 1844 (V. *infrà*, nos 897 et 953).

726. — I. Du temps pendant lequel le droit de destruction peut s'exercer. — En thèse générale, il n'appartient pas au préfet de limiter à une *époque* précise l'exercice du droit de destruction des animaux malfaisants ou nuisibles. Cela résulte directement de l'art. 9, § 3-3°, qui permet d'exercer ce droit de destruction *en tout temps* (Circ. min. int. 22 juill. 1851, § 50, R. F. t. 4, n° 608).

Lorsque l'on fait acte de chasse ou de destruction d'animaux malfaisants ou nuisibles en dehors des prescriptions formulées par l'art. 9, § 3-3°, on ne jouit pas de l'immunité prévue par cette disposition et, par conséquent, on encourt les peines portées par l'art. 12, § 1er-1°, contre le délit de chasse en temps prohibé, si l'acte incriminé a été accompli pendant la clôture de la chasse (V. *infrà*, nos 965 et suiv.). — C'est ce qui a été jugé par plusieurs arrêts (Lyon, 15 juin 1868, aff. Beraud, D. P. 68. 5. 59. — V. aussi *infrà*, nos 731 et 740). — Et celui qui, en temps prohibé, se livre à cette destruction, dans son intérêt, sur les terres d'autrui, commet un délit, que le ministère public est recevable à poursuivre même d'office, et, à plus forte raison sur la plainte du propriétaire intéressé (Arrêt précité du 15 juin 1868.—V. *infrà*, nos 1191 et suiv.).

727. La plupart des auteurs admettent que l'expression « en tout temps » dont se sert l'art. 9, § 3-3°, relativement à la faculté de destruction des animaux malfaisants ou nuisibles, comprend le temps de *nuit* comme le temps de *jour;* et que, par conséquent, le préfet ne saurait légalement ordonner que la destruction de ces animaux ne pourra pas avoir lieu pendant la nuit; une telle disposition serait entachée d'excès de pouvoir, et les tribunaux devraient lui refuser toute sanction (Championnière, p. 64; Chardon, p. 106; Duvergier, p. 134; Giraudeau, n° 662; Leblond, n° 135; Meaume, R. F. t. 9, n° 31; de Neyremand, p. 9; Viel, p. 42; Villequez, t. 2, nos 49 et suiv.). — Et la jurisprudence déclare qu'en tout cas, cette destruction peut avoir lieu pendant la nuit, lorsque le préfet l'a autorisée « en tout temps », et s'est ainsi borné à reproduire, quant au temps de la destruction, les termes généraux de la loi (Caen, 11 avr. 1877, aff. Bidel, D. P. 78. 2. 182, et, sur pourvoi, Crim. rej. 9 août 1877, D. P. 78. 1. 140; Amiens, 29 déc. 1880, aff. Derougement, D. P. 82. 5. 62). — C'est ce qui a été jugé à l'égard d'un individu surpris le 16 janvier, à six heures et demie du soir, sur un terrain appartenant à son père, au moment où, embusqué avec son fusil, il s'apprêtait à tirer des pigeons ramiers qui venaient de se poser sur un arbre (Arrêts précités des 11 avr. et 9 août 1877).

728. Nous avons expliqué (*Rép.* n° 205), que l'interdiction de chasser en *temps de neige*, édictée par un arrêté préfectoral en vertu de l'art. 9, § 4-3°, n'est pas applicable au droit de destruction des animaux malfaisants ou nuisibles par le *propriétaire*, *possesseur* ou *fermier;* et cette doctrine ne saurait faire difficulté (Conf. Giraudeau, n° 732; Leblond, n° 135). — La majorité des auteurs décident même que le préfet ne pourrait, par une disposition formelle, suspendre pendant le temps de neige l'exercice de ce droit, le pouvoir de ce fonctionnaire en pareille matière étant restreint à la nomenclature des animaux malfaisants ou nuisibles et aux modes ou procédés de destruction, à l'exclusion de l'époque d'exercice de cette destruction (Berriat, p. 86; Duvergier, p. 134; Gillon et Villepin, n° 228; Giraudeau, nos 662 et 732; Leblond, n° 135; de Neyremand, p. 9; Viel, p. 42; Villequez, t. 2, n° 51).

L'opinion contraire a toutefois été consacrée par la cour de cassation; elle se fonde sur les termes de l'art. 9, § 3-3°, de la loi de 1844, qui soumet l'exercice du droit de destruction des animaux nuisibles aux conditions déterminées par le pouvoir réglementaire des préfets (Crim. rej. 30 juill. 1852, aff. Dehan, D. P. 52. 5. 85-86). — Décidé, spécialement, que l'arrêté préfectoral qui interdit aux porteurs de permis de chasse de se servir de chiens courants pour la destruction, en temps prohibé, des animaux malfaisants et nuisibles, est applicable au cas d'emploi de ces chiens sur des terres couvertes de neige, même après que la chasse a été déclarée ouverte, si un second arrêté préfectoral, maintenant d'ailleurs le premier, a suspendu d'une manière absolue l'exercice du droit de chasse en temps de neige; c'est là un temps prohibé dans le sens du premier arrêté (Même arrêt).

En tout cas, le propriétaire qui est autorisé, par arrêté préfectoral, à détruire les animaux nuisibles et malfaisants en temps de neige, et qui tire sur du gibier ordinaire, commet un délit de chasse en temps prohibé, et non pas seulement une infraction audit arrêté (Paris, 21 févr. 1861, aff. Legry, R. F. t. 1, n° 16).

729. A l'égard des *tiers*, c'est-à-dire des personnes qui ne sont ni propriétaires, ni possesseurs, ni fermiers, la destruction des animaux nuisibles constitue un véritable acte de chasse et, par suite, tombe sous l'application de l'arrêté préfectoral qui interdit la chasse en temps de neige (Giraudeau, nos 662 et 732; Jullemier, t. 1, p. 89). — Jugé que la destruction d'animaux nuisibles ne saurait être effectuée, en temps de neige, et à l'aide de fusil, par l'individu qui n'est ni propriétaire, ni possesseur, ni fermier, bien qu'un article d'un arrêté préfectoral, après avoir interdit la chasse, tant dans la plaine que dans les bois, toutes les fois que la terre est couverte de neige, ajoute que cette interdiction n'est pas applicable à la destruction des animaux malfaisants ou nuisibles. Cette disposition doit s'entendre de la destruction des animaux nuisibles telle qu'elle est autorisée par les articles précédents du même arrêté, qui ne permettent en tout temps la destruction des animaux malfaisants qu'au propriétaire, possesseur ou fermier, et ne permettent spécialement la destruction des corbeaux, dans les temps où la chasse est close, qu'à l'aide de pièges (Trib. corr. Seine, 2 févr. 1861, aff. Daniel, R. F. t. 1, n° 15). — En effet, on ne peut admettre qu'en temps de neige, c'est-à-dire quand la chasse est interdite, la destruction des animaux nuisibles puisse s'effectuer dans des conditions plus larges que dans le temps où la chasse est autorisée, et spécialement que cette destruction puisse être permise à celui qui n'est ni propriétaire, ni possesseur, ni fermier. D'un autre côté, ce qui est défendu quand la chasse est close étant pareillement défendu en temps de neige, qui constitue une clôture momentanée, on ne saurait davantage admettre que la destruction des animaux nuisibles et spécialement des corbeaux, qui, aux termes de l'arrêté précité, ne peut avoir lieu, quand la chasse est close, qu'à l'aide de pièges, puisse, en temps de neige, avoir lieu à l'aide de fusil (Même jugement).

730. — II. De la dispense de permis de chasse. — L'exercice du droit de destruction des animaux déclarés malfaisants ou nuisibles par le préfet n'est pas subordonné à la nécessité du *permis de chasse* (*Rép.* n° 193). Cette solution résulte d'abord de la nature même de ce droit de destruction et aussi de la discussion à la Chambre des députés : « Pour détruire un animal nuisible, a déclaré M. Hébert, on n'a pas besoin de permis de chasse, car il s'agit de la défense de sa propriété » (*Moniteur* du 16 févr. 1844, p. 330). Elle a été consacrée par la doctrine (Gillon et Villepin, n° 206; Giraudeau, n° 658; Leblond, n° 134; Villequez, t. 2, n° 48);

par la pratique administrative (Instr. min. int. 20 mai 1844, *Rép.* p. 411, note, n° 41 ; Circ. min. int. 22 juill. 1851, § 48, R. F. t. 4, n° 608), et par la jurisprudence (Orléans, 15 mai 1851, aff. Blanchard, D. P. 52. 2. 292 ; Paris, 14 févr. 1866, aff. Feuillu, R. F. t. 3, n° 470 ; Amiens, 29 déc. 1880, aff. Derougement, D. P. 82. 5. 62). — Il en est ainsi, alors même que l'on procède à cette destruction en qualité de délégué du propriétaire, possesseur ou fermier (Arrêts précités des 14 févr. 1866 et 29 déc. 1880).

Il n'appartiendrait pas non plus aux préfets de subordonner le droit de destruction des animaux malfaisants ou nuisibles à l'obtention préalable d'un permis, ni même à une autorisation spéciale de leur part (Circulaire précitée du 22 juill. 1851, § 50).

Mais l'individu qui fait acte de chasse ou de destruction d'animaux malfaisants ou nuisibles en dehors des prescriptions tracées par l'art. 9, § 3-3°, commet le délit spécifié prévu et puni par l'art. 1er et l'art. 11-1°, s'il n'est pas muni de permis de chasse (V. *infrà*, n°s 897 et suiv.).

731. — III. Des modes, moyens et engins de destruction des animaux malfaisants ou nuisibles. — En chargeant les préfets de déterminer les conditions d'exercice du droit de destruction des animaux malfaisants ou nuisibles, l'art. 9, § 3-3°, leur confère le pouvoir de régler les *modes*, *moyens* et *engins* susceptibles d'être employés pour cette destruction. En conséquence, ces fonctionnaires peuvent autoriser l'emploi de *chiens* (V. *suprà*, n° 633), notamment de *lévriers* (V. *suprà*, n°s 698 et suiv.), d'*engins*, et même d'*engins prohibés* pour la chasse en général (V. *suprà*, n°s 642 et suiv.).

Mais les propriétaires, possesseurs ou fermiers ne peuvent détruire, en tout temps, sur leurs terres, les animaux malfaisants ou nuisibles déclarés tels par arrêté préfectoral, que dans les conditions fixées par l'arrêté. Dès lors, le garde qui tend un piège à renards sur un terrain dépendant des propriétés confiées à sa surveillance et à 300 mètres de tout terrier, commet un délit de chasse en temps prohibé, alors que le préfet n'avait autorisé l'usage des pièges contre les renards qu'à l'entrée des terriers, et que, d'autre part, l'acte imputé au prévenu n'était pas nécessité par le besoin de repousser ou détruire une bête fauve au moment où elle causait un dommage à la propriété (Crim. cass. 2 déc. 1880, aff. Chrétien, D. P. 81. 1. 335). — Pareillement, l'individu qui, après la clôture de la chasse, emploie pour la destruction des lapins ou autres animaux nuisibles, des *moyens* autres que ceux autorisés par l'autorité préfectorale, commet le délit de chasse en temps prohibé prévu par l'art. 18 de la loi du 3 mai 1844, et non une simple contravention dans le sens de l'art. 11-3° de la même loi (Paris, 18 avr. 1859, aff. Picard, R. F. t. 1, n° 189).

732. Il est également loisible aux préfets de permettre l'usage d'*armes à feu*, et spécialement de *fusil*. — Jugé : 1° que l'exercice du droit de destruction des animaux nuisibles est dispensé de la nécessité du permis, bien qu'il s'accomplisse avec un fusil, si l'arrêté autorise à cet effet l'emploi des armes à feu (Orléans, 15 mai 1851, aff. Blanchard, D. P. 52. 2. 292) ; — 2° Que la disposition de l'arrêté préfectoral qui interdit de se servir d'armes à feu, après la clôture de la chasse, pour la destruction des animaux malfaisants ou nuisibles, ne s'oppose pas à ce que l'on procède à cette destruction, avec un fusil et sans permis, pendant l'ouverture de la chasse (Paris, 14 févr. 1866, aff. Feuillu, R. F. t. 3, n. 470).

Il leur est recommandé : 1° de n'autoriser l'emploi du fusil qu'avec discernement, de manière à éviter les abus qui seraient susceptibles de résulter d'une autorisation trop générale (Circ. min. int. 22 juill. 1851, § 50, R. F. t. 4, n° 608) ; — 2° De n'autoriser, d'une manière permanente, que les bourses et furets pour la destruction des lapins (Circ. min. int. 1er mars 1865, D. P. 65. 3. 45) ; — 3° De n'autoriser la destruction des lapins au fusil que pendant un ou plusieurs jours successifs, et sous la surveillance d'un agent de l'administration des forêts ou de tout autre agent de l'autorité (Circ. min. int. 11 avr. 1865, D. P. 65. 3. 46).

733. Dans l'exercice de son droit de destruction des animaux malfaisants ou nuisibles, le propriétaire, possesseur ou fermier peut être autorisé par l'arrêté préfectoral à faire des *battues* (V. *suprà*, n°s 76 et suiv., 654 ; *infrà*, n°s 1531 et suiv.).

734. Pour les *forêts domaniales*, l'art. 23 du cahier des charges permet aux adjudicataires de la chasse de procéder, en temps prohibé, à la chasse et à la destruction des animaux dangereux, malfaisants ou nuisibles, par tous les moyens autorisés par le préfet, ou par des chasses et battues pratiquées conformément à l'arrêté du 19 pluv. an 5 (V. *suprà*, p. 384, note).

Il a été jugé que, en supposant qu'un article du cahier des charges limite aux battues et aux pièges autorisés par les préfets, les modes dont le fermier pourra faire usage en temps prohibé pour la destruction des animaux nuisibles, cette clause se trouve neutralisée dans ses effets, alors que, par d'autres clauses du bail, le fermier a, d'une part, été autorisé à employer pour la chasse tous les moyens et procédés déterminés cumulativement par la loi et par les arrêtés préfectoraux, et que, d'autre part, il a été déclaré responsable de tous les dégâts commis par les animaux nuisibles ; que, dès lors, si les armes à feu se trouvent comprises au nombre des instruments autorisés par le préfet pour la destruction des animaux nuisibles en temps prohibé, l'adjudicataire peut en faire usage nonobstant toute clause du cahier des charges qui limiterait aux pièges et aux battues les procédés à employer pour la destruction de ces animaux (Colmar, 30 août 1862, aff. de Luppel, R. F. t. 3, n° 537).

735. — IV. Du dommage actuel ou imminent résultant des animaux malfaisants ou nuisibles. — Il n'est pas douteux que le propriétaire, possesseur ou fermier peut exercer le droit de destruction des animaux déclarés malfaisants ou nuisibles indépendamment de tout *dommage actuel* ou *imminent*. Cette condition ne figure pas, en effet, dans la première partie de l'art 3, § 3-3°, et l'on ne saurait à cet égard suppléer au silence de la loi.

736. Mais une grave controverse s'est élevée sur le point de savoir si, en cas de *dommage actuel* par des animaux malfaisants en nuisibles, le propriétaire, possesseur ou fermier a la faculté de procéder à leur destruction en dehors de l'application des prescriptions de la disposition légale qui vient d'être citée, c'est-à-dire abstraction faite de toute classification de ces animaux au nombre des animaux malfaisants ou nuisibles par le préfet, et de toute détermination, par ce fonctionnaire, des conditions de destruction. En d'autres termes, le droit de *légitime défense* s'applique-t-il à la destruction des animaux malfaisants ou nuisibles, indépendamment de son application prévue pour les bêtes fauves, par la disposition finale de l'art. 9, § 3-3°, de la loi de 1844?

Presque tous les auteurs admettent l'affirmative (Giraudeau, n°s 678 et 684 ; Lavallée, p. 18 ; de Neyremand, p. 50 et suiv. ; Petit, t. 1, p. 391 ; Rogron, p. 114). Dans ce premier système, on soutient que la disposition de l'art. 9 qui soumet au pouvoir réglementaire des préfets la destruction des animaux malfaisants ou nuisibles n'est pas applicable dans le cas où ces animaux causent un dommage actuel ; que, dans cette hypothèse, la faculté de destruction n'est que l'exercice d'un droit naturel de *légitime défense*, qui existe indépendamment de toute disposition légale. C'est aussi l'opinion que nous avons adoptée au *Rép.* n° 197, en déclarant qu'il serait permis de tuer un oiseau de proie au moment même où il s'emparerait d'une volaille. Plusieurs cours d'appel se sont prononcées dans le même sens (V. *infrà*, n°s 762 et 763).

Selon un deuxième système, consacré par plusieurs cours d'appel et par la cour de cassation, dont la jurisprudence sur ce point paraît définitivement établie, le droit de destruction des animaux malfaisants ou nuisibles est, en toute circonstance, et même en cas de dommage actuel, soumis à l'application de la première disposition de l'art. 9, § 3-3°, de la loi de 1844. C'est en vain que l'on objecte le droit de légitime défense ; l'exercice de ce droit est susceptible d'être restreint par le législateur, de manière à éviter les inconvénients ou les abus qu'il pourrait entraîner s'il se produisait avec trop d'extension, et c'est ce qui a eu lieu dans le cas qui nous occupe (V. *infrà*, n°s 766 et suiv.).

737. En tout cas, en admettant que les propriétaires aient, en tout temps et sans permis de chasse, le droit de défendre leur propriété en détruisant les animaux qui y portent dommage, tels que les lapins, ce droit ne peut toutefois être exercé qu'au moment même où le dommage est causé (Rouen, 18 févr. 1864, aff. Bourel, D. P. 64. 2. 154).

Art. 5. — *Des terrains sur lesquels peut s'exercer le droit de destruction des animaux malfaisants ou nuisibles.*

738. D'après l'art. 9, § 3-3°, le propriétaire, possesseur ou fermier exerce le droit de destruction des animaux malfaisants ou nuisibles « *sur ses terres* ». De l'avis général, cette dernière expression doit être entendue dans un sens très large, la loi n'ayant fait aucune distinction. Ainsi, la destruction dont il s'agit est susceptible d'être opérée sur les *propriétés de toute nature*, chargées ou non de récoltes, closes ou non, en friche ou cultivées; peu importe aussi qu'il s'agisse de plaines ou de bois (V. Leblond, n° 136; Villequez, t. 2, n° 52). Et ce dernier auteur ajoute avec raison que le préfet ne saurait, en établissant des distinctions contraires dans son arrêté, contrevenir à la loi qui n'en fait pas.

739. Des termes mêmes de l'art. 9, il ressort, en outre, que la destruction ne peut s'exercer sur le *terrain d'autrui*, c'est-à-dire sur le fonds dont on n'est ni propriétaire, ni possesseur, ni fermier (Giraudeau, n° 677; Leblond, nos 136 et 209; Villequez, n° 53. — Conf. Orléans, 26 oct. 1858, aff. Certin, D. P. 59. 2. 9; Lyon, 15 juin 1868, aff. Béraud, D. P. 68. 5. 59; Trib. corr. Rouen, 1er juill. 1875, aff. Lecarpentier, D. P. 76. 5. 74, et sur appel, Rouen, 5 août 1875, rapporté par Leblond, n° 209). — Décidé que nul ne peut, sans le consentement du propriétaire ou de ses ayants droit, procéder, sur des terres même voisines des siennes, à la destruction des animaux nuisibles (Jugement précité du 1er juill. 1875).

740. En ce qui concerne la *sanction pénale* applicable au fait incriminé, il a été jugé : 1° que l'individu qui se livre à la destruction des animaux malfaisants ou nuisibles sur le terrain d'autrui, sans le consentement du propriétaire, commet le délit de chasse sans autorisation prévu et puni par l'art. 1er et l'art. 11-2° (Décisions précitées des 26 oct. 1858, 1er juin 1868, 1er juillet et 5 août 1875); — 2° Que l'on doit condamner pour délit de chasse en temps prohibé celui qui a tiré sur des lapins sauvages après la clôture de la chasse, en un lieu où il n'avait pas le droit de chasse, bien qu'il eût été autorisé par arrêté du ministre de l'intérieur à détruire les lapins avec armes à feu, s'il n'a été autorisé à les détruire que sur les terrains où il a le droit de chasse (Gand, 6 déc. 1881, aff. Chotteau et consorts C. Dannert, *Pasicrisie belge*, 1882. 2. 82. — V. *suprà*, n° 726).

741. On s'est demandé si le propriétaire, possesseur ou fermier a la faculté de *poursuivre* et tuer sur le terrain d'autrui les animaux nuisibles qu'il a levés sur son propre héritage. M. Duvergier, sur l'art. 9, se prononce pour l'affirmative, en s'appuyant sur l'intérêt public et sur celui du voisin lui-même. Mais cette opinion nous paraît, et à la majorité des auteurs (Giraudeau, *loc. cit.*; Villequez, n° 54), devoir être écartée comme contraire aux conditions prescrites par l'art. 9 pour l'exercice du droit de destruction. — Du reste, il va de soi que le fait incriminé ne constituerait aucun délit, s'il était accompli en temps d'ouverture de la chasse, par un individu muni de permis et avec le consentement exprès ou tacite du propriétaire, puisqu'alors il serait à considérer comme un acte régulier de chasse.

742. On a vu, au surplus, que l'on peut détruire les animaux malfaisants ou nuisibles sur les terres d'autrui, si l'on agit en qualité de délégué ou d'auxiliaire du propriétaire, possesseur ou fermier (V. *suprà*, nos 719 et suiv.).

Sect. 2. — De la destruction des bêtes fauves (*Rép.* nos 193, 197 à 199).

Art. 1er. — *Généralités* (*Rép.* n° 193).

743. La disposition finale de l'art. 9, § 3-3°, de la loi du 3 mai 1844 reconnaît au propriétaire ou fermier le droit de repousser et de détruire, même avec des armes à feu, les *bêtes fauves* qui porteraient dommage à ses propriétés. Elle a été adoptée par la Chambre des pairs et celle des députés, à la suite de longues discussions qui n'ont pas été exemptes de confusion et de contradictions. Aussi son interprétation prête-t-elle encore aujourd'hui à de graves controverses, comme le montre la suite de ce travail.

744. Dès maintenant, il convient de remarquer que le droit de destruction des bêtes fauves, de même que le droit de destruction des animaux malfaisants ou nuisibles, diffère de la chasse proprement dite, au point de vue: 1° du temps pendant lequel il peut s'exercer (V. *infrà*, n° 769); 2° de la dispense de permis (V. *infrà*, n° 770); 3° des personnes qui peuvent procéder à la destruction (V. *infrà*, nos 747 et suiv.). — La vente, le transport et le colportage des bêtes fauves pendant la clôture de la chasse sont l'objet de règles spéciales, du moins dans la pratique administrative (V. *infrà*, nos 842 et suiv.).

Toutefois il est parfois difficile, dans les affaires déférées aux tribunaux, de découvrir le véritable caractère de l'acte incriminé; elles présentent le plus souvent des *questions de fait*, dont l'appréciation est laissée au pouvoir discrétionnaire des tribunaux de répression. Ceux-ci doivent tenir compte des circonstances particulières de chaque espèce, et, par exemple, de la nature et des instincts de l'animal malfaisant ou nuisible, de la gravité du dommage qu'il peut causer, de l'intention et des habitudes du prévenu, etc. En définitive, s'ils estiment que le droit de légitime défense n'est invoqué que pour couvrir un fait de chasse, ils prononceront une condamnation. S'il leur semble, au contraire, manifeste que l'inculpé n'a agi qu'en vue de défendre sa propriété, ils l'acquitteront, pourvu, bien entendu, qu'il ait qualité pour accomplir l'acte de destruction et qu'il s'agisse d'animaux ayant le caractère de bêtes fauves.

Si le droit de destruction des bêtes fauves offre plusieurs traits communs avec le droit de destruction des animaux malfaisants ou nuisibles, il s'en distingue néanmoins à certains égards, et spécialement en ce qui touche : 1° le mode de détermination des animaux auxquels il s'applique (V. *infrà*, nos 754 et suiv.); 2° les modes et conditions de leur destruction (V. *infrà*, nos 768, 771 et suiv.); 3° le dommage auquel son exercice est subordonné (V. *infrà*, nos 780 et suiv.).

745. La destruction des bêtes fauves dont il est ici question diffère aussi, sous plusieurs rapports, des mesures de destruction des animaux malfaisants ou nuisibles prévues par les règlements relatifs à la louverie (V. *infrà*, nos 1467 et suiv.).

Elle n'est subordonnée à aucune autorisation préalable (Rennes, 18 juill. 1887, aff. Meslier, D. P. 88, 2e partie).

746. Les irrégularités commises lors de la destruction des bêtes fauves constituent des délits de chasse divers, selon la nature de l'irrégularité (V. *infrà*, nos 769 et suiv.).

Art. 2. — *Des personnes qui peuvent exercer le droit de destruction des bêtes fauves* (*Rép.* n° 193).

747. — I. Qualité pour exercer personnellement le droit de destruction. — Si l'on s'en tenait au texte même de l'art. 9, § 3-3°, *in fine*, on ne reconnaîtrait le droit de destruction des bêtes fauves qu'au *propriétaire* et au *fermier*. Mais cette disposition ne doit pas, à cet égard, être interprétée dans un sens aussi restrictif; et il convient aussi d'en étendre l'application au *possesseur*, qui, jusqu'à preuve contraire, est présumé propriétaire et exerce les attributs de la propriété. Il en est de même de l'*usufruitier* et de l'*usager*, dans le cas où celui-ci cultive et perçoit en tout ou en partie les fruits du fonds sur lequel porte son droit. Ainsi, le droit de destruction des bêtes fauves appartient en principe à toutes les personnes auxquelles on reconnaît la faculté de détruire les animaux déclarés malfaisants ou nuisibles (Giraudeau, n° 699). Mais le locataire de chasse, ne saurait invoquer le cas de légitime défense pour protéger des récoltes auxquelles il n'a aucun droit (Villequez, t. 2, n° 63). Avec ce dernier auteur, nos 65 et 66, nous estimons que le locataire de chasse ne pourrait s'opposer à ce que le propriétaire ou le fermier détruise les bêtes fauves qui endommageraient les récoltes.

748. On a prétendu que le droit de destruction des bêtes fauves ne peut être exercé que par l'une *ou* l'autre des personnes à qui il appartient, et notamment par le fermier à l'exclusion du bailleur (Jullemier, t. 1, p. 108; Petit, t. 1, p. 383). Tel n'est pas notre avis. Malgré la disjonctive *ou* employée dans l'art. 9, § 3-3°, mais qui souvent est usitée dans un sens conjonctif, il convient d'attribuer le droit de destruction *concurremment* au propriétaire et au fermier, le premier ayant toujours intérêt à ce que ses terres ne soient pas dévastées, et à ce que son fermier fasse des récoltes suffisantes pour lui payer son fermage (Championnière, p. 96; Giraudeau, n° 699; Leblond, n° 154; Villequez, t. 1, n° 64). La solution pourrait cependant être différente, si le fermier était investi du droit de chasse sur le domaine affermé; il aurait, en effet, un intérêt légitime à ce que l'on ne détruise pas le gibier qu'il a le droit de chasser (Villequez, *loc. cit.*).

749. — II. DE LA DÉLÉGATION DU DROIT DE DESTRUCTION. — Le droit de destruction des bêtes fauves serait souvent illusoire, si l'on ne pouvait l'exercer qu'en personne; il demeurerait sans effet à l'égard des mineurs, des femmes, des absents, des communautés, et en général à l'égard de toutes les personnes qui ne savent ou ne peuvent se livrer à la chasse des animaux sauvages. Aussi la doctrine et la jurisprudence sont-elles d'accord pour reconnaître au propriétaire ou fermier la faculté de *déléguer* à un *tiers* l'exercice de ce droit de destruction, s'il ne peut ou ne veut l'exercer lui-même (Championnière, p. 69; Frémy, n°s 17 et 18; Gillon et Villepin, n° 208; Giraudeau, n° 700; Leblond, n° 142; de Neyremand, p. 35; Puton, p. 351; Rogron, p. 119; Villequez, t. 2, n°s 37 et 64. — Conf. Orléans, 26 oct. 1858, aff. Certin, D. P. 59. 2. 9; Crim. rej. 13 avr. 1865, aff. Fosselle, D. P. 65. 1. 196; Trib. corr. Tongres (Belgique), 9 mars 1871, aff. Vanderdoucet, D. P. 71. 3. 100; Caen, 8 déc. 1875, aff. Marchand, D. P. 76. 2. 170; Caen, 26 juin 1878, aff. Leblond, D. P. 80. 2. 73; Rennes, 15 déc. 1880, aff. Chauveau, R. F. t. 9, n° 56; Poitiers, 19 janv. 1883, aff. Nebout, D. P. 83. 2. 45, et sur pourvoi, Crim. rej. 28 avr. 1883, D. P. 83. 5. 53; Liège, 4 juill. 1885, aff. Clément, *Pasicrisie belge*, 1885. 2. 269).

750. Du reste, la délégation est même *présumée* à l'égard du *père*, du *mari*, des *enfants*, des *domestiques* et du *garde* (Leblond et Villequez, *loc. cit.*). Il convient, sur ce point, de se référer aux explications formulées *suprà*, n° 720, relativement aux animaux malfaisants ou nuisibles.

751. Le tiers qui invoque une délégation doit *prouver* qu'il avait reçu du propriétaire, préalablement à la destruction des bêtes fauves, la mission spéciale de détruire ces animaux sur le terrain de ce propriétaire. Mais cette mission peut lui avoir été confiée verbalement, et la preuve peut en être fournie par tous les modes de droit commun. — Décidé que la délégation n'est soumise à aucune formalité; il suffit qu'il soit démontré qu'elle avait été réellement donnée au moment où le destructeur des bêtes fauves prétend qu'il a agi comme représentant du propriétaire (Poitiers, 19 janv. 1883, aff. Nebout, D. P. 83. 2. 45).

752. — III. DE L'EMPLOI D'AUXILIAIRES. — On convient généralement que, pour exercer efficacement son droit de légitime défense, le propriétaire ou fermier peut se faire assister de tels *auxiliaires* qu'il lui plaît de choisir (Crim. rej. 14 avr. 1848, aff. Tardivel, D. P. 48. 1. 135; Orléans, 26 oct. 1858, aff. Certin, D. P. 59. 2. 9; Metz, 28 nov. 1867, aff. Willemin, D. P. 68. 2. 123; Caen, 8 déc. 1875, aff. Marchand, D. P. 76. 2. 169-170; 26 juin 1878, aff. Leblond, D. P. 80. 2. 73; Poitiers, 19 janv. 1883, aff. Nebout, D. P. 83. 2. 45, et sur pourvoi, Crim. rej. 28 avr. 1883, D. P. 83. 5. 53; Poitiers, 29 oct. 1886, aff. Lelouis, D. P. 87. 2. 130; Rennes, 18 juill. 1887, aff. Meslier, D. P. 88, 2e partie. — M. Giraudeau, n° 700, cite dans le même sens: Rouen, 10 juin 1865, *Gazette des tribunaux* du 9 juill. 1865; Rouen, 16 et 22 juin 1866, *Gazette des tribunaux* du 9 juill. 1866; Trib. corr. Mamers, 2 juin 1875, aff. Hervé; Trib. corr. Fontainebleau, 7 et 14 nov. 1879, *Gazette des tribunaux* du 23 nov. 1879. — V. aussi les auteurs mentionnés *suprà*, n° 749). — Il peut, par exemple, employer des traqueurs ou rabatteurs (V. *infrà*, n° 774).

753. Les arrêts et jugements que l'on vient de citer admettent, soit expressément, soit implicitement, que le tiers qui, sur l'appel ou du consentement du propriétaire, possesseur ou fermier, l'assiste dans l'exercice du droit de détruire les bêtes fauves qui portent dommage à sa propriété, est virtuellement associé à toutes les immunités attachées à l'exercice de ce droit, telles que la faculté d'agir en tout temps (V. *infrà*, n° 769), et la dispense de permis de chasse (V. *infrà*, n° 770). Spécialement, le garde particulier du propriétaire du bois peut assister son maître sans être muni d'un permis de chasse (Arrêt du 8 déc. 1875, cité *suprà*, n° 752).

Mais l'auxiliaire ne bénéficie des immunités attachées à l'exercice du droit de destruction des bêtes fauves, qu'autant qu'il se renferme dans les limites légales de cet exercice. En conséquence, les individus employés par un propriétaire à guetter des bêtes fauves qui lui ont causé des dommages, commettent un délit s'ils se placent, même sur l'ordre de ce propriétaire, en dehors du terrain appartenant à ce dernier (Arrêt du 26 oct. 1858, cité *suprà*, n° 752. — V. *infrà*, n° 788). — Et ce délit engage, au point de vue civil, la responsabilité de ce propriétaire (Même arrêt).

ART. 3. — *Des bêtes fauves auxquelles s'applique le droit de destruction* (*Rép.* n°s 193 et 197).

754. Comme on l'a vu au *Rép.* n° 193, la loi ne charge pas le préfet de déterminer la *nomenclature des bêtes fauves;* elle laisse à l'autorité judiciaire le soin d'apprécier quels sont les animaux auxquels appartient cette qualification au point de vue de l'application de l'art. 9, § 3-3°.

755. — I. DES ANIMAUX, APPELÉS EN VÉNERIE, BÊTES FAUVES, BÊTES NOIRES, BÊTES ROUSSES. — Dans le langage technique, celui de l'ancienne vénerie, on distingue trois sortes de bêtes : 1° les *bêtes fauves* proprement dites : *cerfs, daims, chevreuils, chamois*, ainsi que leurs femelles et leurs faons ; 2° les *bêtes noires : sangliers, laies, marcassins ;* 3° les *bêtes rousses* ou carnassières: *loups, renards, blaireaux, fouines, putois, martres* (Baudrillard, v[is] *Bêtes fauves, Bêtes noires, Bêtes rousses*; Lavallée, *Technologie cynégétique*, v° *Bête*). Il est hors de doute que ces divers animaux sont compris dans l'expression de « *bêtes fauves* » dont se sert l'art. 9 de la loi de 1844 (*Rép.* n° 197).

Ainsi, la jurisprudence a spécialement traité comme des bêtes fauves: 1° les *cerfs* (Crim. rej. 14 avr. 1848, aff. Tardivel, D. P. 48. 1. 135; Rouen, 25 févr. 1875, aff. Guesnier, D. P. 76. 2. 169) ; — 2° Les *chevreuils* (Orléans, 25 juill. 1861, aff. Dubreuil, D. P. 61. 2. 172; Rouen, 22 juin 1865, aff. Goupy, R. F. t. 3, n° 411 ; Paris, 21 juin 1866, aff. Chevrier, R. F. t. 3, n° 510) ; — 3° Les *sangliers* (Crim. rej. 13 avr. 1865, aff. Fosselle, D. P. 65. 1. 196 ; Metz, 28 nov. 1867, aff. Willemin et Aubert, D. P. 68. 2. 123 ; Caen, 8 déc. 1875, aff. Marchand, D. P. 76. 2. 169), — 4° Les *renards* (Trib. corr. Corbeil, 3 oct. 1845, cité par Berriat, p. 351 ; Caen, 26 juin 1878, aff. Leblond, D. P. 80. 2. 74 ; Poitiers, 29 oct. 1886, aff. Lelouis, D. P. 87. 2. 130 ; Rennes, 18 juill. 1887, aff. Meslier, D. P. 88, 2e partie); sans qu'il soit besoin qu'un arrêté préfectoral les classe parmi les bêtes fauves ou les animaux nuisibles (Arrêt précité du 18 juill. 1887); — 5° Les *putois* et les *fouines* (Crim. cass. 23 juill. 1858, aff. Méche, D. P. 58. 1. 377).

M. Giraudeau, n° 693, considère encore comme bêtes fauves la *belette*, le *chat sauvage*, l'*hermine* et le *furet* à l'*état sauvage*.

756. — II. DES AUTRES ANIMAUX. — Ne faut-il pas aller plus loin et prendre l'expression de « *bêtes fauves* » dans un sens plus étendu que celui qu'il a en matière cynégétique? Cette question est une de celles qui offrent le plus de difficulté, à raison de la confusion qui a régné sur ce point dans la discussion parlementaire de la loi de 1844. Elle a constamment divisé les auteurs et la jurisprudence, et donné lieu à plusieurs systèmes que nous exposerons successivement.

757. — *Premier système*. — D'après MM. Camusat, p. 96, et Championnière, p. 70, les bêtes fauves ne comprennent que les animaux déclarés malfaisants ou nuisibles par le préfet. Cette opinion doit être écartée; elle confond les deux dispositions, cependant distinctes, de l'art. 9, § 3-3°, de la loi de 1844, dont l'une devient par conséquent inutile ; elle est, en outre, contraire à l'esprit de la loi et au sens grammatical et légal du mot « bêtes fauves ».

758. — *Deuxième système*. — Selon un deuxième système, adopté sans développements par MM. Gillon et Villepin, n° 202, et Rogron, p. 118, il appartient aux tribunaux d'attribuer le caractère de bêtes fauves d'après la nature des animaux et l'usage des lieux.

759. — *Troisième système*. — Un troisième système considère comme bêtes fauves (ou du moins traite comme telles) tous les animaux sauvages, *feræ bestiæ*, quadrupèdes ou volatiles, comestibles ou non, classés ou non par les préfets comme malfaisants ou nuisibles, qui, par leur nature ou leur nombre, sont susceptibles de porter à la propriété un dommage sérieux. Il est conforme à l'interprétation de la plupart des auteurs (Berriat, p. 97 ; Chardon, p. 96, 99 et suiv.; Dufour, n° 20 ; Duvergier, p. 129 ; Frémy, n°s 6 et suiv. ; Giraudeau, n°s 691 et suiv.; Gislain, n°s 94 et suiv.; Leblond, n°s 146 et suiv. ; Menche de Loisne, n° 212 ; de Neyremand, n°s 26 et suiv. ; Petit, t. 1, n° 199 ; Puton, n°s 227 et 347 ; Villequez, t. 2, n°s 59 et suiv.; R. F. t. 5, n° 42, note 1).

A l'appui de cette opinion on a prétendu que, dans l'ancien droit, les mots « bêtes fauves » ne sont pas employés dans un sens restrictif. Mais l'ancien droit est plutôt favorable au quatrième système formulé ci-après ; et l'on pourrait avec plus de raison invoquer les travaux préparatoires de la loi de 1844, que M. Villequez, t. 2, n° 58, a reproduits avec beaucoup de soin et dont il y a lieu de donner ici une rapide analyse.

La disposition finale de l'art. 9, § 3-3° ne figurait pas dans le projet du Gouvernement ; elle a été introduite par la commission de la Chambre des députés, qui, a dit à cet égard M. Lenoble son rapporteur, « ne crut pas trouver dans le projet la consécration du droit, qui appartient à tous, d'employer tous les moyens pour défendre leur propriété ; ou, du moins, elle y voyait une équivoque qu'il lui a paru utile de faire cesser en adoptant une rédaction nouvelle. Elle a pensé que les dispositions écrites dans la loi de 1790 devaient être rappelées, et elle a modifié le paragraphe dans ce double but». — M. Crémieux, membre de la commission, et d'autres orateurs, s'expliquant sur la disposition relative à la défense des récoltes contre les bêtes fauves, disposition introduite par voie d'amendement, affirmèrent expressément que, par cette expression, il fallait entendre tous animaux non privés quelconques portant un préjudice à la propriété. A côté du droit de détruire les animaux malfaisants déclarés tels par le préfet, il y en a un autre, a dit M. Crémieux, pris dans la loi de 1790 et dans laquelle nous l'avons copié, droit naturel d'ailleurs et qui n'est pas contestable, de détruire tout animal malfaisant quel qu'il soit, quand il menace ou attaque la propriété (*Moniteur*, 1844, p. 329). M. Peltereau de Villeneuve ayant émis l'avis qu'il « faut laisser les choses dans l'état où elles sont et s'en référer purement et simplement à l'art. 15 de la loi de 1790 », M. Crémieux a répondu : « Nous avons copié la loi de 1790. Si nous en avons excepté les mots « en tout temps », c'est qu'il est inutile de les mettre, c'est de droit. Mais dites-vous, quelles sont les espèces d'animaux malfaisants que j'aurai le droit de détruire? Je réponds : tous les animaux qui pourraient nuire à vos propriétés, et qui, à ce titre, sont malfaisants ». MM. de Morny et Dessaignes ont fait des observations analogues. — Plus tard, M. Vivien s'opposant à l'addition des mots « sans préjudice, etc. » proposés par la commission, le garde des sceaux a répliqué : « Pourquoi refuserait-on de déclarer que le propriétaire, quand il verra sur ses terres des animaux malfaisants, pourra les détruire? Mais ce droit du propriétaire paraît même s'étendre beaucoup plus loin... Je me réunis donc à la commission pour demander qu'elle soit adoptée ». — Si l'on n'a pas substitué à l'expression de « bêtes fauves », que le garde des sceaux prétendait être insuffisante et incomplète, celle « d'animaux malfaisants », c'est parce que cette dernière expression s'applique spécialement aux animaux qui ne sont propres qu'à faire du mal comme le loup, le renard, etc., et qu'elle n'aurait pas compris les animaux propres à l'alimentation, ainsi que l'a remarqué le rapporteur à la Chambre des pairs. — Un passage du deuxième rapport de M. Franck-Carré, présenté lorsque la loi revint devant la Chambre des pairs avec les amendements de la Chambre des députés, paraît également indiquer que le rapporteur de la Chambre haute adoptait cette signification étendue et conventionnelle des mots « bêtes fauves ». « Les animaux nuisibles ou malfaisants, disait-il, ne pourront être détruits que suivant les conditions déterminées par les arrêtés des préfets, sauf le cas où ils porteraient dommage aux propriétés. Ce sera donc au propriétaire ou fermier, s'il se place en dehors des conditions de l'arrêté, à prouver le fait du dommage, puisque ce fait seul l'autorise à enfreindre ces conditions » (*Rép.* p. 103, note, n° 124).

Les partisans de ce troisième système insistent sur le fondement du droit de destruction des bêtes fauves, qui n'est autre que le droit naturel de *légitime défense*, droit que l'on ne saurait restreindre à certaines espèces d'animaux.

760. Dans cette opinion, le droit de détruire les bêtes fauves s'applique par exemple, aux *lapins* (Leblond, n° 147 ; de Neyremand, p. 31 ; Villequez, t. 2, n°s 59 et 60). Ce dernier auteur invoque dans ce sens, un arrêt de la cour de Lyon, cité sans date par le *Journal des chasseurs*, 1876, p. 286, et les observations formulées à la Chambre des députés par M. Vatout. Ce député demandait que la loi laissât au propriétaire le droit de chasser les lapins toute l'année, ou tout au moins qu'il ne fût pas permis aux préfets de mettre en doute le droit de les détruire, car ce serait porter une atteinte réelle aux droits de la propriété et à la conservation des récoltes, et il terminait en ces termes : « Je me résume enfin, en demandant que le lapin soit considéré comme animal nuisible et que le propriétaire ait le droit de le détruire pendant toute l'année ». Et ces observations, qui n'ont été suivies d'aucune objection, ont obtenu l'assentiment tacite de la Chambre. — Une opinion analogue a été émise à l'égard des *lièvres*, pourvu toutefois que leur nombre constitue un véritable péril pour les récoltes (Leblond, n° 147; de Neyremand, p. 31).

761. Plusieurs auteurs et certaines décisions judiciaires ont assimilé aux bêtes fauves les *volatiles* eux-mêmes (Chardon, p. 96 et 101 ; Gislain, n°s 100 et suiv. ; Leblond, n° 150 ; Villequez, t. 2, n°s 61 et 62).

La faculté de détruire les bêtes fauves a été appliquée : 1° à des *pies* (Trib. corr. du Mans, 6 févr. 1874, aff. Dutertre, D. P. 74. 2. 178) ; — 2° A des *cygnes sauvages* qui s'abattent sur un étang ou vivier contenant du poisson (Trib. corr. Tongres (Belgique), 9 mars 1871, aff. Vanderdoucet, D. P. 71. 3. 100) ; — 3° A des *pigeons ramiers*, qui, dans le temps de neige, endommagent un champ de colza (Bruxelles, 27 mars 1867, aff. Carlier, D. P. 71. 2. 180 ; Trib. corr. Clermont, 26 mars 1868, aff. Roussel, D. P. 71. 3. 100) ; — 4° A des *moineaux* (V. les décisions citées au numéro suivant) ; — 5° à des *pinsons* (V. *infrà*, n° 762-3°).

762. Jugé : 1° que le fait, de la part du propriétaire ou du fermier, de repousser ou détruire des animaux nuisibles sur le lieu et au moment où ils portent dommage à ses récoltes, constitue, non pas un acte de chasse, mais l'exercice d'un droit de légitime défense, qui, proclamé avant la loi du 3 mai 1844 et non méconnu par elle, n'est pas subordonné aux prescriptions des arrêtés préfectoraux sur la destruction des animaux malfaisants ou nuisibles ; que, par suite, aucun délit de chasse n'est commis par le fermier qui, sans être muni d'un permis, tire sur des moineaux au moment où ils causent à ses récoltes un sérieux dommage, alors même que le moineau n'est point classé par le préfet parmi les animaux nuisibles (Douai, 6 déc. 1882, aff. Dehaines, D. P. 83. 2. 44) ; — 2° Qu'on ne saurait considérer comme un acte de chasse rentrant dant les prévisions de la loi du 3 mai 1844, le fait, par un propriétaire, de tirer, de la cour de sa maison, un coup de fusil sur des moineaux qui venaient prendre la nourriture de ses poules et qui se tenaient sur des arbres situés dans un enclos voisin, à lui appartenant (Paris, 21 janv. 1864, aff. Blanche, R. F. t. 3, n° 566) ; — 3° Que le propriétaire ou fermier peut toujours, même en dehors des conditions prévues par l'arrêté préfectoral sur la destruction des animaux nuisibles, détruire au fusil, sans permis de chasse, sur ses propriétés, non seulement les bêtes fauves, mais aussi les autres animaux, y compris même les oiseaux, qui causent à sa récolte un dommage actuel, et, notamment, les moineaux (Trib. corr. Montbrison, 11 nov. 1872, aff. Destras, D. P. 73. 3. 56) ; — Ou les pinsons (Agen, 21 juill. 1852, aff. Bachère, D. P. 53. 2. 10. — Conf. Giraudeau, n° 687) ; — Mais à la charge de prouver l'existence du dommage. En effet, la présomption de nécessité ne se rencontrant plus dans ce cas, comme dans celui où le propriétaire ou fermier a agi conformément à l'arrêté du préfet, c'est à lui à prouver, pour repousser l'imputation de délit de chasse, qu'il avait un préjudice à empêcher ou à faire cesser (Mêmes décisions du 21 juill. 1852 et du 11 nov. 1872). — Et il ne fait pas cette preuve, lorsque le préjudice auquel l'exposaient les oiseaux sur lesquels il a fait feu, se réduisait à la perte de quelques épis humides et avariés par la pluie (Jugement précité du 11 nov. 1872).

763. Il a encore été décidé que l'art. 9, § 3-3°, de la loi du 3 mai 1844 permet à tout propriétaire, possesseur ou fermier, de repousser et de détruire, avec des armes à feu, les animaux malfaisants ou nuisibles, et notamment les *corbeaux* et *pigeons*; qu'il importe peu que ces oiseaux n'aient point été classés, par le préfet, parmi les animaux malfaisants et nuisibles, si le propriétaire n'a fait que les détruire avec des armes à feu dans le temps des semailles et pendant qu'ils dévastaient ses champs ensemencés; qu'un acte de cette nature ne saurait constituer le fait de chasse, puisqu'il se rattache à l'exercice du droit de légitime défense; qu'en conséquence, on ne peut poursuivre pour délit de chasse, soit sans permis, soit en temps prohibé, le propriétaire ou fermier qui, au temps des semailles, se place dans sa cour, armé d'un fusil, pour tirer sur les bandes de corbeaux et de pigeons qui viennent de s'abattre, soit dans son champ ensemencé, soit dans un champ contigu, également ensemencé, dont la garde lui avait été confiée (Rouen, 7 août 1862, aff. Lemarchand, D. P. 64. 2. 152. — V. *infrà*, n° 804).

764. — *Quatrième système.* — Suivant un dernier système auquel la cour de cassation semble s'être ralliée d'une manière définitive, l'expression de « *bêtes fauves* » qui figure dans l'art. 9, § 3-3°, *in fine*, de la loi de 1844, doit être entendue dans son acception normale et habituelle, c'est-à-dire avec la signification que lui donnent les ouvrages de vénerie et les anciennes ordonnances (V. en ce sens, notamment: Crim. rej. 11 juin 1880, aff. Dusanter, D. P. 80. 1. 281; Crim. cass. 5 janv. 1883, aff. Blanc, D. P. 83. 5. 55). — Et les *animaux malfaisants* ou *nuisibles* qui ne rentrent pas dans la catégorie des bêtes fauves ainsi spécifiée, ne peuvent être détruits par le propriétaire, possesseur ou fermier, en tout temps et sans permis, que sous les conditions et par les moyens déterminés par les arrêtés préfectoraux pris en exécution de l'art. 9, § 3-3°, *in principio* (V. *suprà*, n°s 710 et suiv.).

On a indiqué, *suprà*, n° 755, la distinction reçue, dans le langage de la vénerie, entre les *bêtes fauves* proprement dites, les *bêtes noires* et les *bêtes rousses*. Quant à la langue du droit, elle a, depuis l'époque la plus reculée, établi une distinction fondamentale entre la *grosse bête*, d'une part, et de l'autre, le simple gibier, *menue bête* ou *menue sauvagine*. Dans la première catégorie on n'indiquait nommément à l'origine que deux espèces: les bêtes noires et les bêtes rouges ou rousses, cette dernière classe comprenant alors tout à la fois les rousses et les fauves; dans la seconde catégorie étaient les lièvres, lapins, perdrix et autres oiseaux. C'est ainsi que l'ordonnance du 10 janv. 1396 constate que les laboureurs ont des chiens et des engins pour prendre « grosses bêtes rouges ou noires, connins (lapins), lièvres, perdrix, phaisans et autres bestes et oyseaux », et leur fait défense « de chasser à bestes *grosses* et *menues* »; et qu'il est rappelé par Charles VI, dans l'ordonnance du 25 mai 1413, que certains « se sont ébastus ou s'ébastent à prendre lièvres, connins, perdrix, alouettes, oiseaux, et autres *menues sauvagines*, hors garenne ». Après l'ordonnance du 18 août 1451 et les lettres de Louis XI de janvier 1478 qui rappellent ou supposent la même distinction entre les grosses et les menues bêtes, cette distinction se manifeste très explicitement, pour la quotité des peines, dans l'ordonnance de mars 1515: aux termes de l'art. 4, des peines fort sévères sont édictées contre ceux qui chassent « aux grosses bêtes »; aux termes de l'art. 9, des peines moindres sont encourues par ceux qui chasseraient « lièvres, conils, perdrix, faisans et autres gibiers », que l'art. 10 désigne de nouveau sous le nom de « menues bêtes et gibier ». — C'est dans la déclaration du 10 déc. 1581 que les mots *bêtes fauves* semblent apparaître pour la première fois à côté des expressions bêtes rousses et bêtes noires, les trois espèces réunies constituant les grosses bêtes toujours distinctes du menu gibier dans lequel demeurent compris tous les oiseaux. L'édit de juin 1601, dans un article où les ramiers sont dénommés entre les bécasses et les pluviers (circonstance à noter pour l'espèce), insiste à nouveau, pour l'échelle des peines, sur la distinction fondamentale; car, tandis que la chasse aux cerfs, biches et faons est punie de 83 écus d'amende et celle aux sangliers et chevreuils de 41, la chasse « aux menues bêtes et gibier » ne fait encourir qu'une peine de 6 écus seulement. La division est toujours maintenue par l'édit de juillet 1607, qui défend de chasser « aux bêtes fauves et noires, perdrix, lièvres, faisans et autre gibier », et aussi par l'ordonnance des eaux et forêts de 1669. Il convient de noter, enfin, que, dans le dernier état du langage juridique au 18e siècle, l'expression bêtes fauves se généralise: elle sert alors à désigner les grosses bêtes en général et les quadrupèdes qui, sans en avoir la taille, leur sont assimilés à cause de leur caractère plus ou moins agressif; témoin cette définition donnée par Henriquez, en 1784, dans le *Nouveau code des chasses*, p. 69 : « Bêtes fauves : en termes de chasse, on entend par là les sangliers, cerfs, chevreuils, daims, chamois. Aujourd'hui, le sens du mot bêtes fauves est plus étendu: il comprend les loups, renards, fouines, martres, putois, etc. ». Les lièvres et les lapins, et, en outre, tous les oiseaux, ainsi qu'on le voit, continuent à demeurer absolument en dehors de la catégorie même la plus large des animaux désignés à cette époque sous le nom de bêtes fauves.

La première loi sur la chasse du 30 avr. 1790, après avoir réglé l'exercice du droit de chasse proprement dit, arrivant au droit de défense des récoltes, porte dans son art. 15: « Il est pareillement libre en tout temps aux propriétaires ou possesseurs, et même aux fermiers, de détruire *le gibier* dans leurs récoltes non closes en se servant de filets et autres engins qui ne puissent pas nuire aux fruits de la terre, comme aussi de repousser avec des armes à feu *les bêtes fauves* qui se répandraient dans leurs dites récoltes ». A défaut d'indications différentes dans les documents du temps, ne doit-on pas voir dans cet article la trace certaine de la distinction antérieure, le droit de défense s'étendant sans doute à tous les animaux sauvages, mais le mode de destruction étant différent selon qu'il s'agit du gibier ordinaire, ou des bêtes fauves au dernier sens du mot?

Quant aux travaux préparatoires de la loi du 3 mai 1844, il est certain qu'ils constituent un argument sérieux en faveur du troisième système exposé ci-dessus. Cependant, il ne faut pas en exagérer la portée. Assurément, quand une expression est douteuse en elle-même et au sens usuel, la discussion à laquelle elle a donné lieu doit être utilement consultée, et, si cette discussion est claire, elle peut fixer les interprètes. Mais, pour qu'un mot soit considéré comme absolument détourné, dans une loi, de son sens reçu et accoutumé, il est nécessaire qu'il soit démontré que, si ce changement anormal a été accepté dans plusieurs discours ou même dans un rapport, il l'a été aussi et d'une manière patente, soit par le Gouvernement, promoteur de la loi, soit par les deux Chambres elles-mêmes, dont le concours était nécessaire pour sa confection. En dehors de cette démonstration dont le caractère doit être absolu, il convient de maintenir aux mots leur signification naturelle et antérieure telle qu'elle a été fixée par la langue usuelle et par celle du droit. Il y a lieu d'ajouter, d'ailleurs, qu'une certaine confusion existait dans l'esprit de ceux qui soutenaient l'amendement à la Chambre, car ils affirmaient tout à la fois que les expressions « bêtes fauves » devaient avoir un sens indéfini, et que l'addition proposée n'était autre que la disposition finale de l'art. 15 de la loi de 1790; or, on a vu que, dans cette dernière disposition, les mots dont il s'agit avaient une portée limitée. Aussi, le garde des sceaux, M. Martin (du Nord), prononçait-il ces paroles au milieu de la discussion: « Il faudrait substituer les mots *animaux malfaisants* aux mots bêtes fauves, alors la dénomination comprendrait tous les animaux destructeurs des récoltes »; et, nonobstant cette réflexion, la substitution indiquée hypothétiquement ne fut pas opérée dans le texte de la loi, qui paraît, dès lors, avoir conservé son sens naturel et relativement restreint.

En ce qui concerne la considération prise du droit appartenant à l'homme, en vertu de la loi naturelle, de défendre sa chose contre les animaux qui lui portent du dommage, quelle que soit leur espèce, il suffit de faire remarquer qu'il est du sort ordinaire des facultés puisées à cette source d'être organisées, et par cela même délimitées par la loi positive. Ainsi, qu'a fait la législation vis-à-vis du droit primordial dont il s'agit? Le garde des sceaux l'a nettement indiqué dans sa circulaire du 9 mai 1844, faite en vue de l'exécution de la loi : « L'art. 15 de la loi de 1790, dit-il, accordait aux propriétaires, possesseurs ou fermiers, le droit de repousser, même avec des armes à feu, les bêtes fauves qui se répandaient dans leurs récoltes, et celui de détruire le gibier dans leurs terres chargées de fruits en se servant de filets et engins. La loi nouvelle n'a pas voulu leur enlever un droit de *légitime défense* commandé par l'intérêt de l'agriculture, et qu'il ne faut pas confondre avec l'exercice de la chasse; mais elle l'a *réglé*, afin d'empêcher de s'en servir comme d'un *prétexte pour chasser dans toutes les saisons*. Tel est l'objet de l'un des paragraphes de l'art. 9 ». Or, ce paragraphe, qui est le troisième, prévoit deux choses: 1° la faculté de tuer les animaux désignés comme nuisibles dans les arrêtés préfectoraux, par les seuls moyens que ces arrêtés autorisent; 2° et, en outre, la faculté de détruire en tout temps, même avec des armes à feu, les bêtes fauves, qu'elles se trouvent ou non mentionnées dans les arrêtés susdits. En dehors de ces deux hypothèses, le droit de légitime défense invoqué cesse de pouvoir s'exercer, la législation ayant estimé que les arrêtés préfectoraux qui peuvent s'étendre à tous les animaux quelconques, joints à la disposition spéciale aux bêtes fauves proprement dites, répondraient à tous les besoins fondés et assureraient dans des conditions suffisantes la protection de la propriété contre l'agression dommageable des animaux sauvages de toutes les espèces. Si la loi s'est trompée dans cette présomption, c'est au législateur seul, et non à la justice, qu'il peut appartenir d'y remédier.

765. Conformément à ce quatrième système, on admet que, parmi les *quadrupèdes*, on ne doit pas regarder comme bête fauve, au point de vue de l'application de l'art. 9, § 3-3°, le *lièvre*. Ainsi, le lièvre ne peut être détruit en temps prohibé, que lorsqu'il a été classé par le préfet au nombre des animaux malfaisants et nuisibles (Crim. rej. 29 avr. 1858, aff. Lapied, D. P. 58. 1. 289-290; Crim. cass. 20 juill. 1883, aff. Grifloni, D. P. 83. 5. 59. — Conf. Championnière, p. 70; Giraudeau, n°s 694 et 695).

766. Il en est de même du *lapin* (Trib. corr. Seine, 9 janv. 1847, cité par Petit, t. 1, p. 393; Orléans, 15 mai 1851, aff. Blanchard, D. P. 52. 2. 292). — Décidé que, à la différence des bêtes fauves, qui peuvent être repoussées ou détruites par tous les moyens, même par le fusil, les animaux malfaisants et nuisibles, tels que les lapins, ne peuvent être détruits, en tout temps et sans permis, que sous les conditions et par les moyens spécialement indiqués dans les arrêtés que les préfets sont autorisés à prendre en vertu de l'art. 9, § 3-3°, de la loi de 1844 (Rouen, 18 févr. 1864, aff. Bourel, D. P. 64. 2. 154). — MM. Championnière et Giraudeau, *loc. cit.*, excluent aussi le lapin de la catégorie des bêtes fauves.

767. De même, au point de vue de l'application de l'art. 9, § 3, de la loi du 3 mai 1844, qui permet au propriétaire ou fermier de repousser ou détruire en tout temps, même avec des armes à feu, les bêtes fauves portant atteinte à ses propriétés, on ne saurait considérer comme des bêtes fauves le *menu gibier* (Crim. cass. 5 janv. 1883, aff. Blanc, D. P. 83. 5. 55); — Par exemple, les *volatiles* (Angers, 10 mars 1874, aff. Dutertre, D. P. 74. 2. 178; Arrêt précité du 5 janv. 1883); — Et, spécialement: 1° les *corbeaux* et autres *oiseaux de proie* (Championnière, p. 70; Gillon et Villepin, n° 203; Giraudeau, n° 694). Ainsi, le fait d'avoir tué des corbeaux avec un fusil, en temps prohibé et sans permis, sur des terres non closes, constitue un délit de chasse, alors même qu'il serait constant que le chasseur n'a eu en vue que de préserver ses volailles et celles de ses voisins, sur l'instance desquels il s'est servi de son arme (Crim. cass. 5 nov. 1842, *Rép.* n° 197); — 2° Les *pies* (Arrêt précité du 10 mars 1874; Angers, 12 févr. 1877, cité par Giraudeau, n° 697; Crim. rej. 11 juin 1880, aff. Dusanter, D. P. 80. 1. 281). Les animaux malfaisants ou nuisibles, tels que la pie, ne peuvent être détruits, en l'absence d'un permis de chasse, que par les moyens indiqués dans les arrêtés préfectoraux pris conformément à l'art. 9, § 3, de la loi du 3 mai 1844; la disposition finale de ce troisième paragraphe, relative au droit réservé au propriétaire ou au fermier de repousser ou de détruire les bêtes fauves qui porteraient dommage aux propriétés, ne leur est pas applicable (Arrêt précité du 10 mars 1874); — 3° Les *pigeons ramiers*. Quand le préfet a rangé les pigeons ramiers et les pies dans la classe des animaux malfaisants ou nuisibles, leur destruction, en dehors de l'exercice du droit de chasse, ne peut avoir lieu que sous les conditions et par les moyens indiqués dans l'arrêté préfectoral (Arrêt précité du 11 juin 1880); — 4° Les *moineaux* (Arrêt précité du 5 janv. 1883). Et le droit de destruction prévu par l'art. 9, § 3-3° *in fine*, de la loi de 1844, ne saurait s'exercer à l'égard des moineaux, même dans le moment où ils ravagent une récolte d'orge (Même arrêt).

ART. 4. — *Des conditions auxquelles est subordonné l'exercice du droit de destruction des bêtes fauves* (*Rép.* n°s 193, 197 et 199).

768. Il est généralement admis que le fait, de la part du propriétaire ou fermier, de repousser ou détruire les bêtes fauves qui portent dommage à sa propriété, constitue, non pas un acte de chasse, mais l'exercice d'un droit de légitime défense qui n'est soumis à *aucune condition* (V. en ce sens, notamment: Crim. rej. 29 déc. 1883, aff. Simonet-Peuchot, D. P. 84. 1. 96).

769. — I. DU TEMPS PENDANT LEQUEL LE DROIT DE DESTRUCTION PEUT S'EXERCER. — L'art. 9 autorise formellement la destruction des bêtes fauves *en tout temps*, et par conséquent pendant la fermeture, aussi bien que pendant l'ouverture de la chasse. — A raison de la généralité de cette disposition, et de la distinction qui existe entre le droit de chasse et le droit de destruction des bêtes fauves, on décide que celui-ci peut s'exercer: soit pendant la *nuit* (Giraudeau, n° 690; Leblond, n° 152; Puton, p. 348. — Conf. Metz, 28 nov. 1867, aff. Willemin, D. P. 68. 2. 122-124); — Soit en *temps de neige* (Giraudeau, n°s 690 et 732. — Conf. Crim. rej. 30 juill. 1852, aff. Dehan, D. P. 52. 5. 86).

Lorsque l'acte incriminé n'a pas eu lieu conformément aux dispositions de l'art. 9, § 3-3°, il est réprimé par l'art. 12, § 1er-2°, s'il a été perpétré pendant la fermeture de la chasse ou la nuit (V. *infrà*, n°s 965 et suiv.).

770. — II. DE LA DISPENSE DE PERMIS DE CHASSE. — A la différence de la chasse proprement dite, la destruction des bêtes fauves, qui, du reste, n'est qu'un acte de légitime défense, peut avoir lieu sans délivrance préalable de *permis de chasse*, ainsi que nous l'avons dit au *Rép.* n° 193. C'est là un point unanimement admis en doctrine (Gillon et Villepin, n° 206; Giraudeau, n° 690; Leblond, n° 152; Puton, p. 347; Villequez, n° 73), et en jurisprudence (V. *suprà*, n°s 753, 762, 763, 766 et 767; *infrà*, n°s 785 et 786). Il ressort nettement, du reste, des déclarations expresses et réitérées de M. Crémieux, répondant, à la Chambre des députés, aux questions qui lui avaient été posées successivement par MM. His et de Morny.

Mais l'acte de destruction accompli en dehors des prescriptions de l'art. 9, § 3-3°, tombe sous le coup de l'art. 11-1°, si le chasseur n'est pas muni de permis (V. *infrà*, n°s 897 et suiv.).

771. — III. DES MODES, MOYENS ET ENGINS DE DESTRUCTION DES BÊTES FAUVES. — Non seulement l'art. 9 de la loi du 3 mai 1844 ne spécifie pas les modes de destruction que l'on peut employer à l'égard des bêtes fauves; mais, par les mots « *même avec des armes à feu* », il semble autoriser tous les autres *procédés* propres à détruire ces animaux. Cette proposition est conforme au principe admis par la loi du 30 avr. 1790, du moins dans une certaine mesure, et elle s'appuie sur les travaux préparatoires de la loi de 1844, notamment sur un passage du rapport de M. Lenoble que nous avons reproduit *suprà*, n° 759. On a vu, d'ailleurs (V. *Rép.* n°s 193 et 199), que le préfet n'a pas qualité pour régler le *mode* et les *conditions de destruction* des bêtes fauves; dès qu'un animal a, par sa nature, le caractère de bête fauve, et dès qu'il porte dommage à une propriété, le propriétaire ou fermier a le droit de le tuer de quelque manière que ce soit.

On examinera *infrà*, n° 775, s'il n'y a pas lieu de faire des réserves relativement à l'emploi des engins prohibés.

772. Rien ne s'oppose à ce que l'on se mette à l'*affût* ou en *embuscade* pour exercer son droit de destruction des bêtes fauves (Giraudeau, n° 710; Leblond, n° 158; de Neyremand, p. 59; Villequez, n°s 69 et 71). Décidé que le droit qu'a le propriétaire, possesseur ou fermier, de détruire en tout temps et sans permis de chasse, les bêtes fauves qui portant dommage à sa propriété, comprend celui, lorsque le danger est imminent, de prendre des précautions, par exemple de s'armer à l'avance et de s'embusquer (Metz, 28 nov. 1867, aff. Willemin, D. P. 68. 2. 123-124). — Jugé pareillement, dans l'opinion qui assimile les pigeons ramiers aux bêtes fauves, qu'il n'y a pas de délit de la part de celui qui se tient immobile, dans une hutte en paille, construite ostensiblement sur son champ, pour repousser et détruire, avec une arme à feu, les pigeons ramiers venant ravager sa récolte de colza (Bruxelles, 27 mars 1867, aff. Carlier, D. P. 71. 2. 180).

En sens contraire, V. Rouen, 18 févr. 1864 (aff. Bourel, D. P. 64. 2. 154, *infrà*, n° 781-2°).

773. Pour exercer le droit de légitime défense à l'encontre des bêtes fauves, on peut recourir à l'usage de *chiens courants* (Comp. *suprà*, n° 731), et même à la *chasse à courre* (Poitiers, 19 janv. 1883, aff. Nebout, D. P. 83. 2. 45, et sur pourvoi, Crim. rej. 28 avr. 1883, D. P. 83. 5. 53). En effet, la loi n'a pas limité les moyens susceptibles d'être employés par le propriétaire, pour la destruction des bêtes fauves qui, soit par leurs dévastations, soit par leur seule présence, portent dommage à sa propriété; tous les moyens sont licites, même la chasse à courre, pourvu qu'ils soient exclusivement employés pour la destruction et qu'ils puissent sérieusement aboutir à ce résultat (Arrêt précité du 19 janv. 1883).

774. Le propriétaire ou fermier peut organiser une *battue* pour détruire les bêtes fauves, dans le cas de danger imminent (Gillon et Villepin, n° 208; Meaume, R. F. t. 9, n° 30. — Caen, 8 déc. 1875, aff. Marchand, D. P. 76. 2. 169; 26 juin 1878, aff. Leblond, D. P. 80. 2. 73; Crim. rej. 29 déc. 1883, aff. Simonet-Peuchot, D. P. 84. 1. 96, *infrà*, n° 786). — Dès lors, il n'y a pas de délit de chasse dans le fait de prendre part sans permis de chasse à une battue organisée par le propriétaire d'un bois pour se débarrasser d'une bête fauve dont la présence dans ce bois est un danger immédiat, à raison des dommages déjà causés dans le voisinage (Arrêt précité du 8 déc. 1875).

775. L'art. 9, § 3-3°, en autorisant le propriétaire à détruire les bêtes fauves, *même avec des armes à feu*, permet implicitement l'emploi d'autres moyens, et notamment l'emploi de *pièges* ou d'*engins*.

Il ne faut pas néanmoins interpréter cette règle avec trop d'extension. D'après MM. de Neyremand, p. 51 et suiv., et Petit, t. 1, n° 192, on pourrait recourir à toute espèce d'engins, fussent-ils même prohibés. Tel n'est pas notre avis. La loi du 3 mai 1844 ayant, dans son art. 12, prévu et puni la simple détention d'engins prohibés, il en résulte que ces engins ne sauraient être utilisés dans un but quelconque; sinon, on aboutirait à des résultats dont la singularité suffit pour écarter le système qui les produit: l'individu qui serait seulement trouvé détenteur ou porteur de filets ou d'autres engins prohibés serait passible de poursuites correctionnelles, tandis que, s'il était trouvé au moment où il s'en servait, il ne serait exposé à aucune poursuite. — Comp. *suprà*, n° 662.

Nous avons reconnu, toutefois (*Rép.* n° 199), que l'on pouvait faire usage de pièges qui ne peuvent prendre que des animaux malfaisants ou nuisibles, tels que des pièges à loups et à renards (V. dans le sens de notre opinion: Championnière, p. 69; Lavallée et Bertrand, p. 91; Rogron, p. 117 et 119; Villequez, t. 2, n° 67).

776. — IV. Des propriétés protégées par le droit de destruction des bêtes fauves. — On peut se demander quelle est la nature des biens que l'art. 9 de la loi de 1844 a voulu protéger. A la différence des anciennes ordonnances et de la loi de 1790, qui consacraient le droit de légitime défense en faveur des *héritages*, *terres* ou *récoltes*, le paragraphe 3-3°, *in fine*, de l'art. 9 de la loi de 1844 emploie l'expression de *propriétés*, qui est beaucoup plus large et peut s'appliquer à toute *propriété immobilière* ou *mobilière*, et par conséquent aux *récoltes*, aux *animaux domestiques*, et spécialement au *bétail* et à la *volaille* (Gillon et Villepin, n° 201; de Neyremand, p. 30; Villequez, t. 2, n°s 59 et 68). — C'est ce qui a été jugé implicitement à l'égard de la volaille par la cour de Caen, le 26 juin 1878 (aff. Leblond, D. P. 80. 2. 73), et ce que nous avons admis au *Rép.* n° 197. — Nous y avons mentionné en sens contraire un arrêt de la chambre criminelle du 5 nov. 1842, intervenu sous l'empire de la loi de 1790. Mais, dans cette affaire, l'acte de destruction a été surtout incriminé parce qu'il avait été pratiqué à l'égard de corbeaux, c'est-à-dire d'animaux ne rentrant pas dans la catégorie des bêtes fauves.

777. On a expliqué au *Rép.* n° 199, que, le *gibier* n'appartenant à personne, du moins quand il est dans son état de liberté naturelle, sa protection ou sa conservation ne saurait motiver l'application du droit de destruction des bêtes fauves prévu par l'art. 9. Telle est également l'opinion de la majorité des auteurs (Carré, p. 97; Championnière, p. 73; Menche de Loisne, n° 213; Rogron, p. 119; Villequez, t. 2, n° 68. — *Contrà*: Giraudeau, n° 716; de Neyremand, p. 30).

778. Il en est de même du *poisson*. Mais le poisson peut être protégé à l'encontre des bêtes fauves, s'il est dans un étang ou un vivier, puisqu'il appartient, dans ce cas, en vertu de l'art. 524 c. civ., au propriétaire de l'étang ou du vivier (V. Villequez, n° 59, p. 150; Trib. corr. Tongres (Belgique), 9 mars 1871, aff. Vanderdoucet, D. P. 71. 3. 101. — Comp. Crim. rej. 26 déc. 1868, aff. Richard, D. P. 69. 1. 389).

779. Bien que l'art. 9 de la loi de 1844 ne parle pas des *personnes*, il est hors de doute que l'on peut détruire des bêtes fauves en vue de protéger d'un péril actuel ou imminent sa propre personne, celle des membres de sa famille ou des tiers. Cette proposition était trop évidente pour que le législateur eût le besoin de s'en expliquer (V. Villequez, t. 2, n° 68; Rouen, 25 févr. 1875, aff. Guesnier, D. P. 76. 2. 169; Caen, 8 déc. 1875, aff. Marchand, *ibid.*). — V. *infrà*, n°s 784-3° et 786).

780. — V. Du dommage actuel ou imminent résultant des bêtes fauves. — Une des questions qui présentent le plus d'intérêt dans la matière qui nous occupe, est celle de savoir si, en reconnaissant au propriétaire et au fermier la faculté de détruire « les bêtes fauves qui porteraient dommage à ses propriétés », l'art. 9, § 3-3°, subordonne cette faculté à un *dommage actuel*, ou, au contraire, à un *dommage simplement imminent*.

781. Il semblerait résulter de quelques arrêts, ainsi que de l'opinion exprimée par certains auteurs (Camusat, p. 96; Gillon et Villepin, n° 201), que le droit de destruction des bêtes fauves ne peut s'exercer qu'en cas de *dommage actuel*, c'est-à-dire au moment même où elles commettent un dommage. Ainsi, il a été jugé: d'une part, 1° que les propriétaires et fermiers ont, à l'égard des bêtes fauves, non le droit de les chasser, mais seulement celui de les repousser ou de les détruire, et encore avec cette restriction de n'en user que dans le cas de dommage apporté à la propriété (Crim. rej. 29 avr. 1858, aff. Lapied, D. P. 58. 1. 289-290); — 2° Que, en supposant que le propriétaire ait le droit de défendre sa propriété en détruisant les animaux nuisibles (et notamment les lapins) qui y porteraient dommage, ce droit ne pourrait être reconnu qu'autant qu'il serait exercé au moment même où le dommage serait causé. Dès lors, l'immunité attachée à ce droit ne saurait être invoquée par l'individu trouvé sur un pommier, dans l'attitude d'un chasseur qui, armé d'un fusil prêt à tirer, attend les lapins pour les tuer avec son arme et non pour détruire ceux qui y causent actuellement dommage (Rouen, 18 févr. 1864, aff. Bourel, D. P. 64. 2. 154); — 3° Que le droit de destruction des bêtes fauves n'est que l'exercice d'une faculté naturelle, d'une défense légitime que les circonstances doivent rendre nécessaire actuellement et dans le moment même où l'on est obligé de repousser la force par la force; qu'en conséquence, l'art. 9, § 3-3°, *in fine*, ne couvre pas le propriétaire ou son délégué (dans l'espèce, son piqueur), qui poursuit avec sa meute, dans les bois lui appartenant, un sanglier qui avait causé des dégâts la veille sur des terrains qui ne lui appartenaient pas (Crim. rej. 13 avr. 1865, aff. Fosselle, D. P. 65. 1. 196); — D'autre part, 4° qu'en cas de dommage actuellement porté à des récoltes, le fait de ce préjudice et son actualité impliquent nécessairement le droit naturel de légitime défense, droit absolu et sans restriction (Agen, 21 juill. 1852, aff. Bachère, D. P. 53. 2. 10; Trib. corr. Clermont, 26 mars 1868, aff. Roussel, D. P. 71. 3. 100; Trib. corr. Montbrison, 11 nov. 1872, aff. Destras, D. P. 73. 3. 56); — 5° Que le propriétaire peut détruire ou repousser le chevreuil trouvé dans ses récoltes, où il causait déjà un dommage réel et pouvait en causer un plus considérable encore (Orléans, 25 juill. 1861, aff. Dubreuil, D. P. 61. 2. 172).

Mais il importe de remarquer que les auteurs cités plus haut n'ont pas étudié la distinction entre le dommage actuel et le dommage imminent. Quant aux décisions judiciaires que nous venons d'analyser, l'actualité du dommage n'était pas contestée dans les espèces à l'occasion desquelles ces décisions ont été rendues; il n'y a donc pas d'argument à en tirer pour le cas où le dommage eût été simplement imminent.

782. On a soutenu au *Rép.* n° 198, que le droit de destruction des bêtes fauves peut s'exercer dès qu'il y a *danger* ou *dommage imminent*, et avant que le mal soit déjà accompli. Cette opinion a été adoptée plus ou moins explicitement par presque tous les auteurs (Championnière, p. 71; Frémy, n° 11; Giraudeau, n° 709; Gislain, n° 86; Jullemier, t. 2, p. 106; Leblond, n° 157; Morin, n° 21; de Neyremand, p. 58; Rogron, p. 118; Villequez, t. 2, n° 69). Et elle est consacrée par une jurisprudence que l'on peut considérer aujourd'hui comme définitivement établie (V. les arrêts cités *infrà*, n°s 784 et suiv. — Conf. Paris, 10 janv. 1880, aff. Tholimet, R. F. t. 9, n° 30).

783. Il importe, en effet, de se rappeler que la disposition finale de l'art. 9, § 3-3° de la loi de 1844, a pour fondement le droit naturel de *légitime défense*. Or, ce droit n'est-il ouvert que quand le mal qu'il a pour but d'empêcher est déjà accompli? Si la loi déclare excusable le fait de tuer l'individu qui escalade une clôture attenant à une habitation (c. pén. art. 322 et 329), doit-on se montrer plus rigoureux envers le propriétaire qui repousse ou détruit une bête fauve prête à commettre des dégâts sur ses terres? Il paraît évident, au contraire, qu'il ne faut pas interpréter trop restrictivement le droit de légitime défense, lorsque, en définitive, son exercice tend simplement à la destruction d'un animal qui n'appartient à personne. S'il fallait attendre que les champs fussent ravagés, que les volailles fussent enlevées, pour être admis à repousser ou tuer les sangliers ou les renards auteurs de ces méfaits, la loi ne s'appliquerait presque jamais et le bénéfice qu'elle consacre serait illusoire : *Meliùs est occurrere in tempore, quàm post exitum vindicare.* L'art. 2 de la loi du 4 août 1789 fournit d'ailleurs un argument *à fortiori* en autorisant toute personne à tuer sur son terrain les pigeons qui y viennent aux époques fixées par les communautés (aujourd'hui les maires) pour la fermeture des colombiers. Cette interprétation, du reste, est conforme à la législation antérieure à 1844 et même à l'ancien droit (V. Ord. 10 janv. 1396; 25 mai 1413, art. 242 et 243; 18 août 1451; Décr. 4 août 1789, art. 3; L. 28-30 avr. 1790, art. 15), et il n'est pas à supposer que, contrairement à ce qui s'est pratiqué de tout temps, la loi de 1844 ait voulu restreindre l'exercice du droit de légitime défense au cas seulement où les bêtes fauves portent un dommage actuel. Les mots « qui porteraient dommage » doivent bien plutôt être entendus comme synonymes de « qui pourraient porter dommage ». Cette interprétation paraît confirmée par l'ensemble des travaux préparatoires de la loi de 1844 (V. notamment, le rapport de M. Lenoble, *Moniteur*, 1843, p. 1477, et les observations de MM. Dessaignes, Durand et Crémieux, dans la discussion, *Moniteur*, 1844, p. 328 et 329. — V. aussi *suprà*, n°s 759 et 764).

784. Il a été jugé que le droit de repousser ou de détruire les bêtes fauves peut être exercé, non seulement en cas de dommage actuel, mais encore en cas de dommage imminent, c'est-à-dire lorsque la propriété est attaquée ou même simplement menacée (Trib. corr. Vassy, 19 juill. 1882, aff. Barbe, D. P. 82. 5. 66), ou quand le dommage est assez imminent pour expliquer les moyens préservatifs employés (Rennes, 18 juill. 1887, aff. Meslier, D. P. 88, 2° partie). — Ce droit de destruction a pu légalement s'exercer: 1° à l'égard d'un cerf, stationnant depuis un certain temps dans des prairies, où sa présence prolongée rendait imminente la réitération du dommage auquel était journellement exposée, par suite de l'invasion de ces animaux, cette nature spéciale de propriété (Crim. rej. 14 avr. 1848, aff. Tardivel, D. P. 48. 1. 135); — 2° A l'égard de sangliers dont la présence, sur le territoire d'une commune où ils avaient déjà causé de grands dommages, constituait un danger continuel et imminent pour les propriétés de ce territoire (Metz, 28 nov. 1867, aff. Willemin, D. P. 68. 2. 123); — 3° A l'égard d'un cerf qui, chassé dans une forêt par les locataires de la chasse, se dérobant à leurs poursuites, s'était précipité dans la cour d'une ferme voisine où il pouvait porter atteinte à la propriété et aux personnes de la maison. Et il en est ainsi, alors surtout que la ferme est située dans une localité où les bêtes fauves se trouvent en grand nombre et causent beaucoup de dégâts aux propriétés voisines (Rouen, 25 févr. 1875, aff. Guesnier, D. P. 76. 2. 169); — 4° A l'égard d'un sanglier qui, se trouvant accidentellement dans un bois, dans le voisinage duquel il avait tout récemment commis des dégâts, offrait par sa présence un danger immédiat pour les propriétés voisines et pour les enfants (Caen, 8 déc. 1875, aff. Marchand, D. P. 76. 2. 169); — 5° A l'égard de renards, qui avaient déjà commis de nombreuses déprédations sur le territoire d'une commune, et dont la présence sur ce territoire constituait ainsi le péril imminent autorisant chacun à employer le moyen le plus efficace pour défendre sa propriété (Caen, 26 juin 1878, aff. Leblond, D. P. 80. 2. 73).

785. Pareillement, il n'y a pas de délit de chasse de la part de plusieurs individus qui, en temps prohibé et sans être munis de permis, tuent et capturent un chevreuil sur leur terrain, après que celui-ci, pour éviter la poursuite d'un chien qui ne leur appartenait pas, venait de franchir la clôture de plusieurs jardins voisins, avait dans sa course occasionné un dommage à la culture des propriétés par lui traversées, et avait particulièrement causé du dégât dans le jardin où il a été tué (Paris, 21 juin 1866, aff. Chevrier, R. F. t. 3, n° 510). — De même, tout propriétaire peut tuer, en tout temps, et sans être tenu de se conformer aux prescriptions des arrêtés préfectoraux relatifs à la destruction des animaux malfaisants ou nuisibles, les bêtes fauves (dans l'espèce, un sanglier), soit au moment où elles causent dans son bois des dévastations (Paris, 30 avr. 1881, aff. de Chaubry, D. P. 82. 5. 64); — Soit au moment où elles font irruption dans son bois, pour lequel leur présence constitue un péril imminent, alors, d'ailleurs, que le propriétaire ne s'est pas mis à la recherche de ces animaux. et que les dommages causés par leur présence dans la région avaient été constatés (Amiens, 31 août 1882, aff. Pégard, D. P. 82. 5. 64).

786. La *présence prolongée* de bêtes fauves sur une propriété, ou dans son voisinage, peut être considérée comme un dommage actuel ou imminent, qui justifie l'emploi, pour la destruction de ces animaux, des moyens usités en pareil cas, et même des armes à feu. Dès lors, ne commettent aucun délit les individus qui, sans être munis de permis, procèdent à une battue dans un bois à eux appartenant pour faire cesser les dégâts que des sangliers causaient presque chaque nuit dans leurs champs contigus à ce bois (Crim. rej. 29 déc. 1883, aff. Simonet-Peuchot, D. P. 84. 1. 96). — De même encore, la présence de loups dans un canton peut être considérée comme portant un dommage actuel et imminent qui justifie l'emploi, pour leur destruction, de tous les moyens employés en pareil cas, et notamment de la chasse à courre. En conséquence, il n'y a pas de délit de chasse de la part du maître d'une meute et de ses auxiliaires, qui, sur les instances des propriétaires d'une forêt, y détruisent, au moyen de la chasse à courre, plusieurs jeunes loups dont la présence constituait un péril imminent pour la propriété (Poitiers, 19 janv. 1883, aff. Nebout, D. P. 83. 2. 45, et sur pourvoi, Crim. rej. 28 avr. 1883, D. P. 83. 5. 53); — Alors surtout que, depuis quelques mois, les loups avaient, dans les communes voisines de la forêt, dévoré une quantité considérable d'animaux domestiques et attaqué plusieurs personnes qui avaient succombé plus tard aux atteintes de la rage (Arrêt précité du 19 janv. 1883). — De même encore, aucun délit n'est imputable au piqueur qui, avec l'autorisation de son maître et dans le bois de celui-ci, chasse et détruit plusieurs louvards avec un fusil et à l'aide de chiens, alors surtout que de nombreux dégâts avaient été commis par des loups dans les environs (Rennes, 15 déc. 1880, aff. Chauveau, R. F. t. 9, n° 56).

787. Plusieurs auteurs paraissent adopter une opinion intermédiaire, d'après laquelle le droit de destruction pourrait s'exercer, en cas de dommage *imminent*, à l'égard des *animaux carnassiers* ou des oiseaux de proie; et, seulement en cas de dommage *actuel*, à l'égard du *gibier proprement dit*, c'est-à-dire des animaux qui servent à l'alimentation (Jullemier, t. 2, p. 106; Menche de Loisne, n° 214; Villequez, t. 2, n° 69). Mais rien dans la loi ne commande cette distinction, qui ne semble pas non plus ressortir de la jurisprudence. Ajoutons aussi que M. Villequez atténue la restriction ainsi apportée à l'exercice du droit de destruction, en déclarant à l'abri de poursuites le propriétaire qui, s'apercevant des dégâts commis sur ses propriétés par tel ou tel animal, viendrait s'embusquer pour l'attendre et le tuerait au moment où il entrerait dans son champ pour renouveler ses dégâts, ceux de la veille justifiant son droit.

ART. 5. — *Des terrains sur lesquels peut s'exercer le droit de destruction des bêtes fauves.*

788. Reste à étudier *sur quel terrain* peut s'exercer le droit de destruction des bêtes fauves. Comme ce droit diffère du droit de chasse proprement dit et que la loi n'a pas déterminé les lieux sur lesquels le propriétaire, possesseur ou fermier peut l'exercer, nous pensons qu'il appartient aux *tribunaux* d'*apprécier souverainement*, d'après les circonstances, si l'acte incriminé constitue un véritable exercice du droit de légitime défense ou, au contraire, un simple fait de chasse réprimé par l'art. 11-2° comme délit de chasse sans autorisation sur le fonds d'autrui (V. *infrà*, n°s 897, 900 et suiv.). (V. dans ce sens: Giraudeau, n° 702). — Décidé que, le le propriétaire ou fermier qui se livre à la destruction de ces animaux en temps prohibé à l'aide de fusils et de chiens, soit sur ses terres, soit dans une forêt voisine, n'accomplit pas un fait de chasse, mais un acte de légitime défense en vertu du droit qui lui est reconnu par l'art. 9, § 3, *in fine*, de la loi du 3 mai 1844 (Rennes, 18 juill. 1887, aff. Meslier, D. P. 88, 2° partie). — V. aussi *suprà*, n° 762-2°.

La cour d'Orléans a jugé, en sens contraire, que le propriétaire, possesseur ou fermier ne peut exercer que sur ses terres le droit de destruction des bêtes fauves (Orléans, 26 oct. 1858, aff. Certin, D. P. 59. 2. 9).

Au surplus, il convient d'examiner séparément différents actes qui sont susceptibles d'être accomplis en vue de la destruction dont il s'agit.

789. A notre avis, les tribunaux peuvent admettre qu'il n'y a pas fait de chasse, mais exercice régulier du droit de légitime défense, de la part du propriétaire qui se met à l'*affût* sur le terrain d'autrui pour y tirer les bêtes fauves au moment où elles viendraient ravager son propre fonds, par exemple, dans le cas où ce dernier fonds est à découvert et ne se prête pas à une embuscade. Telle est aussi l'opinion de M. Giraudeau, n°s 702 et 703. Il a été décidé, dans le même sens, que l'on peut, en cas de danger imminent, s'embusquer avec une arme à feu, soit sur son terrain, soit même sur un terrain voisin (dans l'espèce, à 225 mètres du sien), pour voir arriver les bêtes fauves sans en être vu et les repousser ou les détruire (Metz, 28 nov. 1867, aff. Willemin, D. P. 68. 2. 123). — *Contrà :* Jullemier, t. 1, p. 110; Leblond, n° 158. — Jugé que l'immunité attachée au droit de destruction des bêtes fauves ne saurait être reconnue à un domestique qui a été surpris sur la propriété d'autrui (une forêt domaniale, dans l'espèce), porteur d'un fusil chargé et armé, et lui-même placé de manière moins à protéger le champ d'avoine de son maître qu'à pouvoir tirer tout gibier qui se serait présenté (Arrêt du 26 oct. 1858, cité *suprà*, n° 788). — Suivant M. de Neyremand, p. 66, le propriétaire ne peut s'embusquer sur le champ voisin, qu'autant que ce champ est assez rapproché du sien pour lui permettre de tirer sur sa propriété l'animal qui y porte dommage.

790. On peut *poursuivre* sur le terrain d'autrui les bêtes fauves que l'on a attaquées sur son propre terrain et dont on n'a pas perdu la piste ; s'il en était autrement, le droit de légitime défense serait illusoire (Championnière, p. 71 ; Duvergier, p. 130 ; Giraudeau, n° 705 ; Leblond, n° 159 ; de Neyremand, p. 61 ; Rogron, p. 118. — *Contrà :* Frémy, n° 22).

791. Toutefois, les auteurs sont divisés sur le point de savoir si la poursuite peut avoir lieu sur le fonds du voisin sans son *consentement* et, à plus forte raison, contre sa volonté. En faveur de l'affirmative, on soutient qu'il s'agit là d'un fait avantageux pour ce voisin (Duvergier, p. 130 ; Giraudeau, n° 707). A l'appui de la négative, on invoque le respect dû au droit de propriété (Leblond, n° 159 ; de Neyremand, p. 62). Entre ces deux opinions, il nous semble qu'il y a place pour un système intermédiaire, de nature à concilier à la fois les exigences du droit de légitime défense et le respect de la propriété ; nous pensons que la poursuite ne saurait être tolérée contrairement à la volonté du voisin, mais qu'elle peut être censée faite avec son consentement, et, par suite, être légale, s'il ne manifeste pas d'intention contraire.

792. En tout cas, lorsqu'une bête fauve porte dommage à un animal domestique, on ne saurait refuser au maître de cet animal le droit d'attaquer la bête fauve sur une propriété quelconque (Villequez, t. 2, n° 68). — V. *suprà*, n° 776.

793. Nous avons dit que la *capture* ou l'appréhension, sur le terrain d'autrui, d'un animal sauvage que l'on a tué ou blessé mortellement sur son propre fonds, ne constitue pas un délit de chasse sans autorisation (V. *suprà*, n°s 432 et suiv.). Ce principe est applicable aux bêtes fauves, dans le cas prévu par la disposition finale de l'art. 9, § 3-3°. — Ainsi, ne commet aucun délit de chasse le cultivateur qui, ayant blessé mortellement un sanglier portant dommage à sa propriété, va chercher et enlever, sur un terrain voisin appartenant à autrui, cette bête fauve qui était allée y mourir, alors surtout qu'il avait déposé son fusil, avant de sortir de sa propriété (Rouen, 21 déc. 1879, aff. Legros, D. P. 82. 5. 70).

SECT. 3. — DE LA DESTRUCTION DES ANIMAUX DOMESTIQUES (*Rép.* n° 196).

ART. 1er. — *Généralités.*

794. Les atteintes portées aux *animaux domestiques* sont régies par les règles du droit commun en matière de répression. Ainsi, l'individu qui tue ou blesse des animaux domestiques, notamment des *chiens* ou des *volailles*, ne fait pas acte de chasse; mais il peut être passible, selon les cas, de l'application : soit de l'art. 454 c. pén., qui frappe d'une peine correctionnelle quiconque a, sans nécessité, tué un animal domestique appartenant à autrui, dans un lieu possédé par le maître de cet animal à titre de propriétaire, locataire, colon ou fermier (V. *Dommage-destruction*) ; — Soit de l'art. 479-1° du même code, qui prononce une peine de simple police contre l'auteur d'un dommage causé volontairement aux propriétés mobilières d'autrui (V. *ibid.*, et *Contravention*). C'est ce qui a été jugé à l'égard d'un individu qui avait blessé à coups de pierres un faisan qu'il savait échappé d'une volière (Amiens, 9 mars 1882, aff. Datz, D. P. 82. 2. 152) ; — Soit des paragraphes 2, 3 ou 4 du même article et de l'art. 480 c. pén., qui répriment également de peines de simple police la mort ou les blessures involontaires des animaux ou bestiaux appartenant à autrui (V. *Contravention; Dommage*).

Il y a lieu de condamner à des dommages-intérêts le chasseur qui a tué des oiseaux rares, produit du croisement de faisans avec des poules, lesquels constituent des oiseaux de basse-cour (Trib. civ. la Flèche, 13 sept. 1875, cité par Giraudeau, n° 152).

Cependant, le propritaire, possesseur ou fermier peut, lorsque des volailles causent du dommage à son fonds, tuer ces animaux, mais seulement sur les lieux et au moment du dégât, en vertu de l'art. 12, tit. 2, de la loi des 28 sept.-6 oct. 1791 (V. *Droit rural*).

ART. 2. — *De la destruction des pigeons* (*Rép.* n° 196).

795. Les diverses espèces de *pigeons* ne sont pas susceptibles d'une réglementation uniforme, et leur *destruction* est soumise à des dispositions qui varient selon les circonstances et qu'il convient d'examiner successivement. C'est ce que nous faisons dans les numéros suivants.

Quant à la *propriété* de ces volatiles, V. *suprà*, n° 102 ; *infrà*, n°s 798, 799, 802 et 806.

796. — I. DU CAS OU UN ARRÊTÉ MUNICIPAL OU PRÉFECTORAL

ORDONNE DE TENIR LES PIGEONS RENFERMÉS DANS LES COLOMBIERS. — On sait que l'art. 2 du décret du 4 août 1789, après avoir aboli le droit exclusif de fuies et colombiers, porte que les pigeons seront renfermés aux époques fixées par les communautés ; que, durant ce temps, ils seront regardés comme gibier, et que chacun aura le droit de les tuer sur son terrain (*Rép.* n° 196). — L'injonction de tenir renfermés les pigeons à certaines époques est évidemment susceptible d'être formulée par les *maires*, aujourd'hui substitués aux communautés, dont parle l'art. 2 précité. — Peut-elle aussi émaner du préfet pour tout ou partie du département ? La raison de douter résulte de ce que, en principe, le préfet n'a pas qualité pour prescrire des mesures touchant la police rurale (V. *Règlement administratif*). Néanmoins l'affirmative est généralement admise (Leblond, n° 151 ; Villequez, t. 2, n° 85). Ce dernier auteur se fonde sur ce que ce fonctionnaire est « placé dans chaque département à la tête de l'administration, dont les attributions comprennent les mesures de police à prendre pour la protection des personnes et des propriétés ». La jurisprudence a consacré implicitement la même solution (Ch. réun. cass. 5 févr. 1844, *Rép.* v° *Commune*, n° 1329 ; Crim. cass. 14 mars 1850, aff. Matton-Gaillard, D. P. 50. 5. 24).

Les arrêtés municipaux ou préfectoraux ainsi pris par application de l'art. 2 du décret du 4 août 1789 ont pour sanction pénale l'art. 471-15° c. pén., qui punit d'une amende de 1 à 5 fr. ceux qui ont contrevenu aux règlements légalement faits par l'autorité administrative (Arrêt précité du 14 mars 1850). — V. *Règlement administratif*.

797. En conférant à *chacun* la faculté de tuer les pigeons sur son terrain pendant l'époque de fermeture des colombiers, le législateur comprend le *propriétaire*, le *possesseur*, le *fermier*, l'*usufruitier*, en un mot tous ceux qui ont le droit de faire la récolte (Villequez, t. 2, n° 78).

Il leur est loisible de recourir à des *auxiliaires* pour procéder à la destruction des pigeons dans les conditions prévues par le décret du 4 août 1789 (Giraudeau, n° 143 ; Villequez, n° 81. — V. *suprà*, n° 721). — Ils peuvent également *déléguer* à des tiers l'exercice de ce droit de destruction, et il convient d'appliquer à cette délégation ce que nous avons dit de la délégation relative à la destruction des animaux malfaisants ou nuisibles (Giraudeau, n° 143 ; Villequez, n° 81. — V. *suprà*, n°s 719 et suiv.). — Et l'on a vu (*Rép.* v° *Droit rural*, n° 139) que l'individu qui tue des pigeons sur des terres ensemencées, avec le consentement du propriétaire de ces terres, n'est point passible de poursuites correctionnelles.

798. Les pigeons étant déclarés *gibier* pendant le moment où ils doivent être renfermés, il s'ensuit que celui qui les trouve sur son terrain peut, non seulement les tuer, mais encore les *enlever* et se les *approprier*. Cette proposition, formulée au *Rép.* n° 196 et v° *Droit rural*, n° 141, est admise par la plupart des auteurs (Chardon, p. 97 ; Gillon et Villepin, n° 217 ; Giraudeau, n° 143 ; Leblond, n° 151 ; de Neyremand, p. 403 ; Rogron, p. 339 ; Villequez, n° 82 ; Observations, R. F. t. 2, n° 362. — Conf. Circ. min. int. 6 avr. 1887, *Bulletin du ministère de l'intérieur*, 1887, p. 72), ainsi que par la jurisprudence (Cass. 20 sept. 1823, aff. Chemin, *Bull. crim.*, n° 132 ; Orléans, 25 janv. 1842, *Rép.* v° *Droit rural*, n° 138 ; Crim. rej. 9 janv. 1868, aff. Lamolinerie, D. P. 68. 1. 359. — *Contrà :* Douai, 30 déc. 1831, aff. Dufresne, *Journal de droit criminel*, 1832, t. 2, n° 889 ; Douai, 14 avr. 1845, aff. Bois, rapporté par Petit, t. 1, p. 386 ; Trib. corr. Auxerre, 9 sept. 1864, aff. Godard, R. F. t. 2, n° 361).

799. Mais on ne peut exercer le droit de destruction dont il s'agit que *sur son terrain*, sous peine de tomber sous le coup, soit de l'art. 454 c. pén. pour délit de destruction d'un animal domestique, soit de l'art. 479-1° du même code, pour contravention de dommage volontaire à une propriété mobilière.

Et l'enlèvement des pigeons tués dans ces conditions constituerait un vol prévu et puni par les art. 379 et 401 c. pén. — Décidé que, même à l'époque où les pigeons doivent être renfermés et sont considérés comme gibier, il y a vol de la part de celui qui tue et s'approprie les pigeons d'autrui, sur le terrain de leur propriétaire (Orléans, 25 janv. 1842, cité *suprà*, n° 798) ; — Et même de la part de celui qui tue, sur un terrain dont il n'est pas propriétaire, des pigeons appartenant à autrui (Paris, 11 nov. 1857, aff. Brisson, D. P. 59. 5. 416).

800. D'autre part, l'exercice du droit de destruction des pigeons n'est assujetti qu'aux deux conditions requises par l'art. 2 du décret du 4 août 1789, celle de fermeture des colombiers ordonnée par un arrêté administratif et celle de destruction sur son terrain. — Ainsi, il n'est pas subordonné à la délivrance préalable d'un *permis de chasse* (Berriat, p. 97 ; Chardon, p. 96 ; Demolombe, t. 10, n° 180 ; Duvergier, p. 50 ; Giraudeau, n° 143 ; Gislain, n° 107 ; Leblond, n° 151 ; de Neyremand, p. 402 ; Petit, n° 200 ; Rogron, p. 340 ; Villequez, n° 80. — V. dans le même sens : Rouen, 14 févr. 1845, cité au *Rép.* n° 196 ; Rennes, 29 oct. 1847, aff. Delalande, D. P. 49. 2. 225). — Il n'est pas non plus limité à l'époque de l'*ouverture de la chasse* (Giraudeau, de Neyremand, Rogron et Villequez, *loc. cit.*). Il peut s'accomplir pendant la *nuit*. — Et il n'est pas nécessaire que les pigeons causent un *dommage actuel* aux récoltes au moment où ils sont tués, ni même qu'ils se soient abattus sur une pièce de terre ensemencée (Giraudeau, Villequez, *loc. cit.* — *Contrà :* Arrêt précité du 14 févr. 1845 ; Paris, 11 nov. 1857, cité *suprà*, n° 799).

801. — II. DU CAS OU UN ARRÊTÉ PRÉFECTORAL DÉCLARE LES PIGEONS ANIMAUX NUISIBLES. — On décide généralement, ainsi que nous l'avons fait au *Rép.* n° 196, que le préfet peut classer les pigeons parmi les *animaux nuisibles* (Championnière, p. 62 et 63 ; Chardon, p. 95 ; Gillon et Villepin, n° 215 ; Giraudeau, n° 665 ; Petit, n°s 190 et 200). Nous avons fondé cette solution sur les travaux préparatoires de l'art. 9 de la loi du 3 mai 1844, en soutenant que c'était pour comprendre les pigeons ainsi que les lapins dans l'art. 9, § 3-3°, que la Chambre des députés avait, sur les instances de MM. de Morny et Beaumont, ajouté à ces mots : « *les espèces d'animaux malfaisants* », ceux-ci « *ou nuisibles* ». Cependant, comme la portée de cette addition a été contestée, il importe de donner quelques détails à ce sujet. Le projet primitif de l'art. 9, § 3, mentionnait les animaux malfaisants, sans parler des animaux nuisibles. M. de Beaumont a observé qu'il y a un animal qui n'est pas compris dans cette catégorie et qui devrait y être, le pigeon ; il voulait que le fermier fût autorisé à tirer et à tuer les pigeons qui viennent manger ses semailles. Le garde des sceaux lui a répliqué : « Nous faisons une loi sur la chasse ; je crois que l'honorable orateur qui vient de prendre la parole contre les pigeons devrait savoir que c'est dans la loi sur la police rurale que doivent se trouver ces dispositions. Dans la loi actuelle, il n'y a rien qui déroge sous ce rapport aux lois sur la matière ». M. de Beaumont a insisté en ces termes : « Si l'on veut mettre toute espèce d'animaux malfaisants, le pigeon y sera nécessairement compris. Je voudrais qu'on ajoutât le mot *nuisibles* ». — « Mettez *nuisibles*, si vous voulez, a répondu M. Hébert ; mais je demande qu'on maintienne l'article du Gouvernement ». C'est dans ces circonstances que le mot *nuisibles* a été inséré dans l'art. 9, § 3 (*Moniteur* du 16 févr. 1844, p. 328 et 329). — M. Villequez, t. 2, n° 86, prétend que cette discussion n'est pas assez explicite pour conférer au préfet le pouvoir de classer parmi les animaux nuisibles des animaux appartenant à un maître, tels que les pigeons, ce qui permettrait au propriétaire, possesseur ou fermier de les tuer en tout temps, sur ses terres, abstraction faite de tout dommage (Comp. Duvergier, p. 50 ; Rogron, p. 338 et 339).

En tout cas, rien ne s'oppose à ce que les pigeons qui vivent *à l'état sauvage* soient classés, par les arrêtés réglementaires de la police de la chasse, dans la nomenclature des animaux nuisibles (Circ. min. int. 6 avr. 1887, *Bulletin du ministère de l'intérieur*, 1887, p. 72).

802. Lorsque les pigeons ont été déclarés animaux nuisibles, ils deviennent la propriété de celui qui les a tués légitimement, de même que tous autres animaux nuisibles classés comme tels par le préfet (V. *suprà*, n°s 142 et suiv.).

803. Pour être régulière, leur destruction doit avoir lieu conformément aux conditions prescrites par l'arrêté préfectoral. Elle peut s'opérer en tout temps, sans permis de chasse, et indépendamment de tout dommage, comme on l'a dit au *Rép.* n° 196 (V. *suprà*, n°s 725 et suiv.).

804. — III. DU CAS OU LES PIGEONS N'ONT ÉTÉ L'OBJET D'AUCUN ARRÊTÉ MUNICIPAL OU PRÉFECTORAL. — Si les pigeons n'ont été l'objet d'aucun arrêté municipal ou préfectoral, soit pour déterminer l'époque pendant laquelle les colombiers doivent être fermés, par application de l'art. 2 du décret du 4 août 1789, soit pour les ranger au nombre des animaux nuisibles, le propriétaire, possesseur ou fermier n'est pas sans défense pour se prémunir contre les dégâts qu'ils sont susceptibles d'occasionner. Mais il y a controverse sur la loi qui, dans cette hypothèse, consacre le droit de *légitime défense.*

D'après une opinion, le droit de destruction des pigeons peut s'exercer en vertu de la disposition finale de l'art. 9, § 3-3°, de la loi du 3 mai 1844, relative aux *bêtes fauves* (Leblond, n° 151 ; de Neyremand, p. 403 ; Petit, t. 1, p. 385. — Conf. Rouen, 7 août 1862, aff. Lemarchand, D. P. 64. 2. 152, *suprà*, n° 763). — Mais il semble difficile d'assimiler les pigeons à des bêtes fauves, surtout depuis que la jurisprudence de la cour de cassation restreint cette qualification aux quadrupèdes d'une certaine catégorie (V. *suprà*, n°s 764 et suiv.).

Selon un deuxième système, qui se fonde implicitement sur l'art. 2 du décret du 4 août 1789, à défaut d'arrêté préfectoral classant les pigeons parmi les animaux nuisibles, ou d'arrêté municipal enjoignant de les tenir renfermés dans les colombiers, on peut les tirer pourvu que ce soit sur son fonds et pendant qu'ils causent un dommage aux récoltes. — Jugé : 1° que, si les municipalités négligent de déterminer les époques pendant lesquelles il est permis de tuer les pigeons qui causent des dévastations, la faculté n'est pas anéantie ; car les propriétaires la tiennent, non de l'Administration, mais de la loi. Seulement, dans ce cas, la preuve qu'ils l'ont exercée légitimement, et au moment où les pigeons causaient du dommage à leurs semences ou à leurs récoltes, est à leur charge (Crim. rej. 1er août 1829, *Rép.* v° *Droit rural*, n° 134 ; Rouen, 14 févr. 1845, aff. Fournier, D. P. 45. 2. 57) ; — 2° Que, en dehors du temps où ils doivent être tenus renfermés, les pigeons peuvent être tués par celui sur le champ duquel ils causent actuellement un dommage (Crim. rej. 9 janv. 1868, aff. Lamolinerie, D. P. 68. 1. 359) ; — Ou par son préposé (Arrêts précités des 14 févr. 1845 et 9 janv. 1868).

Cependant, il nous paraît préférable d'assimiler les pigeons aux *volailles* et de leur appliquer l'art. 12, tit. 2, de la loi des 28 sept.-6 oct. 1791, aux termes duquel : « Si des volailles, de quelque espèce que ce soit, causent du dommage, le propriétaire, le détenteur ou le fermier qui l'éprouvera pourra les tuer, mais seulement sur le lieu, au moment du dégât ». — Cette théorie, déjà exposée au *Rép.* n° 196, a été adoptée par Duvergier, sur l'art. 9 de la loi du 3 mai 1844 ; Gillon et Villepin, n° 217 ; Giraudeau, n° 144 ; Jullemier, t. 1, p. 115 ; Villequez, n° 83. Elle est confirmée par plusieurs décisions judiciaires (Rouen, 24 août 1854, aff. B..., R. F. t. 3, n° 490 ; Rouen, 5 mars 1874, aff. Foulon, R. F. t. 6, n° 26). — V. toutefois en sens contraire : Crim. cass. 27 sept. 1821, aff. Delamarche, *Bull. crim.*, n° 153 ; Crim. cass. 5 oct. 1821, aff. Tartier, *ibid.*, n° 160, qui déclarent que la dénomination de volailles ne s'applique qu'aux animaux qu'on tient en état de domesticité et qui sont susceptibles d'être gardés à vue.

805. Le droit de destruction dont il s'agit ne peut s'exercer que *sur le terrain* du propriétaire, possesseur ou fermier, et au moment même du *dégât* (Arrêts du 24 août 1854 et du 5 mars 1874, cités *suprà*, n° 804). — Mais il n'est pas assujetti à la délivrance d'un permis de chasse (Arrêt du 14 févr. 1845, cité *suprà*, n° 804).

806. On a vu au *Rép.* n° 196, que les pigeons, n'étant réputés gibier que durant l'époque où ils doivent être renfermés, appartiennent, hors de cette époque, au propriétaire de leur colombier, et qu'en conséquence celui qui tue, même sur son terrain, et qui s'approprie des pigeons, hors du temps où ils sont réputés gibier, se rend coupable de vol. La jurisprudence est fixée dans le même sens (Crim. cass. 20 sept. 1823, aff. Lamboy, *Rép.* n° 137 ; Rouen, 24 août 1854, aff. B..., R. F. t. 3, n° 490 ; Crim. rej. 9 janv. 1868, aff. Lamolinerie, D. P. 68. 1. 359 ; Rouen, 5 mars 1874, aff. Foulon, R. F. t. 6, n° 26) ; — Alors même qu'on les a tués sur son propre terrain et au moment du dégât (Même arrêt du 24 août 1854. — Conf. Giraudeau, n° 145. — *Contrà :* Gillon et Villepin, n° 217 ; Villequez, t. 2, p. 192). — Il en est ainsi, du moins quand les circonstances du fait révèlent une intention de fraude, et, par exemple, lorsque les pigeons ont été cachés sous ses vêtements par celui qui venait de les tuer sur un terrain à lui appartenant (Arrêt précité du 9 janv. 1868). — Jugé également que l'on ne saurait considérer comme un acte de chasse, le fait de tuer sur le terrain d'autrui et de s'approprier des pigeons de fuie ou colombier dans un temps où un arrêté préfectoral ne les a pas classés au nombre des animaux nuisibles, ces pigeons ne pouvant être alors considérés comme du gibier (Rennes, 29 oct. 1847, aff. Delalande, D. P. 49. 2. 225).

Ajoutons que, si celui qui a tué les pigeons d'autrui, en dehors de tout arrêté municipal ou préfectoral, les a laissés sur place au lieu de se les approprier, il n'est passible que des peines de simple police édictées par l'art. 479 c. pén.

807. — IV. DES RÈGLES RELATIVES A LA CONSERVATION DES PIGEONS VOYAGEURS. — La législation qui vient d'être exposée ne protège pas suffisamment le *pigeon voyageur.* En raison des services spéciaux auxquels on l'emploie, cet oiseau ne rentre plus dans les conditions prévues par la loi du 4 août 1789, et semble comporter une réglementation spéciale. Le pigeon de course perd son caractère de gibier et devient un oiseau essentiellement utile. L'oiseau qui peut, à l'occasion, servir de messager à une population assiégée ne semble pas avoir moins de titres que celui dont l'utilité consiste à dévorer les insectes, pour être compris dans la catégorie des oiseaux utiles et bénéficier ainsi de la disposition de la loi du 22 janv. 1874, qui permet aux préfets de prendre des arrêtés pour protéger ces espèces contre la destruction. Aussi le ministre de l'intérieur a-t-il invité les préfets à prendre un arrêté à l'effet d'interdire, dans leur département, la capture et la destruction, en tout temps et par tous procédés, des pigeons voyageurs (Circ. min. int. 6 avr. 1887, *Bulletin du ministère de l'intérieur*, 1887, p. 73). — Aux termes de cette circulaire, si le département se trouve du nombre de ceux où la chasse de certaines espèces utiles est déjà prohibée par la réglementation en vigueur, l'arrêté à prendre à l'occasion des pigeons de course pourrait sans inconvénient en reproduire la liste et donner ainsi une nomenclature complète des oiseaux dont la chasse est interdite sous toutes les formes et en toute saison. Cet arrêté doit viser la loi du 4 août 1789, celle du 22 janv. 1874 et l'arrêté, s'il y a lieu, qui régit la police de la chasse dans le département.

808. Suivant la même circulaire, la constatation des contraventions, qui incombe, par l'effet de l'arrêté préfectoral, aux divers agents chargés de la police de la chasse, ne présente aucune difficulté. Pour s'assurer si les pigeons capturés ou abattus appartiennent aux espèces dont la chasse est interdite, il suffit aux agents de vérifier s'ils portent, sous les grandes pennes des ailes, le cachet d'une société ou d'un établissement colombophile. Tout pigeon revêtu de cette marque fait partie des colombiers postaux. Quant au chasseur, il peut reconnaître assez facilement le pigeon voyageur, oiseau de haut vol et de petite taille, pour ne pas le confondre avec les espèces domestiques ou sauvages.

CHAP. 8. — De la défense de vendre, d'acheter, de transporter et de colporter le gibier pendant le temps où la chasse est interdite. — De la défense de prendre ou détruire des œufs et couvées (*Rép.* n°s 208 à 229).

SECT. 1re. — DE LA DÉFENSE DE METTRE EN VENTE, DE VENDRE, D'ACHETER, DE TRANSPORTER ET DE COLPORTER LE GIBIER PENDANT LE TEMPS OU LA CHASSE EST INTERDITE (*Rép.* n°s 208 à 226).

809. On sait que le paragraphe 1er de l'art. 4 de la loi du 3 mai 1844 défend, sous les peines édictées par l'art. 12-4° (V. *infrà*, n°s 964 et 997), la mise en vente, la vente, l'achat, le transport et le colportage du gibier, pendant le temps où la chasse est prohibée. Au *Rép.* n°s 208 à 210, nous avons indiqué les motifs sur lesquels est fondée cette interdiction, les objections auxquelles elle a donné lieu lors de la discussion parlementaire et les mesures analogues admises dans l'ancien droit. Il importe aussi de remarquer qu'avant la loi de 1844, quoique la chasse fût interdite pendant une partie de l'année, le commerce du gibier était permis en tout temps ; les braconniers trouvant toujours à se défaire du produit de leurs délits, exerçaient leur coupable industrie dans toutes les saisons (Instr. min. just. 9 mai 1844, *Rép.* p. 108, note, n° 4). Depuis quelques années, le commerce et le transport du gibier, pendant la fermeture de la chasse, ont vivement préoccupé l'attention des pouvoirs publics; ils ont tenu une grande place dans les diverses propositions de loi qui ont été présentées au Parlement en vue de modifier la loi de 1844. Tel est aussi l'objet de l'art. 4 de la proposition votée par le Sénat en deuxième délibération, le 23 nov. 1886 (V. *suprà*, n° 6); nous examinerons ses dispositions en étudiant chacune des questions spéciales auxquelles elles se rapportent.

Art. 1er. — *Des éléments constitutifs du délit prévu par l'art.* 4, § 1er (*Rép.* nos 210 à 222).

§ 1er. — Des actes compris dans la prohibition (*Rép.* nos 210 à 212, 289, 290).

810. — I. De la mise en vente. — Pour atteindre plus efficacement le but qu'elle s'est proposé, la loi de 1844 interdit, pendant la fermeture de la chasse, la *mise en vente* du gibier, alors même qu'elle n'a pas été suivie de vente. Par mise en vente il faut entendre l'exposition aux regards du public, l'étalage dans un magasin ou une boutique (Gillon et Villepin, n° 84; Giraudeau, n° 384; Petit, t. 1, p. 501; Rogron, p. 65). Elle ne s'applique pas au gibier qui se trouve hors des regards du public, soit dans un appartement privé, soit même dans un magasin de réserve où le public n'est pas admis (Giraudeau et Rogron, *loc. cit.*). Quant au point de savoir si la détention du gibier durant la clôture de la chasse ne constitue pas moins un délit, V. *infrà*, n° 880.

811. — II. De la vente et de l'achat. — L'art. 4 défend l'*achat* aussi bien que la *vente* du gibier en temps prohibé. Les motifs qui ont décidé le législateur à réprimer l'achat sont développés au *Rép.* n° 210 (V. aussi Gillon et Villepin, nos 84 et 85; Rogron, p. 68). — Cette défense est générale, et, par conséquent, elle s'applique non seulement en cas de vente publique, mais encore en cas de vente secrète, conclue par exemple dans l'intérieur d'un magasin ou d'une demeure particulière (Giraudeau, n° 385). Ce dernier auteur (n° 387), émet l'avis que l'art. 4 ne s'étend pas à la vente d'une certaine quantité de gibier *à livrer ultérieurement*, dans un délai déterminé; il se base sur la disposition du paragraphe 2 de l'art. 4 qui prescrit la saisie du gibier, et, dès lors, suppose que la vente a été suivie de la livraison immédiate. Telle n'est pas notre opinion; l'hypothèse dont il s'agit ne paraît pas susceptible d'échapper à l'application des termes généraux de l'art. 4, § 1er, qui n'admettent aucune distinction à raison de la livraison ou du défaut de livraison du gibier. — Mais il faut que l'opération soit parfaite par le consentement des parties. Ainsi, l'individu qui, pendant la clôture de la chasse, se borne à *marchander* du gibier sans l'acheter, ne commet aucun délit, alors même que les pourparlers auraient lieu sur la place publique; le marchand seul est punissable, à raison de la mise en vente. Et le consommateur ne saurait être poursuivi comme complice (Giraudeau, nos 385 et 386).

812. La plupart des auteurs étendent à l'*échange* la disposition de l'art. 4, § 1er relative à la vente, par le motif que l'échange n'est qu'une vente dans laquelle le prix consiste en un objet autre qu'une somme d'argent (Giraudeau, n° 394; Petit, t. 1, p. 501 et 506; Rogron, p. 68). — Il en est autrement de la *donation*, qui ne saurait être assimilée à la vente. Par suite, le donateur et le donataire de gibier pendant la fermeture de la chasse ne sont passibles d'aucune poursuite (Giraudeau, n° 393; Petit, *loc. cit.*; Rogron, p. 69), à moins qu'ils ne contreviennent aux dispositions de l'art. 4 qui défendent le transport ou le colportage.

813. — III. Du transport. — La loi réprime, en temps prohibé, même le *simple transport* du gibier, indépendamment de toute intention de vendre. Cette disposition n'a pas été adoptée sans de vives discussions à la Chambre des députés et à celle des pairs, que nous avons indiquées au *Rép.* nos 211 et 212, et qui ont été reproduites en détail par Gillon et Villepin, nos 88 et suiv.

Il ne faut pas confondre avec le transport ordinaire le simple transit, du moins lorsqu'il s'agit du gibier exotique (V. *infrà*, n° 851). — Quant au transit du gibier indigène, V. *infrà*, n° 862.

Ajoutons avec M. Giraudeau, n° 383, que le délit existe quels que soient le mode de transport employé et sa clandestinité (V. *infrà*, nos 815 et suiv.).

814. Le transport du gibier pendant la fermeture de la chasse est soumis aux règles générales sur la *complicité*. Spécialement, se rend complice du délit de transport de gibier en temps prohibé, celui qui, pour faciliter à un chasseur le transport d'une grosse pièce de gibier tuée après la clôture de la chasse, aide le délinquant à la charger sur ses épaules et se charge à son tour du fusil (Crim. cass. 10 nov. 1864, aff. Aimé, D. P. 64. 1. 504). — Les *entrepreneurs de transports* et les *chefs de gare* dans les chemins de fer doivent être déclarés pénalement responsables de tout transport de gibier en violation des lois et règlements (Martin, *Code nouveau de la pêche fluviale*, 6e éd., n° 423. — V. *infrà*, n° 815). — Rappelons que celui qui expédie du gibier en temps prohibé doit être puni, soit comme vendeur, soit comme complice de l'individu auquel il en a confié le transport (V. *Rép.* n° 289). — Sur la complicité en matière de délit de chasse, V. *infrà*, nos 1095 et suiv.

815. La *bonne foi* ne constitue pas, en matière de chasse, une excuse de nature à faire disparaître le caractère délictueux du fait incriminé, ainsi qu'on le verra *infrà*, nos 1079 et suiv. Cette règle doit être appliquée dans toute sa rigueur aux infractions de colportage ou de transport de gibier, en temps prohibé; en pareille matière, le fait matériel de l'infraction étant établi, les juges n'ont pas à rechercher si l'agent avait ou n'avait pas l'intention de violer la loi; la constatation de la bonne foi peut motiver le *minimum* de la peine, mais non l'acquittement (Nîmes, 19 mars 1880, aff. X..., R. F. t. 10, n° 108). En conséquence, l'entrepreneur de messageries ou le conducteur de diligence serait pénalement responsable du transport par lui effectué, en temps prohibé, de gibier qui se trouverait, à son insu, dans des bourriches ou des paniers, alors même que ce gibier serait dissimulé au fond d'un panier rempli de fruits, de légumes ou de volailles (Giraudeau, nos 390 et 391. — *Contrà :* Gillon et Villepin, n° 322). — Pareillement, il y a délit de la part du chef de train de chemin de fer, qui transporte, après la clôture, des paniers fermés contenant du gibier sous la fausse indication de volailles, malgré sa bonne foi et la solvabilité de l'expéditeur (Paris, 18 avr. 1857, B. A. F. t. 7, p. 218; Paris, 13 et 27 août 1857, aff. Delacquy, *Gazette des tribunaux* des 13 juin et 29 août 1857, cités par Giraudeau, n° 748). — Et l'entrepreneur de messageries qui transporte du gibier en temps prohibé ne peut obtenir son renvoi de la poursuite en faisant connaître l'expéditeur (Arrêt précité du 18 avr. 1857). — V. aussi *infrà*, nos 864 et suiv.

816. Cependant, si les juges n'ont pas à tenir compte de la bonne ou mauvaise foi du prévenu, il en est autrement de l'*absence de volonté*, le fait du transport n'étant délictueux qu'autant qu'il a été commis librement. Et, à cet égard, la présomption que l'individu surpris, sur la voie publique, transportant du gibier en temps prohibé, agissait librement et volontairement, doit céder devant la preuve contraire rapportée par celui-ci (Crim. rej. 9 déc. 1859, aff. Carbonnel, D. P. 60. 1. 144. — Comp. Amiens, 23 févr. 1882, aff. Alleaume, D. P. 84. 5. 60). — Dès lors, échappe à la censure de la cour de cassation l'arrêt qui acquitte un facteur de messageries poursuivi pour transport de gibier en temps prohibé, en se fondant sur ce que ce facteur n'a ni connu ni pu connaître le contenu du colis dans lequel le gibier était renfermé, alors surtout que l'arrêt désigne en même temps, d'une manière implicite, l'individu sur lequel doit porter la responsabilité pénale (Arrêt précité du 9 déc. 1859). — Il a été jugé également que le transporteur peut être relaxé des poursuites, s'il établit qu'il lui a été absolument impossible de connaître le contenu des bourriches par lui transportées (Nîmes, 19 mars 1880, aff. X..., R. F. t. 10, n° 108).

Selon M. Giraudeau, nos 390 et 391, le conducteur de diligence de bonne foi n'est point en délit, si le gibier se trouve dans une caisse clouée ou fermée à clef, alors d'ailleurs que, à raison de la qualité ou profession soit de l'expéditeur, soit du destinataire, rien n'indique que cette caisse puisse renfermer du gibier, ou si les bourriches ou paniers sont avec le voyageur, ou si celui-ci s'oppose à toute visite, ou si, sur l'interpellation du conducteur, il déclare ne point avoir de gibier prohibé. — Dans un sens contraire, il convient de citer un jugement du tribunal correctionnel de la Seine, du 21 sept. 1844, qui a été analysé au *Rép.* n° 290.

817. — IV. Du colportage. — La loi interdit, durant la clôture de la chasse, le *colportage* du gibier, c'est-à-dire son transport avec l'intention de l'offrir en vente, comme on l'a dit au *Rép.* n° 211. Et, à cet égard, peu importe le mode ou la clandestinité du colportage (Giraudeau, n° 383).

§ 2. — Des animaux auxquels s'applique ou non la prohibition (*Rép.* nos 213 à 218).

N° 1. — *Du gibier* (*Rép.* nos 213 à 218).

818. La défense de mettre en vente, de vendre, d'acheter, de transporter et de colporter le gibier en temps prohibé est générale et s'étend à toute espèce de gibier. Mais le mot *gibier* ne comprend ici, ainsi qu'on l'a fait observer au *Rép.* n° 213, que les *animaux sauvages dont la chair est bonne à manger*. Tel est aussi l'avis de tous les auteurs (Berriat, p. 40; Championnière, p. 34; Giraudeau, n° 400; Petit, t. 1, p. 33; Rogron, p. 71).

Nous avons donné au *Rép. loc. cit.*, l'énumération des animaux que l'on regarde habituellement comme du gibier. — A la liste des *quadrupèdes* ou *gibier de poil* que nous reproduisons, M. Giraudeau, n° 401, ajoute l'écureuil. — Indépendamment des *oiseaux* ou *gibier de plume* que nous avons rangés sous la qualification de gibier proprement dit, le même auteur considère comme tels le bruant, l'engoulevent, la huppe, la mauviette, le mauvis, le motteux, le pigeon ramier ou palombe, le pilet. Il refuse, 402, n° cette dénomination à la cigogne, au geai; mais c'est à tort. Il conviendrait encore, suivant nous, de traiter comme gibier le cygne, l'étourneau, le cormoran, le rouge-gorge, le gros-bec (*Contrà:* Giraudeau, n° 402). — En Belgique, il a été jugé que le merle et l'étourneau ne sont pas du gibier; que, par suite, le fait de tuer des oiseaux de cette espèce et de les colporter en temps prohibé tombe sous l'application de l'arrêté royal du 21 avr. 1873 (aujourd'hui remplacé par celui du 1er mars 1882, *suprà*, n° 14), relatif aux oiseaux insectivores (Trib. corr. Termonde, 14 janv. 1880, aff. Min. publ. C. Verlée et Timmermans, *Pasicrisie belge*, 1880. 3. 207).

En ce qui concerne spécialement les oiseaux de passage et le gibier d'eau, V. *suprà*, nos 677 et 685.

819. Dans une espèce où un individu, après s'être efforcé de rompre la poursuite à laquelle des chiens avaient été entraînés par leur instinct, leur avait arraché des lambeaux d'un lapereau qu'ils avaient saisi et sur lequel ils s'acharnaient, un arrêt a pu, sans violer aucune loi, décider que ces *lambeaux* ne constituaient pas du gibier dans le sens de la disposition qui en interdit le transport pendant le temps où la chasse n'est pas permise (Crim. rej. 18 févr. 1865, aff. Sauldubois, D. P. 68. 5. 62).

A. — Du gibier indigène (*Rép.* nos 213 à 216, 280).

820. — I. Du gibier vivant. — L'art. 4 de la loi de 1844 n'établit aucune distinction entre le *gibier vivant* et le *gibier mort*. Il en résulte, ainsi qu'on l'a vu au *Rép.* n° 215, qu'en principe l'une et l'autre sorte de gibier tombent sous le coup de cet article (Berriat, p. 39; Championnière, p. 35; Chardon, p. 53; Gillon et Villepin, n° 91; Giraudeau, n° 425; Petit, t. 1, p. 593; Rogron, p. 72. — Conf. Paris, 25 juill. 1863, cité par Giraudeau, *loc. cit.* — *Contrà:* Réné, p. 15). — Aucune exception n'est établie par le législateur en faveur du gibier vivant qui est destiné non à la consommation, mais à un but d'agrément ou à tout autre usage (Trib. corr. Lille, 20 juill. 1844, cité au *Rép.* n° 215), et notamment à la reproduction, par exemple pour repeupler un parc (Giraudeau, n° 425; R. F. t. 2, n° 304, note 1).

821. Toutefois, dans la pratique, l'Administration accorde, depuis un certain nombre d'années, des *permis de transport*, ou *autorisations* de transporter le gibier vivant, soit dans l'intérêt de sa *reproduction*, soit pour cause de *changement de domicile*. Il y a lieu, à cet effet, de s'adresser, par simple lettre, soit au préfet du département (et à Paris, au préfet de police), si le transport a lieu dans un seul département, soit au ministre de l'intérieur, si le gibier doit être transporté d'un département dans un autre (Circ. min. int. 22 juill. 1851, § 35 et 37, R. F. t. 4, n° 608; *Bulletin du ministère de l'intérieur*, 1851, p. 303; Circ. min. int. 12 févr. 1884, *ibid.*, 1884, p. 29). — Néanmoins, il a été jugé que le transport du gibier vivant, pendant la fermeture de la chasse, ne peut être autorisé que par le préfet de chaque département, à l'exclusion du ministre de l'intérieur, pour favoriser le repeuplement des oiseaux (Trib. corr. Mans, 31 août 1883, aff. Legendre, D. P. 83. 5. 67).

Aux termes de l'art. 5, § 3, de la proposition de loi votée par le Sénat, le 23 nov. 1886 (V. *suprà*, n° 6), le transport du gibier vivant peut être autorisé pour le repeuplement par le ministre de l'intérieur et moyennant les conditions prescrites par lui.

822. En interdisant l'exercice du droit de chasse pendant une partie de l'année, le législateur a voulu empêcher la destruction complète et favoriser la reproduction du gibier. Les permis de transport de gibier vivant délivrés pendant le temps où le colportage est interdit n'ont leur raison d'être qu'autant qu'ils tendent au même but, et il est nécessaire de veiller à ce qu'ils ne servent pas à faire passer en fraude des produits destinés à la consommation (Circ. min. int. 12 févr. 1884, *Bulletin du ministère de l'intérieur*, 1884, p. 30). Aussi des mesures ont-elles été édictées pour prévenir les abus. — La circulaire ministérielle du 22 juill. 1851, § 35, a décidé que les préfets, à qui des permis de transport seraient demandés, devraient exiger un *certificat de provenance* délivré par le maire de la commune d'origine, indiquant exactement l'espèce et le nombre des animaux, constatant qu'ils ont été élevés sur la propriété de celui qui veut les transporter, et que, de plus, ce transport n'a pas lieu dans un intérêt de commerce et de consommation. — Quant aux permis délivrés directement par l'administration centrale, la circulaire du 12 févr. 1884 a prescrit qu'ils ne seraient plus accordés que sur un avis favorable, donné après enquête, par le préfet; que cet avis serait motivé par la constatation préalable : 1° que les animaux à transporter ont été élevés par le pétitionnaire ou sur sa propriété; 2° qu'ils ne sont pas le produit du braconnage; 3° qu'ils ne sont pas destinés à la consommation, mais au repeuplement.

823. Mais, au cours de la délibération, au Sénat, de la proposition de loi modificative de la loi du 3 mai 1844 (V. *suprà*, n° 6), l'attention du Gouvernement a été appelée sur le colportage et la vente illicites du gibier. En attendant que la loi en préparation fournisse des moyens nouveaux de réprimer les délits de cet ordre, le Gouvernement a pris l'engagement d'assurer la stricte exécution de la loi en vigueur. Il résulte d'une circulaire ministérielle du 22 janv. 1887 (*Bulletin du ministère de l'intérieur*, 1887, p. 11), que l'interdiction de vendre et de colporter le gibier pendant la fermeture de la chasse ne comporte d'exception que pour le colportage et la vente du gibier pendant la suspension momentanée de la chasse en temps de neige; pour le colportage des sangliers détruits comme animaux nuisibles, qui peut avoir lieu en tout temps sans autorisation, et pour le colportage des lapins de garenne, dans les départements où l'arrêté du préfet en permet la destruction en tout temps. En dehors des exceptions qui précèdent, aucun gibier indigène ne peut être colporté ou vendu après la clôture, à moins que la réglementation établie n'autorise des chasses exceptionnelles. Dans les départements où ces sortes de chasses sont permises, le seul gibier qui puisse être colporté après la clôture principale, c'est celui qui fait l'objet de ces chasses, et dont la nomenclature est dressée, en ce qui concerne le gibier d'eau et les oiseaux de passage, par l'arrêté pris en vertu de l'art. 9 de la loi du 3 mai 1844 modifiée par celle du 22 janv. 1874.

En tout cas, il est recommandé aux préfets d'informer les impétrants que l'autorisation qui leur est accordée ne saurait les garantir complètement contre des poursuites judiciaires, la solution de la question de la légalité de ce fait de colportage appartenant aux tribunaux (Circulaire précitée du 12 févr. 1884).

824. Il n'est pas douteux, d'ailleurs, que l'autorisation de transporter, après la clôture de la chasse, des chevreuils destinés au repeuplement d'un parc, ne confère pas à celui qui l'a obtenue le droit de se livrer, en vue de s'emparer du nombre de chevreuils vivants qui lui sont nécessaires, à des actes de chasse interdits par la loi du 3 mai 1844. Spécialement, on ne pourrait se prévaloir d'une semblable autorisation pour chasser, en temps prohibé et à l'aide de panneaux ou autres engins dont l'usage est défendu, le gibier dont on voudrait s'emparer vivant dans le but de repeupler un parc (Paris, 25 juill. 1863, aff. Lebatard, R. F. t. 2, n° 304. — Comp. Dijon, 28 nov. 1845, aff. du Gardier, D. P. 46. 2. 5, *infrà*, n° 1081).

825. — II. Des préparations de gibier. — 1° *Du gibier cuit.* — Tous les auteurs sont d'accord avec nous (*Rép.* n° 216) pour appliquer la prohibition de l'art. 4 au gibier cuit, aussi bien qu'au gibier cru (Berriat, p. 39; Camusat, p. 61; Championnière, p. 35; Chardon, p. 53; Gillon et Villepin, n° 93; Giraudeau, n° 428; Jullemier, t. 1, p. 96; Lavallée et Bertrand, p. 69; Leblond, n° 65; de Neyremand, p. 449; Rogron, p. 72; Viel, p. 20).

826. Mais ils sont divisés sur le point de savoir s'il y a contraventation à l'art. 4, de la part du *consommateur* qui est surpris mangeant du gibier chez un restaurateur ou un aubergiste, pendant la fermeture de la chasse. Les uns répondent négativement, en soutenant que ce que le consommateur achète n'est pas à proprement parler du gibier, mais un produit quasi-industriel, une substance transformée, en un mot un mets quelconque qui entre dans la composition de son repas (Camusat, p. 62; de Neyremand, p. 453; Rogron, p. 78). Cette théorie nous paraît devoir être rejetée; on ne saurait admettre que le gibier perd son caractère à raison de sa cuisson ou de sa préparation, du moins en thèse générale. D'autre part, on peut invoquer par analogie contre cette interprétation, soit les décisions judiciaires qui soumettent à l'application de l'art. 4 les conserves de gibier, soit les motifs des décisions contraires (V. *infrà*, n°s 829 et 830). — Faut-il alors adopter l'avis de M. Petit, t. 1, p. 502, qui estime que le consommateur est toujours en délit, même lorsque c'est à une table d'hôte qu'il mange du gibier? Ou celui de M. Giraudeau, n° 430, d'après lequel le fait de manger du gibier en temps prohibé, dans un restaurant ou une auberge, constitue un délit s'il s'agit d'un repas commandé, et échappe à toute poursuite, s'il s'agit d'un repas à table d'hôte? Nous pensons que la solution de la difficulté dépend des circonstances, et qu'il appartient aux tribunaux de les apprécier souverainement. Cependant, on peut poser comme règle qu'une condamnation est valablement encourue par le consommateur qui a mangé du gibier, mais seulement dans le cas où il pouvait sûrement et facilement en reconnaître la nature (V. en ce sens: M. Leblond, n° 68). En effet, comme le dit M. Giraudeau, *loc. cit.*, à moins d'arriver à l'absurde, on ne saurait obliger le consommateur à surveiller les apprêts de son dîner et à distinguer les mets qui le composent. Ajoutons que, si la loi de 1844 n'attribue pas à la bonne foi les effets d'une excuse légale, elle ne réprime cependant que les faits volontaires, ainsi qu'on le verra *infrà*, n°s 1084 et suiv.

827. — 2° *Du pâté de gibier.* — La loi de 1844 prohibe-t-elle la mise en vente, la vente, l'achat et le transport du pâté de gibier pendant la clôture de la chasse? La question est très controversée. — Pour la négative on prétend qu'il y aurait une véritable vexation à ouvrir les pâtés chez les marchands ou pendant leur transport, et qu'il serait injuste de condamner un acheteur qui ignorait peut-être ce que contenait son pâté (Berriat, p. 39; Championnière, p. 35; Le Berquier, *Code municipal*, p. 457; Leblond, n° 66; de Neyremand, p. 450; Viel, p. 20). — Nous croyons, au contraire (*Rép.* n° 216), que les pâtés de gibier rentrent dans les prévisions de l'art. 4; car ils n'en constituent pas moins du gibier, et une partie de la pièce de gibier révèle le délit aussi bien que la totalité. C'est en vain qu'on objecte les conséquences rigoureuses de cette deuxième opinion; la loi doit recevoir son exécution tant qu'elle n'est pas réformée. Quant à l'acheteur, s'il a entendu acheter et manger un pâté de gibier, il doit être condamné comme le fabricant ou le marchand, ou le transporteur. Mais il faut qu'on fasse cette preuve contre lui (V. dans le sens de ce second système: Chardon, p. 55; Gillon et Villepin, n° 93; Giraudeau, n°s 431 et 432; Jullemier, t. 1, p. 96; Petit, t. 1, p. 493. — Conf. Paris, 16 déc. 1875, aff. Voisin, D. P. 76. 2. 209). — Il en serait toutefois autrement, si le pâté ne contenait que quelques bribes de gibier (Chardon et Giraudeau, *loc. cit.*).

828. — 3° *Des conserves de gibier.* — La fabrication et l'emploi des conserves de gibier ont pris une importance considérable depuis quelques années. Aussi tous les auteurs qui ont écrit sur la chasse examinent-ils le point de savoir si elles peuvent être mises en vente, achetées ou transportées pendant la fermeture de la chasse.

829. Un premier système étend au gibier conservé aussi bien qu'au gibier frais la prohibition de l'art. 4. Il a été adopté par la première jurisprudence de la cour de Paris, dans un arrêt du 16 déc. 1875 (aff. Voisin, D. P. 76. 2. 209), et par le tribunal correctionnel de la Seine, dans un jugement du 24 nov. 1882 (aff. Marguery, D. P. 82. 5. 80), qui présentent avec beaucoup de force les arguments suivants, susceptibles de militer en faveur de cette opinion.

Les termes des art. 4 et 12 de la loi de 1844 sont généraux et absolus; ils ne comportent aucune exception ni restriction; le soin pris par le législateur d'énumérer, pour les prohiber, tous les actes qui tendent à faire passer le gibier des mains du chasseur dans celles de l'acheteur et du vendeur, démontre qu'il n'a nullement entendu restreindre les prohibitions au cas où il serait établi que le gibier a été appréhendé après la fermeture de la chasse. Une pareille restriction rendrait le plus souvent l'application de la loi impossible et illusoire, et tendrait à favoriser les fraudes qui ne manqueraient pas de s'organiser entre les braconniers et ceux qui font le commerce du gibier (Arrêt précité du 16 déc. 1875; Jugement précité du 24 nov. 1882). — Et il en serait surtout ainsi, lorsqu'il s'agit, non de gibier frais, mais de gibier conservé et vendu plusieurs mois après la fermeture de la chasse. On ne peut non plus prétendre qu'en admettant que la prohibition s'étende au gibier frais, à quelque époque qu'il ait été appréhendé, elle ne saurait, au moins, s'étendre au gibier dit de conserve. Sinon, il suffirait à l'acheteur et au vendeur de faire subir au gibier une préparation culinaire quelconque pour échapper aux prescriptions formelles de la loi; ce serait un véritable encouragement donné à la destruction du gibier en tout temps, puisque le braconnier y trouverait un moyen simple et facile de tirer profit du gibier appréhendé. C'est en vain qu'on induirait que la loi ne s'applique qu'au gibier frais, des dispositions de l'art. 4 prescrivant de remettre, avant même le jugement de la contravention, à l'établissement de bienfaisance le plus voisin, le gibier colporté et vendu contrairement aux prohibitions dudit article, sous prétexte que cette disposition n'a eu pour but que d'empêcher le gibier saisi de se corrompre. En effet, en ce qui concerne les terrines et les pâtés qui ne sont pas hermétiquement fermés, le même inconvénient peut se produire; il en est de même, dans la plupart des cas, pour les boîtes de conserves qui doivent être ouvertes pour en constater le contenu. D'ailleurs, ce n'est pas dans une disposition accessoire et ayant trait à l'exécution de la loi qu'on doit aller en chercher l'interprétation (Même jugement du 24 nov. 1882).

Conformément à ce premier système, il a été jugé, spécialement : qu'il y a infraction à l'art. 4 de la loi du 3 mai 1844, dans le fait de vendre ou mettre en vente, en temps prohibé, du pâté de gibier, alors même que ce gibier consisterait dans un perdreau conservé (Arrêt précité du 16 déc. 1875); — Que le gibier soumis à la cuisson et enfermé soit dans une boîte ou une terrine hermétiquement bouchée, soit dans une croûte, ne conserve pas moins son caractère de gibier, dans le sens de l'art. 4 de la loi du 3 mai 1844; que, dès lors, la vente du gibier ainsi préparé est interdite en dehors des limites fixées par les arrêtés des préfets (Jugement précité du 24 nov. 1882).

830. Contrairement au système qui vient d'être présenté, nous avons admis au *Rép.* n° 216, que la prohibition de l'art. 4 est inapplicable aux conserves de gibier et aux autres préparations analogues qui, dans les usages du commerce, ne sont pas destinées à une consommation prochaine. Cette opinion, qui a été généralement adoptée par la doctrine (Berriat, p. 39; Championnière, p. 35; Gillon et Villepin, n° 93; Giraudeau, n° 433; Leblond, n° 67; Morin, n° 17; Rogron, p. 72), a été consacrée par un arrêt de la cour de cassation, du 21 déc. 1844, analysé au *Rép.* n° 216, et par un arrêt de la cour de Paris du 23 juin 1882 (aff. Robert, D. P. 82. 5. 80). — Il convient de se référer aux motifs développés par la cour suprême. Quant à l'arrêt du 23 juin

1882, il se fonde principalement sur ce que, si, en cas d'infraction à l'art. 4 de la loi de 1844, le gibier doit être saisi et, avant jugement, livré immédiatement à l'établissement de bienfaisance le plus voisin, cette disposition, exceptionnelle en matière de confiscation et d'un effet irrévocable, n'a eu en vue que le gibier même, exposé à se corrompre, et non ces préparations comestibles dans lesquelles les viandes sont assaisonnées, mélangées et dénaturées pour être conservées, dans le but de satisfaire aux besoins divers des consommations publiques, et ne sont plus un gibier saisissable.

Dans ce second système, il a été décidé : qu'aucun délit n'est imputable au marchand de comestibles qui, pendant la fermeture de la chasse, met en vente des terrines de gibier, dites *terrines de Nérac*, qui avaient été préparées durant l'ouverture de la chasse (Arrêt précité du 21 déc. 1844); — Qu'un composé de viandes comestibles, alors même qu'il est mis en vente sous le nom de pâté de lièvre, constitue une conserve et non du gibier, dans le sens de l'art. 4 de la loi du 3 mai 1844, lorsqu'il est renfermé dans une terrine en faïence hermétiquement bouchée, et non dans une pâte pénétrable à l'air libre et accessible à l'action des fermentations; qu'en conséquence, la mise en vente de ce produit alimentaire ne saurait constituer un délit, ni donner lieu à saisie (Arrêt précité du 23 juin 1882).

831. Dans un arrêt récent, la cour de Paris, se plaçant à un autre point de vue, a déclaré que l'interdiction de colporter, de transporter, de vendre et d'acheter du gibier pendant la fermeture de la chasse, n'est pas absolue; que le prévenu peut être admis à prouver que la provenance du gibier était licite; qu'ainsi il n'y a pas de délit de la part du restaurateur qui établit que les pièces de gibier par lui vendues et mises en vente en temps prohibé, avaient été par lui achetées, préparées et renfermées en boîtes soudées à une époque où la chasse était permise (Paris, 22 janv. 1883, aff. Marguery, D. P. 83. 2. 40).

832. La proposition de loi votée par le Sénat en seconde délibération le 23 nov. 1886 (V. *suprà*, n° 6) dispose, dans son art. 4, § 4, qu'en temps prohibé, la vente ou la mise en vente des conserves de gibier ne peut avoir lieu qu'à la condition qu'une estampille apposée par les soins de l'Administration constatera que le gibier a été mis en boîte huit jours au plus tard après la fermeture de la chasse.

833. — III. Du gibier tué dans un enclos attenant a une habitation. — Il est de doctrine et de jurisprudence que l'interdiction de vente, de transport, etc., de gibier en temps prohibé atteint même le gibier tué sans contravention, notamment celui qui est tué par les propriétaires de *terrains clos et attenant à une habitation*, lesquels ont le droit de chasse en tout temps (Camusat, p. 56; Duvergier, p. 109; Gillon et Villepin, n°s 89 et 95; Giraudeau, n° 413; Leblond, n° 62; de Neyremand, p. 448; Perrève, p. 8; Petit, t. 1, p. 497; Viel, p. 18; Angers, 25 juill. 1853, aff. Mèche, D. P. 54. 2. 233; Amiens, 27 juin 1857, aff. Legris, D. P. 58. 2. 207. — Instr. min. just. 9 mai 1844, *Rép.* p. 108, note, n° 4; Instr. min. int. 20 mai 1844, *ibid.*, p. 112, note, n° 44). Cette solution ressort, d'ailleurs, de la discussion de l'art. 4 à la Chambre des députés, comme on l'a expliqué au *Rép.* n° 212. On a vu également, *ibid.*, qu'il importe peu que la provenance légitime du gibier soit prouvée par un certificat de l'autorité locale ou autrement, sauf au juge de répression à en tenir compte pour modérer la peine encourue. — De ce qui précède, il résulte que le gibier tué dans un enclos pendant la fermeture de la chasse doit être consommé sur place (Circ. min. int. 27 janv. 1858, D. P. 58. 3. 37).

On a objecté contre l'art. 4 qu'on n'a pas le droit d'empêcher un propriétaire de vendre en tout temps le gibier qu'il peut tuer dans son parc clos de murs ou dans l'enclos dépendant de sa maison d'habitation; qu'en lui défendant cette vente, on le prive souvent d'une partie de ses revenus; qu'au lieu de protéger la propriété, on lui cause par là un préjudice. Mais ces considérations n'ont pas arrêté le législateur. Celui-ci peut apporter des restrictions au droit de propriété, cette faculté ne lui a jamais été contestée; elle lui a été conférée spécialement pour la chasse par l'art. 715 c. civ., qui décide que la faculté de chasser sera réglée par des lois particulières. Si l'on avait excepté de la défense générale de vendre du gibier en temps prohibé les propriétaires de parcs clos de murs ou d'enclos dépendant d'une maison d'habitation, les prohibitions de l'art. 4 eussent été rendues illusoires. Du reste, les propriétaires qui possèdent aujourd'hui des parcs ou des enclos peuplés de gibier ne sont pas très nombreux en France; la plupart chassent pour leur plaisir et non pour faire commerce de leur gibier. Quant au petit nombre de ceux qui le vendent, ils ne sont pas privés du droit d'en tirer un bénéfice légitime; ce droit est seulement suspendu pendant le temps où la chasse n'est pas encore ouverte (Exposé des motifs, *Rép.* p. 91, note, n° 8).

834. — IV. Du gibier tué pendant l'ouverture spéciale de chasse qui le concerne. — Il est admis sans difficulté que l'art 4, § 1er, ainsi que nous l'avons expliqué au *Rép.* n°s 218 et 289, ne s'applique pas à certaines espèces de gibier, pendant le temps où la chasse en est permise, à titre exceptionnel, après la clôture de la chasse ordinaire, c'est-à-dire aux *oiseaux de passage* et au *gibier d'eau* (Conf. Instr. min. just. 9 mai 1844, p. 108, note, n° 4; Instr. min. int. 20 mai 1844, *ibid.*, p. 112, note, n° 44; Circ. min. int. 22 juill. 1851, § 40, R. F. t. 4, n° 608).

835. Quand un *mode de chasse*, par exemple la *chasse à courre*, a été autorisé par le préfet après la clôture de la chasse ordinaire, on doit nécessairement excepter de la prohibition de transport de l'art. 4 les animaux qui font l'objet de ce mode de chasse. C'est ce qui a été jugé par un arrêt de la cour de Besançon, du 24 juin 1845, qui a été critiqué au *Rép.* n° 291, en tant qu'il reconnaissait au préfet la faculté de fixer des époques différentes de clôture pour la chasse à tir et pour la chasse à courre. Mais cet arrêt est aujourd'hui à l'abri de toute critique, depuis que la faculté dont il s'agit a été formellement attribuée au préfet par la loi du 22 janv. 1874, modificative des art. 3 et 9 de la loi du 3 mai 1844 (V. *suprà*, n°s 214 et 627).

836. — V. Des animaux malfaisants ou nuisibles déclarés tels par le préfet, et propres a l'alimentation. — En principe, la défense de vendre, acheter, transporter et colporter du gibier en temps prohibé frappe les espèces ayant le caractère de *gibier*, qui ont été classées par le préfet au nombre des *animaux malfaisants ou nuisibles;* car l'autorisation de détruire ces animaux n'emporte pas nécessairement celle de vendre ou de colporter (Camusat, p. 62; Championnière, p. 37; Gillon et Villepin, n°s 95 et 96; Giraudeau, n° 415; Petit, t. 1, p. 309; Rogron, p. 69; Douai, 8 mai 1848, aff. N..., D. P. 58. 2. 205; Douai, 6 juill. 1852, aff. X..., *ibid.;* Crim. cass. 27 mai 1853, aff. Mèche, D. P. 58. 1. 377, et sur renvoi, Angers, 25 juill. 1853, D. P. 54. 2. 233; Amiens, 27 juin 1857, aff. Legris, D. P. 58. 2. 205. — *Contrà:* Jullemier, t. 1, p. 93; Leblond, n° 74; de Neyremand, p. 22; Trib. corr. Lille, 8 mars 1848, aff. N..., D. P. 58. 2. 205; Trib. corr. Saint-Omer, 9 mars 1852, aff. X..., D. P. 58. 2. 206; Trib. corr. Abbeville, infirmé par l'arrêt précité du 27 juin 1857). — Il en est ainsi, spécialement, des lapins de garenne (Arrêt précité du 27 mai 1853). — Et l'on doit admettre cette solution dans le cas même où l'arrêté du préfet autoriserait le colportage, par exemple, des lapins de garenne, si la destruction avait eu lieu par des procédés autres que ceux qu'il indiquait (V. Paris, 12 nov. 1845, aff. Alipe, D. P. 45. 4. 73, mentionné au *Rép.* n° 217).

837. De ce qui précède il résulte que, en droit strict, le gibier tué en temps prohibé, soit dans l'exercice du droit de détruire les animaux malfaisants et nuisibles, soit dans les battues régulièrement ordonnées, est atteint par la prohibition de colportage et de vente édictée dans l'art. 4 de la loi du 3 mai 1844, et ne peut par suite être *consommé* que *sur place* (Circ. min. int. 22 juill. 1851, § 41 et 48, R. F. t. 4, n° 608; Circ. min. int. 27 janv. 1858, D. P. 58. 3. 37). — Et les préfets ont été invités à rappeler cette prohibition dans les arrêtés, pris par eux, pour régler la destruction, en tout temps et sans permis, des animaux classés comme malfaisants ou nuisibles (Même circulaire du 27 janv. 1858).

838. Mais l'Administration a apporté successivement divers tempéraments à la rigueur du principe posé par l'art. 4. Elle a d'abord autorisé le *transport* des animaux nuisibles ayant le caractère de gibier, pour y être *consommés au domicile des chasseurs* qui ont pris part à la traque ou battue dans laquelle ces animaux ont été détruits, sauf aux préfets à régler, dans les arrêtés relatifs aux battues, la manière dont pourront être utilisés les animaux détruits (Circ. min. int. 25 avr. 1862, D. P. 62. 3. 63-64 et 87). — Et l'on ne saurait considérer comme un transport ou un colportage tombant sous le coup de l'art. 4, le simple fait de transporter le gibier dont il s'agit au domicile du chasseur, du moins quand ce domicile est peu éloigné (Conf. Giraudeau, n° 421; de Neyremand, p. 23 et 31).

839. L'Administration admet, en outre, que le *colportage* et la *vente* des *lapins de garenne* peuvent être exceptionnellement autorisés après la fermeture de la chasse, dans les départements où une telle mesure paraîtrait nécessaire. Mais cette autorisation n'est accordée que sur une proposition motivée du préfet, adressée au ministre de l'intérieur après avis du conseil général (Circ. min. int. 25 avr. 1862, D. P. 62. 3. 63-64 et 87. — V. aussi Circ. min. int. 22 janv. 1887, *suprà*, n° 823). — Jugé que, l'arrêté du préfet de police du 31 janv. 1862 autorisant la destruction des lapins pendant le temps de la fermeture de la chasse, à l'aide de furets et de bourses, les individus trouvés dans le département de la Seine porteurs d'un certain nombre de ces animaux ne peuvent être poursuivis pour colportage de gibier en temps prohibé, s'il n'est pas rapporté contre eux la preuve que les lapins saisis ont été détruits contrairement aux prescriptions de l'arrêté (Paris, 11 oct. 1877, aff. Petit, R. F. t. 8, n° 87).

840. Plus tard, il a été décidé que le transport, la vente et le colportage des sangliers pourraient s'effectuer pendant la fermeture de la chasse, pourvu que chaque envoi fût accompagné d'un certificat de provenance et d'une autorisation de transport délivrée par le préfet ou par le sous-préfet de l'arrondissement dans lequel la battue aurait eu lieu (Circ. min. int. 7 mars 1874, R. F. t. 6, n° 16. — Comp. Circ. min. int. 22 juill. 1851, § 36, R. F. t. 4, n° 608). — Cette tolérance n'ayant donné lieu à aucun inconvénient, le ministre de l'intérieur a décidé qu'elle s'appliquerait à l'avenir au transport, à la vente et au colportage des sangliers tués comme animaux nuisibles, soit dans une battue, soit isolément, sans qu'il soit nécessaire de se pourvoir d'un certificat de provenance ni d'une autorisation de transport (Circ. min. int. 16 juin 1881, D. P. 82. 3. 8; R. F. t. 10, n° 171. — V. aussi Circ. min. int. 22 janv. 1887, *suprà*, n° 823).

841. On s'est demandé si l'on devait regarder comme légaux les arrêtés préfectoraux pris en exécution des circulaires ministérielles dont il vient d'être parlé. M. Jullemier, t. 1, p. 114, se prononce pour la négative. Tout en faisant des réserves sur cette question de légalité, M. Giraudeau, n° 418, estime que, du moins, ces arrêtés couvrent suffisamment les prévenus qui se sont conformés à leurs dispositions. Il nous semble évident que, l'autorité administrative n'ayant pas reçu du pouvoir législatif le pouvoir de suspendre ou modifier, dans la matière qui nous occupe, les effets de la loi du 3 mai 1844, les arrêtés préfectoraux qui autorisent dans certaines circonstances le transport ou la vente du gibier pendant la clôture de la chasse sont, en droit, dépourvus de force obligatoire, d'autant plus que la bonne foi ne constitue pas une excuse légale relativement aux infractions à la loi sur la police de la chasse (V. *infrà*, n°s 1079 et suiv.). Et l'administration supérieure elle-même laisse aux tribunaux le soin de statuer sur la légalité des permis de transport de gibier en temps prohibé (V. *suprà*, n° 823). Mais il convient que le ministère public s'abstienne de poursuivre les personnes qui ont agi sous le couvert des autorisations ministérielles ou préfectorales, et c'est ce qui a lieu en fait.

842. — VI. Des bêtes fauves propres a l'alimentation. — Il est généralement admis, en doctrine, que les *bêtes fauves* dont la chair est bonne à manger, lorsqu'elles sont tuées par le propriétaire, possesseur ou fermier dans l'exercice du droit de *légitime défense* qui lui est reconnu par l'art. 9, § 3-3°, de la loi de 1844, sont soumises aux prescriptions de l'art. 4 de la même loi, en ce sens qu'elles ne peuvent être mises en vente, vendues, achetées, transportées ou colportées d'une manière absolue pendant la fermeture de la chasse.

Néanmoins, on admet que ce propriétaire, possesseur ou fermier a le droit de *transporter à son domicile* les bêtes qu'il a tuées régulièrement. Il serait, en effet, le plus souvent impossible de les consommer sur place; et, d'autre part, on ne saurait l'obliger à laisser perdre sur les lieux des animaux qui offrent des ressources alimentaires d'une certaine importance (V. en ce sens : Giraudeau, n°s 405 et 421; Jullemier, t. 1, p. 111; Leblond, n° 160; de Neyremand, p. 23, 31; Villequez, t. 2, n° 74). — Conformément à cette opinion, il a été jugé que, si la prohibition du colportage, au temps où la chasse est close, s'applique même au gibier que l'on a pu détruire sans contrevenir à la loi, cette prohibition, sainement étendue, n'entraîne pour conséquence ni l'obligation d'abandonner les animaux à l'endroit même où ils ont été tués, ni la défense de consommer ceux qui peuvent servir à l'alimentation; qu'en conséquence, on ne saurait considérer comme coupable d'un délit de colportage proprement dit, le propriétaire qui transporte dans sa maison un chevreuil qu'il a tué au moment où celui-ci portait dommage à sa propriété, alors surtout que cette maison est située dans la commune et à peu de distance de l'endroit où le gibier a été frappé (Rouen, 22 juin 1865, aff. Goupy, R. F. t. 3, n° 411).

843. Il a même été décidé : 1° que la prohibition de l'art. 4 est inapplicable aux bêtes fauves détruites par le propriétaire ou fermier dans l'exercice du droit naturel de légitime défense de ses propriétés (Crim. rej. 23 juill. 1858, aff. Berthon, D. P. 58. 1. 377; Amiens, 31 août 1882, aff. Pégard, D. P. 82. 5. 64); — 2° Qu'il en est ainsi, même dans le cas où ces bêtes fauves ont été classées parmi les animaux malfaisants ou nuisibles, et, par suite, se trouvent comprises dans une interdiction de colportage en temps prohibé édictée par l'arrêté préfectoral relativement à ces animaux; car un tel arrêté est étranger à l'exercice du droit des propriétaires de repousser les bêtes fauves, lequel échappe par sa nature à toute réglementation (Arrêt précité du 23 juill. 1858). — Toutefois il importe de remarquer que, si l'arrêt précité de la cour de cassation en date du 23 juill. 1858 est formulé d'une manière générale et paraît admettre une exception à l'art. 4 en faveur de toutes les bêtes fauves qui sont tuées en vertu du droit de légitime défense, sans établir de distinction entre celles qui sont bonnes à manger et celles qui sont impropres à l'alimentation, cette décision est intervenue relativement à des fouines et putois, animaux qui ne sont pas comestibles. Quant à l'arrêt précité du 31 août 1882, il déclare licite le « colportage » d'un sanglier tué au moment où sa présence dans un bois constituait un péril imminent; mais ce fait de colportage consistait uniquement dans le transport de l'animal au domicile du propriétaire qui l'avait tué.

844. — VII. Du gibier tué accidentellement. — La disposition de l'art. 4 de la loi de 1844 qui répute délit le transport ou colportage du gibier en temps prohibé, étant générale, s'étend même au gibier *tué accidentellement* et en dehors de toute infraction de chasse, et par exemple à une perdrix tuée par un ouvrier en fauchant le pré de son maître (Limoges, 27 sept. 1860, aff. Desage, D. P. 61. 5. 68). — Cependant il a été jugé que le fait, de la part d'un cultivateur qui s'est emparé d'un lièvre qu'avait tué et que dévorait un chien étranger, sans qu'il eût d'ailleurs participé à la poursuite de ce gibier, d'emporter dans sa maison l'animal ainsi capturé, ne constitue pas le délit de colportage de gibier en temps prohibé, alors que cette maison est située dans la commune, à peu de distance de l'endroit où le lièvre avait été tué, et qu'il avait prévenu l'adjoint qu'il portait ce lièvre chez lui (Rouen, 12 nov. 1880, aff. Turlure, D. P. 82. 5. 19).

B. — Du gibier exotique (*Rép.* n° 214).

845. Il est certain que, en principe, le *gibier venant de l'étranger* tombe sous le coup de l'art. 4 de la loi du 3 mai 1844, qui n'établit en sa faveur aucune exception (Giraudeau, n° 423; Leblond, n° 64). Lors de la discussion de la loi de 1844 à la Chambre des députés, le rapporteur, M. Lenoble, l'a formellement déclaré en répondant à M. Vatout (V. Gillon et Villepin, n° 94). — Quant aux conséquences qui résultent de ce principe, il convient de se référer aux explications formulées au *Rép.* n° 214, ainsi qu'à la circulaire de l'administration des douanes, du 30 juin 1844, reproduite *ibid.* p. 113 et D. P. 45. 3. 75.

En Belgique, il a été jugé que l'art. 10 de la loi du 28 févr. 1882 qui interdit l'exposition en vente ou le colportage du gibier en temps prohibé (V. *suprà*, n° 14), est étranger au gibier exotique qui ne se rencontre et ne se reproduit pas dans ce pays, tel que le lièvre blanc de Russie (Liège, 23 mai 1884, aff. Baudry et Heine, *Pasicrisie belge*, 1884. 2. 268).

846. Dans la pratique, le gibier exotique bénéficie de certaines dispenses que ne règlent ni les lois en vigueur ni les arrêtés des préfets. Dans l'intérêt de l'alimentation publique, le ministre de l'intérieur, d'accord avec ses collègues des départements intéressés, a admis à l'importation, au colportage et à la vente en tout temps un certain nombre d'espèces limitativement déterminées.

Il a d'abord été décidé que le transport des *oiseaux rares*, tués en France ou venant de l'étranger et envoyés aux cabinets d'histoire naturelle, doit pouvoir s'effectuer sans difficulté, quand il n'existe aucun doute sur leur destination (Circ. min. int. 22 juill. 1851, § 38, R. F. t. 4, n° 608).

Aux termes de plusieurs décisions ou instructions ministérielles, peuvent être vendues et colportées en France, pendant la fermeture de la chasse, diverses espèces de gibier exotique, non acclimatées en France, et qui se distinguent de celles du même genre existant dans notre pays, savoir : la *grouze d'Ecosse* (Décis. min. int. 20 nov. 1860, D. P. 62. 3. 64) ; — Le *grand coq de bruyère*, la *gélinotte noire* ou *coq de bruyère à queue fourchue*, et la *gélinotte blanche* ou *logapède des saules* (Circ. min. int. 22 févr. 1868, D. P. 68. 5. 62) ; — La *gélinotte cupido*, la *perdrix blanche* (Circ. min. int. 22 janv. 1887, *Bulletin du ministère de l'intérieur*, 1887, p. 11) ; — Le *colin de Virginie* (Circ. min. int. 7 avr. 1874, citée par Giraudeau, n° 446) ; — Le *lièvre blanc* de Russie (Circ. min. int. 5 avr. 1878, *ibid.*, 1878, p. 112 ; Circ. min. just. 29 avr. 1878, *Bulletin du ministère de la justice*, 1878, p. 41) ; — Le *renne* (Circ. min. int. 22 janv. 1887, *Bulletin du ministère de l'intérieur*, 1887, p. 12).

847. Aucune difficulté ne doit être opposée à l'introduction en France du *sanglier* provenant de l'étranger ; il peut y circuler sans certificat de provenance et sans autorisation de transport (Circ. min. int. 16 juin 1881, D. P. 82. 3. 8).

848. Aux termes d'une circulaire ministérielle du 25 avr. 1879, le *gibier d'eau* de provenance étrangère peut être dirigé sous certaines conditions et formalités sur les marchés des départements où la chasse, la vente et le colportage de ce gibier sont autorisés après la clôture de la chasse ordinaire. Les expéditeurs doivent notamment faire leurs envois sous le plomb de la douane, y joindre un acquit-à-caution relatant la provenance, le nombre et la nature des pièces expédiées, et justifier que le gibier de cette catégorie peut être colporté et vendu dans le département où réside le destinataire. Enfin, les pièces de gibier importées doivent être revêtues de leurs plumes (*Bulletin du ministère de l'intérieur*, 1879, p. 122). Cette dernière condition ayant donné lieu à des plaintes de la part des principaux importateurs de gibier d'eau exotique, qui assurent que pendant la saison des chaleurs elle est un obstacle à la conservation de ce produit, le ministre a décidé que le gibier de provenance étrangère serait admis désormais à l'importation sans qu'il y ait lieu de distinguer s'il est ou non revêtu de ses plumes (Circ. min. int. 16 mai 1884, *ibid.*, 1884, p. 331).

849. La *caille* de provenance étrangère, expédiée d'Egypte ou d'Italie, peut être introduite en France, colportée ou vendue pendant le temps où elle ne peut être chassée qu'à l'étranger. Le commerce des cailles de provenance étrangère est interdit à compter du 1er mai, époque à laquelle ces oiseaux apparaissent sur notre territoire. Mais si, par suite d'une température exceptionnelle, leur apparition avait lieu plus tôt, les préfets devraient prendre aussitôt les mesures nécessaires pour empêcher l'introduction et la vente de ce gibier (Circ. min. int. 11 mars 1878, *Bulletin du ministère de l'intérieur*, 1878, p. 72 ; Circ. min. just. 29 avr. 1878, *Bulletin du ministère de la justice*, 1878, p. 41).

850. Le ministre de l'intérieur a encore autorisé l'importation, pendant le temps où la chasse est prohibée, des *conserves de gibier exotique*, revêtues de l'estampille de la douane, ce gibier ne pouvant, en raison même de sa provenance, être considéré comme le produit de faits de chasse délictueux. Suivant les instructions adressées à cette occasion par le ministre des finances au service compétent, l'importateur doit obtenir de la douane un certificat attestant l'origine étrangère du gibier importé, et une estampille qui consiste en un carré de papier de cinq centimètres portant la signature du bureau et la signature du receveur des douanes, et qui est apposée à l'intersection de la boîte et du couvercle (Circ. min. int. 25 mai 1883, *Bulletin du ministère de l'intérieur*, 1883, p. 166).

851. Le *transit du gibier provenant de l'étranger et expédié à destination de l'étranger*, sous le plomb de la douane, ayant donné lieu à des difficultés, le ministre de l'intérieur, d'accord avec le ministre de la justice, a déterminé, ainsi qu'il suit, la portée qu'il convient de donner, sur ce point, aux prohibitions édictées par l'art. 4 de la loi du 3 mai 1844. Dès que le gibier ne fait que transiter, sans arrêt dans les départements où la chasse est interdite, la prohibition insérée dans la loi précitée ne paraît pas applicable. On constate, en effet, que le législateur de 1844, en défendant la vente et le colportage du gibier en temps de clôture, a eu pour but d'empêcher les braconniers d'écouler le produit illicite de leurs chasses. Mais cette prohibition, destinée à concourir à la conservation de notre gibier, n'a plus de raison d'être lorsqu'il s'agit du gibier expédié de l'étranger sous le plomb de la douane et accompagné d'un acquit à caution délivré par le chef du service des douanes du lieu d'importation (*Journal des communes*, 1881, p. 252). Aucune fraude ni aucun inconvénient ne pourraient, du reste, se produire à l'occasion de ces sortes d'envois d'une frontière à l'autre, puisqu'il est de règle que les acquits à caution sont envoyés au bureau d'émission, revêtus d'un certificat de décharge qui, dans les cas dont il s'agit, serait délivré par le bureau de la douane de sortie (Circ. min. int. 30 avr. 1881, *Bulletin du ministère de l'intérieur*, 1881, p. 106).

852. Dans la matière qui nous occupe, l'art. 6 de la proposition de loi adoptée par le Sénat le 23 nov. 1886 (V. *suprà*, n° 6) apporte à la législation actuellement en vigueur des améliorations réelles, qui sont d'ailleurs empruntées, dans une certaine mesure, à la pratique administrative suivie depuis quelques années. En temps prohibé, il interdit l'introduction en France, le colportage et la mise en vente de toutes les espèces de gibier ayant leur similaire en France, notamment le chevreuil, le lièvre, le faisan, la perdrix, la caille et la bécasse (art. 6, § 1er). Il en résulte que le gibier étranger qui n'a pas son similaire en France pourrait, en vertu, non plus d'une tolérance, mais d'un droit formellement inscrit dans la loi, être colporté et vendu librement et en tout temps. — Aux termes du paragraphe 2 du même article, en temps prohibé, les conserves de gibier venant de l'étranger ne pourront être vendues ni mises en vente qu'à la condition d'être revêtues du timbre de la douane établissant qu'elles ont été introduites en France dans les huit jours de la fermeture de la chasse. En ne permettant pas en toute saison la vente en France des conserves fabriquées à l'étranger, cette disposition a eu pour but d'empêcher que l'industrie étrangère ne soit favorisée au détriment de l'industrie nationale, et que la fraude ne soit facilitée en fournissant à des fabricants la possibilité de vendre sous une étiquette étrangère qu'il leur serait très aisé de se procurer, du gibier français tué en temps prohibé.

N° 2. — *Des animaux sauvages impropres à l'alimentation* (*Rép.* n° 217).

853. Les animaux sauvages qui sont *impropres à l'alimentation*, et qui, par conséquent, ne rentrent pas dans la catégorie du gibier proprement dit, ne sont pas soumis à la prohibition de l'art. 4, § 1er, ainsi qu'on l'a fait observer au *Rép.* n°s 213 et 217. C'est ce qui a été décidé notamment à l'égard des *animaux malfaisants ou nuisibles* et des *bêtes fauves* dont la chair n'est pas bonne à manger, tels que les *loups*, les *renards* (Circ. min. int. 25 avr. 1862, D. P. 62. 3. 63), les *fouines*, les *putois* (Riom, 19 mai 1858, aff. Berthon, D. P. 58. 1. 377). — Mais les préfets ne peuvent étendre à ceux des animaux nuisibles qui sont impropres à la consommation, la prohibition de colportage que la loi n'a établie que relativement au gibier (Même arrêt. — Conf. Giraudeau, n° 404 ; Villequez, t. 2, n° 11).

N° 3. — *Des animaux domestiques ou sédentaires* (*Rép.* n° 217).

854. On a vu au *Rép.* n° 217, que l'art. 4 ne concerne pas les *animaux domestiques* ou *sédentaires*, tels que les *lapins domestiques* ou *de clapiers*, et le *gibier-volaille* ou *de basse-cour*, tels que les *faisans de basse-cour*. — Jugé que, si le faisan est un animal sauvage de sa nature, et par suite un gibier, il perd essentiellement cette qualité quand il est nourri et élevé dans une volière ou une basse-cour ; qu'il rentre alors dans la catégorie des animaux domestiques comme le lapin de clapier, et qu'en conséquence il est permis de le colporter en tout temps, pourvu, bien entendu, que son origine soit bien établie (Trib. corr. Fontainebleau, 30 sept. 1859, aff. Roux et Lefranc, *Gazette des tribunaux* du 9 oct. 1859, cité par Giraudeau, n° 406. — V. dans le même sens, en ce qui regarde le faisan : Championnière, p. 34 ; Giraudeau, n° 407. — *Contrà :* Berriat, p. 38).

855. Peut-on mettre en vente, vendre, acheter ou transporter en temps prohibé les *oiseaux d'agrément ou de volière?*

L'affirmative est admise sans difficulté à l'égard des oiseaux qui sont essentiellement des *oiseaux de chant* ou de *plaisir*, tels que les rossignols, les fauvettes, les serins, etc. ; on ne saurait les regarder comme un véritable gibier. C'est ce que nous avons décidé au *Rép.* n° 215 (Conf. Berriat, p. 40 ; Giraudeau, n° 409 ; Leblond, n° 73).

856. Nous nous sommes, au contraire, prononcés pour la négative relativement aux oiseaux de volière ou d'agrément qui sont réputés *gibier*, tels que les alouettes, les merles, les tourterelles, les faisans (V. dans le même sens : Berriat, p. 40 ; Leblond, n° 71 ; Gillon et Villepin, n° 92. — Trib. corr. Lille, 20 juill. 1844, cité par ce dernier auteur). — Mais quelques auteurs regardent la prohibition comme étrangère aux oiseaux de cette nature. Il convient, suivant eux, de les traiter comme le gibier de basse-cour. Sans doute, disent-ils, la captivité laisse subsister leurs propriétés alimentaires et par conséquent, à un certain point de vue, leur qualité de gibier ; mais elle leur enlève le caractère d'animaux sauvages, et cela suffit pour les soustraire à l'application de l'art. 4. Sinon, le locataire qui déménagerait pendant la clôture de la chasse n'aurait pas le droit d'emporter sa volière ou sa faisanderie (Conf. Championnière, p. 34 ; Giraudeau, n° 409 ; de Neyremand, p. 449).

857. On a contesté au marchand de comestibles ou à l'aubergiste la faculté d'avoir chez lui, en temps prohibé, comme oiseaux de luxe des perdreaux, des cailles, des faisans, des alouettes, etc. ; on allègue que cette détention constitue une mise en vente illicite (Berriat, p. 43 ; Leblond, n° 72 ; Viel, p. 21). — C'est à tort, selon nous ; la seule possibilité de la fraude ne saurait entraîner une présomption absolue d'infraction à la loi (V. en ce sens : Giraudeau, n° 412 ; Jullemier, t. 1, p. 97 ; Petit, t. 3, p. 50). Au surplus, dans le cas de mise en vente des oiseaux dont il s'agit, le juge a le pouvoir de rechercher l'origine et le but de la possession, en tenant compte des habitudes du prévenu et des circonstances (Giraudeau, n° 410 ; de Neyremand, p. 449).

§ 3. — Des lieux auxquels s'applique la prohibition (*Rép.* n°s 219 et 220).

858. La défense de mettre en vente, d'acheter, de transporter et de colporter le gibier pendant la fermeture de la chasse est applicable dans toute la *France*, et en *Algérie* depuis que la loi du 3 mai 1844 y a été promulguée, c'est-à-dire depuis 1850 (V. *suprà*, n° 107). — Avant cette promulgation, il a été jugé que les arrêtés du directeur général des affaires civiles de l'Algérie, qui prohibaient dans l'arrondissement d'Alger l'introduction, la vente et le colportage du gibier pendant un temps déterminé, n'étaient pas obligatoires, soit parce que la loi du 3 mai 1844 n'avait point été promulguée en Algérie, soit parce que ce directeur n'était investi d'aucune attribution à cet égard. En conséquence, l'inobservation de ces arrêtés n'était passible d'aucune peine (Crim. rej. 17 nov. 1849, aff. Aïssa-Ben-Zouim, D. P. 50. 5. 19).

859. La clôture de la chasse dans un *département* y entraîne l'interdiction de vendre et de colporter le gibier, alors même que la chasse est encore ouverte dans les départements voisins. Cette proposition ressort tant de la lettre de la loi que de la discussion parlementaire dont l'analyse est donnée au *Rép.* n° 219.

860. On admet généralement aussi avec nous (*Rép.* n° 220), que si, par extraordinaire, le préfet fixait des époques différentes d'ouverture de la chasse pour les divers *arrondissements* de son département, la prohibition de l'art. 4 commencerait à s'appliquer à des époques différentes dans chacun de ces arrondissements (Berriat, p. 39 ; Giraudeau, n° 396 ; Petit, t. 1, p. 506. — V. *suprà*, n° 205).

861. L'interdiction de transport de gibier, dans un département où la chasse est fermée, reçoit son application même pour le gibier que l'on voudrait envoyer dans un département où la chasse est ouverte (*Rép.* n° 220).

La réciproque est vraie également. Ainsi, peut être poursuivi comme coauteur ou complice du délit de transport de gibier en temps prohibé, l'expéditeur qui adresse du gibier dans un département où la chasse n'est pas permise ; et pas plus que le transporteur lui-même, il n'est admis à exciper de ce qu'il aurait ignoré que dans ce département la chasse et le transport du gibier étaient prohibés (Rouen, 4 déc. 1873, aff. Chalamel, D. P. 74. 2. 135). — Jugé, toutefois, que, s'il existe un mandat, donné par l'expéditeur au transporteur et accepté par celui-ci, d'effectuer l'expédition du gibier en respectant les prohibitions administratives concernant le transport du gibier, l'inexécution par le transporteur de l'engagement ainsi contracté ne saurait faire encourir à l'expéditeur une responsabilité pénale ; qu'en conséquence, ne commet pas le délit prévu et puni par les art. 4 et 12-4° de la loi de 1844, l'individu qui dépose à une gare de chemin de fer située dans un département où la chasse est ouverte, avec déclaration de la nature du colis, une bourriche contenant un lièvre dont la tête et les pattes sont apparentes, à destination d'une localité située dans un département où la chasse est fermée (Amiens, 23 févr. 1882, aff. Alleaume, D. P. 84. 5. 60).

862. Le *simple transit* du gibier est lui-même prohibé sur un point où la chasse n'est pas ouverte, bien qu'elle le soit au lieu d'expédition ou de départ, et au lieu de destination ou d'arrivée. Tous les auteurs sont unanimes à cet égard (Berriat, p. 38 ; Championnière, p. 35 ; Giraudeau, n° 444 ; Jullemier, t. 1, p. 94 ; Leblond, n° 61 ; de Neyremand, p. 448 ; Petit, t. 1, p. 504 ; Viel, p. 18). Et la cour de Paris a consacré cette doctrine par un arrêt 22 nov. du 1844, analysé au *Rép.* n° 220.

863. L'individu qui, chassant sur la limite d'un département dans lequel la chasse est ouverte, tire une pièce de gibier qui va tomber sur le département voisin où la chasse est close, a-t-il le droit d'y aller la *ramasser?* Il est vrai que le législateur n'a établi aucune exception en faveur de cette hypothèse. Néanmoins, nous estimons qu'elle ne rentre pas réellement dans l'esprit ni même dans la lettre de l'art. 4. « Est-ce bien là, dit M. Rogron, p. 71, le transport du gibier dans un département où la chasse n'est pas ouverte? N'est-ce pas une suite naturelle du droit de chasse exercé légitimement sur le territoire où la chasse était ouverte, et un fait licite peut-il prendre les caractères d'un délit, par une circonstance toute fortuite et indépendante de la volonté du chasseur? » (Conf. Giraudeau, n° 398. — *Contrà :* Petit, t. 1, p. 503).

§ 4. — De l'époque et de la durée de la prohibition (*Rép.* n°s 221 et 222).

864. — I. Clôture générale de la chasse. — En interdisant, dans chaque département, de mettre en vente, de vendre, d'acheter, de transporter et de colporter du gibier *pendant le temps où la chasse n'est pas permise*, l'art. 4 de la loi de 1844 a en vue la *clôture générale de la chasse*, ainsi qu'on l'a vu au *Rép.* n° 221. — V. toutefois *suprà*, n° 834.

Cette prohibition a donc pour *point de départ* le moment même où commence la clôture générale de la chasse. — Jugé : 1° que, l'individu qui a vendu du gibier en temps prohibé ne peut alléguer pour sa défense qu'il était en possession de ce gibier avant le jour de la fermeture de la chasse ; qu'en effet, il n'existe légalement aucune relation nécessaire entre le fait de chasse et l'écoulement de ses produits, de telle sorte que, l'un étant licite, l'autre le devienne par voie de conséquence; que, d'autre part, la mise en vent est un délit spécial et non un acte de complicité; qu'il ressort de la discussion de la loi que toute preuve de l'origine du gibier colporté, vendu ou mis en vente, a été rejetée comme inutile et inopérante à cause des difficultés de constatation et des fraudes que ferait naître un pareil moyen de justification (Aix, 29 mai 1867, aff. Pélissier, D. P. 67. 5. 65); — 2° Que l'infraction à l'interdiction de transporter ou colporter du gibier après la fermeture de la chasse, n'est susceptible d'être excusée ni par la bonne foi ni par une ignorance non invincible; par exemple, par la croyance, alléguée par le prévenu, qu'il avait un délai raisonnable pour pouvoir disposer du gibier acheté la veille de la fermeture de la chasse (Angers, 1er avr. 1851, aff. Lebreton, D. P. 51. 2. 63): — 3° Qu'il y a délit de la part de celui qui met en vente du gibier le jour de la clôture de la chasse, alors même qu'il s'y croit régulièrement autorisé par un agent de police (Crim. cass. 17 juill. 1857, aff. Plancard, D. P. 57. 1. 381). — V. *suprà*, n° 815.

865. Cette solution s'impose dans l'état actuel de notre législation; elle découle nécessairement des art. 4 et 12 de la loi du 3 mai 1844. Mais la plupart des auteurs critiquent ces dispositions et font observer avec raison que le législateur devrait laisser aux aubergistes et marchands de comestibles un certain délai à partir de la clôture de la chasse, afin de leur permettre d'écouler le gibier qu'ils ont pu légitimement se procurer avant cette époque (Giraudeau, n° 397; de Neyremand, p. 189; Rogron, p. 78). Plusieurs législations étrangères ont procédé de cette manière (V. *suprà*, nos 11 et 14). D'après la proposition de loi adoptée par le Sénat le 23 nov. 1886 (V. *suprà*, n° 6), l'interdiction de la mise en vente ne reprend son effet que quarante-huit heures après la fermeture de la chasse (art. 4, § 2). — Il est à remarquer, d'ailleurs, que l'administration supérieure a reconnu elle-même la nécessité d'user d'une certaine *tolérance* pour l'écoulement du gibier tué avant la clôture de la chasse. Une circulaire du ministre de l'intérieur, du 22 juill. 1851, § 43, renferme le passage suivant: « Il a été demandé à mes prédécesseurs si la vente, le transport et le colportage du gibier devaient cesser le lendemain même de la clôture de la chasse. Ils ont pensé, et je partage leur avis, que l'Administration, sans en faire une mention dans ses arrêtés, peut accorder une tolérance d'un ou deux jours pour faciliter l'écoulement du gibier tué en temps permis » (R. F. t. 4, n° 608).

866. La prohibition de l'art. 4, § 1er, *cesse* au moment de la réouverture de la chasse. Il en résulte que le gibier peut être mis en vente dès la première heure du jour de l'ouverture, sauf au ministère public à prouver que ce gibier a été tué pendant la fermeture. Il est manifeste que, dans certaines circonstances, le seul fait de la mise en vente ou du transport de gibier à un moment trop rapproché de l'ouverture, notamment dans une ville, peut constituer une présomption de fraude susceptible de motiver une condamnation. Cependant, dans la pratique, l'Administration ferme les yeux sur ces exhibitions prématurées. — A ce sujet l'art. 4, § 2, de la proposition de loi actuellement soumise à la Chambre des députés (V. *suprà*, n° 6) contient une innovation utile, en décidant que l'interdiction de la mise en vente ne sera levée que vingt-quatre heures après l'ouverture de la chasse. Des prescriptions analogues figurent dans des législations étrangères (V. par exemple, *suprà*, n° 14).

867. — II. OUVERTURE GÉNÉRALE DE LA CHASSE. — Aux termes d'une jurisprudence constante, la mise en vente, la vente, l'achat, le transport et le colportage du gibier ne sont défendus par l'art. 4 de la loi du 3 mai 1844, sous les peines édictées par l'art. 12-4° de la même loi, que lorsqu'ils ont lieu dans le temps prohibé par l'art. 3, c'est-à-dire dans le temps qui s'écoule entre la clôture générale de la chasse et le jour fixé pour son *ouverture*. Dès lors, le colportage du gibier dans une période pendant laquelle la chasse peut, à raison de circonstances particulières au département, être accidentellement suspendue, ne tombe pas sous le coup de l'art. 12 de la loi de 1844 (Grenoble, 26 déc. 1844, aff. Delaurier, D. P. 45. 2. 43; Crim. rej. 22 mars 1845, aff. Bignon, D. P. 45. 1. 144; 18 avr. 1845, aff. Bernaudon, D. P. 45. 1. 209; 18 avr. 1845, aff. Dussuzeaux, D. P. 45. 4. 72; Rennes, 6 mars 1850, aff. Boulet, D. P. 51. 5. 75; Bourges, 13 févr. 1868, aff. Manjonnet, D. P. 68. 2. 47; Bastia, 2 déc. 1875, et sur pourvoi, Crim. rej. 15 janv. 1876, aff. Bertucci, D. P. 76. 1. 413).

868. Ainsi, conformément à ce qui a été dit au *Rép.* n° 221, quand un arrêté du préfet, rendu en vertu de l'art. 9 de la loi de 1844, n'a interdit la chasse que momentanément en *temps de neige*, à raison de cette circonstance toute locale et passagère, la mise en vente et le colportage du gibier durant ce temps ne tombent pas sous l'application des art. 4 et 12 de la même loi, et, par suite, ne constituent pas un délit, en l'absence de toute disposition répressive de ce fait spécial (V. en ce sens, les arrêts de la cour de cassation des 22 mars et 18 avr. 1845, 6 mars 1850 et 13 févr. 1868, cités *suprà*, n° 867. — Conf. Berriat, Supplément, p. 348; Giraudeau, n° 399; Leblond, n° 77; de Neyremand, p. 379; Viel, p. 18). — Le même fait ne peut pas davantage être puni de la peine portée par l'art. 11, § 3, de la loi de 1844, comme un fait de complicité du délit de chasse en temps de neige, le colportage du gibier, érigé en délit par des dispositions qui lui sont propres, n'étant pas soumis aux principes ordinaires de la complicité (Même arrêt du 13 févr. 1868).

Nous pensons aussi, avec M. Giraudeau, n° 399, que l'on devrait réputer non obligatoire l'arrêté préfectoral interdisant le colportage du gibier en temps de neige.

869. Du principe que l'interdiction de l'art. 4 est subordonnée à la condition de la fermeture générale de la chasse, il résulte qu'elle n'atteint, pendant l'ouverture de la chasse, ni la mise en vente et la vente de gibier (de petits oiseaux ou de grives, dans l'espèce), pris à l'aide d'*engins prohibés* (Grenoble, 26 déc. 1844, cité au *Rép.* n° 222; Metz, 29 déc. 1864, aff. Caye, D. P. 65. 2. 24. — Conf. Giraudeau, n° 439; Leblond, n° 76); — Ni l'achat au marché et le colportage de certain *gibier de passage* (de grives et de merles, dans l'espèce), quoique à une époque pendant laquelle il est défendu par arrêté préfectoral de prendre au lacet cette sorte de gibier (Bastia, 2 déc. 1875, et sur pourvoi, Crim. rej. 15 janv. 1876, aff. Bertucci, D. P. 76. 1. 413). — Et il en est ainsi, alors même qu'un arrêté préfectoral interdirait, pendant l'ouverture de la chasse, la mise en vente, la vente, l'achat, le transport et le colportage du gibier de toute espèce qui aurait été tué ou pris aux filets, à la glu, ou au moyen de tous autres engins prohibés par la loi, et ordonnerait la confiscation et la remise de ce gibier à un établissement de bienfaisance (V. à cet égard, l'arrêt de la cour de Grenoble, du 26 déc. 1844, mentionné au *Rép.* n° 222).

Selon l'art. 4, § 3, de la proposition de loi actuellement déférée à la Chambre des députés (V. *suprà*, n° 6), il est interdit, en toute saison, de mettre en vente, de vendre et de colporter le gibier tué à l'aide d'engins ou instruments prohibés.

870. Reste à savoir si l'on doit punir, comme *complice* du chasseur, et spécialement comme complice par *recel*, l'individu qui a mis en vente, vendu, acheté, transporté ou colporté, en temps d'ouverture, du gibier pris au moyen d'engins prohibés. Cette difficulté est examinée *infrà*, nos 1097 et suiv.

ART. 2. — *De la saisie et de la confiscation du gibier* (*Rép.* nos 223 et 224).

871. — I. DE LA SAISIE DU GIBIER. — On sait que l'art. 4, § 2, de la loi de 1844 prescrit la *saisie du gibier* mis en vente, vendu, acheté, transporté ou colporté en temps prohibé. Nous avons donné les motifs de cette mesure; et nous avons expliqué que la saisie du gibier dont il est ici question peut être opérée sur la personne même du délinquant, à la différence du gibier qui est entre les mains du chasseur (V. *Rép.* n° 224, et Instr. min. just. 9 mai 1844, *ibid.* p. 108, note, n° 5).

Il importe de remarquer que la saisie, la confiscation et la vente du *gibier de provenance étrangère*, sont régies par la législation sur les douanes (V. Instr. adm. des douanes, 30 juin 1844, *Rép.* p. 113, note 2, et D. P. 45. 3. 75).

872. — II. DE LA LIVRAISON A UN ÉTABLISSEMENT DE BIENFAISANCE. — Le paragraphe 2 de l'art. 4 veut qu'en cas d'infraction au paragraphe 1er, le gibier soit *livré immédiatement à l'établissement de bienfaisance le plus voisin*, et il énumère les *formalités préliminaires* à cette livraison (V. *Rép.* n° 223). L'une de ces formalités consistant dans la présentation du procès-verbal *régulièrement dressé*, il s'ensuit que le juge de paix ou le maire peut refuser de délivrer l'ordonnance ou l'autorisation à fin de livraison à l'établissement de bienfaisance, si la *saisie* a été *irrégulière* (Giraudeau, n° 456. — *Contrà :* Berriat, p. 41; Leblond, n° 79).

873. Les auteurs sont divisés sur le point de savoir si le *gibier vivant* est soumis à l'application du paragraphe 2 de l'art. 4, comme le *gibier mort*. Les uns, se basant sur la disposition générale de la loi qui n'établit aucune exception relativement au gibier vivant, sont d'avis qu'il doit être remis à un établissement de bienfaisance, sauf à celui-ci la faculté de le remettre en liberté (Berriat, p. 42; Giraudeau, n° 455). — Il nous paraît préférable de suivre une décision ministérielle rapportée au *Bulletin du ministère de l'intérieur*, 1846, et mentionnée par Blanche, p. 230, qui décide que le gibier vivant, au lieu d'être livré à un établissement de bienfaisance, doit être rendu à la liberté. Si cette solution ne ressort pas du texte de la loi de 1844, elle est du moins conforme à son esprit, puisqu'elle a tout à la fois pour résultat de priver le délinquant du corps du délit, et, d'autre part, d'assurer la conservation du gibier (V. en ce sens : Leblond, n° 82). Du reste, qui aurait qualité pour se plaindre de cette manière de procéder? Ce ne serait assurément pas le délinquant; il est complètement désintéressé en pareille matière, puisque de toute façon il doit être dépouillé du gibier saisi. On ne saurait non plus regarder l'établissement de bienfaisance le plus voisin comme ayant un droit acquis sur ce gibier. Tel est, au surplus le système qui a prévalu dans la proposition de loi aujourd'hui soumise à la Chambre des députés (V. *suprà*, n° 6), et dont l'art. 4, § 5, porte que le gibier vivant sera mis immédiatement en liberté en plein champ.

En tout cas, pour éviter des poursuites susceptibles d'être intentées à raison du transport du gibier vivant d'un lieu à un autre, en vue de le délivrer, il serait prudent de se munir d'une autorisation spéciale de l'autorité administrative (Giraudeau et Leblond, *loc. cit.* — Comp. Berriat, p. 42).

874. On admet généralement avec nous (*Rép.* n° 224), qu'en cas d'existence dans la commune, de *plusieurs établissements de bienfaisance* dépendant d'administrations distinctes, il convient de leur livrer à tour de rôle le gibier saisi (Berriat, p. 41; Giraudeau, n° 454; Leblond, n° 80).

La loi n'a pas prévu le cas où l'établissement de bienfaisance est trop éloigné pour qu'on puisse, sans inconvénients, lui faire parvenir le gibier saisi. Il faut alors nécessairement reconnaître au juge de paix ou au maire le droit de le faire distribuer aux *pauvres de la localité*, sauf à énoncer les motifs de cette mesure, dans l'ordonnance par lui rendue à la suite de la saisie (Berriat et Giraudeau, *loc. cit.*). — Lorsque, à défaut d'établissement de bienfaisance dans la localité où a eu lieu la saisie du gibier, l'envoi de celui-ci à l'établissement le plus voisin nécessite des *frais de transport*, ces frais sont acquittés au bureau de l'enregistrement du lieu, sur la taxe du magistrat, et compris parmi les dépenses que doit supporter le délinquant condamné. Mais la question est plus délicate, quand la saisie a été faite sur des inconnus. Nous estimons que, dans cette hypothèse, le remboursement des frais peut être réclamé à l'établissement destinataire, s'il consent à recevoir le gibier qui lui est remis (Giraudeau, n° 454). Sinon, les frais de transport doivent être taxés comme frais urgents et demeurent à la charge de l'Etat (Leblond, n° 81).

875. Nous avons dit que, si l'individu poursuivi par application de l'art. 4, § 1er, est acquitté et la *saisie* du gibier *annulée*, il peut, à raison de la perte du gibier remis à l'établissement de bienfaisance, réclamer des *dommages-intérêts*, non à cet établissement, mais à l'auteur de la saisie ou même au magistrat qui l'a autorisée, pourvu, toutefois, qu'il y ait de leur part forfaiture, ou du moins faute lourde. Cette proposition est généralement admise (Duvergier, sur l'art. 4; Giraudeau, n° 452; Perrève, p. 331).

ART. 3. — *De la recherche du gibier* (*Rép.* nos 225 et 226).

876. La *recherche du gibier*, en temps prohibé, peut être faite soit par les fonctionnaires et agents chargés de la police de la chasse, mentionnés dans l'art. 22 de la loi de 1844, soit par les employés des contributions indirectes et des octrois dont parle l'art. 23. Mais il importe de remarquer, dès maintenant, que la compétence des agents de cette seconde catégorie est moins étendue que celle des premiers (V. *infrà*, nos 1149 et suiv.).

877. — I. DE LA RECHERCHE DU GIBIER DANS LES LIEUX OUVERTS AU PUBLIC. — Le paragraphe 3 de l'art. 4 autorise la recherche du gibier, pendant la fermeture de la chasse, dans les *lieux ouverts au public*, et, par conséquent, dans les halles et marchés, dans les rues et autres voies publiques. Et dans ces divers lieux, rien ne s'oppose à ce que la recherche soit pratiquée dans les voitures publiques ou privées, et dans les paniers ou autres objets susceptibles de servir au transport du gibier (Giraudeau, nos 462 et 463; Leblond, n° 83. — V. dans le même sens, en matière de pêche : Martin, *Code nouveau de la pêche fluviale*, 6e éd., n° 432). — Il appartient, d'ailleurs, aux tribunaux d'apprécier si les lieux où la recherche du gibier a été effectuée, ont le caractère de lieux ouverts au public.

Le dernier paragraphe de l'art. 4 de la proposition de loi adoptée par le Sénat le 23 nov. 1886 (V. *suprà*, n° 6) donne à cet égard des indications plus précises que la loi de 1844. Il porte que la recherche et la saisie du gibier pourront être opérées à domicile dans tous les lieux ouverts au public, et notamment chez les restaurateurs, les maîtres d'hôtel, les aubergistes, les marchands de comestibles et de gibier, ainsi que dans les cafés, les voitures publiques, les gares, leurs bureaux et dépendances.

878. — II. DES VISITES DOMICILIAIRES. — *Les visites domiciliaires* tendant à la recherche du gibier en temps prohibé ne doivent pas être confondues avec celles qui ont pour objet soit de rechercher des engins prohibés (V. *infrà*, nos 984 et suiv.), soit de constater des délits de chasse commis dans des enclos attenant à des habitations (V. *suprà*, nos 1141 et suiv.).

879. — 1° *Des visites domiciliaires chez les aubergistes et marchands de comestibles.* — On a vu (*Rép.* n° 225) que le pouvoir législatif n'a pas voté sans difficulté la disposition de l'art. 4 de la loi de 1844, qui autorise, pendant la clôture de la chasse, la recherche du gibier *à domicile* chez les *aubergistes* et les *marchands de comestibles*. A ce point de vue, la plupart des auteurs décident, avec nous (*Rép.* n° 226), que le mot *domicile* comprend la maison entière des aubergistes, c'est-à-dire les pièces affectées à leur logement personnel, aussi bien que les locaux ouverts au public (Berriat, p. 42; Camusat, p. 63; Giraudeau, n° 458; Leblond, n° 83; de Neyremand, p. 453; Rogron, p. 77. — Conf., en matière de pêche, Martin, *op. cit.*, n° 429. — *Contrà :* Petit, t. 1, p. 501).

880. On s'est demandé si la *simple détention* de gibier en temps prohibé, de la part d'un aubergiste ou marchand de comestibles, constitue une infraction aux art. 4 et 12-4° de la loi de 1844. — Les partisans de l'affirmative se fondent sur la déclaration suivante du rapporteur à la Chambre des députés : « A l'égard des personnes auxquelles sont applicables les prohibitions portées dans le paragraphe 1er de l'art. 4, il faut reconnaître que, dans aucun cas, il ne pourra y avoir acquittement » (Berriat, p. 43; Camusat, p. 63; Rogron, p. 78). Telle était aussi l'opinion du garde des sceaux, qui déclare que le droit de recherche, limité au domicile des aubergistes et des marchands de comestibles, a pu être accordé sans danger aux fonctionnaires chargés de constater les infractions à l'art. 4. En effet, le gibier qui est découvert en temps prohibé, dans les auberges, chez les marchands de comestibles, dans les lieux ouverts au public, ne peut jamais s'y trouver que par suite d'un délit (Instr. min. just. 9 mai 1844, *Rép.* p. 108, note, n° 6). — Néanmoins, l'opinion contraire nous semble préférable. Le paragraphe 3 de l'art. 4 ne renferme qu'une mesure de procédure portant uniquement sur la saisie du gibier et sa recherche chez les aubergistes. Les éléments constitutifs du délit sont exclusivement déterminés par le paragraphe 1er du même article, qui ne répute délictueux que la mise en vente, l'achat, le transport et le colportage du gibier, sans attribuer le même caractère à la simple détention. Les déclarations du rapporteur ne paraissent pas de nature à prévaloir, surtout en matière pénale, contre le texte de la loi qui est clair et précis. Elles sont du reste, ainsi que la circulaire ministérielle précitée du 9 mai 1844, en contradiction manifeste avec la réalité des choses. L'aubergiste peut, dans plusieurs cas, se trouver légitimement en possession de gibier pendant la fermeture de la chasse. Il en est ainsi, par exemple, en ce qui concerne soit le gibier qu'il a acquis pendant l'ouverture, soit celui qu'il a tué durant la clôture, dans une des circonstances où la jurisprudence reconnaît au chasseur la faculté de le transporter à son domicile. Sans doute l'aubergiste ne pourrait vendre ou mettre en vente même du gibier de cette nature en temps prohibé. Mais rien ne l'empêche de le consommer en famille (V. en ce sens : Giraudeau, n° 460 ; Petit, t. 1, p. 507).

881. — 2° *Des visites domiciliaires chez les particuliers.* — En disposant que la recherche du gibier ne peut être faite à domicile que chez les aubergistes, chez les marchands de comestibles et dans les lieux ouverts au public, l'art. 4, § 3, défend les perquisitions au domicile des *particuliers*. Toutefois, nous pensons que cette défense n'est édictée que pour les agents chargés de la police de la chasse dont les art. 22 et 23 présentent l'énumération. On ne saurait refuser au juge d'instruction le droit d'effectuer chez les particuliers eux-mêmes des visites domiciliaires, lorsqu'il est régulièrement saisi d'une contravention à l'art. 4 (V. en ce sens, en matière de pêche : Martin, *op. cit.*, n° 434).

882. Nous avons étudié au *Rép.* n° 226, la question de savoir si une perquisition peut être faite dans une maison particulière où un *marchand de comestibles* a un *dépôt*. Nous avons exposé les trois systèmes qui se sont formés à ce sujet ; il est inutile de les reproduire ici. Il suffit d'ajouter que M. Chardon, p. 54, partage l'opinion de M. Duvergier, et que M. Giraudeau, n° 457, se range à l'avis de MM. Gillon et Villepin.

883. — III. DE LA VISITE DES PERSONNES. — En matière de pêche, M. Martin, *op. cit.*, n° 433, estime que la recherche du poisson sur la personne n'est point permise aux agents chargés de la police de la pêche, et qu'en l'absence d'un texte précis, elle constituerait une atteinte à la liberté individuelle. La même théorie pourrait être soutenue en matière de chasse. Mais on admet généralement, comme nous l'avons fait au *Rép.* n° 226, que les agents chargés de la police de la chasse peuvent, en dehors du domicile, *visiter les personnes elles-mêmes*, pour s'assurer des infractions au paragraphe 1er de l'art. 4. Cet article ne limite, en effet, qu'au domicile des particuliers le droit de recherche du gibier en temps prohibé. Ajoutons, d'ailleurs, qu'il n'y a lieu de procéder à des recherches de cette nature qu'autant qu'il existe de graves présomtions de fraude (Berriat, p. 42 ; Gillon et Villepin, n° 100 ; Giraudeau, n° 463 ; Leblond, n° 83 ; Rogron, p. 77. — Conf. Paris, 14 févr. 1876, *Gazette des tribunaux* du 21 mars 1876, cité par Giraudeau, *loc. cit.*).

SECT. 2. — DE LA DÉFENSE DE PRENDRE OU DÉTRUIRE, SUR LE TERRAIN D'AUTRUI, DES ŒUFS ET COUVÉES DE FAISANS, DE PERDRIX ET DE CAILLES (*Rép.* n°s 227 à 229).

884. Le paragraphe 4 de l'art. 4, qui interdit, sous les peines portées par l'art. 11-4° (V. *infrà*, n°s 897 et 954), de *prendre* ou de *détruire*, sur le *terrain d'autrui*, des *œufs* et des *couvées de faisans, perdrix et cailles*, tend, ainsi qu'on l'a vu au *Rép.* n° 227, à réprimer l'un des abus les plus nuisibles à la reproduction du gibier et à faire respecter le droit de propriété. Il a été inspiré par l'art. 8, tit. 30, de l'ordonnance de 1669 (V. *ibid.* p. 85).

L'art. 5 de la proposition de la loi en ce moment soumise à la Chambre des députés (V. *suprà*, n° 6) a généralisé cette mesure. Il défend de prendre ou de détruire, de colporter ou mettre en vente les œufs et couvées de tous oiseaux, ainsi que les portées et petits de tous animaux qui n'auront pas été déclarés nuisibles par arrêtés préfectoraux. Mais il reconnaît au propriétaire le droit de recueillir, pour les faire couver, les œufs mis à découvert par l'enlèvement des récoltes.

885. Il importe de se rappeler, comme nous l'avons fait observer au *Rép.* n° 229, que l'art. 4, § 4, n'a en vue que les œufs et couvées des *faisans*, des *perdrix* et des *cailles*, mais que les œufs et couvées des autres oiseaux sont susceptibles d'être protégés par les arrêtés préfectoraux pris en exécution de l'art. 9, § 4-1°, pour prévenir la destruction des oiseaux et favoriser leur repeuplement (V. *suprà*, n° 691).

886. La dernière disposition de l'art. 4, étant spéciale aux *œufs* et *couvées* des faisans, perdrix et cailles, ne concerne pas ces *oiseaux eux-mêmes* lorsqu'ils ne sont plus à l'état de couvées. Ces oiseaux sont soumis à l'application des dispositions générales de la loi de 1844 sur la police de la chasse, et par conséquent leur capture ou leur destruction, qui constitue un acte de chasse, peut, selon les circonstances, donner lieu à des poursuites pour délits de chasse en temps prohibé, sans permis ou sans autorisation du propriétaire ; leur vente ou transport durant la fermeture de la chasse est interdit par le paragraphe 1er de l'art. 4.

887. Selon M. Championnière, p. 37, et M. Giraudeau, n° 480, les oiseaux à l'état de *couvées* ne sauraient être regardés comme du gibier, parce qu'ils n'ont pas leur liberté naturelle et, en conséquence, doivent être assimilés aux animaux tués ou pris (V. *suprà*, n°s 81, 432 et suiv.). Et il a été jugé : 1° que la destruction des couvées d'oiseaux ne constitue point par elle-même un acte de chasse soumis aux diverses pénalités attachées, suivant les cas, aux délits de chasse (Besançon, 22 mars 1853, aff. Cuisinier, *Recueil de cette cour*, 1853-1857, p. 83) ; — 2° Que le fait de prendre sur le terrain d'autrui des couvées de pies, ne constituant point par lui-même un délit de chasse, n'encourt, quand il a eu lieu en contravention à un arrêté prohibitif du préfet, que la peine édictée par l'art. 11-3°, de la loi du 3 mai 1844 (Crim. cass. 10 févr. 1853, B. A. F. t. 6, p. 90).

888. Quant aux *petits de toute autre espèce de gibier*, leur enlèvement ou leur destruction constitue un fait de chasse, et ils sont protégés par l'interdiction générale de chasser en temps prohibé et sur le terrain d'autrui sans le consentement du propriétaire. Telle est l'opinion de M. Duvergier, p. 114, à laquelle nous avons adhéré (*Rép.* n° 229), avec d'autres auteurs (Gillon et Villepin, n° 113 ; Giraudeau, n° 480 ; de Neyremand, p. 245).

889. La *capture* et la *destruction* des œufs et couvées des faisans, perdrix et cailles sont seules interdites par le paragraphe 4 de l'art. 4. Il en résulte, ainsi que du silence gardé par le paragraphe 1er du même article relativement aux œufs et couvées, que la loi de 1844 ne défend pas la mise en vente, la vente, l'achat, le transport et le colportage des œufs et couvées pendant la fermeture de la chasse. Du reste, la discussion parlementaire analysée au *Rép.* n° 228 ne laisse subsister aucun doute à cet égard. Toutefois, le préfet pourrait proscrire la vente et le colportage des œufs et couvées, en vertu des pouvoirs qui lui sont conférés par l'art. 9, § 4-1°, de prendre des mesures pour prévenir la destruction des oiseaux et favoriser leur repeuplement (V. dans le sens de ces propositions : Chardon, p. 58 ; Giraudeau, n°s 442 et 443).

890. Nous avons expliqué au *Rép.* n° 228, pourquoi le législateur n'a défendu que *sur le terrain d'autrui* la capture et la destruction des œufs et couvées des oiseaux spécifiés à l'art. 4, § 4.

Le *propriétaire* a le droit de conserver ou de détruire les œufs et couvées de toutes espèces d'oiseaux qui se trouvent sur son fonds ; la même faculté est aussi reconnue à l'*usufruitier* et au *fermier* (Giraudeau, n°s 473 et 474 ; Rogron, p. 79. — Conf. Trib. corr. La Flèche, 30 nov. 1887, aff. Belleuvre, D. P. 88, 3e partie).

Il en serait autrement, si le préfet, dans le but de prévenir la destruction des oiseaux, interdisait d'une manière absolue la destruction des œufs et couvées de tous les oiseaux ; un arrêté de cette nature paralyserait le droit du propriétaire (Giraudeau, n° 475 ; Leblond, n° 84 ; de Neyremand, p. 245 ; Rogron, p. 80 ; Viel, p. 22). — D'après le jugement ci-dessus mentionné du 30 nov. 1887, l'arrêté préfectoral qui, dans le but de prévenir la destruction des oiseaux et favoriser leur reproduction par application de l'art. 9, § 4-1°, interdit formellement « de prendre, de détruire et de mettre en vente les nids et couvées de perdrix, de cailles, etc., et de tous autres oiseaux de pays », devrait être interprété en ce sens que, comme l'art. 4, § 4, il n'a eu en vue que la prise ou la destruction d'autrui ; dès lors, on ne saurait condamner aux peines spécifiées par l'art. 11-3° le domestique qui, ayant trouvé dans un champ dont son maître est usufruitier, un nid de perdrix contenant plusieurs œufs, a pris ces œufs, les a emportés au domicile de son maître et les a fait couver par une poule. Et il en serait ainsi, alors surtout que le nid a été mis à découvert par suite de la fauchaison, l'expérience ayant démontré que la perdrix couveuse ne revient jamais dans un nid découvert. — Malgré son caractère équitable, cette décision nous semble susceptible de critique. Selon nous, l'arrêté dont il s'agit, étant pris en vertu de l'art. 9, § 4-1°, ne doit pas être interprété dans le sens de l'art. 4, § 4, et sa disposition générale ne saurait être restreinte aux actes accomplis sur le terrain d'autrui (V. aussi *infrà*, n° 894).

891. Le droit d'enlèvement ou de destruction qui appartient au propriétaire n'est pas personnel, en ce sens que ce dernier peut en *déléguer* l'exercice à ses enfants, à ses domestiques et même à des étrangers (Giraudeau, n° 475 ; Menche de Loisne, p. 307; Petit, t. 1, p. 516). — Jugé même que la prohibition de capture ou de destruction ne s'applique pas aux personnes qui sont au service du propriétaire ou de l'usufruitier, ces personnes étant présumées n'avoir agi que sur son ordre ou tout au moins avec son consentement (Jugement du 30 nov. 1887, cité *suprà*, n° 890).

Il y a plus de difficulté sur le point de savoir si le droit dont il s'agit peut être l'objet soit de *cessions* à des tiers, soit de *permissions* à des voisins ou amis. M. Petit, t. 1, p. 515, ne le pense pas; il se fonde sur ce que l'art. 4, § 4, en interdisant la destruction des œufs et couvées sur le terrain d'autrui, n'ajoute pas : « sans le consentement du propriétaire », ainsi que le fait l'art. 1er. M. Rogron, p. 80, refuse à l'usufruitier et au fermier la faculté de permettre à des tiers d'enlever ou détruire des couvées. Nous croyons, au contraire, que le droit d'enlèvement ou de destruction des œufs et couvées même de faisans, perdrix et cailles, est susceptible de cession ou de permission; c'est là, en effet, un cas d'application du principe général que tous les droits sont cessibles, à moins d'une exception formelle. Quant à l'objection tirée de la rédaction de l'art. 4, § 4, elle ne saurait nous arrêter. Cette disposition n'a pas eu, en effet, pour but de restreindre les droits du propriétaire. Si, comme l'a montré la discussion de l'art. 4, le législateur a laissé subsister le droit d'enlèvement ou de destruction du propriétaire, parce que son propre intérêt constitue une garantie suffisante contre les abus, le même motif est applicable en cas de cession ou de permission (V. dans le sens de cette opinion: Giraudeau, n° 478).

892. D'après MM. Gillon et Villepin, n° 108, quelque généraux qu'en soient les termes, la disposition finale de l'art. 4 ne s'appliquerait, comme le premier alinéa, qu'au temps où la chasse n'est pas permise. L'opinion contraire nous paraît préférable, ainsi qu'à M. Giraudeau, n° 472. Le dernier paragraphe de l'art. 4 renferme une disposition complètement distincte des précédentes et par conséquent doit recevoir son application *à toute époque*, à défaut de restriction expresse à la clôture de la chasse.

893. Comme nous le verrons ultérieurement (nos 1095 et suiv.), la jurisprudence est aujourd'hui établie en ce sens que les dispositions du code pénal sur la *complicité* s'appliquent aux infractions prévues par la loi du 3 mai 1844. En vertu de cette règle il a été jugé: que l'individu qui reçoit et conserve, sachant leur provenance délictueuse, des œufs de perdrix enlevés sur le terrain d'autrui, doit être puni comme complice par *recel* du délit prévu et puni par les art. 4, § 4, et 11-4° de la loi de 1844 (Crim. cass. 20 janv. 1877, aff. Rogier, D. P. 77. 1. 511, et sur renvoi, Nîmes, 1er mars 1877 (1). — Conf. Giraudeau, n° 481; Leblond, n° 84); — Que l'on objecterait vainement que la restitution était inutile, que les œufs maniés et replacés dans le nid auraient été improductifs. parce que la perdrix couveuse n'y serait pas revenue, et qu'on se trouvait en présence d'une appréhension consommée et irrémédiable (Arrêts précités des 20 janv. et 1er mars 1877).

894. On a soutenu que le moissonneur qui, par mégarde, met un nid à découvert ou tue la couveuse sur son nid, pourrait emporter les œufs ou la couvée; car la couveuse ne revient plus sur le nid mis à découvert, et sans elle les œufs sont improductifs et sa couvée ne peut s'élever (Giraudeau, nos 468 et 469). Il est sans doute rigoureux de frapper de peines correctionnelles un acte qui, en définitive, a eu pour résultat d'empêcher la destruction du gibier. Néanmoins, cette solution doit être rejetée; elle est en contradiction avec le principe que les délits de chasse n'admettent aucune excuse (V. *infrà*, nos 1079 et suiv.). Et elle est implicitement repoussée par les motifs des arrêts cités au numéro précédent, d'après lesquels il n'y a pas, en ce ce qui concerne l'application du paragraphe 4 de l'art. 4, à se préoccuper du point de savoir si les œufs auraient été perdus abstraction faite de leur appréhension ou détention par le prévenu. — V. toutefois : Paris, 9 déc. 1885 (aff. Davin, D. P. 86. 5. 56, *infrà*, n° 1081).

CHAP. 9. — Des peines (*Rép.* nos 230 à 360).

Sect. 1re. — Des peines édictées contre les divers délits de chasse (*Rép.* nos 230 à 299).

895. La loi du 3 mai 1844 détermine, dans sa section 2, les *peines* applicables aux délits qu'elle prévoit. Parmi ces

(1) (Rogier.) — La cour; — Attendu que les dispositions des art. 59, 60 et 62 c. pén., relatives à la complicité, sont générales et absolues; que si la loi du 25 sept. 1791 (tit. 3, art. 3) restreignait aux objets provenant de vol le recélé punissable, la discussion qui a précédé l'adoption de l'art. 62 c. pén. de 1810, et les termes généraux dans lesquels il est conçu démontrent qu'il a été rédigé de façon à embrasser tous les cas; que le rapporteur disait, le 13 févr. 1810, au Corps législatif : « Dans les termes de l'art. 62, on enveloppe tout ce qui est compris dans la loi de 1791, on élague ce qui est vague et l'on dit beaucoup plus, puisque l'on exprime tout ce qui peut avoir été détourné ou obtenu à l'aide d'un crime ou délit quelconque »; qu'il est de droit naturel et public que les complices d'un crime ou d'un délit doivent être punis, s'ils sont coupables; qu'en vertu de ce principe, les règles sur la complicité ne sauraient être limitées aux crimes et délits prévus et punis par le code pénal, mais s'étendent à toutes les infractions de cette nature réprimées par les lois spéciales, à moins qu'une exception n'y soit formellement insérée; — Attendu que la loi du 3 mai 1844, sur la police de la chasse, ne contient aucune dérogation à ces dispositions de droit commun et comporte, dès lors, l'application des articles précités du code pénal; — Attendu que le recel existe par le seul fait de la rétention volontaire de la chose dont on connaît l'origine délictueuse; que, par suite, le fait de recevoir et de conserver des objets que l'on sait avoir été obtenus à l'aide d'un délit de chasse, constitue un mode de complicité, dans le sens des art. 59 et 62 dudit code; — Attendu qu'il est constant, en fait, que dans le courant du mois de juin dernier, le prévenu a reçu des œufs de perdrix enlevés par son fils sur un terrain appartenant à la commune de Roquevaire; qu'après avoir commencé par la nier, il avait bientôt avoué la connaissance de l'origine délictueuse de ces œufs; que, pour en tirer le meilleur parti possible, il les avait placés sous une poule couveuse et que l'incubation avait fait éclore neuf perdreaux; qu'il avait ainsi profité de sa participation intentionnelle au délit commis par son fils; — Attendu que les premiers juges, en déclarant Rogier fils coupable du délit d'enlèvement d'œufs de perdrix, se sont fondés, pour acquitter Rogier père, sur ces considérations qu'une restitution était inutile; que les œufs maniés et replacés dans le nid auraient été improductifs, parce que la perdrix couveuse n'y serait pas revenue, et qu'on se trouvait en présence d'une appréhension consommée et irrémédiable; — Attendu que l'enlèvement des œufs de perdrix constitue un délit dont le recel était la suite et la modification; que la complicité punissable était un fait accompli, du moment que le prévenu avait reçu et conservé, avec la connaissance de son origine, la chose enlevée; qu'en admettant même, avec le tribunal, l'hypothèse que l'appréhension était irrémédiable, cette circonstance ne pouvait altérer le caractère criminel du recel; que le système adopté par le tribunal amènerait à décider que le vol d'une chose fongible n'est pas punissable; que les premiers juges ne devaient pas se préoccuper de savoir si les œufs replacés auraient été perdus, mais rechercher seulement si le prévenu en connaissait la provenance délictueuse; qu'en tout cas le recéleur ne saurait être admis à invoquer, à sa décharge, les conséquences hypothétiques du délit commis par l'auteur principal; — Attendu que l'intention frauduleuse du prévenu est établie par les faits et circonstances de la cause; que, par conséquent, en recélant sciemment les œufs de perdrix enlevés par son fils sur le terrain d'autrui, le prévenu s'est rendu complice par recel du délit prévu et puni par les art. 4, § 4, et 11 de la loi du 3 mai 1844 sur la chasse;

Par ces motifs, infirme.

Du 1er mars 1877.-C. de Nîmes, ch. corr.-MM. Giraud, pr.-de Neyremand, rap.-de Castelnau, av. gén.

peines, les unes sont obligatoires, les autres sont facultatives pour le juge de répression. Ainsi, l'*amende* doit être prononcée dans tous les cas (art. 11 à 14). L'*emprisonnement* n'est édicté que contre certaines infractions et il est toujours loisible aux tribunaux de ne pas l'infliger (art. 12 à 14). La *confiscation* des engins et autres instruments de chasse est obligatoire dans tous les cas; celle des armes n'est applicable que dans certaines circonstances, mais alors le juge est tenu de la prononcer (art. 16). Toute condamnation pour délit spécifié par la loi de 1844 est susceptible d'entraîner la *privation du droit de permis* de chasse, mais cette privation est toujours facultative pour le tribunal (art. 18).

896. Dans le système de la loi de 1844, tous les délits sont divisés en deux grandes catégories, dont chacune renferme les faits qui, par leur nature, se rapprochent le plus les uns des autres, et ont paru susceptibles d'être soumis à la même pénalité (art. 11 et 12), à l'exception d'un seul délit, qui, à raison de son importance, est l'objet d'un article spécial (art. 13). Le *minimum* a été généralement fixé très bas, afin de laisser aux tribunaux une grande latitude, et de leur permettre de n'infliger qu'une peine légère à ceux qui commettent accidentellement des infractions sans gravité et que les circonstances rendent dans une certaine mesure excusables (Instr. min. just. 9 mai 1844, *Rép.* p. 108, note, n° 13).

La proposition de loi votée en seconde délibération par le Sénat le 23 nov. 1886 (V. *suprà*, n° 6), maintient en principe le même système de pénalités que la loi de 1844. Dans l'esprit de la commission du Sénat, les pénalités de cette loi de 1844 paraissent correspondre assez exactement, en thèse générale, à la gravité des infractions prévues. Elle a estimé que, sauf de rares exceptions, il ne pouvait être question d'imposer au juge l'obligation de prononcer la peine de l'emprisonnement, ainsi que le demandait M. Labitte. C'eût été marcher manifestement au rebours des tendances modernes qui, en matière de répression, visent à laisser au juge une latitude de plus en plus grande dans l'application de la peine, de manière à lui permettre de proportionner aussi exactement que possible cette peine à la culpabilité de l'agent (Rapport de M. Tenaille-Saligny, du 10 avr. 1886, *Journ. off.* de juin 1886, annexe n° 136, p. 169).

ART. 1er. — *Des délits prévus par l'art. 11* (*Rép.* nos 230 à 274).

897. Les infractions prévues par l'art. 11, paraissant peu graves au législateur de 1844, ont été frappées de peines légères. En principe, elles ne sont punies que d'une *amende* de 16 à 100 fr. Certaines *circonstances aggravantes* ont pour résultat, soit d'entraîner le doublement de l'amende (art. 11-2°), soit de rendre le maximum de cette amende obligatoire pour le juge (art. 12, *in fine*), soit de permettre à ce dernier de prononcer la peine d'emprisonnement (art. 13 et 14).

§ 1er. — Du délit de chasse sans permis (*Rép.* nos 231 à 234).

898. Le délit de *chasse sans permis* est prévu et puni par l'art. 11-1°. La demande, la délivrance et la justification du permis de chasse ont été précédemment l'objet de développements assez complets pour nous dispenser de nouvelles explications (V. *suprà*, nos 244 et suiv.).

899. D'après l'art. 14 de la proposition de loi actuellement déférée à la Chambre des députés (V. *suprà*, n° 6), quiconque a chassé sans permis est puni d'une amende de 50 à 100 fr. et peut, en outre être condamné à un emprisonnement de un à cinq jours. La commission du Sénat a vu dans ce délit, une infraction d'une certaine gravité. Aussi, bien qu'en principe, il lui parût y avoir lieu de maintenir les pénalités établies par la loi de 1844, elle a cru devoir élever à 50 fr. le minimum de l'amende encourue par celui qui chasse sans permis. En outre, comme souvent les individus qui se rendent coupables de ce délit sont tout à fait insolvables, elle a pensé qu'il y avait lieu de permettre au juge de les atteindre efficacement au moyen d'une très légère condamnation à l'emprisonnement. — Il est à remarquer que cette dernière peine, par sa quotité, est une peine de simple police (c. pén. art. 40 et 465). N'est-il pas singulier de la voir appliquée à un délit correctionnel, alors surtout que le législateur croit nécessaire d'élever le minimum de l'amende à un chiffre très supérieur au minimum de l'amende correctionnelle (c. pén. art. 466)? Il nous paraît donc difficile d'admettre que cette anomalie subsiste lors du vote définitif de la proposition de loi dont il s'agit.

§ 2. — Du délit de chasse sans autorisation sur le terrain d'autrui (*Rép.* nos 235 à 267).

N° 1. — *Généralités.*

900. Le délit de *chasse sur le terrain d'autrui* sans le consentement du propriétaire ou des personnes à qui appartient le droit de chasse a pour sanction l'art. 11-2°. Les caractères de ce délit ont été exposés *suprà*, nos 410 et suiv.

901. L'amende de 16 à 100 fr. fixée par la loi de 1844 pour cette infraction est maintenue par l'art. 15 de la proposition de loi adoptée en seconde délibération par le Sénat le 23 nov. 1886 (V. *suprà*, n° 6).

N° 2. — *Des circonstances aggravantes concernant les terrains non dépouillés de leurs fruits ou les enclos non attenant à une habitation* (*Rép.* nos 241 à 261).

902. La loi de 1844 établit des *circonstances aggravantes spéciales* au délit de chasse sans autorisation sur le terrain d'autrui. Les unes sont déterminées par l'art. 11-2°, § 2, qui, ainsi qu'on l'a vu au *Rép.* n° 241, permet au juge de porter au double l'amende fixée par le premier alinéa de l'art. 11, et sans d'ailleurs lui en faire une obligation, dans deux cas : 1° si le délit a été commis sur des terres non dépouillées de leurs fruits (V. *infrà*, nos 903 et suiv.); — 2° S'il a été commis sur un terrain entouré d'une clôture continue faisant obstacle à toute communication avec les héritages voisins, mais non attenant à une habitation (V. *infrà*, nos 920 et suiv.). D'autres circonstances aggravantes spéciales sont prévues par l'avant dernier paragraphe de l'art. 12 (V. *infrà*, n° 1009); d'autres, enfin, par l'art. 13 (V. *infrà*, nos 1024 et suiv.). En dehors de l'aggravation de peine résultant de ces circonstances aggravantes spéciales, le délit dont il est ici question peut encore entraîner des pénalités plus rigoureuses à raison des circonstances aggravantes générales, applicables à tous les délits de chasse (V. *infrà*, nos 1010 et suiv.; 1030 et suiv.).

903. — I. DE LA CHASSE SANS AUTORISATION SUR UN TERRAIN NON DÉPOUILLÉ DE SES FRUITS. — 1° *Du terrain non dépouillé de ses fruits.* — On sait (*Rép.* n° 242) que le législateur de 1844 s'est inspiré de l'art. 1er de la loi des 28-30 avr. 1790, qui défendait, sous peine de 20 livres d'amende, aux propriétaires ou possesseurs, de chasser dans leurs terres non closes qui n'étaient pas dépouillées de leurs fruits. — Il suffit de renvoyer aux explications données au *Rép.* nos 247 et 248, en ce qui concerne la substitution des mots : « sur des terres non dépouillées de leurs fruits », à ceux-ci : « sur des terres ensemencées ou chargées de leurs produits » que contenait le projet du Gouvernement.

904. L'interdiction de chasser sur des terres non dépouillées de leurs fruits, doit s'entendre des terres susceptibles de produire des *fruits propres à être récoltés* à une époque plus ou moins prochaine, et *auxquels le passage des chasseurs peut causer du dommage* (Crim. rej. 10 juin 1864, aff. Duboin, D. P. 64. 1. 501. — Conf. Berriat, p. 136; Gillon et Villepin, n° 180; Giraudeau, n° 765; Poullain, n° 54. — V. aussi dans le même sens, sous l'empire de la loi du 28 avr. 1790; Crim. rej. 31 janv. 1840 et Orléans, 22 oct. 1844, cités au *Rép.* nos 250 et 257). Et le point de savoir s'il en est ainsi du fonds sur lequel a eu lieu l'acte de chasse incriminé, constitue une *question de fait* laissée à *l'appréciation des tribunaux* et subordonnée à la *nature des productions* dont le fonds est encore garni, aux variations des *saisons*, à la *fertilité du sol* et aux *usages locaux* (Arrêts précités des 31 janv. 1840, 22 oct. 1844, 10 juin 1864). — Toutefois, nous avons remarqué (*Rép.* n° 253) que la *cour de cassation* n'en conserve pas moins son droit de contrôle sur l'application légale des faits constatés par les tribunaux, ainsi qu'il ressort d'un arrêt du 16 nov. 1837 qui a considéré comme chargée de fruits en croissance une terre emblavée en froment, au milieu du mois de janvier.

905. Plusieurs arrêts intervenus sous l'empire de la loi de 1790 ont regardé comme des terrains dépouillés de leurs fruits des champs de *luzerne*, de *trèfle* ou de *sainfoin* qui avaient été coupés récemment ou qui n'étaient pas destinés à être récoltés (V. *Rép.* nos 251, 252 et 256). La même solution est admise pour les *pommes de terre*, dont les tubercules enfouis à une assez grande profondeur ne peuvent être endommagés par le passage du chasseur (Berriat, p. 136; Chardon, p. 176; Gillon et Villepin, n° 283; Giraudeau, n° 771; Lavallée et Bertrand, p. 107). Indépendamment des arrêts de Colmar du 16 nov. 1842, et d'Orléans du 22 oct. 1844, mentionnés au *Rép.* n° 257, V. dans le même sens: Douai, 21 sept. 1840, *Gazette des tribunaux* du 30 oct. 1840, cité par Loiseau, p. 39. — V. toutefois, *infrà*, n° 1203.

Les auteurs, comme la cour de Grenoble, par son arrêt du 11 nov. 1841, cité au *Rép.* n° 254, déclarent généralement que les *pois lupins* ne sont point des fruits au point de vue de l'application de la législation sur la chasse (Boitard, *Traité des prairies artificielles*, p. 162; Gillon et Villepin, n° 283; Giraudeau, n° 769). — On doit en dire autant du *blé noir* (*Rép.* n° 254).

906. Il convient de rappeler, d'ailleurs, que les décisions auxquelles nous venons de renvoyer ne doivent pas être appliquées d'une manière trop absolue, et qu'il y aurait lieu d'y déroger en cas de dommage bien caractérisé (V. *Rép.* n° 258).

907. Par son art. 26, la loi de 1844 accorde au ministère public le droit de *poursuivre d'office*, et sans plainte préalable de la partie intéressée, le délit de chasse sans autorisation sur le terrain d'autrui, quand ce terrain *n'était pas dépouillé de ses fruits*. On comprend, dès lors, qu'au point de vue de la signification des mots « terres non dépouillées de leurs fruits », les solutions particulières intervenues en exécution de l'art. 26 sont également susceptibles d'être invoquées par analogie pour l'application de l'art. 11-2°, § 2, et réciproquement. Ainsi, en ce qui touche le caractère à attribuer soit aux terrains plantés d'osiers, d'espaliers ou de vignes, soit aux champs ensemencés en céréales, V. *infrà*, nos 1203 et suiv. — L'art. 11-2°, § 2, et l'art. 26, § 2, sont avec raison appliqués à l'acte de chasse opéré sur le terrain d'autrui, lorsque le juge de répression décide, d'après les circonstances, que le passage sur des champs humides et ensemencés en céréales doit causer aux jeunes plantes un dommage très appréciable; que le garde champêtre a affirmé l'existence d'un dommage notable, et que le prévenu ne s'est pas mis en demeure de prouver le contraire (Crim. rej. 10 juin 1864, aff. Duboin, D. P. 64. 1. 501).

908. — 2° *Des faits soumis à l'application de l'art.* 11-2°, § 2. — Il est évident que, pour donner lieu à l'application de l'art. 11-2°, § 2, de la loi du 3 mai 1844, il faut avant tout que le fait incriminé constitue un délit de chasse sur le terrain d'autrui, et, par conséquent, qu'il consiste dans un *acte de chasse* (V. *suprà*, nos 19 et suiv., 411 et suiv.).

Le fait de causer du dommage aux récoltes d'un propriétaire, en chassant sur son terrain sans son consentement, ne constitue pas l'un des délits ruraux prévus par la loi des 28 sept.-6 oct. 1791, mais bien le délit de chasse sur la propriété d'autrui sans autorisation, avec la circonstance aggravante que la terre était encore couverte de ses récoltes (Req. 9 déc. 1885, aff. Salvat, D. P. 86. 1. 259). — En conséquence, l'action civile en dommages-intérêts intentée par le propriétaire, à raison du préjudice causé à son champ par l'auteur dudit fait, est soumise non à la prescription de un mois de la loi du 28 sept. 1791, mais à celle de trois mois, édictée par l'art. 29 de la loi du 3 mai 1844. Le juge de paix qui, saisi de l'action en réparation dont il s'agit, repousse, par un motif erroné, l'exception de prescription, alors que le fait remonte à moins de trois mois, rend une décision légale, contre laquelle un pourvoi fondé sur l'excès de pouvoir est irrecevable (Même arrêt. — V. *infrà*, n° 1313).

909. D'un autre côté, le délit de chasse dans les récoltes d'autrui ne doit pas être confondu avec celui de *dévastation* de récoltes sur pied ou de plants, prévu et puni par l'art. 444 c. pén. Sur ce point, nous renvoyons aux explications fournies au *Rép.* n° 260.

910. Quand l'acte incriminé consiste simplement dans un *fait de passage* sur le fonds d'autrui sans le consentement du propriétaire ou de son ayant droit, il constitue seulement une *contravention de simple police*, réprimée : soit par l'art. 471-13° c. pén., s'il s'agit du passage de personnes seules sur un terrain préparé ou ensemencé; soit par l'art. 475-9° du même code, s'il s'agit d'un terrain chargé de grains en tuyau, de raisins ou autres fruits mûrs ou voisins de la maturité; soit par l'art. 475-10° c. pén., s'il s'agit du passage d'animaux de traits ou de monture sur le terrain d'autrui, ensemencé ou chargé d'une récolte (V. *Contravention*).

911. Mais c'est une question fort délicate que celle de savoir si, dans le cas où l'on passe en action de chasse sur un terrain ensemencé ou couvert de récoltes, le fait de passage peut être *isolé* du fait de chasse. En d'autres termes, l'individu qui, sans autorisation, traverse en chassant un fonds appartenant à autrui et ensemencé ou couvert de récoltes, peut-il être poursuivi pour simple contravention de police, abstraction faite du délit de chasse?

Selon un arrêt de la cour suprême, la circonstance aggravante de passage à cheval sur des terres non récoltées ne peut être isolée du fait principal de chasse sur le terrain d'autrui, pour être retenue par le tribunal de simple police et tomber sous le coup de l'art. 475-10° c. pén.; l'affaire doit être portée devant le tribunal correctionnel, seul compétent en matière de délit de chasse (Crim. cass. 24 avr. 1852, aff. de Louvencourt, D. P. 52. 5. 195. — Conf. Leblond, n° 215).

La plupart des auteurs se sont prononcés en sens contraire. Ils admettent avec nous (*Rép.* n° 260), et cette théorie a été consacrée par une jurisprudence aujourd'hui constante de la cour de cassation, que le fait de chasse et le fait de passage sont deux faits distincts, susceptibles d'être autorisés par deux personnes différentes, de telle sorte que le passage constitue un délit rural, s'il a eu lieu sans l'autorisation du propriétaire de la récolte, tout en se produisant dans le cours d'une action de chasse licite à raison de la permission émanée du propriétaire même de l'héritage (Blanche, *Etudes pratiques sur le code pénal*, t. 7, nos 205 et 206; Camusat, p. 116; Chauveau et Hélie, *Théorie du code pénal*, t. 6, n° 2792; Giraudeau, n° 209; Jullemier, t. 1, p. 138; Rogron, p. 157. — Crim. cass. 31 mars 1831, *Rép.* v° *Contravention*, n° 229; Crim. cass. 4 juill. 1845, aff. Pellegrin, D. P. 45. 1. 351; Crim. cass. 6 juill. 1876, aff. Rebiffé, D. P. 77. 1. 141; Crim. cass. 30 janv. 1879, aff. Lebrument, D. P. 81. 5. 117; Trib. corr. Pontoise, 23 nov. 1880, aff. Chéron, R. F. t. 10, n° 8; Crim. rej. 2 avr. 1881, aff. Pillon de Saint-Philbert, D. P. 81. 1. 279). — Conformément à ce système, il a été jugé : 1° qu'on ne peut légitimer le passage sur des terrains préparés en culture et écarter l'application de l'art. 471-13° c. pén., par le seul motif qu'il a eu lieu en chassant et pendant l'ouverture de la chasse, si d'ailleurs on ne justifie pas d'une autorisation donnée par le propriétaire de ces terrains (Arrêt précité du 31 mars 1831); — 2° Que le passage d'un chasseur sur un terrain ensemencé appartenant à autrui, constitue une simple contravention à l'art. 471-13° c. pén., si ce fait est isolé de toute action de chasse; et que cette contravention ne peut être excusée par le motif que le chasseur, en allant ramasser dans le champ d'autrui une pièce de gibier abattue par lui, n'aurait fait qu'exercer un droit de suite, dérivant de la nécessité et assimilable au droit du propriétaire enclavé (Arrêt précité du 30 janv. 1879).

912. — 3° *Du dommage résultant du délit.* — Est-il nécessaire pour l'application de l'aggravation de peine prévue par l'art. 11-2°, que l'acte incriminé ait occasionné un dommage? L'affirmative a été admise au *Rép.* n° 249, où nous avons donné l'analyse de la discussion parlementaire sur ce point, et M. Rogron, p. 158, semble partager cette opinion. M. Giraudeau, n° 782, est d'un avis contraire. Il estime que le doublement de l'amende peut être prononcé par le seul fait que le terrain sur lequel a eu lieu l'acte incriminé n'était pas dépouillé de ses fruits, et il se fonde sur ce que la loi n'exige pas l'existence du dommage. — Quoi qu'il en soit, l'aggravation de peine étant dans tous les cas facultative pour les tribunaux, il convient de prononcer l'amende simple contre le prévenu qui n'a occasionné aucun dommage en chassant sur la propriété d'autrui.

Rappelons, au surplus, que, pour savoir si un terrain est ou non dépouillé de ses fruits dans le sens de l'art. 11-2°, il convient de prendre en considération le dommage susceptible de résulter de l'exercice de la chasse sur ce terrain (V. *suprà*, n° 904).

913. — 4° *Des personnes punissables ou non en vertu de l'art.* 11-2°, § 2. — A. *Tiers.* — Il est sans difficulté que l'aggravation de peine édictée par cette disposition atteint les tiers, c'est-à-dire les personnes qui n'ont aucun droit sur le terrain où a lieu l'acte incriminé (V. *suprà*, n° 908). — En d'autres termes, lorsque celui qui chasse dans la récolte d'autrui n'a ni la permission du propriétaire de la chasse, ni la permission du propriétaire des récoltes, le passage sur le terrain chargé de fruits doit être déféré au tribunal correctionnel avec le délit de chasse qu'il aggrave et dont il est inséparable (Crim. cass. 6 juill. 1876, aff. Rebiffé, D. P. 77. 1. 141).

914. — B. *Propriétaire ou possesseurs; Bailleur rural.* — On a expliqué au *Rép.* n°s 242 et 243, que si l'art. 1er de la loi des 28-30 avr. 1790 interdisait au *propriétaire* ou *possesseur* lui-même, à peine d'amende, de chasser, même hors du temps prohibé, sur ses terres non closes et non dépouillées de leurs fruits, l'art. 11-2°, § 2, de la loi du 3 mai 1844 ne lui est pas applicable.

915. En ce qui concerne le *bailleur rural*, nous avons examiné précédemment: 1° si, en cas de bail d'un fonds rural, le droit de chasse sur ce fonds appartient au bailleur ou au preneur (V. *suprà*, n°s 124 et suiv.); 2° si, dans l'hypothèse où le droit de chasse est dévolu au preneur, le bailleur peut être *poursuivi correctionnellement* à raison des faits de chasse qu'il accomplit sur l'immeuble affermé (V. *suprà*, n° 135).

916. En tout cas, en supposant soit que le bailleur ait la faculté de chasser sur les terres affermées, soit que les actes de chasse par lui perpétrés ne constituent pas des délits passibles des peines portées par la loi de 1844, il ne s'ensuit pas qu'il ait le droit de passer en chassant sur ces terres lorsqu'elles sont ensemencées ou couvertes de récoltes.

Il est d'abord certain qu'il peut être condamné à des *dommages-intérêts* envers le fermier, s'il a causé un préjudice à ce dernier. Et la même solution serait applicable à l'égard de la personne à qui le propriétaire rural aurait vendu des récoltes sur pied. C'est ce que l'on a dit au *Rép.* n° 246.

La jurisprudence va plus loin; elle estime que le bailleur commet une *contravention de simple police.* — Jugé: 1° que le propriétaire qui afferme un bien rural aliène par cela même, et à moins de stipulation contraire, le droit de passage sur les terrains ensemencés ou chargés de récoltes; qu'en conséquence, il commet la contravention prévue par les art. 471-13° ou 475-9° c. pén., s'il passe, en chassant, sur des terrains de cette nature, par exemple, sur un champ couvert de betteraves (Crim. rej. 2 avr. 1881, aff. Pillon de Saint-Philbert, D. P. 81. 1. 279); — 2° Qu'il y a contravention à l'art. 471-13° c. pén., de la part du propriétaire qui, après avoir affermé un terrain en se réservant le droit de chasse, mais sans régler par une clause spéciale l'exercice de ce droit vis-à-vis du fermier, passe en action de chasse sur ce terrain pendant qu'il est ensemencé en luzerne et en pommes de terre (Trib. corr. Pontoise, 23 nov. 1880, aff. Chéron, R. F. t. 10, n° 8); — 3° Que le propriétaire d'un bien rural, qui le donne à ferme en se réservant le droit de chasse, ne conserve pas, à moins de stipulation expresse, le droit de chasse ni de passage sur les terrains soit préparés ou ensemencés, soit couverts de récoltes; que, dès lors, s'il passe en action de chasse sur des terrains de cette nature, sans le consentement du fermier, il commet la contravention de simple police prévue par l'art. 471-13° ou l'art 475-9° c. pén. (Crim. cass. 9 mai 1884, aff. Jullien, D. P. 84. 5. 52-53). — En sens contraire, V. les observations insérées R. F. t. 12, n° 79.

917. — C. *Fermier rural.* — Nous avons dit ci-dessus (n° 136) que le preneur commet un délit de chasse, lorsqu'il chasse sur le fonds pris par lui à bail, si le droit de chasse ne lui a pas été concédé expressément ou tacitement. — Mais, comme il ne porte préjudice qu'à lui-même, s'il chasse sur les terres par lui affermées, pendant qu'elles sont couvertes de récoltes, l'aggravation de peine édictée par l'art. 11-2°, § 2, de la loi de 1884 ne lui est pas applicable. Cette solution, énoncée au *Rép.* n° 246, a été adoptée par MM. Championnière, p. 98, et Giraudeau, n° 778.

918. — D. *Locataire ou permissionnaire de chasse.* — Le locataire ou le permissionnaire de chasse qui passe en chassant sur des terrains ensemencés ou couverts de récoltes est-il passible de *dommages-intérêts* ou d'une *répression pénale?* Et, dans cette dernière hypothèse, commet-il un *délit de chasse* ou une *contravention de simple police?* Ces questions ne sont pas exemptes de difficulté.

919. Il convient tout d'abord de remarquer que le propriétaire qui a consenti en termes généraux à laisser chasser sur ses terres, n'a donné ce consentement que sous la réserve qu'il ne serait causé aucun dégât aux récoltes non encore enlevées, et cette réserve n'a pas besoin d'être exprimée pour qu'il puisse réclamer des *dommages-intérêts*, devant la juridiction civile, au chasseur qui aurait fait un usage abusif de la permission en endommageant ses récoltes.

920. Quant à la *pénalité* susceptible ou non de frapper le locataire ou permissionnaire de chasse, il va de soi que l'art. 11-2° est applicable à celui qui chasse sur des terres non dépouillées de leurs fruits, appartenant au concédant, mais étrangères au bail ou à la permission (V. Paris, 7 déc. 1844, mentionné au *Rép.* n° 245).

En dehors de ce cas, et dans l'hypothèse où le concessionnaire chassé sur des terrains compris dans le bail ou la permission, qui toutefois sont muets relativement aux terres couvertes de leurs fruits, trois opinions ont été émises.

921. D'après un premier système, le locataire du droit de chasse a, par le seul fait de cette location, le *droit de passer* sur les terrains préparés ou ensemencés (Crim. cass. 24 avr. 1852, aff. de Louvencourt, D. P. 52. 5. 195). — Et il en est ainsi, soit que le propriétaire cultive lui-même ses terres (Leblond, n° 214; de Neyremand, p. 283); soit qu'il les ait données à ferme (Trib. corr. Reims, 25 févr. 1865, aff. Couteau, R. F. t. 3, n° 526. — Conf. Leblond, n° 215; Observations, R. F. t. 10, n° 8).

Mais les partisans de ce système se divisent relativement à la permission de chasse. M. Leblond, n° 216, soutient qu'elle ne s'étend pas aux terres non dépouillées de leurs fruits. Par le jugement précité du 25 févr. 1865, le tribunal de Reims s'est prononcé en sens contraire.

922. Un deuxième système admet que le locataire ou permissionnaire de chasse qui passe en chassant sur un terrain ensemencé ou couvert de récoltes, commet le *délit de chasse* sans autorisation sur le terrain d'autrui, à moins qu'il n'ait été expressément ou implicitement autorisé à passer sur les propriétés de cette nature. — Ainsi, il a été décidé que la permission que le propriétaire accorde, de chasser « sur toutes ses terres » situées sur le territoire d'une commune, n'est réputée, en l'absence de toute autre énonciation, s'appliquer qu'à celles dépouillées de récoltes; que, dès lors, en traversant, en attitude de chasse, un champ de luzerne non fauchée, le permissionnaire se met en dehors de la permission et se rend coupable du délit réprimé par l'art. 11-2° de la loi du 3 mai 1844 (Amiens, 5 déc. 1869, aff. Poulain, D. P. 71. 2. 92. — V. *suprà*, n° 920).

923. Dans un troisième système, qui nous paraît préférable et qui est actuellement consacré par la jurisprudence constante de la cour de cassation, il a été décidé que l'on ne peut conclure de l'art. 11, que le passage dans les récoltes d'autrui échappe à toute pénalité et ne donne lieu qu'à une réparation civile, lorsqu'il se produit, au contraire, dans le cours d'une action de chasse licite. En ce cas, en effet, le dommage causé aux fruits de la terre est réprimé comme contravention de police par le code pénal, puisqu'il n'est pas atteint par les dispositions plus sévères de la loi du 3 mai 1844 (Crim. cass. 6 juill. 1876, aff. Rebiffé, D. P. 77. 1. 141). — Par exemple, on doit regarder comme contrevenant à l'art. 471-13° c. pén., l'individu qui passe en action de chasse sur une terre ensemencée faisant partie d'un domaine affermé, bien qu'il ait le droit de chasser sur ce domaine en vertu, soit de l'autorisation du propriétaire (Crim. cass. 4 juill. 1845, cité au *Rép.* n° 56); — Soit d'une cession du droit de chasse à lui consentie par le propriétaire (Trib. corr. Pontoise, 23 nov. 1880, aff. Chéron, R. F. t. 10, n° 8).

Ce troisième système est aussi admis en Belgique par diverses décisions judiciaires (V. notamment : Trib. corr. Dinant, 20 févr. 1878, aff. Min. publ. C. Veling, *Pasicrisie belge*, 1878. 3. 316; Trib. simple police Glabeck, 24 janv. 1884, aff. Vandenbossche frères et Janssens, C. Pardon, *ibid.*, 1884, 3. 345).

924. A raison de la portée restreinte du bail de chasse, la cour suprême déclare que le bail du droit de chasse sur un héritage n'implique point par lui-même, et à moins de stipulation expresse, le droit de passer en action de chasse sur les parties de cet héritage ensemencées ou chargées de récoltes, et notamment de céréales (Arrêt du 6 juill. 1876, cité *suprà*, n° 923; Crim. cass. 29 févr. 1884) (1); — Alors surtout qu'un bail à ferme réserve au fermier la faculté de s'opposer à l'exercice du droit de chasse dans les céréales encore sur pied (Arrêt précité du 6 juill. 1876). — Dès lors, le locataire de la chasse, qui traverse à pied ou à cheval ces céréales dans le cours d'une action de chasse, commet les contraventions prévues par les art. 147-13°, 475-9°, ou 475-10° c. pén. (Arrêts précités des 6 juill. 1876, et 29 févr. 1884). — Est nul, en conséquence, pour violation de ces articles, le jugement qui a renvoyé des poursuites le chasseur inculpé des actes susénoncés, sans examiner si, en fait, l'autorisation de passer ne résultait pas des clauses du bail à ferme consenti au plaignant par le propriétaire, et par l'unique motif qu'en droit, le locataire d'une chasse ne commet aucune contravention, lorsqu'il traverse en action de chasse les récoltes existant sur la ferme dont la chasse lui est louée (Même arrêt du 6 juill. 1876).

925. Il a même été jugé, à raison de la portée étendue du bail à ferme, que le propriétaire qui afferme un bien rural, aliénant par cela même, et à moins de stipulation contraire, le droit de passage sur les terrains ensemencés ou chargés de récoltes, ne peut, en louant plus tard la chasse à un tiers, transmettre à ce dernier la faculté de passer sur les terrains dont il s'agit; que, par suite, le locataire de la chasse commet la contravention prévue par les art. 471-13° ou 475-9° c. pén., s'il passe, en chassant, sur des terres encemencées ou couvertes de fruits qui ont été sans restriction données à ferme avant la location de la chasse (Crim. rej. 2 avr. 1881, aff. Pillon de Saint-Philbert, D. P. 81. 1. 279). — Peu importe, dans ce cas, que le bail de la chasse concède formellement au preneur, pour l'exercice de la chasse, tous les droits que la loi accorde au propriétaire, sauf à indemniser le fermier des dommages qu'il pourrait occasionner aux récoltes en les traversant, l'immunité consacrée par les art. 471-13° et 475-9° c. pén. ne pouvant être invoquée que par celui qui a conservé à la fois la propriété du terrain et de la récolte (Même arrêt).

926. — II. De la chasse sans autorisation dans un enclos non attenant a une habitation. — En vertu de l'art. 11-2°, § 2, l'amende édictée contre le délit de chasse sur le terrain d'autrui, sans le consentement du propriétaire, peut encore être doublée, lorsque l'infraction a été commise sur un terrain entouré d'une *clôture continue faisant obstacle à toute communication avec les héritages voisins*, mais *non attenant à une habitation*. — Nous avons admis au *Rép.* n° 261, que cette disposition est inapplicable, si la clôture, quoique continue et difficile à franchir, paraît établie, non pour empêcher l'introduction de l'homme, mais bien l'entrée ou la sortie des bestiaux. M. Giraudeau, n° 784, est d'un avis contraire, et il invoque la signification donnée au mot clôture dans l'art. 2 (V. *suprà*, n°s 577 et suiv.).

927. Il importe de ne pas confondre la circonstance aggravante dont il est ici question, avec celle qui fait l'objet de l'art. 13 et qui concerne les enclos attenant à une habitation (V. *infrà*, n°s 1024 et suiv.).

N° 3. — *De l'excuse relative au passage des chiens courants à la suite du gibier* (*Rép.* n°s 262 à 267).

928. — I. Généralités. — Avant 1789, on appelait *droit de suite* la faculté qu'avait le chasseur de suivre lui-même, avec sa meute, même sur le terrain d'autrui, le gibier qu'il avait fait lever sur son propre terrain. Ce droit, plutôt toléré par l'usage que consacré par des textes de lois, avait été aboli implicitement par l'art. 1er de la loi des 28-30 avr. 1790, qui défendait, d'une manière absolue, de chasser sur le terrain d'autrui sans le consentement du propriétaire. Tel était l'avis de la plupart des auteurs, et la jurisprudence s'était prononcée dans le même sens, ainsi que nous l'avons montré au *Rép.* n°s 171 et 264. — L'art. 11-2° de la loi du 3 mai 1844 n'a pas rétabli le droit de suite, en permettant aux tribunaux de ne pas considérer comme délit de chasse le fait du passage des chiens courants sur l'héritage d'autrui, lorsque ces chiens seront à la suite d'un gibier lancé sur la propriété de leurs maîtres. Cette solution ressort: 1° de la disposition générale et absolue de l'art. 1er, qui interdit de chasser sur le fonds d'autrui sans le consentement du propriétaire ou de ses ayants droit; 2° de la discussion parlementaire retracée au *Rép.* n° 262. Tous les auteurs sont unanimes à cet égard.

Sur le droit de suite dans notre ancienne législation, il n'est pas sans intérêt de consulter MM. Sorel, t. 2, n°s 1 et suiv., et Villequez, t. 1, n°s 7 et suiv.

929. Pour apprécier la portée et le véritable caractère de l'art. 11-2°, § 3, de la loi de 1844, il importe de rappeler, d'une part, que la chasse aux chiens courants eût été, en fait, impossible, si le passage de la meute sur le terrain d'autrui avait été considéré, dans tous les cas, comme un délit; d'autre part, qu'en déclarant licite, d'une manière absolue, le passage des chiens courants poursuivant sur l'héritage d'autrui le gibier lancé sur celui de leur maître, la loi eût ouvert la voie au braconnage et porté une grave atteinte au droit de propriété. C'est afin d'éviter ce double inconvénient, que le Parlement, adoptant l'amendement de M. de Morny, a regardé le passage des chiens courants sur le terrain d'autrui non comme un droit pour le chasseur, mais comme un *fait qui peut être excusable* moyennant certaines conditions (V. *Rép.* n°s 262 et 265). En d'autres termes, le passage des chiens courants poursuivant un gibier sur le terrain d'autrui, sans le consentement du propriétaire de ce terrain, constitue, en principe, un *fait réel de chasse* et, par suite, un *délit* imputable au chasseur maître des chiens. Mais la loi confère aux *tribunaux* le pouvoir de réputer ou non délictueux le passage des chiens courants et, par conséquent, d'admettre ou non une *excuse* en faveur du chasseur, en *appréciant souverainement* les circonstances qui ont pu motiver ce passage. Ainsi, chaque procès de ce genre se réduisant à une véritable *question de fait*, l'appréciation du juge, dans ce cas, échappe au contrôle de la cour de *cassation*. Cependant, la cour suprême peut, d'après l'état des faits constatés par l'arrêt et les autres pièces du procès, apprécier et critiquer les conséquences que la cour d'appel en a tirées au point de vue de l'application de l'art. 11-2°.

930. Du principe que l'art. 11-2° de la loi de 1844 établit seulement une excuse, en faveur du chasseur dont les chiens courants passent sur l'héritage d'autrui à la suite du gibier, dérive la conséquence que c'est à lui à *prouver*, pour détruire la présomption de délit qui en résulte à sa charge, qu'il se trouve dans le cas prévu par cette disposition (V. *infrà*, n°s 935 et suiv., 952).

931. Au reste, il est loisible aux propriétaires ou locataires de chasse de convenir entre eux que tout gibier, levé sur un terrain dont la chasse appartient à celui qui le poursuit, peut continuer à être chassé sur le terrain voisin et réciproquement. Ce droit, que l'on peut appeler *droit de suite conventionnel*, est le seul qui soit permis. — Jugé que le droit de suite réciproque peut exister, en vertu d'une convention tacite, entre locataires de chasse voisins; que si, en principe, le droit de suite ne comprend pas la faculté de tirer, cette faculté est susceptible de résulter d'une tolérance

(1) (Moreau C. Chenouard et Beauland.) — La cour; — Attendu que les art. 475, § 9, et 471, § 13, c. pén. combinés punissent des peines de simple police quiconque, sans en avoir le droit, entre ou passe sur un terrain ensemencé de récoltes; — Attendu que le propriétaire d'un bien rural, qui donne à bail le droit de chasser sur ce bien, ne confère pas au preneur par cela seul, et à moins de stipulation expresse, le droit de passer, en action de chasse, sur les parties de l'héritage qui sont ensemencées ou chargées de fruits; que, si le locataire de la chasse les traverse, il le fait sans droit, et, par conséquent, commet les contraventions prévues et punies par les textes de loi susvisés; — Attendu, en fait, qu'à la suite d'un procès-verbal du 27 nov. 1883, dressé par le garde particulier du sieur Moreau, les sieurs Chenouard et Beauland ont été cités en simple police, pour avoir traversé en action de chasse des terrains ensemencés ou chargés de récoltes dépendant du domaine du Trou-aux-renards, dont ledit Moreau est fermier; que le tribunal les a relaxés uniquement par le motif que les inculpés avaient justifié que le propriétaire du

continue et d'une pratique non contestée (Dijon, 1er juin 1887) (1).

932. — II. DES CONDITIONS AUXQUELLES EST SUBORDONNÉE L'EXCUSE. — Il ressort des termes de l'art. 11-2°, § 3, ainsi que de la jurisprudence, que l'excuse admise relativement au passage des chiens sur le terrain d'autrui est subordonnée à quatre *conditions*, qu'il convient d'examiner successivement.

933. — 1° *Chiens courants.* — L'excuse établie par l'art. 11-2° en faveur du chasseur dont les chiens ont pénétré sur le fonds d'autrui à la suite du gibier lancé sur son propre fonds, est restreinte aux chiens courants et ne peut être étendue aux chiens d'arrêt. Cette proposition, on l'a vu au *Rép.* n° 263, résulte de la loi elle-même et de l'analyse de la discussion parlementaire.

934. Cependant, comme les faits involontaires ne constituent pas des délits de chasse (V. *infrà*, nos 1084 et suiv.), la poursuite du gibier sur le terrain d'autrui par des chiens qui ne sont pas des chiens de chasse peut n'entraîner aucune condamnation contre leur maître, si celui-ci a fait tous ses efforts pour les retenir. La jurisprudence s'est prononcée dans ce sens : 1° à l'égard d'un chien de basse-cour (Metz, 8 janv. 1845, mentionné au *Rép.* n° 263); — 2° A l'égard d'un chien de berger qui, sans y être excité, avait poursuivi pendant quelque temps un lièvre, que d'ailleurs il n'avait pas atteint (Trib. corr. Neufchâtel, 23 oct. 1875, aff. Ibon, cité par Leblond, n° 188.

En ce qui concerne la question de savoir si la poursuite du gibier par des chiens ou leur divagation entraînent une responsabilité pénale contre leur maître, il y a lieu de se référer aux explications fournies *suprà*, nos 40 et suiv., 56 et suiv., 421.

935. — 2° *Chasse commencée avec droit.* — Ainsi qu'on l'a dit au *Rép.* n° 265, la seconde condition requise pour que le passage des chiens soit excusable, c'est que ces chiens soient « *à la suite d'un gibier lancé sur la propriété de leur maître* ». — Jugé que le passage, sur le terrain d'autrui, d'une meute en action de chasse, constitue un délit, à moins qu'il ne soit démontré par le chasseur et expressément constaté par l'arrêt que le gibier poursuivi avait été lancé dans un lieu où le maître de la meute avait le droit de chasse (Rouen, 3 févr. 1870, aff. de Boisgelin, R. F. t. 5, n° 36; Angers, 17 mars 1873, aff. Frottier de Bagneux, D. P. 73. 2. 172; Crim. cass. 4 janv. 1878, aff. Pellé de Champigny, D. P. 78. 1. 334; Crim. rej. 1er mai 1880, aff. Benoît-Champy, D. P. 81. 1. 94; Trib. corr. Loudun, 13 mai 1881, aff. Chanluau, D. P. 82. 5. 71-73, et R. F. t. 9, n° 91; Paris, 27 mai 1882, aff. Lesquen, R. F. t. 12, n° 10. — Crim. cass. 11 mai 1883, aff. Bouvet, D. P. 83. 5. 57); — Ou à moins qu'il ne soit constaté que la chasse avait commencé avec droit (Crim. cass. 15 déc. 1866, aff. Hudellet, D. P. 67. 1. 141; Crim. cass. 7 déc. 1872, aff. Frottier de Bagneux, D. P. 72. 1. 476). — Et pour établir que la chasse a été commencée avec droit, il ne suffit pas de déclarer que le gibier poursuivi a été lancé dans un bois dont l'administration forestière, partie poursuivante, n'a pas la surveillance (Arrêt précité du 15 déc. 1866); — Ou dans un bois appartenant à un tiers qui ne s'est pas constitué partie civile (Arrêt précité du 7 déc. 1872).

936. — 3° *Abstention d'un acte positif de chasse.* — Pour que le passage, sur l'immeuble d'autrui, de chiens en action de chasse soit dépouillé de tout caractère délictueux, la jurisprudence exige non seulement que ces chiens soient des chiens courants et qu'ils soient à la suite du gibier lancé sur le fonds de leur maître, mais encore que le chasseur n'ait pas fait un acte positif de chasse sur l'immeuble dont il s'agit.

937. — A. *Du passage du chasseur sur le terrain d'autrui.* — L'entrée du chasseur sur le terrain d'autrui à la suite des chiens courants entraînés par la poursuite du gibier, ne doit pas nécessairement être considérée comme un fait de chasse; le juge peut tenir compte, à cet égard, des circonstances.

938. Ainsi, il n'est pas douteux que l'on doit regarder comme coupable de délit le piqueur qui, dans le bois d'un particulier, sonne la trompe, non pour rompre et rappeler les chiens qui chassent, mais pour les appuyer (Crim. cass. 28 janv. 1875, aff. Lefort, D. P. 75. 1. 331). — Le fait de suivre ses chiens sur la trace du gibier à travers la propriété d'autrui est à lui seul, en matière de chasse à courre, constitutif du délit de chasse sans autorisation du propriétaire (Liège, 10 juill. 1884, aff. de Rosée C. Weckbecker, *Pasicrisie belge*, 1884. 2. 364).

939. D'un autre côté, il a été jugé qu'en appréciant, après débats contradictoires, tous les éléments du procès, et déclarant que le piqueur suivait seulement la meute entrée sur le fonds de la partie civile à la suite d'un gibier lancé sur une propriété limitrophe, le juge d'appel a implicitement déclaré que ce piqueur n'était pas en action de chasse ; que cette appréciation, fondée sur l'instruction et les débats, échappe au contrôle de la cour de cassation et que, dès lors, le prévenu devait être acquitté par le motif qu'il n'avait pas commis d'acte délictueux (Crim. rej. 30 nov. 1860, aff. de Portes, D. P. 61. 1. 500). — La cour d'Orléans, dans un arrêt du 12 mai 1846 (aff. Paulard, rapporté par M. Sorel, t. 2, n° 32), semble en contradiction avec la solution qui précède, en déclarant que le passage des chiens sur le terrain d'autrui constitue un délit, par cela seul que le veneur, au lieu de s'arrêter sur la limite de son terrain, viole la propriété d'autrui en suivant ses chiens ou la trace du gibier, surtout s'il s'agit de chasse à courre. Toutefois, cet arrêt est plutôt un arrêt d'espèce, car il constate que le prévenu suivait les chiens sur l'héritage d'autrui soit pour les appuyer, soit pour les rabattre.

La cour de cassation a encore décidé qu'il n'y a pas lieu de punir pour délit de chasse sans autorisation du propriétaire, le chasseur dont les chiens ont suivi et détruit, dans une forêt d'autrui, un chevreuil blessé par lui de deux coups de feu sur un terrain où il a le droit de chasse, encore qu'il soit entré dans la forêt à la suite des chiens, s'il s'est abstenu de les appuyer, conservant son fusil déchargé et en bandoulière (Crim. rej. 23 juill. 1869, aff. Bodard, D. P. 69. 1. 536).

940. A plus forte raison n'y a-t-il aucun délit à imputer au chasseur qui pénètre sur la propriété d'autrui pour rappeler ou rompre ses chiens et les ramener sur les terrains où il a le droit de chasser. Cette solution, déjà énoncée au *Rép.* nos 171 et 265, est universellement reçue (Giraudeau,

---

domaine leur avait loué le droit de chasse, et que, dès lors, en chassant sur ces terrains, ils n'avaient commis aucune contravention, et ne pouvaient être tenus qu'à des réparations civiles du dommage par eux occasionné aux récoltes; — Attendu qu'en statuant ainsi, le jugement attaqué a expressément violé les dispositions de loi précitées;

Par ces motifs, casse, etc.

Du 29 févr. 1884.-Ch. crim.-MM. Baudouin, pr.-Gast, rap.-Roussellier, av. gén.

(1) (Devanne C. Amidieu et Mugneret.) — LA COUR; — Attendu qu'il résulte des débats, et qu'il n'est d'ailleurs pas contesté, que le sanglier, lancé dans la soirée du 15 janvier dernier, et mortellement blessé dans les bois de Minot, a été achevé le lendemain matin par les prévenus dans la réserve d'Aignay; — Que les prévenus n'ont agi que sur les instructions du sieur Rossin, adjudicataire des bois de Minot; — Attendu qu'il est établi que, depuis de longues années, il existait, entre les adjudicataires des bois de Minot et ceux d'Aignay une convention tacite en vertu de laquelle ils s'étaient réciproquement concédé le droit de suite; — Que l'existence de cette convention est reconnue et confirmée par le plaignant, dans une lettre à la date du 16 janv. 1887, qu'il a adressée au sieur Rossin (lettre qui sera enregistrée en même temps que le présent arrêt); — Attendu que, si, en principe, le droit de suite ne comprend pas le droit de *tirer*, il est néanmoins loisible aux parties contractantes de leur donner toute l'extension qui leur semble convenable; — Attendu que, dans la lettre du 16 janvier précitée, le plaignant, en témoignant à Rossin son regret de ce qui s'est passé, reconnaît implicitement la légitimité des faits constatés par le procès-verbal, et ce dans les conditions où ces faits se sont produits; — Que si ultérieurement Devanne a cru devoir retirer à Rossin l'autorisation qu'il avait concédée, ce fait ne saurait avoir d'effet rétroactif; — Qu'il prouve, au contraire, que le droit existait au moment où le prétendu délit a été relevé;...

Par ces motifs, confirme...

Du 1er juin 1887.-C. de Dijon, ch. corr.-MM. Golliet, pr.-Nourissat et Detourbet, av.

n° 792; Meaume, R. F. t. 6, n° 17; Sorel, t. 2, n° 33; Villequez, t. 1, n° 13. — Conf. Liège, 10 juill. 1884, aff. de Rosée *C.* Weckbecker, *Pasicrisie belge*, 1884. 2. 364).

941. On a vu que le chasseur peut, sans commettre de délit, aller sur le terrain d'autrui appréhender le gibier tué, mortellement blessé ou sur ses fins (V. *suprà*, n°s 431 et suiv.).

Celui qui a le droit de chasse sur un fonds enclavé a-t-il, pour s'y rendre, la faculté de traverser avec ses chiens les héritages d'autrui? L'affirmative a été admise au *Rép.* n° 266.

942. — B. *De l'attitude de chasse près du terrain d'autrui.* — La jurisprudence est aujourd'hui établie en ce sens que l'excuse de l'art. 11-2°, § 3, n'est pas applicable, lorsque les prévenus ont volontairement et intentionnellement concouru au fait de chasse exercé par leurs chiens dans le bois d'autrui (Orléans, 27 mai 1862, aff. Neverlée, R. F. t. 2, n° 274).

En conséquence, il y a lieu à condamnation pour délit de chasse sur le terrain d'autrui sans autorisation : 1° lorsque, après s'être portés à la rive du bois sur des points différents, ils faisaient face au taillis; qu'ils étaient dans les attitudes de chasse et prêts à tirer; que l'un a épaulé plusieurs fois son fusil et a semblé viser, du côté du bois, un objet plus ou moins éloigné; que cette attitude a duré pendant une demi-heure (Arrêt précité du 27 mai 1862); — 2° Lorsque l'inculpé s'est tenu pendant une demi-heure à la portée de son chien, à la lisière du bois d'autrui, et qu'aussitôt que le gibier poursuivi par ce chien a débouché du bois en plaine, il a tiré immédiatement deux coups de fusil sur ce gibier (Paris, 17 juin 1862, aff. de Brossin, R. F. t. 1, n° 155); — 3° Quand les inculpés, pendant environ trois quarts d'heure, ont volontairement laissé leurs chiens suivre un lièvre dans la forêt d'autrui, et cherché, autant qu'ils le pouvaient, à retirer les bénéfices de cette poursuite (Colmar, 22 mars 1864, aff. Perret, R. F. t. 5, n° 5); — 4° Quand des chiens ont pénétré, même sans être suivis, dans une forêt de l'Etat, en continuant la poursuite d'un lièvre, et que le chasseur, au lieu de faire ses efforts pour les empêcher, s'est posté en attente sur la lisière avec ses compagnons de chasse, de manière à pouvoir tirer le gibier dans le cas où il serait ramené par les chiens (Crim. cass. 15 déc. 1866, aff. Hudellet, D. P. 67. 1. 141. — V. aussi *suprà*, n°s 421 et 439); — 5° Quand la poursuite des chiens dans la forêt d'autrui a eu lieu à la connaissance du maître, qui, loin de l'empêcher ou d'y rester étranger, attendait au dehors et au bas de la forêt que le gibier lui fût amené. Il importe peu que le gibier ait été lancé en dedans ou en dehors des bois où le chien l'a suivi, du moment où le maître favorisait la poursuite et en attendait les effets pour en profiter (Grenoble, 31 janv. 1867, aff. Estève, R. F. t. 4, n° 600); — 6° Quand le chasseur s'est placé, en attendant la chasse, sur la lisière d'une forêt domaniale, en y faisant face, et qu'il a tiré le gibier poursuivi au moment où celui-ci débouchait de la forêt pour retourner dans le bois du prévenu (Nancy, 15 mai 1884, aff. Gusse, D. P. 84. 5. 54); — 7° Lorsque, pendant que ses chiens poursuivaient un lièvre dans une forêt communale, le prévenu, armé d'un fusil double qu'il tenait dans ses bras, était posté sur la lisière de cette forêt, à 40 mètres de distance, en attente du gibier qui venait de son côté; et que, le gibier prenant ensuite une autre direction, il en avertit ses compagnons de chasse en leur criant : « A vous! attention! » (Grenoble, 27 juin 1867, aff. Hudellet, R. F. t. 3, n° 547)

943. Pareillement, l'excuse spécifiée à l'art. 11-2°, § 3, ne saurait être invoquée : 1° lorsque, sans tenir compte du procès-verbal qui leur avait été déclaré par un garde forestier, les chasseurs ont séjourné près d'une heure dans la forêt d'autrui, en observant et suivant leur meute qui y chassait à pleine gorge un chevreuil; peu importe qu'ils se soient mis enfin en mesure de rompre les chiens, alors que ceux-ci, le chevreuil s'étant dérobé, avaient pris parti sur un renard et l'avaient poursuivi jusqu'à son terrier (Dijon, 21 janv. 1874, aff. Benoit-Champy, D. P. 75. 2. 201); — 2° Quand les chasseurs se tenaient, en attitude de chasse, dans le fossé de la route formant lisière d'une forêt appartenant à autrui, dans laquelle leur meute poursuivait une pièce de gibier (Crim. cass. 4 janv. 1878, aff. Pellé de Champigny, D. P. 78. 1. 334-335); — 3° Quand un chien, après avoir fait lever un lièvre en plaine, est entré à sa suite dans une remise appartenant à autrui, et que les prévenus, armés chacun d'un fusil, se sont immédiatement placés à proximité de cette remise, se préparant à tirer ce lièvre dès qu'il en sortirait (Amiens, 11 mars 1882, aff. Beauvais, *Journal de droit criminel*, 1882, p. 227); — 4° Lorsque le prévenu était posté dans un bois dont la chasse ne lui était pas interdite, attendant un chevreuil que son chien poursuivait dans un bois où il n'avait pas le droit de chasser (Paris, 27 mai 1882, aff. Lesquen, R. F. t. 12, n° 10); — 5° Lorsque les chasseurs ont appuyé leurs chiens ou les ont maintenus sur la voie de l'animal poursuivi. Dès lors, sont en délit, le maître d'une meute et son piqueur qui participent à la chasse sur le terrain d'autrui, l'un en dirigeant sa meute à la suite de la bête, l'autre en suivant la chasse sans donner l'ordre de rompre les chiens (Orléans, 27 juin (et non juill.) 1882, aff. de Vibraye, D. P. 83. 5. 56).

944. En sens contraire, il a été jugé que l'on ne doit pas considérer comme coupables du délit de chasse sur le terrain d'autrui : 1° le chasseur qui attend, sur un héritage dans lequel il a le droit de chasse, le retour d'une pièce de gibier que ses chiens courants ont lancée sur cet héritage et qu'ils poursuivent sur une propriété voisine (Orléans, 10 juin 1861, aff. Jarry de Montbarrois, D. P. 61. 2. 173); — 2° Le chasseur qui se tient en attitude de chasse sur un chemin public longeant une forêt appartenant à autrui, pendant que ses chiens courants, entraînés par leur seul instinct, poursuivent dans cette forêt une pièce de gibier lancée sur son propre terrain (Colmar, 24 avr. 1866, aff. Langlois, R. F. t. 3, n° 499); — 3° Le piqueur qui attend, dans l'attitude d'un chasseur, la sortie des chiens ayant poursuivi, dans une forêt dont son maître n'avait pas la chasse, un sanglier qui en était sorti (Bourges, 9 juin 1877, aff. Pellé de Champigny, R. F. t. 7, n° 103).

945. — 4° *Fait involontaire de la part du chasseur et impossibilité d'empêcher le passage des chiens.* — D'après la jurisprudence, approuvée d'ailleurs par l'ensemble de la doctrine (Giraudeau, n° 799; Jullemier, t. 1, p. 68; Leblond, n°s 222 et 223; Meaume, R. F. t. 8, n° 128; Sorel, t. 2, n° 24), pour que le chasseur soit exonéré de toute responsabilité pénale à raison du passage de ses chiens sur la propriété d'autrui à la suite du gibier, il faut encore que ce passage constitue un *fait involontaire* de sa part, ou, en d'autres termes, qu'il ait fait tous ses *efforts pour rappeler ses chiens ou pour les rompre.* — Jugé que, pour rendre excusable le passage en action de chasse de chiens courants sur le terrain d'autrui, il faut que ce fait se soit produit accidentellement, contre la volonté du maître des chiens et *sans sa participation* directe ou indirecte (Dijon, 21 janv. 1874, aff. Benoit-Champy, D. P. 75. 2. 201); — C'est-à-dire que le maître des chiens ait fait ses efforts soit pour les rappeler, soit pour les rompre, ou bien qu'il lui ait été impossible d'empêcher leur passage sur la propriété d'autrui (Rouen, 10 févr. 1854, aff. de Bouille, D. P. 54. 2. 238; Paris, 17 juin 1862, aff. de Brossin, R. F. t. 1, n° 155; Colmar, 22 mars 1864, aff. Perret, R. F. t. 5, n° 5; Crim. cass. 15 déc. 1866, aff. Hudellet, D. P. 67. 1. 141; Grenoble, 31 janv. 1867, aff. Estève, R. F. t. 4, n° 600; Caen, 26 janv. 1870, aff. de Vauquelin, D. P. 70. 2. 56-57; Poitiers, 13 juill. 1872, aff. Frottier de Bagneux, D. P. 73. 2. 172, sur pourvoi, Crim. cass. 7 déc. 1872, D. P. 72. 1. 476, et sur renvoi, Angers, 17 mars 1873, D. P. 73. 2. 172; Dijon, 21 janv. 1874, aff. Benoit-Champy, D. P. 75. 2. 201; Crim. cass. 4 janv. 1878, aff. Pellé de Champigny, D. P. 78. 1. 334; Amiens, 21 mars 1878, et sur pourvoi, Crim. rej. 26 juill. 1878, aff. Valadon, D. P. 79. 1. 142; Amiens, 11 mars 1882, aff. Beauvais, *Journal de droit criminel*, 1882, p. 227; Paris, 27 mai 1882, aff. Lesquen, R. F. t. 12, n° 10; Crim. cass. 11 mai 1883, aff. Bouvet, D. P. 83. 5. 56; Nancy, 15 mai 1884, aff. Gusse, D. P. 84. 5. 54. — V. aussi dans le même sens, sous l'empire de la loi des 28-30 avr. 1790 : Rouen 17 juin 1831, *Rép.* n° 25).

Et le chasseur doit faire tout son possible pour rompre ses chiens poursuivant un gibier sur le fonds d'autrui, alors même qu'il n'aurait pas été *mis en demeure* de le faire par le propriétaire du fonds ou son représentant (Arrêt précité du 21 mars 1878). — V. aussi les arrêts des 26 janv. 1870, 21 janv. 1874, 21 mars 1878, 1er mai 1880 et 4 janv. 1882, cités *infrà*, n°s 946 et suiv.

946. Il a été décidé, spécialement, que l'excuse mentionnée à l'art. 11-2°, § 3, *n'est pas applicable* et, par conséquent, qu'il y a délit de chasse : 1° dans le cas où le chasseur, resté sur la lisière du bois d'autrui, s'est borné à attendre ses chiens pour les reprendre à leur sortie et continuer ailleurs la chasse avec eux (Crim. cass. 4 janv. 1878, aff. Pellé de Champigny, D. P. 78. 1. 334); — 2° Lorsque les chiens sont entrés dans le bois d'un voisin en poursuivant un lièvre, ont abandonné sa piste pour y lancer un chevreuil qui s'y est fait battre pendant longtemps, tandis que le chasseur, sans d'ailleurs les appuyer ni les exciter, est resté sur la grande route qui traverse le bois et n'a pas tenté de les arrêter ou de les reprendre (Crim. cass. 7 déc. 1872, aff. Frottier de Bagneux, D. P. 72. 1. 476) ; — 3° Lorsque le chasseur, après avoir rappelé ses chiens pendant quelques instants, n'a cherché à les rompre ni avant, ni après l'invitation qui lui a été adressée par le garde de la partie civile (Amiens, 21 mars 1878, aff. Valadon, D.P. 79. 1. 142); — 4° Lorque les chiens ont chassé sur le terrain d'autrui pendant plusieurs heures, au vu et su de leur maître, sans que celui-ci ait essayé de les rompre (Crim. cass. 26 juill. 1878, aff. Valadon, D. P. 79. 1. 142) ; — 5° Quand le chasseur n'a fait aucune tentative pour rappeler son chien, alors surtout que ce dernier, pendant cinq à six minutes, a cessé de suivre le gibier et de donner de la voix (Rouen, 3 févr. 1870, aff. de Boisgelin, R. F. t. 5, n° 36).

947. La disposition de l'art. 11-2° ne s'applique qu'à un simple fait accidentel de passage, et non au cas où les chiens séjournent sur le terrain d'autrui pendant un temps assez long, et y chassent sans que leur maître (ou son préposé) fasse aucun effort pour les rompre ou les faire sortir (Caen, 26 janv. 1870, aff. de Vauquelin, D. P. 70. 2. 57; Dijon, 21 janv. 1874, aff. Benoît-Champy, D. P. 75. 2. 201. — V. dans le même sens : Giraudeau, n° 791 ; Leblond, n° 222; Sorel, t. 2, n°s 24 et suiv.). Il en est ainsi, alors surtout que ce maître (ou son préposé) se trouvait à une faible distance, et qu'il avait été mis en demeure, par un avertissement ou une déclaration de procès-verbal du garde du terrain d'autrui, d'avoir à cesser cette chasse (Arrêts précités des 26 janv. 1870 et 21 janv. 1874). — Il y a également délit, lorsque, dans une chasse à courre, les chiens, après avoir été mis en défaut en poursuivant un gibier sur la terre où leur maître a le droit de chasser, s'introduisent ensuite, *stationnent* et *quêtent* sur le fonds d'autrui, à son su et vu, tandis que, les apercevant d'un lieu élevé, il n'a rien fait pour les rompre ou les rappeler, et les a laissés se livrer à toute recherche de gibier déterminée par leur instinct (Rouen, 10 févr. 1854, aff. de Bouille, D. P. 54. 2. 238).

948. Le fait de laisser quêter des chiens courants dans les bois d'autrui, et de les y laisser lancer et chasser le gibier, sans faire des efforts suffisants pour les en empêcher peut constituer, s'il est réitéré, et surtout s'il a pour effet de faire sortir le gibier dans la plaine pour se procurer le moyen d'aller l'y tuer, non seulement un fait dommageable aux adjudicataires de la chasse et pouvant donner lieu à une action en dommages-intérêts contre le maître, civilement responsable du préjudice causé par ses chiens, mais encore le délit prévu et puni par l'art. 11 de la loi du 3 mai 1844 (Dijon, 4 janv. 1882, aff. Battalora, R. F. t. 10, n° 116). — C'est ce qui a été jugé à l'égard d'un individu qui, entendant ses chiens chasser dans une forêt située à 600 mètres de sa maison, s'est borné d'abord à sortir de son jardin, à les rappeler, à les corner, et n'est pas allé les rompre, ce qu'il aurait dû faire; puis, qui, un peu plus tard, a été vu armé d'un fusil, et, abordé par le garde à peu de distance de la forêt, où l'on entendait très distinctement la voix de ses chiens, n'a fait aucune tentative pour les rappeler et les rompre. Et il en est ainsi, alors surtout qu'il a répondu aux observations du garde qu'il se moquait du propriétaire de la forêt et qu'on ne pouvait l'empêcher de laisser chasser ses chiens (Arrêt précité du 4 janv. 1882). — Pareillement, peut être poursuivi pour délit de chasse, le maître dont les chiens courants sont partis seuls et ont chassé en temps défendu, si, averti par le garde, il ne s'est pas efforcé de mettre fin à la poursuite du gibier (Besançon, 8 juill. 1845, aff. Bailley, *Recueil de cette cour*, 1845, p. 194).

949. Au contraire, l'excuse spécifiée à l'art. 11-2°, § 3, est *applicable* au passage de chiens courants sur le terrain d'autrui : 1° lorsqu'il est établi que le gibier poursuivi a été lancé sur la propriété du chasseur, qui a fait tous ses efforts pour les rompre et les rappeler (Crim. rej. 1er mai 1880, aff. Benoît-Champy, D. P. 81. 1. 94) ; — 2° Quand des chiens courants, à la poursuite d'un sanglier blessé mortellement sur la propriété de leur maître, ont pénétré dans un bois appartenant à autrui et y ont acculé cette bête fauve, sans qu'il eût été possible de les rompre (Dijon, 3 mars 1880, aff. de Chargère, *Recueil de cette cour*, 1880, p. 120) ; — 3° Lorsqu'il est établi que le chasseur n'a pu rappeler ou arrêter ses chiens à raison de la distance qui les séparait (Rouen, 10 févr. 1854, aff. de Bouille, D. P. 54. 2. 238 ; Trib. corr. Loudun, 13 mai 1881, aff. Chanluau, R. F. t. 9, n° 91 ; Orléans, 30 juill. 1883, aff. Bodin) ; par exemple, dans le cas où le chasseur se trouvait à une distance de 200 ou 300 mètres, en arrière de sa meute, au moment où elle a traversé la terre d'autrui (Jugement précité du 13 mai 1881).

950. Nous devons ajouter que certains arrêts paraissent admettre, contrairement à la jurisprudence relevée *suprà*, n°s 945 à 949, que le passage des chiens courants sur le terrain d'autrui serait excusable par cela seul qu'il aurait lieu sans la participation de leur maître; c'est-à-dire sans acte positif de chasse de la part de ce dernier ; et qu'il ne serait pas nécessaire que le chasseur eût tenté de rappeler ou de rompre ses chiens, ni, à plus forte raison, qu'il eût été dans l'impossibilité d'empêcher leur passage (V. *suprà*, n°s 939 et 944). — Ainsi, selon la cour d'Orléans, il n'y aurait pas délit sur la propriété d'autrui, lorsqu'il est seulement établi par les débats que les chiens du prévenu, après avoir lancé un lièvre sur une propriété où il a le droit de chasser, sont entrés, à la poursuite de ce gibier, dans les bois de l'Etat. Dès lors, peu importe que le prévenu ait attendu sur cette même propriété le retour du lièvre, puisqu'en cela il n'a fait qu'user de son droit de chasse sur le terrain d'un particulier dont il avait l'assentiment (Orléans, 10 juin 1861, aff. Jarry de Montbarrois, D. P. 61. 2. 173). Cette décision semble ne devoir être approuvée que dans le cas où le chasseur, se trouvant trop loin pour rompre les chiens et les rappeler, n'a plus qu'à attendre leur retour.

951. Les tribunaux ne peuvent admettre l'excuse prévue par l'art. 11-2° qu'autant qu'ils *constatent* les efforts que le chasseur a faits, soit pour rappeler, soit pour rompre ses chiens, ou l'impossibilité d'empêcher leur passage sur le fonds d'autrui (Dijon, 21 janv. 1874, aff. Benoît-Champy, D. P. 75. 2. 201 ; Crim. cass. 4 janv. 1878, aff. Pellé de Champigny, D. P. 78. 1. 334 ; Crim. cass. 26 juill. 1878, aff. Valadon, D. P. 79. 1. 142; Crim. cass. 11 mai 1883, aff. Bouvet, D. P. 83. 5. 56-57). — Cette constatation, souverainement faite par la cour d'appel, échappe au contrôle de la cour de cassation, et elle motive suffisamment l'acquittement du chasseur poursuivi pour délit de chasse sans autorisation du propriétaire. Peu importe qu'il soit énoncé, dans la citation, que le prévenu avait l'habitude de laisser chasser ses chiens sur la propriété du plaignant et qu'une sommation extrajudiciaire lui avait été adressée à cet égard, s'il n'a pas été cité à raison des faits constitutifs de cette prétendue habitude (Crim. rej. 1er mai 1880, aff. Benoît-Champy, D. P. 81. 1. 94).

952. C'est au *chasseur* qui prétend n'avoir pu retenir ses chiens courants dans la poursuite, sur le terrain d'autrui, d'un gibier lancé sur son propre héritage, à rapporter, pour faire tomber le présomption de délit qui en résulte à sa charge, la *preuve* de l'impossibilité qu'il allègue (Caen, 26 janv. 1870, aff. de Vauquelin, D. P. 70. 2. 57; Crim. cass. 7 déc. 1872, aff. Frottier de Bagneux, D. P. 72. 1. 476-477, et sur renvoi, Angers, 17 mars 1873, D. P. 73. 2. 172; Arrêts précités des 4 janv. 1878, 26 juill. 1878 et 11 mai 1883 ; Paris, 27 mai 1882, aff. Lesquen, R. F. t. 12, n° 10. — V. aussi, *suprà*, n° 435). — Cette impossibilité ne saurait résulter de la défense qui lui aurait été antérieurement faite d'entrer dans la propriété où les chiens ont pénétré, une telle défense ne pouvant évidemment s'appliquer au cas exceptionnel où il s'agit de ramener les chiens et de faire cesser une chasse prohibée (Arrêts précités des 7 déc. 1872 et 17 mars 1873. — *Contrà :* Poitiers, 13 juill. 1882, aff. Frottier de Bagneux, D. P. 73. 2. 172). Et le juge estimerait à tort qu'il suffit, pour justifier l'admission de l'excuse proposée, de déclarer que « rien n'établit que le prévenu fût en mesure d'empêcher ses chiens de pénétrer chez le voisin » (Arrêt précité du 7 déc. 1872); ou qu'il n'est pas certain que les chiens aient levé ou mené le gibier sur le terrain d'autrui par le fait et la volonté de leur maître (Arrêt précité du 11 mai 1883).

§ 3. — Des contraventions aux arrêtés préfectoraux concernant les oiseaux de passage, le gibier d'eau, la protection des oiseaux, l'emploi de chiens lévriers, le temps de neige, la destruction des animaux malfaisants ou nuisibles (*Rép.* n° 268).

953. L'art. 11-3° détermine la sanction des contraventions aux arrêtés préfectoraux pris en exécution des paragraphes 3 et 4 de l'art. 9. En ce qui touche les arrêtés de cette nature et les éléments constitutifs des contraventions dont il s'agit, il suffit de se reporter aux explications présentées *suprà*, n°s 665 et suiv., 708 et suiv.

§ 4. — Du délit de capture ou destruction, sur le terrain d'autrui, des œufs et couvées de faisans, perdrix et cailles (*Rép.* n° 269).

954. L'art. 11-4° réprime le délit de *capture* ou *destruction*, sur le *terrain d'autrui*, *des œufs et couvées de faisans, perdrix et cailles*, qui est prévu par l'art. 4, § 4. — Sur les caractères de ce délit, V. *suprà*, n°s 884 et suiv.

§ 5. — Des contraventions aux conditions de la location de la chasse (*Rép.* n°s 270 à 274).

N° 1. — *Des contraventions aux clauses du cahier des charges soit dans les forêts soumises au régime forestier, soit sur les propriétés dont la chasse est louée au profit des communes ou des établissements publics* (*Rép.* n°s 270 à 273).

955. — I. DES PROPRIÉTÉS AUXQUELLES S'APPLIQUE L'ART. 11-5°. — Nous avons exposé au *Rép.* n° 270, les motifs sur lesquelles est fondée la disposition finale de l'art. 11, qui réprime les contraventions aux clauses des cahiers des charges relatives à la chasse non seulement dans les *bois soumis au régime forestier*, mais encore sur les *propriétés dont la chasse est louée au profit des communes ou des établissements publics*. En ce qui concerne les locations de chasse de cette nature, V. *suprà*, n°s 522 et suiv.

956. — II. DES CONTRAVENTIONS AUXQUELLES S'APPLIQUE L'ART. 11-5°. — On a vu que cette disposition est limitée aux *clauses et conditions des cahiers des charges relatives à la chasse*. Il en résulte, comme le dit M. Giraudeau, n° 819, qu'elle est étrangère au défaut de payement du prix de location.

957. L'adjudicataire de la *chasse à tir* dans une forêt de l'Etat où la *chasse à courre* est louée séparément à une autre personne, commet le délit puni par l'art. 11-5° de la loi du 3 mai 1844, lorsqu'il tire sur les grandes bêtes (notamment, des cerfs et des biches) réservées exclusivement pour la chasse à courre par le cahier des charges. Vainement le prévenu soutiendrait que, depuis l'adjudication du droit de chasse, un arrêté préfectoral ayant classé ces grandes bêtes au nombre des animaux nuisibles et malfaisants, il pouvait les détruire en tout temps (Trib. corr. Compiègne, 12 avr. 1881, aff. Bonnet, D. P. 82. 5. 66).

958. Ainsi qu'on l'a expliqué au *Rép.* n° 272, l'adjudicataire du droit de chasse dans un bois communal qui y conduit un *nombre de chasseurs invités* plus grand que celui que son bail lui permet de s'adjoindre tombe sous l'application de l'art. 11-5° (Dijon, 24 déc. 1844, aff. Demartinécourt, D. P. 45. 2. 40, et sur pourvoi, Crim. rej. 29 nov. 1845, D. P. 46. 1. 21; Metz, 22 févr. 1865, aff. Godefrin, R. F. t. 3, n° 527). — Et la contravention existe, en cas pareil, quoique le nombre des personnes qui ont indûment accompagné l'adjudicataire de la chasse n'excède pas celui des associés que peut avoir cet adjudicataire (Crim. cass. 8 nov. 1849, aff. Maupin, D. P. 49. 5. 204).

Quand le fermier du droit de chasse dans une forêt communale introduit dans cette forêt un nombre d'amis plus considérable que celui dont il était autorisé à se faire accompagner, il est, en outre, passible de dommages-intérêts envers la commune propriétaire (Arrêt précité du 22 févr. 1865).

959. Si l'adjudicataire qui chasse avec un nombre d'invités ou amis supérieur à celui qui est autorisé par le cahier des charges, est en délit, il en est autrement des invités eux-mêmes. En effet, d'une part, on ne pourrait poursuivre que ceux des invités qui excèdent le nombre permis, et, d'autre part, on ne saurait les distinguer de ceux qui sont compris dans ce nombre (Arrêts des 24 déc. 1844 et 29 nov. 1845, cités *suprà*, n° 958. — Conf. Berriat, p. 130; Giraudeau, n° 813; Petit, t. 1, p. 154). — Rappelons toutefois (*Rép.* n° 272) que des poursuites pourraient être dirigées contre les chasseurs qui, ayant pris part à la chasse sur l'invitation du fermier, savaient, au moment de cette invitation, que le nombre des chasseurs admis par le fermier était déjà complet.

960. Il est aujourd'hui hors de doute que les battues et traques constituent un mode d'exercer la chasse à tir, que, par conséquent, elles sont licites et peuvent, à défaut de prohibition spéciale, être employées par les fermiers de la chasse dans les bois domaniaux (Observations, R. F. t. 6, n° 13. — V. Cahier des charges du 6 oct. 1880, art. 23 et 24, *suprà*, p. 384, note). — Sous l'empire des anciens cahiers des charges, la cour de cassation avait admis une solution contraire par un arrêt du 20 févr. 1847, analysé au *Rép.* n° 273. Cependant, sa théorie n'avait pas été suivie par le tribunal correctionnel de Compiègne, d'après lequel la prohibition faite aux fermiers de la chasse dans les forêts domaniales de se livrer, sans autorisation, à des battues ayant pour objet la destruction des animaux nuisibles, ne s'étendait pas aux battues qui ont pour unique but la chasse du gibier (Trib. corr. Compiègne, 13 févr. 1850, aff. Seroux, D. P. 50. 3. 21).

961. — III. DES PERSONNES PUNISSABLES EN VERTU DE L'ART. 11-5°. — La disposition finale de l'art. 11 atteint les *adjudicataires* ou *fermiers de la chasse*, et même les *cofermiers*. — Mais elle ne saurait être appliquée aux personnes qui n'ont pas figuré dans l'adjudication soit personnellement, soit par mandataire, telles que les *tiers* ou les *permissionnaires de chasse* (Giraudeau, n° 809).

962. D'après M. Berriat, p. 139, les *invités* ne sont passibles de poursuites qu'autant qu'il chassent isolément ou qu'ils contreviennent aux règles générales sur la police de la chasse, par exemple, à la nécessité d'être muni d'un permis. M. Giraudeau, n° 821, estime, au contraire, que les invités peuvent être poursuivis comme complices de l'adjudicataire, dans tous les cas où leur présence entraîne la responsabilité pénale de ce dernier, sauf toutefois l'exception relative au cas où l'infraction consiste dans un excédent d'invités (V. *suprà*, n° 959). — En tout cas, l'adjudicataire est à considérer comme complice des délits commis par ses invités, par exemple, lorsqu'ils chassent isolément (Giraudeau, n° 822).

N° 2. — *Des contraventions aux clauses du bail de chasse dans les bois et terrains particuliers* (*Rép.* n° 274).

963. Nous avons décidé au *Rép.* n° 274, avec M. Championnière, p. 119, que si les locataires de chasse, dans les *bois* et *terrains particuliers*, ne sont point soumis à l'application de l'art. 11-5° de la loi du 3 mai 1844, ils commettent le délit de chasse sur le fonds d'autrui sans le consentement du propriétaire, quand ils excèdent sciemment les limites fixées par le contrat à l'exercice de leur droit. Il en serait ainsi en cas de chasse à courre, alors que le bail n'autorise que la chasse au chien d'arrêt. — M. Giraudeau, n° 825, partage cette opinion, mais en en restreignant la portée à certaines clauses. Telle serait l'hypothèse où le locataire, autorisé à chasser seulement sur celles des terres affermées qui sont dépouillées de leurs fruits, chasserait pendant qu'elles sont couvertes de récoltes (V. *infrà*, n°s 920 et suiv.) — Signalons aussi l'avis de M. Chardon, p. 186, pour qui les infractions aux conditions du bail ne donnent lieu qu'à une action civile en dommages-intérêts.

ART. 2. — *Des délits prévus par l'art.* 12 (*Rép.* n°s 275 à 299).

964. On sait (*Rép.* n°s 275 et 276) que les infractions spécifiées à l'art. 12 sont réprimées plus sévèrement que celles dont s'occupe l'art. 11; elles sont passibles: 1° d'une *amende* de 50 à 200 fr., qui est obligatoire pour le tribunal de répression; 2° d'un *emprisonnement* de six jours à deux mois, qui est facultatif pour le juge.

§ 1er. — Du délit de chasse en temps prohibé (*Rép.* n° 277).

965. Le délit de *chasse en temps* prohibé que punit l'art. 12, § 1er-1°, a pour objet les faits de chasse accomplis dans l'intervalle qui s'écoule entre la clôture et l'ouverture annuelle de la chasse en général (V. *suprà*, nos 184 et suiv.), à l'exclusion des infractions aux arrêtés préfectoraux en matière de chasses exceptionnelles prévues par l'art. 9 (V. *infrà*, nos 665 et suiv.).

966. La peine d'emprisonnement peut être prononcée dans tous les cas de chasse en temps prohibé, même contre les prévenus qui ont chassé sur leur propre terre (V. *suprà*, n° 185). C'est ce qui ressort tout à la fois du texte de l'art. 12, qui n'établit à cet égard aucune distinction, et de la discussion parlementaire analysée au *Rép.* n° 277.

§ 2. — Du délit de chasse de nuit; Du délit de chasse à l'aide d'engins, instruments ou moyens prohibés (*Rép.* nos 278 à 281).

N° 1. — *Du délit de chasse de nuit* (*Rép.* n° 278).

967. Le délit de *chasse de nuit*, dont les caractères ont été étudiés précédemment (nos 619 et suiv.), a pour sanction l'art. 12, § 1er-2°. On sait que, lors de la discussion de la loi du 3 mai 1844, une proposition tendant à aggraver contre les braconniers de nuit les peines portées par cette disposition, n'a pas été adoptée (V. *Rép.* n° 278).

968. Il importe de remarquer que les peines de l'art. 12, § 1er, sont encourues par le seul fait de chasse de nuit, alors même que l'acte de chasse a eu lieu à l'aide d'engins ou d'instruments non prohibés, ou par des moyens autorisés. On doit regarder comme *complice* du délit de chasse de nuit et à l'aide d'engins prohibés, le loueur de voitures qui loue à plusieurs reprises à un braconnier d'habitude, pour des expéditions nocturnes, des voitures dont il connaissait l'emploi et qui aidaient le preneur non seulement à se livrer au braconnage mais encore à emporter le gibier capturé ou à se procurer un alibi par une fuite précipitée (Trib. corr. Melun, 5 janv. 1881, aff. Petit, R. F. t. 10, n° 39. — V. *infrà*, nos 1095 et suiv.).

N° 2. — *Du délit de chasse à l'aide d'engins, instruments ou moyens prohibés* (*Rép.* nos 279 à 281).

969. L'art. 12, § 1er-2°, doit être entendu dans un sens général; il punit les actes de chasse accomplis soit *par des modes prohibés*, soit *à l'aide d'engins, instruments ou moyens prohibés* (V. *suprà*, nos 638 et suiv.).

970. Rappelons que cet article réprime le fait de chasse des oiseaux de passage avec des engins prohibés (V. *suprà*, nos 644 et 651). Quant au point de savoir si le propriétaire ou possesseur d'un enclos attenant à son habitation peut y chasser à l'aide d'*engins prohibés*, V. *suprà*, nos 662 et suiv.

§ 3. — Du délit de détention ou de port d'engins prohibés, et de sa constatation (*Rép.* nos 282 à 288).

N° 1. — *Du délit de détention ou de port d'engins prohibés* (*Rép.* nos 282, 285 à 288).

971. — I. DES FAITS ET DES LIEUX AUXQUELS S'APPLIQUE L'ART. 12, § 1er-3°. — Parcette disposition, la loi de 1844 prévoit et punit non seulement le fait d'être trouvé *muni* ou *porteur, hors de son domicile*, de filets, engins ou instruments de chasse prohibés, mais même la simple *détention à domicile* de ces objets, à la différence de la loi sur la pêche fluviale, qui ne punit que les individus trouvés munis ou porteurs, hors de leur domicile, de filets et engins prohibés. On a reproduit au *Rép.* n° 282, les objections qui avaient été formulées contre cette mesure rigoureuse, lors de la discussion parlementaire, et la réponse du garde des sceaux qui invoquait la nécessité d'empêcher le braconnage.

Quant à la signification du mot *domicile*, nous l'avons expliquée *ibid.*, n° 287.

972. On décide généralement avec nous (*Rép.* n° 288) que l'interdiction de détenir ou porter des filets, engins ou autres instruments de chasse prohibés frappe les propriétaires ou possesseurs d'enclos attenant à une habitation (Giraudeau, n° 855). — Cette solution est consacrée expressément ou implicitement par de nombreux arrêts ou jugements qui refusent à ces propriétaires ou possesseurs la faculté de chasser à l'aide d'engins prohibés (V. *suprà*, nos 662 et suiv.).

973. Le seul fait de détention dans une maison de filets de chasse constitue un délit, *indépendamment de tout usage* qui pourrait en avoir été fait. C'est ce que nous avons dit au *Rép.* n° 285, en citant à l'appui deux arrêts, l'un, de la cour d'Orléans, du 9 févr. 1846, et l'autre, de la chambre criminelle, du 4 avr. 1846. Il convient d'y ajouter un arrêt de la cour de Paris, du 26 déc. 1844 (aff. Kresz, D. P. 45. 2. 18), confirmé par celui du 4 avr. 1846. — Tel est aussi l'avis de M. Giraudeau, n° 852.

Cependant, la cour de Bourges s'est prononcée en sens contraire, le 2 nov. 1844, comme nous l'avons indiqué au *Rép.* n° 285. — Jugé également que la détention d'engins prohibés à domicile n'est punissable que lorsqu'elle peut se rattacher à des faits de braconnage en dehors des enclos attenant à une habitation, et non lorsqu'il est constant que ces engins étaient uniquement employés dans l'enclos attenant à une habitation (Dijon, 4 avr. 1866, aff. Couturier, D. P. 66. 2. 78).

974. — II. DES ENGINS PROHIBÉS AUXQUELS S'APPLIQUE L'ART. 12, § 1er-3°. — L'art. 12, § 1er-3°, défend la détention de tous les *filets* et *engins prohibés* de chasse, ce qui comprend les filets et instruments destinés à la chasse des oiseaux, ainsi que l'a déclaré un arrêt de la chambre criminelle du 4 avr. 1846, mentionné au *Rép.* n° 286. Il a été jugé, dans le même sens, que toute espèce de filets destinés à prendre des oiseaux, et notamment l'*ainière*, constitue un engin prohibé, dont la simple détention est un délit (Caen, 21 juill. 1874, aff. Lhommas, D. P. 78. 5. 86).

Sur les engins de chasse prohibés, V. *suprà*, nos 642 et suiv.

975. Toutefois, cette règle souffre plusieurs *exceptions*, par exemple, pour les instruments autorisés, conformément à l'art. 9, par des arrêtés préfectoraux, mais seulement dans les départements pour lesquels ces arrêtés ont été rendus (Paris, 26 déc. 1844, aff. Kresz, D. P. 45. 2. 18, et sur pourvoi, Crim. rej. 4 avr. 1846, cité au *Rép.* n° 286. — V. Giraudeau, n° 854).

976. D'après un arrêt de la cour suprême, du 15 oct. 1844, analysé *ibid.*, la disposition prohibitive de l'art. 12, § 1er-3°, peut être déclarée inapplicable à la simple détention d'un *piége*, quand ce piége ne paraît pas destiné à la capture du gibier, mais à celle des *animaux malfaisants ou nuisibles*, tels que les fouines et les belettes, qui dévastent les dépendances des habitations rurales, et lorsque, d'ailleurs, il n'est intervenu aucun arrêté préfectoral ayant pour objet de déterminer les conditions du droit reconnu à tout propriétaire par l'art. 9 ci-dessus de détruire sur ses terres les animaux malfaisants. La doctrine professe la même opinion (Giraudeau, n° 859; Lavallée et Bertrand, p. 91; Leblond, n° 243; de Neyremand, p. 55; Villequez, t. 2, n° 67. — V. *suprà*, nos 725 et suiv.). — Jugé également que les engins qui servent ordinairement à détruire les animaux nuisibles, tels que les fouines et putois, ne deviennent des engins prohibés que s'ils sont tendus et placés dans d'autres lieux que ceux indiqués par l'arrêté préfectoral; que, par suite, la simple détention au domicile du prévenu de piéges en fer destinés à prendre des animaux nuisibles ne constitue aucun délit (Caen, 21 juill. 1874, aff. Lhommas, D. P. 78. 5. 86-87).

977. Les auteurs ne regardent pas non plus comme délictueuse la détention d'engins destinés à prendre des *bêtes fauves* (Giraudeau, n° 859; Lavallée et Bertrand, p. 91; de Neyremand, p. 55; Villequez, p. 169. — V. *suprà*, n° 775). Spécialement, n'est pas défendue la détention d'un piége à loups, qui est un fer solide, « muni au centre d'un mécanisme à ressort, composé de deux demi-cercles symétriques également en fer, armés de dents correspondantes ou mâchoires, avec une forte chaîne d'arrêt » (Caen, 21 déc. 1874, aff. Botrel, *Recueil de cette cour*, 1875, p. 96, cité par Leblond, n° 243).

978. Du reste, la loi n'interdit que la détention des *engins prohibés proprement dits*, c'est-à-dire des instruments susceptibles d'opérer par eux-mêmes la capture du gibier et d'en assurer la possession immédiate et matérielle (Crim.

rej. 18 déc. 1886, aff. Barbier de la Serre, D. P. 87. 1. 288. — V. *suprà*, nos 642 et suiv.).

Elle permet le port ou la possession des simples *moyens de chasse* même prohibés (V. *suprà*, nos 653 et suiv.).

979. Dans le même ordre d'idées, on a vu au *Rép.* n° 286, que l'art. 12, § 1er-3°, ne réprimant que le détention ou le port d'engins réellement propres à prendre du gibier est étranger à la détention soit d'engins qui, fabriqués à cet effet par un chasseur inexpérimenté, sont incapables d'atteindre un pareil but, soit de parties d'instruments qui, à elles seules, ne peuvent servir sans le secours de filets ou d'autres engins. Nous avons mentionné *ibid.*, deux jugements, du 8 mars 1845 et du 20 déc. 1844, qui ont appliqué ces principes. — MM. Gillon et Villepin, n° 318, et M. Giraudeau, n° 861, sont pareillement d'avis que la loi n'atteint pas le port ni la détention d'engins détériorés, brisés ou démontés, à moins que leur démontage n'ait été pratiqué que dans le but de violer la loi.

980. — III. Des personnes punissables en vertu de l'art. 12, § 1er-3°. — La loi ne fait aucune distinction relativement aux *personnes* auxquelles s'applique l'interdiction de détenir ou porter des engins ou instruments de chasse prohibés. Aussi a-t-il été jugé que la saisie des filets prohibés peut aussi bien avoir lieu au domicile des marchands d'instruments de chasse qu'à celui des particuliers (Paris, 26 déc. 1844, aff. Kresz, D. P. 45. 2. 18, et sur pourvoi, Crim. rej. 4 avr. 1846, D. P. 46. 1. 96). Cette théorie a été approuvée au *Rép.* n° 286, et par la doctrine (V. notamment: Gillon et Villepin, n° 313; Giraudeau, n° 853).

981. Quand un engin prohibé est découvert dans une *habitation commune à une famille entière*, si la détention en peut être spécialement imputée à l'un des membres de cette famille, c'est sur lui que doit retomber la responsabilité du délit; ce point ne souffre pas de difficulté.

Dans le cas contraire, c'est-à-dire lorsqu'on ne peut pas prouver que la détention est le fait de l'un plutôt que de l'autre des membres de la famille, nous avons admis au *Rép.* n° 287, que l'on doit considérer le chef de famille comme pénalement responsable de cette détention. (Conf. Berriat, p. 149; Petit, t. 1, p. 523; Rogron, p. 177). — M. Giraudeau, n° 862, est d'un avis opposé; et il se fonde sur ce qu'un fait involontaire ne saurait être considéré comme délictueux. Conformément à ce second système, il a été jugé que, dans le cas où une perquisition opérée dans une chambre affectée à l'usage de plusieurs personnes (dans l'espèce, un père et ses deux fils) a amené la découverte de collets derrière le coffre de l'un d'eux et d'un appeau à perdrix dans ledit coffre, celui-ci ne peut être réputé le détenteur des collets, alors surtout que l'autre fils avait auparavant été rencontré en forêt porteur de collets de même nature (Orléans, 11 mai 1869, aff. Lacoua, D.P. 69. 2. 119).

N° 2. — *De la recherche des engins prohibés* (*Rép.* nos 282 à 284).

982. De la discussion parlementaire dont l'analyse a été donnée au *Rép.* n° 282, il ressort que la détention et le port d'engins prohibés ne peuvent être *recherchés et constatés* que suivant les règles du *droit commun*, c'est-à-dire dans les formes indiquées par le code d'instruction criminelle.

983. — I. De la recherche des engins prohibés dans les lieux publics. — La recherche et la constatation du délit de détention ou de port d'engins prohibés dans les *lieux ouverts au public* n'offrent aucune difficulté. Tous les *agents chargés de la police de la chasse* peuvent y procéder en observant les règles ordinaires (V. *infrà*, nos 1106 et suiv.).

984. — II. Des visites domiciliaires. — On ne s'occupe ici que des *visites domiciliaires* ayant pour but la *recherche des engins prohibés*.

Il est traité ailleurs des visites domiciliaires relatives soit à la recherche du gibier en temps prohibé (V. *suprà*, nos 878 et suiv.), soit à la constatation des faits de chasse délictueux commis dans les terrains clos et attenant à une habitation (V. *infrà*, nos 1141 et suiv.).

985. — 1° *Du délit non flagrant*. — En thèse générale, la visite domiciliaire ou perquisition ayant pour but de constater la détention d'engins prohibés ne peut être pratiquée que par le *juge d'instruction*, ou par un *officier public* muni d'une *commission rogatoire* de ce magistrat, et en vertu d'une *ordonnance* par lui rendue sur la *réquisition du ministère public*. Cette proposition, qui a déjà été énoncée au *Rép.* n° 282, résulte de la discussion parlementaire que nous y avons reproduite, et de la nécessité d'appliquer les règles du droit commun, à défaut de dérogation expresse de la loi. Elle est consacrée par la pratique administrative (Instr. min. just. 9 mai 1844, *ibid.*, p. 108, note, n° 15), ainsi que par l'unanimité des auteurs (Berriat, p. 148; Camusat, p. 137; Chardon, p. 193; Gillon et Villepin, n° 314; Giraudeau, n° 863; Jullemier, t. 1, p. 81; Leblond, n° 238; de Neyremand, p. 147; Petit, t. 1, p. 521; Viel, p. 79).

986. Cependant, à Paris, par application de l'art. 10 c. instr. crim., la perquisition et la saisie d'engins prohibés peuvent être valablement faites au domicile du détenteur, en vertu d'un mandat décerné par le *préfet de police*, comme l'a formellement déclaré un arrêt de la cour de Paris, du 26 déc. 1844, cité au *Rép.* n° 283.

987. En dehors du cas de flagrant délit, le pouvoir d'opérer des visites domiciliaires n'appartient pas aux *gendarmes*. Dès lors, toute perquisition faite par eux est illégale, et le procès-verbal de leurs opérations est irrégulier et nul (Besançon, 3 juill. 1857, B. A. F. t. 7, p. 277).

988. Il en est de même des *gardes*. Décidé que l'*adjoint au maire* d'une commune et le *garde champêtre* sont sans droit ni qualité pour faire une visite domiciliaire dans le but de saisir des engins de chasse prohibés; par suite, le procès-verbal dressé par eux est nul (Douai, 4 nov. 1847, aff. Duhaut, D. P. 50. 5. 392).

989. Les *gardes forestiers* n'ayant mission de constater les délits de chasse que lorsqu'ils résultent de faits commis en forêt, sont, en principe, sans qualité pour constater par des perquisitions domiciliaires le délit de détention d'engins de chasse prohibés (Trib. corr. Epinal, 31 oct. 1844, aff. Colin, D. P. 45. 3. 34; Crim. rej. aff. Straka, aff. Lecerf, 17 juill. 1858, D. P. 58. 1. 383). — Il s'ensuit que, en dehors de cette circonstance, et si les gardes ont opéré sans le concours d'aucun magistrat, le procès-verbal par eux dressé est nul, alors même qu'il serait établi que l'individu contre lequel ils ont agi n'aurait fait aucune opposition à la perquisition irrégulièrement pratiquée dans son domicile (Arrêt précité du 17 juill. 1858). — Sur les perquisitions accomplies par des gardes forestiers, V. aussi l'analyse présentée au *Rép.* n° 283, du jugement du tribunal correctionnel d'Epinal, du 31 oct. 1844, et de l'arrêt de Rouen, du 13 mars 1845.

990. Mais l'existence dans l'intérieur d'une propriété close d'un engin de chasse dont la détention est prohibée, peut être constatée à l'extérieur de cette propriété, sans qu'il soit besoin que les rédacteurs du procès-verbal y pénètrent (Montpellier, 28 janv. 1867, aff. S..., D. P. 67. 2. 139). — Pareillement, le gendarme qui est entré dans une maison pour délivrer un livret de réserviste, a pu valablement constater le délit de détention d'un engin de chasse prohibé, placé en évidence dans la pièce où il s'est introduit (Caen, 2 août 1876, aff. Foubert, D. P. 78. 2. 181). — Alors même qu'on déciderait que, dans ces circonstances, la saisie de l'engin prohibé n'a pu être opérée valablement, l'irrégularité de la saisie ne ferait pas obstacle à l'application des peines édictées par la loi contre les détenteurs d'engins de chasse prohibés, quand la preuve du délit résulte non seulement du procès-verbal dressé par le gendarme, mais encore des aveux du prévenu (Même arrêt).

991. — 2° *Du flagrant délit*. — Dans le cas de flagrant délit, le droit de procéder immédiatement et de pratiquer des perquisitions domiciliaires appartient au *procureur de la République*, aux *juges de paix*, aux *commissaires de police* et aux *officiers de gendarmerie*, comme on l'a vu au *Rép.* n° 283.

992. Nous avons admis *ibid.*, en nous appuyant sur la discussion parlementaire, que les gardes et gendarmes qui sont à la *suite* d'un braconnier porteur d'un engin prohibé, peuvent aussi pénétrer dans son domicile, avec l'*assistance* soit du juge de paix, soit de son suppléant, soit du maire, soit de l'adjoint, et y saisir l'instrument prohibé dont ils ont auparavant reconnu le port ou l'emploi (c. instr. cr. art. 16). — Plusieurs auteurs, cependant, restreignent ce droit de suite aux choses volées et écartent son application relativement aux engins de chasse qui sont en la possession de leur propriétaire (Chardon, p. 196; Giraudeau, n° 871; Rogron, p. 182).

993. En ce qui regarde le cas où la détention d'engins prohibés est de nature à constituer un flagrant délit, il convient de se reporter aux explications du *Rép.* n° 283, notamment aux décisions de la cour de Rouen, du 1er févr. 1845, et de la chambre criminelle, du 18 déc. 1845.

994. L'individu au domicile duquel a été saisi un engin de chasse prohibé, dans une perquisition faite avec son assentiment et en présence du maire ne peut exciper, en défense à la poursuite exercée contre lui pour détention dudit engin, d'une nullité dont serait entachée la perquisition, alors surtout qu'il reconnaît le fait incriminé (Poitiers, 18 févr. 1869, aff. Allebert, D. P. 69. 2. 199. — Conf. Crim. cass. 18 déc. 1845, analysé au *Rép.* n° 283. — V. aussi *infrà*, n° 1146).

995. — III. De la visite des personnes. — Il reste à examiner une dernière difficulté: les gardes ou agents, dont le devoir est de constater le port extérieur des engins prohibés, ont-ils le droit de pratiquer, hors du domicile, la *fouille* ou *visite des personnes*, chasseurs ou autres, pour s'assurer s'ils sont porteurs de ces engins? Nous avons admis au *Rép.* n° 284, contrairement à l'opinion de M. Berriat, qu'en l'absence d'un texte précis, on ne saurait reconnaître aux agents chargés de la police de la chasse le droit de visite sur la personne, qui constitue une mesure vexatoire, de nature à provoquer de vives résistances et de fâcheuses collisions. Nous avons ajouté que, du moins, les gardes ne doivent exercer ce droit de visite, surtout à l'égard des chasseurs, que sur des soupçons graves et avec les plus grands ménagements. C'est en ce sens que la doctrine et la jurisprudence se sont prononcées (Giraudeau, nos 877 et suiv.; Jullemier, t. 1, p. 82; Leblond, n° 245; de Neyremand, p. 149; Rogron, p. 177).

996. Ainsi, il a été jugé : 1° que les gardes ne peuvent, sur un simple soupçon, procéder à aucune perquisition sur la personne pour constater le port d'engins prohibés hors du domicile, alors qu'aucune circonstance extérieure ne le révèle; qu'en pareil cas, le délit ne peut se constater à la charge de l'inculpé qu'à la condition qu'il est trouvé porteur ou muni d'une manière apparente, visible, en d'autres termes, qu'autant que la possession en est manifestée par des actes extérieurs (Rouen, 17 avr. 1859, aff. Duval, D. P. 59. 2. 83); — 2° Que le simple soupçon ne peut autoriser des gardes-chasse à arrêter un individu, et un adjoint à ordonner une perquisition sur la personne de cet individu, à l'effet de découvrir des engins de chasse prohibés; que, par suite, le procès-verbal dressé par ces agents est nul, alors même que le prévenu n'aurait opposé aucune résistance et aurait consenti à se laisser fouiller et arrêter (Bourges, 12 mars 1869, aff. Schneider, D. P. 74. 5. 71, et R. F. t. 4, n° 703. — V. aussi Amiens, 12 mai 1827, aff. Gaffet, *Rép.* n° 397).

§ 4. — Du délit de mise en vente, vente, achat, transport ou colportage du gibier, en temps prohibé (*Rép.* nos 289 à 291).

997. Ce délit est réprimé par l'art. 12, § 1er-4°.

Quant à ses éléments constitutifs, ils sont retracés *suprà*, nos 809 et suiv.

§ 5. — De l'emploi de drogues ou appâts de nature à enivrer ou détruire le gibier (*Rép.* n° 292).

998. L'art. 12, § 1er-5°, de la loi du 3 mai 1844, en réprimant l'*emploi de drogues ou appâts de nature à enivrer le gibier ou à le faire périr*, s'est inspiré de l'art. 25 de la loi du 15 avr. 1829, sur la pêche fluviale; nous l'avons dit au *Rép.* n° 292. Dès lors, pour son interprétation il convient de se référer aussi aux explications formulées sur cet art. 25 (V. *Pêche fluviale*).

999. Ajoutons, toutefois, que le délit résulte du seul fait de l'*emploi* des drogues ou appâts, abstraction faite de leur effet produit ou de l'intention de la personne qui s'en est servi (V. Chardon, p. 211; Giraudeau, n° 884; Petit, t. 2, p. 134).

1000. C'est aux *tribunaux* qu'il appartient d'*apprécier* si les substances employées peuvent produire l'effet prévu par la loi (V. *Rép.* v° *Pêche fluviale*, nos 112 et 113). On a vu que le fait de répandre dans la campagne des substances infectées de *noix vomique* dans le but d'empoisonner le gibier, tombe sous l'application de l'art. 12, § 1er-5°, de la loi de 1844 (Trib. corr. Lyon, 17 mars 1847, mentionné au *Rép.* n° 281).

Mais cette disposition n'a eu en vue que l'appât considéré comme moyen principal de destruction. Par suite, elle ne comprend point le miroir dans sa prohibition (Grenoble, 2 janv. 1845, aff. Grand-Perret, D. P. 45. 2. 42). — V. *suprà*, n° 655.

1001. On décide généralement que les drogues et appâts employés en contravention à l'art. 12, § 1er-5°, ne sauraient être *confisqués*, à défaut d'un texte formel de loi à cet égard (Giraudeau, n° 884; Petit, t. 2, p. 134).

§ 6. — De l'emploi et de la détention d'appeaux, appelants et chanterelles (*Rép.* nos 293 et 294).

N° 1. — *Du délit de chasse avec appeaux, appelants et chanterelles* (*Rép.* nos 293 et 294).

1002. On a donné au *Rép.* n° 293, la définition des *appeaux*, *appelants* et *chanterelles*. Les appelants ou chanterelles sont placés en cage dans la campagne pour attirer par leurs cris les oiseaux de leur espèce, notamment les perdrix (Giraudeau, n° 886). Mais les appeaux ne comprennent pas le miroir (V. *suprà*, n° 655).

Il importe de remarquer que les appeaux, appelants et chanterelles constituent de simples moyens prohibés, et non des engins prohibés de chasse (V. *suprà*, n° 655; *infrà*, nos 1005 et 1007).

1003. Comme on l'a dit au *Rép.* nos 180 et 294, l'art. 12, § 1er-6°, de la loi de 1844 défend la *chasse* avec appeaux, appelants et chanterelles, à raison des facilités qu'elle offre au braconnage.

1004. Cette interdiction s'applique aux *petits oiseaux sédentaires* (Ch. réun. cass. 23 avr. 1847, aff. Trohel-Sandrais, D. P. 47. 1. 160). — Néanmoins, l'emploi d'appeaux, appelants ou chanterelles peut être autorisé par les préfets pour la chasse aux oiseaux de passage (Crim. cass. 16 juin 1848, aff. Grand, D. P. 48. 1. 136).

1005. La plupart des auteurs sont d'avis que le propriétaire ou possesseur peut, dans l'*enclos attenant à son habitation*, chasser avec appeaux, appelants ou chanterelles (Giraudeau, nos 848 et 886; Leblond, n° 47; de Neyremand, p. 144). Et cette doctrine, que nous avons indiquée au *Rép.* n° 294 comme s'appuyant sur la discussion parlementaire, a prévalu dans la jurisprudence (Dijon, 4 avr. 1866, aff. Couturier, D. P. 66. 2. 77, et sur pourvoi, Crim. rej. 16 juin 1866, D. P. 66. 1. 452; Paris, 11 juill. 1866, aff. Dromery, D. P. 67. 2. 139; Montpellier, 28 janv. 1867, aff. S..., *ibid.*; Nîmes, 5 mars 1868, aff. Duplan, R. F. t. 4, n° 624; Crim. cass. 7 mars 1868, aff. Delbecchi, D. P. 68. 1. 361). — Cette opinion se fonde, soit sur ce que les appeaux, appelants et chanterelles constituent seulement des moyens de chasse dont la détention n'est pas interdite au domicile, et non des engins proprement dits (Sol. impl., Arrêt précité du 7 mars 1868; Giraudeau, nos 848 et 886), soit sur ce que les diverses restrictions ou défenses édictées par la loi de 1844, pour réglementer la chasse dans les propriétés ouvertes, et spécialement les prescriptions touchant au temps pendant lequel on peut s'y livrer ou aux moyens à l'aide desquels il est permis de le faire, sont inapplicables aux possessions closes attenant à une habitation (Arrêts précités des 16 juin 1866, 11 juill. 1866 et 28 janv. 1867).

Toutefois, la cour d'Aix s'est prononcée en sens contraire. Elle a jugé : que le propriétaire qui a chassé sur son terrain avec appeaux, appelants ou chanterelles, est passible des peines portées par l'art. 12, § 1er-6°, de la loi du 3 mai 1844 (Aix, 4 nov. 1867, aff. Delbecchi, D. P. 67. 2. 206-208, et 2 mars 1876, aff. Olive, D. P. 78. 2. 236); — Et qu'il en est ainsi, alors surtout qu'un arrêté préfectoral interdit l'emploi de ces engins, ou que l'usage en a eu lieu en dehors du délai pendant lequel l'arrêté l'autorisait; que l'on objecterait vainement que le propriétaire est seulement soumis, comme toute autre personne, aux dispositions prohibitives de la détention des engins de chasse prohibés, la défense de détenir ces objets impliquant celle d'en faire usage (Arrêt précité du 4 nov. 1867). — Elle allègue, en faveur de cette solution, que le propriétaire d'un terrain clos attenant à une habitation n'a d'autre immunité que d'y chasser ou d'y faire chasser en tout temps et sans permis de chasse; mais qu'il est soumis, quant aux modes et procédés de chasse, aux dispositions générales de la loi (Arrêt précité du 2 mars 1876). — Dans le sens de ce deuxième système, V. M. Meaume, R. F. t. 8, n° 236, et le réquisitoire de M. l'avocat général Boissard, D. P. 67. 2. 207).

1006. Sur le point de savoir si les appeaux, appelants et chanterelles sont susceptibles de saisie et de confiscation, V. *infrà*, n° 1047.

N° 2. — *De la détention d'appeaux, appelants et chanterelles* (*Rép.* n° 293).

1007. Une jurisprudence que l'on peut considérer aujourd'hui comme définitivement établie, décide que la loi de 1844 n'interdit point la *simple détention* d'appeaux, appelants ou chanterelles (Bourges, 2 nov. 1844, cité au *Rép.* n° 293; Poitiers, 18 juill. 1846 et Trib. corr. Tours, 18 nov. 1846, mentionnés par M. Giraudeau, n° 838; Paris, 3 avr. 1851, B. A. F. t. 5, p. 295; Amiens, 27 mai 1853, aff. Labbé, D. P. 59. 2. 145; Crim. rej. 16 juin 1866, aff. Couturier, D. P. 66. 1. 452; Sol. impl., Paris, 11 juill. 1866, aff. Dromery, D. P. 67. 2. 139; Trib. corr. Reims, 29 sept. 1866, aff. Mabillotte, D. P. 66. 3. 96; Montpellier, 28 janv. 1867, aff. S..., D. P. 67. 2. 139; Nîmes, 5 mars 1868, aff. Duplan, R. F. t. 4, n° 624; Sol. impl., Crim. cass. 7 mars 1868, aff. Delbecchi, D. P. 68. 1. 361; Poitiers, 18 févr. 1869, aff. Allebert, D. P. 69. 2. 199; Orléans, 11 mai 1869, aff. Lacoua, D. P. 69. 2. 119. — Conf. Giraudeau, n° 838; Leblond, n° 250; de Neyremand, p. 144). — A l'appui de ce premier système, on soutient avec raison, d'une part, que les appeaux, appelants et chanterelles ne constituent pas des engins prohibés, mais seulement des moyens ou auxiliaires de chasse; d'autre part, que l'art. 12, § 1er-6°, ne défend que leur emploi.

Conformément à cette opinion, il a été jugé que la détention des appeaux, appelants et chanterelles ne constitue pas un délit, bien qu'aucun arrêté préfectoral n'ait autorisé leur emploi, par exemple, pour les oiseaux de passage (Décisions précitées des 16 juin et 29 sept. 1866). — Il a même été décidé qu'il n'y a pas lieu de déclarer en délit l'individu trouvé porteur, en dehors de son domicile, d'une perdrix enfermée dans le cageot où elle doit faire l'office de chanterelle, bien qu'il avoue s'être muni de cet oiseau pour une chasse prohibée (Arrêt précité du 27 mai 1853).

1008. Un second système, qui prétend que les appeaux, appelants et chanterelles sont compris parmi les engins ou instruments de chasse prohibés, étend à la détention de ces objets les peines édictées contre la détention d'engins prohibés (Limoges, 21 janv. 1858, aff. Rouvet, D.P. 59. 2. 146; Orléans, 9 mai 1859, aff. Proust, D. P. 59. 2. 97. — V. dans le même sens: Cival, n° 9; Desjardins, *Revue critique*, t. 19, p. 352; Gillon et Villepin, n° 328). — Jugé qu'il en est ainsi en ce qui concerne: 1° le marchand qui met en vente des appeaux servant à appeler des perdrix (Arrêt précité du 21 janv. 1858); — 2° Le détenteur d'une perdrix, dite chanterelle, lorsqu'il résulte des circonstances que cet oiseau est affecté par son propriétaire à une destination qui en fait un instrument de chasse prohibé; tel est le cas où le détenteur, braconnier d'habitude, est trouvé en même temps en possession de la cage spéciale dans laquelle la perdrix doit être enfermée pour faire l'office de chanterelle (Arrêt précité du 9 mai 1859).

§ 7. — Des circonstances aggravantes prévues par l'art. 12 (*Rép.* n° 295 à 299).

N° 1. — *De la chasse sur le terrain d'autrui, de nuit, avec engins prohibés et avec armes* (*Rép.* n° 295).

1009. Aux termes du paragraphe 2 de l'art. 12, le juge de répression a la faculté de porter au double les peines déterminées par le paragraphe 1er du même article, pourvu que le fait incriminé, comme on l'a dit au *Rép.* n° 295, comprenne la réunion des quatre conditions suivantes. Il faut: 1° que la chasse ait lieu sur le *terrain d'autrui*, et de plus, bien que la loi ne l'indique pas, sans le consentement du propriétaire ou de ses ayants droit (Conf. Gillon et Villepin, n° 331; Giraudeau, n° 889. — V. *suprà*, nos 410 et suiv.); — 2° Que ce soit *de nuit* (V. *suprà*, nos 619 et suiv.); — 3° Que l'acte incriminé soit accompli par l'un des moyens spécifiés au paragraphe 1er-2°, c'est-à-dire, soit par des *modes prohibés* (V. *suprà*, nos 627 et suiv.); soit à l'aide d'*engins* ou de *moyens prohibés* (V. *suprà*, nos 638 et suiv.); la distinction entre les engins et les moyens de chasse est ici sans importance; — 4° Que le chasseur soit muni d'une *arme apparente* ou *cachée* (V. *Armes*, nos 7 et suiv.). Les tribunaux sont investis du pouvoir d'apprécier si les objets dont le chasseur était muni, constituaient des armes; ils pourraient regarder comme tels, selon les circonstances, des pierres ou des bâtons (Giraudeau, n° 891).

N° 2. — *Des délits de chasse commis par les gardes* (*Rép.* nos 296 à 299).

1010. — I. DE L'AGGRAVATION DE PEINE PRÉVUE PAR L'ART. 12, § 3, DE LA LOI DU 3 MAI 1844. — 1° *Des gardes soumis à l'aggravation de peine.* — On a vu au *Rép.* nos 275 et 296, que l'art. 12, § 3, de la loi du 3 mai 1844 édicte une aggravation de peine pour les délits de chasse commis soit par des *gardes champêtres des communes*, soit par des *gardes forestiers domaniaux, communaux* ou d'*établissements publics*.

1011. L'aggravation de peine dont il s'agit ici ne saurait être étendue au-delà des termes de la loi qui l'établit. Ainsi, elle ne doit pas être appliquée aux *gardes champêtres des établissements publics*, puisque l'art. 12, § 3, ne parle que des gardes champêtres des communes. Si l'intention du législateur avait été d'assimiler, au point de vue qui nous occupe, ces deux classes de gardes champêtres, il s'en serait formellement expliqué, comme il l'a fait pour les gardes forestiers (Chardon, p. 221; Giraudeau, n° 895).

1012. Par le même motif, l'aggravation de peine prononcée en matière de délit de chasse contre les gardes forestiers des communes et de l'État n'est pas applicable aux *gardes particuliers* (Paris, 12 sept. 1844, *Rép.* n° 296; Douai, 24 nov. 1848, cité par Giraudeau, n° 892; Bordeaux, 30 avr. 1860, aff. Delugin, D. P. 60. 2. 133, et sur pourvoi, Crim. rej. 17 août 1860, D. P. 60. 1. 423; Rouen, 2 mai 1866, aff. Chrétien, R. F. t. 4, n° 647; Nancy, 18 nov. 1869, aff. Michel, D. P. 71. 2. 34; Bourges, 27 nov. 1871, aff. Maréchal, R. F. t. 5, n° 91; Alger, 17 avr. 1872, aff. Argentier, D. P. 74. 2. 80). — Tous les auteurs se prononcent dans le même sens.

1013. Il en est de même des *gardes-barrière* de chemin de fer (Giraudeau, n° 896. — V. *infrà*, nos 1020 et 1021).

1014. Que décider à l'égard des *gardes-pêche?* Selon la cour d'Aix (16 mars 1874, aff. Terrematte, D. P. 75. 2. 84), dont M. Giraudeau, n° 893, approuve la théorie, le dernier paragraphe de l'art. 12 de la loi du 3 mai 1844 ne doit pas leur être étendu, alors surtout qu'ils ont chassé en dehors des terrains confiés à leur surveillance. — L'unique motif invoqué par l'arrêt est que la loi sur la chasse ne parle que des gardes champêtres et forestiers; qu'il n'est pas question des gardes-pêche et qu'il ne peut être permis de les comprendre, par analogie de motifs, dans cette nomenclature. Mais l'art. 37 de la loi du 15 avr. 1829 sur la pêche fluviale, aux termes duquel: « Les gardes-pêche nommés par l'administration sont assimilés aux gardes forestiers royaux », assimile ces deux classes d'agents au point de vue de leurs droits, de leurs devoirs, de leurs obligations et des peines qui peuvent leur être infligées. Par conséquent, l'art. 12 de la loi du 3 mai 1844, qui prononce le maximum de la peine contre les gardes champêtres et les gardes forestiers, est applicable aux gardes-pêche, qui ne sont autre chose que des gardes forestiers. Il y a plus, un texte formel de la loi de 1844 atteint les gardes-pêche lorsqu'ils chassent de quelque manière que ce soit. En effet, l'art. 7 interdit de délivrer des permis de chasse aux gardes champêtres et forestiers des communes, ainsi qu'aux gardes forestiers de l'Etat et aux gardes-pêche. Ici, il n'y a plus seulement assimilation, l'interdiction est formelle. Cependant, il résulte virtuellement de l'arrêt ci-dessus que si le garde-pêche avait eu un permis, il se serait livré à un fait de chasse licite. Mais la loi s'y oppose formellement. Donc, le garde-pêche, précisément parce qu'il ne peut jamais obtenir de permis, est nécessairement atteint par le dernier paragraphe de l'art. 12 de la loi du 3 mai 1844, qui renvoie à l'art. 11, lequel punit le fait de chasse sans permis, d'où la conséquence forcée que le maximum de la peine doit être appliqué à tout garde-pêche qui a chassé (Dans le sens de cette opinion, déjà énoncée au *Rép.* n° 296, V. Gillon et Villepin, n° 333; Leblond, n° 255).

1015. D'après la jurisprudence de la cour de cassation, le *complice* est passible de l'aggravation de peine encourue par l'auteur principal (V. *Peines*). Par application de cette règle, il a été jugé que les individus qui ont commis un délit de chasse conjointement avec un garde champêtre, doivent être, comme celui-ci, condamnés au maximum de la peine (Chambéry, 29 avr. 1867, aff. Métral, R. F. t. 4, n° 607).

1016. — 2° *Des lieux où le délit a été commis.* — L'aggravation de peine établie par l'art. 12, § 3, de la loi de 1844 est applicable, alors même que le délit de chasse a été commis en dehors du territoire confié à la surveillance du garde qui est poursuivi en police correctionnelle. Telle est, du moins, l'opinion de la majorité des auteurs (Giraudeau, n° 901; Lavallée et Bertrand, p. 113; Morin, n° 25; de Neyremand, p. 324; Perrève, p. 360; Petit, t. 2, p. 116), et elle est consacrée par un arrêt de la cour de cassation, du 4 oct. 1844, dont les motifs, reproduits au *Rép.* n° 297, paraissent concluants. — Dans un système contraire, qui est en contradiction avec la disposition générale du dernier paragraphe de l'art. 12, on prétend que le maximum de la peine ne serait applicable qu'autant que le délit aurait été commis par le garde dans le territoire pour lequel il est assermenté (Berriat, p. 156; Gillon et Villepin, n° 334). Et l'on a invoqué un arrêt de la cour suprême antérieur à la loi du 3 mai 1844, déclarant que le maximum de la peine qu'entraîne le délit de chasse peut n'être pas prononcé contre un garde forestier qui a été trouvé chassant hors de la forêt confiée à sa garde (Crim. rej. 22 févr. 1840, cité au *Rép.* v° *Chasse*, n° 297, et inséré v° *Forfaiture*, n° 192). Mais cet arrêt, intervenu par application de l'art. 198 c. pén., ne saurait être consulté pour l'interprétation de la loi de 1844.

1017. — 3° *Du maximum des peines encourues.* — Le paragraphe final de l'art. 12 prescrit de porter au maximum les peines déterminées par les art. 11 et 12, quand le délit est commis par les gardes qu'il mentionne. Cette disposition n'offre aucune difficulté d'application dans les cas prévus par l'art. 11, qui n'édicte qu'une peine d'*amende*.

1018. Il en est différemment en ce qui regarde les délits spécifiés par l'art. 12, lequel, indépendamment de l'amende qui est toujours obligatoire, permet d'infliger un *emprisonnement* qui est facultatif pour le tribunal. Dans cette hypothèse, l'art. 12, § 3, a-t-il pour effet de contraindre le juge à prononcer cumulativement le maximum de l'amende et le maximum de l'emprisonnement? — Au *Rép.* n° 298, nous avons admis l'affirmative et nous avons développé les arguments très graves qui militent en faveur de cette opinion, consacrée par un arrêt de la cour de Montpellier du 1er juill. 1844, et adoptée également par MM. Gillon et Villepin, n° 336. — Si la cour de cassation n'a pas encore statué sur cette question, du moins à notre connaissance, nous devons reconnaître que le système contraire a prévalu dans la doctrine et dans la jurisprudence des cours d'appel. Suivant ce système, la peine de l'emprisonnement, qui, pour les délits de chasse prévus par l'art. 12 de la loi du 3 mai 1844, peut être ajoutée à l'amende, est facultative aussi bien dans le cas où le délit a été commis par un garde champêtre ou forestier de l'Etat, d'une commune ou d'un établissement public, qu'à l'égard de tout autre délinquant: les juges sont seulement tenus de prononcer, dans ce cas, le maximum soit de l'amende, lorsqu'ils n'appliquent que l'amende, soit de l'amende et de l'emprisonnement, s'ils cumulent les deux peines (Berriat, p. 159; Dufour, p. 27; Giraudeau, n° 900; Jullemier, t. 1, p. 140; Leblond, n° 254; Morin, 1844, p. 256; de Neyremand, p. 317; Rogron, p. 197. — Conf. Paris, 9 juill. 1844, cité au *Journal des chasseurs*, 1844, p. 449; Metz, 8 oct. 1844, *Rép.* n° 298; 15 nov. 1852 et 14 févr. 1853, cités par Dufour; Nancy, 28 nov. 1867, aff. Grosjean, D. P. 68. 2. 94).

1019. — II. De l'aggravation de peine prévue par l'art. 198 du code pénal. — Depuis la publication du *Répertoire*, la jurisprudence a eu plusieurs fois à examiner la question de savoir si l'on peut appliquer en matière de chasse l'art. 198 c. pén., aux termes duquel: « Hors les cas où la loi règle spécialement les peines encourues pour délits commis par les *fonctionnaires* ou *officiers publics*, ceux d'entre eux qui auront participé à d'autres délits qu'ils étaient chargés de surveiller ou de réprimer, subissent toujours le maximum de la peine attachée à l'espèce de délit ». Elle est divisée, ainsi que la doctrine.

1020. On a soutenu au *Rép.* n° 299, que le dernier paragraphe de l'art. 12 de la loi de 1844 n'est qu'une application particulière aux gardes champêtres et forestiers du principe général écrit dans l'art. 198 c. pén.; l'énumération des officiers publics qu'il désigne est purement énonciative et n'est pas exclusive du droit commun (V. dans le même sens: Chardon, p. 220; Houël, n° 168; Lavallée et Bertrand, p. 112; de Neyremand, p. 324; Perrève, p. 360. — Metz, 4 déc. 1854, B. A. F. t. 6, p. 263; Metz, 4 juin 1855, aff. Schmitt, D. P. 55. 2. 326; Alger, 17 avr. 1872, aff. Argentier, D. P. 74. 2. 80).

Conformément à cette opinion, il a été jugé: 1° que le garde particulier qui chasse sans permis sur les terres confiées à sa surveillance est passible de l'aggravation de peines portée par l'art. 198 c. pén. (Arrêts précités des 4 déc. 1854 et 17 avr. 1872); — Qu'au contraire, le délit de chasse commis par un garde barrière de chemin de fer n'est pas soumis à l'aggravation de peine de l'art. 198 c. pén., parce qu'un tel agent n'a qualité pour verbaliser que relativement aux infractions prévues par les art. 1 et 3 de la loi du 15 juill. 1845, sur la police des chemins de fer et la sûreté de la circulation sur ces chemins; qu'il en serait autrement, si le délit de chasse imputé au garde-barrière pouvait, à raison de la nature des moyens employés pour le commettre, avoir par lui-même pour effet de contrevenir aux mesures tendant à la conservation du chemin de fer et à la sûreté de la circulation (Arrêt précité du 4 juin 1855). — Et nous avons admis (*Rép.* n° 299) que si un magistrat chargé de réprimer les délits de chasse, par exemple un juge ou un officier du ministère public, se rendait coupable d'un délit de cette espèce, il encourrait le maximum de la peine.

1021. Mais la cour de cassation et la majorité des cours d'appel ont consacré le système opposé. Elles décident que l'aggravation de peine prononcée par la disposition générale de l'art. 198 c. pén. est inapplicable aux délits de chasse, lesquels sont l'objet d'une disposition spéciale, celle de l'art. 12, § 3, de la loi du 3 mai 1844 (Bordeaux, 30 nov. 1860, aff. Delugin, D. P. 60. 2. 133, et sur pourvoi, Crim. rej. 17 août 1860, D. P. 60. 1. 423; Rouen, 2 mai 1866, aff. Chrétien, R. F. t. 4, n° 647; Nancy, 18 nov. 1869, aff. Michel, D. P. 71. 2. 34; Bourges, 27 nov. 1871, aff. Maréchal, R. F. t. 5, n° 91; Aix, 16 mars 1874, aff. Terrematte, D. P. 75. 2. 84. — Conf. Dufour, p. 27; Giraudeau, n° 898; Jullemier, t. 1, p. 140; Leblond, n° 256). — A l'appui de cette opinion, on déclare que, pour infliger une aggravation de peine aux gardes des particuliers, on ne peut recourir à la loi générale, c'est-à-dire à l'art. 198 c. pén., puisque la loi spéciale s'est occupée des gardes et de la part qui devait leur être faite dans la répression, et qu'en ne disant point que, relativement aux gardes des particuliers, la peine serait aggravée, elle a implicitement et suffisamment déclaré qu'elle n'entendait pas qu'on l'aggravât; que le dernier paragraphe de l'art. 12 de la loi de 1844 n'a même sa raison d'être qu'autant qu'on adopte cette interprétation; car avec l'interprétation contraire, qui tend à assimiler, pour la peine, les gardes des particuliers aux gardes des communes, de l'État et des établissements publics, les termes généraux de l'art. 198 c. pén. auraient suffi (Arrêt précité du 18 nov. 1869).

Dans ce système, il a été jugé que l'aggravation spécifiée à l'art. 198 c. pén. est inapplicable: 1° aux gardes particuliers (Arrêts précités des 30 avr. et 17 août 1860, 2 mai 1866, 18 nov. 1869 et 27 nov. 1871); — 2° Aux gardes-pêche, alors surtout que les actes incriminés ont eu lieu en dehors des terrains confiés à leur surveillance (Arrêt précité du 16 mars 1874). — Quant aux gardes-barrières, V. *suprà*, n° 1020.

Sect. 2. — Des circonstances aggravantes
(*Rép.* nos 300 à 318).

1022. Parmi les *circonstances aggravantes* en matière de chasse, les unes sont *spéciales* au délit de chasse sur le terrain d'autrui sans autorisation du propriétaire. Ce délit s'aggrave à raison de la circonstance que le fait incriminé a eu lieu: soit sur un terrain non dépouillé de ses fruits (art. 11-2°, V. *suprà*, nos 903 et suiv.); — Soit la nuit, et à l'aide d'engins prohibés, par un chasseur muni d'une arme apparente ou cachée (art. 12, § 2, V. *suprà*, n° 1009); — Soit dans un enclos non attenant à une habitation (art. 11-2°, V. *suprà*, nos 926 et suiv.); — Soit dans un enclos attenant à une habitation (art. 13, § 1er, V. *infrà*, n° 1024); — Soit dans un enclos de même nature, la nuit (art. 13, § 2, V. *infrà*, n° 1029).

Les autres circonstances sont *générales* et applicables à tous les délits de chasse. Elles consistent: soit dans la qualité de garde (art. 12, § 3, V. *suprà*, nos 1010 et suiv.); — Soit dans la récidive, le fait d'être déguisé ou masqué, la prise d'un faux nom, la violence envers les personnes ou les menaces (art. 14, V. *infrà*, nos 1030 et suiv.).

1023. Les circonstances aggravantes ont pour *effet:* soit d'élever *au double* la peine normale édictée contre l'infraction à laquelle elles se réfèrent (art 11-2°; art. 12, § 2; art. 14, § 1er, V. *suprà*, nos 902 et suiv., 1009; *infrà*, nos 1030 et suiv.); — Soit de rendre le *maximum* de la peine obligatoire pour le tribunal de répression (art. 12, V. *suprà*, nos 1017 et suiv.); — Soit de rendre la peine d'emprisonnement applicable à des infractions qui, en dehors de ces circonstances aggravantes, sont seulement réprimées par une amende (art. 14, § 2, V. *infrà*, n° 1033).

Art. 1er. — *Des circonstances aggravantes concernant les enclos attenant à une habitation* (*Rép.* nos 300 à 303).

1024. Par son art. 13, la loi de 1844 punit le délit de chasse commis, *sans autorisation*, sur le *terrain d'autrui*, dans le cas où ce terrain est tout à la fois *clos* et *attenant à une habitation*. Nous avons donné les motifs de cette disposition rigoureuse (*Rép.* n° 300).

1025. En ce qui concerne la signification de l'expression « *terrain attenant à une maison habitée ou servant à l'habitation* », il suffit de se reporter aux explications relatives à l'art. 2 (Giraudeau, n° 904. — V. *suprà*, nos 565 et suiv.).

1026. En est-il de même pour l'interprétation des mots « *clôture continue faisant obstacle à toute communication avec les héritages voisins* »? Nous le croyons, avec M. Giraudeau, *loc. cit.*, et, par suite, nous renvoyons sur ce point aux nos 577 et suiv. Il convient, en effet, de remarquer d'une part, que dans l'art. 2 et l'art. 13 le législateur se sert des mêmes expressions, et, d'autre part, que ces deux dispositions tendent au même but, celui d'assurer la protection et l'inviolabilité du domicile.

Aussi sommes-nous d'avis que l'art. 13 est applicable du moment que la clôture est continue dans le sens de l'art. 2, alors même qu'elle pourrait être franchie sans *escalade* ni *effraction*. Si ces circonstances, indiquées dans l'exposé des motifs du garde des sceaux, ont été surtout prises en considération par le législateur lors du vote de l'art. 13, il n'en résulte pas que cet article doive demeurer lettre morte en l'absence d'escalade ou de clôture; pour en restreindre ainsi la portée, il faudrait que la loi s'en fût formellement expliquée (Berriat, p. 163; Chardon, p. 223; Gillon et Villepin, n° 339; Giraudeau, n° 906. — *Contrà:* Camusat, p. 142 et 148; Morin, n° 26).

1027. Pour une raison analogue et par analogie avec l'hypothèse de l'art. 2, nous pensons, après nouvel examen de la question et contrairement à l'opinion admise au *Rép.* n° 301, que l'art. 13 serait applicable à l'individu qui aurait pénétré dans un enclos par la *porte restée accidentellement ouverte;* cette porte ne ferait pas obstacle à la continuité de la clôture (Berriat, p. 163; Chardon, p. 223; Giraudeau, n° 906. — *Contrà:* Championnière, p. 131; Gillon et Villepin, n° 342). Si le dernier de ces auteurs a invoqué à l'appui de son opinion l'arrêt de Rennes, du 11 nov. 1833 qui déclare qu'il n'y a pas de terrain clos dans le sens de l'art. 2, quand des barrières ouvrant à volonté en permettent l'entrée au public, cet argument ne semble pas concluant. Nous rappellerons d'abord que la solution de la cour de Rennes est repoussée, même pour les barrières ouvrantes, par la plupart des auteurs (V. *suprà*, n° 596). D'un autre côté, dût-on adopter cette solution, on ne saurait l'étendre à l'hypothèse d'une porte restée *accidentellement* ouverte, qui dénote de la part du propriétaire une intention plus énergique de maintenir l'inviolabilité de son domicile que ne le comporte une barrière *habituellement* ouvrante.

1028. Toute la doctrine est d'accord avec nous (*Rép.* n° 301) pour déclarer l'art. 13 inapplicable à l'individu qui, tel qu'un *fermier*, habiterait la maison à laquelle attient l'enclos où il aurait chassé sans en avoir le droit, aucune violation de domicile n'ayant lieu dans cette hypothèse (V. Gillon et Villepin, n° 341; Giraudeau, n° 907; Rogron, p. 201).

1029. Le délit de chasse, sans autorisation, sur le terrain d'autrui qui est clos et attenant à une habitation, est toujours passible d'*amende* et d'*emprisonnement*, ce dernier demeurant toutefois facultatif pour le juge; mais le montant de ces peines est plus ou plus considérable selon que le délit a eu lieu la *nuit* (art. 13, § 2) ou le *jour* (art. 13, § 1er). C'est ce que l'on a vu au *Rép.* n° 302. Quant aux délits plus graves prévus par le code pénal, V. *ibid.*, n° 303.

Art. 2. — *Des circonstances aggravantes applicables à tous les délits de chasse* (*Rép.* nos 304 à 318).

1030. Comme on l'a dit au *Rép.* nos 304 et 305, l'art. 14, § 1er, énumère plusieurs circonstances aggravantes qui sont *générales*, c'est-à-dire applicables à tous les délits de chasse, et qui entraînent pour le juge la *faculté* d'élever au *double* les peines encourues par les délinquants. D'après M. Leblond, n° 261, qui se fonde sur la particule *et* qui suit les mots « si le délinquant était en état de récidive », l'aggravation de peine suppose tout à la fois que le délinquant était en état de récidive, et qu'à cet état de récidive s'ajoute une des quatre autres circonstances énumérées dans la suite de l'art. 14. — Nous sommes d'avis, au contraire, qu'une seule de ces cinq circonstances suffit pour donner lieu à l'aggravation de peine (*Rép.* n° 305. V. dans le même sens: Gillon et Villepin, n° 348; Giraudeau, n° 909).

En France, la circonstance qu'un délit de chasse a été commis par plusieurs personnes réunies en bande n'entraîne aucune aggravation de peine. — Il en est autrement d'après l'art. 15 de la loi belge du 28 févr. 1882 (V. *suprà*, n° 14). Et il suffit, pour qu'il y ait chasse en bande, que plusieurs personnes se soient réunies pour chasser en délit (Liège, 12 juill. 1882, aff. Min. publ. *C.* Lignoul, Pollard, Gérard et Dubois, *Pasicrisie belge*, 1882. 2. 381).

1031. L'art. 18 de la proposition de loi votée par le Sénat en deuxième lecture le 23 nov. 1886 (V. *suprà*, n° 6) contient des dispositions analogues à celles de l'art. 14 de la loi de 1844. Toutefois, sa rédaction est plus précise et, par suite, il mettrait fin à deux controverses qui se sont élevées sous l'empire de la loi actuelle. D'une part, il supprime la particule *et* après le mot de « récidive ». D'autre part, et ici il apporte une innovation, il prescrit formellement que la peine d'emprisonnement sera nécessairement prononcée dans deux cas: si le délinquant était déguisé ou masqué, ou bien s'il avait usé de violences envers les personnes (Comp. *infrà*, nos 1034 et 1038).

1032. — I. De la récidive en matière de chasse. — En ce qui regarde les *caractères* de cette récidive, dont l'art. 15 de la loi du 3 mai 1844 donne la définition, il convient de renvoyer aux explications présentées soit au *Rép.* nos 310 à 316, soit au mot *Forêts*, puisque l'art. 15 a été inspiré par l'ancien art. 200 (actuellement nouvel art. 201) c. for. — La définition de la récidive que donne l'art. 15 précité se retrouve dans l'art. 19 de la proposition de loi actuellement déférée à la Chambre des députés (V. *suprà*, n° 6).

Depuis la publication du *Répertoire*, il a été *jugé:* 1° que, pour donner lieu à la récidive, en matière de chasse, il ne suffit pas que le prévenu ait encouru une condamnation pour délit de chasse, dans les douze mois qui ont précédé la nouvelle infraction: il faut encore que cette condamnation ait été *prononcée* (Douai, 9 févr. 1864, aff. Deroo, R. F. t. 3, n° 435); — 2° Qu'il n'y a de récidive punissable que de *délit de chasse à délit de chasse;* que, par suite, la circonstance qu'un individu poursuivi pour un premier délit de chasse a subi une condamnation antérieure pour un délit de droit commun, ne peut donner lieu à l'application des peines de récidive (Crim. cass. 21 avr. 1855, aff. Lerebourg, D. P. 55. 1. 222).

1033. Quant aux *effets* de la récidive, V. *Rép.* nos 307 à 309.

1034. — II. DU DÉGUISEMENT. — C'est aux tribunaux qu'il appartient d'apprécier si le délinquant était *déguisé* ou *masqué*. L'emploi de fausse barbe, de perruque, de vêtements de femme, pourrait constituer le déguisement. Mais il ne suffirait pas, pour établir le déguisement, de constater que le prévenu portait d'autres vêtements que ceux qu'il met habituellement. — Les auteurs considèrent comme masqué l'individu qui se couvre le visage d'un voile ou de tout autre objet, de manière qu'on ne puisse reconnaître ses traits (Chardon, p. 226; Giraudeau, n° 910; Petit, t. 2, p. 117).

1035. — III. DU FAUX NOM. — La décision judiciaire qui omet de statuer sur la circonstance aggravante de *faux nom* constatée par un procès-verbal régulier, est sujette à cassation pour violation des art. 154 c. instr. cr. et 14 de la loi du 3 mai 1844 (Crim. cass. 9 avr. 1875, aff. Roche, D. P. 77. 1. 508).

1036. Celui qui prend de *faux prénoms* est passible de l'application de l'art. 14, si en cela il a agi de mauvaise foi (Chardon, p. 227; Petit, t. 2, p. 118; Giraudeau n° 912). Nous pensons toutefois, avec ce dernier auteur, qu'aucune faute n'est imputable à l'individu qui s'attribue un *sobriquet* sous lequel il est notoirement connu. — Dans le silence de la loi à cet égard, on ne saurait non plus étendre l'art. 14 au délinquant qui prend une *fausse qualité*, une *fausse profession*, ou qui se donne un faux *domicile* (Giraudeau, n° 913).

1037. On sait que le *refus*, par un délinquant, *de dire son nom* n'est pas assimilé à la prise d'un faux nom et n'est point un délit; cela ressort d'ailleurs de la discussion parlementaire analysée au *Rép.* n° 306 (Conf. Gillon et Villepin, n° 347; Giraudeau, n° 911).

1038. — IV. DES VIOLENCES ENVERS LES PERSONNES. — Selon M. Giraudeau, n° 914, l'art. 14 serait applicable en cas de *violences envers les personnes*, quelles que soient leur gravité et la qualité des victimes. Au *Rép.* n° 306, nous avons, au contraire, émis l'opinion que cette disposition n'a en vue que les violences légères, et que si les violences dégénéraient en coups et blessures, ou si elles étaient dirigées contre des agents de l'autorité agissant pour l'exécution des lois, elles entraîneraient les peines déterminées par le code pénal, qui sont plus fortes que celles portées par l'art. 14. Après nouvelle étude de la question, il nous paraît préférable d'adopter un système intermédiaire, d'après lequel l'art. 14 sera ou non applicable selon les circonstances, c'est-à-dire selon que la peine encourue pour le délit de chasse et doublée à raison de la circonstance aggravante de violence, est ou non plus forte que la peine prévue par le code pénal pour le fait même de violence. Ainsi, l'individu coupable de délit de chasse, pendant la nuit et avec violences ou voies de fait, dans un enclos appartenant à autrui et attenant à une habitation, devrait être condamné aux peines résultant de la combinaison des art. 13, § 2, et 14 de la loi du 3 mai 1844, à l'exclusion des peines moins sévères de l'art. 311, § 1er, c. pén.

1039. — V. DES MENACES. — Sur l'aggravation de peine attachée aux *menaces*, nous n'avons qu'à nous référer au *Rép.* n° 306, en ajoutant qu'elle se produit alors même que les menaces sont purement verbales (Conf. Berriat, p. 167; Giraudeau, n° 914).

1040. — VI. DE L'APPLICATION DU CODE PÉNAL. — L'art. 14, § 1er, de la loi de 1844 réserve, de même que l'a fait aussi l'art. 13, l'application des *peines plus fortes* prononcées par la loi.

1041. Aux termes de l'art. 304 c. pén., le *meurtre* emporte la peine de mort, lorsqu'il a eu pour objet, soit de préparer, faciliter ou exécuter un délit, soit de favoriser la fuite ou d'assurer l'impunité des auteurs ou complices de ce délit. Comme on l'a dit au *Rép.* v° *Crimes et délits contre les personnes*, n° 39, cette disposition est inapplicable au meurtre accompagné ou suivi d'un délit de chasse, commis en temps prohibé et sans permis de chasse, un tel délit n'ayant, en lui-même, aucune relation avec le meurtre dont il a pu être l'occasion. Il n'en serait autrement et la disposition précitée ne deviendrait applicable, que si le meurtre avait été commis pour préparer, faciliter ou exécuter le délit de chasse, ou pour assurer l'impunité du coupable. — Jugé, à cet égard, que, si les infractions à la loi du 3 mai 1844 sur la police de la chasse participent du caractère des contraventions de police, en tant qu'elles sont punissables malgré la bonne foi de leur auteur, elles n'en constituent pas moins de véritables délits au point de vue de l'application de l'art. 304 c. pén., et elles emportent aggravation de la peine du meurtre commis pour les faciliter (Crim. rej. 4 sept. 1856, aff. Ponthieux, D. P. 56. 1. 414; Crim. cass. 12 janv. 1860, aff. Boitel, D. P. 60. 5. 192). — La solution était différente avant la revision du code pénal par la loi du 28 avr. 1832 (V. *Rép.* v° *Chasse*, n° 318).

SECT. 3. — DES PEINES ACCESSOIRES (*Rép.* nos 319 à 326, 350, 398).

ART. 1er. — *De la saisie et de la confiscation* (*Rép.* nos 319 à 326, 398).

§ 1er. — De la saisie et de la confiscation des engins de chasse et des armes (*Rép.* nos 319 à 326).

1042. Dans ses quatre premiers paragraphes, l'art. 16 de la loi du 3 mai 1844 s'occupe de la saisie et de la confiscation des engins de chasse et des armes. Il a été reproduit textuellement par l'art. 20 de la loi votée en deuxième lecture par le Sénat le 23 nov. 1886 (V. *suprà*, n° 6).

1043. — I. DE LA SAISIE, DE LA CONFISCATION, DE LA VENTE ET DE LA DESTRUCTION DES ENGINS DE CHASSE. — 1° *De la saisie des engins de chasse.* — Il est de doctrine que les agents chargés de la police de la chasse peuvent saisir, sur la personne même des chasseurs, les engins et instruments employés pour commettre un délit de chasse, alors même que ces objets ne sont pas prohibés. Cette proposition résulte implicitement : 1° des paragraphes 1 et 3 de l'art. 16; 2° de l'art. 25, qui défend seulement la saisie des délinquants et celle de leurs armes (V. Berriat, p. 178; Championnière, p. 150; Chardon, p. 395; Gillon et Villepin, n° 418; Giraudeau, n° 927). — Jugé : 1° que, si, pour prévenir des collisions fâcheuses entre gens armés, le législateur a, par une disposition exceptionnelle, interdit formellement le désarmement des chasseurs, il n'a point entendu l'étendre à la saisie des engins prohibés, que l'art. 16 de la loi du 3 mai 1844 suppose avoir pu être opérée sur le délinquant; que l'on ne saurait assimiler à la violation du domicile du citoyen, tout spécialement protégé par la loi, et qualifier d'atteinte à la liberté individuelle, une mesure qu'explique et que justifie la nécessité d'une répression qui est pratiquée journellement en matière de contributions indirectes, d'octroi, de douanes, etc. (Trib. corr. Lunéville, 19 mars 1869, aff. Coster, R. F. t. 4, n° 704); — 2° Qu'il en est ainsi, notamment, en ce qui concerne des lacets qu'un garde particulier a retirés de la poche d'un individu qui lui avait été signalé comme tendeur (Même jugement).

1044. M. Giraudeau, n° 927, estime avec raison que la saisie des engins serait susceptible d'être effectuée même de force, et que la résistance que le chasseur opposerait avec violence à cette mesure constituerait le délit de rébellion. — Le même auteur, n° 928, est d'avis que la saisie ne peut être pratiquée qu'au moment de la perpétration du fait de chasse incriminé, à moins qu'il ne s'agisse d'engins prohibés dont la détention et le port sont par eux-mêmes constitutifs de délit.

1045. — 2° *De la confiscation des engins de chasse.* — La disposition de l'art. 16, § 1er, de la loi de 1844, qui est une innovation législative (V. *Rép.* n° 319), ordonne la confiscation des *filets, engins* et *autres instruments de chasse* qui ont servi à commettre le délit. Cette confiscation est obligatoire pour le juge de répression, qui est tenu de la prononcer dans tout jugement de condamnation, sans qu'il ait à établir de distinction entre le cas où les engins ont été saisis, et le cas où ils sont demeurés en la possession du prévenu (Giraudeau, n° 931. — V. *infrà*, n° 1060). En cette matière, il importe peu également qu'il s'agisse soit d'engins prohibés, soit d'engins ou instruments autorisés (Berriat, p. 359 ; Giraudeau, n° 931 ; Leblond, n° 273 ; de Neyremand, p. 170 ; Petit, t. 2, n° 673. — Conf. Crim. cass. 7 mars 1868, aff. Delbecchi, D. P. 68. 1. 361 ; Crim. rej. 1er mai 1868, aff. Duplan, *ibid.*, et 68. 5. 60). — Dès lors, les filets et engins qui ont servi à une chasse prohibée doivent être confisqués, bien qu'un arrêté du préfet en ait permis l'emploi temporaire pour la chasse des oiseaux de passage, si le délit résulte de ce qu'il en a été fait usage pour la chasse, en dehors du temps fixé par cet arrêté, notamment dans l'enclos attenant à une habitation (Mêmes arrêts).

1046. La confiscation ne peut porter que sur les engins de chasse proprement dits, à l'exclusion des *animaux vivants* employés comme auxiliaires des chasseurs, et spécialement des *chiens lévriers* (V. dans ce sens : Trib. corr. Jonzac, 11 déc. 1844, analysé et approuvé au *Rép.* n° 319 ; Paris, 22 janv. 1846, B. A. F. t. 3, p. 188. — Conf. Gillon et Villepin, 1er suppl., p. 30, et 2e suppl., p. 26 ; Giraudeau, n° 934 ; Leblond, n° 273 ; de Neyremand, p. 172 ; Petit, t. 2, p. 183. — *Contrà :* Chardon, p. 241). — Pareillement, en cas de condamnation d'un individu poursuivi pour avoir, en temps prohibé, chassé aux lapins avec bourses et furets, il n'y a lieu de prononcer la confiscation que relativement aux *bourses*, et non relativement aux *furets*, qui n'en sont pas plus passibles que les chiens (Poitiers, 10 mars 1865, aff. N..., D. P. 66. 5. 57. — V. dans le même sens : Giraudeau, Leblond, de Neyremand, et Petit, *loc. cit.*).

1047. L'art. 16 ne parlant que des engins ou instruments de chasse proprement dits, il en résulte qu'il est étranger aux *simples moyens de chasse* (V. *suprà*, nos 653 et suiv.). — Ainsi, cet article n'est pas applicable aux objets servant à attirer ou détourner le gibier, dont l'emploi n'est pas prohibé, tels que le *miroir* et les *banderolles* (V. *suprà*, nos 655 et 656). — Il faut en dire autant des lanternes, sans qu'il y ait à distinguer entre celles qui ont été utilisées seulement pour éclairer la marche des chasseurs, et celles qui ont été employées comme moyens de chasse (Giraudeau, n° 936). Cependant, dans cette seconde hypothèse, M. Petit, t. 2, p. 184, se prononce pour la confiscation. — Pour le même motif, les *appeaux, appelants* et *chanterelles*, ne servant qu'à attirer le gibier et non à l'appréhender, ne doivent pas être confisqués (Crim. cass. 7 mars 1868, aff. Delbecchi, D. P. 68. 1. 361-362 ; Aix, 2 mars 1876, aff. Olive, D. P. 78. 2. 236. — Conf. Giraudeau, n° 935. — *Contrà :* Aix, 4 nov. 1867, aff. Delbecchi, D. P. 67. 2. 206) ; — Alors même qu'il en a été fait usage dans une chasse avec engins prohibés, par exemple avec des gluaux : en pareil cas, la confiscation doit être limitée aux engins proprement dits (Arrêt précité du 7 mars 1868). — Il a encore été jugé qu'il n'y a pas lieu de saisir les appeaux trouvés au domicile d'un individu dans une perquisition judiciaire (Trib. corr. Reims, 29 sept. 1866, aff. Mabillotte, D. P. 66. 3. 96).

1048. Quant à la confiscation des *drogues* et appâts de nature à enivrer ou détruire la gibier, V. *suprà*, n° 1001.

1049. D'après plusieurs auteurs (Berriat, p. 178 ; Petit, t. 2, p. 185 ; Rogron, p. 209), dans le cas où les engins ou instruments saisis appartenaient non aux chasseurs, mais à des *tiers*, ceux-ci ne peuvent jamais en faire la *revendication*. M. Giraudeau, n° 939, est d'avis que la revendication serait possible si l'engin d'ailleurs licite avait été soustrait à son possesseur. Nous préférons, en présence de la disposition générale et absolue de l'art. 16, nous rallier à la première opinion. Autrement, les braconniers ne manqueraient pas de faire intervenir des tiers qui invoqueraient un prétendu droit de propriété à l'effet de mettre à l'abri de la confiscation les engins à l'aide desquels le délit aurait été commis.

1050. — 3° *De la vente et de la destruction des engins.* — L'art. 16, § 1er, prescrit la destruction des engins prohibés. Les engins ou instruments non prohibés sont vendus au profit de l'Etat par les soins de l'administration des domaines. A cet effet, dit M. Giraudeau, n° 932, lorsque les objets déposés au greffe sont assez nombreux, le receveur de l'enregistrement en obtient la remise du greffier en vertu d'une ordonnance du président du tribunal.

1051. — II. De la saisie et de la confiscation des armes. — 1° *De la saisie des armes.* — On verra plus loin que, si le législateur interdit la saisie des armes sur la personne du chasseur, il autorise la saisie des armes abandonnées (V. *infrà*, n° 1062).

1052. — 2° *De la confiscation des armes.* — L'art. 16, § 2, de la loi du 3 mai 1844, à l'imitation de l'art. 5 de la loi des 28-30 avr. 1790, impose au juge de répression qui constate un délit de chasse, l'obligation de prononcer la confiscation des armes dont s'est servi le prévenu pour accomplir l'acte incriminé, sauf le cas d'exception indiqué *infrà*, n° 1056.

1053. D'après un arrêt de la cour de Douai, du 13 déc. 1834, mentionné au *Rép.* n° 323, il y aurait lieu à la confiscation du fusil avec lequel le délinquant avait chassé sans permis, bien que ce fusil fût la *propriété de l'Etat* et n'eût été remis au condamné qu'en sa qualité de garde national. M. Morin, n° 28, et M. Giraudeau, n° 941, critiquent cette solution. — Le dernier de ces auteurs ajoute que tout propriétaire d'une arme qui lui aurait été soustraite et aurait été ensuite saisie comme ayant servi à commettre un délit de chasse, serait en droit de la *revendiquer*. Nous croyons devoir repousser cette opinion, en nous référant aux observations présentées, *suprà*, n° 1049, relativement à la revendication des engins. — Jugé que la confiscation de l'arme doit être prononcée, bien qu'il ne soit pas établi que le délinquant en est propriétaire (Liège, 16 oct. 1880, aff. Min. publ. *C.* Nickx, *Pasicrisie belge*, 1881. 2. 96) ; — Ou alors même qu'il est constant que le délinquant n'en est pas propriétaire (Liège, 24 déc. 1880, aff. Min. publ. *C.* époux Winant et Douxchamps, *ibid.*, 1881. 2. 96 ; Gand, 7 nov. 1882, aff. Min. publ. *C.* Debaudringhien, *ibid.*, 1882. 2. 61 ; Liège, 30 déc. 1882, aff. Min. publ. *C.* Flemings, *ibid.*, 1883. 2. 57. — *Contrà :* Bruxelles, 27 et 29 oct. 1879, aff. Coulon *C.* Min. publ. et Léopold Gilain *C.* Min. publ., *ibid.*, 1879. 2. 361).

1054. Le tribunal ne saurait refuser de prononcer la confiscation de l'arme à l'égard de l'individu qui a chassé sans permis et sans autorisation dans une forêt communale, sous prétexte que l'administration forestière, partie poursuivante, n'avait pas qualité pour poursuivre le délit résultant du défaut de permis (Crim. cass. 28 janv. 1847, aff. Bonnaud, D. P. 47. 4. 67. — V. *infrà*, n° 1210.

1055. On s'est demandé si, lorsqu'un chasseur est muni de *plusieurs fusils* ou est accompagné d'un auxiliaire (domestique ou autre) qui en porte plusieurs, la confiscation s'étendra à toutes ces armes. On décide généralement que la confiscation doit atteindre tous les fusils dont s'est servi le prévenu pour tirer ou rechercher le gibier, mais non les autres. Ainsi, à supposer que le chasseur, pendant tout le temps qu'il a chassé sans autorisation sur un fonds appartenant à autrui, ait toujours été porteur du même fusil, l'autre restant entre les mains de son domestique, le premier seul sera susceptible de confiscation (Berriat, p. 180 ; Giraudeau, n° 942 ; Petit, t. 2, p. 161. — Comp. Chardon, p. 287).

Sur le point de savoir si, en cas de *délits multiples*, il y a lieu à des confiscations multiples, V. *infrà*, nos 1071 et suiv.

1056. A la différence de la loi de 1790, celle de 1844, dans son art. 16, § 2, *excepte* de la confiscation le cas où le délit a été commis tout à la fois par un individu muni d'un *permis de chasse* et pendant le *temps où la chasse est autorisée*. C'est ce que l'on a vu au *Rép.* nos 320 et 321.

1057. Dans tous les cas de condamnations pour délit de chasse en temps prohibé, la confiscation du fusil doit être prononcée, même contre le délinquant muni d'un permis, sans qu'il y ait à distinguer si le délit a eu lieu en temps de prohibition générale, c'est-à-dire avant l'ouverture de la chasse, ou s'il a été commis en temps de *prohibition momentanée*, comme en *temps de neige*. — Cette proposition se fonde, comme on l'a expliquée au *Rép.* n° 322, d'une part, sur ce que la confiscation est la règle générale, et, d'autre part, sur la généralité de l'expression « temps où la chasse est autorisée ». Elle est admise par la plupart des auteurs (Berriat, p. 360 ; Cival, p. 87 ; Dufour, n° 85 ; Giraudeau, n° 947 ; Leblond, n° 274 ; de Neyremand, p. 98 et 99 ; Perrève, p. 84 ; Petit, t. 2, p. 161 ; Rognon, p. 212). Et elle est consacrée par une jurisprudence constante (Indépendamment des arrêts signalés au *Rép.* n° 322, V. Orléans, 27 janv. 1845, cité par Petit, t. 2, p. 159 ; Caen, 27 févr. 1845, aff. Lechat, D. P. 45. 2. 110 ; Besançon, 14 févr. 1848, aff. Balland, *Recueil de cette cour*, 1849-1852, p. 147 ; Besançon, 22 févr. 1848, aff. Roy, *ibid.*, 1847-1848, p. 239 ; Crim. cass. 4 mai 1848, aff. Batteliér, D. P. 49. 1. 22 ; Nancy, 5 févr. 1852, cité par Petit, t. 2, p. 159 ; Colmar, 1er févr. 1860.

Recueil de cette cour, 1860, p. 36, cité par Giraudeau, n° 947; Trib. corr. Seine, 2 févr. 1861, aff. Daniel, R. F. t. 1, n° 15; Paris, 21 févr. 1861, aff. Legry, R. F. t. 1, n° 16; Paris, 24 janv. 1868, aff. Violet, R. F. t. 4, n° 641; Riom, 19 janv. 1876, aff. Vergne, D. P. 76. 2. 170; Besançon, 20 janv. 1876, aff. Fousseret, *ibid.*; Rouen, 26 févr. 1880, aff. Decaux, R. F. t. 9, n° 45). — On décide encore, conformément au système qui vient d'être énoncé, que les faits de chasse accomplis *pendant la nuit*, doivent être aussi considérés comme des délits commis dans le « temps où la chasse n'est pas autorisée », au point de vue de l'application de l'art. 16, et que, par suite, ils entraînent la confiscation des armes (Chardon, p. 245; Giraudeau, n° 948; de Neyremand, p. 100; Petit, t. 2, p. 161; Rognon, p. 209).

En sens contraire, quelques auteurs et plusieurs jugements réformés par des arrêts mentionnés ci-dessus déclarent que l'expression « temps où la chasse est autorisée » dont se sert l'art. 16, § 2, est prise par opposition aux mots « temps prohibé », c'est-à-dire au temps qui s'écoule entre la *clôture générale* de la chasse et son ouverture (Gillon et Villepin, n° 361; Lavallée et Bertrand, p. 119). — V. *suprà*, nos 868 et suiv.

1058. Il n'y a pas lieu à confiscation du fusil contre l'individu qui, porteur de permis et en temps d'ouverture, a chassé même sur des *terrains ensemencés* (Nancy, 17 déc. 1844, aff. Braconnot, D. P. 45. 2. 69; Paris, 24 janv. 1861, B. A. F. t. 8, p. 299; Toulouse, 20 mars 1862, aff. Abadie, R. F. t. 3, n° 421). — Sur ce que l'on entend par terrains non dépouillés de leurs fruits, en vue de l'application de la loi de 1844, V. *suprà*, nos 903 et suiv., et *infrà*, nos 1202 et suiv.

1059. — 3° *De la vente des armes.* — Les armes confisquées sont vendues à la requête de l'administration des domaines, à moins qu'elles n'aient une valeur excédant 6 fr., auquel cas elles sont déposées à la mairie du chef-lieu pour être envoyées aux arsenaux (Giraudeau, n° 932).

1060. — III. De la représentation des engins et des armes ou du payement de leur valeur. — D'après l'art. 16, § 3, si les armes, filets, engins ou autres instruments de chasse n'ont pas été saisis, le délinquant doit être condamné à les *représenter* ou à en *payer la valeur* suivant la fixation qui en sera faite par le jugement, sans qu'elle puisse être au-dessus de 50 fr. Nous avons indiqué au *Rép.* n° 324, le but de cette disposition et le système différent admis par la loi de 1790.

Tout jugement de condamnation pour délit de chasse doit nécessairement prononcer la confiscation de l'arme, en laissant au délinquant l'*option* de représenter cette arme ou d'en payer la valeur. Il ne peut se borner à condamner le délinquant à payer cette valeur, sous le prétexte que la fuite de celui-ci, son refus d'exhibition ou toute autre circonstance ont empêché l'agent qui a verbalisé de prendre le signalement exact de l'arme (Limoges, 26 mars 1857, aff. Rechignat, D. P. 58. 2. 48. — V. *suprà*, n° 1045).

1061. En Belgique, aux termes de l'art. 20 de la loi du 28 févr. 1882, l'arme employée par le délinquant doit, sauf le cas de délit de chasse sans le consentement du propriétaire, être remise à l'agent verbalisant et confisquée, sous peine d'une amende spéciale de 100 fr. (V. *suprà*, n° 14).

Avant la promulgation de cette loi, la cour de cassation belge a décidé que la confiscation des fusils, instruments ou engins ayant servi à commettre le délit est indépendante de la saisie de ces objets, et que le juge de répression doit, en tout cas, ordonner cette confiscation (C. cass. de Belgique, 2 août 1880, aff. Dardenne, *Pasicrisie belge*, 1880. 1. 287). — Depuis 1882, elle a jugé que, l'amende spéciale de 100 fr. tenant lieu de la confiscation, celle-ci n'est prononcée que dans le seul cas où l'arme est remise à l'agent verbalisateur (C. cass. Belgique, 18 févr. 1884, aff. Pfcyffers, *ibid.*, 1884. 1. 77). — Mais l'amende spéciale doit être prononcée par le juge, bien que la citation ne contienne aucune mention à ce sujet; elle est une peine accessoire remplaçant la confiscation, qui doit être prononcée d'office dès que le fait de chasse est reconnu constant (Liège, 9 nov. 1882, aff. Toucka, *ibid.*, 1883. 2. 28).

Une cour d'appel a déclaré: que l'amende spéciale n'est pas encourue par le délinquant qui ne s'est pas trouvé en présence d'un agent verbalisateur à qui il ait pu remettre son arme sur le champ (Liège, 24 janv. 1883, aff. Fery, *Pasicrisie belge*, 1883. 2. 173); — Que, si le chasseur qui se soustrait par la fuite à la poursuite du garde rédacteur du procès-verbal, doit être condamné pour avoir omis de lui remettre son arme, il en est autrement de celui qui n'a pas été interpellé par ce garde et est rentré chez lui sans savoir qu'il avait été surpris en délit (Liège, 12 juill. 1882, aff. Lignoux et autres, *ibid.*, 1882. 2. 381). — Mais cette théorie est repoussée par la cour de cassation belge, selon laquelle le fait de chasser avec un fusil sans permis de port d'armes est puni, indépendamment d'une amende principale de 100 fr., d'une amende spéciale de même somme pour tenir lieu de confiscation, toutes les fois que le délinquant s'est trouvé en défaut de remettre immédiatement son arme entre les mains de l'agent verbalisant (C. cass. de Belgique, 22 janv. 1883, aff. Baës, *ibid.*, 1883. 1. 19; 12 févr. 1883, aff. Fleming, *ibid.*, 1883. 1. 38. — Conf. Bruxelles, 5 mars 1883, aff. Lermenez, *ibid.*, 1883. 2. 151). — Peu importe que la constatation n'ayant pas eu lieu au moment de la perpétration du délit, le délinquant n'ait pas été mis à même de faire cette remise (Arrêt précité du 12 févr. 1883. — *Contrà*: Liège, 30 déc. 1882, aff. Flemingħs, *ibid.*, 83. 2. 57). — Peu importe également que la négligence à remettre l'arme n'ait pas dépendu de la volonté du délinquant et que, en l'absence du procès-verbal, la contravention ne s'établisse qu'à l'aide de simples témoignages (Arrêt précité du 22 janv. 1883).

1062. — IV. De la saisie et de la confiscation des engins et des armes abandonnées par des inconnus. — Il suffit de rappeler ici qu'aux termes de l'art. 16, § 4, les *armes, engins* ou *autres instruments* de chasse *abandonnés par les délinquants restés inconnus*, doivent être *saisis* et *déposés au greffe* du tribunal compétent, et qu'au vu du procès-verbal, le tribunal en ordonne la confiscation et, s'il y a lieu, la destruction.

§ 2. — De la saisie et de la confiscation du gibier (*Rép.* n° 398).

1063. Le projet de loi sur la police de la chasse autorisait la *saisie du gibier sur le chasseur* et sa *confiscation*. Mais cette innovation a été repoussée par le législateur de 1844, ainsi que cela résulte du rapport de M. Frank-Carré à la Chambre des pairs et de la discussion parlementaire (V. *Rép.* n° 398, et p. 97, note, n° 60). Il en résulte que dans aucun cas le chasseur ne peut être dépouillé de son gibier à raison d'une chasse délictueuse (Berriat, p. 178; Chardon, p. 242; Giraudeau, nos 929 et 930; Leblond, n° 275; Paris, 14 févr. 1876, aff. Collignon, D. P. 76. 5. 77 et R. F. t. 8, n° 59; Grenoble, 11 mars 1879, aff. Loubat, D. P. 80. 2. 75). — Et il en est ainsi, spécialement, dans le cas de délit de chasse, soit en temps prohibé, comme nous l'avons dit au *Rép.* n° 398, soit en temps de neige (Arrêt précité du 14 févr. 1876), soit sur le terrain d'autrui sans le consentement du propriétaire (Arrêt précité du 11 mars 1879).

L'illégalité de la saisie du gibier pratiquée sur la personne même du chasseur rend le garde qui l'a opérée passible de dommages-intérêts envers le prévenu (Arrêt précité du 11 mars 1879). — Mais elle ne fait pas disparaître le délit de chasse (Sol. impl., Arrêt précité du 14 févr. 1876).

1064. On sait, du reste, que l'art. 4 autorise la saisie et la confiscation du gibier qui a été mis en vente, vendu, acheté, transporté ou colporté en temps prohibé (V. *suprà*, nos 871 et suiv.).

Art. 2. — *De la privation de permis de chasse* (*Rép.* n° 350).

1065. Dans tous les cas de condamnation pour délits de chasse, les tribunaux ont la faculté d'infliger au délinquant la *privation du droit d'obtenir un permis de chasse*, pendant une durée dont le *maximum* est fixé à *cinq ans*, mais dont le minimum est indéterminé (art. 18). Pour le commentaire de cette disposition, nous nous bornons à renvoyer au *Rép.* n° 350. — V. aussi *suprà*, n° 384.

Sect. 4. — Du cumul des peines (*Rép.* nos 334 à 349).

1066. — I. Des délits antérieurs a la déclaration du procès-verbal. — 1° *Peines principales*. — On a exposé au *Rép.* nos 334 à 341, la controverse qui s'était élevée avant la loi du 3 mai 1844, sur le point de savoir si le principe du *non-cumul des peines* devait être admis en matière de chasse.

Cette controverse a été tranchée dans le sens de la dernière jurisprudence de la cour de cassation, par l'art. 17, § 1er, de la loi de 1844, aux termes duquel : « En cas de conviction de plusieurs délits prévus par la présente loi, par le code pénal ordinaire ou par les lois spéciales, la peine la plus forte sera seule prononcée ». Cette disposition ne fait qu'appliquer expressément aux délits de chasse le principe général du non-cumul des peines, formulé, toutefois avec moins de précision, par l'art. 365 c. instr. cr. Dès lors, pour l'interprétation de l'art. 17, § 1er, de la loi du 3 mai 1844, il convient de se référer aux explications données sous l'art. 365 c. instr. cr. (V. *Peines*). La disposition de l'art. 17 précité est reproduite textuellement dans l'art. 21 de la proposition de loi votée en seconde délibération par le Sénat le 23 nov. 1886 (V. *suprà*, n° 6).

1067. La règle du non-cumul des peines s'applique en cas de concours : 1° de plusieurs *délits de chasse*, soit de nature diverse, soit de même nature; 2° de délits de chasse et de *crimes*; 3° de délits de chasse et de *délits du droit commun*; 4° de délits de chasse et de *délits prévus par des lois spéciales*. — Jugé : que le cumul des peines étant prohibé en matière de délits de chasse, comme en matière de délits ordinaires, un individu condamné à la peine des travaux forcés à perpétuité, pour violences sur un garde forestier, ne peut être, en même temps, condamné à une amende pour délit de chasse (Crim. cass. 6 mars 1856, aff. Lefranc, D. P. 56. 1. 224); — Que, dans le cas où un arrêt a, en violation de la loi, prononcé cumulativement deux peines, il y a lieu à cassation, par voie de retranchement seulement et sans renvoi, de la disposition de cet arrêt portant condamnation à la peine la moins forte (Arrêt précité du 6 mars 1856; Crim. cass. 12 janv. 1860, aff. Hache, D. P. 60. 5. 273). — Et il en est ainsi, notamment, en cas de condamnation à l'amende pour délit de chasse, prononcée dans un arrêt qui applique au délinquant la peine de mort pour tentative de meurtre concomitante sur le gendarme qui l'a pris en flagrant délit (Arrêt précité du 12 janv. 1860).

1068. Mais rien ne s'oppose à ce que les peines résultant de délits de chasse se cumulent avec celles encourues pour des *contraventions de simple police*.

1069. Ici, comme en matière ordinaire (art. 365 c. instr. cr.), le principe prohibitif du cumul des peines régit toutes les *peines principales*, c'est-à-dire les peines corporelles (*emprisonnement* ou autre) et l'*amende* (V. *Peines*).

1070. Ajoutons, enfin, qu'en déclarant que « *la peine la plus forte sera seule prononcée* », la loi n'impose pas aux tribunaux l'obligation d'infliger au délinquant le maximum (Chardon, p. 256; Giraudeau, n° 955; Perrève, p. 359; Petit, t. 2, p. 220).

1071. — 2° *Peines et condamnations accessoires*. — Le principe du non cumul des peines ne s'étend pas aux peines et condamnations accessoires, telles que la *confiscation* et la *destruction des engins et instruments* employés pour commettre le délit, et la confiscation des armes (V. *suprà*, nos 1042 et suiv.), comme on l'a expliqué au *Rép.* n° 342. — Il en est de même, également, de la *privation du droit de permis* (V. *suprà*, nos 384 et 1065), et de l'*interdiction de séjour* substitué par la loi du 27 mai 1885 à la *surveillance de la haute police* (V. *suprà*, n° 388). — Décidé que la prohibition du cumul des peines ne s'étend pas aux dispositions pénales accessoires, qui constituent des mesures de police préventive, plutôt que des peines proprement dites, telles que la confiscation de l'instrument du délit, ou la surveillance de la haute police (Crim. cass. 6 mars 1856, aff. Lefranc, D. P. 56. 1. 224).

1072. Comme on l'a dit au *Rép.* n° 342, la confiscation résultant d'un *délit de chasse* doit être prononcée, indépendamment de la peine applicable à un *autre délit de chasse* plus grave que le premier. Nous avons ajouté, n° 344, en citant un arrêt de Douai, du 14 déc. 1837, qu'il y a lieu à autant de confiscations que le prévenu a commis de délits entraînant cette peine accessoire. C'est ce qu'admettent également MM. Gillon et Villepin, n° 361; Giraudeau, n° 943; Petit, t. 2, p. 162.

1073. Nous avons admis, n° 346, contrairement à un arrêt de Nancy, du 15 janv. 1840, que lorsque deux délits de chasse ont été commis avec la même arme ou le même engin, il n'y a lieu qu'à une seule confiscation, celle de cette arme ou de cet engin; on ne saurait prononcer une double confiscation, dont la seconde consisterait en une peine pécuniaire égale à la valeur de l'objet confisqué réellement ou du moins à 50 fr. La plupart des auteurs se sont prononcés dans le même sens (Berriat, p. 188; Chardon, p. 276; Gillon et Villepin, n° 361; Giraudeau, n° 945; Leblond, n° 277).

La jurisprudence belge décide, au contraire, par application de l'art. 20 de la loi du 28 févr. 1882, que l'individu convaincu d'avoir commis plusieurs délits de chasse sans permis, en employant le même fusil, doit, à défaut de remise immédiate de cette arme à l'agent verbalisateur, être condamné à autant d'amendes spéciales qu'il y a eu d'infractions constatées à sa charge, cette amende spéciale n'ayant pas le caractère d'une peine subsidiaire et n'étant pas destinée à tenir lieu de la valeur de l'arme dont le tribunal ordonnerait la confiscation et que le prévenu refuserait de déposer au greffe (Liège, 24 janv. 1883, aff. Fery, *Pasicrisie belge*, 1883. 2. 173; Motifs, C. cass. belge, 12 févr. 1883, aff. Fleminghs, *ibid.*, 1883. 1. 38; Liège, 31 janv. 1885, aff. Huberty, *ibid.*, 1885. 2. 90; C. cass. belge, 16 mars 1885, aff. Huberty, *ibid.*, 1885. 1. 92; Bruxelles, 21 avr. 1885, même affaire, *ibid.*, 1885. 2. 247. — *Contrà* : Bruxelles, 2 déc. 1885, aff. Compère, *ibid.*, 1886. 2. 45). — En cas de délit de chasse commis à l'aide d'une arme prohibée, la confiscation de cette arme doit être prononcée conjointement avec l'amende spéciale encourue pour défaut de remise de l'arme du délinquant (Liège, 18 janv. 1883, aff. Marchal, *Pasicrisie belge*, 1883. 2. 107; 28 juin 1884, aff. Lambert et de Stoclet, *ibid.*, 1884. 2. 420).

1074. La confiscation des engins et des armes employés à la perpétration d'un *délit de chasse*, doit être prononcée cumulativement avec les peines encourues pour un *crime* ou un *délit ordinaire* qui serait réprimé par des peines plus fortes que celle attachée au délit de chasse (Berriat, p. 188; Camusat, p. 159; Championnière, p. 133; Chardon, p. 295; Gillon et Villepin, n° 361; Leblond, nos 276 et 284; Rogron, p. 217. — *Contrà* : Petit, t. 2, p. 170). — La jurisprudence a décidé qu'il y a lieu de prononcer la confiscation du fusil : 1° contre l'individu qui, convaincu à la fois de *vol* et de chasse sans permis de port d'armes, est condamné, à raison du vol, à quinze jours de prison (Crim. rej. 2 juin 1838, analysé au *Rép.* n° 343); — 2° Contre celui qui, reconnu coupable de *rébellion* et de délit de chasse, a été condamné à l'emprisonnement à raison de la première infraction (Nîmes, 14 janv. 1836, rapporté *ibid.*, n° 345. — Conf. Nîmes, 21 avr. 1836, *ibid.*); — 3° Contre celui qui, convaincu de chasse sans autorisation sur le terrain d'autrui et de *blessures volontaires*, a été condamné à l'amende à raison de ce dernier fait (Poitiers, 20 mai 1843, cité *ibid.*).

1075. Jugé, pareillement : 1° que, bien qu'un individu déclaré coupable d'un délit de chasse et d'un crime (*violences envers un garde*) ne doive être condamné qu'à la peine prononcée pour ce crime, la confiscation de l'arme qui a servi à la perpétration du délit de chasse, n'en doit pas moins être ordonnée (Crim. cass. 6 mars 1856, aff. Lefranc, D. P. 56. 1. 224); — 2° Que, quand un individu a été déclaré coupable d'un délit de chasse, et en même temps d'un crime (*homicide* sur la personne d'un garde), entraînant une peine plus forte, l'arrêt qui prononce contre lui cette peine doit ordonner cumulativement la confiscation de l'arme qui a servi à la perpétration du délit de chasse (Crim. cass. 13 mars 1856, aff. Relier. D. P. 56. 5. 331).

1076. — II. DES DÉLITS POSTÉRIEURS A LA DÉCLARATION DU PROCÈS-VERBAL. — Par exception à l'art. 365 c. instr. cr. et au paragraphe 1er de l'art. 17 de la loi de 1844, les peines encourues pour des *faits de chasse postérieurs à la déclaration d'un premier procès-verbal*, peuvent, en vertu du paragraphe 2 de cet art. 17, être *cumulées* avec celles applicables aux faits qui ont motivé ce premier procès-verbal, sans préjudice des peines de la récidive. Sur ce point, nous renvoyons au *Rép.* nos 347 à 349. — Les auteurs sont unanimes à assimiler à la déclaration verbale du procès-verbal la citation ou tout autre acte signifié au délinquant à raison des premiers faits incriminés (Berriat, p. 190; Camusat, p. 160; Gillon et Villepin, n° 374; Giraudeau, n° 960; Leblond, n° 286; Petit, t. 2, n° 227; Rogron, p. 219).

Sect. 5. — Des circonstances atténuantes et des excuses (*Rép.* nos 351 à 359).

Art. 1er. — *Des circonstances atténuantes* (*Rép.* n° 351).

1077. Nous avons vu (*Rép*, n° 351) que l'art. 20 de la loi de 1844 déclare l'art. 463 c. pén. inapplicable aux délits prévus par cette loi, et, par conséquent, exclut en matière de chasse le bénéfice des *circonstances atténuantes*. Nous avons indiqué les motifs de cette disposition. L'art. 25 de la proposition de loi votée par le Sénat en seconde lecture le 23 nov. 1886 (V. *suprà*, n° 6) consacre le même principe, sauf en ce qui concerne le simple fait de chasse sur le terrain d'autrui sans le consentement du propriétaire.

1078. La plupart des auteurs adoptent l'opinion formulée au *Rép.* n° 351, sur le point de savoir si, au cas où un délit de chasse aurait été commis *conjointement* avec un *délit prévu par le code pénal* et emportant une peine plus forte, l'art. 463 applicable à ce dernier délit peut produire tout son effet, nonobstant l'art. 20 de la loi de 1844 (Berriat, p. 197; Chardon, p. 311; Cival, n° 209; Giraudeau, n° 968; Leblond, n° 292; Rogron, p. 222).

Art. 2. — *Des excuses* (*Rép.* nos 352 à 356, 358, 359).

1079. — I. De l'absence d'intention frauduleuse; De la bonne foi et de l'erreur. — On a examiné au *Rép.* nos 352 à 356, la question de savoir si l'*intention* est un élément des délits de chasse. D'après l'opinion qui paraît ressortir de l'ensemble des travaux préparatoires et qui est consacrée par une jurisprudence aujourd'hui définitivement établie, les infractions à la loi sur la chasse et aux arrêtés pris pour en assurer l'exécution, participent du caractère des *contraventions* de police, punissables malgré le défaut d'intention de la part du délinquant de désobéir à la loi. En d'autres termes, elles ne peuvent être excusées ni par la *bonne foi*, ni par l'*erreur* du contrevenant (V. en ce sens, notamment: Crim. cass. 12 avr. 1845, mentionné au *Rép.* n° 356; Limoges, 8 déc. 1849, aff. Poux, D. P. 54. 2. 179; Crim. cass. 17 juill. 1857, aff. Plancard, D. P. 57. 1. 381; 6 déc. 1867, aff. Ravacley, D. P. 67. 1. 512; Dijon, 15 janv. 1873, aff. Dauvé, D. P. 74. 2. 92; Rouen, 4 déc. 1873, aff. Chaiamel, D. P. 74. 2. 135; Paris, 6 déc. 1873, aff. de Mousin, D. P. 75. 2. 97; Grenoble, 25 mai 1878, aff. Goirand, R. F. t. 8, n° 68; Crim. cass. 10 mai 1884, *suprà*, n° 481. — Conf. Berriat, p. 104; Blanche, t. 1, nos 4 et suiv.; Giraudeau, n° 743. — *Contrà:* Camusat, p. 108; Championnière, p. 144; Chardon, p. 209; Gillon et Villepin, n° 268; Duvergier, p. 136; Jullemier, t. 1, p. 14; de Neyremand, p. 82).

1080. Quant aux cas d'application de ce principe, il convient de renvoyer aux diverses matières à l'occasion desquelles ils se sont présentés. Sur la bonne foi invoquée comme excuse en ce qui touche les délits de chasse en temps prohibé, V. Crim. cass. 12 avr. 1845, analysé au *Rép.* n° 356; — De chasse sans permis, V. *suprà*, nos 255, 289, 400; *infrà*, n° 1082; — De chasse sans autorisation sur le terrain d'autrui, V. *suprà*, nos 427, 443, 482, 485, 486, 496, 497, 501, 516, 546, 613; — De mise en vente, vente, achat, transport et colportage de gibier en temps prohibé, V. *suprà*, nos 815, 844, 861, 864; — De capture ou destruction des couvées de faisans, perdrix et cailles, V. *suprà*, nos 893 et 894.

Relativement à la bonne foi en matière de battue des animaux malfaisants ou nuisibles, et en matière de louveterie, V. *infrà*, nos 1086 et suiv., 1607.

1081. On a vu au *Rép.* nos 38 et 279, que le caractère des faits de chasse est indépendant du *but final* que se propose le chasseur, et par exemple de l'intention de capturer le gibier en vue de sa reproduction et du *repeuplement* d'un parc, ainsi que l'a jugé un arrêt de Dijon, du 28 nov. 1845, analysé *ibid.* (V. aussi *suprà*, n° 645). — Décidé, pareillement, que le fait de capturer, à l'aide d'un engin propre à cet usage, des faisans sortis d'une faisanderie, constitue un délit de chasse, alors même que l'acte incriminé aurait uniquement pour but de favoriser le repeuplement du gibier en réintégrant les faisans dont il s'agit dans la faisanderie pendant l'hiver (Liège, 7 nov. 1878, aff. Hardy, *Pasicrisie belge*, 1878. 2. 368). — Cependant la cour de Paris a considéré, non comme un délit de chasse à l'aide d'engins prohibés, mais comme un acte licite d'élevage de gibier, le fait, par un garde particulier, de tendre en temps prohibé, dans les bois dont la chasse est confiée à sa surveillance, des mues ou cages destinées à la capture de jeunes faisans mis momentanément en liberté à l'effet de les prémunir contre les suites d'une captivité trop prolongée (Paris, 9 déc. 1885, aff. Davin, D. P. 86. 5. 56).

M. Giraudeau, n° 63, décide également avec raison qu'un but scientifique ne serait pas susceptible de dépouiller le fait de chasse de son caractère délictueux.

1082. Il faut même aller plus loin. Nous avons soutenu au *Rép.* n° 38, qu'un fait de chasse conserve sa nature, alors même que le chasseur n'a pas l'intention de s'approprier le gibier tué par lui. Dans cet ordre d'idées, il a été jugé que le prévenu ne saurait être acquitté à raison de sa bonne foi, lorsque, bien que n'ayant pas eu l'intention de chasser, il a tiré sur une sarcelle dans l'intérieur d'une ville, sans être muni d'un permis de chasse (Crim. cass. 6 mars 1857, aff. Méric, D. P. 57. 1. 179). — Cependant un tribunal a décidé qu'il n'y avait pas fait de chasse de la part d'un garde national qui, pour décharger son fusil, avant un service, avait pris pour but un oiseau; ce fait, dépourvu de circonstances particulières, n'étant qu'un exercice de tir (Trib. corr. Mamers, 21 déc. 1870, aff. Thuleau, cité par Giraudeau, n° 64).

1083. Il importe, d'ailleurs, de remarquer que, si les infractions en matière de chasse participent du caractère des contraventions de police, en tant qu'elles sont punissables malgré la bonne foi de leur auteur, elles n'en constituent pas moins de véritables délits au point de vue de l'art. 304 c. pén., qui réprime plus sévèrement le meurtre ayant pour objet de faciliter un délit (V. *suprà*, nos 1041, 1067 et 1075).

1084. — II. Des faits justificatifs. — Bien que les infractions aux règlements sur l'exercice de la chasse résultent de la seule perpétration du fait matériel et ne soient pas excusables à raison de la bonne foi, elles ne sont néanmoins punissables qu'autant que l'*acte* incriminé a été *librement* et *volontairement* exécuté. Ce point, qui ressort de la discussion parlementaire (V. *Rép.* nos 352 et 353), n'est pas contesté en doctrine (Gillon et Villepin, n° 182; Giraudeau, n° 750). Et il est confirmé expressément ou implicitement par une jurisprudence que l'on peut regarder comme constante (V. en ce sens : Crim. cass. 12 avr. 1845, cité au *Rép.* n° 356 ; Crim. cass. 16 juin 1848, aff. Grand, D. P. 48. 1. 136; Limoges, 8 déc. 1849, aff. Poux, D. P. 54. 2. 179; Crim. cass. 17 juill. 1857, aff. Planchard, D. P. 57. 1. 381; Pau, 28 août 1857, aff. Bayaut, D. P. 57. 2. 218; Crim. cass. 16 nov. 1866, aff. Genty, D. P. 67. 1. 87; Trib. corr. Vitry-le François, 4 mai 1867, aff. de Felcourt, D. P. 67. 5. 62; Crim. cass. 6 déc. 1867, aff. Ravacley, D. P. 67. 1. 512; 15 déc. 1870, aff. Pillon de Saint-Philbert, D. P. 70. 1. 447; Crim. rej. 23 janv. 1873, aff. Pillon de Saint-Philbert, D. P. 73. 1. 162; Paris, 6 déc. 1873, aff. de Mousin, D. P. 75. 2. 97).

1085. On a vu des cas d'application de ce principe, en ce qui concerne: la divagation des chiens sans la participation de leur maître (V. *suprà*, nos 56 et suiv.); — Le passage des traqueurs sur le terrain d'autrui sans le consentement du propriétaire, mais sans la participation des chasseurs (V. *suprà*, nos 429 et 430); — La mise en vente, vente, achat, transport ou colportage de gibier en temps prohibé (V. *suprà*, n° 816); — La destruction ou capture de couvées de faisans, perdrix et cailles sur le terrain d'autrui (V. *suprà*, n° 894); — La capture accidentelle d'oiseaux de pays par des instruments autorisés pour la chasse des oiseaux de passage (V. *suprà*, n° 675); — Le passage de chiens courants sur le terrain d'autrui (V. *suprà*, n° 934).

1086. En matière de battues, il a été jugé: 1° que, lorsque, dans une battue aux loups régulièrement autorisée, l'un des habitants convoqués a tué un chevreuil en croyant tirer sur un loup, le juge correctionnel refuse avec raison de voir dans ce fait un délit de chasse, s'il est certain pour lui que cet habitant n'a ni connu ni pu connaître l'animal sur lequel il tirait, et qu'il a été induit en erreur par les coups de feu que d'autres venaient de tirer avant lui sur le même animal en croyant également poursuivre un loup (Crim. rej. 16 nov. 1866, aff. Genty, D. P. 67. 1. 87); — 2° Qu'il y a délit de chasse de la part du chasseur qui, dans le cours d'une battue organisée pour la destruction des loups et des sangliers, tire au jugé dans un épais fourré et tue un chevreuil en croyant tirer sur un loup déjà blessé (Metz, 19 mars 1862, aff. Vaucheret, D. P. 67. 1. 87, note 3, et R. F. t. 3, n° 446); — 3° Que le juge correctionnel ne peut, alors qu'il reconnaît qu'un prévenu a, dans une battue aux sangliers autorisée par le préfet, fait feu librement et volontairement sur un chevreuil qui cherchait à traverser la ligne des chasseurs, fonder l'acquittement dudit prévenu sur cette déclaration « qu'il a tiré inopinément sans avoir eu le temps de la réflexion, alors qu'il était dans une position peu favorable pour distinguer l'animal venant contre lui » (Crim. cass. 6 déc. 1867, aff. Ravacley, D. P. 67. 1. 512); — 4° Que le chasseur, invité à coopérer, en temps prohibé, à une battue ayant pour objet la destruction des biches, ne peut être excusé lorsqu'il a, par erreur, tué une chevrette, croyant avoir tiré sur une biche (Paris, 6 déc. 1873, aff. de Mousin, D. P. 75. 2. 97).

1087. En thèse générale, les *faits spontanés* ou *instinctifs* de chasse constituent de véritables actes de chasse (V. conf. Gillon et Villepin, n° 3, et 2° suppl., p. 1; Giraudeau, n° 65; Petit, t. 1, p. 1), à moins toutefois qu'il ne soit bien établi que ces faits ont été tout à fait involontaires. Les difficultés de cette nature aboutissent à des questions de fait, qu'il appartient aux tribunaux d'apprécier selon les circonstances particulières de chaque espèce; et, par conséquent, on ne doit pas être surpris des contradictions qui se manifestent dans les diverses décisions judiciaires en cette matière.

1088. Conformément à cette doctrine, un tribunal a regardé comme faisant acte de chasse l'individu qui, rencontrant fortuitement une pièce de gibier (dans l'espèce, un lièvre), l'attaque, la tue volontairement avec un bâton, et l'emporte. Vainement il alléguerait que le fait de chasse est, en pareil cas, spontané et irréfléchi (Trib. corr. Epinal, 3 oct. 1862, aff. Antoine, D. P. 67. 1. 512, note 1, et R. F. t. 1, n° 208).

1089. On a critiqué au *Rép.* n°s 26 et 277, un arrêt de Bordeaux, du 20 mars 1844, déclarant qu'il n'y a pas acte de chasse de la part de celui qui tire occasionnellement sur un lièvre, qui se présente devant une maison sans qu'on l'ait cherché ni poursuivi.

D'autres décisions, sur lesquelles il convient de faire des réserves ont admis qu'il n'y a pas acte de chasse de la part : soit du moissonneur qui atteint fortuitement de sa faux un oiseau, puis, par un mouvement instinctif avance de quelques pas pour l'appréhender et le remet à des enfants qui l'entouraient (Douai, 17 nov. 1880, aff. Delonnelle, D. P. 82. 5. 68); — Soit de la personne qui, sans aucune recherche ni poursuite préalable, saisit à la main, sur un chemin public, un lièvre qui avait été mortellement blessé par un chasseur. Et, en l'absence d'intention frauduleuse caractéristique du délit de vol, ce fait ne peut donner lieu qu'à une action en dommages-intérêts de la part du chasseur qui avait blessé ce lièvre et qui était à sa poursuite (Trib. corr. Boulogne-sur-Mer, 26 nov. 1862, aff. Duval, R. F. t. 1, n° 209); — Soit du cultivateur qui, entraîné par un mouvement instinctif, a poursuivi et saisi un jeune levreau passant à sa portée dans le champ où il travaillait, et qui, pour ne pas se mettre en contravention, l'a relâché tout aussitôt de son propre mouvement (Nancy, 7 août 1871, aff. Nicolas, D. P. 71. 2. 104).

1090. En ce qui concerne les actes de chasse dont l'*exécution* a été *volontairement abandonnée* avant la consommation, on pourrait être tenté de les assimiler aux actes involontaires, par le motif que l'intention de chasse n'existe pas. Ainsi M. Giraudeau, n° 68, approuve l'arrêt précité du 7 août 1871. Cependant, tout en inclinant vers la solution de cet arrêt, nous ne pouvons nous abstenir de faire remarquer qu'il s'agit ici moins d'un délit que d'une contravention; que la question d'intention en cette matière importe peu, et que la circonstance que le chaseur, volontairement ou involontairement, n'a pas profité de la capture du gibier qu'il avait volontairement poursuivi et appréhendé dans une intention première de chasse, ne paraît pas susceptible d'être prise en considération.

1091. — III. Des excuses légales proprement dites. — 1° *Du défaut de discernement.* — La majorité des auteurs et une jurisprudence depuis longtemps établie décident, comme nous l'avons fait au *Rép.* n° 358, que l'art. 66 c. pén. est applicable en matière de chasse, et que, par suite, le *mineur de seize ans* qui est convaincu d'avoir commis un délit de chasse, doit être *acquitté*, s'il est décidé qu'il a agi *sans discernement* (Orléans, 21 janv. 1842, B. A. F. t. 1, p. 34; Crim. rej. 3 janv. 1845 (et non 1844), aff. Bourthoumieux, D. P. 45. 1. 79; Crim. rej. 18 juin 1846, aff. Bouilland, D. P. 46. 1. 234; Crim. rej. 3 févr. 1849, aff. Drevet, D. P. 50. 5. 58; Colmar, 5 mai 1857, aff. Simon, D. P. 61. 5. 355; Orléans, 19 oct. 1864, aff. Pasquier, D. P. 65. 2. 28; Trib. corr. Carpentras, 27 déc. 1866, aff. Bègue, D. P. 67. 3. 22; Crim. cass. 15 déc. 1870, aff. Pillon de Saint-Philbert, D. P. 70. 1. 447; Crim. rej. 9 avr. 1875, aff. Roche, D. P. 77. 1. 508; Rouen, 11 nov. 1875, aff. X..., R. F. t. 8, n° 57; Nîmes, 2 mars 1876, aff. Delmas, *Gazette des tribunaux* du 14 avr. 1876, cité par Giraudeau, n° 753; Poitiers, 15 mars 1878, aff. X..., *Gazette des tribunaux* du 12 avr. 1878, cité par Giraudeau, n° 753; Nîmes, 25 nov. 1880, aff. Bonnel, *Gazette des tribunaux* du 1er janv. 1881. — Conf. Berriat, p. 243; Chardon, p. 313; Giraudeau, n° 753; Leblond, n° 365; de Neyremand, p. 359. — En sens contraire, V. plusieurs anciens arrêts mentionnés au *Rép.* n° 359; Houël, n° 105, et Petit, t. 2, p. 145).

1092. Du reste, le mineur de seize ans, poursuivi pour délit de chasse et acquitté comme ayant agi sans discernement, n'en doit pas moins être condamné aux *frais* du procès (Décisions des 27 déc. 1866 et 15 déc. 1870 citées *suprà*, n° 1091), et, s'il y a lieu, aux *dommages-intérêts* (Arrêt précité du 15 déc. 1870).

1093. — 2° *Du discernement incomplet ou présumé tel.* — Il convient, ainsi qu'on l'a dit au *Rép.* n° 358, d'appliquer aux délits de chasse l'art. 69 c. pén., en vertu duquel le mineur de seize ans qui est reconnu avoir agi *avec discernement*, ne doit être condamné qu'à la *moitié de la peine* qui serait prononcée contre lui s'il était majeur de seize ans (V. en ce sens : les arrêts cités *suprà*, n° 1091, et spécialement, ceux des 18 juin 1846, 3 févr. 1849 et 5 mai 1857). — Mais le jugement qui prononce une condamnation contre un mineur de seize ans doit, à peine de nullité, constater en termes exprès que le délit a été commis avec discernement (Crim. cass. 9 avr. 1875, aff. Roche, D. P. 77. 1. 508).

1094. Suivant un arrêt, l'art. 69 c. pén. laisse au pouvoir discrétionnaire du magistrat la fixation du minimum de l'amende à infliger au mineur reconnu coupable de délit de chasse avec discernement, mais sans qu'elle puisse descendre au-dessous du minimum des amendes correctionnelles (Colmar, 5 mai 1857, aff. Simon, D. P. 61. 5. 355).

Mais cette théorie n'a point prévalu. On admet généralement que, dans cette hypothèse, la peine peut être réduite au-dessous du minimum normal (Crim. rej. 3 févr. 1849, aff. Drevet, D. P. 50. 5. 58), et notamment, à la moitié du minimum (Crim. rej. 18 juin 1846, aff. Bouilland, D. P. 46. 1. 234). — Et il en est ainsi, alors même que, par cette réduction, la peine serait abaissée au niveau des peines de simple police (Crim. rej. 3 janv. 1845, aff. Bourthoumieux, D. P. 45. 1. 79; Arrêt précité du 3 févr. 1849; Orléans, 19 oct. 1864, aff. Pasquier, D. P. 65. 2. 28; Crim. rej. 9 avr. 1875, aff. Roche, D. P. 77. 1. 508. — Conf. Giraudeau, n° 758; Leblond, n° 366). — Par exemple l'amende peut être réduite à 8 fr., dans le cas de chasse sans permis (Arrêt précité du 9 avr. 1875).

Sect. 6. — De la complicité (*Rép.* n° 357).

1095. — I. De la complicité ordinaire. — L'individu qui, sciemment, aide et assiste l'auteur d'un délit de chasse dans sa perpétration, est passible des mêmes peines que l'auteur principal. Les règles générales sur la *complicité*, telles qu'elles résultent des art. 59 et suiv. c. pén., sont, en effet, applicables aux délits de chasse, comme on l'a expliqué au *Rép.* n° 357. La jurisprudence est fixée également dans le même sens (V. indépendamment de l'arrêt de la chambre criminelle du 6 déc. 1839 cité *ibid.*: Lyon, 28 mars 1865, aff. Lafay, D. P. 66. 2. 34; Rouen, 4 déc. 1873, aff. Chalamel, D. P. 74. 2. 135; Trib. corr. Lyon, 20 juill. 1875, cité par Giraudeau, n° 156; Rouen, 11 nov. 1875, aff. X..., R. F. t. 8, n° 57; Crim. cass. 20 janv. 1877, aff. Rogier, D. P. 77. 1. 511).

1096. Ainsi, il y a complicité de la part de l'individu qui sciemment aide ou assiste l'auteur d'un délit de chasse, soit en prêtant son *chien* (Giraudeau, n° 160. — V. toutefois *suprà*, n° 68); — Soit en prêtant son *fusil* au fils d'un chasseur qui l'accompagne à la chasse (Arrêt du 11 nov. 1875, cité *suprà*, n° 1095); — Soit en louant une *voiture* (V. *suprà*, n° 968). — Est pareillement complice d'un délit de chasse en temps de neige, l'individu qui, immobile et sans armes, au pied d'une côte sur le sommet de laquelle des chasseurs opèrent une battue aux lièvres, paraît faire le *guet* pour les protéger contre toute surprise, alors surtout qu'à l'aspect des gendarmes il agite son chapeau et sonne de la corne, de manière à permettre aux chasseurs de s'enfuir et de rester inconnus (Trib. corr. Gap, 24 févr. 1881, cité par Giraudeau, n° 158 *bis*). — Mais on ne saurait condamner pour délit de chasse celui qui n'a fait qu'aider le délinquant dans les actes qui ont préparé ou facilité le délit (Liège, 24 juin 1881, aff. Pierlot C. Grandjean et autres, *Pasicrisie belge*, 1881. 2. 309).

Sur l'*application* de la complicité en matière: de chasse sans permis, V. *infrà*, n° 1254 *bis*; — De chasse à l'aide d'engins prohibés, V. *suprà*, n° 647; *infrà*, n° 1097; — De chasse en temps de neige, V. le jugement précité du 24 févr. 1881. V. aussi *suprà*, n°s 707 et 868, et *infrà*, n° 1099; — De transport de gibier en temps prohibé, V. *suprà*, n°s 814 et 868; *infrà*, n°s 1099, 1105; — De chasse de nuit, V. *suprà*, n° 968; — De capture ou de destruction, sur le terrain d'autrui, des œufs et couvées de faisans, perdrix et cailles, V. *suprà*, n°s 893 et 894.

On a vu aussi des cas d'application de la complicité en ce qui regarde: les *traqueurs*, à raison du caractère délictueux de la chasse à laquelle ils prêtent leur concours (V. *suprà*, n°s 76, 77, 427); — Les *chasseurs*, à raison des actes délictueux accomplis par les traqueurs (V. *suprà*, n°s 428 suiv.); — Les *invités* ou *amis* des adjudicataires de chasse dans les forêts soumises au régime forestier (V. *suprà*, n° 962); — Les mêmes *adjudicataires de chasse*, à raison des délits commis par leurs invités (V. *suprà*, n° 962); — Les infractions émanées de *gardes* (V. *suprà*, n° 1015).

1097. — II. De la complicité par recel. — Comme on l'a vu *suprà*, n°s 836 et suiv., 842, la *mise en vente*, l'*achat*, la *vente*, le *colportage* et le *transport du gibier* en *temps prohibé* constituent un délit spécial formellement et directement prévu et puni tant par l'art. 4, § 1er, que par l'art. 12, § 1er-4°, de la loi du 3 mai 1844, sans qu'il y ait, du moins en thèse générale, à se préoccuper du point de savoir si le gibier a été *tué ou capturé d'une manière licite*. — Ces dispositions sont sans application lorsque les faits d'achat, vente, colportage ou transport de gibier, même *pris ou tué en délit*, ont lieu pendant l'*ouverture* de la chasse. Mais alors s'élève la question de savoir si l'on peut admettre à l'égard de ces faits les règles de la *complicité par recel*. Il y a controverse sur ce point.

1098. — *Premier système*. — La plupart des auteurs et la jurisprudence se prononcent en faveur du système formulé au *Rép.* n° 357, d'après lequel on doit appliquer l'art. 62 c. pén. en matière de chasse, et considérer comme complice d'un délit de chasse, par recel, l'individu qui achète, vend, colporte, transporte ou détient du gibier tué ou capturé en délit, alors d'ailleurs qu'il connaît l'origine délictueuse de ce gibier (Camusat, p. 176; Chardon, p. 320 et suiv.; Dufour, n° 25; Duvergier, p. 136; Gillon et Villepin, n° 244; Jullemier, t. 1, p. 16; Keucker, p. 251 et suiv.; de Neyremand, p. 158 et suiv.; Perrève, n° 347. — V. Crim. cass. 6 déc. 1839, analysé au *Rép.* n° 357, et les décisions judiciaires mentionnées ci-après). — En effet, les règles sur la complicité posées par les art. 59 et suiv. c. pén. sont applicables d'une manière générale en toute matière de crimes ou délits, et, par conséquent, en matière de délit de chasse; rien n'autorise à distinguer entre la complicité par recel et les divers autres modes de complicité prévus par la loi. C'est arbitrairement que l'on voudrait restreindre le recel punissable au cas où il s'agirait de choses provenant du vol, de l'escroquerie ou de l'abus de confiance; une telle restriction est contraire à la loi qui déclare expressément punissables comme complices ceux qui ont sciemment recélé des choses obtenues à l'aide d'un délit. Si la loi sur la chasse a spécialement prévu les faits de mise en vente, de vente et de colportage du gibier en temps prohibé, et si elle a puni ces faits comme délits principaux, on ne saurait prétendre qu'en prévoyant ainsi expressément les cas les plus graves et les plus fréquents, elle ait entendu exclure en cette matière l'application des règles générales de la complicité et du recel (Rouen, 9 juin 1871, aff. Charpentier, R. F. t. 5, n° 90).

1099. Conformément à ce premier système, il a été jugé que l'on doit punir comme complice, par recel, de délits de chasse: 1° le garde particulier qui s'approprie un lièvre tué en *temps de neige* et sans autorisation sur le *terrain d'autrui*, par un journalier à qui il avait déclaré procès-verbal, mais qui avait obtenu du propriétaire la renonciation à toute poursuite moyennant la remise d'une certaine somme et l'abandon du fusil (Arrêt du 9 juin 1871, cité au numéro précédent); — 2° La personne qui achète d'un braconnier d'habitude des faisans qu'il sait avoir été tués la *nuit* sur le *terrain d'autrui* (Amiens, 13 janv. 1853, aff. Béguin, D. P. 53. 2. 172); — 3° Celui qui sciemment achète d'un braconnier de profession plusieurs perdreaux pris avec des *engins prohibés*. Il en est ainsi, alors surtout qu'à raison de sa profession de marchand de comestibles, l'acheteur avait intérêt à connaître les habitudes de ses vendeurs, afin de s'assurer de la légitime origine du gibier, et que le simple examen des perdreaux achetés, lesquels n'avaient pas été touchés par le plomb, a dû lui montrer qu'ils avaient été pris à l'aide d'engins prohibés (Paris, 8 févr. 1862, aff. Clément, D. P. 63. 2. 17); — 4° L'individu qui vend et le marchand de gibier qui achète des perdrix ne portant aucune trace de plomb et provenant, par suite, d'un délit de chasse à l'aide d'engins prohibés, alors qu'il résulte tant des aveux de l'un des prévenus que des dénégations obstinées et de mauvaise foi de l'autre prévenu, qu'ils connaissaient tous deux l'origine délictueuse de ces oiseaux (Trib. corr. Mantes, 27 déc. 1866, aff. Foucault, R. F. t. 3, n° 534); — 5° L'individu qui, faisant le commerce de gibier, présente à un bureau d'octroi, pour l'introduire en ville, un cerf ayant au cou des marques de collets et ne portant aucune trace de coups de feu. Vainement le prévenu alléguerait que cet animal lui a été vendu la nuit par une personne inconnue qui s'était présentée à son domicile, et qu'il en ignorait la provenance illicite (Trib. corr. Blois, 10 nov. 1876, aff. Sautereau, D. P. 78. 5. 85).

1100. On a vu aussi qu'il y a complicité de la part de celui qui reçoit et conserve, sachant leur provenance délictueuse, des *œufs de perdrix* enlevés sur le *terrain d'autrui* (V. *suprà*, n° 893).

1101. Il importe, d'ailleurs, de remarquer qu'en matière de chasse, comme en toute autre matière, une condamnation ne peut intervenir pour complicité par recel qu'autant qu'il est établi que le gibier qui a donné lieu à la poursuite a été *tué ou pris en délit*. — En conséquence, dans un département où le préfet a décidé que les oiseaux de passage ne pourraient être chassés au lacet que du 15 décembre au 1er mars, on ne saurait considérer comme punissables les faits de colportage de ce gibier (dans l'espèce, des merles et des grives) accomplis après que l'usage du lacet n'est plus permis, mais pendant l'ouverture de la chasse, si rien n'établit que le gibier ainsi colporté a été pris au lacet (Crim. rej. 15 janv. 1876, aff. Bertucci, D. P. 76. 1. 413).

1102. Il faut, en outre, que le prévenu ait agi *sciemment* c'est-à-dire avec connaissance de la provenance délictueuse du gibier. Aussi, il a été jugé, à raison du défaut d'intention de recel: 1° qu'on ne saurait condamner celui qui, ayant fortuitement trouvé un lièvre tué en temps de neige, s'en empare, le restitue plus tard à celui qu'il apprend l'avoir tué et le mange avec lui (Besançon, 17 mai 1865, aff. Boisson, *Recueil de cette cour*, 1862-1865, p. 405); — 2° Qu'en admettant que les art. 59 et 62 c. pén. soient applicables en matière de chasse, l'individu qui a mis en vente, pendant l'ouverture, des grives prises au lacet, ne doit pas être déclaré complice du délit de chasse avec engins prohibés, lorsque rien ne prouve qu'il ait su que le gibier avait été pris à l'aide d'engins de cette nature, et surtout lorsque le prévenu justifie, par sa correspondance, que le gibier lui avait été envoyé de l'étranger (Metz, 29 déc. 1864, aff. Caye, D. P. 65. 2. 24).

1103. Ici, comme en toute autre matière, l'individu déclaré complice, par recel, du délit de chasse à l'aide d'engins prohibés, doit être condamné, bien que l'*auteur* de ce délit soit resté *inconnu* (Trib. corr. Mantes, 27 déc. 1866, aff. Foucault, R. F. t. 3, n° 534; Trib. corr. Blois, 10 nov. 1876, aff. Sautereau, D. P. 78. 5. 85).

1104. — *Deuxième système*. — Bien que l'opinion qui vient d'être exposée ait prévalu en doctrine et en jurisprudence, il n'est pas sans intérêt de faire connaître les motifs du système contraire. D'après ce système, l'art. 62 c. pén. est étranger aux délits de chasse; la mise en vente, la vente, l'achat, le colportage et le transport du gibier pris ou tué en délit ne sauraient être considérés comme des faits de complicité de ce délit de chasse; ils constituent un délit spécial, soumis à des règles qui lui sont particulières, et en l'absence desquelles ils échappent à toute pénalité, même au cas où les faits de chasse qui les ont précédés étaient délictueux (Berriat, p. 237; Giraudeau, n°s 163, 440 et 441; Petit, t. 2, p. 261; Rogron, p. 186).

1105. Conformément à cette deuxième opinion, quelques cours d'appel ont déclaré qu'il y a lieu, sur la prévention de complicité de délit de chasse par recel, d'acquitter : 1° l'individu qui expose en vente des petits oiseaux non tués au fusil, et, par conséquent, pris à l'aide d'engins prohibés (Grenoble, 26 déc. 1844, aff. Delaurier, D. P. 45. 2. 43, *suprà*, n° 869); — 2° Celui qui met en vente des oiseaux de passage, à une époque pendant laquelle il est défendu par arrêté préfectoral de prendre au lacet cette espèce de gibier (Bastia, 2 déc. 1875, aff. Bertucci, D. P. 76. 1. 413, *suprà*, n° 869); — 3° Celui qui transporte, dans un département où la chasse en temps de neige est interdite, et sur le territoire d'une commune couvert de neige, du gibier qu'il venait d'acheter de chasseurs restés inconnus (Bourges, 13 févr. 1868, aff. Manjonnet, D. P. 68. 2. 47, *suprà*, n° 868).

CHAP. 10. — De la constatation des délits, de la poursuite, du jugement et de la prescription (*Rép.* n°s 361 à 400).

Sect. 1re. — De la constatation des délits de chasse (*Rép.* n°s 361 à 400).

Art. 1er. — *Des modes de preuve des délits de chasse* (*Rép.* n°s 361 à 376).

1106. En décidant que les délits prévus par la loi sur la police de la chasse seront *prouvés*, soit par procès-verbaux ou rapports, soit par témoins, à défaut de rapports et procès-verbaux, ou à leur appui, l'art. 21 de la loi du 3 mai 1844, comme on l'a remarqué au *Rép.* n° 362, reproduit textuellement la disposition du paragraphe 1er de l'art. 154 c. instr. cr., que l'art. 189 du même code rend applicable à la preuve des délits correctionnels. Aussi convient-il de se référer à l'explication de ces art. 154 et 189, pour compléter les observations spéciales que nous présentons ci-après sur l'art. 21 de la loi de 1844 (V. *Rép.* v° *Instruction criminelle*, n°s 889 et suiv., 941 et suiv.).

La disposition de cet art. 21 se retrouve identiquement dans l'art. 26 de la proposition de loi votée par le Sénat en seconde lecture le 23 nov. 1886 (V. *suprà*, n° 6).

1107. La présente section, renferme les règles générales sur la preuve des infractions de chasse. Quant à la constatation spéciale des divers délits de chasse, il a en été traité à l'occasion de chacun de ces délits.

§ 1er. — Des procès-verbaux (*Rép.* n°s 361 à 376).

1108. Bien que la preuve des délits de chasse puisse se faire de diverses manières, elle résulte le plus souvent de *procès-verbaux* ou *rapports*.

1109. Le moyen tiré de l'absence du procès-verbal constatant le délit de chasse ne peut être présenté pour la première fois devant la cour de cassation (Crim. rej. 24 mai 1878, aff. Wargnier, D. P. 78. 1. 395. — V. *Rép.* v° *Cassation*, n°s 1913 et suiv.).

N° 1. — *De la forme des procès-verbaux* (*Rép.* n°s 367, 372, 387 à 389).

1110. — I. Généralités. — En thèse générale, les fonctionnaires, gardes ou agents investis de la mission de constater les délits de chasse doivent, en ce qui touche les *formes des procès-verbaux*, se conformer aux lois particulières de leur institution, sauf les modifications explicites ou implicites qui résultent de la loi du 3 mai 1844. Sur ce point, on peut consulter par analogie les travaux préparatoires de la loi du 18 juin 1859, sur le nouveau texte de l'art. 189 c. for., en matière de constatation des délits forestiers dans les bois non soumis au régime forestier (V. *Forêts*).

Quant aux décisions judiciaires intervenues à cet égard, V. *infrà*, n°s 1111 et 1117.

1111. On a vu (*Rép.* n° 367) que le procès-verbal peut être *écrit* par une autre personne que le garde ou agent dont il émane, mais qu'il doit être *signé* par ce garde ou agent (Conf. Giraudeau, n° 988. — V. aussi Dijon, 18 déc. 1844, cité au *Rép.* n° 372).

1112. La loi ne subordonne pas la validité du procès-verbal à la nécessité d'une *déclaration* du rédacteur, avertissant le délinquant qu'il va dresser procès-verbal contre lui. On l'a déjà fait observer au *Rép.* n° 367, et M. Giraudeau, n° 990, invoque à l'appui de cette proposition trois arrêts de la cour de cassation du 14 févr. 1840. Il convient néanmoins de ne pas négliger cette formalité, parce qu'elle rend possible le cumul des peines encourues à raison des délits de chasse ultérieurs (V. *suprà*, n° 1076).

1113. Le seul fait que le garde ou l'agent verbalisateur n'était pas revêtu de son *uniforme* ou de ses *insignes*, lors de la constatation de l'infraction, ne suffit pas pour entraîner la nullité du procès-verbal (Gillon et Villepin, n° 398; Giraudeau, n° 989; Petit, t. 2, p. 10 et 11). — On a dit également au *Rép.* n° 367, que la loi ne prescrit pas, sous peine de nullité, de mentionner dans cet acte le port d'uniforme ou d'insignes de la part du rédacteur (V. dans ce sens, plusieurs arrêts de la cour suprême cités *ibid.* v° *Procès-verbal*, n° 58).

1114. En principe, les procès-verbaux doivent être rédigés sur *timbre* et *enregistrés* dans le délai de quatre jours. Cependant la formalité de l'enregistrement n'est pas exigée à peine de nullité du procès-verbal; son omission n'a pour effet que de rendre l'agent ou garde rédacteur passible d'une amende (Amiens, 18 mars 1882 (1). — V. aussi *Rép.* v° *Enregistrement*, n° 5010). — Il faut ajouter que, si les gardes particuliers sont tenus d'employer du papier timbré, sous peine d'amende, tous les autres gardes, agents ou fonctionnaires font seulement viser pour timbre et enregistrer en débet leurs procès-verbaux. Les deux droits d'enregistrement et de timbre sont recouvrés sur les parties avec le montant des condamnations et autres frais (Circ. dir. adm. contrib. indir. 25 juin 1844, *Rép.* p. 113, note 1).

1115. Le procès-verbal doit être rédigé dans le *délai* de vingt-quatre heures à compter du délit, et il doit mentionner l'heure à laquelle le délit a été commis. Cela résulte implicitement, d'une part, de l'art. 24 de la loi de 1844, qui veut que l'affirmation ait lieu dans ce délai, et, d'autre part, de

(1) (M... C. D...). — Le 25 janv. 1882, jugement du tribunal correctionnel de Vervins, ainsi conçu : — « Attendu que M... est poursuivi sous la prévention d'avoir, le 12 sept. 1881, chassé sur une pièce de terre sise terroir de G..., appartenant à D..., partie civile, qui en réserve la chasse; — Attendu qu'aux cours des débats, il est produit un procès-verbal dressé le 13 sept. 1881 par C..., garde de la commune de G..., et enregistré le 23 nov. 1881; — Attendu que, si l'art. 34 de la loi du 22 frim. an 7 dispose que les procès-verbaux doivent être enregistrés dans le délai de quatre jours, à peine de nullité, l'art. 47 de la même loi conserve toute leur force aux procès-verbaux qui intéressent la vindicte publique et qui font foi jusqu'à la preuve contraire; — Attendu que la loi du 3 mai 1844 n'a pas modifié ces dispositions, puisque l'art. 24 de cette loi exige seulement que les procès-verbaux soient affirmés dans le délai de vingt-quatre heures à peine de nullité; — Attendu que, cette formalité ayant été remplie dans le délai prescrit, le procès-verbal dont s'agit n'est pas entaché de nullité, etc.; — Au fond; — Déclare le prévenu convaincu de chasse sur le terrain d'autrui, etc. » — Appel. — Arrêt.

La cour; — Considérant que le prévenu ne peut arguer de nullité le procès-verbal dressé à sa charge, en excipant de la date tardive de l'enregistrement...; — Au fond...;

Par ces motifs, acquitte, etc.

Du 18 mars 1882.-C. d'Amiens, ch. corr.-MM. de Cassières, pr.-Charmeil, av. gén.

la règle rappelée au *Rép.* n° 367, que tout procès-verbal doit offrir la preuve de l'accomplissement des formalités auxquelles il est soumis; celles dont il n'atteste pas l'observation sont réputées omises.

1116. — II. De l'affirmation des procès-verbaux. — Comme on l'a fait observer au *Rép.* n°s 387 et 388, l'art. 24 de la loi de 1844 assujettit à l'*affirmation* les procès-verbaux dressés en matière de chasse par les *gardes*, et ce, à peine de nullité. Elle concerne spécialement les gardes champêtres et les gardes particuliers. Les employés des contributions indirectes et ceux des octrois sont aussi soumis à cette formalité (Circ. adm. contrib. indir. 25 juin 1844, *Rép.* p. 113, note 1).

1117. Mais l'affirmation n'est pas imposée aux autres *fonctionnaires* ou *agents* qui constatent des délits de chasse, tels que, par exemple, les maires ou adjoints, les commissaires de police, les officiers et sous-officiers de gendarmerie, ainsi que les simples gendarmes. — En ce qui concerne ces derniers, il a été jugé, avant la loi du 3 mai 1844, que les procès-verbaux dressés par des gendarmes contre des individus qui chassaient sans permis de port d'armes, n'étaient assujettis à aucune forme particulière; que, par suite, un tribunal ne pouvait renvoyer les prévenus et rejeter le procès-verbal, par le motif qu'il n'avait pas été affirmé et qu'il n'indiquait pas l'heure à laquelle le délit avait été commis (Crim. cass. 30 juill. 1825, *Rép.* v° *Procès-verbal*, n° 47-1°). Aujourd'hui, la difficulté ne pourrait plus se présenter, la loi du 17 juill. 1856 (D. P. 56. 4. 117) portant formellement que les procès-verbaux dressés par les brigadiers de gendarmerie et les gendarmes ne seront, dans aucun cas, assujettis à la formalité de l'affirmation (V. *Gendarme*).

Les agents forestiers sont expressément dispensés de l'affirmation par l'art. 166 c. for. — Décidé que le délit de chasse commis dans un bois assujetti au régime forestier constitue un délit forestier, et que, par suite, en vertu de l'art. 166 c. for., le procès-verbal du garde à cheval qui le constate est dispensé de la formalité de l'affirmation (Rouen, 25 mai 1855, aff. Carpentier, D. P. 56. 2. 113). Cette solution est aujourd'hui sans application en ce qui concerne les gardes à cheval; leur emploi ayant été supprimé par l'ordonnance du 25 juill. 1844, il n'en existe plus en fonctions actuellement (V. *Rép.* v° *Forêts*, n° 159).

1118. La disposition de l'art. 24 de la loi de 1844 qui exige que l'affimation des procès-verbaux des gardes ait lieu dans *les vingt-quatre heures du délit*, à *peine de nullité*, reproduit l'art. 10 de la loi des 28-30 avr. 1790. — On a analysé au *Rép.* n° 388, plusieurs arrêts de la cour de cassation des 31 juill. 1818, 24 août 1820 et 21 avr. 1827 (Arrêts insérés *ibid.*, v° *Procès-verbal*, n°s 276, 275 et 612), qui décidaient que le délai de vingt-quatre heures ne courait pas à compter du moment où le garde avait reconnu le délit, mais à partir de celui où il avait achevé de le constater, c'est-à-dire à partir de la *clôture* du procès-verbal (Conf. Berriat, p. 220).

Mais cette interprétation, en contradiction manifeste avec le texte de la loi, est avec raison repoussée par la doctrine, qui, d'accord avec la jurisprudence intervenue depuis la promulgation de la loi de 1844, soutient que l'affirmation doit, sous peine de nullité, avoir lieu dans les vingt-quatre heures du délit (Chardon, p. 384; Giraudeau, n°s 1041 et 1044; Leblond, n° 318; Petit, t. 2, p. 23). — Jugé: 1° qu'en matière de chasse, le procès-verbal d'un garde doit, à peine de nullité, être affirmé dans les vingt-quatre heures du délit (Crim. rej. 28 août 1868, aff. Drouet, D. P. 68. 1. 510; Crim. cass. 28 janv. 1875, aff. Lefort, D. P. 75. 1. 331; 27 févr. 1879, aff. Audousset, D. P. 79. 1. 190; 31 juill. 1880, aff. Pluchart, D. P. 81. 1. 139; 25 nov. 1882, aff. Godard, D. P. 83. 1. 227); — 2° Qu'il en est ainsi, notamment, pour les procès-verbaux dressés par les gardes forestiers; à cet égard, l'art. 24 de la loi du 3 mai 1844 déroge à la disposition de l'art. 165 c. for. (Crim. rej. 4 sept. 1847, aff. Valenzin, D. P. 47. 4. 276); — 3° Que la nécessité d'affirmer le procès-verbal dans les vingt-quatre heures du délit subsiste, alors même que la clôture de ce procès-verbal a été retardée pour cause de renseignements (Arrêt précité du 28 août 1868); — Par exemple, est nul le procès-verbal d'un garde champêtre, relatif à un délit de chasse commis le 10 janvier et constaté le même jour, mais dressé, clos et affirmé seulement le 12 du même mois (Arrêt précité du 31 juill. 1880).

1119. Il est nécessaire, à peine de nullité, que le procès-verbal *mentionne l'heure* à laquelle il a été affirmé (Arrêts des 4 sept. 1847, et 28 janv. 1875, cités au numéro précédent; Amiens, 16 juill. 1885, aff. Gannain, *Recueil de cette cour*, 1885, p. 200). — Ainsi, est nul le procès-verbal dressé et clôturé le 1er février, à huit heures du matin, pour constater un délit de chasse commis la veille, 31 janvier, à midi, et qui a été seulement affirmé le 2 février sans indication d'heure (Même arrêt du 28 janv. 1875). — La nullité résultant de ce que l'affirmation n'a pas eu lieu dans les vingt-quatre heures du délit, ne peut être écartée qu'autant que le garde rédacteur constate, dans son procès-verbal, qu'un cas de *force majeure* l'a empêché, soit de compléter cet acte dans le délai prescrit (Arrêt du 28 août 1868, cité *suprà*, n° 1118); — Soit de l'affirmer dans le délai légal (Même arrêt; Arrêts des 31 juill. 1880 et 25 nov. 1882 cités *suprà*, n° 1118).

1120. La nullité qui résulte du défaut d'affirmation dans le délai légal constitue une *nullité d'ordre public*, qui peut être invoquée en tout état de cause, et même pour la première fois devant la cour de *cassation*. Et elle rejaillit sur la décision rendue dès que le procès-verbal vicié de nullité a pu avoir une influence sur la détermination du juge. Dès lors, est nul l'arrêt qui, au lieu de se fonder exclusivement sur les éléments du débat oral pour déclarer le prévenu coupable d'un délit de chasse, s'appuie en même temps sur les constatations d'un procès-verbal affirmé après le délai de vingt-quatre heures (Crim. cass. 28 janv. 1875, aff. Lefort, D. P. 75. 1. 331; 27 févr. 1879, aff. Audousset, D. P. 79. 1. 190; 31 juill. 1880, aff. Pluchart, D. P. 81. 1. 39; 25 nov. 1882, aff. Godard, D. P. 83. 1. 227); — Alors, du moins, qu'il est impossible de déterminer exactement la part d'influence de ce procès-verbal irrégulier et nul sur la conviction des juges (Arrêt précité du 31 juill. 1880).

1121. D'après l'art. 24 de la loi du 3 mai 1844, dont la disposition à cet égard reproduit celle de l'art. 165 c. for., les officiers publics qui ont *qualité pour recevoir l'affirmation* en matière de chasse, sont le juge de paix ou l'un de ses suppléants, et le maire ou son adjoint, soit de la commune de la résidence du garde, soit de la commune où le délit a été commis. Il va de soi qu'en cas d'absence ou d'empêchement du maire et des adjoints, l'affirmation peut être reçue par un conseiller municipal, désigné soit par le maire, soit par le conseil municipal, ou pris dans l'ordre du tableau, selon les distinctions établies par les art. 82 et suiv. de la loi municipale du 5 avr. 1884 (V. *Commune*).

Si l'art. 24 ne s'explique pas sur la compétence territoriale du juge de paix et de son suppléant, il y a lieu, par analogie avec ce qui est décidé pour le maire, d'admettre la compétence tant de celui du canton de la résidence du garde, que de celui du canton où le délit a été commis.

1122. La plupart des auteurs sont d'avis, avec nous (*Rép.* n° 389), que les magistrats désignés par l'art. 24 pour recevoir l'affirmation des procès-verbaux des gardes sont tous *également* et *concurremment* compétents à cet effet, et que le garde est libre de choisir celui d'entre eux auquel il doit s'adresser (Gillon et Villepin, n°s 408 et 409; Giraudeau, n° 1039; Leblond, n° 322; Petit, t. 2, n° 24. — *Contrà:* Berriat, p. 219).

Si l'un d'eux refusait de recevoir l'affirmation, il s'exposerait à des dommages-intérêts. Et le garde pourrait, par analogie avec ce qui se pratique en matière forestière, en vertu de l'art. 182 ord. 1er août 1827, rédiger procès-verbal du refus et l'adresser à son chef hiérarchique, pour être ensuite remis au procureur de la République.

1123. En ce qui regarde les *formes* de l'acte d'affirmation, il convient de se référer aux explications fournies au *Rép.* v° *Procès-verbal*, n°s 101, 108 et suiv. — V. aussi *ibid.* v° *Chasse*, n° 372.

N° 2. — *De la force probante des procès-verbaux* (*Rép.* n°s 367 à 374).

1124. — I. Procès-verbaux qui font foi jusqu'à preuve contraire. — Ainsi qu'on l'a expliqué en *Rép.* n°s 368 et 369, en vertu de l'art. 22 de la loi de 1844, les procès-verbaux dressés en matière de chasse par tous les fonctionnaires, agents ou gardes qu'il désigne, font *foi jusqu'à* *preuve contraire*, sans qu'il y ait à établir, à cet égard, de différence selon la qualité du rédacteur.

Une disposition analogue forme l'art. 27 de la proposition de loi actuellement soumise à la Chambre des députés (V. *suprà*, n° 6).

1125. Avant la loi de 1844, la jurisprudence décidait, par application des art. 176 et 177 c. for., que les procès-verbaux des *gardes forestiers* faisaient foi jusqu'à inscription de faux, lorsqu'ils constataient des délits de chasse dans les bois domaniaux ou communaux (V. *Rép.* n° 370 et 371). Mais cette théorie ne saurait plus être suivie en présence des termes de l'art. 22 de la loi de 1844, qui doit être regardé comme ayant dérogé sur ce point aux art. 176 et 177 c. for. Et l'on admet généralement aujourd'hui avec nous (*Rép.*. n° 369), que les procès-verbaux des gardes forestiers en matière de délits de chasse ne font foi que jusqu'à preuve contraire, conformément à la disposition expresse de la loi du 3 mai 1844, alors même qu'il s'agit de délits commis dans les bois soumis au régime forestier (Montpellier, 14 févr. 1853, aff. N..., D. P. 53. 2. 186; Orléans, 10 juin 1861, aff. Jarry de Montbarrois, D. P. 61. 2. 173. — Conf. Giraudeau, n° 1012).

Aussi, nous ne saurions approuver un arrêt de la cour de Rouen, du 25 mai 1855 (aff. Carpentier, D. P. 56. 2. 113), déclarant qu'un fait de chasse dans une forêt constituant un délit forestier, le procès-verbal qui en est dressé par un garde à cheval fait foi jusqu'à inscription de faux. — Sur la suppression des gardes à cheval, V. *suprà*, n° 1117.

1126. — II. DES CARACTÈRES DES PROCÈS-VERBAUX FAISANT FOI JUSQU'A PREUVE CONTRAIRE. — L'art. 22 de la loi de 1844 n'étant que l'application des principes du droit commun, il y a lieu d'étendre aux procès-verbaux dressés en matière de chasse la disposition des art. 154 et 189 c. instr. cr., aux termes de laquelle les procès-verbaux auxquels la loi n'a pas accordé le droit d'être crus jusqu'à inscription de faux, peuvent être débattus par des *preuves contraires*, soit *écrites*, soit *testimoniales*, si le tribunal juge à propos de les admettre. — Il a été jugé : 1° que les procès-verbaux des gardes particuliers ne font foi que jusqu'à preuve contraire, et que cette preuve peut résulter d'une enquête (Crim. rej. 1er mai 1880, aff. Benoît-Champy, D. P. 81. 1. 94) ; — 2° Que le juge peut, sur la déposition d'un témoin, et en appréciant d'après l'instruction et les débats les faits de chasse constatés par le procès verbal, déclarer qu'ils ne sont pas délictueux (Crim. rej. 23 janv. 1873, aff. Pillon de Saint-Philbert, D. P. 73. 1. 162. — Conf. Crim. rej. 11 déc. 1851, aff. Bourgain, D. P. 51. 5. 447).

Il appartient au juge de répression d'apprécier la valeur du procès-verbal et des autres preuves (Cr. cass. belge, 13 févr. 1882, aff. Dansaert C. Vanhinsberghe, *Pasicrisie belge*, 1882. 1. 70).

1127. En matière de chasse, comme en toute autre matière, les juges ne peuvent méconnaître les faits matériels constatés au procès-verbal, en se fondant uniquement sur les *explications* ou les *dénégations du prévenu* (Colmar, 22 mai 1866, aff. N..., R. F. t. 3, n° 492; Colmar, 2 oct. 1866, aff. Jœrger, *ibid.*; Crim. cass. 4 janv. 1878, aff. Pellé de Champigny, D. P. 78. 1. 334; Nîmes, 29 janv. 1880, aff. Bardon, D. P. 82. 5. 72 et R. F. t. 10, n° 110 ; Lyon, 15 mars 1882, aff. Chambisseux, D. P. 84. 5. 59). — C'est ce qui a été jugé spécialement, à l'égard de procès-verbaux émanant : 1° d'un garde champêtre (Arrêt précité du 22 mai 1866) ; — 2° D'un gendarme (Arrêts précités du 2 oct. 1866 et 29 janv. 1880) ; — 3° D'un garde particulier (Arrêts précités des 4 janv. 1878 et 15 mars 1882).

On sait également (*Rép.* n° 367) que le *serment* du prévenu serait sans force contre le procès-verbal et, d'ailleurs, ne saurait être admis.

1128. Quant aux *aveux* des parties constatés dans les procès-verbaux, V. *Rép.* n° 374.

1129. Les procès-verbaux dressés en matière de chasse ne font foi jusqu'à preuve contraire que relativement aux *faits matériels* qu'ils constatent (*Rép.* n° 367). — En d'autres termes, si les procès-verbaux doivent être crus jusqu'à preuve contraire pour tout ce que leurs rédacteurs ont vu et entendu, il n'en saurait être de même pour les appréciations et comparaisons qu'ils peuvent faire (Orléans, 11 août 1885, *suprà*, n° 72). — V. *infrà*, n° 1168.

1130. Il est de principe, comme on l'a vu au *Rép.* n° 367, que la *connaissance personnelle* des faits que le *juge* a acquise en dehors de l'audience ne saurait détruire la foi due aux procès-verbaux. — Décidé : 1° que les juges ne sauraient, pour méconnaître la foi due à un procès-verbal, se fonder, soit sur une prétendue notoriété, soit sur les notions personnelles et résultant de leur examen et de leurs décisions au sujet d'autres affaires (Lyon, 15 mars 1882, aff. Chambisseux, D. P. 84. 5. 59) ; — 2° Que le juge ne doit faire état, pour former sa conviction, que des éléments de preuve produits à l'audience et soumis au débat oral (Crim. rej. 23 nov. 1878) (1) ; — Qu'en conséquence, lorsque la partie civile, après avoir produit et lu devant le tribunal correctionnel un procès-verbal constatant un prétendu délit de chasse, n'a pas jugé à propos de produire ce document devant la cour d'appel et n'a invoqué comme preuve des faits imputés au prévenu que les dépositions des témoins entendus en première instance et en appel, et a placé le juge d'appel dans l'impossibilité de vérifier la légalité et la régularité du procès-verbal et d'en connaître le contenu, elle ne saurait se prévaloir de cet acte devant la cour de cassation, ni reprocher à la cour d'appel d'avoir méconnu la foi due aux énonciations dudit procès-verbal, alors d'ailleurs que cette cour s'est fondée, pour acquitter le prévenu, sur l'enquête à laquelle il a été procédé à son audience (Même arrêt).

§ 2. — De la preuve testimoniale (*Rép.* n° 362 à 365, 376).

1131. — I. DES CAS DANS LESQUELS LA PREUVE TESTIMONIALE EST ADMISSIBLE. — La disposition de l'art. 21 de la loi de 1844 qui permet de *prouver* les délits de chasse *par témoins*, à défaut de procès-verbaux ou à leur appui, ne fait que reproduire la règle générale consacrée par l'art. 154, § 1er, et l'art. 189 c. instr. cr., et confirmer la jurisprudence

(1) (Pellé de Champigny C. de Pazzis.) — LA COUR ; — Sur le premier moyen du pourvoi, tiré de la violation de l'art. 22 de la loi du 3 mai 1844, en ce que l'arrêt attaqué, en relaxant de Pazzis, aurait méconnu la foi due au procès-verbal dressé contre lui : — Attendu qu'il est constant que le 14 nov. 1877, un procès-verbal a été dressé contre de Pazzis par les gardes de Pellé de Champigny pour avoir chassé dans un bois appartenant à ce dernier sans son consentement, et que, Champigny ayant traduit de Pazzis devant le tribunal correctionnel de Château-Chinon, ce procès-verbal a été lu à l'audience où la cause a été débattue ; — Mais, attendu qu'il est également établi que le procès-verbal n'a pas été joint au dossier que le procureur de la République de Château-Chinon a transmis au greffe de la cour de Bourges à la suite de l'appel de Pazzis et avec la déclaration d'appel ; qu'il est resté entre les mains de Champigny ; que celui-ci, comparaissant devant ladite cour pour défendre sur l'appel, de Pazzis n'a pas jugé à propos de produire ce document, et n'a invoqué pour faire preuve des faits imputés au prévenu que les dépositions des témoins entendus en première instance et en appel : — Attendu que le juge ne doit faire état, pour former sa conviction, que des éléments de preuve produits à l'audience et soumis au débat oral ; que, dans l'espèce, le demandeur a placé le juge d'appel dans l'impossibilité de vérifier la légalité et la régularité du procès-verbal du 14 novembre et d'en connaître le contenu ; qu'il ne peut se prévaloir de cet acte devant la cour de cassation après avoir refusé de le présenter à la cour de Bourges, ni reprocher à cette cour d'avoir méconnu la foi due à ses énonciations alors qu'il les lui a laissé ignorer ; — Attendu, d'ailleurs, que la cour d'appel s'est fondée, pour acquitter le prévenu, sur l'enquête à laquelle il a été procédé à son audience du 16 avril dernier, ce qui suffirait pour justifier la décision attaquée, lors même que le procès-verbal aurait été mis au débat, les procès-verbaux qui constatent des délits de chasse ne faisant foi que jusqu'à preuve contraire ;

Sur le deuxième moyen du pourvoi, tiré d'une prétendue omission de statuer et de la violation de l'art. 7 de la loi du 20 avr. 1810, en ce que l'arrêt attaqué n'aurait pas répondu à l'un des chefs des conclusions de la partie civile : — Attendu qu'il est jugé par cet arrêt que, le 14 nov. 1877, de Pazzis n'a fait personnellement aucun acte de chasse sur les terres de Pellé de Champigny et n'a pas non plus laissé ses chiens y passer en chassant, pouvant les empêcher de le faire ; que l'arrêt statue ainsi expressément sur les deux chefs des conclusions de Champigny ; que, sur chacun d'eux, il justifie sa décision par des considérations très explicites ; qu'ainsi le moyen manque en fait ; — Rejette, etc.

Du 23 nov. 1878.-Ch. crim.-MM. de Carnières, pr.-Thiriot rap.-Benoist, av. gén.-Massénat-Deroche et Sabatier, av.

antérieure. C'est ce que nous avons expliqué au *Rép.* n° 362. Ajoutons que la preuve testimoniale est admissible en appel comme en première instance, alors même qu'il n'y a eu aucune instruction testimoniale pendante devant le tribunal de première instance (Crim. cass. 3 févr. 1820, *Rép.* v° *Procès-verbal*, n° 289; 24 févr. 1820, *ibid.* n° 13; 17 avr. 1823, v° *Chasse*, n° 362; 1er déc. 1826, v° *Demande nouvelle*, n° 285).

1132. On peut distinguer trois cas dans lesquels la preuve testimoniale est admissible : 1° lorsqu'il n'a *pas* été dressé de *procès-verbal* (V. *infrà*, n° 1135); — 2° Lorsque le procès-verbal est entaché de *nullité* pour vice de forme ou autre (V. *infrà*, nos 1136 et 1137); — 3° Lorsque le procès-verbal, tout en étant régulier, est *insuffisant*, soit parce qu'il est incomplet, soit parce qu'il n'est pas probant sur certains points (V. *infrà*, n° 1136).

Il a été jugé que, dans le cas de nullité du procès-verbal faute d'affirmation dans les vingt-quatre heures, le délit peut être établi par la preuve testimoniale (Rouen, 22 févr. 1878, aff. F..., D. P. 80. 2. 164); — Et qu'en pareil cas, la déclaration du juge que le délit poursuivi n'est pas établi par les dépositions des témoins entendus, échappe à la censure de la cour de cassation comme constituant une appréciation de fait souveraine (Crim. rej. 28 août 1868, aff. Drouet, D. P. 68. 1. 510).

1133. On a mentionné au *Rép.* n° 362, plusieurs arrêts déclarant que le juge de répression ne peut, en cas d'insuffisance des procès-verbaux pour la constatation de délits de chasse, repousser l'*offre* faite par le *ministère public* d'en faire la preuve soit par une information subséquente, soit par la production de témoins. D'autres décisions se sont prononcées dans le même sens (V. Crim. cass. 1er déc. 1826, cité *suprà*, n° 1131; 3 juill. 1840, *Rép.* v° *Procès-verbal*, n° 9-8°).

Les tribunaux ont le pouvoir, une fois l'affaire engagée, d'ordonner *d'office* soit l'assignation de témoins afin de suppléer à un procès-verbal irrégulier (Metz, 29 mai 1819, reproduit au *Rép.* n° 376); — Soit l'assignation de nouveaux témoins, dans le cas où les précédentes dépositions sont insuffisantes, ainsi que l'a jugé un arrêt de la cour suprême du 11 sept. 1840, cité *ibid.* n° 365, et inséré au *Rép.* v° *Instruction criminelle*, n° 893).

1134. Les délits de chasse peuvent être établis par la déposition d'*un seul témoin* (Dijon, 17 déc. 1873, aff. Mazinat, D. P. 75. 2. 83; Sol. impl., Crim. rej. 24 mai 1878, aff. Wargnier, D. P. 78. 1. 395). — Il en était autrement sous l'empire de la loi des 28-30 avr. 1790, dont l'art. 11 voulait que la preuve d'un délit de chasse ne pût résulter de la déposition d'un seul témoin. Cependant, même avant la loi du 3 mai 1844, qui a abrogé expressément celle de 1790, la jurisprudence admettait que la disposition de l'art. 11 précité avait été abrogée par les dispositions générales des art. 154 et 189 c. instr. cr. (V. les arrêts cités au *Rép.* nos 363 et 364).

1135. — II. Des personnes qui peuvent être citées comme témoins. — Pour prouver les délits de chasse, on peut citer comme *témoins* toute personne dont le témoignage est en général susceptible d'être reçu en justice (V. *Instruction criminelle*). Il en est ainsi des *agents* ou *gardes* spécialement *chargés de la police de la chasse.* Ainsi, une infraction de chasse peut être établie par la déposition du garde particulier qui, l'ayant vu commettre, n'en a point dressé procès-verbal (Crim. rej. 24 mai 1878, aff. Wargnier, D. P. 78. 1. 395).

1136. La doctrine et la jurisprudence sont d'accord pour admettre, comme nous l'avons fait au *Rép.* n° 365, que l'on peut entendre comme témoins même les *rédacteurs du procès-verbal* (Berriat, p. 200 ; Berrurier, p. 107 ; Chardon, p. 387; Cival, p. 98 ; Dufour, p. 68 ; Giraudeau, n° 1004; Houël, n° 121; Lavallée, p. 120, n° 4; Leblond, n° 294; Loiseau, p. 65 ; Perrève, p. 110 ; Petit, t, 2, p. 36). C'est là d'ailleurs un principe reconnu en matière ordinaire (V. *Instruction criminelle*). — Et il est ainsi, alors même que, dans la citation qui a été donnée à cet effet au rédacteur, se trouve énoncée sa qualité de garde (Nîmes, 13 déc. 1866, aff. Bétrine, R. F. t. 3, n° 517).

Jugé, spécialement, que l'on peut assigner en témoignage : 1° le garde champêtre, dont le procès-verbal a été annulé pour irrégularité ou vice de forme (Metz, 26 févr. 1821, *Rép.* n° 466 ; Crim. cass. 17 avr. 1823, *ibid.* n° 362); ou dont le procès-verbal était insuffisant (Orléans, 10 mars 1846, aff. Campagne, D. P. 46. 2. 71 ; — 2° Le garde particulier, dont le procès-verbal a été annulé pour vice de forme (Dijon, 17 déc. 1873, aff. Mazinat, D. P. 75. 2. 83).

1137. Les tribunaux ne peuvent même refuser d'entendre comme témoins les rédacteurs d'un procès-verbal nul ou insuffisant (Crim. cass. 3 févr. 1820, *Rép.* v° *Procès-verbal*, n° 289 ; 24 févr. 1820, *ibid.*, n° 13 ; Arrêt du 17 avr. 1823, cité au numéro précédent) ; — Par exemple, les gendarmes qui ont rédigé un procès-verbal nul pour vice de forme (Mêmes arrêts des 3 et 24 févr. 1820).

1138. Il est, du reste, évident que les tribunaux doivent avoir, en jugeant le fond, tel égard que de raison à la déposition des rédacteurs du procès-verbal (Arrêts des 3 et 24 févr. 1820, 26 févr. 1821, 17 avr. 1823, cités *suprà*, nos 1136 et 1137).

1139. Au surplus, le juge de répression ne saurait entendre comme témoin le garde qui n'aurait obtenu la connaissance des faits relatés dans son procès-verbal qu'à l'aide de moyens non reconnus par la loi. Quand il en est ainsi, non seulement l'acte tombe, mais le témoignage lui-même devient impossible, puisqu'il amènerait la connaissance d'un fait obtenu à l'aide d'une illégalité (Crim. rej. 21 avr. 1864, aff. Viard, D. P. 66. 1. 238. — V. *infrà*, n° 1142).

§ 3. — Des autres modes de preuve (*Rép.* nos 365 et 367).

1140. Indépendamment des procès-verbaux et de la preuve testimoniale dont il vient d'être parlé, les *autres modes de preuve* reçus d'après le droit commun en matière criminelle peuvent être admis à l'effet d'établir les délits de chasse. Tels sont la visite domiciliaire, la visite des personnes, l'information, l'expertise, l'interrogatoire et l'aveu du prévenu. Il y a lieu, à cet égard, de se référer aux explications insérées v° *Instruction criminelle*. Toutefois, nous donnons ci-après les solutions intervenues spécialement en matière de chasse concernant la visite domiciliaire, la visite des personnes et l'aveu.

1141. — I. De la visite domiciliaire. — On a déjà parlé de la *visite domiciliaire*, en tant qu'elle a pour but : 1° de *rechercher le gibier* en *temps prohibé*, chez les aubergistes et marchands de comestibles (V. *suprà*, nos 878 et suiv.) ; — 2° De constater la *détention d'engins prohibés* (V. *suprà*, nos 984 et suiv).

Il nous reste à traiter des visites domiciliaires qui ont pour objet de constater les *faits de chasse délictueux* commis dans les *terrains clos et attenant aux habitations*.

1142. Par application des principes de droit commun en matière criminelle, et notamment des art. 16, 36 et 59 c. instr. cr., les agents chargés de la police de chasse peuvent constater les *délits de chasse*, et notamment le délit d'*emploi d'engins prohibés*, commis dans un domicile ou dans un enclos attenant à une habitation, mais seulement dans trois cas : 1° lorsqu'ils pénètrent dans l'enclos avec un mandat du juge d'instruction ; — 2° Quand ils s'introduisent en présence soit du juge de paix ou de son suppléant, soit du commissaire de police, soit du maire du lieu ou de son adjoint ; — 3° Lorsqu'ils peuvent constater l'infraction de l'extérieur, sans recourir à aucun moyen indiscret qui soit susceptible d'être considéré comme une violation indirecte de domicile. Et nous estimons que le reproche d'investigation illégale serait fondé s'il avait été fait usage d'une échelle ou de tout autre moyen indiscret pour voir par-dessus le mur.

La visite domiciliaire effectuée en dehors de ces conditions est illégale, et cette *illégalité* a pour conséquence, d'une part, d'entraîner la *nullité du procès-verbal* qui en a été la suite, ainsi qu'on l'a fait observer au *Rép.* n° 367, et, d'autre part, d'empêcher le *garde* ou autre *agent* qui a procédé à la visite domiciliaire d'être entendu comme *témoin* sur le fait par lui irrégulièrement constaté.

1143. Conformément aux règles qui viennent d'être formulées, il a été jugé : 1° que les gendarmes ne peuvent s'introduire dans l'enclos attenant à une habitation pour y constater un fait de chasse (Dijon, 4 avr. 1866, aff. Couturier, D. P. 66. 2. 78); — 2° Que la visite domiciliaire effectuée par un garde sans mandat du juge d'instruction est illégale et rend nul le procès-verbal qui a constaté le délit d'engins prohibés découvert au moyen de cette visite (Arrêt de la cour de Metz, du 5 mars 1845, analysé au *Rép.* nº 103); — 3º Qu'on ne saurait prendre en considération le procès-verbal d'un garde-champêtre qui constate un délit de chasse avec engins prohibés dans un enclos attenant à une habitation, lorsque ce garde, sans mandat de justice, a violé même indirectement le domicile de l'inculpé, en observant avec soin, d'une éminence, ce qui se passait dans son enclos (Trib. corr. Lyon, 28 nov. 1859, B. A. F., t. 8, p. 185); — 4º Que le procès-verbal par lequel un garde champêtre constate un fait de chasse avec engins prohibés dont il n'a eu connaissance qu'en pénétrant, sans l'assistance d'un des fonctionnaires publics ayant qualité, et en l'absence du propriétaire, dans un enclos attenant à une habitation, est frappé d'une nullité radicale; et, en pareil cas, le témoignage du garde champêtre ne peut pas davantage être admis à l'appui de la poursuite (Crim. rej. 21 avr. 1864, aff. Viard, D. P. 66. 1. 239); — 5º Que, si les procès-verbaux constatant des délits de chasse commis dans des enclos attenant à des habitations, sont nuls, lorsqu'ils ont été dressés à la suite d'une introduction dans cet enclos sans mandat du juge, ils font, au contraire, pleine foi lorsqu'ils établissent que le délit a été constaté de l'extérieur et indépendamment de toute introduction non autorisée dans l'enclos où il a été commis (Limoges (et non Pau), 5 mars 1857, aff. Brock, D. P. 57. 2. 124; Sol. impl., Trib. corr. Lyon, 16 déc. 1858, aff. Montignon, D. P. 59. 5. 60).

1144. Il a encore été décidé: 1º que les délits de chasse commis par les propriétaires ou possesseurs d'enclos peuvent être valablement constatés de l'extérieur (Montpellier, 28 janv. 1867, aff. S..., D. P. 67. 2. 139); — 2º Qu'un délit de chasse, par exemple, l'emploi d'engins prohibés, bien que commis dans une propriété close attenant à une habitation, a pu, sans atteinte à l'inviolabilité du domicile, être constaté du dehors par des agents ayant qualité, s'il a été librement aperçu à raison du peu d'élévation de la clôture, et s'il n'a été besoin de recourir à aucune investigation illégale (Aix, 4 nov. 1867, aff. Delbecchi, D. P. 67. 2. 206, et sur pourvoi, Crim. cass. 7 mars 1868, D. P. 68. 1. 361-362); — 3º Que la constatation qui est faite d'un délit de chasse par des gendarmes après introduction dans la propriété, n'est pas entachée de violation de domicile, si l'introduction a eu lieu par une brèche établie dans le mur séparatif, qui met cette propriété en communication avec un héritage voisin (Nîmes, 28 mars 1867, aff. Rouvier, D. P. 67. 2. 175).

1145. Les gendarmes n'ont pas le droit de poursuivre un chasseur jusque dans le domicile où il s'est réfugié, encore bien qu'ils ne l'auraient pas perdu de vue; et leur introduction dans ce domicile, en dehors des formes légales, a pour effet, comme constituant un abus d'autorité, d'entacher d'une nullité absolue les constatations qui ont suivi. Toutefois, si les gendarmes n'ont rencontré ni opposition, ni protestation, leur introduction n'est plus qu'une simple irrégularité, couverte par le consentement tacite de la partie intéressée; et, dans ce cas, leur procès-verbal fait foi jusqu'à preuve contraire (Limoges, 30 avr. 1857, aff. Vergne, D. P. 59. 2. 205). — Le garde-champêtre qui, devant le refus de décliner leurs noms et devant l'attitude menaçante de deux individus surpris en délit de chasse, pénètre à leur suite, après avoir requis l'assistance de la gendarmerie, dans une hôtellerie *ouverte à tout le monde*, et sans aucune opposition de la part du propriétaire, ne contrevient en rien aux dispositions de l'art. 16, § 3, c. instr. cr. (Crim. cass. 25 nov. 1882, aff. Godard, D. P. 84. 1. 227).

1146. Il importe, d'ailleurs, de remarquer que l'irrégularité de la visite domiciliaire et la nullité du procès-verbal dressé à la suite de cette opération n'ont pas nécessairement pour résultat d'entraîner l'acquittement du prévenu, si la culpabilité de celui-ci demeure établie indépendamment du procès-verbal, par l'un des autres modes de preuve dont nous avons parlé précédemment (V. *suprà*, nº 1140).

1147. — II. DE LA VISITE DES PERSONNES. — Il n'y a rien à ajouter aux explications qui ont été fournies sur la *visite des personnes*, en ce qui concerne la *recherche* soit du *gibier en temps prohibé* (V. *suprà*, nº 883), soit des *engins prohibés* (V. *suprà*, nºs 995 et 996).

1148. — III. DE L'AVEU JUDICIAIRE. — On sait (*Rép.* nº 365) que l'*aveu judiciaire* du délit de chasse, qui émane du prévenu, couvre les nullités du procès-verbal ou supplée à ce document. La doctrine est unanime sur ce point (Berriat, p. 200; Giraudeau, nº 978; Leblond, nº 295; Perrève, p. 105). Et la jurisprudence s'est prononcée dans le même sens, à l'occasion: 1º d'un délit de chasse, sur le terrain d'autrui, sans le consentement du propriétaire (Crim. cass. 4 sept. 1847, aff. Valanzen, D. P. 48. 5. 44); — 2º D'un délit de détention d'engins prohibés (Crim. cass. 18 déc. 1845, aff. Tondereau, D. P. 45. 1. 39); — 3º D'un délit d'emploi de moyen prohibé, spécialement de sauterelles, qui n'était pas constaté par un procès-verbal (Crim. cass. 29 juin 1848, aff. Humblot, D. P. 48. 4. 44).

ART. 2. — *Des fonctionnaires, gardes et agents qui ont qualité pour constater les délits de chasse* (*Rép.* nºs 367, 368, 375, 377 à 386).

1149. — I. DES FONCTIONNAIRES, GARDES ET AGENTS MENTIONNÉS A L'ART. 22. — Les *fonctionnaires*, *gardes* et *agents* mentionnés à l'art. 22 de la loi du 3 mai 1844 sont ceux qui sont habituellement appelés à constater les infractions de chasse.

L'art. 22 de la proposition de loi adoptée en seconde délibération par le Sénat le 23 nov. 1886 (V. *suprà*, nº 6) contient la même énumération, sauf une addition relative aux douaniers.

1150. Les règles générales concernant les procès-verbaux sont exposées au *Rép.* nº 367. — V. aussi *Forêts; Procès-verbal*.

1151. La compétence des *maires* et *adjoints*, en matière de chasse comme en toute autre matière, s'étend à tout le territoire de leur commune.

1152. Les *commissaires de police* ont le droit de verbaliser dans toute l'étendue de la commune où ils sont institués (c. instr. cr. art. 11 et suiv.). — Tel n'est pas le cas des simples agents ou inspecteurs de police, des appariteurs et des veilleurs de nuit; ils ne peuvent faire des rapports qu'à titre de simples renseignements, ainsi qu'on l'a dit au *Rép.* nº 368.

1153. Il est hors de doute que les *officiers* et *sous-officiers de gendarmerie*, ainsi que les *simples gendarmes*, sont chargés de rechercher et constater spécialement les délits de chasse commis dans leurs circonscriptions respectives. Mais faut-il aller plus loin? Nous avons admis au *Rép.* nº 378, que leur compétence s'étend à tout le territoire de la France. D'après plusieurs auteurs, cette compétence générale ne serait soumise à aucune condition ni restriction (Chardon, p. 378; Duvergier, sur l'art. 22; Gillon et Villepin, nº 391; Jullemier, t. 1, p. 135; Petit, t. 2, p. 6; Rogron, p. 234). — La jurisprudence décide, au contraire, que les gendarmes ne peuvent verbaliser en dehors de leurs circonscriptions, qu'autant qu'ils sont dans l'exercice de leurs fonctions, par exemple, quand ils reviennent de conduire des prisonniers (Crim. rej. 8 mars 1851, aff. Dudefoy, D. P. 51. 5. 312; Cons. d'Ét. 7 juin 1851, aff. Desrivery, D. P. 51. 3. 58. — V. aussi Crim. cass. 4 mars 1808, cité au *Rép.* vº *Rébellion*, nº 35-2º; Crim. cass. 8 nov. 1838, *ibid.* vº *Gendarmerie*, nº 28). — On a vu que le procès-verbal fait foi, quoiqu'il soit dressé par un seul gendarme. Indépendamment de l'arrêt de la cour suprême du 30 nov. 1827, mentionné au *Rép.* nº 378, d'autres décisions ont consacré ce principe (V. *ibid.* vº *Procès-verbal*, nº 298).

1154. On a fait observer au *Rép.* nº 378, avec M. Berriat, p. 212, que les soldats de la *garde municipale de Paris* (aujourd'hui, de la *garde républicaine*) ont qualité pour verbaliser en matière de vente et colportage de gibier en temps prohibé, dans la ville de Paris. M. Giraudeau, nº 1009, est aussi de cet avis.

1155. Les *préposés forestiers*, c'est-à-dire les *brigadiers* et *gardes* soit domaniaux, soit communaux, soit d'établissements publics, soit mixtes, soit de forêts indivises assujetties au régime forestier, ont incontestablement le pouvoir de constater les délits de chasse commis dans les bois soumis au régime forestier (Crim. cass. 26 avr. 1845, aff. Lagarenne, D. P. 45. 1. 224, cité au *Rép.* nº 370. — Circ. adm. for. 30 oct. 1867, § 11, *Nouv. série*, nº 72). — L'art. 26 du cahier des charges pour l'adjudication de la chasse dans les bois domaniaux, en permettant aux fermiers d'instituer, avec l'autorisation des conservateurs, des gardes particuliers de la chasse dans leurs lots (V. *infrà*, n° 1158), ne dispense pas les préposés forestiers de la surveillance du braconnage; cette disposition a seulement pour but de leur venir en aide dans le cas où, par suite de leurs fonctions multiples, ils ne pourraient s'en occuper d'une manière assez spéciale. Et il est recommandé aux agents et préposés forestiers de ne pas perdre de vue cette obligation (Circ. adm. for. 31 déc. 1883, *Nouv. série*, n° 321).

On s'est demandé si les gardes forestiers ont qualité pour constater les délits de chasse commis dans les propriétés rurales, sur la territoire pour lequel ils sont assermentés. Nous avons admis la négative (*Rép.* n° 375) et avons indiqué plusieurs arrêts à l'appui de cette opinion, que partage M. Giraudeau, n° 1013. — Quant à la question de savoir s'ils ont la faculté de verbaliser relativement aux infractions de chasse dans les bois particuliers, elle est très controversée; nous en réservons l'examen pour le mot *Forêts*.

Dans tous les cas, la compétence des préposés forestiers est restreinte à l'étendue du ressort du tribunal près duquel ils ont prêté serment (Circ. adm. for. 30 oct. 1867, § 11, *Nouv. série*, n° 72).

1156. S'il n'existe aucun doute sur le droit, pour les *gardes-pêche*, de verbaliser en matière de chasse, puisqu'il leur est formellement attribué par l'art. 22 de la loi du 3 mai 1844, il en est autrement relativement à leur compétence territoriale. Selon MM. Championnière, p. 147, et Giraudeau, n° 1014, cette compétence serait limitée aux fleuves et rivières confiés à leur surveillance. Nous pensons, au contraire, avec M. Martin, *Code de la pêche fluviale*, 6e éd., n° 214, que les gardes-pêche ont même compétence pour la constatation des délits de chasse que pour celle des délits de pêche; que, par suite, elle s'étend à toute l'étendue du ressort du tribunal près duquel ils sont assermentés. Ces gardes sont, en effet, appelés à constater, non seulement les délits de pêche commis sur les rivières, mais aussi les délits de transport de filets défendus et de colportage de poisson en temps prohibé, qui sont commis dans l'étendue de leur circonscription.

1157. Les *gardes champêtres communaux* ont le pouvoir de constater les infractions à la loi sur la chasse qu'ils découvrent soit en plaine, c'est-à-dire dans les propriétés rurales, soit dans les bois des particuliers. Et une circulaire ministérielle a même invité les préfets à révoquer les gardes champêtres qui apportent trop de négligence dans la constatation des délits de chasse (Circ. min. int. 22 juill. 1851, § 62, R. F. t. 4, n° 608). Mais c'est un point délicat que celui de savoir si leur compétence s'étend aux bois soumis au régime forestier (V. *Forêts*).

1158. La jurisprudence, comme on l'a indiqué au *Rép.* n° 377, limite la compétence des *gardes particuliers*, en matière de chasse, aux délits commis dans les propriétés confiées à leur surveillance.

Dans les forêts domaniales ou autres dont la chasse est affermée, les adjudicataires ou fermiers peuvent instituer des *gardes-chasse*, qui ont qualité pour constater les délits de chasse commis dans les forêts dans lesquelles leur commettant a loué le droit de chasse. — On ne saurait tenir compte des dispositions d'une ancienne circulaire de l'administration forestière, aux termes de laquelle, si les adjudicataires du droit de chasse peuvent, avec l'autorisation de l'Administration, établir des surveillants dans les forêts de l'Etat qui leur sont affermées, ces surveillants n'ont pas le droit de dresser des procès-verbaux et doivent seulement donner avis des délits ou contraventions qui viennent à leur connaissance (Circ. adm. for. 20 mai 1854, D.P. 54. 3. 72).

1159. Les *gardes-messiers* et les *gardes-vignes* sont assimilés aux gardes champêtres et peuvent, par conséquent, dresser procès-verbal des délits de chasse, mais seulement dans les propriétés qu'ils sont chargés de surveiller et pendant la durée de leur mission.

1160. — II. DES OFFICIERS DE POLICE JUDICIAIRE ET DES AGENTS FORESTIERS. — Il est généralement reconnu, ainsi que nous l'avons fait remarquer au *Rép.* n° 368, que l'énumération, formulée par l'art. 22 de la loi de 1844, des fonctionnaires, gardes ou agents appelés à verbaliser en matière de chasse, est purement énonciative; que, par conséquent, les flagrants délits de chasse peuvent être également constatés par les magistrats de l'ordre judiciaire qui sont *officiers de police judiciaire*, c'est-à-dire par les procureurs de la République et leurs substituts, par les juges d'instruction et les juges de paix (Conf. Berriat, p. 209; Giraudeau, n° 1007; Leblond, n° 299).

1161. Plusieurs ordonnances royales ont confié expressément à l'*Administration des forêts* la surveillance et la police de la chasse dans les bois soumis au régime forestier (Circ. adm. for. 30 oct. 1867, § 1er, *Nouv. série*, n° 72. — V. Ord. 20 août 1814, art. 1er, 2, 4 et 8; 14 sept. 1830; 24 juill. 1832, art. 6; 20 juin 1845, art. 5, *Rép.* v° *Forêts*, p. 89, 90 et 115).

Il appartient aux *agents forestiers* de constater les délits de chasse dans les bois assujettis au régime forestier. Ce point, du reste, énoncé au *Rép.* n° 368, n'est pas contesté (Berriat, p. 211; Giraudeau, n° 1012; Leblond, n° 300). Mais il importe d'ajouter que leur compétence est limitée au territoire désigné dans leur commission et compris dans le ressort des tribunaux de première instance près desquels il ont prêté serment (Circ. adm. for. 30 oct. 1867, § 11, *Nouv. série*, n° 72). D'autre part, ils n'ont aucune qualité pour dresser procès-verbal des infractions de chasse dans les propriétés rurales ou dans les bois des particuliers.

1162. — III. DES EMPLOYÉS DES CONTRIBUTIONS INDIRECTES ET DES OCTROIS. — D'après l'art. 23 de la loi de 1844, les procès-verbaux des *employés des contributions indirectes* et *des octrois* font *foi jusqu'à preuve contraire*, lorsque, dans la limite de leurs attributions respectives, ces agents recherchent et constatent les délits prévus par le paragraphe 1er de l'art. 4, c'est-à-dire ceux de *mise en vente, vente, achat, colportage et transport du gibier en temps prohibé*. Pour le commentaire de cette disposition, il suffit de renvoyer au *Rép.* nos 379 à 386.

1163. Quant aux attributions des *employés des douanes*, au point de vue de l'*importation* ou de l'*exportation* du gibier en temps prohibé, V. *suprà*, nos 845 et suiv.

ART. 3. — *De la gratification accordée aux rédacteurs des procès-verbaux* (*Rép.* nos 390 à 394).

1164. Les *gratifications* allouées à raison des procès-verbaux dressés en matière de chasse sont régies par les art. 10 et 19 de la loi du 3 mai 1844, dont les dispositions sont reproduites par les art. 12 et 24 de la proposition de loi actuellement déférée à la Chambre des députés (V. *suprà*, n° 6). Elle sont, en outre, soumises encore aujourd'hui aux prescriptions réglementaires de l'ordonnance du 5 mai 1845, rapportée au *Rép.* p. 115.

1165. — I. DES AGENTS QUI ONT DROIT A LA GRATIFICATION. — On a vu au *Rép.* n° 390, que l'art. 10 de la loi du 3 mai 1844 attribue une gratification aux gardes et gendarmes *rédacteurs de procès-verbaux* ayant pour objet de constater des délits de chasse.

Suivant l'avis exprimé *ibid.*, l'expression de *gendarmes* devait être restreinte aux *simples gendarmes*, et M. Giraudeau est de cet avis. Mais il résulte implicitement des art. 489 et suiv. du décret du 1er mars 1854, sur la gendarmerie (D. P. 54. 4. 61), et formellement des art. 293 et suiv. du décret du 18 févr. 1863, sur la solde et l'administration de cette arme (D. P. 63. 4. 29), que la gratification est due également aux *brigadiers* et aux *sous-officiers* de gendarmerie. En tout cas, les *officiers de gendarmerie* n'y ont aucune part.

1166. Le mot *gardes* s'applique ici à tous les gardes désignés dans l'art. 22 comme ayant qualité pour verbaliser en matière de chasse, c'est-à-dire aux *gardes-pêche, gardes particuliers, gardes-chasse* et *gardes forestiers*. Contrairement à l'opinion émise au *Répertoire*, une décision du ministre des finances du 20 juin 1845 porte que cette dernière dénomination embrasse, non seulement les simples gardes, mais encore les *brigadiers forestiers*. D'après la même décision, la gratification pouvait encore être réclamée par les gardes à cheval; mais on sait que cet emploi n'existe plus (V. *suprà*, n° 1117).

1167. Il n'est pas douteux, comme nous l'avons déclaré au *Rép.* n° 390, que la gratification n'est due ni aux *agents forestiers*, ni aux *employés des contributions indirectes*, ni à ceux *des octrois*. Ces employés, en effet, en se bornant à constater accidentellement une certaine catégorie des délits de chasse, sans déplacement, sans fatigue, à l'occasion de l'exercice de leurs fonctions ordinaires, ne sauraient avoir droit à une rémunération qui n'est due qu'à la surveillance active, vigilante, exercée, quelquefois au péril de leur vie, par les agents de la force publique dans les campagnes (Circ. min. int. 22 juill. 1851, § 60, R. F. t. 4, n° 608).

1168. — II. DES CAS OU LA GRATIFICATION EST DUE. — D'après l'art. 2 de l'ordonnance du 5 mai 1845, la gratification étant due pour *chaque amende prononcée*, nous en avons conclu (*Rép.* n° 391), que c'est la condamnation à l'amende par jugement définitif, et non la constatation du délit par un procès-verbal, qui donne ouverture à la gratification. — Cependant, d'après plusieurs décisions administratives, et même d'après un décret, la constatation de délits de chasse donne droit à la gratification, lors même que les délinquants ne sont condamnés qu'aux *frais* de la procédure sans amende (Décis. min. fin. 14 juill. 1846; Instr. adm. enreg. 25 juill. 1846, n° 1759, R. F. t. 1, n° 46, p. 78, note; Circ. min. int. 22 juill. 1851, § 58 et 59, R. F. t. 4, n° 608; Décr. 18 févr. 1863, art. 293, D. P. 63. 4. 29. — Conf. Giraudeau, n° 737). jusqu'à preuve contraire (V. *suprà*, n° 1129). — Il en est ainsi, lorsque le prévenu est *acquitté* en qualité de *mineur de seize ans*, ayant agi *sans discernement* (V. *suprà*, n°s 1091 et 1092). — Selon la circulaire ci-dessus mentionnée du 22 juill. 1851, il en serait de même en cas d'admission de circonstances atténuantes. Mais cette dernière hypothèse ne saurait se présenter, puisque les tribunaux ne sont pas autorisés à admettre des circonstances atténuantes, en ce qui regarde les délits de chasse. D'un autre côté, il n'y a pas lieu à la gratification, si le procès-verbal est laissé sans suite, si le prévenu est acquitté, ou si, après annulation du procès-verbal, le prévenu est condamné sur les dépositions de témoins. Nous reconnaissons toutefois qu'il y a ouverture à gratification, alors même que des témoins ont été entendus à l'appui du procès-verbal (Petit, t. 2, p. 398; Giraudeau, n° 736). — Ce dernier auteur, n° 737, adopte la même solution pour le cas où le procès-verbal a été rédigé sur la simple déclaration de tierces personnes. Sur ce point nous cessons d'être d'accord avec lui, par le motif que, dans cette hypothèse, le procès-verbal relatant des faits délictueux non constatés par l'agent verbalisateur, ne saurait faire foi jusqu'à preuve contraire (V. *suprà*, n° 1129).

1169. Sur les gratifications à allouer dans le cas de pluralité d'inculpés, de gardes verbalisateurs ou de délits, V. *Rép.* n° 391.

1170. Quand le Gouvernement accorde une *remise* ou une *réduction de l'amende* prononcée pour délit de chasse, cette remise ou cette réduction doit profiter sans réserve au redevable, à moins de restriction expresse dans la décision gracieuse. D'un autre côté, le droit des agents à la gratification est absolu et ne doit pas souffrir de la grâce accordée au condamné. En conséquence, la gratification n'en doit pas moins être portée au compte spécial, par commune, du recouvrement des amendes de chasse, tenu en exécution de l'art. 3 de l'ordonnance du 5 mai 1845 (Décis. min. fin. 1er juin 1846, R. F. t. 1, p. 78, note).

1171. En cas de *transaction* avant jugement consentie par l'administration forestière, le droit à la gratification subsiste. Il est vrai qu'aux termes de l'art. 2 de l'ordonnance du 5 mai 1845, « la gratification est due pour chaque amende prononcée ». Mais il a été reconnu, de concert entre l'administration des domaines et celle des forêts, qu'en semblable matière, la décision de l'autorité administrative tient lieu de jugement. D'autre part, comme la décision sert de titre de recouvrement, elle doit, par le même motif, suffire pour assurer aux préposés le payement de la gratification qui leur est due (Circ. adm. for. 11 janv. 1862, *Anc. série*, n° 812, D. P. 62. 3. 63, et R. F. t. 1, n° 46). — Afin d'éviter que les transactions puissent devenir pour les communes une cause de préjudice, il est recommandé aux conservateurs des forêts de réserver toujours, outre les décimes et les frais, la somme nécessaire pour le payement de la gratification à laquelle a droit le rédacteur du procès-verbal (Même circulaire; Circ. adm. for. 30 oct. 1867, § 26, *Nouv. série*, n° 72; Instr. dir. gén. compt. publ. 28 janv. 1874, R. F. t. 6, n° 20. — V. Règl. compt. publ. 26 déc. 1866, § 481).

1172. — III. DU MONTANT DE LA GRATIFICATION. — Le *montant* de la gratification est fixé par l'art. 1er de l'ordonnance du 5 mai 1845 et il varie suivant la nature des délits spécifiés par la loi du 3 mai 1844. Il est fixé ainsi qu'il suit : 8 fr. pour les délits prévus par l'art. 11; 15 fr. pour les délits prévus par les art. 12 et 13, § 1er; 25 francs pour les délits prévus par l'art. 13, § 2.

1173. — IV. DU PAYEMENT DE LA GRATIFICATION. — Depuis que le percepteur a été substitué au receveur de l'enregistrement pour le recouvrement des amendes par l'art. 25 de la loi du 29 déc. 1873 (D. P. 74. 4. 30), c'est le *percepteur* qui *paye* la gratification aux ayants droit (Instr. dir. gén. comptab. publ. 28 janv. 1874, R. F. t. 6, n° 20).

1174. Pour obtenir le payement de la gratification, le rédacteur du procès-verbal se fait délivrer, sur papier libre, un *extrait du jugement* de condamnation, par le greffier du tribunal qui a rendu le jugement (Circ. adm. for. 30 oct. 1867, § 28, *Nouv. série*, n° 72). — Cet extrait coûte 0 fr. 25 cent. (Giraudeau, n° 741). — Dans le cas où le délit a été l'objet d'une transaction (V. *infrà*, n 1291), le garde ou l'agent se fait délivrer un *extrait de la transaction* (Circulaire précitée du 30 oct. 1867). L'extrait de jugement ou de transaction est remis au préfet, à qui incombe aujourd'hui le mandatement de la gratification, et qui a été, à cet égard, substitué au directeur des domaines, depuis la loi du 29 déc. 1873 (Circ. adm. for. 25 juin 1874, *Nouv. série*, n° 153). — Cependant, l'inspecteur des forêts est chargé de provoquer le mandatement de la gratification due à un *préposé forestier* pour constatation d'un délit de chasse, soit que les poursuites aient été intentées par les agents forestiers, soit qu'elles aient été exercées par le ministère public (Circ. adm. for. 27 mars 1875, *Nouv. série*, n° 171).

Pour la gratification due aux *gendarmes*, le décret du 18 févr. 1863 (D. P. 63. 4. 29) a tracé certaines règles spéciales, qui sont encore actuellement en vigueur, sauf la substitution du percepteur au receveur de l'enregistrement, et celle du préfet au directeur des domaines.

1175. On décide généralement, comme nous l'avons fait au *Rép.* n° 392, que le droit à la gratification s'éteint par la *prescription quinquennale*, conformément aux lois de finances, et non par la prescription plus courte relative aux mémoires de frais de justice (Berriat, p. 103; Giraudeau, n° 742; Leblond, n° 178). Et cette opinion a été consacrée par l'art. 296 du décret du 18 févr. 1863.

1176. — V. DU PRÉLÈVEMENT DE LA GRATIFICATION SUR LE PRODUIT DES AMENDES. — Aux termes du paragraphe 1er de l'art. 19, la *gratification* accordée aux gardes et gendarmes doit être *prélevée sur le produit des amendes*. Cette disposition, ainsi qu'on l'a dit au *Rép.* n° 394, ne présente aucune difficulté. Ajoutons seulement que la gratification est toujours payée aux ayants droit, alors même que le montant de l'amende n'a pu être recouvré sur le condamné (Giraudeau, n° 964).

1177. — VI. DE L'ATTRIBUTION DES AMENDES AUX COMMUNES. — D'après le paragraphe 2 de l'art. 19 de la loi du 3 mai 1844, les *amendes de chasse*, dont le produit avait été jusqu'alors confondu avoir celui des amendes de police correctionnelle, dans le fonds commun centralisé aux caisses des receveurs généraux pour être réparti entre les hospices et les communes pauvres du département, sont *attribuées* exclusivement *aux communes sur le territoire desquelles les infractions ont été commises* (Instr. min. int. 20 mai 1844, *Rép.* p. 112, note, n° 45; Circ. min. fin. 18 juill. 1844, *ibid.*, p. 114, note 1); sauf prélèvement des gratifications accordées aux gardes et gendarmes, et de 5 pour 100 pour frais de régie (V. *suprà*, n° 1176).

1178. Les amendes de chasse dont l'attribution est faite aux communes, sauf prélèvement des gratifications accordées aux verbalisants, sont assimilées, quant aux *formes de perception et de répartition*, aux amendes de police rurale et municipale. Par suite, jusqu'en 1874, les directeurs de l'enregistrement et des domaines devaient délivrer, sur les caisses de leurs subordonnés, des mandats spéciaux au nom des communes intéressées (V. Instruction précitée du 20 mai 1844; Circ. min. fin. 18 juill. 1844, D. P. 45. 3. 74). — Il était recommandé aux receveurs de l'enregistrement de tenir un compte spécial, par commune, du recouvrement des amendes prononcées pour infraction à la loi du 3 mai 1844, sur la police de la chasse: ce compte devait être réglé chaque année (Ord. 5 mai 1845, art. 3, modifié par Décr. 4 août 1852, D. P. 52. 4. 189). Mais on sait que, depuis le 1er janv. 1874, les percepteurs sont substitués aux receveurs de l'enregistrement pour le recouvrement des amendes, et que, en conséquence, les trésoriers généraux sont substitués aux directeurs de l'enregistrement (V. *suprà*, n° 1173).

1179. Après le prélèvement des gratifications et de 5 pour 100 pour frais de régie, le produit restant des amendes recouvrées est compté à la commune sur le territoire de laquelle l'infraction a été commise. En cas d'excédant de dépense à l'époque du règlement, il n'est exercé aucun recours contre la commune, mais cet excédant est reporté au compte ouvert pour l'année suivante, dans lequel il forme le premier article de la dépense. Les frais de poursuite tombés en non-valeur sont remboursés conformément à l'art. 6 de l'ordonnance du 30 déc. 1823 (Ord. 5 mai 1845, art. 3).

Art. 4. — *Du désarmement et de l'arrestation des délinquants* (*Rép.* nos 395 à 400).

1180. — I. Du désarmement des délinquants. — La disposition de l'art. 25 de la loi du 3 mai 1844, qui défend le *désarmement des délinquants*, est commentée au *Rép.* nos 395 et 396. Cet art. 25 est reproduit intégralement par l'art. 30 de la proposition de loi votée par le Sénat en deuxième délibération le 23 nov. 1886 (V. *suprà*, n° 6).

1181. L'interdiction de désarmer l'auteur d'un délit de chasse est absolue: elle s'applique, non seulement au désarmement opéré à l'aide de violence, mais encore au désarmement par surprise durant le sommeil du chasseur, lequel ne saurait être assimilé à la saisie d'une arme abandonnée ou remise volontairement (Grenoble, 11 mars 1879, aff. Loubat, D. P. 80. 2. 75).

1182. La saisie illégale du fusil rend passible d'une action en dommages-intérêts le garde qui l'a opérée. — Mais cette action n'est plus recevable, si elle a été introduite après qu'il est intervenu un jugement correctionnel devenu définitif, qui a condamné le chasseur pour délit de chasse et prononcé la confiscation de son fusil (Arrêt du 11 mars 1879, cité au numéro précédent).

1183. On s'est demandé si un chasseur est coupable de *rébellion* quand il use de violence ou voies de fait pour repousser le garde ou agent qui veut le désarmer illégalement.

En faveur de la négative, nous avons mentionné au *Rép.* n° 397, deux arrêts, l'un de la cour de Liége, du 5 avr. 1826, et l'autre, de la cour d'Amiens, du 12 mai 1827. — Dans le même sens il a encore été jugé: 1° qu'il n'y a pas rébellion punissable dans le fait d'un individu qui, trouvé chassant en délit, a résisté avec violence aux gendarmes, bien que ceux-ci, ne le connaissant pas, aient voulu le désarmer avant de dresser procès-verbal contre lui (Limoges, 28 févr. 1838, inséré *ibid.*, n° 399); — 2° Que les menaces et moyens violents employés par un chasseur pour recouvrer le fusil qui a été saisi indûment. ne constituent pas le délit de rébellion (Trib. corr. Chambéry, 16 févr. 1877, *France judiciaire*, 1877. 2.500, cité par Giraudeau, n° 1052).

L'opinion contraire a néanmoins prévalu dans la jurisdence, notamment devant la cour de cassation. Ainsi, il a été décidé qu'il y a rébellion: 1° de la part du chasseur qui menace d'un coup de fusil et couche en joue un gendarme, qui somme le porteur du fusil sans permis de lui en faire la remise, bien que la loi défende de désarmer les chasseurs (Crim. rej. 16 mai 1817, *Rép.* v° *Rébellion*, n° 37-1°); — 2° De la part du chasseur qui résiste violemment à des gardes qui voulaient fouiller les sacs et les instruments de chasse dont il était porteur, bien qu'un pareil acte soit illégal (Crim. cass. 26 févr. 1829, *ibid.*, n° 37-5°); — 3° De la part du chasseur qui, pour empêcher la tentative faite par un garde particulier de s'emparer du gibier chassé en délit, sur son refus de lui indiquer son nom et son domicile, et de le suivre devant le maire ou le juge de paix, menace et couche en joue ce garde, en admettant même qu'une telle tentative excédât le droit de l'agent (Bourges, 14 avr. 1853, aff. Dupont, D. P. 54. 2. 188). — Du reste, cette difficulté rentre dans la question plus générale de savoir si l'application de l'art. 209 c. pén., qui punit la rébellion, est subordonnée à la légalité ou à la régularité des actes accomplis par l'agent de la force publique auquel le prévenu a résisté avec violence et voie de fait. Et, d'après le système consacré à cet égard par la cour suprême, un particulier ne saurait mettre obstacle à l'exécution des actes de l'autorité, alors même qu'ils sont irréguliers, sauf son recours ultérieur contre ceux qui en ont la responsabilité (V. *Rébellion*).

1184. — II. De l'arrestation des délinquants. — On sait que l'art. 25 de la loi du 3 mai 1844, à l'exemple de l'art. 7 de la loi des 28-30 avr. 1790, interdit aux agents et gardes de *saisir* les délinquants, et que ce n'est qu'à titre exceptionnel qu'il autorise leur *arrestation*, c'est-à-dire, s'ils sont déguisés ou masqués, s'ils refusent de faire connaître leurs noms, ou s'ils n'ont pas de domicile connus. — De cette disposition il ressort que la première condition requise pour donner ouverture au droit d'arrestation, c'est qu'il soit exercé à l'égard d'un *délinquant*. En conséquence, l'arrestation serait illégale, si elle était pratiquée sur le simple soupçon que la personne arrêtée se disposait à commettre un délit de chasse (Bourges, 18 mars 1869, aff. Schneider, D. P. 74. 5. 71, et R. F. t. 4, n° 703).

1185. On assimile généralement au délinquant qui refuse de faire connaître son nom, celui qui donne un nom qui paraît faux (Berriat, p. 223; Giraudeau, n° 1054; Leblond, n° 323). — Sur le cas d'arrestation d'un délinquant qui ne voulait pas dire son nom, il convient de rappeler l'arrêt de la cour de Limoges, du 28 févr. 1838, dont nous avons critiqué la solution au *Rép.* n° 399.

1186. Dans la pratique, l'arrestation des délinquants est principalement opérée par les *gardes* et les *gendarmes*. A l'égard de ces derniers, le droit dont il s'agit est même formellement consacré par l'art. 329 du décret du 1er mars 1854 (D. P. 54. 4. 54). Mais, en droit, il y a lieu de reconnaître le même pouvoir aux divers *fonctionnaires* ou *agents* auxquels les art. 22 et 23 donnent pour mission de constater les infractions de chasse.

1187. Selon la majorité des auteurs (Berriat, p. 223; Leblond, n° 325; Rogron, p. 255) si l'art. 25 paraît donner au garde la faculté de conduire, à son choix, le délinquant, soit devant le *maire*, soit devant le *juge de paix*, cette faculté d'option ne doit s'exercer qu'en cas de concurrence du juge de paix et du maire du chef-lieu de canton; lorsque l'arrestation a lieu en dehors du territoire du chef-lieu de canton, le délinquant doit être conduit de préférence devant le maire du lieu, afin de ne pas la prolonger inutilement. Nous nous rallions d'autant mieux à cet opinion, qu'elle est en harmonie avec celle que nous avons adoptée sur l'application de l'art. 163 c. for. (V. *Rép.* v° *Forêts*, n° 393).

1188. Nous avons émis l'avis (*Rép.* n° 399) que, dans les cas exceptionnels où la loi ordonne de conduire les délinquants devant le magistrat, il est permis d'employer au besoin la *force* à cet effet. La plupart des auteurs partagent le même sentiment (Berriat, p. 223; Gillon et Villepin, n° 416; Giraudeau, n° 1054; Rogron, p. 255). D'ailleurs, c'est bien ainsi que l'art. 25 a été expliqué lors de la discussion parlementaire. M. Hébert, ayant dénié au garde le droit de saisir au collet le délinquant et de le conduire devant le magistrat local, ajoutait qu'il ne serait pas prudent d'insérer dans la loi nouvelle l'art. 25 tel qu'il était rédigé, à cause des graves conflits qui pouvaient en résulter. Mais il fut répondu par M. Vivien: « Si l'art. 25 doit avoir le sens qu'on lui donne, évidemment la rédaction est inacceptable, car, on ne peut dire: ils seront conduits, avec la facilité de ne pas y aller. Cela est absurde, qu'on me permettre ce mot qui ne s'applique qu'à la rédaction. » M. Crémieux compléta cette explication dans les termes indiqués au *Rép.* n° 399. Ajoutons que le chasseur qui refuse de dire son nom ou de se faire connaître est en état de vagabondage, et qu'à ce seul titre, son arrestation est permise. C'est aussi l'observation consignée dans le rapport de M. Franck-Carré (V. *ibid.*, p. 97, n° 65), qui ajoute, avec beaucoup de justesse, qu'on ne peut évidemment admettre que le délit de chasse place le délinquant dans une situation plus favorable, et crée en sa faveur une exception à la loi commune.

Cette interprétation est confirmée par un arrêt, déclarant que quand un chasseur surpris en délit refuse d'indiquer son nom et son domicile à un garde même particulier et de le suivre devant le maire ou le juge de paix, le garde est autorisé à employer la force pour vaincre sa résistance (Bourges, 14 avr. 1853, aff. Dupont, D. P. 54. 2. 188).

1189. C'est un point fort délicat que celui de savoir si, dans les cas exceptionnels spécifiés par la disposition finale de l'art. 25, le droit de conduire, même par force, le délinquant devant le magistrat, entraîne pour les gardes ou agents la faculté de le *désarmer*. MM. Berriat, p. 223, et Leblond, n° 324, se prononcent nettement pour l'affirmative. L'opinion contraire nous semble préférable, sauf à faire certaines réserves, ainsi que le dit avec raison M. Rogron, p. 254: « D'abord, expose cet auteur, la loi n'autorise exceptionnellement qu'à conduire le délinquant devant le maire; ensuite, le motif pour lequel le législateur n'a pas voulu qu'on pût désarmer le chasseur continue de subsister: celui qui est disposé à se laisser conduire devant le maire pour s'expliquer ne le sera pas pour se laisser désarmer, et la collision qu'on a voulu éviter naîtra avec tous ses inconvénients. Cependant, s'il y avait résistance de la part du chasseur, non pas à son désarmement, que l'on n'aurait pas provoqué, mais même à se laisser conduire devant le maire ou le juge de paix, et si cette résistance prenait le caractère de la rébellion, le désarmement pourrait s'opérer; car ce ne serait plus un simple coupable de délit de chasse qu'on désarmerait, mais le chasseur qui se rendrait coupable d'un délit d'une autre nature et plus grave (V. dans le même sens : Chardon, p. 394; Giraudeau, n° 1055).

En tout cas, si le chasseur refusait de faire connaître son individualité au maire ou au juge de paix, il pourrait être conduit devant le *procureur de la République* et désarmé sur l'ordre de ce magistrat (Berriat, p. 223; Championnière, p. 150; Giraudeau, n° 1055).

Sect. 2. — De la poursuite des délits de chasse (*Rép.* nos 401 à 435).

Art. 1er. — *Du droit de poursuite du ministère public* (*Rép.* nos 401 à 426).

§ 1er. — De la poursuite des délits de chasse en général (*Rép.* nos 401 à 407).

1190. On a vu (*Rép.* nos 401 et 402) que l'art. 26 de la loi du 3 mai 1844, conforme d'ailleurs à l'art. 1er c. instr. cr., reconnaît, en principe, au *ministère public* le droit de *poursuivre d'office* tous les délits de chasse.

Cet art. 26 se retrouve textuellement dans l'art. 31 de la proposition de loi qui est aujourd'hui déférée à la chambre des députés (V. *suprà*, n° 6).

Le ministère public a qualité, à l'exclusion des parties civiles, pour poursuivre les infractions qui ne lèsent pas des intérêts privés, tels que les délits de chasse sans permis ou de chasse en temps prohibé. Pour l'application de cette règle, il convient de se référer aux explications formulées au *Rép.* nos 403 à 407.

Quant au point de savoir si, dans cette hypothèse, le droit de poursuite du parquet est exclusif de celui de l'administration des forêts, V. *infrà*, n° 1210.

§ 2. — De la poursuite du délit de chasse sans autorisation sur le terrain d'autrui (*Rép.* nos 402, 408 à 426).

1191. — I. Règle générale; Nécessité d'une plainte de la partie lésée. — Quand le délit ne constitue qu'un fait de *chasse sans autorisation* sur le *terrain d'autrui*, l'art. 26 subordonne l'exercice du droit de poursuite du ministère public à la nécessité d'une *plainte* de la partie intéressée; et l'on a vu au *Rép.* n° 402, qu'il en était de même sous la législation antérieure. — L'exception tirée de l'absence de plainte est valablement présentée pour la première fois en appel et devrait même être suppléée d'office (Trib. corr. Bruxelles, 20 mai 1885, aff. Gillekens C. Hanssens, *Pasicrisie belge*, 1885. 3. 231).

Mais la plainte suffit; il n'est pas nécessaire que le plaignant se soit porté *partie civile*. V. dans ce sens les arrêts intervenus avant la loi de 1844 et indiqués *Rép.* n° 422.

1192. Les formes de la plainte ont été exposées au *Rép.* nos 423 et 424. Il y a lieu d'ajouter qu'aux termes des art. 31 et 65 c. instr. cr., la plainte devrait aussi être signée à chaque feuillet par le procureur de la République; mais cette formalité n'est pas observée dans la pratique. — En Belgique, il a été jugé que la plainte du propriétaire de la chasse ou de l'ayant droit qu'exige l'art. 28 de la loi du 28 févr. 1882 pour autoriser la poursuite d'office du délit de chasse, doit être apparente au moment de la poursuite; qu'en conséquence, elle doit être exprimée par écrit (Trib. corr. Bruxelles, 20 mai 1885, aff. Gillekens C. Hanssens, *Pasicrisie belge*, 1885. 3. 231).

Toutefois, à défaut de disposition expresse de la loi de 1844, l'inobservation de ces prescriptions ne saurait entraîner la nullité de la plainte.

1193. On décide généralement que, lorsque le procès-verbal dressé pour constater un fait de chasse sur le terrain d'autrui sans le consentement du propriétaire est remis au parquet par le propriétaire lui-même, cette simple remise équivaut à une plainte (Dufour, p. 45; Leblond, n° 335; de Neyremand, p. 263; Rogron, p. 573. — Conf. Besançon, 9 janv. 1844, aff. Borzecki, D. P. 45. 4. 77; Riom, 28 janv. 1857, aff. Jaubert, R. F. t. 3, n° 454; Alger, 27 déc. 1876, aff. Dupuis, R. F. t. 9, n° 17; Trib. corr. Cholet, 27 oct. 1880, *Journal du ministère public*, 1881, p. 9. — *Contrà :* Giraudeau, n° 1067). — Nous avions, au *Rép.* n° 423, déclaré cette théorie contestable, en nous fondant sur un arrêt de la cour de cassation du 10 juill. 1807. Mais, après nouvel examen de la question, nous croyons devoir nous rallier à l'opinion qui vient d'être exposée. Le dépôt du procès-verbal au parquet, par le propriétaire lui-même, ne peut s'expliquer que par l'intention de celui-ci de provoquer la poursuite du ministère public. D'un autre côté, la loi n'a établi pour la plainte aucune forme déterminée dont l'observation s'impose impérieusement. Enfin, l'arrêt du 10 juill. 1807, s'il exige une plainte de la partie intéressée pour permettre au ministère public d'agir, ce qui n'est pas contesté, ne s'explique pas sur la forme de la plainte et par conséquent ne tranche pas la difficulté qui nous occupe ici.

1194. Si c'est le garde particulier qui remet au parquet le procès-verbal qu'il a rédigé, sans aucune intervention de la partie intéressée qui l'a commissionné, cette remise n'équivaut pas à une plainte et, par suite, n'autorise pas le ministère public à exercer d'office l'action publique. Tous les auteurs sont, avec raison, d'accord sur ce point (Championnière, p. 165; Giraudeau, n° 1067; Houël, n° 143; Leblond, n° 335; de Neyremand, p. 160).

Cette opinion paraît aussi prévaloir en jurisprudence (Sol. impl., Alger, 27 déc. 1876, aff. Dupuis, R. F. t.9, n° 17; Trib. corr. Cholet, 27 oct. 1880, *Journal du ministère public*, 1881, p. 9, art. 2456. — *Contrà :* Riom, 28 janv. 1857, aff. Jaubert, R. F. t. 3, n° 454). — Une lettre émanée du propriétaire dont le garde a constaté un fait de chasse sur le terrain d'autrui peut être considérée comme une plainte, si elle a précédé la citation donnée au prévenu; mais elle perd ce caractère si elle est postérieure à cette citation, encore bien qu'il soit déclaré par cette lettre que c'est par l'ordre de son auteur que le procès-verbal a été envoyé au parquet (Caen, 5 janv. 1876, aff. Mathan, D. P. 76. 2. 170).

1195. En tout cas, lorsqu'un garde forestier, ayant la double qualité de garde de l'Administration et de garde d'un particulier, a constaté un délit de chasse en la première de ces qualités, et dans la pensée erronée que le terrain sur lequel le délit avait été commis était soumis au régime forestier, tandis qu'au contraire il dépendait des propriétés privées dont la surveillance lui était confiée, cette dernière circonstance ne suffit pas pour faire admettre que la rédaction du procès-verbal et sa remise au ministère public par l'intermédiaire de l'inspecteur des forêts équivalent à une plainte de la partie lésée (Crim. rej. 3 mars 1854, aff. de Beauséjour, D. P. 54. 1. 162).

1196. Quand l'action publique a été une fois mise en mouvement par la plainte de la partie civile, elle ne peut plus être arrêtée par le fait ou l'inaction de cette partie (Crim. cass. 13 déc. 1855, aff. Pidoux, D. P. 56. 1. 144); — Par exemple, par la circonstance que le plaignant s'abstiendrait de venir réclamer à l'audience l'indemnité à laquelle il a droit (Metz, 6 août et 27 nov. 1824, *Rép.* n° 425); — Ou par son *désistement* (Rennes, 11 nov. 1840 cité *ibid.*; Metz, 2 févr. 1870, aff. Oury, R. F. t. 5, n° 76; Dijon, 15 janv.

1873, aff. Dauvé, D. P. 74. 2. 92); — Alors surtout que l'action publique est exercée devant la cour d'appel par le procureur général, à raison de la qualité du contrevenant (Arrêt précité du 15 janv. 1873).

Après la plainte du propriétaire, le ministère public rentre, dès ce moment, dans la plénitude de ses attributions, pour faire tous actes, toutes réquisitions, et, conséquemment, former tout appel ou pourvoi en cassation. (Arrêt précité du 13 déc. 1855); — Et ce, malgré l'*acquiescement* du propriétaire au jugement de première instance (Crim. cass. 31 juill. 1830, *Rép.* n° 426).

1197. — II. DES CAS OU LE DÉLIT DE CHASSE SANS AUTORISATION SUR LE TERRAIN D'AUTRUI PEUT ÊTRE POURSUIVI D'OFFICE PAR LE MINISTÈRE PUBLIC. — L'art. 26, § 2, confère dans deux cas seulement au ministère public le pouvoir d'exercer d'*office* l'action publique, relativement au délit de chasse sans autorisation sur la propriété d'autrui.

1198. — 1° *Chasse dans un enclos attenant à une habitation.* — Le premier cas où le parquet est investi du droit de poursuivre, sans plainte préalable de la partie intéressée, le délit de chasse sur le terrain d'autrui, c'est lorsque ce terrain est clos suivant les termes de l'art. 2, c'est-à-dire quand il est attenant à une habitation et entouré d'une clôture continue faisant obstacle à toute communication avec les héritages voisins (V. *suprà*, n°s 565 et suiv.).

Quant aux peines encourues à raison de cette infraction, V. *suprà*, n°s 1024 et suiv.

1199. Il va de soi, du reste, comme on l'a dit au *Rép.* n° 412, que l'action du ministère public tomberait devant la justification du consentement du propriétaire que le prévenu parviendrait à faire.

1200. — 2° *Chasse sur un terrain non dépouillé de ses fruits.* — On a expliqué (*Rép.* n° 408) que, sous l'empire de la loi de 1790, le ministère public pouvait agir d'office en cas de chasse, sur des terres non closes et chargées de fruits, alors même que le fait incriminé avait lieu pendant l'ouverture de la chasse et qu'il avait pour auteur le propriétaire du fonds; et nous avons indiqué la jurisprudence qui consacrait cette théorie (V. aussi *suprà*, n°s 903, 914).

1201. D'après l'art. 26, § 2, de la loi de 1844, le délit de chasse sans autorisation sur le terrain d'autrui, donne aussi ouverture aux poursuites d'office du ministère public, lorsqu'il s'agit d'un terrain non dépouillé de ses fruits. Mais il en serait autrement et il n'y aurait point de délit, si le fait de chasse avait eu lieu du consentement du propriétaire, celui-ci ayant aujourd'hui le droit de chasser et de laisser chasser sur ses terres alors même qu'elles sont couvertes de récoltes (V. *suprà*, n°s 914 et suiv.). Sur ces divers points, V. aussi *Rép.* n°s 408, 409 et 412.

1202. Pour l'interprétation des mots « *terres non encore dépouillées de leurs fruits* » dont parle l'art. 26, il convient de se référer aux observations formulées au sujet de l'art. 11 (V. *suprà*, n°s 903 et suiv.). — Ajoutons, avec plusieurs décisions judiciaires, qu'on ne doit considérer comme terrains non dépouillés de leurs fruits, dans le sens de l'art. 26, que ceux qui sont chargés de produits propres à être récoltés et auxquels le passage des chasseurs et des chiens peut causer du dommage (Colmar, 29 janv. 1861, aff. Zimmermann, R. F. t. 2, n° 267; Trib. corr. Cholet, 27 oct. 1880, *Journal du ministère public*, 1881, p. 9, art. 2456). — Il y a lieu de rappeler en outre (*Rép.* n° 259), que, lorsque les fruits sont de telle nature que le fait de chasse ait dû nécessairement leur causer un dommage, le ministère public n'est point tenu de prouver la réalité de ce dommage souvent impossible à constater.

1203. Divers arrêts ont regardé comme des terrains non dépouillés de leurs fruits : 1° un champ de *haricots* (Orléans, 22 oct. 1844, aff. Beauvilliers, D. P. 45. 4. 80); — 2° Un champ de *pommes de terre* (Nancy, 23 nov. 1844, cité par Gillon et Villepin, Supplément, n° 283. — V. toutefois, *suprà*, n° 905); — 3° Un champ couvert d'*orge* encore sur pied (Crim. rej. 16 janv. 1829, rapporté au *Rép.* n° 408); — Une pièce de terre chargée en *avoine* (Même arrêt; Crim. cass. 17 mai 1834, inséré *ibid.*); — 5° Un champ couvert de jeunes *trèfles* (Grenoble, 10 nov. 1841, cité *ibid.* — V. cependant *suprà*, n° 905); — 6° Une *vigne* non vendangée (Lyon, 15 déc. 1826, aff. Gaspard, R. F. t. 2, p. 128, note; Angers, 12 janv. 1829, inséré au *Rép.* n° 408); — 7° Un terrain planté d'*espaliers* (Arrêt précité du 10 nov. 1841).

1204. La cour de cassation a décidé que les dispositions de la loi du 3 mai 1844 qui répriment l'action de chasser sans le consentement des propriétaires, sur des terres non closes qui ne sont pas encore dépouillées de leurs fruits, et autorisent la poursuite d'office de ce délit par le ministère public, ont eu en vue la protection, non pas seulement des terres chargées d'une récolte en maturité, mais aussi des terres mises simplement *en état de produire*, dans lesquelles le passage des chasseurs pourrait nuire aux jeunes plantes; et qu'il appartient au juge saisi d'une poursuite pour fait de chasse non autorisé dans une terre non ensemencée en céréales, de décider souverainement si, eu égard à l'avancement de la végétation au moment du délit (au mois de janvier, dans l'espèce), le fait doit être considéré comme ayant été commis dans une terre chargée de ses fruits (Crim. rej. 10 juin 1864, aff. Duboin, D. P. 64. 1. 501. — V. toutefois *Rép.* n° 411).

1205. D'autre part, il a été jugé qu'au point de vue de l'application de l'art. 26, la qualification de terrains chargés de fruits ne pouvait être attribuée: ni à une terre complantée de jeunes *osiers* (V. Grenoble, 19 mars 1846, analysé au *Rép.* n. 415); — Ni à des terres ensemencées de *navette* et des champs de *trèfle*, à l'époque du 25 octobre (Colmar, 29 janv. 1861, aff. Zimmermann, R. F. t. 2, n° 267).

En tout cas, les terrains dans lesquels les intempéries des saisons ont détruit les semences ne sauraient être considérés comme non dépouillés de leurs fruits (Besançon, 1er juin 1846, aff. Charpy, *Recueil de cette cour*, 1846, p. 91).

1206. — 3° *Chasse dans les bois et forêts.* — Les bois et forêts ne doivent pas être considérés comme des terrains non dépouillés de leurs fruits, au sens de l'art. 26 de la loi de 1844. — Il en est ainsi, notamment, des bois taillis (Trib. corr. Cholet, 27 oct. 1880, *Journal du ministère public*, 1881, p. 9, art. 2456).

Il en résulte que le droit de poursuite du ministère public est subordonné à la plainte: 1° du propriétaire, si l'infraction a été commise dans un *bois particulier;* — 2° Du maire, si le délit a eu lieu, soit dans un *bois communal non assujetti au régime forestier*, soit, ainsi que cela a été décidé par des arrêts de la cour suprême du 10 juill. 1807 et du 22 juin 1815 mentionnés au *Rép.* n° 418, sur une *propriété communale non boisée;* — 3° De la commission administrative de l'établissement propriétaire, quand le fait incriminé a été accompli sur une propriété de même nature appartenant à un établissement public.

1207. Le ministère public a, au contraire, le droit de poursuivre d'office, sans une plainte préalable, les délits de chasse sans autorisation commis dans les *bois soumis au régime forestier*. Cette proposition concerne, par conséquent, les *bois domaniaux*. — Et elle s'applique aussi aux *bois communaux* ou *d'établissements publics* qui sont assujettis au régime forestier; c'est ce qui a été jugé par plusieurs arrêts de la cour de cassation cités au *Rép.* n° 416. *Adde :* Crim. cass. 9 janv. 1846, aff. Féraud, D. P. 46. 1. 74.

Quant aux motifs sur lesquels est fondé, en pareil cas, le droit de poursuite d'office du ministère public, ils sont exposés au *Rép.* n° 416.

ART. 2. — *Du droit de poursuite de l'administration forestière* (*Rép.* n°s 417, 429 à 431).

1208. — I. DES DÉLITS DE CHASSE COMMIS DANS LES BOIS SOUMIS AU RÉGIME FORESTIER. — Les auteurs et la jurisprudence sont aujourd'hui d'accord pour admettre, conformément à l'opinion émise au *Rép.* n°s 417 et 429, et v° *Forêts*, n° 419, que les délits de chasse commis dans les *bois soumis au régime forestier*, sont assimilés aux délits forestiers, et rentrent ainsi dans les attributions de l'*administration des forêts*, qui a qualité pour en poursuivre la répression (Berriat, p. 230; Gillon et Villepin, p. 336; Giraudeau, n° 1082; Leblond, n° 328; Meaume, *Commentaire du code forestier*, t. 2, n°s 1119 et suiv.; de Neyremand, p. 303; Perrève, p. 246. — Conf. Circ. adm. for. 30 oct. 1867, § 23, *Nouv. série*, n° 72. — V. aussi le remarquable rapport de M. le conseiller Leganeur, D. P. 69. 1. 211 et suiv.). — Et la jurisprudence s'est prononcée dans ce sens, soit avant la promulgation de la loi du 3 mai 1844 (Crim. cass. 21 prair. an 11, 28 janv. 1808 et 20 sept. 1828, *Rép.* n° 416; Crim. rej. 29 févr. 1828, *ibid.* n° 403; Crim. cass. 23 mai 1835, et 8 mai 1841, *Rép.* v° *Forêts*, n° 421; Crim. cass. 6 mars 1840, *Rép.* v° *Chasse*, n° 416; Crim. cass. 23 févr. et 16 août 1844, *ibid.* n° 417); — Soit sous l'empire de cette loi (Besançon, 27 janv. 1845, aff. Déloix, *Recueil de cette cour*, 1845, p. 37; Crim. cass. 9 janv. 1846, aff. Glisières, D. P. 46. 1. 73, et sur renvoi, Paris, 2 avr. 1846, *Rép.* v° *Forêts*, n° 421; Crim. cass. 7 sept. 1849, aff. Baré, D. P. 49. 5. 40; Crim. cass. 21 août 1852, aff. Dufié, D. P. 52. 5. 87; Crim. cass. 4 janv. 1855, aff. Munch, D. P. 55. 1. 15; Rouen, 25 mai 1855, aff. Carpentier, D. P. 56. 2. 113; Crim. cass. 20 mars 1858, aff. Lacour, D. P. 58. 1. 191; Orléans, 10 juin 1861, aff. Jarry de Montbarrois, D. P. 61. 2. 173; Crim. cass. 14 avr. 1864, aff. Boudier, D. P. 64. 1. 247, et sur nouveau pourvoi, Ch. réun. cass. 27 févr. 1865, D. P. 67. 1. 93, et, sur nouveau renvoi, Colmar, 13 juill. 1865, R. F. t. 3, n° 416; Colmar, 29 mai 1866, aff. Bignatelle, R. F. t. 3, n° 473; 15 janv. 1867, aff. Sitterlé, R. F. t. 3, n° 545; Crim. cass. 2 août 1867, aff. Delacour, D. P. 67. 1. 459; Rouen, 16 janv. 1868, aff. Fouet, D. P. 68. 5. 61; Crim. cass. 24 déc. 1868, aff. Hache, D. P. 69. 1. 209).

En Belgique, l'administration forestière a également qualité pour poursuivre les délits de chasse commis dans les bois soumis au régime forestier, tant au point de vue de l'application de la peine que des dommages-intérêts qui en résultent, et ce en vertu des art. 120 et 121 combinés de la loi du 20 déc. 1854 (Liège, 16 mai 1884, aff. Mercié, *Pasicrisie belge*, 1884. 2. 282; Bruxelles, 5 avr. 1886, aff. Van Cauwenberghe, *ibid.*, 1886. 2. 329).

1209. Comme il est facile de le voir par l'indication qui vient d'être donnée de la jurisprudence, ce n'est pas sans résistance de la part des cours d'appel que la cour de cassation a persisté à proclamer le droit de poursuite de l'administration forestière. Aussi convient-il d'énoncer ici les arguments invoqués à l'appui de cette doctrine et qui se trouvent formulés avec une grande précision soit dans l'arrêt du 24 déc. 1868 cité *suprà*, n° 1208, soit dans le rapport de M. le conseiller Legagneur (D. P. 69. 1. 211 et suiv.).

Les délits de chasse dans les bois soumis à la surveillance de l'administration forestière ont toujours été rangés par la loi dans la classe des délits en matière forestière et placés dans les mêmes conditions de constatation et de poursuite. Sous l'ancienne législation, tous les délits forestiers commis dans les bois de l'État, des communes ou des établissements publics, rentraient dans la juridiction spéciale et exclusive des maîtrises des eaux et forêts et des tables de marbre, et se trouvaient placés sous l'autorité de leurs agents, en ce qui concernait la constatation et la poursuite. L'art. 7, tit. 1er, et les art. 31 et 32, tit. 30, de l'ordonnance de 1669, soumettaient les délits de chasse dans ces forêts aux mêmes conditions. La législation nouvelle n'a jamais fait cesser cette assimilation entre les délits de chasse en forêts et les autres délits forestiers, ni par le décret du 11 déc. 1789, qui prescrit pour la première fois par son numéro 5 aux officiers du ministère public près les tribunaux de prêter leur concours aux maîtrises des eaux et forêts pour la répression des délits forestiers; ni par la loi des 15-29 sept. 1791 qui, sans s'expliquer textuellement sur les délits de chasse en particulier, rend généralement, par l'art. 2 de son tit. 9, aux tribunaux ordinaires la connaissance des délits forestiers, tout en conférant, par l'art. 1er du même titre, aux agents de la conservation générale des forêts le droit de poursuivre la répression des délits et malversations dans les bois nationaux et des contraventions aux lois forestières. En cette matière, le code du 3 brum. an 4 n'a lui-même rien innové; il se borne à prescrire aux gardes forestiers de remettre leurs procès-verbaux constatant des délits de chasse en forêts, à l'agent de l'administration forestière, en s'en référant, sur le mode d'action de celui-ci, aux règles consacrées par la législation antérieure (art. 39 et suiv.). Enfin, l'art. 609 de ce code maintient provisoirement les dispositions de l'ordonnance de 1669 et des lois postérieures sur la police forestière et les peines applicables en cette matière. L'arrêté du 28 vend. an 5 est venu ensuite confirmer explicitement l'assimilation, d'une part, en disposant par son art. 2 que les gardes forestiers dresseraient, pour faits de chasse dans les forêts de l'Etat, des procès-verbaux, dans la forme prescrite pour les autres délits forestiers et les remettraient à l'agent national près de la ci-devant maîtrise, d'autre part, en laissant, par son art. 3, la poursuite sous l'empire de la loi du 3 brum. an 4 et, par conséquent, de la législation précédente. Si les dispositions ci-dessus spécifiées concernaient seulement les bois de l'Etat, elles ont été étendues implicitement aux bois communaux par l'art. 1er de l'arrêté du 19 vent. an 10, et aux bois d'établissements publics par l'art. 9 du même arrêté.

Ainsi qu'on l'a dit au *Rép.* v° *Forêts*, nos 419 et 421, le code forestier n'a pas non plus modifié ces principes. Si la réglementation des délits de chasse, qui avait d'abord été comprise dans la rédaction primitive de ce code, a été effacée de son texte définitif, ce changement s'explique suffisamment par cette considération que la chasse, qui se pratique aussi bien en plaine qu'en forêt, a, dans son ensemble, ses règles propres, qu'il convenait de réunir dans une loi spéciale. Mais ce retranchement n'a point eu pour effet, malgré quelques expressions de l'exposé des motifs, de réformer la législation existante sur ce point, et d'enlever à l'administration forestière une attribution qui lui avait appartenu jusque-là; la généralité des termes de l'art. 159, § 1er, conduit à une induction contraire; c'est en ce sens qu'a toujours été appliqué cet article. Il en est de même de la loi du 3 mai 1844. Son art. 26, après avoir conféré du ministère public l'action pour la répression des délits de chasse, prend soin d'ajouter que c'est sans préjudice au droit attribué aux parties lésées par l'art. 182 c. instr. cr. Ce dernier article ne reconnaît pas seulement aux parties lésées la faculté de demander la réparation civile du dommage qu'elles ont éprouvé; il se réfère, en outre, au droit spécial de poursuite appartenant aux agents forestiers, poursuite qui, avec l'action civile en dommages-intérêts, comprend essentiellement l'action publique pour l'application de la peine, laquelle s'exerce, aux termes de l'art. 159, concurremment avec l'action du ministère public et au même titre.

1210. En se basant sur les motifs que nous venons d'indiquer, la jurisprudence a conclu que le droit de poursuite en répression des délits de chasse en forêt avait continué à reposer dans les mains de l'administration forestière, depuis comme avant la loi du 3 mai 1844; et qu'il s'étendait, comme celui du ministère public, à toutes les infractions aux prescriptions ou défenses qui règlent la police de la chasse en forêt, telles que celles qui fixent le mode, le temps, l'emploi des engins et les autres conditions de l'exercice de la chasse, lors même qu'elles ne causeraient pas de préjudice pécuniaire au propriétaire du bois et ne nuiraient ni au sol ni à ses fruits.

Jugé spécialement qu'il appartient à l'administration forestière de poursuivre d'office, dans les bois assujettis au régime forestier: 1° le délit de chasse sans *permis* (Sol. impl., Crim. cass. 9 janv. 1846, aff. Glisières, D. P. 46. 1. 73; 21 août 1852, aff. Dufié, D. P. 52. 5. 87; Rouen, 25 mai 1855, aff. Carpentier, D. P. 56. 2. 113; Sol impl., Orléans, 10 juin 1861, aff. Jarry de Montbarrois, D. P. 61. 2. 173. — *Contrà:* Crim. rej. 29 févr. 1828, rapporté au *Rép.* n° 403); — 2° Les infractions aux clauses du cahier des charges, par exemple, le fait de chasser sans être muni du *permis spécial* émané de l'agent forestier (Colmar, 13 juill. 1865, aff. Boudier, R. F. t. 3, n° 416).

1211. L'administration des forêts a aussi le droit de poursuivre, indépendamment de toute plainte préalable émanée du maire de la commune ou de la commission administrative de l'établissement public propriétaire, le délit de chasse *sans autorisation*, soit dans un bois communal (Crim. cass. 20 sept. 1828 et 6 mars 1840, *Rép.* n° 416; Rouen, 16 janv. 1868, aff. Fouet, D. P. 68. 5. 61); — Soit dans un bois d'établissement public (Même arrêt du 6 mars 1840).

En Belgique, il a été jugé aussi que l'action publique s'exerce d'office, même pour la répression du fait de chasser sans l'autorisation du propriétaire ou de son ayant droit, lorsque le délit est commis sur une propriété qui fait partie du domaine de l'État et dont le droit de chasse n'est pas loué (Bruxelles, 5 avr. 1886, aff. Van Cauwenberghe, *Pasicrisie belge*, 1886. 2. 329).

1212. Lorsque la chasse a été affermée dans un bois soumis au régime forestier, l'administration forestière n'a pas besoin d'une *plainte du fermier de la chasse* pour poursuivre les délits de chasse sans autorisation qui y sont commis. Telle est, du moins, l'opinion que nous avons émise (*Rép.* nos 417 et 430, et vo *Forêts*, no 421), et qui a prévalu dans la doctrine (Berriat, p. 231; Dufour, p. 46; Giraudeau, no 1087; Leblond, no 330. — *Contrà:* Championnière, p. 165; Chardon, p. 429; Petit, t. 2, p. 52). — C'est aussi ce qui a été jugé à l'égard de bois domaniaux (Crim. cass. 23 mai 1835 et 8 mai 1841, *Rép.* no 430 et vo *Forêts*, no 421; Colmar, 29 mai 1866, aff. Bignatelle, R. F. t. 3, no 473); — Et de bois communaux (Crim. cass. 23 févr. et 16 août 1844, *Rép.* vo *Chasse*, no 417; Besançon, 27 janv. 1845, aff. Deloix, *Recueil de cette cour*, 1845, p. 37; Rouen, 16 janv. 1868, aff. Fouet, D. P. 68. 5. 61).

1213. Un arrêt de la cour de Colmar, du 15 janv. 1867 (aff. Sitterlé, R. F. t. 3, no 545) semble subordonner le droit de poursuite d'office de l'administration forestière à la condition que le cahier des charges qui a servi de base à l'adjudication confère à l'adjudicataire un droit restreint, limité quant au nombre des personnes qu'il peut y faire participer, et qu'il confie spécialement aux agents forestiers la police et la conservation de la chasse. Mais cette théorie ne nous paraît pas admissible. En effet, même en l'absence de toute clause du cahier des charges, l'adjudicataire est obligé, en vertu de l'art. 1728 c. civ., de jouir en bon père de famille et ne peut nuire aux droits légitimes du propriétaire, ainsi que l'ont reconnu deux arrêts de la cour de cassation, des 23 févr. et 16 août 1844, mentionnés au *Rép.* no 417.

1214. L'administration forestière a qualité même pour provoquer la *confiscation de l'arme*, en cas de fait de chasse commis sans permis dans les bois ou forêts soumis à sa surveillance (Sol. impl., Crim. cass. 28 janv. 1847, aff. Bonnaud, D. P. 47. 4. 67 et 267).

1215. Elle peut exercer aussi l'*action civile* résultant des délits de chasse commis dans les bois soumis au régime forestier. Mais c'est une question controversée que celle de savoir si l'administration forestière peut exercer l'action civile divisément de l'action publique (V. *Forêts*).

1216. On a vu au *Rép.* no 431, qu'il appartenait à l'*administration des forêts de la Couronne* de demander non seulement la réparation des délits qui s'y commettaient, mais aussi l'application des amendes encourues par les délinquants, sans préjudice du droit qui appartenait à cet égard au ministère public. — Cette solution est devenue sans application, par suite de la réunion des *forêts de la Couronne* aux forêts domaniales de l'Etat (V. *infrà*, no 1448).

1217. — II. Des délits de chasse commis dans les bois non soumis au régime forestier et sur les cours d'eau. — L'administration des forêts n'a aucune qualité pour poursuivre les infractions de chasse constatées soit dans les *bois non soumis au régime forestier*, et spécialement dans les *bois particuliers*, soit sur les *terrains non boisés* appartenant à qui que ce soit, à moins que ces terrains ne soient considérés comme faisant partie intégrante d'une forêt soumise au régime forestier (V. *Forêts*).

1218. Autrefois, l'administration des forêts avait dans ses attributions la surveillance et la police de la *pêche*, et par voie de conséquence le droit de poursuivre les délits de pêche. — On lui reconnaissait aussi la faculté de poursuivre, par l'exercice direct de l'action publique, les délits de chasse du gibier d'eau commis sur les *rivières navigables ou flottables*, au même titre que les délits de chasse commis dans les bois soumis au régime forestier. Il en était ainsi, notamment, du fait d'avoir chassé un tel gibier de nuit, ou sans permis, ou encore sans le consentement de l'Administration (Crim. cass. 20 mars 1858, aff. Lacour, D. P. 58. 1. 191, et sur renvoi, Angers, 10 mai 1858, D. P. 58. 5. 58. — Conf. Crim. cass. 10 mai 1858, aff. Fanguais, D. P. 58. 1. 191). — Mais depuis le décret du 29 avr. 1862, qui a substitué l'administration des ponts et chaussées à celle des forêts, pour la surveillance et la police de la pêche, les délits de chasse commis sur des cours d'eau quelconques ne peuvent plus être poursuivis par l'administration des forêts (V. *Pêche fluviale*).

Art. 3. — *Du droit de poursuite de la partie civile.* (*Rép.* nos 402, 432 et 433).

1219. — I. Généralités. — On a vu au *Rép.* no 402, que la *partie civile* ou partie lésée par un délit de chasse a, indépendamment de la faculté de porter plainte (V. *suprà*, nos 1191 et suiv.), le droit de provoquer l'action publique en assignant directement devant la juridiction correctionnelle l'auteur de ce délit et les personnes civilement responsables, conformément à l'art. 182 c. instr. cr. — Elle peut agir soit par elle-même, soit par l'intermédiaire de son représentant légal (V. *suprà*, no 471; *infrà*, no 1234).

1220. La première condition requise pour la validité de l'action de la partie civile, c'est qu'elle justifie d'un dommage (*Rép.* no 402). Mais ce dommage peut consister dans un simple préjudice moral (V. *suprà*, no 1210).

Il faut, de plus, que le dommage soit personnel à la partie civile. En conséquence, le propriétaire qui poursuit la répression d'un fait de chasse commis sur son terrain sans son autorisation, est sans qualité pour demander directement la répression du délit d'outrages envers son garde particulier, quelle que soit la connexité ou la concomitance des deux délits (Crim. cass. 25 nov. 1882, aff. Godard, D. P. 84. 1. 227. — *Contrà:* Paris, 17 mai 1882, même affaire, R. F. t. 10, no 59).

1221. Du principe que l'action de la partie civile est subordonnée à l'existence d'un dommage qui lui soit personnel, il suit qu'elle est sans qualité pour poursuivre les infractions qui intéressent exclusivement l'*ordre public*, tels que les délits de chasse sans permis, de chasse en temps prohibé, de colportage de gibier pendant la fermeture, etc.

1222. Elle peut, au contraire, exercer son droit de citation directe en police correctionnelle, en ce qui concerne: 1o la capture et la destruction des œufs et couvées de faisans, perdrix et cailles (V. *suprà*, nos 884 et suiv.); — 2o Le délit de chasse sans autorisation (V. *suprà*, nos 410 et suiv.). — La condamnation prononcée, sur la poursuite du ministère public, pour fait de chasse en temps et avec engins prohibés, ne s'oppose pas à ce que le tribunal correctionnel statue, par un nouveau jugement, sur l'action exercée séparément, à raison du même fait, par le propriétaire du terrain sur lequel il a été commis, cette action relevant un délit de chasse sur le terrain d'autrui, qui ne se trouvait point compris dans la poursuite dirigée d'office par le ministère public (Crim. cass. 2 avr. 1864, aff. de Béthune, D. P. 64. 1. 324, et sur renvoi, Douai, 31 mai 1864, R. F. t. 2, no 383). — En cas de délits de chasse sur le terrain d'autrui sans autorisation et sans permis de port d'armes, si le ministère public ne poursuit le prévenu que du chef de ce dernier délit, à défaut d'une plainte du propriétaire de la chasse, celui-ci est néanmoins recevable à se constituer partie civile et à demander la réparation de l'atteinte portée à son droit (Liège, 26 févr. 1879, aff. Lincé et Adelaire C. de Tornaco, *Pasicrisie belge*, 1879. 2. 160). — Celui qui a été condamné pour délit de chasse en temps clos peut être condamné à des dommages-intérêts pour avoir chassé sur le terrain d'autrui, sans le consentement du propriétaire qui s'est constitué partie civile, bien que l'action du ministère public pour délit de chasse sur le terrain d'autrui eût été à bon droit déclarée non recevable, à défaut de plainte régulière avant que l'action publique eût été intentée (Gand, 6 déc. 1881, aff. Chotteau et consorts C. Dansaert, *Pasicrisie belge*, 1882. 2. 82).

1223. Sur l'effet des *offres réelles* d'indemnité que ferait le délinquant, V. *Rép.* no 433.

1224. — II. Des parties civiles qui ont qualité pour poursuivre les délits de chasse. — Les personnes auxquelles le droit de chasse appartient d'une manière incontestable ont sans aucun doute la faculté de poursuivre les délits de chasse. Tels sont, notamment: le *propriétaire* (V. *suprà*, no 116); — Le *copropriétaire* (V. *suprà*, no 117; *infrà*, no 1225); — Le *possesseur* (V. *suprà*, no 118); — L'*usufruitier* (V. *suprà*, nos 119 et suiv.); — L'*emphytéote* (V. *suprà*, no 139).

Il y a controverse, au contraire, sur le point de savoir si l'on doit reconnaître le droit de chasse et, par voie de conséquence, le droit de poursuite des délits de chasse: à l'*usager* (V. *suprà*, nos 121 et suiv.); — A l'*antichrésiste* (V. *suprà*, no 140); — Au *superficiaire* (V. *suprà*, no 141).

Enfin, il est certaines personnes au sujet desquelles l'exercice du droit de citation directe requiert quelques développements. Ce sont : le *copropriétaire* (V. *infrà*, n° 1225) ; — Le *preneur du fonds* ou *bailleur rural* (V. *infrà*, n°s 1226 et suiv.) ; — Le *locataire* ou *adjudicataire de chasse* (V. *infrà*, n°s 1231 et suiv.) ; — Le *permissionnaire de chasse* (V. *infrà*, n° 1241.

1225. — 1° *Du droit de poursuite du copropriétaire.* — On ne saurait refuser à un des *copropriétaires* d'un fonds indivis la faculté de poursuivre, même sans le concours de ses copropriétaires, les infractions de chasse commises sur le fonds indivis par des tiers. — Pareillement, l'usufruitier d'une part indivise d'un terrain a qualité pour porter seul plainte à raison des délits de chasse commis sur ce terrain (Trib. corr. Termonde, 3 mars 1884, aff. Quatacker C. Vankerckhove, *Pasicrisie belge*, 1884. 3. 259). — Quant aux faits de chasse accomplis sur le fonds indivis par des locataires ou permissionnaires de chasse tenant le bail ou la permission d'un ou de plusieurs seulement des copropriétaires, il y a controverse sur le point de savoir s'ils constituent des délits, et, par conséquent, s'ils sont susceptibles de donner ouverture au droit de poursuite des autres copropriétaires (V. *suprà*, n°s 461, 495 et 496).

1226. — 2° *Du droit de poursuite du preneur du fonds ou du bailleur rural.* — Dans le cas où un fonds est affermé, on sait qu'il y a controverse sur la question de savoir à qui, du bailleur ou du preneur, appartient le droit de chasse sur ce fonds (V. *suprà*, n°s 124 et suiv.). Du parti que l'on prend sur cette difficulté résulte l'attribution soit au bailleur, soit au preneur, du droit de poursuite concernant les délits de chasse.

1227. Sous l'empire de la loi des 28-30 avr. 1790, dont l'art. 1er accordait une indemnité de 10 fr. au propriétaire des fruits du terrain sur lequel avait eu lieu le fait de chasse sans autorisation, sans préjudice de plus amples dommages-intérêts, s'il y avait lieu, et dont l'art. 8 attribuait le droit de porter plainte au propriétaire ou à toute autre partie intéressée, ce droit a été reconnu au fermier par plusieurs arrêts cités au *Rép.* n° 53. — Depuis la loi du 3 mai 1844, certains auteurs reconnaissent au fermier le droit de poursuivre correctionnellement les tiers qui ont chassé sur le fonds affermé, même dans l'hypothèse où le fermier ne jouit pas du droit de chasse sur ce fonds (Berriat, p. 231 ; Gillon et Villepin, n° 437; Le Sellyer, t. 2, p. 394; Troplong, *Louage*, n° 162 ; — Conf. Paris, 28 janv. 1869, aff. Thierrat, D. P. 70. 5. 53). Cette opinion se fonde, a-t-on dit au *Rép.* n° 52, sur ce que la loi accorde d'une manière générale le droit de plainte aux *parties lésées*, à la *partie intéressée*, expressions qui comprennent le fermier (V. aussi Crim. rej. 4 juill. 1845, aff. Pellegrin, D. P. 45. 1. 351).

1228. Au contraire, d'après l'opinion qui a prévalu dans la doctrine, ainsi que dans la jurisprudence tant antérieure que postérieure à la promulgation de la loi du 3 mai 1844, le droit de poursuite des infractions commises sur l'immeuble affermé appartient au bailleur, à l'exclusion du fermier, à moins toutefois de convention contraire dans le bail (Giraudeau, n° 1073 ; Jullemier, t. 1, p. 126 ; Leblond, n° 339 ; de Neyremand, p. 299. — Conf. Angers, 14 août 1826, et Paris, 8 janv. 1836, *Rép.* n° 54; Crim. rej. 4 juill. 1845, aff. Pellegrin, D. P. 45. 1. 351 ; Grenoble, 19 mars 1846, aff. Lardet, D. P. 46. 2. 183 ; Riom, 21 déc. 1864, aff. Berger, D. P. 65. 2. 24 ; Trib. corr. Reims, 25 févr. 1865, aff. Couteau, R. F. t. 3, n° 526 ; Crim. cass. 5 avr. 1866, aff. Philip, D. P. 66. 1. 411 ; Caen, 6 déc. 1871, aff. Prodhomme, D. P. 72. 5. 68 ; Alger, 27 déc. 1876, aff. Dupuis, R. F. t. 9, n° 17). — Et le fermier n'a qu'une action de la compétence des tribunaux civils, pour la réparation du dommage causé par un fait de chasse aux biens loués (Mêmes arrêts). — Il en est ainsi, alors surtout que les faits de chasse n'ont causé aucun préjudice au fermier (Arrêts précités des 19 mars 1846 et 5 avr. 1866).

1229. Cependant la cour de Rouen a décidé que la poursuite correctionnelle d'un délit de chasse commis sur un terrain non dépouillé de ses fruits peut être exercée par le fermier de ce terrain, encore bien que le droit de chasse ne lui ait pas été concédé par le bail (Rouen, 23 janv. 1863, aff. Boulanger, R. F. t. 2, n° 238). — La cour de cassation s'est prononcée dans le même sens. D'après elle, si le fermier n'a pas le droit de poursuivre devant la juridiction correctionnelle tous faits quelconques de chasse commis en délit sur le terrain à lui loué, et, par exemple, les faits de chasse qui ne violent que les droits de son bailleur, il peut néanmoins poursuivre les faits de chasse qui lèsent son droit particulier, tels que ceux commis sur le terrain loué avant qu'il soit dépouillé de ses fruits. Et pour la poursuite de ces derniers faits, le fermier n'a pas besoin du concours du propriétaire du terrain, ce concours n'étant pas même imposé au ministère public (Crim. cass. 5 avr. 1866, aff. Philip, D. P. 66. 1. 411). — D'un côté, en effet, à la différence de la loi des 28-30 avr. 1790, la loi du 3 mai 1844, en réglementant le mode de poursuite, ne parle plus nommément du fermier ou propriétaire de fruits; son art. 26, combiné avec les art. 182 et 63 c. inst. cr., se borne à autoriser la personne lésée par un délit de chasse à en poursuivre la réparation devant le tribunal correctionnel ; il faut donc que ce soit le délit en lui-même qui occasionne le préjudice au poursuivant, et que la plainte émane de celui en violation des droits de qui le délit de chasse a été commis, c'est-à-dire du propriétaire de la chasse. Si un tiers, le fermier, notamment, éprouve un préjudice résultant d'un mode d'exécution de la chasse ou d'un fait accessoire, mais qui ne rentre pas dans les éléments constitutifs du délits de chasse, ce tiers est fondé à demander la réparation du fait dommageable à la juridiction compétente pour en connaître; mais il ne peut puiser dans l'art. 26 l'autorisation de saisir le tribunal correctionnel et de le mettre en demeure de prononcer la peine du délit de chasse qui ne lèse que le propriétaire, surtout en présence de l'abstention de ce dernier et du ministère public (Même arrêt). — D'un autre côté, l'art. 11, n° 2, de la loi du 3 mai 1844 punit d'une amende de 16 à 100 fr. celui qui chasse sur le terrain d'autrui sans le consentement du propriétaire, et permet d'élever l'amende au double si ce délit a été commis sur des terres non dépouillées de leurs fruits. Le dommage aux récoltes constitue donc, en ce cas, une circonstance aggravante du délit de chasse avec lequel il se confond légalement. Le ministère public est alors autorisé à poursuivre, sans avoir besoin de la plainte du propriétaire, cette espèce de délit. Et il convient d'autant mieux d'accorder également, dans ces circonstances, au fermier lésé dans ses récoltes, le droit de poursuite en police correctionnelle, que cette interprétation de l'art. 26 de la loi du 3 mai a pour résultat de protéger en ce point les intérêts si favorables de l'agriculture avec plus d'efficacité (Arrêt précité du 5 avr. 1866). — Jugé, toutefois, que le fermier n'a pas qualité pour exercer devant la police correctionnelle l'action en réparation des faits de chasse commis sur les terres affermées, même non dépouillées de leurs fruits, si ces faits ont lieu du consentement du propriétaire (Trib. corr. Reims, 25 févr. 1865, aff. Couteau, R. F. t. 3, n° 526).

1230. En tout cas, le preneur ne saurait jamais traduire en police correctionnelle son bailleur, à raison des faits de chasse accomplis par celui-ci sur les terrains affermés (V. *suprà*, n° 135).

1231. — 3° *Du droit de poursuite du locataire ou adjudicataire de chasse.* — Il n'est pas douteux que le locataire de chasse est investi du droit de poursuivre devant la juridiction correctionnelle les infractions de chasse commises à son préjudice. C'est un point reconnu par une jurisprudence constante (V. les arrêts cités soit *suprà*, n° 549, soit ci-après. — V. aussi Crim. rej. 21 janv. 1837, *Rép.* n° 428). — Ainsi, il a été jugé : 1° que le fermier d'un droit de chasse dans une forêt de l'Etat a le droit de poursuivre correctionnellement la réparation civile des délits de chasse qui y sont commis à son préjudice; il n'a pas seulement la faculté d'intervenir dans les poursuites exercée par l'administration forestière ou le ministère public (Angers, 19 juill. 1869, aff. Ruau, D. P. 69. 2. 155) ; — 2° Que le fermier du droit de chasse sur un terrain a qualité pour provoquer ou exercer des poursuites contre ceux qui chassent sans sa permission sur ce terrain, et que ces derniers ne seraient ni recevables ni fondés à lui contester sa qualité en prétendant, par exemple, qu'il serait déchu de ses droits, par application de l'une des clauses du bail, faute d'avoir acquitté ses fermages à l'époque qui lui était assignée (Metz, 30 déc. 1863, aff. Schmid, R. F. t. 2, n° 261).

On sait, d'ailleurs, que l'action du locataire de chasse ne s'oppose pas à ce que le propriétaire ou son représentant poursuive également les délits commis sur les terrains dont il a loué la chasse (V. *suprà*, n° 1212).

1232. Il va de soi qu'au lieu de citer directement le délinquant devant le tribunal correctionnel, le locataire de chasse peut se borner à porter *plainte* au ministère public, en laissant à ce dernier le soin de la poursuite (Dijon, 29 janv. 1862, aff. Letiévant, R. F. t. 2, n° 317. — V. *Rép.*, n°s 420 et suiv.).

1233. Quand le droit de chasse a été affermé collectivement à *plusieurs locataires*, l'un des locataires peut, sans le concours des autres, exercer l'action en réparation des délits de chasse commis à son préjudice sur les terrains compris dans le bail (Giraudeau, n° 1081; Leblond, n° 337; de Neyremand, p. 76 et 417. — Conf. Metz, 10 févr. 1864, aff. Forquignon, D. P. 66. 2. 207).

1234. Si une *société de chasse* a été formée entre plusieurs locataires de chasse ou propriétaires, son comité d'administration a qualité pour poursuivre devant la juridiction répressive les délits de chasse commis au préjudice de l'association (Crim. cass. 18 nov. 1865, aff. Société des chasseurs de Saint-Valery, D. P. 66. 1. 455, *suprà*, n° 471).

Il a été jugé que le délit de chasse sans autorisation commis par un tiers sur un terrain affermé à une société de chasse, peut être poursuivi par un des associés, agissant seul et en son nom personnel, bien qu'il ne soit que le prête-nom d'une société occulte (Trib. corr. Brest, 6 mai 1887, aff. Mer, D. P. 88, 2e partie). — Dans la même affaire, la cour d'appel de Rennes a déclaré que, sans qu'il soit besoin de rechercher si une action en justice peut être valablement engagée et soutenue par un prête-nom, il suffit, pour rendre l'action recevable, que la partie poursuivante agisse en son nom personnel, lorsque la qualité de locataire du droit de chasse qu'elle prend dans la citation est conforme aux documents du procès. Et il en est ainsi, notamment, quand c'est en son nom qu'a été fait le bail sous-seing privé, et d'ailleurs enregistré, du droit de chasse sur le domaine où a eu lieu l'acte incriminé ; quand c'est elle qui a fait assermenter le garde particulier dont émane le procès-verbal dressé contre le prévenu. A plus forte raison en est-il ainsi, quand rien ne prouve qu'il y ait, entre les prétendus associés, autre chose qu'une association de fait de divers chasseurs qui tiennent de la partie poursuivante l'autorisation de chasser sur les terres en question (Rennes, 13 juill. 1887, *ibid.*).

1235. Le locataire de chasse peut-il traduire devant le tribunal correctionnel le propriétaire qui a chassé sur les terres dont la chasse lui avait été affermée sans restriction ni réserve? — La solution de cette question dépend du point de savoir si, en pareil cas, le bailleur de chasse a commis un délit de chasse ou simplement un fait seulement passible de dommages-intérêts (V. *suprà*, n°s 463 et 464).

1236. On conçoit que la faculté d'exercer soit le droit de poursuite, soit le droit de plainte, à raison des délits de chasse commis au préjudice d'un locataire de chasse, ne saurait résulter que d'une *location régulière*; elle suppose, par conséquent, que la convention a été conclue avec une personne investie du droit de chasse. — Il a été décidé, par exemple: 1° que le locataire d'un droit de chasse en vertu d'un bail à lui consenti par un autre que le propriétaire et non ratifié par celui-ci, est sans qualité pour exercer le droit de plainte et de citation appartenant audit propriétaire contre ceux qui ont chassé sur son terrain (Amiens, 2 mai 1863, aff. Huart, D. P. 63. 2. 196); — 2° Que, le fermier-cultivateur n'ayant, dans le silence du bail, aucun droit à la chasse sur les terres affermées, l'individu auquel il a indûment loué la chasse sur ces mêmes terres est sans qualité pour porter plainte contre les tiers qui sont venus y chasser sans son consentement (Caen, 6 déc. 1871, aff. Prodhomme, D. P. 72. 5. 68); — 3° Que le fermier de la chasse qui ne tient son droit que de l'un des copropriétaires d'un terrain, est sans qualité pour poursuivre un chasseur à qui un autre des communistes a donné la permission de chasser sur ce terrain (Trib. corr. Bourg, 29 mai 1878, aff. Mazeran, R. F. t. 8, n° 51).

1237. Il reste à examiner quelle peut être l'influence des *formes de la location de chasse* relativement au droit de poursuite du locataire. L'individu poursuivi par le locataire d'un droit de chasse, pour avoir chassé sur le terrain loué, peut-il invoquer l'art. 1328 c. civ., aux termes duquel les actes sous seing privé n'ont de date contre les tiers que du jour où ils ont été enregistrés, etc.? La question revient à celle de savoir quel est le sens du mot *tiers* dans l'article précité. « On doit, disent MM. Aubry et Rau, *Cours de droit civil français*, 4e éd., t. 8, § 756, texte et note 102, considérer comme tiers tous ceux qui n'ont pas figuré dans l'acte sous seing privé dont il s'agit d'apprécier la force probante, et qui se trouvent, soit en vertu de la loi, soit en vertu d'une convention passée ou d'une disposition faite par l'une des parties signataires, investis, en leur propre nom, de droits réels ou personnels dont l'existence ou l'efficacité serait compromise si la convention ou le fait juridique constaté par cet acte pouvait leur être opposé. » Il résulte *à contrario* de cette définition, que ceux qui ne tiennent ni de la loi, ni d'une convention antérieure, aucun droit de nature à contredire le droit que l'acte sous seing privé a conféré aux parties signataires de cet acte, ne peuvent pas se prévaloir de l'art. 1328, et qu'à leur égard la date de l'acte, et même, à défaut d'acte écrit, l'existence de la convention, peuvent être établies par tous les moyens de preuve, y compris les simples présomptions. — De ces principes résultent deux conséquences. D'une part, la recevabilité de la plainte ou de l'action du locataire de chasse est subordonnée à la nécessité de l'enregistrement du bail antérieurement à la perpétration du fait incriminé, à l'égard des inculpés qui prétendent avoir quelque droit sur le terrain où ils ont chassé, en se fondant sur un titre au moins apparent, et emportant cession, location ou permission de chasse. D'autre part, l'enregistrement du bail de la partie poursuivante n'est pas exigé à l'égard des inculpés qui se bornent à contester sa qualité, sans prétendre aucun droit ni invoquer aucun titre (V. dans ce sens : Giraudeau, n°s 1078 et suiv.; Jullemier, t. 1, p. 127 et 128; Leblond, n° 336; de Neyremand, p. 270).

1238. Conformément à cette distinction, il a été jugé d'une part: 1° que le locataire d'un droit de chasse a qualité pour poursuivre les individus qui ont commis à son préjudice un délit de chasse, bien que son titre soit sous seing privé et n'ait été enregistré que postérieurement au fait incriminé, lorsque l'antériorité de ce titre résulte suffisamment des circonstances et n'est pas déniée par le bailleur (Metz, 1er mars 1854, aff. Poncelet, D. P. 54. 2. 266; Paris, 26 avr. 1865, R. F. t. 3, n° 437; Amiens, 30 avr. 1885, *suprà*, n° 428); — 2° Qu'il suffit, pour que le locataire de chasse puisse demander la répression des délits commis sur les terrains compris dans son bail, que la location, fût-elle simplement verbale, ne soit pas contestée entre le propriétaire et le fermier, et que le délinquant ne puisse se prévaloir d'une permission à lui donnée par le propriétaire (Metz, 12 févr. 1857, aff. Piot, D. P. 57. 2. 128); — 3° Que le fermier du droit de chasse a qualité pour porter plainte à raison des faits de chasse accomplis sans sa permission, par des tiers, sur le terrain compris dans son bail, alors même que ce bail serait purement verbal, si d'ailleurs il résulte des documents du procès que la location du droit de chasse existait bien réellement au profit du plaignant, antérieurement à la constatation du délit: l'art. 1328 c. civ. n'est pas applicable à ce cas, et la preuve de l'existence du bail peut se faire par tous les moyens admis par la loi civile, en matière d'engagements verbaux (Crim. cass. 13 déc. 1855, aff. Pidoux, D. P. 56. 1. 144); — 4° Que l'auteur d'un délit de chasse commis sur un terrain dont la chasse est louée ne peut opposer, aux poursuites du locataire, une fin de non-recevoir tirée de ce que le bail de celui-ci n'avait pas acquis par l'enregistrement date certaine au moment du délit, s'il n'excipe d'aucun droit en contradiction avec celui du poursuivant; en ce cas, il n'est pas un tiers dans le sens de l'art. 1328 c. civ. Et il suffit que l'existence, à l'époque du fait incriminé, de la location (verbale ou sous seing privé) soit établie par les circonstances de la cause (Angers, 27 janv. 1873, aff. Lemercier, D. P. 73. 2. 51; Rouen, 22 févr. 1878, aff. F..., D. P. 80. 2. 164; Rennes, 1er mai 1878, aff. de Pennelé, D. P. 78. 2. 225); — 5° Que celui qui est prévenu de délit de chasse sur le terrain d'autrui ne peut opposer à la partie civile ni le défaut de transcription d'un bail de chasse de douze années, ni le défaut d'approbation par l'autorité compétente de l'adjudication de la chasse sur un terrain communal (Liège, 27 déc. 1882, aff. Warocqué C. Minette frères, *Pasicrisie belge*, 1883. 2. 366); — 6° Que celui qui, étant prévenu d'un délit de chasse sur un terrain appartenant à un établissement public, notamment un séminaire ou une fabrique d'église, ne se prévaut d'aucun droit qui lui aurait été concédé sur ce terrain par le propriétaire, est non recevable à soutenir que le bail invoqué par le plaignant est nul, par suite de l'inobservation des formalités prescrites par la loi pour la location des biens des séminaires ou des fabriques (Liège, 17 janv. 1885, aff. Wathour C. Mouton, *Pasicrisie belge*, 1885. 2. 119; Trib. corr. d'Huy, 18 déc. 1885, aff. de Potesta, *ibid.*, 1886. 3. 227).

1239. D'autre part, il a été décidé : 1° qu'une société de chasse n'est pas recevable à poursuivre un prétendu délit de chasse dont la perprétation, sur l'un des terrains où elle a acquis le droit de chasser, remonte à une époque antérieure à l'enregistrement de l'acte de location de la chasse, alors surtout qu'au moment du fait incriminé, l'acte constitutif de la société n'avait pas encore, non plus, acquis date certaine; qu'il en est ainsi, notamment, à l'égard d'un prévenu qui avait acheté les terres comprises dans le bail de chasse de la société et qui avait fait enregistrer son propre contrat (Crim. rej. 16 juill. 1869, aff. de Guerne, D. P. 69. 1. 535); — 2° Que le fermier du droit de chasse sur un terrain n'est recevable à exercer des poursuites contre ceux qui chassent sur ce terrain sans son consentement qu'autant qu'il produit un bail ayant acquis date certaine et antérieure à celle des faits incriminés, alors qu'il est établi qu'au jour de la constatation du fait incriminé, le prévenu était en possession du droit de chasse sur le terrain où il a été trouvé par le garde (Paris, 10 mars 1864, aff. Robillard, R. F. t. 2, n° 318).

1240. Contrairement au système qui vient d'être exposé, et selon une opinion qui subordonne d'une manière absolue la recevabilité de l'action du cessionnaire ou locataire de chasse à la condition que l'acte de cession ou de location ait acquis date certaine avant la perpétration du délit, il a été jugé : 1° que l'individu qui poursuit un délit de chasse commis sur un terrain dont il prétend avoir la chasse en vertu d'une cession sous seing privé consentie par le propriétaire, n'est pas recevable dans son action, si la cession n'a acquis date certaine par l'enregistrement qu'après le délit, alors même que le propriétaire viendrait déclarer son antériorité (Gand, 17 janv. 1860, aff. Watines, D. P. 60. 5. 49); — 2° Qu'à plus forte raison le locataire de la chasse en vertu d'un bail verbal est non recevable à mettre en mouvement l'action publique, la nature de son bail le mettant dans l'impossibilité de justifier si le droit de chasse lui a été cédé d'une manière exclusive et complète (Amiens, 2 mai 1863, aff. Huart, D. P. 63. 2. 196).

1241. — 4° *Du droit de poursuite du permissionnaire de chasse.* — Il paraît hors de doute que le simple permissionnaire de chasse n'a pas le droit de poursuivre devant le tribunal correctionnel les faits de chasse accomplis sans son consentement sur les terrains où lui-même a la permission de chasser (Angers, 12 mai 1879, aff. Raimbault, cité par Giraudeau, n° 1077. — V. aussi Bruxelles, 27 mars 1830, mentionné au *Rép.* n° 48). — On sait, en effet, qu'il n'appartient même pas au permissionnaire d'autoriser des tiers à chasser (V. *suprà*, n° 501). — Dans le même sens, il a été décidé que, lorsque deux propriétaires se confèrent gratuitement et à titre de réciprocité, pour eux et leurs familles, exclusivement à tous autres, la faculté de chasser sur des terrains contigus, le propriétaire du terrain sur lequel est surpris un délinquant a seul qualité pour exercer devant les tribunaux l'action en réparation du délit (Paris, 4 déc. 1867, aff. Flury-Hérard, R. F. t. 4, n° 638, *suprà*, n° 493).

C'est donc à tort, suivant nous, qu'un arrêt a déclaré l'individu qui est à la fois fermier d'une propriété et permissionnaire du droit de chasse sur les terres affermées, recevable à poursuivre, soit en l'une, soit en l'autre qualité, les délits de chasse commis sur ces mêmes terres (Paris, 28 janv. 1869, aff. Thierrat, D. P. 70. 5. 53).

Sect. 3. — De la compétence en matière de délits de chasse (*Rép.* n°s 436 à 446).

1242. — I. De la compétence *ratione materiæ* (*Rép.* n°s 436 à 438, 444 à 446). — 1° *Généralités.* — On a expliqué au *Rép.* n°s 436 et 437, que, depuis le code du 3 brum. an 4, les *délits* de chasse sont de la *compétence* du *tribunal correctionnel.* Il en est ainsi également sous l'empire de la loi du 3 mai 1844, puisque les amendes qu'elle édicte sont toujours au moins égales ou supérieures à 16 fr. (c. instr. cr. art. 179).

1243. L'*action civile* résultant des infractions de chasse est soumise aux règles de compétence du droit commun. En conséquence, lorsqu'elle est exercée en même temps que l'action publique, elle peut être déférée au tribunal correctionnel; si elle est exercée séparément de l'action publique, elle ne peut être portée que devant la juridiction civile, c'est-à-dire, suivant les cas, soit devant le juge de paix, soit devant le tribunal civil (c. instr. cr. art. 3). — V. notamment: Douai, 22 juin 1886, *suprà*, n° 658.

Toutefois, ces principes reçoivent exception lorsque l'action civile est exercée par l'administration forestière. Dans cette hypothèse, on décide généralement que le tribunal correctionnel est seul compétent (V. *Forêts*).

1244. — 2° *Des questions préjudicielles.* — En matière de chasse, les exceptions ou questions préjudicielles susceptibles de s'élever sont soumises aux principes du droit commun. Cependant, il n'est pas inutile de faire observer ici que le juge de répression est compétent pour connaître des questions préjudicielles, à moins qu'elles ne portent sur un droit de propriété immobilière, auquel cas le juge civil a une compétence exclusive (c. instr. cr. art. 3; c. for. art. 182). C'est ce qui ressort de la jurisprudence analysée ci-après.

1245. Ainsi, le tribunal correctionnel, saisi de la poursuite d'un délit de chasse, est juge de l'exception tirée de l'existence du consentement du propriétaire du fonds ou de son ayant droit, relativement au fait de chasse incriminé (Crim. cass. 22 janv. 1836, *Rép.* n° 444; Crim. cass. 7 janv. 1853, aff. de Ruzé, D. P. 53. 1. 66; Nancy, 10 déc. 1861, aff. Perrin, D. P. 62. 2. 23; Crim. rej. 5 avr. 1866, aff. Philip, D. P. 66. 1. 411; Dijon, 15 janv. 1873, aff. Dauvé, D. P. 74. 2. 92; Trib. corr. Pontoise, 8 févr. 1882, aff. Colleau, *Droit* du 18 févr. 1882).

Jugé, spécialement, le que tribunal correctionnel est compétent : 1° pour rechercher si le bail à ferme dont se prévaut le poursuivant, contient une concession formelle ou implicite de la chasse sur le terrain loué (Arrêt précité du 5 avr. 1866); — 2° Pour connaître de l'exception, prise par le prévenu d'un délit de chasse dans une forêt domaniale, de l'existence d'un bail portant adjudication du droit de chasse à son profit (Arrêt précité du 7 janv. 1853); — 3° Pour statuer sur l'exception ayant pour fondement l'existence et la validité d'un bail de chasse, consenti au profit de la personne qui a délivré à l'inculpé une carte de chasse (Jugement précité du 8 févr. 1882); — 4° Pour apprécier l'existence d'une simple tolérance ou permission de chasse (Arrêt précité du 22 janv. 1836); — 5° Pour apprécier la détention, invoquée par le prévenu, d'une carte au porteur contenant permission de chasse, ainsi que les effets attachés à cette détention (Arrêt précité du 15 janv. 1873); — 6° Pour connaître de l'exception tirée par le prévenu d'une prétendue convention par laquelle l'adjudicataire de la chasse lui aurait concédé le droit de chasser pendant toute la durée de son bail (Arrêt précité du 10 déc. 1861). — V. toutefois: Crim. cass. 30 mai 1845 (*suprà*, n° 498).

1246. Mais le juge correctionnel saisi d'une question civile préjudicielle à l'action qui lui est soumise, ne peut la juger que conformément aux règles du droit civil. Par exemple, le tribunal correctionnel devant lequel le prévenu d'un délit de chasse invoque une convention par laquelle le locataire ou adjudicataire l'aurait autorisé à chasser dans le terrain affermé, ne peut admettre la preuve testimoniale de cette convention qu'autant qu'il existe un commencement de preuve par écrit (Nancy, 10 déc. 1861, aff. Perrin, D. P. 62. 2. 23; Trib. corr. Pontoise, 8 févr. 1882, aff. Colleau, *Droit* du 18 févr. 1882). — Et l'on ne peut regarder comme un commencement de preuve par écrit une note trouvée en la possession de celui auquel on l'oppose, mais qui n'a été ni écrite ni dictée par lui, alors d'ailleurs que rien ne prouve qu'il l'ait connue et qu'il se la soit appropriée (Arrêt précité du 10 déc. 1861).

1247. L'appréciation des éléments constitutifs du fait de chasse appartient au juge de répression, à l'exclusion de la cour de cassation (C. cass. belge, 10 juill. 1884, aff. Duc de

Fernan-Nunez C. Philippart, *Pasicrisie belge*, 1884. 1. 264). — Spécialement, le jugement qui relaxe de la plainte un individu poursuivi par le propriétaire pour fait de chasse sur le terrain d'autrui, en se fondant sur l'existence du consentement de ce propriétaire, contient une appréciation des faits qui échappe à la censure de la cour de cassation (Crim. rej. 12 juin 1846, aff. Desprez, D. P. 46. 4. 64).

1248. Le tribunal correctionnel est incompétent pour connaître de la demande en *garantie* formée par le délinquant contre le fermier avec lequel il a traité, et ce moyen d'incompétence peut être proposé en tout état de cause (Paris, 5 mars 1864, aff. Carchon, R. F. t. 3, n° 553).

1249. — II. DE LA COMPÉTENCE *ratione loci* (*Rép.* n° 439). — Il y a lieu de rappeler ici les conventions diplomatiques conclues, l'une avec la *Suisse* le 31 oct. 1884, l'autre avec la *Belgique* le 6 août 1885, à l'effet d'assurer la répression des délits de chasse commis le long des frontières de ces deux pays (V. *suprà*, n° 2, p. 324).

1250. — III. DE LA COMPÉTENCE *ratione personæ* (*Rép.* n° 440). — 1° *De la garantie administrative.* — Depuis l'abrogation de l'art. 75 de la Constitution de l'an 8 par le décret du 19 sept. 1870 (D. P. 70. 4. 91), les agents du Gouvernement ne jouissent plus de la garantie administrative et peuvent être poursuivis directement devant la juridiction répressive, à raison des délits de chasse qu'ils commettent.

1251. — 2° *Du privilège de juridiction.* — Les *sénateurs* et les *députés* sont justiciables des tribunaux ordinaires pour les infractions de chasse dont ils se rendent coupables. Il en était autrement des pairs de France, d'après un jugement du tribunal de Beauvais, du 16 nov. 1843, cité au *Rép.* n° 443.

1252. Mais un privilège de juridiction, qui a pour effet de soustraire à la compétence du tribunal correctionnel et de déférer directement à la première chambre civile de la cour d'appel les délits de chasse, comme les autres délits, commis par les *membres de la magistrature* et certains *hauts dignitaires ou fonctionnaires*, existe en faveur soit des juges de paix, des membres des tribunaux de première instance, des officiers du ministère public près l'un de ces tribunaux (c. instr. cr. art. 479), soit des grands officiers de la Légion d'honneur, des généraux commandant une division ou un département, des archevêques, des évêques, des présidents de consistoire, des membres de la cour de cassation, de la cour des comptes et des cours d'appel, et des préfets (c. instr. cr. art. 481 et 482). — Il en est de même, ainsi qu'on l'a dit au *Rép.* n° 440, pour les délits de chasse commis, *dans l'exercice de leurs fonctions*, par des *membres des tribunaux* de première instance ou de commerce, par des officiers du ministère public près l'un de ces tribunaux, ou par des *officiers de police judiciaire* (c. instr. cr. art. 483).

1253. Le simple particulier qui a été surpris chassant en délit *conjointement* avec un officier de police judiciaire dans l'exercice de ses fonctions est justiciable, comme celui-ci, de la cour d'appel (Trib. corr. Villefranche, 29 mars 1862, aff. Couty, R. F. t. 1, n° 196. — Conf. Metz, 28 janv. 1826, *Rép.* n° 442).

1254. Conformément à l'opinion formulée au *Rép.* n° 452, et suivie par la majorité des auteurs, le délit de chasse *sans permis* n'est jamais conjoint; c'est un fait toujours isolé et personnel, et qui, dès lors, ne saurait donner lieu à la complicité (Berriat, p. 237; Camusat, p. 175; Championnière, p. 167; Gillon et Villepin, n° 446, p. 340; Lavallée, p. 27; Morin, n° 35; Petit, t. 2, p. 287. — En conséquence, si plusieurs individus poursuivis pour délits de chasse sans permis ont été assignés directement devant la première chambre de la cour d'appel, parce qu'il se trouve parmi eux un garde, cette cour doit, à raison du caractère individuel de chacun des délits, disjoindre les causes, statuer à l'égard du garde, et renvoyer les autres prévenus devant le tribunal correctionnel (Paris, 24 oct. 1844, cité au *Rép.* n° 452; Orléans, 3 juin 1865, aff. Blottin, D. P. 65. 2. 152. — *Contrà:* Orléans, 13 déc. 1849, B. A. F. t. 5, p. 355; Orléans, 24 mars 1851, aff. Briais, D. P. 52. 2. 112; Caen, 7 mars 1877, aff. Mominot, D. P. 78. 5. 92; Trib. corr. Charleroi, 12 mars 1878, aff. Michel, *Pasicrisie belge*, 1878. 3. 351). — De même, lorsqu'un conseiller de cour d'appel et un simple particulier ont chassé ensemble sans permis, l'un doit être déféré directement à la cour d'appel, et l'autre doit être cité devant le tribunal correctionnel (Crim. règl. de juges, 13 oct. 1842, B. A. F. t. 1, p. 247).

Il est, d'ailleurs, évident que le chasseur muni de permis qui se trouverait avec les autres chasseurs qui n'en sont pas pourvus, ne saurait être condamné pour chasse sans permis (Arrêt précité du 24 mars 1851).

1255. La qualification d'*officier de police* judiciaire s'applique aux *préposés forestiers* de toute catégorie, c'est-à-dire aux brigadiers et gardes forestiers de l'État, des communes et des établissements publics; ils sont, par conséquent, justiciables de la cour d'appel à raison des délits de chasse qu'ils commettent dans les triages confiés à leur surveillance. Mais cette dénomination est étrangère aux *agents forestiers*, qui demeurent soumis à la juridiction correctionnelle ordinaire (V. *Forêts*).

1256. On sait que les *gardes champêtres* sont officiers de police judiciaire; dès lors, ils doivent être traduits directement devant la première chambre de la cour d'appel, à raison des délits de chasse qu'ils ont commis dans l'exercice de leurs fonctions (V. *Rép.* n° 440). — Cette juridiction est seule compétente pour connaître de la poursuite intentée contre plusieurs individus prévenus de délits de chasse, parmi lesquels se trouvent un préfet et un garde champêtre (Crim. rej. 11 août 1881, aff. Doudeauville, D. P. 84. 5. 279).

1257. La jurisprudence reconnaît que les *gardes particuliers*, étant revêtus du caractère d'officier de police judiciaire, sont justiciables de la cour d'appel à raison des infractions de chasse par eux commises dans l'exercice de leurs fonctions et qu'ils sont réputés dans l'exercice de leurs fonctions lorsqu'ils se trouvent sur un terrain confié à leur surveillance (V. les arrêts mentionnés au *Rép.* n°s 440 et 441. — *Adde:* Gand, 5 juill. 1864, aff. Boheez, D. P. 69. 5. 218; Chambéry, 30 oct. 1874, aff. Fantin, R. F. t. 8, n° 114). — Jugé même qu'il en est également ainsi, lorsque le fait incriminé a été accompli dans une propriété riveraine d'où ils pouvaient surveiller le terrain confié à leur garde, alors surtout qu'en rentrant immédiatement sur ce terrain ils se croyaient autorisés à y faire un acte de leur ministère (Trib. corr. Villefranche, 29 mars 1862, aff. Couty, R. F. t. 1, n° 196).

Mais un garde particulier n'est pas officier de police judiciaire et, par suite, n'est pas justiciable de la cour d'appel, tant qu'il n'a pas prêté serment en cette qualité (Dijon, 21 août 1878) (1).

1258. Il est de doctrine et de jurisprudence que le délit de chasse commis par un *maire* (ou un *adjoint*) sur le territoire de sa commune n'est point par cela seul réputé l'avoir été dans l'exercice des fonctions d'officier de police judiciaire que la loi attribue à ce fonctionnaire; qu'en conséquence, à défaut de preuve que le délinquant se soit trouvé, au moment du fait incriminé, dans l'exercice réel desdites fonctions, c'est devant le tribunal correctionnel, et non devant la première chambre de la cour d'appel, qu'il doit être traduit (Giraudeau, n° 1138; Jullemier, t. 1, p. 131; Leblond, n° 347; de Neyremand, p. 353. — Limoges, 25 févr. 1862, aff. Bouix, D. P. 62. 2. 182, et sur pourvoi, Crim. rej. 8 mai 1862, D. P. 68. 5. 235; Grenoble, 4 déc. 1867, aff. Moussier, R. F. t. 4, n° 637; Grenoble, 16 nov. 1869, aff. Guimet, D. P. 70. 2. 182; Dijon, 3 janv. 1872, aff. Sarrazin, D. P. 72. 2. 118; Paris, 27 avr. 1872, aff. Bouvry, D. P. 72. 2. 118; Amiens, 27 mai 1872, aff. Tournet, R. F. t. 5, n° 119; Nîmes, 9 juin 1873, aff. Galoffre, R. F. t. 6, n° 85; Nancy, 25 févr. 1874, aff. Davesnes, R. F. t. 6, n° 23; Nancy, 27 janv. 1875, aff. Cugnon, D. P. 76. 2. 218). — La même théorie est con-

(1) (Ministère public C. Tisserand.) — LA COUR; — Considérant que Tisserand est prévenu d'avoir, le 13 juill. 1878, chassé en temps prohibé sur un terrain dont la surveillance lui était confiée en qualité de garde particulier du sieur Prévost; — Considérant qu'à la date du 13 juill. 1878 Tisserand n'avait pas encore prêté serment en qualité de garde particulier; qu'à ce moment il n'était donc pas encore investi du caractère d'officier de police judiciaire; qu'en conséquence la cour est incompétente pour statuer sur le délit qui lui est imputé; — Par ces motifs, se déclare incompétente.

Du 21 août 1878.-C. de Dijon, 1re ch.-MM. Saverot, pr.-Cardot, av. gén.

sacrée par la cour de cassation belge à l'égard des bourgmestres (C. cass. belge, 19 févr. 1883) (1).

Mais le maire est réputé s'être trouvé, au moment du délit de chasse par lui commis, dans l'exercice de ses fonctions, quand il a chassé dans un bois où, au même moment, se commettait, à sa connaissance, un délit de même nature que son devoir était de constater (Arrêt précité du 3 janv. 1872).

1259. Contrairement à l'opinion qui vient d'être exposée, il a été jugé que les maires ayant, comme officiers de police judiciaire, la mission légale de rechercher et constater tous les délits de chasse commis sur le territoire de leur commune, sont à considérer comme agissant dans l'exercice de leurs fonctions d'officiers de police judiciaire par cela seul qu'ils commettent un délit de chasse sur ce territoire (Nancy, 20 avr. 1857, aff. N..., D. P. 62. 2. 182; Besançon, 10 févr. 1862, et sur pourvoi, Sol. impl., Crim. cass. 3 avr. 1862, aff. Garnier, D. P. 62. 1. 387; Metz, 14 avr. 1869, aff. Lerouge, D. P. 70. 2. 182. — Conf. Bruxelles, 18 nov. 1879, aff. W..., *Pasicrisie belge*, 1881. 2. 370; Liège, 7 avr. 1881, aff. B..., *ibid.*; Liège, 11 janv. 1883, aff. Withofs et Massot, 1883. 2. 66).

1260. Un *commissaire de police* ne peut être cité directement devant la cour, en conformité de l'art. 479 c. instr. cr., à raison d'un délit qu'il a commis hors de l'exercice de ses fonctions et même hors du territoire où il est chargé de les exercer (Bordeaux, 27 nov. 1867, aff. Rallion, R. F. t. 5, n° 83).

1261. Les *agents de surveillance* et *gardes des chemins de fer* nommés par l'Administration et dûment assermentés doivent être considérés comme des officiers de police judiciaire dans le sens de l'art. 483 c. instr. cr. En conséquence, le délit de chasse qu'un garde-barrière est prévenu d'avoir commis près de la partie du chemin de fer confiée à sa surveillance (en y tendant, par exemple, des lacets), doit être poursuivi et jugé conformément à l'art. 479 c. instr. cr., auquel se réfère ledit art. 483 (Metz, 4 juin 1855, aff. Schmitt, D. P. 55. 2. 326).

1262. Les *préposés des douanes* n'étant point officiers de police judiciaire ne jouissent pas du privilège de juridiction établi par l'art. 483 c. instr. cr.; par suite, ils sont justiciables du tribunal correctionnel, à raison des délits de chasse qu'ils commettent dans l'exercice de leurs fonctions (Metz, 29 avr. 1863, aff. Loux, D. P. 64. 2. 70).

1263. Il n'est pas sans intérêt de faire observer que, pour intenter une action en dommages-intérêts, devant les tribunaux civils, contre les officiers de police judiciaire, à raison des faits par eux accomplis en cette qualité, il faut employer la voie de la *prise à partie*, conformément aux art. 505 et suiv. c. proc. civ. (V. *Prise à partie*).

1264. — 3° *Des délits de chasse commis par des militaires ou des marins.* — Les militaires et les marins doivent être traduits devant le tribunal correctionnel à raison des délits de chasse qui leur sont reprochés. Il résulte, en effet, de l'art. 273 du code de justice militaire pour l'armée de terre, du 9 juin 1857 (D. P. 57. 4. 115-128), que les conseils de guerre ne sont pas compétents pour connaître des infractions de cette nature (V. aussi *Rép.* n° 438). — D'un autre côté, ces délits sont exclus de la compétence des tribunaux de la marine par l'art. 372 du code de justice militaire pour l'armée de mer, du 4 juin 1858 (D. P. 58. 4. 90-110). Toutefois, le délit de rébellion imputé à un militaire en congé doit être jugé par le conseil de guerre, et non par le tribunal correctionnel, bien qu'il ait été commis pour s'assurer l'impunité d'un délit de chasse. Vainement on invoquerait la connexité des deux infractions ou leur indivisibilité (Agen, 11 janv. 1882, aff. Labatut, D. P. 84. 5. 335).

Sect. 4. — Des moyens de saisir le tribunal correctionnel (*Rép.* n°s 434, 435, 447 à 449).

1265. — I. Citation directe. — La juridiction correctionnelle est ordinairement saisie des délits de chasse au moyen d'une *citation directe* donnée au prévenu par la partie poursuivante, conformément aux règles de droit commun tracées par les art. 182 et suiv. c. instr. cr.

1266. La loi n'exige pas, en matière de chasse, que la citation contienne la *copie du procès-verbal* et de l'acte d'affirmation (V. comme conséquence de cette proposition, la solution donnée par Crim. cass. 14 août 1829, *Rép.* n° 449).

1267. Il est indispensable que la citation renferme l'*énoncé des faits*, de manière à procurer au prévenu une connaissance suffisante du délit qui lui est imputé; mais cet énoncé n'est assujetti à aucune forme particulière. — Jugé: 1° que lorsque la citation contient une erreur sur la date du délit de chasse imputé au prévenu, celui-ci doit être relaxé des poursuites, sauf au ministère public à le poursuivre de nouveau si le délit qu'il a commis n'est pas tombé en prescription (Bordeaux, 25 févr. 1847, aff. Peillon, D. P. 47. 4. 67); — 2° Que, cependant, le prévenu à la charge duquel un délit de chasse a été constaté ne peut être renvoyé de la poursuite par l'unique motif qu'il ne serait pas suffisamment constaté que ce délit a eu lieu aux dates spécifiées dans la citation, alors, d'ailleurs, qu'il n'a point été articulé que l'erreur de date qui a pu être commise ait nui à la défense du prévenu, en le privant, par exemple, d'une exception de prescription (Crim. rej. 30 juill. 1852, aff. Capron, D. P. 52. 1. 224); — 3° Qu'une erreur dans la citation sur la date du délit ne rend pas nulles les poursuites, lorsque, du reste, d'autres éléments de la cause permettent au juge d'établir avec exactitude l'acte incriminé et ses circonstances (C. cass. belge, 5 sept. 1879, aff. Santens, *Pasicrisie belge*, 1879. 1. 392); — 4° Que la citation qui, en matière de chasse, énonce l'année et le mois du délit sans fixer le jour, n'est pas nulle, si ce jour est désigné dans le procès-verbal qui constate le délit, et bien que ce procès-verbal n'ait point été notifié au prévenu (Colmar, 28 janv. 1846, aff. Meyer, D. P. 46. 4. 276); — 5° Qu'au contraire, la citation donnée au prévenu pour fait de chasse sur le terrain d'autrui ne permet pas au tribunal de répression de le condamner pour délit de chasse en temps prohibé, alors même que la date assignée au fait incriminé se rapporte à une époque où la chasse n'était pas ouverte (Liège, 27 déc. 1882, aff. Warocqué C. Minette, *Pasicrisie belge*, 1883.2.366); — 6° Que, dans le cas où la citation porte qu'un délit de chasse avec engins prohibés a eu lieu à une date qu'elle énonce, s'il résulte de l'information et des débats, d'une part, qu'à cette date le prévenu n'a pas commis le délit de chasse sus-mentionné, et, d'autre part, qu'il aurait commis une infraction de même nature, mais à une date différente, il doit être acquitté à raison du premier délit et ne peut être jugé à raison du second délit, à moins qu'il n'accepte le débat ainsi transformé (Caen, 31 janv. 1881, aff. Legrain, *Recueil de cette cour*, 1881, p. 84).

1268. Le tribunal correctionnel, saisi d'un fait de chasse constituant, d'après le procès-verbal, le double délit de chasse sans permis et sans le consentement du propriétaire, ne peut, après avoir écarté la poursuite sous le premier rapport, refuser de statuer sur la seconde infraction, par le motif qu'elle ne se trouvait pas énoncée dans les conclusions posées à l'appui de l'action publique, si la citation, en reproduisant une copie entière du procès-verbal, a soumis au tribunal le fait de chasse pris dans son ensemble (Crim. cass. 21 août 1852, aff. Dufié, D. P. 52. 5. 86). — La condamnation, sur

(1) (Withofs et Massot.) — La cour; — Vu le pourvoi fondé sur la violation des art. 479 et 483 c. instr. cr., en ce que l'arrêt attaqué a refusé d'accueillir l'exception d'incompétence tirée de ce que l'inculpé Withofs, étant bourgmestre de la commune où le délit a été commis et se trouvant, par conséquent, dans l'exercice de ses fonctions d'officier de police judiciaire lors de la perpétration de ce délit, était, comme tel, soumis directement à la juridiction spéciale de la cour d'appel; — Attendu que l'art. 482 c. instr. cr. ne soumet à la procédure réglée par l'art. 479 que les délits commis par des officiers de police judiciaire dans l'exercice de leurs fonctions; — Attendu qu'un bourgmestre ne remplit pas, à raison de cette seule qualité, en toute occasion, les fonctions d'officier de police judiciaire; que l'arrêt attaqué constate que, d'après les circonstances de la cause, le défendeur Withofs, bourgmestre de la commune de Gellick, n'était pas dans l'exercice de ses fonctions au moment où il a accompli le fait de chasse qui lui est reproché; qu'en déclarant la juridiction correctionnelle ordinaire compétente pour connaître de la prévention mise à la charge des défendeurs Withofs et Massot, l'arrêt attaqué n'a donc pas contrevenu aux textes ci-dessus cités; — Rejette, etc.

Du 19 févr. 1883.-C. cass. belge, 2e ch.-MM. Vandenpeereboom, pr.-De Le Court, rap.-Mesdach de ter Kiele, 1er av. gén., c. conf.

la poursuite du ministère public, d'un fait de chasse commis en temps et avec engins prohibés, ne fait pas obstacle à ce que le tribunal correctionnel statue, par nouveau jugement, sur l'action exercée séparément à raison du même fait par le propriétaire sur le terrain duquel il a été commis, cette action relevant un délit d'atteinte au droit de chasse du propriétaire, qui n'était pas et ne pouvait pas être compris dans la citation du ministère public (Crim. cass. 2 avr. 1864, aff. de Béthune, D. P. 64. 1. 324).

1269. Dans le cas où un garde forestier, ayant la double qualité de garde de l'Administration et de garde d'un propriétaire, n'a dénoncé un fait de chasse qu'en la première de ces qualités, les juges, après avoir constaté que le chasseur n'était pas en délit vis-à-vis de l'Administration, ne sont pas tenus d'examiner si sa position était également régulière vis-à-vis du propriétaire (Crim. rej. 3 mars 1854, aff. de Beauséjour, D. P. 54. 1. 162).

1270. En matière de chasse, comme en toute autre matière, il n'y a pas lieu d'annuler la citation à raison de l'omission de l'indication de *loi pénale* sur laquelle repose la prévention (V. *Exploit*).

1271. L'*annulation* de la citation émanée seulement de la partie civile dessaisit le tribunal correctionnel. Une conséquence de ce principe est mentionnée au *Rép.* n° 447, relativement à la confiscation de l'instrument qui a servi a commettre le délit.

1272. — II. ORDONNANCE DE RENVOI DU JUGE D'INSTRUCTION. — Rien ne s'oppose à ce que le tribunal de répression soit saisi d'un délit de chasse par une *ordonnance de renvoi* rendue par le juge d'instruction. Mais ce cas se présente rarement, parce que d'ordinaire les infractions de cette nature n'offrent pas assez de gravité pour nécessiter l'ouverture d'une information en règle.

Au surplus, il est évident que l'inculpé en faveur duquel est intervenue une *ordonnance de non-lieu* relativement à un fait de chasse, ne saurait être poursuivi pour le même fait par voie de citation directe. L'observation formulée à cet égard au *Rép.* n° 434, est encore exacte, sauf que les attributions déférées autrefois à la chambre du conseil sont actuellement remplies par le juge d'instruction.

1273. — III. COMPARUTION VOLONTAIRE. — Le ministère public invite fréquemment les individus inculpés de délits de chasse à *comparaître volontairement* devant le tribunal correctionnel, lorsque l'infraction est à la fois peu grave et avouée et que, d'autre part, en supposant que le délinquant s'abstienne de comparaître à l'audience indiquée, il restera un délai suffisant pour lui signifier une citation régulière avant l'accomplissement de la prescription de l'action publique. Ce mode de procéder qui est expéditif, puisque le comparant volontairement peut être jugé avant l'expiration des délais ordinaires de citation, a encore et surtout l'avantage d'éviter des frais au condamné ou au Trésor public, en cas d'insolvabilité du condamné.

SECT. 5. — DU JUGEMENT DES DÉLITS DE CHASSE (*Rép.* n°s 450 à 466).

ART. 1er. — *Généralités* (*Rép.* n° 466).

1274. Dans le cours de ce traité, on a vu qu'il est de nombreux cas dans lesquels les tribunaux ont, en matière de chasse, un *pouvoir souverain d'appréciation*, beaucoup de difficultés constituant de simples questions de fait.

Quant aux questions préjudicielles, V. *suprà*, n°s 1244 et suiv.

ART. 2. — *De la solidarité* (*Rép.* n°s 450 à 455).

1275. Plusieurs cours d'appel décident que, toutes les fois qu'un délit de chasse a été commis conjointement par deux ou plusieurs personnes, les délinquants doivent être condamnés *solidairement* aux amendes et frais, sans qu'il y ait à se préoccuper de la complicité ou coopération de l'un des chasseurs au fait commis par l'autre (Orléans, 13 déc. 1849, B. A. F. t. 5, p. 355; Orléans, 24 mars 1851, aff. Briais, D. P. 52. 2. 112; Caen, 7 mars 1877, aff. Mominot, D. P. 78. 5. 92). — En faveur de cette opinion, on invoque le texte même de l'art. 27 et le but que lui attribue l'exposé des motifs à la Chambre des pairs, qui était de porter les chasseurs à chasser isolément, « parce qu'un braconnier est moins dangereux qu'une réunion de délinquants, dont le nombre accroît l'audace ».

Mais cette doctrine est trop contraire aux principes pour être adoptée. Nous avons admis (*Rép.* n°s 450 et 452), avec la plupart des auteurs, que l'art. 27 de la loi de 1844 n'est qu'une application de la règle générale posée par l'art. 55 c. pén. En subordonnant la solidarité à la circonstance que les délits aient été *commis conjointement*, le législateur veut que les chasseurs aient concouru au même fait illicite de chasse, aient participé à la même infraction, soit comme *coauteurs*, soit comme *complices* (Camusat, p. 175; Gillon et Villepin, n° 446; Giraudeau, n° 1143; Leblond, n° 355; de Neyremand, p. 101). — Sur divers cas d'application de cette seconde opinion, V. *Rép.* n°s 452 et 453.

1276. En cas de *traque* sans autorisation sur le terrain d'autrui, le chasseur et le traqueur sont l'un et l'autre tenus solidairement des condamnations pécuniaires prononcées contre chacun pour la répression de l'infraction (Crim. cass. 5 avr. 1872, aff. Pillon de Saint-Philbert, D. P. 72. 1. 146).

1277. Sur le point de savoir si le délit de chasse *sans* permis est susceptible de donner lieu à la complicité, V. *suprà*, n° 1254.

1278. Nous avons fait observer que la solidarité des condamnations doit être prononcée, bien qu'il y ait entre les codélinquants des degrés différents de culpabilité, et qu'ils soient frappés de *peines inégales* (Conf. Berriat, p. 236; Leblond, n° 357; de Neyremand, p. 102; — Crim. cass. 13 août 1853, aff. Berrier, D. P. 53. 1. 338; Crim. rej. 15 juin 1860, aff. Peltey, D. P. 60. 1. 467; Colmar, 16 nov. 1869, aff. Bendelé, R. F. t. 5, n° 10). — Et il en est ainsi, notamment, dans le cas de récidive de l'un des délinquants (Arrêt précité du 13 août 1853.— Conf. Leblond, n° 357; Petit, t. 2, p. 300; Rogron, p. 304. — *Contrà :* Gillon et Villepin, n° 451; de Neyremand, p. 103).

1279. Il y a autant de délits que de chasseurs, et il doit être prononcé *autant de condamnations* et d'amendes qu'il y a de délinquants (Crim. cass. 17 juill. 1823, *Rép.* n° 454; Colmar, 5 juin 1860, aff. Meyer, R. F. t. 3, n° 469; Arrêt du 16 nov. 1869, cité *suprà*, n° 1278). — Jugé même que la solidarité doit être prononcée contre tous les délinquants, bien qu'en outre de l'amende, l'un d'entre eux soit condamné à la confiscation du fusil dont il était porteur (Même arrêt du 5 juin 1860).

1280. Lorsqu'un condamné, par suite de la solidarité, a été obligé de payer les condamnations encourues par ses codélinquants, il a *recours* contre ceux-ci pour les amendes qui les concernent et pour une quote-part des dommages-intérêts et frais.

ART. 3. — *Des frais de justice* (*Rép.* n°s 464 et 465).

1281. Aux termes de l'art. 194 c. instr. cr., tout jugement de condamnation rendu contre le prévenu et contre les personnes civilement responsables du délit, ou contre la partie civile, doit les condamner aux *frais*, même envers la partie publique.

1282. Une des questions les plus controversées en matière de chasse est celle de savoir quelle est, en ce qui concerne les frais de justice, la conséquence du *retard* apporté dans la *production du permis*.

D'après un premier système, le chasseur qui donne lieu à des poursuites soit par *oubli* de se munir de son permis, soit par *négligence* à le représenter avant les poursuites dirigées contre lui, doit supporter les frais ainsi occasionnés jusqu'au jugement exclusivement. Cette opinion se fonde sur ce que le prévenu doit subir les conséquences de la faute qu'il a commise, en ne produisant pas son permis à première réquisition, et sur ce que les frais doivent demeurer à sa charge à titre de dommages-intérêts envers l'Etat (Berriat, p. 127; Houël, n° 107; Lavallée et Bertrand, p. 37; de Neyremand, p. 396; Perrève, p. 31). — V. dans ce sens les arrêts cités au *Rép.* n° 464. — Cependant il est à remarquer que, tout en admettant cette opinion, l'arrêt de la cour de cassation du 19 févr. 1813 se borne à décider que l'omission de condamner le prévenu acquitté aux frais occasionnés par son retard à justifier de son permis, ne constitue pas un moyen de nullité.

1283. Dans une autre opinion, qui nous paraît préférable, le chasseur qui est acquitté sur la poursuite intentée contre lui pour délit de chasse sans permis, ne peut être condamné aux frais occasionnés par la négligence ou le retard qu'il a mis à produire son permis (Conf. Giraudeau, nos 181 et suiv. ; Jullemier, t. 1, p. 42; Leblond, n° 98. — V. aussi les arrêts mentionnés au *Rép.* n° 465. — *Adde :* Rouen, 1er févr. 1850, aff. Chatain, D. P. 50. 2. 119; Trib. corr. Lyon, 22 oct. 1885, aff. Chaine, R. F. t. 12, n° 25). — En faveur de ce second système, on peut faire valoir, d'une part, qu'en matière criminelle ou correctionnelle, la condamnation aux dépens n'est que la conséquence de la déclaration de culpabilité et l'accessoire de la peine prononcée contre le prévenu (c. instr. cr. art. 162, 194 et 368), d'autre part, que les frais de justice causés par la partie publique ne sauraient être rangés dans la classe des dommages-intérêts.

A plus forte raison convient-il d'admettre cette opinion : lorsque le prévenu a déclaré, dans le procès-verbal de constat, avoir demandé depuis quelque temps un permis. En pareil cas, le ministère public aurait pu, avant de diriger des poursuites, s'assurer si réellement il avait demandé et obtenu ce permis, ce qui eût évité les frais exposés (Montpellier, 12 oct. 1846, aff. Sarmet, D. P. 47. 4. 73); — Ou lorsque le prévenu était dans l'impossibilité d'exhiber son permis au moment où il faisait acte de chasse, soit parce que cette pièce ne lui avait pas encore été remise à ce moment (Bordeaux, 17 janv. 1839, *Rép.* n° 233; Trib. corr. Issoudun, 13 nov. 1861, aff. Maronier, R. F. t. 1, n° 81), soit parce qu'il l'avait égarée (Lyon, 21 janv. 1868, aff. Rivière, R. F. t. 4, n° 640).

1284. La question est plus délicate lorsque, sur l'interpellation du garde, le chasseur a déclaré faussement ne pas avoir de permis et l'a présenté seulement devant le tribunal correctionnel. Dans cette hypothèse, il a été jugé que le prévenu doit supporter les frais nécessités par la poursuite du ministère public, et ce, jusque et y compris les frais de l'arrêt intervenu sur l'appel de la partie poursuivante (Alger, 27 déc. 1876, aff. Dupuis, R. F. t. 9, n° 17. — V. dans le même sens : Leblond, n° 99; de Neyremand, p. 395. — *Contrà :* Giraudeau, n° 184).

1285. Le tribunal correctionnel doit-il condamner aux frais le prévenu qui a été acquitté, en cas de *justification tardive du consentement du propriétaire*, dans une poursuite pour délit de chasse sans autorisation sur le terrain d'autrui? Cette question, qui est controversée, est susceptible de la même solution que celle que l'on adopte relativement à la justification tardive du permis, dans le cas de poursuite pour chasse sans permis (V. *suprà*, nos 1282 et suiv.). — Dans le sens de l'affirmative, V. Colmar, 15 nov. 1844, *Recueil de cette cour*, p. 262, cité par de Neyremand, p. 396; Orléans, 10 mars 1846 mentionné au *Rép.* n° 464. — Pour la négative, V. Crim. rej. 6 mars 1846 cité *ibid.*, n° 465.

1286. En ce qui regarde les frais de justice, nous devons encore mentionner deux arrêts, l'un de Metz, du 9 févr. 1824, et l'autre de Nancy, du 15 janv. 1840, dont l'analyse est donnée au *Rép.* nos 465 et 404.

1287. Le mineur de seize ans, qui est acquitté comme ayant agi sans discernement, doit-il être condamné aux frais? V. *suprà*, n° 1092.

Sect. 6. — Des causes susceptibles de s'opposer a l'exercice de l'action publique ou a l'exécution de la condamnation (*Rép.* nos 467 à 485).

Art. 1er. — *De la transaction.*

1288. — I. Du droit de transaction de l'administration forestière. — C'est une question controversée que celle de savoir si l'*administration des forêts* peut *transiger*, *avant jugement définitif*, sur la poursuite des délits de chasse commis dans les bois assujettis au régime forestier, et si, dans le cas d'affirmative, la transaction éteint l'action publique d'une manière absolue.

D'après un premier système, suivi par quelques cours d'appel, la faculté de transiger accordée à l'administration des forêts ne concerne que les délits forestiers proprement dits et ne s'étend pas aux délits de chasse commis dans les bois et forêts (Trib. corr. Châtillon-sur-Seine, 5 juill. 1860, aff. Belgrand, D. P. 60. 3. 47; Metz, 4 juill. 1866, aff. Henrys, D. P. 66. 2. 165 ; Rouen, 12 mars 1867, aff. Delacour, D. P. 67. 1. 459 ; 1er mai 1868, aff. Hache, D. P. 69. 1. 210. — Conf. Féraud-Giraud, *Police des bois*, n° 54). — Pour justifier cette théorie, les arrêts ci-dessus mentionnés déclarent que les délits de chasse sont d'une tout autre nature que les délits forestiers, qu'ils intéressent la sûreté générale et demeurent assujettis, quant à la répression, aux règles du droit commun. On a ajouté qu'il n'y a pas corrélation nécessaire entre le droit de poursuite et le droit de transaction ; qu'en effet, le droit de transaction de l'administration forestière n'est pas applicable aux délits de défrichement dans les bois particuliers, et qu'à l'époque où la police de la pêche fluviale était dans les attributions de l'administration des forêts (V. *suprà*, n° 1218), elle ne pouvait pas transiger sur les délits de pêche.

Ce premier système a été admis relativement à des délits : de chasse en temps prohibé (Arrêts précités des 4 juill. 1866 et 1er mai 1868) ; — De chasse sans autorisation sur le terrain d'autrui (Arrêt précité du 12 mars 1867) ; — D'emploi d'engins prohibés (Arrêt précité du 1er mai 1868).

1289. Nous estimons, au contraire, que le droit accordé à l'administration des forêts, par l'art. 159, § 4, c. for., de transiger avant jugement sur la poursuite des délits et contraventions en matière forestière, s'applique aux délits de chasse commis dans les bois soumis au régime forestier, comme aux délits forestiers proprement dits, et que l'usage qui est fait de ce droit éteint d'une manière absolue l'action publique. — Cette opinion est admise par la doctrine (Dutruc, *Journal du ministère public*, 1867, p. 11; Giraudeau, n° 1091; De la Grye, p. 133 ; Leblond, n° 333 ; Marais, *Transaction en matière de délits de chasse* ; de Neyremand, p. 315 ; Pont, *Petits contrats*, t. 2, n° 587. — V. aussi le rapport de M. le conseiller Legagneur, D. P. 69. 1. 211). — Elle est consacrée par un avis du conseil d'Etat du 26 nov. 1860 (D. P. 61. 3. 62), ainsi que par une jurisprudence aujourd'hui constante, notamment de la cour suprême (Trib. corr. Louhans, 28 févr. 1863, aff. Seymour de Constant, R. F. t. 2, n° 249 ; Motifs, Nancy, 5 mars 1864, aff. Boudier, R. F. t. 2, n° 315 ; Trib. corr. Verdun, 12 mai 1865, aff. Bouzée, R. F. t. 3, n° 417 ; Crim. cass. 2 août 1867, aff. Delacour, D. P. 67. 1. 459, et sur renvoi, Amiens, 7 déc. 1867, D. P. 69. 1. 209, note 1 ; Crim. cass. 24 déc. 1868, aff. Hache, D. P. 69. 1. 209, et sur renvoi, Caen. 7 avr. 1869, D. P. 69. 2. 116). — Enfin, elle est confirmée par la pratique administrative (Circ. adm. for. 12 mars 1861, *Anc. série*, n° 801, B. A. F. t. 8, p. 533 ; 22 août 1867, *Nouv. série*, n° 63 ; 30 oct. 1867, § 24, *Nouv. série*, n° 72; Instr. dir. gén. compt. publ. 28 janv. 1874, R. F. t. 6, n° 20. — V. aussi *suprà*, n° 1171).

Les motifs sur lesquels est basé ce second système sont les suivants. D'abord, les délits de chasse dans les bois soumis à la surveillance de l'administration des forêts sont assimilés aux délits forestiers et placés dans les mêmes conditions de poursuite (V. *suprà*, nos 1208 et suiv.). D'un autre côté, la disposition du paragraphe 4 de l'art. 159 c. for., qui autorise l'administration forestière à transiger sur les poursuites des délits et contraventions en matière forestière commis dans les bois soumis au régime forestier, est générale; elle s'étend, par cela même, virtuellement à tout ce qui était réputé délit en matière forestière en vertu de la législation existant au moment de sa promulgation, lors même que le législateur n'aurait pas eu en vue ce résultat ; le droit de transiger est corrélatif au droit de poursuivre et n'a pas d'autres limites que celui-ci. Et la différence de rédaction entre le premier et le quatrième paragraphe de l'art. 159 n'a pas eu pour objet de mettre quelques-uns des délits compris dans le premier paragraphe en dehors du quatrième, mais de régulariser la formule qui se trouve dans le premier paragraphe (Arrêt précité du 24 déc. 1868).

Cette deuxième opinion a reçu son application au sujet de délits de chasse : soit en temps prohibé (Arrêts précités des 24 déc. 1868 et 7 avr. 1869); — Soit sans permis (Jugement précité du 28 févr. 1863) ; — Soit sur le terrain d'autrui sans le consentement du propriétaire (Décisions précitées des 28 févr. 1863, 2 août 1867 et 7 déc. 1867); — Soit à l'aide d'engins prohibés (Arrêts précités des 24 déc. 1868 et 7 avr. 1869).

1290. En tout cas, lorsque, sur la poursuite exercée par le ministère public à raison d'un délit de chasse commis dans une forêt soumise au régime forestier, par exemple dans un bois communal, le prévenu excipe d'une transaction à lui consentie pas l'administration des forêts, il appartient à l'autorité judiciaire d'apprécier cette exception; et notamment de décider si la transaction a eu pour effet d'éteindre l'action publique (Crim. cass. 7 avr. 1866, aff. Henrys, D. P. 66. 1. 359, et sur renvoi, Metz, 4 juill. 1866, D. P. 66. 2. 165; Cons. d'Et. 7 déc. 1866, aff. Henrys, D. P. 67. 3. 90). — Dès lors, le préfet n'est pas fondé à élever le conflit d'attributions et à revendiquer pour l'autorité administrative, à titre de question préjudicielle, la connaissance des difficultés qui s'élèvent devant un tribunal correctionnel sur les effets et la validité d'une semblable transaction (Arrêt précité du 7 déc. 1866).

1291. L'administration forestière a aussi le droit de *transiger après jugement définitif*, à l'occasion d'infractions de chasse dans les bois soumis au régime forestier. Ce droit de transaction, qui du reste n'a pas été contesté dans la pratique, a également pour fondement l'art. 159, § 4, c. for. Il ne peut porter que sur les peines et réparations pécuniaires.

1292. En ce qui concerne les *caractères*, les *formes*, *l'instruction*, les *effets* et *l'étendue de la transaction* sur les délits de chasse, il suffit de se reporter aux explications présentées relativement à la transaction des délits forestiers en général (V. *Forêts*). — Ajoutons seulement qu'il est recommandé aux conservateurs des forêts de n'user du droit de transaction qu'avec réserve, et seulement s'il s'agit de délits sans gravité commis par des personnes n'ayant aucun antécédent judiciaire (Circ. adm. for. 22 août 1867, *Nouv. série*, n° 63).

1293. — II. Du droit de transaction de la partie civile. — Le droit de transaction des *parties civiles* est beaucoup plus restreint que celui qui appartient à l'administration forestière; il ne peut avoir pour objet que les *réparations civiles* résultant du délit de chasse.

Art. 2. — *De la prescription* (*Rép.* n°s 467 à 485).

§ 1er. — De la prescription de l'action publique (*Rép.* n°s 467 à 484).

1294. — I. Généralités. — L'art. 29 de la loi du 3 mai 1844 règle la *prescription de l'action publique* résultant des délits de chasse, sans qu'il y ait à établir de distinction à raison de la qualité du propriétaire du terrain sur lequel a eu lieu l'infraction, ou de la soumission de ce terrain au régime forestier. D'ailleurs, comme on l'a vu au *Rép.* n° 471, après quelques hésitations, la jurisprudence avait admis, sous l'empire de l'art. 12 de la loi des 28-30 avr. 1790, que tout les délits de chasse, même ceux commis dans les forêts de l'Etat, étaient indistinctement soumis à la prescription fixée par cette disposition, et qu'il n'y avait d'exception à cet égard que pour les délits commis dans les forêts dépendant du domaine de la Couronne, lesquels restaient soumis au régime de l'ordonnance de 1669.

1295. Il importe de remarquer que, sauf en ce qui touche le délai requis pour prescrire, les règles générales admises pour la prescription en matière criminelle, sont applicables en matière de délit de chasse. Aussi avons-nous dit (*Rép.* n° 467) que la prescription constitue une exception d'*ordre public*, qui peut être invoquée en tout état de cause, à laquelle le prévenu ne peut renoncer, et que le juge doit suppléer d'office.

1296. — II. Du délai requis pour la prescription. — Aux termes de l'art. 29 de la loi du 3 mai 1844, l'action publique résultant des infractions de chasse se prescrit par le délai de *trois mois* à compter du jour du délit. Les développements donnés au *Rép.* n°s 472 à 474, sur l'étendue d'application de cette disposition et sur le mode de supputation du délai, nous dispensent de tout commentaire. — Il suffit de mentionner de nouveaux arrêts qui décident que le jour *à quo* n'est pas compris dans le délai fixé pour la prescription (Nancy, 20 déc. 1852, aff. Parmentier, D. P. 53. 2. 186; Crim. cass. 2 févr. 1865, aff. Romang, D. P. 65. 1. 241).

1297. — III. De l'interruption de la prescription. — 1° *Des causes d'interruption de la prescription.* — Comme on l'a signalé au *Rép.* n° 475, la prescription des délits de chasse est régie, quant à la détermination des actes qui peuvent l'interrompre, par les dispositions du droit commun, en matière correctionnelle, c'est-à-dire par les art. 637, 638 et 640 c. instr. cr. (Conf. Crim. cass. 3 avr. 1862, aff. Garnier, D. P. 62. 1. 387). Dès lors, on doit regarder comme interruptifs de prescription tous les *actes d'instruction et de poursuite* (Gillon et Villepin, n° 471; Giraudeau, n° 1187; Leblond, n° 371; Rogron, p. 311 et suiv. — V. en ce sens les arrêts mentionnés ci-après). — Et il y a lieu de considérer comme actes d'instruction et de poursuite tous ceux qui ont pour objet soit de rechercher les preuves de la culpabilité du prévenu, soit de s'assurer de sa personne (Paris, 2 janv. 1868, aff. Houde, R. F. t. 4, n° 654).

1298. Mais l'interruption de la prescription ne résulte: ni de la *plainte* de la partie lésée, ni de *simples réserves de poursuivre* faites par le ministère public dans le cours d'un procès civil, ainsi que nous l'avons dit au *Rép.* n° 477. — Cette interruption n'est pas non plus attachée à la *requête* présentée par le procureur général au premier président pour obtenir la fixation du jour où des prévenus, justiciables de la première chambre de la cour à raison de leur qualité, pourraient être cités devant celle-ci: c'est simplement une mesure préparatoire et d'ordre intérieur (Crim. cass. 2 févr. 1865, aff. Romang, D. P. 65. 1. 241. — *Contrà*: Paris, 11 févr. 1861, aff. Roger, D. P. 61. 2. 216).

1299. — A. *Des procès-verbaux.* — On décide généralement aujourd'hui que le caractère interruptif de la prescription appartient aux procès-verbaux, quand ils émanent de gardes ou d'agents ayant qualité à cet effet (Crim. cass. 26 juin 1840, *Rép.* v° *Prescription criminelle*, n° 111. — V. aussi dans le même sens les arrêts indiqués dans les numéros suivants. — V. toutefois: Crim. rej. 7 avr. 1837, *Rép.* v° *Chasse*, n° 477. — *Contrà*: Berriat, p. 249; Duvergier, p. 168).

1300. Ainsi, sont également interruptifs de prescription: 1° le procès-verbal régulier dressé par un *garde forestier* à l'occasion d'un délit de chasse commis depuis moins de trois mois, alors surtout que le délinquant a eu connaissance de cet acte et que ses explications s'y trouvent consignées (Dijon, 11 mars 1868, aff. Drouet, R. F. t. 4, n° 668); — 2° Les recherches auxquelles se livrent les *gardes champêtres*, en leur qualité d'officiers de police judiciaire, pour découvrir le nom d'un délinquant. Par suite, lorsqu'un procès-verbal constatant un délit de chasse est resté ouvert pendant la durée des recherches faites pour arriver à la découverte du coupable, la prescription court, non du jour de l'ouverture de cet acte, mais du jour de sa clôture (Lyon, 10 avr. 1866, aff. Charmay, R. F. t. 3, n° 485).

1301. Il en est de même des procès-verbaux des *gendarmes* (Amiens, 7 mars 1872, aff. Carpentier, R. F. t. 5, n° 114; Dijon, 31 déc. 1872, aff. Viellard, D. P. 73. 2. 97. — V. aussi Paris, 2 janv. 1868, aff. Houde, R. F. t. 4, n° 654. — Conf. Leblond, n° 371). — Jugé: 1° que les gendarmes étant chargés non seulement de constater les faits matériels de chasse accomplis sous leurs yeux, mais aussi d'en rechercher les preuves et d'en découvrir les auteurs, les procès-verbaux constatant les investigations diverses auxquelles ils ont dû se livrer en vertu de l'art. 22 de la loi de 1844, sont des actes d'instruction dans le sens de l'art. 637 c. instr. cr. et ont pour effet d'interrompre la prescription (Arrêt précité du 7 mars 1872); — 2° Que, la gendarmerie ayant pour mission spéciale la police de la chasse, les actes, même spontanés, de simples gendarmes sont des actes d'instruction ou de poursuite, et ont pour effet d'interrompre la prescription, comme s'ils avaient été faits ou commandés par un officier de police judiciaire (Arrêt précité du 31 déc. 1872).

1302. — B. *Des réquisitoires du ministère public; Des mandats et ordonnances du juge d'instruction.* — Il convient de regarder comme interruptifs de la prescription: 1° les réquisitoires à fin d'informer, ainsi que nous l'avons admis au *Rép.* n° 476, en mentionnant à l'appui un arrêt de la cour de cassation du 26 juin 1840, inséré *Rép.* v° *Prescription criminelle*, n° 132); — 2° Les mandats de comparution (Crim. cass. 11 nov. 1825, *Rép.* v° *Chasse*, n° 475); — 3° Les mandat d'amener et d'arrêt et les procès-verbaux de recherches infructueuses dressés par la gendarmerie à la suite de ces mandats (Paris, 2 janv. 1868, aff. Houde, R. F. t. 4, n° 654); —4° Les interrogatoires des prévenus (*Rép.* n° 475); — 5° Les confrontations (Bruxelles, 21 nov. 1821, *ibid.*, n° 472); — 6° Les auditions de témoins (Crim. cass. 28 déc. 1809, *ibid.*, n° 475); — 7° Les ordonnances du juge d'instruction (Arrêts précités des 28 déc. 1809, et 11 nov. 1825 ; Riom, 3 déc. 1834, *ibid.*); — 8° Et spécialement les ordonnances de renvoi en police correctionnelle (V. Paris, 9 mai 1826, *ibid.*).

1303. — C. *Des citations.* — La *citation au prévenu* devant la juridiction répressive interrompt la prescription de l'action publique en matière de chasse (Crim. cass. 26 nov. 1829 et 26 juin 1841, indiqués au *Rép.* n° 475). — Peu importe qu'elle émane soit du parquet (V. *infrà*, n°s 1304 et suiv.), soit de l'administration forestière (Crim. cass. 7 sept. 1849, aff. Baré, D. P. 49. 5. 40. — V. aussi *infrà*, n°s 1304 et 1305), soit même de la partie civile.

Mais la lettre par laquelle le ministère public charge le bourgmestre d'une commune, en Belgique (le maire, en France) de faire connaître à un prévenu cité du chef de délit de chasse qu'au jour fixé pour sa comparution la cause sera remise et qu'il devra comparaître sans nouvelle citation à la date indiquée par le parquet, ne constitue pas un acte interruptif de prescription, si d'ailleurs aucun jugement de remise n'a confirmé cet avis (Bruxelles, 27 janv. 1880, aff. Meulenberghe et Verbist, *Pasicrisie belge*, 1880. 2. 86).

1304. Pour être interruptive de prescription, la citation doit émaner d'un *fonctionnaire* ou *magistrat compétent*, notamment du procureur du lieu du délit, du lieu de la résidence ou de l'arrestation du prévenu (V. les arrêts signalés au *Rép.* n° 478). — De même, si le fait reproché au prévenu constitue un délit commis sur une propriété particulière et sans permis, la citation donnée par l'administration forestière seule n'a pas interrompu la prescription de ce dernier délit, et les conclusions du ministère public, prises à l'audience après trois mois de la date du délit, sont non recevables (Orléans, 10 juin 1861, aff. Jarry de Montbarrois, D. P. 61. 2. 173).

1305. Du reste, pour que l'acte d'instruction ou de poursuite (notamment la citation) ait pour effet d'interrompre la prescription d'un délit, il suffit qu'il émane d'un fonctionnaire compétent pour informer sur le fait de ce délit (Crim. cass. 3 avr. 1862, aff. Garnier, D. P. 62. 1. 387; Crim. cass. 14 avr. 1864, aff. Boudier, D. P. 64. 1. 247, et sur nouveau pourvoi, Ch. réun. cass. 27 févr. 1865, D. P. 67. 1. 93); — Abstraction faite, toutefois, de la personne de l'inculpé, qui peut être ignorée ou inconnue au moment où s'accomplissaient les premiers actes de l'information ou de la poursuite (Arrêts précités des 14 avr. 1864 et 27 févr. 1865). — Et il en est ainsi, bien que l'administration des forêts n'eût pas donné suite à cette citation après avoir connu la qualité du délinquant, ce fait n'équivalant pas à un désistement et pouvant seulement autoriser le prévenu à élever une exception de litispendance (Arrêts précités des 27 févr. 1865 et 13 juill. 1865). — Par suite, en matière de délit de chasse dans un bois soumis au régime forestier, la citation en police correctionnelle donnée à la requête de l'administration forestière par l'agent forestier compétent à raison du lieu, est interruptive de prescription, dans le cas même où le prévenu, à raison de sa qualité de magistrat demeurée d'abord ignorée, se trouve jouir du double privilège de ne pouvoir être jugé que par la première chambre de la cour d'appel et de ne pouvoir y être traduit qu'à la requête du procureur général (Arrêts précités des 14 avr. 1864 et 27 févr. 1865. — Conf. Crim. cass. 3 avr. 1862, aff. Garnier, D. P. 62. 1. 387; Crim. cass. 2 févr. 1865, aff. Romang, D. P. 65. 1. 241 ; Colmar, 13 juill. 1865, aff. Boudier, R. F. t. 3, n° 416. — *Contrà:* Poitiers, 2 avr. 1845, D. P. 45. 2. 131).

1306. Les actes d'instruction et de poursuite auxquels l'art. 637 c. instr. cr. attribue un effet interruptif de la prescription de l'action publique, comprennent même la citation devant un *juge incompétent* (Outre les décisions mentionnées au *Rép.* n° 479, V. Crim. cass. 7 sept. 1849, aff. Baré, D. P. 49. 5. 40; Crim. rej. 29 mars 1884, aff. Delbecque. D. P. 85. 1. 183; ainsi que les arrêts des 3 avr. 1862 et 14 avr. 1864 cités au numéro précédent. — V. aussi *Prescription criminelle*).

1307. L'art. 29 de la loi de 1844 n'exige pas que la mise en jugement elle-même du délinquant ait lieu dans les trois mois à compter du délit; il suffit donc, d'après les principes généraux ici applicables, pour que la prescription ne puisse être invoquée, qu'il ne se soit pas écoulé trois mois sans acte de poursuite (Crim. rej. 2 mars 1854, aff. Lapeyre, D. P. 54. 5. 103).

1308. Sur les effets du retard ou du défaut de preuve de la culpabilité du prévenu au point de vue de la prescription, il convient de se référer au *Rép.* n°s 481 et 482.

1309. — 2° *De la pluralité de délinquants.* — Le jugement de condamnation prononcée contre l'un des auteurs d'un délit de chasse est interruptif de la prescription à l'égard des *coauteurs* du même délit, demeurés *inconnus* lors de la constatation du délit commis par le chasseur dont l'identité a pu être constatée (Dijon, 31 déc. 1872, aff. Viellard, D. P. 75. 2. 97. — Il en serait de même à l'égard des complices, si l'auteur principal avait été seul condamné (Arrêt précité du 31 déc. 1872; Trib. corr. Vervins, 5 août 1874, aff. Walc, R. F. t. 6, n° 57).

En ce qui concerne l'étendue des actes de poursuite ou d'instruction, et spécialement des citations, en cas de pluralité de délinquants, V. Crim. cass. 16 déc. 1813, *Rép.* n° 476, et les arrêts indiqués *ibid.*, n° 480.

1310. — 3° *Des effets de l'interruption de prescription.* — Lorsqu'un délit de chasse a été l'objet d'une instruction ou d'une poursuite, l'action publique se prescrit par le délai de *trois ans*, et non de trois mois, à partir du dernier acte d'instruction ou de poursuite (Berriat, p. 250 ; Duvergier, p. 168; Jullemier, t. 1, p. 144 ; Leblond, n° 372; Meaume, R. F. t. 10, n° 109. — Conf. Trib. corr. Bordeaux, 11 juin 1871, aff. Bellonguet, R. F. t. 5, n° 38; Crim. cass. 13 avr. 1883, aff. Furbeyre, D. P. 83. 5. 64-65 ; Paris, 23 juill. 1884 (1); Crim. rej. 29 mars 1884, aff. Delbecque, D. P. 85. 1. 183. — *Contrà:* Paris, 26 juin 1880, aff. Butot, R. F. t. 10, n°s 25 et 109; Dijon, 31 déc. 1872, aff. Viellard, D. P. 75. 2. 97). — A l'appui de cette opinion, conforme d'ailleurs à la jurisprudence intervenue sous l'empire de l'art. 12 de la loi de 1790 (V. *Rép.* n° 483), on peut invoquer encore par analogie la jurisprudence qui a prévalu en matière forestière au sujet de l'interprétation de l'art. 185 c. for. (V. *Forêts*). — Ajoutons que le motif déterminant en faveur de la théorie ci-dessus exposée est que le législateur, en édictant des prescriptions spéciales et généralement très courtes pour la poursuite de certains délits, n'a eu en vue que d'obliger le poursuivant à introduire son action dans les délais indiqués. Mais, une fois que cette disposition de la loi spéciale a été exécutée, il n'y a plus de texte particulier qui régisse la prescription, puisque tous les textes spéciaux réglementent uniquement l'introduction de l'action. Dès lors, on rentre nécessairement dans les art. 637 et 638 c. instr. cr.

(1) (De Maricourt C. Letteron.) — LA COUR; — Considérant qu'aux termes de l'art. 29 de la loi du 3 mai 1844 sur la chasse, toute action relative aux délits prévus par ladite loi est prescrite par le laps de trois mois, à compter du jour du délit; mais qu'à la différence de l'art. 65 de la loi du 29 juill. 1881 sur la presse, l'art. 29 ci-dessus visé ne dit pas que la même prescription de trois mois recommence à courir à partir du dernier acte de poursuite, s'il en a été fait; qu'ainsi, le législateur ne s'est pas expliqué sur la durée de la prescription en matière de chasse, lorsque l'action a été régulièrement introduite avant l'expiration du délai initial de trois mois; — Considérant qu'il est de principe que, dans le silence des lois spéciales, le juge doit recourir au droit commun pour tous les cas qu'elles n'ont pas prévus; qu'aux termes des art. 637 et 638 c. instr. crim., s'il s'agit d'un délit de nature à être puni correctionnellement, la durée de la prescription est de trois années à compter du dernier acte de poursuite, lorsqu'il en a été fait; que cette règle générale doit être appliquée en matière de délit de chasse; — Considérant que, par exploit du 20 déc. 1882, de Maricourt a fait citer Letteron devant le tribunal correctionnel de Provins, à raison d'un délit de chasse que ledit Letteron aurait commis le 3 du même mois de décembre 1882 ; qu'ainsi l'action publique et l'action civile n'étaient pas prescrites, lorsqu'à la suite de divers incidents judiciaires la cause est revenue, le 27 févr. 1884, devant le tribunal de Provins, pour y recevoir jugement;

Par ces motifs; — Réforme, etc.

Du 23 juill. 1884.-C. de Paris, ch. corr.-MM. Faure-Biguet, pr.-Pradines, av. gén.-Delafosse et Lachaud neveu, av.

1311. On a, d'ailleurs, fait observer que la prescription de trois ans n'est applicable qu'autant que l'action reste pendante devant le tribunal saisi ; car, si celui-ci vient à se déclarer incompétent, elle retombe, à partir du jugement d'incompétence, sous l'empire de la prescription particulière au délit poursuivi (V. les arrêts analysés au *Rép.* n° 483. — Conf. Sol. impl., Crim. cass. 2 févr. 1865, aff. Romang, D. P. 65. 1. 241).

1312. — IV. De la suspension de la prescription. — Ainsi qu'on l'a remarqué au *Rép.* n° 484, le cours de la prescription de l'action publique peut être *suspendu* par diverses causes, notamment par le jugement qui renvoie aux tribunaux civils la décision d'une question préjudicielle. Nous avons parlé aussi de l'instance en autorisation de poursuite à l'égard des fonctionnaires qui jouissaient de la garantie administrative ; mais celle-ci a été supprimée par le décret du 19 sept. 1870 (D. P. 70. 4. 91). Mentionnons encore la demande d'autorisation de poursuite à l'égard des sénateurs et des députés, pendant la durée de la session des Chambres (L. 16 juill. 1875, art. 14, D. P. 75. 4. 114-116).

§ 2. — De la prescription de l'action civile (*Rép.* n° 485).

1313. C'est un principe aujourd'hui constant que l'*action civile* résultant d'une infraction pénale est soumise à la même prescription que l'action publique, alors même qu'elle est portée devant les juridictions civiles (V. *Rép.* v° *Prescription criminelle*, nos 93 et suiv.). Aussi nous avons expliqué (*Rép.* v° *Chasse*, n° 485) que l'action civile relative aux délits de chasse se prescrit dans tous les cas par le délai de *trois mois* (V. Req. 9 déc. 1885, *suprà*, n° 908).

§ 3. — De la prescription de la peine.

1314. La loi du 3 mai 1844 ne renferme aucune disposition sur la *prescription de la peine* en matière de délit de chasse. Il s'ensuit qu'elle est soumise aux règles du droit commun en matière criminelle et que, par conséquent, elle s'accomplit par le laps de *cinq ans* (V. *Prescription criminelle*).

§ 4. — De la prescription des condamnations civiles.

1315. Il faut recourir aux principes du droit commun pour déterminer le délai de *prescription des condamnations civiles* résultant des infractions de chasse (c. instr. cr. art. 642). Ce délai est donc de *trente ans* (V. *Prescription civile*).

Art. 3. — *De la grâce ; De l'amnistie ; De la réhabilitation.*

1316. Les peines infligées à raison de délits de chasse sont susceptibles de *grâce* (V. *Grâce*. — V. aussi *suprà*, nos 355 et 386). — Une décision du ministre des finances, du 30 sept. 1844, porte formellement que, nonobstant l'attribution qui en a été faite aux communes par l'art. 19 de la loi du 3 mai 1844, les amendes prononcées pour délits de chasse peuvent être remises ou modérées (Circ. adm. for. 30 oct. 1867, § 25, *Nouv. série*, n° 72).

1317. A diverses reprises les délits de chasse ont été l'objet d'*amnistie* (V. *Rép.* v° *Amnistie*, n° 73, et deux décrets du 16 mars 1856, *suprà*, *eod. v°*, p. 393. — V. aussi *suprà*, nos 354 et 386).

1318. Les condamnations résultant de délits de chasse peuvent, comme toutes autres condamnations criminelles ou correctionnelles, être l'objet de *réhabilitation* conformément aux dispositions des art. 619 et suiv. c. instr. cr., modifiés par la loi du 14 août 1885 (V. *Réhabilitation*. — V. aussi *suprà*, n° 353).

CHAP. 11. — De la responsabilité civile en matière de chasse (*Rép.* nos 196, 327 à 333, 456 à 463).

Sect. 1re. — De la responsabilité civile des chasseurs (*Rép.* nos 327 à 333).

1319. On sait que tout *fait quelconque* de l'homme qui cause à autrui un *dommage*, oblige celui par la *faute* duquel il est arrivé, à le *réparer* (c. civ. art. 1382), et que chacun est *responsable* du *dommage* qu'il a causé non seulement par son *fait*, mais encore par sa *négligence* ou par son *imprudence* (c. civ. art. 1383). Ces principes de droit commun sont évidemment applicables aux *chasseurs*. Du reste, dans le cours de ce traité, nous avons eu parfois, à l'occasion de divers délits de chasse, à nous occuper des questions de responsabilité civile qui en dérivent.

1320. Les actions en dommages-intérêts qui s'élèvent à raison de délits de chasse résultent le plus ordinairement de faits de chasse sur le terrain d'autrui sans le consentement du propriétaire ou de ses ayants droit. Ce point ayant été l'objet de certains développements au *Rép.* nos 327 à 333, il suffira ici de les compléter par de courtes explications. Il importe toutefois d'insister sur la règle posée par l'art. 16, § 4, de la loi du 3 mai 1844, d'après laquelle la *quotité des dommages-intérêts* est laissée à l'appréciation des tribunaux.

Nous avons dit que les tribunaux peuvent accorder au propriétaire du fonds, en l'absence de tout dégât matériel, des dommages-intérêts basés sur l'atteinte portée à son droit de chasse exclusif, et sur la privation des bénéfices éventuels qu'il aurait été à même de réaliser en chassant le gibier que des tiers ont chassé sur son terrain sans son autorisation. Cette opinion est partagée par la plupart des auteurs (Championnière, p. 152 ; Chardon, p. 48 ; Giraudeau, n° 953 ; Lavallée et Bertrand, p. 119 ; Petit, t. 2, p. 200). — Jugé également que, lorsqu'il s'agit d'un fait de chasse sans autorisation sur un terrain dont la chasse est louée, les tribunaux appelés à statuer sur les dommages-intérêts réclamés par le fermier de la chasse doivent comprendre dans les éléments de leur estimation non seulement la valeur du gibier tué en délit, mais encore le prix du bail, les dépenses faites par le plaignant pour l'exercice de son droit, les frais et faux-frais que la poursuite lui a occasionnés, et même le plaisir dont il a été privé par le fait du délinquant (Metz. 5 févr. 1868, aff. Sido, R. F. t. 4, n° 671) ; — Que, quand il existe plusieurs cofermiers, chacun d'eux ne peut prétendre qu'à une indemnité proportionnelle à son intérêt dans le bail de la chasse (Même arrêt).

1321. Des chasseurs peuvent encourir une responsabilité civile à raison du fait des animaux sauvages qu'ils poursuivent dans l'exercice légitime du droit de chasse (*Rép.* v° *Responsabilité*, n° 742). — Décidé que l'art. 11-2°, § 3, de la loi du 3 mai 1844, d'après lequel le seul fait du passage, sur l'héritage d'autrui, de chiens courants qui sont à la suite d'un gibier lancé sur la propriété de leur maître, peut ne pas être considéré comme un délit de chasse, sauf l'action civile, s'il y a lieu, en cas de dommage, ne subordonne cette action qu'à la condition du dommage causé ; il n'est pas nécessaire qu'il y ait faute de la part des maîtres de ces chiens, dans le sens des art. 1382 et 1385 c. civ. (Req. 26 mai 1852, aff. Reiset, D. P. 52. 1. 286) ; — Que, spécialement, le chasseur dont les chiens, lancés sur sa propriété à la poursuite d'un cerf, tombent avec ce dernier, du haut d'une falaise, dans une habitation particulière, est responsable du dommage causé par cette chute, encore qu'il n'ait pu ni la prévoir ni l'empêcher (Même arrêt).

Sect. 2. — De la responsabilité civile des père, mère, tuteur, maître et commettant (*Rép.* nos 456 à 463).

1322. Comme on l'a indiqué au *Rép.* n° 456, la *responsabilité civile* susceptible d'atteindre les *personnes qui ont autorité sur les délinquants*, en matière de chasse, est réglée par l'art. 28 de la loi du 3 mai 1844 ; la rédaction de cet article a été inspirée par celle de l'art. 206 c. for.

1323. — I. Des personnes civilement responsables. — 1° *Des père, mère et tuteur*. — La responsabilité civile des père, mère et tuteur a été étudiée au *Rép.* n° 458.

La rédaction de l'art. 28 pourrait laisser supposer que la loi n'exige la communauté d'habitation que pour la responsabilité du tuteur à l'égard des infractions de son pupille. Mais nous avons expliqué que cette condition est également requise pour donner lieu à la responsabilité des père et mère à raison des délits de leurs enfants mineurs ; cette interprétation est généralement reçue (Gillon et Villepin, n° 459 ; Giraudeau, n° 1158 ; Petit, t. 2, p. 267 ; Rogron, p. 306).

1324. Il importe peu que le mineur ait agi avec ou sans discernement (V. *Responsabilité*). — Lorsque, parmi les prévenus d'un délit de chasse, il se trouve un mineur de moins de seize ans qui a été acquitté pour défaut de discernement, le seul appel de la partie civile autorise la cour à examiner, mais au point de vue des réparations civiles seulement, la question de discernement (Colmar, 1er mai 1866, aff. Diétrich, R. F. t. 5, n° 74).

1325. On a fait remarquer (*Rép.* n° 463), qu'en vertu du dernier paragraphe de l'art. 1384 c. civ., rendu applicable à la matière qui nous occupe par l'art. 28 de la loi du 3 mai 1844, la responsabilité des père, mère et tuteur cesse, quand il est prouvé qu'ils ont été dans *l'impossibilité d'empêcher le fait dommageable.* — Il a été décidé que, quand l'auteur principal du délit est mineur, il y a lieu de condamner le père comme civilement responsable, s'il n'a rien à opposer pour repousser la responsabilité qui lui incombe (Rouen, 11 nov. 1875, aff. X..., R. F. t. 8, n° 57).

Cependant, la responsabilité n'est pas écartée par la circonstance que le délinquant mineur était muni d'un permis de chasse (Caen, 2 juin 1840, *Rép.* v° *Responsabilité*, n° 580-1°; Paris, 13 janv. 1841, *ibid.* n° 581-2°). — Le père qui a permis à son fils mineur d'aller à la chasse, et qui lui en a fourni les moyens, est responsable de l'accident causé par l'imprudence de celui-ci, et le fait de la permission s'oppose à ce que le père puisse invoquer le moyen tiré de l'impossibilité d'empêcher l'accident (Arrêt précité du 2 juin 1840).

1326. — 2° *Des maîtres et commettants.* — De la combinaison de l'art. 28 de la loi du 3 mai 1844 et de l'art. 1384 c. civ., il ressort que les maîtres et commettants sont civilement responsables des délits de chasse commis par leurs domestiques et préposés *dans les fonctions* auxquelles ils les ont employés (V. *Rép.* n° 461). — Ajoutons que la responsabilité civile du maître est engagée à raison des délits commis, soit par son domestique mineur à qui il a prêté un fusil (Dijon, 6 avr. 1870, aff. Godinet, D. P. 72. 2. 103), soit par son piqueur. — Lorsqu'un maître ou propriétaire fait prendre un permis à son domestique ou garde, la chasse devient en quelque sorte une fonction de celui-ci, qui, si elle s'accomplit en délit, entraîne de plein droit la responsabilité du maître (Championnière, p. 169; Giraudeau, n° 1173). — Sur la responsabilité des lieutenants de louveterie relativement aux actes de leurs piqueurs, V. *infrà*, nos 1514 et 1576.

1327. Le journalier employé par un cultivateur pour écarter les corbeaux qui ravageaient un champ ensemencé est un préposé dans le sens de l'art. 1384 c. civ. Par suite, le cultivateur est civilement responsable, vis-à-vis de l'Etat, des frais auxquels le journalier a été condamné à raison d'un délit de chasse commis par lui dans l'exercice de sa surveillance, et en se servant du fusil qui lui avait été confié (Caen, 23 juin 1875, aff. Lefort, D. P. 78. 5. 407).

1328. La divagation d'un chien lévrier confié à la surveillance d'un domestique peut également entraîner la responsabilité civile du maître (Nancy, 18 déc. 1844, *Gazette des tribunaux* du 30 janv. 1845, cité par Giraudeau, n° 1174).

1329. Toutefois, une administration publique ne peut avoir à répondre des délits de ses agents, même de ceux commis dans l'exercice de leurs fonctions, qu'autant qu'ils se rapportent à ces fonctions elles-mêmes, et non lorsqu'au contraire ils en sont exclusifs. Ainsi, l'administration des douanes ne saurait supporter les conséquences d'une condamnation prononcée contre un de ses agents pour délit de chasse commis dans l'exercice de ses fonctions (Crim. rej. 16 avr. 1858, aff. Camus, D. P. 58. 1. 295). — V. *Rép.* v° *Responsabilité*, n° 425.

1330. Mais aucune responsabilité n'est encourue par le maître et commettant, à raison des délits que son domestique ou préposé a commis *en dehors de ses fonctions*, pendant qu'il n'était pas occupé aux devoirs de sa profession. — Décidé : 1° que le maître n'est point civilement responsable du délit de chasse commis par son domestique, lorsqu'il n'est point établi que ce domestique ait chassé par son ordre ou à son invitation, ou même incidemment à une fonction dont il l'aurait chargé (Grenoble, 24 nov. 1864, aff. Jassoud, R. F. t. 3, n° 400); — 2° Qu'en conséquence, il n'y a pas lieu à la responsabilité du maître lorsque son domestique, profitant des loisirs d'un dimanche ou autre jour de fête, a chassé à son insu (Même arrêt. — Conf. *Rép.* n° 461; Gillon et Villepin, n° 461); — Ou lorsque le domestique a chassé, à huit heures du soir, en hiver, sans que son maître l'ait chargé d'aucun travail au dehors (Caen, 1er févr. 1865, aff. Laborde, *Recueil de cette cour*, 1865, p. 204, cité par Giraudeau, n° 1170).

1331. Reste à savoir si la responsabilité civile du maître ou commettant est engagée, à raison des délits qui sont commis par leurs domestiques ou préposés *incidemment à l'exercice de leurs fonctions* et sans s'y rattacher directement. La question est très controversée. MM. Championnière, p. 169, Giraudeau, n° 1171, et Petit, t. 2, p. 276, se sont prononcés, dans cette hypothèse, en faveur de la non-responsabilité. Au *Rép.* n° 461, d'accord avec MM. Gillon et Villepin, n° 461, nous avons soutenu l'opinion contraire. Et il a été jugé que le maître est responsable lorsqu'un berger a commis un délit de chasse, loin de la maison de son maître, pendant qu'il était occupé à faire paître le bétail de ce dernier (Trib. corr. Vesoul, 21 août 1875, aff. Doillon, R. F. t. 6, n° 123; Nîmes, 2 mars 1876, aff. Delmas, *Gazette des tribunaux* du 14 avr. 1876, cité par Giraudeau, n° 1172); — Notamment, en dénichant des oiseaux dans une forêt voisine (Jugement précité du 21 août 1875).

1332. Au reste, le maître ou commettant ne saurait échapper à la responsabilité civile, en établissant qu'il lui a été *impossible d'empêcher le fait dommageable* accompli par son domestique ou préposé. — Cette proposition, déjà formulée au *Rép.* n° 463, se fonde sur la combinaison de l'art. 28 de la loi de 1844 et de l'art. 1384, *in fine*, qui est muet sur les maîtres et commettants (Conf. Jugement du 21 août 1875, cité au numéro précédent). — Et elle a été appliquée à des faits de chasse sans autorisation sur le terrain d'autrui, imputés à des rabatteurs (Paris, 16 mars 1870, aff. Comynet, R. F. t. 5, n° 30, et sur pourvoi, Crim. rej. 30 juin 1870, D. P. 71. 1. 191).

A plus forte raison, le maître dont le domestique mineur a été surpris chassant sans permis et en temps de neige, ne peut, pour décliner la responsabilité civile du délit, opposer qu'il avait prescrit à celui-ci de ne chasser que dans la propriété close attenant à son habitation, si, se trouvant à ce moment dans ladite habitation, il pouvait veiller à l'observation de ses recommandations prétendues (Dijon, 6 avr. 1870, aff. Godinet, D. P. 72. 2. 103).

1333. — 3° *Limitation de la responsabilité civile aux personnes désignées par l'art.* 28. — L'énumération des personnes civilement responsables, en matière de chasse, que renferme l'art. 28 de la loi de 1844 doit être considérée comme limitative. Nous avons admis (*Rép.* n° 459), avec la généralité des auteurs, que les *maris* ne sauraient être déclarés civilement responsables des infractions de chasse commises par leurs femmes. Cette solution résulte d'ailleurs de la discussion à la Chambre des députés (Gillon et Villepin, nos 453, 456; Giraudeau, n° 1150; Petit, t. 2, p. 273; Rogron, p. 305). — De même, le mari d'une femme ayant un enfant naturel mineur vivant avec eux, et qui n'est ni son cotuteur, ni son maître ou commettant, n'est pas civilement responsable du délit de chasse commis par cet enfant (Colmar, 1er mai 1866, aff. Diétrich, R. F. t. 5, n° 74).

1334. Comme on l'a vu au *Rép.* n° 460, il résulte du silence de l'art. 28 et de la discussion parlementaire, que le *curateur* d'un mineur émancipé n'est pas responsable des actes de celui-ci (Berriat, p. 241; Chardon, p. 440; Gillon et Villepin, n° 457; Giraudeau, n° 1153; Leblond, n° 362; Petit, t. 2, p 268; Rogron, p. 305; Toullier, t. 11, n° 277. — *Contrà :* Aubry et Rau, *Cours de droit civil*, t. 4, p. 757; Duranton, *Cours de droit français*, t. 13, n° 715; Marcadé, *Explication du code civil*, sur l'art. 1384; Mourlon, *Répétitions écrites sur le code civil*, t. 3, p. 773).

1335. Nous estimons aussi, avec M. Giraudeau, n° 1153, que les délits des individus pourvus d'un *conseil judiciaire* n'entraînent pas la responsabilité de ce dernier. La plupart des auteurs mentionnés au numéro précédent adoptent également cette solution.

1336. Doit-on étendre à la responsabilité civile résultant des délits de chasse la disposition de l'art. 1384 c. civ., aux termes de laquelle les *instituteurs* et *artisans* sont responsables du dommage causé par leurs élèves ou apprentis, pendant qu'ils sont sous leur surveillance? Plusieurs auteurs admettent l'affirmative, en soutenant qu'il y a ici même raison de décider qu'en cas de responsabilité des maîtres et commettants à raison des infractions de chasse dont se rendent coupables les domestiques et préposés (Camusat,

p. 178; Rogron, p. 308). — V. le rapport de M. Frank-Carré, *Rép.* p. 98, note, n° 67. — L'opinion contraire nous paraît préférable; et elle se fonde avec raison sur le caractère limitatif qu'il convient d'attribuer à l'énumération que contient l'art. 28 des personnes civilement responsables en matière de chasse (Giraudeau, n° 1152; Leblond, n° 362). — V. l'exposé des motifs, *Rép.* p. 93, note, n° 32).

1337. — II. De l'étendue de la responsabilité civile. — Ainsi qu'on l'a indiqué au *Rép.* n° 462, l'art. 28 restreint la responsabilité civile des père, mère, tuteur, maître et commettant, aux *condamnations civiles*, c'est-à-dire aux *dommages-intérêts* et *frais*. — Sous l'empire de la loi de 1790, il a été jugé également que les père et mère sont responsables des délits de chasse et de braconnage commis dans les forêts de l'Etat, par leurs enfants mineurs demeurant avec eux, sinon quant aux amendes, du moins sous le rapport des restitutions, dommages-intérêts et frais (Crim. cass. 5 nov. 1829, *Rép.* v° *Responsabilité*, n° 581).

1338. Cette responsabilité est étrangère, non seulement aux *amendes*, mais encore à la *confiscation* soit des engins et instruments de délit (V. *suprà*, n°s 1043 et suiv.); — Soit des armes (V. *suprà*, n°s 1051 et suiv.), comme nous l'avons fait observer au *Rép.* eod. v°, n° 514 (Aubry et Rau, t. 4, p. 765; Gillon et Villepin, 2e suppl., p. 31; Giraudeau, n° 1179; Leblond, n° 364, p. 81; Sourdat, *Traité de la responsabilité*, t. 2, n° 786. — Grenoble, 16 févr. 1850, aff. Bard, D. P. 50. 2. 95; et sur pourvoi, Crim. rej. 6 juin 1850, D. P. 50. 5. 59; Orléans, 19 oct. 1864, aff. Pasquier, D. P. 65. 2. 28. — *Contrà:* Grenoble, 20 déc. 1848, aff. Drevet, D. P. 50. 2. 96, note 1; Grenoble, 8 mars 1849, aff. Dondel, D. P. 50. 2. 95).

Et elle ne s'étend pas non plus à la condamnation au payement de la valeur des engins et armes ainsi confisqués, à défaut de leur représentation (V. en sens divers, les arrêts et les auteurs mentionnés ci-dessus).

1339. Par sa disposition finale, l'art. 28 de la loi de 1844 déclare formellement que la responsabilité civile résultant des délits de chasse ne peut donner lieu à la *contrainte par corps*. En cas de délit de chasse commis par un mineur, le chef de l'arrêt qui prononce la contrainte par corps pour le payement des amendes contre son père, comme civilement responsable du délit, doit être cassé par voie de retranchement (Crim. cass. 9 avr. 1875, aff. Roche, D. P. 77. 1. 508).

1340. Il va de soi que les personnes civilement responsables en vertu de l'art. 28 ont un *recours* contre les auteurs mêmes des délits de chasse; et ce recours est soumis aux principes du droit commun (V. *Responsabilité*).

Sect. 3. — De la responsabilité civile résultant d'entraves a l'exercice du droit de chasse.

1341. Les chasseurs peuvent recourir à l'autorité judiciaire pour faire respecter leur *droit de chasse*, écarter les *entraves* que des tiers apportent à son exercice et obtenir la *réparation du préjudice* qu'ils ont éprouvé.

Ainsi, il a été jugé: 1° que des dommages-intérêts peuvent être exigés des individus qui se sont livrés à des *vexations* systématiques et persistantes pour entraver l'exercice du droit de chasse (Paris, 10 févr. 1879, aff. Gauthier, R. F. t. 9, n° 58); — 2° Qu'un propriétaire excède ses droits et se rend passible de dommages-intérêts, lorsque les jours où son voisin entreprend des parties de chasse avec des invités, il fait faire, même sans sortir de sa propriété des *bruits* et *tapages* destinés à effrayer le gibier et à rendre infructueuse la chasse projetée (Paris, 2 déc. 1871, aff. prince de Wagram, D. P. 73. 2. 185). — Vainement il opposerait que, le voisin usant de son côté de procédés blâmables pour attirer le gibier chez lui, il doit lui être permis de recourir à des moyens propres à protéger le gibier et à le retenir sur ses propriétés (Même arrêt).

1342. Tout propriétaire a le droit d'user des moyens convenables pour conserver le gibier qui se trouve sur ses propriétés (Paris, 4 mai 1869, aff. Marais, R. F. t. 4, n° 718. — V. aussi *suprà*, n° 257). — Mais il ne lui est pas permis d'employer, soit personnellement, soit par ses préposés, des procédés vexatoires, ayant pour conséquence nécessaire d'effrayer et d'écarter le gibier arrivant naturellement sur le territoire du voisin, comme, par exemple, d'aposter des gens chargés d'effrayer le gibier et d'étourdir les chasseurs au moyen de tambours, cors, fouets, crécelles et autres objets (Même arrêt). — Toutefois, ce n'est pas excéder son droit que de faire, un mois même avant l'ouverture de la chasse, rabattre le gibier chez soi, plusieurs fois par jour, avec grand bruit de fouets, tambours, cors et trompettes, et de placer des mannequins, des moulins et autres épouvantails sur son propre terrain (Même arrêt).

Pareillement, le fait, par le propriétaire d'un bois entouré d'une clôture, d'établir dans cette clôture des *trappes mobiles* donnant accès au gibier et empêchant le retour sur les terres contiguës qu'il a quittées, constitue, de la part de ce propriétaire, l'exercice légitime de son droit de propriété, et ne peut, en conséquence, ouvrir aux propriétaires voisins une action en dommages-intérêts ni pour fait de chasse ni pour fait illicite (Req. 22 juill. 1861, aff. de Hauregard, D. P. 61. 1. 475. — V. *suprà*, n° 658). — Le locataire d'une chasse a, s'il n'y a convention contraire, le droit d'en jouir comme le propriétaire et d'aménager son terrain de la manière la plus fructueuse, conformément à sa destination. Il a donc la faculté d'y prendre toutes les mesures propres à assurer la conservation et la propagation du gibier qui ne portent pas atteinte aux droits des tiers ou à ceux du propriétaire. Par suite, il a le droit de clôturer sa chasse par un treillage en fer établi dans des conditions telles que la jouissance des autres droits réservés au propriétaire des fonds soumis au droit de chasse ou aux ayants cause de ce dernier ne soit pas entravée (Bruxelles, 30 juin 1884, aff. Société Middelkerque et consorts C. Dansaert, *Pasicrisie belge*, 1886. 2. 399).

1343. Dans un département où il est d'usage d'*épiner* les terres pour empêcher le braconnage de nuit à l'aide de filets traînants, le fermier ne peut s'opposer à ce que le propriétaire (ou celui auquel il a cédé son droit de chasse) fasse pratiquer cette opération sur les terres affermées, alors surtout que le propriétaire a pris l'engagement d'indemniser le fermier des inconvénients accidentels qui pourraient résulter de l'épinage (Paris, 11 juill. 1867, aff. Tasselin, D. P. 67. 2. 174).

1344. Le bailleur de chasse est tenu d'assurer la jouissance de son locataire et de ne rien faire qui puisse, dans une mesure quelconque, y porter atteinte. En conséquence, il ne peut établir, sur le domaine dont la chasse est affermée, un *treillage* susceptible d'empêcher la libre circulation du gibier et des chasseurs qui le parcourent (Paris, 4 janv. 1884, aff. Chappat, D. P. 84. 5. 56). — Mais le propriétaire ou locataire de chasse n'a pas droit au libre parcours du gibier provenant d'une chasse voisine (Arrêt du 30 juin 1884, cité *suprà*, n° 1342).

1345. L'Etat est responsable des dommages de toute nature causés à un propriétaire par les manœuvres militaires exécutées sur sa propriété, en dehors des cas prévus par la loi du 24 juill. 1873, et, par exemple, du trouble apporté à la jouissance du droit de chasse (Cons. d'Et. 25 juill. 1884, aff. Rabourdin, D. P. 86. 3. 5). — Mais, dans cette hypothèse, c'est au ministre de la guerre qu'il appartient de statuer, sauf recours au conseil d'Etat, sur la demande en indemnité formée par ce propriétaire (Même arrêt).

Sect. 4. — De la responsabilité civile résultant des dégats causés par le gibier (*Rép.* n° 196).

1346. On verra plus loin qu'en cas de *dégâts* causés par le *gibier à l'état libre*, la responsabilité du propriétaire ou du locataire de la chasse du bois d'où il est sorti est régie par les art. 1382 et 1383 c. civ. (V. *infrà*, n°s 1349 et suiv.).

Pour les *animaux domestiques* ou les *animaux sauvages devenus l'objet d'une appropriation particulière*, il convient d'appliquer l'art. 1385 c. civ., aux termes duquel « le propriétaire d'un animal ou celui qui s'en sert, pendant qu'il est à son usage, est responsable du dommage que l'animal a causé, soit que l'animal fût sous sa garde, soit qu'il fût égaré ou échappé ». C'est ce que nous avons dit au *Rép.* v° *Responsabilité*, n° 731. Sans doute le gibier est *res nullius* et ne devient une propriété privée que par l'effet de la capture; mais les art. 524 et 564 c. civ. font exception à cette règle en ce qui concerne les animaux sauvages incorporés à un immeuble auquel on a donné une destination spéciale en vue de les recueillir (V. *suprà*, n° 102). — Ainsi, l'art. 1385 c. civ. reçoit son application relativement aux dommages occasionnés soit par des *abeilles*, soit par des *pigeons de volière* ou *de colombier*, soit par des *lapins de clapier* ou de *garenne fermée* (V. *Rép.* eod. v°, nos 732, 733 et 736, et v° *Chasse*, n° 196. — V. aussi Giraudeau, nos 1386 et 1389; Leblond, n° 383; Sorel, tit. 1, n° 12). — Nous pensons, avec ces auteurs, qu'il faut en dire autant des dégâts produits par tous *autres animaux* placés dans des parcs ou enclos entourés de murs ou de palissades qui ne leur permettent pas de fuir.

1347. La responsabilité du maître des animaux domestiques ou des animaux devenus l'objet d'une appropriation particulière a lieu *de plein droit* par le seul fait du *dommage*, indépendamment de toute faute, négligence ou imprudence. A cet égard, elle diffère encore de la responsabilité dérivant des dégâts causés par le gibier à l'état libre. — Mais elle s'en rapproche en ce qu'elle cesse, s'il est justifié d'un cas de force majeure ou de faute imputable à celui qui a éprouvé le dommage.

1348. Une proposition de loi, sur la *défense des terrains en culture* contre les dégâts du gibier, a été déposée, le 20 juill. 1887, à la Chambre des députés, par MM. Vergoin, Colfavru, etc. (V. *suprà*, n° 7). Aux termes de l'art. 1er : « Tous propriétaires, possesseurs ou fermiers pourront, en tout temps, par tous moyens et engins, détruire le gibier nuisible dans leurs récoltes non closes. Le gibier nuisible sera désigné chaque année par le préfet, à la date et dans la forme ordinaire ». L'art. 3 laisse à un règlement d'administration publique le soin de déterminer les conditions dans lesquelles les propriétaires de réserves de chasse devront se clore pour conserver chez eux leur gibier. D'après l'art. 4, les contestations concernant les dégâts des animaux destinés à la chasse, dans les champs, fruits et récoltes, seraient jugées sans appel, et à quelque somme que les dommages puissent s'élever, par le juge de paix assisté de trois jurés désignés par les conseils municipaux des trois communes les plus voisines du lieu où le préjudice a été causé. En vertu de l'art. 5, tous les délits de chasse seraient déférés à un jury composé sur les bases ci-dessus indiquées et qui se réunirait sur la convocation du juge de paix. Les délits de chasse seraient punis d'une amende de 16 fr. à 500 fr., et, en cas de récidive d'un emprisonnement de six jours à six mois; l'art. 463 c. pén. serait toujours applicable (art. 6). Enfin l'art. 7 assujettit la nomination des gardes particuliers à l'agrément du conseil municipal.

Est-il besoin de faire ressortir les singularités de cette proposition de loi qui, d'ailleurs, tout en ayant pour but principal de protéger les terrains en culture contre les dégâts du gibier, déroge à tous les principes sur la compétence civile et criminelle, bouleverse la législation sur la chasse et confère au conseil municipal le pouvoir de paralyser le droit de nomination des gardes particuliers par les propriétaires de bois? Aussi est-il probable que le Parlement s'abstiendra de ratifier ces innovations qui, sous prétexte de faire œuvre de justice en faveur des populations rurales, sacrifient complètement les intérêts non moins légitimes des propriétaires de forêts et des locataires de chasse.

ART. 1er. — *Des conditions auxquelles est subordonnée la responsabilité.*

§ 1er. — Dommage.

1349. Pour donner ouverture à la responsabilité, il faut tout d'abord que le gibier ait causé un *dommage appréciable*, c'est-à-dire sérieux et réel (Giraudeau, n° 1400 ; Jullemier, t. 1, p. 120 ; Leblond, n° 385 ; Sorel, t. 1, n° 65. — Trib. civ. Amiens, 16 nov. 1858, aff. Milleret, rapporté par Sorel, p. 188 ; Trib. civ. Rouen, 23 juin 1858, aff. Prevel, D. P. 58. 3. 73).

1350. Mais il ne faut pas croire qu'un dommage quelconque soit susceptible d'entraîner la responsabilité. D'après la théorie qui a prévalu en doctrine et en jurisprudence, la présence du gibier dans un bois constitue, pour le voisinage, une sorte de *servitude naturelle* dont les inconvénients doivent être supportés, dans de certaines limites, sans donner ouverture à aucune action en dommages-intérêts (Giraudeau, n° 1383 ; Jullemier, t. 1, p. 78 ; Leblond, n° 381 ; Sorel, t. 1, n° 3. — Trib. civ. Senlis, 23 juin 1870, aff. Tardif, R. F. t. 5, n° 37; Trib. civ. Senlis, 18 août 1870, aff. de Chazelles, rapporté par Sorel, t. 1, p. 291 ; Trib. civ. Rambouillet, 4 avr. 1873, aff. Evrard, R. F. t. 6, n° 112; Trib. civ. Rambouillet, 12 mars 1875, aff. Monneau, R. F. t. 6, n° 112; Req. 10 nov. 1875; aff. Jumentier, D. P. 76. 5. 391, *infrà*, n° 1375-4°; Req. 24 déc. 1883, aff. duchesse d'Uzès, D. P. 84. 5. 431. — *Adde* : les sentences citées par Leblond, n° 381, savoir : Trib. de paix de Chevreuse, 24 mars 1877, aff. Dupré, *Gazette des tribunaux* du 31 mai 1877 ; Trib. de paix de Dourdan, 5 mai 1877, aff. Feuillastre, *Gazette des tribunaux* du 22 oct. 1877 ; Trib. de paix de Sceaux, 17 août 1877, aff. Jaluzot, *Gazette des tribunaux* du 13 sept. 1877. — *Contrà* : Demolombe, *Traité des contrats*, t. 8, n° 646; Frémy, *France judiciaire*, 1879, p. 132).

Cette sorte de servitude doit, du moins, être prise en considération dans la détermination des dommages-intérêts (Trib. civ. Corbeil, 9 déc. 1846, aff. Clary, rapporté par Sorel, t. 1, p. 169 ; Trib. de paix de Villeneuve-l'Archevêque, 16 juin 1866, aff. Silliaux, *ibid.*, p. 223).

1351. En tout cas, la responsabilité ne saurait découler de cette seule circonstance que le dommage causé est important (Civ. cass. 4 déc. 1867, aff. Talabot, D. P. 67. 1. 456 ; 22 juin 1870, aff. de la Marlier, D. P. 70. 1. 408 ; Trib. civ. Melun, 7 mai 1875, aff. Bellar, R. F. t. 6, n° 109 ; Trib. civ. Rambouillet, 9 févr. 1877, aff. Dupré, R. F. t. 7, n° 86 ; Trib. civ. Beauvais, 26 déc. 1882, aff. Kedieu, *Gazette des tribunaux* du 1er févr. 1883 ; Trib. civ. Corbeil, 21 mars 1883, aff. Anglade, D. P. 84. 5. 430, et R. F. t. 10, n° 150. — Conf. Leblond, n° 386). — Ainsi, la condamnation à des dommages-intérêts du propriétaire du bois d'où sont sortis les lapins qui ont causé les dégâts, n'est pas justifiée, lorsque le jugement, sans relever à sa charge aucun fait impliquant la faute ou la négligence, se fonde sur l'unique motif que l'importance du dommage démontre l'insuffisance des moyens de destruction employés (Civ. cass. 21 août 1871, aff. d'Ambrugeac, D. P. 71. 1. 112).

1352. L'action en responsabilité fondé sur les dégâts causés par le gibier n'est généralement exercée que relativement à des champs ou terrains ensemencés ou couverts de récoltes, parce que les autres terrains n'ont guère à souffrir de la présence des animaux sauvages. — Mais, en droit, les propriétaires de bois sont tenus de réparer les dégâts causés aux propriétés riveraines, quelle que soit leur nature, et sans qu'il y ait lieu de distinguer si les propriétés endommagées sont cultivées ou boisées (Trib. civ. Corbeil, 18 juill. 1878, aff. Curel, R. F. t. 8, n° 69).

1353. Quant à la *preuve* du dommage, il est manifeste qu'elle incombe à celui qui réclame des dommages-intérêts (c. civ. art. 1315). — V. aussi *infrà*, nos 1435 et suiv.

§ 2. — Fait, négligence ou imprudence de la personne civilement responsable.

1354. Les principes qui régissent la responsabilité civile résultant des dégâts causés par le gibier doivent être suivis quelle que soit la *nature du gibier*. Mais, comme les décisions judiciaires intervenues sur la matière sont extrêmement nombreuses, nous croyons, pour plus de clarté et de facilité des recherches, devoir étudier séparément les cas de responsabilité relatifs aux diverses espèces d'animaux. D'un autre côté, il y a lieu de remarquer que la plupart des procès qui se sont engagés ont eu pour objet des dommages occasionnés par les lapins.

1355. Il importe, dès maintenant, de poser comme règle générale que le propriétaire d'un bois dans lequel se trouvent des animaux nuisibles est responsable des dégâts causés par ces animaux aux propriétés voisines, si l'on établit à sa charge l'existence d'une *faute*, d'une *imprudence* ou d'une *négligence*, conformément aux dispositions des art. 1382 et 1383 c. civ. (Trib. civ. Coulommiers, 19 juill. 1867, aff. d'Eichtal, R. F. t. 4, n° 651 ; Req. 6 janv. 1874, aff. de Rancogne, D. P. 74. 1. 437 ; Trib. civ. Seine, 12 avr. 1878, aff. Jaluzot, R. F. t. 8, n° 101 ; Req. 7 nov. 1881, aff. de Maynard, D. P. 83. 1. 84 ; Req. 19 mars 1883, aff. Delmas, D. P. 84. 1. 56 ; Req. 24 déc. 1883, aff. duchesse d'Uzès, D. P. 84. 5. 431. — V. aussi les arrêts cités *infrà*, nos 1358 et suiv.).

1356. Du reste, la responsabilité encourue par le propriétaire de bois, à raison des dégâts causés aux propriétés voisines par le gibier qui s'y trouve, n'est pas subordonnée à une *mise en demeure* adressée à ce propriétaire d'avoir à détruire ce gibier: il suffit que le propriétaire ait été averti des dégâts (Req. 10 juin 1863, aff. Nau de Sainte-Marie, et aff. de la Tour du Pin, D. P. 63. 1. 369; Trib. civ. Rouen, 11 juin 1883, aff. Hommais, D. P. 84. 5. 431. — Conf. Giraudeau, n° 1401; Leblond, n° 397; Sorel, t. 1, n°s 21 et 22); — Notamment, par les plaintes des riverains (Arrêts précités des 10 juin 1863).

A cet effet, des plaintes verbales sont suffisantes (Giraudeau et Leblond, *loc. cit.*).

1357. Cette responsabilité n'a pas cessé par suite du décret du 13 sept. 1870, qui défendait la chasse au fusil (V. *suprà*, n°s 240 et suiv.), mais qui n'interdisait point les autres moyens de destruction des lapins; ni par suite de l'occupation allemande pendant quelques jours seulement (Trib. Bernay, 30 avr. 1872, et sur pourvoi, Req. 22 avr. 1873, aff. de Montigny, D. P. 73. 1. 476. — *Contrà:* Trib. de paix de Sains (Somme), 31 août 1871, aff. R..., R. F. t. 5, n° 60).

1358. — I. DES DÉGÂTS CAUSÉS PAR LES LAPINS. — 1° *Cas de responsabilité.* — La responsabilité du propriétaire peut résulter du fait: 1° d'avoir *attiré* dans son bois les animaux malfaisants ou nuisibles, et spécialement les *lapins* (Trib. civ. Coulommiers, 19 juill. 1867, aff. d'Eichtal, R. F. t. 4, n° 651; Civ. rej. 29 août 1870, aff. Daudin, D. P. 70. 1. 408; Req. 10 déc. 1877, aff. Manoury d'Irville, D. P. 78. 1. 319. — V. aussi Civ. rej. 14 août 1877, aff. Roblin, D. P. 79. 5. 362); — 2° De les y avoir *retenus* (Arrêts précité des 29 août 1870 et 10 déc. 1877; Req. 22 nov. 1875, aff. Evrard, D. P. 76. 5. 391, et R. F. t. 8, n° 56); — 3° D'en avoir *favorisé la multiplication* ou *reproduction* (Jugement précité du 19 juill. 1867; Civ. cass. 22 juin 1870, aff. de la Marlier, D. P. 70. 1. 408; Arrêt précité du 29 août 1870; Req. 19 avr. 1875, aff. Menssing, D. P. 78. 5. 408; Arrêt précité du 22 nov. 1875; Req. 7 févr. 1876, aff. Chobillon, D. P. 76. 5. 392, et R. F. t. 7, n° 87; Arrêt précité du 10 déc. 1877; Req. 7 mai 1884, aff. de Valon, D. P. 85. 1. 187. — V. aussi Req. 31 mai 1869, aff. Seillière, D. P. 71. 5. 339, *infrà*, n° 1378; Civ. rej. 14 août 1877, aff. Roblin, D. P. 79. 5. 362, *infrà*, n° 1378).

Pareillement, le propriétaire ou l'adjudicataire du droit de chasse est réputé en faute, et dès lors responsable du gibier existant dans ses bois, lorsqu'il est déclaré que, pour le plaisir ou la location de la chasse, il y entretient ce gibier, consistant, par exemple, en lièvres ou en lapins autres que des lapins de garenne (Trib. civ. Coulommiers, 17 mars 1859, aff. Emery, D. P. 60. 5. 331; Trib. civ. Rambouillet, 30 déc. 1859, aff. Minard, D. P. 60. 5. 332; Req. 24 juill. 1860, aff. Chéronnet, D. P. 60. 1. 426).

1359. Comme on l'a dit au *Rép.* v° *Responsabilité*, n° 739, il n'est pas nécessaire qu'il existe des *garennes* dans le sens propre de ce mot, pour que le propriétaire des lapins soit passible de dommages-intérêts. — Ainsi, le propriétaire est responsable des dégâts causés par des lapins qu'il laisse se multiplier dans les bois en y entretenant, soit des *terriers* (Req. 22 mars 1837, *ibid.*; Req. 2 janv. 1839, *ibid.*; Req. 31 déc. 1844, aff. de Sancy, D. P. 45. 1. 76; 23 nov. 1846, aff. Lepelletier, D. P. 47. 1. 29; 7 mars 1849, aff. Clary, D. P. 49. 1. 149; 7 nov. 1849, aff. Jaloureau, D. P. 49. 1. 300; Req. 20 janv. 1873, aff. Renard, D. P. 74. 1. 16; 22 avr. 1873, aff. de Montigny, D. P. 73. 1. 476; 22 nov. 1875, aff. Evrard, D. P. 76. 5. 391 et R. F. t. 8, n° 56; 10 déc. 1877, aff. de Manoury d'Irville, D. P. 78. 1. 319); — Soit une grande quantité de fourrés et de bruyères qui leur servent de *refuge* (Arrêt précité du 22 avr. 1873. — Conf. Trib. civ. Coulommiers, 19 juill. 1867, aff. d'Eichtal, R. F. t. 4, n° 651).

1360. Pour justifier la condamnation du propriétaire à des dommages-intérêts, il suffit que le jugement constate qu'il existait dans le bois des terriers et des fourrés qui offraient aux lapins des lieux de refuge et facilitaient ainsi leur multiplication, qu'il n'a bouché ces terriers et coupé ces fourrés que postérieurement à la demande formée contre lui et alors qu'il avait été informé depuis quelque temps des dégâts causés par ces lapins, que ce n'est aussi que tardivement qu'il a organisé des chasses et des battues ayant réellement pour objet la destruction de ces animaux, et invité le voisin qui se plaint à y prendre part (Civ. rej. 29 août 1870, aff. Daudin, D. P. 70. 1. 408). — Peu importe, également, que, dans certaines parties du bois, des terriers aient été supprimés, si cette suppression n'a eu lieu qu'après l'action en dommages-intérêts du riverain, et que peu de jours avant le transport de l'expert (Req. 10 juin 1863, aff. de la Tour du Pin, D. P. 63. 1. 371).

1361. Il y a, de la part d'un propriétaise ou fermier de la chasse, négligence suffisamment caractérisée dans le fait: 1° d'avoir laissé subsister quantité de terriers non bouchés ni défoncés, et conservé le gibier en faisant détruire les bêtes fauves et les oiseaux de proie (Arrêt du 22 nov. 1875, cité *suprà*, n° 1359); — 2° D'avoir empoisonné les renards et putois qui dévoraient les lapins dans son bois, et d'avoir ainsi favorisé la multiplication du gibier sans s'être occupé en aucune manière de la destruction des lapins. Et il importe peu que le propriétaire ait fait procéder à des chasses et des battues contre les lapins, alors d'ailleurs que ces opérations n'ont eu lieu qu'après les plaintes des voisins, et qu'il en a été tenu compte dans la réduction des dommages-intérêts prononcés au profit de ces derniers (Req. 6 janv. 1874, aff. de Rancogne, D. P. 74. 1. 437).

1362. Celui qui favorise la multiplication des lapins par l'établissement d'une palissade autour de son bois, est passible de dommages-intérêts (Req. 18 févr. 1874, aff. de La Rochefoucauld, D. P. 75. 5. 383, et R. F. t. 6, n° 101). — Il a même été jugé que, dans le cas où il résulte des constatations des experts que le treillage établi par le locataire de chasse pour enclore ses lots de chasse, ne présentait pas toutes les conditions voulues pour empêcher l'incursion de lapins sur les terres voisines, et que le passage au-dessous du treillage était facile pour les lapins, cette circonstance suffit pour impliquer, de la part du locataire, une faute engageant en principe sa responsabilité, sans qu'il soit besoin d'articuler d'autres éléments de preuve (Trib. civ. Compiègne, 1er août 1883, aff. Jaluzot C. Boucher et consorts, *Recueil d'Amiens*, 1883, p. 211. — V. toutefois *infrà*, n° 1376-2°).

1363. Plusieurs arrêts mentionnés au *Rép.* v° *Responsabilité*, n° 740, déclarent que le propriétaire d'une forêt où il existe beaucoup de lapins est responsable du dommage que ces animaux peuvent causer sur les terres voisines, s'il néglige de les détruire, et n'autorise point les propriétaires voisins à les tuer dans sa forêt (Req. 3 janv. 1810, 14 nov. 1816, et 10 août 1819). — Décidé, de même, qu'il y a lieu à la responsabilité: 1° quand le propriétaire de bois, à la négligence duquel est imputable la multiplication de lapins qui y sont réfugiés et qu'il y chasse, n'a pas fait tout ce qu'il pouvait pour les détruire, malgré une mise en demeure de la part des intéressés (Req. 7 août 1851, aff. Gresy, D. P. 58. 5. 320); — 2° Lorsque, par son fait ou sa négligence, il a attiré ou retenu ces animaux ou favorisé leur multiplication, ou encore lorsque, par son refus de les détruire lui-même ou d'en permettre la destruction par le voisin qui se plaint, il les a laissés se multiplier au point de devenir nuisibles (Civ. rej. 29 août 1870, aff. Daudin, D. P. 70. 1. 408).

1364. Le propriétaire de bois est responsable du dommage causé aux propriétés voisines par les lapins qui se trouvent dans ces bois à l'état sauvage: 1° lorsque ces lapins s'y sont multipliés sous la garde de nombreux agents, sans qu'il y ait été rien tenté pour les détruire, et alors que le propriétaire avait été personnellement averti des dégâts par les plaintes des riverains (Req. 10 juin 1863, aff. Nau de Sainte-Marie, et aff. de la Tour du Pin, D. P. 63. 1. 369); — 2° Quand il n'a pas fait des battues suffisantes et assez sérieuses pour produire la destruction des lapins (Trib. de paix de Geispolsheim, 24 févr. 1870, aff. Gœrner, R. F. t. 5, n° 86; Req. 18 févr. 1874, aff. de La Rochefoucauld, D. P. 75. 5. 383, et R. F. t. 6, n° 101; Req. 22 nov. 1875, aff. Evrard, D. P. 76. 5. 391, et R. F. t. 8, n° 56); — 3° Lorsque les efforts du propriétaire ou du fermier pour la destruction des lapins n'ont pas été suffisants, et que la chasse a été soigneusement gardée (Req. 7 févr. 1876, aff. Chebillon, D. P. 76. 5. 392, et R. F. t. 7, n° 87; 7 mai 1884, aff. Valon, D. P. 85. 1. 187); — Qu'il objecterait vainement avoir organisé des battues et fait défoncer des terriers, si ces mesures ont été tardives et insuffisantes (Arrêt précité du 7 mai 1884); — 4° Lorsque les moyens employés pour détruire les lapins qui s'étaient multipliés dans le bois ont été insuffisants; et dans ce cas il importe peu que le propriétaire n'ait rien fait ni pour attirer, ni pour conserver ces animaux dans son bois (Trib. civ. Coulommiers, 19 juill. 1867, aff. d'Eichtal, R. F. t. 4, n° 651; Trib. civ. Saint-Calais, 5 déc. 1868, aff. d'Andigné de Resteau, D. P. 70. b. 311); — 5° Lorsque le propriétaire du bois ou le locataire de la chasse, tout en ayant fait un certain nombre de battues qui n'ont pas été inefficaces, n'a pas effectué cependant toutes les diligences nécessaires; spécialement, en n'opérant pas avec une activité suffisante le défoncement des terriers bordant les propriétés des intéressés (Trib. civ. Seine, 12 avr. 1878, aff. Jaluzot, R. F. t. 8, n° 101); — 6° Quand il favorise ou facilite la multiplication des lapins, en les attirant ou en les conservant, soit pour le plaisir de la chasse, soit par négligence, et qu'il refuse de permettre ou qu'il s'abstient de prendre des mesures, telles que des battues, des chasses et le défoncement des terriers, pour les détruire, avant qu'ils deviennent nuisibles aux fruits et aux récoltes des terres environnantes (Req. 10 déc. 1877, aff. Manoury d'Irville, D. P. 78. 1. 319).

1365. Un propriétaire ne saurait être affranchi de la responsabilité, par le fait d'avoir sollicité de l'Administration, à l'effet de chasser ou de faire chasser en tout temps le gibier de ses bois, une autorisation qui ne lui a été accordée que pour un temps limité, s'il a négligé de recourir, malgré les plaintes des riverains, aux autres moyens de destruction qui étaient à sa disposition (Arrêts du 10 juin 1863 cités *suprà*, n° 1364-1°).

1366. Parmi les causes susceptibles de servir de base à la responsabilité, il convient de mentionner le *refus*, de la part du propriétaire du bois, *de permettre aux riverains d'y détruire le gibier* (notamment des lapins) qui leur cause des dégâts (Civ. cass. 22 juin 1870, aff. de la Marlier, D. P. 70. 1. 408; Civ. rej. 29 août 1870, aff. Daudin, *ibid.* — V. aussi *suprà*, n° 1364-6°). — Jugé : 1° qu'il y a lieu de condamner à des dommages-intérêts le propriétaire qui n'a pas employé tous les moyens en son pouvoir pour parvenir à la destruction des lapins et n'a point donné aux riverains, en temps opportun, la permission d'opérer eux-mêmes cette destruction (Trib. civ. Rouen, 11 juin 1883, aff. Hommais, D. P. 84. 5. 431); — 2° Que le propriétaire d'un bois autre qu'une garenne et le locataire de la chasse dans ce bois sont responsables des dommages causés aux tiers par les lapins qui y séjournent, s'il est prouvé que tous les moyens en leur pouvoir pour parvenir à la destruction de ces animaux n'ont pas été employés et que la permission de l'opérer eux-mêmes n'a pas été donnée aux riverains en temps opportun (Civ. cass. 17 août 1880, aff. Bourcier, et aff. Bonjour, D. P. 81. 1. 176); — 3° Qu'il en est ainsi, par exemple, lorsque le propriétaire n'a donné aux habitants des communes voisines l'autorisation de détruire les lapins que postérieurement à la récolte (Req. 18 févr. 1874, aff. de La Rochefoucauld, D. P. 75. 5. 383, et R. F. t. 6, n° 101; Arrêt précité du 17 août 1880, aff. Bourcier); — 4° Que la responsabilité du propriétaire ne saurait être écartée par l'autorisation par lui donnée aux riverains de se livrer à la chasse en compagnie de ses gardes, lorsque cette autorisation n'est intervenue que postérieurement aux dégâts dont la réparation était réclamée (Req. 10 juin 1863, aff. Nau de Sainte-Marie, D. P. 63. 1. 369).

1367. Il a encore été décidé que le propriétaire d'un bois, qui y a favorisé la multiplication des lapins, ne peut pas se dégager de la responsabilité qui lui incombe à raison des dégâts causés par ces animaux à un propriétaire voisin et dont celui-ci avait déjà réclamé la réparation, en lui accordant pour l'avenir l'autorisation de les détruire et de défoncer les terriers qui leur servent de refuge, alors surtout que cette autorisation était subordonnée à la double condition, non acceptée par le voisin, qu'il laisserait sur place les lapins tués, et qu'il réparerait le dommage fait au bois par le défoncement des terriers (Req. 10 déc. 1877, aff. Manoury d'Irville, D. P. 78. 1. 319. — Conf. Trib. civ. Rouen, 28 mars 1877, même affaire, *ibid.*).

Cette solution ne saurait être critiquée en ce qui regarde le dommage résultant du défoncement des terriers. En effet, le propriétaire du bois personnellement obligé de défoncer les terriers qui favorisent la multiplication des lapins, doit supporter les dommages qui sont la conséquence naturelle de cette opération, soit qu'il la fasse lui-même, soit qu'il autorise le voisin à y procéder. Celui-ci ne serait responsable que des dommages causés sans nécessité, par défaut de soins ou par malveillance, conformément aux règles du droit commun.

Mais la question relative à l'abandon sur place des lapins tués n'est pas exempte de difficulté. Plusieurs auteurs estiment que le propriétaire de bois ou locataire de chasse, en imposant aux chasseurs l'obligation d'abandonner le gibier tué, use d'un droit incontestable, les chasseurs ne devant pas, dans le cas actuel, rechercher un plaisir, mais poursuivre uniquement, dans un but d'utilité personnelle, la destruction du gibier (Leblond, n° 395 *ter;* Sorel, t. 1, n° 23. — Conf. Trib. de paix de Nanteuil-le-Haudouin, 27 mai 1881, aff. F... *C.* veuve H... et V..., *Recueil d'Amiens*, 1882, p. 74).

1368. Le propriétaire s'engage envers les riverains, en prenant des mesures ayant pour objet d'empêcher l'entière destruction des lapins, ou simplement pour résultat d'en assurer la conservation, surtout s'il a agi en vue de se ménager, pour lui-même et ses amis, le plaisir et les avantages de la chasse (Trib. civ. Coulommiers, 19 juill. 1867, aff. d'Eichtal, R. F. t. 4, n° 651). — Ainsi, la jurisprudence déclare responsable des dégâts causés aux terres riveraines par le gibier provenant de son bois : 1° le propriétaire qui *fait garder* dans son bois le gibier qu'il contient, de manière à écarter de son domaine les tiers qui tenteraient d'y détruire le gibier même nuisible, notamment les lapins (Même jugement) ; — 2° Celui qui se réserve exclusivement la chasse dans sa forêt (Req. 22 avr. 1873, aff. de Montigny, D. P. 73. 1. 476) ; — 3° Le propriétaire qui interdit rigoureusement, non seulement la chasse, mais encore la destruction des lapins par quelque moyen que ce soit, à toute autre personne que les invités à ses chasses (Req. 19 avr. 1875, aff. Menssing, D. P. 78. 5. 408) ; — 4° Le locataire de chasse qui fait garder la chasse de façon à empêcher les propriétaires voisins de se livrer efficacement à la destruction des sangliers et des lapins (Req. 5 juill. 1876, aff. de Molembaix, D. P. 78. 5. 409) ; — 5° L'adjudicataire d'une chasse qui a fait soigneusement garder les bois loués et a négligé d'employer des moyens suffisants pour empêcher les lapins existant dans ces bois de causer des dégâts aux récoltes contiguës (Req. 21 avr. 1879, aff. Thouroude, D. P. 80. 1. 184. — V. aussi Req. 14 févr. 1882, aff. d'Aligre, D. P. 82. 1. 432, *infrà*, n° 1384-1°) ; — 6° Le locataire de chasse qui n'a pris aucune des mesures nécessaires pour leur destruction, qui a fait soigneusement garder la chasse, qui s'est opposé aux battues réclamées par les riverains et n'a coupé, ni permis de couper les broussailles servant de refuge aux lapins (Req. 19 mars 1883, aff. Delmas, D. P. 84. 1. 56).

1369. M. Leblond, n° 395 *bis*, estime avec raison que le riverain ne saurait se plaindre de ce que l'autorisation de chasse qui lui est accordée, est subordonnée à l'obligation de *prévenir le garde* de la propriété. Vainement il alléguerait que la présence exigée du garde constitue une entrave au droit qui lui était conféré; cette condition n'y met nullement obstacle; elle est nécessaire pour prévenir les abus et limiter les faits de destruction aux animaux nuisibles et spécialement aux lapins (Trib. civ. Rouen, 7 août 1866, aff. Lecarpentier, R. F. t. 3, n° 516; Trib. civ. Beauvais, 2 avr. 1867, aff. de Glos, R. F. t. 3, p. 270, note 1; Trib. civ. Corbeil, 21 mars 1883, aff. Anglade, D. P. 84. 5. 430, et R. F. t. 10, n° 150). — Par les mêmes motifs, le locataire de chasse a le droit d'indiquer aux riverains les jours et heures auxquels ils pourront chasser et de dire que cette destruction n'aura lieu qu'en présence des gardes (Trib. de paix de Nanteuil-le-Haudouin, 27 mai 1881, aff. F... *C.* veuve H... et V..., *Recueil d'Amiens*, 1882, p. 74).

1370. Il paraît certain que l'on ne saurait imposer au propriétaire ou locataire de chasse l'obligation de détruire jusqu'au dernier, les lapins qui se trouvent dans ses bois; d'ailleurs, la nature du sol permettrait souvent aux lapins de se reconstituer facilement et rapidement des terriers, ce qui mettrait obstacle à la destruction absolue (Jugements des 27 mai 1881 et 21 mars 1883, cités au numéro précédent. — V. *suprà*, n° 1350).

1371. — 2° *Cas de non-responsabilité.* — Le gibier à l'état libre ne pouvant être réputé au pouvoir ou sous la garde du propriétaire du domaine où il se tient, on ne saurait appliquer à ce propriétaire la responsabilité spéciale déterminée par l'art. 1385 c. civ. En conséquence, le propriétaire d'un bois autre qu'une garenne, c'est-à-dire d'un bois qui n'est destiné dans aucune de ses parties à servir de réserve pour des lapins, et dont l'accès n'est pas interdit au public, *n'est pas, nécessairement, et de plein droit, responsable* des dégâts causés par les lapins sortis de ce bois. Cette théorie, que nous avons d'ailleurs formulée au *Rép.* vº *Responsabilité*, nº 735, est aujourd'hui admise par la plupart des auteurs (V. notamment : Aubry et Rau, t. 4, § 448, p. 770; Giraudeau, nº 1387; Leblond, nº 382 ; de Neyremand, p. 42; Sorel, t. 1, nºs 10 et suiv.; Sourdat, *Traité de la responsabilité*, nºs 1446 et 1447 ; Viel, p. 104). — Et elle est consacrée par une jurisprudence constante (V. Req. 19 juill. 1859, aff. Chéreau, D. P. 60. 1. 425; 24 juill. 1860, aff. Chéronnet, D. P. 60. 1. 426; Trib. civ. Coulommiers, 19 juill. 1867, aff. d'Eichtal, R. F. t. 4, nº 651; Civ. cass. 22 juin 1870, aff. de la Marlier, D. P. 70. 1. 408; Civ. rej. 29 août 1870, aff. Daudin, *ibid.*; Civ. cass. 11 août 1874, aff. d'Eichtal, D. P. 76. 1. 308; Req. 31 juill. 1876, aff. d'Onsembray, D. P. 77. 1. 24, *infrà*, nº 1378-5º; Trib. civ. Seine, 12 avr. 1878, aff. Jaluzot, R. F. t. 8, nº 101; Trib. civ. Corbeil, 18 juill. 1878, aff. Curel, R. F. t. 8, nº 69; Req. 3 févr. 1880, aff. Favriaux, D. P. 80. 1. 304; 1er mars 1882, aff. Binjamin, D. P. 83. 1. 176; 19 mars 1883, aff. Bellanger, D. P. 84. 1. 56; Trib. civ. Rouen, 11 juin 1883, aff. Hommais, D. P. 84. 5. 431. — V. aussi Req. 15 janv. 1872, aff. Deaubonne, D. P. 72. 1. 212, *infrà*, nº 1386-2º).

1372. Le propriétaire d'un bois autre qu'une garenne n'est responsable des dégâts causés par les lapins qui habitent ce bois ou qui s'y rassemblent, que s'il y a eu de sa part faute, négligence ou imprudence, dans les termes des art. 1382 et 1383 c. civ. (Arrêts précités des 19 juill. 1859 et 24 juill. 1860; Civ. cass. 4 déc. 1867, aff. Talabot, D. P. 67. 1. 456; Arrêts précités des 22 juin 1870, 29 août 1870, et 11 août 1874; Trib. civ. Melun, 7 mai 1875, aff. Bellan, R. F. t. 6, nº 109; Req. 10 nov. 1875, aff. Jumentier, D. P. 76. 5. 391; Trib. civ. Seine, 19 déc. 1876, aff. Denis, R. F. t. 7, nº 111 ; Arrêt précité du 1er mars 1882; Trib. civ. Dreux, 29 mars 1882, aff. Chaïou, *Gazette des tribunaux* du 26 avr. 1882; Req. 19 mars 1883, aff. Bellanger, D. P. 84. 1. 56; Trib. civ. Corbeil, 21 mars 1883, aff. Anglade, D. P. 84. 5. 430, et R. F. t. 10, nº 150); — Soit en favorisant la multiplication des lapins (Décisions précitées des 7 mai 1875, 3 févr. 1880 et 1er mars 1882); — Soit en les laissant s'accumuler sans se livrer à leur destruction (Jugement précité du 7 mai 1875); — Soit en négligeant de prendre les moyens les plus efficaces pour la destruction de ces animaux (Décisions précitées des 19 déc. 1876 et 1er mars 1882). — En conséquence, la condamnation prononcée contre le propriétaire d'un bois n'est pas justifiée par les motifs qui constatent seulement que les dégâts dont se plaignent les voisins avaient été causés par des lapins sortis de son bois, sans relever à sa charge aucun fait qui soit de nature à justifier une demande en dommages-intérêts contre lui (Arrêt précité du 22 juin 1870).

1373. On a dit au *Rép.* vº *Responsabilité*, nº 737, que le propriétaire d'un terrain qui n'est pas constitué en garenne, ne saurait être rendu responsable du dommage causé par les lapins qui s'y trouvent naturellement, et qui se sont multipliés d'eux-mêmes et sans protection de la part de ce propriétaire. — Et il a été jugé que les lapins qui ne se trouvent sur un terrain que par l'effet de l'instinct qui les y rassemble, sans que le propriétaire ait rien fait pour les y attirer, n'appartenant pas au propriétaire du terrain, ne rendent pas ce dernier responsable des ravages qu'ils exercent sur les terres voisines (Req. 13 janv. 1829, *ibid.* nº 738). Mais cette proposition ne saurait être admise sans réserves; elle doit être rapprochée des décisions judiciaires qui en restreignent la portée (V. *suprà*, nº 1371, et *infrà*, nº 1374).

1374. Ainsi, le propriétaire d'un bois dans lequel des lapins se trouvent réunis par leur instinct naturel, n'est pas responsable des dégâts causés aux héritages voisins, s'il n'est point établi que, par son fait ou sa négligence, il a attiré ou retenu ces animaux ou favorisé leur multiplication, ou encore que, par son refus de les détruire ou d'en permettre la destruction par les voisins qui se plaignent, il les a laissés se multiplier au point de devenir nuisibles (Civ. cass. 21 août 1871, aff. d'Ambrugeac, D. P. 71. 1. 112). — De même, le locataire de la chasse dans un bois n'est pas obligé de détruire lui-même les lapins qui y séjournent et occasionnent du dommage aux tiers ; il est tenu seulement, s'il ne procède pas à cette destruction, d'accorder aux voisins toute permission nécessaire pour qu'ils puissent le faire. En conséquence, le locataire de la chasse dans un bois, tenu seul par le bail de la responsabilité des dégâts causés par le gibier, n'encourt aucune responsabilité s'il est établi qu'il a donné aux voisins, avant tout dommage, l'autorisation sans réserve de poursuivre et de détruire dans ledit bois les lapins par tous les moyens jugés convenables (Req. 19 mars 1883, aff. Bellanger, D. P. 84. 1. 56). — A plus forte raison, le propriétaire dans les bois duquel des lapins sauvages sont venus spontanément s'établir, n'est pas responsable des dégâts causés par ces animaux aux propriétés voisines, lorsqu'il a fait tout ce qu'il a pu pour les détruire et qu'il a de plus autorisé les intéressés à procéder eux-mêmes à cette destruction par tous les moyens de droit; vainement, pour faire déclarer cette responsabilité, prétendrait-on que la propriété du bois emporte celle des lapins qui s'y sont creusé des terriers (Trib. Rouen, 10 mars 1858, aff. de Stabenrath, D. P. 58. 3. 73 ; Trib. civ. Falaise, 9 févr. 1860, aff. Doray, D. P. 60. 3. 32).

1375. Il n'y a pas non plus lieu à responsabilité : 1º contre le fermier de la chasse qui a eu recours spontanément à tous les moyens en son pouvoir pour empêcher la multiplication des lapins, et qui a même mis les riverains en demeure d'assister aux chasses et battues opérées dans ce but (Trib. civ. Melun, 21 févr. 1862, aff. Nouguier, R. F. t. 1, nº 162); — 2º Contre le propriétaire qui, au lieu de vouloir multiplier ou seulement conserver les lapins existant dans ses bois, a cherché à les détruire par tous les moyens possibles; qui, de plus, par affiches apposées avant qu'aucun dommage eût pu être causé aux récoltes, a autorisé tous les propriétaires de récoltes placées à proximité de ses bois à détruire les lapins qu'ils pourraient y trouver, à l'aide de fusils, de chiens, de furets et par le défoncement des terriers (Trib. civ. Rouen, 7 août 1866, aff. Lecarpentier, R. F. t. 3, nº 516); — 3º Contre celui qui, loin de vouloir conserver les lapins qui existent dans ses bois, a, au contraire, cherché à les détruire en faisant faire de nombreuses chasses et en coupant des herbes où ces animaux se réfugiaient, et qui a même invité les habitants des communes voisines à prendre part à leur destruction (Trib. civ. Beauvais, 2 avr. 1867, aff. de Glos, R. F. t. 3, nº 516, note 1) ; — 4º Contre le propriétaire qui a fait inviter par affiches les voisins à venir assister à la destruction des lapins. Et il en est ainsi, alors d'ailleurs que cette destruction a eu lieu à l'aide de fusils, de bourses et de furets, que tous les terriers ont été bouchés et défoncés, que les lapins survivants ne dépassent pas la quantité que le bois peut naturellement contenir, et que le propriétaire a pris ainsi toutes les mesures propres à détruire le gibier ou à en empêcher la multiplication (Req. 10 nov. 1875, aff. Jumentier, D. P. 76. 5. 391) ; — 5º Contre le propriétaire d'un bois et le locataire de la chasse qui n'ont rien fait pour favoriser la multiplication des lapins, et qui ont convoqué les riverains à des battues pour la destruction de ces animaux (Trib. civ. Sens, 26 janv. 1877, aff. de Rougé, R. F. t. 7, nº 82; Trib. civ. Rambouillet, 9 févr. 1877, aff. Dupré, R. F. t. 7, nº 86); — 6º Contre le locataire de chasse qui, par lettres particulières ou par affiches, a convoqué les cultivateurs sans distinction des communes voisines à prendre part à deux battues de destruction chaque semaine ; puis qui, en présence du refus des cultivateurs de s'associer à ces mesures, arguant de leur inefficacité, par de nouvelles affiches apposées dans les communes et par exploit d'huissier, a fait signifier aux cultivateurs et chasseurs riverains de ses bois, qu'il les autorisait à chasser et détruire les lapins par tous les moyens qu'autorise la loi et cela quatre jours chaque semaine (Trib. de paix de Nanteuil-le-Haudouin, 27 mai 1881, aff. F... C. veuve H... et V..., *Recueil d'Amiens*, 1882, p. 74); — 7º Contre le propriétaire qui, d'après les constatations souveraines des juges du fond, loin d'avoir cherché à accroître le nombre des lapins ou à les conserver, a, longtemps avant les dégâts commis, manifestement autorisé le public à chasser dans son bois sans mettre à cette autorisation aucune restriction (Req. 1er mai 1882, aff. Binjamin, D. P. 83. 1. 176).

1376. Jugé, pareillement, qu'aucune responsabilité n'est encourue: 1º lorsque le propriétaire a chassé les lapins chaque dimanche et en semaine, a procédé d'une manière sérieuse à leur destruction par battues, furets et bourses, a fait défoncer les terriers dans la limite du possible, a sommé le riverain de se livrer lui-même à la destruction de ces animaux par tous les moyens permis par la loi, l'a invité à participer à des battues, et l'a autorisé à détruire les lapins même en semaine, à la condition de prévenir le garde de la propriété (Trib. civ. Corbeil, 21 mars 1883, aff. Anglade, D. P. 84. 5. 430, et R. F. t. 10, n° 150); — 2° Quand le locataire de chasse par lui-même, par ses gardes et ses amis, a contribué à la destruction des lapins dans la mesure du possible, notamment en chassant, faisant des battues et furetant constamment non seulement pendant le temps de la chasse, mais même pendant toute l'année, au moyen d'autorisations préfectorales sollicitées et obtenues chaque année; de plus, en établissant à ses frais le long de son bois un treillage en fil de fer, de 50 centimètres à 1 mètre de hauteur, qui, sans empêcher absolument l'excursion des lapins, l'a entravée notablement (Trib. civ. Beauvais, 26 déc. 1882, aff. Ledieu, *Gazette des tribunaux* du 1er févr. 1883. — V. toutefois *suprà*, n° 1362).

1377. D'après le jugement du 26 déc. 1882, mentionné au numéro précédent, on ne saurait exiger du locataire de chasse qu'il autorise les riverains à détruire eux-mêmes les lapins dans son bois, alors, du reste, qu'il a contribué à cette destruction dans la limite du possible. — Cette proposition nous paraît, en principe, devoir être approuvée. Mais il va de soi qu'en fait il est souvent délicat d'apprécier si la destruction a été opérée par le locataire de chasse dans une mesure suffisante.

1378. — II. Des dégats causés par les sangliers. — Les dégâts causés par les *sangliers*, quoique moins fréquents que ceux occasionnés par les lapins, n'en sont pas moins susceptibles de donner ouverture à une action en dommages-intérêts.

Ainsi, la jurisprudence admet: 1° que le propriétaire d'une forêt dans laquelle se tiennent des sangliers qui causent du dommage aux propriétés voisines, est passible de dommages-intérêts, lorsqu'il a attiré ces animaux sur ses terres et a favorisé leur multiplication (Civ. rej. 14 août 1877, aff. Roblin, D. P. 79. 5. 362); — 2° Que le propriétaire d'une forêt est responsable du dommage causé aux propriétés voisines par les sangliers qui se retraitent dans cette forêt, lorsqu'il en a favorisé la multiplication et qu'il empêche les voisins de les détruire (Req. 31 mai 1869, aff. Seillière, D. P. 71. 5. 339-340. — Conf. Trib. de paix de Ribécourt (Oise), 25 mai 1860, aff. Morin, R. F. t. 1, n° 165; Trib. civ. Cosne, 16 avr. 1861, aff. Thibault, rapporté par Sorel, t. 1, p. 263. — V. aussi *suprà*, n° 1368-4°); — 3° Qu'il en est de même du fermier de chasse dans une forêt domaniale, qui s'entend avec ses associés pour modérer la destruction des sangliers dans son lot, et qui ne concourt pas aux battues ordonnées pour les détruire (Trib. civ. Moulins, 26 janv. 1863, et sur pourvoi, Req. 17 févr. 1864, aff. de Bourbon-Chalus, D. P. 64. 1. 212); — 4° Que le propriétaire d'une forêt dans laquelle se retraitent des sangliers qui portent dommage aux fonds voisins, est passible de dommages-intérêts, s'il est constaté que, de son propre aveu, il a usé avec la plus grande rigueur du droit de défendre la chasse dans sa forêt, et n'a employé que des moyens insuffisants ou tardifs pour détruire les sangliers. Et, dans cet état des faits, les juges du fond ont pu refuser avec raison de donner acte au propriétaire de ce qu'il déniait avoir défendu la chasse desdits animaux, et rejeter comme non pertinente une articulation qui ne tendait qu'à prouver l'emploi de moyens déclarés tardifs ou insuffisants (Req. 7 nov. 1881, aff. de Maynard, D. P. 83. 1. 84); — 5° Que l'adjudicataire de la chasse d'une forêt domaniale est responsable des dégâts causés aux terres voisines par les sangliers et les cerfs, lorsqu'il a fait garder la forêt par un nombreux personnel, qu'il a laissé le gibier sauvage se multiplier outre mesure et en a empêché la destruction en ne faisant que des battues peu sérieuses (Arrêt précité du 31 mai 1869; Req. 31 juill. 1876, aff. d'Onsembray, D. P. 77. 1. 24); — Ou en mettant les chiens dans les bois la veille des battues, de manière à effaroucher les animaux (Arrêt précité du 31 juill. 1876).

1379. Sur l'action dirigée contre l'Etat à raison des dégâts causés par les sangliers d'une forêt domaniale, le juge civil fait une application régulière du principe de la responsabilité de l'État et de l'art. 1383 c. civ., lorsqu'il ordonne la preuve des faits constitutifs de la négligence imputée à l'État, propriétaire d'une forêt isolée, où il aurait laissé se multiplier des sangliers en s'opposant à leur destruction par les tiers et en ne pratiquant lui-même aucune battue (Req. 16 avr. 1883, aff. Combes, D. P. 84. 1. 301).

1380. Mais, si le propriétaire ou locataire de chasse est responsable des dégâts causés par des sangliers lorsque, par sa faute, son imprudence ou sa négligence, il les a laissés se multiplier à l'excès, il est à l'abri de tout reproche: 1° quand, par des chasses et battues répétées, il n'a laissé subsister que ce qui n'a pu être atteint malgré sa volonté bien démontrée d'arriver à une destruction entière (Trib. civ. Dreux, 29 mars 1882, aff. Chaïou, *Gazette des tribunaux* du 26 avr. 1882); — 2° Lorsqu'il a chassé ces animaux plusieurs fois par semaine durant l'ouverture de la chasse, qu'il a, postérieurement à la fermeture, sollicité et obtenu l'autorisation de détruire les animaux nuisibles, notamment les sangliers, et que, par des battues partielles, il en a détruit ou repoussé un grand nombre dans d'autres cantonnements (Trib. civ. Compiègne, 31 août 1872, aff. Dutouquet, *Droit* du 30 sept. 1872, rapporté aussi par Sorel, t. 1, p. 271); — 3° Quand il a fait ou fait faire des chasses infructueuses; qu'il ne s'est aucunement opposé aux battues ordonnées par l'administration forestière, d'après le droit qu'elle s'était réservée par le cahier des charges; qu'il en a même pris l'initiative; qu'il a autorisé les riverains à tuer les sangliers dans la forêt affermée; enfin qu'il a mis à la disposition des chasseurs de sangliers ses chiens et son domestique (Trib. de paix de Guéménée (Loire-Inférieure), 20 déc. 1862, aff. Lemasson, R. F. t. 1, n° 166).

1381. Il a encore été décidé: 1° que les propriétaires ne sont responsaibles des dégâts causés par les sangliers sortis de leurs bois qu'autant qu'ils négligent de procéder à la destruction de ces animaux, quand ils en sont requis par les riverains lésés ou qu'ils refusent à ceux-ci l'autorisation de les détruire eux-mêmes (Trib. civ. Troyes, 29 déc. 1863, aff. Lorey, R. F. t. 2, n° 282); — 2° Que les propriétaires des forêts ou les fermiers du droit de chasse, qu'ils aient ou non chassé, ne sont pas responsables des dégâts causés par les animaux sauvages, notamment des sangliers, s'ils ne les ont ni importés, ni attirés, ni retenus dans leurs bois, et s'ils n'ont rien fait pour s'opposer aux mesures prises ou réclamées par les riverains pour la protection de leurs récoltes (Trib. civ. Langres, 26 déc. 1883, aff. Durand de Fontmagne, D. P. 84. 3. 64); — 3° Que le propriétaire d'un bois où des sangliers sont venus se réfugier n'est pas responsable des dégâts causés par ces animaux aux héritages riverains, alors même qu'il aurait négligé de les détruire, et qu'il aurait refusé aux propriétaires lésés l'autorisation de les poursuivre sur son domaine (Trib. de paix de Prémery (Nièvre), 8 oct. 1860, aff. Thibault, R. F. t. 1, n° 164). — Mais ce dernier jugement ne saurait être approuvé et il a été avec raison réformé le 16 avr. 1861 par le tribunal civil de Cosne (V. *suprà*, n° 1378-2°).

1382. Il n'est pas douteux que le cas de *force majeure* est exclusif de toute responsabilité. Aussi la cour suprême a-t-elle déclaré que le propriétaire ne saurait être responsable des dégâts commis par des sangliers dont la destruction n'était pas possible à raison de l'état des lieux; et que, dans ces circonstances, les juges du fond ont un pouvoir souverain pour déterminer la part du préjudice réellement imputable au propriétaire et pour arbitrer le chiffre de l'indemnité qui doit être mise à sa charge (Civ. rej. 14 août 1877, aff. Roblin, D. P. 79. 5. 362).

1383. — III. Des dégats causés par les cerfs, les daims et les chevreuils. — Les dommages causés à des propriétés riveraines par des *animaux sédentaires*, c'est-à-dire qui se réfugient dans une forêt et qui y séjournent habituellement, notamment par des *cerfs* et des *biches*, engagent la responsabilité du propriétaire de cette forêt et de ses ayants cause, lorsque, pouvant seuls prendre les mesures relatives à la destruction de ces animaux, ils les ont, au contraire, avec intention, laissés se multiplier dans l'intérêt de leur chasse (Trib. civ. Rouen, 6 mai 1858, aff. Leduc, D. P. 58. 3. 73; Trib. de paix d'Anizy-le-Château, 13 mai

1861, aff. Charpentier, rapporté par Sorel, t. 1, p. 284. — V. aussi *suprà*, nº 1378-5º); — Par exemple, en ne tuant que des mâles (Jugement précité du 13 mai 1861).

1384. La cour de cassation déclare aussi : 1º que le propriétaire ou locataire de chasse d'une forêt, qui a fait rigoureusement défendre la chasse dans cette forêt, s'est opposé à toute destruction des cerfs et biches qui la peuplaient et en a ainsi favorisé la conservation et la multiplication, doit être déclaré responsable des dégâts commis aux propriétés voisines par ces animaux (Req. 14 févr. 1882, aff. d'Aligre, D. P. 82. 1. 432; Req. 24 avr. 1883, aff. de Valon, D. P. 84. 1. 292). — Il importerait peu que, dans les derniers temps, quelques battues eussent eu lieu et que quelques animaux eussent été tués, si le locataire de la chasse n'avait pas employé des moyens suffisants pour arriver à la destruction du gibier, dont le nombre était resté considérable (Arrêt précité du 24 avr. 1883); — 2º Que le locataire de chasse (notamment dans une forêt domaniale) est responsable des dégâts causés, à une propriété voisine de la forêt affermée, par les cerfs et les biches qui en sont sortis, lorsqu'il n'a pas employé des moyens de destruction suffisants, que la propriété dont il s'agit a été fréquentée par les cerfs en grand nombre, qu'il est constant par l'importance des dégâts commis que leur nombre excède la quantité que la forêt en devrait naturellement recéler (Req. 24 déc. 1883, aff. duchesse d'Uzès, D. P. 84. 5. 431); — Et qu'il en est ainsi, alors même que le locataire de chasse n'a ni attiré, ni retenu les cerfs et les biches, qu'il n'en a pas favorisé la multiplication, et qu'il a même détruit un nombre de ces animaux plus considérable que ne l'avait prescrit l'administration des forêts (Même arrêt du 24 déc. 1883); — Que, si le cerf ne quitte jamais la forêt où il est né pour émigrer vers d'autres forêts lointaines, il ne se cantonne pas comme le petit gibier dans telle ou telle partie de la forêt, et en sort la nuit à une distance de plusieurs kilomètres pour chercher sa nourriture; que, dès lors, le locataire de chasse peut être déclaré responsable des dégâts causés par des cerfs à un terrain distant de plusieurs kilomètres de la forêt affermée et séparé de celle-ci par un bois de 150 hectares (Trib. civ. Rambouillet, 21 déc. 1882, et sur pourvoi, Sol. impl., Req. 24 déc. 1883, cité ci-dessus).

1385. Il a été jugé, d'autre part: 1º que le propriétaire d'un bois n'est pas responsable des dégâts causés aux héritages riverains par les animaux nomades, tels que cerfs, biches et chevreuils qui viennent fortuitement se réfugier dans ce bois (Trib. de paix de Langeais (Indre-et-Loire), 11 janv. 1861, aff. de Sennecourt, R. F. t. 1, nº 167); — 2º Que le propriétaire ou fermier de la chasse d'une forêt n'est responsable des dommages causés aux héritages riverains par les cerfs, biches, chevreuils, loups, sangliers et autres animaux nomades, qu'autant qu'il aurait attiré ces animaux dans la forêt et qu'il aurait cherché à les y fixer et multiplier pour le plaisir de la chasse (Trib. civ. Tours, 17 déc. 1861, aff. Archdéacon, R. F. t. 1, nº 168). — Mais ces solutions paraissent trop absolues et contraires à la jurisprudence de la cour de cassation.

1386. Au contraire, nous ne saurions critiquer les décisions portant: 1º que le propriétaire d'une forêt ne peut être déclaré responsable des dommages causés aux propriétés voisines par des cerfs, biches et chevreuils qui se trouvent dans sa forêt, sous l'unique prétexte que, ne les faisant pas chasser et ne les chassant pas lui-même, il les maintient ainsi chez lui, alors d'ailleurs qu'il n'est pas établi que, par son fait, ce propriétaire ait attiré ces animaux, ou les ait retenus, ou en ait favorisé la multiplication, ni qu'il les ait laissés se multiplier jusqu'à devenir nuisibles aux voisins, et ce, en refusant à ceux-ci soit de les détruire lui-même, soit d'en permettre la destruction (Civ. cass. 4 déc. 1687, aff. Talabot, D. P. 67. 1. 406. — Conf. Leblond, nº 387); — 2º Que le locataire de chasse dans un bois n'est pas responsable de plein droit du dommage causé aux propriétés voisines par le grand gibier qui habite ce bois ou qui s'y rassemble, mais seulement quand il y a eu de sa part faute, imprudence ou négligence, dans les termes des art. 1382 et 1383 c. civ. ; qu'en conséquence, il n'est pas responsable, lorsque, tout en gardant sa chasse, il n'a pas permis au gibier de s'y multiplier outre mesure et qu'il a fait des battues pendant tout le temps de la chasse (Req. 15 janv. 1872, aff. Deaubonne, D. P. 72. 1. 212. — Conf. Trib. civ. Senlis, 18 août 1870, aff. de Chezelles, rapporté par Sorel, t. 1. p. 291); — 3º Qu'aucune faute n'est imputable à l'adjudicataire de chasse, qui a chassé utilement à courre le cerf pendant l'ouverture de la chasse, et qui a détruit au moyen de battues régulières nombre de biches pendant la fermeture, alors surtout que le riverain qui se plaint avait refusé de participer à ces battues (Trib. de paix de Villers-Cotterets, 7 sept. 1866, aff. de Chezelles, rapporté par Sorel, t. 1, p. 289).

1387. — IV. DES DÉGATS CAUSÉS PAR LES LOUPS, LES RENARDS, LES BLAIREAUX. — Suivant MM. Leblond, nº 413, et Sorel, t. 1, nº 86, les dégâts occasionnés par les *loups*, les *renards* et les *blaireaux* dans les terrains voisins de la forêt d'où ils sortent, ne sauraient en aucun cas entraîner la responsabilité du propriétaire ou locataire de chasse de cette forêt (Conf. Motifs, Trib. de paix de Prémery, 2 oct. 1860, aff. Thibault, *Droit* du 5 déc. 1860, rapporté par Sorel, t. 1, p. 260). — Tout en partageant, en principe, cette opinion, nous sommes d'avis, avec MM. Giraudeau, nº 1455, et Sourdat, *op. cit.*, t. 2, p. 403, que les animaux de cette nature pourraient exposer le propriétaire ou le locataire de chasse à une action en dommages-intérêts, si celui-ci les laissait se multiplier à l'excès et refusait aux riverains la permission de les détruire. — Jugé que l'adjudicataire de chasse d'une forêt dans laquelle se sont établis des renards et des blaireaux, sans qu'ils y aient été placés ou conservés par lui dans l'intérêt de sa chasse, n'est pas responsable des dommages que ces animaux ont causés aux propriétaires riverains, alors surtout qu'il a cherché à les détruire (Trib. civ. Rouen, 23 juin 1858, aff. Prevel, D. P. 58. 3. 73).

Rappelons qu'à certains égards les renards peuvent être utiles aux riverains en détruisant les lapins (V. *suprà*, nº 1361-2º).

1388. — V. DES DÉGATS CAUSÉS PAR LES LIÈVRES. — Certains tribunaux civils ou de paix, invoquant le caractère nomade des *lièvres*, qui sont gibier de plaine aussi bien que de bois, déclarent que les dégâts produits par ces animaux ne sont pas susceptibles de donner ouverture à la responsabilité des propriétaires de forêts et des locataires de chasse (Trib. de paix de Fontainebleau, 14 janv. 1856, aff. Demeufve, rapporté par Sorel, t. 1, p. 244; Trib. de paix de Montereau, 22 déc. 1858, aff. Chereau, *ibid.*, p. 245; Trib. civ. Fontainebleau, 3 févr. 1859, aff. de Lyonne, *ibid.*, p. 248; Trib. de paix de Nogent-sur-Seine, 3 août 1859, aff. Périer, *ibid.*, p. 249; Trib. civ. de Fontainebleau, 7 janv. 1863, aff. Martin, *ibid.*, p. 251; Trib. de paix de Dourdan, 14 juill. 1870, aff. Marais, *ibid.*, p. 256). — M. Sorel, t. 1, nºs 72 et 73, se range à cette opinion, sauf à admettre la responsabilité dans le cas où le propriétaire a attiré ou fait lâcher dans son domaine une certaine quantité de lièvres, et qu'il refuse de les détruire, malgré les réclamations des voisins.

Au contraire, il convient d'assimiler les lièvres aux lapins, au point de vue des conditions auxquelles est subordonnée la responsabilité du propriétaire de bois ou locataire de chasse, en cas de dommage causé par ces animaux aux propriétés voisines. En effet, il ne faut pas perdre de vue quel est le fondement de la responsabilité dans la matière qui nous occupe : on se rappelle qu'il se trouve dans les art. 1382 et 1383, et non point dans l'art. 1385 c. civ. Il ne saurait donc être question de garde ou de quasi-puissance du propriétaire de bois sur ces animaux; il suffit que des dommages soient résulté de leur présence en trop grand nombre et que la propriétaire ait commis quelque faute ou quelque négligence à cet égard, pour qu'il soit passible de dommages-intérêts. Toutefois, lorsqu'il s'agit de lièvres, le juge doit se montrer plus rigoureux pour admettre la preuve du dommage et de la négligence du propriétaire. Telle est l'opinion de MM. Giraudeau, nº 1452, et Leblond, nº 412; et elle a été confirmée par la cour de cassation (V. *infrà*, nºs 1389 et 1391).

1389. Conformément au système que l'on vient d'exposer, il a été jugé que le propriétaire de forêt ou locataire de chasse est responsable des dégâts commis au préjudice des riverains par les lièvres qui sortent de cette forêt: 1º lorsqu'il entretient et garde les lièvres dans son bois pour le plaisir de la chasse (Req. 24 juill. 1860, aff. Chéronnet, D. P. 60. 1. 425; Trib. civ. Fontainebleau, 7 janv. 1863, aff. Martin, reproduit par Sorel, t. 1, p. 251); — 2° Quand il a laissé ces animaux se multiplier à l'excès et a empêché leur destruction par les propriétaires voisins, notamment en faisant garder sa forêt (Trib. civ. Beauvais, mars 1841, *Gazette des tribunaux* du 5 mars 1841, rapporté par Sorel, t. 1, p. 242; Trib. de paix de Boissy-Saint-Léger, 14 août 1847, aff. Bonfils, *Droit* du 2 janv. 1848, reproduit par Sorel, t. 1, p. 243; Trib. civ. Senlis, 27 déc. 1866, aff. Lejeune, rapporté par Sorel, t. 1, p. 252).

1390. D'après un jugement, si les lièvres habitent la plaine aussi bien que le bois et si la destruction en est impossible pour le propriétaire d'une chasse, alors surtout qu'il existe autour de lui des chasses gardées bien pourvues de gibier, il encourt néanmoins une certaine responsabilité de ce fait qu'en faisant garder sa chasse il protège le gibier et empêche que la destruction en soit tentée par les intéressés (Trib. civ. Meaux, 14 juin 1882, *France judiciaire*, 1882, p. 64). — Mais cette solution paraît susceptible de critique, à raison du caractère absolu du droit qu'elle attribue aux propriétaires de terres voisines de venir détruire le gibier dans le bois où il séjourne.

1391. D'autre, part, il a été décidé: 1° qu'un propriétaire n'est responsable du dommage causé aux propriétés voisines par le gibier, et spécialement par les lièvres qui se trouvent dans son domaine à l'état sauvage, qu'autant que ce dommage est imputable à son fait, à sa négligence ou à son imprudence (Req. 19 juill. 1859, aff. Chéreau, D. P. 60. 1. 415; 24 juill. 1860, aff. Chéronnet, *ibid.*); — 2° Qu'on n'est responsable qu'autant qu'on est convaincu de n'avoir pas fait détruire les lièvres de son bois ou d'avoir facilité outre mesure leur reproduction (Trib. de paix de Nogent-sur-Seine, 3 août 1859, aff. Périer, rapporté par Sorel, t. 1, p. 249; Trib. civ. Senlis, 23 juin 1870, aff. Tardif, R. F. t. 5, n° 37); — 3° Qu'on ne saurait regarder comme responsable des dégâts commis par le gibier au préjudice des riverains, le propriétaire qui, par des chasses et des battues fréquentes, a fait tout ce qui dépendait de lui pour détruire, éloigner et disperser le gibier (notamment des lièvres) existant sur ses terres ou dans ses bois, et pour prévenir ainsi les dégâts qui font l'objet de la plainte (Arrêt précité du 19 juill. 1859).

1392. — VI. Des dégats causés par les faisans et perdrix. — Le propriétaire d'un bois dans lequel séjournent des *faisans* et des *perdrix* qui occasionnent du dommage aux terres voisines, n'est passible de dommages-intérêts qu'autant qu'il a lâché ces oiseaux dans le bois ou favorisé leur mutiplication, et qu'en outre le dommage est appréciable (Leblond, n° 412; Sorel, n° 74). — Aussi, dans un procès où il était question du passage de faisans sur un pré, il a été jugé que ce fait n'avait occasionné qu'un dommage insignifiant n'excédant pas la servitude imposée naturellement aux riverains, et qu'il n'était dû de ce chef aucune indemnité (Trib. civ. Senlis, 23 juin 1870, aff. Tardif, R. F. t. 5, n° 37). — V. *suprà*, n° 1350.

§ 3. — Absence de fraude ou de faute de la part du demandeur en dommages-intérêts.

1393. Le *propriétaire voisin* d'une forêt n'est pas fondé à réclamer une indemnité à raison des dégâts causés à sa propriété par le gibier qui sort de cette forêt, si les dégâts ne sont imputables qu'à son *fait* ou sa *faute*. — Décidé, en conséquence : 1° que le juge, statuant sur la responsabilité du propriétaire d'une forêt, qui n'a pas fait procéder avec assez de soin au furetage des terriers de lapins, peut, si la partie qui se plaint du dommage a commis une négligence de même nature, par exemple en mettant en culture un champ sans détruire les lapins qui s'y étaient établis, répartir par moitié entre le demandeur et le défendeur le montant du dommage, sans s'expliquer par des motifs exprès sur le degré de faute de chacune des parties (Req 25 avr. 1877, aff. de Prémont, D. P. 78. 1. 21); — 2° Que, si les riverains autorisés à détruire les lapins n'ont pas usé de la permission accordée pour protéger leurs récoltes, cette inaction suffit seule pour faire écarter leur demande en dommages-intérêts (Trib. civ. Rouen, 7 août 1866, aff. Lecarpentier, R. F. t. 3, n° 516); — 3° Que, si le riverain n'a pas cru devoir prendre part régulièrement aux chasses auxquelles il était sommé de se rendre, ou s'il n'y est allé que rarement, et s'il n'a pas profité de la latitude qui lui était accordée de détruire seul en semaine les lapins, il n'a qu'à s'en prendre à lui-même du résultat de son abstention (Trib. civ. Corbeil, 21 mars 1883, aff. Anglade, D. P. 84. 5. 430, et R. F. t. 10, n° 150); — 4° Que, dans la fixation des dommages-intérêts, et pour en modérer l'importance, le tribunal doit tenir compte de l'inertie opposée par les demandeurs aux offres des propriétaires de bois et locataires de chasse, qui les avaient mis en situation de les aider à détruire les lapins dont les excursions font grief (Trib. civ. Seine, 12 avr. 1878, aff. Jaluzot, R. F. t. 8, n° 101); — 5° Qu'en cas d'insuffisance des moyens de destruction employés par le propriétaire ou fermier, c'est aux riverains qu'il appartient d'en indiquer d'autres et de plus efficaces, de concourir par eux-mêmes à la destruction du gibier, et de provoquer, de la part de l'autorité préfectorale, des mesures générales ou particulières à cet effet (Trib. civ. Rambouillet, 9 févr. 1877, aff. Dupré, R. F. t. 7, n° 86).

1394. Il a même été jugé : 1° que les cultivateurs doivent, dans la mesure de leurs forces, faire le nécessaire pour se protéger eux-mêmes, en dehors des obligations imposées aux propriétaires de bois, et qu'il y a faute personnelle de leur part, de nature à décharger de toute responsabilité le propriétaire de bois, quand ils s'abstiennent de détruire les terrassons et les nids de lapins ou rabouillières existant sur leurs propres terrains (Jugement du 21 mars 1883 cité *suprà*, n° 1393); — 2° Que, dans le cas où le demandeur en dommage est lui-même propriétaire de bois, il doit établir, non seulement que son adversaire est en faute, mais encore que le dommage dont il se plaint ne saurait être attribué au gibier existant ou ayant existé sur son propre fonds (Trib. civ. Corbeil, 18 juill. 1878, aff. Curel, R. F. t. 8, n° 69); — Alors surtout qu'il se trouve dans les mêmes conditions que le défendeur, c'est-à-dire, s'il est lui-même chasseur, soit qu'il ait acquis sa propriété pour tirer agrément de la chasse, soit qu'il n'ait pas intérêt à détruire le gibier d'une façon absolue (Même jugement). — Comp. *infrà*, n° 1419.

1395. En principe, tout propriétaire peut varier à son gré la *culture* et l'exploitation de ses terres, et on ne saurait lui faire aucun reproche s'il s'est conformé aux usages du pays ou des assolements (Sorel, t. 1, n° 52). — Un fermier rural est fondé à demander une indemnité, dans le cas où des lapins ont causé des dégâts dans un champ de colza qu'il avait planté à proximité d'un bois, mais sans agir par malice, ainsi que cela résultait de la circonstance qu'il avait également planté du colza, et en grande quantité, sur des pièces de terres hors des atteintes des lapins qui infestent ce bois (Trib. civ. Rambouillet, 30 déc. 1859, aff. Minard, D. P. 60. 5. 331, et reproduit aussi intégralement par Sorel, t. 1, p. 198).

1396. Mais le propriétaire qui sème à proximité d'une forêt des productions dont le gibier est très avide, commet une *imprudence* qui peut être prise en considération par les tribunaux, pour modérer le montant des dommages-intérêts qu'il réclame à raison des dégâts causés à ses récoltes par le gibier (Giraudeau, n° 1423; Leblond, n° 408; Sorel, t. 1, n° 52). — Jugé que le fait du propriétaire lésé, d'avoir établi au milieu des bois des cultures permanentes et délicates dont les lapins sont avides, constitue une imprudence qui ne détruit pas la responsabilité du propriétaire de la forêt, mais qui doit motiver une diminution du chiffre des dommages-intérêts (Trib. civ. Corbeil, 30 août 1855, aff. Bonfils, rapporté par Sorel, t. 1, p. 181; Trib. civ. Bernay, 30 avr. 1872, et sur pourvoi, Req. 22 avr. 1873, aff. de Montigny, D. P. 73. 1. 476).

1397. Si le riverain a agi par *fraude*, notamment dans un but de *spéculation*, il est manifeste qu'il n'a droit à aucune indemnité. — Ainsi, il n'y a pas lieu à dommages-intérêts en faveur : 1° du cultivateur qui attire des lapins sur ses propriétés, par des cultures propres à les y retenir, de manière à tirer profit de leurs dommages (Trib. civ. Corbeil, 21 mars 1883, aff. Anglade, D. P. 84. 5. 430, et R. F. t. 10, n° 150); — 2° De celui qui, par pure spéculation, a planté des choux, carottes et haricots, près d'une forêt, dans un terrain impropre à la culture maraîchère (Trib. civ. Senlis, 23 juin 1870, aff. Tardif, R. F. t. 5, n° 37).

Art. 2. — *Des personnes civilement responsables.*

1398. On doit considérer comme *civilement responsables* des dégâts causés par le gibier, les personnes qui ont la *jouissance de la forêt* d'où est sorti ce gibier, ainsi que celles qui sont investies du *droit de chasse* sur cette forêt. Tels sont le *propriétaire*, le *possesseur*, l'*usufruitier*, l'*emphytéote*, l'*antichrésiste*, le *superficiaire* (V. *suprà*, nos 115 et suiv.).

Quelques explications sont nécessaires en ce qui concerne le propriétaire de bois contigus, le bailleur et le fermier rural, le bailleur et le locataire de chasse, et le permissionnaire de chasse. C'est ce que nous faisons dans les numéros suivants.

1399. — I. De la responsabilité du propriétaire de bois. — Il est sans difficulté qu'en cas de dommage occasionné par le gibier qui fréquente un bois, le *propriétaire* de ce bois est responsable avant toute autre personne, du moins en thèse générale et lorsqu'il a la jouissance du fonds ou l'exercice du droit de chasse (V. *suprà*, n° 116).

1400. Une des questions les plus délicates en matière de responsabilité est celle de savoir contre qui l'action peut être exercée, lorsque le terrain endommagé par le gibier est entouré de *plusieurs bois contigus*, appartenant à des propriétaires différents ou dont la chasse est affermée à plusieurs locataires différents.

On a soutenu que la partie lésée peut s'en prendre aux propriétaires de ces divers bois et demander contre eux une *condamnation solidaire*, en se fondant sur l'art. 1222 c. civ. (Nœuvéglise, *Moniteur des tribunaux* du 8 déc. 1859. — Conf. Trib. de paix de Guiscard, 25 avr. 1872, *Droit* du 1er oct. 1872, cité par Sorel, t. 1, n° 48). — Et il a été jugé que, quand deux bois sont contigus, il y a présomption suffisante que les dégâts ont été causés par les lapins venant de l'une et l'autre chasse, et que, dès lors, la responsabilité doit être partagée (Trib. civ. Seine, 19 déc. 1876, aff. Denis, R. F. t. 7, n° 111).

Nous pensons, au contraire, que le propriétaire d'une partie de forêt (ou de l'un des bois contigus) ne peut être déclaré responsable des dommages causés par des sangliers à des champs voisins, s'il n'est pas directement établi, d'une part, que ces animaux sont sortis de son bois, et, d'autre part, qu'il a commis quelque faute, négligence ou imprudence, soit en les attirant ou retenant, soit en favorisant leur multiplication, soit en s'abstenant de les détruire ou en refusant aux riverains la permission de les détruire (Trib. civ. Mayenne, 15 janv. 1880, aff. de Foucault, D. P. 80. 3. 54). — D'un autre côté, il ne saurait y avoir lieu à la solidarité, laquelle ne se présume pas (Arg. art. 1202 c. civ.). Elle ne peut résulter que des conventions ou de la loi; pour qu'elle soit admise en matière de quasi-délit, il faut qu'il y ait eu, chez les auteurs des faits dommageables, unité d'action, de temps et de lieu ou concert coupable. Et ces caractères ne se rencontrent pas dans l'hypothèse dont il s'agit (Trib. de paix de Rambouillet, 26 déc. 1868, aff. Jumentier, reproduit par Sorel, t. 1, p. 39, et sur appel, Trib. civ. Rambouillet, 26 févr. 1869, *ibid.*, p. 237. — V. dans le même sens : Leblond, n° 410; Sorel, t. 1, n° 48). — Cependant, nous reconnaissons avec ces auteurs que la solidarité existerait, en cas de responsabilité des *copropriétaires* d'un même bois ou des *colocataires* d'une même chasse.

1401. Ajoutons que le propriétaire ou locataire de chasse d'un bois contigu à d'autres bois, contre lequel serait exercée une action en dommages-intérêts à raison des dégâts causés par le gibier à un champ voisin, pourrait faire *mettre en cause* les propriétaires ou locataires de chasse de ces autres bois, afin d'établir à leur égard sa non-responsabilité ou, du moins, de les faire condamner à la garantie jusqu'à due concurrence (Leblond, n° 409; Sorel, t. 1, n° 49).

1402. Si le gibier refoulé d'un terrain par suite de *défrichement*, s'était réfugié dans un bois voisin, le propriétaire ou locataire de chasse de ce dernier serait-il fondé, sur la poursuite en responsabilité intentée par les riverains, à appeler en garantie le propriétaire du terrain défriché? MM. Leblond, n° 411, et Sorel, t. 1, n° 50, se prononcent pour l'affirmative. L'opinion contraire a été admise par le tribunal civil de Rouen le 6 mai 1858 (aff. Leduc, D. P. 58. 3. 73).

1403. — II. De la responsabilité du bailleur et du fermier rural. — La cour de cassation déclare qu'en principe le *bailleur rural* n'est tenu de garantir le preneur du préjudice que cause à ce dernier le gibier existant sur son domaine, que conformément aux règles du *droit commun* ; et que, par conséquent, il n'encourt aucune responsabilité, s'il est déclaré que ce préjudice ne peut être imputé ni à son fait, ni à sa négligence, ni à son imprudence (Req. 19 juill. 1859, aff. Chéreau, D. P. 60. 1. 425. — Conf. Giraudeau, n° 1430). — Mais, comme on le verra ci-après, les conditions de cette responsabilité sont susceptibles d'être modifiées explicitement ou implicitement par les clauses du bail (V. *infrà*, nos 1406 et suiv.).

1404. L'indemnité due pour dégâts causés par le gibier, notamment par des lapins, aux récoltes d'une ferme, représente une partie du produit de cette ferme. Dès lors, elle doit être attribuée au bailleur, soit qu'il ait touché, en raison même des dégâts qui se produisent chaque année, un loyer moindre, soit qu'il soit tenu, comme recevant le prix des baux, d'indemniser les locataires du préjudice que le gibier leur a fait éprouver (Paris, 12 mai 1876, aff. de Béarn-Viana, R. F. t. 9, n° 42). — Au contraire, l'indemnité relative aux taillis doit être attribuée au propriétaire du bois ; car elle a pour but de réparer le dommage causé au bois lui-même, dommage existant dès à présent, mais qui ne se fera sentir que quand les coupes ravagées par le gibier seront exploitées (Même arrêt).

1405. Quel est, au point de vue de la responsabilité du dommage causé par le gibier, l'effet de la clause par laquelle *le bailleur s'est réservé exclusivement le droit de chasse* ? — Dans une opinion à laquelle nous avons adhéré (*Rép.* v° *Responsabilité*, n° 741), il a été jugé : qu'une clause de cette nature n'enlève pas au fermier le droit de réclamer des indemnités au bailleur à raison des dégâts commis par le gibier (notamment des lapins) sur les terres de la ferme, alors d'ailleurs que les dégâts sont imputables en fait, à la négligence ou au défaut de précautions du bailleur (Trib. civ. Seine, 27 janv. 1843, *ibid.*; Trib. civ. Rambouillet, 26 févr. 1869, aff. Jumentier, rapporté par Sorel, t. 1, p. 237) ; — Et qu'il en est ainsi, lorsque le bailleur n'a pas usé de son droit de chasse de façon à détruire suffisamment le gibier, et l'a laissé se multiplier (Jugement précité du 26 févr. 1869). — MM. Leblond, n° 417, et Sorel, t. 1, nos 54 et 55, font une distinction. D'après eux, la réserve du droit de chasse en faveur du bailleur emporte de la part du fermier renonciation à tout recours contre le bailleur, à raison des dégâts occasionnés par des animaux provenant des terrains affermés, mais non à raison des dégâts causés par des animaux sortis des bois non compris dans le bail.

1406. Dans le cas où le *fermier prend à sa charge tous les cas fortuits*, prévus ou imprévus, cette clause n'empêche pas le bailleur de répondre du dommage causé à son fermier par le gibier, par exemple par les lapins sortis d'un héritage voisin dont il est propriétaire (Giraudeau, n° 1430; Leblond, n° 419 ; Sorel, t. 1, n° 59. — Conf. Trib. civ. Rambouillet, 30 déc. 1859, aff. Minard, D. P. 60. 5. 331-332. — Comp. Trib. civ. Tours, 17 déc. 1861, aff. Archdéacon, R. F. t. 1, n° 168, *suprà*, n° 1385).

1407. On admet généralement qu'il ne saurait y avoir lieu à responsabilité du bailleur vis-à-vis du *preneur*, quand celui-ci *s'est réservé le droit de détruire lui-même les animaux malfaisants ou nuisibles*, faute par le bailleur d'opérer cette destruction (Giraudeau, n° 1431 ; Leblond, n° 417 ; Sorel, t. 1, n° 56. — V. *infrà*, n° 1409).

Quant au droit de destruction qui appartient au fermier rural à l'égard : soit des animaux malfaisants ou nuisibles, V. *suprà*, n° 716; — Soit des bêtes fauves, V. *suprà*, n° 747.

1408. Quelle portée faut-il assigner à la clause par laquelle *le fermier renonce à tout recours contre le bailleur*, relativement aux dégâts que le gibier pourrait lui occasionner ultérieurement? Pour résoudre cette question, il importe de faire quelques distinctions.

Selon un premier système, il a été jugé que, s'il est de principe que le bailleur doit indemniser le fermier des dommages causés aux récoltes par le gibier qu'il entretient sur sa propriété pour le plaisir de la chasse, cette obligation cesse lorsqu'il en est exonéré par une clause expresse du bail, alors surtout que le bail réserve au fermier la faculté de détruire les animaux malfaisants ou nuisibles (spécialement les lapins), en cas d'inaction du bailleur (Trib. civ. Corbeil, 14 févr. 1855, aff. Levassor, rapporté par Sorel, t. 1, p. 175, et sur appel, Paris, 13 juill. 1855, *ibid.*, p. 176). — M. Leblond, n° 418, se prononce dans ce sens, sans subordonner la solution à la réserve ci-dessus spécifiée du droit de destruction en faveur du fermier. — Il a même été décidé que l'on ne saurait interpréter dans un sens restrictif la clause d'un bail à ferme, aux termes de laquelle « le bailleur se réserve la faculté de faire faire des buissons en bois morts sur les pièces de terre affermées, comme aussi le droit exclusif de chasser avec ses amis pendant la durée des chasses partout où bon lui semblera, même dans les luzernes ou prairies artificielles, sans que le preneur puisse exiger aucune indemnité, soit pour dégâts, soit pour délits de gibier de quelque nature qu'ils soient »; que, par suite, le fermier ne saurait réclamer aucune indemnité au bailleur, à raison des dégâts, quelque considérables qu'ils soient, causés aux récoltes du premier par la multiplication des lapins dans les bois qui appartiennent au second et qui sont contigus aux terres affermées (Paris, 8 juill. 1881, aff. Ledoux *C.* Kellermann, *Gazette des tribunaux* du 2 oct. 1881).

1409. D'après un autre système, il convient de restreindre dans des limites raisonnables la clause par laquelle le preneur s'interdit de réclamer au bailleur aucune indemnité à raison du dommage qui pourrait lui être causé par le gibier existant sur les biens affermés, ou par celui qui sortirait ou proviendrait des bois et des autres propriétés du bailleur. Si le bailleur a voulu se mettre, dans une large mesure, à l'abri des réclamations de son fermier, à l'occasion des dégâts causés aux récoltes par le gibier, et si même le prix du bail a été fixé en conséquence, il est impossible d'étendre l'interprétation de ladite clause jusqu'à ce point que le bailleur aurait entendu imposer à son fermier, et celui-ci accepter sans indemnité, la perte totale ou presque totale de ses récoltes, de telle sorte que les produits de son exploitation ne lui permettraient même pas de suffire au payement de ses fermages et aux autres charges de son bail. Interprétée dans ce sens, la clause dont il s'agit équivaudrait à l'affranchissement pour le bailleur de l'obligation, qui est de l'essence du contrat de bail, de faire jouir le preneur de la chose louée (Paris, 2 juin 1865, aff. Montaud, R. F. t. 3, n° 444. — V. dans le même sens : Trib. civ. Meaux, 9 févr. 1881, *Gazette des tribunaux* du 2 oct. 1881, infirmé par l'arrêt du 8 juill. 1881 cité au numéro précédent. — Conf. Sorel, t. 1, n° 58). — Il doit surtout en être ainsi, quand une clause du même bail réserve le droit de chasse au bailleur et l'interdit au preneur, et que le bailleur a négligé pendant plusieurs années d'user de ce droit (Arrêt précité du 2 juin 1865). — Et, dans cette hypothèse, il appartient aux tribunaux de vérifier l'existence des dégâts allégués par le demandeur, d'en rechercher les causes, et de déterminer l'importance du dommage, et d'apprécier s'il excède, et dans quelles proportions, celui que le fermier est rigoureusement tenu de supporter en vertu du bail (Même arrêt).

1410. Lorsqu'un bail réserve au bailleur le droit de chasser et interdit au fermier de prétendre à aucune indemnité pour dommages causés par le gibier, tout en ajoutant que, « si les lapins viennent à manger les récoltes, le bailleur devra faire tout son possible pour les détruire, après avoir été averti par le preneur », le propriétaire est tenu d'indemniser le fermier, dans le cas où, après un avertissement de cette nature, il n'a pas fait son possible pour parvenir à la destruction des lapins, par exemple, en ne procédant qu'à un nombre insuffisant de battues, en s'abstenant de se servir de furets et de filets, en ne faisant pas détruire en ses propriétés les rabouillières ou nids de lapins (Trib. civ. Tours, 23 nov. 1876, aff. Tanviray, R. F. t. 7, n° 107). — Et il en est ainsi, bien qu'il n'ait pas attiré les lapins dans ses bois, qu'il n'ait pris aucune mesure pour les y conserver ou en faciliter la multiplication, qu'il ait même cherché à diminuer le nombre de ces animaux en en opérant la destruction à l'aide de battues et de chasses, ou en faisant boucher et défoncer un certain nombre de terriers, et ne soit l'auteur d'aucune faute, négligence ou imprudence grave (Même jugement). — Néanmoins, dans l'évaluation de l'indemnité à imposer à ce bailleur, on doit lui tenir compte de ses efforts pour atténuer les dommages causés par le gibier, et, en outre, de la clause du bail, qui interdisait au fermier de prétendre à une indemnité pour cause de gibier ou d'animaux malfaisants (Même jugement).

1411. On ne saurait contester la validité de la clause par laquelle le bailleur d'un ancien parc se réserve le droit de chasse, tout en convenant avec le preneur, d'une part, que les lièvres existants dans ce parc seraient conservés sans indemnité, et, d'autre part, que, pour éviter que la présence de ces animaux en trop grande quantité ne devînt nuisible aux récoltes du preneur, le bailleur veillerait à ce que leur nombre à l'entrée de chaque hiver n'excédât pas vingt, et qu'il détruirait lui-même le surplus (Sol. impl., Trib. civ. Dijon, 7 févr. 1881, aff. Roydet, *Droit* du 30 oct. 1881). — Une pareille convention n'impose au bailleur que l'obligation de veiller à ce que le nombre des lièvres ne dépasse pas vingt à l'entrée de l'hiver. Dès lors, s'il s'arrange de manière à ce que le surplus soit détruit à cette époque, il est en règle avec son fermier et celui-ci ne peut exiger une vérification de la quantité des lièvres existants à un autre moment de l'année (Même jugement).

1412. La clause d'un bail de bien rural, par laquelle le preneur s'est interdit de réclamer à son bailleur des indemnités pour les dégâts que le gibier occasionnerait aux récoltes, ne met point obstacle à ce que ledit preneur actionne en dommages-intérêts le propriétaire voisin, des bois duquel provient le gibier nuisible. Et le jugement qui le décide ainsi, par appréciation du bail, ne viole aucun principe de droit; par suite, si le propriétaire des bois voisins a acheté le bien rural, il ne peut exciper utilement de la clause stipulée dans le bail par son vendeur, pour s'exonérer de l'action en indemnité, que le fermier vient à intenter contre lui en l'envisageant, non comme bailleur, mais comme propriétaire des bois qui renferment le gibier (Req. 12 mai 1886, aff. de La Rochefoucauld-Doudeauville, D. P. 87. 1. 323). — Dans ces conditions, le juge de paix est compétent pour connaître de la demande en réparation de dommages aux champs dont il s'agit, nonobstant la prétention du défendeur d'appliquer au litige la clause susrappelée du bail, le fond du droit ne se trouvant pas par là sérieusement contesté (Même arrêt). — V. *infrà*, n°s 1429 et suiv.

1413. — III. De la responsabilité du bailleur et du locataire de chasse. — 1° *Des dégâts préjudiciables aux riverains.* — On admet généralement que le *locataire de chasse*, exerçant les droits et actions de son bailleur au point de vue de la chasse, est, en principe, tenu des obligations qui en découlent naturellement et, par conséquent, de la responsabilité civile résultant des dégâts causés par le gibier aux propriétés riveraines pendant toute la durée de son bail (Giraudeau, n° 1426; Sorel, t. 1, n° 61. — V. en ce sens, de nombreuses décisions citées *passim*, *suprà*, n°s 1350 et suiv. — Conf. Trib. de paix Ribécourt (Oise), 25 mai 1860, aff. Morin, R. F. t. 1, n° 165). Toutefois, nous reconnaissons avec ces auteurs que des stipulations spéciales du bail peuvent mettre la responsabilité à la charge du *bailleur de chasse*.

1414. Mais la responsabilité du locataire de chasse est subordonnée aux conditions ordinaires, et notamment à la preuve de l'existence de dégâts occasionnés par le gibier sortant des bois affermés, ainsi qu'à la constatation de faits ou de fautes à lui imputables. — Ainsi, il a été jugé : 1° que l'adjudicataire du droit de chasse (par exemple, dans une forêt domaniale), que son cahier des charges déclare responsable des dommages causés aux riverains par le gibier et les animaux nuisibles, n'en est pas moins recevable à opposer aux demandes de ceux-ci tous les moyens dont l'Administration eût pu se prévaloir elle-même; que, spécialement, il est fondé à soutenir que l'obligation à lui imposée de pourvoir à la destruction des lapins ne peut être invoquée par d'autres que l'Administration qui l'a stipulée; en sorte que les riverains de la forêt, dans le cas où ils ont à se plaindre de dégâts commis par les lapins ne sont fondés à actionner l'adjudicataire en payement d'une indemnité qu'en prouvant que les dégâts doivent être imputés aux lapins conservés dans la forêt et non au gibier de la plaine (Trib. civ. Rouen, 23 juin 1858, aff. Prevel, D. P. 58. 3. 73); — 2° Que le fermier de la chasse, dans une forêt domaniale, est responsable du dommage causé aux fonds voisins par les animaux nuisibles de cette forêt, même non sédentaires, tels que des sangliers, lorsqu'il est constaté que ces animaux s'y sont multipliés par sa faute, et notamment parce qu'il n'a pas usé de son droit de chasse conformément à son bail et aux droits des riverains (Req. 17 févr. 1864, aff. de Bourbon-Chalus, D. P. 64. 1. 212); — 3° Que le locataire d'un droit de chasse qui s'est obligé à détruire, par tous les moyens que les lois et règlements pourraient autoriser, les lapins dans les bois par lui loués, et à supporter toutes les indemnités provenant des dégâts commis, doit être déclaré responsable desdits dégâts, lorsqu'il est constaté qu'il y a eu faute de sa part; qu'il importe peu que l'arrêt qui constate la faute la fasse résulter soit de l'introduction volontaire de lapins dans les bois, soit d'une négligence apportée dans leur destruction, sans déterminer lequelle de ces deux causes a été prédominante (Req. 16 mai 1881, aff. Dehaynin, D. P. 82. 1. 14).

1415. Du reste, en thèse générale, il est loisible au riverain d'intenter directement l'action en responsabilité soit contre le locataire, soit contre le bailleur de chasse, sauf le droit pour celui-ci d'appeler en garantie son preneur (Giraudeau, n° 1429; Sorel, t. 1, n° 61). — Jugé qu'il en est ainsi, alors même que le cahier des charges rend l'adjudicataire de la chasse dans les bois de l'Etat responsable des dégâts commis par le gibier sur les héritages riverains (Trib. civ. Saint-Calais, 5 déc. 1868, aff. d'Andigné, R. F. t. 4, n° 677).

Cependant, d'après M. Giraudeau, si le bail de chasse était transcrit, les tiers devraient s'adresser au locataire à l'exclusion du bailleur.

1416. Dans les forêts domaniales, aux termes de l'art. 22 du cahier des charges, les adjudicataires de chasse sont directement responsables vis-à-vis des propriétaires, possesseurs ou fermiers des héritages riverains ou non, des dommages causés à ces héritages par les lapins, les autres animaux nuisibles et toute espèce de gibier. Ils doivent conséquemment intervenir pour prendre fait et cause pour l'Etat, dans le cas où celui-ci serait l'objet d'une action en dommages-intérêts (V. *suprà*, p. 384, note).

1417. MM. Leblond, n° 406, et Sorel, t. 1, n° 62, estiment que, si l'action en responsabilité est basée sur le non-défoncement des terriers, elle doit être dirigée directement contre le bailleur, parce que lui seul a qualité pour procéder à des opérations de cette nature. — A l'appui de cette opinion, il convient de mentionner un jugement qui déclare que, si, devant la grande multiplication des lapins, l'exercice sérieux du droit de chasse peut être un moyen reconnu insuffisant pour abriter les récoltes riveraines contre les dégâts des lapins, l'action en réparation du préjudice ne peut être dirigée que contre le propriétaire du sol servant de refuge et d'asile aux lapins (Trib. civ. Melun, 28 févr. 1862, aff. Commune d'Ozouer-le-Voulgis, R. F. t. 1, n° 163). — Décidé, en sens contraire, que la clause du cahier des charges qui rend les adjudicataires de la chasse dans les bois de l'État « responsables, vis-à-vis des propriétaires des héritages riverains, des dommages causés à ces héritages par les lapins, les autres animaux nuisibles et toute espèce de gibier » doit être entendue en ce sens que l'Etat a mis à la charge des adjudicataires, sans exception ni restriction, toutes les conséquences que pourrait entraîner l'entretien dans ces bois du gibier nécessaire au plaisir de la chasse (Trib. civ. Sens, 15 févr. 1867, aff. Silliaux, R. F. t. 4, n° 676).

1418. Le cofermier du droit de chasse dans une forêt, au profit duquel la chasse du gros gibier est exclusivement réservée, à charge de supporter seul les indemnités susceptibles d'être réclamées à l'adjudicataire principal à raison des dégâts occasionnés par le gibier de cette nature, ne saurait se dispenser de rembourser les sommes acquittées de ce chef par l'adjudicataire, en se fondant sur ce que celui-ci aurait fait à tort des battues et diminué la chasse du gros gibier. Mais le cofermier a le droit d'obtenir d'être indemnisé du préjudice qu'il a éprouvé par suite des battues effectuées à tort sans son consentement et malgré ses protestations (Trib. civ. Rouen, 17 juin 1876, aff. Bardin, R. F. t. 8, n° 36).

1419. Chaque membre d'une société de chasse peut fureter les terrains affermés, boucher les terriers, les défoncer, soit séparément, soit collectivement, selon que les circonstances l'exigent, soit pour le bien de la chasse en général, soit pour prévenir des dommages aux propriétés voisines et s'affranchir ainsi d'indemnités légitimes. Dès lors, il ne saurait réclamer à la société des dommages-intérêts à raison des dégâts causés par les lapins qui séjournent sur la forêt affermée, au bois contigu dont il est propriétaire (Trib. civ. Senlis, 26 nov. 1880, aff. Thirial, *Recueil d'Amiens*, 1882, p. 50. — Comp. *suprà*, n° 1394-2°).

1420. — 2° *Des dégâts préjudiciables au bailleur du droit de chasse.* — En thèse générale, le locataire de chasse n'est pas, à moins de clause contraire, responsable des dégâts produits par le gibier sur le fonds affermé (Giraudeau, n° 1427; Sorel, t. 1, n° 64). — Jugé : 1° que le locateur d'un droit de chasse ne saurait tirer profit d'un bail dont le prix a été fixé à raison de la plus ou moins grande quantité de gibier, et se faire un argument de cette circonstance de la multiplication du gibier pour formuler une demande en dommages-intérêts contre son locataire (Trib. civ. Melun, 28 févr. 1862, aff. Commune d'Ozouer-le-Voulgis, R. F. t. 1, n° 163); — 2° Que, si le bail, après avoir défendu au fermier de la chasse, dans un bois communal, de laisser reproduire les lapins, porte qu'en cas de dommage occasionné aux jeunes recrues du taillis par ce gibier, le maire pourra, sur le refus du fermier, procéder lui-même à la destruction des lapins, la commune ne saurait, en n'usant pas de son droit de destruction, convertir cette faculté en une réclamation d'indemnité pour le prétendu dommage causé à son bois, alors surtout qu'elle n'a pas mis le fermier en demeure de détruire ces animaux (Paris, 29 juin 1863, même affaire, R. F. t. 2, n° 252).

1421. Toutefois, même en l'absence de stipulation formelle dans le bail de chasse, le droit de jouissance du preneur n'autorise jamais la destruction de la chose louée. Et, par suite, le preneur est tenu envers le bailleur des dégâts considérables causés au bois affermé par les lapins qui se sont multipliés par suite de sa négligence (Trib. civ. Seine, 14 (et non 15) févr. 1874, aff. de Clermont-Tonnerre, R. F. t. 6, n° 38; Trib. civ. Seine, 9 juill. 1878, aff. Moreau, R. F. t. 8, n° 54). — Il en est ainsi, à plus forte raison : quand le preneur s'est engagé formellement, dans le bail, à empêcher l'accroissement du gibier nuisible ou à le détruire, notamment les lapins, afin d'éviter les dégâts dans les bois (Jugement précité du 9 juill. 1878); — Ou quand le bail enjoint au preneur de jouir des lieux loués en bon père de famille, et avec le même esprit de conservation et d'entretien que le ferait le propriétaire lui-même. Cette obligation n'est pas remplie dans le cas où le preneur chasse presque exclusivement le chevreuil, le lièvre, le faisan et la perdrix rouge ou grise (Jugement précité du 14 févr. 1874). — Vainement le preneur alléguerait que le produit des bois affermés est un revenu dont l'importance disparaît par suite du prix considérable payé pour le droit de chasse; que le prix élevé de sa location de chasse a précisément pour cause l'abondance du gibier et le grand nombre de lapins garnissant ces bois; qu'il ne peut pas payer au bailleur un prix de location considérable pour avoir du gibier et payer ensuite des dommages-intérêts au même propriétaire pour les dégâts causés par le gibier qu'il a chèrement acheté (Jugement précité des 14 févr. 1874 et 9 juill. 1878).

1422. D'après le tribunal de la Seine, s'il résulte des clauses du bail d'un droit de chasse que le locataire est tenu d'indemniser le bailleur de tous les dégâts commis dans les bois et terres de ce dernier par le gibier, et notamment par les lapins, le bailleur, pour en obtenir la réparation pécuniaire, n'a pas besoin d'établir contre le locataire une faute, une imprudence ou une négligence; il suffit que les dégâts soient régulièrement constatés. Dans cette hypothèse, il y a lieu de s'en tenir aux clauses du bail, contre lesquelles les dispositions des art. 1382 et 1383 c. civ. ne doivent pas prévaloir (Trib. civ. Seine, 25 juill. 1877, aff. de Mimont, R. F. t. 7, n° 106). — La cour de Paris admet, au contraire, que quand le bail de chasse déclare le locataire responsable envers le bailleur des dégâts causés par le gibier dans les bois affermés, l'indemnité doit être limitée aux dégâts résultant de la faute ou de la négligence du locataire, à l'exclusion de ceux qui sont la conséquence inévitable de l'existence du gibier, spécialement des lapins (Paris, 5 mars 1867, aff. de Ludre, R. F. t. 3, n° 544).

1423. La disposition du cahier des charges, qui défend au fermier de la chasse de laisser les lapins se reproduire dans les bois, signifie qu'il doit être opéré des chasses de nature à empêcher que le nombre des lapins existants ne soit augmenté. Mais elle ne doit pas être entendue en ce sens que ce fermier soit tenu de les détruire complètement. En conséquence, il lui suffit, pour échapper à la responsabilité des dégâts commis par les lapins dans le bois affermé, de prouver qu'il a employé tous les moyens en son pouvoir pour empêcher la multiplication de ces animaux (Trib. civ. Melun, 28 févr. 1862, aff. Commune d'Ozouer-le-Voulgis, R. F. t. 1, n° 163). — Pareillement, la clause par laquelle le preneur d'un bail de chasse s'oblige, à peine de résiliation, à détruire les lapins, de manière qu'ils ne commettent aucun dommage, doit être entendue en ce sens que la destruction doit s'opérer dans la limite du possible, alors surtout que les indemnités ont été payées pendant de longues années (Paris, 1er mai 1875, aff. Aguado, D. P. 75. 2. 204, et R. F. t. 6, n° 111).

1424. Quand le cahier des charges de l'adjudication du droit de chasse dans une forêt de l'État réserve à l'Administration la faculté de détruire les lapins « par tous les moyens qu'elle jugerait convenables », pour le cas où l'adjudicataire ne le ferait pas dans un délai déterminé, l'adjudicataire, après avoir refusé ou négligé d'opérer lui-même cette destruction, ne saurait s'opposer à ce que l'Administration y procède à l'aide de chiens, ni réclamer une indemnité en se fondant sur le préjudice que lui porteraient les moyens de destruction employés (Amiens, 18 avr. 1866, aff. Leroux, R. F. t. 3, n° 467).

1425. Aux termes de l'art. 22 du cahier des charges de la chasse dans les forêts domaniales, les adjudicataires doivent indemniser les agents et préposés forestiers, etc., des dommages causés par le gibier aux jardins et terrains affectés à ces employés. Et le montant des dommages à payer est réglé par le conservateur, qui en fixe la répartition, le cas échéant, entre les adjudicataires de la chasse à tir et ceux de la chasse à courre (V. *suprà*, p. 384, note).

1426. — IV. DE LA RESPONSABILITÉ DU PERMISSIONNAIRE DE CHASSE. — Le simple *permissionnaire* de chasse, n'ayant qu'un droit limité et n'étant pas substitué d'une manière complète au propriétaire du fonds au point de vue de l'exercice du droit de chasse, n'est pas responsable des dégâts produits, dans les terres riveraines, par le gibier sorti des bois compris dans sa permission de chasse.

1427. Cependant il en serait autrement, si le permissionnaire avait, par son *fait* ou sa *faute*, contribué à causer ces dégâts; les art. 1382 et 1383 lui seraient alors, en effet, pleinement applicables. — Aussi, supposant que, dans un bois où la chasse est banale, c'est-à-dire permise à tous les habitants, l'un d'eux introduise des lapins qui se multiplient et ravagent les fonds voisins, M. Sorel, t. 1, n° 51, rend avec raison cet individu responsable du dommage, à l'exclusion du propriétaire qui n'a rien à se reprocher (V. dans le même sens: Leblond, n° 390).

ART. 3. — *De la compétence et de la preuve.*

1428. — I. DE LA COMPÉTENCE. — En matière de dommages causés par le gibier, il y a lieu d'appliquer l'art. 5-1° de la loi du 25 mai 1838, aux termes duquel les juges de paix connaissent sans appel, jusqu'à la valeur de 100 fr., et, à charge d'appel, à quelque valeur que la demande puisse s'élever, des actions pour dommages faits aux champs, fruits et récoltes, soit par l'homme, soit par les animaux. — Mais cet article régit seulement les dommages résultant d'une *faute* ou d'un *quasi-délit*, ainsi que l'ont reconnu les motifs de plusieurs arrêts de la cour suprême (Req. 29 déc. 1830, *Rép.* v° *Compétence civile des tribunaux de paix*, n° 119; Req. 17 déc. 1861, aff. de Pontalba, D. P. 62. 1. 486; Req. 11 mars 1868, aff. de Beaumont, D. P. 68. 1. 332. — V. aussi Req. 12 mai 1886, aff. de La Rochefoucauld-Doudeauville, *suprà*, n° 1412).

1429. Cette disposition cesse, au contraire, d'être applicable lorsqu'il s'agit d'un préjudice ayant pour cause l'*inexécution* d'une *obligation* ou la réparation d'un dommage prévu dans une *stipulation contractuelle*, et non la réparation d'un pur fait (Arrêts des 17 déc. 1861 et 11 mars 1868 cités *suprà*, n° 1428). — Il en est ainsi, spécialement: 1° dans le cas où l'action en réparation de ces dommages est poursuivie en exécution d'un bail de chasse dans une forêt, qui a imposé au fermier la responsabilité de tout dommage causé soit à la forêt, soit aux propriétés riveraines, par les lapins ou autres animaux nuisibles dont la chasse était l'objet de ce bail (Arrêt précité du 17 déc. 1861); — 2° Dans le cas où le fermier d'un domaine réclame contre le bailleur qui s'est réservé la chasse des terres affermées, la réparation du dommage causé à ses récoltes par le gibier, alors surtout qu'une clause du bail dispose que ce dommage sera réglé à dire d'experts (Req. 11 mars 1868, aff. de Beaumont, D. P. 68. 1. 332). — 3° Quand le fermier forme contre son bailleur une demande en réparation du dommage que le gibier entretenu dans les bois de ce dernier a causé aux récoltes de l'immeuble affermé, si le bailleur conteste, en vertu de l'une des clauses du bail, le droit à l'indemnité réclamée; ici s'applique l'art. 4, § 1er, et non pas l'art. 5, § 1er, de la loi du 25 mai 1838 (Civ. cass. 13 févr. 1865, aff. Ledoux, D. P. 65. 1. 78). — 4° Lorsque, sur une demande en réparation des dommages causés aux champs par les lapins d'un bois, le propriétaire de ce bois forme un recours en garantie contre son fermier, en vertu d'une clause du bail qui rend celui-ci responsable des dommages causés par les lapins, alors, du reste, qu'il s'agit d'une somme excédant le taux de la compétence du juge de paix en matière personnelle et mobilière (Civ. cass. 28 juin 1870, aff. d'Andigné de Resteau, D. P. 70. 1. 311).

1430. Cependant, il a été jugé que l'action formée par un fermier contre son bailleur, à fin de réparation du dommage que cause à ses récoltes le gibier entretenu sur les terres à lui affermées, est de la compétence du juge de paix, alors que le bailleur contesterait le droit à l'indemnité réclamée, en excipant de ce que le bail lui donnait la faculté d'avoir du gibier sur le terrain loué et lui en réservait exclusivement la chasse (Req. 5 août 1858, aff. de Lorges, D. P. 58. 1. 373).

1431. La compétence du juge de paix relativement aux dommages faits aux champs, fruits et récoltes, s'étend aux dommages causés à tous les produits du sol, quels qu'en soient l'espèce et le mode de culture, et spécialement aux pépinières. Dès lors, le juge de paix statue la demande formée pour dommages causés à une pépinière par les lapins d'une forêt voisine (Req. 22 avr. 1873, aff. de Montigny, D. P. 73. 1. 476).

1432. Si l'action en responsabilité avait pour fondement un dommage causé non seulement aux récoltes, mais encore au *fonds* lui-même, le tribunal civil serait seul compétent (Giraudeau, n° 1406; Sorel, t. 1, n° 99).

1433. Les juges du fond peuvent, par une appréciation souveraine des faits de la cause, décider que le propriétaire d'une forêt n'a pas employé des moyens suffisants pour détruire les animaux nuisibles et qu'il doit être déclaré responsable des dégâts commis sur les propriétés voisines (Civ. rej. 1er mars 1881, aff. prince de Joinville, D. P. 81. 1. 300).

1434. — II. DE L'ACTION COLLECTIVE. — Aucune disposition de loi n'interdit la réunion des riverains pour formuler dans un seul et même exploit leurs demandes et conclusions individuelles, alors surtout qu'il s'agit du même fait de négligence ou d'imprudence dont plusieurs entendent se prévaloir pour conclure à des dommages-intérêts, dans la proportion du préjudice qu'ils en auraient individuellement éprouvé. Ce mode de procéder par une *action collective*, dans le but d'économiser les frais, ne paralyse en aucune manière les moyens du défendeur, qui, au contraire, en cas de perte du procès, doit en profiter (Trib. civ. Melun, 21 févr. 1862, aff. Nouguier, R. F. t. 1, n° 162. — Conf. Giraudeau, n° 1407; Leblond, n° 423; Sorel, t. 1, n° 103). — L'art. 1041 c. proc. civ. a abrogé les dispositions des arrêts réglementaires du Parlement de Paris, des 21 juill. 1778 et 15 mai 1779, qui interdisent aux riverains des forêts de former des demandes collectives en réparation de dommages causés par le gibier, et prescrivent de procéder à trois visites des terres prétendues endommagées, la première dans les trois mois du jour de la semaille, la deuxième, dans le courant des mois d'avril ou de mai, et la troisième lors de la maturité des grains et avant la récolte (Même jugement).

1435. — III. DE LA PREUVE. — Conformément aux principes du droit commun, le demandeur en responsabilité, notamment le riverain, est obligé de faire, à l'égard du propriétaire de bois ou locataire de chasse, la *preuve* des éléments constitutifs de cette responsabilité, c'est-à-dire, du dommage qu'il a souffert (V. *suprà*, nos 1349 et suiv.), et du fait, de la négligence ou de l'imprudence de la personne civilement responsable (V. *suprà*, nos 1354 et suiv.). — Cette dernière a, d'ailleurs, la faculté d'établir, si elle le juge convenable, par contre-enquête ou autrement, les faits qui lui paraissent utiles pour sa défense (Trib. civ. Amiens, 10 juill. 1874, aff. Deruelle, R. F. t. 6, n° 102).

1436. Lorsque le propriétaire de bois articule et offre de prouver, s'il y a lieu, que non seulement il n'a pas favorisé la conservation ou l'accroissement des lapins, mais qu'il a fait son possible pour les détruire, cette offre de preuve est pertinente, et le propriétaire qui a fait cet offre ne peut être condamné par le motif que ladite preuve n'a pas été rapportée, s'il n'a pas été mis en demeure de procéder à l'enquête (Civ. cass. 11 août 1874, aff. d'Eichtal, D. P. 76. 1. 308). — V. *suprà*, nos 1371 et suiv.

1437. Dans le cas où une partie reconnaît avoir accepté la responsabilité du dommage causé par le gibier de ses forêts aux héritages riverains, avec offre de s'en rapporter à une expertise amiable, cette responsabilité n'est pas nécessairement subordonnée à l'acceptation d'un règlement amiable par les riverains lésés; et, par suite, elle peut être tenue pour avouée, alors même qu'une évaluation judiciaire serait réclamée, l'offre de réparer un dommage et le mode d'en constater l'importance et l'étendue n'étant pas indivisibles (Civ. rej. 25 nov. 1862, aff. de La Rochefoucault, D. P. 62. 1. 533).

1438. On doit regarder comme nul pour contravention à l'art. 7 de la loi du 20 avr. 1810, le jugement qui rejette sans donner de *motifs* une demande en nullité d'expertise, et qui admet la responsabilité d'une partie sans constater aucune faute qui lui soit imputable (Civ. cass. 18 juin 1878, aff. de La Rochefoucauld-Doudeauville, 1re espèce, D. P. 79. 1. 39). — Le jugement qui, pour décider que le gibier habitant le bois d'un propriétaire a causé, par la faute de celui-ci, un préjudice au propriétaire du fonds voisin, se réfère uniquement à un rapport d'expert, lequel ne relève à la charge de la partie déclarée responsable aucun fait ayant le caractère d'une faute, viole les règles établies en matière de responsabilité (Civ. cass. 18 juin 1878, aff. de la Rochefoucauld-Doudeauville, 2e espèce, D. P. 79. 1. 39).

1439. Il est indispensable que le jugement sur le fond précise les faits ou omissions qui constituent la faute imputable au propriétaire de bois ou au locataire de chasse, et qui sont de nature à engager sa responsabilité envers les riverains, afin que cette faute puisse être appréciée par la cour de cassation (Civ. cass. 5 août 1879, aff. Foacier de Ruzé, R. F. t. 9, n° 29). — Le rejet de conclusions prises pour la première fois en appel et offrant la preuve que le propriétaire d'un bois y a fréquemment autorisé la chasse des lapins par un grand nombre de personnes, afin d'amener la destruction de ces animaux, est suffisamment motivé, lorsque le juge d'appel constate que, loin d'avoir fait tout son possible pour atteindre ce résultat, le propriétaire n'a ni fait défoncer les terriers, ni autorisé les riverains à opérer la destruction des lapins sur son propre terrain (Req. 3 juin 1885, aff. Raspail, D. P. 86. 1. 376). — Le jugement par lequel un propriétaire a été déclaré responsable du préjudice causé par les lapins sortis de son bois, « qui s'étaient conservés et multipliés à la faveur de la protection que leur accordait nécessairement une chasse gardée et réservée », peut être considéré comme ayant répondu d'avance aux conclusions nouvelles dans lesquelles, sur l'appel de ce jugement, le propriétaire a prétendu que le préjudice n'existait pas et que, par des battues fréquentes, il avait détruit les lapins qui auraient pu causer le dommage. Par suite, le juge d'appel peut se borner à confirmer ce jugement avec adoption de motifs (Req. 16 mars 1868, aff. de Bernetz, D. P. 68. 1. 295).

1440. Mais un motif erroné et surabondant ne peut entraîner la nullité d'un jugement fondé d'ailleurs sur des motifs suffisants. Ainsi, lorsqu'un jugement a constaté que le locataire d'une chasse a pris toutes les mesures nécessaires pour détruire les lapins et décidé qu'en l'absence de toute faute, aucune responsabilité ne peut lui incomber, il importe peu que le tribunal ait déclaré que la réparation du dommage ne serait due que si le locataire avait favorisé la multiplication des lapins dans un but voluptuaire et s'il avait été préalablement mis en demeure de les détruire (Rep. 3 févr. 1880, aff. Favriaux, D. P. 80. 1. 304).

1441. Il est loisible au juge de recourir aux *moyens ordinaires d'instruction* à l'effet de déterminer la responsabilité résultant de dégâts causés par le gibier, et, par suite, à une *enquête*, à une *visite des lieux*, à une *expertise*. — Mais il n'y est pas tenu; il a le pouvoir d'apprécier d'office, et d'après tous les éléments de décision mis sous ses yeux, l'importance du dommage causé par le gibier. Dès lors, n'est pas susceptible d'être frappée d'un pourvoi en cassation pour excès de pouvoirs, la décision qui a déterminé l'étendue du préjudice occasionné aux riverains et le chiffre des dommages-intérêts, d'après une estimation faite par des particuliers sans mission, et notamment par des cultivateurs que s'était adjoints le garde-champêtre lors du procès-verbal constatant les dégâts (Req. 28 avr. 1862, aff. Pézard, D. P. 62. 1. 334).

Il est certain, du reste, que les juges de paix ne peuvent, en dehors des actions dont ils sont régulièrement saisis, ordonner aucune mesure d'instruction préalable. En conséquence, ces magistrats sont incompétents pour nommer des experts à l'effet de reconnaître des dégâts causés par le gibier, alors qu'ils ne sont encore saisis d'aucune demande principale ayant pour objet la réparation civile de ces dégâts (Trib. civ. Melun, 21 févr. 1862, aff. Nouguier, R. F. t. 1, n° 162).

1442. Le juge du *référé* est incompétent pour ordonner une expertise aux fins de constater et d'évaluer les dommages causés aux champs et aux récoltes par des animaux, par exemple, par des lapins (Civ. cass. 18 déc. 1872, aff. de Boisgelin, deux arrêts, D. P. 73. 1. 129; Paris, 15 mars 1875, aff. Renault, R. F. t. 6, n° 118. — Conf. Giraudeau, n° 1413; Leblond, n° 430; Sorel, t. 1, n° 110); — A moins qu'il ne s'agisse d'une affaire dans laquelle le juge de paix est incompétent (Paris, 11 avr. 1865, aff. Jancourt, rapporté par Sorel, t. 1, p. 98, note 2). — Néanmoins, une sentence de juge de paix a déclaré que les propriétaires d'héritages ravagés par le gibier sorti des forêts avoisinantes peuvent se pourvoir en référé devant le président du tribunal de première instance, à fin de nomination d'experts chargés de constater les dégâts; que, cependant, comme le recours à la voie du référé n'est point rigoureusement nécessaire, les frais qu'il entraîne doivent rester à la charge des demandeurs (Trib. de paix de Ribécourt (Oise), 25 mai 1860, aff. Morin, R. F. t. 1, n° 165).

1443. L'expertise ordonnée par le juge de paix est nulle, lorsque les parties, si elles n'ont pas assisté à la prestation de serment des experts, n'ont pas été averties du jour et de l'heure indiqués par les experts pour la première vacation (Civ. cass. 1er juill. 1874, aff. Phélippon, D. P. 74. 1. 334; Trib. civ. Troyes, 29 déc. 1863, aff. Lorey, R. F. t. 2, n° 282). — C'est là l'application de l'art. 42 c. proc. civ.

1444. Les experts peuvent apprécier les dommages par commune renommée, quand il y a pour eux impossibilité d'agir autrement (Trib. de paix de Ribécourt (Oise), 25 mai 1860, aff. Morin, R. F. t. 1, n° 165. — Conf. Sorel, t. 1, n° 127). — Ils n'excèdent pas leur mission, en ajoutant à leur rapport divers renseignements sur des faits non expressément compris dans l'objet de l'expertise, lorsque ces renseignements n'ont pu être fournis que par les parties en cause, et qu'ils ont été, du consentement de celles-ci, examinés par les experts (Civ. rej. 1er mars 1881, aff. prince de Joinville, D. P. 81. 1. 300). — Du reste, l'irrégularité d'une expertise n'entraîne pas la nullité du jugement qui en a admis le résultat, lorsque ce jugement porte, en termes exprès, que, dans l'état des documents de la cause, le tribunal a des éléments suffisants d'appréciation (Req. 16 mars 1868, aff. de Bernetz, D. P. 68. 1. 295).

1445. Le juge de paix, saisi d'une demande d'indemnité, peut, après enquête et expertise, tout en ordonnant une nouvelle expertise pour déterminer la totalité du préjudice causé, condamner d'ores et déjà le locataire de la chasse, dont il a constaté la faute, à des dommages-intérêts par état. Et si le demandeur a négligé de faire procéder à cette nouvelle expertise, le juge d'appel peut condamner le défendeur aux dépens à titre de dommages-intérêts (Req. 19 mars 1883, aff. Bellanger, D. P. 84. 1. 56).

CHAP. 12. — De la chasse dans les propriétés de la Couronne (*Rép.* n°s 486 à 498).

1446. On a parlé au *Rép.* n°s 486 à 498, de la *chasse dans les propriétés de la Couronne*, dans le *domaine privé du roi* et dans les propriétés des princes de la famille royale.

1447. Sous l'*Empire*, un sénatus-consulte du 1er avr. 1852 (D. P. 52. 4. 135), interprété par un autre sénatus-consulte du 7 juill. 1852 (D. P. 52. 4. 180), portait que l'empereur jouirait exclusivement du droit de chasse dans les bois de Versailles, dans les forêts de Fontainebleau, de Compiègne, de Marly et de Saint-Germain. — Ces sénatus-consultes des 1er avr. et 7 juill. 1852 ont opéré de plein droit la résolution des baux ou adjudications de droits de chasse, dans les forêts domaniales faisant partie de la Couronne, sauf, s'il y avait lieu, indemnité ultérieure (Crim. rej. 13 mai 1853, aff. de Ruzé, D. P. 53. 5. 73. — V. aussi Crim. rej. 7 janv. 1853, aff. de Ruzé, D. P. 53. 1. 66).

1448. Depuis la proclamation de la *troisième République*, les biens qui faisaient partie du domaine de la Couronne ont cessé d'avoir un caractère propre et ont été placés sous le même régime que tous les autres biens de l'Etat. Il en résulte que les forêts dans lesquelles le souverain était auparavant autorisé à chasser se sont trouvées, au point de vue du droit de chasse comme à tout autre, soumises d'une manière absolue aux règles établies pour les autres forêts de l'Etat. Aucune loi constitutionnelle ni aucune loi de finances n'a accordé au *président de la République* un droit exclusif de chasse dans les forêts domaniales.

CHAP. 13. — Dispositions générales.

1449. L'art. 30 de la loi du 3 mai 1844 n'a donné lieu à aucune difficulté depuis la publication du *Répertoire* (V. *ibid.* n°s 499 et 500).

TIT. 2. — DE LA LOUVETERIE (*Rép.* n°s 501 à 520).

CHAP. 1er. — Historique et législation (*Rép.* n° 501).

1450. La matière de la *louveterie*, très négligée par la plupart des auteurs qui ont écrit sur la chasse pendant la première moitié du siècle, a été, depuis quelques années, l'objet d'études approfondies et intéressantes, qui ont mis en pleine lumière ses origines et son organisation. Il convient de mentionner en première ligne l'ouvrage de M. Villequez, *Du droit de destruction des animaux malfaisants ou nuisibles, et de la louveterie*, 2e éd., et celui de M. Puton, *La louveterie et la destruction des animaux nuisibles*. Ajoutons que, depuis la publication du *Répertoire*, la cour de cassation a eu l'occasion de rendre un certain nombre d'arrêts, qui ont contribué à fixer l'interprétation des textes législatifs ou réglementaires sur la matière.

1451. Dès les temps les plus reculés, les pouvoirs publics ont pris des mesures en vue de détruire les loups. Sans vouloir remonter aux lois de Solon et de Gondebaud, il suffit de rappeler que l'on attribue la première organisation de la *louveterie* à Charlemagne qui, en 813, institua dans chaque vicairie des louvetiers (*luparii*), chargés spécialement de détruire les loups et investis de divers privilèges. Cette institution disparut pendant le moyen-âge, et les documents de l'époque constatent seulement quelques payements de primes effectués par le trésor royal. Cependant, au 14e siècle, on retrouve des louvetiers et des loutriers. Révoqués en masse le 28 mars 1395 par Charles VI, à raison des abus et des exactions auxquels ils se livraient, ils furent rétablis en 1404 par lettre patente du même prince, qui, en même temps, leur accorda le droit de lever deux deniers parisis par tête de loup, quatre par louve, sur chaque feu de toutes les paroisses situées dans un rayon de deux lieues de l'endroit où la bête avait été prise. Ce droit ne fut aboli qu'en 1785. Par l'art. 241 de l'ordonnance de 1413, Charles VI permit aux gens de tous états de prendre, tuer et chasser sans fraude les loups et loutres, sans que les louvetiers pussent y mettre obstacle. — Mais c'est François Ier qui donna à la louveterie son organisation définitive, car elle subsista jusqu'à la Révolution. Il créa, par son ordonnance du 1er mai 1520, l'office de grand louvetier, en lui conférant le pouvoir de délivrer dans tout le royaume des commissions de lieutenant de louveterie et de sergents louvetiers.

1452. L'œuvre de François Ier a été confirmée et complétée par ses successeurs. Nous avons rapporté au *Rép.* n° 501-1°, l'art. 19 de l'édit de Henri III, de janvier 1583. — Henri IV, par l'art. 37 de son ordonnance de mai 1597, sur les eaux et forêts, enjoignit aux sergents louvetiers de faire, de trois mois en trois mois, rapports par devant les maîtres particuliers et gruyers, des prises qu'ils auraient faites des loups. — Son édit du 18 janv. 1600, sur le fait des chasses, la louveterie, etc., prescrivit, par son art. 6, aux seigneurs hauts-justiciers et seigneurs de fiefs « de faire assembler, de trois mois en trois mois, ou plus souvent encore, selon le besoin qu'il en sera, aux temps et jours plus propres et commodes, leurs paysans et rentiers, et chasser au dedans de leurs terres, bois et buissons, avec chiens, arquebuzes et autres armes, aux loups et renards, bléreaux, loutres et autres bêtes nuisibles, et de prendre acte et attestation du devoir qu'ils en auront faict par devant leurs officiers ou autres personnes publiques, et iceux envoyer incontinent après aux greffes des maîtrises particulières des eaux et forêts du ressort où ils seront demeurans ». L'art. 7 du même édit enjoignit « aux maistres particuliers des eaux et forêts et capitaines des chasses d'y tenir la main et de contraindre les sergents louvetiers par condamnations d'amendes, suspension et privation de leurs estats et charges, à chasser et tendre auxdits loups et renards, et de faire rapport par devant eux, de quinzaine en quinzaine, ou de mois en mois, du devoir ou des prises qu'ils auront faictes ». — Ces deux art. 6 et 7 de l'édit de janvier 1600 ont été reproduits par les art. 6 et 7 de l'édit de juin 1601.

1453. Sous le règne de Louis XIV, un arrêt du conseil du 3 juin 1671, d'abord spécial aux provinces de Picardie et de Champagne, et étendu à toutes les autres provinces par un nouvel arrêt du 16 janv. 1677, décida qu'aucune publication de battue aux loups ne pourrait être faite par les lieutenants de louveterie que du consentement de deux gentilshommes de l'étendue de leur département, à ce commis par l'intendant de la province. Il appartenait à ces gentilshommes d'examiner si les habitants des lieux où la battue devait être faite pourraient y assister, et quel jour serait le plus convenable. Les loups tués devaient leur être présentés. — Nous croyons devoir insérer ici l'arrêt du conseil du 26 févr. 1697 (1), dont un autre arrêt du 14 janv. 1698 a prescrit l'exécution ; ces deux documents ont en effet conservé leur application (V. *infrà*, n°s 1458 et 1583). — Sous Louis XV, un arrêt du conseil, du 28 févr. 1773, statua que les lieutenants de louveterie seraient reçus, non plus par les grands-maîtres des forêts, mais par l'intendant de la province, et pourraient chasser ou faire des battues sans permission des grands maîtres.

1454. Mais, de tous les actes réglementaires intervenus sur la louveterie, avant la Révolution, le plus important a été l'arrêt du conseil du 15 janv. 1785, qui avait pour but de mettre fin aux nombreux conflits qui s'élevaient entre

(1) 26 févr. 1697. — *Arrêt du conseil du roi.*
Sa Majesté, en son conseil, a ordonné qu'il sera incessamment fait des huées et chasses aux loups aux lieux et endroits de ladite province de Berry qui seront jugés nécessaires par le sieur Begon, grand maître des eaux et forêts du département de Berry, ou, en son absence, par les officiers des maîtrises particulières de la dite province ; et qu'à cet effet, les habitants des villes et villages, situés ès environs desdits lieux, seront tenus d'y assister et de se trouver aux jours, lieux et heures qui leur seront indiqués par ledit sieur Begon, ou lesdits officiers, *à peine de 10 livres d'amende*, contre chacun des défaillants, sans que, sous prétexte de ladite chasse aux loups, aucun habitant puisse porter des armes aux jours qui ne leur seront pas indiqués, ni tirer sur aucun gibier de poil ou de plume, sur les peines portées par les ordonnances. Enjoint Sa Majesté audit sieur Begon, de tenir la main à l'exécution du présent arrêt, etc.

les grands-maîtres et officiers des eaux et forêts, le grand louvetier et officiers de la louveterie, et les intendants, et dont les principales dispositions ont été reproduites par les règlements ultérieurs. Ce document est invoqué encore aujourd'hui par les auteurs qui soutiennent que les lieutenants de louveterie sont complètement indépendants de l'administration des forêts (V. *infrà*, n° 1464). Certains auteurs sont même d'avis que plusieurs de ses dispositions sont encore en vigueur (V. *infrà*, n° 1458). Aussi n'est-il pas sans intérêt d'en présenter ici l'analyse. — Aux termes de cet arrêt, les officiers de louveterie continuaient à être commissionnés par le grand louvetier (art. 1er), prêtaient serment devant l'intendant de la province, et faisaient enregistrer sans frais leurs provisions tant à la cour des aides de Paris qu'au greffe de la maîtrise des lieux pour lesquels ils étaient commis, sans que dudit enregistrement on pût induire que les officiers de la louveterie fussent subordonnés à la juridiction des maîtrises pour l'exercice de leurs fonctions (art. 3 et 15). — Ils étaient maintenus dans le privilège de chasser aux loups, louves, blaireaux et autres animaux nuisibles, à l'exclusion de toutes autres personnes, sauf des seigneurs hauts-justiciers, dans l'étendue de leurs terres (art. 1er et 2). — Les officiers de louveterie devaient faire autant de battues aux loups qu'il était nécessaire (art. 4). Et ils pouvaient, après avoir obtenu une permission écrite de l'intendant, obliger les habitants des campagnes à y participer (art. 5), sous peine d'être punis par l'intendant (art. 9). — Ils étaient tenus de prévenir de ces battues les gardes préposés à la surveillance des forêts ou terres où elles devaient avoir lieu, c'est-à-dire les gardes des maîtrises (art. 6), ou ceux des seigneurs (art. 7). — Il leur était recommandé de veiller à ce que, dans les chasses aux loups, il ne se passât rien de contraire aux ordonnances et règlements. Pendant ces chasses il leur était défendu de tirer, faire tirer ou détruire autrement aucun gibier, à peine d'interdiction, et de plus grande peine s'il y avait lieu (art. 8). — Les intendants pouvaient aussi, s'ils le jugeaient nécessaire, ordonner des battues générales, commander à cet effet une quantité suffisante d'hommes de chaque paroisse pour y procéder sous les ordres des officiers de louveterie, et accorder des gratifications à ceux qui s'en seraient rendus susceptibles (art. 12). — En cas d'insuffisance des officiers de louveterie d'une généralité, l'intendant pouvait appeler ceux des généralités limitrophes, lesquels avaient droit à une gratification (art. 13). — Défense était faite aux officiers de louveterie d'exiger des rétributions des habitants des campagnes; mais, en cas de prise de loups, ils pouvaient recevoir des gratifications de l'intendant (art. 10). — Ils continuaient à jouir de tous les privilèges, immunités et exemptions attribués à leurs offices par les anciens règlements concernant la louveterie, et, notamment, « de l'exemption de la taille personnelle, de la collecte, de tutèle, curatèle, de la trésorerie des hôpitaux, de marguillier et autres charges d'église, du logement des gens de guerre, guet et garde, patrouille, corvée, milice, avec faculté du port d'armes, de porter et faire porter les couleurs du roi » (art. 17).

1455. A la Révolution, l'institution de la louveterie disparut pour laisser aux propriétaires ou autres intéressés le soin de procéder individuellement à la destruction des loups et autres animaux malfaisants ou nuisibles. Toutefois, le pouvoir législatif édicta diverses mesures destinées à faciliter ou encourager cette destruction. — Nous devons citer : 1° l'art. 15 de la loi des 28-30 avr. 1790, qui reconnaît aux propriétaires, possesseurs ou fermiers, le droit de détruire le gibier dans leurs récoltes non closes, et de repousser avec des armes à feu les bêtes fauves qui se répandraient dans leurs récoltes (V. *Rép.* p. 87) ; — 2° L'art. 20, sect. 4, tit. 1er, de la loi des 28 sept.-6 oct. 1791, aux termes duquel les corps administratifs devaient encourager les habitants des campagnes par des récompenses, et suivant les localités, à la destruction des animaux malfaisants qui peuvent ravager les troupeaux, ainsi qu'à la destruction des animaux et des insectes qui peuvent nuire aux récoltes (V. *Rép.* v° *Droit rural*, p. 204) ; — 3° La loi du 11 vent. an 3, concernant les primes pour la destruction des loups (V. *Rép.* v° *Chasse*, n° 520) ; — 4° L'arrêté du Directoire du 19 pluv. an 5, concernant la chasse des animaux nuisibles, et qui est encore aujourd'hui le texte fondamental de la matière (V. *ibid.*, p. 199, note 1) ; — 5° La loi du 10 mess. an 5, relative à la destruction des loups (V. *ibid.*, p. 199, note 2).

1456. Mentionnons aussi : 1° le décret du 8 fruct. an 12, qui rétablit la louveterie, la place dans les attributions du grand veneur, et décide que les conservateurs, inspecteurs et gardes forestiers recevront les ordres du grand veneur, pour tout ce qui a rapport aux chasses et à la louveterie (V. Villequez, t. 2, p. 454) ; — 2° Le règlement du 1er germ. an 13, émané du grand veneur, le maréchal Berthier, et approuvé par l'empereur (V. *ibid.*, p. 455) ; — 3° L'ordonnance du 15 août 1814, sur les attributions du grand veneur, qui reproduit textuellement le décret du 8 fruct. an 12 cité ci-dessus, et qui n'a été insérée qu'en 1830 au *Bulletin des lois*, sous le n° 256 ; — 4° L'ordonnance du 20 août 1814, portant *règlement* sur l'organisation de la louveterie, qui n'est que la reproduction du règlement du 1er germ. an 13, dont elle ne diffère que par la suppression des fonctions de capitaine général et de capitaine de la louveterie, et par l'addition des art. 21 à 24 relatifs à l'uniforme des lieutenants de louveterie et de leurs piqueurs. Cette ordonnance, qui n'a été insérée au *Bulletin des lois* que le 18 août 1832, sous le n° 4327, constitue encore aujourd'hui le texte fondamental de la matière (V. *Rép.* p. 199, note 3) ; — 5° L'ordonnance du 14 sept. 1830, sur la surveillance de la chasse dans les forêts de l'Etat (V. *ibid.*, p. 90) ; — 6° Les art. 4 et 5 de l'ordonnance du 24 juill. 1832, relative au droit de chasse dans les forêts de l'Etat (V. *ibid.*) ; — 7° L'ordonnance du 21 déc. 1844, relative à la nomination des officiers de louveterie (V. *ibid.*, p. 202, et D. P. 45. 3. 54) ; — 8° Les art. 4 et 5 de l'ordonnance du 20 juin 1845, relative à la chasse dans les forêts domaniales (V. *Rép.* p. 115) ; — 9° L'art. 5-17° du décret du 25 mars 1852, sur la décentralisation administrative, qui attribue aux préfets le droit de nommer directement les lieutenants de louveterie (D. P. 52. 4. 90) ; — 10° L'arrêté du ministre des finances, du 3 mai 1852, rendu pour l'exécution du décret précédent (1) ; — 11° Le décret du 31 déc. 1852, qui rétablit la charge de grand veneur ; — 12° L'art. 6-12° du décret du 13 avr. 1861, sur la décentralisation administrative, qui donne aux sous-préfets le droit de statuer sur les autorisations de battues pour la destruction des animaux nuisibles, dans les bois des communes et des établissements de bienfaisance (D. P. 61. 4. 51) ; — 13° La loi du 3 août 1882, relative à la destruction des loups (2) ; — 14° Le décret

(1) 3 mai 1852. — *Arrêté du ministre des finances relatif à la nomination des lieutenants de louveterie...* (Extrait. — Circ. adm. for. 14 mai 1852, *Ancienne série*, n° 684, B. A. F, t. 5, p. 490).

Art. 1er. — La nomination des lieutenants de louveterie a lieu sur l'avis du conservateur des forêts.

2. Le nombre des emplois de lieutenants de louveterie est fixé par le préfet, sur la proposition du conservateur. Toutefois, ce nombre ne pourra excéder celui des arrondissements de sous-préfecture, à moins de circonstances exceptionnelles, qui seront soumises à l'appréciation du directeur général des forêts.

7. Les nominations des lieutenants de louveterie sont portées immédiatement par les préfets à la connaissance du ministre.

(2) 3-4 août 1882. — *Loi relative à la destruction des loups* (D. P. 82. 4. 122).

Art. 1er. Les primes pour la destruction des loups sont fixées de la manière suivante : — 100 fr. par tête de loup ou de louve non pleine ; — 150 fr. par tête de louve pleine ; — 40 fr. par tête de louveteau. — Est considéré comme louveteau l'animal dont le poids est inférieur à 8 kilogrammes. — Lorsqu'il sera prouvé qu'un loup s'est jeté sur des êtres humains, celui qui le tuera aura droit à une prime de 200 fr.

2. Le payement des primes pour la destruction des loups est à la charge de l'Etat. — Un crédit spécial est ouvert, à cet effet, au budget du ministère de l'agriculture.

3. L'abatage sera constaté par le maire de la commune sur le territoire de laquelle le loup aura été abattu.

4. La prime sera payée au plus tard le quinzième jour qui suivra la constatation de l'abatage.

5. Un règlement d'administration publique déterminera les formalités à remplir pour la constatation de l'abatage par l'autorité municipale, ainsi que pour le payement des primes.

6. La loi du 10 mess. an 5 est et demeure abrogée.

du 28 nov. 1882 portant règlement d'administration publique pour l'exécution de la loi du 3 août 1882 relative à la destruction des loups (1); — 15° L'art. 90-9° de la loi du 5 avr. 1884, sur l'organisation municipale, qui confère aux maires des attributions spéciales pour la destruction des animaux nuisibles (2).

1457. La loi du 3 mai 1844, sur la police de la chasse, est étrangère à la louveterie, c'est-à-dire aux mesures prises *dans un intérêt public* pour la destruction des animaux dangereux ou nuisibles, et elle n'a pas abrogé les lois et règlements relatifs à la louveterie, ainsi que l'ont formellement reconnu le garde des sceaux dans l'exposé des motifs et M. Franck-Carré dans son rapport à la Chambre des pairs (*Rép.* p. 93 et 98, note, n°s 34 et 68). La doctrine s'est généralement prononcée dans le même sens (V. Giraudeau, n° 1206; Leblond, n° 15; Puton, n° 15; Villequez, t. 2, n° 110). Néanmoins, il y a lieu d'établir entre ces textes des distinctions.

1458. Parmi les textes qui remontent à l'ancienne monarchie, ceux qui sont spécialement rappelés dans le préambule de l'arrêté du 19 pluv. an 5, peuvent encore recevoir quelque application. Ce sont les ordonnances de janvier 1583, de 1600 et de 1601, ainsi que les arrêts du conseil du 6 févr. 1697 et du 14 janv. 1698. Si ces deux arrêts ont été rendus seulement pour le Berry, nous pensons (*Rép.* n° 508), avec MM. Berriat, p. 290, et Puton, n° 151, que la mention qui en est faite par l'arrêté de l'an 5 en a étendu l'application à toute la France (V. *infrà*, n° 1583). — Les autres documents n'ont aujourd'hui qu'un intérêt historique (Berriat, p. 287; Leblond, n° 453; Puton, n° 14. — Conf. Instr. min. int. 9 juill. 1818, *Rép.* p. 201, note). — Cependant M. Berriat attribue encore force de loi aux art. 4, 5, 6, 7, 8, 9 et 12 de l'arrêt du conseil du 15 janv. 1785, qui renferment des dispositions purement réglementaires.

1459. Quant aux textes postérieurs à 1789, on doit regarder comme étant encore en vigueur ceux des 19 pluv. an 5, 20 août 1814, 20 juin 1845, 25 mars 1852, 3 mai 1852, 13 avr. 1861, 3 août et 18 nov. 1882, et 5 avr. 1884. Mais il importe de prendre surtout en considération : 1° l'arrêté du 19 pluv. an 5, dont la légalité n'a jamais été contestée (Puton, n° 13); — 2° L'ordonnance du 20 août 1814, dont l'autorité est actuellement reconnue par la cour de cassation, qui l'a même appelée en 1864 le code de la matière (Berriat, p. 287; Gillon et Villepin, n° 492; Giraudeau, n° 1206; Leblond, n° 453; de Neyremand, p. 353; Puton, n° 13; Villequez, n°s 107 et 109. — Conf. Sol. impl., Paris, 20 déc. 1858, B. A. F. t. 5, p. 433; Crim. cass. 6 juill. 1861, aff. Duplessis, D. P. 61. 1. 352; Crim. rej. 21 janv. 1864, aff. d'Hoffelize, D. P. 64. 1. 321. — *Contrà :* Crim. rej. 30 juin 1841, aff. Poiret, *Rép.* n° 512 ; Crim. rej. 12 juin 1847, aff. Eline, D. P. 47. 4. 69).

1460. Le 24 mars 1877, M. Petitbien a déposé sur le bureau de la Chambre des députés une proposition de loi tendant à la suppression de la louveterie, tout en assurant la destruction des animaux nuisibles. La commission nommée pour examiner cette proposition a soumis à la Chambre un projet de loi; mais la fin de la législature n'a pas permis de le discuter. Le projet a été reproduit, sous forme de proposition de loi, par M. Petitbien et plusieurs de ses collègues, dans la séance du 6 déc. 1881 (V. l'exposé des motifs, *Journ. off.* de janv. 1882, annexe n° 203, p. 1983). Malgré les améliorations importantes qu'elle apportait à la législation existante, cette proposition n'a pu obtenir l'assentiment définitif des deux chambres; toutefois, plusieurs de ses dispositions ont été reproduites en substance dans la nouvelle loi municipale du 5 avr. 1884.

La disposition qui forme le paragraphe 9 de l'art. 90 de cette loi du 5 avr. 1884 a été présentée à la Chambre des députés, sous forme d'amendement et sans aucune explication, par MM. Petitbien, Bernier et Papon, dans la séance du 27 oct. 1883, lors de la seconde délibération de la loi municipale. Elle a été immédiatement acceptée par la commission et adoptée par la Chambre, qui l'a votée de nouveau le 21 mars 1884 lors de la troisième délibération (*Jour. off.* des 28 oct. 1883 et 22 mars 1884). Le Sénat l'a adoptée les 9 février, 4 et 29 mars 1884, en première, deuxième et troisième lecture (*Jour. off.* des 10 février, 5 et 30 mars 1884). Ces divers votes n'ont été l'objet d'aucune discussion, sauf celui du 4 mars 1884. A cette date, M. Tenaille-Saligny a proposé au Sénat de transporter à l'art. 92 le paragraphe 9 de l'art. 90; il se fondait sur ce que, dans les circonstances indiquées par ce paragraphe, le maire exerce des attributions de police, en qualité d'agent du pouvoir central, qu'il n'agit pas comme administrateur des intérêts communaux et que le conseil municipal n'est pas appelé à délibérer. Cet amendement a été rejeté, sur les observations de M. Demôle, rapporteur de la commission, qui a fait observer que le paragraphe 9 de l'art. 90 a pour objet « des précautions commandées par l'intérêt communal, par l'intérêt que la commune a nécessairement à la conservation des propriétés situées sur son territoire ». Il ressort encore des explications de M. Demôle que, si le conseil municipal peut exercer un contrôle sur les mesures prises par le maire par application de l'art. 90, § 9, il n'a aucune espèce de délibération à prendre à cet égard (*Journ. off.* du 5 mars 1884).

Il importe de remarquer que, par l'art. 90, § 9, de la loi

---

(1) 28-29 nov. 1882. — *Décret portant règlement d'administration publique pour l'exécution de la loi du 3 août 1882 relative à la destruction des loups* (D. P. 83. 4. 78).

Art. 1er. Quiconque a détruit un loup, une louve ou un louveteau, et réclame l'une des primes mentionnées dans l'article 5 de la loi du 3 août 1882, doit, dans les vingt-quatre heures qui suivent la destruction de l'animal, en faire la déclaration au maire de la commune sur le territoire de laquelle il a été détruit. La demande de la prime doit être faite sur papier timbré.

Le réclamant doit, en même temps, représenter le corps entier de l'animal, couvert de sa peau, et le déposer au lieu désigné par le maire pour faire les vérifications nécessaires.

2. Le maire procède immédiatement aux constatations et en dresse procès-verbal.

3. Le procès-verbal mentionne :

1° La date et le lieu de l'abatage ou, en cas d'empoisonnement, le jour et le lieu où l'animal a été trouvé ;

2° Le nom et le domicile de celui qui a tué ou empoisonné le fauve;

3° Le poids, lorsqu'il s'agit d'un louveteau ;

4° Le sexe et le nombre des petits composant la portée, si c'est une louve pleine ;

5° Les preuves, s'il y a lieu, que l'animal s'est jeté sur des êtres humains.

Le procès-verbal indique en outre que l'animal a été présenté en entier et couvert de sa peau.

4. Après la constatation, celui qui a détruit l'animal est tenu de le dépouiller ou faire dépouiller; il peut réclamer la peau, la tête et les pattes.

Par l'ordre et sous la surveillance du maire ou de son suppléant, le corps du fauve dépouillé est ensuite enfoui dans une fosse ayant au moins un mètre trente-cinq centimètres de profondeur.

Toutefois, s'il existe dans la commune ou dans un rayon de quatre kilomètres un atelier d'équarrissage autorisé, l'animal peut y être transporté.

Le procès-verbal mentionne ces diverses circonstances et opérations.

Les frais d'enfouissement sont à la charge de la commune.

5. Dans les vingt-quatre heures, le maire adresse au préfet du département son procès-verbal, auquel il joint la demande de prime faite par l'intéressé.

En outre, il délivre gratuitement à ce dernier un certificat constatant la remise de la demande de prime et l'accomplissement des formalités prescrites par le présent règlement.

6. Sur le vu des pièces, le préfet délivre à l'intéressé un mandat du montant de la prime due.

Après l'accomplissement de cette formalité, le préfet transmet au ministre de l'agriculture le dossier de l'affaire.

(2) 5-6 avr. 1884. — *Loi sur l'organisation municipale* (Extrait) (D. P. 84. 4. 51).

Art. 90. Le maire est chargé, sous le contrôle du conseil municipal et la surveillance de l'Administration supérieure :... — 9° De prendre de concert avec les propriétaires ou les détenteurs du droit de chasse dans les buissons, bois et forêts, toutes les mesures nécessaires à la destruction des animaux nuisibles désignés dans l'arrêté du préfet pris en vertu de l'art. 9 de la loi du 3 mai 1844 ; — De faire, pendant le temps de neige, à défaut des détenteurs du droit de chasse, à ce dûment invités, détourner les loups et sangliers remis sur le territoire ; — De requérir, à l'effet de les détruire, les habitants avec armes et chiens propres à la chasse de ces animaux ; — De surveiller et d'assurer l'exécution des mesures ci-dessus et d'en dresser procès-verbal.

du 5 avr. 188 arlement n'a pas abrogé les règlements concernant la ouveterie (Circ. min. int. 4 déc. 1884, *Bulletin du ministère de l'intérieur*, 1884, p. 504). Mais il a créé à côté de la législation antérieure une législation nouvelle, qui en diffère considérablement et qui, dans la pratique, tend de plus en plus à se substituer à la première.

D'un autre côté, la nouvelle loi laisse intact le droit reconnu par la loi du 3 mai 1844 au propriétaire, possesseur ou fermier, de détruire, sur ses terres, en tout temps et sans permis dans les conditions fixées par le préfet, tous les animaux classés dans la catégorie des nuisibles, ainsi que le droit de repousser ou de détruire, même avec des armes à feu, les bêtes fauves qui porteraient dommage à ses propriétés (Même circulaire, p. 505).

1461. De nombreuses *circulaires* ou *instructions administratives* sont intervenues sur la louveterie. Nous avons inséré au *Rép.* p. 200, note 1, l'instruction du ministre de l'intérieur du 9 juill. 1818, qui signale les mesures les plus efficaces à employer pour détruire les loups. Il convient de citer aussi: Circ. adm. for. 18 nov. 1861 (*Anc. série*, n° 809, R. F. t. 1, n° 41); Circ. min. int. 25 avr. 1862 (R. F. t. 1, n° 119); Circ. min. int. 1er mars 1865 (R. F. t. 2, n° 342); Circ. min. int. 11 avr. 1865 (R. F. t. 2, n° 343).

CHAP. 2. — De l'organisation de la louveterie
(*Rép.* n°s 501 à 505).

SECT. 1re. — GÉNÉRALITÉS (*Rép.* n° 501).

1462. Nous avons dit (*Rép.* n° 501) que la *louveterie* a été organisée en vue de détruire les loups et autres animaux nuisibles. En l'envisageant dans un sens général, M. Puton, n° 11, la définit « un ensemble de mesures administratives dirigées contre des animaux sauvages, à l'égard desquels il y a une présomption légale de danger pour les intérêts généraux des populations ». Dans un sens restreint, la louveterie désigne le corps des lieutenants de louveterie.

1463. L'art. 1er de l'ordonnance du 20 août 1814, qui plaçait la louveterie dans les attributions du grand veneur, a été abrogé implicitement par l'art. 1er de l'ordonnance du 14 sept. 1830, qui a supprimé les fonctions de grand veneur. D'autre part, le grand dignitaire de la cour, qui, pendant le second empire, portait le titre de grand veneur, n'avait qu'un titre purement honorifique et ne possédait aucune attribution en matière de louveterie (Giraudeau, n° 1207; Puton, n° 42). De là, la question très délicate, en droit, de savoir si les officiers de louveterie ont un *chef*, et, en cas d'affirmative, quel est ce chef. Ce serait sortir du cadre de notre travail que de reproduire en détails tous les arguments invoqués à l'appui des deux systèmes formulés à cet égard; il suffit de les analyser brièvement.

1464. Selon l'opinion soutenue par M. Villequez, n° 126, et partagée par M. Giraudeau, n° 1208, les lieutenants de louveterie sont, dans leurs circonscriptions, les véritables chefs de la louveterie, ou, du moins, s'ils ont un chef, c'est le préfet du département. En effet, l'art. 1er de l'ordonnance du 14 sept. 1830 n'a confié à l'administration forestière les fonctions du grand veneur que relativement à la chasse dans les forêts de l'Etat, et encore seulement à titre provisoire. Il en résulte que les nominations de louvetiers faites de 1830 à 1845 par l'administration forestière, étaient d'une légalité contestable. En admettant même que la nomination des officiers de louveterie ait été provisoirement concédée à l'administration forestière par l'ordonnance du 14 sept. 1830, ce droit lui a été formellement enlevé, à partir de 1845, pour être attribué d'abord au roi, puis au préfet. Enfin, ajoute-t-on, en matière de louveterie, il appartient au préfet de donner des ordres, non seulement aux louvetiers, mais encore aux agents de l'administration forestière.

1465. M. Puton, n°s 45 et suiv., est, au contraire, d'avis que les lieutenants de louveterie ont pour chef d'administration le directeur des forêts, et pour chef de service le conservateur des forêts. Il s'appuie sur l'art. 1er de l'ordonnance du 14 sept. 1830, qui a confié à l'administration forestière les fonctions du grand veneur, au point de vue de la surveillance et de la police de la chasse dans les forêts de l'Etat, et implicitement au point de vue de la louveterie; sur ce que, en fait, le directeur des forêts a nommé les lieutenants de louveterie et leur a adressé des instructions de 1830 à 1845; sur ce que l'ordonnance précitée du 14 sept. 1830 a été rappelée dans celles des 24 juill. 1832, 21 déc. 1844 et 20 juin 1845; sur ce que les nominations d'officiers de louveterie ont lieu sur la présentation du conservateur des forêts; sur ce que le service forestier a qualité pour surveiller les battues ou chasses effectuées par les lieutenants de louveterie. « C'est en vain, dit M. Puton, que l'on objecte le droit de nomination des louvetiers réservé au roi, puis au préfet. Le fait de nommer à un emploi ne place pas forcément le titulaire sous les ordres et sous la direction de l'autorité qui lui a donné l'investiture publique. S'il en était ainsi, les gardes forestiers communaux, les agents des postes, et tant d'autres employés nommés par le préfet comme les lieutenants de louveterie, n'auraient d'instructions à recevoir que de lui et aucune du directeur général des forêts, du directeur général des postes, etc. Enfin, le texte même du décret du 25 mars 1852, qui doit aux circonstances dans lesquelles il a été rendu l'autorité législative, indique que le préfet n'est pas le chef des lieutenants, puisqu'il ne peut les nommer, dit l'art. 5, que sur la présentation de leur chef de service. Ils en ont donc un, et ce n'est pas le préfet. »

Bien que nous ne méconnaissions pas la valeur des arguments présentés par M. Villequez, surtout celui qui est tiré de l'art. 1er de l'ordonnance du 14 sept. 1830, nous inclinons plutôt à adopter la seconde opinion. C'est aussi celle qui a été consacrée par la cour de cassation (V. Crim. cass. 6 juill. 1861, aff. Duplessis, D. P. 61. 1. 352, *infrà*, n°s 1498 et 1620).

1466. On a souvent confondu, à tort, les *divers modes de destruction* des animaux malfaisants ou nuisibles, que la législation actuelle prévoit et réglemente. Il importe cependant de les distinguer.

1467. Certaines mesures sont édictées dans un *intérêt individuel* et peuvent être exercées, à *titre privé*, par tout particulier qui se trouve dans les conditions déterminées par le législateur. Tels sont : 1° le droit pour tout *propriétaire, possesseur* ou *fermier*, de *détruire les animaux malfaisants ou nuisibles* qui sont *classés comme tels par le préfet* (V. *suprà*, n°s 710 et suiv.); — 2° Le droit qu'a tout *propriétaire, possesseur* ou *fermier*, de *détruire les bêtes fauves* qui portent *dommage* à ses propriétés (V. *suprà*, n°s 743 et suiv.); — 3° Le droit reconnu en faveur de *tout particulier*, de *tuer le loup* partout où il le rencontre (V. *infrà*, n° 1529). — De ces trois modes de destruction, les deux premiers sont prévus par l'art. 9, § 3, de la loi du 3 mai 1844, sur la police de la chasse; le dernier seul fait partie de l'ensemble des mesures de destruction que comprend la louveterie.

1468. D'autres mesures spécifiées par la législation sur la louveterie, dit M. Puton, n° 10, ont en vue l'*intérêt général* et revêtent un *caractère officiel* ou *administratif*, soit à raison des personnes qui interviennent dans leur exécution, soit à raison des autorités qui les ordonnent ou les autorisent. Ce sont: 1° les *chasses particulières au loup*, qui font partie des attributions des lieutenants de louveterie (V. *infrà*, n°s 1482 et suiv.) ; — 2° L'*emploi de pièges*, qui rentre également dans les fonctions des officiers de louveterie (V. *infrà*, n°s 1502 et suiv.) ; — 3° Les *battues* et les *chasses collectives*, soit générales, soit particulières (V. *infrà*, n°s 1532 et suiv.) ; — 4° Les *permissions individuelles de chasse particulière* (V. *infrà*, n°s 1608 et suiv.).

1469. Un caractère commun qui appartient à ces diverses mesures officielles, c'est qu'elles peuvent être mises en exécution sur le *terrain d'autrui sans le consentement du propriétaire* ou de son ayant-droit, et notamment du locataire de chasse. A ce point de vue, elles constituent une sorte d'expropriation du droit de chasse pour cause d'utilité publique, qui ne donne lieu à aucune indemnité. Les propriétaires ne sauraient s'opposer à leur exécution, ni s'en affranchir, soit en s'engageant à réparer le dommage causé par le gibier, soit en demandant de détruire eux-mêmes les animaux susceptibles de nuire aux personnes ou aux propriétés. — D'autre part, les battues et les chasses officielles sont soumises à la *surveillance* de l'administration forestière, afin de prévenir les abus auxquels elles pourraient donner lieu tant au point de vue de l'intérêt privé des propriétaires ou de leurs ayants droit, qu'au point de vue de l'intérêt général de la conservation du gibier. Il s'ensuit que l'intervention du service forestier serait sans objet, dans le cas où, en temps d'ouverture de la chasse, le lieutenant de louveterie (ou le chasseur) chargé d'effectuer une battue et le propriétaire du terrain sur lequel elle devrait s'opérer, demanderaient à être déchargés de cette surveillance (V. Puton, n° 18).

1470. Il convient de faire observer, dès maintenant, qu'en matière de louveterie, l'expression « *animaux nuisibles* » n'a pas la même signification que dans l'art. 9, § 3-3°, de la loi du 3 mai 1844. Du moins, telle est l'interprétation qui a prévalu, ainsi qu'on le verra *infrà*, nos 1537 et suiv.

Sect. 2. — Des lieutenants de louveterie (*Rép.* nos 502 à 505, 516 à 519).

1471. Les *lieutenants de louveterie*, que l'on appelle aussi *officiers de louveterie* ou simplement *louvetiers*, sont des chasseurs expérimentés, revêtus d'un caractère officiel et dont l'institution a eu pour objet de parvenir plus rapidement et plus sûrement à la destruction des animaux dangereux ou nuisibles, principalement des loups. Depuis 1814 il n'existe plus de capitaines généraux ni de capitaines de louveterie ; ces officiers créés par le règlement du 1er germ. an 13 n'ont pas été maintenus par celui du 20 août 1814.

Art. 1er. — *De la nomination et de la cessation de fonctions des lieutenants de louveterie* (*Rép.* nos 502 et 503).

1472. On a vu au *Rép.* n° 502, que les lieutenants de louveterie ont été successivement *nommés* par le grand veneur (Ord. 20 août 1814, art. 2), par le directeur général des forêts (Arg. Ord. 14 sept. 1830, art. 1er), puis par le roi sur la proposition du ministre des finances (Ord. 21 déc. 1844). En vertu de l'art. 5-17° du décret du 25 mars 1852, sur la décentralisation administrative, et de l'art. 1er de l'arrêté du ministre des finances du 3 mai 1852, leur nomination est faite par le préfet, sur l'*avis* ou *proposition* du conservateur des forêts. — Aux termes de l'art. 7 du même arrêté ministériel, le préfet doit immédiatement porter la nomination des officiers de louveterie à la connaissance du ministre. Ce ministre est aujourd'hui celui de l'agriculture, depuis que l'administration des forêts a été rattachée à ce département (V. *suprà*, n° 523).

1473. Le *renouvellement de la commission* est effectué chaque année par le préfet, sur la proposition du conservateur des forêts, de la même manière que la nomination (Puton, n° 56).

1474. S'il fallait s'en tenir au texte des art. 3 et 19 de l'ordonnance du 20 août 1814, les fonctions des lieutenants de louveterie ne dureraient qu'*un an*, tout en étant renouvelables. Mais, comme nous l'avons dit au *Rép.* n° 503, elles sont *prorogées tacitement*, et, par suite, les louvetiers peuvent et doivent continuer à les exercer, tant qu'ils n'ont pas été remplacés ni révoqués (Berriat, p. 288; Giraudeau, nos 1209 à 1211; Leblond, n° 457; de Neyremand, p. 352; Puton, n° 58; Villequez, n° 116. — Conf. Bourges, 30 mai 1839, *Rép.* n° 512; Orléans, 11 mai 1840, *ibid.*). Il est, en effet, de principe, dans notre droit public, que ceux qui sont investis de fonctions temporaires peuvent et doivent les exercer valablement jusqu'à ce qu'ils soient remplacés. L'art. 197 c. pén. ne punit l'exercice illégalement prolongé de l'autorité publique que quand le fonctionnaire temporaire a continué d'exercer ses fonctions après son remplacement. Au surplus, le système contraire aurait pour résultat de désorganiser l'Administration et de nuire aux intérêts généraux et particuliers (Arrêt précité du 11 mai 1840). — Il est sans difficulté que la prorogation tacite des fonctions de louvetier, à l'expiration de l'année, lui conserve en même temps le privilège de chasser à courre le sanglier dans les forêts de l'Etat (Puton, n° 59). — V. *infrà*, nos 1526 et suiv.

M. Villequez, n° 116, fait observer avec raison que l'omission du nom d'un lieutenant sur la liste générale des louvetiers du département, dans l'arrêté annuel du préfet, entraîne la cessation de ses fonctions.

1475. Aux termes de l'art. 19 de l'ordonnance du 20 août 1814, les *commissions doivent être retirées* dans le cas où les lieutenants de louveterie n'auraient pas justifié de la destruction des loups. — Malgré les termes de cette disposition, nous croyons, comme M. Puton, [illegible] lieutenant ne saurait être révoqué pendant l'année de sa commission, pour inexécution de ses obligations ; ce préfet n'a d'autre droit que de ne pas renouveler la commission à l'expiration de l'année (V. toutefois, en sens contraire, Giraudeau, n° 1212).

1476. En tout cas, il n'y a lieu pour un officier de louveterie de cesser ses fonctions qu'à partir du moment où il a eu connaissance de son remplacement (ou de sa révocation), soit par une notification en la forme administrative, soit par simple lettre, soit par le Recueil des actes administratifs ou tout autre document, soit par l'entrée en fonctions de son successeur (Puton, n° 60).

1477. D'après l'art. 2 de l'arrêté ministériel du 3 mai 1852, rédigé par application des dispositions combinées de l'art. 2 de l'ordonnance du 20 août 1814 et de l'art. 1er de l'ordonnance du 14 sept. 1830 (V. *suprà*, p. 491, note 1), le *nombre* des lieutenants de louveterie est fixé par le préfet sur la proposition du conservateur des forêts. — Aucune loi ne limite le nombre des officiers de louveterie. Mais, afin d'éviter les inconvénients qui résulteraient soit pour eux-mêmes, soit pour les adjudicataires de la chasse dans les forêts de l'Etat, de leur multiplicité, l'art. 2 précité de l'arrêté ministériel du 3 mai 1852 décide que ce nombre ne peut excéder celui des arrondissements de sous-préfecture, à moins de circonstances exceptionnelles, qui seront soumises à l'appréciation du directeur général des forêts (Puton, n° 53).

1478. La détermination des *circonscriptions* respectives de chaque officier de louveterie appartient évidemment à l'autorité chargée de fixer leur nombre, c'est-à-dire au préfet. Il va de soi que l'exercice des fonctions de chaque louvetier est restreint à l'étendue de sa circonscription ; et, par conséquent, celui qui chasserait au loup, en dehors de cette circonscription, sur un terrain appartenant à autrui et sans le consentement du propriétaire ou de son ayant droit, s'exposerait à être poursuivi pour délit de chasse sans autorisation (Puton, n° 55. — V. *infrà*, n° 1498).

Art. 2. — *Des attributions et des obligations des lieutenants de louveterie* (*Rép.* nos 504, 505 et 518).

1479. Les lieutenants de louveterie ne sont dépositaires d'aucune partie de la puissance publique et, par suite, ne sont pas des fonctionnaires publics proprement dits : ils font partie d'un *service d'utilité générale*, et non d'un véritable service public (Giraudeau, n° 1208; Puton, n° 43; Villequez, n° 117). — Aussi ne sont-ils pas astreints de prêter un *serment professionnel* (Puton, *loc. cit.*). — On a vu au *Rép.* n° 504, qu'avant l'abrogation de l'art. 75 de la constitution de l'an 8 par le décret du 19 sept. 1870, la jurisprudence les regardait comme ne jouissant pas de la *garantie administrative*, c'est-à-dire qu'ils pouvaient être poursuivis sans l'autorisation du conseil d'Etat, à raison des délits par eux commis en leur qualité de louvetiers (Conf. Giraudeau, n° 1209, Puton et Villequez, *loc. cit.*).

1480. Cependant, si les lieutenants de louveterie ne sont pas des fonctionnaires publics proprement dits, ils sont des agents auxiliaires investis d'une autorité réelle et ayant une mission d'ordre public. En conséquence, un étranger ne peut être appelé à des fonctions de cette nature (Décis. min. just. 27 avr. 1877, *Bulletin du ministère de la justice*, 1877, p. 51 ; Circ. adm. for. 1er juin 1877, *Nouv. série*, n° 209).

1481. Les fonctions des lieutenants de louveterie sont *purement personnelles*. Ils ne sauraient se faire remplacer par leurs piqueurs, notamment dans les chasses particulières au loup ou dans les battues qu'ils sont appelés à diriger (Puton, n° 43. — V. *infrà*, nos 1523 et 1573). Ajoutons que, parmi ces fonctions, les unes sont d'ordre extérieur (V. *infrà*, nos 1493 et suiv.), les autres d'ordre intérieur (V. *infrà*, nos 1518 et suiv.). — Quant aux obligations qui leur sont imposées en vue de pouvoir remplir les fonctions extérieures, V. *infrà*, nos 1521 et suiv.

1482. — I. Des fonctions de service extérieur. — 1° *De la chasse officielle particulière au loup avec l'équipage.* — Au nombre des attributions dévolues aux officiers de louveterie, il convient de mentionner en première ligne la chasse officielle particulière au loup avec l'équipage. Elle a beaucoup perdu de son importance, depuis que les animaux de cette espèce sont devenus plus rares.

1483. D'après plusieurs auteurs et quelques arrêts, l'officier de louveterie pourrait, en vertu de sa seule commission, chasser : tous les *animaux nuisibles* (De Neyremand, p. 353 ; Perrève, p. 446 ; Petit, t. 2, p. 373. — V. dans le même sens : Bourges, 30 mai 1839, et sur pourvoi, Crim. cass. 3 janv. 1840, et sur nouveau pourvoi, Crim. rej. 30 juin 1841, *Rép.* n° 512. — Comp. Crim. cass. 12 juin 1847, aff. Eline, D. P. 47. 4. 69) ; — Ou les *bêtes fauves* (Nîmes, 9 juill. 1829, *Rép.* n° 519). — M. Villequez, n° 143, estime que ce droit appartient au louvetier, du moins à l'égard des renards, des blaireaux et de tous autres animaux nuisibles déclarés tels par le préfet, en exécution de l'art. 9 de la loi du 3 mai 1844.

1484. Tel n'est pas notre avis. Nous pensons que la chasse officielle du louvetier ne peut s'exercer qu'à l'égard du *loup*. Et cette opinion est confirmée par un arrêt récent de la cour de cassation (Crim. rej. 18 janv. 1879, aff. Coillot, D. P. 80. 1. 41), qui a fait valoir les arguments suivants. Le règlement du 1er germ. an 13, qui a créé les officiers de louveterie, et celui du 20 août 1814, qui l'a abrogé et qui le remplace, ont, il est vrai, dans leurs art. 8 et 9, conféré des pouvoirs particuliers au lieutenant de louveterie pour la destruction des loups, et ont, relativement à ces animaux, dérogé à l'arrêté du 19 pluv. an 5, qui n'autorise la destruction des animaux nuisibles sur le terrain d'autrui, sans le consentement du propriétaire, qu'autant qu'il y est procédé soit en vertu d'un arrêté du préfet ordonnant une battue ou une chasse générale ou particulière (art. 2, 3 et 4), soit en vertu d'une permission de chasse individuelle délivrée par le préfet (art. 5). Mais cette exception, fondée sur le caractère particulièrement dangereux des loups, n'a été édictée qu'à leur égard et n'a pas été étendue à la poursuite, par le lieutenant de louveterie, des autres animaux nuisibles. Il ne résulte ni des termes ni de l'esprit du règlement de 1814, que, dans le cas où le lieutenant de louveterie veut chasser sur un terrain où il n'a pas le droit de chasser un animal nuisible autre que le loup, ce règlement ait entendu priver le propriétaire du terrain d'une des garanties que lui donne l'arrêté de l'an 5, la constatation préalable par le préfet d'une nécessité d'ordre public de nature à justifier un fait de chasse qui aura lieu sur sa propriété sans son consentement. — De la règle ci-dessus formulée, la cour suprême déduit comme conséquence que le lieutenant de louveterie commet le délit prévu et puni par l'art. 11, § 1er-2°, de la loi du 3 mai 1844, lorsqu'il chasse sur le terrain d'autrui un animal nuisible autre que le loup, notamment un sanglier, sans la permission du propriétaire, et sans que cette chasse ait été prescrite ou autorisée par le préfet (Arrêt précité du 18 janv. 1879). — En faveur de cette seconde opinion, il y a lieu de citer le remarquable rapport de M. le conseiller Thiriot, D. P. 81. 1. 43. V. aussi : Giraudeau, n° 1223 ; Leblond, n° 465 ; Puton, n° 88 ; Instr. min. int. 13 déc. 1860, D. P. 61. 3. 62.

1485. Il ressort des art. 8 et 9 de l'ordonnance du 20 août 1814, que la chasse officielle au loup peut avoir lieu *à toute époque* de l'année, sauf toutefois la différence des procédés à employer selon les saisons (Conf. Puton, n° 91. — V. *infrà*, n° 1488).

1486. Dans l'étendue de sa circonscription (V. *suprà*, n° 1478), il est loisible au lieutenant de louveterie de pratiquer la chasse au loup avec son équipage « dans les endroits que fréquentent les animaux de cette espèce », c'est-à-dire dans toutes les *propriétés ouvertes*, quelle qu'en soit la nature (Puton, n° 90). Il peut même se livrer à cette opération sur le *terrain d'autrui* sans le consentement ou malgré l'opposition du propriétaire ou de son ayant droit (Circ. min. int. 22 juill. 1851, R. F. t. 4, n° 608 ; Giraudeau, n° 1215 ; Leblond, n° 465 ; Puton, n° 90 ; Villequez, nos 128 et 130). — Dans la pratique, par esprit de convenance, les louvetiers préviennent ordinairement les propriétaires des bois ou terrains dans lesquels ils se proposent de chasser ; mais ils n'y sont pas légalement tenus, et cette formalité leur est souvent impossible à remplir par suite du morcellement de la propriété (Puton, n° 90 ; Villequez, n° 125).

1487. Le louvetier a-t-il le *droit de suite* dans l'exercice de la chasse officielle particulière au loup ? En d'autres termes, peut-il poursuivre en dehors de sa circonscription le loup lancé dans l'étendue de cette dernière ? Il y a controverse sur ce point. — Pour l'affirmative, on invoque l'esprit de la loi, la faveur due à la destruction des loups, les nécessités d'une chasse dirigée contre un animal qui prend ordinairement de grands partis. Du reste, au regard du lieutenant agissant régulièrement en vertu de sa commission, il n'y a pas à se préoccuper de la question de propriété du sol, puisqu'il peut chasser sur le terrain d'autrui, même malgré l'opposition du propriétaire (Villequez, n° 139. — Conf. Giraudeau, n° 1224). — Pour la négative, on se fonde sur ce que le lieutenant est dépouillé de toute qualité officielle en dehors de sa circonscription. Dès lors, pour continuer régulièrement la chasse, il lui faudrait l'assistance de celui de ses collègues dans la circonscription duquel l'animal poursuivi s'est réfugié (Puton, n° 107. — V. *suprà*, n° 1478).

1488. Les *procédés* à employer contre les loups sont tracés par les art. 8 et 9 du règlement du 20 août 1814. — A toute époque de l'année, l'officier de louveterie doit : 1° rechercher ou faire *rechercher les portées de louves ;* 2° détourner ou faire *détourner les loups*, ou, en d'autres termes, quêter, faire le bois, faire l'enceinte, afin de s'assurer que l'animal qu'on se propose de chasser se trouve dans un canton déterminé. Il lui est loisible soit de procéder lui-même à ces opérations, soit de les confier à son piqueur ou autres gens de son équipage (Puton, nos 91 et 92). — En toute saison, après que le loup a été détourné, l'officier de louveterie fait *entourer les enceintes* par les gardes forestiers, par les gens de son équipage ou même par des amis, dans le cas de nécessité (Puton, n° 96 ; Villequez, n° 136).

1489. Mais les procédés *d'attaque* diffèrent selon les saisons. Pendant l'ouverture de la chasse, le loup peut être attaqué avec l'*équipage*, et on le tire au lancé ; le louvetier est autorisé à faire découpler sa meute, s'il le juge nécessaire. Quand la chasse à courre est fermée, il est interdit de découpler l'équipage ; le loup est attaqué à trait de limier, et on le tire quand il franchit l'enceinte (Puton, nos 96 et 97 ; Villequez, n° 123). Ce mode de chasse à trait de limier, à la muette, est peu suivi, dans la pratique, à raison de son peu d'efficacité, le limier tenu au trait et son conducteur ne pouvant suivre aisément et assez vite le loup à travers les forts les plus épais où il se tient d'ordinaire, pendant que la bête prend de l'avance et a le loisir d'éventer les chasseurs. On préfère, en temps de neige, vider l'enceinte avec un homme seul, qui, étant plus libre de ses mouvements, peut suivre le pas de l'animal assez rapidement pour le faire sauter et indiquer aux chasseurs sa direction ; la légalité de ce dernier procédé ne saurait être contesté (Puton, n° 101 ; Villequez, nos 123 et 159).

1490. Rien ne s'oppose à ce que, dans la chasse officielle au loup, le louvetier emploie comme *auxiliaires*, indépendamment des gardes forestiers, tous les gens de son équipage et les amis ou chasseurs dont le concours est indispensable, à la condition, d'ailleurs, que l'intervention de ces auxiliaires ne fasse pas dégénérer cette chasse particulière en battue (V. Giraudeau, n° 1220 ; Puton, nos 98 et 99 ; Villequez, nos 136, 146 et 160 ; Circ. adm. for. 18 nov. 1861, *Anc. série*, n° 809, D. P. 62. 3. 78).

1491. L'administration forestière peut exercer son contrôle sur le nombre et le choix des auxiliaires (Puton, nos 99 et 104 ; Circ. préc. 18 nov. 1861). — V. *infrà*, n° 1581.

Quant aux propriétaires et aux locataires de chasse des terrains sur lesquels s'effectue la chasse officielle, nous croyons avec M. Puton qu'ils ne sauraient critiquer le choix des auxiliaires du lieutenant de louveterie, sauf à adresser à cet égard des réclamations officieuses à l'administration forestière. Tous les auxiliaires peuvent tirer le loup détourné ou lancé (Giraudeau, n° 1220 ; Puton, n° 98).

1492. Lorsque la chasse officielle s'effectue dans une forêt domaniale, les adjudicataires de chasse ne sont pas obligés d'y concourir (Puton, n° 103 ; Villequez, n° 129).

1493. Dans le cas de chasse particulière au loup avec son équipage, le louvetier agit *en vertu de sa seule commission*, sans être astreint à demander l'autorisation du préfet ; l'ordonnance du 20 août 1814 n'exige pas, en effet, cette formalité (Giraudeau, n° 1215; Puton, n° 89. — V. Crim. rej. 18 janv. 1879, aff. Coillot, D. P. 81. 1. 41-44).

1494. L'officier de louveterie est-il tenu de provoquer l'*intervention de l'administration forestière* pour l'exercice des attributions qui lui sont conférées par les art. 8 et 9 de l'ordonnance du 20 août 1814? Il convient d'établir sur ce point des distinctions.

1495. L'intervention ou la surveillance de l'administration des forêts n'est requise ni pour la recherche des portées de louves, ni pour la quête ou le détournement des loups, sur le terrain d'autrui (Leblond, n° 477; Puton, n° 93; Villequez, n° 121).

1496. En ce qui concerne l'attaque ou la chasse même des loups, les art. 8 et 9 de l'ordonnance du 20 août 1814 obligent le louvetier à faire entourer les enceintes par les *gardes forestiers*, qui peuvent ainsi exercer une surveillance sérieuse de nature à empêcher tout abus et concourir d'une manière efficace à la destruction des loups. Mais les gardes n'ont pas le droit de s'immiscer dans la direction de la chasse, par exemple, en ordonnant ou en interdisant de faire découpler (Puton, n°s 94 et 100). — Le règlement ne parlant que de l'intervention des préposés forestiers, on ne saurait aller plus loin et exiger que l'officier de louveterie provoque la surveillance des agents forestiers eux-mêmes; sinon, la chase au loup serait impossible à raison des retards qui résulteraient de l'accomplissement d'une pareille condition (Giraudeau, n° 1215; Puton, n° 94; Villequez, n° 126).

1497. C'est une question très controversée que celle de savoir si la régularité de la chasse officielle au loup est nécessairement subordonnée à la *présence* du garde forestier. D'après MM. Leblond, n° 474, et Puton, n° 95, il ne suffit pas que le louvetier ait prévenu le garde de son intention d'effectuer cette chasse, si celui-ci n'y assiste pas. Et ils regardent la chasse comme délictueuse, soit lorsque le garde ne peut ou ne veut pas y assister, soit lorsqu'après s'être rendu à la convocation du lieutenant, il ne peut ou ne veut plus continuer à l'accompagner. A l'appui de cette opinion, on invoque le principe de la nécessité de la surveillance de l'administration forestière pour la garantie du droit des tiers et le lien hiérarchique qui existe entre cette administration et les louvetiers. Ajoutons que le texte des art. 8 et 9 du règlement du 20 août 1814 paraît commander cette solution. Nous devons néanmoins reconnaître que M. Villequez, n°s 133 et 134, la combat par de sérieux arguments.

Ce dernier auteur est d'avis qu'en cas de nécessité et d'urgence, il est loisible au louvetier de recourir au concours d'un maire, d'un adjoint, d'un commissaire ou d'un gendarme, à défaut du garde forestier, par le motif que ces divers fonctionnaires ou agents ont reçu formellement de l'art. 22 de la loi du 3 mai 1844 le pouvoir de constater les délits de chasse. Nous répondrons que la matière dont nous nous occupons ici est régie par une législation spéciale et exceptionnelle, et que l'on ne saurait, en se fondant sur des arguments d'analogie empruntés à la loi sur la chasse, substituer aux garanties exigées par l'ordonnance de 1814 d'autres garanties qu'elle ne prévoit pas.

1498. La cour de cassation admet que, si l'administration forestière *défend* au louvetier de chasser avec son équipage, celui-ci ne peut passer outre et procéder à cette chasse. — Jugé que l'administration des forêts ayant été substituée au grand veneur dans ses rapports avec les officiers de louveterie (V. *suprà*, n° 1465), se trouve investie à son lieu et place du droit de faire opposition, par l'entremise des agents locaux, quand il y a lieu, à l'exécution des chasses annoncées par les louvetiers; qu'en conséquence, dans le cas où le lieutenant de louveterie procède à une chasse de cette nature, malgré l'opposition du service forestier, dans une forêt domaniale, il commet le délit de chasse sans autorisation sur le terrain d'autrui, prévu et puni par les art. 1er et 11 de la loi du 3 mai 1844 (Crim. cass. 6 juill. 1861, aff. Duplessis, D. P. 61. 1. 352, et sur renvoi, Angers, 27 sept. 1861, D. P. 62. 2. 164).

1499. Il n'est pas douteux que le garde forestier a qualité pour assister le louvetier dans l'étendue du ressort du tribunal près duquel ce garde a prêté serment, ainsi que dans l'étendue du ressort des autres tribunaux au greffe desquels il a fait enregistrer sa commission et l'acte de prestation de son serment (V. *Forêts*).

Mais que décider relativement aux opérations accomplies en dehors de ces circonscriptions?

Selon M. Villequez, n° 132, l'officier de louveterie serait à l'abri de tout reproche, s'il avait lancé la bête dans le ressort de la compétence du préposé forestier; le juge de répression devrait user de la faculté que lui donne l'art. 11 de la loi du 3 mai 1844, de ne pas considérer comme un délit le passage de chiens courants sur l'héritage d'autrui à la suite d'un gibier lancé sur la propriété de leur maître. Nous sommes plutôt d'avis que, le garde étant sans qualité pour concourir à la chasse officielle en dehors du ressort des tribunaux ci-dessus spécifiés, cette chasse devient délictueuse, à moins qu'un autre préposé compétent ne prête son concours au louvetier, sauf au tribunal à excuser, à raison des circonstances favorables de la cause, la chasse qui n'est devenue irrégulière que par une circonstance indépendante de la volonté du lieutenant (Conf. Puton, n° 107).

1500. En cas d'irrégularité dans la chasse au loup, il appartient au ministère public et aux parties lésées de traduire devant le tribunal de police correctionnelle le louvetier, ainsi que les gens de son équipage et les autres auxiliaires, en qualité de coauteurs ou de complices, si l'acte incriminé constitue un *délit de chasse* (Puton, n°s 107 et 108).

1501. Reste à examiner la question de *propriété de l'animal* tué ou pris dans le cours de la chasse officielle. Il y a lieu, à cet égard, d'appliquer les principes ordinaires en matière d'acquisition de gibier par voie d'*occupation* (V. *suprà*, n°s 142 et suiv.).

1502. — 2° *De l'emploi de pièges.* — L'art. 7 de l'ordonnance du 20 août 1814 prescrit aux officiers de louveterie l'obligation de se procurer les pièges nécessaires pour la destruction des loups, renards et autres animaux nuisibles, dans la proportion des besoins. Cette ordonnance admet toutes les espèces de pièges qui sont susceptibles de capturer les animaux de cette nature, et n'établit à cet égard aucune restriction (Puton, n° 110; Villequez, n°s 155 et 157. — V. aussi Instr. min. int. 9 juill. 1818, *Rép.* p. 201, note; Circ. adm. for. 11 déc. 1844, *Anc. série*, n° 563, B. A. F. t. 2, p. 232). Aussi, la disposition de l'art. 12, § 1er-3°, de la loi du 3 mai 1844, qui punit la détention et le port d'engins prohibés, est évidemment inapplicable à la détention, par les lieutenants de louveterie, de pièges destinés à prendre ou détruire les loups, renards et autres animaux nuisibles.

1503. Les pièges peuvent être tendus soit par le louvetier lui-même, soit par les gens de son équipage, soit par des spécialistes attachés momentanément à son service (Giraudeau, n° 1300; Leblond, n° 496; Puton, n° 110; Villequez, n° 155), soit même, ainsi que le pense ce dernier auteur, par des individus qui n'habiteraient que momentanément chez lui et qui résideraient dans une commune de sa circonscription. — En ordonnant au lieutenant de faire tendre des pièges pendant le temps où la chasse à courre n'est plus permise, l'art. 9 du règlement de 1814 n'exclut pas les autres saisons (Giraudeau n° 1301; Puton, *loc. cit.*). — Il est loisible au louvetier de tendre les pièges dans toutes les propriétés ouvertes situées dans sa circonscription; peu importe qu'elles lui appartiennent ou non (Giraudeau, n° 1301; Leblond, n° 496; Puton, n° 110; Villequez, n° 156; Instruction précitée du 9 juill. 1818). — Dans le silence du règlement de 1814, on ne saurait soutenir que la tendue des pièges exige l'intervention de l'administration forestière par voie d'autorisation ou de surveillance (Puton, n° 112).

1504. L'art. 9 de l'ordonnance du 20 août 1814 subordonne l'emploi des pièges, par les officiers de louveterie, à la condition de se conformer aux *précautions d'usage*. Il est, en effet, indispensable que des précautions soient prises pour que les pièges et fosses qui seraient disposés ne deviennent pas préjudiciables aux hommes et aux animaux domestiques. Dans les endroits ouverts, il ne doit être placé de pièges à loups qu'après en avoir prévenu le maire de la commune et avoir obtenu sa permission. Celui-ci, lorsqu'il le jugerait utile pour la sûreté des habitants, ferait annoncer publiquement les lieux où devraient être tendus les pièges afin qu'on pût les éviter. Dans aucun cas, ils ne doivent être placés dans les chemins ou sentiers pratiqués. Ces observations s'appliquent également, et à plus forte raison, aux chausses ou trappes, et surtout aux batteries (Instr. min. int. 9 juill. 1818, *Rép.* p. 201, note).

1505. Nous pe . avec M. Villequez, n° 157, que, si l'art. 9 de la loi 3 mai 1844 confère au préfet, dans chaque département le soin de déterminer les animaux malfaisants ou nuisibles que le propriétaire, possesseur ou fermier peut détruire en tout temps sur ses terres, ainsi que les conditions d'exercice de ce droit (V. *suprà*, n°s 725 et suiv.), cette disposition est étrangère aux louvetiers et aux mesures d'utilité générale qui font l'objet de la louveterie, et que, dès lors, son application ne saurait être invoquée en vue de restreindre le droit attribué au louvetier de tendre des pièges. — Mais nous n'en adoptons pas moins l'avis de M. Puton, n° 116, qui estime que le lieutenant de louveterie est assujetti aux conditions de droit commun applicables à tous les autres citoyens et établies, en vue de la sécurité publique, soit par un arrêté municipal ou préfectoral (V. *Règlement administratif*), soit par un usage local, qui exigerait, par exemple, que le tendeur pose des affiches ou des poteaux indicateurs.

1506. Dans le cas où le louvetier ne se conformerait pas aux précautions d'usage, il serait exposé à des dommages-intérêts envers les personnes qui auraient eu à souffrir de sa négligence ou de son imprudence. Il serait, en outre, passible de poursuites devant le tribunal de simple police en vertu de l'art. 471-15° c. pén., s'il avait contrevenu à un arrêté municipal ou préfectoral. Il pourrait également être poursuivi en police correctionnelle pour délit de chasse, selon les circonstances, soit sans permis, soit en temps prohibé, soit sur le terrain d'autrui sans le consentement du propriétaire, soit à l'aide d'engins prohibés (Puton, n°s 115, 117 et 118). A plus forte raison, le louvetier s'exposerait à être poursuivi pour délit de chasse, s'il se servait de ses pièges ou engins pour chasser le gibier proprement dit (Circ. adm. for. 11 déc. 1844, *Anc. série*, n° 563, B. A. F. t. 2, p. 232).

1507. — 3° *De l'empoisonnement.* — L'instruction ministérielle du 9 juill. 1818 recommande pour la destruction des loups le procédé d'empoisonnement, à cause de l'efficacité de ce procédé, de sa commodité et du peu de frais qu'il entraîne, et elle prescrit certaines précautions destinées à empêcher les accidents que l'emploi des appâts empoisonnés seraient de nature à causer aux chiens ou aux bestiaux (*Rép.* p. 201, note).

1508. On s'est demandé si l'officier de louveterie a la faculté de recourir à l'empoisonnement, en dehors du cas où ce mode de destruction est permis aux autres citoyens en vertu d'un arrêté préfectoral pris pour l'exécution de l'art. 9, § 3, de la loi du 3 mai 1844. — D'après M. Puton, n° 114, à l'avis duquel se range M. Giraudeau, n° 1303, l'empoisonnement doit être assimilé aux pièges nécessaires que le lieutenant peut employer contre les animaux nuisibles. Le poison est d'ailleurs susceptible d'être utilisé comme accessoire des pièges; pourquoi serait-il interdit comme moyen principal de destruction. En faveur de cette opinion, M. Puton invoque, non seulement la circulaire du 9 juill. 1818, mais encore l'ordonnance du 29 oct. 1846, rendue pour l'exécution de la loi du 19 juill. 1845 sur la vente des substances vénéneuses, cette ordonnance prévoyant le cas de l'emploi de l'arsenic pour la destruction des animaux nuisibles et mentionnant le mode de préparations combinées suivant lequel la vente en est seulement autorisée. — Sans méconnaître la valeur des arguments qui viennent d'être exposés, nous croyons l'opinion contraire préférable. Les attributions de l'officier de louveterie relatives aux pièges ne sauraient être étendues à l'empoisonnement. Dès lors, il ne pourrait employer ce procédé que dans le cas où il serait autorisé par le préfet, et seulement sur ses terres. A ce point de vue, sa situation est la même que celle de tous autres citoyens. « Sans doute, dit à ce sujet M. Villequez, n° 158, le ministre de l'intérieur avait parfaitement le droit de recommander, comme il l'a fait dans l'excellente instruction qu'il adressa aux préfets en 1818, l'emploi du poison pour la destruction des animaux nuisibles; c'était une mesure de garantie pour la sécurité des personnes et des propriétés, rentrant dans ses attributions, dans la police administrative. Les officiers de louveterie, comme les autres, ne tenaient le droit de se servir du poison que de cette autorisation générale. Or, la loi de 1844 a mis cette portion du service de la police administrative dans les attributions des préfets, qui, après avoir pris l'avis des conseils généraux, décideront, chacun pour son département, quels modes de destruction devront être employés pour les animaux nuisibles. En n'indiquant pas le poison ou en le prohibant, le préfet ne touche en rien au règlement de la louveterie qui n'en parle pas, tandis qu'il y contreviendrait formellement en prohibant l'emploi des pièges, ce que la loi de 1844 ne permet pas, puisqu'elle ne touche en rien aux règlements sur la louveterie ». Ajoutons que l'ordonnance du 29 oct. 1846 ne nous semble pas susceptible de servir d'argument dans la question, car elle n'a pas eu en vue les louvetiers plus spécialement que tous les autres citoyens; et, si les préparations combinées d'arsenic qu'elle détermine ont pour objet d'éviter les accidents de personnes, elles ne sont pas de nature à empêcher l'empoisonnement des chiens ou des bestiaux.

1509. — 4° *De la direction des battues et des chasses collectives, générales ou particulières autorisées ou ordonnées par le préfet.* — En ce qui concerne les fonctions du lieutenant de louveterie en pareille matière, V. *infrà*, n°s 1572 et suiv.

1510. — II. DES FONCTIONS DU SERVICE INTÉRIEUR. — L'ordonnance du 20 août 1814 prescrit aux *louvetiers* d'adresser divers états ou rapports au grand veneur, remplacé depuis 1830 par le directeur des forêts, qui les reçoit par l'intermédiaire des agents forestiers locaux. Les documents dont il s'agit sont: 1° des rapports sur les moyens de détruire les loups (art. 8); — 2° Des rapports faisant connaître les personnes qui ont découvert des portées de louveteaux (art. 10); — 3° Des états journaliers des loups tués dans la circonscription du lieutenant (art. 13); — 4° Un état mensuel des sangliers par eux forcés dans les chasses à courre, qui leur sont permises dans les forêts domaniales. Quoique l'art. 18 de l'ordonnance du 20 août 1814 n'impose aux lieutenants de louveterie que l'obligation de rendre compte des sangliers forcés dans les chasses à courre privilégiées, il convient d'étendre cette obligation aux sangliers qui ont été tués après avoir tenu tête aux chiens; — 5° Un état trimestriel des loups qui sont présumés fréquenter les forêts comprises dans la circonscription des lieutenants (art. 14); — 6° Un état annuel de leurs prises (art. 13). — Mais il est à remarquer que l'administration a dispensé les lieutenants de louveterie de lui fournir les états journaliers des loups tués et l'état trimestriel dont il est parlé ci-dessus (V. Puton, n°s 77, 83 et 84).

1511. Afin de contrôler les états des lieutenants, les *préfets* devaient, en vertu de l'art. 15 de l'ordonnance du 20 août 1814, envoyer au ministre de l'intérieur des états journaliers, trimestriels et annuels analogues à ceux qui étaient imposés aux officiers de louveterie. Depuis 1861, ils sont dispensés de cette obligation (Puton, n° 85. — V. Décis. min. int. 1861, B. A. F. t. 8, p. 543).

1512. Aux termes de l'art. 20 de la même ordonnance, tous les ans, au 1er mai, il devait être fait, sur le nombre des loups tués dans l'année, un rapport général qui serait mis sous les yeux du roi. Ce rapport, dressé autrefois par le grand veneur, est aujourd'hui rédigé par le directeur des forêts et transmis au président de la République. — Les conservateurs adressent, chaque année, avant le 1er août, avec l'état des animaux nuisibles détruits par les lieutenants de louveterie, leurs avis sur le service de la louveterie et le maintien en fonction de chaque officier (Circ. adm. for. 22 juin 1840, *Anc. série*, n° 479 *bis*).

1513. — III. DE L'ÉQUIPAGE DE CHASSE IMPOSÉ AUX LIEUTENANTS DE LOUVETERIE. — Pour que les louvetiers soient en mesure de remplir efficacement les fonctions qui leur sont dévolues, l'art. 6 de l'ordonnance du 20 août 1814 leur impose l'obligation d'entretenir, à leurs frais, un *équipage de chasse* d'une certaine importance. Mais, dans la pratique actuelle, ces prescriptions ne sont presque jamais remplies rigoureusement. Si la plupart de ces officiers possèdent un piqueur et une meute d'au moins dix chiens courants, il en est peu qui aient, en outre, deux valets de limiers et un valet de chiens (Puton, n° 61; Villequez, n° 120). — Les exigences du règlement de 1814 se justifiaient alors par la quantité de loups qui existaient à cette époque et par les avantages dont jouissaient les louvetiers. Aujourd'hui les loups sont rares, et les privilèges concédés aux officiers de louveterie ont perdu de leur importance; d'une part, depuis que la chasse est affermée dans les forêts domaniales (V. *suprà*, nos 522 et suiv.), et, d'autre part, depuis que leur droit de chasse à courre privilégiée est restreint au sanglier, à l'exclusion du chevreuil et du lièvre (V. *infrà*, n° 1518).

1514. Il appartient au lieutenant de louveterie de choisir, de renvoyer et de remplacer, comme il le juge à propos, son *piqueur* et ses *valets*. Le piqueur et les hommes de l'équipage ne sont que les employés du lieutenant, ils ne reçoivent pas de commission et ne sont investis d'aucune attribution de service public (Giraudeau, nos 1237 et 1238; Puton, n° 62). — On a vu au *Rép.* n° 518, que les délits et quasi-délits par eux commis dans l'exercice de leurs fonctions engagent la responsabilité civile de leur maître. M. Puton est aussi de cet avis (Nancy, 31 janv. 1844, *ibid.* n° 517. — V. *suprà*, nos 1326 et suiv.).

1515. D'après M. Puton, n° 62, les fonctions du piqueur ont pour objet de diriger et exercer l'équipage dont il est le chef, de faire le bois, c'est-à-dire détourner la bête, de surveiller les pièges et les tendeurs, et de rechercher les portées de louves.

Les auteurs sont très divisés sur le point de savoir si le piqueur a le droit de remplacer de plein droit le lieutenant ou d'exercer par suite d'une *délégation* tout ou partie des fonctions de ce dernier. — Selon les uns, cette faculté est refusée d'une manière absolue au piqueur (Berriat, p. 289; Gillon et Villepin, p. 402, note 1; Leblond, n° 475; Petit, t. 2, p. 379. — V. en ce sens: Nancy, 31 janv. 1844, *Rép.* n° 517; Sol. impl., Bourges, 24 déc. 1857, B. A. F. t. 8, p. 279; Trib. corr. Dijon, 4 juin 1875, aff. Grisot, R. F. t. 6, n° 131). — M. Villequez, n° 149, estime que le piqueur peut remplacer le louvetier dans les battues, et, dans le cas où celui-ci est absent ou empêché, chasser sans lui à courre le sanglier dans les forêts de l'Etat. Et il a été jugé que les piqueurs de louvetiers ont le droit de poursuivre, indépendamment des battues générales, les bêtes fauves qu'ils rencontrent, puisqu'ils sont essentiellement établis pour les détruire; mais qu'ils ne peuvent, dans aucun cas, se prévaloir de ce droit pour chasser le gibier; que, par suite on ne peut régulièrement verbaliser contre eux qu'autant qu'ils sont rencontrés chassant le gibier, et qu'il y a lieu de relaxer des poursuites le piqueur qui a été rencontré dans les territoires qui lui étaient assignés dans sa commission, près de son domicile, alors que rien n'établit qu'il fût hors de ses fonctions (Nîmes, 9 juill. 1829, *Rép.* n° 519). — Nous croyons qu'il convient d'établir une distinction. Selon nous, le piqueur ne saurait procéder à des battues ou à des chasses officielles au lieu et place de son maître; mais il peut, sans la présence de ce dernier, exercer l'équipage au moyen de la chasse privilégiée au sanglier dans les forêts domaniales (Giraudeau, n° 1241; Puton, nos 62 et 70). Le contraire a été jugé, mais à l'égard d'un piqueur qui avait chassé en compagnie d'amis (Arrêt précité du 31 janv. 1844). Quoi qu'il en soit, tout le monde est d'accord pour admettre qu'il est interdit au piqueur de se faire accompagner à cette chasse de personnes étrangères à l'équipage, par exemple, d'amis Leblond, n° 475; Puton, n° 70; Villequez, n° 149).

1516. Le lieutenant de louveterie ne jouit aujourd'hui d'aucune exemption d'impôt, notamment en ce qui regarde la contribution sur les chevaux et voitures ou la taxe municipale des chiens (V. *Impôts directs*).

Art. 3. — *Des immunités ou privilèges des lieutenants de louveterie* (*Rép.* nos 505, 516, 517 et 519).

1517. — I. De la dispense de permis de chasse. — On admet généralement, comme nous (*Rép.* n° 519), que les officiers de louveterie et leurs piqueurs sont *dispensés du permis de chasse* pour tous les actes qu'ils accomplissent dans l'exercice de leurs fonctions, et cette opinion est confirmée par une décision du ministre des finances du 3 oct. 1823 (V. dans ce sens: Giraudeau, n° 1234; Perrève, p. 446; Puton, n° 64; Rogron, p. 485; Villequez, n° 140). Il en est ainsi, spécialement, en cas de chasse officielle particulière au loup, de chasse privilégiée au sanglier ou de battue autorisée par le préfet. — Conf. Nîmes, 9 juill. 1829, analysé au *Rép.* n° 519). — Nous ne saurions donc partager l'avis de quelques auteurs qui restreignent la dispense de permis aux battues autorisées ou ordonnées par arrêté [illegible]toral, et l'écartent pour la chasse au sanglier (Berriat, [illegible]289; Cival, p. 144; Petit, t. 2, p. 378).

1518. — II. De la chasse a courre privilégiée. — Comme la chasse du loup, qui doit occuper principalement les lieutenants de louveterie, ne fournit pas toujours l'occasion de tenir les chiens en haleine, l'ordonnance du 20 août 1814 leur a concédé, sous certaines conditions, un droit de *chasse à courre privilégiée*. Aux termes de l'art. 16, ils avaient la faculté de chasser à courre le sanglier, le chevreuil-brocard ou le lièvre, suivant les localités. Mais, ainsi que nous l'avons fait observer au *Rép.* n° 516, l'exercice de cette chasse a été plus tard restreint au *sanglier*, par l'art. 6 de l'ordonnance du 24 juill. 1832, dont la disposition à cet égard a été reproduite par l'art. 5 de l'ordonnance du 20 juin 1845. Cette restriction a implicitement abrogé la disposition de l'art. 17 de l'ordonnance du 20 août 1814 qui interdit aux lieutenants de louveterie de tirer sur le chevreuil et le lièvre. Au contraire, il convient de regarder comme étant toujours en vigueur la seconde disposition de l'art. 17, qui ne permet de *tirer* le sanglier que dans le cas où il tiendrait tête aux chiens, c'est-à-dire lorsqu'il est sur ses fins et se défend contre eux.

1519. La chasse dont il est ici question étant exceptionnelle, on doit limiter rigoureusement les conditions de son exercice dans les termes du règlement, et, par suite, aux *forêts de l'Etat de la circonscription du louvetier*, comme nous l'avons dit au *Rép.* n° 516. — Il en résulte que cette chasse à courre privilégiée ne peut avoir lieu, ni dans les bois des particuliers (Crim. cass. 3 janv. 1840, et sur renvoi, Orléans, 11 mai 1840, *Rép.* n° 512; Trib. corr. Châtillon-sur-Seine, 2 août 1860, aff. Belgrand, D. P. 60. 3. 63); — Ni dans les bois des communes ou des établissements publics. En conséquence, les lieutenants de louveterie ne peuvent régulièrement, sans le consentement des propriétaires, poursuivre le sanglier dans les bois de cette dernière sorte qu'autant qu'ils font office de louvetiers, c'est-à-dire qu'ils agissent sous la surveillance et l'inspection des agents forestiers (Jugement précité du 2 août 1860).

D'autre part, s'il n'existe pas de forêt domaniale dans l'étendue de sa lieutenance, le privilège du louvetier ne peut s'exercer dans les forêts domaniales d'une circonscription voisine et, par conséquent, se trouve paralysé d'une manière absolue.

1520. Aux termes de l'art. 16 de l'ordonnance du 20 août 1814, le droit de chasse à courre du lieutenant de louveterie souffrait aussi exception relativement aux forêts ou bois du domaine de l'Etat, dont la chasse était particulièrement donnée par le roi aux princes ou à toute autre personne. Cette disposition est évidemment sans application depuis l'avènement de la République. Mais il en était ainsi même sous la monarchie de Juillet et le second empire, le chef de l'Etat n'ayant pas, à cette époque, qualité pour accorder des concessions particulières de chasse dans les forêts domaniales.

1521. Bien que l'officier de louveterie ne jouisse d'aucun *droit de suite* relativement à la chasse à courre privilégiée, il est loisible au tribunal de répression d'excuser le passage de chiens qui, à la suite d'un sanglier lancé dans une forêt de l'Etat, seraient entrés dans une autre propriété, malgré les efforts du louvetier pour les rappeler et les rompre (Leblond, n° 504; Puton, n° 72; Villequez, n° 152. — V. *suprà*, nos 928 et suiv.).

1522. On a vu au *Rép.* n° 516, que l'art. 5 de l'ordonnance du 20 juin 1845 ne tolère la chasse privilégiée du sanglier que pendant le *temps où la chasse est permise*. Dès lors, cette faculté est interdite au louvetier en temps de neige, lorsqu'un arrêté préfectoral suspend l'exercice de la chasse en pareille circonstance (Giraudeau, n° 1230; Leblond, n° 503; Puton, n° 73).

1523. La disposition de l'art. 16 de l'ordonnance du 20 août 1814, qui limite à *deux fois par mois* le droit de chasser à courre le sanglier dans les forêts domaniales est encore en vigueur (*Rép.* n° 516). Mais ce droit peut-il se reporter à un autre mois? En d'autres termes, si le louvetier chasse seulement une fois dans un mois, a-t-il la faculté de chasser trois fois le mois suivant? La négative ne nous semble pas douteuse. Sinon, il y aurait là, dit M. Puton, n° 74, une extension de faveur qui ne se présume pas, quand il s[illegible] privilège. Celui-ci, d'ailleurs, serait détourné de son [illegible], qui est de tenir les chiens en haleine par deux chasses mensuelles, s'il pouvait être négligé pendant un temps et augmenté ensuite jusqu'à causer la fatigue » (Conf. Leblond, n° 503. — *Contrà :* Giraudeau, n° 1229).

Néanmoins, les chasses officielles que fait le louvetier pour la destruction des animaux nuisibles, bien que tenant ses chiens en haleine, ne sauraient l'empêcher de chasser deux fois par mois le sanglier (Giraudeau, n° 1228 ; Leblond, n° 503 ; Puton, n° 75 ; Villequez, n° 151).

1524. Le droit de chasse au sanglier dans les forêts de l'Etat, constituant pour le louvetier un privilège *personnel*, ne saurait être délégué à des tiers, comme nous l'avons fait remarquer au *Rép.* n° 517. — Quant au point de savoir s'il en est de même à l'égard du piqueur, V. *suprà*, n° 1515.

Du caractère personnel et privilégié de la chasse à courre dont on s'occupe ici, il résulte que l'officier de louveterie ne peut se faire accompagner de tierces personnes (Giraudeau, n° 1225 ; Leblond, n° 505 ; Puton, n° 69 ; Villequez, n° 149. — Conf. Bourges, 5 mai 1836, et sur pourvoi, Crim. rej. 21 janv. 1837, *Rép.* n° 428 ; Metz, 17 janv. 1842, cité par Puton, p. 319, note 104). — Ce dernier auteur, n° 71, déclare avec raison que la participation de tiers à la chasse privilégiée entraînerait contre eux et le lieutenant de louveterie des poursuites pour délit de chasse sans autorisation sur le terrain d'autrui, mais que les invités qui se borneraient à jouer le rôle de simples spectateurs seraient à l'abri de tout reproche (V. *suprà*, n° 67).

1525. Dans l'opinion qui a prévalu en doctrine, la chasse privilégiée du lieutenant de louveterie ne saurait avoir lieu que sous la *surveillance de l'administration forestière*, ou du moins que quand cette surveillance a été provoquée. Dans ce sens, on soutient que la surveillance du service forestier, qui est exigée pour les chasses officielles et les battues, doit, à plus forte raison, être requise, quand il s'agit d'un simple privilège, dont l'exercice n'a pas directement pour objet l'intérêt général. Il importe, ajoute-t-on, que la chasse privilégiée soit restreinte dans ses limites réglementaires, c'est-à-dire qu'elle ne s'exerce qu'à l'égard du sanglier, et que cet animal ne soit tiré que s'il tient tête aux chiens (Giraudeau, n° 1226 ; Leblond, n° 502 ; Villequez, n° 150). Il a été jugé qu'à défaut de la surveillance de l'administration forestière, les officiers de louveterie sont à bon droit poursuivis, soit pour délit de chasse sur le terrain d'autrui sans le consentement des propriétaires, soit pour délit de chasse en temps prohibé ou en temps de neige (Trib. corr. Châtillon-sur-Seine, 2 août 1860, aff. Belgrand, D. P. 60. 3. 63). — M. Puton, n° 76, répond non sans raison qu'aucun texte n'exige cette surveillance, que le privilège du lieutenant serait illusoire si l'Administration refusait d'exercer sa surveillance et que les gardes forestiers domaniaux sont présumés être toujours en tournée dans leur triage. — Aussi les partisans du premier système croient-ils devoir en atténuer le caractère absolu, en admettant que la surveillance de l'administration forestière ne serait pas nécessaire, si les fermiers de la chasse ou leurs gardes accompagnaient le louvetier ou son équipage (Giraudeau, n° 1227 ; Leblond, n° 502; Villequez, n° 150).

1526. Aucun règlement n'impose au lieutenant de louveterie l'obligation de prévenir les *fermiers* ou *adjudicataires du droit de chasse* du jour où il a l'intention d'exercer son privilège ; mais c'est là une mesure de convenance toujours suivie dans la pratique (Puton, n° 76). — Aux termes de l'art. 25 du cahier des charges pour l'adjudication de la chasse dans les forêts de l'Etat, les adjudicataires ne peuvent s'opposer à l'exercice du droit accordé aux lieutenants de louveterie de chasser le sanglier à courre deux fois par mois pendant le temps où la chasse est permise (V. *suprà*, p. 384, note). Les adjudicataires qui mettraient obstacle à l'exercice du droit du louvetier, par exemple en mêlant leurs chiens aux siens, se rendraient passibles envers lui de dommages-intérêts, et s'exposeraient à une poursuite correctionnelle pour contravention aux clauses du cahier des charges (Leblond, n° 508 ; Puton, n° 79).

1527. Par application des règles du droit commun en matière d'occupation, et à défaut d'une disposition contraire de loi, on est unanime à attribuer à l'officier de louveterie la *propriété du sanglier* forcé ou tué, sans qu'il y ait à établir à cet égard de distinction à raison du lieu où la bête est appréhendée (V. *suprà*, n°s 142 et suiv.).

1528. — III. De l'uniforme des lieutenants de louveterie. — Ainsi qu'on l'a vu au *Rép.* n° 505, les art. 21 à 24 de l'ordonnance du 20 août 1814 déterminent, pour les *lieutenants de louveterie* et leurs *piqueurs*, *l'uniforme* qu'il leur est permis de porter, ainsi que *l'harnachement du cheval*, mais en décidant que l'uniforme n'est pas obligatoire. Remarquons, avec M. Puton, n° 66, que, par ces dispositions, empruntées aux règlements de l'ancienne monarchie sur la louveterie, et notamment à l'art. 17 de l'arrêt du conseil du 15 janv. 1785, l'ordonnance de 1814 confère aux louvetiers le droit de porter et faire porter les couleurs royales, lesquelles n'ont subi aucune modification sous les divers régimes qui se sont, jusqu'à présent, succédé en France.

CHAP. 3. — Du droit individuel de destruction des loups prévu par l'ordonnance du 20 août 1814.

1529. Si l'art. 12 de l'ordonnance du 20 août 1814 invite tous les *habitants* à *tuer les loups* sur leurs propriétés, cette disposition ne doit pas être interprétée dans un sens restrictif. On doit, en effet, reconnaître à tout particulier la faculté de détruire les loups partout où il en rencontre, c'est-à-dire tant sur les propriétés d'autrui que sur ses propriétés. Cette faculté, qui, du reste, est de droit naturel, résulte implicitement des dispositions législatives qui ont institué des primes pour la destruction des loups (V. Puton, n° 9 ; Giraudeau, n° 1204. — V. *infrà*, n°s 1658 et suiv.).

1530. Quant aux formalités à remplir pour la constatation de la destruction des loups et pour le payement des primes, nous devons faire remarquer que les dispositions de l'art. 12 de l'ordonnance de 1814 sont aujourd'hui abrogées et remplacées par la loi du 3 août 1882 et le décret du 28 nov. 1882.

CHAP. 4. — Des battues et des chasses prévues par l'arrêté du 19 pluv. an 5 (*Rép.* n°s 506 à 515).

1531. Il importe de distinguer les deux modes de destruction des animaux nuisibles que prévoit l'arrêté du 19 pluv. an 5 : d'une part, les *battues* et les *chasses collectives* (V. *infrà*, n°s 1532 et suiv.) ; 2° les *permissions individuelles de chasse particulière* (V. *infrà*, n°s 1608 et suiv.). Comme on l'a dit au *Rép.* n° 506, ils sont assujettis à diverses formalités qui ont pour but de garantir les intérêts privés et d'assurer le respect des propriétés.

Sect. 1re. — Des battues et des chasses collectives prévues par l'arrêté de l'an 5 (*Rép.* n°s 506 à 515).

1532. Les mesures de destruction prévues par les art. 2, 3 et 4 de l'arrêté du 19 pluv. an 5 consistent dans des battues et des chasses collectives. Nous avons donné *suprà*, n° 76, la définition des *battues ;* il est inutile d'y revenir. Les *chasses* prescrites par l'arrêté de l'an 5 se distinguent des battues en ce qu'elles s'opèrent à l'aide de chiens. Celles dont on s'occupe dans la présente section sont dites *collectives*, parce qu'elles comportent l'intervention de plusieurs tireurs.

1533. Les battues et les chasses collectives sont générales ou particulières, par rapport à l'étendue des terrains sur lesquels elles doivent s'effectuer. Elles sont *générales*, quand elles sont ordonnées dans toutes les campagnes d'une circonscription administrative ou sans limitation de territoire. Elles sont *particulières*, quand elles sont restreintes à certaines propriétés, certaines forêts, certains cantons spécialement déterminés (V. Puton, n°s 127 et 142, et le rapport de M. le conseiller Thiriot, D. P. 81. 1. 43, et R. F. t. 8, n° 96).

Il convient d'ajouter qu'en thèse générale les chasses collectives sont soumises aux mêmes règles que les battues, et que les explications formulées dans le présent travail pour les unes sont le plus souvent applicables aux autres.

1534. Les préfets, en autorisant des chasses générales ou battues, peuvent prendre toutes les mesures nécessaires pour la destruction des animaux malfaisants ou nuisibles, et notamment, permettre l'emploi et le *découplement des chiens* *courants*, pendant le temps où la chasse à courre est interdite (Dijon, 19 janv. 1881, aff. Benoît-Champy, D. P. 82. 5. 64). — Vainement on invoquerait la disposition de l'ordonnance du 20 août 1814, d'après laquelle les lieutenants de louveterie ne peuvent que détourner les loups et les attaquer à traits de limier, sans se servir de l'équipage qui ne doit pas être découplé; cette ordonnance n'a trait qu'aux chasses particulières que les louvetiers peuvent faire, en temps prohibé, en vertu de leurs commissions (Même arrêt).

1535. Nous croyons, ainsi que M. Puton, n° 143, que si l'arrêté autorise « des chasses et battues générales », on peut, selon les circonstances, employer la battue ou la chasse collective, ou même combiner l'une et l'autre, en se servant à la fois de traqueurs et de chiens; mais que, dans le cas où l'autorisation ne porte que sur une battue, on ne saurait la transformer en une chasse avec chiens (Conf. Berriat, p. 289; Gillon et Villepin, p. 401, note; Villequez, n° 162. — V. les arrêts cités *infrà*, nos 1575 et 1577); — Et spécialement, en une chasse à courre (V. *infrà*, n° 1575).

1536. Il n'est pas sans intérêt d'indiquer, dès maintenant, que les battues et les chasses collectives peuvent nécessiter l'intervention de quatre classes de fonctionnaires ou de personnes investies d'une mission d'intérêt général: 1° du préfet ou sous-préfet, pour ordonner ou autoriser l'opération; 2° du maire, pour fournir des traqueurs ou des tireurs; 3° du lieutenant de louveterie, pour diriger l'opération; 4° de l'agent forestier, pour la surveiller. Nous examinons plus loin en détails les attributions respectives de ces diverses personnes.

ART. 1er. — *Des animaux qui peuvent être l'objet des battues et des chasses collectives* (*Rép.* nos 507 et 510).

1537. Parmi les animaux auxquels peuvent s'appliquer les arrêtés préfectoraux qui ordonnent ou autorisent des battues et des chasses collectives, soit générales, soit particulières, il faut ranger tout d'abord, ainsi qu'on l'a vu au *Rép.* n° 507, ceux que désigne nommément l'art. 2 de l'arrêté du 19 pluv. an 5, c'est-à-dire les *loups*, les *renards* et les *blaireaux*. — Nous pensons, avec M. Puton, n° 16, qu'il y a lieu d'ajouter aux animaux qui viennent d'être énumérés la *loutre*, qui est mentionnée dans les ordonnances du 18 janv. 1600 et de juin 1601 (V. *suprà*, n° 1452).

1538. Indépendamment des loups, renards et blaireaux, l'art. 2 de l'arrêté de l'an 5 parle des « *autres animaux nuisibles* ». Quel est le sens de cette expression?

On a prétendu qu'il appartient au *préfet* de déterminer les animaux nuisibles contre lesquels les battues et chasses collectives peuvent être pratiquées. Et, conformément à cette interprétation, il a été décidé que les animaux susceptibles d'être tirés dans une battue sont seulement ceux que le préfet a rangés dans la catégorie des animaux malfaisants ou nuisibles, par l'arrêté permanent pris en vertu de l'art. 9 de la loi du 3 mai 1844; que, toutefois, si la bête dont les ravages motivent la battue ne figurait pas dans cette catégorie, le préfet devrait la désigner spécialement dans l'arrêté relatif à ladite battue (Circ. min. int. 22 juill. 1851, § 70, R. F. t. 4, n° 608). Mais cette opinion n'a point prévalu.

1539. D'après la doctrine et une jurisprudence que l'on peut considérer comme définitivement établie aujourd'hui, c'est aux *tribunaux* qu'est dévolu le *pouvoir d'apprécier* ce qu'il convient d'entendre par l'expression d'« animaux nuisibles », au point de vue de l'application de l'arrêté du 19 pluv. an 5, sans qu'on puisse leur opposer la désignation des animaux nuisibles qui est faite par le préfet, soit dans l'arrêté permanent rendu en exécution de l'art. 9 de la loi de 1844, soit dans l'arrêté spécial qui autorise une battue ou une chasse en vertu des règlements sur la louveterie. Et l'on ne doit, en matière de louveterie, attribuer le caractère d'animaux nuisibles qu'à ceux dont la destruction est commandée par une nécessité d'ordre public et intéresse, dans une localité, la généralité des habitants. Tels sont les animaux dangereux au point de vue des *intérêts généraux de l'agriculture* et de la *sécurité des personnes* (V. dans ce sens: Puton, n° 16; le rapport de M. le conseiller Thiriot, D. P. 81. 1. 43 et R. F. t. 8, n° 96; et les observations de M. Meaume, R. F. t. 9, n° 37. — V. aussi les arrêts cités *infrà*, nos 1543 et 1544).

1540. L'expression « animaux [illegible] pas, dans l'arrêté de l'an 5, la même signification que [illegible]ans l'art. 9 de la loi du 3 mai 1844, sur la police de la chasse, car la matière régie par la loi de 1844 est différente de celle dont s'occupe l'arrêté; on ne saurait donc rechercher dans le texte de la première et dans la jurisprudence à laquelle ce texte a donné lieu, l'interprétation des termes employés dans le second. — Le gibier est une richesse publique dont la conservation a toujours été considérée comme devant être protégée par le législateur dans l'intérêt des classes privilégiées sous l'ancien régime, dans l'intérêt de tous sous le régime actuel. C'est à ce point de vue que s'est placée la loi de 1844; et, pour atteindre le but proposé, elle a limité, d'une part, l'exercice du droit de propriété, notamment en interdisant la chasse aux époques où elle aurait amené la destruction des espèces, et, d'autre part, la liberté du commerce en défendant le colportage et la vente du gibier en temps prohibé. Le paragraphe 3 de l'art. 9 ne s'écarte pas de l'esprit général de la loi; il a en vue l'hypothèse où certaines espèces de gibier par suite de circonstances particulières, deviendraient une cause de préjudice pour les propriétaires, soit en causant des dégâts à leurs propres récoltes, soit en les exposant à des actions en indemnité de la part des voisins, et il affranchit, dans ce cas, les intéressés de l'observation d'une partie des règles prescrites pour assurer la conservation du gibier. Mais l'art. 9, inspiré par un sentiment de respect pour la propriété, ne renferme aucune disposition applicable, même par analogie, au cas où il faut porter atteinte à la propriété, dans l'intérêt des riverains, par des mesures administratives. De la facilité avec laquelle la loi permet, dans le cas de cet article, d'attribuer à des animaux le caractère d'animaux nuisibles, on ne peut donc rien induire pour le cas tout différent de l'arrêté de l'an 5. Du reste, dans l'hypothèse de la loi de 1844, les abus susceptibles de se produire sont peu à craindre en présence de l'obligation imposée au préfet de prendre l'avis du conseil général et du droit appartenant au ministre de réformer les actes de son subordonné. — La nécessité de limiter l'application de l'arrêté de l'an 5 aux animaux qui sont nuisibles d'une manière absolue et grave, ressort des dispositions de ce texte qui portent atteinte au droit de propriété, en permettant de faire des battues sans le consentement des propriétaires, et autorisent, à l'égard des habitants dont le concours est nécessaire, le droit de réquisition, qui ne peut, en principe, s'exercer que pour combattre les calamités publiques. Cet arrêté n'a en vue qu'une seule catégorie d'animaux, ceux qui, sans fournir aucune ressource à l'alimentation et sans avoir jamais reçu la qualification de gibier, sont essentiellement nuisibles, et dont la disparition complète serait considérée comme un bienfait. Si on se reporte au préambule de cet acte, aucun doute ne peut subsister sur son véritable caractère; il rappelle que les mesures prises pour régulariser l'exercice de la chasse ne doivent mettre aucun obstacle à l'exécution des règlements qui concernent la destruction des loups et autres animaux voraces, et il vise avec soin tous ces règlements qui, à l'époque où la conservation du gibier était garantie par des pénalités souvent draconiennes, organisaient une vraie guerre de destruction contre les animaux nuisibles; l'art. 2 de l'arrêté qui ordonne des battues tous les trois mois n'est même que la reproduction presque littérale de ces anciens règlements.

Cette interprétation a été confirmée par une circulaire du ministre de l'intérieur du 4 déc. 1884 (*Bulletin du ministère de l'intérieur*, 1884, p. 504), qui recommande aux préfets de ne jamais comprendre parmi les animaux à détruire en vertu des règlements sur la louveterie ceux qui ont le caractère de gibier, à l'exception du sanglier, même quand ils auraient été rangés au nombre des espèces nuisibles par l'arrêté qui régit la police de la chasse dans le département.

1541. Dans la pratique, la question s'est surtout posée à l'égard des *sangliers*.

Suivant un premier système, dont M. le commissaire du gouvernement Marguerie s'est fait le défenseur dans ses conclusions sur l'arrêt du conseil d'Etat du 1er avr. 1881 (D. P. 81. 3. 41), les sangliers ne sont pas des animaux nuisibles au point de vue de l'application de l'arrêté du 19 pluv. an 5, et, par suite, ne peuvent faire l'objet de battues ordonnées d'office par le préfet. Il semble, dit-on, peu conforme au texte et à l'esprit de l'arrêté de l'an 5 de faire usage des pouvoirs conférés par cet arrêté à l'Administration pour amener, non la destruction d'une espèce nuisible, mais la réduction du nombre d'animaux d'une espèce de gibier. — C'est à cette interprétation qu'a adhéré le directeur général des forêts, lorsque, consulté sur la difficulté dont il s'agit, à l'occasion de l'affaire de Plumartin jugée par la cour de Poitiers, le 10 déc. 1836 (V. *Rép.* n° 511), il a émis l'avis suivant: « Le sanglier n'est dangereux ni pour l'homme ni pour les animaux; il n'est point un animal carnassier; habitant constamment les forêts, il n'en sort que quand il est poursuivi, ou pour fouiller les champs ensemencés en pommes de terre, dont il est très friand. Ces dommages peuvent exciter quelques plaintes, mais ils ne sont jamais assez grands pour nécessiter des battues extraordinaires, qui auraient pour résultat la destruction totale de l'espèce. Le sanglier ne peut donc être considéré ni comme dangereux, ni comme nuisible dans la véritable acception de ce mot » (R. F. t. 9, n° 55, p. 285).

1542. Au *Rép.* n° 510, nous avons formulé l'opinion que le sanglier est un animal nuisible dans le sens de l'arrêté de l'an 5. Et, aujourd'hui, on pourrait invoquer à l'appui de cette manière de voir l'art. 90-9°, § 2 et 3, de la loi du 5 avr. 1884, qui charge les maires, sous le contrôle du conseil municipal et la surveillance de l'administration supérieure, de faire, pendant le temps de neige, à défaut des détenteurs du droit de chasse à ce dûment invités, détourner les loups et sangliers remis sur le territoire, et de requérir, à l'effet de les détruire, les habitants avec armes et chiens propres à la chasse de ces animaux (V. *infrà*, n°s 1637 et suiv.).

1543. Mais la doctrine et la jurisprudence, tant judiciaire qu'administrative, ont consacré un système intermédiaire, suivant lequel le sanglier, sans être un animal essentiellement nuisible, peut le devenir par suite de circonstances particulières, notamment, de sa trop grande multiplication dans un pays; et, dès lors, le préfet peut, sans excès de pouvoir, autoriser des battues pour la destruction de ces animaux (Giraudeau, n° 1246; Meaume, R. F. t. 9, n° 37; Puton, n° 16. — Conf. Crim. cass. 3 janv. 1840, analysé au *Rép.* n° 510; Poitiers, 29 mai 1843, reproduit *ibid.* n° 513; Nancy, 11 août 1863, et sur pourvoi, Crim. rej. 21 janv. 1864, aff. d'Hoffelize, D. P. 64. 1. 321; Cons. d'Ét. 1er avr. 1881, aff. Schneider, aff. Gravier, aff. de La Rochefoucauld-Doudeauville, D. P. 81. 3. 41.) — Conformément à cette dernière opinion, il a été décidé que le sanglier est un gibier et ne peut être une bête nuisible (dans le sens de la loi, malgré les dommages qu'il peut causer aux récoltes, comme peuvent en occasionner d'autres espèces de gibier), que lorsque ces dommages sont assez considérables pour que l'autorité administrative soit amenée à ordonner ou à permettre la destruction de ces animaux; que ce caractère ne peut lui être attribué que dans les endroits et pendant le temps où cette destruction peut avoir lieu (Besançon, 22 juin 1878, aff. Courcelle *C.* Coillot, R. F. t. 8, n° 50).

1544. Il est certain qu'en fait, la plupart des arrêtés préfectoraux qui prescrivent ou autorisent des battues concernent spécialement les sangliers ; la cour suprême, appelée à diverses reprises à examiner de tels arrêtés, ne les a pas critiqués en tant que s'appliquant à des animaux non réputés nuisibles dans le sens de l'arrêté du 19 pluv. an 5, et, par suite, en a reconnu implicitement la légalité (V. notamment: Crim. rej. 18 janv. 1879, aff. Coillot, D. P. 81. 1. 41). On sait, en effet, d'une part, que le sanglier cause aux récoltes des dommages d'une très grande gravité et, d'autre part, que la difficulté de l'approcher et de le frapper mortellement, et même le danger que présente l'attaque de cet animal, rendent presque illusoire le droit réservé aux propriétaires dont les champs sont menacés, de le repousser ou de le détruire. La rapidité avec laquelle il se déplace, l'étendue des massifs boisés dans lesquels il se retire créent aussi, dans la plupart des cas, des obstacles insurmontables à l'efficacité des actions en responsabilité civile (V. Trib. civ. Mayenne, 15 janv. 1880, aff. de Foucault, D. P. 80. 3. 54). — Si le conseil d'État, dans les arrêts ci-dessus du 1er avr. 1881, et la cour de cassation, dans l'arrêt précité du 21 janv. 1864, ont cru devoir mentionner que des arrêtés préfectoraux, pris en vertu de l'art. 9 de la loi de 1844, avaient classé les sangliers parmi les animaux nuisibles que les propriétaires pourraient chasser en tout temps, cette circonstance n'avait, en droit, aucune autorité; si elle a été relevée, c'est pour constater qu'en fait, ces animaux s'étaient multipliés de manière à devenir nuisibles.

1545. Le conseil d'État, par les trois arrêts du 1er avr. 1881 cités au numéro précédent, a jugé que les *cerfs, biches*, et *lapins* ne sont pas des animaux nuisibles dans le sens de l'arrêté du 19 pluv. an 5, et que, dès lors, le préfet ne peut, sans excès de pouvoir, ordonner des battues pour les détruire (V. aussi, dans le même sens: Meaume, R. F. t. 9, n° 37, et les conclusions de M. le commissaire du gouvernement Marguerie, D. P. 81. 3. 41). Ces solutions sont en harmonie avec l'esprit des anciens règlements sur la chasse et la louveterie, lesquels interdisaient sous des peines sévères la chasse du gibier proprement dit et permettaient la destruction des animaux voraces ou nuisibles, c'est-à-dire non comestibles. La même distinction se retrouve dans deux ordonnances royales rendues le même jour, 20 août 1814, dont l'une imposait aux louvetiers, par son art. 7, l'obligation de se procurer les pièges nécessaires pour la destruction des loups, renards et autres animaux nuisibles, tandis que l'autre défendait, par son art. 3, de prendre ou tuer, dans les forêts et bois royaux, les cerfs et les biches.

1546. Du moment que les cerfs et les biches ne rentrent pas dans la catégorie des animaux nuisibles auxquels l'arrêté de l'an 5 est applicable, on doit, à plus forte raison, en dire autant des *chevreuils* et des *lièvres* (Meaume, *loc. cit.*).

1547. Les battues et les chasses collectives, ainsi qu'on le verra ci-après, ne sont régulières qu'autant qu'elles sont exécutées conformément à l'autorisation préfectorale. Il en résulte que, dans le cours de ces opérations, on ne peut tuer ou tirer que les *animaux nuisibles compris* dans l'arrêté d'autorisation, c'est-à-dire les animaux nuisibles reconnus tels par les tribunaux, dans le cas où l'arrêté ne renferme aucune restriction à cet égard, et, dans le cas contraire, ceux qui sont spécialement désignés par l'arrêté. — Ainsi, il y a délit de chasse de la part des habitants qui, dans une battue, tuent des cerfs, biches et faons, alors que l'arrêté, en autorisant plusieurs battues pour la destruction des sangliers, énonce formellement qu'« aucun autre animal ne sera tué dans ces battues » (Paris, 10 janv. 1880, aff. Tholimet, R. F. t. 9, n° 30). — Et il importe peu, à cet égard, que le maire, qui était chargé de la direction des battues, ait autorisé ses administrés à tirer sur les cerfs et les biches (Sol. impl., Même arrêt).

1548. Quant au point de savoir si le chasseur qui, dans le cours d'une battue autorisée pour la destruction de certains animaux déterminés, tire sur des animaux d'une autre espèce, peut être acquitté par le motif qu'il a tiré *inopinément* ou par *erreur*, il convient de se référer à ce qui a été dit *suprà*, n°s 1086 et suiv.

ART. 2. — *De l'époque des battues et des chasses collectives* (*Rép.* n° 507).

1549. Les battues et les chasses collectives peuvent avoir lieu aussi bien pendant la *clôture* que pendant *l'ouverture de la chasse* en général, en vertu du principe que les conditions d'exercice de la chasse spécifiées dans la loi du 3 mai 1844 sont étrangères à la louveterie (V. Giraudeau, n° 1248; Puton, n° 140).

Cette solution résulte d'ailleurs implicitement de la disposition, inspirée par les ordonnances de 1600 et de 1601, de l'art. 2 de l'arrêté du 19 pluv. an 5, qui prescrit de faire des chasses et des battues *tous les trois mois*, et plus souvent, s'il est nécessaire. Une instruction ministérielle recommande, sauf les cas extraordinaires, de pratiquer habituellement les battues générales à deux époques de l'année, savoir : au mois de mars, avant que la terre soit couverte, et vers le mois de décembre, aux premières neiges (Instr. min. int. 9 juill. 1818, *Rép.* p. 201, note). — M. Puton, n° 144, fait observer avec raison que, malgré la lettre de l'art. 2 de l'arrêté de l'an 5, il n'est pas absolument nécessaire d'opérer des chasses et battues tous les trois mois. Cette prescription qui, en 1814, se justifiait par la multiplicité des loups qui infestaient le territoire, ne saurait aujourd'hui être regardée comme impérative. Et on doit décider que le nombre des opérations dont il s'agit est subordonné aux *circonstances*.

Aux termes d'une circulaire du ministre de l'intérieur, du 1er mars 1865 (D. P. 65. 3. 45), ces mesures, eu égard au dommage qu'elles causent au gibier dans le temps de la reproduction, ne doivent être permises que dans le cas de *nécessité* bien démontrée.

1550. Il est hors de doute que les battues et les chasses collectives ne sauraient être l'objet d'*autorisations permanentes* (Giraudeau, n° 1254; Leblond, n° 484; Puton, n° 141. — Conf. Circulaire du 1er mars 1865, citée *suprà*, n° 1549).

1551. L'Administration décidait autrefois que les opérations de cette nature ne pouvaient être autorisées que par des arrêtés *spéciaux* à chacune d'elles, à cause des inconvénients qu'elles sont susceptibles d'entraîner au point de vue de la dépopulation du gibier et de l'intérêt des propriétaires sur le terrain desquels elles ont lieu (Circ. adm. for. 18 nov. 1861, *Anc. série*, n° 809, D. P. 62. 3. 78. — Conf. Puton, n° 141); — Que, par conséquent, un préfet ne pouvait pas, par un arrêté de principe, autoriser le lieutenant de louveterie à détruire les loups et autres animaux nuisibles en tout temps et en tout lieu, sans être astreint à recourir chaque fois à l'autorisation administrative (Lettre min. int. 13 déc. 1860, D. P. 61. 3. 62).

Cette opinion était trop absolue pour prévaloir, et l'on admet généralement qu'il n'est pas nécessaire que chaque battue ou chasse collective soit l'objet d'une autorisation distincte (Giraudeau, n° 1254; Villequez, n° 174. — V. Circ. min. int. 11 avr. 1865, D. P. 65. 3. 46). La cour de cassation déclare que l'arrêté préfectoral est suffisamment spécial, lorsqu'il autorise un lieutenant de louveterie à faire, dans un délai déterminé, un certain nombre de battues dans les forêts de l'arrondissement pour la destruction des animaux nuisibles, notamment des sangliers; on soutiendrait à tort que chaque battue doit être l'objet d'une autorisation spéciale (Crim. rej. 21 janv. 1864, aff. d'Hoffelize, D. P. 64. 1. 321; Sol. impl., Crim. rej. 18 janv. 1879, aff. Coillot, D. P. 81. 1. 41). Tel est, du reste, le procédé suivi dans la pratique. Afin de faciliter la destruction des animaux nuisibles en évitant de répéter les formalités, les préfets autorisent un certain nombre de battues à des intervalles déterminés.

1552. D'après la cour de Bourges, le préfet, en prescrivant un certain nombre de battues, ne serait pas tenu de fixer un *délai* pour leur exécution; et elle en a conclu que l'autorisation de faire cinq battues accordée le 6 août serait à tort considérée comme périmée le 6 décembre suivant, alors surtout qu'il en avait été fait usage une première fois sans résultat (Bourges, 24 mars 1870, aff. de Pomereu, D. P. 72. 2. 20). — Cette théorie ne saurait être suivie, car une permission dont un lieutenant de louveterie peut indéfiniment tarder à faire usage, dégénère en une permission permanente et est de nature à donner lieu à de graves abus; elle peut ainsi servir, contrairement à l'esprit des règlements sur la matière, à donner un caractère régulier à une battue qui serait entreprise à l'époque de la reproduction, c'est-à-dire à un moment de l'année où une telle mesure ne peut qu'être très inopportune et fort dommageable au gibier proprement dit. «.Il est très licite, dit M. Puton, p. 331, note 168, d'admettre que, lorsque le préfet n'a pas indiqué le jour où se fera la battue autorisée, on s'en remet au lieutenant pour apprécier le moment où elle doit être exécutée : c'est une question d'organisation et d'art cynégétique; mais il n'en est pas de même d'une autorisation donnée à l'avance pour cinq battues. La doctrine de la cour de Bourges, si elle était admise, ne tendrait à rien moins qu'à autoriser des délégations du pouvoir administratif, qui est seul chargé d'apprécier les besoins de l'agriculture et les convenances des populations » (Conf. Leblond, n° 484).

1553. En tout cas, c'est aux tribunaux qu'il appartient d'apprécier si l'autorisation préfectorale a un caractère assez spécial pour légitimer l'acte incriminé (Puton, n° 188).

ART. 3. — *Des terrains où les battues et les chasses collectives peuvent avoir lieu* (*Rép.* n° 510).

1554. Comme on l'a vu au *Rép.* n° 509, l'art. 2 de l'arrêté du 19 pluv. an 5 prescrit de faire des battues et des chasses collectives dans les *forêts domaniales* et dans les *campagnes*, c'est-à-dire dans toutes les *propriétés ouvertes*. Il autorise, par conséquent, ces opérations sur les *terres* et dans les *bois non clos des particuliers* (Giraudeau, n° 1249; Puton, n° 140; Villequez, n° 181; Circ. min. int. 22 juill. 1851, § 66, R. F. t. 4, n° 608. — V. outre les arrêts cités au *Rép.* n° 509 : Sol. impl., Crim. rej. 21 janv. 1864, aff. d'Hoffelize, D. P. 64. 1. 321; Crim. cass. 17 mai 1866, aff. de Narbonne, D. P. 66. 1. 505).

Et, pour la régularité de ces chasses ou battues, il n'est besoin : ni d'obtenir le consentement des propriétaires (Circulaire précitée du 22 juill. 1851. — Comp. *infrà*, n° 1612); — Ni même de les prévenir (Nancy, 11 août 1863, aff. d'Hoffelize, D. P. 64. 1. 321; Trib. corr. Château-Chinon, 24 sept. 1887, aff. Pellé de Champigny, *Droit* du 20 nov. 1887. — V. aussi *infrà*, n° 1564).

1555. Mais l'autorisation préfectorale de faire une battue ou une chasse dans les bois situés sur le territoire d'une commune, n'est efficace que pour ce territoire. Et la découverte d'une piste sur le territoire de la commune autorisée ne saurait donner au lieutenant de louveterie le droit de rechercher et de lever, dans les bois d'une autre commune, l'animal que cette piste indiquait. Par suite, les faits de chasse qui ont lieu hors de ce territoire, après la fermeture de la chasse, constituent le délit de chasse en temps prohibé (Besançon, 22 juin 1878, aff. Courcelles C. Coillot, R. F. t. 8, n° 50, et sur pourvoi, Crim. rej. 18 janv. 1879, D. P. 81. 1. 41). — Jugé, pareillement, d'une part, que les officiers de louveterie ne peuvent chasser sur un terrain appartenant à des particuliers les animaux nuisibles autres que le loup qu'en vertu d'une autorisation préfectorale, et, d'autre part, qu'ils ne peuvent bénéficier de l'autorisation que dans les lieux désignés nominativement par l'arrêté du préfet, sous peine d'être passibles de l'application de l'art. 11-2° de la loi du 3 mai 1844, pour délit de chasse sans autorisation sur le terrain d'autrui (Trib. corr. Neuchâtel, 27 janv. 1882, aff. Thélu, *Gazette des tribunaux* du 8 avr. 1882).

1556. Cependant, il a été décidé: 1° que le lieutenant de louveterie, autorisé à faire une battue sur le territoire de communes spécialement indiquées dans l'arrêté du préfet, n'excède pas cette autorisation, lorsque, après avoir organisé la battue sur le territoire désigné, il poursuit sur le territoire de communes voisines l'animal qu'il a fait lever et qui a été blessé, si d'ailleurs il ne sort pas de la circonscription territoriale qui lui est assignée pas son acte de nomination; ici ne s'applique pas l'art. 11 de la loi du 3 mai 1844, qui n'a pas modifié les règlements sur la louveterie (Bourges, 24 mars 1870, aff. de Pomereu, D. P. 72. 2. 20); — 2° Que le fait des chasseurs prenant part à une battue prescrite par le préfet de leur département, en dehors du temps de la chasse, d'avoir de bonne foi pénétré dans une forêt dépendant d'un département voisin, ne peut être poursuivi comme constituant le délit de chasse en temps prohibé (Nancy, 11 mai 1850, aff. N..., D. P. 52. 2. 268).

ART. 4. — *De l'autorisation des battues et des chasses collectives* (*Rép.* n° 507).

1557. De la combinaison de l'art. 3 de l'arrêté du 19 pluv. an 5 et de l'art. 11 de l'ordonnance du 20 août 1814, il résulte que le *préfet* seul a qualité pour *ordonner* des battues et des chasses collectives. Lui seul a, en thèse générale, le droit d'*autoriser* ces opérations, sur une demande préalable. Et il ne pourrait déléguer, à cet égard, ses attributions au maire ni au sous-préfet (V. Puton, nos 136 et 137). — Décidé que les battues effectuées sur la simple autorisation d'un sous-préfet constitueraient de véritables délits de chasse et pourraient donner lieu à des poursuites (Circ. min. int. 22 juill. 1851, § 65, R. F. t. 4, n° 608). — Nous pensons avec MM. Giraudeau, n° 1251, et Puton, nos 129 et 139, contrairement à une circulaire du directeur général des forêts du 18 pluv. an 10 rapportée par ce dernier auteur, que l'administration forestière n'a jamais le pouvoir d'ordonner des battues. A ce point de vue, l'art. 3 de l'arrêté du 19 pluv. an 5 et l'art. 11 de l'ordonnance du 20 août 1814 dérogent à l'édit de 1583 et à l'arrêté du conseil du 26 févr. 1697 (V. *suprà*, nos 1452 et 1453).

1558. L'art. 6-12° du décret du 13 avr. 1861, sur la décentralisation administrative, a conféré au *sous-préfet* le droit de statuer, soit directement, soit par délégation du préfet, sur les *autorisations* de battues pour la destruction des animaux nuisibles dans les *bois des communes et des établissements de bienfaisance* (ou établissements publics) (Circ. adm. for. 18 nov. 1861, *Anc. série*, n° 809, D. P. 62. 3. 78).

Comme il s'agit là d'une disposition exceptionnelle, on ne saurait étendre la compétence du sous-préfet à la faculté soit d'ordonner d'office des battues (Leblond, n°s 481 et 482; Puton, n° 136. — *Contrà:* Giraudeau, n° 1252), soit d'en autoriser dans les bois de l'Etat ou des particuliers, soit d'autoriser des chasses à courre dans les bois communaux ou d'établissements publics.

1559. La législation spéciale à la louveterie n'attribue jamais au *maire* le pouvoir d'ordonner une battue. Mais, en cas d'urgence, de danger immédiat et extraordinaire, le maire pourrait prescrire des mesures de cette nature dans l'intérêt de la sûreté publique, et en vertu des principes du droit commun, notamment de l'art. 97 de la loi municipale du 5 avr. 1884 qui remplace actuellement l'art. 3, t. 11, de la loi des 16-24 août 1790 (Conf. Giraudeau, n° 1253; Puton n° 122; Circ. min. int. 7 déc. 1875, *Bull. min. int.* 1875, p. 579.—V. *Commune*).—Ajoutons que l'art. 90-9° de la loi du 5 avr. 1884 lui a conféré des attributions importantes en ce qui concerne la destruction des loups et des sangliers (V. *infrà*, nos 1637 et suiv.).

1560. On ne saurait dénier aux simples *particuliers* la faculté de s'adresser à l'administration pour provoquer des battues (Leblond, n° 482; Puton, n° 135; Giraudeau, n° 1251). D'après ce dernier auteur, la *demande* peut être formulée par simple lettre adressée au préfet (ou sous-préfet). En cas de refus de ce fonctionnaire, on peut recourir officieusement à son supérieur hiérarchique, le ministre de l'intérieur (ou préfet).

1561. Mais le devoir de demander des battues ou des chasses collectives incombe principalement, en vertu de l'art. 3 de l'arrêté de l'an 5 et de l'art. 11 du règlement du 20 août 1814: 1° aux *agents forestiers*; 2° aux *maires*, qui, en exécution de la Constitution du 22 frim. an 8 et de la loi du 28 pluv. de la même année, ont remplacé les administrations municipales de canton mentionnées à l'art. 3 de l'arrêté du 19 pluv. an 5 et établies tant par la Constitution du 5 fruct. an 3 que par le décret du 21 fruct. an 3 (V. *Rép.* v° *Commune*, nos 90, 91, 103 et 104); 3° Aux lieutenants de louveterie. — V. Puton, nos 131, 135 et 142.

1562. Rien ne s'oppose à ce que le préfet ordonne d'*office* des battues (Giraudeau, n° 1251; Puton, nos 135 et 136). — Aux termes d'une décision du ministre des finances du 12 sept. 1850, les préfets peuvent ordonner d'office des battues au loup, même dans les bois soumis au régime forestier, sauf à en donner avis aux agents de l'administration des forêts et aux officiers de louveterie (Circ. adm. for. 11 oct. 1850, *Anc. série*, n° 660, B. A. F. t. 5, p. 146). — Décidé également que la demande émanée des autorités municipales ne constitue pas une formalité préalable, essentielle, en matière de battue; et que, si le préfet est informé par une autre voie, sur la plainte d'un certain nombre de propriétaires, par exemple, que des animaux nuisibles exercent des ravages, il ne doit pas hésiter à ordonner la battue, sans attendre une démarche à ce sujet des administrations locales (Circ. min. int. 22 juill. 1851, § 63, R. F. t. 4, n° 608). — Quant au sous-préfet, V. *suprà*, n° 1558.

1563. Aux termes de l'art. 3 de l'arrêté du 19 pluv. an 5, les chasses et battues sont ordonnées par les préfets, de concert avec les agents forestiers de leur département. Et d'après l'art. 11 de l'ordonnance du 20 août 1814, les lieutenants de louveterie, de concert avec le préfet et le conservateur des forêts, déterminent le jour, les lieux et le nombre d'hommes pour opérer les battues. On s'est demandé quelle est la portée de ces dispositions, qui, d'ailleurs, conservent leur application malgré la promulgation de l'art. 90-9° de la loi municipale du 5 avr. 1884 (Circ. min. int. 4 déc. 1884, *Bulletin du ministère de l'intérieur*, 1884, p. 504). — Il a été décidé que, les art. 3 et 4 de l'arrêté du 19 pluv. an 5 exigeant que le préfet, lorsqu'il autorise une battue pour la destruction des animaux nuisibles, se concerte avec les agents forestiers et que les battues soient exécutées sous la direction et la surveillance de ces mêmes agents, sont applicables même dans le cas où les battues doivent être effectuées dans des forêts particulières, et que l'arrêté par lequel le préfet ordonne une battue sans se conformer aux dispositions précitées, doit être annulé pour excès de pouvoir (Cons. d'Et. 12 mai 1882, aff. Chaïou, D. P. 83. 3. 100; Cons. d'Et. 23 nov. 1883, aff. Delamarre-Didot, D. P. 86. 5. 59). — Nous estimons cependant que le concert dont il s'agit constitue une simple mesure d'ordre, et non une formalité essentielle à la validité des opérations qui en sont la suite. Cette solution résulte implicitement du principe, généralement admis, que le préfet a qualité pour ordonner d'*office* les battues et chasses collectives (V. Puton, R. F. t. 6, n° 108). Et il a été jugé que, dans tous les cas, c'est au préfet qu'il incombe de s'entendre et de se concerter avec l'administration forestière; que le lieutenant de louveterie n'est pas responsable de l'inexécution de cette prescription par le préfet (Paris, 28 févr. 1874, aff. Ravelet, R. F. t. 6, n° 108). — Comp. *infrà*, nos 1575 et suiv.

1564. Aucune *formalité* particulière n'est prescrite pour l'arrêté qui ordonne ou autorise une battue ou une chasse collective. Ainsi, il n'est pas nécessaire qu'il soit motivé, qu'il soit rendu en conseil de préfecture, ni qu'il soit publié, affiché ou inséré au Recueil des actes administratifs (Puton, n° 138. — Conf. Giraudeau, n° 1255). — Le premier de ces auteurs, n° 145, déclare même qu'il n'est pas indispensable de le notifier aux propriétaires des bois où doit s'effectuer l'opération, et cette théorie a été consacrée par la cour de Paris, le 28 févr. 1874 (aff. Ravelot, R. F. t. 6, n° 108. — V. aussi *suprà*, n° 1554). — Toutefois, il est à désirer que les battues soient annoncées assez à l'avance, et que les arrêtés qui les concernent reçoivent une publicité suffisante pour que les propriétaires, possesseurs ou fermiers puissent organiser des moyens de surveillance particuliers. Il importe, en effet, que, sous le prétexte de battues, on ne puisse se livrer illégalement à l'exercice de la chasse (Circ. min. int. 22 juill. 1851, § 66, R. F. t. 4, n° 608).

De l'absence de toute obligation de publicité, M. Puton, n° 138, déduit que les propriétaires ou fermiers de la chasse ont le droit de demander à ceux qui procèdent à ces opérations la production de l'arrêté qui les a ordonnées ou autorisées.

1565. Le préfet peut-il ordonner ou autoriser une battue par *dépêche télégraphique?* D'après M. Puton (R. F. t. 6, n° 108), « l'autorité administrative peut fort bien annoncer, par télégramme, l'existence d'un acte d'administration active, intéressant les tiers, obligeant le public à l'obéissance, quand cet acte est rédigé, signé et sera incessamment notifié. Mais de là à remplacer cet acte par une simple dépêche télégraphique, il semble qu'il y a loin... Il entre dans l'esprit de nos lois administratives d'assurer à l'administré un certain nombre de garanties à l'égard desquelles les lois se taisent, parce qu'elles sont essentielles et constitutives. De ce nombre sont la notification de l'acte de commandement, la signature, l'identité et la qualité du fonctionnaire qui a rendu l'acte obligatoire pour les tiers. Or, une dépêche télégraphique, à moins d'être autographe, comme les fournissent certains appareils perfectionnés, ne contient pas la signature du préfet. Rien ne prouve que l'ordre émane de lui; rien ne garantit sa fidélité »... — Suivant M. Leblond, n° 485, « si un délai avait été fixé dans l'arrêté préfectoral, il paraît certain que le préfet pourrait, si cela était nécessaire, le proroger par dépêche télégraphique; alors la prorogation, selon la juste remarque d'un jugement du tribunal de Mantes, du 16 déc. 1873 (aff. Servant, R. F. t. 6, n° 108), fait corps avec l'arrêté précédemment pris ». — Cette deuxième opinion paraît exacte; mais ne pourrait-on pas aller plus loin? Il est, en effet, admis, comme on l'a vu au numéro précédent, que l'arrêté n'est assujetti à aucune formalité. Les motifs invoqués par M. Puton, pour douter de la fidélité du télégramme transmettant l'autorisation de la battue, ne nous paraissent pas concluants. Car ces motifs ne sont pas pris en considération dans d'autres circonstances beaucoup plus graves, dans lesquelles l'erreur ou l'infidélité des employés du télégraphe seraient susceptibles d'entraîner des inconvénients parfois irréparables. C'est ainsi que journellement des inculpés ou des condamnés sont recherchés et arrêtés, des perquisitions domiciliaires sont opérées, des condamnations correctionnelles sont prononcées sur la foi de télégrammes donnant avis, soit de commissions rogatoires décernées par des juges d'instruction, soit de renseignements fournis par les parquets ou la gendarmerie. Au surplus, il peut se produire des cas où il y ait nécessité de faire une battue sans retard, et, par suite, d'en obtenir l'autorisation par la voie du télégraphe.

1566. En tout cas, la dépêche télégraphique par laquelle un sous-préfet annonce à un maire que le préfet a accordé l'autorisation de procéder à des battues pour la destruction des animaux nuisibles, ne peut tenir lieu de l'arrêté d'autorisation dans lequel doivent être indiquées les conditions à observer, et qui, pour être exécutoire, doit être transmis à l'administration forestière chargée de la surveillance des battues. Et les parties intéressées qui procèdent à cette destruction avant que le texte de l'arrêté soit parvenu à la connaissance de l'administration forestière se rendent coupables d'un délit de chasse (Trib. corr. Compiègne, 29 juill. 1885, aff. Leclère, D. P. 87. 3. 39).

1567. L'arrêté pris par le préfet en matière de louveterie peut être l'objet : 1° d'un *recours administratif*, par *voie gracieuse* devant le ministre de l'intérieur, dans le cas où il ne fait que léser une convenance, un simple intérêt, par exemple à raison du défaut d'opportunité de la mesure autorisée ou prescrite ; 2° d'un *recours contentieux* au premier degré devant le conseil d'Etat, soit pour excès de pouvoir, soit pour violation des formes essentielles (Puton, nos 20 et 28. — Conf. Giraudeau, n° 1270). — Il y aurait lieu à recours contentieux, par exemple, si l'arrêté préfectoral autorisait des battues d'une manière permanente, s'il les dispensait de la surveillance de l'administration forestière, s'il autorisait des battues contre des animaux qui ne sont pas nuisibles dans le sens de l'arrêté du 19 pluv. an 5 (V. Puton, n° 20).

L'arrêté du sous-préfet qui autoriserait une mesure de destruction en dehors des limites de sa compétence serait aussi sujet à un recours.

1568. Si, en thèse générale, le principe de la séparation des pouvoirs fait obstacle à ce que les *tribunaux* de l'ordre judiciaire réforment et critiquent les actes émanés de l'autorité administrative, ou même les interprètent en cas d'obscurité ou d'ambiguïté, on sait que cette règle souffre exception à l'égard des arrêtés administratifs susceptibles de léser des droits et dont l'inobservation est sanctionnée par une peine (V. *Compétence administrative*). C'est aussi ce qui a lieu en matière de battue et de chasse collective prévues par l'arrêté de l'an 5 ; l'autorité judiciaire ne doit prononcer la peine qu'autant que les arrêtés ont été légalement pris et, par suite, a qualité pour apprécier leur *légalité* (Giraudeau, n° 1270 ; Puton, nos 22 et 28. — V. notamment : Sol. impl., Crim. cass. 3 janv. 1840, *Rép.* n° 512 ; Poitiers, 29 mai 1843, *ibid.* n° 513 ; Crim. rej. 21 janv. 1864, aff. d'Hoffelize, D. P. 64. 1. 321).

1569. Il appartient aussi aux tribunaux d'apprécier l'exécution et d'interpréter le sens des arrêtés dont il s'agit, par exemple, en ce qui regarde le point de savoir si l'arrêté qui autorise une battue permet également la chasse à courre (Puton, nos 23 et 28). — Cependant, il a été jugé : 1° que, si le particulier à qui le préfet a donné la permission de chasser des animaux nuisibles, notamment des sangliers, dans ses bois, ne s'est pas conformé aux dispositions réglementaires en matière de louveterie, il n'appartient qu'à l'Administration de surveiller l'exécution de ses arrêtés (Poitiers, 10 déc. 1836, *Rép.* n° 511) ; — 2° Que l'autorité administrative est compétente pour interpréter, en tant que de besoin, l'arrêté par lequel un lieutenant de louveterie a été chargé de procéder à des traques et battues dans les bois communaux (Besançon, 1er août 1863, aff. Aubert, R. F. t. 4, n° 591).

Mais il est hors de doute que l'autorité judiciaire ne saurait statuer sur l'opportunité de la mesure autorisée, sur le choix du mode de destruction adopté par l'Administration, sur la désignation des personnes chargées de diriger l'opération (Puton, n° 24).

Art. 5. — *De l'exécution des battues et des chasses collectives* (*Rép.* nos 507, 508, 513 à 515).

1570. Le préfet a le choix, soit de déterminer, dans son arrêté d'autorisation, tous les *détails d'organisation* de la battue, par exemple en ce qui regarde le chef de l'opération et le nombre des tireurs ou des traqueurs, soit de laisser au lieutenant de louveterie le soin de se concerter avec l'agent forestier et le maire pour fixer le jour et le nombre des auxiliaires (Puton, nos 146 et 147).

1571. — I. De la direction des battues et des chasses collectives. — Cette direction appartient à la personne qui en est chargée par le préfet. « Les fonctions de *directeur* ou *chef de battue* ne sont que techniques et scientifiques ; c'est lui qui place les tireurs, indique la direction des traqueurs, leur donne le signal, juge s'il faut vider l'enceinte suivante ou la passer à cause de sa position sous le vent ou sous le bruit, décide s'il faut mettre les chiens sur la voie, quand leur emploi est autorisé. C'est lui encore qui compte les tireurs et en suppute la valeur, qui admet les bons, expulse les mauvais, les indifférents et les indiscrets, qui interdit les causeries, encourage les traqueurs, et met dans les rangs l'ordre et la discipline » (Puton, nos 156 et 157).

1572. — 1° *De la direction du lieutenant de louveterie.* — A plusieurs reprises, le ministre de l'intérieur a recommandé aux préfets de confier, autant que possible, la direction des battues aux lieutenants de louveterie (Instr. min. int. 9 juill. 1818, *Rép.* p. 200, note; Circ. min. int. 22 juill. 1851, § 64, R. F. t. 4, n° 608 ; 1er mars 1865, D. P. 65. 3. 45 ; 11 avr. 1865, D. P. 65. 3. 46 ; 15 déc. 1874, R. F. t. 7, n° 3. — Il résulte de l'art. 11 de l'ordonnance du 20 août 1814 que, si l'arrêté qui ordonne ou autorise la battue garde le silence sur le commandement de l'opération, ce commandement appartient de droit au louvetier (Giraudeau, n° 1257 ; Puton, n° 156).

1573. L'officier de louveterie n'a pas le droit de déléguer ses pouvoirs à son *piqueur* (Giraudeau, n° 1241 ; Puton, n° 156. — Trib. corr. Dijon, 4 juin 1875, aff. Grisot, R. F. t. 6, n° 113. — V. *suprà*, n° 1481) ; — Ni à un garde ou un valet de chiens (Même jugement). — A plus forte raison, l'officier de louveterie absent ou empêché n'est point, de plein droit, remplacé par son piqueur (Puton, n° 62).

Néanmoins, le piqueur peut être investi du commandement cynégétique de la battue soit par le préfet, soit par l'agent forestier, chargé de la direction de l'opération. Cette délégation peut même être simplement tacite et résulter de ce que l'agent forestier, présent à la battue, a laissé le piqueur en prendre le commandement (Puton, n° 156 et p. 334, note 184).

1574. Il est du devoir de l'officier de louveterie de coopérer de tous ses moyen aux battues, comme aussi de déférer à toutes les invitations que le préfet est dans le cas de lui faire pour le service dont il s'est chargé (Instr. min. int. 9 juill. 1818, *Rép.* p. 200, note).

1575. Nous avons dit au *Rép.* n° 513, qu'en principe, les louvetiers doivent se conformer strictement aux prescriptions des arrêtés préfectoraux en vertu desquels ils agissent. — Par application de cette règle, il a été jugé que l'officier de louveterie chargé d'exécuter une battue en se concertant avec certains fonctionnaires ou agents, ne peut ni se livrer simplement à la chasse à courre, ni s'abstenir de se concerter avec les fonctionnaires désignés; que, s'il commet l'une ou l'autre infraction à l'arrêté, il n'est pas fondé à se prévaloir de cet acte pour repousser les poursuites du propriétaire sur le terrain duquel il a chassé sans le consentement de ce dernier; et que les personnes qui ont pris part à la chasse qu'il a faite ainsi illégalement sont coupables, comme lui, d'un délit de chasse (Poitiers, 29 mai 1843, *Rép.* nos 513 et 514).

Toutefois, en droit strict, les lieutenants de louveterie, pour l'exécution des battues autorisées par le préfet, ne sont tenus de se concerter qu'avec l'administration forestière, sous la surveillance de laquelle ces battues doivent être effectuées. Ils n'ont pas à se concerter en outre avec les autorités locales, le soin d'établir une entente avec ces autorités étant imposé par les règlements à l'administration forestière. Du moins, ce concert n'est nullement nécessaire lorsque, le lieutenant de louveterie s'étant pourvu d'auxiliaires en nombre suffisant, il n'y a pas lieu de faire appel au droit de l'autorité municipale de requérir des habitants pour servir de tireurs et de traqueurs (Crim. rej. 21 janv. 1864, aff. d'Hoffelize, D. P. 64. 1 321. — V. Puton, nos 131, 147 et suiv.). — Et, au cas où l'arrêté d'autorisation a inexactement prescrit au lieutenant de louveterie de se concerter avec les maires aussi bien qu'avec les agents forestiers pour régler les détails de l'exécution des battues, il doit être interprété en ce sens qu'il a seulement voulu réserver, pour le cas où ce concert serait nécessaire, l'observation des dispositions édictées à ce sujet par les règlements (Même arrêt).

1576. Si le concours simultané du maire, de l'agent forestier et de la gendarmerie peut n'être pas nécessaire pour la régularité d'une battue, l'immunité résultant de l'arrêté préfectoral qui autorise une opération de cette nature ne saurait être invoquée par le piqueur d'un lieutenant de louveterie, qui, en l'absence de son maître, et accompagné seulement des valets de chasse de ce dernier, découple des chiens courants et les dirige à la poursuite d'un sanglier à travers un bois particulier, alors surtout qu'aucun concert n'est intervenu entre les autorités pour déterminer le nombre des tireurs à employer, qu'aucun tireur n'a été requis pour prendre part à la destruction des animaux poursuivis, que la gendarmerie n'a reçu aucun avis, et que le fait incriminé a eu lieu sur le territoire d'une commune non comprise dans l'arrêté d'autorisation (Paris, 24 nov. 1882, aff. Jodot, D. P. 84. 5. 58). — Il en est ainsi, par exemple, lorsque l'arrêté préfectoral invoqué portait que trois battues seraient faites sur les territoires de plusieurs communes déterminées, pour la destruction des sangliers, et devaient être terminées dans un certain délai; qu'elles devaient être dirigées par le lieutenant de louveterie, ou, à son défaut par les maires des communes susindiquées; que les mesures nécessaires pour prévenir les accidents et conduire à bonne fin les battues, seraient arrêtées entre le lieutenant de louveterie, les maires et l'agent forestier local qui détermineraient le nombre des tireurs appelés à y prendre part; qu'enfin avis des jours, lieux et heures de ces battues serait donné d'avance au commandant de la brigade de gendarmerie la plus voisine (Même arrêt). — Dès lors, en pareille hypothèse, il convient de condamner le piqueur du louvetier comme coupable de délit de chasse sans autorisation sur le terrain d'autrui, et son maître comme civilement responsable (Même arrêt).

1577. Le lieutenant de louveterie autorisé à faire une battue pour la destruction des animaux nuisibles, en temps prohibé, à la charge de se conformer aux règlements sur la matière, se rend coupable du délit prévu par l'art. 12-1° de la loi du 3 mai 1844, lorsqu'il remplace cette battue par une chasse aux chiens courants, sans même en avoir donné avis à l'agent forestier local (Dijon, 18 juill. 1866, aff. Cousturier, R. F. t. 4, n° 593). — Le même délit est imputable aux chasseurs qui ont accompagné le lieutenant de louveterie dans une chasse de l'espèce ; vainement exciperaient-ils d'une prétendue réquisition qui leur aurait été adressée par ce dernier, une semblable réquisition, fût-elle justifiée, n'aurait aucun caractère légal et obligatoire et ne pourrait, par suite, autoriser les contrevenants à se prévaloir, soit de leur bonne foi, soit de leur ignorance des lois et règlements auxquels ils étaient tenus de se conformer (Même arrêt).

1578. — 2° *De la direction de l'agent forestier*. — S'il n'existe pas de lieutenant de louveterie dans la localité, s'il est absent ou empêché, la direction de la battue appartient de droit à l'agent forestier, en vertu de l'art. 4 de l'arrêté de l'an 5 et de l'art. 19 de l'ordonnance de 1583 (V. *suprà*, n° 1452), dont les dispositions sur ce point sont encore en vigueur (Puton, n°s 150 et 156). — Le louvetier doit laisser à l'agent forestier, chef du cantonnement, ou à son délégué, la direction de la chasse, quand il ne peut s'en charger personnellement (Trib. corr. Dijon, 4 juin 1875, aff. Grisot, R. F. t. 6, n° 113).

Rien ne s'oppose à ce que l'agent forestier chargé de la direction de la battue délègue ses pouvoirs à un préposé forestier placé sous ses ordres (Villequez, n° 163), ou même à un simple chasseur (Puton, n° 156). — Quant au piqueur, V. *suprà*, n° 1573.

1579. — 3° *De la direction du maire, etc.* — Nous pensons, avec M. Puton, n° 156, que le maire peut être choisi pour diriger une battue (Conf. Sol. impl., Paris, 31 janv. 1866, aff. Thinut, R. F. t. 3, n° 461 ; Sol. impl., Crim. rej. 17 mai 1866, aff. de Narbonne, D. P. 66. 1. 506 ; Circ. min. int. 15 déc. 1874, R. F. t. 7, n° 3), et que, dans cette hypothèse, il a la faculté de se faire remplacer par un adjoint ou un conseiller municipal (V. L. 5 avr. 1884, art. 82 et 84, D. P. 84. 4. 50). — Comp. *infrà*, n°s 1648 et suiv.

1580. Enfin la direction de la battue peut être attribuée soit à la *gendarmerie* (V. *infrà*, n° 1597), soit à un simple *chasseur*. Mais alors celui-ci ne jouit pas du droit de délégation. — V. aussi *infrà*, n° 1614.

1581. — II. DES AUXILIAIRES APPELÉS A CONCOURIR AUX BATTUES ET AUX CHASSES COLLECTIVES. — 1° *Des tireurs et des traqueurs*. — Le nombre et le choix des tireurs et des traqueurs nécessaires pour opérer une battue peuvent être déterminés, soit par le préfet, de concert avec le lieutenant de louveterie et le conservateur (Ord. 20 août 1814, art. 11), soit par l'officier de louveterie de concert avec l'agent forestier (Puton, n°s 146 et 148). — Jugé que les officiers de louveterie n'ont pas le pouvoir d'appeler arbitrairement, et de leur seule autorité, aux chasses et battues faites sous leur direction, des auxiliaires en tel nombre qu'ils jugent convenable, en sus du piqueur et des valets compris dans l'équipage qu'ils doivent entretenir; qu'à cet égard, ils sont obligés d'agir de concert avec l'administration forestière et avec le préfet; et que, dès lors, les individus irrégulièrement appelés par eux à une chasse aux animaux nuisibles dans une forêt de l'Etat, sont passibles de poursuites comme ayant chassé sans le consentement du propriétaire (Crim. cass. 6 juill. 1861, aff. Duplessis, D. P. 61. 1. 332, et sur renvoi, Angers, 27 sept. 1861, D. P. 62. 2. 164).

1582. Lorsque, par suite de l'absence ou de l'insuffisance des auxiliaires volontaires, il est nécessaire de *requérir* des chasseurs ou des traqueurs, le lieutenant de louveterie et l'agent forestier doivent se concerter avec le maire pour fixer leur nombre et leur choix (Arr. 19 pluv. an 5, art. 4). Les convocations ne sont, en effet, obligatoires qu'autant qu'elles émanent du maire; celles qui seraient faites par le lieutenant de louveterie ou l'agent forestier seraient dépourvues de sanction (V. Puton, n°s 130 et suiv., 147 et suiv.).

1583. Il n'est pas douteux que les chasseurs et les traqueurs régulièrement requis de concourir à une battue sont tenus d'obtempérer à cette réquisition. Mais il y a controverse sur la nature de la sanction qui leur est applicable en cas de refus. Selon une première opinion, la réquisition adressée personnellement à un habitant par le maire à l'effet de prêter son concours à une battue ordonnée par le préfet pour la destruction des animaux nuisibles, est légale et obligatoire; par suite, le défaut d'obéissance à cette injonction, lorsqu'il n'est pas fondé sur une impossibilité dûment justifiée, entraîne l'application de l'art. 471-15° c. pén. (Trib. pol. Vaucouleurs, 20 août 1861, aff. Robin, D. P. 62. 3. 47-48). — On a prétendu, dans un second système, que les individus qui refusent ou s'abstiennent de prendre part aux battues ordonnées par l'autorité préfectorale, tombent sous l'application de l'art. 475-12° c. pén., qui punit d'une amende de 1 à 10 fr. ceux qui, le pouvant, auront refusé ou négligé de faire les travaux, le service, ou de prêter le secours dont ils auront été requis dans les circonstances d'accidents, tumultes, naufrage, inondation, incendie ou autres calamités, (R. F. t. 1, n° 65, note 2). Mais il semble qu'une mesure de précaution, pour laquelle il faut recourir au préfet, ne saurait être assimilée à une calamité dans le sens de l'art. 475-12°. Cet article, en effet, tel que la jurisprudence l'a interprété, n'a entendu désigner par l'expression calamité que les événements produisant, comme les incendies et les inondations, un danger actuel et qui ne comporte pas de retard dans le secours.— La plupart des auteurs et la cour suprême adoptent, comme nous l'avons fait au *Rép.* n° 508, une troisième opinion, d'après laquelle les habitants qui ne se sont pas rendus sur les lieux, aux jour et heure désignés par le maire, encourent une amende de 10 fr., en vertu des arrêts du conseil du 26 févr. 1697 et du 14 janv. 1698, qui sont toujours en vigueur (Berriat, p. 290; Cival, p. 137; Dufour, p. 21; Giraudeau, n° 1295; Leblond, n° 490; Merlin, *Répertoire*, v° *Chasse*, § 10 ; Perrève, p. 456; Puton, n° 151; Villequez, n° 177; Crim. cass. 13 brum. an 11, *Rép.* n° 508; Circ. min. int. 22 juill. 1851, § 68, R. F. t. 4, n° 608. — V. *suprà*, n°s 1453 et 1458). — L'amende de 10 fr. est prononcée par le tribunal de simple police, sans pouvoir d'ailleurs être modérée par l'admission du bénéfice des circonstances atténuantes (Giraudeau, n° 1295; Puton, n°s 151 et 164).

1584. Les personnes appelées à participer aux battues n'ont pas besoin d'être munies d'un *permis*. La circulaire précitée du 22 juill. 1851, § 67, en donne comme motif qu'il ne s'agit pas d'une chasse, mais d'un fait de destruction. Cette distinction est sans application en ce qui concerne les traqueurs; ceux-ci sont, en effet, dispensés du permis, alors même qu'ils participent à une chasse proprement dite (V. *suprà*, n°s 265 et suiv.). Mais elle est exacte à l'égard des tireurs.

1585. Aucune *indemnité* n'est due à l'habitant qui concourt à une battue, celle-ci étant une mesure d'intérêt général, dont il profite pour sa part. (Circ. min. int. 22 juill. 1851, § 68, R. F. t. 4, n° 608).

1586. — 2° *Des propriétaires de terrains.* — Les propriétaires des terrains sur lesquels doit s'effectuer la battue ne sont pas, en cette qualité, obligés d'y participer; mais cette obligation peut leur incomber en cas de réquisition à eux adressée en leur qualité d'habitants. Il leur appartient de surveiller l'opération, afin d'empêcher ou de constater les délits susceptibles de leur porter préjudice, sans être, du reste, en droit de s'imposer à la battue comme tireurs, si le chef de l'expédition s'y refuse. Ajoutons que, dans la pratique, les propriétaires sont généralement prévenus des battues et invités à y prendre part, ainsi que le veulent les convenances (Puton, n° 152). — Comp. *infrà*, n°s 1640 et suiv.

1587. — 3° *Des locataires ou adjudicataires de chasse.* — Aux termes de l'art. 23 du cahier des charges pour l'adjudication de la chasse dans les forêts domaniales, en temps prohibé, les adjudicataires peuvent, avec l'assentiment et sous la surveillance de l'administration forestière, procéder à la chasse et à la destruction des animaux dangereux, malfaisants ou nuisibles, et ce, par tous les moyens dont l'emploi est autorisé par le préfet, ou par des chasses et battues pratiquées conformément à l'arrêté du 19 pluv. an 5 (V. *suprà*, p. 384, note).

1588. L'art. 24 du cahier des charges ci-dessus spécifié oblige l'adjudicataire de chasse, dans les forêts domaniales, de souffrir les battues ordonnées pour la destruction des loups et autres animaux nuisibles. De là, la question de savoir quelle est la sanction de cette obligation. On a prétendu qu'elle consisterait dans l'application de l'art. 11-5° de la loi de 1844, qui punit d'une amende de 16 à 100 fr. les fermiers qui contreviennent aux clauses de leur cahier des charges (Comp. *suprà*, n° 1526). Mais nous croyons avec M. Puton, n° 153, qu'il n'encourrait aucune peine, parce que l'art. 11 précité ne réprime que les contraventions aux clauses du cahier des charges *relatives à la chasse*.

1589. En thèse générale, les locataires ou adjudicataires de chasse, de même que les propriétaires, ne sauraient s'imposer à la battue (Giraudeau, n° 1297; Puton, n° 153). — Ce dernier auteur pense, toutefois, qu'il en est autrement en ce qui concerne les forêts domaniales; d'après lui, l'art. 24 du cahier des charges, en déclarant que les fermiers « concourront aux battues », leur reconnaîtrait un droit en même temps qu'une obligation. Mais il paraît préférable de prendre cette expression comme synonyme de la disposition de l'art. 4 de l'ordonnance du 20 juin 1845, auquel le cahier des charges renvoie, et d'après lequel « les fermiers de la chasse, ainsi que leurs associés, seront tenus de concourir aux chasses et battues ».

1590. Quant au refus, de la part d'un adjudicataire de chasse dans une forêt domaniale, de concourir à une battue, M. Villequez, n° 178, est d'avis qu'il est passible de l'amende de 16 à 100 fr. portée contre ceux qui contreviennent à leur cahier des charges. Comme nous écartons, dans la matière de la louveterie, l'application de l'art. 11-5° de la loi du 3 mai 1844 (V. *suprà*, n° 1588), le fait qui nous occupe ici nous paraît donner lieu à l'amende de 10 fr. édictée par les arrêts du conseil de 1697 et 1698 (V. *suprà*, n° 1583). Et cette amende serait encourue par le seul fait du refus de concours de l'adjudicataire, à la suite d'une convocation émanée de toute personne investie d'un mandat public (maire, lieutenant de louveterie, agent forestier). Dans le sens de cette seconde opinion, V. Giraudeau, n°s 1298 et 1299, et Puton, n° 153.

1591. — III. DE LA SURVEILLANCE DE L'ADMINISTRATION FORESTIÈRE. — Ainsi qu'on l'a déclaré au *Rép.* n° 507, aucune battue ou chasse collective ne peut être mise à exécution sans la *surveillance de l'administration forestière* (Giraudeau, n° 1263; Leblond, n° 479; Puton, n°s 130 et 161; Villequez, n° 168; Circ. min. int. 22 juill. 1851, § 64, R. F. t. 4, n° 608; 1er mars 1865, D. P. 65. 1. 45).

Cette surveillance est prescrite, d'une part, en vue de sauvegarder le droit des tiers (propriétaires, possesseurs, fermiers, adjudicataires de chasse, etc.), et, d'autre part, dans l'intérêt général de la conservation du gibier. Il faut en conclure, avec M. Puton, n° 18, que la surveillance du service forestier cesse d'être obligatoire, lorsque, d'une part, les propriétaires (ou autres intéressés) sont d'accord avec le lieutenant de louveterie (ou chasseur) chargé de diriger l'opération, pour demander à en être dispensés, et que, d'autre part, l'opération doit s'accomplir pendant l'ouverture de la chasse.

1592. La surveillance de l'administration forestière, à laquelle est subordonnée la régularité de la battue, doit, en principe, s'exercer aujourd'hui par des *agents forestiers*, et non pas seulement par des préposés ou gardes forestiers (Giraudeau, n° 1623; Leblond, n° 479; Puton, n°s 130 et 161; Besançon, 22 juin 1878, aff. Courcelle C. Coillot, R. F. t. 8, n° 50, et sur pourvoi, Crim. rej. 18 janv. 1879, D. P. 81. 1. 41).

Toutefois la question est assez délicate. La difficulté, déclare M. le conseiller Thiriot dans son rapport sur l'affaire Courcelle (R. F. t. 8, n° 96), vient de ce que la séparation des fonctionnaires de l'administration des forêts en deux classes, les *agents* et les *préposés*, n'était pas formulée en termes précis dans un texte législatif, avant le code forestier de 1827 et l'ordonnance du 1er août 1827. On en trouve bien des traces auparavant, soit dans les discussions législatives, soit même dans les textes de loi, par exemple, la loi du 22 mars 1806; mais, en général, dans la législation intermédiaire, les mots *agents* et *préposés* étaient pris comme synonymes et désignaient tous les employés et fonctionnaires de l'Administration, les simples *gardes* aussi bien que ceux auxquels les lois actuelles réservent le titre d'*agents* (V. notamment: L. 15-29 sept. 1791, tit. 3, art. 1er, 11, 12, 14 et 18; tit. 9, art. 1er, 7, 15, 17 et suiv., *Rép.* v° *Forêts*, p. 36 et 39; — L. 14 janv. 1792, *ibid.*, p. 42; L. 16 niv. an 9, *ibid.*, p. 48). A cette objection, il convient de répondre, avec l'arrêt précité du 22 juin 1878, qu'en admettant que les gardes aient eu en l'an 5 le titre d'agents forestiers, l'ordonnance de 1827 le leur a enlevé, et, par cela même, leur a enlevé aussi la direction et la surveillance des battues attachées à ce titre. — Mais, même dans le corps de l'arrêté du 19 pluv. an 5, les mots *agents forestiers* ont un sens précis et particulier qui est déterminé par le préambule de cet arrêté (V. *Rép.* v° *Chasse*, p. 199). Le Directoire, ainsi que le dit ce préambule, ne fait que rappeler à l'exécution des anciens règlements sur la matière, qui étaient tombés en désuétude: il les cite expressément, et il invite les fonctionnaires publics qu'il nomme agents forestiers, selon la langue du temps, à remplir les devoirs que ces règlements leur imposent. Or, quels sont les fonctionnaires forestiers que désignent l'ordonnance de 1583, dans son art. 19, et les autres textes visés dans l'arrêté du Directoire? Ce sont: les grands maîtres réformateurs, leurs lieutenants, les maîtres particuliers et autres, c'est-à-dire les fonctionnaires auxquels correspondent, dans notre organisation actuelle, les conservateurs, les inspecteurs, les sous-inspecteurs (inspecteurs adjoints) et les gardes généraux; en un mot, les employés auxquels l'ordonnance de 1827 donne la qualification d'agents forestiers, pour les distinguer des gardes, des simples préposés. Lors donc que le législateur de l'an 5, après avoir ainsi, dans le préambule, défini le sens qu'il a voulu donner au mot *agent forestier*, vient ensuite à employer ce mot dans le corps de l'arrêté, il lui donne le même sens; les fonctionnaires qu'il charge de provoquer et diriger les battues sont ceux qui, dans notre organisation actuelle, tiennent la place des anciens grands maîtres et maîtres particuliers des eaux et forêts, ceux que l'ordonnance de 1827 nomme les agents. Le législateur, du reste, a lui-même donné, en l'an 12 et en 1814, cette interprétation à l'arrêté de l'an 5, lorsque, instituant les lieutenants de louveterie, et déterminant leurs attributions, il a été amené à répéter, à propos d'un cas particulier, la battue aux loups, la règle générale qu'il avait posée dans l'arrêté de l'an 5, pour toutes les battues et pour tous les animaux nuisibles. Cette fois, il précise: il ne parle plus d'agents forestiers; c'est le chef de service, c'est le *con-*

servateur, qu'il appelle à régler tout ce qui concerne chaque opération (V. Ord. 20 août 1814, art. 11, *Rép.* p. 200). A plus forte raison en doit-il être ainsi dans les battues dirigées contre des animaux autres que le loup, qui intéressent beaucoup moins la sécurité publique, et sont, par conséquent, une charge plus onéreuse pour les propriétaires des lieux et pour les habitants obligés à servir de traqueurs, sous peine d'amende. Au surplus, il serait contraire à la nature des choses et aux règles de la hiérarchie administrative, que de simples gardes forestiers remplissent une mission qui comporte un *concert* avec le préfet, avec les maires du canton (V. *suprà*, nos 1563, 1575 et 1576), avec le lieutenant de louveterie, et qui comprend des appréciations parfois fort délicates, puisqu'il s'agit de savoir, dans chaque espèce, si l'intérêt public est assez intéressé à la destruction d'un animal sauvage pour qu'il y ait lieu d'en autoriser la chasse sur le terrain d'autrui (V. l'arrêt précité du 18 janv. 1879 et le rapport de M. le conseiller Thiriot).

1593. C'est le conservateur ou l'inspecteur des forêts qui *désigne* l'agent forestier chargé de surveiller la battue; et l'on confie d'ordinaire cette mission au chef de cantonnement du lieu où l'opération doit s'effectuer. En cas d'empêchement de l'agent forestier désigné pour surveiller la battue, il peut être *remplacé* par un autre agent, désigné à cet effet par le conservateur ou l'inspecteur (Villequez, no 163).

1594. Les battues seraient souvent impossibles ou infructueuses, faute d'agents en état de les suivre, si leur surveillance devait être exercée personnellement par l'agent forestier désigné à cet effet. Aussi est-il généralement admis que cet agent a la faculté de *déléguer* ses pouvoirs soit à un de ses *collègues* (Leblond, no479 ; Puton, nos 130 et 161 ; Villequez, no 163) ; — Soit à un *préposé forestier* (Dijon, 30 août 1865, aff. Morel, R. F. t. 4, no 592; Besançon, 22 juin 1878, aff. Courcelle C. Coillot, R. F. t. 8, no 50, et sur pourvoi, Crim. rej. 18 janv. 1879, D. P. 81. 1. 41. — V. aussi les auteurs indiqués ci-dessus).

Bien qu'il soit à désirer que la délégation soit faite par écrit, elle peut être simplement verbale (Puton, no 161). Mais elle doit être expresse et spéciale, et elle n'est efficace que pour le territoire des communes spécialement désignées par l'agent forestier.

1595. La surveillance confiée aux agents forestiers ou à leurs délégués, en matière de battue et de chasse collective, comprend le droit d'empêcher que l'opération ne dégénère en chasse de plaisir, que la simple battue ne se transforme en chasse à courre, que l'on ne batte sans utilité certaines propriétés. Elle a aussi pour but de constater les délits qui seraient commis dans le cours de la battue ou de la chasse collective (Puton, no 162).

Jugé que le pouvoir conféré aux agents forestiers par l'art. 4 de l'arrêté de l'an 5, de déterminer le nombre d'hommes utiles à appeler, entraîne cette conséquence forcée, qu'ils ont le droit de faire éloigner tous ceux qu'il ne leur convient pas de laisser participer à la chasse, soit à cause de leur imprudence, soit pour toute autre raison que rien ne les oblige à faire connaître (Trib. corr. Arbois, 5 mars 1878, aff. Charbonnier, R. F. t. 8, no 25). — Dans le cas où l'individu écarté persiste à concourir à la battue, il est réputé avoir chassé en temps prohibé et il doit être puni comme tel. Il en est surtout ainsi, alors que l'individu écarté de la battue n'y a pas été convoqué directement et personnellement (Même jugement).

1596. C'est seulement à l'administration forestière que la loi a confié la surveillance des battues, et les agents ou préposés forestiers sont, en général, plus aptes que tous autres agents de la force publique pour empêcher et constater toute atteinte à la propriété forestière de l'Etat et même des particuliers. Aussi admet-on qu'un agent ou préposé forestier ne peut être suppléé par un gendarme, un maire, un adjoint, ni même un commissaire de police. — Jugé: 1° que la présence de gendarmes à une battue opérée par un louvetier ne saurait suppléer à la présence d'agents forestiers; peu importe qu'il s'agisse de bois domaniaux ou de bois particuliers (Trib. corr. Neuchâtel, 27 janv. 1882, aff. Thélu, *Gazette des tribunaux* du 8 avr. 1882. — Conf. Leblond, no 479; Puton, nos 133, 162); — 2° Que le lieutenant de louveterie ne peut procéder à une battue sans le concours et la surveillance des agents forestiers, alors même que, dans l'ampliation de l'arrêté préfectoral qui autorisait la battue, la mention imprimée qu'ampliation de cet arrêté serait adressée au conservateur des forêts, se trouvait biffée par une rature d'ailleurs non approuvée, si aucune disposition ne dispensait le lieutenant de louveterie de réclamer le concours des agents forestiers; que cette dispense ne saurait résulter de la clause par laquelle le préfet a prescrit que la battue aurait lieu sous la direction du lieutenant de louveterie, sous la surveillance de la gendarmerie et avec le concours des maires (Trib. corr. Vendôme, 16 ou 23 mai 1879, aff. de La Rochefoucauld-Doudeauville, R. F. t. 9, no 28); — Qu'en conséquence, le tribunal peut reconnaître que, dans ces circonstances, le lieutenant de louveterie n'était pas couvert par l'arrêté préfectoral, sans pour cela critiquer ni interpréter cet acte administratif (Même jugement).

1597. Cependant, il a été décidé, selon une autre opinion: 1° que la présence des agents forestiers aux battues et chasses générales n'est prescrite d'une manière indispensable que dans les forêts de l'Etat; qu'elle peut être remplacée dans les campagnes et les bois des particuliers par celle des gendarmes ou de tous autres agents de l'autorité publique désignés par le préfet (Trib. corr. Mantes, 16 déc. 1873, aff. Ravelet, R. F. t. 6, no 108); — 2° Que, dans le cas d'empêchement ou d'absence d'un officier de louveterie, le préfet peut déléguer au maire ou à la gendarmerie du lieu où la battue est nécessaire, le soin de surveiller et de diriger la destruction des animaux nuisibles (Circ. min. int. 15 déc. 1874, R. F. t. 7, no 3).

1598. Aux termes de l'art. 6 de l'arrêté du 19 pluv. an 5, il doit être dressé *procès-verbal* de chaque battue, du nombre et de l'espèce des animaux détruits, et un *extrait* doit en être envoyé au ministre des finances. Le procès-verbal de battue est rédigé par l'agent forestier, soit en la forme administrative, lorsque la battue paraît régulière, soit en la forme des procès-verbaux de chasse, si la battue a été irrégulière (Puton, no 172). L'extrait est actuellement transmis au ministre de l'agriculture (V. *suprà*, no 523).

1599. — IV. DES DOMMAGES RÉSULTANT DES BATTUES ET DES CHASSES COLLECTIVES. — Aucune indemnité n'est due aux propriétaires ou fermiers, à raison des *dommages* résultant de l'exécution des battues et chasses régulières effectuées sur leurs terrains en exécution des règlements sur la louveterie (Giraudeau, no 1268).

1600. — V. DE LA PROPRIÉTÉ DES ANIMAUX PRIS OU TUÉS. — Par application des règles ordinaires en matière d'acquisition par voie d'occupation, les *animaux nuisibles tués ou pris* dans les battues et chasses collectives sont, ainsi qu'on l'a vu au *Rép.* no 515, la *propriété* des chasseurs qui les ont tués, blessés mortellement ou pris, et ce, à l'exclusion des propriétaires du sol et des locataires de chasse (V. Req. 22 juin 1843, *Rép.* no 172. — Conf. Puton, no 166). — En ce qui concerne la propriété du chasseur sur le gibier, V. *suprà*, nos 142 et suiv.

Quant à la *mise en vente*, la *vente*, l'*achat*, le *transport* et le *colportage*, en *temps prohibé*, des animaux nuisibles tués ou pris dans les battues et chasses collectives, V. *suprà*, nos 836 et suiv.

ART. 6. — *De la sanction attachée aux battues et chasses collectives irrégulières* (*Rép.* nos 512 à 514).

1601. — I. DES PEINES APPLICABLES. — Les tribunaux ont le pouvoir et le devoir d'examiner si, sous le prétexte d'une battue ou d'une chasse collective, le prévenu ne s'est pas livré à de véritables *faits de chasse*. Et, dans cette hypothèse, l'application de la loi du 3 mai 1844, sur la police de la chasse, ne saurait souffrir aucune difficulté.

1602. On sait que les infractions aux arrêtés préfectoraux qui déterminent, d'une manière générale, mais dans l'*intérêt privé* des propriétaires, possesseurs ou fermiers, les conditions de destruction des animaux nuisibles déclarés tels par le préfet, sont prévues et punies par les art. 9, § 3-3°, et 11-3° de la loi du 3 mai 1844. Et il a été jugé que les infractions à un arrêté fixant d'une manière générale les conditions suivant lesquelles peuvent avoir lieu les battues de sangliers dans un département, et, dès lors, rendu en exécution de l'art. 11-3° de la loi du 3 mai 1844, sont passibles des peines portées par cet art. 11-3° (Besançon, 21 (et non 11) juin 1877, aff. Jeannin, D. P. 78. 2. 237).

1603. Mais que décider en cas de battues ou de chasses collectives irrégulières, effectuées dans un *intérêt général*, en vertu des règlements relatifs à la louveterie?

Dans un premier système, on décide : d'une part, que l'on ne saurait appliquer la loi du 3 mai 1844, et spécialement l'art. 11, parce que cette loi est étrangère à la louveterie et que les droits et devoirs des officiers de louveterie sont réglés par des dispositions spéciales (Giraudeau, n°s 1276 et 1292. — Bourges, 24 mars 1870, aff. de Pomereu, D. P. 72. 2. 20) ; — D'autre part, que si les battues sont moins des faits de chasse qu'un moyen de destruction des animaux nuisibles, puisqu'on peut y prendre part sans permis de chasse et en tout temps, les contraventions aux arrêtés qui les réglementent n'en tombent pas moins sous l'application de l'art. 471-15° c. pén. (Giraudeau, n° 1292; Trib. corr. Baume, 17 avr. 1877, aff. Jeannin, D. P. 78. 2. 237, réformé par Besançon, 21 juin 1877, *suprà*, n° 1602).

1604. Mais l'opinion qui vient d'être exposée n'a prévalu ni en doctrine, ni en jurisprudence. On admet généralement, ainsi que nous l'avons fait au *Rép.* n°s 512 et suiv., que la contravention à un arrêté individuel pris en exécution des règlements sur la louveterie, et notamment de l'arrêté du 19 pluv. an 5, constitue un délit de chasse réprimé par la loi du 3 mai 1844 (Gillon et Villepin, p. 401, note 1 ; Loiseau et Vergé, p. 104 ; Puton, n°s 29, 173 et 174. — V. en ce sens, notamment, les arrêts cités *suprà*, n°s 1547, 1575 et suiv., 1602). — D'un autre côté, il n'y a pas lieu à l'application de l'art. 471-15° c. pén., parce que le fait imputé au prévenu est réprimé d'une manière plus spéciale par la loi de 1844. Cette théorie se fonde sur ce que les immunités établies par les règlements sur la louveterie ne peuvent être invoquées que par les personnes (louvetiers ou autres) qui se conforment aux prescriptions édictées tant par ces règlements que par les arrêtés préfectoraux pris en exécution de ces règlements. Sans ces immunités, l'acte opéré en vue de la destruction des animaux nuisibles constitue un véritable fait de chasse et, par suite, un délit de chasse, s'il viole les dispositions de la loi de 1844. — Dès lors, la battue ou la chasse collective irrégulière peut constituer, suivant les circonstances, soit un délit de chasse en temps prohibé (V. *suprà*, n°s 1555 et 1595), soit un délit de chasse sans permis (V. *suprà*, n° 1584), soit un délit de chasse sur le terrain d'autrui sans le consentement du propriétaire (V. *suprà*, n°s 1555, 1575 et suiv.; *infrà*, n° 1606-4°).

1605. — II. DES PERSONNES PUNISSABLES. — Nous croyons, avec M. Puton, n°s 30 et 74, qu'en thèse générale, l'irrégularité des battues et chasses collectives expose à des poursuites correctionnelles pour délits de chasse toutes les personnes qui y participent, c'est-à-dire : 1° le *lieutenant de louveterie* (V. *suprà*, n°s 1555, 1575, 1577, 1596); — 2° Les *agents* et *gardes forestiers*) ; — 3° Les *maires*. Avant le décret du 19 sept. 1870, qui a abrogé l'art. 75 de la constitution de l'an 8 et supprimé la garantie administrative, le maire qui avait dirigé une battue ordonnée par arrêté préfectoral, procédant comme agent du Gouvernement, ne pouvait être poursuivi sans autorisation du conseil d'Etat, à raison de l'irrégularité de cette battue (Crim. rej. 1er févr. 1850, aff. Degré, D. P. 50. 1. 304; Crim. rej. 17 mai 1866, aff. de Narbonne, D. P. 66. 1. 506; Besançon, 27 août 1868, aff. Garnier, D. P. 69. 2. 46). Il en était de même du conseiller municipal délégué par le maire pour diriger au lieu et place de celui-ci, une battue ordonnée par le préfet pour la destruction des animaux nuisibles (Paris, 31 janv. 1866, aff. Thinut, R. F. t. 3, n° 461); — 4° Les *chasseurs*, les *piqueurs* et les *traqueurs* (V. *suprà*, n°s 1547, 1576, 1581, 1595; *infrà*, n° 1606).

1606. Cependant, les tireurs et les traqueurs qui ont été régulièrement convoqués à la battue, ne sauraient être pénalement responsables des irrégularités dont était entachée cette opération. Ils peuvent invoquer comme *excuse* l'obligation qui leur incombait d'obtempérer à la *réquisition* et de participer à la battue (Giraudeau, n° 1282 ; Leblond, n° 494; Villequez, n° 179). — Jugé: 1° que les personnes qui, sur convocation du maire de leur commune, ont pris part à une battue autorisée par le préfet, sont couvertes par cette convocation et ne peuvent être poursuivies pour délit de chasse résultant de l'inexécution de quelques-unes des formalités commandées par le préfet (Besançon, 27 août 1868, aff. Garnier, D. P. 69. 2. 46; Trib. corr. Château-Chinon, 24 sept. 1887, aff. Pellé de Champigny, *Droit* du 20 nov. 1887); — 2° Que, lorsque les battues aux loups ont été ordonnées par un arrêté préfectoral, les chasseurs convoqués en vertu de cet arrêté, même en dehors des formes légales, et notamment sans le concours de l'administration forestière, sont tenus d'obéir à la convocation et, par suite, ne peuvent être poursuivis pour délit de chasse (Crim. rej. 1er févr. 1850, aff. Degré, D. P. 50. 1. 303); — 3° Que le chasseur qui, sur la réquisition d'un préposé forestier, prend part à une battue autorisée par le préfet pour la destruction des animaux nuisibles, n'est point responsable de l'inobservation des formalités exigées pour la régularité de cette battue : les irrégularités commises ne sauraient, dès lors, avoir pour effet de convertir en un fait de chasse délictueux le concours donné par lui à l'exécution de la battue (Dijon, 30 août 1865, aff. Morel, R. F. t. 4, n° 592) ; — 4° Que les habitants qui se rendent à une convocation à eux adressée par le maire, pour prendre part à une battue aux animaux nuisibles que ce magistrat a organisée sur une délégation et pour l'exécution d'un arrêté du préfet, ne font qu'obtempérer à une réquisition administrative se rapportant à un objet d'utilité publique; qu'en pareille circonstance ils doivent considérer comme légale et obligatoire ; que, par suite, les propriétaires de terrains compris dans cette battue ne peuvent prétexter de l'omission des précautions imposées au maire par l'arrêté du Gouvernement du 19 pluv. an 5, pour prétendre transformer en fait de chasse délictueux le concours donné par ces habitants à l'exécution de la battue sur leurs possessions (Crim. rej. 17 mai 1866, aff. de Narbonne, D. P. 66. 1. 505. — Cont. Orléans, 12 déc. 1865, même affaire, D. P. 65. 2. 231); — Que cette incrimination ne peut même pas être portée devant le juge de répression, par le motif que, pour en connaître, il lui faudrait entrer dans l'examen d'un acte du maire dont il ne lui appartient pas de contester la valeur (Arrêt précité du 17 mai 1866).

1607. En dehors du cas de réquisition adressé aux chasseurs, piqueurs ou traqueurs, dont il vient d'être parlé, les infractions aux règlements sur la louveterie ou aux arrêtés préfectoraux relatifs à cette matière ne sont pas excusables, et l'application de la loi de 1844 ne peut être écartée à raison de la *bonne foi* (Leblond, n° 495. — Conf. Besançon, 22 juin 1878, aff. Courcelle C. Coillot, R. F. t. 8, n° 50. — *Contrà* : Puton, n°s 30 et 74).

SECT. 2. — DES CHASSES INDIVIDUELLES PRÉVUES PAR L'ARRÊTÉ DE L'AN 5 (*Rép.* n°s 511 et 512).

1608. Indépendamment des battues et des chasses collectives dont s'occupent les art. 2, 3 et 4 de l'arrêté du 19 pluv. an 5, l'art. 5 du même arrêté prévoit des *permissions individuelles de chasse particulière*, concédées par le préfet à des lieutenants de louveterie ou à tout autre chasseur, à l'effet de détruire des animaux nuisibles, en tout temps, sur toute espèce de terrain, mais sous l'inspection et la surveillance des agents forestiers.

On doit considérer comme étant encore en vigueur cet art. 5, et, par suite, on ne saurait contester la légalité des permissions individuelles de chasse qu'il consacre (Giraudeau, n° 1273 ; Puton, n° 179; Villequez, n° 160. — Circ. min. int. 13 déc. 1860, D. P. 61. 3. 62 ; 1er mars 1865, D. P. 65. 3. 45; 11 avr. 1865, D. P. 65. 3. 46. — V. les décisions citées *infrà*, n°s 1612 et suiv. — *Contrà* : R. F. t. 4, n° 593, note 3). — Cette disposition n'a pas été abrogée par les règlements des 1er germ. an 13 et 20 août 1814; car elle en diffère à plusieurs points de vue et les complète d'une manière efficace (Puton, *loc. cit.*).

1609. La chasse particulière dont il est ici question constitue un moyen de destruction des animaux nuisibles, établi dans l'*intérêt général*, et non dans l'intérêt spécial d'une personne déterminée (Puton, n°s 175 et suiv.). Aussi, autrefois, elle ne faisait double emploi, ni avec la faculté reconnue au profit de tout propriétaire ou possesseur, par l'art. 14 de la loi des 28-30 avr. 1790, de chasser et faire chasser en temps prohibé, sans chiens courants, dans ses bois et forêts; ni avec le droit conféré, par l'art. 15 de la même loi, à tout propriétaire, possesseur ou fermier, de détruire le gibier dans ses récoltes non closes, en se servant de filets ou autres engins, comme aussi de repousser, avec des armes à feu, les bêtes fauves qui se répandraient dans lesdites récoltes (V. aussi *suprà*, nos 1467 et suiv.).

1610. Il est à remarquer que, si les permissions individuelles de chasse particulière sont essentiellement temporaires, elles sont plus étendues que le droit de chasse officielle du louvetier, quant aux animaux qui en sont l'objet et quant aux procédés de destruction qu'elles comportent (V. *suprà*, nos 1484, 1488 et suiv.).

1611. — I. Des animaux qui peuvent être l'objet de chasses particulières. — Quoique l'art. 5 de l'arrêté du 19 pluv. an 5 ne précise pas la nature des animaux susceptibles d'être l'objet des chasses particulières, on doit admettre qu'elles ne s'appliquent qu'aux *animaux nuisibles*. Cette proposition ressort de l'esprit et du but de la loi du 19 pluv. an 5, de l'étendue du droit concédé au permissionnaire, lequel peut s'exercer en tout temps et sur toute espèce de propriété, et de l'art. 7, qui présente formellement la chasse particulière comme ayant pour objet un droit de destruction (V. Puton, nos 175 et 181). — Quant à la signification de l'expression « animaux nuisibles », nous renvoyons aux explications présentées *suprà*, nos 1537 et suiv.

Du principe que la permission individuelle de chasse particulière comprend la faculté de détruire non seulement le loup, mais encore les autres animaux nuisibles, il suit qu'elle ne fait pas double emploi avec la commission de lieutenant de louveterie.

1612. — II. Des terrains sur lesquels les chasses particulières peuvent avoir lieu. — Comme on l'a dit au *Rép.* n° 511, dans l'étendue du territoire désigné par l'arrêté préfectoral, le permissionnaire de chasse particulière peut chasser les animaux nuisibles dans toutes les *propriétés ouvertes*, et, par conséquent, sur les terres et dans les bois non clos des particuliers, comme dans les bois de l'Etat et des communes (Puton, nos 176 et 181. — Crim. rej. 30 juin 1841, *Rép.* n° 512; Amiens, 21 févr. 1878, aff. Cléry, R. F. t. 8, n° 35. — V. aussi les arrêts cités *suprà*, nos 1554 et suiv., et *infrà*, nos 1617 et suiv.). — Et il n'est pas nécessaire que l'arrêté préfectoral indique les noms des propriétaires de ces bois et terrains. D'autre part, il est loisible au préfet soit d'étendre la permission à tout le département, ou, au contraire, de la limiter à un arrondissement, à un canton, à une ou plusieurs communes, à un massif forestier (Puton, n° 189).

1613. — III. De l'époque des chasses particulières. — Le préfet a le droit d'accorder des permissions de chasse particulière à toute époque, c'est-à-dire pendant la clôture comme pendant l'ouverture de la chasse (Puton, n° 181). C'est d'ailleurs ce qu'a admis la cour de Poitiers, par un arrêt du 10 déc. 1836 analysé au *Rép.* n° 511. — Nous ne saurions, en effet, approuver la doctrine d'un jugement déclarant que, l'art. 5 de l'arrêté du 19 pluv. an 5 étant absolument inconciliable avec les dispositions de l'art. 1er de la loi du 3 mai 1844, qui interdit généralement la chasse en temps prohibé, sauf certaines exceptions énumérées dans les articles suivants, il résulte de là que l'art. 5 dudit arrêté de pluviôse doit être à cet égard tenu pour abrogé (Trib. corr. Châtillon-sur-Seine, 7 juin 1866, aff. Cousturier, R. F. t. 4, n° 593).

1614. — IV. Des personnes auxquelles des permissions de chasse particulière peuvent être accordées. — Il est loisible au préfet d'accorder des permissions individuelles de chasse particulière des animaux nuisibles à *tout particulier* de son département, qui a un équipage et d'autres moyens de destruction (Comp. *infrà*, nos 1637 et suiv.). Toutefois, il convient que les permissions de cette nature soient concédées de préférence aux *propriétaires*, aux *adjudicataires de chasse* ou aux *lieutenants de louveterie*. — Décidé : 1° que, dans le cas où il n'est pas possible d'avoir la direction d'un officier de louveterie, les préfets peuvent néanmoins donner exceptionnellement des autorisations à des propriétaires, possesseurs ou fermiers pour l'organisation particulière de chasses aux gros animaux nuisibles, aussi bien que des battues, opérées les unes et les autres dans les conditions réglementaires (Circ. min. int. 11 avr. 1865, D. P. 65. 3. 46); — 2° Que l'Administration, qui peut, si l'intérêt public l'exige, faire chasser le sanglier dans les bois des particuliers, même sans leur consentement, peut, à plus forte raison, autoriser un propriétaire, conformément à l'art. 5 de l'arrêté du 19 pluv. an 5, à se livrer à une chasse semblable, sur ses propres biens, en temps prohibé (Poitiers, 10 déc. 1836, *Rép.* n° 511).

1615. Le lieutenant de louveterie est-il soumis à l'application de l'art. 5 de l'arrêté de l'an 5 pour les chasses particulières que prévoit cette disposition? La question a donné lieu à plusieurs opinions. — D'après un premier système, on décide, d'une manière générale, qu'il peut, en vertu de sa seule commission, chasser les animaux nuisibles dans toute l'étendue de sa circonscription, et même dans les bois dont il n'a pas la chasse, sans le consentement du propriétaire (Trib. corr. Nevers, 21 mars 1839, Bourges, 30 mai 1839, et sur pourvoi, Crim. cass. 3 janv. 1840, *Rép.* n° 512). — Selon un second système, pour que le louvetier ait cette faculté, il faut et il suffit qu'il chasse sous la surveillance des agents forestiers; une autorisation spéciale du préfet ne lui est pas nécessaire, car il a dans sa commission même une autorisation permanente de chasser les animaux nuisibles (Crim. rej. 30 juin 1841, *ibid.*; Crim. rej. 12 juin 1847, aff. Eline, D. P. 47. 4. 69; Crim. cass. 6 juill. 1861, aff. Duplessis, D. P. 61. 1. 353, *infrà*, n° 1620. — Conf. de Neyremand, p. 363). — D'autres décisions judiciaires exigent formellement que la chasse particulière soit faite sous la surveillance des agents forestiers, mais sans s'expliquer sur la nécessité de l'autorisation du préfet (Trib. corr. Châtillon-sur-Seine, 2 août 1860, aff. Belgrand, D. P. 60. 3. 63; Angers, 27 sept. 1861, aff. Duplessis, D. P. 62. 2. 164). — M. Villequez, nos 125, 143, 144 et 162, estime que l'officier de louveterie peut, en vertu de sa commission et moyennant la surveillance des agents forestiers, chasser sur un terrain quelconque de sa circonscription, pendant l'ouverture, tous les animaux nuisibles déclarés tels par le préfet; mais que, pendant la fermeture, il lui faut, ou outre, l'autorisation spéciale du préfet (Conf. de Neyremand, p. 353 et 354; Menche de Loisne, n° 209, p. 282, note 3). — Enfin, suivant une dernière opinion qui a prévalu avec raison dans la doctrine et la jurisprudence, le louvetier ne peut chasser que le loup en vertu de sa seule commission; et, par suite, pour chasser les autres animaux nuisibles en dehors des cas prévus par la loi du 3 mai 1844, il doit, comme le ferait un simple chasseur, obtenir l'autorisation préfectorale et opérer sous la surveillance de l'administration forestière conformément à l'art. 5 de l'arrêté du 19 pluv. an 5 (Giraudeau, n° 1223; Leblond, n° 465; Perrève, p. 443; Puton, nos 188 et 196; Circ. min. int. 13 déc. 1860, D. P. 61. 3. 62; 11 avr. 1865, D. P. 65. 3. 46. — Sol. impl., Orléans, 11 mai 1840, *Rép.* n° 512; Crim. rej. 18 janv. 1879, aff. Coillot, D. P. 81. 1. 41; Trib. corr. Neuchâtel, 27 janv. 1882, aff. Ratiéville, R. F. t. 10, n° 51. — V. *infrà*, n° 1619).

1616. — V. Des conditions auxquelles est subordonné l'exercice des chasses particulières. — 1° *De l'autorisation préfectorale*. — Depuis la loi du 28 pluv. an 8 rendue pour l'exécution de la constitution du 22 frim. de la même année, les *préfets* remplacent les corps administratifs mentionnés à l'art. 5 de l'arrêté du 19 pluv. an 5 et établis par le décret du 21 fruct. an 3. Ce sont donc eux qui délivrent aujourd'hui les permissions individuelles de chasses particulières, et ce, à l'exclusion des sous-préfets, malgré le mot « arrondissement » qui figure dans l'art. 5 de l'arrêté du 19 pluv. an 5 (Puton, n° 180). — Décidé que l'art. 6-12° du décret de décentralisation du 13 avr. 1861 ne confère aux sous-préfets d'autre pouvoir que celui d'autoriser des battues, et, par conséquent, exclut tout autre mode de destruction, notamment, la chasse à courre ou à l'aide de meute ou équipage (Besançon, 1er août 1863, aff. Aubert, R. F. t. 4, n° 591).

1617. Les lieutenants de louveterie n'ont pas, dans le titre même que leur a conféré l'autorité publique, une autorisation permanente de se livrer à la chasse individuelle des loups et autres animaux nuisibles; l'art. 5 de l'arrêté du 19 pluv. an 5 ne les autorise à détruire, au moyen de chasse individuelle, les animaux nuisibles, et spécialement le sanglier, sur le terrain d'autrui, sans le consentement du propriétaire, qu'autant qu'il y est procédé en vertu d'une permission délivrée par le préfet (Orléans, 11 mai 1840, *Rép.* n° 512; Crim. rej. 18 janv. 1879, aff. Coillot, D. P. 81,

1. 41; Trib. corr. Neuchâtel, 27 janv. 1882, aff. Ratiéville, R. F. t. 10, n° 51; Circ. min. int. 13 déc. 1860, D. P. 61. 3. 62. — Conf. Puton, n° 197. — En sens contraire, V. Bourges, 30 mai 1839, et sur pourvoi, Crim. cass. 3 janv. 1840, et sur nouveau pourvoi, Crim. rej. 30 juin 1841, *Rép.* n° 512; Poitiers, 29 mai 1843, *ibid.* n° 513).

1618. L'arrêté préfectoral portant permission individuelle de chasse particulière n'est assujetti à aucune formalité (Puton, n° 180). Mais elle ne saurait être permanente; elle doit être spéciale, c'est-à-dire limitée à une ou plusieurs chasses déterminées et sur un territoire suffisamment restreint. C'est aux tribunaux qu'il appartient d'apprécier si la permission a un caractère assez spécial (Puton, n°s 186 et suiv.).

1619. — 2° *De la surveillance de l'administration forestière.* — Nous avons vu au *Rép.* n° 512, que les personnes autorisées, en vertu de l'art. 5 de l'arrêté de l'an 5, à faire une chasse aux animaux nuisibles, ne peuvent s'y livrer que sous l'inspection et la surveillance des agents forestiers.

Cette règle est applicable aux lieutenants de louveterie, quand ils procèdent à des chasses de cette nature (Puton, n° 190. — V. *suprà*, n° 1615). Une jurisprudence constante s'est formée sur ce point. Indépendamment de l'arrêt de la chambre criminelle du 30 juin 1841 (*Rép.* n° 512), il a été jugé: 1° que les lieutenants de louveterie ne tiennent pas de leur commission le droit de faire, quand il leur plaît, et sous la seule condition d'un avis préalable à l'Administration, des chasses aux animaux nuisibles dans les forêts de l'Etat (Crim. cass. 6 juill. 1861, aff. Duplessis, D. P. 61. 1. 352, et sur renvoi, Angers, 21 sept. 1861, D. P. 62. 2. 164); — 2° Qu'en admettant que le louvetier trouve dans sa commission une autorisation permanente de chasser même sur les propriétés privées, il ne peut user de cette permission qu'à la double condition de chasser des bêtes nuisibles et de se livrer à cette chasse sous l'inspection et la surveillance des agents forestiers (Besançon, 22 juin 1878, aff. Courcelle *C.* Coillot, R. F. t. 8, n° 50); — 3° Que l'officier de louveterie qui parcourt avec chiens et fusil la forêt d'un particulier, sans avoir provoqué la surveillance des agents forestiers, commet un délit: il exciperait en vain du droit que lui confère le règlement du grand veneur du 20 août 1814, ce règlement n'ayant aucune force obligatoire (Crim. rej. 12 juin 1847, aff. Eline, D. P. 47. 4. 69). On sait toutefois qu'il convient de faire des réserves sur le motif tiré du caractère non obligatoire du règlement du 20 août 1814 (V. *suprà*, n° 1459); — 4° Que la surveillance doit être effective, c'est-à-dire que le lieutenant de louveterie ne peut ni découpler ses chiens, ni commencer la chasse d'une façon quelconque sur le terrain d'autrui, sans la présence des agents forestiers, ou tout au moins sans avoir mis ces agents en demeure de contrôler ses actes (Amiens, 21 févr. 1878, aff. Cléry, R. F. t. 8, n° 35); — 5° Que, même en cas de chasse régulièrement autorisée, le louvetier est en délit lorsqu'il y procède sans l'inspection et la surveillance des agents forestiers, ou de gardes forestiers par eux délégués, et que cette délégation n'est efficace que pour le territoire de la commune spécialement désignée par l'agent forestier (Crim. rej. 18 janv. 1879, aff. Coillot, D. P. 81. 1. 41. — V. *suprà*, n°s 1594 et suiv.).

1620. Le droit d'inspection et de surveillance conféré aux agents forestiers par l'art. 5 de l'arrêté du 19 pluv. an 5, sur les chasses aux animaux nuisibles, pratiquées alors avec l'autorisation des corps administratifs par les particuliers ayant des équipages de chasse, et aujourd'hui par les lieutenants de louveterie en vertu de leurs commissions (V. toutefois *suprà*, n° 1615), n'emporte pas la faculté d'empêcher l'exécution de la chasse projetée (Crim. cass. 6 juill. 1861, aff. Duplessis, D. P. 61. 1. 352). — Cependant, la faculté de s'opposer à ces chasses pour cause d'inopportunité, que les ordonnances des 15 et 20 août 1814 conféraient virtuellement au grand veneur, appartient aujourd'hui à l'administration forestière, chargée, depuis l'ordonnance du 14 sept. 1830, de la surveillance de la chasse dans les forêts de l'Etat (Arrêt précité du 6 juill. 1861, et sur renvoi, Angers, 27 sept. 1861, D. P. 62. 2. 164). — Par suite, un lieutenant de louveterie commet le délit de chasse sans le consentement du propriétaire, lorsqu'il refuse de tenir compte de l'opposition de l'inspecteur des forêts à la chasse projetée dont il lui a donné avis; en pareil cas, il ne peut que réclamer, s'il le juge convenable, devant l'autorité supérieure, contre les motifs donnés par l'inspecteur à l'appui de son opposition (Mêmes arrêts).

Le droit de prononcer sur les réclamations formées par les officiers de louveterie contre l'opposition des agents forestiers locaux aux chasses spéciales qu'ils auraient annoncé devoir faire, appartient aux conservateurs des forêts. Cependant, cette opposition, pour le cas où il s'agit de transformer la chasse projetée en une battue, doit être portée devant le sous-préfet ou devant le préfet, suivant que la battue proposée doit avoir lieu dans un bois communal ou d'établissement public soumis au régime forestier, ou, au contraire, dans un bois de l'Etat (Circ. min. for. 18 nov. 1861, *Anc. série*, n° 809, D. P. 62. 3. 78).

1621. L'individu autorisé par le préfet à faire, pendant la fermeture de la chasse, une battue par semaine avec fusil et chiens pour la destruction des lapins et des renards, à la condition de prévenir trois jours à l'avance le maire et le lieutenant de gendarmerie, doit, s'il ne remplit pas cette condition, être considéré comme n'étant pas autorisé et, par suite, comme ayant chassé en temps prohibé (Trib. corr. Rouen, 27 avr. 1881, aff. Drugeon, D. P. 82. 5. 64).

1622. L'art. 7 de l'arrêté du 19 pluv. an 5 prescrit la rédaction d'un *procès-verbal* ou *état des animaux détruits dans les chasses particulières* spécifiées à l'art. 5, et des animaux détruits *par les pièges* tendus dans les campagnes par les habitants. En ce qui concerne la rédaction et la transmission de ces documents, il suffit de se référer aux observations formulées pour les battues, *suprà*, n° 1598.

1623. — 3° *De la dispense de permis de chasse.* — Le permis de chasse n'est pas nécessaire pour l'exercice de la chasse particulière spécifiée à l'art. 5 de l'arrêté du 28 pluv. an 5 (Puton, n° 193. — V. *suprà*, n° 1517).

1624. — 4° *Des procédés de chasse susceptibles d'être employés.* — Le mode de destruction des animaux nuisibles que prévoit l'art. 5, consiste dans une *chasse*, dans des actes de chasse proprement dits, à l'exclusion des battues et de l'emploi des pièges. Mais le permissionnaire peut user de tous autres modes de chasse: à tir, à courre, avec ou sans les gens de son équipage, au lévrier, à l'affût, etc., pourvu toutefois que l'arrêté préfectoral d'autorisation ne contienne pas de restriction à cet égard (Puton, n°s 183 à 185).

1625. Ajoutons que, la chasse dont il est ici question étant individuelle ou particulière, le permissionnaire ne saurait l'exécuter qu'avec les gens de son équipage, sans pouvoir y faire participer des amis ou des *auxiliaires* étrangers (Puton, n° 182).

1626. — VI. De la sanction des règlements relatifs aux chasses particulières. — Il suffit d'appliquer ici les explications formulées sur la *sanction* en matière de battues et des chasses collectives, *suprà*, n°s 1601 et suiv.

CHAP. 5. — Des mesures prévues par l'art. 90, § 9, de la loi du 5 avr. 1884.

1627. Le paragraphe 9 de l'art. 90 de la nouvelle loi municipale du 5 avr. 1884 renferme, en matière de *destruction des animaux nuisibles*, deux dispositions qu'il ne faut pas confondre: l'une, concernant les animaux déclarés nuisibles par le préfet (V. *infrà*, n°s 1628 et suiv.); l'autre, spéciale aux loups et aux sangliers (V. *infrà*, n°s 1637 et suiv.).

Quant à l'historique de ce paragraphe, V. *suprà*, n° 1460.

Sect. 1re. — De la destruction des animaux déclarés nuisibles par le préfet.

1628. La première disposition du paragraphe 9 de l'art. 90 de la loi municipale confère au maire le pouvoir de prendre les mesures nécessaires à la *destruction des animaux nuisibles* déclarés tels par l'arrêté permanent du préfet, en exécution de l'art. 9 de la loi du 3 mai 1844; elle étend ainsi à l'autorité municipale des attributions qui jusqu'alors avaient été réservées au préfet. — Cette disposition étant générale, on doit en conclure que les mesures de destruction qu'elle prévoit sont susceptibles d'être dirigées contre tous les animaux déclarés nuisibles par le préfet, sans qu'il y ait à établir, à cet égard, de distinction entre ceux qui ont le caractère de gibier proprement dit et ceux qui sont impropres à l'alimentation (Circ. min. int. 4 déc. 1884, *Bulletin du ministère de l'intérieur*, 1884, p. 504).

1629. L'art. 90, § 9, cesse d'être applicable, lorsque les mesures de destruction doivent s'exercer simultanément *sur plusieurs communes*; en pareil cas, c'est au préfet seul qu'il appartient de les ordonner ou de les autoriser, conformément aux prescriptions de l'arrêté du 19 pluv. an 5 (Circulaire du 4 déc. 1884, citée *suprà*, n° 1628. — Trib. corr. Compiègne, 29 juill. 1885, aff. Leclère, D. P. 87. 3. 39).

D'autre part, la première disposition de l'art. 90, § 9, étant limitée aux *buissons*, *bois* et *forêts*, la destruction des animaux nuisibles sur les parties non boisées du territoire reste dans les attributions du préfet.

1630. En chargeant le maire de prendre de concert avec les propriétaires du droit de chasse toutes les mesures nécessaires à la destruction des animaux nuisibles, la loi comprend tous les *procédés de destruction* sans en excepter aucun (Circ. min. int. 4 déc. 1884, *Bulletin du ministère de l'intérieur*, 1884, p. 504. — Crim. rej. 12 juin 1886, aff. Wallet, D. P. 87. 1. 45). — Ainsi, il est loisible au maire d'autoriser l'emploi de piéges, de poison, d'armes à feu. Certains animaux peuvent être enfumés dans leurs terriers. Quand les mesures individuelles prises par les soins des propriétaires intéressés ne suffisent pas, la loi permet de recourir aux mesures d'ensemble connues sous le nom de battues (Circulaire précitée du 4 déc. 1884). — Pour rendre les battues plus efficaces, le maire peut autoriser l'usage de panneaux (Arrêt précité du 12 juin 1886).

1631. Néanmoins, nous croyons que le maire ne saurait autoriser l'emploi des engins prohibés. S'il en était autrement, les maires se laisseraient souvent entraîner par leurs administrés à permettre l'usage de collets et de lacets sous prétexte de destruction des animaux nuisibles, et l'art. 90, § 9, de la loi du 5 avr. 1884 aurait pour résultat de faciliter l'organisation du braconnage par les municipalités (V. *Gazette des tribunaux* du 25 avr. 1887).

1632. Le maire ne peut prendre les mesures de destruction dont il est ici question que de *concert avec les propriétaires ou les détenteurs du droit de chasse* dans les buissons, bois et forêts. Sans cette condition, il serait loisible aux officiers municipaux de porter au droit de propriété une atteinte extrêmement grave et difficile à justifier, en détruisant ou laissant détruire d'une manière plus ou moins complète le gibier qui fréquente les forêts et en y rendant illusoire le droit de chasse. Parmi les animaux déclarés nuisibles par le préfet et auxquels l'art. 90, § 9, est applicable, comme nous l'avons vu *suprà*, n° 1628, figurent souvent des espèces propres à l'alimentation, que le propriétaire ou le détenteur du droit de chasse peut avoir un intérêt légitime à conserver dans une certaine mesure, sauf à indemniser les voisins des dommages résultant de leur multiplication (V. *suprà*, n°s 1349 et suiv.). Il n'est pas sans intérêt de citer, à ce sujet, le passage suivant de l'exposé des motifs de la proposition du 6 déc. 1881 (V. *suprà*, n° 1460), qui cependant était très favorable à l'extension des pouvoirs des maires : « C'est au maire qu'il appartient de savoir s'il est nécessaire de les appliquer sur son territoire et dans quelle mesure, suivant le temps, les lieux, les espèces d'animaux qui le fréquentent et y causent des dommages. Si le propriétaire des terrains qui sont le refuge des animaux nuisibles préfère garder sa responsabilité, il en est le maître. Le maire n'intervient alors que dans les circonstances exceptionnelles, et lorsque l'intérêt public est menacé, qu'il y a urgence absolue et seulement contre certaines espèces particulièrement nuisibles, comme le loup, le sanglier » (*Journ. off.* de janvier 1882, annexe n° 203, p. 1988).

1633. Du principe que les mesures de destruction ordonnées par les maires doivent être prises de concert avec les propriétaires ou les détenteurs du droit de chasse dans les buissons, bois et forêts, le ministre de l'intérieur en a conclu que l'opposition des parties intéressées peut empêcher les battues de cette espèce (Circ. min. int. 4 déc. 1884, *Bulletin du ministère de l'intérieur*, 1884, p. 505). — Il semble, en effet, que la première disposition de l'art. 90, § 9, de la loi du 5 avr. 1884 ne fait que régler l'application de l'art. 9, § 3-3°, de la loi de 1844, de manière à faciliter aux propriétaires et détenteurs du droit de chasse l'exercice de la faculté de destruction qui était reconnue à leur profit par la législation antérieure. Il est d'autant plus nécessaire d'interpréter dans un sens restrictif le pouvoir attribué au maire par la première disposition de l'art. 90-9°, que les agents forestiers n'ont pas à intervenir (V. *infrà*, n° 1651), et que, par conséquent, les propriétaires se trouveraient exposés, sans une protection suffisante, aux dégâts et aux abus que pourraient commettre les personnes chargées par l'autorité municipale de procéder à la destruction des animaux nuisibles.

1634. Les détenteurs du droit de chasse avec lesquels le maire doit se concerter, aux termes de l'art. 90, § 9, ne sont pas seulement les détenteurs du droit de chasse à courre, mais tous ceux qui, à un titre quelconque, jouissent du droit de rechercher le gibier sur le terrain où doit avoir lieu la destruction (Trib. corr. Compiègne, 29 juill. 1885, aff. Leclère, D. P. 87. 3. 39).

1635. L'autorisation donnée par les détenteurs du droit de chasse de procéder à des battues dirigées et surveillées par l'administration forestière ne dispense pas le maire de se concerter avec eux pour les mesures à prendre en vue de la destruction des animaux nuisibles dans les conditions prévues par l'art. 90 de la loi du 5 avr. 1884 (Jugement du 29 juill. 1885 cité *suprà*, n° 1634).

1636. L'autorisation peut être verbale, et aucune dispotion légale n'exige qu'elle soit donnée sous la forme d'un arrêté. La disposition qui la prévoit ne se trouve pas, en effet, dans l'art. 94 de la loi du 5 avr. 1884 qui énumère les matières sur lesquelles le maire est appelé à prendre des arrêtés, mais dans l'art. 90 qui détermine les attributions générales d'administration municipale confiées au maire sous le contrôle du conseil et la surveillance de l'administration supérieure (Crim. rej. 12 juin 1886, aff. Wallet, D. P. 87. 1. 45).

D'après un jugement, les arrêtés par lesquels les maires prennent, en vertu de l'art. 90 de la loi du 5 avr. 1884, des mesures relatives à la destruction des animaux nuisibles, ne sont obligatoires qu'après avoir été portés à la connaissance des intéressés par voie de publication et d'affiches, toutes les fois qu'ils contiennent des dispositions générales, et dans les autres cas par voie de notification individuelle, conformément à l'art. 96 de la même loi (Trib. corr. Compiègne, 29 juill. 1885, aff. Leclère, D. P. 87. 3. 39). Mais cette décision est contraire à la théorie formulée par l'arrêt précité du 12 juin 1886 de la cour suprême (V. aussi *infrà*, n° 1641).

SECT. 2. — DE LA DESTRUCTION DES LOUPS ET DES SANGLIERS. — RÉQUISITION DES HABITANTS.

1637. L'art. 90 de la loi du 5 avr. 1884 charge encore le maire « de faire, pendant le *temps de neige*, à défaut des détenteurs du droit de chasse à ce dûment invités, détourner des *loups* et *sangliers* remis sur le territoire, et de requérir, à l'effet de détruire ces animaux, les habitants avec armes et chiens propres à les chasser ». Lorsque la terre est couverte de neige, les animaux dont il s'agit se remettent parfois sur un étroit espace de terrain et leur traces deviennent faciles à suivre. Le législateur a voulu que cette circonstance fût mise à profit pour la destruction d'espèces particulièrement malfaisantes et dangereuses. Il y a là pour les maires non un droit seulement, mais un devoir (Circ. min. int. 4 déc. 1884, *Bulletin du ministère de l'intérieur*, 1884, p. 505).

Les loups et les sangliers étant seuls mentionnés dans cette disposition, il s'ensuit que les mesures de destruction applicables aux autres animaux ne peuvent être ordonnées que par le préfet, en vertu de l'arrêté du 19 pluv. an 5 (V. *suprà*, n°s 1531 et suiv.), à moins qu'il ne s'agisse des mesures prévues par la première disposition de l'art. 90, § 9 (V. *suprà*, n°s 1628 et suiv.).

1638. Les mesures édictées par la seconde disposition de l'art. 90, § 9, peuvent s'exercer sur tout le *territoire* de la commune, c'est-à-dire sur les propriétés boisées ou non boisées, pourvu toutefois qu'il s'agisse de propriétés ouvertes; elles ne sauraient s'appliquer aux terrains clos (Comp. *suprà*, n°s 1554 et suiv.).

1639. Elles sont, d'ailleurs, susceptibles de s'exécuter sur le terrain d'autrui sans le consentement du propriétaire. Cela ressort implicitement du texte même de la disposition dont nous nous occupons. Et il en était ainsi dans le système de la proposition de loi du 6 déc. 1881, art. 6, qui a été l'origine de l'art. 90, § 9, de la loi du 5 avr. 1884 (V. Exposé des motifs, *Journ. off.* de janv. 1882, annexe n° 203, p. 1988).

1640. En vue de protéger le droit de propriété, le législateur veut que le *détenteur du droit de chasse* soit avant tout *invité* ou mis en demeure de détruire les loups et les sangliers qui menacent le territoire de la commune ; ce n'est que quand cette mise en demeure a été adressée et qu'elle est demeurée infructueuse, que le maire a la faculté de recourir aux mesures déterminées par les deuxième et troisième dispositions de l'art. 90, § 9. — Ainsi, le maire qui prescrit en temps de neige une battue dans les bois d'un particulier pour la destruction des loups et sangliers, ne peut faire procéder à cette battue qu'après avoir mis le détenteur du droit de chasse en demeure de détourner les loups et sangliers remis dans ses bois (Crim. cass. 12 juin 1886, aff. de Thy, D. P. 87. 1. 41).

1641. Que faut-il entendre par l'expression *dûment invités?* Dans la langue juridique, le mot *invitation* n'est généralement pas synonyme d'une mise en demeure par les voies régulières; et l'urgence de profiter soit d'un temps de neige, soit de la connaissance que l'on a de la remise des loups et des sangliers dans un lieu déterminé, peut être assez grande pour qu'il y ait inconvénient à exiger une mise en demeure en forme aux détenteurs du droit de chasse, à quelque distance que soit leur domicile. Ce mot paraît avoir été choisi pour laisser à l'administration municipale une grande latitude dans le mode à employer pour la communication à faire aux détenteurs du droit de chasse, et pour indiquer que ceux-ci ne sont pas tenus d'obtempérer à cette communication, comme ils le seraient dans le cas de réquisition spécifié dans le même art. 90, § 9.

D'après un jugement du tribunal correctionnel de Langres du 25 mars 1885 (aff. Garcenot, D. P. 86. 3. 15), pour que les adjudicataires de la chasse puissent être considérés comme dûment avertis, il faut: que la mise en demeure résulte d'un arrêté du maire, afin que les intéressés puissent, s'il y a lieu, exercer un recours contre cet arrêté; que cet arrêté soit notifié aux intéressés; qu'entre l'invitation de détruire les loups et sangliers adressée aux adjudicataires du droit de chasse et les battues municipales il s'écoule un délai suffisant pour permettre aux intéressés de faire droit aux injonctions du maire. M. Puton, dans une brochure relative à l'art. 90, § 9, de la loi du 5 avr. 1884, p. 18 et suiv., estime aussi qu'un arrêté est indispensable et que le maire ne peut procéder d'office qu'après sa notification. — Mais cette interprétation paraît trop rigoureuse; si ce mode de procéder est le plus régulier, il n'est pas prescrit par la loi. Nous pensons, avec M. le conseiller Sallantin (D. P. 87. 1. 42), qu'il n'est pas indispensable que la mise en demeure résulte d'un arrêté pris par le maire et notifié aux détenteurs du droit de chasse; il suffit que le maire leur adresse sous une forme qui ne laisse place à aucune incertitude l'invitation de détruire les loups et sangliers signalés dans leurs bois et qu'il leur accorde le délai nécessaire pour y obtempérer (V. aussi *suprà*, n° 1636).

1642. On peut encore se demander si l'invitation de *détourner* les animaux doit s'entendre, suivant le sens spécial attribué à ce mot en matière de chasse, de l'opération préliminaire consistant à constater, d'après les traces laissées par les animaux, l'endroit où ils sont remisés. Il peut y avoir quelque doute à cet égard. — Un jugement a écarté cette interprétation littérale pour regarder le mot « détourner » comme synonyme de « détruire », en jugeant que le maire ne peut organiser des battues en temps de neige, pour la destruction des loups et des sangliers, qu'à défaut des détenteurs du droit de chasse et après que ces derniers ont été dûment invités à accomplir cette destruction (Trib. corr. Langres, 25 mars 1885, aff. Garcenot, D. P. 86. 3. 15).

En tout cas, comme la troisième disposition de l'art. 90, § 9, parle de la destruction des loups et des sangliers, il est certain que ce sont des mesures de destruction que le législateur a eues en vue en définitive, et l'on ne comprendrait pas qu'il en fût autrement.

1643. Quand les détenteurs du droit de chasse n'obtempèrent pas à l'invitation qui leur est faite, l'art. 90, § 9, de la loi du 5 avr. 1884 confère au maire le pouvoir de *requérir*, à l'effet de détruire les loups et les sangliers, les *habitants* avec armes et chiens propres à la chasse de ces animaux. Dans cette hypothèse, le maire, n'agissant que pour la protection des intérêts locaux de la commune, ne saurait adresser de réquisition qu'aux habitants.

1644. Les habitants qui n'obéissent pas à la réquisition à eux adressée par le maire en vertu de la loi du 5 avr. 1884 ne sont point passibles de l'application des arrêts du conseil des 26 févr. 1697 et 14 janv. 1698, qui sont relatifs à la louveterie proprement dite et ont été rappelés dans le préambule de l'arrêté du 19 pluv. an 5, mais auxquels la loi municipale ne se réfère pas (Comp. *suprà*, n° 1583).

Il ne s'ensuit pas que le refus d'obéissance à la réquisition soit dénué de toute *sanction*. — Suivant une opinion, il entraînerait une amende de un à 5 fr. portée par l'art. 471, § 15, c. pén. contre ceux qui ont contrevenu aux règlements légalement faits par l'autorité administrative, et ceux qui ne se sont pas conformés aux règlements ou arrêtés publiés par l'autorité municipale, en vertu des art. 3 et 4, tit. 11, de la loi des 16-24 août 1790 (aujourd'hui, l'art. 97 de la loi du 5 avr. 1884), et de l'art. 46, tit. 1er de la loi des 19-22 juill. 1791. — Mais il nous paraît préférable d'appliquer ici l'art. 475, § 12, c. pén., qui frappe d'une amende de 6 à 10 fr. ceux qui, le pouvant, ont refusé ou négligé de faire les travaux, le service, ou de prêter le secours dont ils ont été requis, dans les circonstances d'accidents... ou autres calamités.

1645. Il a été jugé que les habitants qui ont pris part à une battue illégalement prescrite peuvent être condamnés pour délit de chasse sur le terrain d'autrui, et ne sont pas recevables à soutenir qu'ils n'ont fait qu'obtempérer aux réquisitions de l'autorité municipale (Trib. corr. Langres, 25 mars 1885, aff. Garcenot, D. P. 86. 3. 15). — Mais cette théorie ne doit pas être suivie.

La cour de cassation déclare avec raison que les habitants d'une commune qui ont pris part à une battue illégalement ordonnée échappent à toute répression lorsqu'ils n'ont fait qu'obtempérer à une réquisition du maire (Crim. cass. 12 juin 1886, aff. de Thy, D. P. 87. 1. 41). La réquisition a, en effet, un caractère obligatoire, dès qu'elle est régulière en la forme (V. dans ce sens, les décisions mentionnées *suprà*, n° 1606).

1646. Toutefois la participation aux mesures de destruction ordonnées par le maire en dehors des conditions légales, n'est excusable qu'autant qu'elle a eu lieu en vertu d'une convocation qui constitue une véritable réquisition. — Jugé que les habitants inculpés de délit de chasse ne sauraient éviter une condamnation en se prévalant d'une simple invitation n'ayant pas le caractère d'une réquisition obligatoire, et que le relaxe des prévenus n'est pas suffisamment motivé par l'arrêt qui se borne à déclarer qu'ils se sont rendus à une convocation administrative, sans s'expliquer sur la nature et sur le caractère obligatoire de cette convocation (Arrêt du 12 juin 1886, cité au numéro précédent). — Dans l'espèce ci-dessus, non seulement l'arrêt attaqué ne constatait pas que les habitants qui avaient pris part à la battue eussent reçu une réquisition individuelle, mais il n'indiquait même pas en quels termes avait été faite l'annonce à son de caisse de la battue. Il y avait, dès lors, sur ce point, une absence de motifs qui ne permettait pas à la cour de cassation d'apprécier le caractère et les conséquences juridiques de cette convocation.

Sect. 3. — De l'exécution des mesures prévues par l'art. 90, § 9, de la loi du 5 avr. 1884.

1647. Les attributions conférées au maire par l'art. 90, § 9, de la loi municipale sont soumises au *contrôle du conseil municipal* et à la *surveillance de l'administration supérieure*, c'est-à-dire du *sous-préfet* et du *préfet*.

1648. Dans les deux hypothèses prévues par ce paragraphe 9, le maire est expressément chargé de *surveiller* et d'*assurer l'exécution* des mesures prises pour la destruction des animaux nuisibles et d'en dresser *procès-verbal*. Il lui appartient donc de veiller à ce qu'elles ne soient pas détournées de leur objet et ne servent pas de prétexte pour commettre des délits de chasse (Circ. min. int. 4 déc. 1884, *Bulletin du ministère de l'intérieur*, 1884, p. 505).

1649. Le maire doit prendre soin que la *direction* des battues soit remise en bonnes mains, soit qu'il désigne lui-même le chasseur chargé de conduire les opérations, soit qu'il en laisse le choix aux propriétaires intéressés (Même circulaire). — Il convient, à cet égard, de se référer aux explications qui ont été présentées, en matière de louveterie proprement dite, *suprà*, n°s 1571 et suiv.

1650. La disposition de l'art. 90 de la loi du 5 avr. 1884 qui charge le maire de surveiller l'exécution des mesures par lui prises pour assurer la destruction des animaux nuisibles, ne lui impose pas l'obligation d'assister personnellement à l'opération (Crim. rej. 12 juin 1886, aff. Wallet, D. P. 87. 1. 45).

1651. La surveillance de l'*administration forestière* n'est obligatoire dans aucun des cas prévus par l'art. 90, § 9, de la loi du 5 avr. 1884. Cette proposition résulte, d'une part, du silence de cette loi sur ce point, et, d'autre part, du caractère spécial de ce paragraphe 9, dont l'esprit s'écarte profondément de la législation antérieure sur la louveterie. On ne saurait admettre que le législateur eût omis de subordonner expressément à la nécessité de la surveillance de l'administration forestière l'exécution des mesures qu'il prévoit, si telle eût été son intention, alors que dans tous les textes antérieurs il a cru indispensable d'exiger formellement l'intervention du service forestier (V. *suprà*, n°s 1496 et suiv., 1591 et suiv., 1619 et suiv.). — Tel est d'ailleurs l'avis du ministre de l'intérieur, qui décide que l'administration forestière n'a à intervenir dans les mesures de destruction ordonnées par l'autorité municipale que si elles sont exécutées dans les forêts soumises à son régime (Circ. min. int. 4 déc. 1884, *Bulletin du ministère de l'intérieur*, 1884, p. 504). — Mais le maire ne peut faire procéder à des battues dans les forêts domaniales sans l'intervention de l'administration forestière, lors même que celle-ci a aliéné le droit de chasse au profit d'un tiers (Trib. corr. Compiègne, 29 juill. 1885, aff. Leclère, D. P. 87. 3. 39).

1652. Les personnes appelées à participer aux mesures de destruction autorisées ou prescrites par le maire sont dispensées de l'obligation du *permis de chasse* (Comp. *suprà*, n° 1584).

1653. Ces mesures peuvent avoir lieu *en tout temps*, c'est-à-dire pendant la clôture comme pendant l'ouverture de la chasse en général (Comp. *suprà*, n°s 1549 et 1613).

1654. A la différence de la proposition de loi du 6 déc. 1881 (V. *suprà*, n° 1460), l'art. 90, § 9, ne détermine pas la *sanction* applicable dans le cas d'infraction aux prescriptions qu'il renferme. Mais, à moins d'observation de ces règles spéciales, les mesures de destruction dont il s'agit ici ne sauraient bénéficier d'immunités admises dans un intérêt général ; par conséquent, elles tombent sous le coup de la loi du 3 mai 1844, sur la police de la chasse, qui forme le droit commun en matière de poursuite et de capture des animaux sauvages. Elles peuvent donc, selon les circonstances, constituer le *délit de chasse* en temps prohibé, ou sans permis, ou sur le terrain d'autrui sans le consentement du propriétaire, etc. (Comp. *suprà*, n°s 1604 et suiv.).

Et la bonne foi du délinquant ne suffit pas pour le mettre à l'abri des condamnations qu'il a encourues pour délit de chasse, s'il a librement et volontairement coopéré à l'acte de chasse incriminé (Crim. cass. 12 juin 1886, aff. de Thy, D. P. 87. 1. 41). — V. *suprà*, n°s 1079 et suiv.

1655. Le maire auquel l'art. 90 de la loi du 5 avr. 1884 impose l'obligation, lorsqu'il ordonne une battue, de surveiller et d'assurer l'exécution des mesures prescrites et d'en dresser procès-verbal, n'agit point en pareil cas en qualité d'officier de police judiciaire, et ne doit pas, par suite, être traduit à raison du délit de chasse qui lui est imputé, devant la première chambre de la cour d'appel, conformément aux art. 479 et 483 c. instr. cr. (Dijon, 4 janv. 1886, aff. de Thy, D. P. 87. 1. 41). — Comp. *suprà*, n°s 1258 et suiv.

1656. Le tribunal correctionnel, saisi d'une plainte dirigée contre le maire d'une commune et plusieurs habitants, pour délit de chasse résultant d'une battue irrégulièrement opérée, est compétent pour apprécier la légalité de l'acte de l'autorité municipale qui a prescrit cette battue (Trib. corr. Langres, 25 mars 1885, aff. Garcenot, D. P. 86. 3. 15). — V. *suprà*, n°s 1568 et 1569.

1657. La battue à laquelle un maire fait procéder en dehors des conditions fixées par la loi, et notamment sans mise en demeure préalable au détenteur du droit de chasse, constitue, non un acte administratif, mais un fait personnel du maire dont il appartient à l'autorité judiciaire d'apprécier la nature et les conséquences (Crim. cass. 12 juin 1886, aff. de Thy, D. P. 87. 1. 41).—Un arrêt de la cour de cassation du 17 mai 1866 (aff. de Narbonne, D. P. 66. 1. 505) a décidé, au contraire, que le maire qui organise une battue en vertu d'une délégation reçue du préfet pour la mise à exécution d'un arrêté pris légalement par ce dernier dans le cercle de ses attributions et dans un but d'utilité publique, fait un acte de ses fonctions administratives qui échappe au contrôle de l'autorité judiciaire. Mais il existe des différences importantes entre les deux hypothèses. Dans la dernière, le maire avait agi comme délégué du préfet et pour assurer l'exécution d'un arrêté préfectoral légalement pris, tandis que, dans la première, le maire avait fait opérer une battue en dehors des conditions dans lesquelles la loi lui donnait le pouvoir de prescrire des mesures de cette nature. Les tribunaux se trouvaient donc, non plus en face d'un acte administratif qu'il leur était interdit d'apprécier, mais en présence d'un fait personnel du maire, dont il appartenait à l'autorité judiciaire de déterminer la nature et les conséquences. D'après la jurisprudence de la cour de cassation et celle du tribunal des conflits, on doit considérer comme un fait personnel du fonctionnaire tout acte accompli par lui en dehors du cercle de ses attributions légales. Lorsqu'un maire commet un acte qu'il n'est pas autorisé à faire, lorsqu'il se rend coupable d'une usurpation de fonctions, l'examen de ses actes n'implique l'appréciation d'aucun acte administratif, et c'est à l'autorité judiciaire qu'il appartient d'en connaître (V. *Compétence administrative*).

CHAP. 6.— Des primes pour la destruction des loups et des autres animaux nuisibles (*Rép.* n° 520).

1658. — I. DES PRIMES POUR LA DESTRUCTION DES ANIMAUX NUISIBLES AUTRES QUE LES LOUPS. — Ce n'est que pour les loups que des tarifs de primes ont été établis. Pour la *destruction des animaux autres que les loups*, le préfet en fixe le chiffre, en prenant pour base l'échelle de proportion adoptée par la circulaire ministérielle du 9 juill. 1818 (*Rép.* p. 200, note), et en tenant compte : 1° du caractère plus ou moins dangereux de l'animal abattu; 2° du danger couru dans l'acte de destruction (Circ. min. int. 22 juill. 1851, § 71, R. F. t. 4, n° 608). — Les primes ainsi allouées sont payées, sur un mandat du préfet, par l'administration des domaines (Puton, n°s 39 et 40).

1659. L'art. 12-18° de la loi du 10 mai 1838 (*Rép.* v° *Organisation administrative*, p. 612) classait parmi les dépenses ordinaires des départements les primes fixées par les règlements d'administration publique pour la destruction des animaux nuisibles. Mais cette disposition ayant été abrogée par la loi départementale du 10 août 1871 (D. P. 71. 4. 102), il en résulte que les dépenses de cette nature sont aujourd'hui à la charge de l'Etat, sauf les allocations volontaires votées par les conseils généraux (Puton, n° 40, et p. 215, note 77).

1660. — II. DES PRIMES POUR LA DESTRUCTION DES LOUPS. — A toute époque, notre législation a accordé des *primes pour la destruction des loups*, à raison du caractère particulièrement nuisible et dangereux de ces animaux (V. *suprà*, n°s 1451 et suiv.). — Depuis la Révolution jusqu'en 1881, les primes ont été successivement déterminées par la loi du 11 vent. an 3, par celle du 10 mess. an 5, par l'arrêté du ministre de l'intérieur du 25 sept. 1807, puis par l'instruction du 9 juill. 1818 (*Rép.* n° 520, et p. 199 et suiv.).

1661. Avant 1870, les fréquentes battues faites dans nos départements frontières écartaient les loups ; mais, pendant l'hiver de 1870, la chasse ayant été interdite par les Allemands, les loups, attirés par les nombreux troupeaux qui traversaient le pays pour l'approvisionnement des armées ennemies, se répandirent chez nous et vinrent augmenter le nombre de ces fauves. Pour les détruire efficacement, deux projets d'augmentation des primes ont été présentés à la Chambre des députés, l'un le 24 nov. 1881, par M. Cunéo d'Ornano et plusieurs de ses collègues, l'autre le 2 mai 1882 par le Gouvernement. La loi du 3 août 1882, qui en a été la suite, élève considérablement le taux des primes, les met à la charge de l'Etat, prescrit leur payement à bref délai, et édicte des mesures destinées à empêcher toute fraude (V. l'exposé des motifs, D. P. 82. 4. 122).

1662. Aux termes de l'art. 1er, le *montant* des primes pour la destruction des loups est fixé à 100 fr. par tête de loup ou de louve non pleine, à 150 fr. par tête de louve pleine, à 40 fr. par tête de louveteau, à 200 fr. quand il est prouvé que le loup tué s'était jeté sur des êtres humains. Les différences déterminées entre ces primes se justifient par l'importance du sujet abattu, par le degré d'intérêt que sa destruction présente pour la sécurité publique et par les risques courus par le chasseur. A ces divers points de vue, le législateur a pensé que la récompense, sans rien perdre de son efficacité, serait répartie avec plus d'équité (V. l'exposé des motifs, D. P. 82. 4. 122). — En déclarant que l'on doit considérer comme *louveteau* l'animal dont le poids est inférieur à 8 kilogrammes, la loi nouvelle consacre une heureuse innovation qui met fin aux difficultés résultant du silence, à cet égard, de la législation antérieure.

1663. Aujourd'hui comme sous la législation antérieure, la prime appartient à *celui qui a tué* l'animal (L. 3 août 1882, art. 1er, § dernier; Décr. 28 nov. 1882, art. 1er, 3-2°, 4), sans qu'il y ait à faire de distinction à raison soit du mode de destruction employé, battue, chasse, pièges, empoisonnement, etc., soit de la qualité de la personne qui a tué le loup, agent forestier, garde, piqueur du louvetier, voyageur, etc. Dans une battue dirigée par un lieutenant de louveterie, la prime est également due non pas à celui-ci, mais à la personne qui a tué l'animal (V. Giraudeau, n° 1308; Puton, n° 38; Circ. min. int. 22 juill. 1851, § 71, R. F. t. 4, n° 608).

1664. Comme la destruction des loups intéresse la sécurité générale, l'art. 2 de la loi du 3 août 1882 met *à la charge de l'Etat* le payement des primes et décide qu'un crédit spécial est ouvert à cet effet au budget du ministère de l'agriculture.

1665. L'art. 3 du projet du Gouvernement portait : « Le maire, chargé de constater l'abatage, fera dépouiller et enfouir, aux frais de la commune, le cadavre du fauve, à 1 mètre au moins de profondeur. La dépouille appartiendra au chasseur, ou, s'il y renonce, au bureau de bienfaisance de la commune où l'animal a été tué ». La commission de la Chambre des députés n'a conservé de cet art. 3 que l'attribution au maire de constater l'abatage, et elle a spécifié que ce maire serait celui de la commune sur le territoire de laquelle l'animal aurait été abattu. Elle a pensé que l'obligation imposée au maire de faire dépouiller et enfouir, aux frais de la commune, le fauve à 1 mètre au moins de profondeur, serait pour les municipalités une source de difficultés; que, s'il serait toujours facile de trouver quelqu'un pour enfouir l'animal, il n'en serait pas de même pour le dépouiller. (V. le rapport de M. Escande, D. P. 82. 4. 122, note 4). — Relativement à la disposition du projet qui attribuait la dépouille au bureau de bienfaisance, en cas de renonciation de la part du chasseur, le rapporteur a fait les observations suivantes : « S'il y avait dans cette disposition une occasion de ressources pour les bureaux de bienfaisance, nous n'hésiterions pas à l'inscrire dans la loi; mais n'est-il pas évident que, si la dépouille a quelque valeur, le chasseur la conservera comme bénéfice ou comme trophée, et que, si elle n'en a aucune, ce ne sera qu'un embarras pour les administrations des bureaux de bienfaisance? Nous ne voyons donc pas l'utilité de cette disposition, mais nous en constatons l'inconvénient très réel pour les municipalités chargées en toute occasion de faire dépouiller et enfouir le cadavre du fauve. La loi n'a pas à s'occuper de régler la propriété de cette dépouille. Quant à l'enfouissement, celui qui recevra la prime devra y pourvoir, et si un chasseur s'y refuse, ce soin incombera à la municipalité; mais, dans les deux cas, les lois municipales et les règlements de police confèrent aux maires des attributions suffisantes pour prescrire l'enfouissement et le faire opérer » (D. P. 82. 4. 122, note 4).

1666. D'après l'art. 4 de la loi de 1882, la prime doit être *payée* au plus tard le *quinzième jour* qui suit le constatation de l'abatage. Cette disposition est empruntée à la pratique antérieure, d'après laquelle, sauf les cas extraordinaires, les primes devaient être payées régulièrement dans la quinzaine qui suivait la déclaration de la destruction de l'animal, déclaration faite dans la forme voulue et avec les preuves d'usage (Instr. min. int. 9 juill. 1818, *Rép.* p. 201, note). Elle a été ajoutée au projet par la commission de la Chambre des députés. A ce sujet, le rapporteur, M. Escande s'est exprimé ainsi : « Il y a dans cette mesure un avantage réel et un stimulant de plus pour les citoyens. Les bureaux ne pourront ainsi retarder inutilement des payements désirés, et faire succéder à une première ardeur le découragement. Un délai maximum de quinze jours à partir du jour de la constatation de l'abatage, permettra à l'Administration de remplir les formalités qui accompagnent la signature et le payement des mandats ».

1667. L'art. 5 laisse à un règlement d'administration publique le soin de déterminer les formalités à remplir pour la constatation de l'abatage par l'autorité municipale, ainsi que pour le payement des primes. Ce règlement est donné par le décret du 28 nov. 1882, dont le texte est reproduit *suprà*, p. 492, note. Il règle notamment la constatation de l'abatage (art. 1er et suiv.), le dépouillement et l'enfouissement (art. 4), les mandats de payement (art. 6).

Table sommaire

des matières contenues dans le Supplément et le Répertoire.

(Les chiffres précédés de la lettre *S* renvoient au Supplément; les chiffres précédés de la lettre *R* renvoient au Répertoire.)

Table des articles de la loi du 3 mai 1844.

(Les chiffres précédés de la lettre *S* renvoient au Supplément; les chiffres précédés de la lettre *R* renvoient au Répertoire.)

Table chronologique des Lois, Arrêts, etc.

1091 c., 1094 c., 1338 c.
10 nov. Crim. 814 c.
22 nov. Just. paix Rennes. 150 c.
24 nov. Grenoble. 1330 c.
26 nov. Paris. 530 c.
1er déc. Nîmes. 288 c.
21 déc. Riom. 125 c., 1228 c.
29 déc. Metz. 869 c., 1102 c.

1865

2 janv. Rouen. 465, 475 c.
24 janv. Montpellier 287 c., 288 c.
26 janv. Trib. corr. Rambouillet. 84 c.
1er févr. Caen. 1330 c.
2 févr. Crim. 1296 c., 1298 c., 1305 c., 1311 c.
13 févr. Civ. 1429 c.
18 févr. Crim. 819 c.
22 févr. Metz. 958 c.
23 févr. Rouen. 131 c., 132 c., 574 c.
25 févr. Trib. corr. Reims. 125 c., 921 c., 1228 c., 1229 c.
27 févr. Ch. réun. 1208 c., 1305 c.
1er mars. Circ. min. int. 732 c., 1461 c., 1549 c., 1550 c., 1572 c. 1591 c., 1608 c.
10 mars. Poitiers. 1046 c.
23 mars. Caen. 719 c.
28 mars. Lyon. 77 c., 270 c., 1095 c.
31 mars. Paris. 84 c., 656 c.
11 avr. Circ. min. int. 782 c., 1461 c., 1551 c., 1572 c., 1614 c., 1615 c.
11 avr. Paris. 1442 c.
13 avr. Crim. 749 c., 755 c., 781 c.
26 avr. Paris. 1238 c.
1er mai. Lyon. 33 c.
12 mai. Trib. corr. Verdun. 1289 c.
17 mai. Besançon. 1102 c.
18 mai. Paris. 649 c.
2 juin. Paris. 1409 c.
3 juin. Orléans. 1254 c.
10 juin. Rouen. 752 c.
22 juin. Rouen. 719 c., 755 c., 842 c.
13 juill. Colmar. 1208 c., 1210 c., 1305 c.
21 juill. Crim. 481 c., 485 c.
30 août. Dijon. 1594 c., 1606 c.
20 oct. Trib. corr. Nogent-le-Rotrou. 415 c.
18 nov. Crim. 471 c., 1234 c.
6 déc. Circ. min. fin. 408 c.
8 déc. Trib. corr. Nogent-sur-Seine. 415 c.
12 déc. Orléans. 1606 c.
20 déc. Bordeaux. 272 c., 273 c.

1866

7 janv. Besançon. 59 c.
12 janv. Besançon. 642 c., 655 c.
26 janv. Paris. 84 c., 414 c., 415 c., 656 c.
30 janv. Colmar. 421 c., 557 c.
31 janv. Paris. 1579 c., 1605 c.
1er févr. Crim. 109 c.
1er févr. Paris. 557 c.
3 févr. Paris. 414 c., 415 c.
14 févr. Paris. 719 c., 730 c., 732 c.
19 févr. Douai. 624 c.
3 mars. Trib. paix. Buxy (Saône-et-Loire) 165 c.
8 mars. Paris. 428 c.
23 mars. Rouen. 485 c.
4 avr. Dijon. 662 c., 973 c., 1005 c., 1143 c.
5 avr. Crim. 128 c., 542 c., 1328 c., 1220 c., 1245 c.
7 avr. Crim. 1290 c.
10 avr. Lyon. 1300 c.
11 avr. Rennes. 270 c.
18 avr. Amiens. 1424 c.
19 avr. Pau. 220 c.
24 avr. Colmar. 610 c., 944 c.
25 avr. Rennes. 614 c.
1er mai. Colmar. 1324 c., 1333 c.
2 mai. Rouen. 646 c., 1012 c., 1021 c.
17 mai. Crim. 1554 c., 1579 c., 1605 c., 1606 c., 1657 c.
22 mai. Colmar. 681 c., 1127 c.
26 mai. Colmar. 427 c., 428 c., 443 c., 1208 c., 1212 c.
7 juin. Trib. corr. Châtillon-sur-Seine. 1613 c.
16 juin. Crim. 84 c., 625 c., 642 c., 656 c., 662 c., 1005 c., 1007 c.
16 juin. Rouen. 752 c.
16 juin. Trib. paix. Villeneuve-l'Archevêque. 1350 c.
21 juin. Paris. 755 c., 785 c.
22 juin. Rouen. 752 c.
4 juill. Metz. 1288 c., 1290 c.
11 juill. Paris. 600 c., 1005 c., 1007 c.
18 juill. Dijon. 1577 c.
30 juill. Lyon. 719 c.
7 août. Trib. Rouen. 1369 c., 1375 c., 1393.
7 sept. Trib. paix. Villers-Cotterets. 1386 c.
8 sept. Trib. corr. Orange. 578 c., 580 c., 662 c.
29 sept. Trib. corr. Reims. 642 c., 1007 c., 1047 c.
2 oct. Colmar. 1127 c.
3 nov. Trib. corr. Nogent-sur-Seine. 392 c., 395 c.
12 nov. Lyon. 54 c.
16 nov. Crim. 1084 c., 1086 c.
7 déc. Cons. d'Ét. 1290 c.
13 déc. Nîmes. 1136 c.
15 déc. Crim. 935 c., 942 c., 945 c.
26 déc. Règl. compt. pub. 1171 c.
27 déc. Trib. corr. Carpentras. 566 c., 567 c., 568 c., 577 c., 583 c., 662 c., 1091 c., 1092 c., 1099 c., 1103 c.
27 déc. Trib. Senlis 1389 c.

1867

5 janv. Trib. paix. Maël-Carhaix 165 c.
15 janv. Colmar. 1208 c., 1213 c.
28 janv. Montpellier. 662 c., 990 c., 1005 c., 1007 c., 1144 c.
31 janv. Grenoble. 942 c., 945 c.
15 févr. Trib. Sens. 1417 c.
19 févr. Trib. corr. Rouen. 433 c., 578 c., 581 c., 601 c.
5 mars. Paris. 1422 c.
7 mars. Trib. Amiens. 466 c.
12 mars. Rouen. 1288 c.
13 mars. Cons. d'Ét. 330 c., 347 c.
27 mars. Bruxelles. 761 c., 772 c.
28 mars. Colmar. 51 c., 55 c.
28 mars. Nîmes. 598 c., 704 c., 1144 c.
2 avr. Trib. Beauvais. 1369 c., 1375 c.
20 avr. Rouen. 182 c.
20 avr. Chambéry. 1015 c.
4 mai. Trib. corr. Vitry-le-François. 62 c., 1084 c.
29 mai. Aix. 864 c.
29 mai. Besançon. 545 c.
27 juin. Grenoble. 942 c.
28 juin. Rouen. 131 c., 132 c., 574 c.
11 juill. Paris. 1343 c.
18 juill. Crim. 544 c.
19 juill. Trib. Coulommiers. 1355 c., 1358 c., 1359 c., 1364 c., 1368 c., 1371 c.
24 juill. Loi. 471 c.
2 août. Crim. 1208 c., 1289 c.
22 août. Circ. adm. for. 1289 c., 1292 c.
2 sept. Metz. 544 c.
1er oct. Colmar. 464 c., 402 c.
30 oct. Circ. adm. for. 523 c., 529 c., 533 c., 536 c., 540 c., 654 c., 1155 c., 1161 c., 1171 c., 1174 c., 1208 c., 1289 c., 1316 c.
4 nov. Aix. 651 c., 662 c., 663 c., 1005 c., 1047 c., 1144 c.
14 nov. Trib. Nancy. 530 c.
27 nov. Bordeaux. 1260 c.
28 nov. Metz. 752 c., 755 c., 769 c., 772 c., 784 c., 789 c.
28 nov. Nancy. 1018 c.
4 déc. Civ. 1351 c., 1372 c., 1386 c.
4 déc. Grenoble. 1258 c.
4 déc. Paris. 493 c., 1241 c.
6 déc. Crim. 1070 c., 1084 c., 1086 c.
7 déc. Amiens. 1289 c.
12 déc. Paris. 167 c. 501 c.
17 déc. Trib. corr. Yvetot. 504 c., 516 c., 518 c.

1868

2 janv. Paris. 1297 c., 1301 c., 1302 c.
7 janv. Caen. 284 c.
9 janv. Crim. 798 c., 804 c., 806 c.
16 janv. Rouen. 1208 c., 1211 c., 1212 c.
21 janv. Lyon. 402 c., 1283 c.
24 janv. Paris. 1057 c.
4 févr. Colmar. 43 c., 633 c., 703 c.
5 févr. Metz. 1320 c.
13 févr. Bourges. 807 c., 868 c., 1105 c.
22 févr. Crim. 676 c., 684 c.
22 févr. Circ. min. int. 3 c., 846 c.
5 mars. Nîmes. 662 c., 663 c., 704 c., 1005 c., 1007 c.
7 mars. Crim. 651 c., 662 c., 663 c., 1005 c., 1007 c., 1045 c., 1047 c.
7 mars. Nîmes. 1144 c.
11 mars. Req. 1428 c., 1429 c.
11 mars. Dijon. 439 c., 1300 c.
16 mars. Req. 1439 c., 1444 c.
19 mars. Trib. paix Héricourt. 154 c.
26 mars. Trib. corr. Clermont. 761 c., 781 c.
7 avr. Civ. 480 c.
1er mai. Crim. 645 c., 662 c., 663 c., 1045 c.
1er mai. Rouen. 1288 c.
7 mai. Nîmes. 676 c., 677 c.
12 juin. Ch. réun. 676 c., 677 c.
15 juin. Lyon. 726 c., 789 c.
21 juill. Besançon. 544 c.
27 août. Besançon. 1605 c., 1606.
28 août. Crim. 433 c., 439 c., 1118 c., 1119 c., 1132 c.
17 nov. Nancy. 282 c., 283 c., 284 c., 288 c.
5 déc. Trib. Saint-Calais. 1364 c., 1415 c.
24 déc. Crim. 1208 c., 1209 c., 1289 c.
24 déc. Trib. paix Ruines 164 c.
26 déc. Crim. 778 c.
26 déc. Trib. paix Rambouillet. 1400 c.

1869

28 janv. Paris. 1227 c. 1241 c.
15 févr. Rouen. 584 c.
18 févr. Poitiers. 994 c., 1007 c.
26 févr. Trib. Rambouillet. 1400 c., 1405 c.
3 mars. Lyon. 450 c.
12 mars. Bourges. 996 c.
16 mars. Bourges. 1184 c.
19 mars. Trib. corr. Lunéville. 1043 c.
7 avr. Caen. 1289 c.
14 avr. Metz. 1250 c.
24 avr. Rouen. 131 c., 132 c., 574 c.
4 mai. Paris. 1342 c.
11 mai. Orléans. 644 c., 981 c., c.
31 mai. Req. 1358 c., 1378 c.
16 juill. Crim. 1239 c.
19 juill. Angers. 1231 c.
23 juill. Crim. 939 c.
16 nov. Colmar. 510 c., 512 c., 1278 c., 1279 c.
16 nov. Grenoble. 1258 c.
17 nov. Caen. 285 c.
18 nov. Nancy. 1012 c., 1021 c.
5 déc. Amiens. 922 c.
7 déc. Paris. 486 c.
13 déc. Req. 448 c., 450 c.
14 déc. Trib. paix. Schirmeck (Vosges). 165 c.

1870

26 janv. Caen. 945 c., 947 c., 952 c.
2 févr. Metz. 476 c., 1196 c.
3 févr. Rouen. 935 c., 946 c.
16 févr. Paris. 421 c.
24 févr. Trib. paix Geispolsheim. 1364 c.
16 mars. Paris. 1332 c.
24 mars. Bourges. 1552 c., 1556 c., 1603 c.
31 mars. Limoges. 439 c.
6 avr. Dijon. 1326 c., 1332 c.
12 avr. Trib. corr. Colmar. 90 c.
29 avr. Limoges. 676 c.
22 juin. Civ. 1351 c., 1358 c., 1366 c., 1371 c., 1372
23 juin. Trib. Senlis. 1350 c., 1391 c., 1392 c., 1397 c.
23 juin. Trib. corr. Strasbourg. 690 c.
28 juin. Civ. 1429 c.
30 juin. Crim. 429 c., 1332 c.
14 juill. Trib. paix. Dourdan. 1388 c.
3 août. Douai. 482 c.
18 août. Trib. Senlis. 1350 c., 1386 c.
29 août. Civ. 1358 c., 1360 c., 1363 c., 1366 c., 1371 c., 1372 c.
13 sept. Décr. 2 c., 240 c., 241 c., 242 c., 243 c., 1357 c.
19 sept. Décr. 1250 c., 1312 c., 1479 c., 1605 c.
15 déc. Crim. 76 c., 77 c., 412 c., 426 c., 427 c., 428 c., 443 c., 1084 c., 1091 c., 1092 c.
21 déc. Trib. corr. Mamers. 1082 c.

1871

28 févr. Angers. 31 c.
2 mars. Loi. 213 c.
2 mars. Crim. 243 c.
9 mars. Trib. corr. Tongres. 749 c., 761 c., 778 c.
30 mars. Amiens. 76 c., 426 c., 427 c., 428 c.
8 juin. Crim. 242 c.
9 juin. Rouen. 1098 c., 1099 c.
11 juin. Trib. corr. Bordeaux. 1310 c.
7 juill. Trib. corr. Perpignan. 191 c., 242 c.
7 août. Nancy. 1089 c., 1090 c.
9 août. Loi. 2 c., 241 c.
10 août. Loi. 1659 c.
21 août. Civ. 1351 c., 1374 c.
23 août. Loi. 2 c., 301 c., 443 c.
31 août. Trib. paix. Sains (Somme). 1357 c.
13 oct. Trib. corr. Langres. 213 c.
16 oct. Trib. corr. Arbois. 213 c.
24 nov. Besançon. 213 c., 215 c.
27 nov. Bourges. 1012 c., 1021 c.
2 déc. Paris. 1341 c.
6 déc. Caen. 125 c., 1228 c., 1236 c.
6 déc. Trib. corr. Mamers. 27 c.
20 déc. Trib. Douai. 490 c.

1872

2 janv. Trib. paix. Lauzerte. 165 c.
3 janv. Dijon. 1258 c.
15 janv. Req. 1371 c., 1386 c.
16 janv. Ch. réun. 70 c., 412 c., 426 c., 427 c., 428 c.
31 janv. Trib. Lyon. 490 c.
7 mars. Amiens. 1301 c.
16 mars. Crim. 213 c.
5 avr. Crim. 1276 c.
17 avr. Alger. 1012 c., 1020 c.
25 avr. Trib. paix. Guiscard. 1400. c.
27 avr. Paris. 1258 c.
30 avr. Trib. Bernay. 1357 c., 1396 c.
27 mai. Amiens. 1258 c.
13 juill. Poitiers. 945 c.
12 août. Angers. 434 c.
31 août. Trib. Compiègne. 1380 c.
4 nov. Trib. paix. Salins. 156 c., 164 c.
11 nov. Trib. corr. Montbrison. 762 c., 781 c.
7 déc. Crim. 935 c., 945 c., 946 c., 952 c.
7 déc. Trib. corr. Neufchateau. 76 c.
18 déc. Civ. 1442 c.
19 déc. Trib. Remiremont. 490. c.
20 déc. Loi. 2 c., 301 c.
31 déc. Dijon. 1301 c., 1309 c., 1310 c.

1873

15 janv. Dijon. 501 c., 509 c., 1079 c., 1196 c., 1245 c.
20 janv. Req. 1359 c.
23 janv. Crim. 429 c., 1084 c., 1126 c.
27 janv. Angers. 426 c., 428 c., 1238 c.
6 mars. Nîmes. 674 c.
8 mars. Trib. corr. Guéret. 391 c., 676 c.
17 mars. Angers. 935 c., 945 c., 952 c.
4 avr. Trib. Rambouillet. 1350 c.
18 avr. Dijon. 681 c.
22 avr. Req. 1357 c., 1359 c., 1368 c., 1396 c., 1431 c.
30 mai. Crim. 390 c., 395 c.
9 juin. Nîmes. 1256 c.
24 juill. Loi. 1345 c.
4 déc. Rouen. 861 c., 1079 c., 1095 c.
6 déc. Paris. 1079 c., 1084 c., 1086 c.
16 déc. Trib. Mantes. 1565 c.
16 déc. Trib. corr. Mantes. 1597 c.
17 déc. Dijon. 1134 c., 1136 c.
19 déc. Trib. corr. Orange. 624 c.
29 déc. Loi. 1173 c., 1174 c.

1874

6 janv. Req. 1355 c., 1361 c.
21 janv. Dijon. 643 c., 945 c., 947 c., 951 c.
22 janv. Loi. 2 c., 195 c., 210 c., 212 c., 215 c., 618 c., 627 c., 673 c., 676 c., 677 c., 684 c., 688 c., 690 c., 807 c., 835 c.
28 janv. Instr. dir. gén. compt. publ. 1171 c., 1173 c., 1289 c.
30 janv. Circ. min. int. 195 c., 673 c., 676 c., 677 c., 688 c., 689 c., 690 c.
6 févr. Trib. corr. du Mans. 761 c.
14 févr. Crim. 234 c.
14 (et non 15) févr. Trib. Seine. 1421 c.
15 févr. V. 14 févr.
18 févr. Req. 1362 c., 1364 c., 1366 c.
25 févr. Nancy. 43 c., 1258 c.
28 févr. Paris. 1563 c., 1504 c.
5 mars. Rouen. 804 c., 805 c., 806 c.
7 mars. Circ. min. int. 3 c., 840 c.
10 mars. Angers. 767 c.
10 mars. Trib. corr. Melun 662 c.
16 mars. Aix. 1014 c., 1021 c.
2 avr. Trib. corr. Vesoul. 647 c., 662 c.
7 avr. Circ. min. int. 846 c.
27 avr. Trib. corr. Dijon. 609 c.
21 mai. Amiens. 392 c.
17 juin. Trib. corr. Nogent-le-Rotrou. 26 c., 31 c.
25 juin. Circ. adm. for. 1174 c.
1er juill. Civ. 1443 c.
1er juill. Trib. corr. Mortagne. 486 c.
10 juill. Trib. Amiens 1435 c.
21 juill. Caen. 645 c., 974 c., 976 c.
5 août. Trib. corr. Vervins. 1309 c.
11 août. Civ. 1371 c., 1372 c., 1436 c.
26 sept. Trib. corr. Compiègne. 658 c.
.. oct. Trib. corr. Beauvais. 200 c.
7 oct. Trib. corr. Charleville. 31 c.
10 oct. Trib. corr. Compiègne. 153 c., 154 c., 160 c.
30 oct. Chambéry. 1257 c.
7 déc. Trib. corr. Charleville. 415 c., 420 c., 422 c.
9 déc. Dijon. 93 c., 647 c., 648 c.
15 déc. Circ. min. int. 1572 c., 1579 c., 1597 c.
21 déc. Caen. 977 c.

1875

21 janv. Bourges. 117 c., 495 c.
27 janv. Nancy. 1258 c.
28 janv. Crim. 938 c., 1118 c., 1119 c., 1120 c.
25 févr. Rouen. 594 c., 755 c., 779 c., 784 c.
26 févr. Aix. 559 c., 577 c., 578 c., 583 c.
5 mars. Amiens. 273 c.
12 mars. Trib. Rambouillet. 1350 c.
13 mars. Trib. corr. Mortain. 623 c., 624 c.
15 mars. Paris. 1442 c.
17 mars. Dijon. 642 c., 654 c., 655 c., 672 c.
27 mars. Circ. adm. for. 1174 c.
9 avr. Crim. 1035 c., 1091 c., 1093 c., 1094 c., 1339 c.
19 avr. Req. 1358 c., 1368 c.
29 avr. Trib. corr. Vesoul. 702 c.
1er mai. Paris. 490 c., 1423 c.
7 mai. Trib. Melun. 1351 c., 1372 c.
2 juin. Loi. 2 c., 301 c.
2 juin. Trib. corr. Mamers. 752 c.
4 juin. Trib. corr. Dijon. 1515 c., 1573 c., 1578 c.
19 juin. Crim. 117 c., 496 c.
23 juin. Caen. 1327 c.
28 juin. Dijon. 472 c.
1er juill. Trib. corr. Rouen. 739 c.
16 juill. Loi. 1312 c.
20 juill. Trib. corr. Lyon. 1095 c.
26 juill. Circ. dir. compt. publ. 301 c.
5 août. Rouen. 739 c.
12 août. Décis. min. int. 311 c.
13 août. Trib. corr Beauvais. 662 c.
18 août. Caen. 34 c.
21 août. Trib. corr. Vesoul. 1331 c., 1332 c.
6 sept. Trib. corr. Château-Thierry. 200 c.
13 sept. Trib. La Flèche. 794 c.
24 sept. Trib. corr. Meaux. 518 c.
30 sept. Trib. corr. Confolens. 288 c.
11 oct. Amiens. 200 c.
23 oct. Trib. corr. Neufchâtel. 934 c.
10 nov. Req. 1350 c., 1372 c., 1375 c.
11 nov. Rouen. 31 c., 1091 c., 1095 c., 1096 c., 1325 c.
22 nov. Req. 1358 c., 1359 c., 1364 c.
2 déc. Bastia. 867 c., 869 c., 1105 c.
7 déc. Circ. min. int. 1559 c.
8 déc. Caen. 749 c., 752 c., 753 c., 755 c., 774 c., 779 c., 784 c.
16 déc. Paris. 827 c., 829 c.

1876

5 janv. Caen. 594 c., 1194 c.
10 janv. Trib. corr. Montbrison. 648 c., 662 c.
15 janv. Crim. 867 c., 869 c., 1101 c.
19 janv. Riom. 1057 c.
20 janv. Besançon. 1057 c.
7 févr. Req. 1358 c., 1364 c.
14 févr. Paris. 883 c., 1063 c.
23 févr. Caen. 613 c.
2 mars. Aix. 662 c., 1005 c., 1047 c.
2 mars. Nimes. 674 c., 1091 c., 1331 c.
24 avr. Req. 472 c.
12 mai. Paris. 1404 c.
17 juin. Trib. Rouen. 1418 c.
5 juill. Req. 1368 c.
6 juill. Crim. 911 c., 913 c., 923 c., 924 c.
31 juill. Req. 1371 c., 1378 c.
2 août. Caen. 990 c.
4 août. Cons. d'Et. 317 c., 319 c.
12 oct. Paris. 288 c.
10 nov. Trib. corr. Blois. 1099 c., 1103 c.
10 nov. Trib. corr. Corbeil. 200 c.
23 nov. Trib. Tours. 1410 c.
19 déc. Trib. Seine. 1372 c., 1400 c.
27 déc. Alger. 125 c., 1193 c., 1194 c., 1228 c., 1284 c.
27 déc. Dijon. 265 c., 266 c.

1877

20 janv. Crim. 893 c., 1095 c., 1393 c.
26 janv. Trib. Sens. 1375 c.
7 févr. Trib. paix Charly. 165 c.
8 févr. Rouen. 478 c.
9 févr. Trib. Rambouillet. 1351 c., 1375 c.
12 févr. Angers. 767 c.
16 févr. Trib. corr. Chambéry. 1183 c.
22 févr. Trib. corr. Rambouillet. 501 c.
1er mars. Nimes 893.
7 mars. Caen. 594 c., 1254 c., 1275 c.
13 mars. Trib. corr. Compiègne. 176 c.
22 mars. Trib. corr. Château-Chinon 165 c.
24 mars. Trib. paix. Chevreuse. 1350 c.
28 mars. Trib. Rouen. 1367 c.
11 avr. Caen. 710 c., 727 c.
17 avr. Trib. corr. Baume. 1003 c.
25 avr. Req. 1393 c.
27 avr. Décis. min. just. 1480 c.
5 mai. Trib. paix. Dourdan. 1350 c.
1er juin. Circ. adm. for. 1480 c.
9 juin. Bourges. 46 c., 420 c., 433 c., 439 c., 944 c.
11 juin. Besançon. V. 21 juin.
15 juin. Trib. corr. Meaux. 1464 c.
21 (et non 11) juin. Besançon. 1602 c.
10 juill. Trib. Besançon. 312 c., 315 c., 317 c. 319 c.
13 juill. Crim. 671 c., 718 c.
24 juill. Trib. corr. Vesoul. 629 c., 631 c.
25 juill. Trib. Seine. 1422 c.
9 août. Crim. 710 c., 727 c.
14 août. Civ. 1358 c., 1378 c., 1382 c.
17 août. Trib. paix. Sceaux. 1350 c.
11 oct. Paris. 839 c.
10 déc. Req. 1358 c., 1359 c., 1364 c., 1367 c.
15 déc. Décr. 523 c.

1878

4 janv. Crim. 41 c., 46 c., 935 c., 943 c., 945 c., 946 c., 951 c., 1127 c.
12 févr. Angers. 265 c., 266 c.
19 févr. Trib. paix. Verzy. 165 c.
20 févr. Trib. corr. Dinant. 923 c.
21 févr. Amiens. 1612 c., 1619 c.
22 févr. Angers. 86 c.
22 févr. Rouen. 554 c., 1132 c., 1238 c.
5 mars. Trib. corr. Arbois. 1595 c.
11 mars. Circ. min. int. 3 c., 849 c.
12 mars. Trib. corr. Charleroi. 1254 c.
15 mars. Poitiers. 1091 c.
21 mars. Amiens. 945 c., 946 c.
5 avr. Circ. min. int. 3 c., 846 c.
12 avr. Trib. Seine. 1355 c., 1364 c., 1371 c., 1393 c.
20 avr. Circ. min. just. 846 c., 849 c.
1er mai. Rennes. 478 c., 1238 c.
20 mai. Orléans. 46 c.
24 mai. Crim. 1109 c., 1134 c., 1135 c.
25 mai. Grenoble 452 c., 460 c., 546 c., 1079 c.
29 mai. Trib. corr. Bourg. 452 c., 1236 c.
18 juin. Civ. 1438 c.
22 juin. Besançon. 1543 c., 1555 c., 1592 c., 1594 c., 1607 c., 1619 c.
26 juin. Caen. 749 c., 752 c., 755 c., 774 c., 776 c., 784 c.
9 juill. Trib. Seine. 1421 c.
18 juill. Trib. Corbeil. 1352 c., 1371 c., 1394 c.
25 juill. Trib. Charleroi. 448 c.
26 juill. Crim. 945 c., 946 c., 951 c.
27 juill. Trib. paix. Arlon. 64 c.
21 août. Dijon 1257.
30 août. Trib. Château-Chinon. 165 c.
26 oct. Trib. corr. Nivelles. 288 c.
7 nov. Liège. 1081 c.
23 nov. Crim. 1130.
19 déc. Rouen. 574 c.

1879

18 janv. Crim. 1484 c., 1490 c., 1544 c., 1551 c., 1555 c., 1592 c., 1594 c., 1615 c., 1617 c., 1619 c.
24 janv. Bruxelles. 324 c.
27 janv. Angers. 501 c.
27 janv. Caen. 50 c.
30 janv. Crim. 433 c., 911 c.
10 févr. Paris. 1341 c.
24 févr. Angers. 719 c.
26 févr. Liège. 1222 c.
27 févr. Crim. 1118 c., 1120 c.
10 mars. Angers. 26 c.
11 mars. Grenoble. 1063 c., 1181 c., 1182 c.
21 avr. Req. 1368 c.
25 avr. Circ. min. 3 c., 848 c.
12 mai. Angers. 501 c., 1241 c.
16 mai. Trib. corr. Vendôme. 1596 c.
23 mai. V. 16 mai.
23 juill. Liège 472 c.
28 juill. Angers. 690 c., 692 c.
5 août. Civ. 1439 c.
5 sept. C. cass. Belgique. 1276 c.
27 oct. Bruxelles. 1053 c.
29 oct. Bruxelles. 1053 c.
7 nov. Trib. corr. Fontainebleau. 752 c.
14 nov. Trib. corr. Fontainebleau. 752 c.
18 nov. Bruxelles. 1259 c.
13 déc. Trib. corr. Douai. 417 c.
17 déc. Civ. 164 c., 167 c.
21 déc. Rouen. 793 c.

1880

2 janv. Crim. 76 c., 265 c., 269 c., 270 c., 271 c., 399 c.
10 janv. Paris. 782 c., 1547 c.
12 janv. Crim. 1067 c.
14 janv. Trib. corr. Termonde. 818 c.
15 janv. Trib. Mayenne. 1400 c., 1544 c.
22 janv. Circ. min. just. 202 c.
27 janv. Bruxelles. 1303 c.
29 janv. Nimes. 44 c., 1127 c.
2 févr. Angers. 30 c., 32 c.
3 févr. Req. 1371 c., 1440 c.
26 févr. Rouen. 76 c., 77 c., 265 c., 702 c., 707 c., 1057 c.
3 mars. Dijon. 949 c.
13 mars. Liège. 707 c.
19 mars. Nimes. 815 c., 816 c.
22 mars. Rouen. 581 c., 583 c., 585 c., 588 c., 600 c., 701 c.
2 avr. Loi. 325 c.
17 avr. Liège. 433 c.
1er mai. Crim. 985 c., 949 c., 951 c., 1126 c.
11 juin. Crim. 764 c., 767 c.
26 juin. Paris. 1310 c.
31 juill. Crim. 1118 c., 1119 c., 1120 c.
2 août. C. cass. Belgique. 1061 c.
14 août. Paris. 488 c.
17 août. Civ. 1366 c.
28 sept. Trib. corr. Soissons. 288 c.
16 oct. Liège. 1053 c.
27 oct. Trib. corr. Cholet. 1193 c., 1194 c., 1202 c., 1206 c.
9 nov. Circ. adm. for. 527 c., 718 c.
12 nov. Rouen. 434 c., 844 c.
17 nov. Chambéry, 76 c.
17 nov. Douai. 1089 c.
22 nov. Caen. 283 c., 284 c.
23 nov. Trib. corr. Compiègne. 84 c.
23 nov. Trib. corr. Pontoise. 911 c., 916 c., 923 c.
24 nov. Nimes. 1091 c.
26 nov. Trib. Senlis. 1419 c.
30 nov. Circ. min. int. 202 c.
2 déc. Crim. 731 c.
2 déc. Rouen. V. 4 déc.
4 (et non 2 ni 10) déc. Rouen. 392 c., 398 c.
10 déc. Rouen. V. 4 déc.
10 déc. Trib. corr. Corbeil. 418 c.
15 déc. Rennes. 749 c., 786 c.
24 déc. Liège. 1053 c.
29 déc. Amiens. 719 c., 727 c., 730 c.

1881

3 janv. Civ. 167 c.
4 janv. Trib. corr. Compiègne. 182 c.
5 janv. Trib. corr. Melun. 908 c.
19 janv. Dijon. 1534 c.
31 janv. Caen. 1267 c.
7 févr. Trib. Dijon. 1411 c.
9 févr. Trib. Meaux. 1409 c.
24 févr. Trib. corr. Gap. 1096 c.
1er mars. Civ. 1433 c., 1444 c.
11 mars. Grenoble. 38 c.
21 mars. Trib. corr. Baugé. 72 c.
1er avr. Cons. d'Et. 1541 c., 1543 c., 1544 c.
2 avr. Crim. 911 c., 916 c., 925 c.
7 avr. Liège. 1259 c.
7 avr. Rouen. 682 c.
12 avr. Trib. corr. Compiègne. 957 c.
27 avr. Trib. corr. Rouen. 1621 c.
29 avr. Trib. corr. Rouen. 681 c.
30 avr. Paris. 785 c.
30 avr. Circ. min. int. 3 c., 851 c.
2 mai. Angers. 69 c., 72 c.
7 mai. Rouen. 463 c.
13 mai. Trib. corr. Loudun. 81 c., 175 c., 436 c., 440 c., 935 c., 949 c.
16 mai. Req. 1414 c.
27 mai. Trib. paix Nanteuil-le-Hardouin. 1367 c., 1369 c., 1370 c., 1375 c.
16 juin. Circ. min. int. 3 c., 840 c., 847 c.
22 juin. Trib. Seine. 488 c.
24 juin. Liège. 478 c., 1096 c.
7 juill. Arr. préf. Alger. 628 c.
8 juill. Paris. 1408 c.
13 juill. Trib. Seine. 493 c.
28 juill. Crim. 69 c.
11 août. Crim. 1256 c.
20 août. Loi. 418 c.
15 oct. Trib. corr. Evreux. 182 c.
7 nov. Req. 1355 c., 1378 c.
10 nov. Bordeaux. 504 c.
17 nov. Chambéry. 265 c., 269 c.
2 déc. Rouen. 692 c.
6 déc. Loi. 1639 c., 1654 c.
6 déc. Gand. 740 c., 1222 c.
9 déc. Décr. 2 c., 328 c.
22 déc. Chambéry. 536, 541 c.
23 déc. Trib. corr. Gray. 283 c.

1882

4 janv. Dijon. 948.
10 janv. Trib. Rouen. 168 c., 180 c.
11 janv. Agen. 1264 c.
13 janv. Rouen. 131 c., 516 c.
27 janv. Trib. corr. Neuchâtel. 1555 c., 1596 c., 1615 c., 1617 c.
7 févr. Amiens. 711 c.
8 févr. Trib. corr. Pontoise. 75 c., 487 c., 1245 c., 1246 c.
13 févr. C. cass. Belgique. 1126 c.
14 févr. Req. 1368 c., 1384 c.
23 févr. Amiens. 816 c., 861 c.
27 févr. Douai. 473 c.
28 févr. Loi. 14 c., 845 c., 1030 c., 1061 c., 1073 c., 1102 c.
1er mars. Req. 1371 c., 1372 c.
9 mars. Amiens. 102 c., 794 c.
11 mars. Amiens. 943 c., 945 c.
15 mars. Besançon. 111 c., 325 c.
15 mars. Lyon. 1127 c., 1130 c.
18 mars. Amiens. 1114.
18 mars. Paris. 435 c.
27 mars. Paris. 493 c.
28 mars. Rouen. 681 c.
29 mars. Amiens. 474 c.
29 mars. Trib. Dreux. 1372 c., 1380.
4 avr. Loi. 546 c.
13 avr. Trib. Langres. 156 c.
1er mai. Req. 1375 c.
12 mai. Cons. d'Et. 1563 c.
17 mai. Paris. 1220 c.
27 mai. Paris. 935 c., 943 c., 945 c., 952 c.
9 juin. Bourges. 60 c., 61 c.
14 juin. Trib. Meaux. 1390 c.
17 juin. Rouen. 485 c.
23 juin. Paris. 830 c.
24 juin. Crim. 473.
27 juin (et non juill.). Orléans. 943 c.
12 juill. Liège. 1030 c., 1061 c.
13 juill. Poitiers. 952 c.
19 juill. Trib. corr. Wassy. 711 c., 719 c., 720 c., 784 c.
21 juill. Paris. 421 c.
27 juill. Orléans. V. 27 juin.
3 août. Loi. 2 c., 1456, 1530 c., 1661 c., 1663 c., 1664 c., 1666 c.
3 août. Arr. 1459 c.
26 août. Trib. corr. Loudun. 434 c.
31 août. Amiens. 785 c., 843 c.
8 sept. C. cass. Belgique. 421 c.
30 sept. Trib. corr. Dijon. 50 c.
7 nov. Gand. 1053 c.
9 nov. Liège. 1061 c.
10 nov. Poitiers. 54 c.
18 nov. Arr. 1459 c.
24 nov. Paris. 1576 c.
24 nov. Trib. corr. Seine. 829 c.
25 nov. Crim. 1118 c., 1119 c., 1120 c., 1145 c., 1220 c.
28 nov. Décr. 2 c., 1456 c., 1530 c., 1663 c., 1667 c.
6 déc. Douai. 762 c.
21 déc. Trib. Rambouillet 1384 c.
26 déc. Trib. Beauvais. 1351 c., 1376 c.
26 déc. Trib. corr. Compiègne. 60 c., 62 c., 504 c., 518 c.
27 déc. Liège. 1238 c., 1267 c.
30 déc. Liège. 1053 c., 1061 c.

1883

4 janv. Amiens. 502 c.
5 janv. Crim. 764 c., 767 c.
11 janv. Liège 1259 c.
18 janv. Liège. 1073 c.
19 janv. Poitiers. 749 c., 751 c., 752 c., 773 c., 786 c.
22 janv. C. cass. Belgique. 1061 c.
22 janv. Paris. 831 c.
24 janv. Liège. 1061 c., 1073.
3 févr. Chambéry. 272 c., 273 c.
12 févr. C. cass. Belgique. 1061 c., 1073 c.
19 févr. C. cass. Belgique. 1258.
21 févr. Rennes. 283 c., 284 c.
22 févr. Trib. paix. Dourdan. 166 c.
26 févr. C. cass. Belgique. 345 c.
5 mars. Bruxelles. 1061 c.
19 mars. Req. 1355 c., 1368 c., 1371 c., 1372 c., 1374 c., 1445 c.
21 mars. Trib. Corbeil. 1351 c., 1369 c., 1370 c., 1372 c., 1376 c., 1393 c., 1394 c., 1397 c.
13 avr. Crim. 1310 c.
16 avr. Req. 1379 c.
24 avr. Req. 1384 c.
28 avr. Crim. 749 c., 752 c., 773 c., 786 c.
5 mai. Rouen. 178 c., 434 c., 644 c.
11 mai. Crim. 935 c., 545 c., 951 c.
24 mai. Nimes. 54 c.
25 mai. Circ. min. int. 3 c., 850 c.
11 juin. Trib. Rouen. 1356 c., 1366 c., 1371 c.
7 juill. Trib. paix Mouzon. 156 c., 159 c.
20 juill. Crim. 26 c., 566 c., 567

c., 569 c., 595 c., 643 c., 644 c., 662 c., 765 c.
30 juill. Orléans. 949 c.
1er août. Trib. Compiègne. 1362 c.
31 août. Trib. corr. Mans. 821 c.
10 nov. Crim. 566 c., 567 c., 569 c.
15 nov. Amiens. 461 c., 470 c.
16 nov. Crim. 592 c.
23 nov. Cons. d'Et. 1563 c.
15 déc. Liége. 642 c.
24 déc. Req. 1350 c., 1355 c., 1384 c.
26 déc. Trib. Langres. 1381 c.
29 déc. Crim. 768 c., 774 c., 786 c.
31 déc. Circ. adm. for. 371 c., 1155 c.

1884

4 janv. Paris, 1344 c.
23 janv. Nancy. 690 c., 692 c.
23 janv. Trib. corr. Amiens. 642 c.
24 janv. Trib. simple police Glabeck. 923 c.
2 févr. Trib. corr. Bruxelles. 642 c.
12 févr. Paris. 403 c.
12 févr. Circ. min. int. 3 c., 821 c., 822 c., 823 c.
18 févr. C. cass. Belgique. 1061 c.
21 févr. Bourges. 60 c., 61 c.
29 févr. Crim. 924.
3 mars. Trib. corr. Termonde. 78 c., 496 c., 1225 c.
20 mars. Crim. 1306 c., 1310 c.
5 avr. Loi. 2 c., 186 c., 217 c., 233 c., 251 c., 310 c., 536 c., 538 c., 539 c., 541 c., 615 c., 708 c., 1121 c., 1456 c., 1459 c., 1460 c., 1542 c., 1559 c., 1568 c., 1579 c., 1627 c., 1631 c., 1633 c., 1635 c., 1636 c., 1637 c., 1639 c., 1641 c., 1643 c., 1644 c., 1651 c.
8 avr. Bruxelles. 642 c.
7 mai. Req. 1358 c., 1364 c.
9 mai. Crim. 916 c.
10 mai. Crim. 481, 1079 c.
15 mai. Nancy. 942 c., 945 c.
16 mai. Liége. 1208 c.
16 mai. Circ. min. int. 3 c., 848 c.
23 mai. Liége. 845 c.
13 juin. Crim. 60 c.
28 juin. Liége. 1073 c.
30 juin. Bruxelles. 1342 c.
10 juill. C. cass. Belgique. 1247 c.
10 juill. Liége. 938 c., 940 c.
17 juill. Crim. 421 c.
23 juill. Paris. 1310.
25 juill. Cons. d'Et. 1345 c.
26 sept. Trib. corr. Valenciennes. 642 c., 646 c.
27 oct. Trib. corr. Dinant. 253 c.
31 oct. Conv. diplom. 1249 c.
8 nov. Liége. 642 c.
4 déc. Circ. min. int. 1460 c., 1540 c., 1563 c., 1628 c., 1629 c., 1630 c., 1633 c., 1637 c., 1648 c., 1649 c., 1651 c.
9 déc. Liége. 474 c.
12 déc. Circ. min. int. 3 c.

1885

7 janv. Bordeaux. 662.
17 janv. Liége. 1238 c.
31 janv. Liége. 1073 c.
13 févr. Crim. 531 c.
19 févr. Amiens. 475 c., 510 c., 513 c., 552 c.
24 févr. Trib. corr. Compiègne. 34 c., 257 c., 420 c.
16 mars. C. cass. Belgique. 1073 c.
25 mars. Trib. corr. Langres. 1641 c., 1642 c., 1645 c., 1656 c.
21 avr. Bruxelles. 1073 c.
30 avr. Amiens. 428, 1238 c.
20 mai. Trib. corr. Bruxelles. 1191 c., 1192 c.
27 mai. Loi. 388 c., 1071 c.
3 juin. Req. 1430 c.
4 juill. Liége. 749 c.
16 juill. Amiens. 1119 c.
27 juill. C. cass. Belgique. 79 c.
29 juill. Trib. corr. Compiègne. 1566 c., 1620 c., 1634 c., 1635 c., 1636 c., 1651 c.
6 août. Loi. 2 c.
6 août. Conv. diplom. 1249 c.
7 août. Décr. 2 c.
11 août. Orléans. 72, 73 c., 76 c., 260 c., 268 c., 1129 c.
14 août. Loi. 340 c., 1318 c.
19 sept. Arr. 674 c.
22 oct. Trib. corr. Lyon. 401 c., 1283 c.
2 déc. Bruxelles. 1073 c.
9 déc. Req. 80 c., 968 c., 1313 c.
9 déc. Paris. 639 c., 894 c., 1081 c.
16 déc. Circ. min. int. 195 c., 688 c.
18 déc. Trib. corr. Huy. 1238 c.
23 déc. Trib. corr. Liége, 460 c., 481 c., 493 c.

1886

4 janv. Dijon. 1655 c.
29 janv. Trib. corr. Loudun. 265 c.
5 févr. Liége. 674 c.
11 févr. Limoges. 265 c.
15 mars. C. cass. Belgique. 674 c.
5 avr. Bruxelles. 1208 c., 1211 c.
10 avr. Rapp. 896 c.
21 avr. Loi. 2 c.
23 avr. Décr. 2 c.
12 mai. Req. 1412 c., 1428 c.
31 mai. C. cass. Belgique. 77 c., 426 c., 427 c.
12 juin. Crim. 1630 c., 1636 c., 1640 c., 1645 c., 1646 c., 1650 c., 1654 c., 1657 c.
22 juin. Douai. 642 c., 658 c., 660 c., 1243 c.
23 juin. Bruxelles. 426 c., 427 c.
30 juin. Cons. d'Et. 319. c.
8 juill. Circ. min. int. 196 c., 686 c.
29 oct. Poitiers. 22 c., 752 c., 755 c.
20 nov. Trib. corr. Verviers. 461 c., 519 c.
23 nov. Loi. 244 c., 270 c., 564 c., 657 c., 666 c., 667 c., 676 c., 677 c., 684 c., 688 c., 809 c., 821 c., 832 c., 852 c., 865 c., 877 c., 896 c., 1031 c., 1042 c., 1066 c., 1077 c., 1106 c., 1149 c., 1180 c.
18 déc. Crim. 642 c., 659 c., 978 c.

1887

15 janv. Amiens. 717 c., 720 c.
22 janv. Circ. min. int. 3 c., 823 c., 839 c., 840 c., 846 c.
27 janv. Liége. 461 c.
3 févr. Trib. corr. Bruges 681 c.
25 févr. Trib. corr. Verviers. 642 c.
6 avr. Circ. min. int. 3 c., 798 c., 801 c., 807 c.
6 mai. Trib. corr. Brest. 1234 c.
1er juin. Dijon. 981.
13 juill. Rennes. 1234 c.
18 juill. Rennes. 745 c., 752 c., 755 c., 784 c., 788 c.
10 juill. Circ. min. int. 3 c.
5 août. Circ. min. int. 830 c.
24 sept. Trib. corr. Château-Chinon. 1554 c., 1606 c.
19 nov. Orléans. 474 c.
30 nov. Trib. corr. La Flèche. 890 c., 891 c.

CHEF DISTINCT. — V. *Acquiescement*, nos 55, 74 et suiv., 78; *Appel*, nos 164, 201; *Chose jugée*, nos 72 et suiv., *Jugement*; — *Rép.* vis *Acquiescement*, nos 74 et suiv., 381 et suiv., 402, 557 et suiv.; *Appel*, nos 613, 663 et suiv., 848; *Chose jugée*, nos 14, 43, 49, 78-4°; *Jugement*, nos 8 et suiv.

CHEF-LIEU. — V. *Organisation administrative*; — *Rép.* eod. v°, n° 200.

CHEMIN. — Sur les chemins publics, V. *Voirie par terre*; — *Rép.* eod. v°, nos 1081, 1343 et suiv., 1471.

Sur les chemins privés, V. *Voirie par terre*; — *Rép.* eod. v°, nos 338, 1457 et suiv.

V. aussi *Action possessoire*, nos 26 et suiv., 80 et suiv., 91, 146, 187, 192; *Expropriation pour cause d'utilité publique*; *Forêts*; *Propriété*; *Servitude*.

CHEMIN DE FER. — V. *Voirie par chemin de fer*.

V. aussi *Commissionnaire de transport*.

CHEMIN DE HALAGE. — V. *Voirie par eau*; — *Rép.* eod. v°, nos 79 et suiv.

V. aussi *Propriété*; *Servitude*.

CHEMIN RURAL. — V. *Voirie par terre*; — *Rép.* eod. v°, nos 338 et suiv., 1309 et suiv.

V. aussi *Action possessoire*, nos 79 et suiv., 82 et suiv., 87; *Commune*; *Compétence administrative*; *Enregistrement*; *Procès-verbal*; *Question préjudicielle*; *Responsabilité*; *Travaux publics*.

CHEMIN VICINAL. — V. *Voirie par terre*; — *Rép.* eod. v°, nos 338 et suiv.

V. aussi *Action possessoire*, nos 74 et suiv., 151; *Commune*; *Compétence administrative*; *Conseil d'Etat*; *Droit rural*; *Enregistrement*; *Expropriation pour cause d'utilité publique*; *Organisation administrative*; *Patente*; *Prescription civile*; *Prescription criminelle*; *Question préjudicielle*; *Référé*; *Règlement administratif*; *Timbre*; *Travaux publics*; *Voirie par chemin de fer*; *Voirie par eau*.

CHEMINÉE. — V. *Servitude*; — *Rép.* eod. v°, nos 517 et suiv., 681.

V. aussi *Louage*.

CHEPTEL. — V. *Louage à cheptel*.

V. aussi *Abus de confiance*, nos 57 et suiv.; *Enregistrement*.

CHÈQUE. — V. *Warrant et chèque*.

CHEVAL. — V. *Courses de chevaux*; *Haras*; *Vices rédhibitoires*; — *Rép.* v° *Vices rédhibitoires*, nos 221 et suiv.

V. aussi *Organisation de l'Algérie*; *Organisation militaire*; *Patente*; *Réquisition*; *Taxes*; *Vente publique de meubles*; *Voirie par chemin de fer*; *Voitures-voitures publiques*.

CHIEN. — V. *Chasse*; *Commune*; *Contravention*. — *Rép.* vis *Chasse*, nos 25, 30 et suiv., 262 et suiv.; *Commune*, nos 1317 et suiv.; *Contravention*, nos 339 et suiv.

V. aussi *Conseil d'Etat*; *Règlement administratif*; *Responsabilité*; *Taxes*; *Voirie par chemin de fer*.

CHOMAGE. — V. *Eaux*; *Louage*; *Référé*; *Travaux publics*.

CHOSE FONGIBLE. — V. *Louage*; *Usufruit*; — *Rép.* vis *Louage*, nos 38 et suiv., 867; *Usufruit*, nos 127 et suiv.

CHOSE JUGÉE.

Division.

CHAP. 1er. — Chose jugée en matière civile
(*Rép.* nos 2 à 393).

SECT. 1re. — HISTORIQUE ET LÉGISLATION. — DROIT COMPARÉ (*Rép.* nos 2 à 7).

1. — HISTORIQUE ET LÉGISLATION. — V. *Rép.* nos 2 et suiv.

2. — DROIT COMPARÉ. — La disposition de l'art. 1351 c. civ. se retrouve dans la plupart des codes étrangers publiés depuis 1804. Elle est textuellement reproduite, notamment, par l'art. 1954 du code civil néerlandais, l'art. 1351 du code civil du royaume d'Italie (qui reproduit lui-même l'art. 1464 de l'ancien code sarde), l'art. 1004 du code du canton de Vaud, l'art. 1100 du code du canton de Neuchatel. — L'art. 2173 du code du canton de Fribourg consacre également les règles posées par l'art. 1351, mais en s'écartant quelque peu des termes employés par le code français. — L'art. 297 du code civil pour les procès mixtes en Egypte est ainsi conçu : « Les jugements passés en force de chose jugée font foi des droits qu'ils consacrent, sans qu'aucune preuve contraire puisse être admise, pourvu qu'il s'agisse, entre les mêmes parties, d'obligations ou droits ayant le même objet et la même cause, et que ces parties agissent dans les mêmes qualités ». — Dans son avant-projet de revision du code civil en Belgique, M. Laurent se borne à ajouter au texte primitif de l'art. 1351 (qui devient l'art. 1380), quelques explications empruntées à la doctrine. — L'empire d'Allemagne ne possède pas encore de code civil : nous pouvons citer toutefois les dispositions de lois suivantes, qui posent quelques règles intéressantes, relativement aux conditions nécessaires pour que les jugements puissent acquérir l'autorité de la chose jugée : Loi du 30 janv. 1877, sur la mise en vigueur du code de procédure civile ; art. 19 : « Sont considérés comme ayant force de chose jugée, dans le sens de la présente loi, les jugements sur le fond qui ne peuvent plus être attaqués par une voie de recours ordinaire. — Sont à considérer comme voies ordinaires de recours, dans le sens de l'alinéa précédent, les voies de recours qui sont assujetties à un délai de rigueur, à compter du jour de la prononciation ou de la signification du jugement ». — Code de procédure civile pour l'empire d'Allemagne, du 30 janv. 1877 ; art. 293 : « Les jugements n'acquièrent force de chose jugée qu'autant qu'ils statuent sur une demande principale ou reconventionnelle. — La décision relative à l'existence d'une réclamation proposée par voie d'exception peut aussi acquérir force de chose jugée, mais seulement jusqu'à concurrence de la somme pour laquelle la compensation est admise ». — Art. 645 : « Les jugement ne passent point en force de chose jugée avant l'expiration des délais fixés pour l'introduction de la voie du recours ou de l'opposition ouverte à la partie. Tout recours ou opposition empêche le jugement de passer en force de chose jugée ». — Art. 646 : « Les certificats constatant qu'un jugement est passé en force de chose jugée sont délivrés, sur le vu des pièces du procès, par le greffier de première instance, et, tant que le procès est pendant devant un tribunal supérieur, par le greffier de ce tribunal. — Si le certificat ne peut être délivré que dans le cas où aucun pourvoi n'a été formé contre le jugement, il suffit d'un certificat du greffier du tribunal compétent sur le pourvoi, constatant que, dans le délai de rigueur, aucun acte écrit n'a été présenté dans le but d'obtenir la fixation de l'affaire ».

3. La chose jugée en matière civile a été l'objet d'un examen approfondi de la part de tous les auteurs qui depuis le publication du *Répertoire*, ont écrit soit sur l'ensemble du droit civil, soit spécialement sur la matière des *preuves*. Nous citerons notamment : Demante et Colmet de Santerre, *Cours analytique de code Napoléon*, t. 5, n° 328 ; Bonnier, *Traité théorique et pratique des preuves*, 5e éd., nos 860 à 919 ; Demolombe, *Traité des contrats*, t. 7, nos 255 à 442 ; Laurent, *Principes de droit civil*, t. 20, nos 1 à 154 ; Aubry et Rau, *Cours de droit civil français*, 4e éd., t. 8, § 769 ; Larombière, *Théorie et pratique des obligations*, éd. de 1885, t. 7, sur l'art. 1351. — D'intéressantes monographies ont été publiées, sur notre sujet, notamment par MM. G. Griolet, *De l'autorité de la chose jugée*, 1868 ; Allard, *Etude sur la chose jugée*, 1875 ; Lacombe, *De l'autorité de la chose jugée*, 1885 ; Laurens, *De l'autorité de la chose jugée*, 1885.

SECT. 2. — DES JUGEMENTS QUI PRODUISENT OU NON LA CHOSE JUGÉE (*Rép.* nos 10 à 102).

4. — I. JUGEMENTS QUI NE STATUENT PAS OU STATUENT D'UNE MANIÈRE HYPOTHÉTIQUE (*Rép.* nos 11 et suiv.). — Sur les omissions qui peuvent se rencontrer dans les jugements passés en force de chose jugée, V. *infrà*, nos 87 et suiv.

5. — II. JUGEMENTS SIGNIFIÉS OU PRODUITS. — Pour que l'autorité de la chose jugée résultant d'une sentence puisse être invoquée, il faut, avons-nous dit au *Rép.* n° 14, que cette sentence soit *produite*. Deux arrêts (Lyon, 18 nov. 1864, aff. Commune de Brénod, D. P. 68. 1. 63 ; Req. 18 avr. 1854, aff. de Roquelaure, D. P. 54. 1. 387) ont formellement reconnu ce principe. Ce dernier arrêt ajoute même qu'il ne suffit pas que les motifs du jugement ou de l'arrêt auquel on prétend attribuer force de chose jugée soient relatés dans la décision attaquée pour en avoir méconnu l'autorité, lorsque les conclusions des parties, qui seules peuvent faire connaître si la chose demandée dans les deux instances était la même, n'y sont pas également relatées.

6. — III. JUGEMENTS EN MATIÈRE GRACIEUSE OU CONTENTIEUSE. — On a vu au *Rép.* n° 15, que les décisions rendues en matière contentieuse peuvent seules acquérir l'autorité de la chose jugée. Les actes de juridiction gracieuse ne produisent jamais un pareil résultat (V. en ce sens : Larombière, p. 206 ; G. Griolet, p. 84 ; Laurent, t. 20, n° 5 ; Aubry et Rau, t. 8, p. 367 ; Demolombe, t. 7, n° 286). De nouvelles difficultés se sont élevées dans la pratique, sur le point de savoir dans laquelle des deux catégories on doit faire rentrer certains actes. Il a été reconnu qu'un arrêt de l'ancien conseil d'Etat autorisant, sur la requête des communes co-usagères, la vente d'arbres de réserve ou de délimitation pour leurs besoins communaux, est un acte de juridiction gracieuse et de tutelle administrative qui n'a pas l'autorité de la chose jugée (Civ. rej. 28 déc. 1869, aff. Commune de Sexfontaine, D. P. 70. 1. 150). — Décidé, de même, que le jugement qui se borne à statuer sur la convenance et l'utilité d'un projet d'échange entre époux, sans rien décider ni préjuger sur la capacité des époux de faire entre eux un acte de vente ou d'échange, ne peut avoir l'autorité de la chose jugée relativement à cette question de capacité (Limoges, 30 déc. 1861, aff. Beaure, D. P. 62. 2. 201) ; —... Que les jugements d'adjudication ne peuvent être considérés comme des décisions contentieuses ayant l'autorité de la chose jugée à l'égard des contestations qui s'élèvent ultérieurement au sujet des immeubles vendus ou licités (Req. 24 févr. 1868, aff. Gall, D. P. 68. 1. 309; Req. 21 juill. 1887, aff. Tissot, D. P. 88. 1re partie)... à moins, cependant, que le jugement d'adjudication ne statue sur un incident ayant un caractère contentieux, car il contiendrait alors une véritable décision ayant l'autorité de la chose jugée (Civ. rej. 6 avr. 1857, aff. Fargue, D. P. 57. 1. 157. V. dans le même sens : Civ. rej. 21 mai 1883, aff. Boutet, D. P. 84. 1. 85 ; Laurent, t. 20, n° 9; Demolombe, t. 7, n° 341 *bis*). — Sur la question de savoir si les jugements qui autorisent l'aliénation d'un immeuble dotal sont des actes de juridiction contentieuse et ont l'autorité de la chose jugée, V. *Contrat de mariage* ; — *Rép.* eod. v°, n° 3780.

7. De même, l'ordonnance qui taxe les honoraires d'un notaire n'a pas le caractère d'un jugement et ne fait pas, par conséquent, obstacle à ce que les parties saisissent le tribunal civil de leur réclamation (Civ. cass. 21 avr. 1845, aff. Delaunay, D. P. 45. 1. 235 ; Civ. rej. 7 janv. 1846, aff. Lenoble, D. P. 46. 1. 14 ; Civ. cass. 15 mars 1847, aff. Varnier, D. P. 47. 1. 152 ; Orléans, 3 janv. 1852, aff. Moreux, D. P. 52. 2. 198).

8. — IV. JUGEMENTS DÉFINITIFS OU STATUANT PAR SIMPLE ÉNONCIATION. — Les jugements n'ont l'effet de la chose jugée que relativement au point qui s'y trouve décidé, et non pas à l'égard de ce qui y est simplement indiqué sous forme énonciative (*Rép.* n° 16) : ainsi, l'arrêt qui, dans une instance où il ne s'agit point de fixer le prix d'une adjudication, énonce une certaine somme comme constituant ce prix, n'a point en cela l'autorité de la chose jugée (Civ. cass. 14 janv. 1852, aff. Chauvin, D. P. 52. 1. 29). — Décidé, de même, qu'un jugement de séparation de biens peut être annulé pour défaut d'exécution dans les délais légaux, quoique, postérieurement à l'expiration de ces délais, un jugement de séparation de corps intervenu entre les époux ait déclaré, sans que les parties eussent soulevé la question, qu'il n'y avait pas lieu d'ordonner la liquidation prescrite par le jugement de séparation de biens, et ait ainsi implicitement considéré ce jugement comme toujours subsistant (Req. 28 déc. 1858, aff. Gagnier, D. P. 59. 1. 108).

9. — V. JUGEMENTS CONSIDÉRÉS DANS LEURS DISPOSITIF ET MOTIFS. — On a rappelé au *Rép.* nos 21 et suiv., que c'est dans le dispositif seul, et non dans les motifs des jugements et arrêts que réside la chose jugée (V. conf. Req. 11 juill. 1881, aff. Cordier, D. P. 83. 1. 38). Il a été décidé, par application de ce principe : 1° qu'un jugement qui, dans son dispositif, se borne à donner acte à une partie, de simples réserves non contestées, n'a pas l'autorité de la chose jugée sur la question réservée, alors même que, dans ses motifs, il aurait considéré comme existant le droit qui faisait l'objet de ces réserves (Req. 7 nov. 1854, aff. Marsand, D. P. 54. 1. 437) ; — 2° Que l'arrêt qui, dans son dispositif, déclare une demande mal fondée, a relativement à cette demande l'autorité de la chose jugée, et ne permet pas, dès lors, qu'elle soit ultérieurement reproduite, par les mêmes parties et en la même qualité, quoique cet arrêt soit motivé sur une simple fin de non-recevoir (Req. 30 juin 1856, aff. Durepaire, D. P. 57. 1. 93) ; — 3° Que l'arrêt qui, après avoir, dans ses motifs, déclaré tardive une exception de déchéance, tirée d'un défaut de production de titres, se borne, dans son dispositif, à ordonner la preuve de faits de possession tendant à établir que les droits réclamés n'ont pas été éteints par le non-usage, ne saurait être réputé avoir écarté dès à présent cette exception de déchéance. — Et il est indifférent que le pourvoi en cassation formé contre cet arrêt, comme ayant déclaré mal à propos la tardiveté de l'exception de déchéance, ait été rejeté, si la cour de cassation a maintenu l'arrêt, seulement dans son dispositif, et sans en approuver les motifs (Civ. cass. 3 déc. 1856, aff. Coste, D. P. 56. 1. 441) ; — 4° Que celui qui accepte un jugement en concluant à sa confirmation en appel, n'acquiesce ainsi qu'au dispositif du jugement et non à ses motifs ; en conséquence, l'arrêt de la cour qui maintient la décision des premiers juges, mais en se fondant sur d'autres motifs, ne viole pas l'autorité de la chose jugée et acquiescée (Req. 7 janv. 1873, aff. Bellot, D. P. 74. 1. 470. — V. aussi Req. 30 avr. 1850, aff. Redhon, D. P. 50. 1. 273 ; Civ. cass. 28 août 1854, aff. D..., D. P. 54. 1. 321 ; Sol. impl., Civ. cass. 7 août 1855, aff. Borelly, D. P. 55. 1. 392 ; Req. 17 mars 1856, aff. de Gatigny, D. P. 56. 1. 130 ; 10 juin 1856, aff. Teulon, D. P. 56. 1. 425 ; Civ. rej. 24 nov. 1856, aff. Veau, D. P. 56. 1. 399 ; Pau, 26 févr. 1857, aff. de Challemaison, D. P. 57. 2. 189 ; Req. 28 juin 1869, aff. de Cordès, D. P. 71. 1. 223 ; 23 mars 1870, aff. Tinel, D. P. 71. 1. 212 ; Civ. cass. 5 juin 1872, aff. Segaud, D. P. 72. 1. 231 ; Civ. rej. 15 janv. 1873, aff. Derrien, D. P. 73. 1. 103 ; Req. 9 juin 1873, aff. Reynès, D. P. 73. 1. 411 ; Douai, 28 avr. 1874, aff. Péacan, D. P. 75. 2. 49 ; Req. 7 juill. 1874, aff. Hameau de Saint-Leu, D. P. 76. 1. 430 ; 15 nov. 1875, aff. Vincent, D. P. 76. 5. 97 ; 16 févr. 1876, aff. Tolédano, D. P. 76. 1. 455 ; 30 déc. 1878, aff. Mailley, D. P. 79. 1. 231 ; 18 nov. 1879, aff. de Rolland, D. P. 80. 1. 214 ; Grenoble, 22 juill. 1880, aff. Préfet de la Savoie, D. P. 81. 2. 177 ; Rouen, 21 févr. 1881, aff. Santon, D. P. 82. 2. 145 ; Besançon, 6 févr. 1884, aff. Verdant, D. P. 85. 2. 31 ; C. cass. de Belgique, 24 déc. 1885, aff. Drohée C. Danhier et consorts ; et 24 déc. 1885, aff. Van Camp, *Pasicrisie belge*, 1886, p. 33 et 98 ; Larombière, t. 7, art. 1351, n° 18 ; Griolet, p. 122 ; Cardot, *Revue critique*, 1863, p. 452 ; Laurent, t. 20, p. 40 ; Aubry et Rau, t. 8, p. 360 ; Bonnier, n° 863 ; Demolombe, t. 7, nos 289 et suiv.).

10. C'est, d'ailleurs, toujours dans la partie du dispositif statuant sur le fond, et non dans celui qui concerne les dépens, que l'on doit chercher la décision qui a force de chose jugée : ainsi, lorsqu'un arrêt, en déclarant une instance d'appel éteinte par péremption, a ordonné que le jugement attaqué sortirait son plein et entier effet ; il ne saurait y avoir violation de la chose jugée dans la décision ultérieure qui, sans tenir compte des motifs et du dispositif de cet arrêt quant au règlement des dépens, se borne à ramener les parties à l'exécution du jugement (Req. 4 janv. 1881, aff. Préfet de la Corse, D. P. 81. 1. 251).

11. Si les motifs d'un jugement ne peuvent avoir l'effet de la chose jugée, rien ne s'oppose cependant à ce que l'on puisse, pour compléter le sens d'une décision judiciaire et préciser la chose jugée, en interroger les motifs, alors que le dispositif ne contient rien qui leur soit contraire (Civ. rej. 24 nov. 1856, aff. Veau, D. P. 56. 1. 399 ; Req. 23 mars 1870, aff. Tinel, D. P. 71. 1. 212 ; 25 juill. 1871, aff. Bellon, D. P. 71. 1. 302. Conf. Bonnier, n° 863 ; Griolet, p. 123 ; Allard, p. 193 et suiv. ; Demolombe, t. 7, n° 291 ; Dutruc, *Supplément aux lois de la procédure* de Carré et Chauveau, t. 1, v° *Chose jugée*, n° 6 ; Aubry et Rau, t. 8, p. 370 ; Laurent, t. 20, n° 30). Ce n'est pas là méconnaître la règle énoncée aux paragraphes précédents : la chose jugée, si elle est reconnue, se trouve, même en ce cas, dans le dispositif interprété, et non dans les motifs qui servent uniquement à en préciser le sens et à en déterminer la portée. Il a été jugé par application de ce principe : 1° qu'un jugement peut avoir force de chose jugée, même à l'égard d'une question sur laquelle il ne s'est formellement exprimé que dans ses motifs, si la solution de cette question se trouve virtuellement dans le dispositif (Besançon, 3 août 1861, aff. Fessler, D. P. 62. 2. 12); — 2° Que l'arrêt qui, après avoir repoussé, dans ses motifs, la doctrine de la décision frappée d'appel, confirme cette décision dans son dispositif, mais par d'autres motifs, doit, malgré la confirmation qu'il prononce, être interprété, quant à la doctrine des premiers juges, dans le sens infirmatif qui résulte des motifs où elle a été répudiée (Civ. rej. 12 juill. 1865, aff. du Chaylard, D. P. 66. 1. 129); — 3° Que les juges peuvent, sans violer la chose jugée, décider qu'il résulte des motifs expliquant une condamnation, que celle-ci ne doit avoir ses effets qu'au décès de la partie condamnée (Civ. rej. 3 mars 1868, aff. des Guidi, D. P. 68. 1. 156); — 4° Que l'autorité de la chose jugée est attachée à la décision qui, sur la revendication de la mitoyenneté d'un fossé, déclare que la limite des deux propriétés n'est pas la ligne tracée par les bornes, mais le fossé séparatif, alors même que cette déclaration se trouve énoncée dans les motifs seulement, si elle est confirmée par le dispositif qui nomme des experts pour vérifier de quel côté a lieu le rejet de la terre du fossé (Req. 19 mars 1872, aff. Lambin, D. P. 73. 1. 617. — *Adde:* Besançon, 3 août 1861, aff. Commune de Serven, D. P. 62. 2. 12; Civ. cass. 3 févr. 1868, aff. de Rombault, D. P. 68. 1. 121; Req. 13 mars 1876, aff. Normand, D. P. 77. 1. 487; 10 mars 1879, aff. Pradelle, D. P. 79. 1. 216; 16 déc. 1879, aff. Delaunay, D. P. 80. 1. 371; 25 mai 1880, aff. Piveau, D. P. 81. 1. 9; 19 juill. 1880, aff. Ferron, D. P. 81. 1. 224). — Une décision peut même avoir force de chose jugée sur une question qu'elle a déclaré rester entière dans ses motifs, si elle implique forcément la solution de cette question (Sol. impl., Civ. cass. 7 août 1855, aff. Borelly, D. P. 55. 1. 392).

12. On a rappelé au *Rép.* n° 25, qu'il n'est pas nécessaire, pour qu'un jugement produise la chose jugée, que le droit qu'il reconnaît ait été l'objet direct et principal du jugement : les décisions judiciaires ont l'autorité de la chose jugée sur les questions qu'elles résolvent implicitement aussi bien que sur celles qu'elles tranchent formellement (V. Demolombe, t. 7, n°s 292 et suiv.). C'est par application de ce principe qu'il a été jugé qu'un arrêt par défaut, condamnant une partie à titre d'héritier, a l'autorité de la chose jugée sur cette qualité, quoiqu'elle n'ait été l'objet ni d'un débat à l'audience, soit en première instance, soit en appel, ni même d'une décision expresse, si la cour a été saisie de la question par des actes d'opposition ou d'appel de cet héritier qui y soutenait n'être qu'un simple héritier bénéficiaire (Civ. cass. 22 juill. 1850, aff. Bassano, D. P. 54. 5. 115. — *Contrà:* Nîmes, 21 août 1856, aff. Brugnier, D. P. 56. 2. 225). — Jugé, de même : 1° que le jugement qui ordonne qu'il sera payé une somme à deux héritiers d'un créancier décédé, pour moitié à chacun, décide, avec l'autorité de la chose jugée, que la part revenant à chacun desdits héritiers dans les condamnations prononcées au profit de la succession créancière est de la moitié. Par suite, ces héritiers ne peuvent pas prétendre, à l'encontre des mêmes parties, que la part de chacun d'eux dans les condamnations ainsi prononcées ne serait que du tiers, à défaut d'acceptation par eux de la succession de leur cohéritier prédécédé (Civ. cass. 13 juill. 1868, aff. Gall, D. P. 68. 1. 321); — 2° Que le jugement qui, après avoir rappelé les conclusions par lesquelles certains enfants renonçants ont demandé à retenir, sur les avancements d'hoirie qu'ils ont reçus, et la quotité disponible et leurs parts dans la réserve, ordonne le partage entre les héritiers acceptants et prescrit qu'il soit procédé à la réduction des donations pour parfaire, s'il y a lieu, la réserve légale de ceux des enfants qui ne l'auraient pas obtenue par l'effet des avancements d'hoirie faits en leur faveur, décide ainsi implicitement, avec l'autorité de la chose jugée, que les enfants renonçants peuvent retenir cumulativement sur leurs avancements d'hoirie la quotité disponible et leurs parts dans la réserve (Civ. rej. 5 août 1868, aff. Faure, D. P. 68. 1. 445. — V. aussi *infrà*, n°s 79 et suiv.).

13. — VI. JUGEMENTS RENDUS PAR LES TRIBUNAUX ÉTRANGERS. — La question de savoir si les jugements rendus en pays étranger ont, en France, l'autorité de la chose jugée (*Rép.* n° 26), a été examinée en détail *ibid.* v° *Droits civils*, n°s 417 et suiv. On reviendra sur cette question, v° *Droits civils*.

En ce qui concerne les sentences arbitrales rendues à l'étranger, V. *Droits civils*; — *Rép.* eod. v°, n° 428.

14. — VII. JUGEMENTS RENDUS PAR LES TRIBUNAUX MUSULMANS. — La loi musulmane n'admettant pas l'irrévocabilité des jugements, des doutes se sont élevés sur le point de savoir si les décisions des tribunaux musulmans peuvent acquérir l'autorité de la chose jugée. La question a été tranchée dans le sens de l'affirmative : ces tribunaux, devenus français, doivent être soumis à un principe que notre législation considère comme essentiel à toute institution judiciaire (Civ. cass. 13 déc. 1864, aff. Luce, D. P. 65. 1. 142; Alger, 4 janv. 1865, *Rép.* v° *Organisation de l'Algérie*, n° 779; Griolet, p. 83. V. aussi Req. 14 juill. 1873, aff. Préfet d'Oran, D. P. 74. 1. 308. — V. *Organisation de l'Algérie*).

15. — VIII. JUGEMENTS D'HOMOLOGATION. — Bien que, en certains cas, les jugements d'*homologation* de partage puissent être considérés comme ne constituant que des actes de juridiction gracieuse, on est d'accord pour reconnaître qu'il en est autrement lorsque les juges, soit après discussion et contestation, soit sur des conclusions formelles même non contestées, ont déterminé les bases d'après lesquelles les opérations de partage qu'ils ont ensuite homologuées doivent avoir lieu. Dans cette situation, le juge a fait acte de juridiction contentieuse, et l'autorité de la chose jugée doit s'attacher, tant au jugement qui a fixé contradictoirement les bases des opérations du partage qu'à celui qui a ultérieurement prononcé l'homologation (Civ. cass. 14 août 1865, aff. Sangensse, D. P. 65. 1. 264; Req. 28 mars 1866, aff. Fanton, D. P. 66. 1. 494; Civ. cass. 9 avr. 1866, aff. de Sainneville, *ibid.*; Civ. rej. 24 juill. 1867, aff. Goutte, D. P. 67. 1. 326; Req. 27 oct. 1885, aff. Etaix, D. P. 86. 1. 37; Vazeilles, *Successions*, sur l'art. 841, n° 4; Duranton, *Cours de droit français*, t. 7, n° 581; Demolombe, *Successions*, t. 5, n° 425; *Rép.* v° *Succession*, n° 2300). — Il est évident, d'ailleurs, qu'une partie est recevable à réclamer le prélèvement de certains immeubles nonobstant le jugement qui a homologué un rapport d'experts composant des lots égaux entre les copartageants, dans lesquels ont été compris les immeubles réclamés et qui n'a pas été suivi d'exécution (Dijon, 28 mars 1862, aff. Royer, D. P. 62. 1. 188).

16. — IX. JUGEMENTS DONNANT ACTE. — Il est admis que les jugements par lesquels il est *donné acte* à une partie de la déclaration d'un engagement pris par l'autre partie ont force de chose jugée relativement au fait même qu'il a été dans l'intention des parties de constater (*Rép.* n° 28; Civ. rej. 24 juill. 1867, aff. Goutte, D. P. 67. 1. 326; Req. 21 juin 1877, aff. Commune de Sornay, D. P. 77. 5. 80). — Mais l'autorité de la chose jugée ne s'applique qu'à la constatation seule de ce fait lui-même; elle ne s'étend pas au delà. Ainsi, dit M. Larombière, t. 7, art. 1351, n° 14, « quant aux jugements qui ne font que donner acte d'une offre, d'une acceptation, d'une réserve, ils n'acquièrent point à cet égard force de chose jugée, puisqu'ils n'ont rien décidé et qu'il n'y a pas eu débat, soit qu'il s'agisse plus tard de contester la validité ou les effets de l'engagement contracté en justice, ou d'user du bénéfice des réserves insérées dans le jugement ». Ce qui est jugé, c'est qu'il y a eu une offre et une acceptation, c'est qu'un contrat judiciaire est intervenu. Mais il n'est pas définitivement statué sur la validité même de l'engagement, si d'ailleurs il n'y a eu, au moment du donné acte, ni débats, ni conclusions sur ce point. — Jugé, en conséquence, que l'arrêt qui donne purement et simplement acte d'un désistement intervenu en appel, sans résoudre aucun litige ou aucune contestation relative à ce désistement, ne constitue pas une décision susceptible d'acquérir l'autorité de la chose jugée, et ne s'oppose pas à ce que la nullité dudit désistement, s'il est irrégulier, soit poursuivie devant le juge qui en a donné acte (Civ. cass. 11 août 1885, aff. Dutron-Bornier, D. P. 86. 1. 166); —... Que, lorsqu'un jugement a donné acte de conclusions subsidiaires sans qu'elles aient été l'objet d'aucune discussion en première instance, l'arrêt qui, en l'absence de tout débat en appel sur ces conclusions, se borne à réserver les parties dans leurs droits relatifs aux chefs compris dans lesdites conclusions, n'a pas l'autorité de la chose jugée quant à ces chefs (Req. 31 déc. 1877 (1). Conf. Civ. cass. 11 nov. 1873, cité *infrà*, n° 20; *Rép.* v^{is} *Contrat judiciaire*, n°s 9 et 24; *Désistement*, n° 196). — Il a été jugé, par les mêmes motifs, que le jugement qui donne acte aux parties de ce qu'elles nomment des arbitres amiables compositeurs chargés d'établir le compte des opérations qui ont existé entre elles et d'en fixer le reliquat, n'a point force de chose jugée quant à la validité des engagements intervenus entre les parties et qui doivent être soumis aux arbitres (Angers, 24 août 1865, aff. Grignon, D. P. 66. 2, 211.)

17. — X. JUGEMENTS D'ADOPTION. — Conformément aux décisions rapportées au *Rép.* n° 29, un arrêt a décidé que l'homologation d'un acte d'adoption n'est pas un acte de juridiction contentieuse susceptible d'acquérir l'autorité de la chose jugée, et n'enlève pas aux tiers le droit de faire valoir en justice, après la mort de l'adoptant, les moyens de nullité qu'ils peuvent être intéressés à proposer contre l'adoption (Civ. cass. 13 mai 1868, aff. N..., D. P. 68. 1. 251, V. *Adoption*, n° 59).

18. — XI. JUGEMENTS SUR REQUÊTE. — Du principe que les *jugements sur requête*, étant des actes de juridiction volontaire, ne peuvent avoir l'autorité de la chose jugée (*Rép.* n° 31), la jurisprudence a conclu: 1° qu'un jugement sur requête, et par exemple celui qui ordonne l'envoi en possession provisoire des biens d'un absent, ne peut être opposé à des tiers détenteurs des biens de l'absent comme ayant contre eux l'autorité de la chose jugée; ceux-ci ne sont pas même tenus d'y former tierce opposition (Colmar, 18 janv. 1850, aff. Ranner, D. P. 51. 2. 161); — 2° Que la partie à laquelle on oppose un jugement sur requête qui, pour cause d'urgence, autorise une mesure conservatoire (la vente de marchandises sujettes à dépréciation), peut, lorsqu'il y a eu exécution, prendre des conclusions tendant à ce que cette exécution soit réputée non avenue, sans être obligée d'attaquer ce jugement, auquel elle n'a point été partie, par les voies ordinaires (Nîmes, 25 nov. 1850, aff. Beauvais, D. P. 51. 2. 80); — 3° Que les officiers ministériels qui se plaignent d'un empiétement sur leurs attributions ont le droit de saisir les tribunaux d'une demande en dommages-intérêts contre l'auteur de l'empiétement, quoique ce dernier ait agi en vertu d'une autorisation sur requête, cette autorisation ne pouvant avoir à leur égard l'autorité de la chose jugée (Civ. cass. 17 nov. 1862, aff. Godefroy, D. P. 62. 1. 530; 11 févr. 1863, aff. Jansions, D. P. 63. 1. 69). — 4° Que les jugements sur requête autorisant une femme mariée à emprunter sur hypothèque et à payer des dettes hypothécaires contrairement à son contrat de mariage, constituent des actes de juridiction volontaire qui n'ont pas force de chose jugée, et ne s'opposent pas à ce que les tribunaux saisis de l'appréciation de l'acte passé par la femme vérifient si ces jugements ont été légalement rendus (Lyon, 19 mai 1883, aff. Rouchon, D. P. 85. 2. 187). — Décidé, toutefois, que les jugements rendus sur requête, et avec le ministère public pour seul contradicteur, font autorité, même au profit des tiers, contre ceux qui les ont obtenus : il en est ainsi du jugement qui, sur la demande d'une femme dotale assistée de son mari, a distingué dans une succession échue à la requérante les biens dotaux des paraphernaux (Pau, 3 mars 1853, aff. Jornier, D. P. 53. 2. 148. — *Contrà :* Req. 7 mars 1878, aff. Sabadie, D. P. 79. 1. 13).

Sur la question de savoir si les jugements sur requête portant autorisation d'aliéner ou d'hypothéquer des immeubles dotaux emportent force de chose jugée, V. *Contrat de mariage ;*— *Rép.* eod. v°, n°s 3780 et suiv. — Le jugement qui sur le refus du mari, autorise la femme à contracter, a-t-il force de chose jugée? V. sur ce point *Mariage*.

19. — XII. ORDONNANCES DE RÉFÉRÉ. — V. *Référé*.

20. — XIII. JUGEMENTS D'EXPÉDIENT. — La question de savoir si l'on doit assimiler à de véritables décisions contentieuses les *jugements d'expédient*, c'est-à-dire ceux qui se bornent à consacrer une convention intervenue entre les parties litigantes, est toujours diversement résolue (*Rép.* n° 27, et v^{is} *Appel civil*, n° 290 ; *Jugement*, n°s 22 et suiv.). Cependant la jurisprudence paraît tendre à admettre sur ce point une distinction. Lorsque le juge a donné la solution d'un litige par des motifs de fait et de droit présentés comme l'expression de sa pensée propre, il est impossible de refuser à un acte de ce genre le caractère de jugement, alors même que la solution consacrée par le juge aurait été préalablement acceptée par les parties. Mais il en est autrement lorsqu'un tribunal sanctionne simplement une transaction sans s'en approprier les motifs, et en constatant simplement qu'elle a été consentie par les parties. Quel que puisse être, à d'autres points de vue, l'effet de cette consécration judiciaire, elle ne saurait donner à la convention des parties l'autorité de la chose jugée, puisqu'en réalité il n'y a pas eu chose jugée, c'est-à-dire décidée par le juge lui-même. C'est dans ce sens qu'il a été jugé qu'un acte d'homologation d'une transaction concernant des biens dotaux, sollicité et obtenu sous la forme d'un jugement d'accord, en l'absence de tout débat et en dehors des cas où la loi autorise l'intervention de la justice, ne présente point les caractères d'une décision contentieuse, alors surtout que les motifs du jugement se fondent, non sur une appréciation en fait et en droit des prétentions respectives des parties, mais uniquement sur l'existence du contrat, et que le dispositif n'est pas autre chose que la teneur dont le juge ordonne l'annexion à la minute de sa décision ; par suite, une telle décision n'a point l'autorité de la chose jugée ; elle n'a d'autre effet que celui qui peut s'attacher au contrat auquel elle s'applique (Civ. cass. 11 nov. 1873, aff. Ellie, D. P. 73. 1. 455. — *Contrà :* Gabriel Demante, *Principes de l'enregistrement*, 3° éd., t. 1, n° 56, p. 88, et la note de M. Glasson, D. P. 86. 2. 73). — Les jugements d'expédient constituent donc, d'après le système de la jurisprudence, de véritables contrats judiciaires, dans lesquels l'office du juge se borne à constater l'accord des parties : les règles relatives au défaut de consentement en matière de contrats leur sont, par conséquent, applicables (Toulouse, 21 janv. 1885, aff. Rey, D. P. 86. 2. 73). — V. *Jugement*.

21. — XIV. JUGEMENTS QUI ACCORDENT UNE PENSION ALIMENTAIRE. — V. *Mariage ;* — *Rép.* eod. v°, n° 714.

22. — XV. JUGEMENTS DE COLLOCATION. — La question de savoir quelle est l'autorité qui s'attache à ces jugements a été examinée sous ses divers aspects au *Rép.* v° *Ordre entre créanciers*, n°s 1112 et suiv., 1185 et suiv. On y reviendra v° *Ordre entre créanciers*.

23. — XVI. JUGEMENTS SUR LA COMPÉTENCE. — On a formulé au *Rép.* n° 38, le principe, incontesté d'ailleurs, que le jugement préjudiciel sur la *compétence* ne peut jamais produire l'effet de la chose jugée sur le fond du droit. Un arrêt a jugé, par application de cette règle, que lorsqu'un tribunal, saisi d'une demande d'indemnité pour occupation de terrains par l'Etat se déclare incompétent à raison d'un séquestre

(1) (Synd. Hermann C. Tiberghien, Duriez et comp). — LA COUR ; — Sur le moyen unique, pris de la violation des art. 1350 et 1351 c. civ., et de la chose jugée par le jugement du tribunal de Lille du 18 janv. 1875 et par l'arrêt de la cour de Douai du 30 juillet suivant : — Attendu que, par l'arrêt du 30 juill. 1875, il avait été ordonné qu'il serait fait deux comptes pour établir distinctement les opérations qui avaient eu lieu, en compte courant, entre les commissionnaires Tiberghien, Duriez et comp., d'une part, et Gustave Hermann personnellement, avant et depuis la création de la société; — Attendu que, par le même arrêt, il avait été remis à statuer ultérieurement sur d'autres difficultés, notamment sur les questions relatives à l'attribution à l'actif de l'une ou de l'autre faillite, des produits des ventes des laines consignées à Tiberghien, Duriez et comp. et sur lesquels ceux-ci avaient fait des avances ; — Que si l'on supposait, avec le pourvoi et contrairement aux constatations de l'arrêt attaqué, que l'attribution à l'un des deux comptes du prix de certaines marchandises, question à l'occasion de laquelle le syndic opposait l'exception de la chose jugée, aurait été l'un des objets des conclusions subsidiaires dont acte avait été donné par le jugement du 18 janv. 1875, on ne pourrait conclure de ce fait que l'exception du syndic fût bien fondée, puisque l'arrêt du 30 juill. 1875, qui a infirmé en partie ledit jugement, s'est borné, en l'absence de tout débat sur ce point devant la cour, à réserver les parties dans les conclusions subsidiaires; — D'où il suit qu'en repoussant l'exception de chose jugée présentée par le syndic, la cour de Douai, loin de violer l'autorité de l'arrêt du 30 juill. 1875, en a, au contraire, sainement interprété les dispositions; — Rejette, etc.

Du 31 déc. 1877.-Ch. req.-MM. Bédarrides, pr.-Connelly, rap.-Robinet de Cléry, av. gén., c. conf.-Sabatier, av.

mis sur ces terrains par le pouvoir exécutif (en Algérie), son jugement n'a pas l'autorité de la chose jugée relativement à la propriété de ces terrains, si la question de validité du séquestre n'a pas été résolue formellement par le jugement (Aix, 7 avr. 1870, aff. Préfet d'Oran, D. P. 71. 2. 185).

24. — XVII. Jugements provisoires. — Les jugements qui ne sont que *provisoires*, c'est-à-dire provisoirement exécutoires, ne peuvent jamais, comme on l'a dit au *Rép.* n° 33, acquérir l'autorité de la chose jugée. Il a été décidé, en ce sens, que l'arrêt qui a repoussé une demande en provision n'a point l'autorité de la chose jugée par rapport à une demande aux mêmes fins formée plus tard dans la même instance: la nouvelle demande peut être accueillie nonobstant la décision antérieure, s'il est survenu des faits nouveaux et que l'état de la cause ait changé (Civ. rej. 17 août 1853, aff. Monnier, D. P. 54. 1. 382. V. aussi Larombière, t. 7, art. 1351, n° 17; Aubry et Rau, t. 8, p. 39).

25. — XVIII. Jugements préparatoires et interlocutoires. — L'autorité de la chose jugée ne saurait s'attacher à un jugement *préparatoire* (*Rép.* nos 39 et suiv.). Cette proposition doit être entendue d'abord en ce sens: que le juge qui a rendu ce jugement peut se rétracter. « Un pareil jugement, dit M. Laurent, t. 20, n° 23, ne décide aucune contestation, il a pour but d'éclairer le juge; si le juge trouve que le mode d'instruction qu'il a prescrit n'atteint pas son but, il peut le révoquer de son propre mouvement et ordonner un autre mode d'instruction qui lui paraît plus convenable. » — C'est ainsi qu'il peut, nonobstant le jugement qui ordonne une mesure préparatoire, passer outre à la continuation des débats (Civ. rej. 2 juill. 1839, *Rép.* v° *Jugement d'avant dire droit*, n° 66), ou rétracter, dans un jugement définitif, un premier jugement ordonnant la production d'un compte (Req. 11 févr. 1835, *ibid.*, n° 66), ou après avoir renvoyé le prononcé d'un jugement à une audience déterminée, rendre ce jugement à une audience antérieure (Civ. cass. 14 janv. 1867, aff. de Guizlin, D. P. 67. 1. 430). — V. toutefois Griolet, p. 118.

26. La même proposition signifie, d'autre part, que les jugements préparatoires n'ont pas force de chose jugée sur le fond du procès (Larombière, t. 7, art. 1351, n° 15; Griolet, p. 118 et suiv.; Aubry et Rau, t. 8, p. 368; Laurent, t. 20, n° 23; Demolombe, t. 7, n° 287). — Il a été jugé, en ce sens: 1° que les jugements qui ordonnent des vérifications afin de reconnaître si des opérations faites sur les lieux sont conformes à un plan dont une décision antérieure a prescrit le dépôt au greffe ne constituent, s'il ne s'est élevé alors aucun débat sur les inexactitudes de ce plan, que de simples décisions préparatoires non susceptibles d'acquérir l'autorité de la chose jugée, et qui ne font point obstacle à ce que ce plan soit rejeté plus tard comme inexact (Civ. rej. 15 févr. 1853, aff. Schwartre, D. P. 53. 1. 77); — 2° Que le jugement déclaré commun avec le créancier intervenant, et qui ordonne la liquidation et le partage de la communauté et des successions des époux, simultanément et par un seul et même procès-verbal, ne préjuge rien sur la forme du partage, et ne fait point obstacle à la demande du créancier, tendant à ce que le partage ait lieu distinctement pour la communauté et pour chacune des deux successions (Civ. cass. 31 mars 1846, aff. Michel, D. P. 46. 1. 135); — 3° Que le jugement qui, sur le débat élevé relativement au caractère public ou privé d'un immeuble, prononce un sursis jusqu'à la décision de l'autorité administrative, ne met pas obstacle à ce qu'après le délai du sursis le juge statue sans rechercher si ce terrain est public ou privé (Civ. cass. 3 juill. 1850, aff. Dumareau, D. P. 50. 1. 198); — 4° Que le jugement qui, sur l'action en partage des biens dépendant d'une communauté dissoute, ordonne ce partage, et dispose qu'il aura lieu d'après les bases de l'inventaire, n'a pas l'autorité de la chose jugée sur le point de savoir si un immeuble mentionné dans l'inventaire comme bien de communauté, appartient à la communauté ou est propre à l'époux survivant, alors qu'aucun débat ne s'était élevé et qu'aucune conclusion n'avait été prise à cet égard lors du jugement. En conséquence, ce jugement ne met pas obstacle à ce que l'époux survivant réclame, comme bien personnel, l'immeuble ainsi désigné dans l'inventaire sous la qualification d'immeuble de communauté (Req. 20 févr. 1855, aff. Rohmer, D. P. 55. 1. 403); — 5° Que, après un arrêt qui ordonne qu'un usufruitier remettra les titres et valeurs de la succession entre les mains d'un séquestre, une nouvelle décision peut, sans violer l'autorité de la chose jugée, ordonner la remise à l'usufruitier des valeurs qui sont reconnues lui appartenir (Civ. cass. 3 mars 1868, aff. des Guidi, D. P. 68. 1. 156).

Un arrêt a poussé à ses dernières limites l'application du principe, en décidant qu'il n'y a pas violation de la chose jugée dans la décision d'un tribunal qui, après avoir, par trois jugements successifs, ordonné la liquidation de la communauté, puis la vente des immeubles communs, et enfin une expertise destinée à établir la situation de la communauté, déclare conformément aux conclusions principales du demandeur, qu'un acte antérieur constitue une licitation valable entre les parties, et qu'en conséquence il n'y a pas lieu à liquidation ni partage de la communauté (Req. 25 mars 1872, aff. Barrey, D. P. 72. 1. 416).

27. Il est, d'ailleurs, évident que lorsqu'un jugement préparatoire contient une disposition définitive sur un point contesté entre les parties, il est susceptible d'acquérir, quant à cette disposition, l'autorité de la chose jugée. Ainsi, un arrêt qui, en ordonnant un compte, fixe les bases sur lesquelles il devra y être procédé, est définitif en ce point, quoique, sous le premier rapport, il ne soit qu'un simple avant dire droit. En conséquence, si cet arrêt n'a été l'objet d'aucun recours, un arrêt postérieur ne peut admettre des bases différentes, sans méconnaître l'autorité de la chose jugée. Et spécialement, lorsqu'un premier arrêt a ordonné qu'il serait procédé à un compte particulier pour des fermages et que l'adjudicataire serait tenu de les rapporter, sauf à déduire ce qu'il aurait payé ou dépensé, l'arrêt postérieur qui affranchit l'adjudicataire de cette obligation en y substituant celle de tenir compte des intérêts de son prix, viole la chose jugée (Civ. cass. 14 janv. 1852, aff. Chauvin, D. P. 52. 1. 29. Conf. Civ. rej. 17 déc. 1851, aff. Barjolles, D. P. 52. 1. 23; Laurent, t. 20, p. 33).

28. La règle d'après laquelle le jugement *interlocutoire* ne lie pas le juge et ne saurait acquérir l'autorité de la chose jugée, est aujourd'hui incontestée (Larombière, t. 7, art. 1351, n° 16; Pardessus, *Servitudes*, t. 2, p. 70; Griolet, p. 118; Aubry et Rau, t. 8, p. 368; Laurent, t. 20, n° 34; Civ. cass. 4 juin 1872, aff. P..., D. P. 73. 1. 486; Req. 9 déc. 1874, aff. de Craon, D. P. 75. 1. 225; 15 nov. 1875, aff. Vincent, D. P. 76. 5. 98; Civ. rej. 15 juill. 1878, aff. Trichard, D. P. 79. 1. 131; Req. 30 déc. 1878, aff. Mailley, D. P. 79. 1. 231; Civ. rej. 11 janv. 1881, aff. Raynaud, D. P. 81. 1. 134; Req. 2 févr. 1885, aff. Corne, D. P. 85. 1. 293, et les espèces citées ci-après). On a indiqué au *Rép.* nos 44 et suiv. quelques-unes des nombreuses applications que cette règle a reçues dans la jurisprudence. D'autres ont été rapportées *ibid.* v° *Jugement d'avant dire droit*, nos 64 et suiv. — Il a été décidé, depuis: 1° qu'un jugement interlocutoire qui ordonne une enquête ne peut, alors même qu'il aurait acquis l'autorité de la chose jugée, faire obstacle à l'examen et à l'appréciation par la cour du fond du procès (Civ. cass. 4 mars 1845, aff. Commune de Vauxbon, D. P. 45. 1. 142); — 2° Qu'un jugement interlocutoire, qui a rejeté implicitement une exception de prescription trentenaire, n'est point un obstacle à l'admission, lors du jugement définitif, d'une autre exception de prescription se présentant dans des conditions différentes (Civ. rej. 14 mars 1853, aff. Juret, D. P. 53. 1. 83); — 3° Que l'arrêt qui admet l'époux défendeur à une action en séparation de corps, à faire preuve de faits par lui allégués à l'appui des conclusions par lesquelles il demande reconventionnellement que cette séparation soit prononcée à son profit, et ordonne que l'enquête soit ouverte dans un certain délai, ne s'oppose pas à ce que la cour accueille plus tard l'action principale à fin de séparation de corps, sans attendre l'enquête, bien que les délais n'en soient pas expirés, s'il est établi que l'époux autorisé à y procéder n'a fait aucune diligence pour la commencer (Civ. rej. 22 août 1854, aff. Tessier-Grandmaison, D. P. 54. 1. 391). — 4° Qu'en matière de séparation de corps, le jugement interlocutoir qui ordonne la preuve de faits articulés à l'appui de la demande, comme constituant des excès, sévices ou injures graves dans le sens de l'art. 306 c. civ., ne lie pas le juge sur le caractère des faits dont la preuve serait rapportée; qu'en conséquence, la demande en séparation de corps peut être rejetée, même en présence de la preuve d'un certain nombre des faits énoncés dans l'interlocutoire, par le motif que ces faits n'ont pas le degré de gravité suffisant pour servir de base à une séparation de corps (Req. 3 févr. 1863, aff. Jolly, D. P. 64. 1. 185. V. *Mariage*); — 5° Que le rejet prononcé, par un jugement interlocutoire non frappé d'appel, d'un fait articulé par l'une des parties, ne met pas obstacle à ce que ce même fait soit apprécié et pris en considération sur l'appel du jugement au fond, alors surtout que ce fait se rattache directement à ceux dont la preuve a été admise par le jugement interlocutoire (Grenoble, 3 déc. 1855, aff. Chauvin, D. P. 56. 2. 278); — 6° Que le jugement qui autorise la preuve du recel, qu'aurait commis un associé, d'effets de la société, ne lie pas le juge sur la question de savoir si le recel, en matière de société, est atteint par les dispositions des art. 792 et 1477 c. civ. relatives au recel en matière de succession ou de communauté, lorsque cette question n'a pas été soulevée à l'époque de l'avant faire droit, lequel ne présente alors que les caractères d'un simple interlocutoire laissant entière la solution à donner au fond, après l'enquête ordonnée (Civ. rej. 28 août 1865, aff. Durand Vallès, D. P. 65. 1. 352); — 7° Que, la preuve de certains faits ayant été écartée comme non concluante et la preuve de certains autres admise par jugement interlocutoire, le jugement définitif peut, sans violer l'autorité de la chose jugée, se fonder sur les faits dont la preuve avait été écartée, aussi bien que sur ceux dont la preuve avait été admise (Req. 21 août 1871, aff. Antric, D. P. 71. 1. 212); — 8° Que le jugement qui autorise un légataire à prouver que le testament a été fait pendant un intervalle lucide n'a pas l'autorité de la chose jugée sur la question de l'existence même des intervalles lucides (Req. 3 avr. 1872, aff. Campou, D. P. 72. 1. 415); — 9° Que, lorsque, dans un litige sur le point de savoir si des marchandises vendues au compte et à la mesure ont été ou non définitivement reçues par l'acheteur, les juges ont ordonné une expertise, en vue d'un compte et d'un mesurage nouveaux, le jugement définitif peut, sans violer la chose jugée, décider que la réception de la marchandise a été définitive, quoique la pensée des premiers juges paraisse avoir été que la réception n'était pas définitive (Amiens, 30 janv. 1874) (1);

(1) (Lemaître-Allard *C.* Collignon.) — La cour; — Sur la fin du non-recevoir: — Considérant que, s'il est vrai, d'une part, que l'interlocutoire ne lie pas le juge, et si, d'autre part, il faut tenir pour exacte la définition donnée par l'art. 452 c. pr. civ., lequel porte que le jugement interlocutoire est celui qui, avant faire droit, ordonne une mesure d'instruction qui préjuge le fond du procès, de la combinaison de ces deux principes il suit nécessairement qu'à moins de s'être lié lui-même par une disposition précise ayant un caractère définitif, le juge peut toujours s'écarter de l'ordre d'idées sous l'empire duquel la mesure prescrite avait été ordonnée; — Considérant, en fait, que, dans le courant d'octobre 1868, il est intervenu entre Lemaître-Allard et Collignon un marché verbal aux termes duquel celui-ci vendait au premier les perches qu'il ferait dans diverses coupes de bois aux conditions suivantes, savoir: pour les perches de la première série,....., de la deuxième série,....., de la troisième série,..... (ici les indications de dimension et de prix par chaque série); — Considérant qu'en exécution de ce marché, il a été, en mai 1869, procédé sur les coupes contradictoirement entre Toussaint, d'une part, préposé spécialement à cette opération par Lemaître-Allard et Collignon ou Arquen, son représentant, d'autre part, au classement, au comptage et à la réception des bois vendus; que les quantités, suivant la facture de Collignon, en auraient été fixées à 16440 pour la première série, 10119 pour la deuxième, et 4647 pour la troisième, et que le prix s'en serait élévé à 13353 fr. 80 c.; — Considérant que cette facture ayant été envoyée à Lemaître-Allard, celui-ci a immédiatement protesté contre ces énonciations; qu'il a, de plus, prétendu que la réception faite sur les coupes n'avait qu'un caractère provisoire et qu'il devait être procédé à un nouveau comptage et à un nouveau classement, lors de l'arrivée des bois aux gares désignées par Lemaître-Allard où, d'après les conventions, ils devaient être transportés par les soins de Collignon; — Considérant que Collignon a soutenu, au contraire, que la réception faite sur le parterre des coupes était définitive; que, tout au plus, pouvait-il y avoir lieu à un recomptage en gare, mais non à un reclassement; et qu'enfin, dans l'hypothèse de cette dernière opération, il s'est encore élevé un différend entre les parties sur les conditions du mesurage, Lemaître-Allard soutenait qu'il devait se faire eu égard à l'état des bois en mai, et Collignon, à l'état des bois en mars, époque où, selon lui, devaient avoir lieu les livraisons; — Considérant que ces diverses constatations ayant été portées devant le tribunal de Montmédy, celui-ci a rendu un premier jugement ordonnant une enquête dans le but d'établir si la réception faite en coupes devait être ou non considérée comme définitive; — Que, le 12 août 1869, il est intervenu devant le même tribunal un second jugement prescrivant un nouveau comptage par trois experts avec classement par séries, en tenant compte du déchet que les perches avaient pu éprouver depuis le premier comptage, et avec mission de rechercher si, depuis l'époque où la réception devait se faire, c'est-à-dire dans le courant de mars, des perches litigieuses avaient diminué de grosseur et dans quelles proportions; — Considérant que ce jugement a été rendu *avant faire droit et tous moyens réservés*; qu'il a été maintenu dans ses parties essentielles par un nouveau jugement interprétatif et ensuite par l'arrêt de la cour de Nancy du 8 févr. 1870, qui n'infirme les sentences de Montmédy qu'en ce qu'elles auraient donné mission aux experts de rechercher si les perches avaient diminué de grosseur au mois de mars, ledit arrêt ordonnant, au contraire, que le classement se ferait d'après l'état des perches au mois de mai; — Considérant que ces décisions ordonnant un comptage avec classement nouveau permettent sans doute de supposer que, dans la pensée des magistrats qui les ont rendues, la réception faite par Toussaint n'était pas définitive et demeurait soumise à une revision entière et dans le comptage des pièces de bois et dans leur répartition par séries, ce qui était la condamnation implicite de la prétention première de Collignon; mais qu'il n'apparaît ni des termes des jugements et arrêts rendus, ni des circonstances, que les juges se soient interdit le droit d'examiner de nouveau la cause dans toutes ses parties; — Que la cour de Nancy déclarant par son arrêt que toutes les dispositions autres que celle sur laquelle porte sa réformation, sortiront effet, entend bien au contraire par là maintenir les réserves contenues dans les jugements attaqués et les conditions dans lesquelles ils ont été rendus; que c'est, dès lors, à bon droit que le tribunal de Verdun ne s'est point arrêté à l'exception de chose jugée invoquée par Lemaître-Allard;

Au fond: — Considérant que si des termes de la correspondance, des faits et circonstances de la cause, tels qu'ils sont relevés dans le jugement dont est appel, il résulte que, dans la pensée des parties, la réception des perches à faire sur les coupes devait être définitive, il est constant aussi qu'aussitôt après la réception faite par Toussaint, il a été reconnu par Collignon que cette opération contenait des erreurs importantes dont il devait être tenu compte dans l'établissement définitif des chiffres de sa facture; — Considérant que si Collignon s'est d'abord opposé à ce qu'il fût procédé à une revision des séries acceptées par Toussaint, il a fini par y conclure lui-même sous certaines restrictions; — Considérant que l'arrêt de la cour de Nancy ayant admis, contrairement à ses prétentions, que le nouveau classement aurait lieu d'après l'état des perches au mois de mai et non au mois de mars, Collignon a déclaré y acquiescer purement et simplement par acte du 23 févr. 1870, avec offre de payer les frais; — Considérant que cet acquiescement signé par l'avoué de Collignon et par Collignon lui-même ne saurait sans doute avoir pour effet de changer le caractère de l'arrêt qui n'en demeure pas moins interlocutoire, mais qu'il est impossible de ne pas y avoir égard dans l'appréciation de l'ensemble des faits du procès; — Considérant que l'expertise ayant eu lieu dans ces conditions, a eu pour résultat de faire répartir les perches ainsi qu'il suit...., ce qui fait un total de 24101 perches déclarées valables et reconnues valoir, d'après les prix spéciaux du marché, une somme de 9900 fr.; — Considérant que 498 perches ont été trouvées manquantes et que 6547 sont reconnues n'avoir aucune des dimensions voulues pour être classées dans l'une ou l'autre des séries prévues par le traité; — Considérant que l'on ne sait sur quelle raison Lemaître-Allard pourrait s'appuyer pour demander la résolution du contrat, en ce qui concerne les 4101 perches reconnues valables; que rien n'y mettant alors obstacle, Lemaître-Allard a eu le tort, dès la date de l'expertise (avril, mai et juin 1870), de ne pas prendre livraison de ces perches; que, quel que soit le caractère de la vente, il faut dire que, dès ce moment, ces bois étaient devenus sa propriété; que, s'ils ont péri, ils ont péri pour son compte et qu'il n'en doit pas moins le prix à son vendeur; — Considérant, quant aux manquants, que Collignon reconnaît qu'ils doivent être déduits de sa facture et que cette déduction a été admise en première instance; — Considérant que la même déduction doit être admise pour les 6547 perches n'ayant pas les dimensions voulues, et que vainement, pour les faire comprendre dans le marché, on voudrait opposer la réception faite par Toussaint; — Que les circonstances rapportées ci-dessus autorisent à penser d'abord que, par rapport à cette réception, Collignon n'a pas entendu s'en tenir à la rigueur de son contrat; que cette supposition est d'autant plus admissible que les 6547 perches rebutées ne rentraient dans aucune des conditions du marché et ne pouvaient en faire la matière; qu'il n'est pas absolument démontré qu'elles aient été comprises au nombre de celles reçues par Toussaint; et qu'enfin, après cette première opération, Collignon demeurant encore chargé du transport en gare des marchandises reçues, il n'est pas établi davan-

— 10° Que lorsqu'un arrêt a reconnu à un associé le droit à une part plus considérable des bénéfices sous la condition que, dans la liquidation, il fournirait des justifications sur les faux frais et frais généraux dont les chiffres n'étaient pas motivés, il n'y a pas violation de la chose jugée dans l'arrêt subséquent qui refuse ladite allocation à raison de ce que de graves irrégularités et des détournements ont été constatés dans les écritures sociales (Req. 1er août 1876, aff. Magnique, D. P. 77. 1. 24); — 11° Qu'une cour d'appel, après avoir déclaré bien fondée une demande en dommages-intérêts à fournir par état et avoir, à défaut d'éléments pour la fixation du dommage, renvoyé à instruire à cet égard, sans rien préjuger sur les bases d'après lesquelles l'allocation des dommages-intérêts devra avoir lieu, peut, par un arrêt postérieur, apprécier non seulement la quotité des dommages-intérêts mais même la cause d'où ils pouvaient procéder (Req. 7 août 1877) (1); — 12° Que la simple désignation d'un titre de créance sous le nom de billet à ordre dans un jugement interlocutoire, sans qu'aucun débat ait eu lieu sur la nature de ce titre, n'a pas l'autorité de la chose jugée; par suite, le juge d'appel peut déclarer que ce titre, qualifié à tort de billet à ordre, n'était point négociable et présentait le caractère d'un simple engagement civil non soumis à la prescription quinquennale de l'art. 189 c. com. (Req. 17 déc. 1878, aff. Bastié, D. P. 79. 1. 255); — 13° Que le juge peut, après avoir déclaré inutile l'enquête ordonnée et même exécutée, statuer sur le fond, par appréciation des titres produits (Req. 30 déc. 1878, aff. Mailley, D. P. 79. 1. 231); — 14° Que la sentence par laquelle un juge de paix a admis le demandeur à prouver l'existence à son profit de la possession annale d'un droit de passage, dans l'exercice duquel il prétendait avoir été troublé, mais sans énoncer que cette possession reposât sur un titre quelconque, est une décision purement interlocutoire qui n'implique aucun préjugé sur le fond du litige; que par suite cette sentence ne fait pas obstacle à ce que l'action possessoire soit ensuite écartée par le motif que le titre dont excipe le demandeur ne peut servir de base à sa posses-

tage que celui-ci se soit exactement acquitté de sa mission; — Considérant qu'il convient, dès lors, de retrancher encore du marché les 6547 perches dont il s'agit et de n'en tenir aucun compte dans la fixation du prix à payer par Lemaitre-Allard; — Considérant que, pour la détermination de ce prix, il est équitable et conforme, d'ailleurs, à toutes les données de la cause de prendre pour base les chiffres admis par l'expertise... — Par ces motifs, etc.

Du 30 janv. 1874.-C. d'Amiens, ch. réun.-MM. Saudbreuil, 1er pr.-Babled, av. gén.-Bernard (du barreau de Nancy) et Goblet, av.

(1) (Videau et Brun C. Messageries maritimes.) — Le 9 mai 1876, arrêt de la cour de Bordeaux ainsi conçu : — « Attendu qu'il était formellement stipulé sur les connaissements ainsi que dans les bordereaux de vente que les poivres dont il s'agit au procès seraient transbordés à Pointe-de-Galles sur un steamer de la compagnie des messageries maritimes; — Que, conformément à ces conventions, la compagnie British-India a transporté ces marchandises à Pointe-de-Galles et les a déposées dans les magasins de la compagnie des Messageries maritimes pour être chargées sur un des steamers de ladite compagnie et suivre à destination jusqu'à Marseille; — Attendu que la compagnie des Messageries maritimes a chargés lesdits poivres sur le steamer *Provence* qui était arrivé à Pointe-de-Galles désemparé de sa machine et ne pouvant plus naviguer qu'à la voile et avec le secours d'un remorqueur; — Que, par suite, les marchandises dont il s'agit, parties de Pointe-de-Galles le 14 févr. 1874, ne sont parvenues à Marseille que le 25 mars suivant, et que les acheteurs ont refusé de prendre livraison, en se fondant sur ce que les conditions stipulées dans les bordereaux de vente et d'après lesquelles les poivres devaient leur être livrés par un steamer venant à Marseille, n'avaient pas été remplies; — Attendu que la clause desdits bordereaux portant que les poivres seraient livrés par un steamer venant de Marseille, avait évidemment pour but d'assurer la plus prompte arrivée possible de cette marchandise; que le chargement de ces poivres sur un vapeur déjà désemparé de sa machine ne pouvait atteindre ce résultat, et qu'on ne saurait, sans méconnaître l'intention des parties et l'esprit de leur convention, considérer comme un steamer, c'est-à-dire comme un navire à vapeur, un navire qui, lorsqu'il recevait la marchandise, ne pouvait plus naviguer qu'à la voile; — Qu'il importe peu qu'un ou plusieurs steamers de la compagnie des messageries maritimes eussent déjà touché à Pointe-de-Galles sans pouvoir prendre les poivres, parce que ces vapeurs avaient déjà leur plein et entier chargement, et qu'il fût en outre possible que les steamers suivants se trouvassent dans les mêmes conditions; — Qu'en acceptant le transbordement des poivres vendus à Pointe-de-Galles, les acheteurs s'étaient soumis à ces éventualités et n'auraient pu se plaindre, quel que fût le retard qu'elles auraient occasionné; mais qu'il n'était pas permis de changer la nature des risques qu'il avaient entendu courir et d'y substituer des chances d'une autre nature, en employant un moyen de transport autre que celui qui avait été stipulé; — Que les appelants sont donc fondés à soutenir que les engagements pris à leur égard par leurs vendeurs n'ont pas été accomplis; — Sur le recours en garantie formé par Videau et Brun contre la compagnie des Messageries maritimes : — Attendu que le destinataire de la marchandise a une action directe contre le transporteur ou le capitaine auquel cette marchandise a été confiée, à raison des fautes qu'ils peuvent avoir commises, les expéditeurs ayant stipulé tant dans leur intérêt que dans celui du destinataire; — Attendu qu'il était expressément stipulé dans les connaissements remis avec la marchandise à la compagnie des messageries maritimes que les poivres seraient chargés sur un steamer venant à Marseille, et que cette compagnie n'a point rempli cette obligation en les embarquant sur un navire qui ne pouvait plus naviguer qu'à la voile ou à l'aide d'un remorqueur; que les destinataires n'auraient sans doute eu contre elle aucun recours, si, les steamers touchant à Pointe-de-Galles ayant déjà leur plein chargement, l'expédition de la marchandise s'était trouvée plus ou moins longtemps retardée, mais que la possibilité de ces retards, dont la compagnie n'aurait pas été responsable, ne l'autorisait pas à employer un mode de transport autre que celui qui aurait été réglé par les connaissements, en imposant à ces destinataires d'autres causes de retard que celles qui auraient été prévues et acceptées; que Videau et Brun sont donc fondés à réclamer de la compagnie des Messageries maritimes des dommages-intérêts à raison du préjudice qu'ils ont souffert; que la cour ne possède pas actuellement les éléments nécessaires pour en fixer le montant, et que, sans rien préjuger sur les bases d'après lesquelles ces dommages devront être appréciés, il y a lieu d'ordonner que Videau et Brun les mettront par état et déclaration; — Déboute Videau et Brun de leur action contre Hostein et autres; — Dit leur demande en garantie bien fondée en ce qui touche la compagnie des messageries maritimes; — Condamne, en conséquence, ladite compagnie à des dommages-intérêts à mettre par état et déclaration. » — Les sieurs Videau et Brun ayant, conformément à cette décision, produit un état des dommages-intérêts qu'ils réclamaient, la cour de Bordeaux a rendu, le 16 janv. 1877, un nouvel arrêt ainsi conçu : — « Attendu que Videau et Brun ont mis par état les dommages-intérêts qu'ils soutiennent leur être dus par la compagnie des Messageries maritimes à raison du préjudice que cette compagnie leur aurait causé en chargeant sur un bateau à vapeur désemparé de sa machine les poivres qui leur étaient expédiés; que ce mode de transport ayant entraîné la résiliation des ventes par eux faites, le dommage qu'ils ont souffert est, disent-ils, représenté par la différence existant entre le prix qu'ils auraient retiré de la marchandise si ces marchés avaient reçu leur exécution, et le produit net qu'ils en ont obtenu au taux des cours existant lorsque les poivres leur ont été remis, soit 51676 fr. 25 c.; qu'il faut ajouter à cette somme, celle de 13139 fr. 80 c. pour les intérêts à 6 pour 100 l'an de celle de 137350 fr. 05 c. dont ils ont été privés du 14 avr. 1874 au 15 nov. 1875; qu'en outre la compagnie des Messageries maritimes doit être tenue de leur rembourser la somme de 5058 francs montant des frais qu'ils ont dû payer au consignataire des poivres pour retirer leur marchandise, celle de 1059 fr. pour le déchet qu'elle a subi, et 4066 fr. 20 pour frais et préjudices extrinsèques, ce qui porte le total des dommages-intérêts réclamés à 75000 fr.; — Attendu que les bases d'après lesquelles Videau et Brun calculent les dommages-intérêts qu'ils réclament contiennent tant en fait qu'en droit des inexactitudes et des erreurs qu'il importe de rectifier; — Que d'abord et en fait... (Sans intérêt); que d'autre part, il n'est pas exact que Videau et Brun n'aient pu rentrer dans la possession des poivres que le 15 nov. 1875; — Qu'il est au contraire établi qu'au moins dès le 10 avril 1875, la compagnie des Messageries maritimes déférant à la sommation qui lui avait été adressée par les appelants, déclarait expressément être prête à livrer les marchandises réclamées, sous la réserve que cette livraison ne pourrait être considérée comme une dérogation ou une renonciation aux droits de toutes parties et que la question contestée de sa responsabilité resterait entière; — Que, si Videau et Brun n'ont point alors retiré ces poivres des magasins de la compagnie, c'est uniquement parce que leurs acheteurs refusaient eux-mêmes d'en prendre livraison sous toutes réserves; mais que ce motif peut d'autant moins être opposé à la compagnie qu'elle était absolument étrangère aux marchés conclus par les appelants; et que ces derniers pouvaient, en s'adressant à la juridiction compétente, facilement faire ordonner que, pour éviter toute chance de baisse de la marchandise et tous les frais ultérieurs, les poivres litigieux seraient vendus pour compte de qui de droit; — Que c'est donc à partir du 10 avril qu'il a

sion (Civ. rej. 15 juill. 1878, aff. Trichard, D. P. 79. 1. 131); — 15° Que le juge conserve la faculté, après avoir ordonné la preuve par témoins d'un fait qu'il considérait comme préjugeant le différend, de ne tenir aucun compte de l'enquête, si l'examen des points sur lesquels l'enquête a porté n'est pas nécessaire à la solution définitive du litige (Req. 26 nov. 1877, aff. Gérard, D. P. 80. 1. 76); — 16° Que le jugement interlocutoire qui se borne à ordonner une enquête sur le point de savoir si l'acceptation par le vendeur des offres de l'acheteur n'avait pas été communiquée à celui-ci dans les vingt-quatre heures, ne met point obstacle à ce que le juge, en statuant sur le fond, décide que la formation du contrat avait été seulement subordonnée à la connaissance de ladite acceptation par le notaire chargé de la vente dans le délai imparti (Req. 2 févr. 1885, aff. Corne, D. P. 85. 1. 293. — V. encore : Req. 4 déc. 1876, aff. d'Arnaud-Bey, D. P. 77. 1. 313 ; Req. 3 mai 1880, aff. Commune de Sescux, D. P. 81. 1. 76; Civ. rej. 23 janv. 1882, aff. Halphen, D. P. 82. 1. 319; Civ. rej. 28 juill. 1884, aff. Vergez, D. P. 85. 1. 300). — Sur la question de savoir si la règle que l'interlocutoire ne lie pas le juge s'applique au jugement avant faire droit qui ordonne un serment décisoire, V. *Obligations*. — V. aussi *Jugement d'avant dire droit*.

29. Les règles ci-dessus s'appliquent, non seulement à l'interlocutoire qui ordonne une preuve, mais encore à celui qui ordonne une vérification (*Rép.* n° 47). Ainsi un tribunal, après avoir sursis à statuer sur une demande jusqu'après vérification d'écriture d'un testament peut, nonobstant ce jugement, et sans s'y arrêter, statuer sur la demande, s'il estime avoir, en dehors du testament dénié, des éléments suffisants d'appréciation (Toulouse, 2 juill. 1839, *Rép.* v° *Jugement d'avant dire droit*, n° 66-8°).

30. Elles s'appliquent également au jugement interlocutoire auquel les parties ont acquiescé soit expressément, soit implicitement en consentant à son exécution. Ainsi il a été décidé : que le jugement interlocutoire qui, en matière d'action possessoire, ordonne une visite de lieux et une enquête sur la possession, ne préjuge point d'une manière irrévocable que la chose litigieuse soit susceptible d'une possession utile ; par suite, le juge peut, sans violer l'autorité de la chose jugée par l'interlocutoire acquiescé et exécuté déclarer, par sa sentence définitive, la complainte non recevable, comme ayant pour objet une chose placée hors du commerce (Civ. cass. 5 juill. 1837, *Rép.* v° *Action possessoire*, n° 706) ; —... Que le juge d'appel n'est pas lié par l'interlocutoire, même exécuté, qui avait admis une commune, par exemple, à faire, en première instance, la preuve de ses faits et actes de possession sur certains terrains (Nancy, 2 févr. 1838, *Rép.* v° *Jugement d'avant dire droit*, n° 68-4°).

A plus forte raison, en sens inverse, le juge n'est-il pas lié par la mesure d'instruction qu'il a ordonnée lorsque l'exécution de cette mesure a été abandonnée du consentement respectif des parties. C'est ce qui résulte d'un arrêt (Req. 24 nov. 1832) rapporté au *Rép.* n° 46-4°. — Décidé, dans le même sens, qu'une partie n'est pas recevable à invoquer en justice l'enquête faite dans une instance antérieure, alors qu'une transaction a déclaré non avenues toutes les instances principales ou sur incident, et que, par suite, un jugement postérieur a ordonné une nouvelle enquête sur les mêmes faits (Req. 23 janv. 1872, aff. Claverie, D. P. 72. 1. 123).

31. Un jugement interlocutoire peut contenir une décision définitive sur certains points en litige : il est évident que, sur ces points, il peut acquérir force de chose jugée (Laurent, t. 20, p. 35). — Il a été décidé, à cet égard : 1° que l'interlocutoire qui, sur contestation des parties, décide une question de droit qui les divise, est susceptible d'acquérir l'autorité de la chose jugée quant à la qualification du droit, s'il n'est attaqué dans le délai (Nîmes, 10 déc.

été loisible à Videau et Brun de retirer leur marchandise et de l'avoir à leur disposition ; — Attendu, en droit, que si, en cas d'inexécution d'une obligation, les dommages-intérêts dus au créanciers sont, en général, de la perte qu'il a subie et du gain dont il a été privé, il est également certain que le débiteur n'est tenu que des dommages-intérêts qui ont été prévus ou que l'on a pu prévoir au moment du contrat, lorsque ce n'est point par son dol que l'obligation n'a point été exécutée; qu'aucun dol n'est et ne saurait être imputé à la compagnie des Messageries maritimes, qui ne s'est décidée à charger les poivres de Videau et Brun sur le bateau la *Provence*, tout désemparé qu'il fût de sa machine, que parce qu'il était déjà passé à Pointe-de-Galles un ou deux steamers ayant un plein chargement, et qu'il en pouvait être de même de ceux dont on pouvait attendre l'arrivée; que la compagnie se trouve donc dans les conditions réglées par l'art. 1150 c. civ. ; — Attendu qu'il n'existait, entre les conventions faites à Cochin, pour le transport à Marseille des poivres et les ventes que les appelants ont faites de ces mêmes poivres, aucune relation et aucun lien qui pût les rattacher les unes aux autres; — Qu'il n'avait été déclaré aux transporteurs ni à Cochin ni à Pointe-de Galles que les poivres chargés eussent été l'objet des ventes dont la condition était que cette marchandise ne serait rendue à cette destination que par steamer; qu'il était, par conséquent, impossible à la compagnie des messageries maritimes de prévoir qu'en la transportant sur un navire qui ne pouvait plus naviguer qu'à la voile où à l'aide d'un remorqueur, elle autoriserait les acheteurs, qui lui étaient inconnus, à demander et à obtenir la résiliation de marchés qu'elle ignorait; — Qu'elle devait seulement comprendre qu'en chargeant les poivres dont le transport lui était confié sur un bateau désemparé de sa machine, elle ne remplissait pas les obligations contractées dans les connaissements qui lui étaient remis et qu'elle exposait ainsi les destinataires à des chances de retard qu'ils n'avaient pas voulu encourir; que c'est donc dans ces limites que sa responsabilité est engagée; — Attendu qu'aux termes de l'art. 297 c. com., le capitaine perd son fret et répond des dommages-intérêts de l'affréteur, si celui-ci prouve qu'à son départ le navire était hors d'état de naviguer, et que, dans l'espèce, il est reconnu que, lorsque la *Provence* est partie de Pointe-de-Galles, elle était hors d'état de naviguer comme navire à vapeur; que les dispositions de l'article précité sont donc applicables à la compagnie des Messageries maritimes; et qu'elle doit perdre le fret qu'elle a perçu et le rembourser à Videau et Brun qui l'ont payé; — Attendu enfin qu'outre la perte de ce fret, la compagnie, qui faisait subir aux destinataires d'autres chances de retard dans le transport de la marchandise que celles qu'ils avaient voulu courir, devait encore s'attendre à répondre des dommages que ces derniers pourraient éprouver, soit par une perte d'intérêts, sur le capital engagé, soit par le changement apporté aux dispositions qu'ils auraient en vue, mais qu'il sera équitablement tenu compte de tout ce qu'on pouvait prévoir à ce sujet, en condamnant la compagnie à payer à Videau et Brun une somme de 6000 fr., soit ensemble et en y comprenant la restitution du fret, celle totale de 11733 fr. 40 cent., etc. » — Pourvoi en cassation par Videau et Brun. — Arrêt.

LA COUR ; — Vu les art. 1150 c. civ., 297 c. com., 1147, 1149, 1351 et 1382 c. civ. ; — Sur le moyen tiré de la chose jugée : — Attendu que Videau et Brun, croyant avoir droit à des réparations de la part de la compagnie des Messageries maritimes, soit qu'on tînt compte des reventes de la marchandise et des résiliations, soit qu'on en fît abstraction, ont demandé, au moment de l'arrêt du 9 mai 1876, des dommages-intérêts à indiquer par état; que la cour de Bordeaux a déclaré cette demande en elle-même bien fondée; que, toutefois, elle a expliqué que, ne possédant pas les éléments nécessaires pour fixer le chiffre de ces dommages-intérêts, il y avait lieu de renvoyer instruire à cet égard, mais sans rien préjuger sur les bases d'après lesquelles ils devraient être accordés; — Qu'il est évident, par suite, que, lors de l'arrêt attaqué du 16 janv. 1877, cette cour avait conservé le droit d'apprécier non seulement la quotité desdits dommages-intérêts, mais encore les causes d'où ils devaient procéder; que, par conséquent, en faisant cette appréciation, elle n'a aucunement porté atteinte à l'autorité de la chose jugée;

Sur le moyen pris de l'insuffisance prétendue des indemnités allouées : — Attendu que les demandeurs avaient revendu les marchandises sous la condition qu'elles arriveraient à Marseille par steamer, après transbordement à Pointe-de-Galles, condition qui avait pour but d'assurer la rapidité du transport, mais qui n'ayant pas été remplie, a amené la résiliation des reventes; que l'arrêt attaqué a décidé, d'une part, que la compagnie qui, dans l'ignorance où elle avait été tenue de ces reventes et de la condition particulière qui s'y rattachait, avait apporté, dans une pensée d'obligeance, certains changements au mode de transport n'ayant pu prévoir les résiliations, n'était passible, sous ce rapport, d'aucuns dommages-intérêts; d'autre part, à raison du retard, sa responsabilité avait cessé d'être engagée, à partir du moment où elle avait offert aux demandeurs de leur remettre la marchandise; — Qu'en statuant ainsi, la cour de Bordeaux ne s'est livrée qu'à une appréciation de fait, qui rentrait dans le pouvoir souverain dont elle était investie; — Qu'il suit de là que l'arrêt attaqué n'a violé ni faussement appliqué les articles de loi ci-dessus visés;

Par ces motifs, rejette, etc.

Du 7 août 1877.-Ch. req.-MM. Bédarrides, pr.-Jardin, rap.-Godelle, av. gén., c. conf.-Dareste, av.

1839, *Rép.* v° *Jugement d'avant dire droit*, n° 63-2°); — 2° Que lorsque, par un premier jugement, il a été constaté que les parties se sont accordées à reconnaître que la loi du 10 juin 1854 sur le drainage est applicable à l'espèce, et qu'il ne reste plus qu'à régler le mode d'exécution et l'indemnité qui sera due au défendeur, le juge ne peut pas, par un second jugement, décider ensuite que le demandeur n'est pas fondé à réclamer l'application de la loi du 10 juin 1854, sans violer l'autorité de la chose jugée et acquiescée (Civ. cass. 5 août 1868, aff. Sauzéas, D. P. 68. 1. 454); — 3° Que le jugement décidant que le legs de tout le mobilier du testateur, fait par celui-ci au profit de son conjoint, comprend toutes les valeurs mobilières qui se trouveront dans la succession du testateur, et ordonnant que, pour le partage de la société d'acquêts ayant existé entre les époux, chacun d'eux rapportera à la masse tout ce dont il est débiteur envers la communauté à titre de récompense, et qu'il sera fait prélèvement des reprises des époux dans l'ordre établi par les art. 1470 et 1471 c. civ., est un jugement définitif, et non simplement interlocutoire, quant à ces bases de liquidation : en conséquence, ce jugement s'oppose, avec l'autorité de la chose jugée, à ce que, lors du partage, il soit établi entre les reprises du testateur et les récompenses par lui dues à la communauté une compensation, qui aurait pour effet de diminuer l'importance du legs défini par le jugement antérieur (Civ. cass. 8 déc. 1869, aff. Beaugrand, D. P. 70. 1. 31); — 4° Que l'arrêt interlocutoire qui, après avoir reconnu l'existence d'une créance, ordonne, afin d'en fixer le chiffre, une mesure d'instruction (une communication de livres de commerce), est définitif en ce qui concerne le premier point : l'arrêt ultérieur qui déclarerait que l'existence de la créance dont il s'agit n'est pas justifiée violerait donc la chose jugée (Civ. cass. 13 mai 1878) (1).

32. Toutefois, le jugement ou l'arrêt interlocutoire qui consacre un point de droit ne lie pas le juge, si la question n'a été décidée que d'une manière abstraite, et si, dans le dispositif, le demandeur a été admis à prouver des faits qui ne seraient point pertinents si l'on s'en tenait au point de doctrine consacré (Orléans, 17 août 1848, aff. Caillet, D. P. 49. 2. 1). De même, un arrêt qui admet la preuve de certains faits, mais qui, dans ses considérants et même sous forme de disposition, s'exprime dans un sens contraire aux conséquences à tirer de ces faits, s'ils étaient prouvés, n'en est pas moins, et pour le tout, un arrêt purement interlocutoire, qui ne saurait, dès lors, avoir l'autorité de la chose jugée ; en conséquence, le juge, quand l'affaire revient devant lui après l'enquête, n'est point lié par la doctrine développée dans ce premier arrêt (Civ. rej. 12 août 1851, aff. Caisse commerciale du Loiret, D. P. 51. 1. 235).

33. Le jugement interlocutoire peut encore acquérir l'autorité de la chose jugée relativement à la mesure même qu'il ordonne, si cette mesure a été l'objet d'une contestation entre les parties (*Rép.* n°s 48 et suiv.). — Ainsi, un tribunal qui, par un jugement d'avant dire droit, a ordonné une expertise à l'effet de vérifier des dégradations, qu'un propriétaire prétend avoir été faites par son fermier, n'a pas le droit de renvoyer purement et simplement le fermier de la demande formée contre lui avant que les parties n'aient été mises à même d'exécuter l'interlocutoire (Bordeaux, 23 juin 1828, *Rép.* v° *Jugement d'avant dire droit*, n° 62). — Décidé, de même : 1° que le jugement qui ordonne l'établissement d'un compte d'après certaines bases a, quant à ces bases, l'autorité de la chose jugée ; en conséquence, la partie qui n'a pas attaqué ce jugement ne peut se faire un grief contre la décision définitive de ce qu'elle s'est conformée aux dispositions du précédent jugement (Civ. rej. 19 avr. 1870, aff. Demion, D. P. 71. 1. 244); — 2° Que le juge statuant au fond ne peut plus, alors que, par un jugement interlocutoire, rendu sur les conclusions formelles et contradictoires des parties, il a exclu tels ou tels moyens d'instruction pour s'en tenir exclusivement à d'autres moyens déterminés, s'écarter de cette décision lorsqu'il statue sur le fond, et prendre ses éléments de décision dans les moyens rejetés par l'interlocutoire; de même qu'après avoir ordonné une enquête, le juge ne pourrait juger le fond contre le gré des parties sans qu'il eût été procédé à l'enquête ordonnée (Civ. cass. 4 juin 1872, aff. P..., D. P. 73. 1. 486); — 3° Que la disposition d'un arrêt qui prescrit une enquête pour aider à la vérification d'une pièce arguée de faux n'autorise pas, malgré les termes généraux dans lesquels elle est conçue, la preuve testimoniale de faits précédemment articulés par la partie qui dénie la pièce, mais rejetés par les mêmes arrêts comme non pertinents (Req. 22 juill. 1872, aff. Meley, D. P. 73. 1. 227); — 4° Que l'arrêt qui, à raison de l'existence d'un commencement de preuve par écrit, déclare la preuve testimoniale admissible, et autorise, même sous réserve de tous droits et moyens, la partie à faire cette preuve, a, quant au chef de l'admissibilité de la preuve, un caractère définitif, et acquiert, s'il n'est pas attaqué, l'autorité de la chose jugée; en conséquence, l'arrêt qui prononce au fond ne pourrait, sans violer la chose jugée, statuer à nouveau sur cette question (Req. 29 juill. 1873, aff. Lafari, D. P. 74. 1. 263. — Conf. Civ. cass. 8 juill. 1840, *Rép.* v° *Jugement d'avant dire droit*, n° 62-2°; Besançon, 3 août 1861 aff. Fessler, D. P. 62. 2. 11; Req. 28 mars 1866, aff. Fanton, D. P. 66. 1. 494; Civ. cass. 9 avr. 1866, aff. de Saineville, D. P. 66. 1. 495; Civ. rej. 24 juill. 1867, aff. Goutte, D. P. 67. 1. 326; Griolet, p. 119; Laurent, t. 20, n° 27).

34. Il a été jugé, toutefois, contrairement à la jurisprudence qui vient d'être rapportée, que le jugement interlocutoire qui ordonne une restitution de fruits à évaluer par état, ne lie pas les juges et ne peut faire obstacle à ce qu'ils ordonnent plus tard cette évaluation par experts (Req. 4 janv. 1842, *Rép.* v° *Jugement d'avant dire droit*, n° 66); — ... Que, après qu'un premier jugement a ordonné la liquidation et le partage d'une communauté, et après que d'autres décisions préparatoires s'en sont suivies, un jugement définitif peut déclarer formellement qu'il n'y a pas lieu à liquidation ni à partage de la communauté (Req. 25 mars 1872, aff. Barrey, D. P. 72. 1. 416).

35. Il est certain, d'ailleurs, que le juge du fond a le pouvoir d'interpréter les dispositions du jugement interlocutoire, d'en déterminer la portée, et de décider quelles sont celles qui ont un caractère définitif (Civ. rej. 17 févr. 1886; aff. Commune de Bazas, D. P. 86. 1. 249).

36. On a indiqué au *Rép.* n° 50 les objections que peut soulever l'application de la théorie exposée sous les numéros précédents aux jugements ordonnant une *expertise*. La distinction que nous avons formulée semble être aujourd'hui adoptée par la jurisprudence. De nombreux arrêts ont, en effet, décidé qu'en principe ces jugements ne préjugent pas le fond; il a été décidé notamment: 1° qu'un jugement interlocutoire qui, sur une action en dommages-intérêts, ordonne une expertise à l'effet de constater l'étendue du préjudice allégué, ne met pas obstacle à ce que le jugement définitif déclare que le fait dommageable invoqué ne peut donner lieu à aucune condamnation à des dommages-intérêts (Req. 30 janv. 1856, aff. Cauvière, D. P. 56. 1. 133); —

(1) (Belnet C. Barbe.) — LA COUR; — Sur le moyen unique du pourvoi : — Vu les art. 1350, 1351 c. civ.; — Attendu que l'arrêt du 5 juill. 1875, confirmatif du jugement du 12 mars précédent, appréciant les résultats de l'enquête antérieurement ordonnée, y avait trouvé que la veuve Belnet avait réellement prêté à Barbe différentes sommes, dont toutefois l'importance totale n'était pas suffisamment déterminée; que c'est uniquement à raison de cette incertitude sur le montant total des prêts que ledit arrêt avait ordonné, comme mesure complémentaire, la communication par le défendeur de ses livres de commerce régulièrement tenus; qu'il expliquait, en effet, que la veuve Belnet offrait d'ajouter foi à ces mêmes livres, en ce qui concerne les sommes non prouvées, et que d'ailleurs le dispositif prescrivait expressément de vérifier l'inscription des sommes dont la preuve n'avait pas été spécialement faite ; — Attendu que ledit arrêt avait, sur ce point, un caractère définitif, et que, d'autre part, il est passé en force de chose jugée; que, néanmoins, l'arrêt dénoncé a déclaré la veuve Belnet mal fondée dans sa demande, sur le motif que le prêt de la somme de 1960 fr., que ladite veuve prétend avoir fait à Barbe, n'est justifié par aucun titre et que l'enquête ne révèle aucun fait probant à l'appui de la demande ; — Attendu qu'en rejetant ainsi la totalité de cette demande comme non justifiée par l'enquête, alors qu'un arrêt définitif avait décidé qu'elle l'était en partie et pour un certain nombre de sommes, l'arrêt attaqué a violé l'autorité de la chose jugée;

Par ces motifs, casse, etc.

Du 13 mai 1878.-Ch. civ.-MM. Mercier, 1er pr.-Merville, rap.-Charrins, 1er av. gén., c. conf.-Mazeau et Bosviel, av.

2° Que le jugement qui, après avoir exprimé dans ses motifs, que les habitants d'une commune ont droit à l'usage des eaux d'une source, par cela seul que ces eaux leur sont *utiles*, se borne, dans son dispositif, à ordonner une enquête sur cette utilité, sans ajouter que si elle est reconnue, la commune sera autorisée à jouir de la source, ne met pas obstacle à ce que le jugement, rendu au fond, subordonne le droit de la commune à la *nécessité* de l'usage des eaux, et le lui dénie en se fondant sur ce que cette nécessité n'a pas été établie (Req. 10 juin 1856, aff. Teulon, D. P. 56. 1. 425); — 3° Qu'un tribunal peut, dans son jugement définitif, refuser de prendre pour base de sa décision les vérifications faites par l'expert qu'il a nommé par un jugement interlocutoire (Civ. rej. 19 avr. 1870, aff. Brugnier, D. P. 70. 1. 219); — 4° Que le juge d'appel qui annule une expertise ordonnée par le premier juge peut valablement, avant de statuer sur le fond, prescrire une enquête à la place de l'expertise (Req. 19 déc. 1871, aff. Prat, D. P. 71. 1. 299); — 5° Que le jugement qui, avant faire droit, a ordonné une expertise pour résoudre les difficultés auxquelles a donné lieu la réception de marchandises vendues, a les caractères d'une décision interlocutoire, et, dès lors, ne lie pas le juge qui, pour statuer sur le fond, demeure libre de puiser les éléments de sa décision non seulement dans les résultats de cette expertise, mais aussi dans les autres circonstances de la cause (Civ. cass. 27 mai 1873, aff. Collignon, D. P. 73. 1. 465); — Que, de même, l'arrêt rendu sur l'appel de ce jugement et qui, tout en le confirmant sur les autres points, l'a réformé quant à l'époque à laquelle il avait prescrit aux experts de se placer pour apprécier la diminution que les marchandises vendues avaient pu subir depuis leur livraison n'a pu acquérir l'autorité de la chose jugée sur le fond du litige, c'est-à-dire sur la question de savoir si la réception antérieurement faite était ou non définitive, alors que cette question n'avait été ni appréciée dans les motifs, ni tranchée dans le dispositif (Même arrêt); — 6° Qu'il n'y a pas violation de la chose jugée lorsqu'un premier arrêt ayant ordonné une expertise, et l'expertise ayant eu lieu, un second arrêt statue définitivement sur le fond, bien que l'expert ait déclaré n'avoir pu faire qu'une vérification incomplète des documents de la cause et ne pouvoir se prononcer définitivement (Req. 24 juin 1873, aff. Cadot-Poncet, D. P. 74. 1. 54); — 7° Que le jugement, qui, avant faire droit, a ordonné une expertise sur la demande formée par un entrepreneur en payement de travaux supplémentaires, ne met pas obstacle à ce qu'il soit définitivement jugé qu'aucune indemnité n'est due à raison de ces travaux (Req. 25 nov. 1873, aff. Vernaud, D. P. 75. 1. 135); — 8° Que les juges qui ont ordonné une expertise pour taxer la valeur des travaux faits par un ouvrier en vue de lui en accorder le remboursement, en qualité de constructeur de bonne foi, peuvent déclarer cet ouvrier, par le jugement définitif, créancier en vertu d'un contrat de louage d'ouvrage, sans qu'on puisse dire que le jugement interlocutoire contient une négation implicite de l'existence de ce contrat (Civ. cass. 19 janv. 1874, aff. Bonnardel, D. P. 74. 1. 141); — 9° Que le juge qui, après une première expertise, a ordonné d'office qu'il en serait fait une seconde pour compléter et vérifier les indications de la première, déclarée insuffisante, peut, en statuant sur le fond, adopter les évaluations de la première sans violer l'autorité de la chose jugée résultant de la précédente décision (Req. 30 avr. 1877, aff. Wohrmann, D. P. 77. 1. 391. — Conf. Civ. rej. 22 juin 1836, *Rép.* v° *Jugement d'avant dire droit*, n° 66-4°); — 10° Qu'il en serait même ainsi dans le cas où la première expertise serait nulle: le juge pourrait alors en faire usage à titre de simple renseignement (Angers, 19 févr. 1879, aff. Leroy, D. P. 80. 2. 128. — V. *Rép.* v° *Expertise*, n° 291); — 11° Que lorsque l'expertise ordonnée par un premier jugement n'a été exécutée qu'en partie, les juges peuvent, sans violer l'autorité de la chose jugée, statuer sur le fond du débat sans ordonner une nouvelle expertise ou même un complément d'expertise (Req. 1er mars 1876, aff. Mersch, D. P. 77. 1. 155); — 12° Que le jugement qui ordonne le déchargement et le nouveau chargement d'un navire, dans le but de vérifier si des marchandises peuvent ou non y être embarquées par les écoutilles, n'a pas l'autorité de la chose jugée sur le point de savoir si les marchandises proposées ou fournies rentrent à cet égard dans les conditions de la charte partie (Civ. rej. 8 mars 1882, aff. Debacker, D. P. 83. 1. 53); — 13° Que la sentence par laquelle le juge ordonne une expertise ne s'oppose pas à ce que les parties produisent d'autres preuves, et à ce que le juge les apprécie pour mettre fin au litige, bien que la mesure prescrite n'ait pas reçu sa pleine exécution (Civ. cass. 25 nov. 1884, aff. Martin Ochs, D. P. 85. 1. 399. — Conf. Req. 20 janv. 1880, aff. Brunier, D. P. 80. 1. 253; 19 déc. 1884, aff. Claparède, D. P. 84. 1. 362; Besançon, 6 févr. 1884, aff. Verdant, D. P. 85. 2. 31). — Un arrêt a même été plus loin: il a jugé que lorsqu'une décision interlocutoire a *indiqué* aux experts, pour la fixation d'un prix en litige, un élément dont ceux-ci n'ont pas tenu compte, les juges du fait peuvent, sans violer la chose jugée, résoudre la difficulté en dehors de cet élément, et d'après les données de l'expertise (Civ. rej. 18 juin 1884, aff. Pellieux, D. P. 85. 1. 212).

37. Il en serait encore ainsi dans le cas même où les parties auraient acquiescé au jugement qui ordonne l'expertise (Civ. rej. 8 juill. 1839, *Rép.* v° *Eaux*, n° 563-10; Req. 30 janv. 1856, aff. Cauvière, D. P. 56. 1. 133).

38. Mais il peut arriver que le jugement ordonnant l'expertise préjuge le fond: celles de ses dispositions qui ont ce caractère sont alors susceptibles d'acquérir la force de chose jugée (Req. 20 janv. 1880, aff. Brunier, D. P. 80. 1. 253. Conf. Motifs, Req. 10 juin 1856, aff. Teulon, D. P. 56. 1. 425). Par application de ce principe, il a été décidé: 1° que le jugement qui, en ordonnant une expertise, déclare qu'un certain mode de calcul est le seul moyen régulier d'évaluer une indemnité, a l'autorité de la chose jugée sur ce point, et, en conséquence, il fait obstacle à ce que l'indemnité soit fixée d'après un autre mode de calcul (Civ. cass. 14 juill. 1869, aff. Corne, D. P. 69. 1. 345); — 2° Que lorsqu'il a été ordonné par un tribunal que le déversoir commun à plusieurs usines serait maintenu dans l'état où il se trouvait au moment de l'expertise, mais que les experts rechercheraient s'il y avait possibilité d'établir une vanne de décharge entre le déversoir commun et les vannes motrices des usines, le juge doit décider qu'aucune vanne de décharge ne sera établie, alors que les experts ont déclaré que cette vanne ne pouvait exister sans entraîner une modification dans l'état du déversoir (Req. 23 juill. 1874, aff. Benoît, D. P. 75. 5. 72); — 3° Que l'arrêt qui repousse l'exception de chose jugée opposée par le défendeur, et le condamne à payer le montant de travaux faits pour son compte, est définitif sur ce chef, lors même qu'il ordonnerait en même temps une expertise pour l'estimation de ces travaux (Civ. rej. 6 déc. 1875 (1). — V. aussi Montpellier, 10 févr. 1885, et sur pourvoi, Req. 31 mai 1886, aff. Illes, D. P. 87. 1. 14).

39. — XIX. Jugements par défaut. — Suivant l'opinion généralement admise, les jugements *par défaut-congé* sont

(1) (Brenot C. Berne.) — La cour; — Sur le premier moyen du pourvoi, tiré de la violation de la chose jugée, et sur la première branche du deuxième moyen, prise de la violation des art. 1131, 1372, 1710 c. civ., et des règles de la compétence: — Attendu que ces moyens n'ont pas été relevés par le demandeur dans les conclusions sur lesquelles est intervenu l'arrêt du 3 juill. 1873; — Attendu qu'ils ont, il est vrai, été présentés par lui lors des débats qui ont précédé l'arrêt du 4 mai 1872, mais qu'ils ont été repoussés par cet arrêt, qui déclare expressément Brenot mal fondé dans son exception de la chose jugée, et Berne recevable dans sa demande en garantie contre Brenot; — Que, si ledit arrêt ordonne une expertise pour vérifier les mémoires de Brenot, ses dispositions sur les deux chefs ci-dessus relatés n'en sont pas moins définitives, et n'auraient pu être régulièrement déférées à la cour de cassation, aux termes de l'art. 1er de la loi du 2 juin 1862 que par un recours formé, dans les deux mois à compter du jour de la signification de l'arrêt, à la personne ou au domicile de Brenot; que cette signification a été faite le 13 juill. 1872, et que le demandeur n'a déposé son pourvoi au greffe de la cour de cassation que le 22 nov. 1837; que ce pourvoi est, par conséquent, tardif; — D'où il suit que les moyens proposés, soit qu'on les applique à l'arrêt du 3 juill. 1837, soit qu'on les invoque contre l'arrêt du 4 mai 1872, sont également non recevables;...

Par ces motifs, rejette, etc.

Du 6 déc. 1875.-Ch. civ.-MM. Devienne, 1er pr.-Goujet, rap.-Charrins, av. gén., c. conf. sur trois moyens, contr. sur le 4e moyen.-Labordère et Chambareaud, av.

susceptibles d'opposition de la part du demandeur (V. *Jugement par défaut*; — *Rép.* eod. v°, n° 179). On en conclut que le jugement de défaut-congé acquiert l'autorité de la chose jugée lorsqu'il n'a pas été attaqué dans les délais légaux, soit par opposition, soit par appel (*Rép.* n° 52; Laurent, t. 20, p. 25). Le demandeur n'est plus, dès lors, recevable à former une demande nouvelle ayant le même objet, et cela, encore bien que le juge n'ait pas examiné l'affaire au fond (Douai, 20 janv. 1855, aff. Dujardin, D. P. 56. 2. 281; Metz, 10 août 1855, aff. Bruck, *ibid.*; Chambéry, 12 janv. 1863, aff. Péronne, D. P. 64. 2. 43). — Il en est de même en appel: un arrêt rendu par défaut contre l'appelant, et devenu définitif, faute d'avoir été attaqué par opposition dans le délai, n'a pas seulement pour résultat de faire considérer l'appel comme non avenu, mais communique l'autorité de la chose jugée à la décision des premiers juges qu'il confirme, et, par suite, fait obstacle à ce que cette décision soit frappée d'un nouvel appel principal, alors même que le délai de l'appel ne serait pas encore expiré (Poitiers, 26 avr. 1856, aff. Petit-Pied, D. P. 57. 2. 162). — Un arrêt a cependant décidé que le jugement par défaut-congé qui déclare le demandeur mal fondé dans sa demande et l'en déboute n'a pas forcément l'autorité de la chose jugée sur le fond du droit, et ne s'oppose pas à ce que le demandeur renouvelle ultérieurement sa demande (Orléans, 14 août 1880, aff. Hulin, D. P. 81. 2. 134). Cette décision, contraire, en apparence, à la jurisprudence que l'on vient de rapporter, peut cependant se justifier par de graves considérations de fait: dans l'espèce, le jugement de défaut-congé, loin de reconnaître au fond la prétention du défendeur, réservait, au contraire, au demandeur le droit de justifier ultérieurement sa demande et décidait seulement qu'il y avait lieu d'écarter son action tant qu'il ne ferait pas la preuve de la sincérité d'un testament qu'il produisait. L'arrêt rapporté n'a donc fait qu'une juste application des règles sur l'autorité de la chose jugée, lorsqu'il a décidé qu'il n'y avait pas entre la nouvelle demande et la première identité d'objet: la demande qui poursuit la solution d'une question non formellement résolue par le juge primitivement saisi n'est pas la même que la première.

M. Griolet, p. 126 et suiv., s'est livré à une discussion approfondie de la question que l'on examine ici. Après avoir critiqué le système adopté par la jurisprudence, cet auteur conclut en ces termes: « Dans tous les cas, nous refusons de considérer un jugement de défaut contre le demandeur comme contenant une déclaration négative sur les droits mis en cause par le demandeur. L'instance seule est anéantie, comme par l'effet de la péremption. Il en résulte néanmoins, outre la condamnation du demandeur aux dépens, des conséquences quelquefois fort graves, comme la déchéance d'un appel, mais toujours étrangères à l'autorité de la chose jugée. »

40. — XX. JUGEMENT DÉFINITIF CONTRADICTOIRE. — On a vu au *Rép.* n°s 53 et suiv., que les jugements frappés d'appel ne peuvent avoir l'autorité de la chose jugée, à moins que l'appelant ne se désiste de son appel, ne laisse périmer l'instance ou ne laisse prendre contre lui un arrêt de défaut-congé. Ce point ne soulève aucune difficulté quand l'appel est général: aucune des parties du jugement ne peut acquérir force de chose jugée.

41. Lorsque, au contraire, l'une des parties a interjeté appel relativement à un ou plusieurs chefs seulement du jugement, les chefs non frappés d'appel sont protégés par l'autorité de la chose jugée (V. *Rép.* v° *Appel incident*, n° 10). Il en est ainsi notamment dans le cas où, l'une des parties interjetant appel principal du jugement, l'autre partie, condamnée aux dépens en tout ou en partie par ce jugement n'interjette pas appel incident: l'arrêt ne peut alors changer la répartition des dépens de première instance; peu importe que l'intimé ait demandé la confirmation pure et simple du jugement, ou qu'il s'en soit rapporté à la justice (Civ. cass. 8 juin 1863, aff. Gautier, D. P. 64. 1. 32; 26 juin 1867, aff. Dufourcq, D. P. 67. 1. 249; Civ. rej. 13 janv. 1868, aff. Lenglet, D. P. 68. 1. 125; Req. 7 nov. 1871, aff. Société de Saint-Joseph, D. P. 72. 1. 23; Civ. rej. 22 juill. 1872, aff. Pineteau, D. P. 72. 1. 337; Civ. cass. 14 juin 1876, aff. Perrin, D. P. 76. 1. 301). — Par application des mêmes principes, il a encore été décidé que lorsqu'un jugement qui, sur la demande de l'un des contractants, a prononcé la résolution d'un contrat, n'a été sur ce point l'objet d'aucun recours en temps utile, l'arrêt qui, sur l'appel interjeté par le même contractant, le rétablit dans tous les droits qui résultaient à son profit de ce contrat, méconnaît l'autorité de la chose jugée, et que, dès lors, il peut être frappé de tierce opposition par les tiers auxquels il préjudicie et qui n'y ont été ni appelés, ni représentés (Civ. rej. 10 mars 1868, aff. Syndic Perrier et comp., D. P. 68. 1. 221).

Décidé que le jugement qui, bien qu'ayant été régulièrement signifié, n'a encore été l'objet d'aucun recours, a provisoirement force de chose jugée, sans qu'il y ait lieu d'examiner s'il est susceptible d'opposition ou d'appel; spécialement, lorsque ce jugement a ordonné l'exécution d'un marché, il y a lieu d'infirmer, comme étant inconciliable avec cette décision, et comme méconnaissant l'autorité de la chose jugée, le jugement postérieur qui prononce la résiliation du même marché (Poitiers, 3 mai 1886, aff. Danglard, D. P. 87. 2. 143).

42. — XXI. JUGEMENTS EN DERNIER RESSORT. — V. *Rép.* n° 58.

43. — XXII. JUGEMENTS SUR RENVOI. — V. *Rép.* n° 59.

44. — XXIII. JUGEMENTS PRÉJUDICIELS. — V. *Rép.* n° 60.

45. — XXIV. JUGEMENT ARBITRAL. — L'autorité de la chose jugée s'attache, comme on l'a vu (*Rép.* n° 61, et v° *Arbitrage*, n°s 1123 et suiv.), aux sentences arbitrales (V. en ce sens: Civ. cass. 21 juin 1852, aff. de Saint-Sauveur, D. P. 53. 1. 109; 26 août 1873, aff. Commune de Chancevigney, D. P. 74. 1. 475; Laurent, p. 12; Larombière, art. 1351, n° 5; Aubry et Rau, p. 368, et *suprà*, n° 13). Il en est ainsi, alors même que ces sentences seraient nulles pour atteinte à l'ordre public (Civ. cass. 5 nov. 1811, *Rép.* v° *Arbitrage*, n° 997). — Cette autorité peut être invoquée devant les arbitres eux-mêmes (Civ. cass. 21 juin 1852, précité). — Décidé qu'une sentence rendue par des arbitres amiables compositeurs, chargés de régler complètement et définitivement les comptes d'une liquidation de société, et qui fixe la somme due par le liquidateur de cette société aux associés, a l'autorité de la chose jugée entre les parties et s'oppose à ce que l'une de celles-ci réclame au liquidateur, à l'occasion d'une des créances sociales soumises à l'arbitrage, une somme supérieure à celle qui a été déterminée par les arbitres (Civ. rej. 18 nov. 1884, aff. Lachambre, D. P. 85. 1. 317).

46. — XXV. ARRÊTS DE CASSATION. — Les arrêts de cassation ont pour effet d'enlever à l'arrêt cassé l'autorité de la chose jugée (*Rép.* n° 63). Une conséquence de cette règle, c'est que les décisions rendues en exécution d'un arrêt qui, depuis, a été cassé, n'ont pu acquérir l'autorité de la chose jugée (Civ. cass. 16 juin 1845, aff. Dumoret, D. P. 45. 4. 61). — Sur les effets et l'étendue de la cassation, V. *Cassation*, n°s 458 et suiv.

47. — XXVI. JUGEMENT ADMINISTRATIF. — On a exposé au *Rép.* n°s 64 et suiv. les conséquences du principe que les décisions des autorités administratives statuant en matière contentieuse et par voie de jugement sont susceptibles d'acquérir l'autorité de la chose jugée, de même que les décisions des tribunaux ordinaires. Il en est ainsi, notamment, des décisions des conseils de préfecture: les tribunaux ordinaires ne peuvent connaître de contestations déjà jugées par un conseil de préfecture (*Rép.* n°s 79 et suiv.; Angers, 26 mai 1864, aff. Rozé, D. P. 64. 2. 129; Chambéry, 15 janv. 1879, aff. Chemin de fer de Paris-Lyon-Méditerranée, D. P. 81. 2. 40). — V. *Compétence administrative*.

Il ne faut, toutefois, considérer comme une décision pouvant acquérir force de chose jugée, ni l'avis adressé par un fonctionnaire (un sous-préfet) à ses supérieurs, à propos d'une réclamation (Req. 5 déc. 1871, aff. Guilbert, D. P. 72. 1. 136. Conf. *Rép.* n° 76); — ... Ni la lettre écrite par un ministre à un membre du Parlement, pour l'informer que la demande de pension formée par un individu a été rejetée, à moins que le membre du Parlement à qui la lettre a été adressée ne soit le mandataire de cet individu (Conf. Cons. d'Ét. 25 nov. 1887, aff. X..., *le Droit* du 7 déc. 1887).

48. Les décisions du tribunal des conflits ont, relativement à la question de compétence, l'autorité de la chose jugée, alors, d'ailleurs, que les conditions requises par l'art. 1351 c. civ. se trouvent réunies. C'est ainsi que la décision de ce tribunal prononçant l'annulation de l'arrêté par lequel le préfet a élevé le conflit d'attribution, fait obstacle à ce que la compétence de la juridiction civile soit ultérieurement contestée. — On prétendrait vainement, pour écarter l'autorité de cette décision, que la cause de la demande a été depuis modifiée, alors que les conclusions d'où résulterait cette modification ne font en réalité que reproduire sous une autre forme celles que le tribunal des conflits avait appréciées (Req. 3 janv. 1876, aff. Cliquet, D. P. 76. 1. 221).

49. Un tribunal exceptionnel, le *conseil impérial de famille*, avait été institué par le statut du 21 juin 1853 (D. P. 53. 4. 141) : parmi ses attributions, était comprise la connaissance des contestations purement personnelles intentées, soit par les princes et princesses de la famille impériale, soit contre eux. Il a été jugé que les décisions de ce conseil pouvaient, comme celles émanées des juridictions ordinaires, acquérir l'autorité de la chose jugée (Paris, 1er juill. 1861, aff. Patterson, D. P. 61. 2. 137; Griolet, p. 84).

50. L'autorité de la chose jugée a été reconnue à une sentence par laquelle les *réformateurs des eaux et forêts* avaient statué antérieurement à l'ordonnance de 1668 sur l'action en revendication de la propriété de bois, forêts, montagnes et vacants, formée par le roi contre une commune (Req. 8 août 1853, aff. Commune de Burgalays, D. P. 54. 5. 397).

51.—XXVII. DÉCISIONS EN MATIÈRE ÉLECTORALE. — V. sur ce point, et en général sur la chose jugée en matière électorale, vis *Elections; Organisation administrative*.

52. — XXVIII. JUGEMENTS CONTENANT DES RÉSERVES OU CONDITIONS. — L'autorité de la chose jugée ne saurait s'attacher aux jugements qui renferment des *réserves* ou *conditions*. On a exposé au *Rép.* nos 87 et suiv., les conséquences qui découlent de ce principe, d'ailleurs incontestable. — Depuis lors, il a été jugé, conformément à la jurisprudence rapportée *ibid.*: 1° que le jugement qui a réglé le solde d'un compte, en décidant qu'une somme sera portée au débit du compte, comme elle a été déjà portée au crédit, n'a pas l'autorité de la chose jugée sur la question de savoir si toutes les sommes portées au compte ont été réellement versées, alors que cette question a été réservée dans les conclusions des parties (Civ. cass. 17 févr. 1869, aff. Paumard, D. P. 69. 1. 143); — 2° Que le créancier qui a obtenu la restitution de la somme par lui prêtée, en vertu d'un jugement passé en force de chose jugée, mais contenant des réserves sur la réclamation ultérieure par le débiteur des objets remis en nantissement, ne peut repousser par l'exception de chose jugée la demande du débiteur en restitution desdits objets (Bastia, 27 déc. 1875, aff. Cordua, D. P. 76. 2. 203); — 3° Que l'expropriant, déclaré, par une décision antérieure, non responsable du dommage résultant des démolitions auxquelles il a fait procéder, ne peut invoquer l'autorité de cette décision pour écarter une nouvelle demande fondée sur l'inexécution des obligations qui lui incombent comme acquéreur d'une maison à démolir, mitoyenne d'une autre maison non comprise dans l'expropriation alors que la première décision contenait à cet égard des réserves expresses (Req. 31 janv. 1876, aff. Ville de Chambéry, D. P. 77. 1. 230); — 4° Que, lorsqu'un jugement a donné acte de conclusions subsidiaires sans que celles-ci aient été l'objet d'aucune discussion en première instance, l'arrêt qui, en l'absence de tout appel sur ces conclusions, se borne à réserver les parties dans leurs droits relatifs aux chefs compris dans lesdites conclusions, n'a pas l'autorité de la chose quant à ces chefs (Req. 31 déc. 1877, *suprà*, n° 16. Conf. Req. 10 janv. 1877, aff. Allègre, D. P. 77. 1. 177). — Il faut remarquer, d'ailleurs, que c'est moins le donné acte des réserves par le juge, que le fait, par la partie, de les formuler qui s'oppose à ce que la décision puisse acquérir la force de chose jugée. La circonstance que le tribunal aurait refusé de donner acte de réserves expressément faites serait donc sans influence à cet égard; en effet, lorsqu'un juge refuse de statuer sur des réserves, il déclare par là même qu'il ne juge pas ce point: il n'existe, par conséquent, en réalité, aucun jugement sur les questions réservées (Req. 21 janv. 1873, aff. Ringuet, D. P. 73. 1. 263. Conf. Civ. cass. 17 févr. 1869, aff. Paumard, D. P. 69. 1. 143).

53. On doit considérer comme contenant des réserves implicites et par conséquent comme n'entraînant pas la chose jugée, les décisions qui rejettent une demande comme non recevable ou mal fondée *quant à présent*, ou *en l'état* (*Rép.* n° 89). Ainsi l'arrêt qui déclare une partie non recevable, faute d'avoir fait une justification, peut être déclaré non avenu contre cette partie, si plus tard elle fait la justification demandée, sauf à mettre les dépens à sa charge (Caen, 8 mai 1827, *Rép.* v° *Jugement*, n° 321). — Lorsque les bénéficiaires d'une institution contractuelle subordonnée à la condition du décès du donateur sans enfants ont été déclarés, par plusieurs décisions judiciaires, non recevables, puis mal fondés, quant à présent, dans leur demande en délivrance de la donation, faute par eux d'avoir établi le décès des enfants du donateur, il n'y a pas violation de la chose jugée dans l'arrêt subséquent ordonnant la délivrance de la donation aux institués qui, à l'aide de présomptions graves, précises et concordantes, ont prouvé le prédécès des enfants du donateur (Req. 19 juin 1872, aff. Hardy, D. P. 72. 1. 461); — L'arrêt qui déclare non recevable « en l'état » une demande en reddition de compte, par ce motif que le demandeur a lui-même un compte à apurer préalablement et une preuve à faire, ne préjuge pas la question de savoir si cette demande serait non recevable et mal fondée dans le cas où son auteur fournirait la justification qui lui incombe. En conséquence, le juge du fond ne saurait, alors que la justification exigée a été faite, s'appuyer sur cet arrêt pour déclarer non recevable une seconde action ultérieurement intentée aux mêmes fins que la première (Civ. cass. 20 juill. 1885, aff. Boyer, aff. Bègue, D. P. 86. 1. 75).

54. Il a été décidé, conformément à la doctrine que nous avons formulée au *Rép.* n° 91, relativement aux jugements et arrêts *conditionnels*, que lorsqu'une sentence arbitrale n'a dispensé le locataire du droit d'exploiter des sources minérales du payement des redevances convenues que dans le cas où l'exploitation viendrait à cesser, l'arrêt postérieur qui le condamne au payement de ces redevances ne viole pas l'autorité de la chose jugée, alors qu'il constate que l'exploitation continue de s'exercer utilement au profit de ce locataire (Req. 10 déc. 1872, aff. Larband, D. P. 73. 1. 351).

55. — XXIX. JUGEMENT ACQUIESCÉ. — L'acquiescement donne au jugement l'autorité de la chose jugée, et le met à l'abri de toute attaque ultérieure de la part de celui qui a acquiescé (*Rép.* n° 92). Ainsi l'acquiescement donné par une partie au jugement qui l'a condamnée à exécuter un acte, met obstacle à ce que la même partie, ou son héritier, demande ultérieurement la nullité de cet acte, même pour une cause qui n'avait point été invoquée lors du jugement (Req. 30 janv. 1855, aff. Rodelle, D. P. 55. 1. 118);... à moins, bien entendu, que l'acquiescement n'ait été donné par erreur (Req. 20 mai 1862, aff. Dain, D. P. 63. 1. 103; 14 nov. 1881, aff. Arnould-Drappier, D. P. 82. 1. 156. — V. *Acquiescement;* — *Rép.* eod. v°, nos 38 et suiv.).

56. — XXX. JUGEMENT RÉTRACTÉ OU CONTREDIT. — V. *Rép.* n° 93.

57. — XXXI. JUGEMENT AFFECTÉ DE NULLITÉ. — Tout jugement acquiert l'autorité de la chose jugée, s'il n'a été attaqué dans les formes et dans les délais de droit; ces délais expirés, il ne peut être déclaré nul, quelles que soient les irrégularités dont il est entaché (*Rép.* nos 94 et suiv.; Rouen, 18 avr. 1878, aff. Laguerrière, D. P. 78. 2. 232; Aubry et Rau, t. 8, p. 369; Laurent, nos 10 et suiv.; Larombière, t. 7, art. 1351, n° 10. Conf. Req. 26 therm. an 4, *Rép.* v° *Appel civil*, n° 815), par exemple s'il n'a été obtenu qu'à l'aide de manœuvres frauduleuses (Civ. cass. 12 mars 1873, aff. Simon, D. P. 73. 1. 367);... ou rendu sur une assignation entachée de nullité (Req. 18 nov. 1878) (1);... pourvu, toutefois, que ce juge-

(1) (Comp. d'assurances maritimes *la Française C.* Grenier et comp.). — Le 7 déc. 1876, jugement du tribunal de commerce de Marseille ainsi conçu : — « Attendu que 150 balles farine transportées de Dunkerque à Marseille sur le bateau à vapeur *Marie-Mignon* avaient été assurées à Dunkerque par la *Compagnie française*; qu'après leur arrivée, elles ont été vérifiées par experts : qu'à la suite de l'expertise, les sieurs Ginier et comp. ont assigné devant le tribunal de céans le capitaine du bateau *Marie-Mignon* et la *Compagnie française* en payement de l'avarie; qu'il a été statué par jugement du 13 août 1875, contradictoirement à l'égard du capitaine et par défaut à l'égard de la compagnie d'assurance; que ce jugement a condamné le capitaine au payement de

ment présente la forme d'une décision judiciaire. Ainsi, l'on ne saurait attribuer l'autorité de la chose jugée à un prétendu jugement qui ne ferait pas connaître le nom du magistrat dont il émane, qui ne serait revêtu d'aucune signature, et ne constituerait qu'une pièce informe (Req. 14 juill. 1873, aff. Préfet d'Oran, D. P. 74. 1. 308-309). — D'autre part, le jugement qui a été rendu en violation de la chose jugée par une précédente décision, n'en a pas moins l'autorité de la chose jugée, s'il n'a pas été attaqué dans les délais légaux ; et l'arrêt qui se conforme à ce jugement ne saurait être attaqué comme ayant méconnu l'autorité de la décision intervenue antérieurement en sens contraire (Civ. rej. 12 déc. 1871, aff. Prudon, D. P. 72. 1. 68).

58. — XXXII. Jugements émanés d'un juge incompétent. — L'autorité de la chose jugée s'attache même aux jugements rendus par un juge incompétent (*Rép.* nos 100 et suiv.; Req. 25 févr. 1857, aff. Béguery, D. P. 57. 1. 113; Rouen, 23 mars 1874, aff. Lamprin, D. P. 75. 2. 213), lors même que ce juge serait incompétent *ratione materiæ* (Bonnier, n° 860; Carré, *Organisation et compétence*, t. 3, quest. 385; Larombière, t. 7, art. 1351, n° 11; Aubry et Rau, t. 8, p. 369; Laurent, n° 15; Colmar, 13 janv. 1845, aff. Pierre, D. P. 46. 4. 274; Nancy, 13 févr. 1867, aff. Echalié, D. P. 67. 2. 36; Civ. rej. 9 avr. 1872, aff. Caillot, D. P. 73. 1. 331; Civ. cass. 12 mars 1873, aff. Simon, D. P. 73. 1. 367; Req. 18 nov. 1878, *suprà*, n° 57 ; Liège, 3 mai 1879, aff. Chemin de fer de Virton C. Commune de Villers-sur-Seine, *Pasicrisie belge*, 1879. 2. 273; Liège, 27 nov. 1884, aff. Broutin, *Pasicrisie belge*, 1885. 2. 72. — V. cependant, en sens contraire : Motifs, Caen, 26 mai 1840, *Rép.* v° *Compétence commerciale*, n° 401). Il a été jugé notamment : 1° que l'autorité de la chose jugée ne peut être refusée à la sentence du juge de paix qui, sur une action en bornage, a délimité deux propriétés, sous le prétexte que cette sentence aurait été incompétemment rendue, alors que le bornage était contesté et que la question de propriété était déjà pendante devant les tribunaux compétents (Civ. cass. 20 août 1867, aff. Romanille, D. P. 67. 1. 376); — 2° Que, lorsqu'un juge de paix, saisi d'une demande en résiliation d'un bail à complant pour défaut de payement de la redevance, décide que le bail à complant n'est qu'un bail à loyer ordinaire rentrant dans les dispositions de l'art. 3 de la loi du 25 mai

---

132 fr. 60 c. pour sa part dans l'avarie, à un vingtième des dépens, et a ordonné que le surplus de l'avarie serait réglé entre la compagnie d'assurances et le capitaine, conformément à la police; — Attendu qu'un autre jugement par défaut, en date du 19 juin 1876, a condamné la compagnie à payer aux sieurs Grenier et comp. le montant des avaries à leur charge, tel qu'il avait été liquidé par l'expert répartiteur que le jugement du 13 août 1875 avait commis;—Attendu que la Compagnie a formé opposition au jugement du 19 juin dernier et a allégué d'abord qu'il avait été statué par un juge incompétent à raison du domicile de la compagnie dont le siège est à Paris; — Attendu que la compagnie a été assignée avec le capitaine du navire *Marie-Mignon*, qui était justiciable du tribunal de céans, mais que la compagnie a soutenu qu'il s'agissait entre elle et le capitaine de procès différents d'après leurs causes; — Attendu que, s'il est vrai que le capitaine a été assigné comme responsable d'un fait personnel et que la compagnie a été citée en exécution d'un contrat d'assurance, il n'y a eu, toutefois, qu'un procès qui eu pour objet le payement d'une même avarie et sa répartition entre deux défendeurs; que la compagnie a eu intérêt dans l'action même exercée contre le capitaine, en ce que cette action devait réduire les condamnations à sa charge; qu'elle a donc pu être assignée comme défenderesse avec le capitaine du *Marie-Mignon* dans une même instance; — Attendu que la compagnie a encore soutenu que cette instance n'avait été introduite contre elle que par une citation nulle et qu'actuellement l'action des assurés était prescrite; — Attendu que la citation originaire a été signifiée à Marseille à la compagnie d'assurances *la Française*, et pour elle au sieur Brun, son agent; — Attendu que c'est donc la compagnie qui a été assignée; que la désignation du sieur Brun n'a été qu'une désignation de la personne à qui la copie devait être laissée pour la compagnie, et qu'en réalité le sieur Brun représente habituellement la compagnie à Marseille; — Attendu, en outre, que sur cette citation a été rendu seulement le jugement du 13 août 1875 qui n'a pas été frappé d'opposition; que la seule opposition qui existe au procès est celle du directeur de la compagnie en date du 8 juillet dernier, et que cette opposition n'est relative qu'au jugement du 19 juin dernier; — Attendu que ce jugement a été rendu sur un ajournement du 11 mars précédent signifié à la compagnie d'assurances représentée par son directeur à son siège à Paris, ajournement dont la régularité ne saurait être contestée ; — Attendu qu'il n'a été plaidé que sur l'incompétence et sur des exceptions de procédure; — Par ces motifs, le tribunal se déclare compétent; déboute la compagnie de ses conclusions tendant à faire déclarer les sieurs Ginier et comp. déchus de leur action; fixe la cause à l'audience du 10 janv. prochain pour être plaidée, s'il y a lieu, sur le règlement qui a été dressé, etc. » — Appel. — Arrêt confirmatif de la cour d'Aix du 22 mai 1877, statuant en ces termes: — « Sur l'exception d'incompétence : — Adoptant les motifs des premiers juges; — Attendu, en outre, que l'acquiescement tacite donné par la compagnie *la Française* au jugement du 13 août 1875 la rend non recevable à se prévaloir aujourd'hui du moyen tiré de la clause compromissoire; — Sur la demande en déchéance tirée de la violation des art. 435 et 436 : — Attendu que la citation originaire donnée à la compagnie en la personne de Brun étant reconnu valable, aucune déchéance n'a été encourue ; — Par ces motifs, etc. » — Pourvoi en cassation par la compagnie d'assurances maritimes *la Française*, pour violation et fausse application des art. 1134 c. civ., 332 c. com. 1006 c. pr. civ., ainsi que l'art. 14 de la police, en ce que l'arrêt attaqué a refusé d'ordonner l'exécution de la clause compromissoire qui s'y trouvait renfermée ; violation des art. 59 et 69 c. proc. civ., par fausse application du paragraphe 2 de l'art. 59 susvisé et de l'art. 171 du même code, en ce que la cour a déclaré compétent le tribunal de Marseille, bien qu'il ne fût pas celui du domicile de la compagnie, et cela sous le prétexte que le capitaine Fouesnel avait été mis en cause, bien que les deux instances fussent complètement distinctes et séparées; violation des art. 435 et 436 c. com., ainsi que des art. 68 et 70 c. proc. civ., en ce que l'arrêt attaqué a refusé de déclarer les sieurs Ginier et comp. déchus de leur action par la raison qu'ils avaient notifié certains actes, lesquels néanmoins, étant nuls, ne pouvaient produire aucun effet légal. — Arrêt.

La cour ; — Sur le moyen unique et commun aux deux pourvois, lequel est pris : 1° de la violation et fausse application des art. 1134 c. civ., 332 c. com., 1006 c. proc. civ., et 14 de la police; 2° de la violation des art. 59 et 69 c. proc. civ., par fausse application du paragraphe 2 dudit art. 59, et de l'art. 171 du même code; 3° violation des art. 435 et 436 c. com., et 68 et 70 c. proc. civ. : — Attendu que Ginier et comp., à raison des avaries découvertes à l'arrivée à Marseille dans 150 balles de farine, transportées sur le bateau à vapeur le *Marie-Mignon* et assurées par la compagnie *la Française*, ont intenté une action contre le capitaine dudit navire et contre la compagnie susnommée; que, sur cette action, le tribunal de commerce de Marseille a, par jugement du 13 août 1875, reconnu l'existence des avaries, jugé qu'elles proviennent en partie de la faute du capitaine, et condamné celui-ci à réparer le préjudice dans la proportion mise à sa charge; que, relativement au surplus des avaries et des frais, un expert a été nommé pour en opérer le règlement entre Ginier et comp. et leur assureur conformément à la police; — Attendu, que ce jugement ayant été rendu par défaut contre la compagnie *la Française*, lui a été signifié le 1er févr. 1876, à son domicile à Paris, par huissier à ce commis; — Attendu que le tribunal de commerce séant à Marseille, par un nouveau jugement du 19 juin 1876, également par défaut, ayant statué sur le rapport de l'expert antérieurement nommé, la compagnie *la Française* a formé opposition à ce dernier jugement et a présenté un moyen d'incompétence et un moyen de nullité de l'assignation sur laquelle avait été rendu le jugement du 13 août 1875, et a invoqué contre son adversaire les déchéances prévues par les art. 435 et 436 c. com.; que ces divers moyens ayant été repoussés par les premiers juges, la cour d'Aix, sur l'appel de la compagnie et par l'arrêt attaqué du 22 mai 1877, a décidé que le jugement par défaut du 13 août 1875, régulièrement signifié à la compagnie *la Française* n'ayant été frappé d'aucun recours et ayant ainsi acquis l'autorité de la chose définitivement jugée, l'assignation sur laquelle ce jugement avait été rendu, ne pouvait plus être arguée de nullité; que, par le même motif, ladite compagnie ne pouvait plus décliner la compétence du tribunal de Marseille, comme n'étant pas celui de son domicile, ni demander à être renvoyée devant des arbitres, à raison d'une clause compromissoire portée dans la police, clause à laquelle elle était présumée avoir renoncé; et que, par suite, l'action des assurés Ginier et comp. ayant été utilement exercée, les déchéances prévues par les art. 435 et 436 c. com. n'avaient pas été encourues; — Attendu qu'en jugeant ainsi, dans les circonstances de la cause, que les moyens et exceptions présentés par la compagnie n'étaient pas recevables, la cour d'Aix n'a violé aucune loi, mais, au contraire, a tiré les conséquences juridiques des divers actes de la procédure, et s'est conformée à l'autorité acquise à la chose jugée le 13 août 1875; — Attendu que, dans le début sur le fond, les mêmes exceptions ayant été reproduites, le second arrêt du 27 nov. 1877 les a de nouveau repoussées à bon droit;

Par ces motifs, rejette les deux pourvois, etc.

Du 18 nov. 1878.-Ch. req.-MM. Bédarrides, pr.-Connelly, rap.-Lacointa, av. gén , c. conf.-Michaux-Bellaire, av.

1838, ne se déclare incompétent que pour statuer sur des questions préjudicielles soulevées par le défendeur, accorde un sursis pour saisir de ces questions le juge compétent, et ordonne qu'à l'expiration de ce délai les parties reviendront devant lui pour être statué sur le fond, cette décision attribue compétence au juge de paix sur le fond de la contestation, c'est-à-dire sur la question de savoir s'il y a lieu de prononcer la résiliation du bail, et elle a sur ce point l'autorité de la chose jugée (Civ. cass. 9 mars 1870, aff. des Nouhes, D. P. 70. 1. 279); — 3° Qu'une partie qui ne s'est pas pourvue contre le jugement dans lequel un tribunal avait, par la mission qu'il confiait à un expert, commis un excès de pouvoir et statué sur une matière pour laquelle il n'avait point compétence, n'est pas recevable à attaquer, comme entaché de ces vices, le jugement définitif qui entérine le rapport d'experts et en ordonne l'exécution (Req. 1er août 1872, aff. Pierre, D. P. 72. 1. 340); — 4° Que l'exception prise de ce que les tribunaux ordinaires seraient incompétents pour fixer les limites d'une section de commune est irrecevable en raison de l'autorité qui s'attache à la chose jugée, si ladite exception, proposée en première instance, lors d'un jugement d'avant dire droit, a été repoussée par ledit jugement qui n'a pas été frappé d'appel et a été exécuté (Req. 8 déc. 1885, aff. Doucet, D. P. 86. 1. 157); — 5° Que lorsque le juge de paix a reconnu sa compétence par une sentence devenue définitive et a statué sur le fond, le tribunal civil, saisi de l'appel sur le fond, ne peut plus, sans violer l'autorité de la chose jugée, considérer le juge de paix comme incompétent (C. cass. de Belgique, 3 avr. 1879, aff. Vandendaele C. Vincart, *Pasicrisie belge*, 1879. 1. 201).

Le vice d'incompétence est, d'ailleurs, couvert par la chose jugée, aussi bien en ce qui concerne les ordonnances rendues par un seul juge qu'en ce qui concerne les jugements rendus par les tribunaux; il en est ainsi, spécialement, pour les ordonnances de taxe (Civ. cass. 22 août 1871, aff. Jollivet, D. P. 71. 1. 136) et les ordonnances rendues par le juge commis pour procéder à une adjudication (Civ. cass. 28 févr. 1887, aff. Vitrey, D. P. 87. 1. 207. — Conf. Civ. cass. 13 mai 1884, aff. Pujol, D. P. 84. 1. 401).

Il importe même peu que les règles de compétence méconnues par le jugement soient fondées sur des motifs d'ordre public (Req. 12 mai 1851, aff. Postes, D. P. 51. 1. 139; Req. 3 mai 1852, aff. l'Equitable, D. P. 52. 1. 122; Req. 18 juill. 1861, aff. Commune de Poussay, D. P. 62. 1. 86. V. *Rép.* nos 315 et suiv., et *infrà*, nos 206 et suiv.).

59. Les mêmes principes ont été appliqués aux décisions statuant sur des difficultés relatives à la compétence des tribunaux judiciaires et des tribunaux administratifs. — Jugé en ce sens: 1° que l'arrêt de cour d'appel qui a déclaré l'autorité judiciaire compétente pour résoudre une question de propriété élevée entre une compagnie de chemin de fer et un propriétaire par elle exproprié, a acquis sur ce point, s'il n'a pas été attaqué, l'autorité de la chose jugée (Req. 5 mai 1862, aff. Quizard, D. P. 62. 1. 542); — 2° Que l'incompétence de l'autorité judiciaire relativement à des questions du ressort exclusif de l'autorité administrative ne peut être opposée à l'égard d'une contestation qui n'est que la conséquence d'un litige sur lequel l'autorité judiciaire s'était déclarée compétente par une décision antérieure passée en force de chose jugée, par exemple d'un litige qui avait pour objet le droit aux dommages-intérêts à évaluer dans le nouveau débat (Civ. cass. 4 avr. 1866, aff. Banque suisse, D. P. 67. 1. 33); — 3° Que l'on ne peut demander à l'autorité administrative l'interprétation d'un acte de vente nationale, lorsque la contestation qui pouvait la rendre nécessaire a été tranchée par une décision passée en force de chose jugée (Cons. d'Ét. 10 sept. 1864, aff. Heid, D. P. 65. 3. 84).

Sect. 3. — Des éléments constitutifs de la chose jugée (*Rép.* nos 103 à 292).

Art. 1er. — *De l'identité d'objet* (*Rép.* nos 104 à 190).

§ 1er. — En quoi consiste l'identité d'objet (*Rép.* nos 104 à 190).

60. Le principe d'après lequel l'autorité de la chose jugée ne peut être invoqué que lorsque « la chose demandée est la même, » a été au *Rép.* nos 104 et suiv., l'objet d'une étude approfondie. Nous avons complété par la citation de nombreuses solutions de jurisprudence, l'exposé de cette importante et délicate théorie. Un grand nombre d'arrêts et de jugements ont encore eu à trancher des difficultés que présentait, dans la pratique, l'application de la règle posée par l'art. 1351. Nous les rapporterons, en nous conformant, pour leur citation, à l'ordre des questions exposées au *Répertoire*. Un aperçu des diverses théories émises par les auteurs sur les points les plus contestés de cette matière complètera cette étude.

61. La doctrine a eu à se demander comment on peut, en règle générale, déterminer si l'objet demandé est le même. MM. Aubry et Rau, t. 8, p. 387, formulent ainsi le principe : un jugement ne peut être invoqué comme ayant l'autorité de la chose jugée « qu'autant que la demande ou l'exception proposée porte sur la même chose corporelle, sur une quantité d'objets de même espèce, ou sur le même droit » (Conf. Colmet de Santerre, t. 5, p. 625). M. Demolombe, t. 7, n° 299, adopte la même règle: « Il y a un moyen simple et généralement sûr de reconnaître si la chose demandée par une seconde action est la même que la chose qui a été demandée déjà par une première action. Si la chose jugée sur cette seconde action est, en effet, la même, elle aura nécessairement pour résultat, soit de confirmer la première décision judiciaire, si elle est semblable, soit de la contredire, si elle est différente... L'identité d'objet peut présenter ces trois caractères: *idem corpus, quantitas eadem, idem jus...* ».

M. Laurent, n° 40, formule, dans les termes suivants, ses critiques contre la règle à l'aide de laquelle les auteurs que nous venons de citer croient pouvoir déterminer s'il y a ou non identité d'objet entre deux demandes : « Les auteurs se bornent, en général, a invoquer le principe tel qu'il est formulé par les jurisconsultes romains. Quand peut-on dire que la chose demandée dans une seconde instance est la même que celle qui a fait l'objet du premier jugement? Il faut, dit-on, que ce soit le même corps, la même quantité, s'il s'agit de choses corporelles, le même droit, s'il s'agit de choses incorporelles. Ce prétendu principe ne nous fait pas connaître quand la chose demandée est la même, c'est une périphrase; on nous dit en quoi consiste l'objet; on ne nous dit pas quand cet objet est le même ». — « La difficulté se réduit donc, continue M. Laurent, à savoir ce qu'a décidé le premier juge, nous y avons répondu d'avance : c'est ce qui a été demandé par les conclusions des parties, ce qui a été débattu dans le cours du procès, ce que le juge a décidé dans le dispositif du jugement. Ainsi la chose jugée est strictement limitée par les conclusions, les débats et le dispositif : l'étendre au delà, c'est violer le droit de défense, c'est méconnaître les motifs sur lesquels est fondée la présomption de vérité qui s'attache aux jugements... Quand donc la chose demandée sera-t-elle la même? Quand le second jugement, en le supposant rendu conformément aux conclusions principales ou reconventionnelles des parties, détruirait le premier en tout ou en partie... »

Ce système nous paraît déplacer la difficulté, sans en faciliter la solution, et aboutir, en définitive, aux mêmes résultats que la théorie critiquée par M. Laurent. Rechercher si « le second jugement, en le supposant rendu conformément aux conclusions principales ou reconventionnelles des parties, détruira le premier en tout ou en partie, » n'est-ce pas en réalité se demander, suivant les termes employés par MM. Aubry et Rau, si « la demande ou l'exception proposée porte sur la même chose corporelle, ou sur une quantité d'objets de même espèce, ou sur le même droit? » Toute la difficulté consiste, que l'on adopte le système de M. Laurent ou celui qu'il combat, à rechercher ce qu'a jugé la première décision, c'est-à-dire à *interpréter* cette décision. — C'est ce que fait très bien ressortir M. Griolet, p. 10 et suiv. Cet auteur qui, d'ailleurs, critique, d'une façon générale, la formule employée par l'art. 1351 et estime qu'elle ne saurait conduire à la solution des difficultés que soulève la matière (V. *infrà*, nos 98 et suiv.), s'exprime en ces termes : « L'autorité de la chose jugée se rapporte aux déclarations de droits résultant du jugement... Dès lors, il n'y a qu'à rechercher quelles déclarations de droits sont résultées du jugement, c'est-à-dire quelles déclarations ont été rendues et sur quels droits. D'où la nécessité d'interpréter le sens du jugement et de rechercher les droits auxquels la déclaration du jugement s'applique... » — Il ne peut donc y avoir aucune difficulté à déterminer si un droit est identique à un autre droit, objet d'une nouvelle demande. Le seul embarras que l'on puisse éprouver est de fixer l'étendue de ces droits : « Nous n'avons pas trouvé, dit encore M. Griolet, *ibid.*, une seule question d'identité véritable qui présentât quelques difficultés. Toutes celles auxquelles on donne ce nom sont, en réalité, relatives à l'étendue des jugements. Il ne s'agit pas, dans ce cas, de savoir si un droit est identique à un autre ; il y a seulement lieu de rechercher si un droit n'a pas été jugé en même temps qu'un autre, s'il n'a pas été compris dans le même jugement ». . . . .

62. On a indiqué au *Rép.* n° 103 que, pour apprécier sous le rapport de la chose jugée, quel est l'effet d'un jugement, il faut considérer, non pas l'objet de la demande originaire, mais l'état de la contestation, tel qu'il a été constitué, par suite des prétentions des parties. Par application de ce principe, un arrêt a décidé qu'il y a identité d'objet entre deux demandes, et par conséquent chose jugée, quand les conclusions principales posées au second procès avaient été posées au premier comme conclusions subsidiaires (Req. 30 janv. 1872, aff. Pédencoing, D. P. 72. 1. 443. Conf. Laurent, *loc. cit.*).

63. — I. DEMANDES TOTALES OU PARTIELLES. — On a dit au *Rép.* nos 105 et suiv., que la règle romaine, d'après laquelle celui qui a succombé dans la demande de la *totalité* d'un objet ou d'un droit n'est plus recevable à en demander une partie, ne doit pas être admise dans sa généralité. On a exposé les distinctions qui ont été proposées, sur ce point, par les auteurs et sanctionnées par la jurisprudence. L'opinion de M. Marcadé, rapportée au *Répertoire* et reproduite de nouveau par cet auteur dans la *Revue de législation*, 1848, p. 316, qui repousse d'une façon absolue la maxime romaine : *in toto et pars continetur*, a été vivement critiquée notamment par MM. Aubry et Rau, t. 8, p. 389, texte et note 80 : « Les parties intégrantes d'une chose, disent ces auteurs, et les droits particuliers compris dans un droit plus général dont il n'est pas possible de les détacher, comme ayant une existence propre et distincte, sont à considérer comme formant un même objet avec cette chose ou ce droit... » ; puis, après avoir combattu certaines propositions émises par Marcadé, dans la discussion de son système, ces auteurs ajoutent : « Le système de Marcadé entraînerait, vu la divisibilité à l'infini d'une obligation la possibilité d'une série indéterminée de demandes fondées sur la même obligation, ce qui est manifestement contraire à la raison d'utilité publique en vue de laquelle l'exception de la chose jugée a été établie : les arrêts de la cour de cassation que cet auteur invoque à l'appui de son opinion ont statué sur des hypothèses où, s'agissant de droits distincts, il ne pouvait être question d'appliquer la maxime *in toto pars continetur* ».

M. Laurent, nos 56 et suiv., sans adopter le système de Marcadé, est d'avis, cependant, que les critiques formulées par MM. Aubry et Rau sont trop absolues : « L'objection, dit-il, n° 59, se place exclusivement sur le terrain de l'intérêt général, qui demande que les procès ne soient pas inutilement multipliés. Est-ce bien là la théorie de la chose jugée? Je puis intenter vingt actions ayant pour objet le même droit, pourvu que je les fonde sur une cause différente. Donc le principe de la chose jugée n'a pas pour but de prévenir la multiplicité des procès... ». Et le même auteur exprime son opinion en ces termes (n° 58) : « Au point de vue mathématique, il est d'évidence que la partie est comprise dans le tout. Mais la question est de savoir si cette maxime est applicable aux rapports juridiques et notamment à la chose jugée... Il faut voir ce qui a été demandé au premier juge, ce qui a été débattu devant lui, ce qui a été décidé. Or il y a une infinité de nuances dans les diverses espèces, et il en faut tenir compte, pour déterminer ce qui a été d'abord jugé, et ce que l'on remet en question ; cela suffit pour que l'on doive rejeter toute formule absolue ». M. Griolet, p. 136, expose dans les termes suivants son système : « Il est facile de comprendre que la désignation d'une quantité comme objet du droit mis en cause comprend toutes les quantités moindres, et que la désignation d'un corps certain comme objet du droit mis en cause comprend toutes les fractions de ce corps. C'est ainsi que se justifie l'application qu'on a faite à l'autorité de la chose jugée de la maxime : *pars in toto continetur*. Le jugement qui renvoie d'une demande relative *au tout* ou *au plus* rend irrecevable toute demande relative *à la partie* ou *au moins*, non pas seulement parce que la partie est comprise dans le tout et le moins dans le plus, mais parce que, pour cette raison, le juge saisi *du tout* ou *du plus*, a été saisi de *la partie* ou *du moins*... Cependant, ajoute cet auteur, d'accord en cela avec M. Laurent, il pourra résulter quelquefois des termes du jugement que, en refusant la condamnation demandée, le juge n'a entendu nier que le droit plus ample et n'a pas statué sur le droit moins ample ». En d'autres termes, ici encore, comme dans tous les autres cas où l'on recherche si l'objet de deux demandes est identique, la difficulté consiste uniquement à interpréter le premier jugement (*suprà*, n° 61) : poser une règle absolue, serait, par conséquent, s'exposer à donner, dans bien des cas, une solution contraire à la vérité des faits et à l'intention du juge. On doit donc écarter ici le système adopté par Pothier et par Toullier, et formulé par M. Colmet de Santerre, t. 5, p. 626, dans les termes suivants : « Demander le tout, c'est mettre en question chaque partie, en sorte qu'il y a identité d'objet entre les prétentions relatives l'une à la totalité du bien et l'autre à la partie de ce bien ». — Quant à l'opinion de M. Demolombe, V. *infrà*, n° 65.

64. On peut citer, comme ayant eu à se prononcer sur cette question, un arrêt aux termes duquel le jugement qui, par application de l'art. 78 c. for., rejette une demande tendant à l'exercice de droits de pacage dans une forêt de l'Etat, n'élève pas l'obstacle de la chose jugée contre la demande ultérieure à fin de reconnaissance des mêmes droits, en vertu du même titre, sur des terrains vagues que ce titre avait distinctement soumis à ces droits, en les supposant détachés de la forêt (Orléans, 29 déc. 1867, aff. Pélerin, D. P. 68. 2. 68), et un autre arrêt qui décide, au contraire, qu'il y a violation de la chose jugée dans la décision judiciaire qui, après deux arrêts ordonnant la démolition et la reconstruction *totales* d'un mur, charge les experts d'examiner si la démolition et la reconstruction *partielles* de ce mur peuvent constituer une exécution des précédents arrêts (Civ. cass. 20 août 1884, aff. Athon, D. P. 84. 5. 78).

65. Les jurisconsultes romains décidaient, à l'inverse de la règle que nous avons rappelée ci-dessus, que la partie ne contenant point le tout, le jugement qui a rejeté la demande d'une partie ne doit point mettre obstacle à ce que l'on puisse demander la totalité. On a vu (*Rép.* nos 111 et suiv.), que cette règle est tout-à-fait inexacte : le rejet de la demande d'une partie rend, au contraire, presque toujours le demandeur non recevable à réclamer la totalité : il en est ainsi, d'après M. Larombière, t. 7, art. 1351, nos 49 et suiv., toutes les fois que la partie a été demandée au même titre, en la même qualité que la chose totale est elle-même réclamée, et que celle-ci a été, dans son intégralité, nécessairement et virtuellement l'objet des dispositions du premier jugement. — Proudhon, *De l'usufruit*, t. 3, n° 1272, qui se rallie en principe à l'opinion de Toullier rapportée au *Répertoire*, propose cependant une restriction. Selon lui, la partie qui a demandé une portion d'un tout peut encore, après avoir succombé dans son action, réclamer le tout, déduction faite de la partie qui a formé l'objet de sa première demande. Cette opinion nous paraît, en principe, devoir être rejetée. En effet, « celui qui réclame un objet ou une quantité comme faisant partie d'un tout soumet nécessairement au juge l'appréciation du titre en vertu duquel il agit, et si la demande est repoussée par suite d'une défense au fond ou d'une exception péremptoire opposée, non seulement à la réclamation telle qu'elle a été formée, mais au titre même, toute nouvelle action tendant à obtenir le surplus de la chose ou de la créance, se trouve, d'avance, écartée. Il y aurait, en effet, contradiction formelle entre le jugement qui accueillerait une pareille action et celui qui a rejeté la première demande » (Aubry et Rau, t. 8, p. 290, note 83. V. en ce sens Duranton, *Cours de droit français*, t. 13, n° 464 ; Marcadé, *loc. cit.* ; Laurent, t. 20, n° 62 ; Griolet, p. 136). — M. Demolombe, toutefois (t. 7, nos 315 et suiv.), se ralliant, en principe, au système de M. Larombière, formule en ces termes ses critiques contre les systèmes absolus que veulent établir, en cette matière, la plupart des auteurs. « On a posé, dans notre matière, ces deux règles : *pars est in toto, totum non est in parte*. D'où la plupart des auteurs ont déduit ces deux conséquences : 1° que l'on ne peut plus demander une partie, quand on a échoué sur la demande du tout ; 2° que l'on peut, au contraire, demander le tout, quand on a échoué sur la demande d'une partie. Marcadé, toutefois, a dirigé contre cette explication l'une de ses plus vives sorties... Nous n'avons pas non plus de penchant pour les axiomes de géométrie appliqués à la science du droit ; mais pourtant, à notre avis, cette critique est excessive... Ce n'est pas que nous prétendions que l'application de ces deux axiomes à notre matière soit exempte de difficulté ! Le second, notamment, a fort embarrassé les interprètes. J'ai échoué dans le demande du champ A, l'une des dépendances du domaine cornélien. Je vous demande, par une seconde action, ce domaine entier et ses dépendances. Cette seconde action devra-t-elle être repoussée par l'autorité de la chose jugée, relativement au champ A ? — Trois solutions ont été présentées : 1° la première répond négativement, parce que, si la partie est contenue dans le tout, le tout n'est pas contenu dans la partie ; 2° la seconde admet bien que celui qui a échoué dans la demande d'une partie d'un tout, peut ensuite demander le tout, mais déduction faite de la partie qui a formé l'objet de sa première demande ; 3° d'après le troisième, enfin, la demande du tout doit être repoussée par l'autorité de la chose jugée sur le demande de l'une des parties de ce tout, lors même que déduction serait faite, dans la seconde demande, de la partie qui a fait l'objet de la première. — Laquelle de ces trois solutions est la meilleure ? Il nous paraît difficile de répondre, *a priori*, d'une manière absolue. Notre avis est que c'est là surtout une question d'espèce, toute relative, comme la plupart de celles qui s'élèvent dans cette matière. Toutefois, nous ne croyons pas devoir proposer la première solution... Il y aurait là, suivant nous, contrariété entre les deux décisions judiciaires. — Restent les deux autres solutions. Mais, pour prononcer entre elles, il faut voir, en fait, quelles ont été les conclusions et quel est le dispositif. De deux choses l'une : ou la chose jugée sur la première demande a statué sur le droit tout entier, et alors nous répondons : *totum est in parte*, puisque la même décision qui me refusait une partie me refusait, en même temps, le tout. Ou la décision judiciaire n'a statué que sur le droit partiel qui faisait seul l'objet de la première contestation, sans statuer, ni explicitement, ni implicitement, sur le droit total et, dans ce cas, nous répondons : *totum non est in parte*. »

66. La jurisprudence a, par application du principe généralement admis, décidé notamment que l'arrêt qui, après avoir déclaré qu'un payement fait à une autre personne qu'au créancier ou à son fondé de pouvoirs, doit être annulé, sauf à ce créancier à déduire de sa créance, comme en ayant profité, une somme qui, aux termes d'un acte énoncé dans cet arrêt, lui a été remise par le tiers entre les mains duquel le payement a eu lieu, pour le cas où il serait établi que c'est en sa qualité de créancier et non à tout autre titre qu'il l'a reçue, apporte l'obstacle de la chose jugée à ce qu'il soit prouvé qu'une somme plus forte que celle portée dans l'acte indiqué par la cour a profité au créancier (Civ. cass. 18 janv. 1860, aff. Dervieu, D. P. 60. 1. 402) ; — ... Que lorsque, sur une demande en délivrance de certains objets compris dans une cession de droits successifs, il est intervenu un jugement qui a rejeté cette demande, en se fondant sur la nullité de la cession, ce jugement a l'autorité de la chose jugée relativement à la nouvelle demande par laquelle la même partie réclame l'entier émolument des droits cédés (Limoges, 29 janv. 1862, aff. Dejean, D. P. 62. 2. 39) ; — ... Que, après une décision qui condamne une partie au payement d'une portion de la dette de son auteur, le juge ne peut, sans violer l'autorité de la chose jugée, condamner le même débiteur envers la même partie au payement de la totalité de la même dette, soit par ce motif que ce débiteur aurait été considéré comme seul débiteur envers ce créancier, soit par ce motif qu'il se serait fait déclarer héritier pour la totalité du débiteur originaire (Civ. cass. 17 août 1870, aff. Zérafa, D. P. 70. 1. 332).

67. Dans d'autres espèces, au contraire, l'autorité de la chose jugée n'a pas été admise. Ainsi il a été décidé : 1° que lorsqu'un premier arrêt a jugé qu'une transaction litigieuse renfermait un partage de propriété entre deux communes, et qu'un second arrêt a fait cesser le pâturage commun exercé par elles sur leurs lots respectifs, il n'y a pas violation de la chose jugée dans l'arrêt subséquent qui attribue à l'une des communes la propriété exclusive d'une partie des terrains contestés (Civ. rej. 12 mars 1872, aff. Commune d'Oullins, D. P. 73. 1. 72) ; — 2° Que lorsqu'un jugement passé en force de chose jugée a déclaré que la gestion d'un mandataire a duré jusqu'à telle époque, mais sans dire qu'elle ne se soit pas continuée au delà, il n'y a pas violation de la chose jugée dans un jugement postérieur qui décide que ladite gestion a duré au delà de l'époque fixée par le premier jugement (Civ. rej. 28 mai 1872, aff. Sigaudy, D. P. 72. 1. 246) ; — 3° Que l'arrêt qui décide que le prix stipulé dans un marché à forfait pour la construction d'un bâtiment a été entièrement soldé par le propriétaire, n'a pas l'autorité de la chose jugée relativement à la demande formée ultérieurement contre celui-ci par l'entrepreneur en payement de travaux supplémentaires exécutés sur l'ordre de ce propriétaire en vertu de la réserve qu'il avait faite à cet égard dans la convention (Civ. rej. 10 mars 1880, aff. Chadebec, D. P. 80. 1. 387). Cette dernière décision n'est qu'une application de la jurisprudence rapportée au *Rép.* n° 114, d'après laquelle, si la partie se détache entièrement du tout, et si le titre d'où peut dépendre la solution de l'une et de l'autre demande, n'est pas le même, la chose jugée sur la partie ne saurait impliquer décision sur la totalité.

68. Un arrêt nous paraît s'être écarté des principes que l'on vient d'exposer, en décidant que lorsque le propriétaire qui s'est réservé, dans le bail passé avec son fermier, la faculté de vendre certaines parcelles de terre, a usé de ce droit, puis, dans une instance formée contre lui par l'acquéreur, à raison du refus du fermier de délaisser les parcelles vendues, a appelé celui-ci en garantie et s'est vu débouter de cette demande, l'autorité de la chose jugée ne s'oppose pas à ce que le propriétaire puisse ultérieurement faire condamner le fermier à délaisser les parcelles vendues et à lui payer des dommages-intérêts pour inexécution du bail (Civ. rej. 21 avr. 1886, aff. Maillet, D. P. 86. 1. 436). L'action en garantie tendait, en effet, comme l'action principale intentée ensuite, à l'allocation de dommages-intérêts ; elle n'en différait que sous le rapport du *quantum*, le bailleur demandant dans l'une que ses fermiers fussent tenus de supporter les dommages-intérêts auxquels il serait condamné lui-même et dans l'autre qu'il fût alloué 10000 fr. Le jugement qui avait repoussé le recours en garantie ayant acquis l'autorité de la chose jugée, la cour, saisie de la demande en dommages-intérêts ne pouvait, sans violer l'art. 1351 c. civ., faire entrer dans le calcul des dommages-intérêts à allouer au bailleur les sommes qu'il était obligé de débourser par suite des condamnations prononcées contre lui au profit des acquéreurs, car il avait été définitivement jugé que le fermier ne lui devait rien de ce chef. Mais la cour pouvait-elle, en admettant que le bailleur eût droit à des dommages-intérêts plus amples que ceux qu'il était tenu de payer, lui allouer l'excédent ? Nous ne le croyons pas ; car, en réalité, la question soumise au tribunal par suite du recours en garantie formé par le bailleur était de savoir si, en vertu des clauses spéciales du bail, le fermier était tenu de délaisser les immeubles vendus ou si, au contraire, il pouvait se prévaloir de l'art. 1743 aux termes duquel l'acquéreur d'un immeuble loué ne peut expulser le fermier qui a un bail authentique. Or le tribunal pour repousser le recours en garantie formé par le bailleur contre le fermier avait nécessairement interprété la clause litigieuse du bail et a virtuellement décidé que le fermier était en droit de rester en possession des immeubles vendus. Il semble donc que le bailleur, après avoir laissé passer ce jugement en force de chose jugée, ne devait plus être recevable à formuler une demande en dommages-intérêts contre son fermier, à raison du même fait.

69. — II. Demandes relatives au principal et aux accessoires. — On a examiné au *Rép.* nos 119 et suiv., quelle doit être l'influence de la chose jugée, relativement au capital, sur la demande ultérieure des intérêts, et réciproquement. Un arrêt (Req. 24 janv. 1865, aff. Piétri, D. P. 65. 1. 232) n'a fait qu'appliquer les principes que nous avons exposés, en décidant que le jugement passé en force de chose jugée qui, sur une demande en reddition de compte ayant pour objet un capital et les intérêts courus, à compter de la réception de ce capital, ordonne le compte, et ajoute que, faute par le défendeur de le rendre dans un délai déterminé, il y sera contraint par voie de saisie de ses biens jusqu'à concurrence du capital réclamé, n'implique pas le refus d'allocation des intérêts, et, par suite, ne met pas obstacle à ce que ces intérêts soient ultérieurement accordés au demandeur. Si le moyen de contrainte ordonné, dans cette espèce, jusqu'à concurrence de la somme principale dont le compte était demandé, ne se référait pas également aux intérêts réclamés, ce silence n'impliquait pas que les intérêts dont il s'agit eussent été refusés, car le juge, en ordonnant le compte, n'entendait évidemment rien décider sur les éléments qui devraient y entrer (V. en ce sens : Laurent, p. 63 ; Civ. cass. 28 déc. 1859, aff. Holder, D. P. 60. 1. 345).

70. — III. Demandes relatives a la possession et a la propriété.— Le fait de la possession étant complètement distinct du droit de propriété, il est évident que les jugements rendus au *possessoire* ne peuvent jamais avoir l'autorité de la chose jugée, relativement au *pétitoire* (*Rép*. n° 126). Il a été décidé, en conséquence : 1° que le jugement rendu au possessoire, qui rejette l'action, ne fait pas preuve, devant le juge du pétitoire, de la possession du défendeur (Req. 18 déc. 1865, aff. Babouin, D. P. 66. 1. 255) ; — 2° Qu'un jugement de maintenue au possessoire ne fait point obstacle à ce que le juge du pétitoire, saisi d'une question de prescription relativement à la chose qui a donné lieu à ce jugement, examine d'abord si cette chose est prescriptible (Caen, 21 mai 1856, aff. Olivier, D. P. 57. 2. 80) ; — 3° Qu'il en est ainsi, même en ce qui touche le caractère reconnu par le juge de paix à la possession invoquée devant lui ; par exemple, la possession que le juge du possessoire a maintenue, comme constituant une possession à titre de propriétaire, peut, au pétitoire, être déclarée simple détention précaire, insuffisante pour servir de base à la prescription (Req. 28 déc. 1857, aff. de Guénet, D. P. 58. 1. 113) ; — 4° Que la décision du juge de paix, qui a accueilli une action en complainte sur le motif que le demandeur au possessoire était depuis plus d'une année en possession de l'immeuble litigieux, ne met pas obstacle à ce que, au pétitoire, la même possession soit, au contraire, reconnue en faveur de l'autre partie devenue demanderesse en revendication, à l'effet, par exemple, de l'autoriser à invoquer la présomption de possession intermédiaire existant au profit du possesseur actuel qui prouve avoir possédé anciennement (Civ. rej. 11 avr. 1865, aff. Mathieu, D. P. 65. 1. 268) ; — 5° Que la décision qui rejette une action possessoire basée sur un trouble souffert par le demandeur dans sa jouissance plus qu'annale d'une servitude de vue, par le motif que le terrain grevé avait cessé, par l'effet de sa réunion au domaine public, d'être susceptible de possession privée à titre de propriété ou de servitude, laisse subsister le droit du demandeur de faire déclarer au pétitoire l'existence de la servitude invoquée (Req. 20 janv. 1868, aff. Puyolle, D. P. 68. 1. 133) ; — 6° Qu'un tribunal, jugeant au pétitoire, peut, sans violer l'autorité de la chose jugée, décider que les ouvrages relatifs à une servitude, bien que précédemment maintenus au possessoire, au profit du demandeur en cassation, constituent des œuvres récentes établies contrairement au droit résultant, pour le défendeur éventuel, d'un acte authentique (Req. 17 juill. 1876, aff. Ornano, D. P. 77. 1. 263. — V. aussi Chambéry, 13 juill. 1874, aff. Foussemagne, D. P. 74. 2. 225).

71. Il est manifeste, d'autre part, que la sentence rendue au possessoire en vue de la possession annale reconnue, à l'époque de cette sentence, au profit d'une partie, ne peut pas être invoquée comme ayant l'autorité de la chose jugée sur une autre action possessoire intentée par la même partie plusieurs années après, c'est-à-dire à une époque où la possession annale pouvait avoir changé de main ou de caractère (Req. 26 janv. 1869, aff. Durand, D. P. 71. 1. 207 ; Laurent, t. 20, n° 44 ; Bourbeau, *De la justice de paix*, n° 312 ; Bioche, *Dictionnaire de procédure*, v° *Action possessoire*, n° 996).

72. — IV. Demande et objet distincts. — On a vu (*Rép*. n° 137), que, l'action en séparation de corps et l'action en séparation de biens étant, par nature, essentiellement différentes, la chose jugée relativement à l'une des deux ne peut jamais être opposée à la partie qui exerce l'autre. Il est permis de voir une application de ce principe dans un arrêt décidant qu'un jugement de séparation de biens peut être annulé pour défaut d'exécution dans les délais légaux, quoique, postérieurement à l'expiration de ces délais, un jugement de séparation de corps intervenu entre les époux ait déclaré, sans que les parties eussent soulevé la question, qu'il n'y avait pas lieu d'ordonner la liquidation prescrite par le jugement de séparation de biens, et ait ainsi implicitement considéré ce jugement comme toujours subsistant (Req. 28 déc. 1858, aff. Gargnier, D. P. 59. 1. 108).

73. Les demandes en dommages-intérêts formées successivement à raison de faits distincts constituent, avons-nous dit (*Rép*. n° 140), des demandes diverses par leur objet et par leur cause. On étudiera, *infrà*, n°s 121 et suiv., une application importante de ce principe.

74. — V. Objet distinct ; Question identique. — L'identité de l'objet réclamé est indispensable pour que l'autorité de la chose jugée puisse être invoquée. Aussi, lors même que la demande nouvelle présente à résoudre la même question que la première, n'y a-t-il pas lieu à l'exception de chose jugée, si l'objet du litige n'est pas le même que celui de la première demande (*Rép*. n° 156). Ce principe, incontestable en théorie, soulève, dans la pratique, les questions les plus délicates. — Il a été jugé, à cet égard : 1° que le jugement rendu sur un débat où le caractère conditionnel d'une donation a été débattu relativement à quelques-uns seulement des biens donnés, ne met pas obstacle à ce que la contestation soit reproduite à l'égard des autres biens (Civ. rej. 28 août 1849, aff. Jeanron, D. P. 50. 1. 57) ; — 2° Que l'arrêt qui prononce la nullité d'une inscription prise sur les biens d'un failli postérieurement au jugement déclaratif, et par suite autorise le failli à se libérer par le payement du dividende afférent à la créance d'après les termes du concordat, est sans effet à l'égard des autres inscriptions qui ont pu être prises pour sûreté de la même créance ; dès lors, l'arrêt qui maintient ces inscriptions et décide, par suite, que le créancier a droit à l'intégralité de sa créance ne viole point l'autorité de la chose jugée (Req. 10 févr. 1863, aff. Auffant, D. P. 63. 1. 300) ;... — 3° Que l'on ne saurait invoquer l'exception de la chose jugée, si la chose demandée dans la seconde instance n'est pas identique à celle qui l'avait été dans la première, alors même que la question de droit serait la même (Req. 31 juill. 1877) (1) ; — ... 4° Que la demande qui a pour objet des loyers courus à d'autres dates que les loyers auxquels s'appliquait un premier jugement ne peut être repoussée par l'exception de la chose jugée (Req. 6 févr. 1883, aff. Nathan-Jacob, D. P. 83. 1. 451) ;

(1) (Coste C. Ville de Lyon.) — La cour ; — Sur le premier moyen, tiré de la violation des art. 538, 545, 556, 557 et 563 c. civ., du chap. 6 de la loi des 12-20 août 1790, de l'arrêté du gouvernement du 19 vent. an 6, et de l'art. 1er de la loi du 29 flor. an 10 : — Attendu que les demandeurs en cassation pouvaient, par eux ou par leurs auteurs, renoncer à réclamer l'indemnité à laquelle ils auraient eu droit, comme à réclamer la restitution des terrains dont ils prétendaient avoir été dépossédés par l'effet de l'arrêté préfectoral du 16 avr. 1856 ; qu'à la vérité, il incombait à la défenderesse éventuelle, qui invoquait cette renonciation, d'en rapporter la preuve légale ; mais que pour décider qu'elle satisfaisait à cette obligation, l'arrêt attaqué, loin de se borner à s'appuyer sur de simples présomptions, s'est fondé sur divers écrits émanés des auteurs des demandeurs, et qu'en donnant à ces écrits, d'après les circonstances dans lesquelles ils étaient intervenus, le sens et la portée qu'il leur a attribués, il n'a fait qu'user d'un pouvoir dont l'exercice ne tombe pas sous le contrôle de la cour de cassation ; — Sur le deuxième moyen, tiré de la violation de l'art. 7 de la loi du 20 avr. 1810, ainsi que des art. 1341, 1353, 1985 et 1988 c. civ., et des règles sur la preuve : — Attendu, sans qu'il soit besoin d'examiner si la cour de Lyon s'est placée dans l'hypothèse d'un mandat ou dans celle d'une gestion d'affaires, que ladite cour déclare que les actes postérieurs à la renonciation des sieurs Bertin et Morel ont emporté, de la part des autres intéressés, une ratification tacite des pouvoirs qui avaient été verbalement donnés auxdits Bertin et Morel ; que la constatation, souverainement appréciée par les juges du fond, suffit, d'une part, pour remplir le vœu de l'art. 7 de la loi du 20 avr. 1810, et, d'autre part, pour établir que l'arrêt attaqué n'a ni violé ni pu violer les règles légales sur la

— ... 5° Que l'on ne peut invoquer, dans une instance relative à une saisie-arrêt, comme ayant autorité de chose jugée quant à la créance, un jugement rendu dans une instance relative à une autre saisie, et qui a admis cette créance en vertu des titres invoqués (Req. 27 avr. 1885, aff. Dufrançais, D. P. 86. 1. 391) ; — ... 6° Que l'interprétation donnée par le conseil d'Etat à un article du cahier des charges d'une concession de chemin de fer, relativement à des transports à effectuer pour l'Etat, n'a pas l'autorité de la chose jugée en ce qui concerne des transports et des objets autres que ceux qui avaient donné lieu au litige (Cons. d'Et. 7 déc. 1883, aff. Chemin de fer d'Orléans, D. P. 85. 3. 65, et les conclusions du commissaire du Gouvernement, *ibid.*; 8 mai 1885, aff. Chemin de fer de Lyon, D. P. 87. 3. 7).

75. Il en serait autrement si le premier juge avait été mis en demeure, par les conclusions des parties, de se prononcer, d'une façon complète et définitive, sur la valeur du titre invoqué, ou sur l'étendue des droits conférés à chacun par le contrat litigieux. C'est ainsi que le jugement qui déclare qu'un bail authentique est investi, contre le cessionnaire de ce bail, de la même force exécutoire que contre le cédant, a l'autorité de la chose jugée quant à cette déclaration, si l'effet qu'il a ainsi attribué au bail, vis-à-vis du cessionnaire, vient à être de nouveau contesté sur des poursuites ultérieures à fin de payement de nouvelles annuités de fermages (Req. 4 nov. 1863, aff. Larband, D. P. 64. 1. 38). — Un arrêt a de même décidé que, dans ce cas, l'arrêt qui interprète une clause litigieuse d'un contrat dont l'exécution doit se faire à des époques périodiques, a force de chose jugée dans une nouvelle instance, formée par les mêmes parties, bien que, dans ces deux instances, il s'agisse de l'exécution du contrat à deux époques différentes (Civ. cass. 8 févr. 1886, aff. Fournier, D. P. 87. 1. 22). — Cette identité d'objet n'existerait plus, toutefois, s'il s'agissait de déterminer le point de départ de l'une des périodes, et si un premier arrêt s'étant borné à comprendre vaguement une certaine année dans cette période, sans préciser le jour auquel l'exécution du traité a commencé, les parties demandaient que le commencement de cette exécution soit fixé à telle ou telle date de la même année (Même arrêt).

76. La jurisprudence a eu à déduire une conséquence intéressante du même principe, en matière de minorité et d'interdiction: elle a décidé que le jugement qui déclare régulière la composition du conseil de famille, réuni pour une délibération déterminée, n'a pas force de chose jugée pour faire maintenir la même composition de ce conseil dans une délibération ayant un objet autre que celui de la première (Caen, 31 juill. 1878, aff. Guéroult, D. P. 79. 2. 269). — C'est là une conséquence de la règle généralement admise, d'après laquelle les conseils de famille ne sont pas des corps permanents (Caen, 30 déc. 1857, aff. Berrurier, D. P. 58. 2. 146; Aubry et Rau, t. 1, § 91; Demolombe, t. 7, n° 278; *Rép.* v° *Minorité*, n° 167. — En sens contraire : Rouen, 9 déc. 1854, aff. C..., D. P. 55. 2. 106. — V. *Minorité*).

77. C'est encore une application des principes énoncés plus haut que l'on rencontre dans les décisions qui vont être rapportées : les faits qui avaient motivé la première décision y étaient invoqués comme devant entraîner la décision à intervenir sur la nouvelle demande. Mais l'identité des questions n'était pas complète dans ces hypothèses; le juge de la seconde action, avait donc pu, sans violer l'autorité de la chose jugée, tirer de ces faits des conséquences différentes de celles qu'en avait déduites le premier juge. Il a été décidé : 1° que l'arrêt par lequel l'expéditeur de certains objets qui devaient lui être renvoyés est débouté d'une demande en payement du prix de ces objets, dont il a refusé de prendre livraison comme lui ayant été tardivement renvoyés, ne s'oppose pas, avec l'autorité de la chose jugée, à ce que cet expéditeur réclame plus tard la restitution des mêmes objets (Req. 17 janv. 1870, aff. Dukas, D. P. 71. 1. 119); — 2° Que l'arrêt qui a maintenu un bail passé avec une personne tombée depuis en faillite, et condamné le syndic de la faillite à payer la totalité des loyers échus et à échoir jusqu'à l'expiration de ce bail, ne fait pas obstacle à ce qu'un arrêt postérieur prononce la résiliation du même bail pour inexécution des obligations du bailleur et réduise les loyers dus au propriétaire proportionnellement au temps pendant lequel le bail avait reçu son exécution (Req. 5 nov. 1872, aff. Marmiesse, D. P. 73. 5. 91); — 3° Que lorsqu'un arrêt, faisant droit à la demande en distraction d'immeubles compris dans une saisie, a ordonné la réintégration du demandeur dans la possession desdits immeubles, et reconnu par suite le droit de propriété dont il se prévalait, un second arrêt peut, faute par le saisissant d'avoir exécuté le premier, le condamner à indemniser le demandeur en distraction de la dépossession qu'il avait subie (Civ. cass. 9 juill. 1877, aff. Luce, D. P. 79. 1. 258); — 4° Qu'il n'y a pas identité d'objet entre le jugement qui se borne à condamner un débiteur saisi à rapporter au tiers saisi qui s'est, malgré l'opposition, libéré entre ses mains, mainlevée de cette saisie-arrêt dans un certain délai, passé lequel il serait fait droit, et l'arrêt postérieur qui rejette la demande du tiers saisi tendant au remboursement de la somme payée par lui, en constatant que les causes de l'opposition n'existent plus et qu'offre est faite au tiers saisi des pièces établissant la libération du débiteur (Req. 1er juill. 1885, aff. Berthet, D. P. 86. 1. 363); — 5° Qu'un jugement passé en force de chose jugée s'étant borné, sur la demande d'une partie, à ordonner, d'une façon générale, la communication des titres, pièces et documents en la possession d'un notaire, sans prescrire aucune mesure qui méconnaisse les règles destinées à assurer le secret professionnel imposé au notaire, l'arrêt qui plus tard ordonnerait la communication de ces documents au greffe de la justice de paix, sans prendre aucune mesure de précaution pour éviter de livrer le secret des opérations du notaire, peut être cassé, pour violation des lois qui interdisent la communication générale des minutes d'un notaire dans un intérêt privé: on ne peut, en ce cas, opposer l'exception de la chose jugée tirée du premier jugement (Civ. cass. 18 janv. 1886, aff. Grandjean, D. P. 86. 1. 373); — 6° Que l'assureur qui, se fondant sur des dissimulations commises par l'assuré dans les déclarations qu'il avait faites pour l'établissement de ses primes, a demandé, au principal, sa condamnation à des dommages-intérêts, et a conclu subsidiairement à une expertise, est réputé avoir réservé le droit qui lui appartenait, aux termes de la police, de demander contre l'assuré, coupable de fausses déclarations ou de réticences, la déchéance du bénéfice de l'assurance; que, par suite, le jugement qui, en rejetant ses conclusions principales, a admis ses conclusions subsidiaires, et nommé un expert, ne saurait être invoqué pour repousser, par l'exception de chose jugée, la demande de déchéance qu'il a formée à la suite de l'expertise (Req. 11 janv. 1886, aff. Gaya, D. P. 86. 1. 407). — V. *infrà*, n° 90.

78. Il y aurait, au contraire, identité d'objet, rendant recevable l'exception de chose jugée dans deux demandes tendant l'une et l'autre à la réparation du même préjudice, quoique sous des formes différentes, par exemple, pour l'une le remboursement d'un prix versé, pour l'autre des dommages-intérêts. Il est certain, en effet, que l'objet est identique, quoique le montant pécuniaire des deux litiges ne soit pas le même, lorsqu'il s'agit de l'acquit de la même dette : celui qui réclame l'exécution intégrale d'une obligation ou la réparation intégrale d'un préjudice causé engage

---

preuve du mandat; — Sur le troisième moyen, tiré de la violation de l'art. 1351 c. civ. : — Attendu que la chose jugée n'existe aux termes de cet article, qu'autant que la chose demandée est la même; d'où il suit que la chose jugée dans une première instance ne peut être opposée dans une seconde instance, qu'autant que la chose demandée dans cette seconde instance est identique; que, dans l'espèce, les terrains sur lesquels a porté le litige qui a donné lieu à l'arrêt de la cour de Lyon du 8 mars 1862, n'étaient pas les mêmes que ceux sur lesquels a porté le litige introduit par l'assignation du 3 juill. 1873 et terminé par l'arrêt aujourd'hui attaqué; qu'ainsi la chose demandée n'était pas la même dans les deux instances; qu'en admettant que l'une des questions de droit qui se présentaient et qui ont été résolues dans la première de ces instances se soit exactement reproduite dans la seconde, l'identité de la question n'équivalait pas à l'identité des demandes, et que, par suite, en rejetant l'exception tirée de la chose jugée par l'arrêt précité du 8 mars 1862, l'arrêt attaqué, loin de violer l'art. 1351 c. civ., en a fait une saine application;

Par ces motifs, rejette, etc.

Du 31 juill. 1877.-Ch. req.-MM. Bédarrides, pr.-Demangeat, rap.-Godelle, av. gén., c. conf.-Bosviel, av.

la contestation sur chacun des éléments qui la composent, et le juge statue dans les mêmes conditions. — Il a été décidé, en ce sens, que l'exception de chose jugée peut être valablement invoquée lorsque, dans une première instance, le demandeur a réclamé le remboursement du prix d'actions souscrites, à raison de manœuvres frauduleuses qui avaient déterminé cette souscription, et que, dans la nouvelle demande, la même personne réclame la condamnation du défendeur à des dommages-intérêts à fixer par état (Civ. rej. 21 juin 1881, aff. Pazat, D. P. 81. 1. 465). De même encore, la décision qui prononce la révocation d'une donation pour survenance d'un enfant légitime, met obstacle à ce que le donataire, qui n'a point contesté le fait de cette survenance d'enfant, lors de la demande en révocation, le mette ultérieurement en question, en attaquant, par exemple, l'acte de naissance comme faux, même dans le seul but de faire condamner le donateur à des dommages-intérêts, à titre de réparation du préjudice que lui a causé la révocation (Req. 13 févr. 1860, aff. Giudicelli, D. P. 60. 1. 341)

79. — VI. DEMANDES VIRTUELLEMENT IDENTIQUES. — On a vu au *Rép.* n° 163 qu'il n'est pas exigé, pour qu'il y ait lieu à l'exception de la chose jugée, que la nouvelle prétention soit condamnée en termes exprès dans le jugement rendu sur la première; il suffit qu'elle le soit virtuellement et nécessairement (V. conf. Griolet, p. 133 et suiv.). Ce principe, dont l'exactitude ne saurait être contestée, est toujours admis par la jurisprudence : « Attendu, dit notamment un arrêt de la cour de Bruxelles du 8 nov. 1880 (aff. Société du charbonnage de la Petite Sorcière *C.* François, *Pasicrisie belge*, 1881. 1. 73), que la chose jugée résulte non seulement de ce qui est formellement énoncé dans le dispositif du jugement, mais encore de tout ce que le juge a implicitement, mais nécessairement décidé en formulant sa sentence. » Mais il donne naissance, dans son application, à de nombreuses difficultés. Quelques-unes des questions délicates qui ont été soulevées, à cette occasion, dans la pratique, ont été rapportées au *Rép.* n°s 163 et suiv. Depuis, la jurisprudence a eu fréquemment à se prononcer sur l'interprétation de cette règle. On peut citer notamment les décisions suivantes, dans lesquelles la chose jugée est déclarée résulter virtuellement de décisions antérieures : 1° lorsqu'un arrêt, passé en force de chose jugée, a décidé que le tuteur n'avait pas droit aux intérêts des sommes déboursées par lui pour améliorations et constructions sur les immeubles du pupille, mais qu'en même temps cet arrêt a pris pour base, dans la fixation de la quotité des fruits et revenus dont ce tuteur a été condamné à tenir compte, l'état et la valeur des immeubles tels qu'ils étaient avant ces améliorations et constructions, un arrêt postérieur ne fait qu'une exacte application de la chose jugée en refusant d'imputer au crédit du compte de ce tuteur, année par année, jusqu'à la cessation de la tutelle, la somme déboursée pour cet usage (Civ. rej. 11 nov. 1851, aff. de Roquelaure, D. P. 51. 1. 317); — 2° Le jugement qui détermine les bases d'un partage a l'autorité de la chose jugée, non seulement sur ce qui a fait l'objet de conclusions expresses, mais encore sur tous les points qui altéreraient les bases mêmes du partage, que le jugement a eu pour but de déterminer (Req. 28 mars 1866, aff. Fanton, D. P. 66. 1. 494; Civ. cass. 9 avr. 1866, aff. de Sainneville, *ibid.*); — 3° Le jugement qui, sur une action en partage de succession, donne acte à l'un des héritiers de ce qu'il renonce à la succession pour s'en tenir au don qui lui a été fait, puis fixe les droits respectifs des autres héritiers, et arrête les bases du partage à opérer entre eux, s'oppose, lorsqu'il a acquis l'autorité de la chose jugée, à ce que l'un de ces derniers soulève ultérieurement une contestation tendant à faire admettre, pour la donation faite à l'héritier renonçant, un mode d'imputation inconciliable avec les dispositions de ce jugement en ce qu'il porterait atteinte aux droits reconnus à quelques-uns d'eux (Civ. rej. 24 juill. 1867, aff. Goutte, D. P. 67. 1. 326); — 4° Le jugement qui ordonne le payement d'une somme à deux héritiers d'un créancier décédé, pour moitié à chacun, décide avec l'autorité de la chose jugée que la part de chacun desdits héritiers dans les condamnations prononcées au profit de la succession créancière est de moitié; en conséquence, l'un de ces héritiers ne peut pas prétendre, à l'encontre des mêmes parties qui le poursuivent en payement d'une somme dont il est débiteur envers elles, que sa part dans la succession n'est que d'un tiers, à défaut d'acceptation par les deux héritiers de la succession de leur cohéritier prédécédé (Civ. cass. 13 juill. 1868, aff. Grall, D. P. 68. 1. 321); — 5° Le jugement qui, après avoir rappelé les conclusions par lesquelles certains enfants renonçants ont demandé à retenir cumulativement, sur les avancements d'hoirie qu'ils ont reçus, la quotité disponible et leurs parts dans la réserve, ordonne le partage entre les héritiers acceptants et prescrit qu'il soit procédé à la réduction des donations pour parfaire, s'il y a lieu, la réserve légale de ceux des enfants qui ne l'auraient pas obtenue par l'effet des avancements d'hoirie faits en leur faveur, décide ainsi implicitement, avec l'autorité de la chose jugée, que les enfants renonçants peuvent retenir cumulativement sur leurs avancements d'hoirie la quotité disponible et leurs parts dans la réserve (Civ. rej. 5 août 1868, aff. Faure, D. P. 68. 1. 445).

80. Les règles ci-dessus rappelées ont été appliquées encore par les décisions suivantes, aux termes desquelles : 1° l'arrêt qui ordonne la suppression d'une marque (étiquette) apposée sur un produit est réputé avoir interdit l'application de la même marque sur le même produit, sous quelque forme qu'il soit présenté, alors surtout que les conclusions du demandeur ne comportaient aucune distinction, et qu'au contraire, celles du défendeur, en appel, tendaient à ce que la prohibition fût limitée à une forme déterminée du produit (Civ. rej. 12 déc. 1871, aff. Prudon, D. P. 72. 1. 68); — 2° Une décision judiciaire qui enjoint à deux propriétaires voisins de laisser libre de chaque côté du mur mitoyen un espace de terrain déterminé, leur garantit par là même la faculté de bâtir au delà de cette limite (Req. 24 janv. 1872, aff. Frichot, D. P. 72. 1. 270); — 3° Lorsque le défendeur à une action en garantie a été déchargé de la garantie dirigée contre lui, à la condition que le demandeur profiterait seul des impenses faites sur l'immeuble litigieux, l'exception de chose jugée est opposable à l'action en restitution de ses impenses intentée par lui contre le demandeur primitif (Req. 15 avr. 1872, aff. Faideau, D. P. 72. 1. 415); — 4° Un arrêt passé en force de chose jugée ayant décidé qu'un héritier a soustrait frauduleusement des valeurs appartenant au *de cujus*, pendant la dernière maladie de celui-ci, la décision judiciaire postérieure qui admet contre un tiers détenteur la revendication de ces valeurs en qualité d'objets volés ne contredit pas ce qui a été jugé par le premier arrêt, mais en tire, au contraire, une juste conséquence (Req. 20 août 1872, aff. Mercier, D. P. 73. 1. 481); — 5° L'arrêt qui déclare que des communes détiennent une portion de bois plus que suffisante pour les remplir, à titre de cantonnement, de leurs droits d'usage, et qui décide, en conséquence, qu'elles n'ont rien à reprendre sur une autre commune, leur co-usagère, détentrice d'une portion plus considérable de forêt grevée de droits d'usage, viole la chose jugée résultant d'une sentence arbitrale aux termes de laquelle tous les bois grevés de droits d'usage au profit de plusieurs communes doivent être réunis en une seule masse que les communes usagères se partageront proportionnellement à leur population respective (Civ. cass. 26 août 1873, aff. Commune d'Hugier, D. P. 74. 1. 475); — 6° Lorqu'à la suite d'une sommation adressée par un créancier inscrit à l'adjudicataire d'un immeuble vendu après faillite, dans le but d'exercer, le cas échéant, la surenchère de l'art. 2185 c. civ., un arrêt a décidé entre les parties que ce créancier a conservé intact son droit hypothécaire, même après l'expiration du délai de quinzaine accordé à toute personne par l'art. 573 c. com., pour surenchérir d'un dixième sur le prix d'adjudication, l'autorité de la chose jugée s'oppose à ce qu'un tel droit puisse être remis en question dans une instance en validité de surenchère (Req. 6 juill. 1881, aff. Schlosser, D. P. 82. 1. 449); — 7° Dans une contestation élevée sur un projet de liquidation de succession préparé par un notaire, un chef de demande tendant à l'inscription d'une somme déterminée à l'actif doit être considéré comme rejeté par le jugement qui, après avoir admis d'autres chefs de rectification, déclare homologuer quant au surplus l'acte liquidatif pour être exécuté selon sa forme et teneur; en conséquence, si l'inscription de la même somme à l'actif de la succession est à nouveau et ultérieurement demandée en justice, c'est à bon droit que l'exception de chose jugée peut être opposée à la partie demanderesse qui a laissé devenir définitif le premier jugement rendu (Req. 22 mars 1882, aff. de la Tullaye de Varennes, D. P. 82. 1. 285); — 8° Lorsque, sur la demande de plusieurs des copropriétaires d'un navire, une partie a été condamnée, comme étant elle-même copropriétaire, à contribuer au payement des fournitures de charbon faites pour ledit navire, dans la proportion de sa copropriété, l'autorité de la chose jugée qui s'attache à cette décision s'oppose à ce que cette même partie puisse, dans une instance ultérieure en licitation du même navire intentée contre elle par les mêmes copropriétaires, demander sa mise hors de cause en niant sa copropriété (Civ. rej. 3 mai 1886, aff. Touchet, D. P. 86. 1. 437).

81. Il est évident, d'ailleurs, que l'on ne peut valablement opposer la chose jugée implicitement par une première décision, que s'il existe, entre cette chose et celle qui est ensuite expressément demandée, un lien nécessaire et absolu, qui les identifie l'une à l'autre. — Cette règle, dont nous avons cité de nombreuses applications, au *Rép.* nos 168 et suiv., a encore été consacrée par les arrêts suivants qui ont décidé: 1° que le jugement qui condamne un légataire universel au payement de certaines dettes héréditaires, en sa qualité et suivant ses droits dans la succession, n'a pas l'autorité de la chose jugée sur la question de savoir si ce légataire est tenu des dettes héréditaires au delà de son émolument (Civ. cass. 13 août 1851, aff. Toussaint de Gérard, D. P. 51. 1. 281); — 2° Que lorsque après un arrêt qui a annulé des procédures d'exécution par le motif que la créance du poursuivant n'était pas liquidée, une nouvelle demande est formée entre les mêmes parties, non pour donner suite à la procédure définitivement annulée, mais pour faire déclarer les titres du créancier valides et exécutoires, il n'y a point d'exception de chose jugée à tirer, contre la seconde demande, de la première décision (Civ. rej. 26 juill. 1853, aff. Léveil, D. P. 53. 1. 233); — 3° Qu'un tribunal qui, tout en validant une poursuite en folle enchère, a ordonné qu'il y serait sursis jusqu'à l'apurement d'un compte de fruits à rendre par le poursuivant, n'a point perdu par là le droit de statuer sur l'apurement de ce compte (Civ. cass. 17 août 1853, aff. Monnier, D. P. 54. 1. 382); — 4° Que le jugement passé en force de chose jugée, qui rejette la demande en nullité de la saisie d'un immeuble dotal, comme formée après le délai fixé par l'art. 728 c. proc. civ., ne met pas obstacle, soit à ce que le mari excipe ultérieurement de la dotalité de cet immeuble pour contredire la collocation des créanciers saisissants sur le prix (Pau, 19 déc. 1871, aff. Dubedout, D. P. 73. 2. 205), ... soit à ce que la femme invoque la dotalité de l'immeuble pour faire tomber les hypothèques en vertu desquelles il a été saisi, et faire déclarer que le prix de l'adjudication lui sera attribué à l'exclusion des créanciers investis de ces hypothèques (Req. 21 janv. 1856, aff. de Nadaillac, D. P. 56. 1. 354); en effet, le premier jugement qui a fait fléchir les effets de la dotalité, devant une déchéance de procédure établie pour la stabilité de l'adjudication, ne préjuge en aucune façon la question de savoir si le bénéfice de cette dotalité ne doit pas être restitué à la femme, placée en présence non plus de la saisie, mais du prix à distribuer, et des allocations demandées en vertu d'hypothèques constituées par elle malgré l'inaliénabilité du fonds dotal; — 5° Qu'en cas de condamnation, par décision passée en force de chose jugée, à des dommages-intérêts à fixer par état, les juges peuvent, sans violer la chose jugée, déclarer, lors de cette fixation, qu'il n'y a lieu d'accorder aucuns dommages-intérêts à la partie en faveur de laquelle la condamnation avait été prononcée, en se fondant sur des moyens de compensation opposés par la partie condamnée: les deux décisions sont parfaitement conciliables (Req. 22 nov. 1858, aff. Beaugelin, D. P. 58. 1. 127); — 6° Qu'en cas d'aliénation faite à un successible en ligne directe, moyennant une rente viagère et un prix fixé en capital, l'arrêt qui oblige l'acquéreur à rapporter à la masse de la succession la valeur des biens aliénés, prélèvement fait de la quotité disponible et ordonne une expertise pour déterminer cette valeur, laisse entière la question de savoir si le prélèvement dont il s'agit doit être fait sur tous les biens aliénés considérés comme donnés en totalité, sous obligation de payer à la succession le prix ferme stipulé dans l'acte de vente, ou s'il doit se faire uniquement sur la portion de biens dont le prix a été fixé en rente viagère, avec payement du prix du surplus, considéré comme ayant été aliéné à titre onéreux (Req. 13 févr. 1861, aff. Hoareau, D. P. 61. 1. 369); — 7° Que la décision qui prononce la nullité intégrale de l'ameublissement partiel d'un immeuble donné à la femme dans son contrat de mariage, ne peut être attaquée comme violant l'autorité de la chose jugée par l'arrêt précédent, qui avait maintenu la donation pour une partie de l'immeuble donné, cet arrêt ne s'expliquant pas sur l'effet de ce maintien partiel de la donation, quant à la clause d'ameublissement (Req. 3 août 1859, aff. Beaugelin, D. P. 59. 1. 419); — 8° Qu'il n'y a point chose jugée dans un jugement, d'ailleurs définitif, qui reconnaît l'existence de droits d'usage de dépaissance sur des terrains vacants, quant à l'étendue de ces droits, et notamment sur la question de savoir si le propriétaire de ces terrains peut en défricher quelque partie et les soustraire ainsi à la dépaissance (Toulouse, 2 mai 1866, aff. Dussard, D. P 66. 2. 118); — 9° Que les arrêts rendus entre l'État et une commune usagère, sur le mode d'évaluation des portions de forêt destinées au cantonnement de la commune, n'ont pas l'autorité de la chose jugée relativement à la demande formée par l'État en remboursement de la valeur des délivrances de bois qu'il prétend avoir postérieurement faites aux habitants usagers sur des portions de forêt autres que celles comprises dans le cantonnement (Civ. rej. 10 févr. 1868, aff. Commune de Brénod, D. P. 68. 1. 62).

82. Il a encore été décidé dans le même sens: 1° que le jugement du tribunal de commerce qui, reconnaissant le bien fondé de l'action en revendication exercée par un tiers sur des marchandises qu'un commerçant avait fait saisir chez un autre commerçant, son débiteur, réserve à ce tiers son droit à une indemnité, ne peut être considéré comme décidant implicitement que c'est devant la juridiction commerciale que cette indemnité doit être réclamée (Lyon, 27 avr. 1871, aff. Rey, D. P. 71. 2. 87); — 2° Que l'arrêt qui a maintenu un bail passé avec une personne tombée depuis, en faillite, et condamné le syndic de la faillite à payer la totalité des loyers échus et à échoir jusqu'à l'expiration de ce bail, ne fait pas obstacle à ce qu'un arrêt postérieur prononce la résiliation du même bail pour inexécution des obligations du bailleur, et réduise les loyers dus au propriétaire proportionnellement au temps pendant lequel le bail avait reçu son exécution (Req. 5 nov. 1872, aff. Marmiesse, D. P. 73. 5. 91); — 3° Que lorsqu'un premier arrêt a jugé qu'une transaction litigieuse renfermait un partage de propriété entre deux communes, et qu'un second arrêt a fait cesser le pâturage commun exercé par elles sur leurs lots respectifs, il n'y a pas violation de la chose jugée dans l'arrêt subséquent qui attribue à l'une des communes la propriété exclusive d'une partie des terrains contestés (Civ. rej. 12 mars 1872, aff. Commune d'Oullins, D. P. 73. 1. 72); — 4° Qu'un jugement qui, du consentement de toutes les parties en cause, prononce la conversion en vente aux enchères de poursuites de saisie immobilière commencées sur un droit au bail et des constructions élevées par un locataire sur le terrain d'autrui, et qui réserve d'ailleurs expressément les droits de toutes les parties, ne fait pas obstacle à ce qu'un jugement ultérieur déclare que lesdites constructions n'étaient pas susceptibles d'hypothèques de la part du locataire (Req. 27 mai 1873, aff. Pigeory, D. P. 73. 1. 410). Le jugement qui, dans cette espèce, avait ordonné la conversion supposait sans doute le caractère immobilier de la chose saisie; mais, n'ayant à statuer ni sur la propriété des immeubles saisis ni sur la validité des hypothèques inscrites du chef du locataire, et ces questions étant, au contraire, expressément réservées, il est clair qu'il n'avait pas jugé, même implicitement, que les constructions élevées par le locataire fussent dans ses mains, des immeubles susceptibles d'être hypothéqués; — 5° Que la décision qui a maintenu les habitants d'une communauté dans les facultés de pêche, chasse et autres à eux concédées par des titres antérieurs, n'a l'autorité de la chose jugée ni quant à l'étendue, ni quant au caractère de ces facultés, et ne fait pas obstacle, en conséquence, à ce qu'il soit ultérieurement déclaré que les droits dont elle a reconnu l'existence n'appartenaient pas exclusivement aux habitants de ladite communauté, et que, d'ailleurs, ils étaient entachés de féodalité (Civ. rej. 28 mai 1873, aff. Commune de Mauguio, D. P. 73. 1. 364); — 6° Que l'arrêt d'une cour d'appel qui, sur le renvoi à elle fait par la cour de cassation, opère, par voie de cantonnement, un partage entre des communes usagères, ne viole pas, en décidant ainsi, la chose jugée par une sentence arbitrale qui, en annulant d'anciens cantonnements, avait prescrit d'en opérer de nouveaux (Req. 21 juin 1877, aff. Commune d'Hugier, D. P. 77. 5. 81) ; — 7° Que le tribunal appelé à déterminer le prix d'un bail n'est pas lié par la constatation qu'a pu faire de ce prix le jury des loyers constitué en 1871, ce jury n'ayant point eu à se prononcer sur le prix des baux, mais seulement à juger si, et dans quelle mesure, il y avait lieu de réduire le taux des loyers pendant la durée de la guerre (Req. 31 juill. 1878) (1) ; — 8° Que lorsqu'un arrêt a décidé qu'une forêt n'est grevée d'aucune servitude foncière perpétuelle au profit d'une verrerie voisine, en ajoutant, toutefois, que son propriétaire est tenu de laisser à la disposition de l'usinier, après estimation et au prix fixé par ses agents, les coupes de bois qui lui sont nécessaires, ou d'admettre cet usinier à l'adjudication publique de ces coupes, il ne saurait y avoir violation de la chose jugée dans l'arrêt postérieur qui condamne le propriétaire de la forêt à délivrer dans ces conditions à l'usinier les coupes de bois nécessaires à l'alimentation de la verrerie (Civ. rej. 28 févr. 1882, aff. d'Imbleval et aff. de Giraucourt, D. P. 83. 1. 150). On peut, en effet, décider qu'un immeuble n'est pas soumis à une servitude foncière perpétuelle, et cependant reconnaître l'existence de certaines obligations contractées par son propriétaire, non pas personnellement, mais en sa qualité de propriétaire ; — 9° Que l'autorité de la chose jugée par un arrêt qui a renvoyé les parties à régler leurs droits conformément à la délimitation de leurs propriétés respectives, n'est pas violée par la décision subséquente qui condamne l'une de ces parties à restituer à l'autre le montant de coupes de bois effectuées indûment par elle pendant un laps de temps déterminé (Req. 4 août 1884, aff. Collas, D. P. 85. 1. 419) ; — 10° Que le jugement qui a repoussé une demande en dommages-intérêts formée par l'acheteur d'un fonds de commerce contre son vendeur, à raison de l'ouverture d'un nouveau fonds dans un rayon interdit, et qui, pour cela, s'est basé sur la non-justification d'un préjudice, n'a pas l'autorité de la chose jugée relativement à une demande formée postérieurement entre les mêmes parties, et tendant à faire ordonner la fermeture du fonds ouvert en contravention aux accords (Trib. com. Marseille, 1er mars 1886, *Recueil de Marseille*, 1886, 1, p. 117) ; — 11° Que l'arrêt d'une cour d'appel qui prononce contre des prévenus une condamnation à des dommages-intérêts sans statuer d'une manière définitive sur la solidarité des frais alloués à titre de supplément de dommages-intérêts, ne fait pas chose jugée sur la question de solidarité (Req. 25 juin 1886, *Gazette des tribunaux* du 17 juill. 1886) ; — 12° Que le jugement qui se borne à désigner, sur la demande de l'une des parties, le liquidateur d'une société dissoute en remplacement d'un liquidateur décédé, ne met pas obstacle à ce qu'un jugement postérieur maintienne une clause

---

(1) (Robert C. Vuillet et autres.) — Le 14 mai 1875, jugement du tribunal de la Seine, ainsi conçu : — « Sur la demande formée par Robert contre Vuillet en résiliation de bail et de vente et en dommages-intérêts : — Attendu que, d'après les constatations faites par l'expert et les autres documents de la cause, les inconvénients qui ont pu résulter pour Robert des travaux exécutés dans la maison ne sont pas de nature à amener la résiliation du bail ou de la vente du fonds de commerce à lui consentis par Vuillet ; que les travaux dont s'est plaint Robert ont été exécutés par Burlat, propriétaire de la maison ; que Vuillet y est resté étranger, et que ce n'est pas à lui que des dommages-intérêts peuvent être réclamés avec titre ; qu'il y donc lieu de débouter Robert de sa demande contre Vuillet en résolution de bail et de vente et en dommages-intérêts ; — Sur la demande en garantie formée par Vuillet contre Burlat : — Attendu que Burlat accepte le rapport de l'expert ; qu'il déclare être prêt à payer à qui de droit les 1471 fr. 75 c., montant des indemnités dues par lui à raison des travaux exécutés par lui dans sa maison ; qu'il y a lieu de lui donner acte de ses offres ; — Attendu que c'est Robert qui occupait la maison de Burlat comme locataire et comme exploitant le fonds d'hôtel meublé au moment où les travaux ont été exécutés ; que c'est donc à lui et en cette qualité qu'est due la somme de 1471 fr. 75 c., que Burlat, propriétaire, reconnaît devoir à ce titre ; — Sur la demande de payement de loyers formée par Vuillet contre Robert : — Attendu qu'il résulte des faits et documents de la cause que, le 10 sept. 1869, Vuillet a vendu à Robert le fonds d'hôtel meublé à lui appartenant rue des Guillemites, n° 2 ; qu'il lui a en même temps sous-loué pour huit ans et un mois, devant finir le 1er oct. 1877, les lieux dans lesquels est établi cet hôtel, connu sous le nom d'hôtel Sainte-Croix, moyennant un loyer annuel de 4000 fr. ; — Attendu que Vuillet, créancier pour loyers d'une somme supérieure à 10500 fr., a commencé des poursuites contre Robert en septembre 1874, et qu'il a fait procéder à la saisie-gagerie ; que vainement Robert prétend dans ses conclusions que Vuillet doit lui tenir compte de 3000 fr. pour les trois termes de guerre dont il aurait été libéré par la décision du jury spécial du 20 sept. 1871, laquelle a fixé à 1125 fr. le solde des loyers dus par Robert à Vuillet ; que le prix de location de l'immeuble occupé par Robert n'est que de 3000 fr. par an ; que ce prix est celui sur lequel a statué le jury spécial ; que le surplus (c'est-à-dire la différence entre 3000 fr. et le prix de 4000 fr. énoncé dans l'acte de bail) représente une partie du prix de vente qui a été stipulé payable en même temps que le loyer pour faciliter l'acquittement de la dette de Robert ; — Par ces motifs ; — Déclare Robert mal fondé, etc ; — Et attendu que la mise en cause de Burlat a été nécessitée par le silence que, dans son exploit introductif d'instance, Robert avait gardé sur l'expertise faite sur sa demande ; que si Burlat n'a pas payé de suite, c'est qu'à raison de la manière dont la procédure avait été commencée par Robert, il ignorait réellement à qui il devait payer, et que, aussitôt qu'il l'a su, il a déclaré être prêt à payer ; — Condamne Robert aux dépens envers toutes les parties, y compris les frais de référé et d'expertise. » — Appel par le sieur Robert ; le 10 juill. 1877, arrêt confirmatif de la cour de Paris. — Pourvoi en cassation par le sieur Robert : 1° Violation et fausse application des art. 1709, 1717, 1719, 1720, 1724 et 1753 c. civ., ainsi que des principes en matière de louage, en ce que l'arrêt attaqué a refusé au sous-locataire troublé dans sa jouissance le droit de recourir contre le sous-bailleur. 2° Violation des art. 1134 et 1351 c. civ., en ce que l'arrêt attaqué n'a tenu aucun compte ni des énonciations d'un bail, ni des déclarations d'un jugement en dernier ressort (la décision du jury des loyers), et a fixé le loyer à un chiffre inférieur à celui déterminé par ces deux actes. — A l'appui du moyen, le pourvoi cherche à établir par des calculs que le loyer, d'après ces deux actes, était réellement de 4000 fr. et non pas de 3000 fr. 3° Violation des art. 130 et 131 c. proc. civ., en ce que l'arrêt a condamné Robert à supporter tous les dépens, quoiqu'il n'ait pas succombé sur tous les chefs. — Burlat, dit le pourvoi, ayant été condamné à payer des dommages-intérêts à Robert, devait supporter une partie des dépens. — Arrêt.

LA COUR ; — Sur le premier moyen, tiré de la violation des art. 1709, 1717, 1714, 1719, 1720, 1753 c. civ. : — Attendu que si le sous-locataire a le droit d'exercer contre le sous-bailleur de qui il tient son bail toutes les actions qui peuvent résulter du contrat de sous-location, il ne peut exercer que contre le propriétaire celles qui dérivent d'un fait personnel de ce dernier, et auquel le sous-bailleur est resté étranger ; — Attendu que l'action dirigée par Robert contre Vuillet avait pour objet de rendre celui-ci responsable du préjudice résultant des réparations que le propriétaire avait fait exécuter à l'immeuble sous-loué par Vuillet à Robert ; — Attendu que l'arrêt attaqué constate que les travaux dont s'est plaint Robert ont été exécutés par Burlat en sa qualité de propriétaire, et que Vuillet y est resté étranger ; — Que c'est donc à bon droit que l'arrêt attaqué a débouté Robert de la demande en dommages-intérêts qu'il avait formée contre Vuillet à raison de ces travaux ; — Sur le deuxième moyen, pris de la violation des art. 1134 et 1351 c. civ. : — Attendu que l'arrêt attaqué, interprétant le bail consenti par Vuillet à Robert, déclare que, si le prix en a été fixé à 4000 fr. par an, 3000 fr. seulement sont applicables à la location de l'immeuble, le surplus représentant le supplément du prix de la vente du fonds d'hôtel meublé cédé à Robert par Vuillet ; que cette interprétation n'a violé aucune loi ; — Attendu qu'elle ne viole pas davantage l'autorité de la chose jugée par la décision de jury des loyers, en date du 20 sept. 1871 ; — Qu'en effet, d'une part, le jury des loyers n'avait pas à se prononcer sur le prix du bail, mais à juger s'il y avait lieu de réduire, et à quelle somme, le taux des loyers pendant les termes de la guerre ; — Que, d'autre part, le jury, en fixant à 1125 fr. le solde desdits termes, a déclaré qu'il statuait sur un loyer de 3000 fr. ; — Sur le troisième moyen, pris de la violation des art. 130 et 131 c. proc. civ. : — Attendu que les juges du fond sont investis d'un pouvoir discrétionnaire en ce qui concerne les dépens, alors même que la partie condamnée à les supporter ne succombe pas sur tous les chefs ; — Attendu qu'en condamnant Robert à tous les dépens envers toutes les parties, la cour de Paris n'a fait qu'user de ce pouvoir, et que, dès lors, sa décision sur ce point ne peut donner ouverture à cassation ;

Par ces motifs, rejette, etc.

Du 31 juill. 1878.-Ch. req.-MM. Bédarrides, pr.-Lepelletier, rap.-Lacointa, av. gén., c. conf.-Lehmann, av.

à forfait contenue dans une transaction antérieurement intervenue entre les anciens associés dans le but de mettre fin à la liquidation : on dirait en vain que le jugement qui nommait un nouveau liquidateur impliquait la résolution de cette clause; il laissait, au contraire, entière la question du fond du procès (Civ. rej. 10 juin 1885, aff. Lenain, D. P. 86. 1. 118).

83. Un arrêt a poussé la règle énoncée ci-dessus à ses conséquences extrêmes, en décidant que, s'il est vrai que, dans une instance en partage, le jugement qui, après avoir homologué le rapport des experts concernant la composition des lots en immeubles, renvoie les parties devant un notaire non seulement pour procéder au tirage au sort desdits lots, mais aussi pour continuer la liquidation, fixe d'une manière irrévocable les bases du partage immobilier, ce jugement ne met cependant pas obstacle à ce que, dans la liquidation, les parties fassent valoir tous leurs droits pour l'apurement de leurs parts respectives, et notamment à ce qu'il soit demandé compte à l'un des copartageants de l'excédant de part qu'il avait reçu par l'effet de son lotissement en immeubles (Civ. rej. 7 août 1876, aff. Neveu, D. P. 77. 1. 343). — Le premier jugement, qui ne stipulait aucune soulte, impliquant, de toute nécessité, que les copartageants ne se devaient rien les uns aux autres, il semble que l'on ne pouvait prétendre, contre l'un de ceux-ci, qu'il avait reçu, dans son lotissement en immeubles, à la suite du tirage au sort de lots réputés égaux, un excédant de part, c'est-à-dire une part à laquelle il pouvait n'avoir point droit, mais qu'il avait reçue en vertu d'un jugement. La solution donnée par la cour d'appel, et confirmée par la cour de cassation peut surtout s'expliquer, croyons-nous, par l'évidence de l'erreur qui, dans l'espèce, avait été commise successivement par les experts et par les juges, et qui était reconnue par celui-là même qui prétendait en profiter.

84. — VII. MODES D'EXÉCUTION DES JUGEMENTS. — Par application du principe que nous avons posé au *Rép.* n° 171, relativement au mode d'exécution des jugements passés en force de chose jugée, un arrêt a décidé que le jugement, même acquiescé, qui décide que le légataire d'un usufruit ne peut se mettre en possession du legs avant d'avoir fourni caution, ne préjuge pas la question de savoir si cette obligation ne comporte pas un équivalent, et, par conséquent, ne s'oppose pas à ce que le légataire demande à substituer à la caution une hypothèque (Civ. rej. 7 août 1882, aff. Robert, D. P. 83. 1. 220).

85. Il a été jugé, d'ailleurs, qu'en général, les instances relatives aux applications et aux conséquences d'un titre qui n'a pas été attaqué, n'empêchent pas le débiteur qui a succombé d'intenter postérieurement une action en annulation de ce titre (Civ. rej. 10 déc. 1867, aff. de Beaucaire, 2 arrêts, D. P. 67. 1. 475 et 480). — Il en est ainsi spécialement: 1° des jugements et arrêts qui ont validé des saisies-arrêts et des saisies immobilières pratiquées au préjudice d'une femme mariée à raison des engagements par elle souscrits dans son contrat de mariage, alors que la validité dudit contrat n'a été, lors de ces instances, l'objet d'aucune contestation (1er arrêt précité du 10 déc. 1867); — 2° Des jugements rendus en matière d'ordre qui ont colloqué le créancier, pour le montant de sa créance, sur le prix provenant de l'adjudication de certains immeubles de la femme (Même arrêt). — De même aussi, les décisions qui, à raison d'une inscription hypothécaire prise pour le principal d'une rente, ont colloqué le créancier pour les arrérages de deux années et de l'année courante, ne jugent rien sur la validité du titre, alors inattaqué, en vertu duquel l'inscription avait été prise ; par conséquent, la nullité de ce titre, postérieurement prononcée, entraîne celle de l'inscription et l'empêche de produire désormais son effet (2e arrêt précité du 10 déc. 1867). Par suite encore, lorsque le créancier, après l'annulation du titre et la clôture définitive de l'ordre, forme une demande nouvelle afin d'être colloqué pour les arrérages courus depuis ladite clôture et pour le capital de sa rente sur la portion du prix restée accidentellement disponible entre les mains de l'adjudicataire, le juge qui rejette ces deux chefs de demande formulés pour la première fois devant lui, ne viole pas la chose jugée par les jugements et arrêt qui ont statué antérieurement sur le règlement de l'ordre (Même arrêt).

86. — VIII. DEMANDES GÉNÉRALES OU SPÉCIALES. — La chose jugée d'une manière générale n'implique pas solution sur les points spéciaux qui n'ont pas été l'objet d'un examen particulier (*Rép.* nos 172 et suiv.). C'est en ce sens qu'il a été décidé que le jugement qui reconnaît au riverain du canal de fuite d'une usine le droit, que lui contestait le maître de l'usine, de faire une prise d'eau dans un point déterminé de ce canal, n'a pas l'autorité de la chose jugée sur la question de savoir si le maître de l'usine est tenu de transmettre les eaux de son canal au même riverain, après qu'elles ont servi à l'alimentation de son moulin (Req. 24 déc. 1860, aff. Aveillé, D. P. 61. 1. 411); — ... Que lorsqu'un jugement a attribué à une partie, par voie de bornage, un marais et ses terrasses, il n'y a pas chose jugée quant à la propriété d'un chemin établi sur l'une des terrasses : ce jugement ne s'oppose pas, dès lors, à ce que, quant à ce chemin, la question de propriété soit ultérieurement soulevée et résolue par appréciation des titres (Req. 14 déc. 1869) (1); — ... Que lorsqu'un jugement a ordonné que les parties seraient tenues d'établir des deux côtés d'une baie pratiquée pour l'écoulement des eaux dans le mur séparatif de leurs propriétés, des grilles à mailles continues d'une superficie au moins égale à celle de la baie, cette décision n'a pas l'autorité de la chose jugée sur le point de savoir si ces grilles doivent ou non être scellées, et ne met pas obstacle à ce qu'un jugement ultérieur en prescrive le scellement (Req. 19 févr. 1877, aff. Beaudet, D. P. 78. 1. 364).

87. — IX. POINTS OMIS OU NON FORMELLEMENT RÉSOLUS. — On a développé au *Rép.* nos 175 et suiv., les conséquences de cette règle, que la demande qui a pour objet d'obtenir un jugement sur des *points omis* ou *non formellement résolus* par une décision antérieure, n'est pas identique à la demande sur laquelle a été rendue cette décision, et que, par conséquent, le jugement qui l'accueille ne viole pas la chose précédemment jugée. Conformément à la même règle, il a été jugé: 1° que l'*omission*, par le juge, de statuer sur un chef de conclusions, n'a pas pour effet de donner à sa décision l'autorité de la chose jugée; en conséquence, pour faire réparer cette omission, le demandeur peut former une demande nouvelle, même après l'expiration du délai pendant lequel il aurait pu se pourvoir par requête civile (Douai, 23 mai 1850, aff. Delrue, D. P. 54. 5. 114); — 2° Que le jugement qui, portant fixation de l'actif et du passif d'une communauté, détermine le montant, en capital, des reprises dont la femme est créancière envers la communauté, en gardant le silence sur les intérêts, ne met pas obstacle à ce que les intérêts soient réclamés lors de la liquidation, l'absence de conclusions impliquant qu'il n'a point été statué à cet égard (Civ. cass. 28 déc. 1859, aff. Holder, D. P. 60. 1. 345); — 3° Que l'autorité de la chose jugée acquise à une sentence arbitrale par l'effet de l'arrêt qui a prononcé la confirmation de cette sentence, ne s'applique pas au chef qui condamne la partie succombante à payer des honoraires aux arbitres, si ce chef n'a été l'objet d'aucun débat devant le juge d'appel (Civ. cass. 30 nov. 1852, aff. Bailly, D. P. 52. 1. 330). — V. aussi les arrêts rapportés sous le numéro précédent, et Civ. cass. 31 mars 1846 (aff. Michel, *Rép.* n° 348-7°, et D. P. 46. 1. 135).

88. Par points *non formellement résolus*, il faut entendre ici tous ceux qui, n'ayant pas été l'objet d'une contestation

(1) (Dufaur C. Commune d'Estibeaux.) — LA COUR ; — Attendu que, dans l'instance terminée par le jugement du 27 août 1841, il s'agissait de procéder au bornage entre la portion des marais communaux cédés, en 1817, à titre d'échange, par la commune au sieur Dufaur et la portion conservée par la commune ; qu'après avoir fixé la ligne séparative, le jugement se borne à décider « que les propriétés de Dufaur seront en aval de cette ligne et que les fonds en amont resteront la propriété de la commune » ; — Attendu que, dans l'instance nouvelle, terminée par l'arrêt attaqué, la commune, sans remettre aucunement en question la ligne séparative établie par le bornage de 1841, soutenait seulement que la cession du marais sur lequel est assis un chemin public ne comprend pas nécessairement la cession de ce chemin ; — Que cette question est très différente de celle jugée en 1841 ; d'où suit que l'arrêt attaqué a pu l'apprécier sans violer la chose jugée par jugement de 1841 ; — Rejette, etc.

Du 14 déc. 1869.-Ch. req.-MM. Bonjean, pr.-Savary, rap.-Charrins, av gén., c. conf.-Dareste, av.

entre les parties, n'ont pas été soumis à la délibération du juge; c'est-à-dire non seulement les points expressément réservés par les parties (*suprà*, n° 52), mais encore ceux que les juges ont simplement présupposés, sans les juger formellement (Riom, 11 juill. 1864, aff. de Beaucaire, D. P. 67. 1. 476). Décidé, en conséquence: 1° que le jugement qui donne acte aux parties de ce qu'elles nomment des arbitres amiables compositeurs, chargés d'établir le compte des opérations qui ont existé entre elles et d'en fixer le reliquat, n'a point force de chose jugée quant à la validité des engagements intervenus entre les parties et qui doivent être soumis aux arbitres (Angers, 24 août 1865, aff. Grignon, D. P. 66. 2. 211); — 2° Que le jugement rendu par un tribunal de commerce sur l'existence ou la quotité d'une créance n'a pas l'autorité de la chose jugée sur le caractère civil ou commercial de cette créance, et, dès lors, n'empêche pas le débiteur de soutenir que la créance dont il s'agit est purement civile, à l'effet, par exemple, de repousser une demande en déclaration de faillite (Req. 2 déc. 1868, aff. Coinory, D. P. 69. 1. 129); — 3° Que le jugement qui, en ordonnant un partage sur licitation, donne acte à l'un des copartageants de ce qu'il consent à recevoir l'estimation en argent d'un droit réel qu'il invoque, sans opposition de la part des autres parties, n'a pas l'autorité de la chose jugée sur l'existence même de ce droit (Civ. rej. 23 mars 1869, aff. Guipet, D. P. 69. 1. 334); — 4° Que le jugement qui, sur la demande du légataire, ordonne la délivrance du legs universel, n'a pas l'autorité de la chose jugée relativement à l'existence et aux effets d'une délivrance volontaire du même legs, que le légataire prétendrait plus tard faire résulter d'actes antérieurs à sa demande judiciaire, si cette délivrance volontaire n'a été, lors dudit jugement, l'objet d'aucunes conclusions de la part des parties (Req. 22 avr. 1851, aff. Berthemet, D. P. 52. 1. 151); — 5° Que le jugement qui reconnaît à un individu la qualité d'associé sous le bénéfice d'offres par lui précédemment faites, et qui n'ont été l'objet d'aucun débat entre les parties, ne produit pas l'autorité de la chose jugée relativement à ces offres, en ce sens qu'elles ne puissent plus être retirées; et, par suite, le jugement qui valide le retrait de ces offres en se fondant sur ce qu'elles n'ont pas encore été acceptées, ne porte aucune atteinte à la chose jugée par la première décision (Lyon, 31 juill. 1849, aff. Revol, D. P. 52. 2. 104); — 6° Que le jugement qui déclare une société en état de faillite n'a pas l'autorité de la chose jugée, relativement à la validité de cette société (Paris, 24 mars 1870, aff. Camus, D. P. 72. 2. 43; C. cass. de Belgique, 25 mars 1880) (1). En conséquence, le syndic peut, alors même que le jugement déclaratif est passé en force de chose jugée, demander par voie principale que la société soit déclarée nulle, et les opérations de la faillite restreintes à celui des associés qui en réalité a seul fait le commerce sous la raison sociale: vainement on opposerait que le syndic a exécuté le jugement en remplissant ses fonctions, si c'est leur accomplissement même qui a seul pu lui révéler les faits servant de fondement à la demande (Arrêt précité du 24 mars 1870). — De même les tiers poursuivis en exécution des obligations par eux contractées envers la société déclarée en faillite peuvent, sans qu'on puisse leur opposer l'autorité de la chose jugée, exciper de la nullité dont cette société est atteinte (Arrêt précité du 25 mars 1880).

89. Un arrêt (Civ. cass. 21 août 1839, rapporté au *Rép.* n° 188-2°) a posé en principe que, lorsqu'un tribunal a statué sur une reddition de compte, les réclamations nouvelles du rendant ne sont admissibles que si elles se réfèrent à un chef de demande qui n'aurait été spécifiquement désigné ni dans les conclusions des parties, ni dans les décisions intervenues. — Il a été décidé, par application de cette règle, que l'arrêt qui a statué sur le compte d'un mandataire, en comprenant toutes les dépenses faites non seulement pour sa gestion, mais encore pour l'entretien et la nourriture de la famille du mandant, a l'autorité de la chose jugée relativement à ces dépenses de famille, et rend non recevable toute demande nouvelle d'allocation de ce chef (Req. 13 juin 1870, aff. Lecconi, D. P. 71. 1. 134).

90. — X. FAITS NOUVEAUX. — L'exception de chose jugée ne saurait être valablement invoquée, quand l'ordre de choses réglé par la première décision a subi, depuis lors, des modifications. En effet, tout en formant, en apparence, une demande semblable à celle qui a été jugée, le demandeur ne soumet pas alors aux juges une question identique (*Rép.* n° 190). Spécialement, le juge qui, déclarant un héritier passible de dommages-intérêts envers le créancier de son cohéritier, surseoit à statuer sur le chiffre de ces dommages-intérêts jusqu'à une nouvelle liquidation de la succession, peut, si cette liquidation a été empêchée par la faute des héritiers, déclarer les parties déchues du bénéfice du sursis et fixer, d'après les éléments fournis par le procès, le chiffre de la condamnation (Req. 14 févr. 1870, aff. Gibert, D. P. 71. 1. 21). — Décidé, de même: 1° que le jugement passé en force de chose jugée, qui a déclaré valable un acte de vente d'immeubles, ne met pas obstacle à ce qu'un autre jugement décide que l'acquéreur, ayant cédé tous ses droits à un tiers, se trouve par là privé du droit d'invoquer cet acte de vente à l'appui d'une demande en revendication (Req. 20 avr. 1872, aff. Salmon, D. P. 73. 1. 130); — 2° Que lorsqu'un arrêt a décidé qu'un bail vaudrait titre pour le payement des loyers, jusqu'à la sortie des lieux, il n'y a pas violation de la chose jugée dans l'arrêt postérieur qui fait cesser les loyers à dater de l'époque où le bailleur, par sa faute, n'a pas repris possession des lieux loués (Req. 28 mai 1873, aff. Raunet, D. P. 73. 1. 415): l'occupation des lieux a, en effet, dans ce cas, pour cause légale le consentement du bailleur; le jugement primitif ne saurait donc être applicable à une situation qu'il n'a pas prévue; — 3° Qu'un tribunal qui, dans un premier jugement passé en force de chose jugée a dispensé d'office des experts de la prestation de serment, peut, par un jugement postérieur, commettre un juge pour recevoir le serment des mêmes experts, pour le cas où l'une ou l'autre des parties le requerrait (Req. 14 févr. 1866) (2). — Il a été jugé, dans le même sens, que l'arrêt qui a confirmé un ju-

(1) (Faillite du Crédit bruxellois C. Daemen.) — LA COUR; — Sur l'unique moyen de cassation pris de la violation des art. 1350, 1351 et 1352 c. civ., 437, 440, 442, 465 et 479 de la loi du 18 avr. 1851, en ce que le jugement déclaratif de la faillite étant passé en force de chose jugée, il n'était plus permis de contester l'existence de l'être moral mis en faillite et, par conséquent, la qualité du curateur pour représenter la masse: — Attendu que le demandeur, agissant en qualité de curateur de la société anonyme du Crédit bruxellois, a assigné le défendeur en payement d'une somme de 3000 fr., du chef des actions par lui souscrites; — Attendu qu'à cette demande le défendeur a opposé la nullité de la société anonyme par suite de l'inaccomplissement des prescriptions de l'art. 29 et de l'art. 30 de la loi sur les sociétés, du 18 mai 1873; — Attendu que le demandeur, tout en reconnaissant l'existence de la cause de nullité et sans en méconnaître les effets, a excipé d'une fin de non-recevoir fondée sur l'autorité de la chose jugée dérivant du jugement rendu le 10 sept. 1874 par le tribunal de commerce de Bruxelles, jugement qui n'a été l'objet d'aucun recours en temps utile et qui, déclarant la faillite du Crédit bruxellois et investissant le demandeur du mandat qu'il prétend exercer, a implicitement décidé que la société avait une existence légale; — Attendu qu'aux termes de l'art. 1351 c. civ., l'autorité de la chose jugée n'a lieu qu'à l'égard de ce qui a fait l'objet du jugement; — Attendu que le jugement par lequel le tribunal de commerce de Bruxelles a proclamé d'office la faillite de la société anonyme du Crédit bruxellois n'a pas eu pour objet de statuer sur la nullité dont il s'agit dans la cause, nullité qui n'avait pas été invoquée devant le juge consulaire et à l'égard de laquelle le jugement est complètement muet; — Attendu que l'arrêt attaqué, en décidant, dans ces circonstances, que ce jugement n'a pas l'autorité de la chose jugée sur les questions en litige, loin de violer les textes cités, en fait une juste application; — Par ces motifs, rejette, etc.

Du 25 mars 1880.-C. cass. de Belgique, 1re ch.-MM. De Longé, 1er pr.-Hynderick, rap.-Mesdach de ter Kiele, 1er av. gén.-Orts et Wœste, av.

(2) (Vivier et autres C. Harel et comp.) — LA COUR; — Attendu que l'exception de chose jugée ne peut résulter contre les parties ou contre les juges de la dispense d'office du serment des experts puisque l'arrêt ne contient aucune condamnation et ne constate et ne limite aucun droit; qu'il ne s'agit que d'une formalité que les parties ne sont pas tenues de maintenir; qu'en effet, elles peuvent accepter la disposition de l'arrêt en laissant les experts procéder sans serment, mais qu'elles sont libres aussi de la rejeter et de requérir le serment; que le second arrêt a donc pu, sans violer aucune chose jugée, commettre un juge pour recevoir le serment des experts au cas où l'une des parties le requerrait; que, d'ail-

gement dont le tribunal avait ordonné l'insertion dans les journaux, peut, sans violer l'autorité de la chose jugée par cette décision, ordonner la publication dans les mêmes journaux d'un autre arrêt rendu contre la même personne, alors que cette mesure a été prescrite dans l'intérêt de la partie défenderesse dans le second procès, et pour empêcher, par la publication successive des deux arrêts, que leurs appréciations ne parussent contradictoires (Req. 17 août 1875) (1).

§ 2. — Exemples divers de demandes considérées en fait comme identiques ou distinctes.

91. Pour compléter l'étude du premier des trois éléments constitutifs de la chose jugée, l'identité d'objet demandé, nous rapportons un certain nombre de décisions intéressantes, dont la citation n'a pu trouver place parmi les exemples donnés à l'appui des règles ci-dessus exposées.

92.—I. MATIÈRES CIVILES. — Il a été jugé : 1° qu'il peut résulter des circonstances de la cause et des pièces de la procédure que la partie qui a reconnu n'avoir droit à un passage que par un chemin déterminé, reconnaissance consacrée par un jugement donnant acte, n'a pas entendu renoncer ainsi au droit de passage par un autre chemin sur une autre partie du même fonds, et qu'en conséquence il n'y a eu, quant à ce dernier chemin, ni chose jugée, ni contrat judiciaire (Civ. rej. 3 août 1867, aff. Bidalas, D. P. 69. 1. 352); — 2° Qu'après un arrêt qui ordonne qu'un usufruitier remettra les titres et valeurs de la succession entre les mains d'un séquestre, une nouvelle décision peut, sans violer l'autorité de la chose jugée, ordonner la remise à l'usufruitier des valeurs qui sont reconnues lui appartenir (Civ. rej. 3 mars 1868, aff. des Guidi, D. P. 68. 1. 155); — 3° Que l'ordonnance d'envoi en possession du légataire universel apparent ne peut constituer la chose jugée sur la reconnaissance de l'écriture du testament olographe, et ne saurait faire obstacle à l'action en nullité dirigée contre cet acte par les héritiers du sang (Req. 23 mars 1885, aff. Temple, D. P. 86. 1. 108); — 4° Qu'en cas d'aliénation faite à un successible en ligne directe, moyennant une rente viagère et un prix fixé en capital, le jugement et l'arrêt confirmatif qui obligent l'acquéreur à rapporter à la masse de la succession la valeur des biens aliénés, prélèvement fait de la quotité disponible, et ordonnent une expertise pour déterminer cette valeur, laissent entière la question de savoir si le prélèvement dont il s'agit doit être fait sur tous les biens aliénés, considérés comme donnés en totalité, sans obligation de payer à la succession le prix forme stipulé dans l'acte de vente, ou s'il doit se faire uniquement sur la portion de biens dont le prix a été fixé en rente viagère, avec payement du prix du surplus, considéré comme ayant été aliéné à titre onéreux (Req. 13 févr. 1861, aff. Hoareau, D. P. 61. 1. 369); — 5° Que l'arrêt passé en force de chose jugée qui or-

---

leurs, le reproche fait à l'arrêt d'avoir autorisé les experts à refuser le serment même requis par l'une des parties, est repoussé par les termes mêmes du dispositif qui prononce le contraire ; — Rejette, etc.

Du 14 févr. 1866.-Ch. req.-MM. Taillandier, f. f. pr.-Férey, rap.-P. Fabre, av. gén.-Tambour, av.

(1) (Wacquez C. Tête et Devige.) — Le 4 janv. 1875, arrêt de la cour de Pau ainsi conçu : — « Attendu qu'il résulte des faits de la cause que Wacquez était mandataire de Bonnet; — Que c'est chez lui que Bonnet convoqua la réunion des créanciers lorsqu'il leur fit connaître, par une circulaire, qu'il était obligé de suspendre ses payements; — Attendu que Wacquez écrivait à Tête et Devige, dont il avait accepté le mandat, qu'il les défendrait au mieux et qu'il les tiendrait au courant de ce qui se ferait; — Attendu que, dès lors, il s'est chargé de deux mandats contradictoires, car les intérêts des débiteurs et des créanciers étaient en désaccord; — Attendu que dans la fausse position où il s'était mis, Wacquez devait trahir les intérêts des uns ou des autres, et qu'il a trahi ceux de Tête et Devige; — Attendu que, mandataire infidèle, il a dissimulé la vérité; — Qu'il a vérifié, rectifié et certifié véritable un bilan dont il connaissait et dont il aurait dû faire connaître la fraude cachée; — Que, parmi les erreurs commises sur la composition du bilan, il y en avait d'énormes que Wacquez ne pouvait ignorer; — Qu'ainsi une somme de 46298 fr. est portée au passif comme due à Saint-Martin, tandis que Saint-Martin, associé de Bonnet, était, au contraire, solidairement obligé de contribuer au payement des dettes sociales; — Attendu que Wacquez n'a pu ignorer l'existence de la société Bonnet et Saint-Martin, et qu'il ne l'a pas révélée à ses mandants; — Qu'il leur a caché aussi que la menace de poursuites en déclaration de faillite pouvait leur être utile comme elle avait été utile à plusieurs, et qu'il n'a rien négligé pour leur faire considérer comme très avantageuse pour eux l'acceptation d'un dividende de 35 pour 100, lorsque d'autres créanciers ont obtenu des dividendes de 45 à 65 pour 100; — Attendu que les premiers juges ont sainement apprécié les faits et flétri avec raison la déloyauté de Wacquez; — Attendu, quant à l'appel incident, que si Tête et Devige ont fini par obtenir tardivement le payement intégral de leur créance, il ne serait pas exact de dire qu'ils n'ont souffert aucun préjudice moral ou matériel de la déloyauté de leur mandataire; — Qu'ils lui ont payé des honoraires dont il n'était pas digne; qu'ils ont été engagés dans des procès qui leur ont occasionné des faux frais, et qu'il est même permis de supposer que la renonciation aux intérêts n'aurait pas eu lieu, si, dès le premier moment, éclairés sur leur véritable position, ils avaient su qu'ils pouvaient espérer de ne rien perdre; — Attendu que par arrêt de ce même jour, rendu par la même chambre, Wacquez a obtenu, par fin de non-recevoir le maintien d'un jugement du tribunal de commerce de Bayonne, qui en ordonne l'insertion dans les journaux; — Attendu que les appréciations de ce jugement pourraient paraître en désaccord avec les appréciations du présent arrêt sur la moralité de Wacquez; — Qu'il semble, dès lors, convenable à la cour d'user, dans cette espèce, comme on l'a fait dans l'autre, de la faculté accordée aux juges par l'art. 1036 c. proc. civ., d'ordonner l'insertion de leur décision dans les journaux, etc. » — Pourvoi en cassation par le sieur Wacquez. — 1er *moyen*. Violation des art. 1382, 1383 et 1992 c. civ., en ce que l'arrêt attaqué a fait droit à une action en dommages-intérêts qui n'était pas fondée. — 2e *moyen*. Violation des art. 464 et 480 c. proc. civ. en ce que l'arrêt attaqué a confirmé au profit des défendeurs éventuels un jugement qui avait statué au delà même de la demande. — Le jugement confirmé par la cour, a-t-on dit à l'appui du pourvoi, a ordonné la restitution des honoraires touchés par Wacquez, alors qu'aucune demande en restitution d'honoraires n'avait été formée, mais seulement une action en dommages-intérêts pour fautes commises dans l'exécution d'un mandat. — 3e *moyen*. Excès de pouvoir et violation de l'art. 1351 par fausse application de l'art 1036 c. proc. civ., en ce que la cour a ordonné la publication de son arrêt en dehors des cas prévus par la loi et pour enlever à Wacquez le bénéfice d'une décision judiciaire rendue à son profit. — Arrêt.

LA COUR; — Sur le moyen pris de la violation des art. 1382, 1383 et 1992 c. civ. : — Attendu que pour condamner Wacquez à des dommages-intérêts envers Tête et Devige, l'arrêt dénoncé se fonde, non sur des risques courus, mais sur l'inexécution frauduleuse d'un mandat et sur le préjudice qui en est résulté pour les mandants, soit en leur faisant payer au mandataire un salaire qui ne lui était pas dû, soit en les engageant dans des procédures dont ils ont eu à supporter les faux frais; — D'où il suit que l'arrêt, en statuant ainsi, n'a fait qu'une juste application des dispositions précitées; — Sur le moyen pris de la violation des art. 464 et 480 c. proc. civ. : — Attendu que si les tribunaux n'ont pas le droit de prononcer sur choses non demandées et si la violation de cette règle, qui donne ouverture à requête civile contre les jugements en dernier ressort, est contre les jugements en premier ressort un juste grief d'appel, il n'apparaît pas des conclusions des parties que Wacquez ait, en appel, proposé ce grief, lequel est nouveau conséquemment, et, comme tel, non recevable; que, d'ailleurs, fût-il recevable, il ne serait pas fondé, puisqu'il résulte des énonciations de l'arrêt que la restitution des honoraires perçus par le mandataire n'a été adjugée qu'à titre de dommages-intérêts et comme rentrant, à ce titre, dans les conclusions de la demande; — Sur le moyen tiré de la violation des art. 1036 c. proc. civ. et 1351 c. civ. : — Attendu qu'aux termes de l'art. 1036 c. proc. civ., les tribunaux, suivant la gravité des circonstances, peuvent, dans l'intérêt civil des parties, ordonner l'affiche et l'impression de leurs jugements; et que si, dans l'espèce, la cour de Pau, qui venait de confirmer, par une fin de non-recevoir, un jugement rendu par le tribunal de Bayonne au profit de Wacquez contre Dunac, et dont ce tribunal avait ordonné l'insertion dans les journaux, et prescrit la même mesure pour l'arrêt rendu au profit de Tête et Devige contre Wacquez, il ressort des motifs de la décision attaquée que cette mesure n'a été ordonnée que dans l'intérêt particulier des défendeurs éventuels, et afin d'empêcher, par la publication successive de deux arrêts, que les appréciations de l'un ne parussent en opposition avec celles de l'autre; — Qu'il suit de là que la cour de Pau, en usant de la sorte du pouvoir qu'elle tenait de l'art. 1036 c. proc. civ., n'a fait de cette disposition qu'une application légitime et ne s'est pas mise en opposition avec l'autorité de la chose précédemment jugée; — Rejette, etc.

Du 17 août 1875.-Ch. req.-MM. de Raynal, pr.-Guillemard, rap.-Godelle, av. gén., c. conf.-de Valroger, av.

donne, en Algérie, le partage de biens constitués *habous* entre huit héritiers désignés du défunt, à l'exclusion d'un neuvième héritier ou de son cessionnaire, admis à partager seulement les biens libres, s'oppose à ce qu'une décision postérieure comprenne ce neuvième héritier dans le partage des biens *habous* (Civ. cass. 27 oct. 1885, aff. Ben-Yacoub, D. P. 86. 5. 71); — 6° Qu'un jugement statuant uniquement sur une demande ayant pour cause des droits héréditaires établis par l'art. 745 c. civ., n'emporte pas force de chose jugée relativement à une autre demande qui aurait pour cause une donation ou un legs (Req. 1er août 1883, aff. Julien, D. P. 84. 1. 406); — 7° Que le jugement qui a ordonné la licitation d'un immeuble, sur une mise à prix convenue entre les parties, ne fait pas obstacle à ce que le partage de cet immeuble, demeuré invendu faute d'enchérisseurs, puisse être ultérieurement demandé, si l'intention des parties a été de ne le mettre en vente qu'autant que leur mise à prix serait atteinte ou couverte (Caen, 24 avr. 1845, aff. Lechaudey, D. P. 45. 4. 85); — 8° Que le jugement qui ordonne le partage d'un mobilier n'empêche pas l'héritier donataire de sommes d'argent d'user de son droit de les conserver en prenant moins dans le mobilier (Civ. rej. 4 févr. 1852, aff. Boutarel, D. P. 54. 5. 633); — 9° Que le jugement qui, sur les poursuites d'un créancier, a ordonné la licitation d'immeubles sur lesquels son débiteur avait des droits indivis, ne peut être opposé, comme ayant force de chose jugée, à la demande ultérieurement formée par ce débiteur en nullité de son obligation, ces deux instances n'ayant pas le même objet (Orléans, 15 janv. 1858, aff. Theurier, D. P. 58. 2. 104); — 10° Que lorsqu'un jugement a repoussé la demande en interdiction d'un donateur fondée sur son état de démence, il n'y a pas violation de la chose jugée dans le jugement ultérieur qui annule la donation par lui consentie avant le premier jugement comme faite par une personne qui n'était pas saine d'esprit (Req. 28 juill. 1874, aff. Longuet, D. P. 75. 1. 108); — 11° Que le jugement qui a révoqué un legs pour ingratitude du légataire envers le testateur, n'a pas l'autorité de la chose jugée relativement à un autre testament du même testateur en faveur du même légataire (Lyon, 14 janv. 1870, aff. Charmilion, D. P. 76. 5. 94).

93. Il a encore été décidé : 1° que le jugement qui rejette l'action en nullité d'une obligation pour cause de dol, et ordonne, en conséquence, le maintien de l'inscription hypothécaire prise par le créancier, ne met pas obstacle à ce que la nullité de l'hypothèque soit ultérieurement demandée pour un vice inhérent à sa constitution, et, par exemple, par le motif qu'elle a été consentie en vertu d'un mandat sous seing privé, les deux demandes n'ayant pas le même objet (Req. 19 janv. 1864, aff. Beyssac, D. P. 64. 1. 292); — 2° Que lorsqu'une première décision, passée en force de chose jugée, a prononcé une condamnation à des dommages-intérêts, à titre de sanction pénale, pour le cas où l'une des parties (associés en nom collectif), n'exécuterait pas certains de ses engagements, et que ce cas ne s'est pas réalisé, un nouveau jugement peut déclarer que la dissolution de la société, postérieurement intervenue n'est pas arrivée par la faute de cette partie et qu'elle ne doit pas de dommages-intérêts à son associé (Req. 25 janv. 1870, aff. Beisson, D. P. 71. 1. 107); — 3° Que le jugement passé en force de chose jugée, qui condamne solidairement tous les associés comme responsables envers les tiers de la nullité de la société résultant de leur fait, sans qu'aucune inégalité pût être établie dans la responsabilité de chacun d'eux, ne met pas obstacle à ce qu'il soit ultérieurement décidé, sur une demande en répartition entre les associés de la somme mise à leur charge, et, en l'absence d'une détermination par les statuts sociaux de la part de chaque associé dans les pertes, que cette part sera entre les associés proportionnelle à la mise de chacun dans le fonds de la société (Civ. rej. 18 juill. 1883, aff. Carpentier, D. P. 85. 1. 24); — 4° Que l'arrêt qui fixe la proportion dans laquelle deux navires contribueront aux dommages causés par leur abordage mutuel ne fait pas obstacle à ce qu'un autre arrêt déclare ultérieurement que l'armateur de l'un des navires n'a subi aucun dommage, tout en respectant la répartition faite pour les dommages subis par l'autre navire (Aix, 23 janv. 1873, aff. Calcagno, D. P. 73. 1. 427); — 5° Que le jugement qui, sur l'action en partage des biens dépendant d'une communauté dissoute, ordonne ce partage, et dispose qu'il aura lieu d'après les bases de l'inventaire, n'a pas l'autorité de la chose jugée sur le point de savoir si un immeuble, mentionné dans l'inventaire comme bien de communauté, appartient à la communauté ou est propre à l'époux survivant (Req. 20 févr. 1855, aff. Bhomer, D. P. 55. 1. 403); — 6° Que le jugement qui valide la saisie des revenus d'un immeuble dotal, comme faite en vertu d'une créance ayant pour cause les besoins des époux, ne viole pas l'autorité de la chose jugée par un jugement précédent qui portait, d'une manière générale, que la somme avait été avancée à ces époux pour leurs affaires (Req. 17 mars 1856, aff. de Gatigny, D. P. 56. 1. 130); — 7° Que la décision qui a repoussé la demande formée par un créancier en partage et licitation d'un immeuble dotal, demande fondée sur ce qu'une portion de cet immeuble serait, en vertu d'un échange autorisé par justice, devenue paraphernale, ne peut être invoquée par la femme, comme constituant à son profit l'autorité de la chose jugée, dans une contestation ultérieure engagée entre elle et d'autres créanciers, et portant sur le point de savoir s'il y a lieu de considérer comme nulle, malgré l'homologation dont elle a été l'objet, la transaction par laquelle une antichrèse a été constituée au profit de ces créanciers sur la même portion d'immeuble, et d'ordonner la mainlevée des inscriptions hypothécaires prises à la suite de ladite transaction (Civ. cass. 11 nov. 1873, aff. Ellie, D. P. 73. 1. 455); — 8° Que lorsque des parties sont en instance devant le tribunal sur la validité d'une vente immobilière consentie par un héritier apparent, la décision rendue par une autre juridiction avant qu'il ait été statué définitivement sur cette instance, et qui, dans un règlement de compte, aurait ordonné que le vendeur devait faire état aux héritiers du prix de la vente, laisse intacte la question de la validité de cette vente, et n'emporte pas sur ce point chose jugée (Besançon, 18 juin 1864, aff. Cuisenier, D. P. 64. 2. 17); — 9° Que le jugement qui accueille une action en revendication, en se fondant sur une vente à réméré faite au demandeur par le défendeur, sans que ce jugement s'explique ni sur les conditions de la vente, ni sur l'époque à laquelle elle aurait produit son effet, ne met pas obstacle à ce qu'il soit déclaré, par un autre jugement, que la transmission de propriété n'a pas été la conséquence immédiate et directe de cette vente, mais qu'elle ne s'est réalisée qu'en vertu et à la date d'une convention postérieure et, par exemple, d'une convention qui, à titre de transaction, aurait subordonné l'aliénation à l'inexécution d'engagements nouveaux comprenant le prix à rembourser en cas d'exercice du réméré : les deux demandes doivent être réputées n'avoir pas le même objet (Req. 9 juin 1863, aff. Trinquier, D. P. 64. 1. 483); — 10° Que lorsqu'un arrêt, faisant droit à une demande en revendication, a ordonné la réintégration du demandeur dans la possession de l'immeuble revendiqué, et que le défendeur, n'ayant pas satisfait à cette injonction, a été condamné par un second arrêt à payer des dommages-intérêts représentant la valeur de l'immeuble, ce nouvel arrêt, loin de contredire le premier arrêt, le confirme virtuellement : est nulle, en conséquence, pour violation de la chose jugée, la décision qui ordonne la radiation de l'inscription d'hypothèque prise sur ledit immeuble, du chef du revendiquant, par le motif que le second arrêt ayant rapporté le premier, le droit de propriété est censé n'avoir jamais reposé sur la tête du demandeur (Civ. cass. 9 juill. 1877, aff. Luce, D. P. 79. 1. 258); — 11° Qu'un bailleur peut être déclaré mal fondé à retenir, comme affectées à son privilège, des marchandises reçues dans les lieux loués par un sous-locataire en qualité de commissionnaire, et garant, par suite, des condamnations prononcées contre celui-ci au profit de son commettant, à raison du préjudice résultant de l'opposition mise à l'enlèvement desdites marchandises, bien qu'un précédent arrêt lui ait reconnu le même droit sur les marchandises appartenant au même sous-locataire, alors, d'ailleurs, que la difficulté, dans cette précédente contestation, n'avait porté que sur les droits que ce sous-locataire prétendait tirer de la cession à lui faite par le locataire primitif; une telle décision n'a rien de contraire à l'autorité de la chose jugée, l'objet du litige n'étant pas le même dans les deux instances (Req. 13 août 1872, aff. Rebours, D. P. 72. 1. 466); — 12° Que le jugement qui décide que les actionnaires d'une société liquidée sont responsables envers les créanciers non payés jusqu'à concurrence des sommes qu'ils ont retirées de l'actif social, à partir de la liquidation, ne comporte aucune distinction entre le capital social fourni par les souscripteurs des actions, le fond de réserve ou les autres valeurs appartenant à la société en liquidation; en conséquence, une décision postérieure à ce jugement ne peut limiter la responsabilité des actionnaires au montant originaire de leurs actions sans violer l'autorité de la chose jugée (Civ. cass. 14 avr. 1869, aff. Duparchy, D. P. 69. 1. 407); — 13° Qu'il y a violation de la chose jugée lorsqu'une condamnation personnelle est prononcée contre une partie, par un second jugement, en vertu des dispositions d'un premier jugement qui avait seulement décidé que cette partie ne pourrait procéder à l'enlèvement d'une chose sujette au droit de rétention qu'après avoir payé l'indemnité d'occupation due à raison du dépôt de cette chose (Civ. cass. 8 déc. 1868, aff. Sainte-Colombe, D. P. 69. 1. 76); — 14° Que le jugement qui valide un exploit d'ajournement signifié à la personne du mandataire (un chef de gare) d'une société anonyme (une compagnie de chemin de fer), en considérant ce mandataire comme chargé de représenter cette société en justice, n'a pas l'autorité de la chose jugée relativement au commandement à fin d'exécution de la décision intervenue. En conséquence, la signification de ce commandement au même agent peut être annulée, sur le motif qu'il était établi, au contraire, que cet agent n'avait pas reçu mandat de représenter la société (Civ. cass. 27 juill. 1858, aff. Beauvois, D. P. 58. 1. 397); — 15° Que l'on ne peut pas invoquer, dans une instance relative à une saisie-arrêt, comme ayant l'autorité de la chose jugée, quant à la créance, un jugement rendu dans une instance relative à une autre saisie et qui a admis cette créance en vertu des titres invoqués (Req. 27 avr. 1885, aff. Desfrançais, D. P. 86. 1. 191); — 16° Qu'il n'y a pas identité d'objet entre le jugement qui se borne à condamner un débiteur saisi à rapporter au tiers saisi qui s'est, malgré l'opposition, libéré entre ses mains, mainlevée de cette saisie-arrêt dans un certain délai, passé lequel il serait fait droit, et l'arrêt postérieur qui rejette la demande du tiers saisi tendant au remboursement de la somme payée par lui, en constatant que les causes de l'opposition n'existent plus et qu'offre est faite au tiers saisi des pièces établissant la libération du débiteur (Req. 1er juill. 1885, aff. Berthet, D. P. 86. 1. 363).

94. — II. QUESTIONS DE PROCÉDURE ET DE COMPÉTENCE. — Décidé, en cette matière: 1° que le jugement qui a rejeté une exception d'incompétence *ratione loci*, n'a pas l'autorité de la chose jugée relativement à l'incompétence *ratione materiæ* (Civ. cass. 26 févr. 1872, aff. Société des eaux du Midi, D. P. 72. 1. 9); — 2° Que l'arrêté par lequel un conseil de préfecture, saisi de la question de savoir si la connaissance d'un litige était de sa compétence ou de celle du ministre, a retenu la connaissance de l'affaire, ne fait pas obstacle à ce qu'il soit ultérieurement décidé que le litige était de la compétence des tribunaux judiciaires (Cons. d'Ét. 2 mai 1873, aff. Min. fin., D.P.74.3.1); — 3° Que l'arrêt qui, réformant un jugement dans lequel, les dépens étant compensés, le coût de la signification et de l'enregistrement avait été mis à la charge exclusive de l'une des parties, a déchargé celle-ci des condamnations prononcées contre elle, et compensé les dépens, a pu, sans qu'il en résulte une violation de la chose jugée, être interprété par les juges qui l'ont rendu, en ce sens que dans les dépens à compenser, se trouvaient cette fois compris les frais de signification et d'enregistrement (Req. 7 nov. 1871, aff. Société de Saint-Joseph, D. P. 72. 1. 23); — 4° Que la péremption d'un jugement par défaut ne devant pas s'étendre à une action en licitation exercée au nom de son débiteur par le créancier qui a obtenu le jugement par défaut, les juges peuvent, sans violer l'autorité de la chose jugée par le jugement qui a prononcé la péremption, déclarer que l'action en licitation exercée ainsi par le créancier au nom de son débiteur recevra son effet, la chose demandée n'étant pas la même (Dijon, 26 janv. 1870, aff. Rondot, D. P. 71. 2. 46); — 5° Que le jugement qui, en matière de douanes, ordonne l'expertise d'un chargement, à l'effet de constater son extranéité, ne contrevient pas à l'autorité de la chose jugée résultant d'un précédent jugement qui a annulé, pour vice de forme, la saisie du même chargement (Req. 24 août 1846, aff. Dupuy, D. P. 46. 1. 323); — 6° Que le jugement qui prononce la validité d'une saisie-arrêt a, contre le saisissant et le débiteur saisi, l'autorité de la chose jugée sur l'existence et le montant de la créance pour laquelle la saisie-arrêt a été pratiquée; mais qu'il n'a pas cette autorité, entre le saisissant et le tiers saisi sur l'existence et le montant de la créance frappée de saisie-arrêt (Civ. rej. 14 févr. 1854, aff. de Saint-Blancard, D. P. 54. 1. 53); — 7° Que le décret du conseil d'État qui affirme la compétence de l'autorité administrative sur la question de vicinalité d'un chemin ne juge pas que l'Administration soit également compétente sur la question de propriété du même chemin (Civ. rej. 20 avr. 1868, aff. Revel, D. P. 68. 1. 298).

95. — III. MATIÈRES COMMERCIALES. — On a vu au *Rép.* n° 135, que l'autorité de la chose jugée ne s'oppose pas à ce que la qualité de commerçant, reconnue à l'une des parties, pour motiver la compétence du tribunal de commerce, lui soit valablement déniée par un jugement postérieur pour justifier le rejet d'une demande en déclaration de faillite. Cette solution n'est pas contredite par un arrêt aux termes duquel le juge peut, pour qualifier un individu de commerçant et le déclarer en faillite, se référer à une décision antérieure qui a reconnu à cet individu la même qualité, à l'occasion d'une question de compétence, si elle s'est livrée à une appréciation nouvelle des faits constitutifs de la qualité de commerçant (Civ. rej. 19 févr. 1850, aff. Gandy, D. P. 50. 1. 122). Cet examen nouveau imprime, en effet, au second arrêt une force qui lui est propre. — Il a même été jugé que le jugement qui rappelle l'existence d'une décision précédente donnant à la partie poursuivie la qualité de commerçant, n'attache pas à cette décision la force légale de la chose jugée, du moment où il se borne à la citer à titre de document, et apprécie à nouveau par lui-même, les faits d'où cette qualité peut s'induire (Req. 23 déc. 1884, aff. Dommartin, D. P. 85. 5. 75). — Décidé, également, en matière de faillite, que lorsqu'un premier jugement a repoussé une demande en déclaration de faillite par un créancier du débiteur, un jugement postérieur qui, sur la poursuite d'autres créanciers, prononcerait cette faillite, pourrait faire remonter l'ouverture à une époque antérieure au premier jugement: une telle décision, dont le caractère est essentiellement relatif et provisoire, ne viole point l'autorité de la chose jugée (Rennes, 3 août 1868 (1). Comp. Civ.

(1) (Voruz C. synd. Guilbaud.) — Un jugement du tribunal d'Ancenis a statué en ces termes: — « Attendu que le sieur Voruz, créancier du sieur Emile Guilbaud, au 23 janv. 1864, d'une somme principale de 57416 fr., ne pouvant en obtenir le payement, demanda la déclaration de faillite de son débiteur; que sa demande fut repoussée par un jugement du tribunal d'Ancenis en date du 7 juill. 1865; qu'après avoir appelé de cette décision, il n'a pas donné suite à l'appel et s'est désisté par acte signifié en tête de son exploit d'opposition, le 20 mai dernier; — Attendu que, par le jugement émanant du même tribunal, en date du 14 sept. 1867, Guilbaud a été déclaré en faillite sur la poursuite du syndic de la faillite Gouin; qu'un autre jugement du 24 avr. 1868 a reporté l'ouverture de la faillite au 14 janv. 1864; — Attendu que le sieur Voruz a formé opposition au jugement précité du 24 avril dernier et donné assignation au syndic de la faillite Guilbaud, pour voir rapporter et réformer ce jugement et entendre dire que l'ouverture de la faillite d'Emile Guilbaud restera fixée au 14 sept. 1867, date du jugement déclaratif; — Qu'à l'appui de sa prétention, il invoque les dispositions de l'art. 1351 c. nap., et maintient que le jugement du 7 juill. 1865 a décidé qu'à cette époque Guilbaud n'avait pas cessé ses payements; qu'il y a conséquemment chose jugée s'opposant au report de la faillite au 14 janv. 1864; — Sur le moyen de droit tiré de l'art. 1351 c. nap.: — Attendu que ce qui a été jugé en 1865, c'est que la cessation de payements du débiteur n'était pas suffisamment justifiée; — Que cette décision rendue en l'état et sur les preuves fournies ne saurait présenter les caractères de la chose jugée à l'égard du sieur Voruz, et, à plus forte raison, à l'égard des créanciers restés étrangers à l'instance; — Que ce qui le prouve, c'est que le sieur Voruz, mieux renseigné sur la véritable situation du sieur Guilbaud, aurait pu se présenter à nouveau devant le tribunal, y fournir la même demande, sans que la chose jugée lui fût sérieusement opposable; — Attendu qu'en 1867, Guilbaud, dont la situation commerciale était mieux connue et l'insolvabilité

rej. 28 juill. 1863, aff. Rieffel, D. P. 63. 1. 351. V. encore Civ. cass. 14 déc. 1875, aff. Lebel, D. P. 76. 1. 119; *Rép.* v° *Faillite*, n° 125).

Art. 2. — *De l'identité de cause* (*Rép.* n°s 191 à 221).

96. Ainsi qu'on l'a exposé au *Rép.* n° 194, l'identité de cause entre deux demandes successives peut résulter non seulement des demandes elles-mêmes, mais aussi des exceptions qui leur ont été opposées. Très fréquemment, c'est même l'exception présentée par le défendeur qui a joué le rôle prépondérant et délimité le terrain du débat. Par exemple, un créancier réclame, en vertu d'un titre d'obligation, le payement d'une dette : si le débiteur, au lieu de contester l'existence primitive de cette dette, soutient simplement qu'il y a eu libération par prescription, il est bien certain que c'est sur la prescription que portera tout l'effort de la discussion. Ce sera là le point principal et dominant que tranchera le jugement, et il n'aura qu'à en déduire, sans difficulté, telle conséquence qu'il appartiendra, quant au sort de la réclamation en payement. La doctrine et la jurisprudence sont d'accord pour reconnaître toute l'importance de l'exception en cette matière (Larombière, t. 7, art. 1351, n°s 50 et suiv.; Aubry et Rau, t. 8, p. 391 ; Civ. cass. 14 nov. 1866, cité *infrà*, n° 107; Civ. rej. 6 avr. 1880, aff. Faure, D. P. 80. 1. 219; Req. 4 janv. 1886, aff. Béal, D. P. 86. 1. 10; Civ. rej. 3 mai 1886, aff. Touchet, D. P. 86. 1. 437).

97. L'application de ce principe soulève des difficultés en matière de demandes en nullité de brevets : les tribunaux civils peuvent être saisis de la question de nullité d'un brevet, soit par voie principale, en vertu de l'art. 34 de la loi de 1844, soit par voie d'exception, lorsque, sur une action en dommages-intérêts pour faits de contrefaçon, le défendeur oppose la nullité du brevet et conclut à ce qu'elle soit prononcée. — Dans le premier cas, il est évident que la décision rendue constitue la chose jugée entre les parties sur la question de nullité du brevet. Cette décision aurait même une autorité absolue si elle prononçait la nullité du brevet sur l'intervention du ministère public (L. 5 juill. 1844, art. 37, V. *Rép.* v° *Brevet d'invention*, n°s 266 et suiv., et *infrà*, n° 137). Faut-il reconnaître la même autorité au jugement civil qui statue sur la question de nullité du brevet, proposée par voie d'exception? Ne doit-on pas, au contraire, assimiler ce jugement au jugement correctionnel qui a statué sur l'exception tirée par le prévenu de la nullité du brevet (V. *infrà*, n° 309), et, en conséquence, décider pareillement que la décision rendue sur le moyen de nullité proposé par voie d'exception ne peut être invoquée dans une autre instance relative à d'autres faits? Nous ne le croyons pas : lorsque le défendeur à

certaine, a été déclaré en faillite ; que l'ouverture de la faillite a été fixée à cette date provisoirement, sauf, en conformité de l'art. 441 c. com., à déterminer ultérieurement l'époque précise de la cessation des payements ; — Attendu que la déclaration judiciaire de la faillite, qui modifie radicalement la position du débiteur, crée à l'égard des créanciers une situation toute nouvelle d'où dérivent, en même temps que certaines obligations, des droits indépendants de leur situation antérieure à la faillite ; que le plus important de ces droits est celui de faire reporter la faillite à l'époque de la cessation des payements ; — Que ce droit consacré par l'art. 581 c. com., a principalement pour but d'établir l'égalité entre les créanciers et d'atteindre, par les art. 446 et 447, les actes préjudiciables à la masse, actes qui seraient intervenus depuis la cessation des payements ; que ce droit, qui n'a pu prendre naissance qu'après la déclaration de faillite, serait illusoire si des décisions obtenues avant qu'il pût être exercé devaient entraver son exercice ; — Que ce résultat, qui serait contraire à la loi comme à l'équité, arriverait infailliblement si, comme dans l'espèce, le principe de la chose jugée était opposable ; qu'il serait facile à un créancier de se faire payer au détriment de la masse en se concertant avec son débiteur dont il connaîtrait les mauvaises affaires; qu'il lui suffira de demander la mise en faillite de son débiteur avec la certitude de se voir débouter de son action, faute d'une preuve qu'il n'aura point faite et qu'il avait intérêt à ne point faire, et, lorsque la faillite sera déclarée sur la poursuite d'un autre créancier, de se retrancher derrière la chose jugée pour éviter de rapporter les valeurs qu'il aura reçues; — Que, dans cette hypothèse, il sera le plus souvent impossible de prouver l'entente frauduleuse du créancier et du débiteur, d'où résultera une grave atteinte portée à la loi et à l'équité ; — Attendu que l'action en demande de faillite prend sa source dans l'art. 437 c. com., que celle en report de son ouverture dérive des art. 441 et 581; que ces deux actions sont distinctes et procèdent de droits différents; Que le sieur Voruz, qui demandait en 1865 la faillite de son débiteur, s'appuyait sur l'impuissance de celui-ci à le payer (art. 437 c. com.); qu'aujourd'hui les créanciers fondent leur action sur le besoin de composer la masse active et de rétablir l'égalité (art. 581); qu'il n'est donc pas possible de confondre ce qui a été jugé en 1865 avec ce qui fait l'objet du débat actuel, c'est-à-dire le report de la faillite, d'où il suit que la demande n'est fondée ni sur le même objet, ni sur la même cause ; — Attendu que le sieur Voruz actionnait en 1865 le sieur Guilbaud personnellement, se défendant contre une demande en déclaration de faillite; — Qu'il s'adresse aujourd'hui aux créanciers représentés par le syndic, lesquels sont intéressés à faire reporter l'ouverture de la faillite, à se prévaloir des droits que la loi leur assure à l'exclusion du failli, qui reste seul lié vis-à-vis de celui avec lequel il a contracté postérieurement à l'ouverture de la faillite; — Qu'il n'est donc pas exact de dire que le failli, dans l'espèce, représente ses créanciers, car si ces derniers n'étaient que ses ayants cause, ils n'auraient pas le droit de faire annuler les actes consentis au profit d'autres créanciers qui seraient parvenus à se faire payer et à se créer une meilleure position ; — Qu'il faut donc reconnaître que les art. 446 et 447 c. com., qui annulent, relativement à la masse, des actes qui, nonobstant, restent valables relativement au failli, s'opposent encore à l'application du principe de l'autorité de la chose jugée, parce que les parties qui, en 1868, demandent le report de la faillite, ne sont pas les mêmes que celles qui figuraient au procès de 1865, et qu'elles n'agissent pas d'après les mêmes qualités; — Par ces motifs, etc. » — Appel par le sieur Voruz. — Arrêt.

La cour; — Sur le moyen de chose jugée: — Considérant qu'il est incontestable que, depuis et malgré le jugement rendu contrairement à la demande de Voruz, le tribunal a pu légalement prononcer la mise en faillite de Guilbaud; que ce jugement s'impose à Voruz comme à tous les autres créanciers; que, sous ce rapport, l'autorité de la chose jugée n'était, en aucune façon, engagée, le caractère d'une décision qui refuse de prononcer une faillite étant essentiellement relatif et provisoire; — Considérant que l'état de faillite ainsi déclaré, il est devenu nécessaire, aux termes de la loi, de fixer l'époque de la cessation de payements; que cette fixation, destinée à régler la situation commune des créanciers et à déterminer les ressources actives de la faillite, doit être faite d'après le véritable état des affaires du failli, suivant les causes reconnues de la faillite; que le pouvoir du juge, dans cette recherche et dans cette constatation, n'est limité par aucune disposition de la loi, en tant toutefois qu'il s'exerce dans les délais prescrits par l'art. 581 c. com. ; — Que le jugement du 14 juill. 1865 ne peut faire légalement obstacle à ce que la fixation soit reportée à une date antérieure; — Que, d'une part, ce jugement, intervenu entre Voruz personnellement et Guilbaud, ne saurait évidemment avoir pour effet d'empêcher le report, en ce qui concerne la masse des créanciers, puisqu'ils n'y étaient pas parties et que Voruz ne les représentait à aucun titre ; — Qu'on ne comprendrait pas comment l'intérêt général des créanciers d'une faillite pourrait être compromis par le résultat d'une poursuite intentée par un créancier insuffisamment renseigné sur la véritable situation du débiteur par lui poursuivi, et qui n'aurait pas été en mesure d'éclairer complètement la justice; que, d'autre part, il serait impossible, sans violer les règles fondamentales en matière de faillite, de créer à Voruz par une application spéciale à son profit du jugement du 14 juill. 1865, une situation exceptionnelle dans la faillite ; — Que la masse doit être une et ne comporte pas deux époques différentes de cessation de payements; que chacun des créanciers doit partager la situation collective, soit pour en profiter, soit pour en souffrir ; — Considérant, en outre, que les jugements du 14 juill. 1865 et du 24 avr. 1868 n'ont pas le même objet; qu'ils ne reposent pas sur les mêmes dispositions de loi et n'ont pas la même portée; — Que le premier n'a d'autre résultat que de repousser la demande individuelle d'un créancier à fin de déclaration de faillite; — Que le second, suite directe et nécessaire du jugement qui a constaté l'état de faillite reconnu constant, a pour résultat de faire remonter à sa date véritable la cessation des payements; — Que la violation de la chose jugée ne ressort pas d'un désaccord entre des conséquences plus ou moins prochaines de décisions judiciaires; — Qu'elle ne peut résulter que d'une contrariété formelle entre leurs objets directs et principaux; — Qu'en supposant donc que le jugement du 14 juill. 1865 pût être considéré comme définitif, à la date du 24 avr. 1868, malgré l'appel que Voruz lui-même en a interjeté et dont il ne s'est désisté que le 22 mai 1868 pour les besoins de son opposition, ce jugement ne peut, à aucun point de vue, empêcher à titre de chose jugée, le report de la cessation de payements à sa date véritable; — Adoptant, au surplus, les motifs des premiers juges;

Par ces motifs, confirme, etc.

Du 3 août 1868.-C. de Rennes, 1re ch.-MM. Baudouin, pr.-Grivart et Martin-Feuillée, av.

l'action en contrefaçon demande par voie d'exception la nullité du brevet, il n'invoque pas seulement un moyen de défense qui ne serait soumis au juge que dans les limites de l'action; il forme, par voie incidente, la demande en nullité du brevet qu'il aurait pu former par voie principale, conformément à l'art. 34 de la loi du 5 juill. 1844. Or il est de principe que ce qui a été jugé incidemment sur les conclusions formelles des parties a l'effet de la chose jugée, comme ce qui a été jugé principalement. En conséquence, la décision rendue sur la demande en nullité d'un brevet, formée incidemment au cours d'un procès en contrefaçon devant le tribunal civil, doit avoir la même autorité que la décision qui aurait été rendue sur la même demande portée devant le tribunal par voie principale (Civ. cass. 11 mai 1870, aff. Levasseur, D. P. 70. 1. 430; Civ. rej. 11 mai 1870, aff. Toulouse, *ibid.* V. H. Patenôtre, *Des nullités et déchéances en matière de brevets d'invention*, p. 164 et suiv.). — V. *suprà*, v° *Brevet d'invention*, n° 355.

§ 1er. — Ce que l'on doit entendre par cause au point de vue de la chose jugée (*Rép.* nos 192 à 197, 209 à 211).

98. — I. Différence entre la cause directe et la cause éloignée. — La loi n'ayant pas défini le mot *cause* employé dans l'art. 1351 c. civ., de graves difficultés ont surgi sur l'application de la règle qui exige, pour que la chose jugée puisse être invoquée, qu'il y ait identité de cause entre les demandes. On a notamment exposé au *Rép.* nos 193 et suiv., les controverses qu'a soulevées la question de savoir si l'on doit, sur ce point, s'en tenir à la tradition de l'ancien droit et du droit romain, qui distinguaient entre la cause prochaine et la cause éloignée des actions. Cette théorie, ainsi que le démontre M. Laurent, t. 20, nos 63 et suiv., a l'inconvénient de ne pas fournir un principe certain, qui puisse servir à trancher sans hésitation les difficultés nombreuses qui se présentent dans la pratique; d'autre part, elle conduit souvent à confondre la cause avec le droit sur lequel la demande est fondée, c'est-à-dire la cause et l'objet: « Je revendique un fonds comme m'appartenant en vertu d'une vente. Quel est le droit que je réclame? Le droit de propriété sur le fonds que je prétends avoir acheté; la réclamation de ce droit ou la revendication forme aussi l'objet de ma demande; en ce sens le droit et l'objet de la contestation se confondent. Quelle est la cause de ma demande? Le fait juridique qui est le fondement du droit de propriété que je réclame, c'est-à-dire la vente. Le droit de propriété est un et le même tandis que les causes sur lesquelles il est fondé peuvent varier. Je puis être propriétaire comme acheteur, je puis l'être comme échangiste, ou en vertu d'une dation en payement ou à titre de donataire ou de légataire ou comme héritier *ab intestat* ou contractuel. Donc, après avoir échoué dans ma demande en revendication fondée sur la vente, je puis intenter une demande nouvelle tendant aussi à la revendication du droit de propriété du même fonds en alléguant une autre cause, et si je succombe dans la seconde instance, je puis en former une troisième ou une quatrième, en me fondant chaque fois sur une cause nouvelle; la diversité de la cause fera qu'il n'y a pas chose jugée quoique le droit réclamé soit toujours le même dans les diverses instances » (Laurent, t. 20, n° 64). — Suivant M. Colmet de Santerre, t. 5, p. 627, il faut entendre par cause « le fait juridique qui constitue le fondement du droit ». MM. Aubry et Rau, t. 8, p. 392, la définissent, à peu près dans les mêmes termes, « le fait juridique qui forme le fondement direct et immédiat du droit ou du bénéfice légal que l'une des parties fait valoir, par voie d'action ou d'exception ». « Ainsi, ajoutent ces auteurs, la cause de l'action ou de l'exception ne consiste pas dans le droit ou le bénéfice même qu'il s'agit de faire valoir, mais dans le principe générateur de ce droit ou de ce bénéfice. Quant aux actions réelles en particulier, ce n'est pas le droit de propriété, de servitude, ou d'hypothèque, mais le titre d'acquisition de ce droit qui en constitue la cause; et c'est à tort que, pour cette classe d'actions, les glossateurs ont vu dans le droit en litige la *causa remota vel generalis* de l'action. Ce droit, en effet, ne constitue, ni la *causa proxima*, ni même la *causa remota* de l'action, dont en réalité il est l'objet » (Conf. Marcadé, *Revue de législation*, 1848, t. 3, p. 316 et suiv.; Larombière, t. 7, art. 1351, nos 60 et suiv.). — M. Demolombe, t. 7, nos 320 et suiv., a dans le passage suivant, défini la cause, et l'a nettement distinguée de l'objet. « En thèse générale, dit-il, la cause, c'est le fait juridique qui engendre le droit que nous pensons avoir à une chose, *ad rem*, ou sur une chose, *in re*. La cause ainsi définie ne doit pas être confondue avec la chose, qui fait l'objet du droit, ni avec le droit lui-même, ni avec l'émolument qu'il peut produire. Je forme contre Paul une demande en payement d'une somme de 20000 fr. dont je prétends être créancier contre lui, pour prêt. Quelle est la chose qui fait l'objet de la demande C'est? la somme de 20000 fr. Et le droit sur lequel elle est fondée? C'est la créance, en vertu de laquelle je prétends que Paul est mon débiteur personnel. Et la cause? Elle est toute trouvée par notre analyse; la cause, c'est le prêt que je prétends lui avoir fait; c'est l'acte juridique d'où ma créance est issue. Puis-je ensuite former contre Paul une nouvelle demande de 20000 fr. dont je prétends être créancier contre lui, pour prix de vente? Assurément oui! Dans les deux demandes, c'était pourtant le même droit, un droit de créance. Il est vrai! mais la cause de ce droit était différente: dans la première un prêt, dans la seconde une vente... Cette définition de la cause est générale. Elle ne comporte aucune distinction: ni entre les actions personnelles et les actions réelles, ni entre les causes anciennes, c'est-à-dire qui existaient déjà lors de la première demande et qui n'ont pas été invoquées, et les causes nouvelles qui ne sont nées que depuis la décision judiciaire qui a prononcé sur la première demande, ni entre le demandeur et le défendeur... La cause ainsi définie doit être distinguée soigneusement soit des moyens qui peuvent, avec elle, concourir à la constituer, soit des arguments de fait ou de droit qui peuvent être mis à son service, soit des modes de preuve par lesquels on peut entreprendre de la démontrer. La diversité des moyens, des arguments ou des modes de preuve ne saurait, en effet, engendrer une différence de cause! »

99. M. Griolet, p. 10 et suiv., 109 et suiv., a présenté, sur cette question, un système tout différent, mais qui a pour avantage de simplifier considérablement les difficultés que présente cette matière. Suivant cet auteur, l'art. 1351 ne ferait que traduire inexactement des fragments mutilés de Paul et d'Ulpien, où les mots *corpus, quantitas, causa petendi* ne pouvaient s'appliquer qu'à des espèces où il s'agissait d'une *revendication*, et très probablement n'avaient en vue que l'antique fonction négative de l'exception de chose jugée (L. 12, 13 et 14, D. *de exceptione rei judic.*). La seule règle exacte et sûre est celle posée par la première partie de l'art. 1351: l'autorité de la chose jugée n'a lieu qu'à l'égard de ce qui fait l'objet du jugement. On doit donc, dans chaque espèce, rechercher uniquement s'il y a identité entre l'objet du premier jugement et l'objet de la demande nouvelle; la seule question qui se pose est celle-ci: quel est l'objet du jugement, quel est l'objet de la demande? Question plus simple que celle que l'on pose habituellement: quelle est la cause du jugement, quelle est la cause de la demande? Et il faut reconnaître que si la recherche de l'identité de cause donne lieu aux plus grandes difficultés, en revanche, elle présente bien rarement une utilité réelle. Il suffit, en effet, presque toujours de comparer directement la *chose* précédemment jugée et la *chose* de nouveau mise en jugement, pour reconnaître s'il y a entre elles identité ou non. — Ce système a été adopté depuis par M. Bonnier, n° 876.

100. C'est surtout en ce qui concerne les *actions en nullité ou en rescision* des conventions ou des autres actes juridiques que la question qui nous occupe a donné lieu à de nombreuses controverses. Nous en avons exposé au *Rép.* n° 198, les principaux éléments et l'historique complet. Depuis lors, elle a été traitée par un grand nombre d'auteurs; aussi croyons-nous utile de l'étudier à nouveau.

Trois systèmes ont été proposés: 1° un premier système prétend trouver autant de causes séparées et distinctes qu'il peut y avoir de vices distincts et séparés, soit dans le consentement, soit dans la capacité des parties, soit dans la forme de l'acte. On ne saurait admettre, dit-on, qu'en opposant, lors d'un premier jugement, le vice de violence, on a entrepris de prouver le vice de dol ou d'erreur que l'on veut invoquer dans une nouvelle instance; — 2° Un second système enseigne, au contraire, que la cause de la demande en nullité d'une convention ou d'un acte juridique quelconque n'est autre que cette nullité elle-même: on doit, dès lors, considérer comme de simples moyens tous les vices quelconques qui peuvent être invoqués à l'appui de la demande en nullité. *Primus* demande contre *Secundus* la nullité, pour cause de dol, de la vente d'un immeuble qu'il lui a faite. S'il succombe dans cette demande, et que le juge décide que la convention est valable, il y a chose jugée sur tous les points, et il ne peut plus désormais attaquer cette même vente pour aucun vice, quel qu'il soit, de forme, d'incapacité, ou autre. L'objet de la demande, c'est *l'immeuble*, sa cause, c'est au contraire *la nullité* en vertu de laquelle on prétend obtenir cet immeuble, c'est-à-dire le fait juridique d'où procède le droit réclamé: de sorte que la cause de la demande, c'est, en définitive, ce droit lui-même, sur lequel le juge est appelé à statuer une fois pour toutes. Les différents vices sur lesquels la demande en nullité peut s'appuyer ne peuvent, par conséquent, avoir jamais que le caractère de moyens: vices du consentement, incapacité, défaut de cause, vices de forme; — 3° Le troisième système est moins absolu que le précédent. Il définit la cause: « Le fait juridique qui forme le fondement *direct et immédiat* du droit ou du bénéfice légal que l'une des parties fait valoir par voie d'action ou d'exception » (Aubry et Rau, t. 8, p. 392). Cette cause, la seule dont ait entendu parler l'art. 1351, est la cause prochaine, *causa proxima actionis*. Dans une action en nullité d'une convention, pour cause de dol, par exemple, la cause prochaine n'est autre que le défaut de consentement valable, invoqué par le demandeur. Quant au vice particulier que celui-ci allègue à l'appui de sa demande, le dol, il n'est qu'une cause éloignée, *causa remota*. *Primus* a poursuivi la nullité pour cause de violence d'une convention passée avec *Secundus;* peut-il ensuite, sans que l'autorité de la chose jugée lui soit opposable, demander la nullité de cette convention pour cause d'erreur? Non: il y a chose jugée sur tous les vices du consentement qu'il aurait pu invoquer lors de sa première demande. D'après ce système, d'une part, le droit ou le bénéfice que l'on réclame n'est pas la cause, mais l'*objet* de la demande: d'autre part, les éléments de fait ou les moyens de droit invoqués à l'appui de la demande ou de l'exception ne sont que les causes éloignées. La cause proprement dite, c'est le principe générateur même du droit ou du bénéfice légal. — C'est ainsi que, dans une action réelle, la cause prochaine serait non pas le droit réel lui-même, — il est l'objet de la demande, — mais bien le titre d'acquisition.

Ce dernier système, adopté aujourd'hui par la majorité des auteurs et la jurisprudence, est sans doute celui qu'a voulu consacrer le législateur; car son laconisme semble indiquer qu'il a entendu s'en tenir au principe traditionnel qui, du droit romain, passa dans notre ancien droit français (*Rép.* n° 198). Cependant, ainsi qu'on l'a fait observer (*ibid.*), on ne saurait méconnaître que cette théorie, satisfaisante pour la raison, est d'une trop grande subtilité et d'une portée trop vaste, pour que l'on ne soit pas exposé dans la pratique aux incertitudes et aux controverses les plus nombreuses.

101. M. Laurent, qui adopte sans réserve le premier des systèmes que nous venons d'exposer, critique en ces termes la théorie de la *causa proxima* et de la *causa remota* (t. 20, n° 74): « A notre avis, l'application que l'on fait du principe traditionnel en prouve la fausseté. Je demande la nullité d'une convention et je me fonde sur ce que mon consentement a été vicié par l'erreur. Quel est l'objet du débat? C'est toujours cette question-là qu'il faut poser quand il s'agit de chose jugée. Le débat porte uniquement, exclusivement, sur l'erreur, c'est-à-dire sur le point de savoir si l'erreur que j'allègue est une erreur sur la substance de la chose. C'est cette question et rien que cette question que le juge décide. Dans l'opinion contraire, on est obligé de dire que ma demande *toute spéciale* était *générale*; que, tout en spécifiant ce vice d'*erreur*, je n'ai pas laissé de faire valoir d'une manière générale, et dans les termes absolus de la loi, l'absence d'un consentement valable? Pure fiction qui me fait dire une chose à laquelle je n'ai pas même songé; si j'y avais songé, j'aurais allégué les deux vices et j'aurais dû les prouver. Est-ce que le dol qui, dit-on, est compris dans ma demande, a fait l'objet du débat? Le mot n'a pas même été prononcé, et il ne l'est pas davantage dans le jugement. Voyez l'iniquité révoltante qui en résulte. Si j'ai succombé dans ma première demande, c'est que l'erreur que j'invoquais n'était pas substantielle; mais il y a une autre erreur qui ne doit pas porter sur la substance de la chose, c'est celle qui résulte du dol. Est-ce que le juge, en décidant qu'il n'y a pas erreur sur la substance de la chose, a décidé que je n'ai pas été victime des manœuvres frauduleuses qui m'ont engagé à contracter? Le bon sens répond que non... ». — M. Demolombe, t. 7, n°s 330 et suiv., préfère également, en principe, le premier système, mais il consent à y apporter une importante restriction: « Il y a lieu, dit-il, de tenir compte des conclusions prises par le demandeur et par le défendeur, et de voir si la cause sur laquelle la demande est fondée est générale ou spéciale ».

102. M. Griolet, p. 111 et suiv., qui soutient au contraire le second système, expose en ces termes son opinion: « Afin de déterminer les *causæ proximæ* et les *causæ remotæ*, Toullier a divisé en divers groupes les vices qu'il considérait comme causes des demandes en nullité. Chaque vice est une *causa remota*, le groupe est la *causa proxima*, cause prochaine ou immédiate. Ainsi le dol est une *causa remota* qui rentre dans le groupe des vices du consentement, *causa proxima*. Après avoir demandé la nullité pour cause de dol, on ne peut invoquer ni l'erreur, ni la violence, ni la lésion; il est permis, au contraire, de faire valoir la nullité qui résulte d'un vice de forme parce que les vices de forme constituent une autre catégorie, une autre *causa proxima*. — Mais comment déterminera-t-on ces catégories? Où sont écrits les principes de cette classification?... La vérité est qu'il est impossible d'établir une classification qui ne soit pas artificielle et arbitraire. Enfin, si on veut juger ce système par ses conséquences, il faut reconnaître qu'il laisse encore une grande facilité de renouveler les procès et qu'il est loin de garantir les parties contre les suites de la négligence ou de l'erreur... La simple proposition d'un nouveau moyen ne constitue pas une nouvelle cause de demande ou d'exception. Une partie est quelquefois obligée de faire déclarer la non-existence d'un droit... Au lieu d'invoquer, en défendant, les vices de la cause du droit, pour empêcher l'affirmation du droit, elle invoque, en demandant, les mêmes vices, pour obtenir la négation du droit. Mais dans la seconde hypothèse, comme dans la première, la nullité de la cause n'est qu'un moyen tendant à établir l'existence du droit. C'est toujours l'existence même du droit qui est, sous la forme négative comme sous la forme positive, la véritable question du procès, celle que le juge résout nécessairement en affirmant ou en niant le droit contesté... La même règle devait régir deux classes d'actions qui ne diffèrent qu'en ce que la question posée au juge a dans le premier cas, une forme affirmative, et dans le second, une forme négative... Dans notre système, il faudrait seulement distinguer des actions qui tendent à la nullité, c'est-à-dire à l'inexistence du droit, les demandes qui ont pour objet la résolution du droit pour quelque cause postérieure à sa naissance. Telles sont, par exemple, les actions en résiliation des contrats pour inexécution des conditions et les actions en révocation des donations pour cause de survenance d'enfants » (Conf. Bonnier, t. 2, n° 876).

103. Le troisième système est celui qui rallie le plus grand nombre d'auteurs. Il est soutenu notamment, comme on l'a vu au *Rép.* n° 198, par Toullier, et par Marcadé; il a été adopté depuis par MM. Larombière, t. 7, art. 1351, n°s 79 et suiv.; Aubry et Rau, t. 8, p. 392 et suiv. — Voici en quels termes ces derniers auteurs justifient leur théorie, quant aux demandes en nullité d'actes pour vice de forme (t. 8, p. 393, note 89): « Quelle est, disent-ils, la *causa proxima* de l'action en nullité dirigée contre un acte instrumentaire, comme tel? C'est *le défaut de forme légale*; et, quoique l'observation de chacune des formalités prescrites pour la validité d'un acte constitue un vice distinct, tous ces vices particuliers se confondent cependant dans le défaut de forme légale, lequel constitue une seule et même cause de demande, quelle que soit, d'ailleurs, la circonstance spéciale (*causa remota*) en raison de laquelle le demandeur prétendrait que l'acte est dépourvu de forme légale. Nous ajoutons que l'on se mettrait en opposition avec les motifs d'ordre public sur lesquels repose l'autorité de la chose jugée, en autorisant une partie à demander l'annulation d'un acte pour défaut de forme, par autant d'actions distinctes et successives, qu'elle croirait y reconnaître de vices particuliers. Ce serait lui donner le moyen d'éterniser la contestation. » En ce qui concerne les demandes en nullité pour vice du consentement, MM. Aubry et Rau s'expriment ainsi (*ibid.*, note 90) : « Lorsqu'il s'agit d'une demande en nullité pour cause de violence, d'erreur, ou de dol, la *causa proxima actionis* ne consiste pas dans les faits de violence, d'erreur, ou de dol, spécialement invoqués ou articulés par le demandeur, mais bien dans l'absence de consentement valable. Ces faits ne sont que les *causæ remotæ* de l'action ou nullité. » Au contraire, suivant MM. Aubry et Rau, « il n'existe aucune identité de cause entre deux demandes qui, toutes deux, ont pour objet l'annulation d'une même convention, mais qui sont fondées sur des causes *de nature différente* », par exemple deux demandes en nullité d'une convention fondées l'une sur l'incapacité et l'autre sur l'absence d'un objet licite, ou l'une sur le défaut de consentement et l'autre sur un vice de forme. — C'est sur ce point que, dans la pratique, le système de MM. Aubry et Rau diffère de celui de MM. Griolet et Bonnier. Pour ces derniers auteurs, nous l'avons vu, la nullité d'un acte juridique constitue toujours une seule et même cause, quelle que soit la différence qui existe dans la nature des vices à raison desquels l'annulation en est successivement demandée.

104. Quant à la jurisprudence, un grand nombre de décisions ont implicitement consacré le troisième système, en consacrant des solutions qui en sont des conséquences; mais il en est peu qui se soient prononcées au point de vue doctrinal entre les différentes opinions que l'on vient d'exposer. Un arrêt (Paris, 10 mai 1850, aff. Bobœuf, D. P. 51. 2. 125) déclarant, conformément à un arrêt antérieur (Bruxelles, 9 sept. 1822, rapporté au *Rép.* n° 213-3°), que la chose jugée, à l'égard d'une nullité de forme d'une saisie immobilière qui a été rejetée s'oppose à ce qu'une nouvelle nullité de forme soit proposée contre la même saisie, motive ainsi sa décision : « Considérant que l'autorité de la chose jugée s'élèverait contre la nouvelle demande en nullité formée par Bobœuf, et fondée sur le défaut d'extrait régulier de matrice du rôle ; qu'en effet, il résulte des procédures pratiquées par Bobœuf lors de la sentence du 23 janv. 1849, que Bobœuf avait alors demandé la nullité de la saisie pour défaut de transcription dans les délais, et que le jugement a statué à cet égard ; qu'on ne saurait, pour autre motif antérieur à ladite sentence, demander à nouveau la nullité de la procédure de saisie sans violer l'autorité de la choes jugée, puisque les diverses nullités proposées ne sont pas des causes nouvelles, mais des moyens nouveaux à l'appui d'une même demande, qui, connus, ont dû être présentés en même temps que ceux sur lesquels il a été statué ». — Un autre arrêt (Pau, 21 avr. 1868, aff. Sénac, D. P. 70. 1. 125) formule le même principe en ces termes : « Attendu qu'il a été souverainement jugé que Sénac était mal fondé à attaquer le testament dont il s'agit, pour un vice de forme dont il a été débouté ; que sa demande n'a pour objet qu'un nouveau vice de forme qu'elle relève contre le même testament ; que c'est avec raison que les premiers juges l'ont déclaré non recevable à proposer successivement, et d'une manière indéfinie, de tels moyens ». Dans l'espèce sur laquelle a statué cet arrêt, les deux vices de forme successivement invoqués consistaient l'un dans le défaut de présence des témoins à la lecture de l'acte, l'autre dans l'irrégularité d'une approbation de renvois.

Les deux arrêts que l'on vient de citer consacrent expressément la règle d'après laquelle la partie qui attaque un acte comme nul en la forme, est tenue de relever tous les moyens qu'elle croit de nature à faire déclarer l'irrégularité de cet acte, sous peine d'être déchue du droit de proposer dans une instance ultérieure ceux qu'elle aurait d'abord négligé d'invoquer. Dans les deux espèces, en effet, s'il est vrai, que, dans la seconde instance, le moyen de nullité invoqué était différent de celui qui avait été opposé dans la première, il est certain, cependant, que la nullité pour vice de forme qui était déjà la cause de la première demande était encore celle de la seconde : en un mot, les *causæ remotæ* étaient différentes ; mais la *causa proxima* étant la même, l'autorité de la chose jugée s'opposait à l'admission de la nouvelle demande.

Enfin, un arrêt (Req. 15 déc. 1856, aff. Rochouze, D. P. 57. 1. 97) renferme les motifs suivants : « Attendu que l'une des conditions essentielles pour fonder la chose jugée, l'identité de la cause, manquait dans l'espèce : qu'en effet, dans la première demande, les héritiers Boulnois demandaient la nullité de l'acte du 11 juill. 1828, comme contenant une donation déguisée au profit de l'établissement de l'Adoration perpétuelle, non autorisé..., tandis que, par la deuxième demande, les héritiers Boulnois demandaient la nullité dudit acte comme contenant une vente au profit du même établissement, incapable d'acquérir même à titre onéreux ; que l'incapacité d'acquérir à titre onéreux était la cause de la nouvelle demande, laquelle cause était autre que l'incapacité d'acquérir à titre gratuit qui était le fondement de la première demande ; que la question que faisait naître la deuxième demande, qui s'appuyait sur l'incapacité d'acquérir à titre onéreux, n'avait été ni posée, ni examinée, ni résolue, lors de l'arrêt du 17 févr. 1852 ; qu'ainsi cet arrêt ne pouvait avoir l'autorité de la chose jugée à l'égard de la deuxième demande ». Cet arrêt doit encore être considéré comme sanctionnant la théorie, adoptée par les deux précédents, car on a vu que, d'après ce système, il n'y a pas identité de cause entre deux demandes ayant pour objet l'annulation d'une même convention, si les causes de nullité invoquées sont *de natures différentes*.

105. Les décisions suivantes se sont également expliquées sur la même question, mais en se plaçant à un autre point de vue que celui de l'action en nullité. Un arrêt (Req. 18 nov. 1845, aff. Lacombe, D. P. 46. 1. 212, et *Rép.* n° 282-6°) s'exprime ainsi : « Attendu qu'un propriétaire riverain en possession d'une prise d'eau, se plaignant d'atteinte portée à son droit par le propriétaire d'un moulin possesseur d'une prise d'eau supérieure, est tenu de réunir dans la même instance tous les faits constitutifs de l'atteinte dont il se plaint ; — Qu'il suit de là qu'un jugement passé en force de chose jugée, qui, d'après l'appréciation des titres respectifs, a sanctionné la jouissance du propriétaire supérieur, forme obstacle à ce que cette même jouissance, n'ayant éprouvé, comme le déclare l'arrêt attaqué, aucune modification, soit attaquée de nouveau par le même propriétaire inférieur, agissant dans la même qualité, en vertu des mêmes titres, et que, dans de telles circonstances, l'arrêt attaqué a fait une juste application de l'art. 1351, concernant l'autorité de la chose jugée ». Ici encore, il y a identité de cause prochaine dans les deux actions; dans l'une et dans l'autre, cette cause est la jouissance prétendue abusive du propriétaire supérieur ; les divers faits constitutifs de l'atteinte dont se plaint le propriétaire inférieur ne sont, au contraire, que des causes secondaires incapables de fonder plusieurs actions séparées.

« Attendu, porte un autre arrêt (Req. 10 déc. 1866, aff. Ardoin, D. P. 67. 1. 498), qu'il est manifeste que la cause des deux demandes, la raison juridique qui leur servait de base, différaient essentiellement ; — Attendu, en effet, que, dans la première instance, les demandeurs principaux, les sieurs Renard, Boidin, Truillé et Rocques, acquéreurs des sieurs Ardoin et comp., demandeurs en cassation, prétendaient que les clôtures établies par la compagnie des docks de Saint-Ouen, sur l'avenue du port, portaient atteinte aux droits qui leur avaient été conférés sur ladite avenue par leurs contrats d'acquisition ; qu'ainsi, en ce qui concerne les demandeurs principaux dans l'instance terminée par l'arrêt du 5 déc. 1863, la cause de la demande était dans les stipulations du contrat d'acquisition de chacun des demandeurs en particulier ; — Attendu que la cause de l'action en garantie, *causa proxima actionis*, dirigée dans cette même instance par les sieurs Ardoin et comp., contre la compagnie des docks, avait également son principe dans les mêmes contrats, à l'exécution desquels ladite compagnie s'était implicitement soumise et dont elle devait respecter les stipulations ; que c'est ce qui résulte expressément en fait de l'arrêt du 5 déc. 1863 ; — Attendu que dans l'instance terminée par l'arrêt attaqué, la cause de la demande était, non plus dans les contrats d'acquisition des sieurs Renard et consorts, lesquels sont complètement étrangers au litige actuel, mais bien dans l'acte du 7 juill. 1856, constitutif de la société des docks de Saint-Ouen ; — Attendu que les sieurs Ardoin et comp. invoquaient en outre la destination du père de famille et l'art. 694 c. nap. comme fondement de leur droit à une servitude de passage sur les quais du bassin et du canal ; qu'ainsi la cause juridique des demandes sur lesquelles ont statué les arrêts de 1863 et de 1865 est radicalement différente, ce qui suffit pour repousser péremptoirement l'exception prise de la chose jugée. » On ne saurait prétendre, en effet, qu'il y ait identité de cause entre un jugement qui constate l'existence au profit de l'acquéreur d'un immeuble, d'une servitude sur le fonds d'un tiers dérivant du titre d'acquisition, et une demande tendant à la réclamation de la même servitude en faveur d'autres immeubles conservés par le vendeur, alors même que cette demande serait fondée sur ce que le titre invoqué dans le premier procès n'était que la conséquence de la servitude réclamée dans le second.

Un troisième arrêt (Civ. cass. 8 juin 1864, aff. Ruel, D. P. 64. 1. 273) renferme les motifs suivants : « Attendu que l'unique cause de la demande de la veuve Desvignes à fin de collocation dans l'ordre susdaté était l'obligation notariée du 14 nov. 1828, contenant reconnaissance par Ruel au profit des héritiers Fonteneau, d'une somme de 30000 fr., que Ruel déclarait avoir empruntée de ce dernier, obligation dont le bénéfice avait été transporté à ladite veuve, jusqu'à concurrence de 10000 fr., avec acceptation de la cession par le débiteur, tandis que l'action en restitution de Ruel n'est fondée que sur la contre-lettre du 15 mai 1828, laquelle renferme la stipulation, déclarée illicite par l'arrêt attaqué, d'un supplément de prix (de cession d'office) de 22000 fr. ; que vainement on objecte que l'obligation du 14 nov. 1828 n'ayant été qu'un moyen employé pour masquer la fraude concertée entre Fonteneau et Ruel, ne formait qu'une seule et même obligation avec la contre-lettre du 14 mai 1828 ; que ces deux titres, à les considérer comme causes de demandes, ne sauraient être confondus ni à raison de leur nature, ni à raison de leurs effets, puisque l'obligation constituait, en faveur de la veuve Desvignes, à cause de sa bonne foi, un titre inattaquable, et que, dans l'état des faits constatés par l'arrêt, sa demande aurait dû être écartée, si elle eût été fondée, même indirectement, sur la contre-lettre ; que les causes des demandes étaient donc différentes ». Le traité secret avait été, en effet, dissimulé sous l'apparence d'un prêt, et le vendeur de l'office avait cédé la créance résultant de ce prêt déguisé. Le cessionnaire, en poursuivant l'acquéreur de l'office en vertu de cette créance déguisée avait donc agi en vertu d'un prêt, et comme il n'était pas permis au défendeur de lui opposer une simulation sans effet à l'égard des tiers de bonne foi (*Rép.* v° *Obligations*, n°s 1020 et suiv.), le prêt dont il s'agit était resté vis-à-vis du demandeur, la cause vraie de l'action et de la condamnation. Lorsque plus tard l'acquéreur de l'office répéta de son vendeur ce qu'il avait été ainsi forcé de payer au cessionnaire de ce dernier, la cause de la demande était la nullité de son traité secret, nullité qu'il n'avait point eu le droit d'opposer dans le premier procès, et qu'il pouvait, par conséquent, invoquer à l'appui de sa nouvelle action.

Enfin un arrêt de la cour de Besançon du 12 déc. 1864 (aff. Commune d'Orchamps, D. P. 65. 2. 1), décidant qu'il n'y a pas chose jugée lorsqu'une commune, qui a été repoussée dans son exception de prescription acquisitive, invoque, pour le même objet, la prescription libératoire, motive ainsi cette décision : « Attendu que l'arrêt du 29 juill. 1858, qui a rejeté le moyen de prescription dont excipait la commune d'Orchamps-Vennes, n'a point autorité de chose jugée dans le débat actuel; qu'en 1858, la commune opposait la prescription acquisitive ; qu'elle invoque aujourd'hui la prescription libératoire; que l'une de ces prescriptions avait pour base la possession exercée par la commune à l'exclusion de ses adversaires ; que l'autre se fonde sur le non-usage par ces derniers du droit qui leur aurait appartenu ; qu'elles sont distinctes par leur objet et par leurs conditions d'existence ; que si la chose demandée est la même, il s'agit d'une cause nouvelle, et non d'un moyen nouveau qui se rattacherait à la même cause » (V. *Prescription*).

106. Les décisions suivantes ont implicitement admis la même théorie, sans toutefois se prononcer, dans leurs motifs, sur la question que l'on vient d'étudier ; elles se bornent à déclarer que, les causes des demandes en nullité étant ou n'étant pas identiques, il y a lieu d'admettre ou de rejeter l'exception de chose jugée. — La chose jugée a été déclarée non opposable, faute d'identité de cause, dans les espèces suivantes où il a été décidé : 1° que le jugement qui rejette la demande en rescision d'une vente de biens de mineurs pour cause de lésion, n'a pas l'autorité de la chose jugée relativement à l'action en nullité de la même vente, pour inobservation des formalités prescrites (Civ. cass. 23 déc. 1851, aff. Ramet, D. P. 54. 5. 112, et sur renvoi, Lyon, 21 déc. 1854, D. P. 55. 5. 71) ; — 2° Que le saisi, bien qu'il ait succombé sur la demande en nullité, pour déchéance, d'une saisie immobilière, peut demander, par action nouvelle et principale, la mainlevée de la saisie fondée sur la non-existence de la dette qui y a donné lieu (Rennes, 2 janv. 1851, aff. Sorin, D. P. 52. 5. 98) ; — 3° Que le jugement qui rejette une demande en nullité de partage fondée sur un prétendu vice du consentement n'élève point une exception de chose jugée contre une demande ultérieure en rescision de ce même partage pour cause de lésion, l'identité de cause n'existant pas entre l'une et l'autre demande (Chambéry, 31 août 1861, aff. Pollingue, D. P. 62. 2. 159); — 4° Que le jugement qui valide une donation dont la nullité était demandée sur le motif que le donateur avait imposé au donataire l'obligation de payer une somme indéterminée, ne rend pas non recevable l'inscription de faux ultérieurement formée contre l'acte renfermant cette donation (Civ. cass. 8 nov. 1864, aff. Richard, D. P. 65. 1. 374). — Il a été jugé toutefois, contrairement à la doctrine de cet arrêt, que la décision portant rejet de la demande en nullité d'un acte de vente, comme contenant une donation déguisée au profit d'une personne incapable, a l'autorité de la chose jugée relativement à la demande en inscription en faux incident et principal formée contre le même acte entre les mêmes parties, procédant en la même qualité (Req. 21 janv. 1853, aff. Bréhat, D. P. 54. 5. 112).

107. Il a encore été reconnu que l'identité de cause n'existait pas, dans les espèces suivantes, où l'on a décidé: 1° que la demande en réduction des libéralités excessives contenues dans un partage d'ascendant ne peut être écartée par l'exception de chose jugée tirée d'un jugement antérieur à l'ouverture de la succession, qui a statué sur une difficulté différente (Dijon, 20 nov. 1865, aff. Trahand, D. P. 66. 2. 86); — 2° Que le défendeur condamné par décision passée en force de chose jugée à l'exécution d'une donation, conserve le droit de demander la révocation de cette donation, même pour des causes qui existaient déjà lors de la condamnation, et, par exemple, pour survenance d'enfants, si, dans le premier litige, il n'a pas conclu à la révocation dont il s'agit, une telle demande, quoiqu'elle tende à empêcher l'exécution du jugement, soulevant une question complètement étrangère au litige que ce jugement a terminé (Civ. rej. 14 nov. 1866, aff. Falconnet, D. P. 67. 1. 336); — 3° Que lorsque les parties sont convenues que le contrat serait résilié, à défaut par le débiteur, soit de fournir une délégation, soit de pouvoir exécuter la convention, la chose jugée par deux arrêts, rendus entre elles et repoussant des demandes de résolution fondées l'une sur l'absence de la délégation promise, et l'autre, sur son irrégularité, ne fait pas obstacle à ce qu'une décision ultérieure prononce cette résolution poursuivie en vertu de la clause qui déclarait le contrat non avenu si le débiteur se trouvait dans l'impossibilité de l'exécuter (Req. 20 févr. 1883, aff. Moisson, D. P. 84. 5. 76); — 4° Que la partie qui a succombé dans une première demande en nullité de deux testaments, fondée tant sur la fausseté prétendue de l'écriture et de la signature, que sur l'état mental du *de cujus*, qui n'aurait point été sain d'esprit au moment de leur confection, et sur des actes de suggestion et de captation, peut, sans avoir à craindre l'exception de chose jugée, former une nouvelle demande en nullité des mêmes testaments, en invoquant leur antidate et l'incapacité légale du testateur, qui les aurait, en réalité, écrits et signés postérieurement à un jugement le frappant d'interdiction (Req. 20 oct. 1885, aff. Bobœuf, D. P. 86. 1. 253; Conf. Pau, 19 mars 1834, *Rép.* n° 203-1°); — 5° Qu'il n'y a pas identité de cause entre deux demandes, tendant l'une et l'autre à l'annulation d'une vente pour défaut de prix, si la première se fonde sur l'insuffisance du taux d'une rente viagère payable au vendeur par l'acquéreur, et si la seconde repose sur l'inexistence de cette rente, par suite d'une circonstance survenue postérieurement à la première instance (Civ. cass. 10 août 1885, aff. Létant, D. P. 86. 1. 163); — 6° Que la décision passée en force de chose jugée qui a condamné un débiteur à payer partie d'une dette dont il se bornait à contester le chiffre ne met pas obstacle à ce qu'un arrêt postérieur, rendu entre les mêmes parties, sur une action en payement d'une autre partie de cette dette, annule l'obligation elle-même, en se fondant sur l'inexistence du contrat, et le vice du consentement du débiteur; il n'y a pas identité de cause entre les deux instances (Civ. rej. 13 juill. 1886, aff. Société Adam, D. P. 87. 1. 32).

108. — II. Différence entre la cause et le but de l'action. — M. Laurent, t. 20, p. 85, rappelle qu'il faut se garder de confondre avec la cause d'une action le *but* dans lequel on l'exerce, ou le *résultat* que l'on prétend en tirer ultérieurement. C'est ce que nous avions déjà fait observer au *Rép.* n° 210.

109. — III. Différence entre la cause et les moyens. — On a vu au *Rép.* n° 211, que la diversité des *moyens* n'entraîne nullement la diversité des causes. Deux demandes doivent donc être considérées comme fondées sur la même cause, bien qu'à l'appui de la seconde on produise un moyen nouveau. — La distinction entre la *cause* d'une action et les *moyens* sur lesquels elle est fondée, présente souvent dans la pratique les difficultés les plus grandes. Nous avons à cet égard formulé (*loc. cit.*) une règle qui est généralement adoptée par la jurisprudence et la doctrine (Conf. Larombière, t. 7, art. 1351, n° 63; Aubry et Rau, t. 8, p. 392; Laurent, t. 20, n° 65; Colmet de Santerre, t. 5, p. 624; Demolombe, t. 7, n° 332; Griolet, p. 110). « De ce que le juge statue sur les droits des parties, et non sur leurs moyens, dit ce dernier auteur, il s'ensuit aussi qu'il affirme ou qu'il nie les droits des parties d'une manière absolue et non pas seulement en tant qu'ils seraient prétendus par les moyens déjà proposés. » Mais si la distinction est simple et facile à établir en théorie, son application est parfois des plus délicate. — La jurisprudence a eu souvent à se prononcer sur des difficultés de cette nature. Dans les arrêts qui vont être analysés, elle a considéré que la seconde demande reposait non sur une *cause* distincte de celle qui avait servi de base à la première action, mais sur un *moyen* nouveau : l'exception de chose jugée était donc recevable.

110. La cour de cassation a décidé qu'une action pétitoire fondée sur des faits de possession, et d'autres documents produits comme titres de propriété, ne peut, si un jugement passé en force de chose jugée l'a rejetée après appréciation de tous les moyens de preuve, être renouvelée, même avec le nouveau point d'appui emprunté à un titre qui n'avait été invoqué jusque-là qu'au soutien de la possession, et qui est, au contraire, considéré dans la nouvelle instance comme formant un titre complet de propriété (Civ. cass. 7 mai 1861, aff. Buthoud, D. P. 61. 1. 273). Ainsi le jugement qui, sur une action en revendication à l'appui de laquelle le demandeur invoquait une possession caractérisée par son inscription comme propriétaire au plan cadastral et d'autres documents, a rejeté la demande en déclarant les faits de possession inadmissibles, et sans s'arrêter aux productions du demandeur, ne permet pas à ce dernier de reproduire la même demande, en prenant cette fois pour base le seul extrait du cadastre considéré comme formant en sa faveur un titre de propriété ; ce jugement, ne s'étant pas borné à apprécier les faits de possession allégués, doit être réputé avoir définitivement terminé la contestation, et a, dès lors, contre la nouvelle demande l'autorité de la chose jugée; peu importe que cet extrait ait, ou non, été produit dans la première instance (Même arrêt). « Attendu, dit la cour, que l'extrait du cadastre, même alors qu'il n'aurait pas été produit dans la première instance, n'aurait été qu'un moyen, un document dont la commune aurait négligé de se prévaloir, et ne lui aurait pas permis, en l'invoquant plus tard, de remettre en question ce qui avait été jugé contre elle. »

111. Jugé également : 1° que lorsque, sur une demande en délivrance de certains objets compris dans une cession de droits successifs, il est intervenu un jugement qui a rejeté cette demande en se fondant sur la nullité de la cession, ce jugement a l'autorité de la chose jugée relativement à la nouvelle demande par laquelle la même partie réclame l'entier émolument des droits cédés: peu importe qu'elle produise pour la première fois de prétendus actes de confirmation ou d'exécution volontaire qui n'ont pas été appréciés dans la première instance (Limoges, 29 janv. 1862, aff. Dejean, D. P. 62. 2. 39-40) ; « ces actes ne constituent que de simples moyens qui viennent à l'appui et à la justification de la cause proprement dite » ; — 2° Que lorsqu'un arrêt a reconnu en faveur d'un liquidateur le droit à être remboursé par privilège de ses avances, ce droit de privilège ne peut plus être contesté en justice par le motif que le liquidateur aurait dû imputer les sommes par lui recouvrées sur sa créance privilégiée comme étant la plus onéreuse (Req. 6 avr. 1870, aff. Poidevin, D. P. 71. 1. 352); — 3° Que le demandeur en payement de fermages, dont l'action a été rejetée comme éteinte par la prescription quinquennale, ne peut renouveler sa réclamation en se fondant pour la première fois, afin d'échapper à cette prescription, sur une déclaration affirmative de la dette, antérieurement faite par le défendeur au cours d'une procédure de saisie-arrêt, et confirmée par jugement: une pareille déclaration ne saurait être considérée comme une cause nouvelle à l'appui de la réclamation (Civ. cass. 22 juin 1880, aff. Audy, D. P. 81. 1. 434). Dans la seconde instance, en effet, le défendeur prétendait, comme dans la première, qu'il était libéré par la prescription de cinq ans; et c'est pour combattre ce moyen de défense que le demandeur s'était prévalu, cette fois, de la reconnaissance en justice dont la dette avait été l'objet. En procédant de cette manière, il n'avait fait qu'opposer un nouveau moyen de défense à l'exception invoquée par le défendeur ; et sa prétention, ainsi envisagée, n'était pas recevable; — 4° Que le contrat judiciaire sanctionné par une décision de justice définitive, et aux termes duquel une ville, à la suite d'un procès avec un particulier sur la propriété d'un terrain qu'elle possédait, reconnaît les droits de son adversaire et lui abandonne le terrain litigieux, a l'autorité de chose jugée relativement à toutes les causes d'acquisition antérieures à ladite décision; en conséquence, un titre de vente antérieur au contrat judiciaire ne saurait servir de base à une nouvelle action intentée par la ville dans le but d'anéantir les effets de ce contrat (Civ. cass. 30 juin 1880, aff. Lacombe, D. P. 81. 1. 20).

112. Il faut, toutefois, éviter de confondre les simples moyens avec les exceptions. Si les moyens doivent être tous simultanément proposés, le défendeur, au contraire, n'est pas tenu, comme le dit fort bien M. Larombière, n° 68, de proposer cumulativement toutes ses exceptions. Sans doute, il ne saurait lui être permis d'en élever successivement plusieurs qui présenteraient à juger une question identique; mais quand deux exceptions sont fondées sur des causes différentes, le jugement rendu sur la première ne peut être opposé comme ayant force de chose jugée à l'égard de la seconde. C'est ainsi qu'il a été décidé : 1° qu'il n'y a pas chose jugée lorsqu'une commune, qui a été repoussée dans son exception de prescription acquisitive, invoque, pour le même objet, la prescription libératoire (Besançon, 12 déc. 1864, cité *suprà*, n° 105); — 2° Que le jugement qui a rejeté une première exception d'incompétence peut, sans violer la chose jugée, en admettre une seconde, fondée sur une cause entièrement distincte (Crim. rej. 15 mars 1855, aff. Vincent, D. P. 55. 1. 126); — 3° Que le jugement qui a rejeté une exception d'incompétence *ratione loci* n'a pas l'autorité de la chose jugée relativement à l'incompétence *ratione materiæ* (Civ. cass. 26 févr. 1872, aff. Société des eaux du Midi, D. P. 72. 1. 9, cité *suprà*, n° 94).

113. Il importe peu, d'ailleurs, que les deux exceptions successivement proposées soient tirées des stipulations du même contrat; cette circonstance n'a point, par elle seule, pour effet de rendre les causes identiques. Aussi a-t-il été décidé que le jugement qui rejette, comme non recevable, l'exception de garantie opposée par un acquéreur aux prétentions d'un tiers actionné par lui en délaissement d'immeubles, et tirée d'un traité intervenu entre celui-ci et les représentants du vendeur, ne fait pas obstacle à ce que ce traité soit ultérieurement invoqué, dans l'instance en liquidation de la succession du vendeur, comme ayant opéré la libération de l'acquéreur, vis-à-vis du même tiers, par l'effet de la confusion (Civ. rej. 6 avr. 1880, aff. Faure, D. P. 80. 1. 219). L'exception de confusion opposée dans la seconde instance reposait évidemment sur une cause distincte de celle qui avait servi de base à l'exception de garantie précédemment invoquée, et devait donner lieu à la décision d'un point de droit différent.

114. Il n'est qu'un seul cas dans lequel il soit permis de revenir sur ce qui a été jugé, à raison d'un moyen nouveau, découvert depuis le jugement : c'est celui où « il a été recouvré des pièces décisives et qui avaient été retenues par le fait de la partie ». Dans ce cas, la loi autorise non pas une nouvelle demande, mais l'emploi d'une voie de recours extraordinaire contre le jugement, la *requête civile* (art. 480 c. proc. civ.) (V. *Requête civile*).

§ 2. — Dans quels cas l'identité de cause peut, ou non, être invoquée (*Rép.* n° 208, 214 à 217).

115. — I. Causes identiques; Causes différentes. — Nous avons dit au *Rép.* n° 208, que la question de savoir dans quels cas l'identité de cause existe varie suivant les hypothèses : on ne peut, à cet égard, tracer de règles générales. — Aux décisions d'espèces rapportées au *Répertoire* on peut ajouter les suivantes, dans lesquelles la jurisprudence a reconnu qu'il y avait identité de cause entre les demandes. — Il a été jugé : 1° que lorsqu'un jugement a déclaré non recevable une demande en inscription de faux formée incidemment à l'action en nullité d'une adjudication sur saisie immobilière, et, par suite, a rejeté cette demande en nullité, cette dernière demande ne peut plus être reproduite directement devant les tribunaux (Req. 19 mai 1873, aff. Soumain, D. P. 74. 1. 23. — Conf. Paris, 10 mai 1850, cité *suprà*, n° 104, qui décide que la chose jugée à l'égard d'une nullité de forme d'une saisie immobilière qui a été rejetée, s'oppose à ce qu'une nouvelle nullité de forme soit proposée contre la même saisie); — 2° Que dans le cas où, sur une demande en dommages-intérêts, formée par le propriétaire d'un des tènements de la superficie contre le propriétaire d'une mine, en raison de la détérioration causée à une construction par l'exploitation souterraine, la compagnie minière a excipé de ce qu'un contrat particulier, afférent audit tènement, l'exempterait de toute responsabilité quant aux bâtiments, l'arrêt qui a accueilli après discussion contradictoire cette interprétation du contrat, et qui a, par suite, repoussé la demande, met obstacle à ce que le même propriétaire puisse utilement demander des dommages-intérêts à la même compagnie, pour des détériorations ultérieurement subies par une autre construction, du moment où la compagnie minière prouve que cette construction est située sur le tènement régi par le contrat précité, et excipe de l'affranchissement de responsabilité qui résulte pour elle de ce contrat, tel qu'il a été précédemment interprété (Req. 4 janv. 1886, aff. Béal, D. P. 86. 1. 10) : la cause, identique dans les deux demandes, est, dans cette espèce, la dérogation au droit commun résultant du contrat intervenu entre le propriétaire de la mine et le propriétaire de la superficie.

116. L'identité entre les causes des demandes n'existait pas, au contraire, dans les espèces suivantes où il a été décidé : 1° qu'après avoir échoué en matière d'enregistrement, dans une demande en restitution fondée sur la prétention que le droit perçu l'avait été à l'occasion d'un marché purement verbal et sur un titre non produit, on peut, sans que le jugement précédemment rendu soit opposable comme ayant l'autorité de la chose jugée, former une demande en réduction, sur le motif qu'alors même que l'existence d'un titre écrit serait reconnue, la perception aurait été exagérée : il n'y a pas identité de cause entre les deux demandes (Civ. cass. 29 avr. 1851, aff. Maccarthy, D. P. 51. 1. 123); — 2° Qu'il n'y a pas identité de cause entre la demande en répétition du supplément de prix d'un office payé en vertu d'une convention secrète et la collocation hypothécaire du cessionnaire de la créance résultant de cette convention (Civ. cass. 8 juin 1864, aff. Ruel, D. P. 64. 1. 273); — 3° Que la décision passée en force de chose jugée qui a rejeté la demande formée par une commune, en vertu de l'édit de 1667 et de la loi du 10 juin 1793, à fin de rachat de biens communaux aliénés par suite des malheurs de la guerre, laisse à la commune le droit d'exercer, aux termes de l'art. 1700 c. civ., le retrait litigieux, relativement aux mêmes biens, et contre les mêmes parties, en leur qualité de cessionnaires des acquéreurs originaires : il n'y a pas, en ce cas, identité entre les causes des deux demandes (Req. 1er mars 1865, aff. Millot, D. P. 65. 1. 366); — 4° Que le jugement qui constate l'existence, au profit de l'acquéreur d'un immeuble, d'une servitude sur le fonds d'un tiers, dérivant du titre d'acquisition, titre déclaré obligatoire pour le maître de ce dernier fonds, n'a pas l'autorité de la chose jugée, en cas de réclamation de la même servitude, en faveur d'autres immeubles conservés par le vendeur, encore, d'une part, que ce vendeur ait figuré au premier procès comme garant de son acquéreur, et que, d'autre part, la nouvelle demande fût fondée sur ce que le titre invoqué dans le premier procès n'était que la conséquence de la servitude réclamée dans le second (Req. 10 déc. 1866, aff. Ardoin, D. P. P. 67. 1. 498); — 5° Que le jugement rendu par un tribunal de commerce sur l'existence ou la quotité d'une créance n'a pas l'autorité de la chose jugée sur le caractère civil ou commercial de cette créance, et, dès lors, n'empêche pas le débiteur de soutenir que la créance dont il s'agit est purement civile, à l'effet, par exemple, de repousser une demande en déclaration de faillite (Req. 2 déc. 1868, aff. Cointry, D. P. 69. 1. 129); — 6° Que la décision qui rejette l'action tendant à faire déclarer un acte de société nul comme portant atteinte à la liberté du commerce, ne s'oppose pas à ce que cet acte soit, entre les mêmes parties, attaqué ultérieurement pour défaut de publicité, cette seconde instance n'étant pas fondée sur la même cause (Bruxelles, 11 août 1862, aff. de Mayer C. Gérard, *Pasicrisie belge*, 1867. 2. 348); — 7° Qu'on ne peut opposer l'exception de chose jugée à celui qui, ayant succombé dans une action en revendication fondée sur la nullité de la cession qu'il avait faite de cet objet, revendique ensuite le même objet en vertu d'une clause de la cession reconnue valable, laquelle stipulait la restitution de la chose sous une condition qui s'est accomplie (C. cass. de Belgique, 15 janv. 1857, aff. veuve Deridder C. Deridder et consorts, *Pasicrisie belge*, 1857. 1. 79).

117. Décidé également : 1° qu'un arrêt ne viole pas le principe de la chose jugée, lorsque après avoir réformé, dans un premier chef, un jugement ordonnant la vente aux enchères des blés dont l'acheteur n'avait pas pris livraison, ainsi que les actes d'exécution qui l'ont suivi, parce que l'acheteur n'avait pas été régulièrement assigné, il valide, dans un deuxième chef, comme acte de gestion d'affaires, ladite vente opérée par le vendeur, tant dans son intérêt que dans celui de l'acheteur (Req. 18 juin 1872, aff. Lotellier, D.P. 72. 1. 471); — 2° Que lorsqu'un arrêt a repoussé une demande en dommages-intérêts à raison de ce que le retard apporté par les tiers détenteurs à la restitution des fruits ne renferme pas une faute préjudiciable aux créanciers, il n'y a pas violation de la chose jugée dans l'arrêt subséquent qui alloue des dommages-intérêts motivés sur le dol à l'aide duquel les tiers détenteurs ont dépouillé les demandeurs de leur propriété et les ont empêchés d'en employer immédiatement les fruits annuels (Req. 15 juill. 1872, aff. de Richemont, D. P. 73. 1. 263); — 3° Que le rejet de la demande de la femme séparée de corps tendant à priver son mari de sa portion des effets de la communauté divertis, ne met point obstacle à ce que le tribunal accueille l'action en dommages-intérêts fondée sur ce que le mari aurait tenu en suspens pendant plusieurs années les droits de sa femme et l'aurait privée de toutes ressources alimentaires (Req. 11 févr. 1873, aff. Allouard, D. P. 73. 1. 470); — 4° Que la décision passée en force de chose jugée qui a écarté la demande d'un propriétaire tendant à faire reconnaître à son profit l'existence d'une servitude d'écoulement des eaux sur le fonds d'un de ses voisins, en vertu d'une convention privée, ne fait pas obstacle à ce que ce propriétaire réclame plus tard l'établissement d'une servitude semblable sur le même fonds, par application de la loi des 29 avr.-1er mai 1845 sur les irrigations, l'identité de cause n'existant pas entre les deux actions (Rouen, 20 août 1873, aff. Morel, D. P. 74. 2. 116); — 5° Que le règlement d'ordre qui maintient l'attribution du prix en distribution à un créancier et repousse la contestation fondée sur ce qu'il aurait été remboursé de sa créance, ne constitue pas la chose jugée à l'égard d'une demande fondée sur ce qu'il n'aurait jamais été créancier, alors que le règlement définitif de l'ordre ne lui a attribué le solde du prix qu'en subordonnant l'effet de cette attribution aux résultats de l'instance engagée sur ladite demande (Req. 22 mars 1875, aff. Delorme, D. P. 76. 1. 24); — 6° Que lorsqu'un arrêt a rejeté la demande d'une somme fixe et définitive à titre d'indemnité pour la moins-value éventuelle et temporaire causée par l'exploitation d'une mine à une propriété, il n'y a pas violation de la chose jugée dans l'arrêt subséquent qui accueille la demande alternative d'allocation, soit d'une somme fixe et définitive, soit d'une somme à déterminer pour chaque année depuis le commencement de l'occupation, et ayant pour cause un trouble et une altération de jouissance immédiatement appréciables et qui durent depuis plusieurs années (Civ. rej. 14 juill. 1875, aff. Bally, D. P. 75. 1. 349); — 7° Qu'il n'y a pas identité de cause entre la demande par laquelle des biens ont été revendiqués en vertu d'une vocation héréditaire, et une demande subséquente ayant pour objet la revendication des mêmes biens et fondée sur la prescription trentenaire : l'arrêt qui admet la première demande ne fait donc pas obstacle à ce que la seconde soit rejetée (Civ. cass. 20 janv. 1886, aff. Rangassamychetty, D. P. 86. 5. 72).

118. — II. CAUSE SUR LAQUELLE LE PREMIER JUGEMENT N'A PAS STATUÉ. — Il est évident que la chose jugée ne peut être opposée à la partie qui se prévaut d'une cause qui n'a point encore donné lieu à une décision (*Rép.* n° 214). Ainsi la condamnation prononcée contre deux défendeurs, pour réparation d'une faute déclarée commune à l'un ou à l'autre, ne s'oppose pas à ce que l'un d'eux actionne ultérieurement en garantie son codéfendeur, comme seul auteur de la faute, cette action en garantie n'ayant été l'objet d'aucunes conclusions dans la première instance (Civ. rej. 15 mai 1848, aff. Ravel, D. P. 48. 1. 111).

119. — III. CAUSE NOUVELLE. — Un jugement, quelle que soit la généralité de ses termes, ne peut élever l'exception de chose jugée contre une demande fondée sur une cause qui n'a pris naissance que depuis le jugement (*Rép.* n° 215). « Il y a une distinction fondamentale à établir, dit M. Larombière, n° 69, entre les causes qui existaient au moment où l'action a été poursuivie, et celles qui n'ont été acquises et purifiées que depuis le jugement. A l'égard de ces dernières, il n'emporte point autorité de chose jugée. » L'exactitude de ce principe, qui a été développé au *Rép.* n°s 215 et suiv., ne peut être contestée : « Il résulte, dit M. Laurent, t. 20, n° 85, du fondement sur lequel repose la présomption de vérité attachée à la chose jugée. Il est probable que le premier juge a bien jugé, car il a entendu les parties, et la question a été débattue devant lui en tous sens. Cela suppose que la cause, le motif juridique sur lequel la demande est basée, existait au moment où l'action a été poursuivie; il est impossible que le juge décide d'avance un débat qui n'est pas né : le juge statue sur des faits accomplis, et non sur l'avenir » (Conf. Demolombe, t. 7, n° 325). — « Attendu, dit fort bien un arrêt, que la seconde décision n'est nullement en contradiction avec la première, parcequ'elle est fondée sur des faits nouveaux, à savoir :...; — Attendu que ces circonstances constituant un état de la cause très différent de celui sur lequel il avait été précédemment prononcé par la cour d'appel, elle a pu, par l'arrêt attaqué, accueillir la demande dont il s'agit sans porter atteinte à la chose jugée » (Civ. rej. 17 août 1853, aff. Mounier, D. P. 54. 1. 383).

120. Il a été décidé par application de ce principe : 1° que l'arrêt qui a repoussé une demande de provision n'a point l'autorité de la chose jugée par rapport à une demande aux mêmes fins formée plus tard dans la même instance, s'il est survenu des faits nouveaux (Civ. rej. 17 août 1853, aff. Mounier, D. P. 54. 1. 382); — 2° Que les juges peuvent, en raison de circonstances survenues depuis leur première sentence, prononcer, pour le cas de non-exécution, une sanction pénale qu'ils avaient d'abord refusé d'admettre (Douai, 23 mai 1855, aff. Société du Rieux du Cœur, D. P. 56. 2. 47); — 3° Que le jugement qui refuse des dommages-intérêts réclamés en prévision de son inexécution dans un certain délai, ne met pas obstacle à ce que ces dommages-intérêts soient accordés, si l'événement prévu se réalise par le mauvais vouloir de la partie condamnée : c'est là un fait postérieur auquel ne saurait s'appliquer le jugement (Req. 2 avr. 1856, aff. Trinquet, D. P. 56. 1. 260); — 4° L'arrêt qui reconnaît à un individu le droit de faire usage de son nom pour l'exercice de son industrie, à charge de ne pas en user de manière à faire naître une confusion dans l'esprit du public entre ses produits et ceux d'une autre maison connue sous le même nom, ne fait pas obstacle à ce que, sur une nouvelle plainte, l'usage de ce nom lui soit interdit comme étant de sa part un instrument de concurrence déloyale (Paris, 19 mai 1865, aff. Gambier, D. P. 66. 2. 134. Conf. Req. 1er juin 1874, aff. Brossier-Duvaize, D. P. 75. 1. 12); — 5° La sentence arbitrale qui a statué sur les dommages-intérêts dus à un locataire à raison du préjudice résultant de l'effondrement de la voûte du magasin loué, n'a pas l'autorité de la chose jugée relativement à l'action du locataire en résiliation du bail et en dommages-intérêts motivée sur un vice de la chose postérieur au rétablissement de la voûte, alors même que le locataire avait, dans la première instance, formulé des réserves relativement au préjudice pouvant résulter de la mauvaise reconstruction de la voûte et que les arbitres avaient refusé de lui donner acte de ces réserves (Req. 21 janv. 1873, aff. Ringuet, D. P. 73. 1. 263); — 6° Lorsqu'un arrêt a décidé qu'un bail vaudrait titre pour le payement des loyers jusqu'à la sortie des lieux, il n'y a pas violation de la chose jugée dans l'arrêt postérieur qui fait cesser les loyers à dater de l'époque où le bailleur par sa faute n'a pas repris possession des lieux loués (Req. 28 mai 1873, aff. Raunet, D. P. 73. 1. 415) : la condamnation au payement des loyers jusqu'à la sortie était la conséquence de l'occupation des lieux par le locataire malgré le propriétaire; par conséquent, du jour où ce bailleur, pouvant reprendre les lieux loués, avait négligé de le faire, l'occupation avait eu pour cause légale son propre consentement, et le jugement primitif n'était plus applicable à une situation qu'il n'avait pas prévue; — 7° L'arrêt décidant que les effets d'un traité, par lequel une commune a aliéné des eaux dont elle était propriétaire, seront suspendus jusqu'à ce qu'il ait été statué par l'autorité administrative sur le sort de ce traité, ne s'oppose pas à ce que le particulier au profit de qui l'aliénation a été faite se prévale d'une délibération postérieure du conseil municipal, lui accordant seulement, moyennant une redevance, la jouissance momentanée desdites eaux (Civ. rej. 15 mai 1882, aff. Rolland, 1er arrêt, D. P. 83. 1. 164. — Conf. Req. 20 janv. 1845, *Rép.* n° 317).

121. — 1° *Demandes en dommages-intérêts.* — La question est particulièrement intéressante en matière de demandes en dommages-intérêts. — Il a été jugé, dans le sens de la règle que l'on vient d'exposer, que lorsqu'un premier arrêt a résilié les conventions des parties et condamné le défendeur à des dommages-intérêts fondés sur ce que l'inexécution de ses engagements envers les demandeurs les mettait dans l'impossibilité d'accomplir ceux qu'ils avaient contractés envers un tiers, il n'y a pas violation de la chose jugée dans l'arrêt postérieur qui condamne le défendeur à garantir et indemniser les demandeurs des dommages-intérêts auxquels ils sont condamnés envers une autre personne à l'égard de laquelle l'inexécution des engagements du défendeur envers eux les a empêchés de remplir leurs obligations (Civ. rej. 15 juill. 1874, aff. Dubois, D. P. 75. 1. 223). — Il a été décidé, de même, que le jugement qui, sur l'action formée par le propriétaire d'un immeuble contre son voisin, afin de démolition, avec dommages-intérêts, de travaux faits par ce dernier contrairement aux titres respectifs des parties, ordonne cette démolition sans dommages-intérêts, ne met pas obstacle à ce que le même propriétaire actionné par un de ses locataires en réparation du dommage que lui ont causé les mêmes travaux, exerce contre le même voisin un recours en garantie à raison de la condamnation qui pourrait intervenir au profit de ce locataire (Req. 5 févr. 1868, aff. Frichot, D. P. 68. 1. 343). En effet, dans cette espèce, la première demande en dommages-intérêts reposait sur l'articulation d'un préjudice personnel au demandeur; par la seconde, la même partie demandait à être indemnisée du dommage causé, non à elle-même, mais à un tiers envers lequel elle était responsable de ce dommage. Or il est manifeste : 1° que le jugement qui déclarait l'inexistence du premier dommage n'impliquait par l'inexistence du second; 2° qu'on ne pouvait pas reprocher au demandeur de n'avoir pas invoqué, lors sa première demande, un préjudice qu'il ne souffrait pas directement, et qui n'avait pu naître à son égard que de la réclamation du tiers lésé. Les causes des deux demandes étaient donc complètement distinctes.

122. Des difficultés se sont surtout présentées, à propos de demandes en supplément de dommages-intérêts fondées sur l'aggravation survenue dans les conséquences préjudiciables d'un délit ou d'un quasi-délit, après le jugement qui en a ordonné la réparation. — La jurisprudence paraît fixée en ce sens, que l'aggravation d'une blessure éprouvée par suite d'un accident est une cause de dommages-intérêts distincte de la blessure elle-même, et peut être, en conséquence, le principe d'une action nouvelle. « Attendu, dit un arrêt, que l'exception de chose jugée ne peut être admise que quand la demande est la même, et est fondée sur la même cause; que, dans l'espèce, la demande de la fille Rousseau était nouvelle, puisqu'elle reposait sur des faits nouveaux, ces faits nouveaux consistant dans une aggravation des souffrances de la fille Rousseau, aggravation postérieure aux premiers désordres sur lesquels avait statué le jugement dont on voudrait faire résulter l'exception de chose jugée » (Req. 10 déc. 1861, aff. Rousseau, D. P. 62. 1. 123). — Cette solution n'est pas à l'abri de toute critique : il est difficile d'admettre, en effet, que le premier juge, en fixant le chiffre des dommages-intérêts, n'ait pas songé aux conséquences futures du quasi-délit, et, par exemple, en cas d'accident, n'ait pas tenu compte non-seulement du préjudice déjà causé, mais aussi de l'incapacité de travail et des dépenses qui doivent en résulter, ce qui rentre certainement dans les limites de ses pouvoirs (Sourdat, *De la responsabilité*, 2e éd., t. 1, nos 448, 462 et suiv.; Civ. rej. 27 avr. 1857, aff. Pline-Faurie, D. P. 57. 1. 173; Req. 7 juin 1869, aff. Daniel, D. P. 71. 1. 117). Dès lors, ne semble-t-il pas naturel de décider, en principe, que le jugement qui alloue des dommages-intérêts en réparation du préjudice qui a motivé la demande, constitue la chose jugée, non seulement sur le fait lui-même, mais aussi sur toutes ses conséquences présentes et futures? La solution contraire aurait pour résultat d'ouvrir la porte à l'arbitraire, souvent même à des spéculations malhonnêtes. Ce n'est donc que dans le cas où il sera incontestable que le jugement n'a eu pour but que de régler le montant de la réparation due pour le dommage passé et présent, sans rien préjuger quant aux conséquences futures du quasi-délit, qu'une indemnité supplémentaire pourra être valablement réclamée, à raison de l'aggravation de l'état de la victime. Les juges devront être très difficiles pour accorder cette nouvelle allocation et exiger rigoureusement la preuve que l'aggravation du mal doit être attribuée au fait primitif (V. *Responsabilité; Transaction*).

123. Quoi qu'il en soit, plusieurs arrêts se sont prononcés en faveur de la recevabilité de l'action ultérieure de la victime du quasi-délit : il a été décidé que la partie qui a obtenu une pension viagère, à raison des grandes souffrances et de la perte d'un œil causées par un coup de fusil tiré par imprudence, est fondée à réclamer un supplément de pension, lorsque la même blessure a eu pour conséquence ultérieure la perte de l'autre œil (Aix, 2 avr. 1870, aff. Teissère, D. P. 71. 2. 241). — Jugé, de même, que, lorsqu'un jugement a condamné une compagnie de chemin de fer à payer à l'individu blessé par suite d'accident une somme représentant le préjudice par lui personnellement éprouvé, sa femme et ses enfants n'en sont pas moins recevables à réclamer la réparation du dommage que leur cause sa mort, qui a été la conséquence ultérieure du même accident (Aix, 14 juin 1870, aff. Magaud, D. P. 72. 2. 97, et sur pourvoi, Req. 4 mars 1872, D. P. 72. 1. 327; Paris, 15 juill. 1875, aff. Bastien, D. P. 77. 2. 120. Conf. note de M. Giboulot, D. P. 72. 2. 97; Trib. Seine, 23 mars 1866, Lamé-Fleury, *Code annoté des chemins de fer*, 2e éd., p. 773; Paris, 11 août 1868, aff. Roche, D. P. 68. 2. 186; Paris, 16 juill. 1870, aff. Nellinger, D. P. 71. 2. 169. V. *infrà*, no 156, et vo *Transaction*).

L'arrêt de la chambre des requêtes du 10 déc. 1861, dont nous avons cité les motifs, *suprà*, no 122, a appliqué les mêmes principes, en décidant que la demande en supplément de dommages-intérêts, fondée sur l'aggravation survenue dans les conséquences préjudiciables d'un quasi-délit après le jugement qui en avait ordonné la réparation, peut être rejetée par le motif que l'aggravation alléguée n'est pas une suite du quasi-délit sur lequel il a été statué lors de la première action, sans qu'une telle décision viole l'autorité de la chose jugée résultant du premier jugement.

124. A l'inverse, la guérison complète et imprévue de la victime d'un accident n'est pas considérée par la jurisprudence comme un fait nouveau autorisant l'auteur du dommage à demander une réduction de l'indemnité qu'il a été condamné à payer (Nancy, 10 juill. 1875, aff. Petitfils, D. P. 76. 2. 63). Pour parer d'avance à ce résultat, qui souvent serait inique, les juges peuvent, par exemple, allouer à la victime une rente à payer annuellement, pendant un temps déterminé, après lequel il sera fait droit (Req. 28 nov. 1855, aff. Grimoult, D. P. 56. 1. 56. — *Contrà* : Aix, 9 juin 1873, aff. Durand, D. P. 74. 2. 238),... ou allouer à une femme, dont le mari a été tué, une rente, avec condition que cette rente sera réduite ou même supprimée, si la veuve convole à un second mariage (Dijon, 23 nov. 1866, aff. Mourot, D. P. 67. 2. 13; Sourdat, t. 1, no 132 *bis*).

125. — 2° *Demandes en séparation de corps.* — Une question analogue, sur certains points, à celle que l'on vient d'étudier, a été soulevée à propos de l'action en séparation de corps. On s'est demandé si la partie qui a succombé dans une première demande en séparation de corps pour excès, sévices ou injures graves, peut reproduire la même demande en se fondant sur des faits antérieurs au jugement, mais non allégués lors du premier procès. Un arrêt, a admis l'affirmative, en se fondant sur ce qu'il n'y a pas identité de cause dans les deux demandes : il considère comme la cause de la demande en séparation de corps « les faits présentés par l'époux demandeur comme lui donnant le droit d'obtenir le relâchement du lien conjugal » (Req. 3 févr. 1875, aff. de Bauffremont, D. P. 76. 1. 465). — Ne serait-il pas plus juridique de décider que la demande en séparation de corps a pour cause l'impossibilité de la vie commune, ou, tout au moins, dans le cas d'une demande en séparation de corps pour excès, sévices ou injures graves, l'injure *in abstracto*, cause légale de séparation ? C'est en faveur de ce système que s'était prononcé M. le substitut Ribot devant le tribunal de première instance. « La cause juridique du procès, disait-il, ce n'est pas telle injure déterminée, c'est l'injure grave d'une manière générale et abstraite. Chaque fait que l'on articule est un des moyens justificatifs de la cause elle-même... » (V. les conclusions de ce magistrat D. P. 76. 1. 465, note *a*). On ne peut, d'ailleurs, contester les inconvénients pratiques d'une solution qui permet à l'époux demandeur de renouveler plusieurs fois un même procès, pourvu qu'il ait soin de réserver un seul fait qu'il alléguera plus tard. Comme, en pareil cas, l'allégation d'un fait nouveau permet au demandeur d'invoquer tous les faits qu'il a précédemment produits et qui ont été déjà appréciés par les juges, il en résulte que l'exception de chose jugée resterait à peu près sans application en matière de séparation de corps pour excès, sévices ou injures graves. Aussi peut-on juger préférable l'opinion déjà formulée par Pothier, *Traité du contrat de mariage*, no 520 : « Lorsque la femme a donné une première demande en séparation d'habitation, dont son mari a obtenu le congé, elle ne peut être recevable à en donner une nouvelle, si ce n'est pour de nouveaux faits qui se soient passés depuis la sentence : autrement, le mari peut lui opposer l'exception *rei judicatæ* » (V. en ce sens : Griolet, note sous l'arrêt précité). — De graves objections ont cependant été formulées contre ce système. « Sans doute, a dit dans ses conclusions devant la chambre des requêtes M. l'avocat général Reverchon (D. P. *loc. cit.*), l'impossibilité de continuer la vie commune, dans certaines conditions, est le motif qui a déterminé le législateur à admettre la séparation de corps. Sans doute encore, cette impossibilité est le mobile intérieur et intime qui décide l'époux offensé à user du droit, à recourir au remède que le législateur lui offre ; mais est-ce *la cause* de la demande dans le sens de l'art. 1351? Là se trouve, ce nous semble, l'erreur du pourvoi... Soit, peut-on dire, l'impossibilité de continuer la vie commune n'est pas, à elle seule, la cause de la demande, et ainsi, après avoir articulé sans succès l'une des trois circonstances prévues par les art. 229 à 232 c. civ., on pourra, sans craindre l'obstacle de la chose jugée, revenir à la charge en invoquant une autre de ces circonstances, par exemple, l'adultère après les injures, ou *vice versà*. Mais, du moins, lorsqu'on aura allégué des injures et qu'on aura échoué, on ne pourra plus reproduire cette cause en se fondant sur d'autres injures qu'on se serait abstenu d'invoquer dans la première instance: la chose jugée les couvrira et les rendra désormais non recevables. Ici, encore, nous ferons subir à cette seconde proposition l'épreuve de ses conséquences. Un mari demande la séparation de corps, à raison de l'adultère de sa femme; il se croit sûr de prouver qu'elle a eu des relations coupables avec tel individu déterminé; il allègue ce fait et n'allègue que celui-là; mais il ne peut faire sa preuve complète, et il échoue. Faudra-t-il en conclure que, s'il est en mesure de prouver qu'elle a eu, à la même époque ou antérieurement, des relations adultères avec tel autre individu, il sera arrêté par la chose jugée? Il nous paraît impossible de l'admettre... *La cause* n'est donc pas dans l'allégation générale de l'adultère, d'une condamnation infamante ou d'injures graves; elle a un sens spécial et relatif; elle doit être envisagée dans ses rapports avec l'instance particulière qui a été formée une première fois, et s'il nous était permis de faire ici un peu de métaphysique, nous dirions que la cause doit être considérée, non pas d'une manière abstraite, mais d'une manière concrète, en d'autres termes, qu'il faut chercher la cause dans les faits qui constituent, non pas la preuve, mais le fondement du droit Nous admettons parfaitement que si la femme, après avoir allégué certaines injures, déterminées et précisées, échoue dans la preuve de ces injures, elle ne sera pas recevable à recommencer parce qu'elle aurait découvert de nouveaux témoignages à l'appui de ses griefs: là s'appliquera la distinction entre la cause et les moyens. Mais il ne faut pas, ce nous semble confondre les preuves offertes à l'appui d'une allégation avec cette allégation elle-même » (V. en ce sens: les arrêts rapportés au *Rép.* v° *Séparation de corps*, n°s 219, 319-1° et 418; Req. 13 mars 1860, aff. Faulte, D. P. 60. 1. 400; Demolombe, *Traité du mariage*, t. 2, n°s 424 et suiv.; Duranton, *Cours de droit français*, t. 2, n° 568; Vazeilles, *Traité du mariage*, t. 2, n°s 578 et suiv.; Aubry et Rau, t. 5, § 492, p. 187). — V. *Divorce et séparation de corps*.

Art. 3. — *De l'identité des parties* (*Rép.* n°s 222 à 292).

126. Afin de présenter avec plus de méthode et de clarté les explications nouvelles que comporte cette matière, nous examinerons successivement dans des paragraphes distincts: 1° si la règle d'après laquelle la chose jugée n'a d'effet qu'entre les parties comporte des exceptions; 2° à quelles conditions on est réputé avoir été partie dans une instance; 3° dans quels cas les jugements sont applicables à des personnes qui n'ont pas figuré elles-mêmes au procès, mais qui y ont été représentées; 4° à quelles personnes les jugements rendus entre d'autres parties, deviennent applicables par l'effet d'une transmission de droits. Dans un cinquième paragraphe on exposera les applications diverses qu'a reçues la règle de l'identité des parties depuis la publication du *Répertoire*. Enfin un sixième paragraphe sera consacré à l'identité des qualités.

§ 1er. — Règle générale. — Cas où l'explication en a été constatée. — Exception relative aux brevets d'invention (*Rép.* n°s 271 à 280).

127. La règle d'après laquelle la chose jugée n'a d'effet qu'à l'égard de ceux qui ont figuré dans l'instance a une portée générale, et ne comporte aucune exception à raison de la qualité des parties. La jurisprudence a eu notamment l'occasion de reconnaître qu'elle s'applique à l'administration de l'Enregistrement, comme aux particuliers. Ainsi il a été jugé que la régie peut faire considérer comme propres de la femme des biens adjugés au mari après dissolution de la communauté, et percevoir à ce titre le droit proportionnel de transcription, nonobstant la décision passée en force de chose jugée, qui aurait reconnu à ces biens le caractère d'acquêts de communauté à l'égard des héritiers de la femme (Req. 17 nov. 1847, aff. Guilleminot, D. P. 47. 4. 80). De même, le jugement homologatif d'un règlement qui liquide les droits et reprises d'une veuve sur la succession de son mari, n'a point l'autorité de la chose jugée vis-à-vis de l'administration de l'enregistrement qui n'y a pas été partie. En conséquence, on ne peut lui opposer ce jugement, en ce qu'il aurait déterminé les caractères de l'abandon fait à la veuve pour lui tenir lieu de ses propres aliénés et, par suite, la nature et la quotité des droits à percevoir (Civ. cass. 12 déc. 1853, aff. Leclerc, D. P. 54. 1. 21). Une convention peut même, sur l'action de l'administration de l'enregistrement, et pour la perception des droits, être qualifiée de promesse de vente, suivie d'exécution, quoiqu'un jugement antérieur passé en force de chose jugée, mais auquel la régie n'avait pas été partie, ait considéré cette convention, dont la résolution était alors demandée, comme une simple obligation de faire, donnant lieu à des dommages-intérêts, en cas d'inexécution. Pareillement, la dénomination de conventions verbales donnée dans un premier jugement, en l'absence de la régie, à des contrats de vente et de cautionnement, n'est point un obstacle à ce qu'un second jugement, rendu sur les poursuites de la régie, déclare que ces conventions ont été rédigées par écrit, et les soumette, en conséquence, au payement des droits et double droit, à défaut d'enregistrement dans les délais de la loi (Civ. rej. 12 juin 1854, aff. Margat, D. P. 55. 1. 12).

128. — I. Questions d'état. — On a examiné au *Rép.* n°s 271 et suiv. la question, fort débattue, de savoir si la règle que l'identité de personne est nécessaire pour produire l'autorité de la chose jugée, est applicable en matière de réclamation d'état. Nous n'avons donc pas à revenir avec détail sur cette controverse: nous nous bornerons à indiquer les opinions auxquelles se sont ralliés les auteurs qui, depuis la publication de cet ouvrage, ont étudié cette question. Un premier point semble en dehors de toute discussion; le jugement intervenu sur la réclamation d'état constate ou nie d'une manière irréfragable la filiation avec toutes ses conséquences légales, à l'égard de la partie contre laquelle ou au profit de laquelle il a été rendu; ainsi, si la filiation est déclarée contre le père, ou contre la mère, ou contre tous deux, l'enfant aura, vis-à-vis soit du père, soit de la mère, soit de tous deux, le titre d'enfant qui lui a été judiciairement reconnu, et pourra en exercer les droits, comme il en subira les obligations (Motifs, Civ. cass. 9 mai 1821, *Rép.* n° 273). Il ne paraît pas moins certain que si le jugement, au lieu d'être rendu avec l'un des auteurs ou les deux auteurs de la filiation, a été obtenu contre un autre membre de la famille, soit de la ligne directe, soit de la ligne collatérale, la filiation devra être considérée comme judiciairement établie vis-à-vis de ce dernier, à l'égard duquel l'enfant aura, dès lors, les droits résultant, d'une part, de sa qualité d'enfant, et d'autre part du lien de famille qui, vis-à-vis de ce parent, est la conséquence de la décision rendue contre lui. La théorie des *contradicteurs légitimes* est étrangère à ces hypothèses, où les effets de la décision sont circonscrits à la partie même contre laquelle le décision est intervenue. Enfin, nous avons vu, au *Répertoire*, qu'il n'est pas contesté, d'une part que le jugement rendu avec les parents de l'une des lignes, fût-il intervenu contre le père ou la mère que le réclamant prétend avoir, est dépourvu de toute autorité contre les parents de l'autre ligne, et, dès lors, ne crée, à leur égard, aucun lien de parenté (Conf. Bonnier, t. 2, n° 703), d'autre part, qu'il ne peut suffire d'appeler au procès l'un des membres quelconque de chaque ligne pour que la décision obtenue soit obligatoire contre les autres membres de la même ligne. — La seule question qui donne actuellement matière à controverse entre les auteurs est donc celle de savoir s'il n'est pas certains membres de la famille qui sont réputés représenter les autres parents de leur ligne, et contre lesquels le demandeur en réclamation d'état qui veut prendre place dans cette famille, avec les divers titres de parenté qu'elle confère, peut se borner à diriger son action. Ces *contradicteurs légitimes* seraient, dans les questions de filiation, ceux qui ont le premier et principal intérêt: au premier rang, se trouveraient donc les père et mère encore existants, puis, après eux et à leur défaut, les parents les plus proches dans chaque ligne, paternelle et maternelle. — Le problème peut, dès lors, se formuler en ces termes: la ligne paternelle est-elle représentée au procès par le père ou les parents paternels les plus proches? De même la mère ou les parents maternels les plus proches représentent-ils la ligne maternelle?

129. Marcadé, se rangeant à l'opinion de Duranton et Toullier dont nous avons exposé le système au *Répertoire*, adopte l'affirmative : « Les père et mère, dit-il, étaient les plus intéressés à ce qu'on ne déclarât pas leur enfant celui qu'ils soutenaient ne pas l'être, leur intérêt était tel qu'il résumait, en quelque sorte, celui de toute la famille ; c'étaient eux d'ailleurs qui étaient le plus en état de contester efficacement les prétentions soulevées par l'enfant; ils ont donc été, dans l'affaire, les représentants de tous les membres de la famille, et ceux-ci, dès lors, ne peuvent pas se dire des tiers par rapport au jugement rendu ». — M. Bonnier, n° 889, adopte également ce système, en ajoutant toutefois que « ce que l'on peut raisonnablement soutenir, c'est que les enfants nés doivent être mis en cause dans les procès qui s'agitent avec leur père sur des droits de famille » (Conf. Rodière, *Solidarité et indivision*, t. 2, n° 401 ; Proudhon, *Etat des personnes*, t. 2, p. 109; Rauter, *Cours de procédure*, § 147).

130. Cette première opinion est aujourd'hui généralement abandonnée. C'est la doctrine formulée par Merlin, *Question d'état*, § 3, et adoptée par nous au *Répertoire*, qui prévaut actuellement. Elle est ainsi exposée par M. Valette, sur Proudhon, *loc. cit.* : « L'assertion si souvent répétée, que le père est contradicteur légitime (ou plutôt que le père et la mère sont contradicteurs légitimes) pour débattre contre le réclamant la question de filiation, est en opposition formelle avec les art. 100 et 1351 c. civ., dont le premier n'est qu'une application faite à des questions d'état de la règle générale contenue dans le second. Les arguments contraires tirés de la prétendue indivisibilité de l'état des personnes et de l'inconvénient qu'on trouve à juger de nouveau une question déjà jugée, ne sont que des sophismes qui heurtent de front ces art. 100 et 1351 ». — M. Demolombe, t. 5, n° 321, n'accepte pas davantage l'existence, dans ces questions d'état, d'un représentant de la famille. Il admet, sans doute, que l'enfant qui a fait accueillir son action en réclamation d'état contre les père et mère qu'il soutenait avoir, a le droit de venir à leurs successions; mais il ne lui permet pas de se prévaloir du jugement pour exercer des droits de famille étrangers à ce jugement. « On prétend, dit-il, que d'après les principes de la matière, les père et mère encore existants représentent toute la famille, et qu'après eux les parents les plus proches représentent les plus éloignés. Eh bien donc! que faut-il pour qu'une personne ait été représentée par une autre? Il faut que cette personne tienne ses droits de la partie elle-même qui a figuré dans l'instance, et qu'elle lui ait, en effet, succédé. Or, peut-on dire cela de l'enfant en ce qui concerne une instance en réclamation d'état soutenue par les père et mère? Oui et non. Oui, en tant qu'il s'agit de la sucession des père et mère eux-mêmes, à laquelle, en effet, cet enfant ne peut venir que comme successeur. Non, en tant qu'il s'agit de toute autre succession et plus généralement de ses droits de famille, de ces droits qu'il tient directement de la loi elle-même, qui lui appartiennent en propre, indépendamment de la qualité d'héritier de ses père et mère, et sans que jamais ceux-ci aient eu le pouvoir de les compromettre pour lui » (Conf. Demolombe, *Preuves*, t. 7, n° 371; Richefort, *Etat des familles naturelles et légitimes*, t. 1, p. 130; Griolet, p. 141; Aubry et Rau, t. 6, p. 24; Laurent, t. 3, n° 490; Chambéry, 7 août 1865) (1).

131. Un arrêt semble, il est vrai, contredire cette doctrine, lorsqu'il décide que le jugement qui rejette une action en réclamation de l'état d'enfant légitime, formée contre le mari seul, peut être invoqué par la femme ou par les enfants nés du mariage, le demandeur étant réputé, en pareille matière, avoir accepté d'avance comme définitive et absolue la décision à intervenir et que le mari peut également invoquer ce jugement, même en dehors de sa qualité de mari, mais comme héritier de l'un de ses enfants (Req. 3 janv. 1866, aff. Ellie, D. P. 66. 1. 417). Cette contradiction, toutefois, n'est qu'apparente, car l'arrêt précité n'entend nullement résoudre, d'une façon générale et absolue la délicate question des contradicteurs légitimes : il déclare, au contraire, que, dans l'espèce, « il ne s'agit pas de décider si toute question d'état est, en soi, indivisible, ou si elle ne doit pas être réputée jugée pour tous et contre tous, quand elle l'a été avec la partie la plus gravement et la plus directement intéressée ». — La chambre des requêtes restreint donc le point à juger à la question de savoir si, lorsqu'une demande en réclamation d'état formée contre le mari seul, en dehors de sa femme ou de ses enfants a été repoussée, le réclamant qui a succombé (revendiquant cette fois le bénéfice du système d'après lequel le jugement doit être réputé non avenu à l'égard de la femme ou des enfants quand il s'agit de droits de famille à exercer contre ces derniers) sera recevable à reprendre contre eux son action en réclamation d'état, et elle résout négativement cette question. «Dans aucune hypothèse, dit-elle, il ne peut devenir juridique que, par le fait de celui-là même qui réclame la double filiation qui peut seule aboutir à la légitimité, la question puisse être divisée de telle sorte qu'il demeure encore recevable à se prétendre le fils du mariage, après qu'il a été jugé entre lui et l'un des deux époux qu'il n'était pas son fils; que nul ne peut être autorisé à décliner les conséquences nécessaires de la situation qu'il a créée; que procéder contre le mari seul en une semblable matière, c'était d'avance accepter pour soi comme définitive et absolue la décision à intervenir. »

Ainsi, suivant l'arrêt de 1866, la décision qui nie une filiation légitime réclamée contre le mari seul, peut être attaquée par tous les membres de la famille à supposer que celle qui l'affirmerait ne leur fût point opposable. A la vérité, le mari, s'il n'est pas le représentant de la famille dans l'instance en réclamation d'état, ne saurait pas plus l'être quand il triomphe que quand il succombe. Mais ce n'est pas parce que sa femme et ses enfants auraient été représentés par lui au jugement qu'ils sont recevables à l'invoquer ; c'est à raison de la nature et du but de la nouvelle action du réclamant. Que demande, en effet ce dernier? A être déclaré l'enfant d'une femme mariée, après un jugement qui déclare qu'il n'est pas l'enfant du mari. L'action ne tend donc à autre chose qu'à la recherche d'une maternité adultérine. « Attendu, dit l'arrêt, que la nature même et les conditions de l'action résistent invinciblement à la recherche ultérieure d'une maternité à laquelle la chose jugée entre le réclamant et le mari imprimerait, tout au moins dans leurs rapports mutuels, le caractère d'une maternité adultérine. » Vainement objecterait-on, en effet, que dans cette recherche, le jugement précédent doit être considéré comme n'existant pas, et qu'il ne saurait, dès lors, imprimer à la maternité réclamée un caractère d'adultérinité, puisque le juge sera, nonobstant la décision antérieure supposée non avenue, appelé à vérifier et à déclarer, vis-à-vis de la femme ou des enfants, la filiation légitime qui peut être remise en question à l'égard de tout autre que le mari. Ce serait là une erreur. Il suffit que le jugement ait autorité dans les rapports du réclamant et du mari, pour qu'il élève une fin de non-recevoir insurmontable contre toute demande tendant à faire entrer dans une famille légitime un enfant qui en a été antérieurement repoussé sur la résistance de celui-là même dont il se prétend issu. Dès que le jugement antérieur le lie vis à-vis de son prétendu père, la qualité d'enfant légitime de ce dernier lui échappe nécessairement dans ses rapports avec lui. Or, sans cette qualité, quelle place peut-il revendiquer dans la famille contre ses autres membres? — L'arrêt de la chambre des requêtes n'a donc rien de contraire à la doctrine qui a prévalu parmi les auteurs.

132. Les règles qui précèdent ne sont pas applicables à l'action en désaveu d'enfant; cette action est soumise à des règles spéciales. Lorsqu'une telle action a été formée par le mari lui-même contre l'enfant, le jugement qui intervient sur cette action a l'autorité de la chose jugée vis-à-vis des héritiers de l'un et de l'autre. Bien plus, l'action en désaveu

(1) (Challende et Gavard C. Vernet et autres.) — LA COUR; — En ce qui concerne la fin de non-recevoir motivée sur le jugement du 20 juill. 1855, qui en tenant déjà pour nul le mariage de Jean-Baptiste Louis Vernet et de Marie-Josephte Séchaud, avait débouté André, leur fils, en ses demandes en pétition d'hoirie: — Attendu que ce jugement ne peut être opposé aux femmes Challende et Gavard, qui n'avaient pas été appelées à contredire les exceptions des défendeurs et que ledit André n'avait aucune mission légale ou conventionnelle de représenter, d'autant plus que le dispositif ne porte pas de déclaration sur la nullité du mariage, lequel n'avait été qu'incidemment controversé; — Attendu, enfin, que la transaction acceptée par ledit André, sur l'appel de ce jugement, n'a pu, par les mêmes raisons, lui donner l'autorité de la chose jugée d'une manière plus absolue...

Du 7 août 1865.-C. de Chambéry, 1re ch.-MM. Girod, 1er pr.-Gros, subst.-de Chevilly et Racine, av.

étant concentrée par la loi entre les mains du mari et de ses héritiers, il en résulte que, lorsque l'action a été intentée par le mari lui-même, ou par tous ses héritiers d'un commun accord, soit contre l'enfant, soit contre tous ses héritiers, le jugement qui prononce sur cette action a l'autorité de la chose jugée envers et contre tous (*Rép*. v° *Paternité et filiation*, n° 196 ; Griolet, p. 141 ; Demolombe, t. 7, n°s 174 et suiv.; Aubry et Rau, t. 6, p. 61). Par exemple, si l'enfant, après avoir été déclaré illégitime sur la demande des héritiers du mari, se présente pour recueillir la succession de sa mère, les héritiers de celle-ci peuvent le repousser en se fondant sur le jugement qui lui a dénié la qualité d'enfant légitime, sans qu'il puisse se prévaloir de ce que, n'ayant pas été parties au jugement, ils seraient non recevables à s'en prévaloir contre lui. Mais si le jugement sur l'action en désaveu a été rendu à l'égard seulement de quelques-uns des héritiers du mari, ou de quelques-uns des héritiers de l'enfant, il n'a pas force de chose jugée à l'égard de ceux des héritiers qui n'y ont pas été parties (Mêmes auteurs et *Rép. ibid.*, n° 198). Quant aux tiers, qui n'avaient pas qualité pour figurer dans le procès, ils ne peuvent pas se prévaloir des jugements qui ont prononcé l'illégitimité de l'enfant, soit dans le cas où quelques-uns seulement des héritiers du mari auraient exercé le désaveu et auraient triomphé dans leur action, soit dans le cas où, les héritiers du mari ayant exercé divisément leur action, les jugements intervenus n'auraient pas été rendus dans le même sens (*Rép. ibid.*, n° 199 et auteurs précités). — V. *Paternité et filiation*.

133. La *contestation de légitimité* pouvant être intentée par tout intéressé, il en résulte que le jugement qui statue sur ce point n'a jamais d'effet qu'à l'égard des parties qui ont été en cause (*Rép.* v° *Paternité et filiation*, n° 202; Aubry et Rau, t. 6, p. 63; Demolombe, t. 5, n° 184. V. cependant Griolet, p. 141). Donc, lors même que tous les héritiers du mari agissant en commun auraient fait déclarer l'enfant illégitime, la question pourrait être de nouveau soulevée par tout autre intéressé et recevoir une solution différente.

134. — II. QUALITÉ D'HÉRITIER. — On s'est borné au *Rép.* n° 280 à indiquer la controverse existant sur le point de savoir si la condamnation d'un successible en *qualité d'héritier* n'a d'effet que vis-à-vis des parties qui l'ont obtenue et en faveur desquelles elle a obtenu l'autorité de la chose jugée. Cette délicate question a été examinée au *Rép.* v^is *Degré de juridiction*, n°s 251 et suiv., et *Succession*, n°s 957 et suiv. Elle sera examinée de nouveau v° *Succession*. On se contentera, quant à présent, de signaler l'étude approfondie de cette question à laquelle s'est livré M. Griolet, p. 146 et suiv.

135. Quant aux jugements qui attribuent à l'une des parties une qualité quelconque, autre que celle d'héritier, la règle de la chose jugée doit, selon MM. Aubry et Rau, t. 8, p. 384, leur être toujours appliquée sans restriction ni modification. Ainsi le jugement qui, sur la poursuite d'un créancier, déclare un débiteur commerçant et, par suite, justiciable des tribunaux de commerce, n'a pas l'autorité de la chose jugée à l'égard d'autres créanciers (Conf. Civ. rej. 19 févr. 1850, aff. Gaudy, D. P. 50. 1. 122). — MM. Griolet, p. 139, et Demolombe, t. 7, n°s 371 et suiv., proposent, sur ce point, une distinction entre les jugements qui attribuent une qualité nouvelle à l'une des parties et ceux qui lui reconnaissent une qualité préexistante, ces derniers devant seuls être soumis à la règle générale qui exige l'identité des parties pour que la chose jugée puisse être invoquée.

136.—III. BREVETS D'INVENTION.—Une exception a été apportée par la loi du 5 juill. 1844 à la règle d'après laquelle un jugement n'a d'effet qu'entre les parties qui ont figuré dans l'instance. Elle résulte de l'art. 37 de cette loi, aux termes duquel, dans toute instance tendant à la nullité ou à la déchéance d'un brevet d'invention, le ministère public peut se rendre partie intervenante, à l'effet de faire prononcer la déchéance *absolue* du brevet: il peut même, dans certains cas, se pourvoir aux mêmes fins par action principale. «Le bénéfice de cette poursuite exercée dans l'intérêt de la société et par son représentant légal, est, dit l'exposé des motifs de la loi, acquis à toute tpersonne intéressée » (V. sur ce point: v° *Brevet d'invention*, n°s 266 et suiv.; — *Rép.* eod. v°, n° 267. V. aussi H. Patenôtre, *Des nullités et déchéances en matière de brevets d'invention*). — Il y a lieu d'observer que la dérogation ainsi apportée à l'art. 1351 ne concerne que les jugements prononçant la nullité ou la déchéance d'un brevet: quant à ceux qui, au contraire, déclarent un brevet valable, ils n'ont jamais cet effet absolu, alors même qu'ils seraient rendus sur l'action ou l'intervention du ministère public (V. *Brevet d'invention*, n° 268). — Une autre exception à la règle de l'art. 1351 a été reconnue par la jurisprudence, *en matière électorale* (V. *Elections ; Organisation administrative*).

§ 2. — A quelles conditions on est réputé avoir été partie dans l'instance (*Rép.* n° 223).

137. Le principe fondamental en cette matière a été formulé dans les termes suivants au *Rép.* n° 223 : « Les personnes auxquelles la chose jugée peut être opposée sont celles qui ont été parties dans le débat, c'est-à-dire celles qui y ont conclu ou qui y ont été appelées, qui ont eu le droit d'y conclure, soit au fond, soit sur des exceptions, à titre de demanderesses ou de défenderesses ». — Peu importe, évidemment, que la nouvelle instance dans laquelle l'autorité de la chose jugée est opposée, soit engagée par une partie qui n'a pas figuré dans la première, si ce n'est pas relativement à cette partie qu'est invoquée l'exception. Aussi a-t-il été jugé qu'il y a identité entre les parties en cause, dans le sens de l'art. 1351 c. civ., alors même que la contestation ayant été, dans la première instance, engagée par voie d'action principale, le demandeur, dans la seconde, agirait par voie d'action récursoire en garantie (Req. 12 août 1872, aff. Rebours; D. P. 72. 1. 466).

138. Pour être réputé avoir été partie au débat, faut-il avoir pris des conclusions, ou suffit-il d'avoir été mis à même de pouvoir conclure ? M. Larombière, n° 142, s'est prononcé dans le sens de la première solution. Mais la cour de cassation a adopté le système opposé ; elle a décidé notamment qu'un jugement a l'autorité de la chose jugée contre toute partie appelée dans l'instance, alors même qu'il serait intervenu sur un débat auquel elle est demeurée étrangère, sa présence ou sa vocation au procès lui ayant permis de faire valoir ses moyens, si un tel jugement devait lui causer un préjudice; spécialement, lorsque, sur les poursuites exercées simultanément contre deux cautions, un jugement, intervenu entre l'une d'elles et le créancier, a déclaré que le cautionnement n'avait, à son égard, qu'une certaine étendue, l'autre caution ne peut faire contribuer le cofidéjusseur ainsi déchargé d'une partie du cautionnement, pour une portion plus considérable, sous prétexte que le jugement serait sans effet, quant à elle, à défaut par ce cofidéjusseur d'avoir pris des conclusions contre elle aussi bien que contre le créancier (Req. 23 mai 1855, aff. Jacquot, D. P. 56. 1. 258. — Conf. Laurent, n° 92). — Toutefois, cette règle ne doit être appliquée qu'avec une certaine restriction. Ainsi, le jugement qui, sur une action dirigée contre plusieurs défendeurs, les condamnerait tous au profit des demandeurs, ne mettrait pas obstacle à ce que l'un d'eux soutînt plus tard, vis-à-vis de ses codéfendeurs, que la condamnation doit peser exclusivement sur eux, alors qu'il ne s'est élevé à cet égard entre lui et le demandeur aucun débat qui mît les codéfendeurs en demeure de combattre sa prétention (Civ. rej. 15 mai 1848, aff. Ravel, D. P. 48. 1. 111). Mais si ce débat a été soulevé ; si l'un des défendeurs a cherché à se faire au procès une situation distincte de celle des autres défendeurs, la décision intervenue aura vis-à-vis d'eux la force de la chose jugée, bien qu'elle n'ait été rendue qu'avec le demandeur.

§ 3. — Personnes qui ont été représentées dans l'instance (*Rép.* n°s 229 à 242, 248, 255, 256, 259 à 269).

139. On est partie dans une instance, avons-nous dit (*Rép.* n° 229), non seulement quand on y a figuré personnellement, mais aussi quand on y a été régulièrement représenté. Ce principe n'est pas douteux ; mais son application soulève parfois les questions les plus délicates: de nombreuses difficultés se présentent, lorsqu'il s'agit de déterminer dans quels cas on doit être considéré comme ayant été représenté dans une instance par ceux qui y ont figuré.

140. — I. COMMUNE. — Tout jugement intervenu dans une instance où un *maire* a figuré comme représentant la commune doit avoir effet vis-à-vis de celle-ci (*Rép.* n° 232). — Jugé, en conséquence, que la décision qui déclare, au profit d'une commune représentée par le maire, la publicité d'un chemin, peut être invoquée par tout habitant de cette commune contre le particulier avec lequel elle a été rendue (Req. 18 déc. 1866, aff. Alric, D. P. 67. 1. 381).

141. L'action régulièrement exercée par *un contribuable* agissant au nom de la commune a le même effet que celle qu'exercerait le maire lui-même, si la commune a été régulièrement mise en cause; le jugement qui intervient sur cette demande produit la chose jugée contre la commune (art. 123, L. 5 avr. 1884) (Conf. Req. 18 juin 1877) (1). — Il est bien évident, d'ailleurs, qu'il en est autrement de l'action exercée par un ou plusieurs habitants de la commune, agissant en leur nom seul (*Rép.* n° 256). Ainsi, si un jugement déclarant la publicité d'un chemin a été rendu seulement entre certains habitants de la commune, il ne peut être invoqué par les habitants qui n'ont pas été parties à ce jugement (Civ. cass. 23 août 1858, aff. Salavy, D. P. 58. 1. 360).

142. MM. Aubry et Rau, t. 8, p. 378, font observer avec raison que la commune ne représente pas ses habitants, en ce qui touche les droits qui peuvent leur appartenir en leur nom personnel et particulier (V. conf. Larombière, n° 95; Req. 19 nov. 1838, *Rép.* v° *Commune*, n° 1390).

143. Le jugement rendu contre le *service local* d'une colonie n'a point force de chose jugée contre les communes de cette colonie, car il n'est point chargé de les représenter. — Jugé, en ce sens, que le jugement qui déclare le service local d'une colonie débiteur de taxes illégalement perçues et le condamne à les restituer, ne peut être invoqué comme ayant autorité de chose jugée par la commune contre laquelle est formée une action en répétition d'une partie de ces mêmes taxes, et ne met pas obstacle à ce que cette commune soit reconnue débitrice des sommes par elles encaissées pour son propre compte (Req. 4 févr. 1878, aff. Commune de Saint-Denis, D. P. 79. 1. 165).

144. — II. MARI. — Ce qui a été jugé avec le mari, dans les cas où la loi lui accorde l'exercice des actions de sa femme, est censé jugé avec celle-ci, quoiqu'elle n'ait pas été mise en cause (*Rép.* n° 233). — Décidé, en conséquence, que le mari, investi du droit exclusif, sous le régime de la communauté, d'exercer les actions mobilières de la femme, et sous le régime dotal, de poursuivre les détenteurs des biens dotaux et de recevoir le remboursement des capitaux, doit être considéré comme ayant valablement représenté sa femme, dans l'instance en liquidation d'une succession mobilière dotale échue à celle-ci, et que, par suite, le jugement d'homologation auquel le mari a été partie a, au profit de la femme, comme il l'aurait contre elle, l'autorité de la chose jugée. Ainsi, l'attribution faite, dans l'acte de liquidation homologué par décisions passées en force de chose jugée, à la femme, donataire du défunt, de la quotité

(1) (Commune de la Teste C. Johnston.) — Le 2 août 1876, arrêt de la cour de Bordeaux ainsi conçu : — Attendu que le jugement déféré à la cour, par l'appel de la commune de la Teste, avait à décider si les droits d'usage, de pacage et de padouantage, revendiqués sur les prés salés, au nom de cette commune, ne sont susceptibles de prendre fin que par la mise en culture en blé desdits prés salés, ou s'ils doivent cesser d'exister par la mise en valeur résultant de l'établissement des réservoirs à poissons ou de parcs à huîtres, ainsi que le soutenait reconventionnellement le sieur Johnston; que la commune de la Teste réclamait, en outre, le rétablissement et le maintien des chemins et des chenaux dont parle la baillette de 1870, dans l'état où ils étaient à cette époque; — Attendu que le jugement frappé d'appel, statuant sur les prétentions respectives des parties, a déclaré la commune de la Teste mal fondée dans ses demandes et conclusions; — Qu'il a fait droit, au contraire, aux conclusions reconventionnelles de Johnston, en décidant que, par suite de l'endiguement opéré sur une partie des prés salés pour l'établissement des labours, parcs à huîtres et réservoirs à poissons, les droits d'usage des habitants de la Teste sur la partie endiguée, ne peuvent plus être exercés, aussi longtemps que lesdits terrains par défaut de travail et de la main de l'homme, ne seront pas revenus à l'état de vacants, à la charge par Johnston de continuer et terminer à bref délai les travaux d'appropriation pour les diverses cultures et industries; — Attendu que les questions tranchées par ce jugement faisaient également l'objet d'un procès intenté au sieur Johnston par les sieurs Moureau et consorts, procès terminé le même jour par une décision du tribunal de Bordeaux qui est devenu définitive; — Attendu que l'identité d'objet de ces deux procès résulte avec la dernière évidence des qualités et du dispositif des deux jugements; qu'en effet, la demande de Moureau et consorts tendait à faire décider que le sieur Johnston ne pourrait user des prés salés que pour les mettre en culture, et que, tant que ces terrains ne seraient pas mis en culture, les habitants de la Teste conserveraient le droit d'usage qu'ils y ont exercé de temps immémorial, enfin, que le sieur Johnston était sans droit à y établir soit des parcs à huîtres, soit des réservoirs de poissons, lesquels ne peuvent à aucun point de vue, constituer la culture prévue et exigée par la baillette de 1870; — Attendu que la commune de la Teste, mise en cause, conformément à l'art. 49 de la loi du 18 juill. 1837, prit sur ce chef des conclusions identiques à celles de Moureau, demandant en outre que Johnston fût tenu de laisser les chemins et les grands chenaux, tels qu'ils étaient en 1870; — Attendu que le jugement rendu le 12 mai 1875 sur cette instance, a déclaré Moureau et consorts mal fondés dans leur demande tendant à faire interdire à Johnston l'établissement de parcs à huîtres et de réservoirs à poissons sur les prés salés, ainsi que dans celle en rétablissement des chemins et chenaux, tels qu'ils existaient en 1870; que le dispositif est conçu dans les mêmes termes que celui de l'autre jugement rendu le même jour, et qu'il en reproduit textuellement la teneur; — Attendu que le jugement rendu sur la demande de Moureau a été signifié à la commune de la Teste qui n'en a pas interjeté appel; que les sieurs Moureau et consorts qui en avaient appelé, se sont désistés devant la cour; — Attendu que cette décision est aujourd'hui définitive, qu'elle a effet contre la commune de la Teste, aux termes de l'article précité de la loi de 1837; que ce qui en a été jugé sur la demande du sieur Moureau ne peut donc être remis en question par elle; — Attendu cependant que son appel a pour but de soumettre à une nouvelle discussion et à une nouvelle décision les difficultés déjà tranchées; que l'objet de la contestation est identique; qu'on rencontre dans les deux affaires les mêmes parties, procédant en la même qualité; qu'il y a, par conséquent, chose jugée aux termes de l'art. 1351 c. civ.; — Attendu que l'on ne saurait remettre en question devant la cour ce qui est déjà décidé par un jugement contre lequel il n'existe plus aucune voie de recours; — Que l'appel de la commune de la Teste est donc non recevable; — Par ces motifs, etc. » — Pourvoi en cassation par la commune de la Teste, pour violation de l'art. 1351 c. civ., et les art. 49 et 59 de la loi du 18 juill. 1837. — Arrêt.

LA COUR; — Sur le moyen unique du pourvoi, tiré de la violation de l'art. 1351 c. civ., et des art. 49 et 59 de la loi du 18 juill. 1837 : — Attendu qu'il résulte de l'arrêt attaqué : 1° que conformément au dernier paragraphe de l'art. 49 de ladite loi, la commune de la Teste a été appelée dans l'instance introduite par Moureau et consorts contre Johnston, pour y prendre telles conclusions qu'elle aviserait; 2° qu'elle y a conclu au maintien des droits d'usage par elle revendiqués dans une deuxième instance jugée par l'arrêt attaqué; 3° qu'il a été statué dans l'instance Moureau et consorts sur ces droits d'usage, pâturage et padouantage des habitants de ladite commune, entre toutes les parties en cause; — Que le jugement intervenu dans cette dernière instance, et contre laquelle il n'y a plus de voie de recours possible aujourd'hui, n'est donc pas *res inter alios acta et judicata*, par rapport à la commune de la Teste, alors qu'il n'est pas constaté que les autres conditions de l'art. 1351 c. civ. se trouvent réunies dans ce jugement, ainsi que cela résulte encore de l'arrêt attaqué; — Attendu que vainement il est allégué que le jugement Moureau et consorts ne serait pas devenu définitif contre la commune, à raison de ce que l'appel de ce jugement émis par ces derniers aurait profité à ladite commune, et de ce que le désistement de cet appel par Moureau et consorts n'aurait pu être valablement donné par ceux-ci, sans une autorisation du conseil de préfecture ; — Que, sans rechercher si l'appel de Moureau et consorts aurait pu profiter à la commune, il est certain que cet appel, en tant qu'il portait sur les droits d'usage, avait été fait par Moureau et consorts dans le libre exercice de leurs droits particuliers ; — Qu'ainsi ces derniers ayant eu capacité pour engager l'instance de ce chef, et appeler sans une autorisation administrative, avaient pu de même se désister de leur appel sans y être administrativement autorisés; — Attendu que vainement encore, il est soutenu que l'appel interjeté par la commune du jugement rendu contre elle, et qui statue sur sa propre action, constitue un appel implicite du jugement rendu sur l'action de Moureau et consorts; — Que deux jugements distincts ayant été rendus sur deux instances distinctes, la commune de la Teste, partie dans les deux instances, aurait dû, conformément aux lois de la procédure, relever appel de ces deux décisions, bien qu'elles fussent de la même date et relatives, au moins en partie, à un même objet, si elle voulait leur faire subir à l'une et à l'autre l'épreuve d'un débat judiciaire devant le deuxième degré de juridiction; — D'où il suit que les textes de loi susrappelés n'ont point été violés; — Rejette, etc.

Du 18 juin 1877.-Ch. req.-MM. de Raynal, pr.-Barafort, rap.-Desjardins, av. gén., c. conf.-Monod, av.

disponible et de sa réserve cumulées, à raison de sa renonciation à la succession, ne peut pas être remise en question, sous prétexte que la femme n'aurait pas été partie à ces décisions, si son mari y figurait comme exerçant ses droits (Civ. cass. 14 août 1865, aff. Sangensse, D. P. 65. 1. 264).

Il a été toutefois décidé que lorsqu'un arrêt, rendu sur la demande de la femme et déclaré commun avec le mari, a attribué à la communauté un immeuble que le mari avait reconnu tenir à bail d'un tiers, ce dernier conserve les droits et actions qu'il peut avoir à exercer contre le mari, tant en son nom personnel que comme chef de la communauté (Req. 31 juill. 1872, aff. Lebourg, D. P. 73. 1. 340). La chambre des requêtes justifie sa décision par les motifs suivants: « Attendu que si la femme commune en biens est censée, lorsqu'elle a accepté la communauté, avoir été représentée par son mari dans les actes qu'il a passés, et par suite tenue de les respecter, cette règle ne saurait couvrir ni des actes faits par le mari en fraude des droits de la femme, ni des actes simulés que lui opposeraient les parties avec lesquelles ils ont été passés; qu'en ce qui concerne de pareils actes, la femme est un véritable tiers ».

145. Jugé, en sens inverse, dans des espèces où la femme n'avait pu être représentée par le mari dans les instances où il avait figuré: 1° que le jugement qui constate la nouveauté d'un procédé breveté n'est pas opposable à la veuve de celui contre qui il a été rendu, s'il n'est pas établi que cette veuve soit héritière de son mari, qu'elle ait été commune avec lui, ou qu'elle le représente à quelque titre que ce soit (Crim. rej. 11 juill. 1846, aff. Duvelleroy, D. P. 46. 1. 287); — 2° Que l'arrêt prononçant la restriction de l'hypothèque légale sur la demande du mari seul n'a pas force de chose jugée contre la femme qui n'y a pas préalablement donné son adhésion, alors même que le ministère public aurait été entendu dans son intérêt (Agen, 18 mars 1863, aff. de Gestas, D. P. 63. 2. 51); — 3° Que la déclaration de la faillite du mari ne constitue pas la chose jugée à l'égard de la faillite de la femme, même marchande publique, (Req. 31 mai 1875, aff. Bernard, D. P. 76. 1. 390); à moins, cependant, que le mari et la femme ne soient associés (Paris, 9 août 1869, aff. Duffô, D. P. 70. 2. 10); — 4° Que le jugement décidant vis-à-vis du mari seul que c'est par captation qu'il a obtenu, non seulement l'institution d'héritier faite à son profit, mais encore celle faite au profit de sa femme, n'a pas à l'égard de celle-ci, qui n'a pas été partie à ce jugement, l'autorité de la chose jugée (Bruxelles, 12 août 1861, aff. Delobel C. Parys, *Pasicrisie belge*, 1862. 2. 8). — La chose jugée avec le mari seul, sous le régime dotal a-t-elle effet vis-à-vis de la femme relativement à la propriété? V. *Contrat de mariage*; — *Rép.* eod. v°, n° 3321.

146. — III. Tuteur. — De ce que la chose qui a été jugée avec le tuteur est réputée l'avoir été avec le mineur ou l'interdit (*Rép.* n° 234), il résulte que l'arrêt, passé en force de chose jugée, qui implique la renonciation, faite au nom du mineur, au droit d'attaquer la composition d'un tribunal arbitral, ne permet pas à ce mineur d'arguer de nullité la sentence rendue par ce tribunal comme constitué en dehors du compromis et des dispositions de la loi (Req. 7 janv. 1857, aff. Lebidois, D. P. 57. 1. 151). — Pour que la chose jugée avec le tuteur soit opposable au pupille ou aux autres parties ayant figuré dans l'instance, il faut évidemment que la nomination de ce tuteur ait été régulièrement faite, qu'elle ne soit pas entachée de nullité (Comp. Civ. cass. 10 mai 1887, aff. Jehanne, D. P. 87. 1. 412).

147. — IV. Syndics de faillite. — La chose jugée avec le syndic d'une faillite, agissant dans la limite de ses pouvoirs, est opposable soit aux créanciers, soit au failli (*Rép.* n° 235). — Spécialement, lorsqu'un jugement passé en force de chose jugée a admis un créancier au passif de la faillite pour les intérêts d'une créance privilégiée, cette collocation ne peut pas être annulée sous prétexte que le tribunal civil était incompétent, qu'il a été trompé par les manœuvres du créancier, et que le jugement rendu contradictoirement avec le syndic n'est pas opposable aux créanciers hypothécaires (Civ. cass. 12 mars 1873, aff. Simon, D. P. 73. 1. 367). De même, les créanciers d'une faillite constitués en état d'union, sont représentés par le syndic de l'union, dans les jugements ordonnant, sur la requête de ce syndic, la liquidation du gage commun, et, notamment, la vente des immeubles du failli (Req. 25 févr. 1857, aff. Béguery, D. P. 57. 1. 113. — Conf. Civ. cass. 3 juill. 1872, aff. Salvaire, D. P. 72. 1. 230).

148. La chose jugée avec le syndic ne saurait, toutefois être opposée aux créanciers dont les intérêts sont en contradiction avec ceux de la masse. Ainsi l'arrêt rendu entre le syndic d'une faillite et un créancier qui revendiquait un privilège, et dont la prétention a été repoussée, n'est pas opposable à un autre créancier de la même faillite, qui n'était pas partie dans cette instance et qui invoque ultérieurement un privilège dérivant de la même cause (Orléans, 17 mai 1881, aff. Mery Samson, D. P. 82. 2. 55). — Jugé également que dans le cas où, au mépris d'une opposition ou d'une intervention, à tort déclarées non recevables par un premier jugement, un compte a été adopté dans toutes ses parties par un second jugement, le créancier opposant peut, sans être lié par ce second jugement rendu avec le syndic, et qu'il a d'ailleurs frappé au besoin de tierce opposition, contester le compte adopté par ce jugement (Orléans, 5 avr. 1859, aff. Ismann, D. P. 59. 2. 57).

149. — V. Liquidateur. — A la différence du syndic, le liquidateur d'une société ne représente, en principe, que la société, et non les créanciers sociaux; la chose jugée avec lui n'est donc pas opposable à ceux-ci (Req. 2 avr. 1883, aff. Martin, *Journal des sociétés civiles et commerciales*, 1884, p. 682; Massé, *Droit commercial*, 2° éd., t. 3, n° 1961; Pardessus, *Cours de droit commercial*, 6° éd., n°s 1073 et suiv.; Bravard et Demangeat, *Traité de droit commercial*, t. 1, p. 432 et suiv.);... à moins qu'ils n'aient concouru au jugement qui a nommé le liquidateur, et que ce jugement n'ait conféré à ce dernier les pouvoirs nécessaires pour la réalisation et la répartition de l'actif (Lyon, 11 juill. 1873, aff. Penet, D. P. 74. 2. 209. — Conf. rapport de M. le conseiller Alméras-Latour, sous Req. 14 mars 1882, aff. Ville de Marseille, D. P. 82. 1. 243; Paris, 9 nov. 1883, aff. Maratu, D. P. 85. 2. 56).

150. — VI. Séquestre. — Le *séquestre* conventionnel ou judiciaire n'est qu'un dépositaire; il a seulement charge de garder et conserver (c. civ. art. 1962), et de rendre la chose contentieuse après la contestation terminée (c. civ. art. 1956). Ce n'est pas un mandataire *ad litem*; ses pouvoirs ne peuvent aller jusqu'à représenter en justice les parties qui se disputent la chose dont la garde lui est confiée (Civ. cass. 17 janv. 1855, aff. Chasseignieux, D. P. 55. 1. 11).

S'il n'est pas le représentant légal du propriétaire de la chose séquestrée, à plus forte raison n'est-il pas le représentant des cessionnaires de celui-ci, lorsque leur droit est antérieur soit à l'instance engagée avec lui-même, soit à sa nomination. Aussi a-t-il été jugé que le séquestre nommé par justice pour percevoir les loyers d'une maison n'a d'autres pouvoirs que ceux dont il est investi par le juge, et il ne peut, si ce pouvoir ne lui a pas été spécialement conféré, représenter devant les tribunaux un créancier du propriétaire de l'immeuble, auquel une portion des loyers a été cédée. En conséquence, le jugement rendu entre ce séquestre et un tiers n'est pas opposable audit créancier qui n'a pas été mis en cause (Civ. cass. 14 nov. 1883, aff. Worms, D. P. 85. 1. 12-13).

151. — VII. Syndics de corporations. — V. *Rép.* n° 239.

152. — VIII. Exécuteur testamentaire. — V. *Rép.* n° 239.

153. — IX. Mandataire conventionnel. — De même qu'un mandant ne peut attaquer une décision passée en force de chose jugée contre son mandataire (*Rép.* n° 240), de même, à l'inverse, le jugement rendu sur l'action dirigée contre un mandant, par un tiers, à raison d'actes émanés du mandataire, a force de chose jugée au profit de ce dernier, et met obstacle à ce que la même action soit, pour la même cause, reproduite contre lui. Ainsi, celui qui, après avoir fait annuler une saisie, pratiquée sur ses biens, durant les délais de l'opposition, en vertu d'un jugement par défaut contenant la mention erronée qu'il était exécutoire par provision, a obtenu des dommages-intérêts contre le saisissant, ne peut ultérieurement demander d'autres dommages-intérêts à l'avoué du saisissant comme auteur et responsable de la mention ajoutée par erreur au dispositif du jugement (Req. 23 avr. 1855, aff. Teinturier, D. P. 55. 1. 161): « Attendu, dit cet arrêt, que si le mandataire représente le mandant quand il exécute le mandat, le mandant, qui a ratifié, représente à son tour le mandataire lorsqu'il défend ses actes et fait valoir l'exécution du mandat; que c'est précisément parce qu'il le représente qu'il est attaqué en responsabilité; que c'est par la même raison qu'il est nécessairement admis à faire valoir les moyens de défense du mandataire; qu'il est juste, dès lors, que ces moyens, lorsqu'ils ont été heureusement employés par le mandant, profitent au mandataire aussi bien que s'il les avait présentés lui-même, et que le demandeur ne peut s'en plaindre puisqu'il a fait valoir librement ses droits contre le mandant et qu'il dépendait de lui de faire en même temps assigner le mandataire... » (Conf. Laurent, t. 20, n° 108).

154. — X. Gérant d'affaires. — V. *Rép.* n° 240.

155. — XI. Commissionnaire. — V. *Rép.* n° 241.

156. — XII. Prête-nom. — Il a été décidé que le jugement de condamnation prononcé contre le souscripteur d'un billet, peut, sans qu'il en résulte une atteinte à l'autorité de la chose jugée, être déclaré exécutoire contre celui dont ce souscripteur n'a été que le prête-nom, de l'aveu de toutes les parties (Civ. rej. 26 juill. 1848, aff. Périneau, D. P. 52. 5. 97. Conf. Laurent, t. 20, n° 117).

157. — XIII. Garant. — On a exposé au *Rép.* n° 248, la règle d'après laquelle la chose jugée acquise contre le garanti ne s'oppose pas à ce que le garant mis en cause soit recevable à attaquer le jugement, et à ce que cette attaque remette en question, tant l'action principale que l'action subsidiaire en garantie (Conf. Griolet, p. 158). — Un arrêt a appliqué purement et simplement cette règle, en décidant qu'il n'y a pas l'identité de parties nécessaire pour que l'exception de chose jugée puisse être invoquée, lorsque, le premier débat ayant eu lieu entre un destinataire et le voiturier chargé du transport, le second débat a lieu entre le destinataire et l'expéditeur, lors même que ce dernier appelle en garantie le voiturier (Req. 11 avr. 1874, aff. Chemin de fer d'Orléans, D. P. 75. 1. 467). — Décidé, d'après les mêmes principes, que le jugement rendu entre l'expéditeur et un commissionnaire de transport, qui a déclaré l'incompétence du tribunal français à raison de la nationalité des parties, n'a pas autorité de chose jugée, relativement à une nouvelle action formée par ce même expéditeur contre ce même commissionnaire, eût-elle même objet et même cause, si cette nouvelle action est dirigée en même temps contre un transporteur intermédiaire de nationalité française obligé conjointement avec le commissionnaire. — Il a cependant été jugé, contrairement à cette doctrine, que le jugement qui décide, contre le débiteur principal, que la dette existe et a une cause légitime, a toujours l'autorité de la chose jugée contre le garant (Paris, 17 déc. 1849, aff. Pilté, D. P. 52. 1. 179).

158. De même si, à l'inverse, la première action a été intentée directement contre le garant, celui-ci ne peut, lors d'une instance ultérieure dirigée par le même demandeur contre le garanti, opposer à la demande en garantie formée par ce dernier la chose jugée dans la première instance (Lyon, 22 févr. 1872 (1). Conf. Req. 5 févr. 1868, aff. Frichot, D. P. 68. 1. 343).

159. — XIV. Cointéressés. — V. *Rép.* n° 255. Conf. Laurent, t. 20, n°s 113 et suiv.; Aubry et Rau, t. 8, p. 381.

160. — XV. Cohéritiers. — Le jugement rendu pour ou contre un héritier ne peut avoir aucune force à l'égard des autres: il n'y a point identité de parties; il n'y a même pas identité d'objet, chacun des héritiers ne plaidant que pour sa part (*Rép.* n°s 259 et suiv.). C'est ainsi que l'arrêt rendu sur la demande d'un seul des héritiers, et qui, par exemple, annule un testament, pour cause de suggestion et de captation, n'a d'effet qu'à l'égard de cet héritier, et ne profite pas aux autres héritiers qui n'y ont point été parties; en conséquence, le légataire universel institué par le testament ainsi annulé, conserve le droit de venir au partage de la succession conjointement avec l'héritier qui a poursuivi et obtenu cette annulation, et à l'exclusion des autres héritiers demeurés étrangers à l'arrêt qui l'a prononcée. Par suite encore, ce légataire ne doit compte qu'au même héritier, et non aux autres cohéritiers, des fruits par lui perçus comme détenteur d'un immeuble de la succession (Civ. cass. 10 août 1858, aff. Broutté, deux arrêts, D. P. 58. 1. 359). — De même, lorsqu'un jugement portant qu'un cohéritier n'est pas tenu au rapport de la dot qui lui a été constituée par le défunt, parce que cette dot est restée impayée, se trouve infirmé sur l'appel de quelques-uns seulement des cohéritiers, par un arrêt qui déclare, au contraire, que la dot a été payée, le rapport n'est dû, en vertu de cet arrêt, que dans la limite des droits héréditaires de ceux des cohéritiers qui l'ont obtenu: l'infirmation ne profite pas aux cohéritiers non appelants. Et il en est ainsi même à l'égard du cohéritier non appelant qui serait codébiteur solidaire de la dot, en ce qu'il l'avait constituée conjointement avec le défunt, ses cohéritiers étant réputés avoir poursuivi le rapport dans leur intérêt individuel (Req. 12 janv. 1852, aff. Delabarre, D. P. 52. 1. 51). L'infirmation devrait toutefois profiter, dans ce cas, au cohéritier non appelant, en tant que codébiteur solidaire de la dot, en ce sens qu'il pourrait, sinon exiger le rapport de cette dot, du moins établir sa libération: cette libération doit être réputée déclarée d'une manière indivisible pour tous les codébiteurs de la dette, et il est de règle que la chose jugée en faveur de l'un des débiteurs peut être invoquée par les autres, quand il s'agit d'un droit indivisible (V. *infrà*, n°s 176 et suiv.).

161. — XVI. Légataires. — Les légataires particuliers ou à titre universel ne sont pas représentés par le légataire universel dans les instances relatives à la validité du testament (*Rép.* n° 262; Aubry et Rau, t. 8, p. 384; Laurent, t. 20, n° 116; Demolombe, t. 7, n° 349),... alors même que le legs serait fait sous forme de charge imposée au légataire universel (Trib. Seine, 2 déc. 1864, aff. Lacordaire, D. P. 64. 3. 112). — De même, le jugement rendu avec l'un seulement de plusieurs légataires universels n'a aucun effet à l'égard des autres. Jugé, en ce sens, que le legs universel annulé sur la demande d'un seul des colégataires universels institués dans le même testament continue à subsister vis-à-vis des autres légataires, et que, par suite, celui à qui ce legs a été fait conserve le droit de concourir au partage de la succession, sauf à ne pas faire valoir ce droit contre le légataire sur l'action duquel la nullité a été prononcée; son droit ne se borne pas, dans ce cas, à une action en souspartage contre les colégataires restés étrangers à la demande en nullité (Req. 23 déc. 1868, aff. Duchemin, D. P. 69. 1. 193).

---

(1) (Chemin de fer du Nord de l'Espagne C. Eyriès et Gavaretti.) — La cour; — Sur la première exception d'incompétence proposée par la compagnie du chemin de fer du Nord de l'Espagne: — Attendu que les tribunaux civils ont plénitude de juridiction, même dans les affaires commerciales; — Que l'incompétence dont il s'agit n'a pas été proposée devant les premiers juges; — Qu'en conséquence, elle ne saurait être admise en appel; — Sur la deuxième exception d'incompétence (appréciation de faits); — Sur le défaut de préliminaire de conciliation proposé, en troisième lieu, par la compagnie: — Attendu, d'une part, que cette compagnie a été appelée sur une demande en intervention ou en garantie, formellement dispensée par la loi du préliminaire dont il s'agit; — Attendu, d'autre part, que l'exception opposée se couvre par la défense au fond, et qu'elle ne saurait être utilement présentée pour la première fois en appel; — Sur l'exception de chose jugée proposée, en quatrième lieu, par ladite compagnie: — Attendu que l'instance actuelle ne s'agite pas entre les mêmes parties que celle qui s'est agitée en Espagne; — Que, dans cette dernière instance, Eyriès concluait directement contre la compagnie en l'absence de Gavaretti, tandis que, dans l'instance actuelle, Eyriès conclut contre Gavaretti, et celui-ci, par voie de garantie, contre la compagnie; — Qu'au surplus, les deux demandes, non plus que les causes des deux demandes, ne sont pas les mêmes; — Sur les moyens de nullité proposés, soit par les hoirs Gavaretti, soit par la compagnie, contre la saisie-arrêt d'Eyriès: — Attendu, d'une part, que des documents versés au procès il résulte que la créance de ce dernier était certaine quant à son existence, quoique le chiffre n'en fût pas fixé, ainsi que tout est établi par les solutions sur le fond de la contestation; — Attendu, d'autre part, que la saisie-arrêt a été réellement pratiquée par un créancier des hoirs Gavaretti, aux mains d'un tiers saisi, lequel ayant été le mandataire de ces derniers, n'en était pas moins leur débiteur au moment de la saisie; — Sur tout ce qui a fait le fond du débat en première instance: — Adoptant les motifs des premiers juges; — Confirme.

Du 22 févr. 1872.-C. de Lyon, 2e ch.-MM. Barafort, pr.-Royé-Belliard, av. gén.-de Villeneuve, Pine-Desgranges et Rouquier, av.

162. — XVII. Héritier apparent. — D'après la jurisprudence et la majorité des auteurs, le jugement rendu contre l'héritier apparent a force de chose jugée contre l'héritier véritable (*Rép.* n° 264, et v° *Succession*, n° 544; Aubry et Rau, t. 6, p. 711 et suiv., texte et notes, t. 8, p. 378; Larombière, n° 97. En sens contraire : Griolet, p. 159; Laurent, t. 9, n° 558). — Sur cette délicate question, V. *Succession*.

163. —XVIII. Copropriétaires; Nu-propriétaire; Usufruitier; Propriétaire sous une condition résolutoire, etc. —La question de savoir si le jugement rendu contre l'une de ces personnes a effet contre ses coïntéressés, est toujours l'objet de controverses entre les auteurs (*Rép.* n° 265). D'après MM. Aubry et Rau, t. 8, p. 379 et 382, « ces personnes sont réputées avoir été représentées en justice par l'une des parties litigantes, lorsqu'il s'agit de jugements qui tendent à rendre leur condition meilleure, et sont, au contraire, à considérer comme des tiers, lorsqu'il s'agit de jugements qui, s'ils pouvaient leur être opposés, entameraient ou compromettraient leurs droits ». Cette doctrine, que les auteurs désignent sous la dénomination de théorie du *mandat restreint* ou de la *représentation imparfaite*, a, d'ailleurs, une portée générale, et l'on en retrouve l'application dans les diverses hypothèses examinées sous les numéros suivants. Admise par plusieurs interprètes cités au *Rép.* n° 265, où l'on a indiqué les objections qu'elle peut soulever, et adoptée plus récemment par M. Larombière, n°s 101 et 102, elle a été critiquée, en général, par les auteurs les plus récents, notamment par MM. Griolet, p. 158; Colmet de Santerre, n° 328 *bis* XXII et suiv.; Laurent, t. 20, n° 118; Demolombe, n° 370. « Il n'est pas possible, dit M. Griolet, qu'une personne ait ou n'ait pas été mandataire suivant l'issue du procès. Il faut qu'au moment où l'instance s'engage, le mandat en vertu duquel elle serait engagée existe. Et s'il existe alors, il ne peut pas ne pas avoir existé. » « De deux choses l'une, dit à son tour M. Demolombe: ou la personne qui n'a pas figuré dans l'instance y a été représentée par l'une des parties qui y figurait; ou elle n'y a pas été représentée. Dans le premier cas, si la chose jugée au profit de la partie qui l'a représentée peut lui profiter, la chose jugée contre cette partie doit pouvoir lui nuire. Et, dans le second cas, la chose jugée, soit pour cette partie, soit contre elle, ne peut pas plus lui profiter que lui nuire... Le mandat *ad litem* est donné, et doit être à notre avis censé toujours donné pour plaider avec les chances, bonnes ou mauvaises, de la lutte; de sorte que le mandant est représenté par son mandataire, non pas seulement lorsque celui-ci a gagné, mais encore lorsqu'il a perdu. » — Si l'on écarte le système de la *représentation imparfaite*, reste la question de savoir si l'existence d'un mandat implicite doit être admise dans chacune des hypothèses sur lesquelles porte la discussion. — En ce qui concerne spécialement les personnes dont on s'occupe ici, les auteurs que l'on vient de citer la résolvent négativement (Griolet, p. 160; Demolombe, *loc. cit.*; Laurent, t. 20, n°s 123, 124. — V. dans le même sens: Colmet de Santerre, n° 328 *bis* XX à XXIII). — La jurisprudence offre peu de précédents sur la question. On peut citer toutefois un arrêt qui décide, conformément à la doctrine enseignée par MM. Aubry et Rau, que la sentence rendue en faveur de quelques-uns des copropriétaires indivis d'un immeuble, et qui a accueilli, par exemple, une action possessoire formée par eux, profite aux autres copropriétaires (Req. 12 mars 1866, aff. Commune de Quenza, D. P. 66. 1. 472).

164. — XIX. Caution. — La question de savoir si les jugements dans lesquels le débiteur principal a été partie, ont l'autorité de la chose jugée à l'égard de la caution, a soulevé de graves difficultés. On a exposé au *Rép.* n° 266, les solutions diverses qui lui ont été données par les auteurs. Elle est encore discutée aujourd'hui. D'après la doctrine la plus généralement enseignée, le jugement rendu en faveur du débiteur sur le fait même de la dette profite à la caution, à moins qu'il n'ait déchargé le débiteur que sur le fondement d'une exception purement personnelle à celui-ci (V. notamment : Aubry et Rau, t. 8, p. 379, note 50; Colmet de Santerre, t. 5, n° 328 *bis*; Griolet, p. 163). « D'une part, disent MM. Aubry et Rau, le cautionnement suppose une obligation principale; il s'évanouit donc avec elle, sauf dans le cas prévu par le deuxième alinéa de l'art. 2012. D'autre part, le débiteur principal lui-même serait privé du bénéfice du jugement qu'il a obtenu, si la caution pouvait, malgré ce jugement, être encore poursuivie, puisque, dans cette hypothèse, il resterait exposé à l'action récursoire de cette dernière ». M. Griolet s'exprime dans le même sens: « La caution, dit-il, ne peut être obligée qu'avec le débiteur principal. Donc, dès que celui-ci s'est libéré par un moyen quelconque, la caution n'est plus tenue. Elle est ainsi libérée par le jugement qui libère le débiteur principal ». Quant à M. Colmet de Santerre, il se place à un autre point de vue pour justifier la même solution: « La caution, dit cet auteur, ne peut, il est vrai, opposer la chose jugée au créancier qui la poursuit après avoir échoué dans une action contre le débiteur; mais cette caution peut invoquer une cause personnelle de libération en s'appuyant sur l'art. 2037; car le créancier, en poursuivant le débiteur, a accompli un fait qui, par son résultat, rend impossible la subrogation de la caution dans des droits contre le débiteur, donc la caution est déchargée». M. Laurent, t. 20, n° 119, enseigne, au contraire, que les jugements dans lesquels le débiteur principal a obtenu gain de cause ne peuvent, pas plus que ceux qui lui ont été défavorables (V. le numéro suivant), avoir l'autorité de la chose jugée en ce qui concerne la caution, et il écarte toute distinction à cet égard. « Le créancier, dit-il, a deux actions: il peut poursuivre le débiteur, il peut poursuivre la caution; s'il échoue dans son action contre le débiteur, il doit avoir le droit de poursuivre encore la caution; si celle-ci veut profiter du premier jugement, elle doit y intervenir. Peut-elle s'abstenir et dire: je n'agis point; mais si le jugement est défavorable, je le repousse, et, s'il est favorable, je l'invoque? La logique et le bon sens repoussent cette division de la chose jugée. Le créancier peut répondre à la caution: vous êtes partie dans l'instance contre le débiteur, ou vous n'êtes pas partie; si vous êtes partie quand le jugement vous est favorable, vous devez l'être aussi quand le jugement vous est défavorable » (V. aussi Demolombe, t. 7, n°s 369 et suiv.). — Il a été jugé, contrairement à cette dernière opinion, que la caution est fondée à se prévaloir d'un jugement rendu entre le débiteur principal et le créancier (Dijon, 16 juill. 1862, aff. Guérin, D. P. 62. 2. 146. V. *Cautionnement*, n° 84. Comp. Civ. rej. 27 janv. 1886, aff. Julien Mercier, D. P. 86. 1. 396).

165. Doit-on admettre que, réciproquement, le jugement rendu *contre le débiteur* est opposable à la caution? MM. Aubry et Rau, *loc. cit.*, se prononcent pour la négative: « Les jugements rendus contre le débiteur principal, disent ces auteurs, seraient opposables à la caution, si elle n'était admise à faire valoir les exceptions relatives à l'existence de la dette que du chef du débiteur principal et comme exerçant ses droits et actions, puisque, dans cette supposition, la caution aurait été comme ayant-cause du débiteur principal, représentée par ce dernier dans les jugements intervenus entre lui et le créancier. Comme l'existence d'une obligation principale valable est la condition de tout cautionnement et qu'ainsi les causes de nullité ou d'extinction de l'obligation principale sont, en même temps, des causes de nullité ou d'extinction du cautionnement, la caution peut les opposer en son nom personnel, et non pas seulement du chef du débiteur. Elle les fait valoir, bien moins pour nier les droits du créancier contre le débiteur, que pour contester l'existence ou la validité de son engagement personnel; et il est impossible de soutenir que le débiteur principal représente la caution quant à la question d'existence ou de validité de l'obligation de cette dernière » (Conf. Laurent et Griolet, *loc. cit.*). — D'autres auteurs ont, au contraire, adopté le système qui semblait prévaloir dans la doctrine et la jurisprudence (V. *Rép.* n° 266. V. aussi *Rép.* v° *Cautionnement*, n°s 317 et suiv.), et d'après lequel la caution est toujours liée par les jugements rendus contre le débiteur principal, sauf à les attaquer par voie de tierce opposition, lorsqu'ils sont le résultat d'un concert frauduleux entre celui-ci et le créancier (Larombière, n° 100; Bonnier, n° 886). Ce dernier auteur estime qu'il y a lieu « de considérer la caution comme ayant accédé à l'avance aux jugements rendus vis-à-vis du débiteur sur le fait même de la dette, sans que le créancier soit obligé de renouveler la contestation avec chacun des débiteurs accessoires ».

Il est, d'ailleurs, évident que la caution qui veut se prévaloir de la subrogation dans les droits du créancier, résultant à son profit de l'art. 2037, est réputée avoir été représentée par ce créancier dans les jugements rendus avec lui relativement à l'existence et à l'étendue de ces droits; ainsi, le jugement qui, rendu entre le créancier et l'une des cautions du débiteur, décharge cette caution du cautionnement, a l'autorité de la chose jugée contre les autres cautions, même non appelées dans l'instance où il est intervenu (Req. 21 mai 1855, aff. Jacquot, D. P. 56. 1. 258) : le créancier n'est, en effet, tenu de subroger la caution que dans ses droits tels qu'ils existent entre ses mains au moment où s'opère la subrogation; la caution est donc certainement, à cet égard, l'ayant cause du créancier (V. *suprà*, v° *Cautionnement*, n° 84).

166. En ce qui concerne les jugements rendus dans lesquels la caution a été partie, on continue généralement, à admettre, suivant la distinction établie au *Rép.* n° 266 (V. aussi *Rép.* v° *Cautionnement*, n°s 298 et 315), que ces jugements peuvent être invoqués par le débiteur, s'ils sont favorables à la caution, mais que, dans le cas contraire, ils ne lui sont pas opposables (Pont, *Petits contrats*, n°s 347 et suiv. ; Bonnier, n° 886. — V. toutefois Griolet, p. 163).

167. — XX. CODÉBITEURS SOLIDAIRES. — La question de savoir si les jugements dans lesquels un des débiteurs solidaires a été partie ont l'autorité de la chose jugée à l'égard des autres débiteurs (*Rép.* n°s 267 et suiv.) a été traitée de nouveau d'une manière plus approfondie, *ibid.* v° *Obligations*, n°s 1414 et 1422 et suiv. ; c'est sous ce dernier mot que l'on exposera, dans le *Supplément* les développements qu'elle a reçus, soit dans la doctrine, soit dans la jurisprudence, depuis la publication du *Répertoire*. — Comme on le verra on assimile généralement, en cette matière, la *caution solidaire* au codébiteur solidaire.

168. — XXI. COCRÉANCIERS SOLIDAIRES. — V. *Obligations*; — *Rép.* v° *Chose jugée*, n° 268.

169. — XXII. OBLIGATIONS INDIVISIBLES. — V. *Obligations*; — *Rép.* v^is *Chose jugée*, n° 269 ; *Obligations*, n° 1578.

§ 4. — Personnes auxquelles les jugements sont opposables par suite d'une transmission de droits (*Rép.* n°s 243 à 247, 249 à 254, 270).

170. — I. SUCCESSEURS UNIVERSELS. — La règle d'après laquelle les héritiers et autres successeurs à titre universel peuvent invoquer les jugements obtenus par leur auteur, ou, à l'inverse, sont liés par les décisions rendues contre lui (*Rép.* n° 244), est admise sans difficulté par tous les auteurs (V. conf. Colmet de Santerre, n° 328 *bis* XVII; Duranton, t. 13, p. 535; Larombière, n° 103 ; Laurent, t. 20, n°s 94 et suiv.; Aubry et Rau, t. 8, p. 373 ; Griolet, p. 157). — Décidé, en ce sens, que l'autorité de la chose jugée (dans l'espèce, par un arrêt rejetant une demande en revendication de valeurs mobilières), peut être invoquée par les héritiers de la partie qui a obtenu gain de cause comme elle l'aurait été par leur auteur (Civ. rej. 7 mai 1884, aff. Mora, D. P. 85. 1. 53).

Une difficulté analogue à celle qui a été examinée (*suprà*, n° 123) s'est élevée au sujet du droit que peuvent avoir les héritiers d'une personne victime d'un quasi-délit, à réclamer une indemnité pour le préjudice à eux causé par la mort de cette personne. Il a été décidé que, lorsqu'un jugement a condamné une compagnie de chemin de fer à payer à l'individu blessé par suite d'un accident, une somme représentant le préjudice présent et futur par lui personnellement éprouvé, ses héritiers n'en sont pas moins recevables à réclamer la réparation du dommage que leur cause sa mort, qui a été la conséquence ultérieure du même accident : la chose jugée avec le *de cujus* ne saurait leur être opposée, le premier juge n'ayant pu tenir compte, dans la fixation de la première indemnité, d'un événement futur et incertain comme la mort de la victime. Il y a donc, en réalité, dans l'espèce, une cause nouvelle de demande (Aix, 14 juin 1870, aff. Magaud, D. P. 72. 2. 97. V. note de M. A. Giboulot, sous l'arrêt précité, D. P. 72. 2. 99).

171. — II. SUCCESSEURS PARTICULIERS. — La règle applicable à cette classe d'ayants cause est formulée en ces termes par MM. Aubry et Rau, t. 8, p. 373 : « Les successeurs à titre particulier sont censés avoir été représentés par leur auteur lorsque leurs titres d'acquisition sont postérieurs à l'introduction des instances liées avec lui, ou ne sont devenues efficaces à l'égard des tiers que depuis cette époque. Les jugements rendus en pareil cas, soit pour, soit contre leur auteur, ont, à leur égard, l'autorité de la chose jugée ». Cette formule résume très exactement la doctrine exposée au *Rép.* n° 246, et enseignée par tous les auteurs (Laurent, t. 20, n°s 97 et suiv. ; Griolet, p. 167; Bonnier, n° 881; Larombière, n°s 105 et suiv.; Demolombe, t. 7, n°s 350 et suiv.). On peut remarquer qu'elle ne reproduit pas textuellement celle de Pothier rapportée au *Rép.* n° 246. La différence provient de la modification au principe général qu'a apportée la loi du 23 mars 1855 sur la transcription (V. *Transcription hypothécaire*).

172. On s'est demandé si l'ayant-cause à titre particulier qui, ayant eu connaissance d'une instance engagée entre son auteur et un tiers s'est abstenu d'y intervenir ou de notifier son titre à ce dernier, ne doit pas, à raison de sa seule inaction, être censé avoir été représenté dans cette instance par celui qui lui a transmis ses droits. Cette question avait été résolue affirmativement dans notre ancienne jurisprudence; qui s'appuyait sur certaines lois romaines (V. Merlin, *Répertoire*, v° *Tierce opposition*). Mais les auteurs modernes n'admettent pas cette solution (V. Merlin, *Questions de droit*, v° *Chose jugée*, § 2, n° 2 ; Bonnier, n° 881 ; Larombière, n° 108; Aubry et Rau, t. 8, p. 374; Laurent, t. 20, n° 101). Comme le fait remarquer M. Larombière, la présomption qui lui servait de base n'avait aucun fondement dans la loi actuelle, et serait même contraire à la réalité des choses. « Aucune disposition légale n'oblige l'ayant cause à intervenir, tandis que l'art. 474 c. pr. civ. accorde sans distinction le droit de former tierce opposition à la partie qui n'a été ni appelée, ni représentée dans l'instance. C'est donc au demandeur à l'appeler en cause pour qu'il soit rendu contre elle un jugement commun » (Conf. Civ. cass. 19 août 1818, *Rép.* v° *Tierce opposition*, n° 150-2°).

173. En sens inverse, le jugement rendu contre l'ayant cause ne peut jamais être opposé à son auteur (*Rép.* n° 253. Conf. Larombière, n° 24; Bonnier, n° 882; Aubry et Rau, t. 8, p. 377; Demolombe, n° 359). — Jugé, en conséquence, que le jugement rendu contre le fermier ou locataire d'un immeuble, sur une action en revendication de la propriété de cet immeuble, ne peut être opposé au bailleur, alors même qu'il aurait été appelé au procès, s'il n'a pu venir défendre à ce procès (en Algérie), faute d'avoir pu trouver un défenseur, le bailleur devant être alors considéré comme n'ayant pas figuré dans l'instance, par suite d'un empêchement de force majeure (Civ. cass. 23 août 1854, aff. Sid Mohamed, D. P. 54. 1. 390). En effet, d'une part, l'empêchement de force majeure qui n'a pas permis à la partie appelée au procès d'y comparaître, la place dans la même situation que si elle n'y avait point été appelée. D'autre part, on ne peut dire qu'elle ait été représentée dans l'instance, car le locataire n'a pas qualité pour représenter le bailleur dans un procès relatif à la propriété de la chose louée (Conf. Laurent, t. 20, n° 109).

Il va de soi, d'ailleurs, « que la chose jugée avec le vendeur ou ses auteurs ne peut être opposée au successeur particulier qu'en tant qu'elle s'applique aux droits qui ont fait l'objet même de la transmission » (C. cass. de Belgique, 31 janv. 1851, aff. Colmant C. Ronchain, *Pasicrisie belge*, 1851. 1. 298). Décidé, en conséquence, que le tiers détenteur d'un immeuble hypothéqué, qui paye le créancier, avec subrogation dans les droits de celui-ci, est fondé à poursuivre son remboursement contre chacun des codébiteurs solidairement tenus de la dette, alors même que, par suite de la chose jugée entre ces derniers, quelques-uns seulement se trouveraient chargés de la dette (Même arrêt).

174. La jurisprudence a parfois admis qu'il n'y avait pas lieu d'appliquer la règle générale que nous avons formulée *suprà*, n°s 121 et suiv., en matière de demandes en dommages-intérêts pour contrefaçon ou usurpation de nom. C'est ainsi qu'il a été décidé que le jugement intervenu entre deux fabricants sur une question de nom et de contrefaçon n'a pas force de chose jugée à l'égard du successeur de l'un d'eux (Paris, 21 avr. 1874, aff. Ménier, D. P. 76. 1. 86). — Jugé de même que la décision qui, pour mettre un terme à la concurrence déloyale faite à un commerçant par une société sous le nom d'un de ses membres, s'est bornée à prescrire certaines mesures propres à éviter la confusion de noms entre les deux maisons, n'a pas l'autorité de la chose jugée relativement à des actes de concurrence postérieurs commis par une société nouvelle sous le nom du même associé. — Par suite, cette décision ne fait pas obstacle à ce qu'il soit interdit audit associé de faire usage de son nom patronymique dans la branche de commerce où la concurrence s'est produite (Req. 27 mars 1877, aff. Martel, D. P. 77. 1. 362); — ... Que le jugement qui a défendu à un fabricant de se servir, pour la désignation de ses produits, du nom d'un de ses prédécesseurs seul, et lui a enjoint de le faire précéder des mots « ancienne maison » et de mettre au-dessous son propre nom suivi du mot successeur, ne fait pas obstacle à ce qu'une décision ultérieure repousse la demande tendant à ce qu'il soit fait défense absolue au successeur de ce fabricant de donner le même nom à ses produits (Req. 26 avr. 1876, aff. Ménier, D. P. 76. 1. 86).

175. — III. Créanciers. — 1° *Créanciers chirographaires.* — Le principe que les créanciers chirographaires sont toujours représentés par leur débiteur, dans les instances où celui-ci figure (*Rép.* n° 245), est admis sans difficulté par tous les auteurs (Bonnier, n° 834; Marcadé, t. 5, p. 630; Griolet, p. 167; Colmet de Santerre, n° 328 *bis* XVI; Aubry et Rau, t. 8, p. 374; Laurent, t. 20, nos 102 et suiv.; Demolombe, t. 7, n° 357. Conf. Toulouse, 7 mars 1855, aff. Mirabel, D. P. 56. 2. 110; Civ. cass. 16 nov. 1874, aff. Nicolas, D. P. 75. 1. 150). — Les créanciers chirographaires cessent toutefois d'être les ayants cause de leur débiteur, lorsqu'ils attaquent un acte fait par lui en fraude de leurs droits. Il a été jugé, en conséquence, que le créancier qui demande la nullité d'un partage fait en fraude de ses droits agit en son propre nom et non comme ayant cause de son débiteur; par suite, on ne saurait opposer à ce créancier que le cohéritier son débiteur a été partie dans un précédent arrêt rendu sur la validité du partage (Civ. rej. 14 nov. 1853, aff. Matet, D. P. 53. 1. 325).

176. Il faut observer, d'ailleurs, que si, en principe, les créanciers chirographaires sont représentés par leur débiteur dans les instances engagées avec des tiers, c'est parce qu'ils n'ont d'autres droits que les siens et doivent souffrir, par conséquent, l'effet des jugements rendus contre lui. La règle cesse donc d'être applicable lorsqu'ils ont des intérêts contraires à ceux de leur débiteur. — Il a été jugé, en ce sens: que les créanciers d'une société commerciale ne sont pas représentés par les associés dans les actions intentées entre les associés eux-mêmes et sur la question de l'existence ou de la nature de cette société; en conséquence, le jugement rendu entre associés, et qui donne au pacte qui les lie le caractère d'association en participation, n'est pas opposable aux créanciers sociaux qui n'ont pas été appelés au procès, ceux-ci conservent malgré ce jugement le droit de faire décider qu'il existait entre les associés une société en nom collectif (Req. 7 déc. 1875, aff. Semence et consorts, D. P. 76. 1. 173. V. Conf. Aubry et Rau, t. 8, p. 375); — Que le jugement qui déclare, sur la demande du créancier saisissant, que les valeurs saisies-arrêtées sont la propriété du débiteur, ne peut être invoqué par celui-ci comme ayant à son profit l'autorité de la chose jugée, s'il n'a pas été partie à ce jugement (Req. 19 nov. 1877, aff. Froc de Saint-Hilaire, D. P. 78. 1. 486. — V. *infrà*, nos 181 et suiv.).

177. — 2° *Créanciers hypothécaires.* — Les créanciers hypothécaires sont-ils, comme les créanciers chirographaires toujours représentés par leur débiteur dans les jugements rendus contre lui, ou, au contraire, ne sont-ils représentés par lui que dans les instances antérieures à leur hypothèque? Cette question qui, lors de la publication du *Répertoire*, n'avait point encore été discutée par les auteurs a, depuis lors, donné lieu aux plus vives controverses. Pendant longtemps, on a généralement assimilé, en cette matière, les créanciers hypothécaires aux créanciers chirographaires (*Rép.* n° 251). D'après cette théorie, les créanciers hypothécaires sont liés par les jugements rendus avec leur débiteur, même postérieurement à leurs hypothèques, lorsqu'ils n'ont à reproduire contre ces jugements que les moyens déjà invoqués ou qui eussent pu être invoqués par ce dernier. Au contraire, ces jugements ne leur sont pas opposables, quand ils les attaquent par des moyens qui leur sont personnels. A l'égard des premiers, le débiteur les représentait au procès; quand aux seconds, il n'a agi qu'en son nom, et a laissé intacts les droits de ses créanciers hypothécaires.

C'est M. Valette qui, le premier, dans une dissertation insérée dans la *Revue de droit français*, 1844, p. 27, soumit cette doctrine à une discussion approfondie; après une appréciation logique et serrée des éléments de la controverse, il arriva à cette conclusion que, pour le créancier hypothécaire, le jugement rendu avec son débiteur, postérieurement à l'inscription de l'hypothèque, quant à la propriété des biens hypothéqués, est sans distinction entre les moyens invoqués, *res inter alios judicata*. « Ce dernier sentiment, dit à son tour Marcadé, sur l'art. 1351, n° 12, est seul exact, et comme les arrêts contraires ont tous été rendus à une époque où la question n'était même pas examinée d'une manière sérieuse; comme M. Valette, le premier qui ait logiquement traité ce point important, n'a écrit qu'en 1844, tandis que le dernier arrêt de la cour de cassation est de 1841; comme enfin ces différents arrêts ne donnent aucune raison à l'appui de leur décision, et se contentent tous de transformer en motif de jugement le point qui est à juger, en disant : *attendu que le créancier hypothécaire est représenté par son débiteur*, il y a lieu d'espérer que tôt ou tard un nouvel examen fera sortir la jurisprudence de la fausse voie dans laquelle Merlin l'a engagée ». M. Griolet, p. 161, qui se rallie à la même doctrine, s'exprime en ces termes : « Sans doute Merlin dit avec raison que le créancier hypothécaire ne saurait avoir qu'un droit subordonné au droit de propriété du débiteur, en sorte que, si le débiteur n'était pas propriétaire, l'hypothèque n'aurait pas existé. Mais c'est ainsi que l'usufruitier et l'acquéreur de la propriété eux-mêmes n'auraient rien acquis *a non domino*. La question est également, dans les trois hypothèses, de savoir si le jugement qui a nié la propriété de l'auteur est opposable à ceux qui avaient acquis antérieurement des droits sur l'immeuble. On reconnaît qu'il ne saurait être invoqué ni contre l'usufruitier, ni contre l'acquéreur. Pourquoi donner une autre décision quand l'ayant cause est un créancier hypothécaire? Merlin n'en donnait aucune raison juridique. Proudhon a allégué que le débiteur représente le créancier hypothécaire, parce qu'il possède et que le possesseur représente tous ceux qui ont des droits sur la chose et ne possèdent pas. C'est pourquoi il applique la même solution aux servitudes. Il devrait l'étendre à l'usufruit et à l'usage, car alors aussi le nu-propriétaire possède. Mais est-il vrai que le possesseur est ainsi mandataire de tous les intéressés? Nous ne l'avons pas même reconnu mandataire, à l'effet de rendre meilleure la condition d'autrui. Aussi Proudhon ne pouvait-il appuyer son opinion que sur deux textes romains étrangers à la question. Quant à l'argument qu'on tire de l'utilité générale, il n'est pas une raison de droit. Il est d'ailleurs très contestable. Il est, en effet, plus facile, grâce à la publicité des hypothèques, de connaître et de mettre en cause tous les créanciers hypothécaires que de connaître et de mettre en cause toutes les autres personnes ayant des droits sur l'immeuble litigieux. Et il ne serait pas moins dangereux de faire, dans ce cas, une dérogation au principe qui ne permet pas que nos droits soient compromis par autrui. C'est, en effet, un remède bien insuffisant que d'excepter le cas de collusion ». — La cour de Nancy a aussi établi très nettement la même théorie dans un arrêt ainsi motivé : « Attendu que, s'il est de règle que les créanciers chirographaires sont toujours représentés par leur débiteur dans les instances où celui-ci figure, il en est tout autrement des créanciers hypothécaires; que l'hypothèque étant un droit réel immobilier, qui entre dans le patrimoine du créancier, le débiteur ne peut plus en disposer, ni lui faire subir aucune atteinte, soit par l'effet d'une convention, soit par l'effet d'un jugement, sans la participation ou le consentement du créancier; — Attendu qu'on objecte en vain que le créancier hypothécaire n'est que l'ayant cause du débiteur; — Que, sans doute, il est bien son ayant cause en ce sens qu'il tient ses droits de lui comme l'acquéreur, l'usufruitier ou l'usager les tiennent du vendeur ou du propriétaire concédant; mais qu'il n'est à proprement parler l'ayant cause du débiteur que pour les actes antérieurs à la concession de l'hypothèque; que pour tout ce qui l'a suivie, il est un véritable tiers, ayant des droits qui lui sont propres, distincts de ceux du débiteur, et peut, par conséquent, repousser comme étant pour lui *res inter alios judicata*, les jugements rendus contre son débiteur postérieurement à la naissance ou à l'inscription de l'hypothèque; — Que le débiteur n'est donc pas le représentant légal de ses créanciers hypothécaires dans les instances relatives à la propriété de l'immeuble grevé, et que, dès lors, ces créanciers sont recevables à former tierce opposition aux jugements postérieurs à leur hypothèque, qui anéantissent ou amoindrissent entre les mains du débiteur l'immeuble qui formait leur gage » (Nancy, 22 févr. 1867, aff. Ledard, D. P. 67. 2. 201). La plupart des interprètes se sont ralliés à cette opinion (V. outre les auteurs précités : Bonnier, t. 2, n° 880; Pont, *Priviléges et hypothèques*, sur l'art. 2125, n° 647; Martou, *Priviléges et hypothèques*, t. 3, n° 967; Colmet de Santerre, n° 328 *bis*-XIX ; Aubry et Rau, t. 8, p. 376; Laurent, t. 20, n° 105 et suiv.; Demolombe, t. 7, n° 362 et suiv. — En sens contraire : Proudhon, *Usufruit*, t. 3, n° 1300 et suiv.; Carré, *Lois de la procédure*, quest. 1715; Larombière, n° 117 et suiv.).

178. La cour de cassation, au contraire, après avoir par un arrêt de rejet de la chambre civile du 28 août 1849 (aff. Jeanron, D. P. 50. 1. 57), rétracté son ancienne jurisprudence, a, par des décisions postérieures, sanctionné de nouveau la doctrine de Merlin (Civ. cass. 6 déc. 1859, aff. Couttolenc, D. P. 60. 1. 17; 13 déc. 1864, aff. Luce, D. P. 65. 1. 142; Req. 15 juill. 1869, aff. Ducros, D. P. 71. 1. 248; 2 juill. 1879, aff. Société Seyman, D. P. 80. 1. 199. V. aussi Toulouse, 7 mars 1855, aff. Mirabel, D. P. 56. 2. 110; Limoges, 23 août 1860, aff. Legrand, D. P. 61. 2. 6; Douai, 23 janv. 1869, aff. Roussel, D. P. 69. 2. 51; Paris, 6 juin 1872, aff. Comp. générale des Eaux, D. P. 73. 2. 124). — On peut citer toutefois, comme s'appropriant le système qui prévaut aujourd'hui dans la doctrine, un certain nombre de décisions (Civ. rej. 28 août 1849, aff. Jeanron, D. P. 50. 1. 57; Nancy, 22 févr. 1867, cité *suprà*, n° 177; Bourges, 16 nov. 1853, aff. Martin, D. P. 55. 2. 118. — Comp. Req. 9 juin 1863, aff. Trinquier, D. P. 64. 1. 483; Caen, 6 juill. 1858, aff. Ellie, D. P. 60. 1. 393. — V. *Priviléges et hypothèques; Tierce opposition*; — *Rép.* v° *Priviléges et hypothèques*, n° 2714 et suiv.).

179. M. Larombière, n° 119, et les partisans du système adopté par la cour de cassation apportent toutefois une restriction au principe qu'ils formulent: ils admettent que les créanciers hypothécaires peuvent repousser les jugements rendus contre leur débiteur, comme étant à leur égard *res inter alios acta*, soit lorsqu'il y a eu dol ou fraude de la part du débiteur (Toulouse, 7 mars 1855; Civ. cass. 6 déc. 1859; Civ. cass. 13 déc. 1864; Douai, 23 janv. 1869; Req. 15 juill. 1869, cités *suprà*, n° 178), soit lorsqu'ils exercent eux-mêmes des droits qui leur sont personnels, par exemple lorsque le jugement contre leur débiteur statuait sur une question relative à la priorité du rang des créanciers entre eux (Toulouse, 7 mars 1855, cité *suprà*, n° 178. — V. aussi *infrà*, n° 182),... ou lorsque ce jugement prononçait, pour cause d'inexécution des conditions, la révocation de la donation de l'immeuble hypothéqué par le débiteur, si le créancier hypothécaire offre de remplir les conditions imposées par le donateur (Motifs, Nancy, 22 févr. 1867, cité *suprà*, n° 177);... ou lorsqu'il s'agit d'une action résolutoire que le vendeur a négligé de conserver régulièrement vis-à-vis des tiers: le jugement qui, nonobstant l'extinction de l'action, aurait, dans ce cas, prononcé la résolution contre l'acquéreur, n'aurait pas force de chose jugée à l'égard des créanciers auxquels il aurait conféré l'hypothèque sur l'immeuble (Limoges, 23 août 1860, cité *suprà*, n° 178; Civ. cass. 16 nov. 1874, aff. Nicolas, D.P. 75.1.150). — Ainsi encore, le jugement qui prononce contre l'acheteur d'un immeuble la résolution de la vente, et ordonne que le bien vendu rentrera dans les mains du vendeur, libre de toute hypothèque créée du chef de l'acheteur, est sans effet contre les créanciers hypothécaires de ce dernier, dans le cas où le vendeur ayant négligé de conserver son privilège conformément à l'art. 7 de la loi du 23 mars 1855, a perdu avec ce privilège son action résolutoire vis-à-vis des créanciers inscrits (Civ. cass. 6 déc. 1859 précité). Ce dernier arrêt donne, à l'appui de sa décision, les motifs suivants qui exposent parfaitement le système général auquel s'est ralliée la cour de cassation: « Attendu, en droit, que le débiteur est le représentant naturel de son créancier; que le jugement qui prononce la résolution d'une vente faute de payement du prix, a force de chose jugée contre les créanciers de l'acheteur inscrits sur l'immeuble vendu, et que le sort de l'hypothèque est subordonné à la résolution du droit de propriété, alors que ces créanciers, agissant en vertu de l'art. 1166 c. civ., se bornent à faire valoir les droits qu'ils tiennent de leur débiteur et que celui-ci avait déjà vainement soutenus; — Mais qu'indépendamment de ces droits, les créanciers ont souvent des droits personnels qu'eux seuls peuvent invoquer, soit, par exemple, qu'il y eût un concert frauduleux entre le vendeur et l'acheteur; soit que l'acte authentique de vente portant quittance, la résolution n'ait été obtenue qu'en vertu d'une contre-lettre sans force contre les tiers: soit enfin, sous l'empire de l'art. 7 de la loi du 23 mars 1855, que le vendeur, ayant négligé de conserver son privilège, ait perdu le droit d'exercer l'action résolutoire au préjudice des créanciers inscrits; que dans ces cas et dans tous les cas semblables, les créanciers n'étant pas représentés par leur débiteur, le jugement, rendu avec lui seul, n'a pas force de chose jugée contre eux; qu'il suit de là que la radiation de leurs inscriptions ne peut être exigée du conservateur sur la seule production d'un jugement intervenu entre le vendeur et l'acheteur, puisque ce jugement n'est pas dans tous les cas définitif contre les créanciers; que si la radiation était opérée sans plus de précautions, des droits sérieux pourraient être sacrifiés ou au moins compromis sans examen, en l'absence et à l'insu de créanciers qui ont donné à leurs titres toute la publicité exigée par notre régime hypothécaire; que l'art. 2157 c. civ. évite ce danger en exigeant, pour la radiation des inscriptions, le consentement des parties intéressées ou un jugement passé en force de chose jugée contre elles; que, pour accomplir cette prescription de la loi, le vendeur, qui, après avoir obtenu la résolution de la vente, veut faire radier les inscriptions prises du chef de l'acheteur évincé, doit obtenir l'acquiescement des créanciers pour constater qu'ils n'ont pas de moyens personnels à faire valoir ou, en cas de refus de leur part, faire décider la question par la justice; — Attendu qu'il est du devoir du conservateur des hypothèques de tenir à l'accomplissement de ces prescriptions légales; — Attendu qu'en décidant autrement et en ordonnant que le conservateur des hypothèques de Troyes serait tenu de radier les inscriptions prises par les créanciers des époux Petit, sur les immeubles vendus à ces derniers par le sieur Bouillerot, en exécution d'un jugement qui avait ordonné la résolution de la vente, sans que ces créanciers eussent été mis en cause, ou sans qu'il eût été constaté avec eux qu'ils n'avaient aucun moyen personnel à faire valoir, l'arrêt attaqué a violé l'art. 2157 c. civ., et faussement appliqué l'art. 1351 du même code. » (Conf. Sol. impl. Req. 12 juill. 1869, aff. Maitrot, D. P. 71. 1. 248). — V. *infrà*, n° 203.

180. Dans les cas où le créancier hypothécaire n'a pas été représenté valablement par son débiteur, suffit-il à ce créancier d'invoquer la maxime *res inter alios judicata* pour écarter l'autorité de ce jugement, ou bien est-il indispensable qu'il y forme *tierce opposition?* D'après Merlin, *Répertoire*, v° *Tierce opposition*, et Chauveau, *Lois de la procédure*, t. 2, p. 1709 et suiv., la tierce opposition est facultative et jamais obligatoire pour le créancier. Mais ce système a été justement critiqué par Boitard, qui adopte la distinction suivante: « Le tiers contre lequel on veut exécuter un jugement auquel il n'a pas été partie n'est pas tenu, pour écarter l'application de ce jugement, d'y former tierce opposition, et peut se borner à s'abriter derrière la règle *res inter alios judicata*; mais la voie de la tierce opposition est, au contraire, indispensable pour le tiers qui veut empêcher l'exécution d'un jugement entre les personnes mêmes qui y ont été parties » (Boitard et Colmet-d'Aage, *Répétitions sur le code de procédure civile*, 8° éd., t. 2, n° 720. Conf. *Rép.* v° *Tierce opposition*, n° 6 et suiv.; Marcadé, n° 14; Thomine Desmazures, *Commentaire du code de procédure*, t. 1, n° 525; Griolet, p. 177). C'est dans le sens de cette opinion que s'est également prononcé l'arrêt du 12 juill. 1869, cité au numéro précédent, en décidant qu'un créancier hypothécaire produisant à un ordre peut, sans avoir recours à la tierce opposition, demander l'annulation de la collocation d'un créancier antérieur qui, par suite d'une collusion avec le débiteur, a obtenu un jugement reconnaissant sa créance (Conf. Civ. cass. 22 août 1871, aff. Jollivet, D. P. 71. 1. 136; Grenoble, 28 déc. 1880, aff. Audier, D. P. 82. 2. 188. V. Demolombe, t. 7, n° 394 et suiv.).

181. — 3° *Créanciers entre eux.* — On a dit au *Rép.*, n° 245 que la règle d'après laquelle les créanciers chirographaires sont liés par les jugements où leur débiteur a été partie s'applique même aux décisions qui auraient reconnu au profit de quelqu'un d'entre eux un droit privilégié ; et l'on a rapporté en ce sens un arrêt de la cour de cassation du 13 avr. 1841. La même opinion est adoptée par MM. Larombière, n° 116, et Laurent, t. 20, n° 104. Mais MM. Aubry et Rau, t. 8, p. 375, se prononcent en sens contraire : « Si, disent ces auteurs, les créanciers chirographaires, représentés par leur débiteur dans les instances relatives à son patrimoine et aux obligations ou aux droits qui s'y rattachent ne sont pas admis, alors même que les jugements rendus contre lui ont prononcé des condamnations emportant hypothèque judiciaire, ou reconnu des créances garanties par des privilèges, à contester ces condamnations ou ces créances, ni les effets légaux qui s'y trouvent attachés, ils sont cependant autorisés lors de la distribution du prix des biens compris dans ce patrimoine, à faire écarter comme nuls, inefficaces, ou frappés de déchéance, les droits de préférence qu'on prétendrait exercer à leur détriment, sans qu'on puisse leur opposer les jugements qui, obtenus contre le débiteur, auraient déclaré la validité, l'efficacité, ou la non-déchéance de ces droits de préférence » (V. conf. Demolombe, t. 7, n° 358 ; Bonnier, n° 884). Cette doctrine ressort très nettement d'un arrêt qui s'exprime en ces termes : « Attendu que, si les créanciers chirographaires doivent être considérés comme ayant été représentés par leur débiteur dans les instances qui, liées entre ce dernier et des tiers sur des droits ou des engagements relatifs à son patrimoine, doivent avoir pour unique résultat d'en fixer la consistance, il n'en est plus de même lorsqu'il s'agit de litiges portant sur le point de savoir comment se répartira entre lesdits créanciers l'émolument de ce patrimoine ; — Attendu que, sans intérêt dans de pareils litiges où ne se débattent que les droits de ses créanciers, le débiteur commun est, par cela même, sans qualité pour les représenter, et que, dès lors, les jugements qui ont reconnu des privilèges ou des droits de préférence au profit de tels ou tels d'entre eux, n'ont pas, quoique rendus avec le débiteur commun, l'autorité de la chose jugée au regard de ceux qui n'y ont pas été parties » (Civ. cass. 16 nov. 1874, aff. Nicolas, D. P. 75. 1. 150).

182. La même question se présente à l'égard des créanciers hypothécaires, et les divergences qui existent lorsqu'il s'agit des créanciers chirographaires, ne se reproduisent plus ici : on s'accorde à reconnaître que le jugement rendu entre le débiteur et l'un de ces créanciers et reconnaissant l'existence d'un droit de préférence au profit de ce dernier n'a pas l'autorité de la chose jugée à l'égard des autres créanciers privilégiés ou hypothécaires qui n'y ont pas été parties (*Rép.* n° 270 ; Laurent, t. 20, n° 104), et la jurisprudence s'est prononcée fréquemment en ce sens (V. Toulouse, 7 mars 1855, cité *suprà*, n° 163 ; Grenoble, 28 déc. 1880, aff. Audier, D. P. 82. 2. 188 ; Req. 2 juill. 1879, cité *suprà*, n° 178, ce dernier arrêt conçu en termes à peu près identiques à ceux de l'arrêt du 16 nov. 1874 que nous venons de rapporter. Conf. Req. 20 juin 1854, aff. Guérin, D. P. 54. 1. 231 ; 12 juill. 1869, aff. Maitrot, D. P. 71. 1. 248 ; Pont, *Privilèges et hypothèques*, p. 171).

Il a été jugé, dans le même ordre d'idées : qu'un jugement de validité de saisie-arrêt obtenu par un créancier chirographaire ne peut, même lorsqu'il n'est plus susceptible d'opposition ni d'appel, être opposé aux créanciers hypothécaires inscrits sur l'immeuble que représente la somme saisie-arrêtée, alors, d'ailleurs, que ces créanciers n'ont pas été parties à la procédure de saisie-arrêt (Req. 10 déc. 1851, aff. Depaz, D. P. 52. 1. 59) ; — Que lorsque deux sociétés distinctes et successives ayant existé entre les divers membres d'une famille, un banquier a ouvert à la première de ces sociétés un crédit garanti par une hypothèque, le jugement qui se borne à fixer le montant de la créance du banquier, à raison d'avances par lui faites à la seconde société, encore bien qu'il condamne tous les membres de la première à payer ladite créance, n'a pas l'autorité de la chose jugée, à l'égard d'un autre créancier hypothécaire, ni sur le point de savoir si l'hypothèque, consentie pour sûreté du crédit primitif, garantissait le remboursement des avances faites à la seconde société (Req. 1er juill. 1874, aff. Migout, D. P. 75. 1. 156).

183. Il est constant, d'ailleurs, que les décisions rendues à l'égard d'un créancier ne sont pas opposables aux autres créanciers du même débiteur. — Jugé notamment que l'arrêt qui a statué sur la validité d'un partage attaqué par le créancier d'un copartageant comme fait en fraude de ses droits et au mépris d'une opposition par lui formée, n'a pas l'autorité de la chose jugée à l'encontre d'un autre créancier qui, postérieurement, attaque le partage pour une cause semblable (Civ. rej. 14 nov. 1853, aff. Matel, D. P. 53. 1. 325). De même, et à plus forte raison, il a été décidé que la chose jugée contre les créanciers d'une société en faillite n'est pas opposable aux créanciers personnels du gérant (Grenoble, 28 déc. 1871, aff. Schwabacher, D. P. 72. 2. 206. — *Contrà :* Trib. com. Marseille, 16 nov. 1866, même affaire, D. P. 67. 5. 412).

§ 5. — Applications diverses (*Rép.* nos 224 et 225).

184. On a cité au *Rép.* nos 224 et suiv., diverses applications intéressantes du principe qu'une décision judiciaire ne peut avoir force de chose jugée contre une personne qui est restée étrangère au débat. A ces exemples, il y a lieu d'ajouter les espèces suivantes, où il a été jugé : 1° que l'arrêt qui prononce la nullité d'une expertise n'a pas l'autorité de la chose jugée à l'égard des deux experts qui n'étaient point parties à cet arrêt. Il en est ainsi spécialement dans le cas où l'arrêt a mis les frais de l'expertise à la charge du troisième expert dont l'abstention a vicié l'opération des deux autres : en conséquence, est nul l'arrêt qui rejette l'opposition du demandeur à l'exécutoire des dépens de l'expertise à lui signifié par ces deux experts, sous prétexte qu'on ne peut point remettre en question les causes de l'annulation de l'expertise et la responsabilité des frais frustratoires qui en ont été la conséquence (Civ. cass. 8 déc. 1873, aff. Tassaux, D. P. 74. 1. 148) ; — 2° Qu'un jugement n'a point l'autorité de la chose jugée contre la partie qui ne figurait dans l'instance ni par elle-même ni par les personnes aux droits desquelles elle se trouve. Ainsi, l'arrêt qui constate qu'un négociant français s'est approprié et a régulièrement conservé une marque de fabrique avant l'époque où un étranger (un Prussien) l'aurait employée lui-même hors de France, ne saurait porter atteinte à l'autorité de la décision étrangère dans laquelle le négociant français n'était pas partie, et qui déciderait que l'étranger en aurait fait un usage licite,... alors surtout qu'il résulte des faits et de documents judiciaires qu'antérieurement à la décision invoquée par lui, l'étranger avait usurpé la marque de fabrique hors de France (Req. 3 août 1880, aff. Mulhens, D. P. 81. 1. 429) ; — 3° Qu'un jugement d'adjudication sur folle enchère, bien qu'il déclare, dans son dispositif, laisser les frais faits pour parvenir à cette vente à la charge de l'avoué du fol enchérisseur, n'a pas force de chose jugée contre cet avoué, si celui-ci n'avait été ni mis personnellement en cause comme responsable des frais de folle enchère, ni interpellé ou entendu avant la condamnation intervenue contre lui, et si cette condamnation n'a pas d'ailleurs été prononcée par application de l'art. 1031 c. pr. civ. En conséquence, est nul le commandement fait à l'avoué du fol enchérisseur en vertu d'un tel jugement (Civ. cass. 7 avr. 1880, aff. Nicollet, D. P. 80. 1. 218) : la circonstance que la condamnation prononcée contre un avoué qui ne figure pas au procès dans son intérêt personnel, a pour objet les dépens de l'instance, n'est pas de nature à motiver une exception au principe énoncé plus haut ; car il est, au contraire, certain qu'il faut avoir été *partie dans l'instance* pour pouvoir être condamné aux dépens, le juge n'ayant aucune action sur une personne qui n'est pas en cause (*Rép.* n° 224, et v° *Frais et dépens*, n° 39. V. aussi *Avoué*, n° 88 ; Chauveau et Carré, *Lois de la procédure*, quest. 3396 ; Riom, 13 juin 1866, aff. Lapeyre, D. P. 80. 1. 219, note).

185. Les décisions qui suivent contiennent encore une application pure et simple du même principe : 1° le jugement qui, rendu après jonction de plusieurs instances, statue sur chacune d'elles par des dispositions distinctes, doit être considéré comme renfermant autant de décisions séparées, et chacune de ces dispositions n'a, dès lors, l'autorité de la chose jugée qu'entre ceux qui étaient parties dans l'instance qu'elle concerne ; ainsi, en cas de jonction de deux instances engagées par deux créanciers du même débiteur, concluant, l'un à la validité d'une saisie-arrêt par lui pratiquée sur un tiers, l'autre à la condamnation du débiteur saisi au payement d'une certaine somme, la disposition du jugement qui valide la saisie-arrêt et ordonne au tiers saisi de se libérer aux mains du saisissant, n'a pas l'autorité de la chose jugée contre le créancier qui, se bornant à poursuivre le débiteur saisi, n'a pas été partie à cette disposition; et, par suite, elle laisse subsister les effets de l'opposition que ce dernier avait lui-même pratiquée avant ce jugement (Civ. cass. 11 févr. 1867, aff. Comp. *La France*, D. P. 67. 1. 377); — 2° Un jugement rendu sur une contestation engagée incidemment à l'instance principale, entre quelques-unes seulement des parties, ne peut acquérir l'autorité de la chose jugée contre celles avec lesquelles l'incident n'a point été lié, alors même qu'il leur aurait été signifié. En conséquence, si, sur appel, ce jugement est infirmé, l'arrêt infirmatif peut être déclaré, par voie de déclaration d'arrêt commun, profiter à ces dernières parties, quoiqu'elles n'aient point interjeté d'appel, une partie n'étant tenue d'appeler que d'un jugement rendu avec elle. Spécialement, lorsque, dans une instance en partage entre cohéritiers, quelques-uns d'eux ont incidemment engagé, sans le concours des autres, défaillants au procès, une demande en nullité d'un testament produit dans l'instance par un tiers intervenant, le jugement qui a rejeté cette demande ne peut être opposé aux cohéritiers qui n'y ont point été parties, bien qu'il leur ait été signifié, et, dès lors, le défaut d'appel de leur part n'apporte pas l'obstacle de la chose jugée à ce que l'infirmation prononcée sur l'appel des cohéritiers contre lesquels le jugement avait été rendu, leur profite au moyen d'une déclaration d'arrêt commun, d'ailleurs demandée par l'intimé lui-même (Civ. rej. 26 nov. 1856, aff. de Lordat, D. P. 56. 1. 443) : « Attendu, dit très justement cet arrêt, qu'il n'appert d'aucunes énonciations, soit du jugement, soit de l'arrêt attaqué, que ce litige spécial ait jamais été directement ou indirectement notifié aux défendeurs, et qu'en effet le jugement ne prononce contre eux de ce chef aucune condamnation; — Qu'il suit de là que faute d'une interpellation ou d'une mise en demeure quelconques, le jugement intervenu sur ce point ne pouvait leur être opposé, et que, dès lors, la signification qui leur en a été faite à la requête du légataire n'a pu faire courir au préjudice des défendeurs les délais d'appel, puisque rien ne pouvait les obliger à recourir à cette voie contre un jugement qui leur était complètement étranger » ; — 3° Le jugement par lequel un tribunal français s'est déclaré incompétent, à raison de ce que le débat porté devant lui s'agitait entre parties appartenant à une nationalité étrangère, ne peut être invoqué comme repoussant, par l'autorité de la chose jugée, une nouvelle demande, si celle-ci, quoique introduite par le même demandeur contre le même défendeur, est en même temps dirigée contre un autre défendeur de nationalité française, qu'on prétend être obligé au même titre que le premier. La présence de ce nouveau défendeur ne permet pas de considérer la seconde demande comme formée entre les mêmes personnes que la première (Civ. cass. 9 avr. 1879, aff. Hamard, 2e arrêt, D. P. 86. 1. 13-14); — 4° L'arrêt qui, après annulation d'une société en commandite par actions pour défaut de versement du quart de chaque action, ordonne que les pertes de la société seront supportées tant par les actionnaires que par le gérant, n'est pas opposable à ceux des actionnaires qui n'y ont pas été parties (Req. 12 janv. 1870, aff. Cambon, D. P. 70. 1. 114); — 5° Dans le cas où les dommages résultant pour deux navires d'un abordage en mer ont été répartis par un arrêt entre les deux navires, cet arrêt ne peut être invoqué par le porteur d'un billet de grosse qui n'a pas été partie au procès d'appel, lors même qu'il aurait pris part au procès en première instance (Req. 10 févr. 1873, aff. Calcagno, D. P. 73. 1. 427). — Toutefois il a été décidé que le jugement qui accorde une indemnité collective, par exemple pour sauvetage d'un navire, peut être invoqué aussi bien par ceux des sauveteurs qui n'ont pas figuré dans l'instance, que par ceux qui y ont, été appelés; en conséquence, ces derniers sont recevables, lors de la répartition de l'indemnité, à venir réclamer leur part, sans qu'ils aient l'obligation ni le droit de s'adresser à la partie contre laquelle cette indemnité a été prononcée, l'évaluation qui en a été faite étant irrévocable (Req. 6 nov. 1855, aff. Asselin, D. P. 56. 1. 255). Cet arrêt donne, à l'appui de sa décision, les motifs suivants : « Attendu qu'on ne saurait admettre le point de vue subsidiaire du pourvoi, qui, tout en reconnaissant aux défendeurs éventuels, le droit à une indemnité, leur dénie celui de prendre part à la rémunération allouée par le jugement du tribunal de commerce, et les renvoie à intenter une action directe contre le capitaine; — Qu'en effet, le jugement du tribunal de commerce, du 9 mai 1854, qui a acquis l'autorité de la chose jugée, ayant irrévocablement fixé à la somme de 10,000 fr., l'indemnité que le capitaine devait payer, pour le sauvetage de son navire, cette indemnité ne peut être ultérieurement augmentée, par le concours des sauveteurs, qui n'avaient pas été appelés dans l'instance qui avait fixé le chiffre de cette rémunération; — D'où il suit qu'en décidant, dans l'espèce, que l'intervention des défendeurs éventuels était justifiée en la forme et au fond, ledit arrêt n'a pu violer les articles invoqués par les demandeurs ».

Jugé, d'autre part: 1° que l'autorité de la chose jugée ne saurait être refusée à la sentence d'un juge de paix qui, sur une action en bornage, a délimité deux propriétés, sous le prétexte qu'un arrêt postérieur aurait assigné d'autres limites aux deux propriétés, alors que la partie qui invoque la chose jugée par ladite sentence n'avait figuré que comme appelée en garantie dans l'instance terminée par cet arrêt, et avait été mise hors de cause avant le même arrêt (Civ. cass. 20 août 1867, aff. Romanille, D. P. 67. 1. 376); — 2° Que le jugement qui a rejeté la demande en nullité d'un traité de fusion entre deux sociétés, formée par le syndic de l'une des deux sociétés fusionnées contre les administrateurs et les liquidateurs de l'autre, a l'autorité de la chose jugée à l'égard des actionnaires de celle-ci, et s'oppose à ce qu'ils reproduisent individuellement la même demande (Req. 2 juill. 1873, aff. Rodocanachi, D. P. 74. 1. 49).

§ 6. — De l'identité des qualités (*Rép.* nos 281 à 292).

186. L'identité des qualités, dit M. Laurent, t. 20, n° 126, « n'est pas une quatrième condition prescrite pour qu'il y ait chose jugée; c'est une explication qui complète la condition que nous venons d'expliquer : l'identité des personnes et l'identité des qualités constituent une seule et même question, l'identité des personnes juridiques : en droit, on considère la personne juridique et non la personne physique. » (Conf. *Rép.* n° 281; Griolet, p. 155; Aubry et Rau, t. 8, p. 385; Marcadé, t. 5, p. 186; Larombière, n° 141). Il ne peut donc y avoir chose jugée à l'égard d'une personne qu'autant que, dans la nouvelle instance, elle agit en la même qualité qu'au premier procès.

187. Ainsi, la chose jugée avec le tuteur ne peut lui être opposée lorsqu'il reproduit la même demande en son nom personnel (Civ. rej. 28 août 1849, aff. Jeanron, D. P. 50. 1. 57). — De même celui qui a succombé dans une instance où, figurant en son propre nom, il prétendait que des engagements par lui souscrits devaient être annulés comme constituant des avantages particuliers consentis par son intermédiaire au profit de l'un des créanciers d'un failli, en contravention aux dispositions prohibitives des art. 597 et 598 c. com., peut poursuivre plus tard, sans qu'il soit permis d'exciper contre lui de l'autorité de la chose jugée, l'annulation des mêmes engagements, au nom et en qualité de créancier du failli, en vertu de l'art. 1166 c. civ. (Civ. rej. 4 juill. 1854, aff. Danguin, 1er arrêt, D. P. 54. 1. 403). — De même encore, lorsque deux ordres successifs ont été ouverts pour la distribution du prix d'un immeuble, les créanciers qui ont figuré dans le premier ordre comme créanciers d'une faillite et cessionnaires d'une créance, et qui y ont été déclarés déchus par une décision passée en force de chose jugée, ne peuvent se voir opposer cette déchéance dans le second ordre, où ils figurent comme créanciers d'une succession et investis d'un droit de gage sur la créance pour laquelle ils produisent (Req. 17 janv. 1876, aff. Hue, D. P. 76. 1. 347). — Jugé que la qualité en laquelle un avoué procède comme représentant une partie dans une instance n'est point la même que celle en laquelle, dans cette instance, il subit une condamnation personnelle (Civ. cass. 7 avr. 1880, aff. Nicollet, D. P. 80. 1. 218. Conf. *Rép.* v° *Cassation*, n° 2029).

188. Décidé, de même, qu'il n'y a pas chose jugée contre un créancier hypothécaire qui a exercé dans une première instance les droits de son débiteur et qui invoque dans la seconde son propre droit réel d'hypothèque (Angers, 1er avr. 1868, aff. Gauron, D. P. 68. 2. 83);... contre celui qui agissait au premier procès en vertu de son propre droit, et qui agit, dans le second, comme cessionnaire des droits d'un tiers (Lyon, 30 déc. 1870, aff. Laroche, D. P. 71. 2. 137);... contre un créancier qui agissait la première fois en vertu de sa propre créance et qui agit la seconde fois comme subrogé aux droits d'un autre créancier (Civ. cass. 30 janv. 1872, aff. Aribaud, D. P. 74. 1. 99);... contre une personne qui, dans la première instance, agissait comme cessionnaire des droits d'un légataire universel, et qui forme la même demande comme héritière naturelle du *de cujus* (Req. 14 avr. 1885, aff. Jauzion, D. P. 86. 1. 300);... contre celui qui, dans une première instance, agissait en revendication à titre de nu-propriétaire, et qui, dans la seconde, réclame une restitution de fruits en qualité d'héritier de l'usufruitier (Bruxelles, 29 juill. 1868) (1).

189. Il a été jugé, d'après les mêmes principes, que la chose jugée par un jugement qui rejette une demande dirigée contre une société dans la personne de son gérant, par ce motif qu'il n'existe aucun lien de droit entre cette société et le demandeur, ne fait pas obstacle à ce que cette demande soit renouvelée contre ce gérant en son nom personnel et comme cessionnaire des droits du poursuivant (Req. 21 juin 1881, aff. Trasbot, D. P. 82. 1. 213). — Décidé, au contraire, que, lorsqu'un créancier a demandé dans un contredit à l'ordre qu'une hypothèque générale qui le prime soit restreinte à une partie seulement du prix en distribution, et que sa demande a été repoussée par un jugement passé en force de chose jugée, il ne peut reproduire ce contredit ni former aucune autre demande ayant pour objet, entre les mêmes parties, de modifier ou de remettre en question le rang et le montant assignés irrévocablement par ledit jugement aux diverses collocations, alors même qu'il aurait agi la première fois en vertu de son propre droit et qu'il agirait de nouveau comme subrogé à une hypothèque légale, si, d'une part, cette subrogation est antérieure au jugement passé en force de chose jugée qui a repoussé le premier contredit, et si, d'autre part, le dit jugement s'était fondé, pour repousser le contredit, non pas sur l'inexistence de la subrogation, mais sur son inefficacité résultant de ce qu'elle avait eu lieu après l'expiration des délais impartis par la loi pour contredire le règlement provisoire et modifier par là la situation faite par cet état aux créanciers colloqués (Civ. cass. 12 mai 1875, aff. de Payan, D. P. 75. 1. 361. Comp. Civ. rej. 25 févr. 1880, aff. Boisseaux, D. P. 80. 1. 222. — V. aussi Req. 6 mai 1879, aff. de Florens et Michel, D. P. 80. 1. 24).

190. Il ne faut, toutefois, admettre la théorie qui précède, qu'en y apportant la restriction suivante, consacrée par la jurisprudence et la doctrine: le jugement rendu avec une partie procédant en une certaine qualité fait obstacle à ce que cette partie reproduise un nouveau débat, ayant la même cause et le même objet, en vertu d'une qualité distincte, si elle réunissait déjà ces deux qualités lors du premier débat. « Comment, dit très bien Marcadé, t. 5, p. 189, en combattant l'opinion contraire de Zachariæ, t. 5, p. 789, soutiendrait-on qu'il n'y a plus *eadem conditio personarum*, alors que rien, absolument rien, n'est venu modifier la condition des parties?... De ce qu'on n'a pas parlé de cette qualité, il ne s'ensuit pas assurément que vous ne l'aviez point; de ce qu'on n'a pas envisagé votre condition sous le rapport dont on se préoccupe aujourd'hui, il ne s'ensuit pas que cette condition ait changé. C'est donc seulement lorsque la qualité dont on argumente dans le second débat n'a été prise par vous que postérieurement au débat primitif, que cette qualité peut faire cesser, pour défaut d'identité juridique des personnes, l'autorité de la chose jugée. » (Conf. *Rép.* n° 288; Req. 30 juin 1856, aff. Durepaire, D. P. 57. 1. 93; Aubry et Rau, t. 8, p. 386, note 65; Laurent, t. 20, n° 129. V. cependant Req. 14 avr. 1885, cité *suprà*, n° 188). Et il n'importe que la partie n'ait pu se prévaloir simultanément des deux qualités, parce qu'elles créaient en elle des intérêts contradictoires; elle est alors tenue d'opter entre ces deux qualités et les intérêts opposés auxquels elles donnent naissance; spécialement, celui qui, aux droits de sa mère, a demandé et obtenu la collocation de l'hypothèque légale de celle-ci, en combattant un contredit fondé sur l'absence de reprises à exercer, ne peut ultérieurement, et alors, par exemple, qu'une collocation en sous-ordre réclamée par des créanciers de sa mère doit lui enlever le bénéfice de cette collocation, s'approprier le même contredit, en qualité d'ayant droit de son père, si déjà il était investi de cette dernière qualité, lors de l'exercice des droits maternels: il est réputé, en cas pareil, avoir opté pour ces derniers droits (Même arrêt du 30 juin 1856).

191. Toutefois, une qualité déjà subsistante, et non invoquée dans le premier débat, pourrait servir de base à un second débat, si elle avait pour conséquence de donner à ce dernier débat une cause nouvelle ou un nouvel objet. « Cette différence entre les deux hypothèses, dit M. Marcadé, *loc. cit.*, tient, on le conçoit bien, à ce qu'il dépend de la volonté d'un plaideur de demander ou non tel objet, et de baser sa demande sur telle cause ou sur telle autre, tandis qu'il ne dépend ni de sa volonté ni de celle de son adversaire, de changer la vérité des choses et de faire qu'il n'ait pas la condition qu'il a » (V. dans le même sens les auteurs cités au numéro précédent).

192. Celui qui, après avoir agi dans une instance comme héritier bénéficiaire, plaide dans une autre instance comme héritier pur et simple, ne doit pas être considéré, au moins en général, comme ayant procédé en deux qualités différentes: dans l'une comme dans l'autre instance, il agit comme héritier, comme représentant le défunt; en conséquence, les jugements rendus contre lui en qualité d'héritier bénéficiaire conservent toute l'autorité de la chose jugée, alors même qu'il a renoncé au bénéfice d'inventaire pour demeurer héritier pur et simple (*Rép.* n° 286). — Au contraire, le jugement rendu contre un héritier bénéficiaire sur l'existence d'un privilège n'a pas l'autorité de la chose jugée à

(1) (Héritiers Stallaert C. Frison et consorts.) — LA COUR; — Attendu que pour établir que les intéressés possèdent indûment et de mauvaise foi les biens des fruits desquels il s'agit, les appelants invoquent l'autorité de la chose jugée résultant du jugement du tribunal de Louvain du 12 août 1865 et de l'arrêt de cette cour du 13 juill. 1866; — Attendu que l'autorité de la chose jugée n'a lieu qu'à l'égard de ce qui a fait l'objet du jugement et pour autant que la chose demandée soit la même, que la demande soit fondée sur la même cause, qu'elle s'agite entre les mêmes parties, et qu'elle soit formée par elles et contre elles en la même qualité (c. civ. art. 1351);... — Attendu que l'action portée par les appelants devant le tribunal de Louvain, par exploit du 4 juill. 1863, se basait sur le testament authentique du 20 juin 1837 de la béguine Janssens, leur tante, qui les instituait ses héritiers pour moitié, tandis que l'action actuelle a sa raison d'être dans la qualité d'usufruitière de leur mère, au moins jusqu'au jour du décès de celle-ci; que les deux demandes dérivent donc de droits distincts et ne reposent pas sur la même cause; que, dans la première instance, les appelants agissaient en qualité d'héritiers de leur tante, et que, dans la présente cause, ils agissent en grande partie comme héritiers *ab intestat* de leur mère; — Qu'il suit de ce qui précède que l'exception de chose jugée invoquée par les appelants n'est pas fondée; — Attendu que les appelants objectent en vain qu'ils ne sont au procès que de leur chef comme pleins propriétaires et que leur action n'a pour but que l'exécution d'un titre, c'est-à-dire la réalisation quant aux fruits des droits que leur confèrent le jugement de 1865 et l'arrêt de 1866; — Qu'en effet, les appelants ne sont investis du plein domaine des biens dont il s'agit que depuis le décès de leur mère; qu'avant cette époque les fruits ne leur appartenaient pas, qu'ils appartenaient exclusivement à leur mère, et qu'ainsi, si le jugement et l'arrêt leur reconnaissent implicitement des droits aux fruits, ce n'est et ce ne peut être que pour les fruits à naître postérieurement à la cessation de l'usufruit; que c'est ce que l'arrêt du 13 juill. 1866 consacre explicitement en disant que la demande en restitution de fruits, qu'ils formulaient alors par appel incident, dérive d'un droit distinct et de celui qui a servi de base à l'action en revendication exercée par eux;...

Par ces motifs, etc.

Du 29 juill. 1868.-C. de Bruxelles, 3e ch.-M. Ranwet, pr.-de Lantsheere et Orts, av.

l'égard du même héritier agissant ultérieurement en qualité de créancier hypothécaire de la succession (Civ. rej. 26 avr. 1852, aff. Sian, D. P. 52. 1. 31. Conf. Aubry et Rau, t. 8, p. 385; Laurent, t. 20, n° 130). En effet, comme le dit parfaitement l'arrêt que l'on vient de citer, « s'il est vrai de dire, en général, que les créanciers sont représentés par l'héritier bénéficiaire de leur débiteur, cela ne saurait être opposé à l'héritier bénéficiaire lorsque, comme créancier lui-même, il agit contre d'autres créanciers pour l'établissement de ses droits et de ses privilèges; dans ce cas, et comme créancier, il exerce ses droits individuels et il lui appartient, ou de se défendre contre les privilèges invoqués à son préjudice, ou de faire valoir contre les autres les privilèges dans lesquels il se prétend fondé. »

SECT. 4. — DES EFFETS DE LA CHOSE JUGÉE (*Rép.* n°s 293 à 393).

ART. 1er. — *Effets généraux de la chose jugée* (*Rép.* n°s 294 à 314).

193. — I. IRRÉVOCABILITÉ DE LA CHOSE JUGÉE. — « La chose jugée rend légalement certaine l'existence du rapport juridique qui a fait l'objet de la contestation, *res judicata pro veritate habetur.* » (Aubry et Rau, t. 8, p. 399). Il en résulte que le principal effet de la chose jugée est de s'opposer à ce que l'on remette en question ce qui a été précédemment décidé et reconnu (*Rép.* n°s 294 et suiv., 307 et suiv.). Il a été jugé, en ce sens : 1° que l'arrêt qui, pour écarter la prescription d'une action en rescision pour cause de dol, juge que le dol a été découvert depuis moins de dix ans, met obstacle à ce que la décision rendue ensuite sur le fond fasse remonter la connaissance du dol à une autre époque, et déclare, par exemple, qu'il n'y a point eu dol, parce que les faits dolosifs articulés étaient connus de toutes les parties au moment même du contrat (Civ. rej. 13 mars 1849, aff. Cazanave, D. P. 49. 1. 229); — 2° Que lorsqu'un arrêt a décidé que le tuteur n'avait pas droit aux intérêts des sommes déboursées par lui pour améliorations sur les immeubles du pupille, mais qu'en même temps cet arrêt a pris pour base, dans la fixation de la quotité des fruits et revenus dont ce tuteur a été condamné à tenir compte, la valeur des immeubles tels qu'ils étaient avant ces améliorations, c'est à bon droit qu'un arrêt postérieur refuse d'imputer au crédit du compte de ce tuteur la somme déboursée pour cet usage (Civ. rej. 11 nov. 1851, aff. de Roquelaure, D. P. 51. 1. 318); —3° Que lorsqu'un arrêt, tout en se fondant principalement, pour attribuer une partie des terrains litigieux, sur les titres produits et le constat des lieux, a ordonné le dépôt au greffe d'un plan signifié au procès, on ne peut plus tard remettre en question ce que cet arrêt a jugé, sous prétexte que le plan déposé n'y est pas conforme (Civ. rej. 15 févr. 1853, aff. Schwartre, D. P. 53. 1. 77);—4° Qu'un arrêt ne peut, sans violer l'art. 1351, ordonner soit à titre de dommages-intérêts, soit à titre de restitution, que des sommes dues en vertu d'un jugement passé en force de chose jugée seront retranchées d'un compte débattu entre les parties qui avaient figuré dans ce jugement (Civ. cass. 14 août 1867, aff. Sausset, C. Guyon,-MM. Pascalis, pr.-Lamy, rap.-de Raynal, av. gén.-Brugnon et Mazeau, av.); — 5° Qu'après une décision qui condamne une partie au payement d'une portion de la dette de son auteur, le juge ne peut, sans violer l'autorité de la chose jugée, condamner le même débiteur envers la même partie au payement de la totalité de la même dette, soit par le motif que ce débiteur aurait été considéré comme seul débiteur envers ce créancier, soit par le motif qu'il se serait fait déclarer héritier pour la totalité du débiteur originaire (Civ. cass. 17 août 1870, aff. Zérafa, D. P. 70. 1. 332); — 6° Que l'autorité de la chose jugée s'oppose à ce qu'un arrêt puisse mettre à la charge d'une femme, débitrice solidaire avec son mari pour la sûreté d'un crédit ouvert, soit le montant de billets souscrits par celui-ci à une époque antérieure à celle de son engagement, pour couvrir le prêteur de ses avances, bien que leur échéance soit postérieure à cette époque, soit les frais et intérêts dus par suite du défaut de payement de ces billets, soit enfin les intérêts du reliquat d'un compte antérieur, s'il résulte d'un précédent arrêt que cette femme n'avait entendu s'engager que pour les dettes futures (Civ. cass. 16 juill. 1872, aff. Berthault, D. P. 72. 1. 361); — 7° Qu'après qu'un arrêt a déclaré propriétaires exclusifs de parcelles litigieuses les habitants d'un hameau, réunis en section de commune pour la régularité de la procédure contre les habitants de tous les autres hameaux de la commune, un arrêt postérieur ne peut attribuer aux habitants d'un hameau distinct du premier la copropriété des mêmes parcelles, comme faisant partie de la section de commune qui porte le même nom sur le plan cadastral (Civ. cass. 30 juill. 1873, aff. Gautier, D. P. 74. 1. 22); —8° Que lorsqu'un jugement, passé en force de chose jugée, constate l'existence et le chiffre d'une dette, et sa reconnaissance par le débiteur, celui-ci ne peut en mettre de nouveau en question ni l'existence, ni la quotité (Req. 11 août 1874, aff. Echalié, D. P. 76. 5. 93); — 9° Que le vendeur dont l'action en payement, dirigée contre l'acheteur, a été repoussée faute de justification, ne peut, dans une seconde instance où il demande le prix à l'intermédiaire de la vente, et où celui-ci a appelé l'acheteur en garantie, conclure directement à la condamnation de ce dernier, sans être arrêté par l'exception de la chose jugée (Req. 10 nov. 1884, aff. Bossu, D. P. 85. 1. 291).

194. L'irrévocabilité de la chose jugée est telle qu'il n'y a pas lieu à la délation du serment décisoire sur un fait réglé par un jugement passé en force de chose jugée (*Rép.* v° *Obligations*, n° 5194). Bien plus, la partie qui a obtenu un jugement passé en force de chose jugée, ne peut, en renonçant au bénéfice de ce jugement, réitérer son action devant la même juridiction, encore que la seconde demande contiendrait un chef nouveau, l'adjonction de ce nouveau chef de conclusions ne permettant pas au juge de revenir sur ceux qui ont donné lieu au premier jugement (Civ. cass. 22 avr. 1850, aff. Delaunay, D. P. 50. 1. 126. Conf. Larombière, n° 148; Demolombe, t. 7, n° 383).

195. L'autorité de la chose jugée s'oppose même à ce qu'il soit simplement donné acte à une partie de réserves dont l'accueil aurait pour conséquence de reconnaître au concluant le droit de contester à nouveau l'existence d'une dette reconnue par une décision passée en force de chose jugée (Req. 19 oct. 1886, aff. Laurent, D. P. 87. 1. 165-166). On objecterait vainement que le jugement qui donnerait acte de la réserve des droits des parties ne déciderait rien (*suprà*, n° 52) : ce jugement constaterait, au moins, l'existence de la réserve exprimée et, par suite, permettrait à la partie qui a demandé acte d'exercer le droit réservé.

196. L'autorité de la chose jugée rend non avenu l'acquiescement qu'une partie a donné à une décision annulée par une décision postérieure et contre laquelle aucun recours n'a été formé (Civ. cass. 21 nov. 1831, *Rép.* v° *Acquiescement*, n° 161).

197. Sur l'obligation naturelle que laisse subsister la chose jugée, V. *Rép.* n° 304. Conf. Larombière, n° 150; Aubry et Rau, t. 8, p. 401. — Sur la question de savoir si la chose jugée est déclarative ou attributive de droits, V. *Jugement;* — *Rép.* v^is *Chose jugée*, n°s 305 et suiv.; *Jugement*, n° 316. Conf. Larombière, n° 144; Aubry et Rau, t. 8, p. 400.

198. — II. ETENDUE DES EFFETS DE LA CHOSE JUGÉE. — Ainsi que nous l'avons fait observer au *Rép.* n° 293, l'exception de la chose jugée est essentiellement restrictive, c'est-à-dire qu'il n'en doit être fait application que dans les cas explicitement prévus par la loi, et alors qu'il n'y a aucun doute possible sur son existence ou sur la portée du jugement duquel elle résulte. — Il a été décidé, notamment par application de cette règle, que l'arrêt qui prescrit un règlement d'eau, et, en même temps, ordonne le maintien d'un barrage dont le demandeur en règlement d'eau demandait la suppression, ne met pas obstacle à ce règlement d'eau, le maintien du barrage n'impliquant pas celui du mode de prise d'eau, à propos duquel la demande a été formée; par suite, c'est à tort que, sur l'appel du défendeur, qui résistait à un nouveau règlement, la cour infirmerait le chef du jugement relatif à ce règlement, sous prétexte que le maintien du barrage, ordonné par le tribunal, ne permettait pas d'y procéder, et que la décision aurait acquis, à cet égard, force de chose jugée, faute d'appel du demandeur (Civ. cass. 15 déc. 1852, aff. Trescazes, D. P. 53. 1. 96). — Décidé, également, que le jugement passé en force de chose jugée qui, à raison de l'appel d'une précédente décision ordonnant qu'il soit procédé de suite à une adjudication, renvoie cette adjudication à un jour déterminé, ne lie pas le juge d'appel ; celui-ci peut, dès lors, fixer pour la vente un jour autre que celui indiqué, si ce jugement a entendu simplement désigner une époque avant laquelle l'adjudication ne pourrait pas avoir lieu, afin de laisser au juge d'appel le temps de statuer sur le recours porté devant lui ; en conséquence, l'arrêt qui fixe un jour différent de celui qu'a ainsi déterminé le tribunal ne peut être attaqué pour violation de la chose jugée (Req. 30 juin 1851, aff. Vizien, D. P. 51. 1. 238); — Que le jugement passé en force de chose jugée, qui a condamné solidairement tous les associés comme responsables envers les tiers de la nullité de la société résultant de leur fait, sans qu'aucune différence pût être établie dans la responsabilité de chacun d'eux, ne met pas obstacle à ce qu'il soit ultérieurement décidé, sur une demande en répartition entre les associés de l'indemnité mise à leur charge, et alors que les statuts sociaux ne déterminent point la part de chaque associé dans les pertes, que cette part sera entre les associés proportionnelle à l'apport de chacun d'eux (Civ. rej. 18 juill. 1883, aff. Carpentier, D. P. 85. 1. 24).

199. C'est un principe général que la chose jugée n'existe qu'à l'égard de ce qui a été l'objet d'une difficulté entre les parties. — Conformément à ce principe, il a été jugé, notamment, que le jugement qui maintient un particulier dans la jouissance de jours dont le voisin demandait la suppression, ne peut être invoqué comme n'ayant reconnu à ce particulier que le droit d'avoir de simples jours de souffrance et non des fenêtres d'aspect, alors que la difficulté ne portait point sur l'étendue du droit (Civ. rej. 1er déc. 1851, aff. Ben-Aïm, D. P. 52. 1. 30); — ... Que l'autorité de la chose jugée acquise à une sentence arbitrale par l'effet de l'arrêté qui a confirmé cette sentence ne s'applique pas au chef qui condamne la partie succombante à payer, à titre de frais, des honoraires aux arbitres, si ce chef n'a été l'objet d'aucun débat devant les juges d'appel (Civ. cass. 30 déc. 1852, aff. Bailly, D. P. 52. 1. 330). — On trouve d'autres applications de la même règle dans les arrêts suivants, déjà cités comme exemples à d'autres points de vue: Req. 22 avr. 1851 (*suprà*, n° 88); Req. 20 févr. 1855 (*suprà*, n° 93); Nîmes, 21 août 1856 (*suprà*, n° 12).

200. — III. Demandes reconventionnelles ; Exceptions. — L'art. 1351 s'applique aux demandes reconventionnelles ou aux exceptions présentées par le défendeur, aussi bien qu'aux demandes principales. Ainsi le jugement passé en force de chose jugée, qui a repoussé l'exception de nullité opposée à la demande en payement d'une créance, et fondée notamment sur ce que cette créance ne serait pas sérieuse, met obstacle à ce que le même débiteur, poursuivi par le même créancier en payement d'une autre créance, reproduise la même exception, à l'effet de remettre en question le jugement par lequel elle avait été rejetée, et de faire imputer sur la créance qui est l'objet de la nouvelle instance la somme payée en vertu de ce jugement : on objecterait vainement la non-identité d'objet des deux demandes, la chose jugée étant invoquée, non contre la nouvelle demande, mais contre l'exception (Civ. cass. 18 mars 1863, aff. Hauët, D. P. 63. 1. 193).

201. — IV. Par qui peut être invoquée la chose jugée. — Le bénéfice d'une décision passée en force de chose jugée peut être invoqué par le défendeur aussi bien que par le demandeur (*Rép.* n° 296), par la partie contre laquelle elle a été rendue, comme par celle qui a obtenu gain de cause (Civ. cass. 11 mai 1846, aff. Deusy, D. P. 47. 4. 81). — Ainsi, l'arrêt qui, interprétant les conventions intervenues entre deux propriétaires voisins, a décidé, à l'occasion d'une construction élevée par l'un d'eux, que la faculté de bâtir existait de part et d'autre, à une certaine distance du mur séparatif des propriétés, peut, le cas échéant, être invoqué par l'autre propriétaire (Req. 24 janv. 1872, aff. Frichot, D. P. 72. 1. 271. Conf. Larombière, nos 149 et suiv., Aubry et Rau, t. 8, p. 402 ; Griolet, p. 176).

202. — V. Exécution impossible. — Les effets de la chose jugée cessent au cas d'impossibilité d'obtenir l'exécution d'une mesure ordonnée par le tribunal (*Rép.* n° 312). Ainsi, lorsqu'un arrêt a déclaré que les droits des parties, quant aux intérêts, seraient réglés conformément aux art. 1996 et 2001 c. civ., un arrêt postérieur peut, sans violer l'autorité de la chose jugée, décider, à raison de l'impossibilité dans laquelle se trouvent le mandataire et le mandant de justifier des entrées et des sorties de caisse, que les intérêts dus au mandataire se font compensation avec ceux dont il est débiteur (Req. 13 juin 1870, aff. Cecconi, D. P. 71. 1. 134).

203. — VI. Jugements invoqués comme arguments ou moyens de preuve. — Si le juge viole l'art. 1351 c. civ. quand il statue sans tenir compte d'un jugement antérieur ayant, dans la cause, l'autorité de la chose jugée, il en est de même, à l'inverse, lorsqu'il se considère comme lié par une décision précédemment rendue, bien que toutes les conditions exigées par cet article ne se trouvent pas réunies. Mais il ne faut pas confondre cette dernière hypothèse avec celle où le juge se borne à invoquer une pareille décision comme un élément de preuve qu'il croit devoir s'approprier. Il n'y a en pareil cas aucune violation des principes qui régissent la matière ; c'est ce que la jurisprudence a fréquemment reconnu dans des espèces où l'identité des parties faisait défaut. Ainsi, il a été jugé : 1° que les juges du fond peuvent, sans violer l'autorité de la chose jugée, rappeler des décisions judiciaires antérieurement intervenues entre d'autres parties que celles qui figurent dans l'instance, lorsqu'ils citent ces décisions comme de simples présomptions et qu'ils se fondent, pour statuer, sur d'autres documents (Req. 19 janv. 1875, aff. Masson-Sabatier, D. P. 75. 1. 256) ; — 2° Que l'arrêt qui, appréciant une question de propriété, s'appuie sur des jugements rendus entre des parties dont quelques-unes sont étrangères au procès, en disant que ces jugements ont l'autorité de la chose jugée, ne viole pas les règles sur l'autorité de la chose jugée, alors qu'il ne rappelle ces décisions que pour déterminer le caractère privé ou public du chemin litigieux, sans en tirer aucune fin de non-recevoir contre l'action formée par la partie étrangère à ces jugements (Req. 6 mars 1883, aff. Commune de Saint-Servan, D. P. 83. 1. 265. Conf. Civ. rej. 10 avr. 1883, aff. Rochard, D. P. 84. 1. 39 ; Crim. rej. 11 août 1883, aff. d'Hunolstein, D. P. 84. 1. 211 ; Req. 23 déc. 1884, aff. Dommartin, D. P. 85. 5. 81) ; — 3° Qu'il ne peut y avoir violation de la chose jugée dans un arrêt qui rappelle une décision judiciaire antérieure, étrangère aux demandeurs en cassation et maintenant le défendeur en possession du terrain litigieux, mais sans se fonder sur cette décision, et qui se borne à déclarer en fait que ce dernier était réellement en possession, et que ledit terrain était susceptible d'appropriation privée (Civ. rej. 22 déc. 1886, aff. Lasserre, D. P. 87. 1. 111) ; — 4° Que la sentence de la cour souveraine anglaise qui déclare nulle, comme tombée dans le domaine public, une marque d'une maison anglaise, ne peut être invoquée devant les tribunaux français comme ayant l'autorité de la chose jugée, si la sentence n'a pas été rendue exécutoire en France, et s'il n'est pas établi que ceux à qui elle est opposée y ont été parties ; mais une telle sentence peut être invoquée à titre de simple renseignement et en laissant au juge français le soin de vérifier l'existence et le caractère des faits sur lesquels les juges anglais ont fondé leur décision (Req. 6 janv. 1875 (1). — V. encore dans le même sens : Civ. rej. 27 avr. 1859,

(1) (De Mot C. comp. Liebig.) — La cour ; — Sur le moyen unique, tiré de la violation des art. 5 et 6 de la loi du 23 juin 1857, des art. 545 et 546 c. proc. civ. et d'un défaut de motifs : — Attendu qu'il résulte des constatations de l'arrêt attaqué que le dépôt fait par la société défenderesse éventuelle de sa marque de fabrique est valable et régulier ; que l'emploi du nom de Liebig, à une époque antérieure, en Angleterre, comme désignation nécessaire du produit auquel il s'applique, n'est pas justifié, et que si une enquête faite dans ce pays établit qu'on préparait, sous le nom de Liebig, l'extrait de viande dans certaines officines de droguistes, ces préparations rares, isolées, à dose pharmaceutique, n'avaient pas la publicité indispensable pour donner l'éveil à Liebig et le mettre en demeure de revendiquer son nom ; — Que cette appréciation des faits du procès rentre dans les limites du pouvoir souverain des juges du fond et qu'elle échappe au contrôle de la cour de cassation ; — Attendu que vainement les demandeurs objectent qu'elle est contraire aux déclarations d'une sentence intervenue à Londres en cour de chancellerie le 19 nov. 1867 ; — Que la sentence dont il s'agit, non exécutoire en France, dont aucune expédition authentique n'est produite, et à laquelle les demandeurs en cassation ne paraissent même pas avoir été parties, n'était pas opposable comme ayant dans la cause l'autorité de la chose jugée ; — Qu'elle pouvait, sans doute, être invoquée à titre de simple renseignement pour prouver que le nom de Liebig était

aff. Benoît, D. P. 59. 1. 171; 29 janv. 1877, aff. Carault, D. P. 78. 1. 149; 18 avr. 1877, aff. Genevay, *Bulletin des arrêts de la cour de cassation*, 1877, p. 103).

ART. 2.—*Effets de la chose jugée en matière d'ordre public.— Renonciation. — Disposition d'office. — Accessoires* (*Rép.* nos 315 à 341).

204. — I. MATIÈRES D'ORDRE PUBLIC. — L'exception de chose jugée est opposable même dans les matières qui touchent à l'*ordre public* (*Rép.* n° 315). Elle couvre irrévocablement jusqu'aux vices des actions intentées ou soutenues en violation des lois. Ainsi, la femme dotale est non recevable à demander la nullité soit de la collocation des créanciers qu'elle a subrogés dans son hypothèque légale, malgré les prohibitions du régime dotal, soit des payements faits à ces créanciers, si elle a laissé acquérir au règlement d'ordre la force de la chose jugée (Req. 15 mai 1849, aff. Vaguet, D. P. 49. 1. 131; Conf. *Rép.* n° 316). — Ainsi encore, lorsqu'un arrêt, statuant sur la validité de la saisie pratiquée sur une portion d'un immeuble appartenant à une femme mariée, a jugé, contradictoirement entre la femme et le créancier poursuivant, que cette portion était paraphernale, et par suite saisissable, la femme n'est pas recevable à demander ultérieurement la nullité de la saisie, à l'encontre du créancier subrogé dans la poursuite et de l'adjudicataire, par le motif qu'elle aurait eu pour objet un bien dotal (Req. 7 janv. 1878, aff. Sabadie, D. P. 79. 1. 13). — Pareillement, l'exception de la chose jugée est opposable à l'action en répétition du supplément de prix d'un office, si, dans une instance antérieure relative au payement du prix intégral de l'office, le cessionnaire n'a pas excipé du traité secret (Paris, 19 juin 1846, aff. Gaillardon, D. P. 47. 2. 7; Req. 4 févr. 1850, aff. Gaillardon, D. P. 50. 1. 322).

205. On a vu (*suprà*, nos 58 et suiv.) que l'autorité de la chose jugée couvre également le vice d'incompétence, même *ratione materiæ*. Cependant, ainsi que nous l'avons indiqué (*Rép.* n° 317), les décisions intervenues entre particuliers ne font pas obstacle à ce que l'autorité administrative prenne, dans l'intérêt public, des mesures qui peuvent en paralyser l'effet. — Ainsi la décision par laquelle un tribunal, soit civil, soit administratif, aurait reconnu l'existence d'une créance contre l'Etat, ne soustrait pas celui qui l'a obtenue à la nécessité de subir l'examen ou la liquidation du ministre compétent. En cette matière, les jugements des tribunaux ne statuent que sauf les exceptions opposables au créancier par le pouvoir administratif en vertu des lois spéciales (*Rép.* v° *Trésor public*, n° 557). Aussi a-t-il été jugé que la décision judiciaire qui a reconnu la légitimité d'une créance ne peut faire obstacle à l'application des règles de déchéance prononcées par l'art. 9 de la loi du 29 janv. 1831 (Cons. d'Et. 15 juill. 1842, *Rép.* v° *Trésor public*, n° 557-1°; 13 déc. 1845, *ibid.* et n° 588-1°; 8 mars 1851, *ibid.* n° 557-2°; 19 mai 1853, *ibid.* nos 557-1° et 463-2°).

206. Comme on l'a exposé au *Rép.* nos 318 et suiv. la chose jugée doit être respectée quoique le jugement dont elle résulte soit en contradiction avec une loi postérieure (V. conf. Civ. cass. 11 nov. 1872, aff. Mourgues, D. P. 72. 1. 445).

207. — II. RENONCIATION. — L'exception tirée de la chose jugée n'est point d'ordre public : une fois acquise, elle constitue un bénéfice personnel auquel on peut renoncer (*Rép.* n° 323; Larombière, n° 150; Griolet, p. 168; Laurent, t. 20, n° 136. — En sens contraire: Duvergier sur Toullier, p. 69; Req. 23 janv. 1872, aff. Claverie, D. P. 72. 1. 123; 30 juin 1873, aff. Mallet, D. P. 74. 1. 267). — Il convient de rappeler, toutefois, que, aux termes de l'art. 1262 c. civ., le débiteur qui a obtenu un jugement passé en force de chose jugée, déclarant ses offres et sa consignation bonnes et valables, ne peut plus, même du consentement du créancier, retirer sa consignation au préjudice de ses codébiteurs ou de ses cautions.

208. La renonciation peut, d'ailleurs, être seulement implicite (V. les autorités citées au numéro qui précède), et, par exemple, résulter de ce que, dans une instance nouvelle entre les mêmes parties, une production faite contrairement à la chose jugée par un jugement antérieur n'a pas été contredite par la partie en faveur de laquelle le jugement avait été rendu; ainsi, le jugement passé en force de chose jugée, qui, en matière de compte courant, condamne l'une des parties à payer à l'autre un reliquat réglé au profit de cette dernière, avec intérêts à partir du règlement, sans ordonner la capitalisation de ces intérêts lors de chacun des règlements annuels dont le même solde pourrait être ultérieurement l'objet, ne met pas obstacle à ce que cette capitalisation soit opérée par un jugement postérieur, sur la demande du créancier, si le débiteur n'a élevé à cet égard aucun contredit : il y a, en cas pareil, un contrat judiciaire modificatif de la chose jugée (Civ. rej. 27 janv. 1857, aff. Lefoulon, D. P. 57. 1. 82). De même encore, le demandeur principal est réputé avoir renoncé à l'exception de chose jugée qu'il aurait pu tirer du jugement rendu par défaut contre le garant et contradictoirement contre le garanti, en consentant à ce que l'opposition du garant fût reçue et en plaidant au fond contre le garanti et contre le garant (Pau, 22 nov. 1869, aff. Barnèche, D. P. 71. 2. 204).

209. — III. A QUEL MOMENT DOIT ÊTRE PROPOSÉE L'EXCEPTION DE CHOSE JUGÉE. — L'exception de la chose jugée, a-t-on dit au *Rép.* nos 331 et suiv., peut être invoquée en tout état de cause, même en appel (Griolet, p. 169; Aubry et Rau, t. 8, p. 403). — Elle doit toutefois être proposée avant l'audition du ministère public et la clôture des débats (*Rép. ibid.*; Besançon, 18 juin 1864, aff. Cuisenier, D. P. 64. 2. 171). — Ce moyen peut même être invoqué devant la cour de cassation, lorsqu'il résulte des conclusions signifiées par le demandeur qu'il a été proposé devant les juges du fond (Civ. cass. 16 juill. 1872, aff. Berthault, D. P. 73. 1. 361).

210. Mais il est de jurisprudence constante que, l'exception de la chose jugée n'étant pas d'ordre public, ne peut être invoquée devant la cour de cassation lorsqu'elle ne l'a pas été devant le tribunal dont la décision est attaquée. Cette règle a été consacrée par de nombreux arrêts (V. outre les arrêts cités *Rép.* n° 332, et v° *Cassation*, n° 1898 : Civ. rej. 31 mars 1851, aff. Denet, D. P. 51. 1. 65; 8 juill. 1851, aff. Commune de Brenod, D. P. 51. 1. 310; 26 avr. 1852, aff. Siau, D. P. 52. 1. 131; 16 nov. 1853, aff. Couderc, D. P. 54. 1. 326; Req. 11 févr. 1857, aff. Commune de Gy, D. P. 57. 1. 256; 2 juill. 1862, aff. Dubiau, D. P. 62. 1. 431; 16 nov. 1864, aff. Vassal, D. P. 65. 1. 177; 28 mai 1866, aff. Bisserier, D. P. 67. 1. 68; 2 févr. 1869, aff. Boucaruc, D. P. 69. 1. 370; Civ. rej. 5 janv. 1870, aff. Marion, D. P. 70. 1. 58; Req. 28 nov. 1871, aff. Giraud, D. P. 72. 1. 19; 21 févr. 1872, aff. Ducoroy, D. P. 72. 1. 239; Civ. rej. 24 avr. 1872, aff. Busquet, D. P. 72. 1. 450; 2 avr. 1873, aff. Crédit foncier international, D. P. 73. 1. 374; 28 mai 1873, aff. Commune de Mauguio, D. P. 73. 1. 365; Req. 16 juin 1873, aff. Philibert, D. P. 74. 1. 61; Civ. cass. 19 janv. 1874, aff. Bonnardel, D. P. 74. 1. 141; Req. 7 juill. 1874, aff. Hameau de Saint-Leu-Frocourt, D. P. 76. 1. 430; Civ. cass. 15 mars 1875, aff. d'Ambelle, D. P. 75. 1. 273; Req. 5 avr. 1875, aff. Delpeut, D. P. 75. 1. 295; Civ. rej. 30 mai 1876, aff. Blanck, D. P. 78. 1. 88; Civ. cass. 12 déc. 1876, aff. Ribeau, D. P. 77. 1. 229; 22 janv. 1877, aff. Michelet, D. P. 77. 1. 310; Req. 5 févr. 1878 (1); Civ. rej. 26 nov. 1878, aff. Weipert, *Bulletin*

dans le domaine public en Angleterre, mais qu'il appartenait à la cour de Paris de vérifier l'existence et le caractère des faits sur lesquels le juge anglais fondait la solution par lui adoptée, et de se prononcer, après examen, soit dans le même sens, soit comme elle l'a fait, dans un sens opposé; — Que sa décision sur ce point est, d'ailleurs, suffisamment motivée par les constatations ci-dessus visées; — D'où il suit que l'arrêt attaqué n'a violé aucun des articles invoqués par le pourvoi; — Rejette le pourvoi formé contre l'arrêt de la cour de Paris, du 12 janv. 1874, etc.

Du 6 janv. 1875.-Ch. req.-MM. de Raynal, pr.-Gouget, rap.-Reverchon, av. gén., c. conf.-Bosviel, av.

(1) (Merley C. Forest et autres.) — LA COUR; — Sur le premier moyen de pourvoi, tiré de la violation des art. 1832, 1844 et suiv., 1853, 1865 et suiv. c. civ., 1731 du même code, 42, 46, 64 c. com., et de la violation de l'art. 1351 sur la chose jugée : — Attendu qu'il est déclaré, en fait, par l'arrêt attaqué, « que les documents de la cause fournissent la preuve que Merley a cessé de faire partie de la société, lorsqu'il a été révoqué dans ses fonctions de caissier; qu'il a accepté cette situation »; — Attendu que ces constatations faites en matière commerciale ne sauraient être revisées par la cour de cassation; que les conséquences légales tirées de la situation respective des parties, par la cour d'appel,

des arrêts de la cour de cassation, 1878, p. 371. Conf. Griolet, p. 176; Larombière, n° 152; Aubry et Rau, t. 8, p. 403; Laurent, n° 138; Demolombe, n° 378).

211. Par application de cette règle, il a été décidé que: 1° le débiteur ne peut se prévaloir devant la cour de cassation de la chose jugée en faveur de ses créanciers, alors qu'ils n'ont pas invoqué cette exception devant la cour d'appel (Req. 11 juin 1873, aff. Fayolle-Demans, D. P. 73. 1. 416); — 2° Pour que le moyen de la chose jugée puisse être proposé devant la cour suprême, il ne suffit pas que les décisions sur lesquelles il se fonde aient été invoquées à titre d'argument devant les juges du fond; il faut que le moyen y ait été formulé par des conclusions expresses et formelles (Civ. cass. 27 nov. 1867, aff. Trouille, D. P. 67. 1. 449); — 3° Le moyen tiré de ce qu'un jugement aurait, au profit du demandeur, l'autorité de la chose jugée sur la question litigieuse, ou les effets d'un titre de propriété, est non recevable devant la cour de cassation, s'il n'a pas été proposé devant le juge du fait par des conclusions formelles (Civ. rej. 30 nov. 1868, aff. Poisson, D. P. 69. 1. 22); — 4° L'exception de chose jugée non proposée en temps utile devant les juges du fond, et produite, par exemple, pour la première fois dans des conclusions signifiées après l'audition du ministère public, ne peut être invoquée devant la cour de cassation (Req. 6 nov. 1865, aff. Chemin de fer de l'Est, D. P. 66. 1. 252); — 5° Il en est ainsi surtout à l'égard d'une partie qui a pris devant les juges du fait des conclusions impliquant l'abandon de ce moyen, et qui notamment a offert la preuve d'un contrat dont l'existence serait reconnue par le jugement passé en force de chose jugée (Civ. rej. 24 juill. 1850, aff. Tutrice, D. P. 52. 5. 70); — 6° Il en est encore de même, bien que le moyen tiré de la chose jugée ait été invoqué en première instance, s'il n'a pas été reproduit en appel (Req. 4 juill. 1877, aff. Wannoschot, D. P. 79. 1. 477); — 7° L'exception de chose jugée ne peut être proposée comme moyen de cassation lorsque l'arrêt d'où elle résulterait n'a été invoqué qu'à titre d'argument devant les juges du fond (Req. 19 nov. 1877, aff. Boc de Saint-Hilaire, D. P. 78. 1. 486); — 8° L'exception de chose jugée ne peut pas être proposée pour la première fois par le demandeur devant la cour de cassation, alors même qu'elle a été invoquée par le défendeur devant les juges du fond (Req. 13 juill. 1870, aff. Bouchet, D. P. 71. 1. 320); — 9° Lorsqu'un tribunal, après s'être récusé en masse, à raison de l'intérêt que plusieurs de ses membres avaient à la contestation, a été de nouveau saisi de l'affaire et que les parties le laissent statuer au fond sans se prévaloir de la décision relative à la récusation, celles-ci ne sont pas recevables à exciper, pour la première fois, devant la cour de cassation, de l'autorité de la chose jugée qui s'attachait à cette décision (Req. 10 août 1868) (1).

212. Réciproquement, le moyen tiré de ce qu'une exception de la chose jugée aurait été mal à propos accueillie ne peut être proposé pour la première fois devant la cour de cassation (Aubry et Rau, t. 8, p. 403).

213. Le rejet d'une exception de chose jugée proposée par l'une des parties, s'il a été prononcé à tort par le tribunal, donne d'ailleurs toujours ouverture à cassation, pour violation des art. 1350 et 1351 c. civ. (Aubry et Rau, t. 8, p. 403; Larombière, n° 152; Laurent, t. 20, n° 139; Demolombe, t. 7, n° 380. V. *Rép.* v° *Cassation*, n°s 1508 et suiv.).

214. Mais la violation ou la fausse application des principes de l'autorité de la chose jugée ne peut être considérée comme constituant un excès de pouvoirs. Cela a été jugé notamment en ce qui concerne les décisions du jury spécial créé par la loi du 21 avr. 1871, sur les loyers, le pourvoi en cassation contre les décisions de ce jury n'était autorisé par ladite loi que pour incompétence ou excès de pouvoir; or deux arrêts ont décidé que la violation de la chose jugée ne pouvait, en cette matière, donner ouverture à cassation pour excès de pouvoir (Civ. rej. 20 déc. 1871, aff. Evrard, D. P. 71. 1. 197; 7 mai 1872, aff. Hermier, D. P. 72. 1. 140. V. cependant: Crim. rej. 4 juin 1852, aff. Vidal, D. P. 52. 5. 73).

215. — IV. Application d'office. — On a indiqué (*Rép.* n° 333) une autre conséquence du principe que l'exception de chose jugée n'est pas d'ordre public: elle ne peut être ni opposée d'office par le ministère public, ni suppléée par le juge. — Décidé qu'il en est ainsi, notamment, du juge d'appel devant lequel cette exception, opposée seulement en première instance, n'a pas été reproduite (Civ. cass. 26 août 1861, aff. Jacquet, D. P. 61. 1. 427. Conf. Griolet, p. 168; Larombière, n° 151; Aubry et Rau, t. 8. p. 403; Laurent, t. 20, n° 137. V. toutefois *Rép.* n°s 9 et 20. — Comp. Civ. rej. 15 mars 1882, aff. Heuhlard, D. P. 83. 1. 59). — Une difficulté peut s'élever, dans ce cas, sur le mode de recours à employer contre un arrêt qui aurait relevé d'office l'exception de chose jugée. Cette décision est entachée d'*ultrà petita*, comme ayant statué sur chose non demandée; à ce titre, elle doit, en général, être attaquée par la voie de la *requête civile* (V. *Rép.* v[is] *Cassation*, n°s 1485 et suiv.; *Requête civile*, n° 91). Mais l'*ultrà petita* donne ouverture à cassation toutes les fois que le juge qui a statué sur chose non demandée a commis, en outre, une violation de la loi ou un excès de pouvoir. Dans l'arrêt précité du 26 août 1861, la chambre civile constate que l'arrêt déféré à la cour de cassation, et qui émanait de la cour de Chambéry, avait, en prononçant sur chose non demandée, violé l'art. 207, n° 2, c. pr. sarde. Le vice reproché à cet arrêt devenait donc un moyen de cassation, et non pas seulement un moyen de requête civile.

216. Il a été jugé, par dérogation au principe posé dans le numéro précédent, que l'exception de la chose jugée, tirée du jugement qui prononce une séparation de biens entre époux, peut être opposée d'office à une nouvelle demande tendant au même but (Rouen, 13 mars 1874, aff. Lampsin, D. P. 75. 2. 213). En effet, la séparation de biens ne pouvant être prononcée du seul consentement des époux (c. civ. art. 1443), les juges ont nécessairement la faculté de suppléer d'office tous les moyens de défense qui peuvent ou doivent être opposés à une demande en séparation de biens.

---

sont parfaitement exactes; — Que les formes et les règles édictées pour la dissolution des sociétés, lorsqu'elle est contestée, sont inapplicables dans les rapports des associés entre eux à la dissolution volontairement acceptée; — D'où il suit que les textes de loi invoqués par le demandeur n'ont pu être violés; — Attendu que la branche du moyen prise de l'autorité de la chose jugée n'a pas été proposée devant les juges du fond; que, par suite, elle est nouvelle et dès lors irrecevable; — Qu'au surplus elle serait mal fondée, celui des défendeurs éventuels auquel est opposée l'autorité de la chose prétendue jugée par l'arrêt du 8 avr. 1876, n'ayant même pas été partie dans l'instance terminée par cet arrêt; — Sur le second moyen, tiré de la violation de l'art. 1351 et de l'autorité de la chose jugée sur un autre point: — Attendu que ce moyen n'a pas été non plus proposé devant les juges du fond; que, par conséquent, il est irrecevable;

Par ces motifs, rejette, etc.

Du 5 févr. 1878.-Ch. req.-MM. Bédarrides, pr.-Cuniac, rap.-Godelle, av. gén., c. conf.-Costa, av.

(1) (Maillet C. Synd. Lemor.) — La cour; — Sur la première branche du moyen, prise d'un prétendu défaut de motifs et d'une violation de la chose jugée: — Attendu qu'à l'appui de ses moyens de récusation, Maillet n'a point invoqué devant les juges du fond, ainsi qu'il le fait aujourd'hui, pour la première fois, devant la cour de cassation, l'autorité qui pouvait s'attacher à la décision par laquelle, à la date du 30 nov. 1866, le tribunal de commerce d'Issoudun s'était récusé en masse; — D'où il suit que la cour impériale n'avait point à s'expliquer sur un moyen qui ne lui était pas proposé, et n'a violé ni l'art. 7 de la loi du 20 avr. 1810, ni l'autorité de la chose jugée; — Sur la deuxième branche, prise de la violation des art. 378 et suiv. c. proc. civ.: — Attendu que si les sieurs Chatouillat et Rochevaux étaient, le premier actionnaire, le second gendre d'actionnaire, dans la société Lemor et comp., il est déclaré, en fait, par l'arrêt attaqué: 1° que « ces deux actionnaires ont intégralement versé le montant de leurs souscriptions et ne sont pas débiteurs de la société; » 2° que « la disproportion entre l'actif et le passif est telle que le capital social est absorbé, et que les tiers créanciers n'obtiendront même pas, suivant toute probabilité, la moitié de ce qui leur est dû, de telle sorte que le droit éventuel des actionnaires dans les fonds de la société s'évanouit complètement; » — Attendu qu'en cet état de choses, en décidant que les sieurs Chatouillat et Rochevaux n'étaient dans aucun des cas de récusation définis par la loi, l'arrêt attaqué a fait une sage application de l'art. 378 c. pr. civ., aux faits par lui déclarés et appréciés souverainement; — Rejette, etc.

Du 10 août 1868.-Ch. req.-MM. Nachet, f. f. pr.-Alméras-Latour, rap.-Savary, av. gén., c. conf.-Groualle, av.

ART. 3.— *Cas où il y a lieu à interpréter les jugements passés en force de chose jugée. — Obscurité. — Ambiguïté* (*Rép.* nos 342 à 358).

217. L'interprétation d'un jugement ne peut constituer une violation de la chose jugée qui en résulte : aussi le droit pour les tribunaux d'interpréter leurs décisions n'est-il aujourd'hui contesté par personne. Un arrêt a nettement établi ce droit et en a fixé les limites, dans les termes suivants : « Attendu que si l'obligation de respecter l'autorité de la chose jugée s'impose aux juges comme aux parties, elle ne saurait exclure pour les premiers la faculté de statuer sur l'interprétation de leurs décisions, lorsqu'à raison de quelque ambiguïté dans les termes, elles laissent indécise l'étendue des conséquences qu'elles comportent; — Que cette prérogative du juge n'a d'autre limite que l'interdiction de restreindre, d'étendre ou de modifier les droits consacrés par sa sentence » (Civ. rej. 15 mars 1882, aff. Heuhlard, D. P. 83. 1. 59. Conf. *Rép.* nos 342 et suiv.; Civ. cass. 28 juin 1852, aff. de Couasnon, D. P. 52. 1. 139; Civ. rej. 22 déc. 1863, aff. Compagnie immobilière, D. P. 64. 1. 121; Req. 12 févr. 1878 (1); 16 déc. 1879, aff. Delaunay, D. P. 80. 1. 371; 25 mai 1880, aff. Comp. *la Gironde*, D. P. 81. 1. 9; 19 juill. 1880, aff. Ferron, D. P. 81. 1. 224; Griolet, p. 174; Larombière, n° 161; Aubry et Rau, t. 8, p. 404; Laurent, t. 20, n° 148; Demolombe, t. 7, n° 391). — V. *Jugement*.

218. Les décisions suivantes peuvent être considérées comme ayant sanctionné implicitement ce principe, en procédant à une véritable interprétation d'autres décisions passées en force de chose jugée: 1° si, en condamnant un comptable à rendre à celui dont il a géré les affaires la part revenant à celui-ci dans une somme touchée par ce comptable, un arrêt, passé en force de chose jugée, a décidé que les intérêts ne courraient qu'à partir du jour de la demande en justice, il résulte de là que la somme à restituer ne doit pas être portée, à la date de sa réception, au débit du compte, pour y être compensée avec d'autres sommes productives d'intérêts, dont le comptable pourrait se trouver créancier (Civ. rej. 11 nov. 1851, aff. de Roquelaure, D. P. 51. 1. 318); — 2° Le jugement qui déclare rapporté un jugement déclaratif de faillite, en se fondant sur ce qu'une société nouvelle se charge de payer toutes les dettes, et en se référant, pour les sanctionner, aux arrangements intervenus entre le failli et la société nouvelle, peut être considéré comme n'ayant statué que pour l'avenir, en vue de la cessation des opérations commencées par le syndic, sans porter atteinte aux droits acquis et aux actes régulièrement faits par le syndic, et, spécialement, sans anéantir l'hypothèque inscrite par le syndic sur les immeubles du failli au profit des créanciers (Req. 8 nov. 1869, aff. Jouart, D. P. 72. 1. 195); — 3° L'arrêt qui ordonne la suppression d'une marque (étiquette) apposée sur un produit est réputé avoir interdit l'application de la même marque sur le même produit, sous quelque forme qu'il soit présenté, alors surtout que les conclusions du demandeur ne comportaient aucune distinction, et qu'au contraire celles du défendeur, en appel, tendaient à ce que la prohibition fût limitée à une forme déterminée du produit (Civ. rej. 12 déc. 1871, aff. Prudon, D. P. 72. 1. 68); — 4° Lorsqu'un jugement de première instance annule la liquidation partielle de la communauté ayant existé entre deux époux séparés de biens, ordonne qu'il sera procédé à une liquidation unique, et condamne le mari à payer à sa femme une provision nécessairement imputable sur la part de celle-ci dans la liquidation définitive à intervenir; lorsqu'ensuite un arrêt infirmatif valide la liquidation partielle et condamne le mari à payer à sa femme une nouvelle provision nécessairement imputable sur la part de celle-ci dans cette liquidation partielle, il en résulte implicitement que la première provision est soumise au même mode d'imputation que la seconde; et l'arrêt qui le décide ainsi ne viole pas la chose jugée résultant du jugement de première instance (Req. 11 nov. 1874, aff. Godin, D. P. 75. 1. 220); — 5° Lorsqu'un jugement porte que les sommes payées par un débiteur à son créancier seront déduites, conformément aux art. 1256 et 1291 c. civ. de la généralité de ses dettes envers ce créancier, il doit être entendu en ce sens que l'imputation devra se faire sur les créances échues à l'époque du payement, spécialement sur les plus onéreuses et les plus anciennes, et non proportionnellement sur chacune d'entre elles (Civ. rej. 6 avr. 1875) (2); — 6° Lorsqu'à la suite d'un jugement condamnant une des parties à payer à l'autre, à titre de dommages-intérêts, une somme déterminée, plus un article de frais, un arrêt infirmatif et passé en force de chose jugée a déclaré, dans ses motifs, qu'une somme inférieure constituerait une réparation suffisante du préjudice souffert, et, dans son dispositif, a réduit la condamnation à ladite somme, un arrêt postérieur jugeant qu'il résulte de l'ensemble du premier arrêt et de son esprit que les frais ont été compris dans la somme par lui allouée, ne viole pas l'autorité de la chose jugée (Req. 7 mars 1876, aff. Romain Viviès, D. P. 76. 1. 350).

219. L'interprétation des dispositions obscures d'une décision doit être faite par le juge qui l'a rendue, et non par le juge compétent pour connaître de l'exécution (Req. 17 juin 1851, aff. de Christol, D. P. 54. 5. 332; *Rép.* v° *Jugement*, n° 325). Ainsi lorsqu'un jugement a été confirmé en appel, et qu'un litige s'élève sur le sens de ce jugement, le tribunal de première instance qui l'a rendu est incompétent pour donner l'interprétation sollicitée; la sentence des premiers juges ayant été absorbée par l'arrêt confirmatif, c'est à la cour qu'appartient cette interprétation (Civ. rej. 15 nov. 1887, aff. Galley, D. P. 88, 1re partie). — L'interprétation donnée par le juge qui a rendu la sentence lie le juge de l'exécution, comme la décision interprétée avec laquelle elle se confond (Civ. rej. 17 déc. 1851, aff. Barjolles, D. P. 52. 1. 23). — Il est évident, d'ailleurs, qu'en parlant ici du juge qui a rendu la décision, c'est de la juridiction qui a statué que nous entendons parler, et non des magistrats qui ont pris part au jugement; il est, en effet, admis sans difficulté que la décision interprétative est valable, bien qu'elle ait été rendue par des juges autres que ceux qui ont statué sur le premier procès (Req. 17 févr. 1863, aff. Panthot, D. P. 63. 1. 449; 2 juill. 1885, aff. Curtil, 2e arrêt, D. P. 86. 1. 287. — V. *Jugement*; — *Rép.* eod. v°, n° 68).

---

(1) (Arnoux C. Martin et consorts.) — LA COUR;... — Sur le deuxième moyen pris de la violation des art. 1350, 1351, 1352 c. civ. : — Attendu qu'il résulte des termes de l'arrêt attaqué que la cour d'appel a simplement interprété, en se référant à l'intention des parties, une transaction par laquelle ces parties avaient terminé leur procès antérieur et dont le jugement du 7 janv. 1852 s'était borné à donner acte; — Qu'en statuant ainsi, l'arrêt attaqué n'a pu violer aucune des dispositions légales visées au pourvoi; — Rejette, etc.

Du 12 févr. 1878.-Ch. req.-MM. Bédarrides, pr.-Cantel, rap.-Robinet de Cléry, av. gén.-Godey, av.

(2) (Marcelat C. Faverolle.) — LA COUR; — Sur les deux moyens réunis du pourvoi: — Attendu que le jugement du 29 mai 1867 porte dans son dispositif que les sommes payées par Michaud seront déduites, conformément aux art. 1256 et 1291 c. civ., de la généralité des créances du comptoir à son encontre, d'après les résultats du compte définitif à régler entre les parties; que de ce renvoi aux dispositions de la loi résulte la preuve qu'il a entendu que l'imputation devait se faire sur les créances échues à l'époque des payements, spécialement sur les plus onéreuses et les plus anciennes, et non proportionnellement sur chacune d'entre elles, même sur celles dont l'existence n'était pas alors reconnue, telle que celle qui résulte de l'arrêt de condamnation prononcé plus tard, le 20 juin 1866, solidairement contre Michaud et Marcelat; — Attendu qu'en dressant le compte définitif des parties sous forme de compte unique, par échelette, et en déterminant la somme pour laquelle le comptoir serait immédiatement colloqué, au marc le franc de sa créance, dans la contribution Michaud, le jugement du 28 août 1868 n'a fait qu'appliquer le principe établi par le jugement du 29 mai 1867, auquel il reconnaît expressément dans ses motifs l'autorité de la chose jugée; que le compte dont il consacre le résultat dans son dispositif est par lui réglé formellement par application des principes posés dans les art. 1254, 1256, 1289 et suiv. c. civ.; qu'en imputant, par suite, les payements faits par Michaud, le 5 juill. 1864, sur ses dettes antérieurement échues, à l'exclusion, quant au principal, de la condamnation solidaire prononcée le 20 juin 1866, contre Michaud et Marcelat, l'arrêt attaqué s'est tout à la fois conformé aux dispositions des jugements antérieurs et aux règles du droit; — Qu'en conséquence, le moyen tiré d'une prétendue violation de la chose jugée manque en fait; — Rejette, etc.

Du 6 avr. 1875.-Ch. civ.-MM. Devienne, 1er pr.-Larombière, rap.-Blanche, 1er av. gén., c. conf.-Bosviel et Jozon, av.

220. Il est certain, d'ailleurs, que le juge ne peut, sous prétexte d'interprétation, modifier une décision passée en force de chose jugée. « Attendu, dit fort bien un arrêt, que s'il peut appartenir aux juges de donner l'interprétation des arrêts par eux prononcés, lorsque les termes en sont douteux et offrent quelque obscurité, il ne saurait se faire que, par cette interprétation, ils ôtent aux parties le bénéfice acquis d'une décision dont les termes positifs ont un sens légal certain; — Que de la décision une fois rendue dans des termes dont la loi elle-même explique le sens, il résulte une autorité de chose jugée qui devient la loi des parties, et qui ne saurait être détruite par une interprétation autre que celle qui résulte de la signification légale de ces termes » (Civ. cass. 31 janv. 1865, aff. Dardenne, D. P. 65. 1. 390. Conf. les auteurs précités; Besançon, 26 nov. 1863, aff. Habert, D. P. 63. 2. 205; Civ. cass. 26 janv. 1870, aff. François, D. P. 70. 1. 88; 10 avr. 1872, aff. Ollagnier, D. P. 73. 5. 93). — Décidé, d'après ces principes : 1° qu'en cas de condamnation à une livraison de marchandises vendues, avec faculté pour l'acheteur de se procurer ces marchandises aux risques et périls du vendeur, à défaut de livraison dans un délai déterminé, le nouveau jugement qui, sous prétexte d'interprétation de cette condamnation, se borne à condamner le vendeur au payement de la différence entre le prix des marchandises au jour où elles auraient dû être livrées et leur cours actuel, est nul pour violation de l'autorité de la chose jugée (Civ. cass. 7 mars 1859, aff. Guerrier, D. P. 59. 1. 118); — 2° Qu'en cas de condamnation d'une partie à la restitution d'une somme d'argent, avec les intérêts tels que de droit, ces intérêts doivent nécessairement s'entendre de ceux échus depuis la demande, conformément à la règle générale écrite dans l'art. 1153 c. civ., et, dès lors, les juges qui ont prononcé cette condamnation ne peuvent, sans méconnaître l'autorité de la chose jugée, déclarer que, par les expressions : tels que de droit, ils ont entendu accorder les intérêts courus depuis le jour de la réception, par la partie condamnée, de la somme à restituer (Civ. cass. 31 janv. 1865 précité); — 3° Qu'après un premier arrêt décidant que tous les créanciers d'une personne colloquée dans un ordre seraient sous-colloqués eux-mêmes au marc le franc et au même rang, sans égard aux dates de diverses saisies par eux pratiquées, un second arrêt ne saurait, sans violer l'autorité de la chose jugée par le premier, restreindre à une portion seulement de la somme pour laquelle le débiteur commun a été colloqué la sous-collocation à rang égal de tous les créanciers, et décider que, sur le reste de la même somme, les créanciers seraient admis à la sous-collocation d'après la date de leurs saisies (Civ. cass. 1er juill. 1867, aff. Lubin, D. P. 67. 1. 314); — 4° Que le jugement aux termes duquel les actionnaires d'une société liquidée sont responsables envers les créanciers non payés jusqu'à concurrence des sommes qu'ils ont retirées de l'actif social, à partir de la liquidation, ne comporte aucune distinction entre le capital social fourni par les souscripteurs des actions, le fond de réserve ou les autres valeurs appartenant à la société en liquidation; en conséquence, une décision postérieure à ce jugement ne peut limiter la responsabilité des actionnaires au montant originaire de leurs actions sans violer l'autorité de la chose jugée (Civ. cass. 14 avr. 1869, aff. Duparchy, D. P. 69. 1. 407).

ART. 4. — *Cas où il y a lieu de rechercher si les effets de la chose jugée ont été rétractés ou modifiés. — Erreur. — Dispositions comminatoires* (*Rép.* n°s 359 à 393).

221. Sur la règle générale, d'après laquelle il est interdit aux juges de modifier leurs décisions, V. *Rép.* n°s 222, 359 à 367. V. aussi *suprà*, n° 193.

222. — I. ERREUR. — C'est une règle constante que l'autorité d'un jugement ne saurait être repoussée sous le prétexte qu'il est entaché d'erreur. « L'autorité de la chose jugée, dit M. Griolet, p. 171, est précisément, au contraire, une présomption de vérité. On a ainsi reconnu que, quelque grossière que soit l'erreur commise par le juge, elle ne peut pas être rectifiée. L'erreur de calcul elle-même ne pourrait être redressée, si elle avait été l'objet du jugement comme s'il était jugé que 2 et 2 égalent 5 » (V. conf. Larombière, n° 161 ; Aubry et Rau, t. 8, p. 404; Laurent, t. 20, n° 152; Demolombe, t. 7, n° 89; Allard, n° 346).— Il a été jugé, en ce sens, qu'il n'est pas permis aux juges de réformer les décisions passées en force de chose jugée qu'ils ont rendues sur les articles d'un compte débattu entre les parties, sous le prétexte que ces décisions seraient le résultat d'une erreur (Civ. rej. 15 févr. 1875, aff. Veypert, D. P. 75. 1. 218). — Décidé aussi que l'autorité de la chose jugée qui s'attache à la décision d'un jury d'expropriation ne permet pas de revenir sur cette décision par une voie détournée, sous prétexte que le jury aurait été induit en erreur par le fait ou la faute de l'expropriant, en dehors d'un dol personnel imputable à ce dernier (Civ. cass. 15 janv. 1879 (1). Conf. Civ. cass. 12 mars 1873, aff. Simon, D.P. 73. 1. 366).

223. Mais on s'accorde à reconnaître que les erreurs matérielles, notamment les erreurs de calcul, qui se sont glissées dans le jugement, peuvent être réparées postérieurement, sans qu'il en résulte une violation de la chose jugée : en pareil cas, en effet, comme le remarque M. Griolet, « si l'erreur est dans le jugement, elle n'est pas l'objet du jugement » (V. aussi Demolombe, n° 390). — C'est ce que la jurisprudence a constamment admis. De nombreuses décisions en ce sens ont été citées au *Rép.* n°s 369 et suiv. Depuis, il a été jugé : 1° que le juge qui, par l'effet d'une erreur matérielle, accorde à celui qui a souffert un préjudice dans sa propriété, une indemnité inférieure à celle qu'exprime un rapport d'expert homologué par le même jugement, a pu, par nouvelle décision, et sans contrevenir à l'autorité de la chose jugée, compléter l'allocation de l'indemnité réclamée (Trib. Senlis, 25 janv. 1849, aff. Descroix, D. P. 49. 3. 46) ; — 2° Qu'un tribunal peut, sans contrevenir à l'autorité de la chose jugée, décider que le chiffre auquel un jugement antérieur a fixé les dépens mis à la charge d'une partie est le résultat d'une méprise et y substituer un chiffre supérieur (Req. 21 nov. 1876, aff. Renaud, D. P. 77. 1. 250).—Un arrêt a encore autorisé, dans l'espèce suivante, la rectification de l'erreur matérielle contenue dans une décision passée en force de chose jugée : la cour d'Aix avait condamné une partie à payer, à titre de restitution de fruits, une somme de 3000 fr. représentant les intérêts à 3 pour cent de 25000 fr. Or, du même jugement, il résultait que la restitution des fruits était due pour huit années. La somme à laquelle le juge avait voulu condamner le défendeur était donc de 6000 fr. et non de 3000 fr., la cour d'Aix a pu valablement prononcer le redressement de son

(1) (Comp. du chemin de fer du Midi et du canal latéral de la Garonne C. Cénac.) — LA COUR; — Vu les art. 1351 et 1382 c. civ. : — Attendu qu'en matière d'expropriation pour cause d'utilité publique, la décision du jury, seul compétent pour régler les indemnités dues aux expropriés, comprend nécessairement tous les dommages qui résultent du fait même de l'expropriation; que, dès lors, après que le jury a statué, aucune demande d'une indemnité nouvelle n'est recevable pour un dommage dont la cause existant à l'époque où la décision a été rendue, pouvait être révélée par l'état matériel des lieux et par les documents soumis au jury; — Attendu qu'il est reconnu, en fait, par l'arrêt attaqué, que l'état d'enclave, sur lequel se fondait la demande d'une indemnité supplémentaire formée par les consorts Cénac, résultait, non de changements dans l'exécution des travaux qui ont suivi l'expropriation, mais de l'assiette du passage à niveau, tel qu'il était figuré sur le plan qui a servi à l'expropriation, et qui a été soumis aux parties et au jury; qu'ainsi cette cause de dommage procédait du fait même de l'expropriation, et s'est trouvée comprise dans l'indemnité fixée par le jury; — Attendu que la simple supposition, faite par l'arrêt attaqué (rendu par la cour d'appel de Pau, le 8 mai 1877) d'une erreur dans laquelle le jury aurait été induit par le fait et la faute de l'expropriant, ne pouvait suffire pour infirmer les conséquences juridiques des constatations résultant de l'arrêt lui-même; que, d'ailleurs, l'autorité de la chose jugée qui s'attache à la décision du jury ne permet pas de revenir sur cette décision par une voie détournée, sous le prétexte que le jury aurait été induit en erreur par le fait ou la faute de l'expropriant, en dehors d'un dol personnel imputable à ce dernier; — Attendu qu'en rejetant, dans ces circonstances, la fin de non-recevoir prise de la décision du jury d'expropriation, et proposée par la compagnie demanderesse au pourvoi, et en condamnant ladite compagnie à payer aux consorts Cénac une somme de 500 francs pour réparation du dommage résultant de l'enclave par elle occasionnée, l'arrêt attaqué a violé l'art. 1351 c. civ., faussement appliqué et, par suite, violé l'art. 1382 du même code; — Casse, etc.

Du 15 janv. 1879.-Ch. civ.-MM. Mercier, 1er pr.-Sallé, rap.-Charrins, 1er av. gén.-Devin et Bosviel, av.

erreur (Req. 21 janv. 1857, aff. Dampierre, D. P. 57. 1. 359. Conf. Req. 11 mars 1856, aff. Perret, D. P. 56. 1. 147. — V. aussi *Compte; Jugement;* — *Rép.* v^is *Compte*, n°s 152 et suiv.; *Jugement*, n° 333.) — Toutefois, il a été décidé que les juges ne peuvent rectifier une erreur matérielle de chiffres commise dans le dispositif d'un jugement, bien que les motifs en établissent la preuve (Bordeaux, 27 févr. 1856, aff. Darrieux, D. P. 56. 2. 216). — En tout cas, les parties ne peuvent faire rectifier par les juges qui ont statué sur leurs contestations, les erreurs matérielles qui se sont glissées dans des comptes, qu'à la condition que les choses restent entières, et que ce recours ne soit pas un moyen détourné de modifier la décision et de porter atteinte à l'autorité de la chose jugée (Poitiers, 18 mai 1874, aff. Dufau, D. P. 76. 1. 79. Conf. Civ. rej. 7 août 1876, aff. Neveu, D. P. 77. 1. 343).

224. Les tribunaux ne peuvent non plus, sous prétexte de réparer une omission, ajouter des condamnations à celles que leurs décisions ont prononcées (Civ. cass. 28 janv. 1873, aff. Folco, D. P. 73. 1. 10. — Conf. Demolombe, t. 7, n° 389). — Spécialement, lorsque, sur une demande en payement du principal et des intérêts tels que de droit, a été prononcée une condamnation en payement d'une somme déterminée, tant pour principal que pour intérêts réglés au jour du jugement, et que cette décision a été confirmée, sans qu'il ait été conclu à l'allocation d'autres intérêts que ceux accordés, un arrêt postérieur ne saurait, sans violer la chose jugée, mettre à la charge de la partie condamnée les intérêts de ladite somme à partir du jour de la demande (Même arrêt).

225. — II. PAYEMENT; QUITTANCE RETROUVÉE. — On a longtemps admis comme une règle certaine que les quittances antérieures au jugement de condamnation pouvaient toujours être opposées par le débiteur, alors même que ces quittances n'ayant pu être représentées, le jugement aurait déclaré expressément que le débiteur ne s'était pas libéré (*Rép.* n° 376). Cette opinion est aujourd'hui généralement abandonnée. D'après la plupart des auteurs récents, la question de savoir si la décision passée en force de chose jugée déclarant l'existence d'une dette contestée, met obstacle à ce que le débiteur, qui n'a plus le droit de nier la dette, excipe d'un fait de libération antérieur à l'époque où elle est intervenue, doit être résolue à l'aide d'une distinction. Si cette décision est tout à la fois déclarative de la dette et exclusive de la libération du débiteur, ou, du moins, du mode particulier de libération plus tard invoqué, elle ne permet pas au débiteur d'échapper à l'exécution de la condamnation, en se prévalant d'une cause d'extinction qu'elle contredit. La production postérieure d'une quittance tendrait alors à une véritable rétractation de la condamnation, et on sait qu'une pareille rétractation, qui ne peut être obtenue que par la voie de la requête civile, n'est permise que lorsque la pièce décisive recouvrée depuis le jugement, a été retenue par le fait de la partie (c. pr. civ. art. 480) (V. *Requête civile*).

M. Demolombe, n° 332, formule ainsi cette théorie: « A notre avis, il faut faire une distinction: Ou le premier débat a porté non seulement sur l'existence et la légitimité de la dette à son origine, mais aussi sur son extinction alléguée par le défendeur; ou, au contraire, le débat n'a porté que sur l'existence et la légitimité de la dette, sans que le défendeur ait invoqué une cause postérieure de libération. Dans le premier cas, il nous paraît qu'il y a chose jugée sur les deux points, et que le défendeur ne peut pas revenir contre, lors même qu'il découvrirait ensuite une quittance ou toute autre pièce décisive; à moins, bien entendu, que cette pièce n'eût été retenue par le fait de la partie adverse. Au contraire, dans le second cas, nous pensons que la chose jugée seulement sur l'existence et la légitimité de la dette ne fait pas obstacle à ce que la partie condamnée propose ensuite même celles des causes de libération qui existaient antérieurement à la décision judiciaire qui l'a condamnée à payer » (Conf. Bonnier, n° 875; Larombière, n° 162; Aubry et Rau, t. 8, p. 402; Laurent, t. 20, n° 154. — V. cependant Griolet, p. 108 et 172). — V. *Obligations*.

226. La doctrine que l'on vient d'exposer a été sanctionnée par la jurisprudence. Il a été jugé, d'une part, que le débiteur condamné au payement d'une somme d'argent qu'il soutenait ne pas devoir, est non recevable à opposer à son créancier une quittance découverte depuis, si la décision constatait non seulement l'existence de la dette, mais encore son non-payement, faute par le débiteur d'avoir justifié de sa libération (Civ. rej. 29 juill. 1851, aff. Guyot, D. P. 51. 1. 217); — Que le débiteur ne peut, après un jugement passé en force de chose jugée qui l'a condamné au payement, produire des quittances établissant sa libération, si l'exception de payement avait été proposée par lui et rejetée, alors surtout qu'en fait le débiteur, qui ne pouvait ignorer l'existence de ces quittances passées devant notaire, s'est volontairement abstenu de les présenter à l'appui de son exception, et que, d'ailleurs, leur sincérité n'est pas admissible; en conséquence, le jugement qui condamne la partie produisante au payement conserve l'autorité de la chose jugée (Riom, 23 févr. 1882, aff. Vidal, D. P. 83. 2. 57).

D'autre part, il a été jugé: 1° que la décision qui déclare l'existence d'une dette contestée n'a pas l'autorité de la chose jugée sur la question de savoir si la dette se trouvait éteinte à l'époque de cette décision, notamment par une remise ou un payement; et spécialement, l'arrêt qui, dans un compte, constate l'existence d'un double emploi, et écarte la prétention du rendant compte de faire considérer ce double emploi comme ayant pour cause une dispense secrète entendue avec l'ayant compte, n'a pas l'autorité de la chose jugée sur la question de savoir si le double emploi n'avait pas, en tout cas, fait l'objet d'une remise de dette au profit du comptable (Civ. rej. 2 juill. 1861, aff. O'Mullane, D. P. 61. 1. 459). « Attendu, dit cet arrêt, que les questions relatives à l'existence et à la cause d'une dette sont autres que les questions qui concernent son extinction par une remise ou un payement, et que la chose jugée sur les premières n'entraîne point chose jugée sur les secondes »; — 2° Que le jugement passé en force de chose jugée qui condamne un débiteur à payer le prix de fournitures le rend non recevable à contester l'existence de la dette, mais ne s'oppose pas à ce qu'il justifie, par la représentation d'une quittance, de sa libération antérieure au jugement et à ce qu'il réclame la restitution de la somme payée par erreur en exécution du jugement (Req. 5 août 1873, aff. Bariteau, D. P. 74. 1. 470); — 3° A plus forte raison, le jugement qui condamne une partie à payer une somme en deniers ou *quittances valables* ne fait pas obstacle à ce qu'il résulte de quittances antérieures à ce jugement que cette partie était dès lors libérée (Civ. rej. 24 nov. 1869, aff. Porchère, D. P. 70. 1. 19); — 4° De même, le jugement passé en force de chose jugée portant condamnation au payement d'une somme d'argent, sur la simple déclaration du débiteur qu'il doit et qu'il est prêt à payer, sans que cette déclaration ait été précédée d'aucun compte ni d'aucun examen de l'existence de la dette, ne met pas obstacle à ce que le débiteur excipe, pour échapper aux effets de la condamnation, d'une délibération antérieure au jugement dont il ignorait l'existence; surtout quand la reconnaissance de dette sur laquelle est intervenu le jugement émane d'une caution qui a pu supposer, par erreur, que le débiteur principal ne s'était point libéré (Req. 6 juin 1859, aff. Lyon-Alemand, D. P. 59. 1. 458). — Ce dernier arrêt motive en ces termes sa décision: « Attendu que toute condamnation à un payement implique nécessairement et par sa nature même, l'existence d'une dette; qu'il faut donc, pour qu'un jugement soit réputé contenir une condamnation définitive et irrévocable, qu'il ait été reconnu par le juge que le débiteur qu'il condamne doit et ne s'est pas libéré; qu'une condamnation portant un tel caractère ne résulte pas forcément de la simple reconnaissance faite par le débiteur, et constatée par le juge que le débiteur doit et qu'il est prêt à payer, sans que cette déclaration ait été précédée du moindre compte ou du moindre examen ».

227. Un arrêt déclare, cependant, en termes qui semblent absolus et qui tendraient à exclure toute distinction, « que, lorsqu'un jugement devenu souverain a déclaré qu'une dette existait au moment où il a été rendu, affirmer par un autre jugement qu'à la même date la même dette avait cessé d'exister, c'est opposer à une décision souveraine une décision qui l'infirme et la contrarie; qu'il y aurait impossibilité de les exécuter toutes deux; que le second jugement ne serait susceptible de recevoir effet qu'en détruisant les effets du premier, et en le tenant pour non avenu; que c'est là une violation de la chose jugée » (Civ. cass. 25 mars 1863, aff. Roudeau, D. P. 64. 1. 37). Mais il ne semble pas que l'on puisse conclure sûrement de ces motifs que la chambre civile a entendu rejeter la distinction ci-dessus indiquée; car l'espèce sur laquelle est intervenue cette décision rentrait dans la première des deux hypothèses entre lesquelles on distingue. La condamnation avait pour cause une dette dont l'existence n'était même pas contestée; mais le débiteur aurait pu réussir à faire rejeter la demande formée contre lui, en soulevant devant le tribunal le moyen d'imputation qu'il n'avait proposé qu'après le jugement, et à une époque où ce jugement était devenu irrévocable par le fait de son acquiescement. Il avait commis une faute en ne présentant pas son exception au cours de cette instance; car une imputation de payement ne se fait sur telle dette plutôt que sur telle autre qu'à la faveur d'une disposition de la loi, dont le bénéfice doit être formellement revendiqué. Après la condamnation passée en force de chose jugée, l'exception est tardive, et elle doit, dès lors, être déclarée non recevable, surtout quand cette condamnation a été suivie d'acquiescement, le débiteur faisant clairement connaître par là qu'il n'entend pas imputer le payement par lui fait sur le montant de la condamnation, soit qu'à ses yeux le payement soit légalement imputable sur une autre dette, soit qu'il ait renoncé aux règles d'imputation établies en sa faveur par l'art. 1256 c. civ. — La considération tirée de ce que la partie condamnée ayant acquiescé au premier jugement ne pouvait plus revenir, même indirectement, sur cet acquiescement a, d'ailleurs, contribué à motiver la décision de la cour de cassation, dans l'espèce : « Attendu, dit, en effet, la chambre civile, qu'à la violation de la chose jugée se joint celle de la convention formée entre les parties par l'adhésion que Féry avait, à plusieurs reprises, donnée en termes formels au jugement rendu contre lui; et qu'il y a incompatibilité entre l'exécution de l'engagement résultant de son acquiescement explicite et l'imputation de payement que le jugement attaqué a admise ». Le défendeur, en acquiesçant au premier jugement, avait, en effet, implicitement reconnu que la somme à lui payée devait être imputée sur autre dette.

228. — III. DISPOSITIONS COMMINATOIRES. — Les dispositions purement comminatoires doivent-elles être exceptées de la règle de l'art. 1351? Cette question que nous avons examinée avec détail (*Rép.* n°s 381 et suiv.) est toujours l'objet de controverses dans la jurisprudence et entre les auteurs.

229. — 1° *Fixation d'un délai.* — La jurisprudence reconnaît généralement que l'on ne doit point considérer comme irrévocables les jugements ou arrêts qui, condamnant une partie à faire certains actes ou à produire certains titres ou certaines justifications dans un délai fixé, déclarent que la partie, à défaut de faire ces actes ou ces productions, sera déboutée ou condamnée à payer une somme déterminée à son adversaire. Outre les nombreuses décisions rapportées au *Rép.* n°s 386 à 389, il a été jugé en ce sens : 1° que dans les jugements, il faut distinguer les dispositions qui constituent *decisoria judicis* et celles qui ne constituent que *ordinatoria judicis*; les premières sont définitives et irrévocables, mais non les secondes. Spécialement on doit ranger dans la seconde classe le jugement qui, faute par le défendeur d'avoir obéi à un premier jugement qui lui prescrivait une remise de pièces dans un certain délai, l'a condamné à des dommages-intérêts pour tenir lieu de cette remise, tout en ordonnant que le premier jugement continuera d'être exécuté suivant sa forme et teneur : en un tel cas, la condamnation aux dommages-intérêts étant une simple voie de contrainte, et non une décision définitive, le défendeur peut se faire décharger de cette condamnation en effectuant la remise des pièces, sans que la chose jugée y fasse obstacle..., sauf le droit du demandeur d'obtenir la réparation du préjudice causé par le retard, s'il en a souffert aucun (Req. 22 nov. 1841, aff. Vimont, *Rép.* v° *Jugement*, n° 321); — 2° Que lorsqu'une première décision passée en force de chose jugée a prononcé une condamnation à des dommages-intérêts à titre de sanction pénale pour le cas où l'une des parties (associés en nom collectif) n'exécuterait pas certains de ses engagements, et que ce cas ne s'est pas réalisé, de nouveaux juges peuvent déclarer que la dissolution de la société, postérieurement intervenue, n'est pas arrivée par la faute de cette partie, et qu'elle ne doit pas de dommages-intérêts à son associé (Req. 25 janv. 1870, aff. Beisson, D. P. 71. 1. 107. — Conf. Griolet, p. 176. V. toutefois Laurent, t. 16, n° 359, et t. 20, n°s 143 et suiv.).

230. Il a été jugé toutefois que le délai imposé par le juge à une partie pour supprimer des constructions élevées indûment par celle-ci contre les bâtiments d'autrui, ou pour les remanier de manière à ce qu'elles ne touchent plus à ces bâtiments, n'est pas comminatoire; en conséquence, à l'expiration de ce délai, la partie condamnée est déchue de l'option qui lui a été accordée entre la suppression des travaux et leur remaniement, et peut être contrainte par l'autre partie à opérer la suppression (Metz, 16 août 1855, aff. Dolizy, D. P. 56. 2. 130). — De même, lorsqu'un jugement passé en force de chose jugée a fixé un délai dans lequel une partie serait tenue d'exécuter certains travaux, et à l'expiration duquel, si ces travaux n'avaient eu lieu, l'autre partie serait elle-même autorisée à y faire procéder aux frais, risques et périls de la première, le juge ne peut, après l'expiration de ce délai, sans exécution des travaux, en accorder un nouveau à celle-ci pour les effectuer : ce serait violer l'autorité de la chose jugée par la première décision (Même arrêt. — Conf. Civ. cass. 11 nov. 1872, aff. Mourgues, D. P. 72. 1. 445).

231. — 2° *Condamnation à une somme par jour de retard.* — La question de savoir si l'autorité de la chose jugée s'attache aux jugements comminatoires, spécialement à ceux qui prononcent une condamnation à des dommages-intérêts par chaque jour de retard pour le cas où ils ne seraient pas exécutés dans un certain délai, avait été diversement résolue, ainsi qu'on l'a vu au *Rép.* n°s 385 et suiv. Néanmoins la jurisprudence s'était généralement prononcée dans le sens de la négative. Depuis lors, cette dernière solution paraît avoir définitivement prévalu (V. notamment: Douai, 5 déc. 1849, aff. Gressier, D. P. 50. 2. 65; Orléans, 3 déc. 1859, aff. Pinsard, D. P. 60. 2. 9; Bordeaux, 5 mai 1870, aff. Dubois, D. P. 70. 2. 208). — Jugé, dans le même sens : 1° que lorsqu'un jugement a condamné d'avance une partie à des dommages-intérêts fixés à tant pour chaque jour de retard dans l'exécution, il appartient au tribunal, lorsque la résistance a cessé, d'apprécier dans quelle limite elle a été légitime et dans quelle mesure le jugement a reçu son exécution, et de déterminer en conséquence le montant de la condamnation (Montpellier, 1er avr. 1862, aff. Bardou, D. P. 62. 5. 112); — 2° Que les juges qui, pour assurer l'exécution de leur décision, condamnent la partie contre laquelle elle est rendue à des dommages-intérêts fixés par chaque jour de retard, ont un pouvoir souverain pour statuer ultérieurement sur le point de départ de ces dommages-intérêts, sur l'époque à laquelle ils doivent cesser, et sur leur réductibilité ou leur indivisibilité au cas où la condamnation ne serait plus susceptible que d'une exécution partielle, si ces diverses questions rentrent dans l'appréciation du montant des dommages-intérêts prononcés (Req. 8 nov. 1864, aff. Perrault, D. P. 65. 1. 389); — 3° Que lorsqu'il résulte des termes et des motifs d'une sentence arbitrale, dont la cour de cassation peut apprécier la nature juridique, qu'une condamnation prononcée par les arbitres à des dommages-intérêts fixés par chaque jour de retard, a un caractère simplement comminatoire, la convention intervenue entre les parties sur l'exécution de la sentence ne peut imprimer à cette clause pénale un caractère contractuel. Par suite, le juge du fond peut réduire le chiffre de la condamnation (Civ. rej. 25 juill. 1882, aff. Champigneulle, D. P. 83. 1. 243); — 4° Que l'autorité de la chose jugée par un jugement prononçant une contrainte pécuniaire (25 fr. par jour de retard), contre une partie dans le cas où elle ne ferait pas certaines productions ordonnées, n'est pas violée par l'arrêt qui refuse de lui appliquer ladite clause pénale, par ce motif que la partie a offert ces productions autant qu'il lui était possible (Civ. rej. 25 nov. 1884, aff. Martin Ochs, D. P. 85. 1. 399).

232. On a critiqué au *Rép.* n° 384 l'usage que font les tribunaux du droit de prononcer des condamnations de la nature de celles qui viennent d'être examinées. En effet, le jugement qui condamne la partie à faire une chose se suffit à lui-même; et si la sanction ajoutée à la condamnation n'est que comminatoire, si la partie condamnée peut toujours s'en faire relever par le tribunal qui l'a prononcée, si enfin un pareil jugement n'acquiert pas l'autorité de la chose jugée, à quoi bon l'insertion dans une décision judiciaire d'une simple menace sans portée définitive? —

M. Laurent, t. 16, n° 301, va plus loin, et conteste aux tribunaux le pouvoir de prononcer de pareilles condamnations. « La loi, dit-il, détermine les voies d'exécution qu'elle autorise ; elle ne permet pas aux tribunaux d'employer la menace de dommages-intérêts pour contraindre le débiteur. S'il n'exécute pas la convention, le juge aura plein pouvoir de le condamner à des dommages-intérêts, en proportionnant la réparation à la gravité de la faute et à l'étendue du préjudice qui en résulte. Cela suffit pour assurer l'exécution des conventions et des jugements. Aller au delà, c'est dépasser la loi... »

233. Les principes que l'on vient d'étudier ne sont pas, toutefois, absolus : la sanction ajoutée à la condamnation n'est pas, dans tous les cas, une simple menace sans portée sérieuse. La jurisprudence tend, en effet, aujourd'hui à admettre que la condamnation à des dommages-intérêts fixés à une somme déterminée pour chaque jour de retard, est encourue au cas d'exécution tardive de cette décision, sans que la partie condamnée puisse en être relevée par une décision postérieure, s'il résulte des termes de la condamnation, d'ailleurs passée en force de chose jugée, qu'elle était définitive et absolue et non pas simplement comminatoire. On ne saurait, en effet, contester aux juges le droit de déterminer d'avance le montant des dommages-intérêts qui seront dus, en cas de retard, lorsqu'ils ont les éléments nécessaires pour statuer définitivement sur ce point. — La question de savoir si la partie condamnée peut se faire relever de cette peine est donc, avant tout, une question de fait et d'appréciation (Conf. Civ. rej. 24 janv. 1865, aff. Delair, D. P. 65. 1. 226; Req. 14 juill. 1874, aff. Chapuis, D. P. 75. 1. 460). — Cette règle a été très nettement formulée dans les motifs des deux arrêts suivants: « Attendu, dit la cour de Douai, dans un arrêt du 28 nov. 1873 (aff. Dupont, D. P. 75. 2. 31), que les premiers juges, se fondant sur ce que les parties sont divisées sur le point de savoir si la condamnation dont il s'agit est ou n'est pas purement comminatoire, et sur ce que le jugement ne contient à cet égard aucun élément certain d'appréciation, ont renvoyé les parties à se pourvoir en interprétation devant le tribunal dont il émane, et sursis à statuer sur l'objet de la demande jusqu'après la décision à intervenir; — Mais attendu que la contestation élevée par l'appelant sur le caractère juridique de la condamnation éventuelle par lui encourue ne saurait en obscurcir le sens et la portée; — Que la partie du jugement qui la prononce n'est, en effet, que la déduction logique des motifs qui le précèdent;... — Qu'il est incontestable, en droit, que le juge, en ordonnant l'exécution de la sentence dans un délai déterminé, peut d'avance prononcer d'une manière absolue et définitive des dommages-intérêts contre la partie retardataire, comme il est évident, en fait, que c'est là ce qu'a formellement décidé le tribunal consulaire ». — « Attendu, dit de même un arrêt de la cour de Bordeaux du 5 mai 1870, cité *suprà*, n° 231, que les dommages-intérêts alloués par chaque jour de retard des travaux prescrits, ne reposant pas sur des bases certaines d'appréciation, ne sont en réalité qu'un moyen coercitif employé par les tribunaux pour assurer l'exécution des condamnations à la prestation d'un fait personnel; que par cette raison, ces décisions ont un caractère essentiellement comminatoire, qui permet de les modifier suivant les circonstances; — Qu'elles doivent donc être considérées comme telles, à moins qu'il ne résulte des termes dans lesquels elles sont exprimées qu'il a été dans l'intention des juges qu'elles fussent absolues et définitives. »

CHAP. 2. — Chose jugée en matière criminelle
(*Rép.* n°s 394 à 520).

234.—I. HISTORIQUE.—On a vu au *Rép.* n°s 394 et 395, que le principe de la chose jugée au criminel était l'objet de nombreuses restrictions à Rome, et surtout dans notre ancienne jurisprudence. L'historique de la question a été traité avec soin dans les ouvrages suivants, parus ou réédités depuis la publication du *Répertoire* : Griolet, *De l'autorité de la chose jugée*, p. 182 à 207 ; Faustin Hélie, *Traité de l'instruction criminelle*, 2e éd., t. 2, n°s 979 à 982 ; Le Sellyer, *Traité de l'exercice et de l'extinction des actions publique et privée*, t. 2, n°s 637 à 640 ; Trébutien, *Cours élémentaire de droit criminel*, 2e éd., t. 2, n°s 777 et 778. — Ces ouvrages sont, du reste, à consulter pour toute la matière de la chose jugée au criminel, ainsi que les suivants : Mangin, *Traité de l'action publique*, éd. Sorel, t. 2, chap. 4, sect. 3, et *Traité de l'instruction écrite*, 2e part., chap. 4 ; Morin, *Répertoire de droit criminel*, v° *Chose jugée* ; Bonnier, *Traité des preuves*, 3e part., liv. 2, 2e sect., 2e et 3e div., 5e éd., n°s 890 et suiv. ; Ortolan, *Eléments de droit pénal*, t. 2, n°s 1775 et suiv. ; Haus, *Principes du droit pénal belge*, t. 2, n°s 1270 et suiv. ; Garraud, *Précis de droit criminel*, 2e part., liv. 3, tit. 3, chap. 1er, n°s 645 et suiv.

235. — II. DROIT COMPARÉ. — Chez plusieurs nations étrangères, la règle *non bis in idem* n'est pas consacrée d'une façon aussi complète que dans notre législation. Il a été dit au *Rép.* n° 399, qu'en Angleterre, quand il a été reconnu par les voies légales et par une cour compétente, que l'accusé n'est pas coupable, celui-ci peut opposer l'exception *d'autrefois acquit* contre toute accusation ultérieure pour le même délit (*offence*). Mais, dans ce pays, les verdicts de non-lieu des grands jurys (ou jurys d'accusation) ne produisent aucun effet obligatoire, et rien n'empêche que l'inculpé soit indéfiniment traduit devant d'autres grands jurys, bien qu'on n'ait découvert aucune charge nouvelle contre lui. — En Ecosse, le verdict du jury de jugement *non prouvé (not proved)* ne permet pas une nouvelle accusation, mais il a l'inconvénient d'infliger, comme jadis, en France, la *mise hors de cour*, à celui qui est l'objet de cet acquittement imparfait une sorte de flétrissure morale qu'il ne lui est pas possible d'effacer (Bonnier, *Traité des preuves*, n° 891).

236. Le nouveau code de procédure pénale allemand de 1877 (art. 399 à 413) et le nouveau code d'instruction criminelle autrichien de 1873 (art. 352 à 363) autorisent dans un grand nombre de cas la *reprise*, devant le même tribunal, de la procédure pénale terminée par un jugement passé en force de chose jugée; ces cas sont si nombreux, dans le second de ces codes, que le principe de l'autorité de la chose jugée se trouve restreint dans les plus étroites limites. Il est à remarquer que, dans l'une et l'autre législation, la reprise de la procédure peut avoir lieu, soit au profit du condamné pour le faire acquitter, soit contre l'accusé acquitté pour le faire condamner. Le code autrichien autorise même (art. 353 et suiv.) la reprise pour faire appliquer une peine plus faible ou plus forte, ce que ne permet pas le code allemand (art. 403).

237. — III. RÈGLES GÉNÉRALES. — Le principe d'après lequel l'exception de chose jugée est d'ordre public en matière criminelle (*Rép.* n° 396), a été consacré de nouveau par la cour de cassation (Crim. rej. 21 sept. 1855 (1); Crim. cass. 3 mai 1860, aff. Paris, D. P. 60. 1. 519; Crim. rej. 14 mai 1880, aff. Limouzin, *Bull. crim.*, n° 98). Dès lors, à la différence de ce qui a lieu en matière civile, l'exception peut être proposée en tout état de cause. Le prévenu est recevable à s'en prévaloir pour la première fois en appel (Sol. impl., Douai, 10 mars 1880, aff. Beglein, D. P. 81. 2. 144). L'accusé renvoyé aux assises peut l'opposer pour la première fois devant le jury, sans qu'on puisse lui faire grief de ce qu'il ne s'est pas pourvu pour violation de la chose jugée contre l'arrêt de mise en accusation (Crim. cass. 3 mai 1860, aff. Paris, D. P. 60. 1. 519). Enfin le moyen est recevable en cour de cassation

(1) (Obriot.) — LA COUR; — Sur les deuxième et troisième moyens du demandeur :... — Attendu que les deux exceptions contre la poursuite ont été portées devant le tribunal supérieur de Reims, qui, par son jugement du 2 juin 1854, les a résolues et jugées par des moyens de fait et de droit; — Attendu qu'Obriot, qui s'était pourvu contre ce jugement, s'est désisté de son pourvoi, et qu'il lui a été donné acte de son désistement, et le pourvoi déclaré non avenu, par arrêt de cette cour en date du 20 juill. 1854; — Attendu, dès lors, que le jugement du 2 juin a acquis l'autorité de la chose jugée; — Attendu qu'en matière criminelle, *l'exception de la chose jugée est d'ordre public*; d'où il suit que le demandeur ne peut remettre en question, devant la cour, ce qui a été *irrévocablement* jugé, sous prétexte que le tribunal de Reims était incompétent; — Rejette.

Du 21 sept. 1855.-Ch. crim.-MM. Isambert, rap.-Bresson, av. gén.

quoiqu'il n'ait été soumis au juge du fait ni en première instance, ni en appel (Sol. impl., Crim. rej. 6 juill. 1861 (1); Crim. rej. 15 déc. 1876) (2);... ni devant la cour d'assises (Crim. cass. 20 nov. 1879) (3). Le contraire avait été jugé par un arrêt du 12 avr. 1817 (*Rép.* v° *Cassation*, n° 1952) dans une poursuite intentée à la requête d'une partie civile.

238. — De ce que l'exception est d'ordre public, il résulte encore, comme on l'a vu au *Rép.* n° 396, que l'accusé ne peut y renoncer, car, comme le dit bien M. Griolet, p. 319, « l'ordre public est aussi bien intéressé à l'acquittement des personnes qui ne doivent pas être condamnées qu'à la condamnation des personnes qui doivent être condamnées ». S'il garde le silence le ministère public et même le juge *d'office* doivent suppléer l'exception. C'est ce que décide l'arrêt du 20 nov. 1879 (rapporté *suprà*, n° 237).

On voit, par ce qui précède, que le respect de la chose jugée a une portée plus grande au criminel qu'au civil, où les parties seules sont admises à se prévaloir des jugements rendus en leur faveur, si elles les connaissent, et si elles jugent à propos de les invoquer. — Sur le principe que la chose jugée est, au criminel, d'ordre public, V. Mangin, t. 2, n° 372; Le Sellyer, t. 2, n° 681; Faustin Hélie, t. 2, n° 986; Trébutien, t. 2, n° 792; Bonnier, n° 892.

239. L'exception tirée de la chose jugée est aussi préjudicielle, ou, pour parler plus exactement, préalable, en ce sens que son examen doit précéder toute décision sur la forme ou sur le fond (*Rép.* n° 397). Mangin, n° 373, en donne la raison : « Il est évident, dit-il, que toute décision sur la forme ou sur le fond suppose, dans le ministère public, le droit d'intenter une action; or l'exception de la chose jugée a précisément pour objet de faire déclarer que ce droit n'existe pas, qui l'action est éteinte. » — Toutefois, contrairement à l'arrêt rapporté au *Rép. ibid.*, on décide généralement que le juge ne doit pas statuer sur cette exception avant de s'être prononcé sur la question de compétence, si celle-ci avait été soulevée. En effet, la compétence se trouverait préjugée par l'examen et la solution préalable de l'exception de la chose jugée (Griolet, p. 320; Le Sellyer, n° 683).

SECT. 1re. — DES ACTES QUI PEUVENT PRODUIRE LA CHOSE JUGÉE EN MATIÈRE CRIMINELLE (*Rép.* nos 400 à 451).

240. Sous cette rubrique, le *Répertoire* ne traite pas seulement des actes qui produisent l'exception de chose jugée; il se réfère aussi aux conditions moyennant lesquelles la maxime *non bis in idem* est applicable. Ces conditions sont au nombre de trois : existence d'un jugement, identité du délit, identité des parties. La première condition est seule examinée dans la présente section (*Rép.* nos 400 à 404, 435, 438, 445, 446, 448 à 450); les deux autres forment l'objet des sect. 2 et 3.

ART. 1er. — *Nécessité d'un jugement antérieur* (*Rép.* nos 400 à 404, 435, 438, 445, 448 à 450.)

241. La première condition pour qu'il y ait chose jugée en matière criminelle est évidemment l'existence d'une décision judiciaire ayant déjà jugé ce qui fait l'objet de la nouvelle poursuite (*Rép.* nos 400 et 401). On a cité au *Rép.* nos 402 et 403 un certain nombre d'actes de l'autorité publique n'ayant pas le caractère de jugement, et ne pouvant dès lors produire la chose jugée. C'est ainsi que la cour de cassation a refusé ce caractère aux ordres d'arrestation ou de détention donnés, à titre de mesure de police, par certains fonctionnaires ou agents de la force publique, contre les auteurs de faits délictueux. Il en est de même des mesures de sûreté qui ont pu être prises, à certaines époques, par le pouvoir exécutif, à l'effet d'expulser ou même de déporter des individus dangereux (V. sur ce point, notamment : Griolet, p. 217 et 218).

---

(1) (Kretzschmann C. Sax.) — LA COUR; — En ce qui touche le premier moyen, fondé sur une violation de l'art. 1351 c. nap. et de l'autorité de la chose jugée : — Attendu qu'en supposant que Kretzschmann fût recevable à exciper de la chose jugée devant la cour de cassation, alors qu'il n'a ni conclu sur ce point devant le juge du fait, ni produit, soit devant lui, soit devant la cour impériale, les jugement et arrêt sur lesquels il appuie aujourd'hui son exception, il serait impossible de considérer ladite exception comme justifiée au fond; — Qu'en effet, l'instance antérieure ne reposait point sur la même cause que celle sur laquelle est intervenu l'arrêt attaqué, puisque la raison de compétence accueillie par ledit arrêt résulte d'une connexité qui n'existait point lors de la première poursuite, Kretzschmann étant alors seul en cause; — Sur le second moyen:...

Par ces motifs, rejette.

Du 6 juill. 1861.-Ch. crim.-MM. Nouguier, rap.-Blanche, av. gén.

(2) (Min. publ. C. Fournet.) — LA COUR; — Sur le moyen unique du pourvoi tiré de la violation de la chose jugée et des art. 1350 et 1351 c. civ., 246 et 360 c. instr. crim.: — Attendu que l'exception de la chose jugée étant d'ordre public en matière criminelle, le moyen proposé est recevable quoiqu'il n'ait été soumis au juge du fait ni en première instance, ni en appel; — Rejette.

Du 15 déc. 1876.-Ch. crim. MM. Thiriot, rap.-Desjardins, av. gén.

(3) (Starker et Guérin.) — Sur le moyen unique du pourvoi, tiré de la violation des art. 360 c. instr. cr., 1350, 1351 c. civ., et du principe de l'autorité de la chose jugée : — Vu lesdits articles; — Attendu que les deux demandeurs Starker et Guérin avaient été compris dans une même poursuite, sous inculpation de faux commis par eux conjointement; — Que par ordonnance du juge d'instruction du tribunal de la Seine en date du 30 août 1879, Starker seul a été renvoyé devant la chambre d'accusation de la cour de Paris, comme suffisamment prévenu d'avoir commis les faits qui lui étaient imputés, et que par la même ordonnance, à défaut de charges suffisantes, il a été déclaré qu'il n'y avait lieu à suivre contre Guérin; — Qu'il n'a été formé d'opposition à cette ordonnance, ni par le procureur de la République près le tribunal de la Seine, ni par le procureur général près la cour d'appel de Paris;

Attendu que la chambre d'accusation, saisie en ce qui concernait Starker, qui seul était renvoyé devant elle, et statuant sur les réquisitions du procureur général, a déclaré qu'il convenait d'infirmer l'ordonnance du juge d'instruction, en ce qu'elle avait prononcé qu'il n'y avait pas lieu à suivre contre Guérin, et attendu qu'il existait des charges suffisantes contre les deux prévenus, les a renvoyés l'un et l'autre devant la cour d'assises pour y être jugés; — Que Starker et Guérin déclarés coupables par le jury, et condamnés chacun à 5 ans de travaux forcés et 100 fr. d'amende se sont pourvus tous les deux contre l'arrêt de la cour d'assises;

En ce qui concerne Starker : — Attendu que la procédure est régulière, et que la peine a été légalement appliquée aux faits déclarés constants par le jury; — Rejette le pourvoi de Starker contre l'arrêt de la cour d'assises de la Seine en date du 9 oct. 1879;

Mais en ce qui concerne Guérin : — Attendu que l'ordonnance de non-lieu rendue en sa faveur, non attaquée en temps de droit, avait à son égard l'autorité de la chose jugée, et qu'elle a conservé cette autorité jusque devant la cour d'assises; — Qu'en effet on objecterait vainement la disposition de l'arrêt de la chambre d'accusation de la cour de Paris susvisé, portant qu'il y avait lieu d'infirmer ladite ordonnance, en soutenant que Guérin ne s'était point pourvu contre cet arrêt dans le délai qui lui était imparti, ledit arrêt était devenu inattaquable et faisait obstacle à ce que la chose jugée résultant de l'ordonnance pût être ultérieurement opposée à l'action du ministère public;

Attendu qu'il est impossible, dans l'espèce, d'attribuer un tel effet à l'arrêt de renvoi; que, devant la chambre d'accusation, l'exception de chose jugée n'a point été relevée au nom de Guérin; que l'arrêt sans statuer expressément sur cette exception que personne ne soulevait, s'est borné à déclarer qu'il y avait charges suffisantes aussi bien contre Guérin que contre Starker, et, en conséquence, à les renvoyer l'un et l'autre devant la cour d'assises; que, dans ces circonstances, on ne saurait considérer ladite exception comme définitivement rejetée; qu'il suit de là que le moyen tiré de la chose jugée étant d'ordre public en matière criminelle, ce moyen pouvait être opposé en tout état de cause et même être suppléé d'office dans le silence du prévenu ou de l'accusé; — Que, dès lors, la cour d'assises, saisie par l'arrêt de renvoi de l'accusation portée contre Guérin, avait le droit et le devoir d'examiner d'office cette exception péremptoire, puisqu'elle tendait à l'extinction de l'action publique; — Que ce que la cour d'assises n'a pas fait, la cour de cassation peut le faire sur le pourvoi du condamné, dont le droit à cet égard est demeuré entier;

Attendu enfin que Guérin ne pouvant être désormais l'objet d'aucune poursuite à raison des faits dont il s'agit, il y a lieu de casser, en ce qui le concerne, l'arrêt attaqué, sans renvoi, et d'ordonner qu'il sera mis immédiatement en liberté;

Par ces motifs, faisant droit au pourvoi formé par Damase-Eugène Guérin contre l'arrêt de la cour d'assises de la Seine, en date du 9 oct. 1879; — Casse.

Du 20 nov. 1879.-Ch. crim.-MM. Estignard de Lafaulotte, rap.-Petiton, av. gén.

242. Il faut, en second lieu, que le jugement soit *criminel*. Par jugement criminel, on doit entendre « toute décision rendue pour l'application des lois pénales par les diverses juridictions que la loi a instituées » (Griolet, p. 211). — Ce caractère pénal est essentiel. Il ne se rencontrerait pas dans l'acte du président ou du juge qui, à l'audience ou au cours d'une instruction judiciaire publique, fait expulser et même emprisonner, en vertu de l'art. 504 c. instr. cr., ceux qui troublent l'ordre. Cet acte constitue un ordre et non un jugement pénal (Griolet, p. 217). — De même, les décisions rendues en matière *disciplinaire* contre les magistrats, avocats, avoués, greffiers, huissiers, notaires et autres officiers ministériels, et aussi les décisions disciplinaires des différents conseils de l'instruction publique, ne produisent pas l'exception de la chose jugée, parce que « l'action en discipline pouvant s'exercer pour des faits qui ne sont pas qualifiés par la loi pénale, et étant d'ailleurs assujettie à des formes spéciales, les punitions qui en sont la suite ne sont pas de véritables peines, et les décisions qui les prononcent ne sont pas de véritables jugements » (Cass. 12 mai 1827, *Rép.* n° 521 ; Civ. cass. 21 août 1849, aff. Jorand, D. P. 49. 1. 226. Conf. Faustin Hélie, t. 2, n° 988 ; Griolet, p. 216 ; Mangin, t. 2, n° 393 ; Le Sellyer, t. 2, n° 678 ; Haus, n°s 262 et 1270).

243. Il faut, en troisième lieu, que le jugement ait prononcé sur le *fond* même de la poursuite. Ainsi, il est clair qu'un jugement qui n'aurait ordonné qu'une mesure préparatoire ou d'instruction, ou qui aurait seulement sursis à statuer, ne pourrait être invoqué à titre d'exception, puisqu'il n'aurait fait que préparer ou suspendre la sentence. Tels sont les jugements qui ordonnent une vérification ou une expertise, ou qui surseoient à statuer jusqu'à la décision d'une question préjudicielle, ou qui déclarent n'y avoir lieu à suivre, quant à présent, à raison du défaut d'autorisation ou de plainte (Faustin Hélie, t. 2, n° 990). Evidemment il ne résulte de ces jugements aucune décision qui puisse avoir proprement l'autorité de la chose jugée. — C'est par application de cette règle qu'ont été rendus les arrêts de cassation des 11 août 1831 et 5 juill. 1839, rapportés au *Rép.* n°s 400 et 401. Depuis, il a encore été jugé : 1° que l'arrêt qui annule une citation du ministère public comme prématurément faite, attendu que les faits auxquels elle se rattache, se trouvent soumis à l'appréciation de la chambre d'accusation, n'a pas l'autorité de la chose jugée quant au fond, et que, dès lors, il ne s'élève pas de fin de non-recevoir contre la citation ultérieurement donnée par le ministère public, en vertu d'un arrêt de la chambre d'accusation, qui renvoie le prévenu devant le tribunal correctionnel (Paris, 18 août 1860, aff. Salmon, D. P. 61. 2. 123); — 2° Que le tribunal correctionnel n'est pas lié par son jugement d'avant-faire droit qui a renvoyé l'individu prévenu d'un délit de pêche à se pourvoir à fins civiles quant à la propriété d'une pêcherie, ni par le jugement du tribunal civil qui est intervenu, et qu'il peut encore statuer sur la contravention de pêche, sans méconnaître l'autorité de la chose jugée (Crim. cass. 4 août 1871, aff. Huard, D. P. 71. 1. 362); — 3° Que l'appréciation par le juge de répression des faits qui lui sont déférés, au seul point de vue de la compétence, ne peut avoir effet de fixer, à titre de chose jugée, au fond, la qualification des *faits* (Crim. rej. 13 juin 1884, aff. de Champigny, D. P. 86. 1. 91-92). Toutes ces décisions partent du même principe : le jugement ne produit la chose jugée que s'il a prononcé sur le fond de la poursuite.

244. Il faut aussi que le jugement soit susceptible d'exécution. Ne serait pas tel un jugement qui omettrait de statuer, soit sur la culpabilité, soit sur le sort du prévenu, ou qui contiendrait des dispositions contradictoires ou inconciliables (*Rép.* n° 449), ou encore qui appliquerait au prévenu un châtiment autre que l'un de ceux établis par nos lois criminelles. Sur tous ces points, V. conf. Faustin Hélie, t. 2, n° 989 ; Mangin, t. 2, n° 393 ; Haus, t. 2, n° 1271. — Les jugements rendus par les tribunaux étrangers ne sont pas non plus exécutoires en France, et, dès lors, ils n'y produisent pas la chose jugée, sauf toutefois l'application de l'art. 5, al. 3, c. instr. cr. (V. *infrà*, n° 291).

245. En cinquième lieu, pour que l'exception de la chose jugée existe, il est nécessaire que la décision émane d'une juridiction légalement instituée, reconnue par la loi. Là où il n'y a pas de juridiction, il ne peut y avoir de jugement, et l'acte, quels que soient son caractère et son but, est considéré comme non avenu. Les décisions émanées de juridictions qui n'ont pas d'existence légale sont nulles de plein droit. Ainsi il est évident qu'un jury composé en dehors des règles substantielles de la formation du jury, par exemple par un attroupement populaire, ou même par un décret du pouvoir exécutif, ne serait qu'une commission, point un tribunal. L'acte émané de ce jury ne serait pas un jugement (Le Sellyer, t. 2, n° 663; Faustin Hélie, t. 2, n° 990, p. 574; Haus, t. 2, n° 1271).

246. Faut-il, de plus, que le jugement ait été rendu légalement? Le texte de l'art. 360 c. instr. cr. semble l'exiger, mais la négative, admise au *Rép.* n° 445, est tenue pour certaine par tous les auteurs. Il est unanimement reconnu que l'art. 409 du même code, discuté et voté au conseil d'Etat après l'art. 360, y a nécessairement dérogé en ce sens qu'il a enlevé au mot *légalement* la portée d'une condition imposée à l'acquittement pour qu'il ait un effet irrévocable, si bien que M. Griolet a pu dire (p. 221), qu'il fallait effacer entièrement de l'art. 360 le mot *légalement*. — La conséquence est que les jugements, quelque irréguliers qu'ils soient, acquièrent force de chose jugée. Cette chose jugée peut donc résulter soit de jugements émanés d'un tribunal illégalement composé, soit de jugements rendus par des juges incompétents (*Rép.* n°s 445 et 446), soit enfin de jugements contenant une fausse application de la loi pénale ou rendus sur des procédures dans lesquelles les formalités substantielles ou prescrites à peine de nullité ont été violées (Faustin Hélie, t. 2, n° 991; Griolet, p. 220 et 221; Le Sellyer, t. 2, n° 662; Haus, n° 1271; Garraud, n° 647).

La jurisprudence a sanctionné cette doctrine par de nombreuses décisions, rapportées au *Rép. loc. cit.* Plus récemment il a été décidé qu'un jugement de police rendu par un juge de paix, en l'absence de tout représentant du ministère public, n'acquiert pas moins, tout irrégulier qu'il soit, force de chose jugée, de sorte que le juge qui l'a rendu ne peut, sans violer cette autorité, le tenir pour non avenu et y substituer un autre jugement (Crim. cass. 18 mars 1881) (1). Plu-

(1) (Gourdon.) — LA COUR; — Sur le moyen produit à l'appui du pourvoi et pris de la violation de l'art. 1351 c. civ., en ce que le juge de police après avoir dans un premier jugement en date du 21 janv. 1881, relaxé le demandeur en cassation de la poursuite exercée contre lui, en a rendu un second le 4 février suivant, au sujet de la même poursuite, par lequel il a admis le ministère public, qui n'était pas présent au premier, à recommencer le débat et à faire la preuve d'un fait déjà apprécié et jugé ; — Attendu, en fait, qu'il avait été dressé le 9 janvier dernier, contre le sieur Gourdon, greffier du tribunal de commerce de Nérac, un procès-verbal duquel il résultait qu'il aurait contrevenu au règlement général de police de cette ville en refusant obstinément de tenir à l'attache son chien de chasse bien que ce chien eût été mordu par un autre chien qui présentait tous les symptômes de la rage; — Attendu qu'appelé sur un simple avertissement en vertu de ce procès-verbal devant le tribunal de simple police, à l'audience du 14 janvier, Gourdon s'y présenta et déclara qu'il n'était pas vrai que son chien eût été mordu; que le commissaire de police, rédacteur dudit procès-verbal et remplissant les fonctions du ministère public, y soutint de son côté que le chien avait été mordu et offrit d'en faire la preuve par témoins; que, dans cet état de choses, le tribunal avait continué l'affaire au 21 du même mois, jour où les témoins seraient entendus, sauf à Gourdon à faire la preuve contraire; — Attendu que dans l'intervalle, à la date du 18 janvier, le commissaire fit citer Gourdon non pour le 21 mais pour le 28; que, nonobstant cette nouvelle indication de jour ledit Gourdon a comparu à l'audience du 21 où ne se trouvait pas le commissaire de police, et qu'il y a conclu à son renvoi, sans dépens, des fins de la poursuite; que, malgré l'absence de tout représentant du ministère public par lui constatée, et sans s'inquiéter si le tribunal était ainsi légalement composé, le juge a aussitôt prononcé un jugement par lequel il a relaxé Gourdon dans les termes de ses conclusions; — Attendu, néanmoins, que Gourdon n'a pas laissé de comparaître de nouveau à l'audience du 28 janvier, mais seulement pour y déposer des conclusions exceptionnelles, dans lesquelles il se prévalait de la chose jugée par le jugement précité du 21 janvier; que le commissaire de police y a répondu par d'autres conclusions, où sur le motif que ce jugement lui était resté inconnu, il en déduisait cette conséquence que ledit jugement ne pouvait être un obstacle à ce qu'il fût procédé à l'audition des témoins qu'il avait fait citer; — Attendu que ces conclusions respectivement et contradictoire-

sieurs arrêts ont également jugé qu'un acquittement prononcé par une juridiction incompétente, par exemple un conseil de guerre à l'égard d'un non militaire, ou un tribunal correctionnel à l'égard d'un fait qualifié crime, produit l'exception de chose jugée, s'il n'a été l'objet d'aucun recours (Crim. cass. 20 juill. 1832, *Rép.* n° 446; Crim. rej. 22 févr. 1834, *ibid.*; Crim. cass. 25 sept. 1835, *ibid.*; 3 mai 1860, aff. Paris, D. P. 60. 1. 519; Cons. d'Et. 5 févr. 1875, aff. Pinguet, D. P. 76. 3. 8; Crim. cass. 15 juill. 1882, aff. Genet, D. P. 83. 1. 362). — Enfin il a été décidé qu'un jugement qui a force de chose jugée doit être appliqué au condamné suivant les termes de la condamnation; qu'il importe peu que la peine ait été appliquée à un délit mal qualifié (Civ. rej. 21 avr. 1879, aff. Maire de Saintes, D. P. 79. 1. 406).

247. Mais, et c'est la dernière condition de la chose jugée, un jugement n'acquiert cette autorité que lorsqu'il est *irrévocable*, c'est-à-dire lorsque la loi n'offre aucun moyen de le faire réformer, comme par exemple, dans le cas d'une ordonnance d'acquittement (c. instr. cr. art. 360 et 409), ou que les voies de recours qu'elle ouvre aux parties leur sont fermées, parce qu'elles n'ont pas été suivies ou ne peuvent plus l'être. Jusque-là, tant que les voies de recours sont ouvertes, les jugements ne sont ni fixes, ni immuables; il n'ont qu'un caractère provisoire, et l'action pour la poursuite subsiste toujours (Mangin, t. 2, n° 394, Faustin Hélie, t. 2, n° 993).

248. La règle suivant laquelle l'autorité de la chose jugée n'appartient qu'aux jugements irrévocables, soulève quelques difficultés dans son application aux arrêts rendus par *contumace*. Le *Rép.* n° 435, a renvoyé, pour l'examen de ces difficultés, au mot *Contumace;* elles y sont traitées aux n°s 104 à 106, et l'on y reviendra *infrà*, eod. v°.

Art. 2. — *Actes produisant la chose jugée* (*Rép.* n°s 405 à 434, 441, 442).

249. L'autorité de la chose jugée appartient aux décisions des juridictions d'instruction comme aux décisions des juridictions de jugement; il y a donc lieu d'envisager successivement ces deux classes de décisions. On examinera ensuite l'effet des jugements étrangers.

§ 1er. — Décisions des juridictions d'instruction (*Rép.* n°s 409 à 434).

250. On sait qu'il y a deux juridictions d'instruction, chargées de statuer sur les suites à donner à l'information préalable en matière répressive: celle des juges d'instruction substitués par la loi du 7 juill. 1856 (postérieure à la publication du *Répertoire*) aux chambres du conseil, et celle des chambres d'accusation. Ces juridictions rendent deux sortes de décisions: des ordonnances (ou arrêts) de non-lieu, déclarant qu'il n'y a pas lieu de poursuivre l'inculpé, et des ordonnances (ou arrêts) de renvoi, déclarant que ce dernier doit être renvoyé devant la juridiction de jugement qu'elles désignent.

251. — I. Ordonnances et arrêts de non-lieu. — L'art. 246 c. instr. cr. règle les effets des arrêts de la chambre d'accusation portant qu'il n'y a lieu à renvoi en cour d'assises; il attribue à ces arrêts l'effet d'empêcher une nouvelle poursuite, mais seulement s'il n'y a pas survenance de charges nouvelles. Bien que cet article ne vise directement que les arrêts rendus en matière criminelle proprement dite, on a vu au *Rép.* n° 409, que sa disposition s'étend également aux arrêts déclarant qu'il n'y a pas lieu non plus à renvoi au tribunal correctionnel ou au tribunal de simple police, car la raison de décider est exactement la même. C'est un point qui est admis sans difficulté (V. conf. Mangin, t. 2, n° 386; Faustin Hélie, t. 2, n° 1018; Morin, *Répertoire*, v° *Chose jugée*, n° 9; Griolet, p. 293).

252. Les ordonnances de non-lieu des juges d'instruction acquièrent-elles, comme les arrêts de non-lieu, l'autorité de la chose jugée, lorsqu'elles n'ont pas été attaquées dans le délai légal? On a vu au *Rép.* n° 413, que la question était autrefois controversée pour les ordonnances de la chambre du conseil, et que M. Le Graverend, *Législation criminelle*, t. 1, p. 390 et suiv., enseignait la négative, contrairement à l'opinion de Merlin, *Répertoire*, v° *Opposition à une ordonnance*, n° 3. Mais l'affirmative ne fait plus de doute depuis longtemps. De nombreux arrêts l'ont consacrée d'abord à l'égard des ordonnances de chambre du conseil (Crim. rej. 13 sept. 1849, aff. Ecoffet, D. P. 49. 5. 255; 12 déc. 1850, aff. Chabrié, D. P. 51. 5. 11; Crim. cass. 22 mai 1852, aff. Rebuffet, D. P. 52. 1. 191; Crim. rej. 19 juin 1852, aff. Lange, 2e arrêt, D. P. 53. 5. 155-156; Crim. cass. 2 févr. 1854, aff. Patey, D. P. 54. 1. 85; 22 mars 1856, aff. Ronconi, D. P. 56. 1. 231; 3 mai 1856, aff. Berthe de Villers, D. P. 56. 1. 270); puis en ce qui concerne les ordonnances du juge d'instruction (Crim. cass. 24 juill. 1874, aff. Parisot, D. P. 75. 1. 188; Crim. rej. 30 juill. 1874, aff. Chevalier, *Bull. crim.*, n° 219; Crim. rej. 16 août 1877, aff. Cyr Dalmais, D. P. 79. 1. 238; Crim. cass. 20 nov. 1879, *suprà*, n° 238; Douai, 10 mars 1880, aff. Beglein, D. P. 81. 2. 144). La doctrine s'est également fixée en ce sens (V. outre les auteurs cités au *Rép. ibid.*: Morin, *Répertoire*, v° *Chose jugée*, n° 10; Griolet, p. 213; Faustin Hélie, t. 2, n°s 1019 et 1020; Le Sellyer, *Traité des actions publique et privée*, t. 2, n° 712, et la note. V. aussi *Rép.* v° *Instruction criminelle*, n° 1171).

253. Mais sur quels points les ordonnances et arrêts de non-lieu ont-ils l'autorité de la chose jugée? Plusieurs numéros du *Répertoire* ont trait à cette question (n°s 409, 425, 431, 432, 433, 492, 493), qui a donné lieu, depuis la publication de cet ouvrage, à un très grand nombre d'arrêts. Il convient de distinguer, à cet égard, les décisions motivées *en fait* et celles qui sont rendues *en droit*.

254. — 1° *Décisions de non-lieu motivées en fait.* — En pratique, dans la très grande majorité des cas, les décisions de non-lieu sont rendues en fait et motivées sur ce qu'il ne résulte pas de l'information des charges suffisantes contre l'inculpé. Ce qui est jugé alors, c'est qu'il n'y a pas lieu de mettre en jugement l'inculpé parce que les charges sont insuffisantes pour cela; mais cette décision n'est que *provisoire*, soumise à une sorte de condition résolutoire, qui est la survenance de nouvelles charges, et lorsque celle-ci se réalise, l'autorité de la chose jugée disparaît (Faustin Hélie, t. 2, n°s 1019 et suiv.; Mangin, *Action publique*, t. 2, n° 387. V. aussi le remarquable rapport de M. Saint-Luc Courborieu qui a précédé l'arrêt de cassation du 24 avr. 1874, aff. Chapuis, D. P. 75. 1. 491; Liège, 14 juill. 1881) (1). En atten-

---

ment produites, le juge a mis la cause en délibéré et a ajourné les parties au 4 février; — Et attendu que ce jour 4 février, ledit juge admettant que le jugement du 21 janvier avait pu n'être pas connu du ministère public, a rendu le jugement contre lequel est dirigé le pourvoi, et par lequel rejetant comme mal fondées les demandes, fins et conclusions de Gourdon, il a autorisé le commissaire de police à faire la preuve par lui offerte; — Mais attendu, en droit, que, tout irrégulier et tout critiquable qu'il est, ledit jugement du 21 janvier avait acquis, du moment où il a été rendu, la force exécutoire d'un jugement définitif; que, dès lors, le juge avait épuisé son pouvoir; qu'il n'eût pu en être autrement que si ce jugement eût été légalement attaqué et légalement annulé, ce qui n'a pas eu lieu; — Attendu, par suite, que c'est à bon droit que, dans de telles circonstances, Gourdon, acquitté par le jugement du 21 janvier, a cherché et a trouvé dans le jugement une fin de non-recevoir péremptoire contre tout examen nouveau de l'affaire, et que c'est à tort que le juge qui l'avait rendu a cru pouvoir un peu plus tard le tenir pour non avenu, et y a substitué le jugement attaqué; — Et attendu que ce dernier jugement du 4 février, en présence de celui du 21 janvier encore subsistant, constitue une violation flagrante de l'autorité attribuée par la loi à la chose jugée; — Casse, etc.

Du 18 mars 1881.-Ch. crim.-MM. Henry Didier, rap.-Chévrier, av. gén.

(1) (L'Etat C. Collin.) — La cour; — En ce qui concerne l'exception de chose jugée fondée sur l'ordonnance de la chambre du conseil du tribunal de première instance de Dinant en date du 28 févr. 1879: — Attendu que les ordonnances des chambres du conseil déclarant n'y avoir lieu à poursuivre n'ont pas, en général, le caractère d'irrévocabilité qui constitue un des éléments essentiels de la chose jugée; qu'il en est autrement, à la vérité, lorsqu'elles prononcent définitivement en droit sur le sort de l'action publique en décidant, par exemple, que le fait ne tombe pas par sa nature sous l'application de la loi pénale ou qu'il est couvert par la prescription; mais que pour ce qui regarde l'existence même de l'infraction en fait, ou son imputabilité à l'inculpé poursuivi, elles statuent uniquement d'après l'état de l'instruction au moment de la décision et ne font pas obstacle à la reprise des poursuites, lorsque de nouvelles charges viennent à se produire;

dant, l'exercice de l'action publique est suspendu. En d'autres termes, l'inculpé renvoyé de la poursuite par un arrêt de la chambre d'accusation ou par une ordonnance du juge d'instruction rendus en fait, ne peut plus être poursuivi ni traduit soit devant la cour d'assises, soit devant le tribunal correctionnel ou de police, à raison du même fait, à moins qu'il ne survienne de nouvelles charges.

255. De ce que l'exercice de l'action publique est suspendu par la décision de non-lieu, il suit qu'il y aurait violation de la chose jugée si, après cette décision, une chambre d'accusation ou un juge d'instruction renvoyait le même prévenu, à raison du même fait, devant une juridiction criminelle: cour d'assises (Crim. cass. 21 août 1847, rapporté *Rép.* v° *Instruction criminelle*, n° 1175; 3 mai 1856, aff. Berthe de Villers, D. P. 56. 1. 270), tribunal correctionnel (Crim. cass. 28 sept. 1865, aff. Coignier, D. P. 65. 5. 63), ou tribunal de simple police. — Et cette prohibition concerne la chambre d'accusation aussi bien que les juges d'instruction, quoique ces chambres aient la plénitude de juridiction en matière criminelle. Jugé, en effet, par le même arrêt du 3 mai 1856, que la puissance générale d'attribution que les chambres d'accusation tiennent des art. 228, 235 et 236 c. instr. cr. trouve sa limite dans l'autorité de la chose jugée attachée aux ordonnances de non-lieu qui sont intervenues relativement aux mêmes faits, et qui n'ont point été attaquées dans les délais légaux.

256. On méconnaîtrait également l'autorité de la décision de non-lieu si on permettait qu'une juridiction de jugement fût saisie de la même poursuite par la citation directe du ministère public, et même par la citation directe de la partie lésée. C'est ce qui résulte d'un arrêt (Crim. rej. 18 avr. 1812, rapporté au *Rép.* n° 496. V. conf. Griolet, p. 230; Faustin Hélie, t. 6, n° 2815). Ce dernier point a été fixé, en ce qui concerne l'action de la partie lésée, par plusieurs arrêts rendus depuis la publication du *Répertoire* (Crim. rej. 12 déc. 1850, aff. Chabrié, D. P. 51. 5. 11; Trib. corr. Bordeaux, 7 août 1868, aff. Richard, D. P. 69. 3. 30; Alger, 5 févr. 1875, aff. B..., D. P. 75. 2. 120; Douai, 10 mars 1880, aff. Béglein, D. P. 81. 2. 144). Ces décisions sont fondées, car il est de principe que la juridiction répressive ne peut être saisie de l'action civile qu'accessoirement à l'action publique; et l'effet de la chose jugée étant précisément de suspendre l'exercice de cette dernière action, il est évident que la première ne peut être introduite tant qu'il n'y a pas de charges nouvelles. — Il n'importerait même pas que la citation de la partie lésée relevât des faits prétendus nouveaux, car, ainsi qu'on le verra v° *Instruction criminelle*, les juridictions de jugement ne sont pas compétentes pour apprécier s'il existe des charges nouvelles: ce droit n'appartient qu'aux juridictions d'instruction (Jugement et arrêt précités des 7 août 1868 et 5 févr. 1875).

Il a même été reconnu qu'il y aurait violation de la chose jugée si un tribunal correctionnel, saisi, par une citation directe de la partie civile, de faits poursuivis d'abord comme détournements et écartés par une ordonnance de non-lieu, se bornait à statuer sur ces faits par l'admission d'une exception tirée de ce qu'ils auraient été, entre temps, soumis implicitement au jury dans une accusation de faux suivie d'acquittement. La cour suprême a jugé « qu'en fondant ainsi le renvoi de la prévention sur l'autorité de la chose jugée résultant de la réponse négative du jury, la cour de Paris avait violé l'art. 360 c. instr. cr., et qu'elle eût été incompétente pour connaître des faits d'abus de confiance sur lesquels une ordonnance de non-lieu à suivre était précédemment intervenue » (Crim. rej. 30 juin 1864, aff. Dubœuf, D. P. 66. 1. 363).

257. Si la juridiction d'instruction décide que le fait *n'existe pas* ou qu'il n'a *pas été commis* par l'inculpé, cette décision met-elle obstacle à ce que, sur des charges nouvelles tendant à établir l'existence de ce fait ou la culpabilité de l'agent, des poursuites soient reprises contre celui-ci? La négative, consacrée par un arrêt (Nîmes, 25 mars 1847, aff. Vieilleden, D. P. 48. 2. 131) est incontestable. Comme le dit cet arrêt, « une ordonnance de non-lieu n'a d'autre portée que d'affranchir l'inculpé des poursuites dans l'état de la procédure seulement, et en regard des éléments qui s'y trouvent; elle ne peut faire obstacle à ce que des poursuites soient reprises s'il survient de nouvelles charges par analogie des art. 246 et 247 c. instr. cr.; et restreindre l'application de ce principe au cas de nouveaux indices de la culpabilité des auteurs du délit, en la refusant à ceux où des indices se référeraient à l'existence même du délit, ce serait abuser de la signification du mot: *charges*, détourner les articles précités de leur véritable sens ». D'ailleurs, les juridictions d'instruction n'ont mission de statuer que sur la probabilité des faits poursuivis; elles dépasseraient donc leurs pouvoirs en poussant plus loin leurs affirmations (Faustin Hélie, t. 2, n° 1021).

258. La question de savoir si le ministère public pourrait reproduire sous une autre *qualification* le fait écarté par une ordonnance ou un arrêt de non-lieu a été examinée au *Rép.* n°s 492 et 493, et résolue par la négative conformément à l'avis de tous les auteurs (V. les arrêts cités *ibid.*; Griolet, p. 261 et suiv.; Le Sellyer, t. 2, n°s 699, 700 et 701; Trébutien, t. 2, n° 521; Haus, n° 1283; Garraud, n° 650). C'est aussi ce que la cour de cassation a maintes fois décidé, aussi bien pour les arrêts de non-lieu que pour les ordonnances de même nature (Crim. rej. 11 mars 1848, aff. Fromageot, D. P. 48. 5. 49; Crim. cass. 24 juill. 1874, aff. Parisot, D. P. 75. 1. 188; Crim. rej. 16 août 1877, aff. Cyr Dalmais, D. P. 79. 1. 238). Toutefois, cette même cour a jugé que l'arrêt de non-lieu intervenu sur une prévention de viol ne fait pas obstacle à une poursuite ultérieure contre le même individu, pour délit d'outrage public à la pudeur, à raison des mêmes faits (Crim. cass. 10 janv. 1857, aff. Tricoche, D. P. 57. 1. 129). Cet arrêt, qui est isolé, se fonde principalement sur ce que « les art. 226 et 230 c. intr. cr. ne sont qu'indicatifs des pouvoirs conférés aux chambres d'accusation dans l'intérêt de l'administration de la justice, et non exclusifs des règles ordinaires de la compétence », et il décide « qu'il ne résulte de la loi, dans le cas d'inobservation de ces articles, aucune fin de non-recevoir contre l'exercice ultérieur de l'action du ministère public ». Il nous paraît douteux que cette doctrine doive être suivie. La chambre d'accusation était compétente pour saisir la police correctionnelle; en n'y renvoyant pas le prévenu, n'a-t-elle pas jugé par là même que le fait ne devait être l'objet d'aucune poursuite? — Au surplus, il est probable que le législateur tranchera prochainement la question que l'on examine ici. Le projet de loi en préparation sur *l'instruction criminelle* dispose que « le prévenu à l'égard duquel le juge d'instruction ou la cour a décidé qu'il n'y a pas lieu au renvoi devant l'une des juridictions de répression, ne peut plus être traduit à raison du même fait, *alors même qu'il serait qualifié diffé-*

---

qu'elles ne sont pas de nature, dès lors, à être opposées, dans ces circonstances, à l'exercice de l'action civile fondée sur le fait qui a donné lieu aux poursuites; — Attendu que, dans l'espèce, l'ordonnance rendue en suite de l'instruction dirigée contre les nommés Justin Weron et Jules Paul, du chef d'homicide par imprudence des ouvriers piocheurs Heayon et Collin, déclare, par son dispositif, n'y avoir lieu à poursuivre quant à présent; que ces termes mêmes impliquent qu'il n'a pas été statué définitivement et supposent la faculté de reprendre les poursuites au criminel; qu'à plus forte raison l'ordonnance dont il s'agit ne saurait former obstacle à l'action civile du chef du délit à raison duquel des charges suffisantes n'ont pas été reconnues exister contre les inculpés; — Que ladite ordonnances se fonde, il est vrai, notamment sur ce qu'il ressort de l'instruction que le machiniste Weron a donné le coup de sifflet réglementaire au départ de sa machine; mais que le fait ainsi visé par la chambre du conseil n'est encore considéré comme établi que dans l'état acquis de l'information, et que rien ne s'opposerait à ce que, par suite de nouvelles charges, l'instruction soit reprise sur ce point; — Attendu, au surplus, que les intimés demandent à prouver qu'en tout cas le coup de sifflet donné au départ de la machine n'aurait pu être entendu par les piocheurs; qu'il résulterait de cette circonstance, si elle était vérifiée, que la précaution prescrite par le règlement aurait été insuffisante pour garantir ces ouvriers de l'accident dont ils ont été victimes, ce qui pourrait, à un autre point de vue, entraîner la responsabilité de l'État...

Par ces motifs,... sans avoir égard aux conclusions de la partie appelante, confirme le jugement *à quo*; condamne l'appelant aux dépens de l'instance d'appel.

Du 14 juill. 1881.-C. de Liège, 1re ch.-MM. Parez, 1er pr.-Collinet, subst. proc. gén.-Dolez (du barreau de Bruxelles) et Gouttier, av.

remment, à moins qu'il ne survienne de nouvelles charges (art. 206 du projet du Gouvernement).

259. — 2° *Décisions de non-lieu motivées en droit.* — L'autorité des ordonnances ou arrêts de non-lieu est non pas provisoire, mais *absolue*, lorsqu'ils sont motivés *en droit*, comme, par exemple, lorsqu'ils déclarent l'action publique non recevable à cause d'une exception qui la suspend ou la détruit. Dans ce cas, la survenance de charges nouvelles serait impuissante pour autoriser à traduire le prévenu devant ces tribunaux ; la décision est définitive, il y a chose irrévocablement jugée. C'est ce qui a été exposé au *Rép.* n° 433, où l'on a cité divers exemples d'ordonnances motivées en droit et fondées soit sur une amnistie, soit sur la prescription, soit sur la chose jugée. Mangin a très bien justifié l'autorité absolue de ces ordonnances : « On conçoit, a dit cet auteur (*Action publique*, t. 2, n° 390), qu'une décision qui adopte une exception péremptoire indépendante des charges produites et de celles qui pourraient l'être postérieurement, une exception qui anéantit tout droit de poursuite contre le fait incriminé et lui ôte conséquemment tout caractère pénal, est irrévocable lorsqu'elle n'a pas été déférée au tribunal supérieur, ou lorsque celui-ci l'a maintenue ». — M. Haus, t. 2, n° 1286, note 4, indique d'autres exemples de décisions de non-lieu rendues en droit : l'inculpé, poursuivi pour crime de supposition de part soutient que le fait implique une suppression d'état; un autre, prévenu de vol ou d'escroquerie, excipe de ce qu'il est étranger et qu'il a commis le fait hors du territoire français, ou qu'il est le gendre de la personne lésée. Si les juridictions d'instruction, accueillant l'exception, déclarent l'action publique non recevable, leur décision a l'autorité de la chose irrévocablement jugée. Dans tous ces cas, en effet, l'exception est indépendante des charges produites contre l'inculpé; dès lors, il est juste que la survenance de charges nouvelles soit sans influence ; elle ne peut rien changer au droit (Conf. Griolet, n° 294 ; Le Sellyer, t. 2, n° 690, et la note ; Bourguignon, *Jurisprudence des codes criminels*, n° 1 sur l'art. 246 ; Faustin Hélie, t. 2, n° 1023 ; Morin, *Répertoire*, v° *Chose jugée*, n° 11 ; Trébutien, t. 2, n° 893 ; Haus, n° 1287 ; Liège, 14 juill. 1881, *suprà*, n° 254).

260. Ce dernier auteur a proposé (n° 1287 et la note), pour le cas de prescription, une exception qui paraît justifiée. Elle est relative à l'hypothèse où l'arrêt ou l'ordonnance de non lieu aurait admis, comme couvrant le fait, une prescription moins longue que la prescription de dix ans, en considérant ce fait comme un délit ou une contravention. Si de nouvelles charges surviennent, telles que la révélation d'une circonstance aggravante ignorée lors de la poursuite, et qu'elles modifient la nature du fait, de manière à donner le caractère de crime à ce qui n'était apparu que comme délit (ou le caractère de délit à ce qui n'était apparu que comme contravention), la décision de non-lieu qui déclarait ce fait prescrit ne fera pas obstacle à la reprise de la poursuite contre le même fait qualifié *crime* (ou *délit*). Il en serait ainsi, par exemple, dans le cas où une juridiction d'instruction ayant décidé qu'un individu, inculpé d'avoir fait des blessures à une personne ou soustrait frauduleusement certains objets, ne doit pas être poursuivi parce que la prescription de trois ans lui est acquise, on viendrait à découvrir, dans la suite, que les blessures ont été faites dans l'intention de donner la mort, ou que le vol a été commis avec des circonstances aggravantes. — En effet, la première appréciation étant fondée sur les charges produites dans l'instruction, il est juste que des circonstances nouvellement découvertes, et de nature à modifier cette appréciation, puissent exercer leur influence sur la poursuite et la répression de l'infraction (Conf. Le Sellyer, t. 2, n° 690, et la note; Mangin, note sous le n° 390 ; Griolet, p. 295).

261. Sauf cette exception, la règle de l'irrévocabilité des décisions de non-lieu rendues en droit est aujourd'hui bien établie. Mais que devra-t-on décider si des charges nouvelles viennent changer la nature des *faits* sur lesquels repose la décision en *droit* du juge d'instruction ou de la chambre d'accusation? Par exemple, si elles transforment en délit un fait qui, dégagé de la circonstance récemment découverte, échappait à la loi pénale? La question a été examinée au *Rép.* n° 431. Nous pensons, maintenant comme alors, que, dans cette hypothèse, l'arrêt ou l'ordonnance de non-lieu n'enlève point aux juges dont il émane le droit d'apprécier les charges nouvelles, leur première décision n'ayant statué sur le fait incriminé qu'eu égard à l'état des charges telles que l'instruction les présentait d'abord. En effet, suivant la juste expression de M. Griolet, p. 294, « on ne porte aucune atteinte à la chose jugée par le non-lieu en décidant que les faits mieux connus et rectifiés tombent sous l'application de la loi pénale ». Ce qui est ici changé par les charges nouvelles, ce n'est pas la décision sur la *légalité* de la poursuite, c'est le *fait* même qui en était l'objet (Conf. Mangin, n° 391).

262. La solution serait différente, on l'a dit aussi au *Rép. ibid.*, dans le cas où les informations nouvelles, sans rien changer à la nature du fait imputé à l'inculpé, prouveraient seulement que la prescription prononcée par la décision de non-lieu l'a été par erreur et dans l'ignorance d'actes qui l'avaient interrompue ; ou encore, ajouterons-nous, si des circonstances, ignorées lors de l'arrêt de non-lieu et depuis révélées, venaient à démontrer qu'une exception ou fin de non-recevoir admise par cette décision n'était pas fondée, par exemple qu'il n'y avait pas chose jugée, ou que l'amnistie visée à tort ne couvrait pas le fait poursuivi. Pareille découverte n'autoriserait certainement pas la reprise des poursuites au préjudice de l'inculpé, car les circonstances dont on vient de parler ne sont pas des charges nouvelles, puisque, comme le fait remarquer Mangin, n° 391, on ne peut appeler ainsi que les preuves ou les indices tendant à établir l'existence du fait et de ses circonstances, ou la culpabilité du prévenu. Elles constituent simplement la révélation d'une erreur du juge, erreur indépendante de ce que les charges pouvaient présenter d'incomplet au moment où elle a été commise, et conséquemment irréparable (Haus, n° 1287, et la note 5 ; Garraud, n° 650).

263. Les ordonnances ou arrêts des juridictions d'instruction qui renvoient l'inculpé des poursuites dirigées contre lui, parce que *le fait n'est prévu par aucune loi pénale*, ont-ils une autorité absolue, ou seulement provisoire, comme les décisions motivées sur l'insuffisance des charges? Le *Répertoire* n° 433, d'accord avec Mangin, n° 390; Morin, *Répertoire*, v° *Chose jugée*, n° 10; Le Sellyer, *Actions publique et privée*, t. 2, n° 690; et Bonnier, *Des preuves*, n° 893, leur accorde une autorité absolue et définitive. « A quoi aboutirait la survenance de nouvelles charges, dit Carnot, *De l'instruction criminelle*, sur l'art. 246, n° 2, sur un fait qui ne constituerait réellement ni crime, ni délit, ni contravention ? Avant d'examiner si les charges sont suffisantes pour faire présumer la culpabilité d'un prévenu, il faut s'assurer qu'il y a crime, délit ou contravention à réprimer ; de sorte que s'il est jugé qu'il n'existe ni crime, ni délit, ni contravention, tout examen des charges devient sans objet. » M. Haus estime, au contraire que ces décisions n'ont rien de plus définitif que celles qui sont motivées sur l'absence ou l'insuffisance des charges. « En effet, dit cet auteur (n° 1286), le caractère du fait ne pouvant être apprécié par les juridictions d'instruction que d'après les charges recueillies dans l'instruction écrite, des circonstances nouvellement découvertes peuvent modifier au point de transformer en crime, en délit ou en contravention ce même fait qui, d'abord, ne semblait pas punissable. » Cette considération nous paraît décisive, et l'opinion de M. Haus préférable (V. les exemples donnés par cet auteur, *ibid.*, note 3).

264. Quelles sont les *nouvelles charges* qui peuvent autoriser une reprise d'instruction? Le *Rép.* n° 409, renvoie l'examen de cette question au mot *Instruction criminelle* où elle est traitée en effet n°s 1167 et suiv. On y reviendra *infrà*, sous le même mot. Il suffira de constater ici que, d'après la jurisprudence, les dispositions de l'art. 247 qui déterminent ce que l'on doit considérer comme *charges nouvelles* sont simplement démonstrative; cette expression embrasse dans sa généralité *toutes preuves* servant à établir la culpabilité du prévenu.

265. — II. ORDONNANCES ET ARRÊTS DE RENVOI. — Ces décisions ont pour unique effet de saisir les tribunaux de répression. Elles ont l'autorité de la chose jugée sur la question de savoir s'il y a lieu ou non d'exercer une poursuite, question qu'elles résolvent par l'affirmative en désignant le tribunal auquel l'affaire doit être renvoyée. Tout acte qui s'opposerait à ce que le tribunal désigné soit saisi serait donc contraire à la chose jugée. Ainsi on ne pourrait ni révoquer la décision de renvoi par une décision de non-lieu postérieure, ni saisir un juge autre que celui que le tribunal a désigné, soit par voie de citation directe, soit par une nouvelle décision de renvoi. En un mot, on ne peut ni s'abstenir de saisir le tribunal désigné, ni en saisir un autre (Griolet, p. 230).

L'autorité de la chose jugée n'appartient d'ailleurs aux décisions de renvoi que lorsqu'elles n'ont pas été attaquées dans les délais. C'est, en effet, comme on l'a vu, *suprà*, n° 247, une règle générale que les jugements n'ont cette autorité que lorsqu'ils sont devenus irrévocables. Spécialement, les ordonnances de renvoi rendues par les juges d'instruction emportent la chose jugée quand le ministère public n'a pas formé opposition dans le délai fixé par l'art. 135 c. instr. cr.

266. Le *Répertoire* n°s 414 à 416, rapporte plusieurs arrêts décidant que la maxime *non bis in idem* s'oppose à ce que la chambre d'accusation soit saisie de la prévention sur laquelle des ordonnances non attaquées ont statué. Depuis, la cour de cassation a décidé, par application de la même règle, que, lorsqu'une ordonnance rendue dans une procédure commune à plusieurs prévenus, a renvoyé l'un d'eux devant le tribunal correctionnel, et les autres devant la chambre d'accusation, cette chambre ne peut, à défaut d'opposition du ministère public, statuer sur les faits personnels au prévenu renvoyé en police correctionnelle, même en relevant une circonstance de complicité, dont le juge aurait négligé de tenir compte. Il y a chose jugée au profit du prévenu renvoyé au correctionnel, et, en pareil cas, l'erreur du juge d'instruction ne pourrait plus être réparée que par l'exercice du droit d'évocation (Crim. rej. 7 juill. 1859, aff. Pascal, D. P. 59. 1. 332). La même cour a jugé aussi que, lorsque le juge d'instruction, statuant sur une poursuite dirigée simultanément contre un prévenu civil et contre des prévenus militaires, a déclaré n'y avoir lieu à suivre contre le premier, et a, par suite, renvoyé les prévenus militaires devant le conseil de guerre, la chambre d'accusation ne peut, au cas où elle infirme la décision de non-lieu, réformer en même temps le chef de décision relatif aux militaires, qu'autant que, par les termes de son opposition, le ministère public a attaqué l'ordonnance du juge d'instruction dans son entier. Et cette chambre commet une violation de la chose jugée si, le ministère public n'ayant attaqué l'ordonnance que quant à la décision de non-lieu, elle se saisit de la poursuite même à l'égard des militaires, sans user à cet effet de son droit d'évocation (Crim. cass. 24 mai 1867, aff. Luce, D. P. 67. 1. 415).

Ajoutons qu'une conséquence remarquable de l'irrévocabilité des décisions de renvoi a été signalée par Legraverend, et indiquée au *Rép.* n° 432.

267. Quelle est l'autorité des ordonnances et arrêts de renvoi devant la juridiction à laquelle ils ont renvoyé le jugement de l'affaire? Ont-ils pour effet de lier cette juridiction? La question a été traitée au *Rép.* n°s 417 à 420, 423 à 428 et 430; elle paraît comporter quelques développements nouveaux.

Le principe est très simple : les décisions par lesquelles les juridictions d'instruction renvoient l'accusé ou le prévenu à la cour ou au tribunal chargé de le juger n'ont, en règle générale, aucune influence sur le jugement de la cause. Conséquemment, les tribunaux saisis par l'ordonnance ou l'arrêt de renvoi doivent exercer leur droit d'examen indépendamment de l'opinion qu'ont pu se former les juges qui leur ont renvoyé l'affaire. Il n'en peut être autrement puisque les juridictions de jugement ont été précisément instituées pour juger, tandis que la mission des juridictions d'instruction est simplement de veiller à ce que les affaires ne soient pas inconsidérément portées à l'audience. D'ailleurs, les décisions de renvoi ne sont rendues que sur des charges, de simples présomptions; la juridiction de jugement juge, au contraire, après un débat oral, public, contradictoire, présentant de tout autres garanties. Il est juste, dès lors, que les deux juridictions soient indépendantes. M. Griolet, p. 233, a formulé ce principe de l'indépendance respective des juridictions de la manière suivante : « La juridiction d'instruction statue souverainement sur toutes les questions du procès relativement au renvoi qu'elle ordonne. La juridiction de jugement statue à son tour librement sur les mêmes questions relativement au jugement. »

268. Il résulte, en premier lieu, de l'indépendance respective des deux juridictions que les décisions d'instruction ne lient point les juridictions de jugement relativement à la *constatation des faits* (*Rép.* n° 426). Juger les faits, c'est la mission essentielle des tribunaux répressifs; ils ne peuvent être liés à cet égard par aucun préjugé (Mangin, *Traité de l'instruction écrite*, t. 2, n° 132).

Il en est de même, évidemment, de la *culpabilité* du prévenu ou de l'accusé. Le tribunal et le jury peuvent déclarer le prévenu non coupable du fait qui lui est imputé par l'arrêt de renvoi.

De même encore quant à l'existence des *circonstances aggravantes* (*Rép.* n° 426) que les juridictions d'instruction ont adoptées ou rejetées. L'appréciation faite à cet égard par la juridiction d'instruction n'est que provisoire et ne lie ni le tribunal, ni la cour d'assises, qui ont tout pouvoir pour réparer l'erreur commise. Il est vrai que la juridiction de jugement ne pourrait pas constater et punir un fait délictueux qui serait nié ou même seulement omis par la décision de renvoi, puisqu'il lui est absolument interdit de statuer sur des faits nouveaux, non compris dans l'arrêt de renvoi (Faustin Hélie, t. 5, n° 2322).

269. Mais cette juridiction a droit sur tout ce qui n'est que modification et conséquence nécessaire des faits incriminés; dès lors, elle peut relever, d'après les débats, toutes les circonstances aggravantes du fait délictueux dont elle est saisie, quelle qu'ait été sur ces circonstances la décision de la juridiction d'instruction. — La cour de cassation l'avait ainsi jugé dès le 10 déc. 1813 (*Bull. crim.*, n° 532) par les motifs « que les chambres d'accusation n'ont d'autre effet que de statuer sur la mise en accusation des individus qui leur sont renvoyés, et de régler, ou pour mieux dire, d'indiquer la compétence des tribunaux qui doivent juger au fond; que ces arrêts ne jugent rien définitivement, et qu'ils ne lient nullement les tribunaux ou les cours auxquels le renvoi est fait, lesquels sont investis du droit de prononcer définitivement tant sur la compétence que sur le fond et sur toutes les circonstances des crimes et délits qui leur sont renvoyés, soit qu'elles soient ou qu'elles ne soient pas exprimées dans l'acte d'accusation, lorsqu'elles résultent des débats ». Plus tard, cette cour a reconnu, le 11 juin 1840 (*Bull. crim.*, n° 74), « que la prétérition ou l'appréciation erronée en fait d'une circonstance aggravante par la chambre d'accusation n'empêche pas le président de la cour d'assises, si les débats viennent à l'établir, d'en faire la matière d'une question à soumettre au jury ». Elle a décidé encore que le président des assises peut, sans contrevenir à l'autorité de la chose jugée, conformer ses questions aux modifications que les débats ont apportées à l'accusation résultant de l'arrêt de renvoi, bien que la chambre d'accusation ait rejeté ces modifications (Crim. rej. 24 déc. 1847, aff. Colsenet, D. P. 48. 5. 48. Conf. Mangin, *Traité de l'instruction écrite*, t. 2, n° 132; Griolet, p. 236; Haus, t. 2, n° 1289).

270. Il n'en serait pas de même, et il y aurait, au contraire, chose jugée par la décision d'instruction si l'arrêt d'accusation, après avoir reconnu le fait qui constituerait légalement une circonstance aggravante, l'avait cependant écarté *en droit* par une décision formelle (Arrêt du 11 juin 1840 cité au numéro précédent); par exemple, si cet arrêt décidait que l'écriture falsifiée n'est ni publique, ni commerciale, qu'une fausse clef trouvée n'est pas une fausse clef, que l'incendie d'une dépendance de la maison habitée n'est pas l'incendie d'une maison habitée. Ce sont là des points de droit dont les éléments ne peuvent être modifiés par les débats, et qui, dès lors, sont définitivement acquis au procès (Faustin Hélie, t. 5, n° 2322). « Dans ce cas, le procureur général qui, aux termes de l'art. 271, ne doit pas porter devant la cour d'assises une accusation autre que celle admise par un arrêt de renvoi, ne pourrait introduire la circonstance aggravante dans le résumé de l'acte d'accusation, sans violer ledit art. 271 et l'autorité de la chose contre lui contradictoirement jugée » (Arrêt précité du 11 juin 1840. Conf. Crim. cass. 20 janv. 1843, *Rép.* v° *Cassation*, n° 1359).

Il faut ajouter avec M. Haus, n° 1289, qu'en vertu de la règle de l'indépendance des juridictions, si la chambre d'accusation avait rejeté l'excuse proposée par l'accusé et reconnue par la loi, il suffirait que ce dernier la fît valoir devant la cour d'assises pour que celle-ci fût obligée de poser sur ce point une question particulière au jury ; et elle devrait même le faire d'office, si l'excuse lui semblait résulter des débats.

271. Les tribunaux ne sont pas liés davantage par la *qualification* qu'a donnée au fait incriminé l'ordonnance ou l'arrêt de renvoi (V. *Rép.* n° 426 et les arrêts cités), et ils peuvent juger et condamner le prévenu pour une *autre infraction*, pourvu que la qualification nouvelle soit implicitement contenue dans les faits visés par l'ordonnance ou l'arrêt. En d'autres termes, vis-à-vis de la juridiction de renvoi, la qualification de l'ordonnance n'est et ne peut être que provisoire (Garraud, n° 650, p. 800). Assurément, les tribunaux, ainsi qu'on l'a dit tout à l'heure, ne pourraient relever d'office un fait nouveau ou différent de celui qui fait l'objet de la prévention, car l'action publique ne leur appartient pas ; mais il ne faut pas confondre les préventions nouvelles avec les qualifications nouvelles, et, quant à celles-ci, la juridiction de jugement est entièrement libre (Griolet, p. 236 ; Mangin, *Traité de l'instruction écrite*, t. 2, n° 133; Faustin Hélie, t. 5, n° 2323 ; Trébutien, t. 2, n° 522 ; Haus, t. 2, n° 1290 ; Morin, *Répertoire*, v° *Chose jugée*, n° 16).— Il suit de là qu'en cour d'assises, si les faits ont été modifiés par les débats, on peut proposer au jury toutes les questions qui résultent de ces mêmes débats, lors mêmes qu'elles changent le caractère du fait principal, pourvu qu'elles se rattachent à ce fait (Jurisprudence constante. V. *Instruction criminelle*). Et « alors même que les faits constatés par la décision de renvoi n'ont pas été modifiés par les débats, le juge les apprécie librement, les absout ou les condamne, et, dans ce dernier cas, les punit suivant les différences établies par la loi entre les contraventions, les délits et les crimes. Sont formels sur ce point les art. 160, 191, 193, 194, 365 c. instr. cr. » (Griolet, p. 236). — Quant aux tribunaux correctionnels, ils ne sont pas plus liés que les cours d'assises par la qualification, et ils peuvent parfaitement déterminer le caractère légal des faits dont la connaissance leur est déférée par une ordonnance de renvoi au moyen d'une qualification différente de celle qui y est indiquée. Plusieurs arrêts récents ont consacré cette règle désormais incontestable (Crim. rej. 9 nov. 1878, aff. Sullerot, D. P. 79. 1. 316 ; Nîmes, 19 déc. 1878, aff. Traversier, D. P. 80. 2. 37 ; Crim. cass. 22 janv. 1881, aff. Michaud, D. P. 81. 1. 288 ; Lyon, 15 mars 1882, aff. Ducroux, D. P. 83. 2. 5).

272. Le principe de l'indépendance des deux juridictions n'est pas sans comporter quelques exceptions.

L'une de ces exceptions concerne les décisions rendues sur la *compétence*. Il est de jurisprudence constante que les arrêts des chambres d'accusation qui saisissent la cour d'assises sont *attributifs* de juridiction et lient cette cour au point de vue de la compétence, de telle sorte qu'une cour d'assises saisie par la chambre d'accusation ne peut refuser de juger, encore qu'elle ne serait ni la cour d'assises du lieu du crime, ni celle du domicile de l'inculpé, ni celle du lieu de l'arrestation. Ce point de doctrine, indiqué seulement au *Rép.* n° 427, a été traité *ibid.*, v° *Compétence criminelle*, n°s 645 et suiv. Aux auteurs cités en ce sens, *ibid.*, *adde* : Mangin, *De l'instruction écrite*, t. 2, n° 127 ; Morin, *Répertoire*, v^is *Chose jugée*, n° 17, et *Mise en accusation*, n° 5. Après Merlin et Le Sellyer, Faustin Hélie, t. 5, n°s 2318 et 2319, et M. Griolet, p. 243 et suiv., refusent de souscrire à cette doctrine. Mais une jurisprudence constante l'a consacrée (V. outre les arrêts cités au *Rép.* v° *Compétence criminelle*, n°s 647 et suiv. : Crim. rej. 20 juin 1856, aff. Comboulives, D. P. 56. 1. 374 ; 22 mai 1862, aff. Giraud, D. P. 67. 5. 93 ; 10 janv. 1873, aff. Fornage, D. P. 73. 1. 41).

273. Au contraire, c'est un principe admis sans conteste que les renvois en police correctionnelle et en simple police ne sont qu'*indicatifs*, et non attributifs, de juridiction, et que, par suite, le tribunal a toujours le droit d'examiner, d'après la nature des faits, s'il est ou non compétent (*Rép.* n° 417, et v° *Compétence criminelle*, n° 505).— Spécialement les tribunaux correctionnels peuvent et doivent se déclarer incompétents, lorsqu'ils reconnaissent que le fait dont ils ont été saisis par le renvoi de la juridiction d'instruction porte les caractères de crime (art. 193 c. instr. cr.). Et il n'y a pas à distinguer à cet égard les renvois faits par la chambre d'accusation de ceux ordonnés par le juge d'instruction : le droit du tribunal de déclarer son incompétence est le même dans l'un et l'autre cas. C'est ce qui résulte de nombreux arrêts cités au *Rép.* v° *Compétence criminelle*, n° 506 (V. dans le même sens : Crim. cass. 12 févr. 1864, aff. Beauvais, D. P. 64. 1. 97 ; Crim. rej. 14 mars 1868, aff. Donadey, D. P. 68. 1. 508; Crim. rej. 8 mai 1868, aff. Moreau, D. P. 68. 1. 281 ; 10 sept. 1868, aff. Désailloud, D. P. 69. 1. 306; Nîmes, 19 déc. 1878, aff. Traversier, D. P. 80. 2. 37 ; Crim. cass. 22 janv. 1881, aff. Michaud, D. P. 81. 1. 288. — Conf. Faustin Hélie, t. 5, n°s 2092 et 2315 ; Griolet, p. 244 ; Mangin, *Instruction écrite*, t. 2, n° 126 ; Le Sellyer, t. 1, n° 56).

C'est par application des mêmes principes que l'arrêt du 22 mai 1835, cité au *Rép.* n° 424, a décidé que le prévenu renvoyé devant le tribunal de police correctionnelle serait recevable, nonobstant l'ordonnance de renvoi, à opposer l'incompétence *ratione personæ* de ce tribunal.

274. La jurisprudence a fait, depuis la publication du *Répertoire*, de remarquables applications de la règle qui reconnaît aux tribunaux correctionnels le droit de se déclarer incompétents lorsqu'ils estiment que le fait dont ils ont été saisis par le renvoi porte les caractères de crime. — Ainsi la cour suprême a jugé que ce droit appartient au tribunal, soit que les caractères constitutifs du crime soient révélés par l'ordonnance même qui le saisit, soit qu'ils résultent seulement des débats, l'art. 193 c. instr. cr. ne faisant pas de distinction (Crim. rej. 10 sept. 1868, aff. Désailloud, D. P. 69. 1. 306); soit qu'ils résultent des modifications et circonstances nouvelles produites depuis l'ordonnance (Crim. cass. 12 févr. 1864, aff. Beauvais, D. P. 64. 1. 97). Elle a reconnu ce même droit au tribunal correctionnel dans le cas où le fait qui a donné lieu à la poursuite étant unique, mais composé d'éléments complexes et susceptibles d'être qualifiés crimes et délits (comme par exemple un attentat à la pudeur sur la personne d'un enfant de moins de treize ans, consommé ou tenté dans un lieu public), le juge d'instruction a déclaré que le fait ne constituait pas le crime visé au début de la poursuite, et a rendu à cet égard une ordonnance de non-lieu non attaquée, en renvoyant le prévenu en police correctionnelle, par exemple pour délit d'outrage public à la pudeur. En pareil cas, d'après trois arrêts de cassation (Crim. rej. 14 mars 1868, aff. Donadey, D. P. 68. 1. 508; 8 mai 1868, aff. Moreau, D. P. 68. 1. 281; 10 sept. 1868, aff. Désailloud, D. P. 69. 1. 306), le tribunal n'est aucunement lié par la déclaration, improprement faite, qu'il n'y a lieu à suivre sur le crime, ni par le renvoi en police correctionnelle ; l'ordonnance n'est, en réalité, qu'une qualification du fait purement provisoire, soumise, à ce titre, au contrôle du tribunal correctionnel, qui conserve, en droit et en fait, une entière liberté d'appréciation, et doit se déclarer incompétent, si le fait unique dont il est saisi présente essentiellement et principalement les caractères d'un crime.

275. La question serait plus délicate dans le cas où l'ordonnance, non attaquée dans les délais, aurait, en renvoyant devant le tribunal correctionnel, *expressément* écarté la circonstance aggravante qui, aux yeux du tribunal, est de nature à donner au fait le caractère de crime. On peut se demander si, en cas pareil, cette circonstance ne doit pas être regardée comme un fait déjà jugé, et si, dès lors, il est permis au tribunal, sans violer la chose jugée, de relever, pour se déclarer incompétent, une circonstance aggravante qu'une décision irrévocable a écartée. Le *Répertoire* n° 418, cite un arrêt de cassation du 14 août 1818 et un arrêt de la cour supérieure de Bruxelles du 2 juin 1832 qui ont jugé que le tribunal est, dans ce cas, lié par l'ordonnance et ne peut se déclarer incompétent. M. Le Sellyer, *Actions publique et privée*, t. 1, n° 57, a adopté cette doctrine. MM. Garraud, *Précis de droit criminel*, n° 652, et Villey, *Précis d'un cours de droit criminel*, p. 353, estiment, au contraire, avec raison, suivant nous, que, même dans ce cas, le tribunal correctionnel doit déclarer son incompétence si le fait, tel qu'il résulte des débats, prend le caractère de crime. C'est, en effet, sur l'instruction orale et contradictoire que les juridictions répressives forment leur conviction tant au point de vue de la compétence qu'au point de vue de la culpabilité, et, d'ailleurs, l'art. 193 c. instr. cr. ne distingue pas. — La solution ne serait pas différente si le tribunal avait été saisi par la chambre d'accusation.

276. Quoiqu'il en soit, il faut noter, ainsi qu'on l'a déjà fait au *Rép.* n° 420, qu'il n'appartient pas au tribunal correctionnel, lorsqu'il se déclare incompétent, de renvoyer le prévenu devant le juge d'instruction, et encore moins de désigner celui-ci. La disposition de l'art. 193 c. instr. cr. qui prescrit ce renvoi n'est applicable qu'au cas où le tribunal a été saisi par citation directe; ici, il y a lieu à règlement de juges (V. sur ce point, outre les arrêts cités au *Rép. ibid.*: Crim. règl. jug. 30 août et 20 sept. 1855, aff. Ordioni et aff. Pain, D. P. 55. 1. 415 et 428; 20 mars 1856, aff. Bertrand, D. P. 56. 5. 390; 12 déc. 1861, aff. Leguen, D. P. 63. 5. 321; 3 mai 1877, aff. Causse, D. P. 77. 1. 403).

277. Reste à examiner la question de savoir si les décisions de renvoi ont autorité en ce qui concerne les exceptions et fins de non-recevoir opposées à l'action publique. Dans le cas où ces exceptions ont été admises par la juridiction d'instruction, c'est un arrêt ou une ordonnance de non-lieu que cette juridiction a rendu, et l'on sait qu'alors l'action publique est éteinte. Mais si elle a rejeté l'exception, le prévenu pourrait-il la faire valoir de nouveau devant la juridiction saisie par le renvoi? M. Griolet estime (p. 238 et suiv.) qu'une pareille décision ne saurait, en aucune hypothèse, empêcher le tribunal d'admettre la fin de non-recevoir rejetée. Mais la jurisprudence et la plupart des auteurs distinguent entre les ordonnances du juge d'instruction et les arrêts de la chambre d'accusation, refusant l'autorité aux premières parce qu'elles ne statuent à l'égard du prévenu que provisoirement et qu'il lui est interdit de les attaquer, la reconnaissant, au contraire, aux seconds « parce qu'ils sont définitifs, parce qu'ils statuent non sur une simple appréciation de faits essentiellement provisoire, mais sur le rapport de ces faits avec la loi, parce que la loi a ouvert contre eux au prévenu le recours en cassation » (Conf. Faustin Hélie, t. 5, n° 2326; Mangin, *Instruction écrite*, t. 2, n° 134; Crim. rej. 20 nov. 1828, *Rép.* v° *Bigamie*, n° 18). — Toutefois ces deux derniers auteurs (*loc. cit.*) pensent que, si le rejet des exceptions présentées par le prévenu n'a été fondé que sur l'appréciation des charges existantes dans l'instruction écrite, les juges saisis par le renvoi de la chambre d'accusation ne sont pas liés par cette décision, lorsque les débats, modifiant ces premières charges, lui enlèvent sa base. La cour de cassation a admis ce juste tempérament par un arrêt du 15 juill. 1813 cité au *Rép.* n° 426, qui a reconnu que l'arrêt de la chambre d'accusation rejetant l'exception de prescription et renvoyant l'accusé devant la cour d'assises ne s'oppose pas à ce que cette cour statue de nouveau sur la même question, lorsque le rejet est motivé sur ce qu'il n'existe aucun procès-verbal qui serve de point de départ à la prescription, et que la cour d'assises constate, au contraire, l'existence d'un tel procès-verbal (Conf. Griolet, p. 240).

278. Les exceptions et fins de non-recevoir qui n'ont pas été proposées par le prévenu devant la juridiction d'instruction peuvent-elles être invoquées devant la juridiction de jugement? L'affirmative n'est pas douteuse s'il s'agit d'une affaire renvoyée par le juge d'instruction, puisque le prévenu peut, dans ce cas, faire valoir, devant la juridiction de jugement, même les exceptions qu'une ordonnance aurait rejetées. S'il s'agit d'arrêts de chambre d'accusation, M. Griolet, p. 241, estime que ces arrêts ont jugé implicitement qu'aucune exception ne s'oppose à l'exercice de l'action publique, et il pense que la juridiction de jugement violerait la chose jugée en admettant une fin de non-recevoir. M. Faustin Hélie, t. 5, n° 2327, et Mangin, t. 2, n° 138, décident, au contraire, que le prévenu peut invoquer, devant cette juridiction, les exceptions tendant à faire prononcer l'extinction ou la suspension de l'action publique. Cette doctrine est admise par la jurisprudence (V. notamment : Crim. cass. 25 juil. 1811, *Rép.* v° *Bigamie*, n° 12; 5 sept. 1812, *ibid.*, n° 54. Anal. Cass. 4 sept. 1840, *Bulletin criminel* 1840, 248).

§ 2. — Décisions des juridictions de jugement (*Rép.* n°s 405 à 408).

279. Plus certainement encore que les arrêts et les ordonnances rendus par les juridictions d'instruction, les décisions des juridictions de jugement ont l'autorité de la chose jugée quand elles sont devenues définitives. Nous n'aurons que peu de chose à ajouter à ce qui a été dit sur ce point au *Rép.* n°s 405 à 408.

280. — I. TRIBUNAUX EXTRAORDINAIRES. — La chose jugée résulte non seulement des jugements rendus par les tribunaux ordinaires, mais encore des jugements rendus soit par les conseils de guerre (Crim. cass. 26 nov. 1842, aff. Fabas, *Rép.* v° *Organisation militaire*, n° 803-2°), soit par les tribunaux maritimes, soit par les juridictions disciplinaires (Faustin Hélie, t. 2, n° 1027).

281. — II. EFFETS DES VOIES DE RECOURS EXERCÉES CONTRE UN JUGEMENT CRIMINEL. — L'appel n'enlève pas toujours au jugement de première instance toute l'autorité de la chose jugée. En effet, s'il a été formé par le seul prévenu, le tribunal d'appel ne peut réformer la décision attaquée contrairement à l'intérêt du prévenu seul appelant (*Rép.* n° 441); d'où il résulte que le juge du second degré ne peut statuer sur les chefs écartés par les premiers juges, et que, s'il statue sur les faits pour lesquels il y a eu condamnation, il ne peut aggraver la peine : il y a chose jugée en ce qui concerne cette aggravation (V. à cet égard : les nombreux arrêts cités v° *Appel en matière criminelle*, n°s 99 à 105). — De même le juge d'appel, ne pouvant aggraver la situation du prévenu lorsqu'il n'est saisi que par le recours de ce dernier, ne peut, par suite, se déclarer incompétent, à raison de ce que le fait poursuivi constituerait un crime et aurait dû être déféré à la cour d'assises (V. les arrêts cités *ibid.*, n° 106). — Si c'est la partie civile seule qui a appelé, son appel ne porte devant la juridiction saisie qu'une simple question civile; il ne touche donc pas à ce qui a été jugé au point de vue répressif, et le premier jugement garde, sous ce rapport, l'autorité de la chose jugée (V. les arrêts cités *ibid.*, n° 111). — Mais il en est autrement si l'appel a été relevé par le ministère public. Cet appel frappe tout le jugement, qui n'est protégé dans aucune de ses parties par le principe de la chose jugée (V. *ibid.*, n°s 116 à 121). — Sur ces différents aspects de la question des effets de l'appel, en conflit avec les effets de l'autorité de la chose jugée, V. encore Faustin Hélie, t. 6, n°s 3035 à 3044; Griolet, p. 295 et suiv.

282. La cassation elle-même ne fait pas toujours disparaître l'autorité de la chose jugée (*Rép.* n° 442). Elle peut n'être que partielle, soit parce que le pourvoi n'a été formé que par quelques-uns des accusés, soit parce qu'il a été expressément limité à tel chef ou telle disposition de l'arrêt attaqué. Elle est nécessairement restreinte par l'intérêt même de la partie qui s'est pourvue; la cassation ne peut préjudicier à celle-ci, lorsque c'est par elle seule que le pourvoi a été formé (V. sur ce point : v° *Cassation*, n°s 463 et suiv.). Mais, comme on l'a vu *ibid.*, n° 493, l'autorité de la chose jugée ne s'oppose pas à ce que la cour de renvoi, saisie après cassation, prononce une peine supérieure à celle qu'avait appliquée l'arrêt cassé.

283. L'effet dévolutif du pourvoi est encore restreint quand la cour de cassation n'a été saisie que par la partie civile, car cette partie, ne pouvant agir que relativement à ses intérêts civils, ne saisit la cour que des dispositions qui s'y rapportent (V. *Cassation*, n° 463). — Au contraire, le pourvoi du ministère public, formé dans l'intérêt général de la société, profite à toutes les parties (V. *ibid.*, n° 94. V. aussi Crim. cass. 16 sept. 1842, aff. Naud, *Rép.* v° *Désistement*, n° 238; 26 avr. 1845, *Bulletin criminel*, n° 153). — Sur les effets de la chose jugée en conflit avec les effets du pourvoi en cassation, V. Griolet, p. 299 et suiv.; Faustin Hélie, t. 8, n°s 4007 et suiv.

284. Sur la question de savoir quelle est l'autorité des arrêts rendus par la cour de cassation, en vertu de l'art. 441 c. instr. cr., c'est-à-dire des arrêts d'annulation provoqués d'office par son procureur général sur l'ordre du garde des sceaux (V. *Cassation*, n°s 208 et suiv. V. aussi Faustin Hélie, t. 2, n°s 1028 à 1037; Mangin, *Action publique*, t. 2, n°s 376 à 380; Le Sellyer, *Action publique et privée*, t. 2, n°s 665 et suiv.).

285. — III. DISPOSITIFS; MOTIFS. — De même qu'en matière civile (V. *suprà*, n°s 9 et suiv.) la chose jugée résulte du *dispositif* du jugement, et non de ses motifs (*Rép.* n° 511). Ce n'est que dans le dispositif qu'il faut chercher ce qui a été jugé (Aix, 22 juill. 1862, aff. Zangroniz, D. P. 62. 2. 148; Crim. rej. 24 juill. 1863) (1). — Spécialement, l'autorité de

(1) (Jacquinot.) — LA COUR; — Sur le premier moyen fondé sur une violation de la chose jugée et des art. 1351 c. nap. et 360 c. instr. crim., en ce qu'il y aurait contradiction entre le jugement du tribunal correctionnel du 27 juin 1862 qui se fonde pour mettre en cause les sieurs Paoli et Pieri sur ce que Jacquinot a justifié n'avoir agi que comme acquéreur et sur l'ordre de

la chose jugée ne saurait s'attacher à un motif erroné qui n'est pas reproduit, et ne reçoit aucune sanction dans le dispositif. Ainsi l'énonciation, dans les motifs d'un arrêt, que l'appelant se serait rendu coupable d'une infraction autre que celle dont la cour était saisie et qui a motivé la condamnation, serait sans effet au point de vue de l'action en responsabilité qui pourrait s'engager sur ce fait devant la juridiction civile (Crim. rej. 4 août 1882, aff. Izaac Paz, D. P. 82. 1. 483. Conf. Griolet, p. 252 et suiv.; Faustin Hélie, t. 2, n° 1024). — Il résulte de la même règle que les appréciations auxquelles le juge se livre dans les motifs de son jugement, sans en faire l'objet d'aucune décision, ne peuvent obtenir l'autorité de la chose jugée. C'est ce qui a été jugé, en matière disciplinaire (Civ. rej. 28 août 1854, aff. Darrieux, D.P. 54. 1. 321); mais cette décision est également applicable en matière criminelle.

286. Toutefois, ainsi que le fait remarquer M. Bonnier, *Traité des preuves*, 5e éd., n° 863, p. 449, il arrive assez souvent, en matière correctionnelle, que, pour savoir ce qui a été jugé, il faut nécessairement se reporter aux motifs; et la cour de cassation a reconnu que la force de chose jugée appartient alors, non seulement au dispositif, mais à ceux des motifs qui se réfèrent aux qualifications pénales (Crim. rej. 26 juill. 1865, aff. Mirès, 2e et 3e arrêts, D. P. 65. 1. 490). — D'autre part la chose jugée peut résulter des motifs mêmes du jugement, rapprochés de son dispositif (V. en ce sens : Gand, 9 août 1860) (1).

287. C'est, d'ailleurs, une règle certaine, en matière répressive comme en matière civile, que, si le jugement repose sur plusieurs motifs, il n'est pas besoin qu'ils soient tous d'une égale validité, et qu'il suffit qu'il s'en trouve un de valable (Crim. rej. 19 avr. 1861, aff. Louette, D. P. 61. 5. 318). La chambre criminelle de la cour de cassation a fait une application de cette règle en matière de chose jugée, en décidant qu'une simple considération empruntée aux règles de l'autorité de la chose jugée ne peut vicier le jugement sous prétexte de fausse application de ces règles, lorsqu'elle n'a été invoquée qu'accessoirement et à l'appui d'un moyen décisif qui a seul servi de base à la décision (Crim. rej. 11 août 1883, aff. d'Hunolstein, D. P. 84. 1. 211).

§ 3. — Jugements étrangers.

288. Les jugements criminels rendus à l'étranger sont-ils susceptibles d'avoir en France l'autorité de la chose jugée? Cette question s'est souvent présentée devant les tribunaux, depuis la publication du *Répertoire*, dans l'hypothèse suivante. Un crime ou un délit est commis en France par un étranger qui s'enfuit dans son pays, et qui y est poursuivi et jugé à raison de ce crime ou de ce délit. Si plus tard l'étranger rentre en France, pourra-t-il, nonobstant le jugement étranger, être traduit devant nos tribunaux pour le même fait? S'il y est traduit, pourra-t-il invoquer avec succès la maxime *non bis in idem?* De nombreux arrêts ont décidé que le jugement étranger ne doit pas faire obstacle à la poursuite en France. Ils se fondent sur le principe de la souveraineté territoriale et sur ce que la chose jugée, bienfait et institution de la loi, ne peut étendre son autorité au delà des limites du territoire sur lequel s'exerce la souveraineté de qui elle émane (Metz, 19 juill. 1859, aff. Schœpper, D. P. 60. 2. 1, et la note; Besançon, 14 nov. 1861, aff. Guy, D. P. 61. 2. 230, et la note; Crim. cass. 21 mars 1862, aff. Demeyer, D. P. 62. 1. 146; 21 mars 1862, aff. Ruyter, D. P. 62. 1. 152, le rapport de M. Faustin Hélie et les conclusions de M. l'avocat général Savary, *ibid.*; Amiens, 17 mai 1862, aff. Demeyer, D. P. 62. 2. 152; Crim. rej. 23 nov. 1866, aff. Michel, D. P. 67. 1. 235, et le rapport de M. Salneuve, *ibid.*; Crim. rej. 11 sept. 1873, aff. Coulon, D. P. 74. 1. 132; C. d'ass. Var, 28 juill. 1866, aff. Michel, D. P. 67. 1. 235-236; C. d'ass. Moselle, 4 déc. 1867, aff. Wagner, D. P. 68. 2. 39-40; C. d'ass. Seine-et-Oise, 9 janv. 1883 (2). — Conf. C. cass. belge, 31 déc. 1859, aff. Vandenbroeck, D. P. 61. 2. 8. — V. toutefois en sens contraire : Douai, 31 déc. 1861, aff. Demeyer, D. P. 62. 1. 147, cassé par l'arrêt précité du 21 mars 1862; C. d'ass. Pyrénées-Orientales, 18 juill. 1870, aff. Ozella, D. P. 70. 2. 171).

289. Il a été jugé que le jugement étranger ne ferait pas obstacle à la poursuite en France, même dans le cas où il aurait acquitté l'inculpé (Crim. cass. 21 mars 1862, aff. Ruyter, D. P. 62. 1. 152). — Il n'y ferait pas davantage obstacle, en cas de condamnation, alors même que l'action de la justice étrangère aurait été provoquée par la plainte de la partie lésée (Crim. cass. 21 mars 1862, aff. Demeyer, D. P. 62. 1. 146); — Ou encore bien que la découverte de l'auteur du crime commis en France et la saisie du corps du délit auraient eu lieu à l'étranger (Crim. cass. 22 mars 1862, aff. Ruyter, D. P. 62. 1. 152); — Ou dans le cas même que l'inculpé aurait subi la peine à laquelle il a été condamné à l'étranger (C. d'ass. Nord, 6 août 1869, aff. Dusoulier, D. P. 70. 2. 21).

Cette dernière conséquence est rigoureuse. Le projet de code pénal italien (art. 3) y a échappé en prescrivant de tenir compte au prévenu de la peine qu'il a déjà subie. La loi belge du 17 avr. 1878 ordonne, par son art. 14, que « toute détention subie à l'étranger par suite de l'infraction

Pieri, curé de la paroisse, et le jugement définitif du même tribunal, confirmé par l'arrêt attaqué qui condamne Jacquinot comme ayant fait une coupe de bois sans permission du propriétaire, ce qui constitue le délit prévu et puni par l'art. 192 c. for. : — Attendu, en droit, que la violation de la chose jugée ne saurait résulter que de la contradiction existant entre les dispositifs de deux jugements ayant un caractère définitif; — Attendu, en fait, que d'une part la prétendue contradiction entre les deux décisions invoquées ne résulterait que de l'un des motifs du jugement du 27 juin 1862, et que de l'autre ce jugement qui, par son dispositif, ne fait que mettre en cause les sieurs Paoli et Pieri sur la demande de Jacquinot, avait un caractère purement préparatoire; — D'où il suit que le moyen n'est fondé ni en fait, ni en droit; — Rejette, etc.

Du 24 juill. 1863.-Ch. crim.-MM. Victor Foucher, rap.-Savary, av. gén.

(1) (Brunon et Vermeulen C. Van Tomme et consorts.) — La cour; — Attendu qu'il est souverainement jugé par les motifs mis en rapport avec le dispositif du jugement correctionnel de Courtrai, en date du 9 mai 1856, confirmé, quant à ce, par arrêt de la cour de Gand, chambre correctionnelle, en date du 13 mai 1857, qu'il n'est pas établi que l'un des prévenus, actuellement intimés, serait l'auteur de la fracture du bras occasionnée à l'appelant Brunon Vanmeulen; d'où il suit qu'aucun des intimés ne peut être civilement responsable des suites de cette fracture et que le premier juge, en exonérant les intimés de cette responsabilité, n'a pas porté grief aux appelants;... — Par ces motifs... met l'appel à néant.

Du 9 août 1860.-C. de Gand, 1re ch.-MM. Dervaux et Goettsals, av.

(2) (Pottiez). — La cour; — Considérant que Pottiez, sujet belge, a été poursuivi par la justice française à l'occasion d'une tentative de viol qui aurait été commise par lui, en 1864, dans le département de Seine-et-Oise; qu'un arrêt de contumace est intervenu contre lui, et que la prescription se trouve interrompue; que postérieurement au fait qui lui est imputé, Pottiez, étant rentré en Belgique, a été poursuivi dans ce dernier pays pour une autre tentative de viol commise sur le territoire belge, et qu'il a été, de ce dernier chef, condamné par la cour d'assises du Hainaut à huit ans de travaux forcés; qu'à la suite de cette condamnation, l'autorité belge, informée du crime qu'il aurait précédemment commis en France, instruisit contre lui, à raison de ce fait, et le traduisit de nouveau devant la même cour d'assises du Hainaut, où il a été déclaré coupable du crime commis en France; mais la cour, lui faisant application des règles sur la confusion des peines et considérant qu'il avait été condamné à huit ans de travaux forcés pour un fait postérieur, ne lui appliqua aucune peine et le condamna simplement aux frais, avec contrainte par corps pendant une année;

Considérant que Pottiez s'appuie sur ces précédents pour invoquer à son profit l'exception de la chose jugée et la maxime *non bis in idem*; — Mais, considérant que le droit de réprimer judiciairement tous les faits délictueux commis sur son territoire constitue pour une nation l'un des attributs les plus caractéristiques et les plus précieux de sa souveraineté distincte; qu'on ne saurait poser en principe ni admettre, dans quelque cas que ce puisse être, qu'elle doit, en pareille matière, faire incliner ses diverses juridictions devant les décisions rendues par les juridictions d'un pays étranger; que l'adoption d'une pareille règle pourrait entraîner les plus graves inconvénients au point de vue de l'ordre public; que les principes qui viennent d'être énoncés sont formellement proclamés par l'art. 3 c. civ., sans que l'on puisse opposer aux dispositions si générales de cet article aucune disposition précise; que vainement on invoquerait l'art. 5 c. instr. crim.; que cet article a pour but d'étendre aux crimes et délits

qui donne lieu à la condamnation en Belgique, sera imputée sur la durée des peines emportant privation de la liberté ». — En France le projet de loi en préparation sur *l'Instruction criminelle* propose, au moyen d'une modification introduite dans le paragraphe 3 de l'art. 5 c. instr. cr. « d'interdire la poursuite en France de l'étranger qui, pour un crime ou un délit commis en France, aurait été définitivement jugé à l'étranger *sur la plainte du Gouvernement français* ».

Sur cette question de l'autorité à accorder aux jugements criminels rendus à l'étranger à l'occasion de crimes ou délits commis en France, les auteurs sont partagés : M. Griolet, p. 222 et suiv., tient pour le système de la jurisprudence : « Les lois pénales, dit-il, sont toujours sans empire au delà du territoire de l'État qui les a édictées. Elles sont faites dans l'intérêt de cet Etat et pour sa défense. Cet Etat seul peut les appliquer. Les nations voisines n'ont aucun intérêt à ce que des lois qui ne les protègent pas soient observées. Elles sont donc sans droit pour faire exécuter ou même respecter les jugements qui appliquent ces lois... Ce n'est pas seulement l'absence d'une formule exécutoire qui rend les jugements criminels étrangers inefficaces chez nous. Il ne suffirait pas d'y faire apposer cette formule. Ces jugements n'ont pas d'exécution parce qu'ils n'ont aucun effet ». Le même auteur invoque encore une considération d'un autre ordre à l'appui de son opinion : « L'autorité de la chose jugée, dit-il, consiste à maintenir comme nécessairement exacte la déclaration rendue sur l'existence d'un délit. Il s'ensuit qu'elle ne reçoit son application qu'au cas où le même délit est poursuivi une seconde fois. Or, quand l'étranger jugé en vertu de la loi étrangère est recherché en France pour le même fait en vertu de la loi française, est-il poursuivi pour le même délit? Le même fait ne constitue-t-il pas alors deux délits différents, prévus par des lois différentes, composés le plus souvent d'éléments différents, punis de peines différentes? Il est possible, sans doute, que les deux lois exigent, pour la constitution du délit, les mêmes circonstances et édictent des peines équivalentes. Mais, même alors, il nous semble plus exact de nier qu'il y ait identité entre un délit résultant de la violation d'une loi française et un délit résultant de la violation d'une loi étrangère (V. dans le même sens : Morin, *Journal du droit criminel*, 1859, art. 6891, et 1862, art. 7386; Molinier, *Etudes sur le nouveau projet de code pénal pour le royaume d'Italie*, 2e part., p. 8 et suiv.). M. Faustin Hélie, sans se prononcer absolument, paraît incliner à accorder l'autorité de chose jugée aux jugements étrangers (*Instruction criminelle*, t. 2, n° 1042).

290. La décision des juges du lieu d'origine ne met-elle pas obstacle à de nouvelles poursuites, lorsque le pays de l'accusé a été depuis réuni à la France, comme, par exemple, la Savoie en 1860? La question n'a pas été tranchée par la jurisprudence; mais M. le conseiller Salneuve, dans son rapport sur l'aff. Michel (Crim. rej. 23 nov. 1866 cité *suprà*, n° 288), l'a résolue avec raison dans le sens de l'affirmative. « Il est de principe, en effet, a dit ce savant magistrat, que la réunion d'un pays à un autre a pour effet immédiat et nécessaire de déplacer le droit de souveraineté pour le transporter du pays que la conquête ou les traités dépossèdent, au pays auquel s'incorpore le territoire conquis ou cédé, de telle sorte que la souveraineté nouvelle succède dans tous les droits et tous les devoirs à la souveraineté étrangère qu'elle remplace et continue. Or la souveraineté étrangère aurait été obligée de respecter la chose jugée émanée de ses propres juges, et elle n'aurait pu, sans violer la maxime *non bis in idem*, poursuivre une seconde fois son sujet pour le même fait. Donc la souveraineté française qui lui succède est également tenue de respecter la chose jugée et ne peut, au mépris de la maxime *non bis in idem*, poursuivre de nouveau l'étranger devenu son sujet, pour le même crime à raison duquel il a été jugé avant la réunion. »

291. Quant aux crimes ou délits qui, en sens inverse, seraient commis par un Français en pays étranger, le paragraphe 3 de l'art. 5 c. instr. crim. (modifié par la loi du 27 juin 1866 concernant les crimes, les délits et les contraventions commis à l'étranger) dispose en termes formels qu' « aucune poursuite n'a lieu si l'inculpé prouve qu'il a été jugé définitivement à l'étranger ». Le jugement étranger a donc, dans ce cas, autorité de la chose jugée, puisqu'il élève un obstacle absolu à la seconde poursuite.

SECT. 2. — DE L'IDENTITÉ DES DÉLITS (*Rép.* nos 451 à 495).

292. En thèse générale, l'exception de la chose jugée ne s'applique qu'au fait qui a été l'objet du jugement, et non aux autres faits qui ont pu le précéder ou le suivre. Il est, en effet, de la nature de la chose jugée que son autorité n'ait lieu qu'à l'égard de ce qui a fait l'objet du jugement (art. 1351 c. civ.). Pour que l'inculpé puisse opposer l'exception, il faut donc que le fait, à raison duquel il est poursuivi, soit *celui-là même* qui a motivé la poursuite antérieure. Au contraire, l'action publique peut être intentée contre la même personne pour d'autres faits que ceux qui ont motivé les premières poursuites (Crim. cass. 1er août 1861, aff. Mohammed ben Chaaban, D. P. 61. 1. 500 ; Crim. rej. 18 janv. 1862 (1);

commis à l'étranger la compétence de l'autorité judiciaire française et n'a voulu, en aucune façon, diminuer et restreindre cette même compétence; qu'il dispose, il est vrai, que le Français qui aura été jugé à l'étranger pour un crime ou un délit commis à l'étranger ne pourra plus être repris en France pour le même fait; mais ce n'est là qu'une sanction du principe de la territorialité et non une dérogation à ce même principe; — Considérant, à un autre point de vue, qu'on ne saurait argumenter de ce que le procureur général près la cour d'appel de Paris ait à propos du crime imputé à Pottiez, en France, entretenu une correspondance avec les autorités judiciaires belges, dans le but de leur faciliter le jugement de Pottiez pour le crime commis en France; que cette correspondance n'a pu se produire qu'à titre administratif, et pour donner des renseignements; mais qu'elle ne pouvait avoir pour but ou pour résultat de dessaisir les autorités judiciaires françaises, chose pour laquelle le parquet eût été incompétent;

Considérant que si ces divers principes sont vrais en tout état de cause et que l'autorité judiciaire française reste toujours maîtresse de son action, même lorsqu'un acte n'a été encore fait, il doit en être ainsi à plus forte raison lorsque divers actes de procédure sont intervenus; que, dans l'espèce actuelle, l'instruction a été, aussitôt que le fait s'est produit, commencée contre Pottiez qui se trouve en ce moment sous le coup d'une ordonnance du juge d'instruction, d'un arrêt de renvoi en cour d'assises et d'un arrêt de condamnation par contumace;

Considérant que l'on ne saurait comprendre comment il pourrait dépendre d'une décision rendue par une juridiction étrangère de donner une solution définitive aux diverses décisions qui viennent d'être énoncées; — Par ces motifs ; — Dit qu'il sera passé outre aux débats.

Du 9 janv. 1883.-C. d'ass. Seine-et-Oise.-MM. Limperani, pr.-Jambois, subst.-Moreau, av.

(1) (Lombard.) — LA COUR; — Sur le moyen unique tiré de la violation prétendue de l'art. 1351 c. nap.: — Attendu que, si l'arrêt de la cour impériale de Montpellier, du 15 avr. 1861, qui sert de base à l'autorité de la chose jugée invoquée par le demandeur, a été rendu entre les mêmes parties agissant en la même qualité, le litige n'avait ni les mêmes causes, ni le même objet que celui sur lequel a statué l'arrêt attaqué du 5 août 1861; — Attendu, en effet, que, dans le premier de ces arrêts il s'agissait de trois contraventions aux art. 1er et 2 de la loi du 15 vent. an 13, commises le même jour, 21 déc. 1860, à raison du parcours des voitures de messageries effectué sans acquitter les droits auxquels elles étaient assujetties vis-à-vis des maîtres de poste; — Que, dans le second de ces arrêts, il s'agit de contraventions antérieures ou postérieures, non indivisibles dans leur ensemble, distinctes de celles du 21 décembre et devant donner lieu, le cas échéant, à d'autres réparations pour chaque fait; — Attendu que si, dans l'arrêt du 15 avr. 1861, la cour impériale de Montpellier avait rejeté l'exception proposée par Lombard et tirée de ce que les relais d'Illes, Prades et Olette étaient démontés, elle n'a apprécié et jugé ce moyen de défense que relativement aux contraventions qui lui étaient alors soumises; — Que, dans l'instance nouvelle, Fabre et Lombard demeurent respectivement libres, Fabre, d'invoquer toutes preuves propres à établir l'existence des contraventions, et Lombard, toutes justifications ou exceptions propres à motiver son renvoi; — Que, dès lors, en admettant Lombard, nonobstant l'arrêt du 15 avr. 1861, à prouver par les voies de droit que les relais de poste dont Fabre est titulaire étaient démontés lors des contraventions poursuivies actuellement, l'arrêt attaqué n'a pas violé l'art. 1351 c. nap. ;

Par ces motifs, rejette.

Du 18 janv. 1862.-Ch. crim.-MM. Sénéca, rap.-Guyho, av. gén.

Crim. cass. 22 avr. 1864 (1); Crim. rej. 23 juill. 1864) (2).

293. Mais il peut arriver que le fait objet de la première poursuite ait été accompagné ou suivi d'autres faits qui sont liés avec le premier, qui s'y rattachent d'une façon plus ou moins étroite. Dans ce cas, le jugement intervenu doit-il protéger contre une nouvelle procédure les faits liés avec celui qui a été jugé? — Oui, par la force même des choses, si ces faits forment avec le fait jugé une infraction unique, s'ils se confondent dans une seule et même action, car cette action a été jugée; non, si, bien que liés avec le premier fait, ils constituent une infraction distincte et séparée, car le jugement n'a statué que sur celui-ci.

La jurisprudence a fait, depuis la publication du *Répertoire*, de nombreuses applications des principes qui viennent d'être posés aux cas de faits *distincts et séparés*, de faits *nouveaux*, de faits *collectifs*; elles vont être exposées sous les nos 294 à 316. D'autres explications se réfèrent aux faits *connexes* ou *indivisibles* (V. *infrà*, nos 317 et suiv.), et au cas où le même fait constitue deux délits différents (V. *infrà*, nos 321 et suiv.).

ART. 1er. — *Faits distincts et séparés* (*Rép.* nos 454 à 466).

294. Lorsque le fait qui donne lieu à une nouvelle accusation est tout à fait séparé de celui qui motivait la première, sans lien aucun avec lui, il est évident que ce qui a été jugé par rapport à celui-ci est sans influence sur le jugement de celui-là. Il n'y a point de raison pour que le jugement de l'un fasse obstacle au jugement de l'autre, et c'est un principe que tout délit donne ouverture à l'action publique pour l'application des peines que la loi y attache. — Il en est de même lorsque les faits, bien que liés entre eux par quelque rapport commun, sont néanmoins distincts, car tant qu'il n'y a pas impossibilité matérielle ou morale de les séparer, ces faits ne se confondent point, ils ne sont pas le *même fait*; ils donnent lieu à des actions différentes, pouvant être poursuivies séparément sans que le jugement de l'une apporte préjudice au jugement des autres (Mangin, *Action publique*, t. 2, n° 402; Faustin Hélie, t. 2, n° 1003).

295. Mais il n'est pas toujours facile de reconnaître si les faits sont distincts et séparés. Diverses décisions relatives à ce point ont été rapportées au *Rép.* nos 455 à 458, 461-4°, 462, 473. Depuis, un grand nombre d'arrêts ont été rendus sur le même objet. Il a été jugé : 1° que lorsqu'un particulier a commis des dégradations contre les plantations et ouvrages exécutés par ordre de l'Administration dans le lit d'un fleuve, et s'est porté à des voies de fait contre les ouvriers de l'Etat, la répression correctionnelle de ce dernier délit n'empêche pas les poursuites administratives relatives à la contravention de grande voirie (Cons. d'Et. 31 mars 1847, aff. Balias de Soubran, D. P. 48. 3. 4); — 2° Que la répression par le tribunal de simple police, du fait de surcharge de l'impériale d'une voiture, n'est pas un obstacle à ce que les blessures occasionnées aux voyageurs par suite du versement de la voiture, puissent faire l'objet de poursuites correctionnelles motivées sur l'imprudence et la maladresse du postillon (Crim. rej. 3 juill. 1847, aff. Roger, D. P. 47. 4. 81); — 3° Qu'un individu relaxé des poursuites dirigées contre lui pour faits constituant une contravention (dégradation de chemin public), peut encore être poursuivi devant les tribunaux correctionnels, sans qu'il y ait violation de la maxime *non bis in idem*, pour un délit (vol de bois) ayant accompagné cette contravention (Crim. cass. 28 janv. 1853) (3); — 4° Que la complicité de tapage nocturne commise par le cabaretier qui a laissé faire du tapage la nuit dans son cabaret peut être réprimée indépendamment de la contravention résultant du défaut de fermeture de l'établissement à l'heure réglementaire (Crim. cass. 5 juin 1858, aff. Florent, D. P. 58. 5. 349); — 5° Qu'un individu déjà condamné pour délit de chasse commis tel jour et dans telle commune peut être ensuite déclaré cou-

(1) (Bichon.) — LA COUR; — Vu les art. 161, 360 c. instr. crim., et 479, § 12, c. pén.: — Attendu en fait, qu'un procès-verbal rapporté le 27 déc. 1863, par le garde-champêtre de la commune de Pauillac (Gironde), constate que la veuve Bichon et Michel Rabère ont fait creuser, depuis le 16 novembre dernier, une passe publique longeant le marais de Pardarnac et appartenant à ladite commune, et porté dans leur propriété les terres provenant des travaux entrepris audit lieu; — Que, traduits pour ce fait devant le tribunal de simple police du canton de Pauillac, les demandeurs ont été renvoyés de la prévention par le motif que ledit fait n'était que la reproduction d'un pareil acte, constaté par un autre procès-verbal, dressé par le même garde-champêtre, le 16 novembre dernier; qu'il s'agissait dans, l'un comme dans l'autre cas, de ladite voie ou passe de Pardarnac, et qu'un jugement d'acquittement étant intervenu à raison du premier fait, la maxime *non bis in idem* devenait applicable à l'espèce; — Attendu en droit, que l'exception tirée de la chose jugée et fondée sur l'art. 360 prérappelé ne reçoit d'application qu'alors que le fait, objet de la poursuite, est le même que celui qui a motivé une poursuite antérieure; que cette fin de non-recevoir n'est donc point un obstacle à ce que des faits punissables de même nature, antérieurs ou postérieurs à celui qui a été l'objet d'un premier jugement, soient déférés aux tribunaux; — Attendu que les faits constatés par le garde-champêtre de Pauillac, aux dates des 16 nov. et 27 déc. 1863, ne sauraient être à aucun égard considérés comme un même fait, bien qu'ils se fûssent accomplis dans des circonstances identiques; que le jugement dénoncé lui-même a reconnu que l'un de ces actes était la reproduction de l'autre; qu'ainsi en prononçant le relaxe des prévenus, le juge a faussement appliqué l'art. 360 et violé en ne les appliquant pas les art. 161 et 479, § 12, ci-dessus visés; — Casse.

Du 22 avr. 1864.-Ch. crim.-MM. du Bodan, rap.-Charrins, av. gén.

(2) (Leroy.) — LA COUR; — Sur le premier moyen pris de la violation de l'art. 1351 c. nap. et de l'autorité de la chose jugée, en ce que le demandeur en cassation a été condamné pour un refus d'exercice, bien qu'il eût été déjà acquitté pour un même fait par jugement du 26 août 1863, passé en force de chose jugée: — Attendu qu'aux termes de l'art. 1351 c. nap., l'autorité de la chose jugée n'a lieu qu'à l'égard de ce qui a fait l'objet du premier jugement; — Attendu que si la première et la seconde poursuite dirigée contre Leroy avaient, l'une et l'autre, pour objet un refus d'exercice, il s'agissait de deux faits distincts, constatés par deux procès-verbaux séparés, l'un à la date du 19 février, l'autre à celle du 11 septembre suivant; — Attendu, dès lors, que le jugement du 26 août 1863 ne pouvait, à défaut de l'identité d'objet, créer au profit du demandeur une exception de chose jugée à l'égard de l'action nouvelle dirigée contre lui pour un refus d'exercice; — Rejette.

Du 23 juill. 1864.-Ch. crim.-MM. Guyho, rap.-de Raynal, 1er av. gén.

(3) (Vechioni.) — LA COUR; — En ce qui touche le moyen fondé sur une prétendue violation de la chose jugée: — Attendu que Raphaël Vechioni a comparu, le 21 août 1852, devant le tribunal de simple police du canton de Campile, comme inculpé d'avoir démoli la passerelle de Ferreira, en emportant du bois, et d'avoir ainsi, par cette dégradation, contrevenu aux dispositions de l'art. 479, § 11, c. pén.; — Attendu que le tribunal, en ordonnant une enquête afin d'établir cette contravention, et en renvoyant l'inculpé des faits de la plainte comme n'étant point prouvés, n'a statué que sur les actes de dégradation qu'elle avait pour objet de constater; — Attendu que le 11 août, antérieurement à ce jugement, le même Vechioni avait été cité, à la requête du ministère public, devant le tribunal correctionnel de Bastia, sous l'inculpation de vol de bois; — Attendu que, par jugement en date du 1er oct. 1852, le ministère public a été déclaré non recevable dans ses poursuites contre Vechioni, d'après le motif que le fait poursuivi avait déjà été définitivement apprécié par un jugement passé en force de chose jugée, rendu, le 21 août dernier, par le juge de paix du canton de Campile; — Attendu que, dans son arrêt en date du 3 déc. 1852, la cour de Bastia a adopté les motifs des premiers juges; — Attendu que le fait imputé à Vechioni, susceptible d'une double qualification comme contravention et comme délit, pouvait être l'objet d'une poursuite distincte et séparée, sans que les dispositions de l'art. 360 c. instr. crim. fûssent méconnues et violées; — Attendu, en effet, que le jugement rendu le 21 août par le tribunal de simple police, sur le fait de dégradation reproché à Vechioni, ne pouvait être un obstacle à ce que d'autres poursuites fûssent exercées contre lui à raison du fait de vol qui avait accompagné ou suivi la dégradation du pont de Ferreira; que les deux actes étaient parfaitement indépendants l'un de l'autre, et que le ministère public, en sollicitant la répression du délit sur lequel il n'avait pas été statué, ne faisait qu'user du droit et des pouvoirs qu'il tenait de la loi; — Que c'est donc à tort que la cour de Bastia, faisant une fausse application des dispositions de l'art. 360 c. instr. crim. et de la maxime *non bis in idem*, s'est déclarée incompétente pour juger le délit de vol de bois à raison duquel Raphaël Vechioni était poursuivi; qu'en cela, cette cour a violé les art. 379 et 401 c. pén. et l'art. 413 c. instr. crim.; — Casse.

Du 28 janv. 1853.-Ch. crim.-MM. Jallon, rap.-Vaïsse, av. gén.

pable d'une tentative de meurtre commise le même jour et dans la même commune, sans qu'il en résulte aucune violation de la chose jugée (Crim. cass. 22 mars 1873, aff. Ferret, D. P. 73. 1. 267).

296. Il a été jugé aussi : 1° en matière d'adultère, qu'une ordonnance de non-lieu intervenue sur des faits d'adultère passés dans un lieu déterminé, ne met pas obstacle à une condamnation sur d'autres faits d'adultère commis dans un autre lieu (Crim. rej. 24 mai 1851, aff. Poumier, D. P. 52. 5. 13); — 2° En matière de meurtre, que l'individu condamné en simple police comme auteur d'un tapage nocturne, pour avoir tiré dans la nuit un coup de fusil qui a troublé la tranquillité des habitants, peut, sans violation de la règle *non bis in idem*, être jugé ultérieurement sur l'accusation de tentative de meurtre, à raison du même coup de fusil, mais envisagé d'après ces circonstances nouvelles que l'arme était chargée et que le coup a été tiré sur une personne désignée avec intention de lui donner la mort (Crim. rej. 18 avr. 1873, aff. Transon, D. P. 73. 1. 164); — 3° En matière de diffamation, que le journaliste qui a dénoncé au mépris public, par un même article, les auteurs de faits accomplis dans des conditions semblables, mais sans aucun concert, est coupable d'autant de délits distincts qu'il y a de personnes atteintes par cette dénonciation ; que, dès lors, la condamnation prononcée contre lui sur la plainte de l'une d'elles n'épuise pas l'action publique, et ne fait pas obstacle à ce que le même article soit poursuivi, sur la plainte des autres parties lésées, devant la cour d'assises ou la juridiction correctionnelle (Crim. rej. 14 févr. 1873, aff. Rabier, D.P. 73.1.90).

297. En matière de faux, il a été décidé aussi que les détournements qu'un faux a eu pour but de faciliter ou de dissimuler, constituent des délits distincts de ce crime, et peuvent, dès lors, après que l'accusation de faux a été purgée par une déclaration d'acquittement, faire l'objet d'une poursuite correctionnelle, sans qu'il y ait violation du principe de la chose jugée (Crim. cass. 30 juin 1864, aff. Dubœuf, D. P. 66. 1. 362; Crim. rej. 28 févr. 1868, aff. Pailhas, D. P. 68. 1. 506. V. anal. Crim. rej. 13 juin 1856, aff. Lenormand, D. P. 56. 1. 376). — ... Que, lorsqu'un arrêt de mise en accusation a renvoyé un notaire devant la cour d'assises sous prévention de faux commis dans l'exercice de ses fonctions, et devant la juridiction correctionnelle sous l'inculpation d'escroqueries dont le faux avait pour but d'assurer le succès, l'acquittement prononcé par le jury sur le crime de faux ne met pas obstacle à la poursuite du délit d'escroquerie devant le tribunal correctionnel (Crim. rej. 21 août 1873, aff. Fontenay-Fontête, D. P. 74. 1. 454). — Décidé aussi que le jugement qui a acquitté un individu prévenu d'avoir fait usage d'un faux testament à une date déterminée, ne s'oppose pas à ce que ce même individu soit poursuivi ultérieurement comme ayant fait usage du même testament depuis moins de trois ans; peu importe que la date visée dans la première poursuite soit comprise dans cette période de trois ans, s'il est reconnu que les faits qui auraient été commis à cette date précise ne sont pas compris dans la seconde prévention, laquelle ne s'applique qu'à des faits postérieurs (C. cass. de Belgique, 9 févr. 1880) (1).

298. On peut citer encore, comme applications de la règle d'après laquelle le jugement qui statue sur un délit n'emporte pas chose jugée relativement à des faits distincts et séparés, trois arrêts qui ont décidé : le premier (Crim. rej. 27 déc. 1849, aff. Derval, D. P. 50. 5. 64), que l'accusé peut, après son acquittement par la cour d'assises, être l'objet de poursuites correctionnelles à raison d'un délit qui s'est révélé aux débats, quoique le président des assises n'ait point ordonné ces poursuites ; — Le second (Crim. rej. 27 avr. 1850, aff. Duru, D. P. 50. 5. 62), que l'acquittement de l'accusé sur certains chefs d'accusation ne met pas obstacle à ce que, dans des débats relatifs à d'autres chefs d'accusation, des témoins soient entendus sur tous les faits relatifs à la moralité de cet accusé, encore que quelques-uns de ces faits auraient trait aux chefs d'accusation suivis d'acquittement; — Et le troisième (Crim. rej. 11 janv. 1884, aff. Cyvoct, D. P. 84. 1. 379), qu'il ne saurait y avoir violation de la maxime *non bis in idem* lorsque des délits antérieurement poursuivis ne figurent dans l'accusation ni comme éléments, ni comme circonstances aggravantes des faits déférés à la cour d'assises, et lorsque le seul fait de l'inculpation originaire qui avait pu se rattacher à l'accusation a été écarté par une ordonnance de non-lieu.

299. Au reste, il faudrait se garder de prendre pour des faits distincts de celui qui a été jugé des faits particuliers qui n'en étaient que des *circonstances*. C'est ce qui a été dit au *Rép.* n° 479, et ce que reconnaît la doctrine (V. outre les auteurs cités *ibid.* : Mangin, *Action publique*, t. 2, n° 404; Trébutien, *Cours de droit criminel*, t. 2, n° 782; Haus, t. 2, n° 1299; Faustin Hélie, t. 2, n° 1005; Ortolan, t. 2, n° 1786). Les deux derniers auteurs surtout ont bien mis ce point en lumière. « Les faits, dit Ortolan, *loc. cit.*, qui ne sont que des circonstances accessoires du fait poursuivi, aggravantes ou atténuantes, que des modes d'exécution, des appendices nécessaires ou accidentels de ce fait, lors même qu'ils viendraient à n'être découverts qu'après la sentence ne pourraient être l'objet d'une nouvelle procédure ayant pour but de faire modifier la première décision... C'était aux parties à explorer la cause et à la présenter au juge dans tout son jour, avec tous ses accessoires. Ainsi, par exemple, vainement une personne irrévocablement condamnée pour coups et blessures ou pour recel de coupables voudrait-elle rouvrir le procès pour faire valoir une circonstance de provocation (c. pén. art. 321), ou de parenté ou d'alliance (c. pén. art. 248) qui aurait pu lui servir d'excuse légale. Vainement, après une

(1) (Deschampheleire). — Une ordonnance de la chambre du conseil a renvoyé devant le tribunal correctionnel d'Audenarde Deschampheleire et ses trois enfants, prévenus d'avoir le 7 oct. 1876, à Bouche-Saint-Denis, le premier, commis un faux en écriture privée en fabricant un testament olographe avec la fausse signature J.-B. Deschampheleire, les trois derniers, fait usage de ce faux testament. Par jugement du 24 mai 1879, Deschampheleire père a été condamné ; mais le tribunal a acquitté ses enfants en se fondant sur ce que le fait qui leur était reproché étant antérieur au 10 oct. 1876, jour du décès de J.-B. Deschampheleire, ne tombait pas sous le coup de la loi. Postérieurement, une nouvelle ordonnance a renvoyé les trois enfants devant le tribunal d'Audenarde sous la prévention d'avoir, à Boucle-Saint-Denis, avec intention frauduleuse ou dessein de nuire, fait usage *depuis moins de trois ans* d'un faux testament signé J.-B. Deschampheleire. Sur cette seconde poursuite, les prévenus ont été condamnés par un jugement que la cour d'appel de Gand a confirmé par arrêt du 10 déc. 1879. — Pourvoi en cassation par les condamnés pour violation de la chose jugée. — Arrêt.

LA COUR;... — Sur le second moyen déduit de la violation de l'art. 360 c. instr. cr., en ce que l'arrêt a refusé d'admettre que l'action publique était éteinte par l'effet de la chose jugée, alors pourtant qu'un jugement du tribunal d'Audenarde du 24 mai 1879, passé en force jugée, avait acquitté les demandeurs quant au fait repris ensuite par ladite action publique : — Considérant que la règle *non bis in idem*, consacrée par l'art. 360 c. instr. cr., et qui a pour base le respect dû à la chose jugée, ne peut être invoquée que dans le cas où l'objet de la seconde poursuite est le même que celui de la première, ou bien lorsque la seconde prévention est nécessairement écartée par la première décision comme ne constituant qu'une modification des faits tels qu'ils étaient qualifiés lors de cette première décision; — Considérant qu'il n'en est pas ainsi dans la cause actuelle; que la première ordonnance de renvoi, suivie d'acquittement, n'avait pour objet que le seul fait d'usage posé le 7 oct. 1876, à une époque où, suivant le jugement intervenu, ce fait n'avait aucun caractère criminel, tandis que la seconde ordonnance portait sur tous les faits posés pendant les trois années qui ont précédé le 19 sept. 1879; qu'il est vrai que le 7 oct. 1876 était compris dans ce terme, mais qu'en présence des motifs de la décision déjà intervenue, aucun doute n'a pu exister dans l'esprit des demandeurs sur le véritable objet de la prévention ; — Considérant que cette date du 7 oct. 1876 ne peut être envisagée comme étant une mention erronée qui eût pu être rectifiée par le tribunal appelé à statuer sur la prévention ; qu'il résulte, en effet, du jugement intervenu que c'est la date de la fabrication du faux testament par le père des demandeurs, condamné de ce chef; que le tribunal, uniquement saisi de la connaissance d'un fait d'usage posé à la même date, n'avait aucune compétence pour statuer d'office sur d'autres faits d'usage de nature criminelle non mentionnés dans l'ordonnance de renvoi; que l'action publique, éteinte quant à ce premier fait, est donc restée entière quant aux faits postérieurs, et que l'acquittement intervenu n'impliquait nullement l'absence de culpabilité quant à ces derniers faits; qu'en le décidant ainsi, l'arrêt attaqué n'a contrevenu à aucun des textes cités à l'appui du pourvoi;

Par ces motifs, rejette...

Du 9 févr. 1880.-C. cass. de Belgique, 2e ch.-MM. Vandenpeereboom, pr.-Lenaerts, rap.-Falder, proc. gén., c. conf.-Seresia (du barreau de Gand), av.

condamnation ou un acquittement irrévocable pour vol simple, le ministère public voudrait-il rouvrir le procès pour faire valoir les faits d'escalade, d'effraction, d'usage de fausses clefs, de nuit, de réunion à deux ou à plusieurs personnes, etc., toutes circonstances aggravantes de nature à entraîner une peine plus forte (c. pén. art. 381 et suiv.). »

300. A plus forte raison ne serait-il pas possible au ministère public, après la décision sur le fait principal, de reprendre en détail et isolément quelques-unes de ces circonstances, lorsqu'elles constitueraient par elles-mêmes des crimes ou des délits, et de les poursuivre comme infractions à part. Par exemple, après un acquittement ou une condamnation intervenus dans une poursuite pour attentat à la pudeur ou pour vol, il ne peut être permis d'incriminer isolément les violations de domicile ou bris de clôture qui ont été les moyens d'exécution de ces crimes (Haus, t, 2, n° 1299, note 4; Ortolan, t.2, n° 1786). Un arrêt de la cour de Grenoble du 31 juill. 1833, rapporté au *Rép.* n° 480-2°, a jugé en ce sens qu'un individu, traduit aux assises pour crime de faux en matière de remplacement militaire et acquitté, ne peut pas être ensuite poursuivi correctionnellement à raison d'un fait qui constituait une des manœuvres frauduleuses à l'aide desquelles il était arrivé à la perpétration des faux. « Il est de principe, a dit cette cour, qu'on ne peut intenter plusieurs poursuites successives à raison des diverses circonstances d'un fait quelconque; les diverses circonstances doivent être exposées dans la plainte, et, une fois le fait jugé, les circonstances le sont également. »

301. La jurisprudence de la cour de cassation est moins précise à cet égard. Par un arrêt du 30 mai 1812 (*Rép.* n° 485-1°) cette cour a décidé que l'individu acquitté du crime de viol peut être poursuivi pour excès et mauvais traitements qu'il aurait exercés envers la personne qu'il était accusé d'avoir violée, « indépendamment de la violence qui aurait pu être le moyen du crime de viol dont cet individu a été déclaré non coupable ». Un autre arrêt, du 8 nov. 1838 (*Rép.* n° 489), a jugé que lorsque, sur une accusation de meurtre suivi de vol, le jury, après avoir déclaré l'accusé non coupable de meurtre, a ajouté qu'il n'échéait de délibérer sur le vol, une telle décision ne fait pas obstacle à ce que l'accusé soit poursuivi correctionnellement pour vol. Le 7 déc. 1855 (Crim. rej. aff. Mallière, D. P. 57. 5. 53) la cour a décidé que l'acquittement prononcé en faveur de l'accusé d'un crime de vol avec violence ayant laissé des traces de blessures et de contusions, ne fait pas obstacle à ce que ces mêmes violences soient poursuivies ultérieurement, devant le juge correctionnel, comme constituant le délit de coups et blessures. Enfin, le 4 août 1865 (Crim. rej. aff. Voisin, D. P. 65. 1. 502), elle a jugé que l'individu acquitté d'une accusation d'attentat à la pudeur avec violence et de tentative d'assassinat sur la même personne, peut, sans qu'il y ait violation de la chose jugée, être traduit devant le tribunal correctionnel pour répondre à une inculpation de coups volontaires, fondée sur les violences qui formaient l'un des éléments de l'accusation soumise au jury. Il est à noter que, dans ces deux dernières espèces, le jury n'avait pas statué d'une manière positive sur les violences, et qu'il avait laissé ainsi en dehors de son appréciation le délit de coups et blessures.

Art. 2. — *Faits nouveaux.*

302. Si la faculté de poursuivre, même l'un après l'autre, les faits distincts, n'est pas contestée, à plus forte raison peut-on poursuivre les *faits nouveaux*. Il est évident que des faits postérieurs au jugement sont nécessairement distincts et séparés de ceux de la première accusation, et que le jugement de celle-ci ne peut légalement avoir aucune influence sur l'action intentée contre le prévenu à raison de ces faits postérieurs.

Cette doctrine de la liberté de la poursuite des faits nouveaux a été depuis longtemps consacrée par beaucoup d'arrêts, qu'on trouvera au *Rép.* n°s 459 à 461, et 464, et adoptée par tous les auteurs (Faustin Hélie, t. 2, n° 1009; Mangin, *Action publique*, t. 2, n° 403; Griolet, p. 253 et suiv.; Haus, *Principes du droit pénal belge*, t. 2, n° 1302; Bonnier, n° 897; Trébutien, *Cours de droit criminel*, t. 2, n° 781. V. toutefois, en sens contraire: Crim. rej. 18 avr. 1839, *Rép.* n° 463, cet arrêt est justement critiqué par: Faustin Hélie, *loc. cit.*; M. Griolet, *loc. cit.*; Bonnier, *loc. cit.*). La même doctrine a été sanctionnée par la jurisprudence postérieure à la publication du *Répertoire*. — Il a été jugé: 1° qu'en matière de voirie, lorsque deux procès-verbaux ont été dressés, le premier constatant que le prévenu avait, sans autorisation et sans demande d'alignement, fait procéder aux fondations d'un mur de clôture, procès-verbal sur lequel il avait été statué par un premier jugement; le second constatant que le prévenu avait ultérieurement fait élever un mur sur ces fondations, ces deux procès-verbaux établissent des contraventions distinctes sur lesquelles il doit été statué distinctement, sans qu'on puisse objecter à la seconde poursuite l'exception de la chose jugée (Crim. cass. 14 mars 1861) (1); — 2° Que la chose jugée n'ayant lieu qu'à l'égard de ce qui a fait l'objet du jugement, le jugement du tribunal de simple police intervenu à l'occasion de poursuites pour construction d'un mur le long d'une rue ne peut produire les effets de la chose jugée à l'égard d'une contravention de même nature constatée par un procès-verbal postérieur au jugement, lorsque les dimensions du mur ne sont pas les mêmes que celles indiquées au premier procès-verbal sur lequel a été basée la première poursuite (Crim. cass. 5 mars 1861) (2); — 3° Que

(1) (Allouis et Tripier.) — La cour; — Vu l'art. 360 c. instr. crim. et l'art. 1351 c. nap.: — Attendu qu'un premier procès-verbal, en date du 6 novembre dernier, constatait que le nommé Tripier avait, sans en avoir obtenu l'autorisation, ni demandé l'alignement, fait procéder, ce jour même ou dans les jours précédents, aux fondations d'un mur de clôture de sa cour longeant et joignant le chemin vicinal de Saint-Léger à Villers-les-Pautôts, sans qu'il y ait eu toutefois anticipation sur la voie publique; — Que, traduit pour ce fait, et ayant comparu volontairement à l'audience du tribunal de simple police du lendemain 7 novembre, Tripier a été condamné, par jugement de ce jour, à 1 fr. d'amende pour infraction à l'art. 281 de l'arrêté préfectoral du département de l'Yonne sur les chemins vicinaux, et en vertu des dispositions de l'art. 471, § 15, c. pén.; — Attendu que, d'un deuxième procès-verbal, en date du 8 novembre dernier, dressé par le maire de Saint-Léger, en sa qualité d'officier de police judiciaire, il est résulté que, dans la journée de la veille 7 novembre, le nommé Allouis, maçon, avait, par les ordres dudit Tripier, construit, sur les fondations mêmes déjà commencées, un mur qui s'élevait à la hauteur d'un mètre sur quatorze mètres d'étendue, et cela, dit le procès-verbal, en dehors de l'alignement projeté; — Attendu qu'Allouis, comme inculpé, et Tripier, comme civilement responsable, cités de nouveau, à raison de ce dernier fait, devant le tribunal de simple police, ont été, par jugement du 13 février dernier, renvoyés des poursuites, par le motif *que la deuxième contravention n'était pas autre* que celle qu'avait déjà punie le jugement du 7 novembre, et par application de la maxime *non bis in idem*; mais attendu que l'autorité de la chose *jugée n'a lieu qu'à l'égard de ce qui a fait* l'objet même du jugement; que le deuxième procès-verbal, du 8 novembre, constatait une œuvre et une entreprise évidemment nouvelles; que la contravention qui en résultait ne pouvait avoir été réprimée par le jugement du 7 novembre, qui lui était antérieur; que, dès lors, le jugement attaqué, en se fondant, pour prononcer le renvoi, sur la maxime *non bis in idem*, a faussement appliqué et, par suite, violé les dispositions de l'art. 360 c. instr crim. et de l'art. 1351, c. nap.; — Par ces motifs, casse et annule le jugement du tribunal de simple police de Quarré-les-Tombes...

Du 14 mars 1861.-Ch. crim.-MM. Bresson, rap.-Savary, av. gén.

(2) (Adam.) — La cour; — Attendu que le procès-verbal dressé, le 13 oct. 1856, par le commissaire de police du canton de Revigny, constatait que le sieur Adam avait, le long de l'une des rues et places publiques de cette commune, fait dresser sur sa propriété un mur de quatre mètres de haut et autant de large; — Attendu que, sans que ce procès-verbal ait été débattu par une preuve contraire, et sans qu'il ait été ordonné aucune vérification préparatoire, le jugement attaqué déclare que la contravention ainsi constatée n'était autre chose que celle relevée par un procès-verbal du 31 juillet précédent et sur laquelle il avait été statué par une sentence du 10 octobre, passée en force de chose jugée; — Attendu que, par là, le juge a complètement méconnu la foi due au procès-verbal du 13 oct. 1856; qu'en effet, celui-ci indiquait avec précision les dimensions du mur dont la construction s'achevait à ce jour; qu'il les fixe à quatre mètres en hauteur et autant en largeur; que cette œuvre était entièrement distincte de celle relatée au procès-verbal du 31 juillet précédent qui avait porté sur un mur haut de trois mètres trente-cinq centimètres et large de quatre mètres vingt-cinq centimètres; qu'il y a donc

l'instance dirigée en pays étranger par un fabricant contre un autre fabricant qui a usurpé son nom, ne fait pas obstacle à de nouvelles poursuites ultérieurement exercées en France entre les mêmes parties, à raison de faits nouveaux accomplis sur le territoire français (Besançon, 30 nov. 1861, aff. Lorimier, D. P. 62. 2. 43); — 4° Que bien qu'un règlement administratif ait déjà servi de base à des condamnations prononcées contre un contrevenant, ce même contrevenant peut, sur de nouvelles poursuites, en contester la légalité (Crim. rej. 17 nov. 1849, aff. Duricu, D. P. 49. 5. 44); — 5° Que les jugements intervenus à l'occasion de poursuites pour contravention à un arrêté municipal ordonnant la démolition d'un édifice ne peuvent produire les effets de la chose jugée à l'égard d'une autre contravention consistant dans le refus d'obéir aux prescriptions d'un arrêté pris postérieurement à ces jugements, pour mettre l'inculpé en demeure d'enlever des terres et des matériaux détachés de sa propriété et qui encombraient la voie publique, et d'exécuter certains travaux ayant pour but de prévenir les éboulements futurs (Crim. cass. 21 mars 1885) (1); — 6° Que lorsqu'il a été jugé par le tribunal de simple police que des réparations faites à une maison sujette à alignement ne constituaient pas une contravention, le ministère public peut néanmoins exercer de nouvelles poursuites contre le propriétaire de la maison, si celui-ci a fait procéder à de nouvelles réparations, encore bien que celles-ci soient la continuation des premières (Crim. cass. 13 déc. 1862) (2).

303. — I. INFRACTIONS RÉITÉRÉES. — C'est surtout en matière d'infractions *réitérées* (c'est-à-dire de délits distincts de même nature, successivement commis par la même personne) qu'a été appliquée la règle de la libre poursuite des faits nouveaux. Il a été décidé par de nombreux arrêts que les décisions judiciaires intervenues *en faveur* du prévenu, sur des faits de même nature, ne peuvent légalement avoir aucune influence sur l'action intentée contre lui à raison de faits postérieurs à ces décisions. — Jugé, notamment : 1° que l'acquittement d'un prévenu, sur des faits de falsification de substances médicamenteuses, ne peut établir en faveur de ce prévenu l'autorité de la chose jugée, ni faire obstacle à de nouvelles poursuites, lorsque la même falsification s'est reproduite postérieurement à cet acquittement (Crim. cass. 14 avr. 1855, aff. Lemoine, D. P. 55. 1. 136); — 2° Qu'il n'y a point violation de la maxime *non bis in idem* de la part du tribunal de police dont le jugement a été annulé par la cour de cassation avec renvoi devant un autre tribunal, et qui, saisi d'une contravention identique à la première, statue sur cette nouvelle contravention sans avoir égard au jugement rendu par le tribunal de renvoi (Crim. rej. 27 nov. 1852) (3); — 3° Que la prohibition portée par la loi du 19 vent. an 11 d'exercer la médecine ou la chirurgie, sans être pourvu de diplôme, ne saurait comporter une excuse tirée d'une sorte de chose jugée résultant d'un jugement antérieur rendu en faveur du contrevenant sur des faits de même nature (Crim. cass. 27 mai 1854, aff. Jacob, D. P.

eu, sous ce premier rapport, violation des dispositions de l'art. 154 c. instr. crim.; — Attendu que la sentence attaquée en décidant, en outre, qu'il n'y avait pas lieu à une deuxième poursuite, et que celle-ci était repoussée par la maxime *non bis in idem*, a donné au jugement du 10 oct. 1856, déjà intervenu entre les parties, un sens et des effets qu'il ne peut avoir; qu'aux termes de l'art. 1351 c. nap., l'autorité de la chose jugée n'a lieu qu'à l'égard de ce qui a fait l'objet du jugement; qu'il faut que la chose demandée soit la même; qu'ici les demandes étaient parfaitement distinctes dans leur objet et dans leur but; qu'il y a donc eu fausse application, et, par suite, violation de l'art. 1351 précité; — Casse.

Du 5 mars 1861.-Ch. crim.-MM. Bresson, rap.-Guyho, av. gén.

(1) (Vincent Durbec.) — LA COUR; — Sur le moyen tiré de la fausse application de l'art. 1351 c. civ. sur l'autorité de la chose jugée: — Vu ledit article; — Attendu que la contravention constatée à la charge de Durbec par le procès-verbal du 1er sept. 1883 était autre que celles sur lesquelles le tribunal correctionnel de Marseille et le tribunal de simple police de cette ville avaient statué par jugements des 12 juin 1877 et 25 avr. 1878; que ces jugements étaient intervenus à l'occasion de poursuites intentées contre Durbec qui était alors inculpé d'avoir contrevenu à un arrêté municipal ordonnant la démolition d'un édifice lui appartenant, dont la ruine paraissait imminente; que dans l'espèce actuelle, Durbec était poursuivi sous l'inculpation d'avoir refusé d'obéir aux prescriptions d'un arrêté du maire de Marseille, pris postérieurement aux jugements précités, par lequel il avait été mis en demeure d'enlever des pierres et des terres qui s'étaient détachées de sa propriété et qui encombraient la voie publique, et d'exécuter certains travaux ayant pour but de prévenir les éboulements futurs; que dans ces circonstances, en prononçant la relaxe de Durbec par l'unique motif que les décisions antérieures ci-dessus visées avaient l'autorité de la chose jugée, en regard du fait constaté par le procès verbal du 1er sept. 1883, le jugement attaqué a faussement appliqué l'art. 1351 c. civ.; — Casse.

Du 21 mars 1885.-Ch. crim.-MM. Lescouvé, rap.-Roussellier, av. gén.

(2) (Gossot et autres.) — LA COUR;... — Mais sur le premier moyen puisé dans la fausse application soit de l'art. 1351 c. nap. concernant l'autorité de la chose jugée, soit de l'art. 360 c. instr. crim., d'après lequel toute personne acquittée légalement ne peut plus être poursuivie à raison du même fait: — Vu les articles susvisés; — Attendu qu'un procès-verbal dressé le 19 août dernier par le commissaire de police de Clamecy constatait que le sieur Gossot-Fouleau faisait procéder sans autorisation à des réparations confortatives du mur de face de sa maison, sise à Clamecy, ruelle du Vieux-Château, ladite maison sujette à alignement, en vertu du plan général approuvé par ordonnance royale de 1842; que, cités à raison de ce fait devant le tribunal de simple police pour contravention à l'art. 24 du règlement général susénoncé, et à l'art. 471, n° 15, c. pén., les sieurs Gossot-Fouleau et Bonnemont, entrepreneurs de travaux, ont été relaxés par le motif que les réparations constatées par le procès-verbal du 17 août dernier n'étaient que la continuation des réparations ayant donné lieu contre Gossot-Fouleau, à une poursuite antérieure, sur laquelle était intervenu, à la date du 23 juill. 1862, un jugement correctionnel et définitif du tribunal de Clamecy, qui avait décidé que les réparations pour lesquelles il était alors poursuivi ne constituaient pas une contravention; — Attendu que le procès-verbal rédigé le 19 août dernier constatait de nouvelles réparations faites au mur de la maison de Gossot-Fouleau et en cours d'exécution; — Que ces réparations étaient distinctes de celles qui avaient donné lieu au procès-verbal du 7 février précédent, base de la poursuite terminée par le jugement correctionnel du 23 juill. 1862; — Que le procès-verbal du 19 août dernier constatait même que les nouvelles réparations s'exécutaient sous la direction d'un entrepreneur autre que celui qui avait dirigé les travaux antérieurs; — Que, dans cette situation, les réparations constatées par le nouveau procès-verbal, bien que signalées par le jugement attaqué comme la continuation de celles à l'égard desquelles avait statué le jugement correctionnel du 23 juill. 1862, n'en constituaient pas moins un fait nouveau et distinct; — Que l'autorité de la chose jugée n'aurait pu être opposée à la nouvelle poursuite que si les travaux inculpés avaient été déclarés former un ensemble indivisible avec ceux que le jugement correctionnel du 23 juill. 1862 avait appréciés; — Mais que les nouvelles réparations ne se confondant pas avec les travaux antérieurs, soit d'après le procès-verbal non débattu par la preuve contraire, soit d'après le jugement lui-même, il ne pouvait y avoir lieu d'opposer à la nouvelle action du ministère public la fin de non-recevoir résultant de la chose jugée; — Qu'il suit de ce qui précède que les art. 1351 c. nap. et 360 c. instr. crim. ont été faussement appliqués et conséquemment violés par le jugement attaqué; — Casse.

Du 13 déc. 1862.-Ch. crim.-MM. Caussin de Perceval, rap.-Guyho, av. gén.

(3) (Willaert et Vandeville.) — LA COUR; — Sur le premier moyen, pris de la violation des règles de la compétence, de la maxime *non bis in idem* et de l'autorité de la chose jugée, en ce que le mesurage du charbon commencé le 24 mars 1852, et continué le 22 juin suivant par les demandeurs en cassation n'aurait constitué qu'une seule et même contravention sur laquelle le tribunal de simple police de Dunkerque n'a pu statuer, le 10 août 1852, sans méconnaître les effets légaux de l'arrêt de cassation du 4 juin précédent qui l'avait dessaisi de ladite contestation, et l'autorité de la chose jugée par le tribunal de police de Gravelines qui avait prononcé sur icelle comme tribunal de renvoi, le 23 juill. 1852; — Attendu qu'un fait de mesurage de charbon, à la date du 24 mars 1852, par les ouvriers de Vandeville, sur un bateau amarré au quai au Bois, avait été l'objet d'une première poursuite sur laquelle était intervenu un jugement du tribunal de police de Dunkerque, du 6 avr. 1852, lequel avait été cassé par un arrêt de la cour de cassation du 4 août 1852 avec renvoi de la cause devant le tribunal de Gravelines; — Attendu que des actes nouveaux de mesurage ont été constatés à la charge des ouvriers de Vandeville par un procès-verbal du commissaire de police de Dunkerque, à la date du 22 juin 1852; — Attendu que les actes constatés à cette dernière date auraient constitué, s'ils avaient été faits en contravention aux lois et règlements, une infraction nouvelle distincte de la première, et qu'en statuant sur

54. 1. 372); — 4° Que l'acquittement obtenu par un prévenu poursuivi pour prétendue contravention à un arrêté sur le balayage n'a pas l'autorité de la chose jugée, relativement à une nouvelle poursuite pour un second fait de même nature, constaté par un nouveau procès-verbal (Crim. rej. 3 avr. 1860, aff. Giovini, D. P. 70. 1. 375); — 5° Que les acquittements antérieurs d'un individu prévenu de contravention à un règlement municipal sur la vaine pâture ne mettent pas obstacle à ce qu'il soit poursuivi et condamné pour un fait postérieur de même nature (Crim. rej. 25 févr. 1876, aff. Vignol, D. P. 76. 1. 459-460); — 6° Qu'un jugement de relaxe rendu au profit d'un individu inculpé d'avoir embarrassé la voie publique par l'abandon d'une charrette et d'avoir ainsi contrevenu à l'art. 471, n° 4, c. pén., ne constitue pas la chose jugée à l'égard d'un autre fait de même nature, commis postérieurement avec la même voiture (Crim. rej. 19 (et non 16) avr. 1861, aff. Roubaud, D. P. 61. 1. 240); — 7° Que, bien que l'autorité de la chose jugée soit acquise à l'ordonnance du juge d'instruction qui, s'appuyant sur un motif de doute, a renvoyé des fins de la poursuite un individu prévenu d'exercice illégal de la médecine en France, les poursuites peuvent être renouvelées si cet individu, postérieurement à l'ordonnance de non-lieu, s'est livré à de nouveaux faits d'exercice de la médecine (Paris, 18 mars 1885) (1); — 8° Qu'un jugement qui acquitte le prévenu d'un refus d'exercice d'octroi remontant au mois de février ne constitue pas à son profit chose jugée pour un second refus qui s'est produit au mois de septembre suivant (Crim. rej. 23 juill. 1864, V. *suprà*, n° 292).

304. A plus forte raison l'exception de chose jugée ne peut-elle être opposée lorsque le fait renouvelé avait donné lieu à une condamnation sur la première poursuite. Jugé en ce sens : 1° que l'individu condamné une première fois à l'amende pour avoir ouvert une baie charretière sur une promenade publique, en contravention à un règlement municipal portant défense de construire sur la voie publique, peut être condamné une seconde fois, à raison du même fait, en cas de désobéissance à un autre arrêté qui lui prescrivait de clore cette baie (Crim. rej. 8 avr. 1852, aff. Maître, D. P. 52. 5. 97); — 2° Que les empiètements sur un chemin public qui, après avoir été réprimés par un premier jugement suivi de la démarcation des limites respectives de ce chemin et du terrain de l'auteur des usurpations commises, ont été renouvelés, sont passibles d'une nouvelle peine (Crim. cass. 13 mai 1852, aff. Bouscasse, D. P. 52. 5. 96). — La nouvelle poursuite pourrait même comprendre des faits antérieurs à l'arrêt qui a confirmé, sur appel, le premier jugement de condamnation; il suffit, pour que la règle : *non bis in idem* soit respectée, que les faits dont il s'agit soient postérieurs à ce jugement. C'est du moins ce qu'a décidé un arrêt de la cour de cassation de Belgique, du 18 juill. 1884 (2).

Si le prévenu ne peut se prévaloir du jugement qui l'a précédemment condamné pour un fait antérieur, ce jugement ne saurait davantage lui être opposé. — Décidé que l'arrêté par lequel un conseil de préfecture, statuant sur un procès-verbal de contravention, a condamné un particulier à délaisser un terrain qu'il aurait usurpé sur le domaine public, ne peut être opposé, comme ayant l'autorité de la chose jugée, à ce particulier, poursuivi pour avoir de nouveau mis ce terrain en culture ; d'où la conséquence que celui-ci peut, sur cette nouvelle poursuite, soutenir que le terrain litigieux ne fait pas parti du domaine public (Cons. d'Et. 16 mai 1872, aff. Reig-Arthaud, D. P. 73. 3. 61).

305.—II. CONTINUATION DU MÊME FAIT.— Une nouvelle poursuite n'est d'ailleurs possible qu'autant qu'elle vise un fait *nouveau*, renouvelé. S'il n'y avait que continuation du même fait, une seconde action ne serait pas recevable, comme dans le cas où un prévenu, déjà condamné pour avoir embarrassé la voie publique par une construction, viendrait à être poursuivi à raison du maintien de cette construction ; il n'y aurait là qu'un seul fait, et non la répétition de faits distincts (Crim. rej. 7 mai 1870) (3).—Le même motif a fait décider que l'individu condamné à l'amende pour n'avoir pas obtempéré à un arrêté lui enjoignant de supprimer une mare

la poursuite spéciale dont ils étaient l'objet, le tribunal de police de Dunkerque n'a violé ni les règles de la compétence, ni l'autorité de la chose jugée; — Rejette.

Du 27 nov. 1852.-Ch. crim.-MM. Quénault, rap.-Plougoulm, av. gén.

(1) (Min. publ. C. Casau.) — Le 11 févr. 1885, jugement du tribunal correctionnel de la Seine (9e ch.) ainsi conçu : — « Sur l'exception de chose jugée : — Attendu que Casau, poursuivi antérieurement pour exercice illégal de la médecine, a bénéficié d'une ordonnance de non-lieu rendue, le 19 août 1884, par l'un de MM. les juges d'instruction au tribunal de la Seine; — Attendu que cette ordonnance, aujourd'hui définitive, à défaut d'opposition dans les délais prescrits par l'art. 135 c. instr. crim., est fondée sur ces motifs : « que le nom du docteur Casau figure sur la liste, dressée par les soins de la préfecture de la Seine, des médecins étrangers autorisés à exercer en France; que le ministre de l'instruction publique et le préfet de la Seine, consultés sur la valeur de cette liste, ont répondu qu'elle présentait un certain caractère officiel; que, dans ces circonstances, il existe sur le droit de l'inculpé un doute qui doit lui bénéficier »; — Attendu que Casau ne conteste pas qu'il ait continué à exercer la médecine à Paris, postérieurement au 19 août 1884, date de ladite ordonnance de non-lieu; mais qu'il se prévaut de cette décision, qui constituerait à son profit la chose jugée, et formerait un obstacle légal à ce qu'il fût désormais poursuivi, à raison d'un délit quelconque d'exercice illégal de la médecine; — Attendu que l'autorité de la chose jugée n'a lieu qu'à l'égard de ce qui fait l'objet du jugement; que cette règle, tracée par l'art. 1351 c. civ., est également applicable aux matières criminelles; qu'il suit de là que l'exception de la chose jugée ne serait fondée qu'autant que le juge aurait décidé que Casau a le droit d'exercer la médecine en France ; — Attendu que tel n'est pas l'objet de l'ordonnance du 19 août 1884; que, loin de statuer sur ce droit, le juge a, au contraire, implicitement réservé sa décision sur ce point, en se bornant à déclarer que, eu égard aux circonstances actuelles de la cause, il y avait, sur l'existence de ce droit, un doute dont le prévenu devait bénéficier, conformément aux principes généraux de la loi pénale; qu'ainsi, l'ordonnance ne prononce que sur le *doute*, c'est-à-dire sur une question de fait; qu'il est de toute évidence que le juge, en réservant la question du droit lui-même, se trouvait dans l'impossibilité absolue, en fait et en droit, de statuer par avance, soit sur la matérialité, soit sur la criminalité des faits d'exercice de la médecine qui pourraient être accomplis ultérieurement par Casau, et de préjuger si, relativement à ces faits futurs et incertains, il existerait encore un doute sur le droit dudit Casau; — Attendu qu'il résulte des motifs qui précèdent qu'il n'y a pas chose jugée relativement aux faits postérieurs à l'ordonnance du 19 août, et que, conformément aux art. 190 et suiv. c. instr. crim., le tribunal est tenu de statuer sur la prévention qui lui est déférée;... — Par ces motifs; — Rejette l'exception de chose jugée; — Déclare Casau coupable d'avoir en septembre, octobre, novembre et décembre 1884, dans le département de la Seine, illégalement exercé la médecine;... — Condamne Casau, etc. ». — Appel du docteur Casau.— Arrêt.

LA COUR; — Adoptant les motifs des premiers juges; — Confirme, etc.

Du 18 mars 1885.-C. de Paris, ch. corr.-MM. Boucher-Cadart, pr.-Quesnay de Beaurepaire, av. gén.-Lacointa, av.

(2) (Uten.) — LA COUR; — Sur le premier moyen de cassation accusant la violation de la règle *non bis in idem:* — Attendu que le demandeur a été poursuivi comme inculpé d'avoir, « dans le courant de l'année 1883, depuis les faits pour lesquels il a encouru la peine prononcée par le jugement du tribunal correctionnel de Liège, du 26 mai 1883, confirmé en appel le 3 août suivant, et notamment le 10 juin 1883 », exercé une branche de l'art de guérir pour laquelle il n'est pas qualifié ou autorisé aux termes de la loi, ou exercé la branche pour laquelle il est autorisé, d'une façon qui n'est pas conforme à la loi; — Qu'il a été condamné de ce chef par jugement du tribunal correctionnel de Liège, du 15 déc. 1883, confirmé en appel par l'arrêt dénoncé; — Attendu que le demandeur soutient à tort que les faits d'exercice illégal de l'art de guérir commis par lui antérieurement au 3 août 1883 ont déjà fait l'objet de l'arrêt rendu par la cour de Liège à cette date; — Que cet arrêt, à la vérité, est fondé sur ce que, depuis le 26 nov. 1882, le demandeur a, habituellement et à peu près chaque jour, commis des actes qui constituent l'exercice illégal de la médecine, mais que l'on ne peut raisonnablement supposer qu'il ait pris égard à des actes postérieurs à ceux dont le premier juge avait eu à connaître; — Que l'arrêt attaqué (Liège, 6 juin 1884), confirmant le jugement du 26 mai 1883, n'a évidemment statué que sur la prévention qui avait fait l'objet de ce jugement;... — Par ces motifs, rejette...

Du 18 juill. 1884.-C. cass. de Belgique, 1re ch.-MM. le chevalier Hynderick, pr.-Beckers, rap.-Mesdach de ter Kiele, 1er av. gén., c. conf.-Schiller (du barreau de Liège), av.

(3) (Tahar-Bel-Hadj-Mohamed.) — LA COUR; — Attendu que,

infecte dans sa propriété, ne peut, bien qu'il n'ait pas davantage obéi à l'injonction contenue dans le jugement de détruire ladite mare, être poursuivi de nouveau à raison de son inaction, alors que l'Administration a été autorisée par ce même jugement à procéder, à défaut du contrevenant, et aux frais de celui-ci, aux travaux nécessaires pour en procurer l'assainissement. Il n'y a pas, en effet, de contravention nouvelle (Crim. rej. 22 mars 1867, aff. Truant, D. P. 67. 1. 232, et la note).

306. Cependant il est des cas où la continuité du fait pourrait donner lieu à de nouvelles poursuites, soit après acquittement, soit après condamnation. Il a été jugé que l'exploitation illégale d'un établissement insalubre peut, nonobstant l'obtention d'un premier jugement d'acquittement par l'industriel qui l'a entreprise, être l'objet de nouvelles poursuites pour la continuation qui en est faite dans les mêmes conditions; en pareil cas, il n'y a chose jugée que pour l'exploitation antérieure à la première poursuite (Crim. cass. 17 déc. 1864, aff. Priou, D. P. 66. 1. 366). Dans l'espèce, il y avait, en effet, un délit successif, susceptible d'une nouvelle poursuite à l'occasion de chaque fait d'exploitation qui le renouvelait. — La cour suprême a jugé, de même, qu'en cas de dépôt de fumier dans un enclos, contrairement aux prescriptions d'un arrêté municipal, un premier jugement d'acquittement ne fait pas obstacle à une seconde poursuite ayant pour objet un autre monceau de fumier fabriqué et mis en tas après ce jugement (Crim. rej. 19 janv. 1878) (1).

307. A plus forte raison la continuation d'un état irrégulier après une première condamnation pourrait-elle être, dans certains cas, réprimée sans violation de la chose jugée. Ainsi, il a été décidé que lorsqu'un arrêté interdit, dans l'intérêt de la salubrité d'un cours d'eau, d'avoir des lieux d'aisance sur ce cours d'eau, la prohibition portant moins sur l'existence des constructions que sur l'usage qui en est fait, chaque fait d'usage renouvelé après une première condamnation constitue une contravention distincte; et, dès lors, on ne peut opposer à une poursuite pour usage nouveau l'exception de chose jugée (Crim. cass. 15 mars 1861, aff. Hennecart, D. P. 62. 1. 54).

308. Il faut noter, sur cette question de la poursuite des faits nouveaux, un arrêt qui a décidé que la condamnation prononcée contre un individu déclaré coupable d'avoir commis un délit (et notamment d'avoir fait partie d'une société secrète), dans le cours d'un certain nombre d'années, est nulle lorsque, dans le même intervalle de temps, cet individu avait été renvoyé des poursuites dirigées contre lui à raison d'un délit de même nature (Crim. cass. 23 janv. 1852, aff. Lescuyer, D. P. 52. 1. 61). Dans l'espèce, la nouvelle forme d'incrimination laissait incertain le point de savoir si les faits auxquels elle s'appliquait étaient postérieurs au jugement d'acquittement antérieurement intervenu, ou s'ils n'avaient pas déjà été écartés par le précédent jugement.

309. — III. QUESTION PRÉJUDICIELLE. — La question de savoir quelle est l'autorité d'un jugement rendu par un tribunal de répression sur une question préjudicielle de droit civil opposée par le prévenu à titre d'exception s'est souvent présentée à l'occasion de poursuites intentées à raison de faits délictueux successifs et distincts, notamment en matière de brevets d'invention. On sait qu'aux termes de l'art. 46 de la loi du 5 juill. 1844, le tribunal correctionnel, saisi d'une action pour délit de contrefaçon, statue sur les exceptions tirées de la nullité ou de la déchéance du brevet. Une pareille décision a-t-elle une autorité absolue, et met-elle obstacle aux poursuites intentées contre le même prévenu pour des faits postérieurs? Comme on l'a vu au mot *Brevet d'invention*, nos 356 et suiv., la négative est admise par une doctrine et une jurisprudence constantes (Aux autorités citées *ibid.*, *adde :* Griolet, p. 253 et suiv.). — La même solution a été consacrée dans le cas de poursuites successives en contrefaçon de marques de fabrique (Crim. cass. 22 févr. 1862, aff. Bardou, D. P. 63. 5. 306), et en usurpation de nom de fabrique (Crim. rej. 26 avr. 1872, aff. Garnier, D. P. 74. 1. 47). On trouve une application de la même règle dans l'arrêt du conseil d'Etat du 16 mai 1872 (cité *suprà*, n° 304), qui décide que l'arrêté par lequel le conseil de préfecture, a condamné un particulier à délaisser un terrain qu'il aurait usurpé sur le domaine public, ne peut être opposé, comme ayant l'autorité de la chos jugée, à ce particulier, poursuivi pour avoir de nouveau mis ce terrain en culture. — Signalons aussi un arrêt de la cour de cassation rendu en matière de simple police et de dépaissance (Crim. rej. 19 févr. 1864) (2) qui a décidé qu'il n'y a pas chose jugée à l'égard d'un prévenu, parce qu'il a été jugé dans une autre instance, à raison d'un autre fait, encore bien qu'il s'agisse de statuer sur une contravention identique, commise sur un terrain dont la nature

traduit devant le tribunal de simple police d'Oran, pour avoir, en construisant une baraque en planches dans une rue d'Oran, commis la contravention prévue par le paragraphe 4 de l'art. 471 c. pén., le nommé Tahar-Bel-Hadj-Mohamed a été condamné à un franc d'amende par jugement du 4 déc. 1869; — Que ce jugement, non susceptible d'appel, a acquis l'autorité de la chose jugée; — Attendu que, le 12 janv. 1870, Tahar a de nouveau et pour la même contravention été appelé devant le même tribunal de simple police en vertu de dix procès-verbaux dressés tous à la date du 27 décembre précédent; — Attendu que ces procès-verbaux, en constatant, aux jours qui y sont indiqués, l'existence sur la voie publique d'une baraque en planches, construite par le prévenu, n'établissent pas que Tahar ait, chacun de ces jours, construit ladite baraque et embarrassé la voie publique, mais seulement qu'il a refusé de démolir celle qu'il avait précédemment construite et qui avait donné lieu au jugement de condamnation du 4 déc. 1869; — Attendu que la construction d'une baraque sur le sol de la voie publique, en contravention tant au paragraphe 4 de l'art. 471 c. pén. qu'à l'arrêté du maire de la ville d'Oran en date du 10 août 1859, et par suite au paragraphe 15 dudit art. 471, est un fait isolé, accompli en une seule fois, qui ne saurait être rangé parmi les contraventions successives, lesquelles ne résultent pas d'un acte unique et instantané, mais d'une série de faits liés entre eux et prolongeant pendant un certain temps la durée de ces infractions; — Que, dès lors, la contravention commise par Tahar-Bel-Hadj-Mohamed ayant été punie d'une amende d'un franc par le jugement du 4 déc. 1869 ne pouvait faire l'objet d'une nouvelle poursuite, sans qu'il y ait violation de l'art. 360 c. instr. crim; — Rejette.

Du 7 mai 1870.-Ch. crim.-MM. Greffier, rap.-Bédarrides, av. gén.

(1) (Charrier et Riboulet.) — LA COUR; — Au fond: — Sur le premier moyen du pourvoi de Riboulet, tiré de la violation de la chose jugée, en ce que le tribunal a renvoyé à l'autorité administrative la décision de la question préjudicielle, alors que cette question était décidée en faveur de Riboulet par un précédent jugement devenu définitif; — Attendu qu'à l'occasion d'un tas de fumier appartenant au nommé Gauthier, fabriqué et laissé en dépôt par lui le 31 janv. 1877, dans l'enclos appartenant à Riboulet et autres, ledit Gauthier et Riboulet ont été poursuivis devant le tribunal de simple police d'Aix, pour avoir contrevenu aux arrêtés municipaux qui interdisent toute fabrication et tout dépôt de fumier et engrais dans l'intérieur de la ville; que le tribunal les a relaxés par jugement du 21 février, en décidant que l'enclos de Riboulet et consorts est un établissement industriel pour la fabrication des fumiers et engrais au moyen de boues et d'immondices, qu'il est légalement autorisé comme établissement dangereux ou insalubre de première classe et que des arrêtés municipaux ne peuvent en interdire l'exploitation; — Attendu que le jugement actuellement attaqué a pour objet un autre monceau de fumier appartenant à Etienne Charrier, fabriqué et mis en tas par lui dans le même enclos le 31 mars 1877; — Attendu que le fait jugé le 21 février n'est pas le même que le fait déféré le 2 mai au tribunal de simple police; que chaque fait de fabrication ou de dépôt du fumier contrairement aux prescriptions d'un arrêté municipal, aussi bien que chaque fait d'exploitation d'un établissement insalubre non autorisé, constitue une contravention distincte et fût-il la répétition d'un fait antérieur de même nature; que, dès lors, le jugement du 21 février n'a pas dans l'affaire actuelle l'autorité de la chose jugée, soit à l'égard du fait du 31 mars relevé comme constituant une nouvelle contravention, soit à l'égard des exceptions, moyens de défense et questions préjudicielles communes aux deux affaires; — Rejette.

Du 19 janv. 1878.-Ch. crim.-MM. Thiriot, rap.-Lacointa, av. gén.

(2) (Appesbero et autres.) — LA COUR; — Sur le premier moyen, tiré: 1° d'une fausse application de l'art. 1351 c. nap., en ce que le jugement attaqué a considéré comme souverainement décidé, par un jugement antérieurement rendu dans une autre instance de police, que le terrain sur lequel avait été pratiqué le pâturage incriminé était non un bois, mais une pâture, et 2° d'une violation des règles de la compétence, en ce qu'il n'aurait pas appartenu à la juridiction de police de statuer sur une question de cette nature; — Sur la première branche du moyen: — Attendu que la juridiction de police n'a qu'une compétence restreinte; qu'elle a seulement à décider si le fait poursuivi devant elle constitue ou non une contravention punissable, et si le prévenu doit être acquitté ou condamné; mais que son jugement, quelqu'il

(bois ou terre) aurait été jugée définitivement par la décision antérieure.

Art. 3. — *Faits collectifs* (*Rép.* n° 465).

310. — I. Délits d'habitude. — Si les faits distincts et les faits nouveaux peuvent être l'objet de poursuites successives sans que le prévenu puisse exciper de la chose jugée, il est, au contraire, certain que l'action publique est éteinte à l'égard des faits nouvellement découverts qui ne forment avec le fait jugé qu'une seule et même infraction. C'est ce qu'on a établi au *Rép.* n° 465, pour les délits *collectifs* ou d'habitude, formés de la réunion de plusieurs faits particuliers, comme les délits d'usure habituelle, d'excitation habituelle de mineurs à la débauche, etc. En cas pareil, les faits antérieurs à la sentence, quelque nombreux qu'ils soient, ne constituent qu'un seul délit, et l'on ne pourrait, sans violer la chose jugée, rechercher ceux d'entre eux qui viendraient à êtredécouverts plus tard, puisqu'ils ont été virtuellement compris dans les premières poursuites. « En effet, comme le dit très bien M. Faustin Hélie, t. 2, n° 1006, chacun des faits n'est qu'un élément du délit qui a été jugé, un moyen, une preuve de la première prévention. Reprendre ces faits, bien que non compris dans le jugement, ce serait intenter une nouvelle poursuite à raison du même délit. » Ce point est tout à fait acquis en doctrine (Mangin, *Action publique*, t. 2, n° 405 ; Griolet, p. 257 ; Trébutien, t. 2, n° 784 ; Bonnier, n° 897 ; Ortolan, t. 2, n° 1784 ; Haus, t. 2, n° 1301 ; Le Sellyer, t. 2, n° 658). La cour de cassation avait jugé en sens contraire, en matière d'usure, le 5 août 1826 (*Rép.* n° 465). Un arrêt postérieur du 25 août 1836 (*Rép.* v° *Peine*, n° 171) a reconnu « qu'une condamnation pour délit d'habitude d'usure réprime nécessairement tous les faits antérieurs qui pouvaient constituer cette habitude, et, dès lors, ceux mêmes qui n'avaient pas été compris distinctement dans le jugement qui l'a punie ».

311. Il est certain, d'ailleurs, que si les faits étaient, non pas antérieurs, mais postérieurs à la sentence, ils pourraient être poursuivis, pourvu qu'ils fussent en nombre suffisant pour constituer à eux seuls une nouvelle habitude, sans qu'aucun des faits antérieurs soit pris en considération (Haus, n° 1301, note ; Ortolan, t. 2, n° 1785). — Et même, quoique trop peu nombreux pour constituer par eux-mêmes une habitude, ils pourraient être passibles d'une nouvelle peine si la loi en portait la disposition formelle, comme le fait, par exemple, pour le délit d'usure, la loi des 19-27 déc. 1850 (Le Sellyer, t. 2, n° 658).

312. — II. Infractions continues. — Quant aux infractions *continues*, comme la séquestration d'une personne, le port illégal d'une décoration, l'exercice illégal de la médecine, la possession de faux poids dans un magasin, un délit de cette nature ne saurait faire l'objet de poursuites successives, puisqu'il se compose d'une série non interrompue d'actes punissables, et non de plusieurs faits distincts et séparés les uns des autres. Tous les actes antérieurs à la poursuite sont nécessairement compris dans le délit, poursuivis et jugés par la sentence qui a statué sur ce délit (Griolet, p. 257 ; Ortolan, n° 1784). C'est ce qui a été jugé en matière de société secrète (Crim. cass. 23 janv. 1852, aff. Lescuyer, D. P. 52. 1. 61).

313. La même solution doit être appliquée au cas où il s'agit, non de la continuité physique, mais de la *continuité morale* reliant ensemble des faits qui, quoique matériellement distincts, ne sont pourtant que des moyens employés pour réaliser un seul et même projet criminel, et forment, par conséquent, une infraction unique, un délit collectif par l'unité de but. Par exemple, on peut porter différents coups à une ou plusieurs personnes dans une même rixe, on peut frapper différentes pièces dans une opération de faux monnayage ; il n'y aura pourtant, malgré la pluralité des faits, qu'un seul crime de fausse monnaie, qu'un seul délit de coups, car il n'existe qu'un même fait moral, bien que les faits d'exécution aient été multipliés. Conséquemment, le jugement qui statue sur un ou plusieurs de ces faits d'exécution mettra obstacle au jugement de tous les autres, et on ne pourra poursuivre un des faits après que l'un d'eux aura été jugé (Ortolan, n° 1784 ; Haus, n° 1299 ; Faustin Hélie, t. 2, n° 1006).

314. — III. Complicité. — Des questions analogues se posent par rapport à la complicité et à la tentative. D'abord, quant à la *complicité*, un individu ayant été poursuivi comme auteur d'un crime ou d'un délit, et acquitté sur ces premières poursuites, pourrait-il être ensuite poursuivi comme complice de ce même crime ou de ce même délit? Cela est fort douteux. M. Le Sellyer, t. 2, n° 651, admet l'affirmative parce que, dit-il, les faits constituant la complicité sont distincts du fait constitutif du crime ou délit. Nous croyons plutôt avec MM. Griolet, p. 258, et Morin, *Journal du droit criminel*, 1868, art. 8649, observation sur un arrêt de la cour de Colmar du 29 janv. 1868, p. 187 et 188, que la complicité n'est qu'une manière de commettre le délit, qu'elle ne peut être considérée comme un fait nouveau ni distinct, et que, dès lors, l'action pour complicité devrait être repoussée par l'exception de chose jugée.

La solution serait différente au cas de seconde poursuite pour complicité par *recel*, car le recel n'est qu'une complicité *a posteriori*, nécessairement distincte et séparée du crime primitif (Griolet, p. 258 ; Le Sellyer, t. 2, n° 650, note ; Mangin, t. 2, n° 406. — V. *Rép.* n°s 466 et 487).

315. Si un individu accusé de complicité (autrement que par recel), avait été acquitté, et que l'on vînt à découvrir ultérieurement d'autres faits établissant cette complicité, de nouvelles poursuites pourraient-elles avoir lieu, sous prétexte que les faits de complicité allégués dans la seconde poursuite ne sont pas les mêmes que ceux qui servaient de base à la première? Par exemple, pourrait-on poursuivre comme complice par aide et assistance, un individu précédemment déchargé de la prévention de complicité du même fait par dons et promesses? La négative, admise au *Rép.* n° 466, conformément à l'opinion de Mangin, a été depuis enseignée par tous les auteurs (Griolet, p. 258 ; Le Sellyer, t. 2, n° 652 ; Trébutien, t. 2, n° 785 ; Blanche, *Etudes de droit pénal*, 2e étude, n° 145).

316. — IV. Tentative. — Le fait qui a donné lieu à un acquittement pourrait-il être repris comme *tentative?* Cette question est résolue négativement au *Rép.* n° 479 (V. l'arrêt et les auteurs cités en ce sens *ibid. Adde:* Griolet, p. 258). En effet, la tentative n'est pas un fait nouveau, c'est seulement une manière de commettre le délit ; ce n'est pas un délit particulier, c'est une simple modification du fait.

Dans une situation de fait inverse, mais par les mêmes raisons, il a été jugé à deux reprises, par la cour suprême, qu'un individu acquitté de l'accusation de tentative d'homicide au moyen d'une arme à feu ne peut pas être poursuivi ultérieurement devant la juridiction correctionnelle sous la prévention de blessures volontaires résultant du même coup de feu (Crim. rej. 29 août 1863, aff. Pascalis, D. P. 68. 5. 71 ; 12 août 1875, aff. Potentini, D. P. 76. 1. 463. V. Griolet, p. 276 et suiv.).

Art. 4. — *Faits connexes ou indivisibles* (*Rép.* n°s 481 à 495).

317. — I. Faits connexes. — La question de savoir si, deux délits étant connexes, le jugement qui intervient sur l'un d'eux a autorité sur l'autre, a été amplement traitée au *Rép.* n°s 481 à 491 et résolue négativement en principe. Il est certain que la connexité des faits n'est pas, par elle-même, un obstacle à une double poursuite, car, si elle a pour effet la jonction

---

soit, n'a d'autorité que dans son application aux faits qu'elle avait à juger ; que les moyens de défense admis ou rejetés par elle ne le sont que dans leur rapport avec le procès qui lui était soumis, et que, si les moyens sont reproduits plus tard entre les mêmes parties, sur des faits autres quoique semblables, et s'ils n'ont pas été l'objet d'une exception préjudicielle tranchée par les tribunaux civils, ils doivent être débattus et appréciés en eux-mêmes ; — Qu'en décidant le contraire, et en déclarant que la nature du terrain avait été jugée définitivement et pour tous les cas à venir, entre les mêmes parties, par le jugement rendu dans une autre instance à raison d'un autre fait, le 21 août 1863, le tribunal de Saint-Palais, jugeant en appel de simple police, a faussement appliqué la chose jugée et l'art. 1351 c. nap. ; — Mais attendu que sa décision se justifie par un autre motif ; qu'en effet...

Par ces motifs, rejette.

Du 19 févr. 1864.-Ch. crim.-MM. Legagneur, rap.-Charrins, av. gén.

des procédures (art. 226 et 227 c. instr. crim.), elle n'entraîne pas nécessairement l'indivisibilité des délits. Pourquoi en serait-il autrement alors que les faits, quoique liés par un rapport commun, peuvent être cependant séparés, divisés, et par conséquent appréciés séparément? Sans doute, au point de vue de la bonne administration de la justice, il vaut mieux que les délits connexes soient l'objet de poursuites simultanées; mais cela n'est pourtant pas indispensable, et, au point de vue de l'autorité de la chose jugée, du moment qu'un seul des deux faits a été jugé, il importe peu que l'autre existât au moment du jugement (Faustin Hélie, t. 2, n° 1003; Haus, t. 2, n° 1302; Ortolan, t. 2, n° 1783; Bonnier, n° 897).

318. Avant la publication du *Répertoire*, la jurisprudence avait fait de nombreuses applications de cette règle (V. les arrêts rapportés *ibid.* n°s 481 et suiv., et Crim. rej. 5 juill. 1834, *Rép.* v° *Attentat aux mœurs*, n° 143).

Depuis, la cour de cassation a rendu sur cette question de la chose jugée relativement à des délits connexes, plusieurs arrêts importants, notamment en matière de faux. Confirmant ses arrêts des 28 déc. 1816, 28 févr. 1828 (*Rép.* n° 486), elle a jugé, que le détournement qu'un faux a eu pour objet de faciliter ou de dissimuler constitue un délit distinct de ce crime, et peut, dès lors, après que l'accusation de faux a été purgée par une déclaration d'acquittement, faire l'objet d'une poursuite correctionnelle, sans qu'il y ait violation du principe de la chose jugée (Crim. cass. 25 août 1855 (1). V. également : Crim. cass. 30 juin 1864, aff. Dubœuf, D. P. 66. 1. 362; Crim. rej. 28 févr. 1868, aff. Poilhas, D. P. 68. 1. 506, cités *suprà*, n° 297). — Il y aurait toutefois violation de la chose jugée de la part du tribunal correctionnel qui s'appuierait, pour condamner le prévenu de détournement de deniers publics, sur cette circonstance qu'il a frauduleusement masqué ses écritures, lorsqu'il a été antérieurement déclaré par le jury non coupable d'aucune altération d'écriture sur ses registres (Arrêt précité du 25 août 1855). — Il a été jugé aussi, dans le même sens, que, dans le cas où le crime de faux imputé à un fonctionnaire public (un commissaire-priseur) a servi à cacher un détournement, ce détournement n'est pas absorbé par le crime de faux, mais constitue un fait distinct qui peut, par suite, former un second chef de poursuite, sauf, s'il y a lieu, l'application du principe prohibitif du cumul des peines (Crim. rej. 13 juin 1856, aff. Lenormand de Villeneuve, D. P. 56. 1. 376. — V. encore : Crim. rej. 21 août 1873, aff. Fontenay, D. P. 74. 1. 454 cité *suprà*, n° 297).

319. On peut rattacher à la même règle : 1° l'arrêt du conseil d'État du 31 mars 1847 (cité *suprà*, n° 295), qui a décidé que lorsqu'un particulier a commis des dégradations contre les plantations et ouvrages exécutés par ordre de l'Administration dans le lit d'un fleuve, et s'est porté à des voies de fait contre les ouvriers de l'État, la répression correctionnelle de ce dernier délit n'empêche pas les poursuites administratives relatives à la contravention de grande voirie; — 2° L'arrêt de rejet du 3 juill. 1847, aussi cité *suprà*, n° 295, qui décide que la répression par le tribunal de simple police, du fait de surcharge de l'impériale d'une voiture, n'est pas un obstacle à ce que les blessures occasionnées aux voyageurs par suite du versement de la voiture en état de surcharge, puissent faire l'objet de poursuites correctionnelles motivées par l'imprudence et la maladresse du postillon; — 3° Et encore un arrêt qui a décidé que l'individu condamné par la juridiction de simple police, comme auteur d'un tapage nocturne, pour avoir tiré dans la nuit un coup de fusil qui a troublé la tranquillité des habitants, peut, sans violation de la règle *non bis in idem*, être jugé ultérieurement sur l'accusation de tentative de meurtre, à raison du même coup de fusil, mais envisagé d'après ces circonstances nouvelles que l'arme était chargée et que le coup a été dirigé sur une personne désignée avec intention de lui donner la mort (Crim. rej. 18 avr. 1873, aff. Transon, D. P. 73. 1. 164).

320. — II. FAITS INDIVISIBLES. — Si les faits, au lieu d'être simplement connexes, formaient un tout *indivisible*, de telle sorte que la criminalité de l'un fût nécessairement subordonnée à l'existence de l'autre, la solution ne serait plus la même. Il est manifeste (comme on l'a admis au *Rép.* n° 481) que, lorsque, plusieurs délits sont tellement liés l'un à l'autre que le jugement rendu sur l'un d'eux exclut l'existence des autres, le jugement a nécessairement autorité sur les autres délits et, par conséquent, fait obstacle à des poursuites ultérieures. Dans ce cas, comme le dit très bien Faustin-Hélie, t. 2, n° 1008, il n'y a pas lieu à une nouvelle poursuite « parce qu'il n'y a qu'une seule et même action, que ces différents faits se confondent dans un seul fait, et qu'il est impossible de les séparer pour les apprécier ». (Conf. Mangin, t. 2, n° 407; Trébutien, t. 2, n° 782; Haus, t. 2, n° 1303). — Aux deux exemples de délits indivisibles cités au *Rép.* n° 481 (escroquerie commise uniquement à l'aide d'un faux certificat; — et faux pratiqué pour commettre des concussions, mais déclaré par le jury accompli sans dessein de crime et plutôt par erreur ou par ignorance que par malice), M. Faustin Hélie, t. 2, n° 1007, en ajoute plusieurs autres, parmi lesquels le cas de recelé d'un jeune soldat insoumis qui ne peut plus être poursuivi si l'insoumis, traduit devant un conseil de guerre, est acquitté; et celui du crime de complot contre la sûreté de l'État qui ne serait fondé que sur un commencement d'exécution résultant d'un fait d'embauchage, et qui ne pourrait plus être poursuivi si le crime d'embauchage, poursuivi séparément, a été acquitté. — On peut signaler aussi, à ce titre, l'arrêt du 25 juill. 1856 (cité *infrà*, n° 331) rejetant le pourvoi formé contre un jugement souverain qui avait décidé que des individus acquittés du crime de violences à des agents de la force publique avec blessures ne pouvaient être traduits en police correctionnelle sous inculpation de rébellion pour des violences formant avec le crime déjà jugé un tout indivisible.

ART. 5. — *Cas où le même fait constitue deux délits différents* (*Rép.* n°s 467 à 481).

321. Il arrive parfois qu'un même fait peut engendrer plusieurs infractions distinctes, qu'il constitue, par exemple, suivant le point de vue sous lequel il est envisagé, un infanticide ou un homicide involontaire, un faux ou une escroquerie, un viol ou un outrage public à la pudeur. Le jugement qui statue sur un fait de cette nature couvre-t-il le fait même en le purgeant de toutes les incriminations auxquelles il pouvait donner lieu, ou n'a-t-il force de chose jugée que relativement à la qualification qui lui a été donnée dans la poursuite? En d'autres termes, suffit-il, pour que l'exception de chose jugée soit opposable, qu'il y ait identité de *fait* ou bien est-il nécessaire qu'il y ait identité d'*incrimination* entre les deux poursuites?

Cette question a fait au *Répertoire* la matière des n°s 467 à 478. Elle est encore fort débattue aujourd'hui. Théoriquement, on ne peut guère contester qu'il y ait quelque chose de choquant à faire subir successivement à l'inculpé plusieurs procès pour un seul fait. « Quelle manière de procéder, dit Ortolan, *Éléments de droit pénal*, t. 2, n° 1794, que celle qui, à raison du même fait, suivant qu'il sera envisagé différemment, fera subir successivement à l'inculpé plusieurs

(1) (Douelle.) — LA COUR ; — Sur la première branche du premier moyen, tirée de la violation de l'art. 360 c. instr. crim. ; — Attendu que les questions soumises au jury n'ont porté que sur un crime de faux, commis par altération d'écritures ; que la réponse négative faite à ces questions n'a point empêché qu'une poursuite ultérieure pour détournement de deniers publics fût intentée contre Douelle père et fils ; que ce délit était essentiellement distinct de l'accusation déjà purgée, et que, dès lors, il n'y a pas lieu d'appliquer ici la maxime *non bis in idem* ; — Rejette cette première branche ;

Mais sur la seconde : — Vu l'art. 1351 c. civ. ; — Attendu qu'il avait été souverainement jugé par le jury que Douelle père n'était coupable d'aucune altération d'écritures sur les registres de la perception ; qu'au contraire, l'arrêt qui l'a condamné pour détournement s'appuie sur cette circonstance que, pour consommer ce délit, il a frauduleusement masqué ses écritures ; — Attendu que c'était là rentrer dans des faits déjà appréciés par le jury ; qu'il résulte, en effet, du rapprochement des questions et de l'arrêt, que, des deux côtés, il s'agit d'altérations commises à la même date, sur le même registre, et pour la même somme ; que, dès lors, il y a eu, sur ce point, violation de l'autorité de la chose jugée ; — Casse.

Du 25 août 1855.-Ch. crim.-MM. Plougoulm, rap.-d'Ubexi, av. gén.

procès, plusieurs détentions préventives, plusieurs angoisses d'instruction ou d'audience, usera temps sur temps, multipliera les frais, et fera défiler plus d'une fois devant des juges les mêmes séries de preuves, de témoins et de témoignages, tandis qu'en une seule instance le but pouvait être atteint! »Ces poursuites renouvelées paraissent contraires aux règles du droit. « Les principes rigoureux du droit criminel, disait le procureur général Dupin à l'audience de la cour de cassation, du 25 nov. 1841 (*Réquisitoires, plaidoyers, discours de rentrée* par M. Dupin, t. 5, p. 39), les principes rigoureux du droit criminel veulent que tous débats solennels, légaux, réguliers, purgent l'accusation; c'est à la société, dans ce moment solennel, à prendre toutes ses précautions; c'est à la défense à user de toutes ses ressources, car, le verdict rendu, tout est consommé. Il est dans l'esprit de la loi que la justice ait, pour ainsi dire, le cœur net sur la culpabilité. » Néanmoins la cour de cassation décide formellement, et depuis longtemps, que les mots à *raison du même fait* de l'art. 360 c. instr. cr., doivent s'entendre non du fait matériel, mais de la *qualification* légale donnée à ce fait, en sorte que l'individu *acquitté de l'accusation d'un crime* déterminé peut être de nouveau poursuivi à raison du même fait matériel sous une qualification différente.

Cette doctrine, admise au *Rép.* n°s 451 et 467, est approuvée par de nombreux auteurs (V. outre ceux qui sont cités *ibid.*: Bonnier, t. 2, n° 899; Trébutien, t. 2, n° 785 et suiv.; Nouguier, *Cour d'assises*, t. 4, n°s 3671 et suiv.; Garraud, n° 655). Elle se fonde principalement sur ce que le président de la cour d'assises n'est plus tenu, comme il l'était sous l'empire du code de brumaire an 4 (art. 374, 377 et 380), de poser au jury toutes les questions relatives aux différentes qualifications dont le fait est susceptible. La mission des jurés se borne maintenant à l'examen du fait tel que l'acte d'accusation l'a qualifié, et leur délibération se trouve circonscrite dans les limites de l'accusation qui leur est soumise. Dans ces conditions, pourquoi l'acquittement purgerait-il autre chose que le *fait tel qu'il est qualifié?* Il est vrai que la jurisprudence a permis aux présidents d'assises de soumettre au jury des questions subsidiaires envisageant le fait dans toutes ses modalités; mais elle ne leur en fait point une obligation, c'est pour eux une simple faculté. S'ils n'usent pas de ce droit, s'ils se sont bornés aux questions résultant de l'acte d'accusation, les auteurs précités estiment que l'acquittement ne peut purger que l'accusation sur laquelle le jury a prononcé et non les autres accusations ou préventions dont il n'a pu s'occuper, quoiqu'elles dérivent du même fait.

322. Ces raisons n'ont point convaincu d'éminents jurisconsultes notamment MM. Faustin Hélie, t. 2, n°s 1010 et suiv.; Griolet, p. 264 et suiv.; Morin, *Journal du droit criminel*, t. 10, p. 142; Villey, *Précis de droit criminel*, 3e éd., p. 456 et suiv.; Haus, t. 2, n° 1308, note 7. — Suivant eux, la cour d'assises a, dans le système de notre code, le pouvoir de juger toutes les modifications du fait dont elle est saisie, et si le fait n'a donné lieu à aucunes questions subsidiaires du président, on doit présumer qu'il n'y avait pas lieu d'en poser. Il suit de là qu'on ne peut reprendre le fait quand il a été jugé, car, suivant l'heureuse expression d'Ortolan, il *y a chose jugée à l'égard de tout ce qui aurait dû faire l'objet du jugement*. D'ailleurs, le sens naturel des mots le *même fait* de l'art. 360 n'est-il pas le même fait *matériel*, quelles que soient les incriminations diverses qui peuvent en dériver? L'interprétation contraire de la cour de cassation donne lieu, on ne saurait le méconnaître, à de graves inconvénients dans la pratique. Enfin cette interprétation ne respecte pas suffisamment le principe de l'inviolabilité des décisions du jury ni les droits de la défense. — Sur cette question, V. surtout, dans l'ouvrage de M. Griolet, tout le paragraphe 2 du chap. 3 de la 2e partie, intitulé : *Quels délits sont compris dans un jugement*, p. 259 à 282.

En Belgique, une loi interprétative du 21 août 1850 a résolu la difficulté dans le sens de la jurisprudence de la cour de cassation française, en ajoutant à l'art. 360 ainsi conçu : « Toute personne acquittée légalement ne pourra plus être reprise ni accusée du même fait », les mots : « *tel qu'il a été qualifié* ». — Le législateur français a été plusieurs fois saisi de propositions tendant au même but, notamment en 1876 et 1879 (propositions de M. Parent, député). Le nouvel art. 216 (texte de la commission de la Chambre des députés) du *projet de la loi sur l'instruction criminelle* est ainsi conçu : « Le prévenu à l'égard duquel le juge d'instruction ou la cour a décidé qu'il n'y a pas lieu au renvoi devant l'une des juridictions de répression, ne peut plus être traduit à raison du même fait, *alors même qu'il serait qualifié* différemment, à moins qu'il ne survienne de nouvelles charges ». Si ce texte est adopté, la question se trouvera, par le fait, résolue pour toutes les juridictions de répression.

Quoi qu'il en soit, la jurisprudence de la cour de cassation est, ainsi qu'on l'a dit plus haut, tout à fait établie en ce sens que le fait, autrement qualifié, peut être poursuivi de nouveau *après un acquittement en cour d'assises*; cette règle a reçu de nombreuses applications. On en trouvera un résumé complet dans le remarquable rapport de M. le conseiller Massé, qui a précédé l'arrêt de la cour de cassation Ch. réun. cass. 7 juill. 1875 (aff. Théveny, D. P. 76. 1. 47).

323. 1° De nombreux arrêts ont jugé que la femme accusée d'*infanticide* et acquittée de ce chef peut, sans qu'il y ait violation de la maxime *non bis in idem*, être poursuivie correctionnellement sous prévention d'*homicide involontaire*, parce que l'autorité de la chose jugée n'existe qu'à l'égard de ce qui a fait l'objet d'un premier jugement, et ne peut jamais se rencontrer là où il n'y a pas identité de demande et de poursuite (V. indépendamment des décisions citées ou rapportées au *Rép.* n° 476 : Crim. cass. 6 mars 1845, aff. Rechet, D. P. 45. 4. 84; 2 mai 1845, aff. Singott, *ibid.*; 5 juill. 1845, aff. Leclerc, *ibid.*; 14 avr. 1848, aff. Gouelo, D. P. 48. 5. 50; 27 déc. 1850, aff. Poux, D. P. 51. 5. 82; 9 juin 1854, aff. Dedhuit, D. P. 55. 5. 73; Crim. rej. 3 août 1855, aff. Legros, *Bulletin criminel*, n° 276; 18 avr. 1857, aff. Pourquié, *Bulletin criminel*, n° 161; 23 avr. 1859, aff. Barabino, D. P. 59. 1. 233; 14 déc. 1877 (1); Nancy, 29 juill. 1846, aff. Rousselot, D. P. 47. 2. 88; Grenoble, 13 déc. 1854 (2); Metz, 30 juin 1864, aff. Grandjean, D. P. 64. 2. 146. — Conf. Blanche, 4° *Etude sur le code pénal*, n° 508).

Dans l'espèce sur laquelle a été rendue l'un des arrêts de cassation précités (Crim. rej. 23 avr. 1859, aff. Barabino,

(1) (Loquen.) — La cour; — Sur le moyen relevé d'office, tiré de la violation de la maxime *non bis in idem*, et de l'art. 360 c. instr. crim. : — Attendu qu'Angélique-Pétronille Loquen avait été traduite devant la cour d'assises d'Ille-et-Vilaine et avait été déclarée par le jury non coupable du crime d'infanticide qui lui était imputé; — Mais que le délit d'homicide par imprudence, reconnu constant par la juridiction correctionnelle, diffère essentiellement du crime d'infanticide par les éléments légaux et moraux qui le constituent; — Que la nouvelle poursuite ne pouvait rencontrer aucun obstacle dans l'arrêt incident de la cour d'assises d'Ille-et-Vilaine, qui en refusant la position d'une question subsidiaire d'homicide par imprudence, réclamée par la défense, avait maintenu l'accusation dans les termes de l'arrêt de renvoi; — Qu'en effet, la cour d'assises a décidé uniquement que la question proposée ne résultait pas des débats; — Qu'il résulte au contraire de l'arrêt attaqué, que des faits précis d'imprudence et de négligence ont été établis dans le débat qui a eu lieu devant la juridiction correctionnelle et que ces faits réunissent tous les éléments du délit prévu et puni par l'art. 319 c. pén.; — D'où il suit que l'arrêt attaqué n'a méconnu ni la règle *non bis in idem* ni les dispositions de l'art. 360 c. instr. crim.; — Attendu, d'ailleurs, que l'arrêt est régulier dans sa forme, et que la peine a été légalement appliquée aux faits déclarés constants par la cour d'appel; — Rejette.

Du 14 déc. 1877.-Ch. crim.-MM. Saint-Luc-Courborieu, rap.-Benoist, av. gén.

(2) (Chassagne.) — La cour; — Sur la fin de non-recevoir contre l'action du ministère public : — Considérant que la cour impériale de Grenoble a, par son arrêt du 28 juin 1854, renvoyé Reine Chassagne, dite Rioulx, devant la cour d'assises du département de la Drôme, comme accusée d'avoir, au mois de mai 1854, à Valence, volontairement donné la mort à son enfant nouveau-né; — Qu'interrogé sur la question d'infanticide résultant de l'arrêt de renvoi et de l'acte d'accusation, le jury a répondu négativement et qu'en vertu de cette déclaration, la cour d'assises a prononcé l'acquittement de Reine Chassagne; — Considérant que, par sa nature, par la qualification qu'il a reçue de la loi et la peine qui y est attachée, le fait dont Reine Chassagne a été accusée devant la cour d'assises de la Drôme diffère essentiellement du fait à raison duquel elle est actuellement poursuivie devant la juridiction correctionnelle; que l'intention de donner la mort est cons-

D. P. 59. 1. 233), le pourvoi s'appuyait spécialement sur ce que l'arrêt de la chambre d'accusation n'avait point relevé à la charge de la prévenue le délit d'homicide par imprudence (ce qui est du reste le cas le plus fréquent), alors que l'art. 231 c. instr. cr. prescrit à la chambre d'accusation de statuer, à l'égard de chacun des prévenus renvoyés devant elle, sur tous les chefs de crimes, de délits ou de contravention résultant de la procédure. Il en concluait que le ministère public n'était plus recevable à exercer la poursuite pour homicide involontaire. La cour suprême a décidé que la prescription de l'art. 231 ne doit s'entendre que du cas où l'instruction constaterait l'existence simultanée de faits distincts, et non du cas où l'instruction n'a pour objet que la constatation d'un fait unique; qu'au surplus cette prescription n'est qu'indicative des pouvoirs conférés aux chambres des mises en accusation dans l'intérêt de l'administration de la justice criminelle, et que, dans le cas où la chambre d'accusation aurait omis de relever l'un des faits délictueux résultant d'une procédure soumise à son examen, aucune fin de non-recevoir ne pourrait être opposée à l'exercice ultérieur de l'action du ministère public à raison de ce chef omis.

Il a été jugé, de même, que la femme accusée d'*infanticide* et acquittée de ce chef, peut être ultérieurement poursuivie en police correctionnelle sous la prévention d'*exposition et de délaissement d'enfant* (Crim. rej. 20 avr. 1850, aff. Levillain, D. P. 50. 5. 63). « Attendu, dit cet arrêt, que le même fait matériel peut recevoir diverses qualifications pénales suivant l'intention qui en a déterminé la perpétration, et que le fait pénal doit être seul considéré pour l'application du principe *non bis in idem*. »

324. 2° Comme on l'a vu au *Rép.* n° 474, la jurisprudence a décidé également que l'individu mis en accusation pour meurtre et acquitté peut être poursuivi correctionnellement pour *homicide involontaire*, parce que la déclaration de non-culpabilité d'un accusé d'homicide volontaire ne préjuge ni la non-existence de l'homicide, ni la non-culpabilité de l'accusé relativement à la prévention d'homicide involontaire.

En serait-il de même de la prévention correctionnelle de *coups et blessures volontaires*, après un acquittement aux assises du crime de *tentative de meurtre* ou *d'assassinat?* La question est beaucoup plus délicate, car dans les deux incriminations on ne rencontre que le même acte de violence uni à la même intention de nuire, et toute la différence est que la nouvelle qualification suppose qu'au lieu d'aller jusqu'à la suppression de la vie, l'intention méchante ne tendait qu'à blesser la victime. Le tribunal correctionnel de Vesoul, le 28 mai 1853 (aff. Lyautey, D. P. 53. 3. 32), et la cour de Bourges, le 29 avr. 1869 (aff. Bellot, D. P. 69. 2. 220), ont jugé que la seconde poursuite était possible en cas pareil; mais la cour de cassation a décidé, par deux arrêts, que l'auteur d'un coup de feu, poursuivi et acquitté aux assises, ne pouvait pas être traduit en police correctionnelle sous la prévention de blessures volontaires résultant du même coup de feu « car le crime et le délit se confondent dans un élément unique, l'usage d'une arme meurtrière » (Crim. rej. 29 août 1863, aff. Pascalis, D. P. 68. 5. 71; 12 août 1875, aff. Potentini, D. P. 76. 1. 463). La cour de Bruxelles avait déjà jugé de même le 23 déc. 1831 (*Rép.* n° 475). — Sur ce point, et sur la question plus générale de savoir si l'accusé acquitté peut être repris à raison du même fait, lorsque la nouvelle qualification donnée à ce fait suppose, comme la première, une *intention criminelle*, V. Haus, t. 2, n°s 1310 et suiv.

325. 3° L'individu acquitté sur l'accusation de *viol*, ou d'*attentat à la pudeur avec violence*, ou d'*attentat à la pudeur sans violence sur des enfants*, peut encore être poursuivi par voie correctionnelle pour les mêmes faits envisagés comme constituant le délit d'outrage public à la pudeur: c'est ce qui résulte d'un grand nombre d'arrêts (Crim. rej. 8 févr. 1851, aff. Lejars, D. P. 51. 5. 83; Crim. cass. 12 mars 1853, aff. Tronchet, D. P. 53. 1. 113; Ch. réun. cass. 23 févr. 1855, aff. Fourmentin, D. P. 55. 1. 442; Ch. réun. cass. 3 nov. 1855, même affaire, D. P. 55. 1. 441; Crim. rej. 3 sept. 1858, aff. Thouet, D. P. 58. 5. 63; 5 févr. 1863, aff. Gontey, D. P. 64. 1. 324; 18 juin 1863, aff. Bougrelle, *ibid.;* Crim. cass. 23 juill. 1863, aff. Carle, *ibid.;* Crim. cass. 28 août 1863, aff. Poulet, *ibid.;* 1er août 1867, aff. Leroi, D. P. 70. 1. 370; 19 déc. 1867, aff. Hardy, *ibid.;* 28 mai 1868, aff. Mouillade, *ibid.;* Crim. cass. 10 févr. 1870, aff. Millet, D. P. 71. 1. 188; Orléans, 27 déc. 1869, aff. Charbonnier, D. P. 70. 2. 213). — Et il en est ainsi alors même que, devant la cour d'assises, le prévenu n'aurait été accusé que d'un attentat *sans violence* sur un enfant âgé de moins de treize ans (onze ans avant la loi du 13 mai 1863, modification du code pénal) (Mêmes arrêts des 5 février, 18 juin et 28 août 1863, 10 févr. 1870).

Jugé de même qu'il n'y a pas violation de la règle : *non bis in idem* dans le cas où le même individu a été l'objet de deux poursuites successives, dont la première se rapportait à un attentat à la pudeur commis sur une jeune fille de 19 à 20 ans, fait qui a été déclaré ne constituer ni crime ni délit, et dont la seconde se réfère à un attentat à la pudeur commis avec violence sur la même personne (C. cass. de Belgique, 26 mars 1878, aff. Mathys, *Pasicrisie belge*, 1878. 1. 265); —... Que l'acquittement sur une accusation d'*attentat à la pudeur* avec violence et d'*assassinat* sur une femme, ne fait pas obstacle à une poursuite correctionnelle ultérieure pour *coups et blessures* à la même personne (Crim. rej. 4 août 1865, aff. Voisin, D. P. 65. 1. 502).

326. 4° Les actes obscènes poursuivis devant la cour d'assises sous la qualification d'*attentat sans violence à la pudeur d'enfants de moins de treize ans* (onze ans avant la révision du code pénal en 1863) pourraient-ils, en cas d'acquittement de l'accusé, être repris devant la juridiction correctionnelle comme constitutifs d'un délit d'attentat aux mœurs envers les mêmes enfants pour *excitation à la débauche?* Un arrêt de la cour de cassation du 22 nov. 1816 (*Rép.* n° 471) a décidé l'affirmative; un arrêt plus récent (Crim. rej. 5 févr. 1863, aff. Gontey, D. P. 64. 1. 324) a statué en sens contraire. Il est à remarquer que, dans l'espèce jugée par cette dernière décision, le fait était resté exactement le même que lors de la première accusation et ne contenait aucun élément nouveau; or, ainsi qu'on l'expliquera tout à l'heure, la présence d'éléments nouveaux est une condition nécessaire de la seconde poursuite. — Le même arrêt décide, d'ailleurs, avec raison, que l'existence du délit d'attentat aux mœurs pourrait être déclarée par le juge correctionnel si, en dehors des faits couverts par la chose jugée, il était établi que le prévenu eût donné, à diverses reprises, aux enfants qu'il avait réunis pour des actes de lubricité, le scandaleux spectacle de sa propre immoralité.

327. 5° Il a été jugé aussi que l'acquittement sur une accusation du chef d'*avortement* ne fait pas obstacle à ce que les faits, objet de cette accusation, soient ultérieurement poursuivis, comme constituant le crime de *blessures volontaires ayant causé, sans intention de la donner, la mort* de

---

titutive du fait d'infanticide, qualifié crime et puni de la peine capitale; que l'homicide par imprudence, au contraire, est exclusif de cette volonté, qu'il est classé parmi les délits, et qu'il n'entraîne contre son auteur qu'une peine d'emprisonnement; que la question d'homicide volontaire étant la seule qui ait été soumise au jury, la seule que le président des assises était tenu de poser, le jury n'a pas dû porter son examen sur les circonstances caractéristiques de l'homicide involontaire, prévues par l'art. 319 c. pén.; qu'il n'a eu à s'expliquer ni sur leur existence dans la cause, ni sur la culpabilité de l'accusée à leur égard; que, dès lors, l'inculpation nouvelle d'homicide par imprudence et négligence dirigée contre Reine Chassagne à la requête du ministère public, portant sur un fait distinct de celui qui a motivé son acquittement, ces poursuites ne blessent ni la maxime *non bis in idem*, ni les dispositions protectrices de l'art. 360 c. instr. crim.; qu'il importe peu que, devant la cour d'assises, le ministère public n'ait pas réservé son action à raison du délit dont il poursuit aujourd'hui la répression; que ces réserves ne pourraient créer le droit s'il n'existait pas; pas plus que le silence du ministère public ne saurait l'annuler, s'il existe; — Au fond : — Considérant que si la déclaration souveraine du jury défend aux magistrats de relever dans la procédure et les débats aucun fait tendant à établir la volonté arrêtée de la part de la prévenue de donner la mort à son enfant, le devoir de la cour, en présence de la prévention qui pèse sur Reine Chassagne, est d'examiner s'il n'existe pas contre elle des faits de négligence, d'imprudence ou d'inattention tels qu'ils auraient occasionné la mort du nouveau-né; — Considérant qu'il est prouvé que Reine Chassagne a caché sa grossesse, etc.; — Par ces motifs, déclare Reine Chassagne coupable d'homicide par imprudence, etc.

Du 13 déc. 1854.-C. de Grenoble, ch. corr.-MM. Petit, pr.-Gautier, subst. proc. gén.

la femme sur laquelle certaines pratiques ont été exercées (Crim. règl. jug. 27 juin 1856, aff. Degoin, D. P. 56. 1. 368; Crim. rej. 2 juill. 1863, aff. Lecrom, D. P. 63. 1. 481). En effet, « le crime d'avortement sur lequel le jury a eu à se prononcer était relatif à l'enfant présumé conçu dans le sein de sa mère, tandis que le délit poursuivi ultérieurement s'applique à l'homicide involontaire de la mère elle-même ».

328. 6° L'individu acquitté sur l'accusation de *faux* peut être repris pour *escroquerie* dérivant du même fait ou pour *abus de confiance* (Crim. 11 janv. 1811, *Rép.* n° 468-1°; Crim. cass. 30 juin 1864, aff. Dubœuf, D. P. 66. 1. 362; Crim. rej. 28 févr. 1868, aff. Pailhas, D. P. 68. 1. 506; 21 août 1873, aff. Fontenay, D. P. 74. 1. 454), parce que, abstraction faite de toute altération coupable de livres ou d'écritures, il peut rester place à une escroquerie ou à un détournement opérés sans qu'il ait été nécessaire de recourir à un faux pour les préparer ou pour les couvrir. — De même l'acquittement du crime de *faux* qui aurait été commis par altération d'écritures, dans le but de masquer des détournements publics, ne fait pas obstacle à des poursuites ultérieures pour délit de *détournement de deniers publics* (Arrêt du 25 août 1855, cité *suprà*, n° 318).

329. 7° Acquitté sur une accusation de *banqueroute frauduleuse*, le failli peut être ultérieurement poursuivi pour *banqueroute simple*, car « les faits qui motivent une poursuite pour banqueroute simple sont essentiellement distincts des faits qui peuvent motiver une accusation pour banqueroute frauduleuse » (V. les arrêts cités au *Rép.* n° 482-2°).

Pareillement l'accusé de *banqueroute frauduleuse* pour détournement d'actif peut, après acquittement, être poursuivi pour *abus de confiance* à raison du même fait de détournement d'actif, si ce fait est fondé sur des circonstances que le jury n'a point eu à apprécier (Crim. cass. 7 juin 1845, cité *Rép.* n° 482-4°); — Ou encore pour délit d'habitude d'*usure* (Crim. cass. 27 janv. 1831, *Rép.* n° 482-3°. V. aussi *infrà*, n° 335).

330. 8° Les individus acquittés du crime de *violences à des agents de la force publique avec blessures* et *effusion de sang* peuvent être traduits en police correctionnelle à raison des mêmes faits considérés comme constituant le délit de *rébellion*, car « les violences et voies de fait qui caractérisent la rébellion, lorsqu'elles ont été exercées sur des agents de la force publique agissant pour l'exécution des lois, peuvent avoir été commises sans que des coups aient été portés. » (Crim. cass. 5 août 1843, *Bulletin criminel*, n° 201; 3 avr. 1847, aff. Badin, D. P. 47. 4. 80). — Toutefois, si par une appréciation souveraine les juges estimaient que les faits constitutifs du délit de rébellion forment un tout indivisible avec les faits de résistance accompagnés de violence sur lesquels le jury a donné une déclaration négative, ils pourraient déclarer le ministère public non recevable dans la seconde poursuite (Crim. rej. 5 juill. 1856) (1).

331. 9° L'acquittement du crime de *vol à main armée sur un chemin public* ne fait pas obstacle à des poursuites ultérieures pour délit de port d'armes prévu par la loi spéciale à la Corse du 10 juin 1853, lorsque le délit est resté en dehors de l'appréciation faite par la déclaration du jury (Crim. cass. 25 juill. 1856) (2).

De même, il a été jugé que le jury, interrogé sur une accusation de *vol avec la circonstance aggravante de violences* ayant laissé des traces de blessures ou de contusions, en répondant négativement, ne s'explique sur cette circonstance qu'en tant qu'elle est accessoire et inhérente au vol; qu'il laisse en dehors de son appréciation le délit de coups et blessures, distinct du vol, et qui ne lui a pas été présenté; qu'en conséquence, malgré l'ordonnance d'acquittement, l'individu qui était accusé de ce vol qualifié peut être poursuivi correctionnellement pour le délit de coups et blessures (Crim. rej. 7 déc. 1855, aff. Mallière, D. P. 57. 5. 53).

332. 10° Enfin, en matière de diffamation, il a été décidé que deux poursuites successives peuvent être dirigées contre le même individu à raison des mêmes imputations diffamatoires sans porter atteinte à la règle *non bis in idem*, lorsque la seconde ordonnance de renvoi porte que ces imputations ont été faites *méchamment* ou avec dessein de nuire, alors que cet élément constitutif du délit n'était mentionné ni dans la première ordonnance ni dans l'arrêt qui l'a suivie et qui a été cassé (Bruxelles, 5 déc. 1878) (3).

333. Telles sont les principales applications faites par la jurisprudence de la règle qui permet d'exercer, après acquitte-

(1) (Frères Auffret.) — LA COUR; — Vu les art. 209, 212, 228, 230 et 231 c. pén. et l'art. 360 c. instr. crim.; — Attendu que les frères Auffret, traduits devant la cour d'assises comme accusés : 1° d'avoir volontairement porté des coups aux gendarmes Rumeau et Lebouvellec, dans l'exercice de leurs fonctions, lesquels coups auraient occasionné des blessures ou une effusion de sang; 2° d'avoir chassé avec des instruments prohibés, la nuit, sous un faux nom et en usant de violences envers les personnes, ont été déclarés non coupables sur le premier chef d'accusation, et également non coupables d'avoir usé de violences envers les personnes au moment de la constatation du délit de chasse pour lequel ils ont été condamnés; — Attendu, en droit, que, si un accusé, acquitté du fait d'avoir porté des coups à des agents de la force publique, peut, être poursuivi encore à raison du même fait, pour délit de rébellion envers ces mêmes agents, cette nouvelle poursuite ne peut avoir lieu qu'autant que les violences qui sont un des éléments constitutifs de ce dernier délit ne seraient pas des coups proprement dits; — Attendu que, s'il peut en être de même dans le cas où les violences dont cet accusé serait déclaré non coupable, ne seraient pas celles qui auraient été commises lors de la perpétration du délit de rébellion, il est essentiel que cette distinction soit établie par le jugement rendu sur la seconde poursuite; — Et attendu que, dans l'espèce, le jugement attaqué, par une déclaration souveraine qui échappe à la censure de la cour, constate que les violences dont se seraient rendus coupables les frères Auffret, formaient avec celles dont le jury les a déclarés non coupables, un tout indivisible; — D'où il suit que la condamnation sur le fait de rébellion entraînerait contradiction avec l'acquittement sur le fait même de violences par la cour d'assises; — Attendu, dès lors, que, dans cet état des faits, le tribunal de Vannes a pu déclarer le ministère public non recevable dans sa nouvelle poursuite contre les frères Auffret, par application de l'art. 360 c. instr. crim.; — Sans adopter les motifs donnés en droit par la décision attaquée; — Rejette le pourvoi.

Du 5 juill. 1856.-Ch. crim.-MM. Victor Foucher, rap.-Sevin, av. gén.

(2) (Passani.) — LA COUR; — Vu les art. 1er et 2 de la loi du 10 juin 1853, et l'art. 360 c. instr. crim.; — Attendu que, d'après ledit article, nul ne peut être repris et accusé pour un fait sur lequel il a été légalement acquitté; — Attendu que Passani, traduit devant la cour de Bastia pour un vol commis à main armée, sur un chemin public, a été acquitté sur le vol; que le jury ayant répondu négativement sur le fait principal, s'est abstenu de répondre sur les deux circonstances aggravantes; — Attendu que la circonstance de port d'arme prohibée, pouvant par elle-même constituer un délit et le jury n'ayant rien répondu à cet égard, l'action publique demeurait entière; qu'ainsi Passani, après l'acquittement sur l'accusation de vol, a pu être poursuivi pour un fait délictueux qui était resté en dehors de la déclaration du jury; — Que cependant l'arrêt attaqué, pour relaxer Passani, s'est fondé sur ce que le délit de port d'arme, ayant été compris dans la poursuite, la réponse négative du jury sur le fait principal s'est nécessairement étendue à la circonstance aggravante dudit fait; — En quoi cet arrêt a fait une fausse application de l'art. 360 c. instr. crim. et ainsi violé ledit article; — Casse.

Du 25 juill. 1856.-Ch. crim.-MM. Plougoulm, rap.-Nicias Gaillard, 1er av. gén.

(3) (Hoyois.) — Le 27 juill. 1878, jugement du tribunal correctionnel de Mons, ainsi conçu : — « Attendu que le prévenu a été renvoyé devant le tribunal correctionnel de ce siège, par ordonnance de la chambre du conseil, du 25 juill. 1877, sous la prévention d'avoir à La Bouverie, en décembre 1876 ou janvier 1877, par des écrits non rendus publics, mais adressés ou communiqués à plusieurs personnes, imputé aux demoiselles Blanche et Alida Urbain des faits précis, de nature à porter atteinte à leur honneur, ou à les exposer au mépris public; tout au [moins, d'avoir, aux lieux et dates prémentionnés, injurié les demoiselles dénommées, par des écrits non rendus publics, mais adressés ou communiqués à plusieurs personnes; — Que c'est de ce fait, tel qu'il était qualifié, que le tribunal correctionnel de Mons et la cour d'appel de Bruxelles ensuite ont eu à connaître, et que c'est sur cette prévention que les deux juridictions ont statué, par leurs jugement et arrêt, aux dates respectives des 13 oct. 1877 et 18 janv. 1878; — Attendu que le prévenu est renvoyé devant le tribunal correctionnel de ce siège, par ordonnance de la chambre du conseil en date du 1er juill. 1878, du chef d'avoir, à La Bouverie, en décembre 1876 ou janvier 1877, par des écrits non rendus publics, mais adressés ou communiqués à plusieurs personnes, méchamment imputé aux demoiselles Blanche et Alida Urbain des faits précis, de nature à porter atteinte à leur honneur ou à les exposer au mépris public et dont la preuve légale n'est pas rapportée; tout

ment aux assises une seconde poursuite contre le fait autrement qualifié (V. encore les arrêts rapportés au *Rép.* nos 469 à 484-1° et 489). La cour de cassation a été si loin dans cette voie qu'elle a cru pouvoir autoriser même la poursuite correctionnelle de faits dont la cour d'assises avait formellement refusé de se saisir, parce qu'ils ne lui paraissaient pas résulter des débats, et à l'égard desquels cette cour n'avait point voulu poser des questions subsidiaires au jury (Crim. cass. 9 juin 1854, aff. Dedhuit, D. P. 55. 5. 73; Crim. rej. 3 août 1855, aff. Legros, D. P. 55. 1. 380. V. aussi conf. l'arrêt du 14 déc. 1877, *suprà*, n° 323). Cette jurisprudence est critiquée, non sans raison suivant nous, par M. Griolet, p. 276. Cet auteur fait remarquer que, dans cette hypothèse, le délit a *été jugé* par la cour d'assises, puisque celle-ci a refusé de poser la question d'homicide volontaire, en déclarant que ce fait ne résultait pas des débats. Or l'effet de la maxime *non bis in idem* est précisément d'empêcher qu'un même fait soit deux fois recherché et examiné; il semble donc que la seconde poursuite ne devrait pas être autorisée.

334. Il ne faut pas cependant conclure de la jurisprudence qui vient d'être analysée et de l'interprétation très étendue qu'elle donne à l'art. 360, que cette disposition restera à l'état de lettre morte. Cette même jurisprudence met, en effet, une condition à la seconde poursuite, condition restrictive sans laquelle celle-ci n'est pas possible : à savoir que les *éléments* de la qualification nouvelle *diffèrent* des circonstances constitutives de la première qualification. Si les éléments des deux qualifications ne diffèrent pas, s'ils restent exactement les mêmes, l'art. 360 conserve toute sa force, et le principe de l'autorité de la chose jugée s'oppose à ce que, après un acquittement, il y ait des poursuites à raison du même fait.

Cette restriction à la règle adoptée par la jurisprudence n'a été nettement formulée par les arrêts que depuis la publication du *Répertoire*, bien qu'elle eût déjà été admise par quelques décisions antérieures (C. cass. Belgique, 22 oct. 1835, *Rép.* n° 473; Crim. cass. 24 janv. 1846, aff. Justafié, D. P. 46. 4. 66, et cité *Rép.* n° 473). Il a été jugé postérieurement : 1° qu'un individu acquitté d'une accusation d'empoisonnement par l'administration d'une substance léthifère ne peut être poursuivi de nouveau devant la juridiction correctionnelle sous la prévention d'avoir volontairement occasionné une maladie ou incapacité de travail par l'administration de cette même substance léthifère, lequel fait ne peut jamais être constitutif que du crime d'empoisonnement prévu par l'article 301 c. pén., et non du délit de l'article 317 du même code, qui ne s'applique qu'au cas où la substance administrée n'était pas léthifère (Crim. rej. 23 févr. 1853, aff. Polito, D. P. 54. 1. 136). Dans ce cas, en effet, le fait reste identiquement le même, et c'est la qualification seule qui est changée (Conf. Amiens, 28 avr. 1866, aff. Berthaut, D. P. 66. 2. 113); — 2° Que l'accusé qui a été acquitté d'une accusation de coups et blessures envers les agents de la force publique ne peut plus être poursuivi pour délit de rébellion à raison du même fait, lorsque la violence constitutive du délit de rébellion se trouve être les coups et blessures pour lesquels il a été acquitté (Crim. rej. 5 juill. 1856, cité *suprà*, n° 330); — 3° Que l'individu acquitté par la cour d'assises de la double accusation de fabrication d'un faux acquit à caution et d'usage de ce faux ne peut plus, à raison du même fait, être poursuivi en police correctionnelle sous la prévention du délit d'usage frauduleux du timbre de l'acquit à caution. La nouvelle poursuite n'est, en effet, dans ce cas, qu'un démembrement de la première et repose exclusivement sur un des éléments du fait complexe ayant servi de base à l'accusation primitive (Montpellier, 8 févr. 1874 (1), et sur pourvoi, Crim. rej. 17 avr. 1874, même affaire, D. P. 74. 1.

---

au moins d'avoir, aux mêmes lieu et dates, injurié les demoiselles Urbain susnommées, par des écrits non rendus publics, mais adressés ou communiqués à plusieurs personnes; — Attendu que le prévenu conclut à la non-recevabilité de l'action du ministère public, en soutenant que l'arrêt de la cour de cassation du 4 mars 1878, qui a cassé et annulé l'arrêt de la cour d'appel du 18 janv. 1878, et tous les actes d'instruction et de poursuite qui l'ont précédé, constitue en sa faveur la chose jugée; — Attendu qu'aux termes de l'art. 360 c. instr. crim. et de la loi interprétative du 21 avr. 1850, toute personne acquittée légalement ne pourra plus être reprise ni accusée à raison du même fait, tel qu'il a été qualifié; — Attendu qu'il n'y a chose jugée que lorsque le fait sur lequel est motivée la seconde poursuite présente, dans ses éléments légaux, tous les caractères de l'identité; — Attendu que le prévenu n'a pas été acquitté légalement de la prévention qui avait motivé son renvoi devant le tribunal correctionnel de Mons, en vertu de l'ordonnance de la chambre du conseil, en date du 25 juill. 1877, par les juridictions appelées à connaître du fond des affaires, mais que la cour de cassation a décidé, par son arrêt du 4 mars 1878, que le fait tel qu'il était qualifié ne constituait ni crime, ni délit; qu'en conséquence, l'arrêt de condamnation et les actes d'instruction et de poursuite qui l'ont précédé ont été cassés et annulés; — Attendu que c'est sur cette dernière décision judiciaire que le prévenu base son exception de la chose jugée; — Attendu que la cour de cassation n'a pu examiner ni décider si les imputations jugées diffamatoires avaient été faites méchamment ou à dessein de nuire, cette haute juridiction ne pouvant connaître du fond des affaires; — Que l'on soutiendrait en vain que le tribunal correctionnel de Mons et la cour d'appel ensuite ont entendu décider que le fait reproché au prévenu n'avait pas été posé méchamment ou à dessein de nuire; car si tel avait été l'avis de ces deux juridictions, un élément essentiel et constitutif du délit faisant défaut, un jugement ou arrêt d'acquittement devait en être la conséquence nécessaire et obligatoire; — Que le prévenu est non recevable à prétendre que la cour de cassation ayant cassé et annulé, sans renvoi, l'arrêt de condamnation et tous les actes d'instruction et de poursuite qui l'ont précédé, le tribunal ne peut être appelé à statuer sur un fait qui a motivé la première poursuite; — Attendu que la loi limite les cas dans lesquels la cour de cassation prononcera le renvoi; que le code d'instruction criminelle, dans son art. 429, § 6, n'ordonne le renvoi dans le cas où l'arrêt est annulé, parce que le fait qui a donné lieu à la condamnation n'était pas un délit qualifié par la loi, que lorsqu'une partie civile est intervenue dans une procédure suivie devant la cour d'assises; qu'il ne saurait y avoir lieu à renvoi lorsque tous les actes d'instruction et de poursuite qui ont précédé les jugement et arrêt définitifs sont annulés; — Attendu que c'est sur une plainte nouvelle que l'action publique a été mise en mouvement; que c'est sur des actes d'instruction nouveaux que la chambre du conseil a été appelée à statuer lorsqu'elle a renvoyé le prévenu devant le tribunal correctionnel; que le tribunal est saisi actuellement d'un fait qui, par sa qualification, renferme les éléments légaux du délit prévu par les art. 443, 444 et 448 c. pén., et qu'il résulte des considérations qui précèdent qu'il n'y a, dans cette seconde poursuite, identité ni dans la qualification légale, ni dans les éléments essentiels qui en constituent la criminalité, avec celle qui a formé l'objet de l'ordonnance de renvoi du 25 juill. 1877; — Par ces motifs, le tribunal déclare le prévenu non recevable en son exception; l'en déboute; dit qu'il sera passé outre à l'instruction de la cause ». — Appel par le sieur Hoyois. — Arrêt.

LA COUR; — Adoptant les motifs du premier juge, met l'appel à néant.

Du 5 déc. 1878.-C. de Bruxelles, 4e ch.-MM. Eeckman, pr.-Pichuèque (du barreau de Mons), av.

(1) (Sigala.) — LA COUR; — Attendu que le nommé Sigala fut traduit, à la date du 31 juill. 1873, devant la cour d'assises de l'Hérault, comme accusé d'avoir commis un faux en écriture authentique et publique, en fabriquant ou en faisant fabriquer un faux acquit à caution, prétendu délivré au bureau de Villeveyrac; — Attendu que ledit Sigala était également, dans les mêmes circonstances de temps et de lieu, accusé d'avoir fait usage de ladite pièce fausse, sachant qu'elle était fausse; — Attendu que, sur la déclaration négative du jury, Sigala fut, de ce double fait, acquitté par la cour; — Attendu qu'à la date du 27 déc. 1873, ledit Sigala a été traduit devant le tribunal correctionnel de Montpellier, pour avoir, depuis moins de trois ans, à Villeveyrac, et dans les mêmes circonstances qui avaient servi de base à la poursuite criminelle, sciemment et frauduleusement fait un usage préjudiciable aux intérêts de l'État d'un sceau, timbre ou marque d'une autorité publique qu'il s'était indûment procuré; — Attendu qu'aux termes de l'art. 360 c. instr. crim., toute personne acquittée légalement ne pourra plus être reprise ni accusée à raison du même fait; — Attendu que, malgré la qualification donnée à la poursuite aujourd'hui déférée à la cour, il est impossible de méconnaître que le fait incriminé ne soit le même que celui soumis à l'appréciation du jury de l'Hérault; — Attendu que, par une interprétation extensive de l'art. 360, la jurisprudence admet, il est vrai, que l'accusé acquitté peut être ultérieurement recherché quand le fait incriminé dans la seconde poursuite est qualifié autrement qu'il ne l'avait été dans la première, mais que cette faculté est restreinte au seul cas où les éléments de la qualification nouvelle diffèrent des circonstances constitutives de la première incrimination; — Attendu que, dans l'espèce, les éléments constitutifs de l'action criminelle purgée par un acquittement sont identiques à ceux de la poursuite correctionnelle actuellement soumise à la cour; — Attendu que, devant le jury, le système de l'accusation consistait uniquement dans le fait d'avoir apposé ou fait apposer une signature fausse au bas d'un acquit à caution dont la teneur était reconnue vraie,

399); — 4° Que l'individu acquitté par la cour d'assises de l'accusation de tentative d'assassinat ou de tentative d'homicide volontaire au moyen d'une arme à feu ne peut pas être poursuivi correctionnellement sous la prévention de blessures volontaires résultant du même coup de feu (Crim. rej. 29 août 1863, aff. Pascalis, D. P. 68. 5. 71; 12 août 1875, aff. Potentini, D. P. 76. 1. 463) « car le crime et le délit se confondent dans un élément unique, l'usage d'une arme meurtrière. »

335. Il n'en serait pas de même — et la seconde poursuite serait, au contraire, possible — si les éléments de celle-ci différaient en quelque manière de ceux de la première, comme dans le cas où un failli accusé de banqueroute frauduleuse, pour détournement d'actif, ainsi que sa femme accusée de complicité du même crime, ayant été acquittés, la femme viendrait à être poursuivie par voie correctionnelle en vertu de l'art. 594 c. com., pour avoir détourné, diverti ou recélé des effets appartenant à la faillite sans complicité avec le failli (Crim. cass. 12 févr. 1875, aff. Théveny, D. P. 75. 1. 331-332, et sur nouveau pourvoi, Ch. réun. cass. 7 juill. 1875, D. P. 76. 1. 47). « En effet, dit cet arrêt, la qualification qui est la cause de la poursuite correctionnelle se différencie de celle qui était la cause de l'action criminelle, en ce que la femme du failli, au lieu d'être poursuivie comme complice d'un crime de détournement commis par un failli, est poursuivie comme auteur d'un délit dont l'élément caractéristique consiste dans l'absence de toute connivence avec le failli, tandis que c'était précisément cette connivence qui était l'élément nécessaire de la complicité du crime dont elle était précédemment accusée, et en ce que le délit, au lieu d'être, comme le crime, subordonné à la condition d'avoir été commis par le failli et dans son intérêt, résulte du seul fait de détournement par une des personnes désignées en l'art. 594, sans distinction entre le cas où elle a agi dans son intérêt propre et celui où elle a agi dans l'intérêt du failli. »

Jugé pareillement « qu'il ne suffirait pas sans doute, pour autoriser de nouvelles poursuites après un premier acquittement, de donner une autre qualification au fait incriminé, quand, d'ailleurs, il est resté exactement le même dans ses particularités et dans son ensemble; mais que, si le fait, sur lequel repose la deuxième inculpation diffère, par quelques-uns de ses éléments, de celui qui a été l'objet de la première poursuite, il ne rentre plus dans la disposition prohibitive de l'art. 360 ». Par suite, l'individu accusé d'attentat a la pudeur avec violence et d'assassinat, commis successivement dans deux scènes distinctes, peut, malgré son acquittement, être recherché pour les coups qu'il a portés et pour les blessures qu'il a faites à la victime (Crim. rej. 4 août 1865, aff. Voisin, D. P. 65. 1. 502).

336. Qu'arriverait-il si le tribunal correctionnel saisi de la poursuite nouvelle reconnaissait que le fait constitue réellement le crime qui a été l'objet de l'accusation primitive? Assurément, le tribunal ne pourrait pas manifester, dans les considérants du jugement, son dissentiment avec le jury, sans commettre un excès de pouvoir et sans violer la chose jugée (Crim. cass. 12 mars 1853, aff. Tronchet, D. P. 53. 1. 113; Ch. réun. rej. 3 nov. 1855, aff. Fourmentin, D. P. 55. 1. 441; Amiens, 28 avr. 1866, aff. Berthaut, D. P. 66. 2. 113). Mais nous croyons qu'il aurait pleine latitude pour décider que la prévention n'est pas établie, s'il est convaincu que le fait constitue un crime et non un délit : on ne peut, en effet, l'obliger à donner au fait des caractères légaux qu'il pense ne pas lui appartenir, et à lui appliquer une peine qui, dans sa conscience, ne convient pas à la nature du fait (Trébutien, *Cours de droit criminel*, t. 2, n° 788). C'est ce qui a été décidé par plusieurs arrêts (Nancy, 29 juill. 1846, aff. Rousselot, D. P. 47. 2. 88; Limoges, 10 juin 1847 (1); Metz, 30 juin 1864, aff. Grandjean, D. P. 64. 2. 164, et les arrêts précités des 12 mars 1853 et 28 avr. 1866). Cette doctrine est approuvée par MM. Haus, t. 2, n° 1309, et Griolet, p. 280. Ce dernier auteur cite et critique avec raison, suivant nous, deux arrêts de la cour de Paris, en date des 12 mars et 11 mai 1864 (le second rapporté au *Bulletin des arrêts de la cour de Paris*, n° 6, p. 255 et suiv.), qui ont, au contraire, décidé que le juge correctionnel est lié par la décision négative rendue précédemment par le jury sur le fait d'infanticide : « Attendu, dit l'arrêt du 11 mai 1864, qu'il n'y a pas à rechercher si une volonté homicide a présidé aux actes imputés à la prévenue, régulièrement acquittée d'une accusation d'infanticide; que la décision du jury y met un obstacle et que la *seule investigation de la justice doit se concentrer* sur les faits d'imprudence, de négligence et d'inattention qui auraient procédé de la femme G... lors de son accouchement et auraient été cause de la mort de son enfant en dehors de toute volonté homicide... ». « Pour prononcer une condamnation pour homicide par imprudence, dit M. Griolet, il fallait que l'homicide n'eût pas été volontaire. La cour ne refuse pas seulement de le déclarer ainsi que l'établissaient toutes les preuves du procès et l'aveu même de la prévenue. La cour refuse de le déclarer, à cause du verdict même d'acquittement. Où est donc cette incertitude du sens du verdict d'acquittement qui, dans l'esèpce même, empêche l'accusé de s'en prévaloir? On ne veut pas interpréter le verdict en faveur de l'accusé, en ce sens qu'il nie le fait matériel, à l'effet d'écarter toute poursuite relative au même fait. On interprète le même verdict contre l'accusé, en ce sens qu'il nie que le fait ait été volontairement commis. N'est-ce pas méconnaître à la fois la règle qui ne permet pas d'invoquer, avec l'autorité de la chose jugée, une déci-

---

et que le faux ou l'usage de la pièce fausse impliquait forcément l'emploi frauduleux, au détriment de l'Etat, d'un timbre ou marque, exempt d'ailleurs de falsification; — Attendu que la nouvelle poursuite ne soumet à l'appréciation du juge ni un fait nouveau, ni un délit composé, au point de vue légal, d'éléments étrangers à la première accusation; — Qu'elle n'est qu'un démembrement de cette accusation originaire et repose uniquement sur certains des faits qui constituaient le crime de faux, précédemment relevé; — Attendu qu'en détachant d'un fait complexe certains des éléments qui en constituent la criminalité, on ne produit pas un fait nouveau susceptible d'une qualification légale, et différent des circonstances constitutives d'une précédente qualification;

Par ces motifs, relaxe le sieur Sigala des poursuites dirigées contre lui.

Du 8 févr. 1874.-C. de Montpellier, ch. corr.-MM. de la Baume, pr.-Melcot, subst.-Agniel, av.

(1) (Fille Vernadaud.) — Le 17 avr. 1847, jugement du tribunal correctionnel de Bellac, ainsi conçu : — « Attendu que les débats auxquels il a été procédé à l'audience du 10 avr. courant, ont positivement établi que l'enfant de Jeanne Vernadaud avait péri d'une mort violente; — Que le témoin Duchâteau, docteur médecin, qui a fait l'examen et l'autopsie du cadavre de cet enfant, a déclaré qu'il portait de nombreuses traces de coups, de blessures, de lésions considérables, attestant de la manière la plus évidente qu'une main criminelle lui avait ôté la vie en l'étouffant par la strangulation ; — Que le même médecin a dit encore que, pressée de questions par les autorités locales Jeanne Vernadaud avait, en sa présence, avoué que c'était elle-même qui, volontairement, avait étranglé son enfant avant de le précipiter dans le puits où il a été découvert ; — Que Jeanne Vernadaud, dans son interrogatoire subi à l'audience, n'a pas contesté l'exactitude des détails rapportés par le médecin Duchâteau, la représentant comme ayant été volontairement l'instrument de la mort de son enfant, étouffé de ses propres mains ; — Attendu que l'homicide volontaire, commis surtout à l'aide de violences, exclut toute idée d'homicide involontaire n'ayant pour cause que l'imprudence, le défaut de soins et l'inobservation des règlements ; — Qu'ainsi le fait dont s'est rendue coupable Jeanne Vernadaud, tel qu'il s'est révélé à l'audience, ne saurait, sous aucun rapport, être attribué à une imprudence de sa part, quelles que soient les circonstances qui l'auraient précédé à une date plus ou moins rapprochée ou éloignée ; — Que ce fait, clairement expliqué et caractérisé dans les débats, avoué par Jeanne Vernadaud elle-même, est un acte qualifié crime par la loi, de nature à mériter une peine afflictive et infamante, et ne pouvant, par conséquent, être soumis à la juridiction du tribunal de police correctionnelle ; — Le tribunal renvoie sans dépens Jeanne Vernadaud de la prévention du délit d'homicide par imprudence ; se déclare incompétent quant aux charges constituant un crime résultant contre elle des débats, et vu l'art. 360 c. instr. crim., dit qu'il n'y a lieu à lui appliquer les dispositions de l'art. 193 du même code, un extrait des arrêts de la cour d'assises de la Haute-Vienne, joint aux pièces, constatant que déjà, pour le même fait, le jury a définitivement et souverainement prononcé à son égard ». — Appel du ministère public. — Arrêt.

LA COUR ; — Adoptant les motifs des premiers juges, confirme.

Du 10 juin 1847.-C. de Limoges.-MM. Gavaud, pr.-Lezaud, subst. proc. gén.

sion qui est douteuse, et le principe que, dans le doute, il faut décider en faveur de l'accusé? L'indépendance du magistrat n'est pas moins atteinte. Un tribunal est convaincu que le prévenu a eu l'intention de tuer, et, par conséquent, que la mort qu'il a donnée n'a eu pour cause ni une imprudence, ni une négligence. Il devra cependant déclarer qu'un homicide par imprudence a été commis, s'il existe des faits de négligence qui auraient entraîné la mort en supposant qu'elle n'eût pas été volontairement donnée. On jugera ainsi qu'un fait volontaire est involontaire, qu'un fait criminel est imprudent. »

337. Dans tous les cas cités jusqu'ici, le premier jugement est un arrêt de cour d'assises, et la seconde poursuite est faite en police correctionnelle. C'est en effet, le cas le plus fréquent; mais est-ce le seul possible? Pourrait-on reprendre en cour d'assises un individu acquitté en cour d'assises? La jurisprudence a depuis longtemps admis cette conséquence rigoureuse de son système. Le *Répertoire*, n° 470, rapporte un arrêt de rejet du 2 août 1832 qui a décidé qu'un accusé acquitté d'un attentat ayant pour but, soit de détruire le Gouvernement, soit d'exciter à la guerre civile, peut, à raison des mêmes faits, être mis de nouveau en *accusation* pour attaque et résistance à la force armée à la tête de bandes dans lesquelles il exerçait un commandement. Depuis, un arrêt a décidé que l'acquittement sur l'accusation du crime d'avortement ne met pas obstacle à ce que les faits, objet de cette accusation, soient ultérieurement poursuivis comme constituant le *crime* de blessures volontaires ayant causé, sans intention de la donner, la mort de la femme sur la personne de laquelle ils ont été pratiqués (Crim. règl. jug. 27 juin 1856, aff. Degoin, D. P. 56. 1. 368. Conf. Mangin, t. 2, n° 400 *in fine*. — *Contrà :* Griolet, p. 278; Ortolan, t. 2, n° 2337; Trébutien, t. 2, n° 787).

338. Si, au lieu d'être *acquitté*, ce qui est le cas toujours supposé jusqu'à présent, l'accusé avait été *condamné* ou *absous*, pourrait-on le poursuivre de nouveau à raison du même fait qualifié d'une manière différente? La négative paraît certaine, qu'il s'agisse d'un arrêt de condamnation ou d'un arrêt d'absolution. En effet, si le jury a déclaré l'accusé coupable, il est du devoir de la cour d'assises, appelée à statuer sur l'application de la peine, d'examiner si le fait est prévu par une loi pénale et par quelle loi il est prévu. Or, dans l'examen de cette question, la cour ne doit pas se renfermer dans les termes de l'acte d'accusation; elle a le droit et le devoir d'envisager le fait sous toutes les faces qu'il présente. Si elle trouve que le fait ne constitue pas le crime tel qu'il est qualifié dans l'acte d'accusation, mais qu'il tombe sous l'application d'une autre loi pénale, elle est tenue d'appliquer la peine édictée par cette loi, quand même, sous la nouvelle qualification, ce fait serait de la compétence des tribunaux correctionnels ou de police (art. 365, 1er al., c. instr. cr.). Si, au contraire, dans l'opinion de la cour, le fait n'est incriminé par aucune loi pénale, elle prononce l'absolution de l'accusé. Il est donc évident, que, dans un cas comme dans l'autre, le fait a dû être examiné et apprécié dans ses rapports avec l'ensemble de la législation pénale, et, dès lors, il est impossible, et il serait contraire à toute justice, de reprendre sous une qualification différente le même fait à raison duquel l'accusé a été condamné ou absous. Ici doit s'appliquer, ou jamais, la maxime *non bis in idem* (Morin, *Répertoire*, v° *Chose jugée*, nos 23 et 24; Trébutien, t. 2, n° 789; Bonnier, n° 900; Haus, t. 2, n° 1306).

339. Tout ce qui précède s'applique à la cour d'assises. Quelle est l'autorité des jugements rendus par les juridictions inférieures: tribunal correctionnel et tribunal de simple police? S'il y a déjà eu *condamnation*, il n'est douteux pour personne qu'une seconde poursuite est impossible. Aussi la cour de cassation a-t-elle jugé (Crim. rej. 14 mai 1858) (1) que le débitant de boissons, condamné pour avoir ouvert son débit avant d'en avoir obtenu une autorisation de l'autorité administrative, ne peut être poursuivi, à raison du même fait et des mêmes constatations qui ont donné lieu à la première poursuite, pour contravention à l'arrêté qui fixe l'heure de fermeture de lieux publics. — Mais doit-on dire, comme pour les acquittements en cour d'assises, que les acquittements en police correctionnelle ou simple ne purgent la prévention qu'eu égard à la qualification, et peut-il être permis, dès lors, de reprendre le fait sous une qualification différente? Non, suivant nous, car si la mission des jurés se borne à l'examen du fait tel que l'acte d'accusation l'a qualifié, il est, au contraire, de principe que les tribunaux de simple police et de police correctionnelle peuvent et doivent apprécier le fait dont ils sont saisis sous toutes ses faces, et dans tous ses rapports avec la loi pénale (Faustin Hélie, t. 6, nos 2587 et 2854; Griolet, p. 264).

Ce dernier point de droit ne saurait faire doute puisqu'aux termes des art. 159 et 161 c. instr. cr., le tribunal ne doit renvoyer le prévenu des fins de la plainte qu'autant que le fait ne constitue ni délit ni contravention, et c'est avec beaucoup de raison qu'un arrêt a reconnu, « qu'entre un tribunal ordinaire et un jury il y a cette différence que le premier est obligé d'apprécier le fait dénoncé dans ses rapports avec les diverses lois pénales qui peuvent lui être applicables, tandis que le jury est obligé de restreindre son appréciation au point de vue sous lequel il lui est présenté; que cette différence dans les pouvoirs en produit une très grande dans l'effet des jugements; que par cela seul que les juges peuvent et doivent explorer le fait dans toute sa portée respective, la décision, par laquelle ils déchargent le prévenu étant légalement présumée avoir épuisé la recherche de toutes les incriminations, l'affranchit pour l'avenir de toute nouvelle poursuite, à quelque titre que ce soit » (Nancy, 14 févr. 1844, rapporté au *Rép.* n° 476).

340. Ainsi, après un acquittement en police simple ou police correctionnelle, la poursuite ne peut pas être reprise pour le même fait matériel autrement qualifié. C'est ce qu'avait déjà jugé la cour de cassation de Belgique, par un arrêt du 22 oct. 1835, rapporté au *Rép.* n° 473. Depuis, cette règle a été consacrée par un jugement du tribunal correctionnel de Grenoble en date du 18 mars 1869 (aff. G..., D. P. 69. 3. 80), qui a décidé que le prévenu acquitté par le tribunal correctionnel d'une poursuite pour diffamation par propos tenus dans un champ de foire ne peut, sans violation de la maxime *non bis in idem*, être ultérieurement condamné en simple police comme coupable de tapage injurieux, à raison de ce que le fait d'avoir proféré ces propos aurait provoqué sur le champ de foire un rassemblement. Toutefois cette doctrine ne semble pas avoir obtenu l'assentiment de la cour de cassation. Après avoir, dans un arrêt du 22 mars 1838 (cité au *Rép.* n° 472, et rapporté *ibid.* v° *Cassation*, n° 1915) décidé que le jugement d'un fait connu contenant une contravention à un règlement d'octroi, n'empêche pas qu'il ne soit poursuivi comme constituant une contravention à un autre règlement de police, cette cour a jugé que l'individu acquitté par le tribunal correctionnel d'une poursuite pour délit d'escroquerie commis au moyen d'un jeu de hasard tenu sur la voie publique peut, sans violation de la chose jugée, être poursuivi devant le tribunal de simple police à raison du même fait de tenue d'un jeu de hasard sur la voie publique, considéré, non plus comme instrument de fraude, mais comme constituant la contravention prévue par l'art. 475-5° c. pén. (Crim. rej. 1er août 1861, aff. Moammed ben Chaaban, D. P. 61. 1. 500). Elle a décidé aussi par deux autres arrêts que le cafetier poursuivi pour avoir tenu un jeu de hasard et relaxé peut être de nouveau poursuivi pour contravention à l'arrêté ministériel qui prohibe dans les cabarets et autres lieux publics tous jeux de hasard ou d'adresse, quand ils n'ont pas pour objet

(1) (Veuve Monin.) — La cour; — Attendu que par jugement rendu par le tribunal correctionnel de Montbéliard, le 22 février dernier, la veuve Monin a été condamnée, sur la poursuite du ministère public, à six jours de prison et à 25 fr. d'amende, par application des art. 1er et 3 du décret du 29 déc. 1851, comme coupable du délit d'ouverture du débit de boissons non autorisé, pour avoir reçu chez elle, pendant la nuit du 1er février dernier, des jeunes gens auxquels elle avait donné à boire; — Que, citée par exploit du 11 févr. 1858, devant le tribunal de simple police du canton de Saint-Hippolyte à raison du même fait, pour avoir, dans cette nuit de 1er au 2 février dernier, reçu des jeunes gens dans son cabaret après l'heure fixée par l'arrêté préfectoral du 19 mars 1852, c'est à bon droit que ladite veuve Monin a été relaxée des poursuites du ministère public par application de la maxime *non bis in idem;*

Par ces motifs, rejette.

Du 14 mai 1858.-Ch. crim.-MM. Caussin de Perceval, rap.-Martinet, av. gén.

le payement des consommations (Crim. cass. 14 août 1875, et sur nouveau pourvoi, Ch. réun. cass. 10 janv. 1876, aff. Payan, D. P. 76. 1. 463). Il est vrai que la cour a considéré, dans l'arrêt de 1861, que « les deux poursuites avaient pour objet des faits différents », et qu'elle a dit, dans son dernier arrêt, que « si le fait matériel n'avait pas changé, les *éléments légaux* de la deuxième incrimination différaient essentiellement de ceux qui constituaient la première. » On ne peut donc pas dire avec certitude que la cour de cassation repousse absolument la doctrine suivant laquelle l'autorité des jugements rendus en matière de police simple ou correctionnelle s'applique au *fait même* et non pas simplement à la *qualification* qui est donnée à ce fait dans la poursuite et le jugement, doctrine qui a reçu l'assentiment général des auteurs (Griolet, p. 264 et suiv.; Trébutien, t. 2, n° 790; Garraud, n° 655, p. 805; Haus, t. 2, n° 1305).

341. Au surplus, il est hors de doute qu'il n'y aurait pas violation de l'art. 360 par l'effet de nouvelles poursuites basées sur le même fait matériel autrement qualifié, si la seconde poursuite comprenait un élément nouveau et si, par cette adjonction, l'inculpation nouvelle, au lieu d'être contenue dans la première, s'en distinguait de telle sorte qu'elle eût pu être soulevée à côté d'elle. Dans ce cas, en effet, il ne serait pas possible de soutenir que le tribunal, en écartant la première inculpation, a écarté aussi implicitement la seconde par cela seul qu'il ne l'a pas retenue, car il ne pouvait pas d'office introduire dans le débat, sans violer la chose jugée, un élément délictueux dont il n'était pas saisi (Faustin Hélie, t. 6, n°s 2586 et 2854).

342. Quelle est l'autorité des jugements d'*absolution* prononcés en police correctionnelle ou en simple police? Elle est entière, et s'oppose absolument à toute poursuite que l'on voudrait intenter, à raison du même fait qualifié d'une manière différente, contre le prévenu déchargé de la prévention par le motif que le fait n'était prévu par aucune loi pénale.

Il en est de même, à plus forte raison, au cas de *condamnation*, quand même des circonstances nouvellement découvertes imprimeraient au fait le caractère de crime, par exemple si l'on découvrait que les violences à raison desquelles le prévenu avait été condamné par le tribunal correctionnel ont été exercées dans l'intention de donner la mort à la personne maltraitée (Haus, n° 1305; Garraud, n° 655, p. 805). « Si certains aspects, dit ce dernier auteur, certains éléments du fait poursuivi ont été laissés de côté par le tribunal, il en doit être comme à l'égard des éléments de preuve qui ne surgiraient qu'après coup. Le ministère public avait le devoir de *tout poursuivre*, le tribunal celui de *tout juger*: la sentence devenue inattaquable épuise définitivement l'action publique. »

343. La cour de Bordeaux a fait l'application de cette règle de l'irrévocabilité du jugement de condamnation en décidant, le 5 mai 1867 (aff. Rocher, D. P. 67. 5. 71), que celui qui a été condamné par le tribunal de simple police comme coupable de rixe et de violences légères, ne peut être, à raison de la même scène de violence, poursuivi devant le tribunal correctionnel sous l'inculpation de coups et blessures, par un individu qui avait été condamné conjointement avec lui par le tribunal de simple police, « car, dit l'arrêt, un fait unique et indivisible ne peut donner ouverture à plusieurs poursuites successives dont l'objet identique serait successivement dissimulé sous des dénominations diverses. » — C'est en vertu du même principe que le conseil d'Etat a jugé que, lorsqu'un individu a été poursuivi correctionnellement en vertu de l'art. 257 c. pén., pour un fait qui constituait en même temps une contravention de grande voirie, et lorsque le tribunal correctionnel l'a condamné à l'amende prononcée par cette disposition, le conseil de préfecture peut bien être ultérieurement saisi de la contravention et condamner le contrevenant à réparer les dommages par lui causés à la voie publique, mais il ne peut plus le condamner à l'amende (Cons. d'Ét. 7 févr. 1867, aff. Angot, D. P. 67. 3. 91).

344. Toutefois la cour de cassation a rejeté le pourvoi formé par un individu condamné en simple police comme auteur d'un tapage nocturne pour avoir tiré la nuit un coup de fusil qui a troublé la tranquillité des habitants, et condamné ultérieurement aux assises pour tentative de meurtre, à raison du même coup de fusil (Crim. rej. 18 avr. 1873, aff. Transon, D. P. 73. 1. 164). Mais, outre que, dans cette hypothèse, le juge de simple police n'avait pas entendu et n'avait pas pu entendre, par sa décision sur la contravention, épuiser l'action publique, la cour a considéré « que devant le tribunal de simple police le coup de fusil avait été examiné seulement dans sa matérialité comme un bruit nocturne, susceptible de troubler la tranquillité des habitants; qu'il n'y avait pas été recherché si le coup de fusil était chargé, s'il était dirigé sur G..., et si l'intention de T..., avait été de lui donner la mort; que c'étaient, au contraire, ces derniers éléments qui avaient fait l'objet du débat devant la cour d'assises; que, dès lors, il n'y avait aucune identité entre le fait jugé par le tribunal de simple police et celui qui avait donné lieu au verdict du jury;... que les circonstances qui caractérisent la simple contravention et celles qui constituent le crime sont aussi différentes en fait qu'elles le sont par la qualification légale; qu'il n'y avait, dès lors, aucune violation de l'art. 360 c. instr. cr. et des règles de la chose jugée ».

345. Si le fait à propos duquel le prévenu a été poursuivi en police correctionnelle constituait en même temps, par sa connexité avec un autre fait, soit une circonstance aggravante, soit un acte de complicité d'un crime, le prévenu, renvoyé de toute poursuite, ou condamné à raison de ce fait par le tribunal correctionnel qui n'avait point statué sur ce crime, pourrait être repris et accusé pour le même fait considéré comme accessoire du fait principal avec lequel il forme un tout indivisible. C'est ainsi que la cour suprême a jugé qu'un commissaire-priseur, condamné à l'amende pour avoir vendu des marchandises neuves, peut néanmoins être poursuivi criminellement à raison de ce fait considéré comme constitutif de complicité de banqueroute frauduleuse (Crim. rej. 21 nov. 1844, aff. Sauvé, D. P. 45. 1. 36). — Il en serait de même si l'on découvrait que les violences exercées contre une personne, la violation de domicile, le bris de clôture, poursuivis et jugés comme délits particuliers par le tribunal correctionnel, ont été employés pour commettre un vol. Ces faits pourraient être repris comme circonstances dans une poursuite criminelle pour vol (Haus, t. 2, n° 1305, et note 2, p. 510; Trébutien, t. 2, n° 790).

346. On peut citer aussi comme ayant consacré une exception à la règle de l'irrévocabilité des jugements de condamnation, un arrêt par lequel la cour de cassation a jugé que la chambre d'accusation peut renvoyer devant la cour d'assises, sous l'accusation de complicité de viol ou d'attentat à la pudeur, des individus précédemment renvoyés devant le tribunal correctionnel et condamnés, à raison des mêmes faits, pour délit d'excitation habituelle à la débauche (Crim. rej. 13 avr. 1855) (1).

(1) (Pellant, femmes Jacquet et Thierry.) — La cour; — Sur le premier moyen, relatif à la violation de la chose jugée, par la cour de Bourges, des règles de la compétence et de l'autorité de la chose jugée: — Attendu qu'il n'appert d'aucune des dispositions de l'ordonnance de la chambre du conseil du tribunal de Château-Chinon, en date du 24 déc. 1854, qui renvoie les femmes Thierry et Jacquet devant le tribunal de police correctionnelle, que cette ordonnance, appréciant les faits qui ont été considérés par la chambre d'accusation comme constituant des crimes de complicité de viol ou d'attentat à la pudeur, leur ait refusé ce caractère, et n'ait reconnu, en ce qui concerne spécialement ces faits, que des éléments du délit d'excitation habituelle de mineurs à la débauche; — Attendu qu'après la comparution de ces prévenus devant le tribunal de police correctionnelle de Château-Chinon, et la condamnation qui s'en est suivie, l'instruction a été continuée contre Pellant à raison des crimes de viol et d'attentat à la pudeur; que cette instruction, dirigée contre l'auteur principal, pouvait et devait même, au besoin, l'être contre ses complices; — Attendu que l'ordonnance du 12 janv. 1855 déclarait Pellant prévenu des crimes ci-dessus qualifiés, avec cette circonstance qu'à l'égard de quelques-uns, il avait été aidé et assisté dans leur perpétration par des individus non désignés; — Attendu, dès lors, que la cour, appréciant cette information et la complétant, a pu, sans violer les règles de la compétence et l'autorité de la chose jugée, déclarer complices de ces faits, les femmes Jacquet et Thierry;

Par ces motifs, rejette.

Du 13 avr. 1855.-Ch. crim.-MM. Jallon, rap.-Bresson, av. gén.

347. En terminant cette section, disons qu'on ne discute plus depuis longtemps la question, traitée au *Rép.* n° 491, de savoir si, dans les diverses hypothèses où les faits peuvent donner lieu à une seconde poursuite, il est du moins nécessaire que des réserves aient été faites à cet effet, soit sur la réquisition du ministère public, soit d'office par le juge. Ces réserves, quoiqu'elles soient souvent faites dans la pratique, sont inutiles ou superflues: inutiles, si le ministère public n'a pas le droit d'exercer une seconde poursuite; superflues, s'il a ce droit, car il n'est jamais permis de renoncer à l'action publique (Griolet, p. 285). Dans l'arrêt du 13 déc. 1854 (*suprà*, n° 323), la cour de Grenoble a très bien formulé la même idée en disant « que les réserves ne pourraient créer le droit s'il n'existait pas, pas plus que le silence du ministère public ne saurait l'annuler, s'il existe » (Conf. Crim. cass. 1er août 1861, aff. Mohammed ben Chaaban, D. P. 61. 1. 500). — En vain objecterait-on que l'art. 361 semble exiger des réserves du ministère public; ces réserves, inutiles pour maintenir l'exercice de l'action publique, sont indispensables pour prévenir la mise en liberté de l'individu acquitté et le retenir en état de détention préventive pendant la nouvelle instruction; mais c'est là leur effet unique (Trébutien, t. 2, n° 786, p. 700; Mangin, *Action publique*, t. 2, n° 410; Bonnier, n° 711).

SECT. 3. — DE L'IDENTITÉ DES PARTIES (*Rép.* n°s 496 à 505).

ART. 1er. — *De l'identité de la partie poursuivante* (*Rép.* n°s 496, 498).

348. En ce qui concerne la partie poursuivante, l'application *de la règle* d'après laquelle l'autorité de la chose jugée n'existe qu'à l'égard des personnes qui ont été parties à la décision ne peut soulever aucune difficulté (*Rép.* n° 496); car il n'y a, en France, d'autre accusateur que le ministère public, et, dès lors, le crime, le délit, la contravention une fois jugés, contradictoirement avec lui, le sont à l'égard de tous (Griolet, p. 285; Ortolan, t. 2, n° 1809; Bonnier, n° 904; Mangin, t. 2, n° 399; Morin, *Répertoire*, v° *Chose jugée*, n° 25). — Il suit de là « qu'une partie civile ne peut saisir de sa demande le tribunal correctionnel ou le tribunal de simple police lorsque les faits de la plainte ont déjà été jugés, qu'il y ait eu acquittement du prévenu, ou que celui-ci ait subi une condamnation, ou même qu'il ne soit intervenu qu'une simple ordonnance de non-lieu, quand même cette partie civile n'aurait pas figuré dans les poursuites. L'action publique étant éteinte, aucun tribunal de répression ne peut connaître de l'action civile » (Mangin, n° 399; Faustin Hélie, t. 2, n° 998).

349. A l'inverse, la décision rendue par la juridiction répressive sur une poursuite intentée seulement par la partie civile n'en a pas moins, lorsqu'elle est devenue définitive, l'autorité de la chose jugée aussi bien à l'égard de la partie publique qu'à l'égard de la partie civile. Par suite le ministère public ne peut intenter ultérieurement aucune action contre le même prévenu à raison du même fait : c'est ce qui a été jugé en faveur d'un commis régulièrement acquitté d'une poursuite en abus de confiance exercée contre lui par son patron devant le tribunal correctionnel, et traduit plus tard aux assises à raison du même fait qualifié de crime d'abus de confiance par un employé salarié au préjudice de son maître (Crim. cass. 3 mai 1860, aff. Paris, D. P. 60. 1. 519).

350. La seule exception que comporte la règle posée à l'égard de la partie poursuivante a été indiquée au *Rép.* n° 498. Elle concerne les poursuites en matière de contributions indirectes. Il résulte de plusieurs décisions rapportées *ibid.*, que ce qui aurait été jugé entre le prévenu et le ministère public sans la participation de la régie, est à l'égard de celle-ci, *res inter alios acta*, et ne saurait par conséquent rendre non recevable son action ultérieure (*Adde* dans le même sens: Rennes, 9 déc. 1846, aff. Patard, D. P. 47. 4. 112).

ART. 2. — *De l'identité des inculpés* (*Rép.* n°s 497, 499 à 505).

351. A l'égard de la partie poursuivie, la règle qui veut que l'autorité des jugements ne soit que *relative*, est d'une application moins simple. Le principe cependant est le même, et la doctrine admet qu'en thèse générale, la sentence devenue irrévocable n'a d'effet qu'à l'égard de la personne à laquelle elle s'applique (Mangin, n° 400; Bonnier, n° 901; Griolet, p. 286 et suiv.; Ortolan, n° 1800; Haus, t. 2, n° 1313. — V. cependant *contrà:* Faustin Hélie, n°s 997 et suiv.). Mais la raison et l'intérêt social ne commandent-ils pas d'apporter certaines exceptions à une doctrine qui, si elle était appliquée dans toute sa rigueur, risquerait d'ébranler parfois l'autorité que la société réclame pour les arrêts de la justice pénale, en permettant au ministère public de combattre et à un autre tribunal de contredire ses décisions dans un nouveau procès qui, bien que dirigé contre une autre personne, aurait pour objet le même fait? — M. Griolet seul repousse toute exception au principe (p. 286 à 292). Le *Répertoire*, n°s 499 à 501, conformément à la doctrine de Mangin, n° 400, et de Merlin, *Questions de droit*, v° *Faux*, § 6, a admis quelques dérogations en faveur du complice de l'auteur principal acquitté par un premier jugement. Chez les autres auteurs, il y a grande divergence sur le nombre et l'étendue des cas exceptionnels dans lesquels la règle qui exige l'identité de parties ne doit pas s'appliquer.

352. Tout le monde reconnaît qu'après la *condamnation* de l'accusé ou du prévenu, une autre personne peut être poursuivie, à raison du même fait, soit comme auteur, soit comme coauteur ou complice, quand même il résulte des circonstances qu'il n'a pu y avoir qu'un seul coupable; sauf, dans cette hypothèse, la revision des deux condamnations contradictoires. « En effet, dit M. Haus, n° 1315, si le crime ou le délit n'a pu être commis que par une seule personne, et si, après la condamnation de l'accusé ou du prévenu, il se produit, à charge d'une autre personne, des indices de culpabilité assez graves pour motiver sa mise en jugement à raison du même fait, la justice commande cette mesure pour vérifier si la première sentence n'est pas entachée d'erreur. En cas de condamnation du second accusé, la contradiction entre les deux arrêts prouve l'innocence de l'un ou de l'autre condamné, et, par suite, la nécessité de réparer, autant que possible, l'erreur judiciaire ». — Ortolan dit aussi très bien (n° 1800) que « l'erreur judiciaire commise à l'égard du premier inculpé, si erreur il y a eu, ne peut être une cause d'impunité pour le second, sauf à placer dans la législation le moyen de réparer, autant que possible, l'erreur, du moment qu'elle aura été reconnue et du côté où elle l'aura été ». — Ce moyen de réparer l'erreur se trouve, en notre législation française, dans le droit de revision consacré par les art. 443 et suiv. c. instr. cr. (V. conf. Bonnier, n° 901).

353. Un arrêt de la cour de Caen du 15 mars 1880 (aff. Chemin, D. P. 81. 2. 49), a fait échec à la règle d'après laquelle l'autorité des jugements de condamnation n'est que relative. Ecartant les dispositions de l'art. 1351 c. civ., qu'il déclare n'être pas applicables au criminel, cet arrêt décide que l'autorité de la chose jugée s'oppose à ce qu'un tribunal correctionnel qui a épuisé définitivement ses pouvoirs en reconnaissant l'existence d'un délit et la culpabilité de son auteur, affirme la culpabilité d'une autre personne relativement à ce délit, même dans une autre poursuite vis-à-vis d'autres parties. Mais cette décision, en désaccord absolu avec l'ensemble de la doctrine et de la jurisprudence, est restée isolée; la doctrine nouvelle qu'elle tendrait à consacrer a été réfutée dans la note qui accompagne l'arrêt précité (V. *ibid.*).

354. Depuis la publication du *Répertoire*, il a encore été jugé par application du principe que ce qui est jugé à l'égard d'une personne ne l'est pas à l'égard d'une autre: 1° que lorsqu'une faute ou négligence réprimée par un règlement comme contravention (spécialement le défaut d'entretien d'une rigole d'arrosage) est commune à deux personnes, la condamnation prononcée contre l'une d'elles est à tort considérée, sous prétexte que le fait serait indivisible, comme faisant obstacle aux poursuites ultérieurement exercées contre l'autre, si, d'ailleurs, l'une et l'autre étaient tenues de se soumettre aux prescriptions du règlement (Crim. cass. 4 févr. 1864, aff. Sentilles, D. P. 64. 1. 152); — 2° Que l'ordonnance du juge d'instruction qui a renvoyé devant le tribunal correctionnel plusieurs individus sous la prévention d'un délit ne met pas obstacle à ce que la partie civile puisse citer devant ce tribunal un *autre individu* comme étant coupable de ce même délit (Lyon, 15 mars 1882, aff. Ducroux, D. P. 83. 2. 5); — 3° Que le tribunal correctionnel qui, saisi par une assignation régulière d'une prévention de contrefaçon dirigée contre les directeurs et administrateurs d'une compagnie, et d'une action en responbilité civile contre celle-ci, s'est borné à condamner la compagnie, être collectif, comme coupable du délit, ne peut se refuser à statuer sur une nouvelle assignation donnée aux directeur et administrateurs, le jugement rendu n'ayant aucunement l'autorité de la chose jugée à l'égard de ces derniers (Crim. rej. 31 mars 1855) (1); — 4° Que lorsque le plaignant, sur l'exception d'incompétence élevée devant le tribunal correctionnel à raison de la présence parmi les coprévenus de magistrats justiciables de la première chambre de la cour (suppléants de juge de paix), s'est, à l'égard desdits magistrats, désisté de sa demande en répression de diffamation et d'injures, et a plus tard appelé devant le même tribunal, par une citation nouvelle, les seuls prévenus qu'il ait le droit de traduire devant lui, l'exception d'incompétence ne peut pas être reproduite par ceux-ci pour leur compte, et le jugement qui l'avait accueillie, lors de la première poursuite, ne saurait être invoqué comme faisant chose jugée (Crim. cass. 11 mai 1872, aff. Perre, D. P. 72. 1. 203).

355. C'est surtout en cas d'*acquittement* de l'accusé ou du prévenu que des difficultés peuvent se présenter. En règle générale, cet acquittement ne forme pas, d'après le principe énoncé plus haut, obstacle à une nouvelle poursuite dirigée contre une autre personne à raison du même fait. M. Griolet, *loc. cit.*, et Ortolan, n°s 1801 et suiv., estiment que la règle de la relativité est sans exception, et qu'un jugement criminel ne peut jamais avoir quelque effet à l'égard d'un accusé différent. Cette thèse est contraire à la doctrine du *Rép.* n°s 499 et 500, et de presque tous les auteurs. On tenait pour constant, dans l'ancien droit, que, lorsque l'accusé avait été absous, le ministère public n'était plus recevable à poursuivre les complices, et que ceux-ci se trouvaient à l'abri de toute recherche ultérieure. Aujourd'hui, il est admis généralement, que l'acquittement de l'auteur principal profite aux complices, lorsqu'il est motivé sur ce que le délit *n'a point existé*, ou sur ce que l'*action publique n'est pas recevable à cause d'une exception péremptoire inhérente au fait* (comme la prescription, l'amnistie). Au contraire, si l'acquittement de l'auteur principal a été motivé par des *exceptions personnelles*, comme la bonne foi, le défaut de discernement ou l'insuffisance des preuves, il ne fait pas obstacle à la poursuite et à la condamnation de ses complices. Dans le premier cas, en effet, la question de savoir si le délit a existé, ou si la poursuite n'est pas recevable, a un véritable caractère préjudiciel. Si elle est résolue négativement, on ne peut plus la discuter : la décision est irrévocable. Il n'y a plus de complicité là où il n'y a plus de délit à punir. Il est, au contraire, évident que l'insuffisance des preuves n'exclut pas l'existence d'un autre auteur principal, et que la bonne foi ou le non-discernement de ce dernier ne suppose pas nécessairement celle des coauteurs ou complices (Mangin, t. 2, n° 400 ; Rauter, *Droit criminel*, n° 115 ; Faustin Hélie, n° 1000 ; Le Sellyer, *De la criminalité et de la pénalité*, n° 358 ; Blanche, *Deuxième étude sur le code pénal*, n° 43 ; Bonnier, *Des preuves*, n° 903; Haus, t. 2, n° 1316; *Rép.* n°s 499 et 500).

On a élevé contre cette distinction une objection grave : « Si les jugements antérieurs, dit M. Griolet, p. 292, peuvent être invoqués par le coauteur ou complice postérieurement poursuivi, pour quelle raison ne lui seraient-ils pas opposables? Il serait donc interdit aux prévenus postérieurement poursuivis de nier le fait pour lequel leurs complices ont déjà été condamnés ? Personne ne l'a soutenu, mais puisqu'il y aurait chose jugée en faveur des premiers en cas d'acquittement, comment n'y a-t-il pas chose jugée contre eux en cas de condamnation? » (Conf. Bonnier, n° 902 ; Ortolan, n° 1808). Quoi qu'il en soit, la doctrine de la majorité des auteurs est sanctionnée par la jurisprudence dont les arrêts en cette matière sont, il est vrai, surtout des décisions d'espèce (V. les arrêts cités au *Rép.* n°s 501 et 502, et v° *Complice*, n°s 28, 48, 54 et suiv., et, de plus, Crim. rej. 7 oct. 1858, aff. Marty, D. P. 58. 1. 474).

356. Ne faut-il pas, de plus, admettre que l'acquittement de l'auteur principal doit profiter au complice lorsque le délit était *tellement inhérent à la personne* qui en a été accusée, que celle-ci seule pouvait s'en rendre coupable? S'il s'agit, par exemple, des crimes de banqueroute, de bigamie, ou du délit d'adultère, comme il ne peut y avoir adultère que de la part de la femme mariée, bigamie que de la part du conjoint déjà engagé dans les liens d'un précédent mariage, banqueroute que de la part du commerçant, faut-il en conclure que déclarer ces prévenus ou accusés principaux non coupables équivaut à déclarer que le délit n'est pas reconnu avoir existé, et que, dès lors, il y a contradiction à condamner qui que ce soit comme en ayant été complice? Tel est le sentiment général des auteurs (Mangin, n° 400, p. 226; Faustin Hélie, t. 2, n° 1001; Haus, n° 1317), confirmé par la jurisprudence (Crim. cass. 22 janv. 1830, et 17 mars 1831, *Rép.* n° 501). Mais cette opinion est vivement combattue par M. Griolet, p. 289, et par Ortolan, n°s 1803 et 1804. Ces auteurs font remarquer que, dans la pratique, le juge se borne à déclarer les accusés *non coupables* (aux assises, le jury ne peut faire davantage), et qu'il y a lieu de douter si le fait lui-même est ainsi nié de manière à ne pouvoir pas être affirmé à l'égard d'un autre individu. Ortolan admet cependant l'exception pour le cas d'adultère (n° 1805).

357. Au surplus, il faut reconnaître que, le plus souvent, dans les affaires *criminelles*, l'acquittement ne peut avoir d'effet *in rem*; il intervient, en effet, à la suite d'une déclaration de non-culpabilité, *équivoque* dans ses motifs, puisque l'on ne sait pas si le jury s'est déterminé par la non-existence du délit, ou par des circonstances personnelles excluant la culpabilité morale (Cass. 22 juill. 1830, *Rép.* v° *Complice*, n° 51). Il s'ensuit qu'en matière de crimes, et d'une manière générale, l'acquittement de l'accusé ne peut profiter qu'à lui-même, et qu'un verdict qui, postérieurement, affirme la culpabilité d'un autre accusé ou d'un complice n'est point inconciliable avec cet acquittement. Il en serait autrement si la déclaration du jury avait porté sur des questions relatives à des circonstances aggravantes, telles que la qualité de domestique ou d'officier public, questions pour lesquelles le jury statue *in rem*; on saurait alors exactement, en ce qui concerne ces circonstances, que le jury les a formellement niées. Il en est encore autrement pour les *jugements de police correctionnelle et de simple police* qui sont *motivés*. L'ambiguïté n'existe pas, et les distinctions ci-dessus énoncées peuvent s'appliquer, s'il y a lieu,

(1) (Bartholony C. Bessas-Lamégie et autres.) — La cour ; — Sur le moyen unique, présenté à l'appui du pourvoi et fondé sur la violation de l'art. 1351 c. civ., sur l'autorité de la chose jugée, par fausse application des art. 159, 162, 191, 194 et 195 c. instr. crim., en ce que l'arrêt a décidé que le tribunal correctionnel, bien qu'il eût entendu statuer sur toute la prévention qui lui était soumise, n'était cependant pas dessaisi à l'égard de certains prévenus, et ne pouvait, dès lors, s'abstenir de prononcer à leur égard sur la nouvelle assignation qui lui était donnée : — Attendu que les jugements ne peuvent produire l'autorité de la chose jugée qu'autant qu'ils ont réellement statué sur ce qui fait l'objet de la poursuite ; — Que le tribunal correctionnel a été, dans l'espèce, saisi par la citation de deux demandes distinctes ; l'une contre chacun des administrateurs du chemin de fer d'Orléans, comme personnellement prévenu de contrefaçon au préjudice des plaignants ; l'autre contre les directeurs de la Compagnie du chemin de fer, comme civilement responsables des condamnations pécuniaires à intervenir ; — Qu'il résulte, en effet, des conclusions qui terminent la citation que les administrateurs sont assignés pour s'entendre condamner solidairement en 25000 fr. de dommages-intérêts envers les requérants, et que la société anonyme du chemin de fer est assignée de son côté pour s'entendre condamner, comme civilement responsable et solidairement à l'exécution et au payement de ces dommages-intérêts ; — Que le jugement du tribunal correctionnel du 2 août 1854 se borne à condamner la Compagnie du chemin de fer d'Orléans à une amende et à payer, à titre de dommages-intérêts, la somme de 12000 fr. aux parties civiles, et que ni le dispositif, ni les motifs de ce jugement ne s'expliquent sur la demande formée contre ces administrateurs personnellement ; — Que, dès lors, ce jugement, n'ayant point statué sur l'un des objets de la citation, ne peut avoir sur cet objet l'autorité de la chose jugée ; — Que par conséquent l'arrêt attaqué, en déclarant que la prévention n'a pas été purgée, et que c'est à tort que les premiers juges, mis en demeure de statuer à l'égard des douze administrateurs, n'ont pas fait droit à cette demande, n'a pas violé l'art. 1351 c. nap. et a fait une saine interprétation du jugement de première instance ; — Rejette.

Du 31 mars 1855.-Ch. crim.-MM. Faustin Hélie, rap.-d'Ubexi, av. gén.

puisqu'on sait ce que le juge a voulu dire (Griolet, p. 287 et suiv.; Haus, n° 1316).

358. Au cas d'*absolution* de l'auteur principal, y a-t-il chose jugée au profit des personnes qui viendraient à être poursuivies ultérieurement comme complices du même fait? Oui, en thèse générale (C. cass. de Belgique, 24 avr. 1877) (1). « En effet, dit M. Haus, n° 1315, l'accusé ayant été absous parce que le fait n'est pas prévu par la loi pénale, la sentence de condamnation ou d'acquittement qui pourrait être prononcée dans le second procès serait en flagrante contradiction avec la sentence antérieure. » Toutefois cet auteur fait remarquer avec raison qu'il faut excepter les cas où l'absolution de l'accusé aurait été motivée sur l'existence d'une fin de non-recevoir personnelle ou d'une excuse péremptoire qui ne peut se communiquer à d'autres personnes.

359. Si, non obstant la chose irrévocablement jugée pour ou contre le prévenu ou l'accusé, un autre individu peut être poursuivi, en thèse générale, pour le même fait, à plus forte raison peut-il l'être pour un fait distinct, mais identique. Cette règle doit recevoir son application alors même que le premier jugement a décidé que le fait n'était prévu par aucune loi pénale. Sans doute les juges pourront, sur la seconde poursuite, rendre la même décision que sur la première; mais l'action du ministère public n'est pas enchaînée par la décision antérieure, qui serait un règlement général, et non plus un jugement, si son autorité s'appliquait à toutes les personnes et à tous les faits semblables. Aussi la cour de cassation a-t-elle annulé un jugement de simple police qui avait relaxé des inculpés régulièrement traduits devant le tribunal pour contravention à un arrêté sur la vaine pâture, en se bornant à déclarer que le juge ayant rendu vingt et un jugements identiques entre eux sur la question, «cette identité de cause et de faits avec la cause actuelle lui imposait le devoir de considérer l'affaire comme ayant acquis l'autorité de la chose jugée » (Crim. cass. 28 févr. 1885) (2).

360. Cependant le principe admet une exception dans le cas où l'infraction qui forme l'objet des poursuites suppose l'existence d'une infraction antérieure, et que le premier jugement a décidé que celle-ci n'existait point. Cette exception a été indiquée au *Rép.* n° 503, où l'on rapporte un arrêt en ce sens.

Un dernier arrêt de la cour de cassation peut être rattaché à la règle que les jugements n'ont d'effet qu'à l'égard des personnes qui y ont été parties. Cet arrêt a décidé que le juge de police qui, après acquittement d'un cafetier poursuivi pour fermeture tardive de son établissement, statue par un second jugement sur des procès-verbaux rédigés contre les consommateurs trouvés le même jour dans ledit établissement, ne peut fonder l'acquittement de ceux-ci sur la parfaite connexité des poursuites exercées contre eux avec celles dont le cafetier a été acquitté, et sur l'abandon de la prévention par le ministère public; en pareil cas, une nouvelle décision motivée est nécessaire (Crim. cass. 10 juin 1864, aff. Mendy, D. P. 69. 5. 62).

SECT. 4. — DES EFFETS DE LA CHOSE JUGÉE EN MATIÈRE CRIMINELLE (*Rép.* n°s 506 à 520).

361. La chose jugée en matière répressive produit à la fois des effets sur l'action publique et sur l'action civile.

Ses effets sur l'action civile sont traités dans le chap. 5, intitulé : *De l'influence des actions civile et publique les unes à l'égard des autres.*

Quant à l'influence de la chose jugée sur l'action publique, elle varie suivant que la décision dont il s'agit d'apprécier les effets est une décision de juridiction d'instruction ou une décision de juridiction de jugement.

ART. 1er. — *Décisions des juridictions d'instruction.*

362. On a vu *suprà*, n°s 267 et suiv., que les décisions par lesquelles les juridictions d'instruction renvoient l'accusé ou le prévenu à la cour ou au tribunal chargé de le juger n'ont, en règle générale, aucune influence sur le jugement de la cause. Les ordonnances et arrêts de non-lieu, au contraire, ont pour effet de restreindre l'exercice de l'action publique, en empêchant la mise en jugement de l'inculpé, tant qu'il ne survient pas de nouvelles charges, et quelquefois même d'éteindre cette action (V. *suprà*, n°s 250 et suiv.).

ART. 2. — *Décisions des juridictions de jugement* (*Rép.* n°s 507 à 520).

363. Quant aux décisions des cours et tribunaux, elles fournissent à l'accusé une exception péremptoire de chose jugée contre toute poursuite ultérieure à raison du même fait. Si l'accusé a été acquitté il ne peut plus être repris pour le même fait, quand même des preuves nouvellement découvertes constateraient sa culpabilité avec évidence. S'il a encouru une condamnation, l'autorité de la chose jugée met obstacle à la poursuite que l'on voudrait renouveler, soit pour le punir une seconde fois à raison du même fait (par exemple, lorsque le fait dont il s'est rendu coupable a donné naissance à plusieurs infractions), soit pour lui appliquer une

(1) (Demanet.) — LA COUR; — Vu le pourvoi formé par le procureur du roi de Louvain et fondé sur la fausse interprétation de l'avis du conseil d'Etat du 12 nov. 1806; — Considérant que Louis Demanet, poursuivi du chef d'avoir, le 16 août 1876, à Louvain, contrevenu à l'arrêté royal du 31 août 1860, en faisant une fausse déclaration de poids dans une lettre de voiture accompagnant des marchandises expédiées par le chemin de fer de l'Etat, a été acquitté par un jugement du tribunal de simple police de Louvain, rendu le 11 oct. 1876, sur fondement que la déclaration incriminée ne mentionnait qu'un poids approximatif, circonstance qui, suivant ladite décision, enlevait au fait tout caractère délictueux; — Considérant que ce jugement est devenu définitif faute d'appel de la part du ministère public; — Considérant que François Demanet, défendeur au pourvoi, a été traduit ultérieurement devant le même tribunal de police, comme étant réellement l'auteur de la contravention mise d'abord à la charge de Louis Demanet; — Que le jugement attaqué, rendu en cause d'appel par le tribunal correctionnel de Louvain, a déclaré le ministère public non recevable dans cette nouvelle poursuite en se fondant sur ce que le jugement d'acquittement prononcé en faveur de Louis Demanet avait l'autorité de la chose jugée en faveur de François Demanet; — Considérant que ce dernier jugement avait, en effet, décidé souverainement que le fait qui servait de base fondamentale à la poursuite n'avait pu donner naissance à l'action publique; — Que le ministère public ne pouvait, dès lors, exercer une seconde fois la même action : *res judicata pro veritate habetur*; — Considérant qu'il importe peu que les parties ne fussent pas identiquement les mêmes dans les deux poursuites, puisque la sentence prononcée dans la première avait eu précisément pour résultat de faire disparaître le corps de délit sans lequel la seconde manquait absolument de base; — Par ces motifs, rejette...

Du 24 avr. 1877.-C. cass. de Belgique, 2e ch.-MM. de Longé, pr.-Beckers, rap.-Mesdach de ter Kiele, 1er av. gén., c. conf.-Leclercq, av.

(2) (Michel Socker, Abel Lux, Marey-Aubry, Roux et Jeoffroy) — LA COUR; — Sur le moyen pris de la fausse application de l'art. 1351 c. civ. : — Attendu que les prévenus ont été régulièrement traduits devant le tribunal de simple police du canton d'Essoyes pour avoir contrevenu au règlement sur la vaine pâture émané de l'autorité municipale de la commune de Vitry-le-Croisé; — Que le tribunal, sans entrer dans l'examen du procès-verbal qui sert de base à la poursuite, a relaxé lesdits prévenus, en se fondant uniquement sur ce que, ayant déjà rendu, au sujet de la question qui lui était soumise, vingt et un jugements parfaitement identiques entre eux, « cette identité de cause et de faits avec la cause actuelle lui impose le devoir de considérer l'affaire comme ayant acquis l'autorité de la chose jugée; » — Attendu que les jugements rendus par la juridiction n'ont d'autorité que dans leur application aux faits qu'elle avait à juger; que les moyens de défense admis ou rejetés par elle ne le sont que dans leurs rapports avec le procès qui lui était soumis et que si des faits de même nature, donnant lieu aux mêmes questions et reproches soit aux mêmes prévenus, soit à d'autres, sont de nouveau portés devant elle, ils doivent être débattus et appréciés en eux-mêmes; que l'autorité de la chose jugée ne peut résulter que de la décision intervenue entre les mêmes parties et pour le même objet; — D'où il suit qu'en décidant le contraire et en relaxant les prévenus par l'unique motif tiré de la règle posée par l'art. 1351 c. civ., le jugement attaqué a faussement appliqué ledit article; — En conséquence, faisant droit au pourvoi sans qu'il soit besoin de statuer sur le deuxième moyen; — Casse.

Du 28 févr. 1885.-Ch. crim.-MM. Poulet, rap.-Loubers, av. gén.

peine plus forte que celle qui a été prononcée contre lui, soit enfin pour ajouter aux peines déjà prononcées d'autres peines, également encourues par le condamné, mais que l'on avait omis de lui infliger (V. *Rép.* n° 512).

Une autre conséquence, signalée au *Rép.* n° 513, de la règle qu'un même individu ne peut être jugé pour le même fait qu'une seule fois, c'est que si un inculpé s'est d'abord fait connaître sous un faux nom, et a été jugé sous celui-ci, cette circonstance ne doit pas entraîner la nécessité d'instruire de nouveau l'affaire contre le même individu sous un autre nom ; il ne peut y avoir lieu, dans un tel cas, qu'à établir l'identité de cet individu, connu sous deux noms différents. C'est ce qu'avait jugé un arrêt de la cour de Gand du 6 nov. 1833, cité *ibid.* Pareille décision a été rendue par la cour de cassation, le 20 juill. 1866 (aff. Plasson, D. P. 71. 5. 231), à propos du nommé Plasson, condamné par défaut sous le nom de Revenant.

364. Plusieurs arrêts postérieurs à la publication du *Répertoire*, et rendus principalement en matière de simple police, ont consacré la règle suivant laquelle l'inculpé acquitté ne peut être repris pour le même fait. — C'est ainsi qu'il a été jugé 1° que le renvoi d'un prévenu, quoique fondé seulement sur la nullité du procès-verbal dénonçant une contravention de voirie (travaux faits sans autorisation et sans demande d'alignement) n'en a pas moins force de chose jugée, et fait, par suite, obstacle à une poursuite ultérieure de la même infraction en vertu d'un nouveau et régulier procès-verbal (Crim. rej. 8 févr. 1861, aff. Lacroix, D. P. 61. 1. 187) ; — 2° Que la contravention de voirie (un fait d'usurpation de la voie publique) dont un propriétaire a été acquitté, même en vertu de motifs illégaux, par un jugement non attaqué en temps utile, ne peut être de nouveau poursuivie sur la production d'un second procès-verbal, si ce procès-verbal, quoique contenant des indications plus précises, ne constate en définitive que le fait jugé (Crim. rej. 22 janv. 1864, aff. Trotignon, D. P. 65. 1. 324) ; — 3° Que le prévenu relaxé de la plainte pour cause de nullité du procès-verbal servant de fondement aux poursuites en simple police, ne peut être poursuivi à nouveau par le ministère public produisant d'autres preuves (des témoignages, par exemple), qu'il n'a pu fournir lors des premières poursuites ; il y aurait là violation de la maxime *non bis in idem* (Crim. rej. 20 juill. 1854, aff. Canhen, D. P. 56. 5. 423) ; — 4° Que la contravention (à un arrêté sur les débits de boissons, par exemple) dont un prévenu a été acquitté pour défaut de compétence de l'agent qui a dressé le procès-verbal, ne peut être poursuivie sur la production d'un procès-verbal émané d'un autre agent, si ce procès-verbal ne constate, en définitive, que le même fait (Crim. rej. 29 janv. 1870, aff. Issert, D. P. 70. 1. 372); — 5° Que lorsqu'un individu, prévenu d'avoir élevé une construction anticipant sur la voie publique, a été acquitté par un jugement du tribunal de simple police passé en force de chose jugée, le même fait, bien qu'existant réellement et méconnu à tort dans le jugement, ne peut plus, en vertu d'un nouveau procès-verbal de contravention, être poursuivi par la voie répressive ; il reste seulement à l'autorité municipale à agir par la voie civile (Crim. rej. 2 août 1856, aff. Miraca, D. P. 56. 1. 327). — 6° Que l'individu condamné à l'amende pour contravention de voirie, mais relaxé de la demande en démolition de travaux indument accomplis, ne peut être traduit, à raison du même fait, devant le tribunal de simple police en vertu d'un nouveau procès-verbal, et condamné, par un second jugement, à opérer la démolition desdits travaux (Crim. rej. 14 août 1875, aff. Plouvier, D. P. 76. 1. 463 ; 31 mars 1877, aff. Acary, D. P. 77. 1. 335).

Jugé toutefois par le conseil d'État, le 10 nov. 1853 (aff. Bousquet, D. P. 54. 3. 64) qu'un particulier renvoyé d'une poursuite pour contravention à un arrêté lui imposant un alignement, sur le motif que les constructions décrites au procès-verbal n'avaient pas un caractère délictueux, peut néanmoins être condamné, à raison des mêmes constructions sur le vu d'un nouveau procès-verbal relevant des particularités omises dans le premier; on opposerait à tort qu'il y a chose jugée. Mais, dans ce cas, la démolition ne peut être ordonnée qu'en ce qui concerne les travaux mentionnés au second procès-verbal.

365. En matière correctionnelle, la cour d'Amiens a fait une application très juridique de la règle qui défend de reprendre un prévenu acquitté. Un tribunal avait déclaré l'action du ministère public (contre un individu précédemment acquitté aux assises) non recevable pour atteinte à la chose jugée; et il avait, de plus, acquitté le prévenu. La cour a jugé que le tribunal avait lui-même manqué au respect dû à la chose jugée, en se prononçant ainsi sur le fond après avoir statué sur la fin de non-recevoir, et elle a infirmé le jugement en ce qu'il avait « sans droit et sans besoin ainsi statué au fond » (Amiens, 28 avr. 1866, aff. Berthaut, D. P. 66. 2. 113.)

366. Conformément à des arrêts rapportés au *Rép.* n° 515, il a été jugé qu'une sentence d'acquittement n'empêche aucunement que, dans un autre procès criminel ultérieurement intenté contre le même individu, la cour d'assises ne puisse, pour éclairer le jury sur la moralité de l'accusé, permettre que les témoins soient entendus même sur les faits qui ont été l'objet de la première accusation (Crim. rej. 27 avr. 1850, aff. Duru, D. P. 50. 5. 62).

367. Au surplus, qu'il y ait acquittement ou condamnation par un tribunal, la décision ne s'impose pas seulement aux autres juridictions devant lesquelles l'inculpé viendrait à être traduit en violation de la règle *non bis in idem*; elle lie aussi et tout d'abord le juge qui l'a rendue. C'est un principe constant que le juge ne peut rétracter la sentence qu'il a prononcée (V. Crim. cass. 3 avr. 1857, aff. Demilly, D. P. 57. 1. 264). Cela est si vrai qu'il a été reconnu que le tribunal de police qui, par un jugement passé en force de chose jugée, s'est déclaré incompétent, et a renvoyé l'affaire devant les tribunaux administratifs, ne peut, si ceux-ci se déclarent également incompétents, être saisi à nouveau du même litige (Crim. rej. 29 mai 1880, aff. Valette, D. P. 81. 1. 46).

368. Sur les effets de l'appel et du pourvoi en cassation en conflit avec les effets de l'autorité de la chose jugée, V. *suprà*, n°s 281 et suiv., et les renvois. V. aussi Griolet, p. 295 et suiv. — Il y a lieu seulement de noter ici, en ce qui concerne le cas d'appel, un arrêt aux termes duquel lorsqu'un prévenu, cité par une partie civile (dans l'espèce, pour contrefaçon de marque de fabrique), a été acquitté par un jugement qui a écarté comme mal fondés quelques-uns de ses moyens de défense, l'autorité de la chose jugée ne s'oppose pas à ce que, sur l'appel interjeté par la même partie, ce prévenu reproduise devant le juge du second degré lesdits moyens de défense, encore qu'il se soit abstenu d'interjeter appel de son côté (Crim. rej. 27 juill. 1866, aff. Abadie, D. P. 72. 5. 84).

369. Sur le moyen de faire réparer les conséquences des erreurs judiciaires en matière criminelle, et sur la revision, V. *Cassation*, n°s 326 et suiv.

CHAP. 3. — De la chose jugée en matière disciplinaire (*Rép.* n°s 521 à 530).

370. — I. Indépendance réciproque de l'action disciplinaire et de l'action publique. — Comme on l'a vu au *Rép.* n° 521, l'action disciplinaire et l'action publique, quoique nées d'un même fait, sont indépendantes l'une de l'autre, et, par suite, elles demeurent respectivement à l'abri de l'exception de chose jugée qui serait tirée d'un jugement rendu sur l'une d'elles. Fondée principalement sur les différences qui existent entre les deux actions soit quant à l'objet, soit quant au but, soit au point de vue des formes, cette règle était déjà bien établie à l'époque de la publication du *Répertoire* (V. les auteurs et les arrêts cités *ibid.* n°s 521 et 522). La jurisprudence en a fait depuis d'importantes applications, et elle est admise par tous les auteurs récents (Griolet, *De l'autorité de la chose jugée*, p. 216; Ortolan, *Eléments de droit pénal*, t. 2, n° 1781; Bonnier, *Traité des preuves*, n° 895, p. 502; Le Selyer, *Actions publique et privée*, t. 2, n°s 677 et 678, et surtout : Morin, *De la discipline des cours et tribunaux*, 3e éd., t. 2, n°s 675 et 676. — V. aussi Haus, *Principes du droit pénal belge*, n°s 261 et 262, 1270).

371. Ainsi, en premier lieu, une condamnation disciplinaire ne s'oppose pas à ce que des poursuites soient exercées ultérieurement, à raison du même fait, devant un tribunal de répression. Par application de cette règle, il a été jugé, en Belgique, que la condamnation prononcée par le conseil de discipline de la garde civique ne met pas obstacle à ce que le condamné soit poursuivi ensuite, à raison du même fait, devant la juridiction répressive, si ce fait constitue un délit (Bruxelles, 1er déc. 1886) (1).

372. Aux termes d'un arrêt on doit considérer comme simplement disciplinaire, et, par suite, comme ne faisant point obstacle à l'exercice de l'action publique, la décision par laquelle des prud'hommes pêcheurs ont prononcé, dans les limites de leurs attributions, des peines encourues pour une contravention commise par un individu soumis à leur juridiction (Crim. rej. 9 avr. 1836, rapporté au *Rép.* n° 530). A plus forte raison l'action publique demeurerait-elle entièrement libre après une punition disciplinaire infligée, non par une juridiction, mais par le supérieur hiérarchique de l'inculpé. Dans ce cas, il n'y a pas de jugement. C'est ainsi qu'il a été jugé que le garde national frappé par son supérieur d'une peine disciplinaire à raison d'un fait qui présente les caractères d'un crime ou d'un délit, n'en est pas moins passible de poursuites criminelles ou correctionnelles, à raison du même fait, devant la juridiction de répression compétente (Cons. rév. garde nationale de la Seine, 7 janv. 1871, aff. Desfolie, D. P. 71. 3. 35).

373. Réciproquement la condamnation prononcée contre un juge, avocat ou officier public, par la juridiction criminelle ou correctionnelle, ne s'oppose pas à ce que le condamné soit ultérieurement frappé, à raison du même fait, d'une peine disciplinaire. On peut même dire « que s'il est un cas où le pouvoir disciplinaire doive agir, c'est bien celui où une condamnation vient à constater la culpabilité d'un membre de l'ordre judiciaire et lui imprimer une sorte de flétrissure » (Morin, t. 2, n° 681). D'ailleurs, l'art. 59 de la loi du 20 avr. 1810 dispose *qu'après* une condamnation prononcée par la juridiction répressive, tout juge peut être dénoncé à la cour de cassation, déchu ou suspendu de ses fonctions suivant la gravité des faits. C'est d'après ce principe que la cour de cassation a prononcé la suspension temporaire contre un juge qui, dans une discussion au conseil municipal où il siégeait avec un adjoint remplaçant le maire, avait laissé échapper des paroles réputées outrageantes et qui avaient motivé d'abord une condamnation correctionnelle (C. cass. chambres assemblées, 22 avr. 1853, cité par Morin, t. 2, p. 235, note 2. Conf. à l'égard d'un avocat condamné correctionnellement pour diffamation, Agen, 29 févr. 1844, rapporté au *Rép.* v° *Avocat*, n° 447 ; à l'égard de notaires frappés de condamnations correctionnelles, l'un pour violences à un particulier, l'autre pour entraves à la liberté des enchères : Trib. Thionville, 8 mai 1844, aff. F..., D. P. 45. 3. 16 ; Trib. Mâcon, 13 nov. 1844, aff. D..., D. P. 45. 4. 146 ; à l'égard d'un juge de paix, condamné par le tribunal correctionnel pour outrage à la pudeur : C. cass. de Belgique, 7 juill. 1886) (2).

374. Après un *acquittement* prononcé soit en cour d'assises, soit en police correctionnelle, la personne acquittée peut-elle être encore poursuivie disciplinairement pour le même fait? Cette question a été examinée au *Rép.* nos 524 et suiv. L'affirmative n'a jamais fait doute en matière correctionnelle ; mais, en matière criminelle, certains arrêts, rapportés au *Rép.* n° 526, ont décidé que la déclaration pure et simple de non-culpabilité, prononcée en cour d'assises, a pour résultat de faire regarder le fait comme non existant, et, spécialement, qu'un notaire, acquitté d'une accusation de faux sur la déclaration du jury qu'il n'est pas coupable, ne peut ensuite être suspendu ni destitué de ses fonctions, uniquement pour le même fait dont il a été acquitté (Conf. Merlin, *Rép.* v° *Notaire*, n° 3, p. 590, note 2 ; Carnot, *Discipline judiciaire*, p. 79, n° 7 ; Legraverend, *Instruction criminelle*, t. 2, p. 15). — Cette doctrine que nous avons critiquée (*Rép.* n° 527), est complètement abandonnée, et il est aujourd'hui de règle constante que l'acquittement prononcé sur la déclaration que l'accusé n'est pas coupable, n'empêche pas que celui-ci ne soit légalement poursuivi, par voie disciplinaire, à raison des mêmes faits, dégagés de la qualification légale dont ils ont été purgés, et envisagés comme faits d'indélicatesse (V. outre les arrêts rapportés *ibid.* : Poitiers, 20 févr. 1845, aff. Lahaye, *Jurisprudence du notariat*, n° 6975 ; Civ. cass. 21 août 1849, aff. Jorant, D. P. 49. 1. 226 ; Req. 21 mai 1851, aff. Tymbeau, D. P. 51. 1. 274 ; Limoges, 9 nov. 1852, aff. Roudier, D. P. 53. 2. 81).

375. De même, comme on l'a vu au *Rép.* n° 528, l'action disciplinaire ne saurait être paralysée par une ordonnance du juge d'instruction ou par une décision de la chambre d'accusation portant qu'il *n'y a lieu à suivre* devant la justice répressive. De telles décisions, fondées sur l'admission d'une exception de droit, telle que la prescription ou l'absence de la loi pénale, ou basées sur ce qu'il n'y a pas d'indices suffisants de culpabilité, n'excluent pas la possibilité d'un manquement aux règles de la discipline, et n'empêchent pas qu'il y ait nécessité d'employer une mesure disciplinaire dans l'intérêt de la discipline ou de la dignité compromise (Conf. Morin, *op. cit.*, n° 680). On a cité plusieurs arrêts en ce sens au *Rép. loc. cit.* (V. également : Crim. cass. 1er mai 1829, *Rép.* n° 525-3° ; Req. 2 août 1848, aff. B..., D. P. 48. 1. 185 ; Limoges, 9 nov. 1852, aff. Tourreil, D. P. 53. 2. 81 ; Chambéry, 30 janv. 1885) (3). — L'arrêt précité du 9 nov. 1852 a même décidé que la poursuite discipli-

---

(1) (De W...) — LA COUR ; — Attendu que c'est à bon droit que le premier juge a décidé que la sentence du conseil de discipline de la garde civique, qui a infligé une pénalité disciplinaire au prévenu, ne met pas obstacle à l'exercice ultérieur de l'action publique à raison du même fait, puisqu'il est de principe que l'action disciplinaire, instituée pour maintenir dans l'intérêt public cette sévérité de discipline, ce respect de l'autorité hiérarchique, cette dignité de caractère et de maintien qui doivent toujours distinguer les citoyens sous les armes, est indépendante de la vindicte publique en matière criminelle, correctionnelle et de simple police, comme celle-ci est indépendante de l'action en discipline ; — Au fond : — Attendu que les faits reconnus constants par le premier juge sont demeurés établis devant la cour, mais que les peines prononcées excèdent les limites d'une juste répression ; — Attendu qu'il y a lieu de faire application au prévenu des circonstances atténuantes résultant de ses bons antécédents ; — Par ces motifs, met le jugement dont appel à néant, mais en tant seulement qu'il a condamné le prévenu à quinze jours d'emprisonnement et à 50 fr. d'amende ; émendant quant à ce..., condamne le prévenu à 100 fr. d'amende ; confirme le jugement pour le surplus.

Du 1er déc. 1886.-C. de Bruxelles, 6e ch.-MM. Terlinden, pr.-Brunard, av.

(2) (Lambotte.) — LA COUR ; ... — Sur la recevabilité de l'action : — Attendu que l'action publique et l'action disciplinaire, qui sont essentiellement distinctes par leur but et par leur objet, sont indépendantes l'une de l'autre ; — Que l'indépendance de ces actions a été consacrée par les arrêtés du 13 frim. an 9 et du 2 niv. an 12, et par le décret du 4 juin 1813, et qu'elle résulte aussi de l'art. 59 de la loi du 20 avr. 1810 ; — Qu'elle avait été reconnue en termes exprès dans l'art. 251 du projet de loi sur l'organisation judiciaire, présenté le 17 nov. 1864 par le ministre de la justice, M. Tesch ; — Que la condamnation à l'interdiction de certains droits politiques et civils est une peine du droit commun applicable à tout prévenu qui s'est rendu coupable du délit prévu par l'art. 385 c. pén. ; qu'elle s'étend à toute fonction, à tout emploi ou office public ; — Que l'action disciplinaire exercée, dans l'espèce, contre le juge de paix Lambotte ne tend pas à l'application d'une peine nouvelle ; — Qu'appréciant les faits au point de vue de la fonction spéciale dont il est revêtu et des devoirs qu'elle lui impose, la poursuite se fonde sur la condamnation prononcée publiquement contre lui et sur la nature des faits constatés à sa charge, pour en conclure qu'il s'est rendu indigne d'exercer les fonctions de juge ; — Au fond : — Vu l'art. 59 de la loi du 20 avr. 1810 ; — Vu l'arrêt de la cour d'appel de Liège du 17 déc. 1885, qui déclare l'inculpé coupable d'outrage public aux mœurs par des actions qui blessent la pudeur, le condamne de ce chef à un emprisonnement de trois mois et à une amende de 26 fr., et déclare qu'il sera interdit pendant cinq ans des droits indiqués aux nos 1, 3, 4 et 5 de l'art. 31 c. pén. ; — Attendu qu'il résulte de cet arrêt de condamnation et de la gravité de l'acte honteux qui l'a motivé, que le juge de paix Lambotte ne peut plus être reconnu digne de concourir à l'administration de la justice ; — Par ces motifs, déclare Edmond Lambotte déchu de ses fonctions de juge de paix du canton de Nassogne et le condamne aux dépens.

Du 2 juill. 1886.-C. cass. de Belgique, ch. réun. en chambre du conseil, et prononçant l'arrêt en audience publique.-MM. De Longé, 1er pr.-Casier, rap.-Faider, proc. gén.

(3) (Min. public C. Me X...) — Le 24 déc. 1884, jugement du tribunal de Chambéry, statuant comme juridiction disciplinaire, ainsi conçu : — « Attendu que Me X..., notaire, déclare soulever, avant tous débats, deux fins de non-recevoir contre l'action disciplinaire dirigée contre lui ; qu'il prétend, en premier lieu, que cette action est repoussée par l'exception de chose jugée, le premier président de la cour d'appel de Chambéry ayant, par son ordonnance du 25 nov. 1884, déclaré n'y avoir lieu à suivre contre

naire est libre, quoique la décision de non-lieu ait été fondée sur ce que l'inculpé était étranger au fait motivant la poursuite; mais cette décision ne nous paraît pas très sûre.

376. De même, l'*absolution* par la juridiction criminelle ou correctionnelle ne doit pas empêcher l'exercice de l'action disciplinaire. Cette absolution, fondée sur une lacune de la loi, suppose, en effet, loin de l'exclure, une infraction que condamne la discipline; elle n'intervient qu'après une déclaration affirmative sur le fait, et par une décision de droit sur l'application de la loi pénale; il y a donc un motif de plus pour l'exercice de l'action disciplinaire qui, seule désormais, peut satisfaire l'intérêt de la discipline (Req. 30 déc. 1824, *Rép.* n° 525-5°; Douai, 8 janv. 1840 *Journal du droit criminel*, t. 2, p. 26. Conf. Morin, t. 2, n° 680).

377. Mais jusqu'où va l'indépendance de la juridiction disciplinaire? Est-elle sans limites? Les décisions de cette juridiction peuvent-elles démentir ou contredire les décisions de la justice répressive? Ce serait une erreur de le croire; et, ce point, très important, déjà indiqué au *Rép.* n° 523, a depuis été mieux mis en lumière par la doctrine et la jurisprudence. Le pouvoir disciplinaire a un devoir qui ne saurait être méconnu: c'est de rester dans sa sphère propre et sur le terrain circonscrit qui lui appartient. Il est tenu de restreindre ses investigations et son appréciation à l'infraction disciplinaire, sans les étendre à l'infraction pénale, car, s'il est souverain appréciateur dans son domaine, il n'a aucune qualité pour statuer sur l'aspect pénal des faits incriminés. — D'ailleurs, on ne saurait nier que les jugements criminels, à raison de la gravité des intérêts sur lesquels ils statuent, et aussi à cause des garanties que présentent les formes dont ils sont entourés, méritent un respect tout particulier, et ne doivent souffrir aucune contradiction. — Il suit de là : 1° que le pouvoir disciplinaire dépasserait ses limites et empiéterait sur le domaine des juges criminels, s'il allait jusqu'à contredire une déclaration positive du jugement, en niant ce qu'elle affirme ou en affirmant ce qu'elle nie, contradiction qui serait funeste à la justice et empêcherait de savoir où est la vérité (Morin, t. 2, n° 675); — 2° Que la condamnation disciplinaire serait entachée d'excès de pouvoir et nulle si le juge disciplinaire donnait aux faits la qualification légale de laquelle ils ont été purgés par un arrêt ou jugement d'acquittement, au lieu de se borner à les apprécier, dégagés de cette qualification (Civ. cass. 21 août 1849, aff. Jorant, D. P. 49. 1. 226; Req. 21 mai 1851, aff. Tymbeau, D. P. 51. 1. 274). — Spécialement, lorsqu'un avocat acquitté des poursuites criminelles dirigées contre lui pour altération d'une feuille de pointage, par l'addition frauduleuse de signes représentatifs des suffrages au profit d'un candidat, est poursuivi disciplinairement à raison du même fait, la condamnation disciplinaire est nulle si le fait matériel d'addition de suffrages y est désigné sous la même qualification d'altération frauduleuse de la feuille de dépouillement (Même arrêt du 21 août 1849); — 3° Que les *décisions affirmatives* ou *négatives* des tribunaux de répression, quant aux *faits vérifiés*, doivent servir de base aux décisions disciplinaires, en ce sens que les faits constatés par jugement doivent être tenus pour vrais, et que les allégations dont la fausseté est reconnue ne peuvent plus être reproduites (Morin, t. 2, n° 682). Ainsi un juge est condamné pour simple délit correctionnel; il pourra être dénoncé à la cour de cassation, qui constitue aujourd'hui le conseil supérieur de la magistrature, par le garde des sceaux, conformément aux art. 13 et 16 de la loi du 31 août 1883. « Cette cour devra respecter les constatations de fait qui serviront de base à la condamnation, tout en appréciant les faits à un autre point de vue. Un notaire est poursuivi pour faux; s'il est condamné, le faux vérifié et constaté devra être réputé constant pour l'action disciplinaire; s'il est acquitté, l'action disciplinaire sera libre et pourra se baser sur les mêmes faits, appréciés à un autre point de vue; mais les déclarations de fait devront être respectées en tout ce qu'elles auront expressément constaté. Car il serait contraire à toutes les règles qu'un fait vérifié, formellement dénié par le juge compétent, pût être déclaré vrai par un autre juge, et réciproquement (Morin, *op. et loc. cit.*).

Récemment la cour de cassation a déclaré que «les juridictions disciplinaires ne peuvent, sans empiéter sur les droits de l'autorité judiciaire, contrôler ou dénier l'existence de faits compris dans une poursuite criminelle ou correctionnelle *pendante* devant la justice ordinaire » (Civ. cass. 9 nov. 1881, aff. Avocats d'Avignon, D. P. 82. 1. 281). — Il en est assurément de même, et à plus forte raison, lorsque la poursuite a été terminée par un jugement passé en force de chose jugée.

Sur la question de savoir si l'exercice de l'action disciplinaire est, ou non, suspendu par l'exercice de l'action publique, V. *Discipline*; — *Rép.* eod. v°, n°s 31 et suiv.

378. — II. INFLUENCE AU CIVIL DE LA CHOSE JUGÉE DISCIPLINAIREMENT. — La chose jugée disciplinairement a-t-elle quelque influence au civil? On sait que, d'après une jurisprudence constante, les décisions de la justice criminelle ont, au civil, l'autorité de la chose jugée à l'égard de tous, en ce sens qu'il n'est pas permis au juge civil de méconnaître ce qui a été jugé au criminel soit quant à l'existence du fait, soit quant à sa qualification légale, soit quant à la participation ou à la non-participation du prévenu à ce même fait (V. *infrà*, n° 409). Les décisions disciplinaires ont-elles la même autorité? Nullement, car les motifs qui fondent cette prééminence des jugements répressifs sont tirés de la nature spéciale des juridictions criminelles, et ne se rencontrent pas en matière disciplinaire. — Il a été jugé, postérieurement à la publication du *Répertoire*: 1° que les décisions disciplinaires prononcées pour infractions aux devoirs professionnels imposés aux notaires, n'ont pas l'autorité de la chose jugée relativement aux demandes de nullité, fondées sur les mêmes infractions (Req. 25 nov. 1856, aff. Fourichon,

---

lui à raison du faux qui lui était reproché, et qu'au vu de cette ordonnance, le ministère public ne pouvait remettre en question, au point de vue disciplinaire, l'existence des faits sur lesquels il fonde son action, sans porter atteinte à l'exception de chose jugée, et sans violer la maxime *non bis in idem*; qu'il soutient, en second lieu...; — Sur la première fin de non-recevoir: — Attendu que l'action disciplinaire est essentiellement distincte de l'action criminelle ou civile, dans le but qu'elle poursuit, dans les causes qui peuvent y donner lieu, dans les moyens employés pour l'exercer et dans ses résultats; qu'elle est introduite uniquement pour maintenir intacte la dignité professionnelle, à raison de tous les faits qui peuvent la compromettre, et que ses décisions sont sans influence sur l'action criminelle ou civile, à laquelle peuvent donner lieu les faits qui la motivent; que sans doute l'action disciplinaire a une grande affinité avec l'action publique, et se rapproche souvent de l'action civile, mais qu'elle n'en est pas moins complètement distincte de ces deux actions; que de cette différence essentielle dérive nécessairement l'indépendance absolue et complète de l'action disciplinaire, qui forme ainsi une action spéciale, une action *sui generis* dérivant d'autres causes et régie par des principes différents; que, cela étant, il est évident que l'action disciplinaire ne peut être entravée par les dispositions des lois criminelles ou civiles, et que, dès lors, c'est sans fondement que Me X... excipe de la chose jugée en sa faveur par ordonnance de M. le premier président de la cour, du 25 nov. 1884; que cette ordonnance, en effet, tout en constatant que les informations laissent subsister, en ce qui concerne le crime de faux, des doutes dont l'inculpé doit bénéficier, constate également que les faits relevés constituent à sa charge les manquements les plus graves à ses devoirs professionnels; que c'est précisément et uniquement à raison de ces faits, envisagés au point de vue disciplinaire, qu'une poursuite a été intentée contre Me X..., en les dégageant d'une manière complète de la qualification légale qui leur avait été donnée dans les poursuites criminelles; que, dès lors, ni la chose jugée, ni la maxime *non bis in idem* ne peuvent être violées par la poursuite dont le tribunal se trouve saisi; — Attendu, d'ailleurs, que l'exception soulevée n'est pas nouvelle et qu'elle est repoussée par une jurisprudence constante; que, notamment la cour régulatrice a décidé, à diverses reprises, que le notaire, acquitté d'une accusation de faux, peut néanmoins être l'objet d'une poursuite disciplinaire pour les mêmes faits qui avaient servi de base à l'accusation, à la seule condition que cette nouvelle action se borne à les apprécier dans leurs rapports avec l'honneur et la considération du fonctionnaire inculpé, et en les dépouillant de la qualification légale qui leur avait été donnée dans l'instance criminelle; qu'il en a été ainsi dans l'espèce;... — Par ces motifs, etc. ». — Appel par Me X... — Arrêt.

LA COUR; — Adoptant les motifs des premiers juges; — Confirme.

Du 30 janv. 1885.-C. de Chambéry.

D. P. 57. 1. 19); — 2° Que le jugement du tribunal civil qui inflige une peine disciplinaire à un notaire pour avoir détruit un acte sous seing privé, n'a pas l'autorité de la chose jugée sur l'existence même du fait de destruction; mais la partie lésée qui poursuit le notaire en dommages-intérêts peut prouver la destruction de l'acte par témoins ou par des présomptions tirées de la sentence disciplinaire (Nancy, 10 mai 1873, aff. Cahen, D. P. 74. 2. 232); — 3° Que la décision du procureur général portant qu'il n'y a pas lieu de suivre sur la plainte déposée par un notaire contre un autre notaire, accusé d'avoir enfreint les règles de la résidence, ne fait pas obstacle à ce qu'une action en dommages-intérêts soit intentée par le notaire qui se prétend lésé (Grenoble, 2 mars 1850, aff. Gresse, D. P. 52. 2. 119); — 4° Que la décision du ministre de la marine qui suspend un capitaine de navire de son commandement pour avoir, par son imprudence, causé l'échouement du navire, constitue une simple mesure de discipline, qui ne peut avoir l'autorité de la chose jugée dans l'instance en baraterie de patron, dirigée contre le même capitaine (Req. 21 déc. 1869, aff. Société marine d'Agde, D. P. 70. 1. 305).

379. — III. POURSUITES DISCIPLINAIRES SUCCESSIVES. — Il y a lieu d'examiner enfin les questions de chose jugée au point de vue des poursuites disciplinaires successives. — S'il y a eu décision disciplinaire en *jugement*, contradictoirement avec le ministère public, concernant un notaire ou un huissier, ou bien un avocat ou un officier ministériel pour faute commise ou découverte à l'audience, il est évident qu'aucune poursuite nouvelle pour le même fait ne pourra avoir lieu, soit devant le même tribunal, soit devant une autre juridiction disciplinaire. Spécialement, il a été jugé que la condamnation disciplinaire prononcée par le tribunal contre un avocat pour une faute commise à l'audience épuise l'action disciplinaire au premier degré, et qu'il y a excès de pouvoir de la part du conseil de l'ordre des avocats qui se saisit du même fait pour y statuer à une date postérieure (Req. 28 mars 1882, aff. Me B..., D. P. 82. 1. 283). — Si la première décision n'émane que d'une juridiction de *discipline intérieure* (conseil de discipline, chambre syndicale), on admet généralement que l'avocat ou l'officier public condamné peut être reçu à apporter devant la juridiction qui l'a frappé une justification qu'il déclare n'avoir pu présenter tout d'abord (Morin, t. 2, n° 685). Au contraire, si l'avocat ou l'officier public s'est justifié devant ses pairs des reproches qui lui étaient faits, la décision rendue en sa faveur fait légalement obstacle à une nouvelle poursuite devant la même juridiction, hors le cas où se produiraient des griefs appuyés sur des éléments de preuve qui seraient jugés nouveaux (Mollot, *Règles de la profession d'avocat*, t. 2, p. 185 et 186).

Mais, à la différence de ce qui a lieu en matière criminelle, dans beaucoup de cas, la décision disciplinaire, émanée d'une juridiction de discipline intérieure, n'empêche pas, et même provoque, au contraire, une poursuite devant la juridiction disciplinaire *supérieure* pour le même fait. Ainsi, le ministre de la justice a le droit de dénoncer à la cour de cassation (aujourd'hui conseil supérieur de la magistrature, L. 31 août 1883), en demandant sa suspension ou même sa déchéance, tout juge qui a subi une condamnation quelconque, disciplinaire ou autre (art. 82, Sén. cons. 16 therm. an 10; art. 59, L. 20 avr. 1810; art. 4 et 5, Décr. 1er mars 1852). — Ainsi encore un officier public, un notaire, par exemple, condamné par la chambre disciplinaire dont il relève, peut être poursuivi disciplinairement devant le tribunal pour s'entendre condamner à une peine plus grave (Nancy, 2 juin 1834, *Rép.* n° 529, et v° *Discipline*, n° 267-1°; Trib. Castellane, 5 janv. 1844, aff. Me A..., D. P. 45. 4. 146; Toulouse, 31 déc. 1844, aff. Tourreil, D. P. 45. 2. 66-67). « Les chambres de discipline, dit ce dernier arrêt, ne sont qu'une juridiction de police intérieure, et pour ainsi dire de famille, qui ne fait point obstacle au cours régulier de la justice, et les décisions prises par elles ne forment point *la chose jugée*... » Enfin, un avocat peut être déféré à la cour d'appel par le procureur général, par application des dispositions du tit. 2 de l'ordonnance du 20 nov. 1822, si celui-ci estime que la décision du conseil de l'ordre, qui a prononcé une peine de discipline intérieure, n'est pas suffisamment sévère (Morin, t. 2, n° 686, et t. 1, n° 141).

CHAP. 4. — De l'influence des actions civile et publique l'une à l'égard de l'autre (*Rép.* nos 531 à 597).

380. Les principes d'après lesquels doivent être résolues les questions relatives à l'influence réciproque de l'action civile et de l'action publique ont été complètement exposés et discutés au *Répertoire* dans un premier paragraphe de ce chapitre, n° 531. Nous croyons préférable de reporter les additions que nous avons à faire au *Répertoire* sur cette matière sous chacune des divisions spécialement affectées ci-après : 1° à l'influence de la chose jugée au civil sur l'action publique; — 2° à l'influence de la chose jugée au criminel sur l'action civile et, en général, sur les contestations civiles. Nous n'aurons, en effet, à peu près rien à ajouter en ce qui concerne l'influence de la chose jugée au civil sur l'action publique, aucune controverse ou difficulté nouvelle ne s'étant produite sur le principe suivi à cet égard. D'autre part, les discussions auxquelles a encore donné lieu, depuis la publication du *Répertoire*, la grande question de l'influence du criminel sur le civil ont pris un caractère de plus en plus spécial et ont, bien plus qu'autrefois, porté sur les applications en même temps que sur le principe même, en sorte qu'il y aurait eu actuellement plus d'inconvénients qu'autrefois à séparer l'exposé des principes et l'examen des applications.

381. Les ouvrages où les questions relatives à cette matière ont été plus particulièrement traités depuis la publication du *Répertoire* sont les suivants : Griolet, *Traité de l'autorité de la chose jugée*, p. 321 et suiv.; Bonnier, *Traité des preuves*, 5e éd., nos 905 et suiv.; Demolombe, *Cours de code civil*, *Traité des contrats*, t. 7, nos 405 et suiv.; Larombière, *Théorie et pratique des obligations*, t. 7, art. 1351, nos 165 et suiv.; Aubry et Rau, *Cours de droit civil français*, t. 8, p. 405 et suiv., § 769 *bis*; Ortolan, *Eléments de droit pénal*, t. 2, nos 1811 et suiv.; Haus, *Principes généraux du droit pénal belge*, t. 2, nos 1415 et suiv. V. aussi : Allard, *Etude sur la chose jugée*. Nous aurons aussi à citer plus d'une fois d'importantes dissertations nouvelles, particulièrement celles de M. Lagrange, *Revue critique*, t. 8, 1856, p. 31, *Des effets de la chose jugée au criminel sur l'action civile*, et de M. Beudant, *Revue critique*, t. 24, 1864, p. 492, *Influence du criminel sur le civil*.

SECT. 1re. — DE L'INFLUENCE DE LA CHOSE JUGÉE AU CIVIL SUR L'ACTION PUBLIQUE ET SUR L'ACTION CIVILE (*Rép.* nos 532 à 543).

ART. 1er. — *De l'influence de la chose jugée au civil sur l'action publique* (*Rép.* nos 532 à 543).

§ 1er. — Des jugements civils autres que ceux qui ont statué sur une question préjudicielle à l'action publique (*Rép.* nos 532 à 538).

382. Le principe que la chose jugée au civil est sans influence sur l'action publique (*Rép.* n° 532) est resté incontesté et n'a donné lieu qu'à peu de décisions nouvelles à ajouter à celles qui ont été reproduites au *Rép.* nos 533 et suiv. — Ainsi il a été jugé que l'action au civil en restitution de dépôt, même lorsqu'elle a été suivie d'un jugement qui déclare qu'il n'a jamais existé de dépôt, ne fait pas obstacle à l'exercice de l'action publique en violation de dépôt (Limoges, 14 nov. 1844, aff. Faure, D. P. 45. 4. 84); — et que la chose jugée relativement à l'action en payement d'un billet à ordre formée contre les souscripteurs par un tiers porteur, ne peut être opposée à la poursuite correctionnelle concernant l'abus frauduleux que le souscripteur aurait fait, pour la création de ce billet, d'un blanc-seing à lui remis pour un objet différent (Crim. cass. 27 févr. 1862, aff. Monié, D. P. 68. 5. 68).

§ 2. — Des jugements civils ayant statué sur une question préjudicielle à l'action publique. — Questions de propriété. — Questions d'état. — Qualité de commerçant; Banqueroute. — Questions administratives (*Rép.* nos 539 à 543).

383. La règle d'après laquelle les décisions civiles sont sans autorité au criminel ne s'applique pas dans les cas où la question jugée au civil était préjudicielle à l'action publique (*Rép.* nos 531, 539 et suiv.). Le point de savoir quelles sont, en matière criminelle, les questions préjudicielles a été traité au *Rép.* v° *Question préjudicielle.* C'est dans les chapitres correspondants du *Supplément* que nous aurons à compléter à cet égard les indications du *Répertoire.* Nous ne pouvons ici que rappeler les principes généraux de la matière.

Conformément à une note du 5 nov. 1813, rédigée par le président Barris, votée à l'unanimité par la cour de cassation (V. cette note rapportée au *Rép.* v° *Question préjudicielle*, n° 7), il est généralement admis que « tout juge compétent pour statuer sur un procès dont il est saisi, l'est par là même pour statuer sur les questions qui s'élèvent incidemment dans ce procès, quoique, d'ailleurs, ces questions fussent hors de sa compétence, si elles lui étaient proposées principalement. Il faut une disposition formelle de la loi pour ne pas faire l'application de ce principe ». D'après cette règle, les seules questions ayant ce caractère sont les questions de *propriété* relatives aux immeubles et les *questions d'état.*

384. En ce qui concerne les questions de *propriété immobilière*, en est toujours d'accord pour généraliser deux textes spéciaux : l'art. 182 c. for. et l'art. 59 de la loi du 15 avr. 1829 sur la pêche fluviale. Mais la jurisprudence restreint strictement le caractère des questions préjudicielles aux questions de propriété proprement dites. V. notamment les arrêts rendus en matière de baux de chasse, de baux de pêche, de délits ruraux (V. *Question préjudicielle;* — *Rép.* eod. v°, n° 54).

385. Quant aux *questions d'état*, la jurisprudence admet toujours, d'une manière absolue, que les tribunaux civils sont seuls compétents pour en connaître (V. notamment Crim. cass. 13 avr. 1867, aff. Simon, D. P. 67. 1. 353). Toutefois, M. Griolet, *Chose jugée*, p. 330, exprime des réserves à cet égard et fait remarquer qu'il y a tout au moins une inconséquence à laisser, d'autre part, aux tribunaux criminels, l'appréciation des questions d'état que soulèvent si souvent les circonstances aggravantes résultant de la qualité de père, de fils, etc.

386. Sur une question importante et vraiment délicate, la jurisprudence est également restée fixée dans le sens indiqué au *Rép.* n°s 534 et 535. M. Demangeat a soutenu (*Moniteur des tribunaux* du 20 déc. 1863) que les tribunaux de répression ne peuvent être saisis d'une poursuite en banqueroute, avant que le prévenu n'ait été déclaré en faillite et, d'autre part, qu'ils ne peuvent nier que le prévenu soit négociant failli après que la faillite a été déclarée. Mais cette opinion n'a pas été suivie. La cour de cassation, persistant dans sa jurisprudence antérieure, a décidé par un nouvel arrêt que la poursuite du délit de banqueroute simple n'est pas subordonnée à la déclaration préalable de la faillite et que le juge correctionnel est compétent pour reconnaître au prévenu la qualité de commerçant failli » (Crim. rej. 24 juin 1864, aff. Level, D. P. 64. 1. 450). Elle avait déjà décidé, conformément d'ailleurs à ses précédents arrêts ci-dessus rappelés, que « la chose jugée au civil étant sans influence sur le criminel, l'individu reconnu, par la juridiction civile, n'être pas en état de faillite, peut néanmoins être poursuivi et condamné comme coupable de banqueroute frauduleuse, et qu'on objecterait vainement que l'indépendance des juridictions criminelle et civile reçoit exception dans le cas où l'action publique soulève une question préjudicielle, ce caractère n'appartenant point à la question de savoir si le prévenu est commerçant et s'il est en état de cessation de payements (Crim. rej. 6 mars 1857, aff. Ortelszberger, D. P. 57. 1. 180). — Cette solution a été plus récemment encore consacrée par un arrêt de la chambre criminelle dans un cas où le jugement déclaratif de faillite avait été rapporté par le tribunal de commerce (Crim. rej. 18 août 1878 (1). V. d'ailleurs, en outre, dans le même sens : Demolombe, n° 406 *in fine;* Bonnier, n° 907; Alauzet, *Commentaire du code de commerce*, 3e éd., t. 8, n° 2865; Bertauld, *Questions préjudicielles*, n°s 80 et suiv.; Blanche, *Étude pratique sur le code pénal*, t. 6, n° 100; Chauveau et Hélie, *Théorie du code pénal*, t. 5, n°s 2152 et suiv.; Haus, t. 2, n° 1226; Faustin Hélie, *Traité de l'instruction criminelle*, t. 6, n° 2914, et t. 7, n° 3567; Laroque-Sayssinel et Dutruc, *Formulaire des faillites et banqueroutes*, t. 2, n°s 1863 et suiv.; Le Sellyer, *De la composition et de l'organisation des tribunaux répressifs*, t. 2, n° 688; Mangin, *Traité de l'action publique*, 3e éd., t. 4, n° 169; Rousseau et Defert, *Code annoté des faillites*, p. 542, n° 6 ; Ruben de Couder, *Dictionnaire de droit commercial, industriel et maritime*, v° *Banqueroute*, n° 8. — V. cependant en sens contraire : Bravard-Veyrières et Demangeat, *Traité de droit commercial*, t. 6, p. 3 et suiv.;

(1) (Jacob.) — LA COUR; — Sur le premier moyen, pris d'une violation prétendue des art. 190 et 335 c. instr. crim., en ce qu'il résulte de l'arrêt attaqué que, devant les juges d'appel, saisis d'une prévention de banqueroute simple dirigée contre lui, le prévenu n'a pas eu la parole le dernier : — Attendu que, par ordonnance du juge d'instruction de l'arrondissement de Charleville, Jacob avait été renvoyé devant le tribunal de ce siège, jugeant correctionnellement, sous la triple prévention : 1° d'avoir, étant commerçant, négligé de déposer son bilan dans les trois jours de la cessation de ses payements; 2° d'avoir omis de faire inventaire et de tenir les livres exigés par sa profession; 3° de s'être, en vue de retarder sa faillite, livré à des circulations d'effets et autres moyens ruineux de se procurer de l'argent; — Attendu que, par jugement du 25 mars 1878, le tribunal correctionnel de Charleville, sans s'expliquer sur le premier chef de prévention, mais tenant pour constants le second et le troisième, a déclaré ledit Jacob, commerçant failli, coupable de banqueroute simple, et l'a condamné à quinze jours de prison; — Attendu que, devant la cour de Nancy, chambre correctionnelle, saisie tout à la fois par l'appel du prévenu et par l'appel *à minima* du ministère public, le prévenu, par l'organe de son avocat, a fait valoir d'abord ses moyens de défense; après quoi l'avocat général de service à l'audience a donné ses conclusions et requis, entre autres, que la cour statuât sur le chef de prévention omis dans la sentence des premiers juges, conclusions auxquelles l'arrêt attaqué a fait droit; — Attendu que le prévenu, libre de répliquer au ministère public, dont l'appel avait remis toute la cause en question, n'a pas jugé utile à sa défense de répondre à l'argumentation de ce dernier; qu'à la différence de l'art. 335 c. instr. crim., relatif à la procédure devant la cour d'assises, où il est dit, sous forme impérative, que « l'accusé aura toujours la parole le dernier » l'art. 190 du même code porte seulement que devant les tribunaux correctionnels et après que le ministère public aura donné ses conclusions « le prévenu et les personnes civilement responsables pourront répliquer »; que cet article n'ouvre aux prévenus qu'une simple faculté et ne leur impose point une obligation; qu'aucune atteinte n'est donc portée à leur droit de défense lorsqu'ils n'en réclament pas l'exercice, et que, libres d'user ou non du droit de réplique, ils ne peuvent, par leur abstention à cet égard, se créer un moyen de nullité;

Sur le deuxième moyen pris d'une violation des art. 585, 586 c. com. et des principes sur l'autorité de la chose jugée, en ce que, en opposition avec un jugement en date du 16 juin 1875, devenu définitif, par lequel le tribunal de commerce de Charleville a rapporté un précédent jugement du 30 déc. 1874, lequel avait à tort déclaré la faillite du nommé Jacob, la juridiction correctionnelle a cependant décidé que ce dernier était commerçant failli, et l'a condamné aux peines de la banqueroute simple; — Attendu, en fait, que depuis le jugement du 30 déc. 1874, une autre décision du même tribunal de commerce, s'appuyant sur la notoriété publique, a affirmé la qualité de commerçant dudit Jacob, et l'a déclaré en état de cessation de payements, qu'ainsi le tribunal correctionnel a pu, sans se mettre en opposition avec la chose prétendue jugée, décider, comme il l'a fait, que le prévenu était commerçant failli; — Attendu, d'ailleurs, en droit, qu'il est de principe que les juridictions civile et criminelle sont indépendantes l'une de l'autre; que cette indépendance est fondée, entre autres, sur ce motif que les décisions civiles ne peuvent jamais réunir à l'encontre de l'action publique (sauf les exceptions réservées par la loi) les conditions constitutives de l'autorité de la chose jugée; qu'en effet, il n'existe entre les deux instances ni identité de parties, puisque le ministère public, partie poursuivante au criminel, ou ne figure pas dans les instances civiles, s'il s'agit de la juridiction commerciale proprement dite, ou n'y figure qu'en qualité de partie jointe; ni identité d'objet, alors même que les deux actions portent sur le même fait, puisqu'elle ne l'envisagent ni sous le même rapport ni aux mêmes fins; — Attendu, dès lors, qu'il importe peu qu'un jugement du tribunal de commerce ait rapporté la décision par laquelle cette même juridiction avait précédemment déclaré le prévenu en état de faillite; que ce jugement était sans autorité pour le tribunal correctionnel; que la question de savoir si le prévenu était en état de cessation de payements n'était point une question préjudicielle, excédant les limites de sa compétence, mais une simple question de fait; qu'il a donc pu, et la cour après lui, la résoudre librement, sans se préoccuper de ce qu'avait jugé, dans un ordre d'idées et d'intérêts différents, la juridiction commerciale; — Rejette, etc.

Du 18 août 1878.-Ch. crim.-MM. de Carnières, pr.-Robert de Chenevière, rap.-Benoist, av. gén.-Housset, av.

Delamarre et Le Poitvin, *Traité de droit commercial*, t. 6, nos 42 et suiv.; Demangeat, *Revue pratique*, t. 16, p. 337; Hoffmann, *Questions préjudicielles*, t. 2, nos 314 et suiv; Trébutien, *Cours élémentaire de droit criminel*, t. 2, p. 69 et 652, note 3).

387. Nous rappellerons seulement qu'on doit, en général, considérer comme préjudicielles les questions appartenant à la *compétence administrative*, fréquentes, notamment, en matière de détournements par des comptables publics, d'établissements insalubres, de voirie; l'examen de ces difficultés trouvera sa place dans d'autres traités (V. notamment v° *Question préjudicielle*).

§ 3. — Des jugements civils en matière de brevets d'invention.

388. Un cas tout particulier est celui qui concerne les jugements rendus par les tribunaux civils en matière de *nullité ou de déchéance des brevets d'invention*. Les contestations relatives à la nullité ou à la déchéance des brevets d'invention ne constituent pas des questions préjudicielles, en ce sens que la juridiction correctionnelle saisie d'une poursuite en contrefaçon n'est pas obligée de surseoir jusqu'à ce qu'il ait été statué par le juge civil sur ces contestations et qu'elle peut, au contraire, statuer sur ces questions (L. 5 juill. 1844, art. 46). Mais si le tribunal civil a déjà statué sur la validité d'un brevet, à la suite d'une action en nullité ou en déchéance précédemment intentée contre le breveté conformément à l'art. 34 de la loi du 5 juill. 1844, la décision ainsi rendue peut être invoquée avec l'autorité de la chose jugée devant le tribunal correctionnel ultérieurement saisi d'une poursuite en contrefaçon (Crim. cass. 8 août 1857, aff. Gautrot, D. P. 57. 1. 408).... « Attendu, dit l'arrêt, que la loi du 5 juill. 1844... établit ainsi, pour le jugement de ces contestations, une juridiction principale et de droit commun dont les décisions tranchent définitivement, entre les parties en cause, les questions de validité du brevet, et régissent, en ce point, entre les mêmes parties, les débats à venir aussi bien au correctionnel qu'au civil » (V. dans le même sens: Crim. cass. 18 juin 1852, aff. Guilloume, D. P. 52. 5. 61. V. aussi Bonnier, n° 907). — M. Griolet, p. 328, a proposé, au contraire, les solutions suivantes: Lorsque le brevet a été déclaré valable par le juge civil, la partie poursuivie ultérieurement devant la juridiction correctionnelle pourrait encore contester devant cette juridiction la validité du brevet. Mais, en sens inverse, le breveté ne serait plus recevable à intenter une action en contrefaçon contre la même partie après un jugement civil qui, en prononçant la nullité du brevet, l'aurait en quelque sorte dépouillé de son titre.

Il est d'ailleurs bien entendu qu'en pareil cas la décision du juge civil serait sans autorité au correctionnel à l'égard de toute personne n'ayant pas été partie au jugement civil. Toutefois, cette dernière solution cesse d'être applicable dans le cas où le ministère public, usant du droit que lui confère l'art. 37 de la loi du 5 juill. 1844, a fait prononcer la nullité *absolue* d'un brevet, soit en intentant une action principale, soit en se rendant partie intervenante, et en prenant des réquisitions à cet effet. En pareil cas, comme on l'a rappelé *suprà*, n° 136, si la nullité du brevet est prononcée, le titre du breveté est, en quelque sorte, supprimé envers tous les intéressés, et le jugement qui a prononcé la nullité absolue peut être invoqué, au criminel comme au civil, par toute personne. Mais si, au contraire, le brevet a été déclaré valable, on a vu, *ibid.*, que cette décision ne serait pas opposable à d'autres qu'aux personnes qui étaient parties au procès, l'intervention du ministère public n'ayant pu avoir pour effet de compromettre les droits des tiers. Ici encore, il n'y a pas à distinguer suivant que l'action en contrefaçon, introduite ultérieurement, est portée devant le juge civil ou devant la juridiction correctionnelle (V. conf. Griolet, p. 328; Bonnier, n° 907. — V. au surplus v° *Brevet d'invention*, n° 355).

§ 4. — Des jugements constitutifs d'un droit.

389. Outre les cas où le jugement civil conserve exceptionnellement l'autorité de la chose jugée devant la juridiction criminelle, M. Griolet, p. 327, fait remarquer que le jugement civil doit être respecté par le juge criminel toutes les fois qu'il est invoqué comme ayant constitué un rapport de droit nouveau entre les parties. « Ainsi, dit-il, après un jugement civil qui a déclaré qu'un individu est propriétaire d'une chose mobilière, cet individu pourrait être condamné pour avoir soustrait cette chose antérieurement au jugement civil parce que la déclaration du juge civil ne lie pas le juge criminel, mais il ne pourrait être condamné pour avoir soustrait la même chose postérieurement au jugement civil, parce que le jugement civil le rend propriétaire de la chose à l'égard de la partie contre laquelle ce jugement a été rendu. » Ces observations sont critiqués par M. Bonnier, *loc. cit.*; mais cet auteur paraît en avoir, en réalité, méconnu la portée. On peut seulement faire remarquer qu'en pareil cas, ce n'est pas précisément comme ayant l'autorité de la chose jugée que le jugement civil est invoqué au criminel, c'est comme constituant, après qu'il a été rendu, un titre légal dont le juge criminel est obligé de tenir compte.

ART. 2. — *De l'influence de la chose jugée au civil sur l'action civile* (*Rép.* n° 542).

390. Si les jugements civils sont, sauf les exceptions ci-dessus, sans effet sur l'action publique, ils conservent tous leurs effets à l'égard des parties entre lesquelles ils ont été rendus pour le règlement de leurs intérêts civils. Il en résulte que la partie lésée par un délit peut être empêchée par un jugement civil antérieurement rendu contre elle sur son action en réparation du dommage qu'elle a souffert, d'exercer directement l'action civile devant la juridiction criminelle, comme elle l'aurait pu autrement, ou même d'exercer cette action accessoirement à l'action publique intentée par le ministère public. C'est le cas où s'applique la règle « *Electâ viâ non datur recursus ad alteram* » (V. *Rép.* n° 542, et les renvois. *Adde*: Crim. cass. 4 oct. 1856, aff. Azoulay, D. P. 56. 1. 432). — Mais il faut que l'instance civile ait été réellement engagée. Ainsi, une simple citation en conciliation n'empêche pas qu'en cas d'insuccès, la partie qui se prétend lésée (par un abus de confiance) ne saisisse la juridiction répressive (Aix, 23 août 1871, aff. Durand, D. P. 72. 5. 77).

Dans tous les cas, d'ailleurs, le ministère public conserve sa liberté et peut exercer l'action publique nonobstant toute décision civile rendue entre les parties, sauf les exceptions ci-dessus indiquées. Et il en serait ainsi, alors même que la réparation du dommage aurait été déjà prononcée par un juge civil, même au profit d'une administration publique (Crim. cass. 27 avr. 1848, aff. Mulhomme, D. P. 48. 5. 48-49).

SECT. 2. — DE L'INFLUENCE DE LA CHOSE JUGÉE AU CRIMINEL SUR L'ACTION CIVILE, ET, EN GÉNÉRAL, SUR LES CONTESTATIONS CIVILES (*Rép.* nos 544 à 597).

ART. 1er. — *Du principe de l'autorité absolue des jugements criminels sur les contestations civiles* (*Rép.* nos 531 et 544).

391. La distinction entre le cas où la personne lésée s'est constituée partie civile (*Rép.* n° 544), et celui où elle est restée étrangère aux débats criminels est demeurée à peu près sans intérêt par suite du principe qui a prévalu sur l'autorité absolue des jugements criminels. Dans le cas où la personne lésée a été partie civile, le jugement criminel lui est évidemment opposable, en vertu des dispositions mêmes de l'art. 1351 c. civ. Il ne reste qu'à rechercher quel peut être à l'égard de ses intérêt civils, l'effet d'un jugement criminel rendu contradictoirement avec elle.

392. La solution doit-elle être différente lorsque la personne lésée ne s'est pas constituée partie civile? Le jugement criminel lui est-il opposable? Nous avons analysé au *Rép.* n° 531 la grande controverse qui s'engagea sur cette question entre Toullier et Merlin. Toullier soutenait que, les conditions de l'art. 1351 c. civ. faisant défaut, le jugement criminel était à l'égard de toute personne qui n'y avait pas été partie *res inter alios acta*. Merlin s'efforçait, au contraire, d'établir que les conditions de l'art. 1351 c. civ. se trouvaient, dans ce cas, suffisamment réalisées. Tout en présentant les réserves très fortement motivées de l'un d'eux, M. A. Dalloz, les auteurs du *Répertoire* ont suivi l'opinion de Merlin, mais en s'attachant surtout à un argument que Merlin n'avait indiqué qu'à titre de considération. Il leur a paru résulter suffisamment des dispositions de l'art. 3 c. instr. cr. que le système de notre législation a consisté à subordonner l'action civile à l'action criminelle, sauf les cas exceptés, en sorte que la décision criminelle doive nécessairement s'imposer au juge civil ultérieurement saisi. La plupart des auteurs ont adopté ce principe (V. notamment : Marcadé, *Explication du Code civil*, t. 5, sur l'art. 1351, n°s 5 et 6; Aubry et Rau, t. 8, n° 769 *bis*; Haus, t. 2, n° 1415; Larombière, n° 168).

393. Quelques jurisconsultes ont cependant soutenu d'autres systèmes qui, dans les applications spéciales, n'ont pas été sans influence sur la jurisprudence. Tandis que Carré et Chauveau, *Lois de la procédure*, n° 547; Faustin Hélie, *Traité de l'instruction criminelle*, t. 3, p. 774, restaient fidèles au système de Toullier, M. Lagrange présentait un système nouveau dans un remarquable article publié par la *Revue critique*, t. 8, p. 31. D'après cet auteur, les jugements de condamnation auraient au civil une autorité absolue. Mais il en serait autrement des décisions par lesquelles un prévenu est acquitté. Le jugement d'acquittement n'implique pas, en effet, nécessairement la négation de la culpabilité du prévenu. Il a pu être, et il est, en fait, souvent motivé par l'insuffisance de la preuve. Or, une preuve qui a été jugée insuffisante au criminel peut paraître assez forte au juge civil qui n'a pas à en tirer d'aussi graves conséquences. M. Lagrange se fondait d'ailleurs sur les dispositions de l'art. 235 c. civ., qui, en matière de divorce, décide qu'aucune fin de non-recevoir ou exception préjudicielle ne peut être tirée contre l'époux demandeur, de la décision rendue sur les poursuites criminelles exercées à raison des faits allégués à l'appui de la demande.

394. En même temps, des auteurs considérables, Demolombe, *Cours de code civil*, t. 3, p. 605; Valette, *Explication sommaire du livre 1er du code Napoléon*, p. 114; Ortolan, t. 2, n°s 1812 et suiv., se rattachant à une opinion d'abord adoptée par Merlin, *Additions aux questions de droit*, v° *Faux*, § 6, puis abandonnée par lui, soutiennent, peut-être avec peu de logique, que l'autorité des jugements criminels n'est tout au moins pas opposable aux tiers. « Il ne serait pas exact de dire d'une manière absolue, dit Demolombe, *loc. cit.*, que le ministère public représente dans la poursuite criminelle la société tout entière en ce sens qu'il représente toujours tous les individus et tous les intérêts civils quels qu'ils soient. Il les représente contre l'accusé, contre le condamné qui était partie, lui, et qui a pu et dû se défendre. Ce fait est donc prouvé contre lui au profit de la société tout entière, et c'est là un fait qui, dans ces limites, ne peut plus être remis en question. Mais le fait est-il aussi jugé contre les tiers qui n'ont pas été parties au procès criminel et qui n'ont pu se défendre? Je ne le croirais pas. »

395. Un système plus nouveau, et qui a exercé plus d'influence, notamment, sur les dernières opinions de Demolombe et de Bonnier, est celui qui a été soutenu par M. Griolet, p. 344 et suiv. M. Griolet insiste sur le défaut d'identité, entre les rapports de droit criminel, soumis au juge criminel, et les rapports de droit civil, soumis au juge civil. Mais il a surtout mis en lumière un vice, assurément très grave, du système généralement suivi. « Comment, dit-il, n'a-t-on pas vu que les jugements criminels ne peuvent pas avoir au civil une autorité absolue qu'ils n'ont pas au criminel? En effet, puisque l'autorité de la chose jugée est relative au criminel, il peut être rendu à l'égard de deux accusés différents deux jugements criminels qui soient contradictoires. Ces deux décisions devraient avoir au civil une autorité absolue. Mais comment l'auront-elles? Pourront-elles dicter, en même temps, la même décision civile? S'il ne peut les appliquer ensemble, le juge criminel sera-t-il autorisé à choisir l'une plutôt que l'autre. Pourquoi et comment? Le problème est sans solution possible. » Or cette situation peut se présenter dans plusieurs hypothèses. Ainsi il peut arriver, comme dans la célèbre affaire Mirès rappelée par M. Griolet, que deux jugements criminels se prononcent en sens différent à la suite du recours qui a été exercé par l'un des prévenus, tandis que l'autre accepte la condamnation prononcée par le premier juge. Un résultat analogue peut se produire lorsque la partie civile a seule fait appel du jugement correctionnel qui a acquitté le prévenu. Le juge d'appel peut alors réformer le jugement dans l'intérêt de la partie civile et affirmer le délit pour motiver une condamnation civile. Le jugement d'acquittement qui n'a pas été opposable à la partie civile, qui a été réformé sur son appel, resterait grâce à son autorité absolue, la règle de tous les autres intérêts civils. « Nous n'hésitons pas, dit M. Griolet, à déclarer inadmissible une règle dont l'application est ainsi reconnue impossible. » Mais il ne s'ensuit pas, d'après M. Griolet, que le jugement criminel soit toujours sans influence sur les contestations civiles. M. Griolet admet, au contraire, cette influence avec toutes ses conséquences, mais seulement en ce qui concerne l'*action civile* proprement dite, c'est-à-dire l'action qui naît du délit au profit de la partie lésée. Cette *action* spéciale, qui, à divers points de vue, a toujours été plus ou moins liée à l'action publique, serait subordonnée au résultat du jugement rendu sur l'action publique. Au contraire, à l'égard de toutes les autres contestations civiles, soit envers les tiers, soit envers le prévenu lui-même, la règle ordinaire reprendrait son application et le jugement criminel serait sans aucune influence.

Ce système est fondé sur les dispositions de l'art. 3 c. instr. cr. interprétées d'après notre ancien droit. Dans notre ancien droit criminel, l'action civile, reste de l'antique accusation privée, qu'elle fût exercée au criminel ou au civil, à l'extraordinaire ou à l'ordinaire, était considérée comme un accessoire de l'accusation publique et on en concluait qu'elle ne devait pas être admise dès que l'accusation publique elle même était devenue non recevable, soit par suite de la la prescription acquise, soit par suite de l'exception de chose jugée. — « Le principal qui est l'action pour le crime étant éteint par la prescription, il est de règle que l'accessoire, qui consiste dans les intérêts civils, soit aussi éteint » (Rousseaud de Lacombe, *Traité des matières criminelles*, part. 3, chap. 1er, tit. 4. V. aussi Pothier, *Traité de la procédure criminelle*, sect. 7, art. 1er). Jousse, t. 3, sect. 3, art. 2, § 2, n'est pas moins formel en ce qui concerne la chose jugée: « Pour savoir si une partie privée peut agir, même par voie civile, après un jugement rendu sur la poursuite de la partie publique, il faut distinguer si, par ce jugement, l'accusé a été condamné ou absous. Si l'accusé a été condamné, elle le peut. Mais si, par le premier jugement rendu sur la plainte de la partie publique, l'accusé avait été absous et déclaré innocent, alors la partie privée n'est plus en droit d'agir et de faire *juger l'affaire de nouveau pour raison de ses dommages-intérêts*, ce qui est fondé sur la faveur de la libération et sur l'inconvénient qu'il y aurait de renouveler la preuve du crime nécessairement inséparable de celle qui est requise pour constater les dommages-intérêts. » « Ainsi, dit M. Griolet, p. 325, au point de vue de la chose jugée, comme au point de vue de la prescription, l'action civile était liée à l'action publique. Mais cette décision n'était relative qu'à l'action civile, c'est-à-dire à l'action en réparation du délit. Toute autre contestation, soit entre la partie lésée et l'auteur du délit, soit entre des tiers et la partie lésée ou l'auteur du délit, restait soumise aux règles ordinaires de la chose jugée. »

396. M. Griolet a cru pouvoir établir que ce système est resté celui de notre législation et qu'il doit être encore suivi. « Cette démonstration, dit-il, est surtout facile si on rapproche les dispositions du code d'instruction criminelle de celles du code du 3 brum. an 4. Les deux lois nous montrent d'abord l'action publique et l'action civile naissant ensemble du délit, et l'une et l'autre action régies également par des dispositions de droit criminel. Le code de brumaire disait : « Art. 4. Tout délit donne essentiellement lieu à une action publique... Il peut aussi en résulter une action *privée ou civile*. — Art. 5. *L'action publique*... — Art. 6. L'*action civile* a pour objet la réparation du dommage que le *délit* a causé... — L'art. 1er c. instr. cr. est de même ainsi conçu : « L'action pour l'application des peines, etc... L'action en réparation du dommage causé par un crime, par un délit ou par une contravention peut être exercée par tous ceux qui ont souffert de ce dommage ». Les deux lois indiquent ensuite les liens qui enchaînent les deux actions relativement à la prescription et à la chose jugée.

Les dispositions relatives à la prescription sont formelles. Celles du code de brumaire surtout montrent bien l'étroite liaison des deux actions : « Art. 9. Il ne peut être intenté aucun action *publique ni civile* pour raison d'un délit, après trois années à compter du jour où l'existence en a été connue et légalement constatée, lorsque dans cet intervalle, il n'a été fait aucune poursuite. — Art. 10. Si dans ces trois ans, il a été commencé des poursuites soit criminelles, soit civiles, à raison d'un délit, l'une et l'autre action durent six ans même contre ceux qui ne seraient pas impliqués dans ces poursuites. — Les six ans se comptent pareillement du jour où l'existence du délit a été connue et légalement constatée. Après ce terme nul ne peut être *recherché*, soit au *criminel*, soit au *civil*, si dans l'intervalle il n'a pas été condamné par défaut ou par contumace ». On voit que l'action en dommages-intérêts est considérée, dans ce texte, comme une autre manière de *poursuivre*, de *rechercher* les délits. Le code d'instruction criminelle a édicté, d'une façon moins claire, les mêmes dispositions dans les art. 2, 637, 638. Ainsi, en ce qui touche la prescription, l'action *civile* est, comme dans l'ancien droit, subordonnée à l'action *publique*, assimilée, pour ainsi dire, à l'action publique.

Les articles relatifs à la chose jugée, dans les deux codes, ne sont pas également décisifs. En effet, l'art. 3 c. instr. cr. reproduit ainsi les expressions de l'art. 8 du code de brumaire : « L'action civile peut être poursuivie en même temps et devant les mêmes juges que l'action publique. Elle peut aussi l'être séparément. Dans ce cas, l'exercice en est suspendu tant qu'il n'a pas été prononcé définitivement sur l'action publique intentée avant ou pendant la poursuite de l'action civile ».

M. Griolet estime « qu'il est légitime de considérer le sursis ainsi prononcé par l'art. 3, comme une manifestation suffisante de la volonté qu'avait le législateur de subordonner l'action civile suspendue au jugement rendu sur l'action publique. L'ancienne doctrine se trouve ainsi complètement reproduite, pour la chose jugée comme pour la prescription. Aujourd'hui comme autrefois, on peut ainsi formuler la règle qu'il faut suivre en cette matière : les jugements criminels n'ont pas en général l'autorité de la chose jugée sur les contestations civiles. Exceptionnellement l'action née du délit au profit de la personne lésée, dite *action civile*, est liée à l'action publique au point de vue de la chose jugée, comme au point de vue de la prescription ».

L'application de ce système présenterait, il faut le reconnaître, très peu de difficultés. Une seule question serait à résoudre : l'action exercée au civil est-elle l'action civile, l'action en dommages-intérêts née du délit. C'est la même difficulté qui se présente en matière de prescription. Un seul cas peut donner lieu à des contestations sérieuses. C'est lorsque l'action en dommages-intérêts exercée après un acquittement est fondée sur le même fait dégagée de toute intention criminelle et considérée comme une simple faute. De même qu'il arrive en matière de prescription, le prévenu acquitté plaidera que la preuve du fait allégué comme simple faute aboutirait nécessairement à la preuve du délit à raison duquel nulle action ne peut plus être exercée au civil comme au criminel.

397. Ce système est resté à l'état d'opinion isolée. Mais, d'une part, les critiques de M. Griolet n'ont pas été sans influence sur la jurisprudence ; elles paraissent avoir contribué à la déterminer à restreindre les applications au civil de l'autorité de la chose jugée tirée des jugements criminels. D'autre part, Demolombe, dans le tome 7, de son *Traité des contrats*, et Bonnier, dans la 4e édition de son *Traité des preuves*, se sont approprié les arguments tirés par M. Griolet, soit des contrariétés pouvant exister entre les jugements criminels, invoqués au civil, soit de l'interprétation de l'art. 3 c. instr. cr. d'après l'ancien droit, à l'appui de systèmes différents et dont les conclusions, il faut le reconnaître, ne découlent pas aussi logiquement des mêmes principes. Demolombe conclut, comme il suit (nos 415 et 416) : « Le principe fondamental est que le jugement rendu au criminel a, au civil, l'autorité de la chose jugée sur les points que le tribunal criminel avait, en effet, exclusivement mission de juger, à savoir : 1° sur la matérialité du fait, sur l'existence du corps du délit ; 2° sur la culpabilité de l'auteur, au point de vue de la loi pénale.... Le tribunal criminel a-t-il jugé que le délit a été commis et que l'accusé ou le prévenu en est l'auteur ? (n° 416). La preuve est souverainement faite sur ces deux points, au profit de la partie lésée, devant le tribunal civil, relativement à toutes les demandes *à fins civiles*, qu'elle pourra former sur le fondement des faits qui ont été déclarés constants par le tribunal criminel ; soit à une demande en dommages-intérêts ; soit à une demande en séparation de corps (c. civ. art. 235) ou en déchéance de la puissance paternelle (c. pén. art. 333) ; soit à une demande en déclaration d'indignité de succéder (c. civ. art. 727) ; soit à une demande en révocation de donation pour cause d'ingratitude (c. civ. art. 955) ; soit à une demande en nullité de convention ». « Mais, d'autre part, ajoute Demolombe, n° 417, la décision rendue au criminel n'a pas au civil l'autorité de la chose jugée, en tant qu'il s'agit de statuer sur les faits, qui ont été l'objet de la poursuite criminelle, considérés seulement désormais au point de vue du droit privé, comme pouvant constituer un délit de droit civil, ou un quasi-délit, ou engendrer toute autre demande à fin civile. » . . . . . .

On voit que Demolombe ne restreint pas, comme M. Griolet, l'influence des jugements criminels à la seule *action civile* proprement dite, mais qu'il en affranchit néanmoins la plus grande partie des contestations civiles et particulièrement celles qui concernent les tiers.

De son côté, Bonnier, n° 909, résume comme il suit les conclusions de son système : « Ce qui est vrai, c'est que les tribunaux criminels ont seuls qualité pour décider d'une manière péremptoire s'il existe un corps de délit, si l'accusé est l'auteur des faits qui lui sont reprochés, s'ils lui sont imputables d'après les règles du droit pénal, enfin s'ils tombent sous l'application du texte d'une loi répressive. Leurs décisions sur ces divers points ont un caractère absolu... Mais ces mêmes décisions ne sauraient réagir d'une manière absolue sur les droits des tiers qui sont demeurés étrangers aux poursuites criminelles ».

398. La jurisprudence s'est de plus en plus rattachée, en principe, au système qui attribue aux jugements criminels une autorité absolue sur les contestations civiles. Elle s'est seulement montrée de plus en plus réservée dans la détermination des points réellement jugés par les décisions criminelles et des questions sur lesquelles ces mêmes décisions restreignent la liberté de la juridiction civile (V. notamment, sur la question de principe : Civ. cass. 7 mars 1855, aff. Quertier, D. P. 55. 1. 81). La jurisprudence belge suit la même doctrine (C. cass. de Belgique, 4 juill. 1878) (1).

399. Les principes ainsi établis, il y a lieu de rechercher

---

(1) (Veuve Arnouts C. baron Vander Straeten Waillet.) — LA COUR ; — Sur le moyen unique de cassation, violation des art. 1351, 1382 et 1383 c. civ. ; violation de l'art. 8 de la Constitution ; violation et fausse application de l'art. 3 c. instr. crim. ; violation des art. 418, 419 et 420 c. pén. : 1° en ce que l'arrêt attaqué a déclaré que la chose jugée au criminel devait au civil exercer un empire absolu ; 2° en ce qu'il a donné pareil effet à la décision d'un conseil de guerre vis-à-vis de la demanderesse qui n'était à aucun titre justiciable de ce conseil ni pour sa personne ni pour ses biens ;

Sur la première branche : — Considérant que le défendeur a été poursuivi devant le conseil de guerre du Brabant à raison du fait qui constitue la base du procès actuel et qu'il a été acquitté par jugement du 8 juill. 1875 ; — Considérant que, suivant les énonciations de l'arrêt attaqué, ce jugement, devenu irrévocable, constate par son dispositif et par les motifs qui l'ont déterminé, qu'aucune faute quelconque n'est imputable au baron Vander Straeten Waillet au sujet de la mort d'Arnouts ; — Considérant que cette interprétation rentre exclusivement dans les attributions de la cour d'appel et qu'elle est d'ailleurs conforme au jugement du conseil de guerre, qui déclare, dans ses motifs, que le défenseur a obéi à la nécessité de sa propre défense et de celle du colonel Lollivier ; — Qu'il se trouvait, dès lors, en état de légitime défense et que la légitime défense exclut toute faute et partant toute responsabilité du chef du préjudice causé à l'agresseur ; — Considérant que l'action en dommages-intérêts de la veuve Arnouts se fonde sur les mêmes éléments que l'action publique sur laquelle le conseil de guerre a définitivement statué ; que ces deux actions ont ainsi la même base ; — Considérant que l'action publique s'exerce au nom de la société et dans son intérêt ; que les décisions que cette action provoque lient tous les membres du corps social, alors même qu'ils n'ont pas été parties aux débats en nom personnel ; que les faits qu'elles affirment ou dénient ne peuvent donc plus être discutés ni méconnus devant la juridiction civile sans porter atteinte à l'autorité de la chose jugée ; — Considérant que ce principe ressort de l'art. 3 c. instr. crim., qui a été reproduit par l'art. 4 de la loi du 17 avr. 1878 ; que cette disposition suspend l'exercice de l'action civile devant

pour leur application, à quels jugements criminels appartient l'autorité de la chose jugée sur les contestations civiles et selon quelles règles cette autorité s'exerce dans les diverses hypothèses qui se présentent.

ART. 2. — *Des jugements criminels qui ont l'autorité de la chose jugée sur les contestations civiles.*

400. Il est sans difficulté que tous les jugements criminels de toutes les juridictions, sans exception, ont la même autorité au civil. Ainsi jugé notamment pour les décisions des conseils de préfecture statuant en matière de contraventions (Angers, 26 mai 1864, aff. Concessionnaires du pont de Saint-Mathurin, D. P. 64. 2. 129), pour les jugements des juridictions militaires (C. cass. de Belgique, 4 juill. 1878, *suprà*, n° 398).

401. Mais les décisions des juridictions d'instruction donnent lieu à des difficultés particulières que nous examinons comme au *Répertoire*, dans une dernière division spéciale (V. *infrà*, n°s 476 et suiv.).

402. Les décisions des juges criminels qui statuent sur l'action civile de la partie lésée ou au contraire sur la demande de dommages-intérêts qui peut être formée par le prévenu acquitté, sont de simples décisions civiles, n'ayant par elles-mêmes l'autorité de la chose jugée que dans les conditions prescrites par l'art. 1351 c. civ., avec cette circonstance, bien entendu, que leur effet se confond souvent avec celui de la décision criminelle elle-même.

403. Mais un cas présente plus de difficulté. Doit-on considérer comme une décision criminelle, au point de vue de l'autorité de la chose jugée, la décision par laquelle une personne est déclarée *civilement responsable* des frais du procès criminel, envers l'Etat et sur la réquisition du ministère public, en sorte qu'elle ne puisse plus contester sa responsabilité envers la partie lésée. Deux arrêts se sont prononcés dans le sens de l'affirmative (Rennes, 12 déc. 1861, aff. Kern, D. P. 78. 2. 161, sous-note *a* ; Nancy, 16 mai 1878, aff. Pételot, D. P. 78. 2. 161) : « Attendu, dit ce dernier arrêt, que requise par le ministère public, dans l'intérêt du Trésor, c'est-à-dire dans l'intérêt de l'Etat, en même temps que la peine elle-même et en vertu des mêmes pouvoirs, la condamnation aux frais devient l'accessoire de cette peine et participe de sa nature... » (V. en ce sens : Dutruc, *Journal du ministère public*, 1861, p. 297, et *Mémorial du ministère public*, v° *Chose jugée*, n°s 54 et 55).

Nous avons émis des doutes dans la note insérée sous l'arrêt précité de la cour de Nancy, sur l'exactitude de cette solution. En effet, de ce que la condamnation aux frais est requise par le ministère public dans l'intérêt de l'Etat, en même temps que la peine elle-même, et en vertu des mêmes pouvoirs, il ne s'ensuit pas qu'elle ait toujours le caractère d'une peine. A qui pouvait-on confier, sinon au ministère public, la mission de requérir la condamnation aux dépens? N'est-il pas l'agent de l'Etat, et, comme tel, ne doit-il pas sauvegarder ses intérêts civils en même temps que l'intérêt plus élevé de la sécurité générale et de l'ordre public? Sans doute, c'est le tribunal répressif qui doit être saisi de toutes les questions relatives aux frais, et on fait remarquer avec raison que le ministère public ne pourrait pas, de ce chef, porter ses réquisitions devant la juridiction civile. Mais c'est là une règle dont il est facile de pénétrer le motif, sans qu'il soit nécessaire pour cela d'altérer la nature de l'intérêt dont l'Etat, au point de vue des frais, recherche la satisfaction. En ce qui touche le délinquant, il était tout naturel de lui appliquer la règle que la partie qui succombe doit être condamnée aux dépens, et il ne pouvait venir à l'idée de personne de réserver à une juridiction autre que la juridiction répressive le droit de prononcer cette condamnation. Quant aux personnes civilement responsables, si le code d'instruction criminelle, art. 182 et 194, prescrit au ministère public de les comprendre dans la même poursuite, et de les faire condamner par le même jugement, il ne faut voir dans cette disposition qu'une mesure d'ordre destinée à prévenir un nouveau débat et à éviter au ministère public la nécessité d'introduire devant la juridiction civile une seconde instance. Les inconvénients, les retards, les frais qui seraient résultés de ce système expliquent surabondamment celui auquel le législateur s'est arrêté. La nécessité de s'adresser en appel au juge de répression ne prouve aucunement que la condamnation aux dépens n'ait pas le caractère d'une condamnation civile. Que l'on suppose une constitution de partie civile suivie d'une condamnation à des dommages-intérêts : l'appel interjeté de ce chef, par la personne civilement responsable, aurait dû, d'après les art. 202 et 203 c. instr. cr., être porté dans les dix jours, devant la chambre correctionnelle. Il est bien certain cependant que la condamnation à des dommages-intérêts a le caractère d'une condamnation civile. Enfin, il n'est nullement impossible qu'un jugement, correctionnel en un point, soit civil en un autre. Ainsi lorsque sur une constitution de partie civile, le tribunal répressif, en même temps qu'il applique la loi pénale, accorde des dommages-intérêts, ou prononce des restitutions en faveur de la partie lésée, le jugement, correctionnel ou criminel sous un certain aspect, sera purement civil sous un autre.

404. La question de savoir si les arrêts de condamnation *par contumace* ont la même autorité que les arrêts contradictoires, réservée par la cour de Poitiers dans un arrêt du 6 déc. 1876 (aff. Fortin, D. P. 77. 2. 217), a été résolue dans le sens de l'affirmative par un arrêt de la cour de Paris du 22 déc. 1873 (aff. Damars, D. P. 74. 2. 147) : « Attendu que l'arrêt rendu par contumace, bien qu'il ne soit pas absolument irrévocable, n'en constitue pas moins une décision définitive, ayant eu pour effet de clore la prescription de l'action publique, en mettant un terme à la poursuite, et dont l'autorité, en ce qui touche l'existence du fait reconnu constant, s'impose à la juridiction civile » (V. cependant en sens contraire : Haus, n° 1419). Suivant cet auteur, « si elle a pour effet de mettre un terme à la suspension de l'action civile, la condamnation par contumace est sans influence sur le sort de cette action ».

405. Il faudrait reconnaître la même autorité aux jugements et arrêts *par défaut*, tant qu'il n'ont pas été frappés d'opposition. On ne saurait méconnaître qu'il en pourrait résulter, dans la pratique, de graves inconvénients. Au surplus, sur l'effet des arrêts par contumace, ainsi que des jugements et arrêts de défaut, au point de vue de la chose jugée, V. *Contumace*, comme il est dit *suprà*, n° 248.

406. En ce qui concerne l'autorité des jugements criminels *étrangers* sur une contestation civile portée devant les tribunaux français, la question s'est présentée mais n'a pas été résolue, V. Req. 8 déc. 1846 (aff. Suisse, D. P. 52. 5. 95). — V. d'ailleurs, sur les effets des jugements étrangers au point de vue de la chose jugée, *suprà*, n° 288.

407. Il faut, évidemment, que le jugement criminel invoqué au civil soit antérieur au jugement civil. Mais il n'importerait pas qu'il eût été postérieur à l'introduction de l'instance, ni même à une décision en premier ressort déférée au juge d'appel. C'est ce qui résulte implicitement d'un arrêt du conseil d'Etat du 11 déc. 1871 (aff. Roussel, D. P. 72. 3. 65).

408. Il faut enfin que le jugement criminel invoqué soit produit, d'autant plus qu'en cas d'acquittement tout au moins il est toujours nécessaire de consulter les motifs de la décision (V. Req. 31 mars 1874, aff. Delpy, D. P. 75. 1. 229, arrêt rendu dans une espèce où il s'agissait d'un jugement correctionnel détruit lors des incendies de 1871). — V. sur la production des jugements invoqués, *suprà*, n° 5.

---

le juge civil jusqu'à ce qu'il soit définitivement prononcé sur l'action publique, intentée avant ou pendant la poursuite de l'action civile; que, par suite, l'action publique est préjudicielle au jugement de l'action privée; — Que cette prédominance de l'action publique, quand celle-ci, comme dans l'espèce, est née des mêmes faits que l'action civile et qu'elle s'appuie sur la même base, repose sur des raisons d'un ordre supérieur qui ne permettent pas qu'en vue d'un intérêt privé la chose jugée au criminel soit remise en question et puisse être contredite par la juridiction civile; — D'où il suit, d'une part, que l'art. 1351 c. civ. est étranger à cette matière; d'autre part, que les art. 1382 et 1383 du même code sont sans application;

Sur la seconde branche :... — Considérant qu'il résulte de tout ce qui précède qu'en déclarant non recevable l'action de la demanderesse l'arrêt attaqué n'a contrevenu à aucune des dispositions invoquées;

Par ces motifs, rejette...

Du 4 juill. 1878.-C. cass. de Belgique, 1re ch.-MM. le baron de Crassier, 1er pr.-Bonjean, rap.,-Mesdach de ter Kiele, 1er av. gén., c. conf.-de Mot, Servais, de Becker et Dequesne, av.

ART. 3. — *Des règles suivant lesquelles s'exerce au civil l'autorité des jugements criminels* (*Rép.* nos 544 à 582).

409. La jurisprudence s'est de plus en plus attachée, dans ces dernières années, à préciser avec plus de netteté les règles suivant lesquelles s'exerce au civil l'autorité des jugements criminels. Nous les examinerons avec plus de détail en passant en revue les différentes hypothèses qui sont à envisager. Mais elles peuvent être résumées comme il suit, d'après les termes d'un arrêt de la chambre des requêtes du 27 janv. 1869 (aff. Houillères de Saint-Etienne, D. P. 69. 1. 169-172). « Le principe d'après lequel les décisions des tribunaux correctionnels ont au civil l'autorité de la chose jugée à l'égard de tous, doit être entendu en ce sens qu'il n'est jamais permis au juge civil de méconnaître ce qui a été jugé par le tribunal correctionnel, soit quant à l'*existence du fait* qui forme la base commune de l'action publique et de l'action civile, soit quant à la *qualification légale* de ce fait, soit quant à la *participation ou non-participation* des personnes à ce même fait ». — Et la juridiction civile est liée, non seulement par le dispositif de ces décisions, mais encore par ceux de leurs *motifs* où sont examinées et appréciées les *qualifications pénales* servant de base à ce dispositif (Civ. rej. 26 juill. 1865, aff. Mirès, 2 arrêts, D. P. 65. 1. 490 et 492). — Mais il ne suffit pas que l'énonciation d'un fait, que l'appréciation du caractère d'une convention se trouve parmi les *motifs* divers d'un arrêt qui prononce l'acquittement d'un prévenu, pour que ce fait ou le caractère de cette convention ne puisse désormais être mis en question devant le juge civil, lorsque rien ne prouve que ce soit précisément ce motif qui ait déterminé la décision (Paris, 22 janv. 1864, aff. Mirès, D. P. 64. 2. 25-26)... Et plus encore si cette énonciation, telle que la distribution de dividendes fictifs, n'a pas motivé la condamnation prononcée pour d'autres causes (Aix, 22 juill. 1862, aff. Zangroniz, D. P. 62. 2. 148).

410. Les motifs auxquels on peut étendre l'autorité de la chose jugée sont uniquement les causes *immédiates* et *nécessaires* de la condamnation ou de l'acquittement (Griolet, p. 352, et note sur Req. 27 janv. 1869, aff. Société des houillères de Saint-Etienne, D. P. 69. 1. 169).

« Si on voulait remonter au-delà, ajoute M. Griolet, dans la note précitée, jusqu'aux motifs que ces causes elles-mêmes supposent, il serait impossible de s'arrêter à une limite quelconque. » M. Griolet en conclut qu'au cas de condamnation comme au cas d'acquittement, il y a toujours lieu d'exclure deux catégories de faits comme n'étant jamais préjugés au civil par la décision criminelle, de quelque façon qu'elle ait été motivée : 1° les faits autres que ceux qui entrent dans la composition du délit ; 2° les faits mêmes qui composent le délit, considérés isolément. Nous verrons, en effet, que ces règles rendent compte de presque toutes les décisions que nous aurons à examiner successivement.

411. Mais la règle qui donne lieu au plus grand nombre de difficultés en matière d'acquittement, et à laquelle la jurisprudence s'attache de plus en plus, est celle qui exige que la cause de la décision criminelle soit certaine (V. plus spécialement sur ces questions : Demolombe, n° 415 ; Bonnier, n° 512 ; Haus, n° 1420).

412. Pour l'application de ces règles aux espèces qui se sont présentées, depuis la publication du *Répertoire*, nous n'aurons qu'à suivre à peu près sans changement les divisions du *Répertoire*, et nous envisagerons successivement les hypothèses suivantes : 1° jugements de condamnation ; — 2° jugements d'acquittement ayant une cause autre que la négation du fait incriminé ; — 3° jugements d'acquittement ayant pour cause la négation du fait incriminé ; — 4° jugements d'acquittement et spécialement verdicts du jury déclarant que la personne poursuivie n'est pas coupable ; — 5° jugements d'acquittement ayant pour cause des motifs complexes.

§ 1er. — Des jugements de condamnation (*Rép.* nos 545 à 550).

413. Le jugement de condamnation ne permet de remettre en question devant le juge civil ni le fait constitutif du délit et ses circonstances légales, ni la qualification pénale que le fait a reçue. Le principe de l'autorité des jugements criminels au civil n'ayant plus guère été contesté, peu d'arrêts pourraient être ajoutés à ceux qui ont été cités au *Rép.* n° 545, en dehors des cas ci-après, où la question a été de savoir si certaines déclarations du jugement de condamnations ont au civil l'autorité de la chose jugée (V. cependant les arrêts suivants qui affirment simplement l'autorité des jugements de condamnation : Limoges, 20 févr. 1846, aff. Chassagnoux, D. P. 47. 2. 68 ; Bruxelles, 16 juin 1854, aff. Wouters, D. P. 55. 2. 249 ; Lyon, 17 août 1867, aff. Desseigne, D. P. 68. 2. 110).

414. Mais il importe de constater que la jurisprudence a continué à appliquer rigoureusement le principe en matière de *faux*. Ainsi il a été jugé que la déclaration par le jury qu'un individu s'est rendu coupable de faux par supposition de personne, dans un acte notarié, constate l'existence de ce fait de supposition envers et contre tous et notamment contre le notaire ultérieurement poursuivi en dommages-intérêts devant la juridiction civile, comme ne s'étant pas assuré de l'identité des personnes qui s'étaient présentées devant lui (Riom, 11 janv. 1859, aff. Jayant, D. P. 59. 2. 132-133, et sur pourvoi, Req. 14 févr. 1860, D. P. 60. 1. 161). Dans cette affaire on invoquait à tort, en sens contraire, divers arrêts de la cour de cassation (V. notamment : Crim. cass. 28 déc. 1849, aff. James, D. P. 50. 1. 54-55 ; Crim. rej. 24 janv. 1850, aff. Desesquelles, *ibid.*). Ces arrêts déclarent seulement que l'exécution de la disposition de l'art. 463 c. instr. cr. d'après laquelle les actes authentiques déclarés faux doivent être rétablis, rayés ou réformés, avec procès-verbal du tout, a pour résultat, non d'anéantir l'existence matérielle de ces actes, mais de les frapper d'un signe de réprobation qui avertit de leur fausseté et leur enlève le caractère d'actes authentiques et exécutoires, *sauf aux tiers qui n'auraient pas été parties au procès criminel à faire valoir leurs droits, s'il y a lieu, devant les tribunaux compétents*. Mais cette réserve, exacte dans sa généralité, ne supposait pas nécessairement que les tiers pourraient, pour défendre leurs intérêts, aller jusqu'à contester la fausseté de l'acte telle qu'elle résulterait de l'arrêt de condamnation.

415. Le jugement de condamnation ayant l'autorité de la chose jugée sur l'existence du fait constitutif du délit, il faut admettre que le jugement correctionnel qui déclare un individu coupable d'avoir frauduleusement détourné un testament olographe et qui constate ainsi l'existence de ce testament auquel il reconnaît le caractère d'un acte portant obligation (art. 408 c. pén.), lui imprime une présomption de validité qui, dans l'instance civile, met à la charge des héritiers naturels la preuve des vices dont ils prétendent qu'il était infecté (Poitiers, 2 déc. 1852, aff. Biraud, D. P. 55. 2. 332) ; — et de même, que le jugement correctionnel qui a déclaré un individu coupable d'avoir commis un abus de confiance en détruisant un acte contenant obligation, qui lui avait été confié à la charge de le rendre, établit, avec l'autorité de la chose jugée, l'existence et même la validité de cet acte (Douai, 23 janv. 1867, et Civ. cass. 21 déc. 1868, aff. Hocquet, D. P. 69. 1. 169-173). En ce qui concerne cette dernière espèce, M. Griolet, dans la note déjà citée, D. P. 69. 1. 169, exprime des doutes sur l'exactitude des motifs de l'arrêt de la cour de Douai ci-dessus qui a refusé d'examiner des moyens de nullité tirés de ce que l'acte constituait un pacte sur succession future ou n'était pas revêtu des formes prescrites pour les donations, ou avait une cause illicite. Cet auteur paraît faire une distinction entre les nullités absolues qui n'auraient pas permis de prononcer la condamnation pénale et certaines nullités relatives. On pourrait plus sûrement réserver toutes les exceptions ou moyens de défense autres que les moyens de nullité tel que le payement, la confusion, la compensation, la prescription, etc.

416. Mais il y a plus de difficulté à admettre l'autorité du jugement de condamnation relativement à des faits qui constituent des circonstances plus ou moins nécessaires pour la constitution du délit, telles que : 1° les *évaluations*; 2° la *désignation des personnes* ; ou bien relativement : 3° aux *qualifications légales*; 4° aux *faits et circonstances des délits considérés isolément*; 5° aux *faits différents bien que connexes*.

417. — I. ÉVALUATIONS. — Les *évaluations* qui résultent des jugements criminels ont l'autorité de la chose jugée toutes les fois qu'elles ont été faites en vertu de la loi pénale et lorsqu'elles constituent un élément du délit (art. 309 et

311 c. pén.). De même il y a chose jugée sur l'évaluation, lorsqu'elle résulte du nombre des choses détournées ou du nombre des personnes tuées ou blessées, car dans ces cas, les délits sont en quelque sorte multipliés par l'énumération que contient le jugement criminel (V. Griolet, *loc. cit.*). C'est en ce sens que s'est prononcé un arrêt (Civ. cass. 18 nov. 1878, aff. Calderini, D. P. 78. 1. 462), qui constate que l'évaluation de la somme volée résultait d'un nombre déterminé de pièces d'or spécifiées. — Mais, dans un très grand nombre de cas, les évaluations ne doivent être considérées que comme énonciatives, à plus forte raison, ne sont-elles pas opposables au civil, lorsqu'elles ne se réfèrent qu'aux détournements constatés par le juge criminel et laissent en dehors d'autres faits de détournement non relevés dans la poursuite. C'était le cas, dans l'espèce, d'une décision du conseil d'Etat du 11 avr. 1866 (aff. Chaspoul, D. P. 73. 5. 89). — Mais le chiffre des dommages-intérêts fixé par le jugement criminel aurait l'autorité de la chose jugée au civil à l'égard de toutes personnes, notamment des personnes civilement responsables. On citerait à tort en sens contraire un arrêt de la cour de Paris du 15 mai 1851 (aff. Pernaud, D. P. 52. 2. 240). La cour d'assises avait statué, dans cette espèce, après acquittement de l'accusé, et son arrêt n'avait que le caractère d'une simple décision civile.

418. — II. DÉSIGNATION DES PERSONNES. — La *désignation des personnes* résultant des jugements criminels peut aussi avoir au civil l'autorité de la chose jugée. La *désignation de la personne condamnée* ne permet pas seulement de soutenir devant le juge civil que cette personne n'a pas commis le fait délictueux, elle s'oppose à ce qu'il soit jugé qu'une autre personne l'a commis à l'exclusion de la personne condamnée. C'est ce que juge expressément un arrêt en déclarant que l'affirmation de l'innocence d'un prévenu et la déclaration de culpabilité d'un coprévenu, constituent un obstacle absolu à ce que la non-participation du prévenu acquitté à l'acte délictueux soit remise en question devant la justice civile, et à ce que le condamné conteste devant elle le fait qui a engagé sa responsabilité au point de vue pénal (Civ. cass. 11 juill. 1882, aff. Chemin de fer du Midi, D. P. 83. 1. 158).

419. La *désignation de la personne lésée* a plus d'importance et donne lieu à plus de difficultés. Cette désignation a l'autorité de la chose jugée lorsqu'elle est un élément nécessaire du délit poursuivi. Dans le cas contraire, cette désignation n'est qu'une énonciation accessoire que le juge civil pourrait contredire sans méconnaître l'autorité de la décision criminelle (V. Griolet, note précitée, D. P. 69. 1. 169). Ce dernier cas est le plus général. Ainsi en matière de *vol*, par exemple, il n'importe pas que la chose volée appartienne à telle personne ou à telle autre, pourvu qu'il ne soit pas prétendu devant le juge civil qu'elle appartenait au voleur condamné ou à une personne dont la qualité aurait fait disparaître le vol. — Même en matière d'*abus de confiance*, la désignation du mandant au préjudice duquel le délit a été commis n'est pas, en général, tellement nécessaire qu'elle doive s'imposer au civil avec l'autorité de la chose jugée. Il faut, mais il suffit que la substitution d'une personne différente à celle qui avait été désignée par le jugement criminel comme ayant été la partie lésée ne fasse pas disparaître le délit, que l'abus de confiance subsiste. C'est à peu près la conclusion de la dissertation insérée D. P. 77. 2. 217 où M. Griolet relève cependant les objections et les difficultés auxquelles cette solution peut donner lieu dans la pratique. — Jugé en ce sens que le jugement correctionnel qui condamne un individu pour abus de confiance, en le déclarant coupable d'avoir détourné des valeurs qui lui avaient été remises par une personne dénommée à charge de les rendre ou représenter ou d'en faire un usage ou emploi déterminé, ne décide pas, avec l'autorité de la chose jugée, que l'abus de confiance ait été commis au préjudice de la personne qu'il désigne ainsi (Orléans, 9 juin 1870, aff. Mahou, D. P. 70. 2. 225. — V. cependant observations contraires : D. P. 70. 1. 20, note). — Jugé également que la décision correctionnelle qui, au cas de détournement, par un notaire, de la somme que lui a remise l'acquéreur d'un immeuble, pour être versée au vendeur après mainlevée des inscriptions, déclare que ce détournement a été commis *au préjudice de l'acquéreur*, obligé de payer une seconde fois son prix aux créanciers inscrits, n'apporte pas l'obstacle de la chose jugée à ce que les juges civils décident postérieurement que, par l'effet de la remise de deniers au notaire désigné, l'acquéreur s'était libéré envers son vendeur, et qu'en conséquence il a un recours contre lui, à raison du nouveau payement par lui fait aux créanciers inscrits (Req. 26 mars 1867, aff. Depret, D. P. 67. 1. 305). Et, de même, dans une espèce où le débat s'élevait entre prêteur et emprunteur, il a été décidé que « l'arrêt qui prononce par contumace, contre un notaire, une condamnation pour abus de confiance au préjudice de l'emprunteur, ne statue que sur le fait du détournement sans préjuger la question de savoir si les fonds avaient été seulement confiés au notaire par le prêteur pour être remis à l'emprunteur ou si l'emprunteur avait réellement reçu la somme et l'avait ensuite laissée aux mains du notaire » (V., sur cet arrêt, la note précitée de M. Griolet, D. P. 69. 1. 169).

420. — III. QUALIFICATIONS LÉGALES. — Les *qualifications légales* résultant des jugements de condamnation font évidemment partie intégrante de la chose jugée et, en conséquence, elles ne peuvent être contredites au civil. Il a été ainsi décidé : que le jugement correctionnel qui a condamné un faux mandataire pour escroquerie au préjudice d'une partie fait obstacle à ce que le juge civil déclare que la perte résultant du délit doit être supportée par la partie qui aurait donné au prévenu le mandat dont il s'est prévalu (Caen, 25 août 1874, aff. Lebreton, D. P. 77. 5. 77) ; — ... Et que celui au préjudice duquel une chose mobilière a été détournée au moyen d'un fait qualifié d'abus de confiance par la juridiction correctionnelle, ne peut soutenir au civil que le détournement présentait les caractères d'un vol à l'effet d'exercer l'action en revendication permise, en cas de vol, par l'art. 2279 c. civ. (Req. 23 déc. 1863, aff. Lingrand, D. P. 65. 1. 80).

421. La question peut encore se présenter en matière de *prescription*. La partie lésée peut, en effet, avoir intérêt à prétendre qu'un fait qualifié *délit* par le juge criminel constituait un *crime* à raison duquel l'action civile n'était prescriptible que par dix ans et non par trois ans. Elle n'y serait plus recevable (V. la note sous une espèce où la question se posait mais n'a pas été résolue : Req. 28 févr. 1855, aff. Commune d'Altkirch, D. P. 55. 1. 343).

422. En dehors de ces hypothèses l'interdiction par le juge civil de contredire les qualifications légales relevées par le juge criminel peut encore avoir quelque effet. Ainsi, lorsque la victime d'une blessure faite volontairement a succombé, si le tribunal correctionnel, saisi seulement depuis le décès, n'a condamné le coupable que pour délit de coups et blessures, la famille de la victime ne peut ultérieurement demander des dommages-intérêts devant le juge civil pour réparation des suites d'une blessure ayant occasionné la mort. Le juge ne peut examiner la demande qu'en tant que fondée seulement sur des coups ayant eu des suites préjudiciables, et il n'en peut apprécier le mérite que dans les limites de cette qualification (Paris, 13 avr. 1872, aff. Dardare, D. P. 73. 2. 150).

Mais en matière de jugements d'acquittement, les motifs relatifs aux qualifications pénales qui ont été écartées par le juge criminel donnent lieu, comme nous le verrons, aux difficultés les plus graves.

423. — IV. FAITS ET CIRCONSTANCES DU DÉLIT CONSIDÉRÉS ISOLÉMENT. — Enfin il importe de bien remarquer que l'autorité de la chose jugée ne s'applique jamais aux *faits* ou *circonstances* qui constituent le délit, considérés isolément du fait délictueux lui-même. C'est ainsi que l'affirmation de certaines *qualités* telles que celles de père, de fils, qui résulte souvent d'une décision criminelle, ne peut être invoquée au civil comme ayant l'autorité de la chose jugée sur des contestations relatives à d'autres faits (V. aussi en ce sens: Demolombe, n° 442; Aubry et Rau, n° 769 *bis in fine*). Toutefois M. Haus, n° 1428, enseigne la doctrine contraire, tout au moins en ce qui concerne le condamné. « Une condamnation pour parricide établit la filiation du condamné, sans décider si elle est légitime ou naturelle; à moins que l'accusé n'ait été condamné pour avoir volontairement donné la mort à un ascendant autre que le père ou la mère. Une condamnation pour bigamie établit que le premier mariage n'est entaché d'aucune nullité absolue, ni d'aucune nullité relative et personnelle au condamné; car ce crime ne peut se commettre que par celui qui est encore engagé dans les liens du mariage au moment où il en contracte un autre. Sous ce rapport, le mariage est jugé valable et vis-à-vis du condamné, et vis-à-vis de son premier époux; mais il ne l'est pas à l'égard de cet époux qui n'a pas été partie dans l'instance criminelle, s'il s'agit de nullités propres à ce dernier. Quant au second mariage, la condamnation juge que, indépendamment du vice qui résulte du double lien, ce mariage n'est pas affecté de nullités absolues, ni même de nullités relatives que le condamné ait qualité pour opposer. L'existence de semblables nullités exclurait, en effet, le crime de bigamie, qui suppose la coexistence de deux mariages. Au reste, l'acquittement de l'accusé de bigamie n'implique ni la nullité du premier mariage, ni la nullité du second, puisqu'il peut être fondé sur la condition que l'accusé était de bonne foi. »

424. C'est par application de la règle ci-dessus indiquée que la chambre civile de la cour de cassation a décidé, en matière de brevet d'invention, par un arrêt (Civ. cass. 29 avr. 1857, aff. Rohlfs, D. P. 57. 1. 137), rendu contrairement à diverses décisions antérieures et particulièrement à un arrêt de rejet de la chambre criminelle du 17 avr. 1857 (aff. Aubert, D. P. 57. 1. 142), « que quand, aux termes de l'art. 46 de la loi du 5 juill. 1844, le tribunal correctionnel, saisi d'une action pour délit de contrefaçon, statue sur les exceptions que le prévenu tire, soit de la nullité ou de la déchéance du brevet, soit des questions relatives à la propriété dudit brevet, il ne fait qu'apprécier, au point de vue de la prévention, un moyen de défense qui est opposé à l'action correctionnelle; que la décision qu'il rend sur ce moyen de défense ne s'étend pas au delà du fait incriminé; qu'en cette matière, comme en toute autre, le tribunal correctionnel n'est juge de l'exception que dans la mesure et les limites de l'action »; que la décision ainsi rendue sur la déchéance ou nullité du brevet « doit être renfermée dans son objet, et qu'elle ne pouvait être invoquée comme ayant l'autorité de la chose jugée dans le procès que la même société a intenté, en 1855, devant le tribunal civil d'Arras, en réparation du dommage que Crespel-Dellisse lui aurait causé par la fabrication et l'usage de nouveaux appareils de même nature » (V. sur cette question, les autres décisions citées et la controverse des auteurs rapportée v° *Brevet d'invention*, n° 556. V. aussi Griolet, p. 353, et dissertation insérée D. P. 69. 1. 169). Plus spécialement en ce qui concerne les poursuites correctionnelles pour faits nouveaux en vertu du même brevet, V. *suprà*, n° 309.

425. La même règle explique les décisions de la jurisprudence relatives aux effets des décisions criminelles en matière de *banqueroute*. Le jugement criminel qui affirme l'état de faillite du commerçant pour le condamner aux peines de la banqueroute simple ou frauduleuse n'a pas au civil l'autorité de la chose jugée sur la question de savoir si la personne ainsi condamnée devait être déclarée en faillite ou même si elle était commerçante (V. Crim. rej. 6 mars 1857, aff. Ortelszberger, D. P. 57. 1. 180; 24 juin 1864, aff. Level, D. P. 64. 1. 450). — V. en sens inverse ce qui concerne les effets des jugements civils qui ont déclaré la faillite au point de vue des poursuites criminelles, *suprà*, n° 386.

426. C'est encore dans le même sens qu'il a été décidé que le jugement par lequel un tribunal de simple police a condamné le contrevenant pour usurpation ou dégradation d'un chemin public n'a point l'autorité de chose jugée sur la *question de propriété dudit chemin*, soulevée par voie d'exception préjudicielle, alors même que le prévenu a laissé passer sans faire de diligence le délai que le juge de police lui avait accordé pour saisir la juridiction civile (Orléans, 24 mai 1861, aff. Sabouré, D. P. 61. 2. 118).

427. Mais il en est autrement lorsque la question de propriété est soulevée à l'occasion du fait même qui a donné lieu à la condamnation prononcée par le juge criminel et qui est présenté devant le juge civil comme un fait dommageable à raison duquel des dommages-intérêts sont demandés. C'était le cas de l'espèce de l'arrêt de la chambre civile du 3 août 1864 (aff. Legey, D. P. 64. 1. 430). Cet arrêt juge que la décision correctionnelle qui prononce une condamnation pour contravention à la loi du 25 avr. 1829 sur la police de la pêche résultant de l'établissement dans un canal en communication avec une rivière, d'un barrage destiné à y intercepter la circulation des poissons, a l'autorité de la chose jugée au profit des particuliers exerçant au civil l'action en réparation de dommage à eux causé par cette contravention, sans que le juge civil saisi de cette action en dommages-intérêts fondée sur la contravention dont il s'agit, puisse la repousser par le motif que le fait qui lui sert de base n'aurait été que l'exercice d'un droit à raison de la nature du canal où la circulation des poissons était interceptée (V. sur cette règle et ses applications: Griolet, p. 353, et dissertation en note, D.P. 69. 1. 169).

428. — V. FAITS DIFFÉRENTS. — Il faut aussi rattacher au même principe cette autre règle, que l'autorité du jugement criminel ne peut être invoquée à l'occasion de *faits autres que ceux* qui constituaient le délit poursuivi, quelle que soit leur ressemblance ou leur connexité. C'est ainsi qu'il a été jugé que le jugement correctionnel qui déclare que le choc de deux navires a eu lieu par la faute des capitaines, et les condamne comme coupables du délit d'homicide par imprudence, à raison de la mort de plusieurs passagers occasionnée par ce choc, n'a pas l'autorité de la chose jugée relativement à la demande en dommages-intérêts formée devant le tribunal civil par les propriétaires des marchandises perdues dans le naufrage dont le même choc a été la cause (Req. 3 août 1853, aff. Isnard, D. P. 54. 1. 74).

La perte des marchandises avait bien eu nécessairement pour cause les mêmes faits d'imprudence qui avaient occasionné, avec le naufrage lui-même, la mort de plusieurs passagers. Mais il n'y avait pas identité entre la réclamation ayant pour objet la perte des marchandises et celle qui aurait eu pour objet la mort des passagers. Cette dernière seule aurait été régie par la chose jugée résultant de la condamnation correctionnelle pour homicide par imprudence. On a justement signalé, en note sous cet arrêt, combien il peut paraître difficile de concilier cette solution avec le principe de l'autorité souveraine et absolue des jugements criminels. Elle serait, au contraire, une conséquence toute naturelle du système de M. Griolet qui n'admet l'autorité des jugements criminels qu'à l'égard de l'action civile née du délit lui-même.

429. Au premier abord, on pourrait voir l'application d'une doctrine contraire dans un arrêt de la cour de Dijon du 1er août 1877 (aff. Montcharmont, D. P. 80. 2. 32), qui a décidé que le jugement correctionnel qui a prononcé une condamnation pour fraude électorale résultant de fausses nouvelles et bruit calomnieux ayant pour but de surprendre ou détourner des suffrages, peut être invoqué au civil comme ayant affirmé, avec l'autorité de la chose jugée, l'existence des fausses nouvelles et bruits calomnieux, constatés dans les motifs dudit jugement. Mais il est aisé de reconnaître que l'action en dommages-intérêts dont le juge civil était saisi était bien fondée sur les mêmes faits que la poursuite criminelle, qu'elle n'était que l'action civile exercée à raison des mêmes faits. La décision aurait dû être toute différente s'il s'était agi de la fausseté ou de la vérité des faits allégués considérée à d'autres points de vue dans un intérêt civil.

430. Au contraire, la différence entre l'objet de la contestation civile et celui de la poursuite criminelle n'importe pas, lorsque l'instance civile a pour but de contredire directement la condamnation elle-même. C'est le cas des espèces où le condamné intente une action en dommages-intérêts pour *faux témoignage* contre le témoin dont la déposition a déterminé la condamnation. Un arrêt a admis une action de ce genre, mais par des motifs qui sont en contradiction avec la doctrine actuellement suivie en ce qui concerne l'autorité absolue des jugements criminels au civil (Grenoble, 18 janv. 1855, aff. Roux, D. P. 55. 2. 147). Cet arrêt est, en effet, principalement fondé sur le défaut des identités exigées par l'art. 1351 c. civ., et qu'on ne recherche plus aujourd'hui en matière de jugements criminels invoqués devant les juges civils. « Attendu, dit la cour de Grenoble, que la demande en dommages-intérêts, objet du procès, ne peut exercer aucune influence sur l'exécution, déjà irrévocablement accomplie, du jugement correctionnel rendu par le tribunal de Briançon le 10 juill. 1849; qu'elle ne tend point à la réformation de ce jugement; que, dans la cause, il n'y a *ni identité de parties*, puisque le témoin attaqué n'avait pas cette qualité dans l'instance correctionnelle, *ni identité d'objet*, puisqu'il ne s'agit que du préjudice causé par le jugement même de condamnation, que la demande en dommages-intérêts formée, ne prenant sa source que dans le fait de cette condamnation, ne peut être réputée jugée par la décision qui l'a prononcée; que l'exception de de chose jugée, réduite à la contradiction qui pourrait exister entre le jugement déclarant le faux témoignage et la condamnation correctionnelle, est dénuée de tout fondement, puisque cette contradiction est l'effet propre et inévitable du crime de faux témoignage; que l'action du ministère public, chargé de la poursuite de ce crime, comme de tous les autres, entraîne forcément la même conséquence, sans qu'elle puisse lui être opposée; que si l'on admet, comme cela est incontestable, que la partie injustement condamnée par suite d'une déposition mensongère, a le droit de porter plainte et de provoquer ainsi l'exercice de l'action publique, nonobstant la chose jugée, il est impossible de lui refuser, par ce motif, le droit de porter son action devant les tribunaux civils, dont l'art. 3 précité lui laisse expressément le choix. » Ce dernier motif n'est pas concluant, car, ainsi que nous l'avons vu, on n'a pas considéré que la possibilité de décisions criminelles contradictoires dût faire rejeter le principe de l'autorité absolue des décisions criminelles au civil. — Un autre arrêt s'est, d'ailleurs, prononcé en sens contraire, ainsi qu'il résulte de ses termes à rapprocher des motifs du précédent: « ... Attendu qu'il résulte du libellé de l'exploit introductif d'instance, appuyé et commenté par des conclusions additionnelles et par un mémoire que, quels que soient les artifices de langage qu'ait pu employer A... pour détourner l'attention des juges du but qu'il se proposait, sa demande ne tendait à rien moins qu'à établir que Douce avait fait à son encontre, soit devant le juge d'instruction, soit à l'audience de la cour d'assises, un faux témoignage, et, comme déduction, que sa condamnation était imméritée; — Qu'il est hors de doute qu'il portait ainsi atteinte à l'autorité d'un arrêt de cour d'assises, ayant force de chose jugée; — Attendu qu'il est de principe que la décision de la cour d'assises doit être maintenue en son entier et produire tous ses effets tant qu'elle n'a pas été réformée par le moyen indiqué par le législateur; — Qu'au cas actuel, en suivant l'art. 443 c. instr. cr., la seule voie à prendre pour attaquer la décision dont A... avait à se plaindre était celle d'une poursuite en faux témoignage » (Alger, 18 nov. 1875, aff. A..., D. P. 77. 5. 77). — La même solution résulte d'un arrêt de la cour de Nîmes du 5 août 1873 (aff. Mercier, D. P. 73. 2. 193), qui juge que l'autorité de la chose jugée résultant d'un arrêt de condamnation pour banqueroute frauduleuse s'oppose à ce que le condamné intente contre le syndic de sa faillite une action en dommages-intérêts fondée sur ce qu'il aurait occasionné sa condamnation par des rapports inexacts, et, particulièrement, en présentant à tort l'actif comme inférieur au passif. La cour de Nîmes constate, d'ailleurs, que l'unique préjudice dont la réparation était demandée consistait dans la condamnation, et qu'on prétendait établir que les erreurs reprochées au syndic avaient déterminé cette condamnation. On pourrait, en effet, concevoir que des actions en dommages-intérêts de ce genre fussent recevables si elles n'étaient pas en contradiction nécessaire avec la condamnation prononcée.

431. Enfin une curieuse espèce à signaler est celle qui a été jugée par un arrêt de la cour d'Amiens du 24 déc. 1884 (aff. Pourcelle C. dame Darras, veuve Pourcelle, *Recueil de cette cour*, 1885, p. 140). Il s'agissait d'une instance en révocation de donation pour cause d'ingratitude à raison de faits qui avaient motivé contre le demandeur une condamnation pour diffamation au profit du défendeur. La cour a déclaré cette action recevable avec d'autant plus de raison que la condamnation pour diffamation ne supposait pas nécessairement la fausseté des faits jugés diffamatoires.

432. Il peut arriver, d'ailleurs, dans bien d'autres cas, et même dans le cas d'une action en dommages-intérêts pour faute ou quasi-délit, que le jugement de condamnation n'entraîne pas nécessairement la condamnation au civil du défendeur. Ainsi les faits qui constituent des contraventions de simple police pouvant n'être que de simples faits matériels, commis sans intention ni volonté, seront quelquefois considérés au civil comme ne constituant pas la *faute* dommageable prévue par l'art. 1382 c. civ. Tel était peut-être le cas de l'espèce ci-dessous jugée par la cour d'Alger le 9 mai 1866 (1).

§ 2. — Des jugements d'acquittement ayant une cause autre que la négation du fait incriminé.

433. — I. Fins de non-recevoir. — Une première catégorie de jugements donne lieu à peu de difficultés. Ce sont ceux qui sont motivés par l'admission d'une *fin de non-recevoir*. La décision rendue sur cette fin de non-recevoir elle-même serait seule susceptible d'avoir quelque effet au civil. Le cas le plus fréquent est celui d'un jugement d'acquittement fondé sur la *prescription*. Il faut reconnaître qu'en pareil cas le juge civil ne saurait attribuer au même fait une qualification différente pour lui appliquer une prescription différente, celle de dix ans par exemple, établie pour les crimes au lieu de la prescription de trois ans applicable aux délits (V. en ce sens: les termes de l'arrêt de la chambre des requêtes du 28 févr. 1855, aff. Commune d'Altkirch, D. P. 55. 1. 343). Mais M. Griolet fait remarquer (p. 354 et dissertation D. P. 69. 1. 169) qu'il n'y aurait pas nécessairement contradiction entre le jugement d'acquittement fondé sur la prescription de trois ans ou de dix ans et la décision civile qui déclarerait ultérieurement que la prescription de trente ans était seule applicable parce que le fait ne constituait ni crime, ni délit. En pareil cas, en effet, le juge criminel n'avait pas à statuer et, en réalité, n'a pas statué sur l'existence, ni sur la qualification du délit. Il a déclaré seulement que le fait poursuivi serait prescrit, en tant que crime ou délit, s'il existait et s'il constituait un crime ou un délit.

434. — II. Négation de la criminalité; Défaut de discernement; Légitime défense. — Mais c'est d'ordinaire sur la négation de l'un des éléments de la *criminalité* que sont fondés les jugements d'acquittement qui n'ont pas pour cause la négation du fait incriminé lui-même.

M. Griolet, p. 354, et note précitée D. P. 69. 1. 169, distingue les cas où la *volonté* même de l'agent a été niée par le juge criminel et ceux où la *criminalité* seule a été écartée par lui.

Lorsque la *volonté* même a été niée par le juge criminel, la responsabilité civile ne peut être affirmée au civil, puisque la *volonté* est aussi l'élément essentiel de la responsabilité civile. Il n'y a aucun doute à cet égard, lorsque le juge criminel a déclaré que le prévenu était en état de *démence* ou qu'il a cédé à la *contrainte*. En effet, le juge criminel est autorisé à constater ces deux causes d'acquittement par l'art. 64 c. pén. qui dispose expressément « qu'il n'y a ni crime, ni délit, lorsque le prévenu était en état de démence au moment de l'action, ou lorsqu'il a été contraint par une force à laquelle il n'a pu résister. » Doit-on admettre la même solution pour le cas où le juge criminel a acquitté par ce motif que le prévenu était en *état d'ivresse* et qu'en conséquence, l'acte commis n'est pas punissable pour défaut

(1) (Berlier C. Sarda.) — Le sieur Berlier, adjudicataire des droits de mesurage et de pesage du marché de Mascara, ayant été poursuivi par le sieur Sarda à raison de certains faits de violence que ce dernier lui reprochait, a formé une demande reconventionnelle fondée sur le préjudice que Sarda lui aurait causé en contrevenant à des arrêtés municipaux qui avaient interdit la vente et l'achat des grains en dehors dudit marché. — Jugement du tribunal de Mostaganem qui fait droit à la demande principale de Sarda, mais écarte la demande reconventionnelle de celui-ci contre Berlier, par les motifs suivants : — « Attendu que Berlier ne justifie d'aucun préjudice résultant du fait de Sarda ; que suivant l'arrêté de M. le maire, en date du 24 juill. 1864, les ventes et achats de grains faits en public dans les rues ou sur la voie publique, étaient seuls prohibés, ainsi que l'a décidé un arrêt de la cour de cassation du 17 juin 1864 (D. P. 65. 1. 307) ; — Que si des condamnations pour contraventions à l'arrêté susvisé sont intervenues contre Sarda, elles peuvent être le résultat d'une fausse interprétation de cet arrêté ; — Que, par suite, on ne peut trouver dans les différentes condamnations prononcées contre Sarda pour contraventions, l'origine d'un droit à des dommages-intérêts ;—Par ces motifs, etc. ».—Appel par le sieur Berlier.—Arrêt.

La cour ; — Adoptant, etc., confirme, etc.

Du 9 mai 1866.-C. d'Alger.-MM. Pierrey, pr.-Durand, av. gén.-Bouriaud et Robe, av.

d'intention criminelle. M. Griolet incline à penser que, l'ivresse n'étant pas une cause légale d'acquittement, on doit, en pareil cas, restreindre l'effet de l'acquittement à la négation de la criminalité, de sorte que le tribunal civil pourrait déclarer l'agent responsable même en affirmant, contrairement à la décision du juge criminel, qu'il n'était pas en état d'ivresse.

D'ailleurs, dans ces trois cas, le juge civil resterait libre de constater une faute antérieure à l'état de démence, à la contrainte ou à l'ivresse, ainsi qu'il a été d'ailleurs jugé, pour le cas de démence, par un arrêt de la cour de Liège du 10 janv. 1835, reproduit au *Rép.* n° 548.

435. Les cas où la *criminalité* seule de l'agent aurait été niée, d'après M. Griolet, *loc. cit.*, sont l'aquittement du mineur pour *défaut de discernement* et l'acquittement fondé sur la *légitime défense*.

En ce qui concerne le mineur acquitté pour *défaut de discernement* on peut, en effet, admettre qu'il y a des degrés dans le discernement et que l'enfant qui n'a pu comprendre suffisamment qu'il commettait un délit a cependant eu assez d'intelligence pour sentir qu'il commettait un acte illicite et pour encourir une responsabilité civile. C'est ce qui a été expressément jugé par un arrêt de la cour de Bordeaux du 31 mars 1852 (aff. Pain, D. P. 54. 5. 113).

436. La même solution est admise par M. Griolet pour le cas de *légitime défense* qui, d'après cet auteur, devrait être diversement apprécié selon qu'on considère le point de vue criminel ou le point de vue civil (V. aussi en ce sens : Morin, *Répertoire de droit criminel*, v° *Défense légitime*, n° 12; Aubry et Rau, 4e éd., t. 8, § 769 *bis*, p. 409, et note 13; Ortolan, *Eléments de droit pénal*, n° 430; Demolombe, *Traité des contrats*, t. 7, n° 428). Mais la jurisprudence semble se fixer en sens contraire. Un arrêt de cassation du 19 déc. 1817, rapporté au *Rép.* v° *Responsabilité*, n° 101, avait déjà décidé en termes formels que la légitime défense constatée par le juge criminel (par une réponse du jury) exclut toute faute et qu'il n'en peut résulter une action en dommages-intérêts. La même décision a été successivement admise par un arrêt de la cour de Rennes du 25 avr. 1836 rapporté *ibid.*; implicitement par un arrêt de la chambre criminelle du 23 févr. 1865 (aff. Fabre, D. P. 68. 5. 69); par un arrêt de la cour de Limoges du 24 juin 1884 (aff. Dufour, D. P. 85. 2. 21), et enfin, dans les termes les plus formels par un arrêt de la chambre des requêtes du 24 févr. 1886 (aff. Marginier, D. P. 86. 1. 438). — « Attendu, dit cet arrêt, que la défense de soi-même ou des autres étant autorisée par la loi positive comme par la loi naturelle ne fait pas seulement disparaître la criminalité pénale, qu'elle exclut également toute faute, et ne permet pas à celui qui l'a rendue nécessaire par son agression de demander des dommages-intérêts; — Attendu, en fait, qu'un arrêt correctionnel a proclamé que Dufour était en état de légitime défense, lorsqu'il a exercé les violences qui ont causé la blessure dont Marginier réclamait la réparation devant la juridiction civile; — Attendu qu'à bon droit l'arrêt attaqué a considéré cette demande comme inconciliable avec l'*excuse péremptoire* admise au profit de Dufour, puisque la chose jugée sur la légitimité des actes constitutifs de la défense s'oppose à ce que les tribunaux déclarent plus tard, directement ou indirectement, que la défense a été illégitime » (V. aussi C. cass. de Belgique, 4 juill. 1878, *suprà*, n° 398).

On a, en outre, fait remarquer, dans la note sur l'arrêt de la cour de Limoges ci-dessus, que plusieurs des auteurs que nous venons de citer ont confondu le cas où il y a une déclaration formelle du juge criminel, comme une réponse précise et spéciale du jury, sur la question de légitime défense, et le cas où l'on fait résulter l'affirmation de la légitime défense d'une déclaration générale de non-culpabilité, particulièrement de la réponse négative du jury sur la question principale : l'accusé est-il coupable, etc. (V. des espèces où l'action en dommages-intérêts a pu être ainsi admise à défaut d'une décision expresse sur la légitime défense : Rennes, 14 déc. 1846, aff. Matte, D. P. 47. 4. 78; Crim. rej. 23 févr. 1865, aff. Fabre, D. P. 68. 5. 69).

437. Pour tous les cas ci-dessus, où la cause de l'acquittement a l'autorité de la chose jugée au civil, il importe de bien remarquer qu'elle ne saurait être invoquée d'une manière générale et à l'occasion d'autres faits étrangers au procès criminel. « Ainsi, dit M. Griolet, note précitée (D. P. 69. 1. 169), le jugement qui a acquitté un prévenu, par le motif qu'il était en état de démence, ne fait pas preuve au civil, avec l'autorité de la chose jugée, que le même individu était en état de démence à cette époque, relativement à un autre acte, même le plus voisin du délit, ni à un autre acte concomitant. »

438. Enfin on doit faire observer que les jugements qui prononcent l'absolution ou l'acquittement pour un motif autre que la négation du fait incriminé, fin de non-recevoir ou autre, ne peuvent avoir aucune autorité au civil, en ce qui concerne *l'affirmation du fait incriminé* qui peut souvent résulter de leurs motifs. Cette affirmation, qui n'était pas nécessaire, n'est pas le fondement de la décision rendue et, en conséquence, ne peut participer à l'autorité qui lui appartient. V. sur ce point, Griolet, *loc. cit.* C'est ainsi qu'il a été jugé que le jugement correctionnel qui relaxe le prévenu à raison de l'incompétence de la juridiction répressive pour connaître du fait incriminé, lequel ne lui paraît pas qualifié par la loi pénale, n'a pas l'autorité de la chose jugée sur l'existence de ce fait, affirmée dans ses motifs, en sorte que le juge civil saisi d'une demande en dommages-intérêts à raison du même fait peut rechercher librement l'existence de ce fait (Civ. cass. 23 mai 1870, aff. Evard, D. P. 70. 1. 308).

§ 3. — Des jugements d'acquittement ayant pour cause la négation du fait incriminé (*Rép.* n°s 551 à 555).

439. — I. De la forme de la négation. — Il n'y a aucune difficulté lorsque le jugement d'acquittement déclare, en termes formels, que le fait incriminé n'a pas existé ou que l'inculpé n'en est pas l'auteur, sauf, comme nous le verrons ci-après, les questions relatives soit à l'effet des affirmations sur lesquelles cette déclaration est fondée, soit aux contestations à l'occasion desquelles cette déclaration peut être invoquée. Mais les jugements d'acquittement sont souvent fondés plutôt sur l'*insuffisance de la preuve* que sur la négation même du fait incriminé. Faut-il assimiler à la négation formelle du fait incriminé les déclarations suivantes : qu'il *n'est pas constant*... qu'il *n'est pas établi*... qu'il *n'est pas suffisamment établi*.., etc.? La tendance au début a été de refuser à ces formules le même effet qu'à la négation formelle (V. les auteurs cités au *Rép.* n°s 556 et suiv., particulièrement : Mangin, *Traité de l'action publique*, t. 2, n°s 427, 434; et les arrêts rapportés *ibid.* n°s 556, 557, 559, 578). Il faut toutefois reconnaître que ces arrêts, dont plusieurs s'appliquaient à des verdicts de jurys rendus suivant les formules antérieures au code d'instruction criminelle, sont relatifs, peut-être sans exception, à des cas où, pour d'autres motifs, comme nous le verrons ci-après, l'autorité de la chose jugée était mal à propos invoquée. C'était aussi le cas de l'espèce jugée plus récemment par un arrêt de la cour d'Orléans du 15 avr. 1864 (aff. Rose Archambault, D. P. 64. 2. 94). Mais cet arrêt semble bien s'être encore fondé sur la distinction à laquelle paraissait vouloir se rattacher l'ancienne jurisprudence, puisqu'il est ainsi motivé : « Attendu que si l'on se reporte à l'arrêt rendu par la cour le 1er juin dernier, on voit qu'il n'*exclut pas nécessairement l'existence du fait et qu'il se borne à constater qu'il n'est pas suffisamment établi* au procès que la fille Archambault eût, le 25 déc. 1861, prêté une somme de 200 fr. à Zuida... ». Et la même solution a été plus certainement encore suivie par un arrêt de la cour de Besançon du 19 mai 1882 (aff. Boniard, D. P. 82. 2. 245), qui décide que le jugement correctionnel qui n'a acquitté que par le motif tiré de l'insuffisance de preuve, en matière de blessures par imprudence, ne s'oppose pas à ce que les mêmes personnes soient ultérieurement actionnées au civil à raison des mêmes faits.

440. Mangin, t. 2, n° 427, avait très nettement formulé cette doctrine : « Entre une déclaration portant que le fait n'est pas vrai et une déclaration portant que le fait n'est pas constant, c'est-à-dire qu'il n'est pas prouvé, la distance est immense, car cette décision n'exclut nullement l'existence du fait; elle le laisse incertain en proclamant que les preuves produites pour l'établir ont été trouvées insuffisantes ». La nouvelle doctrine et la jurisprudence de la cour de cassation ont au contraire abandonné toute distinction de ce genre,

« Il est impossible, dit M. Griolet, p. 360, de donner une valeur différente aux déclarations des juges suivant qu'ils ont exprimé leurs convictions dans des termes plus ou moins affirmatifs. Il suffit qu'ils affirment ou qu'ils nient. Un jugement n'a pas plus d'effet parce qu'il est fondé sur une certitude plus complète » (Conf. Larombière, n° 176). — Ce principe est actuellement consacré par la jurisprudence dans des espèces où les déclarations du juge criminel étaient restées empreintes du doute le plus marqué. Ainsi un arrêt juge que lorsque l'acquittement, au correctionnel, d'un individu prévenu d'avoir soustrait des billets au préjudice de celui à qui il les aurait souscrits, est prononcé par le motif « que l'existence et le montant de ces billets sont des faits restés à l'état de *simple probabilité*, insuffisants, dès lors, pour asseoir une condamnation », cet individu ne peut être ultérieurement actionné au civil en dommages-intérêts pour tenir lieu des mêmes billets, le juge civil ne pouvant accueillir une telle action, en l'absence de toute preuve écrite ou de tout commencement de preuve par écrit de la créance du demandeur, qu'en déclarant établis les faits de soustraction et de détournement qui ont été écartés du débat, comme non prouvés, par le juge correctionnel (Civ. cass. 1er août 1864, aff. de Saint-Ouen, D. P. 64. 1. 428).

441. Il a été jugé, dans le même sens, que le jugement correctionnel qui a décidé qu'il *n'était pas prouvé* que le gérant d'une société en commandite par actions eût distribué des dividendes fictifs, pouvait être invoqué par les membres du conseil de surveillance sur l'action en responsabilité intentée contre eux pour avoir consenti à la même distribution de dividendes fictifs (Aix, 9 avr. 1867, aff. Aldecoa, D. P. 70. 1. 401); et que le jugement correctionnel qui acquitte le prévenu par le motif que le fait délictueux n'est pas *suffisamment établi* s'oppose à ce que le plaignant demande devant la juridiction civile la réparation du préjudice qui lui aurait été causé par le même fait (Nancy, 23 nov. 1872, aff. Naudin, D. P. 73. 5. 88. — V. aussi dans le même sens : un arrêt de la cour d'Orléans du 4 juill. 1884, aff. Villeret, D. P. 86. 2. 94, dans une espèce où il avait été déclaré par une décision correctionnelle qu'il n'était pas *suffisamment établi* que le chien qui avait fait les blessures motivant la demande à fins civiles fût celui ayant appartenu au défendeur. V. enfin les termes d'un arrêt de la chambre des requêtes du 10 janv. 1877, aff. Audy, D. P. 77. 1. 197. L'acquittement était fondé, dans cette espèce sur ce qu'il n'était pas établi qu'aucune imprudence fût imputable). Mais il n'y aurait plus lieu d'appliquer la même règle s'il s'agissait d'un jugement ayant déclaré non *suffisamment établi*, non pas le *fait* incriminé lui-même, mais le *délit reproché*, c'est-à-dire plutôt l'intention criminelle que le fait lui-même. C'est ce qu'a eu à juger un arrêt de la cour de Riom du 30 janv. 1883 (aff. Comp. Paris-Lyon-Méditerranée, D. P. 84. 2. 199, dans une espèce où, d'ailleurs, il n'y aurait pas eu chose jugée pour d'autres motifs. V. *infrà*, n° 452).

442. — II. Difficultés spéciales a certains délits. — 1° *Imprudence*.—La négation du *fait incriminé*, une fois bien constatée et même sous la forme d'une déclaration d'insuffisance de preuve, ne donne lieu à des difficultées sérieuses que lorsqu'il s'agit du délit *d'homicide ou de blessures par imprudence*.

Il n'y a même pas de question, lorsque le jugement criminel a nié le fait lui-même, l'accident, ou a déclaré que le prévenu y a été matériellement étranger.

Mais en général c'est l'*imprudence* de l'inculpé qui fait l'objet du débat, la question de savoir si l'inculpé a commis une faute ou une négligence pouvant motiver, au criminel, l'application des peines édictées par les art. 418 et 420 c. pén., au civil, la responsabilité pécuniaire édictée par les art. 1382 et suiv. c. civ.

443. Il n'y a encore aucune difficulté sérieuse lorsque le juge criminel a lui-même plus ou moins expressément déclaré qu'il n'entend pas nier que l'inculpé n'ait commis absolument aucune faute, mais seulement qu'il n'a pas commis une faute punissable, une faute suffisamment grave pour motiver l'application de la loi pénale. L'acquittement prononcé ne s'oppose alors en aucune façon à ce que la même personne soit actionnée au civil à raison du même fait, puisqu'il n'y a aucune contradiction entre les deux jugements. Et l'on peut remarquer que la cour de cassation tend à interpréter les décisions correctionnelles en ce sens qu'elle ont exclu simplement le caractère punissable de la négligence ou de la faute plutôt qu'elles n'ont nié absolument l'existence d'une négligence ou d'une faute quelconques.

C'est ainsi que la cour de cassation a considéré comme ayant simplement nié le caractère délictueux de l'imprudence ou de la faute en réservant l'appréciation de la responsabilité civile, des jugements qui avaient déclaré... qu'il n'était pas établi que le prévenu se fût *rendu coupable du délit* qui lui était imputé (Civ. rej. 9 juill. 1866, aff. Chapuis, D. P. 66.1. 334; Req. 28 juill. 1879, aff. Gesta, D. P. 80. 1. 223). On lit dans ce dernier arrêt les considérants suivants, qui expriment bien la doctrine suivie par la cour: « que le tribunal correctionnel de Toulouse, en relaxant Gesta, parce qu'il ne résultait pas de l'instruction et des débats qu'il se fût rendu coupable du délit de blessures par imprudence, à lui imputé, *s'est exprimé de manière à n'écarter que la partie délictueuse du fait incriminé ;* attendu qu'une telle déclaration n'impliquait pas nécessairement la pensée que Gesta fût resté complètement étranger aux blessures reçues par Bazelière, et qu'elle n'*exclut pas forcément le simple quasi-délit* prévu par l'art. 1382 c. civ. ». Dans d'autres espèces, le juge correctionnel avait déclaré que le débat n'avait relevé à la charge du prévenu aucun fait d'imprudence de *nature à engager sa responsabilité au point de vue légal* (Req. 13 juill. 1874, aff. Barthélemy, D. P. 75. 1. 224) ; ou bien que « l'imprudence ou l'inobservation des règlements ne paraît pas suffisamment établie aux yeux du tribunal qui croit devoir l'acquitter de la prévention » (Civ. cass. 17 mars 1874, aff. Bailly, D. P. 74. 1. 398). On peut citer dans le même sens les arrêts suivants de diverses cours d'appel: Bordeaux, 20 déc. 1871 (aff. Comp. des Hirondelles, D. P. 72. 5. 79) ; Besançon, 30 déc. 1879 (aff. Fournier, D. P. 80. 2. 207), où on lit les motifs suivants qui précisent bien les principes de la matière : « que l'arrêt s'est borné à prononcer l'acquittement du prévenu par le motif que le fait à lui imputé ne paraissait pas engager sa responsabilité au point de vue pénal ... que s'il existe une corrélation évidente entre les art. 1382 et suiv. c. civ. et 320 c. pén. il n'est pas vrai de dire que toutes les fautes qui peuvent engendrer l'action civile engendrent nécessairement l'action publique ; qu'il y a entre ces deux actions la différence qui existe entre le délit et le quasi-délit, de même qu'entre la faute lourde et la faute légère ». — De même un arrêt de la cour d'Orléans du 19 juill. 1884 (aff. Wœgeleng, D. P. 86. 2. 94) contient les considérants suivants : « Que les juges au correctionnel ont pu décider que les faits imputés au chef de train Marchandeau n'avaient pas un caractère suffisant de gravité pour motiver contre lui une répression pénale sans porter atteinte au droit qui appartient au juge civil d'apprécier si les mêmes faits considérés à un autre point de vue, ne seraient point de nature à justifier une action en responsabilité ; qu'ils ont pris soin eux-mêmes d'établir cette distinction dans un considérant de leur sentence...; que les faits auxquels le juge a refusé le caractère délictueux peuvent présenter les éléments d'une faute susceptible d'entraîner des réparations civiles... ».

444. De cette jurisprudence, et surtout des termes de ces arrêts, il résulte, par *à contrario*, que le juge civil n'aurait pas la même liberté, si le juge criminel avait déclaré, non pas seulement que le prévenu d'homicide ou de coups et blessures par imprudence n'a pas commis une faute *punissable*, mais, d'une manière générale, qu'il n'a commis *aucune* faute, le fait qui lui est reproché ne constituant *aucune faute* qui puisse engager sa responsabilité d'une manière quelconque, pas plus au point de vue civil qu'au point de vue criminel. Faut-il donc admettre, du moins, d'une manière absolue, qu'en pareil cas le juge est entièrement lié par les décisions criminelles? C'est, en effet, en ce sens que, à raison des termes généraux dont il se sert, paraît avoir été rendu un arrêt de la cour d'Orléans du 16 mai 1851 (aff. la Providence, D. P. 51. 2. 65), qui décide que l'individu renvoyé de la plainte correctionnelle, sur le motif que, dans l'incendie dont il était accusé, il n'y avait aucun fait de négligence ou d'imprudence qui lui fût imputable, ne peut être, postérieurement, au civil, l'objet d'une demande en dommages et intérêts fondée sur ce que le sinistre serait le résultat de sa négligence et de son imprudence (V. aussi Liège, 27 déc. 1879, *infrà*, n° 478; Bruxelles, 3 mai 1880 (1); Liège, 5 avr. 1882) (2).

445. C'est plus certainement encore la solution résultant d'un arrêt de la cour de Lyon du 16 août 1856 (aff. Montvernay, D. P. 57. 2. 85). A l'occasion d'un accident de voiture publique un jugement correctionnel avait condamné le cocher mais renvoyé de la poursuite le conducteur par ce motif qu'il était « étranger à la direction de la voiture. » La cour de Lyon, saisie de l'action en dommages-intérêts proteste contre cette appréciation, déclare que « c'est le contraire qui est vrai, que le conducteur, ainsi que son titre l'indique et que l'usage le confirme, est le véritable préposé à la direction de la voiture, avec tous les droits et toutes les obligations que commandent la prudence et l'observation des règlements ». Mais elle se considère comme liée par l'exception de la chose jugée « qui ne permet pas de lui fixer une part de responsabilité ».

446. C'est au contraire, à tort, croyons-nous, qu'on a cité comme ayant la même portée, les arrêts suivants de la cour de cassation: Civ. cass. 7 mars 1855 (aff. Quertier, D. P. 55. 1. 81); Civ. rej. 9 janv. 1877 (aff. Vague, D. P. 79. 1. 475). De même M. Griolet, D. P. 69. 1. 169, note, cite à tort en sens contraire l'arrêt de la chambre civile du 9 juill. 1866 (V. *suprà*, n° 443), rendu dans une espèce où le jugement criminel avait simplement nié le caractère délictueux de la faute.

La doctrine qui prévaut, en effet, même dans la jurisprudence de la cour de cassation est, en effet, bien plutôt, avec un correctif conforme, d'ailleurs, au principe général suivi par la jurisprudence en cette matière, la doctrine qui a été mise en avant par plusieurs auteurs, notamment à l'occasion de l'arrêt du 7 mars 1855 précité (V. Marcadé, sur l'art. 1351 c. civ., et *Revue critique*, t. 1, p. 658 et suiv.), et qui a été très nettement formulée par M. Griolet, p. 358, et D. P. 69. 1. 169, note. « Le juge criminel, dit M. Griolet, a uniquement mission de rechercher le fait générateur du délit, c'est-à-dire une imprudence assez grave pour motiver l'application de la loi pénale. S'il nie *toute* imprudence, il empiète sur le domaine du juge civil, auquel il appartient de rechercher s'il n'a pas été commis une imprudence trop légère pour qu'il y eût lieu d'appliquer une peine, mais assez grave pour que la responsabilité de son auteur soit engagée. Il y a en quelque sorte une *imprudence criminelle* et une *imprudence civile*. La négation de la première n'exclut pas la seconde et le juge criminel ne peut nier que la première, quelles que soient les expressions dont il s'est servi. »

447. Plusieurs arrêts de cour d'appel ont suivi et quelque foispresque textuellement reproduit cette règle. Ainsi un arrêt de la cour de Paris du 8 mars 1876 (aff. Crespin, D. P. 79. 1. 475, note *b*), pose en principe « que l'arrêt d'acquittement correctionnel a l'autorité de la chose jugée quant à l'action publique, qu'il aurait également la même autorité *quant à la constatation d'un fait prévu et déterminé*, mais qu'il ne peut avoir le même caractère quant à l'*appréciation de ce fait et des circonstances dans lesquelles il s'est produit* ». « Considérant, ajoute cet arrêt, que les juges criminels doivent apprécier le fait au point de vue délictueux; qu'il peut évidemment ne pas tomber sous l'application de la loi pénale et cependant engager au point de vue civil la responsabilité de celui qui l'a commis; que chacune de ces actions a sa portée, son caractère et les éléments d'appréciation qui lui sont propres... », et la cour de Paris conclut que « si tous ces faits ne sont pas suffisants pour établir qu'il y a eu une imprudence ou une négligence de nature à constituer le délit prévu et puni par les art. 319 et 320 c. pén., on doit en tout cas reconnaître qu'il y a eu faute et que L... et C... ont engagé leur responsabilité au point de vue civil en confiant à S., qui était leur employé, le soin de faire marcher une machine sans au préalable s'assurer qu'elle était en état de marcher d'une manière convenable ». Un autre arrêt de la même cour est encore plus précis (Paris, 5 mars 1877, aff. Prunier, D. P. 79. 1. 475, note). Il s'agissait d'un accident arrivé par suite de la rencontre de deux voitures, et le prévenu Prunier avait été acquitté par ce motif « qu'il résultait des documents de la cause que l'accident *ne saurait être imputé à Prunier;* qu'en effet, *aucune* imprudence, maladresse ou inobservation des règlements n'était établie à sa charge ». La cour de Paris a cependant admis

(1) (Regnier C. Godard.) — La cour; — Attendu que l'exploit introductif d'instance qualifie d'imprudence très grave le fait auquel l'appelant attribue la mort de son enfant et qui est la base de son action; — Attendu que cette qualification implique éventuellement l'application de l'art. 419 c. pén. et que cet article est même applicable à l'auteur de toute imprudence ou de toute faute quelconque ayant causé la mort d'autrui, ainsi que le décide le jugement attaqué, dont la cour adopte les motifs; — Attendu que l'arrêt correctionnel de cette cour, du 16 mai 1873, a déclaré non établie la prévention imputée au domestique de l'intimé, d'avoir, par défaut de prévoyance ou de précaution, été la cause involontaire de la mort du jeune Regnier; — Attendu que les infractions aux lois pénales sont poursuivies par le ministère public au nom de la société; qu'il en résulte que les décisions qui interviennent en matière de répression ont, relativement au fait incriminé, tel qu'il a été apprécié par le juge répressif, l'autorité de la chose jugée vis-à-vis de tous; — Attendu, en conséquence, qu'il est souverainement jugé que la mort du fils de l'appelant n'est aucunement imputable à la faute du domestique de l'intimé, et que ce point ne peut être remis en question devant la juridiction civile; — Attendu que pour échapper à cette conséquence, l'appelant soutient que l'arrêt précité n'a pas statué sur l'existence du fait matériel qui a causé la mort de son enfant et dont l'intimé est directement responsable comme maître, aux termes de l'art. 1384, au même titre que le propriétaire d'un animal ou d'une chose que l'on a sous sa garde en est responsable, bien qu'aucune imputabilité ne puisse peser ni sur l'animal, ni sur la chose; — Attendu que la responsabilité du maître n'est, au contraire, nullement une responsabilité spéciale, directe; que le maître n'est qu'un second obligé, tenu uniquement à titre de garantie civile, selon l'expression de Bertrand de Greuille, dans son rapport au Tribunat sur le titre du code renfermant la disposition qui est devenue l'art. 1384 précité; — Attendu, d'ailleurs, que l'appelant n'articule à charge de l'intimé aucun fait personnel constitutif de la faute, qui, dans tous les cas, est requise, pour qu'il y ait lieu à la réparation du dommage; — Attendu qu'on ne peut non plus assimiler le domestique acquitté à l'animal irresponsable, ou à la chose également irresponsable, dont le propriétaire répond cependant, parce que cette responsabilité a une autre base, en ce qu'elle dérive d'une faute personnelle au propriétaire et procédant soit du défaut de garde de l'animal, soit de l'usage abusif de la chose; — Par ces motifs, met l'appel à néant; condamne l'appelant aux dépens.

Du 3 mai 1880.-C. de Bruxelles, 3e ch.-MM. Eeckman, pr.-Raoul Guillery et Lucq, av.

(2) (Brabant, Pirard et Colleye C. Bourdouxhe). — La cour; — Attendu que le sieur Colleye a fait construire en 1877 une maison sous la direction de l'architecte Pirard et d'après les plans dressés par celui-ci; qu'il a confié les travaux de maçonnerie au sieur Brabant, maître maçon, qui les a exécutés par entreprise; — Attendu que le 7 juill. 1877, une partie de la maison alors en construction s'écroula et que cet accident causa au sieur Bourdouxhe, maître maçon, une blessure qui nécessita l'amputation de la jambe droite; — Attendu que les sieurs Brabant et Pirard ont été poursuivis devant la juridiction répressive du chef d'avoir fait à Bourdouxhe une blessure involontaire, par défaut de prévoyance ou de précaution; qu'ils ont été renvoyés des poursuites par un arrêt de la chambre correctionnelle de cette cour, en date du 21 déc. 1877; — Attendu que, par exploit du 23 juin 1880, le propriétaire, l'architecte et l'entrepreneur des travaux de maçonnerie ont été assignés en justice aux fins de s'y entendre condamner solidairement à payer au sieur Bourdouxhe 20000 fr. de dommages-intérêts; que cette action est fondée sur ce que l'accident survenu à ce dernier est dû à leur faute, leur imprudence et leur négligence; — Attendu que ce n'est que dans les conclusions prises par lui le 20 juin 1881 que le sieur Bourdouxhe a soutenu pour la première fois que les assignés étaient tout au moins tenus comme civilement responsables de réparer le dommage par lui souffert; — En ce qui concerne les appels interjetés par les sieurs Brabant et Pirard: — Attendu qu'il ressort des travaux préparatoires du code pénal que les mots « défaut de prévoyance ou de précaution » dont le législateur s'est servi dans les art. 418 et 420 dudit code comprennent dans sa pensée toutes les formes, toutes les modifications de la faute; que celle-ci est punissable, quelque légère qu'elle soit du reste, dès qu'elle a eu pour résultat un homicide ou une blessure; — Attendu qu'on ne peut, dès lors, établir de différence entre la faute réprimée par ces articles et la faute dont parle l'art. 1382 c. civ.; — Attendu, par voie de conséquence, qu'il résulte de l'arrêt de la chambre correctionnelle de cette cour qui a prononcé l'acquittement des appelants Brabant et Pirard une exception de chose jugée contre la demande de l'intimé, en tant du moins que celle-ci est fondée sur une faute personnelle dans le chef desdits appelants; — Par ces motifs, etc.

Du 5 avr. 1882.-C. de Liège, 1re ch.-MM. Parey, 1er pr.-Gustave Kleyer, G. Mottart et E. Dupont, av.

la responsabilité civile du prévenu ainsi acquitté en constatant que « si notamment à raison de la fausse manœuvre opérée par la victime et des efforts faits par le prévenu pour détourner sa voiture, la prévention correctionnelle n'a pas paru suffisamment justifiée, il n'en demeure pas moins constant que Prunier n'a pas pris toutes les précautions propres à prévenir l'accident; qu'il est ainsi personnellement en faute... » Malgré les termes généraux du jugement d'acquittement affirmant qu'aucune imprudence n'avait été établie, la cour de Paris a ainsi admis que le jugement correctionnel n'excluait point « absolument l'existence d'un fait quelconque qui lui serait imputable, comme constituant un quasi-délit de nature à fonder une action civile contre lui... ». Enfin un arrêt de la cour de Besançon du 3 déc. 1881 (aff. Jacquemin, D. P. 82. 2. 151) est encore plus formel et plus net. « Considérant, dit-il, qu'en déclarant que ces faits ne constituaient ni négligence, ni imprudence, ni faute, le tribunal correctionnel ne les a pas qualifiés et n'a pu les qualifier qu'en se plaçant au point de vue de la poursuite dont il était saisi; qu'en déclarant que ces faits n'étaient point délictueux, il a laissé entière la question de savoir s'ils sont dommageables au point de vue de la loi civile... » et plus loin « que les tribunaux de justice répressive n'ont point qualité pour constater l'existence de faits qui ne constituent pas des infractions à la loi pénale; qu'il y a donc lieu, sans tenir compte des déclarations ou reconnaissances faites à ce sujet par le jugement correctionnel, de vérifier sous le rapport de leur existence, comme sous celui de leur caractère, les faits qui servent de base à l'action ».

448. Ces décisions, qui réduisent presque à néant, au point de vue de l'*appréciation* des faits, l'autorité au civil des décisions criminelles relatives à des faits d'imprudence ou de négligence sont-elles contraires à la jurisprudence de la cour de cassation, notamment à l'arrêt du 7 mars 1855 et à ceux qui l'ont suivi? C'est l'opinion exprimée par plusieurs auteurs, et particulièrement par M. Griolet, *loc. cit.* (V. aussi la note sous Civ. rej. 9 janv. 1877, aff. Vague, D. P. 79. 1. 475). Mais un examen plus attentif nous porte à admettre plutôt que l'arrêt du 7 mars 1855 et les arrêts qui l'ont suivi n'apportent qu'un correctif à la doctrine générale qui vient d'être formulée, la nécessité qu'il n'y ait pas contradiction entre la décision civile et la décision criminelle, à raison des motifs sur lesquels l'une et l'autre sont fondées. L'arrêt de cassation du 7 mars 1855 (aff. Quertier, D. P. 55. 1. 81), qui est peut-être celui qui a le mieux fixé la jurisprudence sur la question de l'autorité au civil des jugements criminels, ne pose pas d'autre principe que celui de la nécessité de pouvoir concilier les deux décisions. « L'action civile, dit cet arrêt, ne conserve son indépendance vis-à-vis du prévenu acquitté que dans les cas où la déclaration de non-culpabilité n'exclut pas nécessairement l'idée d'un fait dont le prévenu ait à répondre envers la partie civile, en telle sorte que la recherche ou la preuve de ce fait ne puisse pas aboutir à une contradiction entre ce qui a été jugé au criminel et ce qui serait jugé au civil. » Et l'arrêt précise ensuite avec le plus grand soin en quoi, dans l'espèce, il y aurait contradiction entre les deux décisions. « Attendu, dit-il, que par jugement... la juridiction correctionnelle a prononcé l'acquittement du prévenu en affirmant qu'il avait pris toutes les mesures habituellement employées et suffisamment éclairé sa voiture pour prévenir l'accident dont se plaint le défendeur, si celui-ci avait lui-même conduit son tilbury avec moins de vitesse et s'il avait pris certaines précautions commandées par la prudence; d'où le jugement a conclu, par une affirmation d'un caractère plus précis encore et tout à fait absolu, qu'on ne saurait donc attribuer au prévenu la responsabilité d'un acte auquel il est tout à fait étranger; — Attendu que cette déclaration et l'allégation de la partie civile qui prétend faire peser sur le demandeur en cassation la responsabilité du même fait sont deux propositions inconciliables qui ne comportent pas une proposition intermédiaire, la seconde ne pouvant s'établir que par le renversement de la première.»

C'est donc bien uniquement sur l'*inconciliabilité* des deux décisions que cet arrêt, est en réalité fondé. Et cette inconciliabilité résulte, dans l'espèce, de ce que l'arrêt correctionnel avait non seulement nié que l'inculpé eût commis aucune imprudence mais encore affirmé que l'accident était imputable à l'imprudence de la victime.

449. C'est encore en ce sens que paraît devoir être plutôt compris un arrêt de rejet du 9 janv. 1877 (aff. Vague, D. P. 79. 1. 475. V. cependant la note sous cet arrêt, *ibid.*). Cet arrêt se fonde, il est vrai, sur ce que le juge correctionnel avait déclaré que les faits ne *constituaient aucune faute imputable au prévenu*. Mais il avait auparavant constaté que le juge correctionnel avait écarté chacun des faits de négligence imputés au prévenu non pas par une simple appréciation, mais par cette affirmation que les précautions qui auraient dû être prises concernaient d'autres personnes. — Il n'y avait enfin aucune difficulté sérieuse dans l'espèce soumise à la cour de cassation lors de l'arrêt de la chambre des requêtes du 27 janv. 1869 (aff. Houillères de Saint-Etienne, D. P. 69. 1. 169), les juges du fait ayant évité de constater aucune faute à la charge des prévenus précédemment acquittés, mais ayant simplement condamné une compagnie comme civilement responsable de faits expressément imputés à des agents de cette compagnie autres que les agents précédemment acquittés. — En résumé, tandis que les cours d'appel, et notamment la cour de Paris, tendent à annuler à peu près complètement la portée des acquittements en cette matière, la cour de cassation paraît veiller simplement à ce qu'il n'y ait pas entre les décisions rendues une inconciliabilité pouvant résulter des circonstances spéciales de la cause. Et elle pose et maintient ainsi une règle semblable à celle qui, comme nous le verrons bientôt, donne lieu à bien des distinctions subtiles en matière de verdicts d'acquittement. — Telle est, d'ailleurs, la doctrine formellement exprimée dans deux récents arrêts de la chambre des requêtes du 16 mai 1887 (aff. Lesage et aff. Plaisance, D. P. 87. 1. 265). —Dans la première de ces espèces (aff. Lesage), le tribunal correctionnel avait déclaré « qu'aucun fait d'imprudence ou de négligence n'était établi à la charge des prévenus... ». La chambre des requêtes a « considéré que le tribunal correctionnel avait ainsi seulement écarté l'imputation du fait incriminé en tant qu'il eût été constitutif du délit prévu et réprimé par l'art. 319 c. pén.; qu'une telle déclaration qui n'opposait pas au ministère public la négation du fait matériel sur lequel était fondée la prévention et où il n'était pas dit non plus que Prévost et Sivori agents de la compagnie Lesage fussent restés absolument étrangers à ce fait matériel, ni qu'ils eussent pris les mesures propres à empêcher l'accident, n'exclut point nécessairement et certainement le simple quasi-délit prévu par les art. 1383 et 1384 c. civ. ». — Et l'arrêt constate ensuite avec soin que la déclaration du juge civil se concilie avec la déclaration antérieure du juge criminel : « Attendu, au surplus, que l'arrêt attaqué ne relève à charge de la compagnie que l'absence de soins particulièrement diligents et s'exprime ainsi de manière à ne contredire, en quoi que ce soit, le jugement qui avait relaxé Prévost et Sivori des poursuites du ministère public; que la déclaration formulée dans ces termes par l'arrêt attaqué n'étant pas le renversement de celle formulée dans le jugement correctionnel, ces deux déclarations sont *conciliables* ». Le second arrêt du même jour (aff. Plaisance), est rédigé dans des termes analogues. Dans cette espèce, d'ailleurs, le juge correctionnel avait simplement déclaré, d'une manière bien plus vague « qu'il ne résultait pas suffisamment des débats la preuve que le prévenu eût, par imprudence, négligence ou inobservation des règlements, causé des blessures, etc. ».

450. — 2° *Faute ou dol constaté après acquittement sur une poursuite pour escroquerie.* — Des hypothèses analogues mais offrant moins de difficultés sont celles où l'on veut faire constater l'existence d'une *simple faute* ou même d'un *véritable dol* après un jugement d'acquittement sur une poursuite pour escroquerie. Ainsi il a été jugé que l'acquittement du prévenu de complicité d'une escroquerie, motivé sur le défaut de participation aux manœuvres frauduleuses, n'apporte pas l'obstacle de la chose jugée à l'action en dommages-intérêts formée au civil à raison non plus des faits de participation active écartés par la décision criminelle, mais d'une simple faute par réticence ou simulation. Il s'agissait, dans l'espèce, d'une partie qui avait vendu un immeuble avec la clause que dans le cas où il se présenterait un autre acheteur dans un certain délai, la vente lui en serait faite directement, le premier acheteur gardant l'excédant du prix. Lors de la seconde vente, le vendeur primitif n'avait pas fait connaître le prix précédemment fixé et avait stipulé un prix supérieur. Ce fait n'avait pas paru suffisant pour que son auteur dût être considéré comme complice du délit d'escroquerie, mais, au civil, il a pu être apprécié comme constituant une faute engageant la responsabilité de son auteur (Req. 12 janv. 1852, aff. Legendre, D. P. 52. 1. 36-37). « Autre chose est, dit cet arrêt, la complicité d'escroquerie qui implique nécessairement la participation aux manœuvres frauduleuses, autre chose est la faute qui, même commise sans dol, entraîne nécessairement la réparation du préjudice causé. »

Et la même solution a été étendue au cas de *dol* par un autre arrêt (V. Req. 4 avr. 1855, aff. Léger, D. P. 55. 1. 104-105), qui décide que l'acquittement d'un prévenu d'escroquerie fondé sur ce qu'il ne résulte pas des débats que l'escroquerie soit suffisamment établie ne s'oppose pas à ce que les mêmes faits soient considérés par le juge civil comme constituant un dol de nature à entraîner la nullité d'une quittance.

451. — 3° *Tromperie sur la marchandise vendue; Courtage clandestin; Dénonciation calomnieuse.* — A plus forte raison, l'acquittement d'une prévention de *tromperie sur la marchandise vendue* ne fait-il pas obstacle à ce que le juge civil reconnaisse que la marchandise vendue ne s'est pas trouvée conforme aux prévisions de la vente (vin mêlé d'eau) (Req. 10 avr. 1876, aff. Gilly-Blanc, 2e arrêt, D. P. 76. 1. 390-392). De même, un acquittement du délit de faits de *courtage clandestin*, n'aurait pas fait obstacle à ce qu'une action en dommagesintérêts soit exercée devant les tribunaux civils à raison des mêmes faits considérés comme une infraction aux engagements contractés par leur auteur envers un particulier, et résultant, par exemple, de la cession à ce dernier de son office de courtier (Req. 17 juin 1867, aff. Maunoir, D. P. 68. 1. 17). — Jugé également qu'un individu, après avoir été acquitté du chef de dénonciation calomnieuse par une décision de la juridiction correctionnelle, fondée sur ce qu'il avait agi sans intention méchante, peut nonobstant cette décision, être condamné au civil à des dommages-intérêts à raison de la même dénonciation, envisagée comme constituant un quasi-délit (Liège, 13 déc. 1879) (1).

452. — 4° *Faits et circonstances du délit considérés isolément.* — Les jugements d'acquittement fondés sur la négation du fait incriminé n'ont pas plus que les jugements de condamnation l'autorité de la chose jugée en ce qui concerne les faits qui ne sont pas la cause *immédiate* et *nécessaire* de l'acquittement, c'est-à-dire en ce qui concerne les circonstances et faits secondaires considérés isolément du fait incriminé lui-même, quel que soit le lien qui existe entre la prévention et ces faits. La jurisprudence s'est souvent prononcée en ce sens et dans des espèces très diverses. — Ainsi la remise d'un colis qui aurait été retiré puis réclamé frauduleusement était l'élément principal d'une prévention d'escroquerie. Après un acquittement fondé sur ce que le délit n'était pas suffisamment établi, il a pu être jugé au civil que la remise du colis au prévenu avait été réellement effectuée (Riom, 30 janv. 1883, aff. Comp. Paris-Lyon-Méditerranée, D. P. 84. 2. 199). — De même un arrêt de la cour d'Orléans du 15 avr. 1864 (aff. Rose Archambault, D. P. 64. 2. 94), a pu, par la même raison de décider, sinon par les motifs qu'il donne, juger que la décision correctionnelle qui a déclaré non suffisamment établie l'existence d'un prêt qui aurait été l'élément principal d'un délit d'escroquerie ne s'oppose pas à ce que l'existence du même prêt soit ultérieurement affirmée au civil. — A plus forte raison l'acquittement d'une prévention de vol ne s'oppose pas à ce qu'il soit ultérieurement déclaré au civil que le prévenu n'était pas propriétaire des objets prétendus volés et dont il était resté détenteur, alors même que le jugement d'acquittement aurait déclaré que le prévenu en avait obtenu la remise par la séduction et autres moyens réprouvés par la loi (Req. 10 mars 1878, aff. Rosi, D. P. 80. 5. 63).

453. C'est aussi, en définitive, conformément à la même règle qu'a été résolue la difficile question qui se présentait à la suite de l'arrêt de la cour de Douai du 21 avr. 1862 (aff. Mirès, D. P. 62. 1. 305-307) qui avait acquitté Mirès de la prévention d'escroquerie dirigée contre lui, par ce motif, entre autres, qu'il n'y avait pas eu entre les parties, *contrat de nantissement*, tandis que le contraire résultait de l'arrêt de la cour de Paris du 29 août 1861 (aff. Mirès, D. P. 62. 1. 45-48), qui avait condamné Solar en même temps que Mirès pour les mêmes faits et qui était devenu définitif à l'égard de Solar. Les liquidateurs Mirès prétendaient au civil qu'il restait jugé à leur égard qu'il n'y avait pas eu contrat de nantissement. Nous avons déjà signalé la difficulté peut-être insoluble résultant de ce que deux décisions criminelles contradictoires se trouvaient ainsi invoquées avec la *même autorité* sur un même point, *suprà*, n° 395. La cour de Paris, dans son arrêt du 22 janv. 1864 (aff. Mirès, D. P. 64. 2. 25), décide que l'arrêt de la cour de Douai ne pouvait avoir l'autorité de la chose jugée sur la question de savoir s'il y avait eu ou non contrat de nantissement, parce qu'elle ne s'était pas fondée uniquement sur ce motif, mais en outre et principalement sur le défaut d'intention criminelle, cette complexité des causes d'acquittement ne permettant d'admettre l'influence d'aucune d'elles au civil. Nous examinerons plus loin cette difficulté spéciale; mais sur le pourvoi formé contre cet arrêt, la cour de cassation a posé très nettement ce principe que « la juridiction civile en même temps qu'elle est liée non seulement par le dispositif des décisions criminelles, mais encore par ceux de leurs motifs qui se réfèrent aux qualifications pénales, reste pleinement maîtresse d'apprécier autrement sous leurs rapports purement civils les *contrats se rattachant aux faits* qui ont donné lieu à la poursuite criminelle ou correctionnelle et pouvant servir de base à des actions civiles intéressant des tiers, non parties aux débats. » Ainsi, dans l'espèce, le juge civil a pu considérer un contrat comme un dépôt en nantissement ou en compte courant, pour en conclure que le déposant est resté propriétaire de la chose déposée et a droit à la restitution identique de cette chose ou au prix provenant de son aliénation, quoique la décision correctionnelle eût, au contraire, qualifié ce contrat de prêt de consommation, impliquant que celui auquel les valeurs ont été remises avait le droit d'en disposer, pour écarter une prévention d'escroquerie ou de tentative d'escroquerie inconciliable avec ce droit de disposition (Civ. rej. 26 juill. 1865, aff. Mirès, 3 arrêts, D. P. 65. 1. 484). V. sur la règle générale que la cour de cassation paraît avoir ainsi consacrée relativement aux faits, contrats et circonstances se rattachant aux faits poursuivis, la dissertation de M. Griolet publiée D. P. 69. 1. 169, en note.

§ 4. — Des jugements d'acquittement et spécialement des verdicts du jury déclarant que la personne poursuivie n'est pas coupable (*Rép.* nos 556 à 582).

454. La déclaration de *non-culpabilité* ne peut, comme nous l'avons vu, se rencontrer que très exceptionnellement

(1) (Philippet C. Jacques.) — LA COUR; — Sur la recevabilité de l'action : — Attendu que Philippet, commissaire de police à Spa, a été poursuivi devant la première chambre de la cour, pour dénonciation calomnieuse contre Jacques, maréchal des logis de gendarmerie à Spa, qui s'est constitué partie civile; — Attendu que le prévenu a été renvoyé des poursuites, par le motif qu'en dénonçant le plaignant à ses supérieurs hiérarchiques pour des faits déclarés faux par l'autorité compétente, il avait, à la vérité, agi avec la plus grande légèreté, mais sans intention méchante; — Attendu que l'art. 358 c. instr. cr. n'est pas applicable en matière correctionnelle; — Attendu, par conséquent, que la première chambre, dès l'instant où elle déclarait la prévention non établie, n'avait plus compétence pour statuer sur les dommages-intérêts; — Attendu que dans les termes où a été rendu l'arrêt de la première chambre, cette décision constitue la chose jugée uniquement pour la circonstance de méchanceté, l'un des éléments constitutifs de la dénonciation calomnieuse; — Mais attendu que cet arrêt, loin d'écarter les autres éléments du fait poursuivi, constate au contraire l'existence d'une dénonciation quasi délictueuse et la fausseté des faits dénoncés; — Attendu qu'il résulte de là que la décision de la première chambre a laissé intact le droit de l'intimé de se pourvoir au civil du chef de dénonciation préjudiciable, mais non calomnieuse; — Que l'action en réparation déférée au tribunal de Verviers était donc recevable; — Au fond (sans intérêt);

Par ces motifs, etc.

Du 13 déc. 1879.-C. de Liège, 3e ch.-MM. Schuermans, pr.-Dereux, Lecocq et Robert, av.

dans les décisions correctionnelles. Elle est au contraire la règle, sauf des cas très rares, dans les acquittements émanés des conseils de guerre et des cours d'assises après les verdicts négatifs du jury. Dans toutes les hypothèses, la jurisprudence et la doctrine sont restées fidèles aux règles qui ont été déjà formulées au *Rép.* n°s 556 et suiv. Ces règles ont été seulement mieux précisées, et de nombreuses décisions nouvelles sont venues enrichir la jurisprudence. Un très grand nombre des espèces que nous aurons à citer se rapportent au cas où la cour d'assises elle-même statue, après l'acquittement de l'accusé, sur l'action en dommages-intérêts de la partie civile conformément aux art. 358 et 366 c. instr. cr. Il suffira de rappeler que, dans cette hypothèse, la cour d'assises rend une véritable décision civile et statue dans les mêmes conditions qu'une juridiction civile.

455. Le principe aujourd'hui incontesté est que la déclaration *de non-culpabilité* ne fait pas obstacle à ce que la *matérialité* des faits soit constatée par le juge civil, qu'elle s'oppose seulement à ce que le juge civil affirme la *criminalité* des faits dont l'accusé a été déclaré non coupable. « Le juge civil, dit M. Griolet, p. 361, est seulement tenu de ne pas *contredire* le jugement criminel. Il est libre tant qu'on ne prouve pas que sa décision serait inconciliable avec la décision criminelle. Or on ne peut pas établir que le jury ait décidé que l'accusé n'avait pas commis les faits incriminés. Donc rien ne s'oppose à ce que le juge civil affirme le fait *matériel* après un verdict de non-culpabilité. Mais s'il affirmait, en même temps, la *criminalité*, il contredirait le verdict. Car il résulte certainement du verdict que l'accusé n'est pas coupable, soit parce qu'il n'a pas commis le fait, soit parce qu'il n'a pas eu d'intention criminelle. C'est la signification *minimum* du verdict, suivant une heureuse expression de M. Beudant, *Revue critique*, t. 24, p. 502. » — M. Griolet fait remarquer ensuite que la loi a supposé elle-même l'application d'un tel système, en disposant que la cour d'assises statuera sur les conclusions de la partie civile après que l'acquittement aura été prononcé (V. aussi Ortolan, *Eléments de droit pénal*, n°s 1784 et 1785, *Revue pratique*, t. 17, p. 385; Beudant, *loc. cit.*; Demolombe, n° 417; Aubry et Rau, n° 769 *bis*; Haus, *Droit pénal belge*, n° 1422).

456. Avant de passer en revue les nombreuses applications nouvelles que ce principe a reçues, depuis la publication du *Répertoire*, dans les espèces les plus diverses et souvent les plus délicates, nous devons indiquer les règles que des arrêts récents ont mieux précisées en cette matière. Elles peuvent être formulées comme il suit: 1° le juge civil doit éviter d'employer des termes qui contredisent formellement la déclaration du jury, comme lorsqu'il reproduit intégralement la qualification du fait qui avait été poursuivi; — 2° Le juge civil, en s'abstenant d'affirmer la criminalité du fait, doit avoir soin de donner une base légale à sa décision en affirmant une *faute* ou toute *autre cause* de condamnation civile, distincte de la *criminalité;* — 3° Enfin dans certains cas exceptionnels la matérialité et la criminalité des faits peuvent être *indivisibles* de telle sorte que le juge civil soit dans l'impossibilité d'affirmer la *matérialité* de ces faits, bien que l'accusé en ait été seulement déclaré *non coupable.*

457. — I. OBLIGATION POUR LE JUGE CIVIL DE NE PAS REPRODUIRE INTÉGRALEMENT LA QUALIFICATION DU FAIT QUI AVAIT ÉTÉ POURSUIVI. — L'emploi par le juge civil des termes reproduisant la qualification du fait poursuivi paraît s'être rarement présenté. Nous avons déjà cité au *Rép.* n° 575 un arrêt (Crim. cass. 24 juill. 1841) qui décide que, lorsque, dans une accusation d'homicide et de coups et blessures volontaires, l'accusé a été déclaré par le jury non coupable d'avoir commis volontairement l'homicide, et d'avoir volontairement porté les coups et fait les blessures, la cour d'assises viole la chose jugée en condamnant l'accusé à des dommages-intérêts par le motif qu'il a, volontairement et hors le cas de légitime défense, porté à l'homicidé un coup qui lui a donné la mort. « Attendu, dit l'arrêt, que, dans son ensemble, une telle décision reproduit même sous le rapport de la criminalité l'imputation écartée par les réponses négatives du jury, puisque l'arrêt en déclarant que les coups ont été portés volontairement et hors le cas de légitime défense, a apprécié l'intention de l'auteur du fait, intention dont la volonté est le signe non équivoque, et qu'il n'appartient qu'aux jurés de rechercher et de déclarer. » Dans le même sens un arrêt postérieur a jugé que la condamnation à des dommages-intérêts prononcée par une cour d'assises, motivée sur ce que l'accusé a *volontairement* fait à la partie civile des blessures qui lui ont occasionné une incapacité de travail de plus de vingt jours, est en contradiction avec la déclaration de non-culpabilité intervenue sur cette accusation et porte atteinte à l'autorité de la chose jugée (Crim. cass. 6 mai 1852, aff. Touron, D. P. 52. 5. 94).

458. M. Griolet critique ces arrêts comme ayant cassé des décisions civiles qui avaient sans doute reproduit plusieurs des éléments de la *criminalité* dans chacune de ces espèces, mais qui s'étaient cependant abstenues d'affirmer *l'intention criminelle* de l'agent. On pourrait, en effet, citer bien des cas où des décisions civiles présentant les mêmes incorrections dans leurs motifs ont été interprétées comme n'ayant eu en vue que les conséquences civiles des faits constatés (V. notamment : Crim. rej. 5 avr. 1839, *Rép.* v° *Compétence criminelle*, n° 607, et plusieurs des décisions ci-après citées).

On pourrait moins contester la contradiction dans *les termes*, dont l'espèce ci-après a donné un exemple. Champeil et les deux frères Oheix avaient été déclarés par le jury non coupables d'avoir volontairement, dans une rixe, porté des coups et fait des blessures à Chevalier père. Louis Oheix, l'un des susnommés, avait été pareillement déclaré, par le même jury, non coupable d'avoir, soit comme coauteur, soit par voie d'assistance comme complice, porté dans la même rixe des coups et fait à Chevalier fils des blessures qui auraient occasionné la mort de celui-ci, sans intention de la donner. Malgré ce verdict et l'acquittement qui s'en est suivi, la cour d'appel de Rennes a condamné lesdits Champeil et Oheix solidairement à 10000 fr. de dommages-intérêts à titre de réparation civile envers les époux Chevalier par un arrêt du 8 janv. 1872 (aff. Champeil, D. P. 73. 1. 439), où on lit ces motifs : « Attendu, sans revenir sur la chose jugée, qu'il est hors de doute que la rixe du 3 septembre avait pour mobile originaire une sorte de rivalité entre les communes précitées; qu'elle fut préméditée; qu'un grand nombre d'individus y prirent part, s'excitant réciproquement par leurs propos, leurs gestes, leurs cris et leurs exemples, et se prêtant ainsi les uns aux autres un concours réel; — Qu'en ce qui concerne les deux frères Oheix, Lemarié, Gaudin dit Violette et Crochard, cette participation n'est pas déniée et ne saurait sérieusement l'être; — Que, relativement à Antoine-Jean-Marie Champeil, elle n'est pas moins certaine pour être contestée; qu'après avoir vainement cherché à soutenir qu'il ne s'était pas trouvé sur les lieux, il a été obligé de reconnaître qu'il y était présent aussi bien que ses deux domestiques, Jean-Baptiste et Louis-Marie Oheix, lesquels se signalèrent parmi les plus féroces; qu'on l'entendit s'écrier : « Frappons ceux qui sont debout, mais laissons ceux qui sont à terre »; qu'on le vit cependant se livrer à des actes d'agression envers Chevalier père, déjà terrassé; — Qu'en rentrant à Cordemais après cette rixe sanglante, il recommandait à sa femme de prendre les devants et d'aller déboucher une bouteille de vin pour ses garçons, qui, disait-il, l'avaient bien gagnée; — Attendu, d'un autre côté, que cette participation des divers intimés aux scènes odieuses du 3 septembre a eu des conséquences dommageables pour les appelants, et qu'il en découle un principe de réparation civile en faveur de ceux-ci... » Cet arrêt a été cassé le 9 avr. 1873 (D. P. 73. 1. 439) par un arrêt de la chambre civile ainsi motivé... « que la cour a uniquement fondé sa décision sur la prétendue participation personnelle des susnommés aux violences exercées sur Chevalier père et sur Chevalier fils sans avoir pris soin de dégager, s'il y avait lieu de le faire, cette participation de tout caractère criminel et de la réduire aux proportions d'une simple faute civile; — Qu'elle déclare, au contraire, en termes formels, que la rixe dont il s'agit avait été préméditée; — Que non seulement la participation des frères Oheix aux scènes odieuses du 3 septembre est certaine, mais encore que les deux premiers s'y signalèrent parmi les plus féroces; que, pour le troisième, on l'entendit s'écrier : « Frappons ceux qui sont debout, mais laissons ceux qui sont à terre », et qu'on le vit se livrer à des actes d'agression à l'égard de Chevalier père, déjà terrassé; — Attendu que de *telles constatations sont exclusives d'un simple quasi-délit ;* — Qu'elles affirment l'existence de violences volontaires et même préméditées, constituant des actes délictueux auxquels l'arrêt attaqué applique lui-même la qualification de meurtre; — Qu'elles font ainsi revivre, au moins en partie, avec leur caractère de criminalité, les faits mêmes qui avaient servi de fondement à l'accusation, sur laquelle le jury avait souverainement statué par son verdict de non-culpabilité en faveur des demandeurs; — Que, dès lors, elles sont inconciliables avec ce verdict ». La cour d'Angers saisie du renvoi a au contraire soigneusement évité toute contradiction dans les termes avec le verdict de non-culpabilité. On lit, dans son arrêt en date du 7 août 1873 (D. P. 74. 1. 223) « que de tous les documents produits résulte la preuve que Champeil et les frères Oheix, ses domestiques, ont ensemble, dans la journée du 3 sept. 1868, et *abstraction faite de toute volonté coupable*, porté à Chevalier père et fils des coups qui ont occasionné la mort de Chevalier fils et de graves blessures à Chevalier père ; — Qu'ils ont ainsi causé aux époux Chevalier un dommage matériel dont ils doivent réparation. » Aussi le pourvoi formé contre cet arrêt a-t-il été rejeté par la chambre des requêtes : « Attendu que, dans l'espèce de la cause, bien loin de contredire le verdict de non-culpabilité rendu par le jury de la Loire-Inférieure en faveur de Champeil et des frères Oheix, sur l'accusation de coups et blessures volontaires dirigée contre eux, l'arrêt attaqué n'affirme à leur charge qu'un fait non délictueux et qu'il considère comme un quasi-délit, en déclarant qu'ils ont, abstraction faite de toute volonté coupable, porté des coups qui ont entraîné la mort de Chevalier fils, et qui ont occasionné de graves blessures à Ch valier père; que c'est uniquement sur cette base que l'arrêt asseoit son allocation de dommages-intérêts; que les deux décisions ne sont donc point opposées entre elles (Req. 20 janv. 1874, aff. Champeil, D. P. 74. 1. 223).

459. — II. Obligation pour le juge civil de donner une base légale a sa décision en affirmant une faute ou toute autre cause de condamnation civile distincte de la criminalité. — En sens contraire, il est arrivé que le juge civil s'attachant à nier la *criminalité* des faits qu'il constatait, laissait sa décision dépourvue de base légale, pour n'avoir pas constaté, outre la matérialité du fait, l'existence d'une faute ou d'une autre cause d'obligation distincte des faits criminels écartés par la décision de non-culpabilité. Ainsi il a été jugé que la condamnation à des dommages-intérêts envers la famille de la victime, prononcée par la cour d'assises contre un individu acquitté par le jury de l'accusation de meurtre, et fondée sur ce que la mort serait tout au moins le résultat d'un fait involontaire et accidentel, manque de base légale en ce que le motif exprimé n'indique ni que l'accident provienne de l'accusé, ni qu'il lui soit imputable à raison d'une faute qu'il aurait commise (Crim. cass. 10 juill. 1862, aff. Brand, D.P. 64. 1. 47).—De même, dans l'affaire Ballerich, l'arrêt attaqué avait simplement déclaré « qu'il demeurait établi aux débats que Duc avait été blessé d'un coup d'épée à l'occasion des faits auxquels Ballerich a pris part, et qui avaient motivé son renvoi devant la cour d'assises ». Cet arrêt a été cassé, « attendu que l'arrêt attaqué aurait dû indiquer si la blessure reçue par Duc avait été causée par la faute de Ballerich et si cette faute était distincte des faits criminels et délictueux définitivement écartés par la déclaration négative du jury ; qu'en ne s'expliquant pas sur ce point, l'arrêt attaqué a violé les dispositions de l'art. 7 de la loi du 20 avr. 1810 et faussement appliqué les art. 1382 et 1383 c. civ. » (Crim. cass. 18 juin 1885, aff. Ballerich, D. P. 87. 1. 94).

460. Obligé de constater une *faute* distincte de la *criminalité*, le juge civil peut être amené à rejeter l'action civile en déclarant qu'il ne pourrait la motiver que par une affirmation de la culpabilité niée par le jury et qui, dès lors, ne peut plus être constatée par un juge civil. On en trouve un exemple curieux dans l'arrêt ci-après de la cour de Bourges du 11 mai 1881 (aff. Berger, D. P. 82. 2. 223), qui, après avoir rappelé les faits de la cause, ajoute : « Considérant que la demande en dommages-intérêts formée par Berger contre Denizot devant les tribunaux civils n'a pas d'autre base que les faits ci-dessus exposés et qualifiés, sur lesquels le jury a été appelé à statuer; — Qu'aucun élément nouveau ou différent n'a été introduit dans l'instruction à laquelle il a été procédé devant la juridiction civile, et n'est venu modifier le caractère de criminalité que l'arrêt de renvoi avait attribué à la tentative commise par Denizot; que, devant le tribunal de première instance comme devant la cour, Berger, pour justifier sa demande, n'a pas cessé d'invoquer, comme étant l'expression de la réalité des faits, les affirmations de l'acte d'accusation et de se les approprier; — Que la situation actuelle étant absolument identique à celle en face de laquelle le jury était interrogé, il est impossible de proposer au juge civil de fermer les yeux sur l'intention dont Denizot, poussé par le plus violent ressentiment, était animé, et de ne considérer que le fait matériel du coup de feu tiré, des blessures reçues et du dommage causé; qu'il ne peut être question ni de violences légères, ni de blessures involontaires; que la vérité est que l'attentat dont Berger a été victime, qui a entraîné pour lui de longues souffrances, ne peut s'expliquer autrement que par la volonté de son auteur, et en est inséparable; — Que, dès lors, prononcer une condamnation civile à raison de ce fait contre Denizot serait se mettre en contradiction flagrante avec le verdict d'acquittement dont il a bénéficié, et faire échec à l'autorité de la chose jugée au criminel; — Que les deux décisions seraient manifestement inconciliables ».

Mais il faut, en pareil cas, que le juge civil affirme qu'il ne saurait faire autrement que de constater la *culpabilité* de l'agent. Ainsi un arrêt s'était fondé sur ce qu'il était impossible, dans l'espèce, d'attribuer le fait dommageable à une imprudence, ni de séparer le coup porté de la volonté de le porter, et que ce coup volontaire ayant été innocenté par le jury, ne pouvait servir de base à une condamnation civile sans qu'il y eût contradiction entre la décision criminelle et la décision civile. Cet arrêt a été cassé, « ... attendu que le jury, en déclarant l'accusé Daniel non coupable, n'avait exclu nécessairement ni l'existence du fait matériel, ni la faute pouvant résulter soit de l'imprudence, soit même d'une volonté dépourvue de criminalité, et engageant néanmoins la responsabilité civile de l'agent; — Qu'une condamnation à des dommages-intérêts n'eût été inconciliable avec le verdict du jury qu'*autant que le juge civil l'eût motivée par l'existence d'une volonté criminelle, ou sur des constatations de fait supposant nécessairement une telle volonté* » (Civ. cass. 27 janv. 1875, aff. Rombeaux, D. P. 77. 5. 76).

461. Mais il importe de remarquer que, si la conviction acquise par le juge civil qu'il y a eu *criminalité* ne lui permet pas de constater une simple *faute* conciliable avec le verdict d'acquittement, il n'en est pas ainsi lorsqu'il reconnaît simplement qu'il y a eu *volonté*, la volonté étant souvent un élément de la faute, bien loin de l'exclure. Ainsi la cour de Besançon a eu à juger l'espèce suivante. Un sieur Mortier avait été successivement acquitté de l'inculpation de coups et blessures ayant occasionné la mort, par un verdict de non-culpabilité, puis d'une prévention d'homicide par *imprudence*, par ce motif qu'il résultait des débats que le coup porté avait été volontaire. La cour de Besançon a pu condamner Mortier à une réparation civile en constatant « qu'il a été constamment reconnu par Mortier, et qu'il résulte d'ailleurs de tous les documents des procédures criminelle et correctionnelle comme de ceux de la cause actuelle, qu'il est l'auteur de la mort de François Toulot; que cette mort a eu lieu par sa *faute*: qu'il en est, dès lors, responsable aux termes de l'art. 1382 c. civ. » (Besançon, 11 déc. 1872, aff. Mortier, D. P. 73. 2. 91). Cet arrêt se conciliait avec les deux décisions criminelles antérieures, puisqu'il n'affirmait ni la *culpabilité* niée par le jury, ni l'*imprudence* niée par le juge correctionnel.

462. — III. Cas ou la matérialité et la criminalité des faits sont indivisibles.— On n'a soulevé qu'assez tard la question de savoir si, dans certaines espèces, il n'y a pas entre la matérialité et la criminalité des faits une indivisibilité telle que le juge civil ne puisse absolument pas affirmer une faute ou une autre cause d'obligation sans se mettre en contradiction avec la décision criminelle qui n'a cependant nié que cette criminalité. Ce fut à l'occasion de la fameuse affaire Maurice Roux. Maurice Roux, domestique, fut trouvé dans la cave de la maison d'Armand, son maître, étendu sur le sol, respirant difficilement, les mains liées derrière le dos, le cou serré par une corde et les pieds attachés avec un mouchoir.

Transporté à l'hôpital, il désigna Armand comme l'auteur d'un attentat commis sur sa personne; il déclara qu'étant descendu à la cave le matin, il y fut suivi par Armand qui lui aurait, pendant qu'il était à genoux et le dos tourné du côté de la porte, asséné sur la nuque un coup de canne ou autre instrument contondant; étourdi par ce coup, il aurait été garotté et laissé jusqu'au soir sans connaissance dans l'état où on l'a trouvé. — A l'audience, l'accusation de tentative de meurtre fut abandonnée par le ministère public pour faire place à une accusation subsidiaire de coups volontaires, avec préméditation, ayant entraîné une incapacité de travail de plus de vingt jours. Armand fut déclaré non coupable par le jury. Mais, statuant immédiatement sur les conclusions à fins de dommages-intérêts prises au nom de Maurice Roux, qui s'était porté partie civile, la cour d'assises des Bouches-du-Rhône rendit l'arrêt suivant: « Considérant que, s'il résulte de la déclaration du jury qu'Armand n'est pas coupable d'avoir porté volontairement des coups ou fait des blessures à Maurice Roux, cette solution n'exclut pas l'**existence** matérielle du fait, mais seulement sa criminalité; — Considérant qu'appelée à statuer dans sa conscience sur les conclusions de la partie civile, la cour, tout en respectant la décision du jury, et sans se mettre en contradiction avec elle, peut et doit rechercher si Armand est l'auteur d'un fait matériel ayant occasionné à Roux un préjudice, et lui donnant droit d'en obtenir la réparation; — Considérant qu'il est résulté des débats la preuve que, dans la journée du 7 juillet dernier, Armand a *maladroitement* porté à Roux un coup qui peut lui être imputé *à faute*, et des conséquences duquel il doit être responsable, etc. ». — Cet arrêt émut fortement l'opinion publique, qui tendit à y voir une sorte d'usurpation de la magistrature sur les pouvoirs du jury. Sur le pourvoi d'Armand, après un long débat et sur un savant rapport de Faustin Hélie, la chambre criminelle rendit un arrêt de cassation où on lit: « Attendu que, si l'art. 358 c. instr. cr. autorise la cour d'assises, après que l'accusé a été acquitté, à statuer sur les dommages-intérêts prétendus par la partie civile, cette attribution doit se concilier avec le respect dû à la chose jugée; que la loi ne permet pas, en effet, que la vérité judiciaire, souverainement reconnue par la déclaration du jury, puisse, dans un intérêt privé, être contestée ou contredite par l'arrêt rendu sur les intérêts civils; que cet arrêt est donc soumis à l'obligation d'établir dans les termes les plus explicites et les plus précis qu'il n'existe aucune contradiction entre ce qui a été jugé au criminel et ce qu'il a jugé au civil; — Qu'il ne suffit pas d'énoncer, comme le fait l'arrêt attaqué, que la déclaration de non-culpabilité n'exclut pas l'existence matérielle du fait mais seulement sa criminalité, puisque, cette déclaration de non-culpabilité étant indéterminée et pouvant porter aussi bien sur le fait matériel que sur le fait moral, il demeure incertain si c'est l'intention criminelle ou si c'est l'existence du fait qui a été écartée; — Qu'il ne suffit pas non plus d'ajouter, comme le fait encore cet arrêt, que la cour d'assises ne prétend pas se mettre en contradiction avec la déclaration du jury et qu'elle ne prend que le fait matériel, puisque la contradiction peut résulter, quelle que soit la déclaration du juge, des faits constatés, qui peuvent contenir en eux-mêmes la contradiction niée en termes généraux par la cour d'assises; — Qu'après la réponse du jury, tant sur la question principale que sur la question résultant des débats, réponse d'où résulte qu'Armand n'était coupable ni de tentative d'homicide volontaire sur la personne de Maurice Roux, ni de lui avoir volontairement porté un coup et fait une blessure dans la journée du 7 juill. 1863, l'arrêt attaqué déclare qu'il est résulté des débats que, dans la journée du 7 juillet, Armand a maladroitement porté à Maurice Roux un coup qui peut lui être imputé à faute, sans expliquer comment il était possible de concilier cette imputation avec la déclaration du jury; — Que cette explication était d'autant plus nécessaire, que la réponse du jury et l'arrêt de condamnation civile portaient sur un seul et même fait, et que, dès lors, avant de s'en saisir, l'arrêt devait constater d'une manière expresse que la déclaration du jury, en proclamant Armand non coupable, n'avait pas exclu sa participation matérielle, aussi bien que sa participation morale, au fait qui lui était imputé; — Qu'il suit de là que l'arrêt ne renferme pas les éléments nécessaires pour que la cour de cassation puisse apprécier si la cour d'assises, en jugeant civilement, n'a point excédé la limite de son droit et empiété sur la chose jugée au criminel; qu'il importe que la cour de cassation puisse exercer un contrôle qui est l'unique sanction des règles qui séparent les deux juridictions, et l'unique garantie du principe de la chose jugée; — Que l'arrêt attaqué, qui a condamné Armand à 20,000 fr. de dommages-intérêts envers Maurice Roux, se trouve donc dénué de motifs, et ne donne aucune base juridique à cette condamnation » (Crim. cass. 7 mai 1864, aff. Maurice Roux, D. P. 64. 1. 313-315). — La cour de Grenoble, saisie du renvoi, rejeta la demande de Maurice Roux par les motifs ci-après: «...Attendu que si la première de ces conditions est justifiée dans la cause, les deux dernières y font entièrement défaut; — Attendu que s'il est des cas où, malgré la déclaration négative du jury, les cours d'assises peuvent connaître d'une action en dommages-intérêts lorsque la matérialité du fait, reconnue par l'accusé et dégagée de toute intention coupable, peut, d'après les circonstances de la cause, survivre au verdict et contenir les éléments d'un quasi-délit, la cause actuelle se refuse à ce qu'il en soit ainsi; — Attendu, en effet, que le coup porté et les blessures faites à Maurice Roux, le 7 juill. 1863, dans la cave de la maison habitée par Armand, sur lesquels l'appelant fonde sa demande et dont Armand a toujours et énergiquement nié être l'auteur, se lient d'une manière intime aux excès commis immédiatement après sur le corps de Roux, savoir: la ligature des pieds et des mains et la ligature du cou ayant produit un commencement d'asphyxie; qu'ils forment un tout indivisible, une série de violences concomitantes, bien que successives, dont l'ensemble et la gravité révèlent chez leur auteur une intention coupable et persévérante; que des déclarations de Maurice Roux, témoin unique et objet de ces violences qu'il impute à Armand, il résulte que ce dernier aurait cherché à attenter à la vie de Maurice Roux, et qu'une volonté perverse l'aurait dirigé dans l'exécution de chacun de ces actes; — Attendu que le jury des Bouches-du-Rhône ayant répondu négativement à la question principale de tentative d'homicide volontaire et à la question, résultant des débats, de coups et blessures volontaires sur la personne de Maurice Roux, ce verdict, portant sur l'ensemble des inculpations qui pesaient sur Armand, a virtuellement fait disparaître toute participation, tant morale que matérielle, d'Armand à chacun des actes dont il était accusé; qu'ainsi admettre Maurice Roux à asseoir sa demande en dommages-intérêts sur la première des violences ci-dessus rappelées, c'est-à-dire le coup sur la nuque et la blessure que ce coup a déterminée, — coup et blessure qui, rapprochés des excès qui ont suivi, ne peuvent se concevoir sans l'intention de nuire, — ce serait revenir sur des faits écartés par le jury, contredire sa décision ou en discuter la portée, et violer ainsi l'autorité de la chose jugée définitivement, souverainement, par son verdict; — Attendu que, pour trouver une base juridique, légale, à la responsabilité civile qu'il prétend faire peser sur Armand, Maurice Roux essaye vainement de réduire aux proportions d'un quasi-délit, d'une faute, le fait du coup sur la nuque et de la blessure qui en a été la suite, en l'isolant des autres éléments d'inculpation auxquels il se lie indissolublement, en prétendant que ce coup, porté par mégarde par Armand, n'a été que le résultat d'un moment de vivacité que celui-ci n'a pu maîtriser, la cause accidentelle d'une lésion qu'il ne pouvait prévoir; — Attendu que, ces conclusions prises devant la cour n'excluant pas de la part d'Armand la volonté de donner le coup ou de faire des blessures, la demande de Maurice Roux doit, à ce premier point de vue, être rejetée comme reproduisant le fait, accompagné d'intention coupable, compris dans la question résultant des débats sur laquelle avait prononcé le jury; — Mais attendu que cette interprétation ne saurait prévaloir contre la réalité des faits acquis et constatés dans les débats; qu'elle est contraire aux documents de la cause et démentie par le propre témoignage de Roux, recueilli dans l'instruction écrite et reproduit oralement devant le jury; que Maurice Roux ne peut aujourd'hui, dans l'intérêt d'une réparation civile, dépouiller ce fait de coups et blessures de la gravité qu'il lui a imprimée dès l'origine et du caractère criminel ou délictueux qu'il comporte nécessairement, et venir ainsi, par une voie indirecte et à l'aide de qualifications inexactes, soumettre à la juridiction civile l'appréciation des faits sur lesquels la justice criminelle a irrévocablement statué et dont elle a innocenté Armand. » — La cour de cassation, saisie d'un nouveau pourvoi, a posé plus nettement encore ce principe d'une indivisibilité possible dans certains cas entre la matérialité et la criminalité : « Attendu que si, en thèse générale, le verdict du jury sur la question de culpabilité, laisse subsister le fait matériel comme base possible d'une action civile en dommages-intérêts, il en est autrement dans certaines circonstances exceptionnelles où la matérialité du fait et l'intention de l'agent sont indivisibles ; qu'il n'est plus possible, dans ce cas, d'isoler le fait de la volonté qui l'a produit sans remettre en question la chose irrévocablement jugée par le verdict du jury ; — Attendu qu'il appartient aux juges du fond de rechercher dans les documents de la cause les éléments de cette indivisibilité, de l'affirmer ou de la nier selon leur conviction, sans que leur décision sur ce point puisse encourir la censure de la cour de cassation ; que ce pouvoir était d'autant moins contestable dans l'espèce, que par suite de la cassation de l'arrêt de la cour d'assises du département des Bouches-du-Rhône, et du renvoi qui lui avait été fait de la cause, le tribunal de première instance, et après lui la cour impériale de Grenoble, investie de la plénitude de la juridiction, pouvaient rechercher, même en dehors de la procédure criminelle, les éléments de leur conviction ; — Attendu qu'appréciant à ce point de vue tous les éléments de la cause, l'arrêt attaqué déclare en fait « que le coup porté et les blessures faites à Maurice Roux se lient d'une manière intime aux excès commis immédiatement après sur le corps de Roux, savoir la ligature des pieds et des mains, et la ligature du cou ayant produit un commencement d'asphyxie, qu'ils forment un tout indivisible, une série de violences concomitantes quoique successives, dont l'ensemble et la gravité révèlent chez l'auteur une intention coupable et persévérante » ; — Que de cette indivisibilité constatée entre les faits relevés par l'action civile comme accomplis « en un moment de vivacité », c'est-à-dire volontairement, et ceux constatant la culpabilité écartée par le jury, l'arrêt attaqué a pu, sans violer les dispositions de l'art. 378 c. instr. crim., déclarer que, dans l'espèce, la déclaration du jury ne laissait plus subsister aucun fait constitutif d'une faute pouvant servir de base à une action en dommages-intérêts » (Req. 11 déc. 1866, aff. Maurice Roux, D.P. 67. 1. 171).

Ces décisions qui ont été approuvées dans les notes *du Recueil périodique* insérées *loc. cit.* ont été très vivement critiquées par plusieurs auteurs, notamment par Ortolan, *Revue pratique*, t. 17, n° 385 ; par M. Beudant, *Revue critique*, t. 14, n° 562, et par M. Griolet, p. 365. « Aucun fait, dit ce dernier auteur, n'est empreint d'une criminalité nécessaire. La criminalité n'est pas dans les faits matériels, elle réside dans l'intention de l'accusé. C'est en appréciant cette intention que le juge constate ou écarte la criminalité. Mais son appréciation sur ce point est nécessairement souveraine, à moins qu'elle ne soit contredite par d'autres énonciations de l'arrêt relatives à l'intention elle-même et non pas aux faits matériels. »

463. Il est certain que les arrêts rendus dans l'affaire Maurice Roux sont restés en quelque sorte isolés, en ce sens tout au moins que des espèces analogues ne semblent pas s'être présentées. Mais ils sont restés aussi comme une marque de la vigilance avec laquelle la cour de cassation veille à ce que les juges civils n'usent du pouvoir d'appréciation qui leur appartient en cette matière, même après les verdicts de non-culpabilité, qu'à la condition de permettre, par les motifs de leurs décisions, de constater qu'ils ne se sont pas mis en contradiction avec les décisions du jury. Et il est certain que la jurisprudence se montre à cet égard de plus en plus réservée.

Nous verrons cependant que la liberté du juge civil s'est trouvée à peu près entière dans presque toutes les espèces qui se sont présentées depuis la publication du *Répertoire* et qu'il nous reste à passer en revue dans un ordre semblable à celui qui a été suivi au *Rép.* n°s 557 et suiv. — Sur l'espèce Maurice Roux et sur ces questions en général : *Adde* Demolombe, n°s 422 et suiv. ; Bonnier, n° 916 ; Haus, n°s 1420 et 1421.

464. — IV. APPLICATIONS DIVERSES. — En matière *de faux*, de nouvelles décisions se sont ajoutées à celles qui ont été rapportées au *Rép.* n°s 557 à 563. Il n'est plus aujourd'hui contesté ni que la déclaration de *non-culpabilité* laisse au juge civil la liberté de déclarer *fausse* la pièce qui avait donné lieu à la poursuite criminelle (Crim. cass. 27 mars 1855, aff. Wolbort, D. P. 55. 1. 214-215 ; Req. 29 avr. 1874, aff. Letulle, D. P. 74. 1. 333-334 ; Alger, 10 juin 1871, aff. Barrec, D. P. 72. 2. 207. V. aussi Req. 6 août 1868 (1) ; Paris, 9 déc. 1885) (2) ; ni même que la partie déclarée non *coupable* par le jury ne puisse être con-

(1) (Cardon C. Bergeron et consorts.) — LA COUR ; — Sur la première branche du moyen unique du pourvoi tiré de la violation de la chose jugée : — Attendu que la déclaration du jury portant que Cardon n'était pas coupable, soit d'avoir commis le faux qui lui était imputé, soit d'avoir fait usage de la pièce fausse sachant qu'elle était fausse, n'impliquait pas nécessairement que le testament ne fût pas faux, mais seulement que Cardon n'en était pas le fabricateur et qu'il n'en avait pas fait usage sciemment ; — Que l'arrêt attaqué, ayant à apprécier la validité du testament, a donc pu, sans se mettre en contradiction avec la déclaration du jury, déclarer ce testament nul comme n'ayant pas été entièrement écrit, daté et signé de la main de la demoiselle Givre ;
Sur la deuxième branche : — Attendu qu'en admettant que la condamnation à la restitution des fruits ait eu pour cause unique la mauvaise foi de celui qui les avait perçus, il n'en résultait pas nécessairement, ou que Cardon eût fabriqué lui-même le testament, ou qu'il en eût fait usage sachant qu'il était faux ; qu'en effet, son titre a été immédiatement contesté par les héritiers naturels, qui ont demandé devant le tribunal de Villefranche la nullité du testament ; que cette instance suivie de celle des héritiers institués a suffi pour constituer le demandeur en état de mauvaise foi ; qu'ainsi et sous ce rapport encore, l'arrêt attaqué ne remet point en question les faits déjà appréciés par le jury ; — Rejette, etc.
Du 6 août 1868.-Ch. req.-MM. Nachet, f. f. pr.-de Vergès, rap.-P. Fabre, av. gén., c. conf.-Bozérian, av.

(2) (Lejardais C. Magnier.) — Le tribunal civil de la Seine a rendu, le 20 juill. 1883, un jugement ainsi conçu : — « Attendu que les époux Lejardais ont assigné Magnier en résiliation de bail et en payement d'une somme de 7000 fr. de dommages-intérêts ; que leur demande était fondée sur l'impossibilité où se trouvait Magnier de leur livrer, pour le 1er oct. 1880, les bâtiments à usage d'habitation et de boulangerie, qu'il devait construire et mettre à leur disposition à ladite époque ; — Attendu qu'au cours de l'instance, et sous la réserve de tous leurs droits quant aux dommages-intérêts, les époux Lejardais ont accepté de n'entrer dans les lieux à eux loués qu'au mois d'avril 1883 ; qu'ils en ont pris possession à cette date, et qu'en conséquence il n'y a plus lieu de statuer sur le chef de demande tendant à la résiliation du bail ; — En ce qui concerne les dommages-intérêts : — Attendu que Magnier résiste à la demande des époux Lejardais, en prétendant que par convention postérieure au bail, le délai d'achèvement des bâtiments faisant l'objet de la location avait été reporté au 1er avr. 1883 ; qu'il produit une pièce de laquelle il résulterait qu'en effet Lejardais a consenti cette prorogation ; — Attendu que Lejardais s'est inscrit en faux contre cette pièce ; — Attendu que, par arrêt de la cour d'assises en date du 6 avr. 1883, Magnier a été acquitté de l'accusation portée contre lui, et que c'est en cet état que l'affaire revient à nouveau devant le tribunal ; — Attendu que la demande des époux Lejardais ne pourrait être accueillie qu'autant que le tribunal estimerait que la pièce produite par Magnier n'est pas sincère ; — Attendu qu'il est constant, et non contesté d'ailleurs, que cette pièce est de l'écriture de Magnier ; — Attendu qu'il l'a produite pour faire repousser la demande des époux Lejardais ; — Attendu que le tribunal ne pourrait donc écarter du débat cette pièce comme fausse, sans affirmer juridiquement que Magnier est l'auteur du faux, et qu'il a fait usage de la pièce sachant qu'elle était fausse, c'est-à-dire sans constater toutes les circonstances constitutives du crime dont Magnier a été déclaré non coupable par la cour d'assises ; qu'il y avait donc contradiction entre la chose jugée au civil et la chose jugée au criminel ; — Attendu, dès lors, que par une conséquence nécessaire de la décision du jury, la pièce invoquée par Magnier doit être considérée comme sincère ; que les époux Lejardais ne sont donc pas fondés à imputer à Magnier un retard dans la livraison des bâtiments faisant l'objet du bail, et à demander la réparation d'un dommage causé par ce retard ; — Par ces motifs, déclare les époux Lejardais mal fondés dans leur demande, etc. » — Appel par les époux Lejardais. — Arrêt.
LA COUR ; — En ce qui touche la résiliation du bail :... — En ce qui touche les dommages-intérêts : — Considérant que le sieur Magnier résiste à la demande formée contre lui de ce chef par les époux Lejardais, en prétendant que, par une convention postérieure au bail du 9 juill. 1879, l'entrée en jouissance des lieux dont il s'agit aurait été reportée au 1er avr. 1883 ; qu'à l'appui de cette prétention, le sieur Magnier produit une pièce de laquelle il résulterait qu'en

damnée à des dommages-intérêts envers les personnes auxquelles le faux, spécialement un faux testament, a pu causer un préjudice (Crim. rej. 20 juin 1846, aff. Combe, D. P. 46. 1. 283) : « ... Attendu, dit cet arrêt, que la déclaration négative du jury ne pouvait faire obstacle à ce que, par rapport à l'action civile, et d'après les débats qui ont eu lieu devant elle, la cour d'assises du Gard ait pu et dû rechercher si le fait matériel était imputable à l'accusé et s'il portait le caractère d'*une faute* ou d'*un quasi-délit*, qui ayant préjudicié à un tiers, rendît l'accusé passible de dommages-intérêts à l'égard de ce tiers; — Attendu que, dans l'espèce, la cour d'assises du Gard, légalement saisie par la partie civile d'une demande en dommages-intérêts sur laquelle son devoir était de statuer, a donc pu, sans se mettre en opposition avec la réponse du jury, déclarer qu'en fabriquant et en communiquant à Quatrefages le testament incriminé, Combe a commis une faute grave qui a occasionné le préjudice souffert par la dame Coudere ».

465. A plus forte raison en est-il ainsi, lorsque le juge se fonde principalement sur la faute très lourde résultant de l'usage d'une pièce grossièrement falsifiée (V. Caen, 6 nov. 1882 (1). V. aussi Paris, 29 mars 1876, aff. Kollupaylo, D. P. 77. 5. 76); — Et plus encore, si le juge civil a simplement déclaré, dans un cas où il avait été prétendu qu'une quittance aurait été inscrite par le débiteur, après coup, au-dessus de la signature vraie du créancier : « que le créancier n'a pas sciemment signé l'acte, et que c'est par surprise que sa signature se trouve apposée au bas d'écrits constatant un payement qu'il n'a pas reçu » (Req. 19 avr. 1886, aff. Lepreux, D. P. 87. 1. 204).

Un arrêt de la chambre des requêtes du 15 févr. 1881 (aff. Rougemont, D. P. 82. 1. 75) serait à tort considéré comme s'écartant de cette jurisprudence, en ce qu'il décide qu'après un verdict de non-culpabilité au profit d'employés de la Régie accusés de faux, on ne pourrait imputer à ces agents que de simples erreurs dans leurs écritures. Cet arrêt constate simplement que le juge du fait avait pu le décider ainsi d'après les faits et circonstances de la cause et, pour d'autres motifs encore, refuser de déclarer la Régie elle-même responsable de la faute qui aurait été ainsi commise. Mais le juge du fait aurait pu tout aussi bien se croire autorisé par les circonstances à considérer ces prétendues erreurs d'écritures comme des fautes engageant la responsabilité de leurs auteurs.

466. On a de même continué à décider, en matière de *détournements*, *vols*, *recels* et autres crimes ou délits analogues tels que la *banqueroute frauduleuse*, que les déclarations de non-culpabilité ne liaient le juge civil ni au point de vue des questions de propriété, ni au point de vue des créances en règlement du compte, ni au point de vue de la responsabilité résultant des fautes ou des imprudences commises (V. *Rép.* n°s 564 à 567). — C'est ainsi qu'il a été jugé que lorsqu'un comptable a été traduit devant un conseil de guerre sous l'accusation de détournements et acquitté, ce jugement ne fait pas obstacle à ce que le ministre le constitue débiteur des sommes que sa mauvaise gestion a fait perdre à l'Etat (Cons. d'Et. 11 déc. 1871, aff. Roussel, D. P. 72. 3. 65)... Et, en matière de recel, que le verdict de non-culpabilité rendu par le jury au profit d'un individu accusé de complicité par recel pour avoir acquis à vil prix des marchandises provenant de vol, ne fait pas obstacle à ce que la cour d'assises déclare que ledit individu a commis une imprudence en ne s'informant pas, alors qu'il achetait d'un individu non marchand, de la provenance des objets vendus, et à ce qu'elle le condamne par suite à des dommages-intérêts envers le propriétaire victime du vol (Crim. cass. 8 nov. 1878, aff. Brisseaud, D. P. 79. 1. 387. — V. aussi Req. 3 mars 1879, aff. Pascou, D. P. 79. 1. 472, qui admet également que la déclaration de non-culpabilité par recel ne fait pas obstacle à ce que les faits poursuivis soient considérés comme une faute, des faits qui ne présentent pas un caractère criminel n'étant pas nécessairement licites).

467. Les acquittements en matière de *banqueroute frauduleuse* sont plus souvent suivis de condamnations civiles. La cour de cassation a pu ainsi successivement juger qu'en cas d'acquittement d'une action de complicité de ban-

---

effet, les époux Lejardais auraient consenti à cette prorogation; mais que ces derniers soutiennent que cette pièce, modificative de la convention du 9 juill. 1879, ne peut produire effet contre eux, en ce qui concerne la clause de prorogation au 1er avr. 1883, cette clause n'ayant jamais été consentie par eux, et se trouvant par suite dépourvue à leur égard de toute force obligatoire; — Considérant qu'à ces conclusions des époux Lejardais Magnier oppose l'ordonnance d'acquittement rendue en sa faveur, le 6 avr. 1883, sur l'accusation de faux et usage de faux portée contre lui, et qui avait pour objet la clause de prorogation dont s'agit laquelle ordonnance aurait l'effet de la chose jugée en ce qui concerne la sincérité de cette clause; — Mais considérant que, s'il est incontestable que les décisions judiciaires en matière criminelle ont, à l'égard de tous, même de ceux qui n'y ont pas été parties, l'autorité de la chose jugée, il n'est pas moins certain qu'elles ne sauraient porter atteinte aux droits des intéressés, non plus qu'à la pleine liberté des juges civils, pour l'appréciation des faits et actes qui ont donné lieu aux poursuites criminelles et des conséquences purement civiles qui peuvent en découler, en dehors de toute criminalité de la part de leurs auteurs; qu'ainsi, le verdict de non-culpabilité rendu le 6 avr. 1883, en faveur de Magnier, sur l'accusation de faux et d'usage de faux dirigée contre lui, ne peut faire aucun obstacle à ce que la pièce qui a été incriminée de faux soit appréciée et jugée au civil au point de vue de sa valeur juridique et de sa force obligatoire; que, sans faire porter son appréciation sur la question intentionnelle, ni sur l'existence d'un dol criminel prévu par la loi pénale, ce qu'elle ne pourrait faire en présence de l'acquittement prononcé, la cour peut apprécier l'écrit en question, uniquement sous le rapport de sa validité; — Et considérant, à cet égard, qu'il résulte des faits et circonstances de la cause, ensemble de l'enquête et de l'expertise auxquelles il a été procédé, ainsi que de l'inspection de la pièce produite par Magnier, que la clause de prorogation dont s'agit est sans valeur et sans force obligatoire contre les époux Lejardais au point de vue du délai auquel ils auraient consenti, soit parce que cette clause, écrite au sommet de la pièce produite, ne leur aurait point apparu par suite d'un pli fait au papier au moment de la signature, soit parce qu'elle aurait été, de fait, ajoutée à l'acte après ladite signature; qu'il échet donc d'écarter cette partie de l'acte modificatif de la convention originaire comme n'ayant point été consentie par les époux Lejardais, et d'apprécier les prétentions de ceux-ci au regard seulement de cette dernière convention; — Considérant, sur ce point que, c'est sans droit et contrairement à leurs engagements que le sieur Magnier n'a livré que le 15 avr. 1883, aux époux Lejardais, les locaux qu'il était obligé de leur remettre le 1er oct. 1880; que, de ce fait, le sieur Magnier a causé aux appelants un préjudice dont il leur doit réparation; — Par ces motifs, etc.

Du 9 déc. 1885.-C. de Paris, 6e ch.-MM. Villetard de Laguérie, pr.-Cruppi, subst.-Maugras et Trolley de Rocques, av.

(1) (Edmond Louis C. Adrien Louis.) — LA COUR; — Attendu qu'il n'est pas contesté que les décisions souveraines du jury, en matière criminelle, ont l'autorité de la chose jugée *ergà omnes*; mais que l'autorité de la chose jugée n'a lieu, aux termes de l'art. 1351 c. civ., qu'à l'égard de ce qui a fait l'objet du jugement; que, du verdict du jury du Calvados, en date du 2 août 1882, il résulte uniquement que Adrien Louis, dit Echavidre, n'est pas coupable d'avoir fabriqué ou fait fabriquer une fausse quittance et d'en avoir fait sciemment usage; mais que cette décision ne juge et ne préjuge rien sur la fausseté même de la quittance du 5 nov. 1879; — Attendu que l'aspect matériel de cette quittance prouve seul, de la manière la plus évidente, qu'elle a été falsifiée; que cette quittance faite primitivement au nom de plusieurs personnes, a été coupée de manière à n'y laisser figurer qu'une seule de ces personnes, *Edmond Louis*; que la falsification résulte, en outre, de l'addition des mots : *Je soussigné* et *la moitié*, et de la surcharge des mots qui étaient au pluriel et qu'il a fallu mettre au singulier; — Attendu qu'il résulte également de toutes les circonstances de la cause, notamment de l'interrogatoire et des enquêtes, que, le 5 novembre, Adrien Louis, en retard dans le payement de ses dettes échues, ne pouvait faire d'avance des payements pour des dettes non échues, et qu'en vérité il n'a versé à son frère que la somme de 2012 fr.; — Sur les dommages-intérêts : — Attendu que les premiers juges ont motivé l'allocation des dommages-intérêts sur la mauvaise foi et les moyens frauduleux employés par Adrien Louis; que la fraude et la mauvaise foi ne peuvent être admises en présence du verdict du jury, mais que le dommage éprouvé n'est pas moins grand et qu'Adrien Louis a commis une faute très lourde en invoquant une quittance grossièrement falsifiée et en soutenant, pour la faire admettre, un procès long et dispendieux; que cette même faute s'est reproduite depuis l'appel et a occasionné à Edmond Louis des faux-frais et un préjudice que la cour peut apprécier facilement;

Par ces motifs, etc.

Du 6 nov. 1882. — C. de Caen, 1re ch.-MM. Houyvet, 1er pr.-Lerebours-Pigeonnière, av. gén., c. conf.-Desruisseaux et Laisné-Deshayes, av.

queroute frauduleuse, pour soustraction dans l'intérêt du failli de tout ou partie des biens de celui-ci, la cour d'assises peut, sans violation de la chose jugée, reconnaître que l'accusé acquitté a frauduleusement soustrait des biens appartenant à la masse des créanciers et le condamner à les réintégrer (Crim. rej. 1er sept. 1854, aff. Caillol, D. P. 55. 1. 43); ou le condamner à des dommages-intérêts en réparation du préjudice causé par sa faute (Crim. rej. 26 déc. 1863, aff. Petit, D. P. 64. 1. 313). — A plus forte raison un tribunal de commerce peut refuser l'homologation d'un concordat en se fondant sur le dol civil commis par le failli, spécialement sur le dol civil commis par l'agent de change qui a négocié pour son compte avec les fonds de ses clients (Req. 14 août 1871, aff. Dierx, D. P. 71. 1. 239).

468. Les acquittements en matière *d'incendies volontaires* sont fréquemment suivis de décisions civiles qui déclarent dans l'intérêt des assureurs que l'incendie a eu pour cause l'*imprudence* ou même la *faute* de l'assuré acquitté par le jury.

Il est sans difficulté que le juge civil puisse affirmer que l'incendie a eu pour cause l'imprudence, l'*imprudence extrême* de l'assuré acquitté (Chambéry, 7 août 1868, aff. Comp. *le Midi*, D. P. 69. 2. 12). — Mais le juge civil pourrait-il aussi affirmer que l'assuré acquitté a été l'auteur *volontaire* de l'incendie? — La cour d'Agen, par arrêt du 20 janv. 1851 (aff. Bacqué, D. P. 51. 2. 49) et la cour de cassation par un arrêt de rejet de la chambre civile du 20 avr. 1863 (aff. Jamet, D. P. 63. 1. 183), l'avaient décidé en termes très formels : « Attendu, dit ce dernier arrêt, que, dans l'affaire actuelle, le jury a été interrogé sur la question de savoir si Jamet était coupable d'avoir volontairement mis le feu à un édifice habité à lui appartenant; — Que la réponse négative sur cette question, réponse non motivée, n'exclut nécessairement ni le fait d'incendie ni la participation volontaire de Jamet à cet incendie, ladite réponse ayant pu être déterminée par des motifs qui laisseraient subsister les faits sur lesquels repose l'action civile de la compagnie ».

La même doctrine est reproduite dans un arrêt postérieur de la chambre des requêtes du 22 juill. 1868 (aff. Becker, D. P. 71. 5. 63). « Attendu, lit-on dans cet arrêt, que la déclaration du jury sur la non-culpabilité de Charles Becker et l'arrêt d'acquittement rendu en conséquence, s'ils excluaient toute intention criminelle et toute répression pénale, ne contenaient pas nécessairemant en faveur de l'accusé la négation du fait matériel de l'incendie par le fait de cet accusé; — Qu'en décidant qu'il résultait des documents produits et des circonstances de la cause que le feu avait été mis par le fait de Charles Becker, le jugement attaqué (rendu par le tribunal civil de la Seine le 29 mars 1867) n'a donc pas violé l'autorité de la chose jugée au criminel; — Attendu, d'autre part, qu'en constatant que Becker avait allumé l'incendie qui a causé le dommage dont la compagnie demandait la réparation, l'arrêt (le jugement) a suffisamment constaté la faute ou le quasi-délit dudit Charles Becker ... » Tout au plus pourrait-on remarquer que l'arrêt évite les expressions *volontaire, volontairement*. Mais le fait est qualifié *faute* ou *quasi-délit*, ce qui suppose l'affirmation de la volonté.

L'arrêt précité de la cour de Chambéry du 7 août 1868, décide, au contraire, que la déclaration de non-culpabilité rendue par le jury en faveur d'individus accusés d'avoir incendié leur propre maison qui était assurée, fait obstacle à ce que la compagnie d'assurances soit admise à prouver au civil qu'ils ont eux-mêmes *volontairement* et *intentionnellement* allumé l'incendie. Nous avons dans la note sur cet arrêt, attribué ce commencement de changement dans la jurisprudence à l'influence des récents arrêts de la cour de cassation sur l'affaire Maurice Roux (V. *suprà*, nos 462 et suiv. — V. dans le même sens, Toulouse, 16 août 1882) (1).

469. Mais les exemples les plus nombreux de condamnations civiles prononcées après des déclarations de non-culpabilité se présentent comme autrefois (V. *Rép.* n° 567) en matière d'*homicide* ou de *coups et blessures*. Nous en avons déjà cité plusieurs *suprà*, nos 457 et suiv.

Comme en matière d'incendie, le cas où la condamnation prononcée au civil serait fondée sur l'*imprudence* de l'auteur de l'homicide ou des blessures présenterait le moins de difficulté, puisque, dans cette hypothèse, on n'affirme même pas la *volonté*, bien loin d'affirmer la *criminalité*. — V. pour le cas d'*imprudence*, Liège, 15 nov. 1854 (aff. Moreau, D. P. 55. 2. 248-249). — Mais l'affirmation de la *volonté*, de la *faute* elle-même a toujours été admise. « Attendu, en fait, dit un arrêt (Civ. rej. 10 déc. 1866, aff. Roussin, D. P. 66. 1. 448), que le verdict du jury du Morbihan se borne à déclarer que Roussin n'était pas coupable du crime à lui imputé; mais que si cette déclaration fait disparaître à jamais l'accusation, elle n'interdisait pas à la juridiction civile, en se saisissant des faits de la cause à son point de vue, d'examiner si, dans les circonstances données, Roussin n'avait pas commis à l'égard de Lecorre un fait dommageable dont il lui dût réparation; — Que c'est dans ces termes que l'arrêt attaqué a reconnu que Roussin avait, le 10 mars 1862, non pas commis un crime, mais commis une faute qui avait été pour Lecorre la cause d'un préjudice dont Roussin devait réparation ». Et il est à remarquer que cet arrêt est postérieur à l'arrêt du 7 mai 1864 cité *suprà*, n° 462, sur l'affaire Maurice Roux (V. aussi Paris, 11 févr. 1845, aff. Varnier, D. P. 45. 4. 83).

Plusieurs arrêts sont à signaler tout spécialement, comme ayant été rendus dans des espèces où aucune condamnation civile n'aurait pu être prononcée si l'acquittement avait été motivé par un verdict admettant le moyen de la *légitime défense*, mais où il a été expressément constaté qu'il n'y avait eu qu'une déclaration de *non-culpabilité* (Rennes, 14 déc. 1846, aff. Matte, D. P. 47. 4. 78; Nancy, 1er mars 1867, aff. Brendlen, D. P. 67. 2. 52; Crim. rej. 23 févr. 1869, aff. Fabre, D. P. 68. 5. 69).

On peut rapprocher de ces espèces l'affaire du prince Pierre Bonaparte sur laquelle la haute cour de justice a statué comme il suit: « Attendu, en fait, que s'il résulte de la déclaration du jury que le prince Pierre-Napoléon Bonaparte n'est pas coupable des crimes de meurtre et de tentative de meurtre qui lui étaient imputés, cette déclaration n'implique pas la négation du fait matériel qui, au contraire, a été constamment reconnu par l'accusé; — Attendu que les circonstances dans lesquelles le fait s'est produit, notamment l'atti-

(1) (Falguières C. Comp. d'assurances *la Paternelle*.) — Le sieur Falguières avait fait assurer une maison d'habitation avec ses dépendances et son mobilier par la compagnie d'assurances *la Paternelle*. Les objets assurés ont été complètement détruits par un incendie dans la nuit du 16 au 17 juin 1881. Des poursuites criminelles ont été, à la suite de ce sinistre, dirigées contre Falguières; mais celui-ci a été acquitté. Actionnée en payement de l'indemnité d'assurance, la compagnie a refusé de la payer, en invoquant contre l'assuré diverses causes de déchéance. Elle s'est prévalue notamment de ce que l'incendie avait été produit par une cause imputable à l'assuré. Cette fin de non-recevoir a été rejetée d'abord par le tribunal de commerce de Moissac, puis par la cour d'appel de Toulouse, dont l'arrêt est ainsi conçu :

LA COUR; ... — Sur la troisième cause de déchéance, résultant d'un fait personnel ou d'une faute lourde imputable à Falguières, malgré l'arrêt d'acquittement prononcé par la cour d'assises du département de Tarn-et-Garonne; — Attendu, il est vrai, que les tribunaux civils ne sont pas toujours liés par un verdict et un arrêt d'acquittement prononcés par une cour d'assises; mais que ce ne peut être qu'à la condition que la décision au civil, respectant la chose jugée au criminel, peut se concilier avec elle; qu'il ne saurait suffire de prétendre que le verdict du jury statuant sur la question de culpabilité laisse subsister un fait matériel ou une faute dont l'auteur peut être civilement recherché; qu'il faut que la constatation de ce fait ou de cette cause ne soit pas en contradiction avec la décision du jury et ne porte pas atteinte à son inviolabilité; — Attendu que Falguières a été poursuivi devant la cour d'assises comme auteur volontaire de l'incendie, et a été acquitté; qu'en dehors de cette accusation il est impossible de trouver dans la cause une faute lourde sur un fait personnel, imputable à Falguières et de nature à lui faire perdre son droit à l'indemnité qu'il réclame; que les précisions formulées par la compagnie *la Paternelle* ramènent toujours à l'allégation d'un fait volontaire, en dehors duquel on ne pourrait signaler que ces imprudences légères dont les contrats d'assurance ont précisément pour but de protéger les effets;

Par ces motifs, confirme, etc.

Du 16 août 1882.-C. de Toulouse, 1re ch.-MM. Frézouls, pr.-Barbe, subst. proc. gén.-André et Belot, av.

tude du prince et les paroles qu'il a prononcées au début de la scène, assignent à ce fait, quoique dépouillé de toute criminalité, le caractère d'une faute rentrant dans les termes de l'art. 1382 c. nap.; — Attendu que par cette faute le prince Pierre-Napoléon Bonaparte a causé aux parties civiles un préjudice dont il est dû réparation et dont la cour a les éléments d'appréciation » (Haute cour de justice, 27 mars 1870, aff. Salmon, D. P. 71. 2. 79). — Enfin il y a lieu de signaler le cas spécial d'une condamnation à des dommages-intérêts pour homicide commis *en duel* après acquittement par le jury (Crim. rej. 20 févr. 1863, aff. de Caderousse-Gramont, D. P. 64. 1. 99).

470. On doit rapprocher du cas de *blessures volontaires* le crime d'*avortement*, et des décisions ci-dessus un arrêt de la chambre des requêtes du 31 janv. 1859 (aff. Delporte, D. P. 59. 1. 439), qui juge que l'individu acquitté sur l'accusation d'un crime d'*avortement* ayant entraîné la mort de la personne à l'égard de laquelle ce crime aurait été commis, peut, même après cet acquittement, être actionné en dommages-intérêts à raison des pratiques exercées sur la même personne, et considérées comme simples faits d'imprudence rentrant, à défaut d'intention criminelle, dans les termes de l'art. 1382 c. civ. — Mais une espèce bien particulière est celle qui a été jugée par un arrêt de la cour de Rouen du 20 févr. 1854 (aff. Varnier, D. P. 55. 2. 125). La fille Ducastel réclamait des dommages-intérêts de Varnier déclaré coupable du crime d'avortement commis sur sa personne et prétendait s'opposer à ce qu'on prouvât qu'elle avait donné son consentement aux manœuvres abortives, parce qu'elle avait elle-même été déclarée non coupable d'y avoir consenti. La cour de Rouen a décidé, avec raison « qu'il était permis de rechercher si cette dernière avait consenti à cet avortement, parce que la déclaration de non-culpabilité ne fait pas obstacle à l'examen de la question de consentement au point de vue civil, sur laquelle le jury n'a eu à se prononcer qu'au point de vue criminel; qu'il paraît difficile, il est vrai, de concilier la réponse du jury avec la pensée que le consentement d'Angélina Ducastel a été parfaitement libre, mais que ce n'est pas cependant une raison suffisante pour ne pas rechercher dans les faits du procès quelle a pu être la nature de ce consentement ».

471. Les mêmes règles ont été appliquées sans difficulté par la jurisprudence en matière de *viol*, par un arrêt de la chambre des requêtes du 18 août 1879 (aff. La Kermance, D. P. 80. 1. 179), qui décide que spécialement, le verdict du jury acquittant un prévenu d'une accusation de viol, ne fait pas obstacle à ce que le juge civil condamne le même individu à des dommages-intérêts en réparation du délit civil de séduction accompagnée de moyen frauduleux; ... En matière *d'attentat à la pudeur*, par un arrêt de rejet de la chambre criminelle du 12 nov. 1846 (aff. Hennequin, D. P. 47. 4. 79), qui décide en termes généraux que les faits d'attentat à la pudeur, comme tous les autres faits matériels, peuvent être appréciés par le jury sous le rapport de la culpabilité de l'accusé et ensuite par la cour d'assises sous le rapport du dommage qu'ils ont causé, et de l'application des règles du droit civil sur les quasi-délits; ... Enfin, en matière de *détournement de mineur*, par un arrêt de rejet de la chambre criminelle du 14 févr. 1863 (aff. Moretti, D. P. 64. 1. 46), où on lit : « que la fraude ou la violence sont, aux termes de la loi, des éléments constitutifs de ce crime; que de la déclaration du jury il est résulté, non pas que le détournement n'avait pas eu lieu, mais que l'accusé Moretti n'était pas coupable d'avoir, par fraude ou violence, détourné la mineure Benoit, âgée de dix-sept ans, du lieu où elle avait été placée par son tuteur; — Qu'en présence de cette décision, la cour d'assises, appelée à statuer sur la demande de la partie civile à fin de dommages-intérêts, a pu, sans contradiction, déclarer que le détournement avait été opéré de concert par Moretti et Germani, en employant des manœuvres que la morale réprouve; — Que ces expressions *manœuvres que la morale réprouve* n'impliquent pas nécessairement la fraude ou la violence; qu'elles peuvent s'appliquer à tous moyens de séduction qui ne rentrent pas dans la définition que donne l'art. 354 du crime de détournement de mineur ».

472. Enfin une question nouvelle s'est présentée en matière de *délits de presse* depuis que le jugement de ces délits a été attribué au jury et aux cours d'assises. Fallait-il appliquer dans ce cas les règles ci-dessus exposées? La cour de cassation s'est prononcée dans le sens de l'affirmative pour la première fois par un arrêt de rejet de la chambre criminelle du 13 juill. 1872 (aff. Nardin, D. P. 72. 1. 377) où on lit : « Attendu qu'aucune dérogation à cette disposition générale ne résulte ni d'un texte formel de la législation sur les délits de la presse, ni du caractère spécial de ces délits ; qu'en cette matière comme en toute autre, il y a lieu de distinguer entre l'intention propre à constituer le délit au point de vue de l'action publique, et le tort susceptible de réparation au point de vue de l'action civile ». La cour constate ensuite que, dans l'espèce, « le pourvoi n'est pas fondé à soutenir que l'arrêt de condamnation à des dommages-intérêts serait inconciliable avec la déclaration négative du jury ; qu'en effet, cet arrêt, loin de contredire la chose jugée au criminel, se fonde sur ce que, tout caractère du fait délictueux poursuivi ayant disparu, par suite de la déclaration, d'ailleurs non motivée, du jury, il reste seulement à la cour le droit d'examiner s'il y a eu *légèreté* ou *précipitation* de la part des auteurs de l'article ou de ceux qui lui ont donné la publicité, *et s'il n'en résulte pas pour les parties civiles un dommage susceptible de réparation ;* qu'en conséquence, c'est uniquement de la légèreté ou de la précipitation, c'est-à-dire d'une *faute*, que l'arrêt attaqué fait naître le préjudice porté aux parties civiles, préjudice dont il affirme l'existence et dont il évalue la réparation, par application de l'art. 1382 c. civ. ». Ainsi, en cette matière comme dans toutes les autres, il y a encore à distinguer le *crime* ou le *délit* et la simple *faute*.

Mais, comme pour tous les autres faits criminels ayant motivé de la part du jury des déclarations de non-culpabilité, il est indispensable que le juge civil « évite de contredire en aucun point la décision du jury, souveraine et irréfragable ». En conséquence, le juge civil est obligé de motiver son arrêt prononçant une condamnation civile de telle sorte que les deux décisions n'aient rien d'inconciliable. La cour d'assises, juridiction civile en pareil cas, ne peut prononcer une condamnation en dommages-intérêts contre l'accusé ou prévenu acquitté, qu'autant que dans le fait poursuivi, dégagé par l'acquittement de tout caractère délictueux, se trouve une faute dommageable, qui ne sera qu'un quasi-délit imputable à l'auteur de l'action ou omission reprochée, suivant les principes consacrés par les art. 1382 et 1383 c. civ. Et enfin, pour l'observation de cette condition essentielle, l'arrêt prononçant condamnation doit contenir des motifs, en fait, qui soient suffisamment explicites quant à la faute, afin que la cour de cassation, appelée par un pourvoi à exercer son droit de contrôle au point de vue de la légalité, puisse décider s'il y a ou non constatation d'un quasi-délit. — Ainsi jugé par un arrêt de cassation de la chambre criminelle du 1er août 1872 (aff. Brugerre, D. P. 72. 1. 377), qui ajoute : « Attendu que l'arrêt attaqué, après avoir reconnu ce qui résultait de la déclaration de non-culpabilité pour le prévenu Brugerre, a fondé la condamnation en dommages-intérêts sur cet unique motif : « Il est constant, néanmoins, qu'il a articulé des faits qui sont de nature à causer des dommages au général Desvaux » ; — Attendu que si une décision ainsi motivée n'est pas réellement contradictoire ou inconciliable avec le verdict du jury, qui ne fait chose jugée que relativement au délit précédemment poursuivi, elle ne prouve pas que le juge civil ait recherché et constaté l'existence d'une faute déterminée dans les circonstances de l'articulation relevée » (V. dans le même sens : Crim. rej. 2 août 1872, aff. Masure, D. P. 72. 1. 426, en matière *d'excitation à la haine des citoyens les uns contre les autres*).

Il convient de remarquer qu'il n'importerait pas que la preuve des faits diffamatoires ait été offerte et tentée devant la cour d'assises. C'était le cas des deux premières espèces analysées ci-dessus. En effet, comme le faisait remarquer M. le conseiller Morin dans son rapport cité en note D. P. 72. 1. 377, même dans cette hypothèse, la déclaration de non-culpabilité n'équivaut en aucune façon à une décision portant que la vérité de l'imputation a été prouvée et doit être tenue pour certaine. Ce n'est toujours qu'une simple déclaration de non-culpabilité sans autre signification précise.

§ 5. — Des jugements d'acquittement ayant pour cause des motifs complexes.

473. Un premier cas présente peu de difficultés. Un jugement d'acquittement peut être motivé dans des termes tels que les juges paraissent avoir acquitté parce qu'ils n'ont pas considéré comme suffisamment établie soit la *matérialité* soit la *criminalité* des faits poursuivis sans qu'ils aient nié absolument ni l'une ni l'autre, mais seulement la coexistence de ces deux éléments. Une rédaction de ce genre est certainement vicieuse ; mais elle peut s'imposer, si l'on suppose par exemple, que des trois juges d'un tribunal correctionnel, une majorité composée de A et B affirment la matérialité en niant la criminalité, une autre majorité composée de B et C affirment la criminalité en niant la matérialité. Il y a dans ce cas une majorité pour l'acquittement composée de C niant la matérialité et de A niant la criminalité. Il faut donc que le tribunal, pour exprimer l'opinion de sa majorité, nie non pas successivement et distinctement la matérialité, et la criminalité, mais conjointement la coexistence de ces deux éléments. Il est évident que c'est comme si le juge niait en bloc la culpabilité et quels que soient les termes employés, une décision de ce genre équivaut à une simple déclaration de *non-culpabilité*.

474. Mais la question est plus délicate, lorsque le jugement a bien clairement et distinctement nié et la *matérialité* et la *criminalité*. Cette hypothèse s'est réalisée dans la célèbre affaire Mirès. Ce financier était poursuivi, entre autres faits, pour un délit d'escroquerie ayant pour base un contrat de nantissement qui se serait formé entre lui et ses clients auxquels il avait prêté des fonds contre dépôt de titres. La cour de Douai, par arrêt du 21 avr. 1862 (aff. Mirès, D. P. 62. 1. 305-307), acquitta Mirès par des motifs qui nient bien clairement, d'une part, qu'il y ait eu un véritable contrat de nantissement, et d'autre part, qu'il y ait eu intention criminelle. On lit, en effet, dans cet arrêt : « Qu'il résulte de tout ce qui précède que Mirès... ne pouvait être débiteur du prix du titre ou de la différence du prix entre le jour où il avait reçu et celui du règlement, qu'autant qu'il en aurait disposé indûment, ce qui n'est pas, *puisque devenu propriétaire des titres in genere, il n'était strictement tenu qu'à rendre des titres semblables*;.. que ce récépissé ne contenant aucune description du titre déposé, excluait tout nantissement et que, dès lors, le délit d'escroquerie n'a plus de base... ». Plus loin : « Attendu qu'au point de vue de l'intention frauduleuse, la prévention n'a pas non plus de base.... ». Et enfin, comme conclusion : « ... Qu'ainsi sous aucun rapport, les éléments constitutifs du délit d'escroquerie, le *fait matériel*, les manœuvres et l'intention frauduleuse n'existent dans la cause». —Cet arrêt, n'ayant été cassé que dans l'intérêt de la loi (Civ. cass. 28 juin 1862, aff. Mirès, D. P. 62.1. 305-307), fut invoqué devant la cour de Paris, au cours des procès civils entre Mirès et ses clients, comme ayant l'autorité de la chose jugée sur l'existence du contrat de nantissement. La cour de Paris, dans un arrêt du 22 janv. 1864 (aff. Mirès, D. P. 64. 2. 25-28) n'a cru pouvoir écarter ce moyen qu'en déclarant : « Qu'il résulte de l'ensemble des motifs de l'arrêt que c'est surtout sur l'intention frauduleuse que le juge a porté, ainsi qu'il le devait, son attention ; que sans doute pour corroborer les raisons d'acquittement par lui présentées, il a cherché le caractère du contrat intervenu entre Mirès et les emprunteurs exécutés, et *reconnu qu'il n'y avait pas eu entre eux contrat de nantissement*; que c'est même en partie pour l'opinion émise sur ce point que l'arrêt a été déféré à la cour de cassation, dans l'intérêt de la loi ; mais qu'on ne peut dire que c'est là le motif qui a déterminé forcément la décision, puisqu'en admettant même l'absence du contrat de nantissement, la fraude eût pu exister et être déclarée ; qu'on ne peut assimiler un arrêt qui se prononce sur un fait simple, comme un homicide par imprudence, et qui déclare dans le fait que l'imprudence n'existant pas, il n'y a pas de délit, à celui qui, prononçant sur un fait aussi complexe que l'escroquerie imputée à Mirès, recherche tous les moyens d'excuse et de défense, et par suite de leur appréciation combinée, conclut à un renvoi de la plainte ; qu'on ne peut, dans chacune de ces considérations, trouver une déclaration emportant avec elle chose jugée, en sorte que chaque motif d'indulgence dont le juge cherche à étayer sa décision, constituerait autant de droits irrévocablement acquis, et dont les tiers, étrangers aux débats devant le juge criminel, seraient tenus de subir les conséquences devant les juges civils ; — Considérant que l'influence du criminel sur le civil ne peut être ainsi appliquée, et que c'est nécessairement dans un sens restreint que les questions débattues sur l'action publique peuvent faire naître la chose jugée quant aux droits des tiers ; qu'il faut une inconciliabilité absolue entre la décision du juge criminel et le fait allégué devant la juridiction civile pour arrêter celle-ci, — incompatibilité qui n'existe pas toutes les fois qu'ainsi qu'il est arrivé dans la cause, l'absence d'intention frauduleuse a pu déterminer l'acquittement... ».

475. Cette solution a été critiquée par M. Griolet, p. 359, et dissertation insérée D. P. 69. 1. 169. « Il est impossible, dit M. Griolet, d'effacer ainsi l'une des causes que le juge a formellement exprimées dans sa décision. » Nous avons déjà indiqué (*suprà*, n° 453) comment la cour de cassation, saisie du pourvoi formé contre l'arrêt du 22 janv. 1864, a écarté la même exception de chose jugée par d'autres motifs plus exacts, tirés de ce que l'arrêt attaqué (Douai, 21 avr. 1862) ne pouvait avoir au civil l'autorité de la chose jugée sur l'existence d'un contrat qui n'était que l'une des circonstances du fait d'escroquerie poursuivi (Civ. rej. 26 juill. 1865, aff. Mirès, D. P. 65. 1. 484-486). La cour de cassation semble bien ainsi avoir répudié et l'interprétation donnée par la cour de Paris, dans son arrêt du 22 janv. 1864, à la décision de la cour de Douai, et la doctrine sur laquelle cette interprétation était fondée. On doit seulement remarquer combien il importe que le juge prenne garde d'éviter en ces matières tout motif surabondant et toute affirmation qui ne serait pas absolument nécessaire pour motiver sa décision, et en même temps que parfaitement établie.

§ 6. — De l'influence des décisions des juridictions d'instruction (*Rép.* n°s 583 à 597).

476. Il est toujours hors de contestation que les ordonnances et arrêts *de renvoi* sont sans effet au civil, ainsi que nous l'avons indiqué au *Rép.* n° 583 (V. cependant en sens contraire le dernier motif de l'arrêt de la cour de Paris du 22 mai 1885, cité *infrà*, n° 479). M. Griolet, p. 350, remarque qu'il en serait ainsi même au cas où elles n'auraient pas été suivies d'un jugement de la juridiction criminelle de jugement, comme il peut arriver, par exemple, par suite du décès du prévenu. Mais la jurisprudence n'est peut-être pas bien nettement fixée sur les règles à suivre en matière d'ordonnances et d'arrêts de non-lieu.

Deux points sont certains: 1° l'ordonnance ou arrêt de non-lieu s'oppose à ce que la partie lésée, même non partie civile devant la juridiction d'instruction, use du droit de citation directe devant la juridiction correctionnelle ; — 2° Au contraire, devant le juge civil, celui qui s'était constitué partie civile devant la juridiction d'instruction n'aurait le même droit d'agir que si il n'avait pas été partie devant la juridiction d'instruction (V. en ce sens : Civ. cass. 12 déc. 1877, aff. Perrot, D. P. 79. 1. 476).

Mais quelle influence faut-il reconnaître aux ordonnances et arrêts *de non-lieu* sur les contestations civiles?

477. Nous avons indiqué au *Rép.* n° 583 qu'on attribue en général l'autorité de la chose jugée sur les contestations civiles aux ordonnances ou arrêts de non-lieu qui ont admis au profit de l'inculpé une fin de non-recevoir telle que la prescription; qu'au contraire, les décisions de non-lieu qui sont fondées soit sur la non-criminalité, soit sur l'insuffisance des charges, soit même sur une preuve contraire sont sans effet au civil, parce qu'aux termes de l'art. 246 c. instr. cr. elles tombent également dès qu'il y a des charges nouvelles.

M. Griolet est allé plus loin (p. 351). « Une même raison, dit-il, doit nous faire refuser toute autorité sur le civil à toutes les décisions de non-lieu, de quelque manière qu'elles soient motivées et qu'elles puissent ou non être anéanties par des charges nouvelles. C'est que, si ces décisions émanent d'une juridiction criminelle, elles ne sont pas proprement des jugements criminels. Elles ne jugent rien, sinon qu'il y a lieu ou qu'il n'y a pas lieu à renvoyer devant la juridiction de jugement et à rendre le jugement criminel. Lorsqu'une ordonnance ou qu'un arrêt de non-lieu a été rendu, il est vrai de dire qu'il n'y a sur l'affaire aucun jugement criminel. »

478. Cette doctrine est aujourd'hui suivie par les auteurs les plus considérables (Demolombe, n° 414; Larombière, n° 183; Aubry et Rau, t. 8, p. 409; Haus, t. 2, n° 1416). Et elle semble ressortir tout au moins des termes dans lesquels s'expriment quelques décisions récentes. La question n'est pas résolue par un arrêt de rejet du 19 mars 1860 (aff. Bideau, D. P. 60. 1. 135), qui écarte pour d'autres motifs le moyen tiré de la chose jugée sur la qualité de commerçant par un arrêt de non-lieu (V. *suprà*, n° 386). D'autre part quelques arrêts écartent l'autorité de décisions de non-lieu en se fondant sur ce que le non-lieu avait été motivé par l'insuffisance des charges (V. Besançon, 8 nov. 1866, aff. Jobard, D. P. 66. 2. 200; Bruxelles, 31 mars 1874, aff. Jenico, D. P. 75. 2. 72; Civ. cass. 12 déc. 1877, aff. Perrot, D. P. 79. 1. 476; Liège, 27 déc. 1879) (1). Mais d'autres arrêts contiennent des motifs tels que ceux-ci : « Attendu que les ordonnances de non-lieu, révocables au criminel même, en cas de survenance de charges nouvelles, ne constituent pas, à proprement parler, des jugements, c'est-à-dire des décisions contenant, sur l'existence ou la non-existence d'un fait criminel, la culpabilité ou l'innocence de l'inculpé, cette affirmation définitive susceptible de devenir, par l'autorité de la chose jugée, une vérité judiciaire; que les ordonnances de non-lieu, ne jugeant rien, sinon qu'il y a ou qu'il n'y a pas lieu de renvoyer devant les juridictions de jugement ne sauraient fonder, au civil, l'autorité de la chose jugée qu'elles n'ont pas même au criminel...» (Alger, 1er mars 1880, aff. Font, D. P. 82. 2. 139) ; ... « Attendu, en droit, que l'autorité de la chose jugée ne s'attache qu'aux décisions définitives; — Que les ordonnances de non-lieu, comme les arrêts de non-lieu de la chambre des mises en accusation, ont un caractère provisoire, qu'elles tombent devant la production de charges nouvelles, et que les faits déclarés *non prouvés* par une ordonnance de non-lieu, ne doivent pas, nécessairement, être tenus pour tels par les tribunaux civils; — Attendu, par suite, en fait, que si, sur une plainte de la dame Lépinay, portée pour vol, à son préjudice, de différentes valeurs au porteur, notamment de deux obligations de la ville de Paris, emprunt de 1876, portant les nos 2868 et 2869, il a été rendu en faveur de Louis, dit *Colon*, et des époux Goy, une ordonnance de non-lieu disant que la soustraction frauduleuse n'était pas suffisamment établie, cette déclaration n'a pu faire obstacle à ce que la cour, statuant dans un intérêt privé et sur les preuves à elles fournies, reconnût que lesdites valeurs avaient été volées au préjudice de la dame Lépinay, autorisât la revendication formée par celle-ci, et maintînt l'opposition que cette dame avait faite, etc. » (Req. 31 mars 1885, aff. Louis, D. P. 85. 1. 188);... Et encore : « Considérant qu'au moment où elle intervient l'ordonnance de non-lieu n'est qu'une appréciation des résultats acquis par l'information, sous réserve des charges ultérieures autorisant la reprise des poursuites; que, dans ces conditions, elle ne peut avoir le caractère d'une décision définitive et irrévocable, qui est l'un des éléments essentiels de la chose jugée; que, dès lors, la fin de non-recevoir déduite dans l'espèce, par les premiers juges, de l'ordonnance de non-lieu, d'ailleurs non motivée et renfermant un simple visa du réquisitoire, ne saurait être accueillie » (Besançon, 22 févr. 1875, aff. C..., D. P. 76. 2. 116. V. aussi Pau, 26 févr. 1857, aff. de Challemaison, D. P. 57. 2. 189). Ce dernier arrêt qui statuait sur une espèce où l'ordonnance du juge d'instruction avait constaté l'existence de faux alléguée devant le juge civil, tout en ordonnant le non-lieu pour défaut d'intention criminelle, porte qu'une ordonnance de non-lieu, « qui n'est qu'un acte de poursuite, ne peut être considérée comme une décision souveraine pour déclarer la fausseté d'une pièce » (V. aussi les termes généraux des arrêts suivants: Paris, 16 nov. 1866, aff. Pujol, D. P. 66. 5. 67; 3 juill. 1875, aff. Louvain-Lenoir, D. P. 77. 5. 78; Liège, 28 déc. 1881) (2).

479. Cependant l'arrêt ci-dessous rapporté donne aux ordonnances de non-lieu, et même aux ordonnances de renvoi, une autorité sur le civil à peu près absolue (Paris, 22 mai 1885) (3).

480. A la suite de cette matière, il a été donné au *Rép.*

(1) (Demoitié *C.* Lecarte et Poncelet.) — Le 3 mai 1879, jugement du tribunal de Marche, ainsi conçu : — « Attendu, en ce qui concerne le défendeur Lecarte, que les faits qui servent de fondement à l'action ont été antérieurement déférés au tribunal de simple police du canton de Durbuy, à la suite d'une ordonnance de la chambre du conseil du tribunal de Liège ; — Attendu que par jugement en date du 21 août 1877, M. le juge de paix de Durbuy a renvoyé ledit Lecarte des fins de la poursuite du chef d'homicide par imprudence ; — Attendu que l'art. 418 c. pén. prévoit tout homicide ou blessures involontaires, causés par la faute de l'agent, quelque légère qu'elle soit ; — Attendu, dès lors, que le renvoi des poursuites intentées de ce chef entraîne, par voie de conséquence, chose jugée quant à l'absence de toute faute dans le chef de la personne acquittée, et s'oppose d'une façon absolue à ce que son irresponsabilité, quant aux causes de l'accident, soit encore remise en question ; — Attendu, quant au défendeur Poncelet, qu'il est actionné tant en son nom personnel, comme civilement responsable du fait de son enfant mineur, que comme administrateur légal des biens de celui-ci ; — Attendu que l'action est recevable à l'un et l'autre point de vue ; — Attendu, en effet, que la responsabilité du père pour le dommage causé par son enfant mineur, habitant avec lui, est expressément formulée dans l'art. 1384 c. civ., et qu'il n'est pas douteux, d'un autre côté, qu'en vertu des principes généraux inscrits dans les art. 1382 et 1383, l'enfant lui-même soit responsable des conséquences dommageables résultant de sa faute ; — Attendu que l'ordonnance de la chambre du conseil qui a déclaré n'y avoir lieu à suivre contre Noël Poncelet du chef d'homicide par imprudence, est fondée sur l'insuffisance des charges et ne fait pas obstacle à ce que les faits qui le concernent soient appréciés par le tribunal au point de vue de la responsabilité civile ; — Mais, attendu que de ces faits tels qu'ils sont libellés par le demandeur il ne ressort nullement que Noël Poncelet serait l'auteur de l'accident dont la réparation est poursuivie ;... — Par ces motifs, le tribunal déclare le demandeur non fondé en son action à l'égard de l'un et de l'autre des défendeurs ». — Appel. — Arrêt.

LA COUR ; — Adoptant les motifs du premier juge, confirme.

Du 27 déc. 1879.-C. de Liège, 3e ch.-MM. Schuermans, pr.-Delwaide, subst. proc. gén., c. conf.-Boseret fils et Neujan, av.

(2) (Defrène *C.* Ista.) — Le 27 janv. 1881, jugement du tribunal civil de Huy, ainsi conçu : — « Sur la fin de non-recevoir : — Attendu que des poursuites ayant été dirigées contre Antoine Ista, fils mineur du défendeur, du chef d'avoir, par défaut de prévoyance ou de précaution, involontairement causé la mort de l'épouse du demandeur, une ordonnance de la chambre du conseil de ce siège, en date du 16 déc. 1879, a déclaré qu'il n'y avait lieu à suivre, par le motif que l'instruction n'avait établi aucun fait de négligence quelconque à charge du prévenu; qu'au contraire, celui-ci n'avait pu ni dû prévoir la mort qu'on lui imputait à délit et n'avait manqué à aucun des devoirs que lui imposait sa profession de charretier; qu'enfin, c'était par accident que Florence Henin était tombée sous la roue qui l'a écrasée; — Attendu que si les sentences de la justice criminelle ont l'autorité de la chose jugée, même par rapport aux intérêts civils, en ce sens qu'il n'est pas permis aux parties intéressées de remettre en question, devant la juridiction civile, les faits qui ont été décidés par les tribunaux répressifs, ce principe n'est applicable que pour autant qu'il s'agisse de sentences criminelles ayant un caractère définitif et rendues après une instruction orale à l'audience publique; mais que la même autorité ne s'attache pas aux décisions des juridictions d'instruction, rendues sur une information écrite et secrète et n'ayant généralement qu'un caractère provisoire, que l'ordonnance de la chambre du conseil qui déclare n'y avoir lieu à suivre n'a généralement d'autre effet que d'empêcher, quant à présent, soit le ministère public, soit la partie lésée, de continuer les poursuites devant les tribunaux de répression, mais qu'elle est sans influence sur les intérêts civils des parties; que celles-ci restent en droit, quels que soient les motifs invoqués à l'appui de ces ordonnances, de ne pas s'incliner devant une décision qui a été rendue sans débat contradictoire et le plus souvent sans leur intervention, et de saisir les tribunaux civils de leurs demandes de dommages-intérêts; — Attendu qu'il suit de ce qui précède que la fin de non-recevoir opposée par le défendeur n'est pas justifiée; — Au fond...; — Par ces motifs, etc. » — Appel. — Arrêt.

LA COUR;... — Sur la fin de non-recevoir et sur le fond: — Adoptant les motifs des premiers juges qui sont censés ici reproduits;... — Par ces motifs, etc.

Du 28 déc. 1881.-C. de Liège, 2e ch.-MM. Schloss, f. f. pr.-Faider, av. gén.-Francotte et Dejaer, av.

(3) (Veuve Dupas *C.* Chassagne.) — LA COUR; — Considérant que la veuve Dupas demande à Chassagne payement d'une indemnité, à raison de l'accident dont son mari a été victime, lorsqu'il était au service de l'intimé; qu'elle soutient, dans ses conclusions, que tout patron est, de plein droit, responsable des accidents survenus à son ouvrier, dans l'exécution des travaux auxquels il l'emploie, lorsqu'il n'y a pas faute de l'ouvrier; que, dans l'espèce,

nos 594 et suiv., quelques indications sur les conditions dans lesquelles le juge civil peut fonder sa décision sur des preuves tirées de procédures criminelles. Nous reviendrons sur ces questions, v° *Preuve.*

---

la juridiction correctionnelle ayant jugé que l'accident étant imputable à un sieur Sertin, et la veuve Dupas s'étant constituée partie civile, et ayant obtenu condamnation contre ledit Sertin, elle conclut à ce qu'il soit déclaré par la juridiction civile qu'elle n'a pas perdu, par ce fait, son recours contre Chassagne qui, suivant elle, serait seul légalement responsable de l'accident vis-à-vis de son ouvrier; qu'en conséquence, elle conclut à l'allocation des mêmes dommages-intérêts qu'elle a déjà obtenus contre Sertin; — Considérant que la responsabilité édictée par les art. 1382, 1383, 1384 c. civ. ne procède pas d'une présomption légale de faute contre la personne déclarée responsable, mais qu'au contraire c'est à celui qui invoque cette responsabilité à établir que le fait dommageable est survenu par la faute de la personne responsable; que, dans l'espèce, Chassagne ne saurait être déclaré responsable de l'accident dont Dupas a été victime, qu'autant que l'accident dont s'agit aurait été causé, dans une mesure quelconque, par l'imprudence ou la négligence dudit Chassagne;

Considérant, toutefois, que les causes de cet accident ont fait l'objet d'une information criminelle tant contre Chassagne que contre Sertin; que la veuve Dupas se borne à s'en référer aux constatations de ladite information; qu'elle n'articule aucun fait nouveau, ni aucune circonstance qui n'ait été l'objet de l'examen du juge d'instruction; que chacun des griefs par elle aujourd'hui relevés a été expressément discuté dans le réquisitoire final du procureur de la République; que, sur le vu de ce réquisitoire écrit et conformément à ses conclusions, le juge d'instruction a déclaré n'y avoir lieu à suivre contre Chassagne, et a renvoyé Sertin devant le tribunal correctionnel;

Considérant qu'il n'est pas permis au juge civil de méconnaître ce qui a été nécessairement et certainement décidé par le juge criminel, soit quant à l'existence du fait qui forme la base commune de l'action publique et de l'action civile, soit quant à la participation du prévenu au même fait; que dans la prévention d'homicide par imprudence qui pesait sur Chassagne, l'intention coupable n'étant pas un des éléments constitutifs du délit, le juge d'instruction s'est nécessairement expliqué sur la matérialité des faits en ce qui concerne Chassagne, lorsqu'il a rendu une ordonnance de non-lieu, en faveur de ce prévenu; que, d'autre part, en renvoyant Sertin devant le tribunal correctionnel, il a formellement décidé que les faits dont s'agit étaient imputables non à Chassagne, mais à Sertin; qu'en l'absence de charges nouvelles, l'ordonnance de non-lieu dont Chassagne a bénéficié a acquis l'autorité de la chose jugée au criminel, et que, dans l'état actuel des faits, le juge civil ne pourrait en contredire les constatations, sans en méconnaître l'autorité;

Par ces motifs, etc.

Du 22 mai 1885.-C. de Paris, 4e ch.-MM. Faure-Biguet, pr.-Calary, av. gén.-Hubbard et Salles, av.

Table sommaire

des matières contenues dans le Supplément et le Répertoire.

(Les chiffres précédés de la lettre *S* renvoient au Supplément; les chiffres précédés de la lettre *R* renvoient au Répertoire.)

Table chronologique des Lois, Arrêts, etc.

22 juill. Civ. 12 c.
24 juill. Civ. 211 c.
27 août. Crim. 324 c.
25 nov. Nimes. 18 c.
12 déc. Crim. 252 c., 256 c.
19 déc. Loi. 311 c.
27 déc. Crim. 323 c.

1851

2 janv. Rennes. 106 c.
20 janv. Agen. 468 c.
31 janv. C. cass. Belgique. 173 c.
8 févr. Crim. 325 c.
8 mars. Cons. d'Et 205 c.
31 mars. Civ. 210 c.
22 avr. Req. 88 c., 199 c.
29 avr. Civ. 116 c.
12 mai. Req. 58 c.
15 mai. Paris. 417 c.
16 mai. Orléans. 444 c.
21 mai. Req. 374 c., 377 c.
24 mai. Crim. 296 c.
17 juin. Req. 219 c.
30 juin. Req. 198 c.
8 juill. Civ. 210 c.
29 juill. Civ. 226 c.
12 août. Civ. 32 c.
13 août. Civ. 81 c.
11 nov. Civ. 79 c., 193 c., 218 c.
1er déc. Civ. 199 c.
10 déc. Req. 182 c.
17 déc. Civ. 27 c., 219 c.
23 déc. Civ. 100 c.

1852

3 janv. Orléans. 7 c.
12 janv. Req. 160 c., 450 c.
14 janv. Civ. 8 c., 27 c.
23 janv. Crim. 308 c., 312 c.
4 févr. Civ. 92 c.
1er mars. Décr. 379 c.
31 mars. Bordeaux. 435 c.
8 avr. Crim. 304 c.
26 avr. Civ. 192 c., 210 c.
3 mai. Req. 58 c.
6 mai. Crim. 457 c.
13 mai. Crim. 304 c.
22 mai. Crim. 252 c.
4 juin. Crim. 214 c.
18 juin. Crim. 388 c.
19 juin. Crim. 252 c.
21 juin. Civ. 45 c.
28 juin. Civ. 217 c.
9 nov. Limoges. 374 c., 375 c.
27 nov. Crim. 303.
30 nov. Civ. 87 c.
2 déc. Poitiers. 415 c.
15 déc. Civ. 198 c.
30 déc. Civ. 199 c.

1853

21 janv. Req. 106 c.
28 janv. Crim. 295.
15 févr. Civ. 26 c., 193 c.
23 févr. Crim. 334 c.
3 mars. Pau. 18 c.
12 mars. Crim. 325 c., 336 c.
14 mars. Civ. 28 c.
22 avr. Ch. réun. 378
19 mai. Cons. d'Et. 205 c.
28 mai. Trib. corr. Vesoul. 324 c.
10 juin. Loi. 331 c.
26 juill. Civ. 81 c.
3 août. Req. 428 c.
8 août. Req. 50 c.
17 août. Civ. 24 c., 81 c., 119 c., 120 c.
10 nov. Cons. d'Et. 364 c.
14 nov. Civ. 175 c., 183 c.
16 nov. Civ. 210 c.
16 nov. Bourges. 178 c.
12 déc. Civ. 127 c.

1854

2 févr. Crim. 252 c.
14 févr. Civ. 94 c.
20 févr. Rouen. 470 c.
18 avr. Req. 5 c.
27 mai. Crim. 303 c.
9 juin. Crim. 323 c., 333 c.
10 juin. Loi. 31 c.
12 juin. Civ. 127 c.
16 juin. Bruxelles. 413 c.
20 juin. Req. 182 c.
4 juill. Civ. 187 c.
20 juill. Crim. 364 c.
22 août. Civ. 28 c.
23 août. Civ. 173 c.
28 août. Civ. 9 c., 285 c.
1er sept. Crim. 467 c.
7 nov. Req. 9 c.
15 nov. Liège. 469 c.
9 déc. Rouen. 76 c.
13 déc. Grenoble. 323, 347 c.
21 déc. Lyon. 106 c.

1855

17 janv. Civ. 150 c.
18 janv. Grenoble. 430 c.
20 janv. Douai. 39 c.
30 janv. Req. 55 c.
20 févr. Req. 26 c., 93 c., 199 c.
23 févr. Ch. réun. 325 c.
28 févr. Req. 421 c., 433 c.
7 mars. Civ. 398 c., 446 c., 448 c.
7 mars. Toulouse. 175 c., 178 c., 179 c., 182 c.
15 mars. Crim. 112 c.
23 mars. Loi. 179 c.
27 mars. Crim. 464 c.
31 mars. Crim. 354.
4 avr. Req 450 c.
13 avr. Crim. 346.
14 avr. Crim. 303 c.
23 avr. Req. 153 c.
21 mai. Req. 138 c., 165 c.
23 mai. Douai. 120 c.
3 août. Crim. 323 c., 333 c.
7 août. Civ. 9 c., 11 c.
10 août. Metz. 230 c.
25 août. Crim 318. 328 c.
30 août. Crim. 276 c.
20 sept. Crim. 276 c.
21 sept. Crim. 237.
3 nov. Ch. réun. 325 c., 336 c.
6 nov. Req. 185 c.
28 nov. Req. 124 c.
3 déc. Grenoble. 28 c.
7 déc. Crim. 301 c., 331 c.

1856

21 janv. Req. 81 c.
30 janv. Req. 36 c., 37 c.
27 févr. Bordeaux. 223 c.
11 mars. Req. 223 c.
17 mars. Req. 9 c., 93 c.
20 mars. Crim. 276 c.
22 mars. Crim. 252 c.
2 avr. Req. 120 c.
26 avr. Poitiers. 39 c.
3 mai. Crim. 252 c.
21 mai. Caen. 70 c.
10 juin. Req. 9 c., 36 c., 88 c.
13 juin. Crim. 297 c., 318 c.
20 juin. Crim. 272 c.
27 juin. Crim. 327 c., 337 c.
30 juin. Req. 9 c., 190 c.
5 juill. Crim. 330, 334 c.
7 juill. Loi. 250 c.
25 juill. Crim. 320 c., 331.
2 août. Crim. 364 c.
16 août. Lyon. 445 c.
21 août. Nimes. 12 c., 199 c.
4 oct. Crim. 390 c.
24 nov. Civ. 9 c., 11 c.
25 nov. Req. 378 c.
26 nov. Civ. 185 c.
3 déc. Civ. 9 c.
15 déc. Req. 104 c.

1857

7 janv. Req. 146 c.
10 janv. Crim. 258 c.
15 janv. C. cass. Belgique. 116 c.
21 janv. Req. 223 c.
27 janv. Civ. 208 c.
11 févr. Req. 210 c.
25 févr. Req. 58 c., 147 c.
26 févr. Pau. 9 c., 478 c.
6 mars. Crim. 386 c., 425 c.
3 avr. Crim. 367 c.
6 avr. Civ. 6 c.
17 avr. Crim. 424 c.
18 avr. Crim. 323 c.
27 avr. Civ. 122 c.
29 avr. Civ 424 c.
8 août. Crim. 388 c.
28 déc. Req. 70 c.
30 déc. Caen. 76 c.

1858

15 janv. Orléans. 92 c.
5 juin. Crim. 295 c.
6 juill. Caen. 178 c.
27 juill. Civ. 93 c.
10 août. Civ. 160 c.
23 août. Civ. 141 c.
3 sept. Crim. 325 c.
22 nov. Req. 81 c.
28 déc. Req. 8 c., 72 c.

1859

11 janv. Riom. 414 c.
31 janv. Req. 470 c.
7 mars. Civ. 220 c.
5 avr. Orléans. 148 c.
23 avr. Crim. 323 c.
27 avr. Crim. 203 c.
6 juin. Req. 226 c.
7 juill. Crim. 266 c.
19 juill. Metz. 288 c.
3 août. Req. 81 c.
3 déc. Orléans. 231 c.
6 déc. Civ. 178 c., 179 c.
27 déc. Orléans. 324 c.
28 déc. Civ. 60 c., 87 c.
31 déc. C. cass. Belgique. 288 c.

1860

18 janv. Civ. 66 c.
13 févr. Req. 78 c.
14 févr. Req. 414 c.
13 mars. Req. 125 c.
19 mars. Civ. 478 c.
3 mai. Crim. 237 c., 246 c., 349 c.
18 août. Paris. 243 c.
23 août. Limoges. 178 c., 179 c.
24 déc. Req. 86 c.

1861

8 févr. Crim. 364 c.
13 févr. Req. 81 c., 92 c.
5 mars. Crim. 302.
14 mars. Crim. 302 c.
15 mars. Crim. 307 c.
19 avr. Crim. 287 c.
19 (et non 16) avr. Crim. 303 c.
7 mai. Civ. 110 c.
24 mai. Orléans. 426 c.
1er juill. Paris. 49 c.
2 juill. Civ. 226 c.
6 juill. Crim. 237.
18 juill. Req. 88 c.
1er août. Crim. 292 c., 340 c., 347 c.
3 août. Besançon. 11 c., 33 c.
12 août. Bruxelles. 145 c.
26 août. Civ. 215 c.
29 août. Paris. 453 c.
31 août. Chambéry. 106 c.
14 nov. Besançon. 288 c.
30 nov. Besançon. 302 c.
10 déc. Req. 122 c., 123 c.
12 déc. Crim. 276 c.
12 déc. Rennes. 403 c.
30 déc. Limoges. 6 c.
31 déc. Douai. 288 c.

1862

18 janv. Crim. 292.
29 janv. Limoges. 66 c., 111 c.
22 févr. Crim. 309 c.
27 févr. Crim. 382 c.
21 mars. Crim. 286 c., 269 c.
28 mars. Dijon. 15 c.
1er avr. Montpellier. 231 c.
21 avr. Douai. 453 c., 474 c., 475 c.
5 mai. Req. 59 c.
17 mai. Amiens. 288 c.
20 mai. Req. 55 c.
22 mai. Crim. 272 c.
28 juin. Civ. 474 c.
2 juill. Req. 210 c.
10 juill. Crim. 459 c.
16 juill. Dijon. 164 c.
22 juill. Aix. 409 c.
11 août. Bruxelles. 116 c.
17 nov. Civ. 18 c.
13 déc. Crim. 302.

1863

12 janv. Chambéry. 39 c.
3 févr. Req. 28 c.
5 févr. Crim. 325 c., 326 c.
10 févr. Req. 74 c.
11 févr. Civ. 18 c.
14 févr. Crim. 471 c.
17 févr. Req. 219 c.
20 févr. Crim. 469 c.
18 mars. Civ. 200 c.
18 mars. Agen. 145 c.
25 mars. Civ. 227 c.
20 avr. Civ. 468 c.
13 mai. Loi. 325 c.
8 juin. Civ. 41 c.
9 juin. Req. 93 c., 178 c.
18 juin. Crim. 325 c
2 juill. Crim. 327 c.
23 juill. Crim. 325 c.
24 juill. Crim. 285.
26 juill. Civ. 95 c.
28 août. Crim. 325 c.
29 août. Crim. 316 c., 324 c., 334 c.
4 nov. Req. 75 c.
26 nov. Besançon. 220 c.
22 déc. Civ. 217 c.
23 déc. Req. 420 c.
26 déc. Crim. 467 c.

1864

19 janv. Req. 03 c.
22 janv. Crim. 364 c.
22 janv. Paris. 409 c., 453 c., 474 c., 475 c.
4 févr. Crim. 354 c.
12 févr. Crim. 273 c., 274 c.
19 févr. Crim. 309 c.
12 mars. Paris. 336 c.
15 avr. Orléans. 439 c., 452 c.
22 avr. Crim. 292.
7 mai. Crim. 462 c., 469 c.
11 mai. Paris. 330 c.
26 mai. Angers. 47 c., 400 c.
8 juin. Civ. 105 c., 116 c.
10 juin. Crim. 360 c.
18 juin Besançon. 93 c., 209 c.
24 juin. Crim. 380 c., 425 c.
30 juin. Crim. 256 c., 297 c., 318 c., 328 c.
30 juin. Metz. 323 c., 336 c.
11 juill. Riom. 88 c.
23 juill. Crim. 292, 303 c.
1er août. Civ. 440 c.
3 août. Civ. 427 c.
10 sept. Cons. d'Et. 59 c.
8 nov. Req. 231 c.
8 nov. Civ. 106 c.
16 nov. Req. 210 c.
18 nov. Lyon. 5 c.
2 déc. Trib. Seine. 161 c.
12 déc. Besançon. 105 c., 112 c.
13 déc. Civ. 14 c., 178 c.
17 déc. Crim. 306 c.

1865

4 janv. Alger. 14 c.
24 janv. Req. 69 c.
24 janv. Civ. 233 c.
31 janv. Civ. 220 c.
23 févr. Crim 436 c.
1er mars. Req. 116 c.
11 avr. Civ. 70 c.
19 mai. Paris. 120 c.
12 juill. Civ. 11 c.
26 juill. Civ. 453 c., 475 c.
26 juill. Crim. 286 c., 409 c.
4 août. Crim. 301 c., 325 c., 335 c.
7 août. Chambéry. 130.
14 août. Civ. 15 c., 144 c.
24 août. Angers. 16 c., 88 c.
28 août. Civ. 28 c.
28 sept. Crim. 255 c.
6 nov. Req. 211 c.
20 nov. Dijon. 107 c.
18 déc. Req. 70 c.

1866

3 janv. Req. 131 c.
14 févr. Req. 90.
12 mars. Req. 163 c.
23 mars. Trib. Seine. 123 c.
28 mars. Req. 15 c., 33 c., 79 c.
4 avr. Civ. 59 c.
9 avr. Civ. 15 c., 33 c., 79 c.
11 avr. Cons. d'Et. 417 c.
28 avr. Amiens. 334 c., 336 c., 365 c.
2 mai. Toulouse. 81 c.
9 mai. Alger. 432
28 mai. Req. 210 c.
13 juin. Riom. 184 c.
9 juill. Civ. 443 c.
20 juill. Crim. 363 c.
27 juill. Crim. 368 c.
28 juill. C. d'ass. Var. 288 c.
8 nov. Besançon. 478 c.
14 nov. Civ. 96 c., 107 c.
16 nov. Paris. 478 c.
16 nov. Trib. com. Marseille. 183 c.
28 nov. Crim. 288 c., 290 c.
23 nov. Dijon. 124 c.
10 déc. Req. 105 c., 116 c.
10 déc. Civ. 469 c.
11 déc. Req. 462 c.
18 déc. Req. 140 c.

1867

14 janv. Civ. 25 c.
23 janv. Douai. 415 c.
7 févr. Cons. d'Et. 343 c.
11 févr. Civ. 185
18 févr. Nancy. 58 c.
22 févr. Nancy. 177 c., 178 c., 179 c.
1er mars. Nancy. 460 c.
22 mars. Crim. 305 c.
26 mars. Req. 419 c.
29 mars. Trib. Seine. 468 c.
9 avr. Aix. 441 c.
13 avr. Crim. 385 c.
3 mai. Bordeaux. 343 c.
24 mai. Crim. 266 c.
17 juin. Req. 451 c.
26 juin. Civ. 41 c.
1er juill. Civ. 220 c.
24 juill. Civ. 15 c., 16 c., 33 c., 79 c.
1er août. Crim. 325 c.
8 août. Civ. 92 c.
14 août. Civ. 193 c.
17 août. Lyon. 413 c.
20 août. Civ. 58 c., 185 c.
27 nov. Civ. 211 c.
4 déc. C. d'ass. Moselle. 288 c.
10 déc. Civ. 85 c.
19 déc. Crim. 325 c.
29 déc. Orléans. 64 c.

1868

18 janv. Civ. 41 c.
20 janv. Req. 70 c.
3 févr. Civ. 11 c.
5 févr. Req. 121 c., 151 c.
10 févr. Civ. 81 c.
24 févr. Req. 6 c.
28 févr. Crim. 297 c., 318 c., 328 c.
3 mars. Civ. 11 c., 26 c., 92 c.
10 mars. Civ. 41 c.
14 mars. Crim. 273 c., 274 c.
1er avr. Angers. 188 c.
20 avr. Civ. 94 c.
21 avr. Pau. 104 c.
8 mai. Crim. 273 c.
13 mai. Civ. 17 c.
28 mai. Crim. 325 c.
13 juill. Civ. 12 c., 79 c.
22 juill. Req. 468 c.
29 juill. Bruxelles. 188.
3 août. Rennes. 95.
5 août. Civ. 12 c., 31 c., 79 c.
6 août. Req. 464.
7 août. Chambéry. 468 c.
7 août. Trib. corr. Bordeaux. 256 c.
10 août. Req. 211.
11 août. Paris. 123 c.
10 sept. Crim. 273 c., 274 c.
30 nov. Civ. 211 c.
2 déc. Req., 88 c. 116 c.
8 déc. Civ. 93 c.
21 déc. Civ. 415 c.
23 déc. Req. 101 c.

1869

23 janv. Douai. 178 c., 179 c.
26 janv. Req. 71 c.
27 janv. Req. 409 c., 410 c., 449 c.
2 févr. Req. 210 c.
17 févr. Civ. 52 c.
23 févr. Crim. 469 c.
18 mars. Trib. corr. Grenoble. 340 c.
23 mars. Civ. 88 c.
3 avr. Crim. 303 c.
14 avr. Civ. 93 c., 220 c.
20 avr. Bourges. 324 c.
7 juin. Req. 122 c.
28 juin. Req. 9 c.
12 juill. Req. 179 c., 182 c.
14 juill. Civ. 38 c.
15 juill. Req. 178 c., 179 c.
6 août. C. d'ass. Nord. 289 c.
9 août. Paris. 145 c.
8 nov. Req. 218 c.
22 nov. Pau. 208 c.
24 nov. Civ. 226 c.
8 déc. Civ. 31 c.
14 déc. Req. 86.
21 déc. Req. 378 c.
28 déc. Civ. 6 c.

1870

5 janv. Civ. 210 c.
12 janv. Req. 185 c.
14 janv. Lyon. 92 c.
17 janv. Req. 77 c.
25 janv. Req. 93 c., 229.
26 janv. Civ. 220 c.
26 janv. Dijon. 94 c
29 janv. Crim. 364 c.
10 févr. Crim. 325 c.
14 févr. Req. 90 c.
9 mars. Civ. 58 c.
23 mars. Req. 9 c., 11 c.
24 mars. Paris. 88 c.
27 mars. Haute cour de justice. 469 c.
2 avr. Aix. 123 c.
6 avr. Req. 111 c.
7 avr. Aix. 23 c.
19 avr. Civ. 33 c., 36 c.
5 mai. Bordeaux. 231 c., 233 c.
7 mai. Crim. 305.
11 mai. Civ. 97 c.
23 mai. Civ. 438 c.
9 juin. Orléans. 419 c.
13 juin. Req. 89 c., 202 c.
14 juin. Aix. 123 c., 170 c.
13 juill. Req. 211 c.
16 juill. Paris. 123 c.
18 juill. C. d'ass. Pyrénées-Orientales 288 c.
17 août. Civ. 66 c., 193 c.
30 déc. Lyon. 188 c.

1871

7 janv. Cons. rév. garde nat. Seine. 372 c.
21 avr. Loi. 214 c.
27 avr. Lyon. 82 c.
10 juin. Alger. 464 c.
25 juill. Req. 11c
4 août. Paris. 243 c.

14 août. Req. 467 c.
21 août. Req. 28 c.
22 août. Civ. 58 c., 180 c.
23 août. Aix. 390 c.
7 nov. Req. 41 c., 94 c.
28 nov. Req. 210 c.
5 déc. Req. 47 c.
11 déc. Cons. d'Et. 407 c., 466 c.
12 déc. Civ. 57 c., 80 c., 218 c.
19 déc. Req. 36.
19 déc. Pau. 81 c.
20 déc. Civ. 214 c.
20 déc. Bordeaux. 443 c.
28 déc. Grenoble. 183 c.

1872

8 janv. Rennes. 458 c.
23 janv. Req. 30 c., 207 c.
24 janv. Req. 80 c., 201 c.
30 janv. Req. 62 c.
30 janv. Civ. 188 c.
21 févr. Req. 210 c.
22 févr. Lyon. 158.
26 févr. Civ. 94 c., 112 c.
4 mars. Req. 123 c.
12 mars. Civ. 67 c., 82 c.
19 mars. Req. 11 c.
25 mars. Req. 26 c., 34 c.
3 avr. Req. 28 c.
9 avr. Civ. 58 c.
10 avr. Civ. 220 c.
13 avr. Paris. 422 c.
15 avr. Req. 80 c.
24 avr. Civ. 210 c.
26 avr. Crim. 309 c.
29 avr. Req. 90 c.
7 mai. Civ. 214 c.
11 mai. Crim. 354 c.
16 mai. Cons. d'Et. 304 c., 309 c.
28 mai. Civ. 67 c.
4 juin. Civ. 28 c., 33 c.
5 juin. Civ. 9 c.
6 juin Paris. 178 c.
18 juin. Req. 117.
19 juin. Req. 53 c.
3 juill. Civ. 147 c.
13 juill. Crim. 472 c.
15 juill. Req. 117 c.
16 juill. Civ. 193 c., 209 c.
22 juill. Req. 33 c.
22 juill. Civ. 41 c.
31 juill. Req. 144 c.
1er août. Req. 58 c.
1er août. Crim. 472 c.
2 août. Crim. 472 c.
13 août. Req. 98 c., 137 c.
20 août. Req. 80 c.
5 nov. Req. 77 c., 82 c.
11 nov. Civ. 206 c., 230 c.
23 nov. Nancy. 441 c.
10 déc. Req. 54 c.
11 déc. Besançon. 461 c.

1873

7 janv. Req. 9 c.
10 janv. Crim. 272 c.
15 janv. Civ. 9 c.
21 janv. Req. 52 c., 120 c.
23 janv. Aix. 93 c.
28 janv. Civ. 224 c.
10 févr. Req. 185 c.
11 févr. Req. 117 c.
14 févr. Crim. 296 c.
12 mars. Civ. 57 c., 58 c., 147 c., 222 c.
22 mars. Crim. 295 c.
2 avr. Civ. 210 c.
9 avr. Civ. 458 c.
18 avr. Crim. 296 c., 319 c., 344 c.
2 mai. Cons. d'Et. 94 c.
10 mai. Nancy. 378 c.
19 mai. Req. 115 c.
27 mai. Req. 82 c.
27 mai. Civ. 36 c.
28 mai. Req. 90 c., 120 c.
28 mai. Civ. 82 c., 210 c.
9 juin. Req. 9 c.
9 juin. Aix. 124 c.
11 juin. Req. 211 c.
16 juin. Req. 210 c.
24 juin. Req. 36 c.
30 juin. Req. 207 c.
2 juill. Req. 185 c.
11 juill. Lyon. 149 c.
14 juill. Req. 14 c., 57 c.
29 juill. Req. 33 c.
30 juill. Civ. 193 c.
5 août. Req. 226 c.
5 août. Nîmes. 430 c.
7 août. Angers. 458 c.
20 août. Rouen. 117 c.
21 août. Crim. 297 c., 318 c., 328 c.
26 août. Civ. 45 c., 80 c.
11 sept. Crim. 288 c.
11 nov. Civ. 16 c., 20 c., 93 c.
25 nov. Req. 36 c.
28 nov. Douai. 233 c.
8 déc. Civ. 184 c.
22 déc. Paris. 404 c.

1874

19 janv. Civ. 36 c., 210 c.
20 janv. Req. 458 c.
30 janv. Amiens. 28.
8 févr. Montpellier. 334.
13 mars. Rouen. 216 c.
17 mars. Civ. 443 c.
23 mars. Rouen. 58 c.
31 mars. Req. 408 c.
31 mars. Bruxelles. 478 c.
11 avr. Req. 157 c.
17 avr. Crim. 334 c.
21 avr. Paris. 174 c.
24 avr. Crim. 254 c.
28 avr. Douai. 9 c.
29 avr. Req. 464 c.
18 mai. Poitiers. 223 c.
1er juin. Req. 120 c.
1er juill. Req. 182 c.
7 juill. Req. 9 c., 210 c.
13 juill. Req. 443 c.
13 juill. Chambéry. 70 c.
14 juill. Req. 233 c.
15 juill. Civ. 121 c.
23 juill. Req. 38 c.
24 juill. Crim. 252 c., 258 c.
28 juill. Req. 92 c.
30 juill. Crim. 252 c.
11 août. Req. 193 c.
25 août. Caen. 420 c.
11 nov. Req. 218 c.
16 nov. Civ. 175 c., 179 c., 181 c., 182 c.
9 déc. Req. 28 c.

1875

6 janv. Req. 203.
19 janv. Req. 203 c.
27 janv. Civ. 460 c.
3 févr. Req. 125 c.
5 févr. Alger. 256 c.
5 févr. Cons. d'Et. 246 c.
12 févr. Crim. 335 c.
15 févr. Civ. 222 c.
22 févr. Besançon. 478 c.
15 mars. Civ. 210 c.
22 mars. Req. 117 c.
5 avr. Req. 210 c.
6 avr. Civ. 218.
12 mai. Civ. 189 c.
31 mai Req. 145 c.
3 juill. Paris. 478 c.
7 juill. Ch. réun. 322 c., 335 c.
10 juill. Nancy. 124 c.
14 juill. Civ. 117 c.
15 juill. Paris. 123 c.
12 août. Crim. 316 c., 324 c., 334 c.
14 août. Crim. 340 c., 364 c.
17 août. Req. 90.
15 nov. Req. 9 c., 28 c.
18 nov. Alger. 430 c.
6 déc. Civ. 38.
7 déc. Req. 176 c.
14 déc. Civ. 95 c.
27 déc. Bastia. 52 c.

1876

3 janv. Req. 48 c.
10 janv. Ch. réun. 340 c.
17 janv. Req. 187 c.
31 janv. Req. 52 c.
15 févr. Req. 9 c.
25 févr. Crim. 303 c.
1er mars. Req. 36 c.
7 mars. Req. 218 c.
8 mars. Paris. 447 c.
13 mars. Req. 11 c.
10 avr. Req. 451 c.
26 avr. Req. 174 c.
30 mai. Civ. 210 c.
14 juin. Civ. 41 c.
27 juin. Loi 291 c.
17 juill. Req. 70 c.
1er août. Req. 28 c.
7 août. Civ. 83 c., 223 c.
21 nov. Req. 223 c.
4 déc. Req. 28 c.
6 déc. Poitiers. 404 c.
12 déc. Civ. 210 c.
15 déc. Crim. 237.

1877

9 janv. Civ. 446 c., 448 c., 449 c.
10 janv. Req. 52 c., 441 c.
22 janv. Civ. 210 c.
29 janv. Civ. 203 c.
19 févr. Req. 86 c.
5 mars. Paris. 447 c.
27 mars. Req. 174 c.
31 mars. Crim. 364 c.
18 avr. Civ. 203 c.
21 avr. Paris. 174 c.
24 avr. C. cass. Belgique. 358.
30 avr. Req. 36 c.
8 mai. Crim. 270 c.
18 juin. Req. 141.
21 juin. Req. 16 c., 82 c.
4 juill. Req. 211 c.
9 juill. Civ. 77 c., 93 c.
31 juill. Req. 74.
1er août. Dijon. 429 c.
7 août. Req. 28.
16 août. Crim. 252 c., 258 c.
19 nov. Req. 176 c., 211 c.
26 nov. Req. 28 c.
12 déc. Civ. 476 c., 478 c.
14 déc. Crim. 323, 333 c.
31 déc. Req. 52 c.

1878

7 janv. Req. 204 c.
19 janv. Crim. 306.
4 févr. Req. 143 c.
5 févr. Req. 210.
12 févr. Req. 217.
7 mars. Req. 18 c.
20 mars. Req. 452 c.
18 avr. Rouen. 57 c.
13 mai. Civ. 31.
16 mai. Nancy. 403 c.
4 juill. C. cass. Belgique. 398, 400 c., 436 c.
15 juill. Civ. 28 c.
31 juill. Req. 82.
31 juill. Caen. 76 c.
18 août. Crim. 386.
8 nov. Crim. 466 c.
9 nov. Crim. 271 c.
18 nov. Req. 57, 58 c.
18 nov. Civ. 417 c.
26 nov. Civ. 210 c.
5 déc. Bruxelles. 332.
12 déc. Rennes. 403 c.
17 déc. Req. 28 c.
19 déc. Nîmes. 271 c., 273 c.
30 déc. Req. 9 c., 28 c.

1879

15 janv. Chambéry. 47 c., 222 c.
19 févr. Angers. 36 c.
3 mars. Req. 466 c.
10 mars. Req. 11 c.
3 avr. C. cass. Belgique. 58 c.
9 avr. Civ. 185 c.
21 avr. Civ. 246 c.
3 mai. Liège. 58 c.
6 mai. Req. 189 c.
2 juill. Req. 178 c., 182 c.
28 juill. Req. 443 c.
18 août. Req. 471 c.
18 nov. Req. 9 c.
20 nov. Crim. 237, 238 c., 252 c.
13 déc. Liège. 451.
16 déc. Req. 11 c., 217 c.
27 déc. Liège. 444 c., 478.
30 déc. Besançon. 443 c.

1880

20 janv. Req. 36 c., 38 c.
9 févr. C. cass. Belgique. 297.
25 févr. Civ. 189 c.
1er mars. Alger. 478 c.
10 mars. Civ. 67 c.
10 mars. Douai. 237 c., 252 c., 256 c.
15 mars. Caen. 353 c.
25 mars. C. cass. Belgique. 88.
6 avr. Civ. 96 c., 113 c.
7 avr. Civ. 184 c., 187 c.
3 mai. Req. 28 c.
3 mai. Bruxelles. 444.
14 mai. Crim. 237 c.
25 mai. Req. 11 c.
25 mai. Req. 217 c.
29 mai. Crim. 367 c.
22 juin. Civ. 111 c.
30 juin. Civ. 111 c.
19 juill. Req. 11 c., 217 c.
22 juill. Grenoble. 9 c.
3 août. Req. 184 c.
14 août. Orléans. 39 c.
8 nov. Bruxelles. 79 c.
28 déc. Grenoble. 180 c., 182 c.

1881

4 janv. Req. 10 c.
11 janv. Civ. 28 c.
22 janv. Crim. 271 c., 273 c.
15 févr. Req. 465 c.
21 févr. Rouen. 9 c.
18 mars. Crim. 246.
11 mai. Bourges. 460 c.
17 mai. Orléans. 148 c.
21 juin. Req. 189 c.
21 juin. Civ. 78 c.
6 juill. Req. 80 c.
11 juill. Req. 9 c.
14 juill. Liège. 254, 259 c.
9 nov. Civ. 377 c.
14 nov. Req. 55 c.
3 déc. Besançon. 447 c.
28 déc. Liège. 478.

1882

23 janv. Civ. 28 c.
23 févr. Riom. 226 c.
28 févr. Civ. 82 c.
8 mars. Civ. 30 c.
14 mars. Req. 149 c.
15 mars. Civ. 215 c., 217 c.
15 mars. Lyon. 271 c., 354 c.
22 mars. Req. 80 c.
28 mars. Req. 379 c.
5 avr. Liège. 444.
15 mai. Req. 120 c.
10 mai. Besançon. 439 c.
11 juill. Civ. 418 c.
14 juill. 246 Crim. c.
25 juill. Civ. 231 c.
4 août. Crim. 285 c.
7 août. Civ. 84 c.
16 août. Toulouse. 468 c.
6 nov. Caen. 465.

1883

9 janv. C. d'ass. Seine-et-Oise. 288.
30 janv. Riom. 441 c., 452 c.
6 févr. Req. 74 c.
20 févr. Req. 107 c.
6 mars. Req. 203 c.
2 avr. Req. 149 c.
10 avr. Civ. 203 c.
19 mai. Lyon. 18 c.
21 mai. Civ. 6 c.
18 juill. Civ. 93 c., 198 c.
1er août. Req. 92 c.
11 août. Crim. 205 c., 287 c.
31 août. Loi. 377 c.
9 nov. Paris. 149 c.
14 nov. Civ. 150 c.
7 déc. Cons. d'Et. 74 c.

1884

11 janv. Crim. 298 c.
6 févr. Besançon. 9 c., 36 c.
5 avr. Loi. 141 c.
7 mai. Civ. 170 c.
13 mai. Civ. 58 c.
13 juin. Crim. 243 c.
18 juin. Civ. 36 c.
24 juin. Limoges. 436 c.
4 juill. Orléans. 441 c.
18 juill. C. cass. Belgique. 304 c.
19 juill. Orléans. 443 c.
28 juill. Civ. 28 c.
4 août. Req. 82 c.
20 août. Civ. 64 c.
10 nov. Req. 193 c.
18 nov. Civ. 45 c.
25 nov. Civ. 36 c., 231 c.
27 nov. Liège. 58 c.
19 déc. Req. 36 c.
23 déc. Req. 95 c., 203 c.
24 déc. Amiens. 431 c.

1885

21 janv. Toulouse. 20 c.
30 janv. Chambéry. 375.
2 févr. Req. 28 c.
10 févr. Montpellier. 38 c.
28 févr. Crim. 359.
18 mars. Paris. 303.
21 mars. Crim. 302.
23 mars. Req. 92 c.
31 mars. Req. 478 c.
14 avr. Req. 188 c., 190 c.
27 avr. Req. 74 c., 93 c.
8 mai. Cons. d'Et. 74 c.
22 mai. Paris. 476 c., 479.
10 juin. Civ. 82 c.
18 juin. Crim. 459 c.
1er juill. Req. 77 c., 93 c.
2 juill. Req. 219 c.
20 juill. Civ. 53 c.
10 août. Civ. 107 c.
11 août. Civ. 16 c.
20 oct. Req. 107 c.
27 oct. Req. 15 c.
27 oct. Civ. 92 c.
8 déc. Req. 58 c.
9 déc. Paris. 464.
24 déc. C. cass. Belgique. 9 c.

1886

4 janv. Req. 96 c., 115 c.
11 janv. Req. 77 c.
18 janv. Civ. 77 c.
20 janv. Civ. 117 c.
27 janv. Civ. 164 c.
8 févr. Civ. 75 c.
17 févr. Civ. 35 c.
24 févr. Req. 436 c.
1er mars. Tr. com. Marseille. 82 c.
19 avr. Req. 465 c.
21 avr. Civ. 68 c.
3 mai. Civ. 80 c., 96 c.
3 mai. Poitiers. 41 c.
31 mai. Req. 38 c.
25 juin. Req. 82 c.
7 juill. C. cass. Belgique. 373.
13 juill. Civ. 107 c.
19 oct. Req. 195 c.
1er déc. Bruxelles. 371.
22 déc. Civ. 203 c.

1887

28 févr. Civ. 58 c.
10 mai. Civ. 146 c.
16 mai. Req. 449 c.
21 juill. Req. 6 c.
15 nov. Civ. 219 c.
25 nov. Cons. d'Et. 47 c.

CIMETIÈRE. — V. *Commune*; — *Rép.* eod. v°, nos 447 et suiv.

V. aussi *Compétence administrative; Conseil d'Etat; Culte; Domaine public; Enregistrement; Expropriation pour cause d'utilité publique; Propriété; Responsabilité; Servitude.*

CIRCONSTANCES AGGRAVANTES ET ATTÉNUANTES. — V. *Instruction criminelle*; *Peine*; — *Rép.* vis *Instruction criminelle*, nos 2480, 2888 et suiv.; *Peine*, nos 253 et suiv., 508 et suiv.

V. aussi *Attentat aux mœurs*, nos 33, 46 et suiv., 78 et suiv.; *Avortement*, nos 7, 11 et suiv.; *Chasse*, nos 902 et suiv., 1009 et suiv., 1019 et suiv., 1030 et suiv., 1077; *Complice-complicité; Crimes et délits contre les personnes; Délit politique; Faux; Forêts; Frais et dépens; Jeu-pari; Jugement; Médecine; Prescription criminelle; Presse-outrage-publication; Rébellion; Réunions politiques et publiques; Vol et escroquerie.*

CIRCULAIRE MINISTÉRIELLE. — V. *Organisation administrative*; — *Rép.* eod. v°, n° 140.

V. aussi *Excès de pouvoir*; *Règlement administratif.*

CITATION. — V. *Exploit*; — *Rép.* eod. v°, nos 2, 663.

V. aussi *Compétence administrative; Compétence criminelle; Frais et dépens; Instruction criminelle; Jugement par défaut; Mariage; Prescription civile; Prescription criminelle; Presse-outrage-publication; Procès-verbal; Témoin.*

Sur la clause pénale, V. *Dispositions entre vifs et testamentaires; Obligations; — Rép.* v[is] *Dispositions entre vifs et testamentaires*, n°s 186 et suiv.; *Obligations*, n°s 1585 et suiv. — V. aussi *Assurances terrestres*, n° 136; *Conclusions; Degré de juridiction; Enregistrement; Louage; Ouvrier; Référé; Société; Théâtre-spectacle; Transaction; Travaux publics; Usufruit; Vente.*

Sur la clause de quitte, V. *Contrat de mariage; Droit maritime; — Rép.* v[is] *Contrat de mariage*, n°s 2826 et suiv.; *Droit maritime*, n° 1975.

Sur la clause de réalisation, V. *Contrat de mariage; — Rép.* eod. v°, n°s 2669 et suiv.

Sur la clause de vaille ou non vaille, V. *Droit maritime; — Rép.* eod. v°, n° 1636.

Sur la clause de voie parée, V. *Vente publique d'immeubles; — Rép.* eod. v°, n°s 326 et suiv., 1958.

CLERC. — V. ce mot au *Répertoire*.

V. aussi en ce qui concerne spécialement les clercs de notaire: v° *Notaire; — Rép.* eod. v°, n°s 98 et suiv.

En ce qui concerne l'abus de confiance commis par des clercs, V. *Abus de confiance*, n°s 128 et suiv.; — *Rép.* eod. v°, n°s 171 et suiv.

V. encore *Agent d'affaires*, n° 18; *Discipline; Dispositions entre vifs et testamentaires; Exploit; Mandat; Mariage; Obligations; Privilèges et hypothèques; Responsabilité.*

CLIENT.—CLIENTÈLE.—V. *Enregistrement; Industrie et commerce; Louage; Notaire; Office; Responsabilité; Vente.*

CLOCHE.—CLOCHER.—V. *Commune; Culte; — Rép.* v[is] *Commune*, n°s 81, 110, 1050; *Culte*, n°s 98, 168, 476.

CLOTURE. — En ce qui concerne :... 1° la clôture d'actes, V. *Rép.* v° *Obligations*, n° 3357;

... 2° La clôture de faillite, V. *Faillite; — Rép.* eod. v°, n°s 905 et suiv.;

... 3° La clôture du testament mystique, V. *Dispositions entre vifs et testamentaires; — Rép.* eod. v°, n°s 3252 et suiv.

... 4° La clôture volontaire ou forcée des héritages, V. *Servitude; — Rép.* eod. v°, n°s 378 et suiv.; 549 et suiv.

... 5° Sur les restrictions apportées à la faculté de se clore, soit par les servitudes militaires, V. *Place de guerre; — Rép.* eod. v°, n°s 76 et suiv.,... soit par la servitude de halage, V. *Eaux; — Rép.* eod. v°, n°s 140 et suiv.;... soit par la servitude d'enclave, V. *Servitude; — Rép.* eod. v°, n°s 816 et suiv.

... 6° Sur l'exception établie, en matière d'extraction de matériaux et d'exploitation de carrières pour les travaux publics, en faveur des propriétés closes, V. *Travaux publics; — Rép.* eod. v°, n°s 786 et suiv.;

... 7° Sur le droit, pour les propriétaires, de se clore pour échapper à l'exercice du parcours ou de la vaine pâture, V. *Droit rural; — Rép.* eod. v°, n°s 61 et suiv.;

... 8° Sur ce qu'il faut entendre par clôture pour l'application de l'art. 2 de la loi du 3 mai 1844 sur la chasse, V. *Chasse*, n°s 576 et suiv., 592 et suiv., 599 et suiv.; — *Rép.* eod. v°, n°s 93 et suiv.;

... 9° Sur la clôture de la chasse, V. *Chasse*, n°s 184 et suiv., 202 et suiv., 215 et suiv., 228 et suiv.; — *Rép.* eod. v°, n°s 14, 73, 77.

... 10° Sur la violation et la destruction des clôtures, V. *Dommage-destruction; — Rép.* eod. v°, n°s 287 et suiv., 297 et suiv.

COALITION. — V. *Industrie et commerce; — Rép.* eod. v°, n°s 381 et suiv.

V. aussi *Association illicite*, n° 22; *Fonctionnaire public; Organisation des colonies; Réunions politiques et publiques; Voirie par chemin de fer.*

COAUTEUR. — V. *Complice-complicité; — Rép.* eod. v°, n°s 1, 151 et suiv., 178 et suiv., 239.

V. aussi *Abus de confiance*, n°s 14, 26, 48; *Chasse*, n°s 1095 et suiv., 1101 et suiv., 1275 et suiv.; *Effets de commerce; Faux; Instruction criminelle; Pêche fluviale; Peine; Responsabilité; Usure.*

CODEX.—V. *Médecine; — Rép.* eod. v°, n°s 178, 274 et suiv.

CODICILLE. — V. *Dispositions entre vifs et testamentaires; — Rép.* eod. v°, n°s 2487, 3401.

COHABITATION. — V. *Divorce et séparation de corps; Mariage; — Rép.* v[is] *Mariage*, n°s 747 et suiv.; *Séparation de corps et divorce*, n° 212.

COLIS POSTAUX. — V. *Douanes; Postes; Voirie par chemin de fer.*

COLLATÉRAL. — V. *Parenté-alliance; Succession; — Rép.* v[is] *Parenté-alliance*, n° 12; *Succession*, n°s 258 et suiv.

COLLATION. — Sur la collation d'actes, V. *Compulsoire; Obligations; — Rép.* v[is] *Compulsoire*, n°s 33, 45; *Obligations*, n°s 4392 et suiv.

COLLOCATION. — V. *Ordre entre créanciers; — Rép.* eod. v°, n°s 1129 et suiv.

V. aussi *Demande nouvelle; Faillite et banqueroute; Obligations; Prêt à intérêts; Privilèges et hypothèques.*

COLLUSION. — V. *Notaire; Succession; Tierce opposition; Vente publique d'immeubles.*

COLON PARTIAIRE.—V. *Louage à colonage partiaire; Privilèges et hypothèques; Vol et escroquerie.*

COLONIE. — V. *Organisation des colonies.*

COLPORTEUR. — V. *Presse-outrage-publication; — Rép.* eod. v°, n°s 422 et suiv.

V. aussi *Banque*, n° 37; *Commune; Compétence administrative; Patente; Timbre.*

COMMAND. — V. *Enregistrement; Vente publique d'immeubles; — Rép.* v[is] *Enregistrement*, n°s 177, 410, 577 et suiv., 2539 et suiv.; *Vente publique d'immeubles*, n°s 1700 et suiv.

V. aussi *Délai; Responsabilité; Surenchère.*

COMMANDEMENT. — V. *Exploit; Jugement; — Rép.* v[is] *Exploit*, n° 3; *Jugement*, n° 511.

V. aussi *Acquiescement*, n°s 50 et suiv.; *Appel civil*, n° 156; *Compétence civile des tribunaux de première instance et des cours d'appel; Contrainte par corps; Degré de juridiction; Demande nouvelle; Domicile; Enregistrement; Exceptions et fins de non-recevoir; Faillite et banqueroute; Frais et dépens; Impôts directs; Jugement par défaut; Louage; Obligations; Prescription civile; Prêt à intérêts; Privilèges et hypothèques; Responsabilité; Saisie-exécution; Succession; Surenchère; Vente; Vente publique d'immeubles.*

COMMANDITE. — V. *Société; — Rép.* eod. v°, n°s 1098 et suiv.

V. aussi *Acte de commerce*, n°s 44, 47; *Commerçant*, n° 27; *Mandat; Obligations.*

COMMENCEMENT D'EXÉCUTION. — V. *Crimes et délits contre les personnes; — Rép.* eod. v°, n° 101.

COMMENCEMENT DE PREUVE PAR ÉCRIT. — V. *Obligations; — Rép.* eod. v°, n°s 4741 et suiv.

V. aussi *Abus de confiance*, n°s 157 et suiv.; *Assurances terrestres*, n° 99; *Contrat de mariage; Dépôt; Dispositions entre vifs et testamentaires; Effets de commerce; Exceptions et fins de non-recevoir; Forêts; Incident; Interrogatoire sur faits et articles; Louage; Louage d'ouvrage et d'industrie; Mandat; Notaire; Paternité et filiation; Prescription civile; Servitude; Société; Succession; Transaction; Usage-usage forestier.*

COMMERÇANT.

Division.

Art. 1er. — *Historique, législation et droit comparé* (*Rép.* nos 3 à 14).

1. Le mot *commerce*, défini au *Rép.* n° 1, embrasse les opérations qui constituent l'industrie commerciale ou manufacturière dont il est parlé au *Répertoire* et au *Supplément* sous le mot *Acte de commerce*, où sont commentés les art. 632 et 633 c. com. — Le *commerçant*, comme on le verra *infrà*, nos 5 et suiv., est celui qui fait de ces opérations sa *profession habituelle*.

L'industrie commerciale ou industrielle est donc la source de la qualité de commerçant. Elle se distingue de deux autres industries qui n'ont rien de commercial, et qui ne sauraient, dès lors, imprimer à l'individu même qui s'y livre habituellement, la qualité de commerçant. On n'y rencontre pas, en effet, l'esprit de spéculation qui, avec ses chances de gains et de pertes, forme la condition essentielle du titre de commerçant. Ces deux industries sont: 1° l'industrie agricole qui consiste dans l'extraction des produits du sol ou dans l'exploitation de cours ou de prises d'eaux, par les propriétaires, concessionnaires ou fermiers (V. *suprà*, v° *Acte de commerce*, nos 102 et suiv.); — 2° L'industrie du *travailleur* manuel ou intellectuel, qui correspond à la profession d'artisan et aux professions libérales (V. *ibid.*, nos 64 et suiv., 72 et suiv.).

2. L'activité humaine appliquée à l'exercice du commerce et de l'industrie était, avant 1789, soumise au régime de restriction des maîtrises et des jurandes, régime dont l'historique est retracé au *Rép.* v° *Industrie et commerce*, nos 2 et suiv. — Les monuments législatifs qui, depuis, ont proclamé le principe de la liberté commerciale et industrielle sont rapportés ou mentionnés *ibid.*, nos 34 et 35, et vis *Droit naturel*, n° 41; *Droit public*, n° 21.

Dans l'état actuel de la législation, ce principe est fondamental, sans toutefois être absolu. Outre les conditions générales de capacité imposées à ceux qui veulent devenir commerçants (V. *infrà*, nos 5 et suiv.), il est, d'une part, des personnes capables auxquelles le commerce est interdit (V. *infrà*, nos 34 et suiv.), et d'autre part, de nombreuses industries qui sont demeurées assujetties au régime, soit du monopole, soit de l'autorisation, soit de la réglementation (V. *infrà*, nos 135 et suiv.).

3. A propos des actes de commerce dans le domaine desquels agissent les commerçants, nous avons signalé *suprà*, v° *Acte de commerce*, n° 4, le développement considérable qu'ont pris la jurisprudence et la doctrine dans cette difficile matière, depuis la publication du *Répertoire*. Nous renvoyons à l'énumération faite *loc. cit.* des ouvrages nouveaux qui nous ont paru utiles à consulter, et qui traitent, en même temps, des actes de commerce et des commerçants.

4. Nous avons également constaté au *Rép.* n° 14, que le principe de la liberté du commerce et de l'industrie est admis dans toutes les législations étrangères. — Aux lois citées *ibid.*, qui renferment, sur la définition du commerçant et sur les conditions de capacité auxquelles est assujetti l'exercice du commerce et de l'industrie, des dispositions analogues à celles de la loi française, ajoutons, notamment : le *Code de commerce belge*, revisé le 15 sept. 1872 (art. 1er) ; — Le *Code de commerce allemand*, du 16 avr. 1871 (art. 4) ; — Le *Code de commerce hongrois*, de 1875 (art. 3) ; — Le *Code de commerce italien*, en vigueur depuis le 1er janv. 1883 (art. 8) ; — Le *Code de commerce espagnol*, de 1885 (art. 1er).

Art. 2. — *Des individus qui ont la qualité de commerçant* (*Rép.* nos 15 à 109).

5. D'après la définition que le *Rép.* n° 15 a empruntée à l'art. 1er c. com., les commerçants sont « ceux qui exercent des actes de commerce et en font leur profession habituelle ». La qualité de commerçant est donc subordonnée à deux conditions ; ces deux conditions, relevées *ibid.* n° 16, sont : — 1° l'exercice d'actes de commerce (V. *infrà*, nos 6 et suiv.); — 2° L'habitude professionnelle de ces actes (V. *infrà*, nos 7 et suiv.). — De la commercialité d'un acte envisagé en lui-même découlent certaines conséquences juridiques qui sont communes aux commerçants et aux non-commerçants. Elles sont indiquées *suprà*, v° *Acte de commerce*, n° 6. — La situation de commerçant, lorsqu'elle se dégage de l'habitude professionnelle des actes de commerce, a, de son côté, des effets propres aux commerçants. On peut les résumer ainsi : 1° les engagements contractés par un commerçant sont présumés se rapporter à son commerce, et, dès lors, sont réputés commerciaux (V. *ibid.*, nos 445 et suiv.); — 2° Les commerçants sont tenus d'avoir des *livres de commerce* (V. *infrà*, nos 113 et suiv.) ; — 3° Ils peuvent se prévaloir entre eux de la *preuve* résultant de ces livres (V. *infrà*, nos 121 et suiv.) ; — 4° Ils doivent rendre publics leur *contrat de mariage*, ainsi que les jugements de *séparation de corps* et de *séparation de biens* intervenus entre eux et leurs femmes (V. *infrà*, n° 134) ; — 5° Ils peuvent être déclarés en *faillite* ou en état de *banqueroute simple* ou *frauduleuse* (V. *Rép.* v° *Faillite*, nos 45 et suiv., 1383 et suiv.) ; — 6° Ils ne sont pas admis au bénéfice de la cession de biens judiciaire (V. *Rép.* v° *Obligations*, nos 2273 et 2290) ; — 7° Ils sont affranchis de la formalité du *bon ou approuvé* prescrite par l'art. 1326 c. civ. (V. *ibid.*, nos 4127 et suiv.) ; — 8° Ils sont soumis à la patente (V. *Patente*). — En ce qui concerne les *droits* des commerçants, V. *infrà*, n° 150.

§ 1er. — Exercice des actes de commerce (*Rép.* nos 17 à 78).

6. L'examen de cette première condition se lie au point de savoir quels sont les actes qu'on doit considérer comme ayant un caractère commercial. L'énumération en est faite dans les art. 632 et 633 c. com. C'est donc à l'étude des dispositions que renferment ces deux articles, et qui forment le complément de l'art. 1er du même code, qu'il faut demander la solution des difficultés souvent fort graves que soulève la théorie générale des actes de commerce, appréciés en eux-mêmes, et d'où ne se dégagera la situation de commerçant que pour les individus qui en font leur profession habituelle (V. *infrà*, nos 7 et suiv.). — Le commentaire que nous en avons exposé au *Rép.* nos 17 à 78, et v° *Acte de commerce*, nos 25 et suiv., est continué dans *suprà*, v° *Acte de commerce*, nos 8 et suiv.

§ 2. — Profession habituelle d'exercice des actes de commerce (*Rép.* nos 79 à 109).

7. Cette seconde condition de la qualité de commerçant est la seule dont il y ait à se préoccuper ici, la première, qui consiste dans la commercialité des actes d'où résulte cette qualité quand l'habitude professionnelle vient s'y joindre, pouvant se rencontrer même chez ceux qui ne font pas de tels actes leur profession habituelle, c'est-à-dire même chez des non-commerçants (V. *suprà*, n° 6). — La question de savoir si un individu est ou n'est pas commerçant ne se pose donc ici que pour l'hypothèse où le caractère commercial des actes auxquels il se livre est supposé établi ou incontesté. C'est, comme nous l'avons dit *suprà*, n° 6, au mot *Acte de commerce* que les éléments constitutifs de la commercialité d'un acte, quel qu'en soit l'auteur, sont déterminés.

8. Le rapprochement de la qualité de commerçant définie par l'art. 1er c. com., et des diverses catégories d'actes de commerce énumérées dans les art. 632 et 633 du même code, conduit, toutefois, à une observation qui a son importance au point de vue de la distinction à établir entre ces actes envisagés en eux-mêmes et la situation de commerçant qui, selon les cas, en résultera ou n'en résultera pas. Si, en effet, la plupart des actes de commerce n'entraînent la qualité de commerçant que lorsque l'individu duquel ils émanent en fait sa profession habituelle, il est à remarquer que d'autres actes impliquent forcément l'existence de cette qualité, par cela seul qu'ils sont commerciaux, et en sens inverse, que la même qualité ne saurait naître de certains des faits que la loi a cependant rangés parmi les actes de commerce.

9. Rappelons, à cet égard, que les actes énoncés dans les art. 632 et 633 c. com., sont commerciaux, soit par leur nature, soit à raison d'une simple présomption de commercialité, soit par l'autorité de la loi. — Parmi les actes commerciaux par leur *nature*, les uns se conçoivent indépendamment de la qualité de commerçant, les autres sont inséparables de cette qualité. La première catégorie embrasse les actes qui peuvent avoir une nature commerciale aussi bien quand ils sont accidentels que lorsqu'ils sont professionnels. Ce sont : 1° l'achat de denrées ou marchandises pour les revendre ou en louer l'usage (V. *suprà*, v° *Acte de commerce*, n°s 9 à 136); — 2° Le louage des mêmes choses, pour les sous-louer (V. *ibid.*, n°s 142 et suiv.); — 3° La revente ou la sous-location de ces choses, du moins, d'après l'opinion qui les tient pour commerciales (V. *ibid.*, n°s 137 et suiv.); — 4° Les opérations de change (V. *ibid.*, n°s 263 et suiv.); — 5° Les opérations de banque (V. *ibid.*, n°s 264 et suiv.). Quant aux opérations de courtage, V. ce qui est dit *infrà*, n°s 12 et suiv. — La seconde comprend les actes dont la nature commerciale est subordonnée à la condition qu'ils soient professionnels. Ce sont: 1° les entreprises de manufactures (V. *suprà*, v° *Acte de commerce*, n°s 150 et suiv.); — 2° Les entreprises de commission (V. *ibid.*, n°s 165 et suiv.); — 3° Les entreprises de transport par terre, par eau ou par voie de fer (V. *ibid.*, n°s 175 et suiv.); — 4° Les entreprises de fournitures (V. *ibid.*, n°s 187 et suiv.); — 5° Les entreprises d'agences ou bureaux d'affaires (V. *ibid.*, n°s 212 et suiv., et v° *Agent d'affaires*, n° 16); — 6° Les entreprises de spectacles publics (V. *ibid.*, n°s 239 et suiv.); — 7° Les banques publiques (V. *ibid.*, n°s 290 et suiv.). — V. ce qui est dit, conformément à l'opinion presque unanime des auteurs, sur le sens général du mot *entreprise*, *suprà* v° *Acte de commerce*, n° 149, et en ce qui concerne son application aux entreprises diverses qui viennent d'être énoncées, les numéros ci-dessus. — Quant aux entreprises de construction, V. *ibid.*, n° 207. — Les actes que l'art. 632 c. com. qualifie d'actes de commerce par suite d'une simple *présomption de commercialité* sont pareillement inséparables de la qualité de commerçant, puisqu'ils consistent dans les obligations contractées par un *commerçant* pour faits *relatifs au commerce* (V. *ibid.*, n°s 445 et suiv.). Ces actes supposent même la préexistence de cette qualité; ils ne peuvent donc avoir pour résultat de la faire acquérir, et sortent des prévisions de l'art. 1er c. com.

10. Quant aux actes qui n'impriment pas même à celui qui en fait une pratique habituelle la qualité de commerçant, et qui n'ont le caractère d'actes de commerce que par l'*autorité de la loi*, l'art. 632 c. com. les réputant commerciaux par des considérations étrangères à toute idée de spéculation, ils se réduisent aux lettres de change (V. *suprà*, v° *Acte de commerce*, n°s 296 et suiv.), et par suite d'une assimilation communément adoptée, aux effets négociables qui, sans revêtir la forme de la lettre de change, contiennent une remise de place en place (V. *ibid.*, n°s 306 et suiv.). Les engagements résultant de ces sortes d'effets constituent des engagements commerciaux, encore qu'ils aient une cause purement civile, et on n'y retrouve pas nécessairement le trafic professionnel, en dehors duquel il ne saurait y avoir exercice du commerce. — La jurisprudence et la doctrine sont constantes sur ce point. — Il a été jugé, en ce sens, et conformément à ce qui est dit au *Rép.* n° 79, et v° *Faillite*, n°s 46 et suiv. : 1° que la souscription, l'acceptation ou l'endossement de lettres de change ne confèrent pas la qualité de commerçant, même à l'individu qui a pris l'habitude de régler ainsi ses engagements, alors qu'ils ont pour cause des opérations civiles telles que des achats et reventes, par un propriétaire ou fermier, de bestiaux engraissés sur ses terres (Limoges, 6 déc. 1859, aff. de Roffignac, D. P. 60. 2. 28), de semblables opérations n'étant pas commerciales (V. *suprà*, v° *Acte de commerce*, n°s 115 et suiv.); — 2° Que la société formée entre des propriétaires pour l'obtention et l'exploitation d'une concession d'eaux destinées à alimenter un canal d'irrigation étant une société civile (V. *ibid.*, n° 121), la circonstance que les associés ont, pour les besoins de cette exploitation, souscrit de nombreuses lettres de change, n'a pas pour résultat de faire rentrer une semblable société dans la classe des sociétés commerciales (Paris, 17 août 1868, aff. de Preigne, D. P. 68. 2. 192); — 3° Et, à plus forte raison, que l'individu qui, dans l'intérêt d'autrui, et, notamment, dans le but unique de favoriser le crédit d'un commerçant, accepte, même habituellement, les lettres de change tirées par ce dernier ne saurait, par cela seul, être considéré comme un commerçant, et déclaré en faillite (Rouen, 27 août 1877, aff. syndic Fauconnet, D. P. 78. 2. 148. V. dans le même sens : Bruxelles, 25 mai 1861 (1). V. aussi, outre les auteurs indiqués au *Rép. loc. cit.;* Massé, *Droit commercial*, t. 1, n° 955 ; Bédarride, *Des commerçants*, n° 24; Paris, *Droit commercial français*, t. 1, n° 174; Alauzet, *Commentaire du code de commerce*, 3e éd., t. 1, n° 250; Nouguier, *Traité des actes de commerce*, 2e éd., t. 1, n° 459; Boistel, *Précis de droit commercial*, 3e éd., n° 55; Lyon-Caen et Renault, *Précis de droit commercial*, n°s 140 et suiv. — V. également, en ce qui concerne les opérations de même nature de la part des comptables de deniers publics, *suprà* v° *Acte de commerce*, n° 270.

11. Certaines professions, qui font incontestablement de ceux qui les entreprennent de véritables commerçants, sont exercées pour le *compte d'autrui*, et consistent même dans des agissement faits *au nom d'autrui*. Telles sont, d'une part, les entreprises de commission (V. *suprà*, v° *Acte de commerce*, n°s 165 et suiv.), et, d'autre part, les entreprises d'agences et bureaux d'affaires (V. *ibid.*, n°s 212 et suiv.), entreprises dans lesquelles nous avons rangé les sociétés d'assurances terrestres à primes (V. *ibid.*, n° 223, et v° *Assurances terrestres*, n°s 13 et suiv.).

12. Que décider à l'*égard des opérations* d'entremise des agents de change et des courtiers? Ces opérations figurent dans l'énumération des actes de commerce de l'art. 632 (V. *suprà*, v° *Acte de commerce*, n°s 272 et suiv., 279 et suiv.). L'exercice en est manifestement habituel de la part des titulaires de charges d'agents de change (V. *suprà*, v° *Bourse de commerce*, n°s 57 et suiv.). Il en est de même pour les courtiers qui ont conservé leur privilège depuis la loi du 18 juill. 1866, c'est-à-dire, pour les courtiers maritimes; un acte de courtage isolé ne peut se concevoir que lorsqu'il s'agit du courtage des marchandises, courtage devenu libre en vertu de la loi précité (V. *ibid.*, n° 246). Ne doit-on pas conclure de là que les agents de change et les courtiers privilégiés sont commerçants, aussi bien que les courtiers libres qui font habituellement des opérations de courtage? Le doute vient de ce que toute spéculation personnelle est interdite à ces officiers publics

---

(1) (Blanchard C. Vleminckx.) — La cour; — En droit : — Attendu que la faillite ne peut être déclarée qu'à l'égard des commerçants; — Attendu que l'art. 1er c. com. dispose : « Sont commerçants ceux qui exercent des actes de commerce et en font leur profession habituelle »; — Attendu que la réunion de ces deux conditions est indispensable pour établir la qualité de commerçant dans le sens de la loi; — Qu'il résulte de la doctrine généralement admise par les auteurs, que quelques actes de commerce isolés ne constituent pas l'habitude nécessaire pour acquérir cette qualité; que ces actes même nombreux et habituels sont insignifiants, si celui qui s'y livre ne peut être considéré comme faisant profession d'exercer de tels actes ou, en d'autres termes, s'ils ne sont pas accomplis dans un but de spéculation ou en vue de se procurer des bénéfices éventuels;

En fait : — Attendu que la demande a pour objet la déclaration de faillite de l'intimé; — Attendu d'une part que s'il est résulté des enquêtes auxquelles il a été procédé devant le premier juge que Blanchard a apposé sa signature, soit comme souscripteur, soit comme endosseur sur un grand nombre de traites et de billets à ordre et pour des sommes considérables, d'autre part, ces enquêtes ont démontré que la profession notoire de l'intimé est celle de cultivateur, qu'il n'était pas connu du public comme se livrant à des opérations de banque, que sa signature était uniquement donnée à l'ex-notaire Buisseret par complaisance, que c'était celui-ci qui seul négociait ces effets et en touchait le montant; que finalement Blanchard n'en a jamais escompté pour son compte personnel, ni acquitté un seul, lors même qu'il y figurait comme souscripteur ou dernier endosseur; qu'en un mot son intervention était tout à fait désintéressée et n'avait d'autre but que de faciliter les opérations de Buisseret; — Attendu qu'il suit de ce qui précède, que l'appelant n'ayant pas établi que l'intimé était commerçant dans le sens de l'art. 1er c. com., il n'a pas atteint la preuve qui lui était imposée et que c'est à bon droit que le premier juge l'a débouté de son action; — Par ces motifs, de l'avis conforme de M. Corbisier, premier avocat général, met l'appel à néant.

Du 25 mai 1861.-C. de Bruxelles, 1re ch.-MM. Corbisier, 1er av. gén., c. conf.-Weber, av.

par l'art. 85 c. com. (V. *ibid.*, nos 112 et suiv.). M. Beslay, *Des commerçants*, t. 1, n° 92, en tire la conséquence qu'on doit leur refuser la qualité de commerçant, par le motif que, dans l'exercice légitime de leurs fonctions, ils ne sont point exposés aux chances de pertes inhérentes à la spéculation qui forme la condition essentielle du commerce. A l'objection puisée dans l'art. 89 c. com., d'après lequel les agents de change et les courtiers en état de cessation de payements sont passibles des peines de la banqueroute frauduleuse, peines qui ne peuvent atteindre qu'un commerçant, le même auteur répond que cet article suppose nécessairement que l'agent de change et le courtier se sont constitués commerçants par l'habitude d'actes de commerce sortant de leurs attributions, lesquelles, dès lors, n'en demeurent pas moins exclusives du titre de commerçant malgré la commercialité de chacune d'elles. — L'opinion de M. Beslay est formellement consacrée par un arrêt de la cour de Bordeaux, du 10 janv. 1865 (V. *Bourse de commerce*, n° 55).

Et cet arrêt n'excipe pas seulement, comme M. Beslay, de l'interdiction écrite dans l'art. 85 c. com.; il se fonde sur la nature de l'entremise des agents de change et des courtiers privilégiés. « S'ils prennent part à des actes de commerce, y est-il dit, c'est uniquement comme *intermédiaires;* mais *personnellement*, ils demeurent étrangers à ces actes. »

13. Si une pareille thèse était exacte, il faudrait rejeter de la classe des commerçants même les courtiers de marchandises qui ne deviendraient commerçants que dans le cas où ils joindraient au courtage, comme cela leur est permis depuis la loi de 1866, l'exercice habituel d'opérations de commerce accomplies pour leur compte et en leur nom personnel. La cour de Bordeaux, en le décidant ainsi, n'a pas pris garde que c'est précisément le rôle d'intermédiaire des courtiers que l'art. 632 qualifie acte de commerce, ainsi qu'il a fait à l'égard d'autres intermédiaires qui demeurent également étrangers aux affaires de leurs clients, savoir les entrepreneurs d'agences ou de bureaux d'affaires. Le caractère commercial de l'intervention des agents de change et des courtiers est tellement inhérent à cette intervention qu'il est indépendant de la nature civile ou commerciale des opérations dont ils se sont chargés (V. *ibid.*, nos 53 et suiv.). Elle ne dérive donc pas de ces opérations, et il est, dès lors, indifférent que celui qui y a participé en qualité d'agent de change ou de courtier, n'y ait pas un intérêt personnel. Dès qu'on est en présence d'une entremise à la fois commerciale et professionnelle, l'art. 1er doit donc manifestement recevoir son application. L'agent d'affaires est commerçant, par l'effet du caractère essentiellement professionnel du mandat qu'il accepte, et bien qu'en principe, le mandat de faire une opération commerciale ne constitue pas un acte de commerce pour l'individu qui n'est pas mandataire de profession. Il en est à plus forte raison ainsi du courtier ou de l'agent de change, qui obtient une rémunération d'actes qui, même envisagés isolément, sont des actes de commerce. L'erreur de la cour de Bordeaux tient à ce qu'elle a confondu les agents de change ou les courtiers avec des commis qui font les affaires de leurs patrons, en vertu d'un louage d'ouvrage ou d'industrie qu'on s'accorde à ne pas faire rentrer dans la catégorie des actes de commerce (V. en ce qui concerne le louage d'ouvrage, en général, *suprà*, v° *Acte de commerce*, n° 70, et en ce qui touche spécialement les commis et facteurs des marchands, *infrà*, v° *Compétence commerciale*). — Qu'importe, d'ailleurs, que l'agent de change et le courtier qui se renferment rigoureusement dans les limites de leurs attributions n'aient à courir aucune chance de perte, et ne puissent que recueillir le bénéfice de la rémunération à laquelle leur entremise leur donne droit, puisque cette considération n'a pas empêché le législateur de faire des opérations de courtage un acte de commerce? Qu'importe aussi que le monopole des agents de change et des courtiers ait pour corrélatif le devoir qui leur est imposé de ne pas se livrer pour leur propre compte à des opérations de commerce ou de banque? C'est là une réglementation que justifie le monopole de leur profession, et qui n'est pas un obstacle à sa commercialité. La jurisprudence et la doctrine sont établies dans ce sens (V. les arrêts et les auteurs cités *suprà*, vis *Acte de commerce*, nos 274, 283 et suiv., et *Bourse de commerce*, nos 53 et suiv., 242 et suiv.).

14. Sur la question de savoir si des artistes dramatiques attachés à une entreprise de spectacles publics, doivent être qualifiés de commerçants, ou s'il faut les assimiler, soit à des commis qui, bien que justiciables des tribunaux de commerce, aux termes de l'art. 634 c. com., ne sont pas commerçants, soit aux personnes qui exercent une profession libérale appartenant exclusivement au domaine civil, V. *suprà*, v° *Acte de commerce*, nos 253 et suiv.

15. Lorsqu'un commerce est exercé en *société*, la qualité de commerçant appartient incontestablement aux associés en nom collectif, investis ou non de la gérance, au gérant d'une société en commandite, et aux administrateurs d'une société anonyme, à l'exclusion des simples commanditaires ou des actionnaires, bien que ces derniers soient, d'après de nombreux arrêts, réputés engagés commercialement au payement du montant de leur commandite ou de leurs actions (V. *suprà*, v° *Acte de commerce*, n° 44). — En ce qui concerne le gérant, non associé, d'une société en nom collectif ou en commandite, et l'administrateur ou directeur non associé, auquel les administrateurs, nécessairement associés d'une société anonyme sont autorisés à déléguer leurs fonctions, V. *infrà*, v° *Compétence commerciale*, où l'on détermine ce qu'il faut entendre par les expressions *commis*, *préposés* ou *employés*, dans le sens de l'art. 634 c. com.

Quant à l'associé en participation qui se borne à fournir des fonds pour l'exploitation commerciale faisant l'objet de l'association, il n'est pas commerçant. Mais cette qualité peut lui être attribuée, s'il a concouru à la gestion de l'entreprise (à l'établissement et à l'exploitation d'un casino, par exemple), s'il a conclu les devis de travaux et marchés de fournitures, payé les entrepreneurs, pris des engagements personnels, souscrit ou réalisé des effets de commerce pour les besoins de l'exploitation, etc. (Paris, 27 oct. 1886) (1).

16. Des opérations contenant les éléments constitutifs d'un acte de commerce, mais qui ont pour objet des choses dont le commerce est *illicite*, contraire aux *bonnes mœurs* ou prohibé par des lois spéciales comme contraire à l'ordre public, peuvent-elles faire attribuer à l'individu qui s'y livre habituellement la qualité de commerçant? Nous avons énuméré au *Rép.* v° *Obligations*, nos 553 et suiv., dans notre commentaire tant de l'art. 1133 c. civ., qui définit la *cause illicite* que de l'art. 1131 du même code, qui déclare qu'une obligation dont la cause est illicite demeure sans effet, les nombreux cas dans lesquels une convention doit être considérée comme ayant soit une cause illicite par application des lois constitutionnelles ou politiques, des lois de police et de sûreté, des lois fiscales ou de la législation civile et de la législation commerciale, ou une cause contraire aux bonnes mœurs. Plusieurs de ces cas sont également examinés au *Rép.* v° *Société*, nos 149 et suiv., à propos de l'art. 1833 c. civ. qui veut que la société ait un *objet*

(1) (Desbrosses C. Damon et comp.) — LA COUR; — Au fond : — Considérant qu'au mois d'avril 1882 a été formée entre Blaise Desbrosses et un sieur Lauce, une société en participation, en vue de la création et de l'exploitation d'un casino au Havre; que Blaise Desbrosses, loin de se borner à fournir pour cette exploitation un capital déterminé, a participé dans la même mesure que son coparticipant à tous les actes de gestion de l'entreprise; qu'il a conclu les devis de travaux et marchés de fournitures et effectué les payements aux entrepreneurs; qu'après épuisement du capital de 50000 fr. qu'il s'était primitivement engagé à verser, il a pris des engagements personnels vis-à-vis des fournisseurs, et a souscrit ou réalisé des effets de commerce représentant une somme importante, et dont l'échéance ne devait arriver que postérieurement à l'époque où l'entreprise du casino rétrocédé à une société en commandite était entrée dans la période d'exploitation; que ces actes géminés, ayant un caractère de pure spéculation, se sont succédé sans interruption jusqu'à l'époque de la déconfiture de l'entreprise, et offrent un caractère de continuité et d'habitude suffisant pour faire reconnaître à Blaise Desbrosses la qualité de commerçant;

Par ces motifs, et persistant, au surplus, dans les motifs de l'arrêt par défaut du 30 janv. 1886; — Déclare Blaise Desbrosses et la femme Blaise Desbrosses mal fondés dans leur opposition, les en déboute; — Dit que ledit arrêt sortira son plein et entier effet.

Du 27 oct. 1886.-C. de Paris.-MM. Roussel, pr.-Quesnay de Beaurepaire, av. gén.-Lebel, Delafosse, Dubuit et Loustauneau, av.

licite, à peine de nullité. — Il résulte des développements qui ont été donnés *ibid.*, sur ce point, qu'une convention frappée de nullité, parce qu'elle a une cause illicite, ne peut servir de base à l'exercice d'une action tendant à son *exécution*, de la part de ceux des contractants qui ont connu en fait, ou qui ont dû connaître en droit, le vice de cette convention. Mais une telle convention peut donner lieu, en faveur de la partie qui est admise à exciper de l'ignorance où elle était de son caractère illicite, à des actions en répétition ou en revendication qui, loin d'être exercées en vertu du contrat illicitement formé, sont précisément la conséquence de son annulation. Nous reviendrons sur ce point *infrà*, v^is *Obligations; Société*. — Constatons seulement ici qu'une convention illicite est, aussi bien qu'une convention valable, susceptible de faire naître, entre les parties, des rapports dont il y a lieu de déterminer le caractère civil ou commercial.

17. On se bornera ici à rechercher si l'individu qui fait un commerce illicite doit être réputé commerçant. La question a de l'intérêt quant aux opérations qui seraient maintenues à l'égard des tiers, et même dans l'hypothèse d'une annulation absolue qui donnerait ouverture à une action en répétition ou en revendication. Si des opérations illicites peuvent être considérées comme commerciales, leur auteur pourra être mis en faillite; il sera justiciable du tribunal de commerce, qui se trouvera appelé à statuer sur les actions en nullité, en répétition ou en revendication dirigées contre lui. La commercialité de ces opérations produira, en outre, les effets attachés aux actes de commerce, qui sont énoncés *suprà*, n° 9, effets au nombre desquels figurait la contrainte par corps avant la loi du 22 juill. 1867. Si, au contraire, l'individu qui s'y est livré n'est pas commerçant, on ne pourra le soumettre à la loi commerciale ni quant à sa personne, ni quant à ses actes, à moins qu'il ne s'agisse d'actes ne se rattachant pas à son commerce illicite. Le tribunal de commerce après avoir constaté sa qualité de non-commerçant et écarté la commercialité des actes qui s'y relieraient, devra se déclarer incompétent pour prononcer la nullité absolue ou relative de l'acte illicite, et pour connaître des répétitions ou des revendications que le même acte pourrait laisser subsister.

Selon M. Massé, *Droit commercial*, t. 2, n° 963, celui qui fait un commerce illicite reste néanmoins commerçant. Il cite, notamment, comme exemple, l'individu qui fait le commerce de la contrebande, soit en qualité d'acheteur et de revendeur, soit en qualité d'assureur. « Sans doute, dit-il, un individu peut être condamné comme contrebandier; mais, comme dans ce cas, il fait profession d'acheter pour revendre, et que, dans l'autre, il tient un bureau ou une agence d'affaires, il doit être considéré comme commerçant. Il faut, en effet, distinguer le fait en lui-même de l'objet auquel il s'applique, et qui peut le faire considérer comme un fait illicite ou comme un délit. Si le fait en lui-même est commercial, il peut attribuer à son auteur la qualité de commerçant; si l'objet auquel le fait s'applique rend le fait illicite, ce sera un cas de nullité, ou même d'application d'une loi pénale; mais cette circonstance accessoire et secondaire ne saurait détruire l'effet principal de l'acte ou de l'ensemble des actes ». — M. Nouguier, *Traité des actes de commerce*, 2e éd., t. 1, n° 474, se range à cette opinion, et en conclut, par exemple, que l'individu qui exploite une maison de tolérance est un commerçant: « On oublie, dit-il, que la qualité de commerçant, si elle est souvent un honneur, constitue une charge et crée des devoirs. Avec le système que la qualité de commerçant n'appartient qu'à celui qui fait un commerce honnête et licite, on débarrasse du danger de la banqueroute simple ou de la banqueroute frauduleuse, c'est-à-dire de la perspective de la police correctionnelle ou de la cour d'assises, ceux qui, tout en trafiquant selon la définition légale, opèrent en vue d'un mobile contraire aux bonne mœurs ou à la loi » (V. aussi Beslay, *Des commerçants*, n°s 116 à 119).

18. Une doctrine qui, pour caractériser la commercialité d'un trafic, et en conclure la qualité de commerçant, ne tient pas compte des conditions légales dans lesquelles il est exercé, ne pouvait prévaloir. Comment admettre qu'un fait punissable ou réprouvé par la morale soit de nature à créer entre ceux qui y ont concouru des rapports commerciaux et les effets juridiques qui dérivent de ces rapports? Nous verrons plus loin que l'incapacité relative dont sont frappés les mineurs, les interdits et les femmes mariées est exclusive de la commercialité de leurs agissements, qui restent dans le domaine du droit commun. Est-il possible de distraire de ce domaine, pour les faire tomber sous l'empire de la législation exceptionnelle qui régit les actes de commerce, des faits que répriment les lois pénales ou que la loi civile réprouve comme contraires à la morale ou à l'ordre public? Des spéculations prohibées en elles-mêmes, quel qu'en soit l'auteur, sortent nécessairement de la catégorie des actes de commerce énoncés dans les art. 632 et 633 c. com., et la pratique habituelle d'opérations de cette nature ne saurait produire, chez celui qui les accomplit, la situation juridique de commerçant définie dans l'art. 1er du même code. De tels faits échappent à toute distinction entre les actes civils et les actes commerciaux, par la raison péremptoire qu'ils ne sont susceptibles ni d'être qualifiés, ni d'être classés. Le juge n'a à intervenir que pour en constater l'inexistence dans l'ordre des intérêts privés et, s'il y a lieu, les punir au nom de l'intérêt général. C'est ce que M. Massé, *loc. cit.*, nous semble avoir perdu de vue lorsque, réfutant un passage de Straccha, *De mercatoribus*, p. 345, n° 32, où on lit : « *Illicité et injusté mercaturam exercens, id est malus mercator, non est proprié mercator, sed abusivè et æquivoce, sicut mala consequentia non est consequentia apud dialecticos* », il dit : « dans l'ordre des faits, un fait, quelle que soit, d'ailleurs, sa moralité, est toujours un fait ». Il est inadmissible qu'un fait commercial puisse être ainsi réduit à un fait purement matériel. Il appartient, avec les suites qui y sont attachées, à l'ordre des idées juridiques, où comme le dit excellemment Straccha, « une mauvaise conséquence n'est pas une conséquence, parce qu'il n'y a d'autre conséquence que celle qui est vraie ». Le devoir du juge de commerce, saisi d'une action tendant à faire déclarer l'efficacité, en droit, d'actes commerciaux illicites, est donc tout tracé. Après avoir reconnu l'inexistence légale de l'acte ou des actes invoqués devant lui, il est tenu de se dessaisir et de renvoyer au juge ordinaire la connaissance des difficultés que cet acte ou ces actes peuvent soulever au point de vue déjà signalé de l'annulation qui doit en être prononcée, des actions en répétition ou en revendication que les parties peuvent avoir à exercer, aussi bien que des droits dont peuvent demeurer investis les tiers à l'égard desquels le fait, annulé en tant que fait commercial, restera susceptible d'exécution en vertu des principes généraux de la loi civile. C'est l'opinion qu'adoptent notamment MM. Alauzet, *Commentaire du code de commerce*, 3e éd., t. 1, n° 259; Ruben de Couder, *Dictionnaire de droit commercial*, v° *Commerçant*, n° 19-28°; Rousseau et Defert, *Code annoté des faillites*, p. 7.

19. Avant la loi du 28 mars 1885, qui a déclaré licites les marchés à terme, la cour de cassation et de nombreux arrêts de cours d'appel refusaient d'étendre la commercialité des spéculations faites au moyen d'opérations de bourse à celles de ces spéculations qui ne constituaient qu'un jeu sur la hausse et la baisse des valeurs de bourse, ce jeu étant alors prohibé et puni comme délit par l'art. 419 c. pén., et décidaient, par suite, que les tribunaux civils étaient seuls compétents pour statuer sur les conséquences de telles spéculations (V. *suprà*, v° *Acte de commerce*, n° 56). D'autre part, un arrêt de la cour d'Orléans, du 26 nov. 1861, combattu par M. Nouguier, *loc. cit.* (V. *ibid.*, n° 39), juge que l'achat d'une maison de tolérance ne saurait être considéré comme achat d'un fonds de commerce, ni, dès lors, comme un acte de commerce, à supposer que l'acquisition d'un fonds de commerce, envisagée isolément de l'exploitation de ce fonds, soit commerciale (V. *ibid.*, n°s 32 et suiv.); et il en conclut que l'acheteur d'un tel établissement ne devient pas commerçant, et que l'action en nullité de l'achat qu'il en a fait n'est pas de la compétence du tribunal de commerce. — La qualité de commerçant a été également déniée, à ceux qui tiennent une maison de tolérance: 1° par un arrêt de la cour de Colmar, du 28 juin 1866 (1)

(1) (Stieffel C. Meyer.) — La cour; — Considérant que les pactes ayant un but immoral qui peuvent intervenir entre les teneurs

et par un arrêt de la cour de justice de Genève, du 7 sept. 1885 (1), qui décide, par suite, qu'on ne peut les déclarer en faillite, encore qu'ils aient fait accidentellement des achats de fournitures susceptibles d'être considérés comme étant commerciaux, parce qu'ils n'ont pas pour cause directe leur trafic immoral; — 2° Par un arrêt de la cour d'Aix, du 10 août 1883 (2), qui en tire la conséquence que la juridiction commerciale est incompétente pour connaître de l'action en payement du prix de fournitures dont l'exploitation d'une maison de tolérance est la cause directe.

20. Toutefois, les solutions qu'on vient de formuler doivent être rigoureusement renfermées dans les limites de ce qui constitue véritablement le commerce illicite du trafiquant. Il n'y a d'illicite dans un tel commerce que les opérations qui s'y relient directement. L'arrêt de la cour d'Orléans, du 26 nov. 1861 (cité *suprà*, n° 19), en offre un exemple remarquable quand il refuse de regarder comme un acte commercial l'achat d'une maison de tolérance et des fournitures indispensables à son exploitation. Mais, l'individu que Straccha appelle *malus mercator*, et qu'il ajoute n'être pas *propriè mercator*, peut ne pas s'en tenir à des opérations illicites. Il pourra arriver, notamment, que l'exploitant d'une maison de tolérance fasse, ainsi que le suppose l'arrêt du 7 sept. 1885 (rapporté *suprà*, n° 19), quelques achats de marchandises pour les revendre, en dehors de son exploitation immorale, fût-ce à la clientèle de l'établissement. Cet arrêt ne nie plus alors la commercialité de pareils actes, et, s'il n'attribue pas à leur auteur la qualité de commerçant, c'est parce que, la condition d'habitude prescrite par l'art. 1er c. com. ne se rencontrait pas, dans l'espèce où il a été rendu. Deux autres jugements émanés du tribunal de commerce de Genève, des 18 juin et 24 sept. 1885 (3),

---

de maisons dites *de tolérance* et les personnes qui habitent ou fréquentent ces sortes de lieux ne peuvent pas être assimilés à un louage commercial; qu'ils n'ont aucun caractère légal et ne sauraient servir de base à une action en justice en cas d'inexécution; que, d'après les art. 1131 et 1133 c. nap., ils sont nuls aux yeux de la loi comme ayant une cause contraire aux bonnes mœurs et conséquemment illicites; que l'exercice d'une industrie qui vit de ces conventions honteuses ne saurait, à aucun point de vue, constituer par elle-même une profession commerciale; — Mais considérant que les teneurs de ces sortes de maisons peuvent, comme toute autre personne, faire par ailleurs de véritables actes de commerce et devenir ainsi justiciables des tribunaux de commerce, conformément à l'art. 631 c. com.; — Considérant en fait qu'il ressort de l'ensemble des éléments et circonstances de la cause que la femme Bæglin, qui tenait une maison de tolérance et dont les appelants ne contestent pas être les héritiers, avait acheté du brocanteur Meyer les vêtements et effets divers dont le prix fait l'objet de la demande intentée par ce dernier, pour en louer l'usage ou pour les revendre avec profit; que ces achats constituant ainsi de la part de cette femme des actes de commerce, c'est avec raison que le tribunal s'est reconnu compétent pour statuer sur l'action portée devant lui en vertu de l'art. 426 c. proc. civ.; — Sans adopter autrement les motifs des premiers juges; — Confirme, etc.

Du 28 juin 1866.-C. de Colmar, 1re ch.-MM. Hennan, pr.-Georges Lemaire, subst.-Belin et Mathieu, av.

(1) (Raynaud C. Jacobi fils et comp.) — La cour; — Considérant que la tenancière d'une maison de tolérance ne saurait être considérée tout à la fois comme exerçant des actes de commerce et en faisant sa profession habituelle; que le but principal de l'exploitation à laquelle elle se livre ne saurait être considéré comme ayant un caractère commercial; que si, accessoirement et dans l'intérêt de cette exploitation, elle se livre à quelques actes de commerce, tels que des achats de vins et de denrées alimentaires pour les revendre, cela ne suffit pas pour lui donner la qualité de commerçante; — Par ces motifs; — Réforme le jugement du tribunal de commerce du 18 juin 1885, le met à néant et, statuant à nouveau, rétracte le jugement du tribunal de commerce du 7 mai 1885, déclarant la demoiselle Raynaud en état de faillite...

Du 7 sept. 1885.-C. de justice de Genève.

(2) (Jourdan C. Beylon et Castagnetti.) — La cour; — Attendu qu'il est établi par les documents versés au procès que Beylon et la femme Castagnetti exploitent à Marseille une maison de tolérance; qu'en exerçant une pareille industrie, ils ne peuvent être considérés comme commerçants; que, de plus, en recevant les fournitures de viande qui leur étaient faites par Jourdan, ils n'ont pas fait acte de commerce; que, dès lors, le tribunal de commerce n'avait pas compétence pour connaître de l'action dirigée contre eux; — Attendu que la demande, à raison de son chiffre et de la juridiction devant laquelle elle devait être portée en premier ressort, ne pouvant en aucun cas être soumise à la cour, l'évocation ne doit pas en être ordonnée; — Par ces motifs; — Annule le jugement comme rendu par un juge incompétent; — Renvoie l'intimé à se pourvoir devant qui de droit, etc.

Du 10 août 1883.-C. d'Aix, 2e ch.-MM. Madon, pr.-Bujard, subst.-Heirieis et Morel (du barreau de Marseille), av.

(3) 1re *Espèce*: — (Raynaud C. Jacobi fils et comp.) — Le tribunal; — Attendu que l'opposante, la demoiselle Raynaud, tient une maison de tolérance; qu'elle achète notamment des vins et liqueurs pour les revendre; qu'elle fait donc habituellement des actes de commerce; — Attendu, en droit, que deux conditions sont essentielles pour la mise en faillite: 1° la qualité de commerçant; 2° la cessation de payements; — I. Attendu que, si certains jugements français soutiennent le contraire, la jurisprudence genevoise a, depuis de nombreuses années, admis que les tenancières de maisons de tolérance étaient des commerçantes; qu'il y a eu, devant le tribunal de céans, un grand nombre d'instances introduites contre elles, à la requête de fournisseurs, et que beaucoup de jugements ont été rendus au fond dans de pareilles causes; — Attendu que le tribunal n'a à connaître que des tractations au sujet desquelles un procès est pendant devant lui; qu'il n'a point à examiner si l'une des parties en cause est plus ou moins indigne au point de vue de la morale sociale; que c'est là une question qui relève de l'opinion publique, et, en tous cas, d'autres tribunaux que celui de céans; — Attendu qu'il est établi, de la façon la plus notoire, comme il a été dit plus haut, que l'opposante faisait des actes de commerce; que peu importe qu'elle n'ait pas satisfait, comme elle l'affirme, aux obligations de tenues de livres et autres qui incombent aux négociants; qu'elle ne peut tirer de sa négligence un argument en sa faveur; qu'elle ne peut pas davantage tirer de sa propre indignité un motif pour empêcher ses créanciers d'user des moyens que leur confère la loi commerciale pour sauvegarder leurs intérêts; qu'ainsi, il ne saurait être contesté que la demoiselle Raynaud est négociante; — II. Attendu que la cessation de payements est amplement établie par les faits susrappelés; qu'en outre, l'opposante, sans dénier être débitrice, n'offre pas, par portefort de son avocat ou autrement, les sommes dues aux divers créanciers qui concourent au maintien de la faillite; — Attendu, par conséquent, que c'est à bon droit que celle-ci a été prononcée, et qu'elle doit être maintenue, etc.

Du 18 juin 1885.-Trib. com. Genève.-M. Dupont, pr.

2e *Espèce*: — (Baum C. Sewald.) — Le tribunal; — Quant à l'exception d'incompétence soulevée: — Vu les art. 1er, 631 et 632 c. com. et 437 de la loi genevoise du 19 oct. 1871; — Vu encore l'arrêt en date du 7 septembre courant, rendu par la cour d'appel dans une autre instance (aff. Raynaud); — Attendu que la dame Sewald, qui est tenancière d'une maison de tolérance, soutient que, comme telle, elle n'est point justiciable du tribunal de commerce; — Attendu que la loi répute actes de commerce, soit les achats de marchandises pour les revendre en nature ou après les avoir travaillées, soit même la simple location de leur usage; — Attendu que sont commerçants ceux qui exercent des actes de commerce et en font leur profession habituelle; — Attendu que de ces textes il résulte que, pour avoir la qualité de négociant, il n'est point nécessaire de faire des actes de commerce sa profession principale; qu'il suffit qu'on en fasse habituellement, et que ces actes constituent de la part de celui qui les accomplit, une profession, alors même que peut-être il en a une autre à côté de celle-ci; — Attendu que c'est en se basant sur ce principe que la jurisprudence française a admis que, par exemple, un avocat, un notaire, un huissier, un percepteur, un ingénieur, un médecin peuvent être mis en faillite; que ces personnes, dont le métier principal est indiqué par les termes qui viennent d'être rappelés, faisaient en outre, profession habituelle d'actes de commerce, et étaient ainsi des négociants; — Attendu, au surplus, que, même ne voulût-on pas aller aussi loin dans les conséquences, incontestables cependant, des articles de loi susrappelés, on ne saurait dénier, tout au moins, que quelques actes isolés de commerce puissent à eux seuls soumettre celui qui les a faits à la juridiction consulaire, sans, pour cela, lui conférer la qualité de commerçant; — Attendu qu'en admettant cette dernière alternative, la question à résoudre dans l'espèce, serait la suivante: la dame Sewald a-t-elle fait des actes de commerce, et ces actes, sans la constituer négociante, la rendent-ils justiciable du tribunal de céans? — Attendu qu'en se plaçant au point de vue de l'interprétation donnée plus haut de l'art. 1er c. com. la question à trancher doit être formulée comme suit: la dame Sewald, tout en exerçant un métier que la loi et la morale s'opposent à considérer comme commercial, exerce-t-elle des actes de commerce, en fait-elle sa profession habituelle, et doit-elle être considérer comme commerçante?

Sur ces deux questions: — Attendu qu'il est constant que la

décident, sur ce dernier point, que l'exploitant d'une maison de tolérance fait des actes de commerce, et doit même être considéré comme commerçant, lorsqu'il achète *habituellement* des denrées ou des boissons alimentaires pour les revendre à sa clientèle, et qu'en réalité, outre son établissement principal, il tient un café ou même une pension ; d'où la conséquence que la juridiction commerciale est compétente pour connaître de l'action dirigée contre lui en payement des fournitures dont il s'agit, et, que, au cas de cessation de ses payements, il peut être déclaré en faillite. — D'après le premier de ces deux jugements, les achats habituels de marchandises, étoffes, costumes, faits par l'individu qui tient une maison de tolérance, même pour les revendre ou les louer à ses pensionnaires, sont également des actes de commerce, et font de lui un commerçant. Nous ne croyons pas qu'on puisse aller jusque-là. De pareils achats sont inséparables de l'exploitation de l'établissement auquel on refuse, avec raison, la qualification de fonds de commerce. Ils ne permettent pas de l'assimiler, quand sa destination immorale est établie, à un fonds de logeur en garni, quoique la loi fiscale fasse cette assimilation en ce qui concerne l'impôt de la patente (V. *infrà*, v° *Patente*). Ils sont l'accessoire du contrat innommé et non obligatoire que les maîtres d'établissement de débauche passent avec les filles qui en composent le personnel. Les autres constatations du même jugement justifient beaucoup plus sûrement sa décision.—La jurisprudence que consacrent les décisions ci-dessus peut être étendue à tout commerce ayant pour objet les actes illicites ou contraires à l'ordre public ou aux bonnes mœurs énumérés dans le *Répertoire* aux endroits cités *suprà*, n° 16, et qui sont de nature à faire la matière d'un trafic.

21. Quant au commerce dont l'objet est licite, mais qui est interdit à certaines personnes par suite d'une incompatibilité de fonctions, ou qui consiste dans des professions monopolisées ou réglementées, V. *infrà*, n°s 36 et 135.

22. La relation qui existe entre la condition d'habitude professionnelle exigée par l'art. 1er c. com. et les actes de commerce définis par les art. 632 et 633 du même code, étant ainsi précisée, on ne se trouve plus qu'en présence d'une question de fait qui est celle de savoir dans quels cas un individu devra être considéré comme faisant des actes de commerce sa profession habituelle. — On a rappelé au *Rép.* n° 85, que de la substitution, dans l'art. 1er c. com., des mots *profession habituelle* aux mots *profession principale* que contenait le projet, il résulte que l'habitude professionnelle constitutive de la qualité de commerçant peut se rencontrer même chez une personne qui aurait ostensiblement une situation étrangère au commerce (V. les arrêts rapportés ou mentionnés, *suprà*, v° *Acte de commerce*, n° 115; — *Rép.* v^is *Commerçant*, n° 19; et *Faillite*, n°s 46-2°, 48-7°, 66-2°, arrêts rendus à l'égard de propriétaires exploitant comme commerçants ou comme manufacturiers, les produits de leur fonds). Il a été jugé, en ce sens, qu'il n'est pas nécessaire pour être réputé commerçant, d'exercer un négoce dans des magasins ou bureaux ouverts au public ; qu'ainsi cette qualité peut être reconnue à un individu dont la profession ostensible est celle de simple employé, s'il se livre habituellement, en son nom personnel, à des actes de commerce, tels que l'achat et la revente de valeurs industrielles (Trib. com. Seine, 3 juill. 1885) (1). La même qualité de commerçant se joint aussi très fréquemment à l'exercice de professions même incompatibles avec le commerce (V. *infrà*, n° 40). Il suffit, pour toute personne, quelle qu'elle soit, qu'il y ait habitude d'actes de commerce. — De nombreuses espèces où il a été déclaré que cette habitude existait ou n'existait pas sont énumérées au *Rép.* n°s 79 et suiv., et v^is *Compétence commerciale*, n°s 102 et 103; *Contrat de mariage*, n° 1031; *Faillite*, n°s 46-3° et 51. V. aussi le tableau de professions commerciales que retrace M. Nouguier, *Traité des actes de commerce*, 2e éd., t. 1, n°s 61 et suiv.

23. Depuis la publication du *Répertoire*, il a été jugé, dans le sens de la condition d'habitude professionnelle : 1° qu'une entreprise qui, à raison de son importance et de sa nature, renferme une série d'actes de commerce distincts, imprime à son auteur la qualité de commerçant, quoiqu'elle se borne à une entreprise unique et spécialement que l'entreprise de construction d'un chemin de fer, entreprise qui, en elle-même, est commerciale (V. *suprà*, v° *Acte de commerce*, n° 422), constitue, non un acte isolé de commerce, mais une série d'actes de commerce; d'où la conséquence que l'entrepreneur d'une telle construction doit être qualifié de commerçant et peut être déclaré en faillite (Req. 2 févr. 1869, aff. Boucaruc, D. P. 69. 1. 370); — 2° Que si, en principe, les individus qui louent leur travail personnel, ne font pas un acte de commerce (V. *suprà*, v° *Acte de commerce*, n° 71), on doit, au contraire, réputer commerçant celui qui exploite un établissement important de blanchisserie de linge, muni d'appareils perfectionnés,

---

défenderesse achète des marchandises, étoffes, costumes, etc., ou pour les revendre à ses pensionnaires, ou pour les leur louer; qu'il est non moins établi qu'elle achète des denrées ou boissons pour les revendre aux personnes qui fréquentent son établissement; qu'en réalité, et à côté de son métier principal, elle tient un café, si ce n'est même une pension alimentaire; — Attendu que, ces faits admis, il en résulte que la défenderesse est justiciable, pour ces actes de commerce, du tribunal de céans; que, bien mieux, il est évident qu'elle fait, outre sa profession principale, profession habituelle des actes de commerce dont il vient d'être parlé; que leur fréquence s'oppose absolument à ce qu'on lui refuse la qualité de négociante et l'application des règles qui découlent de ce titre, soit civilement, soit pénalement; que, de plus fort, à cet égard, le tribunal consulaire doit donc connaître du présent procès; — Attendu qu'il n'est pas inutile de rappeler ici que le tribunal, appelé à trancher une question de droit, n'a point à se préoccuper du caractère plus ou moins indigne que peut avoir l'un des adversaires en présence; que, dans des contestations de ce genre, il importe de ne pas créer aux maîtresses de maisons de tolérance une sorte de privilège, qui consisterait, en particulier, à leur concéder tous les droits qu'ont les cafetiers et propriétaires d'établissements de ce genre, sans qu'elles soient soumises à la contre-partie, c'est-à-dire, notamment, en cas de mauvaises affaires, aux articles légaux qui prévoient la mise en faillite des négociants en état de cessation de payements; qu'admettre le contraire, comme le voudrait la défenderesse, c'est, ainsi que le fait la dame Sewald, invoquer, en dépit de l'axiome de droit romain sa propre indignité à l'appui de son intérêt; que c'est, enfin risquer de porter un grave préjudice aux négociants qui traitent avec elle; et qu'en examinant la question à ce double point de vue, la morale et la loi sont d'accord pour repousser les conclusions de la défenderesse; — Attendu, en définitive, que le tribunal doit se déclarer compétent pour trancher la contestation relative aux fournitures faites pour les besoins du commerce de la dame Sewald, etc.

Par ces motifs, etc.

Du 24 sept. 1885.-Trib. com. de Genève.

(1) (Alfassa.) — Le tribunal; — Sur l'exception d'incompétence : —Attendu que Alfassa soutient qu'il ne serait pas commerçant, et que la cause ne serait pas commerciale; — Attendu que, pour mériter la qualification de commerçant, il n'est point indispensable, comme le prétend Alfassa, d'être titulaire d'une patente *ad hoc*, ni d'exercer un négoce dans des magasins ou bureaux ouverts au public; que la loi n'exige nullement ces manifestations notoires, qui, dans l'espèce, ne peuvent être relevées contre Alfassa; que l'art. 1er c. com. confère la qualité de commerçant à quiconque se livre à des actes de commerce et en fait sa profession habituelle; qu'il est établi, par les documents de la cause, que depuis plusieurs années, Alfassa se livre en son nom personnel, et dans un but de spéculation, à l'achat et à la revente de valeurs industrielles, c'est-à-dire à des actes de commerce; que, pour faire déclarer qu'il n'en fait pas sa profession habituelle, il oppose en vain qu'il était simple employé chez son beau-père; qu'en admettant même que cette situation ait constitué sa profession principale, il est constant que le législateur a intentionnellement distingué entre profession principale et profession habituelle; que cela ressort de la discussion dont l'élaboration de l'art. 1er c. com. a été l'objet devant l'un des pouvoirs publics; qu'il est d'ailleurs de jurisprudence que même l'exercice notoire d'une profession absolument exclusive de tout caractère mercantile, n'empêche pas de relever contre celui qui s'y livre l'habitude des actes de commerce, et que cette habitude, lorsqu'elle est constatée, entraîne dans toutes les positions sociales la qualité de commerçant; — Et attendu que, dans l'espèce, la multiplicité, l'importance et la périodicité des opérations engagées par Alfassa soit qu'il les ait faites sous son propre nom, soit qu'il ait agi pour le compte d'un tiers, démontre chez lui de toute évidence l'habitude des susdits actes de commerce; — Attendu que d'ailleurs Alfassa a lui-même pris la qualité de banquier dans un acte public; — Attendu qu'au surplus, la nature du litige, qui a pour objet la liquidation d'un compte d'achat et de revente de valeurs industrielles, suffirait en vertu de l'art. 632 c. com., pour rendre ce tribunal compétent; — Par ces motifs, rejette l'exception.

Du 3 juill. 1885.-Trib. com. Seine.-M. Richemond, pr.

et qui, pour développer cette industrie, s'est livré à des négociations d'effets de commerce, que, par suite, il peut être déclaré en faillite (Bordeaux, 13 août 1879, aff. Maynard, D. P. 81. 2. 176); — 3° Que la couturière qui achète habituellement des marchandises pour les revendre après les avoir confectionnées, exerce la profession de commerçante, et est justiciable, à ce titre, du tribunal de commerce; qu'il en est ainsi spécialement, lorsque ses achats ont été faits d'une manière continue dans la même maison qui lui vendait à crédit, contrairement à ce qui avait lieu pour les chalands ordinaires non commerçants de cette maison et quand ils ont été faits sous les yeux de son mari qui l'autorisait tacitement à faire le commerce (Req. 24 juill. 1883, aff. de Jarlaeud, D. P. 84. 1. 124. V. aussi Trib. Niort, 17 nov. 1876, *Journal des avoués*, 1877, p. 15. — Ces décisions renferment une application de la théorie exposée *suprà*, v° *Acte de commerce*, n° 66, théorie d'après laquelle la profession d'*artisan* peut dégénérer en une véritable entreprise commerciale de *manufacture*); — 4° Que l'usufruitier qui continue l'exploitation d'un établissement industriel compris dans les biens dont il a l'usufruit doit être considéré comme commerçant, dans le sens de l'art. 1er c. com., sa qualité d'usufruitier n'ayant rien d'inconciliable avec celle de commerçant que lui imprime l'exercice habituel d'actes de commerce (Req. 29 janv. 1883, aff. Gougoltz, D. P. 83. 1. 314); — 5° Qu'un artiste-peintre peut être réputé commerçant, s'il se livre habituellement à des actes de commerce, tels que des achats de tableaux pour les revendre (Bruxelles, 12 janv. 1863, *infrà*, n° 25-4°).

24. Et toujours par appréciation des éléments caractéristiques de l'habitude professionnelle, il a été décidé, d'autre part : 1° que si des renouvellements successifs de nombreux billets à ordre peuvent, en certains cas, être considérés comme autant de négociations commerciales constituant l'habitude d'actes de commerce et attribuant, dès lors, au souscripteur la qualité de commerçant, il cesse d'en être ainsi lorsque les billets renouvelés ne constituent en réalité qu'une seule et même affaire, et n'ont eu pour objet qu'un même résultat (Metz, 5 août 1856, aff. Delassalle, D. P. 57. 2. 14); — 2° Que le propriétaire d'un vignoble, lequel ne fait pas un acte de commerce, lorsqu'il se borne à vendre les produits de son fonds (V. *suprà*, v° *Acte de commerce*, n° 102), ne peut davantage être réputé commerçant ni être déclaré en faillite, encore qu'il lui soit arrivé, dans certaines années, pour parer à l'insuffisance de sa récolte et pour satisfaire aux besoins de ses clients, de faire des achats complémentaires de vins, ces achats, à supposer qu'ils constituent des actes de commerce (V. *ibid.*, n° 103) étant purement accidentels (Pau, 4 févr. 1884, aff. Pepay, D. P. 85. 2. 229). Et qu'il en est ainsi, bien que le prix des achats dont il s'agit ait été soldé en effets ayant un caractère commercial, et, par exemple, en billets à domicile (V. *ibid.*, n° 308), la condition de spéculation professionnelle n'en faisant pas moins défaut (Même arrêt); — 3° Que l'auteur d'une publication hebdomadaire ne faisant pas acte de commerce en achetant le papier qui lui est nécessaire, lorsque cette publication ne peut être considérée comme une œuvre de publicité commerciale (V. *ibid.*, n° 86), on ne doit pas considérer comme commerçant celui qui édite des registres de commerce et vend des articles de comptabilité se référant exclusivement à une méthode de comptabilité dont il est l'auteur (Paris, 5 janv. 1887, aff. Tissot, D. P. 87. 2. 126); — 4° Que l'individu qui a entrepris de faire, avec un certain nombre de personnes, moyennant un prix fixé à forfait un voyage d'une durée et d'un parcours limités ne saurait être réputé commerçant ni, par suite, déclaré en faillite bien qu'en vue de ce voyage il ait affrété un navire, fourni des traites pour recouvrer les cotisations stipulées et conclu les divers traités nécessaires à l'effet d'assurer le transport des voyageurs jusqu'à la mer ainsi que leur nourriture durant le voyage (Paris, 24 janv. 1884) (1).

25. Nous avons rendu compte *suprà*, v° *Acte de commerce*, à propos des divers actes de commerce énumérés dans les art. 632 et 633, des arrêts qui ont admis ou écarté la qualité de commerçant, à raison non de l'existence ou de l'inexistence de la condition d'habitude prescrite par l'art. 1er c. com., mais de la commercialité ou de la non-commercialité des opérations dont l'exercice professionnel n'était pas en question. A ces arrêts ajoutons ici quelques autres décisions. Ainsi il a été jugé : 1° que les photographes ne sont pas des commerçants (Trib. Malines, 22 avr. 1880 (2), solution conforme à l'opinion de M. Beslay, *Des commerçants*, n° 23, mais contraire aux décisions que nous avons mentionnées *loc. cit.*, n° 75, et à de nombreux jugements et arrêts cités par MM. Nouguier, t. 1, n° 127; Ruben de Couder, *Dictionnaire de droit commercial*, v^is^ *Acte de commerce*, n° 52, et *Commerçant*, n° 20-3°; Rousseau et Defert, *Code annoté des faillites*, p. 9, sur l'art. 437, n° 13-3°); — 2° Qu'un maréchal-ferrand est un artisan et non pas un commerçant (Chambéry,

(1) (Yvan de Wœstyne C. Lamoureux, syndic, ès qualité.) — La cour; — Considérant, en droit, qu'aux termes de l'art. 437 c. com., tout commerçant qui cesse ses payements est en état de faillite; — Que suivant les dispositions de l'art. 1er du même code sont commerçants ceux qui exercent des actes de commerce et en font leur profession habituelle; — Considérant, en fait, qu'il est avéré que Yvan de Wœstyne est dans l'impossibilité de restituer, toutes déductions légitimes opérées, les sommes par lui reçues des personnes qui devaient faire partie de l'excursion qu'il avait organisée pour les vacances de 1883; — Qu'il s'agit donc, pour apprécier le mérite de son appel, de rechercher si cette entreprise, conçue indubitablement par lui dans une pensée de négoce et de lucre, suffit à elle seule, dans les circonstances où elle a été révélée au public, pour lui imprimer la qualité de commerçant; — Considérant, tout d'abord, que le sieur Yvan de Wœstyne, avant comme après 1873, époque à laquelle en qualité de gérant du journal l'*Eclair*, il a été déclaré en état de faillite, ne s'est fait connaître en France que comme journaliste correspondant excursionniste du *Figaro* et du *New-York Herald*; — Que c'est pour la première fois qu'en mars 1883 il a conçu le projet de faire, avec un certain nombre de personnes avec lesquelles il traita à forfait, une excursion sur les côtes baignées par la Méditerranée, et plus tard, à cause du choléra qui venait d'éclater en Egypte, dans les capitales du Nord; — Que c'est en vue de ce voyage, dont la durée avait été fixée à un mois, qu'il a affrété un navire, fourni les traites qui lui ont permis de recouvrer les cotisations de ses compagnons de voyage, et passé les divers traités qui devaient assurer aux voyageurs le transport jusqu'à la mer et leur nourriture à bord et sur les continents qui devaient être explorés; — Considérant qu'abstraction faite des lettres de change qui sont par essence des actes de commerce, les divers traités passés par Ivan de Wœstyne n'avaient aucun caractère commercial; — Qu'au surplus tous ces actes étaient la préparation nécessaire de l'excursion projetée et ne peuvent être considérés que comme les éléments constitutifs du fait même de l'entreprise unique et isolée en vue de laquelle ils ont été consommés; — Qu'il n'est point vrai de dire, comme l'ont affirmé par erreur les premiers juges, que l'appelant s'est révélé au public comme entrepreneur de voyages; que ses prospectus n'ont annoncé qu'un seul voyage très nettement déterminé quant à sa durée et à l'étendue de son parcours; que si d'après sa déclaration de faillite, Ivan de Wœstyne a fait connaître à son syndic qu'il avait la pensée, en cas de réussite de la première excursion, d'en entreprendre d'autres, cette pensée tout intime n'a point été révélée au public; — Qu'on ne saurait dès lors soutenir, sans méconnaître la réalité des faits, que l'entreprise annoncée par Ivan de Wœstyne devait avoir un tel caractère de permanence et de durée qu'on doit y voir la preuve qu'il avait l'intention de faire de ce genre d'opérations sa profession habituelle; — Que c'est donc à tort et sans droit que les premiers juges ont attribué à Ivan de Wœstyne, à raison du projet de voyage ci-dessus indiqué, la qualité de commerçant, et l'ont déclaré en état de faillite; — Considérant, d'autre part, que les conclusions du syndic tendant à faire prononcer la réouverture de la faillite prononcée contre l'appelant en 1873, ne sont pas recevables; — Qu'elles constituent, en cause d'appel, une demande nouvelle qui ne pourrait être accueillie qu'autant que la résolution du concordat consenti à Ivan de Wœstyne en 1873 par ses créanciers, à raison de sa gérance du journal l'*Eclair*, serait préalablement prononcée; — Que cette question de résolution n'a point été appréciée par les juges du premier degré; — Que, dès lors la cour ne peut en être régulièrement saisie; — Par ces motifs, réformant le jugement dont est appel, rapporte le jugement du 10 octobre dernier par lequel l'appelant a été déclaré d'office en état de faillite ouverte; — Relève, en conséquence, ledit appelant de toutes les conséquences de sa faillite indûment prononcée;

Du 24 janv. 1884.-C. de Paris.-MM. Loubers, av. gén.-Davrillé des Essarts et Beaupré, av.

(2) (A... C. Y...) — Le tribunal; — Attendu que le défendeur oppose à l'action du demandeur la prescription fondée sur l'art. 2272 c. civ., aux termes duquel l'action des marchands pour les marchandises qu'ils vendent aux particuliers non marchands se prescrit par un an ; — L'art. 1er de la loi (belge) du 15 déc.

14 août 1886) (1); — 3° Que, si le capitaine d'un navire marchand est commerçant, à raison même de sa profession (V. conf. *suprà*, v° *Acte de commerce*, n° 363; — *Rép.* v° *Commerçant*, n° 71); cette qualité n'appartient pas aux autres membres de l'équipage, ni même au *second* (Bordeaux, 11 juill. 1866) (2); — 4° Mais que celui qui achète habituellement des tableaux pour les revendre après les avoir réparés et remaniés est un commerçant (Bruxelles, 12 janv. 1863) (3).

26. Les arrêts suivants n'ont fait que confirmer des solutions déjà indiquées *suprà*, v° *Acte de commerce*. — Jugé, en effet: 1° avec les décisions et les auteurs mentionnés sous ce mot, n° 99, à côté de quelques arrêts contraires, que les pharmaciens sont des commerçants, et peuvent, à ce titre, être déclarés en faillite (Bruxelles, 2 juin 1881) (4); — 2° Que si un pédicure-manicure n'est pas un commerçant lorsqu'il se borne à la pratique de son art, il en prend la qualité quand il y joint la vente de certains produits de son invention à raison desquels il s'intitule le fournisseur breveté de plusieurs cours étrangères, et que, par suite, l'action dirigée contre lui pour faits de concurrence déloyale est de la compétence du tribunal de commerce (Paris, 18 juill. 1877) (5), solution analogue à celles admises soit à l'égard des dentistes qui

---

1872 range dans la catégorie des commerçants ceux qui exercent des actes qualifiés par la loi, et qui en font leur profession habituelle; — Dans l'art. 2, la loi répute acte de commerce tout achat de denrées et marchandises pour les revendre, soit en nature, soit après les avoir travaillées et mises en œuvre; — La profession de photographe ne tend pas à l'achat des matières premières et à leurs revente après transformation. — Elle consiste plutôt et principalement dans l'emploi de procédés artistiques, avec l'aide de certaines substances, pour l'obtention de productions photographiques; — La vente de ces produits faite par le photographe n'est donc point commerciale; — D'où il suit que l'art. 2272 est inapplicable dans l'espèce, etc.

Du 22 avr. 1880.-Trib. civ. Malines.

(1) (Millet C. Couty.) — La cour; — Sur le moyen d'incompétence: — Attendu que Millet, maréchal-ferrant, a une première fois interjeté appel d'un jugement du tribunal civil de Thonon ordonnant, à la date du 24 mai 1884, une expertise à l'effet de déterminer si la boiterie, dont était atteint le cheval de Couty, provenait d'une faute imputable au défendeur qui lui aurait brûlé le sabot en le ferrant; que cette décision ayant été qualifiée de préparatoire par la cour, l'appel a été écarté par une fin de non-recevoir, suivant arrêt du 24 déc. 1884; qu'il est intervenu alors un jugement du 13 mai 1881, qui a admis le demandeur à prouver certains faits de nature à établir la responsabilité de Millet; que ce jugement ayant été exécuté, une décision au fond, en date du 27 novembre de la même année, a admis le principe de cette responsabilité et condamné Millet à payer à Couty une somme de 800 fr. pour la valeur du cheval et une autre somme de même importance à titre d'indemnité; qu'aujourd'hui le défendeur a relevé appel et de la décision définitive et de la décision préparatoire qui lui ont fait grief; — Attendu que l'intimé soutient que s'agissant d'un quasi-délit commis par l'appelant à l'occasion et dans l'exercice de son commerce en tant que maréchal-ferrant, la juridiction civile n'avait pas compétence pour statuer; — Mais attendu qu'un maréchal-ferrant n'est pas un commerçant au sens légal du mot; que la vente des rares objets qu'il fabrique lui-même avec des matières qu'il a achetées pour les revendre, ne constitue dans l'exercice de sa profession que des actes isolés qui ne permettent pas de dire qu'il exerce habituellement le commerce; que la doctrine et la jurisprudence, par suite, s'accordent à lui donner la qualité d'artisan; — Qu'ainsi l'exception proposée ne saurait être accueillie; ... — Par ces motifs, etc.

Du 14 août 1886.-C. de Chambéry, 1re ch.-MM. Roë, 1er pr.-Molines, av. gén.-Rosset et Roissard, av.

(2) (Lannes C. Conseil.) — La cour; — Attendu que l'appel de Lannes étant restreint au seul chef du jugement qui a prononcé contre lui la contrainte par corps, et qu'il a accepté en ce qui concerne sa condamnation personnelle au payement de la somme réclamée par Conseil, en vertu de l'action en garantie de ce dernier, c'est aussi sous l'unique rapport de l'application de la contrainte par corps que le jugement doit être envisagé et examiné; — Attendu qu'aucun motif n'est donné par les premiers juges à l'appui de cette application dans l'espèce; mais qu'on a soutenu, au nom de l'intimé, qu'elle reposait et sur la qualité de commerçant dans laquelle Lannes aurait agi, et sur le caractère d'acte de commerce qu'aurait eu celui auquel il serait livré et qui a motivé sa condamnation envers Conseil; — Attendu, au premier point de vue, que s'il est incontestable qu'un capitaine de navire marchand est commerçant à raison même de sa profession, cette qualité n'appartient pas au même titre aux autres membres de l'équipage, même au *second*; que celui-ci, choisi presque toujours par le capitaine, aux termes de l'art. 223 c. com., mais, dans tous les cas, agréé par lui, est avant tout, à bord, l'homme de ce même capitaine, son délégué, son remplaçant pour certaines parties de ses fonctions, mais dont l'exercice ne lui transfère nullement la qualité de commerçant, parce que cette dernière ne saurait résulter que de faits personnels à celui de qui ils émanent, et non d'actes qu'il accomplit pour un autre et au nom d'un autre; qu'en un mot, le second, agissant pour le capitaine, ne peut pas être plus réputé commerçant en pareille circonstance que ne le serait le commis d'un négociant préposé par lui et le remplaçant dans les affaires pour lesquelles il l'a délégué; — Attendu, en second lieu, que Lannes, par cela seul qu'il recevait à bord de l'*Alma*, en l'absence et au lieu et place du capitaine, qui était à terre, les marchandises envoyées pour entrer dans le chargement du navire, et qu'il signait les reçus des expéditions, n'était nullement le mandataire de l'armateur; que cette qualité et les obligations qu'elle engendre ne résident que dans le capitaine seul, et que, s'il se repose sur autrui de l'exercice entier ou partiel du mandat, il ne transfère pas à son délégué et n'imprime aux faits de ce dernier aucun caractère commercial; — Qu'il suit de ces considérations que la condamnation prononcée contre Lannes, en admettant qu'elle ait pu l'être au profit de Conseil, ce que la cour n'a point à examiner, ne pouvait l'être par corps; — Par ces motifs, réforme, etc.

Du 11 juill. 1866.-C. de Bordeaux, 1re ch.-MM. Boscheron, pr.-Fabre de la Benodière, av. gén.-Goubeau et Lafon, av.

(3) (Neumans C. Couteaux.) — Le sieur Neumans, ayant été condamné par le tribunal de commerce d'Anvers au payement d'un billet à ordre de 200 fr. souscrit par lui pour achat de tableaux, le même jugement a prononcé contre lui la contrainte par corps. — Neumans a interjeté appel de ce jugement, et soutenu devant la cour qu'il était artiste-peintre et non commerçant. — Arrêt.

La cour; — Attendu que les éléments de la cause établissent et la qualité de commerçant dans le chef de l'appelant, et la nature commerciale de l'engagement qu'il a contracté; — Attendu, en effet, que l'acte d'appel désigne l'appelant comme marchand de tableaux; — Attendu que cet acte émané de lui, évidemment rédigé d'après ses instructions, n'a provoqué de sa part, avant l'audience, aucune protestation, ni réclamation; — Attendu que la qualité d'artiste n'exclut pas l'exercice d'une profession commerciale, notamment celle de marchand de tableaux; — Attendu qu'il résulte des explications fournies que l'appelant achète des tableaux pour les revendre après les avoir réparés ou remaniés; — Attendu que les modifications qu'il apporte ne sont pas de nature à enlever à cette opération d'achat et de vente l'intention de spéculation qui caractérise les actes de commerce; — Attendu que, dans ces circonstances, le billet dont il s'agit se rattachant au trafic habituel de l'appelant, la preuve offerte par celui-ci serait sans influence au procès; — Attendu qu'il y a lieu, dans la cause, à l'application de la contrainte par corps; — Attendu que la mauvaise foi de l'appelant n'est pas suffisamment établie pour justifier sa condamnation à des dommages-intérêts; — Par ces motifs, sans s'arrêter à la preuve offerte par l'appelant, laquelle est rejetée comme non concluante, met l'appel à néant.

Du 12 janv. 1863.-C. de Bruxelles, 3e ch.-MM. Vandenpeereboom, av. gén., c. conf.-Kennis et Vauthier, av.

(4) (Jopart C. Curateur à la faillite Jopart.) — La cour; — Attendu que c'est à bon droit que le premier juge a déclaré ouverte la faillite de l'appelant; — Attendu que vainement celui-ci critique cette décision, en soutenant que la profession de pharmacien a pour objet des actes qui ne réunissent pas les caractères exigés par la loi pour constituer des actes de commerce; — Attendu que le pharmacien achète des substances médicales pour les revendre en nature telles qu'il les acquiert, soit sous forme de médicaments, après les avoir travaillées et préparées selon certaines indications à lui fournies; — Attendu que ces actes sont, à toute évidence, des actes de commerce aux termes de l'art. 2 de la loi du 15 déc. 1872; qu'il s'ensuit que les personnes qui, comme l'appelant, en font leur profession habituelle, sont des commerçants; — Attendu que, si la loi exige certaines garanties de capacité chez le pharmacien, dans l'intérêt de la santé publique, cette circonstance n'enlève pas le caractère commercial à leur opération; — Attendu que l'appelant reconnaît qu'il a exercé et qu'il exerce encore cette profession; qu'il se qualifie ainsi dans les conclusions prises par lui devant la cour; — Attendu que Jopart-Jamain doit, en outre, être déclaré commerçant en sa qualité de banquier... ; — Par ces motifs, déclare l'appelant sans grief; — Met son appel à néant.

Du 2 juin 1881.-C. de Bruxelles, 4e ch.-MM. Jamar, pr.-Laurent, av. gén., c. conf.-Gailly et F. de Wandre (du barreau de Charleroi), et Huysmans, av.

(5) (Sitt C. Roger.) — Le 6 juin 1876, le tribunal de commerce de la Seine a rendu le jugement suivant : — « Attendu que Sitt,

ne sont déclarés non commerçants que lorsqu'ils ne tiennent pas magasin de dents et de rateliers artificiels destinés à être vendus au public (V. Paris, 24 janv. 1849, et Motifs, Paris, 8 avr. 1858, *suprà*, v° *Acte de commerce*, n° 98), soit à l'égard des médecins qui rentrent, en effet, dans la classe des commerçants, quand ils vendent des remèdes à tout venant et tiennent ainsi officine ouverte (V. Motifs, Rennes, 20 janv. 1859, *ibid.*, n° 100), soit à l'égard des vétérinaires (V. *ibid.*, n° 100), lesquels ne sont considérés comme des non-commerçants que lorsqu'ils ne livrent des drogues qu'accessoirement au traitement des animaux confiés à leurs soins (Nancy, 19 juill. 1876) (1); — 3° Que la profession de meunier, si elle n'est pas commerciale lorsqu'elle se borne au prélèvement d'une certaine quantité de farine comme salaire, l'est au contraire quand elle devient une occasion de lucre et de spéculation (Toulouse, 20 mai 1885 (2). V. conf. *suprà*, v° *Acte de commerce*, n°s 62-4° et 64); — 4° Que l'individu qui exploite une voiture de place est un commerçant (Trib. com. Marseille, 20 déc. 1881 (3). Comp. *ibid.*, n°s 178 et suiv.); — 5° Et, conformément à ce qui est dit, *ibid.*, n° 210,

---

demandeur au procès, prétendant que les défendeurs (veuve Roger et fils) font usage dans leurs prospectus et enseigne du nom de C. Sitt et fils, dans un but de concurrence déloyale, demande qu'il leur soit fait défense de se servir du nom de C. Sitt et fils et injonction de le supprimer partout où il se trouve à peine de 100 fr. par jour de retard, et qu'ils soient condamnés à lui payer 20000 fr. à titre de dommages-intérêts pour le préjudice éprouvé à ce jour; — Attendu que, pour repousser cette demande, les défendeurs soutiennent d'abord que la profession de pédicure et manicure qu'ils exercent n'étant pas commerciale, ils ne seraient pas justiciables de ce tribunal, et, subsidiairement, que la demande serait mal fondée; — Sur le renvoi : — Attendu qu'il résulte des documents produits au tribunal, et notamment d'un procès-verbal de constat, en date du 24 novembre dernier, enregistré, qu'en même temps qu'ils se font connaître au public comme pédicures, ils s'intitulent les fournisseurs brevetés de plusieurs cours étrangères, pour certaines marchandises dont ils se prétendent seuls les inventeurs; qu'en raison même de leur profession, ils se livrent habituellement à des actes de commerce qui les rendent justiciables de ce tribunal; — Qu'en conséquence, il n'y a pas lieu d'accueillir l'exception opposée; — Par ces motifs : — Le tribunal retient la cause; — Au fond: — Sur la suppression demandée : — Attendu que la dame veuve Roger et son fils, en se servant, pour annoncer au public leur profession, du même nom que celui du demandeur, dépassent la limite de la concurrence; — Que l'identité de ces noms peut amener une confusion préjudiciable aux intérêts du demandeur; — Qu'il y a lieu, en conséquence, non d'en ordonner la suppression comme le demande Sitt, mais de faire défense aux défendeurs de l'employer à l'avenir isolément comme ils l'ont fait jusqu'à ce jour; — Par ces motifs, fait défense aux défendeurs de se servir, comme ils l'ont fait jusqu'à ce jour, du nom de C. Sitt et fils dans leurs prospectus et enseignes; — Sinon dit qu'il sera fait droit. » — Appel. — Arrêt.

La cour; — Sur l'exception d'incompétence : — Adoptant les motifs des premiers juges, et considérant, en outre, que les appelants principaux reconnaissent qu'il s'agit au procès de la propriété d'un nom industriel; qu'ils admettent nécessairement ainsi que la juridiction commerciale doit connaître de la contestation; — Au fond : — Considérant que la veuve Roger, née Catherine Sitt, et Victor Roger, son fils, annoncent au public leur profession de pédicure et manicure ou manucure qu'ils exercent en commun sous le nom de Catherine Sitt et fils; — Considérant que Catherine Sitt, en se mariant en 1843 avec Roger, a, par un des effets civils de son mariage, acquis le nom de son mari; que Victor Roger fils n'avait aucun droit au nom de sa mère; que si Catherine Sitt, femme ou veuve Roger, a pu, avec la tolérance de son frère, se servir de son nom de fille pour se faire connaître au public, elle ne pouvait, en dissimulant son nom de femme et en associant son fils à son nom de fille, faire des annonces comme celles produites devant la cour, sans outrepasser son droit; — Qu'en effet, en indiquant que Catherine Sitt et fils étaient pédicures, la veuve Roger et son fils établissaient une confusion de nature à tromper le public et à nuire aux intérêts de Xavier Sitt; — Considérant, dès lors, qu'il y a lieu d'interdire à la veuve Roger de se servir du nom de Catherine Sitt isolément de son nom de femme, et à Victor Roger de se servir du nom de Sitt pour le désigner comme l'associé de sa mère; — Que le jugement doit être modifié en ce sens; — Par ces motifs: — Rejette l'exception d'incompétence; — Fait défense à la veuve Roger et à Roger fils de se servir seulement du nom de Catherine Sitt et fils, dans leur prospectus, enseignes, etc.; — Dit que la veuve Roger devrait, en prenant le nom de Catherine Sitt, y ajouter celui de veuve Roger, etc.

Du 18 juill. 1877.-C. de Paris, 4e ch.-MM. Rohault de Fleury, pr.-Manuel, av. gén., c. conf.-Nicolet et Falateuf, av.

(1) (Bernard *C.* Werner.) — La cour; — Attendu qu'aux termes de l'art. 631 c. com., la juridiction consulaire connaît des contestations nées des engagements ou transactions entre négociants ou de celles relatives à des actes de commerce entre toutes personnes; — Que l'action intentée par Werner contre Bernard père et contre Charles Bernard, son fils, médecin-vétérinaire, laquelle tendait à contraindre ces derniers à passer acte de la cession faite par l'intimé de sa clientèle de vétérinaire, ou de lui payer solidairement 5000 fr. de dommages et intérêts, ne rentrait à aucun titre dans la catégorie de celles dont les tribunaux de commerce peuvent être régulièrement saisis; — Que Bernard père, qui n'exerce aucune profession, n'est pas commerçant; que son fils, pourvu d'un brevet de médecin-vétérinaire, délivré en exécution du décret du 15 janv. 1813, pratique exclusivement cet art, et ne peut être considéré comme se livrant à un négoce, ou comme faisant habituellement des actes de commerce; — Que si les vétérinaires sont dans l'usage de fournir les drogues qu'ils emploient au traitement des animaux, ce fait importe peu, puisque ce n'est pas à l'occasion de l'achat ou de la revente de ces drogues que naît la contestation; qu'il ne s'agit dans la cause que de la cession d'une clientèle attachée à l'exercice d'une profession libérale et que les difficultés auxquelles donne lieu un tel contrat ne sont pas de la compétence des tribunaux de commerce; — Par ces motifs, reçoit l'appel émis par Charles Bernard, et accueillant le déclinatoire proposé, dit que la juridiction consulaire était incompétente pour connaître de l'action intentée par Werner; en conséquence, annule le jugement, décharge l'appelant des condamnations contre lui prononcées, etc.

Du 19 juill. 1876.-C. de Nancy, 2e ch.-MM. d'Hannoncelle, pr.-Villard, subst.- Larcher et Courtois, av.

(2) (Mounié *C.* Capmartin.) — La cour; — Attendu que, selon son propre aveu, Capmartin s'est livré à l'achat et à la vente des blés, de 1866 à fin décembre 1879; qu'à partir de cette dernière époque il a, bien qu'il proteste, continué ses opérations, à telle enseigne qu'il résulte d'un certificat du directeur des contributions qu'en 1881 il était encore imposé comme marchand de grains en demi-gros; qu'en tous cas il a exercé alors la profession de meunier qui, si elle n'est pas commerciale lorsqu'elle se borne au prélèvement d'une certaine quantité de farine comme salaire, l'est au contraire quand elle devient une occasion de négoce et de spéculation (Besançon, 6 avr. 1859, aff. Mathey, D. P. 59. 5. 71); qu'il est constaté sous ce dernier rapport, par les enquêtes que, depuis l'année 1880 au moins, Capmartin prend du pain chez un sieur Laparre, boulanger à Castelsarrasin, auquel il remet du blé en échange; que selon les conventions des parties, pour un hectolitre de blé fourni par Capmartin, Laparre lui rend en contre-valeur 75 kilog. de pain bis en 15 miches de 5 kilog. chacune, plus 75 centimes; que, d'autre part, Capmartin cède aux clients de son moulin le pain qu'il a ainsi acheté, qu'il appert des témoignages produits que Capmartin reçoit un hectolitre de blé en représentation de 13 miches de pain bis de 5 kilog. chacune ou de 14 miches lorsque le blé est fin; — Attendu d'ailleurs que dans des effets de commerce et un jugement du tribunal de commerce de Castelsarrasin du 24 nov. 1882, comme aussi dans huit obligations notariées des 29, 30 janvier, 19 févr. 1883, Capmartin acceptait et prenait la qualification de meunier négociant; que donc il est certain qu'il était commerçant dans les conditions de l'art. 1er c. com.;... — Attendu qu'il ressort de l'état hypothécaire de Capmartin et des documents du procès qu'il est en état de cessation de payements et dans l'absolue impossibilité de maintenir sa situation; qu'il y a donc lieu de prononcer sa mise en faillite et d'en fixer le point de départ au 24 nov. 1882; — Attendu qu'aux termes des art. 635, 438 et suiv. c. com., la loi a formellement attribué aux tribunaux consulaires la connaissance de tout ce qui se rattache à la faillite, et cela en assignant compétence spéciale au tribunal du domicile; qu'ainsi donc la cour, en infirmant la décision entreprise, n'a pas à retenir l'exécution de son arrêt, alors surtout que le tribunal de Castelsarrasin peut aujourd'hui facilement être composé d'autres juges (Caen, 29 mai 1860, aff. Menard, D. P. 61. 5. 417); — Par ces motifs, infirmant le jugement du tribunal de Castelsarrasin en date du 18 avr. 1883, déclare Capmartin en état de faillite ouverte et fixée au 24 nov. 1882, époque de la cessation des payements; — Renvoie au tribunal de Castelsarrasin, lequel se composera de nouveaux juges, pour les opérations et procédure de la faillite.

Du 20 mai 1885.-C. de Toulouse.-MM. Fabreguettes, 1er pr.-Baurens, subst. proc. gén.-Ebelot et Teullé, av.

(3) (Moulis *C.* Maurin.) — Le tribunal; — Attendu que le sieur Auguste Maurin fait exploiter une voiture de place; qu'il l'a lui-même reconnu; qu'il exerce donc un commerce; — Attendu que les billets à ordre à raison desquels le sieur Moulis, charron, a

que l'entrepreneur de travaux publics, qui, pour l'exécution de ses traités, fait habituellement des achats de matériaux dont la valeur lui est remboursée sur le prix des travaux formant l'objet de son entreprise, doit être qualifié de commerçant; qu'en conséquence, il est justiciable des tribunaux de commerce à raison des contestations relatives aux marchés qu'il a passés (Gand, 14 févr. 1851 (1); Nancy, 20 juill. 1870) (2). — Quant aux entrepreneurs de constructions qui ne fournissent que la main d'œuvre, V. *ibid.*, nos 204 et suiv.; — 6° Que les syndics de faillite sont par assimilation aux agents d'affaires (V. *ibid.*, n° 219), de véritables commerçants, et peuvent, dès lors, être déclarés en faillite (Trib. com. Dôle, 19 févr. 1881) (3), solution contraire à ce qui est dit *ibid.*, n° 219, et à l'opinion de MM. Nouguier, *Traité des actes de commerce*, 2e éd., t. 1, n° 306; Ruben de Couder, *Dictionnaire de droit commercial*, v° *Commerçant*, n° 19; Rousseau et Defert, *Code annoté des faillites*, sur l'art. 437, n° 11-8°.

27. De ce qui précède, il faut conclure que, lorsque la commercialité des actes accomplis par un individu est reconnue en fait et en droit, c'est le nombre et la durée de ces actes qui leur fait attribuer, par opposition à des actes de commerce isolés, le caractère professionnel constitutif de la qualité de commerçant. Il y a là, on le répète, une simple question de fait dont la solution, à la différence de celle consistant à savoir si un acte est ou n'est pas commercial selon les définitions juridiques que renferment les art. 632 et 633 c. com., est abandonnée à l'appréciation des juges du fond. — Décidé, à cet égard, outre les arrêts rapportés au *Rép.* nos 83, 86, 88 et 93 : 1° que la qualification de commerçant peut être donnée à un individu, par cela seul qu'il est déclaré qu'il a fait de nombreux actes de commerce, sans qu'il soit nécessaire de constater d'une manière expresse que cet individu fait du commerce sa profession habituelle (Civ. rej. 19 févr. 1850, aff. Gaudy, D. P. 50. 1. 122); — 2° Que le juge qui déclare une partie en état de faillite n'est pas tenu d'affirmer en termes sacramentels que l'exercice des actes de commerce était la profession habituelle de cette partie : il suffit que ce fait ressorte de l'ensemble des considérants et des constatations du jugement (Req. 23 déc. 1884, aff. Dommartin, D. P. 85. 5. 81); — 3° Que celui qui a fait des actes de commerce répétés, accepté un grand nombre d'effets de commerce causés valeur en compte ou en marchandises, subi des condamnations en qualité de commerçant, et reçu sans protester cette qualification dans des actes signifiés à sa requête, peut être qualifié commerçant, et, comme tel, déclaré en état de faillite, de telles constatations équivalant à la déclaration d'une profession habituelle des actes de commerce (Req. 8 juill. 1874, aff. Malapert de Peux, D. P. 76. 5. 102); — 4° Que l'arrêt qui constate que le commanditaire d'une société

---

intenté des poursuites contre le sieur Maurin, ont eu pour cause l'achat de la voiture que celui-ci exploite; — Attendu que le sieur Maurin étant commerçant se trouve en état de cessation de payements, puisqu'il n'a pas acquitté les billets dont il s'agit à leur échéance, ni sur les poursuites du sieur Moulis; que la demande en déclaration de faillite formée contre lui est donc fondée, mais qu'il y a lieu de lui accorder un délai avant de prononcer la faillite pour qu'il puisse encore payer sa dette; — Attendu que le sieur Moulis a conclu verbalement à l'audience à la condamnation au payement des billets pour le cas où la faillite ne serait point immédiatement déclarée; — Par ces motifs, condamne le sieur A. Maurin à payer au sieur Moulis la somme de 400 fr. montant de deux billets à ordre échus fin août dernier et enregistrés le 14 novembre suivant, avec intérêts de droit et dépens; surseoit à statuer pendant quarante jours du prononcé du jugement sur la déclaration de faillite du sieur Maurin, laquelle sera prononcée après ce délai, s'il n'a pas acquitté sa dette, sur simple requête de son créancier.

Du 20 déc. 1881.-Trib. com. Marseille.-MM. Rivoire, pr.-Seyssaud, av.

(1) (Dujardin C. Boutellier.) — La cour; — Attendu que le sieur Boutellier, demeurant à Bruges, patenté comme entrepreneur de travaux publics, a entrepris les travaux de construction de la deuxième section du canal de Zelzaete; — Attendu que cette entreprise est essentiellement commerciale; que l'entrepreneur devait employer un grand nombre d'ouvriers, dont la fourniture de main-d'œuvre devait être pour lui un objet de spéculation et de bénéfice; qu'il était encore tenu, aux termes du cahier des charges, de faire des achats de fascines et de matériaux pour la construction des trois ponts provisoires et d'un pavillon de surveillance, dont la vente, cession ou usage à l'égard des tiers devaient avoir lieu pendant l'entreprise ou après l'achèvement des travaux; qu'en outre, il devait acheter une grande quantité d'outils pour l'usage des ingénieurs ou des ouvriers eux-mêmes; que ces faits rentrent évidemment dans la classe des opérations que l'art. 632 c. com. répute actes de commerce; — Attendu que les travaux de cette entreprise devaient durer pendant un assez long espace de temps et que dans tout cet intervalle Boutellier devait se livrer à ces opérations; — Que, d'ailleurs, il avait encore entrepris d'autres travaux et qu'en conséquence, exerçant des actes de commerce et faisant de ces actes sa profession habituelle, il doit être considéré comme commerçant; — Par ces motifs, met le jugement du tribunal de Bruges au néant, en tant qu'il n'a pas admis l'incompétence soulevée par l'appelant, etc.

Du 14 févr. 1851.-C. de Gand.-MM. Donny, 1er av. gén., c. conf.-Metdepenningen et Gœthals, av.

(2) (Martin C. Bertrand.) — La cour; — Sur le premier moyen consistant à dire que l'appelant n'est pas commerçant, par la raison qu'en sa qualité d'entrepreneur de travaux publics, il se borne à des travaux de main-d'œuvre, sans acheter ni revendre des matériaux : — Attendu que ce moyen manque en fait, et qu'il est au contraire formellement établi par les documents du procès que l'appelant achète des matériaux en quantité considérable, matériaux qu'il livre à ceux avec lesquels il traite comme entrepreneur et de la valeur desquels il est indemnisé et remboursé par le prix de son marché; — Sur le deuxième moyen, consistant à dire qu'alors même que l'appelant achèterait les matériaux qu'il emploie comme entrepreneur, il ne serait pas davantage commerçant, par la raison que ces matériaux sont par lui incorporés à des immeubles qui, par leur nature même, ne peuvent donner lieu qu'à des transactions purement civiles : — Attendu que la nature commerciale de la transaction résulte exclusivement et irrévocablement de l'achat et de la revente des matériaux, sans aucune considération de leur plus ou moins d'adhérence au sol après leur mise en œuvre; que ces matériaux conservent leur nature mobilière aussi longtemps qu'ils restent la propriété de l'entrepreneur, lequel, n'ayant jamais possédé l'immeuble en tout ou en partie, n'a pu faire de transaction immobilière; — Qu'à la vérité, lorsqu'ils sont livrés au propriétaire du sol par leur mise en œuvre et leur incorporation à l'immeuble, cette nouvelle spécification leur imprime un caractère immobilier; mais que, par le fait même de cette livraison, ils ont cessé d'être la propriété de l'entrepreneur; qu'ils ne sont devenus immeubles que par leur accession au sol, et par conséquent entre les mains seulement du propriétaire de ce sol; que, dès cet instant, l'aliénation de l'édifice faite par le propriétaire serait une transaction immobilière; mais qu'il n'en est pas ainsi quant à l'entrepreneur, parce que les matériaux ne cessent d'être meubles qu'alors qu'ils ont cessé d'être siens; — Que, dans ces circonstances, il est suffisamment établi par les documents du procès que l'appelant fait habituellement des achats et reventes de matériaux comme entrepreneur de travaux publics; qu'il est commerçant; qu'en outre, le marché qu'il a passé avec l'intimé avait trait à l'exécution partielle d'un de ses travaux publics, et qu'il est ainsi relatif à un acte de son commerce; — Par ces motifs, etc.

Du 20 juill. 1870.-C. de Nancy, 2e ch.-MM. Pierrot, pr.-Stainville, av. gén.-Dubois et Bernard, av.

(3) (Deville.) — Le tribunal; — Attendu que Jean Deville était, au jour de son décès, syndic de plusieurs faillites; que celui qui remplit ces fonctions et en fait sa profession habituelle est commerçant; que cette solution découle, non pas de la nature du mandat en lui-même, mais de la succession et de la pluralité des mandats qu'il accepte, ce qui fait de lui un agent d'affaires dans le sens de l'art. 632 c. com.; que, d'ailleurs, il se chargeait de la gestion des affaires d'autrui, de liquidations commerciales et était agent de la compagnie d'assurances La Providence; qu'à tous égards donc il doit être déclaré en faillite, s'il est mort en état de cessation de payement des dettes commerciales résultant de son agence d'affaires; — Attendu que depuis plusieurs années, et dès le mois de septembre 1877, l'état de gêne de Deville était certain; que des demandes de règlement de comptes et de payement de soldes lui étaient adressées et qu'il n'y donnait pas satisfaction; qu'il est constant pour le tribunal qu'il n'a pas distribué aux créanciers des faillites dont il était le syndic tous les dividendes qui leur revenaient; que ce fait par lui-même, et en dehors de toute poursuite, suffit à constituer la cessation de payements; — Vu l'art. 437 c. com.; — D'office déclare en état de faillite ouverte Jean Deville fils, en son vivant agent d'affaires et d'assurances; — Fixe au 1er sept. 1877 la date de la cessation de payements.

Du 19 févr. 1881.-Trib. com. de Dôle.-M. Bourgeois, pr.

commerciale s'est fréquemment immiscé dans la gestion des affaires sociales et s'est livré, pour son compte personnel, à des achats et reventes de marchandises qui, par leur importance, leur multiplicité et les chiffres qu'ils représentent, constituaient de véritables opérations commerciales, indique suffisamment qu'il faisait du commerce sa profession habituelle (Crim. rej. 13 mai 1882, aff. Le Sens de Morsan, D. P. 82. 1. 487).

28. Sur le caractère de l'engagement du commanditaire ou de l'actionnaire dans une société en commandite par intérêt ou par actions ou dans une société anonyme, V. *suprà*, v° *Acte de commerce*, n° 42.

29. La condition d'habitude professionnelle caractéristique de la qualité de commerçant résulte-t-elle du seul fait de créer un établissement commercial ou industriel, et par exemple, du fait d'*ouvrir* soit des magasins destinés à recevoir des marchandises à acheter pour être revendues ou louées, soit une usine affectée à une entreprise de manufacture, soit des locaux où devront se réaliser toutes entreprises ou opérations susceptibles de servir de base à l'exercice d'un commerce ou d'une industrie, sans qu'il soit besoin que ce fait ait été suivi des actes commerciaux que son auteur avait en vue? Après avoir posé la question au *Rép.* n° 84, nous avons exprimé l'opinion que l'individu qui manifeste de la sorte la volonté de devenir commerçant doit être considéré comme étant réellement entré dans la vie commerciale, avec ses conditions d'activité, quelques limitées que fussent dans leur nombre et leur durée les opérations commerciales auxquelles il s'est livré. MM. Delamarre et Le Poitvin, *Traité de droit commercial*, t. 1, n° 39, se montrent plus exigeants. Prévoyant l'hypothèse où un individu, après s'être annoncé au public comme entreprenant le commerce de marchandises qu'il a achetées à crédit, et avoir ouvert, avec enseigne, un magasin où il a a déposé ces marchandises, puis pris patente, disparaît aussitôt sans payer le prix de son achat ou le loyer de son magasin, ils dénient à cet individu la qualité de commerçant, par le motif qu'il n'a contracté qu'un achat, et que « *une fois n'est pas habitude* » (V. aussi dans le même sens : Beslay, *Des commerçants*, n°s 61 et suiv.). — MM. Delamarre et Le Poitvin, n° 40, vont plus loin encore, et refusent également la qualification de commerçant à celui qui, n'ayant fait qu'un seul achat de marchandises, les aurait revendues en détail dans son magasin, de simples actes de revente ne constituant pas, d'après eux, un acte de commerce (V. *suprà*, v° *Acte de commerce*, n°s 28 et suiv.). Nous n'avons pas à nous arrêter à cette seconde hypothèse, en présence de la jurisprudence et de la doctrine qui tiennent pour constante la commercialité des reventes aussi bien que celle des achats spécifiés dans l'art. 632 (V. *ibid.*, n°s 28 et suiv.). Il est manifeste, dès lors, que si un achat, même unique, avait été suivi des reventes en détail que supposent les auteurs précités, la condition d'habitude professionnelle, à laquelle l'art. 1er c. com. subordonne la qualité de commerçant, s'en dégagerait sans difficulté. Le doute ne peut donc naître que si l'achat dont on s'occupe n'a été accompagné ou suivi d'aucune revente. Le système qui considère cet achat comme suffisant pour entraîner la qualité de commerçant, contrairement à l'opinion signalée plus haut, est admis par la majorité des auteurs. « Un établissement, dit M. Pardessus, *Cours de droit commercial*, t. 1, n° 178, ne peut jamais être une affaire fugitive et d'occasion ; il constitue une profession habituelle, parce qu'il présente son auteur comme habituellement disposé à agir. Le manufacturier est en disposition de fabriquer, quoiqu'il ne fabrique pas par défaut de commandes ou de débit ; celui qui a des magasins ouverts est prêt à vendre, lors même qu'il ne vend pas ; l'occasion peut manquer à l'un et à l'autre ; mais ils attendent et sont toujours en mesure d'en profiter » (V. aussi Orillard, *De la compétence et de la procédure des tribunaux de commerce*, n° 143 ; Bravard et Demangeat, *Traité de droit commercial*, t. 1, p. 57 et suiv. ; Alauzet, *Commentaire du code de commerce*, 3e éd., t. 1, n° 265 ; Nouguier, *Traité des actes de commerce*, 2e éd., t. 1, n° 476 ; Boistel, *Précis de droit commercial*, 3e éd., n°s 55 et suiv. ; Lyon-Caen et Renault, *Précis de droit commercial*, n° 149). — La règle se réduit à ceci : celui qui a revélé au public sa volonté de faire du commerce sa profession habituelle devient commerçant dès qu'il a réalisé cette intention, ne fût-ce que par l'accomplissement d'un seul acte de nature commerciale ; il ne lui est pas permis de faire de l'opération, même unique, relevée à sa charge, un acte accidentel en l'isolant de la situation qu'il a prise ostensiblement et sur la foi de laquelle les tiers ont traité avec lui, encore qu'il n'ait pas eu le temps ou l'occasion de la renouveler. D'autres actes ultérieurs n'ajouteraient rien à une démonstration de qualité qui, selon l'observation de M. Demangeat, t. 1, p. 59, note, repose à la fois sur le fait et l'intention. « Pour acquérir la qualité de commerçant, dit ce dernier auteur, comme pour acquérir la possession d'une chose, comme pour changer de domicile, deux choses doivent toujours exister, mais sont toujours suffisantes, l'*animus et le factum*. »

30. Il est, toutefois, hors de doute que la simple annonce, dans des journaux ou circulaires, de l'ouverture d'un établissement commercial ou industriel, ne suffirait pas pour que son auteur devînt un commerçant, si elle n'avait été accompagnée d'aucune opération commerciale, et si, par exemple, le futur commerçant s'était borné à prendre à location tout ou partie de l'immeuble où il se proposait d'exercer le commerce ou l'industrie faisant l'objet de cette annonce. Une telle location ne constituerait pas un acte de commerce, même dans le cas où elle se rattacherait à un commerce en activité (V. *suprà*, v° *Acte de commerce*, n° 419). Il n'y a donc pas lieu d'en tenir compte, lorsqu'il s'agit de savoir si un individu est ou non commerçant. Il suit de là également que les engagements contractés par le même individu, sans cause déterminée, ne tomberaient pas davantage, à défaut de l'exercice effectif de tout commerce, sous le coup de la présomption de commercialité que l'art. 632 c. com. établit à l'égard d'un commerçant, pour faits relatifs au commerce (V. *ibid.*, n°s 445 et suiv.), ni, par conséquent, sous l'application de l'art. 1er.

31. La seule inscription d'un individu au rôle des patentes ne suffit pas davantage pour lui faire attribuer la qualité de commerçant à laquelle se réfère la patente qu'il a prise. Un tel fait annonce uniquement, comme le dit M. Nouguier, t. 1, n° 483, l'intention où est cet individu d'entreprendre un commerce ou une industrie. Il n'est pas permis d'en conclure que sa volonté ait reçu même un simple commencement d'exécution, ni qu'il y ait, dès lors, selon les expressions de M. Demangeat, *animus et factum* (V. aussi les arrêts rapportés au *Rép.* n°s 80 et 95 ; Gand, 5 juill. 1852, aff. Brihet C. Destailleurs et Eggermont-Chemin, *Pasicrisie belge*, 1852. 2. 317-320 ; Orillard, *De la compétence et de la procédure des tribunaux de commerce*, n° 142 ; Bédarride, *Des commerçants*, n° 35 ; Beslay, *Des commerçants*, n° 163 ; Boistel, *Précis de droit commercial*, n° 56). — A plus forte raison, l'individu qui exerce une profession contraire aux bonnes mœurs, et, par suite non commerciale, comme lorsqu'il s'agit, par exemple, de l'exploitation d'une maison de tolérance, ne peut-il être qualifié de commerçant, sous prétexte qu'il aurait pris une patente de logeur en garni (V. *suprà*, n° 19), la patente, dit un arrêt qui l'a ainsi décidé, étant avant tout un acte de fiscalité qui ne constitue pas d'une manière absolue la qualité de commerçant (Orléans, 26 nov. 1861, aff. Dubarry, D. P. 62. 2. 7).

Réciproquement, il n'est pas nécessaire, pour que celui qui fait des actes de commerce sa profession habituelle puisse être rangé dans la classe des commerçants, qu'il soit muni d'une patente (V. outre les arrêts mentionnés en ce sens au *Rép.* n°s 94 et 242, et v° *Compétence commerciale*, n° 131 : Crim. cass. 17 mars 1866, aff. Bédry, D. P. 66. 1. 511, et les auteurs ci-dessus indiqués).

32. La règle d'après laquelle la qualité de commerçant est subordonnée à l'existence de faits plus ou moins multipliés accomplis dans une intention de spéculation a reçu pareillement son application dans une espèce où, en sens inverse de ce qui arrivait dans les hypothèses indiquées plus haut, c'est sur l'intention et non sur le fait que portait le débat. — Il a été jugé, à cet égard, que la femme commune en biens et tutrice de ses enfants mineurs, qui, dans les trois mois et quarante jours du décès de son mari, gère le commerce de celui-ci, n'est pas nécessairement réputée avoir l'intention de continuer les affaires pour son compte ; d'où la conséquence que, nobobstant les achats qu'elle a faits en son nom personnel, elle ne peut pas être réputée commerçante, si ses agissements, eu égard à leur nombre, à leur nature et, aux circonstances dans lesquelles ils sont intervenus, n'ont pas excédé les bornes de la mission qui lui était dévolue de veiller à la garde des effets de la communauté, et, s'ils n'ont pas été entrepris dans un esprit de lucre et de spéculation; d'où il suit qu'elle ne peut pas être déclarée en faillite, et que le créancier qui a indûment provoqué sa faillite est tenu d'en supporter tous les frais (Bruxelles, 2 janv. 1885, aff. Foulon, D. P. 86. 2. 250-251).

33. Il n'est pas moins constant que le fait, par un individu, de prendre, dans un acte, la qualité de commerçant, ne peut lui en conférer le titre, et qu'en conséquence, une telle déclaration laisse subsister, soit pour cet individu, soit pour les tiers qui ont traité avec lui, le droit d'établir qu'il n'est pas commerçant. De nombreuses espèces où cette règle a été consacrée sont rapportées au *Rép.* nos 96 et suiv., et vis *Compétence commerciale*, n° 130; *Faillite*, n° 47-2°; *Privilèges et hypothèques*, n° 1749. *Adde: infrà*, n° 73). — Est à plus forte raison sans effet la qualification de commerçant donnée à un individu dans des actes judiciaires émanés de la partie adverse, sauf l'application de l'autorité de la chose jugée, que pourraient avoir entre les parties, les décisions où cette qualification aurait été constatée à l'égard de l'une d'elles (V. *suprà*, v° *Chose jugée*, n° 95. V. aussi sur l'ensemble de la question: Pardessus, *Cours de droit commercial*, n° 79; Vincens, *Législation commerciale*, t. 1, p. 534; Molinier, *Droit commercial*, n° 100; Orillard, n° 154; Bédarride, nos 49 et suiv.; Boslay, nos 125 et suiv.; Alauzet, t. 1, nos 200 et suiv.; Nouguier, t. 1, nos 725 et suiv.; Boistel, n° 58; Lyon-Caen et Renault, *Précis de droit commercial*, n° 150). — En ce qui concerne les sociétés civiles qui adoptent une *forme commerciale*, V. la dissertation de M. Brésillion, insérée sous un arrêt de la cour de Toulouse du 23 mars 1887 (aff. Fages, D. P. 87. 2. 233).

ART. 3. — *Des personnes capables auxquelles le commerce est interdit* (*Rép.* nos 110 à 139).

34. Nous avons indiqué au *Rép.* nos 110 à 120 les différentes classes de personnes auxquelles il est interdit, à raison de leurs fonctions ou de leurs professions, de faire le commerce et même de se livrer accidentellement à des opérations commerciales. Il est utile de reprendre et de compléter cette énumération, avec les renvois aux mots du *Répertoire* dont la publication est postérieure à celle du mot *Commerçant*.

35. L'exercice d'une industrie commerciale ou industrielle, et les actes de commerce, même isolés qui s'y rattachent, sont interdits: 1° aux *magistrats de l'ordre judiciaire* par d'anciennes ordonnances, toujours en vigueur, et, notamment, par un édit du mois de mars 1765, visé au *Rép.* nos 6 et 111, et v° *Organisation judiciaire*, n° 238; — ... 2° A ceux qui sont investis de *fonctions administratives* ou de *commandements militaires*, sous les peines édictées par les art. 175 et 176 c. pén. dans les cas particuliers que prévoient ces deux articles (V. *Rép.* v° *Forfaiture*, nos 82 et suiv.); — ... 3° Aux *receveurs particuliers des finances* (V. *Rép.* v° *Trésor public*, n° 735); — ... 4° Aux *agents comptables des matières* appartenant au département de l'agriculture et du commerce (Règl. 1er févr. 1850, art. 5, D. P. 51. 4. 51); — ... 5° Aux *employés des postes* et à ceux des *contributions indirectes* (V. *Rép.* v° *Fonctionnaire public*, n° 94); — ... 6° Aux *intendants* et *administrateurs de la marine* par les art. 19, tit. 14, de l'ordonnance du 31 oct. 1784, et 122 de l'arrêté du 2 prair. an 11, visés au *Rép.* n° 120; — ... 7° Aux *consuls* établis en pays étranger, aux *élèves consuls* et *drogmans*, ainsi qu'aux *chanceliers* nommés par le Gouvernement, en vertu d'ordonnances et arrêtés visés au *Rép.* n° 119, et v° *Consul*, n° 47. — Il résulte pareillement d'une circulaire du ministre de la guerre, du 24 déc. 1869 (D. P. 70. 3. 88), qu'un *militaire* ou un fonctionnaire appartenant à l'armée ne peut, quel que soit son grade, faire partie, à un titre quelconque, du conseil d'administration d'une société financière ou industrielle. — Le commerce est également interdit aux *ecclésiastiques* par le droit canonique, et notamment, par le décret de Gratien, 1re part., distinct. 88, visé au *Rép.* n° 110, et v° *Culte*, n° 122.

36. A côté des personnes que l'on vient d'énumérer, auxquelles leurs fonctions interdisent de se livrer habituellement au commerce ou même de faire une opération commerciale quelconque, il en est aussi d'autres dont la profession est considérée comme incompatible avec l'accomplissement habituel ou accidentel de faits commerciaux. Ce sont: 1° les *avocats*, à qui tout négoce est interdit par les art. 18 du décret du 14 déc. 1810 et 42 de l'ordonnance du 20 nov. 1822, cités au *Rép.* vis *Avocat*, nos 82 et suiv., 163 et suiv., 313; *Commerçant*, n° 112, où on trouve le tableau de toutes les professions commerciales ou non commerciales qui sont incompatibles avec la profession d'avocat; — 2° Les *avoués* (V. *Rép.* n° 113. V. aussi *suprà*, v° *Avoué*, nos 3 et suiv.); — 3° Les *huissiers*, à qui, sous peine d'être remplacés, il est défendu, notamment, par l'art. 41 du décret du 21 juin 1813, cité au *Rép.* n° 115, et v° *Huissier*, n° 4, de tenir auberge, cabaret, café, tabagie ou billard, même sous le nom de leurs femmes, à moins qu'ils n'y soient spécialement autorisés; — 4° Les *notaires*, à l'égard desquels l'interdiction, quoique non établie dans un texte formel, est implicite (V. *Rép.* n° 114. V. aussi Limoges, 28 févr. 1845, aff. Chastaingt, D. P. 51. 2. 89). — Quant à la prohibition faite par l'art. 85 c. com. aux *agents de change* et aux *courtiers* (autres que les courtiers de marchandises, dont l'industrie est libre depuis la loi du 18 juill. 1866) de faire des opérations de commerce pour leur propre compte, ou de s'intéresser, même indirectement, dans une entreprise commerciale, à peine de destitution et d'amende, V. *Bourse de commerce*, n° 43.

37. Enfin il y a lieu de noter une interdiction de commerce spéciale aux *compagnies de chemins de fer*. Il a été jugé, en effet, que ces compagnies ne peuvent exercer le commerce du charbon de terre, un tel commerce étant inconciliable avec la nature de la concession qui leur a été faite (Civ. rej. 5 juill. 1865, aff. Chemin de fer de l'Est, D. P. 65. 1. 347). — Décidé à cet égard, que la compagnie de chemin de fer qui revend habituellement des menues houilles faisant partie du charbon par elle acheté pour l'exploitation du chemin est réputée se livrer à un véritable commerce de charbon de terre, s'il est constaté qu'elle achète le charbon renfermant ces menues houilles, sans y être contrainte par les nécessités de son exploitation, et dans un but de spéculation consistant à revendre la houille dont il s'agit sur toute l'étendue du réseau du chemin, moyennant des prix où la valeur de la marchandise, confondue avec celle du transport, est réduite et variable suivant les besoins de la concurrence; qu'en conséquence, la compagnie qui fait ainsi aux marchands de houille une concurrence nuisible et contraire à ses statuts, est passible envers eux de dommages-intérêts (Même arrêt).

38. Les prohibitions ci-dessus s'étendent, selon l'observation qui en a été faite au *Rép.* n° 122, aux femmes mariées avec les individus qui en sont atteints, à moins qu'il ne soit établi qu'elles font le commerce pour leur compte exclusif. — V. sur ce point, en ce qui concerne, notamment, les avocats dont les femmes exercent une profession commerciale, des arrêtés du conseil de l'ordre, cités au *Rép.* n° 200, d'où il résulte que l'incompatibilité s'étend même à la femme d'un avocat qui, mariée sous le régime de la communauté, tient un pensionnat. V. aussi *suprà*, v° *Avocat*, n° 89.

39. La sanction des prohibitions dont l'énumération précède, consiste dans l'application des mesures disciplinaires qui sont rappelées au *Rép.* n° 123, et vis *Avocat*, n° 168; *Organisation judiciaire*, n° 238, outre les peines correctionnelles encourues par les fonctionnaires ou commandants militaires déclarés coupables du délit prévu par les art. 175 et 176 c. com. (V. *Rép.* v° *Forfaiture*, nos 82 et suiv.), et l'amende qui, aux termes de l'art. 85 c. com., se joint à la destitution, pour les agents de change et les courtiers (autres que les courtiers de marchandises), qui contreviennent à cet article (V. *suprà*, v° *Bourse de commerce*, n° 43).

40. Mais les opérations commerciales intervenues de la part des personnes frappées de ces prohibitions n'en conservent pas moins leur caractère commercial. C'est ce qui a été jugé par plusieurs arrêts mentionnés au *Rép.* n° 124 et vis *Bourse de commerce*, n° 300; *Compétence commerciale*, n° 292. — Il suit de là que celui qui se livre habituellement à des actes de commerce doit être qualifié de commerçant, encore qu'il exerce ostensiblement une profession incompatible avec le commerce. Dans le sens de cette règle, V. les décisions diverses rapportées *suprà*, v° *Acte de commerce*, n°s 274 et 283 ; et citées au *Rép.* v[is] *Commerçant*, n°s 78, 87 et suiv.: *Compétence commerciale*, n° 168; *Faillite*, n°s 51 et 54. — Décidé, depuis : 1° que l'avoué qui se livre habituellement à des actes de commerce doit être réputé commerçant, et, dès lors, peut être déclaré en faillite, et que l'on doit regarder comme exercice de la profession de commerçant l'habitude où est un *avoué* de faire des emprunts pour prêter, d'avoir des comptes courants chez les banquiers et d'en ouvrir chez soi, de se faire souscrire ou d'endosser des effets négociables, et, notamment des lettres de change (Rennes, 11 mars 1851, aff. Le Bobinnec, D. P. 51. 2. 190); — 2° Qu'il en est de même de l'*huissier* qui fait habituellement des actes de commerce, tels que des opérations de banque et de courtage, « sa qualité d'huissier ne s'opposant pas à ce que celle de commerçant lui soit, en même temps, attribuée » (Paris, 2 févr. 1855, aff. Hesmer, D. P. 55. 5. 77); — 3° Que le *notaire* qui fait habituellement des opérations de banque ou de courtage, malgré l'incompatibilité *morale* (V. *suprà*, n° 36), existant entre sa qualité de notaire et l'exercice d'un commerce quelconque, établit parallèlement à sa profession principale une autre profession dont il doit subir les conséquences, et que, notamment, ces opérations le rendent susceptible d'être déclaré en faillite, dès qu'elles prennent le caractère d'une profession commerciale (Limoges, 28 févr. 1845, cité *suprà*, n° 36; Douai, 4 juin 1849, aff. Vaillant, D. P. 50. 5. 327; Req. 4 août 1849, aff. Testart, D. P. 49. 1. 207; Rouen, 5 déc. 1850, aff. X..., D. P. 53. 5. 221; Paris, 4 janv. 1853, aff. Gibert, D. P. 53. 5. 222. V. aussi Gand, 19 juin 1879) (1). — Mais, d'après ce dernier arrêt, on ne saurait considérer comme actes de commerce, de nature à imprimer au notaire dont ils émanent la qualité de commerçant, des prêts faits à l'aide de fonds empruntés, si les circonstances indiquent qu'il a effectué ces prêts, moins dans un but de spéculation que dans l'espoir d'étendre sa clientèle et de retarder sa chute. — Les auteurs sont également d'accord pour reconnaître que le commerce exercé en violation de la règle des incompatibilités n'en imprime pas moins la qualité de commerçant à l'auteur de l'infraction (Aux auteurs cités au *Rép.* n° 524, *adde*, Bravard éd. Demangeat, *Traité de droit commercial*, t. 1, p. 56, qui non seulement approuve la décision ci-dessus de la chambre des

(1) (De Vriendt C. Curateur à la faillite de Vriendt et Daens.) — LA COUR; — Au fond : — Attendu que les fonctions notariales ne font pas obstacle à ce qu'un notaire, au mépris de la loi et en violation des devoirs de sa profession, pose habituellement des actes de commerce et devienne ainsi un commerçant soumis aux lois sur les faillites; — Attendu que le premier juge, appréciant les circonstances de la cause, a décidé que l'appelant, ex-notaire à Alost, aujourd'hui fugitif, exerçait des actes qualifiés commerciaux par la loi et en faisait sa profession habituelle; — Attendu qu'il est, dès ores, établi au procès que, tout au moins le 19 mars 1879, date du jugement déclaratif de la faillite, l'appelant avait cessé ses payements et que son crédit se trouvait ébranlé; — Attendu, en ce qui concerne le point de savoir s'il était réellement commerçant, qu'il est également établi : — 1° Qu'au cours des dernières années, l'appelant a reçu d'un grand nombre de personnes, à ses risques et périls, des sommes d'argent, toujours réexigibles après un avertissement donné un ou deux mois à l'avance, et à raison desquelles il s'obligeait à payer un intérêt variant de 4 à 4 1/2 pour 100; — 2° Que, jusqu'à la fin de 1877, il a fait successivement quelques achats d'immeubles et quelques placements sur hypothèque, jusqu'à concurrence seulement d'une partie des sommes empruntées; — 3° Qu'il se livrait à des dépenses excessives, dépassant de beaucoup ses ressources, au point qu'il a laissé un déficit que les curateurs évaluent au chiffre de 3 à 400000 fr.; — Attendu qu'il faut conclure de ces faits que, tout au moins dans une large mesure, ses emprunts n'avaient point une destination commerciale, mais servaient soit à maintenir ses clients dans une fausse sécurité à l'aide de ses achats, soit à réparer momentanément le désordre de ses affaires personnelles; — Attendu, néanmoins, que les intimés soutiennent et que le premier juge a décidé que l'appelant a fait des prêts d'argent en nombre plus grand encore que celui de ses propres emprunts, quoique, à la vérité, pour des sommes moindres, et ce à l'intérêt de 5 pour 100; que cette manière de traiter formait une habitude constante, inspirée par l'esprit de lucre, en sorte que l'appelant s'offrait notoirement au public comme se livrant à des opérations de banque ou à une entreprise d'agence d'affaires; — Mais attendu que ces prêts ne portaient que sur des sommes très modiques, descendant fréquemment au-dessous de 100 fr. et dépassant rarement 500 fr.; que leur montant annuel n'atteignait souvent pas 5000 fr., et que, pendant l'année la plus forte (1877), il n'a pas dépassé 20000 fr., tandis que, pour la même année, celui des emprunts s'est élevé à 72000 fr.; que le nombre des emprunteurs, presque toujours inférieur à vingt par an, ne s'est élevé, en 1877, qu'à septante environ, soit moins de six par mois; que l'intérêt stipulé au profit de l'appelant ne dépassait jamais 5 pour 100, sans aucun frais de banque ou de commission; qu'il a levé lui-même de fortes sommes à l'intérêt de 5 pour 100, tandis que, dans son compte avec le banquier De Coene, il ne lui était bonifié sur ses avances qu'un intérêt de 2 fr. 50 cent. pour 100; — Attendu qu'en admettant les calculs les plus larges, le bénéfice réalisé sur la différence des intérêts était absolument nul et que, pendant l'année la plus forte, alors même qu'on ferait abstraction des diverses causes de perte ou de réduction, ce bénéfice n'aurait pas pu s'élever à 200 fr.; — Attendu que ces circonstances, mises en rapport avec les fonctions de l'appelant, démontrent que l'ensemble des opérations préappelées lui était inspiré, bien moins par l'esprit de spéculation commerciale, que par le double espoir de retarder sa chute, en conservant un certain prestige, et d'étendre, à tout hasard, parmi cette nombreuse classe de personnes auxquelles il faisait de petites avances d'argent, ses relations et sa clientèle notariales; — D'où suit que le fait n° 1, tel qu'il est allégué par les intimés, est dès à présent controuvé et que la preuve offerte en serait frustratoire;

Attendu qu'en 1876, 1877 et 1878, l'appelant a créé plusieurs billets à ordre, causés : *valeur en marchandises*; que, notamment, pour l'année 1878, les billets de cette nature versés au dossier s'élèvent à huit, dont les deux plus récents, à 90 jours, et pour l'import total de 6000 fr., ne remontent qu'au 5 novembre, soit à moins de cinq mois avant le jugement déclaratif de la faillite; — Attendu que ces billets, que la loi répute actes de commerce, indépendamment de la profession de leur auteur, suffisent, par leur nombre et leur importance, pour constituer, dans le chef de l'appelant, l'habitude prévue par l'art. 1er de la loi du 15 déc. 1872; — Attendu, toutefois, que celui-ci allègue, avec offre de preuve, certains faits cotés ci-dessous et qui, pris dans leur ensemble, peuvent être tenus pour pertinents et concluants, surtout si d'autres circonstances, qui seraient produites en termes de preuve contraire, n'en viennent point modifier la portée au point de vue de la contestation; — Attendu que les intimés, dans une conclusion subsidiaire, soutiennent que pendant plusieurs années et jusqu'au jour de sa fuite l'appelant a fait le commerce de graines de lin, offrant de prouver certains faits et circonstances ci-dessous cotés et qui, pris dans leur ensemble, peuvent être tenus pour pertinents et concluants dans la cause; — Attendu que les faits respectivement allégués sont déniés et qu'il échet d'en donner la preuve;

Par ces motifs,... confirme le jugement dont est appel, en tant qu'il a déclaré recevable l'intervention de Daens, etc.; statuant entre toutes les parties, met ledit jugement à néant pour le surplus; émendant, dit, pour droit, que les emprunts et prêts d'argent faits par l'ex-notaire de Vriendt, ne constituent ni des opérations de banque, ni une entreprise d'agence d'affaires, ni aucune autre opération de nature commerciale; — Et, avant de statuer plus avant sur le mérite de l'opposition de l'appelant, autorise celui-ci à prouver par tous moyens de droit, témoins compris et sauf la preuve contraire : 1° que tous les billets ou promesses, sans exception, souscrits ou acceptés par l'appelant en 1877 et 1878 ou antérieurement, et produits actuellement contre lui, ont une cause entièrement étrangère au commerce et n'ont été tirés ou souscrits que par complaisance pour des clients; 2° que l'engagement accepté par lui pour Van Wezemael n'a été accepté que par complaisance pour ce dernier; — Autorise pareillement les parties intimées à prouver par toutes voies de droit, témoins compris, et sauf la preuve contraire : 1° que, depuis plusieurs années et jusqu'au jour de sa déclaration de faillite, l'appelant vendait des graines de lin à ses fermiers, à ceux du comte Cornet, ainsi qu'aux clients ou étrangers qui voulaient lui en acheter; 2° que les graines étaient commandées par Van Wezemael à la maison C. Olieslager, à Anvers, qui les envoyait à l'acheteur et disposait sur lui; que celui-ci, après les avoir nettoyées, en vendait une partie à domicile et pour son compte, et en envoyait une autre partie chez l'appelant, lequel la vendait et touchait le prix des ventes; 3° qu'après chaque campagne, il réglait avec Van Wezemael, à qui il remettait le prix des ventes, déduction faite de la moitié des bénéfices; 4° que, n'ayant pu régler son compte à la fin de 1877, Van Wezemael proposa à la maison Olieslager de présenter à l'acceptation de de Vriendt la traite, versée au dossier, de l'import de 1803 fr.; 5° que ce dernier a réellement payé cette traite, à valoir sur ce qu'il devait à Van Wezemael pour les causes susmentionnées; etc.

Du 19 juin 1879.-C. de Gand, 1re ch.-MM. de Meren, f. f. pr.-Lameere, 1er av. gén., c. conf.-Albéric Rollin, de Witte, Delecourt et Vandersmissen, av.

requêtes, du 4 août 1849, mais s'étonne que la question ait été portée jusque devant la cour de cassation (V. aussi, Alauzet, t. 1, nos 254 et suiv.; Nouguier, 2e éd., t. 1, nos 713 et suiv.; Beslay, n° 116; Boistel, 3e éd., n° 62; Massé, *Droit commercial*, t. 2, n° 981).

41. Toutefois, s'il s'agissait de l'une des opérations délictueuses prévues et punies par les art. 175 et 176 c. pén., on devrait appliquer la théorie exposée *suprà*, nos 16 et suiv., sur le caractère non commercial de tout trafic illicite, et sur l'impossibilité d'en induire la qualité de commerçant, à supposer même que l'opération délictueuse fût susceptible d'exécution au profit des tiers étrangers au délit. C'est aux tribunaux civils, et non aux tribunaux de commerce, qu'il appartient de connaître d'une telle opération, comme de toutes autres opérations illicites, qui auraient eu lieu dans un esprit de spéculation, soit qu'ils aient à en prononcer la nullité d'une manière abolue, soit que, au point de vue du droit commun, ils aient à déterminer les conséquences de cette nullité, et à ordonner, par exemple, l'exécution de la convention contre la partie du chef de laquelle il y a délit, en considération de la bonne foi de l'autre partie. Cette compétence du juge civil paraît être reconnue dans toutes les opinions qu'on a signalées au *Rép.* n° 125, opinions entre lesquelles il n'y a divergence que sur le sort entre les parties de l'opération accomplie en contravention aux dispositions précitées du code pénal.

42. En ce qui concerne les professions exercées au mépris du monopole qui les régit, ou sans l'observation des prescriptions réglementaires qui leurs sont imposées, V. *infrà*, nos 135 et suiv.

Art. 4. — *Des personnes dont la capacité commerciale est soumise à certaines conditions* (*Rép.* nos 126 à 222).

43. A côté des personnes auxquelles le commerce est interdit par la législation commerciale, bien qu'elles soient *capables* de contracter dans les termes du droit civil (V. *suprà*, nos 34 et suiv.), se trouvent celles qui sont frappées d'une véritable *incapacité commerciale* ayant sa cause dans le droit civil lui-même. Ces personnes sont, aux termes de l'art. 1124 c. civ., les mineurs, les interdits et les femmes mariées. Le code de commerce ne s'occupe que des mineurs (V. *infrà*, nos 44 et suiv.) et des femmes mariées (V. *infrà*, nos 79 et suiv.). C'est à propos des mineurs que nous aurons à parler soit des individus contre lesquels une interdiction judiciaire a été prononcée (V. *infrà*, n° 76), soit de ceux qui sont soumis à un conseil judiciaire (V. *infrà*, n° 77), soit de ceux qui, par suite de certaines condamnations, sont frappés d'interdiction légale (V. *infrà*, n° 78).

§ 1er. — Du mineur commerçant (*Rép.* nos 130 à 159).

44. — I. Conditions de capacité. — En principe, le mineur, dont la situation juridique est traitée au *Rép.* v° *Minorité-tutelle-émancipation*, est, à raison de l'inexpérience présumée résultant de son âge, frappé, quant aux actes de la vie civile, d'une incapacité qui a déterminé le législateur à confier l'exercice de ses droits soit à son père chargé de représenter sa personne et de gérer ses biens, tantôt sous la qualification d'administrateur légal (V. *Rép.* v° *Puissance paternelle*, nos 76 et suiv.), et tantôt sous celle de tuteur légal (V. *Rép.* v° *Minorité-tutelle-émancipation*, nos 66 et suiv.), soit à sa mère, qui ne peut le représenter qu'à défaut du père, et en qualité de tutrice légale (V. *ibid.*, nos 66 et suiv.), soit à toute personne chez laquelle se retrouve alors, avec le titre de tuteur légitime, testamentaire ou datif, la même situation de représentant légal du mineur (V. *ibid.*, nos 135 et suiv., 146 et suiv., 155 et suiv.). — Cette représentation légale ne saurait s'étendre à l'exercice du commerce, les conséquences qu'entraîne la qualité de commerçant au point de vue des risques inséparables de toute opération commerciale, de la faillite, de la banqueroute, et autrefois, de la contrainte par corps, ne pouvant être attachées qu'à des agissements essentiellement personnels à ceux qui s'y trouvent exposés, et impliquant, dès lors, une capacité pleine et entière d'en assumer la responsabilité.

Et le mineur émancipé, n'étant relevé que partiellement de l'incapacité produite par la minorité, n'en reste pas moins dépourvu de la capacité intégrale que doit avoir personnellement le commerçant. Il n'est pas plus permis de *compléter* cette capacité par l'assistance du curateur à l'émancipation, que d'y *suppléer* par la représentation légale d'un tuteur.

45. Faut-il conclure de là que le mineur, qui peut être propriétaire, créancier ou débiteur, ne sera capable de devenir commerçant qu'à l'époque où il aura atteint sa majorité? — Comme nous l'avons rappelé au *Rép.* n° 130, sous l'ancien droit, la majorité, fixée, en principe, à l'âge de vingt-cinq ans, était réputée acquise au mineur, quand il s'agissait, pour lui, d'exercer un commerce, dès qu'il était reçu maître, réception qui pouvait lui être accordée à vingt ans, et, dans les lieux dépourvus de maîtrise, par cela seul que, n'eût-il pas vingt ans, il se livrait au commerce sans opposition de sa famille. Sa capacité commerciale était une capacité de fait, non soumise à des conditions spéciales d'habilitation. — Le code civil, tout en proclamant la même assimilation entre le mineur commerçant et un véritable majeur, n'en a pas davantage déterminé les conditions. L'art. 487 se borne à dire que « le mineur émancipé qui fait un commerce est *réputé majeur* pour les faits relatifs à ce commerce »; et l'art. 1308 conclut de cette règle que le mineur commerçant « n'est point restituable contre les engagements qu'il a pris à raison de son commerce ». La loi civile, en faisant ainsi dépendre le droit, pour le mineur, d'exercer le commerce avec la même indépendance qu'un majeur, de l'unique circonstance qu'il aurait obtenu le bénéfice d'une émancipation qui, dans l'ordre civil, ne lui eût pas conféré cette plénitude de capacité, subissait manifestement l'influence de l'ancienne législation. Il est manifeste que l'incapacité partielle du mineur émancipé ne pouvait pas ainsi fléchir exceptionnellement à l'égard d'actes dont le caractère commercial fait courir à leur auteur les risques signalés plus haut, alors qu'elle continuait de subsister pour les actes purement civils où ces risques ne se rencontrent pas. Il y avait là une anomalie que le code de commerce a dû faire disparaître. Persistant à traiter en majeur le mineur qui fait le commerce, il règle les conditions à remplir en vue de l'investir de cette situation exceptionnelle. L'art. 2 ne se contente pas d'une simple émancipation. Il y ajoute la condition : 1° d'un certain *âge*, qui, à la différence de celui exigé pour l'émancipation, lequel est tantôt de quinze ans et tantôt de dix-huit ans, selon la position de famille du mineur, a été invariablement porté à *dix-huit ans;* 2° d'une *autorisation expresse* de la famille; 3° d'une *publicité* commerciale destinée à faire connaître aux tiers la transformation survenue dans la capacité du mineur.

46. Nous n'avons pas à parler, sous le mot actuel, de ce qui concerne l'émancipation dont les règles sont précisées et développées au *Rép.* v° *Minorité-tutelle-émancipation*, nos 764 et suiv., au triple point de vue des personnes investies du pouvoir d'émanciper le mineur, des formes de l'émancipation, et de l'émancipation tacite produite par le mariage. — Nous nous occupons seulement ici des trois autres conditions qui viennent d'être énumérées, et qui sont déjà traitées au *Rép.* nos 134 et suiv.

47. La condition d'*âge* imposée par l'art. 2 c. com., indépendamment de l'émancipation, pour que le mineur puisse exercer le commerce avec la plénitude de capacité indispensable au commerçant, ne soulève aucune difficulté d'application. Nous n'avons qu'à nous référer à ce qui est dit, au *Rép.* nos 130 et 134, sur l'âge auquel, par assimilation à un majeur, le mineur peut devenir commerçant. Ajoutons seulement que cet âge est si rapproché de la majorité ordinaire que le législateur commercial n'aurait peut-être pas créé les moyens de devancer l'époque de cette majorité, s'il ne s'était pas cru lié par le principe que le législateur civil avait formulé d'avance dans l'art. 487 c. civ.

48. Les aptitudes commerciales du mineur, même émancipé et âgé de dix-huit ans, doivent, en outre, être constatées dans un acte spécial et exprès d'*autorisation*. C'est l'acte où le mineur puisera la majorité relative essentielle à la qualité de commerçant, et dont le seul fait de l'émancipation ne saurait lui conférer le bénéfice. — La première question qui s'élève est celle de savoir à quelles personnes appartient le droit d'accorder au mineur une telle autorisation. Cette autorisation et l'émancipation à laquelle est, en même temps, subordonnée l'habilitation commerciale du mineur, ont entre elles une étroite corrélation. Il est rationnel que les personnes appelées à autoriser un mineur à faire le commerce soient celles qui ont le droit de l'émanciper. Cependant, les art. 477 et 478 c. civ., concernant l'émancipation, n'ont pas, quant à la détermination de ces personnes, la précision qu'on remarque dans l'art. 2 c. com. relatif à l'autorisation spéciale que doit obtenir le mineur pour devenir commerçant. En dehors de l'hypothèse, prévue par l'art. 476 c. civ., où le mineur se trouve émancipé de plein droit par le mariage, la loi civile dispose, dans l'art. 477, que le mineur, même non marié, pourra être émancipé « par son père, ou, *à défaut* du père, par sa mère », et, dans l'art. 478, que le mineur « *resté sans père ni mère*, pourra aussi être émancipé, si le conseil de famille l'en juge capable ». L'art. 2 c. com. dit avec plus de netteté, au moins pour ce qui regarde la substitution de la mère au père, que le mineur qui voudra profiter de la faculté que lui accorde l'art. 487 c. civ. de faire le commerce « ne pourra en commencer les opérations ni être réputé majeur quant aux engagements par lui contractés pour faits de commerce, « s'il n'a été préalablement autorisé par son père, ou par sa mère, en cas de *décès*, d'*absence* ou d'*interdiction* du père ». De ces dernières expressions de l'art. 2 c. com., il résulte incontestablement que le pouvoir d'autoriser le mineur à faire le commerce passe à la mère, si le père est interdit ou absent, aussi bien que lorsqu'il est décédé. On va voir que, pour l'émancipation, la substitution de la mère au père interdit ou absent a soulevé, au contraire, de graves divergences qui, dans ces deux hypothèses, ont fait mettre en question son pouvoir d'émanciper l'enfant commun même en vue d'une habilitation commerciale.

49. Les dissidences d'opinions qui se sont produites sur l'exercice, par la mère, du droit d'émancipation en général, alors que le père est encore vivant, et qu'il se trouve seulement dans l'impossibilité de manifester sa volonté, sont exposées *infrà*, v° *Minorité-tutelle-émancipation;* — *Rép.* eod. v°, n° 772. — Selon un premier système, l'art. 477 c. civ., en transportant à la mère le droit d'émancipation *à défaut du père*, n'a entendu se référer qu'à l'hypothèse où le père est *décédé*. L'art. 2 c. com., qui substitue la mère au père, non pas seulement quand le père n'existe plus, mais encore quand, de son vivant, il est *absent* ou *interdit*, doit donc être limité à l'habilitation commerciale du mineur. De là, les partisans de ce système concluent que si l'enfant de l'absent ou de l'interdit peut, à l'âge de dix-huit ans, être autorisé par sa mère à faire le commerce, c'est à la condition qu'il aura été préalablement émancipé par le conseil de famille. — Un second système donne aux expressions *à défaut du père*, de l'art. 477 c. civ., la même interprétation; mais il assimile le décès présumé résultant de l'*absence* à un décès constaté, et en conséquence, il ne dénie à la mère le droit d'émanciper son enfant, en vue d'une émancipation pure et simple ou de l'exercice du commerce, qu'au cas d'*interdiction*. — Il résulte de ces deux systèmes que l'enfant, soit d'un interdit, soit d'un absent, ne pourra être émancipé qu'à l'âge de dix-huit ans, puisqu'il faudra s'adresser au conseil de famille, qui n'a le pouvoir d'émanciper qu'à cet âge. L'âge de l'émancipation se confondrait ainsi avec celui où la mère pourra, de son côté, user de son pouvoir d'habilitation commerciale. — Un troisième système s'écarte des deux systèmes précédents, en ce qu'il étend les mots *à défaut du père* de l'art. 477 c. civ., au cas où le père est absent ou interdit, et reconnaît, dans ce cas à la mère, la faculté d'émanciper son enfant mineur, aussi bien que celle de l'autoriser à faire le commerce. Mais, malgré l'interprétation qu'il donne à cet article, il n'en refuse pas moins à la mère le pouvoir d'émanciper son enfant au cas où ce dernier n'aurait pas encore dix-huit ans. Il se fonde sur cette unique considération que l'émancipation maternelle, appliquée à un enfant non arrivé à dix-huit ans, entraînerait l'extinction de l'usufruit légal dont le père qui reparaîtrait ou recouvrerait la raison n'a pu être privé par le fait de la mère. Ici encore, l'âge de l'émancipation se confond, quoique celle-ci puisse émaner de la mère, avec l'âge exigé pour l'exercice du commerce. — Un quatrième système permet, au contraire, à la mère d'émanciper son enfant, en remplacement du père absent ou interdit, dès que cet enfant a atteint quinze ans, âge de l'émancipation ordinaire, en se bornant à ajouter qu'une émancipation survenue à un moment où l'usufruit paternel subsistait encore, ne l'éteindra pas. — Enfin, un cinquième système n'accepte pas même cet expédient, et investit la mère du droit d'émancipation qu'aurait eu le père interdit ou absent, sans que ce droit puisse subir plus de restriction que le droit d'habilitation commerciale. Ce dernier système a prévalu (V. *Rép. loc. cit.*). Il paraît hors de doute, en effet, que la loi civile et la loi commerciale se sont inspirées de la même pensée. En matière d'habilitation commerciale, la mère est substituée au père dès que l'absence ou l'interdiction de celui-ci rendent impossible la manifestation de sa volonté. Il n'en saurait être autrement en matière d'émancipation.

50. Reste à déterminer la signification du mot *absence* employé dans l'art. 2 c. com. et implicitement dans l'art. 477 c. civ. La mère sera-t-elle substituée au père dans l'exercice de son double pouvoir d'émancipation et d'autorisation commerciale de l'enfant mineur, par cela seul que le père aura disparu sans donner de ses nouvelles, ou faudra-t-il attendre l'expiration des quatre années qui, sous le nom de période de la présomption d'absence, doivent précéder la déclaration judiciaire de l'absence. La situation de la mère durant cette période, relativement aux enfants mineurs nés du mariage du présumé absent, est précisée *suprà*, v° *Absence*, n° 80; — *Rép.* eod. v°, n°s 547 à 555. Le législateur l'a réglée dans l'art. 141 c. civ. qui est ainsi conçu : « Si le père a disparu laissant des enfants mineurs issus d'un commun mariage, la mère en aura la surveillance, et elle exercera tous les droits du mari quant à leur éducation et à l'administration de leurs biens ». Cet article confère-t-il à la mère le pouvoir d'émanciper son enfant et de l'autoriser à faire le commerce, dès qu'il est établi que le père a disparu dans les conditions caractéristiques de l'absence présumée aussi bien que déclarée ? L'affirmative ne faisait aucune difficulté lors de la publication du *Répertoire* (V. *loc. cit.*).

51. Depuis, M. Alauzet, *Commentaire du code de commerce*, 3e éd., t. 1, n° 287, a cherché à établir que la mère ne peut, en cas d'absence du père, exercer le droit général d'émancipation, ni même le droit spécial d'autorisation à elle attribués par l'art. 477 c. civ. et par l'art. 2 c. com. qu'après l'expiration des quatre années exigées pour que l'absence soit déclarée. « Nous croyons, dit-il, qu'il faut décider qu'une simple présomption d'absence ne donne pas à la mère le droit d'autoriser son enfant à faire le commerce. Nous avons dit que, même dans le cas d'absence déclarée ou d'interdiction, le pouvoir de la femme pour émanciper avait été contesté ; il le serait, à plus forte raison, si l'absence n'était que présumée ; et, dans tous les cas, il ne s'ensuivrait pas qu'elle pût agir conformément à l'art. 2, dont nous ne pensons par que les termes doivent être étendus ». On le voit, M. Alauzet nie, pour l'hypothèse d'une simple présomption d'absence, le pouvoir d'autorisation de la mère, parce que, d'une part, celle-ci n'aurait pas alors le droit d'émanciper son enfant, et parce que, d'autre part, les mots *en cas d'absence* de l'art. 2 c. com., envisagés en eux-mêmes, doivent être interprétés dans un sens restrictif. La première branche du raisonnement est loin d'être concluante. D'abord, M. Alauzet argumente, quant au droit d'émancipation, de ce que les auteurs qui dénient à la mère la faculté d'émanciper son enfant, l'absence du père eût-elle été déclarée (V. *suprà*, n° 49), la lui refuseraient à plus forte raison pendant la période antérieure de la présomption d'absence. Or, quelques lignes plus haut, il venait de repousser l'opinion où il puise ainsi son argument *à fortiori*. Il dit, en effet (n° 286) : « Plusieurs des auteurs qui ont écrit sur le droit civil ont refusé à la mère le droit d'émanciper son enfant, en cas d'absence même déclarée, ou d'interdiction du père; le texte de notre article est formel pour donner à la mère, dans ces deux cas, le droit d'autoriser l'enfant à faire le commerce : qui peut le plus peut le moins; et il faut bien conclure de ce texte qu'elle peut émanciper le mineur, tout au moins quand il est âgé de dix-huit ans ». Il est donc bien entendu que M. Alauzet tient pour erronée l'opinion des auteurs qui vont jusqu'à contester à la mère la faculté d'émanciper son enfant lorsque le père est en état d'absence déclarée. Comment a-t-il pu en faire la base de son refus d'attribuer à la mère ce droit d'émancipation, et le pouvoir d'habilitation commerciale qu'il y rattache, au cas de simple présomption d'absence? D'ailleurs, sur ce dernier point, M. Alauzet donne au système dont il argumente, une portée qu'il n'a pas. A supposer que la mère n'ait pas, même après l'absence déclarée du père, le droit d'émanciper son enfant, on ne peut lui contester une faculté d'autorisation dont l'art. 2 c. com. l'investit alors expressément. La question de savoir s'il en est autrement pour la période de la présomption d'absence reste donc entière, et on en revient inévitablement à la nécessité d'interpréter le mot *absence* de l'art. 2, quelque parti qu'on prenne sur le droit d'émancipation. M. Alauzet l'a compris, car il ajoute que, dans tous les cas, le mot *absence* de l'art. 2 c. com. est restrictif, c'est-à-dire, ne s'applique qu'à l'absence déclarée. Mais ici l'argumentation ne pêche plus seulement par la base; elle se réduit à une pure affirmation qui vient se briser contre cette considération que la mère appelée à apprécier l'intelligence commerciale de son enfant, en remplacement du père qui a disparu, est réputée agir dans les mêmes conditions pendant la période de la présomption d'absence qu'au cours de l'absence déclarée, puisque, dans ces deux périodes, l'intérêt de l'enfant est toujours en cause. Et qu'on n'objecte pas que le conseil de famille sera appelée alors, à défaut du père et de la mère, à sauvegarder cet intérêt. M. Alauzet repousse lui-même cette immixtion du conseil de famille au cas d'absence déclarée, qu'il s'agisse d'émanciper l'enfant, ou de l'autoriser à exercer le commerce. Lui transporter ce double pouvoir, sous prétexte qu'il n'y a qu'une absence présumée, c'est oublier que la puissance paternelle, même durant le mariage, passe à la mère toutes les fois que le père ne peut l'exercer lui-même. Cette dernière règle est appliquée par l'art. 141 c. civ. à l'éducation de l'enfant mineur et à l'administration de ses biens. Elle reçoit une nouvelle application, non moins certaine, dans l'art. 2 c. com. C'est aussi sur elle que repose la doctrine qui admet l'émancipation par la mère, dût-elle être préjudiciable aux intérêts pécuniaires du père (V. *suprà*, n° 49). On la retrouve encore dans l'art. 149 c. civ. où la mère est pareillement substituée au père, en matière de consentement à mariage, par cela seul que le père est dans l'impossibilité de manifester sa volonté. Il y a là une théorie d'ensemble qui se recommande par sa simplicité. Le système de M. Alauzet, compliqué dans sa formule et dans ses conséquences, ne pouvait être accepté. Les auteurs l'ont tous répudié, conformément à l'opinion que nous avons exprimée au *Rép.* n° 139 (V. notamment : Pardessus, *Cours de droit commercial*, t. 1, n° 57; Bédarride, *Commerçant*, n° 88; Molinier, *Droit commercial*, t. 1, n° 46; Paris, *Commentaire du code de commerce*, n° 263; Nouguier, *Traité des actes de commerce et des commerçants*, 2ᵉ éd., t. 1, n° 509).

52. Nous avons indiqué au *Rép.* n° 139, un tempérament que M. Molinier a, toutefois, apporté au pouvoir ainsi reconnu à la mère, en cas de simple disparition du père, d'habiliter son enfant mineur à faire le commerce. Ce tempérament est emprunté à l'art. 863 c. civ., où sont réglées les formes à observer par la femme de l'absent, présumé ou déclaré « qui voudra se faire autoriser à la poursuite de ses droits ». De cet article, combiné avec l'art. 141 c. civ., M. Molinier conclut que tant que l'absence du père n'a pas été déclarée, la mère ne peut user de son droit d'habilitation commerciale qu'en se faisant, elle-même, autoriser par le tribunal. La nécessité de l'intervention de la justice est également admise par MM. Pardessus, Paris et Nouguier, *loc. cit.* Nous l'avons combattue, en rapportant au *Répertoire* l'opinion de M. Molinier, et nous ne pouvons que persister à considérer cette intervention comme inutile. L'art. 863 c. pr. civ. ne s'occupe que de l'autorisation judiciaire relative aux droits dont l'exercice est subordonné à l'autorisation maritale, et non à ceux que la femme exerce, dans ses rapports avec ses enfants, en sa qualité de mère, et comme substituée au père par suite de l'impossibilité d'agir qui frappe celui-ci. On ne concevrait pas, d'ailleurs, que pour autoriser l'enfant à prendre la situation de commerçant, la femme ne fût tenue de se conformer à l'art. 863 c. pr. civ. qu'au cas d'absence présumée du mari, alors que cet article vise toutes les périodes successives de l'absence, ni que la même garantie ne fût pas rendue commune au cas d'interdiction. L'autorisation judiciaire prescrite par l'article précité supplée à l'autorisation maritale. Elle ne saurait être étendue, dans le silence de la loi, à des droits dérivant de la puissance paternelle qui, à défaut du mari, est acquise temporairement à la femme, malgré la persistance du mariage. Il n'y a pas d'autre alternative, quand le mari a simplement disparu, que d'accorder ces droits à la femme dans toute leur plénitude ou de les lui refuser complètement. M. Alauzet qui, on l'a vu précédemment, opte pour ce dernier parti, à l'égard du pouvoir d'émancipation de l'art. 477 c. civ., et du pouvoir d'habilitation commerciale de l'art. 2 c. com., lorsque le mari n'est pas un absent déclaré, est d'avis, comme nous, que si la femme doit les posséder, elle pourra agir sans être obligée de recourir à l'autorisation du tribunal : « Les règles tracées par les art. 861 à 864 c. pr. civ., dit-il (*loc. cit.*), ont été écrites pour protéger les intérêts matériels de la femme, la poursuite de ses droits en justice ». C'est alors seulement qu'il l'oblige à s'y soumettre même lorsque l'absence de son mari a été déclarée ou qu'il est interdit. Nous nous associons à cette observation, en l'appliquant, entre autres droits, à celui établi par l'art. 2 c. com., droit que le même auteur n'avait pas à faire bénéficier de la liberté d'action qu'il reconnaît à la femme du présumé absent, quant aux intérêts de l'enfant, parce qu'il lui dénie ce droit particulier d'une manière absolue.

53. L'art. 2 c. com. ne prévoit pas le cas où le père du mineur qu'il s'agit d'habiliter commercialement se trouverait déchu de la puissance paternelle. Cette déchéance n'est encourue que par suite d'une condamnation prononcée en vertu de l'art. 335 c. pén. contre le père ou la mère qui favorise la débauche de leur enfant mineur (V. *Rép.* v° *Puissance paternelle*, n° 65). Elle entraîne la perte de tous les droits attachés à la puissance paternelle; et, dès lors, celle du droit d'émancipation, comme celle du droit d'autorisation de l'enfant à faire le commerce (V. *ibid*). Ces droits passent incontestablement à la mère avec la puissance paternelle elle-même.

54. Après la dissolution du mariage, l'époux survivant réunit aux droits qu'il tient de sa puissance paternelle la qualité de tuteur légal des enfants mineurs issus de ce mariage. Le pouvoir d'habilitation commerciale, de l'art. 2 c. com., étant un attribut de la puissance paternelle, on s'est demandé si le père ou la mère conservent l'un et l'autre droits, lorsque, tout en restant investi de cette puissance, ils sont dispensés, exclus ou destitués de la tutelle légale? La question est résolue affirmativement au *Rép.* n° 138. M. Molinier, n° 145, distingue, au contraire, entre la faculté d'émanciper l'enfant et celle de l'autoriser à faire le commerce: « Les père et mère, dit-il, pourraient bien dissoudre, par l'émancipation, les liens encore existant de la puissance paternelle; mais ils ne sauraient conférer aux mineurs dont ils n'administrent plus les biens, la capacité de faire le commerce, qui nécessite celle de s'engager et d'aliéner ». Ainsi, d'après M. Molinier, le père ou la mère qui n'a pas gardé l'administration des biens de son enfant mineur, ne perd pas, pour cela, le droit de l'émanciper, et perd, au contraire, le droit de l'autoriser à faire le commerce, parce que, dans le premier cas, il ne fait qu'abdiquer son droit de puissance paternelle sur la personne de cet enfant, droit qui survit à la qualité de tuteur, tandis que, dans le second, c'est à l'administration des biens du même enfant qu'il renonce alors que cette administration ne lui appartient plus. Une telle distinction nous paraît inadmissible. « L'émancipation, comme le dit fort bien M. Alauzet, n° 285, a pour but d'étendre la capacité du mineur, quant aux biens ; l'autorisation de faire le commerce n'est qu'un pas de plus dans la même voie; et la loi n'a pas dit que le père non-tuteur ne pourrait le faire. » Cette opinion, que nous avons soutenue au *Rép. loc. cit.*, est également adoptée par MM. Paris, n° 265, et Nouguier, n° 510.

55. Ce qui précède dispense d'insister sur les cas dans lesquels l'habilitation commerciale du mineur devra émaner du conseil de famille. Les mots à *défaut du père ou de la mère* qu'on lit dans l'art. 2 c. com. se réfèrent manifestement aux causes d'empêchement, précédemment exposées, les unes comme certaines, les autres, comme n'ayant été admises qu'après les controverses que nous avons rappelées.

56. Les règles qu'on vient de retracer s'appliquent à l'enfant naturel reconnu soit par ses père et mère, soit par l'un d'eux seulement, comme à l'enfant légitime. L'art. 2, en donnant successivement au père, à la mère et au conseil de famille le pouvoir d'habiliter l'enfant mineur à faire le commerce, n'a pas plus distingué qu'en matière d'émancipation entre l[illegible] tion naturelle et la filiation légitime (V. *Rép.* v^is *Min*[illegible]*utelle-émancipation*, n° 698 ; *Puissance paternelle*, n° 1[illegible]

Quant aux e[illegible]s *abandonnés* et admis dans un hospice, l'art. 4 de la lo[illegible] 15 pluv. an 13 dispose que « les commissions admi[illegible]tives des hospices jouiront, relativement à l'émancipati[illegible] mineurs qui sont sous leur tutelle, des droits attribués aux père et mère par le code civil », et il ajoute que « l'émancipation sera faite, sur l'avis des membres de la commission administrative, par celui d'entre eux qui aura été désigné tuteur, et qui seul sera tenu de comparaître à cet effet devant le juge de paix ». — Cette disposition est commentée au *Rép.* v^is *Minorité-tutelle-émancipation*, n° 711 ; *Secours publics*, n° 209. Elle est complétée par le décret du 19 janv. 1811, rapporté sous ce dernier mot, p. 768, et dont l'art. 17 veut que les enfants admis dans les hospices soient mis en apprentissage lorsqu'ils auront atteint l'âge de douze ans accomplis. Il est hors de doute que le pouvoir d'habiliter commercialement les mêmes enfants, quand ils ont dix-huit ans, appartient, comme le droit d'émancipation, à la commission administrative chargée de leur tutelle, et qu'il est exercé par le tuteur qui a mission de la représenter dans l'acte d'émancipation. Le droit commun ne redevient applicable que si l'enfant a été réclamé par ses parents, c'est-à-dire, par les personnes sous l'autorité desquelles la loi ou un conseil de famille l'a placé, ou par le tuteur officieux de l'art. 361 c. civ., une telle réclamation mettant fin à la tutelle de l'hospice et aux pouvoirs qui y sont attachés (V. *Rép.* v^is *Adoption*, n° 239 ; *Secours publics*, n°s 254 et suiv.).

57. L'exercice, par le père, et, à son défaut, par la mère, du pouvoir d'habilitation que leur attribue l'art. 2 c. com., a soulevé une question d'une grande importance pratique. Le père ou la mère peut-il autoriser l'enfant à faire un commerce dans lequel il serait personnellement intéressé ? La difficulté s'est produite à l'occasion d'une autorisation donnée à l'enfant dans l'unique but de lui permettre de contracter avec le père ou la mère de qui elle émane, une société commerciale. Il importe souvent, en effet, que l'enfant arrivé à l'âge de dix-huit ans puisse concourir comme associé à l'exploitation d'un établissement commercial ou industriel créé ou acquis du vivant de ses père et mère, ou par le survivant d'eux. L'avenir de l'enfant peut y être engagé, aussi bien que la situation des père et mère ou de celui d'entre eux qui a survécu. Sera-t-il permis au père ou à la mère d'autoriser une opération où son intérêt coexisterait avec l'intérêt de l'enfant, et si cet enfant ne peut être ainsi habilité, comment deviendra-t-il capable de faire une telle opération ? — Un arrêt de la cour de Douai, du 21 juin 1827, rapporté au *Rép.* n° 154, décide, sur le premier point, que la maxime *nemo auctor esse potest in rem suam* s'oppose à ce que le père habilite son enfant à traiter commercialement avec lui, et, sur le second point, que l'autorisation doit alors être demandée au conseil de famille, comme lorsque le père et la mère font défaut. Cet arrêt ne dit pas pourquoi le père une fois écarté, c'est le conseil de famille, et non la mère, qui devra lui être substitué. Il ne paraît pas avoir songé à la possibilité du remplacement du père par la mère, dont l'état de dépendance enlèverait, en effet, toute force à son intervention. Depuis, deux autres arrêts rendus, l'un, par la cour de Paris, le 20 févr. 1858 (aff. Baligaud, D. P. 58. 2. 55-56), et l'autre, par la cour de Douai, le 16 août 1869 (aff. Morelle, D. P. 70. 2. 87), se sont prononcés dans le même sens, en jugeant que l'autorisation de faire le commerce donnée au mineur émancipé par la mère survivante, est nulle et de nul effet lorsque celle-ci l'a accordée à son enfant uniquement pour l'habiliter à contracter avec elle une société commerciale, surtout quand il est établi, en fait, que la société a été formée contrairement à l'intérêt de l'enfant. Ces décisions concluent de là qu'une telle autorisation ne saurait donner au mineur qui l'a obtenue la qualité de commerçant (V. *infrà*, n° 72), que la société commerciale qui en a été la suite est nulle, et que l'enfant, resté mineur, conformément à la loi civile, est relevé de ses engagements, même envers les tiers, s'il en est résulté, pour lui, une lésion (V. *infrà*, n° 73). A la différence de l'arrêt de 1827, elles n'ajoutent pas que le conseil de famille sera substitué à la mère, substitution qui, dans les espèces où ces arrêts ont été rendus, n'aurait pas, en effet, rencontré la même objection que dans l'espèce de 1827, puisque le conseil de famille est appelé à remplacer la mère, et que c'est chez celle-ci que l'impossibilité d'agir est reconnue par ces arrêts.

58. Comme dans les trois arrêts ci-dessus, l'autorisation donnée par le père ou par la mère à leur enfant mineur de faire le commerce en société avec l'autorisant, est tenue pour radicalement nulle par MM. Molinier, *Droit commercial*, n° 155 ; Paris, *Commentaire du code de commerce*, n°s 266 et 303 *ter* ; Alauzet, *Commentaire du code de commerce*, 3e éd., t. 2, n° 385 ; Nouguier, *Traité des actes de commerce et des commerçants*, 3e éd., t. 1, n° 545. Toutefois, ces auteurs ne sont pas d'accord sur le mode d'autorisation auquel il faudra alors recourir. M. Paris, qui admet, avec l'arrêt de la cour de Douai, du 21 juin 1827 (cité *suprà*, n° 57), que l'autorité compétente sera le conseil de famille. M. Nouguier, appliquant textuellement l'art. 2 c. com., fait passer le droit d'autorisation à la mère, ou au conseil de famille, selon que l'incapacité d'autoriser l'association atteint le père ou la mère. M. Alauzet repousse l'une et l'autre opinion. « La loi, lit-on *loc. cit.*, dit dans quelles circonstances le conseil de famille doit intervenir, et celle-ci n'est nullement prévue. L'autorisation pourrait encore moins être accordée par la mère, et l'art. 2 la place cependant avant le conseil de famille. Le mineur a dû être privé avec raison de l'exercice de droits assez importants pour qu'il n'y ait rien d'exorbitant à lui défendre d'une manière absolue de s'associer avec son père. » — On le voit, M. Alauzet ne se borne pas à enlever au père ou à la mère le pouvoir d'habiliter leur enfant à faire le commerce en société avec celui d'entr'eux qui est appelé à lui en conférer la capacité ; il déclare, en outre, qu'il n'y a aucun moyen de suppléer à l'incapacité dont il les frappe, et il se trouve ainsi amené à prohiber complètement une semblable association. — Le système rigoureux auquel M. Alauzet s'est trouvé conduit explique l'opposition que d'autres auteurs ont faite à une doctrine dont la conséquence, s'il n'y avait pas possibilité, pour le mineur, de se faire habiliter à s'associer avec son père ou sa mère, impliquerait la prohibition absolue d'une association de cette nature. M. Bédarride, *Des commerçants*, n° 90, se prononce contre la restriction apportée par les arrêts et les auteurs précités à un droit d'autorisation qui dérive de la puissance paternelle. « Le législateur, dit-il, n'a nullement entendu, dans le cas d'une association entre le père et le fils, intervertir une règle fondée sur le respect de la puissance paternelle. Pourquoi l'eût-il fait, d'ailleurs ? Devait-il supposer que le père voulût entraîner son enfant dans l'abîme dans lequel il allait lui-même être précipité ? Une pareille crainte eût imprimé à la loi un caractère d'immoralité qui explique pourquoi elle n'a dû ni pu s'en préoccuper. La loi ne dispose pas pour les cas exceptionnels ; or, un père méditant traîtreusement la ruine de son enfant est une de ces honteuses exceptions qui ne méritent pas d'être prévues. » M. Massé, *Droit commercial*, t. 2, n° 1048, combat aussi la même jurisprudence en s'attaquant spécialement à l'arrêt de la cour de Douai, du 21 juin 1827. « Il y a, dit-il, dans le père qui, sans fraude, autorise le mineur à faire le commerce, deux personnes distinctes : au père qui, en autorisant son fils, a abdiqué une partie de son pouvoir paternel, succède l'individu capable de s'obliger avec tous ceux qui en sont également capables, et qui, en autorisant son fils, n'a pas entendu abdiquer cette capacité. La société que le père et le fils contractent ensemble n'a donc rien de contraire aux principes du droit ; ajoutons qu'elle n'a rien de contraire au texte même de nos lois civiles et commerciales, et que l'expédient, indiqué par l'arrêt que je combats, de faire intervenir le conseil de famille pour autoriser le fils à contracter une société avec son père, serait lui-même très contraire à la disposition expresse de l'art. 2 c. com. qui, en cette matière, n'a recours au conseil de famille qu'à défaut du père et de la mère » (*Adde* Beslay, *Des commerçants*, n°s 228 et suiv.).

59. La controverse qu'a fait naître l'application de l'art. 2 c. com. au mineur qu'il s'agit d'habiliter à exercer le commerce en société avec son père ou avec sa mère peut, ce nous semble, être facilement tranchée. Les solutions que lui ont données les auteurs et l'arrêt cité *suprà*, n° 57, n'attestent-elles pas que le problème a été mal posé ? Ce problème ne consiste pas, selon nous, à rechercher si l'autorité du père ou de la mère, en matière d'habilitation commerciale, peut être exercée, dans son propre intérêt, par celui qui en est investi. Formuler ainsi la question, c'est, comme on l'a vu, se jeter dans d'inextricables embarras. Si on la résout négativement, il faudra, soit remplacer le père par la mère, ou directement par un conseil de famille qui n'a pas encore d'existence normale, soit substituer le même conseil au survivant des père et mère, soit se résigner à regarder le père et la mère comme non susceptibles d'être remplacés dans l'exercice d'un pouvoir d'habilitation qui ne leur échappera pas moins à eux-mêmes, et à rendre, de la sorte, impossible l'association projetée. Et, d'un autre côté, si reculant devant un pareil résultat, on maintient au père et à la mère personnellement intéressé leur droit d'habilitation, on s'expose à leur sacrifier l'intérêt de l'enfant.

60. La difficulté que la règle *nemo auctor* etc. a fait surgir lorsqu'il s'agit d'une association commerciale à former entre le mineur apte à devenir commerçant, et le père ou à la mère appelés à lui en donner la capacité, provient, ce nous semble, de ce qu'on a subordonné à tort la validité du contrat dont on s'occupe au parti qu'il y aurait à prendre sur l'applicabilité ou la non-applicabilité de cette règle. En effet l'obstacle qu'elle apporte à la formation de la société, comme de tout autre contrat qui serait passé entre l'habilitant et l'habilité, ne nous paraît pas pouvoir être mis en doute. Il a sa cause dans l'état de dépendance où le mineur se trouve encore par rapport à son père ou sa mère, au moment où il contracte, ceux-ci fussent-ils disposés à n'en pas abuser. Le mineur ne doit pas être placé dans l'alternative d'une association qui lui serait imposée, ou d'un refus d'autorisation qui pourrait lui nuire. Son concours à cette association ne saurait avoir de valeur qu'autant qu'il sera libre. La véritable question à résoudre est donc celle de savoir à l'aide de quel moyen le mineur pourra s'associer librement avec celui qui doit autoriser. Il en est un premier qui s'offre naturellement : c'est une habilitation préalable à faire le commerce. Le mineur, affranchi de la dépendance où il était à l'égard de son père ou de sa mère, puisera dans la capacité qu'il aura acquise sans condition, le droit de s'associer avec son père ou sa mère, comme avec toute autre personne. A la vérité, quelques auteurs exigent que le mineur, même autorisé à faire le commerce, obtienne une autorisation spéciale, s'il veut s'associer à un tiers. Mais cette opinion est généralement repoussée (V. *infrà*, n° 69). En tous cas, un second moyen serait alors utilement employé : il suffirait que le mineur fût autorisé à faire le commerce en société, avec faculté de choisir son associé. — Ces deux modes d'habilitation ne se heurtent pas à la maxime *nemo auctor*, etc. Ils sauvegardent le respect dû à l'autorité paternelle qui n'est plus mise en brèche par l'intervention de la mère ou du conseil de famille, si c'est le père qui l'exerce, ou par celle de ce conseil, si c'est au survivant du père et mère qu'elle appartient. Ils sont également une garantie pour le mineur qui, à son gré, s'associera ou ne s'associera pas avec celui dont il tient sa capacité commerciale, soit absolue, soit limit[illegible] faculté de faire le commerce par la voie de l'associati[illegible]

61. La règle posée au *Rép.* n° 136, [illegible]ès laquelle l'autorisation donnée à un mineur de fa[illegible] commerce doit être *expresse* et constatée dans un ac[illegible]it, est admise par tous les commentateurs de l'art. 2 [illegible]n. Elle ne saurait donc résulter d'actes qui en ferai[illegible]lement supposer l'existence et d'où on ne pourrait in[illegible]e qu'une habilitation tacite. On trouve un exemple d'une pareille habilitation, *loc. cit.*, n° 142. — Décidé, depuis, dans le même sens, que le mineur qui, après son émancipation par sa mère, exploite un fonds de commerce qu'il a ensuite apporté dans une société, par laquelle les marchandises dépendant de ce fonds ont été revendiquées sur saisie, ne peut, à défaut de production d'un acte exprès d'autorisation, être considéré comme ayant été émancipé en vue du commerce, alors même que la mère en aurait fait la déclaration formelle dans le procès-verbal de saisie, et que le mineur aurait acquiescé à des jugements de condamnation prononcés contre lui à raison de son exploitation commerciale, d'où la conséquence qu'il n'y a lieu ni de le qualifier de commerçant, ni de le mettre en faillite (V. *infrà*, n° 72 ; Paris, 2 juin 1885) (1).

62. L'acte qui renferme l'autorisation donnée à un mineur de faire le commerce a nécessairement la forme d'un acte *authentique* lorsque c'est le conseil de famille qui est appelé à habiliter le mineur, la délibération de ce conseil intervenant sous la présidence du juge de paix et étant soumise à l'homologation du tribunal, par l'art. 2 c. com. — L'authenticité, inhérente, en ce cas, aux formes et aux conditions particulières de l'autorisation, est-elle pareillement prescrite pour l'autorisation qui émanerait du père ou de la mère? Nous avons adopté l'affirmative au *Rép.* n° 140, et la même opinion est enseignée par MM. Molinier, *Droit commercial*, n° 149, et Pardessus, *Cours de droit commercial*, n° 157, cités *ibid.*, pourvu toutefois, s'il s'agit d'un acte sous seing privé, que les signatures en soient légalisées (V. Paris, *Commentaire du code de commerce*, n° 277; Bédarride, *Des commerçants*, n° 88; Alauzet, *Commentaire du code de commerce*, 3e éd., t. 1, n° 278 ; Nouguier, *Traité des actes de commerce et des commerçants*, 2e éd., t. 1, n° 514).—La forme notariée serait manifestement indispensable, ainsi que le fait remarquer M. Alauzet, *loc. cit.*, si la personne de laquelle doit émaner l'autorisation ne savait pas ou ne pouvait pas signer.

63. L'art. 2 c. com. exige, en outre, que l'autorisation du père, de la mère ou du conseil de famille, soit rendue *publique*. — La publicité en est opérée au moyen de l'enregistrement de l'acte d'autorisation sur un registre spécial tenu au greffe du tribunal de commerce et de l'affiche de cet acte dans l'auditoire du même tribunal, lequel, comme nous l'avons dit au *Rép.* n° 140, est remplacé, dans les lieux où il n'en existe pas, par le tribunal civil qui fait alors les fonctions de tribunal de commerce (c. com. art. 616 et 640). Ce tribunal est celui du lieu où le mineur veut établir son

---

(1) (Durand-Brousse C. Synd. Durand-Brousse et Maurin.) — Le 10 juin 1884, jugement du tribunal de commerce de la Seine, qui décide le contraire, dans les termes suivants: — « Attendu que Durand-Brousse soutient qu'il est mineur, qu'il ne fait pas le commerce, et que la demande introduite contre lui en déclaration de faillite ne saurait être accueillie; — Mais attendu que des documents soumis au procès il ressort que les allégations du défendeur ne sont pas justifiées; qu'il a été émancipé devant M. le juge de paix du quatorzième arrondissement de Paris, le 31 déc. 1880; qu'en représentant à Mosnier, huissier à Paris, le 9 oct. 1883, l'expédition de l'acte d'émancipation, sa mère a déclaré « qu'il est propriétaire du fonds de commerce de marchand de vin, et que c'est à lui que les fournitures de vin ont été faites par les demandeurs »; que Durand-Brousse, intervenant à ce moment, a déclaré acquiescer au jugement contre lui rendu, pour en acquitter les condamnations en principal, intérêts et frais; qu'à la date du 16 févr. 1884, ainsi que l'atteste le procès-verbal de carence de Mosnier, huissier à Paris, Durand-Brousse a déclaré avoir apporté à une Société Durand-Brousse et comp. revendiquant à saisie, un fonds de marchand de vin avec bail; que ce qui précède atteste suffisamment que Durand-Brousse a été émancipé en vue de faire le commerce et d'exploiter le fonds de commerce où les marchandises ont été livrées; qu'il est commerçant en état de cessation de payements; que la preuve résulte de nombreuses poursuites contre lui demeurées sans résultat, notamment du procès-verbal de carence de Mosnier, huissier, du 16 févr. 1884; qu'il y a lieu, en conséquence, de le déclarer en état de faillite ouverte; — Par ces motifs; — D'office, en tant que de besoin, déclare en état de faillite Durand-Brousse, etc. ». — Appel par le sieur Durand-Brousse fils, et par son père, curateur à son émancipation. — Arrêt.

LA COUR; — Considérant que l'émancipation ne suffit point pour habiliter le mineur à faire des actes de commerce; que l'autorisation, soit des père et mère, soit du conseil de famille, est nécessaire pour lui attribuer cette capacité spéciale; que cette autorisation doit, aux termes de l'art. 2 c. com., être donnée par un acte publié et affiché au tribunal de commerce, c'est-à-dire qu'elle doit nécessairement être expresse et écrite; qu'en aucun cas elle ne peut être réputée donnée, soit tacitement, soit verbalement; que toutes les dispositions de la loi relatives à la capacité des personnes sont dans l'ordre public; que le mineur Durand-Brousse ne peut donc être considéré comme ayant contracté envers les tiers des engagements susceptibles de le faire déclarer en état de faillite; qu'il y a lieu, en conséquence, de rapporter le jugement dont est appel; — Par ces motifs; — Réformant; — Dit qu'il n'y avait lieu à la mise en faillite de Durand-Brousse, etc.

Du 2 juin 1885.-C. de Paris, 1re ch.-MM. Lefebvre de Viefville, pr.-Manuel, av. gén.-Tourseiller et Justin, av.

domicile, et quand le mineur transporte son domicile dans un autre lieu avant d'avoir atteint sa majorité, l'acte d'autorisation doit y être enregistré et affiché de nouveau (V. Nouguier, n° 254; Paris, n° 289). « Si, dit avec raison, M. Nouguier, *loc. cit.*, la nécessité de rendre ainsi publique l'autorisation dans le lieu du nouveau domicile ne résulte pas expressément du texte de la loi, elle ressort du moins de son esprit. » — Quant au mot *enregistrement* dont se sert l'art. 2, il s'entend, sans aucun doute, d'une transcription littérale sur le registre du greffe, qui permette aux tiers de connaître les termes mêmes de l'autorisation et d'en apprécier la portée (V. Nouguier, n° 521; Pâris, n° 285); et, suivant les mêmes auteurs, c'est une copie également littérale de l'acte d'autorisation qui doit être affichée dans l'auditoire du tribunal. L'affiche d'un simple extrait a paru, au contraire, suffisante à M. Molinier, n° 150, conformément à l'opinion exprimée au *Rép.* n° 145.

64. L'apposition de l'affiche est constatée par un procès-verbal du greffier. La durée n'en est pas fixée par la loi; mais nous avons admis au *Rép.* n° 146, que l'affiche de l'acte d'autorisation doit rester exposée au regard du public pendant une année, et cette opinion est partagée par MM. Pardessus, n° 57, Bédarride, n° 91, Molinier, n° 150. C'est à cette condition seulement que la formalité dont il s'agit peut être sérieusement utile; et telle est, d'ailleurs, la règle établie dans l'art. 872 c. pr. civ. pour l'affiche des jugements de séparation de biens, et dans l'art. 67 c. com., pour celle des contrats de mariage de commerçants. L'argument d'analogie que fournissent ces dispositions est repoussé par M. Paris, n° 286, qui dans le silence de l'art. 2 c. com. estime que ce mode de publication doit, aussi bien que celui résultant de l'enregistrement au greffe, être maintenu jusqu'à la majorité du mineur. M. Nouguier, n° 279, donne à l'art. 2 c. com. l'interprétation proposée par M. Paris : « Ce dernier système, dit-il, me paraît le plus sage, le plus conforme aux intérêts des tiers, que le législateur a eu pour but de protéger, et, par conséquent, comme accomplissant le mieux la formalité légale ». Mais M. Alauzet, 3e éd., t. 1, n° 279, combat avec raison cette opinion : « Si telle eût été, dit-il, la volonté du législateur, il en aurait dû faire mention expresse; les personnes intéressées peuvent toujours consulter le registre ». — Quelque parti qu'on prenne entre ces divers systèmes, il nous semble difficile d'annuler une autorisation dont l'affiche serait régulièrement constatée, à raison de l'inobservation d'un laps de temps que la loi n'a pas expressément déterminé.

65. La nécessité d'une autorisation *préalable* à l'exercice du commerce, nécessité que nous relevons au *Rép.* n° 137, avec l'indication d'un arrêt qui s'est, en conséquence, prononcé contre la rétroactivité de l'autorisation, est restée constante en doctrine. Il n'est pas besoin de citer les auteurs qui énoncent cette règle non plus que ceux qui font d'un acte écrit et formel une condition impérieuse de la validité de l'autorisation.

66. Quant à la question de *révocabilité* de l'autorisation en vertu de laquelle le mineur a été régulièrement habilité à faire le commerce, question prévue au *Rép.* n° 159, elle a soulevé des difficultés sur lesquelles il est nécessaire de revenir. — Dans un premier système, cette autorisation n'est pas révocable en elle-même, aucune disposition de loi n'ayant déterminé ni les causes et les formes de sa révocation, ni les personnes ou l'autorité compétente pour la prononcer. Le mineur ne peut, d'après ce système, être dépouillé de sa qualité de commerçant qu'au cas où le bénéfice de l'émancipation, qui en est la condition essentielle, lui serait retiré conformément à l'art. 484 c. civ. C'est le rétablissement de sa situation de mineur en tutelle, qui peut le priver de sa capacité commerciale, aussi bien que le ferait un jugement qui placerait le majeur commerçant sous l'assistance d'un conseil judiciaire, ou qui le frapperait d'interdiction, sauf la nécessité de donner à cette révocation indirecte la publicité qu'avait reçue l'autorisation (V. outre ce qui est dit au *Rép. loc. cit.*: Delvincourt, *Droit civil*, t. 1, p. 318, note; Pardessus, *Cours de droit commercial*, t. 1, n° 58; Massé, *Droit commercial*, t. 2, n° 1042; Bédarride, *Des commerçants*, n° 94; Orillard, *Tribunaux de commerce*, n° 105; Molinier, *Droit commercial*, n° 157; Nouguier, *Traité des actes de commerce et des commerçants*, 2e éd., t. 1, n° 515). « De cette manière, dit notamment M. Nouguier, *loc. cit.*, l'on concilie les droits des tiers et les intérêts du mineur : si, d'une part, ce dernier est mis à l'abri des erreurs où l'entraînait sa jeunesse, d'autre part, l'intervention des magistrats, nécessaire au retrait de l'émancipation, est une garantie que la fraude n'est pas possible. »

67. Cependant de graves objections peuvent être faites contre la nécessité d'un pareil expédient auquel il ne sera pas toujours possible de recourir. Et d'abord, le retrait de l'émancipation n'est pas applicable au mineur émancipé par le mariage. En outre, le bénéfice de l'émancipation ne peut, aux termes des art. 484 et 485 c. civ., être retiré qu'au mineur dont les obligations ont été *réduites* par les tribunaux, pour cause d'excès. C'est en cela que la mesure qui vient le frapper ne saurait être arbitraire. Or, cette cause de réduction est inapplicable aux obligations concernant le commerce du mineur, puisqu'elles ont la même valeur que celles qui seraient contractées par un majeur. Si donc le mineur commerçant n'a pas d'engagements civils excessifs, il y aura impossibilité de le rendre à son incapacité primitive, et, par suite, de lui enlever, par cette voie détournée, sa qualité de commerçant. M. Delvincourt, *Cours de code civil*, t. 1, p. 127, note 3, pense, il est vrai, qu'on pourrait dénoncer aux juges, même des engagements commerciaux, sinon afin d'en obtenir la réduction, du moins pour en faire constater l'excès et d'arriver ainsi à replacer le mineur dans l'état de tutelle qui ne lui permettrait pas de rester commerçant. Un tel mode de procéder et le rôle purement consultatif qu'auraient ainsi les tribunaux en matière d'émancipation, sortent manifestement des prévisions de la loi, qui exige l'existence d'engagements susceptibles d'être réduits en *droit*, ne le fussent-ils pas en fait, les juges ayant le pouvoir, par des raisons laissant subsister leur caractère excessif, et l'effet légal qui y est attaché, de ne pas en prononcer la réduction (V. *Rép.* v° *Minorité-tutelle-émancipation*, nos 845 et suiv.). — C'est sous l'influence de ces considérations que, dans un autre système, on considère l'autorisation donnée au mineur de faire le commerce comme pouvant être l'objet, de la part des personnes qui l'ont consentie et dans les formes où elle a eu lieu, d'une révocation directe, spéciale et indépendante de tout retrait de l'émancipation. M. Paris, *Droit commercial*, n° 81, et avec lui, M. Alauzet, *Commentaire du code de commerce*, 3e éd., t. 1, n° 290, n'admettent pas, en effet, qu'il soit entré dans l'intention du législateur, de condamner une famille à assister, les bras croisés, à la consommation de la ruine et du déshonneur d'un mineur commerçant incapable, parce qu'elle aurait eu le malheur de se faire illusion sur son aptitude (V. aussi Beslay, *Des commerçants*, nos 222 et suiv.). — M. Bravard, *Droit commercial*, éd. Demangeat, t. 1, p. 87, et M. Demolombe, *Cours de code civil*, t. 11, nos 352 et suiv., tout en se rangeant à ce second système, exigent, cependant, l'intervention des tribunaux qui apprécieront les motifs de la révocation. Cette intervention de la justice se produira naturellement si la révocation est l'œuvre du conseil de famille, puisque sa délibération, comme celle qui habilite le mineur, devra être homologuée. Mais il est moins facile de l'admettre lorsque l'autorisation sera retirée par le père ou par la mère. Aucun texte n'assujettit l'exercice de leur pouvoir d'autorisation à l'homologation du juge. S'il est vrai qu'ils ont le droit de revenir sur leur volonté, c'est dans la même forme qu'ils doivent procéder, et toujours, par suite, à l'exclusion du concours de la justice qui ne pourrait être saisie que d'une action en nullité de la révocation.

Il y a là, dans la législation commerciale, une regrettable lacune. Les deux systèmes ci-dessus se sont efforcés de la combler, le premier en faisant du retrait préalable de l'émancipation, et de ses garanties judiciaires, une condition du retrait de l'habilitation commerciale du mineur; le second, en se contentant d'un retrait pur et simple de cette habilitation, sous la sauvegarde de la sollicitude paternelle ou maternelle, ou sous celle de l'appréciation du juge. De ces deux systèmes, le premier, quoiqu'il subordonne la révocation de l'autorisation du mineur à une condition qui, on l'a vu, laissera souvent la famille sans moyen d'arriver à cette révocation, nous paraît plus juridique que le second, où l'on est placé dans l'alternative soit d'une révocation qui peut être discrétionnaire, soit d'un contrôle judiciaire qu'aucune disposition de loi n'a organisé et qui ne saurait se concevoir que provoqué par un recours contre un retrait d'autorisation qui porterait arbitrairement atteinte au droit acquis du mineur régulièrement habilité.

68. — II. CAPACITÉ DU MINEUR HABILITÉ A FAIRE LE COMMERCE. — La *capacité* du mineur qui a été autorisé à faire le commerce par les *personnes*, dans les *formes* et avec la *publicité* déterminées aux numéros précédents, est celle d'un *majeur* pour tous les faits qui se rattachent au commerce en vue duquel ce mineur a été habilité. Nous en avons déduit les conséquences au *Rép.* nos 150 et suiv. en rapprochant la situation juridique du mineur, dans la vie commerciale où il est régulièrement entré de celle du mineur émancipé qui est resté dans la *vie civile*. De ce rapprochement, il résulte, d'une part, que, dans le domaine purement civil, le mineur sorti de tutelle par l'émancipation a seulement le droit d'administrer ses biens, mais qu'il ne peut ni recevoir un capital mobilier, sans l'assistance d'un curateur qui surveillera l'emploi du capital reçu, ni intenter une action relative à ses droits immobiliers, sans la même assistance, ni emprunter sans une délibération du conseil de famille, homologuée par le tribunal, ni faire aucun autre acte excédant les limites d'une simple administration, sans observer les formes prescrites au mineur émancipé (V. *Rép.* v° *Minorité-tutelle-émancipation*, nos 815 et suiv.); et, d'autre part, que le mineur commerçant est, au contraire, assimilé au majeur pour tous les actes rentrant dans les besoins de son commerce, sous cette seule restriction, établie par l'art. 6 c. com., qu'il ne lui sera permis d'aliéner ses immeubles, fût-ce dans un intérêt commercial, qu'en observant les règles également applicables au mineur non émancipé. — Il suit de là que le mineur commerçant peut, comme le pourrait tout individu parvenu à sa majorité, faire toutes les opérations rentrant, par leur nature, leur forme, ou leur caractère accessoire, dans les actes de commerce que définissent les art. 632 et 633 c. com. (V. *suprà*, v° *Acte de commerce*, nos 8 et suiv.; — *Rép.* eod. v°, nos 25 et suiv.); sauf l'obligation de les limiter au genre de commerce que l'acte d'autorisation lui aurait imposé. Et sa capacité s'étend même à des opérations civiles, telles que la prise à location d'immeubles pour une durée excédant les limites des actes d'administration, location que le mineur commerçant peut faire si elle se rapporte à son commerce. C'est à ce dernier droit que déroge, en matière d'aliénation d'*immeubles*, l'art. 6 c. com., article qui devrait, ce semble, être étendu aux ventes d'immeubles que le mineur commerçant aurait achetés pour les revendre, alors même que l'on adopterait le système d'après lequel une telle revente, et l'achat qui l'a précédé, sont des actes de commerce (V. *suprà*, v° *Acte de commerce*, nos 12 et suiv.), ou qu'il s'agirait d'une des spéculations immobilières, mélangées d'entreprises de constructions, que la jurisprudence, tout en déniant, en général, la commercialité de l'achat d'un immeuble pour le revendre, a qualifiées d'opérations commerciales (V. *ibid.*, nos 17 et suiv.). Les termes absolus de la disposition précitée ne paraissent pas comporter de distinction entre les immeubles que le mineur commerçant aliénerait afin d'en faire entrer le prix dans son commerce, et ceux qui feraient l'objet direct de sa spéculation, quelque qualification qu'on doive alors attribuer à cette spéculation.

69. Si étendue que soit la capacité commerciale du mineur autorisé à faire le commerce, une grave controverse s'est élevée sur la validité de la société qu'il contracterait avec un tiers, sans que l'acte d'autorisation lui en eût expressément conféré la faculté. Si un arrêt de la cour de Caen, du 11 août 1828, cité au *Rép.* n° 153, reconnaît au mineur commerçant le droit d'exercer en société le commerce pour lequel il a été habilité, dès que l'acte d'autorisation ne le lui défend pas, ce droit lui a été contesté par un certain nombre d'auteurs (V. outre Malepeyre, Jourdain et Delangle, cités, le premier, *ibid.*, et le second *Rép.* v° *Société*, n° 75 : Demolombe, *Cours de code civil*, t. 11, n° 343 ; Bravard et Demangeat, *Traité de droit commercial*, t. 1, p. 148 et 149, note 1; Rivière, *Répétitions écrites*, p. 36). Suivant ces auteurs, dont l'argumentation est résumée au *Rép. ibid.* le mineur doit être réputé n'avoir été autorisé à faire le commerce que sous sa responsabilité propre, et non avec le concours et sous la responsabilité d'un tiers. Mais l'opinion contraire a des partisans non moins nombreux (V. outre Molinier, cité au *Rép.* n° 153 ; Bédarride, *Commerçants*, n° 90 ; Massé, *Droit commercial*, t. 3, n° 95 ; Beslay, *Commerçants*, n° 227; Paris, *Commentaire du code de commerce*, n° 303 *bis* et *ter*; Alauzet, *Commentaire du code de commerce*, 3e éd., t. 2, n° 384 ; Nouguier, *Traité des actes de commerce et des commerçants*, 2e éd., t. 1, n° 543). Ce dernier auteur (*loc. cit.*), réfute en ces termes l'objection tirée de ce qu'on doit être présumé n'avoir entendu autoriser le mineur à faire le commerce que seul et sans le concours d'autrui : « On sait, dit-il, que ceux qui accordent l'autorisation peuvent ou la donner soit complète, générale, absolue, soit spéciale à tel commerce ; ou la limiter à tel acte de commerce, ou la cantonner dans telle forme. Si le père, la mère ou le conseil de famille avaient entendu que le mineur ferait le commerce seul, ils l'auraient dit; s'ils ne l'ont pas dit, c'est qu'ils ont au contraire nécessairement voulu qu'il pût agir à deux, à trois, avec plusieurs, avec des cointéressés solidaires, avec des commanditaires, en un mot, en société ». — Rappelons que de la solution à adopter sur la controverse qu'on signale ici dépend la validité de la société que le mineur formerait avec le père ou la mère qui l'ont préalablement habilité. Cette société, incontestablement permise dans le système qui donne au mineur le droit de s'associer avec toute personne sans une autorisation nouvelle, serait nulle si, pour contracter avec son père ou sa mère, il avait besoin d'une habilitation qui ne pourrait alors émaner ni de ces derniers, ni, comme nous l'avons dit *suprà*, n° 58, du conseil de famille, et encore moins du tribunal.

70. Lorsqu'un engagement souscrit par le mineur commerçant, n'est commercial que parce qu'il est destiné à se rattacher au commerce de ce mineur, et non par sa nature ou par sa forme, il est hors de doute que le tiers auquel cette destination de l'engagement a été déclarée n'a pas à en vérifier la sincérité et la réalisation ; il suffit qu'il ait pu la tenir pour constante. — Une difficulté s'est élevée sur ce point, à propos de l'emprunt hypothécaire, contracté par le mineur, d'une somme destinée à être apportée dans une société en nom collectif qui, peu après l'apport effectué, a été annulée parce que le mineur l'avait formée avec des personnes incapables de s'associer entre elles, et, par exemple, avec un mari et sa femme (V. *infrà*, n° 101). On s'est demandé si le mineur, qui avait été habilité en vue de cette société, pouvait exciper de son annulation, pour soutenir qu'il n'était pas devenu commerçant, et faire tomber l'emprunt hypothécaire par lui consenti. La négative est certaine. L'autorisation donnée au mineur de faire le commerce était régulière, et c'est pour les besoins de ce commerce que les fonds avaient été prêtés hypothécairement. Le prêt était donc valable par cela seul qu'il avait une destination commerciale, et encore que la société, où la somme en provenant avait été versée, eût été annulée postérieurement. Il en était d'autant plus ainsi que le mineur avait été autorisé à exercer la profession spécifiée dans l'acte d'association soit seul, soit comme associé. Jugé, en ce sens, que le mineur émancipé, pouvant hypothéquer ses immeubles en vue du commerce qu'il a été régulièrement autorisé à exercer, n'est pas fondé à exciper, contre son créancier hypothécaire, de la nullité de la société en nom collectif dans laquelle il a placé les sommes empruntées par lui avec cette affectation hypothécaire s'il est établi que l'emprunt a été fait en vue de son commerce (Req. 18 déc. 1883, aff. Wiart, D. P. 84. 1. 323).

71. La question de savoir si les engagements contractés par le mineur commerçant doivent être présumés, jusqu'à preuve contraire, avoir été contractés pour les besoins de son commerce, a été résolue affirmativement au *Rép.* n° 156. Cette solution repose principalement sur la disposition de l'art. 487 c. civ., aux termes duquel le mineur est réputé *majeur* quant à son commerce, article dont nous avons conclu que toutes les présomptions opposables au commerçant majeur, et spécialement celle qu'édicte l'art. 638 c. com., peuvent également être opposées au preneur. Mais la question reste controversée. L'opinion que nous avons soutenue a été adoptée par MM. Demangeat sur Bravard, t. 1, p. 82; Beslay, nos 243 et suiv. V. également Marcadé, *Explication du code civil*, sur l'art. 487 et sur l'art. 220 III; Valette, *Explication du livre 1er du code civil*, p. 331 ; Demolombe, *Traité de la minorité*, t. 2, n° 342. D'autres auteurs imposent, au contraire, aux tiers l'obligation de prouver que l'acte rentre dans la capacité *exceptionnellement* conférée au mineur commerçant (Bravard, t. 1, p. 81; Massé, *Droit commercial*, n° 1044; Alauzet, t. 1, n° 315; Bédarride, t. 1, n° 159; Delamarre et Le Poitvin, t. 1, n° 60; Nouguier, n° 549). — Il a été jugé, conformément au premier système, que la présomption légale de commercialité, écrite dans l'art. 638 c. com., s'applique aux billets souscrits par les mineurs (Req. 20 janv. 1885, aff. Banque transatlantique, D. P. 86. 1. 319). — Cette présomption peut d'ailleurs, suivant la règle générale (V. *suprà*, v° *Acte de commerce*, n° 460), être combattue par la preuve contraire. En conséquence les billets souscrits par un mineur autorisé à faire le commerce peuvent être annulés comme souscrits en dehors du négoce, s'il résulte des faits et des présomptions de la cause que le créancier n'a pu penser que ces obligations ont été contractées par le mineur pour les besoins de son commerce (Même arrêt).

72. — III. Mineur qui fait le commerce sans y avoir été habilité. — Le mineur qui se livre au commerce sans y avoir été régulièrement habilité conformément aux prescriptions de l'art. 2, ne saurait être réputé commerçant ni traité comme tel (*Rép.* n° 147). En conséquence, il ne peut: 1° ni être déclaré en faillite (Amiens, 7 janv. 1853, aff. Suize, D. P. 54. 2. 9; Trib. com. Nantes, 2 déc. 1863, aff. Chaudy, D. P. 64. 3. 16; Douai, 16 août 1869, aff. Morelle, D. P. 70. 2. 87); — ... 2° Ni être déclaré coupable de banqueroute simple ou frauduleuse (Crim. cass. 17 mars 1853, aff. Suize, D. P. 53. 1. 114); — ... 3° Ni être soumis au payement d'intérêts supérieurs au taux applicable en matière civile (Civ. cass. 6 août 1862, aff. Jallat, D. P. 62. 1. 375). — En outre, il ne pouvait, antérieurement à la loi du 24 juill. 1867, être soumis à la contrainte par corps (Jugement et arrêt précités des 2 déc. 1863 et 16 août 1869); — Enfin il n'est pas justiciable des tribunaux de commerce à raison des fournitures de marchandises qui lui ont été faites pour les besoins de son négoce (Dijon, 8 janv. 1845, aff. Vallach, D. P. 45. 2. 80; Rouen, 23 juill. 1858, aff. Boutigny, D. P. 59. 2. 216; Civ. cass. 6 août 1862, aff. Jallat, D. P. 62. 1. 375). — Ces diverses solutions ne souffrent aucune difficulté.

73. Quant au sort des obligations commerciales contractées par le mineur qui fait le commerce sans y avoir été régulièrement autorisé, on a vu au *Rép.* n° 149 que ces obligations sont assimilées aux engagements purement civils du mineur non commerçant. Il en résulte que de telles obligations ne sont annulables que dans l'intérêt du mineur, et sur sa demande; les tiers avec lesquels il a contracté ne peuvent en poursuivre l'annulation. Mais la nullité n'en peut-elle être prononcée si le mineur prouve qu'il a été lésé, à moins qu'il ne s'agisse d'actes soumis à des formes prescrites à peine de nullité, même au tuteur ou au mineur émancipé? — Cette distinction, généralement adoptée en matière civile (V. *infrà*, v° *Obligations*; — *Rép.* eod. v°, n°s 363 et suiv.), est-elle applicable aux actes commerciaux d'un mineur non habilité? Il a été jugé que les actes de commerce émanés d'un mineur non habilité à faire le commerce sont nuls, sans qu'il soit besoin d'examiner s'il y a lésion (Dijon, 8 janv. 1845, aff. Vallach, D. P. 45. 2. 80; Trib. com. Saint-Gaudens, 2 déc. 1881, aff. Dreyfus, D. P. 82. 3. 112. V. conf. Boistel, n° 83; Lyon-Caen et Renault, n° 175). Ce système, fait rentrer les opérations commerciales du mineur dans la catégorie des actes pour lesquels la loi exige des formes particulières, et qui, suivant le droit commun, sont annulables en dehors de toute idée de lésion. Mais c'est là, à notre avis, un point de vue inexact. Les formalités prescrites par l'art. 2 c. com. ne sont exigées que pour la validité des actes du mineur en tant qu'actes de commerce, et elles ne sauraient, dès lors, être considérées comme des formes ou des conditions spéciales au point de vue des règles du droit civil, sous l'empire desquelles ces actes se trouvent placés, une fois qu'ils ont été annulés par application de l'art. 2. — La doctrine que nous soutenons a été consacrée par plusieurs arrêts. Ainsi il a été jugé que les actes de commerce faits par un mineur non pourvu d'une autorisation régulière, conformément à l'art. 2 c. com., sont régis par les dispositions du code civil; qu'en conséquence, s'il s'agit d'un mineur émancipé, il y a lieu de lui appliquer l'art. 484 c. civ. et de le condamner au payement des marchandises qu'il a achetées, alors que le vendeur a été de bonne foi, que le prix n'était point exagéré, que la vente n'excédait pas les facultés pécuniaires de l'acheteur, et enfin que ce dernier a, dans son commerce, tiré profit desdites marchandises (Rouen, 23 juill. 1858, aff. Boutigny, D. P. 59. 2. 216). — Décidé, de même, que la règle générale édictée par l'art. 1305 c. civ., d'après lequel les actes du mineur ne sont pas nuls de droit, mais seulement rescindables pour cause de lésion, s'applique aux engagements commerciaux contractés par un mineur émancipé sans l'observation des formalités prescrites par l'art. 2 c. com. (Nancy, 12 janv. 1875) (1); — Jugé aussi que l'inobservation des formalités prescrites par l'art. 2 c. com. a pour effet, non de frapper, par elle-même, d'une nullité intrinsèque tous engagements commerciaux que le mineur aurait contractés, mais seulement d'assimiler lesdits engagements aux obligations purement civiles qu'il aurait pu souscrire, et sans que les dispositions de l'art. 487 c. civ. lui soient opposables (Paris, 17 déc. 1885) (2). Par application de cette règle, la cour de Paris, distinguant entre les divers actes qui, dans l'espèce, étaient soumis à son appréciation, déclare nul, en vertu de l'art. 483 c. civ., un emprunt qu'avait contracté le mineur sans une délibération de son conseil de famille, homologuée par le tribunal, tandis qu'il valide les achats faits par le mineur, lesquels

(1) (Guidat C. Kingsbourg.) — La cour; — En ce qui touche l'appel de Guidat; — Attendu que les formalités prescrites par l'art. c. com. ont pour but et pour effet, en habilitant le mineur émancipé à faire le commerce, de le relever de l'incapacité dont il est frappé et de lui interdire, en l'assimilant à un majeur, toute action en nullité ou en rescision pour les actes de son commerce; — Attendu que l'inaccomplissement de ces formalités n'a d'autre conséquence juridique que de laisser le mineur émancipé qui fait sans autorisation préalable un acte de commerce, dans les liens de la minorité et de lui permettre d'invoquer la protection spéciale dont la loi entoure le mineur, d'opposer toutes les exceptions qu'elle crée en sa faveur; — Mais attendu qu'aux termes des art. 1125 et 1305 c. civ., en dehors des actes assujettis par la loi à des formalités spéciales dont l'inaccomplissement entraîne une nullité absolue (c. civ., art. 457, 483 et 484, § 1er), tout les autres actes passés par le mineur ne sont pas nuls de plein droit, qu'ils sont seulement rescindables pour cause de lésion, et que c'est au mineur qui allègue la lésion à en administrer la preuve; — Attendu que l'application de ces règles à la cause justifie complètement la décision des premiers juges à l'égard de Guidat; qu'en effet, les vente et livraison, faites par Kingsbourg, le 5 avr. 1870, des marchandises qui avaient été choisies quelques jours auparavant par l'épouse Guidat, pour l'alimentation de son commerce d'étoffes et nouveautés, et commandées par Guidat lui-même, ont été faites à des conditions et aux prix courants, et que, bien loin d'avoir été lésionnaire ou préjudiciable pour les conjoints Guidat, cette opération leur a, au contraire, profité et a même dû leur assurer des bénéfices; qu'il est, en effet, établi par les documents de la cause que, grâce aux fournitures à elle faites par les intimés, l'épouse Guidat a pu continuer son commerce, qui paraît avoir encore été prospère en avril et mai 1871, plus d'un an après ces fournitures, puisqu'elle achetait alors d'autres marchandises pour des sommes importantes qu'elle payait comptant; — Qu'ainsi l'exception de rescision pour cause de lésion n'est nullement justifiée, et que c'est à bon droit que le tribunal en a fait justice;... — Par ces motifs, confirme.

Du 12 janv. 1875.-C. de Nancy, 2e ch.-MM. Briard, pr.-Angenoux, av. gén.-Doyen et Besval, av.

(2) (Junon C. Espirat.) — La cour; — Sur la compétence: — Considérant que Junon n'est pas commerçant; que la demoiselle Junon, sa fille mineure émancipée, n'a pas été habilitée à faire le commerce dans les formes prescrites par l'art. 2 c. com., que, dès lors, elle ne peut être réputée commerçante; que les engagements par elle contractés conservent à son égard un caractère purement civil, encore bien qu'ils aient un but commercial, et que la juridiction consulaire est incompétente pour en connaître; que, toutefois, la cause étant en l'état, il y a lieu pour la cour, en annulant les jugements dont est appel, d'évoquer le fond; — En ce qui concerne la demoiselle Junon: — Considérant que l'inobservation des formalités prescrites en l'art. 2 c. com. a pour effet, non de frapper par elle-même d'une nullité intrinsèque tous engagements commerciaux que le mineur aurait contractés, mais seulement d'assimiler lesdits engagements aux obligations purement civiles qu'il aurait pu souscrire, et sans que les dispositions de l'art. 487 c. civ. lui soient opposables; qu'il suit de là qu'on doit examiner séparément chacun des actes du mineur; — Attendu que dans l'espèce, aux termes de l'art. 483 c. civ., la demoiselle Junon, mineure émancipée, ne pouvait faire d'emprunt, sous aucun prétexte, sans une délibération du conseil de famille,

n'excédaient pas sa capacité alors qu'ils n'avaient rien d'excessif (c. civ. art. 484, § 2) (Même arrêt).

74. Un arrêt déclare que les formalités édictées par l'art. 2 c. com. sont prescrites, non seulement dans l'intérêt du mineur, mais aussi dans l'intérêt des tiers, et décide, en conséquence, que la femme du mineur, ou les ayants droit de celle-ci, peuvent se prévaloir de l'inobservation de ces formalités pour lui dénier la qualité de commerçant et faire écarter l'application de l'art. 563 c. com., qui restreint l'hypothèque légale de la femme d'un négociant failli aux immeubles possédés par lui au moment du mariage ou acquis depuis par lui à titre de succession, donation ou testament (Civ. rej. 18 avr. 1882, aff. Naquet, D. P. 83. 1. 73). Cette décision n'est pas contraire à la règle que l'on vient de rappeler, *suprà*, n° 73, d'après laquelle les actes commerciaux du mineur non habilité ne sont annulables que dans son propre intérêt. L'art. 1125, dont cette règle est une application, refuse aux personnes capables le droit d'opposer l'incapacité du mineur avec lequel elles ont contracté. Or, on ne saurait dire que, en se prévalant de son hypothèque légale, la femme du mineur invoque l'incapacité d'un mineur *avec qui elle a contracté ;* elle est restée étrangère aux actes dont la validité est mise en question ; elle n'attaque pas les actes de commerce de son mari ; elle se fonde seulement sur l'inobservation des formalités édictées par l'art. 2 c. com. pour soutenir que celui-ci, n'ayant pas été régulièrement autorisé à faire le négoce, n'a pu prendre la qualité de négociant, et, par suite, placer son hypothèque légale sous l'application de l'art. 563 c. com.

75. — IV. Actes de commerce isolés. — Comme on l'a exposé au *Rép.* n° 148, ces actes sont soumis aux mêmes conditions d'habilitation que l'exercice, par le mineur, d'une profession commerciale (c. com. art. 3). — Une difficulté particulière s'est élevée en ce qui les concerne. Nous avons rappelé *suprà*, n° 44, la règle qui interdit au tuteur d'exercer le commerce pour le compte de son pupille. La même interdiction s'applique-t-elle à un acte de commerce isolé ? La question est d'un intérêt pratique considérable, car si l'on ne conçoit pas aisément qu'un commerce professionnel soit exercé, avec ses opérations multiples, par un tuteur, au nom et pour le compte de son pupille, on s'explique fort bien, au contraire, qu'un acte de commerce accidentel et isolé puisse émaner, non du mineur, mais de son tuteur. Un exemple remarquable en est fourni par des arrêts récents, dans des espèces où un tuteur avait employé les deniers pupillaires en souscrivant des actions dépendant d'une société commerciale. Ces arrêts, après avoir décidé, par application d'une jurisprudence qui nous a paru fort contestable (V. *suprà*, v° *Acte de commerce*, n° 44), qu'il y a là une opération commerciale, lui maintiennent ce caractère, au cas même, où les actions ont été souscrites par un tuteur dans l'exercice de sa gestion et ils en concluent que les tribunaux de commerce sont compétents pour apprécier la validité d'une semblable souscription. Statuant ensuite sur l'action en nullité qui était dirigée, dans l'intérêt du mineur, contre cette souscription, ils la déclarent nulle, non pour inobservation des formalités imposées au mineur par l'art. 2 c. com., qu'ils limitent aux actes émanés du mineur, et qu'ils refusent d'étendre à ceux émanés du tuteur, mais en vertu de l'art. 6 de la loi du 27 févr. 1880, par le motif que la souscription avait été autorisée par une délibération du conseil de famille non suivie d'une homologation de justice (Paris, 21 mai 1884, aff. de Brantès, D. P. 85. 2. 177; 13 janv. 1885, aff. Lagru, *ibid.*). Ces arrêts, quant à la compétence, nous paraissent inacceptables. Il résulte manifestement de l'art. 3 c. com. que le tuteur, à qui il n'est pas permis de faire le commerce au nom du mineur (V. *suprà*, n° 44), ne peut pas davantage faire pour son compte une opération susceptible de l'engager commercialement, avec toutes les conséquences attachées à ce genre d'opérations (Sur les effets généraux des actes de commerce, V. *suprà*, v° *Acte de commerce*, n°s 368 et suiv.). L'engagement qui en découle est donc régi par le droit civil aussi bien au point de vue de la compétence qu'en ce qui concerne, au fond, la validité de cet engagement. On rentre dans le domaine exclusif de la loi civile, toutes les fois que les formes de l'art. 3 c. com. comme celles de l'art. 2 du même code (V. *suprà*, n°s 72 et 73), n'ont pas été observées. La sanction de l'un comme de l'autre articles consiste dans la non-commercialité de l'acte accompli sans l'observation de ces formes. C'est donc à la législation et à la juridiction civiles qu'il faut demander si l'opération est nulle ou valable. La cour de Paris s'est elle-même placée sur le terrain civil lorsqu'elle a résolu la question de nullité qui lui était soumise conformément à la loi du 27 févr. 1880. Elle a décidé avec raison que la souscription d'actions qu'elle avait eu à apprécier était nulle alors qu'elle eût été valable, avant la loi de 1880, comme n'excédant pas les pouvoirs du tuteur, et que faite par le mineur, elle eût été seulement rescindable pour lésion, la condition d'habilitation de l'art. 3 c. com. ne se confondant pas avec les conditions de forme que la jurisprudence considère comme essentielle, à l'existence légale des actes du tuteur ou du mineur (V. *suprà*, n° 73). Mais on ne comprend pas qu'elle ait maintenu dans la catégorie des actes commerciaux une opération qu'elle frappait d'une annulation empruntée aux dispositions concernant les attributions du tuteur, puisque ces attributions, on le répète, sont renfermées dans la sphère des matières civiles, et que le tuteur ne peut jamais les exercer en matière commerciale.

76. — V. Interdit. — Il est hors de doute, ainsi qu'on l'a dit au *Rép.* n° 127, que l'individu dont l'interdiction a été prononcée pour cause de démence est incapable de faire le commerce soit par lui-même, soit par l'intermédiaire de son tuteur. Quant aux actes de commerce émanés de l'interdit, il y a lieu de leur appliquer la règle générale consacrée par l'art. 1124 c. civ. : ces actes sont nuls de droit, et, comme le remarque M. Boistel, n° 91, il n'y a pas lieu d'examiner s'ils ont été faits dans un intervalle lucide.

77. — VI. Prodigue ou faible d'esprit. — On s'accorde à reconnaître que le prodigue (ou le faible d'esprit) ne pourrait faire le commerce seul et sans l'assistance de son conseil judiciaire (*Rép.* n° 128). Il est vrai que l'exercice du commerce n'est pas mentionné parmi les actes pour lesquels la loi exige cette assistance; mais, comme le dit M. Beslay, n° 273, les opérations constituant l'exercice d'un commerce « sont implicitement comprises dans l'énumération que renferment les art. 499 et 513. L'exercice d'un commerce, en effet, suppose nécessairement l'accomplissement journalier de quelques-uns des actes expressément prohibés au prodigue. Imaginer une personne qui ferait le commerce sans recevoir un capital mobilier, sans en donner décharge, sans jamais accomplir un acte quelconque d'aliénation, c'est une chimère qui ne souffre pas la discussion ». Mais il y a plus. L'autorisation du conseil judiciaire ne suffirait pas pour habiliter le prodigue à exercer le commerce. Nous avons indiqué (*Rép. ibid.*) les motifs qui justifient cette solution (V. Boistel, n° 92; Alauzet, t. 1, n° 273; Beslay, n° 275). — Jugé en ce sens qu'un commerçant pourvu d'un conseil judiciaire n'est pas justiciable du tribunal de commerce à raison des engagements commerciaux par lui contractés. Vainement on prétendrait que ce conseil l'a implicitement autorisé à continuer son commerce : le conseil judiciaire ne peut ni implicitement, ni même explicitement lui restituer, par une autorisation générale, la capacité de contracter seul et de s'engager dans un ensemble d'actes de commerce successifs (Angers, 10 févr. 1865, aff. Duchemin, D. P. 65. 2. 63). Ici s'applique ce que nous avons dit, *suprà*, n° 44, du curateur d'un mineur éman-

homologuées par le tribunal; que ces délibération et homologation n'ayant pas été obtenues, l'emprunt de 6400 fr. consenti par la demoiselle Junon, conjointement avec son père, est nul et de nul effet, au regard de ladite demoiselle Junon, et qu'Espirat frères ne sont pas fondés à réclamer à celle-ci le payement des billets souscrits en représentation de cet emprunt; — Mais en ce qui concerne les marchandises : — Considérant qu'aux termes de l'art. 484, § 2, c. civ., la demoiselle Junon avait capacité pour s'obliger par voie d'achat; qu'elle a effectivement acheté à Espirat frères des marchandises à concurrence de 1750 fr., lesquelles lui ont été livrées pour alimenter le fonds de commerce dont elle est propriétaire et qu'elle exploite; qu'au surplus, les obligations procédant desdits achats n'ont rien d'excessif et que la demoiselle Junon en demeure tenue dans les termes du droit civil; — Par ces motifs; — Annule comme incompétemment rendus les jugements du tribunal de commerce de la Seine des 10 juillet et 18 sept. 1885; — En évoquant le fond; — Condamne la demoiselle Junon à payer à Espirat, etc.

Du 17 déc. 1885.-C. de Paris, 4e ch.-MM. Faure-Biguet, pr.-Calary, av. gén.-Guiraut et Chaumat, av.

cipé. La cour de cassation a même décidé que le prodigue ne peut, fût-il autorisé par son conseil judiciaire, faire partie d'une société commerciale en nom collectif (Civ. cass. 3 déc. 1850, aff. Mahussier, D. P. 51. 1. 42). Mais on admet qu'il est capable de faire, avec l'assistance de ce conseil, des actes de commerce isolés (*Rép. ibid.*; Boistel, *loc. cit.*, et les arrêts précités des 10 févr. 1865 et 3 déc. 1850. — V. en sens contraire: Alauzet, *loc. cit.*).

78. — VII. Individu frappé d'interdiction légale. — Nous avons assimilé cet incapable à la personne qui est interdite pour cause de démence (*Rép.* n° 127), et cette assimilation paraît généralement admise (V. notamment Boistel, n° 91). Toutefois Bravard éd. Demangeat, t. 1, p. 67, après avoir soutenu, conformément à l'opinion émise au *Rép.* n° 129, que l'individu frappé de mort civile, antérieurement à la loi du 31 mai 1854, restait capable de faire le commerce, étend la même solution à ceux qui sont frappés d'interdiction légale. — Cette opinion doit être rejetée; car elle est inconciliable avec la règle d'après laquelle l'interdiction légale prive celui qui en est atteint de la capacité de gérer et d'administrer ses biens (V. *infrà*, v° *Droits civils*).

§ 2. — De la femme mariée marchande publique (*Rép.* n°s 160 à 223).

79. Ainsi qu'il a été dit au *Rép.* n° 161, la femme mariée peut, par exception aux règles écrites dans les art. 217 et 223 c. civ., être habilitée par une *autorisation générale* de son mari à faire le commerce. Il est d'ailleurs certain que la femme mariée ne peut être réputée commerçante que si, en vertu de cette autorisation, elle fait *habituellement* des actes de commerce (*Rép.* n° 168). — Aux termes des art. 4 et 5 c. com., la femme ne peut être réputée marchande publique qu'à la double condition d'obtenir à cet effet le *consentement de son mari* et d'*exercer un commerce séparé* de celui de ce dernier. Après avoir examiné successivement ces deux conditions, nous traiterons de la capacité de la femme marchande publique et des effets de ses engagements commerciaux par rapport à son mari.

80. — I. Consentement du mari (*Rép.* n°s 162 à 184). — Ce consentement est exigé quelles que soient les conventions matrimoniales faites par les époux (*Rép.* n° 162), qu'il y ait séparation de biens (Paris, 29 déc. 1847) (1), ou même séparation de corps (Lyon, 14 août 1872, *Recueil de Lyon*, 2e sér., t. 2, p. 148).

81. Il n'est pas nécessaire que le consentement du mari soit exprès; la loi en se servant du mot *consentement* au lieu du mot *autorisation*, qui a quelque chose de plus solennel, a suffisamment indiqué que l'acquiescement du mari peut n'être ici que tacite (V. en ce sens : Agen, 9 janv. 1856, aff. Camajou, D. P. 56. 5. 73). A la différence de ce qui a lieu pour le mineur (V. *suprà*, n°s 61 et suiv.), aucune formalité, aucune publicité n'est exigée; l'exercice du commerce sous les yeux du mari fait présumer l'autorisation (*Rép.* n° 165; Boistel, n° 94; Alauzet, *Commentaire du code de commerce*, 3e éd., t. 1, n° 296; Nouguier, *Traité des actes de commerce*, 2e éd., t. 1, n° 562). — Il suit de là que l'autorisation du mari peut s'induire des faits et circonstances de la cause (*Rép.* n° 166; Req. 17 janv. 1881, aff. Poyet, D. P. 81. 1. 225). — Indépendamment des décisions citées au *Rép.* n° 169, il a été jugé, à cet égard : 1° qu'on doit supposer qu'il y a consentement tacite, lorsqu'une enseigne désigne la femme comme marchande publique : celle-ci s'oblige alors valablement pour tout ce qui touche à son commerce (Bruxelles, 23 mars 1811, aff. Spinal C. Dewit, cité par Nouguier, t. 1, n° 563); — 2° Que la femme tacitement autorisée peut louer un magasin pour y déposer des marchandises, et que le mari ne peut demander la résiliation du bail, sous prétexte qu'il a été passé sans son autorisation (Aix, 30 nov. 1866, cité par Nouguier, *ibid.*). — Mais le consentement du mari doit être formel, et ne saurait résulter d'un fait non précis : il ne s'induirait point, par exemple, de ce que le mari aurait laissé sa femme enchérir sur la licitation d'un fonds de commerce de la communauté dont lui-même se serait rendu adjudicataire (Lyon, 14 août 1872 cité *suprà*, n° 80. V. également : Trib. com. Bordeaux, 27 déc. 1855, *Journal des arrêts de Bordeaux*, 1856, p. 415; Trib. com. Marseille, 14 mars 1862, *Journal de jurisprudence de Marseille*, t. 40, 1. 107). — L'autorisation tacite résulterait-elle, en cas d'absence du mari, de ce que celui-ci en s'éloignant a laissé à la femme une procuration dans les termes les plus généraux, comprenant toute espèce d'actes sans aucune restriction ni réserve? La question peut faire difficulté et elle a été, en effet, diversement résolue (V. *Rép.* n° 171, et v° *Contrat de mariage*, n° 1032). — Dans tous les cas, il appartient aux juges du fond d'apprécier souverainement les circonstances tendant à établir que la femme a obtenu de son mari l'autorisation de faire le commerce et qu'elle doit être considérée comme marchande publique (Req. 31 mai 1875, aff. Bernard, D. P. 76. 1. 390).

82. Le consentement du mari peut être limité à un commerce déterminé, et il en est toujours ainsi, comme le remarque M. Boistel, n° 94, lorsque ce consentement est tacite : en pareil cas la femme doit se renfermer dans la profession commerciale à laquelle s'applique l'autorisation du mari. Mais celui-ci peut aussi l'autoriser d'une façon générale à faire le commerce. Il n'y a là rien de contraire à la disposition de l'art. 223 c. civ., d'après laquelle une autorisation conférée en termes généraux n'est valable que pour l'administration des biens de la femme. Comme le dit très bien M. Nouguier, t. 1, n° 565, la spécialité ne réside pas ici « dans la désignation particulière du commerce que la femme peut exercer, ni dans la nomenclature des opérations qu'elle peut faire, mais seulement dans la permission de devenir marchande publique ». Aussi est-ce à tort, suivant nous, que, se fondant sur l'article précité, un arrêt a déclaré nulle l'autorisation donnée à celle-ci par son mari « d'exercer personnellement tous commerces, industries et entreprises, et de faire sans limite aucune toutes les opérations que ces commerces, industries et entreprises auraient pour objet ou pourraient entraîner » (Bordeaux, 12 nov. 1873) (2). M. Alauzet, t. 1, n° 297, critique également cet arrêt, en faisant remarquer que l'art. 4 c. com. a précisément pour but de déroger à la règle générale édictée par l'art. 223.

83. Le mari peut ne donner qu'un consentement conditionnel (Nouguier, t. 1, n° 567). Par exemple, il peut exiger

(1) (Femme Deschamps C. Deharambure.) — Par acte du 18 janv. 1846, la dame Deschamps, séparée de biens d'avec son mari, a ouvert à une société ayant pour objet la confection et la vente des cafetières parisiennes un crédit de 12000 fr., s'engageant dans les limites de ce crédit à payer tous les effets souscrits par le gérant. A titre de garantie, elle s'est fait préposer à la vente desdites cafetières. — Un des effets étant resté impayé, le sieur Deharambure a obtenu du tribunal de commerce de la Seine, le 18 mars 1847, un jugement condamnant la femme Deschamps à en effectuer le payement. — Appel de la dame Deschamps, fondé sur la nullité de l'acte du 18 janv. 1846, pour défaut d'autorisation maritale. — Arrêt.

La cour; — Considérant que la femme Deschamps n'était pas autorisée par son mari à faire le commerce, et que l'acte dont on excipe contre elle aurait pour objet de la constituer marchande publique; — Considérant, d'autre part, que l'acte du 18 janv. 1846 n'est point un des actes d'administration qu'aux termes de l'art. 1449 c. civ. la femme séparée de biens puisse faire sans l'autorisation du mari; — Infirme; — Au principal, déclare nul l'acte du 18 janv. 1846; — Déboute, en conséquence, Deharambure de sa demande.

Du 29 déc. 1847.-C. de Paris, 3e ch.-MM. Moreau, pr.-Anspach, subst. proc. gén.-Dutheil et Béril, av.

(2) (Lisbonne C. Daubèze.) — Le 20 mars 1873, jugement du tribunal civil de Bordeaux ainsi conçu: — « Attendu que la femme même séparée de corps et de biens, ne peut contracter à titre onéreux sans l'assistance ou l'autorisation de son mari; — Attendu que la dame veuve Daubèze, épouse de Gardeil, n'a été ni assistée, ni autorisée de son mari dans l'acte et les engagements qu'elle a souscrits le 2 mai 1872 avec le sieur Soliman Lisbonne; — Attendu que Soliman Lisbonne se prévaut de la procuration contenue dans le contrat de mariage des époux de Gardeil; — Attendu qu'aux termes de l'art. 223 c. civ., toute autorisation générale, même stipulée par contrat de mariage, n'est valable que quant à l'administration des biens de la femme; que cette disposition est établie sur le principe que l'on ne peut déroger par des conventions particulières aux lois qui intéressent l'ordre public, et que d'après l'art. 1388 du même code, sont de ce nombre celles qui règlent la puissance maritale; — Attendu que la procuration insérée dans le contrat de mariage des époux de Gardeil a le caractère le plus général; qu'elle comprend tous les actes qui peuvent se rapporter à la direction des intérêts de la vie civile; — Que l'on y trouve, il est vrai, une disposition relative au droit de faire le commerce, mais que cette disposition, telle qu'elle est formulée, constitue encore un pouvoir général; — Que la dame de Gardeil est autorisée à exercer personnellement tous

que sa femme quitte son nom de femme pour exploiter son industrie, et souscrive tous ses engagements commerciaux sous son nom de fille (Paris, 14 avr. 1866, *Journal des tribunaux de commerce*, t. 15, p. 232).

84. Si la femme mariée est *mineure* (*Rép.* nos 173 et 174), il y a en sa personne deux incapacités: une incapacité naturelle et une incapacité civile (Bravard et Demangeat, *Traité de droit commercial*, t. 1, p. 90). Elle devra donc, outre le consentement de son mari, remplir les autres conditions imposées par l'art. 2 c. com. aux mineurs qui veulent faire le commerce (V. *suprà*, nos 43 et suiv.). — Telle est la doctrine enseignée par tous les auteurs (V. notamment, outre ceux qui ont été cités au *Rép.* n° 173: Alauzet, t. 1, n° 295; Bédarride, *Des commerçants*, t. 1, nos 118 et 119; Nouguier, t. 1, n° 587; Beslay, nos 299 et suiv.; Boistel, n° 97; Demolombe, *Traité du mariage*, t. 4, n° 249). — La jurisprudence ne paraît pas avoir eu à se prononcer formellement sur la question. Un arrêt de la cour de Paris du 23 avr. 1861 (aff. Lenoir, D. P. 61. 5. 83), déclare, il est vrai, qu'une femme mariée, encore mineure, n'est pas suffisamment autorisée par son mari à s'engager solidairement avec lui pour l'acquisition d'un fonds de commerce; mais cet arrêt relève cette circonstance, qu'il s'agissait, dans l'espèce, d'une acquisition préjudiciable pour la femme et faite dans l'intérêt personnel du mari. Un autre arrêt porte que, si le consentement du mari suffit pour habiliter une femme mineure, âgée de dix-huit ans accomplis, à faire le commerce, ce n'est qu'autant qu'elle fait un commerce séparé de celui de son mari. Ainsi, l'autorisation de faire le commerce donnée à une femme mineure, par son mari, est nulle, quand elle est intervenue, non pas dans l'intérêt de la mineure, et pour l'habiliter à faire un commerce séparé, mais dans l'intérêt du mari, et, par exemple, pour autoriser la femme à contracter avec lui une société commerciale;... surtout, s'il est déclaré, en fait que la société n'a pas eu d'existence sérieuse (Req. 3 août 1859, aff. Dassier, D. P. 59. 1. 419. — Conf. Poitiers, 5 mai 1880, aff. Gautier, D. P. 80. 2. 252, *infrà*, n° 77).

Si le mari lui-même est mineur, comme il ne peut devenir commerçant qu'avec l'autorisation de sa propre famille (V. *suprà*, nos 44 et suiv.), il ne peut communiquer à sa femme, même majeure, une capacité qu'il n'a pas. Mais il peut lui donner valablement cette autorisation en se faisant habiliter à cet effet par ceux qui pourraient le rendre lui-même capable d'être commerçant; il n'y a pas lieu de maintenir l'incapacité de la femme, jusqu'à la majorité du mari (V. *Rép.* n° 175, et les auteurs cités *ibid.*). On doit donc rejeter l'opinion de M. Boistel, n° 97, qui enseigne qu'en pareil cas, l'autorisation devra être donnée à la fois par le mari et par la justice, et celle de M. Alauzet, t. 1, n° 299, qui estime que la femme ne peut être autorisée tant que le mari n'aura pas atteint sa majorité. — Si les époux sont tous deux mineurs, on a vu au *Rép.* n° 176, que la femme doit obtenir, outre le consentement de son mari, non seulement l'autorisation des parents de celui-ci, mais encore celle de ses propres parents.

85. Lorsque le mari refuse d'autoriser la femme à faire le commerce, celle-ci peut-elle, comme dans le cas prévu par l'art. 219 c. civ., se faire autoriser par justice? — Cette question, résolue négativement au *Rép.* n° 177, a soulevé d'ardentes controverses. Cependant la plupart des auteurs refusent à la femme le droit de s'adresser, en pareil cas, aux tribunaux (V. en ce sens : Alauzet, t. 1, n° 301; Demangeat, t. 1, p. 93 et suiv.; Bédarride, *Des commerçants*, art. 4 et 5 c. com., n° 107; P. Pont, *Traité du contrat de mariage*, 2e éd., t. 2, n° 108; Aubry et Rau, *Cours de droit civil français*, 4e éd., t. 5, § 472, p. 45; Beslay, *Commentaire du code de commerce*, t. 1, nos 304 et suiv.; Nouguier, t. 1, n° 576). Suivant M. Boistel, n° 95, il faut tenir compte des conventions matrimoniales des époux. S'ils sont mariés sous le régime de la communauté, rien ne peut suppléer au consentement du mari, puisqu'il se trouverait obligé par les actes de sa femme. Sous le régime sans communauté et dotal sans paraphernaux, ces obligations, si elles s'exécutaient sur la pleine propriété des biens de la femme, porteraient atteinte à l'usufruit du mari et à son pouvoir d'administration... On peut soutenir qu'elles ne s'exécuteraient que sur la nue propriété des biens de la femme, mais alors celle-ci ne pourrait plus faire le commerce, n'ayant plus aucun crédit... — La question ne peut donc se poser, suivant M. Boistel, que si la femme mariée sous le régime sans communauté ou dotal sans paraphernaux ne fait le commerce qu'avec des capitaux d'emprunt, ou si, mariée sous le régime dotal, elle a des paraphernaux, ou enfin si elle est séparée de biens. Cet auteur inclinerait cependant à refuser, en tout état de cause, à la femme le droit de recourir à la justice, à moins que l'on ne se trouvât en présence d'un véritable abus de la puissance maritale, comme si, par exemple, le mari refusait systématiquement à la femme une autorisation qui serait un gagne-pain pour elle et ses enfants.

86. La jurisprudence est divisée sur la question, tout en se montrant cependant moins rigoureuse que la doctrine, en ce qui concerne le refus d'autorisation (V. Paris, 24 oct. 1844, *Rép.* n° 177). — Un arrêt de la cour de Rouen du 3 déc. 1858 (aff. Decaux, D. P. 60. 1. 87), semble approuver les motifs par lesquels un jugement de séparation de corps et de biens avait autorisé la femme séparée à faire le commerce. — La cour de Grenoble dans un arrêt du 27 janv. 1863 (aff. Dorel, D. P. 63. 5. 38) dit expressément que le tribunal peut, sur le refus du mari, autoriser une femme séparée de corps et de biens à faire le commerce et même à s'associer avec un tiers : « Attendu, dit la cour, que l'art. 4 c. com., en posant le principe que la femme ne peut être marchande publique sans l'autorisation de son mari, n'a pu vouloir créer une exception au droit commun;... qu'aucun motif n'existe de refuser à la femme qui veut faire des actes de commerce le recours aux tribunaux qui la protègent contre un refus intéressé ou capricieux du mari; que les dispositions tutélaires écrites au titre du mariage dans l'art. 219, et qu'on ne saurait restreindre à un acte isolé, embrassent tous les actes que la femme peut faire dans la libre administration de ses biens, et, par suite, l'ensemble des actes que comporte le droit de se livrer à un commerce ». — Jugé également que la femme mariée peut être autorisée à faire le commerce par le jugement qui prononce sa séparation de biens (Trib. com. Saint-Étienne, 16 janv. 1880, aff. Poyet, D. P. 81. 1. 225. Conf. Req. 9 nov. 1859, aff. Feilens, D. P. 60. 1. 87; Paris, 7 juill. 1860, *Gazette des tribunaux* du 20 juill. 1860, infirmant un jugement du tribunal de commerce de la Seine qui refusait toute autorisation à la femme; Lyon, 28 juin 1866, aff. Clarion, D. P. 66. 2. 224; Paris, 3 janv. 1868, aff. Crémieux, D. P. 68. 2. 28). — Mais le tribunal civil de Lyon a décidé, à deux reprises, que le mari seul peut habiliter sa femme, même après une séparation judiciaire, à faire le commerce; le consentement

commerces, industries et entreprises, et faire sans limite aucune toutes les opérations que ces commerces, industries et entreprises auraient pour objet ou pourraient entraîner; — Attendu que l'autorisation de faire des actes déterminés seulement par leur nature, sans que les objets sur lesquels ils devront porter soient spécifiés ou limités, n'est pas une autorisation spéciale; — Qu'ainsi, la procuration dont il s'agit tombe sous la prohibition portée par l'art. 223; — Attendu, au surplus, que cette procuration a été révoquée par le sieur de Gardeil le 6 janv. 1870, ensuite d'un exploit signifié à la dame de Gardeil et publié par le journal *le Messager*; — Qu'en principe et en droit, le mandat donné par contrat de mariage est révocable comme tout autre mandat; — Attendu qu'en cet état il n'est même pas possible de soutenir qu'il y a eu de la part du sieur de Gardeil consentement tacite aux actes de commerce auxquels s'est livrée et se livre la dame de Gardeil; — Attendu, en conséquence, que l'acte du 2 mai 1872 est frappé de nullité; — Attendu qu'en vertu de cet acte, la dame Daubèze s'est engagée à payer à Soliman Lisbonne la somme de 25000 fr.; qu'elle a souscrit à cet effet trois billets, deux de 8000 fr. chacun, et un troisième de 9000 fr.; que l'un des billets de 8000 fr. a été acquitté; — Que Soliman Lisbonne doit être tenu de rembourser la somme de 8000 fr. et de remettre les deux billets qui restent en sa possession ou à sa disposition; — Par ces motifs, sans qu'il soit utile d'examiner les autres moyens de la demande, déclare nul et non avenu l'acte du 2 mai 1872 ». — Appel. — Arrêt.

La cour; — Adoptant les motifs des premiers juges; — Confirme, etc.

Du 12 nov. 1873.-C. de Bordeaux, 4e ch.-MM. du Périer de Larsan, pr.-Lévesque et Trarieux, av.

du mari, quand il est refusé, ne peut être suppléé par l'autorisation du tribunal. Le juge pourrait toutefois, dans un cas déterminé, autoriser la femme, sur le refus du mari, à faire un acte de commerce spécialement indiqué (Trib. civ. Lyon, 16 janv. 1869, aff. Laigros, D. P. 69. 3. 29; 13 mars 1869, aff. Guetton, D. P. 69. 3. 30). On ne saurait nier que les considérants donnés à l'appui de ces deux décisions ne soient des plus sérieux (Conf. Metz, 31 janv. 1850, aff. Jacquart, D. P. 51. 2. 156).

87. Que décider si le mari est dans l'impossibilité physique ou juridique de donner son consentement? Il a été jugé que lorsque le mari est pourvu d'un conseil judiciaire, il ne peut, même avec l'assistance de ce conseil, autoriser sa femme à faire le commerce; que, par suite, les obligations contractées sans autorisation par la femme marchande publique ne peuvent engager le mari, lors même qu'il serait allégué qu'elle exerçait le commerce à la connaissance dudit mari et de son conseil (Paris, 13 nov. 1866, aff. Lenfant, D. P. 66. 2. 245). Nous inclinons à penser que, dans ce cas, la femme pourrait s'adresser aux tribunaux qui devraient accorder l'autorisation que le mari est juridiquement incapable de donner (V. en ce sens : Bordeaux, 16 juin 1869, aff. Meller, D. P. 70. 2. 34. — *Contrà:* Alauzet, t. 1, n° 300).

La même solution doit être admise dans le cas où le mari est interdit ou absent, car rien ne peut faire supposer que, s'il eût pu donner son autorisation, il l'eût refusée. En tout cas, le doute doit plutôt être interprété en faveur de la femme que contre elle. De plus, il peut y avoir pour celle-ci, abandonnée à ses propres ressources, un intérêt capital à obtenir l'autorisation demandée (*Rép.* n° 177; Boistel, n° 95; Alauzet, t. 1, n° 300. — *Contrà:* Nouguier, n° 579; Beslay, n° 313; Bravard et Demangeat, t. 1, p. 96). — Quoi qu'il en soit, on est généralement d'avis que les tribunaux, en cas d'absence ou d'interdiction du mari, peuvent autoriser la femme à contracter un engagement commercial isolé (V. en ce sens : Paris, 13 nov. 1866, aff. Lenfant, D. P. 66. 2. 245). — En ce qui concerne le sort des actes faits sans autorisation par la femme de l'absent, V. *suprà*, v° *Absence*, n°s 72 et 73.

88. On a dit au *Rép.* n° 178 que le mari peut révoquer le consentement exprès ou tacite qu'il a donné à la femme pour l'habiliter à faire le commerce. C'est un point admis par tous les auteurs (Boistel, n° 96; Bravard et Demangeat, t. 1, p. 109; Alauzet, t. 1, n° 302; Bédarride, t. 1, n°s 113 et 114; Nouguier, t. 1, n° 582; Massé, *Droit commercial*, t. 3, n° 1115). La révocation peut avoir lieu alors même que le consentement aurait été donné dans le contrat de mariage lui-même; c'est là sans doute une dérogation au principe de l'irrévocabilité des conventions matrimoniales (art. 1395 c. civ.); mais elle se justifie par le respect dû à l'autorité maritale (Boistel et Massé, *loc. cit.;* Pardessus, *Cours de droit commercial*, t. 1, n° 64). — Elle peut être prononcée même par un mari mineur; car en se faisant habiliter conformément à l'art. 2 c. com. (V. *suprà*, n° 84), il a concouru à l'autorisation qu'il entend aujourd'hui révoquer.

Si, par suite du refus ou de l'incapacité du mari (V. *suprà*, n°s 85 et suiv.), l'autorisation avait dû être donnée par les tribunaux, nous ne croyons pas que celui-ci pût être admis à révoquer par son seul consentement un acte auquel il est demeuré complètement étranger. Mais il aurait le droit de s'adresser à la justice pour faire prononcer cette révocation. — De son côté, la femme pourrait demander au tribunal de maintenir l'autorisation qui lui a été accordée; il appartiendrait aux juges d'apprécier si les motifs qui l'ont fait accorder jadis subsistent encore.

89. La révocation n'est opposable aux tiers que si elle est rendue publique (*Rép.* n° 182) par l'enregistrement au greffe du tribunal de commerce et l'affichage dans l'auditoire, et surtout par l'insertion dans les journaux d'annonces judiciaires et les circulaires adressées par le mari aux correspondants de sa femme (*Rép.* n° 183). — Jugé que la révocation, par la voie des journaux, de l'autorisation donnée par un mari à sa femme de faire le commerce, n'est pas opposable aux tiers qui habitent un lieu autre que celui où la publication en a été faite: la révocation ne peut, en cas pareil, être invoquée contre ces tiers qu'autant qu'ils en ont eu personnellement connaissance (Trib. com. Périgueux, 24 mai 1853, aff. Pujos, D. P. 54. 1. 175). — On peut encore par analogie, suivre les formes prescrites par l'art. 1445 c. civ., pour la séparation de biens, et par l'art. 67 c. com., pour les contrats de mariage entre époux dont l'un est commerçant (*Rép.* v° *Contrat de mariage*, n° 1035). — La révocation n'est, comme le consentement, soumise à aucune forme; elle peut être expresse ou tacite et peut de même être annulée expressément ou tacitement. Ainsi, si, après avoir interdit formellement le commerce à sa femme, le mari en avait toléré la continuation, cette tolérance devrait faire considérer la femme comme mandataire et, par suite, comme capable d'obliger, par ses actes, la communauté. La révocation serait alors considérée comme non avenue (Conf. Req. 1er mars 1826, *Rép.* n° 170 et v° *Contrat de mariage*, n° 1034).

90. La femme non marchande qui veut faire des *actes de commerce isolés* n'impliquant pas, à défaut de la condition d'habitude, l'exercice du commerce, demeure soumise, conformément aux art. 217 et 219 c. civ., à la nécessité d'une autorisation spéciale pour chacun de ces actes (V. *Rép.* n° 160. Conf. Trib. Lyon, 16 janvier et 13 mars 1869, cités *suprà*, n° 86). — Sur l'autorisation nécessaire à la femme mariée pour contracter un engagement théâtral, V. *infrà*, v° *Théâtre;* — *Rép.* eod. v°, n°s 178 et suiv.

91. — II. Exercice d'un commerce distinct et séparé. — On a exposé au *Rép.* n°s 184 et suiv., et v° *Contrat de mariage*, n°s 1035 et suiv., la règle d'après laquelle la femme n'est réputée marchande publique que lorsqu'elle exerce un commerce distinct et séparé de celui du mari (c. civ. art. 220, 2e al.; c. com. art. 5, 2e al.). Cette règle a été, depuis, fréquemment consacrée par la jurisprudence. Plusieurs arrêts ont déclaré, conformément à cette règle, que la femme qui ne fait qu'exploiter conjointement avec son mari le même fonds de commerce ne peut être considérée comme commerçante (Req. 27 mai 1851, aff. Conneau, D. P. 51. 1. 172; Civ. cass. 27 janv. 1875, aff. Labat, D. P. 75. 1. 297; Civ. cass. 19 janv. 1881, aff. Loiseau, D. P. 82. 1. 63; Civ. cass. 10 mai 1882, aff. Louis, D. P. 83. 1. 112). Il en est ainsi, alors même que la femme serait séparée de biens et patentée en son nom personnel (Civ. cass. 11 août 1884, aff. Chavernoz, D. P. 85. 1. 296). — Jugé, de même, que la femme mineure, émancipée par le mariage, et non autorisée à faire le commerce, ne peut être réputée majeure quant aux engagements contractés par elle pour faits commerciaux, si elle s'est bornée à participer aux opérations du négoce de son mari, sans se livrer à un commerce séparé, que lui interdisait d'ailleurs le défaut d'autorisation (Poitiers, 5 mai 1880, aff. Gautier, D. P. 80. 2. 252. — Conf. Req. 3 août 1859, *suprà*, n° 84; Agen, 14 mai 1886) (1).

(1) (Marquet C. Epoux Fort.) — La cour; — Attendu que l'action de l'appelant contre les mariés Fort tend à les faire condamner solidairement au payement de la somme de 995 fr. 95 cent. pour solde de fournitures de farine; que Fort reconnaît quant à lui la légitimité et le montant de son compte; que Marquet, en ce qui concerne la femme Fort, fonde sa demande, sur ce que depuis sa séparation de biens, celle-ci s'occupait particulièrement du commerce de la boulangerie de son mari et qu'en outre elle a pris personnellement envers lui l'engagement de lui payer les marchandises qu'il livrait; — Attendu qu'il résulte des justifications produites par les intimés que Fort était le propriétaire de la boulangerie qu'il tenait au passage d'Agen; qu'il est toujours resté à sa tête, et qu'il a été inscrit jusqu'en 1885 au rôle des contributions mobilières et des patentes; que, lorsque dans le courant de l'année 1884, sa faillite fut déclarée et la séparation de biens prononcée entre sa femme et lui, Fort continua de faire fonctionner sa boulangerie, la gérant alors d'une manière provisoire dans l'intérêt de ses créanciers, jusqu'à la vente de son fonds; qu'il est établi aussi qu'à cette époque, Mathilde Gay a prêté à son mari, dans ledit commerce, un concours actif, mais sans avoir jamais fait un commerce distinct et séparé de celui de son mari; que l'action de Marquet, telle qu'elle est intentée, vient d'ailleurs imprimer à ces faits une effective confirmation; que dans ces conditions et conformément aux dispositions des art. 4 et 5 c. com., l'épouse Fort ne saurait être réputée marchande publique et ayant pu valablement s'obliger pour ce qui concerne le négoce; que sa situation demeure régie par la présomption légale en vertu de laquelle elle ne doit être réputée que la préposée de son mari, quelque importante que soit la part qu'elle a pu prendre au commerce de ce dernier; — Attendu, il est vrai, que l'appelant prétend que la dame Fort se serait engagée, depuis sa séparation de biens, à lui payer le prix des

92. Les arrêts que l'on vient de citer (*suprà*, n° 91) tirent des conséquences diverses de la règle qu'ils consacrent ; ils décident : 1° que la femme qui ne fait pas un commerce séparé et n'est point, en conséquence, réputée marchande publique, ne peut être déclarée en faillite (Arrêts des 27 mai 1851, 27 janv. 1875) ; — 2° Qu'elle n'est point justiciable personnellement de la juridiction commerciale (Arrêt du 10 mai 1882) ; et aux termes de ce dernier arrêt, la compétence du tribunal de commerce ne saurait être admise à son égard sous le prétexte que c'est elle seule qui donne les commissions, perçoit les recettes et paye les factures, et que, dès lors, les tiers seraient autorisés à la considérer comme faisant le commerce, soit pour son compte exclusif, soit en qualité d'associée du mari ; — 3° Qu'elle ne peut être condamnée solidairement avec son mari au payement de dettes contractées pour le commerce de son mari, auquel elle a participé (Arrêts des 19 janv. 1881 et 11 août 1884) ; — 4° Que les obligations qu'elle a souscrites pour les opérations de ce commerce ont le caractère du cautionnement solidaire prévu par l'art. 1431 c. civ., et doivent être annulées, lorsque, la femme étant mineure, les formalités prescrites par les art. 484 et 1124 c. civ. n'ont pas été accomplies (Arrêt du 5 mai 1880).

93. Ainsi qu'on l'a vu au *Rép.* n° 185, la question de savoir dans quels cas la femme est réputée faire un commerce séparé dépend des circonstances, et elle est abandonnée à l'appréciation des tribunaux (*Rép.* n° 188). — Il a été décidé, à cet égard, que l'on ne saurait considérer comme ayant exercé un commerce distinct de celui du mari, la femme qui, après avoir continué seule pendant son veuvage le commerce de son premier mari, a exploité le même fonds conjointement avec son second mari, bien que celui-ci ne fût pas commerçant antérieurement à son mariage, et qu'il n'eût ni livres, ni patente, ni marchandises, ni capitaux (Civ. cass. 27 janv. 1875, cité *suprà*, n° 91, et sur renvoi, Dijon, ch. réun., 22 déc. 1875, D. P. 76. 5. 102). — Décidé, d'autre part, que la règle d'après laquelle une femme mariée ne peut être réputée marchande publique lorsqu'elle ne fait que détailler les marchandises de son mari, crée en faveur de celle-ci une présomption légale qui ne peut être renversée que par des preuves nettes et précises ; que, par suite, une femme ne doit pas être considérée comme faisant un commerce séparé de celui de ce dernier, par cela seul qu'elle a apporté sa coopération pleine et entière à l'industrie de son mari, et que, dans les factures, le mari a ajouté le nom de sa femme au sien propre (Lyon, 5 févr. 1881, aff. Tholozan, D. P. 81. 2. 192).

Mais lorsque la femme était déjà marchande publique, soit avant, soit depuis son mariage, elle ne cesse pas nécessairement de l'être par cela seul que son mari s'est occupé du commerce, surtout si rien n'a indiqué aux tiers une interversion dans les relations des parties (Req. 31 mai 1875, *suprà*, n° 81).

94. La règle édictée par les art. 220 c. civ. et 5 c. com. a-t-elle une portée absolue, et faut-il l'entendre en ce sens que la femme qui n'exerce pas un négoce personnel ne peut dans aucun cas être réputée commerçante ; qu'ainsi cette qualité ne saurait lui être attribuée alors même qu'elle ne se borne pas à aider le mari dans les opérations de son commerce, notamment à détailler les marchandises qui en font l'objet, mais participe réellement à ce commerce et joue le rôle d'un véritable associé? La plupart des auteurs paraissent admettre l'affirmative (V. notamment: Pardessus, *Cours de droit commercial*, t. 1, n° 65 ; Bravard et Demangeat, t. 1, p. 92 ; Rodière et Pont, *Traité du contrat de mariage*, 2e éd., t. 2, n° 799 ; Massé, *Droit commercial*, 3e éd., t. 2, n° 1110; Delamarre et Le Poitvin, *Droit commercial*, t. 1, nos 64 et suiv. ; Nouguier, t. 1, n° 591 ; Demolombe, *Cours de code civil*, t. 4, n° 202), et les arrêts cités *suprà*, nos 91 et suiv., paraissent, par les termes généraux dans lesquels ils s'expriment, sembler résoudre cette question dans le même sens. Cependant d'autres arrêts peuvent être invoqués en sens contraire. Ainsi, il a été décidé que la femme si elle fait habituellement les acquisitions nécessaires pour alimenter le commerce de son mari, doit être réputée, au regard des tiers qui traitent exclusivement avec elle, participer elle-même à ce commerce ; et que, par suite, l'action formée contre elle par ces tiers à raison des fournitures qu'ils lui ont faites, est de la compétence de la juridiction consulaire (Req. 5 mai 1857, aff. Roy, D. P. 57. 1. 303. V. conf. Alauzet, t. 1, n° 313). — Jugé, de même, que la femme qui exerce la même industrie que son mari doit être considérée, non comme préposée de celui-ci, mais comme son associée, lorsqu'elle reste seule à la tête de l'établissement pendant les fréquentes absences du mari (Montpellier, 6 août 1867, aff. Galdemord, D. P. 69. 1. 208). En conséquence, elle est personnellement obligée envers les tiers avec lesquels elle a contracté dans l'exercice de cette industrie, et elle peut notamment, s'il s'agit de l'exploitation d'une auberge, être déclarée responsable du vol des effets qui ont été l'objet, entre elle et les voyageurs, du dépôt nécessaire prévu par l'art. 1953 c. civ. (Même arrêt). — Il a encore été décidé dans le même sens : 1° Que la femme mariée qui a eu la direction exclusive d'un fonds de commerce et s'est qualifiée elle-même dans ces actes de *marchande publique* est à bon droit, dans le cas où son entreprise a abouti à une faillite, déclarée coupable de banqueroute simple, s'il est établi qu'elle n'a pas rempli les obligations rappelées en l'art. 586 c. com.... et cela, alors même que la patente serait au nom du mari et que ce serait lui qui aurait été déclaré en faillite, les jugements rendus à la requête des créanciers ne pouvant exercer aucune influence sur l'action criminelle. — Le tribunal correctionnel saisi de la prévention de banqueroute simple est ici compétent pour décider si le prévenu est ou non commerçant failli (Crim. rej. 1er mars 1862, aff. Boquier, D. P. 65.5.191) ; — 2° Que lorsqu'une femme exploitait un magasin de modes avec l'autorisation de son mari, et que celui-ci s'occupait de la comptabilité, des achats et des payements, le fonds devait être considéré comme exploité en commun par les deux époux, et que, en cas de cessation de payements, l'un et l'autre devaient être mis en faillite (Paris, 12 août 1873) (1) ; — 3° Qu'alors même qu'il aurait été stipulé par contrat de mariage que le commerce et tout ce qui s'y rattache se-

---

farines par lui fournies; qu'il excipe ainsi d'un cautionnement souscrit par elle, pour l'acquit d'une dette de son mari ; mais qu'un tel cautionnement ne se présume pas; qu'il doit être exprès et ne saurait être prouvé que suivant les règles prescrites aux art. 1341 et suiv. c. civ. ; que Marquet n'apporte, pour justifier ce cautionnement de Mathilde Gay, ni preuve écrite, ni commencement de preuve par écrit; — Par ces motifs, démet l'appelant de son appel, etc.

Du 14 mai 1886.-C. d'Agen.-MM. Mazeau, av. gén.-Souèges et de Grousson, av.

(1) (Mac-Alester.) — Le 8 mai 1873, jugement du tribunal de commerce de la Seine, ainsi conçu : — « Attendu que Mac-Alester demande que le jugement du 7 mars dernier, qui a déclaré la femme Mac-Alester en état de faillite ouverte, lui soit déclaré commun ; — Attendu que, s'il est vrai que le fonds de commerce de marchand de modes, qui a motivé la faillite, ait été acheté par Mac-Alester et sa femme, il est constant que c'est par cette dernière seule qu'il a été exploité; — Que, si Mac-Alester a fait dans l'établissement géré par sa femme quelques travaux de comptabilité, on ne peut considérer dans ces travaux secondaires un véritable fait d'administration et l'exercice d'un commerce; que les époux Mac-Alester ne peuvent être considérés comme associés; qu'au surplus cette association serait nulle; — Que les époux Mac-Alester ne peuvent donc être déclarés en état de faillite pour la même cause; — Qu'il y a donc lieu de repousser la demande de Mac-Alester; — Par ces motifs, donne acte à Beaugé ès nom de ce qu'il déclare s'en rapporter à la justice, d'office à l'égard de Osmont et Vallée et dame Mac-Alester; — Déclare Mac-Alester mal fondé en sa demande, l'en déboute, etc. ». — Appel par Mac-Alester. — Arrêt.

La cour ; — Considérant que le passif dont la création a commencé la déclaration de faillite de la femme Mac-Alester, oblige son mari aussi bien qu'elle-même; — Que tous les engagements contractés à raison dudit commerce ont été souscrits par Mac-Alester seul, comme chef de la communauté; — Que si une association commerciale entre époux n'est pas reconnue par la loi, il ne s'agit, au procès, que de rechercher si Mac-Alester a fait acte de commerce et s'il s'est engagé avec les tiers, ce qui est constant; en fait, que c'est donc à bon droit que Mac-Alester demande que le jugement déclaratif de la faillite s'applique à lui comme à sa femme ; — Infirme ; — Dit que le jugement déclaratif de la faillite de la femme Mac-Alester, du 17 mai dernier, s'applique : 1° à Alexandre Mac-Alester, marchand de modes, rue Montegrey, n° 9; 2° à la dame Victorine Gallien, épouse dudit Mac-Alester; — Ordonne en ce sens rectification dudit

rait au nom de la future épouse seule, la faillite doit être prononcée, à la fois, et contre le mari, s'il est prouvé qu'il a participé au commerce, et contre la femme, la clause précitée, d'où celle-ci conclut qu'il s'agissait non d'un commerce séparé dans le sens de l'art. 5, mais d'un négoce exercé par les deux époux, étant frustratoire et insérée dans le seul but de ménager à la femme la possibilité de prendre part à l'actif de la faillite au détriment des créanciers (Rennes, 18 mars 1879) (1) ; — 3° Que la femme qui participe au commerce de son mari, en tenant la caisse, réglant la comptabilité et s'occupant des achats et des ventes, doit, à raison de ces actes, être considérée comme marchande, bien qu'elle n'exerce pas un commerce distinct et séparé, et ne peut opposer le défaut de *bon ou approuvé* dont elle n'a pas fait précéder sa signature (Paris, 24 avr. 1883) (2). — M. Nouguier, t. 1, nos 596 à 599, critique ces trois dernières décisions, notamment l'arrêt du 18 mars 1879, au sujet duquel il s'exprime ainsi : « Si l'on donne force et effet aux stipulations

jugement, et dit qu'à l'avenir les opérations de la faillite seront suivies sous la dénomination de faillite du sieur Alexandre Mac-Alester et de la dame Victorine Gallien, etc.

Du 12 août 1873.-C. de Paris.-MM. Puget, pr.-Buffard, av. gén.-Hardoin et Bertrand, av.

(1) (Razin.) — Le 16 nov. 1877, jugement du tribunal de commerce de Quimper : — « Attendu que, lors de la déclaration de faillite du sieur Razin, il n'a été nullement appris au tribunal ni au syndic de la faillite, par les époux Razin, qu'il existait un contrat de mariage sous le régime de la séparation de biens ; — Attendu que la clause 4 dudit contrat de mariage est ainsi conçue : « Le commerce que pourront faire les futurs époux dans les lieux par eux habités sera au nom de la future épouse et toutes les marchandises dépendant du fonds et tous les objets matériels servant à son exploitation, ainsi que toutes les créances commerciales et le droit au bail des lieux appartiendront à la future épouse seule » ; — Attendu que cette clause a une importance évidente dans l'espèce dont il s'agit puisque l'on sait que le sieur Razin était commerçant déjà en son nom au moment du contrat et que les précautions que l'on prenait prouvent l'intention formelle de passer dès lors le commerce au nom de la femme ; — Attendu que, conformément à la loi, ce contrat a été affiché et que les créanciers de la faillite ont traité ou pu traiter avec d'autant plus de confiance, qu'ils connaissaient ou pouvaient connaître que la femme, seule commerçante aux termes de son contrat de mariage et seule obligée, ne pourrait exercer aucun recours sur son rapport en cas de faillite ; — Attendu que les garanties que la loi fournit sur la situation matrimoniale des commerçants deviendraient illusoires ou disparaîtraient complètement si la femme pouvait, suivant les circonstances, profiter de toutes les clauses qui lui seraient avantageuses dans son contrat et renoncer à toutes celles qui pourraient lui être préjudiciables ; — Attendu que les art. 1395 et suiv. c. civ. établissent d'une manière positive que les conventions matrimoniales ne peuvent recevoir aucun changement après la célébration du mariage ; — Attendu que l'on est forcé d'admettre que la clause 4 du contrat de mariage des époux Razin est frustratoire, puisqu'elle n'a été faite que dans le but de ménager à la femme la possibilité de prendre part à l'actif de la faillite au détriment des créanciers, dont la bonne foi ne peut être mise en doute ; — Attendu que les prétentions de la femme Razin de ne pas vouloir se laisser déclarer en faillite ne peuvent avoir leur raison d'être, puisque c'est elle-même qui, par l'art. 4 de son contrat, déclare que tout ce qui constituera le commerce appartiendra à la future épouse seule ; — Attendu que dans l'espèce et vis-à-vis des tiers, la femme doit être considérée comme commerçante et associée de fait à son mari ; — Par ces motifs ;... dit et juge que dame Marie-Honorine-Madeleine Allaire, femme Razin, est en état de faillite, conjointement avec son mari, et fixe l'ouverture à la date du 4 mai dernier, jour de la déclaration de la faillite de ce dernier, en rejetant sa demande de collocation, etc. ». — Appel. — Arrêt.

La cour ; — Adoptant les motifs des premiers juges ;... — Confirme, etc.

Du 18 mars 1879.-C. de Rennes, 1re ch.-MM. de Kerbertin, 1er pr.-Baudoin, subst. proc. gén.-Leborgne et Waldeck-Rousseau, av.

(2) (Barbe C. Cousteou.) — Le sieur Barbe, négociant en bois, séparé de biens d'avec sa femme, a accepté dix traites de 1000 francs chacune tirées par le sieur Cousteou. Le mot « accepté » est suivi de sa signature qui précède purement et simplement, et sans autre indication, la signature de sa femme. La première traite étant retournée impayée, Cousteou exerça une poursuite en payement solidairement contre les époux Barbe. La femme Barbe soutint la nullité de son engagement s'appuyant : 1° sur le défaut avant sa signature de la mention « bon pour » exigée par l'art. 1325 c. civ. ; 2° sur le défaut d'autorisation maritale, sa signature n'ayant été apposée sur la traite que postérieurement à l'acceptation de son époux. — Le 13 janv. 1883, jugement du tribunal de commerce de la Seine : — « Sur la demande en payement solidaire d'un mandat de 1000 fr. formée par Cousteou contre les époux Barbe : — En ce qui touche la dame Barbe : — Attendu que pour résister à la demande, la dame Barbe soutient que ce serait sans l'autorisation maritale qu'elle aurait avalisé le mandat dont s'agit ; — Que sa signature serait donc sans valeur et que son aval porté sur le titre devrait dès lors être déclaré nul ; — Mais, attendu que de l'examen de l'effet dont s'agit, il résulte que la dame Barbe y a apposé sa signature à côté de celle de son mari, que si du texte de cet aval il ne ressort pas que Barbe ait autorisé spécialement sa femme à cet effet, son concours au même acte établit suffisamment pour le tribunal le fait de son autorisation ; — Qu'au surplus, il convient de remarquer que ce n'est pas le mari qui oppose la nullité du titre pour défaut d'autorisation, mais bien la dame Barbe seule ; qu'à tous égards donc, le moyen invoqué doit être repoussé ; — En ce qui touche les époux Barbe :... — Sur la demande de la dame Barbe contre Cousteou : — Attendu qu'à l'appui de sa demande la dame Barbe prétend qu'au mépris de la défense formelle de son mari, elle aurait apposé sa signature sur neuf traites de 1000 fr. chacune, souscrites par ce dernier au profit de Cousteou, et payables le 1er août de chaque année, de 1882 à 1890 ; qu'elle serait d'autant mieux fondée à poursuivre l'annulation de son obligation au regard de Cousteou que sa signature aurait été donnée postérieurement à celle de son mari ; — Mais attendu qu'il n'est pas prouvé que Barbe ait refusé d'autoriser sa femme à apposer sa signature sur les mandats dont s'agit ; qu'ainsi la dame Barbe n'établit d'aucune manière la nullité dont elle se prévaut, et qu'en conséquence sa demande doit être repoussée ; — Par ces motifs ; — Le tribunal, jugeant en premier ressort à l'égard de la dame Barbe, et en dernier ressort à l'égard du sieur Barbe, condamne les sieur et dame Barbe solidairement et par les voies de droit à payer à Cousteou la somme de 1000 fr. avec les intérêts suivant la loi ; — Déclare la dame Barbe mal fondée en sa demande, l'en déboute et condamne les époux Barbe en tous les dépens ». — Appel par la femme Barbe. — Arrêt.

La cour ; — Considérant que la femme Barbe pour repousser l'action de Cousteou et justifier sa demande reconventionnelle, soutient que les effets dont le payement est poursuivi contre elle seraient nuls : 1° comme ne portant aucune approbation de sommes écrites de sa main ; 2° en ce qu'elle y aurait apposé sa signature sans l'autorisation de son mari ; — Sur le premier point : — Considérant que l'art. 1326 c. civ. a fait exception à la règle générale qu'il a posée en ce qui concerne les marchands ; que si la femme Barbe n'était pas marchande publique en ce qu'elle n'exerçait pas un commerce séparé et distinct de celui de son mari, elle participait au commerce de Barbe qui était marchand de bois ; elle tenait la caisse, réglait la comptabilité et s'occupait des achats et des ventes ; — Que dans cette situation et à raison de ces actes, elle doit être considérée comme marchande dans le sens de l'art. 1321 c. civ., et ne peut opposer à Cousteou le défaut de bon ou approuvé dont elle n'a pas fait précéder sa signature ; — Qu'en supposant même que la preuve de son obligation ne fût pas complètement acquise pour les effets qu'elle a signés, ces effets constitueraient dans tous les cas un commencement de preuve par écrit qui permettrait de recourir aux présomptions graves, précises et concordantes, qui résultent de tous les documents de la cause, notamment d'une lettre en date du 24 juill. 1882, contenant reconnaissance par la femme Barbe, de l'engagement qu'elle a pris envers Cousteou, d'une lettre de son père, écrite, d'accord avec sa fille, relative à l'inexécution de l'obligation de la femme Barbe, du livre de caisse de Barbe tenu par sa femme, d'où il ressort que la femme Barbe connaissait le prêt fait par Cousteou à son mari, ainsi que les engagements de celui-ci et qu'elle s'y est associée en toute connaissance de cause ; — Que le premier moyen n'est donc pas fondé ; — En ce qui touche le défaut d'autorisation maritale : — Considérant qu'aux termes de l'art. 217 c. civ., l'autorisation maritale nécessaire à la femme pour contracter peut être établie par le concours du mari à l'acte ; que les valeurs à ordre qualifiées de mandats, qui font l'objet du procès, portent les deux signatures de Barbe et de la femme Barbe, précédées du mot « accepté » ; que la signature de la femme Barbe est au-dessous de celle de son mari, à la place où elle devait naturellement être inscrite ; que le concours des deux époux dans la création de ces valeurs résulte tant de la disposition des signatures que de l'ensemble des titres ; que les allégations contraires de la femme Barbe ne sont appuyées d'aucune justification ; qu'il n'y a pas lieu de s'y arrêter ; — Adoptant au surplus les motifs qui ont déterminé les premiers juges en ce qu'ils n'ont rien de contraire au présent arrêt ; — Met l'appellation au néant ; — Confirme, etc.

Du 24 avr. 1883.-C. de Paris.-MM. Harel, av. gén., c. conf.-Lebrasseur et Maugras, av.

du contrat de mariage, le mari ne pouvait être mis en faillite, car il ne pouvait être commerçant. En faisant, même habituellement, des actes de commerce, il ne les pratiquait pas pour son compte personnel, et devait être considéré comme administrant les biens de sa femme comme gérant son établissement commercial, en un mot comme son mandataire. Si, au contraire, la clause du contrat de mariage était frustratoire et n'avait été portée que dans le but de ménager à la femme la possibilité de prendre part à l'actif de la faillite au détriment des créanciers; si, en d'autres termes, le mari était réellement commerçant, la femme ne pouvait être marchande publique, puisqu'il n'y avait pas deux commerces séparés, mais un seul et même commerce exercé conjointement par les deux époux. Et alors, si l'on faisait bien en mettant le mari en faillite, on faisait mal en prononçant aussi et conjointement la faillite de la femme ».

95. Il est certain, d'ailleurs, que la femme ne saurait être obligée commercialement, lorsque le mari commerçant lui a seulement donné mandat de gérer son négoce à sa place (*Rép.* nos 191 et suiv.); mais, en pareil cas, le mari est tenu des engagements contractés par la femme. Outre les décisions citées en ce sens au *Rép. loc. cit.*, il a été jugé : 1° que le mari qui a préposé sa femme à son commerce et lui a conféré le mandat tacite d'en gérer les affaires, est tenu, vis-à-vis des tiers porteurs, du payement des effets souscrits par celle-ci, même par complaisance en abusant de son mandat (Douai, 21 nov. 1849, aff. Cuénin, D. P. 50. 5. 315); — 2° Que la femme qui participe activement à l'exploitation du fonds de commerce de son mari, qui signe habituellement et notoirement pour lui des billets reçus ou autres titres, doit être considérée comme investie d'un mandat tacite qui oblige le mari dans une certaine mesure au payement des billets qu'elle a écrits et signés au nom de celui-ci (Paris, 4 juin 1869, aff. Cotté, D. P. 70. 2. 62); — 3° Qu'un négociant est engagé par le cautionnement donné par sa femme dans une lettre écrite en la forme habituelle de la correspondance commerciale et transcrite sur le livre de copies de lettres de la maison, alors qu'il avait notoirement et depuis longtemps délégué sa signature à sa femme (Civ. rej. 28 août 1872, aff. Bouteloup, D. P. 72. 1. 396).

96. — III. CAPACITÉ DE LA FEMME MARCHANDE PUBLIQUE (*Rép.* nos 196 à 218). — La femme mariée et régulièrement autorisée à faire le commerce est, *pour tout ce qui concerne son négoce*, assimilée à la femme non mariée; les art. 5 et 7 du code de commerce lui donnent à cet égard la capacité la plus étendue. Jugé, en ce sens, que la femme autorisée par son mari à exercer la profession de maîtresse de chant peut, sans autorisation spéciale, contracter les engagements nécessaires pour donner un concert public à son profit (Paris, 3 juill. 1857, V. *Acte de commerce*, n° 243). — Mais cette capacité étant restreinte aux seules opérations commerciales, la femme demeure, *pour tout ce qui est étranger à son commerce*, sous l'empire du droit commun des femmes mariées, c'est-à-dire soumise à l'autorisation maritale, et cela, alors même qu'elle ferait le commerce conjointement avec son mari (*Rép.* nos 197 et 198). Ainsi elle ne peut accepter sans une autorisation *ad hoc*, le syndicat d'une faillite, les fonctions de syndic n'ayant nullement trait à son commerce, et entraînant, en outre, une responsabilité trop grande, par suite de laquelle le mari pourrait se trouver obligé à son insu ou même contre son gré (*Rép.* v° *Faillite*, n° 417); ni consentir, sans une autorisation expresse, le transport, à un tiers, de l'indemnité d'expropriation qui lui a été accordée comme locataire des lieux dans lesquels son commerce s'exerçait (Paris, 10 mars 1868, aff. syndic Moreau, D. P. 68. 5. 34).

97. L'autorisation donnée à la femme commerçante par l'art. 7 c. com., d'engager, hypothéquer, aliéner ses immeubles (*Rép.* n° 199) est, comme celle que lui confère l'art. 5, restreinte à ce qui concerne les besoins de son industrie. Jugé, en ce sens, que la femme mariée, mineure, régulièrement autorisée à faire le commerce, ne peut s'engager que pour les faits relatifs à ce commerce; elle ne peut, notamment, contracter une obligation étrangère à son négoce sans l'autorisation du conseil de famille, homologuée par le tribunal. Par suite, le notaire qui a fait pour elle un emprunt hypothécaire, sans que les formalités prescrites par l'art. 483 c. civ. aient été remplies, et qui est resté détenteur d'une partie des fonds, engage envers elle sa responsabilité, s'il les emploie à rembourser un créancier du mari inscrit sur l'immeuble hypothéqué pour garantie de l'emprunt, bien que la femme se soit obligée dans l'acte à ce remboursement exigé par le prêteur. A plus forte raison, ce notaire est-il responsable, s'il a, même avec le consentement de la femme, remboursé un créancier chirographaire du mari (Douai, 7 mars 1882, aff. Veuve Dupont-Wiart, D. P. 83. 2. 14, et la note).

98. La question de savoir si les actes faits par la femme autorisée se rapportent ou non aux besoins de son commerce est abandonnée à l'appréciation des tribunaux. — Toutefois, la présomption de commercialité établie par l'art. 638 c. com. à l'égard des engagements des commerçants n'exprimant pas une cause commerciale, est applicable à la femme marchande publique comme au commerçant dont la capacité est entière. Ainsi, sont réputés avoir trait au commerce de la femme mariée qui fait le commerce avec l'autorisation de son mari,... les billets causés valeur en marchandises, et, par suite, la femme ne peut en demander la nullité contre un tiers porteur de bonne foi, sous prétexte qu'ils seraient étrangers à son commerce, et qu'ils auraient ainsi le caractère d'un engagement ordinaire, nul à défaut d'autorisation maritale (Req. 23 janv. 1854, aff. Pujos, D. P. 54. 1. 175). Il en est de même des emprunts contractés par elle en la forme notariée avec constitution d'hypothèque; — ... Des aliénations d'immeubles, bien qu'elles soient par elles-mêmes étrangères au commerce de la femme, parce qu'elles peuvent avoir pour cause ce commerce (Conf. Lyon, 26 mai 1859, *Droit* du 10 juill. 1859), notamment la vente d'un immeuble moyennant une rente viagère : cette vente est valablement faite, sans une autorisation spéciale, par la femme commerçante qui, après avoir obtenu la séparation de biens, s'est fait autoriser par justice à faire le commerce (Req. 8 sept. 1814, *Rép.* v° *Contrat de mariage*, nos 1041 et suiv.). — La preuve contraire à cette présomption de commercialité doit être faite par le mari ou la femme, qui devront établir que l'acte souscrit par celle-ci n'est pas relatif à son commerce et, s'il s'agit d'un prêt, que les tiers n'ont pu croire à une destination commerciale des fonds reçus par elle. Elle est admise même au cas où l'acte constatant la convention énoncerait qu'elle a été souscrite dans l'intérêt commercial de la femme. En pareil cas, la preuve contraire peut être opposée par la femme aussi bien que par le mari, la simulation n'engageant pas les parties qui y ont concouru quand elle tend à éluder une incapacité d'ordre public (Nouguier, t. 1, n° 615).

99. Cette capacité de la femme majeure n'est restreinte qu'au cas où elle est mariée sous le régime dotal (*Rép.* nos 204 à 210), et en ce qui concerne les biens dotaux seulement, qui ne peuvent être aliénés que dans les cas prévus par les art. 1557 et 1558 c. civ. — Toutefois, la femme mariée sous ce régime qui, devenue commerçante après son mariage, a négligé de faire publier son contrat de mariage, conformément à l'art. 69 c. com., ne peut invoquer l'inaliénabilité de ses biens dotaux contre les créanciers qui n'ont contracté avec elle que parce qu'ils ignoraient sa qualité de femme dotale; sa négligence constitue à leur égard un quasi-délit dont elle est responsable même sur ses biens dotaux (Req. 24 déc. 1860, aff. Neveu, D. P. 61. 1. 373). Jugé également que si l'inobservation par la femme commerçante des prescriptions de l'art. 69 c. com. ne suffit pas par elle-même pour autoriser ses créanciers à la poursuivre sur ses biens dotaux, elle constitue un quasi-délit, et que, dès lors, la réparation du dommage causé peut être poursuivie sur les biens dotaux (Bordeaux, 4 févr. 1858, aff. syndic Joubert, D. P. 58. 2. 123). — Sous tous les autres régimes matrimoniaux, la femme commerçante est pleinement capable et ne peut, par conséquent, se soustraire à l'exécution de ses engagements. Ainsi, quand elle est mariée sous le régime de communauté, elle reste obligée, alors même qu'elle aurait renoncé à la communauté, sauf son recours contre celle-ci, et elle peut prendre, avec les créanciers poursuivants, tous les arrangements qu'elle juge convenable (*Rép.* v° *Contrat de mariage*, n° 1047). — Avant 1867, elle était passible de la contrainte par corps.

100. On admet généralement que la femme commerçante ne peut, sans une autorisation spéciale de son mari, contracter avec un tiers une société commerciale (*Rép.* nos 210 à 215; Boistel, n° 98; Nouguier, n° 610; Beslay, n° 352; Bédarride, n° 126). Et il n'y a pas lieu de distinguer entre les différentes natures de sociétés commerciales; la prohibition est absolue. — Jugé, en ce sens, que l'autorisation de faire le commerce donnée à une femme mariée, soit par le mari, soit par la justice après séparation de corps, n'habilite pas cette femme à contracter avec des tiers une société de commerce, et notamment une société en nom collectif: la femme doit se pourvoir d'une autorisation spéciale. En conséquence, la femme qui a contracté une telle société, en vertu de l'autorisation générale qu'elle a reçue de faire le commerce, peut en demander la nullité contre les créanciers sociaux, afin de se soustraire aux engagements contractés par la société envers ces derniers (Req. 9 nov. 1859, aff. Feilens, D. P. 60. 1. 87). — Décidé, de même, que l'autorisation de faire le commerce donnée par le mari ou par la justice à la femme, ne l'habilite pas à contracter une société de commerce, ni, par suite, à emprunter et hypothéquer pour les besoins de ce commerce (Lyon, 28 juin 1866, aff. Clarion, D. P. 66. 2. 224).

Au cas où le mari ne peut ou ne veut donner son consentement, la justice peut-elle autoriser la femme? Il y a lieu d'admettre sur ce point la même solution que pour l'autorisation de faire le commerce en général (V. *suprà*, nos 85 et suiv.).

101. La femme marchande publique peut-elle contracter une société commerciale avec son mari lui-même? Cette question sera examinée v° *Société*.

102. Malgré sa capacité de contracter, la femme commerçante, même majeure, ne peut ester en justice soit en demandant, soit en défendant, sans l'autorisation de son mari (*Rép.* n° 216), ou, à son défaut, sans celle de justice (art. 861 et suiv. c. proc. civ.); Cette autorisation ne lui est d'ailleurs nécessaire que pour se présenter à l'audience; la femme peut faire seule tous actes extrajudiciaires et conservatoires de ses droits. — La plupart des auteurs justifient cette incapacité de la femme commerçante par ce motif qu'elle pourrait compromettre sa fortune et le nom de son mari dans des procès dangereux. M. Beslay, nos 430 et suiv., tout en reconnaissant que la loi est formelle à cet égard, s'élève contre une prohibition qui lui paraît n'être pas en harmonie avec la capacité commerciale de la femme, et fait remarquer que l'autorisation donnée à la femme de faire le commerce l'expose à des hasards autrement sérieux que la perte ou le gain d'un procès, et que souvent le refus non motivé du mari et la nécessité de s'adresser à la justice causeront à la femme commerçante des retards très préjudiciables: « Nos anciennes coutumes mieux avisées, dit-il (n° 434), donnaient à la femme marchande publique le droit de plaider seule. D'ailleurs l'autorisation générale donnée par le mari à sa femme de faire le commerce l'habilitant, sauf ce qui est dit à l'art. 7 c. com. à propos du régime dotal (V. *suprà*, n° 17), pour tous les actes de la vie commerciale et l'exposant à toutes les chances bonnes ou mauvaises de la profession, il semblerait logique de l'étendre aux instances judiciaires qui se présentent si fréquemment dans la carrière de tout commerçant, si modeste que puisse être le chiffre de ses affaires. » — Quoi qu'il en soit, la loi est formelle, et elle ne comporte aucune exception.

Un arrêt a décidé que la femme autorisée par son mari à faire toutes opérations de commerce, et, relativement à ces opérations, tous actes à elle permis par la loi, peut, en vertu de cette autorisation, introduire et poursuivre en appel une instance commerciale (Aix, 9 janv. 1866, aff. Ferrand, D. P. 67. 5. 35). Bien qu'il fût établi en fait que le mari avait, dans l'espèce, donné à sa femme une procuration générale, notamment pour citer et comparaître en son nom devant tous tribunaux compétents, cet arrêt, qui n'a d'ailleurs pas été déféré à la cour de cassation, ne nous paraît pas moins violer formellement les dispositions des art. 215 et 218 c. civ., qui exigent l'autorisation du mari ou de justice, même pour la femme marchande publique.

103. Sur les formes dans lesquelles l'autorisation de justice est donnée à la femme, V. *Mariage*.

104. — IV. EFFETS DES ENGAGEMENTS COMMERCIAUX DE LA FEMME MARCHANDE PUBLIQUE PAR RAPPORT AU MARI (*Rép.* nos 218 à 223). — Aux termes de l'art. 5 c. com., la femme marchande publique oblige aussi son mari s'il y a communauté entre eux (Delamarre et Le Poitvin, t. 1, n° 67; Demangeat, t. 1, p. 100 et suiv.; Alauzet, t. 1, n° 305; Nouguier, t. 1, n° 618; Boistel, nos 100 et suiv.; Beslay, nos 353 *bis* et suiv.) — Jugé, à cet égard, que la femme autorisée par le mari à faire le commerce oblige le mari s'il y a communauté entre eux, conformément à l'art. 5 c. com., quoiqu'il ait été énoncé dans l'autorisation qu'elle sera commerçante à ses risques et périls, cette clause ne pouvant être opposée aux tiers. Et il en est ainsi même à l'égard des tiers sur la demande desquels l'autorisation a été consentie, et qui sont demeurés détenteurs de l'acte contenant cette autorisation, s'ils n'y ont point été parties et n'ont pas renoncé à la responsabilité du mari (Paris, 19 juin 1869, aff. Van Bathoven, D. P. 69. 2. 247). — Cette obligation subsiste, même en cas de faillite de la femme, et le mari qui l'a autorisée à faire le commerce ne jouit pas, en cas de faillite suivie de concordat, du bénéfice de la remise stipulée dans ce concordat: il est personnellement tenu du payement intégral des dettes (Paris, 19 févr. 1845, aff. Scellier, D. P. 45. 4. 89). Si le mari dirige la comptabilité, les achats et fait les payements pour ce qui concerne le commerce de sa femme, le fonds doit être considéré comme exploité en commun; le mari n'est plus tenu en pareil cas, comme chef de la communauté, et il peut être déclaré en faillite aussi bien que sa femme (Nouguier, t. 1, n° 624; Paris, 12 août 1873, *suprà*, n° 94-2°). Il doit de même être condamné directement et solidairement avec elle, s'il s'est mis à la tête du commerce que sa femme exerçait seule auparavant (Paris, 25 févr. 1874, *Journal des tribunaux de commerce*, t. 23, p. 444, n° 8186). Dans ces deux cas, le mari est réputé commerçant et traité comme tel.

105. La responsabilité du mari à l'égard des engagements commerciaux de sa femme subsiste par cela seul qu'il a su qu'elle faisait le commerce, alors même que, vivant séparé d'elle, il a ignoré les actes en vertu desquels elle s'est engagée. Il y a là de sa part un consentement tacite qui suffit pour l'obliger (Trib. com. Seine, 29 mars et 30 juin 1859, *Mémorial du commerce*, 1860. 2. 222, cités par Beslay, n° 368). Il ne pourrait se soustraire à toute responsabilité qu'en établissant que les tiers ont eu connaissance de son refus de répondre des engagements de sa femme (Paris, 27 janv. 1860, *Mémorial du commerce*, 1860. 2. 409, cité par Beslay, *ibid.* — Conf. Paris, 22 avr. 1863, *Journal des tribunaux de commerce*, t. 13, p. 21, n° 4516).

106. L'obligation que le mari contracte comme chef de la communauté est-elle civile ou commerciale? — Avant 1867, on admettait généralement que le mari, n'étant point engagé personnellement par l'autorisation donnée à sa femme, n'était pas soumis, comme celle-ci, à la contrainte par corps (*Rép.* n° 222). Aujourd'hui, la question n'a plus guère d'intérêt qu'au point de vue de la compétence: il s'agit de savoir si le mari, lorsqu'il est obligé en vertu de l'art. 5 c. com., peut être assigné devant le tribunal de commerce (V. sur ce point *infrà*, v° *Compétence commerciale*). La majorité des auteurs décident que l'obligation du mari est ici purement civile; il est tenu en vertu d'un principe de droit commun, indépendant de la nature commerciale de l'engagement de sa femme (Nouguier, t. 1, nos 622 et suiv.; Boistel, n° 100; Beslay, nos 369 et suiv.; Demangeat, t. 1, p. 102 et suiv.; Alauzet, t. 1, n° 310).

107. L'obligation du mari n'est, d'ailleurs, pas générale, et ne saurait être étendue à tous les actes de sa femme. Ainsi il a été décidé que la femme commune, autorisée par son mari à faire le commerce, n'oblige la communauté que pour les actes qui concernent son négoce; en conséquence, si, en maniant imprudemment des matières incendiaires (spécialement du pétrole) qu'elle allait débiter, elle a allumé un incendie, la communauté n'est pas tenue des dommages-intérêts dus aux victimes de cet incendie (Req. 8 juill. 1872, aff. Comp. *l'Abeille*, D. P. 73. 1. 33). Le mari n'est civilement responsable des délits ou quasi-délits de sa femme, que si le dommage a été causé par elle dans une fonction à laquelle elle était préposée (tacitement ou non) par le mari. En conséquence, le mari n'est pas responsable des imprudences commises par la femme dans l'exercice d'un commerce séparé et distinct (Même arrêt). Il ne saurait être, à plus forte raison, responsable pénalement des délits ou des crimes commis par sa femme; si, par exemple, cette dernière est sous le coup d'une poursuite pour banqueroute simple ou frauduleuse, le mari ne doit pas être compris dans cette poursuite. — Enfin la femme qui a été autorisée à faire le commerce par autorité de justice (V. *suprà*, nos 85 et suiv.), ne saurait engager son mari qui ne peut être ainsi obligé contre son gré, ni, par conséquent, engager la communauté. — V. *infrà*, vo *Contrat de mariage*.

108. Si les créanciers de la femme commerçante ont action sur les biens de la communauté et sur ceux du mari, les *créanciers de celui-ci* ont, de leur côté, le droit de saisir l'actif du commerce de la femme, comme étant compris dans les biens de la communauté (*Rép.* no 218). Cette solution a été contestée, mais elle paraît admise par la plupart des auteurs (V. en ce sens: Beslay, nos 372 et suiv.; Alauzet, nos 305 et suiv.; Bédarride, t. 1, no 137; Nouguier, no 629). Le système qui refuse aux créanciers du mari tout droit sur l'actif commercial de la femme crée au profit des créanciers de cette dernière un privilège qui n'est pas écrit dans la loi. Il est en contradiction avec la règle édictée par l'art. 1401 c. civ., d'après laquelle tous les bénéfices réalisés par le travail de l'un ou l'autre des époux durant le mariage forment des acquêts de communauté. Or l'art. 1395 c. civ. s'oppose à ce qu'il soit apporté aucune dérogation à cette règle pendant le mariage. Comme le dit M. Beslay, no 375: « Il serait impossible aux époux de constituer un propre pendant le mariage, si cette constitution était l'objet direct et formel d'une convention intervenue entre eux; à plus forte raison est-il impossible que l'autorisation donnée par le mari à la femme de faire le commerce puisse avoir ce résultat indirect de leur constituer en propre le fonds de ce commerce, l'actif commercial à l'exploitation duquel la femme se livrera ». — L'opinion que nous soutenons a été consacrée par un jugement du tribunal de commerce de Marseille du 29 sept. 1854 (*Recueil de Marseille*, 1854. 1. 334), et par deux arrêts de la cour de Paris du 6 août 1866 (*Journal des tribunaux de commerce*, t. 16, p. 398, no 5808), et 23 juill. 1875 (*ibid.*, t. 25, p. 245, no 8722) dans des espèces, il est vrai, où les engagements du mari étaient fondés sur les besoins du commerce de sa femme. — On peut aussi tirer un argument d'analogie en faveur de ce système d'un arrêt de la chambre des requêtes aux termes duquel la déclaration de faillite du mari ne s'oppose pas à ce que les créanciers qui ont produit à cette faillite poursuivent postérieurement celle de sa femme commerçante et en état de cessation de payements, s'ils n'ont pas renoncé à leurs droits contre celle-ci, alors même qu'ils n'ont pas fait dans les délais légaux opposition au jugement déclaratif de la faillite du mari (Req. 17 janv. 1881, aff. Puget, D. P. 81. 1. 225, cité *suprà*, no 81).

109. En ce qui concerne les époux mariés sous le régime exclusif de communauté, sous le régime dotal, ou sous le régime de la séparation de biens, V. *Rép.* nos 219 à 221. V. aussi: Alauzet, t. 1, nos 309 et suiv.; Bédarride, nos 130 et suiv.; Boistel, no 100 *ter*; Beslay, nos 386 et suiv.; Bravard et Demangeat, t. 1, p. 104 et suiv.; Lyon-Caen et Renault, t. 1, p. 98 et suiv.; Nouguier, t. 1, no 619.

ART. 5. — *Des commerçants étrangers* (*Rép.* no 223).

110. Les règles générales qui déterminent la condition juridique des étrangers en France sont exposées, avec les applications nombreuses qui en ont été faites par la jurisprudence et par la doctrine, *infrà*, vo *Droit civil*; — *Rép.* eod. vo, nos 178 et suiv. — La faculté d'exercer le commerce, envisagée en elle-même, et abstraction faite de tout ce qui est relatif à la capacité commerciale, dérive du droit des gens, et, par conséquent, tout étranger capable de contracter peut faire en France des actes de commerce et y devenir commerçant, soit qu'il ait été autorisé à y fixer son domicile, soit qu'il y réside sans autorisation, soit même qu'il n'y séjourne que momentanément. Ce principe est formulé au *Rép.* no 223, et vis *Droit civil*, no 196; *Droit naturel et des gens*, no 85, et *Industrie et commerce*, no 161. — Les conséquences principales qui doivent en être tirées sont résumées sous le présent mot du *Rép.* no 223. V. aussi, en ce qui concerne l'exercice: ... des droits de propriété industrielle, vis *Brevet d'invention; Industrie et commerce*; — ... Du droit de propriété littéraire, vo *Propriété littéraire*; — ... De la médecine et de la pharmacie, vo *Médecine et pharmacie*; — ... De l'enseignement, vo *Organisation de l'instruction publique*.

111. Quant aux professions qui, se rattachant aux fonctions publiques, sont interdites aux étrangers même autorisés à établir leur domicile en France, V. *Avocat*, no 26; — *Rép.* vis *Avocat*, no 175; *Bourse de commerce*, nos 182 et suiv.; *Commissaire-priseur*, no 15; *Industrie et commerce*, no 161; *Notaire*, nos 91 et suiv. — Les étrangers ne peuvent non plus être gérants, en France, d'un journal ou de tous autres écrits périodiques (V. *Presse*); ... ni posséder au delà de la moitié d'un navire de commerce français (V. *Rép.* vo *Droit maritime*, no 66).

ART. 6. — *Devoirs et droits des commerçants* (*Rép.* nos 224 à 296).

§ 1er. — Devoirs généraux des commerçants (*Rép.* nos 225 à 286).

112. Nous avons peu de chose à ajouter à ce qui a été dit au *Rép.* nos 225 et suiv., sur les obligations générales des commerçants. La législation n'a pas varié, aucune nouvelle controverse ne s'est élevée dans la doctrine sur cette matière. Quant à la jurisprudence, elle n'a fait que confirmer ses décisions antérieures. Il suffira donc d'exposer les principales espèces sur lesquelles elle a eu à statuer en cette matière depuis la publication du *Répertoire*. — Pour tout ce qui a trait à l'obligation de prendre patente, V. *Patente*.

113. — I. TENUE DES LIVRES (*Rép.* nos 226 à 268). — En ce qui concerne l'énumération des livres imposés par la loi et de ceux qu'il est d'usage d'avoir dans le commerce, V. *Rép.* nos 226 et suiv.

114. Quant à la manière de les tenir, on a vu que la loi n'impose aucune forme particulière, en dehors des visas prescrits par les art. 10 et 11 c. com. (*Rép.* nos 247 et suiv.). Aussi la cour de cassation a-t-elle décidé que l'inventaire dont il est question au *Rép.* no 232 peut consister dans un simple état de marchandises (Civ. rej. 25 août 1853, aff. Vavasseur, D. P. 53. 1. 277).

115. Mais les commerçants ne doivent pas abuser de cette faculté qui leur est laissée par la loi; ils ne sauraient se contenter de ne donner qu'en bloc le résultat de leurs opérations annuelles. La loi a voulu établir un contrôle sérieux de leur situation active et passive, et ce serait méconnaître sa pensée que de fournir à la fin de l'année un résumé trop sommaire. Aussi a-t-il été jugé qu'on ne saurait considérer comme un inventaire conforme aux prescriptions de la loi un état de recettes et de dépenses par lequel le gérant d'une société n'exposerait qu'en bloc l'actif et le passif, et ne ferait connaître ni le compte du banquier de la société, ni les valeurs mobilières, ni le fonds de réserve (Orléans, 19 juin 1886, aff. Delahaye, D. P. 87. 2. 83).

116. L'inventaire doit être arrêté chaque année et régulièrement approuvé. Cependant une irrégularité dans cette approbation peut être couverte. C'est ainsi que la cour suprême a décidé que l'approbation d'un inventaire commercial peut être considérée comme impliquant l'approbation de l'inventaire de l'exercice précédent, lorsque les pertes relevées dans ce premier inventaire figurent parmi les éléments de celui qui a été régulièrement approuvé (Civ. rej. 23 nov. 1881, aff. Rozier, D. P. 82. 1. 417).

117. On fait allusion *suprà*, no 114, à la formalité des visas prescrite par les art. 10 et 11 c. com. La jurisprudence a confirmé ce qui avait été dit sous ce rapport au *Rép.* no 240, et il a été jugé que le livre copie de lettres n'est dispensé que du visa annuel auquel l'art. 10 c. com. soumet le livre journal et le livre des inventaires, mais qu'il est soumis au visa général prévu par l'art. 11 du même code (Rennes, 29 avr. 1881, aff. Ménard, D. P. 84. 1. 357).

118. Les commerçants sont tenus de conserver leurs livres pendant un laps de temps de dix années (art. 11 c. com.). Passé ce délai, ils sont libres de les détruire; mais nous avons dit au *Rép.* no 242, qu'il était prudent pour eux de les conserver, les obligations qu'ils mentionnent étant généralement assujetties à la prescription trentenaire (Nouguier, no 1032; Alauzet, t. 1, no 334; Delamare et Le Poitvin, t. 1, no 286). Et M. Nouguier, tout en admettant qu'un commerçant, actionné en justice après l'expiration des dix années, doit être cru lorsqu'il affirme avoir détruit ses livres, ajoute: « Cependant ce qui dure dix ans, c'est l'obligation de garder les livres: ce qui ne cesse point, par l'expiration de ce délai, c'est l'obligation, pour le commerçant, de les représenter aussi longtemps qu'il en demeure nanti. La présomption que les livres n'existent plus, présomption *juris tantum*, cède devant la preuve contraire. S'il est prouvé qu'il les possède encore, et s'ils sont nécessaires pour éclairer la justice, rien ne s'oppose à ce que le commerçant soit forcé de les produire, même par une condamnation ou des dommages-intérêts. Et comme on est en pleine matière commerciale, la démonstration peut être faite à l'aide de tous les moyens de preuve autorisés en pareil cas. Du reste par une juste réciprocité il faut reconnaître que, même après le délai de dix ans, le commerçant possesseur de ses livres a le droit d'en faire usage et de les produire en justice pour repousser une réclamation injuste ou pour établir le fondement de sa propre demande » (M. Nouguier, nos 1034 et 1035).

119. Dans plusieurs pays étrangers, la loi elle-même a expressément sanctionné l'utilité de la longue conservation des livres de commerce. Les codes de commerce hollandais (art. 9), portugais (art. 223), wurtembergeois (art. 41) prescrivent un délai de trente ans. Le code espagnol (art. 55) exige qu'il soit attendu pour la destruction des livres la complète liquidation des affaires qu'ils contiennent. Seul le code allemand (art. 33) reproduit la disposition de notre code.

120. La jurisprudence a, du reste, consacré la thèse que nous soutenons, et la cour de Dijon, notamment, a décidé que la communication des comptes courants peut être ordonnée bien qu'ils aient plus de dix ans de date s'ils ont été conservés par le banquier créancier (Dijon, 29 févr. 1876, aff. Marius Bô, D. P. 77. 2. 94. V. *Compte courant*).

121. On sait, en effet, que « les livres de commerce régulièrement tenus peuvent être admis par le juge pour faire preuve entre commerçants pour faits de commerce » (art. 12 c. com.). Nous n'insisterons pas sur la portée de cet article, suffisamment établie au *Rép.* nos 243 et suiv. Cependant nous rappellerons que de ses termes mêmes il ressort que le juge a un pouvoir discrétionnaire d'ordonner ou de refuser la représentation des livres; il a le droit de ne les considérer que comme un moyen subsidiaire de preuve « en ce sens que s'il existe une preuve écrite d'un marché, d'un contrat commercial, il pourra accorder la préférence aux mentions des actes sur les énonciations des registres » (Nouguier, t. 2, n° 1037. Conf. Alauzet, t. 1, n° 341.— *Contrà :* Delamarre et Le Poitvin, nos 269 et suiv.).

122. Il est généralement admis, comme nous l'avons dit au *Rép.* n° 248, que les livres de commerce ne sont jamais reçus comme preuves contre des non-commerçants, quand bien même le fait en litige aurait un caractère commercial. Cependant un auteur a soutenu le contraire et a prétendu que la commercialité du fait rendait applicable l'art. 12 malgré la qualité civile de l'une des parties (Pâris, *Commentaire du code de commerce*, t. 1, n° 566). Cette opinion est demeurée isolée. Ce n'est qu'en agissant comme ayant cause d'un commerçant qu'un non-commerçant peut tirer preuve des livres de commerce (Nouguier, n° 1049).

La controverse a été plus sérieuse sur le point de savoir si, quand la contestation s'élève entre deux commerçants il est nécessaire que le fait soit commercial des deux côtés. Elle a été résolue par l'affirmative, et il est admis qu'un fait commercial de la part d'une seule des parties ne peut pas donner lieu à la représentation des livres (Nouguier, n° 1056; Alauzet, n° 337; Bédarride, nos 246 et suiv.).

123. Mais les conditions nécessaires et suffisantes étant remplies, les livres des commerçants admis en témoignage par le juge font preuve de ce qu'ils contiennent, et il en est ainsi quand bien même la mention qui se trouve sur les livres d'un commerçant serait écrite non de sa main, mais de celle du créancier qui l'invoque, pourvu évidemment que la présomption qu'il en a eu connaissance soit assez forte (Bourges, 14 juill. 1851, aff. Syndic Maronat, D. P. 52. 2. 72).

124. Les livres des commerçants ne font pas foi en justice lorsque leur tenue est irrégulière. L'arrêt de la cour de Rennes du 29 avr. 1881 cité *suprà*, n° 117, a considéré comme leur enlevant toute autorité l'absence du visa prescrit par la loi. Au reste, la chambre des requêtes avait déjà décidé, par un arrêt du 3 janv. 1860 (aff. Bringuier, D. P. 60. 1. 222), que les livres de commerce non visés et parafés conformément à la loi sont sans force probante au profit du commerçant qui les a tenus.

125. Cependant il ne faudrait pas exagérer les conséquences de cette doctrine, et en conclure que l'irrégularité dans la tenue des livres leur enlève toute autorité en justice. Ils peuvent néanmoins constituer un commencement de preuve, et, combinés avec d'autres pièces produites, fournir une preuve suffisante. Mais il ne s'agit plus alors que d'une question de fait, abandonnée à la souveraine appréciation des tribunaux. C'est ce qui a été jugé par l'arrêt du 3 janv. 1860, cité *suprà*, n° 124. Et lorsqu'une décision, s'inspirant de ces principes, a puisé dans des livres irrégulièrement tenus la preuve de l'existence d'un fait contesté, on ne peut se faire un moyen de cassation de l'irrégularité des livres (V. Req. 11 mai 1859, aff. Goutant-Chalot, D.P. 59. 1. 455-456).

126. Dans tous les cas, les livres entachés d'irrégularités peuvent faire foi contre ceux qui les ont tenus. On sait que l'art. 1330 c. civ. regarde comme indivisible la preuve tirée des livres des marchands, et interdit à ceux qui veulent en tirer profit de les invoquer dans ce qu'ils ont de favorable à leurs prétentions en écartant le surplus. Mais l'art. 1330 ne s'applique qu'aux livres tenus régulièrement (Nouguier, n° 1042). Et la chambre des requêtes en a conclu, donnant ainsi une nouvelle sanction à l'obligation pour les commerçants d'observer la plus stricte régularité dans la tenue de leurs livres, que lorsqu'il est constaté que des livres de commerce ne sont pas de nature à inspirer une confiance suffisante, les tribunaux peuvent prendre pour base de leur décision celles des énonciations de ces livres qui prouvent contre le marchand auquel ils appartiennent sans s'arrêter à d'autres énonciations qui prouvent en sa faveur, et décider sur ce dernier point d'après les divers documents de la cause (Req. 7 nov. 1860, aff. Michel, D. P. 61. 1. 195). La cour suprême n'a fait ici que confirmer son arrêt du 3 janv. 1860, cité *suprà*, n° 124, en considérant les livres mal tenus comme des documents susceptibles de constituer des commencements de preuve et d'éclairer la cause.

127. Tout ce que l'on vient de dire relativement à l'admission en justice des livres de commerce ne s'applique qu'aux livres dont la tenue est imposée par la loi. Cependant M. Nouguier, n° 1045, pense que les livres auxiliaires peuvent, dans certains cas et selon certaines conditions, faire preuve en justice, par exemple, quand les livres légaux ont disparu par cas fortuit, ou comme preuve complémentaire des livres légaux. M. Alauzet, t. 1, n° 343, admet également leur représentation mais avec des réserves (V. en outre en ce qui touche la foi due aux livres de commerce, v° *Obligations; — Rép.* eod. v°, nos 4192 et suiv.).

128. On a distingué au *Rép.* nos 258 et suiv. la communication des livres de commerce de leur simple représentation et l'on a indiqué en quoi consiste chacun de ces deux procédés de vérification en justice. — M. Bédarride, n° 321, a soutenu que, dans le cas de représentation, le commerçant a le droit de ne pas se dessaisir de ses livres. Mais les travaux de vérification pouvant être longs et minutieux, il paraît difficile d'admettre cette opinion. M. Nouguier la combat également (t. 2, n° 1076).

129. Contrairement à la règle édictée par l'art. 10 du titre 3 de l'ordonnance de 1673, on peut demander la représentation des livres sans s'engager à y ajouter foi (Nouguier, n° 1086). M. Alauzet, nos 350 et 352, soutient le contraire, sauf dans le cas où la représentation est ordonnée d'office par le juge (Conf. Delamarre et Le Poitvin, n° 285).

130. Un commerçant ne peut pas se soustraire à l'obligation de représenter ses livres en justice. Et s'il refuse de les exhiber, en prétendant qu'il n'en a pas, les tribunaux peuvent ordonner à des adversaires de prouver par tous moyens de droit qu'il tient des livres de commerce. C'est ce qui a été décidé par un arrêt de la cour de Bruxelles du 12 août 1856 (1). Mais, si cette preuve est impossible, les juges ne peuvent que constater l'infraction commise; ils n'ont pas le droit d'appliquer une sanction que la loi n'a pas prévue, comme par exemple le refus de toute audience au délinquant. La cour de Bruxelles, l'a ainsi jugé, par un arrêt du même jour (2), rendu dans la même affaire.

(1 et 2) (Devis C. Veuve et héritiers Loix.) — Premier arrêt. — Lacour; — Attendu que l'appelant, qui prétend exercer la profession

131. On s'est demandé si un tribunal de commerce peut ordonner le dépôt au greffe des livres d'un commerçant pour y puiser la preuve de son insolvabilité. Un arrêt de la cour d'Orléans du 28 févr. 1855 (aff. Cornilhan, D. P. 55. 2. 155) a décidé qu'il y aurait là un excès de pouvoir. Ce cas est, en effet, en dehors de ceux que détermine l'art. 14 c. com.; la loi n'a pas voulu que l'on pût, sans une impérieuse nécessité, pénétrer les opérations et les secrets d'un commerçant.

132. Une question nouvelle a été également portée devant les tribunaux. Il s'agissait de savoir si la production des livres d'un commerçant qui n'avait pas été demandée en première instance pouvait l'être en appel. La cour de Rouen a résolu affirmativement la question par un arrêt du 30 nov. 1878 (aff. Lemaignen, D. P. 79. 2. 87-88).

133. Nous avons vu au *Rép.* n° 265, que lorsque les livres dont la représentation est ordonnée se trouvent dans un lieu éloigné, le tribunal de commerce saisi du différend se renseigne au moyen d'une commission rogatoire. Quelques auteurs, entre autres, M. Paris, t. 1, n° 638, ont voulu voir dans cette opération une sorte de compulsoire exigeant la présence de la partie adverse. Mais, en général, cette opinion n'est pas suivie (Alauzet, n° 351; Nouguier, nos 1094 et suiv., Bédarride, n° 324).

134. — II. Publication des contrats de mariage de commerçants et des jugements de séparation de corps et de biens et de divorce (*Rép.* nos 269 à 286). — La troisième obligation imposée aux commerçants par la loi est la publication par extrait, dans la manière indiquée par les art. 67 c. com. et 872 c. pr. civ., de leur contrat de mariage et de toutes les modifications qui y sont successivement apportées. Cette matière a été traitée plus en détail au *Rép.* v° *Contrat de mariage*, n° 274; on y reviendra de nouveau, *infrà*, eod. v°.

§ 2. — Obligations imposées à certaines professions commerciales (*Rép.* nos 287 à 295).

135. Le *monopole* de certaines industries a été attribué à l'Etat, soit dans un intérêt de sûreté publique, soit parce qu'il s'agit d'industries dont les produits ont été considérés comme une source de revenus pour le Trésor public. Nous reprenons, avec les renvois aux mots propres à ces industries, l'énumération qui en est faite au *Rép.* n° 288, et v° *Industrie et commerce*, n° 207. — Ainsi, des lois spéciales réservent exclusivement à l'Etat: 1° le droit de frapper monnaie (*Rép.* v° *Monnaie*, n° 39); —... 2° Le transport des dépêches, lettres et journaux (*Rép.* v° *Postes*, nos 43, 49 et 78); —... 3° Le pesage et le mesurage des marchandises ou denrées, dans l'enceinte des marchés, halles et ports, même hors le cas de contestation (V. *Poids et mesures*; — *Rép.* eod. v°); —... 4° L'achat, la vente et la fabrication du tabac (*Rép.* v° *Impôts indirects*, nos 545 et suiv.); —... 5° La fourniture aux fabricants de cartes à jouer du papier filigrané (*Rép.* v° *Impôts indirects*, nos 611 et suiv.). En ce qui concerne: ... la fabrication et la vente des armes et munitions de guerre, V. *Arme*, nos 19 et suiv.; — *Rép.* eod. v°, nos 74 et suiv.; —... La fabrication, le débit et la détention de la poudre, V. *Rép.* eod. v°, nos 8, 14 et suiv.; —... La fabrication et la vente des allumettes chimiques, V. *Impôts indirects*.

136. En dehors d'une disposition législative, l'autorité administrative ne peut créer un monopole en faveur d'individus ou de corps, en leur attribuant le droit exclusif d'exercer une profession déterminée. La jurisprudence a eu fréquemment l'occasion d'appliquer cette règle protectrice de la liberté du commerce et de l'industrie, en refusant de sanctionner, par une peine, des dispositions réglementaires dont l'autorité judiciaire a le pouvoir d'apprécier la légalité, lorsqu'elle est saisie de la connaissance d'infractions aux arrêtés préfectoraux ou municipaux qui renferment ces dispositions. De nombreuses décisions rendues sur ce point sont rapportées ou mentionnées au *Rép.* vis *Boucher*, nos 13 et 20; *Commune*, nos 672 et 673, 678, 693, 943, 1181; *Industrie et commerce*, nos 200-1° et 209; *Ouvriers*, n° 213; *Règlement administratif*, n° 115; *Vidange*, n° 68; *Voirie par chemin de fer*, n° 411-1°. V. aussi les mêmes mots du *Supplément*. Il est toutefois des cas où la limitation d'une industrie à des industriels déterminés, par voie de règlement de police, a été déclarée légale, parce qu'elle était commandée par des raisons d'ordre et de sécurité publics. On en trouve des exemples au *Rép.* vis *Commune*, nos 916 et suiv., 1070 et suiv.; *Règlement administratif*, n° 110; *Voitures publiques*, n° 908. V. aussi *ibid.* v° *Industrie et commerce*, n° 223, et les mêmes mots du *Supplément*.

137. D'autres professions, commerciales ou non commerciales, ne peuvent être exercées que par des personnes assujetties à la *nomination du Gouvernement*, bien qu'elles agissent dans la sphère des intérêts purement privés. Sont soumis à cette nomination:... 1° les avocats au conseil d'Etat et à la cour de cassation (V. *Avocat*, n° 249; — *Rép.* eod. v°, nos 506 et suiv.); —... 2° Les avoués (*Rép.* v° *Avoué*, nos 32 et suiv.); —... 3° Les huissiers (*Rép.* v° *Huissier*, n° 14); —... 4° Les greffiers (*Rép.* v° *Greffe-greffier*, n° 29); —... 5° Les notaires (*Rép.* v° *Notaire-notariat*, nos 224 et suiv.); —... 6° Les commissaires priseurs (*Rép.* v° *Commissaire-priseur*, n° 15); —... 7° Les agents de change (V. *Bourse de commerce*, nos 39 et suiv.; — *Rép.* eod. v°, nos 194 et suiv.); —... 8° Les courtiers, autres que les courtiers de marchandises dont l'industrie a été rendue libre par la loi du 18 juill. 1866 (V. *Bourse de commerce*, n° 246; — *Rép.* eod. v°, nos 193 et 449); —... 9° Les titulaires des bureaux de tabac (*Rép.* v° *Impôts indirects*, n° 548). — Quant aux agréés près les tribunaux de commerce, V. *Rép.* v° *Agréé*, nos 4 et suiv., et en ce qui concerne les maîtres de postes, V. *Rép.* v° *Postes*, nos 149 et suiv.

138. Sont subordonnées à une *concession administrative* du Gouvernement:... 1° l'exploitation des mines (*Rép.* v° *Mines*, nos 52 et suiv.); —... 2° L'exploitation des mines

---

de *commissionnaire en fonds* publics fut cité comme *négociant* devant le tribunal de commerce de Bruxelles, et n'a point décliné la compétence de cette juridiction; qu'au surplus, d'accord en cela avec les actes de la procédure émanant des intimés, il se qualifie de *banquier* dans l'exploit notifié à sa requête par l'huissier Joseph Troigné, en date du 20 oct. 1855, produit au procès; qu'enfin des documents de la cause il résulte que le même appelant se livrait, lors des faits dont il s'agit et encore actuellement, à des opérations d'escompte et de courtage et tenait un bureau d'affaires dans lequel il exerçait habituellement des actes de commerce; d'où il suit que Devis est *négociant* et qu'il l'était déjà quand eurent lieu ses relations d'affaires avec Loix *de cujus*; — Attendu qu'en cette qualité la loi et spécialement les art. 8, 9, 10 et 11 c. com. lui imposaient l'obligation formelle de tenir des livres; — Attendu, en fait, qu'aux fins d'éluder l'exécution du jugement rendu entre parties, le 10 déc. 1855, contre lequel il n'y a pas eu d'appel, Devis a, lors des plaidoiries devant la cour, soutenu qu'il n'avait pas de livres, si ce n'est un petit carnet tout à fait informe et des feuilles de papier volantes qu'il a désignées sous la qualification de *mains courantes*; — Attendu que cette prétention fut repoussée par les intimés qui, en première instance, avaient posé certains faits ci-après indiqués dont la pertinence ne peut être contestée; qu'en outre, il importe, préalablement à toute décision au fond, que la cour soit fixée sur le point concluant de savoir si l'appelant a ou n'a pas en réalité des livres de commerce; — Par ces motifs,... déclare que Devis était, lors des opérations qui constituent l'objet du litige et est encore négociant; et, sans rien préjuger au fond, ordonne aux intimés de prouver, par tous les moyens de droit, témoins compris, que: 1° l'appelant avait des livres de commerce; 2°... etc.

Du 12 août 1856.-C. de Bruxelles, 1re ch.-M. Cloquette, 1er av. gén.

Deuxième arrêt. — La cour; — Attendu que par les enquêtes qui eurent lieu à l'audience du 15 juillet dernier, les intimés n'ont point fait la preuve à laquelle les avait admis cet arrêt; — Attendu que le jugement du tribunal de commerce de Bruxelles, du 10 déc. 1855, ne contient aucune sanction à l'effet d'assurer son exécution; qu'au surplus si le défaut, de la part de l'appelant, d'avoir des livres de commerce, constitue, à la vérité, une infraction grave à la loi, il ne peut cependant donner matière à la mesure exorbitante par laquelle il serait refusé toute audience audit appelant, comme la loi l'y autorise par exception dans certains cas déterminés; — Par ces motifs,... alloue les intérêts des 15500 fr. adjugés, et avant de statuer définitivement sur tous autres chefs de prétentions ou contre-prétentions à l'égard desquelles tous leurs droits sont réservés, ordonne à Devis de produire un libellé indiquant par ordre chronologique le détail circonstancié des payements qu'il prétend avoir faits pour compte et en acquit de feu Loix, avec leur date, etc.

Du 12 août 1856.-C. de Bruxelles, 1re ch.-M. Cloquette, 1er av. gén.

de sel, sources et puits d'eaux salées (*Rép.* v° *Sel*, n°s 83 et suiv.). — Quant aux concessions de chemins de fer, V. *Rép.* v° *Voirie par chemin de fer*, n°s 93 et suiv.

139. Sont soumis à l'*autorisation du Gouvernement:* ... 1° la fabrication des médailles, des jetons ou pièces de plaisir, en or, argent ou autres métaux, ailleurs que dans les ateliers de la monnaie (*Rép.* v° *Monnaie*, n°s 75 et suiv.); —... 2° L'usage, par les fabricants, les artistes ou ouvriers, de presses, moutons, laminoirs, balanciers, coupoirs, afin de prévenir la contrefaçon de la monnaie dont, comme on l'a vu *suprà*, n° 135, la fabrication est réservée à l'Etat (*Rép.* v° *Monnaie*, n° 43); —... 3° La construction de fours à chaux ou à plâtre, de briqueteries, tuileries, et toutes constructions en bois, dans l'intérieur ou à moins d'un mètre de distance des bois et forêts; les constructions de maisons ou fermes, à la distance de moins de 500 mètres, et les usines à scier le bois, à la distance de moins de deux kilomètres des mêmes bois et forêts, à moins que ces maisons ou usines ne fassent partie de villes, villages ou hameaux formant une population agglomérée (*Rép.* v° *Forêts*, n°s 879 et suiv.); — ... 4° L'établissement de manufactures dont le voisinage peut être dangereux ou incommode (*Rép.* v° *Manufactures, fabriques et ateliers dangereux*, n° 16); —... 5° L'établissement d'usines sur les cours d'eaux navigables et flottables (*Rép.* v° *Eaux*, n°s 335 et suiv.); —... 6° L'établissement des foires, halles et marchés (*Rép.* v° *Halles, foires et marchés*, n° 31); —... 7° Les banques publiques (*Rép.* v° *Banque*, n° 35); — ...8° Les caisses d'épargne (*Rép.* v° *Etablissements d'épargne et de prévoyance*, n°s 57 et suiv.); —... 9° Les sociétés d'assurances sur la vie et les associations de la nature des tontines (V. *Assurances sur la vie*, n°s 272 et suiv.; *Tontines*), à la différence de toutes autres sociétés anonymes qui sont devenues libres depuis la loi du 24 juill. 1867, sauf la réglementation des sociétés d'assurances mutuelles (V. *Société*). — En ce qui concerne les maisons de commerce établies dans les Echelles du Levant, V. *Echelles du Levant*; — *Rép.* eod. v°, n° 6. — Quant à la censure théâtrale, V. *Théâtre*; — *Rép.* eod. v°, n°s 73 et suiv.

140. Sont soumis à l'*autorisation du préfet:*... 1° l'exploitation souterraine des minières (V. *Mines*); — ... 2° L'exploitation des tourbières (*Rép.* v° *Mines*, n° 710); — ... 3° L'exploitation des carrières par galeries souterraines (*Rép.* v° *Mines*, n°s 782 et suiv.); — ... 4° La mise en circulation des voitures publiques à service régulier (*Rép.* v° *Voitures publiques*, n°s 50, 280 et 313); — ... 5° Les individus qui se livrent à l'exercice des professions de saltimbanque, bateleur, joueur d'orgue, et musicien ambulant (*Rép.* v° *Commune*, n° 1069) à la différence des chanteurs sur la voie publique qui, depuis la loi sur la presse du 29 juill. 1881, ont cessé d'être assujettis à une autorisation préfectorale, aussi bien que les crieurs publics (V. *Presse*); — ... 6° L'ouverture d'une maison de tolérance (*Rép.* v° *Prostitution*, n° 12).

141. Sont soumis à l'*autorisation du maire:*... 1° toutes les industries qui, patentées ou non, s'exercent sur la voie publique ou dans des lieux publics (*Rép.* v^{is} *Commune*, n°s 1068 et suiv.; *Industrie et commerce*, n° 180); — ... 2° Les commissionnaires de place (*Rép.* v° *Commune*, n° 1069); — ... 3° Les bureaux de placement (V. *Industrie et commerce*; — *Rép.* eod. v°, n° 185); — ... 4° Les spectacles de curiosité, de marionnettes, les cafés dits cafés chantants, cafés concerts et autres établissements du même genre (V. *Théâtre*; — *Rép.* eod. v°, n° 34); — ... 5° Les entreprises de vidange (V. *Vidange*; — *Rép.* eod. v°, n°s 6, 22 et suiv.).

142. Les *livres d'église* ne peuvent être imprimés qu'avec la *permission* de l'*évêque diocésain* (*Rép.* v° *Propriété littéraire*, n° 142).

143. Sont soumis à une *déclaration préalable* au *préfet:* ... 1° l'exploitation des carrières à ciel ouvert (*Rép.* v° *Mines*, n° 779); — ... 2° L'exploitation des minières à ciel ouvert et celle des minerais de fer en couches et filons, dans le cas prévu par l'art. 69 de la loi du 20 avr. 1810 (V. *Mines*); — ... 3° L'établissement et l'exploitation des théâtres (V. *Théâtre*); — ... 4° La profession de colporteur ou de distributeur sur la voie publique ou en tout autre lieu public ou privé, de livres, écrits, brochures, journaux, dessins, gravures, lithographies, et photographies, sauf pour les journaux ou autres écrits périodiques la faculté de faire la déclaration à la mairie ou à la sous-préfecture du lieu de la distribution (V. *Presse*).

144. Sont soumis à une *déclaration* au maire, et, pour la ville de Paris, à la préfecture de police: ... 1° l'ouverture d'un café, cabaret ou débit de boissons à consommer sur place, et toute mutation dans la personne du propriétaire ou du gérant (V. *Débit de boissons*); — ... 2° Le commerce des substances vénéneuses par d'autres que par les pharmaciens et vétérinaires (*Rép.* v° *Substances vénéneuses*, n°s 15 et suiv.). — Quant à la police de la boucherie, de la boulangerie et de la charcuterie, V. *Boucher-charcutier*, n°s 9 et suiv., 52 et suiv., 66; *Boulanger*, n°s 79 et 88.

145. Diverses déclarations, dont la nécessité peut aussi être considérée comme modificative de la liberté de l'industrie, sont pareillement exigées dans un intérêt fiscal, en matière de contributions indirectes (*Rép.* v° *Impôts indirects*, n°s 164 et suiv., 248 et suiv., 296, 351, 369 et 386); — ... De douanes (*Rép.* v° *Douanes*, n°s 264 et suiv.); — ... D'octroi (*Rép.* v° *Octroi*, n°s 189 et suiv.). — V. aussi en ce qui concerne les déclarations relatives aux matières d'or et d'argent, *Rép.* v° *Matières d'or et d'argent*, n°s 58 et suiv., et celles auxquelles sont assujetties les fabriques de sel ou de produits chimiques produisant accessoirement du sel marin, *Rép.* v° *Sel*, n°s 101 et 102. — La liberté commerciale est, en outre, frappée de graves restrictions par celles des lois de douanes qui édictent des prohibitions absolues d'importation ou d'exportation (V. *Douanes*; — *Rép.* eod. v°, n°s 260 et suiv.).

146. Quant au *mode d'exercice* de l'industrie, certaines professions ou industries se trouvent placées sous l'empire soit des lois et règlements généraux, soit du pouvoir réglementaire et de police des préfets ou des maires.

147. Sur les *lois* et *règlements généraux* concernant: ... 1° la police des mines et l'exploitation des carrières, V. *Rép.* v° *Mines*, n°s 431 et suiv., 778 et suiv.; — ... 2° La fabrication, les dépôts, la vente et le débit des eaux minérales, V. *Rép.* v° *Eaux minérales et thermales*, n°s 24 et suiv.; — ... 3° Le commerce des engrais, V. *Vente de substances falsifiées*; — ... 4° Le commerce extérieur des grains, V. *Rép.* v^{is} *Douanes*, n°s 387 et suiv.; *Grains*, n°s 20 et suiv.; — ... 5° La vente des substances vénéneuses, V. *Rép.* v° *Substances vénéneuses*, n°s 20 et suiv.; — ... 6° Les fabricants ou marchands d'or et d'argent, et les affineurs, V. *Rép.* v° *Matières d'or et d'argent*, n°s 58 et suiv., 181 et suiv.; — ... 7° La police de la presse périodique, le colportage et la vente ou distribution sur la voie publique, ou en tout autre lieu public ou privé, des livres, écrits, brochures, journaux, dessins, gravures, lithographies, photographies, V. *Presse*. — Quant à la profession d'afficheur, V. *Affiche-afficheur*, n°s 69 et suiv. — Sur le travail des enfants dans les manufactures, V. *Rép.* v° *Industrie et commerce*, n°s 428 et suiv.; et sur le livret des ouvriers et des domestiques, V. *Rép.* v^{is} *Commune*, n°s 1060 et suiv.; *Ouvrier-artisan*, n°s 62 et suiv.; *Règlement administratif*, n° 109.

148. Sont soumis au pouvoir réglementaire des *préfets:* ... 1° les entreprises de transport par navires et bateaux, pour ce qui regarde la police des départs, la sûreté des embarcations, et la circulation sur les cours d'eau (*Rép.* v° *Voirie par eau*, n°s 295 et suiv.); — ... 2° Les chemins de fer, pour ce qui intéresse la police et la sûreté de ces chemins, ainsi que le service des omnibus des gares (*Rép.* v° *Voirie par chemin de fer*, n°s 528 et suiv., 632); — ... 3° Les fabricants et marchands, pour ce qui est relatif aux poids et mesures auxquels ils peuvent être assujettis (*Rép.* v^{is} *Commune*, n°s 1211 et suiv.; *Industrie et commerce*, n° 242; *Poids et mesures*, n°s 23 et suiv.).

149. Le pouvoir réglementaire et de police de l'*autorité municipale* s'applique, notamment: ... 1° au commerce de la boucherie, dans l'intérêt de la santé, de la sûreté ou de la salubrité publiques (*Rép.* v^{is} *Boucher*, n°s 2 et suiv., 98 et suiv.; *Commune*, n°s 1253 et suiv.; *Règlement administratif*, n° 119; *Salubrité publique*, n° 165); — ... 2° Au commerce de la boulangerie, en ce qui a trait particulièrement aux approvisionnements des boulangers, à la qualité des farines, à la salubrité et à la fidélité du débit du pain mis en vente (*Rép.* v° *Boulanger*, n°s 30 et suiv., 91 et suiv.). Quant à la taxe de la viande et du pain, V. *Boucher*, n°s 10, 73; *Boulanger*, n°s 2, 54 et suiv.; — ... 3° A la police des foires et marchés (*Rép.* v^is *Commune*, n°s 1081 et suiv.; *Halles et marchés* n°s 75 et suiv.; *Règlement administratif*, n° 122, et les mêmes mots au *Supplément*); — ... 4° A l'exploitation des théâtres et spectacles publics (*Rép.* v^is *Commune*, n°s 1336 et suiv.; *Théâtre*, n°s 52 et suiv.); — ... 5° A la police des cafés, cabarets, auberges et autres lieux publics (*Rép.* v^is *Commune*, n°s 1077 et suiv., 1140 et suiv.; *Industrie et commerce*, n° 196; *Règlement administratif*, n°s 120 et 121); — ... 6° Aux hôteliers et logeurs (*Rép.* v° *Commune*, n°s 1190 et suiv.); — ... 7° Aux maisons de tolérance (*Rép.* v^is *Commune*, n°s 1069, 1080 et suiv.; *Prostitution*, n°s 7 et suiv.); — ... 8° Aux fabriques de poudres, de pièces d'artifice, de matière fulminante, détonnante ou autres du même genre (*Rép.* v° *Commune*, n°s 1300 et suiv.); — ... 9° Aux entreprises de voitures publiques (*Rép.* v^is *Commune*, n°s 916 et suiv., 1209 et suiv.; *Contravention*, n°s 287 et suiv.; *Voitures-voitures publiques*, n°s 25 et suiv.; 61 et suiv., 144 et suiv., 198, 298 et suiv.); — ... 10° Aux entreprises de vidange (*Rép.* v^is *Commune*, n°s 944 et suiv.; *Règlement administratif*, n° 116; *Vidange*, n°s 22 et suiv., 63 et suiv.); — 11° Aux ventes aux enchères (*Rép.* v^is *Commune*, n°s 1134 et suiv.; *Règlement administratif*, n° 114; *Vente publique de meubles*, n°s 32 et suiv.); — ... 12° A ceux qui exercent sur la voie publique des professions ou industries soumises à autorisation (*Rép.* v^is *Industrie et commerce*, n° 196; *Voie publique*, n°s 5 et suiv.); — ... 13° Aux étalages dans les rues, places et chemins (*Rép.* v^is *Commune*, n° 913; *Voie publique*, n°s 5 et suiv.); — ... 14° A ceux qui exercent des professions bruyantes (*Rép.* v^is *Commune*, n°s 1044 et suiv.; *Industrie et commerce*, n°s 168, 196 et suiv., et les mêmes mots au *Supplément*); — ... 15° A tout métier, ou tout établissement non autorisé dont l'exercice serait un danger pour les habitants de la commune (*Rép.* v° *Commune*, n°s 960 et suiv.); outre les mesures de police applicables aux établissements autorisés (*Rép.* v° *Manufactures, fabriques et ateliers insalubres*, n°s 38 et suiv., 99, 144 et suiv.); — .. 16° Aux crieurs publics et chanteurs sur la voie publique (V. *Presse*). — Sur les pouvoirs de l'autorité municipale à l'égard: ... des colporteurs de marchandises, V. *Rép.* v° *Commune*, n° 1222; ... des marchands brocanteurs, V. *ibid.*, n°s 695 et suiv., et v° *Industrie et commerce*, n° 178; ... des individus de l'un ou de l'autre sexe qui veulent se mettre en service, en qualité d'ouvriers ou de domestiques, V. *Rép.* v^is *Commune*, n° 1063; *Ouvrier*, n° 209).

§ 3. — Droits des commerçants (*Rép.* n° 296).

150. Les commerçants sont spécialement investis, en cette qualité, comme nous le rappelons au *Rép.* n° 296: ... du droit d'élire les membres des tribunaux de commerce et d'en faire partie (V. *Organisation judiciaire*; — *Rép.* eod. v°, n°s 475 et suiv.); — ... Et du droit de composer les chambres de commerce, ainsi que les conseils généraux du commerce et des manufactures (V. *Organisation économique*; — *Rép.* eod. v°, n°s 41 et suiv. V. aussi *Rép.* v^is *Chambre de commerce*, n°s 6 et suiv.; *Industrie et commerce*, p. 672 et 673).

Table sommaire

des matières contenues dans le Supplément et le Répertoire.

(Les chiffres précédés de la lettre *S* renvoient au Supplément; les chiffres précédés de la lettre *R* renvoient au Répertoire.)

Table chronologique des Lois, Arrêts, etc.

COMMETTANT. — V. *Commissionnaire ; — Rép.* eod. v°, nos 85 et suiv.

V. aussi *Impôts indirects ; Responsabilité.*

COMMIS. — V. *Compétence commerciale ; Mandat ; — Rép.* vis *Compétence commerciale*, nos 10, 143 et suiv., 153, 169 ; *Mandat*, n° 177.

V. aussi *Abus de confiance*, nos 13, 159, 190 et suiv.; *Acte de commerce*, nos 46, 70, 357 et suiv., 388, 456 ; *Bourse de commerce*, nos 13,159,190 et suiv. ; *Faillite et banqueroute ; Impôts directs ; Louage d'ouvrage et d'industrie ; Obligations ; Prescription civile ; Privilèges et hypothèques ; Société ; Témoin.*

COMMIS-GREFFIER. — V. *Greffe-greffier ; — Rép.* eod. v°, nos 130, 190 et suiv.

V. aussi *Notaire ; Responsabilité ; Vente publique de meubles.*

COMMIS VOYAGEUR. — V. *Commissionnaire ; Compétence commerciale ; — Rép.* vis *Commissionnaire*, n° 44 ; *Compétence commerciale*, nos 441, 452, 474.

V. aussi *Mandat ; Patente ; Vol et escroquerie.*

COMMISSAIRE DE L'INSCRIPTION MARITIME. — V. *Organisation maritime ; — Rép.* eod. v°, nos 77, 127 et suiv., 171 et suiv., 394 et suiv.

COMMISSAIRE DE LA MARINE. — V. *Organisation maritime ; — Rép.* eod. v°, nos 122 et suiv.

COMMISSAIRE DE POLICE.

Division.

§ 1er. — Historique et législation (*Rép.* nos 1 à 25).

1. L'origine de l'institution des commissaires de police et ses développements successifs jusqu'à la publication du *Répertoire* ont été exposés d'une manière complète *ibid.* nos 1 à 25. La loi du 28 pluv. an 8 continue à régir la matière, et ce n'est guère que par des décrets ou même par des circulaires ministérielles qu'ont été introduites les modifications que nous aurons à signaler. — Déjà, les commissaires de police, dont les lois de l'époque révolutionnaire avaient fait les exécuteurs des arrêtés de police municipale, et auxquels le code d'instruction criminelle avait attaché des fonctions judiciaires, étaient devenus les agents du pouvoir central dans l'ordre politique. Cette tendance n'a fait que s'accentuer, et, tout en conservant à ces agents leurs anciennes attributions, les décrets qui ont été promulgués dans la période que nous examinons les ont de plus en plus soumis à l'autorité administrative. On verra, *infrà*, n° 16, qu'ils prêtent aujourd'hui entre les mains du préfet le serment qui était reçu, dans le principe, par les conseils généraux des communes (L. 8 juin 1792), et ensuite par les maires.

2. Nous retrouverons, au fur et à mesure, dans leur application aux divers points qu'elles concernent, les dispositions nouvelles dont la matière a été l'objet.

§ 2. — Organisation, nomination, serment, costume, traitement, pensions de retraite des commissaires de police ; Préséances (*Rép.* nos 26 à 37).

3. — I. Organisation. — Le nombre des commissaires de police était fixé par l'art. 12 de la loi du 28 pluv. an 8, comme il est dit au *Rép.* n° 26, à raison de *un* pour les villes de cinq à dix mille habitants, et de *un de plus* par chaque fraction de dix mille habitants d'excédent. Le décret du 21 sept. 1791 autorisait les villes dont la population est moindre de cinq mille âmes à recevoir un commissaire de police quand le besoin s'en faisait sentir. Mais, au début de l'Empire, des modifications furent apportées dans l'organisation des commissaires de police; leur nombre fut augmenté dans de grandes proportions ; c'est ainsi notamment que le décret du 28 mars-12 avr. 1852 (D. P. 52. 4. 111) permit en cas de besoin l'établissement dans les cantons où il n'en existait pas de « commissaires de police dont la juridiction s'étendait à toutes les communes de ce canton et qui, sauf les exceptions autorisées, résidaient au chef-lieu » (art. 2) (V. aussi Décr. 17 janv. 1853, D. P. 53. 4. 4, et *Rép.* v° *Organisation administrative*, nos 825 et suiv.). Un arrêté du 10 sept. 1870 (D. P. 71. 4. 1), pris par le Gouvernement de la défense nationale, a rapporté le décret de 1852 (V. *infrà*, n° 40), et l'art. 12 de la loi de l'an 8 a été remis en vigueur.

4. Pour la détermination du nombre des commissaires de police d'une ville, il doit être tenu compte non seulement de la population normale, mais encore et surtout de la population mobile, qui exige une surveillance particulière. C'est, en effet, ce qui ressort d'un arrêté du conseil d'Etat du 6 janv. 1849 (aff. Ville de Tours, D. P. 49. 3. 33, et la note). Une ordonnance du 15 sept. 1848 (*Rec. Cons. d'Etat*, 1848, p. 577), s'était déjà prononcée dans ce sens, et récemment une circulaire ministérielle du 10 mars 1885 (*Bulletin du ministère de l'intérieur*, 1885, p. 39) a maintenu cette interprétation (V. encore Cons. d'Et. 16 juill. 1886, aff. Ville de Mamers, D. P. 87. 3. 111).

5. Dans les chefs-lieux d'arrondissement, il existe des commissaires centraux qui sont les chefs responsables de la police de la ville vis-à-vis du pouvoir central. Leur juridiction ne n'étend pas au-delà, et ce n'est que par une délégation spéciale du préfet qu'ils prennent autorité sur les autres commissaires de l'arrondissement. Des circulaires du ministre de l'intérieur du 3 avr. 1854 (D. P. 54. 3. 32) et du 21 juill. 1858 (D. P. 58. 3. 76) règlent leurs attributions et leurs devoirs envers les maires et préfets (V. *infrà*, n° 39).

6. — II. Nomination. — L'arrêté du 19 vent. an 8 dont il est question au *Rép.* n° 31 n'est plus en vigueur. Aux termes du décret du 28 mars 1852 (D. P. 52. 4. 111) les commissaires de police des villes de 6000 âmes et au-dessous sont nommés par les préfets sur une liste de trois candidats arrêtée par l'inspecteur général du ministère de la police générale. Le service de ce ministère, supprimé aujourd'hui, a été rattaché au ministère de l'intérieur. Quant aux commissaires de police des villes au-dessus de 6000 âmes, ils sont nommés par décret du président de la République sur la proposition du ministre de l'intérieur. On étudiera sous le paragraphe suivant les conditions d'admissibilité à ces diverses présentations.

7. Fonctionnaires publics, les commissaires de police peuvent être révoqués. Les préfets ont le droit de les suspendre. C'est ce qui résulte d'un usage constant (*Rép.* n° 40). Mais la révocation ne devient définitive qu'après approbation du ministre. Dans les villes de plus de 6000 âmes même ce n'est que par décret qu'ils peuvent être révoqués.

8. — III. Conditions; Age. — La constitution du 5 fruct. an 3 est restée en vigueur en ce qui concerne l'obligation d'être citoyen français et la limite d'âge (*Rép.* n° 32). Les candidats au titre de commissaire de police ne doivent pas avoir moins de vingt-cinq ans accomplis ni plus de quarante. Ces dispositions ont été confirmées par l'arrêté ministériel du 30 déc. 1885 (*Bulletin du ministère de l'intérieur*, 1885, p. 308), qui règle les conditions d'admissibilité. Un précédent arrêté du 18 mai 1879 soumettait déjà les candidats à un examen qui donnait la mesure de leurs aptitudes aux fonctions auxquelles ils aspiraient. L'arrêté du 30 déc. 1885 n'a fait que modifier sur quelques points les conditions de ces épreuves en exigeant que les candidats soient réunis, pour subir les examens oraux, dans certains centres régionaux, afin de mieux établir par la comparaison leur capacité respective.

9. Ne sont admis aux examens que les candidats, agréés par le ministre de l'intérieur, âgés de vingt-trois ans au moins et de trente-cinq ans au plus. Une exception est faite en faveur de ceux qui justifient de cinq années de services militaires ou administratifs : ils peuvent se présenter jusqu'à quarante ans. Les candidats doivent adresser, aux préfets dans les départements, et pour la Seine au préfet de police : 1° une demande d'emploi ; — 2° Une expédition authentique de leur acte de naissance; — 3° Une attestation de leur qualité de Français; — 4° Un certificat de moralité délivré par le maire; — 5° Un extrait de leur casier judiciaire; — 6° Un certificat de médecin constatant leur bon état de santé; — 7° L'acte constatant qu'ils ont satisfait à la loi du recrutement; — 8° Une attestation sur leurs antécédents et leurs études; — 9° Les états de service qui ont pu leur être délivrés.

10. Les épreuves sont subies, du 15 au 30 janvier de chaque année, au ministère de l'intérieur et dans les préfectures. Un même sujet tient lieu de composition écrite pour toute la France. Les commissions chargées de faire passer l'examen oral aux candidats déclarés admissibles se réunissent dans les villes régionales fixées, ainsi que nous l'avons dit *suprà*, n° 8. Elles se composent: dans les départements, du préfet ou du secrétaire général, du procureur de la République ou d'un de ses substituts, de l'inspecteur d'Académie ou d'un inspecteur primaire, d'un conseiller de préfecture, d'un ou plusieurs professeurs de langue étrangère, d'un fonctionnaire de la police locale désigné par le préfet; — A Paris, d'un directeur de la sûreté générale ou de son délégué, du procureur de la République ou d'un de ses substituts, d'un conseiller de préfecture délégué, d'un inspecteur primaire délégué, d'un ou plusieurs professeurs de langue étrangère, d'un commissaire de police spécial des chemins de fer délégué.

11. L'épreuve écrite consiste dans la rédaction d'un procès-verbal ou d'un rapport sur une affaire de service. Quant aux épreuves orales, qui sont publiques, elles consistent dans un certain nombre de questions sur l'arithmétique (numération décimale; addition, soustraction, multiplication, division; preuve de ces opérations; nombres décimaux, fractions, système légal des poids et mesures), l'histoire (notions sommaires), la géographie (France physique), des notions de droit pénal, des notions d'instruction criminelle (police judiciaire, moyens d'information, notions sur l'organisation et la composition des juridictions pénales), la loi du 15 juill. 1845 et l'ordonnance du 15 nov. 1846 sur la police des chemins de fer, la loi municipale du 5 avr. 1884 (notamment les art. 91 à 109), l'organisation du contrôle de l'Etat et les attributions des fonctionnaires du contrôle, des notions sur les attributions des fonctionnaires judiciaires, administratifs et militaires, des langues étrangères.

12. Le résultat est proclamé immédiatement. Les candidats ne peuvent pas se présenter plus de trois fois. Les bacheliers sont dispensés de ces épreuves. Quant aux anciens sous-officiers des armées de terre et de mer, leur état est toujours régi aux termes de la circulaire du 30 déc. 1886 (*Bulletin du ministère de l'intérieur*, 1886, p. 298), par la loi du 24 juill. 1873 (D. P. 74. 4. 1) (V. les états y annexés).

13. Nous avons cité au *Rép.* n° 32, les fonctions incompatibles avec celles de commissaire de police. Il faut ajouter celles de percepteur et de greffier (L. 27 mars 1791, V. *Rép.* v° *Organisation administrative*, n° 346), et l'emploi de secrétaire de mairie (Décis. min. int. 17 mai 1854, D. P. 55. 3. 28). Les lois électorales frappent, en outre, ces fonctionnaires d'inéligibilité ou d'incompatibilité en ce qui concerne les élections à la Chambre des députés, au conseil général, au conseil d'arrondissement, au conseil municipal. Enfin, d'après le décret du 26 mai 1882 (D. P. 83. 4. 43), les officiers de la réserve et de l'armée territoriale nommés commissaires de police sont placés hors cadres.

14. Le but même des attributions des commissaires de police rend assez difficile l'obtention par eux de congés. Cependant un décret du 13 avr. 1861, art. 1er, § 14, permet aux préfets de leur accorder, après en avoir toutefois avisé le ministre de l'intérieur, *un congé*, qui n'excède pas quinze jours. Des circulaires ministérielles ont même limité à quatorze jours les congés qui peuvent être accordés par les préfets; les congés de plus longue durée doivent être demandés au ministre de l'intérieur (Circ. 7 févr. 1874 et 19 juin 1883, *Bulletin du ministère de l'intérieur*, 1883, p. 183). Et ce n'est qu'avec une autorisation spéciale du ministre que ces congés leur sont accordés pour se rendre à Paris.

15. La question des congés amène naturellement celle des suppléances. D'après une circulaire ministérielle du 16 févr. 1835, le préfet désigne, directement dans le chef-lieu du département, et sur la proposition du sous-préfet et l'avis du maire dans les autres villes, le commissaire de police appelé à suppléer son collègue empêché. Et s'il n'y a dans la commune qu'un seul commissaire de police, le préfet charge le maire d'assurer le service intérimaire soit par lui-même, soit en déléguant un adjoint.

16. — IV. Serment. — Les commissaires de police ne prêtent plus serment entre les mains du maire comme il est dit au *Rép.* n° 33, mais entre les mains du préfet ou, en cas d'empêchement, du sous-préfet de leur arrondissement (Circ. min. int. 14 déc. 1854, D. P. 55. 3. 19. V. sur ce point: Const. 14 janv. 1852, art. 14, D. P. 52. 4. 33; Décr. 8 mars 1852, D. P. 52. 4. 64; 5 mai 1852, D. P. 52. 4. 137; 5 sept. 1870, D. P. 70. 4. 86). Leur traitement ne court qu'à partir de ce jour (Circ. 21 juill. 1858, D. P. 58. 3. 76).

17. — V. Costume. — Ils portent l'habit noir complet, et, dans l'exercice de leurs fonctions, ceignent une ceinture ou écharpe tricolore à franges noires (*Rép.* n° 34). Cependant ces insignes ne sont pas obligatoires pour l'accomplissement des actes ordinaires de leur ministère, un procès-verbal par exemple (*Rép.* n° 34; Crim. cass. 9 niv. an 11 et 10 mars 1815, *ibid.* v° *Procès-verbal*, n° 56-1° et 3°). Mais il en est autrement lorsque, pour assurer l'exécution de leurs actes, ils doivent pénétrer dans un domicile ou agir au nom de la loi. C'est ce qui résulte de deux circulaires du préfet de police des 18 mai 1818 et et 29 avr. 1829 (*Rép.* n° 34) et d'une circulaire du ministre de l'intérieur du 21 juill. 1858 (D. P. 58. 3. 76). La jurisprudence est fixée dans le même sens, et il a été décidé qu'un commissaire de police ayant négligé, dans une réquisition adressée à un citoyen pour l'assister contre un attroupement, de faire connaître ses qualités par l'exhibition de son écharpe, cette circonstance enlevait tout caractère délictueux au refus de secours opposé par l'individu requis (Crim. rej. 8 avr. 1854, aff. Mercier, D. P. 54. 1. 212-213).

18. — VI. Traitement. — Le décret du 28 mars 1852 (art. 5, D. P. 52. 4. 111) avait divisé en cinq classes les commissaires de police et renvoyé à un règlement d'administration publique le soin de fixer les traitements et frais de bureau. Un décret du 27 févr. 1855 (D. P. 55. 4. 43) fut publié à cet effet. Bientôt après une classe exceptionnelle de commissaires centraux fut créée (Décr. 15 mai 1861) (1). Successivement des décrets en date des 15 févr. 1882 et 10 janv. 1883 élevèrent les traitements des commissaires de police de cinquième classe et des inspecteurs spéciaux de troisième classe. Et enfin, en vertu de la loi de finances du 29 déc. 1882, un décret du 3 juill. 1883 (2) a assimilé les commissaires

(1) 15 mai 1861. — *Décret fixant une classe exceptionnelle pour les commissaires centraux des chefs-lieux de préfecture de première instance.*

Art. 1er. Les commissaires centraux de police établis dans les villes qui sont chefs-lieux d'une préfecture de première classe formeront une classe exceptionnelle et seront rémunérés de la manière suivante:

Traitement....... 5000 fr. } 6000 fr.
Frais de bureau.. 1000 }

La différence entre ce chiffre et celui attribué à la première classe des commissariats de police par le décret du 27 févr. 1855 sera payée sur les fonds de l'Etat.

(2) 3 juill. 1883. — *Décret portant fixation des traitements et des classes des commissaires de police.*

Art. 1er. Les commissaires spéciaux de police et les commissaires de police sont répartis en quatre classes.

Les traitements et les frais de bureaux des fonctionnaires de tout ordre sont fixés de la manière suivante:

CLASSE	TRAITEMENT	FRAIS DE BUREAU	TOTAL
1re classe	4000 fr.	800 fr.	4800 fr.
2e classe	3000	600	3600
3e classe	2000	400	2400
4e classe	1500	300	1800

Le traitement des commissaires spéciaux de police et des commissaires centraux de police de la classe exceptionnelle reste fixé à 6000 fr., et celui des commissaires hors classe à 7500 fr.

de la cinquième classe à ceux de la quatrième, tout en maintenant la classe exceptionnelle (V. encore: Circ. min. int. 12 juill. 1883, *Bulletin du ministère de l'intérieur*, p. 210).

19. Le traitement des commissaires de police constitue une dépense obligatoire pour les communes dans la mesure où la loi du 28 pluv. an 8 détermine l'établissement obligatoire de ces fonctionnaires (L. 5 avr. 1884, art. 136, § 6, D. P. 84. 4. 25).

La part contributive de chaque commune est fixée proportionnellement par le préfet en conseil de préfecture, et sa décision, acte de pure administration, ne peut être attaquée que devant le ministre (Cons. d'Et. 4 juill. 1860, aff. Commune d'Argœuvres, D. P. 60. 3. 50, et *Rép.* v° *Organisation administrative*, n° 828).

L'Etat subvient au traitement des commissaires centraux. En tous cas, suivant une circulaire ministérielle du 8 mai 1875 (*Bulletin du ministère de l'intérieur*, 1875, p. 218), par les soins du préfet et du trésorier payeur général les fonds provenant de l'Etat ou des communes doivent être centralisés à la trésorerie générale ou à la recette des finances comme les cotisations municipales, pour que le payement des traitements ne subisse aucun retard. Les mandats sont soumis au timbre, mais les frais sont supportés par les communes (Circ. min. fin. 26 févr. 1856).

Est prohibée la concession gratuite par l'administration municipale d'un logement pour le commissaire de police et sa famille (Circ. min. int. 23 janv. 1855).

Outre leur traitement fixe, les commissaires de police cantonaux touchent des vacations. Mais, aux termes d'une circulaire du ministre de la justice du 12 mai 1855 (D. P. 55. 3. 53), lorsqu'ils se transportent dans leur canton pour procéder à des recherches ou informations judiciaires, ils ne peuvent dans aucun cas prétendre à l'indemnité allouée aux juges et aux officiers du ministère public par l'art. 88 du décret du 18 juin 1811 pour les déplacements nécessités par le service judiciaire. Toutefois, les frais inaccoutumés faits pour l'exécution d'une commission rogatoire qui aurait nécessité un transport à plus de 5 kilomètres de leur résidence peuvent leur être remboursés sur les fonds du ministère de la justice à titre de dépense extraordinaire, mais à la condition d'être indiqués par un mémoire détaillé et accompagnés autant que possible des pièces justificatives (Décr. 18 juin 1811, art. 136).

Un circulaire ministérielle du 12 juin 1886 (*Bulletin du ministère de l'intérieur*, 1886, p. 156) a réglé les frais de vacations des commissaires de police pour procès-verbaux au profit de la Compagnie des allumettes chimiques.

20. — VII. Pension. — Pas plus qu'au moment de la publication du *Répertoire* il n'existe aujourd'hui de disposition spéciale sous ce rapport, et nous ne pouvons que renvoyer à ce qui est dit au *Rép.* n° 36 (V. aussi *Pension*).

21. — VIII. Préséances. — Ici encore nous renvoyons au *Rép.* n° 37. C'est toujours au dernier degré de l'échelle hiérarchique, après les juges de paix, que prennent rang les commissaires de police (V. *Préséance*).

§ 3. — Dispositions spéciales à la Ville de Paris et au département de la Seine (*Rép.* n°s 27 à 30).

22. La ville de Paris et le département de la Seine sont toujours régis par des dispositions spéciales. C'est un décret du 21 mai 1790 qui a institué à Paris les commissaires de police. La loi du 28 pluv. an 8 les a placés sous l'autorité du préfet de police. Leur nombre a été le même que celui des quartiers jusqu'à l'extension des limites de Paris par la loi de 1859. A cette époque, un décret du 17 déc. 1859 (D. P. 60. 4. 10) le fixa provisoirement à 66, et successivement il fut élevé à 71 (Décr. 30 déc. 1868, D. P. 69. 4. 18), à 80 (Arrêté 20 juin 1871, D. P. 72. 4. 46), réduit à 70 (Décr. 31 août 1874, D. P. 75. 4. 44) et porté enfin à 75 (Décr. 24 mars 1882) (1). En somme chaque quartier a aujourd'hui son commissaire de police, à l'exception de dix quartiers réunis par groupes de deux, confiés à l'administration d'un seul commissaire (V. *infrà*, n° 39).

23. En dehors des soixante-quinze commissaires de quartier, un règlement du 30 avr. 1887 a institué vingt chargés nouvelles de services spéciaux: trois commissaires sont chargés des délégations judiciaires ou spéciales (art. 29); — un est commis à la police de la Bourse (art. 31); — huit doivent veiller à l'exécution des règlements concernant les poids et mesures, s'assurer chez tous les marchands de l'exactitude des instruments de pesage et de mesurage, et surveiller la fidélité du débit des denrées qui se vendent au poids ou à la mesure (art. 32); — six accompagnent les contrôleurs du service de la garantie des matières d'or et d'argent dans leurs visites journalières (art. 33); — un est désigné par le procureur général pour exercer les fonctions du ministère public auprès du tribunal de simple police, et deux commissaires de quartier lui sont adjoints comme suppléants (art. 34); — un enfin est attaché au gouvernement militaire de Paris (art. 34).

24. Les commissaires de police de Paris n'ont pas un mode de nomination spécial: un décret les désigne parmi les candidats qui ont satisfait aux conditions de l'examen dont nous avons parlé *suprà*, n°s 8 et suiv. (Règl. 1887, art. 4).

25. Quant à leur traitement, un décret du 10 janv. 1865 (D. P. 65. 4. 10) l'a fixé au minimum de 5000 fr. et au maximum de 7000 fr. Il peut être élevé, pour services exceptionnels, jusqu'à 7500 et même 8000 fr. En fait, depuis 1879, ils sont à ce point de vue divisés en trois classes de 8000 fr., 7000 et 6000 fr. Ils reçoivent, en outre, des indemnités pour frais de bureau et logement, et des vacations pour services.

26. Pour ce qui concerne leurs attributions, ils sont comme leurs collègues des départements à la fois magistrats administratifs et judiciaires (V. *infrà*, n°s 29 et suiv.). C'est par arrêté du préfet de police qu'ils sont attachés à un quartier ou à un service spécial, attribution du reste qui ne limite en rien leurs pouvoirs (c. instr. crim. art. 12). Ils n'ont pas la libre disposition des gardiens de la paix, ne peuvent les requérir qu'en cas d'extrême urgence et sont tenus, pour peu qu'ils aient un délai suffisant, d'informer l'officier de paix du nombre d'agents qui leur est nécessaire (Règl. 30 avr. 1887, art. 25).

Une attribution toute spéciale aux commissaires de police de Paris est celle qui leur est conférée par la loi du 3 mai 1844 sur la chasse. Les maires des divers arrondissements n'exerçant pas à Paris les pouvoirs de police municipale, c'est aux commissaires de police que doivent être adressées les demandes de permis, et c'est d'eux que doit émaner l'avis exigé ailleurs des maires (V. *Chasse*, n°s 320 et 325). Chaque théâtre doit avoir enfin un commissaire de service de permanence.

27. Les commissaires de police de quartier sont assistés chacun d'un secrétaire, chargé des écritures et les remplaçant parfois; ce n'est qu'en cas de nécessité qu'ils peuvent adjoindre un suppléant à leur secrétaire (Règl. 30 avr. 1887). Les commissaires chargés des délégations judiciaires, du ministère public et de la police de la Bourse ont également leurs secrétaires (art. 30 et 31). Enfin des inspecteurs des commissariats, chargés de recevoir le public et de préparer les certificats, complètent leur personnel (art. 7).

28. En ce qui concerne le département de la Seine, la loi

Les traitements des inspecteurs spéciaux de la police des chemins de fer et des frontières sont fixés de la manière suivante:

1re classe..... 2400 fr.

2e classe..... 1800 fr.

(1) 24 mars-19 mai 1882. — *Décret qui porte à 75 le nombre des commissaires de police de la Ville de Paris* (*Bull.*, n° 11823) (D. P. 83. 4. 23).

Art. 1er. Le nombre des commissaires de police de quartier de la Ville de Paris est porté de 70 à 75.

2. Les dispositions contraires du décret du 31 août 1874 sont et demeurent rapportées.

Il y aura un seul commissaire de police par quartier dans les localités inscrites au tableau suivant:

12e Arrondissement	Bel-air et Picpus
13e —	Salpêtrière, Croulebarbe
14e —	Santé, Petit-Montrouge
16e —	Muette, Porte-Dauphine
20e —	Saint-Fargeau, Père-Lachaise.

du 10 juin 1853 (D. P. 53. 4. 114) avait disposé qu'un décret déterminerait le nombre et le traitement des commissaires de police et des agents nécessaires à la surveillance des communes qu'il comprend, Paris excepté (art. 3). En exécution de cette loi, de nombreux décrets se sont succédé. Tour à tour l'organisation a été modifiée par décrets des 23 nov. 1853 (D. P. 54. 4. 180); 17 déc. 1859 (D. P. 60. 4. 11); 17 nov. 1862 (D. P. 62. 4. 127); 28 déc. 1867, 11 mars 1874 (D. P. 74. 4. 66); 14 mars 1880 (D. P. 81. 4. 46); 17 nov. 1880 (D. P. 81. 4. 111); 15 mai 1882. Actuellement le nombre, le chef-lieu, la juridiction des commissariats de police de la Seine et le personnel de leurs agents sont déterminés par un décret du 9 mars 1883 (D. P. 83. 4. 91). Le traitement reste fixé par le décret du 17 nov. 1880 que nous venons de citer.

Tels sont les points par lesquels se distinguent Paris et le département de la Seine au point de vue de l'organisation des commissaires de police.

§ 4. — Fonctions, devoirs des commissaires de police (*Rép.* nos 38 à 60).

29. L'art. 37 de la loi du 28 pluv. an 8 règle toujours les attributions générales des commissaires de police. Nous ne pouvons, du reste, que renvoyer sous ce rapport au *Rép.* nos 38 et suiv., où il en est fait une énumération complète. — V. aussi la circulaire du ministre de l'intérieur du 21 juill. 1858 (D. P. 58. 3. 76), qui règle l'organisation des bureaux de police et détermine les registres qui doivent être tenus par les commissaires.

30. On a vu au *Rép.* n° 38 que le caractère de ces fonctionnaires est à la fois judiciaire et administratif. En ce qui concerne leurs fonctions judiciaires, ils agissent tantôt comme officiers de police judiciaire (c. instr. crim. art. 9), et comme tels sont parfois chargés de commissions rogatoires quoique les juges de paix doivent leur être préférés (Circ. min. just. 12 mai 1855, D. P. 55. 3. 53, citée *suprà*, n° 26),—tantôt comme officiers du ministère public près les tribunaux de simple police (Circ. 21 juill. 1858, citée *suprà*, n° 29. V. aussi c. instr. crim., art. 144, modifié par la loi du 27 janv. 1873). Ils sont alors complètement dépouillés de leur caractère administratif et relèvent, dans les poursuites dirigées contre eux, et sans qu'il soit besoin d'autorisation préalable, des tribunaux civils (V. *Rép.* v° *Mise en jugement de fonctionnaires*, n° 79; Motifs, Grenoble, 17 avr. 1832, *ibid.*, v° *Attroupement*, n° 23; Cons. d'Ét. 24 août 1857, aff. Himbert, D. P. 58. 3. 44). Par suite, le conflit ne peut pas être élevé lorsqu'une action personnelle est dirigée contre eux à raison de fonctions judiciaires. C'est ainsi qu'il a été jugé que l'autorité judiciaire est compétente pour connaître des délits et contraventions commis, au cours de son inspection, par un commissaire de police, lorsqu'agissant en qualité d'officier de police judiciaire, il est requis par les inspecteurs de la pharmacie pour procéder à une saisie de drogues et pour constater par un procès-verbal les infractions aux lois et règlements sur l'exercice de la pharmacie (Trib. confl. 15 déc. 1883, aff. Daille, D. P. 85. 3. 58).

31. En ce qui concerne leurs attributions administratives, les commissaires de police sont placés sous l'autorité des préfets pour tout ce qui regarde la sûreté générale, mais demeurent pour l'exercice de la police municipale (*Rép.* n° 42), les auxiliaires des maires auxquels ils doivent rendre compte de leurs opérations (*Rép.* n° 45). Ils n'ont aucun pouvoir propre, et l'on a vu, *ibid.*, qu'ils n'ont pas personnellement le droit de se substituer au maire pour faire des règlements de police. Et le maire demeurant chef de la police municipale, il a été jugé qu'un commissaire de police est sans qualité pour porter plainte à raison des délits commis envers les agents sous ses ordres; ce droit appartient exclusivement aux maires (Crim. rej. 17 août 1849, aff. Lebihannic, D. P. 49. 1. 224). Pour la même raison le refus d'obtempérer à une injonction faite par eux ne tombe pas sous le coup de l'art. 471, § 15, c. pén.

Les actes administratifs des commissaires de police sont de la compétence administrative. C'est ainsi que l'autorité judiciaire a été déclarée incompétente pour connaître des actions intentées contre des commissaires de police à raison de la participation prise par eux, conformément aux ordres des préfets, à l'exécution des mesures qui ont été la conséquence des décrets du 29 mars 1880, pour la dispersion des congrégations non reconnues (Trib. confl. 4 nov. 1880, aff. Marquigny, D. P. 80. 3. 121; 5 nov. 1880, aff. Marquigny, aff. Bouffiers, *ibid.*; 13 nov. 1880, aff. Gautrelet, aff. de Nolhac, aff. Joyard, *ibid.*; 17 nov. 1880, aff. Joyard, aff. de Saune, aff. Rival, *ibid.*; 20 nov. 1880, aff. Thierry, *ibid.*). Pourtant l'autorité judiciaire recouvrerait sa compétence si l'acte avait dégénéré en une faute personnelle, ou en vertu du principe que le *juge de l'action est juge de l'exception*. En effet, en vertu de cette règle, la compétence de la cour d'appel a été reconnue dans une poursuite exercée contre un commissaire de police pour crime de faux commis dans une enquête, pour statuer sur la question de savoir si l'enquête avait un caractère judiciaire ou administratif (Crim. rej. 15 févr. 1861) (1).

32. En quelque qualité que les commissaires de police agissent, leurs procès-verbaux font foi jusqu'à preuve contraire. Il n'y est même pas besoin de leur affirmation (Circ. min. int. 12 mai 1864, D. P. 64. 5. 300). Mais cette force probante ne s'applique qu'aux faits matériels dont ils ont été

(1) (Louvet.) — La cour; — Attendu qu'il n'est plus contesté que la cour impériale d'Alger, chambre des mises en accusation, ne fût compétente pour déterminer le caractère administratif ou judiciaire de l'enquête à laquelle il avait été procédé par le commissaire de police Louvet, et la qualité en laquelle ce fonctionnaire avait agi dans le cours de cette opération; que l'exception préjudicielle de sursis proposée devant la cour impériale d'Alger, jusqu'à ce que le conseil d'État eût prononcé sur ces questions, constituait un moyen de défense que la cour saisie de la poursuite était compétente pour vérifier et apprécier, en vertu du principe que le juge de l'action est juge de l'exception;

En ce qui touche le premier moyen soulevé par le pourvoi, et fondé sur la violation de l'art. 75 de la Constitution de l'an 8 : — Attendu que s'il est vrai que les commissaires de police réunissent les deux qualités de fonctionnaires administratifs et d'officiers de police judiciaire, ils n'agissent pas toujours avec ce double caractère; — Qu'il convient, pour reconnaître et fixer la qualité en laquelle le fonctionnaire a procédé à l'accomplissement d'un acte déterminé de son ministère, de considérer la nature de cet acte, son caractère dominant, et le résultat auquel il doit légalement aboutir; que l'art. 75 de la Constitution de l'an 8 n'ayant pour but que de protéger la fonction administrative, il faut en conclure que si aucun intérêt d'administration n'est engagé dans l'acte dont il s'agit de déterminer le caractère, la garantie de l'art. 75 susvisé ne peut être réclamée; — Attendu que l'enquête confiée par le commissaire central de police d'Alger au commissaire de police Louvet avait principalement pour objet de vérifier et constater des faits délictueux constituant une inculpation de corruption, d'outrage public aux mœurs, et de complicité dans une tentative d'avortement, imputée à l'inspecteur de police Jaclot; — Que la constatation de ces faits constituant des crimes et délits prévus et réprimés par la loi pénale n'intéressait que la justice, et qu'en procédant à leur vérification le commissaire de police, officier de police judiciaire aux termes de l'art. 9 c. instr. crim. chargé par l'art. 11 du même code de recevoir les rapports, dénonciations et plaintes, et de recueillir les preuves et indices existant à la charge des coupables présumés, accomplissait un acte de ses fonctions d'officier de police judiciaire et procédait en cette seule qualité; que, dans cette situation, Louvet, prévenu d'avoir, en dressant un procès-verbal de dépositions de témoins par lui entendus sur des faits constitutifs de crimes ou de délits, frauduleusement dénaturé la substance des déclarations que le procès-verbal avait pour objet de constater, et d'avoir fait sciemment usage desdites dépositions ainsi altérées, n'avait aucun droit à la garantie de l'art. 75 de la Constitution de l'an 8, et qu'en informant contre lui dans la forme prescrite par les art. 483 et 484 c. instr. crim., il a été régulièrement procédé;

Sur le deuxième moyen, résultant de la violation de l'art. 232 c. instr. crim., modifié par la loi du 17 juill. 1856, en ce que l'arrêt attaqué ne contiendrait qu'un exposé insuffisant de faits servant de base à l'accusation : — Attendu que l'exposé sommaire prescrit par la loi peut résulter des circonstances de fait mentionnées dans les diverses parties dont se compose l'ensemble de la décision judiciaire; qu'il est énoncé au dispositif de l'arrêt attaqué que du 6 au 17 févr. 1860, en dressant procès-verbal de dépositions de témoins entendus sous la foi du serment, concernant des faits constitutifs de crimes ou de délits, Louvet a frauduleusement dénaturé la substance ou les circonstances desdites dépositions ou déclarations; que si ces dépositions ne sont pas nominativement spécifiées, elles sont clairement désignées par l'énonciation insérée dans les motifs; qu'elles se réfèrent à des témoins (Crim. rej. 18 août 1854, aff. Charneau, D. P. 55. 5. 363; 13 avr. 1861, aff. Leclercq, D. P. 61. 1. 235).

33. Aux termes du décret du 28 mars 1852 (cité *suprà*, n° 3), les commissaires de police peuvent requérir au besoin les gardes champêtres et les gardes forestiers de leur canton. Mais ils ne peuvent les employer à des services étrangers à leurs fonctions que si la tranquillité publique est menacée, et ils doivent communiquer avec eux par l'intermédiaire des gardes généraux (Circ. adm. for. 12 nov. 1853, D. P. 54. 3. 46). Ils ont aussi le droit, dans l'exercice de leurs fonctions, de requérir la gendarmerie, mais avec la plus grande réserve et en cas de nécessité absolue (V. Circ. 21 juill. 1858, citée *suprà*, n° 29). Les rapports entre les commissaires de police et la gendarmerie doivent être fréquents et faciles. Ils doivent, dans l'intérêt du service, s'informer mutuellement de tous les faits intéressant la sûreté publique.

34. Enfin les commissaires de police doivent communiquer aux juges de paix tous les renseignements qui leur sont demandés dans l'intérêt du service. Leurs devoirs vis-à-vis du public sont réglés par la circulaire du 6 déc. 1853, et à diverses reprises des circulaires leur ont rappelé les règles de la hiérarchie pour les sollicitations et recommandations (V. notamment : Circ. min. int. 18 mai 1885, *Bulletin du ministère de l'intérieur*, 1885, p. 117).

35. Lorsqu'ils changent de résidence, les commissaires de police doivent remettre intégralement à leur successeur, ou déposer aux archives du commissariat, tous les documents et la correspondance administrative dont ils sont détenteurs à raison de leurs fonctions (Circ. min. int. 5 févr. 1855, D. P. 55. 5. 78).

§ 5. — Commissaires généraux, spéciaux, centraux, etc. (*Rép.* n°s 61 à 65).

36. — I. Commissaires généraux. — On a vu au *Rép.* n°s 61 et suiv. que les commissaires généraux, institués par la loi du 28 pluv. an 8, avaient été supprimés sous la Restauration. Ils n'ont jamais été rétablis depuis.

37. — II. Commissaires spéciaux. — Il en est de même des commissaires spéciaux, créés par décret du 25 mars 1811 (*Rép.* n° 64).

38. — III. Commissaires départementaux. — Un décret du 5 mars 1853 avait institué dans un certain nombre de départements des commissaires départementaux, chargés de la sûreté générale et relevant directement du ministre. Mais, le service de la police se rattachant intimement à l'administration, l'expérience tentée démontra le grand avantage de la centralisation dans les bureaux des préfectures et des sous-préfectures de tout ce qui se rattache à la surveillance administrative et politique du département et des arrondissements. Aussi les commissaires départementaux furent-ils supprimés par décret du 22 mars 1854 non inséré au *Bulletin des lois*. Une circulaire du 3 avril de la même année (D. P. 54. 3. 32) décida, en conséquence, le dépôt dans les bureaux des préfectures des papiers et documents de toutes sortes composant les archives de ces commissaires. Dans les départements des Bouches-du-Rhône, de la Haute-Garonne et de la Gironde, les commissaires départementaux furent maintenus jusqu'en 1855 (V. *Rép.* v° *Organisation administrative*, n° 827).

39. — IV. Commissaires centraux. — On ne doit pas confondre les commissaires centraux, tels qu'ils existent aujourd'hui, avec les anciens commissaires départementaux. Nous avons vu *suprà*, n° 5, qu'ils sont placés sous l'autorité immédiate des préfets, et ils sont responsables vis-à-vis de l'autorité de tout le service de la ville, chef-lieu de leur résidence. En effet, les commissaires centraux ont aujourd'hui sur les commissaires de police de leur résidence (Circ. min. int. 3 avr. 1854, D. P. 54. 3. 32; 21 juill. 1858, D. P. 58. 3. 76), mais de leur résidence seulement, une autorité directe et permanente qu'ils n'avaient pas autrefois (V. *Rép.* n° 65). Toutefois, suivant les circonstances, le préfet peut déléguer au commissaire central tout ou partie de ses pouvoirs sur les commissaires des autres arrondissements, et c'est à lui qu'il appartient d'en régler l'exercice. Une simple autorisation suffirait pour conférer au commissaire central le droit *exceptionnel* d'instrumenter dans toute l'étendue de l'arrondissement. Au reste comme auxiliaire du procureur général le commissaire central exerce dans toute cette étendue les fonctions d'officier de police judiciaire.

40. — V. Commissaires cantonaux. — Le décret du 28 mars 1852 avait créé les commissaires cantonaux dont la juridiction s'étendait à toutes les communes du canton. Ces communes devaient contribuer au traitement de ces agents. Les commissaires cantonaux étaient nommés au gré du Gouvernement : il n'y en avait pas nécessairement dans tous les cantons. Le Gouvernement de la défense nationale, voyant dans cette institution une grave atteinte aux droits de la commune, a supprimé cette catégorie de commissaires par arrêté du 10 sept. 1870 (D. P. 71. 4. 1).

41. — VI. Commissaires de surveillance administrative et commissaires spéciaux des chemins de fer. — Dans les chemins de fer enfin, il existe deux classes de commissaires, les commissaires de surveillance administrative et les commissaires spéciaux des chemins de fer. Les commissaires de surveillance administrative, qui dépendent du ministre des travaux publics, ne sont pas à proprement parler des commissaires de police. Leur nom même indique qu'ils sont les délégués de l'Administration auprès des compagnies pour exercer des fonctions de contrôle. Cependant, dans certains cas, et spécialement pour ce qui concerne les crimes et délits de droit commun, ils agissent comme officiers de police judiciaire, et dressent des procès-verbaux qu'ils transmettent au procureur de la République (V. *Organisation administrative ; Voirie par chemin de fer*).

42. Les commissaires spéciaux, institués par décret du 22 févr. 1855, ne doivent pas être confondus avec les commissaires de surveillance administrative. Ils dépendent du ministre de l'intérieur et ont de véritables attributions de police. Il n'en existe guère que dans les villes frontières et à Paris. Ils veillent plus particulièrement à tout ce qui intéresse la sûreté de l'Etat, mais ils sont chargés aussi de la police générale et de la répression des crimes et délits de droit commun. Aux termes d'une circulaire ministérielle du 10 mars 1857, les voyageurs arrêtés doivent être traduits devant eux. Ils adressent aux préfets des rapports sur les faits de leur service et en font en même temps parvenir copie au ministère. Leur compétence s'étend sur toute la ligne à laquelle ils sont attachés. Les commissaires de police des localités traversées par le chemin de fer exercent concurremment avec eux leur autorité. C'est sur la demande du ministre des travaux publics, agissant au nom du ministre de l'intérieur, que les compagnies de chemins de fer ont mis des locaux à la disposition des commissaires spéciaux.

43. Une circulaire du ministre des travaux publics du 1er juin 1855 a délimité exactement les attributions des commissaires spéciaux et celles des commissaires de surveillance administrative. Mais, en cas d'absence ou d'empêchement, ils doivent s'entr'aider et se suppléer mutuellement (V. Alfred Picard, *Traité des chemins de fer*, t. 3, p. 174. V. aussi *Voirie par chemin de fer*).

44. — VII. Contrôleurs généraux de la sûreté générale. — Un décret du 28 déc. 1885 a institué, au nombre de deux, des contrôleurs généraux des services extérieurs de la sûreté générale. Leur mission consiste à se rendre compte de la manière dont les commissaires de police et agents de toutes sortes dépendant de la sûreté générale s'acquittent de leurs fonctions. Ils sont placés sous les ordres du directeur de la sûreté générale par délégation du ministre de l'intérieur. Outre leur traitement, ils touchent des indemnités pour frais de déplacement et de séjour hors Paris. Ils ont mêmes rang et prérogatives que les inspecteurs généraux des services administratifs (V. *Organisation administrative*).

---

faits de corruption, d'outrage public aux mœurs et de complicité dans une tentative d'avortement ; qu'enfin, et relativement au chef d'usage des déclarations altérées, les circonstances de ce fait sont suffisamment précisées par cette mention des motifs de l'arrêt, que le procès-verbal de Louvet, transmis par lui à son chef hiérarchique, a été communiqué au préfet du département et adressé au procureur impérial, qui a saisi le juge d'instruction ; — Que ces diverses énonciations, en permettant à la cour de contrôler la qualification légale des faits incriminés, suffisent pour constituer l'exposé sommaire prescrit par la loi ; — Rejette.

Du 15 févr. 1861.-Ch. crim.-MM. Vaïsse, pr.-Caussin de Perceval, rap.-Savary, av. gén.-Morin, av.

Table sommaire

des matières contenues dans le Supplément et le Répertoire.

(Les chiffres précédés de la lettre *S* renvoient au Supplément; les chiffres précédés de la lettre *R* renvoient au Répertoire.)

Table chronologique des Lois, Arrêts, etc.

COMMISSAIRE-PRISEUR.

Division.

---

§ 1er. — Historique et législation (*Rép.* nos 2 à 14).

1. V. *Rép.* nos 2 et suiv.

§ 2. — Conditions requises pour être investi des fonctions de commissaire-priseur (*Rép.* nos 15 à 18).

2. V. *Rép.* nos 15 et suiv.

§ 3. — Attributions, responsabilité et discipline (*Rép.* nos 20 à 48).

3. — I. Attributions. — 1° *Ventes publiques de meubles.* — Parmi les attributions des commissaires-priseurs, il faut comprendre, en première ligne, avons-nous dit (*Rép.* n° 19), le droit de procéder à la vente publique des meubles et effets mobiliers et à leur prisée. Mais ce droit ne s'applique qu'aux ventes publiques, et par ventes publiques, il faut entendre, non les ventes faites avec publicité et en présence d'un grand nombre de spectateurs, mais seulement celles qui ont lieu avec le libre concours de tout individu solvable admis à se porter enchérisseur. En conséquence, la vente d'animaux reproducteurs faite par un comice agricole au profit d'une catégorie restreinte d'acheteurs (les membres seuls du comice) n'est pas publique et ne comporte pas nécessairement le concours d'un commissaire-priseur (Paris, 21 juin 1875, aff. Goffinet, et 13 juill. 1875, aff. Commissaires-priseurs de Reims, D. P. 76. 2. 189; Civ. rej. 6 mars 1877, aff. Goffinet, D. P. 77. 1. 161). — Mais il en est autrement lorsque la faculté d'enchérir est accordée, non seulement aux membres de l'association, mais encore à toutes personnes, sous l'unique condition qu'elles feront, séance tenante, la déclaration qu'elles veulent faire partie de l'association, ces personnes n'étant point associées faute d'être régulièrement et définitivement admises au moment où la vente est opérée (Civ. cass. 6 mars 1877, aff. Benoît, D. P. 77. 1. 161).

4. L'art. 486 c. com., qui se borne à dire que la vente des effets mobiliers et marchandises après faillite sera faite par des courtiers de commerce ou tous autres officiers publics préposés à cet effet n'a nullement eu pour objet d'abroger les lois et règlements qui déterminent les conditions dans lesquelles les différentes classes d'officiers publics sont préposées aux ventes mobilières, mais au contraire de s'y référer. Serait donc de nul effet, à l'égard du commissaire-priseur, l'ordonnance du juge-commissaire qui autoriserait le syndic à faire opérer la vente au détail de marchandises neuves provenant de la faillite par le ministère d'un courtier de commerce. Ce dernier s'il procédait malgré la défense à lui faite par le commissaire-priseur, serait même responsable envers lui et pourrait être condamné à lui payer des dommages-intérêts à raison du préjudice qu'il lui aurait causé (Douai, 9 nov. 1887) (1). Il en est de même des ventes *en détail* de marchandises neuves après cessation de commerce, l'art. 5 de la loi du 25 juin 1841 disposant que le

(1) (Wiart *C.* Bourré.) — Le 24 mars 1887, jugement du tribunal civil de Boulogne-sur-Mer ainsi conçu : — « Attendu que Wiart allègue que Bourré a procédé, en vertu d'une ordonnance du juge-commissaire de la faillite du sieur Jumentiez, à la vente aux enchères publiques et en détail de marchandises neuves dépendant de cette faillite; qu'il soutient que, ce faisant, Bourré a empiété sur ses attributions exclusives ; — Attendu que pour établir le bien fondé de son allégation Wiart a recours à l'ancienne législation et aux textes qui pendant longtemps ont permis entre les commissaires-priseurs et les courtiers une rivalité et des conflits d'attribution auxquels la loi du 15 juin 1841 a eu la première pour objet de remédier; — Attendu que cette loi et celles qui ont paru depuis, celle du 28 mai 1858, le décret du 8 mai 1861, la loi du 3 juill. 1861, ont également, toutes, élargi la sphère d'action des courtiers; — Attendu que ce serait manifestement aller à l'encontre de l'esprit des documents législatifs qui ont successivement investi les courtiers d'attributions plus étendues, que l'on rechercherait, dans les premiers textes, une solution aux difficultés d'interprétation des lois plus récentes; — Attendu, d'ailleurs, qu'aucun des textes invoqués n'a rapport aux ventes de marchandises après faillite, ni les lois de pluviôse an 7, du 29 vent. an 9, ni les décrets de 1811, de 1812, ni enfin l'ordonnance de 1819; — Attendu que l'ancien art. 492 c. com. seulement faisait mention desdites ventes et permettait aux courtiers d'y procéder en gros et en détail, comme aussi de procéder à la vente publique et aux enchères des meubles meublants, comptoirs et ustensiles de failli; — Attendu que les dispositions de l'art. 492 ont été maintenues par le nouvel art. 486 c. com., qu'elles sont encore confirmées par l'art. 4 de la loi du 25 juin 1841, qui renvoie purement et simplement à l'art. 486 c. com. pour déterminer le mode des ventes des marchandises du failli; qu'à la vérité, ledit art. 4 ouvre une exception à l'égard du mobilier du failli et exprime que ce mobilier ne pourra être vendu aux enchères que par le ministère des commissaires-priseurs et autres officiers, à l'exclusion des courtiers; mais que cette réserve même dont les biens du failli sont l'objet indique clairement que la vente des marchandises du failli n'est pas régie par les mêmes règles que la vente du mobilier et que, à la différence de ce dernier, les marchandises peuvent être vendues par le courtier, sous la seule condition que l'ordonnance du juge-commissaire le décidera; — Attendu, enfin, que s'il était interdit aux courtiers de vendre en détail les marchandises du failli, cette interdiction s'appliquerait également aux commissaires-priseurs; qu'elle serait édictée dans le but de protéger le commerce de détail et ne donnerait ouverture à aucune action de la part des commissaires-priseurs ; — Attendu que le commissaire-priseur Wiart est donc non recevable, en tous cas, mal fondé à critiquer l'ordonnance du juge-commissaire à la faillite Jumentiez, et la vente publique à laquelle il a été procédé en vertu de ladite ordonnance par le courtier Bourré;... — Par ces motifs, déclare Wiart, non recevable en tous cas mal fondé en ses fins et conclusions, l'en déboute, etc. ». — Appel par le sieur Wiart. — Arrêt.

La cour; — En droit : — Attendu, d'une part, que la loi du 27 vent. an 9 et celle du 28 avr. 1816, portant création des commissaires-priseurs, leur ont conféré exclusivement le droit de faire les ventes publiques aux enchères d'objets mobiliers dans le chef-lieu de leur établissement;

Attendu, d'autre part, que la loi du 28 vent. an 9, le décret du 22 nov. 1811, celui du 10 avr. 1812, la loi du 25 juin 1841, celle du 28 mai 1858 et celle du 3 juill. 1861 ont conféré aux courtiers de commerce le droit de faire les ventes publiques aux enchères, des marchandises en gros; — Attendu que le droit d'opérer les ventes des effets mobiliers et des marchandises après faillite, a été étendu aux courtiers de commerce, tant par l'ancien art. 492 c. com. que par le nouvel art. 486 du même code; — Que si cet art. 486 se borne à dire que la vente sera faite par des courtiers ou tous autres officiers publics préposés à cet effet et que les syndics choisiront dans la classe d'officiers publics déterminée par le juge commissaire, il se réfère évidemment aux lois et règlements qui déterminent les conditions dans lesquelles les différentes classes d'officiers publics sont préposés aux ventes mobilières; — Que ces expressions, « préposés à cet effet », signifient que de pareilles ventes ne peuvent avoir lieu que par des officiers publics, ayant qualité à cet effet, remplissant les conditions de la loi à cet effet, ayant, en un mot, attribution et sous le rapport de l'acte à faire et de l'objet à vendre et sous le rapport du lieu; — Que l'art. 486 fait partie de la loi générale sur les faillites, qui n'a été votée en 1838 qu'en vue des faillites et non des officiers publics appelés à procéder aux ventes des biens mobiliers des faillis; — Que son texte ne contient aucune abrogation des lois concernant les attributions des différents officiers publics et que ces lois continuent à subsister; — Attendu que le paragraphe 1er de l'art. 4 de la loi du 25 juin 1841, loin de déroger à l'art. 486 c. com., s'est au contraire, référé à cet article, pour les ventes de marchandises après faillite, tout en maintenant les lois et règlements qui déterminent les attributions des différentes classes d'officiers publics; — Que pour le mobilier, le paragraphe 2 de l'art. 4 de la loi du 25 juin 1841 dit qu'il ne pourra être vendu que par le ministère des commissaires-priseurs, notaires, huissiers, greffiers de justice de paix, conformément aux lois et règlements qui déterminent les attributions de ces différents officiers ; — Qu'il n'est pas possible de réserver plus expressément le monopole des commissaires-priseurs dans le lieu de leur établissement pour les ventes de marchandises en détail et de mobilier, après faillite; — Attendu qu'en combinant les art. 4, § 1er, 6 et 10 de la loi du 25 juin 1841, il devient évident que les courtiers de commerce n'ont droit qu'à faire les ventes de marchandises en gros, même après faillite; — Que c'est ce qui résulte du rapprochement de la loi du 3 juill. 1861 avec l'art. 486 c. com.; — Que, par conséquent, le juge-commissaire à une faillite doit, pour les ventes en détail de marchandises comme les ventes d'objets mobiliers, respecter les droits appartenant aux commissaires-priseurs d'après les lois et règlements constitutifs de leur organisation; — Qu'en définitive, l'art. 486 c. com. n'est pas une loi d'attribution, mais une simple disposition de la loi générale sur les faillites;

En fait : — Attendu que dans la ville de Calais, il y a des commissaires-priseurs et des courtiers de commerce; — Que, d'après les observations juridiques ci-dessus déduites, les ventes publiques de marchandises en détail et d'objets mobiliers après faillite appartiennent aux premiers à l'exclusion des seconds; — Attendu que le juge-commissaire à la faillite Jumentiez a autorisé le syndic à faire procéder par le ministère de Bourré, courtier de commerce, à la vente en détail des marchandises et effets de confections se trouvant dans les magasins du failli, sans indiquer que cette vente aurait lieu en gros et par lots; — Qu'en réalité la vente de ces marchandises a eu lieu en détail; — Que cette ordonnance du juge-commissaire n'a pas tenu compte des lois et règlements ci-dessus indiqués qui attribuent exclusivement ces sortes de ventes aux commissaires-priseurs; — Que c'est donc à bon droit que le commissaire-priseur a intenté une action contre le courtier de commerce Bourré; — Attendu que c'est à tort que les premiers juges n'ont pas accueilli cette action et ont vu dans l'art. 486 c. com., une loi d'attribution au profit des courtiers de commerce de faire concurrence aux commissaires-priseurs pour la vente en détail des marchandises provenant d'une faillite; — Attendu que malgré la défense à lui faite par exploit d'huissier, Bourré a procédé à la vente publique, aux enchères et en détail, de marchandises, par suite de la faillite Jumentiez; — Qu'il a ainsi porté préjudice au droit exclusif de Wiart et que la cour possède tous les éléments pour apprécier les dommages et intérêts qui peuvent être dus à cet égard; — Attendu que la cour ne doit statuer que sur la cause à elle soumise et qu'elle ne peut prononcer des décisions générales et réglementaires pour l'avenir;

Par ces motifs, la cour,... infirme le jugement dont est appel; — Déclare bien fondée l'action intentée par Wiart contre Bourré;

juge commissaire doit décider, d'après les lois d'attribution, qui des courtiers ou des commissaires priseurs sera chargé de la réception des enchères (Douai, 9 nov. 1887) (1).

5. Le droit exclusif de procéder aux prisées et ventes mobilières accordé aux commissaires-priseurs ne peut être exercé qu'au chef-lieu de leur établissement; hors de ce chef-lieu, ils n'ont qu'un droit de concurrence avec les notaires, greffiers, huissiers (Rennes, 12 févr. 1879, aff. Péroteaux, D. P. 80. 2. 82). Ce principe semble incontestable. Mais nous avons vu au *Rép.* n° 20, qu'une question beaucoup plus délicate est celle de savoir s'il ne doit pas en être autrement lorsque les localités où les commissaires-priseurs prétendent exercer leur privilège ne constituent, en réalité, que les faubourgs de la ville où se trouve le chef-lieu de l'établissement. L'arrêt précité du 12 févr. 1879 s'est, conformément à la jurisprudence antérieure (*Rép.* n° 20), prononcé dans le sens de la négative, et a posé en principe que le privilège des commissaires-priseurs ne saurait jamais s'étendre à une commune immédiatement voisine de la ville où se trouve le chef-lieu d'établissement, alors même que quelques-unes des ruelles de cette commune paraîtraient sur certains points se confondre avec plusieurs rues de la ville, si les délimitations sont parfaitement établies par la circons-

— Dit que c'est sans droit que Bourré a procédé à Calais, à la vente publique et en détail de marchandises dépendant de la faillite Jumentiez; qu'en agissant ainsi, il a porté atteinte au droit exclusif du commissaire-priseur; etc.

Du 9 nov. 1887.-C. de Douai, 1re ch.-M. Mazeaud, 1er pr.

(1) (Wiart *C.* Lestrade fils.) — Le 24 mars 1887, le tribunal civil de Boulogne-sur-Mer a rendu le jugement suivant : — « Attendu qu'aux termes de l'art. 2 et de l'art. 5 de la loi du 25 juin 1841, le tribunal de commerce peut autoriser les ventes en détail des marchandises neuves, après cessation de commerce, ordonner même que les adjudications auront lieu par lots, déterminer l'importance de ces lots, décider enfin d'après les lois et règlements d'attribution qui, des courtiers ou commissaires-priseurs et autres officiers publics, sera chargé de la réception des enchères; — Attendu que si le tribunal de commerce peut faire porter son choix sur les courtiers ou les commissaires-priseurs à la seule condition de ne pas contrevenir aux lois et règlements d'attribution, le commissaire-priseur Wiart ne pourrait être accueilli en sa demande, qu'autant qu'il démontrerait ou que les lois et règlements imposaient au tribunal de commerce, de confier la vente dont s'agit aux commissaires-priseurs, ou lui interdisaient de la remettre aux courtiers; — Attendu qu'il résulte de l'ensemble de la législation invoqué par Wiart, que le monopole des commissaires-priseurs a toujours été restreint aux ventes de meubles et effets mobiliers et aux ventes fixées; que l'art. 5 de l'ordonnance du 9 avr. 1819 (abrogé par l'art. 7 de la loi du 15 juin 1841, qui les autorisait à vendre les marchandises en détail) spécifie qu'il ne leur appartenait d'y procéder, que si la vente était destinée aux consommateurs, que si la vente était destinée aux commerçants, elle était du ressort des courtiers; — Attendu que les courtiers étaient de plus autorisés par l'art. 492 ancien c. com. à procéder aux ventes en gros, comme en détail des marchandises après faillites, que l'art. 484 nouveau c. com. maintient ces dispositions; — Que l'art. 4 de la loi du 25 juin 1841 vient, encore les confirmer; — Attendu que les lois et règlements d'attribution en matières de ventes de marchandises sont donc au moins aussi favorables aux courtiers qu'aux commissaires-priseurs; que le seul cas spécialement réservé aux commissaires-priseurs était celui où il s'agissait d'une vente s'adressant aux commerçants; — Attendu que le tribunal de commerce avait donc à apprécier à ce point de vue seulement la nature de la vente qu'il était requis d'autoriser; — Attendu que le tribunal de commerce était souverain juge de cette question; qu'il avait également plein pouvoir, pour déterminer l'importance des lots et même pour la laisser indéterminée aux termes de l'art. 5 de l'ordonnance du 9 avr. 1819, visée par l'art. 6 de la loi de juin 1841; — Attendu dès lors que c'est par une juste et saine application des lois, que le tribunal de commerce a ordonné qu'il serait procédé à la vente Carpentier-Beauvais par le ministère d'un courtier; — Attendu qu'il s'en suit que le commissaire-priseur Wiart ne peut être accueilli dans sa demande en dommages-intérêts; — Par ces motifs, déclare Wiart non recevable, en tous cas mal fondé en ses conclusions... ». — Appel par le sieur Wiart. — Arrêt.

La cour; — Attendu que le sieur Carpentier-Beauvais, marchand à Calais, qui, par suite de l'abandon de son commerce de marchand de vêtements, sollicitait l'autorisation de faire vendre aux enchères publiques, en son domicile, par le ministère de Lestrade, courtier de commerce à Calais, les vêtements neufs restés en son magasin et dont l'état était joint, présenta, dans ce but, requête au tribunal de commerce de Calais; — Que, par jugement du 7 déc. 1886, le tribunal autorisa la vente aux enchères publiques au domicile de Carpentier-Beauvais, désigna Lestrade fils, courtier de commerce, pour recevoir les enchères, dit qu'il n'y avait pas lieu de fixer la valeur des lots; — Attendu que Wiart, commissaire-priseur à Calais, soutenant que la vente au détail de marchandises neuves, ordonnée par le tribunal, ne pouvait être opérée que par le ministère du commissaire-priseur, a fait défense à Lestrade de recevoir les enchères; — Que Lestrade, ayant passé outre, Wiart l'a fait assigner devant le tribunal civil de Boulogne-sur-Mer;

Attendu, qu'après avoir posé, dans son art. 1er, le principe que les ventes au détail de marchandises neuves sont interdites, la loi du 25 juin 1841 édicte immédiatement des exceptions à ce principe; que son art. 2 qui prévoit le cas de décès, de faillite, de cessation de commerce ou autres cas de nécessité dont le tribunal est juge, indique ces exceptions; — Attendu que l'art. 5 de ladite loi, prévoyant l'hypothèse d'une vente après cessation de commerce, règle qui, des courtiers ou des commissaires-priseurs, sera chargé de la réception des enchères; — Attendu qu'il résulte des textes rappelés que le tribunal de commerce de Boulogne-sur-Mer avait incontestablement le droit d'autoriser la vente des marchandises neuves restées dans les magasins de Carpentier; qu'il pouvait également autoriser la vente au détail, enfin qu'il lui appartenait de désigner dans l'espèce qui, des courtiers ou des commissaires-priseurs, devait recevoir les enchères; — Mais attendu qu'il s'agit de rechercher si, dans ce choix qu'il doit faire entre les courtiers et les commissaires-priseurs, le tribunal est absolument libre de sa décision, de telle sorte qu'il lui soit permis de désigner à son gré, et en se laissant uniquement guider par ce qu'il croit être l'intérêt des parties, soit un courtier, soit un commissaire-priseur, ou s'il n'est pas, au contraire, lié par certaines règles, dont il ne saurait s'affranchir; — Attendu que l'art. 5 de la loi précitée dispose que le tribunal décidera d'après les lois d'attribution qui, des courtiers ou des commissaires-priseurs sera chargé de la réception des enchères; que telle est la règle d'après laquelle le choix du tribunal doit être fait et qu'il est obligé de la suivre; — Attendu que les attributions des courtiers de commerce et celles des commissaires-priseurs diffèrent complètement; que les courtiers sont des agents essentiellement commerciaux dont les fonctions consistent surtout à s'entremettre dans certains cas déterminés, pour des opérations de vente de marchandises entre commerçants; — Que les commissaires-priseurs ont, au contraire, pour mission de mettre en vente aux enchères publiques des choses mobilières, des marchandises neuves et détaillées de façon à être mises à la portée des particuliers; — D'où la conséquence que les courtiers de commerce sont compétents pour procéder aux ventes faites pour lots hors de la portée immédiate des particuliers consommateurs (L. 17 avr. 1812; Ord. 9 avr. 1819; L. 25 juin 1841, art. 6), que les commissaires-priseurs ont attribution, au contraire, lorsque la vente doit être faite au détail, pièce à pièce (L. 27 vent. an 9; L. 28 avr. 1816; Ord. 26 juin 1816);

Attendu qu'il est hors de doute que l'art. 486 c. com. non plus que la loi du 25 juin 1841 n'ont voulu rien modifier de ces attributions respectives des courtiers et des commissaires-priseurs; que, dès lors, en prescrivant que le tribunal, dans le choix de l'officier public qui devra procéder à la vente, sera tenu de se conformer aux lois d'attribution, l'art. 5 de la loi de 1841 a voulu que la vente fût faite par un commissaire-priseur ou par un courtier suivant la distinction établie par les lois précitées; — Attendu, en fait, que le tribunal de Boulogne-sur-Mer a autorisé la vente des marchandises neuves sans ordonner la formation de lots et sans en fixer la valeur; que la vente a donc été en réalité une vente au détail; que cette vente autorisée à Calais, résidence d'un commissaire-priseur, ne pouvait être faite que par le ministère de celui-ci, à l'exclusion du courtier de commerce; — Que le tribunal a mal à propos désigné ce dernier; — Attendu que l'appelant réclame des dommages-intérêts; qu'après avoir fixé à 1000 fr. le préjudice éprouvé par suite de la vente dont s'agit, il a, par des conclusions subsidiaires signifiées le 8 mars 1887, réclamé une autre somme de 2000 fr. pour des ventes semblables qui auraient été reçues par Lestrade; — Attendu qu'en procédant à la vente Carpentier, Lestrade fils a empiété sur les attributions de Wiart; qu'il lui a causé un préjudice qu'il est tenu de réparer; — Que la demande de Wiart procédant d'un préjudice est recevable;...

Par ces motifs, la cour, dit qu'il a été mal jugé, bien appelé; — Emendant,... dit qu'en procédant à Calais, lieu où l'appelant est établi comme commissaire-priseur, à une vente de marchandises neuves sans lots, Lestrade fils a empiété sur les attributions de Wiart et lui a causé un préjudice; — Condamne, en conséquence, Lestrade fils à payer à Wiart la somme de 100 fr. à titre de dommages-intérêts pour ladite vente; etc.

Du 9 nov. 1887.-C. de Douai, 1re ch.-M. Mazeaud, 1er pr.

cription de l'octroi et si les communes ont une administration, une police, un conseil municipal distincts.

6. Sur ce qu'il faut entendre par meubles et effets mobiliers, V. *Biens*, nos 50 et suiv. ; *Vente publique de meubles*. — Il suffira de faire observer ici que si, en principe, le privilège des commissaires-priseurs ne s'applique qu'à la vente des meubles corporels, la vente des meubles incorporels étant réservée aux notaires (*Rép.* n° 29; Rolland de Villargues, *Répertoire du notariat*, v° *Fonds de commerce*, n° 10; de Villepin, *Commentaire de la loi du 25 juin 1841*, n° 111; Ruben de Couder, *Dictionnaire de droit commercial*, v° *Commissaire-priseur*, n° 36; Rousseau et Laisney, *Dictionnaire de procédure*, n° 39. — En sens contraire : Benou, *Code des commissaires-priseurs*, t. 1, p. 179; Say, *Commentaire sur les ventes de marchandises neuves*, p. 20), il en est autrement lorsque la vente comprend à la fois des meubles de l'une et l'autre espèce. C'est ainsi que, bien que la vente publique d'une barque lavandière comprenne en même temps la concession d'emplacement, la patente et la clientèle, le droit de procéder à cette vente ne cesse pas d'appartenir aux commissaires-priseurs, si, d'après les circonstances, c'est la barque elle-même qui doit être considérée comme l'objet principal de la vente (Besançon, 28 juill. 1877, aff. Delavelle, D. P. 78. 2. 50. Conf. *Rép.* v° *Vente publique de meubles*, n° 35. V. aussi *infrà*, v° *Vente publique de meubles*).

7. Nous avons vu (*Rép.* nos 30 et suiv.) que la question de savoir si les commissaires-priseurs peuvent procéder à des ventes publiques à terme, ou si les notaires ont le privilège exclusif d'insérer dans les procès-verbaux de ventes volontaires de meubles des stipulations de terme ou autres, est controversée. Depuis la publication de notre recueil, il a été jugé, sur ce point, que les commissaires-priseurs, procédant à une vente d'effets mobiliers, ont le droit de stipuler *sous leur responsabilité personnelle*, un terme de payement au profit de l'acquéreur, et, par suite, d'insérer au cahier des charges des conditions accessoires de sécurité, telles qu'un cautionnement, une subrogation, une affectation hypothécaire (Req. 6 août 1861, aff. Notaires de Cambrai, D. P. 61. 1. 409; Besançon, 28 juill. 1877, aff. Delavelle; D. P. 78. 2. 50. V. aussi Req. 13 mars 1867, aff. Clément, D. P. 67. 1. 175; *Rép.* v° *Vente publique de meubles*, n° 38; Ruben de Couder, n° 40; Rousseau et Laisney, n° 44. — En sens contraire : Rolland de Villargues, n° 24. — Comp. Trib. Pont-l'Évêque, 12 févr. 1867, aff. Duhamel, D. P. 67. 3. 56). En pareil cas, le commissaire-priseur devient garant du prix vis-à-vis de l'acheteur (*Rép.* n° 38. V. *infrà*, nos 15 et 18).

8. Sa responsabilité est encore engagée, lorsque, procédant à une vente annoncée comme devant se faire au comptant, il néglige d'exiger le payement immédiat du prix de l'enchère; il suit, à ses risques et périls, la foi de l'adjudicataire auquel il accorde crédit, et doit subir les conséquences de la dénégation par celui-ci d'avoir enchéri, comme de son insolvabilité. — Il ne saurait lui suffire, pour combattre cette dénégation, d'invoquer la foi due à son procès-verbal d'adjudication à raison de son caractère authentique, cet acte ne faisant pleine foi que des énonciations concernant les faits que l'officier public est chargé par la loi d'attester personnellement, et non des énonciations relatives à l'identité de l'adjudicataire, dont aucun texte de loi ne l'oblige à s'assurer (Civ. rej. 19 mai 1886, aff. Pierron, D. P. 86. 1. 412. — V. *infrà*, n° 15).

9. — 2° *Ventes forcées de marchandises.* — Les commissaires-priseurs et huissiers ont seuls qualité, à l'exclusion des courtiers de commerce, pour procéder aux ventes publiques de marchandises *ordonnées* par justice : les attributions des courtiers de commerce sont limitées, même quand il s'agit de marchandises, aux ventes publiques *volontaires*, faites en cas de faillite par les syndics, ou *autorisées* sur requête par le tribunal de commerce. Il en est ainsi même à l'égard des ventes de marchandises données en nantissement par un négociant à un autre négociant, en garantie de ses avances : on ne peut appliquer à cette hypothèse l'art. 3 du décret du 17 avr. 1812, édicté seulement en vue d'une *consignation* proprement dite, et non d'un simple *nantissement* (Req. 18 juin 1850, aff. Courtiers de commerce de Bordeaux, D. P. 50. 1. 187; Bordeaux, 28 juill. 1857, aff. Commissaires-priseurs de Bordeaux, D. P. 57. 2. 198. — V. aussi le rapport de M. le conseiller Glandaz sur l'arrêt du 18 juin 1850, où sont étudiées d'une façon complète les attributions respectives des commissaires-priseurs et des courtiers de commerce).

10. — 3° *Ventes publiques de marchandises neuves.* — V. ce mot.

11. — 4° *Ventes publiques de comestibles.* — V. *Ventes publiques de marchandises neuves.*

12. — 5° *Ventes publiques de récoltes.* — La question de savoir si les ventes de fruits et récoltes devaient être attribuées aux commissaires-priseurs, huissiers et greffiers ou aux notaires, était autrefois controversée. — La loi du 5 juin 1851 (D. P. 51. 4. 85) a tranché la difficulté et décidé, dans un but de transaction, que les commissaires-priseurs auraient, concurremment avec les notaires, huissiers et greffiers de justice de paix, le droit de procéder aux ventes publiques *volontaires* de fruits et récoltes pendants par racines et de coupes de bois taillis. L'amendement qui tendait à reconnaître aux commissaires-priseurs le droit exclusif de procéder à ces ventes dans le lieu de leur résidence a été écarté (*Moniteur* du 15 mars 1851, p. 752). — La loi de 1851, ne disposant qu'en ce qui concerne les ventes *volontaires*, a laissé subsister l'ancienne controverse quant aux ventes judiciaires. Un jugement du tribunal de Bar-le-Duc du 10 mai 1867 (aff. Collin, D. P. 68. 3. 47), a décidé que les notaires ont seuls, à l'exclusion tant des commissaires-priseurs que des autres officiers publics, le droit de procéder à ces sortes de ventes, à moins qu'elles n'aient lieu sur saisie-brandon (V. en ce sens : Le Menuet, *Revue critique*, t. 11, p. 38; Clerc, Dalloz et Vergé, *Formulaire du notariat*, v° *Adjudication*, n° 55; *Jurisprudence du notariat*, 1867, art. 13282). Un jugement du tribunal de Vendôme du 10 oct. 1851 (aff. Buffereau, D. P. 68. 3. 47, note) et un jugement du tribunal de Troyes du 18 oct. 1872 (1), ont jugé, au contraire, que les commissaires-priseurs ont seuls, dans le lieu de leur résidence, le droit de procéder à ces ventes (V. en ce sens : Demolombe, *Distinction des biens*, t. 1, n° 157; Lehir, *Commentaire de la loi du 5 juin 1851*, p. 11; *Journal des huissiers*, 1867, p. 243).

13. — 6° *Prisées de meubles.* — V. *Rép.* nos 25 et suiv.

14. Depuis le décret du 10 sept. 1870 (D. P. 70. 4. 88), qui a déclaré libre la profession d'imprimeur, les commissaires-priseurs ne sont plus tenus de prévenir l'autorité, avant de mettre en vente les presses, caractères et ustensiles d'imprimerie (*Rép.* n° 33).

15. Le droit exclusif que l'ordonnance du 26 juin 1816 (*Rép.* n° 21, et v° *Monts-de-piété*, nos 33, 47 et suiv.) confère, quant aux prisées et aux ventes publiques concernant les monts-de-piété, aux commissaires-priseurs choisis parmi ceux qui résident au lieu où le mont-de-piété est établi,

---

(1) (Chambre des notaires de X... C. M...) — Le tribunal; — Attendu que, d'après la loi de leur institution, les commissaires-priseurs ont le droit exclusif de procéder ainsi aux ventes mobilières dans le chef-lieu de leur arrondissement; — Attendu que les arbres d'une pépinière, plantés par un jardinier sur un terrain dont il n'est que le locataire, sont manifestement destinés à être vendus et enlevés journellement, puisqu'ils sont l'objet d'un commerce de celui-ci; qu'ils doivent donc être considérés comme marchandises et conséquemment comme choses mobilières; — Attendu qu'aux termes de l'art. 4 de la loi du 25 juin 1841, les ventes de marchandises après faillite doivent être faites, conformément à l'art. 486 c. com., par un officier public que le juge-commissaire aura déterminé, et qu'au cas particulier le juge-commissaire de la faillite Mocqueris, en désignant l'un des commissaires-priseurs de cette ville pour vendre les arbres de pépinière dépendant de cette faillite, n'a fait que se conformer aux lois qui règlent les attributions de ces officiers publics; — Attendu, d'ailleurs, qu'en se plaçant au point de vue de la loi du 5 juin 1851, le commissaire-priseur a qualité pour vendre les arbres d'une pépinière; que ces arbres, en effet, peuvent être considérés comme fruits et récoltes pendant par racines, puisqu'ils sont les seuls produits que le propriétaire tire du sol où elle a été plantée, et qu'il importe peu qu'une vente faite après faillite doive être considérée comme ayant un caractère judiciaire, puisque les commissaires-priseurs ont qualité pour procéder à la vente des marchandises, objets mobiliers corporels et récoltes pendantes par racines vendues par autorité de justice; — Par ces motifs, etc.

Du 18 oct. 1872.-Trib. civ. de Troyes.

existe même dans les villes où il n'y a qu'un commissaire-priseur, et où, par suite, le choix dont parle l'ordonnance n'est pas possible. — Et ce droit peut également être invoqué même auprès d'un mont-de-piété dont les statuts impliqueraient la non-intervention du commissaire-priseur, si ces statuts ont été arrêtés à une époque, où il n'y avait pas encore dans la ville d'office de commissaire-priseur (Req. 5 juill. 1864, aff. Pelatan, D. P. 64. 1. 384). — V. *Monts-de-piété*.

16. Les procès-verbaux des commissaires-priseurs font foi du fait des ventes qu'ils constatent et des déclarations qui s'y rattachent, notamment quant à la libération des acheteurs (Req. 13 mars 1867, aff. Clément, D. P. 67. 1. 175). Il en serait autrement, toutefois, si ces procès-verbaux énonçaient des ventes à terme, relativement aux obligations de payement que les acheteurs auraient pu contracter pour l'avenir, à propos de ces ventes (Même arrêt). — V. *suprà*, nos 6 et 7.

17. Il est admis, en règle générale, qu'un officier public ou ministériel a la faculté de se substituer, dans l'exercice de ses fonctions, un autre officier public ou ministériel. Mais cette substitution ou cette délégation ne peut avoir lieu qu'entre officiers publics ou ministériels ayant la même compétence territoriale et chargés des mêmes attributions. Aussi a-t-il été jugé qu'un commissaire-priseur, en cas d'absence ou d'empêchement, ne peut se substituer, pour le remplacer dans ses fonctions, qu'un autre commissaire-priseur ayant établissement et compétence dans le même chef-lieu; ainsi, il ne peut se substituer le greffier du juge de paix, et, lorsqu'en l'absence du commissaire-priseur, l'huissier chargé de la saisie a procédé à la vente, le commissaire-priseur qui s'était substitué le greffier du juge de paix est sans qualité pour contester la validité de cette vente (Trib. du Puy, 2 déc. 1884, aff. Raimbault, D. P. 86. 3. 47). — V. *Rép.* v° *Monts-de-piété*.

18. Deux arrêts du conseil d'Etat, en date des 15 janv. 1863 (aff. Pelatan, D. P. 63. 3. 10), et 16 avr. 1863 (aff. Mont-de-piété d'Avignon, D. P. 63. 3. 36) ont, contrairement à un arrêt du 19 août 1837 (*Rép.* n° 24), décidé que c'est à l'autorité judiciaire qu'il appartient de connaître de l'action intentée par un commissaire-priseur contre le mont-de-piété d'une ville et contre les appréciateurs nommés par cette administration, à l'effet de faire juger qu'il a le droit exclusif de procéder à la prisée et à la vente des objets déposés en nantissement dans cet établissement; vainement on prétendrait qu'il y a lieu de faire interpréter préalablement par l'autorité administrative l'ordonnance qui a créé le mont-de-piété et en a approuvé le règlement, alors que la régularité et la validité de ces deux actes ne sont pas contestées. En conséquence, l'invitation que le ministre de l'intérieur a adressée à la commission administrative de cet établissement à l'effet de confier les opérations dont il s'agit à ce commissaire-priseur, ne fait point obstacle à ce que les tribunaux statuent sur les prétentions respectives des parties à cet égard, et n'est, par suite, entachée d'aucun excès de pouvoir (V. aussi *Conseil d'Etat*).

19. — II. Responsabilité. — Vis-à-vis du vendeur ou de ses ayants cause, le commissaire-priseur répond du prix de l'adjudication (art. 625 c. proc. civ.; *Rép.* n° 38). Il doit donc exiger le payement comptant de l'objet vendu, et, à défaut de ce payement, procéder sans délai à la revente sur folle enchère; sinon, et, s'il laisse l'acquéreur se mettre en possession, il engage, vis-à-vis du vendeur ou de ses créanciers, sa responsabilité, pour l'intégralité du prix de vente, sauf son recours contre l'acquéreur (Lyon, 14 juin 1878 (1). V. aussi *suprà*, nos 7 et 8).

20. Le commissaire-priseur répond envers l'adjudicataire de la non-livraison des objets adjugés. En ce cas, il doit à l'adjudicataire, à titre de dommages-intérêts, une somme égale à la valeur, à déterminer par justice, des objets non livrés (Trib. Seine, 21 nov. 1877, aff. *Le Droit*, 14 déc. 1877). — Sur les autres cas de responsabilité, V. *Rép.* nos 38 et suiv.

21. Les commissaires-priseurs sont, à peine de 10 fr. d'amende par chaque mois de retard, obligés de déposer leurs répertoires au greffe du tribunal civil de l'arrondissement dans les deux premiers mois de l'année qui suit celle à laquelle ces répertoires se rapportent (L. 16 juin 1824, art. 11) (Paris, 7 févr. 1843, aff. Commissaires-priseurs de Paris, D. P. 49. 5. 46).

22. — III. Discipline. — V. *Rép.* nos 48 et suiv.

§ 4. — Tarif et bourse commune. — Timbre et enregistrement (*Rép.* nos 49 à 72).

23. — I. Tarif. — On a vu (*Rép.* n° 54) que le salaire du crieur qui assiste le commissaire-priseur ne doit pas être considéré comme un déboursé que le commissaire-priseur est autorisé à se faire restituer. — Il en est de même des salaires des *pousseurs aux ventes*. Un jugement du tribunal de Caen du 2 févr. 1871 (aff. Mignot, D. P. 73. 3. 39) a reconnu ce principe, en décidant que les commissaires-priseurs ne sont pas fondés à réclamer, en sus des droits de vente, le payement des remises par eux allouées à des pousseurs aux ventes, alors même qu'il serait d'usage d'employer ces auxiliaires pour faire monter les enchères. Ce jugement donne pour motifs de cette solution : 1° que l'utilité du concours d'un pousseur aux ventes n'est pas démontrée; 2° que la loi de 1843 a implicitement compris le remboursement des remises faites au pousseur aux ventes parmi les perceptions directes ou indirectes qu'elle proscrit en dehors des droits qu'elle alloue aux commissaires-priseurs. Dans un précédent jugement, concernant une vente par huissier, le même tribunal avait invoqué un troisième motif (Trib. Caen, 12 mai 1865, aff. Lesaulnier, D. P. 73. 3. 39, note) : « Le tribunal, disait ce jugement, ne peut consacrer une industrie qui a pour objet de tromper les enchérisseurs, qui croient que les conditions sont les mêmes pour tous, et de violer l'art. 624 c. pr. civ., d'après lequel l'adjudication doit être faite à celui qui payera le prix le plus élevé. »

Le pousseur aux ventes, en cas de contestation, aurait-il, du moins, une action en justice contre le commissaire-priseur pour le payement de ses remises? Non, si on admet le motif donné par le jugement du 12 mai 1865. Il a été jugé, d'ailleurs, dans une matière analogue, que les chefs de claque dans les théâtres de Paris n'ont pas d'action en justice contre les directeurs pour le payement des remises qui leur ont été promises afin de faire réussir des pièces ou des débuts (V. *Obligations*; — *Rép.* eod. v°, n° 638).

24. — II. Bourse commune. — Contrairement à l'opinion émise au *Rép.* n° 67, il a été décidé que les commissaires-priseurs attachés aux monts-de-piété ne sont tenus de verser à la bourse commune que la moitié des droits à eux alloués pour chaque vente, même alors que ces droits sont inférieurs à ceux du tarif général, et qu'il n'est pas nécessaire, dans ce cas, que la réduction de tarif ait fait l'objet d'un traité passé entre eux et les autres commissaires (Toulouse, 26 févr. 1873, aff. Commissaires-priseurs de

(1) (Varenne C. Thomas.) — La Cour; — Attendu que les obligations des commissaires-priseurs sont fixées par les art. 624 et 625 c. proc. civ., qui tracent, d'une manière absolue, la marche à suivre par ces officiers publics; qu'ils doivent exiger le payement comptant de l'objet vendu; et, à défaut de ce payement, procéder, sans délai, à la revente sur folle enchère; que telle n'a pas été la conduite de Thomas, qui a permis à l'acquéreur de se mettre en possession des objets mobiliers vendus, et de s'y maintenir pendant près d'un mois, sans qu'il se fût libéré du prix par lui dû; que c'est, en effet, ce qui résulte clairement des correspondances et documents versés au procès, qu'il est inutile de recourir à la preuve subsidiairement offerte par l'appelant de ces divers faits; — Considérant qu'en agissant ainsi, Thomas a certainement engagé sa responsabilité, et qu'il doit être tenu de toutes les suites de sa faute ou de son excès de confiance, qu'il y a d'autant plus de raison d'en décider ainsi, que, dans l'espèce, la solvabilité du fol enchérisseur Nevers n'étant pas contestée, l'action à engager contre lui pour obtenir le payement de la différence existant entre les deux ventes, appartient à l'officier public qui les a dirigées, tandis qu'aucun lien direct ne rattache le créancier saisissant au fol enchérisseur; — Par ces motifs, émendant; — Dit que Thomas sera tenu, vis-à-vis de Varenne, de tout le montant des causes de la saisie, en capital, intérêts et frais, jusqu'à concurrence du prix de l'adjudication par lui prononcée, le 10 juillet dernier, au profit de Nevers, sauf son recours contre qui de droit, etc.

Du 14 juin 1878.-C. de Lyon, 4e ch.-MM. Baudrier, pr.-Debanne, av. gén.-Jacquier et Guerrier, av.

Toulouse, D. P. 73.2. 124). — On pourrait faire observer, à l'appui de l'opinion contraire que la réduction du tarif (qui peut, en effet, aux termes de l'art. 4 de la loi du 18 juin 1843, être consentie aux établissements publics) n'intéresse pas seulement le commissaire-priseur attaché au mont-de-piété, mais aussi les autres commissaires-priseurs de la même résidence, puisque les versements à la bourse commune vont se trouver diminués en proportion de la réduction consentie par le commissaire-priseur. Que celui-ci consente seul une réduction sur sa part de l'allocation, on peut le concéder; mais qu'il puisse, par sa seule décision, diminuer aussi la part qui revient à la bourse commune, c'est ce qu'il est difficile d'admettre. Si donc il a stipulé seul, il doit seul aussi en supporter les conséquences.

25. Les commissaires-priseurs, soit de Paris, soit des départements, ont, pour les prisées qu'ils sont chargés de faire aux monts-de-piété sous leur responsabilité, le droit proportionnel de demi-centime par franc fixé par le décret du 8 therm. an 13; la loi du 18 juin 1843, qui, en règle générale, n'accorde aux commissaires-priseurs, à raison de leurs prisées, que de simples vacations, n'a pas abrogé le décret de l'an 13 spécial aux prisées des monts-de-piété (Civ. cass. 22 août 1865, aff. Pélatan, D. P. 65. 1. 351; Motifs, Toulouse, 26 févr. 1873, cité *suprà*, n° 24). — V. *Rép.* v° *Mont-de-Piété*, n°s 47 et suiv.

26. Sur les diverses questions qui peuvent être soulevées, à propos de l'exercice de la profession de commissaire-priseur, V. *Faux; Mont-de-piété; Navire; Patente; Serment; Vente aux enchères de marchandises neuves; Vente publique de meubles; Vente publique de récoltes; Voirie.*

Table sommaire

des matières contenues dans le Supplément et le Répertoire.

(Les chiffres précédés de la lettre *S* renvoient au Supplément; les chiffres précédés de la lettre *R* renvoient au Répertoire.)

Table chronologique des Lois, Arrêts, etc.

COMMISSION. — Sur le contrat de commission, V. *Commissionnaire.*

Sur le droit de commission, V. *Commissionnaire;* — *Rép.* eod. v°, n°s 85 et suiv., 241, 252.

V. aussi *Banquier,* n° 7; *Compte-courant; Prêt à intérêts; Sociétés de crédit foncier et de crédit mobilier.*

COMMISSION ADMINISTRATIVE. — V. *Hospices-hôpitaux;* — *Rép.* eod. v°, n°s 46 et suiv., 60, 150 et suiv., 238 et suiv., 474 et suiv.

V. aussi *Organisation administrative.*

COMMISSION DÉPARTEMENTALE. — V. *Organisation administrative.*

V. aussi *Compétence administrative; Conseil d'Etat; Expropriation pour cause d'utilité publique; Frais et dépens; Organisation de l'Algérie; Voirie par terre.*

COMMISSION D'HYGIÈNE. — V. *Salubrité publique.*

COMMISSION MIXTE DES TRAVAUX PUBLICS. — V. *Travaux publics;* — *Rép.* eod. v°, n°s 24, 271 et suiv.

COMMISSION MUNICIPALE. — V. *Organisation administrative;* — *Rép.* eod. v°, n° 1050.

V. aussi *Commune; Compétence administrative; Enregistrement; Organisation de l'Algérie; Trésor public.*

COMMISSION DE RECENSEMENT. — V. *Organisation administrative.*

COMMISSION ROGATOIRE. — V. *Instruction civile;* — *Rép.* eod. v°, nos 76 et suiv.

V. aussi *Enquête; Expert-expertise; Expropriation pour cause d'utilité publique; Instruction criminelle; Séparation de corps.*

COMMISSION SCOLAIRE. — V. *Organisation de l'instruction publique.*

COMMISSION SPÉCIALE. — V. *Association syndicale*, nos 146 et suiv., 230 et suiv.; *Marais; Travaux publics.*

COMMISSION SYNDICALE. — V. *Commune;* — *Rép.* eod. v°, nos 184, 301 et suiv., 1486.

V. aussi *Organisation administrative.*

COMMISSIONNAIRE.

Division.

CHAP. 1er. — Du contrat de commission proprement dit (*Rép.* nos 4 à 297).

Art. 1er. — *Historique.* — *Législation.* — *Droit comparé* (*Rép.* nos 4 à 16).

1. — I. Historique. — Le code de commerce avait traité du contrat de commission au tit. 6 du liv. 1er intitulé « *Des commissionnaires* ». Ce titre comprenait les art. 91 à 95, et l'un des points les plus importants de cette matière était ce qui avait trait au privilège, véritable droit de gage tacite, accordé au commissionnaire en garantie de ses avances. En 1863, le gouvernement impérial prit l'initiative d'un projet ayant pour objet de réglementer le gage commercial: c'était une occasion toute naturelle d'introduire dans la matière de la commission, et spécialement du privilége, les réformes qui étaient devenues nécessaires. Un projet de loi fut donc déposé le 13 mars 1863. — A la suite d'un rapport de M. Vernier, du 25 avril suivant, ce projet fut, dans la séance du 4 mai, adopté à la majorité de 233 voix contre 4: il est devenu la loi du 23 mai 1863 (D. P. 63. 4. 73). Aux termes de cette loi, le tit. 6 traite désormais « *Du gage et des commissionnaires* », et tandis que trois articles nouveaux sont introduits, de façon à former sous les nos 91 à 93, une section première intitulée « *Du gage* », les anciens art. 91 à 93 sont condensés en une deuxième section (art. 94 et 95), comprenant avec les modifications jugées indispensables, l'ancienne matière de la commission. Nous étudierons en détail ces deux nouveaux articles dans le paragraphe 7 de l'art. 2 (*infrà*, nos 42 et suiv.).

2. — II. Droit comparé. — Le contrat de commission, étant une nécessité commerciale, existe dans toutes les législations. Dans plusieurs, cette matière a subi des modifications qui dérivent, en général, des mêmes idées que notre loi du 23 mai 1863.

3. En *Allemagne*, jusqu'au *Code général de commerce* (allgemeines deutsches Handelsgesetzbuch), la matière était régie par les règles du mandat. Elle est aujourd'hui réglementée par le tit. 3 du livre 4 de ce code (art. 360 à 378). Le commissionnaire est défini (art. 360) celui qui fait sa profession de conclure des actes de commerce en son propre nom pour le compte d'une personne qui lui en donne l'ordre. Les opérations que le commissionnaire conclut avec des tiers ne font naître des droits qu'à son profit et des obligations qu'à sa charge. Si le commettant a stipulé expressément que l'opération serait conclue en son nom, il n'y a plus commission, mais mandat. — Les obligations du commissionnaire sont résumées dans l'art. 361: le commissionnaire doit exécuter l'opération avec le soin d'un bon commerçant, dans l'intérêt du commettant et conformément à ses intentions; il doit donner au commettant les avis nécessaires, en particulier l'avertir sans délai de l'exécution de ses ordres; il est tenu de rendre compte au commettant et de lui remettre ce qu'il est en droit d'exiger en vertu de l'opération. — Le commissionnaire n'est *ducroire* qu'en vertu d'une convention expresse ou des usages locaux (art. 370). — Il a droit de se faire rembourser « les dépenses, et en général, tous les frais nécessaires ou utiles qu'il a faits pour l'exécution de l'obligation » (art. 371), et la loi comprend expressément dans ces articles les loyers, prix de voiture, et salaires. — Cette créance est garantie (art. 374) par un privilége sur la marchandise formant l'objet de la commission tant qu'elle est en la possession ou à la disposition du commissionnaire, notamment à l'aide de connaissements, certificats de prise en charge ou certificats de dépôts de magasins généraux. Le privilége garantit les dépenses, droit de commission, avances et prêts, lettres de change souscrites et obligations contractées à l'occasion des marchandises, ainsi que toutes les créances comprises dans le compte-courant concernant les opérations de commission (même article). — L'ensemble de ces dispositions est applicable (art. 378) au cas où un commerçant, sans être commissionnaire de profession, fait isolément un acte de commission (V. sur tous ces points le *Code de commerce allemand*, traduit et annoté par MM. Gide, Flach, Lyon-Caen et Dietz).

4. En Angleterre, où le contrat de commission est très répandu, on distingue le *factor* (commissionnaire nanti de la possession des marchandises) du *broker*, qui ne possède pas. Le commettant s'appelle *principal*. L'équité et les usages du commerce forment la loi des parties. Le commissionnaire n'est *ducroire* qu'en vertu d'une convention, qui a pour corrélatif le doublement de la rémunération. Il a droit, en tous cas, au remboursement de ses avances, qui sont garanties par un privilége; aussi est-ce entre ses mains que les tiers acheteurs doivent payer leur prix (V. Colfavru, *Droit commercial comparé de la France et de l'Angleterre*, p. 162-169).

5. La *Belgique* est soumise au régime de la loi française, y compris les modifications apportées par notre loi du 23 mai 1863, et qui ont été reproduites par la loi belge du 5 mai 1872 (*Annuaire de la législation étrangère*, 1873, p. 385). Cette loi qui reproduit le système de la nôtre, a seulement ajouté deux articles (16 et 17) étendant le privilége du commissionnaire au bailleur de fonds qui fournit au commissionnaire les sommes nécessaires aux prêts et avances pour lesquels celui-ci est privilégié. Ce privilége du bailleur de fonds prime (art. 17) celui du commissionnaire.

6. En *Espagne*, la matière est régie par le code de commerce (art. 116 à 172). Le commissionnaire doit faire ratifier son pouvoir par écrit avant la fin de l'affaire. Lorsqu'il perçoit un *ducroire* outre sa commission (art. 158), les risques sont à sa charge. Il a un privilége pour la garantie de ses avances (art. 169 et 170), mais sous la réserve, portée par notre ancien art. 93, pour le cas où la consignation est faite par une personne habitant dans le même lieu que le commissionnaire (V. Anthoine de Saint-Joseph, *Concordance entre le code de commerce français et les codes de commerce étrangers*).

7. En *Italie*, un nouveau code de commerce, promulgué le 31 oct. 1882, s'occupe des commissionnaires aux art. 349 à 366. Le commissionnaire doit suivre les instructions qui lui sont données et donner au mandant tous avis utiles (art. 353). La commission est réglée suivant l'usage du lieu (art. 361). L'art. 362 confère au commissionnaire un privilège conçu en termes identiques à celui de notre art. 95 nouveau.

8. Dans les *Pays-Bas*, les art. 76 à 85 du code de commerce ont trait à la commission. Ces articles ont été modifiés par une loi du 4 juill. 1874 (*Annuaire de législation étrangère*, 1875, p. 438), qui a eu pour but d'opérer dans la législation néerlandaise une réforme analogue à celle accomplie chez nous par la loi du 23 mai 1863. Le système hollandais est aujourd'hui à peu près identique au nôtre.

Art. 2. — *De la commission en général* (*Rép.* nos 17 à 218).

§ 1er. — Des caractères du contrat de commission ; de sa formation ; et en quoi il diffère des autres contrats (*Rép.* nos 17 à 34).

9. On a indiqué au *Rép.* n° 19, les différences qui existent entre la commission et le mandat. Malgré ces différences qui séparent très nettement l'un de l'autre ces deux contrats, il est parfois malaisé de les distinguer dans la pratique. Le problème s'est posé devant la cour suprême dans les termes suivants : Le fait, par un commerçant, de remettre une traite à un autre commerçant, avec l'unique mission d'en opérer le recouvrement, est-il constitutif de la commission ou du mandat? Dans le premier sens on soutenait que les deux parties étant commerçantes, et l'opération prévue étant une opération commerciale, il fallait voir dans la convention intervenue un véritable contrat de commission, attendu que, s'il est vrai qu'un mandat peut intervenir entre deux négociants à raison d'opérations de commerce, c'est à la condition qu'ils fassent connaître nettement leur intention à cet égard, parce qu'en matière de commerce le mandat ne se présume pas. Mais ce raisonnement, plus spécieux que solide, n'a pas triomphé, et la chambre des requêtes a jugé, par arrêt du 25 avr. 1849 (aff. Delamarre, D. P. 49. 1. 152) que le fait de se charger d'une traite à seule fin d'en opérer le recouvrement constituait un mandat, et non un contrat de commission. D'où il suit que le propriétaire de la traite peut, en cas de faillite de son mandataire avant encaissement, la revendiquer, en vertu de l'art. 574 c. com., soit contre ce dernier, soit contre le tiers qu'il s'est substitué.

10. Une question analogue s'est posée devant la chambre civile dans une espèce où un propriétaire avait expédié à une maison de commerce le produit de ses terres et notamment des denrées coloniales, avec charge de les vendre ; y avait-il mandat ou commission? La cour de cassation a jugé (Civ. cass. 7 mai 1845, aff. Levassor, D. P. 45. 1. 305) qu'il y avait simplement mandat ; elle a d'ailleurs reconnu à ce mandat le caractère commercial, en sorte que si le mandataire avait employé à son usage personnel les sommes provenant de la vente, il en devait les intérêts à son mandant au taux de 6 pour 100 par an.

11. Au surplus la question de savoir s'il y a mandat ou commission dépend, en général, d'une appréciation de fait que la cour suprême abandonne aux juges du fond (Req. 15 juin 1881, aff. Zelling, D. P. 83. 1. 330).

12. Le contrat de commission diffère aussi du *courtage* (*Rép.* n° 22). En effet, le commissionnaire fait lui-même l'opération pour le commettant, livre et reçoit dans l'intérêt de celui-ci et lui doit compte, tandis que le courtier agit pour le compte des deux parties, les met en présence et se borne à constater leurs conventions. Cette distinction a été appliquée par un arrêt de la chambre des requêtes du 13 juill. 1864 (aff. Baratte-Wattel, D. P. 64. 1.462) qui, assimilant les facteurs à la Halle de Paris, non pas à des courtiers, mais à de véritables commissionnaires, les a, en conséquence, déclarés personnellement responsables envers les tiers, soit vendeurs, soit acheteurs, de l'exécution du marché.

13. Le contrat de commission est d'ailleurs soumis à toutes les règles générales des contrats. Il a été jugé, notamment, que le contrat de commission, formé par le concours de la volonté des deux parties sur la quantité de marchandise à livrer, sa qualité et son prix, doit, comme tout autre contrat, tenir lieu de loi entre les parties qui l'ont fait (Lyon, 23 juill. 1851, aff. Desgrand, D. P. 54. 5. 127). En conséquence, bien que le contrat de commission ait été alternatif dans l'origine, qu'il ait eu pour objet, par exemple, l'achat de 3000 kilog. de cocons au mieux des intérêts du commettant et sans limite de prix, ou de 6000 kilog. de même marchandise, au prix maximum de 11 fr. le kilog., si le commissionnaire, après avoir accepté la commande, avise ultérieurement son commettant qu'il a fait acheter, pour son compte, les 6000 kilog. de cocons, et que, sur cet avis, ce dernier ait versé au commissionnaire un premier à-compte, le contrat d'alternatif qu'il était, devient pur et simple. — Il ne peut plus dépendre du commissionnaire qui a opté pour la commission limitée de 6000 kilog., alors surtout qu'un long temps s'est écoulé et qu'une hausse s'est manifestée dans le prix des cocons, de revenir à la commission primitive de 3000 kilog., sans limite de prix, ou de garder pour son compte les 6000 kilog. achetés, sous prétexte que le prix de 11 fr. serait inférieur au prix de revient. Le commissionnaire, dans ce cas, doit être condamné à faire la livraison des 6000 kilog. au prix convenu, ou à payer au commettant, à titre de dommages-intérêts, la différence de ce prix avec le cours de la marchandise, au moment de la délivrance.

§ 2. — Des engagements du commissionnaire vis-à-vis des tiers et réciproquement (*Rép.* nos 35 à 51).

14. Pour déterminer les effets du contrat de commission entre le commissionnaire et les tiers, il faut distinguer soigneusement la qualité en laquelle a agi le commissionnaire : a-t-il agi en son propre nom ou au nom de son commettant.

15. — I. Cas où le commissionnaire a agi en son nom. — Si le commissionnaire a agi en son propre nom, la règle est qu'il ne doit être considéré comme mandataire que dans ses rapports avec son commettant ; vis-à-vis des tiers, il est personnellement obligé encore bien qu'il eût traité en présence du commettant (Req. 25 nov. 1829, *Rép.* n° 43). Jugé en ce sens que les chargeurs qui ont contracté en leur nom sont tenus personnellement de la contribution aux avaries, lors même qu'ils prouveraient plus tard qu'ils n'étaient que simples commissionnaires, sauf leur recours contre leurs commettants (Bordeaux, 19 juin 1844, aff. Balguerie, D. P. 45. 2. 32). En d'autres termes, dans cette hypothèse, le commettant s'efface complètement derrière le commissionnaire, et les tiers qui ont traité avec le commissionnaire ne sont pas plus soumis aux actions du commettant qu'ils n'ont d'actions contre lui. Ce principe, déjà exposé au *Rép.* nos 39 et suiv., avait été incriminé par la cour de la Martinique, dans une espèce qui mérite d'être rapportée parce qu'elle montre clairement le jeu des principes. O'Lanyer et comp. étaient à la Martinique, les commissionnaires de Thomas Lachambre et comp., traitant en leur propre nom pour le compte de leurs commettants. Agissant en cette qualité, ils donnèrent en gage à la Banque de la Martinique des marchandises appartenant à Thomas Lachambre et comp. et ce, dans leur intérêt personnel et sans l'autorisation de leurs commettants. Thomas Lachambre et comp. attaquèrent cette constitution de gage, en se prévalant d'une prétendue inobservation des conditions imposées au créancier gagiste pour l'établissement de son privilège, et par arrêt du 4 mai 1868, la cour de la Martinique leur donna gain de cause. Cet arrêt fut cassé (Civ. cass. 20 juill. 1871, aff. Banque de la Martinique, D. P. 71. 1. 232) par un arrêt fondé sur la distinction qui existe entre le commissionnaire agissant en son propre nom « lequel n'est un mandataire que vis-à-vis de son commettant », et le commissionnaire agissant au nom du commettant « lequel seul, aux termes de la seconde partie de l'art. 94 c. com., constitue un mandataire soumis à toutes les règles du droit commun ». La cour en tire cette conséquence que le commissionnaire autorisé par le commettant à agir en son propre nom a le droit de disposer des choses dont le commettant lui a remis la possession, et, spécialement, de les donner en gage, sans que les tiers aient à rechercher s'il en dispose conformément aux intentions du commettant; et que, par suite, le commettant dont la marchandise a été donnée en gage par le commissionnaire agissant en son propre nom ne peut recourir contre le créancier gagiste que comme exerçant les droits du commissionnaire, son débiteur, et n'est point recevable, dès lors, à se prévaloir de l'inobservation des conditions imposées au créancier gagiste pour que sa mise en possession soit opposable aux tiers. Peu importe donc, ajoute l'arrêt, que le tiers ait su que les marchandises dont le commissionnaire disposait étaient la propriété d'autrui, et que ce dernier ait agi notoirement et journellement comme commissionnaire à la vente.— On voit que la cour suprême persiste dans sa jurisprudence de 1829. Elle fait seulement cette réserve que le commettant conserverait le droit d'agir contre les tiers de mauvaise foi qui auraient su, en contractant avec le commissionnaire, que celui-ci excédait ses pouvoirs et disposait de la chose du commettant dans son intérêt personnel (Même arrêt). — La cour de la Guadeloupe, statuant comme cour de renvoi dans la même affaire, a, par un arrêt du 1er juill. 1872 (D. P. 74. 2. 95) consacré sur tous les points la doctrine de la chambre civile, ajoutant seulement cette considération que le tiers de bonne foi qui a traité avec le commissionnaire, est, en tous cas, protégé par l'art. 2279.

16. — II. CAS OU LE COMMISSIONNAIRE A AGI AU NOM DU COMMETTANT. — La situation est toute différente lorsque le commissionnaire agit, non plus en son nom personnel, mais au nom du commettant. C'est dans ce cas, et dans ce cas seulement que le commissionnaire constitue un mandataire soumis à toutes les règles du droit commun (Civ. cass. 20 juill. 1871, cité *suprà*, n° 15). La jurisprudence a fait de nombreuses applications de ce principe, qui a déjà été posé au *Rép.* n° 45. Il a été jugé, en ce sens, que le commissionnaire qui a fait assurer les marchandises de son commettant, a qualité pour réclamer, comme mandataire, et alors qu'il est porteur de la police d'assurance et du connaissement, l'exécution de la police d'assurance (Orléans, 7 janv. 1845, aff. Séjourné, D. P. 48. 2. 34); et il est si vrai que dans cette hypothèse le contrat est censé intervenu entre le tiers et le commettant lui-même, que le tiers est admis à opposer au commissionnaire toutes les exceptions qui procèdent du chef du commettant.

17. Au surplus il y a lieu d'appliquer ici non seulement les règles du mandat, mais aussi, s'il y a lieu, celles de la gestion d'affaires; et c'est à bon droit que la cour de Colmar a décidé, par arrêt du 27 nov. 1848 (aff. Durr, D. P. 51. 5. 90), que le commissionnaire qui a fait assurer des marchandises dont il était chargé d'effectuer le transport, doit être réputé avoir agi non seulement pour son propre compte et afin de mettre sa responsabilité à couvert, mais encore comme gérant des affaires du commettant; aussi la cour a-t-elle admis le commettant, dans cette hypothèse, bien qu'il n'eût donné aucun mandat exprès, à exercer une action contre l'assureur, au cas de perte des marchandises (Même arrêt).

§ 3. — Des engagements du commissionnaire vis-à-vis du commettant. — Devoirs et responsabilité du commissionnaire (*Rép.* nos 52 à 84).

18. Sous ce titre on a examiné au *Répertoire* les diverses obligations qui peuvent exister entre le commettant et le commissionnaire soit en vertu de contrats, soit en vertu de quasi-contrats ou de quasi-délits. Parmi ces obligations les unes dérivent des règles générales du mandat lesquelles sont en principe applicables à la commission, mandat d'une nature particulière. Les autres dérivent de règles spéciales à ce mandat particulier qui constitue la commission. Nous les examinerons séparément.

19. Les obligations du commissionnaire envers le commettant, qui découlent de l'idée de mandat, sont les suivantes: le commissionnaire est tenu : 1° d'exécuter l'opération dont il a été chargé, en se conformant aux ordres du commettant et en agissant comme le ferait un commerçant soigneux; 2° de rendre compte de l'opération qu'il a accomplie. MM. Lyon-Caen et Renault, *Précis de droit commercial*, n° 764, auxquels nous empruntons cette définition, substituent, on le voit, l'expression de *commerçant soigneux* à celle de *bon père de famille* employée par le code civil (art. 1137). Cette formule convient mieux en des matières commerciales; c'est celle du code de commerce allemand (V. *suprà*, n° 3).

20. — I. RESPONSABILITÉ DU COMMISSIONNAIRE. — Le commissionnaire, disons-nous, doit agir en commerçant soigneux; et la cour de Rouen, le 28 avr. 1858 (aff. Hartog, D. P. 59. 2. 133), a fait application de ce principe en décidant que le commissionnaire chargé d'acheter est responsable envers son commettant à raison des vices cachés des marchandises, s'ils pouvaient être découverts au moyen d'une vérification faite avec soin. Cette décision est fondée sur l'idée d'une faute qui serait imputable au commissionnaire coupable de n'avoir pas examiné avec un soin assez scrupuleux les marchandises qu'il achetait pour le compte de son commettant (V. aussi Toulouse, 5 juill. 1886) (1). Mais d'autres arrêts (Rouen, 18 mai 1866, aff. Gaillard, D. P. 67. 2. 34; Colmar, 22 nov. 1866, aff. Kob, D. P. 67. 2. 34) ont cru pouvoir aller plus loin en ce sens, et décider que le commissionnaire est, abstraction faite de toute faute, garant des vices cachés, comme le serait le vendeur lui-même. Cette solution, qui se concevrait s'il s'agissait d'un commissionnaire chargé de vendre, considéré dans ses rapports avec l'acheteur, paraît excessive lorsqu'il s'agit uniquement des rapports du commissionnaire avec son commettant. Tout ce qu'on peut admettre, c'est que le commissionnaire est responsable de ses fautes. Ces fautes, il y a lieu, d'ailleurs, de les apprécier d'une façon assez sévère, puisqu'il s'agit en somme, ainsi qu'on l'a fait remarquer au *Rép.* n° 53, d'un mandataire salarié, qui fait profession d'agir pour le compte d'autrui, et qui doit, par conséquent, se montrer extrêmement circonspect, *totus ocu-*

(1) (Célérier C. Gary.) — LA COUR ;... — Attendu que Gary n'est point vendeur, mais commissionnaire; que sans doute le commissionnaire est garant des défauts de la marchandise achetée par son entremise, même de ceux constituant des vices cachés, s'ils peuvent être découverts par une vérification scrupuleuse; mais que ce principe néanmoins ne saurait être étendu au delà de ses limites naturelles; que le commissionnaire selon les règles du mandat, ne doit être tenu qu'au cas de faute de sa part (c. civ. art. 1992); qu'il est certain sous cet aspect que l'existence d'une quantité peu importante d'acide salicylique dans les vins blancs achetés n'était de nature à se révéler ni à la dégustation ni à la vue, et qu'il aurait fallu recourir à l'analyse chimique; — Attendu que vainement Célérier reproche à Gary de n'y avoir point fait procéder; qu'il n'est pas d'usage sur la place de Gaillac d'y recourir (Delamarre et Le Poitvin, t. 2, n° 355 ; Troplong, *Mandat*, n° 412); qu'il convient de remarquer que la commission totale de Gary était fixée à 600 fr. seulement et que les frais d'analyse des vins de quarante-sept propriétaires auraient absorbé les trois quarts au moins de sa très faible commission ;—... Attendu qu'inutilement aussi, Célérier soutient qu'il a été trompé par la nature de l'échantillon envoyé, lequel, selon lui, ne renfermait pas d'acide salicylique; qu'à ce sujet il ne produit que de pures allégations; — Mais attendu qu'il résulte de la correspondance que Gary savait que certains propriétaires de Gaillac usaient du salicylage; qu'à la date du 17 mars 1885 il écrivait à Célérier : « Malgré les grands soins que j'ai pris pour éviter d'acheter de ces vins, il faut que quelques propriétaires aient trompé ma bonne foi... »; qu'il ressort de cette déclaration l'aveu d'une faute; qu'en effet, Gary aurait dû, à tout événement, prévenir Célérier afin de dégager entièrement sa responsabilité, qu'il a au reste reconnu qu'il avait été imprudent, puisqu'il a offert d'abandonner ses droits de commission, et prier Célérier de retirer de la gare d'Ivry les trois dernières expéditions en réglant le montant du magasinage; qu'ainsi Gary a commis une faute dont le caractère cependant ne peut être exagéré et qui n'est que légère;...

Par ces motifs, etc.

Du 5 juill. 1886.-C. de Toulouse.

teus (Delamarre et Le Poitvin, *Traité du contrat de commission et des obligations conventionnelles en matière de commerce*, t. 3, n° 6).

21. C'est encore à l'idée de faute qu'il faudrait recourir pour déterminer la responsabilité du commissionnaire chargé de vendre. C'est ce qu'a fait la cour d'Aix, en décidant, le 15 juin 1870 (aff. Misrachi, D. P. 73. 1. 37) que le commissionnaire, en l'absence de faute personnelle, n'est pas responsable envers ses commettants de la résiliation des ventes par lui consenties à des tiers, alors qu'elle est fondée sur l'existence de vices inhérents à la marchandise expédiée; et cette doctrine a été approuvée par la cour de cassation qui a rejeté le pourvoi formé contre cet arrêt (Req. 28 mai 1872, aff. Misrachi, D. P. 73. 1. 37). — Il a été jugé de même, qu'en cas d'avarie de graine de vers à soie qui avait été envoyée à un commissionnaire chargé de la vendre, les principes sur la responsabilité du commissionnaire ne doivent être appliqués qu'avec une grande réserve, à raison de l'ignorance où l'on est des causes qui peuvent amener cette avarie et des précautions à prendre pour l'éviter. Ainsi le commissionnaire ne peut être déclaré responsable de l'avarie par cela seul qu'il a laissé la graine dans les boîtes en fer-blanc où l'avait enfermée son commettant, alors qu'il n'a fait en cela que se conformer à l'usage suivi par la majorité ou du moins par un grand nombre de marchands de graine, et que d'ailleurs l'avarie peut être attribuée aux longs voyages de la graine et aux variations de température qu'elle a subies (Nîmes, 10 avr. 1861, aff. Issert, D. P. 63. 2. 44).

22. Il va de soi, ainsi qu'on l'a exposé au *Rép.* n° 53, que le commissionnaire ne doit pas se charger d'intérêts opposés à ceux du mandant. C'est ainsi qu'il n'aurait pas le droit d'appliquer à l'exécution d'un ordre d'achat de son commettant, un achat fait antérieurement par lui pour son propre compte (Rouen, 22 avr. 1872, aff. Ducert, D. P. 73. 5. 99). Cette règle est si naturelle qu'il est superflu d'y insister, et nous en avons ainsi terminé avec les règles relatives aux obligations du commissionnaire envers le commettant, qui dérivent de l'idée générale du mandat.

23. Ici s'élève la question de savoir comment doit être appréciée la responsabilité du commissionnaire. N'est-il tenu que de la faute lourde, ou est-il responsable de la faute légère ou même très légère? MM. Delamarre et Le Poitvin, t. 3, n° 6, voudraient que le commissionnaire fût tenu de ses fautes les plus légères. MM. Lyon-Caen et Renault, t. 1, n° 705, note 36, s'en réfèrent simplement au principe de l'art. 1137 c. civ. — C'est le système qui a été soutenu au *Rép.* n° 54, et le mieux est en somme d'exiger seulement, mais d'exiger tout entière la diligence d'un commerçant soigneux de ses intérêts.

24. En tous cas, il est une règle qui sera souvent fort utile pour déterminer la responsabilité du commissionnaire, c'est qu'il doit avant tout se conformer aux instructions de son commettant (*Rép.* n° 61). Ces instructions ne seront pas toujours d'une précision et d'une rigueur absolues. Pour emprunter à MM. Lyon-Caen et Renault, n°s 767 et 768, un vocabulaire commode, sinon légal, ces instructions seront tantôt *impératives*, tantôt *indicatives*, tantôt *facultatives*. Par exemple, Simon de Marseille donne à Joseph de Bordeaux commission d'acheter pour son compte dix pièces de vin de Bordeaux à raison de 300 fr. environ chacune. Cette commission est impérative quant à la nature du vin, indicative quant au prix, facultative quant à la date de l'achat. Il y a là toute une échelle à observer dans la gradation des responsabilités.

25. — II. CONVENTION DE DUCROIRE. — Les règles de la responsabilité du commissionnaire sont, d'ailleurs, gravement modifiées par la convention de *du croire*. On a dit, au *Rép.* n° 68, en quoi consiste cette convention, dont le nom barbare est une traduction littérale de l'italien *del credere*. En principe aucune responsabilité ne pèse sur le commissionnaire, quand le dommage éprouvé par le commettant est de ceux qu'eût éprouvés dans la circonstance tout commettant soigneux. Mais il se peut que le commettant désire être garanti de tout préjudice qu'elle, qu'en soit la cause, et par suite rende le commissionnaire responsable de l'inexécution du mandat, d'où qu'elle provienne. C'est à quoi sert la convention de *ducroire*. Notons en passant que le mot s'applique non seulement à la convention elle-même, mais au commissionnaire qui l'a acceptée, et qu'il désigne même parfois le supplément de salaire auquel le commissionnaire a tout naturellement droit dans cette hypothèse.

26. En principe la convention de ducroire ne résulte que d'une stipulation expresse. Il faudrait, d'ailleurs, ainsi qu'on l'a fait remarquer au *Rép.* n° 74, voir une convention tacite de *ducroire* dans le fait par le commissionnaire de stipuler à son profit le droit de commission double, qui est ordinairement le corollaire de cette sorte d'assurance (Toulouse, 27 nov. 1869, aff. Bacalerie, D. P. 70. 2. 118). Souvent aussi ce surcroît d'obligation à la charge du commissionnaire résultera des usages locaux: c'est ainsi que, dans les usages de la place de Marseille, le commissionnaire vendeur est *ducroire* dans les ventes de sucre (Aix, 29 avr. 1866, *Recueil de Marseille*, 1867. 1. 148).

27. Mais cette hypothèse étant exceptionnelle, et la convention expresse à ce sujet étant relativement rare, il sera souvent difficile de déterminer si le commissionnaire est ou non *ducroire*. Il y a là matière à des interprétations de fait. Nous ne pouvons donc que rappeler ici quelques règles posées par la jurisprudence. Jugé, par exemple, que : 1° ne doit pas être considéré comme *ducroire* le commissionnaire substitué au commissionnaire *ducroire*, par le fait seul de cette substitution (Lyon, 4 janv. 1849, aff. Verne, D. P. 50. 5. 68); — 2° De ce qu'un commissionnaire a reçu mandat d'un associé en participation qui a mission de vendre pour la société, et qui reçoit une commission de *ducroire*, il ne s'ensuit pas que le commissionnaire devienne lui-même *ducroire :* en conséquence, dans le cas où il tombe en faillite, la revendication du prix non payé par l'acheteur des marchandises vendues à terme n'en appartient pas moins au commettant (Même arrêt); — 3° Le mandat, accepté par un commissionnaire, de vendre des marchandises sur les indications des commettants, et avec factures délivrées en leur nom, n'entraîne pas la stipulation *ducroire*, alors même qu'il répond de ces ventes moyennant une commission proportionnelle (Rouen, 22 juill. 1871, aff. Bosselin, D. P. 73. 2. 180).

28. Quant aux effets de la convention, expresse ou tacite, de ducroire, ils se réduisent à une sorte d'assurance du commettant par le commissionnaire. Mais le ducroire ne modifie en rien le caractère du mandat de commission. Bien qu'on puisse dire, avec Locré, *Esprit du code de commerce*, sur l'art. 91, n° 4, qu'il y a dans cette hypothèse « une première vente conditionnelle du commettant au commissionnaire, dont la condition s'accomplit au moment où le commissionnaire vend à un tiers », en sorte que le commissionnaire *ducroire* soit « acheteur conditionnel pour le moment où il vendra », il faut admettre comme l'a fait la cour de Paris, dans un arrêt du 10 déc. 1854 (aff. Baunier, D. P. 58. 2. 92), suivant en cela la doctrine de MM. Delamarre et Le Poitvin, t. 2, n° 306, que le ducroire ne modifie en rien le caractère du mandat du commissionnaire; seulement cette convention lui impose, vis-à-vis des vendeurs, la garantie des faits et de la solvabilité des acheteurs, et en même temps elle lui crée un droit à une prime plus forte que la remise ordinaire en matière de commission. En conséquence, les représentants d'un commissionnaire décédé sont sans qualité et sans titre pour réclamer, soit l'exécution de marchés passés par leur auteur pour la vente des marchandises du commettant, soit la différence réalisée par ce dernier sur le prix de ces marchandises, alors que les acheteurs avec qui le commissionnaire avait traité ne se sont pas présentés pour retirer les marchandises aux termes convenus, et que, d'ailleurs, les représentants du commissionnaire, sommés par le commettant de retirer les marchandises vendues, moyennant le payement du prix, sont restés sans répondre. C'est la règle qu'avait déjà posée la cour de Lyon le 14 juill. 1824 (*Rép.* n° 242, et v° *Société*, n° 1680), en déclarant que le ducroire, qui rend le commissionnaire responsable de la validité de ses opérations, ne le transforme pas en acheteur quant aux marchandises qu'il est chargé de vendre : ces marchandises restent, malgré cette responsabilité, la propriété du commettant, qui n'en est dépouillé que par la vente qu'en opère son commissionnaire.

29. — III. OBLIGATIONS D'UN CARACTÈRE SPÉCIAL. — Mais ainsi que nous l'avons indiqué (*suprà*, n° 20), il est un certain nombre d'obligations qui sont imposées au commissionnaire à raison du caractère spécial de la commission.

La première, signalée au *Rép.* nos 57 et 58, consiste en ce que le commissionnaire doit tenir le commettant au courant de tout ce qui peut l'intéresser, comme, par exemple, la hausse des marchandises, s'il s'agit d'un commissionnaire chargé d'acheter. De même encore, ce commissionnaire devrait prévenir le commettant, par exemple, si l'importation de marchandises étrangères doit être prochainement prohibée ou grevée de droits de douane supérieurs (Lyon-Caen et Renault, n° 783). Le commissionnaire doit aussi avertir son commettant de l'état de l'opération, et lui fournir des bordereaux et états de situation, suffisants pour le mettre à même de suivre les opérations faites pour son compte.

30. Mais une des obligations du commissionnaire qui présentent le caractère le plus spécial c'est l'obligation du secret. Ainsi qu'on l'a fait remarquer au *Rép.* n° 56, l'utilité de la commission n'est pas seulement d'accélérer les affaires commerciales, mais aussi de les couvrir du secret. Aussi le commissionnaire est-il tenu de taire le nom de son commettant, et même le projet du code de commerce mentionnait expressément cette obligation. En revanche, le commissionnaire peut en principe, et suivant les usages du commerce, refuser de faire connaître à son commettant les noms des tiers avec lesquels il traite (Req. 7 déc. 1858, aff. Bégusseau, D. P. 59. 1. 175-176 ; 30 mars 1859, aff. Lignières, *ibid.*) ; si, d'ailleurs, aucun fait particulier de nature à rendre suspecte la sincérité de son compte n'est allégué contre lui (Arrêt précité du 30 mars 1859) ; sauf le droit qui appartient aux tribunaux de s'écarter de cette règle, suivant les circonstances, et d'ordonner toutes les justifications qu'ils jugeront nécessaires pour s'éclairer sur les éléments du compte à rendre par le commissionnaire à son commettant (Arrêts précités des 7 déc. 1858 et 30 mars 1859). Le commissionnaire peut, au contraire, être condamné à livrer le nom de ses acheteurs au commettant, si, par une appréciation souveraine de faits qui échappe au contrôle de la cour de cassation, il est constaté que cette communication n'est pas de nature à lui causer de préjudice sous le rapport de sa clientèle, et si, en outre, le commettant allègue des dissimulations frauduleuses dans le compte de ce commissionnaire (Arrêt précité du 7 déc. 1858). Tel est le système généralement admis, et il n'y a pas lieu de s'arrêter à un arrêt de la cour de Poitiers du 24 mai 1859 (aff. Bégusseau, D. P. 60. 5. 62), qui soumet le commissionnaire, même ducroire, à l'obligation de faire connaître le nom des tiers avec qui il a traité, à moins qu'il n'ait de justes motifs de craindre que le commettant n'abuse de sa communication pour surprendre le secret de sa clientèle et en faire son profit personnel (V. Boistel, *Précis de droit commercial*, 3e éd., n° 520; Pardessus, *Cours de droit commercial*, t. 2, n° 564. — *Contrà :* Alauzet, *Commentaire du code de commerce*, 3e éd., t. 3, n° 1070).

§ 4. — Des engagements du commettant vis-à-vis du commissionnaire et vis-à-vis des tiers (*Rép.* nos 85 à 109).

31. Parmi les obligations imposées par la loi au commettant vis-à-vis du commissionnaire, les unes ne sont que l'application des principes du mandat. Ainsi le commettant doit: 1° rembourser au commissionnaire ses frais et avances ; 2° le rendre indemne des obligations contractées par lui dans les limites de ses pouvoirs et des pertes qu'il a éprouvées. C'est l'exercice de ce que les Romains appelaient l'*actio mandati contraria*. Ces obligations sont de la nature, mais non de l'essence du contrat de commission, car on conçoit facilement que le commissionnaire puisse n'avoir ni frais ni perte à se faire rembourser. Il existe, au contraire, à la charge du commettant une troisième obligation qui est de l'essence du contrat de commission : c'est l'obligation de payer le droit de commission, qui existe nécessairement, et fait ainsi de la commission un contrat synallagmatique parfait.

32. — I. Droit de commission. — Le montant du *droit de commission* ou de la *commission*, comme on dit souvent, est fixé soit par une convention expresse, soit par l'usage des lieux (*Rép.* nos 85 et suiv.). C'est ordinairement un *tant pour cent* calculé sur le montant de l'opération. Mais ce droit peut revêtir une autre forme, et les parties ont toute liberté pour régler la rémunération du commissionnaire (Req. 5 nov. 1884, aff. Mazaud, D. P. 85. 1. 67). La question avait une grande importance avant que la loi du 14 janv. 1886 (D. P. 86. 4. 32) eût abrogé les lois limitatives du taux de l'intérêt conventionnel en matière de commerce ; sous l'empire de cette législation, il a été jugé notamment qu'il n'y avait pas contravention aux lois limitatives de l'intérêt de l'argent, dans la convention qui assurait au commissionnaire une commission de 5 pour 100 sur le prix des achats faits par lui, et en outre, l'intérêt du prix des achats à dater du jour de l'expédition des marchandises jusqu'au payement (Même arrêt). — Il a été jugé, de même, que le traité, non argué de dol ni de fraude, par lequel un commissionnaire stipulait vis-à-vis de son commettant, en sus de l'intérêt légal de ses avances, une rémunération proportionnelle au chiffre de ses opérations, devait, suivant la règle générale des conventions, recevoir son exécution entre les parties, alors même que ce traité constituait pour le commissionnaire un bénéfice beaucoup plus important que celui qu'on accorde dans l'usage au commissionnaire non ducroire (Trib. com. Mulhouse, 27 juin 1851, aff. Charbonnier, D. P. 53. 2. 57) ; et ce surtout dans le cas où, par suite des opérations qui avaient fait l'objet du traité, le commissionnaire avait figuré, non seulement comme mandataire salarié, mais comme bailleur de fonds et comme caution du commettant (Colmar, 9 févr. 1852, même affaire, D. P. 53. 2. 57). — Mais le commissionnaire ne pouvait pas, même en ouvrant un crédit à son commettant, stipuler valablement un droit de commission, non seulement sur les ventes faites par son intermédiaire, mais encore sur celles faites par le commettant lui-même ; cette convention eût été nulle quant à ces dernières (Paris, 25 avr. 1873, aff. Camus, D. P. 74. 5. 92). Il est évident, en effet, dans cette hypothèse, ainsi que le fait remarquer l'arrêt, que la réserve d'une commission sur les marchandises vendues par le commettant, était absolument sans cause et n'avait d'autre objet que de procurer au commissionnaire une augmentation considérable des intérêts des sommes qu'il avançait à son commettant. Au contraire, les avances faites par un banquier pouvaient, en vertu d'une convention, donner lieu à la perception, en sus de l'intérêt légal, d'un droit de commission destiné à rémunérer les soins pris par le banquier pour se procurer des fonds, à lui rembourser ses frais, et à l'indemniser des risques inhérents à ce genre d'opération. Le report trimestriel du reliquat exigible d'un compte courant ancien sur le nouveau, pouvait être assimilé à une avance nouvelle et donner également lieu à un droit de commission. De pareilles stipulations ne tombaient sous l'application de la loi du 3 sept. 1807, qu'autant qu'elles étaient excessives et déguisaient un prêt usuraire (Req. 5 nov. 1884, aff. Mazaud, D. P. 85. 1. 67). En effet, cette hypothèse diffère essentiellement de la précédente. La convention dont il s'agit ici ne fait que fixer la rétribution du travail du commissionnaire ; ce n'est plus l'hypothèse d'un prêt d'argent, à laquelle seule a trait la loi de 1807. — Au surplus, toutes ces décisions n'ont plus, depuis que le taux de l'intérêt conventionnel est libre en matière de commerce, qu'un intérêt historique.

33. De ce qui précède il résulte que, dans les rapports du commettant et du commissionnaire, il y a lieu de distinguer soigneusement le droit de commission, salaire du commissionnaire pour son travail, des diverses prestations auxquelles il peut avoir droit pour une cause connexe. L'un ne saurait porter préjudice à l'autre. Ainsi de ce qu'un commissionnaire s'est associé à un commerçant pour une affaire en participation, de compte à demi, il ne suit pas qu'il perde le droit de réclamer, comme tout autre commissionnaire, un droit de commission pour l'achat et la revente des marchandises faisant l'objet de l'opération ; et c'est à tort qu'on prétendrait que sa position de coïntéressé absorbe la qualité de commissionnaire (Douai, 1er mai 1850, aff. Tutrice, D. P. 50. 2. 190). Cette dernière formule est très exacte ; l'une des qualités n'absorbe point l'autre, et c'est ce qui résulte aussi bien des principes de la participation que de ceux de la commission. La participation, comme la commission, ne s'applique qu'à une affaire déterminée ; elle laisse aux associés toute faculté de continuer un commerce qu'ils font en particulier ou avec d'autres. Or si les participants ont dû compter sur les soins et le travail de chacun d'eux pour la prospérité commune, ils n'ont pu penser que l'un d'eux ferait des sacrifices dont l'autre serait exempt.

34. Toutefois, il faut se garder d'exagérer le principe de l'indépendance de la commission vis-à-vis des bénéfices connexes. C'est par une exagération de ce genre qu'on avait été amené à soutenir que l'engagement par un commissionnaire chargé de vendre des marchandises sur le produit desquelles il a fait des avances à son commettant, de ne pas réclamer, outre ses bénéfices sur les opérations, les intérêts de ses avances en fin d'année et les frais de magasinage des marchandises à vendre, constitue une donation. La chambre des requêtes a très juridiquement décidé, par un arrêt du 11 juin 1855 (aff. Barret, D. P. 55. 1. 420), que cette clause constitue une simple stipulation du mandat accepté par le commissionnaire, et n'est point par conséquent soumise aux formes prescrites pour les actes de donation. C'est un simple avantage indirect, et cette sorte d'avantage, comme les donations déguisées, est régulièrement constituée dans la forme de l'acte d'où il résulte (Req. 6 déc. 1854, aff. Coste-Foron, D. P. 54. 1. 411).

35. Ajoutons pour terminer sur ce point que le droit de commission n'est dû en principe que si l'opération est conclue et terminée. Dans le cas contraire, le commissionnaire peut seulement réclamer un salaire pour ses peines. En matière de vente, un usage très répandu consiste à fixer à la moitié du droit de commission la somme due au commissionnaire pour la vente qu'il a tenté de conclure (Lyon-Caen et Renault, n° 792). Mais, dans ce cas, le droit doit être calculé sur la valeur de la marchandise, non au point de départ, mais au lieu où la vente devait être effectuée, c'est-à-dire en y comprenant les frais de transport et de douane, les intérêts, les droits de magasinage, de ducroire et d'escompte (Lyon, 4 févr. 1869) (1).

36. — II. Frais et avances. — En dehors de l'obligation imposée au commettant de payer au commissionnaire le droit de commission, nous avons dit (*suprà*, n° 33) qu'il devait lui rembourser ses frais et avances. Ces frais et avances sont d'ailleurs productifs d'intérêts au profit du commissionnaire à partir du jour du déboursé (*Rép.* n° 96). S'ils consistaient en la création d'effets de commerce, les intérêts courraient donc, non pas du jour de l'émission de ces valeurs, mais du jour où le commissionnaire les aurait acquittées (Colmar, 9 févr. 1852, aff. Charbonnier, D. P. 55. 2. 57): c'est, en effet, seulement à cette date que les avances peuvent être réputées accomplies. Au surplus, ces intérêts sont tout ce que le commissionnaire a le droit de réclamer; il serait non recevable, en dehors d'une stipulation expresse, à réclamer, à raison de ces avances, un supplément de commission (Rouen, 8 août 1871, aff. Lizé, D. P. 71. 2. 222).

37. Le droit du commissionnaire au remboursement de ses avances est garanti par un droit de rétention sur les marchandises payées de ses deniers (*Rép.* n° 50). Les créanciers du commettant ne pourraient donc, comme le commettant lui-même, s'emparer de ces marchandises, et notamment les frapper de saisie-arrêt à l'encontre du commissionnaire, qu'à la condition de le désintéresser intégralement de ses avances (Civ. rej. 6 avr. 1875, aff. Godchau, D. D. 75. 1. 354). Toutefois, est-ce bien un droit de rétention proprement dit que la loi accorde au commissionnaire? MM. Delamarre et Lepoitvin, t. 6, nos 208 et suiv., l'ont pensé. Mais il semble bien résulter du texte même de l'art. 95 c. com., que le commissionnaire a simplement un *privilège sur la valeur* des marchandises, et que la garantie du commissionnaire se réduit à un simple droit de préférence à l'égard des autres créanciers du commettant (Bravard et Demangeat, *Cours de droit commercial*, t. 2, p. 279). C'est ce qui a conduit la cour de Paris à déclarer que si au cas de vente amiable, le commissionnaire a le droit de retenir la marchandise, tant qu'il n'est pas remboursé de sa créance sur le commettant, il ne peut, en cas de vente forcée, que réclamer son droit de préférence sur le prix (Paris, 24 juin 1869, aff. Teissonnière, D. P. 70. 2. 11).

38. Pour que le commissionnaire ait ainsi droit au remboursement de ses avances, il faut qu'il les ait légitimement faites. — Jugé, en ce sens, que le commissionnaire qui, dans le cas de saisie par une douane étrangère pour insuffisance dans la déclaration de l'expéditeur, a payé l'amende et les frais sans mettre l'expéditeur à même de défendre à la poursuite, n'est pas recevable à répéter contre lui les sommes déboursées pour le dégagement de la marchandise (Trib. com. Seine, 18 nov. 1856, aff. Faure, D. P. 58. 5. 68). Il en serait ainsi à plus forte raison si l'insuffisance de la déclaration était imputable au commissionnaire lui-même (Req. 26 févr. 1855, aff. Cazenave, D. P. 55. 1. 404).

39.—III. Pertes.—Enfin, et en troisième lieu, le commettant doit indemniser le commissionnaire de toutes les pertes qu'il aurait subies à l'occasion de la commission. C'est l'application pure et simple des principes du mandat (c. civ. art. 2000).

§ 5. — Fin du contrat de commission (*Rép.* nos 110 à 119).

40. On a vu au *Rép.* n° 111, que la mort du commettant, ou la dissolution de la société commettante, ne mettent pas toujours fin au contrat de commission. — Il a été jugé en ce sens que si le contrat de commission prend fin de plein droit par la dissolution de la société commettante, rien n'empêche le juge du fait de reconnaître que ce contrat a été renouvelé tacitement entre le commissionnaire et le successeur de la société dissoute, avec des obligations réciproques et des conditions de durée exprimées au précédent contrat duquel elles dérivent (Req. 25 mars 1873, aff. Guibé, D. P. 75. 1. 27). Seulement le commissionnaire agira prudemment en demandant une confirmation de ses pouvoirs. A défaut de continuation par un héritier ou successeur la maison de commerce est au moins l'objet d'une liquidation. La liquidation doit alors continuer les opérations commencées, mais sans en entreprendre de nouvelles (Lyon-Caen et Renault, n° 829).

§ 6. — Du tribunal compétent pour juger les difficultés qui surgissent entre le commettant et le commissionnaire (*Rép.* nos 120 à 126).

41. Le contrat de commission étant de sa nature essentiellement commercial et se formant presque sans exception

(1) (Talard C. Auffin Ordt Sturmer.) — La cour; — Sur l'appel principal tendant à faire réformer la disposition du jugement qui a condamné Auffin Ordt Sturmer et comp. à restituer une somme de 357 fr. 15 cent. comme représentant la moitié d'une commission de 5 pour 100 perçue sur le prix de marchandises qui leur ont été retirées avant la vente: — Considérant que les appelants reconnaissant qu'il ne leur était dû qu'une commission de 2 et demi pour 100, mais qu'ils soutiennent n'avoir pas pris une commission supérieure; — Considérant qu'il résulte, en effet, des documents produits que la somme de 336 dollars 85 (soit 787 fr. 85 cent.) n'a été reçue par eux que comme représentant une commission de 2 et demi pour 100, plus un droit pour assurance et magasinage qui ne paraît pas contesté; — Considérant, dès lors, que tout se réduit à savoir s'ils ont exactement calculé les 2 et demi pour 100 pour commission, et le droit pour assurance et magasinage; — Considérant que la marchandise dont s'agit au procès valait à Lyon, au prix de facture, 13747 fr., soit 6546 dollars 20; — Considérant que la marchandise ayant été transportée à New-York pour y être vendue, et ayant été retirée de leurs mains avant la vente, il ne serait pas juste de calculer la commission de 2 et demi pour 100 et le droit pour assurance et magasinage sur les 6546 dollars 20 dont il a été parlé, qui ne représentent que le prix de la marchandise à Lyon; — Considérant qu'il y a lieu d'ajouter d'abord les frais de transport et de douane s'élevant à 1634 dollars 80, et, en second lieu, 1227 dollars pour les intérêts, la commission, le magasinage, le ducroire, l'escompte; — Qu'ainsi à New-York la marchandise aurait dû être vendue 9408 dollars pour que le négociant de Lyon retrouvât le prix qu'il avait fixé pour la valeur; — Que c'est évidemment sur ce prix de la marchandise à New-York que doivent être établis les calculs; — Considérant qu'en partant de cette base on reconnaît qu'il était dû aux appelants, pour assurance et magasinage 94 dollars 08, soit 197 fr. 55 cent., et pour les 2 et demi pour 100 de commission, 236 dollars 20, soit 493 fr. 90 cent.; — Considérant que ces deux sommes réunies forment un total de 691 fr. 45 cent., inférieur seulement de 16 fr. 40 cent. aux 707 fr. 85 cent. que les appelants ont reçus; — Considérant, dès lors, que les appelants n'ont à restituer que ces 16 fr. 40 cent., et que c'est à tort que le tribunal les a condamnés à restituer 357 fr. 15 cent.; — Réforme.

Du 4 févr. 1869.-C. de Lyon.-MM. Debrix, pr.-de Prandière, 1er av. gén.-Desprez et Andrieux, av.

entre commerçants, c'est au tribunal de commerce que revient d'une façon presque inévitable la mission de juger les différends nés à l'occasion de ce contrat. Mais quel sera celui des tribunaux de commerce qui devra être saisi, notamment de la demande en payement d'avances? Sera-ce le tribunal du commettant ou celui du commissionnaire? Sur cette grave question, on s'est rallié au *Rép.* n° 123 à l'opinion qui, conformément à l'art. 420 du code de procédure, donne au demandeur le choix entre le lieu où la promesse a été faite ou la marchandise livrée, le lieu où le payement doit être effectué et le lieu du domicile du défendeur. La jurisprudence, s'emparant de ce principe, n'a pas posé de règle absolument fixe. Mais il a été le plus souvent décidé, notamment en matière d'avances, que le tribunal compétent est celui du domicile du commissionnaire, c'est-à-dire du lieu où les avances avaient été faites (Toulouse, 21 févr. 1824, *Rép.* v° *Compétence commerciale*, n° 507; Paris, 4 mars 1825, *ibid.*; Lyon, 17 févr. 1833, *ibid.*; Lyon, 23 juin 1848, aff. Reynard, D. P. 49. 2. 33).

§ 7. — Du privilège du commissionnaire pour ses avances (*Rép.* n°s 127 à 178).

42. Nous réunissons sous ce paragraphe la matière des paragraphes 7 et 8 du *Répertoire*, c'est-à-dire l'ensemble des règles qui ont trait au privilège du commissionnaire. Ainsi que nous l'avons dit (*suprà*, n° 1), cette matière est une de celles qui, depuis la publication du *Répertoire*, ont été le plus profondément modifiées par les dispositions législatives. La loi du 23 mai 1863 sur le gage commercial a, par un contre-coup naturel, transformé tout ce qui a trait au droit de gage spécial conféré par la loi au commissionnaire; et les modifications apportées par cette loi au fond même de la théorie, jointes à l'interversion opérée dans les numéros des articles, exigent que pour plus de clarté nous reprenions dans un travail d'ensemble tout ce qui concerne le privilège du commissionnaire. Rappelons ici que la loi de 1863 a réuni en deux articles, les art. 94 et 95 c. com., toutes les dispositions relatives à la commission, qui embrassaient autrefois les art. 91 à 95, et que les trois art. 91, 92 et 93 ont été consacrés par la loi nouvelle au gage commercial. Quand nous citerons les art. 91 à 95, c'est à leur domaine nouveau qu'il faudra se référer.

Les explications qui vont suivre formeront l'objet de six paragraphes : 1° nature du privilège; 2° condition de son existence, et objets sur lesquels il porte; 3° créances qu'il garantit; 4° effets du privilège; 5° personnes en faveur de qui il existe; 6° rang du privilège.

43. — I. NATURE DU PRIVILÈGE. — On a exposé au *Rép.* n° 129, la controverse soulevée par MM. Delamarre et Le Poitvin, t. 6, n°s 208 et suiv., sur la nature du privilège accordé au commissionnaire, et, loin d'y voir, comme le voulaient ces auteurs, un simple droit de rétention, on a reconnu en faveur du commissionnaire l'existence d'un droit mixte: droit de rétention sur la chose qui est entre ses mains, et droit de privilège sur le produit de la vente. Le système soutenu au *Répertoire* a reçu la consécration de la cour de Paris le 24 juin 1869 (aff. Teissonnière, D. P. 70. 2. 11) qui a déclaré que, si au cas de vente amiable, le commissionnaire a le droit de retenir la marchandise tant qu'il n'est pas remboursé de sa créance sur le commettant, il ne peut, en cas de vente forcée, que réclamer son droit de préférence sur le prix. On peut donc considérer que le système dont le *Répertoire* s'était fait l'interprète, et en faveur duquel on peut invoquer l'autorité non seulement de la doctrine (Bravard et Demangeat, t. 2, p. 279; Lyon-Caen et Renault, p. 437 à 438) mais aussi du législateur (Rapport de la commission sur la loi du 23 mai 1863, D. P. 63. 4. 77, n° 25), a, en outre, définitivement triomphé dans la pratique.

44. — II. CONDITIONS DE L'EXISTENCE DU PRIVILÈGE. — C'est surtout en cette matière, qui faisait l'objet au *Répertoire* du paragraphe 8 (n°s 179 à 218), que la loi du 23 mai 1863 a apporté les modifications les plus profondes.

Aux termes de l'ancien art. 95, le privilège n'existait de plein droit, au profit du commissionnaire, que si le commettant et le commissionnaire habitaient deux places distinctes et si les marchandises avaient été expédiées d'une place sur une autre. Dans le cas contraire, l'existence du privilège était subordonnée à l'accomplissement des formalités exigées par le code civil pour la constitution du gage, savoir la rédaction d'un écrit et l'enregistrement (art. 2074 et 2075). On craignait qu'un commerçant gêné ne fût tenté, pendant la période suspecte de l'art. 446, de favoriser une créance par la constitution d'un privilège de commissionnaire, alors que la constitution d'un gage régulier était interdite, et l'on avait restreint l'existence de plein droit du privilège au cas où l'expédition des marchandises, demandant un assez long temps, rendait difficile une fraude de ce genre. Ce système persista jusqu'à la loi du 23 mai 1863. Aussi voyons-nous la jurisprudence, antérieure à cette époque, s'inquiéter constamment du point de savoir si les marchandises avaient été expédiées d'une place sur une autre, et si le commettant et le commissionnaire n'habitaient pas le même lieu. La cour de cassation (Civ. rej. 17 mai 1847, aff. Fourchon, D. P. 47. 1. 161) adoptant en cela le système du *Rép.* n°s 214 et suiv., déjà suivi par la cour de Caen le 22 juill. 1845 (aff. Fourchon, D. P. 46. 2. 11), exigeait pour l'existence de plein droit du privilège le concours de ces deux conditions, tandis que M. Troplong, *Du nantissement*, n°s 171 et suiv., dont l'opinion a été suivie par la cour de Colmar, le 2 mars 1847 (aff. Œhl, D. P. 48. 2. 87) se contentait de la différence des domiciles sans exiger l'expédition des marchandises d'une place à une autre. Aussi s'élevait-il des discussions sur la façon dont il fallait entendre ces mots *place de commerce*, et c'est ainsi que la cour de Colmar avait été amenée à juger, par son arrêt précité du 2 mars 1847, que la dénomination de place de commerce, employée par l'art. 93 c. com., s'appliquait à toutes les localités qui sont le siège d'un commerce ou d'une industrie, quelque faible qu'en fût l'importance, et à quelque petite distance que ces localités se trouvassent d'une ville voisine. Ces questions seraient aujourd'hui sans intérêt, car, aux termes du nouvel art. 95, toute distinction a disparu et le privilège existe au profit du commissionnaire, indépendamment de toutes questions de domicile ou d'expédition.

45. Quelles sont donc aujourd'hui les conditions exigées par la loi pour l'existence du privilège du commissionnaire? Il faut et il suffit, conformément aux règles générales du gage commercial, que les marchandises soient à la disposition du commissionnaire (art. 92 c. com.); et elles sont considérées comme telles quand elles sont *expédiées, déposées* ou *consignées*. Il y *consignation*, lorsque le commissionnaire a reçu dans ses magasins les marchandises avec mission de les vendre. Il y a *dépôt* quant le commettant a remis les marchandises entre les mains du commissionnaire sans le charger d'en opérer la vente. Cette hypothèse était déjà, avant 1863, assimilée par la jurisprudence à celle de la consignation (Bordeaux, 28 janv. 1846, aff. Ayraud, D. P. 46. 2. 83). Il y a *expédition* quand les marchandises sont mises en route pour parvenir au destinataire, et que le commissionnaire est nanti de la lettre de voiture, du récépissé et du connaissement qui lui en assurent la délivrance lors de leur arrivée à destination (Lyon-Caen et Renault, n° 807).

46. L'hypothèse de la consignation ou du dépôt présente peu de difficultés. Il en est différemment de celle de l'expédition, qui peut se produire sous des formes très diverses. Si les marchandises sont adressées directement au commissionnaire, nous avons dit que les marchandises étaient censées à sa disposition dès qu'il était nanti du connaissement ou de la lettre de voiture. Il n'est pas nécessaire que les marchandises lui aient été expédiées directement: il suffira dans cette hypothèse, pour qu'il ait droit au privilège, d'un endossement à son profit du connaissement ou de la lettre de voiture (Civ. cass. 17 août 1859, aff. Noël, D. P. 59. 1. 347, et sur renvoi, Paris, 1er déc. 1860, D. P. 61. 2. 88. V. aussi Caen, 6 juin 1882, aff. Boissière, D. P. 84. 2. 13). — Mais il faut que ces documents soient au porteur, ou bien qu'ils soient à ordre, et que l'endossement soit régulier. Jugé en ce sens : 1° que le privilège de l'art. 93 n'existe pas, à l'encontre du vendeur ou expéditeur des marchandises, au profit du commissionnaire qui a fait des avances sur la remise d'un simple connaissement non souscrit à ordre ou au porteur (Caen, 1er déc. 1846, aff. Cau, D. P. 51. 2. 172); — 2° Que des lettres de voiture ou connaissements ne peuvent être régulièrement négociés par voie d'endossement, que lorsqu'ils sont à ordre : hors ce cas, la transmission qui en est faite ne constitue qu'un transport ordinaire, qui ne confère au cessionnaire que les droits qu'avait le cédant; en conséquence, le commissionnaire qui a fait des avances sur des marchandises qui n'ont pas été directement expédiées, en vertu de la négociation par voie d'endossement à son profit des lettres de voiture ou connaissements, n'acquiert pas sur ces marchandises le privilège spécifié par l'art. 93 c. com., lorsque ces lettres de voiture ou connaissements ne sont pas à ordre; il demeure, notamment, passible de l'action en revendication dirigée contre l'acheteur, par le vendeur non payé (Civ. cass. 12 janv. 1847, aff. Crouzet, D. P. 47. 1. 59); — 3° Que le privilège du commissionnaire n'appartient pas à celui qui a fait des avances sur endossement d'une lettre de voiture relative à des marchandises en cours de voyage, lorsque cette lettre de voiture, au lieu d'être à ordre, exprime seulement que le destinataire tiendra les marchandises à la disposition de l'acheteur (Civ. cass. 26 janv. 1848, aff. Borty, D. P. 48. 1. 73); — 4° Que le commissionnaire n'a pas de privilège sur les marchandises en cours de voyage qui lui ont été livrées par voie d'endossement du connaissement à ordre relatif à ces marchandises, si cet endossement est irrégulier, en ce que, par exemple, il est causé valeur entendue (Civ. cass. 30 janv. 1850, aff. Arnaud, D. P. 50. 1. 50); — 5° Que des avances faites sur des marchandises non expédiées directement au commissionnaire, mais mises à sa disposition par une mention apposée sur la lettre de voiture, ont droit au privilège de l'art. 93 c. com. (Req. 18 janv. 1860, aff. Crampel, D. P. 60. 1. 140).

Et ce qui est vrai du commissionnaire, est vrai de tout tiers qu'il lui plaît de se subroger par une transmission régulière du connaissement. Jugé, en effet, que le commissionnaire auquel des marchandises ont été expédiées d'une autre place, sur connaissement à ordre, pour sûreté d'avances à faire, peut, sans le consentement de l'expéditeur, transmettre ce connaissement par endossement, au tiers qui a fait ces avances, et lui conférer ainsi le privilège établi par l'art. 93 c. com. (Civ. cass. 16 déc. 1846, aff. Lefébure, D. P. 47. 1. 126, et sur renvoi, Paris, 28 juin 1847, D. P. 47. 4. 85). Mais si l'endossement a été fait irrégulièrement, et par exemple, sans expression de valeur fournie, ce tiers ne peut exercer personnellement le privilège de commissionnaire à raison des avances qu'il a faites sur ces marchandises; la créance privilégiée résultant de ces avances appartient exclusivement au commissionnaire au nom duquel elles sont réputées avoir été faites, ou spécialement au syndic de sa faillite (Civ. cass. 25 juill. 1849, aff. Smith, D. P. 53. 1. 87).

47. Ces décisions ne sont que l'application de cette idée que le connaissement et la lettre de voiture représentent les marchandises, et que la transmission de ces titres équivaut, pour celui qui en devient détenteur, à l'expédition directe des marchandises. Aussi ces solutions sont-elles subordonnées à la validité de la lettre de voiture. Jugé en ce sens: 1° que le commissionnaire à qui des marchandises ont été expédiées sur un récépissé qui ne contient pas l'énonciation prescrite par l'art. 102 c. com. pour la validité des lettres de voiture, et qui ne mentionne pas, notamment, le prix et le délai de transport, n'a pas de privilège sur ces marchandises (Civ. rej. 12 févr. 1850, aff. Garin, aff. Vernange, aff. Millan, aff. Chavignon, aff. Humbert, D. P. 50. 1. 55); — 2° Que le commissionnaire n'a de privilège pour ses avances, qu'autant qu'à l'époque où elles ont eu lieu, les marchandises sur lesquelles elles ont été faites sont déjà arrivées dans ses magasins ou dans un dépôt public à sa disposition, ou qu'il peut constater par un connaissement ou une lettre de voiture l'expédition qui lui en a été faite. Ainsi, le commissionnaire qui a consenti des avances sur l'envoi, avec factures détaillées, que lui a adressé l'expéditeur du récépissé remis à ce dernier par le commissionnaire de roulage chargé du transport, n'a pas droit au privilège de l'art. 93, si ce récépissé, quoique constatant la nature, le poids, le nombre et la destination des marchandises, ne renferme pas l'énonciation de toutes les conditions qui, aux termes de l'art. 102 c. com., constituent la lettre de voiture, et notamment l'énonciation du prix et du délai du transport (Civ. cass. 13 nov. 1850, aff. Vernange, aff. Millaud, aff. Humbert, aff. Gazin, aff. Raynard, D. P. 54. 5. 124);... Peu importe, d'ailleurs, que les marchandises soient ultérieurement arrivées dans ses magasins (Civ. cass. 13 nov. 1850, aff. Raynard, D. P. 54. 5. 124).

48. Mais, dès que le connaissement est régulier et qu'il a été régulièrement transmis, le privilège prend naissance au profit du commissionnaire. Il a été jugé, en conséquence, que pour que le commissionnaire ait droit, même à l'encontre du vendeur revendiquant conformément à l'art. 576 c. com., au privilège de l'art. 93 pour ses avances sur les marchandises à lui consignées en cours de voyage par le destinataire, il suffit qu'il produise le connaissement à ordre à lui remis par celui à qui elles étaient adressées et qui est depuis tombé en faillite: ici ne s'applique pas la disposition de l'art. 576 qui exige, pour que la marchandise échappe à la revendication du vendeur ou expéditeur, que la vente en ait été faite par l'acheteur, à la fois sur facture et sur connaissement; en cas pareil, le vendeur ne peut exercer la revendication qu'à charge de rembourser au commissionnaire ses avances (Bordeaux, 5 avr. 1848, aff. Alexandre, D. P. 51. 2. 173).

49. — III. CRÉANCES GARANTIES PAR LE PRIVILÈGE. — Sur le point de savoir quelles créances étaient garanties par le privilège du commissionnaire, plusieurs questions se posaient avant la loi de 1863, qui ont été tranchées par cette loi.

50. On se demandait notamment s'il fallait entendre d'une façon restrictive ces mots des anciens art. 93 et 94: *frais, avances et intérêts*. La jurisprudence avait généralement donné à ces textes l'interprétation la plus large, et par exemple il avait été jugé: 1° que les sommes, avancées pour fret et droits de douane, par un commissionnaire ou celui qu'il s'était régulièrement substitué, sur des marchandises qui lui ont été expédiées pour être vendues, pouvaient être réclamées par privilège sur le prix de ces marchandises, comme fournies pour la conservation de la chose (Civ. cass. 16 déc. 1846, aff. Lefébure, D. P. 47. 1. 126); — 2° Que le privilège du commissionnaire s'appliquait non seulement à ses avances, mais encore à ses droits de commission et à ses déboursés, tels que loyers de magasin, assurances, et salaires des commis et gens de service (Colmar, 2 mars 1847, aff. Œhl, D. P. 48. 2. 87); — 3° Que les acceptations, par le commissionnaire, de lettres de change tirées sur lui par le commettant, constituent des *avances* qui existent à partir du jour même où elles ont eu lieu, et non pas seulement à compter du jour du payement de ces lettres de change (Civ. cass. 14 mars 1855, aff. Reynard, D. P. 55. 1. 180). — La loi du 23 mai 1863 a déclaré expressément que le privilège garantit tous les prêts, avances et payements faits par le commissionnaire et que dans la créance privilégiée sont compris, avec le principal, les intérêts, commission et frais. L'interprétation de la jurisprudence en est devenue d'autant plus large, et il a été jugé, sous l'empire de la loi nouvelle: 1° que le commissionnaire en compte courant avec son commettant a privilège pour le solde de ce compte courant sur les marchandises à lui expédiées par le commettant et dont il a le connaissement entre ses mains, alors que rien n'indique qu'il ait consenti à se dessaisir de cette garantie au profit du porteur des lettres de change tirées par le commettant sur le commissionnaire et non acceptées par celui-ci (Civ. rej. 26 nov. 1872, aff. Sallambier, D. P. 72. 1. 436); — 2° Que le commissionnaire a un privilège sur les marchandises à lui expédiées, pour toutes les avances qu'il a faites, soit en argent, soit en marchandises (Req. 20 mars 1873, aff. Cayla, D. P. 73. 1. 409).

51. Un autre point sur lequel la jurisprudence était fort divisée, était celui de savoir à quelle époque il fallait que les avances eussent été faites pour être garanties par le privilège. Un certain nombre d'arrêts couvraient du privilège même les avances faites *avant* la réception des marchandises, et il avait été jugé en ce sens: 1° que le commissionnaire a un privilège pour les avances qu'il fait sur les marchandises à lui expédiées, et cela encore bien qu'avant l'arrivée de ces marchandises à leur destination, et au moment des avances, la lettre de voiture ou le connaissement ne lui soit point parvenu, et que l'exercice de ce privilège est subordonné à la seule obligation de constater que, lorsque les avances ont été faites, les marchandises étaient expédiées (Paris, 18 nov. 1848, aff. Grenard, D. P. 49. 2. 106). Mais cette interprétation, combattue au *Rép.* n° 143, était généralement repoussée par la jurisprudence (Bruxelles, 15 mars

1821, *Rép.* n° 211 ; Aix, 11 janv. 1831, *ibid.* v° *Faillite*, n° 1282; Bordeaux, 22 juin 1831, *ibid.* v° *Privilèges et hypothèques*, n° 303; Nîmes, 7 juin 1843, *ibid.* v° *Commissionnaire*, n° 156; Douai, 29 nov. 1843, *ibid.* n° 157; Rouen, 27 mai 1846, aff. Levasseur, D. P. 47. 4. 85; Grenoble, 13 avr. 1848, aff. Roman, D. P. 49. 2. 102), et la cour de cassation l'avait également rejetée (Civ. cass. 18 mars 1845, aff. Levasseur, D. P. 45. 1. 242; Civ. rej. 4 déc. 1848, aff. Crassous, D. P. 48. 1. 227). Enfin c'est par application du même principe que la cour de Rouen avait jugé, le 7 juill. 1853 (aff. Davidson, D. P. 55. 2. 354) que le commissionnaire a privilége pour ses avances, bien qu'elles aient eu lieu avant la remise entre ses mains du connaissement constatant l'expédition des marchandises sur lesquelles elles ont été faites, si l'intervalle a été uniquement motivé par le temps employé à l'embarquement de ces marchandises, la remise des fonds et celle du connaissement devant, en pareil cas, être considérées comme simultanées et se rattachant à une seule et même opération.

Ce système que consacraient, on le voit, presque toutes les cours, fut repoussé par la loi du 23 mai 1863, qui déclare (art. 95, § 1er) que le privilége garantit tous les prêts, avances ou payements *faits soit avant la réception des marchandises, soit pendant le temps qu'elles sont en la possession du commissionnaire.* Depuis cette loi, il a été jugé par la cour de Rouen, le 14 févr. 1867 (aff. Cahuzac, D. P. 68. 2. 13) que le commissionnaire auquel des marchandises ont été expédiées, et qui en a été mis en possession conformément à l'art. 92 c. com., notamment par voie de délivrance du connaissement, a un privilége sur le prix de vente de ces marchandises pour le remboursement des avances qu'il a faites à l'expéditeur, encore que ces avances soient antérieures à l'expédition; qu'en conséquence, il a droit à ce prix jusqu'à concurrence de ses avances, à l'exclusion du tiers porteur de la lettre de change tirée sur lui par l'expéditeur, et causée « valeur reçue et à porter au compte des marchandises expédiées », alors d'ailleurs qu'il a refusé d'accepter cette lettre de change, le tiers porteur devant s'imputer, en ce cas, d'avoir considéré comme une provision suffisante une valeur affectée par privilége au payement d'une créance du tiré. Jugé, de même, que le banquier qui se trouve créditeur en compte courant des tireurs a privilége, même pour avances ou payements faits antérieurement sur les valeurs à lui consignées (Req. 24 mars 1869, aff. Binoche, D. P. 75. 5. 302).

52. — IV. Effets du privilége. — L'effet du privilége est de faire payer le commissionnaire par préférence aux autres créanciers du commettant. S'il a opéré la vente des marchandises, il déduira ses avances du montant de la somme dont il doit tenir compte au commettant. Si le commettant a vendu lui-même, le commissionnaire pourra former saisie-arrêt entre les mains de l'acheteur (Lyon-Caen et Renault, n° 810).

53. Enfin il arrivera parfois que, sans bénéficier du privilége, le commissionnaire réussisse à se faire payer intégralement, notamment par voie de dommages-intérêts. C'est ce qui s'est produit dans une espèce assez spéciale soumise à la chambre criminelle (Crim. rej. 9 mai 1846, aff. Boulet, D. P. 46. 1. 316). Cet arrêt décide, en effet, que le commissionnaire qui a fait des avances sur des ampliations de lettres de voiture, non conformes aux lettres originales, sans s'assurer le privilége de l'art. 93 c. com., a pu obtenir de la cour d'assises, par voie d'action civile, une condamnation à des dommages-intérêts égaux aux sommes dont il s'est trouvé à découvert par suite de la fraude du prévenu, sans qu'on puisse considérer cette condamnation comme attributive du privilége qu'il avait négligé d'acquérir.

54. — V. Personnes au profit desquelles est institué le privilége. — Le privilége profite aussi bien au commissionnaire chargé de vendre qu'au commissionnaire chargé d'acheter (Paris, 28 avr. 1876, aff. Debotas, D. P. 78. 5. 112).

Mais est-il exclusivement attaché à la qualité de commissionnaire de profession, ou doit-on en faire profiter toute personne? Comme on l'a vu au *Rép.* n° 193, l'interprétation la plus large a d'abord été admise par la cour suprême. Un arrêt de cassation du 6 mai 1845 (aff. Beyneix, D. P. 45. 1. 231) a jugé que le privilége accordé par l'art. 93 c. com. n'est pas exclusivement attaché à la qualité de commissionnaire, qu'il appartient aussi à tout bailleur de fonds prêtés sur un nantissement de marchandises, à la condition que le contrat ait eu lieu entre commerçants, ou pour actes de commerce..., que les marchandises aient été expédiées d'une place sur une autre..., et qu'elles soient destinées à être vendues, bien que le consignataire n'ait pas le mandat de les vendre... qu'il n'est besoin en cas pareil d'aucun acte public ou privé enregistré, les formes du nantissement civil ayant été écartées des matières de commerce, et que, spécialement, la consignation faite par un négociant à un négociant d'une autre ville (un banquier), de marchandises sur lesquelles ce dernier a fait des avances, confère à celui-ci le privilège de l'art. 93, bien que l'expédition ne contienne pas mandat de vendre, et que le nantissement n'ait pas été constaté par écrit conformément à l'art. 2074 c. civ. Cette solution était motivée sur ce que, aux termes de l'art. 93 du même code, les seules conditions requises pour constituer le privilége du bailleur de fonds sont qu'il y ait des avances faites sur des marchandises expédiées d'une place sur une autre, à l'effet d'être vendues pour le compte du propriétaire, et que nulle part la loi ne prescrit, comme elle le fait pour le nantissement, la nécessité d'un acte authentique, ou d'un acte sous seings privés, dûment enregistré; que ce privilége n'est pas subordonné à l'existence d'un mandat exprès conféré par le propriétaire, pour la vente des marchandises, puisque l'art. 93, au texte duquel le juge ne doit pas ajouter, parle seulement des marchandises destinées à être vendues, sans dire que la vente en sera faite plutôt par le consignataire que par le propriétaire; qu'enfin ce même privilége n'est pas non plus attaché à une espèce spéciale de négoce, et qu'il suffit que le contrat duquel on le fait dériver ait eu lieu entre commerçants, ou pour des actes de commerce. Mais la cour de cassation n'a pas persisté dans cette jurisprudence. Un nouvel arrêt de cassation du 13 janv. 1868 (aff. Lenglet, D. P. 68. 1. 125) a décidé que le privilége créé par l'ancien art. 93 c. com. (95 nouv.) est exclusivement attaché à la qualité de commissionnaire et à la réunion des autres conditions prescrites par cet article; qu'il ne saurait être invoqué par celui qui a prêté des fonds sur un nantissement de valeurs industrielles. Il y a lieu de considérer cette jurisprudence comme définitive. Si, depuis, deux arrêts l'un de la cour de Rouen du 31 mars 1874 (aff. Castillon, D. P. 76. 2. 71), l'autre de la chambre des requêtes du 14 juin 1877 (aff. Frear, D. P. 78. 1. 475) ont accordé le privilège à des personnes qui n'étaient pas commissionnaires, c'est que ces personnes s'étaient trouvées, dans des circonstances diverses, mêlées à de véritables contrats de commission. Dans l'espèce soumise à la cour de Rouen, il s'agissait de l'agent chargé par le directeur gérant d'une participation de diriger les opérations et de s'occuper de tous les intérêts de la Société, et la cour déclare que si cet agent a été constitué consignataire des navires de la société dans un certain port, il est devenu par là créancier gagiste pour toutes les avances qu'il a pu faire, et peut les retenir sur tous les recouvrements réalisés par lui, notamment sur le montant de l'assurance du navire touché par lui. Quant à la chambre des requêtes, l'espèce qui lui était soumise avait trait à un banquier qui avait avancé des fonds à un commerçant pour acheter des marchandises, à la condition que les marchandises seraient facturées à son nom, lui seraient expédiées directement, et resteraient à sa disposition exclusive jusqu'à leur livraison au consommateur. L'arrêt décide que ce banquier est placé, à l'égard de son emprunteur, dans la situation d'un commissionnaire et par suite a droit, sur le prix des marchandises vendues, au privilège institué par l'art. 95 c. com. — Il a été décidé, d'ailleurs, par un jugement récent, que le privilège du commissionnaire appartient à un entrepositaire qui reçoit des marchandises en consignation pour être vendues, ces opérations constituant de véritables actes de commission (Trib. Seine, 21 janv. 1888) (1).

(1) (Demoiselle Meunier C. Lange.) — Le tribunal; — En ce qui touche la demoiselle Meunier : — Attendu qu'elle exerce la profession d'entrepositaire et de commissionnaire; qu'à diverses reprises, et notamment en 1884, elle a reçu en consignation des

55. — VI. RANG DU PRIVILÈGE. — Reste enfin la question de rang du privilège du commissionnaire. Le code de commerce ne l'a pas déterminé. Dans le silence de la loi, il y a lieu d'appliquer les principes généraux sur le classement des privilèges (Valette, *Privilèges et hypothèques*, n°s 108 et suiv.; Aubry et Rau, *Cours de droit civil*, t. 3, § 289; Lyon-Caen et Renault, n° 84). En conséquence, il est généralement admis, comme on l'a vu au *Rép*. n°s 167 et suiv., que ce privilège, étant fondé sur un droit de gage, doit primer tout autre droit de préférence, et notamment celui du vendeur d'objets mobiliers (*Adde*, dans le même sens, Trib. Seine, 21 janv. 1888, *suprà*, n° 54). Aux termes d'un arrêt de cassation de la chambre civile du 12 mai 1885 (aff. Bossière, D. P. 85. 1. 185), le privilège accordé par l'art. 95 c. com. aux commissionnaires qui ont fait des avances à leurs commettants est du même ordre que celui concédé aux autres créanciers gagistes, et le gage des premiers ne doit primer celui des seconds qu'autant qu'il leur est antérieur; en conséquence, dans le cas où deux connaissements, remis à deux personnes différentes, en garantie de la livraison de la même marchandise, ont été endossés le même jour, sans indication d'heure, les deux gagistes doivent exercer concurremment leur privilège sur la marchandise, bien que l'un d'eux invoque son privilège de commissionnaire ayant fait des avances et ait été mis en possession effective des marchandises données simultanément en nantissement.

ART. 3. — *De la commission pour vendre, pour acheter, pour les opérations de banque et pour les assurances* (*Rép.* n°s 219 à 297).

56. Cette matière, qui ne comprend en somme que l'application des règles exposées à l'art. 2 (*Rép.* n°s 35 à 51, et *suprà*, n°s 16 à 55), a été traitée au *Répertoire* dans le plus grand détail, et depuis lors il est intervenu peu de solutions nouvelles.

§ 1er. — De la commission de vendre (*Rép.* n°s 219 à 250).

57. On a vu au *Rép.* n° 220, que les obligations du commissionnaire chargé de vendre sont de deux sortes: les unes concernent la réception et la conservation des marchandises, les autres ont trait à la vente elle-même.

58. En ce qui touche la réception et la conservation des marchandises, le commissionnaire est tenu aux mêmes soins que le dépositaire. Il doit les visiter à leur arrivée, faute de quoi il est réputé les avoir reçues en bon état (Alauzet, *Droit commercial*, t. 2, n° 839; Pouget, *Des droits et des obligations des divers commissionnaires*, t. 2, n° 103). Il doit choisir pour les déposer un lieu convenable, afin qu'elles ne soient ni détériorées ni détournées (Trib. com. Seine, 4 oct. 1860, *Journal du tribunal de commerce*, t. 10, p. 19; Clamageran, *Mandat et commission*, n° 355). Si, par exemple, il a, pendant l'été, conservé en futailles des marchandises qu'il eût fallu enfermer dans des bonbonnes en verre, il est responsable de la détérioration qui s'en est suivie (Trib. com. Marseille, 31 janv. 1867, *Recueil de Marseille*, 1865. 1. 22). Toutefois sa responsabilité cesserait s'il n'avait fait que se conformer à l'usage suivi par la majorité des commerçants (Nîmes, 10 avr. 1861, aff. Issert, D. P. 63. 2. 44). Au cas de dépérissement, il doit la valeur de la marchandise au plus haut taux qu'elle avait lors de l'accident (*Rép.* n° 223). Si le dépérissement provient d'un vice propre à la marchandise, le commettant doit être averti (Pouget, t. 2, p. 283).

Le commettant contracte envers le commissionnaire l'obligation de lui expédier les marchandises. Mais cette obligation est exclusive de toute idée de marché direct entre lui et son commissionnaire (Paris, 10 déc. 1854, aff. Baunier, D. P. 58. 2. 92).

59. Quant à la vente, le commissionnaire est tenu de se conformer aux instructions du commettant. Ainsi s'il a reçu ordre de vendre à la première bourse, il ne lui est pas loisible de différer l'exécution de cet ordre (Trib. com. Marseille, 5 nov. 1862, *Recueil de Marseille*, 1862. 1. 314).

60. Si le commissionnaire vend à un prix plus élevé que le prix fixé par le commettant, il doit compte du tout (Trib. com. Havre, 22 mai 1871, *Recueil du Havre*, 1871. 1. 83), à moins d'une convention spéciale qui constituerait une sorte de vente à profit commun (Rouen, 8 août 1871, aff. Lizé, D. P. 71. 2. 222). — Il a été jugé également qu'il peut être valablement stipulé, dans un contrat de commission, que la différence entre le prix auquel le propriétaire de la marchandise consent à vendre et le prix plus élevé qui sera obtenu par le commissionnaire appartiendra à ce dernier; que cette clause ne dénature pas le contrat (Bruxelles, 13 mai 1879, aff. Bettonville C. Faillite Docquier, *Pasicrisie belge*, 1879. 2. 214).

61. Si, au contraire, la vente avait eu lieu à un prix moindre le commissionnaire pourrait contraindre le commettant à ratifier l'opération, le commissionnaire faisant son affaire personnelle de la différence (Ruben de Couder, *Dictionnaire de droit commercial*, v° *Commissionnaire*, n° 196). Parfois même il peut être en droit de ne point supporter cette différence. Ainsi, si chargé de vendre moyennant 10000 fr., il ne trouve acheteur qu'à 9500, il peut donner avis à son commettant qu'il vendra à ce prix sauf contre-ordre, et sa responsabilité sera à couvert (Lyon-Caen et Renault, n° 771). Si même les cours venaient à baisser, de sorte qu'une perte plus grande soit à craindre, le commissionnaire *devrait* vendre à ce cours (Trib. com. Marseille, 2 mars 1849, *Recueil de Marseille*, 1849. 1. 151). Mais en ce cas, il sera prudent au commissionnaire de se faire autoriser, sur simple requête, par le tribunal de son domicile. Jugé, en ce sens, que le commissionnaire, qui a fait des avances sur des marchandises à lui consignées pour être vendues moyennant un prix déterminé, peut, s'il ne trouve pas à réaliser cette vente au prix indiqué, et s'il y a péril en la demeure pour la conservation de la chose, se faire autoriser par le juge, sur simple requête, à vendre les marchandises au prix courant, et cela sans être tenu d'assigner dans les formes ordinaires l'expéditeur domicilié dans un lieu éloigné, afin d'obtenir cette autorisation contradictoirement avec lui...; et cela même à l'encontre de la personne qui a garanti le remboursement des avances...; et, c'est à l'expéditeur ou au garant de prouver que la vente a été faite sans nécessité ou en fraude de leurs droits. En cas pareil, le commissionnaire peut s'adresser au juge de son propre domicile, lequel a compétence à cet égard (Nîmes, 25 nov. 1850, aff. Beauvais, D. P. 51. 2. 80).

62. Le commissionnaire ne doit pas vendre à crédit sans autorisation, et, s'il y est autorisé, il ne doit pas vendre à des personnes notoirement insolvables (*Rép.* n° 240).

63. Il n'a d'ailleurs pas, en principe, le droit de taire le nom de ses clients: il peut cependant refuser à son

---

bois qui lui étaient adressés par Durat pour être vendus; qu'elle a fait à celui-ci des avances d'argent, soit en payant à son acquit le prix de marchandises et le montant de lettres de voiture, soit en devenant créancier de frais d'emmagasinage et de loyers; qu'elle a été en compte courant avec lui et réclame de ce chef par privilège la somme de 1768 fr. 90 cent.; — Attendu que, par les opérations qui viennent d'être spécifiées, la demoiselle Meunier a fait pour le compte de Durat des actes véritables de commission, dans les termes du nouvel art. 95 c. com. et qui doivent, comme tels, bénéficier des dispositions de l'art. 95 c. com.; qu'elle est en droit, pour le remboursement de ses avances, de revendiquer un privilège sur l'ensemble des marchandises qu'elle avait reçues en dépôt; — Qu'il importe peu qu'elle n'ait point spécifié cette cause de préférence dans sa production, dès lors qu'elle a demandé une collocation privilégiée;

En ce qui touche Lange: — Attendu qu'il justifie par les pièces produites que les marchandises qu'il a vendues à Durat faisaient partie de celles dont le prix est en distribution; qu'il est en droit d'être admis par privilège pour le montant de sa créance; — Mais, attendu que le privilège du commissionnaire, fondé sur la possession et sur un droit de gage, doit primer tout autre droit de préférence, et notamment celui des vendeurs d'objets mobiliers; — Que la demoiselle Meunier avait, sur les bois consignés, un droit de rétention dont elle n'a pu être privée par la saisie et la vente judiciaire, et qu'elle a conservé sur le montant du prix;

Par ces motifs, dit que la demoiselle Meunier et Lange seront colloqués par privilège pour le montant de leurs créances, telles qu'elles ont été admises au marc le franc; — Dit toutefois que la collocation de la demoiselle Meunier primera celle de Lange; etc.

Du 21 janv. 1888.-Trib. civ. de la Seine, 2e ch.-MM. Poultier, pr.-Louis Binoche et Beurdeley, av.

commettant de lui faire connaître le nom de son acheteur, s'il a juste sujet de craindre que le commettant n'abuse de cette révélation (Req. 7 déc. 1858, aff. Bégusseau, D. P. 59. 1. 176; Poitiers, 24 mai 1859, aff. Bégusseau, D. P. 60. 5. 62). — V. *suprà*, n° 30.

64. Le commissionnaire transformerait sa qualité en celle d'acheteur et deviendrait débiteur direct de l'entier prix de la marchandise, si, dans la vente par lui consentie à un tiers, il avait changé le lieu de livraison, fait l'expédition pour son propre compte, et dissimulé le nom du destinataire (Toulouse, 27 nov. 1869, aff. Bacalerie, D. P. 70. 2. 118).

§ 2. — De la commission pour acheter (*Rép.* n°s 251 à 273).

65. Le commissionnaire doit ici encore se conformer exactement aux ordres du commettant (*Rép.* n° 251). S'il achète des marchandises d'une qualité différente, le commettant peut lui laisser l'opération pour compte (Alauzet, t. 2, n° 845). Si c'est la quantité qui diffère, il peut imposer au commettant d'accepter la quantité commandée, sauf à garder le surplus pour son compte (Ruben de Couder, v° *Commissionnaire*, n° 217).

66. Il est garant des défauts de la chose achetée par lui, non seulement des vices apparents, mais des vices qui pourraient être découverts avec beaucoup de soin (Rouen, 18 mai 1866, aff. Gaillard, D. P. 67. 2. 34. V. *suprà*, n° 20). Il a donc intérêt à s'adresser à un vendeur sérieux. Mais il ne pourrait sans l'assentiment de son commettant appliquer à l'exécution d'un ordre d'achat ses propres marchandises, ou celles qu'il aurait précédemment achetées (Pouget, t. 1, n° 101).

67. Le commissionnaire qui a acheté des marchandises pour le compte de son commettant n'est pas tenu d'en avancer le prix.

Par suite, à défaut par le commettant de faire parvenir ce prix à l'époque de la livraison des marchandises, le commissionnaire peut revendre ces marchandises pour se libérer envers le vendeur (Bordeaux, 10 févr. 1846, aff. Anglade, D. P. 46. 4. 70).

§ 3. — De la commission pour les opérations de banque (*Rép.* n°s 274 à 280).

68. Comme on l'a exposé au *Rép.* n°s 274 et suiv., toutes les opérations de banque peuvent se traiter par commissionnaire. Un commissionnaire peut contracter l'obligation de tirer, pour le compte d'un commettant, une lettre de change. Il est alors responsable du défaut d'acceptation ou de payement comme s'il avait tiré en son nom personnel. — Ou bien il peut se charger d'acheter une lettre de change. Il s'oblige alors envers le vendeur de la même manière que s'il avait acheté toute autre marchandise. — Ou bien encore il peut avoir commission de négocier une lettre de change. Il doit en ce cas faire les diligences nécessaires pour l'acceptation et le payement. — Enfin il peut être simplement chargé du recouvrement. V. sur tous ces points, v° *Effets de commerce*, où la matière sera traitée en détail.

§ 4. — De la commission pour les assurances (*Rép.* n°s 281 à 297).

69. L'emploi de la commission est des plus fréquents en matière d'assurances, parce que le secret a souvent en matière de commerce une importance capitale.

Le commissionnaire, bien qu'il déclare souscrire *pour compte*, s'engage personnellement; il est, vis-à-vis de l'assureur, le véritable assuré, alors même que son commettant serait nommé dans la police (Ruben de Couder, v° *Assurances maritimes*, n° 99), à moins cependant qu'il n'ait déclaré ne vouloir assurer que son commettant (*ibid.*, n° 102; Alauzet, t. 5, n° 2017).

70. Il est si vrai que le commissionnaire est, au regard de l'assureur, l'assuré véritable, que celui-ci n'aurait même pas le droit de l'obliger à nommer son commettant (Civ. cass. 2 févr. 1857, aff. Bernard, D. P. 57. 1. 67). Ce droit au secret ne cesserait que si la réalité même du risque venait à être mise en doute (Delamarre et Le Poitvin, t. 2, n° 270).

71. On a examiné au *Rép.* n° 294, la situation d'un commissionnaire qui se serait fait assureur de la chose de son commettant. La cour de cassation a eu à se demander si une telle opération est valable, et elle a très justement décidé qu'il n'y a point là une cause de nullité de l'assurance, laquelle pouvait être valable pourvu qu'elle eût été contractée de bonne foi (Civ. rej. 11 avr. 1860, aff. Société romaine d'assurances maritimes et fluviales, D. P. 60. 1. 240).

72. Sur l'assurance faite par le commissionnaire pour le *compte de qui il appartiendra*, V. *Droit maritime*.

CHAP. 2. — Des commissionnaires de transport (*Rép.* n°s 298 à 507).

73. — I. HISTORIQUE; LÉGISLATION; DROIT COMPARÉ. — Depuis la publication du *Répertoire*, le développement des chemins de fer, tant en France qu'à l'étranger, a révolutionné l'industrie des tranports. En facilitant ceux qui empruntent la voie de terre, les chemins de fer en ont non seulement accru le nombre, mais modifié profondément les conditions; de là un grand nombre de questions neuves et du plus haut intérêt, tant pour le public que pour le législateur et le jurisconsulte. D'ailleurs, qu'ils soient effectués par les compagnies de chemins de fer ou par d'autres industriels, les transports n'en sont pas moins soumis aux dispositions légales qui ont été exposées au *Rép.* n°s 15 et suiv. et qui sont empruntées au code civil et au code de commerce. Ces dispositions toutefois, pour les transports par voie ferrée, se combinent avec certaines règles spéciales à l'industrie des chemins de fer; ces règles ont été étudiées au *Rép.* v° *Voirie par chemins de fer*, et l'on y reviendra *infrà*, eod. v°.

74. Dans l'état actuel de l'industrie des transports, les compagnies de chemins de fer sont devenues les entrepreneurs de transport les plus considérables et les plus importants; aussi est-ce le plus souvent dans les décisions de jurisprudence qui traitent des transports par chemins de fer et dans les ouvrages relatifs à cette industrie qu'il faut rechercher les développements que la doctrine et la jurisprudence ont reçus depuis la publication du *Répertoire*.

Parmi les ouvrages de doctrine qui, traitant du contrat de transport, ont été édités depuis la publication du *Répertoire* nous citerons: le *Traité du contrat de transport* de M. Duverdy, 2e éd.; la *Législation et jurisprudence sur le transport des marchandises par chemin de fer*, de M. Sarrut; le *Code des transports de marchandises et de voyageurs par chemin de fer*, de M. Féraud-Giraud; le *Traité des chemins de fer*, de M. Picard; A. Blanche, *Des transports par chemin de fer et de la responsabilité des compagnies*; Bédarride, *Des chemins de fer au point de vue du transport des voyageurs et des marchandises*, t. 4; le *Code annoté des chemins de fer*, 3e éd., et le *Bulletin annoté des chemins de fer* de M. Lamé-Fleury; Pouget, *Transport par eau et par terre*; Aucoc, *Conférences sur l'administration et le droit administratif*, t. 3, n°s 1416 et suiv., etc. — Indépendamment de ces ouvrages, d'un caractère spécial pour la plupart, on peut encore consulter les ouvrages généraux sur le droit civil et commercial dans lesquels se trouve encore traitée la question des transports au point de vue juridique.

75. La législation des transports, sauf les quelques dispositions spéciales aux chemins de fer dont il a été question (*suprà*, n° 71) et qui ne touchent pas aux règles générales de la matière (V. *Voirie par chemin de fer*; — *Rép.* eod. v°) n'a pas été modifiée: elle est restée telle que nous l'avons exposée au *Rép.* n°s 15 et suiv. Aussi ne répond-elle plus complètement aux nécessités des situations auxquelles elle s'applique, et soulève-t-elle d'assez vives critiques: il en est spécialement ainsi de l'art. 105 c. com. aux termes duquel la réception de la chose transportée et le payement du prix de la voiture constituent en faveur du voiturier une fin de non-recevoir qu'il peut opposer à toute réclamation. On considère généralement cette fin de non-recevoir comme exorbitante. Autrefois, en effet, elle était d'une application beaucoup moins rigoureuse: le payement du prix, la plupart du temps, n'était pas effectué au moment même de la remise de la chose transportée et le destinataire avait toujours quelques heures au moins pour en vérifier l'état. Actuellement, les compagnies de chemins de fer, qui opèrent la majeure partie des transports par voie de terre, ne livrent pas les marchandises sans percevoir le prix du voyage; le destinataire n'a donc d'autre ressource, pour échapper à la déchéance de l'art. 105, que de formuler des réserves dont l'efficacité est sujette à controverse (V. *infrà*, nos 308 et suiv.) ou de refuser les marchandises jusqu'à ce qu'il ait été statué sur sa réclamation, ce qui entraîne nécessairement des délais, souvent préjudiciables. Certaines chambres de commerce ont réclamé l'abrogation des dispositions de cet art. 105, ou demandé tout au moins que l'application en fût restreinte aux avaries extérieures et qu'il ne pût être invoqué au cas d'avaries intérieures ou occultes, dont la découverte exige quelquefois beaucoup de temps : un projet de loi portant modification des art. 105 et 108 c. com. a, en conséquence, été soumis aux chambres; il a été voté par la Chambre des députés dans les séances des 21 mars et 1er juill. 1887; par le Sénat dans les séances des 16, 17 et 20 févr. 1888. Bien qu'un renvoi à la Chambre des députés soit nécessaire, à cause des modifications apportées par le Sénat au texte que la Chambre des députés avait adopté, il est probable que le projet de loi aboutira très prochainement (V. *infrà*, nos 286, 292, 320, 344 et 345).

76. — Droit comparé (1). — Les législations étrangères, en Europe, consacrent toutes des dispositions plus ou moins étendues à la matière du transport. On peut les répartir, la législation anglaise exceptée, en deux catégories, les unes ayant conservé les principes du code de commerce français, les autres ayant pris pour modèle la législation allemande. En général, le système allemand a été adopté, du moins dans ses traits principaux, par les législations qui contiennent des dispositions spéciales et détaillées sur le transport par chemins de fer.

En *Allemagne*, la législation des transports comprend deux éléments: le code de commerce et un règlement d'exploitation des chemins de fer.

Le code de commerce allemand (Allgemeines Deutsches Handelsgesetzbuch) est en vigueur, à titre de loi fédérale (loi d'Empire), dans tous les Etats allemands, depuis le 1er janv. 1870, en Alsace-Lorraine, depuis le 1er oct. 1872. Il faut consulter, relativement au transport, les titres 4 et 5 du livre 4. Le titre 4 (art. 379 à 389) concerne la commission de transport (Speditionsgeschäft), le titre 5 le transport (Frachtgeschäft). Ce dernier titre se subdivise en deux sections, la première traitant du transport en général (art. 390 à 421), la seconde du transport par chemin de fer en particulier (art. 422 à 431).

Le règlement d'exploitation des chemins de fer allemands (Betriebs-Reglement für die Eisenbahnen Deutschlands) date du 11 mai 1874. Elaboré par le conseil fédéral (Bundesrath), en exécution de l'art. 45 de la Constitution de l'empire d'Allemagne, il a été publié dans la *Central-Blatt für das Deutsche Reich*, 1874, n° 21 du 22 mai 1874. Malgré les nombreuses modifications de détail qu'il a subies, aucune édition officielle n'est venue remplacer le texte originaire, mais diverses éditions, œuvre de l'initiative privée, ont paru. La dernière date du mois d'août 1882. Depuis lors, une dizaine de suppléments modificatifs (Nachträge) ont été publiés. Ce règlement comprend quatre annexes dont deux sont le modèle de la lettre de voiture.

Le Reichstag n'ayant pas été appelé à sanctionner le règlement d'exploitation des chemins de fer allemands, on ne saurait reconnaître à ce règlement le caractère de loi. Mais les compagnies de chemins de fer l'affichent dans les gares; d'autre part, la lettre de voiture spéciale aux transports par chemins de fer porte que « les marchandises ci-après désignées sont reçues aux conditions des règlements d'exploitation et des tarifs des chemins de fer ou unions de chemins de fer applicables au présent envoi: « Sie empfangen die nachstehend verzeichneten Güter auf Grund der in den Betriebs-Reglements und Tarifen der betreffenden Bahnen beziehungsweise Verkehre enthaltenen Bestimmungen, welche für diese Sendung in Anwendung kommen »; en conséquence, le règlement proposé par les compagnies de chemins de fer est accepté par l'expéditeur qui signe la lettre de voiture, il forme dès lors partie intégrante du contrat de transport et lie les parties à titre de convention. Le règlement a donc le caractère obligatoire d'une convention (Vertragsnorm) et non la force obligatoire d'une loi, plus généralement d'une règle de droit (Rechtsnorm): la doctrine et la jurisprudence allemandes sont actuellement à peu près unanimes pour apprécier ainsi la nature juridique du règlement allemand (V. notamment un arrêt de la Haute cour de commerce, Reichs Oberhandels Gericht, en date du 30 nov. 1875, rapporté *Entscheidungen der R. O. G. H.*, vol. 19, n° 60, p. 184-187). Mais en Allemagne, pas plus qu'en France d'ailleurs, les compagnies de chemins de fer ne peuvent débattre librement les conditions du contrat de transport. Diverses dispositions du règlement paraissant s'écarter des prescriptions du code de commerce, la doctrine en a contesté la validité. En général, la distinction suivante a été admise: les dispositions du règlement qui contredisent des prescriptions impératives du code de commerce (absolute, zwingende Bestimmungen) sont nulles et ne peuvent produire aucun effet légal; sont valables au contraire, mais comme loi contractuelle, les dispositions du règlement qui complètent, développent les prescriptions correspondantes du code de commerce ou qui même s'en écartent, quand les prescriptions du code de commerce peuvent être considérées comme n'étant en somme que l'expression de la volonté présumée des parties (dispositive Bestimmungen). Les prescriptions du code de commerce que l'on considère comme impératives, auxquelles le règlement n'a pu dès lors valablement déroger, sont celles qui interdisent aux compagnies de chemins de fer d'exclure ou de restreindre leur responsabilité (art. 423 et suiv.). On applique au contraire toutes les dispositions du règlement qui sont plus favorables au public que les dispositions correspondantes du code de commerce. Ainsi notamment, à propos du transport des animaux, le paragraphe 44, alinéa 2, du règlement dispose que « le chemin de fer n'est pas non plus responsable des dommages provenant d'un accident que la présence d'un surveillant exigé par le paragraphe 40 devait éviter, et que *sont compris dans ces accidents tous ceux qui ne proviennent pas* d'une détérioration du matériel imputable *au chemin de fer* »; or, il est bien évident que, dans le cours d'un transport d'animaux, des accidents peuvent se produire qui soient imputables au chemin de fer et qui cependant ne proviennent pas de l'état défectueux de son matériel. En conséquence, la disposition trop absolue du règlement est considérée comme non écrite. D'autre part, et à l'inverse, tandis que l'art. 408 c. com. déclare éteintes par le fait de la réception de la marchandise et du payement du prix de transport les actions en dommages-intérêts fondées sur le retard, le paragraphe 69, alinéa 2, du règlement, accorde un délai de huit jours, et cette disposition du règlement est universellement considérée comme le complément modificatif de l'art. 408 c. com. (V. le tableau des dispositions du règlement dont la validité a été contestée dans Von Hahn, *Commentar zum allgemeinen Deutschen Handelsgesetzbuch*, 2e éd., t. 2, p. 697, et une étude complète sur le caractère juridique du règlement allemand dans l'ouvrage précité: Sarrut, *Régime et législation des chemins de fer européens*, etc., t. 1, v° *Allemagne*, chap. 2.

A côté du règlement du 11 mai 1874, publié par le conseil fédéral, il faut signaler le règlement de l'Union des administrations des chemins de fer allemands (Betriebs-Reglement des Vereins Deutscher Eisenbahn-Verwaltungen). Ce règlement a un caractère purement privé, car il est l'œuvre de diverses administrations de chemins de fer, réunies en une association libre. Du reste, l'Union, dite Union des chemins de fer allemands, s'étend au delà de l'Allemagne et comprend, indépendamment des chemins de fer allemands, les chemins de fer Austro-Hongrois, Hollandais, le chemin de fer Prince-Henri dans le Grand Duché de Luxembourg, le chemin de fer de Chimay, le Grand central belge, le chemin de fer de Liège à Maestricht, en Belgique, les chemins de fer roumains, et enfin le chemin de fer Varsovie-Vienne et Varsovie-Bromberg. La longueur des lignes ferrées dépendant de l'Union

(1) Nous empruntons nos indications sur les législations étrangères à un ouvrage, qui sera prochainement publié, de notre collaborateur, M. Sarrut, avocat général près la cour d'appel de Paris: *Régime et législation des chemins de fer européens au point de vue du transport des marchandises et des tarifs.* — Cet ouvrage forme la première partie (2 vol.) d'une publication complète en 6 vol. intitulée *Transport des marchandises par chemins de fer et tarifs.* La seconde partie (4 vol.) traitera des chemins de fer français. On trouvera dans la première partie de cet ouvrage le texte et le commentaire de *tous* les documents de législation étrangère qui sont visés ci-dessus et dans les numéros suivants.

était de 69055 kilomètres au commencement de l'année 1888 (V. sur l'historique et l'organisation de l'Union : Sarrut, *op. cit.*, t. 1, v° *Allemagne*, chap. 1er). L'édition la plus récente du règlement de l'Union a paru au mois de mars 1885, elle est suivie depuis le 1er avril. Le règlement de l'Union ne diffère du règlement du conseil fédéral que sur quelques points de détail et tout-à-fait secondaires; des résolutions des administrations de chemins de fer membres de l'Union le tiennent constamment en concordance avec les modifications que subit le règlement du conseil fédéral de sorte qu'en réalité les deux règlements semblent se confondre et n'en former qu'un. Cependant le règlement de l'Union présente de l'utilité à un double point de vue: d'une part, il règle les rapports respectifs de toutes les administrations de chemins de fer membres de l'Union, tandis que le règlement du conseil fédéral ne s'applique qu'aux administrations allemandes; d'autre part, il peut même être invoqué par le public à l'encontre des compagnies de chemins de fer allemands quand il contient des dispositions plus avantageuses que celles du règlement du conseil fédéral. C'est ce qui résulte de la mention suivante placée en tête de ce dernier règlement: « quant aux règlements spéciaux des diverses administrations de chemins de fer isolées ou *associées* ils n'ont de valeur que pour celles de leurs dispositions qui sont insérées dans les tarifs, et ne sont point en contradiction avec le présent règlement, mais plutôt le complètent ou *assurent au public des conditions plus avantageuses* ».

Des différences nombreuses distinguent le droit allemand du droit français. On peut signaler notamment les suivantes: 1° la jurisprudence française considère le commissionnaire chargeur comme tenu à titre de *ducroire* de l'exécution intégrale de transport: il répond, en conséquence, des intermédiaires qu'il s'est substitués alors même que le choix par lui fait serait irréprochable (V. notamment: Civ. cass. 28 oct. 1885, aff. Mohamed-Saïb-ben-Chikou, D. P. 86. 1. 73, et la note. V. aussi *infrà*, n° 181). En droit allemand, au contraire, le commissionnaire chargeur a rempli ses obligations quand il a apporté au choix des intermédiaires les soins d'un bon commerçant. Il doit prouver qu'il a donné ces soins, mais une fois cette preuve faite, il peut décliner les conséquences des fautes commises par les intermédiaires. L'art. 380 c. com. allemand dispose ainsi: « Le commissionnaire de transport répond de tout dommage qu'il cause en négligeant les soins d'un bon commerçant (ordentlicher kaufmann) dans... le choix des voituriers, capitaines ou commissionnaires de transports intermédiaires... le commissionnaire de transports doit prouver qu'il a donné ces soins »; — 2° S'il est vrai qu'en droit français le commissionnaire chargeur est responsable de l'exécution du contrat de transport dans son intégralité, à l'inverse, d'après la jurisprudence française, les voituriers intermédiaires ne sont garants que de leur propre fait. Pour réussir dans l'action dirigée contre un transporteur autre que le commissionnaire chargeur, le demandeur doit prouver que le dommage s'est produit sur les lignes du transporteur assigné ou tout au moins que les colis sont parvenus en bon état à cet intermédiaire (V. *infrà*, nos 186 et suiv.). Le droit allemand considère, au contraire, les transporteurs successifs comme substitués les uns aux autres dans l'exécution du contrat de transport : les voituriers successifs contractent, par le seul fait de leur immixtion dans le contrat originaire de transport, une obligation indivisible envers l'expéditeur ou le destinataire. On lit, en effet, dans l'art. 401, 2e alinéa : « Chaque voiturier qui suit un autre voiturier entre dans le contrat de transport conformément à la lettre de voiture originaire, par le fait de l'acceptation de la marchandise avec cette lettre de voiture; il contracte, par ce fait, l'obligation directe d'exécuter le transport suivant la teneur de la lettre de voiture, et, doit aussi, en ce qui concerne le transport déjà effectué par les voituriers qui le précèdent, répondre des obligations de ceux-ci ». Un article spécial aux transports par chemins de fer permet de déroger dans une certaine mesure aux dispositions de l'art. 401; c'est l'art. 429 ainsi conçu: « Quand le chemin de fer reçoit la marchandise avec une lettre de voiture d'après laquelle le transport doit être fait par plusieurs chemins de fer se raccordant les uns aux autres, il pourra être stipulé que les chemins de fer qui auront reçu la marchandise avec la lettre de voiture ne seront pas tous responsables comme voituriers pour tout le transport, suivant l'art. 401, mais que cette responsabilité pour tout le transport n'incombera qu'au premier chemin de fer et à celui qui aura reçu le dernier la marchandise avec la lettre de voiture, sauf le recours des chemins de fer entre eux, tandis qu'un des autres chemins de fer intermédiaires ne pourra être attaqué comme voiturier que s'il est prouvé à son encontre que le dommage s'est produit sur son parcours ». L'art. 62 du règlement d'exploitation a été rédigé en conformité de l'art. 429 c. com. de sorte que la responsabilité des chemins de fer participant à un même transport est réglée par l'art. 429 c. com. et par l'art. 62 du règlement. Il est remarquable que la jurisprudence belge, se séparant de la jurisprudence française, bien que la matière des transports soit encore régie en Belgique par le code français, considère chaque transporteur comme répondant indistinctement des fautes commises en cours de transport (Cass. belge, 17 juill. 1873; Liège, 22 mai 1875; Cass. belge, 30 janv. 1879; Bruxelles, 20 mars 1880, *Pasicrisie belge*, 1873. 1. 302; 1875. 2. 310; 1879. 1. 103; 1880. 2. 174). On peut rapprocher des art. 401 et 429 c. com. allemand les art. 33 et 36 de la loi fédérale suisse, du 20 mars 1875, sur les transports par chemin de fer et l'art. 147 du règlement espagnol du 8 sept. 1875 édicté pour l'exécution de la loi de police des chemins de fer; — 3° Indépendamment de la lettre de voiture (Frachtbrief) le droit allemand admet (art. 413 à 419 c. com.) un document spécial, appelé certificat de prix en charge (Ladeschein). Ce certificat est à ordre, ce qui permet à l'expéditeur ou au destinataire, selon les cas, de disposer de la marchandise par endossement. En droit français, il n'existe pas de document analogue en ce sens qu'un même contrat de transport ne peut donner lieu à la rédaction tout à la fois d'une lettre de voiture ou récépissé et d'un document à ordre transmissible par endossement. On sait d'ailleurs que la lettre de voiture ou récépissé peut être à ordre, mais certains auteurs contestent que la lettre de voiture ou récépissé, qui ne porte pas la mention « à ordre », puisse être cédée régulièrement par voie d'endossement (V. Lyon-Caen et Renault, *Précis de droit commercial*, n° 880; Boistel, *Précis de droit commercial*, 3e éd., n° 540); — 4° La doctrine, en France, admet sans conteste que la règle *quæ temporalia sunt ad agendum perpetua sunt ad excipiendum* s'applique aux actions intentées par le commissionnaire de transport ou le voiturier contre l'expéditeur ou le destinataire. En d'autres termes, au commissionnaire de transport ou au voiturier agissant en payement du prix de transport après l'expiration du délai de six mois, ou d'un an fixé par l'art. 108 c. com., le défendeur peut opposer une exception basée sur le dommage causé par la perte ou par l'avarie (V. *infrà*, n° 335). En droit allemand, au contraire, d'après l'art. 386 c. com., 3e alinéa, « les exceptions (Einreden) tirées de la perte, diminution, avarie ou livraison tardive de la marchandise s'éteignent si le commissionnaire de transport n'a pas été avisé de ces faits dans le délai d'une année ». Ce délai d'une année est précisément celui de la prescription établie au profit du commissionnaire ou du voiturier (art. 386 et 408 c. com. allemand); — 5° En ce qui concerne spécialement la responsabilité des chemins de fer, la législation allemande, après avoir posé en principe (art. 423 c. com.) que « les chemins de fer n'ont pas le droit... d'exclure ou de restreindre d'avance à leur avantage par contrats (soit au moyen de règlements, soit en vertu d'arrangements spéciaux) l'application des dispositions contenues dans les art.... touchant l'obligation du voiturier de réparer le dommage soit en ce qui concerne les conditions, l'étendue de la durée de la responsabilité, soit par rapport à la charge de la preuve » et refusé tout effet légal aux conventions contraires, admet diverses dérogations dans les articles suivants. D'après la jurisprudence française, la responsabilité des compagnies de chemins de fer ne peut jamais être écartée ni restreinte par convention: la charge de la preuve peut seule être déplacée. C'est ainsi que la clause si fréquemment insérée dans les tarifs: « la compagnie ne répond pas des avaries et déchets de route » laisse entière la responsabilité de la compagnie, mais oblige le demandeur, contrairement au principe de l'art. 103 c. com., à faire la preuve de la faute de la compagnie (V. *infrà*, n° 151); — 6° Les conséquences pécuniaires de la responsabilité du transporteur sont appréciées par les tribunaux français conformément au droit commun; la partie lésée doit obtenir la réparation entière du préjudice calculé sur la perte et le manque de gain; la preuve de l'existence et de l'étendue du préjudice lui incombe, d'ailleurs, dans tous les cas. En droit allemand, il faut distinguer. Le préjudice causé par le retard est évalué sur les mêmes bases qu'en droit français (art. 397 et 783 c. com. allemand); au contraire, d'après l'art. 396 c. com., « s'il y a perte ou avarie de la marchandise, l'évaluation du dommage ne doit avoir pour base que la valeur commerciale courante (der gemeine Handelswerth) de la marchandise. En cas de perte, l'indemnité doit équivaloir à la valeur commerciale courante qu'une marchandise de même espèce et nature avait, au lieu de livraison, à l'époque où la marchandise devait être livrée, en déduisant les droits et frais qui sont épargnés par suite de la perte. En cas d'avarie, l'indemnité doit équivaloir à la différence entre la valeur vénale de la marchandise avariée et la valeur commerciale courante que la marchandise aurait eue à l'état sain au lieu et au temps de la livraison, en déduisant les droits et les frais épargnés par suite de l'avarie. Si la marchandise n'a pas de valeur commerciale courante, on prend pour base du calcul la valeur commune de la marchandise ». Le voiturier ne doit des dommages et intérêts pour tout le préjudice causé qu'autant qu'il a agi de mauvaise foi. Mais, en exécution d'une disposition spéciale aux chemins de fer (art. 427 c. com.), le règlement allemand fixe le maximum de la valeur qui peut être attribuée en principe aux marchandises perdues ou avariées; l'expéditeur qui veut s'assurer une indemnité supérieure doit payer une taxe supplémentaire. Quant au retard, il donne lieu, de plein droit, c'est-à-dire sans que le demandeur soit tenu de justifier d'un préjudice, à une retenue sur le prix de transport graduée d'après l'importance du retard: le payement d'une taxe supplémentaire permet seul de demander une somme plus forte (art. 31, 68, 70, etc. du règlement) (Comp. Req. 19 janv. 1887, aff. Bourcellier, D. P. 87. 1. 468; Civ. cass. 21 févr. 1887, aff. Chemins de fer du Midi, *ibid.*; et la note 2-3 sous Civ. cass. 13 août 1884, aff. Chemin de fer du Nord, D. P. 85. 1. 79); — 7° La fin de non-recevoir qui résulte, au profit du transporteur, de la livraison des marchandises et du payement du prix de transport, ainsi que la prescription, sont organisées par le droit allemand (art. 386, 408, 423, 428 c. com.; art. 64, 69, du règlement) d'après des règles particulières qui s'écartent, en tous points, des règles posées dans les art. 105 et 108 c. com. français. Il suffit de signaler cette situation juridique, mais il serait actuellement sans intérêt d'insister sur les détails, les art. 105 et 108 de notre code de commerce devant être prochainement remplacés par des dispositions nouvelles (V. *suprà*, n° 75).

77. Malgré l'importance et l'étendue de ses transactions commerciales, l'*Angleterre* n'a pas de code de commerce ni même de législation commerciale proprement dite. A l'exception de quelques statuts, les règles qui servent à décider les contestations commerciales sont généralement empruntées à la coutume et à la jurisprudence. — Les transports ont fait cependant l'objet d'une législation spéciale qui comprend actuellement quatre lois. L. 23 juill. 1830 (An Act for the more effectual Protection of Mail Contractors, etc., II George IV et I William IV, chap. 68), L. 10 juill. 1854 (An Act for the better Regulation of the Traffic on Railways and Canals, 17 et 18 Victoria, chap. 31); L. 5 juill. 1865 (An Act to amend the Carriers Act, 28 et 29 Victoria, chap. 94), L. 21 juill. 1873 (An Act to make better provision for Carrying into effect the Railway and Canal Trafic Act, etc., 36 et 37 Victoria, chap. 48).

78. Le code de commerce *autrichien* n'est autre que le code de commerce allemand, spécialement introduit en Autriche le 17 déc. 1862, en vigueur depuis le 1er juill. 1863. Toutefois, par suite de modifications apportées dans ce pays au code de commerce, lors de son introduction ou postérieurement, par suite aussi de lois allemandes nouvelles qui ne régissent pas l'Autriche, le code de commerce autrichien diffère sous d'assez nombreux rapports du code de commerce allemand. Néanmoins, en ce qui concerne la matière du transport, il est demeuré identique au code de commerce allemand, même pour les numéros et la teneur des articles, les titres des chapitres et des sections. Le code de commerce *hongrois*, en date du 16 mai 1875, en vigueur depuis le 1er janv. 1876, est calqué, dans la plupart de ses dispositions, sur le code de commerce allemand; parfois même il en est la reproduction. Cependant, il est distinct du code de commerce autrichien qui n'a pas d'application en Hongrie; la législation hongroise est souveraine en cette matière. Les textes relatifs à la commission de transport, au transport en général, au transport par chemin de fer en particulier (art. 384 à 433) ne sont pas littéralement conformes à ceux du code de commerce allemand, mais les différences sont peu nombreuses et sans intérêt. Les provinces de *Bosnie* et d'*Herzégovine* sont régies par un code de commerce du 1er nov. 1883; il diffère, sur bien des points, même dans la partie consacrée au transport (art. 397 à 434), du code de commerce autrichien et du code de commerce hongrois.

Les transports par chemin de fer sont spécialement régis en *Autriche-Hongrie* par un règlement du 10 juin 1874. Ce règlement n'est autre, en réalité, que le règlement allemand du 11 mai 1874; il s'applique en Hongrie aussi bien qu'en Autriche, d'après une disposition du traité de douane et de commerce conclu entre les deux parties de la monarchie austro-hongroise (L. 27 juin 1878, art. 8, *Annuaire de législation étrangère*, 1879, p. 247 à 252).

79. En *Belgique*, le code français de 1807 est encore la base de la législation commerciale de ce pays, et la partie du code qui concerne le contrat de transport par terre y est toujours en vigueur. Toutefois, un projet de loi est à l'étude depuis l'année 1870, portant revision intégrale du code de commerce. Le titre 7, voté par la Chambre des représentants aux séances des 5 et 6 déc. 1883, est consacré à la commission et aux transports et comprend 40 articles.

80. La législation commerciale de la *Bulgarie* et de la *Roumélie orientale* a encore pour base les lois turques; le régime des chemins de fer est, au point de vue du transport, le même que celui des chemins de fer turcs. Il y a donc lieu de se référer à ce qui sera dit *infrà*, n° 92, à propos de la *Turquie*.

81. Un nouveau code de commerce est en vigueur, en *Espagne*, depuis le 1er janv. 1886. Il contient au titre 7 du livre 2, des prescriptions détaillées sur le contrat de transport par terre (art. 349 à 379). C'est au livre 4, titre 2 (de la prescription) que se trouve l'art. 952 relatif à la prescription des actions. Les transports par chemins de fer sont en outre soumis aux dispositions fort détaillées du chap. 8 (réception, transport et livraison des bagages et des marchandises) du règlement pour l'exécution de la loi de police des chemins de fer (Reglamento para la ejecucion de la ley de ferro-carilos, 8 sept. 1878).

82. Le *Danemark*, la *Suède* et la *Norvége* forment les *Etats scandinaves*, mais ils n'ont pas de législation commune. Le code danois de Christian V, qui remonte à 1683, contient un grand nombre de chapitres relatifs aux matières commerciales. Le chapitre 2 (du voiturier) paraît s'occuper surtout des transports par mer. Pour les transports par chemin de fer, on applique deux règlements en date l'un du 1er août 1870, l'autre du 1er juill. 1872. Le code fédéral de 1734 applicable en Suède renferme dans la cinquième partie des dispositions sur le droit commercial. Les transports par chemins de fer sont régis par un règlement royal concernant le transport des personnes et des marchandises sur les chemins de fer de l'Etat en date du 4 avr. 1862. Il ne semble pas qu'il existe en Norvège une législation commerciale sur les transports par terre, mais il a été édicté, pour les transports par chemins de fer, un règlement en vigueur depuis le 1er janv. 1881 (Règlement d'exploitation pour les chemins de fer norvégiens de l'Etat) qui ne comprend pas moins de 99 paragraphes. Les règlements danois et norvégien se rapprochent beaucoup du règlement allemand.

83. On suit en *Grèce* le code de commerce de 1835 dont les art. 96 à 108 sont littéralement conformes aux articles correspondants du code de commerce français. La Grèce n'a encore ni code civil, ni législation spéciale sur les transports par chemins de fer.

84. Le code de commerce *hollandais* date de 1826; il a subi, jusqu'au mois de mai 1837, des modifications considérables, dont aucune n'a porté sur les deux sections consacrées au transport. La dernière édition du code est en vigueur depuis le 1er oct. 1838. Une traduction française a été publiée par M. Gustave Tripels, avocat à Maestricht (1886). Les sections 2 et 3 du titre 5 du livre 1er sont consacrées, la section 2 aux commissionnaires de transport, la section 3 aux voituriers et bateliers naviguant sur les rivières et eaux intérieures. Il faut consulter en outre, pour les transports par chemins de fer, un règlement du 9 janv. 1876, qui est la reproduction presque littérale du règlement allemand (Algemen Reglement voor het vervoer op de Spoorwegen).

85. Le code de commerce *italien* de 1866 reproduisait textuellement (art. 77 à 88), les dispositions des art. 96 à 108 de notre code de commerce. Le code nouveau, en vigueur depuis le 1er janv. 1883, s'est beaucoup inspiré du droit allemand. Le titre 13 du livre 1er (art. 388 à 416), qui s'occupe du contrat de transport, doit être complété, pour les transports par chemins de fer, par les *tarifs et conditions pour les transports sur les chemins de fer* (tariffe e condizioni pei trasporti sulle strade ferrate). Ce document, annexé à la loi du 27 avr. 1885, qui, approuvant les conventions de 1884, organise sur des bases nouvelles l'exploitation des chemins de fer, forme une législation minutieusement détaillée en 146 articles.

86. Dans le *Grand-Duché de Luxembourg*, les transports sont régis en droit commun par le code de commerce qui n'est autre que le code français. Mais les transports par chemins de fer présentent une particularité fort remarquable. Les transports accomplis sur le réseau Prince-Henri suivent le code de commerce; tandis que, aux transports accomplis sur le réseau Guillaume-Luxembourg, on applique le règlement d'exploitation des chemins de fer allemands. Ce règlement porte spécialement, dans le Grand-Duché de Luxembourg, la date du 14 juill. 1874 et le titre « Betriebs-Reglement für die im Grossherzogthum Luxemburg gelegenen Strecken der Wilhelm-Luxemburg-Eisenbahnen »; mais il n'est en réalité que le règlement allemand, avec lequel il doit toujours être maintenu en parfaite concordance. Cette dualité de législation pour les chemins de fer s'explique par ce fait que l'exploitation du réseau Guillaume-Luxembourg a été concédée à l'Empire d'Allemagne (Direction des chemins de fer de l'Alsace-Lorraine) en vertu d'une convention conclue le 11 juin 1872 entre le Grand Duché de Luxembourg et l'Empire d'Allemagne (*Pasicrisie luxembourgeoise*, vol. 1870-1873, p. 373-384).

87. Dans le code de commerce *portugais*, qui remonte à 1833, le contrat de transport fait l'objet des art. 170 à 196; il occupe la section 4, titre 2, du livre 1er (des commissionnaires de transport et des voituriers). Un règlement, en date du 11 avr. 1868, contient des dispositions détaillées spéciales aux transports par chemins de fer (Regulamento para a policia e exploraçaõ dos caminhos de ferro).

88. Les sections 2 et 3 du chap. 1er, titre 6 (art. 92 à 104), du code de commerce *roumain*, de 1840, sont la copie textuelle des sections 3 et 4 du titre 6, livre 1er, de notre code de commerce. La législation relative aux transports par chemins de fer comprend le code de commerce et un règlement en date du 1er janv. 1882 rédigé dans les mêmes termes que le règlement allemand.

89. Le code de commerce *russe* ne contient pas de dispositions relatives au transport. Il faut à cet égard consulter le code civil. Une loi récente, en date du 12 juin 1885, réglemente les conditions des transports par chemins de fer.

90. En *Serbie*, le code de commerce, promulgué le 25 janv. 1860, reproduit aux paragraphes 62 à 74, les art. 96 à 108 c. com. français. Les transports par chemins de fer sont l'objet d'un règlement spécial, en date des 3/15 août 1884, ayant force de loi : c'est une copie littérale du règlement allemand.

91. La *Suisse* n'a pas de code de commerce, mais le code fédéral des obligations, en vigueur depuis le 1er janv. 1883, traite de matières commerciales. Le titre XVII notamment (art. 449 à 468) est consacré au contrat de transport ou aux voituriers par terre et par eau. L'art. 466 déclare que « les transports par la poste et par les chemins de fer sont soumis aux lois spéciales sur la matière ». La loi fédérale sur les transports par chemins de fer date du 20 mars 1875, elle comprend 55 articles (*Feuille fédérale de la confédération suisse*, année 1875, vol. 2, n° 19, p. 327 à 350). Il faut la compléter par un règlement du 9 juin 1876 approuvé par un arrêté du conseil fédéral (Règlement de transport des chemins de fer suisses). La législation suisse sur les transports par chemins de fer s'est inspirée du droit allemand.

92. Les art. 96 à 108 c. com. français se retrouvent dans le code de commerce *ottoman* sous les art. 56 à 68. L'art. 59 diffère seul de l'art. 99 correspondant du code français : il dispose, en effet, que « le commissionnaire de transports est garant du commissionnaire intermédiaire auquel il adresse la marchandise, si le commissionnaire intermédiaire n'a pas été désigné dans la lettre de voiture, mais s'il l'a été, le commissionnaire principal n'est plus responsable ». Pour les transports par chemins de fer, il y a lieu d'appliquer un règlement d'exploitation en date du 18 mai 1872 qui a force de loi et qui, par conséquent, en cette matière spéciale, se substitue au code de commerce, dont il s'écarte, d'ailleurs, sur un très grand nombre de points.

ART. 1er. — *De la nature du contrat qui se forme entre l'expéditeur et le commissionnaire de transport* (*Rép.* nos 299 à 308).

93. On a exposé au *Rép.* n° 299 comment le contrat que nous avons à étudier, s'il participe, comme le contrat de commission ordinaire, du mandat et du louage d'industrie, participe aussi du dépôt; et l'on a dit quel est le sens dans lequel il faut entendre les expressions *voituriers*, *commissionnaires* et *entrepreneurs de transport* (*ibid.* nos 299, 300 et 301). — Les explications que nous avons fournies à cet égard se retrouvent en grande partie chez les auteurs les plus autorisés et les plus récents (V. notamment : Sarrut, nos 8 et suiv.). Ces auteurs examinent, en outre, dans quelle catégorie doivent être rangés les intermédiaires les plus considérables qui soient actuellement employés pour les transports, c'est-à-dire les compagnies ou administrations de chemins de fer.

Depuis longtemps, comme l'explique M. Sarrut, nos 8 et suiv., la force des choses avait fait de la majorité des commissionnaires de transport, des entrepreneurs de transport et des voituriers; telle est également aujourd'hui la situation des compagnies de chemins de fer. Elles sont à la fois, suivant les circonstances, ou bien voituriers seulement, ou bien voituriers et commissionnaires de transport en même temps. Ainsi une compagnie de chemin de fer est simplement voiturier, quand le colis ne doit voyager que sur son réseau; elle est à la fois voiturier et commissionnaire quand le colis doit être transporté sur son réseau et sur un autre ou plusieurs autres réseaux au-delà: en pareil cas, chaque compagnie, sauf la compagnie d'arrivée, qui n'est que voiturier, joue un double rôle: celui de voiturier pour le transport sur son réseau, et celui de commissionnaire pour le transport au-delà (Sarrut, n° 14).

94. On persiste, en général, à reconnaître au contrat de transport le caractère que nous lui avons attribué au *Rép.* n° 305: la majorité des auteurs le considère comme un contrat réel, en ce sens que, si aucune formalité spéciale n'est prescrite pour sa validité, il n'existe à proprement parler qu'autant que la remise des objets à transporter a été effectuée entre les mains du voiturier (Lyon-Caen et Renault, *Précis de droit commercial*, t. 1, n° 865; Aubry et Rau, *Cours de droit civil français*, t. 4, p. 520, § 373; Sarrut, nos 3 et 4). C'est, ainsi qu'on l'a exposé (*Rép. ibid.*), la conséquence de l'immixtion dans le contrat de transport du contrat de dépôt qui vient s'adjoindre au louage de service et au mandat; aussi l'art. 1784 c. civ., relatif à la responsabilité du voiturier, n'est-il que l'application, au dépôt nécessaire de la chose transportée entre les mains du voiturier, du principe général d'après lequel le dépositaire d'un corps certain doit le rendre en bon état ou justifier de l'extinction de son obligation.

95. Mais le dépôt n'est un élément du contrat de transport qu'autant qu'il s'agit de marchandises, et non lorsqu'il s'agit du transport des personnes. A ce point de vue, la nature du contrat qui se forme entre le voiturier et la personne transportée diffère donc de celle du contrat qui intervient entre le transporteur et l'expéditeur d'une marchandise. De là des différences profondes dans la nature des obligations qui résultent des deux contrats; de là aussi la question fort délicate de savoir si, lorsqu'en cours de transport, une personne est blessée ou tuée, l'action en responsabilité contre le voiturier est régie par les art. 1784 c. civ. et 103 c. com., ou par l'art. 1382 c. civ. En d'autres termes, le voiturier doit-il, pour éviter une condamnation en dommages-intérêts, justifier de l'un quelconque des modes de libération admis par la loi? Incombe-t-il, au contraire, au demandeur, d'établir que le voiturier a commis une faute? C'est cette dernière solution qui a prévalu dans la jurisprudence (Amiens, 29 déc. 1881, aff. Reuillet, D. P. 82. 2. 163; Civ. rej. 10 nov. 1884, aff. Reuillet, D. P. 85. 1. 433). « Attendu, porte ce dernier arrêt, qu'en déclarant, dans l'art. 1784 c. civ., les voituriers responsables de la perte et des avaries des choses qui leur sont confiées, à moins qu'ils ne prouvent qu'elles ont été perdues ou avariées par cas fortuit ou force majeure, le législateur a clairement indiqué, par les expressions même dont il s'est servi, qu'il ne s'occupait que du transport des choses et marchandises, et non du transport des personnes; — Attendu que la règle édictée par cet art. 1784 n'est que l'application au dépôt nécessaire de la chose transportée, entre les mains du voiturier, du principe général posé par les art. 1302 c. civ. et 1315 du même code sur la preuve de la libération, principe d'après lequel le voiturier doit, comme tout autre dépositaire d'un corps certain, le rendre en bon état à celui qui le lui a remis, ou bien justifier de l'extinction de son obligation par payement, ou par cas fortuit ou force majeure; — Attendu que ce principe ne saurait être appliqué au transport des personnes, par rapport auxquelles les règles de la responsabilité civile sont exclusivement fixées par les art. 1382 et suiv. c. civ.... (*Adde*, dans le même sens : Poitiers, 6 févr. 1888 (1); Picard, *Traité des chemins de fer*, t. 3, p. 485 et suiv.).

96. Toutefois le système admis par la jurisprudence a soulevé de vives critiques; il a été combattu notamment par M. Sarrut, dans une note sur l'arrêt du 10 nov. 1884 cité *suprà*, n° 95 : « Sans doute, dit cet auteur, il est vrai que les art. 1784 c. civ. et 103 c. com. s'occupent du transport des choses, des objets, et par là même semblent exclure de leurs dispositions le transport des personnes. Telle est même la considération principale sur laquelle s'appuie la cour de cassation* (V. dans le même sens : Féraud-Giraud, *Code des transports*, t. 3, n° 420, p. 316. Comp. Jacqmin, *Des obligations et de la responsabilité des compagnies de chemins de fer en matière de transport*, p. 80 et suiv.). Mais les arguments *à contrario* sont, en général, de faible portée et pour déterminer l'étendue d'application des art. 1784 c. civ. et 103 c. com., on doit rechercher, au préalable, si leurs dispositions se rattachent au droit commun des contrats ou s'en écartent au contraire. Or, il est manifeste que les art. 1784 c. civ., 103 c. com., loin de poser une règle exceptionnelle, ne sont autre chose que l'extension de la théorie générale de la preuve à la matière spéciale du transport, c'est-à-dire des art. 1315 et 1147 c. civ. qui disposent que «celui qui se prétend libéré doit justifier le fait qui a produit l'extinction de son obligation », et que «le débiteur est condamné... toutes les fois qu'il ne justifie pas que l'inexécution de son obligation provient d'une cause étrangère qui ne peut lui être imputée ». Les art. 1784 c. civ. et 103 c. com. sont donc une répétition des art. 1147 et 1315; d'autre part, la jurisprudence a toujours admis que le voiturier contracte l'obligation de transporter les personnes, avec tout le soin qu'exige leur sécurité, et qu'en vertu du contrat de louage, il est responsable de plein droit (Civ. cass. 1er mai 1855, aff. Harrison-Page, D. P. 55. 1. 157; Trib. Bruxelles, 26 mars et 22 juill. 1859, aff. Thiriac C. Chemin de fer de Mons à Manage, *Belgique judiciaire*, 1859, p. 773; Emion, *Manuel pratique ou traité de l'exploitation des chemins de fer*, p. 141 et suiv.; Bruxelles, 11 déc. 1879, aff. Comp. du Grand-Central belge C. Torlet, *Pasicrisie belge*, 1880. 2. 60; 28 nov. 1881, aff. L'Etat belge, D. P. 85. 2. 128; 23 janv. 1882, aff. Monoyer C. L'Etat belge, *Pasicrisie belge*, 1882. 2. 148; 14 mai 1883 et 23 janv. 1884, cités par Sainctelette, *De la responsabilité et de la garantie*, p. 96 et 97; Trib. com. Seine, 13 avr. 1885, aff. Goudchaux, D. P. 85. 1. 433, note). Si cette jurisprudence est exacte, si le voiturier a contracté l'obligation de transporter le voyageur sain et sauf, comment, au cas d'accident, le voiturier pourrait-il dégager sa responsabilité autrement qu'en suivant les règles particulières à la libération des obligations contractuelles? L'arrêt du 10 nov. 1884 fait intervenir l'art. 1382 c. civ., mais cet article n'est point à sa place: la cour de cassation l'avait, avec plus de raison, écarté dans son arrêt précité du 1er mai 1855. Assurément la responsabilité du voiturier peut parfois n'avoir d'autre base que le quasi-délit: un tiers, qui accompagne ou attend un voyageur, pénètre sur la voie de la gare; un voyageur, le trajet terminé, a remis son billet; si l'un ou l'autre est blessé dans la gare ou dans un local quelconque soumis à la surveillance de la Compagnie de chemins de fer, cette compagnie ne pourra être actionnée qu'en vertu de l'art. 1382 c. civ., et le demandeur devra relever une faute contre elle. Mais telle n'est point l'hypothèse sur laquelle a statué l'arrêt de 1884, il s'agissait d'un voyageur tué pendant la durée du contrat de transport.

(1) (Gourinchas C. Chemins de fer de l'Etat.) — La cour; — (Par adoption des motifs des premiers juges); — « Attendu que le marquis de Goulaine ayant chargé ses domestiques de conduire trois chevaux à Paris, les sieurs Vézant (Benoist) et Gourinchas (Auguste), ses deux cochers, ont, le 4 mars 1886, vers neuf heures du matin, embarqué, à la gare de Montaigu, ces trois animaux dans un wagon-écurie mis à leur disposition par la compagnie des chemins de fer de l'Etat; — Que ce wagon, dans lequel sont montés les deux cochers, est parti par le train 122, et qu'entre Montaigu et Clisson, et à quatre kilomètres de cette dernière station, Auguste Gourinchas est tombé par la portière gauche du wagon, qui s'est ouverte, et a été précipité sur la voie, où il a trouvé la mort; — Attendu qu'à la suite de cet accident, Gourinchas (Aubin) père a, par exploit de Rochefort, huissier à Montaigu, en date du 8 mars 1887, assigné la compagnie des chemins de fer de l'Etat en payement d'une somme de 5000 fr., pour réparation du préjudice que lui a causé la mort de son fils, qui serait la conséquence de l'imprudence, de la négligence de ses agents, dont elle est responsable; — Attendu que la compagnie défenderesse soutient qu'elle n'a commis aucune faute, et, par suite, encouru aucune responsabilité; — Attendu qu'il est de doctrine et de jurisprudence que c'est à celui qui allègue une faute qui lui est préjudiciable à rapporter la preuve de cette faute, conformément aux dispositions des art. 1382, 1383 et 1384 c. civ.; — Que si cette règle souffre exception lorsqu'il s'agit des choses confiées aux voituriers et si, dans ce cas, l'art. 1784 les rend responsables de la perte et des avaries, à moins qu'ils ne prouvent le cas fortuit ou la force majeure, ces dispositions ne sont pas applicables au transport des personnes, qui reste placé sous l'empire du droit commun; — Attendu que, d'après ces principes, il appartient à Gourinchas père de prouver que la mort de son fils est imputable à l'imprudence ou à la négligence de la compagnie des chemins de fer de l'Etat; — Qu'il a si bien compris que cette preuve lui incombait qu'il offre d'établir par témoins : 1° que le wagon dans lequel est monté son fils était en mauvais état et que la poignée destinée à fermer une des portières ne fonctionnait pas, parce qu'elle était rouillée; et 2° qu'entre les stations de Montaigu et de Clisson son fils s'étant appuyé à cette portière, elle s'est brusquement ouverte et qu'il est tombé du wagon; — Attendu qu'il résulte, dès à présent, des enquêtes auxquelles il a été procédé au moment de l'accident, que Gourinchas, qui se tenait près de la portière de gauche, dans le sens de la marche du train, regardait par le vasistas de cette portière, lorsque, après un parcours de huit kilomètres environ, celle-ci s'est ouverte et qu'il a été précipité du wagon; — Que son compagnon de route, après avoir constaté l'accident, a refermé la portière, avec bien de la peine, il est vrai, et que le train a continué vers Clisson; — Qu'ainsi, contrairement aux allégations du demandeur, la portière de gauche du wagon à laquelle s'appuyait Gourinchas fils pouvait fonctionner et fonctionnait réellement, puisqu'elle a pu être fermée même de l'intérieur pendant la marche du train; — Attendu, dès lors, que le premier fait articulé est dès à présent démontré par les constatations déjà faites; — Que le second fait, fût-il prouvé, manquerait de pertinence, puisque, étant admis que la portière pouvait se fermer, il ne prouverait pas qu'elle n'avait pas été fermée avant l'accident par les agents de la compagnie au moment du départ du train de Montaigu, et que ce serait par suite de ce défaut de fermeture qu'elle se serait ouverte sous le poids de Gourinchas, qui s'y appuyait; — Attendu, en conséquence, qu'il n'y a pas lieu de faire droit à la demande de Gourinchas père, contre la compagnie des chemins de fer de l'Etat; — Par ces motifs, sans s'arrêter ni avoir égard à la demande de preuve formée par Gourinchas père, déclare ledit Gourinchas mal fondé dans sa demande en dommages-intérêts contre la compagnie des chemins de fer de l'Etat; etc. ».

Du 6 févr. 1888.-C. de Poitiers, 1re ch.-MM. Loiseau, 1er pr.-Broussard, av. gén., c. conf.-Normand et G. Poulle, av.

Il s'agit de distinguer deux situations absolument différentes en fait et en droit, et de ne pas confondre la faute contractuelle et le quasi-délit. Il existe pourtant entre ces deux causes de dommages des différences essentielles, que la jurisprudence et la doctrine ont maintes fois signalées ou rappelées dans les matières les plus diverses (Rouen, 9 févr. 1859, aff. Guillot, D. P. 61. 2. 52; Nancy, 23 juin 1860, aff. Comp. *La France, ibid.;* Req. 24 juin 1872, aff. Henry, D. P. 73. 1. 19; 8 déc. 1874, aff. Lavalou, D. P. 75. 1. 312; Civ. cass. 9 janv. 1882, aff. Martin, D. P. 83. 1. 136; Paris, 30 juin 1883, aff. Dubouchez, D. P. 85. 2. 18; Aix, 6 août 1883, aff. Journet, D. P. 85. 2. 63; Paris, 27 déc. 1883, aff. Léoni, D. P. 85. 2. 223; Nîmes, 26 févr. 1884, aff. Latour, D. P. 84. 2. 176; Massé et Vergé sur Zachariæ, *Le droit civil français*, t. 3, p. 399, § 548, texte et note 2, et t. 4, p. 16, § 625, texte et note 4; Aubry et Rau, t. 4, § 445, p. 750 et suiv.; Larombière, *Théorie et pratique des obligations*, 2e éd., t. 1, art. 1137, nº 10; Demolombe, *Traité des engagements qui se forment sans convention*, nºs 684 et suiv.).

Existe-t-il, d'autre part, une différence rationnelle, au point de vue de la nature des obligations du voiturier, entre le transport des choses et le transport des personnes? On l'a prétendu. « Le voiturier, dit-on, est mis en possession des objets, choses inanimées, incapables de se surveiller elles-mêmes, l'expéditeur est contraint de se dessaisir et d'abdiquer toute surveillance; depuis la remise d'un objet à l'entrée d'une gare jusqu'à sa livraison et à la sortie d'une autre gare, la compagnie de chemins de fer peut seule veiller à sa sûreté. Il en est tout autrement d'une personne, être intelligent, actif, libre, capable d'éviter avec un peu de prudence bien des dangers, même pendant le séjour à l'intérieur du wagon. A plus forte raison faut-il décider ainsi lorsque le voyageur blessé ou tué avait cessé d'être enfermé dans le wagon et se trouvait sur le quai de la gare; car, à partir de ce moment, le voyageur a repris possession de lui-même, il peut se mouvoir et se conduire librement, il est donc impossible de le considérer comme un colis. » Mais ce sont là des considérations de fait sans influence quant à la solution juridique de la question. M. Emion, *op.* et *loc. cit.*, a depuis longtemps démontré qu'il y a là une confusion entre ces deux choses essentiellement distinctes, les mesures de précaution que peuvent prendre les voyageurs et celles que doit prendre le transporteur. Sans doute, le voyageur doit éviter de commettre une imprudence, mais il ne peut prendre, dans son intérêt, aucune mesure de précaution, en ce qui concerne le service, et se protéger, sous ce rapport, contre l'imprudence de la compagnie. Mais il ne s'agit point de rechercher dans quelle mesure l'objet lésé, chose ou personne, a, par sa faute, atténué, peut-être même fait disparaître la responsabilité du voiturier, il s'agit d'une question de preuve. Sur qui pèse une présomption de faute? A qui la preuve incombe-t-elle? La doctrine de la cour de cassation aboutit à ce résultat bien étrange, qu'à l'occasion d'un accident survenu aux personnes, la situation du voiturier sera plus favorable que pour les avaries causées aux marchandises. Un colis est-il endommagé, le voiturier doit une indemnité, à moins qu'il n'établisse le vice propre de la chose, le cas fortuit ou la force majeure; le voyageur est-il blessé ou tué, le voiturier peut prétendre qu'il ne doit rien, tant qu'une faute précise n'est point établie contre lui! S'il y avait lieu de distinguer entre les deux espèces de transport, transport des personnes, transport des choses, la logique conduirait à une seule solution tout opposée. L'avarie des marchandises n'est jamais qu'un dommage matériel et d'ordre privé; la sécurité des personnes touche à l'ordre public et l'accident survenu aux personnes implique presque toujours un délit (c. pén. art.319; L. 15 juill. 1845, art. 19 et suiv.). Donc, il faut exiger du voiturier une surveillance plus rigoureuse dans l'intérêt des personnes que sur les marchandises; or, ne serait-ce point faciliter l'impunité, inciter le voiturier à la négligence, que de consacrer à son profit une sorte d'irresponsabilité de fait, par l'obligation imposée à la victime de fournir une preuve toujours difficile? Si, pour le transport des marchandises, une présomption de faute pèse sur le voiturier, à bien plus forte raison doit-il en être de même quant aux personnes; c'est interpréter sainement la loi que de dire, comme l'ont fait la cour de Paris, le 27 nov. 1866 (aff. Quarez, D. P. 85. 1. 434, note), et la cour supérieure de justice du Luxembourg le 2 août 1877 (aff. Direct. gén. des chemins de fer, *ibid.*), que les dispositions des art. 1784 c. civ. et 103 c. com. s'appliquent *à fortiori* au transport des personnes » (V. dans le sens de cette opinion: Emion, nº 150, p. 139 et suiv.; Sourdat, *Traité de la responsabilité*, t. 2, nº 1058; Sainctelette, p. 87 et suiv.; Verne de Bachelard, p. 144 et suiv.; Aix, 7 juill. 1887, 1re ch., aff. Chemins de fer Paris-Lyon-Méditerranée *C.* Briar, D. P. 88, 2e partie; 12 déc. 1887) (1).

97. Quoi qu'il en soit, l'aggravation de responsabilité

---

(1) (Argentery *C.* Chemin de fer Paris-Lyon-Méditerranée.) — LA COUR; — Attendu que, sans qu'il soit besoin de recourir à plus ample informé, les faits suivants sont dès à présent acquis au procès et suffisamment établis : le train nº 438, ce qui n'a pas été contesté d'ailleurs, ne s'est arrêté à la gare des Milles qu'après avoir dépassé de quarante mètres environ le trottoir de cette gare, la vitesse acquise n'ayant point été complètement amortie avant le point où les voyageurs doivent descendre, de telle sorte qu'il ait été nécessaire de remettre la machine en action pour atteindre ce point; les employés ont annoncé le nom de la gare, ce qui est une invitation à descendre, et les voyageurs, croyant à juste titre que l'arrêt était normal, se sont empressés de descendre sans que aucun employé ait protesté et les ait invités à demeurer en place ou que le signal de refoulement ait été donné; un certain nombre de voyageurs étaient déjà descendus et d'autres avaient monté quand le sieur Argentery, qui se trouvait dans ce train à destination des Milles, est descendu lui-même et n'ayant pu, soit à cause de sa myopie, soit parce qu'il se croyait au point réglementaire, mesurer la distance à franchir, fit une chute qui a déterminé quelques lésions peu graves en l'état, aucune incapacité de travail ne s'en étant suivie et aucune infirmité ne s'étant jusqu'ici manifestée; — Attendu que le contrat de transport est commutatif; qu'en échange d'un prix payé ou à payer, le voiturier assure l'obligation de rendre à destination la personne avec laquelle il traite ou la chose qu'elle lui confie en rendant le service objet du louage, c'est-à-dire en accomplissant le transport dans les conditions explicitement ou implicitement stipulées, et avec tous les soins possibles; que, par conséquent, si la personne ou la chose n'arrive pas dans le temps voulu, au lieu et au point où se trouve exactement la destination et sans dommages, la responsabilité du voiturier, le cas fortuit ou de force majeure excepté, est engagée; — Attendu que si l'art. 1784 c. civ. formule l'application de ce principe au transport des choses, on ne saurait induire de son silence quant aux personnes que cette application doit être écartée; loin de là, le silence du législateur s'explique par cela même qu'un texte spécial n'a point paru et n'était, en effet, point nécessaire; — Attendu que, déposer le voyageur en deçà ou au delà du but assigné, le faire descendre de voiture dans des conditions irrégulières, périlleuses, ou même seulement incommodes, lui imposer la nécessité de faire à pied, sur du ballast, sans distinction d'âge, de sexe, d'état, de force ou de santé, un trajet quelconque qu'il n'aurait pas à faire si on le déposait contre le quai ou trottoir de la gare de destination, c'est de la part du transporteur manquer à l'obligation ci-dessus rappelée et devenir responsable du préjudice résultant de cette inexécution depuis le plus léger inconvénient éprouvé jusques aux lésions plus ou moins graves et leurs conséquences; — Attendu que vainement on objecte que les règlements n'ont pas été violés; que, au contraire, il résulte des faits ci-dessus établis que l'art. 37 de l'ordonnance du 15 nov. 1846 a été violé; que, d'ailleurs, toutes les prescriptions réglementaires eussent-elles été observées, la compagnie des chemins de fer ne serait pas exonérée, étant de droit commun obligée, vis-à-vis du cocontractant, non seulement à cette observation, mais à exécuter l'engagement par elle contracté comme il a été dit ci-dessus; — Attendu, en outre, que tout préjudice résultant d'une faute oblige celui par la faute duquel il est arrivé à le réparer (art. 1382 c. civ.), d'où suit que la Compagnie Paris-Lyon-Méditerranée, obligée *ex contractu*, l'est aussi *quasi ex delicto* non seulement si la cause du préjudice réside dans une inobservation des règlements, mais encore si elle réside dans une infraction aux règles de la plus simple prudence et du manque de précautions élémentaires, ce qui est le cas du procès actuel; — Attendu que les premiers juges ont à tort imputé une imprudence à l'appelant, rien ne prouvant qu'il ait omis de se servir de la barre extérieure qui garnit les portières, et d'ailleurs, la compagnie ne pouvant exiger des voyageurs qu'ils aient tous une expérience, une adresse, une agilité et une vigueur des membres et des sens appropriées à la descente de wagon dans les circonstances exceptionnelles créées dans l'espèce par la faute commise; que si l'appelant pouvait encourir un reproche il faudrait encore dire de la faute de la compagnie : *culpa precessit culpam*, et qu'enfin une part d'imprudence de la victime pourrait tout au plus modérer la responsabilité de la compagnie mais non l'effacer; — Attendu que, en tenant compte de toutes les consi-

résultant pour le voiturier de ce qu'il est tenu d'apporter à la conservation de la chose qui lui est confiée les soins qui sont imposés aux hôteliers, etc., pour les dépôts qu'ils reçoivent, ne s'applique qu'au contrat de transport proprement dit; elle ne saurait être étendue au delà. Ainsi le fait, par un entrepreneur de transports, de se charger du recouvrement d'effets de commerce, et de les transporter au lieu où ils doivent être recouvrés, constitue l'exécution d'un mandat, et non une opération de transport (Douai, 17 janv. 1848, aff. Administration des messageries nationales, D. P. 49. 2. 101 ; Req. 16 déc. 1850, aff. Caillard, D. P. 51. 1. 302). Par suite, en cas de perte de la somme recouvrée par le voiturier en vertu de ce mandat, l'action du mandant est soumise à la prescription ordinaire dérivant du mandat, et non à celle établie par l'art. 108 c. com. (V. *infrà*, nos 320 et suiv.).

98. On a vu au *Rép.* n° 308, que l'industrie des commissionnaires de transport est soumise aux règles générales qui s'imposent aux autres industries, et qu'ils sont, par exemple, passibles des peines de l'art. 419 c. pén. en cas de coalition. — La même solution s'applique aux compagnies de chemins de fer, auxquelles on refuse, sous les peines portées par l'art. 419, le droit de consentir au profit de certains entrepreneurs de transport des arrangements particuliers qui ne seraient pas consentis en faveur des autres entreprises desservant les mêmes routes. Ces questions ont été examinées au *Rép.* v° *Voirie par chemin de fer*, nos 608 et suiv.; on y reviendra *infrà*, sous le même mot.

Art. 2. — *De la preuve du contrat de commission et de la lettre de voiture* (*Rép.* nos 309 à 327).

99. L'impropriété des expressions employées par l'art. 101 c. com., suivant lequel la lettre de voiture forme un contrat entre l'expéditeur et le voiturier ou entre l'expéditeur, le commissionnaire et le voiturier, impropriété que nous avons constatée au *Rép.* n° 309, a de nouveau été reconnue par les auteurs; tous enseignent que l'art. 101 ne saurait être entendu dans un autre sens que celui d'après lequel la lettre de voiture doit être considérée comme le mode de preuve habituel du contrat de transport, sans qu'on puisse la tenir pour le seul mode de preuve que ce contrat comporte (Pouget, t. 2, n° 155; Lyon-Caen et Renault, n° 870; Duverdy, n° 9; Aubry et Rau, *Droit civil français*, t. 4, p. 520, § 373). Mais, si sur ce point le doute n'est pas possible, on n'en saurait dire autant en ce qui concerne la question de savoir si la preuve testimoniale doit être admise dans tous les cas contre le voiturier, alors même qu'il ne serait pas commerçant, et alors que la valeur de la chose à transporter excéderait 150 fr. — Dans tous les cas, cette question continue à diviser les auteurs.

100. L'opinion que nous avons adoptée au *Rép.* n° 310, et suivant laquelle la preuve testimoniale ne saurait être admise contre le voiturier lorsque le contrat n'est pas commercial, est partagée par plusieurs des auteurs récents, notamment MM. Pouget, t. 2, p. 17; Lyon-Caen et Renault, n° 870; Aubry et Rau, t. 4, § 373, p. 520, note 5. — M. Duverdy, n° 8, au contraire, admet que, dans tous les cas, la preuve testimoniale est admissible contre le voiturier : s'il est commerçant, en vertu de l'art. 109 c. com.; s'il ne l'est pas, c'est-à-dire s'il ne fait pas des transports habituellement, mais seulement d'une manière accidentelle, en vertu des art. 1782, 1950 et 1348 c. civ. — Mais nous persistons à considérer cette doctrine comme inexacte; elle repose, en effet, comme nous l'avons démontré au *Rép.* n° 310, sur une fausse interprétation de l'art. 1782 c. civ.

101. On a vu au *Rép.* n° 314, que les entrepreneurs de transport en général, et spécialement les entrepreneurs de voitures publiques, doivent tenir des registres pour constater la nature, la quantité, et, s'ils en sont requis, la valeur des marchandises qu'ils transportent. Cette obligation s'impose aussi bien aux compagnies de chemins de fer qu'aux autres entrepreneurs de transports ; ces compagnies sont, en effet, tant d'après les règles générales applicables à tous les commerçants, qu'en raison des règles qui leur sont spéciales, tenues de constater, au moyen d'un certain nombre de livres, le mouvement commercial qui s'opère par leur entremise. Ces livres peuvent servir à la preuve des diverses opérations des transports ainsi que des conditions dans lesquelles elles s'opèrent, et la représentation peut en être ordonnée en justice. Il en est ainsi spécialement pour une compagnie de chemin de fer, du registre des colis manquants et de la correspondance entre deux gares du réseau (Req. 4 mars 1873, aff. Comp. de l'Ouest, D. P. 73. 1. 302; *Rép.* vis *Commerçant*, n° 244; *Obligations*, nos 4213 et 4214. V. aussi Féraud-Giraud, t. 1, nos 128 et suiv., t. 2, nos 1043 et suiv.).

102. — I. Lettre de voiture. — Si la lettre de voiture est encore, du moins au point de vue légal, ce qu'elle était autrefois (V. *Rép.* n° 315), le mode ordinaire de preuve du contrat de transport, elle devient de plus en plus rare dans la pratique. On peut même considérer, dans les transports par chemin de fer, la rédaction d'une lettre de voiture comme un fait tout à fait exceptionnel : elle y est, en effet, remplacée, d'une manière presque absolue, par les récépissés que les compagnies doivent délivrer aux expéditeurs en vertu des art. 49 du cahier des charges, 50 de l'ordonnance du 15 nov. 1846, et 15 de l'arrêté ministériel du 12 juin 1866. La rédaction d'une lettre de voiture a même cessé, depuis la loi des 30 mars-4 avr. 1872 (D. P. 72. 4. 77), d'être nécessaire dans un cas où elle était restée jusque-là indispensable, celui où le transport n'est pas exclusivement accompli par les voies ferrées. D'après l'art. 1er de cette loi, le récépissé peut « servir de lettre de voiture pour les transports qui, indépendamment des voies ferrées, emprunteront les routes, canaux et rivières ». Auparavant, d'ailleurs, il n'était pas douteux que les récépissés, délivrés par les compagnies de chemins de fer, devaient avoir la même force probante et produire les mêmes effets légaux que la lettre de voiture. Cette assimilation, pour les transports par voie de fer, avait été nettement indiquée dans la discussion de la loi du 13 mai 1863 (D. P. 63. 4. 58), qui soumet les récépissés à l'impôt du timbre ; elle fut exprimée à l'occasion de l'art. 10, qui oblige les compagnies à faire figurer dans le récépissé les indications nécessaires à la preuve du contrat de transport. De son côté, la jurisprudence a proclamé l'assimilation du récépissé à la lettre de voiture, d'abord en matière fiscale, et ensuite dans les contestations entre les particuliers et les entrepreneurs de transports (Req. 21 juill. 1875, aff. Comp. du Nord, D. P. 77. 1. 325 ; Civ. cass. 5 août 1878, aff. Comp. d'Orléans, D. P. 78. 1. 464).

103. Il reste toutefois encore un cas où la rédaction d'un récépissé serait insuffisante : c'est celui où le transport ne doit être effectué seulement par les voies ferrées et ensuite au moyen des canaux et rivières, mais où les marchandises doivent être, en quittant les rails, transportées sur mer ou même sur les fleuves, rivières et canaux, mais dans le rayon de l'inscription maritime; en pareil cas les marchandises doivent être accompagnées d'un connaissement (Féraud-Giraud, t. 1, n° 133). Mais dans l'état actuel de la pratique commerciale des compagnies de chemins de fer, la lettre de voiture n'est plus rédigée que sur la demande de l'expéditeur, cas auquel la remise de cette lettre devient obligatoire, aux termes des dispositions réglementaires qui régissent les compagnies.

104. Si la lettre de voiture est, comme on vient de le voir, d'un usage moins fréquent, elle n'a pas cependant cessé d'être utilisée; elle sert toujours, ainsi qu'on l'a exposé au *Rép.* n° 317, à constater l'existence et les conditions du contrat de transport, tout en n'étant pas le mode exclusif de preuve dont il soit susceptible. On persiste, à cet égard, à reconnaître qu'une lettre de voiture peut ne pas contenir toutes les énonciations prescrites par l'art. 102 c. com.; elle n'en est pas moins valable dès l'instant qu'elle offre les mentions substantielles sans lesquelles il n'y aurait pas de lettre de voiture. La plupart des auteurs et la jurisprudence confirment sous ce rapport la doctrine que nous avons exposée au *Rép.* n° 316.

---

dérations et de l'état actuel de la victime, suffisamment appréciable par les éléments du procès et sans recourir à nouvelle instruction, la cour est dès à présent à même de fixer le chiffre de la réparation ; — Par ces motifs,... met l'appellation et ce dont est appel au néant; ... condamne la Compagnie Paris-Lyon-Méditerranée à payer à l'appelant la somme de 100 fr., etc.

Du 12 déc. 1887.-C. d'Aix, 1re ch.-MM. Bessat, 1er pr.-Rigaud et Masson, av.

Tout ce qui peut résulter de l'insuffisance de la lettre de voiture, c'est qu'on doit recourir à d'autres modes de preuve pour en compléter, comme on aurait à le faire pour la remplacer, si elle faisait totalement défaut (Lyon-Caen et Renault, n° 877; Duverdy, n° 13; Pouget, n° 159, p. 24). Mais lorsque la lettre de voiture existe, elle détermine les conditions du contrat de transport, et les énonciations des autres pièces qui accompagnent l'expédition ne peuvent être invoquées par l'expéditeur comme étant susceptibles d'augmenter la responsabilité du voiturier (Civ. cass. 6 août 1879, Chemin de fer d'Orléans, D. P. 80. 5. 72; Civ. rej. 9 avr. 1879, aff. Hamard, D. P. 80. 1. 13).

105. En vertu de la règle d'après laquelle la lettre de voiture peut être considérée comme régulière dès l'instant qu'elle renferme les énonciations substantielles, c'est-à-dire propres à établir le contrat de transport et ses conditions, il a été jugé qu'un écrit doit être qualifié de lettre de voiture, par cela seul qu'il renferme les énonciations propres à établir les engagements respectifs des parties, qu'il a été rédigé afin de constater ces engagements et permettre de les mener à exécution, et que son contenu suffit pour les déclarations exigées par la loi et la police, bien qu'il ne contienne pas toutes les mentions prescrites par l'art. 102. Il appartient au juge d'apprécier quelles sont, parmi ces mentions, celles qui sont substantielles, et sans lesquelles il ne peut y avoir de lettre de voiture (Civ. cass. 2 mai 1854, aff. Jacquot, D. P. 54. 1. 253; 30 janv. 1867, aff. Bauquin, D. P. 67. 1. 72). Par exemple, on doit considérer comme des lettres de voitures les feuilles ou bulletins de chargement remis par une compagnie de chemin de fer aux conducteurs de trains de marchandises, lorsque cet écrit est destiné à servir de lettre de voiture et fait connaître la date du contrat, les noms de l'expéditeur et du destinataire, la nature et le poids de la marchandise, le prix du transport, encore qu'il y ait eu omission des autres formalités et que, par exemple, cet écrit ne porte aucune signature (Req. 17 juin 1846, aff. Levesque, D. P. 46. 1. 318; 24 juin 1846, aff. Chemin de fer d'Orléans, *ibid.*; Civ. cass. 14 févr. 1854, aff. Fournel, D. P. 54. 1. 77); — Et même, si, outre le défaut de signature, il n'indique pas le nombre et la nature des choses transportées (Civ. cass. 3 janv. 1853, aff. Chemin de fer de Paris à Rouen, D. P. 53. 1. 26); — ... Ou le prix du transport, la mention de ce prix pouvant être suppléée par les conventions des parties ou l'usage du commerce (Civ. cass. 7 juin 1853, aff. Lapotaire, D. P. 53. 1. 204; 30 janv. 1867, aff. Bauquin, D. P. 67. 1. 72); et ajoutons, lorsque le transporteur est une compagnie de chemin de fer, à l'aide des tarifs... Surtout si les omissions qui y subsistent tendaient à soustraire l'écrit dont il s'agit à l'impôt du timbre auquel sont assujetties les lettres de voiture (Arrêts précités des 17 et 24 juin 1846, 14 févr. 1854). Il a été également décidé qu'on doit considérer comme une lettre de voiture, soit l'écrit adressé au destinataire et que doit lui remettre le voiturier, qui, bien que n'énonçant pas le nom de ce dernier, contient, outre l'énonciation détaillée des marchandises expédiées et les noms de l'expéditeur et du destinataire, les conditions du transport (Civ. cass. 10 juill. 1849, aff. Aubanel, D. P. 49. 1. 238); — Soit l'imprimé contenant la date de l'envoi, les noms de l'expéditeur, du destinataire et du voiturier, la nature des objets transportés et la formule du récépissé à donner par le destinataire au voiturier après la livraison (Trib. Seine, 20 nov. 1869, aff. Bouchonnat, D. P. 70. 5. 354); — ... Ou encore le congé ou laissez-passer délivré par l'administration des contributions indirectes, lorsque l'expéditeur a ajouté au dos toutes les indications qui, réunies à celles de ce congé, complètent les énonciations constitutives d'une lettre de voiture (Trib. Limoges, 2 juin 1847, aff. Laudinat, D. P. 47. 4. 466); — Ou enfin encore l'écrit dont est porteur, à l'adresse du destinataire, le préposé d'une entreprise de messageries qui s'est chargée du transport tant par elle que par la voie de fer, sans qu'il soit besoin que cet écrit fasse titre entre les messageries et la compagnie du chemin de fer (Civ. cass. 21 juin 1854, aff. Messageries impériales, D. P. 54. 1. 394).

106. Mais si on doit ne s'attacher que dans une mesure fort restreinte, pour attribuer à un acte écrit le caractère de lettre de voiture, à la forme même de cet acte, on ne saurait lui reconnaître ce caractère, s'il n'est pas constant qu'il ait été dressé dans le but de constater l'existence d'un contrat entre l'expéditeur, le commissionnaire et le voiturier, et pour être envoyé au destinataire à qui le voiturier doit le présenter. C'est ainsi qu'on ne saurait considérer comme des lettres de voiture des feuilles d'expédition délivrées par les compagnies de chemins de fer aux conducteurs de trains, pour accompagner les chargements, ces feuilles constituant de simples pièces de comptabilité intérieure étrangères aux expéditeurs et aux destinataires (Ch. réun. rej. 28 mars 1860, aff. Chemin de fer de Paris à Rouen, D. P. 60. 1. 215), tandis que ces mêmes feuilles seront des lettres de voiture si elles ont été remises aux conducteurs des trains pour en tenir lieu (V. les arrêts des 17 juin 1846, 24 juin 1846, 3 janv. 1853, etc., cités *suprà*, n° 105). — C'est donc, en réalité, à la fois une question de contexte et d'intention. Dans l'espèce de l'arrêt du 3 janv. 1853, par exemple, on avait décidé que le défaut de signature des feuilles saisies, l'absence d'indication du nombre et de la nature des choses transportées, et la désignation de la même personne comme expéditeur et comme destinataire, ne suffisait pas pour enlever à ces feuilles le caractère de lettres de voiture. Dans l'arrêt du 28 mars 1860, on a jugé que le défaut de signature des imprimés litigieux tenait à ce que ces imprimés n'intéressaient que la compagnie, et avaient exclusivement le caractère de pièces de comptabilité intérieure. Du moment que les feuilles de route ou d'expédition remises par la compagnie à ses agents étaient étrangères: 1° à l'expéditeur dont le titre se trouvait exclusivement dans les énonciations du registre d'entrée; 2° au destinataire investi du même titre; et 3° à la compagnie envisagée dans ses rapports avec l'expéditeur et le destinataire, puisqu'alors c'est son registre d'entrée qui faisait foi des obligations du premier, et son livre de sortie ou de factage qui recevait la décharge du second, il est manifeste qu'on ne pouvait y trouver l'instrument du contrat de commission que la loi appelle lettre de voiture.

107. On ne doit pas non plus, conformément aux règles que nous venons d'exposer, considérer comme des lettres de voiture les bons de bascule rédigés par les préposés au pesage dans l'unique but de constater en bloc le poids du chargement, encore qu'ils aient été remis au voiturier par l'expéditeur lui-même, de tels bons n'étant pas dressés pour établir le contrat de transport et ses conditions, ni pour servir de titre au destinataire (Trib. Belfort, 24 févr. 1863, aff. Burcklen, D. P. 63. 3. 45). Il en est de même des factures qui ne constituent des lettres de voiture que si elles impliquent de la part de leur auteur, l'expédition des marchandises qui y sont détaillées. Ainsi, la présence aux mains du commissionnaire de l'acheteur d'une facture émanée du vendeur, et portant simplement les nom et demeure de cet acheteur, ne suffit pas pour établir que la facture dont il s'agit a été dressée pour accompagner l'expédition faite à l'acheteur, et a ainsi le caractère d'une lettre de voiture, tandis qu'une facture devient une véritable lettre de voiture, quand il y est écrit qu'elle est adressée à l'acheteur, avec les marchandises qui y sont détaillées (Trib. Nancy, 15 déc. 1869, aff. Antoine, D. P. 71. 3. 67). Ce caractère appartient également à la facture détaillée, quand elle est accompagnée d'une lettre d'envoi à remettre au destinataire par le voiturier, alors même qu'elle n'énonce ni le nom du voiturier, ni les conditions du transport (Trib. Verdun, 30 nov. 1847, D. P. 48. 5. 347).

108. La jurisprudence a rendu plusieurs décisions dans le sens de l'arrêt de la cour de Bordeaux du 5 juill. 1841 qui a été rapporté au *Rép.* n° 320-2°, et fondées, comme cet arrêt, sur le principe que la lettre de voiture formant contrat entre l'expéditeur, le voiturier et le destinataire, le voiturier n'est tenu à l'égard de ce dernier que de la représentation des objets énoncés dans la lettre de voiture. Par exemple, lorsque les marchandises transportées n'ont été désignées dans la lettre de voiture que par leur poids, le voiturier ne peut être responsable du déficit ou de la soustraction de ces marchandises, lorsqu'il justifie au destinataire d'un poids conforme à l'énoncé de la lettre de voiture (Trib. com. Bordeaux, 1er juin 1847, aff. Delaspre, D. P. 47. 4. 87). Jugé, de même, que lorsque la lettre de voiture constate le poids et non la contenance de l'objet transporté, le voiturier, et spécialement une compagnie de chemin de fer, n'est tenu de faire état au destinataire que de la différence qui existe entre le poids qu'il lui livre et celui qu'il a reçu d'après la lettre de voiture, et, en conséquence, il ne peut être condamné à payer un déficit calculé, non pas sur le poids, mais sur la contenance (Civ. cass. 12 août 1872, aff. Comp. de Lyon, D. P. 72. 1. 264; 26 janv. 1886, aff. Comp. du Nord de l'Espagne, D. P. 86. 1. 124; Féraud-Giraud, t. 2, n° 832).

109. — II. RÉCÉPISSÉS DÉLIVRÉS PAR LES COMPAGNIES DE CHEMINS DE FER. — Les récépissés qui remplacent pour les transports par chemin de fer, les lettres de voiture, sont délivrés dès que les marchandises sont déposées dans les gares ou magasins de la compagnie qui se charge du transport. Ils sont rédigés suivant un modèle uniforme qui a été dressé par l'Administration, et dont l'emploi a été prescrit à toutes les compagnies par une circulaire du 26 févr. 1866 (Sarrut, n° 390; Féraud-Giraud, n° 136). — Enfin ils doivent être délivrés aux expéditeurs sans que les compagnies puissent s'y refuser.

110. Il est de l'intérêt de l'expéditeur de réclamer le récépissé si la compagnie ne le lui remet pas; c'est en effet le meilleur instrument de preuve de la remise des marchandises qu'il puisse avoir, lorsqu'au cas de perte ou d'avarie, il doit, avant tout, prouver cette remise. On comprend, dès lors, que l'Administration ait cru devoir prescrire aux compagnies de délivrer d'*office* le récépissé, alors même qu'il ne serait pas réclamé par l'expéditeur (Circ. min. 14 juin 1864; Lamé-Fleury, p. 326; Féraud-Giraud, n° 134; Sarrut, n° 392).

Le défaut de délivrance du récépissé constitue donc une faute à la charge de la compagnie; par suite, celle-ci ne saurait se prévaloir de ce que le récépissé n'a pas été remis à l'expéditeur, pour se soustraire aux obligations qui résultent de la prise en charge des marchandises dont le transport lui a été confié.

111. Les énonciations du récépissé ont été réglées de manière qu'il offre dans la mesure du possible les énonciations essentielles de la lettre de voiture. Aux termes de l'art. 10 de la loi du 13 mai 1863 qui reproduit, en le complétant, l'art. 49 du cahier des charges, le récépissé doit énoncer: 1° la nature, le poids et la désignation du colis; — 2° Les noms et l'adresse du destinataire; — 3° Le prix total du transport; — 4° Le délai dans lequel il doit être effectué. Mais les mentions relatives aux délais du transport ne sont, en général, point inscrites sur le récépissé; celui-ci porte seulement au verso l'arrêté ministériel qui fixe les délais du transport. Il est facile à l'expéditeur, à l'aide de cette indication, de calculer quelle sera la durée du trajet suivant le lieu de départ et celui de destination (Sarrut, n° 389).

D'autre part, l'obligation imposée aux compagnies de chemins de fer d'énoncer dans les récépissés par elles délivrés aux expéditeurs le prix total du transport ne s'applique, pour chaque compagnie, en cas de transport sur des réseaux différents, qu'au prix du transport exécuté sur la voie qui lui appartient, et non au prix du transport à opérer jusqu'au lieu de destination, si les différents réseaux ne sont pas soumis à un tarif commun et ne peuvent pas, dès lors, être considérés comme formant une seule et même ligne (Dijon, 9 juin 1869, aff. Comp. de l'Est, D. P. 69. 2. 244; Féraud-Giraud, t. 1, n° 141; Sarrut, n° 388).

112. Les récépissés délivrés dans la forme prescrite par l'art. 10 de la loi du 13 mai 1863 obligent les compagnies de chemin de fer non seulement envers l'expéditeur, mais encore envers le destinataire, aussi bien que les obligerait une lettre de voiture comme nous l'avons exposé au *Rép.* n° 320; il en résulte que lorsqu'une compagnie de chemin de fer a, sans ordre du destinataire, rendu à l'expéditeur les marchandises faisant l'objet du récépissé, elle est responsable du préjudice causé au destinataire par cette restitution, alors du moins qu'elle l'a opérée sans avoir obtenu de l'expéditeur la remise du récépissé; et l'action qui compète à cet égard au destinataire peut être exercée, en son nom, par l'acheteur des marchandises qui, conformément à son contrat, en a payé le prix entre les mains de ce destinataire, mandataire du vendeur, contre remise du récépissé (Req. 9 déc. 1873, aff. Comp. de Paris à Lyon, D. P. 74. 1. 409; 21 juill. 1875, aff. Comp. du Nord, D. P. 77. 1. 325; Féraud-Giraud, t. 1, n° 218). De même, lorsqu'un commissionnaire de transport et plusieurs voituriers se sont entendus pour transporter à une destination déterminée les objets qui leur sont remis, la lettre de voiture entre ce commissionnaire et l'expéditeur forme un contrat unique de transport, et chacun des voituriers est lié par cette lettre vis-à-vis de l'expéditeur et du destinataire (Civ. cass. 9 avr. 1879, aff. Hamard, 2e arrêt, D. P. 80. 1. 13).

113. — III. RESTITUTION DE LA LETTRE DE VOITURE OU DU RÉCÉPISSÉ. — On a exposé au *Rép.* n° 324, que le commissionnaire de transport qui a délivré la lettre de voiture, est valablement libéré par la restitution de cette lettre contre la remise des marchandises qu'il s'était chargé de transporter. Il en est évidemment de même de la remise du récépissé, puisque ce titre est assimilé à la lettre de voiture par la loi de 1863: dans la pratique, les compagnies de chemin de fer délivrent la marchandise au porteur du récépissé sans exiger de lui d'autres justifications de ses droits; on admet, d'ailleurs, que le porteur du récépissé a tout au moins qualité à titre de mandataire pour recevoir la marchandise et que, dès lors, en la lui livrant, le transporteur est valablement libéré de ses obligations (Féraud-Giraud, nos 132 et 217; Bédarride, *Des chemins de fer au point de vue des transports*, t. 1, nos 368 et suiv.).

La faculté qu'on reconnaît ainsi aux compagnies de chemin de fer de se libérer en remettant les marchandises au porteur du récépissé enlève tout intérêt pratique à la question de savoir si le récépissé peut être à ordre, comme on l'avait précédemment admis pour la lettre de voiture (*Rép.* n° 324). Il ne semble pas, d'ailleurs, que l'on puisse exiger des compagnies un récépissé qui ne fournisse pas le nom du destinataire, la loi de 1863 n'autorisant nullement à l'établir ainsi (Féraud-Giraud, n° 132).

114. — IV. BULLETIN DE GARANTIE. — Les compagnies sont autorisées par les tarifs à exiger des expéditeurs une décharge de garantie quand, par exemple, l'emballage de la marchandise est défectueux ou qu'elle est susceptible de périr ou d'être avariée par suite de vice propre (Sarrut, n° 748 *bis*; Féraud-Giraud, n° 795. V. *infrà*, nos 157 et suiv.). Cette décharge s'appelle bulletin de garantie. Il résulte d'une décision du ministre des finances remontant à 1872, et communiquée aux intéressés par l'administration de l'enregistrement et du timbre, que ces bulletins sont assujettis au timbre de dimension, par application de la loi du 13 brum. an 7. Pour éviter les frais d'un timbre spécial, que l'expéditeur ou le destinataire aurait probablement refusé de payer, les compagnies de chemin de fer ont pris le parti de faire inscrire par l'expéditeur le bulletin original de garantie au dos de la souche timbrée du récépissé des marchandises expédiées.

115. Les destinataires ont-ils le droit d'exiger des compagnies la délivrance, sinon de l'original, au moins d'un double du bulletin de garantie? On a soutenu, à l'appui de cette prétention, que cette pièce était nécessaire aux destinataires pour le règlement de leurs comptes avec l'expéditeur; on ajoutait que le récépissé était l'équivalent de la lettre de voiture, et qu'en principe cette lettre devait relater toutes les conventions intervenues entre l'expéditeur et le voiturier. Cette prétention n'était évidemment pas admissible; le bulletin de garantie est, en effet, l'instrument de l'obligation contractée par l'expéditeur de ne point invoquer contre le voiturier la présomption que les marchandises lui ont été confiées en bon état, et constitue pour ce dernier un titre dont il ne peut être obligé de se dessaisir. Il en résulte que la compagnie n'est tenue de remettre au destinataire ni l'original, ni le double du bulletin de garantie signé par l'expéditeur, et aux termes duquel ce dernier a déclaré renoncer à tout recours contre la compagnie pour les déchets et avaries de route. L'expéditeur lui-même ne pourrait réclamer cette remise, et le destinataire, qui est son ayant cause, ne peut avoir des droits supérieurs aux siens (Besançon, 10 janv. 1881, aff. Sentupery, D. P. 81. 2. 119, et sur pourvoi, Req. 15 mars 1882, D. P. 84. 1. 192). Il en est spécialement ainsi alors que, du consentement de l'expéditeur, il n'a été rédigé qu'un seul exemplaire de ce bulletin (Mêmes arrêts). — Peut-être si le bulletin de garantie avait été fait en double la prétention du destinataire devrait-elle être admise; d'une part, en effet, la compagnie n'aurait aucun intérêt à retenir deux exemplaires de son titre; d'autre part, le destinataire pourrait exercer le droit de l'expéditeur, son auteur, et la rédaction d'un double bulletin ne saurait raisonnablement avoir, dans l'intention commune des parties, expéditeur et compagnie, d'autre but que de donner à chacun un titre traçant exactement la limite de ses droits et de ses obligations. Mais, en règle générale, et sauf preuve contraire, la compagnie doit être considérée, lorsqu'elle exige le bulletin de garantie, comme ayant stipulé dans son seul intérêt et non en vue des droits éventuels que le destinataire sera dans le cas d'exercer; elle ne saurait donc être tenue de lui remettre ce bulletin (Féraud-Giraud, t. 1, n° 231).

ART. 3. — *Des obligations des commissionnaires, des entrepreneurs de transports et des voituriers en général. — Responsabilité* (*Rép.* n°s 328 à 386).

116. On a exposé au *Rép.* n° 328, quelles sont d'une manière générale, les obligations des commissionnaires de transport et des voituriers, obligations qui sont à la fois celles qui incombent aux commissionnaires en général et celles qui dérivent de la double qualité de mandataire et de dépositaire qui se rencontre chez le commissionnaire de transport ou le voiturier. Ces obligations incombent notamment aux compagnies de chemins de fer (Lyon, 30 juin 1864, aff. Chemin de fer de Lyon, D. P. 65. 2. 184; Féraud-Giraud, t. 1, n° 19). Toutefois, comme les transports par chemin de fer s'exercent dans des conditions qui diffèrent sensiblement de celles auxquelles étaient soumis les transports opérés à l'aide des moyens en usage lorsque le code civil et le code de commerce ont été promulgués, il a fallu édicter des règles spéciales qui ont eu pour effet de donner naissance, pour les compagnies, à des obligations qui n'existaient pas autrefois, et qui, aujourd'hui encore, ne s'imposent pas aux commissionnaires de transport et aux voituriers ordinaires. On les signalera successivement en complétant l'exposé des diverses obligations incombant aux commissionnaires de transport, tel qu'il a été fait au *Répertoire*.

117.—I. OBLIGATION DES COMMISSIONNAIRES DE DÉCLARER QU'ILS ACCEPTENT OU REFUSENT LE MANDAT. — Le commissionnaire de transport ainsi qu'on l'a exposé au *Rép.* n° 329, est présumé avoir accepté le mandat de transporter la marchandise dès qu'il ne notifie pas immédiatement son refus d'effectuer le transport. — Cette solution n'est pas douteuse lorsqu'il s'agit d'un commissionnaire libre, qui n'offre pas ses services au public suivant des règles et à des conditions invariables, mais avec lequel les conditions du transport sont débattues d'un commun accord: au contraire, on n'admet pas que celui qui offre ses services au public à des conditions fixes, déterminées d'avance et rendues publiques, puisse refuser d'effectuer un transport lorsque ces conditions sont acceptées par l'expéditeur. En effet, une entreprise de transport, en s'annonçant au public et en l'invitant à se servir de son intermédiaire à des conditions qu'elle lui fait connaître, contracte un engagement qui devient parfait dès le moment où ses offres sont acceptées : elle ne peut donc, quand on lui demande l'exécution de cet engagement, y apporter des réserves ou des modifications arbitraires. Admettre qu'elle puisse établir une préférence entre les divers chargeurs qui se présentent pour user de son intermédiaire, et refuser telles ou telles marchandises, ce serait lui attribuer une faculté incompatible avec la liberté du commerce, car on lui conférerait ainsi le pouvoir extraordinaire de frapper d'une espèce d'interdit tel ou tel commerçant, et il n'est pas besoin d'insister sur les inconvénients d'un tel pouvoir lorsque, ce qui arrive généralement, le service qu'elle a entrepris est d'une importance considérable et qu'elle jouit d'un monopole sinon de droit au moins de fait. — On a jugé, par exemple, que la compagnie de bateaux à vapeur qui a annoncé dans les affiches et dans les journaux qu'elle effectuerait, sur une ligne déterminée, des départs réguliers, à jours fixes, et moyennant un fret par elle tarifé suivant la nature des marchandises à transporter, prend par cela même un véritable engagement envers le public, qui ne lui permet pas d'établir arbitrairement des préférences entre les divers chargeurs qui se présentent, ou de refuser leurs marchandises, tant qu'il y a place sur le navire (Aix, 8 févr. 1853, aff. Hernandez, D. P. 53. 2. 329).

Il n'est pas douteux, dans tous les cas, que le droit de *refuser* le transport des marchandises qui leur sont confiées n'appartient pas aux compagnies de chemin de fer. Celles-ci, en raison même des conditions dans lesquelles elles ont été établies et dans lesquelles fonctionnent leurs services, sont tenues de recevoir et de transporter tous les objets qui leur sont présentés. Cette obligation est la conséquence nécessaire du monopole de fait qui leur est attribué (Féraud-Giraud, t. 1, n° 79; Aucoc, *Conférences*, 2° éd., t. 3, n° 1561), et elle leur est imposée à la fois par l'art. 49 du cahier des charges et par l'art. 50 de l'ordonnance du 15 nov. 1846. La règle formulée par ces textes ne reçoit que quelques exceptions très rares, spécifiées dans les tarifs généraux, les décisions ministérielles ou le cahier des charges (V. *Rép.* v° *Voirie par chemin de fer*, n° 378). En dehors de ces cas, les compagnies ne sont autorisées à refuser le mandat de transporter les marchandises qui leur sont remises que lorsqu'elles leurs sont présentées dans des conditions contraires aux règlements auxquelles elles sont soumises, ou lorsque le mandat qui leur est donné ne se réfère pas aux modes de transport pour lequel elles sont organisées (V. Féraud-Giraud, t. 1, n°s 81 et suiv.; *Rép.* v° *Voirie par chemin de fer*, n° 378). Par exemple, il a été jugé que dans le cas où, en présence d'une invasion imminente, le destinataire des marchandises écrit au chef de gare du lieu de l'arrivée d'évacuer ces marchandises, au besoin par voitures, sur un autre point, le chef de gare n'est pas obligé d'accepter ce mandat. Il est seulement tenu, s'il le peut, de les évacuer par chemin de fer (Req. 5 mai 1873, aff. Bourgeois, D. P. 75. 1. 27).

118. — II. OBLIGATION DE SE CONFORMER AUX ORDRES DE L'EXPÉDITEUR. — Les commissionnaires de transport doivent, en principe, comme on l'a vu au *Rép.* n° 322, se conformer aux ordres de l'expéditeur, leur commettant, et sont responsables vis-à-vis de ce dernier de l'inexécution de ses ordres en cas de préjudice. Ils doivent, notamment, transporter la marchandise suivant les indications de l'expéditeur et la remettre au destinataire qu'il désigne. Mais c'est une question de savoir, si l'expédition commencée ne fait pas naître au profit du destinataire, sur la marchandis expédiée, un droit susceptible de paralyser le droit de l'expéditeur, de telle sorte que le commissionnaire n'ait plus à se conformer aux ordres de ce dernier, et qu'il ne pourrait, par exemple, sans encourir aucune responsabilité, refuser d'obtempérer à une prescription de l'expéditeur qui lui enjoindrait soit de restituer la marchandise, soit de ne pas la livrer au destinataire désigné. Nous avons été d'avis, pour le commissionnaire de transport en général, que le droit du destinataire ne pouvait paralyser le droit de l'expéditeur de retirer les marchandises des mains du commissionnaire de transport ou du voiturier, que dans le cas où il avait été créé une lettre de voiture et où l'expéditeur ne représentait pas la lettre à lui remise par le commissionnaire, le destinataire étant en pareil cas resté étranger au contrat. En est-il de même lorsque le commissionnaire de transport est une compagnie de chemins de fer, et non point un commissionnaire ordinaire? L'expéditeur pourrait-il soit arrêter la marchandise entre les mains de la compagnie, soit changer le destinataire au cours du voyage? La question a été diversement résolue tant en doctrine qu'en jurisprudence. — Suivant certains auteurs et certains arrêts, la compagnie ne saurait être obligée d'accepter le changement de destinataire. Dans cette opinion, le contrat faisant la loi commune des parties et ne pouvant être modifié que de leur consentement réciproque, une compagnie de chemin de fer peut refuser d'accepter la substitution de plusieurs destinataires au destinataire unique indiqué par une lettre de voiture et, par conséquent, c'est à bon droit qu'elle est exonérée de toute responsabilité, à raison de l'inexécution d'instructions nouvelles tardivement données par l'expéditeur (Montpellier, 23 avr. 1872, et sur pourvoi, Civ. rej. 11 mars 1874, aff. Dutet, D. P. 76. 1. 248; Féraud-Giraud, t. 1, n° 226). S'agirait-il, non plus d'un changement de destinataire, mais de la rétention des marchandises ou de leur restitution à l'expéditeur, le consentement du destinataire devrait être demandé et reçu (Emion, *Manuel de l'exploitation des chemins de fer*, t. 2, n° 18).

Nous ne croyons pas que cette opinion doive prévaloir, et nous persistons à penser, ainsi que nous l'avons exposé au *Répertoire*, que la compagnie ne peut refuser d'obéir aux injonctions de l'expéditeur tant que le destinataire n'est pas saisi c'est-à-dire tant que les marchandises n'ont pas été mises à sa disposition par la délivrance du récépissé. — La compagnie, en effet, ne connaît le destinataire que par la désignation que lui en fait l'expéditeur : elle ne traite qu'avec ce dernier ; elle ne connaît pas les conventions qui ont pu intervenir entre lui et le destinataire, et ne peut se rendre juge du point de savoir si les marchandises qu'elle transporte sont la propriété de l'un ou de l'autre (Paris, 12 juill. 1876, aff. Chemin de fer de Paris à Lyon, D. P. 79. 2. 102-103; Rouen, 28 janv. 1878, aff. Chemin de fer du Nord, *ibid.*; Paris, 5 mars 1879, aff. Van Lée, *ibid.* V. *infrà*, n° 120). En outre, à l'égard du destinataire, la compagnie n'a pas d'obligations tant qu'elle ne l'a pas saisi. C'est l'expéditeur qui la charge du transport, elle doit donc s'en tenir aux indications qu'il lui donne, et si au cours du contrat il plaît à l'expéditeur de changer le destinataire ou d'ordonner que les marchandises soient retenues jusqu'à nouvel avis, la compagnie doit se conformer à cette indication. — Mais il faut évidemment que cet ordre soit donné avant que la compagnie n'ait saisi le destinataire primitif, c'est là une condition essentielle; car à partir de ce moment la compagnie détient les marchandises pour le compte de ce destinataire et ne peut, par conséquent, en disposer sans son ordre (Civ. cass. 13 mai 1874, aff. Comp. de Lyon, D. P. 75. 1. 467). Cette doctrine est adoptée par M. Sarrut, n° 559 (Conf. Paris, 30 déc. 1871, aff. Chemin de fer d'Orléans, D. P. 73. 2. 28; Trib. com. Seine, 6 févr. 1867, Lamé-Fleury, *Bulletin annoté des chemins de fer*, 1868, p. 284). « Attendu, porte ce dernier jugement, que la compagnie d'Orléans, en refusant de livrer les quarante-six pièces de vin expédiées, n'a agi que d'après l'ordre de l'expéditeur desdites marchandises, et qu'elle n'était pas juge de la défense qui lui était faite » — V. aussi Duverdy, n° 22. Cet auteur pense, toutefois, que l'expéditeur peut justifier vis-à-vis de la compagnie de l'absence de tout droit acquis au destinataire, justification qui résultera de la restitution du récépissé où se trouve indiqué le destinataire et dont ce dernier, s'il en était muni, pourrait exciper pour obliger la compagnie à lui faire la livraison.

119. A cette question se rattache une autre question fort délicate : celle de savoir quel est le rôle du commissionnaire de transport, chargé d'une marchandise, lorsqu'une saisie-arrêt est pratiquée entre ses mains par un créancier soit du destinataire, soit de l'expéditeur. La compagnie est-elle obligée de tenir compte de la saisie-arrêt ainsi pratiquée et ne peut-elle, par exemple, livrer la marchandise au destinataire ou la restituer à l'expéditeur ? — Comme on vient de le voir (*suprà*, n° 118), on admet que la compagnie de chemin de fer, ou plus généralement le commissionnaire de transport, n'est pas juge de la question de propriété des objets qu'il transporte, et n'a pas à rechercher si les marchandises appartiennent encore à l'expéditeur, au moment où la saisie en est opérée, ou si elles sont déjà devenues la propriété du destinataire; il ne peut, dès lors, apprécier si l'opposition est régulière ou non (Picard, t. 4, p. 753). Pour qu'il en fût autrement, il faudrait que l'indication du nom du destinataire, lors de la formation du contrat de transport, impliquât la transmission immédiate des marchandises à ce dernier. Mais on sait qu'il n'en est pas ainsi, et que le destinataire n'acquiert de droit sur les marchandises, avant leur réception, que par l'envoi qui peut lui être fait de la lettre de voiture, ou du récépissé qui en tient lieu. Le commissionnaire de transport doit donc, en pareil cas, respecter la saisie, et, loin de commettre une faute en retenant les marchandises frappées de saisie-arrêt par un créancier de l'expéditeur, il agit très prudemment, car il se pourrait que la propriété de ces marchandises n'eût pas été transférée au destinataire, et que l'opposition se trouvât régulière. — Aussi décide-t-on qu'une compagnie de chemin de fer n'encourt aucune responsabilité à raison du défaut de livraison des marchandises expédiées, par suite d'une saisie-arrêt pratiquée entre ses mains par un créancier de l'expéditeur, alors même que cette compagnie n'aurait pas informé le destinataire de l'existence de la saisie-arrêt (Req. 20 juin 1876, aff. Desquesnes, D. P. 77. 1. 134). Et le refus de livrer n'engage point sa responsabilité, tant qu'on ne lui justifie pas d'une mainlevée ou d'une décision judiciaire indiquant entre quelles mains elle doit vider les siennes; il en est ainsi, alors même que la saisie serait susceptible d'être annulée comme portant sur des marchandises ayant cessé d'appartenir à l'expéditeur, par exemple, dans le cas où la marchandise a été vendue au destinataire, livrée à ce dernier à la gare d'expédition, et a voyagé à ses risques et périls, s'il n'est pas constaté que ces circonstances de fait aient été connues de la compagnie au moment où elle a refusé de délivrer la marchandise (Civ. cass. 19 juill. 1882, aff. Comp. de Lyon, D. P. 83. 1. 126).

120. On a jugé qu'il en serait de même au cas où la saisie-arrêt serait pratiquée par le créancier du destinataire; qu'une telle saisie s'oppose, tant qu'elle n'a pas été levée ou qu'un jugement n'a pas déterminé à qui appartient la propriété des objets transportés, à ce que la compagnie les remette soit au destinataire, soit à l'expéditeur (Paris, 12 juill. 1876; Rouen, 28 janv. 1878; Paris, 5 mars 1879, cités *suprà*, n° 118). M. Duverdy, n° 23, n'admet pas cette solution; suivant lui, le destinataire ne pourrait s'opposer à ce que l'expéditeur révoquât ses ordres et reprît ses marchandises, et à plus forte raison ses créanciers seraient-ils sans droit pour le faire. — Mais cette opinion nous paraît trop absolue. Il y aurait lieu, tout au moins, ce semble, de distinguer, suivant que l'expéditeur représenterait ou non la lettre de voiture (ou le récépissé). Dans ce dernier cas, la compagnie pourrait à bon droit se prévaloir de la saisie-arrêt, puisqu'il lui serait permis de supposer que la lettre de voiture, non présentée, a été envoyée avant l'opposition au destinataire. Il en serait autrement dans le premier cas, puisque la circonstance que la lettre de voiture est restée entre les mains de l'expéditeur prouve que celui-ci ne s'est pas dessaisi de ses droits sur les marchandises, et que, par conséquent, la saisie-arrêt pratiquée du chef du destinataire n'était pas valable (V. dans le sens de cette dernière solution : Paris, 30 déc. 1871, aff. Comp. d'Orléans, D. P. 73. 2. 28, et *suprà*, n° 118). Dans l'espèce sur laquelle a été rendu cet arrêt, la lettre de voiture n'avait pas encore été remise à l'expéditeur; mais il y a même raison de décider, lorsque l'expéditeur ayant reçu la lettre de voiture l'a conservée en sa possession. Enfin, il ne semble pas que la compagnie ou le commissionnaire de transport puisse, plus que tout autre tiers saisi, juger de la validité de la saisie non plus que de sa régularité au point de vue de la procédure, et nous croyons, par suite, qu'il est plus exact d'admettre, avec la jurisprudence précitée, que la compagnie peut attendre, sans encourir aucune responsabilité, qu'il soit justifié des droits de propriété ou d'une décision qui lui indique en quelles mains la marchandise doit être remise (V. encore : Féraud-Giraud, n° 1073).

121. Cependant il cesse d'en être ainsi lorsque le transport de la marchandise est grevé de remboursement. En pareil cas, le commissionnaire de transport connaît la nature des rapports qui existent entre l'expéditeur et le destinataire; il sait lequel des deux est propriétaire, il a de plus contracté l'obligation de ne livrer les marchandises au destinataire que contre le payement de la somme à rembourser et de les restituer à l'expéditeur si cette condition n'est pas remplie. Il en résulte que les saisies-arrêts pratiquées contre le destinataire entre les mains du voiturier, n'autoriseraient pas celui-ci à refuser la restitution des marchandises à l'expéditeur et qu'il ne pourrait les retenir (Civ. rej. 26 avr. 1882, aff. Comp. du Nord, D. P. 83. 1. 155). Il n'y a point pour cela dérogation au principe qui sert de base aux solutions qui précèdent, et suivant lequel le commissionnaire de transport tiers-saisi n'est pas juge du mérite des saisies ni de la question de propriété. Ce principe est, au contraire, respecté, car la question de propriété n'est pas en jeu à l'égard du voiturier ; celui-ci n'a pas à s'occuper du point de savoir s'il y a eu une transmission quelconque de propriété entre les parties, il doit simplement exécuter l'obligation qu'il a contractée. Or, lorsqu'il transporte des marchandises sous condition de remboursement, le destinataire n'a, par rapport au transporteur, aucun droit à la livraison des marchandises, tant que la condition expressément mise à cette livraison n'est pas remplie, c'est-à-dire tant que le remboursement n'est pas effectué. Si la compagnie ne peut être contrainte à livrer à défaut de remboursement, il en résulte évidemment que les oppositions pratiquées contre le destinataire n'arrêtent pas les objets transportés entre les mains du commissionnaire de transport, alors d'ailleurs qu'elles ne les frappent point à l'encontre de l'expéditeur ; les marchandises restent donc libres, et la compagnie ne peut les retenir si la restitution lui en est demandée par l'expéditeur. Une saisie ne saurait, en effet, avoir pour conséquence d'arrêter dans les magasins du tiers-saisi, à tout hasard, toutes les marchandises qui peuvent être expédiées à un destinataire. Il faut, pour qu'elles puissent être valablement saisies, qu'elles soient la propriété du destinataire ou qu'elles puissent lui être régulièrement livrées de manière à décharger le commissionnaire. Dès que la lettre de son contrat interdit à celui-ci de livrer, il doit restituer les marchandises à l'expéditeur (V. *suprà*, n° 118).

122. — III. Obligation de veiller a la conservation de la chose a transporter. — Les principes qui ont été exposés au *Rép.* n°s 331 et 332, sont toujours applicables aux entreprises de transport, qu'il s'agisse soit d'une entreprise privée, soit des compagnies de chemins de fer. Il est actuellement admis d'une manière générale que le voiturier est responsable des avaries souffertes par la chose transportée, à moins qu'il ne prouve qu'il y a eu force majeure ou vice propre de la chose, même dans le cas où le contrat, rapproché des tarifs de l'entreprise de transport, exonérerait ce voiturier de toute responsabilité des avaries de route, car une telle clause ne saurait avoir pour effet d'affranchir le voiturier de ses fautes ou de celles de ses agents, et, par conséquent, le laisse sous l'empire du droit commun (Civ. rej. 24 avr. 1865, aff. Chemin de fer de Paris à Lyon, D. P. 65. 1. 215 ; Sarrut, n°s 677 et suiv. V. *infrà*, n°s 131 et suiv.).

123. Cette règle doit-elle être étendue au commissionnaire de transport, qui, sans se charger de toutes les opérations du transport, se borne à mettre les moyens de l'effectuer à la disposition de l'expéditeur, par exemple en lui fournissant les voitures nécessaires? — Il a été jugé que le commissionnaire de transport qui, au lieu d'effectuer le transport, se borne à mettre sa voiture à la disposition de l'expéditeur, n'est pas responsable de la perte des marchandises égarées durant le transport, et que par exemple, la compagnie de chemin de fer qui, en vertu d'un traité, loue à forfait à un négociant, pour chaque convoi de marchandises, un wagon entier, dont ce dernier use sans l'intervention de cette compagnie, n'est pas responsable de la perte des objets chargés dans ce wagon (Req. 27 déc. 1848, aff. Madaré, D. P. 49. 1. 165). Cette solution nous paraît trop absolue. Nous admettons qu'en principe, le commissionnaire de transport qui met sa voiture à la disposition de l'expéditeur, n'est qu'un simple locateur de cette voiture, et ne peut être responsable que de la perte qui serait survenue par le vice de la chose donnée en location, conformément aux principes généraux applicables au contrat de louage de choses, c'est-à-dire par le vice propre de la voiture. Mais si l'irresponsabilité du voiturier ne semble pas douteuse lorsqu'il est resté complètement étranger à l'opération du transport, et que la perte ou l'avarie ne provient pas d'un vice de la voiture ou du wagon loué, elle nous paraît contestable lorsqu'il y a location de la voiture et ensuite transport de cette voiture, comme par exemple au cas où on a loué un wagon de chemin de fer, lequel, chargé par l'expéditeur, est ensuite attelé à un train conduit par les agents du chemin de fer. Il nous semble que la compagnie doit répondre de l'avarie si celle-ci provient d'un fait de traction, qu'elle n'échappe à la responsabilité qu'autant que l'avarie a une cause étrangère soit au vice du wagon, soit à un accident survenu au cours du voyage par suite d'une fausse manœuvre. — Il y avait donc lieu, suivant nous, de distinguer. Le commissionnaire de transport n'encourt aucune responsabilité, lorsqu'il se borne à mettre sa voiture à la disposition de l'expéditeur, lorsqu'il ne prend aucune part au transport proprement dit, sauf le cas d'un vice propre de la voiture, qui soit la cause de l'avarie. Si, au contraire, le commissionnaire, après avoir loué sa voiture, se charge du voyage, il doit être responsable de tout accident survenu en cours de route, et qui aurait pour cause une faute commise pendant ce temps (V. *Rép.* v° *Voirie par chemin de fer*, n° 447).

124. — 1° *Quand le commissionnaire est-il réputé avoir reçu la chose.* — La responsabilité du commissionnaire de transport, en ce qui concerne la conservation de la chose, commence ainsi qu'il a été exposé au *Rép.* n° 333, dès que l'objet a été remis à un agent du commissionnaire dans ses magasins ou entrepôts. La même solution s'applique évidemment aux compagnies de chemins de fer (V. *Rép.* v° *Voirie par chemin de fer*, n°s 448 et 449). — On a décidé, par exemple, que, malgré la clause de leurs tarifs suivant laquelle elles ne sont pas responsables des bagages non enregistrés, les compagnies de chemins de fer sont tenues de faire surveiller par leurs employés les effets déposés par les voyageurs au bureau des bagages, pendant le temps où ceux-ci vont au guichet où se délivrent les billets de place, sans la représentation desquels ils ne peuvent obtenir l'enregistrement desdits effets. C'est là un cas de dépôt nécessaire; par suite, le voyageur qui, à son retour du guichet, ne retrouve plus les colis apportés par lui au bureau des bagages, est fondé à actionner la compagnie en réparation du préjudice que lui cause la perte, la soustraction ou la disparition momentanée de ces colis (Trib. com. Strasbourg, 11 déc. 1868, aff. Lhernault, D. P. 69. 3. 69; Trib. com. Marseille, 9 nov. 1870, aff. Pernessin, D. P. 72. 3. 71; Aix, 11 mars 1871, aff. Comp. de Lyon *C.* Pernessin, D. P. 73. 5. 104. — V. aussi Picard, *Traité des chemins de fer*, t. 4, p. 183 et 220). — On a vu au *Rép.* n° 334, que, suivant certains auteurs et certains arrêts, la responsabilité du commissionnaire n'est pas engagée quand les objets sont remis à des employés qui ne sont pas spécialement préposés pour les recevoir. Telle est également l'opinion de M. Duverdy, n°s 46 et 47 (V. toutefois *Rép.* v° *Voirie par chemin de fer*, n°s 448 et 449).

125. — 2° *Étendue de l'obligation de veiller à la conservation de la chose.* — On a exposé au *Rép.* n° 336 quelle est l'étendue des obligations des commissionnaires et entrepreneurs de transports en ce qui concerne la garde et la conservation des choses qui leur sont confiées. Les principes que nous avons développés sont toujours en vigueur et s'appliquent aux compagnies de chemins de fer aussi bien qu'à tous autres entrepreneurs de transports (V. *Rép.* v° *Voirie par chemin de fer*, n° 432; Sarrut, n°s 677 et suiv.; Féraud-Giraud, t. 2, n°s 766 et suiv.; Pouget, t. 2, n° 165). — Mais la responsabilité des compagnies de chemins de fer, si elle est aussi étendue en principe que celle des entrepreneurs de transport ordinaires, et, dès lors, s'applique à toute espèce de faute tant *in omittendo* que *in committendo*, comporte néanmoins une limite imposée par la situation toute particulière de ces compagnies. Les compagnies de chemins de fer, en effet, sont obligées de prendre en charge toutes les marchandises qui leur sont présentées, de les rendre à destination dans un délai invariablement fixé; elles ne peuvent percevoir aucune somme en dehors de celles portées aux tarifs, lesquels, une fois homologués, sont rigoureusement obligatoires pour elles; et les expéditeurs, par suite, n'ont pu compter que sur l'accomplissement des conditions imposées par les tarifs qui forment la loi des parties et doivent être appliquées strictement. Un entrepreneur ordinaire de transport est libre, au contraire, de refuser les marchandises, ou de ne les accepter que sous telles conditions qu'il lui convient, de telle sorte, par exemple, que le retard pourra être excusé bien qu'il ne provienne pas d'un cas de force majeure; et, s'il apporte à la marchandise des soins exceptionnels il aura droit à une rémunération, en dehors du prix stipulé pour le transport. L'entrepreneur ordinaire de transport, par exemple, « doit veiller à ce que les objets à lui confiés ne se détériorent pas et faire toutes les réparations nécessaires pour leur conservation, par exemple, faire relier des tonneaux qui fuiraient, faire consolider les enveloppes et les emballages qui sont tellement endommagés qu'il pourrait en résulter une perte ou une détérioration quelconque » (*Rép.* n° 336). Les compagnies de chemins de fer, au contraire, ne sont pas obligées de donner à la marchandise des soins exceptionnels (Civ. cass. 17 mai 1882, aff. Chemin de fer de Lyon *C.* Faye, D. P. 83. 1. 14; Req. 9 janv. 1884, aff. Comp. de Lyon *C.* Nègre, D. P. 84. 1. 194); on ne peut notamment exiger d'elle qu'elles suspendent nécessairement le transport des marchandises pour en constater l'état et pourvoir aux déchets ou avaries survenus en cours de route, alors surtout qu'ils ne sont pas apparents.

126. Il y a même lieu de se demander s'il ne convient pas d'aller plus loin, et de poser comme règle que les obligations des compagnies de chemins de fer seront plus ou moins lourdes suivant que le tarif appliqué sera général ou spécial, car le tarif spécial est moins coûteux que le tarif général, et l'expéditeur n'a pu raisonnablement supposer que la compagnie donnerait à la marchandise les mêmes soins que si le salaire était plus élevé. — Mais, si cette solution paraît justifiée dans une certaine mesure elle ne saurait être admise d'une manière absolue. Sans doute, les tarifs spéciaux obligent la compagnie à prendre moins de soins que lorsque le transport est accompli suivant les tarifs généraux; mais de ce qu'un tarif spécial donne à la compagnie une rémunération moindre ou l'autorise à employer un mode de transport qui, s'il est moins coûteux, offre moins de garantie; il ne résulte pas que l'expéditeur, en demandant l'application du tarif spécial, ait assumé la responsabilité du mode de transport autorisé par le tarif. Cette solution serait contraire, d'une part, à l'art. 103 c. com. qui n'a excepté au profit du voiturier que deux causes d'avaries, le vice propre et la force majeure; et l'on verra, *infrà*, n° 134, que la jurisprudence n'autorise aucune dérogation aux dispositions de cet article; d'autre part, l'art. 103 c. com. ne fait que consacrer une conséquence essentielle du contrat conclu entre le voiturier et l'expéditeur. Le voiturier ne procure pas seulement un mode de transport à l'expéditeur, il se charge du transport; il est donc nécessairement responsable de la sûreté du transport, et particulièrement des conséquences du mode selon lequel il est effectué, plus encore que de toute autre cause d'avaries. C'est précisément en cela que le voiturier diffère du loueur de voitures, qui met simplement à la disposition de l'expéditeur un véhicule destiné à être conduit d'après les indications et sous la surveillance de l'expéditeur (V. *suprà*, n° 123; Req. 27 déc. 1848, aff. Madaré, D. P. 49. 1. 165; 8 févr. 1869, aff. Comp. de Lyon C. Chapon, D. P. 69. 1. 223).

Il a été jugé en ce sens que l'expéditeur en adoptant un tarif spécial qui donne à la compagnie de chemin de fer la faculté d'employer des wagons découverts, ne prend pas à sa charge les risques pouvant résulter d'un transport à découvert, et ne dispense pas la compagnie de prendre, pour la conservation de la marchandise, les précautions que peuvent commander les circonstances survenant au cours du transport, sauf à être indemnisée, s'il y a lieu, par l'expéditeur. Ainsi, la compagnie est responsable de l'avarie occasionnée par une gelée qui à raison de l'époque du transport, devait être prévue, bien que l'expéditeur ait choisi un tarif spécial, qui autorisait la compagnie à faire l'expédition en wagons découverts; en tout cas, il en est ainsi lorsqu'il n'est pas constaté que l'avarie soit résultée uniquement de l'emploi de wagons découverts (Civ. rej. 16 févr. 1870, aff. Comp. de Lyon C. Wolf, D. P. 70. 1. 231). On objectait vainement, dans l'espèce, que l'expéditeur avait lui-même choisi le mode de transport moins sûr d'où était résultée l'avarie. Ce n'est pas, en effet, à l'expéditeur qu'il appartient d'approprier le mode de transport à la nature de l'objet transporté ainsi qu'aux circonstances de la saison et du trajet à parcourir. Le voiturier seul peut avoir les connaissances nécessaires à cet effet. Celui qui se présente comme voiturier prend donc ce soin à sa charge, comme toutes les autres exigences du transport. S'il offre plusieurs modes de transport plus ou moins commodes, il les garantit nécessairement tous, les moins coûteux aussi bien que ceux dont le prix est plus élevé; il est, dans tous les cas, responsable des avaries provenant du mode qui a été choisi d'après son offre.

127. L'obligation de veiller à la conservation de la chose comporte évidemment, en premier lieu, l'obligation de prendre toutes les précautions propres à en empêcher la perte et, par conséquent, toutes les mesures susceptibles de permettre de la retrouver au cas où elle viendrait à être égarée. Par exemple, s'il arrivait que le nom du destinataire fût mal écrit ou non inscrit sur les registres et feuilles d'expédition, de telle sorte que la remise de la chose expédiée devînt impossible, la compagnie devrait faire toutes les démarches susceptibles de lui permettre de remplir son obligation et par exemple, s'adresser à l'expéditeur pour obtenir de lui de plus amples renseignements ou une rédaction plus exacte; si elle négligeait ce soin, sa responsabilité serait engagée (Req. 22 janv. 1873, aff. Comp. de l'Ouest C. Duë et autres, D. P. 73. 1. 237). Cette obligation dérive pour elle du droit commun; il n'est pas nécessaire qu'elle lui soit prescrite par les règlements administratifs. — Ainsi, il a été jugé qu'une compagnie de chemins de fer peut être déclarée responsable du dommage causé au propriétaire d'une caisse, laissée par mégarde sur le quai d'une gare, trouvée par les employés de la gare et expédiée à Paris pour être déposée au magasin général des objets égarés, lorsqu'avant de procéder à la vente, il n'a pas été fait de recherche pour retrouver cette caisse, ni adressé de demande à la gare d'expédition pour savoir si une réclamation s'était produite (Req. 17 mai 1882, aff. Comp. de Lyon C. Moiroud, D. P. 83. 1. 475). — De même, la compagnie qui n'avertit pas le destinataire de la perte de la marchandise qui lui était adressée est passible de dommages-intérêts (Paris, 15 janv. 1874, aff. Comp. de Lyon C. Barbe, Lamé-Fleury, *Bulletin annoté des chemins de fer*, 1874, p. 163).

128. Au nombre des obligations qui dérivent pour le commissionnaire de transports de celle de veiller à la conservation de la chose, on a compris l'obligation de se conformer aux lois sur les douanes et octrois, et de faire, par conséquent, toutes les déclarations et de payer tous les droits pour assurer la libre circulation des marchandises (*Rép.* n° 336). De nouvelles décisions sont venues confirmer nos observations à cet égard. — Il a été jugé, par exemple, que le mandat, donné à un commissionnaire de transports par un commerçant, de lui faire livrer à domicile des marchandises achetées en pays étranger, implique celui d'acquitter les droits de douane après déclaration préalable de la valeur de la marchandise importée, et impose conséquemment au commissionnaire l'obligation de prendre à cet effet, lors de l'arrivée de la marchandise, les instructions de son commettant; de plus, le commissionnaire est responsable envers ce dernier du défaut de livraison des marchandises, si la déclaration qu'il a faite, sans le prévenir ni le consulter, a été reconnue insuffisante et a amené la préemption des marchandises par l'administration des douanes (Paris, 17 févr. 1875, aff. Bourgeois, D. P. 77. 2. 138, et, sur pourvoi, Civ. rej. 4 déc. 1876, D. P. 79. 1. 217). — Il a même été décidé qu'en pareil cas, il importerait peu que la valeur déclarée par le commissionnaire fût conforme à celle qui était énoncée dans la lettre de voiture, dressée en exécution du contrat de transport passé entre le vendeur et un autre commissionnaire, et aux termes duquel celui-ci s'était chargé de faire parvenir la marchandise à la gare du lieu où l'acheteur avait son domicile (Mêmes arrêts). Il faut, en effet, dans l'état des faits, particuliers à l'espèce de ces arrêts, tenir compte de l'existence, non pas d'un contrat unique, mais de deux contrats de transport distincts et devant être exécutés successivement : 1° un contrat passé entre l'expéditeur ou vendeur étranger et son commissionnaire également étranger, et aux termes duquel celui-ci s'engageait à faire transporter la marchandise à Paris, en gare, où elle devait être remise au commissionnaire de l'acheteur; 2° un contrat passé entre l'acheteur parisien et son commissionnaire également parisien, et aux termes duquel celui-ci devait prendre la marchandise en gare et la faire remettre au domicile de son commettant. Ainsi, l'acheteur n'avait pas été partie au contrat de transport formé entre le vendeur et le commissionnaire de celui-ci, ni à la lettre de voiture dressée pour servir d'instrument à ce contrat; les énonciations contenues dans cet acte, en ce qui touche spécialement la valeur de la marchandise, ne lui étaient donc pas opposables, et ne pouvaient pas être considérées comme l'équivalent de ses propres instructions. Une fois la marchandise arrivée en gare à Paris, le contrat passé entre le vendeur et le commissionnaire, du vendeur avait reçu son exécution; mais il restait à exécuter le contrat formé entre l'acheteur et son commissionnaire, c'est-à-dire à faire transporter la marchandise au domicile de l'acheteur, ce qui impliquait pour le commissionnaire l'obligation préalable d'en déclarer et d'en acquitter la valeur en douane; et, comme le contrat dont il s'agit ne contenait aucune indication relative à cette valeur, il est clair que c'est auprès de l'acheteur, son commettant, que le commissionnaire devait se renseigner à cet effet, car, lorsque le contrat de mandat ne peut pas être exécuté faute d'instructions concernant une des opérations qu'il a pour objet, c'est assurément au mandant et non à un tiers que ces instructions doivent être demandées par le mandataire. On peut objecter, il est vrai, que l'acheteur, en chargeant le commissionnaire de lui délivrer la marchandise à domicile, doit lui fournir les indications dont il peut avoir besoin relativement à la valeur de cette marchandise. Mais, à supposer que l'acheteur, c'est-à-dire le mandant, doive fournir ces indications à son commissionnaire, celui-ci n'en est pas moins tenu de les réclamer si elles ne lui sont pas fournies, et dans tous les cas s'il juge à propos de ne pas le faire, il ne saurait de son propre chef suppléer à l'insuffisance des renseignements qu'il a entre les mains sans engager sa responsabilité. Il en est surtout ainsi lorsque l'indication de la valeur ne peut, à raison des variations dont elle est susceptible, être exactement fournie qu'après l'arrivée de la marchandise, et que l'acheteur ne doit et ne peut donner ses instructions qu'autant qu'il est averti de cette arrivée; par conséquent, le commissionnaire qui, en pareil cas, ne l'avise pas de l'arrivée des marchandises est évidemment en faute.

129. L'obligation du commissionnaire de faire les déclarations et de remplir les formalités de douane est limitée à ce qui est nécessaire pour l'accomplissement du contrat de transport. — Ainsi, on ne saurait lui reconnaître le droit, en cas de saisie des marchandises sous prétexte de déclaration inexacte, de transiger avec l'Administration. Le mandat qu'il reçoit ne comporte pas celui de reconnaître, au nom des expéditeurs, qu'une fraude a été commise dans la déclaration à la douane des marchandises transportées. La transaction qu'il consentirait et la soumission de payer les droits réclamés par l'Administration serait un aveu explicite de cette fraude, qui compromettrait non seulement les droits des propriétaires de la marchandise, mais leur moralité, puisqu'elle confesserait leur prétendu mensonge. Le voiturier aurait donc uniquement pour devoir d'attendre ou bien qu'il fût assigné par l'administration des Douanes, cas auquel il pourrait se dégager de toute responsabilité personnelle, soit au point de vue de l'amende, soit au point de vue de la confiscation, en mettant en cause les expéditeurs; ou bien que ceux-ci fussent eux-mêmes cités par l'Administration, et qu'ils présentassent leur justification. En devançant ces actions par le payement des droits de douane, de l'amende et des frais réclamés, ou par une transaction, le transporteur dépasserait son mandat; il n'userait pas d'un droit, mais porterait atteinte à celui de ses mandants, et n'agirait que sous sa propre responsabilité. Il ne serait donc pas fondé à réclamer à ceux-ci le remboursement des sommes payées par lui à titre transactionnel. — Il a été jugé, en ce sens, que la transaction passée entre l'administration des Douanes et un entrepreneur de transports sur lequel des marchandises ont été saisies pour déclaration inexacte, peut engager la responsabilité de ce dernier, si elle est intervenue malgré les protestations de l'expéditeur, et alors que la fraude n'est pas démontrée judiciairement; qu'en conséquence, les frais et les droits que l'entrepreneur a payés dans ce cas à l'Administration demeurent à sa charge, lorsqu'il ne prouve pas qu'il a servi les intérêts de l'expéditeur (Douai, 6 déc. 1880, aff. Chem. de fer du Nord *C.* Baerde et autres, D. P. 81. 2. 150).

130. Il y a lieu de remarquer, à propos des formalités de douane, que les modifications apportées, par suite de l'établissement des chemins de fer, aux conditions d'accomplissement de ces formalités, l'ont été dans l'intérêt commun du commerce et des compagnies; que, dès lors, le droit et l'obligation de remplir les formalités du dédouanement continuent à appartenir et incomber tout à la fois aux propriétaires ou commerçants et aux voituriers. En conséquence, une compagnie de chemins de fer ne saurait prétendre au droit exclusif de procéder aux opérations en douane qu'autant qu'un tarif spécial homologué lui accorde cette faculté en compensation de certains avantages attribués à l'expéditeur, le tarif spécial formant un contrat sanctionné par l'autorité compétente et qui lie les parties. En dehors de ce cas, le droit de remplir les formalités en douane appartenant en principe aux expéditeurs et destinataires, l'exercice de ce droit peut être par eux délégué à des mandataires et spécialement à des commissionnaires en douane, et les commissionnaires en douane qui, se présentant comme mandataires, exigent des compagnies de chemins de fer le bénéfice du régime du transit international, organisé par l'arrêté du 31 déc. 1848 et le décret du 25 janv. 1853, ne sont pas tenus de justifier d'une réquisition spéciale de l'expéditeur ou du destinataire ou d'une stipulation expresse dans la lettre de voiture; il leur suffit de donner communication des pouvoirs réguliers à eux remis par les personnes figurant sur les lettres de voiture. Toutefois, l'application de ce régime est subordonnée aux conditions réglementaires (Civ. cass. 11 nov. 1884, aff. Belval, D. P. 85. 1. 241). Enfin les difficultés de service que peut occasionner le dédouanement accompli dans les conditions spéciales de l'arrêté de 1848 et du décret de 1853 ne sont que les conséquences naturelles des obligations qui incombent à la compagnie de chemin de fer en vertu de son monopole de transport, et ne lui donnent, dès lors, pas droit à une rémunération spéciale; mais les frais occasionnés, tels que le plombage, le coût de l'acquit à caution, etc., doivent être remboursés (Douai, 26 août 1882, aff. Belval, D. P. 85. 1. 241).

131. — IV. Fautes dont répondent les commissionnaires de transport ou les voituriers. — La jurisprudence a continué à appliquer les principes qui ont été exposés au *Rép.* n°s 338 et suiv.: les entrepreneurs de transport sont responsables de toute perte ou détérioration de la chose s'ils ne prouvent que cette perte ou détérioration provient soit du vice propre de la chose, soit d'un cas fortuit ou de force majeure. — Le commissionnaire reste donc, ainsi qu'on l'a dit au *Rép.* n° 339, responsable de toute faute qu'il commet dans l'exécution de son mandat. Ainsi il est responsable des erreurs dans la direction donnée aux marchandises qui lui sont confiées (Picard, t. 4, p. 220). — Décidé, par exemple, que l'erreur de direction commise par une compagnie de chemins de fer, qui a eu pour résultat le transport des marchandises dans une gare autre que celle indiquée par la lettre de voiture, constitue, à la charge de la compagnie, une faute qui engage sa responsabilité (Req. 13 déc. 1882, aff. Chemin de fer de Lyon *C.* Bonnaure, D. P. 84. 5. 93). De même, l'entrepreneur de transports militaires est responsable de la perte des objets à lui confiés par des particuliers en vertu de réquisitions de l'autorité (Paris, 1er août 1872, aff. Perey, D. P. 73. 5. 104).

132. Le commissionnaire de transport, et spécialement une compagnie de chemins de fer, est également en faute lorsqu'elle ne se conforme pas aux lois et règlements relatifs à la constatation des expéditions; elle est, par suite, responsable de la perte des marchandises dont la remise n'a été constatée que par une mention inscrite par ses agents sur un carnet restant aux mains de l'expéditeur, cette inscription prouvant suffisamment contre elle l'expédition, sans qu'elle puisse exciper du non-accomplissement des formalités prescrites pour la constatation des expéditions et spécialement de leur inscription sur le livre d'entrée des marchandises (Rouen, 17 mai 1867) (1).

133. Il a été jugé encore que l'expédition des marchandises

(1) (Menu-Sellier *C.* Comp. de l'Ouest.) — La cour; — Attendu que Menu-Sellier réclame à l'administration du chemin de fer de l'Ouest la valeur de 100 sacs de farine qu'il soutient avoir déposés à la gare de Gaillon, le 21 juin 1865, pour être transportés à Rouen, et qui ne sont pas arrivés à destination; — Attendu que Menu-Sellier appuie sa réclamation sur un carnet destiné à recevoir les récépissés des expéditions qu'il fait par la voie du chemin de fer, et sur lequel se trouve la mention d'un dépôt par lui fait à la gare de Gaillon et à la date du 21 juin 1865, de 100 sacs de farine à expédier à Rouen, mention signée par Delardière, employé de cette gare; — Attendu que des documents du procès, il résulte que la compagnie de l'Ouest, ce que du reste elle ne méconnaît pas, ne se conforme pas aux dispositions législatives et réglementaires qui lui sont imposées; que notamment elle ne tient pas de registre d'entrée des marchandises; qu'il résulte encore de ces documents qu'à la gare de Gaillon, il est d'usage que l'employé qui reçoit des marchandises en certifie la réception sur un carnet présenté par l'expéditeur, et que cet usage se produit sous les yeux de l'administration qui ne l'ignore pas et ne peut l'ignorer; — Attendu que la compagnie de l'Ouest, en ne se conformant pas aux règles qui lui sont prescrites, se prive par son propre fait, du moyen le plus sûr de se mettre à l'abri des erreurs ou des fraudes auxquelles elle peut être exposée de la part des expéditeurs, et qu'en tolérant l'usage suivi à la gare de Gaillon, de faire certifier la remise des marchandises par l'employé qui les reçoit, sur un carnet que présente l'expéditeur, elle met aux mains de celui-ci un acte qu'il doit considérer comme une reconnaissance de la part de la compagnie du dépôt qu'il fait et comme devant être

par une voie qui n'est pas la plus directe constitue une faute dans l'exécution du contrat de transport (Civ. cass. 24 déc. 1884, aff. Comp. d'Orléans C. Nourry, D. P. 85. 1. 112). — Constitue également une faute engageant la responsabilité du commissionnaire le fait d'avoir changé le mode de transport convenu ou ordinairement employé. Ainsi, le commissionnaire qui, chargé du transport d'une locomotive de chemin de fer, opère ce transport en faisant traîner la machine sur ses propres roues, au lieu de la faire transporter sur char, chariot ou bateau, suivant la recommandation que lui en avait même faite l'expéditeur, est tenu d'indemniser celui-ci en cas de rupture des roues de la machine pendant le trajet (Grenoble, 23 déc. 1854, aff. Comp. Gilles, D. P. 55. 2. 203). Il en est de même, au cas où il y a eu substitution d'un transport par mer à un transport par terre (Rennes, 19 mars 1850, aff. Russeil, D. P. 52. 2. 240), ou substitution d'un transport par navire à voiles au transport convenu par navire à vapeur (Bordeaux, 9 avr. 1869, aff. Albert, D. P. 70. 2. 222). Ainsi le commissionnaire auquel des marchandises ont été confiées avec un connaissement suivant lequel elles devaient être transportées par navire à vapeur est en faute s'il charge ces marchandises sur un navire désemparé de sa machine, qui ne peut plus naviguer qu'à la voile ou à l'aide d'un remorqueur (Bordeaux, 9 mai 1876, rapporté avec Req. 7 août 1877, V. *Chose jugée*, n° 28).

134. Quelle que soit la responsabilité du voiturier, il ne faut pas oublier que, si l'art. 103 c. com. déclare le voiturier garant des avaries autres que celles qui proviennent du vice propre de la chose ou de la force majeure, cette responsabilité, reposant sur la présomption que le voiturier a reçu en bon état les objets à lui confiés, disparaît lorsqu'il fournit la preuve que les avaries existaient avant l'époque où ces objets lui ont été remis, ou qu'elles proviennent du fait de l'expéditeur lui-même (V. *infrà*, n° 140). — Jugé, en conséquence, que le voiturier cesse d'être responsable des avaries apparentes de la marchandise transportée lorsqu'il prouve que ces avaries existaient avant l'époque où ces objets lui ont été remis ou qu'elles proviennent du fait de l'expéditeur; que la preuve, à cet égard, résulte spécialement de la souscription par l'expéditeur d'un bulletin de garantie constatant l'existence des avaries au moment de l'expédition, et que l'irresponsabilité du voiturier, fondée sur ce qu'il est prouvé que l'avarie existait avant la prise en charge, peut être invoquée par lui à l'égard de tous, et notamment du destinataire (Civ. cass. 10 déc. 1878, aff. Comp. de Lyon C. Milhaud, Fénelon et autres, D. P. 79. 1. 204; 6 août 1879, aff. Comp. de l'Est C. Hardy-Lebègue, D. P. 80. 5. 74).

135. Les compagnies de chemins de fer seraient encore responsables si le préjudice était causé par l'insuffisance du matériel ou du personnel des gares (Féraud-Giraud, t. 2, n° 777; *Rép.* v° *Voirie par chemin de fer*, n°s 398 et 424); — ou encore par le mauvais état du matériel fourni aux expéditeurs, et notamment l'insuffisance des bâches qui recouvraient des foins objet du transport et avariés par la pluie en cours de route (Req. 27 déc. 1881) (1).

136. Le voiturier répond aussi des fautes qui sont commises dans la manutention des colis (Féraud-Giraud, n° 778) ou dans le transport proprement dit. Par exemple, les compagnies de chemins de fer seront responsables de l'avarie qui proviendra d'un refoulement trop brusque du wagon dans lequel les marchandises étaient transportées, ou d'un mauvais arrimage, etc. (Civ. rej. 10 juin 1884, aff. Comp. de l'Est C. Usines de Sougland, D. P. 85. 1. 76; 7 juill. 1884, aff. Comp. de l'Est C. Gény, *ibid.*).

137. Mais si la faute du voiturier ou de ses agents engage sa responsabilité, il faut qu'il y ait eu réellement faute, c'est-à-dire inobservation des précautions et absence des soins nécessaires à la conservation des marchandises, et, de plus, que cette faute soit bien constatée. Ainsi, en matière de transport maritime, la responsabilité du transporteur ne peut être engagée par cela seul que les juges du fait se sont bornés à déclarer qu'il devait aux marchandises transportées tous les soins nécessaires, sans préciser une faute déterminée à sa charge (Civ. cass. 21 juill. 1885, aff. Nouvelle compagnie marseillaise de navigation à vapeur, D. P. 85. 5. 86). — On ne saurait, d'autre part, exiger des transporteurs, et en particulier des compagnies de chemins de fer, qu'elles prennent de la chose transportée des soins particuliers qui ne sont pas prévus et ne leur sont pas imposés par les tarifs. Par exemple, ces compagnies ne sont pas tenues de prendre des précautions spéciales pour éviter la fuite des chiens qui voyagent enfermés dans des cages ou paniers, notamment de placer la cage dans un local d'où le chien ne puisse s'échapper (Civ. cass. 5 juin 1878, aff. Comp. de l'Ouest C. Beuze-

---

son titre contre elle, dans le cas où la marchandise à transporter n'arriverait pas à destination et où il aurait à en réclamer la valeur; — Attendu que, dans ces circonstances, Menu-Sellier trouve dans le récépissé porté sur son carnet à la date du 21 juin 1865, et signé de l'employé Delardière, la meilleure justification qu'il puisse produire à l'appui de sa demande; que ce récépissé est dans ses mains un titre que la compagnie ne peut méconnaître; qu'il a été donné dans des conditions qu'il n'ignore pas et qu'elle tolère; — Attendu que la compagnie de l'Ouest ne conteste pas la valeur attribuée par Menu-Sellier aux 100 sacs de farine qui sont l'objet de la contestation; — Attendu que Menu-Sellier ne justifie d'aucun dommage à lui causé, outre la perte des sacs qui renfermaient les farines perdues; — Infirme le jugement rendu par le tribunal de commerce de Louviers le 2 août 1866, etc.

Du 17 mai 1867.-C. de Rouen, 3e ch.-MM. Lacroix, pr.-Jardin, 1er av. gén.-Desseaux et Deschamps, av.

(1) (Chem. de fer de Paris à Lyon et à la Méditerranée C. Guès et autres.) — Le 20 mai 1881, jugement du tribunal de commerce de Toulon ainsi conçu : — « Attendu que le sieur Guès a reçu en gare de Toulon, par petite vitesse, un voyage foin et paille du poids de 4,900 kilos, expédié de Pertuis le 15 janvier dernier par MM. Rose et Barrat; — Attendu que lesdites balles, paille et fourrage, sont arrivées à Toulon dans un état d'avarie tellement prononcé que le sieur Guès s'est trouvé dans l'obligation de laisser pour compte onze balles; — Attendu que le sieur Guès réclame à la compagnie P. L. M. : 1° la somme de 94 fr. 98, montant du prix desdites onze balles; 2° la somme de 100 fr. à titre de dommages-intérêts pour le préjudice souffert; — Attendu que de son côté la compagnie P. L. M. a appelé en garantie les sieurs Rose et Barrat, expéditeurs; — Attendu qu'il y a lieu de joindre la demande principale et la demande en garantie et de statuer par un seul jugement; — Attendu que la compagnie P. L. M. soutient qu'elle n'est pas responsable de l'avarie, parce que les pailles et fourrages ont voyagé sous le bénéfice du tarif spécial n° 20, qui porte comme condition particulière « que le chargement est fait par l'expéditeur et le déchargement par le destinataire à leurs risques et périls », comme condition générale « que la compagnie n'est pas responsable des déchets et des avaries de route »; — Attendu qu'il est de jurisprudence constante que, dans le cas d'un tarif spécial, toute la responsabilité des compagnies ne disparaît pas entièrement et qu'elles sont toujours responsables des fautes provenant de leur fait; — Attendu que, dans l'espèce, l'avarie qui s'est produite provient de l'humidité occasionnée par la pluie, et dont les bâches qui couvraient les foins n'ont pu les garantir; — Attendu que ces bâches sont la propriété de la compagnie, qu'elles sont fournies par elle, et qu'elle doit être responsable des dégâts occasionnés par son matériel mauvais et insuffisant; — Attendu que, vainement, elle soutient que le droit de l'expéditeur était de se faire donner des bâches en bon état et pouvant garantir la marchandise de la pluie, au cours du voyage, ce qu'il n'eût pas manqué de faire, s'il en avait reconnu la nécessité, et que par suite, l'avarie lui est imputable; — Attendu que cette prétention de la compagnie ne peut être admise par le tribunal; que le tarif n° 20 ne l'a pas dispensée de fournir des bâches conditionnées de manière à mettre la marchandise à l'abri de toute mouillure, et que si la paille et le foin étaient mal bâchés par l'expéditeur, elle aurait dû refuser d'expédier cette marchandise; qu'elle n'a fait aucune observation à ce sujet, et a accepté l'envoi comme suffisamment recouvert par des bâches, avant son départ; qu'il faut donc reconnaître que c'est par sa faute que la marchandise a été mouillée au cours du transport; — Attendu, dès lors, qu'il y a lieu de faire droit à la demande du sieur Guès, etc. ». — Pourvoi en cassation par la compagnie P. L. M. — Arrêt.

LA COUR; — Sur le moyen unique du pourvoi, tiré de la violation de l'art. 1134 c. civ., et du tarif spécial n° 20 P. V., et de la fausse application des art. 1784 c. civ., 103 c. com. : — Attendu que le jugement attaqué constate, dans l'ensemble de ses motifs, que l'avarie dont se plaignent Guès et consorts, et qui est survenue en cours de transport, a eu pour cause le mauvais état du matériel fourni aux expéditeurs, et notamment l'insuffisance des bâches qui recouvraient les foins; qu'ainsi se trouvait établie la faute commise par la compagnie P. L. M. qui, dès lors, a été à bon droit déclarée responsable;

Par ces motifs, rejette, etc.

Du 27 déc. 1881.-Ch. req.-MM. Alméras Latour, f. f. pr.-Crépon, rap.-Petiton, av. gén., c. conf.-Dancongnée, av.

bosc, D. P. 79. 1. 30). L'expédition des chiens peut d'ailleurs avoir lieu de deux manières différentes. L'animal peut voyager seul ou bien enfermé dans un panier ou une cage. Dans le premier cas, l'art. 23 du tarif dispose que, si le destinataire ne se trouve pas présent à l'arrivée du train, la compagnie est exonérée de toute responsabilité pour les accidents qui pourraient arriver aux chiens pendant le déchargement, et il exonère également la compagnie de toute responsabilité pour la perte des chiens qui s'enfuiraient pendant ce déchargement, en l'absence du destinataire. Dans le second cas, c'est-à-dire lorsque le chien voyage enfermé dans un panier ou une cage, l'expédition est régie par les dispositions générales du cahier des charges et des tarifs, qui n'imposent à la compagnie aucune précaution particulière à raison de la nature spéciale de ce colis (V. Palaa, *Dictionnaire des chemins de fer*, v° *Chiens*).

138. L'entrepreneur de transport n'est pas en faute et, par suite, n'est pas responsable du déficit existant entre le poids attribué dans la lettre de voiture à la marchandise transportée et le poids de la même marchandise à l'arrivée, s'il résulte de l'état des colis que cette différence de poids ne peut s'expliquer par le fait d'une soustraction commise au cours du voyage, et qu'elle est le résultat d'une erreur manifeste du rédacteur de la lettre de voiture (Req. 6 avr. 1869, aff. Belin, D. P. 69. 1. 412). En effet, l'erreur commise dans la lettre de voiture sur la quantité des objets transportés est évidemment exclusive d'une responsabilité qui implique la perte de marchandises réellement remises à l'entrepreneur de transport. — Cela ne peut guère faire difficulté; mais on ne saurait résoudre aussi facilement la question de savoir comment cette erreur, si elle n'est pas reconnue, peut être établie. La preuve pourra-t-elle en être faite à l'aide de présomptions puisées dans les documents de la cause et laissées à l'appréciation souveraine des juges? Nous le croyons. En effet, la disposition de l'art. 1341 c. civ., qui ne permet de prouver contre et outre le contenu aux actes que par écrit ou avec un commencement de preuve par écrit, n'est pas applicable aux matières commerciales (V. Req. 10 avr. 1860, aff. de Villesevre, D. P. 60. 1. 271; Bordeaux, 8 août 1861, aff. Baillargeau, D. P. 63. 5. 301). Et si l'on applique ce principe aux lettres de voiture, il en résultera que les énonciations d'une lettre de voiture pourront être combattues par la preuve testimoniale seule, et dès lors aussi par de simples présomptions (V. en ce sens : Pouget, t. 2, n° 159). Ce point, toutefois, fait difficulté (V. Duverdy, n° 14; Alauzet, *Commentaire du code de commerce*, 3e éd., t. 3, n° 1185; Bravard-Veyrières et Demangeat, *Droit commercial*, 7e éd., p. 196). Selon ces auteurs, une lettre de voiture est protégée par la règle de l'art. 1341.

Quoiqu'il en soit, à cet égard, il est à remarquer que l'erreur est souvent manifeste, et reconnue, sinon par le destinataire qui actionne le voiturier en responsabilité du déficit résultant du rapprochement des mentions de la lettre de voiture et de la quantité arrivée à destination, du moins par l'expéditeur. Et l'entrepreneur de transport, actionné en responsabilité par le destinataire, peut exciper de l'erreur sans être tenu de mettre en cause l'expéditeur; son moyen de défense, alors surtout que l'erreur est reconnue par l'expéditeur, se trouvant puisé dans les éléments de la contestation engagée entre lui et le destinataire, c'est à ce dernier, s'il croit la présence de l'expéditeur utile à ses intérêts, à l'appeler lui-même au procès (Req. 6 avr. 1869, aff. Belin, D. P. 69. 1. 412).

139. Le voiturier ne doit supporter la totalité du dommage que lorsque la faute qui en est l'origine lui est entièrement imputable et qu'il n'en partage pas, dans une certaine mesure, la responsabilité avec l'expéditeur ou le destinataire. C'est là une règle d'équité que la jurisprudence a consacrée à plusieurs reprises. — Jugé, en conséquence, que lorsque la perte ou le retard dans l'arrivée des colis s'est produit par les fautes simultanées du voiturier et du destinataire, le juge doit répartir les dommages-intérêts dans la proportion de la responsabilité de chacun d'eux; et les parts peuvent être inégales, si la faute de l'un est plus grave que celle de l'autre (Req. 26 mars 1873, aff. Albrecht, D. P. 74. 1. 464; Grenoble, 13 févr. 1872, aff. Fleury-Pont, D. P. 72. 2. 225; Paris, 18 janv. 1873, aff. Comp. de l'Ouest, D. P. 75. 1. 49-51. V. aussi *infrà*, n° 143).

140. Le commissionnaire ne peut d'ailleurs, ainsi qu'on l'a exposé au *Rép.* n° 340, être responsable du dommage provenant du fait de l'expéditeur ou de ses agents. On reconnaît, par exemple, qu'il n'a point à répondre d'une avarie dont la cause première réside dans le mauvais état des fûts, caisses, ballots, etc., dans lesquels la marchandise était renfermée, sans distinguer entre le cas où il aura accepté le transport sans exiger une constatation préalable du mauvais état de l'emballage et la remise d'un certificat de non-garantie, et celui où il aura, au contraire, fait des réserves : l'absence de réserves ne saurait lui enlever le droit d'invoquer une circonstance propre à dégager sa responsabilité (Civ. cass. 25 août 1875, aff. Comp. de Lyon *C.* Gobby, D. P. 76. 1. 390; 20 févr. 1878 et 5 févr. 1879, aff. Comp. de Lyon *C.* Girard et Azémar, D. P. 79. 1. 171; Féraud-Giraud, t. 2, n° 854; Duverdy, n° 72); elle n'a d'autre effet que de mettre à sa charge la preuve que les colis lui ont été remis en mauvais état.

141. L'insuffisance de l'emballage est, d'ailleurs, généralement considérée par la jurisprudence comme un vice propre de la chose, bien qu'il soit plus juridique, à notre avis, d'y voir un fait reprochable, une faute de l'expéditeur (Sarrut, n° 782); or on sait que le vice propre de la chose a pour effet, universellement admis, d'exonérer le transporteur de toute responsabilité. C'est ce que persiste à décider la jurisprudence.

Ainsi, on reconnaît toujours que le voiturier n'est pas responsable des avaries survenues en cours de route lorsqu'il est établi, notamment à l'aide du mode de vérification organisé par l'art. 106 c. com., que ces avaries proviennent du vice propre de la chose transportée. Il faut ajouter que les formalités prescrites pour l'expertise ordinaire ne s'appliquent pas à la vérification spéciale des marchandises transportées, établie par l'art. 106 c. com., et que, spécialement, le voiturier n'est pas tenu d'appeler l'expéditeur à cette vérification (Civ. cass. 30 nov. 1881, aff. Chemin de fer de Lyon *C.* Lapalud et Dechet, D. P. 83. 1. 31; Féraud-Giraud, t. 2, n° 858. V. *infrà*, n° 317).

142. Le voiturier n'étant pas responsable des avaries survenues en cours de route aux marchandises transportées, lorsqu'elles proviennent du vice propre de la chose, il en résulte qu'une compagnie de chemin de fer n'est pas responsable du coulage causé par l'insuffisance du cerclage et le mauvais état du fût expédié, ou de la vidange d'un fût résultant de la mauvaise qualité de ce fût (Civ. cass. 25 août 1875, aff. Comp. de Lyon *C.* Gobby, D. P. 76. 1. 390; 20 févr. 1878, aff. Comp. de Lyon *C.* Girard, D. P. 79. 1. 171; 5 févr. 1879, aff. Comp. de Lyon *C.* Azémar, *ibid.*). — Elle n'est pas non plus responsable de la perte du vin transporté en bouteilles, lorsqu'il est constaté que cette perte provient du bouchage défectueux des bouteilles (Civ. cass. 23 mars 1880) (1).

Il y aurait encore lieu de décharger la compagnie de

(1) (Chemin de fer de Paris-Lyon-Méditerranée *C.* Rovigli.) — Le 13 févr. 1878, il fut expédié de Vintimille, à l'adresse du sieur Rovigli, une caisse de bouteilles de vins provenant de la Toscane; à l'arrivée, le sieur Rovigli constata que les bouteilles étaient vides, refusa d'en prendre livraison, et fit assigner la Compagnie du chemin de fer de Paris-Lyon-Méditerranée en payement du montant de la somme de 82 fr. 50 cent., et en payement de 100 fr., à titre de dommages-intérêts. — La Compagnie appela en cause l'expéditeur, le sieur Notari. — Sur cette demande, jugement du tribunal de commerce de Nice du 27 mai 1878, ainsi conçu : — « Attendu que la Compagnie reconnaît qu'il y avait des bouteilles vides ; que, dès lors, le sieur Rovigli était en droit de refuser la livraison de la caisse dont s'agit; qu'il n'y a pas lieu de lui accorder des dommages-intérêts, ne justifiant pas d'un préjudice ; — Attendu, quant à la demande en garantie, que le sieur Notari fait défaut, que la Compagnie justifie sa demande en garantie, par suite de ce que les flacons n'étaient pas bien bouchés, ce qui a été cause du manquant, etc. ». — Pourvoi en cassation par la Compagnie du chemin de fer Paris-Lyon-Méditerranée, pour violation et fausse application de l'art. 103 c. com., en ce que le jugement attaqué a condamné la Compagnie pour une perte ou une avarie subie par des marchandises, tout en constatant que cette perte ou avarie était le résultat du vice propre de la chose ou du fait de l'expéditeur. — Arrêt.

LA COUR; — Vu l'art. 103 c. com.; — Attendu qu'il est reconnu en fait par le jugement attaqué que le coulage, objet du litige,

toute responsabilité, la perte provenant du vice propre de la chose, à raison de la vidange d'un fût de vin résultant de trous de clous pratiqués dans les douves (Civ. cass. 9 juill. 1879, aff. Comp. de Lyon C. Devic et autres, D. P. 80. 5. 74).

143. Il ne faut d'ailleurs pas perdre de vue que la responsabilité de la compagnie n'est dégagée, lorsque l'existence d'un vice de la chose est constatée, qu'autant qu'elle n'a pas aggravé par sa faute les conséquences de ce vice (Sarrut, nº 780, Picard, t. 4, p. 785). S'il y a eu faute de sa part, elle devra en supporter les conséquences quoique dans une proportion moindre que si la chose n'avait présenté aucun vice; enfin, si la faute coexistante au vice propre est commune au voiturier, à l'expéditeur et au destinataire, la responsabilité devra évidemment se répartir entre eux (V. *suprà*, nº 139). — Il a été jugé en ce sens que, lorsque, après le refus par le destinataire des marchandises transportées, le voiturier les conserve dans ses magasins au lieu d'en faire ordonner le séquestre et le dépôt, la responsabilité des avaries survenues à ces marchandises depuis leur arrivée doit être répartie entre le voiturier et l'expéditeur, si ces avaries, bien qu'ayant pour cause première un vice propre des marchandises, eussent pu être arrêtées ou amoindries au moyen d'un examen attentif et de soins assidus (Douai, 11 août 1855, aff. Chemin de fer du Nord C. Bertelle, D. P. 56. 2. 89).

144. De ce que le vice propre de la chose ne décharge la responsabilité du commissionnaire de transport qu'autant qu'il n'a pas commis lui-même de faute, résulte pour le commissionnaire l'obligation de prouver, à la fois, que la marchandise était susceptible de périr par vice propre, et que la perte est due à ce vice et non à un défaut de soins de sa part, que toutes les précautions propres à assurer la conservation de la marchandise en raison de sa nature ont été prises, et que, par conséquent, aucune faute ne lui est imputable (Paris, 15 janv. 1874 (1); Féraud-Giraud, t. 2, nº 855; Picard, t. 4, p. 784).

145. Cette double preuve suffit lorsque la livraison est accomplie dans les délais convenus ou, si le transporteur est une compagnie de chemin de fer, dans les délais impartis par les règlements. — Au contraire, si la livraison a eu lieu après l'expiration des délais, il ne suffit pas au commissionnaire de transport de prouver que l'avarie provient du vice propre de la chose et non pas de sa propre faute; il lui faut, en outre, pour échapper à la responsabilité de l'avarie, établir que les mesures que le propriétaire de la marchandise aurait pu prendre, si elle lui avait été livrée dans le délai voulu, eussent été impuissantes à paralyser l'effet du vice propre (Féraud-Giraud, nº 857). — Il faut remarquer à ce propos que dans les délais impartis aux compagnies de chemins de fer doivent être compris les délais de camionnage lorsque la livraison doit être effectuée à domicile, et qu'on ne saurait arguer d'un retard dans la livraison tant que ces délais ne sont pas expirés. Ainsi, lorsqu'une marchandise livrable à domicile a péri par son vice propre le lendemain du délai fixé pour l'arrivée en gare, sans que le destinataire soit venu la réclamer, la compagnie n'est pas en retard de livrer cette marchandise et n'est pas responsable de la perte (Civ. cass. 18 juill. 1876, aff. Chemin de fer de l'Est C. Robert, D. P. 76. 1. 375).

146. On verra (*infrà*, nºˢ 157 et suiv.), qu'il est telles dispositions des tarifs qui prévoient les effets du vice propre de la marchandise et admettent l'existence de certains déchets de route. Le transport, en effet, comme le remarque M. Sarrut, nº 739, « cause toujours une certaine détérioration ou déperdition; quelles que soient les précautions prises, il est des dégâts ou des pertes que le seul fait du transport amène nécessairement. Le chargement et le déchargement, la trépidation des wagons... sont autant de causes inévitables de lésions et de déchets. Si l'on songe, en outre, aux mille circonstances qui peuvent influer sur les marchandises, intempéries des saisons, nature des objets, longueur du trajet, on comprendra qu'il est juste d'accorder aux compagnies de chemins de fer une certaine tolérance, et que tracer d'une manière fixe les limites de cette tolérance, ce serait porter une grave atteinte à l'équité, aux intérêts communs des compagnies et des particuliers. Pour savoir donc si les avaries, déchets, coulage, etc., doivent être mis à la charge des compagnies, il faut rechercher s'ils sont la conséquence forcée du transport. Résultent-ils du fait même du transport, aucune indemnité n'est due. Est-il certain, au contraire, qu'ils ne se fussent pas produits si la compagnie eût été vigilante, la responsabilité de la compagnie se trouve engagée; mais, dans ce dernier cas,

---

provenait du bouchage défectueux des bouteilles expédiées, et, par conséquent, du vice propre de la chose; que, néanmoins, ce jugement a condamné la Compagnie de Paris à Lyon et à la Méditerranée à réparer le préjudice résultant de ce coulage, en quoi il a violé l'article ci-dessus visé; — Casse, etc.

Du 23 mars 1880.-Ch. civ.-MM. Mercier, 1ᵉʳ pr.-Massé, rap.-Desjardins, av. gén., c. conf.-Dancongnée, av.

(1) (Chemin de fer de Lyon C. Barbe.) — LA COUR; — Considérant qu'aux termes des art. 1782 et 1784 c. civ. et 103 c. com., le voiturier est garant de la perte des objets à transporter, hors le cas prouvé de la force majeure ou du vice propre à la chose; que la preuve lui incombe et qu'il ne peut se couvrir, par l'exception du cas fortuit, qu'autant qu'il établit que l'événement n'a pu être prévu ni empêché, et qu'aucune faute de sa part ne l'a précédé ou accompagné;

Considérant que l'expéditeur des quarante bonbonnes, dont Barbe réclame la valeur à la compagnie appelante, avait fait, dans sa lettre de voiture, une déclaration sincère et précise, et indiqué la nature, le nom et jusqu'au degré de densité aréométrique de l'acide nitrique remis à la compagnie du chemin de fer; — Que celle-ci, ainsi renseignée, était tenue à prendre toutes les mesures de précaution nécessaires, à s'assurer notamment, au moment de la remise, du bon conditionnement et de la solidité des bombonnes et de leur emballage, à en surveiller le chargement; qu'enfin et en cours de route, s'agissant d'une matière dangereuse, sujette à certains accidents de fermentation, elle devait prendre soin qu'aucun choc violent, qu'aucun stationnement prolongé à une lumière et à une chaleur ardentes, ou à proximité des locomotives circulant sur la voie, ne pût occasionner la perte de la chose; — Qu'enfin, prélevant le prix du transport selon son tarif exceptionnel et plus coûteux, elle était d'autant plus rigoureusement tenue de toute faute, négligence ou simple omission;

Considérant que, pour justifier le cas fortuit, le voiturier n'a point, sans doute, à faire connaître la cause et la nature précise de l'accident survenu, et que cette cause même demeurant inconnue, il serait justement exonéré, s'il démontrait qu'il a été dans l'impossibilité absolue de prévoir ou d'éviter l'événement;

Mais considérant qu'au cas du procès il est dès à présent démontré que le wagon sur lequel étaient chargées les quarante bombonnes d'acide nitrique fumant, à destination de l'intimé, a stationné durant deux heures dans la gare de Nîmes; que là, au lieu d'être remisé sous un hangar couvert ou à l'ombre et tenu à distance des voies de service, il a été purement et simplement maintenu, avec le train dont il faisait partie, sur une voie d'évitement, exposé tout ce temps à une lumière et à une chaleur intenses, en plein soleil de juin, sous une latitude méridionale, à proximité des machines et des trains montants et descendants; — Que rien, dans cet état des faits, ne vient démentir l'hypothèse, soit d'un incendie communiqué par une étincelle tombant et pénétrant dans le wagon, soit d'une fermentation des liquides acides par l'effet de la chaleur et de la lumière (aggravée par l'immobilité même et l'absence de courant d'air, pendant le stationnement) ou encore par l'effet de toute autre cause extérieure et accidentelle, qu'il était du devoir du voiturier de prévenir; qu'il ressort de là que toutes les précautions commandées par la prudence n'ont point été prises;

Sur les conclusions subsidiaires à fin de preuve disculpative: — Considérant qu'à raison de ce qui précède, les faits articulés sont ou reconnus dès à présent et constatés ainsi qu'il vient d'être dit, ou suffisamment éclaircis au moyen des documents produits devant la cour; qu'ils ne sont pas de nature à relever la compagnie voiturière de la présomption légale et de la responsabilité qui pèsent sur elle;

Sur les conclusions d'appel incident: — Considérant que la compagnie a eu le tort de ne point avertir aussitôt le destinataire de la perte de la marchandise, et que celui-ci ne l'a connue que tardivement et alors que la saison de fabrication allait expirer pour son industrie; qu'il a subi enfin un préjudice, qui s'est prolongé depuis le 15 juin 1871 jusqu'au jour du présent arrêt, par le fait de la compagnie; — Qu'il y a lieu de lui allouer de ce chef une réparation dont la cour peut arbitrer le chiffre au moyen des documents à elle fournis;

Par ces motifs, ... du chef de l'appel principal, déboute l'appelant; ... du chef de l'appel incident; ... émendant, décharge Barbe des dispositions qui lui font grief, et statuant par décision nouvelle, condamne la compagnie à lui payer, à titre de dommages-intérêts pour les causes susénoncées la somme de 500 fr.

Du 15 janv. 1874.-C. de Paris.

il est juste de déduire la déperdition ou détérioration représentant une avarie normale ». D'ailleurs, en l'absence de toute disposition du tarif concernant les déchets de route, il appartient aux tribunaux d'apprécier si le déficit constaté à l'arrivée, dans le poids ou la quantité des marchandises, provient de leur nature propre ou d'une faute du commissionnaire de transport. En effet, si le déficit provient de la nature de la chose, on rentre dans le cas de déficit provenant de vice propre pour lequel le voiturier est exonéré de toute responsabilité. — Lorsque, au contraire, le juge du fond constate que ce déficit provient uniquement d'une faute du commissionnaire ou de ses agents, celui-ci ne peut se plaindre d'avoir été condamné à des dommages-intérêts, sans que le juge ait tenu compte des conditions climatériques dans lesquelles le transport a été effectué (Civ. rej. 5 nov. 1883, aff. Comp. de Bône à Guelma C. Cellerin, D. P. 84. 1. 461). Et, dans ce cas, le transport ayant été opéré sous la condition ordinaire de garantie, le commissionnaire a la charge de prouver qu'aucune faute ne lui est imputable (Req. 29 mai 1866, aff. Comp. de Lyon C. Delostal, D. P. 67. 1. 388; Arrêt précité du 5 nov. 1883). — Mais si un tarif spécial décharge la compagnie du chemin de fer de la garantie des déchets de route, cette clause, qui n'a point pour effet d'affranchir la compagnie de toute responsabilité pour les fautes commises par elle ou par ses agents, a pour résultat, contrairement aux règles du droit commun, d'en mettre la preuve à la charge des expéditeurs ou des destinataires; et cette preuve ne peut résulter d'une simple présomption ou d'une simple induction, sans la constatation d'un fait déterminé constitutif d'une faute (Civ. cass. 5 nov. 1883, aff. Comp. de Bône à Guelma C. Péclat-Maunder, D. P. 84. 1. 461. V. aussi *infrà*, n° 153). — Sur le cas où la bonification pour manquants ou déchets est invoquée par une compagnie étrangère en vertu de ses règlements, V. Colmar, 30 juin 1865 (*infrà*, n° 207).

147. — V. Du cas où le commissionnaire de transport ou voiturier peut convenir qu'il ne sera pas garant de ses faits ou de ceux de ses agents. — On admet toujours sans difficulté, conformément à la doctrine exposée au *Rép.* n°s 343 et 344, que le commissionnaire de transport peut valablement stipuler qu'il ne répondra pas du fait des personnes à l'intermédiaire desquelles il a recours pour l'exécution du transport. Cette convention est autorisée, en effet, par l'art. 98 c. com. qui, d'après l'opinion commune, n'est qu'une application de cette règle générale qu'on peut s'exonérer conventionnellement de la responsabilité du fait d'autrui (V. notamment : Lyon-Caen et Renault, n° 903). C'est ainsi qu'on admet en général, la validité des clauses par lesquelles le propriétaire d'un navire se dégage de la responsabilité des fautes du capitaine (Sol. impl., Req. 11 janv. 1842, *Rép.* v° *Droit maritime*, n° 985; Civ. cass. 20 janvier et 10 mars 1869, aff. Comp. des services maritimes des messageries impériales, 9 arrêts, D. P. 69. 1. 94; Rouen, 14 juin 1876, aff. Lenormant, D. P. 77. 2. 68-69; Civ. rej. 14 mars 1877, aff. Duclaux, D. P. 77. 1. 449; Civ. rej. 2 avr. 1878, aff. Lenormand, D. P. 78. 1. 479; Civ. cass. 23 juill. 1878, aff. Comp. de navigation *Bristish-India steam*, D. P. 78. 1. 349-350; Alger, 26 déc. 1881, aff. Teissier, D. P. 82. 2. 213; Civ. cass. 23 janv. 1884, aff. Teissier, D. P. 84. 1. 121; Lyon-Caen et Renault, n° 1056; de Courcy, *Questions de droit maritime*, 2e sér., p. 75 et suiv.; *Revue critique de législation et de jurisprudence*, 1880, p. 755 et 756. — *Contrà :* Desjardins, *Traité de droit commercial maritime*, t. 2, n° 276; Cresp et Laurin, *Cours de droit maritime*, t. 1, p. 638 et suiv.; Boistel, n° 1184).

148. Comme on l'a fait remarquer (*Rép.* n° 343, et v° *Voirie par chemin de fer*, n° 433), la même doctrine n'est pas applicable au voiturier, qui exécute lui-même le transport : la stipulation de non-garantie ne saurait, en principe, lui être permise, parce qu'il ne peut s'affranchir de la responsabilité de ses faits personnels (Conf. Duverdy, n° 30; Sarrut, n° 748. — V. toutefois, en sens contraire: Lyon-Caen et Renault, n° 903; Verne de Bachelard, *De la responsabilité des chemins de fer en matière de transport*, n°s 78 et suiv.). D'après ces auteurs, il serait permis au voiturier de s'exonérer de la responsabilité de ses faits personnels, avec cette seule restriction que la clause de non-garantie ne l'affranchirait pas des conséquences de ses fautes *lourdes*. « Dès l'instant, disent MM. Lyon-Caen et Renault, où l'expéditeur accepte une pareille clause qui, en général, correspond à une diminution du prix de transport, il n'y a aucune bonne raison pour ne pas en admettre la validité. On ne saurait poser en règle qu'une personne ne peut pas stipuler qu'elle ne répondra pas de ses fautes; car tous les jours sont conclus des contrats d'assurance qui ont pour conséquence certaine d'empêcher l'assuré de supporter les dommages résultant aussi bien de ses fautes que des cas fortuits ou de la force majeure » (Comp. de Courcy, *Questions de droit maritime*, 2e sér., p. 75, 126 : *Les limites de la responsabilité personnelle*; Sainctelette, *De la responsabilité et de la garantie*, p. 46 et suiv. V. aussi : Civ. rej. 15 mars 1876, aff. Pellerin, D. P. 76. 1. 449).

149. Il faut se garder, d'ailleurs, de voir une stipulation illicite dans la clause imprimée ou manuscrite par laquelle un entrepreneur de transport stipule qu'il ne sera pas responsable des bagages qui n'auront pas été enregistrés. Cette clause, en effet, ne déroge nullement à la règle que l'on vient de rappeler; elle a pour effet d'imposer au voyageur une formalité déterminée, qu'il doit remplir pour engager le voiturier; l'enregistrement qu'elle prescrit constitue une condition du contrat de transport, une condition de l'obligation même du voiturier, et, par conséquent, elle n'a aucunement pour objet d'exonérer celui-ci des conséquences de ses fautes ou de celles de ses agents (Civ. cass. 5 févr. 1873, aff. *Steam Packet et Company*, D. P. 73. 1. 137; 5 juin 1878, aff. Valéry, D. P. 78. 1. 428).

150. Depuis la publication du *Répertoire*, la règle qui prohibe la clause de non-garantie a été appliquée aux compagnies de chemins de fer qui, effectuant pour leur propre compte et par leurs moyens personnels le transport des marchandises confiées à leurs soins, doivent être assimilées aux voituriers, et non aux commissionnaires de transport (V. notamment : Douai, 17 mars 1847, aff. Chemin de fer du Nord, D. P. 47. 2. 97-98; Paris, 14 août 1847, aff. Chemin de fer de Versailles (rive gauche), D. P. 48. 2. 11; Civ. cass. 24 janv. 1874, aff. Chemin de fer de Lyon, D. P. 76. 1. 133-134; Req. 22 avr. 1874, aff. Chemin de fer de Paris à Lyon, D. P. 75. 5. 58; Civ. cass. 14 déc. 1875, aff. Chemin de fer de Lyon, D. P. 76. 1. 133; Req. 9 janv. 1884, aff. Chemin de fer de Lyon, D. P. 84. 1. 194). Et la clause de non-garantie a été reconnue inefficace à l'égard des compagnies, alors même qu'elle se trouverait inscrite dans des tarifs homologués par l'administration supérieure, spécialement dans un tarif spécial à prix réduit dont elle formerait une condition (Req. 26 mars 1860, aff. Chemin de fer d'Orléans, D. P. 60. 1. 269-270; Civ. rej. 24 avr. 1865, aff. Chemin de fer de Lyon, D. P. 65. 1. 215).

151. Toutefois, une modification importante s'est produite à cet égard dans la jurisprudence : on admettait autrefois que la clause de non-garantie était dépourvue de toute efficacité, de telle sorte que l'art. 103 c. com. conservait son entière application, qu'en d'autres termes le voiturier ne pouvait se prévaloir de cette clause même pour se décharger du fardeau de la preuve qui lui incombe d'après le droit commun (V. notamment : Civ. rej. 24 avr. 1865, aff. Chemin de fer de Paris à Lyon, D. P. 65. 1. 215; Req. 29 mai 1866, aff. Chemin de fer de Lyon, D. P. 67. 1. 388). Mais, par un arrêt de cassation du 4 févr. 1874 (aff. Comp. de Lyon, D. P. 74. 1. 305), la cour suprême, rompant avec sa jurisprudence antérieure, et se ralliant à la doctrine de Troplong que nous avons exposée au *Rép.* n° 344, et qui avait été consacrée antérieurement par deux arrêts de cours d'appel (Bordeaux, 5 mars 1860, aff. Chemin de fer du Midi, D. P. 60. 2. 176; Rennes, 28 mai 1873, aff. Chemin de fer de l'Ouest, D. P. 74. 5. 75), a admis la validité de la clause de non-responsabilité insérée dans les tarifs des compagnies de chemin de fer, en ce sens que cette clause a pour effet d'obliger l'expéditeur à établir l'existence d'une faute imputable à la compagnie. Les rôles étaient intervertis, et l'art. 103 se trouvait écarté. La chambre des requêtes adopta ce système dans un arrêt du 22 avr. 1874 (aff. Chemin de fer de Paris à Lyon, D. P. 75. 5. 58); et, depuis lors, la cour de cassation a persisté dans sa nouvelle jurisprudence; de nombreux arrêts ont été rendus dans le même sens, et l'on ne peut signaler aucune décision contraire (V. Civ. cass. 24 déc. 1875, aff. Chemin de fer de Lyon C. May et comp. des Dombes, D. P. 77. 5. 91; Civ. cass. 24 janv. 1876, aff. Chemin de fer de Lyon C. Abegy, D. P. 77. 5. 90; 6 févr. 1877, aff. Chemin de fer de Lyon C. Hable, D. P. 77. 1. 383; 30 mai 1877, aff. Chemin de fer de Lyon C. Gouisaud, *ibid.*; 10 déc.

1878, aff. Chemin de fer d'Orléans *C.* Chapon, D. P. 79. 1. 53 ; 9 juill. 1879 (1) ; 4 août 1880, deux arrêts (2) ; 5 janv. 1881, aff. Chemin de fer de l'Est *C.* Hannier, D. P. 81. 1. 155 ; Besançon, 10 janv. 1881, aff. Sentupéry, D. P. 81. 2. 119, et sur pourvoi, Req. 15 mars 1882, D. P. 84. 1. 192 ; Civ. cass. 23 août 1881, aff. Chemin de fer de l'Est *C.* Desthorest, D. P. 82. 1. 160 ; 8 févr. 1882, aff. Chemin de fer de l'Est *C.* Sauvageot, D. P. 82. 1. 215 ; 28 févr. et 13 mars 1882, aff. Chemin de fer de Lyon *C.* Adeda et Moulin, D. P. 83. 5. 92-93 ; Req. 19 déc. 1882, aff. Le Roux-Durandre, D. P. 84. 5. 89 ; Civ. cass. 9 avr. 1883, aff. Chemin de fer du Nord *C.* Capon et Duflot, D. P. 84. 1. 20 ; 9 mai 1883, aff. Chemin de fer de Lyon *C.* Michandon, D. P. 83. 1. 446 ; 23 mai 1883, aff. Chemin de fer du Nord *C.* Lamourette, D. P. 83. 1. 374 ; 5 mars 1884, aff. Chemin de fer du Midi *C.* Nègre, D. P. 84. 1. 193 ; 11 févr. 1884, aff. Chemin de fer de Lyon *C.* Turret, D. P. 84. 1. 399 ; Civ. rej. 10 juin 1884, aff. Chemin de fer de l'Est *C.* Usines de Sougland, D. P. 85. 1. 76 ; 26 août 1884, aff. Chemin de fer de l'Ouest *C.* Poupinet, *ibid.* ; Civ. cass. 4 févr. 1885, aff. Chemins de fer de l'État, D. P. 85. 1. 435 ; 16 mars 1885, aff. Chemin de fer de l'Est *C.* Meugniot, *ibid.* ; 24 mars 1885, aff. Chemin de fer d'Orléans *C.* Chadefaud, D. P. 85. 5. 84-85 ; 14 avr. 1885, aff. Chemin de fer de Lyon *C.* Fausseng, *ibid.* ; 9 mars 1886, aff. Chemin de fer de l'Est *C.* Chuchu, D. P. 88, 1re partie ; 29 mars 1886, aff. Chemin de fer de Lyon *C.* Benoît, aff. Chemin de fer de l'Est *C.* Bernodat, aff. Chemin de fer de l'Est *C.* Geoffroy-Jobard, *ibid.* ; 5 mai 1886, aff. Chemin de fer de Paris à Orléans *C.* Barronnes, *ibid.* ; 3 nov. 1886, aff. Chemin de fer de Lyon *C.* Antéric, aff. Chemin de fer de Lyon *C.* Duprez, *ibid.* ; Civ. rej. 1er févr. 1887, aff. Chemin de fer de l'Est *C.* Nauquette et comp., *ibid.* ; Civ. cass. 23 mars 1887, aff. Chemin de fer du Midi *C.* Lasserre, *ibid.* ; 14 avr. 1887, aff. Chemin de fer de Paris à Orléans *C.* Cabrespeire, aff. Chemin de fer de Lyon *C.* Galland-Belet, *ibid.* ; Civ. cass. 25 oct. 1887, aff. Chemin de fer de Lyon *C.* Brest et Bois, D. P. 88. 1. 72).

La jurisprudence des cours de cassation de Belgique et de Luxembourg est conforme (C. cass. de Belgique, 7 mai 1874, *Pasicrisie belge*, 1874. 1. 148 ; 19 nov. 1874, *ibid.*, 1875. 1. 19 ; 26 oct. 1877, *ibid.*, 1877. 1. 406 ; C. supr. just. de Luxembourg, 14 août 1877, *Pasicrisie luxembourgeoise*, 1877, p. 374). — Quant aux auteurs, ils approuvent, pour la plupart, cette jurisprudence (V. Bédarride, *Des chemins de fer au point de vue du transport*, t. 1, nos 73 et suiv. ; Laurin, *Cours de droit commercial*, no 225 ; Aucoc, *Conférences de droit administratif*, 2e éd., t. 3, no 1539 ; Féraud-Giraud, *Code des transports*, t. 2, no 797 ; Laurent, *Principes de droit civil*, t. 25, no 532. — *Contrà :* Sarrut, nos 217 et suiv.).

152. Les connaissements contiennent souvent au profit des propriétaires de navires des clauses de non-responsabilité analogues à celles qui se rencontrent dans les tarifs des compagnies de chemins de fer. La jurisprudence les interprète de la même manière (Civ. cass. 6 juin 1882, aff. Duménil-Leblé, D. P. 83. 1. 340 ; 11 févr. 1884, aff. Bianchi, D.P. 84. 1. 399 ; 21 juill. 1885, aff. Nouvelle compagnie marseillaise de navigation à vapeur, D. P. 85. 5. 86 ; 19 avr. 1886, aff. Comp. générale transatlantique *C.* Boulanger, aff. Comp. générale transatlantique *C.* Paulet et comp., D. P. 88, 1re partie ; 1er mars 1887, aff. Comp. générale transatlantique *C.* Charton, D. P. 87. 5. 82).

153. Les compagnies de chemins de fer échappant à toute présomption de faute par l'effet de la clause de non-garantie stipulée dans le tarif sous l'empire duquel s'effectue le transport, il appartient à l'expéditeur d'établir d'une façon précise l'existence d'une faute de nature à engager la responsabilité de la compagnie ; et il est nécessaire que le juge constate et précise les faits constitutifs de cette faute ; de simples hypothèses, des inductions plus ou moins vraisemblables ne sauraient suffire pour justifier une condamnation : « Attendu, porte un arrêt de la chambre civile, en date du 4 août 1880, *suprà*, no 151, cassant un jugement du tribunal de commerce de Reims, qu'en déduisant la faute de la compagnie de cet évènement lui-même (incendie éclatant en cours de route dans le wagon qui contenait les marchandises), sans en préciser la cause, le jugement attaqué a substitué à la présomption existant en faveur

(1) (Chemin de fer de Lyon *C.* Gignoux et consorts.) — LA COUR ; — Sur le moyen unique du pourvoi ; — Vu le tarif spécial no 65 des transports en petite vitesse, portant que la compagnie ne répond pas des déchets et avaries de route, ledit tarif homologué le 21 mars 1873 ; — Attendu, en fait, que le 1er août 1877, les défendeurs avaient remis à ladite compagnie, en gare à Nice, six fûts d'huile d'olive, lesquels contenant un poids total de 5227 kilog., expédiés à Saint-Martin-de-Crau, sont arrivés le 3 août avec un déficit de 105 kilog. ; que les expéditeurs avaient expressément requis le transport en petite vitesse, aux conditions du tarif le plus réduit ; que cette réquisition entraînait nécessairement l'application du tarif no 65, qui comprend l'huile d'olive dans ses nomenclatures et qui, dûment homologué par l'autorité supérieure, a force de loi ; — Attendu que, si la clause de non-garantie stipulée dans ce tarif n'a pas pour effet d'affranchir la compagnie de toute responsabilité pour les fautes commises par elle ou par ses agents, elle a pour résultat, contrairement aux règles du droit commun, d'en mettre la preuve à la charge des expéditeurs ou destinataires ; que cependant le jugement attaqué, sans relever aucune faute à la charge de la compagnie, l'a condamnée au payement de la valeur du manquant et à des dommages-intérêts, en la déclarant responsable de ce manquant ; qu'en jugeant ainsi, le jugement attaqué a fait une fausse application de l'art. 103 c. com. et ouvertement violé le tarif spécial ci-dessus visé ; — Casse, etc.

Du 9 juill. 1879.-Ch. civ.-MM. Mercier, 1er pr.-Rohault de Fleury, rap.-Desjardins, av. gén., c. conf.-Dancongnée, av.

(2) 1re *Espèce :* — (Chemin de fer d'Orléans *C.* Marty et Hérisson.) — LA COUR ; — Sur le moyen unique du pourvoi : — Vu les art. 1784 c. civ., 103 c. com., et le tarif général, 3e série, de la compagnie d'Orléans, applicable aux transports à petite vitesse ; — Attendu, en droit, que les compagnies de chemins de fer peuvent se prévaloir justement des clauses de non-garantie insérées dans leurs tarifs, dûment homologués par l'autorité supérieure et revêtus par là même d'un caractère obligatoire à l'égard de tous ; — Attendu que de telles clauses, sans les soustraire à toute responsabilité, ont pour effet de les affranchir de la présomption que la loi fait peser sur elles, et de reporter la preuve de la faute à la charge des expéditeurs ; — Attendu, en fait, que le jugement attaqué, après avoir constaté que sur douze fûts de vin blanc transportés dans les conditions du tarif susvisé, six sont arrivés à Aurillac avec un manquant de 209 litres, a condamné la compagnie d'Orléans à en payer la valeur, sans relever contre elle aucun fait de négligence d'une façon précise, et par l'unique motif qu'il n'était constaté nulle part qu'aucune faute n'eût été commise dans le transport des douze fûts ; — Attendu qu'en statuant ainsi, et en décidant que le destinataire n'avait pas à prouver que le manquant était dû à une faute de la compagnie, le jugement du tribunal d'Aurillac a méconnu les principes de la matière, fait une fausse application des articles susvisés et expressément violé les dispositions du tarif général précité ; — Casse, etc.

Du 4 août 1880.-Ch. civ.-MM. Mercier, 1er pr.-Blondel, rap.-Charrins, 1er av. gén., c. conf.-Devin, av.

2e *Espèce :* — (Chemin de fer de l'Est *C.* Grandrut.) — LA COUR ; — Vu le tarif spécial P. V. no 53 de la compagnie des chemins de fer de l'Est, applicable aux cages, caisses et harasses vides ayant servi à un précédent transport, ledit tarif portant : « la compagnie décline toute responsabilité à raison de la perte, de l'avarie ou du retard des objets qui y sont désignés et transportés gratuitement » ; — Attendu que, si la clause de non-garantie stipulée dans ce tarif n'a pas pour effet d'affranchir la compagnie de toute responsabilité à raison des fautes commises par elle ou par ses agents, elle a pour résultat, contrairement aux règles du droit commun, d'en mettre la preuve à la charge des expéditeurs ou des destinataires ; — Attendu qu'il appert des constatations du jugement attaqué que quatre cages ou harasses ayant servi à transporter des bouteilles sur le réseau de la compagnie de l'Est et réexpédiées vides, en franchise, au sieur Grandrut, de la gare de Reims à la gare de Loivre, aux conditions du tarif spécial P. V. no 53, ont été détruites par suite d'un incendie qui s'est manifesté en cours de route dans le wagon qui les contenait ; — Qu'assignée en remboursement de la valeur de ces colis, la compagnie a excipé de la clause de non-garantie inscrite au tarif, mais que le tribunal a refusé de lui en accorder le bénéfice par l'unique motif que « les cages dont il s'agit ayant été détruites par un incendie, il résultait de cet accident même la preuve que la perte des colis était due au fait direct de la compagnie, provenant ou de son imprudence ou de l'absence de précautions lui incombant » ; — Attendu qu'en induisant la faute de la compagnie de cet évènement lui-même, sans en préciser la cause, le jugement attaqué a substitué à la présomption existant en faveur du voiturier, une présomption évidemment contraire aux stipulations du contrat de transport, pour dispenser le destinataire de la preuve qu'il était tenu de fournir ; — En quoi ledit jugement a formellement violé le tarif P. V. no 53, ci-dessus visé ; — Casse, etc.

Du 4 août 1880.-Ch. civ.-MM. Mercier, 1er pr.-Guérin, rap.-Charrins, 1er av. gén., c. conf.-Devin, av.

du voiturier une présomption évidemment contraire aux stipulations du contrat de transport, pour dispenser le destinataire de la preuve qu'il était tenu de fournir ». — « Attendu, il est vrai, dit également la chambre civile dans un arrêt du 2 févr. 1881, cité *infrà*, n° 154, que le jugement attaqué affirme la faute, mais que cette affirmation ne suffit pas; qu'elle devait s'appuyer sur des circonstances qui, de leur nature, fussent réellement constitutives d'une faute de la part des compagnies ou de leurs agents, et que le jugement attaqué n'en précise aucune qui présente ce caractère ; que, par suite, la condamnation prononcée contre la compagnie demanderesse manque de base légale et viole ainsi les conditions générales du tarif qui, dûment homologué par l'autorité supérieure, a force de loi » (Féraud-Giraud, *Code des transports par chemin de fer*, t. 2, nos 785 et suiv.). — Il a été jugé également que si, dans le cours d'un transport en franchise aux conditions d'un tarif stipulant que la compagnie ne répond pas de la perte des objets qui y sont désignés, des cadres et autres accessoires ont été perdus, la compagnie ne peut être condamnée à des dommages-intérêts à raison de cette perte, alors qu'il n'est articulé aucun fait constitutif d'une faute de la part de cette compagnie ou de ses agents (Civ. cass. 9 mai 1883, aff. Chemin de fer de Lyon *C.* Michandon, D. P. 83. 1. 446). — D'autre part, il a été décidé que la faute n'est pas suffisamment caractérisée pour motiver la condamnation de la compagnie, lorsque le juge se borne à déclarer qu'il y a eu retard dans la livraison des marchandises transportées, sans indiquer l'époque de leur expédition, ni celle de la livraison, et sans expliquer en quoi consiste le retard (Civ. cass. 9 avr. 1883, aff. Chemin de fer du Nord *C.* Duflot, D. P. 84. 1. 20).

154. La preuve de la faute imputée à la compagnie est soumise en ce qui concerne les conditions qu'elle doit remplir aux règles du droit commun. Il faut, notamment, qu'il existe une corrélation nécessaire et juridique entre l'avarie et les faits retenus comme constitutifs de la faute (Civ. cass. 11 févr. 1884, aff. Chemin de fer de Lyon *C.* Turret, 2e espèce, D. P. 84. 1. 399); et ces faits doivent être précisés par le juge du fond, afin que le contrôle de la cour de cassation puisse s'exercer utilement (Civ. cass. 2 févr. 1881, aff. Chemin de fer du Midi *C.* Nègre, D. P. 82. 5. 99; 8 févr. 1882, aff. Chemin de fer de l'Est *C.* Sauvageot, D. P. 82. 1. 215; 23 mai 1883, aff. Chemin de fer du Nord *C.* Lamourette, D. P. 83. 1. 374). — Mais si l'appréciation du rapport de cause à effet n'appartient au juge du fond que sous réserve du droit de revision de la cour suprême, du moins il constate et apprécie souverainement les faits eux-mêmes. Il en résulte que les solutions peuvent varier à l'infini, selon les espèces. — Il a été décidé notamment que la preuve de la faute ne résulte pas de ce que le fût expédié ne présentait aucune trace de coulage au moment de sa remise à la compagnie, et de ce que la quantité de liquide perdu était tellement considérable qu'on ne pourrait attribuer le coulage qu'à un manque complet de soins de la part de la compagnie (Civ. cass. 30 mai 1877, aff. Chemin de fer de Lyon *C.* Gourraud, D. P. 77. 1. 383);... — Ni de ce que la compagnie n'a pas pourvu en cours de route aux déchets d'un fût contenant du liquide, alors que le coulage n'était pas apparent (Civ. cass. 5 mars 1884, aff. Chemin de fer du Midi *C.* Nègre, D. P. 84. 1. 193);... — Ni de ce que les objets brisés ou cassés étaient des objets matériels solides (Civ. cass. 16 mars 1885, aff. Chemin de fer de l'Est *C.* Meugniot, 2e espèce, D. P. 85. 1. 435);... — Ni de ce fait qu'un coulage considérable était dû au manque de serre ou de pression des cercles, occasionné par la sécheresse, alors surtout que le tarif n'imposait point à la compagnie l'obligation de prendre des mesures exceptionnelles pour parer, en cours de route, à une avarie de cette nature (Civ. cass. 4 févr. 1885, aff. Chemin de fer de l'Etat, 1re espèce, D. P. 85. 1. 435).

Le propriétaire de la marchandise n'est point dispensé de fournir la preuve qui lui incombe par cela seul que la déclaration d'expédition ne mentionnerait pas la clause de non-garantie, car les tarifs régulièrement approuvés et publiés ont force de loi pour les compagnies et pour le public, et sont, dès lors, réputés connus de toutes les parties intéressées (Civ. cass. 30 déc. 1884, aff. Chemin de fer de l'Est *C.* Henriot, D. P. 85. 1. 128). — D'autre part, le fait par la compagnie d'avoir consenti à une expertise amiable pour reconnaître la nature et l'étendue du dommage et en rechercher la cause ne peut être considéré comme un aveu implicite fait par ladite compagnie de sa faute (Civ. cass. 30 janv. 1883, aff. Chemin de fer du Nord *C.* Peis, D. P. 84. 5. 91 ; 9 avr. 1883, aff. Chemin de fer du Nord *C.* Duflot, D. P. 84. 1. 20). — La preuve d'une faute imputable à la compagnie ne résulte pas non plus du fait que le colis aurait été reçu en bon état de conditionnement à la gare du départ, et de ce que l'expertise faite à la gare d'arrivée n'aurait pas été contradictoire (Civ. cass. 6 févr. 1877, aff. Chemin de fer de Lyon *C.* Hable, D. P. 77. 1. 83). — Jugé encore que la compagnie n'étant pas obligée d'effectuer au départ le pesage des marchandises expédiées, ne peut, à raison du seul défaut de pesage, et lorsque le destinataire ne rapporte pas la preuve d'une autre faute imputable à la compagnie, être déclarée responsable du manquant constaté à l'arrivée (Civ. cass. 5 janv. 1881, aff. Chemin de fer de l'Est *C.* Hannier, D. P. 81. 1. 155); — Que lorsque des avaries se sont produites, la compagnie ne peut être condamnée à des dommages-intérêts par cet unique motif que, n'ayant pas fait de réserves au moment de la réception des marchandises, elle s'est par là même implicitement engagée à les rendre en bon état, aucune disposition ne lui imposant l'obligation de vérifier et reconnaître l'état des marchandises qui lui sont confiées (Civ. cass. 26 août 1884, aff. Chemin de fer de l'Ouest *C.* Poupinel, D. P. 85. 1. 76) ; — Que la compagnie ne peut être réputée avoir mis le destinataire dans l'impossibilité de faire la preuve de la faute alléguée, en faisant décharger le wagon adressé en gare avant d'avoir prévenu le destinataire, et en faisant camionner la marchandise à domicile avant toute vérification et sans y être autorisée (Civ. cass. 8 févr. 1882, aff. Chemin de fer de l'Est *C.* Sauvageot, D. P. 82. 1. 215).

155. Au reste, il a toujours été admis sans difficulté que les voituriers, et notamment les compagnies de chemins de fer, peuvent valablement se décharger, par une clause particulière, des conséquences d'un mode déterminé de transport offrant des chances spéciales de perte ou détérioration. « On conçoit, dit M. Sarrut, n° 218, que si l'expéditeur, pour obtenir une diminution de tarif, accepte tel mode de transport qui, de lui-même, malgré tous les soins que les employés donneront aux marchandises, expose ces marchandises à l'avarie en quelque sorte nécessairement (par exemple, le transport a lieu par wagons découverts, ou en *vrac*, c'est-à-dire que les marchandises sont placées pêle-mêle, sans emballage), on conçoit que dans ces divers cas, la compagnie n'étant pas en faute, n'étant pas la cause efficiente des avaries, la clause de non-responsabilité qui est la condition du tarif spécial que l'expéditeur a demandé, et qui stipule le transport par wagons découverts ou en *vrac*, doit être valable et mettre la compagnie à l'abri d'une action en indemnité. » C'est ce que décide un arrêt de cassation du 31 mars 1874 (aff. Comp. d'Alsace-Lorraine, D. P. 74. 1. 303). — Jugé, par application de cette règle, que les compagnies de chemins de fer ne sont pas responsables des avaries provenant du mode de transport qui a été opéré par wagons non couverts ni bâchés, notamment par suite de mouillure, lorsque l'expédition a eu lieu aux conditions d'un tarif spécial portant que la compagnie ne répond pas des déchets et avaries de route, que le chargement est fait par l'expéditeur et le déchargement par le destinataire à leurs frais et risques et autorisant la compagnie à faire le transport par wagons non couverts ni bâchés (Civ. cass. 21 nov. 1871, aff. Chemin de fer de Paris à Lyon et à la Méditerranée, 2 arrêts, D. P. 71. 1. 292; 29 janv. 1872, aff. Comp. P. L. M., D. P. 72. 1. 116. V. dans le même sens: Req. 28 déc. 1875, aff. Dayraud, D. P. 78. 1. 382 ; Civ. cass. 7 août 1878, aff. Alaux, *ibid.*).

Mais, comme on l'a vu *suprà*, n° 126, l'adoption par l'expéditeur d'un tarif spécial de chemin de fer qui donne à la compagnie la faculté d'employer des wagons découverts ou de transporter les marchandises *en vrac* ne dispense pas la compagnie de prendre, pour la conservation de ces marchandises, les précautions que comportent les modes de transport et qui peuvent devenir nécessaires au cours du voyage. — V. au surplus, sur la question de savoir dans quels cas une compagnie de chemin de fer peut être considérée comme autorisée par le tarif qui régit le transport, à faire voyager les marchandises en vrac ou par wagons découverts, v° *Voirie par chemin de fer*.

156. Une clause de non-responsabilité d'un emploi très fréquent dans les transports par chemins de fer est celle qui résulte des bulletins de garantie que les compagnies se font délivrer dans certains cas par l'expéditeur (V. *suprà*, n° 114). Cette clause, ainsi qu'on l'a expliqué (*Rép.* v° *Voirie par chemin de fer*, n° 434) a pour objet d'affranchir la compagnie de toute responsabilité, à raison des avaries qui seraient le résultat notamment d'un emballage défectueux, de l'absence d'emballage, des risques spéciaux de détérioration auxquels la marchandise est sujette, etc. La validité en a été reconnue depuis longtemps par la jurisprudence (V. notamment : Civ. rej. 26 janv. 1859, aff. Chemin de fer de l'Ouest, D. P. 59. 1. 66-67 ; Caen, 20 avr. 1864, aff. Chemin de fer de l'Ouest, D. P. 65. 2. 183). En pareil cas, en effet, la compagnie stipule qu'elle sera affranchie des conséquences, non de sa propre faute, mais de la faute ou de l'imprudence d'un tiers, ce qui n'a rien d'illicite (Duverdy, n° 72; Féraud-Giraud, t. 2, n° 798). Au surplus, elle reste naturellement responsable, en pareil cas, des avaries qui proviendraient d'une cause autre que le vice prévu ou qui, tout en provenant de ce vice, auraient été aggravées par la faute de ses agents. C'est ce qui résulte d'un arrêt décidant que l'obligation de garantie contractée par l'expéditeur vis-à-vis du voiturier et relative au vice propre de la marchandise transportée a pour effet d'exonérer celui-ci de la responsabilité de la perte survenue *dans les conditions prévues*, sans qu'il y ait, d'ailleurs, à distinguer, en pareil cas, si la marchandise qui a péri était encore ou non dans l'intérieur de la gare; spécialement que, lorsqu'une compagnie de chemin de fer s'est fait délivrer par l'expéditeur un bulletin de garantie pour fermentation du vin contenu dans un fût et qu'aucune faute n'est imputable à ses agents, elle ne peut être déclarée responsable de l'explosion provenant de la fermentation (Civ. cass. 18 août 1880, aff. Chemin de fer de Lyon *C.* Fieux, D. P. 81. 1. 154).

157. Du reste, il est à remarquer que la question de savoir quelle est l'étendue de la non-garantie stipulée et, par suite, dans quelle mesure la responsabilité de la compagnie se trouve atténuée, est une question de fait, que le juge du fond doit résoudre suivant les circonstances de la cause. — Il a été jugé, en ce sens, que la clause par laquelle une compagnie de chemin de fer qui reçoit d'un expéditeur, pour en opérer le transport, des meubles emballés et des meubles expédiés en vrac, c'est-à-dire non emballés, stipule qu'elle sera déchargée des avaries pouvant survenir pour insuffisance d'emballage, peut être interprétée, par les juges du fond, en ce sens qu'elle ne décharge la compagnie que des avaries résultant du mauvais emballage des meubles emballés, et non pas de toutes les avaries survenues aux meubles expédiés en vrac; en conséquence, cette compagnie de chemin de fer a pu être condamnée au payement d'avaries survenues à des meubles expédiés en vrac, nonobstant une clause de non-garantie ne s'appliquant qu'aux avaries résultant d'un mauvais emballage, alors surtout que le juge constate que l'avarie a eu pour cause unique la manutention trop brusque, maladroitement employée par les agents de la compagnie (Civ. rej. 13 août 1872, aff. Chemin de fer de Lyon *C.* Avy et Passemai, D. P. 72. 1. 228). — C'est ainsi encore qu'on a pu juger que la stipulation faite par une compagnie de chemin de fer en ces termes: *sans garantie de délais ni de route*, ne la décharge pas de toute responsabilité pour la perte ou l'avarie des marchandises expédiées avec cette clause (Trib. com. Rouen, 2 févr. 1872, aff. Chemin de fer de l'Ouest, D. P. 74. 1. 302). — Dans tous les cas, la stipulation de non-garantie ne pouvant jamais s'étendre aux fautes, la garantie promise par un expéditeur à une compagnie de chemin de fer de toutes les demandes qui pourraient lui être intentées, ne doit s'entendre que de celles qui seraient fondées sur des causes indépendantes du fait de ladite compagnie (Douai, 11 mars 1858) (1).

158. On s'est demandé quels étaient, au point de vue de la preuve, les effets de la décharge de non-garantie résultant d'une stipulation spéciale intervenue entre les parties. La compagnie est-elle tenue de prouver que l'avarie provient effectivement de la défectuosité de l'emballage ou de tout autre vice indiqué dans le bulletin de garantie ; ou bien, au contraire, appartient-il à l'expéditeur d'établir qu'elle ne peut être attribuée à ce vice? C'est dans ce dernier sens que M. Sarrut résout la question, et son opinion paraît fondée : « Pourquoi, dit cet auteur, la compagnie doit-elle en principe faire la preuve que les avaries ne lui sont pas imputables? C'est parce qu'elle est censée avoir reçu les marchandises en bon état. Dans notre hypothèse, il est établi qu'elle les a reçues en mauvais état ; donc la présomption de faute retombe sur l'expéditeur : par conséquent, la preuve est à sa charge ».

159. Les clauses qui tendent à restreindre la responsabilité des compagnies sont également valables lorsqu'elles résultent des règlements étrangers à l'égard des compagnies étrangères, pourvu qu'elle ne soient pas contraires aux principes d'ordre public reçus en France, c'est-à-dire que, nonobstant les restrictions édictées, le destinataire conserve le droit de

(1) (Chemin de fer du Nord *C.* Vanondendycke et Dousselaëre.) — Le tribunal de commerce de Dunkerque avait rendu un jugement ainsi conçu : — « Attendu que le 5 avr. 1857, les demandeurs voulant faire parvenir à Poissy, pour le concours du lendemain, deux bœufs qui avaient été primés ledit jour au concours de Bergues, demandèrent au chef de station du chemin de fer du Nord, dans cette dernière ville, de leur donner toutes les facilités désirables pour l'expédition immédiate desdits animaux sur Poissy, ce à quoi il fut consenti; que partis de Bergues par le train n° 4 du soir, ils arrivèrent à Paris le 6, à cinq heures cinq minutes du matin; qu'ils ne furent remis au chemin de fer de l'Ouest qu'à six heures trente minutes du soir, beaucoup trop tard pour pouvoir concourir, quoique sur l'avis de l'expédition, le jury eût consenti à retarder d'abord jusqu'à midi, puis jusqu'à trois heures de relevée, avant de procéder à l'examen des diverses catégories dans lesquelles les bœufs étaient admis à concourir; — Attendu que Vanondendycke et Dousselaëre prétendant que c'est par la faute du chemin de fer du Nord que les bœufs en question ne sont pas arrivés à Poissy pour concourir, réclament à l'administration 12000 fr. de dommages-intérêts pour le préjudice qu'ils ont souffert; que, pour repousser cette demande, la compagnie du Nord prétend que le seul train qui pouvait transporter les bœufs était celui partant de la gare des Batignolles à dix heures trente minutes du matin et arrivant à Poissy à onze heures dix sept minutes; qu'elle avait remis les bœufs dont s'agit au chemin de fer de ceinture à sept heures du matin et qu'elle ne peut être responsable du retard dont se plaignent les demandeurs; que d'ailleurs il était indifférent que les bœufs eussent été expédiés par le train de sept heures dix du matin du chemin de fer de ceinture ou par le train de six heures du soir du même chemin, puisque dans l'un comme dans l'autre cas ils ne pouvaient être rendus en temps utile pour le concours qui devait s'ouvrir à sept heures du matin et encore que si la compagnie a consenti à transporter les animaux au concours à moitié prix, c'est sous la condition qu'elle ne serait pas responsable du retard ni des avaries; que Vanondendycke l'a d'ailleurs ainsi reconnu lors de l'expédition, en affranchissant ladite compagnie de toute responsabilité en cas de retard. Quant au chiffre des dommages-intérêts l'Administration le repousse comme n'étant pas justifié; — Attendu qu'ainsi qu'elle le reconnaît dans ses conclusions prises à l'audience, la compagnie du Nord a promis, le 5 avril dernier, de transporter à Poissy, aussi promptement que possible, les deux bœufs dont s'agit, dans l'intention de seconder le dessein qu'avaient les demandeurs de les faire participer au concours du lendemain; — Attendu que, malgré cette promesse et les recommandations transmises par le télégraphe, ces animaux qui sont arrivés à Paris le 6, à cinq heures cinq minutes du matin, n'ont été rendus à Poissy le même jour qu'à dix heures vingt cinq minutes du soir, quoique, dans les mêmes conclusions, l'administration reconnaisse qu'ils eussent pu, sans moyens extraordinaires, être rendus à Poissy à onze heures dix-sept du matin; — Attendu que, sans avoir recours aux conclusions prises après la clôture des débats, il est constant au procès que si les bœufs étaient arrivés à Poissy, même à trois heures de relevée, ils eussent encore été admis au concours; — Attendu que la compagnie du Nord, qui connaissait la destination des bœufs et l'importance que les expéditeurs attachaient à leur arrivée pour le concours de Poissy, ne justifie d'aucune cause de retard; qu'elle ne dit même pas ce qu'ils sont devenus depuis sept heures du matin qu'elle prétend les avoir remis au chemin de fer de ceinture jusqu'à six heures trente du soir qu'ils sont parvenus à la gare de Batignolles; que responsable des compagnies intermédiaires à qui elle a confié lesdits bœufs, si elle n'a pas cru devoir mettre ces intermédiaires en cause, elle accepte ainsi pour elle-même la responsabilité du retard; — Par ces motifs, condamne la compagnie du Nord à payer à chacun des demandeurs, à titre de dommages-intérêts pour retard dans l'exécution de sa promesse, la somme de 1000 francs ». — Appel. — Arrêt.

LA COUR; — Adoptant les motifs, etc. — Confirme, etc.

Du 11 mars 1858.-C. de Douai, 2e ch.-MM. Danel, pr.-Paul, av. gén.-Talon et Dupont, av.

prouver l'existence d'une faute imputable au transporteur et d'obtenir à cette condition la réparation du dommage qui lui a été causé. — Spécialement, la disposition d'un arrêté royal belge portant que, pour certaines expéditions de houille, les transporteurs n'ont pas à répondre du poids si les wagons arrivent à leur destination avec leur chaulage intact, n'est nullement en opposition avec les principes d'ordre public admis en France, puisqu'elle a uniquement pour but de réglementer les conditions de la responsabilité des compagnies de chemins de fer, sans méconnaître le droit du destinataire de prouver l'existence d'une faute imputable aux compagnies; et cette disposition peut être invoquée en France contre le destinataire français par la compagnie française, substituée aux transporteurs étrangers (Civ. cass. 4 juin 1878, aff. Chemin de fer de l'Est *C.* Camion, D. P. 78. 1. 368). — Il en est de même de la clause insérée à l'art. 2 des conditions réglementaires des tarifs internationaux franco-allemands, lequel est ainsi conçu : « Pour les marchandises chargées par les expéditeurs, les administrations ne répondent ni du nombre des colis, ni du poids porté sur la lettre de voiture ». Cette disposition est applicable en France de telle sorte que la responsabilité des compagnies ne peut être engagée si une faute n'est relevée contre elles, sous le prétexte, par exemple, que la clause de non-garantie, stipulée pour le nombre des colis et le poids portés sur la lettre de voiture, ne s'applique pas aux marchandises voyageant en vrac par wagons complets comme à celles contenues en caisses ou ballots (Civ. cass. 6 août 1879, aff. Chemin de fer du Nord *C.* Deharbes, D. P. 82. 5. 98).

160. Il ne faut pas confondre avec les clauses de non-responsabilité ou de non-garantie dont on vient de parler, la stipulation, contenue dans certains tarifs de chemins de fer, et portant que l'indemnité, dans le cas où la responsabilité de la compagnie est engagée, sera calculée selon des bases déterminées et ne pourra dépasser certaines limites. La validité de cette stipulation, *limitatrice de l'indemnité*, n'a jamais été sérieusement mise en doute (V. notamment : Civ. cass. 13 août 1884, aff. Chemin de fer du Nord *C.* Calain, D. P. 85. 1. 78; Req. 19 janv. 1887, aff. Bourcellier, D. P. 87. 1. 468; Civ. cass. 1er févr. 1887, aff. Chemin de fer du Midi *C.* Dutel, D. P. 87. 1. 468; 22 févr. 1888, aff. Chemin de fer de l'Est *C.* Deschamps, D. P. 88, 1re partie).

161. — VI. De la remise de la chose qui a du être transportée et des avaries. — L'obligation pour le voiturier de remettre au destinataire la chose même qui lui a été confiée (*Rép.* nos 346 et suiv.) a pour corollaire, ainsi qu'il a été dit au *Rép.* n° 349, le droit, sinon l'obligation, pour les voituriers de vérifier les colis qui leur sont remis. Ce droit appartient incontestablement aux compagnies de chemins de fer comme aux autres voituriers. Il ne saurait être refusé à celui qui, prenant en charge une marchandise, s'engage à la transporter et à la rendre à destination (Féraud-Giraud, t. 1, n° 110; Sarrut, n° 379 ; Blanche, *Des transports par chemins de fer*, n° 97 ; Paris, 16 août 1853, aff. Chemin de fer d'Orléans *C.* Messageries impériales, D. P. 55. 1. 217-218). — Les tarifs homologués par l'Administration consacrent d'ailleurs, ce droit d'une manière formelle, pour les cas où la compagnie a lieu de présumer une fraude dans les déclarations qui lui sont faites relativement à la nature de la marchandise. Cette vérification peut avoir lieu soit au départ, soit à l'arrivée, en présence de l'expéditeur ou du destinataire, mais toujours avec le concours soit du commissaire de surveillance administrative, soit du commandant de la gendarmerie de la résidence ou du maire de la localité (Sarrut, *ibid.*).

Indépendamment de cette vérification exceptionnelle, il est recommandé aux agents des compagnies de procéder, en présence des expéditeurs, à la reconnaissance des marchandises, de vérifier le nombre, le poids et la nature des colis, les marques, numéros et adresses, et de s'assurer si l'expéditeur s'est mis en règle vis-à-vis des administrations financières des douanes ou des contributions indirectes (Féraud-Giraud, t. 1, n° 110). Cette vérification sommaire est d'ailleurs la seule qui, sauf exception, soit possible dans la pratique. Il est facile de comprendre, en effet, que le nombre des colis que reçoivent les gares, même d'une importance restreinte, met obstacle à la vérification du contenu de chaque colis.

162. On continue à appliquer les règles que nous avons exposées au *Rép.* n° 350, en ce qui concerne le droit du propriétaire de refuser la marchandise lorsqu'elle est devenue impropre à tout usage et de réclamer une indemnité proportionnée à la dépréciation qu'elle a subie, lorsqu'elle est seulement avariée. — Ainsi, il a été encore jugé que la garantie à laquelle est tenu le commissionnaire pour le cas d'avaries survenues à la marchandise durant le transport, peut, si celle-ci est devenue impropre au commerce, et dans ce cas seulement (Picard, t. 4, p. 776), avoir pour effet de l'obliger à la garder pour son compte, surtout si, de plus, il est résulté de ces avaries un retard qui a fait manquer la spéculation; le commissionnaire ou voiturier prétendrait en vain, lorsque les avaries sont résultées du transport par mer, qu'il ne peut, comme l'assureur maritime, être soumis à une telle rigueur qu'autant que les avaries ont fait éprouver à la marchandise une dépréciation de plus des trois quarts, alors, du reste, qu'il a à s'imputer d'avoir choisi la voie du transport par mer contre le gré de l'expéditeur (Rennes, 19 mars 1850, aff. Russeil, D. P. 52. 2. 240). — On persiste, en effet (V. *suprà*, n° 133), à considérer comme engageant la responsabilité du commissionnaire le fait d'avoir changé le mode de transport convenu. Il est admis, notamment, que le commissionnaire de transport est responsable de la perte des marchandises transportées, même survenue par l'effet d'un évènement de force majeure, lorsque le mode de transport déterminé par la convention a été changé soit par lui, soit par le commissionnaire intermédiaire dont il a fait choix, le mode de transport choisi fût-il plus avantageux, sauf recours, dans le second cas, du commissionnaire originaire contre le commissionnaire intermédiaire qui a irrégulièrement opéré ce changement dans le mode de transport ou qui n'a déterminé le commissionnaire originaire à y consentir qu'en affirmant la nécessité à l'aide de renseignements mensongers (Même arrêt du 19 mars 1850; Rouen, 8 déc. 1856, aff. Deloys, D. P. 57. 2. 96; Bordeaux, 9 avr. 1869, aff. Albert, D. P. 70. 2. 222; Req. 24 avr. 1872, aff. Chemin de fer de Lyon *C.* Boude, D. P. 73. 1. 68).

163. — VII. Perte des marchandises. — Le droit du propriétaire s'apprécie toujours ainsi qu'on l'a indiqué au *Rép.* nos 352 et suiv., c'est-à-dire qu'en cas de perte des marchandises, le propriétaire a droit à la valeur qu'elles auraient eue au moment où la remise devait s'effectuer, y compris l'augmentation de valeur dont il a été privé. Il peut aussi, outre la valeur des objets, réclamer des dommages-intérêts pour le préjudice que cette perte lui a occasionné, préjudice que les tribunaux ont la faculté d'arbitrer suivant les circonstances, sans oublier toutefois que les dommages-intérêts ne peuvent être que l'expression du préjudice réellement éprouvé, dont l'existence est établie, et que le commissionnaire a pu prévoir (V. *Rép.* v° *Voirie par chemin de fer*, n° 458; Picard, t. 4, p. 773). — C'est ainsi qu'en cas de perte d'une caisse d'échantillons faisant partie des bagages d'un voyageur de commerce, la compagnie de chemin de fer peut être tenue de lui payer, outre la valeur intrinsèque de cette caisse et de son contenu, une indemnité représentant le dommage qu'il a éprouvé par l'impossibilité où il s'est trouvé de placer ses marchandises (Bordeaux, 9 avr. 1861, aff. Chemin de fer du Midi *C.* Montauriol, D. P. 61. 2. 229; Req. 4 mars 1874, aff. Chemin de fer de Lyon *C.* Hébrard, D. P. 74. 1. 245; Picard, t. 4, p. 217). — En pareil cas, la compagnie de chemin de fer est engagée, non seulement vis-à-vis du commis voyageur, mais aussi vis-à-vis de la maison qu'il représente, si celle-ci justifie que l'interruption de tournée qui a été la suite de cette perte lui cause un préjudice (Dijon, 6 juill. 1859, aff. Chemin de fer de l'Est *C.* Goutard, D. P. 59. 2. 202. V. *infrà*, n° 249).

164. La preuve de la consistance et de la valeur de la marchandise perdue ou avariée peut évidemment, lorsque le contrat de transport est commercial, se faire par tous les modes de preuve admis en matière de commerce. Les observations que nous avons présentées à cet égard au *Rép.* n° 354 ont conservé leur application. Remarquons, en tout cas, que la lettre de voiture doit être consultée en première ligne; ce n'est qu'autant qu'elle fait défaut que le juge peut se référer à d'autres modes de preuve. — C'est ce document qui doit servir de base à l'appréciation et à l'évaluation du dommage. Ainsi, lorsque la lettre de voiture constate le poids et non la contenance de l'objet transporté, le voiturier, et spécialement une compagnie de chemin de fer, n'est tenu de faire état au destinataire que de la différence qui existe entre le poids qu'il lui livre et celui qu'il a reçu d'après la lettre de voiture; en conséquence, il ne peut être condamné à payer un déficit calculé non sur le poids, mais sur la contenance, par exemple, de fûts dans lesquels la marchandise était renfermée (Civ. cass. 12 août 1872, aff. Chemin de fer de Lyon *C.* Sauvaget, D. P. 72. 1. 264; 26 janv. 1886, aff. Chemin de fer du Nord de l'Espagne *C.* Perrot, D. P. 86. 1. 124). — La même foi doit, à notre avis, être attribuée au récépissé que les compagnies de chemins de fer délivrent aux expéditeurs pour suppléer la lettre de voiture. Le récépissé, en effet, ainsi qu'on l'a exposé (V. *suprà*, nos 109 et suiv.), remplace entièrement, pour les transports par chemins de fer, la lettre de voiture et produit les mêmes effets. Il est d'ailleurs rédigé conformément à la déclaration d'expédition, qui émane de l'expéditeur, et dont il reproduit les indications en ce qui concerne le poids et la nature de la marchandise.

165. — VIII. À qui doivent être remises les marchandises. — Le contrat de transport étant nécessairement mélangé de dépôt, le voiturier doit observer les prescriptions de l'art. 1937 c. civ., aux termes duquel le dépositaire ne doit restituer la chose déposée qu'à celui qui la lui a confiée, ou à celui au nom duquel le dépôt a été fait, ou à celui qui a été indiqué pour la recevoir. Il ne doit donc, en principe, ainsi qu'on l'a dit au *Rép.* n° 357, délivrer la chose qu'au destinataire désigné dans la lettre de voiture ou, pour les transports par chemins de fer, dans le récépissé (Féraud-Giraud, t. 1, n° 217; Picard, t. 4, p. 729). — Il en résulte que, par exemple, en cas de refus du destinataire désigné de recevoir les marchandises expédiées, le voiturier, s'il les remet à un tiers qui les réclame en produisant une facture délivrée à son nom, est responsable de la perte de ces marchandises: il imputerait en vain son erreur à la délivrance de la facture, qui lui a fait supposer l'existence d'une confusion de nom sur la lettre de voiture (Civ. cass. 15 avr. 1846, aff. Thomas, D. P. 46. 1. 140); — Le commissionnaire de transport et le voiturier ne peuvent, pour les mêmes motifs, c'est-à-dire, comme étant liés par les énonciations de la lettre de voiture qui forme contrat entre eux et l'expéditeur, être obligés de débattre avec d'autres que le destinataire désigné par la lettre de voiture, les conditions de la remise des objets transportés. Ainsi on a jugé que le tiers, non désigné dans la lettre de voiture, qui se prétend propriétaire et destinataire véritable des marchandises transportées, ne peut, sans le concours des parties avec lesquelles le commissionnaire et le voiturier ont contracté, exercer une action en revendication contre ces derniers (Civ. rej. 9 avr. 1879, aff. Hamard, 1er arrêt, D. P. 80. 1. 13). — Il y a lieu de remarquer que le commissionnaire de transport qui ne trouve pas le destinataire des objets voiturés, doit conserver ces objets, ou en faire le dépôt: il n'est pas tenu de les renvoyer à l'expéditeur (Civ. cass. 21 mars 1848, aff. des Jumelles, D. P. 48. 1. 155).

166. Quand les marchandises sont livrables en gare, il est dans les usages des compagnies d'envoyer une lettre d'avis au destinataire pour le mettre en demeure de les recevoir (*Rép.* v° *Voirie par chemin de fer*, nos 403 et suiv.). Mais l'envoi de ces lettres n'est pas obligatoire pour elles, et n'est nécessaire que pour préciser le point de départ des droits de magasinage (V. Civ. cass. 2 déc. 1873, aff. Compagnie de Lyon, D. P. 74. 1. 63; 7 août 1878, aff. Chemin de fer d'Orléans, D. P. 78. 1. 367-368; 27 août 1878, aff. Chemin de fer du Midi, *ibid.*; 26 mars 1879, aff. Chemin de fer du Nord, D. P. 79. 1. 374; 8 juin 1886, aff. Chemin de fer du Nord *C.* Meyer-Deutsch, D. P. 86. 5. 61 ; Montpellier, 17 janv. 1874) (1).

De ce que la lettre d'avis n'est pas obligatoire, il résulte que, si une erreur est commise dans l'adresse de cette lettre, la compagnie est en faute, et, par suite, responsable, si une personne autre que le véritable destinataire a pu, grâce à la remise de la lettre d'avis, se faire livrer les marchandises objet de cette lettre. Mais si l'adresse de la lettre d'avis a été conforme à celle qu'a donnée l'expéditeur, la compagnie ne saurait être responsable de ce que la marchandise aurait été livrée non au véritable destinataire, mais à une autre personne qui se serait présentée munie de la lettre d'avis et avec le bon à livrer, préparé au pied de cette lettre, et revêtu de la signature du destinataire. « Tant pis pour le destinataire, dit M. Sarrut, n° 556, si, après avoir signé le bon à livrer, il a égaré sa lettre d'avis. La compagnie ne peut évidemment être tenue de contrôler la signature qui se trouve au bas du bon à tirer de la lettre d'avis » (Féraud-Giraud, t. 1, nos 221 et 222; Bédarride, *Chemins de fer*, t. 2, nos 143 et 144; Sarrut, n° 556). — Il en est surtout ainsi lorsque la signature est l'œuvre d'un faussaire (Bordeaux, 8 nov. 1870; 4 févr. 1884) (2).

Cependant, la responsabilité de la compagnie serait engagée si, à l'erreur commise par la poste dans la remise de la lettre d'avis correctement adressée par la compagnie,

(1) (Chem. de fer du Midi *C.* Sènes). — La cour; — Attendu que les dispositions de l'arrêté ministériel du 17 juin 1860 n'obligent pas les compagnies de chemin de fer à prévenir le destinataire de l'arrivée des marchandises en gare; — Attendu que la lettre d'avis imposée aux compagnies par cet arrêté n'est qu'une mise en demeure d'avoir à retirer la marchandise, à peine de payer des droits de magasinage, et qu'elle constitue uniquement pour la compagnie un titre à la perception de ce droit; — Attendu, d'ailleurs, en fait, qu'il n'est pas établi aux débats que les cinquante balles de farine expédiées à Sènes fils aient éprouvé le retard de deux jours dont se plaint ce dernier, et qu'il serait par trop rigoureux de faire résulter la preuve de ce retard du défaut de production de la lettre d'avis, que la compagnie prétend n'avoir plus en sa possession; — Par ces motifs, réformant, dit et déclare que l'entier prix de la lettre de voiture due par Sènes a pu être exigé par la compagnie, et condamne Sènes à lui en payer intégralement le montant.

Du 17 janv. 1874.-C. de Montpellier, 2e ch.-MM. de la Baume, pr.-Hérail, subst.-Lisbonne et Rouch, av.

(2) 1re *Espèce:* — (De Raucourt *C.* Chem. de fer d'Orléans.) — Jugement du tribunal de commerce de Bordeaux du 16 août 1869, ainsi conçu : — « Attendu que suivant une déclaration d'expédition en date du 6 sept. 1868, il a été remis à la gare de Bordeaux par Ch. de Raucourt, 20 barriques de vin rouge à l'adresse d'un sieur Josselin Victor, chez le sieur Guillot, rue de Bordeaux, n° 30, parc Nicolaï, à Bercy, Charenton-Paris, livrables en gare d'Ivry en port dû ; — Attendu que le 10 septembre, la gare d'Ivry a envoyé par la poste la lettre d'arrivée à l'adresse indiquée par la déclaration d'expédition; cette lettre d'avis porte au bas : « Bon à livrer les colis ci-dessus au porteur de la présente *Signé:* Le destinataire » ; — Attendu que cette lettre d'avis a été représentée à la gare d'Ivry, le 13 septembre par le sieur Loiseau, camionneur, avec le bon à livrer au porteur, signé : Josselin ; — Attendu qu'au vu de ce document, la gare d'Ivry a livré, ledit jour 13 septembre, les 20 barriques de vin au sieur Loiseau, et en a reçu le prix de la voiture, ainsi que cela résulte du duplicata du bordereau de livraison certifié par M. le commissaire de surveillance administrative qui est reproduit ; — Attendu que de Raucourt se plaint de ce que le destinataire, le sieur Victor Josselin n'a pas reçu la marchandise, et il produit à l'appui un certificat de ce dernier qui l'atteste; — Qu'en conséquence, de Raucourt prétend rendre responsable la compagnie d'Orléans du détournement qui aurait eu lieu par suite d'une fausse signature et lui réclame le payement de la somme de 2813 fr. 65, pour la valeur des 20 barriques de vin et des frais de protêt de la traite que Victor Josselin a laissée impayée ; — Qu'il s'agit donc d'examiner si la responsabilité de la gare d'Ivry est engagée dans cette affaire, et si l'on doit lui reprocher une faute ; — Attendu que la marchandise dont il s'agit était livrable en gare ; qu'ainsi le devoir de la compagnie était, dès son arrivée, de prévenir le destinataire qu'elle était à sa disposition; que ce devoir lui est du reste imposé par un arrêté ministériel en date du 24 juin 1860 qui autorise la perception d'un droit de magasinage sur les marchandises non retirées par les destinataires dans les vingt-quatre heures de la mise à la poste de la lettre d'avis ; — Attendu que la jurisprudence considère ces lettres d'avis comme écrites dans l'intérêt exclusif du commerce ; — Qu'en effet, on doit reconnaître qu'elles répondent à la célérité indispensable aux transactions commerciales ; — Attendu qu'il est d'un usage constant qu'à la réception de cette lettre d'avis, le destinataire signe le bon à livrer qui est mis au bas, et que c'est sur la représentation de cette lettre d'avis, et non sur le vu de la signature du destinataire auquel elle a été adressée, que la marchandise est livrée : — Que la chose indispensable est que l'on soit bien certain que la lettre d'avis arrive à sa destination ; — Que pour cela, il faut que l'adresse de cette lettre soit identiquement la même que celle indiquée par l'expéditeur au bordereau de l'expédition, et que la lettre ait été régulièrement mise à la poste ; cette mise à la poste, avec une adresse exacte, est la meilleure garantie que la lettre parvienne au destinataire et si plus tard

s'ajoutait une faute imputable à cette dernière. Ainsi, il a été jugé que la compagnie était responsable lorsque les marchandises avaient été remises au porteur de la lettre d'avis lequel aurait déclaré ne pas savoir signer, sans que la compagnie se fût assurée de son identité avec le destinataire véritable (Trib. Cosne, 27 nov. 1872, aff. Chemin de fer de Lyon *C.* Faye, D. P. 74. 1. 63 ; Féraud-Giraud, t. 1, n° 225).

167. La remise du colis à un autre que le destinataire engage également la responsabilité du commissionnaire de transport qui sert d'intermédiaire entre la compagnie de chemin de fer et les destinataires. Ainsi on a jugé que le commissionnaire de transport qui a pris, au nom d'une personne, livraison en gare de colis qui étaient destinés à une autre personne, laquelle était exactement désignée dans la lettre d'avis envoyée par le chef de gare, et a ensuite livré ces colis à son client, commet une faute dont il doit supporter les conséquences (Req. 26 févr. 1877, aff. Lavigne, D. P. 78. 1. 476). Et il n'importe que le réceptionnaire des colis portât le même nom que le véritable destinataire, et qu'il eût reçu, par suite d'une erreur de la poste, la lettre d'avis adressée à ce dernier qui habitait une localité différente (Même arrêt). La faute du commissionnaire consistait, dans l'espèce sur laquelle a statué cet arrêt, à avoir pris, au nom d'une personne, livraison des colis destinés à une autre, sans lire attentivement la suscription de la lettre d'avis annonçant l'arrivée de ces colis ; il aurait vu autrement que son commettant n'était pas le destinataire de cette lettre d'avis et qu'il ne l'avait reçue que par une erreur de la poste. Mais il est bien évident que la livraison opérée entre les mains d'un mandataire du véritable destinataire libère la compagnie : il en est ainsi spécialement de la livraison faite aux mains d'un camionneur choisi par le destinataire (Civ. cass. 8 déc. 1885, aff. Chemin de fer du Midi *C.* Gaubert, D. P. 87. 1. 28).

168. Le principe suivant lequel le contrat de transport est consommé et le voiturier déchargé par la remise des colis au véritable destinataire reçoit exception dans le cas spécial d'une expédition contre remboursement : le voiturier contracte alors l'obligation de ne livrer la marchandise au destinataire et de ne s'en dessaisir qu'après réception de la somme due à titre de remboursement ; et il est tenu, si cette condition n'est pas remplie, de restituer les marchandises à l'expéditeur (Civ. cass. 26 avr. 1882, aff. Chemin de fer du Nord *C.* Voisin, D. P. 83. 1. 155 ; 13 avr. 1885, aff. Chemin de fer de l'Etat *C.* Clément, D. P. 86. 1. 84-85). — Il en est ainsi alors même qu'il s'agit de marchandises simplement grevées des frais et débours qu'elles ont occasionnés jusqu'à la livraison ; la compagnie de chemin de fer est tenue vis-à-vis de l'expéditeur d'en effectuer l'encaissement au moment de la livraison au destinataire (Paris, 4 janv. 1862 ; Toulouse, 27 janv. 1866) (1). — Si donc le voiturier livre la marchandise sans exiger le versement préalable du montant du remboursement, il suit la foi du destinataire et demeure garant envers l'expéditeur. Il n'est pas non plus libre d'accorder un sursis au destinataire sans consulter l'expéditeur, puisqu'il s'agit de la valeur d'une marchandise demeurée la propriété de l'expéditeur, lequel doit évidemment être seul juge de l'opportunité du sursis. Il pourrait, au contraire, accéder à une pareille demande de la part du destinataire, si l'expédition avait eu lieu sans clause de remboursement, parce qu'en cette hypothèse ce serait le prix du transport qui serait seul en jeu, et que le commissionnaire est seul intéressé à ce que ce prix soit payé. — Quant à la question de savoir si la marchandise sera elle-même

---

cette lettre est reproduite, signée de son nom, on ne peut avoir de doute à cet égard ; — Qu'il est impossible d'exiger en outre le contrôle de la signature, ce qui nécessiterait des légalisations ou des preuves par témoins qui éterniseraient les livraisons, occasionnerait des encombrements de marchandises, et amènerait certainement des frais de magasinage onéreux, par suite des retards alors inévitables ; ce contrôle serait absolument contraire à la simplification des moyens si nécessaires dans le commerce, étant certain de la remise de la lettre à son adresse, on doit compter sur la vigilance et la prudence du destinataire pour ne pas laisser enlever de chez lui une lettre dont il ne peut ignorer l'existence ; — Attendu que l'on reconnaît dans le fait actuel, et par les mêmes principes une véritable analogie avec les prescriptions de l'art. 145 c. com. sur la lettre de change, duquel il résulte que le débiteur d'une lettre de change qui en a acquitté le montant sur un faux, est bien et valablement libéré s'il a payé de bonne foi ; — Attendu que, dans l'espèce, la lettre d'avis est reproduite, et l'on y constate qu'elle a été mise à la poste dont elle porte les timbres, avec l'adresse exacte mentionnée en la déclaration d'expédition ; — Qu'ainsi on doit dire que la compagnie d'Orléans a rempli son obligation et ne peut être responsable de la fausse signature apposée sur sa lettre d'avis, par suite de ce principe d'équité que ne peut être déclaré responsable du dommage celui qui n'a pu prévoir ou empêcher l'accident ; — Par ces motifs, déboute, etc. — Arrêt.

LA COUR ; — Adoptant les motifs des premiers juges, confirme, etc.

Du 8 nov. 1870.-C. de Bordeaux, 1re ch.

2e *Espèce :* — (Chem. de fer d'Orléans *C.* Wetter.) — Le sieur Schott, banquier à Genève, a prévenu par lettre le sieur Wetter, propriétaire à Bordeaux, qu'il lui envoyait un paquet de titres d'une valeur totale de 25000 francs. Le sieur Christophe, secrétaire de Wetter, ayant soustrait la correspondance relative à l'envoi, s'est ensuite présenté à la gare du chemin de fer comme étant lui-même le destinataire. Sur le vu de la correspondance entre Schott et Wetter, les agents de la compagnie ont remis les titres expédiés à Christophe qui en a donné un reçu signé Wetter. Wetter a assigné la compagnie d'Orléans en payement de la valeur de ces titres. Sa réclamation a été accueillie par un jugement du tribunal de Bordeaux. — Appel par la compagnie. — Arrêt.

LA COUR ; — Attendu qu'il est établi en fait que la compagnie d'Orléans a remis le 16 mai 1881 le paquet de valeurs expédié de Genève à Wetter au sieur Christophe, porteur d'une lettre et de deux dépêches adressées par l'expéditeur audit Wetter et d'un bordereau contenant la désignation et les numéros des valeurs expédiées ; — Que Christophe s'est présenté comme étant le sieur Wetter et a signé du nom de ce dernier les registres de la compagnie ; qu'il s'agit de savoir si la compagnie d'Orléans doit être déclarée responsable de l'escroquerie commise par cet individu ; — Attendu que l'obligation du voiturier d'indemniser le destinataire de la perte de l'objet transporté suppose de sa part une faute, une imprudence, une négligence ; — Que s'il a fait ce qu'il était raisonnablement possible de faire pour remplir son mandat, sa responsabilité ne saurait être engagée ; — Attendu, dans l'espèce, que les documents qui étaient aux mains de Christophe ne devaient pas laisser de doute à la compagnie d'Orléans sur la qualité qu'il s'attribuait ; — Que Wetter seul, en effet, pouvait avoir en sa possession la lettre et les dépêches de Schott lui annonçant l'expédition des valeurs et le bordereau qui en contenait la désignation et les numéros ; que ces documents étaient de nature à constater suffisamment l'identité de celui qui en était porteur pour la compagnie, qui ne devait pas soupçonner un abus de confiance, une soustraction ou un faux ; — Que si on exigeait des justifications plus complètes, les lenteurs qui en seraient la conséquence causeraient un préjudice non moins grave au public qu'aux compagnies de chemins de fer, dont elles entraveraient les opérations ; — Qu'ainsi on ne saurait reprocher aucune imprudence à la compagnie d'Orléans ; — Que les premiers juges estiment, il est vrai, que l'empressement de Christophe à réclamer ces valeurs aurait dû lui inspirer des soupçons et la porter à prendre des précautions particulières ; mais qu'il faut bien le reconnaître, cette attitude d'un destinataire auquel l'expédition de valeurs importantes est annoncée n'a rien d'anormal ; que sa préoccupation est assez légitime et ne peut être de nature à éveiller la moindre défiance ; — Attendu enfin que si la compagnie d'Orléans n'a aucune faute à s'imputer, il n'en n'est pas de même de Wetter ; — Qu'il a eu le tort grave de mettre Christophe et sa domestique dans le secret de toutes ses affaires ; qu'il a ainsi rendu possible la spoliation dont il a été victime ; — Que sa faute est d'autant plus lourde qu'une première fois déjà des valeurs lui avaient été soustraites par sa domestique et qu'il avait consenti à la reprendre ; — Qu'il doit porter la peine de sa confiance aveugle dans une femme qui en était et qu'il en savait indigne ; — Infirme, etc.

Du 4 févr. 1884.-C. de Bordeaux.

(1) 1re *Espèce :* — (Chemin de fer de l'Est.) — LA COUR ; — Attendu que la compagnie de l'Est ne conteste pas l'obligation de recevoir et transporter les colis présentés par les commissionnaires de roulage ; qu'elle prétend ne pas être tenue de rembourser d'avance, ou même après encaissement, la somme dont une expédition peut être grevée à titre de *frais et déboursés*, sans percevoir au retour de l'argent la taxe appliquée au transport des finances à grande vitesse ; que, pour expliquer sa prétention, elle ajoute que les commissionnaires ont, par la fixation arbitraire de prétendus frais ou déboursés, créé des difficultés aux compagnies et engendré des abus ; qu'enfin, dans l'intention d'y mettre un terme, elle propose, à titre de concession, de payer au reçu des colis les sommes dont ils sont grevés, à la condition qu'elles ne dépasseront pas le tarif des Messageries impériales ; — Attendu que les art. 49 et 50 des tarifs généraux pour le transport à grande vitesse, règlent cette matière ; que ces articles établissent avec précision la différence entre les sommes portées sous la dé-

payée ou non, c'est là une question qui est absolument étrangère au voiturier. Ainsi, il a été décidé qu'une compagnie de chemin de fer ne saurait, sauf en cas de dol ou de fraude de sa part, être garante, vis-à-vis de l'expéditeur, du payement d'une marchandise expédiée, sans clause de remboursement, et livrée par elle au véritable destinataire, dans les délais réglementaires (Civ. cass. 30 mars 1885, aff. Chemin de fer d'Orléans *C.* Maufilatre-Barré, D. P. 86. 1. 64).

169. Les dispositions du décret du 13 août 1810, relatives à la vente des objets dont la remise n'a pu être faite par le commissionnaire (*Rép.* n° 358), sont toujours en vigueur. Il est à remarquer que ce décret, qui prescrit la remise au Domaine de tous les colis qui n'auront pas été réclamés dans le délai de six mois, ne s'applique pas seulement aux colis égarés dont l'expéditeur ne serait pas connu, mais à tous les objets confiés à un voiturier pour être transportés en France et qui n'ont pas été réclamés dans le délai de six mois, pour quelque cause que ce soit, alors même que le propriétaire serait connu; en conséquence, le voiturier (une compagnie de chemin de fer) qui livre au Domaine, conformément au décret du 13 août 1810, des colis refusés, ne commet pas une faute engageant sa responsabilité (Civ. cass. 3 avr. 1878, aff. Chemin de fer de Lyon *C.* Chemin de fer du Midi et Rivière, D. P. 78. 1. 480).

170. — IX. De la remise des marchandises dans le délai fixé. — Les règles exposées au *Rép.* n°s 360 et suiv. en ce qui concerne la responsabilité incombant au transporteur en cas de retard dans la remise de la chose transportée, sont toujours applicables sans aucune modification aux commissionnaires de transport ou aux voituriers en général. — Cette responsabilité est encourue dans tous les cas, sans qu'il y ait à distinguer entre les transports par terre et ceux qui s'effectuent par eau, spécialement les transports maritimes. Il a été jugé, à cet égard, que le retard survenu dans la livraison de marchandises expédiées par mer donne au destinataire le droit de réclamer des dommages-intérêts, alors, notamment, qu'il provient de ce que les marchandises ont été conduites au-delà de leur destination, puis mises à bord d'un autre navire pour être ramenées au lieu où elles devaient être livrées (Aix, 3 mai 1884) (1). Peu importe que le connaissement autorisât le transport des marchandises au-delà de leur destination, alors que ce transport n'a pas été la conséquence d'un simple déroutement du navire, le capitaine du navire ayant évité à dessein de faire escale au port de destination, afin d'échapper à des mesures sanitaires qui y avaient été prises et qu'il ne devait pas ignorer (Même arrêt).

On a exposé, d'ailleurs (*ibid.* n° 367), les solutions diffé-

---

nomination de *frais et déboursés*, et celles portées sous la dénomination *remboursements;* que ces dernières sont seules soumises à la taxe; que, pour les premières, l'art. 49 se borne à dire que l'avance *n'est pas obligatoire pour les compagnies au regard des commissionnaires;* — Attendu que la compagnie de l'Est ne peut justement en faire ressortir un droit à son profit de réclamer les frais de retour pour l'argent; qu'elle ne peut davantage imposer un tarif, et fixer ainsi le bénéfice auquel les commissionnaires pourraient prétendre; — Attendu que si l'on tient compte des usages généralement adoptés dans le roulage et acceptés par la compagnie de l'Est jusqu'au jour de la contestation, de la facilité pour la compagnie de payer ces sommes toujours minimes, sans aucun mouvement d'espèces d'un lieu à un autre; si l'on se préoccupe de cette situation absurde qui, pour la plupart du temps, obligerait les commissionnaires de roulage à supporter, comme frais de retour, une dépense à peu près égale à la somme due; si, enfin, on recherche l'esprit qui a dicté ces art. 49 et 50, on est amené à reconnaître que les compagnies de chemins de fer doivent rembourser franco, et *après encaissement*, les sommes dont une expédition peut être grevée *à titre de frais et de déboursés*, avec toutes réserves de faire juger par qui de droit si ces sommes ainsi motivées dissimulent un remboursement, et qu'il y a lieu d'y contraindre la compagnie de l'Est par une pénalité à fixer par chaque contravention, etc.

Du 4 janv. 1862.-C. de Paris.

2e *Espèce :* — (Gasc et Claverie *C.* Chem. de fer du Midi.) — La cour ; — Attendu que les exceptions opposées par la compagnie du Midi aux demandes de Gasc et Claverie soulèvent l'examen de deux questions : en premier lieu, lorsque les marchandises dont cette compagnie effectue le transport lui ont été remises grevées des *frais* ou *débours* qu'elles ont jusque-là occasionnés, l'encaissement de ces *frais et débours*, au moment de la livraison des marchandises au destinataire, est-il pour la compagnie obligatoire ? En second lieu, les sommes ainsi encaissées sont-elles soumises, pour leur transport à la gare de l'expédition, aux tarifs de la compagnie qui régissent le transport des finances? — Attendu, sur la première question, que s'il est vrai que l'acceptation du mandat spécial consistant à recouvrer les sommes qui suivent les marchandises *à titre de remboursement*, ne peut être, pour les compagnies de chemin de fer, que facultative, ce mandat ne rentrant nullement dans les opérations de transport auxquelles ces compagnies ont l'obligation de pourvoir, il ne doit pas en être de même lorsqu'il s'agit du recouvrement des sommes qui suivent la marchandise pour les *frais et débours* occasionnés par le transport lui-même à partir du lieu de l'expédition ; — Que de tout temps, pour conserver à ces entiers frais sur la marchandise, successivement transportée par plusieurs commissionnaire ou voituriers, le privilège qui leur appartient, les usages du commerce ont imposé au dernier de ces commissionnaires, chargé d'effectuer la livraison de la marchandise, le soin de se faire payer préalablement par le destinataire les frais dus aux commissionnaires antérieurs; que cet usage, pratiqué constamment dans le roulage ordinaire avant l'établissement des voies ferrées, paraît avoir été constamment suivi depuis cette époque par les compagnies même chargées de l'exploitation de ces voies; que, loin de contenir aucune disposition qui y déroge, les statuts réglementaires de ces compagnies le confirment d'une manière virtuelle; que le maintien de cet usage se trouve implicitement consacré, en ce qui touche particulièrement la compagnie du Midi, par l'art. 52 de ses statuts, puisque, s'expliquant *quant aux frais ou déboursés dont une expédition de marchandises peut être grevée* au moment où elles lui sont remises, cet article se borne à exonérer la compagnie vis-à-vis des entrepreneurs de transports ordinaires, de l'obligation de leur faire l'*avance* de ces frais au départ; mais que par là même cet article reconnaît que cette expédition peut être grevée, au départ, de *frais ou déboursés* ; ce qui veut nécessairement dire que, dispensée de leur en faire l'avance, la compagnie reste néanmoins chargée d'en opérer l'encaissement au lieu de la destination ; qu'en sanctionnant une doctrine contraire, les statuts de la compagnie auraient méconnu, au détriment des commissionnaires de transport ordinaire, des nécessités permanentes, et suscité, dans la circulation des marchandises, de dommageables entraves ; — Attendu, sur la seconde question, que l'art. 53 des statuts prémentionnés démontre que le retour au lieu de l'expédition des sommes représentant des *frais et déboursés*, ne doit donner ouverture, après leur encaissement, à la perception d'aucun droit au profit de la compagnie ; qu'en effet, cet article, qui vient immédiatement après la disposition spéciale par laquelle les obligations de la compagnie quant aux *frais* ou aux *déboursés* ont été réglées, n'assujettit à la taxe, au retour, que les sommes qui suivent les expéditions à titre de *remboursement* ; que le sens non équivoque attaché par l'usage commercial à ces derniers mots prouve que le transport des frais ou déboursés du lieu de la destination au lieu de l'expédition doit demeurer affranchi de tout droit; qu'on ne peut s'expliquer que par cette différence les deux colonnes affectées à mentionner, l'une, le chiffre des débours, et l'autre le chiffre des remboursements, dans la déclaration d'expédition dont le modèle imprimé est fourni par la compagnie elle-même ; — Qu'il ne peut d'ailleurs en être autrement si l'on observe que dans beaucoup de cas les frais de port, réglés conformément au tarif, absorberaient en grande partie les frais et débours encaissés ; qu'enfin la compagnie ne peut se plaindre de ce que les soins qu'elle se donne pour cet encaissement et pour le transport des fonds recouvrés restent sans rémunération, puisque ces opérations devant être considérées comme faisant partie des obligations consenties par la compagnie à raison du transport de la marchandise, sont présumées avoir été comprises dans la tarification de ce transport ; — Confirme le jugement du tribunal de commerce de Toulouse du 20 juin 1865, etc.

Du 27 janv. 1866.-C. de Toulouse.-MM. Fort, pr.-Tourné, av. gén.-Tournayre et Timbal, av.

(1) (Homsy *C.* Messageries maritimes.) — La cour ; — Attendu, qu'en août et septembre 1882, la *Bristish-India-Steam-Ship-Navigation-Company* a chargé à Bassorah des laines qui devaient, après transbordement à Port-Saïd ou Alger, être livrées à Marseille, à Homsy leur destinataire; que ces laines ont été transportées directement à Londres où elles ont été débarquées, mises à bord d'un autre vapeur, qui les a apportées à Alger, d'où par un navire des *Messageries maritimes*, elle sont parvenues à destination ; — Attendu que, pour se soustraire aux conséquences de la violation de son contrat, la *Bristish-India* ne peut se prévaloir de la force majeure ; qu'elle connaissait les mesures sanitaires prises à Alger, relativement aux marchandises de la nature et de la provenance de celles qu'elle s'engageait envers Homsy à y transborder ; qu'à ce moment Alger était d'ailleurs muni des aménagements nécessaires pour procéder à la désinfection prescrite par les règlements ; — Attendu que si le connaissement autorise la compagnie à transporter les marchandises au delà de leur destination, on ne saurait voir un simple déroutement du navire dans le fait tel qu'il

rentes qui doivent être appliquées suivant qu'un délai a ou non été stipulé dans le contrat. De ce qu'une pareille stipulation fait défaut, il ne résulte pas, comme on l'a vu, que le destinataire n'ait point droit à une indemnité en cas de retard; on admet que des dommages-intérêts lui sont dus malgré le silence de la lettre de voiture sur ce point, alors du moins qu'il s'agit d'un retard assez considérable, et dépassant celui que l'on pouvait naturellement prévoir. — Il a été jugé à cet égard que l'omission, dans la lettre de voiture, de l'époque d'arrivée des marchandises peut être suppléée par les circonstances, de la cause; que le juge peut, notamment, par une appréciation souveraine, induire de ces circonstances que le voiturier s'est engagé à effectuer le transport dans un délai déterminé, et notamment avant l'ouverture d'une foire qui devait se tenir au lieu d'arrivée; par suite, le voiturier peut être déclaré responsable du défaut d'arrivée des marchandises dans le délai qui a été ainsi tacitement convenu (Req. 3 juin 1856, aff. Burnet, D. P. 56. 1. 426). — Décidé toutefois que le commissionnaire de transport n'encourt aucune responsabilité à raison de l'arrivée tardive de la marchandise transportée au lieu de destination, lorsqu'il n'a pas pris l'engagement de l'expédier à jour fixe, de manière à la faire arriver à destination à une époque déterminée (Bruxelles, 23 févr. 1880) (1).

171. L'obligation de remettre la chose transportée dans les délais convenus est, en principe, applicable aux compagnies de chemins de fer comme à tous autres voituriers. Mais, à l'égard des compagnies, il ne saurait y avoir lieu à la distinction que l'on vient de rappeler entre le cas où le délai a été expressément déterminé et celui où il ne l'a pas été. — Les délais pour les transports par chemins de fer ne sont point débattus entre les compagnies et leurs clients; ils sont déterminés par les règlements spéciaux édictés par l'administration supérieure, de telle sorte que pour les compagnies de chemin de fer, il y a retard par cela seul que les délais fixés par les règlements ont été dépassés, sans qu'il soit besoin d'une stipulation expresse (Paris, 5 déc. 1850, aff. Ledat, D. P. 51. 2. 223; Paris, 30 avr. 1851, aff. Chemin de fer d'Orléans C. Delarue, D. P. 54. 2. 42). — Les principaux documents qui fixent ces délais sont les art. 50 de l'ordonnance du 15 nov. 1846, 49 du cahier des charges, l'arrêté ministériel du 15 avr. 1859, remplacé par l'arrêté du 12 juin 1866, modifié lui-même par les arrêtés ministériels des 25 mars 1877 et 6 déc. 1878 après les dérogations qui y avaient été momentanément apportées en 1870-1871 (Féraud-Giraud, t. 1, n° 282). — Ces divers actes ont force de loi à l'égard des compagnies comme à l'égard des expéditeurs; il n'est point permis d'y déroger par des conventions particulières (Féraud-Giraud, t. 1, n° 283; Duverdy, n° 79 *ter;* Sarrut, n° 529; Picard, t. 4, p. 642; Civ. cass. 5 mai 1869, aff. Chemin de fer d'Orléans C. Appert, D. P. 69. 1. 274; 16 juin 1869, aff. Chemin de fer d'Orléans C. Menier, D. P. 69. 1. 304; 21 févr. 1870, aff. Chemin de fer de Lyon C. Parent-Duchange, D. P. 70. 1. 112; 9 mai 1870, aff. Chemin de fer de Lyon C. Bonnaud, D. P. 70. 1. 362; 10 août 1870, aff. Chemin de fer de Lyon C. Jal, *ibid.;* 21 août 1871, aff. Chemin de fer de Lyon C. Sauvaigo, D. P. 71. 1. 200; 5 mars 1872, aff. chemins de fer d'Orléans C. Delperon, D. P. 72. 1. 439; 12 juin 1872, aff. Chemin de fer de Lyon C. Delignères, D. P. 72. 1. 231; 4 févr. 1874, aff. Chemin de fer de Lyon C. Calvier, D. P. 74. 1. 419; 1er déc. 1874, aff. Chemin de fer d'Orléans C. Lepiniec, D. P. 74. 1. 461; 18 janv. 1875, aff. Chemin de fer d'Orléans C. Pinsard, D. P. 76. 1. 319; 20 janv. 1875, aff. Chemin de fer de Lyon C. Nizerolle, D. P. 75. 1. 355; 10 nov. 1875, aff. Chemin de fer de Paris-Lyon-Méditerranée C. Libercier, D. P. 75. 1. 453; 6 déc. 1876, aff. Chemin de fer d'Orléans C. Longe, D. P. 78. 1. 128; 14 mai 1878, aff. Chemin de fer de Lyon C. Tony-Benon, D. P. 78. 1. 383). Ainsi, les compagnies ne peuvent renoncer valablement aux délais que les règlements leur accordent et, par exemple, s'engager à effectuer les transports dans un délai plus court. La jurisprudence, après avoir hésité quelque temps sur ce point, est aujourd'hui définitivement fixée dans ce sens (Civ. cass. 16 juin 1869, aff. Chemin de fer d'Orléans C. Ménier, D. P. 69. 1. 304; 21 févr. 1870, aff. Chemin de fer de Lyon C. Parent-Duchange, D. P. 70. 1. 111; 12 juin 1872, aff. Chemin de fer de Lyon C. Delignières, D. P. 72. 1. 231; 1er déc. 1874, aff. Chemin de fer d'Orléans C. Lepiniec, D. P. 74. 1. 461, etc. V. *infrà,* v° *Voirie par chemin de fer*).

Mais il faut remarquer que les compagnies ne sont pas tenues d'épuiser les délais, et que rien ne les empêche de transmettre plus rapidement les marchandises lorsque les besoins du service le leur permettent.

172. Toutefois le droit commun reprend son empire lorsque la compagnie de chemin de fer se charge de transports qui doivent s'opérer par voie de fer pour partie seulement et par voie de terre pour le surplus. « Les conditions d'un pareil transport, dit M. Féraud-Giraud, t. 1, n° 293, ne pourraient être déterminées par l'application du cahier des charges du chemin de fer, ni par les règlements destinés uniquement à régir son exploitation; et, en pareil cas, il y aurait lieu, pour apprécier les obligations de la compagnie dans l'exécution de ce transport spécial, de se référer aux usages par elle suivis et de déterminer les délais tels qu'ils sont habituellement observés dans des circonstances semblables » (V. Civ. rej. 26 juill. 1859, aff. Chemin de fer du Nord C. Veleine, D. P. 59. 1.307). — Sauf l'exception qui vient d'être indiquée, on doit ranger d'une manière générale les transports par chemins de fer dans la catégorie des transports pour lesquels le délai est expressément déterminé. Mais s'ensuit-il que l'indemnité de retard soit due de plein droit dès que le transport n'a pas été achevé au jour dit, sans que le propriétaire de la marchandise ait besoin d'établir qu'il a éprouvé un préjudice?

173. C'est là une question qui reste fort controversée, au

---

a été ci-dessus rappelé; — Attendu qu'en brûlant les escales de Port-Saïd et d'Alger le capitaine a voulu se soustraire aux mesures quarantenaires; que la compagnie n'a point protesté contre des agissements qui lui profitaient; que, s'ils ne sont l'exécution de ses ordres, elle les a au moins ratifiés; — Attendu que, par la violation des clauses du connaissement, la *Bristsih-India* a causé à Homsy un préjudice dont elle lui doit réparation; qu'à titre de dommages-intérêts le jugement alloue de ce chef à Homsy les sommes par lui payées, pour suppléments d'assurances, de droits de douane, et pour magasinage; qu'il y a lieu de tenir compte, en outre, du retard apporté dans la délivrance de la marchandise, et de lui allouer de ce chef une somme de 1000 fr.; — Par ces motifs, confirme.

Du 3 mai 1884.-C. d'Aix, 2e ch.-MM. Germendy, pr.-Fabre, av. gén.-Bouteille et Paul Rigaud, av.

(1) (Bellefroid et Cartuyvels C. David, Kernkamp et Lumsden). — La cour; — Attendu que l'action tend à faire déclarer les intimés responsables des conséquences dommageables qu'a pu entraîner pour les appelants l'arrivée tardive de leur marchandise au lieu de destination, dans le courant de janvier 1875; — Attendu que pareille responsabilité ne pourrait incomber aux intimés que s'ils étaient démontrés avoir contracté envers les appelants l'engagement d'expédier la marchandise à jour fixe, de manière à la faire arriver à destination pour une époque déterminée; que si les appelants devaient, sous peine d'encourir les conséquences dommageables dont ils se plaignent, faire être leur marchandise au lieu de destination à une date indiquée, ils avaient à s'expliquer à cet égard en contractant avec les intimés et à stipuler que l'expédition dont ils les chargeaient devrait se faire pour cette date précise; — Attendu qu'il résulte des considérations déduites au jugement dont appel, considérations que la cour adopte, que non seulement aucun engagement semblable n'a été pris par les intimés, mais que la majeure partie de la marchandise à expédier ne leur a même été livrée, par les appelants, qu'après la date qui avait été primitivement indiquée comme celle à laquelle l'expédition aurait dû se faire; — Attendu d'ailleurs qu'il résulte de la correspondance échangée entre parties qu'immédiatement après le départ du navire *Tasso,* chargé de la cargaison, les appelants ont reçu et accepté, sans aucune réclamation, protestation ni réserve, le connaissement relatif au chargement de leur marchandise sur ce navire; qu'ils ont établi le compte de ce qu'ils reconnaissent devoir, du chef de ce chargement, aux intimés, autorisant ceux-ci à disposer sur eux pour le payement des sommes dont ils se reconnaissent redevables envers eux; — Attendu que les appelants reconnaissaient évidemment par ces agissements n'avoir rien à réclamer des intimés du chef d'un prétendu retard dans l'expédition de la marchandise; — En ce qui touche la demande d'une somme de 555 fr. 50 cent. du chef de poutrelles brisées dans le transport :...; — Par ces motifs et ceux du premier juge, met l'appel à néant, etc.

Du 23 févr. 1880.-C de Bruxelles.-MM. De Prelle de la Nieppe, 1er pr.-Houet et Edmond Picard, av.

moins en doctrine. Nous l'avons envisagée au *Rép.* n° 360, au point de vue des seuls commissionnaires libres: nous avons exposé qu'à leur égard, le moindre retard devait donner lieu à indemnité sans qu'il fût nécessaire de justifier d'un préjudice spécial, et qu'il était dans les usages du commerce de fixer l'indemnité au tiers du montant de la lettre de voiture lorsqu'aucune stipulation ne l'avait déterminée. — Les compagnies de chemins de fer, après avoir pendant un certain temps accepté l'insertion dans les lettres de voiture d'une clause pénale fixant à forfait l'indemnité pour retard, s'y refusèrent en 1859. — Cette prétention donna naissance à de nombreux procès. — Tout d'abord, la jurisprudence décida que les compagnies n'étaient point fondées dans leurs prétentions et qu'elles ne pouvaient refuser de recevoir les lettres de voiture accompagnant les marchandises à transporter, par cela seul que ces lettres de voiture stipuleraient la retenue du tiers du prix du transport en cas de retard (Colmar, 6 déc. 1859, aff. Chemin de fer de Lyon C. Royer, D. P. 60. 2. 62; Besançon, 16 janv. 1860, aff. Chemin de fer de Lyon C. Munier, D. P. 60. 2. 63; Paris, 30 mars 1860, aff. Chemin de fer de Lyon et de l'Est C. Delarsille, D. P. 60. 2. 59);... Alors d'ailleurs que la fixation de cette indemnité au tiers du prix de transport était conforme aux usages commerciaux généralement établis (Arrêt précité du 6 déc. 1859; Limoges, 10 août 1861) (1). — Mais sur les pourvois formés contre quelques-uns des arrêts précités, la cour de cassation a admis le système contraire et décidé qu'en matière de transport par chemin de fer, l'indemnité pour cause de retard reste soumise au principe de la liberté des conventions : en conséquence, les compagnies ne pourraient être contraintes d'accepter ou de subir l'insertion, dans leurs lettres de voiture, d'une clause réglant d'avance et à forfait le chiffre de cette indemnité, et le fixant, par exemple, au tiers du prix du transport; en l'absence soit d'une convention préalable, soit d'un accord ultérieur à cet égard, soit d'une disposition de leur cahier des charges ou des arrêtés administratifs qui fixent les conditions réglementaires des transports par chemins de fer, c'est aux tribunaux à arbitrer l'indemnité due en raison du préjudice provenant du retard (Civ. cass. 27 janv. 1862, aff. Chemin de fer de Lyon C. Royer et autres, aff. Chemin de fer de Lyon et chemin de fer de l'Est C. Delarsille, aff. Chemin de fer de Lyon C. Munier, D. P. 62. 1. 67, et sur renvoi, Dijon, 5 et 19 déc. 1862, mêmes affaires, D. P. 63. 2. 47), et cette indemnité doit, comme en toute autre matière, être déterminée d'après le préjudice éprouvé par le destinataire (Aix, 11 avril et 28 nov. 1866) (2).

Une indemnité pour cause de retard ne pourrait être accordée, d'après ces décisions, abstraction faite de tout dommage éprouvé, qu'en vertu d'une convention librement intervenue, ou d'un règlement administratif qui en ferait une des charges du transport pour les compagnies. Cette convention ou ce règlement serait nécessaire, non seulement pour la fixation du chiffre de l'indemnité, mais encore pour que le droit à l'indemnité elle-même prît naissance. — Le seul fait du retard ne présente donc pas les caractères d'une inexécution partielle du contrat, à raison de laquelle le prix du transport aurait dû être réduit, sans nécessité d'un accord antérieur et par application des principes du droit commun. Il constitue une simple cause de dommages-intérêts, et aucune indemnité ne peut, dès lors, être réclamée que sous la condition rigoureuse de la justification d'un préjudice, qui devra être constaté et apprécié conformément aux dispositions des art. 1147 et suiv. c. civ. — C'est en ce sens que s'est encore prononcée la cour de cassation en décidant que le retard dans le transport n'est, en l'absence de la justification d'un préjudice, ni une cause de dommages-intérêts, ni même une cause de réduction du prix du transport, un retard non préjudiciable ne pouvant être assimilé à une inexécution partielle du contrat (Req. 8 août 1867, aff. Valabrègues, D. P. 68. 1. 30; Chambéry, 11 mars 1874, aff. Becquin, D. P. 77. 2. 62; Lyon, 26 mars 1884, aff. Chemins de fer du Nord et de l'Est C. Voytier, D. P. 85. 2. 71; Civ. cass. 2 févr. 1887, aff. Chemin de fer d'Orléans C. Mazet, D. P. 87. 1. 477-479. V. *Voirie par chemins de fer*; — *Rép.* eod. v°, n°s 426 et suiv.; Duverdy, n°s 88 et 89; Sarrut, n°s 652 et suiv.; Picard, t. 4, p. 758. — *Contrà :* Trib. com. Nantes, 13 juill. 1870, aff. Crémieux, D. P. 71. 3. 33; Bédarride, *Transports par chemins de fer*, t. 2, n°s 496 et suiv.).

Quoi qu'il en soit, ainsi que le remarque M. Féraud-Giraud, t. 1, n° 332, qui ne se prononce pas expressément entre les deux opinions, « en fait, dans la plupart des cas, il sera bien difficile de mettre en doute l'intérêt que le réceptionnaire avait de recevoir les objets qui lui étaient destinés, dans le délai réglementaire, et partant le préjudice que ce retard lui a causé. Dès lors, le véritable intérêt de ces procès portera toujours moins sur l'existence d'un préjudice en thèse, que sur la fixation de la quotité de la somme due pour sa réparation ».

174. Il résulte de l'exposé qui précède que, si les compagnies ne sont pas tenues d'accepter l'insertion dans les récépissés ou lettres de voiture d'une clause pénale fixant d'avance le montant de l'indemnité pour retard, elles sont libres d'y consentir à la demande des expéditeurs, lorsqu'il leur convient de s'y soumettre (Féraud-Giraud, t. 1, n° 334;

---

(1) (Chem. de fer du Midi C. Raymond et Chem. de fer d'Orléans.) — LA COUR; — Au fond : — Attendu que les quatre expéditions de vin adressées à Raymond et arrivées en retard étaient accompagnées de lettres de voiture ne contenant aucune stipulation d'indemnité pour cause de retard; qu'elles étaient donc incomplètes, puisque aux termes de l'art. 102 c. com., une indemnité est due pour cause de retard, et que la lettre de voiture doit l'énoncer; — Attendu que la compagnie du Midi n'a jamais contesté devoir une indemnité uniquement fondée sur le retard dans la livraison des marchandises transportées; que, soit dans plusieurs documents de la procédure, soit dans les conclusions par elle prises en première instance, elle reconnaissait le principe de l'indemnité due pour cause de retard, indépendamment de toute justification d'un préjudice; que seulement elle réduisait cette indemnité au dixième du prix de la lettre de voiture; — Attendu que Raymond, élevant la prétention de retenir le tiers, il n'y avait désaccord entre les parties que sur la quotité; — Attendu que, devant la cour, la cause se présente dans les mêmes conditions, puisque la compagnie du Midi demande que les conclusions par elle prises en première instance lui soient adjugées; — Attendu que la retenue du tiers est en rapport avec un usage constant et immémorial, et qu'elle serait, au besoin, justifiée par le préjudice causé à Raymond; que ce préjudice est établi aussi bien que la négligence et l'incurie de la compagnie du Midi qui, à chaque remise qui lui était faite des barriques de vin destinées à Raymond, les laissait sept à huit jours exposées aux détériorations et aux dilapidations qui ne sont que trop souvent constatées pour cette nature de marchandise; — Attendu que le fondement de la garantie n'est pas contesté; — Maintient les condamnations prononcées au profit de Raymond contre la compagnie du Midi, soit à titre d'indemnité pour cause de retard, soit à titre de dommages-intérêts; — Maintient également les condamnations prononcées sur la demande en garantie; etc.

Du 10 août 1861.-C. de Limoges, 3e ch.-MM. Mallevergne, pr.-Chaslus, subst.

(2) 1re *Espèce :* — (Altaros et comp. C. Messageries impériales.) — LA COUR; — Attendu que, pour le préjudice résultant du retard apporté dans le transport d'une marchandise, les dommages-intérêts doivent se calculer, comme en toute autre matière, en prenant pour base l'étendue du dommage souffert, la gravité de la faute et toutes les circonstances qui ont amené la réalisation du fait dommageable; — Que c'est là en théorie le seul principe qui puisse être posé; — Attendu que, dans l'espèce, en combinant ces divers éléments d'appréciation, on arrive à reconnaître que l'indemnité fixée par les premiers juges est juste et équitable; — Par ces motifs, etc.

Du 11 avr. 1866.-C. d'Aix, 1re ch.-MM. Rigaud, 1er pr.-de Bonnecorse, subst.

2e *Espèce :* — (Messageries impériales C. Sauerwein et comp.) — LA COUR; — Attendu que les débats ont établi que les marchandises chargées par Sauerwein ne sont arrivées à Marseille qu'un mois et demi après l'époque où elles auraient dû être rendues; — Attendu que les dommages-intérêts auxquels l'expéditeur a droit ne peuvent être que la représentation du préjudice que le retard lui a occasionné; — Attendu, dans l'espèce, que Sauerwein ne justifie pas d'un autre préjudice que celui résultant pour lui de la privation du capital que la vente de la marchandise lui aurait procuré, et que ce préjudice sera couvert par l'allocation d'une somme représentant l'intérêt que ce capital aurait produit; — Par ces motifs, etc.

Du 28 nov. 1866.-C. d'Aix, 1re ch.-MM. Rigaud, 1er pr.-Desjardins, av. gén.

Duverdy, n° 89; Sarrut, n°s 666 et suiv.; Civ. cass. 27 janv. 1862 cités *suprà*, n° 173; 27 mars 1878, aff. Chemin de fer du Nord-Belge, D. P. 78. 1. 367; 7 août 1878, aff. Chemin de fer de la Haute-Italie, D. P. 78. 5. 118). — Mais l'indemnité stipulée dans la lettre de voiture est seulement la peine du retard; elle ne met pas obstacle à une demande en dommages-intérêts, si le retard a été cause d'un préjudice, soit pour le destinataire, soit pour l'expéditeur (V. *Rép.* v° *Voirie par chemin de fer*, n° 427). Et, comme nous l'avons exposé au *Rép.* n° 362, des dommages-intérêts pourront être accordés au destinataire dans les cas de retard extraordinaire ayant causé un préjudice à ce dernier (Bordeaux, 4 mai 1848, aff. Bresson, D. P. 48. 2. 166).

175. Il a été jugé, de même, que, lorsqu'un tarif (international) fixe une indemnité modique en cas de retard dans l'arrivée des marchandises (un dixième du prix de transport), sans dire expressément que c'est un maximum, et sans graduer l'indemnité proportionnellement à la durée du retard, cette disposition doit s'entendre des retards modérés qui se produisent très fréquemment, et ne met pas obstacle à l'allocation par les tribunaux de plus amples dommages-intérêts, en vertu du droit commun, si le retard est considérable : la décision par laquelle les juges du fond ont ainsi interprété une clause du tarif échappe, d'ailleurs, au contrôle de la cour de cassation (Civ. rej. 3 févr. 1873, aff. Chemin de fer du Nord *C.* Jouglez, Hovelacque et comp., D. P. 73. 1. 137 ; Paris, 3 mai 1879, aff. Ladewig, D. P. 80. 2. 69 ; Sarrut, n° 674). — De même encore, il a été décidé que l'ordonnance du préfet de police de Paris, du 23 juin 1857, art. 10, qui borne à la restitution du prix de transport la réparation due par la compagnie de chemin de fer, en cas de retard dans l'arrivée des marchandises, est applicable seulement aux retards que, dans certaines circonstances, peuvent éprouver les convois, mais ne s'étend pas au cas où, par la faute de la compagnie, les marchandises qui devaient être expédiées restent en gare : dans ce dernier cas, il y a une faute de la compagnie, faute dont la réparation doit être égale au préjudice causé (Caen, 7 févr. 1861, aff. Chemin de fer de l'Ouest *C.* Hublot, D. P. 61. 2. 231). Et, par exemple, quand la marchandise tardivement livrée consiste en draps pour une foire, le destinataire doit être indemnisé de la perte du bénéfice, du déchet et des intérêts de la facture (Metz, 28 janv. 1857, aff. Pieau, D. P. 57. 2. 150). — Ce serait en vain qu'un commissionnaire de transport aurait stipulé qu'il n'encourrait aucune responsabilité dans le cas où les marchandises transportées subiraient un retard par suite de leur transbordement; la loi du contrat ne serait pas violée parce que les juges du fond, constatant des fautes à la charge du transporteur, le déclareraient responsable d'un retard et le condamneraient à des dommages-intérêts (Civ. rej. 28 janv. 1884, aff. Compagnie générale transatlantique, D. P. 84. 1. 338).— C'est ce qui se produit spécialement au cas ou le connaissement d'un transport par mer aurait stipulé que la compagnie n'assume aucune responsabilité pour le cas où la coïncidence entre deux de ses paquebots ne se réaliserait pas, et où il serait constaté que la compagnie n'avait pas expédié les marchandises par le paquebot dont le départ avait suivi une opération nécessaire de transbordement, et qu'en outre, elle avait prolongé abusivement le délai d'embarquement, et s'était abstenue d'en avertir l'expéditeur et le destinataire. Ce serait constater l'existence de fautes étrangères à la stipulation précise du connaissement, et qui engageraient par elles-mêmes la responsabilité du transporteur (Arrêt précité du 28 janv. 1884).

176. La limitation de la responsabilité des compagnies en cas de retard peut, en dehors de toute stipulation expresse, résulter des clauses des tarifs et par exemple des tarifs spéciaux (V. Féraud-Giraud, t. 1, n° 337; Sarrut, n° 672; Civ. cass. 23 déc. 1874, aff. Chemin de fer de l'Ouest *C.* Lavieille, D. P. 77. 1. 83). Elle est alors parfaitement valable, et l'application n'en peut être écartée que dans les cas de dol ou de fraude (Civ. cass. 15 mars 1869, aff. Chemin de fer du Nord *C.* Sagnier, D. P. 69. 1. 201-202 ; 13 août 1884, aff. Chemin de fer du Nord *C.* Calain, D. P. 85. 1. 78-79. Conf. Lyon-Caen et Renault, n° 904). — Il en est de même des clauses semblables qui sont insérées dans les tarifs étrangers et qui s'appliquent à des marchandises expédiées de l'étranger. En effet, le contrat de transport formé en pays étranger entre un expéditeur français ou étranger et une compagnie de chemin de fer étrangère, pour l'envoi en France de marchandises à expédier du pays où le contrat a été formé, est soumis aux lois et règlements qui régissent en ce pays les contrats de cette nature ; et ces lois et règlements, lorsqu'ils n'ont rien de contraire à la loi française et à l'ordre public reconnu en France, sont également opposables au destinataire français (Civ. cass. 4 juin 1878, aff. Chemin de fer de l'Est *C.* Camion, D. P. 78. 1, 368. V. aussi Civ. cass. 14 août 1876, aff. Chemin de fer de l'Est *C.* Lévy, D. P. 76. 1. 479). Ainsi, la clause des règlements d'une compagnie de chemin de fer étrangère, qui dispose qu'en cas de retard l'expéditeur ne pourra exiger une indemnité supérieure au prix du transport, à moins qu'il n'ait déclaré à l'avance la somme à laquelle il estime l'intérêt qu'il a à ce que la livraison soit faite dans le délai réglementaire, n'a rien de contraire à l'ordre public et à la loi française, et peut, par conséquent être invoquée devant les tribunaux français contre les parties qui l'ont acceptée (Civ. cass. 6 mars 1877, aff. Chemin de fer d'Alsace-Lorraine, D. P. 78. 1. 38; 27 mars 1878, aff. Chemin de fer du Nord-Belge, D. P. 78. 1. 367, *suprà*, n° 174; 7 août 1878, aff. Chemin de fer de la Haute-Italie, D. P. 78. 5. 118. V. toutefois, *suprà*, n° 159).

177. En définitive, une compagnie de chemin de fer, étant responsable du préjudice causé à l'expéditeur par la non-arrivée à destination des marchandises transportées, alors qu'elle ne justifie pas que cette inexécution du transport est le résultat de la force majeure (Req. 8 août 1872, aff. Chemin de fer de Lyon *C.* Tréand, D. P. 74. 1. 36), est responsable en principe du retard qui n'a point également la force majeure pour cause. — Mais il ne faut pas perdre de vue que, comme pour les compagnies de chemin de fer, les délais de transport sont fixés et ne sont point abandonnés aux conventions des parties, le retard n'existe qu'autant que les délais fixés par les arrêtés ministériels n'ont pas été observés. Le juge doit, par suite, constater la contravention aux arrêtés ministériels, et le faire de telle sorte que la cour de cassation puisse contrôler sa décision sur ce point. Si par exemple, le juge du fait se borne à affirmer qu'il y a retard, sa décision est insuffisamment motivée, parce qu'il n'est pas possible de constater en quoi les arrêtés ministériels ont été violés (Civ. cass. 10 nov. 1875, aff. Chemin de fer de Lyon *C.* Libercier, D. P. 75. 1. 453; 27 mai 1878, aff. Chemin de fer de Lyon *C.* Rabaudy, D. P. 78. 1. 272; 31 mars 1879, aff. Chemin de fer de Lyon *C.* Nicolet, D. P. 79. 1. 373; 23 août 1882, aff. Chemin de fer de Lyon *C.* Odinet, D. P. 83. 1. 127; 9 mai 1883, aff. Chemin de fer de Lyon *C.* Jullien, D. P. 83. 1. 455; 9 avr. 1883, aff. Chemin de fer du Nord *C.* Duflot, D. P. 84. 1. 20; 11 févr. 1885, aff. Chemin de fer de l'Ouest *C.* veuve Hallot, D. P. 86. 1. 284; 7 juin 1886, aff. Chemin de fer de l'Est *C.* Boin, D. P. 87. 1. 477-478; 5 juill. 1886, aff. Chemins de fer de l'Etat *C.* Guillot, *ibid.*; 3 nov. 1886, aff. Chemin de fer de Lyon *C.* Barrière, *ibid.*). — Cependant, le jugement qui, après avoir indiqué l'heure de la remise d'un colis à une compagnie de chemin de fer, ajoute que, d'après la supputation des délais, ce colis aurait dû être présenté tel jour au destinataire, est suffisamment motivé, au point de vue de la constatation du retard. En effet, en indiquant l'heure de la remise des colis à la gare expéditrice et le jour auquel la livraison au destinataire aurait dû être effectuée, il permet le calcul des délais conformément aux arrêtés ministériels, et, dès lors, la rectification de ce calcul, s'il y a eu erreur (Civ. cass. 5 mars 1884, aff. Chemin de fer d'Orléans *C.* Albrighi, D. P. 84. 1. 238).— Jugé, pour les mêmes motifs, qu'un tribunal saisi à la fois d'une demande en indemnité pour retard et d'une demande en indemnité pour avarie, ne peut prononcer une condamnation en bloc pour toutes choses, sans distinguer entre l'indemnité pour avarie et celle pour retard (Civ. cass. 27 mars 1878, aff. Chemin de fer du Nord belge, D. P. 78. 1. 367); — Que le jugement qui condamne une compagnie de chemin de fer à une somme unique de dommages-intérêts pour retard dans le transport, par application des délais du tarif général, sans tenir compte de ce que les marchandises voyageaient partie au tarif général, partie à un tarif spécial à délai supplémentaire qui n'avait point été dépassé, manque en partie de base légale (Civ. cass. 9 avr. 1884, aff. Chemin de fer de Lyon *C.* Thevenard, D. P. 84. 1. 237). — Dans ce cas, en effet, la compagnie n'était en retard que pour celles des marchandises qui voyageaient au tarif général, et il s'ensuivait que la condamnation à des dommages-intérêts pour retard ne pouvait viser que ces marchandises.

178. De ce qu'il n'y a retard, au sens légal du mot, qu'autant qu'il y a violation des règlements ministériels, il résulte notamment qu'il n'y a pas de retard, à l'occasion d'un transport par grande vitesse, lorsque le colis, parti par le premier train obligatoire, réexpédié également par le premier train obligatoire après le délai de transmission accordé aux compagnies qui n'ont pas de gare commune, est présenté au destinataire avant l'expiration du délai de vingt-quatre heures qui appartient à la compagnie pour le service du factage (Arrêt du 5 mars 1884, cité *suprà*, n° 177).

179. On a exposé au *Rép.* n° 363, que, si les marchandises sont devenues inutiles au propriétaire par suite du retard apporté par l'entrepreneur de transport, elles doivent rester entièrement à la charge du commissionnaire en retard, qui devra en payer la valeur intégrale au propriétaire. — Toutefois, comme on l'a dit également au *Rép.* n° 364, ce n'est que dans des cas tout à fait exceptionnels, et, par exemple, dans celui où les marchandises sont réduites à un état qui ne permet plus de les vendre, que le mode arbitraire d'indemnité consistant dans le laissé pour compte peut être admis; et, par conséquent, le seul fait du retard ne peut autoriser un destinataire à refuser les marchandises, surtout s'il ne lui a causé aucun préjudice (Colmar, 8 avr. 1857, aff. Iselin, D. P. 57. 2. 103; Aix, 21 août 1872, aff. Chemin de fer de Lyon *C.* Mayer, D. P. 72. 2. 182; Chambéry, 11 mars 1874, aff. Bocquin, D. P. 77. 2. 62 ; Grenoble, 1er mai 1882) (1). On doit, d'ailleurs, appliquer ici les règles qui ont été exposées *suprà*, n° 162, pour le cas d'avaries. Par conséquent, en cas de retard apporté par un commissionnaire de transports dans l'expédition des marchandises à lui confiées, il appartient au juge d'apprécier, selon les circonstances, si le commissionnaire doit être condamné à garder ces marchandises pour son compte et à en payer la valeur, ou si le destinataire doit les recevoir, sauf à être indemnisé par le commissionnaire du préjudice causé par le retard. — C'est ce qui a été jugé à plusieurs reprises (V. notamment: Metz, 28 janv. 1857, aff. Pieau et comp., D. P. 57. 2. 150; Duverdy, nos 83 et 84; Sarrut, n° 663; Jacqmin, *Obligations et responsabilité des compagnies de chemins de fer en matière de transport*, p. 155 et suiv.). — Décidé, d'autre part, que la compagnie de chemin de fer qui s'est engagée à transporter des marchandises dans un certain délai doit remettre, dans ce délai, l'intégralité du chargement et ne peut pas contraindre le destinataire à le recevoir en partie. Si la partie offerte est inutile sans le tout, le destinataire a le droit de laisser pour compte à la compagnie le chargement entier; sinon, il peut refuser la partie offerte lorsque la compagnie ne lui offre pas en même temps une indemnité pour le retard subi par l'autre partie du chargement (Pau, 20 janv. 1873, aff. Chemin de fer du nord de l'Espagne, D. P. 73. 5. 102).

180. — X. Transport par eau; Remorqueur. — On a vu *Rép.* n° 368, que la responsabilité qui pèse sur les entrepreneurs de transport par terre s'étend à tous ceux qui se chargent de faire opérer un transport de marchandises ou d'effets (c. com. art. 107) et, par conséquent, aux entrepreneurs de transport par eau. — Mais cette responsabilité, qui incombe sans aucun doute à celui qui charge sur un bateau lui appartenant les marchandises à transporter, s'étend-elle à l'entrepreneur qui se charge de remorquer les bateaux chargés de marchandises?

La solution de cette question dépend évidemment de la nature de la convention qui intervient alors, et elle diffère suivant qu'on reconnaît à cette convention le caractère de contrat de transport ou celui de louage de service. Il est évident que si c'est un louage de services, le remorqueur n'est responsable que de la faute qu'il a commise ou de la négligence apportée par lui à l'exécution du contrat; tandis que, si c'est un contrat de transport, il est constitué, en vertu de l'art. 1784 c. civ., dépositaire et gardien des choses qu'il transporte, et responsable des pertes et avaries qu'elles ont pu subir. Si donc le remorqueur est considéré comme un entrepreneur de transport, il est : 1° tenu de plein droit de réparer le préjudice résultant de cette perte ou de ces avaries, s'il ne prouve qu'elles sont arrivées par cas fortuit; 2° assujetti, avant comme après le sinistre du bateau remorqué, à toutes les obligations d'entretien et de surveillance qui incombent au voiturier, et responsable notamment du relèvement du bateau et des conséquences du retard apporté à cette opération. Mais la nature du contrat est particulièrement délicate à déterminer, et la jurisprudence est divisée sur ce point. — Suivant certains arrêts (Paris, 21 févr. 1873, aff. Comp. du touage de la Basse-Seine, D. P. 76. 1. 33; Rennes, 17 juin 1873, aff. Flirnoy, *ibid.*), il s'agit là d'un contrat de transport, et l'entrepreneur qui se charge de remorquer des bateaux sur une rivière se constitue le voiturier de ces bateaux et des marchandises qu'ils contiennent; par suite, il est responsable de la perte et des avaries des choses remorquées, à moins qu'il ne prouve que la perte ou l'avarie a eu lieu par cas fortuit ou par force majeure. — On peut dire, à l'appui de ce système, que le remorqueur est obligé au transport du bateau chargé, formant un ensemble, un tout indivisible. Sans doute, il n'est pas voiturier pour les marchandises qui se trouvent sur le bateau, prises individuellement; aussi n'a-t-il pas à vérifier l'état de ces marchandises, n'est-il pas responsable de leur vol, mais il doit être responsable du bateau, dont la direction, en réalité, lui est confiée. Peu importe que chaque bateau doive avoir à son bord son équipage pour exécuter les manœuvres de détail commandées par le bateau remorqueur; les manœuvres d'ensemble, la direction générale appartiennent toujours aux agents du remorqueur qui choisissent les conditions les plus favorables à la navigation, qui ont à voir si l'état du fleuve permet le passage, en un mot, placer l'ensemble du train de bateaux dans les conditions les plus favorables pour échapper aux dangers; c'est donc bien au remorqueur que les bateaux sont confiés, quoiqu'ils gardent leur équipage à bord. N'en doit-il pas être responsable, comme le pilote est responsable du navire qu'il conduit, quoique l'équipage et le capitaine même soient là pour exécuter ses ordres?

181. Ces considérations ont évidemment leur importance; mais elles n'entraînent pas, à notre avis, les conséquences que l'on croit pouvoir en déduire dans le système qui vient d'être exposé. La convention qui intervient entre le remorqueur et les bateliers qui usent de ses services est, à notre avis, un louage de services. En effet, quand le patron d'un bateau veut le faire parvenir d'une localité dans une autre, et qu'il ne peut employer une force motrice propre au bateau, il s'adresse suivant les localités et les cas, soit à des hâleurs qui le traînent à main d'homme ou avec des chevaux, soit à des entrepreneurs de remorquage, compagnies ou individus, qui font, la plupart du temps, ce service spécial d'une manière permanente. Dans tous les cas, soit le hâleur, soit le propriétaire du bateau remorqueur louent, l'un et l'autre pour un prix convenu de gré à gré, la force motrice dont ils disposent, aux bateaux qui en ont

(1) (Joyard *C.* Chemin de fer de Lyon.) — Le 21 juin 1881, jugement du tribunal de Bourgoin ainsi conçu : — « Attendu que Joyard réclame à la compagnie 2625 fr. 45 cent. de dommages-intérêts pour retard de soixante expéditions de charbons du mois de mars 1880 et pour la valeur de deux d'entre elles laissées au compte de la compagnie ; — ... Attendu que les deux laissés pour compte par Joyard ne sont pas admissibles; que le destinataire, propriétaire de l'envoi, doit nécessairement le retirer, et que nul ne peut, en principe, imposer sa chose à autrui ; que la loi, aux termes de l'art. 97 c. com., rend le commissionnaire seulement garant de l'arrivée des marchandises, et ne l'oblige pas à les garder pour son compte en cas de retard; que, d'après l'art. 1142 c. civ., toute obligation de faire se résoud en dommages-intérêts en cas d'inexécution; qu'il est donc certain que le destinataire ne peut refuser de recevoir du voiturier la marchandise même en retard, sauf à faire ses réserves sur le préjudice ; que Joyard étant resté propriétaire, malgré son abandon des expéditions 65293 et 66789, en doit le transport à la compagnie... » — Appel par le sieur Joyard. — Arrêt.

La cour; ... — Sur le prix des transports des expéditions non payées par Joyard à la compagnie, adoptant les motifs des premiers juges, desquels il résulte que Joyard doit à la compagnie, etc.

Du 1er mai 1882.-C. de Grenoble, 1re ch.-MM. de Glos, pr.-Bernard, av. gén.

besoin, comme on loue un cheval de renfort pour aider une voiture à gravir une côte. Ce n'est donc pas un contrat de transport, c'est-à-dire un contrat par lequel une personne voiture d'un lieu à un autre les objets qui lui sont confiés. On peut même soutenir, en argumentant littéralement du texte de l'art. 1783 c. civ., que le contrat de transport n'existe qu'autant que les objets à transporter ont été placés dans la voiture de l'entrepreneur de transport, ou dans son bâtiment, s'il effectue le transport par eau, car l'art. 1783 le rend responsable, non seulement de ce qu'il a reçu dans son bâtiment ou voiture, mais encore de ce qui lui a été remis sur le port ou dans l'entrepôt pour être placé dans son bâtiment ou voiture; mais on peut, dans tous les cas, affirmer sans exagération qu'il faut au moins que les objets à transporter lui aient été remis et confiés. L'art. 1782 c. civ. dit, en effet : « Les voituriers par terre ou par eau sont assujettis, pour la garde et la conservation des choses qui leur sont confiées, aux mêmes obligations que les aubergistes dont il est parlé au titre *Du dépôt et du séquestre* »; et l'art. 1784 : « Ils sont responsables de la perte et des avaries des choses qui leur sont confiées ». Si le contrat de transport exige cette condition et participe ainsi du dépôt, le remorquage n'a rien de commun avec lui, car les bateaux à remorquer ne sont pas confiés ou remis à l'entrepreneur de remorquage ni placés sous sa surveillance.

Sans doute il peut se faire, comme on l'a indiqué ci-dessus, en exposant les principaux arguments du système, qui étend aux objets transportés dans les bateaux remorqués la responsabilité du remorqueur, que celui-ci soit chargé de diriger le bateau dans le chenal, de lui imprimer une bonne direction, et accepte cette mission en plaçant des agents à lui à bord des bateaux remorqués; mais cette circonstance ne peut en rien modifier la nature du contrat de remorquage en général; c'est une convention accessoire qui peut donner naissance à des obligations particulières et engendrer certaines responsabilités; la responsabilité du pilote, du remorqueur n'en reste pas moins celle de celui qui loue ses services, responsabilité plus ou moins étendue suivant les cas, mais qui ne perd pas pour cela son caractère juridique. — Telle est la conclusion à laquelle nous nous sommes arrêtés dans une dissertation insérée D. P. 76. 1. 33, et qui a été adoptée depuis par la cour de Paris. Cette cour reconnaît aujourd'hui que l'entrepreneur qui se charge uniquement de remorquer des bateaux sur une rivière (spécialement une compagnie de touage), ne saurait être assimilé à un voiturier ordinaire, mais est un loueur d'industrie dont la fonction consiste exclusivement à fournir la traction aux bateaux remorqués ; et qu'en conséquence, on ne peut lui faire application des dispositions des art. 1782 et suiv. c. civ., qui modifient le droit commun en matière de responsabilité, et doivent, par suite, être appliquées restrictivement. Dans le cas de sinistre, sa responsabilité n'est donc engagée que dans les termes des art. 1382 et 1383 c. civ. (Paris, 16 avr. 1886, aff. Comp. de navigation du Havre à Paris, D. P. 87. 2. 54). — Ce système n'a pas toutefois encore obtenu la sanction de la cour de cassation. Statuant sur le pourvoi dirigé contre l'arrêt de la cour de Paris du 21 févr. 1873, la chambre des requêtes s'est bornée à reconnaître la responsabilité de l'entrepreneur à raison des circonstances de fait sans qualifier le contrat en vertu duquel il était tenu (Req. 25 févr. 1874, aff. Comp. du touage de la Basse Seine, D. P. 76. 1. 33), et dans la seconde affaire elle n'a fait que s'approprier le motif de responsabilité donné par la cour d'appel, et duquel résultait la qualification de contrat de transport appliquée à l'entreprise de remorquage : « Attendu qu'au lieu de se préoccuper du transport d'une gabare qu'il avait délaissée et à laquelle il était tenu de veiller, etc. » ; et elle a jugé en définitive que le remorqueur est responsable, vis-à-vis du propriétaire du bateau remorqué, du naufrage de celui-ci imputable à la faute de ses agents, et de toutes les conséquences de cet accident, sans qu'il soit besoin d'examiner le caractère de la convention intervenue entre les parties (Req. 20 mai 1874, aff. Flornoy, D. P. 76. 1. 33).

182. — XI. Exceptions introduites en faveur du voiturier (*Rép.* n° 369). — V. *infrà*, n°s 286 et suiv.

183. — XII. Du cas fortuit et de la force majeure. — Si la force majeure a pour effet d'exonérer de toute responsabilité le voiturier ou le commissionnaire de transport en général, au cas de perte ou d'avarie des marchandises, ce n'est bien entendu qu'autant que l'accident ou le fait de force majeure n'a pas été précédé ou accompagné de quelque faute qui lui soit imputable et sans laquelle il eût pu régulièrement exécuter son obligation. Spécialement, le voiturier est responsable de l'avarie résultant d'un cas fortuit ou de force majeure, s'il est établi qu'il a fait ce qui lui était interdit ou qu'il n'a pas fait ce qu'il était obligé de faire ; par exemple, s'il n'a pas pris les précautions nécessaires pour éviter l'accident (Req. 6 janv. 1869, aff. Chemin de fer d'Orléans *C.* Pestrelle, D. P. 69. 1. 9; Civ. cass. 17 févr. 1874, aff. Chemin de fer de l'Ouest *C.* Loutrel, D. P. 74. 1. 302 ; 21 juill. 1873, aff. Chemin de fer de l'Ouest *C.* Larcher, D. P. 75. 1. 39). — On persiste donc à appliquer la doctrine que nous avons exposée au *Rép.* n°s 370 et suiv. (V. notamment : Picard, t. 4, p. 764 et suiv. ; 785 et suiv.). — Ainsi, il a été jugé de nouveau qu'une compagnie de chemin de fer est responsable de l'avarie causée par un cas fortuit à une marchandise dont elle est dépositaire, si ce cas fortuit a été précédé ou accompagné d'une faute, imputable à ladite compagnie, sans laquelle le dommage ne se serait pas produit; spécialement, une compagnie restée dépositaire en gare de colis non encore retirés et soumis au droit de magasinage, est responsable du dommage causé à la marchandise par l'inondation provenant d'un orage violent et imprévu, si cette marchandise a été entreposée dans un local destiné à recevoir les wagons, et situé, par conséquent, au niveau de la ligne ferrée, au lieu d'être placée dans les magasins affectés aux objets en souffrance, lesquels magasins, élevés de un mètre au-dessus du sol de la voie, n'ont point été atteints par les eaux (Req. 4 août 1884, aff. Chemin de fer de Lyon *C.* Cerf et autres, D. P. 84. 1. 454). — Mais le voiturier, quel qu'il soit, ne pouvant être responsable de la perte ou de l'avarie qu'autant qu'il est prouvé qu'il a commis une faute précise et déterminée, il en résulte que le juge du fond ne saurait le déclarer responsable de cette perte ou de cette avarie sous le prétexte qu'il n'a pas pris les précautions exigées par la nature des marchandises transportées, s'il n'indique pas les mesures dont l'omission a pu constituer une faute (Civ. cass. 3 janv. 1883, aff. Chemin de fer de Lyon *C.* Varaldi, D. P. 83. 1. 373). — C'est, d'autre part, au commissionnaire à prouver qu'aucune faute ne lui est imputable (Req. 3 juin 1874, aff. Chemin de fer de l'Est *C.* Gaignière et Rollat, D. P. 76. 1. 371).

184. Il a été jugé avec raison qu'une compagnie de chemin de fer ne peut être déclarée responsable de la perte d'un colis remis par elle à un navire et qui a péri dans un naufrage, sous le prétexte qu'elle s'était chargée de transporter ce colis à ses risques et périls, lorsque, d'une part, cette stipulation, d'ailleurs contraire au tarif appliqué, n'a pas été introduite dans la lettre de voiture, et que, de l'autre, le défaut d'assurance de la marchandise contre les risques maritimes est imputable, non à la compagnie, mais à l'expéditeur qui n'a pas expressément et par écrit requis cette assurance (Civ. cass. 30 janv. 1884, aff. Chemin de fer de l'Ouest *C.* Galbrun, D. P. 84. 1. 255). — En effet, un voiturier libre peut sans doute prendre à sa charge, par une clause spéciale de la lettre de voiture, les risques des cas fortuits (Demolombe, *Traité des contrats*, t. 1, n° 564, t. 5, n° 776 *bis*) ; mais cette faculté n'appartient pas aux compagnies de chemins de fer qui sont soumises à des tarifs régulièrement homologués, auxquels nulle dérogation tacite ou expresse ne peut être apportée. Ainsi, pour qu'une compagnie de chemin de fer puisse être déclarée responsable de la perte d'un colis survenue par cas fortuit, il faut non seulement qu'une semblable obligation résulte d'une clause formelle de la lettre de voiture, mais encore que le tarif autorise cette dérogation au droit commun. Le fait que cette compagnie a reçu le colis des mains d'un commissionnaire de transport qui s'est chargé des cas de force majeure vis-à-vis de l'expéditeur, ne peut suffire pour faire naître, à sa charge, la même obligation; car, exécutant un transport qui ne lui était pas confié directement par l'expéditeur originaire, elle n'est pas soumise *ipso facto* à toutes les stipulations d'un contrat dont elle ne connaît ni les clauses, ni même l'une des parties bénéficiaires.

185. Les applications du principe d'après lequel la force majeure libère le commissionnaire de transport lorsqu'elle n'est point accompagnée d'une faute de sa part, sont nombreuses et variées. On a jugé, par exemple, que l'entrepreneur de transport par eau qui, pour l'exécution d'une convention, dirigeait des marchandises par navire vers Paris, lorsqu'est survenu l'investissement de cette ville en septembre 1870, n'est pas tenu des conséquences du retard, s'il n'y avait aucun engagement de sa part d'arriver à un jour déterminé antérieur à l'investissement, et s'il n'a pas commis la faute de mal employer le temps dont il disposait pour son voyage, car, en ce cas, l'exécution du contrat a été empêchée par la force majeure seule. Par suite, il est fondé à réclamer, en sus du prix convenu pour le transport, tant le payement du prix du parcours fait en excédant pour ramener la marchandise au lieu indiqué par l'autorité, que le remboursement des frais extraordinaires qu'il a été obligé de débourser pour sa conservation, sauf à lui imposer, comme compensation, la réparation des avaries éprouvées par la marchandise par suite de l'insuffisance des soins dont il demande la rémunération (Paris, 6 déc. 1871, aff. Rigault, D. P. 73. 2. 236). — Au contraire, le commissionnaire de transport qui, s'étant engagé à transporter des marchandises en un certain lieu dans un délai déterminé, n'a effectué ce transport que tardivement et d'une manière incomplète, n'est pas fondé à prétendre, pour s'affranchir de toute responsabilité à cet égard, que les mariniers sur lesquels il comptait pour effectuer ce transport lui ont fait défaut : cette allégation, fût-elle justifiée, ne constituerait pas la force majeure ou le cas fortuit dont parle la loi (Grenoble, 31 juill. 1863, aff. Fleury, D. P. 64. 5. 58).

186. Aux termes de l'art. 103 c. com., la force majeure ne pouvant servir d'excuse qu'autant que le voiturier n'a pu prévoir le fait qu'il invoque et s'y soustraire (Req. 9 janv. 1884, aff. Chemin de fer de Lyon *C.* Nègre, D. P. 84. 1. 194), on a pu décider que la compagnie de chemin de fer, qui s'est chargée de faire transporter des objets par la voie du roulage, en connaissant les difficultés que rencontrerait l'exécution de cet engagement, est responsable de la perte desdits objets, alors même que cette perte proviendrait non de sa faute, mais d'un événement de force majeure (une insurrection, dans l'espèce) que ladite compagnie a pu et dû prévoir en s'obligeant (Req. 13 déc. 1876, aff. Chemin de fer du Nord de l'Espagne, D. P. 77. 1. 255). — Le fait invoqué comme constituant la force majeure, ne pouvait, en effet, dans le cas particulier, être considéré comme imprévu. On a cependant décidé que le fait d'avoir accepté un transport malgré la menace d'un danger prévu et imminent, tel que l'envahissement de la gare par les ennemis, n'est pas une faute qui rende la compagnie responsable de la force majeure constituée par cet envahissement (Civ. cass. 17 févr. 1874, aff. Chemin de fer de l'Ouest *C.* Loutrel, D. P. 74. 1. 302). En tout cas, comme la force majeure ne dispense pas le commissionnaire de remplir toutes les obligations autres que celles dont l'accomplissement a été empêché par le fait invoqué, il doit avertir l'expéditeur de l'impossibilité où il se trouve d'exécuter le contrat, et lui demander ses instructions sur la direction nouvelle à donner à la chose transportée, à moins qu'il lui soit impossible de le faire en temps utile. — La négligence du transporteur en pareil cas a été considérée comme constituant une faute qui le rend irrecevable à invoquer la force majeure. Spécialement, il a été jugé que la compagnie de chemin de fer dont la ligne a été interrompue par suite d'évènements de guerre, et qui a fait rétrograder des denrées alimentaires à leur point de départ, est responsable de leur valeur, déduction faite du prix de transport jusqu'au lieu d'arrivée, à moins qu'elle ne justifie de l'impossibilité absolue de prévenir l'expéditeur (Toulouse, 22 avr. 1872, aff. Barat, D. P. 73. 2. 54). De même, c'est parce qu'ils avaient une faute à se reprocher et que leur engagement était en raison des circonstances absolument téméraire, qu'on a décidé que des entrepreneurs de transport ne pouvaient invoquer la force majeure pour s'exonérer de la responsabilité des avaries souffertes par une marchandise, alors qu'ils connaissaient, au moment du contrat, les circonstances (la suspension des délais des transports sur les chemins de fer) qui rendaient très difficile ou même impossible la bonne exécution de leur engagement (Req. 26 janv. 1874, aff. Flageollet, D. P. 75. 1. 172).

187. On a continué à considérer le vol à main armée comme un cas de force majeure qui exonère le propriétaire de toute responsabilité, tandis que l'on persiste à admettre, ainsi que nous l'avons soutenu au *Rép.* n° 371, que le vol ordinaire implique un défaut de surveillance qui en laisse les conséquences à la charge du commissionnaire de transport (Duverdy, n° 41; Sarrut, n° 760; Féraud-Giraud, t. 2, n° 893; Civ. cass. 17 févr. 1874, cité *suprà*, n° 186). — Cette distinction reste, d'ailleurs, consacrée par la jurisprudence : ainsi on a jugé que les entrepreneurs de transport répondent de la soustraction du contenu des malles qui leur ont été confiées, même lorsque (pour leur utilité, du reste) les clefs y ont été laissées appendues, et qu'ils soutiendraient en vain que la perte provenant d'un vol constitue d'une manière générale, à leur égard, un cas de force majeure (Paris, 9 août 1853, aff. Messageries impériales, D. P. 53. 2. 199). Il est à remarquer que la circonstance que les clefs avaient été laissées à la malle, ne saurait diminuer la responsabilité du commissionnaire ; ce fait établit contre le transporteur la preuve de la confiance de l'expéditeur, et par suite l'obligation plus étroite, pour le commissionnaire, de restituer en bon état tous les objets alors qu'il pouvait s'assurer du contenu de la malle, qu'il a pu exiger même cette remise de clefs pour le cas d'une visite par la douane ou l'octroi, et qu'il devait par suite apporter plus de soins à la conservation de la malle. — Décidé, par contre, qu'un entrepreneur de transport ne peut être déclaré responsable du vol à main armée d'une somme d'argent chargée sur sa voiture, pour n'avoir pas requis l'escorte de la gendarmerie ; en admettant, en effet, que les directeurs des messageries aient un tel droit de réquisition, ce serait là une faculté dont le non-exercice ne saurait entraîner une responsabilité spéciale, alors d'ailleurs que l'importance des sommes transportées ni les autres circonstances ne rendraient une telle précaution indispensable (Paris, 17 janv. 1862, aff. Cohin, D. P. 62. 2. 30 ; Req. 4 mars 1863, aff. Cohin, D. P. 63. 1. 399); — Qu'une compagnie de chemin de fer n'est pas responsable de la perte de marchandises pillées dans une gare par les soldats ennemis ; on prétendrait à tort qu'elle doit rapporter la preuve des efforts qu'elle aurait tentés pour la conservation des objets pillés... ou qu'elle était obligée d'avertir les expéditeurs des risques que l'approche de l'ennemi faisait courir à leurs marchandises (Civ. cass. 21 juill. 1873, aff. Chemin de fer de l'Ouest, D. P. 75. 1. 39).

188. L'insuffisance du matériel d'une compagnie de chemin de fer n'est pas, en principe, un cas de force majeure qui l'affranchisse de la responsabilité du retard apporté au départ des trains, puisque les compagnies sont tenues d'avoir toujours un matériel suffisant pour faire face aux besoins du service. Il en est autrement, toutefois, lorsqu'il se produit un mouvement exceptionnel de marchandises à une station déterminée, mouvement qu'il était impossible de prévoir (V. *Rép.* v° *Voirie par chemin de fer*, n° 424; Montpellier, 14 juin 1873, aff. Chemin de fer de Lyon *C.* Dutet, D. P. 73. 2. 237; Nîmes, 11 août 1873, aff. Chemin de fer de Lyon *C.* Arnaud, D. P. 74. 2. 117); — ... Ou en cas d'encombrement des gares, à moins que la compagnie n'ait pas pris les précautions nécessaires pour prévenir cet encombrement (Civ. cass. 13 juill. 1868, aff. Chemin de fer de Lyon *C.* Chanut, D. P. 71. 1. 135).

189. D'après MM. Bédarride, t. 2, n° 256, et Féraud-Giraud, t. 1, n° 526, certains accidents de route peuvent, en raison des circonstances être considérés comme occasionnés par la force majeure. — Ainsi, on a admis que la responsabilité établie par les art. 97 et 104 c. com. n'est pas encourue en cas de retards, pertes ou avaries causés par suite de crises atmosphériques (Trib. com. Seine, 5 déc. 1850, aff. Ledat, D. P. 51. 2. 223; Féraud-Giraud, t. 2, n° 878), ou par les grandes inondations qui obligent les compagnies à modifier le parcours que doivent suivre les marchandises, et quelquefois à en interrompre le transport (Civ. cass. 5 mai 1869, aff. Chemin de fer d'Orléans *C.* Raison, D. P. 69. 1. 252; Civ. rej. 5 mai 1874, aff. Hinsling, D. P. 76. 1. 249-251; Civ. cass. 21 déc. 1874, aff. Chemin de fer d'Orléans *C.* Chimène, D. P. 75. 1. 304). — Les gelées peuvent également être considérées comme constituant la force majeure (Trib.

com. Seine, 15 janv. 1873, aff. Fœrster C. Chemins de fer de l'Ouest, du Nord et de l'Est, Lamé-Fleury, *Bulletin annoté des chemins de fer*, 1873. 52; Trib. com. Lille, 27 juill. 1875, aff. Suywars-Casella C. Chemins de fer du Nord et de Lyon, *ibid.*, 1876. 5; Civ. cass. 24 juill. 1877, aff. Chemin de fer de l'Est C. Boichet, D. P. 79. 1. 29; Trib. com. Arles, 25 mai 1880, aff. Besse-Boyer C. Chemins de fer de Lyon et du Nord, Lamé-Fleury, *Bulletin annoté des chemins de fer*, 1880. 159); pourvu bien entendu que les marchandises n'y aient pas été exposées par suite de la faute du transporteur qui aurait négligé de prendre les précautions nécessaires pour les préserver. S'il y avait faute de la compagnie, la perte cesserait d'être pour l'expéditeur (Req. 17 janv. 1872, aff. Chemin de fer de Lyon, D. P. 72. 1. 124; Féraud-Giraud, n° 880). — Ainsi, il est certain que le transporteur ne sera pas responsable au cas où la gelée se sera produite à une époque où elle ne pouvait être normalement prévue, ou bien si elle a acquis une intensité exceptionnelle (Sarrut, n° 759; Nancy, 3 déc. 1872) (1).

190. Il suit de là, que si la compagnie excipe de la gelée pour repousser une demande d'indemnité, cette exception ne peut être repoussée *de plano*, et on ne saurait lui refuser le droit de prouver, alors qu'elle l'offre, qu'elle a fait tout ce qu'elle devait, d'après les conditions du contrat et les règlements administratifs, pour sauvegarder la marchandise, et que la perte de cette dernière ne peut être attribuée qu'à la force majeure. En outre le juge doit, pour rejeter valablement cette exception, constater la faute et déclarer en quoi elle consiste (Féraud-Giraud, n° 880 ; Civ. cass. 17 mai 1882, aff. Chemin de fer de Lyon C. Faye, aff. Chemin de fer de l'Est C. Weiss, aff. Chemin de fer du Midi C. Tombarel, D. P. 83. 1. 14).

191. Les faits de guerre constituent de toute évidence des cas de force majeure, que les commissionnaires de transport en général et les compagnies de chemins de fer en particulier, peuvent invoquer. Ainsi l'invasion du territoire par l'ennemi ou même l'occupation par l'autorité militaire française des gares par lesquelles les marchandises doivent être expédiées ou reçues, ou encore de celles par lesquelles elles doivent nécessairement transiter, exonère les compagnies de toute responsabilité pour cause de perte ou de retard (Féraud-Giraud, n° 887 ; Sarrut, n° 755 ; Aix, 4, 6 et 17 juill. 1872 (1); Douai, 3 août 1872, aff.

(1) (Peignon-Jacob C. Chem. de fer de l'Est.) — LA COUR ; — Attendu que si la gelée ordinaire se produisant en plein hiver, doit être prévue et ne constitue pas, dès lors, un cas fortuit de force majeure, il en est autrement lorsqu'elle survient prématurément, contrairement à toutes prévisions et qu'elle atteint brusquement un degré d'intensité tellement exceptionnel qu'il est impossible d'en prévenir l'action délétère ou d'en atténuer les effets ; — Attendu que telle a été la gelée qui a sévi, dans l'est et dans le nord de la France, dans les trois journées des 7, 8 et 9 déc. 1871, et qui a été jusqu'à dépasser 23 degrés centigrades dans le département des Ardennes; — Que le tribunal a donc fait à la cause une saine application des principes et notamment des art. 98, 103 c. com., et 1148 c. civ., en décidant que cette gelée était un évènement imprévu, ayant tous les caractères d'un accident fortuit et de force majeure; — Attendu que l'appelant objecte à tort que la responsabilité de la compagnie de l'Est serait néanmoins engagée, parce qu'elle aurait commis une double faute : 1° en faisant voyager les 30 fûts de vin, appartenant à l'appelant, sur des wagons découverts ; et 2° parce qu'elle n'aurait pas pris la précaution de faire arrêter et décharger les vins en cours de voyage, pour les abriter momentanément contre l'action intense de la gelée, sauf à en reprendre et achever bientôt l'expédition; — Qu'il est aujourd'hui complètement établi, par les documents placés sous les yeux de la cour, que, des 30 fûts transportés, 12 ont voyagé dans des wagons couverts, et que les vins qu'ils renfermaient n'ont pas moins été congelés au même degré et à la même profondeur que le vin contenu dans les 18 fûts placés sur wagons découverts; que le reproche adressé par l'appelant à la compagnie porte donc sur une circonstance insignifiante et qui, dans la réalité, n'a pas été la cause du mal; — Que le second reproche adressé à la compagnie n'est pas mieux fondé que le premier; qu'un arrêt dans l'expédition n'aurait pu avoir lieu qu'en vertu d'ordres supérieurs donnés par l'Administration et qui n'auraient eu leur raison d'être qu'autant que celle-ci aurait dû ou pu prévoir la gelée des 7, 8 et 9 décembre; que, d'un autre côté, une station des vins dont s'agit dans une gare n'aurait pu avoir d'efficacité qu'autant qu'il s'y serait trouvé des caves assez profondes pour les soustraire aux effets de la gelée, caves que ne possède pas la compagnie; ... — Par ces motifs, etc.

Du 3 déc. 1872.-C. de Nancy.-MM. Briard, pr.-Boulangé et Remond, av.

(2) 1re *Espèce* : — (Faybesse C. Chemins de fer de l'Ouest et d'Orléans.) — Un jugement du tribunal de commerce de Marseille avait statué en ces termes : — « Attendu que des balles de drap ont été expédiées par grande vitesse en plusieurs parties de Lisieux à Marseille, du 29 novembre au 20 décembre dernier; que cinq de ces balles n'ont pu être retrouvées; que les autres sont arrivées à Marseille fin janvier et au commencement de février et quelques-unes en mai seulement; — Attendu que le sieur Faybesse, destinataire de ces marchandises, a demandé aux compagnies de l'Ouest et d'Orléans, le payement des balles perdues et d'autres refusées pour cause de retard, et des dommages-intérêts ;... qu'un jugement par défaut a été rendu le 10 août contre les compagnies de l'Ouest et d'Orléans, ... — Attendu que leur opposition est justifiée par la force majeure résultant de l'invasion prussienne dans l'ouest de la France à l'époque du transport de ces balles et des mesures que la guerre a mis l'administration militaire française dans la nécessité de prendre; — Attendu, en effet, que les balles expédiées de Lisieux sur le réseau de la compagnie de l'Ouest devaient être remises à la compagnie d'Orléans, dans la gare du Mans, et qu'elles devaient suivre la ligne du Mans à Tours; — Attendu que, le 22 novembre, l'évacuation de la gare du Mans avait été ordonnée par le ministère de la guerre français et que les aménagements avaient été réservés au transport des troupes; qu'à partir du 14 décembre la gare fut militarisée; que les transports et les déchargements des marchandises étaient presque impossibles, et qu'enfin, le 12 janv. 1871, la prise de la gare du Mans par l'ennemi interrompit tout service ; — Attendu qu'il est encore justifié, quant à la gare de Tours, qu'elle a été sous la haute main de l'autorité militaire, du 23 novembre au 13 déc. 1870; que ce jour-là elle a été évacuée à cause des nécessités de la guerre; que dans cette période, elle a été encombrée par les troupes et le matériel de guerre que l'on transportait; que, sur toute la ligne du Mans à Tours, le service est resté désorganisé jusqu'à la fin des hostilités; — Attendu que, dans l'état de trouble et de désastre produit par une telle situation, les compagnies, privées de toute autorité et placées dans l'impossibilité de faire suivre par leurs préposés les marchandises qui leur étaient confiées et que l'autorité militaire dirigeait vers les gares éloignées, ont cessé par force majeure d'être responsables de ces marchandises; — Par ces motifs, etc. ». — Appel par le sieur Faybesse. — Arrêt.

LA COUR; — Adoptant les motifs des premiers juges; — Confirme, etc.

Du 4 juill. 1872.-C. d'Aix, 1re ch.-MM. Rigaud, 1er pr.-Boissard, av. gén.-Arnaud, Pascal Roux, Crémieux et Pons, av.

2e *Espèce* : — (Chemin de fer de l'Ouest C. Lattes.) — LA COUR ; — Attendu que, le 21 nov. 1870, les sieurs Proharaud frères ont expédié à Lattes frères, négociants à Nice, par la gare du chemin de fer de Rouen, et par grande vitesse, 105 pièces calicot écru, du poid de 1815 kil., et d'une valeur de 7851 fr. 85 cent. ; — Attendu que ces marchandises ne sont arrivées à Nice et n'ont été offertes au destinataire que le 16 avr. 1871, et que l'une des pièces de toile n'a pas été retrouvée; — Attendu que plusieurs mois se sont écoulés entre le départ et l'arrivée desdites marchandises; que Lattes frères demandent une indemnité pour ce long retard dans la livraison ; — Mais attendu que la compagnie du chemin de fer de l'Ouest invoque en sa faveur la force majeure, et demande à être exonérée de toute responsabilité; que cette exception met à sa charge l'obligation de prouver qu'elle a été dans l'impossibilité absolue de transporter la marchandise dans le délai convenu, et qu'il y a lieu de rechercher si elle a fait cette preuve ; — Attendu que les 105 pièces de toile ont été livrées à la gare de Rouen le 21 nov. 1870; que la compagnie de l'Ouest avait un délai d'un jour pour expédier ces colis; que la marchandise, partie le 22, devait passer successivement par diverses gares, et entre autres par celle du Mans, qui était le point de jonction de la ligne de l'Ouest avec celle d'Orléans ;... — Attendu qu'il résulte des documents produits au procès, que, dès le 21, la gare du Mans était encombrée de marchandises; que l'ordre avait été donné par l'autorité supérieure de les faire refluer sur les gares voisines; que, le 23, un ordre du ministre Gambetta mettait à la disposition de la guerre la gare du Mans; qu'à cette époque, cette gare fut militairement occupée; que la marchandise, expédiée de Rouen le 23, a été forcément arrêtée en route avant son arrivée au Mans, et que si, par hasard, elle avait pu arriver dans cette gare, elle aurait été nécessairement refoulée sur d'autres points ; — Attendu que les évènements ultérieurs qui ont été la conséquence désastreuse de la guerre et de l'invasion ennemie, ont mis un obstacle absolu au transport des marchandises qui devaient passer par la gare du Mans ; que ce n'est que lorsque les circonstances l'ont permis que les pièces de toile ont été recherchées, retrouvées et expédiées à Nice à leur destination ; — Attendu que la compagnie de l'Ouest a justement invoqué la force majeure ;

Société de Marles, D. P. 74. 2. 63 ; Req. 20 nov. 1872, aff. Chevron, D. P. 73. 1. 254; Lyon, 11 janv. 1872, aff. Pitrat, D. P. 75. 1. 15 ; Dijon, 16 janv. 1873 (1); Civ. cass. 18 juin 1873, aff. Chemin de fer de l'Ouest, D. P. 74. 1. 112).

L'état de guerre ne constitue, toutefois, la force majeure qu'autant qu'il rend impossible l'exécution du service (Sarrut, *ibid.*), et l'interrompt complètement. — Ainsi, la responsabilité encourue par une compagnie de chemin de fer pour retard dans la livraison des marchandises subsiste malgré l'arrêté qui lui enjoint de tenir ses moyens de transport à la disposition du ministre de la guerre tant que le ministre n'en a pas fait une réquisition effective (Req. 19 févr. 1872, aff. Chemin de fer de Lyon *C.* Pomier, D. P. 72. 1. 245) et fait ainsi cesser tout le service. — C'est ce qui a été notamment jugé, à plusieurs reprises, à propos de l'arrêté ministériel du 15 juill. 1870, qui obligeait les compagnies à mettre à la disposition du ministre de la guerre tout leur matériel et les autorisait à suspendre les trains ordinaires de marchandises: un grand nombre de décisions ont considéré cet arrêté comme ne constituant pas un état permanent de force majeure de nature à dispenser les compagnies d'exécuter les conventions de transport intervenues entre elles et les particuliers. — De là pour les tribunaux le droit de déterminer, en raison des circonstances particulières de chaque transport, les cas dans lesquels l'exception de force majeure résultant de l'arrêté ministériel pouvait être invoqué par les compagnies. Il leur appartenait, notamment, de déterminer, en cas de contestation, le délai moral qui pouvait être admis pour chaque transport et de vérifier si l'augmentation de délai dont se plaignait un expéditeur n'excédait pas celle que les circonstances pouvaient justifier (Trib. com. Dijon, 18 août 1871, aff. Seguin, D. P. 71. 3. 17; Dijon, 16 janv. 1872, aff. Chemin de fer de Lyon *C.* Seguin, D. P. 72. 2. 39; Req. 24 avr. 1872, aff. Chemin de fer de Lyon *C.* Trinquier, D. P.72. 1. 448; Req. 19 févr.1872, aff. Chemin de fer de Lyon *C.* Pomier, D. P. 72. 1. 245; 20 févr. 1872, aff. Chemin de fer de l'Ouest *C.* Fresnais, Lamé-Fleury, *Bulletin annoté des chemins de fer*, 1872. 174).

192. Dans tous les cas, la force majeure résultant des faits de guerre, ou des décisions que l'état de guerre fait prendre par l'administration supérieure, n'exonère les compagnies de chemins de fer de toute responsabilité que si la perte ou le retard a pour cause les faits de guerre, sans qu'une faute de la compagnie vienne y contribuer. Si, au contraire, le dommage subi est dû à de fausses manœuvres, à des imprudences, etc., des employés de la compagnie, il est

---

qu'elle l'a établie, et qu'elle n'est point responsable du long retard qu'a éprouvé l'arrivée de la marchandise ; — Par ces motifs, etc.

Du 6 juill. 1872.-C. d'Aix, 2e ch.-MM. Rolland, pr.-Boissard, av. gén.-Pascal Roux, de Séranon, Crémieux et Pons, av.

3e *Espèce :* — (Lassave et Chem. de fer de l'Est C. Gimmig.) — LA COUR ; — Considérant que les premiers juges, en rejetant l'exception de force majeure résultant du fait de guerre dont se prévalaient les défendeurs, ont condamné Lassave à payer à Gimmig, frères et fils, et Piot le jeune, des dommages-intérêts représentant le préjudice occasionné par le retard apporté dans l'expédition de 119 balles de laine à destination de Trooz (Belgique) ; ... — Mais considérant, tout d'abord, que la responsabilité du retard ne saurait être imputée à Lassave, ni de son chef, ni de celui de la compagnie de Paris à Lyon et à la Méditerranée : de son chef, puisque, ayant reçu la marchandise le 7 juill. 1870, il la déposait le lendemain à la gare de Marseille ; du chef de la compagnie, puisque la marchandise arrivait à Gray, gare qui relie le réseau de la Méditerranée à celui de l'Est, le 16 juillet, c'est-à-dire dans le délai réglementaire ; — Considérant, en outre, que le 15 juillet, le jour même où la guerre était résolue, un arrêté du gouvernement mettait à la disposition de l'Etat tout le matériel de la ligne de l'Est pour transporter l'armée française à la frontière ; qu'il serait trop rigoureux d'exiger de la compagnie, pour justifier de l'impossibilité où elle a été de transporter les marchandises des frères Gimmig, la production d'une réquisition spéciale pour tous ses actes de coopération à une concentration d'hommes, de chevaux et de matériel, qui suppose, par cela seul qu'elle s'est accomplie en quinze jours, un effort puissant et continu ; — Considérant aussi que les premiers faits de guerre, et l'invasion qui les a suivis, ont mis la compagnie de l'Est dans la nécessité de soustraire à la capture de l'ennemi les quantités énormes de marchandises qui s'étaient forcément accumulées dans ses gares ; que cette opération, faite avec précipitation, au milieu d'un désordre inévitable, n'a pu se faire qu'en refoulant ces marchandises dans des directions différentes, pêle-mêle, sans distinction de provenance, et sans les précautions nécessaires pour les retrouver ; — Considérant que ces faits constituent une exception de force majeure dont la compagnie de l'Est, et avec elle la compagnie de Paris à Lyon et à la Méditerranée et Lassave ont droit de se prévaloir pour repousser les conséquences directes ou indirectes du défaut de transport dans le délai convenu ; — Considérant, toutefois, qu'il y a lieu de rechercher si Lassave et les deux compagnies qu'il s'était adjointes pour l'exécution du contrat, n'ont pas commis une faute en ne restituant pas les marchandises à l'expéditeur à une époque où l'on n'était plus sous l'empire de la force majeure ; que les documents du procès démontrent que Lassave a procédé, dans la mesure du possible, à la recherche des marchandises, mais que la compagnie de l'Est ne justifie pas avoir fait des démarches actives et persévérantes pour les retrouver, alors que cette obligation lui incombait plus particulièrement, puisque leur dispersion provenait de son fait ; — Considérant que, pour apprécier la responsabilité de cette compagnie, il convient de distinguer les époques auxquelles les restitutions ont été opérées ; qu'il résulte des pièces du procès, qu'à la suite de réclamations à elles adressées au moins d'août 1870 par Lassave, la compagnie mit, dans le courant de septembre suivant, 37 balles à sa disposition ; qu'une nouvelle interruption de transports sur d'autres lignes de son réseau empêcha la compagnie de donner à ces 37 balles la destination indiquée par l'expéditeur, et que les avis donnés par elle aux intéressés l'exonèrent, quant à cette quantité de marchandises, de toute responsabilité ; — Mais considérant que les autres balles de laine n'ont été retrouvées qu'à des dates plus éloignées, savoir : 22 aux entrepôts de Trotot, à Paris, le 21 avr. 1871 ; 21 à Verviers, le 5 juill. 1871 ; 21 encore aux entrepôts Trotot, en septembre 1871, et enfin, 18 à la gare de Lyon, Port-Dieu, depuis le jugement ; que si la compagnie de l'Est avait mis plus de diligence dans ses investigations, elle aurait retrouvé plus tôt ces marchandises, ... — Par ces motifs, etc.

Du 17 juill. 1872.-C. d'Aix, 2e ch.-MM. Rolland, pr.-Boissard, av. gén.-Maglione (du barreau de Marseille), Pons, Crépon et Martial Bouteille, av.

(1) (Chemin de fer de Lyon *C.* Revenu.) — LA COUR ; — Considérant qu'aux termes de la convention passée à Autun le 1er janv. 1871, entre l'intendance de l'armée des Vosges et Revenu, celui-ci devait remettre ou distribuer lui-même ou par ses agents le pain nécessaire à l'effectif du corps de Garibaldi au point où se trouvait l'état-major, le transport en dehors d'Autun étant à la charge de l'administration de la guerre ; — Que, le 15 janv. 1871, Revenu a chargé à la gare d'Autun, sur le wagon no 59919 la quantité de 7920 kilog. de pain à destination de Dijon ; que ce wagon a été mis à sa disposition sur la réquisition de l'autorité militaire, et que le transport s'est effectué conformément aux stipulations intervenues, et dans les conditions où s'opéraient alors les transports de cette nature ; — Que, le pain n'ayant point été distribué aux troupes, l'administration de la guerre a refusé d'en tenir compte au fournisseur ; ... — Qu'il est bien vrai que, d'après les dispositions du cahier des charges, la compagnie est tenue de livrer aux destinataires, dans un délai déterminé, les objets qui lui sont confiés ou tout au moins d'aviser ceux-ci de leur arrivée et de les tenir à leur disposition; — Qu'il doit en être nécessairement ainsi dans les circonstances normales et régulières, et dans tous les cas où, par la nature de la convention, elle s'est constituée gardienne responsable de ces objets ; — Mais qu'il n'en peut être de même en temps de guerre, et lorsque, comme dans l'espèce, elle était tenue de mettre immédiatement tout son matériel à la disposition du service militaire et n'agissait plus que comme locateur ; — Qu'il est constant, en effet, que le chargement a été opéré sans aucun contrôle de sa part ; qu'elle n'a point pris les objets en charge par un récépissé ou une lettre de voiture ; que le wagon voyageait par train spécial, sous la surveillance d'un soldat, préposé de l'administration de la guerre ; — Que les fournitures à transporter ne lui ont donc point été confiées, dans le sens des art. 1784 c. civ., 97 et 98 c. com., et qu'elle ne peut être responsable de leur perte partielle ou totale que dans le cas où elle proviendrait de son fait direct et personnel, ce qui n'est point allégué;— Qu'elle n'avait contracté d'autre obligation que celle de transporter d'Autun à Dijon le pain placé sur ses voitures par le fournisseur, qui en était à la fois l'expéditeur et le destinataire, et qu'elle a exactement rempli son obligation, puisqu'il est justifié que le wagon parti d'Autun le 15 janvier est arrivé le même jour à Dijon, accompagné du soldat préposé à sa garde ; — Qu'affranchie de ses engagements ordinaires, la compagnie du chemin de fer de Lyon n'a donc commis aucune faute, aucune négligence, et que Revenu est mal fondé à lui demander réparation du préjudice qu'il a éprouvé ; ...

Par ces motifs, ... infirme, etc.

Du 16 janv. 1873.-C. de Dijon, 1re ch.-MM. Neveu-Lemaire, 1er pr.-Ally et Lombart, av.

évident que sa responsabilité restera engagée (Req. 30 janv. 1872, aff. Chemin de fer de l'Ouest C. Biseul-Fontenolle, D.P. 72.1. 245; 24 avr. 1872, cité *suprà*, n° 191).—Jugé, par exemple, qu'une compagnie de chemin de fer demeure responsable du retard dans la livraison de marchandises à domicile, nonobstant l'ordre de l'Administration de supprimer le service de la petite vitesse et d'évacuer une portion du matériel lorsque ces marchandises ont été expédiées par la grande vitesse et que les trains de voyageurs n'ont pas cessé de circuler entre le lieu d'expédition et le lieu de destination (Arrêt précité du 30 janv. 1872; Aix, 21 août 1872, aff. Chemin Lyon C. Mayer, D. P. 72. 2. 182).

193. La force majeure n'est pas contestable, et la compagnie n'est pas en faute, lorsqu'elle a dû livrer à l'autorité militaire sur réquisition, les marchandises qui lui avaient été confiées, encore bien que l'existence de ces marchandises ait été révélée sans nécessité à l'intendance par les agents de la compagnie (Civ. cass. 15 avr. 1873, aff. Chemin de fer d'Orléans C. Petit-Descamps, D. P. 73. 1. 262); — Ou lorsque la marchandise a été détruite, lors de l'envahissement par l'ennemi de la gare où elle se trouvait, quoique la compagnie ait accepté le transport malgré la menace de ce danger devenu imminent (Civ. cass. 21 juill. 1873, aff. Chemin de l'Ouest C. Larcher, D. P. 75. 1. 39; 17 févr. 1874, aff. Chemin de fer de l'Ouest C. Loutrel, D. P. 74. 1. 302). — La présence de l'ennemi est d'ailleurs, dans tous les cas, un fait de force majeure, si bien, par exemple, que si pour ce motif la compagnie se voit obligée de faire rétrograder les marchandises pour les préserver d'une perte certaine, elle ne perd pas son droit au transport pour la totalité du trajet parcouru (Lyon, 11 janv. 1872, aff. Petrat, D. P. 75. 1. 15). — Et lorsque la perte des marchandises est le résultat de l'irruption des troupes ennemies, ces faits constituent un cas de force majeure dont il n'a pas été au pouvoir des compagnies de chemins de fer d'éviter les conséquences préjudiciables, et dont elles ne peuvent être responsables (Civ. rej. 19 août 1874, aff. Mennesson, D. P. 76. 5. 257).

Lorsque des marchandises expédiées à l'administration militaire, dans une ville déterminée ont, par suite des nécessités de la guerre, été livrées dans une autre ville aux représentants de cette administration, qui les ont acceptées sans aucune réserve, l'expéditeur qui prétend avoir subi un dommage par suite du changement du lieu de livraison n'a pas le droit de demander à la compagnie de chemin de fer chargée de l'expédition la restitution du prix intégral de ces marchandises (Civ. cass. 9 déc. 1873, aff. Chemin de fer du Nord C. Guillet, D. P. 74. 1. 64. V. encore Paris, 6 déc. 1871, aff. Rigault, D. P. 73. 2. 236, et *suprà*, n° 185).

194. L'incendie des marchandises peut, dans certains cas, rentrer dans la catégorie des faits de force majeure qui exonèrent le voiturier. Mais comme, suivant ce qui a été dit au *Rép.* n° 373, le voiturier doit, pour s'exonérer de la responsabilité encourue par suite de la perte des objets à lui confiés, prouver que cette perte est le résultat de la force majeure, il ne peut se contenter de prouver qu'ils ont péri dans un incendie; mais il doit justifier, en outre, que cet incendie est le résultat d'un fait purement forfuit, ou au moins qu'il n'a pu avoir pour cause une faute, une imprudence ou une négligence de sa part (Req. 3 juin 1874, aff. Chemin de fer de l'Est C. Gaignière, D. P. 76. 1. 371; Civ. cass. 23 août 1858, aff. Coindre, D. P. 58. 1. 359. V. en ce sens : Duverdy, n°s 21 et 43; Sarrut, n° 771; Larombière, *Théorie et pratique des obligations*, éd. de 1887, t. 2, art. 1148, n° 11; Féraud-Giraud, t. 2, n° 881; Bédarride, t. 2, n° 535). — C'est là, du reste, une règle qui dérive des principes généraux du droit, le débiteur étant tenu aux termes des art. 1302 et 1315 c. civ. de prouver le cas fortuit qu'il allègue. Il faut, bien entendu, excepter le cas où la marchandise voyagerait sous un tarif spécial avec clause de non-garantie. Cette clause aurait, en effet, pour résultat de mettre la preuve de la faute à la charge du propriétaire de la marchandise (V. Civ. cass. 4 août 1880, cité *suprà*, n° 151; Féraud-Giraud, n° 881).

195. Si le voiturier doit en général faire la preuve de la force majeure (*Rép.* n° 374), il n'est pas obligé, pour s'affranchir de la responsabilité qui pèse sur lui à raison de la perte des objets qui lui avaient été confiés, de prouver d'une manière précise et certaine quand, comment et par quelle cause le cas fortuit s'est produit; il lui suffit d'établir que par ses soins, sa prudence et sa surveillance, il est exempt de toute faute (Rouen, 17 nov. 1859, aff. Guillot-Raffy, D. P. 60. 2. 208).

196. Il est à remarquer que les principes qui viennent d'être exposés s'appliquent aux bateliers, qui se bornent à faire le service des rivières; dans leurs rapports avec les chargeurs: ils sont régis par les art. 103 et suiv. c. com., et non par les dispositions du livre 2 c. com.; par suite, en cas de perte ou d'avarie, ils doivent prouver la force majeure ou le vice propre de la chose allégués par eux, et ils sont tenus même du cas forfuit quand l'accident a été précédé d'une faute qui leur est imputable (Rennes, 7 janv. 1873, aff. Pitre, D. P. 74. 5. 98).

197. On a exposé au *Rép.* n° 374, que la preuve des évènements de force majeure doit se faire autant que possible par des procès-verbaux juridiques, rédigés au moment et sur le lieu de l'accident. Cependant, on admet de plus en plus que tous les genres de preuve peuvent être admis pour justifier qu'il y a eu cas de force majeure. — On a jugé, notamment, que l'art. 97 c. com. qui, en cas de retard dans l'arrivée des marchandises, veut que la force majeure soit « légalement constatée », n'est pas applicable au cas de perte ou d'avaries souffertes par ces marchandises : dès lors, le voiturier actionné comme responsable de la perte des marchandises transportées, peut, sur cette demande, offrir la preuve de la force majeure sans qu'il soit besoin que la force majeure ait été constatée par les autorités locales au moment même de l'accident (Civ. cass. 5 mai 1858, aff. Baissade, D. P. 58. 1. 212). — Mais la distinction que semble faire cet arrêt, entre la situation du commissionnaire en cas de retard et celle du commissionnaire et du voiturier en cas de perte ou d'avarie, ne paraît nullement justifiée à MM. Sarrut, n°s 773 et suiv.; Duverdy, n° 42; Féraud-Giraud, t. 2, n° 864. Ces auteurs estiment, comme nous-mêmes au *Répertoire*, que les tribunaux sont libres d'apprécier la pertinence de toute preuve qu'on vient à leur soumettre (V. en sens contraire : Bédarride, *Des chemins de fer*, t. 2, n° 543).

198. La règle suivant laquelle les compagnies de chemins de fer ne sauraient invoquer la force majeure lorsque la perte de l'objet a été causée par une faute à leur charge (*suprà*, n° 183), s'étend à tout commissionnaire de transport; et d'autre part, la faute de ce dernier peut consister soit dans ce qu'il a substitué un mode de transport à celui qui avait été indiqué par l'expéditeur, soit dans ce qu'il a changé la direction primitivement fixée (Rouen, 8 déc. 1856, aff. Deloys, D. P. 57. 2. 96; Req. 24 avr. 1872, aff. Chemin de fer de Lyon C. Boude, D. P. 73. 1. 68). — Vainement objecterait-il que ces changements ont été opérés dans le seul intérêt de l'expéditeur, le mobile qui a fait agir le commissionnaire ne devant être pris en considération que pour la fixation des dommages-intérêts réclamés par l'expéditeur en dehors de la valeur des marchandises (Même arrêt du 8 déc. 1856).

199. — XIII. PAR QUI PEUT ÊTRE INTENTÉE L'ACTION EN RESPONSABILITÉ. — Les principes que nous avons exposés au *Rép.* n°s 382 et suiv. sont toujours appliqués par la jurisprudence. On admet sans difficulté que l'action en responsabilité résultant contre le commissionnaire de transport ou le voiturier des art. 97, 98 et 99 appartient à toute personne, expéditeur, destinataire, ou ayant cause de ces derniers, ayant éprouvé un préjudice par la faute du commissionnaire de transport ou du voiturier. — Ainsi, bien que la lettre de voiture ne forme contrat qu'entre l'expéditeur et le voiturier, le destinataire peut réclamer directement de ce dernier l'exécution de toutes les obligations qui naissent en sa faveur du contrat (Douai, 26 août 1882, aff. Belval, D. P. 85. 1. 241). — Et l'action qui compète ainsi au destinataire peut être exercée par un acheteur de la marchandise qui en a payé le prix entre les mains de ce destinataire mandataire du vendeur, contre remise du récépissé (Req. 21 juill. 1875, aff. Chemin de fer du Nord C. Michel, D. P. 77. 1. 325). Cette action, dans la personne de l'acheteur, est fondée en pareil cas sur l'art. 1166 c. civ., et, dans une certaine mesure, sur ce que l'acheteur de la marchandise se trouve être le destinataire réel et a, lorsqu'il est porteur du récépissé, une action directe contre le voiturier. — On admet.

en effet, que le propriétaire de la marchandise, s'il est indiqué comme destinataire dans la lettre de voiture, a une action personnelle contre le voiturier, quoiqu'il n'ait pas lui-même figuré dans le transport; car l'expéditeur a stipulé pour lui comme condition d'un contrat qu'il faisait pour son propre compte (c. civ. art. 1121). S'il n'est pas indiqué comme destinataire il n'est pas connu du voiturier, mais il peut néanmoins exercer contre celui-ci l'action qui appartient à l'expéditeur dont il est créancier. Dans tous les cas, le propriétaire des objets transportés, quoiqu'il n'ait pas figuré dans la lettre de voiture, a qualité pour actionner le voiturier pour dommages causés à ces objets, s'il a été reconnu par ce dernier que l'expédition était faite dans son intérêt (Bordeaux, 27 juill. 1874, aff. Josselme, D.P. 77. 2. 87. V. Duverdy, n° 92).

200. — XIV. Compétence. — Nous avons exposé au *Rép.* n° 385, que les entreprises de transport, étant des actes de commerce, emportaient la compétence commerciale; cette solution est toujours admise, et nous persistons à penser qu'un acte isolé de transport échapperait seul à la juridiction consulaire. D'ailleurs, depuis la publication du *Répertoire*, on n'hésite pas à reconnaître que toutes les contestations qui se produisent entre une compagnie de chemin de fer et un commerçant ressortissent à la juridiction commerciale (Req. 27 nov. 1871, aff. Chemin de fer d'Orléans C. Corne, D. P. 72. 1. 92; 20 janv. 1875, aff. Marigo, D. P. 75. 1. 367. V. Blanche, *Des transports par chemins de fer*, n°s 160 et suiv.; Aucoc, n° 1606; Sarrut, n° 800; Féraud-Giraud, t. 2, n° 985). — On admet, d'autre part, quant aux contestations qui s'élèvent entre une compagnie de chemin de fer et un non-commerçant, que celui-ci peut porter son action à son choix devant le tribunal civil ou le tribunal de commerce; s'il est défendeur, il doit être cité devant le tribunal civil (Civ. cass. 22 févr. 1859, aff. Guérin-Menneville, D. P. 59. 1. 268; 26 juin 1867, aff. Chassenoix, D. P. 67. 1. 424. V. Aucoc, Sarrut, Féraud-Giraud, *loc. cit.*).

201. Une question assez délicate soulevée en jurisprudence est celle de savoir si l'art. 2, § 3, de la loi du 25 mai 1838, en attribuant aux juges de paix, dans certaines limites, la connaissance des contestations entre les voyageurs et les voituriers, notamment pour la perte ou avarie des effets accompagnant les voyageurs, n'a point exclu par là la compétence appartenant pour le même objet aux tribunaux de commerce, en vertu des dispositions combinées des art. 103 et suiv., 631, 632 c. com. et 420 c. pr. — Cette question a été résolue dans le sens de la négative par un arrêt de la cour de cassation du 4 nov. 1863 (aff. Chemin de fer d'Orléans C. Bernard, D. P. 63. 1. 473). D'après cet arrêt, les difficultés qui surgissent entre les parties pour l'exécution des contrats relatifs au transport des ballots, colis, etc., ne sont pas de la compétence des juges de paix (V. *Rép.* v° *Voirie par chemin de fer*, n° 496, où sont exposées les raisons qui nous paraissent devoir faire adopter l'opinion contraire).

202. A l'égard des compagnies de chemins de fer la question de compétence est doublement délicate, car il faut savoir non seulement quelle juridiction est compétente *ratione materiæ*, mais aussi quel est le tribunal compétent *ratione loci*. Les prescriptions des art. 59 c. pr. civ. et 438 c. com., d'après lesquelles la compagnie devrait être assignée devant le tribunal du lieu où elle a son principal établissement, c'est-à-dire au siège social, ne sauraient être appliquées littéralement; tous ceux qui auraient des difficultés, même minimes, avec les compagnies, se trouveraient obligés de plaider fort loin de leur domicile, des lieux où le contrat a été passé, doit être exécuté, etc. Cela ne saurait aller sans de très grands inconvénients, pertes de temps et d'argent, etc. Aussi la jurisprudence, après quelques hésitations, est-elle aujourd'hui fixée en ce sens qu'une compagnie de chemin de fer peut être assignée non seulement au siège social, mais devant les juges des différents lieux où elle a une succursale, c'est-à-dire où elle possède une gare qui, à raison de son importance et des services qui y sont organisés, doit être considérée comme un centre principal d'opérations, et à ce titre possède un domicile qui attribue compétence au tribunal de ce lieu pour les faits relatifs à l'exploitation et survenus dans l'arrondissement dudit tribunal (Féraud-Giraud, t. 2, n° 988; Sarrut, n°s 807 et suiv.; Duverdy, n°s 141 et suiv.; Aucoc, t. 3, n° 1607. V. *Compétence civile des tribunaux d'arrondissement* où sont examinées les diverses questions qui s'élèvent au sujet de cette attribution spéciale de compétence).

Quant aux caractères auxquels on reconnaît si une gare constitue ou non une succursale, la détermination n'en est point abandonnée à l'appréciation des juges; ces caractères sont déterminés suivant des règles qui sont examinées v° *Compétence civile des tribunaux d'arrondissement*. Les juges du fond doivent donc préciser d'une manière suffisante les caractères et circonstances sur lesquels ils se fondent pour que la cour de cassation puisse contrôler leur appréciation. Ainsi l'arrêt qui, pour décider qu'une gare de chemin de fer doit être considérée comme un domicile où des significations peuvent être faites à la compagnie, se fonde uniquement sur son importance et sa position à l'intersection de deux réseaux, ne précise pas suffisamment les circonstances qui auraient transformé cette gare en une véritable succursale, et, par suite, ne donne pas une base juridique à sa décision (Civ. cass. 15 nov. 1875, aff. Chemin de fer de Lyon C. Durand, D. P. 76. 1. 321). — D'autre part, ces divers domiciles ne sont attributifs de juridiction que relativement aux intérêts et aux affaires qui y sont traités; le tribunal du domicile social reste compétent pour statuer sur les différends qui affectent soit l'organisation, soit les intérêts de la société tout entière (Civ. cass. 7 mai 1862, aff. Chemin de fer de l'Ouest C. Lepage, D. P. 62. 1. 230; Chambéry, 1er déc. 1866, aff. Chemin de fer Victor-Emmanuel, D. P. 66. 2. 246; Civ. rej. 20 nov. 1867, aff. Comp. des chemins de fer de Lyon C. Simonnet, D. P. 67. 1. 452-453).

203. Lorsque la juridiction commerciale est compétente, l'art. 420 c. pr. civ. doit être appliqué, et le demandeur peut à son choix assigner le défendeur soit devant le tribunal dans l'arrondissement duquel la promesse a été faite et la marchandise livrée, soit devant le tribunal dans l'arrondissement duquel le payement devait être effectué, soit enfin devant le tribunal du domicile du défendeur (Féraud-Giraud, n° 990; Sarrut, n°s 816 et suiv.; Aucoc, t. 3, n° 1607; Duverdy, n°s 141 et suiv.).

Art. 4. — *De la responsabilité de l'entrepreneur de transport qui a remis les marchandises à un autre commissionnaire, et de la responsabilité de ce dernier* (*Rép.* n°s 387 à 408).

204. Nous avons dit au *Rép.* n° 387, que les commissionnaires de roulage étaient dans l'usage de remettre en route les marchandises qu'ils s'étaient chargés de transporter à d'autres commissionnaires ou voituriers, pour les faire parvenir à leur destination ultérieure. Nous ajoutions qu'une convention expresse serait nécessaire pour enlever au commissionnaire le droit de faire cette remise. — Le développement considérable des transports à grande distance, depuis l'établissement des chemins de fer, a profondément modifié ces règles, et ce qui n'était qu'un usage pour les commissionnaire de roulage est, pour les compagnies de chemins de fer une obligation. Elles sont tenues de transmettre directement à la compagnie correspondante les marchandises dont le transport leur est confié, lorsque la localité où elles doivent les faire parvenir n'est point desservie par leur réseau. — Cette obligation pour les compagnies de chemins de fer est la conséquence du monopole de fait qui leur appartient; elle résulte pour elles, en principe, de l'art. 61 du cahier des charges, qui ne leur permet pas de refuser les transports empruntant plusieurs lignes reliées entre elles sans solution de continuité.

Le propriétaire de la marchandise expéditeur, ou le commissionnaire qui s'est chargé du transport et a confié les colis à la première compagnie, restent cependant toujours maîtres de faire opérer la transmission des marchandises d'une compagnie à l'autre par un commissionnaire de leur choix qu'ils désignent à la première compagnie; mais c'est là une faculté qu'ils sont libres de ne pas exercer, et s'ils préfèrent charger la première compagnie de faire elle-même la transmission, celle-ci ne peut s'y refuser. Ainsi, on a jugé à plusieurs reprises, par application de l'art. 61 du cahier des charges, que toutes les fois que des marchandises empruntent pour leur transport deux réseaux de chemins de fer différents, la première compagnie est obligée de les transmettre directement à la seconde compagnie, et ne peut exiger qu'un destinataire se trouve à l'extrémité de son réseau pour les recevoir et faire lui-même la transmission (Lyon, 24 mars 1874, et sur pourvoi, Req. 24 févr. 1875, aff. Chemin de fer de Lyon C. Bless, D. P. 76. 1. 241; Req. 20 juill. 1875, aff. Comp. de Lyon, D. P. 77. 1. 494).

205. D'ailleurs cette obligation des compagnies de chemins de fer, ainsi consacrée par la jurisprudence, avait été sanctionnée, au moins implicitement, par les termes d'une circulaire de M. le ministre des travaux publics en date du 28 mai 1867 (Lamé-Fleury, *Code annoté des chemins de fer*, p. 199), laquelle décide que, d'après l'avis émis par le comité consultatif des chemins de fer, les expéditeurs ont un droit absolu, deux itinéraires étant donnés, soit sur un seul et même réseau, soit sur deux réseaux différents, de choisir celui qui devra être suivi par leurs marchandises, à condition de payer le tarif qui s'applique à cet itinéraire. L'existence de cette obligation n'est cependant pas admise par tous les auteurs. M. Sarrut, notamment (n° 377), tout en ne se dissimulant pas les inconvénients pratiques de son système, ne pense pas qu'en droit on puisse obliger une compagnie à remettre à la compagnie qui lui fait suite les marchandises qu'elle aurait accepté de transporter. « La commission est un mandat, dit-il, et l'acceptation d'un mandat est essentiellement facultative. Quand plusieurs compagnies concourent au transport d'un même colis, la compagnie de départ, en sa qualité de commissionnaire chargeur, est responsable du fait de chacune des autres compagnies; de là résulte, en logique et en droit, qu'une compagnie doit être absolument libre de contracter les obligations de commissionnaire chargeur ou de s'y soustraire. En vertu de quels principes une personne pourrait-t-elle être tenue pour un tiers qu'elle n'aurait pas la liberté pleine et entière de choisir? » — Nous ne croyons pas toutefois que ce système doive prévaloir.

Sans doute, en droit pur, on ne saurait être responsable d'un préposé qu'on n'a pas choisi; mais les compagnies de chemins de fer ne sont pas, comme les simple particuliers, soumises uniquement au droit commun, elles sont régies encore par des règles spéciales qui leur imposent souvent des obligations autres que celles qui dériveraient pour elles du droit commun. Or, comme on l'a vu déjà, la législation spéciale n'est pas muette sur le point qui nous occupe. En laissant de côté la circulaire ministérielle du 28 mai 1867 et l'art. 61 du cahier des charges que nous avons signalés, il reste encore les art. 3, 7, 8, 9, etc., de l'arrêté ministériel du 12 juin 1866, dont le caractère obligatoire pour les compagnies n'est guère contestable. L'obligation de transmettre aux compagnies correspondantes les marchandises dont le transport doit employer plusieurs réseaux, nous paraît donc juridiquement établie. La plupart des auteurs, d'ailleurs, n'hésitent pas à reconnaître qu'elle s'impose aux compagnies (Féraud-Giraud, n° 92; Bédarride, t. 1, n°s 388 et suiv.; Emion, *Manuel de l'exploitation des chemins de fer*, n° 106).

206. On a vu au *Rép.* n° 405, que le dernier commissionnaire ou voiturier ne doit pas remettre les marchandises à lui confiées avant que les frais de transport ou les sommes pour lesquelles le premier commissionnaire avait un privilège, aient été remboursés. La même règle doit évidemment être appliquée au cas où un commissionnaire a reçu des marchandises qui ne doivent être livrées que contre remboursement. Le dernier commissionnaire ne doit les remettre que contre payement de leur valeur. — Lorsque le commissionnaire de transport auquel l'expéditeur a remis des marchandises *livrables contre remboursement* s'est substitué, pour la continuation du voyage, un autre commissionnaire de transport qui a touché le montant de la lettre de voiture, l'expéditeur, s'il ne s'est pas fait connaître du commissionnaire substitué, n'a d'action contre lui qu'autant que ce dernier ne s'est pas valablement libéré envers le commissionnaire direct. Et le commissionnaire substitué est réputé s'être libéré valablement, lorsque, étant créancier, par compte courant, du premier commissionnaire, pour une somme supérieure au montant de la lettre de voiture, il a porté au crédit de son correspondant la somme par lui reçue en remboursement. En conséquence, le premier commissionnaire venant à tomber en faillite après la compensation ainsi opérée, l'expéditeur n'a point d'action contre le commissionnaire substitué (Civ. cass. 18 janv. 1854, aff. Courrat, D. P. 54. 1. 108).

207. — I. Responsabilité du premier commissionnaire de transport. — La responsabilité du commissionnaire chargeur (on appelle ainsi le commissionnaire de transport qui le premier reçoit la marchandise), est toujours réglée d'après les principes qui ont été exposés au *Rép.* n° 388. Ainsi le commissionnaire qui se charge d'un tranport par terre ou par eau est garant envers l'expéditeur des faits du commissionnaire intermédiaire ou du voiturier qu'il se substitue; cette responsabilité spéciale est absolue et n'est pas régie par les règles ordinaires du mandat (Douai, 11 mars 1858, *suprà*, n° 158; Req. 12 mai 1868 (1); Req. 24 avr. 1872, aff. Chemin de fer de Lyon C. Boude, D. P. 73. 1. 68; Civ. rej. 9 juill. 1872, aff. Chemin de fer de Lyon C. Gancel, D. P. 72. 1. 224; Req. 25 juin 1873, aff. Albrecht, D. P. 73. 1. 432; Civ. cass. 28 oct. 1885, aff. Mohamed-Saib-ben-Chitrou, D. P. 86. 1. 73; *Rép.* v° *Voirie par chemin de fer*, n° 462; Delamarre et Le Poitvin, *Traité de droit commercial*, t. 2, n° 203; Bravard-Veyrières et Demangeat, *Traité de droit commercial*, t. 2, p. 363-364, note; Alauzet, *Commentaire du code de commerce*, 3e éd., t. 3, n° 1176; Sourdat, *Traité général de la responsabilité*, 3e éd., t. 2, n°s 1101 et suiv.; Domenget, *Du mandat, de la commission et de la gestion d'affaires*, t. 2, n°s 1170 et suiv.; Duverdy, n° 126, p. 164; Sarrut, p. 444, n° 731, note; Lyon-Caen et Renault, n°s 884 *bis*, 907 et suiv.; Boistel, 3e éd., n° 567; Bédarride, *Des commissionnaires*, n°s 275 et suiv.,

(1) (Compagnie marseillaise de navigation C. Chemin de fer du Midi et autres.) — Le 26 nov. 1866, jugement du tribunal de commerce de Narbonne ainsi conçu : — « Considérant qu'il résulte du rapport des experts que la futaille d'huile adressée par Honoré Martin à Sarrère contenait une quantité notable d'eau; que cette eau s'est tellement mélangée avec l'huile que cette marchandise est aujourd'hui invendable; — Considérant que cette avarie autorise Sarrère à refuser cette marchandise; que, dès lors, l'action dirigée contre la compagnie du Midi est fondée, et qu'il y a lieu de condamner cette dernière à payer le montant de la marchandise, des dommages et des frais; — Considérant, en ce qui touche la garantie dirigée contre Fraissinet et comp. par la compagnie du Midi, qu'il importe peu que cette dernière compagnie ait reçu la futaille sans protestation ni réserve; qu'il est de principe et de jurisprudence certaine que s'il est vrai que le premier commissionnaire de transport est tenu de vérifier la marchandise qui lui est remise par l'expéditeur, il n'en est pas de même en ce qui touche le commissionnaire intermédiaire; que celui-ci n'a qu'un intérêt à sauvegarder: vérifier si le colis remis présente extérieurement des traces d'avaries; qu'en l'absence de toute trace extérieure, il n'est tenu qu'à une chose: remettre le colis dans l'état où il l'a reçu; — Considérant qu'il résulte du rapport des experts qu'extérieurement la barrique ne présentait aucune trace d'avarie; d'où il suit que l'action en garantie contre Fraissinet et comp. doit être accueillie; — Considérant qu'il n'en est pas de même de la garantie réclamée contre Honoré Martin, expéditeur; qu'en effet, l'acceptation de la futaille sans réserve par Fraissinet et comp. fait présumer que la futaille a été livrée en bon état et que c'est en la possession du premier commissionnaire que le mélange a été opéré; — Par ces motifs, etc. ». — Pourvoi en cassation par le sieur Fraissinet, pour violation des art. 96 et suiv., 103 et suiv. et 397 c. com., 1783 et 1315 c. nap., et 7 de la loi du 20 avr. 1810, en ce que le jugement attaqué ne constate ni qu'il se soit agi dans la cause d'une véritable avarie, ni qu'il fût établi au procès que le dommage provenait de la faute de la compagnie Fraissinet, et en ce que, à défaut de cette preuve, les conséquences du dommage auraient dû être mises, non à la charge de cette dernière compagnie, mais soit à la charge de la compagnie du Midi qui avait reçu le colis de ses mains sans protestation, soit à la charge de l'expéditeur. — Arrêt.

La Cour; — Attendu, en droit, que la responsabilité à laquelle les art. 97 et 98 c. com. soumettent, en cas d'avarie, le commissionnaire qui s'oblige à faire arriver la marchandise à destination diffère en un point essentiel de celle des voituriers intermédiaires; que le premier pouvant toujours exiger, avant de se charger du transport, la vérification du contenu des colis, est réputé les avoir reçus en bon état et conformes aux lettres de voiture; que par suite il est responsable des avaries constatées à l'arrivée, sans qu'on ait à prouver qu'elles proviennent de son fait ou de celui des voituriers intermédiaires, dont il répond aux termes de l'art. 99; — Attendu qu'en se fondant sur ces principes pour déclarer la compagnie de navigation responsable, le juge du fond a fait une exacte application de la loi et satisfait à l'obligation de motiver sa décision;

Par ces motifs, rejette, etc.

Du 12 mai 1868.-Ch. req.-MM. Bonjean, pr.-Anspach, rap.-Savary, av. gén.-Costa, av.

Picard, t. 4, p. 816). — Par conséquent, on doit décider en principe, et d'une manière générale, que le commissionnaire ne peut, en cas de perte des marchandises à lui confiées, se soustraire à la réparation du dommage, sous prétexte qu'il n'aurait commis aucune faute en remettant ces marchandises au transporteur intermédiaire qui les a égarées ou perdues (Civ. cass. 28 oct. 1885 précité). Il ne peut non plus se prévaloir des exceptions qu'il aurait à opposer aux transporteurs intermédiaires (Colmar, 30 juin 1865) (1).

---

(1)(Chemin de fer de l'Etat autrichien C. Chemin de fer de l'Est et autres.) — Le 27 avr. 1865, jugement du tribunal de commerce de Schlestadt, ainsi conçu : — « Sur l'action en garantie, devenue action principale, dirigée par la compagnie de l'Est contre la direction générale des voies de communication du grand duché de Bade : — Considérant que la direction défenderesse oppose à la compagnie demanderesse le principe universellement admis par la jurisprudence française, à savoir que les commissionnaires ou voituriers intermédiaires ne peuvent être recherchés en garantie des avaries de l'objet transporté qu'à la condition de prouver leur faute personnelle, preuve qui incombe aux demandeurs ; — Considérant que les tribunaux, conformément à l'esprit de la loi et aux principes de l'équité naturelle, n'admettent d'exception à cette règle générale que dans les trois cas suivants : 1° si la faute personnelle est établie par le fait même et en résulte nécessairement ; 2° si l'avarie a été apparente ; 3° si l'intermédiaire s'est volontairement substitué aux obligations du commissionnaire ; qu'il convient donc d'examiner si la compagnie demanderesse rapporte la preuve de la faute personnelle de la direction défenderesse ou si cette dernière se trouve dans l'un des cas d'exception énumérés ci-dessus ; — Considérant que la demanderesse est dépourvue de tout titre, de tout acte, de toute reconnaissance qui constaterait l'existence d'une faute personnelle imputable à la défenderesse ; que les constatations des manquants dressées à Strasbourg et à Benfeld contradictoirement entre l'agent badois et le chemin de fer de l'Est ne contiennent aucune reconnaissance de responsabilité, et que la demanderesse l'a si bien reconnu elle-même que, subsidiairement, elle a conclu contre les autres chemins de fer mis en cause et a posé des faits avec offre de preuve ; — Considérant que les faits posés ne sont évidemment pas pertinents, puisqu'ils ne portent que sur des circonstances déjà acquises, savoir la décharge des wagons badois à Strasbourg ou Benfeld et la constatation des avaries ; mais que ces faits non contestés, n'établissent pas que les avaries dont s'agit soient le résultat de la faute personnelle de la défenderesse ou qu'elle s'en soit reconnue coupable ; — Considérant, d'autre part, que la défenderesse ne se trouve dans aucun des cas d'exception au principe général ci-dessus posé ; qu'en effet, il est constant en fait que la défenderesse a reçu de la direction wurtembergeoise les wagons renfermant les blés, fermés, cadenassés et plombés ; qu'il lui était interdit de les ouvrir ; qu'elle n'a donc pu vérifier en les recevant l'état des sacs, et qu'elle a dû se borner à les transmettre à la compagnie de l'Est dans l'état où elle les a reçus ; — Considérant que lors de la réception des wagons par la direction badoise des mains de la direction royale de Wurtemberg, il n'existait aucune avarie apparente ; qu'il n'en a pas existé davantage au moment de leur arrivée sur le territoire français ; que l'avarie était intérieure, c'est-à-dire qu'elle n'a pu être constatée qu'après l'ouverture des wagons, ouverture à laquelle il était interdit à la défenderesse de procéder avant l'arrivée en France ; — Considérant qu'il a déjà été établi que les attestations données par l'agent badois sur l'état des sacs au moment de l'arrivée et du transbordement des marchandises sur les wagons de la compagnie de l'Est n'ont constaté qu'un fait matériel se manifestant à la fin du voyage de Pesth à Strasbourg, mais ne portent trace d'aucune acceptation de responsabilité ; que ces attestations n'ont été évidemment exigées par la compagnie de l'Est que pour établir que, si elle livrait à Albrecht des sacs en mauvais état, ce n'était pas elle qui les avait mis dans cet état : mais que, dans aucune supposition, elles ne peuvent servir à prouver que cet état est résulté de la faute ou du fait du chemin de fer badois, seule condition de la responsabilité de celui-ci ; — Qu'ainsi, il n'existe ni faute personnelle prouvée, ni avarie apparente à reprocher à la défenderesse, et que l'on ne peut pas davantage lui reprocher, comme l'a fait le jugement du 19 nov. 1862, de s'être volontairement substituée aux obligations du premier commissionnaire, puisque la défenderesse s'est bornée à recevoir les wagons des mains de la direction wurtembergeoise et à les transmettre à la compagnie de l'Est ; — Considérant, dès lors, que la demande n'étant pas légalement prouvée, il y a lieu d'en débouter la demanderesse, sauf son recours contre qui de droit ; — Sur les conclusions subsidiaires de la compagnie de l'Est contre la Société autrichienne des chemins de fer de l'Etat : — Considérant qu'il convient d'examiner séparément les exceptions et fins de non-recevoir opposées par la compagnie de l'Etat aux conclusions de la compagnie de l'Est avant de passer à la discussion du fond de la demande ; — Sur l'exception d'incompétence : — Considérant qu'aux termes de l'art. 14 c. nap., l'étranger, même non résidant en France, peut être traduit devant les tribunaux de France pour les obligations par lui contractées en pays étranger envers des Français ; — Considérant, en fait, que, par convention en date du 12 août 1861, respectivement avouée et exécutée, le chemin de fer autrichien s'est engagé à transporter pour le compte du sieur Albrecht, domicilié à Sand, de Pesth à Strasbourg, une grande quantité de blés, et que l'instance actuelle a pour objet l'exécution des obligations ainsi contractées par ledit chemin de fer ; qu'ainsi aux termes de l'article précité, les tribunaux français auraient été compétents pour connaître du litige s'il était élevé entre Albrecht et le chemin de fer autrichien ; — Considérant que par le jugement du 19 nov. 1862, il a été souverainement jugé que la compagnie de l'Est, en acquittant la dette de la compagnie autrichienne a été subrogée aux droits d'Albrecht ; qu'elle peut donc exercer toutes les actions qui appartenaient autrefois à ce dernier, et que la compétence du tribunal n'a point été modifiée ; — Considérant que l'art. 181 c. pr. civ. invoqué par la défenderesse, n'est pas applicable dans l'espèce, puisque, par suite de la disposition d'Albrecht dans la cause en vertu des dispositions du jugement du 19 nov. 1862, l'action dirigée par la compagnie de l'Est contre la compagnie autrichienne de l'État n'est plus une demande en garantie, mais est devenue une demande principale, formée par l'ayant droit d'Albrecht, qui a succédé à toutes les actions qui compétaient à ce dernier contre son prétendu débiteur ; — Considérant enfin que l'art. 420 c. pr. civ., qui indique, en matière de commerce, quels sont les tribunaux devant lesquels ces sortes de contestations peuvent être portées, reçoit exception alors qu'il s'agit d'un litige entre Français et étrangers, et que cette exception est formellement énoncée dans l'art. 14 c. nap. déjà cité ; qu'ainsi l'exception d'incompétence n'est pas fondée ; — Sur l'exception tirée de la prescription : — Considérant que si l'art. 108 c. com. fixe à six mois pour les marchandises destinées à l'intérieur, et à un an pour celles expédiées à l'étranger, le délai de recours en garantie accordé au destinataire pour obtenir indemnité des manquants ou des avaries, la jurisprudence de la cour suprême a décidé que l'action dirigée par l'expéditeur, et par parité de raison par le destinataire, contre le commissionnaire de transport, interrompt la prescription même vis-à-vis des commissionnaires ou voituriers intermédiaires qui ont été employés au même transport ; — Considérant que par le jugement de 1862, il a été établi en fait qu'Albrecht, destinataire, a exercé son recours contre la compagnie de l'Est dans les délais légaux ; que sur l'action en garantie dirigée contre la direction badoise, ce jugement a ordonné l'appel en cause de la compagnie autrichienne de l'Etat ; que cette mise en cause a été effectuée par exploit d'ajournement du 27 juill. 1863, et qu'ainsi, selon la jurisprudence de la cour de cassation, ladite compagnie est non recevable aujourd'hui à invoquer les dispositions de l'art. 108 c. com. ci-dessus cité, puisqu'elle a été indirectement représentée par l'une des parties intéressées dans la cause ; — Mais considérant qu'en admettant momentanément que l'action de la compagnie de l'Est n'ait pas été formée dans les délais impartis par l'art. 108 déjà cité, et que la défenderesse fût autorisée, sous ce rapport, à invoquer la prescription, elle serait aujourd'hui non recevable à se prévaloir de ce moyen, puisqu'elle y a virtuellement et expressément renoncé longtemps avant l'instance liée ; qu'en effet, par sa lettre du 12 sept. 1861 répondant à Albrecht qui se plaignait des avaries, elle lui recommande de les faire constater au moment de l'enlèvement des blés à la gare, et lui promet de l'indemniser des manquants ; — Considérant que cette promesse, appuyée sur la constatation régulière des manquants et dont il sera parlé ci-après, dispensait Albrecht, et par suite son ayant-cause, de l'observation du délai de garantie fixé par la loi, et formait contrat entre les parties ; qu'ainsi, sous tous les rapports, l'exception de prescription doit être repousée ; — Sur le moyen tiré de la constatation non régulière des manquants : — Considérant que la défenderesse, tout en soutenant, mais à tort, que les règlements autrichiens sont applicables à l'espèce, reconnait cependant qu'aux termes du paragraphe 14 du règlement du 1er déc. 1856, la vérification et la constatation des manquants et avaries doivent être faites selon les lois du lieu de la réception ; — Considérant que, dans l'espèce, l'avarie et les manquants ont été constatés à la gare d'arrivée à Beufeld, contradictoirement entre Albrecht et le dernier commissionnaire intermédiaire ; qu'il a ainsi été satisfait à la prescription de la défenderesse, prescription retenue dans sa lettre déjà citée du 12 sept. 1861 ; — Considérant que si ces circonstances ne sont pas conformes au mode prescrit par l'art. 106 c. com., il n'est pas moins certain que les formalités indiquées par cet arrêt peuvent être suppléées par d'autres constatations, pourvu que ces constatations soient faites de bonne foi, non entachées de fraude ou de surprise, et d'une exactitude irréprochable ; et que, dans l'espèce, aucun reproche de cette nature n'est dirigée contre les vérifications faites à Beufeld ; — Sur le moyen tiré de la réception de la marchandise sans

Il n'y a pas, à cet égard, de distinction à faire entre le commissionnaire de transport libre et les compagnies de chemins de fer: celles-ci encourent les mêmes responsabilités que les autres entrepreneurs de transports. Ainsi, la compagnie de chemin de fer qui accepte un colis à destination d'une localité qui n'est pas desservie par son réseau, même si elle est située en pays étranger, se rend responsable des transporteurs intermédiaires qu'elle se substitue pour l'exécution de son mandat, sauf son recours en garantie contre eux. En conséquence, elle est tenue envers l'expéditeur du retard éprouvé par l'expédition, bien qu'elle ait elle-même opéré le transport sur son réseau dans les délais réglementaires (Req. 24 avr. 1872 et Civ. rej. 9 juill. 1872 précités; Civ. rej. 15 avr. 1873, aff. Chemin de fer du Nord C. Quaratesi, D. P. 73. 1. 231; Féraud-Géraud, n° 816). — En pareil cas, en effet, la compagnie a une situation spéciale: elle prend l'engagement de faire parvenir les marchandises à leur destination définitive, par elle-même d'abord, quant à la partie du transport qui s'opère sur son réseau, et par la compagnie qui lui succède, quant à la partie du parcours en dehors de sa ligne. En contractant cette obligation, elle est bien réellement un commissionnaire de transport, et doit, par conséquent, être tenue de toutes les obligations qui dérivent pour ce commissionnaire de l'art. 99 c. com. La

protestation de la part des chemins de fer Elisabeth : — Considérant que la compagnie demanderesse est substituée aux droits d'Albrecht ; que ce dernier a traité avec la défenderesse et non avec le chemin de fer Elisabeth, qui n'est à son égard qu'un voiturier intermédiaire ; qu'ainsi c'est à la défenderesse seule qu'Albrecht, *modo* la compagnie de l'Est, peut s'adresser pour obtenir réparation du dommage par lui éprouvé ; que si la défenderesse peut prouver plus tard que c'est sur le chemin de fer Elisabeth que doit retomber la responsabilité de la perte, toute action lui reste réservée devant les juges compétents, mais qu'étant seule responsable envers Albrecht, vis-à-vis duquel elle est liée par son contrat, elle ne peut se prévaloir contre lui ou son ayant-cause de faits auxquels il est resté complètement étranger ; — Considérant, d'ailleurs, qu'Albrecht n'a reçu les blés qu'après constatation des manquants, et que sa correspondance et les réponses de la défenderesse prouvent suffisamment que la réception n'a été faite que sous la réserve de l'indemnité ; — Sur le moyen tiré du déchet légal de 1 pour 100 : — Considérant qu'à l'appui de ce moyen la défenderesse invoque le paragraphe 14, n° 3, lettre C de son règlement de 1856, et le paragraphe 11, lettre A du règlement de 1852, d'après lesquels il ne serait dû par elle aucune indemnité pour les manquants de poids, si ces manquants ne dépassent pas 1 pour 100, et qu'elle soutient que, dans l'espèce, les marchandises objet du transport ont atteint en poids une importance totale de 774853 livres, poids d'Allemagne, soit de 3874269 kilog. et demi, que dès lors, le déchet légal ne donnant pas lieu à indemnité s'élevait à 38742 kilog. et qu'Albrecht ne s'étant plaint que d'un déficit d'environ 36898 kilog. inférieur de près de 2000 kilog. au déchet légal, il doit être déclaré non recevable ; — Considérant que ce moyen a déjà été plaidé par la compagnie de l'Est contre Albrecht, et que, par son jugement du 19 nov. 1862, le tribunal l'a repoussé; qu'en effet, les conventions font la loi des parties, et que dans le traité passé entre Albrecht et la compagnie autrichienne de l'Etat, aucune stipulation sur bonification de déchets n'est intervenue; que cette réserve aurait été d'autant plus naturelle et nécessaire qu'Albrecht, étranger à l'Autriche, n'était pas censé même légalement connaître ses lois et règlements; — Considérant, d'ailleurs, qu'une pareille réserve aurait dû paraître étrange alors que selon la lettre de la compagnie du 12 sept. 1861, le transport devait s'effectuer jusqu'à Beufeld dans un délai de douze à quinze jours, et qu'il est évident que, dans un aussi court espace de temps, il n'a pu se produire aucune perte par dessiccation, seule cause légale et justifiable de l'existence d'un déchet; — Considérant, d'autre part, que la défenderesse a reconnu elle-même, par sa lettre du 12 sept. 1861, qu'Albrecht aurait droit à la bonification de tous les manquants, et qu'elle ne s'est réservé que son recours contre les commissionnaires intermédiaires qui seraient les causes de ces manquants; — Considérant que les termes exprès et formels dans lesquels est conçue cette déclaration excluent toute bonification pour déchets; — Considérant enfin que, dans l'espèce, il n'est pas question de déchets dans le sens légal du mot, puisqu'il n'existe aucune diminution de la marchandise par voie de dessiccation, mais bien une véritable avarie ou perte de marchandise par suite de la mauvaise disposition des sacs dans les wagons, fait officiellement reconnu à l'ouverture des wagons par l'agent badois, et d'ailleurs nullement contesté; qu'ainsi cette dernière fin de non-recevoir doit être rejetée de même que les précédentes; — Au fond : — Considérant que la défenderesse ne conteste pas l'existence des manquants constatés contradictoirement à la gare de Beufeld et s'élevant à environ 27000 kilog., ni l'évaluation de leur valeur en espèces à raison de 34 fr. les 100 kilog. soit 10165 fr. 39, mais qu'elle soutient qu'aucune responsabilité ne saurait l'atteindre, puisqu'elle n'a exécuté le transport que de Pesth à Vienne; que là, elle a remis les marchandises à son bureau de ville qui, à son tour, les a fait transporter à la gare du chemin de fer Elisabeth, lequel en a délivré récépissé constatant le poids total sans aucun manquant et les a expédiées sur Salzbourg, d'où par l'entremise des chemins de fer badois et français, ces marchandises sont arrivées à destination ; — Considérant que de ces faits la défenderesse fait découler la conséquence que, s'il existe des manquants ou avaries, elle ne peut en être réputée responsable, puisqu'elle justifie avoir mis l'intégralité des objets à elle confiés au chemin de fer Elisabeth qui l'a reconnu, et que, dès lors, la responsabilité doit retomber tout entière sur ledit chemin de fer ou sur ses intermédiaires; — Considérant qu'Albrecht n'a traité ni avec le chemin de fer Elisabeth ni avec les chemins de fer intermédiaires ; que la convention de transport n'est intervenue qu'entre lui et le chemin de fer autrichien de l'Etat défendeur ; que celui-là seul peut donc être déclaré responsable envers lui ou son ayant cause de toutes les pertes ou avaries survenues dans le cours du trajet; — Considérant que la présomption établie au profit des commissionnaires intermédiaires, et en vertu de laquelle ils ne peuvent être déclarés responsables qu'autant que l'on prouve qu'ils se sont rendus coupables d'une faute personnelle, ne milite pas en faveur du premier commissionnaire chargeur qui a traité avec l'expéditeur et s'est rendu responsable de la conservation de la chose pendant tout le trajet et de sa remise en bon état au destinaire ; — Considérant, dès lors, que les faits et constatations intervenus entre la défenderesse et le chemin de fer Elisabeth, ou d'autres intermédiaires, peuvent bien lui ouvrir un recours contre ces derniers, mais ne sauraient en aucun cas mettre sa responsabilité à l'abri de l'action d'Albrecht ou de son ayant cause ; qu'ainsi c'est à bon droit que la demanderesse insiste sur la condamnation sollicitée contre la société défenderesse, aux offres qu'elle fait de laisser déduire du montant de cette condamnation la somme proportionnelle au nombre de kilomètres parcourus entre Strasbourg et Beufeld eu égard au nombre total de kilomètres entre Pesth et Beufeld; — Par ces motifs statuant sur la demande principale dirigée par la compagnie de l'Est contre la direction du chemin de fer badois, déboute la demanderesse de sa demande ; faisant droit à la demande subsidiaire dirigée par la compagnie de l'Est en sa qualité de subrogée aux droits d'Albrecht contre la compagnie autrichienne de l'Etat, sans s'arrêter aux exceptions d'incompétence et aux fins de non-recevoir, condamne la compagnie défenderesse, par les voies de droit, à payer à la demanderesse, ès qualité, la somme de 10165 fr. 39 par elle déboursée en exécution du jugement intervenu en ce siège le 19 nov. 1862 et pour les causes y mentionnées, donne acte à la compagnie autrichienne de l'Etat de ses réserves de tous droits, moyens, actions, exceptions, tant contre la société du chemin de fer Elisabeth que contre toutes autres administrations allemandes ayant concouru aux transports dont s'agit en cause ». — Appel par la société autrichienne. — Appels subsidiaires par les compagnies française, badoise et wurtembergeoise. — Arrêt.

LA COUR; — Adoptant les motifs des premiers juges ; — Attendu, au surplus, en ce qui touche les moyens de compétence et de prescription, que par sa lettre du 12 sept. 1861, la société autrichienne impériale et royale des chemins de fer de l'Etat a pris l'engagement d'indemniser Albrecht, qui se plaignait d'avaries, des manquants constatés à la gare de Beufeld; — Que la constatation du dommage et par suite le règlement immédiat de l'indemnité ne pouvaient donc avoir lieu qu'entre le destinataire et la compagnie des chemins de fer de l'Est, qui se trouvait chargée par le fait même de la promesse adressée à Albrecht des pouvoirs de la société autrichienne ; que de là découlait pour Albrecht le droit de retenir sur le prix de transport de sa marchandise une somme égale à la perte qu'il éprouvait, et pour la compagnie de l'Est, la mission de la payer au nom et pour le compte de la société autrichienne; que ce n'était plus en vertu du contrat de commission, mais à titre de mandataire ou de gérant d'affaires que la compagnie de l'Est faisait ce payement ; — Qu'en effet, elle n'a pu prendre sur les frais de transport qui lui étaient attribués ou qu'elle avait déjà remboursés aux commissionnaires allemands, les 10165 fr. 39 dont elle a tenu compte à Albrecht, mais qu'elle les a avancés de ses propres deniers; qu'il suit de là, d'une part, que la compagnie de l'Est, alors même qu'elle n'aurait pas été subrogée au destinataire, avait le droit d'exercer personnellement et directement l'action *mandati* contre la société autrichienne devant les tribunaux français; d'autre part, que l'exercice de cette action n'était pas soumis à la prescription spéciale de l'art. 108 c. com., la créance d'un mandataire contre son mandant n'étant prescriptible que par trente ans; — Confirme, etc.

Du 30 juin 1865.-C. de Colmar, 1re ch.-MM. Pillot, pr.-De Laugardière, 1er av. gén.-Lederlin, Gérard, Chauffour et Koch, av.

compagnie de chemin de fer est donc, suivant les termes de cet article, « garante du fait du commissionnaire intermédiaire auquel elle adresse la marchandise ».

208. Toutefois, la responsabilité indéfinie du commissionnaire chargeur peut être écartée par une convention spéciale (art. 98). — Disparaît-elle également quand l'expéditeur a désigné le voiturier intermédiaire auquel les colis devront être remis? Suffit-il, dans ce cas, au commissionnaire chargeur, pour repousser l'action de l'expéditeur ou du destinataire, de prouver que l'avarie, la perte ou le retard ne proviennent pas de son fait? La question est controversée. Nous avions adopté au *Rép.* n° 402 l'affirmative. Il nous semblait que lorsque l'expéditeur avait désigné lui-même les intermédiaires et les avait imposés au commissionnaire chargeur, cette désignation devait décharger le premier voiturier de la garantie de leur fait. La jurisprudence ne l'a d'abord pas admis; elle a paru longtemps dominée par cette idée que le premier voiturier avait toujours accepté l'obligation du transport total, du moment qu'il n'y avait eu qu'un seul contrat; qu'il devait donc être présumé avoir agréé les autres voituriers qui devaient lui succéder, et que probablement même il avait proposé ces voituriers à l'expéditeur. Ainsi, on avait jugé que le voiturier qui s'oblige par la lettre de voiture à faire parvenir des objets expédiés à la destination indiquée, et par des intermédiaires désignés, pouvait, par interprétation de ce contrat, être déclaré responsable de la perte de ces objets, arrivée à défaut par l'un des intermédiaires de s'être conformé aux prescriptions de la lettre de voiture (Civ. rej. et cass. 29 déc. 1845, aff. Osmont, D. P. 46. 1. 51). — Depuis lors, on a admis, au contraire, que la désignation formelle du voiturier ultérieur par l'expéditeur décharge virtuellement le premier voiturier de toute responsabilité à l'égard des faits du second; il perd la qualité de commissionnaire de transport, pour se réduire au rôle pur et simple de voiturier (Lyon, 24 mars 1874, aff. Chemin de fer de Lyon C. Bless, D. P. 76. 1. 241, et la dissertation de M. Boistel, *ibid.*). — La cour de cassation dans son arrêt du 28 oct. 1885, cité *suprà*, n° 207, semble incliner vers le système de la cour de Lyon. Cet arrêt, en effet, constate que la compagnie générale transatlantique, commissionnaire intermédiaire choisi par le commissionnaire chargeur, n'avait pas été désignée par l'expéditeur pour recevoir les colis. Toutefois, la question n'y est point examinée en elle-même, et la solution qu'implique cette constatation de fait est contredite par l'un des motifs de l'arrêt, qui pose en principe que la responsabilité spéciale incombant au commissionnaire chargeur est absolue et n'est pas régie par les règles ordinaires du mandat. Or, c'est précisément par application des règles ordinaires du mandat (c. civ. art. 1994), qu'on décide que le commissionnaire n'est pas responsable du substitué que le commettant lui a désigné.

Quoi qu'il en soit, nous croyons devoir persister dans l'opinion que nous avons émise au *Répertoire* d'accord en cela avec plusieurs auteurs (Domenget, *op. cit.*; Bédarride, *Des commissionnaires*, n°s 278 et suiv. — *Contrà* : Lyon-Caen et Renault, n° 885).

M. Boistel propose un système intermédiaire (D. P. 76. 1. 241, note, et *Précis de droit commercial*, 3e éd., n° 567). Il distingue selon que les voituriers successifs ont été formellement désignés par l'expéditeur, imposés par sa volonté expresse, ou déterminés uniquement, et en quelque sorte forcément, par la nature même des voies de communication, comme par exemple les compagnies de chemins de fer les unes à l'égard des autres. Dans le premier cas, le commissionnaire chargeur ne serait point tenu de garantir le fait des voituriers subséquents. Il y serait tenu, au contraire, dans le second cas. — M. Boistel reconnaît, toutefois, que la question est particulièrement délicate en ce qui concerne des compagnies de chemins de fer. Celles-ci sont soumises à une législation toute spéciale et, à raison de leur monopole, sont tenues de certaines obligations corrélatives, édictées soit par leurs cahiers des charges, soit par les arrêtés ministériels, notamment, de recevoir toutes les marchandises que le public leur apporte pour être transportées. Ne pouvant refuser le transport, elles n'ont pas la même latitude que les autres voituriers pour en discuter les conditions, et ne peuvent exiger que l'on insère dans le contrat des stipulations que leur cahier des charges ne les autorise pas à imposer aux parties. On peut donc se demander si les cahiers des charges ne leur interdisent pas une stipulation qui tend à limiter leur rôle à celui de simple voiturier, à leur enlever la qualité de commissionnaire garant des faits des voituriers successifs. La réponse n'est pas douteuse au cas où il existe des tarifs communs à deux ou à plusieurs compagnies pour le trajet d'un point à un autre. La compagnie qui a consenti à l'établissement de ces tarifs doit être censée contracter comme représentant de toutes les compagnies avec lesquelles elle a un traité, et ne peut évidemment repousser la garantie du fait des compagnies au nom desquelles elle stipule et promet. En outre, et même en dehors du cas où il existe un tarif commun, une compagnie de chemin d fer ne peut repousser la responsabilité du transport au delà de son réseau, car l'art. 61, § 5, du cahier des charges fait aux compagnies une obligation « de s'arranger entre elles de manière que le transport ne soit jamais interrompu au point de jonction des diverses lignes », ou en d'autres termes de transmettre matériellement les marchandises d'un réseau à un autre (V. conf. Féraud-Giraud, n° 822; Civ. rej. 9 juill. 1872, aff. Chemin de fer de Lyon C. Gancel, D. P. 72. 1. 224. V. également : Civ. cass. 12 juin 1872, *suprà*, n° 170).

209. La question de savoir si la règle que le commissionnaire de transport est garant du commissionnaire qu'il se substitue pour la continuation du transport de la marchandise reçoit exception au cas où la marchandise doit continuer le voyage par voie de mer, est toujours controversée en doctrine. Certains auteurs nient, en ce cas, l'obligation de garantie du premier commissionnaire (Delamarre et Le Poitvin, *Traité de droit commercial*, t. 2, n° 204, note). Elle est admise, au contraire, par MM. Persil et Croissant, *Des commissionnaires*, et par M. Pouget, *Des transports par eau et par terre*. Ce dernier système se fonde sur les motifs mêmes qui ont servi de base à la disposition de l'art. 99 c. com. Si, dit-on, l'intérêt du commerce et la nécessité de prévenir des procès multipliés exigent que le commissionnaire expéditeur soit indéfiniment responsable des intermédiaires qu'il emploie, il n'y a aucun motif de distinguer à cet égard entre les commissionnaires de transport par terre ou par rivière et les commissionnaires de transport par mer; bien que ces derniers ne soient pas spécialement dénommés dans l'art. 99, ils n'en doivent pas moins être soumis à la responsabilité qu'il détermine, et l'art. 1994 c. civ., destiné à régler les rapports du mandataire et du mandant en matière civile, ne leur est pas applicable. En conséquence, on doit décider que le commissionnaire de transport est garant du commissionnaire qu'il se substitue au cas où la marchandise doit continuer le voyage par voie de mer (Req. 25 juin 1873, aff. Albrecht, D. P. 73. 1. 432). — Il est à remarquer cependant que, lorsque le transport par mer succède à un transport par terre, il y a, même alors qu'une seule entreprise en a été chargée, deux expéditions différentes de la marchandise, soumises l'une et l'autre aux règles qui leur sont propres. Ainsi on a jugé que le contrat par lequel un expéditeur charge un commissionnaire, tel que la compagnie des Messageries maritimes, d'adresser un colis, par l'intermédiaire d'une compagnie de chemin de fer, au directeur de son exploitation des services maritimes, pour l'embarquer sur un paquebot de la compagnie à l'adresse d'un destinataire d'outre mer, a pour objet deux expéditions distinctes, de nature différente, un transport par terre et un transport par mer. En conséquence, lorsque, le colis ayant été livré au directeur des services maritimes, la première expédition est définitivement réglée, l'action en indemnité pour cause d'avaries doit être exercée soit par l'expéditeur, soit par le destinataire, contre le capitaine ou contre la compagnie des Messageries dans les conditions fixées par les art. 435 et 436 c. com., aux termes desquels les réclamations doivent, à peine de nullité, être faites et signifiées dans les vingt-quatre heures de la réception de la marchandise et suivies dans le mois de leur date d'une demande en justice (Civ. cass. 24 janv. 1870, aff. Comp. des Messageries impériales, D. P. 70. 1. 101; Ch. réun. cass. 22 juill. 1873, aff. Comp. des Messageries impériales, D. P. 74. 1. 207).

210. La responsabilité du premier commissionnaire qui s'étend, ainsi qu'il a été dit au *Rép.* n°s 388 et 389 et *suprà*, n° 207, aux faits des commissionnaires intermédiaires et de leurs agents, s'applique non seulement aux avaries, pertes et retards que la marchandise a pu subir mais à tous les autres faits qui ont été préjudiciables au propriétaire de la marchandise. Par exemple, le commissionnaire de transport qui a remis les objets à transporter à un voiturier est responsable envers le destinataire du changement apporté par ce voiturier dans le mode de transport convenu, et, par exemple, de la substitution du transport par la voie d'eau au transport stipulé par la voie de terre (Paris, 24 mai 1848, aff. Noséda, D. P. 48. 2. 127), ou de la substitution d'un transport par navire à voiles au transport convenu par navire à vapeur (Bordeaux, 9 avr. 1869, aff. Albert, D. P. 70. 2. 222). Il a été également jugé qu'une compagnie de chemin de fer est responsable de la perte des marchandises transportées, survenue comme conséquence d'un changement de direction dans le transport, par le commissionnaire intermédiaire (Req. 24 avr. 1872, aff. Chemin de fer de Lyon, D. P. 73. 1. 68). De même, le commissionnaire de transport est responsable de la perte des objets transportés provenant de ce que le voiturier, par l'intermédiaire duquel ce transport a été effectué, a remis ces objets à un autre que le destinataire (Civ. cass. 15 avr. 1846, aff. Thomas, D. P. 46. 1. 140).

211. — II. RESPONSABILITÉ DES COMMISSIONNAIRES INTERMÉDIAIRES.— Nous avons exposé au *Rép.* n° 398 que l'obligation contractée par le commissionnaire intermédiaire est, en principe, de même nature que celle qui est contractée par le premier commissionnaire, c'est-à-dire que l'un et l'autre s'engagent à remettre la chose transportée en bon état au destinataire.

Mais la question de savoir quelle est l'étendue de cette obligation, quelles sont les conséquences qui en dérivent, est très délicate, et elle a soulevé d'assez nombreuses et d'assez graves difficultés. Pour exposer avec clarté cette matière, il convient d'examiner successivement: 1° l'action qui appartient à l'expéditeur ou au destinataire contre les commissionnaires ou voituriers autres que celui qui s'est chargé de l'expédition au point de départ; 2° les recours auxquels peuvent donner lieu entre les divers commissionnaires ou voituriers les condamnations prononcées contre l'un d'eux au profit des intéressés.

212. — 1° *Action de l'expéditeur ou du destinataire.* — Aucune difficulté n'existe au point de vue de la recevabilité de cette action. Il est certain qu'elle peut être exercée indistinctement contre l'une quelconque des parties qui ont concouru à l'exécution du transport. Ce droit dérive tout à la fois de l'art. 101 c. com. d'après lequel la lettre de voiture forme un contrat entre l'expéditeur et le voiturier, ou entre l'expéditeur, le commissionnaire et le voiturier, et de l'art. 1994, 2e al., c. civ. qui permet au mandant d'agir directement contre la personne que le mandataire s'est substituée (Sarrut, nos 784 à 786; Lyon-Caen et Renault, n° 909; Picard, t. 4, p. 818).

213. Mais à quelles conditions l'action de l'expéditeur ou du destinataire, recevable en principe, pourra-t-elle réussir au fond? A ce point de vue la situation des voituriers intermédiaires diffère sous plusieurs rapports de celle du premier commissionnaire ou voiturier. — Dans l'exposé qui va suivre, on comprendra, au nombre des voituriers intermédiaires, le dernier voiturier, celui qui achève le transport, et auquel s'appliquent en principe toutes les règles admises en ce qui touche les voituriers précédents. D'autre part, on se placera, d'une façon générale, dans l'hypothèse où l'action en responsabilité est exercée pour cause d'avarie, sauf à signaler ensuite ce qu'il y a de particulier aux cas de perte ou de retard.

214. La première condition nécessaire pour que le voiturier intermédiaire puisse être utilement actionné, c'est qu'il soit établi que le voiturier a participé au contrat de transport, en se chargeant d'en continuer l'exécution (Guillemain, *Des transports successifs*, p. 91 et suiv.). Comment cette preuve sera-t-elle fournie? A cet égard, il y a lieu de remarquer que la formule de l'art. 101 c. com. : « la lettre de voiture forme un contrat entre l'expéditeur, le commissionnaire et le voiturier », est inexacte en ce sens qu'il ne suffit pas à l'expéditeur ou au destinataire de produire l'instrument du contrat conclu avec le commissionnaire chargeur pour faire admettre l'action en responsabilité dirigée contre le commissionnaire ou voiturier intermédiaire. Ce dernier, en effet, n'est lié par la lettre de voiture (ou le récépissé qui en tient lieu) qu'autant qu'il l'a acceptée; en d'autres termes, le commissionnaire ou voiturier intermédiaire ne peut être utilement actionné que s'il est devenu partie, en se l'appropriant, au contrat passé par le commissionnaire chargeur.—La preuve de l'immixtion du voiturier intermédiaire dans ce contrat, et par conséquent, de l'existence d'un lien de droit entre lui et l'expéditeur ou le destinataire résultera des circonstances de la cause, appréciées souverainement par le juge du fond, et le plus ordinairement de la prise en charge des colis (Comp. Civ. rej. 12 juin 1872, aff. Chemin de fer du Nord C. Danset, D. P. 72. 1. 216).

En est-il de même quand le transport effectué par des compagnies de chemin de fer s'accomplit sous l'empire d'un tarif commun? En d'autres termes, les compagnies sont-elles, vis-à-vis de l'expéditeur, dans les liens d'une indivisibilité si étroite que chacune d'elles doive être considérée comme seule chargée de l'entier transport, si bien que la preuve de la réception des colis par l'une quelconque d'entre elles équivaudrait à la preuve de la réception par toutes les compagnies? La question a été résolue négativement par la cour de cassation (Civ. cass. 31 mai 1886, aff. Chemin de fer *London Chatam and Dover*, D. P. 87. 1. 123), et cette solution paraît bien fondée. Le tarif international ne peut rationnellement exercer une influence qu'autant que des rapports juridiques se sont établies sur la base de ce tarif. Or, de même que, à l'encontre de la compagnie du lieu de départ, il faut prouver l'existence du contrat de transport, de même les compagnies suivantes ne peuvent être appelées à répondre de l'exécution du contrat s'il n'est établi qu'elles l'ont accepté (V. *Voirie par chemin de fer*).

215. La participation du voiturier intermédiaire au contrat de transport une fois établie, doit-on admettre qu'il est lié vis-à-vis de l'expéditeur (ou du destinataire) de la même manière que le commissionnaire chargeur, dont il aurait assumé les obligations en se substituant à lui; qu'en conséquence, il est présumé avoir reçu les marchandises en bon état et qu'il est responsable de l'avarie à moins qu'il ne prouve que celle-ci est due à une cause qui ne lui est pas imputable? — Cette question, que le code de commerce n'a pas tranchée, a été diversement résolue.

216. Suivant un système consacré par quelques arrêts, les transporteurs successifs doivent être assimilé d'une manière complète au commissionnaire originaire; ils ont exactement les mêmes droits et les mêmes obligations. En conséquence, au regard de l'expéditeur (ou du destinataire), chacun d'eux indistinctement répond comme lui de toutes les fautes commises au cours du transport, et se trouve placé sous le coup des mêmes présomptions; il est donc indifférent à l'expéditeur ou au destinataire de s'adresser à l'un ou à l'autre des divers agents qui ont coopéré au transport, son action s'exercera contre l'un quelconque d'entre eux dans des conditions identiques (Limoges, 12 avr. 1861, aff. Couderchet, D. P. 63. 2. 19; Nîmes, 18 nov. 1865, aff. Gay, D. P. 66. 2. 219; Riom, 17 janv. 1870, aff. Chemin de fer de Lyon, D. P. 72. 1. 168). — C'est en ce sens qu'est fixée la jurisprudence belge (V. notamment: C. cass. de Belgique, 17 juill. 1873, aff. Chemin de fer rhénan C. Boulogne, *Pasicrisie belge*, 1873 1. 302; Liège, 22 mai 1875, aff. Grande compagnie du Luxembourg C. Havelange, *ibid.*, 1875. 2. 310; C. cass. de Belgique, 30 janv. 1879 (1); Bruxelles, 26 mars 1880, *infrà*, n° 243. V. dans le même sens : Alauzet, t. 3, n° 1177; Domenget, *Du mandat*, t. 2, nos 1180 et suiv.).

(1) (Comp. du chemin de fer rhénan C. Société du chemin de fer Grand-Central belge; et Société du Grand-Central belge C. Best.) — Le sieur Best, d'Anvers, ayant expédié à Oswald frères, à Mulhausen, des balles de coton livrables en gare, et une partie de ces balles s'étant perdue, Oswald a assigné Best en dommages-intérêts devant le tribunal de commerce d'Anvers. Best a appelé en garantie le chemin de fer Grand-Central belge, transporteur premier de la marchandise. Mais plusieurs compagnies de chemin de fer ayant successivement contribué au transport des balles de coton d'Anvers à Mulhausen, le Grand-Central belge a intenté une action récursoire contre la Compagnie du chemin de fer rhénan qui s'est retournée elle-même contre le chemin de fer du Palatinat. Celui-ci, à son tour, a exercé son recours contre le chemin de fer d'Alsace-Lorraine. — Le tribunal d'Anvers a prononcé un premier jugement déclarant Best responsable vis-à-vis d'Oswald, mais condamnant le Grand-Central à la garantie et le

Ce système soulève de graves objections. Comme le disent MM. Lyon-Caen et Renault, n° 910, « il serait d'une rigueur excessive d'appliquer soit aux voituriers intermédiaires, soit au dernier, la présomption de réception en bon état, au moins s'il est question d'*avaries intérieures*. Les agents intermédiaires sont en fait dans l'impossibilité de vérifier les colis, à la différence du premier voiturier. Au point de vue de la célérité des transports, le commerce est même intéressé à ce que les vérifications ne se fassent point. Il est donc équitable d'exiger du demandeur qu'il prouve que le voiturier poursuivi par lui a reçu les marchandises en bon état, lorsqu'il s'agit d'avaries intérieures » (V. dans le même sens : Boistel, n° 570; Sarrut, n°s 731 et suiv.).

217. Ces motifs ont déterminé la jurisprudence française à rejeter la solution admise par les cours de Limoges et de Nîmes, et adoptée par les cours de Belgique. Mais ils l'ont conduite en même temps à faire une distinction entre les avaries apparentes ou extérieures et les avaries intérieures ou occultes. — S'agit-il d'avaries apparentes, le commissionnaire ou voiturier intermédiaire est traité de la même façon que le commissionnaire chargeur, c'est-à-dire qu'il est présumé en faute, et répond de l'avarie s'il n'est pas en mesure de fournir la preuve contraire (Req. 20 juin 1853, aff. Chemin de fer du Havre, D. P. 53. 1. 225; Rouen, 26 mai 1873, aff. Langstaff, D. P. 76. 2. 52; Civ. cass. 13 avr. 1874, aff. Chemin de fer de Lyon C. Fabry, D. P. 76. 1. 255). Cette solution se conçoit facilement : « Puisque le commissionnaire intermédiaire, dit M. Sarrut, n° 735, n'est pas présumé être l'auteur des avaries parce qu'il n'a pas pu vérifier les colis, la présomption doit nécessairement tomber dès que la vérification a été possible. Or quand une avarie est extérieure..., elle saute aux yeux. Le commissionnaire intermédiaire ne peut pas ne pas l'apercevoir quand il reçoit le colis ».

218. La présomption de faute qui pèse sur le voiturier intermédiaire dans le cas d'avaries apparentes a, d'ailleurs, été étendue aux avaries même intérieures et non apparentes qui se manifesteraient par des traces extérieures (Pau, 2 avr. 1873, aff. Chemin de fer du Midi, D. P. 74. 5. 95).

On assimile également aux avaries apparentes un déficit, soit sur le poids, soit sur la quantité. Le commissionnaire ou voiturier intermédiaire est donc, en principe, responsable envers le destinataire s'il ne livre pas le nombre de colis indiqué sur la lettre de voiture (Civ. rej. 12 juin 1872, aff. Chemin de fer du Nord C. Danset, D. P. 72. 1. 216). Il en est de même en ce qui concerne les *manquants* qui seraient constatés à l'arrivée des marchandises (Civ. cass. 14 août 1876, aff. Chemin de fer de l'Est, D. P. 76. 1. 479).

219. La responsabilité du voiturier intermédiaire en cas d'avaries apparentes ne repose, comme on l'a vu *suprà*, n° 217, que sur une présomption qui disparaît, lorsque le voiturier peut prouver que l'avarie ne lui est pas imputable. Cette preuve sera fournie, notamment, lorsque le voiturier aura eu soin de faire constater, en la recevant, le mauvais état de la marchandise (Arrêt du 12 juin 1872, cité *suprà*, n° 218); — Décidé, de même, que le dernier commissionnaire qui, en recevant la marchandise, a fait constater une avarie, ne peut en être déclaré responsable (Civ. cass. 27 août 1878, aff. Chemin de fer de l'Est, D. P. 78. 1. 383; Civ. cass. 20 janv. 1886, aff. Chemin de fer de l'Est, D. P. 86. 1. 152).

La preuve que l'avarie apparente n'est pas imputable au voiturier intermédiaire peut résulter aussi de ce que le commissionnaire chargeur a reconnu que cette avarie lui

---

Rhénan à garantir le Grand-Central. Un second jugement a fixé le chiffre des condamnations. Un arrêt du 5 mars 1878 de la cour de Bruxelles (*Pasicrisie belge*, 1878. 2. 272) a confirmé ces sentences. Il n'a rien été décidé quant aux chemins de fer du Palatinat et d'Alsace-Lorraine. — Pourvoi en cassation par le Rhénan contre le Grand-Central et par le Grand-Central contre Best s'appuyant sur ce que les marchandises se sont perdues après qu'ils s'en étaient dessaisis et alors qu'elles se trouvaient entre les mains du Palatinat ou du chemin de fer d'Alsace-Lorraine, et fondé sur ce double motif que l'art. 99 c. com. ne régit que les rapports de l'expéditeur et de l'entrepreneur de transport auquel il remet lui-même la marchandise, et non ceux des commissionnaires intermédiaires entre eux, et que, du reste, les obligations du chemin de fer Rhénan et Grand-Central ayant pris naissance sur le territoire allemand sont réglées par les lois allemandes et non par les lois belges. — Arrêt.

LA COUR; — Sur le premier moyen : fausse application des art. 98 et 99 c. com.; violation de l'art. 105 du même code et des art. 1315, 1382, 1384 et 1784 c. civ., en ce que l'arrêt attaqué rend les chemins de fer Rhénan et Grand-Central responsables d'une perte de marchandises qui n'était pas causée par leur faute personnelle, mais par le fait et la faute d'un intermédiaire ultérieur dont aucune loi ne les déclare garants ou solidaires : — Considérant que le commissionnaire intermédiaire représente le commissionnaire chargeur dans l'exécution du contrat dont la lettre de voiture détermine l'objet et les conditions; — Qu'à ce titre, il assume la responsabilité du chargeur; qu'il est garant comme lui de la perte des marchandises; — Que cela résulte et de l'art. 1994, § 2, c. civ., disposant que le mandant peut agir directement contre la personne que le mandataire s'est substituée, et de la discussion qui a eu lieu au conseil d'Etat sur la portée de l'art. 99 c. com.; — Qu'il y a été dit, en effet, que le commissionnaire chargé du transport et l'intermédiaire qu'il emploie sont tenus solidairement de la remise des marchandises au destinataire; — Considérant que les obligations de l'intermédiaire et celles du commissionnaire originaire étant les mêmes, il s'ensuit : 1° que le commissionnaire intermédiaire répond, conformément à l'art. 99 c. com., des faits de l'agent dont il s'est lui-même servi; 2° que la force majeure légalement prouvée peut seule, en principe, le dispenser de l'accomplissement de son mandat; — Considérant que l'art. 1382 c. civ., invoqué par le pourvoi, n'est pas applicable à la violation des services contractuels; que le commissionnaire intermédiaire prétendrait donc en vain, pour se soustraire à ses engagements, qu'il est exempt de faute, sauf à lui à appeler en garantie son propre mandataire, et à celui-ci à mettre en cause l'intermédiaire suivant, en allant, au besoin, jusqu'au dernier; — Que ces recours successifs sont le moyen le plus pratique et le plus sûr d'arriver à découvrir à qui la perte de la chose est imputable; — Que s'il était forcé de s'adresser directement au commissionnaire entre les mains duquel les marchandises se sont perdues, l'expéditeur se trouverait le plus souvent, en raison du nombre des intermédiaires et de leur éloignement, dans l'impossibilité d'obtenir les réparations qui lui sont dues ; — Considérant qu'il s'agit dans l'espèce de balles de coton expédiées d'Anvers par John Best, pour le compte d'Oswald frères, en destination de Mulhausen, et transportées successivement par le chemin de fer Grand-Central belge, la compagnie Rhénane, le chemin de fer du Palatinat et la compagnie d'Alsace-Lorraine ; — Que le destinataire a réclamé de Best la valeur d'une certaine quantité de balles perdues; que Best a assigné en garantie le Grand-Central, auquel il avait confié le transport, et que la compagnie Rhénane a été actionnée par le Grand-Central en sous-garantie ; — Que le tribunal de commerce d'Anvers a déclaré Best responsable de la perte, et qu'il a condamné Best à des dommages-intérêts envers Oswald, le Grand-Central à garantir Best, et la compagnie Rhénane à garantir le Grand-Central des condamnations prononcées ; — Considérant que, dans ces circonstances, et d'après tout ce qui précède, l'arrêt dénoncé, en confirmant le jugement du tribunal d'Anvers, en décidant notamment qu'il n'y avait pas nécessité d'établir que la compagnie Rhénane ou la société du Grand-Central belge fût personnellement en faute, n'a contrevenu à aucun des textes cités à l'appui du premier moyen;

Sur le second moyen : violation des art. 1134, 1135, 1159 c. civ. et 101 c. com., en ce que l'arrêt attaqué refuse d'appliquer comme loi aux engagements des parties, pour ce qui concerne la perte des marchandises sur le réseau allemand, les lois allemandes et les dispositions des tarifs réglementaires des chemins de fer allemands, alors que la lettre de voiture, formant contrat entre tous les intéressés, stipulait que le transport devait se faire, du lieu d'expédition au lieu de destination, par l'entremise des chemins de fer, aux conditions des règlements en vigueur ; que de plus la convention qui liait la compagnie Rhénane au Grand-Central s'était formée sur le territoire allemand : — Considérant que l'arrêt dénoncé déclare que le contrat dont l'exécution est poursuivie a été passé à Anvers ; — Qu'il en déduit avec raison la conséquence que les commissionnaires s'y sont soumis, chacun dans le lieu où les marchandises lui ont été remises; — Qu'il est certain, en effet, que les intermédiaires sont substitués au commissionnaire originaire, qu'ils sont liés, comme il l'est lui-même, dans les termes de la lettre de voiture, qu'ils répondent en son lieu et place des obligations qu'il a souscrites ; — Considérant que le caractère d'un engagement et la responsabilité qui en découle doivent, à défaut de stipulation contraire, être appréciés d'après la législation du lieu où il a été conclu ; — D'où il suit qu'en refusant de se référer aux dispositions des lois et des règlements étrangers, non expressément acceptées par les parties, l'arrêt attaqué, loin de violer les articles mentionnés au second moyen, en a fait une juste application; — Que le second moyen n'est donc pas fondé;

Par ces motifs, rejette, etc.

Du 30 janv. 1879.-C. cass. de Belgique, 1re ch.-MM. le baron de Crenier, 1er pr.-de Rongé, rap.-Mélot, av. gén., c. conf.-Aug. Orts, L. Leclercq et Woeste, av.

était exclusivement imputable en souscrivant au profit du commissionnaire intermédiaire une obligation de garantie (Civ. cass. 13 avr. 1874, aff. Chemin de fer de Lyon, D. P. 76. 1. 255). Et l'on prétendrait à tort que la responsabilité du commissionnaire intermédiaire demeure engagée en pareil cas, sous le prétexte qu'il s'est contenté, nonobstant la qualité d'étranger du commissionnaire chargeur, d'obtenir de lui une convention de garantie, au lieu de faire régler et consigner le montant du dommage avant d'accepter le transport des objets avariés (Même arrêt).

220. Le voiturier intermédiaire échapperait encore à la responsabilité en établissant que l'avarie a été le résultat d'un cas fortuit ou de force majeure. — Pourrait-il s'y soustraire également en prouvant que le dommage a été la conséquence d'une faute commise par un des voituriers subséquents? « On serait tenté, disent MM. Lyon-Caen et Renault, n° 911, de répondre négativement en rappelant que le commissionnaire de transport répond des faits des entrepreneurs qu'il emploie. En droit rigoureux, cette solution devrait être admise, car aucun texte ne fait à cet égard une distinction entre le premier commissionnaire et les autres. Mais cela serait bien dur pour ceux-ci qui, à la différence du premier, n'ont pas contracté directement avec l'expéditeur » (V. dans le même sens: Bravard sur Demangeat, t. 2, p. 363; Boistel, n° 567; Sarrut, n°s 731 et suiv.).

221. Des solutions tout différentes sont admises en ce qui concerne les avaries intérieures. Aucune présomption ne pèse ici sur le voiturier intermédiaire, et il appartient au contraire à l'expéditeur ou au destinataire d'établir la responsabilité de ce voiturier. Mais quelle est précisément la preuve qu'ils sont tenus de fournir à cet effet? Suivant MM. Lyon-Caen et Renault, n°s 911 et 912, dont la doctrine nous paraît très exacte, il y a lieu d'exiger du demandeur qu'il prouve que le voiturier poursuivi par lui a reçu les marchandises en bon état; mais on ne saurait aller plus loin : « Dès l'instant, disent-ils, où il est constant que le voiturier actionné a reçu les marchandises en bon état, c'est à lui à prouver ou l'un des faits qui exonèrent ordinairement les voituriers ou la transmission des marchandises en bon état faite par lui au voiturier subséquent. » — Mais la jurisprudence ne paraît pas considérer cette preuve comme suffisante. Dans un arrêt du 19 août 1868 (aff. Comp. de l'Est *C.* Gay et autres, D. P. 68. 1. 438), qui a cassé l'arrêt de la cour de Nîmes du 18 nov. 1865, cité *suprà*, n° 216, après avoir décidé que le commissionnaire intermédiaire n'est pas, comme le commissionnaire chargeur, présumé avoir reçu en bon état la marchandise qu'il a été chargé de transporter, la cour de cassaiion ajoute qu'il n'est responsable des avaries intérieures et non apparentes qu'autant qu'il est établi que ces avaries *proviennent de sa faute*. — Un arrêt de la cour de Toulouse du 4 déc. 1871 (aff. Chemin de fer du Midi, D. P. 71. 2. 254) porte également que le destinataire qui agit en responsabilité contre les commissionnaires intermédiaires est tenu de prouver que l'avarie non apparente de la marchandise transportée est survenue *par leur faute* (V. aussi: Nîmes, 19 nov. 1851, aff. Auzilly, D. P. 54. 5. 126). D'après ce dernier arrêt, lorsqu'il s'agit d'avaries occultes « la responsabilité ne retombe sur l'un des commissionnaires intermédiaires qu'autant qu'il est prouvé que l'avarie a eu lieu par son fait ou par celui des agents ou voituriers qu'il a directement employés ».

D'autres décisions, sans exiger la preuve directe d'une faute commise par le voiturier intermédiaire poursuivi, subordonnent l'action de l'expéditeur ou du destinataire à la condition que le demandeur prouve que les avaries non apparentes sont survenues pendant la partie du transport confiée à ce voiturier intermédiaire (Montpellier, 30 nov. 1869, aff. Gay, D. P. 70. 2. 159; Civ. cass. 8 déc. 1873, aff. Chemin de fer de Lyon, D. P. 74. 1. 20. V. aussi Req. 25 juin 1873, aff. Delattre, D. P. 74. 1. 310-311).

222. La plupart des auteurs semblent admettre les solutions consacrées par la jurisprudence, sans d'ailleurs se prononcer nettement sur le point de savoir si le demandeur doit établir positivement qu'il y a eu faute de la part du voiturier intermédiaire, ou s'il lui suffit de prouver que les avaries se sont produites pendant le temps où la marchandise se trouvait entre ses mains (V. notamment: Demangeat sur Bravard, t. 2, p. 363 et suiv.; Sarrut, n°s 737 et suiv.; Boistel, n°s 567 et suiv.; Picard, t. 4, p. 820-821). MM. Lyon-Caen et Renault, n° 912, critiquent, avec raison suivant nous, cette doctrine. « C'est aller trop loin, disent-ils, et commettre une véritable erreur de droit, que d'obliger le demandeur à prouver que les avaries se sont produites pendant que les marchandises étaient en la possession du voiturier actionné ou même à prouver sa faute. Dans les cas de responsabilité contractuelle, le débiteur qui se prétend libéré doit prouver la cause de sa libération. »

223. Si l'expéditeur ou le destinataire peut actionner directement et indistinctement l'un quelconque des voituriers successifs (sauf la distinction qui vient d'être exposée entre les avaries extérieures et les avaries non apparentes), le voiturier poursuivi a de son côté le droit d'opposer à cette action les exceptions appartenant aux autres voituriers (Paris, 25 avr. 1874, aff. Chemin de fer de l'Est, D. P. 76. 2. 54). En effet, l'action intentée par l'expéditeur ou le destinataire est fondée sur ce que les différents voituriers qui ont concouru au transport sont garants les uns des autres, comme ayant joué les uns par rapport aux autres le rôle de commissionnaire de transport; or il est de règle qu'un garant peut invoquer les moyens de défense qu'avait le garanti; car il ne doit qu'autant que le garanti est lui-même débiteur.

224. Les règles consacrées par la jurisprudence en ce qui concerne la responsabilité des commissionnaires ou voituriers intermédiaires fléchissent dans le cas où le voiturier intermédiaire a manifesté l'intention de se substituer au commissionnaire chargeur et d'assumer ainsi toutes les obligations incombant à ce dernier (V. Motifs, Civ. cass. 29 avr. 1874, aff. Chemin de fer de Lyon, D. P. 75. 1. 32). — Ainsi, il a été jugé que, lorsque plusieurs commissionnaires ont successivement opéré le transport d'une marchandise, l'action en responsabilité des avaries survenues en cours de voyage peut donner lieu contre l'un d'eux à une condamnation en dommages-intérêts, bien qu'il ait été reconnu que ces avaries étaient imputables à un précédent commissionnaire, si le commissionnaire ainsi actionné a procédé dans l'instance pour le compte de qui de droit (Req. 20 juin 1853, aff. Chemin de fer du Havre, D. P. 53. 1. 225). Mais si le voiturier poursuivi a, par ses conclusions principales, demandé sa décharge de toute responsabilité, peu importe qu'il ait, dans des conclusions subsidiaires, déclaré se substituer aux précédents commissionnaires; il n'en reste pas moins à l'abri de toute action à raison des faits imputables aux précédents voituriers (Civ. cass. 27 août 1878, aff. Chemin de fer de l'Est, D. P. 78. 1. 383).

225. La règle exposée au numéro précédent a été fréquemment appliquée par la jurisprudence au dernier voiturier qui réclame au destinataire le prix du transport tout entier. On considère qu'en pareil cas, ce voiturier agit comme étant aux droits des commissionnaires antérieurs, qu'il prend leurs lieu et place, et qu'il doit être traité comme chacun d'eux, notamment comme le commissionnaire-chargeur. En conséquence, on admet qu'il est passible de toutes les exceptions qui auraient pu être opposées à chacun des précédents voituriers (Civ. rej. 6 mai 1872, aff. Chemin de fer de Lyon *C.* Dereure, D. P. 72. 1. 167; Req. 6 janv. 1874, aff. Comp. des chemins de fer des Charentes, D. P. 75. 5. 81; Civ. cass. 2 juill. 1879, aff. Chemin de fer de Lyon *C.* Deler, D. P. 79. 1. 372). Ainsi le destinataire peut l'obliger à lui tenir compte des manquants constatés dans la marchandise expédiée, alors même que les manquants seraient imputables à un précédent voiturier (Arrêt précité du 6 mai 1872). Il peut, dans le même cas, être déclaré responsable des retards qui seraient le fait des voituriers antérieurs (Arrêt précité du 6 janv. 1874). Enfin, lorsqu'une erreur de taxe a été commise au préjudice du destinataire, celui-ci a le droit d'exiger que le dernier voiturier réduise sa demande au taux des tarifs, sauf à faire supporter la réduction aux précédents commissionnaires qui ont perçu une somme supérieure à celle fixée par les tarifs (Arrêt précité du 2 juill. 1879). Et, par la même raison, le destinataire a le droit de demander la restitution de ce qu'il a indûment payé, sauf le recours que le voiturier sera en droit d'exercer contre celui des commissionnaires auquel l'erreur est imputable (Même arrêt. V. dans le même sens: Boistel, n° 570; Ruben de Couder, *Dictionnaire de droit commercial*, vº *Commissionnaire de transport*, nº 164. — *Contrà :* Lyon-Caen et Renault, nº 913). D'après ces auteurs « le dernier voiturier ne doit jamais être traité autrement que les agents intermédiaires. La réclamation faite par lui du prix intégral du transport n'implique pas qu'il ait voulu se substituer aux voituriers qui l'ont précédé; il y a là pour lui un fait nécessaire auquel il ne peut se soustraire dès l'instant où il remet les marchandises au destinataire ».

226. En principe, les règles admises pour l'avarie s'appliquent également aux cas de perte ou de retard : ainsi le commissionnaire chargeur en sera responsable, vis-à-vis de l'expéditeur ou du destinataire, alors même qu'ils ne proviendraient pas de son fait, tandis que les voituriers intermédiaires ne pourront être condamnés, à raison de la perte ou du retard qui seraient imputables à d'autres voituriers. Mais quelle est la preuve qui devra être fournie contre eux pour que leur responsabilité se trouve engagée ? — En ce qui concerne la perte, il sera nécessaire d'établir que le voiturier poursuivi avait effectivement reçu la marchandise : l'expéditeur ou le destinataire ne pourra réussir dans son action qu'à la condition d'administrer directement cette preuve (Civ. cass. 8 déc. 1873, aff. Chemin de fer de l'Ouest, D. P. 74. 1. 61; Lyon, 22 août 1873, aff. Chemin de fer de Lyon C. Rambaud, D. P. 74. 5. 95; Picard, t. 4, p. 819). Le demandeur n'aura pas à établir, en outre, qu'il y a eu faute de la part du voiturier; c'est à celui-ci qu'il appartiendrait, pour dégager sa responsabilité, de prouver que la perte est le résultat d'un cas fortuit, ou qu'elle s'est produite entre les mains d'un autre commissionnaire auquel il avait transmis la marchandise. — De même, pour le retard, on sera tenu d'établir qu'il s'est produit durant la partie du transport effectuée par le voiturier poursuivi. Cette preuve sera, d'ailleurs, facilitée, lorsqu'il s'agira de transports par chemins de fer, par l'habitude qu'ont les compagnies de constater le moment exact de la transmission des marchandises d'un réseau sur un autre, notamment au moyen de *bulletins de transmission* (V. Lyon-Caen, nº 915; Guillemain, p. 97).

227. Les difficultés que soulève l'hypothèse d'un transport effectué successivement par plusieurs commissionnaires ou voituriers disparaissent si l'on suppose que l'expéditeur a traité lui-même avec les divers entrepreneurs qui doivent concourir au transport des marchandises : en pareil cas, il y a, non pas un contrat unique exécuté par plusieurs personnes, mais autant de contrats distincts qu'il y a de commissionnaires ou voituriers préposés directement par l'expéditeur (Picard, t. 4, p. 822). Chacun d'eux joue alors vis-à-vis de celui-ci et du destinataire le rôle d'un commissionnaire chargeur et encourt la responsabilité qui est inhérente à ce rôle; ils sont tous, en conséquence, soumis à la présomption de faute qui pèse sur le commissionnaire, et répondent même des avaries occultes, à moins qu'ils ne prouvent que ces avaries ne leur sont pas imputables (Req. 2 juill. 1860, aff. Messageries impériales C. Grimot, D. P. 61. 1. 109). Le même arrêt déclare que le commissionnaire intermédiaire qui a été préposé par l'expéditeur lui-même, n'a de recours contre le premier commissionnaire de transport des mains duquel il a reçu les marchandises sans protestations ni réserves, et en payant le prix du transport, que s'il prouve que les avaries sont survenues par la faute de ce premier commissionnaire; il ne saurait se considérer, relativement à celui-ci, comme un simple destinataire, à l'effet d'invoquer contre lui la règle d'après laquelle le commissionnaire de transport est responsable des avaries non apparentes, même après réception des marchandises et payement de la lettre de voiture. En effet, le second voiturier, étant alors chargé de la continuation du transport en vertu d'un contrat spécial, doit, comme tout commissionnaire chargeur, vérifier la marchandise sous peine d'être présumé en faute pour toute avarie découverte à l'arrivée. — Sans doute, si le second voiturier pouvait, à l'égard du premier, être assimilé à un véritable destinataire, il conserverait contre lui, avec son action en responsabilité, le bénéfice de la présomption de faute pesant sur le voiturier, malgré la réception des objets transportés et le payement du prix du transport. Mais cette assimilation ne saurait se justifier : dans l'hypothèse que l'on examine, le second commissionnaire chargeur n'a pris livraison des objets que pour les transporter à son tour en qualité de voiturier. A la différence d'un destinataire, il se trouve donc assujetti aux obligations imposées aux voituriers se chargeant d'opérations de transport, et notamment, à celle de la vérification. Or, que le voiturier reçoive les objets à transporter d'un premier voiturier, ou de tout expéditeur quelconque, il est réputé les avoir reçus en bon état; vis-à-vis de l'un comme vis-à-vis de l'autre, il y a présomption que les avaries non constatées lors du chargement sont survenues postérieurement, et qu'elles ont eu lieu par son fait ou celui de ses préposés. Pour en faire retomber la responsabilité sur le premier voiturier, il est donc nécessaire : 1º qu'il se dégage de cette présomption de faute, et 2º qu'il démontre la faute du commissionnaire qui a effectué la première opération de transport.

228. Il y a encore exception aux règles qui déterminent, d'une façon générale, la responsabilité des commissionnaires ou voituriers successifs, lorsque les circonstances démontrent qu'il ne s'est formé qu'un seul contrat de transport en vertu duquel tous les voituriers devant concourir à l'exécution du transport ont contracté des obligations identiques envers l'expéditeur ou le destinataire. C'est ce qui a lieu, par exemple, lorsque plusieurs compagnies de chemins de fer se sont entendues pour délivrer des billets valables sur leurs réseaux respectifs, et pour enregistrer directement les bagages des voyageurs; en pareil cas, le voyageur dont les bagages sont perdus ou avariés ne peut poursuivre utilement, à son choix, l'une quelconque des compagnies (Civ. rej. 15 avr. 1873, aff. Chemin de fer du Nord, D. P. 73. 1. 231). — Décidé, dans le même sens, que lorsqu'un commissionnaire de transport et plusieurs voituriers se sont entendus pour transporter à une destination déterminée les objets qui leur sont remis, il y a un contrat unique, lié par une seule et même lettre de voiture entre l'expéditeur d'une part, et, d'autre part, le commissionnaire et les divers voituriers qui tous sont engagés dans les mêmes conditions envers l'expéditeur et le destinataire; qu'en conséquence, l'action dirigée par l'expéditeur contre l'un des voituriers ne peut être rejetée sous le prétexte que le demandeur n'a rien confié directement à ce voiturier (Civ. cass. 9 avr. 1879, aff. Hamard, 2e arrêt, D. P. 80. 1. 13).

229. On peut rapprocher des hypothèses qui précèdent celle d'un transport par chemin de fer régi par un tarif commun, sur laquelle a eu à statuer l'arrêt de cassation du 31 mai 1886, cité *suprà*, nº 214. Un pareil tarif établit entre les diverses compagnies de chemin de fer un contrat réciproque de mandat substitué, à raison duquel tout expéditeur qui remet à l'une de ces compagnies un objet à transporter, est fondé à considérer cet objet comme remis indistinctement à chacune d'elles. Faut-il en conclure que l'une quelconque des compagnies intermédiaires, étant partie au tarif commun, peut être actionnée par l'expéditeur ou le destinataire comme responsable de tous les faits dommageables survenus pendant le parcours sans être admise à exiger la preuve du bon état des marchandises lors de la transmission qui lui a été faite? L'arrêt précité n'a pas eu à résoudre cette question. Il semble que le tarif commun supprime en quelque sorte l'individualité des diverses compagnies ; chacune s'est offerte à l'expéditeur pour l'exécution de l'entier transport; aucune indication du tarif ne révèle à l'expéditeur comment les rôles sont répartis, de sorte que chaque compagnie joue, semble-t-il, le rôle de voiturier unique; ou, plus exactement, les compagnies sont confondues de manière à n'en former qu'une seule (V. sur cette question, vº *Voirie par chemin de fer ;* Sarrut, *Transports des marchandises par chemins de fer*, t. 2, chap. 1er).

230. — 2º *Actions récursoires entre les transporteurs successifs.* — L'action exercée par l'expéditeur ou le destinataire, en cas de perte, retard ou avarie, et la condamnation prononcée à son profit, peuvent donner lieu à des recours entre les divers commissionnaires ou voituriers qui ont concouru au transport. Il arrive souvent, en effet, qu'au fond, celui qui a été déclaré responsable envers l'expéditeur ou le destinataire n'est pas en faute, et ne doit pas, dès lors, supporter définitivement les conséquences du dommage. — En principe, et d'une façon générale, l'action récursoire peut être exercée, suivant les circonstances, soit par le commissionnaire originaire contre l'un des voituriers subséquents par la faute duquel il prétend que le dommage est arrivé (V. *Rép.* nº 395; Bordeaux, 9 avr. 1869, aff. Albert, D. P. 70. 2. 222 ; Req.

24 avr. 1872, aff. Chemin de fer de Lyon C. Boude, D. P. 73. 1. 68), soit par le voiturier intermédiaire, qui a été poursuivi par l'expéditeur ou le destinataire, contre le commissionnaire-chargeur ou contre un autre voiturier intermédiaire (Grenoble, 20 juin 1849, aff. Royer-Deleschamps, D. P. 50. 2. 158 ; Limoges, 12 avr. 1862, aff. Couderchet, D. P. 63. 2. 19; Nîmes, 18 nov. 1865, cité *suprà*, n° 216).

231. Il faut remarquer à ce sujet que la fin de non-recevoir de l'art. 105 c. com. (*infrà*, n°s 286 et suiv.) n'est point opposable entre les voituriers successifs tant qu'elle n'est pas opposable au destinataire. Il a été jugé, en effet, que la réception des marchandises et le payement du prix du transport n'éteignent l'action contre le voiturier que s'ils émanent du destinataire, et non s'ils émanent d'un voiturier intermédiaire (Civ. rej. 7 juin 1858, aff. Chemin de fer d'Orléans, D. P. 58. 1. 416; Civ. cass. 31 mars 1874, aff. Comp. d'Alsace-Lorraine, D. P. 74. 1. 303). Il en résulte que, pour qu'un commissionnaire puisse échapper à la responsabilité qui pèse sur lui, à raison d'une avarie non apparente, il ne suffit pas que le commissionnaire auquel il a remis la marchandise ait reçu cette marchandise et ait payé le prix du transport sans réclamation ni réserve ; il faut encore que le dernier commissionnaire ait reçu du destinataire le prix intégral. Jusque-là chaque commissionnaire reste engagé tant à l'égard du commissionnaire qui le suit qu'à l'égard du destinataire lui-même (Colmar, 29 avr. 1845, aff. Canard, D. P. 48. 2. 37). Il en serait autrement s'il y avait deux contrats de transport successifs, si les marchandises avaient été adressées d'abord à un destinataire provisoire chargé de les réexpédier ; ce destinataire, quoique provisoire, rentrerait dans les termes de l'art. 105 c. com., et la réception par lui faite des objets transportés, accompagnée du payement du prix, éteindrait toute action contre le voiturier qui a effectué cette première partie du transport (Civ. cass. 23 mars 1870, aff. Chemin de fer de Lyon C. Dol-Huc, D. P. 70. 1. 387 ; 16 mai 1870, aff. Chemin de fer de Lyon C. Aguillon, *ibid.*).

232. Mais à quelles conditions cette action récursoire pourra-t-elle réussir? En d'autres termes, quelle sera, au point de vue de la preuve à fournir, la situation respective des parties? — Il semble qu'il y ait lieu d'appliquer ici les mêmes règles que lorsqu'il s'agit des rapports de l'expéditeur ou du destinataire avec les divers agents du transport, et c'est dans ce sens, en effet, que la question semble avoir été résolue par la jurisprudence. Ainsi le commissionnaire chargeur qui a été déclaré responsable de l'avarie envers l'expéditeur ou le destinataire ne pourra recourir utilement contre l'un des voituriers intermédiaires qu'à la condition de fournir les justifications auxquelles l'expéditeur ou le destinataire aurait lui-même été assujetti s'il avait dirigé son action contre ce voiturier : « Quel que soit le demandeur, disent MM. Lyon-Caen et Renault, n° 914, la situation spéciale des agents intermédiaires semble toujours exiger qu'on ne les traite pas aussi rigoureusement que le premier voiturier, soit quant aux avaries intérieures, soit quant à la non-responsabilité pour les faits des voituriers subséquents. On ne saurait considérer le premier voiturier comme un expéditeur à l'égard du second, le second comme un expéditeur à l'égard du troisième, et ainsi de suite ». — Il a été jugé, en conséquence, par un arrêt cité au *Rép.* n° 404 (Civ. rej. 15 avr. 1846), que la présomption légale de faute qui rend le commissionnaire de transport responsable envers l'expéditeur des avaries survenues aux objets voiturés, ne s'applique pas aux commissionnaires intermédiaires à l'égard du commissionnaire chargeur; celui-ci a dû s'assurer, en les recevant, de l'état des objets à transporter, tandis qu'une semblable vérification est impossible de la part des commissionnaires intermédiaires. Par suite, en cas d'avaries des choses voiturées, le commissionnaire déclaré responsable envers l'expéditeur n'est admis à exercer de recours en garantie contre les commissionnaires intermédiaires qu'à la condition de prouver que ces avaries lui sont imputables.— Décidé, de même, que le commissionnaire de transport déclaré responsable envers l'expéditeur de l'avarie soufferte par la marchandise transportée, n'est point admis à exercer un recours contre les voituriers intermédiaires, en se fondant uniquement sur ce que rien ne prouverait que l'avarie existait déjà lors de la livraison de la marchandise à ces voituriers : pour qu'un tel recours fût admissible, il faudrait qu'il fût démontré que l'avarie a eu lieu durant le transport opéré par les voituriers intermédiaires, et qu'elle est imputable à ces derniers (Civ. cass. 12 août 1856, aff. Chemin de fer d'Orléans C. Estivalès, D. P. 56. 1. 358; Civ. cass. 28 juill. 1858, aff. Chemin de fer du Midi C. Mérillon, D. P. 58. 1. 306). Ce dernier arrêt subordonne, d'ailleurs, la solution qu'il consacre à la condition qu'il s'agisse d'avaries non apparentes. En effet, si les avaries étaient extérieures, le voiturier intermédiaire serait réputé avoir reçu les marchandises en bon état, et il en serait responsable à moins qu'il ne fût en mesure de détruire la présomption de faute qui pèserait sur lui : cette solution, admise dans les rapports de ce voiturier avec l'expéditeur ou le destinataire, s'appliquerait également au recours exercé par le commissionnaire chargeur.

233. D'autre part, et toujours par application des mêmes principes, il a été jugé : 1° que le commissionnaire intermédiaire, entre les mains duquel une avarie apparente a été constatée, et qui a été déclaré responsable de ce chef envers le destinataire de la marchandise, n'a pas de recours contre le précédent commissionnaire, s'il n'établit pas que l'avarie existait déjà dans les magasins de ce dernier (Req. 20 juin 1853, aff. Chemin de fer du Havre, D. P. 53. 1. 225); — 2° Que le commissionnaire intermédiaire de transport, condamné à tenir compte au destinataire du déficit survenu dans un colis, pendant que ce colis était en sa possession, ne peut exercer aucun recours contre le commissionnaire-chargeur (Req. 25 juin 1873, aff. Delattre, D. P. 74. 1. 310-311); — 3° Qu'un commissionnaire de transport, condamné envers le destinataire d'un colis à l'indemniser de l'avarie intérieure des marchandises y renfermées, ne peut recourir en garantie contre le précédent commissionnaire de transport, des mains duquel il a reçu lui-même le colis, s'il est constaté en fait que ce colis a été, de la part des deux commissionnaires, au moment où il a été remis par le premier au second, l'objet d'un examen sérieux, après lequel le second commissionnaire a reconnu le bon état du colis (Civ. cass. 29 mai 1867, aff. Chemin de fer de Lyon C. Narcy, D. P. 67. 1. 197).

234. La preuve de la faute du commissionnaire qui doit en définitive encourir la responsabilité de la perte ou de l'avarie de la marchandise n'est soumise à aucun mode particulier. Spécialement la présomption de faute qui, en cas de transport opéré par un commissionnaire primitif et des commissionnaires intermédiaires, existe contre le commissionnaire primitif, relativement aux avaries survenues durant le transport, peut être combattue par de simples présomptions, pourvu que ces présomptions soient graves, précises et concordantes (Req. 9 juin 1858, aff. Chemin de fer de l'Ouest, D. P. 58. 1. 421). — Ainsi, elle peut fléchir devant la circonstance que le peu de temps pendant lequel la marchandise est restée aux mains du commissionnaire primitif ne permet pas d'admettre que l'avarie ait eu lieu durant ce temps (Même arrêt).

De même, à l'égard du commissionnaire intermédiaire, la preuve que l'avarie n'est pas son fait, résulte spécialement de ce que le commissionnaire chargeur a reconnu que l'avarie lui était exclusivement imputable, en souscrivant au profit du commissionnaire intermédiaire une obligation de garantie (Civ. cass. 13 avr. 1874, aff. Comp. de Lyon, D. P. 76. 1.255, cité *suprà*, n° 219). — Dans tous les cas, le commissionnaire intermédiaire peut être admis à établir par tous moyens, et notamment à l'aide de la preuve testimoniale, que l'avarie de la marchandise provient de causes qu'il n'a pas dépendu de lui d'éviter (Nîmes, 19 nov. 1851, aff. Auzilly, D. P. 54. 5. 126).

Il n'est pas nécessaire, d'ailleurs, de recourir aux formalités indiquées par l'art. 106 c. com. pour la constatation de l'état des marchandises transportées. On décide, en effet, que ces formalités ne sont obligatoires qu'autant que les marchandises sont arrivées à destination; elles ne sont pas applicables au cas de la remise que les commissionnaires se font entre eux d'une marchandise qui doit voyager avec célérité, alors surtout que les avaries ne pourraient être reconnues qu'en ouvrant les caisses ou ballots (Même arrêt du 19 nov. 1851), et entre ces commissionnaires, ces formalités peuvent être suppléées par toutes autres constatations exemptes de fraude ou d'erreur. Il a été admis, par exemple, que des vérifications de manquants, faites de bonne foi à l'arrivée par le destinataire et le dernier commissionnaire, conformément à des instructions transmises par le commissionnaire primitif, ne pourraient être contestées soit par ce dernier, soit par les autres commissionnaires intermédiaires, sous le prétexte qu'elles n'auraient point été faites conformément aux prescriptions de l'art. 106 (Colmar, 30 juin 1865, *suprà*, n° 207).

235. En ce qui concerne les compagnies de chemins de fer, toutes les questions relatives aux avaries, et aux réserves sont résolues, dans la pratique et dans les rapports des compagnies entre elles, d'après un règlement du 1er août 1869 (Féraud-Giraud, n° 828 ; Sarrut, n° 737 *bis* ; Guillemain, *op. cit.* V. *Voirie par chemin de fer*).

ART. 5. — *De la responsabilité des entrepreneurs de messageries en général, et spécialement des compagnies de chemins de fer* (*Rép.* nos 409 à 433).

236. On a vu au *Rép.* n° 409, que les obligations des entrepreneurs de messageries étaient les mêmes et découlaient des mêmes principes que celles des autres entrepreneurs de roulage. Cela est toujours vrai des entreprises de messageries particulières qui subsistent de nos jours, quoique beaucoup moins nombreuses et en vue de services moins importants qu'au moment de la publication du *Répertoire*. Mais aujourd'hui ce sont les compagnies de chemins de fer qui sont à la fois les commissionnaires de transport, les voituriers et entrepreneurs de messageries les plus importants. Elles se chargent de tous les genres de transport, qu'il s'agisse de voyageurs ou de marchandises, à grande ou à petite vitesse, et sont, comme nous l'avons déjà exposé, investies à différents points de vue, d'un monopole de fait, qui a pour conséquence et comme corrélation des obligations spéciales imposées par des actes administratifs, cahier des charges, etc., et qui constituent des causes de responsabilité auxquelles échappent les entreprises de messageries privées.

Cependant, si les compagnies de chemins de fer jouissent en fait, d'une situation privilégiée, elles ne sauraient prétendre que leur responsabilité, à défaut de déclaration de la valeur des objets transportés, soit limitée à une somme fixe comme l'était la responsabilité des anciennes messageries nationales. Ainsi que nous l'avons exposé au *Rép.* n° 410, depuis l'abolition, par la loi du 9 vendém. an 6, des messageries nationales, les entrepreneurs de messageries ont été replacés dans le droit commun qui régit les entreprises de transport, c'est-à-dire sous l'empire des principes généraux en matière de responsabilité : il ne pourrait, par conséquent, en être autrement des compagnies de chemins de fer qu'autant qu'une disposition spéciale l'aurait prescrit. Or cette disposition n'a jamais été édictée, et les tarifs homologués par l'Administration n'autorisent nullement les compagnies de chemins de fer, à limiter à une somme déterminée la responsabilité que leur ferait encourir la perte d'un objet. On doit donc admettre actuellement que la responsabilité de l'entrepreneur de messageries doit, en principe, représenter la valeur de l'objet perdu. C'est, d'ailleurs, ce que l'on décidait déjà à l'époque de la publication du *Répertoire* : il avait été, en effet, jugé qu'un entrepreneur de transports par bateaux à vapeur ou une compagnie de chemin de fer était, en cas de perte des objets transportés, responsable de la valeur entière de ces effets, dûment justifiée, nonobstant la mention exprimée sur les bulletins délivrés aux voyageurs, que la compagnie ne répondrait de la perte que jusqu'à concurrence d'une somme fixe et déterminée, et qu'il ne pouvait être admis à offrir aux voyageurs l'indemnité de 150 fr. fixée par l'art. 62 de la loi du 24 juill. 1793, pour un paquet perdu, cette loi, qui était faite exclusivement en faveur de la régie nationale des messageries, ne pouvant être étendue aux entreprises particulières de transport (Alger, 16 déc. 1846, aff. Comp. Bazin, D. P. 47. 2. 1 ; Douai, 17 mars 1847, aff. Comp. du Nord *C.* Dupen, D.P. 47. 2. 98). — Les compagnies de chemins de fer ne contestent d'ailleurs en aucune façon que ce principe doive leur être appliqué, et la seule difficulté que présente la question est celle de savoir comment on doit calculer le montant de la dette résultant pour la compagnie de la perte ou de l'avarie de l'objet transporté, et cela lorsque cet objet a été faussement déclaré.

237. On sait que les tarifs homologués par l'administration supérieure, qui sont obligatoires pour les compagnies comme pour les particuliers et font la loi des transports, varient suivant la nature et la valeur des objets transportés, la difficulté du transport et l'étendue de la responsabilité en cas de perte. Par exemple, l'or, l'argent, les bijoux, etc. sont soumis à des perceptions spéciales, à des tarifs, dits *ad valorem*, parce qu'ils tiennent compte non pas seulement du poids, mais des précautions spéciales qui doivent être apportées à la conservation et à la remise de ces objets. Serait-il équitable, serait-il même juridique de faire supporter à une compagnie la totalité de la perte d'un objet ainsi tarifé, alors qu'il lui aurait été faussement déclaré, que par suite il aurait été taxé suivant son poids, et que la compagnie n'aurait ni pu prendre les soins nécessaires à la conservation de l'objet, ni reçu la rémunération spéciale destinée à compenser pour elle les chances de perte? L'expéditeur, en faisant la déclaration d'expédition, se donne à lui-même le titre qu'il invoquera pour obtenir la réparation du préjudice qui peut résulter pour lui de la perte du colis, et il ne saurait, au cas où il aurait fait une déclaration inexacte, exciper de sa propre fraude pour imposer à la compagnie les conséquences des dissimulations qu'il a commises à son détriment (V. *Rép.* v° *Voirie par chemin de fer*, n° 1452).—C'est ce qui a été jugé à plusieurs reprises. Ainsi on a décidé que, lorsqu'un expéditeur avait remis à une compagnie de chemin de fer un colis renfermant des billets de banque et des valeurs commerciales, en le faisant inscrire sous cette simple désignation, « une boîte en fer », et n'avait payé que les droits dus en raison du poids de la boîte, n'a droit, en cas de perte de ce colis, qu'au montant de l'estimation de la boîte (Paris, 10 avr. 1854, aff. Varnier-Roger, D. P. 55. 2. 14).—Jugé, de même, que l'expéditeur qui a sciemment réduit la valeur des objets à transporter, ou n'en a pas exactement déclaré la nature afin de payer des frais de transport moins élevés, n'a le droit d'exiger, en cas de perte, qu'une indemnité correspondant à la valeur déclarée (Bordeaux, 26 févr. 1872, aff. Comp. d'Orléans *C.* Touchez, D. P. 74. 2. 82. V. aussi Féraud-Giraud, t. 2, n° 837). — Mais ce système n'est pas entièrement adopté par la cour de cassation. Après avoir jugé qu'un entrepreneur de transport, notamment une compagnie de chemin de fer, n'est pas responsable, en cas de perte d'objets précieux dont le transport lui a été confié, de la valeur de ces objets, si l'expéditeur ou le voyageur n'en a pas fait la déclaration, et n'a pas payé la surtaxe à laquelle le tarif soumet les objets de cette nature (Req. 7 août 1867, aff. Hanoteau, D. P. 68. 1. 34), elle a depuis adopté un système moins absolu, d'après lequel la déclaration inexacte ou fausse de l'expéditeur qui, par ignorance ou sciemment, de bonne ou de mauvaise foi, fait taxer au poids, des marchandises qui, aux termes des tarifs généraux d'une compagnie de chemin de fer, eussent dû être taxés *ad valorem*, n'a pas, par elle-même, pour effet d'exonérer cette compagnie de toute responsabilité. Il appartient aux tribunaux d'apprécier les conséquences de la déclaration et, en cas d'avarie ou de perte des objets transportés, de déterminer, dans les limites des obligations que la compagnie a entendu assumer, si une indemnité doit être accordée par elle et dans quelle mesure. — Par exemple, l'expéditeur un colis renfermant des dentelles, déclarées par lui comme tissus, peut obtenir, en cas de perte de ce colis, une indemnité calculée suivant la valeur moyenne des tissus, lorsqu'il est constaté en fait que les fabricants de dentelles expédient leurs dentelles comme tissus, et que ce fait, d'ailleurs notoire, est connu de la compagnie, que le colis dont il s'agit n'aurait pas payé, s'il eût été déclaré comme dentelles, une taxe *ad valorem* plus élevée que celle qu'il a payée au poids comme tissus, et qu'enfin il n'aurait pas donné lieu, alors même que la déclaration eût été exacte, aux soins particuliers réservés aux groups finances et autres objets précieux de petit volume (Req. 27 déc. 1876, aff. Gérard Courtois, D. P. 77. 1. 182; Féraud-Giraud, t. 2, n° 838. V. aussi Paris, 15 juill. 1874, aff. Comp. de Lyon *C.* Bresnier, D. P. 77. 5. 93).

238. On a prétendu, il est vrai, que la responsabilité des compagnies est absolue, quelque déclaration qui ait été faite, et on a invoqué à l'appui de cette thèse un certain nombre d'arrêts. Mais ces arrêts (Bordeaux, 24 mai 1858, aff. Chemin de fer du Midi *C.* Forrest, D. P. 58. 2. 133;

Douai, 27 nov. 1865, aff. Comp. du Nord C. Hannoteau, D. P. 66. 2. 169; Req. 16 mars 1859, aff. Forrest, D. P. 59. 1. 316; 10 déc. 1873, aff. Comp. de l'Ouest C. Bregaro, D. P. 75. 1. 49; 4 mars 1874, aff. Comp. de Lyon C. Hébrard, D. P. 74. 1. 245), qui ont déclaré les compagnies responsables de la perte ou de l'avarie d'objets ayant été taxés au poids par suite de la réticence ou de la fausse déclaration de l'expéditeur alors qu'ils eussent dû être taxés *ad valorem*, sont intervenus dans des cas où ces objets étaient contenus dans les bagages d'un voyageur. Il y a de notables différences entre le transport des bagages et celui des objets précieux par messageries: 1° les bagages ne sont taxés qu'au poids, et à partir seulement de 30 kilog.: les objets précieux sont taxés *ad valorem*, du moins pour les expéditions à grande vitesse; 2° les bagages ne comportent aucune déclaration spéciale; les objets précieux sont soumis à cette condition; 3° les bagages suivent le voyageur; les objets précieux, même transportés à grande vitesse, voyagent séparément ou non, mais n'arrivent jamais forcément à destination en même temps que lui. Il suit de là que la déclaration d'objets précieux est impossible, en fait, pour les personnes qui voyagent en chemin de fer, à cause de la brièveté du délai accordé par les règlements pour l'enregistrement des bagages, et aussi parce que les compagnies n'ont pas de service organisé pour recevoir ces déclarations. Ces considérations ne s'appliquent pas aux transports par messageries.

239. Il résulte de cette jurisprudence que, s'il s'agit d'objets tarifés *ad valorem*, et qui n'ont point été déclarés lors d'une expédition par messageries, la compagnie n'est pas responsable de la totalité de la valeur du colis; il appartient aux juges de modérer le chiffre des dommages-intérêts mis à sa charge, en tenant compte de la faute que l'expéditeur a à se reprocher. Par conséquent, en cas d'envoi d'argent, de valeurs ou d'objets précieux, les entrepreneurs de transport, et notamment les compagnies de chemins de fer, ne sont responsables de la perte de ces objets qu'autant que l'expéditeur ou le voyageur en a fait une déclaration spéciale (V. Req. 16 mars 1859, aff. Forrest, D. P. 59. 1. 316. *Adde:* Douai, 27 nov. 1865, aff. Chemin de fer du Nord C. Hannoteau, D. P. 66. 2. 169; Paris, 11 nov. 1867, aff. Paugy, D. P. 67. 2. 190). Mais il n'est pas nécessaire que la déclaration porte sur la valeur des objets dont il s'agit. Seulement l'expéditeur ou le voyageur sera tenu d'établir cette valeur; sinon la responsabilité de la perte sera limitée à la valeur présumée de la chose transportée (Mêmes arrêts). On rentre évidemment dans ce cas lorsque les objets confiés à la compagnie du chemin de fer lui ont été déclarés sous une qualification qui, bien que générale, en fait suffisamment connaître la nature, et que la déclaration omet uniquement la valeur de ces objets, qui, on l'a vu, n'est pas indispensable (Picard, t. 4, p. 213 et suiv.; Jacqmin, *Des obligations et de la responsabilité des compagnies de chemins de fer en matière de transport*, p. 117).

Si les articles expédiés ne sont pas soumis à une taxe *ad valorem*, il n'est pas besoin que l'expéditeur en déclare la valeur même au point de vue de la perception du prix du transport. Sans doute la compagnie peut avoir intérêt à ce que cette valeur lui soit indiquée, à raison de sa responsabilité, et, pour que l'étendue en soit réglée avec précision et sans débat ultérieur; et l'expéditeur n'est pas moins intéressé à prévenir ce débat, où la charge de la preuve lui incombe comme conséquence du silence qu'il a gardé. Ce double intérêt donne d'une part, à l'entreprise de transport le droit d'exiger une déclaration de la valeur de la chose transportée, et d'autre part, à l'expéditeur ou au voyageur le droit de la faire, encore qu'elle ne lui ait pas été réclamée; mais il n'y a là qu'une simplification de la preuve. Le principe de la responsabilité de l'entrepreneur, pour toute la valeur de la chose transportée, quoique restreinte dans la mesure de la preuve qui pourra en être faite, reste indépendant d'une formalité que l'esprit de prévoyance des contractants leur dictera, sans qu'il y ait lieu d'en faire une condition de la responsabilité intégrale de l'entreprise de transport (*Rép.* v° *Voirie par chemin de fer*, nos 452 et suiv.). Ainsi, par exemple, une compagnie de chemin de fer est responsable, pour toute leur valeur, de la perte d'objets en or, tels qu'une montre et ses accessoires, quoique l'expéditeur ne l'ait pas déclarée, et qu'il se soit borné à les remettre à la compagnie sous la dénomination d'articles d'horlogerie (Req. 10 mars 1869, aff. Comp. d'Orléans C. Vallant, D. P. 69. 1. 416); il en serait de même de la passementerie d'or et d'argent, laquelle n'est pas comprise dans la nomenclature des objets soumis à une taxe *ad valorem* par l'art. 19 du tarif général (Req. 11 juin 1872, aff. Comp. de Lyon C. Louis, D. P. 73. 1. 120); — Ou de guipures formant un colis que l'expéditeur a déclaré contenir de la mercerie (Req. 4 juin 1872, aff. Comp. de Lyon C. Villedieu, D. P. 73. 1. 24).

240. Si le transport était effectué non plus par une compagnie de chemin de fer, mais par un voiturier libre, on a décidé que l'absence de déclaration de la valeur d'un objet qui lui a été confié comme précieux n'exonère point ce voiturier. — Spécialement, le voiturier est responsable de la perte d'une boîte à lui remise et recommandée comme contenant des objets précieux (c. civ. art. 1784); ... alors même que l'expéditeur n'a pas déclaré la nature de ces objets, ni exigé leur inscription sur le registre prescrit par l'art. 1785 c. civ. (Montpellier, 28 août 1871, aff. Benoit, D. P. 72. 5. 90).

241. Lorsque le transport exige l'application d'un tarif international, on doit s'en référer aux clauses de ce tarif, dès l'instant qu'elles n'ont rien de contraire aux principes d'ordre public reçus en France. — Par exemple, on doit appliquer une clause qui a pour objet, non d'exonérer le voiturier de la responsabilité qui lui incombe comme entrepreneur de transports, mais seulement de régler, d'avance et à forfait, les conséquences de cette responsabilité. Spécialement, une clause qui laisse à l'expéditeur le choix entre deux tarifs, et qui lui donne la faculté, en optant pour le tarif *ad valorem* et en déclarant la valeur des marchandises expédiées, de s'assurer le remboursement intégral de cette valeur, n'est nullement en opposition avec les principes d'ordre public reçus en France; d'où il suit que l'expéditeur qui n'a pas réclamé l'application de ce tarif ne peut, en cas de perte des marchandises expédiées, réclamer que l'indemnité fixée par l'autre tarif à tant par 50 kilogrammes (Civ. cass. 25 août 1875, aff. Chemin de fer d'Alsace-Lorraine, D. P. 78. 5. 116). De même, la clause d'un tarif international qui dispose que, en l'absence d'une déclaration de valeur, l'indemnité, à raison de détérioration des marchandises transportées, par suite de retard dans le transport ou la remise des colis, sera réglée à forfait dans une mesure qui ne peut être dépassée, est obligatoire et forme la loi des parties. En conséquence, doit être annulé l'arrêt qui, après avoir constaté que l'expéditeur a demandé l'application du tarif international, sans faire aucune déclaration de valeur, pour le transport de marchandises dont la valeur a été diminuée de moitié par suite d'avaries résultant de retards, a condamné la compagnie de chemin de fer, outre l'indemnité fixée par le tarif, à des dommages-intérêts pour réparation du préjudice résultant du retard (Civ. cass. 25 juill. 1881, aff. Comp. du Nord C. Virchaux, D. P. 81. 1. 404).

242. On a exposé au *Rép.* n° 413, que les compagnies de messageries, devant faire tout ce qui dérive de la nature du contrat intervenu entre elles et les voyageurs, doivent transporter ces derniers avec rapidité et régularité. Il est évident que cette obligation incombe d'une manière particulière aux compagnies de chemins de fer; la marche de leurs trains, les heures d'arrivée et de départ de chaque localité sont publiées et affichées : il en résulte que les compagnies s'engagent par là même à transporter, dans les conditions qu'elles annoncent, les voyageurs qui contractent avec elles. Le droit commun suffirait donc à les obliger de se conformer au mouvement général des trains annoncé par elles, si cette obligation ne leur était spécialement imposée, en outre, par l'art. 43 de l'ordonnance du 15 nov. 1846 et l'art. 49 du cahier des charges, aux termes desquels les compagnies sont tenues d'effectuer le transport des voyageurs et des marchandises aux heures fixées par les affiches apposées dans les gares et stations. Le retard dans l'arrivée d'un train de voyageurs constitue donc à la fois une inexécution des prescriptions administrativement approuvées, et l'inexécution de l'engagement pris par la compagnie vis-à-vis du voyageur (Féraud-Giraud, t. 2, nos 371 et suiv.).

Cependant le retard seul ne suffit pas à justifier une allocation de dommages-intérêts, si le voyageur n'a pas subi un préjudice réel qui ait pu être prévu lors du contrat, et si ce préjudice n'est pas établi (Trib. com. Poitiers, 16 déc. 1878 (1); Féraud-Giraud, t. 3, n° 380; Picard, t. 4, p. 211). Il est nécessaire aussi qu'il y ait eu faute de la part de la compagnie, comme, par exemple, si le retard a été occasionné par un accident survenu à la machine remorquant le train (Trib. com. Seine, 9 août 1864, aff. Lombard, D. P. 64. 3. 103; Dijon, 20 nov. 1866, aff. Chemin de fer de Lyon C. Avinant, D. P. 66. 2. 245). Il est évident que si, au contraire, le retard provenait uniquement d'un évènement de force majeure, la compagnie ne saurait être responsable du préjudice qui en est résulté pour les voyageurs. C'est ce qui a été jugé, notamment, à l'occasion d'un retard provenant d'un éboulement de terres et de rochers fortuitement survenu à la suite d'un orage aux environs d'un tunnel, et qui avait interrompu pendant plusieurs heures la circulation sur les deux voies (Civ. cass. 10 févr. 1868, aff. Comp. de Lyon C. Lolliot, D. P. 68. 1. 199). Mais, comme le remarque M. Féraud-Giraud, t. 3, n° 382, « la véritable difficulté consiste, en pareil cas, dans la qualification du fait motivant le retard : constitue-t-il un cas de force majeure ou est-il le résultat de la faute de la compagnie qui, si elle n'en est pas la cause directe, devait le prévoir et l'empêcher ? ». C'est là une question éminemment délicate à résoudre, et pour laquelle les tribunaux jouissent d'une très grande latitude d'appréciation, commandée d'ailleurs par l'infinité des nuances de détail qui séparent les différentes espèces. Ainsi, par exemple, lorsqu'un éboulement survenu sur la voie ferrée a retardé la marche d'un train, et fait manquer à un voyageur la correspondance d'un autre train qui devait le conduire à sa destination définitive, la responsabilité de la compagnie peut être engagée envers ce voyageur, si le chef de gare qui lui a délivré son billet avait connaissance de l'accident, et si le retard qui s'est produit était inévitable (Req. 26 juin 1872, aff. Chemin de fer de Lyon C. Huart, D. P. 73. 1. 143). Il est évident qu'en pareil cas, si le retard est dû, en réalité, à un évènement de force majeure, cet évènement n'était pas imprévu, et que le chef de gare qui délivrait le billet sans en prévenir le voyageur, commettait par cela même une faute de nature à engager la responsabilité de la compagnie, faute d'autant plus grave qu'elle avait pour résultat de faire manquer au voyageur un train de correspondance. Les retards sont, en effet, plus préjudiciables aux voyageurs quand ils les mettent dans l'impossibilité de profiter de certaines correspondances et de continuer leur route soit sur un autre réseau, soit au moyen d'un service de transport par terre ou par eau ayant des heures de départ fixes; et la compagnie qui a ainsi manqué à ses obligations doit être tenue de réparer le préjudice causé (Féraud-Giraud, t. 3, n° 373 ; Trib. com. Cette, 16 nov. 1871) (2). Dans tous les cas, quel que soit le préjudice qui puisse en résulter pour les voyageurs, ceux-ci ne sauraient contraindre la compagnie à former un train spécial et supplémentaire (Civ. cass. 10 févr. 1868, aff. Comp. de Lyon C. Lolliot, D. P. 68. 1. 199; Féraud-Giraud, t. 3, n° 383; Bédarride, t. 1, n° 197). Les compagnies ne sont pas non plus tenues de mettre à la disposition des voyageurs le fil télégraphique spécial qui leur appartient afin qu'ils puissent avertir de leur retard les intéressés (Même arrêt; Picard, t. 4, p. 209; Féraud-Giraud, t. 3, n° 384. V. également v° *Voirie par chemin de fer*).

243. Les entrepreneurs de transport doivent non seulement exécuter les transports des voyageurs avec régularité et rapidité, mais encore en prenant toutes les précautions possibles, ou prescrites par les règlements, pour assurer leur sécurité. — Il est évident, par exemple, que les compagnies de chemins de fer sont responsables lorsque le voyageur a été blessé au cours de route, sans faute de sa part et sans qu'il y ait eu, à proprement parler, force majeure susceptible de faire disparaître la responsabilité. Il en est ainsi que l'accident provienne soit du mauvais état du matériel, et par

(1) (Cottereau, Bordes et autres C. Comp. d'Orléans.) — LA COUR; — Attendu que l'instance introduite contre la compagnie d'Orléans a pour objet le payement de la somme de 200 fr., réclamée à titre de dommages et intérêts par chacun des sieurs Cottereau et Bordes, et celle de 100 fr. réclamée par chacun des sieurs Michel Léopold;... — Que, pour justifier leur action, les demandeurs allèguent qu'ils ont pris à Paris, et l'un d'eux, le sieur Bordes aux Aubrais, le train n° 23, qui est parti le 8 novembre à 11 heures 45 minutes du soir pour arriver à Poitiers le 9 à 7 heures 56 minutes du matin; que leur intention en prenant ce train, était d'arriver pour le train correspondant de la Rochelle, qui part le matin à 8 heures 20 minutes; mais que, le train parti de Paris, à l'heure réglementaire, étant arrivé avec un retard de 55 minutes, ils ont manqué le train correspondant et que leur séjour forcé à Poitiers leur a occasionné de grands préjudices; — Que, pour établir ce préjudice, ils expliquent que l'un d'eux, le sieur Cottereau, n'a pu faire ses affaires à Niort, que le sieur Bordes était attendu à Rochefort, où il avait été mandé par dépêche, et que la demoiselle Pagnaud et le sieur Proust ont manqué la correspondance de Saint-Sauvent et de Ménigautte; — Attendu qu'il est reconnu par les demandeurs que la compagnie d'Orléans ne leur a pas délivré, à la station d'où ils sont partis, des billets pour un train correspondant avec celui partant de ladite station, mais seulement à destination de Poitiers; — Attendu que l'art. 1150 c. civ. dispose que le débiteur n'est tenu que des dommages-intérêts qui ont été prévus ou qu'on a pu prévoir lors du contrat; — Attendu que les demandeurs ne pourraient faire considérer comme une suite directe du retard de 55 minutes éprouvé par le train n° 23, l'empêchement apporté à leurs affaires, que s'ils justifiaient qu'ils étaient attendus à Poitiers dans un délai déterminé et s'ils établissaient, en même temps, que ce retard les a absolument empêchés de traiter certaines affaires ou d'obtenir l'emploi de contremaître que l'un d'eux sollicitait; — Attendu que les demandeurs ne font aucune de ces justifications et qu'il est impossible d'admettre que, par cela seul qu'un train arrive en retard, la compagnie doit être responsable envers chaque voyageur du préjudice que celui-ci prétendra avoir éprouvé;

Par ces motifs, le tribunal, jugeant en dernier ressort; — Déclare les demandeurs non recevables et mal fondés dans leurs demandes en dommages et intérêts, etc.

Du 16 déc. 1878.-Trib. com. Poitiers.

(2) (Ducros et autres C. Compagnie du Midi.) — LA COUR; — Attendu, en fait, que les demandeurs sont partis, le 14 septembre dernier, de divers points de la ligne de Bordeaux à Cette, par le train de voyageurs qui doit arriver à Cette à onze heures dix minutes du soir, pour prendre le train correspondant de la ligne du chemin de fer de la compagnie de Paris à Lyon et à la Méditerranée, qui part à onze heures cinquante minutes du soir; que la compagnie du Midi avait délivré aux demandeurs des billets pour Montpellier, Marseille et Toulon; que le train n'est arrivé à Cette qu'à minuit, c'est-à-dire dix minutes après le départ du train correspondant de onze heures cinquante minutes ; que tous les demandeurs, obligés de passer la nuit dans la salle d'attente, n'ont pu repartir que par le train de cinq heures du matin, le 15 septembre;

Attendu, en droit, qu'aux termes de l'art. 43 de l'ordonnance du 15 nov. 1846, de l'art. 49 du cahier des charges de la compagnie du Midi et des règles du droit commun en matière de transport, la compagnie du chemin de fer est tenue d'effectuer le transport des voyageurs aux heures fixées dans les affiches apposées dans les gares et stations, et portées dans les indicateurs des chemins de fer ; — Que, d'autre part, toute obligation de faire se résout en dommages-intérêts, faute d'exécution, à moins d'empêchement résultant d'une force majeure ou d'un cas fortuit ; — Attendu qu'à ce dernier point de vue, la compagnie du Midi n'allègue pas même que le retard de cinquante minutes, qui a empêché les demandeurs de partir par le train correspondant de onze heures cinquante minutes de la compagnie de la Méditerranée, provient d'un cas fortuit ou de force majeure ; qu'il est, au contraire, établi par les explications fournies au tribunal que ce retard ne peut provenir que de la faute de la compagnie, qui a ralenti le train sans nécessité ; que, de plus, ledit train est resté trop longtemps en gare à Béziers et à la station des Onglous ; — Attendu, dès lors, qu'elle doit être responsable du préjudice occasionné ;

Attendu que, s'il est résulté pour les demandeurs des désagréments réels, il n'est pas justifié qu'ils aient éprouvé un dommage matériel sérieux ; que, d'ailleurs, la qualité des parties en cause permet au tribunal de penser qu'il ne peut entrer dans leur manière de voir de faire une spéculation ou une affaire d'argent d'un procès de cette nature ; — Que le tribunal possède des éléments suffisants pour fixer, dans de justes limites, la réparation qui doit être faite par la compagnie, sauf les poursuites disciplinaires, aux termes de l'ordonnance du 15 nov. 1846 ;

Par ces motifs, le tribunal, jugeant en premier ressort, déclare la compagnie responsable du retard dans l'arrivée du train des voyageurs à Cette, dans la soirée du 14 septembre dernier et la condamne à payer aux demandeurs, sur la quittance de l'un d'eux ou de leur représentant, une somme de 100 francs, pour tous dommages ;...

Du 16 nov. 1871.-Trib. com. Cette.

exemple de la rupture du boulon d'attelage de la locomotive au tender, alors que ce boulon était cassé de vieille date, et que ce fait eût été facile à constater par la vérification réglementaire de la machine (Bourges, 19 févr. 1872, aff. Comp. de Lyon *C.* Truchot, D. P. 72. 2. 76), ou de la rupture du bandage d'une roue, alors même que la défectuosité du bandage n'était manifestée par aucun signe extérieur et que le bandage, présentant les apparences d'une bonne fabrication, avait été reçu à la suite des épreuves d'usage (Paris, 27 nov. 1866, aff. Quarez, D. P. 76. 5. 387); soit de la négligence, de la maladresse ou d'autres fautes des employés. — La compagnie, par exemple, est responsable lorsque le conducteur d'un train fermant avec violence, au moment du départ, et sans avertir les voyageurs ni examiner s'il n'existait point d'obstacle, la portière sur laquelle un voyageur avait posé la main en entrant dans le wagon a écrasé le pouce de ce voyageur entre la rainure et le montant de la portière, et lui a causé ainsi une blessure par imprudence, inattention, négligence et inobservation des règlements, délit prévu et puni par l'art. 19 de la loi du 15 juill. 1845 (Paris, 9 janv. 1867) (1). — Il faut encore citer le cas où l'ouverture tardive des salles d'attente aurait amené une précipitation trop grande de la part des voyageurs et causé des accidents (Trib. Seine, 31 déc. 1872) (2), ou encore celui où un défaut de précaution de la part des employés d'une gare aurait occasionné la mort d'un voyageur (Grenoble, 14 déc. 1880, aff. Col, D. P. 81. 2. 107).

244. Au nombre des cas où la responsabilité des compagnies tient à la faute ou à la négligence de ses préposés, il faut ranger les collisions entre deux trains, qui résultent toujours ou d'un défaut d'organisation convenable du service de la part des employés supérieurs ou du défaut d'attention et de soins suffisants de la part des employés subalternes. « Une collision, dit M. Féraud-Giraud (t. 3, n° 401) ne peut être le résultat d'une force majeure; c'est nécessairement le résultat de la faute, de la négligence ou de l'imprudence de quelqu'un appelé à prendre part au mouvement des lignes » (V. également : Bédarride, *Des chemins de fer*, t. 2, n°s 441 et 442).

245. La responsabilité des entrepreneurs de messageries à l'occasion des objets qu'ils se sont chargés de transporter même sans rétribution, est admise encore aujourd'hui comme elle l'était à l'époque de la publication du *Répertoire* ainsi qu'on l'a exposé n°s 415 et suiv. — On admet, en effet, que la responsabilité des transporteurs peut être engagée à l'occasion des objets compris ou renfermés dans les bagages des voyageurs, et que cette responsabilité, qui s'exerce à raison des retards, pertes ou avaries, résulte des dispositions expresses des art. 1782, 1783, 1784, 1785, 1786 c. civ., 103 à 108 c. com., 1382 et suiv., 1927, 1928 et 1929 c. civ.; 22 de l'ordonnance du 15 nov. 1846 (Féraud-Géraud, t. 3, n° 438).

Mais si on est à peu près d'accord sur le principe même de la responsabilité, on est loin de l'être quant aux conséquences dont il est susceptible, et quant aux bases sur lesquelles doit être calculée l'indemnité due pour la perte d'un colis transporté comme bagage, ou le retard dans la remise de ce colis.

246. Suivant un premier système, consacré dès avant la publication du *Répertoire* par certains arrêts qui y ont été cités au n° 427, il faut étendre aux voyageurs la jurisprudence admise à l'égard des expéditeurs. Dans ce système, les entrepreneurs de transport ne sont pas responsables de la perte des sommes d'argent que les voyageurs ont mises dans leurs malles ou valises, lorsqu'ils n'ont pas fait la déclaration de ces sommes, afin de se soustraire à l'obligation de payer un droit plus fort pour le transport de leur bagage. Par exemple, une compagnie de chemin de fer n'est pas responsable, à défaut de déclaration et de payement de la surtaxe, des sommes qui se trouvaient dans le paquet perdu, alors surtout que l'importance de ces sommes ne permet pas de les considérer comme destinées, à titre de simple accessoire des effets du voyageur, à subvenir aux frais du voyage (Douai, 17 mars 1847, aff. Chemin de fer du Nord *C.* Dupen, D. P. 47. 2. 98). Il en serait de même de la perte des objets précieux, valeurs d'or et d'argent, dentelles ou effets de commerce renfermés dans les bagages d'un voyageur alors même qu'on invoquerait une suscription placée à l'extérieur du colis: cette suscription ne saurait suppléer à la déclaration formelle et au payement de la prime (Bordeaux, 24 mai 1858, aff. Chemin de fer du Midi *C.* Forrest, D. P. 58. 2. 132, et sur pourvoi, Req. 16 mars 1859, D. P. 59. 1. 316; Douai, 27 nov. 1865, aff. Comp. du chemin de fer du Nord *C.* Hanoteau, D. P. 66. 2. 169; Paris, 11 nov. 1867, aff. Paugy, D. P. 67. 2. 190). D'un autre côté, et comme l'expéditeur, le voyageur par chemin de fer qui fait enregistrer comme bagage un colis renfermant des objets précieux, a le droit, en cas de perte de ce colis, d'exiger de la compagnie le remboursement intégral de sa valeur, si les objets perdus ne sont pas tarifés *ad valorem*, et s'il s'agit, par exemple, de broderies (Aix, 18 juin 1870, aff. Relin, D. P. 71. 2. 246, et sur pourvoi, Req. 5 mars 1872, D. P. 72. 1. 215; Req. 3 juin 1874, aff. Chemin de fer de l'Est *C.* Gaignière, D. P. 76. 1. 371; Picard, t. 4, p. 213 et suiv.).

247. Dans un second système, les entrepreneurs de voitures sont, au contraire, considérés comme responsables, en vertu des règles du dépôt nécessaire, de la perte des objets renfermés dans les malles qui leur ont été confiées par les voyageurs, quelle que soit la nature ou la valeur de ces objets, et quoique le contenu des malles transportées n'ait point été déclaré. On admet que le voyageur n'est pas astreint, s'il n'a pas été interpellé par le transporteur, à faire, des objets composant ses bagages, une déclaration spéciale qui n'est nulle part exigée par la loi (c. civ. art. 1782 et suiv., 1949 et suiv.), sauf réclamation de la surtaxe due pour ces objets (Paris, 12 janv. 1852, aff. Chemin de fer de Boulogne à Amiens, D. P. 52. 2. 294; Paris, 17 déc. 1858, aff. Chambon-Lacroizade, D. P. 59. 2. 105; Req. 10 déc. 1873, aff. Chemin de fer de l'Ouest *C.* Brégaro, D. P. 75. 1. 49; Riom, 13 août 1879, aff. Besson, D. P. 80. 2. 120, note). Cette règle est applicable, par exemple, à des titres de créance ou autres objets d'une valeur exceptionnelle (Arrêts précités des 12 janv. 1852 et 17 déc. 1858), et surtout à des sommes d'argent, à des bijoux que l'entrepreneur a pu supposer être renfermés dans les malles du voyageur, à raison de leur peu d'importance (Liège, 15 nov. 1843, *Rép.* v° *Responsabilité*, n° 554-2°).

(1) (Bertholet.) — Le 19 déc. 1866, jugement du tribunal de la Seine ainsi conçu : — « Attendu qu'il résulte de l'instruction et des débats que le 22 octobre dernier, vers 10 heures du soir, Decoudeur voyageait par le chemin de fer de ceinture de Bercy à Batignolles; qu'à la station de Ménilmontant, pour faciliter l'entrée à quelques personnes qui montaient dans le wagon où il se trouvait, Decoudeur s'est placé dans le coin du wagon; que, pour effectuer ce mouvement, il a appuyé sa main gauche sur la portière à côté des rainures; qu'aussitôt la dernière personne montée, Bertholet, conducteur du train, sans avertir les voyageurs et sans examiner s'il n'existait point d'obstacle, a fermé avec violence la portière sur laquelle Decoudeur avait posé la main; — Que par suite de ce fait, Decoudeur a eu le pouce écrasé entre la rainure et le montant de la portière; — Qu'ainsi Bertholet s'est, par imprudence, inattention, négligence et inobservation des règlements, rendu coupable du délit prévu par l'art. 19 de la loi du 15 juill. 1845, etc. ». — Appel. — Arrêt.

La cour; — Adoptant les motifs des premiers juges; confirme, etc.

Du 9 janv. 1867.-C. de Paris, ch. corr.-MM. Saillard, pr.-Benoist, subst.-Paillard de Villeneuve, av.

(2) (Raulin *C.* Comp. de l'Est.) — Le tribunal; — Attendu que l'accident du 23 mai 1869 est dû principalement à l'imprudence du sous-chef de la gare intérimaire de Jonchery-sur-Vesles, qui n'a ouvert les salles d'attente que tardivement et au moment où le train était sur le point d'entrer en gare; que Raulin a dû croire, sur la foi de l'avertissement qui venait d'être donné aux voyageurs, qu'il avait le temps nécessaire pour traverser les voies et se rendre sur le quai du côté opposé aux bâtiments de la gare;

Attendu, d'autre part, que Raulin, à raison de ses fonctions, connaissait par expérience l'heure précise de l'arrivée du train-poste; qu'il avait le libre accès de la gare et qu'il aurait dû ne pas attendre le dernier moment pour aller porter au wagon les dépêches dont il été chargé; que, dans ces circonstances, il y a lieu de modérer le montant des dommages-intérêts qui peuvent lui être dus;

Par ces motifs, condamne la compagnie des chemins de fer de l'Est à payer à Raulin une rente annuelle et viagère de 500 francs, payable par trimestre et d'avance, à partir du jour de la demande; — La condamne, en outre, à une somme de 1000 fr., une fois payée...

Du 31 déc. 1872.-Trib. civ. Seine.

248. Enfin un système intermédiaire limite la responsabilité aux valeurs non spécialement déclarées, qui sont en rapport avec les besoins probables du voyage, d'après la position des personnes, le juge restant d'ailleurs investi du droit d'apprécier si la demande porte les caractères de la sincérité, et, pour le cas où elle paraîtrait entachée de mauvaise foi, du pouvoir d'apprécier le dommage, sans tenir compte des prétentions du voyageur.

Ce dernier système paraît être celui de la plupart des auteurs et un grand nombre d'arrêts l'a consacré. Il est, comme le remarque M. Féraud-Giraud, t. 3, n° 448, p. 340, aussi juste que légal, conforme à la nature des choses, aux règlements sur la matière, aux intentions premières des parties, etc. On doit, en effet, pour déterminer les obligations qui résultent d'un contrat et, par suite, les responsabilités auxquelles il peut donner naissance, s'attacher non-seulement à la nature de ce contrat, mais aussi à la commune intention des parties contractantes, et restreindre l'obligation aux choses sur lesquelles il paraît que les parties se sont proposées de contracter. Or, lorsqu'un voyageur se transporte à des distances considérables, pour un temps plus ou moins long et dans un but qui varie quelquefois suivant sa profession, il est dans la nécessité de transporter avec lui des objets indispensables pour les besoins de son voyage : en pareil cas, accessoirement à l'obligation de le transporter, le voiturier ou la compagnie de chemin de fer prend l'engagement de transporter les objets qui le suivent, et dont le voyageur ne peut se séparer en raison des nécessités du voyage ; il s'engage, en outre, à mettre ces objets à la disposition du voyageur partout où il s'arrête, et à subordonner ce transport, pour les trains et les délais, au transport du voyageur lui-même, sans convention distincte et spéciale. Il se forme donc, en pareil cas, un contrat unique ayant pour objet le transport d'un voyageur accompagné de ses bagages, en partie maintenus à ses côtés, en partie remis à la compagnie et déposés par elle dans les fourgons spéciaux. Les bagages doivent donc comprendre logiquement ce qui est nécessaire au voyageur pour les besoins de son voyage, la compagnie ne doit être considérée comme prenant en charge que les objets qui rentrent dans cette catégorie, et le voyageur qui remet ses bagages sans observations ni déclarations ne peut être réputé en livrer d'autres. Une malle remise par un voyageur comme bagage doit être réputée contenir les objets nécessaires au voyage, et la compagnie en sera responsable à ce titre et à ces conditions (Féraud-Giraud, t. 3, n° 448, p. 339 et 340).

249. Mais ce principe une fois admis, restent les difficultés d'application, en d'autres termes la détermination de ce qui doit être réputé nécessaire au voyage. Aussi les décisions de la jurisprudence sont-elles très diverses sur cette question et déterminées, la plupart du temps, par les circonstances et les considérations de fait particulières à l'espèce, et l'interprétation du juge du fait y a une part très importante. Ainsi il a été jugé, par exemple, que le retard dans la livraison de colis qui ont été confiés à une compagnie de chemin de fer, à titre de bagages, sans déclaration de valeur et de nature exceptionn, elle ne donne lieu qu'à l'allocation des dommages qui peuvent résulter du retard apporté à la remise du colis considéré comme bagage ordinaire de voyageur; peu importerait que le voyageur prétendît que le colis contenait des objets de bijouterie d'une valeur considérable nécessaires pour réaliser des ventes qui, par suite du retard, ont été faites par d'autres maisons de commerce (Trib. com. Nantes, 30 nov. 1876) (1), tandis qu'un certain nombre d'arrêts a décidé, au contraire, qu'en cas de retard dans la remise d'une caisse d'échantillons, le commissionnaire de transport est responsable non seulement de la valeur intrinsèque des échantillons, mais encore du préjudice causé par le défaut de vente (Req. 7 août 1867, aff. Hanoteau, D. P. 68. 1. 34; Aix, 18 juin 1870, aff. Relin, D. P. 71. 2. 246, et la note; Req. 22 nov. 1871, aff. Chemin de fer du Nord C. Chapel, D. P. 72. 1. 63; 5 mars 1872, aff. Chemin de fer de Lyon C. Relin, D. P. 72. 1. 215; 4 juin 1872, aff. Comp. de Lyon C. Villedieu, D. P. 73. 1. 24; 11 juin 1872, aff. Chemin de fer de Lyon C. Louis, D. P. 73. 1.120; Req. 4 mars 1874, aff. Comp. de Lyon C. Hébrard, D. P. 74. 1. 245; Rouen, 11 juin 1874, aff. Comp. de l'Ouest C. Talamon, D. P. 76. 5. 105). Ces arrêts, en dehors des principes que nous avons rappelés, sont fondés

(1) (Javelot fils et Pillet C. Comp. d'Orléans.) — Le tribunal ; — Attendu que, le 3 oct. 1876, Braissag, voyageur de la maison de bijouterie Javelot fils et Pillet, de Lyon, est parti de Nantes pour Rennes, avec deux colis pesant ensemble 70 kilog., enregistrés comme bagages sous le numéro 32 ; qu'à son arrivée à Rennes, la compagnie de l'Ouest ne lui a remis qu'un colis et qu'il fut régulièrement constaté que l'autre colis manquait à la gare de Redon, gare de jonction de la ligne d'Orléans et de la ligne de l'Ouest ; — Attendu que, le 5 octobre, Braissag a fait sommation à la compagnie de l'Ouest de lui livrer immédiatement le colis manquant, se réservant de réclamer une indemnité de 100 francs par chaque jour de retard à partir du 3 octobre; — Attendu que le 11 à midi, le colis retrouvé fut mis à la disposition de Braissag à Rennes, par les agents de la compagnie de l'Ouest; — Attendu que, par exploit du 10, Javelot fils et Pillet avaient assigné la compagnie d'Orléans, devant le tribunal de commerce de Nantes, en payement de 70000 francs, valeur de la malle, si elle n'était pas remise dans les quarante-huit heures du jugement à intervenir, et en payement de dommages-intérêts à articuler par état à la barre ;

Attendu que la remise du colis fait disparaître la première question et qu'il ne reste plus qu'à apprécier s'il est dû des dommages-intérêts ; — Attendu qu'à l'audience, modifiant la demande de l'exploit du 5 octobre (100 francs par jour de retard), Javelot fils et Pillet ont réclamé 3000 francs pour tous dommages-intérêts ;

Attendu que la compagnie d'Orléans répond à Javelot fils et Pillet que, si leur voyageur n'avait pas voulu éluder l'application des tarifs, et si, au lieu de présenter les deux colis comme bagages, il avait déclaré qu'ils contenaient des marchandises objets de bijouterie, d'une valeur de 70000 fr. dans chaque colis, le retard de sept jours dans la livraison de l'un des colis n'aurait pas eu lieu, car ses agents auraient pris des précautions spéciales pour que les colis arrivassent plus sûrement à destination; — Attendu que, pour justifier son assertion, la compagnie d'Orléans a produit au tribunal son règlement pour la comptabilité des recettes de l'exploitation, où on lit à la page 52, ce qui suit : « L'expédition de tout group, ou colis de finances et valeurs, d'une valeur déclarée supérieure à 10000 francs, est exceptionnellement précédée d'une dépêche télégraphique, adressée par la station expéditrice à la station destinataire » ; — Attendu que la compagnie d'Orléans ajoute qu'elle a reçu deux colis dont elle ne pouvait pas soupçonner, la valeur et qu'elle considérait comme bagages ordinaires ; qu'elle ne peut être, en conséquence, responsable que d'un retard de sept jours dans la livraison d'un colis ordinaire; qu'elle offre la somme de 100 frans, pour indemnité due à Javelot fils et Pillet;

Attendu qu'il est de toute justice de décider que la responsabilité des compagnies des chemins de fer doit être moins étendue lorsque les faits établissent qu'en dissimulant par sa déclaration, l'expéditeur ou le voyageur a eu en vue d'éluder l'application des tarifs plus élevés qui devraient frapper son colis; — Attendu qu'appliquant ce principe à l'espèce, l'on doit conclure qu'il n'y a pas lieu de faire droit à la demande d'indemnité de 3000 fr. de Javelot fils et Pillet; — Qu'en fait, d'ailleurs, le dommage dont ils se plaignent n'est nullement justifié, car, si Javelot lui-même est venu rechercher les colis manquant, il l'a fait avec un permis de voyager gratuitement; qu'en tout cas, son voyage était inutile, puisque les agents seuls de la compagnie étaient aptes à faire des recherches et que personnellement Javelot n'avait aucun moyen de retrouver ou d'aider à retrouver le colis; — Qu'il n'est pas possible non plus d'admettre que le voyageur Braissag ait été empêché de faire ses affaires, par suite d'un retard de sept jours dans la livraison de l'un de ses colis, puisqu'il lui en restait un autre rempli de marchandises d'une valeur égale; — Qu'il n'y a de même, aucune importance à attacher à toutes les allégations des demandeurs, de préjudices dérivés indirectement de l'accident (concurrence des voyageurs d'autres maisons, mécontentement, défiance et perte de clientèle, absence du chef de la maison de son atelier, travaux de fabrication en souffrance, etc.); que toutes ces causes prétendues d'indemnité sont formellement contraires aux prescriptions de la loi, qui n'admet comme dommages et intérêts que ceux qui sont une suite directe de l'inexécution de l'obligation et qu'on a prévus ou pu prévoir au moment du contrat;

Attendu que toute la question se réduit donc à savoir de quels dommages-intérêts la compagnie d'Orléans était passible pour avoir égaré et différé de livrer, pendant sept jours, un colis ordinaire; — Attendu que la somme de 100 francs, qu'elle offre à Javelot fils et Pillet comme indemnité, est largement suffisante;

Par ces motifs, déboute Javelot fils et Pillet de leurs demandes, fins et conclusions; — Décerne acte à la compagnie d'Orléans de son offre de leur payer la somme de 100 francs pour toute indemnité, etc.

Du 30 nov. 1876.-Trib. com. Nantes.

sur les règles générales du droit et notamment sur les art. 1149 et 1150 c. civ., en vertu desquels le débiteur est responsable, en cas d'inexécution complète ou partielle de ses obligations, survenue sans dol et par sa faute, de tout le préjudice consistant dans la perte faite et le gain manqué par le créancier, pourvu que le débiteur ait prévu ou pu prévoir, au moment du contrat, l'étendue de ce préjudice. Une compagnie de chemin de fer ayant formé avec un voyageur un contrat de transport doit donc être tenue, en cas de perte définitive ou momentanée de ses bagages, de l'indemniser du préjudice que cette perte lui cause; notamment, si c'est un commis voyageur dont les échantillons ont été égarés, il lui est dû réparation du préjudice consistant en ce qu'il n'a pu conclure, en l'absence des échantillons, des ventes avantageuses tant à lui qu'à son commettant. Dira-t-on que la compagnie n'avait pu prévoir le préjudice et, dès lors, n'en est pas tenue, en vertu de l'art. 1150? Non; car la forme des caisses d'échantillons est bien connue, et la compagnie savait ou devait savoir la nature de ce colis et donner à son expédition une attention particulière. Dira-t-on que le commis-voyageur était en faute de n'avoir pas déclaré le contenu de son colis? Non encore; car cette obligation n'a été et ne pouvait être imposée aux voyageurs que pour les matières d'or et d'argent et les marchandises précieuses, et non pour les simples échantillons; donc, à moins qu'il ne soit déclaré en fait qu'il s'agissait d'une marchandise précieuse, il n'était pas tenu de les déclarer à l'enregistrement (Dijon, 6 juill. 1859, aff. Chemin de fer de l'Est *C.* Goutard, D. P. 59. 2. 202; Bordeaux, 9 avr. 1861, aff. Chemin de fer du Midi *C.* Montairiol, D. P. 61. 2. 229; Req. 22 nov. 1871, aff. Chemin de fer du Nord *C.* Chapel, D. P. 72. 1. 63).

250. Les entreprises de chemins de fer sont responsables des sommes d'argent que les bagages d'un voyageur se trouvaient contenir, encore bien que la déclaration de ces sommes n'ait point été faite, si d'ailleurs elles étaient en proportion avec les besoins probables du voyage (Angers, 20 janv. 1858, aff. Branchereau, D. P. 58. 2. 132). De même, des objets précieux renfermés dans la malle d'un voyageur peuvent, par une appréciation souveraine abandonnée aux tribunaux, être considérés comme de simples bagages non soumis à la taxe *ad valorem* et à la déclaration auxquelles ces objets (des dentelles et des bijoux) auraient été soumis, pris isolément: en conséquence, la compagnie peut être déclarée responsable de la perte des objets dont il s'agit, malgré l'absence d'une déclaration spéciale (Req. 10 déc. 1873, aff. Comp. de l'Ouest *C.* Brégaro, D. P. 75. 1. 49).—Il a été également jugé qu'une compagnie de chemin de fer peut être rendue responsable, alors même qu'aucune déclaration n'a été faite au moment du départ, de la perte des objets d'or et d'argent qu'un bijoutier emporte dans sa malle pour les faire réparer: ces objets doivent être considérés comme de véritables bagages; donc en cas de perte, la compagnie est tenue d'en payer la valeur (Riom, 13 août 1879, aff. Besson, D. P. 80. 2. 120. V. encore sur ces questions les observations de M. Cazalens, D. P. 75. 1. 49, note; Duverdy, n°s 57 et suiv.; Bédarride, *Des chemins de fer*, t. 2, n° 465).

251. Dans tous les cas, la responsabilité du voiturier ne doit pas être étendue outre mesure; il convient de la renfermer dans les limites des obligations auxquelles le voiturier a entendu se soumettre. Ainsi les tarifs des compagnies de chemin de fer assujettissant les objets d'or et d'argent, monnayé ou non, à une taxe spéciale, elles ne sauraient être responsables des valeurs d'or et d'argent renfermées dans une malle et qui excéderaient ce qui est normalement nécessaire aux besoins du voyage, si le voyageur n'a point fait de déclaration (Bordeaux, 24 mai 1858, aff. Chemin de fer du Midi *C.* Forrest, D. P. 58. 2. 132, et sur pourvoi, Req. 16 mars 1859, D. P. 59. 1. 316; Paris, 19 mars 1875, aff. Mavrocordato, D. P. 77. 5. 92).

Il faut reconnaître, en effet, que le voyageur ne saurait réclamer de la compagnie les soins spéciaux que nécessitent les objets précieux, sans supporter les frais de surveillance spéciale que les tarifs allouent aux compagnies en pareil cas. En outre, il commet une imprudence dont il ne saurait se prévaloir contre la compagnie. Il en est ainsi, par exemple, lorsqu'un voyageur laisse, dans la malle avec laquelle il voyage en chemin de fer, des papiers dont il a intérêt à ne pas se séparer, tels que des titres sans lesquels le contrat dont la conclusion est l'objet de son voyage ne pourra devenir définitif ou recevoir son exécution et, par suite, dans le cas où cette malle a été égarée durant le transport, l'indemnité qu'il a le droit de réclamer à la compagnie, si elle doit constituer une réparation large et étendue du préjudice causé, ne saurait aller cependant jusqu'à la restitution des bénéfices qu'il se promettait, ni même jusqu'à la garantie des pertes qu'il supporte comme conséquence de la privation de ses papiers (Grenoble, 13 févr. 1872, aff. Fleury-Pont, D. P. 72. 2. 225). Il faut remarquer, d'ailleurs, que l'espèce de ce dernier arrêt ne saurait être comparée à celle qui a été examinée *suprà*, n° 249, et où il s'agissait de la perte d'échantillons; il y a entre les deux espèces cette différence que des papiers peuvent être transportés par le voyageur, tandis que des échantillons, à raison de leur volume ou de leurs dimensions, ne peuvent le plus souvent trouver place que dans une caisse ou dans une malle. Il en résulte qu'il y a imprudence, de la part du voyageur, à faire courir les risques du transport dans les conditions ordinaires à des papiers dont la possession lui était nécessaire, alors qu'il pouvait facilement les éviter. C'est également ce qui a été décidé à propos de la perte d'un billet de banque et de pièces d'or d'une valeur de 300 fr.; on a jugé qu'il y avait imprudence à placer ces valeurs dans une malle, alors que leur peu de volume permettait au voyageur de les porter facilement avec lui (Paris, 18 janv. 1873, aff. Chemin de fer de l'Ouest *C.* Bregaro, D. P. 75. 1. 49. V. encore Féraud-Giraud, t. 3, n°s 449 et suiv.; Aubry et Rau, *Cours de droit civil français*, t. 4, § 373, p. 523).

252. Dans tous les cas, le voyageur, qui peut être admis assez facilement à prétendre que sa malle contenait des objets indispensables à son voyage, doit justifier d'une manière complète, lorsqu'il étend ses prétentions à d'autres objets ou valeurs, de l'existence desdits objets ou valeurs (Féraud-Giraud, t. 3, n° 455). — Mais nous persistons à penser, ainsi qu'il a été dit au *Rép.* n° 432, que la preuve testimoniale devra être admise pour constater la consistance des malles, et cela par les motifs que nous avons exposés, *ibid.*

253. Nous avons exposé au *Rép.* n°s 419 et suiv., l'état de la jurisprudence sur le point de savoir si les entreprises de messageries répondent des paquets qui n'ont pas été inscrits sur les registres des messageries. Il résulte des tarifs des compagnies de chemins de fer que celles-ci ne répondent pas des bagages qui ne sont pas enregistrés. — Aussi les observations que nous venons de présenter ne s'appliquent-elles qu'aux bagages confiés à la compagnie, c'est-à-dire enregistrés. Quant aux bagages que les voyageurs conservent avec eux, la compagnie, qui ne les a pas pris en charge, ne saurait, en règle générale, en être responsable; il n'en serait autrement que si la perte des bagages ou leur détérioration provenait d'un accident imputable à la compagnie (Féraud-Giraud, t. 3, n° 458). — D'ailleurs, la compagnie répond des bagages des voyageurs à partir du moment où elle en reçoit le dépôt en gare, et non pas seulement à partir du moment où ils sont enregistrés; par suite, la soustraction d'un colis, survenue entre l'instant où le voyageur a apporté ses bagages sur les banquettes où sont rangés les colis à expédier, et celui où, après avoir pris son billet, il revient pour se faire délivrer un bulletin d'enregistrement, est à la charge de la compagnie (Aix, 11 mars 1871, aff. Chemin de fer de Paris-Lyon *C.* Pernessin, D. P. 73. 5. 104, V. *suprà*, n° 124).

254. — IV. Cas où la valeur de la chose a été déclarée. — On a vu au *Rép.* n° 426, et on a rappelé précédemment (*suprà*, n° 249) que les tribunaux doivent apprécier, d'après les circonstances, la somme à payer par le voiturier pour la perte des bagages.— Mais la liberté d'appréciation n'appartient aux tribunaux qu'autant que les choses sont entières, c'est-à-dire que le voyageur ou l'expéditeur n'a pas, en déclarant la valeur des objets transportés, limité l'indemnité éventuelle qu'il serait en droit de réclamer. La déclaration formelle de la note d'expédition fixant la valeur de la marchandise prise en charge par un voiturier ou une compagnie de chemin de fer est obligatoire pour l'expéditeur, le destinataire et le transporteur. Dès lors, lorsque la valeur d'une marchandise, susceptible ou non d'être taxée *ad valo-*

rem, est déclarée dans la note d'expédition remise à une compagnie de chemin de fer, celle-ci ne peut, en cas de perte du colis, être condamnée à payer pour cette perte, à l'expéditeur ou au destinataire, une indemnité supérieure à la valeur indiquée dans la déclaration (c. civ. art. 1150, 1784) (Civ. cass. 14 mars 1883, aff. Comp. de l'Est *C.* Latscha, D.P. 84. 5. 94).

255. — V. CAS OU LA PERTE EST IMPUTABLE AUX AGENTS DU TRANSPORTEUR. — On a exposé au *Rép.* n° 418, que les entrepreneurs de messageries étaient responsables des fautes de leurs agents. La jurisprudence a fait de cette règle, fondée sur le droit commun, plusieurs applications nouvelles. Ainsi, il a été décidé que, si, en principe, les entrepreneurs de transport, et notamment, les compagnies de chemins de fer, ne sont responsables de la perte des valeurs d'or et d'argent renfermées dans les bagages d'un voyageur qu'autant que ces valeurs auraient été l'objet d'une déclaration spéciale, il en est autrement au cas où il serait établi que les valeurs confiées à l'entrepreneur ont été soustraites par des personnes dont il est responsable (Req. 16 mars 1859, aff. Forrest, D. P. 59. 1. 316). — De même, on a jugé que les compagnies de chemins de fer sont responsables de la perte des titres d'actions sociales ou industrielles dont le transport leur a été confié, encore que ces valeurs n'aient point été déclarées, et que, par exemple, elles aient été placées dans une boite close et cachetée, sous la désignation de papiers d'affaires, s'il est établi que la perte soufferte est le résultat d'une soustraction imputable aux employés du chemin de fer. Et il en ainsi, notamment, lorsqu'il est constant que la boite renfermant les valeurs soustraites a été ouverte pendant qu'elle était à la disposition des employés de la compagnie (Req. 16 mars 1859, aff. Comp. de Lyon *C.* de Villarçon, D. P. 59. 1. 317). Il a été jugé encore que, si des objets précieux ont été soustraits par un agent de la compagnie, celle-ci est responsable non plus comme voiturier, mais comme maître, en vertu de l'art. 1384 c. civ., et que cette responsabilité est absolue et indéfinie; spécialement, dans le cas où une montre renfermée dans un colis a été soustraite par un employé de la compagnie, celle-ci est tenue, comme civilement responsable, d'indemniser l'expéditeur de la valeur entière de cette montre, même en l'absence de toute déclaration (Chambéry, 30 juin 1875, aff. Chemin de fer de Lyon *C.* Routin, D. P. 78. 5. 119. V. aussi Toulouse, 24 nov. 1882, cité par Féraud-Giraud, t. 3, n° 457; Picard, t. 4, p. 20).

256. Mais la responsabilité de la compagnie cesse d'être régie par l'art. 1384 du code civil, si le vol n'est pas imputable à ses agents. Ainsi lorsque des objets précieux remis à une compagnie de chemin de fer pour être transportés sont perdus ou sont volés par une personne étrangère à l'entreprise, la responsabilité de la compagnie établie par l'art. 1784 c. civ., doit être renfermée dans la limite des obligations que cette compagnie a entendu contracter, et, dès lors, peut être restreinte, à l'égard des bagages d'un voyageur, aux besoins présumés du voyage, et, à l'égard des marchandises, à la valeur déclarée (Arrêt du 30 juin 1875, cité *suprà*, n° 255).

257. — VI. TRANSPORT PAR FIACRES, VOITURES DE PLACE, OMNIBUS, ETC. — Outre les voituriers qui se chargent du transport des voyageurs et des bagages d'une manière régulière, et qui peuvent enregistrer les colis qu'ils transportent, il en est qui ne peuvent, en raison de la manière dont leur industrie s'exploite, exiger la formalité de l'enregistrement; ce sont les fiacres, voitures de place, omnibus, etc.; ces voituriers sont cependant responsables des personnes et des bagages qu'ils transportent. — Ainsi, on a jugé qu'un cocher de voiture de place est responsable de la perte des effets chargés par lui-même ou par le voyageur dans l'intérieur ou sur l'impériale de la voiture (Trib. Bruxelles, 31 mai 1847, aff. Alex, D. P. 47. 3. 84; Civ. cass. 1er mai 1855, aff. Harrison-Page, D. P. 55. 1. 157, et sur renvoi, Rouen, 27 févr. 1856, D. P. 59. 5. 334);... A moins qu'il ne prouve que cette perte a eu lieu par cas fortuit ou force majeure (Mêmes arrêts des 1er mai 1855 et 27 févr. 1856); ... Et cela, sans que le voyageur ait à faire aucune preuve sur la cause de la perte de ses bagages (Même arrêt du 1er mai 1855). Les entrepreneurs de voitures sont responsables, en vertu des règles du dépôt nécessaire, de la perte des objets renfermés dans les malles qui leur ont été confiées par les voyageurs, quelles que soient la nature ou la valeur de ces objets, et quoique le contenu des malles transportées n'ait point été déclaré (Paris, 17 déc. 1858, aff. Chambon-Lacroizade, D. P. 59. 2. 105). — Ainsi, le conducteur d'une voiture de place est responsable, en cas de perte de la malle d'un voyageur, non seulement des effets de voyage que contenait cette malle, mais encore des titres de créances qui s'y trouvaient renfermés, bien que le voyageur ne les ait pas déclarés (Même arrêt; Paris, 24 nov. 1857, aff. Sempé, *Gazette des tribunaux* du 25. V. aussi Trib. Seine, 13 avr. 1885, *suprà*, n° 96).

ART. 6. — *Des obligations de l'expéditeur et de celles du destinataire. — Force majeure* (*Rép.* nos 434 à 449).

258. Les obligations de l'expéditeur et du destinataire sont restées en principe celles qu'on a exposées au *Rép.* n° 434. Le voiturier, quel qu'il soit, particulier ou compagnie de chemin de fer, a le droit: 1° d'être payé du prix du transport; 2° d'être indemnisé de toutes les dépenses qu'il a dû faire et des pertes qu'il a dû subir dans l'intérêt de l'expéditeur ou du destinataire, s'il n'a, d'ailleurs, commis aucune faute qui engage sa responsabilité. L'expéditeur est tenu en outre de lui fournir tous les renseignements nécessaires à l'exécution du contrat de transport.

259. — I. PAYEMENT DU PRIX. — Le prix du transport peut être payé soit au départ et d'avance par l'expéditeur, soit à l'arrivée par le destinataire. — « Le mode de payement du prix, remarque M. Duverdy, n° 128, dépend de la convention des parties; il est donc susceptible d'autant de variétés que les conventions elles-mêmes. » Mais il faut remarquer que, si le mode de payement du transport peut varier indéfiniment lorsque le voiturier est une personne privée, il n'en est pas de même à l'égard des compagnies de chemins de fer. Le port dû à ces compagnies est payé au départ par l'expéditeur, ou à l'arrivée contre remise des marchandises, par le destinataire. — L'expéditeur a donc le choix ou de payer le port ou de le laisser à la charge du destinataire; ce n'est que pour certaines marchandises susceptibles d'une détérioration rapide, ou de peu de valeur, que les compagnies peuvent exiger le payement du port au départ : en dehors de ce cas tout spécial, l'expéditeur a le droit absolu de choisir (V. *infrà*, n° 261).

260. Le règlement du prix du transport entre les compagnies de chemins de fer et les expéditeurs et destinataires, peut donner lieu à des difficultés que ne présentait généralement pas le règlement du port fait avec un voiturier ordinaire : avec celui-ci, le prix était débattu d'un commun accord et porté ensuite sur la lettre de voiture. Avec les compagnies de chemins de fer, le prix du transport est bien porté sur la lettre de voiture ou le récépissé, mais il n'est pas débattu à l'avance entre les parties; ce prix n'est, en effet, autre chose que l'application des tarifs homologués par l'administration supérieure. Ces tarifs ont force de loi pour et contre les compagnies, relativement aux conditions des transports, et s'imposent, par conséquent, aux parties nonobstant toutes conventions contraires. Il en résulte que s'il a été commis une erreur dans la perception de la taxe, soit au préjudice de la compagnie, soit au préjudice de l'expéditeur, elle doit être rectifiée. C'est là une règle consacrée par une jurisprudence constante (Civ. cass. 21 déc. 1874, aff. Chemin de fer d'Orléans *C.* Chimène, D. P. 75. 1. 304; 15 nov. 1876, aff. Chemin de fer d'Orléans *C.* Fougère, D. P. 77. 1. 71; 13 févr. 1878, aff. Chem. de fer du Midi *C.* Aggery, D. P. 78. 1. 206-207; 11 mars 1878, aff. Chemin de fer de Lyon *C.* Barthélemy, D. P. 78. 1. 207; 9 avr. 1883, aff. Chemin de fer de Lyon *C.* Robin, D. P. 83. 1. 480; 2 févr. 1885, aff. Chemin de fer d'Orléans *C.* Comp. des couleurs françaises, D. P. 85. 1. 436; 25 mars 1885, aff. Chemin de fer d'Orléans *C.* Gris, *ibid.*; Féraud-Giraud, t. 2, n° 659; Aucoc, t. 3, n° 1560; Sarrut, nos 580 et suiv.).

Peu importe que l'erreur commise ait trait aux taxes de transport proprement dites ou aux taxes accessoires telles que celles de camionnage, de magasinage, etc.; dès l'instant qu'il s'agit d'une taxe déterminée par un règlement public, la règle est la même (Civ. cass. 26 juill. 1871, aff. Comp. du chemin de fer d'Orléans *C.* Havard, D. P. 71. 1. 234).

261. On a vu au *Rép.* n° 436 que l'expéditeur est tenu au payement du prix du transport, en vertu de l'art. 101

c. com., dans le cas où le voiturier ne doit pas être payé par le destinataire. A l'égard des compagnies de chemins de fer, on admet que l'expéditeur est obligé au payement du prix du transport, lorsque la marchandise a été expédiée en port dû, et que le destinataire a refusé de la recevoir ou de payer le port ou lorsqu'il n'a pu le payer (Sarrut, n° 340; Duverdy, n° 128 ; Pouget, t. 2, n° 361). L'expéditeur est, en pareil cas, tenu non seulement du prix principal du transport, mais encore des accessoires de ce prix, tels que les droits de magasinage, etc. (Lyon, 15 févr. 1882, aff. Comp. de Lyon, D. P. 82. 2. 203). — Cette obligation de l'expéditeur tient à ce qu'il est, en définitive, la seule personne avec laquelle le voiturier ait contracté. La compagnie ne connaît point le destinataire, elle ne reçoit de lui aucun mandat. L'expéditeur au contraire est le maître du contrat; il donne à la compagnie le mandat d'effectuer le transport et en détermine avec elle les conditions dans les limites des tarifs, en choisissant, par exemple, entre le tarif général et le tarif spécial qui doit servir de base au contrat (Féraud-Giraud, t. 1, n° 114). — Il en résulte même qu'il a qualité pour agir contre la compagnie en restitution de taxes par elle perçues sur le destinataire en dehors du prix convenu d'après le tarif adopté (Req. 29 juill. 1874) (1).

262. L'expéditeur étant maître du contrat, il en résulte que le contrat est régi par la loi du lieu où se fait l'expédition; en d'autres termes, le règlement applicable au transport est celui qui est en vigueur là où le contrat s'est formé. Ainsi, l'expéditeur français qui traite à l'étranger avec une compagnie étrangère pour le transport de marchandises à destination de France, se soumet aux règlements de cette compagnie, qui deviennent, dès lors, la loi des parties (Paris, 4 déc. 1877, aff. Chemin de fer d'Alsace-Lorraine, D. P. 79. 2. 23). On a vu, d'ailleurs, *suprà*, n° 241, que les règlements des compagnies de chemins de fer étrangères peuvent être invoqués devant les tribunaux français, pourvu qu'ils ne soient pas contraires aux principes d'ordre public consacrés par les lois françaises. — Réciproquement l'exportation faite en France pour l'étranger doit être régie par la loi française même en ce qui concerne son exécution sur le territoire étranger. — Ce principe a été admis par un arrêt de la cour de cassation de Belgique du 30 janv. 1879 (V. *suprà*, n° 216), à l'occasion d'une expédition faite de Belgique pour l'Alsace-Lorraine (Féraud-Giraud, t. 2, n° 1072).

263. On a vu *suprà*, n° 261, que l'expéditeur par chemin de fer a le choix entre les divers tarifs qui sont applicables, tarif général ou tarifs spéciaux (V. aussi *Voirie par chemin de fer*; — *Rép.* eod. v°, n°s 314 et suiv.). — Le tarif général est appliqué à défaut de demande d'un tarif spécial, et l'obligation de faire cette demande est absolue, en ce sens que si elle n'a pas été faite, il ne peut y être suppléé par aucun équivalent. Ainsi, il a été jugé que le tarif spécial d'une compagnie de chemin de fer qui accorde une réduction des prix de transport pour certaines marchandises portées au tarif général ne peut être invoqué qu'en vertu d'une demande expresse faite par l'expéditeur, si le même tarif stipule par contre, dans l'intérêt de la compagnie, des conditions qui impliquent la nécessité de l'acceptation formelle par l'expéditeur des charges comme des avantages de ce tarif spécial (Civ. cass. 17 janv. 1866, aff. Chemin de fer de l'Ouest C. Gallet, D. P. 66. 1. 82). — Il en serait ainsi, alors même qu'on alléguerait l'existence entre cet expéditeur et la compagnie d'une convention qui l'aurait dispensée de cette formalité (Civ. cass. 17 févr. 1869, aff. Chemin de fer d'Orléans C. Delcourt, D. P. 69. 1. 178). Et les juges ne pourraient, en l'absence d'une demande constatée, appliquer un tarif spécial. Ainsi la demande ne peut être suppléée par cette circonstance que l'expéditeur n'avait pas intérêt à ce que le tarif général fût appliqué, et qu'il n'est pas établi que la compagnie ait accompli les obligations que lui imposaient les tarifs généraux (Civ. cass. 5 févr. 1878, aff. Chemin de fer de l'Est C. Guéret-Delamarre, D. P. 78. 1. 112). Elle ne pourrait non plus être suppléée par la circonstance que le tarif spécial serait plus réduit (Civ. cass. 17 avr. 1878, aff. Chemin de fer de Lyon C. Pazikowski, D. P. 78. 1. 255; Civ. cass. 17 avr. 1878) (2); ou que la compagnie aurait usé plusieurs fois du supplément de délai à elle accordé par le tarif spécial sans que l'expéditeur eût réclamé (Civ. cass. 9 juin 1875, aff. Chemin de fer de Lyon C. Nizerolle, D. P. 75. 1. 355-356).

264. L'expéditeur qui veut profiter d'un tarif spécial est tenu d'en revendiquer le bénéfice par une demande expresse alors même que, d'après des instructions ou avis d'ordre intérieur de la compagnie chargée du transport, il serait recommandé aux agents d'appliquer au cas litigieux le tarif spécial. — Ainsi lorsque des marchandises sont remises à une compagnie sur le réseau de laquelle le tarif général est seul applicable, pour être ensuite transportées à destination par une autre compagnie ayant un tarif spécial, l'expéditeur ne peut réclamer le bénéfice de ce dernier tarif s'il ne l'a pas demandé, quelles que soient les instructions données par la seconde compagnie à ses agents pour les transports effectués dans ces conditions (Civ. cass. 12 juill. 1880, aff. Chemin de fer d'Orléans C. Guérin, D. P. 80. 1. 412).

Mais s'il est vrai qu'un tarif spécial ne puisse être appliqué que si l'expéditeur en réclame expressément l'application dans sa lettre de voiture, aucune formule rigoureuse n'est exigée pour l'expression de cette volonté. Par exemple, on a jugé qu'il suffit que l'expéditeur déclare que les marchandises voyageront en *vrac* et que la compagnie les accepte avec cette déclaration pour qu'il y ait lieu d'appliquer les tarifs spéciaux aux marchandises voyageant en vrac (Civ. cass. 31 mars 1874, aff. Chemin de fer de Lyon C. Haas, D. P. 74. 1. 254); — Que la réquisition du tarif le plus réduit équivaut à la réquisition du tarif spécial applicable à la marchandise (Civ. cass. 6 févr. 1877, aff. Chemin de fer de Lyon C. Hable, D. P. 77. 1. 383; Req. 28 juin 1877, aff. Chemin de fer de l'Est C. Verron, D. P. 78. 1. 206); — Que la preuve que l'expéditeur a réclamé l'application du tarif spécial peut résulter de diverses mentions écrites par la compagnie sur les notes d'expédition ou sur les lettres de voiture telles que *sans responsabilité* ou *appliquer les conditions des tarifs spéciaux* (Req. 9 avr. 1877, aff. Chemin de fer du Midi C. Coussirat, D. P. 77. 1. 383; Féraud-Giraud, t. 2, n° 117).

265. L'expéditeur est également maître du contrat en ce sens que lorsque la marchandise peut être acheminée à sa destination par deux ou plusieurs voies différentes, c'est à lui qu'il appartient de désigner l'itinéraire qui devra être suivi, à la condition de payer le tarif applicable à cet itinéraire (Féraud-Giraud, t. 1, n° 121 ; Circ. min. 28 mai 1867 ; Civ. cass. 20 juill. 1875, aff. Comp. de Lyon, D. P. 77. 1. 494). Il

(1) (Chem. de fer de la Haute-Italie C. Brewer et Ledez.) — LA COUR; — Attendu que la compagnie des chemins de fer de la Haute-Italie, appelée en sous-garantie par la compagnie de Paris-Lyon-Méditerranée dans une instance introduite par Brewer et Ledez contre la compagnie du Nord en restitution de taxes perçues en dehors des tarifs convenus, opposait une fin de non-recevoir tirée de ce que les sommes par elle indûment reçues ayant été payées par les destinataires, à ces derniers seuls aurait appartenu l'action en restitution;... — Attendu que les condamnations prononcées contre la compagnie de la Haute-Italie trouvent leur fondement dans l'inexécution des conventions arrêtées entre la compagnie de Lyon et les sieurs Brewer et Ledez; — Que le jugement attaqué du 30 déc. 1873 n'a donc pas violé les art. 1376 et 1377 c. civ., qui n'avaient pas leur application dans l'espèce;... — Rejette, etc.

Du 29 juill. 1874.-Ch. req.-MM. de Raynal, pr.-Puissan, rap.-Babinet, av. gén., c. conf.-Clément, av.

(2) (Chemin de fer Paris-Lyon-Méditerranée C. Chemin de fer du Midi.) — LA COUR ; — Vu les conditions d'application du tarif commun n° 3 de la compagnie demanderesse, régulièrement homologué, portant que « les prix n'en seront appliqués qu'autant que l'expéditeur en aura fait la demande expresse sur sa déclaration » ; — Attendu qu'il n'est pas dénié et qu'il est même implicitement reconnu par le jugement attaqué que, dans l'espèce, l'expéditeur des fûts vides avait, sur sa déclaration, revendiqué le tarif spécial et non pas le tarif commun n° 3 ; — Que, dès lors, en décidant que la compagnie demanderesse aurait dû appliquer les prix du tarif commun n° 3, au lieu des prix du tarif spécial n° 52, et en condamnant la compagnie à restituer la différence, le jugement attaqué a violé les dispositions ci-dessus visées d'un tarif ayant force de loi;

Par ces motifs, casse, etc.

Du 17 avr. 1878.-Ch. civ.-MM. Mercier, 1er pr.-Merville, rap.-Desjardins, av. gén., c. conf.-Dancongnée, av.

en est ainsi alors même que l'itinéraire demandé comporterait l'usage d'une ligne concurrente (Lyon, 24 mars 1874, aff. Chemin de fer de Lyon *C.* Bless, D. P. 76. 1. 242).

266. Depuis la publication du *Répertoire*, les tribunaux ont eu fréquemment, à la suite des événements de 1870-71, à trancher la question de savoir si, au cas où la force majeure oblige le voiturier à retourner la marchandise à son point de départ ou à la décharger dans un entrepôt, la totalité du voyage d'aller et de retour est due. Nous avions déjà examiné cette question au *Rép.* n° 441 et nous l'avions résolue par application de l'art. 300 c. com. d'après lequel, si le navire est arrêté en cours de voyage par ordre d'une puissance, il n'est dû aucune augmentation de fret, et par application de l'art. 299 du même code qui n'accorde au capitaine que le fret d'aller quoique le vaisseau ait été affrété pour l'aller et le retour, lorsqu'il survient au cours du voyage une interdiction de commerce avec le pays pour lequel le navire est en route. Mais la jurisprudence nouvelle n'a pas cru devoir appliquer les art. 299 et 300 c. com. aux transports par chemins de fer ; elle a jugé que ces articles étaient spéciaux au commerce maritime et ne pouvaient être étendus au contrat de commission du roulage ordinaire, notamment au transport des marchandises par voie ferrée, qui est réglé par des tarifs sanctionnés par l'autorité supérieure (Sarrut, n°s 764 et suiv.). — Dès lors, soit que la voie ordinaire et la plus courte ait été interrompue par un événement de force majeure et qu'il en soit résulté un allongement du parcours, soit que cet évènement ait supprimé toute communication avec le lieu de destination des marchandises, la compagnie a le droit de percevoir le prix du parcours total réellement accompli : l'expéditeur aura donc à supporter soit l'allongement du parcours, soit les frais de retour de la marchandise, au cas d'interruption des communications. — Ainsi la compagnie de chemin de fer qui, en présence d'un évènement de force majeure s'opposant à la continuation d'un transport, a dirigé le colis sur une voie autre que la voie indiquée par l'expédition, est fondée à réclamer un supplément de prix proportionnel à l'excédant de distance parcouru (Civ. cass. 5 mai 1869, aff. Chemin de fer d'Orléans *C.* Raison, D. P. 69. 1. 252). De même la compagnie qui, par suite de la guerre, n'a pu diriger les marchandises jusqu'à leur destination et a dû les ramener à leur point de départ, a droit au prix des deux voyages entre le lieu du départ et le point extrême où les marchandises ont pu être conduites (Montpellier, 30 juin 1871, aff. Chemin de fer de Paris-Lyon Méditerranée *C.* B..., D. P. 71. 2. 154; Paris, 6 déc. 1871, cité *suprà*, n° 185; Lyon, 11 janv. 1872, aff. Pitrat, D. P. 75. 1. 15-16). De plus, en pareil cas, le prix du transport doit être calculé d'après le nombre de kilomètres parcourus, lors même que les marchandises n'auraient pas suivi le trajet le plus court, si, ce trajet étant devenu impossible, la compagnie a agi pour le mieux des intérêts du propriétaire (Civ. cass. 21 déc. 1874, aff. Comp. d'Orléans *C.* Chimène, D. P. 75. 1. 304). Il n'en serait autrement que si, sans y être contrainte, la compagnie de chemin de fer avait employé une voie détournée pour opérer cette réexpédition et ne s'était pas, dès lors, uniquement préoccupée de l'intérêt du propriétaire des marchandises : elle ne serait fondée à réclamer, en pareil cas, que les frais du parcours direct pour l'aller et le retour (Req. 11 juin 1872, aff. Comp. Paris-Lyon-Méditerranée *C.* Fénéon, D. P. 73. 1. 36). — Par la même raison, la compagnie n'a pas davantage droit à un prix supplémentaire de transport, bien qu'elle ait dû, en présence de l'occupation imminente de l'ennemi, ramener ses wagons en arrière, si l'éloignement des gares où les marchandises ont été conduites prouve qu'en agissant ainsi elle a eu en vue la préservation de son matériel, plutôt que celle des marchandises (Lyon, 11 janv. 1872, aff. Pitrat, D. P. 75. 1. 15-16).

267. Jugé encore que la compagnie de chemin de fer qui, pour soustraire à l'ennemi des colis dont le transport lui avait été confié lors du commencement de l'invasion, a dû les faire diriger sur la partie de son réseau restée libre, est fondée à réclamer le remboursement des frais extraordinaires de transport qu'elle a avancés pour la conservation de la chose (Trib. com. Nantes, 26 juill. 1871, aff. Périé, D. P. 73. 3. 40); — Que l'entrepreneur de transport par eau qui, pour l'exécution d'une convention, dirigeait des marchandises par bateau vers Paris lorsqu'est survenu l'investissement de cette ville en septembre 1870, est fondé à réclamer en sus du prix convenu pour le transport, tant le payement du prix du parcours fait en excédant pour ramener la marchandise au lieu indiqué par l'autorité, que le remboursement des frais extraordinaires qu'il a été obligé de débourser pour sa conservation, si d'ailleurs il n'est pas établi qu'il était en retard, et qu'il aurait dû arriver avant l'investissement (Paris, 6 déc. 1871, aff. Rigault, D. P. 73. 2. 236; Féraud-Giraud, t. 1, n°s 167 et suiv. ; Bédarride, *Chemins de fer*, t. 2, n° 527; Sarrut, n°s 764 et suiv.; Duverdy, n° 128 *bis* ; Jacqmin, *De la responsabilité des compagnies de chemins de fer*, p. 161 et suiv.).

268. Si l'interruption du voyage, par suite de force majeure, peut donner lieu en faveur de la compagnie de transport au payement d'un prix plus élevé pour allongement de parcours, on doit se demander si la compagnie peut aussi réclamer des droits de magasinage lorsque les marchandises ont dû être déposées dans ses magasins ou ceux d'un entrepositaire quelconque. La jurisprudence résout négativement cette question ; elle se fonde sur ce que, aux termes de l'art. 51 des tarifs généraux, les droits de magasinage ne sont dus que pour les marchandises déposées dans les gares de départ et qui, sur la demande des expéditeurs, restent sur les quais au delà de vingt-quatre heures, ou pour celles qui, parvenues à la gare d'arrivée, ne sont pas enlevées dans les quarante-huit heures de la mise à la poste de la lettre d'avis adressée au destinataire. Cette disposition ne peut être appliquée lorsque les marchandises ont dû stationner en cours de voyage dans des gares autres que la gare de départ ou la gare d'arrivée : les droits de magasinage ne sont donc dus qu'autant que la marchandise a été retenue à la gare de départ (Montpellier, 30 juin 1871, aff. Chemin de fer de Lyon *C.* B..., D. P. 71. 1. 154), ou qu'elle est parvenue à la gare de destination (Req. 7 juill. 1873, aff. Comp. de Lyon, D. P. 74. 1. 471; Civ. cass. 14 janv. 1874, aff. Chemin de fer de Lyon *C.* Bollé-Letellier, D. P. 74. 1. 97); ils sont d'ailleurs acquis en pareil cas à la compagnie, quelle que soit la cause qui a pu empêcher le destinataire de prendre livraison dans les délais réglementaires, fût-ce même un cas de force majeure (Civ. cass. 13 mai 1874, aff. Comp. de Lyon *C.* Combes-Malle, D. P. 75. 1. 467. V. conf. Sarrut, n° 302).

Cette solution nous paraît contestable. La compagnie de chemin de fer, en emmagasinant dans une de ses gares, les marchandises qu'elle a été chargée de transporter et qui ne pouvaient, par suite de la survenance de la force majeure, continuer leur route, les a conservées pour le propriétaire ; il semble donc qu'elle ait droit à une indemnité sinon en vertu du contrat de transport lui-même, du moins à titre de gérant d'affaires par application de l'art. 1375 c. civ. On admet bien que la compagnie qui a été forcée, par suite d'un événement de force majeure, de faire parcourir à la marchandise une voie plus longue que celle qui avait été prévue, a droit à un supplément de prix (V. *suprà*, n° 267); pourquoi ne pas lui accorder le même droit lorsqu'elle a dû emmagasiner la marchandise pour la conserver? Quant au silence des tarifs sur l'hypothèse dont il s'agit, il n'y a aucun argument à en tirer : les tarifs ont pour objet de régler la rémunération des services normaux et prévus que les compagnies sont appelées à rendre au public, tels qu'ils peuvent être prévus d'avance et appréciés avec exactitude : or, il ne s'agit point ici de services réguliers, d'obligations contractuelles dont les bases ont dû être réglées par l'autorité supérieure, en raison du monopole concédé aux compagnies, et pour protéger le public contre des exigences exagérées ; il s'agit de régler les conséquences d'un quasi-contrat survenu entre la compagnie et le propriétaire de la marchandise, d'après les règles de l'équité et du droit commun. Contestera-t-on, par exemple, que si la compagnie a reçu une taxe excessive pour un transport, la compagnie ne doive la restituer, et ne soit soumise ainsi aux conséquences du payement de l'indu, c'est-à-dire d'un quasi-contrat? N'en doit-il pas être de même dans le cas de gestion d'affaires, qui est celui qui nous occupe? Ce qui est certain, c'est que les tarifs ne sont pas faits pour les cas extraordinaires, imprévus, dont aucune convention ne peut régler les conséquences : il faut à notre avis, statuer ici d'après le droit commun, et évaluer l'indemnité à laquelle la compagnie peut avoir droit, comme on évaluerait les dommages-intérêts en cas de faute à sa charge (V. en ce sens, une dissertation de M. Boistel, D. P. 74. 1. 97, note).

269. Parmi les cas de force majeure, il faut ranger l'encombrement des gares provenant de circonstances exceptionnelles (Féraud-Giraud, t. 2, n° 869. V. *Voirie par chemin de fer*). A la suite des évènements de 1870-1871, l'Administration a autorisé d'une manière provisoire, les compagnies de chemins de fer à prendre certaines mesures spéciales : ainsi, par suite de l'encombrement des marchandises dans les différentes gares, le ministre des travaux publics avait provisoirement accordé aux compagnies, dans un intérêt général, le droit de faire camionner d'office, soit au domicile du destinataire, soit dans un magasin public, toute marchandise qui, adressée en gare à un point quelconque de leurs réseaux, ne serait point enlevée dans un délai déterminé à partir de la mise à la poste de la lettre d'avis au destinataire. On a prétendu que les frais de magasinage, en pareil cas, devaient être réglés au taux généralement adopté par les usages du commerce et non d'après le taux adopté par le magasinier public auquel les marchandises seraient confiées; mais cette prétention n'a pas été admise par la jurisprudence. Il a été jugé qu'en pareil cas, le destinataire, avisé du dépôt, ne pouvait exiger la réduction des frais de magasinage au taux ordinaire du commerce ; qu'il devait les payer suivant le tarif convenu entre la compagnie et l'entrepositaire, alors surtout que ce tarif était moins élevé que celui de la compagnie (Dijon, 11 déc. 1872, aff. Berrieux, D. P. 73. 5. 101).

270. A l'occasion des interruptions qu peut subir l'exécution du transport, on a signalé au *Rép.* n° 442 l'obligation, pour le voiturier, contraint par la force majeure à interrompre le voyage, de prévenir son commettant. L'existence de cette obligation n'est pas admise par M. Féraud-Giraud, n° 168, à l'égard des compagnies de chemins de fer; d'après cet auteur, en modifiant la direction, la compagnie agit en vertu des pouvoirs que lui confère, en pareil cas, le mandat qui résulte de la nature du contrat de transport; comment d'ailleurs, discerner à qui la compagnie devra adresser l'avertissement? Sera-ce à l'expéditeur ou au destinataire, devra-t-elle en outre attendre les ordres, et de qui? « La compagnie, dit-il, a reçu mandat de faire parvenir les marchandises à destination; les évènements de force majeure impliquent généralement par eux-mêmes l'obligation d'agir immédiatement, les agents des transports sont plus à même que qui que ce soit de prendre utilement les mesures d'urgence que commandent les circonstances. D'ailleurs, si ces mesures constituent des fausses manœuvres ayant le caractère de fautes, la responsabilité du transporteur sera engagée et c'est là une garantie réelle contre une mauvaise gestion. Aussi, en règle générale, l'avis ne nous paraît pas nécessaire ou du moins obligatoire... » M. Sarrut, au contraire, semble admettre l'opinion que nous avions exprimée au *Répertoire*, tout en estimant que la question n'est pas susceptible d'une solution absolue : « Si nous voulons, dit cet auteur, n° 762, dégager un principe, nous devons poser comme règle que la compagnie doit, avant d'employer une voie différente de celle dont elle était convenue avec l'expéditeur, avertir celui-ci ou le destinataire, et demander leurs instructions. A-t-il été impossible à la compagnie de prévenir l'expéditeur ou le destinataire, et la voie qu'elle fait suivre à la marchandise est-elle d'ailleurs la moins désavantageuse, la compagnie est censée avoir agi comme eût agi l'expéditeur ou le destinataire, et ceux-ci ne peuvent que ratifier ses actes ;... la compagnie pouvait-elle au contraire aviser les intéressés et ne l'a-t-elle pas fait, elle est en faute... ». Cette distinction est rationnelle, et elle paraît conforme à la jurisprudence. D'une part, en effet, l'arrêt du 5 mai 1869 (cité *suprà*, n° 266) décide, en cas de simple changement d'itinéraire, que le défaut d'avertissement ne constitue pas à lui seul une faute, et qu'en dehors de la constatation d'un fait constitutif d'une autre faute, les conséquences de la force majeure ne sauraient être mises à la charge de la compagnie (V. conf. Sourdat, *Responsabilité*, 2e éd., t. 2, n° 1099). — D'autre part, lorsqu'il y a possibilité d'avertir l'expéditeur et d'attendre ses instructions sans compromettre le sort des marchandises, on a jugé que la compagnie, en ne demandant pas les instructions de son mandant, commet une faute de nature à engager sa responsabilité (Toulouse, 22 avr. 1872, aff. Barat, D. P. 73. 2. 54).

271. Au reste, la convention intervenue entre les parties est, à l'égard de l'itinéraire à suivre, la loi à laquelle elles doivent se conformer (*Rép.* n° 443). Aussi, sauf les cas exceptionnels que l'on vient d'indiquer, la compagnie de chemin de fer qui aurait, en cours de route, modifié l'itinéraire convenu n'aurait droit à aucune augmentation du prix de transport (Féraud-Giraud, t. 1, n° 121). Quant au changement d'itinéraire qui serait prescrit, au cours du contrat, par l'expéditeur, c'est là une hypothèse qui ne se présentera guère dans la pratique des transports par chemin de fer, si ce n'est dans des circonstances tout exceptionnelles, par exemple en cas d'interruption des lignes par la force majeure. Nous pensons qu'au cas où le nouvel itinéraire serait plus long que celui qui avait été primitivement fixé, la compagnie aurait droit, comme tout voiturier, conformément à ce que nous avons dit au *Rép.* n° 443, à un supplément de prix.

272. On a vu au *Rép.* n° 445, qu'en cas d'avaries engageant sa responsabilité, le voiturier est tenu d'en compenser le montant avec le prix par lui réclamé : il y a, en effet, dans ce cas, de la part du voiturier, un défaut d'exécution du contrat qui ne lui permet d'exercer son privilège que jusqu'à concurrence de ce qui lui sera dû après déduction de la somme mise à sa charge à raison des avaries de la chose transportée. — Ce principe a été de nouveau consacré en jurisprudence (Paris, 6 déc. 1871, aff. Rigault, D. P. 73. 2. 236, et *suprà*, n° 185).

273. Comme on l'a exposé au *Rép.* n° 447, l'expéditeur peut refuser d'acquitter le montant du prix du transport si le voiturier ne justifie pas qu'il l'a exécuté. Cette solution s'étend évidemment au destinataire lorsqu'il s'agit de transports par chemin de fer et que le port est laissé à sa charge. Aussi la jurisprudence décide-t-elle, d'une manière constante, que le destinataire a le droit, avant de recevoir les objets transportés et de payer le prix du transport, de vérifier le contenu des colis, alors même qu'ils se trouveraient en état de bon conditionnement extérieur, afin de s'assurer qu'il n'existe pas à l'intérieur quelque avarie engageant la responsabilité du voiturier ; de plus, le voiturier, n'est fondé à exiger la vérification préalable par experts, conformément à l'art. 106 c. com., qu'en cas de refus de réception des objets transportés (Bourges, 1er avr. 1854, aff. Chemin de fer du Centre, D. P. 55. 2. 53 ; Req. 20 nov. 1860, aff. Chemin de fer de l'Est *C.* Haas, D. P. 61. 1. 271 ; Civ. rej. 16 janv. 1861, aff. Chemin de fer de l'Est *C.* Lang, D. P. 61. 1. 126.; Civ. cass. 14 août 1861, aff. Paillet-Tulard, D. P. 61. 1. 384 ; Féraud-Giraud, t. 1, n° 205, t. 2, n° 919 ; Sarrut, n° 706 ; Duverdy, n° 98 ; Bédarride, t. 1, n° 290 ; Picard, t. 4, p. 734, Jacqmin, p. 122 et suiv.). Vainement le voiturier prétendrait-il qu'ayant lui-même reçu les colis de l'expéditeur sans autre constatation que celle de leur bon état extérieur, il n'est tenu que de les rendre en cet état pour être à l'abri de toute responsabilité. Les compagnies de chemins de fer ont le droit de procéder à la vérification des objets qui leur sont présentés, et de contrôler ainsi l'exactitude des déclarations d'expédition (Paris, 16 août 1853, aff. Chemin de fer d'Orléans *C.* Messageries impériales, D. P. 55. 1. 219 ; Bourges, 1er avr. 1854 précité ; Lyon, 30 juin 1864, aff. Chemin de fer de Lyon *C.* Grisard, D. P. 65. 2. 184 ; Sarrut, n° 379 ; Féraud-Giraud, t. 1, n° 110). Le défaut de vérification par la compagnie vaut donc, de sa part, acceptation des déclarations de l'expéditeur, et l'oblige à restituer les objets déclarés. Il a été décidé, en ce sens, qu'une compagnie de chemin de fer à qui a été présenté un group d'argent doit, en cas de vol des espèces contenues dans ce group, payer la valeur qui lui a été déclarée (Paris, 20 juill. 1883, aff. Giruit, D. P. 84. 2. 195, et sur pourvoi, Req. 11 août 1884, D. P. 85. 5. 85).

Il a cependant été jugé, en sens contraire, qu'une compagnie de chemin de fer n'est tenue de remettre au destinataire que le group tel qu'elle l'a reçu, c'est-à-dire en bon état, sans avarie, et dans le même conditionnement que lors de la prise en charge, et que, par suite, le destinataire n'a pas le droit d'exiger, avant de prendre livraison, que les groups soient ouverts et que le contenu en soit vérifié contradictoirement avec lui (Rennes, 26 juill. 1881, aff. Meslé, 2e espèce, D. P. 84. 2. 195). Mais cette dernière solution ne paraît pas fondée. La compagnie de chemin de fer ayant, comme on vient de le dire, la faculté de vérifier, avant la prise en charge, l'état extérieur et intérieur des colis, et de contrôler ainsi l'exactitude des déclarations d'expédition, il en résulte que, si elle s'abstient de cette vérification préalable et suit ainsi la foi de l'expéditeur, elle doit être présumée avoir reçu la quantité et la qualité de marchandises qui lui ont été livrées, qu'elle a comptées, pesées et enregistrées. A cette présomption se rattache nécessairement l'obligation pour la compagnie de prouver contre les déclarations qu'elle a tenues pour exactes, en un mot, contre le titre qu'elle a donné à l'expéditeur. Une fois l'enregistrement et le pesage effectués, la compagnie perçoit le tarif correspondant au poids et à la nature de la marchandise déclarée, et la marchandise est désormais exclusivement sous sa garde. On ne conçoit pas, dès lors, comment l'expéditeur qui réclame cette même marchandise aurait à fournir une preuve quelconque. — Y a-t-il lieu de décider autrement en ce qui concerne les transports de valeurs, d'espèces d'or ou d'argent ou autres objets précieux? La cour de Rennes allègue les précautions minutieuses d'emballage qu'impose pour cette catégorie spéciale de marchandises un document du 3 avr. 1862, qu'elle qualifie, d'ailleurs à tort d'arrêté ministériel (V. sur ce point : Lamé-Fleury, *Code annoté des chemins de fer*, 3e éd., p. 279; Sarrut, nos 709 et suiv.; Féraud-Giraud, t. 1, no 106). Mais la compagnie n'en est pas moins toujours libre d'exiger une vérification préalable et complète, l'ouverture du group, ou même l'exécution sous ses yeux des formalités de conditionnement. Dès lors, si elle renonce à son droit, les conséquences de cette renonciation ne peuvent se produire qu'à son encontre, et il serait injuste que l'expéditeur eût à souffrir de l'inaccomplissement d'une précaution, toute dans l'intérêt de la compagnie, et qu'il était impuissant à lui imposer. Sans doute, les compagnies de chemins de fer, empêchées le plus souvent par les nécessités de leur service de vérifier les nombreux colis qu'on leur apporte, sont exposées à la fraude; mais, en droit, l'objection serait sans valeur: la compagnie est liée par le contrat dont elle a accepté les bases. Il ne s'agit pas, d'ailleurs, d'assurer l'impunité de la fraude, mais seulement d'obliger la compagnie à en fournir la preuve.

274. — II. Remboursement des frais occasionnés par le transport. — Le droit pour le voiturier d'être indemnisé des dépenses que lui a occasionnées l'exécution du contrat de transport (*Rép.* no 434) ne soulève aucune difficulté. Une grande partie de ces dépenses sont, à l'égard des compagnies de chemins de fer, comprises dans l'expression *prix de transport*, qui comprend non seulement le prix du trajet par chemin de fer, mais aussi les frais accessoires de manutention, de camionnage, les débours, etc. (V. Sarrut, no 579).

Comme on l'a vu au *Rép.* nos 437 et suiv., le voiturier doit être indemnisé de ses frais, alors même que le voyage ne s'est pas accompli, si l'empêchement provient du fait de l'expéditeur, par exemple, lorsque le chargement est saisi pour inaccomplissement de formalités que l'expéditeur devait remplir, ou lorsque la chose a péri avant le chargement, par la faute de ce dernier. Il doit être également tenu compte, en pareil cas, au voiturier du gain qu'il a manqué de faire. Les règles que nous avons exposées nous paraissent être appliquées aussi bien aux compagnies de chemins de fer qu'aux autres commissionnaires de transport, et nous estimons qu'il y a lieu de se conformer à l'égard de ces compagnies à ce qui a été dit au *Rép.* no 437, pour tout service régulier de transports.

275. — III. Obligation de fournir au voiturier les moyens d'accomplir son mandat. — L'expéditeur est tenu de donner au voiturier tous les renseignements nécessaires pour faire arriver en bon état la marchandise à destination. Ces renseignements doivent comprendre, outre les indications spéciales sur le destinataire et son adresse, des renseignements qui lui permettent de prendre à l'égard de la marchandise les précautions propres à assurer sa conservation. Il s'ensuit que l'expéditeur doit faire connaître au voiturier la nature exacte de la marchandise. Cette obligation existe à l'égard des compagnies de chemins de fer comme de tout autre voiturier. Les renseignements que l'expéditeur doit fournir sont consignés dans la déclaration d'expédition, laquelle doit être exacte et complète.

276. L'expéditeur qui ferait une déclaration fausse ou incomplète commettrait une faute qui pourrait avoir pour conséquence d'engager sa propre responsabilité (V. *Rép.* vo *Voirie par chemin de fer*, nos 384, 452, 604; Féraud-Giraud, t. 1, nos 100 et suiv.; Sarrut, nos 311 et 323). Ainsi, il a été jugé que l'expéditeur qui charge un voiturier (dans l'espèce, une compagnie de chemin de fer) de transporter une marchandise inflammable est tenu de l'avertir de la nature de cette marchandise, à peine d'être responsable du dommage souffert par le voiturier, sans imprudence de sa part, dans l'exécution du contrat, lorsqu'il est constaté, en fait, que le dommage subi par le voiturier a pour cause la combustion spontanée de la marchandise transportée; ce dommage ne peut être laissé à sa charge que dans le cas où l'expéditeur fournirait la preuve qu'il a averti le commissionnaire de transport de la nature de la chose expédiée (Civ. cass. 8 mai 1883, aff. Comp. de l'Est C. Bloch, D. P. 83. 1. 446). En effet, l'art. 21 de l'ordonnance du 15 nov. 1846 sur la police des chemins de fer défend de charger, dans les convois portant des voyageurs, des matières pouvant donner lieu soit à des explosions, soit à des incendies, ces matières devant être exclusivement transportées par les convois de marchandises. Puis l'art. 66 de la même ordonnance, étendant cette prescription en ce qui concerne les expéditeurs, leur impose l'obligation de déclarer la nature des marchandises explosibles ou inflammables au moment de leur entrée en gare, afin que les compagnies puissent prendre les mesures spéciales de précaution jugées nécessaires pour leur transport et prescrites par des règlements spéciaux (*Rép.* vo *Voirie par chemin de fer*, no 318; Féraud-Giraud, t. 1, nos 471 et suiv.). Dès lors, l'omission d'une semblable déclaration par l'expéditeur constitue de sa part une faute lourde, dont il doit la réparation, aux termes des art. 1382 et 1383 c. civ., s'il en est résulté un préjudice pour le commissionnaire de transport. La même responsabilité résulterait d'ailleurs à sa charge de l'art. 103 c. com., puisque cet article déclare le voiturier garant des avaries autres que celles qui proviennent du vice propre de la chose, et que l'art. 1947 c. civ. applique cette règle en obligeant le déposant à indemniser le dépositaire de toutes les pertes que le dépôt peut lui avoir occasionnées. De même, une compagnie de chemin de fer ne peut être déclarée responsable, de plein droit et hors la constatation de circonstances constitutives d'une faute de sa part ou de celle de ses agents, de l'avarie survenue à une statue en terre cuite, qui, par suite d'une déclaration mensongère, a été transportée au prix fixé par les tarifs généraux de la compagnie, sans majoration de la taxe édictée à cet égard par une disposition formelle du tarif (Civ. cass. 14 août 1883, aff. Comp. du Nord C. Videcoq, D. P. 84. 1. 344).

Art. 7. — *Sur qui tombe la perte des marchandises expédiées* (*Rép.* nos 450 à 456).

277. On a vu au *Rép.* no 450 que, conformément aux dispositions de l'art. 100 c. com., les risques du transport sont à la charge du propriétaire de la chose transportée. Mais l'art. 100, se bornant à dire que la chose voyage aux risques de son propriétaire, n'indique nullement à qui elle appartient. De là des difficultés qui ne peuvent être résolues que par l'application des principes de la vente. Ainsi, comme nous l'avons rappelé au *Répertoire*, les risques sont, en principe, à la charge de l'acheteur, si, au moment où la marchandise vendue sort des magasins du vendeur, la vente était parfaite, ce qui arrive quand la vente a pour objet un corps certain, même consistant en marchandises vendues en bloc, la vente étant parfaite en pareil cas, même avant que ces marchandises aient été pesées, comptées ou mesurées, conformément aux dispositions de l'art. 1586 c. civ. Les marchandises voyageant alors aux risques du destinataire, l'expéditeur n'est pas responsable du retard survenu dans l'arrivée desdites marchandises par le fait du commissionnaire de transport qu'il a employé, s'il a effectué l'expédition à l'époque convenue (Paris, 24 mai 1848, aff. Noséda, D. P. 48. 2. 127). Au contraire, dans le cas où elles ont été vendues *in genere*, il faut distinguer : si elles sont livrables chez l'acheteur, elles voyagent aux risques du vendeur qui en reste propriétaire jusqu'à la livraison; elles voyagent, au contraire, aux risques de l'acheteur qui en est devenu propriétaire, si elles sont livrables chez le vendeur ou dans un autre endroit désigné par les parties avant le transport (Lyon-Caen et Renault, n° 893). Ainsi, par exemple, dans les ventes au poids sur commande de marchandises expédiées d'un lieu sur un autre, la vente est parfaite et la propriété est transférée à l'acheteur dès l'instant où les marchandises ont été pesées et remises au voiturier par le vendeur, et non pas seulement du moment où elles ont été livrées à l'acheteur et agréées par lui (Rouen, 28 janv. 1878, aff. Chemin de fer du Nord *C.* Heurteux, D. P. 79. 2. 102). Dans ce cas, on doit considérer que le mandat de procéder au pesage destiné à individualiser la marchandise, mandat qui a été nécessairement conféré par l'acheteur, soit au vendeur, soit au voiturier choisi par celui-ci, rend la vente parfaite à l'égard de cet acheteur par la sortie des mains du vendeur et la remise au voiturier de la marchandise pesée.

On admet également que la marchandise vendue à tant la mesure, et stipulée livrable sous vergues, est réputée livrée à l'acheteur à compter du jour de l'embarquement, et qu'elle voyage à ses risques et périls (Rouen, 18 juill. 1872, aff. Rucker, D. P. 73. 2. 39, et sur pourvoi, Req. 3 mars 1873, D. P. 73. 1. 300). — Dans cette hypothèse, la clause suivant laquelle la marchandise est livrable sous vergues indique qu'elle devait être livrée avant le transport; que la délivrance et le mesurage devait se faire sur le navire à l'embarquement; que le destinataire devait avoir là un mandataire pour contrôler l'opération, et qu'il devenait ainsi propriétaire de la marchandise.

278. Mais ces règles constituent de simples présomptions, qui peuvent être modifiées par la volonté des parties; et il est même des cas où, sans stipulation contraire et alors même qu'il s'agit d'un corps certain, la perte de la marchandise est pour le vendeur; par exemple, il en est ainsi, lorsque le vendeur s'est chargé de l'expédition, et que la marchandise a péri par la faute de celui qu'il s'est substitué (Caen, 11 déc. 1844, aff. Alexandre, D. P. 45. 4. 519). — En effet, la présomption que les marchandises voyagent aux risques de l'acheteur s'applique à la perte par cas fortuit, mais nullement aux cas où une faute est reprochée à l'une des parties. C'est un principe élémentaire que la question des risques est exclusive de la question des fautes, et réciproquement (Lyon-Caen et Renault, n° 893). Il en résulte que, lorsque le poids des marchandises transportées a été exagéré par l'expéditeur, il n'y a pas lieu d'appliquer la règle que les marchandises voyagent aux risques de l'acheteur (Req. 1er avr. 1873, aff. Ephrusi, D. P. 75. 1. 28). — C'est là un principe qui était déjà admis lors de la publication du *Répertoire*, et dont nous avons signalé certaines applications au n° 452.

279. La règle posée par l'art. 100 c. com. est-elle absolue? N'y a-t-il pas des cas où la perte ou l'avarie doit être répartie entre le propriétaire et les autres personnes dont les marchandises sont transportées en même temps, comme le prescrivent les art. 410 et suiv. c. com. pour le cas de jet des marchandises transportées par mer? Par exemple, si, dans un cas de force majeure, une partie des marchandises transportées a été sacrifiée pour sauver le reste, le propriétaire des marchandises peut-il exiger que les destinataires de celles qui ont été sauvées contribuent proportionnellement à la perte? — Une pareille prétention ne saurait être admise; les règles contenues dans le titre du *jet et de la contribution* ont, en effet, un caractère tout spécial; elles concernent uniquement les transports maritimes et ne sauraient trouver leur application en matière de transports terrestres. C'est ce qu'ont décidé deux arrêts, l'un de la cour de Paris, du 17 janv. 1862 (aff. Cohin, D. P. 62. 2. 30), l'autre de la chambre des requêtes, du 4 mars 1863 (même affaire, D. P. 63. 1. 399). Aux termes de ces arrêts, les art. 410 et suiv. c. com., qui, pour le cas de jet à la mer, règlent la contribution aux pertes, ne sont pas applicables aux commissionnaires de transport, dont la responsabilité est fixée par les seuls art. 97 et suiv. c. com. En conséquence, si, dans un cas de force majeure, une partie des marchandises transportées a été sacrifiée pour sauver le reste, le propriétaire de ces marchandises ne peut exiger que les destinataires de celles qui ont été sauvées contribuent proportionnellement à la perte. Spécialement lorsque le conducteur d'une diligence a remis à des voleurs armés, et sur leur injonction, une certaine partie des objets dont il effectuait le transport, la perte des objets volés est supportée exclusivement par leur propriétaire, sans que le surplus du chargement soit tenu de contribuer à cette perte (V. sur la question, les conclusions de M. Sapey, substitut du procureur général, dans l'affaire Cohin, rapportées D. P. 62. 2. 31-32).

280. On sait que l'art. 216 c. com. permet au propriétaire du navire de se libérer des engagements contractés par le capitaine ou résultant du fait de celui-ci, au moyen de l'abandon du navire et du fret. Cet article s'applique aux compagnies qui font un service régulier de transports, comme à tout autre armateur ou propriétaire de navires (Paris, 24 mai 1862, aff. Risk-Allah-Efferide, D. P. 62. 2. 175; Civ. rej. 22 mai 1867, aff. Sarrat, D. P. 67. 1. 213). Mais comme il consacre une dérogation au droit commun, d'après lequel chacun est responsable de ses dettes sur tous ses biens, il ne peut être étendu à un cas autre que celui que le législateur a eu expressément en vue, c'est-à-dire celui où l'armateur ou le propriétaire est tenu *uniquement*, comme responsable civilement, des actes du capitaine. Il ne peut notamment être étendu au cas où il s'agit de libérer les engagements directs et personnels du propriétaire (V. Req. 11 avr. 1870, aff. Lopez, D. P. 72. 1. 54). — Il a été décidé, d'après ces principes, que l'armateur, concessionnaire d'une entreprise de transports de dépêches, ne peut, si les dépêches sont perdues par suite d'un naufrage, être admis à se libérer de toute responsabilité par l'abandon du navire et du fret (Cons. d'Ét. 8 mai 1874, aff. Valéry, D. P. 75. 3. 32). Et il importe peu, d'après cet arrêt, qu'un article du traité de concession déclare le capitaine du paquebot responsable de tout ce qui regarde le service des correspondances, et le charge de la réception et de la remise des dépêches : cette responsabilité ne fait pas, en effet, disparaître, et ne diminue pas, celle de la compagnie concessionnaire, qui a contracté vis-à-vis de l'Administration une obligation directe et personnelle en ce qui concerne l'exécution du marché. Il en résulte que, dans ces conditions, les engagements pris par la compagnie dans son marché ne sont pas de ceux dont elle puisse s'affranchir en faisant l'abandon prévu par l'art. 216 c. com. (V. en sens contraire : Paris, 9 juill. 1872, aff. Valéry, D. P. 74. 2. 193).

281. On reconnaît toujours, suivant la doctrine exposée au *Rép.* n° 455, que si, en règle générale, la marchandise voyage au compte de l'acheteur, il ne s'ensuit pas qu'il ait seul qualité pour intenter une action en indemnité contre le commissionnaire de transport ou le voiturier. On persiste, en effet, à admettre que le voiturier ne saurait être juge de la question de savoir si les marchandises qu'il transporte sont la propriété de l'expéditeur ou celle du destinataire (Paris, 12 juill. 1876, aff. Chemin de fer de Lyon *C.* Batisse-Digeon, D. P. 79. 2. 102; Rouen, 28 janv. 1878, aff. Chemin de fer du Nord *C.* Heurteux, *ibid.*; Paris, 5 mars 1879, aff. Van Lée, D. P. *ibid.*). Et il ne peut, par conséquent, comme nous le remarquions au *Rép.* n° 455, prétendre que l'expéditeur n'a pas qualité pour lui réclamer des dommages-intérêts (Duverdy, n° 92. V. aussi *suprà*, n° 199). — Qu'il s'agisse, en effet, de l'action en responsabilité pour retard ou avarie ou de l'action en responsabilité pour perte de la marchandise, la situation est identique, et dans les deux cas l'action en responsabilité est intentée dans les mêmes conditions; les explications que nous avons fournies ci-dessus s'appliquent ici et complètent celles qui ont été données au *Rép.* nos 455 et 456.

Art. 8. — *Du privilège du commissionnaire sur les choses transportées* (*Rép.* nos 457 à 460).

282. Nous avons exposé au *Rép.* n° 457 l'origine du privilège que les art. 106, § 3, c. com., et 2102, n° 6, c. civ. accordent au voiturier pour lui assurer le payement des frais du transport et des dépenses qu'il a dû faire pour assurer la conservation de la marchandise. La doctrine reste divisée sur la question de savoir si l'on doit attribuer comme origine à ce privilège l'augmentation de valeur acquise par la chose par suite du transport, ou s'il faut le considérer comme fondé uniquement sur le droit de rétention. Nous avions préféré au *Répertoire* l'opinion qui, en fondant le droit de préférence du commissionnaire de transport sur ce que les dépenses avaient été faites dans l'intérêt de la chose, lui permet de l'exercer, encore bien que la chose soit sortie de ses mains. Cette opinion est encore partagée par quelques auteurs (V. notamment : Duverdy, nos 131 et suiv. ; Emion, *Manuel de l'exploitation des chemins de fer*, t. 2, n° 183 ; Pouget, t. 2, p. 372 ; Bédarride, *Des commissionnaires*, nos 382 et suiv.) ; — Mais elle est rejetée par MM. Sarrut, nos 593 et suiv. ; Féraud-Giraud, t. 2, n° 653 ; Lyon-Caen et Renault, *Précis de droit commercial*, n° 937 ; Aubry et Rau, *Droit civil français*, 4e éd., t. 3, § 261-7° ; Picard, t. 4, p. 742). Ces auteurs invoquent à l'appui de leur opinion les arguments qui étaient déjà présentés lors de la publication du *Répertoire*, et que nous y avons résumés. « En supposant, dit M. Sarrut, n° 597, que le privilège du voiturier ne résulte pas d'un gage proprement dit, comment serait-on mieux fondé à prétendre qu'il se rattache à l'augmentation de valeur donnée à la chose par le transport? On ne trouve nulle part, dans la loi, de privilège établi pour les frais de simple amélioration d'une chose mobilière. Mais surtout quand des privilèges certainement très favorables, le privilège du bailleur, le privilège du vendeur, le privilège du capitaine de navire, doivent être exercés dans un délai déterminé, délai très court d'ailleurs, comment pourrait-on soutenir que le privilège du voiturier n'est pas renfermé, quant à son exercice, dans un délai fixe? Par le soin qu'il a eu de déclarer expressément que certains privilèges survivraient à la perte de possession de l'objet, le législateur n'a-t-il pas fait connaître que pour les autres privilèges, le privilège du voiturier, notamment, l'extinction devrait se produire aussitôt que serait effectuée la livraison de l'objet sur lequel il portait? En remettant les colis au destinataire, alors qu'il pouvait les garder, le voiturier a suivi la foi de ce dernier ; il a renoncé à la garantie spéciale que la loi avait établie dans son intérêt ; il est donc dans la même situation que les créanciers ordinaires, il ne peut que concourir avec eux.» — Quant à la jurisprudence, elle semble avoir définitivement adopté la doctrine suivant laquelle le privilège du voiturier ne subsiste qu'autant qu'il est en possession des objets transportés (V. les décisions citées au *Rép.* v° *Privilèges et hypothèques*, n° 401).

283. Le droit de préférence s'exerce, en général, à l'égard du propriétaire de la marchandise, lequel est le plus souvent, ainsi qu'on l'a vu *suprà*, nos 277 et suiv., le destinataire ou l'expéditeur. Mais il est des cas où le voiturier peut agir conformément à l'art. 106 c. com., vis-à-vis d'un tiers simple détenteur et non propriétaire de la marchandise. Ainsi, il a été jugé que, lorsque, à l'approche de l'ennemi, un préfet donne à un directeur de magasins d'approvisionnement l'ordre de transporter à la gare, pour être évacués, les objets qu'il a dans ses magasins soit en propriété, soit à titre de consignation, cette opération fait naître entre la compagnie de transports et le directeur des magasins un lien de droit qui confère à ce dernier la qualité d'expéditeur à l'égard de la compagnie, et permet à celle-ci d'exercer contre lui le privilège de l'art. 106 c. com. (Rennes, 22 août 1871, aff. Chemin de fer de l'Ouest C. Lambert et le préfet de la Sarthe, Lamé-Fleury, *Bulletin annoté des chemins de fer*, 1873. 97).

284. La question de savoir si l'effet du privilège accordé au voiturier s'étend aux sommes qu'il aurait à réclamer soit pour avances, soit pour transports antérieurs, a été résolue dans le sens que nous avions considéré comme le plus juridique (*Rép.* n° 460). On décide, d'une manière à peu près unanime, que le privilège sur la chose transportée ne s'applique qu'aux frais du transport de cette chose, et non aux sommes dues pour transports antérieurement effectués, même en vertu d'un traité unique, si d'ailleurs ces divers transports sont distincts les uns des autres et ne constituent pas le mode d'exécution d'une seule opération (Req. 13 févr. 1849, aff. Chemin de fer de Paris à Rouen C. Blanche, D. P. 49. 1. 155 ; Bédarride, t. 1, nos 310 et suiv. ; Sarrut, nos 601 et suiv. ; Féraud-Giraud, t. 2, n° 655).

Mais, dans le cas où une marchandise est remise le même jour, et par suite d'un seul et même contrat, à une compagnie pour en effectuer le transport sans morcellement ou fractionnement, et où, contrairement à cette convention, la compagnie n'exécute que successivement le transport par plusieurs voyages et livraisons séparées, les auteurs se divisent sur la question de savoir si la compagnie conserve un privilège sur les marchandises qui font partie du dernier envoi, pour le payement du port dû par suite du contrat unique qu'elle a consenti. M. Féraud-Giraud, t. 2, n° 655, estime que l'affirmative serait éminemment équitable (V. dans le même sens : Rouen, 3 janv. 1863) (1). — Nous croyons, avec M. Sarrut, nos 607 et suiv., que la question ne peut pas être résolue d'une manière absolue. En effet, la doctrine juridique unanimement admise est celle de l'arrêt précité du 13 févr. 1849, suivant lequel le privilège du voiturier pour les frais de transport ne s'étend pas d'une manière générale et absolue, pour tous les frais de transport, sur tous les objets transportés, en vertu d'un seul et unique traité préexistant entre l'expéditeur et le destinataire. La nature du privilège, qui résulte d'un fait prévu par la loi, et qui ne prend pas sa source dans une convention expresse ou présumée entre les parties, répugne à ce caractère de généralité. Le fait lui-même de transport est donc seul à considérer pour déterminer l'étendue du privilège du voiturier. « La question, comme le dit très bien M. Sarrut, *loc. cit.*, est uniquement celle-ci : les choses transportées au moyen d'envois successifs ne sont-elles que les diverses parties d'un tout, d'un ensemble? Sont-elles jointes par un lien tellement étroit, tellement nécessaire, que leur ensemble constitue la chose voiturée? Dans ce cas, le privilège existe ; dans le cas contraire, le privilège n'existe pas ; et la convention des parties ne peut le créer. » S'il est vrai de dire que, dans le sens de la loi, le privilège pour frais de transport s'étend sur toutes les marchandises comprises dans une seule et même opération de transport, quel que soit le mode d'exécution de cette opération unique, il en est autrement lorsque les opérations de transport sont distinctes, isolées les unes des autres, et qu'elles donnent lieu à autant de frais distincts qu'il y a d'opérations séparées ; dans ce cas, le privilège pour le payement

(1) (Gilles C. Brégeaut.) — La cour ; — Sur l'étendue du privilège : — Attendu que les frais de voiture et les dépenses accessoires jouissent d'un privilège sur la chose voiturée ; mais que ce privilège ne doit pas être restreint à chaque envoi des choses voiturées, si les divers transports qui se sont succédé ne sont que le résultat d'une seule et même opération, qui ne peut être complétée que par la réunion de ces divers envois, dont chacun entre comme partie intégrante dans l'ensemble de cette opération ; — Que cela est vrai surtout lorsque ces voyages réitérés sont devenus nécessaires par l'impossibilité matérielle de les accomplir en une seule fois, et qu'ainsi ils ne sont plus que des exécutions partielles et fractionnées d'une convention unique ; — Attendu qu'il résulte des déductions ci-dessus que le privilège pour frais de transport s'étend sur toutes les marchandises comprises dans une seule et même opération, quel que soit le mode d'exécution de cette opération unique, parce qu'alors ce n'est plus la convention seule qui crée le privilège en dehors des prescriptions de la loi, mais bien les faits qui en ont été la suite et l'exécution ; qu'enfin, dans de telles circonstances, les transports et les frais qu'ils entraînent se confondent pour imprimer à la créance qui en dérive cette qualité légale qui lui confère un privilège ;

Attendu, en fait, qu'il résulte des documents de la cause que Gilles, dit Gardin, avait fait avec Dermigny un traité par suite duquel il s'engageait de transporter de Varennes à Rouen 515 barriques d'alun et de couperose ; que cette obligation ne constituait, d'après les termes de la convention, comme d'après la pensée commune des parties, qu'une seule opération de transport ; que si ce transport n'a pas été effectué en un seul voyage, cela vient uniquement de ce que le navire destiné à faire ce voyage n'avait pas la capacité nécessaire pour contenir toutes les marchandises qu'il devait emporter, et que c'est par cette seule cause que l'opération a été exécutée en deux reprises ; que, de l'ensemble de ces faits, il résulte donc que les frais de transport dus pour le premier voyage doivent être payés par privilège sur le prix des marchandises se rattachant, par un lien nécessaire, au dernier voyage, puisque leur réunion était indispensable pour accomplir entièrement l'opération ; — Par ces motifs, dit que le produit entier de la vente de 145 barriques restant à la disposition de Gilles, dit Gardin, sera versé en ses mains par privilège, pour venir en déduction ou jusqu'à concurrence de 2044 fr. 63 cent. à lui dus en principal, intérêts, frais et dépens, etc.

Du 3 janv. 1863.-C. de Rouen, 2e ch.-MM. Gesbert, pr.-Bardon, 1er av. gén.-Lecœur et Deschamps, av.

des frais relatifs à l'une de ces opérations ne peut être exercé sur les marchandises formant l'objet d'une autre opération demeurée étrangère à la première, et ne pouvant y être rattachée que par cette simple considération que toutes les deux ont été exécutées en vertu d'une même convention passée entre les mêmes parties. Il y a là une question de fait, dont la solution dépend des circonstances particulières à chaque espèce. Aussi croyons-nous devoir nous associer aux critiques que M. Sarrut a formulées (nos 607 et suiv.) contre l'arrêt précité de la cour de Rouen du 3 janv. 1863. C'est à tort, semble-t-il, que cet arrêt a considéré comme ne faisant qu'une seule opération plusieurs envois successifs de barriques; nous croyons que chaque envoi devait être considéré comme ayant pour objet un ensemble, un tout, chaque barrique constituant évidemment une chose entière. « La cour, dit M. Sarrut, de l'unité de la convention a conclu à l'unité de l'opération et de l'unité de l'opération au privilège. Mais un privilège ne peut prendre sa source dans une convention quelconque, expresse ou présumée, des parties; il ne peut jamais résulter que d'un fait précis et déterminé par la loi; donc, s'agissant de faits réitérés de transport, la façon dont il a plu aux parties de les envisager est impuissante à en opérer la confusion. »

285. Il ne faut pas oublier d'ailleurs que le privilège des art. 106 c. com. et 2102 c. civ. est destiné à assurer le payement des frais de transport et dépenses accessoires, et non le payement des avances faites à l'expéditeur. « L'art. 2102, dit M. Féraud-Giraud, t. 2, n° 652, est trop précis pour qu'on puisse soutenir le contraire, les privilèges étant de droit étroit. Un droit de préférence peut bien appartenir au transporteur pour les avances auxquelles nous faisons allusion, mais il résulte d'autres dispositions de nos lois, et pour l'assurer, il y a lieu de remplir les formalités constitutives d'un droit de gage sur la marchandise. » — Il été jugé, d'après ces principes, que le commissionnaire de transport qui a fait l'avance des droits de douane ne se trouve pas subrogé au privilège de l'Administration vis-à-vis du propriétaire de la marchandise ou de ses créanciers en cas de faillite, alors surtout qu'il a fait figurer le montant de cette avance dans son compte courant avec le destinataire (Douai, 16 juin 1858, aff. Lamy, D. P. 59. 2. 84).

Art. 9. — *Des exceptions que le voiturier peut opposer à l'expéditeur et au destinataire* (*Rép.* nos 461 à 507).

§ 1er. — De l'exception tirée de la remise des marchandises et du payement de la lettre de voiture (*Rép.* nos 462 à 480).

286. — I. Caractères, effets de la déchéance édictée par l'art. 105. — On a vu au *Rép.* n° 462, qu'aux termes de l'art. 105 c. com., la réception des objets transportés et le payement du prix de la voiture éteignent toute action contre le voiturier. — Cet effet, dans l'état actuel de la législation, se produit dès le moment où les deux conditions énoncées par l'art. 105 se trouvent accomplies (V. sur ces conditions, *infrà*, nos 292 et suiv.). Mais la rigueur de cette règle sera atténuée lorsque le projet de revision des art. 105 et 108 c. com., dont nous avons signalé (*suprà*, n° 75) l'existence, aura été définitivement adopté par le Parlement. Suivant ce projet, voté par la Chambre des députés, et adopté en première lecture par le Sénat, mais avec des modifications qui nécessiteront un second examen de la part de la Chambre des députés, la fin de non-recevoir résultant de la réception des marchandises et du payement du prix de la voiture, ne pourra être opposée que si dans les trois jours, non compris les jours fériés, qui suivront cette réception et ce payement, le destinataire n'a pas notifié au voiturier sa protestation motivée pour l'avarie ou la perte partielle qui n'auraient pas été constatées au moment de la remise. Cette protestation devra être faite par acte extrajudiciaire ou par lettre recommandée. Ce dernier mode reste toutefois discuté, et il est possible qu'il ne soit pas définitivement admis; on objecte, en effet, qu'une lettre recommandée ne peut être considérée comme l'équivalent d'un acte extrajudiciaire, alors que la protestation que la lettre formule doit être motivée. Si le voiturier ne représente pas la lettre qu'il aura reçue, et si le destinataire produit une copie dont le voiturier contestera les termes, les juges ne pourront constater la réalité des motifs et par suite la régularité de la protestation: avec un acte extrajudiciaire dont l'original serait produit, aucune contestation de ce genre ne serait à craindre. On redoute, d'autre part, que l'emploi de la lettre recommandée ne crée des difficultés lorsqu'il s'agira de constater si la protestation a bien été faite dans les délais (V. *Journal officiel*, 1888, *Documents parlementaires*, Sénat, p. 101, février 1888, et un article publié dans la *Gazette des tribunaux* du 8 févr. 1888).

287. Le caractère absolu de la fin de non-recevoir que consacre l'art. 105 a pour conséquence qu'une fois les conditions exigées par cet article réunies, elle peut être opposée nonobstant toute réclamation formulée antérieurement au payement du prix et à la réception de la marchandise, à moins qu'il ne soit établi que la réception et le payement ont eu lieu avec l'intention formelle de maintenir la réclamation. — Jugé, notamment, que la réclamation adressée par l'expéditeur (au chef de la gare du lieu de l'expédition) ne fait pas obstacle à l'application de l'art. 105 c. com., si le destinataire a reçu la marchandise et payé le prix du transport sans protestation ni réserve (Civ. cass. 10 avr. 1878, aff. Chemin de fer d'Orléans C. Juteau, D. P. 78. 1. 264). — Jugé, d'un autre côté, que la réception des objets transportés et le payement du prix de transport, par le destinataire, n'empêchent pas celui-ci d'exercer contre le voiturier une action en dommages-intérêts pour retard dans la livraison, si cette action était déjà introduite avant la réception et le payement, et s'il résulte, en outre, des circonstances de la cause, appréciées souverainement par le juge du fait, que le destinataire n'a pas l'intention d'y renoncer (Req. 22 juill. 1884, aff. Chemin de fer d'Orléans à Châlons, D. P. 84. 1. 445). En effet, l'action en dommages-intérêts intentée par le destinataire contre le voiturier est recevable si le destinataire, tout en recevant la marchandise et en payant le prix de transport, a fait des réserves précises et spécialisées (V. *infrà*, n° 308). Il peut donc, par une raison analogue, nonobstant la réception et le payement, continuer à exercer une action déjà introduite auparavant, s'il est démontré que son intention n'a pas été de renoncer à cette action en payant le prix dû au voiturier. Mais c'est là, évidemment, une question de fait relevant exclusivement des juges du fond. — La même solution a été admise à propos d'une entreprise de bateaux à vapeur. Décidé que, lorsqu'une instance en responsabilité a été intentée et poursuivie sans interruption pendant la traversée et qu'il résultait de l'ensemble des actes et des circonstances de la cause que la réception de la marchandise et le payement du fret n'impliquaient pas dans l'intention des parties une renonciation à cette instance, l'expéditeur n'est pas pour cela non recevable à réclamer des dommages-intérêts pour retard au départ (Req. 15 avr. 1878 (1). V. encore : Aix, 25 janv. 1865) (2).

(1) (Comp. gén. des bateaux à vapeur du Nord C. Clerc, Urbain et comp.). — La cour; — Sur le moyen unique, pris de la violation des art. 105 et 435 c. com.: — Attendu que l'arrêt attaqué constate que le navire *le Panther* étant parti en retard de Dunkerque, le 25 oct. 1875, dès le 28 du même mois, les défendeurs éventuels ont fait signifier, par exploit d'huissier, à la compagnie transporteur des protestations à raison de ce retard, lui ont fait connaître, par le même acte, les réclamations du destinataire, en lui notifiant leur intention de la rendre responsable de toutes les conséquences de l'inexécution de ses engagements; que, d'après l'arrêt, le 20 novembre de la même année, les défendeurs éventuels ont assigné la compagnie des bateaux à vapeur et ont donné suite à leur action d'une façon non interrompue; que l'arrêt déclare qu'à raison de l'ensemble des circonstances et des actes, la réception des marchandises transportées et le payement du fret et de ses accessoires par le destinataire en sa qualité de mandataire des défendeurs éventuels ne peuvent, d'après la volonté des parties, avoir été effectués que sous réserve et sans préjudice des protestations antérieures; — Attendu que l'arrêt attaqué conclut de ces faits qu'il n'y a pas lieu à la fin de non-recevoir établie par l'art. 435 c. com.; — Attendu qu'en statuant ainsi, la cour de Douai a résolu souverainement une question de fait et d'intention et n'a violé aucune loi; — Rejette, etc.

Du 15 avr. 1878.-Ch. req.-MM. Bédarrides, pr.-Connelly, rap.-Robinet de Cléry, av. gén., c. conf.-Godart, av.

(2) (Messageries impériales C. Reggio.) — Le tribunal de commerce de Marseille a rendu le 11 août 1864 un jugement ainsi

288. — II. TRANSPORTS AUXQUELS S'APPLIQUE LA FIN DE NON-RECEVOIR; PAR QUI ELLE PEUT ÊTRE OPPOSÉE. — La disposition de l'art. 105 a, comme on l'a vu au *Rép.* n° 465, une portée générale; elle exclut toute distinction entre telle ou telle nature, tel ou tel mode de transport. Ainsi l'art. 105 ne s'applique pas seulement aux commissionnaires de transport proprement dits; les compagnies de chemin de fer ont, comme toutes les autres entreprises de transport, le droit d'invoquer la fin de non-recevoir résultant, aux termes dudit art. 105 c. com., de la réception de la marchandise et du payement du prix du transport (Req. 5 févr. 1856, aff. Chemin de fer de Lyon *C.* Escoffier, D. P. 56. 1. 131; Req. 9 juin 1858, aff. Chemin de fer de l'Ouest *C.* Hulin, D. P. 58. 1. 421; Civ. cass. 20 juill. 1868, aff. Chemin de fer du Midi *C.* Cantagril, D. P. 68. 1. 352; Civ. cass. 24 nov. 1875, aff. Chemin de fer de Lyon *C.* Bairi, D. P. 76. 1. 168; 16 juill. 1877, aff. Comp. de Lyon *C.* Ducret, D. P. 77. 1. 375; Féraud-Giraud, t. 2, n° 896); et il en est de même des entreprises de transport par eau (V. les arrêts précités).

289. On a exposé au *Rép.* n° 467, et on a rappelé *suprà*, n° 231, qu'en cas de transports par plusieurs commissionnaires ou voituriers *successifs* la fin de non-recevoir résultant de l'art. 105 n'existe que lorsque la réception et le payement ont été effectués, au terme du voyage, par le destinataire ou par son représentant. Il en résulte que chaque commissionnaire reste engagé envers celui auquel il a remis la marchandise, bien que ce dernier l'ait reçue et ait payé le prix du transport sans réclamation ni réserve, jusqu'à la réception et le payement du prix du transport par le destinataire. En conséquence, le voiturier ne peut se prévaloir de la réception et du payement émanés du voiturier qui le suit, pour échapper, soit à l'égard de ce second voiturier, soit vis-à-vis du destinataire, à la responsabilité des avaries constatées à sa charge lors de la livraison au destinataire (Colmar, 29 avr. 1845, aff. Canard, D. P. 48. 2. 36; Civ. rej. 7 juin 1858, aff. Chemin de fer d'Orléans *C.* Rousselet, D. P. 58. 1. 416; Civ. cass. 31 mars 1874, aff. Chemin de fer d'Alsace-Lorraine *C.* Granger, D. P. 74. 1. 303). A plus forte raison, l'entrepreneur de transport (une compagnie de chemin de fer) ne peut-il invoquer, contre l'action en responsabilité des avaries constatées lors de la livraison des marchandises au destinataire, la remise qu'il a faite de ces marchandises à son propre mandataire, et le payement du transport qu'il aurait reçu de ce dernier (Arrêt précité du 7 juin 1858; Civ. rej. 21 nov. 1871, aff. Chemin de fer de Lyon *C.* Amet, D. P. 71. 1. 295). Il en est ainsi, notamment, lorsque la marchandise a été reçue et le prix payé par une entreprise de magasins généraux qui est en compte courant avec le voiturier pour le règlement des prix de transport (Lyon, 12 mai 1869, même affaire, D. P. 71. 1. 295); — Ou par un camionneur de la compagnie de chemin de fer, chargé par elle de remettre la marchandise au destinataire (Arrêt précité du 7 juin 1858).

290. Il en est autrement lorsque l'intermédiaire est seul désigné dans la lettre de voiture comme destinataire de la marchandise, alors même qu'il ne serait notoirement qu'un destinataire provisoire chargé d'expédier au véritable destinataire. C'est ce qui a été jugé dans deux espèces où le destinataire indiqué dans la lettre de voiture devait réexpédier à son tour la marchandise. Il n'était, en réalité, qu'un commissionnaire chargé de coopérer au transport des objets expédiés, un commissionnaire intermédiaire; mais il n'en jouait pas moins le rôle de destinataire à l'égard du premier commissionnaire, puisqu'il avait été indiqué comme tel à celui-ci par l'expéditeur dans la lettre de voiture. En conférant au commissionnaire intermédiaire la qualité de destinataire, l'expéditeur et le voiturier lui en avaient imposé tous les devoirs comme ils lui en avaient donné tous les droits (Civ. cass. 23 mars 1870, aff. Chemin de fer de Lyon *C.* Dol-Huc, D. P. 70. 1. 387; 16 mai 1870, aff. Chemin de fer de Lyon *C.* Aguillon, *ibid.*).

291. Le destinataire qui a rendu non recevable toute action contre le voiturier, en recevant de celui-ci les objets transportés et en payant, sans réclamation ni réserve, le prix du transport indiqué par la lettre de voiture, ne peut répéter aucune portion de ce prix contre le commissionnaire chargé de l'expédition (Civ. cass. 9 août 1869, aff. Dobelle, D. P. 69. 1. 503). — Il résulte, en effet, de la disposition de l'art. 105 que, lorsque le destinataire a reçu du voiturier les objets transportés et qu'il lui a payé le prix du transport indiqué par la lettre de voiture, le commissionnaire chargé de l'expédition serait, aussi bien que le destinataire lui-même, non recevable à répéter une partie du prix contre le voiturier, à l'égard duquel toute action est éteinte. Dès lors, on ne peut pas autoriser le destinataire à exercer cette répétition contre le commissionnaire qu'il a, par son fait, privé du recours qui lui aurait appartenu contre le voiturier. Mais il semble qu'il devrait en être autrement si le destinataire n'avait payé le prix du transport que sous la réserve d'en répéter une partie contre qui de droit, la réception des objets transportés et le payement du prix de transport n'ayant pas alors éteint au profit du voiturier l'action en répétition du destinataire ni celle du commissionnaire. C'est du moins ce qui a été jugé (Bordeaux, 26 avr. 1849, aff. Raynaud, D. P. 50. 2. 178).

292. — III. CONDITIONS AUXQUELLES EST SUBORDONNÉE LA FIN DE NON-RECEVOIR. — La fin de non-recevoir établie par l'art. 105 est subordonnée à deux conditions : 1° *réception* de la chose transportée; 2° *payement* du prix de transport (*Rép.* n° 462, et v° *Voirie par chemin de fer*, n° 472). Les auteurs et la jurisprudence n'ont pas cessé de considérer comme nécessaire la réunion de ces deux conditions (Féraud-Giraud, t. 2, n° 895; Sarrut, n° 842; Picard, t. 4, p. 829). — Ainsi, on a jugé que l'action ouverte par l'art. 103 c. com. contre le voiturier, n'étant éteinte, conformément à l'art. 105, qu'à la double condition qu'il y ait eu réception de la marchandise et payement du prix de la voiture, cette action est recevable, malgré la réception de la marchandise, si le prix de la voiture n'a

---

conçu : — « Attendu que le sieur N. Reggio a embarqué sur le bateau à vapeur *Indus*, des Messageries impériales, 20 barriques sucre en pains, 100 barriques sucre pilé, 100 sacs riz, 5 balles soie Douppion et 2 balles toile d'emballage; que l'*Indus*, chargé de ces marchandises, est arrivé à Beyrouth le 3 avril; qu'il n'a débarqué qu'une balle Douppion; qu'il a fait un voyage à Alexandrie, et a débarqué, à son retour, les 4 balles Douppion restant, un baril sucre pilé et un sac riz; que, le 15 avril, le sieur N. Reggio a protesté au consulat de France, et a signifié sa protestation à raison des retards qu'éprouvait la délivrance de ses marchandises; que les 1er et 2 mai suivant, il a reçu à son adresse le restant des colis, à l'exception des balles toile d'emballage qui n'ont été débarquées que le 14 mai; — Attendu que le sieur Reggio a cité la compagnie en 4.852 fr. 50 cent. de dommages-intérêts pour réparation du préjudice résultant des faits qui viennent d'être dénoncés; — Attendu que la compagnie a opposé une fin de non-recevoir à raison de la remise du connaissement par le sieur N. Reggio et du défaut de protestation lorsqu'il avait achevé de recevoir ses marchandises; — Attendu que la remise du titre n'est qu'une présomption de libération qui peut être détruite par d'autres faits; que, dans l'espèce, le connaissement n'a été remis à la compagnie que pour qu'elle délivrât la marchandise; qu'une protestation a été régulièrement faite dans le courant de la réception, puisqu'elle a eu lieu avant le 15 avril, avant que toutes les marchandises eussent été délivrées; que c'est sous l'influence de cette protestation et avec les réserves de dommages-intérêts qu'elle renfermait que le sieur Reggio a terminé la réception de ses colis; qu'il n'a donc pas encouru de fin de non-recevoir; — Attendu, au fond, que la compagnie a excipé de l'art. 6 du connaissement, qui, en cas de mauvais temps ou de toute autre force majeure, l'autorise à décharger les marchandises dans le port le plus voisin, pour les rapporter de là au port de destination; — Attendu que le sieur Reggio n'ayant protesté que le 15 avril, il n'y a lieu de prendre en considération que le séjour de l'*Indus* à Beyrouth, les 13 et 14 avril; qu'il est constant que ces jours-là le débarquement n'a pas été empêché par le mauvais temps, puisqu'il a été déchargé 1300 colis; que la nécessité alléguée par la compagnie de son départ, après un court séjour, à raison de son service postal, n'est pas un cas de force majeure qu'elle puisse opposer au chargeur dont elle a reçu les marchandises; que la compagnie faisant deux services, doit savoir en concilier les exigences; qu'elle est donc tenue des dommages-intérêts pour les retards de la délivrance des marchandises qui n'ont été déchargées que postérieurement au 15 avril... — Par ces motifs, condamne la compagnie, etc. ». — Appel. — Arrêt.

LA COUR; — Adoptant les motifs des premiers juges; — Confirme, etc.

Du 25 janv. 1865.-C. d'Aix, 1re ch.-MM. Rigaud, 1er pr.-Arnaud et Bessat, av.

point été payé (Req. 22 juill. 1850, aff. Cornefert, D. P. 51. 1. 47; Req. 26 févr. 1855, aff. Cazenave, D. P. 55. 1. 404), et cela, alors même que le destinataire aurait fait vendre la marchandise reçue, s'il est constaté que cette vente, faite pendant le procès engagé contre le voiturier, a eu lieu pour le compte de qui de droit, par mesure de simple conservation, et pour prévenir les pertes qui eussent pu résulter de la détérioration de la marchandise (Arrêt précité du 26 févr. 1855). — D'autre part, il faut que la réception ait eu lieu réellement; si elle n'a eu lieu que conditionnellement, elle ne peut produire aucun effet juridique, tant que la condition prévue n'est pas accomplie. Il s'ensuit, par exemple, qu'une compagnie de chemin de fer ne peut, pour échapper à l'action du destinataire, se prévaloir du récépissé délivré par celui-ci, s'il résulte des circonstances de la cause que la signature de ce récépissé n'a eu lieu que conditionnellement et alors que la réception des colis indiqués dans la lettre de voiture et la feuille de camionnage émargée par le destinataire n'était encore effectuée qu'en partie (Civ. rej. 15 juill. 1878, aff. Chemin de fer de Lyon C. Decourt, D. P. 78. 1. 317). — D'après le projet de modification de l'art. 105 voté par le Sénat, une troisième condition dévra être accomplie avant que la fin de non-recevoir puisse être invoquée; il faudra, comme on l'a déjà dit (*suprà*, n° 286), que le délai laissé au destinataire pour formuler ses protestations contre les avaries ou pertes partielles qu'il aura constatées, soit expiré.

293. La question de savoir quand la réception de la marchandise doit être réputée accomplie, est particulièrement délicate lorsqu'il s'agit de colis transportés par les compagnies de chemin de fer, et spécialement lorsque ces colis sont livrables en gare, quoique, ainsi qu'on le verra *infrà*, n° 297, l'art. 105 soit aussi bien applicable lorsque les colis sont livrés à domicile que lorsqu'ils le sont en gare. Dans ce dernier cas, on procède ainsi qu'il suit : après avoir reçu l'avis de l'arrivée de la marchandise, le destinataire, par lui-même ou par un mandataire, se présente à la gare et commence par payer le prix de la lettre de voiture et par émarger le livre de sortie. Cela fait, porteur de sa lettre de voiture acquittée et d'une feuille de livraison, il se rend au quai, où l'on appose sur cette lettre, qu'il doit garder, un timbre de sortie, portant la date de la livraison; et c'est alors seulement qu'il prend possession du colis, en échange duquel il rend la feuille de livraison ou de décharge. Comme on le voit, l'opération se divise en deux phases distinctes et successives, qui peuvent se suivre immédiatement, mais qui peuvent aussi être séparées par un ou plusieurs jours d'intervalle; l'une accomplie à la gare, et l'autre au quai. A la gare, le voiturier ne fait qu'acquitter la lettre de voiture et recevoir, sous le nom de feuille de livraison, un bon de sortie. On lui livrera ou on ne lui livrera pas la marchandise; elle est arrivée en bon ou en mauvais état, il n'importe; le préliminaire essentiel, indispensable, avant de pouvoir vérifier la marchandise et d'en pouvoir prendre livraison, c'est de payer le prix de la lettre de voiture et d'émarger. Au quai s'accomplit la seconde phase de l'opération. Le destinataire se présente avec la lettre de voiture, elle est acquittée; il est en règle. C'est à ce moment que commence de sa part la vérification et la prise de livraison de la marchandise; jusque là, il n'y a eu qu'une livraison fictive; la livraison véritable qui commence alors se constate par l'apposition d'un timbre de sortie sur la lettre de voiture et par l'acquit de la feuille de décharge. — Aussi a-t-on jugé que les compagnies de chemin de fer, exigeant que le destinataire paye le prix de la lettre de voiture et émarge le livre de sortie avant de prendre livraison de la marchandise, ne sont pas déchargées par l'accomplissement de ces formalités, si la livraison n'a pas eu lieu réellement, et n'a pas été constatée d'après les modes usités dans chaque gare à cet effet, c'est-à-dire en général par l'apposition sur la lettre de voiture du timbre de sortie et la remise par le destinataire de la feuille de décharge signée de lui (Req. 12 mars 1873, aff. Chemin de fer du Nord C. Sorghe et autres, D. P. 74. 1. 158; Req. 13 janv. 1875, aff. Chemin de fer de l'Est C. veuve Géhin, aff. Comp. anonyme des tissus de laine des Vosges, D. P. 75. 1. 379-380; Civ. rej. 27 déc. 1875, aff. Chemin de fer de l'Ouest C. Boutin, D. P. 78. 1. 472; Trib. Verviers, 2 nov. 1871, *Pasicrisie belge*, 1875. 3. 17). — Il a été décidé, d'autre part, que la disposition du tarif d'une compagnie de chemin de fer portant que la livraison des colis destinés à l'embarquement doit être faite à la gare terrestre avant que les wagons dans lesquels ils sont contenus passent sur la voie ferrée aboutissant à la gare maritime, ne saurait exonérer la compagnie de la responsabilité qui lui incombe à raison de la perte des colis, lorsqu'il est établi que la livraison effective n'a pas été faite par la compagnie dans la gare terrestre (Civ. rej. 27 déc. 1875, aff. Chemin de fer de l'Ouest C. Boutin, D. P. 78. 1. 472). La livraison effective, en effet, est un fait matériel dont la constatation est indépendante d'une disposition qui la règlemente. Peu importe qu'elle doive être effectuée de telle ou telle façon; dès l'instant qu'il est constaté qu'elle ne l'a pas été, l'art. 105 cesse d'être applicable. Et cette preuve peut résulter, soit de la circonstance que l'encombrement de la gare terrestre empêchait la vérification des colis, soit de la correspondance échangée entre les parties, et de laquelle il ressort que la vérification des objets transportés n'a eu lieu que sur les quais maritimes où les manquants ont été constatés (Même arrêt du 27 déc. 1875).

294. Mais, s'il est vrai que le payement du prix du transport et l'émargement du registre d'expédition de la compagnie de chemin de fer ne suffisent pas pour justifier contre le destinataire ou son représentant la fin de non-recevoir édictée par l'art. 105 c. com., la prise de possession des colis et leur transport au dehors de la gare complètent ces premières opérations et éteignent toute action contre la compagnie (Civ. cass. 20 janv. 1874, aff. Chemin de fer de l'Est C. Luzzani, D. P. 74. 1. 245; 6 nov. 1878, aff. Chemin de fer du Midi C. Debax, D. P. 79. 1. 29). — L'action serait éteinte, d'ailleurs, alors même que les marchandises seraient restées dans la gare si, la réception et la livraison étant dûment constatées, le destinataire ne les y avait laissées que par une simple tolérance de la compagnie.

295. La fin de non-recevoir que l'art. 105 c. com. permet de tirer du payement du port et de l'acceptation des marchandises est opposable aussi bien lorsqu'il s'agit de transports à grande qu'à petite vitesse (Req. 9 juin 1858, aff. Chemin de fer de l'Ouest C. Hulin, D. P. 58. 1. 421; Civ. cass. 20 juill. 1868, aff. Chemin de fer du Midi C. Cantagril, D. P. 68. 1. 352). — Elle peut être aussi bien opposée lorsque le payement du prix et l'émargement qui constate la réception ont précédé la réception, que lorsqu'ils l'ont suivie, pourvu que la réception ait été en réalité effectuée (Civ. cass. 28 mai 1878, aff. Chemin de fer d'Orléans C. Desilaux, D. P. 78. 1. 272). — Enfin, la généralité des termes de la loi ne permet pas de distinguer selon que la réception et le payement ont eu lieu au domicile du voiturier ou du destinataire. Par conséquent, la réception de la marchandise et le payement du prix du transport éteignent toute action contre le voiturier, et spécialement contre les compagnies de chemin de fer, que la réception ait eu lieu au domicile du voiturier et spécialement de la compagnie du chemin de fer, ou au domicile du destinataire (Civ. cass. 9 mars 1870, aff. Chemin de fer de l'Ouest C. Térouin et Ponceau, D. P. 70. 1. 224; 17 juin 1879 (1); 4 févr. 1880, *infrà*, n° 300).

296. La réception et le payement du prix produisent la fin de non-recevoir de l'art. 105, même lorsqu'ils émanent d'un mandataire du destinataire, par exemple, d'un camionneur chargé par le destinataire de retirer la marchandise et

(1) (Chemin de fer de Lyon C. Desseignet.) — LA COUR; — Vu l'art. 105 c. com. : — Attendu que les seules conditions auxquelles cet article subordonne la déchéance qu'il prononce sont la réception de la marchandise et le payement du prix de transport; — Attendu qu'il est constant, en fait, que les marchandises expédiées de Philippeville à Constantine par chemin de fer, à l'adresse de Desseignet, et livrables à domicile, ont été livrées par le représentant de la compagnie demanderesse à Desseignet, à son domicile et que celui-ci, après avoir reçu lesdites marchandises, a payé sans réserves le prix du transport; que Desseignet avait donc perdu par là toute action contre la compagnie qui avait effectué le transport, à raison des manquants qu'il aurait ultérieurement reconnus, que cependant son action a été reçue par le jugement attaqué, sous prétexte que la constatation des manquants aurait

de la transporter à son domicile (Civ. cass. 9 mars 1870, aff. Chemin de fer de l'Ouest C. Térouin, D. P. 70. 1. 224; 20 janv. 1874, aff. Chemin de fer de l'Est C. Luzzani, D. P. 74. 1. 245; 16 févr. 1877, aff. Chemin de fer de Lyon C. Bonassieu, D. P. 77. 5. 89; 16 juill. 1877, cité *suprà*, n° 288; 24 août 1881, aff. Chemin de fer d'Orléans C. Bauciat, D. P. 82. 1. 200; 8 déc. 1885, aff. Chemin de fer du Midi C. Gaubert, D. P. 87. 1. 28). Mais il n'en serait pas de même de la réception par un commissionnaire intermédiaire qui ne serait pas spécialement désigné et choisi par le destinataire (Req. 7 juin 1858, aff. Chemin de fer d'Orléans C. Rousselet, D. P. 58. 1. 416, et la note; Civ. cass. 31 mars 1874, aff. Chemin de fer d'Alsace-Lorraine, D. P. 74. 1. 303); — Ni de la remise de la marchandise à transporter, faite par le compagnie, à ses propres camionneurs : qu'elle ait ou non, dans cette dernière hypothèse, reçu le prix du transport, elle ne saurait attribuer à un de ses employés ou représentants la qualité de représentant du destinataire pour priver celui-ci de l'exercice d'une partie de ses droits (Féraud-Giraud, t. 2, n° 911; Blanche, *Des transports par chemins de fer*, n° 145; Picard, t. 4, p. 831). — Il a été décidé, en ce sens, que la fin de non-recevoir résultant, contre l'action en responsabilité de la perte ou de l'avarie d'une marchandise transportée, de la réception de la marchandise et du payement du prix du transport sans protestation ni réserve, n'existe que lorsque cette réception et ce payement ont été effectués au terme du voyage par le destinataire ou par son représentant, et non simplement par un mandataire du voiturier chargé de remettre la marchandise au destinataire, par exemple, un entrepreneur de magasins généraux qui est en compte courant avec le voiturier pour le règlement des prix de transport (Civ. rej. 21 nov. 1871, aff. Chemin de fer de Lyon C. Amet, D. P. 71. 1. 295).

297. On a vu *suprà*, n° 293, comment s'opère la réception dans les gares, et sous quelles conditions on peut la réputer accomplie. Il y a lieu de se demander dans quelles conditions elle s'opère légalement lorsque la livraison des colis se fait à domicile. — Il arrive le plus souvent que les camionneurs des compagnies exigent, avant de remettre les marchandises, le payement du prix du transport et la signature par le destinataire du registre de décharge; la marchandise est ensuite remise. Faut-il décider que les conditions de l'art. 105 c. com. se trouvent alors remplies, et que le voiturier pourra opposer la fin de non-recevoir que cet article implique? — Il a été jugé, dans le sens de la négative, que la réception des objets transportés ne saurait résulter de ce seul fait que le destinataire aurait laissé décharger dans sa cour des marchandises ne présentant aucune trace extérieure d'avaries, et que, par conséquent, ce déchargement et le payement de la lettre de voiture exigé par les employés au moment de la remise des objets n'éteignent pas l'action du destinataire contre la compagnie du chemin de fer, lorsque le même jour il a obtenu du président du tribunal de commerce la nomination d'un expert à l'effet de constater les avaries révélées par l'ouverture des caisses (Paris, 5 janv. 1874, aff. Chemin de fer de Lyon C. Bacri, D. P. 75. 2. 8). — Mais, en sens contraire, il a été décidé que la remise à domicile des colis et le payement sans réserves du prix du transport permet à la compagnie d'opposer la fin de non-recevoir de l'art. 105 c. com., alors même que le destinataire aurait constaté l'existence d'avaries ou de manquants avant l'entrée des marchandises en magasin (Civ. cass. 17 juin 1879, V. *suprà*, n° 295). — Cette dernière solution, d'ailleurs conforme à une jurisprudence suivant laquelle une compagnie de chemin de fer n'est pas tenue de livrer les marchandises quand le destinataire n'accepte d'en prendre livraison que sous toutes réserves et n'offre pas d'en faire une vérification immédiate (V. Req. 30 janv. 1872, aff. de Monténol, D. P. 72. 1. 375), nous paraît bien rigoureuse. En effet, ainsi que l'enseignent MM. Bravard et Demangeat, *Cours de droit commercial*, t. 2, p. 381, la doctrine d'après laquelle le destinataire qui n'a fait aucune réserve en recevant les objets et en payant le prix est non recevable à exercer aucune action contre le voiturier, n'est raisonnable qu'autant que le destinataire a le droit, au moment où les objets lui sont présentés, d'en vérifier l'état. L'existence de ce droit a été reconnue par la cour de cassation, qui ne permet pas d'invoquer contre la réclamation du destinataire la fin de non-recevoir de l'art. 105 c. com., lorsque la vérification, à l'arrivée, a été impossible (Civ. cass. 7 févr. 1872, aff. Chemin de fer du Nord C. Trouiller, D. P. 72. 1. 171; Civ. rej. 13 août 1872, aff. Chemin de fer de Lyon C. Avy, D. P. 72. 1. 229). Or, dans la pratique, les camionneurs des compagnies ne consentent la remise des objets transportés qu'à la condition du payement immédiat de la lettre de voiture; et il n'y a, ni en droit, ni en fait, possibilité pour le destinataire de contraindre ces camionneurs à attendre un déballage et une vérification contradictoires, opposables à la compagnie. La solution donnée à la question par la cour de Paris nous paraît donc préférable.

298. Du principe d'après lequel les deux conditions exigées par l'art. 105, à savoir la réception des objets transportés et le payement du prix de la voiture, sont cumulatives, il résulte, comme on l'a exposé ci-dessus, que lorsque ces deux conditions ne sont pas réunies, l'art. 105 n'est pas opposable. — Cette disposition repose, en effet, sur la présomption que le destinataire n'a payé le prix qu'après s'être assuré de l'exécution du contrat et du bon état des marchandises et sur la renonciation tacite, que la loi suppose de la part du destinataire, au droit qui lui aurait appartenu de réclamer une indemnité. Il semble, dès lors, que l'art. 105 n'a entendu parler que d'un payement postérieur, puisqu'un pareil payement indique seul, de la part du propriétaire des objets transportés, la renonciation à exercer contre le voiturier une action d'avaries, et que cet article ne peut s'appliquer au cas où le propriétaire des objets transportés est tenu d'en payer le prix d'avance. La jurisprudence a adopté cette interprétation et décidé que l'art. 105 est inapplicable au cas où, en matière notamment de transports par chemin de fer, le prix du transport a été payé d'avance (Paris, 27 août 1847, aff. Chemin de fer d'Amiens, D. P. 47. 2. 200; Caen, 7 févr. 1861, aff. Chemin de fer de l'Ouest C. Hublot, D. P. 61. 2. 231; Req. 4 déc. 1871, aff. Chemin de fer de Lyon C. Pégat, D. P. 72. 5. 89); ... Spécialement, lorsque l'action est fondée sur l'inexécution des clauses du transport, par exemple, sur l'inobservation du délai stipulé, le destinataire ne pouvant, en ce cas, être réputé avoir renoncé à se prévaloir de conditions qu'il n'avait point à connaître, dès que le prix du transport n'était point payé par lui (Req. 13 nov. 1867, aff. Messageries impériales, D. P. 68. 1. 68. V. conf. Sarrut, n° 844; Duverdy, n° 95; Lyon-Caen et Renault, n° 918. — *Contrà* : Féraud-Giraud, t. 2, n° 926).

299. — IV. ACTIONS AUXQUELLES S'APPLIQUE LA FIN DE NON-RECEVOIR. — On a vu au *Rép.* n° 466 que la disposition de l'art. 105 est édictée exclusivement en faveur du voiturier, qu'elle ne s'applique qu'aux actions dont il est passible, et qu'elle ne saurait être retournée contre lui (Conf. Req. 20 mai 1878, aff. Probel, D. P. 78. 1. 469). — Jugé, en conséquence, que la fin de non-recevoir résultant du payement du prix de transport et de la réception de la marchandise ne saurait s'appliquer à l'action reconventionnelle du voiturier en payement des droits de magasinage (Civ. cass. 5 nov. 1883, aff. Chemin de fer de Bone à Guelma, D. P. 84. 1. 461). Cette action demeure donc recevable, et il en est de même de toutes autres réclamations que le voiturier peut avoir à intenter contre l'expéditeur.

300. Le commissionnaire ou le voiturier peut invoquer la fin de non-recevoir de l'art. 105, notamment pour échapper à la responsabilité résultant soit du *retard*, soit des *avaries*, soit des *manquants* constatés à sa charge. — En ce qui concerne les avaries, on décide d'une manière à peu près invariable, tant en doctrine qu'en jurisprudence, que la déchéance résultant de l'art. 105 peut être invoquée par le voiturier, aussi bien contre une action en responsabilité qui aurait sa cause dans des avaries non visibles

été faite avant l'entrée de la caisse en magasin; — Attendu qu'en jugeant ainsi le tribunal de commerce de Constantine a fait dépendre la déchéance prononcée par l'art. 105 d'une condition qui n'est exigée par aucune loi, et qu'en refusant, par suite, d'appliquer cette déchéance, il a violé ledit article; — Par ces motifs, casse, etc.

Du 17 juin 1879.-Ch. civ.-MM. Mercier, 1er pr.-Massé, rap.-Charrins, 1er av. gén., c. conf.-Dancongnée, av.

à l'extérieur ou non apparentes que contre celle qui serait fondée sur des avaries apparentes (Civ. cass. 18 avr. 1848, aff. Chemin de fer du Gard, D. P. 48. 1. 83; 25 mars 1863, aff. Chemin de fer de Lyon C. Guénin, D. P. 63. 1. 294; 29 mai 1867, aff. Chemin de fer de Lyon C. Narcy, D. P. 67. 1. 197; Paris, 18 juin 1869, aff. Chemin de fer de l'Ouest C. Filleul, D. P. 70. 2. 30; Civ. cass. 9 mars 1870, aff. Chemin de fer de l'Ouest C. Térouin, D. P. 70. 1. 254; Toulouse, 4 déc. 1871, aff. Chemin de fer du Midi C. Favaron, D. P. 71. 2. 254; Civ. cass. 25 août 1873, aff. Chemin de fer de l'Ouest C. Hémery, D. P. 74. 5. 96; 17 nov. 1873, aff. Chemin de fer de l'Ouest C. Tellier, *ibid.*; 4 févr. 1874, aff. Chemin de fer de Lyon C. Morel, D. P. 74. 1. 301; 20 janv. 1875, aff. Chemin de fer de Lyon C. Canagnier, D. P. 75. 1. 355; 4 févr. et 10 mars 1880 (1); 20 nov. 1882, aff. Chemin de Lyon C. Duprat, D. P. 82. 5. 96; 30 mars 1885, aff. Chemin de fer d'Orléans C. Moulin, D. P. 85. 5. 83). — Le destinataire ne pourrait donc repousser l'exception opposée à son action et tirée de l'art. 105 c. com. en prétendant que les avaries dont il se plaint étaient intérieures ou occultes et ne pouvaient, eu égard au bon état extérieur des colis, éveiller ses soupçons et déterminer soit des réserves, soit une demande de vérification. L'art. 105, en effet, élève en faveur du voiturier une présomption légale que les objets transportés n'ont point souffert d'avaries par sa faute, présomption qui le protège contre le danger des preuves ou les fraudes auxquelles une réclamation du réceptionnaire pourrait plus tard donner ouverture; et cette présomption légale est absolue, elle n'admet aucune distinction. Vainement prétendrait-on que l'art. 105 est inapplicable au cas où il s'agirait d'une avarie qui n'était pas visible à l'extérieur; en présence des termes généraux de l'art. 105, rien n'autorise une pareille restriction; d'ailleurs le destinataire a toujours le droit de vérifier, à l'intérieur comme à l'extérieur, les objets transportés, avant de consentir à les recevoir et de payer le prix du transport; et, s'il a négligé en quoi que ce soit cette vérification, il doit s'imputer les suites d'une négligence qui a tourné à la décharge du transporteur (V. Picard, t. 4, p. 837).

Il en doit être ainsi alors même que la vérification des marchandises a été faite dans le délai moral le plus rapproché, surtout si cette vérification a eu lieu sans que le voiturier y ait été présent ou appelé (Arrêt précité du 25 mars 1863); ... Et même au cas où la compagnie se serait fait représenter à l'expertise provoquée par le destinataire pour constater les avaries (Arrêt précité du 4 déc. 1871).

301. Ainsi qu'on vient de le voir, la règle d'après laquelle il n'y a pas lieu, dans l'application de l'art. 105 ci-dessus visé, de distinguer entre les avaries apparentes et les avaries occultes est fondée principalement sur ce que le destinataire a toujours le droit d'ouvrir ou de faire ouvrir le colis avant d'en prendre livraison et de payer le prix du transport. En d'autres termes, la disposition de l'art. 105 implique pour le destinataire le droit de vérifier, avant le payement du prix de transport et la réception, non seulement l'état extérieur des colis qui lui sont livrés, mais leur état intérieur (V. *Rép.* v° *Voirie par chemin de fer*, n° 477). — La jurisprudence lui reconnaît ce droit sans aucune hésitation (Bourges, 1er avr. 1854, aff. Chemin de fer du Centre, D. P. 55. 2. 53; Req. 27 déc. 1854, aff. Chemin de fer d'Orléans C. Lolliot, D. P. 55. 1. 21; 20 nov. 1860, aff. Chemin de fer de l'Est C. Haas, D. P. 61. 1. 271; Civ. rej. 16 janv. 1861, aff. Chemin de fer de l'Est C. Lang, 2 arrêts, D. P. 61. 1. 127; Civ. cass. 14 août 1861, aff. Paillet-Thulard, D. P. 61. 1. 384; Lyon, 30 juin 1864, aff. Chemin de fer de Lyon C. Canagnier, D. P. 65. 2. 184; Civ. cass. 20 janv. 1875, aff. Chemin de fer de Lyon C. Grisard, D. P. 75. 1. 355. V. Féraud-Giraud, t. 2, n° 919; Duverdy, n° 98; Blanche, *Transports par chemins de fer*, n° 146). — Mais, comme le remarquent les auteurs précités, cette vérification, préalable à tout refus des objets transportés ou à toute contestation, est indépendante de celle que prévoit, pour ces deux cas, l'art. 106 c. com. (V. aussi Arrêts précités des 27 déc. 1854, 20 nov. 1860 et 16 janv. 1861; Civ. rej. 3 mars 1863, aff. d'Alby, D. P. 63. 1. 123). — Il appartient, d'ailleurs, au voiturier de prendre dans son intérêt les précautions qui peuvent être utiles à l'exercice de son recours contre les personnes de qui il tient les objets qu'il s'est chargé de transporter (Arrêt précité du 16 janv. 1861).

On a décidé toutefois que, lorsque le destinataire d'un colis demande, avant de le recevoir et de payer le prix du transport, à ce que son état intérieur soit vérifié à l'amiable, le voiturier, alors surtout qu'il a transporté le colis comme commissionnaire intermédiaire, est fondé à se refuser à cette vérification, si les formes dans lesquelles elle doit avoir lieu ne sont pas de nature à mettre sa responsabilité à couvert vis-à-vis du commissionnaire de transport antérieur; et notamment s'il s'agit d'une vérification par le destinataire lui-même, contradictoirement avec l'agent du voiturier (Trib. com. du Havre, 8 déc. 1863, aff. Macé, D. P. 64. 3. 32). Dès lors, les frais de la vérification du colis dans les formes de l'art. 106 c. com., vérification à laquelle il a fallu recourir par suite d'un défaut d'accord des parties, doivent être mis à la charge du destinataire, lorsque le résultat en est négatif, et que rien, dans l'état extérieur du colis, ne révélait la nécessité de cette précaution à l'égard du voiturier (Même jugement).

Du droit de vérification appartenant au destinataire, il résulte que le commissionnaire qui s'est chargé du transport d'un colis avec la condition de suivre en remboursement, ne commet aucune faute en permettant au destinataire de vérifier l'intérieur du colis avant de le recevoir: dès lors, si le destinataire refuse, après cette vérification, les objets à lui adressés, l'expéditeur, au cas où il croit le refus non fondé, ne peut exercer d'action que contre celui-ci; il n'est pas fondé à poursuivre le commissionnaire en payement de la valeur des objets refusés, sous prétexte qu'il aurait dû exiger, avant l'ouverture du colis, le prix qu'il était chargé de recouvrer (Trib. com. Bruxelles, 9 mai 1864, aff. Magny, D. P. 64. 3. 44).

302. L'application de la déchéance ne saurait, d'ailleurs, être restreinte au cas où le destinataire réclame pour avaries, pertes ou manquants. L'art. 105, en effet, est conçu dans les terme les plus généraux: « La réception des objets transportés et le payement du prix éteignent *toute* action contre le voiturier ». En s'exprimant ainsi, la loi déclare éteinte toute action relative aux conditions mêmes du contrat de trans-

(1) 1re *Espèce:* — (Chemin de fer de Lyon C. Baratier frères et Dardelet.) — LA COUR; — Sur le moyen unique invoqué au pourvoi: — Vu l'art. 105 c. com.; — Attendu qu'aux termes de l'art. 105 c. com., la réception des objets transportés et le payement du prix de la voiture sans protestation ni réserves éteignent toute action contre le voiturier; que ces termes ne permettent point de distinguer entre les avaries apparentes et les avaries occultes, non plus qu'entre la réception de la marchandise faite au domicile du voiturier et celle qui est faite au domicile du destinataire; — Attendu qu'il est établi en fait par le jugement que les sieurs Labourin et comp., en qualité de mandataires accrédités des frères Baratier et Dardelet, ont, sans protestation ni réserves, reçu à la gare de Grenoble la balle de papier que la compagnie des chemins de fer de Paris à Lyon et à la Méditerranée a été chargée de transporter pour lesdits Baratier et Dardelet, et payé le prix du transport de cette marchandise; qu'en rejetant l'exception que cette compagnie tirait de l'art. 105 susvisé, et qu'elle opposait à la demande en garantie formée contre elle, le jugement attaqué a violé cet article;

Par ces motifs, casse, etc.

Du 4 févr. 1880.-Ch. civ.-MM. Mercier, 1er pr.-Salmon, rap.-Charrins, 1er av. gén.-c. conf. Dancongnée, av.

2e *Espèce:* — (Soc. chemin de fer Bouches-du-Rhône C. Durand.) — LA COUR; — Sur le moyen unique du pourvoi: — Vu l'art. 105 c. com.; — Attendu que les dispositions de cet article sont générales et ne comportent aucune distinction entre les avaries extérieures ou apparentes et les avaries intérieures ou occultes, et que l'exception qui en résulte ne cesse d'être applicable que lorsqu'il y a eu, au moment de la prise de livraison, impossibilité de vérifier la marchandise, résultant soit du fait du voiturier, soit de la force majeure; — Attendu, néanmoins, que l'arrêt attaqué s'est fondé, pour repousser l'exception tirée par la compagnie des Bouches-du-Rhône de l'art. 105, sur ce que l'avarie était intérieure et occulte, et sur ce que Durand offrait de prouver par témoins que cette avarie était due à la faute de ladite compagnie; — En quoi faisant, ledit arrêt a violé l'art. 105 c. com., ci-dessus visé; — Casse, etc.

Du 10 mars 1880.-Ch. civ.-MM. Mercier, 1er pr.-de Lagrevol, rap.-Desjardins, av. gén.-c. conf.-Bosviel et Demasure, av.

port ou aux fautes que le voiturier aurait commises dans l'exécution du contrat. Telle est la formule très nette et très juridique que la cour suprême donne à la règle établie par l'art. 105, dans deux arrêts de cassation du 25 avr. 1877 (aff. Chemin de fer du Nord C. Gouron, et aff. Chemin de fer du Nord C. Delhon, D. P. 77. 1. 198-199). Cette formule exclut de l'application de l'art. 105 les actions ayant pour objet le redressement des erreurs qui auraient pu être faites à l'occasion du payement du prix du transport. En effet, toutes les fois qu'il y a simple erreur de perception de la part du voiturier, celui-ci ne peut se prévaloir du payement du prix et de la réception de la marchandise pour repousser l'action en restitution dirigée contre lui: en effet, il ne s'agit point en pareil cas, « de remettre en question le contrat réalisé, mais de la répétition de l'indû et du relèvement d'erreurs commises » (Féraud-Giraud, t. 2, n° 899).

303. La distinction admise entre les actions ayant trait aux conditions du contrat de transport ou aux fautes commises par le voiturier et celles qui, fondées sur une simple erreur de calcul, tendent à la répétition de sommes indûment payées, s'applique aux compagnies de chemins de fer comme à tous autres commissionnaires de transport ou voituriers. Toutefois, elle a soulevé des difficultés spéciales en ce qui concerne ces compagnies. Les conditions des transports par chemins de fer ne sont pas librement débattues entre le public et les compagnies; elles sont fixées par des tarifs homologués qui s'imposent aux parties. Dès lors, ne faut-il pas dire que toute perception contraire au tarif constitue un payement de l'indû contre lequel il peut toujours être réclamé, sauf l'effet de la prescription de trente ans? On l'a prétendu, mais cette solution absolue n'a pas été admise par la jurisprudence. En effet, si les conditions du transport par les compagnies de chemins de fer sont fixées à l'avance, en dehors de la volonté des parties, par des tarifs dont elles ne peuvent s'écarter, il ne s'ensuit pas que la volonté des expéditeurs soit exclue d'une manière absolue de la fixation des conditions dans lesquelles le transport devra être effectué. L'expéditeur, en effet, peut toujours désigner la direction à suivre, choisir un tarif spécial, etc. Il en résulte que la règle suivant laquelle la fin de non-recevoir édictée par l'art. 105 c. com. est opposable dans les contestations qui portent sur les conditions du contrat de transport intervenu entre les parties, doit s'appliquer lorsqu'il s'agit d'une condition du transport pouvant donner lieu entre la compagnie et l'expéditeur à une convention librement débattue. Ces conditions, il est vrai, constituent, en matière de transport par chemin de fer, des cas exceptionnels. En général, il n'existe pour un transport qu'un seul tarif homologué, qui doit être appliqué à toutes les expéditions, sans pouvoir être modifié par les parties; tels sont les tarifs généraux de grande et de petite vitesse. Dans ce cas évidemment, il n'y aura jamais lieu d'appliquer l'art. 105 c. com., parce que la contestation portera toujours sur l'application du tarif légal, et non pas sur les conditions d'un contrat qui n'a pas pu se former. Mais quelquefois les compagnies offrent au public, pour un même transport, deux ou plusieurs tarifs également homologués, avec des prix différents et des conditions différentes. Tels sont les divers tarifs spéciaux. L'expéditeur peut alors choisir, tout au moins, entre le tarif général et un tarif spécial; il peut donc, dans ces cas, se former un contrat semblable, dans une certaine mesure, à celui qui intervient entre un expéditeur et un voiturier libre; et l'art. 105 c. com. doit s'appliquer aux contestations relatives à l'exécution de ce contrat. C'est ce qu'a décidé la cour de cassation (Civ. cass. 25 avr. 1877, aff. Chemin de fer du Nord C. Gouron, D. P. 77. 1. 198), en jugeant que l'art. 105 c. com. s'applique à l'action exercée par le destinataire qui prétend que la compagnie aurait dû appliquer un tarif spécial au lieu d'un tarif général, dans des cas où ces deux tarifs étaient également applicables (V. encore Civ. rej. 25 mars 1880, aff. Trougnon-Leduc, D. P. 80. 1. 312; 14 et 21 déc. 1880, Lamé-Fleury, *Bulletin annoté des chemins de fer*, 1880. 281 et 283; 17 juill. 1883, aff. Chemin de fer de Lyon C. Gassier, D. P. 84. 5. 87). — C'est ce qui a été encore jugé alors que la réclamation avait pour base une fausse direction donnée à la marchandise, ayant entraîné un parcours plus long et une augmentation de prix (Arrêt précité du 25 avr. 1877; Civ. cass. 19 juill. 1881, aff. Chemin de fer d'Orléans C. Germain, D. P. 81. 1. 479; Civ. cass. 2 juill. 1879, aff. Chemin de fer du Midi C. Martin, D. P. 79. 1. 372);... Ou l'expédition des marchandises par une voie qui n'était pas la plus directe, ce qui avait augmenté abusivement le prix du transport (Civ. cass. 24 déc. 1884, aff. Chemin de fer d'Orléans C. Nourry, D. P. 85. 1. 112; Civ. cass. 17 juill. 1883, aff. Chemin de fer de Lyon C. Gassier, D. P. 84. 5. 87, et Ch. réun. cass. 10 mai 1886, même affaire, D. P. 87. 1. 29);... Ou encore la faute commise par la compagnie en laissant les marchandises expédiées sur les wagons, au lieu d'en opérer le déchargement, et par suite de laquelle elle avait indûment perçu des droits de stationnement sur lesdites marchandises (Civ. cass. 16 nov. 1881, aff. Chemin de fer du Midi C. Dubois, D. P. 82. 1. 207). Mais la solution serait différente, au cas où l'on se trouverait en présence non pas de deux ou plusieurs tarifs applicables selon le choix de l'expéditeur, mais d'un unique tarif commun à deux compagnies, applicable d'office, et ayant seul un caractère légal. En pareil cas, on a décidé que la perception, par une compagnie de chemin de fer, du prix du tarif général, au lieu du prix du tarif commun, constitue une erreur dans l'application des tarifs, et non une faute dans l'exécution du contrat de transport; qu'en conséquence, la compagnie ne peut opposer la fin de non-recevoir tirée de l'art. 105 c. com. à l'action en répétition de ce qui a été payé en trop par suite de l'application du tarif général (Req. 8 janv. 1879, aff. Chemin de fer de Lyon C. Daumas et C. Long, 2 arrêts, D. P. 79. 1. 105; Civ. cass. 27 nov. 1882, aff. Bourrier et Durand, D. P. 83. 1. 154. V. sur ce point: Féraud-Giraud, t. 2, n° 904).

304. Suivant quelques auteurs cependant, la jurisprudence aurait donné une extension trop grande à l'art. 105 et appliqué cet article à des cas pour lesquels la fin de non-recevoir n'aurait point été réellement édictée. Ainsi, notamment, suivant M. Sarrut, *Transport des marchandises par chemin de fer*, nos 585 et suiv.; *Revue critique de législation et de jurisprudence*, 1885, p. 139 et suiv., l'art. 105 c. com. ne vise que les actions fondées sur la perte, les avaries ou le retard; quelle que soit la cause d'une perception excessive, le remboursement doit être ordonné malgré la réception des marchandises et le payement du prix de transport: l'art. 1376 c. civ., relatif à la répétition de l'indû, l'emporte sur l'art. 105 c. com., qui édicte une déchéance, et les compagnies de chemin de fer ne peuvent, sous aucun prétexte, recevoir au-delà des sommes qui leur sont régulièrement dues en vertu des tarifs homologués. Tel est, du reste, le système que consacre le projet de loi portant modification des art. 105 et 108 c. com., dont il a été déjà question (V. *Journal officiel*, Chambre des députés, Documents parlementaires, juillet 1884, p. 641; Sénat, *Journal officiel*, 1888, février, p. 101 et suiv.). Le texte projeté de l'art. 105 spécifie en termes formels que la réception des objets transportés et le payement du prix de la voiture éteignent toute action contre le voiturier *pour avarie* ou *perte partielle*, et exclut par suite les cas de retards ou d'irrégularité dans l'application des tarifs.

305. Dans tous les cas, ainsi qu'il résulte de ce qui vient d'être exposé, l'exception tirée de l'art. 105 pouvant couvrir certaines fautes ou erreurs sans avoir effet quant aux autres, il est nécessaire que le juge distingue entre les différentes erreurs ou fautes commises. — Il a été décidé notamment que le jugement qui, au sujet d'une demande en détaxe fondée à la fois sur une fausse direction dans le transport et sur une fausse application des tarifs, repousse d'une manière absolue l'exception présentée par la compagnie et tirée de l'art. 105 c. com., sans distinguer entre les deux causes de l'erreur, doit être annulé comme violant l'art. 105 (Civ. cass. 19 juill. 1881, aff. Chemin de fer d'Orléans C. Germain, D. P. 81. 1. 479).

306. — V. Cas où la fin de non-recevoir cesse d'être opposable. — La fin de non-recevoir établie par l'art. 105 c. com. en faveur du voiturier est, comme on l'a vu, principalement fondée sur la présomption que le destinataire a vérifié le bon état des marchandises. Il suit de là que la réception des marchandises et le payement du prix du transport n'éteignent pas l'action en responsabilité dirigée contre le voiturier, lorsqu'il est constaté d'une manière précise que celui-ci a, par lui-même ou par ses agents, mis le destinataire dans l'impossibilité de vérifier l'état des marchandises renfermées dans l'intérieur d'un colis (Req. 5 févr. 1856, aff. Chemin de fer de Lyon C. Escoffier, D. P. 56. 1. 131; Metz, 29 août 1855, aff. Contet-Muiron, D. P. 56. 2. 211; Civ. rej. 13 août 1872, aff. Chemin de fer de Lyon C. Avy et autres, D. P. 72. 1. 228; Civ. cass. 24 nov. 1875, aff. Chemin de fer de Lyon C. Bacri, D. P. 76. 1. 168; 15 mai 1876, aff. Chemin de fer du Midi C. Sambon, D. P. 76. 1. 448; 11 avr. 1877, aff. Chemin de fer de Lyon C. Guérin, Lamé-Fleury, *Bulletin annoté des chemins de fer*, 1877. 121; 16 juill. 1877, aff. Chemin de fer de Lyon C. Ducret, D. P. 77. 1. 375; 26 avr. 1877, aff. Chemin de fer de l'Est C. Hauser et autres, *ibid.*; 8 mai 1878, aff. Chem. de fer du Nord C. Jacquier, D. P. 78. 1. 232; 16 et 17 juin 1879, aff. Chemin de Lyon C. Seihan et autres, 3 arrêts, D. P. 79. 1. 296; 26 juin 1882, aff. Chemin de fer de Lyon et du Nord C. Audan et Jayet, D. P. 83. 1. 87; 10 avr. 1883, aff. Chemin de fer d'Orléans C. Nadal, D. P. 83. 1. 456. V. aussi Féraud-Giraud, n° 920). — Il en est ainsi spécialement lorsque le voiturier a surpris la bonne foi du destinataire en dissimulant le dommage (Civ. rej. 26 avr. 1859, aff. Chemin de fer de Lyon C. Montessuy, D. P. 59. 1. 181). Mais cette exception à la règle générale ne doit être admise qu'autant que les circonstances de la cause établissent nettement la mauvaise foi du voiturier. Par exemple, la déchéance de l'art. 105 serait encourue bien que la compagnie n'eût pas reproduit sur ses récépissés toutes les énonciations de la déclaration d'expédition, et qu'elle eût fait émarger sur la lettre de voiture un nombre de colis et un poids supérieurs à la quantité et au poids réellement livrés, si d'ailleurs ces inexactitudes n'ont pas mis le destinataire dans l'impossibilité de vérifier le manquant (Civ. cass. 6 nov. 1878, aff. Chemin de fer du Midi C. Debax, D. P. 79. 1. 29).

307. La jurisprudence de la cour de cassation se montre, d'ailleurs, très sévère pour admettre une dérogation à l'art. 105 c. com. Il ne suffit pas que la vérification ait été difficile; il faut, pour faire repousser l'exception du voiturier opposée à l'action du destinataire et fondée sur la réception et le payement sans réserve, que l'impossibilité de procéder à la vérification soit formellement constatée. — Ainsi, il a été jugé que la disposition de l'art. 105 c. com. ne pourrait être écartée dans le cas où le juge se serait borné à déclarer qu'il y aurait eu une très grande difficulté à procéder, dans la gare d'arrivée, à une vérification sérieuse. — Dans un autre cas, la cour de Paris le 5 janv. 1874 (aff. Chemin de fer de Lyon C. Bacri, D. P. 75. 2. 8) avait déclaré que le destinataire qui avait procédé à la vérification le jour même de la réception, mais après la remise des marchandises, était recevable dans son action, car « étant donnée la manière d'agir des agents de la compagnie de chemin de fer, lors de la remise des effets transportés, il ne pouvait agir autrement qu'il ne l'avait fait ». La cour de cassation a jugé que cette déclaration n'établissait pas d'une manière suffisante que la vérification immédiate avait été empêchée par les agents de la compagnie, et elle a cassé l'arrêt de la cour de Paris (Arrêt du 24 nov. 1875, cité *suprà*, n° 306). De même un jugement ne peut écarter l'application de l'art. 105 c. com., en se fondant uniquement sur ce que « la rapidité avec laquelle on est obligé de prendre livraison pour éviter les droits de magasinage ne permet pas de faire constater, au moment de la livraison, le retard dans le transport de la marchandise » (Arrêt du 15 mai 1876, cité *suprà*, n° 306). — Décidé aussi que la fin de non-recevoir, tirée de la disposition de l'art. 105 c. com. ne pourrait être écartée par le motif que la rapidité des relations commerciales ne permettrait pas de déballer les marchandises en gare et d'en vérifier l'état avant d'en prendre livraison; ni par le motif qu'il n'était pas permis au destinataire de vérifier dans la gare l'état de la marchandise, s'il n'est d'ailleurs pas constaté que la compagnie ait apporté obstacle à cette vérification (Arrêts des 26 avril et 16 juill. 1877, cités *suprà*, n° 306); — Ni par le motif que les camionneurs de la compagnie du chemin de fer auraient pour habitude, à la gare d'arrivée, de s'opposer systématiquement à la vérification des colis avant la réception et le payement du prix, de refuser d'assister à toute vérification et de recevoir le prix sans réserve; ni par le motif que, pour les marchandises adressées en gare, la compagnie, tout en exigeant des destinataires le payement du transport et la signature valant reçu sur la lettre d'avis, aurait pour habitude, en cas d'avarie, de ne pas se prévaloir de l'art. 105 c. com. (Civ. cass. 8 mai 1878, aff. Chemin de fer du Nord C. Jacquier, D. P. 78. 1. 232). — Jugé encore que la fin de non-recevoir de l'art. 105 ne peut être écartée sous le prétexte que, d'une part, la vérification en gare était, sinon impossible, du moins très difficile, faute d'un local spécial et d'employés mis à cet effet à la disposition des destinataires, et que, d'autre part, l'avarie existait avant l'arrivée des marchandises en gare (Arrêt du 26 juin 1882, cité *suprà*, n° 306. V. encore en ce sens: Féraud-Giraud, t. 2, n° 920; Blanche, n° 150; Sarrut, n°s 850 et suiv.).

308. La fin de non-recevoir de l'art. 105 c. com. reposant sur cette présomption que le destinataire, par la prise de livraison et le payement du prix de transport, a reconnu que la compagnie avait exactement rempli ses obligations, ou tout au moins a renoncé de produire des réclamations, il en résulte que cette fin de non-recevoir n'est pas opposable quand le destinataire a formulé des réserves, et que le voiturier a consenti néanmoins à livrer la marchandise et à recevoir le prix du transport. « Le seul moyen sûr et pratique, dit M. Sarrut, n° 855, qu'ait le destinataire de conserver son droit d'action contre la compagnie, quand même il prendrait livraison de la marchandise et paierait le prix de transport, c'est de faire des réserves. Les réserves prouvent incontestablement l'intention du destinataire d'élever plus tard des réclamations, de sorte que la présomption qui sert de base à l'art. 105 fait défaut : cet article est inapplicable » (Civ. rej. 28 juill. 1884, aff. Chemins de fer de l'État et du Midi C. Berthomieu, D. P. 84. 1. 462; Civ. cass. 26 janv. 1886, aff. Chemin de fer du Nord de l'Espagne, D. P. 86. 1. 124). — Toutefois, il est à retenir que l'acceptation des réserves formulées par le destinataire ne constitue pas, par elle-même, une renonciation aux droits dont le transporteur peut se prévaloir, soit d'après les mentions de la lettre de voiture, soit d'après les tarifs applicables aux expéditions litigieuses; spécialement, le transporteur peut, malgré cette acceptation, se prévaloir, soit de ce qu'il a transmis un poids conforme suivant la seule obligation qui lui était imposée par les termes de la lettre de voiture, soit de ce que le tarif spécial applicable le déchargeait de la responsabilité des déchets et avaries de route (Même arrêt).

309. Mais le voiturier est-il obligé de consentir aux réserves que fait le destinataire? La question est résolue affirmativement, mais d'une façon incidente et sans motifs à l'appui, dans un arrêt de cassation du 25 juin 1884 (aff. Chemin de fer du Midi C. Caraguel, D. P. 85. 1. 77). — Cette solution paraît très contestable. Il semble difficile, tout d'abord, de reconnaître au destinataire le droit de formuler des réserves générales; ces réserves deviendraient de style, et la protection que le législateur a voulu accorder au voiturier dans l'art. 105 c. com. serait illusoire (Req. 30 janv. 1872, aff. de Montenol, D. P. 72. 1. 375; Civ. cass. 2 févr. 1887, aff. Chemin de fer de l'Ouest C. Hermitte, D. P. 87. 1. 480). Quant aux réserves spéciales, c'est-à-dire à celles qui précisent l'état des marchandises et des avaries, on ne voit pas sur quel texte ou sur quel principe on pourrait s'appuyer pour les déclarer obligatoires pour le voiturier. L'art. 106 c. com. semble plutôt supposer que le destinataire ne peut les lui imposer; il organise, en effet, une procédure à laquelle le destinataire devra recourir, en cas de contestation sur les objets transportés, pour sauvegarder ses droits. Imposer les réserves aux voituriers, spécialement aux compagnies de chemins de fer, c'est les obliger par voie de conséquence soit à retenir, au détriment de toutes les parties, les marchandises dans leurs magasins, soit à courir les risques d'une appréciation fort incertaine de la cause et de l'époque des avaries, une fois les marchandises livrées au destinataire. De deux arrêts de la cour de cassation, ayant trait spécialement au caractère obligatoire ou facultatif des réserves, il résulte que les compagnies de chemins de fer ne sont pas tenues d'accepter les réserves du destinataire en tant qu'elles se réfèrent au cas d'avaries, mais qu'elles ne peuvent les refuser dans l'hypothèse d'un retard ou d'une fausse application des tarifs (Civ. cass. 28 mars 1882, aff. Chemin de fer de Lyon C. Bénier-Duteil, D. P. 83. 1. 31; Civ. rej. 18 janv. 1882, aff. Chemin de fer de Lyon C. Jeanton, D. P. 82. 1. 88). — Cette distinction paraît rationnelle, car dans les deux derniers cas, où elles sont considérées comme légitimes, les réserves n'entraînent pas les mêmes inconvénients qu'en cas d'avaries.

310. La disposition de l'art. 105 c. com. ne s'applique

évidemment pas au cas où le voiturier reconnaît formellement sur la lettre de voiture l'existence d'un manquant ou d'une avarie (Féraud-Giraud, t. 2, n° 930). — Ainsi, il a été jugé qu'une compagnie, en reconnaissant formellement sur la lettre de voiture, avant l'enlèvement de la marchandise, le manquant qui a servi de base à l'action, réserve par cela même les droits du destinataire, et rend dès lors sans objet toute protestation ou réserve de la part de celui-ci ou de son représentant (Civ. rej. 14 avr. 1874, aff. Chemin de fer de Lyon *C.* Dubuis, D. P. 74. 1. 246). — Jugé, de même, que le voiturier (une compagnie de chemin de fer) qui, sur une réclamation postérieure à la réception, a fait vérifier les colis avariés par un employé qui a reconnu la justesse de la réclamation, est réputé avoir ainsi reconnu le droit à indemnité du réclamant et renoncé à opposer la fin de non-recevoir tirée de l'art. 105 c. com. (Req. 9 juin 1858, aff. Chemin de fer de l'Ouest *C.* Hulin, D. P. 58. 1. 421 ; 2 févr. 1876, aff. Chemin de fer de Lyon *C.* Roger, D. P. 77. 1. 440). — Néanmoins, la reconnaissance de l'avarie par le voiturier ne saurait le rendre irrecevable à invoquer la fin de non-recevoir de l'art. 105 c. com. si les parties, lors de la vérification, sont tombés d'accord pour attribuer l'avarie au vice propre de la chose (Civ. cass. 13 févr. 1878) (1). Mais d'après les considérants d'un arrêt de la chambre civile du 7 févr. 1872 (aff. Chemin de fer du Nord *C.* Trouiller, D. P. 72. 1. 171), il y aurait lieu de douter de la légalité de la convention par laquelle une compagnie de chemin de fer se serait engagée à l'avance, et d'une manière générale, à ne pas se prévaloir de la disposition de l'art. 105 c. com. (V. *Voirie par chemin de fer*). Telle n'est pas l'opinion de MM. Féraud-Giraud, t. 2, n° 932, et Sarrut, n° 854, qui ont adopté l'affirmative tandis que plusieurs auteurs, notamment M. Bédarride, *Des chemins de fer*, t. 2, n° 658, et M. Picard, t. 4, p. 834-835, considèrent comme illicite et contraire à l'ordre public toute renonciation anticipée et générale au bénéfice de l'art. 105 c. com. Cette opinion paraît devoir être législativement consacrée par le projet de loi portant revision des art. 105 et 108 c. com., le texte actuellement soumis aux délibérations du Parlement prohibant toute convention contraire aux dispositions nouvelles édictées pour les art. 105 et 108.

311. L'application de l'art. 105 c. com. suppose nécessairement que le transport a été exécuté; par conséquent, le destinataire serait recevable à agir contre le transporteur, bien qu'il ait pris livraison sans réserve et payé le prix du transport, s'il y a eu, au moins pour partie, substitution de marchandises (Limoges, 5 mars 1870, aff. Chemin de fer d'Orléans *C.* Chatenet, D. P. 70. 2. 90; Lyon, 10 mars 1883, aff. Chemin de fer du Midi *C.* Pécout, D. P. 84. 2. 88; Sarrut, n° 862; Féraud-Giraud, t. 2, n° 915. — Comp. Lanckmann, *Traité des transports par chemin de fer en Belgique*, n° 577, et pour le cas de livraison d'une partie seulement des marchandises expédiées, Civ. rej. 15 juill. 1878, aff. Chemin de fer de Lyon *C.* Decourt, D. P. 78. 1. 317). Il va de soi que si la compagnie, réparant son erreur, remettait au destinataire les marchandises qui lui appartiennent, celui-ci se priverait, en les acceptant sans réserve, de tout recours contre la compagnie (Sarrut, *op. et loc. cit.*).

312. On admet toujours en doctrine et en jurisprudence, comme à l'époque de la publication du *Répertoire* (n° 468), que la fraude du voiturier fait cesser l'effet de la disposition introduite en sa faveur par l'art. 105 (Req. 16 mars 1859, aff. Chemin de fer de Lyon *C.* Villarçon, D. P. 59. 1. 317; Montpellier, 21 avr. 1860 (2); Civ. rej. 22 mai 1865, aff. Chemin de fer de l'Ouest *C.* Grelley, D. P. 65. 1. 272; 6 mai 1872, aff. Chemin de fer de Lyon *C.* Collin, D. P. 72. 1. 168; Civ. cass. 4 févr. 1874, aff. Chemin de fer de Lyon *C.* Morel et Sabatier, D. P. 74. 1. 301). Le dol, qui vicie en pareil cas l'acceptation de la marchandise par le destinataire, lui permet de revenir sur les conséquences légales que comporterait cette acceptation si elle avait eu lieu en pleine connaissance de cause (Arrêt précité du 22 mai 1865; Bédarride, t. 2, n°s 611 et 612; Duverdy, n° 96; Féraud-Giraud, t. 2, n° 929; Picard, t. 4, p. 834 et 840).

313. Mais si la règle, suivant laquelle la réception des objets transportés et le payement du prix de la voiture étei-

(1) (Chemin de fer du Midi *C.* Enjalric.) — La cour ; — Vu l'art. 105 c. com.; — Attendu qu'il est déclaré en fait par le jugement attaqué qu'Enjalric a fait constater le manquant dans les barils d'huile expédiés, non à la gare de Saint-Rome-de-Cernon où il a pris livraison, mais à Saint-Rome-du-Tarn, et par conséquent après la livraison consommée ; qu'ainsi et conformément à l'art. 105 c. com., toute action a été éteinte contre la compagnie demanderesse ; — Attendu que la décharge résultant de ces faits au profit de la compagnie n'a pu être compromise, en tout ou en partie, parce qu'il a été reconnu d'accord entre les parties qu'à leur arrivée à la gare de Saint-Rome-de-Cernon les deux barils litigieux avaient perdu 15 kilog. d'huile ; qu'en effet, le jugement dénoncé constate en même temps que les parties ont été d'accord pour attribuer la perte signalée à la vétusté des fûts, c'est-à-dire à un vice propre de la chose ; — Attendu qu'il suit de ce qui précède qu'en rejetant l'exception proposée, et en condamnant la compagnie demanderesse à payer les sommes mentionnées au jugement, le tribunal de commerce de Saint-Affrique a formellement violé l'article susvisé ;

Par ces motifs, casse, etc.

Du 13 févr. 1878.-Ch. civ.-MM. Mercier, 1er pr.-Sallé, rap.-Charrins, 1er av. gén., c. conf.-Devin, av.

(2) (Lignières *C.* Chemin de fer du Midi et chemin de fer de Lyon.) — La cour ; — Considérant, en droit, que si la réception des objets transportés et le payement du prix de la voiture éteignent toute action contre le voiturier, cette règle, malgré son sens général et absolu, peut fléchir selon les circonstances; qu'elle s'efface notamment lorsqu'il y a fraude ou infidélité; et qu'il s'agit de rechercher si le litige actuel rentre dans cette exception; — Considérant, sous un autre rapport, qu'on prétendrait vainement restreindre au voiturier, à l'exclusion des intermédiaires, la responsabilité encourue dans les cas de détournement ou d'avaries, une pareille interprétation étant aussi contraire à l'équité qu'aux règles du droit commun; qu'en effet, chacun est garant, non seulement du dommage qu'il cause par son fait, mais encore par sa négligence ou son imprudence, de même que par le fait des personnes dont il répond; — Considérant que le litige ayant pour objet le détournement d'une somme confiée par Lignières à la compagnie du Midi, la réception du group par le destinataire n'enlève pas plus à celui-ci qu'à l'expéditeur le droit de réclamer contre l'infidélité du voiturier ou de ses agents et qu'en déclarant Lignières irrecevable dans sa demande, le premier juge lui a manifestement inféré grief; qu'il y a donc lieu de réformer sa décision;

Au fond et en fait : — Considérant que Lignières confia à la compagnie du Midi un group de 3000 fr. pour être transporté d'Agde à Marseille; que ce group fut remis à Gayral, à qui il était destiné, intact en apparence, et renfermé immédiatement par celui-ci dans son coffre-fort dont il prit la clef; que trois heures après, le group, intact à l'extérieur, ayant été ouvert, il fut reconnu qu'on en avait subrepticement détourné 1680 fr.; — Considérant que l'administration du chemin de fer de Lyon, avertie de cette soustraction, en rechercha vainement les auteurs, le résultat de son enquête ayant seulement fait présumer que le détournement de la somme de 1680 fr. avait pu être effectué dans le trajet de Cette à Marseille; — Considérant que la parfaite honorabilité de Gayral a été reconnue par toutes les parties en cause; qu'aucune d'elles n'a contesté, soit devant le premier juge, soit devant la cour, l'exactitude et la sincérité de la déclaration du destinataire, et qu'il est constant que celui-ci n'a reçu que 1320 fr. au lieu de 3000 fr. que devait contenir le group expédié par Lignières; — Considérant, dès lors, que Lignières était fondé dans son action contre l'administration du chemin de fer du Midi, et qu'il y a lieu de faire droit à sa demande, en déclarant cette administration responsable vis-à-vis de l'expéditeur du détournement constaté dans le group reçu par Gayral;

Sur la garantie : — Considérant que la compagnie du Midi a expédié le group d'Agde à Cette; que ce group a été reçu en gare de Cette par la compagnie de Lyon, qui en a donné décharge; que cette décharge fait présumer que l'on s'est assuré de l'intégrité du group, non seulement quant à son état extérieur, mais quant à son poids; qu'au surplus l'enquête à laquelle la compagnie de Lyon a fait procéder ne permet pas de douter que le détournement n'ait eu lieu sur la ligne de cette compagnie ; d'où la conséquence qu'elle doit en être exclusivement responsable; qu'il est donc juste, en disant droit à la demande de Lignières vis-à-vis de la compagnie du Midi, d'accorder à celle-ci sa garantie contre la compagnie de Lyon;

Par ces motifs, réformant, déclare Lignières recevable dans sa demande; condamne la compagnie du Midi à lui payer la somme de 1680 francs avec intérêts de droit; condamne la compagnie de Lyon à relever et garantir la compagnie du Midi de toutes les condamnations prononcées contre celle-ci.

Du 21 avr. 1860.-C. de Montpellier, 2e ch.-MM. Aragon, pr.-Mestre, av. gén.-Bertrand et Pontingon, av.

gnent toute action contre le voiturier, ne doit pas être appliquée en cas de fraude ou d'infidélité, c'est au destinataire à prouver que le voiturier a commis une fraude; ce n'est pas au voiturier à établir qu'il n'en a pas commis, et il est libéré quand la preuve dont il s'agit n'est pas fournie contre lui, car le dol ne se présume pas (c. civ. art. 1116). De plus, il faut que le juge constate et précise les circonstances d'où résulte la fraude, sans quoi l'obligation de faire la preuve qui incombe au destinataire pourrait être éludée, la fraude présumée et non prouvée, puisqu'il n'y a pas de contrôle possible de la décision rendue. Ici s'applique la règle qui exige, pour l'application de l'art. 1382 c. civ., la constatation d'un fait précis engageant la responsabilité du défendeur (V. Civ. cass. 30 mai 1877, aff. Chemin de fer de Lyon *C.* Gourraud, D. P. 77. 1. 383; 17 juin 1869, aff. Chemin de fer de Lyon *C.* Seilhan, D. P. 79. 1. 296). — Il a été décidé, en conséquence, que le jugement qui rejette l'exception de l'art. 105 proposée par le voiturier, sans relever contre lui aucun fait constitutif de la fraude alléguée, manque de base légale (Civ. cass. 18 avr. 1883, aff. Chemin de fer du Nord *C.* Dubuquoy, D. P. 84. 5. 87).

314. On admet, d'autre part, qu'une simple réticence, de la part du voiturier ne saurait être assimilée au dol; il n'a pas à signaler l'avarie; il doit seulement s'abstenir de toute manœuvre, de tout procédé ayant pour effet de la cacher. — Il a été jugé, toutefois, que la disposition de l'art. 105 c. com. ne peut être invoquée par le voiturier qui a fait constater l'avarie au cours du voyage et en a dissimulé l'existence, lors de la remise des marchandises, ainsi que les résultats de l'expertise faite à sa requête (Civ. rej. 14 févr. 1876, aff. Chemin de fer de l'Ouest *C.* Caroff, D. P. 78. 1. 16). Mais cette décision, qui statue sur une situation spéciale, n'est pas contraire à la règle précédemment rappelée. Il est évident que si, en principe, le voiturier n'a pas à révéler l'avarie, il en est autrement lorsque, paraissant agir dans l'intérêt de qui de droit, il a demandé et obtenu la désignation d'un expert nommé par le tribunal de commerce. Il y a, en pareil cas, une constatation judiciaire que l'un des intéressés n'a pas le droit de retenir et de dissimuler.

315. Enfin il est toujours admis, suivant la doctrine exposée au *Rép.* n° 469, que l'art. 108 c. com., suivant lequel la réception des objets transportés et le payement du prix de la voiture laissent subsister l'action du destinataire ou de l'expéditeur contre le voiturier, en cas de fraude ou d'infidélité, s'applique non seulement au cas où la fraude et l'infidélité sont imputables au voiturier lui-même, mais encore à celui où elles doivent être imputées à ses préposés ou aux voituriers intermédiaires dont il est tenu de répondre, surtout quand l'entrepreneur de transport est une compagnie anonyme qui n'agit que par des préposés. Ainsi, une compagnie de chemin de fer, actionnée comme civilement responsable du détournement commis par ses préposés ou les préposés de la compagnie qu'elle s'est substituée, de valeurs dont le transport lui a été confié, ne peut opposer à cette action la fin de non-recevoir prise de la réception sans vérification préalable du sac où se trouvaient les valeurs détournées, et du payement du prix du transport, le détournement qui sert de base à l'action rentrant dans le cas prévu par l'art. 108 c. com. (Civ. rej. 16 avr. 1859, aff. Chemin de fer de Lyon *C.* Montessuy, D. P. 59. 1. 181; 6 mai 1872, aff. Chemin de fer de Lyon *C.* Collin, D. P. P. 72. 1. 168; 11 mars 1874, aff. Comp. des paquebots de l'Ouest, D. P. 74. 1. 336. V. aussi Féraud-Giraud, t. 2, n° 928; Bédarride, t. 2, n° 605).

316. — VI. Formalités prescrites en cas de refus de la chose transportée ou de contestations. — Lorsque le voiturier ne veut pas rester sous le coup de l'action qu'on menace d'introduire contre lui, il peut se décharger de la garde des objets en se conformant à l'art. 106 c. com. (*Rép.* n° 477). Cette situation se rencontre surtout lorsque le destinataire refuse de prendre livraison de la marchandise, ou de la recevoir, sans faire des réserves que la compagnie de son côté refuse d'accepter (Sarrut, n°s 719 et suiv.). — Les formalités prescrites par l'art. 106 c. com. pour la constatation de l'état des marchandises transportées sont applicables en matière de transport par les voies ferrées, comme en matière de roulage (V. *Rép.* v° *Voirie par chemin de fer*, n° 478); elles concernent exclusivement les contestations entre les destinataires et les voituriers. Elles ne s'appliquent pas aux débats qui peuvent s'élever entre le destinataire et l'expéditeur; en ce dernier cas, ce n'est pas la procédure de l'art. 106 c. com. qui doit être suivie, mais celle du droit commun, du code de procédure civile (Civ. rej. 3 mars 1863, aff. d'Alby, D. P. 63. 1. 123. V. aussi Sarrut, n° 726). — Enfin, ces formalités ne sont pas applicables au cas de la remise que les commissionnaires se font entre eux d'une marchandise qui doit voyager avec célérité, alors surtout que les avaries ne pourraient être reconnues qu'en ouvrant les caisses ou ballots (Nîmes, 19 nov. 1851, aff. Auzilly, D. P. 54. 5. 126).

317. Ainsi qu'on l'a exposé au *Rép.* n° 478, les formalités prescrites par l'art. 106 c. com. pour parvenir, en cas de contestation entre le destinataire et le voiturier, à la vérification de l'état des marchandises, puis à leur vente, ne sont pas prescrites à peine de nullité (*Rép.* n° 478; Sarrut, *Transport par chemin de fer*, n° 724; Duverdy, *Contrat de transport*, 2e éd., n° 109; Trib. com. Caen, 27 août 1857, aff. Chemin de fer de l'Ouest *C.* Hulin, D. P. 58. 1. 421; Colmar, 30 juin 1865, V. *suprà*, n° 207). — L'expertise, par exemple, peut être suppléée par tout autre mode de preuve (*Rép.* n° 478), et notamment, par une vérification contradictoire des avaries survenues aux marchandises transportées par chemin de fer, entre le chef de gare d'arrivée et le destinataire (Rouen, 13 mars 1874, aff. Hazard, D. P. 75. 2. 152); et le chef de gare représente à cet effet, non pas seulement la compagnie à laquelle il appartient, mais aussi celle qui a reçu l'expédition et effectué une partie du transport (Même arrêt). — Toutefois, le fait, par le voiturier, de n'avoir pas observé les formalités de l'art. 106 constitue, dans certains cas, une faute susceptible d'engager sa responsabilité, et il peut être condamné à des dommages-intérêts si le destinataire a souffert un préjudice. Ainsi, il a été jugé que le voiturier qui, sans observer les formalités prescrites par l'art. 106 c. com., fait vendre des marchandises dont le destinataire n'a pas pris livraison engage, dans une certaine mesure, sa responsabilité; il ne peut être tenu toutefois de rembourser au destinataire une somme supérieure au produit de la vente opérée, lorsque cette vente n'a pas causé de préjudice à ce dernier (Civ. cass. 16 nov. 1881, aff. Chemin de fer du Nord *C.* Merville, D. P. 82. 1. 160; 17 juill. 1883, aff. Chemin de fer de l'Ouest *C.* Lamarre, D. P. 84. 1. 24; Ch. réun. cass. 10 mai 1886, même affaire, D. P. 87. 1. 29).

318. On a de nouveau jugé, conformément à la décision citée au *Rép.* n° 479, que les formalités et délais prescrits en matière d'expertise ordinaire ne sont pas applicables à l'expertise exigée par l'art. 106 en matière de transport de marchandises; spécialement, qu'il n'est pas nécessaire que les parties intéressées soient présentes (Rennes, 24 nov. 1847, aff. Riodu, D. P. 49. 2. 99; Colmar, 13 mai 1851, aff. Meyrel, D. P. 54. 5. 337; Aix, 6 mars 1874, aff. Siégeot, D. P. 77. 5. 87). — « On peut dire en effet, remarque M. Sarrut, n° 725, que l'expertise, dans l'hypothèse qui nous occupe, est un acte qui intervient en dehors de toute instance, une mesure conservatoire et qui doit presque toujours être prise dans des cas qui requièrent célérité. Il n'est donc pas nécessaire que celui qui la provoque y appelle tous ceux qui peuvent y être intéressés. Le plus souvent même cela serait impossible, car la vérification doit être faite pour ainsi dire instantanément. »

319. Lorsque le destinataire refuse d'enlever ou de recevoir les marchandises transportées à cause du remboursement dont elles sont grevées, la compagnie n'est tenue de recourir aux mesures prescrites par l'art. 106 c. com. qu'autant que le destinataire en réclame l'emploi (Colmar, 9 déc. 1862, aff. Chemin de fer de l'Est *C.* Benjamin Bloch, D. P. 63. 2. 43). Elle peut les conserver dans ses magasins jusqu'au jour où la livraison en sera demandée (Même arrêt). Mais, en ce cas, elle est responsable des avaries survenues depuis le refus du destinataire, surtout quand ce refus est en quelque sorte légitimé par une faute de la compagnie, faute qui en aurait été le motif (Douai, 11 août 1855, aff. Chemin de fer du Nord *C.* Bertelle, D. P. 56. 2. 89). — La compagnie n'échapperait à cette responsabilité que si les avaries étaient la suite du vice propre de la marchandise (*Rép.* v° *Voirie par chemin de fer*, n° 480), et si elles n'avaient pu être empêchées ou amoindries au moyen d'un examen attentif et de soins assidus (Arrêt précité du 11 août 1855).

§ 2. — De la prescription introduite en faveur du voiturier (*Rép.* n°s 481 à 507).

320. Comme on l'a vu au *Rép.* n° 481, l'art. 108 c. com. déclare prescrites par six mois ou un an, suivant que les expéditions sont faites à l'intérieur de la France ou à l'étranger, toutes les actions contre le commissionnaire et le voiturier à raison de la perte ou de l'avarie des marchandises. Ces dispositions sont encore en vigueur, mais elles sont à la veille d'être profondément modifiées par l'adoption du projet de revision des art. 105 et 108 c. com. dont il a été déjà parlé au paragraphe précédent. Quelle sera la durée de la prescription? A quelles actions s'appliquera-t-elle? Pourra-t-elle être invoquée par le voiturier seul ou bien à la fois par et contre lui? C'est ce qu'il est fort difficile de préjuger. La réponse définitive à ces questions est loin de se dégager nettement des débats auxquels l'art. 108 nouveau a donné lieu. Le texte adopté par la Chambre des députés et, en première lecture par le Sénat établissait un délai unique pour l'acquisition de la prescription; ce délai eût été d'un an à compter, en cas de perte totale, du jour où la marchandise aurait dû être remise, et pour les autres cas du jour où elle aurait été remise ou offerte au destinataire, sans distinguer entre les expéditions faites en France et celles à destination ou en provenance de l'étranger. De plus cette prescription eût été applicable à toutes les actions auxquelles le contrat de transport donne lieu, et aurait pu être invoquée aussi bien par le commissionnaire et le voiturier que par l'expéditeur ou le destinataire (V. *Journ. off.*, Documents parlementaires, Chambre des députés, 4e législature, n° 1160, p.30; Sénat, février 1888, p. 101 et suiv.). Mais, en seconde lecture, le Sénat a adopté un texte qui supprime bien toute distinction quant au délai de la prescription entre les expéditions à l'intérieur et celles qui sont faites au dehors, mais restreint la prescription d'un an aux actions pour avaries, pertes ou retard auxquelles peut donner lieu *contre le voiturier* le contrat de transport. — Quant à toutes les autres actions qui dérivent de ce contrat, tant contre le voiturier que contre l'expéditeur ou le destinataire, y compris celles qui naissent des dispositions de l'art. 541 c. pr. civ., elles seraient prescrites par cinq ans. La prescription courrait, dans tous les cas, du jour où la marchandise totalement perdue aurait dû être remise, et dans les autres cas du jour où la marchandise aurait été remise ou offerte au destinataire. — Toutefois, en cas de transport pour le compte de l'Etat, la prescription ne courrait que du jour de la décision ministérielle emportant liquidation ou ordonnancement définitifs (*Journ. off.*, Sénat, février 1888, p. 144-145). Ces modifications profondes à la législation actuelle seront-elles définitivement adoptées lorsque la loi reviendra en délibération à la Chambre des députés? Il est difficile de le prévoir.

321. — I. PAR QUI ET CONTRE QUI LA PRESCRIPTION DE L'ART. 108 PEUT ÊTRE INVOQUÉE. — On a vu au *Rép.* n° 483 que la prescription de l'art. 108 est applicable à tous les commissionnaires tenus de faire arriver la marchandise, et opposable à tous leurs commettants ; cependant cette prescription ne s'applique qu'aux transports effectués par voie de terre. Il est certain, par exemple, que si l'art. 108 est applicable aux transports effectués par les compagnies de chemins de fer, l'action intentée contre une entreprise de transports maritimes, à raison d'une avarie survenue à une marchandise transportée par mer, doit être déclarée non recevable, si elle n'a pas été introduite dans les délais établis par les art. 435 et 436 c. com.; il n'y a pas lieu d'appliquer à une telle action les art. 98, 106 et 108 c. com., relatifs aux transports par terre et par eau confiés aux voituriers ou commissionnaires (Civ. cass. 8 mars 1865, aff. Messageries impériales *C.* Grosset, D. P. 65. 1. 131; 10 avr. 1865, aff. Messageries impériales *C.* Roussel, D. P. 65. 1. 229; 1er mai 1865, aff. Messageries impériales *C.* Colin, D. P. 65. 1. 271; 25 févr. 1868, aff. Messageries impériales *C.* Defuidès, D. P. 68. 1. 181; 23 août 1869, aff. Messageries impériales *C.* Judas Sebans, D. P. 69. 1. 464; 24 janv. 1870, aff. Messageries impériales *C.* Alexandre, D. P. 70. 1. 101; 22 juill. 1873, aff. Messageries impériales *C.* Alexandre, D. P. 74. 1. 207). — Il faut toutefois, lorsque les transports ne sont pas exclusivement effectués par mer, que les avaries aient été constatés après le voyage en mer (Féraud-Giraud, t. 2, n° 964).

322. On a fait connaître au *Rép.* n°s 503 et suiv. les hésitations qu'on rencontrait dans la doctrine et dans la jurisprudence sur la question de savoir si le voiturier pouvait dans tous les cas opposer la prescription de l'art. 108, que le destinataire fût ou non commerçant. Les auteurs se sont depuis lors, à de rares exceptions près, rangés à l'opinion que nous avions soutenue (*Rép.* n° 504), et suivant laquelle, dès que le voiturier est commerçant, il est protégé par la prescription de l'art. 108, quelles que soient la qualité du destinataire et la nature de l'acte à l'occasion duquel le transport a été opéré. — On s'accorde aujourd'hui à reconnaître que la prescription de l'art. 108, commandée par l'intérêt du commerce des transports, est attachée à la nature même de l'opération commerciale du commissionnaire ou du voiturier; que l'expression *marchandises* est employée par l'art. 108 dans un sens générique ; et que, d'ailleurs, pour le voiturier et le commissionnaire dont il est ici question, tout colis confié est une marchandise, c'est-à-dire l'objet de son commerce de transport. Vouloir assujettir les commissionnaires et voituriers à la prescription de trente ans, sous le prétexte que le colis leur a été remis par un particulier, ce serait les assujettir à des difficultés incompatibles avec le mouvement et la célérité qui sont l'essence des opérations commerciales, et les exposer à des demandes en dommages-intérêts auxquelles ils ne pourraient la plupart du temps opposer aucune réponse ni aucune justification (Sarrut, n° 869; Féraud-Giraud, t. 2, n° 910). « Les art. 105 et 108 c. com., disent encore MM. Aubry et Rau, *Droit civil français*, 4e éd., t. 4, § 373, note 23, ont pour objet de protéger, contre des réclamations tardives, l'industrie des entrepreneurs de transports, et ce serait aller manifestement contre l'esprit de la loi que d'en restreindre l'application aux transports de marchandises entre commerçants » (V. encore Duverdy, n° 111. — *Contrà:* Marcadé, *Explication du code civil*, sur les art. 1782 à 1786, II). — Enfin, la jurisprudence est aujourd'hui d'accord avec la majorité des auteurs dont nous venons de rapporter l'opinion (Rennes, 25 mars 1852, aff. Messageries nationales, D. P. 52. 2. 231).

323. Mais la prescription de six mois ou d'un an, établie à l'égard de toute action résultant contre un commissionnaire de transport ou voiturier de la perte ou de l'avarie de la marchandise, n'est applicable que lorsqu'il s'agit d'une simple opération de transport; spécialement, cette prescription ne peut être invoquée dans le cas où une somme d'argent dont une entreprise de messageries a été chargée de faire le recouvrement, a été perdue dans le trajet du lieu du recouvrement au lieu du domicile du destinataire : l'entreprise, étant mandataire pour recouvrer, et non pas seulement pour transporter, est soumise à une action de mandat, passible de la prescription ordinaire (Req. 16 déc. 1850, aff. Caillard, D. P. 51. 1. 302).

324. — II. CONDITIONS NÉCESSAIRES POUR QUE LA PRESCRIPTION PUISSE ÊTRE INVOQUÉE. — Comme on l'a exposé au *Rép.* n°s 481 et suiv., il suffit que les marchandises n'aient pu être représentées, sans qu'une constatation régulière de la perte soit nécessaire, pour que l'action dirigée contre le commissionnaire ou le voiturier après les délais fixés doive être repoussée par une exception péremptoire tirée de la prescription de l'art. 108 c. com. — La même solution a été, depuis lors, adoptée par les auteurs (Alauzet, *Commentaire du code de commerce*, 3e éd., t. 3, n° 1209, p. 476; Bédarride, *Des commissionnaires*, n°s 442 et 448; Picard, t. 4, p. 846), et consacrée en jurisprudence. — On juge que la prescription de six mois ou d'un an, établie par l'art. 108 c. com. à l'égard de toute action contre un commissionnaire ou voiturier à raison de la perte des marchandises, n'est pas subordonnée à la condition que cette perte soit prouvée par le voiturier ou reconnue soit par l'expéditeur, soit par le destinataire, sauf les cas de fraude ou d'infidélité (Civ. cass. 7 janv. 1874, aff. Chemin de fer du Nord *C.* Franchomme, D. P. 74. 1. 12). — L'art. 108, en effet, pour l'admission de cette prescription, n'exige pas qu'il soit prouvé par le voiturier, ou reconnu par le réclamant, que la marchandise est réellement perdue ; au contraire, en faisant courir la prescription du jour où le transport aurait dû être effectué, il indique clairement que le destinataire ou l'expéditeur est en demeure d'agir par le seul fait que la livraison n'a pas eu lieu, quelle qu'en soit d'ailleurs la cause, et sauf les cas de fraude et d'infidélité.

325. On a vu au *Rép.* n° 488 que le commissionnaire qui veut invoquer la prescription édictée par l'art. 108 c. com. doit, avant tout, apporter la justification qu'il a expédié la marchandise qu'il était chargé de transporter; et nous croyons toujours que c'est en ce sens que doit être entendu l'art. 108. En effet, la disposition de cet article est exceptionnelle,et doit,par conséquent,être restreinte aux cas qu'elle prévoit expressément. Or, la prescription n'est édictée que pour le cas de perte ou d'avarie, et les mots: perte ou avarie s'appliquent uniquement aux accidents survenus en cours de voyage. Lorsque l'expédition des marchandises n'est pas prouvée, les règles du droit commun sont seules applicables. Cette solution est, d'ailleurs, confirmée par les travaux préparatoires du code de commerce ainsi que nous l'avons indiqué au *Rép.* n° 488, et est conforme à l'esprit qui a présidé à la rédaction de l'art. 108. — On voit, en effet, dans les procès-verbaux du conseil d'Etat, que l'art. 108, désigné alors sous le n° 115, était primitivement conçu dans les termes les plus larges; il portait: « Toutes actions contre le commissionnaire et le voiturier sont prescrites après six mois pour les expéditions faites à l'intérieur de la France, à compter de la date de la lettre de voiture ». Si ce texte avait été maintenu, la prescription qu'il consacre aurait pu être évidemment invoquée, non seulement dans les cas de perte ou d'avarie, mais encore dans le cas de retard ou même de défaut d'envoi, comme aussi dans celui de répétition de l'indu. En effet, dans sa généralité il embrassait indistinctement toutes les actions contre le commissionnaire et le voiturier. Mais le projet ainsi formulé a été critiqué au conseil d'Etat; Réal a objecté « qu'on ne pouvait, après un laps de six mois, refuser à l'acheteur action contre le commissionnaire qui ne lui a pas envoyé ses marchandises, et que, néanmoins, l'article aurait cet effet, puisqu'il faisait courir la prescription à compter de la lettre de voiture ». Sur cette observation, Regnaud de Saint-Jean-d'Angely déclara que la « prescription établie par l'art. 115 (aujourd'hui 108) ne faisait pas cesser la responsabilité pour défaut d'envoi, mais seulement la responsabilité pour pertes et pour avaries »; enfin M. Defermon reconnut « qu'en exprimant cette limitation, le délai de six mois suffisait ». L'article fut adopté dans ces conditions. Il nous paraît évident que la rédaction définitive, en n'établissant la prescription de six mois que pour les actions exercées contre le commissionnaire et le voiturier à raison de la perte ou de l'avarie, a par cela même exclu du bénéfice de cette prescription les actions exercées à raison du défaut d'envoi des marchandises, alors même que ce défaut d'envoi n'implique l'existence d'aucune fraude ni d'aucune infidélité. Cette distinction est conforme aux véritables principes de la matière; tant que la marchandise n'est pas chargée sur les wagons et mise en route, tant qu'elle reste dans les gares ou magasins de dépôt, le commissionnaire n'est qu'un simple dépositaire, soumis aux obligations résultant du contrat de dépôt, et n'ayant encore aucun titre à la faveur de la prescription spéciale qui protège le commissionnaire ou le voiturier effectuant réellement le transport. L'exécution du contrat de transport fait seule naître les risques, la responsabilité et aussi les privilèges du commissionnaire et du voiturier, et la prescription de l'art. 108 n'est et ne peut être que la conséquence de cette exécution. Il n'est pas admissible que le législateur ait eu la pensée de couvrir par un laps de six mois, et, par suite, de faciliter, sinon de provoquer l'inexécution du contrat de transport.

326. Les auteurs se sont généralement prononcés dans le même sens (V. Goujet et Merger, *Dictionnaire du droit commercial*, v° *Commissionnaire*, n° 136; Vanhuffel, *Louage appliqué aux voituriers*, n° 42; Duverdy, n° 114; Leroux de Bretagne, *Nouveau traité de la prescription en matière civile*, t. 2, n° 1381; Alauzet, *Commentaire du code de commerce*, 3ᵉ éd., t. 3, n° 1211; Bédarride, *Des commissionnaires*, nᵒˢ 436 et 437; Sarrut, n° 902; Féraud-Giraud, t. 2, n° 945). — Mais la jurisprudence est moins certaine. Ainsi, il a été jugé que la prescription de six mois, établie au profit du commissionnaire contre toute action à raison de la perte des objets dont le transport lui a été confié, peut être invoquée même en cas de perte au bureau du départ; en sorte que cette prescription, hors le cas de fraude, court du jour où, suivant l'ordre établi, l'objet perdu aurait dû être mis en route, et sans qu'il soit besoin pour le commissionnaire de prouver qu'il l'a compris dans un envoi (Rennes, 25 mars 1852, aff. Messageries nationales, D. P. 52. 2. 231; Lyon, 22 août 1873, aff. Chemin de fer de Lyon et du Midi *C.* Rambaud-Thoral, D. P. 74. 5. 93). Mais, d'autre part, la cour de cassation a, dans des décisions plus récentes, confirmé la doctrine résultant de son arrêt du 21 janv. 1839 et jugé que la prescription de six mois établie par l'art. 108 c. com. pour toute action contre le commissionnaire de transport et le voiturier à raison de la perte ou de l'avarie des marchandises n'est applicable qu'autant que l'expédition a eu lieu (Req. 4 août 1879, aff. Chemin de fer de l'Ouest *C.* Gauthier de Sainte-Croix, D. P. 80. 1. 122); — Et c'est au commissionnaire ou au voiturier qui invoque cette prescription à prouver que la marchandise dont il était chargé d'effectuer le transport a réellement été expédiée (Même arrêt. V. aussi: Orléans, 6 août 1878, aff. faillite Van den Brouck, D. P. 79. 1. 364; Bruxelles, 28 janv. 1864, aff. Hannard *C.* Bouhoulle, *Pasicrisie belge*, 1865. 2. 8). — Cette doctrine, approuvée par les auteurs, nous paraît devoir être définitivement adoptée.

327. Nous avons exposé au *Rép.* nᵒˢ 490 et 491, les solutions diverses qu'avait reçues la question de savoir si l'art. 108 peut être invoquée par le commissionnaire dans le cas où la marchandise a été par lui laissée à une personne qu'il savait ne pas être le véritable destinataire. — Il avait été jugé, d'une part, que la prescription établie par cet article ne peut être invoquée par le voiturier actionné comme responsable des objets qu'il a remis sciemment à une personne qui n'en était pas destinataire et qui n'avait pas qualité pour les recevoir, et, d'autre part, que, cette prescription pouvant être opposée même au cas de perte imputable à la faute du voiturier, il y a identité de raison pour appliquer cet article au cas où la marchandise a reçu une fausse destination, comme à celui où elle a été avariée ou égarée. — Cette dernière solution semble devoir définitivement prévaloir, car il est généralement admis en jurisprudence que les termes de l'art. 108 c. com. comprennent, dans leur généralité, tous les cas de perte, c'est-à-dire tous les cas où la marchandise n'est pas remise au destinataire, sauf toutefois l'hypothèse où la perte serait la conséquence du dol ou de la fraude du commissionnaire. — Ainsi on a jugé, spécialement, que la prescription de six mois de l'art. 108 c. com. s'applique au cas même où la perte est la conséquence de la remise de la marchandise à une personne autre que le destinataire (Civ. cass. 7 déc. 1869, aff. Valéry frères, D. P. 70. 1. 57; Duverdy, n° 115; Bédarride, t. 2, nᵒˢ 687 et suiv.; Féraud-Giraud, t. 2, n° 946). Et la jurisprudence a continué à admettre la prescription de l'art. 108 non seulement lorsque la perte de la marchandise provient de la remise des objets transportés à une autre personne que le destinataire, mais encore lorsqu'elle provient d'une fausse direction qui leur a été donnée. « La fausse direction donnée à l'envoi qui a occasionné la perte, dit M. Féraud-Giraud, *loc. cit.*, est une cause spéciale de cette perte; mais si la marchandise ne peut être représentée, ce n'est pas moins, quelle que soit la cause de la perte, parce qu'elle est perdue; par suite, du moment où il y a perte, nous croyons que l'art. 108 est applicable » (V. Duverdy, n° 115).

328. On a dit au *Rép.* nᵒˢ 498 et 499, que le commissionnaire ne peut invoquer la prescription de l'art. 108, non seulement au cas où, soit la fraude soit l'infidélité prévues par cet article lui sont imputables, mais encore quand elles sont le fait des agents ou préposés placés sous ses ordres. Nous avions au contraire admis, conformément à la jurisprudence alors consacrée, que le voiturier devait conserver son droit au bénéfice de cette prescription, malgré la fraude ou l'infidélité des voituriers ou commissionnaires employés par lui, en qualité, par exemple, de commissionnaires d'entrepôt, ces voituriers ou commissionnaires n'étant pas sous sa dépendance, comme de simples préposés; ou, dans le cas où la fraude ou l'infidélité serait l'œuvre exclusive d'un tiers, comme si, par exemple, une partie des marchandises avait été volée par des individus auxquels le commissionnaire ou voiturier les aurait confiées pour les décharger. — Mais la jurisprudence que nous avions constatée a été contredite par la plupart des auteurs qui ont traité la question depuis la publication du *Répertoire* (Lyon-Caen et Renault, n° 932; Sarrut, nos 906 et 907; Féraud-Giraud, t. 2, n° 944), et leur opinion a été consacrée par la nouvelle jurisprudence de la cour de cassation. Cette cour a jugé, en effet, que la fraude dont il s'agit dans les dispositions de l'art. 108 c. com. doit nécessairement être entendue non seulement de la fraude du voiturier lui-même, mais encore de celle des voituriers dont il doit répondre; qu'en effet, la responsabilité des commettants à l'égard des faits imputables à leurs préposés dans les fonctions auxquelles ils les ont employés est inscrite dans les principes du droit commun, suivant les dispositions mêmes de l'art. 1384 c. civ., et qu'elle doit surtout être reconnue lorsque, comme il arrive le plus souvent à l'époque actuelle, le commettant est une compagnie anonyme qui n'agit que par des préposés. Il suffit, d'ailleurs pour établir cette responsabilité, qu'il soit reconnu que le détournement frauduleux a été commis par les préposés, sans qu'il soit nécessaire de les désigner nominativement (Req. 16 mars 1859, aff. Chemin de fer de Lyon *C.* de Villarçon, D. P. 59. 1. 317; Civ. rej. 26 avr. 1859, aff. Chemin de fer de Lyon *C.* Montessuy, D. P. 59. 1. 181).

329. Comme le fait remarquer M. Sarrut, n° 908, les mots *infidélité* et *fraude*, employés par l'art. 108, ont un sens précis: ils supposent qu'un acte de déloyauté a été commis; mais ils ne comprennent pas les négligences, les fautes *in omittendo*, qui non seulement ne revêtent jamais le caractère de la fraude légale, mais en vue desquelles spécialement la prescription de l'art. 108 a été édictée. C'est ainsi qu'une compagnie de chemin de fer entre les mains de laquelle des marchandises ont été réquisitionnées par l'autorité militaire ne peut être réputée coupable de fraude ou d'infidélité par cela seul qu'elle n'a pas exigé de pièces régulières lors des réquisitions (Req. 8 avr. 1879, aff. Van den Brouck, D. P. 79. 1. 364).

330. Nous avons signalé au *Rép.* n° 502 la difficulté que présentait la question de savoir si la prescription de l'art. 108 pouvait être opposée en cas de perte lorsqu'aucun délai n'avait été fixé pour la remise des marchandises et que, par suite, il semblait qu'aucun point de départ ne pût être assigné à la prescription. — Pour les transports par chemin de fer, on n'a point, à défaut d'indications de la lettre de voiture, à se référer aux délais usuels puisque les délais de transport en dehors de toute mention dans les pièces de l'expédition, sont déterminés par les règlements administratifs. C'est donc, en cas de perte, à partir de l'expiration du délai réglementaire que la prescription doit courir (Féraud-Giraud, t. 2, n° 954; Sarrut, n° 873). — Toutefois, la prescription à laquelle est soumise, en vertu de l'art. 108 c. com., toute action contre le voiturier, à raison de la perte ou de l'avarie des marchandises transportées, ne court pas à partir de la perte ou de la livraison, lorsque l'intérêt de celui qui exerce l'action est né postérieurement à cette époque: il suffit alors que l'action soit intentée dans les six mois à partir du moment où l'intérêt du demandeur l'a constitué en demeure d'agir; spécialement, lorsque, en cas d'avarie d'une marchandise transportée par une entreprise de chemin de fer, le destinataire a refusé de payer le prix du transport, et que, à défaut de payement par le destinataire, la compagnie du chemin de fer, ou ses camionneurs, a poursuivi son payement contre un commissionnaire intermédiaire auquel elle avait livré la marchandise, le commissionnaire originaire, actionné en garantie par ce dernier, peut combattre l'action de la compagnie du chemin de fer, en concluant contre elle, ou contre ses camionneurs, par voie d'exception, à la responsabilité de l'avarie, quoique le délai de l'art. 108 c. com. soit expiré, son intérêt à faire valoir le moyen résultant de l'avarie n'étant né qu'au moment de l'action en garantie dirigée contre lui (Civ. rej. 7 juin 1858, aff. Chemin de fer d'Orléans *C.* Rousselet, D. P. 58. 1. 416. V. aussi *suprà*, n° 296).

331. — III. Actions auxquelles s'applique la prescription de l'art. 108. — On a exposé au *Rép.* n° 493 que la prescription de l'art. 108 s'applique exclusivement à l'action en responsabilité formée contre le voiturier à raison des pertes ou avaries souffertes par la chose au cours du transport. — Ces principes sont toujours admis sans difficulté. Ainsi, on persiste non seulement à décider, comme on l'a vu *suprà*, n° 325, que la prescription de l'art. 108 ne peut pas être invoquée par le voiturier qui ne prouve pas qu'il a effectué l'envoi des marchandises, mais on décide d'une manière constante que cet article n'est point applicable au cas de retard dans l'arrivée de ces marchandises: l'action est alors soumise à la prescription du droit commun. La jurisprudence nouvelle confirme donc celle qui avait été exposée au *Répertoire* (Civ. rej. 26 juill. 1859, aff. Chemin de fer du Nord *C.* Veleine, D. P. 59. 1. 307; Bruxelles, 14 janv. 1861, aff. Falisse et Trapmann *C.* Simonnet et Corten, *Pasicrisie belge*, 1861. 2. 39; C. cass. de Belgique, 14 janv. 1869, aff. L'Etat belge *C.* Crabbe et Van Gend, *ibid.*, 1869. 1. 307; Dijon, 25 févr. 1874 (1); Civ. cass. 10 mai 1876, aff. Chemin de fer de l'Est *C.* Pagès-Ville, D. P. 78. 5. 113; Dijon, 12 févr. 1879, aff. Chemin de fer d'Alsace-Lorraine et de l'Est *C.* Justin Pierre, D. P. 80. 2. 72. V. en ce sens: Alauzet, *Commentaire du code de commerce*, 3e éd., t. 3, n° 1211; Duverdy, n° 112; Boistel, n° 576; Féraud-Giraud, t. 2, n° 943. — *Contrà:* Galopin, *Des voituriers*, n° 100).

332. La jurisprudence qui, actuellement, refuse d'appliquer au cas de retard la prescription de l'art. 108, est fondée sur ce principe que les déchéances étant de droit étroit, l'art. 108 c. com. ne peut s'appliquer en dehors des cas qu'il prévoit expressément. On doit en conclure que si les marchandises n'avaient été ni perdues, ni égarées, ni avariées, et si le dommage subi par l'expéditeur résultait d'une faute du voiturier consistant, par exemple, en ce que ce dernier ne lui avait pas fourni les preuves de l'exécution du contrat de transport au moment où une demande en payement des marchandises transportées aurait pu être utilement formée contre le destinataire, les règles du droit commun devraient être appliquées, et la prescription trentenaire pourrait seule être opposée à l'action de l'expéditeur, conformément à l'art. 2262 c. civ. — C'est ce qu'a jugé l'arrêt précité du 12 févr. 1879. Toutefois, il a été décidé, sur le pourvoi dirigé contre cet arrêt, que la prescription édictée par l'art. 108 c. com. s'applique à l'action intentée par l'expéditeur contre une compagnie de chemin de fer et tendant à obtenir le payement du prix de marchandises transportées qu'il considérait comme égarées ou perdues, faute par la compagnie de justifier de leur remise au destinataire; qu'il en est ainsi, alors même que la compagnie, après avoir opposé la fin de non-recevoir tirée de l'art. 108 c. com., a produit le récépissé constatant la livraison de la marchandise, si le défaut de remise de ce récépissé n'a pas été invoqué comme une cause de dommage distincte de la perte des marchandises (Civ. cass. 7 mars 1881, aff. Chemin de fer d'Alsace-Lorraine, D. P. 81. 1. 383). — Mais cette décision n'infirme nullement le principe sur lequel était fondée la décision de la cour de Dijon, à savoir que les déchéances sont de droit étroit, et que l'art. 108 c. com. ne peut s'appliquer en dehors du cas de perte ou d'avaries. La cour de cassation se fonde sur la nature et l'objet de la demande de l'ex-

(1) (Chem. de fer de Lyon et de l'Est *C.* Lambert.) — La cour; — Sur la fin de non-recevoir tirée des dispositions de l'art. 108 c. com.: — Considérant que les lois qui établissent des prescriptions ou des déchéances sont de droit étroit et ne peuvent être étendues par voie d'analogie d'un cas à un autre; — Que les dispositions invoquées, limitant à six mois la durée de l'action contre le voiturier à raison de la perte ou de l'avarie de la marchandise, doivent être restreintes aux deux cas qu'elles ont spécifiés et ne sauraient être appliquées au simple retard; — Que l'on comprend, en effet, qu'en cas de perte ou d'avarie, il serait difficile, après un certain temps, d'établir quels étaient, à l'époque fixée pour la livraison, l'état, la qualité, la valeur réelle de la marchandise, et par suite le dommage éprouvé par le destinataire; que, par conséquent, l'action en responsabilité contre le voiturier doit être promptement exercée, tandis qu'en cas de retard, ces constatations matérielles sont inutiles pour fixer le montant de la condamnation; qu'il n'y a donc pas nécessité d'impartir au destinataire un aussi bref délai pour intenter son action, etc.

Par ces motifs, etc.

Du 25 févr. 1874.-C. de Dijon, 1re ch.-MM. Neveu-Lemaire, 1er pr.-Ally, Lombard et Perdrix, av.

péditeur, qui, à l'origine, tendait uniquement à obtenir des dommages-intérêts à raison de la perte des marchandises expédiées. Les faits survenus ultérieurement, la découverte du récépissé au cours des débats et sa production par la compagnie n'étaient pas de nature à modifier rétroactivement le caractère de cette action qui, d'après l'art. 108 c. com., se trouvait prescrite au moment où elle a été intentée. La solution admise par la chambre civile tient donc aux circonstances de la cause.

333. Dans certains cas, la question de savoir si l'on se trouvait en présence de faits rentrant dans les prévisions de l'art. 108 a paru douteuse. On s'est demandé notamment si la réquisition de marchandises par l'autorité militaire en temps de guerre peut être assimilée à la perte ou à l'avarie. Le doute était possible, car il est vraisemblable que le législateur ne s'est pas préoccupé de ce fait exceptionnel lorsqu'il a rédigé l'art. 108 c. com. Mais il est généralement reconnu que, par le mot perte, il a entendu tous les faits — non frauduleux ou dolosifs — qui rendent impossible la représentation de l'objet confié au commissionnaire de transport, et surtout les faits qui dérivent de la force majeure (V. Alauzet, 3e éd., t. 3, nos 1209 et suiv.; Bédarride, *Des commissionnaires*, nos 442 et 448; Bravard et Demangeat, *Traité de droit commercial*, t. 2, p. 390. V. aussi *suprà*, n° 193). Que la réquisition militaire ait pour effet d'exproprier définitivement soit l'expéditeur, soit le destinataire de la marchandise, à la charge d'une indemnité, ou qu'elle soit une mainmise temporaire sur les objets transportés, pourvu qu'en ce dernier cas ceux-ci ne puissent être représentés dans les délais fixés, on ne saurait contester qu'elle constitue un acte étranger au commissionnaire, supérieur à sa volonté, et qui s'oppose invinciblement à l'exécution du contrat de transport. Il semble donc qu'on doive en conclure que la prescription de six mois est applicable, puisqu'elle a pour but de protéger le voiturier contre des actions en responsabilité auxquelles les parties intéressées sont présumées avoir renoncé, si elles ne les exercent dans un bref délai. — Objecterait-on, d'autre part, que la réquisition a mis fin au contrat de transport, qu'elle l'a transformé en un dépôt, et que la prescription de l'art. 108 c. com. ne peut être invoquée par un simple dépositaire? Mais, d'une part, une novation de ce genre ne pourrait se produire sans le consentement réciproque des parties, et de l'autre il serait difficile de comprendre comment un contrat de dépôt peut se former précisément à l'heure où le commissionnaire de transport est dessaisi, par le fait de l'autorité militaire, de la marchandise qui lui était confiée. — Il semble, dès lors, qu'on doive faire rentrer la perte des marchandises par suite de réquisition militaire dans les prévisions de l'art. 108. C'est, d'ailleurs, ce que la cour de cassation a décidé en jugeant que la prescription de six mois, établie par l'art. 108 c. com. pour toute action contre le commissionnaire de transport, à raison de la perte ou de l'avarie des marchandises, s'applique à la demande en restitution ou en payement de la valeur, à titre de dommages-intérêts, de marchandises confiées à une compagnie de chemin de fer et qui, dans le cours du trajet, ont été frappées de réquisitions par l'autorité militaire; et que l'omission par la compagnie, soit d'exiger des pièces régulières au moment des réquisitions, soit de remettre ces pièces au destinataire en temps utile pour qu'il puisse adresser sa réclamation à l'État avant toute déchéance, ne constitue pas un fait de fraude ou d'infidélité qui interdise à cette compagnie d'opposer la prescription (Req. 8 avr. 1879, aff. faillite Van den Brouck, D. P. 79. 1. 364).

334. On décide toujours, conformément à la doctrine que nous avons exposée au *Rép.* n° 505, que l'art. 108 n'a établi de prescription qu'à l'égard du voiturier ou du commissionnaire de transport, et que, par exemple, cet article ne s'étend pas aux réclamations que le destinataire pourrait avoir à exercer contre l'expéditeur (Lyon-Caen, n° 933; Féraud-Giraud, t. 2, n° 942; Sarrut, n° 895. V. aussi Bruxelles, 1er mars 1880) (1). — Il ne s'étend pas non plus aux actions que le commissionnaire ou voiturier peut avoir à intenter contre l'expéditeur ou le destinataire, par exemple à l'action en payement du prix de transport, cette action ne se prescrit que par trente ans (Mêmes auteurs). C'est d'ailleurs ce qui a été formellement jugé (Req. 20 mai 1878, aff. Probel, D. P. 78. 1. 469). — Et lorsque, au cas où le transport a été opéré successivement par plusieurs voituriers, une difficulté s'élève sur la question de savoir si l'un d'entre eux n'est pas un expéditeur, c'est au juge du fait à constater souverainement s'il a ou non cette qualité. Jugé, en effet, qu'il appartient au juge du fait de constater souverainement si une compagnie de chemin de fer a agi dans ses rapports avec une autre compagnie comme expéditeur ou comme voiturier (Arrêt précité du 20 mai 1878). — D'ailleurs, le voiturier qui reconnaît l'existence du dommage dont il est garant et s'engage à le réparer, le cas échéant, est soumis à une action distincte de l'action en responsabilité prévue par l'art. 108 c. com., et qui ne peut se prescrire que conformément aux règles du droit commun (Même arrêt).

335. La fin de non-recevoir édictée par l'art. 108 serait-elle applicable dans le cas où la responsabilité du voiturier serait invoquée, non par voie d'action, mais par voie d'exception? En d'autres termes, l'expéditeur ou le destinataire, actionné en payement du prix du transport, après l'expiration du délai de six mois ou d'un an, serait-il fondé à prétendre qu'il y a lieu de compenser le montant de sa dette par ce que le voiturier lui doit lui-même à titre de dommages-intérêts pour perte ou avaries? — Les auteurs s'accordent à résoudre cette question dans le sens de l'affirmative par application de la règle: *Quæ temporalia sunt ad agendum, perpetua sunt ad excipiendum* (Bravard et Demangeat, *Traité de droit commercial*, t. 2, p. 385 et 386; Sarrut, nos 896 et suiv.; Bédarride, *Des chemins de fer*, t. 2, nos 707 et suiv.; Boistel, n° 577; Lyon-Caen et Renault, n° 933. — Sur la règle précitée, qui est généralement admise par la doctrine et la jurisprudence modernes, V. *Obligations; Prescription civile*). — Cette solution qui paraît à l'abri de la critique, semble résulter aussi d'un arrêt de la cour de cassation (Civ. rej. 7 juin 1858, aff. Chemin de fer d'Orléans C. Rousselet, D. P. 58. 1. 416, cité *suprà*, n° 330). — Mais la question a été récemment résolue en sens contraire par la cour de Besançon, dans un arrêt du 24 nov. 1886 rapporté *infrà*, n° 340.

336. — IV. CAUSES DE SUSPENSION; INTERRUPTION; RENONCIATION. — Ainsi qu'on l'a dit au *Rép.* n° 497, la prescription

(1) (Société David, Spick et Kernkamp *C.* l'État belge.) — LA COUR; — Attendu que le jugement dont est appel a condamné l'intimé à payer à la compagnie du chemin de fer rhénan, à titre d'indemnité, une somme de 2635 fr. payée par ladite compagnie au sieur Duwez, d'Aix-la-Chapelle, destinataire d'une partie de peaux tannées, expédiées d'Anvers par la partie appelante en janvier 1873 et arrivées avariées le 10 février suivant; — Attendu que l'action dirigée par l'intimé contre la partie appelante tend à ce que celle-ci soit condamnée solidairement à le garantir et à le tenir indemne de cette condamnation; — Attendu que la société appelante oppose à cette action l'exception de prescription annale tirée de l'art. 108 c. com., l'action de l'État ayant été intentée contre elle après le délai fixé par ledit article; — Attendu que l'art. 108 n'a en vue que les actions intentées pour perte ou avaries au commissionnaire ou au voiturier par son commettant; — Qu'il s'ensuit que cette disposition ne peut être invoquée que par le voiturier ou le commissionnaire, et non par l'expéditeur; — Attendu qu'il conste des termes dans lesquels les parties reconnaissent qu'était conçue la lettre de voiture relative à l'expédition, dont s'agit, et qui, aux termes de l'art. 101 c. com., fait la loi des parties quant au contrat de transport avenu en janvier 1873 entre l'État et David, Spick et Kernkamp, que ceux-ci se sont qualifiés d'expéditeurs de la marchandise et ont déclaré expédier les peaux en transit par le bureau de Welkenraedt; — Qu'ils ont pris la même qualité d'expéditeurs dans la déclaration verbale de responsabilité dont il sera question ci-après et qu'ils ont faite le 30 janv. 1873; — Attendu, en présence de ces circonstances, qu'ils ne peuvent invoquer leur profession de commissionnaires, un commissionnaire de profession pouvant, à l'occasion, envoyer des marchandises en son nom, et comme expéditeur; — Qu'il suit de ce qui précède que si David, Spick et Kernkamp étaient commissionnaires vis-à-vis de leur expéditeur primitif de Londres, ils ne l'étaient plus à l'égard de l'État, avec lequel ils traitaient comme expéditeurs, et que, dès lors, ils ne peuvent, s'étant gérés en cette qualité, invoquer vis-à-vis de l'État la prescription de l'art. 108 édictée en faveur du voiturier;...

Par ces motifs, etc., — Confirme.

Du 1er mars 1880.-C. de Bruxelles, 3e ch.-MM. Eeckman, pr.-Staes, av. gén., c. conf.-Lapierre et Edmond Picard, av.

de l'art. 108 peut être suspendue ou interrompue de la même manière que toute autre prescription particulière. — En d'autres termes, elle est soumise au droit commun; de là plusieurs conséquences qu'il importe de signaler.

337. Suivant le droit commun, les différents cas de force majeure ont pour effet de suspendre le cours de la prescription lorsqu'ils créent une impossibilité absolue d'agir (V. *Rép.* v° *Prescription civile*, n°s 685 et 791). Cette règle s'applique à la prescription de l'art. 108. — Décidé, d'après ce principe, que l'action du destinataire d'un colis expédié et perdu pendant la guerre de 1870-71 contre une compagnie de chemin de fer peut être repoussée par la prescription de six mois établie par l'art. 108 c. com., si elle a été intentée plus de six mois après le 11 juin 1871, et qu'aucun événement de force majeure n'ait suspendu la prescription postérieurement à cette date (Civ. cass. 9 déc. 1874, aff. Chemin de fer de Lyon C. Robert et autres, D. P. 75. 1. 303).

338. La prescription édictée par l'art. 108 c. com. en faveur du commissionnaire et du voiturier peut être interrompue pour les causes et dans les cas déterminés par la loi dans les art. 2244 et 2248 c. civ. Décidé notamment que la prescription de l'art. 108 est interrompue par un exploit d'ajournement (Paris, 21 nov. 1873, aff. Chouanard, D. P. 75. 2. 223; Civ. cass. 30 mars 1874, aff. Chemin de fer d'Alsace-Lorraine, D. P. 74. 1. 303). En ce qui concerne la reconnaissance du droit du créancier, la jurisprudence a eu fréquemment à apprécier si elle résultait de telle ou telle circonstance d'où l'on prétendait l'induire. — Il a été jugé notamment que le fait, par le voiturier, d'avoir connu la perte du colis litigieux et de s'être livré à des recherches infructueuses pour le retrouver ne constitue pas une reconnaissance du droit du réclamant, et n'a point, dès lors, pour conséquence d'interrompre la prescription (Civ. cass. 30 mars 1874, aff. Chemin de fer d'Alsace-Lorraine, D. P. 74. 1. 303, et sur renvoi, Trib. com. Besançon, 6 juill. 1878, D. P. 81. 1. 456). — Décidé également que la prescription n'est pas interrompue par une prétendue réclamation verbale de l'expéditeur, qu'il fait résulter, non pas même d'une preuve certaine et directe, mais de la circonstance qu'il aurait refusé de payer le prix du transport; car « si la reconnaissance même verbale du débiteur, quand elle est établie, dans les cas et sous les formes prescrites par la loi, peut interrompre la prescription, on ne peut attribuer cet effet juridique à une réclamation purement verbale du créancier restée sans résultat » (Civ. cass. 1er déc. 1874, aff. Chemin de fer de l'Est C. Poterlet, D. P. 74. 1. 460).

339. La réponse du voiturier qui implique la dénégation du droit de l'expéditeur à une indemnité ne peut évidemment avoir pour effet de substituer la prescription trentenaire à la prescription spéciale de l'art. 108 c. com. — On a jugé, par exemple, que la prescription édictée par l'art. 108 c. com. n'est pas interrompue par la déclaration du voiturier à l'expéditeur « que la marchandise transportée n'est pas égarée, qu'elle a été livrée au destinataire et qu'il est en mesure de le justifier » (Civ. cass. 12 nov. 1877, aff. Chemin de fer d'Alsace-Lorraine C. Chemin de fer de l'Est et Pierre, D. P. 80. 1. 88). En pareil cas, en effet, il est manifeste que la réponse du voiturier, loin de constituer la reconnaissance de l'obligation de réparer un dommage résultant de la perte des objets transportés, qui seule eût pu avoir pour effet de substituer la prescription ordinaire à la prescription spéciale édictée par l'art. 108 c. com., implique, au contraire, la dénégation du droit de l'expéditeur à une indemnité quelconque. Il ne saurait donc y avoir là une interruption de prescription au sens de l'art. 2248 c. civ.

340. De même, la promesse de faire régler l'affaire à l'amiable n'est pas une reconnaissance formelle de la dette, telle qu'elle est exigée par l'art. 2249 c. civ. pour interrompre la prescription. En effet, cette promesse n'implique pas nécessairement de la part du voiturier la reconnaissance de son obligation, le règlement amiable pouvant aboutir à la démonstration que la prétention du demandeur n'est pas fondée, soit que les objets se retrouvent, soit que l'on prouve qu'ils ont été détruits par force majeure (Civ. cass. 29 déc. 1874, aff. Chemin de fer du Midi C. Jutge, D. P. 75. 1. 355.). — Il faudrait évidemment en dire autant de la promesse de recherches et de renseignements faite par les agents de la compagnie chargée du transport (Paris, 15 mars 1875, aff. Min. de la Marine, D. P. 77. 5. 88); — Ou de la réponse de l'agent du voiturier (un chef de gare), portant qu'il donnerait à la réclamation de l'expéditeur la suite qu'elle comportait, et lui ferait connaître la solution qu'elle aurait reçue (Civ. cass. 11 juin 1877, aff. Chemin de fer d'Orléans C. Viaud, D. P. 77. 1. 374). — Mais le voiturier peut être considéré comme ayant renoncé à la prescription, lorsqu'il résulte de la correspondance qu'il a fait offrir au destinataire le règlement amiable de l'indemnité due pour la perte de la marchandise (Req. 29 nov. 1875, aff. Chemin de fer d'Orléans C. Ginoulhac, D. P. 77. 1. 374).

Il a été encore jugé que la prescription de l'action de l'expéditeur contre le voiturier en cas d'avaries n'est pas interrompue par une demande en garantie formée par le voiturier contre l'expéditeur, alors que cette demande se rattache à des actions n'ayant pour but que d'obtenir le prix du transport en dehors de toute réclamation pour avarie, et que, d'ailleurs, elle a été suivie de désistement (Civ. cass. 8 déc. 1880, aff. Chemin de fer d'Orléans C. Barry, D. P. 83. 5. 94). L'interruption ne résulte pas davantage de la demande du voiturier tendant à la nomination d'experts pour procéder à la vérification prévue par l'art. 106 c. com. (Besançon, 24 nov. 1886) (1).

341. L'adhésion, par le voiturier, aux réserves formulées par le destinataire à l'occasion d'avaries survenues aux marchandises équivaut-elle à la reconnaissance du droit du destinataire à une indemnité, et entraîne-t-elle, par suite, interruption de la prescription édictée par l'art. 108? — Cette question paraît devoir être résolue négativement. En effet, les réserves acceptées par le voiturier constatent bien le mauvais état de la marchandise (V. *suprà*, n° 310), mais elles n'indiquent pas la cause des avaries. Ces avaries proviennent-elles du vice propre de la chose, du cas fortuit, de la faute du transporteur? La question reste entière. Le seul résultat des réserves est donc d'écarter la déchéance de l'article 105 c. com., qui suppose que le destinataire en prenant livraison et payant le prix de transport, a reconnu n'avoir à formuler aucune réclamation (Sarrut, n°s 843 et 855). Or si les réserves n'attribuent pas par elles-mêmes les avaries à la faute de la compagnie, on ne peut considérer l'adhésion à ces réserves comme une reconnaissance du droit du destinataire; par conséquent, la prescription n'est pas interrompue et la compagnie demeure protégée par les clauses de son tarif spécial. — C'est la solution qui résulte d'un arrêt de la cour de cassation (Civ. cass. 25 juin 1884, aff. Chemin de fer du Midi C. Caraguel, D. P. 85. 1. 77).

342. La jurisprudence persiste à reconnaître que

(1) (Dubois-Chevaidel C. Chemin de fer de Paris-Lyon-Méditerranée.) — LA COUR; — Sur la demande principale: — Considérant que la vérification prescrite par l'art. 106 com., en cas de refus ou contestation pour la réception des marchandises transportées, n'est qu'une mesure conservatoire des droits des parties; qu'on ne saurait attribuer un autre caractère à la demande de nomination d'experts pour procéder à cette vérification; que cette demande, qui résulte d'une simple requête, ne constitue pas une citation en justice, lorsqu'elle est présentée par le destinataire; qu'*a fortiori* on ne saurait voir dans cette formalité, lorsqu'elle est accomplie par le voiturier, une reconnaissance du droit du destinataire ou de l'expéditeur; qu'elle n'est donc pas interruptive de la prescription édictée contre ces derniers par l'art. 108 c. com., et que c'est à tort que l'exception de prescription n'a pas été accueillie par le jugement dont est appel;

Sur la demande reconventionnelle: — Considérant que le chiffre de 29 fr. 40 cent., pour droits et transport, n'est pas contesté; que, devant la solution qui précède, il n'y a lieu de s'arrêter aux prétendues avaries invoquées par les intimés; que la demande en payement d'indemnité n'est point une exception pouvant faire rejeter la demande en payement du prix de transport; que ces demandes forment deux actions entièrement distinctes par leur objet et par leur cause; que, si elles peuvent être opposées l'une à l'autre pour arriver à liquider et déterminer les droits des parties, c'est à la condition que l'une de ces actions n'ait pas déperi dans les mains de celui qui veut l'invoquer; qu'il n'y aurait donc pas lieu, alors même que la demande de la compagnie aurait été formée par action principale, à l'application de la maxime: *temporalia ad agendum, perpetua ad excipiendum;*

Par ces motifs, etc.

Du 24 nov. 1886.-C. de Besançon.-M. Granet, pr.

les compagnies de chemins de fer ou voituriers peuvent renoncer à la prescription de l'art. 108 (*Rép.* n° 495). Mais on a vu, par les décisions qui précèdent, que la renonciation du voiturier ne saurait se présumer. C'est ainsi encore que la lettre par laquelle une compagnie de chemin de fer, au cas d'avaries survenues à des marchandises transportées successivement par plusieurs compagnies, écrit à une autre compagnie qu'il y aura compte à faire entre les diverses compagnies qui ont opéré le transport, n'emporte pas renonciation à la prescription alors acquise; et, dans tous les cas, la renonciation qui en résulterait ne pourrait être opposée à une compagnie demeurée étrangère à cette correspondance (Angers, 11 juin 1873, aff. Chemin de fer de l'Ouest *C.* Blanvillain, D. P. 73. 2. 208).

343. Une question qui a donné lieu à controverse est celle de savoir si, en cas de transport par plusieurs commissionnaires ou voituriers successifs, l'action formée contre l'un d'eux interrompt la prescription qui courait au profit des autres. On s'est demandé, spécialement, si le commissionnaire actionné avant d'avoir prescrit a, à partir de l'action exercée contre lui, un nouveau délai de six mois ou d'un an pour intenter une action récursoire contre les autres commissionnaires (*Rép.* nos 484 et 486). Conformément à la doctrine qu'elle avait consacrée par ses arrêts des 6 déc. 1830 et 18 juin 1838 (*Rép.* n° 485-2° et 3°) la cour de cassation a décidé que la prescription de six mois édictée par l'art. 108 c. com. s'applique à l'action récursoire du commissionnaire contre le commissionnaire intermédiaire, comme à l'action de l'expéditeur ou du destinataire contre le commissionnaire; en conséquence, ce dernier doit exercer son action récursoire dans le délai de six mois à partir du jour où les marchandises ont été ou ont dû être livrées, à quelque moment qu'il soit d'ailleurs actionné par l'expéditeur ou le destinataire (Civ. rej. 11 nov. 1872, aff. Chemin de fer de Lyon *C.* Raffaëlly et Moreau, D. P. 72. 1. 433. V. dans le même sens : Aix, 6 mars 1874, aff. Siégeot, D. P. 77. 5. 89. — *Contrà* : Colmar, 30 juin 1865, *suprà*, n° 207; Bruxelles, 26 mars 1880 (1). — V. aussi Picard, t. 4, p. 850).

Ainsi la jurisprudence admet que la disposition de l'art. 108 c. com. qui détermine le temps nécessaire pour la prescription, et qui fixe pour toutes les actions en responsabilité auxquelles le contrat de transport peut donner lieu, un point de départ invariable, est générale et absolue; qu'elle s'applique, par conséquent, dans l'intérêt du commerce et de l'industrie des transports, non seulement aux actions de l'expéditeur ou du destinataire contre le commissionnaire ou le voiturier qu'il entend rendre responsable de la perte ou de l'avarie, mais encore aux actions que les commissionnaires ou les voituriers peuvent avoir à exercer entre eux; que ces actions ne sont point, d'ailleurs, subordonnées aux actions du destinataire ou de l'expéditeur contre le commissionnaire ou le voiturier qui les exerce; qu'elles ne peuvent être assimilées à des actions en garantie qui ne prendraient naissance que par une action principale ou par un trouble, et contre lesquelles la prescription ne pourrait courir avant qu'elles fussent nées (Arrêt précité du 11 nov. 1872).

344. Cette solution peut paraître rigoureuse, car il en résultera que souvent le recours du commissionnaire contre l'intermédiaire se trouvera prescrit au moment même où ce commissionnaire aurait intérêt à l'exercer, de telle sorte qu'il n'acquerra son action récursoire que pour la perdre en même temps. Il est vrai, comme le dit la cour de cassation dans l'arrêt du 11 nov. 1872 cité *suprà*, n° 343, « que les actions récursoires ne sont pas subordonnées aux actions du destinataire ou de l'expéditeur contre le commissionnaire ou le voiturier qui les exerce ». Le commissionnaire, menacé d'un recours éventuel pourrait, en effet, prendre les devants et assurer, en intentant immédiatement son action récursoire, ses droits contre l'intermédiaire (Sarrut, n° 883). Mais, en fait, il n'agira pas ainsi; et l'on ne saurait lui en faire un reproche; comment, en effet, pourrait-il songer à exercer un recours; alors qu'aucune poursuite n'est exercée contre lui?

Quoi qu'il en soit la solution consacrée par la jurisprudence nous paraît, en droit, la mieux justifiée. — Nous ne croyons pas, il est vrai, que l'on puisse argumenter, comme l'ont fait quelques-uns des arrêts rendus sur la question, de la solidarité qui existerait entre les commissionnaires de transports. L'existence de cette solidarité n'est rien moins que certaine (V. *Rép.* nos 83 et 483, et v° *Obligations*, n° 1493). Fût-elle démontrée, d'ailleurs, il n'en résulterait pas que la prescription, interrompue au profit de l'expéditeur contre le commissionnaire, le fût également, et en vertu du même acte, au profit du commissionnaire contre le sous-commissionnaire. Lorsqu'en effet l'art. 2249 c. civ. dit que l'interpellation faite à l'un des codébiteurs solidaires interrompt la prescription à l'égard des autres, de quelle prescription est-il parlé? Evidemment de la prescription de l'action du créancier, et non de la prescription de l'action en garantie du codébiteur poursuivi contre ses codébiteurs. Celle-ci n'est pas née, puisqu'aux termes de l'art. 2257 c. civ., la prescription de l'action en garantie ne court pas tant que l'éviction (ou la condamnation) du garanti n'est pas consommée; si elle n'est pas née, elle ne peut pas se prescrire, et si elle ne peut pas se prescrire, il n'y a pas lieu d'en interrompre la prescription. C'est donc, à notre avis, une erreur que de faire intervenir ici l'idée de la solidarité, à supposer même qu'elle soit exacte. — Mais l'idée de solidarité mise à part, il reste la question de savoir si l'action récursoire du commissionnaire contre son sous-commissionnaire est une action en garantie, ou si c'est, au contraire, une action de même nature que l'action de l'expéditeur ou du destinataire contre le commissionnaire. Si c'est une action en garantie, elle ne se prescrira, suivant le principe général de l'art. 2257 c. civ., qu'à partir de la condamnation du commissionnaire; si c'est une action de même nature que l'action de l'expéditeur contre le commissionnaire, elle se prescrira comme celle-ci, aux termes de l'art. 108 c. com., à compter du jour où les marchandises auront été ou auront dû être livrées. — Or il semble bien que l'action du commissionnaire contre un autre commissionnaire ayant participé au même transport d'une même marchandise a le même caractère que

---

(1) (L'Etat belge *C.* Best, le chemin de fer rhénan et Oswald frères.) — LA COUR; ... — Quant au moyen de prescription opposé par la compagnie du chemin de fer rhénan et par Oswald; — Attendu que l'Etat belge a été assigné le 8 avr. 1872, moins d'un an après que le transport des marchandises réclamées par Best et destinées à Steinback, Koechlin et comp., à Mulhouse, devait être effectué; — Attendu qu'aux termes de l'art. 99 c. com. de 1807, le commissionnaire de transport est garant des faits du commissionnaire intermédiaire auquel il s'adresse pour continuer le transport; que, d'un autre côté, en vertu de l'art. 1994, § 2, c. civ. le mandant peut agir directement contre la personne que le mandataire s'est substituée; — Attendu qu'il résulte de ces dispositions combinées et de la discussion qui a eu lieu au conseil d'Etat sur la portée dudit art. 99, que le commissionnaire chargé du transport et l'intermédiaire qu'il a employé sont tenus solidairement de la remise des marchandises au destinataire; — Attendu que d'après les art. 1206 et 2249 c. civ. les poursuites faites contre l'un des débiteurs solidaires interrompent la prescription à l'égard des autres débiteurs; — Attendu que l'interpellation faite au débiteur principal interrompt la prescription contre la caution (c. civ. art. 2250) et par réciprocité l'interpellation adressée, à la caution produit interruption contre le débiteur principal; qu'en effet, une seule et même dette les oblige et qu'ainsi l'un et l'autre doivent avoir la mission de recevoir les interpellations du créancier relatives à cette dette; qu'il en doit être surtout ainsi, lorsque, comme dans l'espèce, il s'agit d'une caution solidaire que le créancier a le droit de poursuivre seule, sans devoir exécuter le débiteur principal, conformément à l'art. 2021 c. civ., lequel même ajoute que l'engagement de la caution solidaire se règle par les principes établis pour les dettes solidaires; — Attendu qu'en conséquence les obligations du chemin de fer rhénan et d'Oswald frères comme transporteurs intermédiaires et successifs ne sont pas éteintes par la prescription, et que, dès lors, l'Etat belge assigné en responsabilité du chef de la perte des marchandises expédiées par Best, puise dans sa qualité soit de codébiteur solidaire, soit de caution, le droit d'appeler en cause le chemin de fer rhénan, et que celui-ci est recevable pour les mêmes motifs en son action en garantie contre Oswald frères; ...

Par ces motifs; ... met le jugement dont appel à néant; émendant, rejette l'exception de prescription opposée au recours formé par l'Etat belge et par le chemin de fer rhénan; etc.

Du 26 mars 1880.-C. de Bruxelles, 2e ch.-MM. Jamar, pr.-Van Schoor, av. gén., c. conf.-Allard, Picard, Arntz et de Meester (du barreau d'Anvers), av.

l'action de l'expéditeur ou du destinataire. En effet, l'intermédiaire contracte les mêmes obligations que le premier commissionnaire : transporter la chose au lieu désigné, sans avaries et dans le délai convenu ; s'il y a manqué, l'action exercée contre lui repose sur le même fondement que l'action qu'on exercerait contre le premier commissionnaire qui aurait manqué d'exécuter la même obligation. La base de l'action étant identique, la nature de l'action doit l'être aussi, et l'action du commissionnaire primitif contre son intermédiaire n'est, par conséquent, que le reflet, pour ainsi dire, le ricochet de l'action de l'expéditeur contre le commissionnaire primitif (Sarrut, n° 884). Partant, elle est soumise aux mêmes règles, notamment à la même prescription. En outre, comme l'a constaté l'arrêt du 11 nov. 1872, l'art. 108 est conçu en termes généraux et dit, sans distinguer : « toutes actions contre le commissionnaire ou le voiturier... ». — Enfin le but de cet article est de soumettre à une courte prescription les actions dont il s'agit, dans l'intérêt du commerce et de l'industrie ; ce serait aller contre le vœu de la loi que d'excepter de cette courte prescription les actions du commissionnaire primitif contre les commissionnaires intermédiaires (V. en ce sens : Bravard et Demangeat, *Droit commercial*, t. 2, p. 393-394). — Nous croyons donc avec MM. Sarrut, n°s 884 et 885 ; Duverdy, n° 119 ; Boistel, n° 579 ; Picard, t. 4, p. 850 ; Lyon-Caen et Renault, n° 927, que la solution donnée à la question qui nous occupe par les arrêts du 6 déc. 1830 et du 11 nov. 1872, cités *suprà*, n° 343, si elle satisfait moins l'équité, est la plus conforme au texte et à l'esprit de l'art. 108 c. com. — Quant à l'opinion de M. Bédarride, *Des commissionnaires*, n°s 452 à 454, qui consiste à appliquer à l'espèce les art. 175 et suiv. c. pr. civ., et à donner au commissionnaire poursuivi par l'expéditeur un délai de huitaine pour exercer son recours contre son sous-commissionnaire, elle nous paraît doublement erronée : 1° parce que ces articles ne s'appliquent qu'à l'exception de garantie. Or, comme on vient de voir, il est fort douteux que le recours du commissionnaire soit fondé sur l'idée de garantie ; 2° ces articles n'ont aucunement trait à la prescription, mais uniquement au délai que peut demander le garanti pour mettre son garant en cause ; ils seraient donc en tout cas étrangers à la matière.

Le projet de revision de l'art. 108 prend soin de trancher toute controverse sur cette importante question au moyen d'une disposition spéciale. Le délai pour intenter chaque action récursoire serait d'un mois, et la prescription ne courrait que du jour de l'exercice de l'action contre le garanti. Ainsi chaque recours successif serait soumis à une prescription distincte qui partirait du jour où le commissionnaire actionné par le destinataire jugerait à propos de mettre en cause le commissionnaire intermédiaire qui lui aurait remis la marchandise et de l'appeler à l'instance.

345. — V. Délai de la prescription. — Une question toujours délicate est celle de savoir quel est le délai de prescription au regard des marchandises expédiées hors de France ou expédiées de l'étranger en France, pour le voiturier qui n'a concouru au transport qu'à l'intérieur de la France. — La jurisprudence semble la trancher en ce sens que le délai est le même, que les expéditions soient faites de France à l'étranger ou de l'étranger en France. — Ainsi, il a été jugé que la prescription d'un an, édictée par l'art. 108 c. com., s'applique non seulement aux expéditions faites de France à l'étranger, mais encore à celles faites de l'étranger en France (Aix, 6 mars 1874, aff. Siégeot, D. P. 77. 5. 88) ; et d'un autre côté, les auteurs admettent que, dès l'instant que le lieu de destination est situé en pays étranger, on ne saurait dire que l'expédition est faite à l'intérieur (Lyon-Caen et Renault, n° 925 ; Bédarride, n°s 454 et 455 ; Boistel, n° 572 ; Sarrut, n° 894). — On doit en conclure, à notre avis, que lorsqu'il s'agit d'un transport international, la prescription n'est acquise aux différents voituriers qui y ont concouru qu'à l'expiration du délai d'un an. — Ces difficultés sont d'ailleurs appelées à disparaître lorsque les projets de revision des art. 105 et 108 c. com. auront abouti, car le projet supprime toute distinction entre les expéditions faites à l'intérieur et celles qui sont faites à l'étranger, quant au délai de la prescription.

346. Durant l'impression du présent traité, le projet de loi portant modification des art. 105 et 108 c. com. dont nous avons analysé les dispositions (V. *suprà*, n°s 286, 292, 310, 320, 344, 345) a été de nouveau soumis à la Chambre des députés, à la suite des changements que le Sénat y avait introduits. Ces changements ont été adoptés par la Chambre qui a voté le projet ainsi modifié dans sa séance du 29 mars 1888. La loi a été promulguée le 11 avril (*Journ. off.* du 13 avr. 1888). — V. le commentaire de cette loi, D. P. 88. 4. 17.

Table sommaire

des matières contenues dans le Supplément et le Répertoire.

(Les chiffres précédés de la lettre *S* renvoient au Supplément ; les chiffres précédés de la lettre *R* renvoient au Répertoire.)

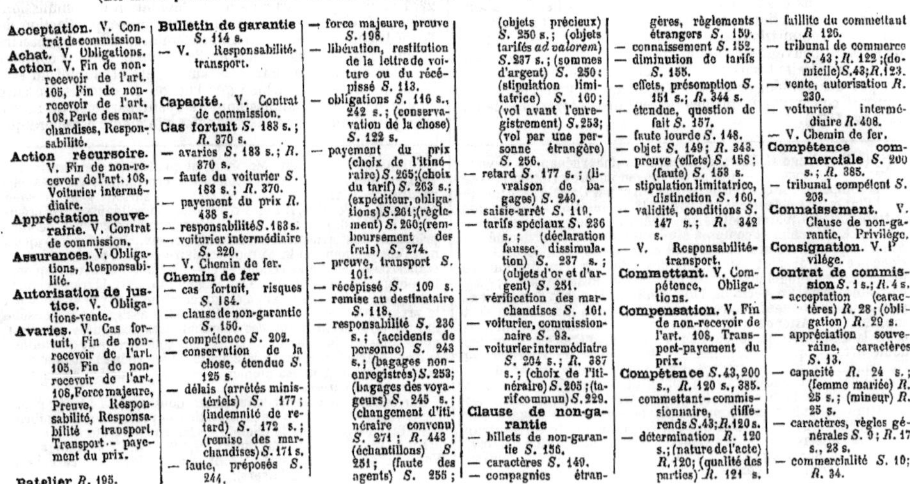

Table chronologique des Lois, Arrêts, etc.

1793
24 juill. Loi. 236 c.

An 6
9 vend. Loi. 236 c.

An 7
13 brum. Loi. 114 c.

1807
3 sept. Loi. 32 c.

1810
13 août. Décr. 160 c.

1821
15 mars. Bruxelles. 51 c.

1824
21 févr. Toulouse. 41 c.
14 juill. Lyon. 28 c.

1825
4 mars. Paris. 41 c.

1829
25 nov. Req. 15 c.

1830
6 déc. Cass. 343 c., 344 c.

1831
11 janv. Aix. 51 c.
22 juin. Bordeaux. 51 c.

1833
17 févr. Lyon. 41 c.

1838
25 mai. Loi. 201 c.
18 juin. Cass. 343 c.

1839
21 janv. Cass. 326 c.

1841
3 juill. Bordeaux. 108 c.

1842
11 janv. Req. 147 c.

1843
7 juin. Nîmes. 51 c.
15 nov. Liège. 247 c.
29 nov. Douai. 51 c.

1844
19 juin. Bordeaux. 15 c.
11 déc. Caen. 278 c.

1845
7 janv. Orléans. 16 c.
18 mars. Civ. 51 c.
29 avr. Colmar. 231 c., 289 c.
6 mai. Cass. 54 c.
7 mai. Civ. 10 c.
15 juill. Loi. 96 c., 243 c.
22 juill. Caen. 44 c.
29 déc. Civ. 208 c.

1846
28 janv. Bordeaux. 45 c.

FIN DU DEUXIÈME VOLUME

www.ingramcontent.com/pod-product-compliance
Lightning Source LLC
Chambersburg PA
CBHW030013220326
41599CB00014B/1792